Michael Ru...

GEW JAHRBUCH

für Lehrerinnen und Lehrer

Schul- und Dienstrecht in Baden-Württemberg

STANDARDAUSGABE 2011

ISBN 978-3-922366-78-2

Unsere Inserenten

Anzeigen unserer Geschäftsfreunde finden Sie auf der Seite:

WGV, Württ. Gemeindeversicherung a.G., Stuttgart	3	DOCURA Versicherungen	10
		Deutsche Bahn AG	96
Debeka, Lebensversicherungsverein a.G.	7	Strandhotel Löchnerhaus, Insel Reichenau	367
Deutsche Bahn AG	7	Wolters Kluwer Deutschland, Kronach	2. und 3. Umschlagseite
Richard Boorberg Verlag, Stuttgart	8		
Experimenta, Heilbronn	8	Deutsche Bahn AG	4. Umschlagseite

Abkürzungen

Häufig verwendete Abkürzungen (soweit nicht bei der jeweiligen Anwendung direkt erklärt)

AZ	Aktenzeichen	LBV	Landesamt für Besoldung und Versorgung
AzUVO	Arbeitszeit- und Urlaubsverordnung		
		LPVG	(Landes-)Personalvertretungsgesetz
BeamtStG	Beamtenstatusgesetz	LRKG	(Landes-)Reisekostengesetz
BGBl.	Bundesgesetzblatt	LT	Landtag
BVO	Beihilfeverordnung	LVwVfG	(Landes-)Verwaltungsverfahrensgesetz
LDG	Landesdisziplinargesetz	MAU	Mehrarbeitsunterricht
FM	Finanzministerium	RP	Regierungspräsidium
GABl.	Gemeinsames Amtsblatt	SchG	Schulgesetz
GBl.	Gesetzblatt Baden-Württemberg	SGB	Sozialgesetzbuch
		SSA	Staatliches Schulamt
GHRS bzw. GWHRS*	Grund-, Werkreal-, Haupt-, Real- und Sonderschulen	SMV	Schülermitverantwortung
		TV-L	Tarifvertrag (Länder)
GLK	Gesamtlehrerkonferenz	VO	Verordnung
IM	Innenministerium	VwV	Verwaltungsvorschrift
i.V.m.	in Verbindung mit	WRS	Werkrealschule
KM	Kultusministerium**		
KuU	Amtsblatt Kultus und Unterricht		
LBeamtVGBW	(Landes-)Beamtenversorgungsgesetz		
LBesGBW	(Landes-)Besoldungsgesetz		
LBG	Landesbeamtengesetz		

* Nach Einführung der Werkrealschule hat das Kultusministerium Ende 2010 die Sammelbezeichnung für die Schularten des gehobenen Dienstes in „Grund-, Werkreal-, Haupt-, Real- und Sonderschulen" geändert; in amtlichen Texten steht bisweilen noch „GHRS".

** Das Ministerium für Kultus, Jugend und Sport wird amtlich „Kultusministerium" und „KM" abgekürzt (vgl. GBl. S. 491/1996 und Mitteilung des Staatsministeriums vom 28.7. 2004, AZ: I 0142).

Impressum

Michael Rux. Jahrbuch für Lehrerinnen und Lehrer – Handbuch des Schul- und Dienstrechts in Baden-Württemberg. Herausgeber: Gewerkschaft Erziehung und Wissenschaft, Landesverband Baden-Württemberg, Silcherstr. 7, 70176 Stuttgart. 30. Jahrgang. 2011.

Redaktion: Michael Rux, Inge Goerlich und Rolf Dzillak. Anschrift der Redaktion: Michael Rux, Schützenallee 68, 79102 Freiburg, FON: (0761) 7075227, E-Mail: michael@rux-online.de

© Süddeutscher Pädagogischer Verlag GmbH, Silcherstr. 7a, 70176 Stuttgart, FON: (0711) 21030-70, FAX: (0711) 21030-799, E-Mail: info@spv-s.de, Internet: www.spv-s.de. Das GEW-Jahrbuch – Printausgabe, CD-ROM und Jahrbuchservice – sind urheberrechtlich geschützt. Jede Nutzung in anderen als den gesetzlich zugelassenen Fällen bedarf der vorherigen schriftlichen Einwilligung des Verlags. Hinweis zu § 52 UrhG: Weder das Werk noch seine Teile dürfen ohne eine solche Einwilligung kopiert, eingescannt, in ein Netzwerk oder ins Internet eingestellt werden. Dies gilt auch für Intranets von Schulen und anderen Bildungseinrichtungen. Weitere Informationen zum Urheberrecht sind im GEW-Jahrbuch S. 822 ff. abgedruckt. Zuwiderhandlungen werden geahndet.

Druck: Philipp Reclam jun., Ditzingen.

Verlag, Herausgeber und Verfasser übernehmen keine rechtliche Verantwortung für die Angaben und Empfehlungen in dieser Publikation.

Inhaltsverzeichnis

Neu aufgenommene oder erheblich überarbeitete Beiträge sind durch das Zeichen ➤ gekennzeichnet.

Adressenteil

Unsere Inserenten	2
Abkürzungen	2
Impressum	2
An die Benutzerinnen und Benutzer	9
GEW-Geschäftsstellen, Redaktionen, Rechtsschutz	11
Landesvorstand der GEW	12
GEW-Bezirksvorstände	16
Hauptpersonalräte (GEW-Mitglieder)	17
Bezirkspersonalräte (GEW-Mitglieder)	18
Personalräte für GWHRS-Schulen	21
Beauftragte für Chancengleichheit	22
Schwerbehinderten-Vertrauenspersonen	22
Schulverwaltung	23
Formulare (Schulverwaltung und LBV)	24

Alphabetischer Teil

Abschlüsse (Allgemeines)	25
Abschlüsse (Berufsausbildung / HS / RS / „9+3")	27
Abschlüsse (Hauptschule / Mittlere Reife)	29
➤ Abwesenheit und Krankmeldung (Lehrkräfte)	29
➤ Aktenvermerk	31
➤ Amtsärztliche Untersuchung	32
Amtshilfe	34
Arbeits- und Gesundheitsschutz (Allgemeines)	35
Arbeits- und Gesundheitsschutz (Rahmenkonzept)	37
Arbeitsschutz (Betriebsärztliche Beratung für Lehrkräfte)	41
Arbeitsschutzgesetz	41
➤ Arbeitszeit (Allgemeines)	47
Arbeitszeit (Arbeitszeitgesetz)	50
➤ Arbeitszeit- und Urlaubsverordnung	50
➤ Arbeitszeit (Arbeitszeitverordnung)	50
Arbeitszeit (Fachlehrer/innen und Technische Lehrkräfte)	51
Arbeitszeit (Ganztagsschulen)	52
Arbeitszeit (Gesamtschulen)	53
➤ Arbeitszeit (Lehramtsanwärter- und Referendar/innen)	53
➤ Arbeitszeit (Lehrkräfte) – „Regelstundenmaßerlass"	54
Arbeitszeit (Mischdeputat)	62
Arbeitszeit (PC-Betreuung / Multimedia-Beratung)	62
➤ Arbeitszeit (Rekonvaleszenz – Arbeitsversuch)	63
Arbeitszeit (Schwerbehinderung)	65
Arbeitszeit (Vorgriffsstunde)	66
Arbeitszeugnis / Dienstzeugnis	71
Archivierung/Aufbewahrungsfristen	72
Aufnahmeverfahren (Orientierungsstufe)	73
Aufnahmeverordnung (Realschulen / Gymnasien)	76
➤ Aufnahmeverordnung (Terminplan 2011)	78
➤ Aufnahmeverordnung (Terminplan 2012)	79
Aufsichtspflicht	80
Aufsichtspflicht (Schwimmunterricht)	85
➤ Aufstieg (Laufbahnen)	88
Ausbildungspersonalräte	90
Auslandsschuldienst	90
➤ Außerschulische Jugendbildung (Landesjugendplan)	94
Außerunterrichtliche Veranstaltungen	96
Außerunterrichtliche Veranstaltungen (Hinweise)	99
➤ Außerunterrichtliche Veranstaltungen (Reisekosten)	105
Ausweise (Lehrkräfte)	108
Ausweise (Schüler/innen)	108
➤ Beamte (Allgemeines)	108
➤ Beamtengesetz (LBG)	110
➤ Beamtenrecht (Zuständigkeiten im Schulbereich)	132
➤ Beamtenstatusgesetz	133
➤ Beamtenversorgung (Abschläge)	143
➤ Beamtenversorgung (Allgemeines)	143
➤ Beamtenversorgung (Altersgeld)	147
Beamtenversorgung (Berechnung)	147
➤ Beamtenversorgung (Hinterbliebene)	148
➤ Beamtenversorgung (Höchstgrenzen)	149
➤ Beamtenversorgung (Unfallfürsorge)	151
Befangenheit	153
Beflaggung	153
Beförderung (Allgemeines)	154
➤ Beförderung (Oberstudienrat/-rätin)	157
Beförderung (Stellen- und Beförderungssperre)	159
Begabten-Eignungsprüfung (Hochschulzugang)	160
Beglaubigungen	160
Behinderungen (Kinder und Jugendliche)	161
Behinderungen und Förderbedarf	163
➤ Behinderungen (Inklusion)	169
Beihilfe (Allgemeines)	174
Beihilfe (Arbeitnehmer/innen)	177
Beihilfe (Kuren)	178
Beihilfe (Urlaub ohne Dienstbezüge)	180
Beihilfeverordnung (BVO)	182
Beihilfeverordnung (Anlage)	207
Belohnungen und Geschenke	212
Berufliches Gymnasium	214
Berufsaufbau- und Berufsoberschule	216
Berufseinstiegsjahr	216
Berufsfachschulen	217
Berufskollegs	219
Berufsschulen	221
Berufsvorbereitungsjahr	223
➤ Besoldung (Anwärterbezüge)	224
➤ Besoldung (Anwärter-Unterrichtsvergütung) – Entwurf –	225
➤ Besoldung (Gehälter)	226
➤ Besoldung (Gesetz – LBesGBW)	227
➤ Besoldung (Lehrkräfte – Eingruppierung)	237
➤ Besoldung (Leistungsprämien / Leistungsstufen)	242
➤ Besoldung (Zulagen)	243
Betriebsausflüge	245
Betriebs- und Sozialpraktika	245
Bildschirmarbeitsverordnung	248
Bildungsberatung	253
Bildungspläne und Bildungsstandards	253
Bildungsregionen	253
Chancengleichheitsbeauftragte (GWHRS-Bereich)	254
Chancengleichheitsgesetz	254
Chancengleichheitsplan	260
Datenschutz (Dienstvereinbarung Lernplattformen)	261
Datenschutz (Dienstvereinbarung Personaldaten)	261
Datenschutz (LDSG)	263
Datenschutz (Schulen)	264
Dienstantrittsmeldung	281
Dienst- und Arbeitsjubiläen	282
Dienstliche Beurteilung (Beamtenrecht)	283
Dienstliche Beurteilung (Lehrkräfte)	283
Dienstliche Beurteilung – Lehrkräfte (Formulare)	288
Dienstliche Beurteilung (Religionslehre)	290
Dienstordnungen	290
Dienstweg	291
Diskriminierung im Unterrichtswesen	292
➤ Diskriminierung (Sexuelle Orientierung)	294
Disziplinargesetz (Allgemeines)	295
Disziplinargesetz (LDG)	296
Ein-Euro-Jobs	301

Nutzen Sie das ausführliche alphabetische Schlagwortverzeichnis am Ende des Buches.

Inhaltsverzeichnis

Neu aufgenommene oder erheblich überarbeitete Beiträge sind durch das Zeichen ➤ gekennzeichnet.

Einschulung	302
➤ Einstellung (Altersgrenze)	304
➤ Einstellungserlass	305
➤ Eltern und Schule	319
➤ Elternabend (Klassenpflegschaft)	325
Elternbeiratsverordnung	328
Elterngeld / Elternzeit (Allgemeines)	334
Elterngeld	336
Elternzeit (Gesetz / Arbeitnehmer/innen)	340
➤ Elternzeit (Verordnung / AzUVO)	343
Ermessensentscheidung	347
➤ Ernennungsgesetz	349
Erste Hilfe in Schulen	349
Ethik	352
Evaluation	353
Fachberaterinnen und Fachberater	356
Fachhochschulreife	357
Fachleute aus der Praxis	359
Fachschulen	360
➤ Feiertage	362
Ferien (Ferienverordnung)	363
➤ Ferien und unterrichtsfreie Samstage	365
Ferien (Sommerferien 2011-17)	366
Ferien 2010/11 (Schuljahreskalender)	368
➤ Ferien 2011/12 (Schuljahreskalender)	369
Fortbildung (Allgemeines)	370
Fortbildung und Personalentwicklung	372
Fortbildung (Meldeverfahren Akademien)	375
Fundsachen	376
Funktionsstellen (Besetzung und Überprüfung)	376
Funktionsstellen (Merkblatt)	380
Ganztagsschulen	382
Gebühren	384
Gedenktag für die Opfer des Nationalsozialismus	385
Gesamtschulen	386
Geschlechtserziehung	388
Gewaltvorfälle und Schadensereignisse	389
Gleichbehandlungsgesetz	393
Grundgesetz (Auszug)	397
Grundschule (Fremdsprachen)	400
Grundschule (Schulbericht)	400
Grundschule (Schulbericht – Hinweise)	401
Grundschule (Stundentafel)	402
Grundschule (Verlässliche Grundschule)	403
Grundschule (Versetzungsordnung)	405
Grundschulförderklassen	407
Gymnasium (Abitur – NGVO)	409
➤ Gymnasium (Abitur – Terminplan 2011)	420
➤ Gymnasium (Abitur – Terminplan 2012)	421
Gymnasium (Aufbaugymnasium)	421
➤ Gymnasium (Neuerungen 2011)	422
Gymnasium (Schultypen)	422
Gymnasium (Stundentafel)	423
Gymnasium (Versetzungsordnung)	424
Haftung und Versicherung	428
Handy-Nutzung in der Schule	430
Hauptschule	430
Hausaufgaben-, Sprach- und Lernhilfe	431
Hausbesuche	431
Haushalt (Allgemeines – Budgetierung)	432
Haushalt (Gebühreneinzug)	434
Haushalt (Kassenführung und Schulkonten)	435
Haushalt (Kommunaler Finanzausgleich)	438
➤ Haushalt (Personalausgabenbudgetierung – PAB)	439
➤ Haushalt (Sachkostenbeiträge)	440
Hausrecht	441
Hausunterricht	442
Hitzefrei	443
Hochbegabung	444
Hochschulreife (Ergänzungsprüfung)	445
Hochschulreife (Zuerkennung)	446
Hort an der Schule	447
Infektionsschutzgesetz	449
Internet und Schule	451
Jugendarbeit und Schule	452
Jugendarbeitsschutz (Kinderarbeit)	453
Jugendbegleiter/innen	454
Jugendhilfe (Bundesrecht – SGB VIII)	455
Jugendhilfe (Landesrecht – LKJHG)	458
Jugendschutz (Aktion Jugendschutz – ajs)	460
Jugendschutzgesetz	461
Jugendzahnpflege	466
Juristische Terminologie	466
Kindergeld	467
Klassenlehrer/in	471
Klassentagebücher	472
Kompetenzanalyse	473
Konferenzen (Allgemeines)	474
Konferenzordnung	477
Kooperation Hauptschule/WRS – Realschule	483
Kooperation Kindertageseinrichtungen – Grundschulen	485
Kooperation Schule – Verein	486
Kooperationsklassen HS / WRS – Berufliche Schule	487
Kooperationsklassen HS / WRS – Berufliche Schule (Stundentafel)	491
Korrekturtag	492
Krankenversicherung	493
Kranzspenden und Nachrufe	495
Kultus und Unterricht (Amtsblatt)	495
➤ Ländertausch (Lehrkräfte)	496
Landesamt für Besoldung und Versorgung	498
Landtagsbesuche	499
Lehrbeauftragte an Schulen	500
➤ Lehrbefähigung und fachfremder Unterricht	503
Lehrmittel und Schuleinrichtung	504
Lernbegleiter	505
Lernmittel (Zulassung)	505
Lernmittelfreiheit (Allgemeines)	507
Lernmittelverordnung	511
➤ Mehrarbeit (MAU) und Unterrichtsversorgung	518
➤ Mehrarbeit (Vergütung)	526
Menschenrechte	527
Mobbing	528
➤ Multilaterale Versetzungsordnung (Entwurf)	531
Musisch-kulturelle Bildung	536
➤ Mutterschutz (Verordnung / AzUVO)	536
Mutterschutz (Stillzeiten)	539
➤ Nebenamtlicher/nebenberuflicher Unterricht	540
Nebentätigkeiten	542
Notenbildungsverordnung	546
NotenbildungsVO (Arbeitshilfe allgemeine Beurteilung)	552
➤ Organisationserlass	554
Ozon (Sportliche Aktivitäten)	563
➤ Pädagogische Assistent/innen	564
➤ Personalakten	567
Personalversammlungen	570
Personalvertretung (Sonderfälle / Gesamtschulen)	570
➤ Personalvertretungsgesetz (LPVG)	571
➤ Personalvertretungsgesetz (Versetzung, Abordnung und Umsetzung)	587
Pflegeversicherung	594
Politische Bildung	596
Polizei und Schule	597
Presserecht	600
Privatschulgesetz	601
Probezeit (Arbeitnehmerverhältnis)	604
➤ Probezeit (Beamtenrecht)	605
Prüfungsakten (Einsichtnahme)	608
Rauchen in der Schule	608
Realschule (Abschlussprüfung)	609
➤ Realschule (Abschlussprüfung – Terminplan 2011)	613
➤ Realschule (Abschlussprüfung – Terminplan 2012)	614
Realschule (Stundentafel)	614
Realschule (Versetzungsordnung)	615
Rechtschreibung	617
Rechtsschutz	618

Nutzen Sie das ausführliche alphabetische Schlagwortverzeichnis am Ende des Buches.

Inhaltsverzeichnis

Neu aufgenommene oder erheblich überarbeitete Beiträge sind durch das Zeichen ➤ gekennzeichnet.

Reisekosten (Aus- und Fortbildung)	619	
Reisekosten (Außerunterrichtliche Veranstaltungen)	620	
Reisekosten (Auswärtiger Unterricht / Vertretungen)	620	
Reisekosten (Genehmigung)	621	
➤ Reisekosten (Gesetz – LRKG)	623	
Reisekosten (Nebenamtlicher/ nebenberuflicher Unterricht)	630	
➤ Reisekosten (Personal-/ Schwerbehindertenvertretung)	631	
Reisekosten (Schulträger / Versicherungsschutz)	631	
Religion und Schule	632	
Religionsunterricht (Kirchliche Lehrkräfte)	637	
Religionsunterricht (Teilnahme und Abmeldung)	638	
Renten	641	
➤ Renten und Beamtenversorgung	645	
Renten / Beamtenversorgung (Zusatzversicherungen)	647	
➤ Ruhestand (Allgemeines)	648	
➤ Ruhestand (Übergangsregelungen für Lehrkräfte)	653	
Rundfunk- und Fernsehgebühren	656	
➤ Sachschäden	656	
Schulärztliche Untersuchung	658	
Schulbau (Bau und Ausstattung von Schulen)	661	
Schulbesuchsverordnung	664	
Schulentwicklung	668	
Schülerbeförderung	669	
Schülerbeförderung (Mitwirkung der Schulen)	670	
Schülerlotsen	670	
Schülermitverantwortung (SMV-Verordnung)	671	
Schüler-Zusatzversicherung	678	
Schulfördervereine	683	
➤ Schulgesetz	684	
Schulgesetz § 90 (Erziehungs- und Ordnungsmaßnahmen)	707	
Schulgottesdienst und Schülergottesdienst	714	
Schulkindergärten	715	
Schulkonferenz (Zuständigkeiten)	719	
Schulkonferenzordnung	720	
Schulleitung (Abteilungsleiter-/ Studiendirektor/innen)	723	
Schulleitung (Aufgaben und Stellvertretung)	724	
Schulleitung (Geschäftsführende Schulleiter/innen)	725	
Schulpartnerschaften und Schüleraustausch	726	
➤ Schulpflicht (Ausländer/innen)	728	
Schulpflicht (Berufliche Schulen)	729	
Schulpflicht (Berufliche Schulen – Übergabe)	730	
➤ Schulpflicht (Durchsetzung)	731	
➤ Schulpflicht (Meldeverordnung / Datenschutz)	733	
Schulpsychologische Beratungsstellen	734	
Schwerbehinderung (Allgemeines)	735	
Schwerbehinderung (Gesetz – SGB IX)	739	
Schwerbehinderung (Verwaltungsvorschrift)	741	
Seminare für Didaktik und Lehrerbildung	743	
Sonderschule (Förderschule)	746	
Sonderschule (Förderschule – Stundentafel)	747	
Sonderschule (Förderschule – Versetzungsordnung)	748	
Sonderschule (Krankenhausschule)	748	
Sonderschule (Medikamentenausgabe)	750	
Sonderschule (Schule für Geistigbehinderte)	750	
Sonderschulen (Sprachheilkurse)	751	
➤ Sozialversicherungsbeiträge	752	
Sponsoring	752	
Sprachförderung (Integration)	755	
Statistik	760	
➤ Stellenwirksame Änderungsanträge	760	
➤ Statistik (Allgemeinbildende Schulen)	761	
Stundenpläne und Unterrichtsbeginn	763	
Stundentafel-Öffnungsverordnung	764	
Sucht (Dienstvereinbarung)	764	
Sucht (Verfahren nach der Dienstvereinbarung)	767	
Suchtprävention	769	
➤ Tarifrecht (Zuständigkeiten im Schulbereich)	772	
➤ Tarifvertrag für den öffentlichen Dienst der Länder (TV-L)	773	
Tarifvertrag (Eingruppierung)	789	
Tarifvertrag (Entgelttabellen)	790	
Tarifvertrag Entgeltumwandlung	792	
Teilzeit / Urlaub (Arbeitnehmerinnen und Arbeitnehmer)	792	
➤ Teilzeit / Urlaub (Beamtenrecht – VwV)	794	
➤ Teilzeit/Urlaub (Freistellungsjahr – Sabbatjahr)	799	
Teilzeitbeschäftigung (Pflichten und Rechte)	802	
Termin-Checkliste	805	
Trennungsgeldverordnung	807	
Umzugskostengesetz (LUKG)	810	
Unfälle (Arbeitsunfälle, Dienstunfälle und Privatunfälle)	814	
Unfallversicherung/-verhütung	816	
Unfallversicherung/-verhütung (Trampolin)	819	
➤ Unterrichtsbesuche	820	
Urheberrecht (GEMA / Musik)	821	
➤ Urheberrecht (Kopien – Internet)	822	
➤ Urlaub (Allgemeines)	825	
Urlaub (Jugendleiter/innen)	830	
➤ Urlaub (Mandatsträger/innen)	831	
➤ Urlaub (Pflegezeit / AzUVO)	831	
Urlaub (Pflegezeitgesetz – Arbeitnehmer/innen)	832	
Urlaub (Privatschuldienst)	833	
Urlaub (Prüfungen)	834	
➤ Urlaub (Verordnung / AzUVO)	834	
Urlaub (Weiterbildung / Lehrerprogramm)	837	
Verfassung	837	
Vergleichsarbeiten	839	
➤ Vergleichsarbeiten / Diagnosearbeiten (Termine)	840	
Verkehrserziehung (Beauftragte)	841	
Verkehrserziehung (Radfahrausbildung)	841	
Verschwiegenheitspflicht	843	
Versetzungen und Abordnungen (Lehrkräfte)	844	
Verwaltungskräfte	847	
Verwaltungsrecht	847	
Verwaltungsrecht (Beschwerde und Widerspruch)	849	
Volljährigkeit	853	
Vorbereitungsdienst (Sozialpunkte/Seminarzuweisung)	853	
Vorbereitungsdienst (Zulassung / Numerus clausus)	854	
➤ Vorschriften	856	
Vorschüsse	858	
Waffen in der Schule	858	
Wahlkampf und Schule	859	
Werbung, Wettbewerbe und Erhebungen	860	
Werkrealschule (Ausbildung und Prüfung)	862	
➤ Werkreal-/Hauptschule (Abschlussprüfung – Termine 2011)	874	
➤ Werkreal-/Hauptschule (Abschlussprüfung – Termine 2012)	875	
➤ Werkreal-/Hauptschule (Informationsveranstaltungen)	876	
Werkrealschule (Schulbezirk)	877	
Werkrealschule (Stundentafel)	878	
Wilhelma	878	
Zeugnisse (Allgemeinbildende Schulen)	879	
Zeugnisse (Ersatzzeugnisse)	882	
Alphabetisches Schlagwortverzeichnis	883	
Beleg für das Finanzamt	919	

Nutzen Sie das ausführliche alphabetische Schlagwortverzeichnis am Ende des Buches.

Anzeige

Sicherheit. Jetzt und im Alter.

Egal, ob Sie Ihren Lebensstandard oder Ihre Familie günstig absichern möchten: Mit dem Vorsorgepaket „Das RentenPlus", den verbesserten Konditionen in der Altersvorsorge sowie in der Berufs- und Dienstunfähigkeitsabsicherung für GEW-Mitglieder sind Sie bei der Debeka Lebensversicherung auf jeden Fall gut aufgehoben. Sprechen Sie mit uns.

erfahren. sicher. günstig.

Landesgeschäftsstelle Freiburg
Stadtpalais am Friedrichsbau
Kaiser-Joseph-Straße 272
79098 Freiburg
Telefon (07 61) 3 86 54-0

Landesgeschäftsstelle Stuttgart
Rotebühlstraße 81
70178 Stuttgart
Telefon (07 11) 6 19 69-0

Landesgeschäftsstelle Mannheim
D 3, 5
68159 Mannheim
Telefon (06 21) 12 43-0

www.debeka.de

DB BAHN

Umweltbewusst und zuverlässig ans Ziel Ihrer Klassenfahrt?
www.bahn.de/klassenfahrten   Weitere Infos: siehe 4. Umschlagseite

---

Neu beim SPV:

DVD-Video
Lange lehren in Beziehung

Einzellizenz für Lehrkräfte

Preis: 19,90 Euro
bestellservice@spv-s.de
www.spv-s.de

Mit Unterstützung der GEW Baden-Württemberg produzierte Prof. Bauer (Universität Freiburg) und Rolf Schnabel (freier Journalist) diese DVD. Sie richtet sich an alle Lehrkräfter, die ihre Beziehungsarbeit in der Schule verbessern und optimieren wollen um ihre Gesundheit zu schützen und länger im Beruf arbeiten wollen.

Weitere Informationen unter *www.spv-s.de*

Lizenzen für Schulen und Medienzentren können ausschließlich über folgende Adresse bezogen werden: FWU Institut für Film und Bild, Bavariafilmplatz 3, 82031 Grünwald
Telefon: 089 6497- 444, Telefax: 089 6497- 240, E-Mail: vertrieb@fwu.de
Internet: www.fwu.de

Anzeige

RICHTUNGWEISEND.

▶▶ **Schulrecht Baden-Württemberg**

Rechtsprechung

von Dr. jur. Wolfgang Bosse, Ministerialrat, und Stephan Burk, Regierungsdirektor, unter Mitarbeit von Rainer Sauer, Ministerialrat, und Dr. jur. Alexander Michael, Regierungsdirektor

Loseblattwerk, etwa 4920 Seiten, € 56,– einschl. 4 Ordnern

ISBN 3-415-00624-7

Das Werk enthält wichtige Entscheidungen zum Schulrecht für Schulleiter, Lehrer, Schulverwaltungen und Schulträger. Die Entscheidungen sind den einzelnen Bestimmungen des Schulgesetzes zugeordnet und eine zuverlässige Hilfe bei allen Rechtsfragen des Schulrechts.

sz 1009

Zu beziehen bei Ihrer Buchhandlung oder beim
RICHARD BOORBERG VERLAG GmbH & Co KG
70551 Stuttgart oder Fax an: 07 11/73 85-100
Internet: www.boorberg.de · E-Mail: bestellung@boorberg.de

✡|BOORBERG

Vorwort

An die Benutzerinnen und Benutzer

Das Jahrbuch 2011 enthält die wichtigsten Vorschriften aus dem Schulrecht sowie dem Dienst- und Arbeitsrecht für Lehrkräfte an öffentlichen Schulen Baden-Württembergs (Stand: 12.11.2010). Der Landtag hat am 27. Oktober die „Dienstrechtsreform" beschlossen und damit umfangreiche Änderungen der für die Landesbeamt/innen geltenden Bestimmungen vorgenommen (z.b. Änderung des Landesbeamtengesetzes – u.a. Hinausschieben der Altersgrenze für die Zurruhesetzung – sowie der Besoldungs- und Versorgungsvorschriften). Wir haben alle diese Änderungen bereits in das Jahrbuch 2011 eingearbeitet.

Zum Aufbau des Buches

Wir weisen auf die wichtigsten Änderungen seit der letzten Auflage im **Inhaltsverzeichnis** auf Seite 4 ff. besonders hin: Ganz neu aufgenommene oder völlig überarbeitete Beiträge sind dort durch das Zeichen ➤ gekennzeichnet. Außer dem Inhaltsverzeichnis haben wir dem Jahrbuch auch ein umfangreiches alphabetisches **Register** beigegeben (am Ende des Buches).

Das Buch ist alphabetisch aufgebaut. Da viele Gegenstände durch unterschiedliche Regelungen erfasst werden (häufig gibt es zu ein und demselben Sachverhalt eine Gesetzesbestimmung, mehrere Verordnungen, Verwaltungsvorschriften und teilweise noch weitere Ausführungsbestimmungen), verweisen wir in den einzelnen Beiträgen mit dem Zeichen ➜ auf korrespondierende Vorschriften. Da sich das Jahrbuch auf den Bereich der Lehrkräfte an öffentlichen Schulen bezieht, sind viele Gesetzes- und Verordnungstexte nur auszugsweise abgedruckt – sonst müsste das Buch noch dicker sein. Der vollständige Text ist in der Regel unter www.landesrecht-bw.de zu finden.

Wir haben den Anlass der Dienstrechtsreform, die sehr umfangreiche Textänderungen mit sich bringt, dafür genutzt, im Jahrbuch zahlreiche strukturelle Veränderungen vorzunehmen, um dessen Nutzwert zu erhöhen. Alle das Beamtenverhältnis betreffenden Bestimmungen sind jetzt alphabetisch unter „Beamte ..." zu finden. Das Besoldungsrecht einschließlich der Gehaltstabellen ist unter „Besoldung ...", das Tarifrecht einschließlich der Entgelttabellen unter „Tarifvertrag ..." und die Versorgungsangelegenheiten der Beamten sind unter „Beamtenversorgung ..." auffindbar.

Sonderteil Berufliche Schulen

Das Jahrbuch erscheint in zwei Fassungen:
- Die **Standard-Fassung** enthält die dienst- und arbeitsrechtlichen Vorschriften für die Lehrkräfte aller Schularten sowie alle schulartübergreifenden Vorschriften, stellt jedoch die beruflichen Schularten jeweils nur im Überblick vor (Ziele und Abschlüsse sowie Auswahl- und Aufnahmeverfahren), um den Lehrkräften und Schulleitungen der allgemeinbildenden Schulen die für die Schullaufbahnberatung relevanten Informationen an die Hand zu geben. Die Standard-Fassung wird an die Bezieher/innen außerhalb der beruflichen Schulen ausgeliefert.
- Daneben gibt es eine spezielle **Ausgabe für die beruflichen Schulen**. In dieser Ausgabe schließt sich an die Standard-Fassung ein „Sonderteil berufliche Schulen" an, der die Bestimmungen für diese Schularten im Volltext enthält.

Mit dem Jahrbuchservice up to date

In unregelmäßiger Folge veröffentlichen wir den „Jahrbuchservice" mit Änderungen und Verbesserungen des laufenden Jahrbuches. Unter der Adresse http://spv-s.de/Jahrbuch-Update-Service.html kann man sich in eine Mailing-Liste eintragen und erhält dann alle Ausgaben im Abonnement.

Urheberrechtshinweis

Bitte beachten Sie auf Seite 2 im Impressum die Hinweise auf das Urheberrechtsgesetz: Weder das Jahrbuch noch seine Teile dürfen in anderen als den gesetzlich zugelassenen Fällen ohne schriftliche Einwilligung kopiert, eingescannt, in ein Netzwerk oder ins Internet eingestellt werden.

Sprache und Rechtschreibung

Wo möglich, haben wir im Jahrbuch eine frauenfreundliche Sprache gewählt. Die „Männersprache" vieler amtlicher Texte haben wir jedoch nicht ändern können.

Vor der Rechtschreibreform erlassene Vorschriften haben wir an die neue ➜ Rechtschreibung angepasst. Wegen der inkonsequenten Anwendung der Regeln durch Gesetzgeber und Verwaltung haben wir die Anwendung vereinheitlicht und uns, soweit mehrere Varianten möglich sind, eher für die Art der Zusammenschreibung entschieden (vgl. § 36 des amtlichen Regelwerks). Wir haben uns dabei an den Vorschlägen der beiden maßgebenden Wörterbuchverlage Duden und Wahrig für die Variantenschreibung orientiert (siehe auch http://www.die-nachrichtenagenturen.de/).

Einige Beispiele hierfür: Wir schreiben
- *aufgrund* statt *auf Grund*,
- *allgemeinbildend* statt *allgemein bildend*,
- *aufsichtführend* statt *Aufsicht führend*,
- *schwerbehindert* statt *schwer behindert*,
- *sogenannt* statt *so genannt*.

Für Hinweise und Vorschläge ist die Redaktion dankbar. Bitte richten Sie Ihre Mitteilungen an: Michael Rux, Schützenallee 68, 79102 Freiburg, FON: (0761) 70 75 227, michael@rux-online.de

Michael Rux / Inge Goerlich / Rolf Dzillak

Anzeige

Die Versicherung, die ich brauche.

Die DOCURA ist da, wenn Haften zur Pflicht wird!

Wer einen Schaden verursacht, muss dafür auch geradestehen – oft reicht eine kleine Unaufmerksamkeit aus, um einen großen Schaden zu verursachen. Deshalb unsere Empfehlung:

Die DOCURA Haftpflichtversicherung!

www.docura.de
0234-93715-0

DOCURA VVaG
VERSICHERUNGEN

Vertrauen auf Gegenseitigkeit

Anschriftenverzeichnis

GEW-Geschäftsstellen, Redaktionen, Rechtsschutz

Landesgeschäftsstelle

GEW Baden-Württemberg, Silcherstraße 7, 70176 Stuttgart, FON: (0711) 21030-0, FAX: -45. E-Mail: info@gew-bw.de

Bitte Adressen- oder beitragswirksame Änderungen (z.B. Übergang von Voll- auf Teilzeit usw.) an die GEW-Mitgliederverwaltung (gleiche Anschrift; FAX: -65, E-Mail: mitgliederverwaltung@gew-bw.de) mitteilen.

GEW-Publikationen: bestellen@gew-bw.de

Landesgeschäftsführer: Matthias Schneider, FON: (0711) 21030-14, FAX: -21030-55 E-Mail: matthias.schneider@gew-bw.de

Verlag und Redaktion b&w

Redaktion bildung & wissenschaft, Silcherstr. 7, 70176 Stuttgart, FON: (0711) 21030-36, FAX: -21030-65. E-Mail: b+w@gew-bw.de

Verantwortlicher Redakteur: Michael Hirn, Moserstr. 20, 70180 Stuttgart, FON: (0711) 6368648, E-Mail: michael.hirn@gew-bw.de

Süddeutscher Pädagogischer Verlag GmbH, Silcherstraße 7a, 70176 Stuttgart, FON: (0711) 21030-70, FAX: -799, E-Mail: info@spv-s.de. Internet: www.spv-s.de.

Geschäftsführung des Verlags:

Rainer Dahlem (rainer.dahlem@spv-s.de) und Michael Schulze (Michael.Schulze@spv-s.de)

Bezirksgeschäftsstellen

GEW-Bezirk Nordbaden:
Ettlinger Str. 3a, 76137 Karlsruhe, FON: (0721) 32625, FAX: (0721) 359378, E-Mail: bezirk.nb@gew-bw.de

GEW-Bezirk Nordwürttemberg:
Silcherstr. 7, 70176 Stuttgart, FON: (0711) 21030-44, FAX: (0711) -75, E-Mail: bezirk.nw@gew-bw.de

GEW-Bezirk Südbaden:
Wölflinstr. 11, 79104 Freiburg i.Br., FON: (0761) 33447, FAX: (0761) 26154, E-Mail: bezirk.sb@gew-bw.de

GEW-Bezirk Südwürttemberg:
Frauenstr. 28, 89073 Ulm, FON: (0731) 9213723, FAX: (0731) 9213724, E-Mail: bezirk.sw@gew-bw.de

Rechtsschutzstellen

Wenden Sie sich bitte in allen Rechtsschutzfragen an die für Ihren Regierungsbezirk zuständige **Bezirks**rechtsschutzstelle (Ausnahme: Hochschulpersonal; s.u.).

Bitte die Informationen zum Rechtsschutz der GEW (➔ Rechtsschutz) sowie die Hinweise zum Verhalten in Disziplinarfällen unter ➔ Disziplinargesetz (Allgemeines) beachten.

Schriftliche Anfragen möglichst nicht per e-Mail, sondern verschlüsselt über www.gew-bw.de/Rechtsschutzanfrage_2.html

GEW-Bezirksrechtsschutzstelle Nordbaden:
Jürgen Ebert, Friedenstr. 128, 75173 Pforzheim, FON: (07231) 4433361, FAX: (07231) 9380291, E-Mail: rechtsschutz.nb@gew-bw.de

GEW-Bezirksrechtsschutzstelle Nordwürttemberg:
Verena König und Waltraud Kommerell, c/o GEW, Silcherstraße 7, 70176 Stuttgart, FON: (0711) 21030-51 und -52, FAX: (0711) 21030-74, Mail: rechtsschutz.nw@gew-bw.de

GEW-Bezirksrechtsschutzstelle Südbaden (Team):
Bernd Pohlmann und Monika Sulzberger, c/o GEW, Wölflinstr. 11, 79104 Freiburg, FON: (0761) 33447, FAX: (0761) 26154, E-Mail: rechtsschutz.sb@gew-bw.de

GEW-Bezirksrechtsschutzstelle Südwürttemberg:
Arthur F. Vosseler, Adenauerstraße 58, 89171 Illerkirchberg, FON: (07346) 919363, FAX: (07346) 919364; E-Mail: rechtsschutz.sw@gew-bw.de

GEW-Hochschulrechtsschutzstelle:
– **Beschäftigte** an Hochschulen wenden sich direkt an die Landesrechtsschutzstelle der GEW, Alfred König, Silcherstr. 7, 70176 Stuttgart, FON: (0711) 21030-50, FAX: (0711) 21030-74, E-Mail: rechtsschutz@gew-bw.de

– **studierende Mitglieder** wenden sich an die Bezirksrechtsschutzstellen (s.o.)

➔ Rechtsschutz der GEW

Berufshaftpflichtversicherung der GEW

Im GEW-Mitgliedsbeitrag ist eine Berufshaftpflichtversicherung enthalten (gesetzliche Haftpflicht aus der gesamten dienstlichen Tätigkeit der aktiven Mitglieder). Einzelheiten stehen unter

➔ Haftung und Versicherung Nr. 2

Die GEW im Internet:
Aktuelle Informationen und Adressen finden Sie unter: http://www.gew-bw.de

Adressenteil: GEW-Adressen

Landesvorstand der GEW

A
Geschäftsführender Vorstand (GV)

Landesvorsitzende

Doro Moritz, c/o GEW, Silcherstraße 7, 70176 Stuttgart, FON: (0711) 21030-0, FAX: –45, E-Mail: doro.moritz@gew-bw.de

Drei gleichberechtigte stellvertretende Landesvorsitzende

1. Michael Futterer und Hans Gampe *(Team)*:
   - Michael Futterer, Ludwigsburger Str. 4, 74080 Heilbronn, FON: (07131) 5945355, FAX: (07131) 5945422, E-Mail: michael.futterer@macnews.de
   - Hans Gampe, Ligusterweg 13, 72770 Reutlingen, FON: (07121) 580142, FAX: –57316, E-Mail: Hans.Gampe@t-online.de
2. Barbara Haas, Wolfsbergallee 59, 75177 Pforzheim, FON: (07231) 359055, E-Mail: barbara.haas@gew-bw.de
3. Petra Kilian, Taubenheimstraße 48, 70372 Stuttgart, FON: (0711) 527360, E-Mail: petra.kilian@gmx.de

Landesschatzmeister

Michael Schulze, c/o GEW, Silcherstr. 7, 70176 Stuttgart, FON: (0711) 21030-30, FAX: (0711) 21030-65, E-Mail: michael.schulze@gew-bw.de

Leiter/innen der Vorstandsbereiche A-E

A – Grundsatzfragen:
Hagen Battran, Holzweg 3, 79194 Heuweiler, FON: (07666) 882791, FAX: (07666) 882817, E-Mail: hagen.battran@gew-bw.de

B – Allgemeine Bildung:
Dr. Hartmut Markert, Jos.-Wilhelm-Weg 27, 72379 Hechingen, FON/FAX: (07471) 13152, FON: d. (07471) 937511, FAX: d. (07471) 937513, E-Mail: hartmut.markert@gew-bw.de

C – Weiterführende Bildung (Team):
- Erich Liesecke, Rabanstr. 4c, 74921 Helmstadt-Bargen, FON: (07263) 1889, E-Mail: erich.liesecke@mac.com
- Dr. Axel Zimmermann, Wengertenstr. 23, 74921 Helmstadt, FON: (07263) 918 284, FAX: (07263) 918286, E-Mail: dr.axel@t-online.de

D – Tarif-, Beamten- und Sozialpolitik (Team):
- Inge Goerlich, c/o GEW Nordwürttemberg (Anschrift siehe Bezirksvorstand NW)
- Alfred Uhing, c/o GEW Nordbaden, (Anschrift siehe Bezirksvorstand NB)
- Klaus Willmann, c/o GEW Südbaden, (Anschrift siehe Bezirksvorstand SB)

E – Frauenpolitik (Team):
- Bärbel Etzel-Paulsen, Saarlandstr. 43, 70734 Fellbach, FON: (0711) 582652, E-Mail: b.etzel-paulsen@gmx.de
- Petra Pfeiffer-Silberberger, Am Brenner 6, 97941 Tauberbischofsheim, FON: (09341) 846568, FAX: –8471527, E-Mail: p.pfeiffer-silberberger@t-online.de

Zum GV sollen bei allen Fragen, die speziell ihr Fachgebiet betreffen, jeweils mit Stimmrecht hinzutreten (alle Adressen unter B – Landesvorstand):

a) die Leiterinnen bzw. Leiter der eingerichteten Koordinierungsgruppen und Arbeitsgemeinschaften
b) die Vorsitzenden der Landesfachgruppen,
c) die Leiterin bzw. der Leiter der Landesrechtsschutzstelle,
d) die Leiterin bzw. der Leiter des Vorstandsbereichs F (siehe B – Landesvorstand – Nr. 3)

B
Landesvorstand (LV)

1. Vorsitzende der GEW-Kreise

Alb-Donau/Ulm (Team):
- Edmund Schnaitter, Kirchstr. 23, 89129 Setzingen, FON: (07345) 919838, FAX: (07345) 921085, E-Mail: eddi@schnaitter.de
- Wolfgang Spengler, Auf dem Rucken 24, 89143 Blaubeuren, FON: (07344) 5444, E-Mail: WSpengler@gmx.de
- Ursula Wopalensky, Postfach 36, 89270 Elchingen, FON: (0731) 29148, E-Mail: mail@wopalensky.de

Bad Mergentheim:
Petra Pfeiffer-Silberberger, Am Brenner 6, 97941 Tauberbischofsheim, FON: (09341) 846568, E-Mail: p.pfeiffer-silberberger@t-online.de

Biberach/Riß:
Karl-Heinz Schoch, Am Schlegelberg 7, 88447 Warthausen, FON: (07351) 9995, FAX: (07351) 9996, E-Mail: karl-heinz.schoch@t-online.de

Böblingen (Team):
- Wolfgang Bosch, Hohenzollernstr. 86, 71067 Sindelfingen, FON/FAX: (07031) 802811, E-Mail: rechner@gew-boeblingen.de
- Norbert Füssinger, Tauschfeldstr. 1, 71134 Aidlingen, FON: (07056) 8721, FAX: –964998 E-Mail: nfuessinger@web.de

Esslingen/Nürtingen:
Hans Dörr, Müllerweg 3, 73274 Notzingen, FON: (07021) 44163, E-Mail: hans_doerr@gmx.de

Adressenteil: GEW-Adressen

Freiburg/Brsg. (Team):
- Claudia Meissner, Lindenstraße 29, 79194 Gundelfingen, FON: (0761) 5932283, FAX: (0761) 5932282, E-Mail: meissner.cl@t-online.de
- Gerlinde Rupp, Windenreuter Str. 4, 79312 Emmendingen, FON: (07641) 9529565, E-Mail: g-l.rupp@gmx.de

Göppingen (Team):
- Regina Ilg, Hailingstraße 2, 73033 Göppingen, FON: (07161) 75348
- Harald Neuffer, Langer Morgen 1, 73110 Hattenhofen, FON: (07164) 5359, FAX: (07164) 146213,
- Holger Kißling, Hauptstraße 64, 73092 Heiningen, FON/FAX: (07161) 43389

Heilbronn (Team):
- Michael Futterer, Ludwigsburger Str. 4, 74080 Heilbronn, FON: (07131) 5945355, E-Mail: michael_futterer@t-online.de
- Ulrich Keintzel, Uhlandstr. 10/2, 74211 Leingarten, FON: (07131) 401688, E-Mail: ukeintzel@web.de
- Andrea Krieg, Wilhelm-Busch-Straße 15, 74076 Heilbronn/N., FON: (07131) 160450, E-Mail: andrea.krieg.hn@freenet.de
- Lothar Wallmann, Spemannstr. 8, 74081 Heilbronn, FON: (07131) 576159, E-Mail: Lothar@wallmannhn.de

Karlsruhe:
Sigrid Kaschanian, Rüppurrer Str. 33, 76137 Karlsruhe, FON: (0721) 377796, E-Mail: info@gew-karlsruhe.de

Konstanz:
Klaus Mühlherr, Bahnhofstraße 27, 78259 Mühlhausen-Ehingen, FON: (07733) 978954, FAX: (07733) 978955, E-Mail: klaus.muehlherr@t-online.de

Lörrach:
Monika Sulzberger, Wittlinger Str. 17, 79576 Weil am Rhein, FON: (07621) 77916, E-Mail: mo_sul@web.de

Ludwigsburg (Team)
- Frank Eberhard, Oberriexinger Str.5, 71706 Markgröningen, FON: (07147) 8755, E-Mail: frank.eberhard@gew-bw.de
- Ute Falkenberg, Uferstr.1/2, 71723 Großbottwar, FON: (07148) 900172, FAX: (07148) 900176, E-Mail: utefalkenberg@gmx.de

Mannheim (Team):
- Ricarda Kaiser, Talhausring 35, 68219 Mannheim, FON: (0621) 733617, FAX: (0621) 757503, E-Mail: ricarda.kaiser@gew-mannheim.de
- Nathalie May, Nelkenstraße 4, 68309 Mannheim, FON/FAX: (0621) 7360745, E-Mail: nathalie_may@gmx.de

Neckar-Odenwald:
Liselotte Haaß, Lärchenstr. 8, 74834 Elztal, FON: (06261) 4491, E-Mail: liselotte.haass@vodafone.de

Nordschwarzwald:
Gottfried Gruner, Ottenbühl 21, 72224 Ebhausen, FON/FAX: (07054) 8774, E-Mail: gottfried.gruner@t-online.de

Offenburg (Team):
- Katrin Knapp-Neumann, Vorder-Winterbach 37, 77794 Lautenbach, FON: (07802) 7985, FAX: (07802) 981745, E-Mail: Knapp-Neumann@comprendus.de
- Horst Kosmalla, Schäffereigasse 4, 77866 Rheinau, FON: (07844) 991454, E-Mail: HorstKosmalla@gmx.de

Ostwürttemberg (Team):
- Walter Nollenberger, Talweg 2, 73434 Aalen, FON: (07361) 43816, E-Mail: W.Nollenberger@gmx.de
- Gerhard Oberlader, , Kistelbergstr. 83, 89522 Heidenheim, FON: (07321) 51889, E-Mail: Gerhardoberlader@web.de
- Margit Wohner, Friedensweg 4, 73547 Lorch, FON: (07172) 5692, E-Mail: margit.wohner@gew-bw.de

Pforzheim-Enzkreis (Team):
- Thomas Herbel, Hauptstr. 12, 75446 Wiernsheim-Pinache, FON: (07041) 7211, E-Mail: herbel-pinache@gmx.de
- Eva Schaufelberger, Birkenweg 12, 75378 Bad Liebenzell, FON: (07052) 935724, FAX: (07052) 935725, E-Mail: sch-eva@web.de
- Johannes Schönau, Rennbachweg 21, 75181 Pforzheim, FON: (07231) 955288, E-Mail: Johannes.Schoenau@zab.net

Rastatt/Baden-Baden:
Josef Weschenfelder, 76227 Karlsruhe, Badenerstraße 56, FON/FAX: (0721) 9823430, E-Mail: j.weschenfelder@web.de

Reutlingen/Tübingen:
Wolfgang Kargl, Bellinostr. 32, 72764 Reutlingen, FON: (07121) 24657, FAX: (07121) 206566, E-Mail: Wolf.kargl@t-online.de

Rhein-Neckar/Heidelberg:
Ulrike Noll, Küferstraße 14, 69168 Wiesloch, FON: (06222) 937999, E-Mail: u.noll@freenet.de

Rottweil:
Katarine Werner, Frühlingstr. 9, 78662 Bösingen, FON: (07404) 91260, FAX: -91261, E-Mail: Kathi-Werner@web.de

Schwäbisch Hall:
Bernd Kaspar, Hoher Weg 2, 74594 Kreßberg,
FON: (07957) 926063, FAX: (07957) 1317,
E-Mail: bernd.kaspar.gew.sha@t-online.de

Schwarzwald-Baar (Team):
- Ruth Schütz-Zacher, Auf der Staig 28,
  78166 Donaueschingen, FON: (0771)
  9294370, FAX: (0771) 9291487,
  E-Mail: ruth.schuetz-zacher@t-online.de
- Markus Schütz, Auf der Staig 28, 78166
  Donaueschingen, FON (0771) 9294370,
  FAX: (0771) 9291487,
  E-Mail: gew.schwarzwald-baar@t-online.de

Sigmaringen:
Hans-Jörg Kraus, Humboldtstr. 20,
88605 Meßkirch, FON: (07575) 4345,
FAX: (07575) 4184, E-Mail: info@gewsig.de

Stuttgart (Team):
- Erwin Berger, Am Wolfsberg 81, 71665
  Vaihingen/Enz, FON/FAX: (07042)
  15642, E-Mail: bergererwin@web.de
- Annemarie Raab, Burenstraße 24,
  70435 Stuttgart, FON: (0711) 8208935,
  FAX: (0711) 8208934,
  E-Mail: Annemarie.Raab@gr-z.de

Tettnang (Bodenseekreis / Landkreis Ravensburg):
Fritz Erb, Seestr. 59, 88214 Ravensburg,
FON: (0751) 351779, FAX: (0751) 35294183,
E-Mail: F.Erb@t-online.de

Waiblingen (Rems-Murr-Kreis):
(Stellvertretend für das Kreisvorstandsteam)
- Martin Fischer, FON: (07191) 979149,
  E-Mail: mainfischer@arcor.de
- Roland Theophil, FON: (07194) 3810148,
  E-Mail: rosothe25@t-online.de

Waldshut:
Gerhard Kappenberger, Zur Lehnern 8,
79837 Häusern, FON: (07672) 1771,
FAX: (03222) 3740966,
E-Mail: gerhard.kappenberger@t-online.de

Zollernalbkreis:
Erika Francke, Lochstr. 3,
72336 Balingen, FON/FAX: (07433) 36368,
E-Mail: erika.francke@web.de

2.
Vorsitzende der Landesfachgruppen

Angestellte (Team):
- Bärbel Etzel-Paulsen, Saarlandstr. 21,
  70734 Fellbach, FON: (0711) 582652,
  E-Mail: b.etzel-paulsen@gmx.de
- Traudel Kern, J.-A.-Silbermann-Straße 17,
  77974 Meißenheim, FON: (07824)
  663239, FAX: (07824) 663709,
  E-Mail: traudel.kern@gmx.de

Erwachsenenbildung (Team):
- Roland Arnold, Martin-Niemöller-Str. 8,
  74080 Heilbronn, FON: (07131) 32820,
  FAX: d. (07131) 996505,
  E-Mail: roland.arnold@t-online.de

- Margrit Schatz, c/o GEW, Silcherstr. 7,
  70176 Stuttgart, FON: (0711) 21030-46,
  E-Mail: margrit.schatz@gew-bw.de

Fachlehrer/innen:
Margit Stolz-Vahle Postfach 73,
78352 Sipplingen, FON: (0700) 67076800,
FAX: (0321) 210 76592,
E-Mail: gew@stolz-vahle.de

Frauen (Team):
- Martina Albiez, Frischlinstr. 9, 72074
  Tübingen, FON: (07071) 24254,
  E-Mail: kasandra184@aol.com
- Elke Gärtner, Bussardweg 3, 97922 Lauda-
  Königshofen, FON: (09343) 600977,
  E-Mail: eskarina1@gmx.de
- Simone Weckler, FON: (01754) 167742,
  E-Mail: s.weckler@enztal-gymnasium.de

Gesamtschulen:
Helmut Jung, Handschuhsheimer
Landstr. 49a, 69121 Heidelberg,
FON: (06221) 439651, FAX: (06221) 310210,
E-Mail: helmut.jung@web.de

*Gewerbliche, Haus- und Landwirtschaftliche,
Sozialpädagogische und -pflegerische Schulen:*
Georgia Kolb, Herzog-Philipp-Str. 15/1,
75385 Bad Teinach-Zavelstein, FON: (07053)
932850, FAX: (0321) 23931995,
E-Mail: Georgia.Kolb@web.de

Grundschulen (Team):
- Gabriele Frey, Schwalbenweg 7, 71665
  Vaihingen/ Enz, FON: (07042) 22306,
  FAX: (07042) 800027,
  E-Mail: grabiele@t-online.de
- Gabriele Römmele, Knielinger Allee 4,
  76133 Karlsruhe, FON: (0721) 593242,
  E-Mail: gabriele.roemmele@t-online.de

Gymnasien:
Monika Gessat, Max-von-Laue-Straße 2,
75015 Bretten, FON: (07252) 85273,
FAX: (0322) 23705075,
E-Mail: Monika.Gessat@t-online.de

Hauptschulen (Team):
- Brigitte Friedrich-Wittig,
  Große Äcker 24, 71691 Freiberg,
  FON: (07141) 76131, FAX: (07141) 780479,
  E-Mail: frie-wi@web.de
- Erhard Korn, Forellenweg 11, 71711
  Steinheim, FON: (07144) 23431,
  E-Mail: eukorn@web.de

Hochschule & Forschung:
Lothar Letsche, Postfach 1909,
72009 Tübingen, FON: (07071) 303083,
FAX: (07151) 66318,
E-Mail: lothar.letsche@gew-bw.de

Junge Lehrer/innen und Erzieher/innen:
Jana Kolberg, Stadionstr. 27, 97980
Bad Mergentheim, FON: (07931) 9612480,
E-Mail: Jana.Kolberg@web.de

Kaufmännische Schulen:
Ingrid Letzgus, Ritter-Jörg-Str. 8/2,
72108 Rottenburg, FON: (07472) 916155,
E-Mail: ingridletzgus@t-online.de

Mitglieder im Ruhestand:
Gerhard Fuchsloch,
Murgweg 8, 73529 Schwäbisch Gmünd,
FON: (07171) 81546,
E-Mail: Fuchsloch_Gerhard@t-online.de

Realschulen:
Willi Bernhard, Rosenstr.36, 88074 Meckenbeuren, FON: (07542) 20349 , FAX: (07542) 9382966, E-Mail:willibernhard@gmx.de

Schulaufsicht, Schulverwaltung, Seminare :
Martin Morgen, Birkenweg 7,
89601 Schelklingen, FON: (07394) 245709,
FAX: (07392) 967525,
E-Mail: martin.morgen@t-online.de

Sonderpädagogische Berufe /Sonderschulen:
Klaus Pauscher, Cäciliastr. 41,
76135 Karlsruhe, FON: (0721) 812120,
FAX: (0721) 8200459,
E-Mail: klauspauscher@gmx.net

Sozialpädagogische Berufe (Team):
- Bettina Götz, Magdeburger Str. 5,
76676 Graben-Neudorf, FON: (07255) 1699,
E-Mail: b.tinagoetz@googlemail.com
- Karl-Heinz Paulsen, Bruckstr. 43,
70734 Fellbach, FON: (0711) 582652,
E-Mail: Kalle.Paulsen@gmx.de

Studierende (Team):
- Mirijam Schnaitter, Pestalozzistr. 35,
72762 Reutlingen,
E-Mail: mirijam@schnaitter.de
- Matthias Schweizer, Silcherstr. 11, 79312 Emmendingen, matthiasschweizer@gmx.net

3.
Weitere Mitglieder des Landesvorstands

Leiter des Vorstandsbereichs F – Seniorenpolitik:
Michael Rux, Schützenallee 68,
79102 Freiburg, FON: (0761) 70 75 227,
E-Mail: michael@rux-online.de

Leiter der Landesrechtsschutzstelle:
Alfred König (Anschrift unter Rechtsschutz am Anfang des Adressenteils)

Leiter der Koordinierungsgruppe Gewerkschaftliche Bildung und Fortbildung: N.N.

Leiter der Koordinierungsgruppe Mitgliederwerbung/ Mitgliederbindung:
Doro Moritz (Adresse beim GV)

Außer den hier aufgeführten Personen gehören dem Landesvorstand der GEW an:
- Die Vorsitzenden sowie die Geschäftsführer/innen der Bezirke bzw. deren Vertretung,
- der Geschäftsführer des Landesverbandes und der verantwortliche Redakteur des Gewerkschaftsorgans mit beratender Stimme,
- je eine Vertreterin bzw. ein Vertreter der GEW-Fraktionen in den Hauptpersonalräten mit beratender Stimme, soweit nicht ein Mitglied dieses HPR dem LV bereits angehört.

C.
Arbeitskreise und Kommissionen der GEW Baden-Württemberg

Arbeitskreis Schulleitung (Team):
- Hans Dörr, Müllerweg 34,
73274 Notzingen, FON: (07021) 44163,
E-Mail: hans_doerr@gmx.de
- Nuri Kiefer, Gänsbergstr. 31,
76228 Karlsruhe, FON: (0721) 4992166,
E-Mail: nurikiefer@arcor.de

Arbeitskreis Technische Lehrerinnen und Lehrer an beruflichen Schulen:
Reinhold Schröder, Ziegelhüttengasse 18,
72813 St.-Johann-Würtingen,
FON: (07122) 9080, FAX: (07122) 820219,
E-Mail: rpf-schroeder@t-online.de

Beauftragter der GEW Baden-Württemberg für Auslandslehrkräfte :
Wolfgang Gotterbarm, Friedrich-Ebert-Ring 163, 69469 Weinheim,
FON: (06201) 183751 und (01755) 602760,
E-Mail: post@wgotterbarm.de

Sportkommission (Team):
- Siegfried Eith, Tullastraße 16,
77815 Bühl, FON: (07223) 23869,
FAX: (07223) 979665,
E-Mail: sigi.eith@gmx.de
- Heike Hauck, Feuerbachstr. 20, 69126 Heidelberg, FON: (06221) 374457,
FAX: (06221) 315,
E-Mail: Heike.Hauck.@web.de

Arbeitsgemeinschaft Jugendliteratur und Medien der GEW, Landesstelle Baden-Württemberg:
Madeleine Braunagel, Ringstraße 18,
76228 Karlsruhe, FON: (0721) 491520
E-Mail: mad_braunagel@hotmail.com

Arbeitskreis Lesbenpolitik:
Anne Huschens, Gutenbergstr. 49,
70176 Stuttgart, FON: (0711) 627219,
FAX: (0711) 6153912,
E-Mail: a.huschens@z.zgs.de

Arbeitkreis Schwulenpolitik:
AK Schwulenpolitik, Schwule Lehrer BW,
GEW B-W, Silcherstr. 7, 70176 Stuttgart,
E-Mail: schwulenpolitik@gew-bw.de

Weitere Gewerkschaftsadressen

GEW-Hauptvorstand, Postfach 900409,
60444 Frankfurt/Main, FON: (069) 78973-0,
FAX: (069) 78973-201,
E-Mail: info@gew.de

DGB Baden-Württemberg, Willi-Bleicher-Str. 20,
70174 Stuttgart, FON: (0711) 2028-0,
E-Mail: info-bw@dgb.de

GEW-Bezirksvorstände

Mitglieder der GEW-Bezirksvorstände

Bezirksvorstand Nordbaden

Vorsitzende:
Hildegard Klenk, Richard-Wagner-Str. 72, 68165 Mannheim, FON: (0621) 406979, E-Mail: hildegard.klenk@gew-bw.de

Stellvertretender Vorsitzender:
Stefan Bauer, Großmüllergasse 6, 76307 Karlsbad-Ittersbach, FON: (07248) 926970, E-Mail: stefan.bauer@gew-bw.de

Geschäftsführer:
Alfred Uhing, c/o GEW Nordbaden, Ettlinger Str. 3 a, 76137 Karlsruhe, FON: (0721) 32625, FAX: (0721) 359378, E-Mail: alfred.uhing@gew-bw.de

Rechner:
Walter Zeller, Forlenstraße 10, 74924 Neckarbischofsheim, FON: (07263) 6707, E-Mail: wa.zeller@t-online.de

Leiter der Rechtsschutzstelle:
Jürgen Ebert (Anschrift unter Rechtsschutz am Anfang des Adressenverzeichnisses)

Beisitzer/innen:
- Jürgen Lewe, Nikolaus-Lenau-Straße 7, 76199 Karlsruhe, FON: (0721) 9892660, E-Mail: KOSCHKA13@aol.com
- Edith Petermann, Grundelbachstraße 112c, 69469 Weinheim, FON: (06201) 17339, E-Mail: edith.petermann@gmx.de
- Andreas Solleder, Freiburger Str. 9, 76337 Waldbronn, FON: (07243) 65485, E-Mail: Anduschi.Solleder@t-online.de

Bezirksvorstand Nordwürttemberg

Vorsitzende:
Margit Wohner, Friedensweg 4, 73547 Lorch, FON: (07172) 5692, E-Mail: margit.wohner@gew-bw.de

Stellvertretende Vorsitzende:
- Frank Eberhard, Silcherstr. 7, 70176 Stuttgart, FON: (0711) 21030-41, FAX: –75, E-Mail: frank.eberhard@gew-bw.de
- Barbara Hauser, Bleiche 54, 74343 Sachsenheim, FON: (07147) 8827, E-Mail: barbara.hauser@gmx.de

Geschäftsführerin:
Inge Goerlich, Silcherstraße 7, 70176 Stuttgart, FON: (0711) 21030-43, FAX: –75, E-Mail: inge.goerlich@gew-bw.de

Rechner:
Thomas Maier, Dammweg 23/1, 74395 Mundelsheim, FON: (07143) 59491, FAX: –851094, E-Mail: maier_tho@web.de

Leiterin der Bezirksrechtsschutzstelle:
Verena König (Anschrift unter Rechtsschutz am Anfang des Adressenverzeichnisses)

Beisitzer/innen:
- Heidrun Roschmann, Mühlgasse 7, 73466 Lauchheim, FON: (07363) 95497-0, FAX: –95497-1, heidrun.roschmann@gew-bw.de
- Karlheinz Paulsen, Bruckstr. 43, 70734 Fellbach, FON: (0711) 582652, FAX: (0711) 5854498, E-Mail: karlheinz.paulsen@gew-bw.de

Bezirksvorstand Südbaden

Vorsitzende:
Uta Adam, Vogesenstraße 31, 77743 Neuried, FON: (07807) 957766, FAX: (07807) 958552, E-Mail: info@utaadam.de

Stellvertretende Vorsitzende:
Sandrina Vogt, Lessingstr. 7, 79100 Freiburg, FON: (0761) 7077919, E-Mail: sandrinavogt@gmx.de

Geschäftsführer:
Klaus Willmann, c/o GEW, Wölflinstr. 11, 79104 Freiburg, FON: (0761) 33447, FAX: –26154, E-Mail: klaus.willmann@gew-bw.de

Rechner:
Andreas Hirt, Brühlstr. 115, 78056 Villingen-Schwenningen, FON: (07720) 7549, FAX: (07720) 63998, E-Mail: andretehirt@t-online.de

Leiter der Bezirksrechtsschutzstelle (Team):
Bernd Pohlmann und Monika Sulzberger (Anschrift unter Rechtsschutz am Anfang des Adressenverzeichnisses)

Beauftragte für Öffentlichkeitsarbeit und interne Kommunikation:
Marie Battran-Berger, Holzweg 3, 79194 Heuweiler, FON: (07666) 882791, FAX: (07666) 882817, E-Mail: marie.berger@t-online.de

Beisitzer:
Michael Ecke, Gebenstr. 4, 79112 Freiburg, FON: (07664) 504118, Mail: ecke@wara.de

Junge GEW:
Frank Nagel-Gallery, Ettenheimer Str. 18, 79108 Freiburg, FON: (0761) 8815859, E-Mail: frank.nagelgallery@googlemail.com

Bezirksvorstand Südwürttemberg

Vorsitzende:
Margit Stolz-Vahle, Postfach 73, 78352 Sipplingen, FON: (0700) 67076800, FAX: (0321) 210 76592, E-Mail: gew@stolz-vahle.de

Stellvertretende Vorsitzende:
Brigitte Schmid, Breslauer Str. 28, 89597 Munderkingen, FON: (07393) 2316, FAX: –952668, Mail: brigitte.schmid@t-online.de

Geschäftsführer:
Edmund Schnaitter, Kirchstr. 23, 89129 Setzingen, FON: (07345) 919838, FAX: (07345) 921085, E-Mail: edmund.schnaitter@gew-bw.de

Rechner: Anton Eiberle, Bei der Sägmühle 1, 88484 Gutenzell-Hürbel, FON: (07352) 939747, FAX: (07352) 939746, E-Mail: a.eiberle@gmx.de

Leiter der Bezirksrechtsschutzstelle:
Arthur F. Vosseler (Anschrift unter Rechtsschutz auf S. 1 des Adressenverzeichnisses)

Junge GEW: Elke Seiler, Ludwigstr. 46, 89231 Neu-Ulm, FON: (0731) 7054850, E-Mail: Elke.seiler@gew-bw.de

Hauptpersonalräte (GEW-Mitglieder)

Gewerkschaftsmitglieder in den Hauptpersonalräten beim Kultusministerium und beim Wissenschaftsministerium

Gemeinsame Geschäftsstelle der Hauptpersonalräte beim Kultusministerium

Geschäftsstelle der Hauptpersonalräte beim KM, Postfach 10 34 42, 70029 Stuttgart, FON: (0711) 279-2880, FAX: (0711) 279-2879

Hauptpersonalrat für Grund-, Werkreal-, Haupt-, Real- und Sonderschulen beim Kultusministerium

Beamtengruppe:

Uta Adam, Vogesenstr. 31, 77743 Neuried, FON: (07807) 957766, FAX: (07807) 958552, E-Mail: info@utaadam.de

Stefan Bauer, Großmüllergasse 6, 76307 Karlsbad-Ittersbach, FON: (07248) 926970, E-Mail: stefan.bauer@gew-bw.de

Barbara Haas (Vorsitzende), Wolfsbergallee 59, 75177 Pforzheim, FON: (07231) 359055, E-Mail: Barbara.Haas@km.kv.bwl.de

Hildegard Klenk, Richard-Wagner, Straße 72, 68165 Mannheim, FON: (0621) 406979, E-Mail: hildegard.klenk@gew-bw.de

Alfred König, Baurstr. 8, 70806 Kornwestheim, FON: (07154) 8050237, E-Mail: alfred@königsfamilie.com

Doro Moritz, c/o GEW, Silcherstraße 7, 70176 Stuttgart, FON: (0711) 21030-0, FAX: –45, E-Mail: doro.moritz@gew-bw.de

Petra Pfeiffer-Silberberger, Am Brenner 6, 97941 Tauberbischofsheim, FON: (09341) 846568, E-Mail: p.pfeiffer-silberberger@t-online.de

Arbeitnehmergruppe:

Bärbel Etzel-Paulsen, Saarlandstr. 21, 70734 Fellbach, FON: (0711) 582652, E-Mail: b.etzel-paulsen@gmx.de

Margit Stolz-Vahle (Stellv. Vorsitzende), Postfach 73, 78352 Sipplingen, FON: p. (0700) 67076800, FON: d. (0711) 279-2794, E-Mail: gew@stolz-vahle.de

Hauptpersonalrat für Gymnasien beim Kultusministerium

Beamtengruppe:

Marie Battran-Berger, Holzweg 3, 79194 Heuweiler, FON: (07666) 882791, FAX: (07666) 882817, E-Mail: marie.berger@t-online.de

Barbara Becker, Vogt-Kistner-Str. 1, 77815 Bühl, FON: p. (07223) 30137, E-Mail: bam.becker@t-online.de

Monika Gessat, Max-von-Laue-Straße 2, 75015 Bretten, FON: (07252) 85273, FAX: (0322) 23705075, Mail: monika.gessat@t-online.de

Jürgen Stahl, Forststr. 68, 70176 Stuttgart, FON: (0711) 822926, FAX: (0711) 8382813, E-Mail: juergenstahl@gmx.org

Arbeitnehmergruppe:

Christina Klages (Stellv. Vorsitzende), Herrenberger Str. 9/4, 72070 Tübingen, FON: (07071) 45482, FAX: –400411, E-Mail: christina.klages@km.kv.bwl.de

Hauptpersonalrat für berufliche Schulen beim Kultusministerium

Beamtengruppe:

Michael Futterer, Ludwigsburger Str. 4, 74080 Heilbronn, FON: (07131) 5945355, FAX: –5945422, michael.futterer@macnews.de

Hans Gampe, Ligusterweg 13, 72770 Reutlingen, FON: (07121) 580142, FAX: (07121) 57316, E-Mail: Hans.Gampe@t-online.de

Georgia Kolb, Herzog-Philipp-Str. 15/1, 75385 Bad Teinach-Zavelstein, FON: (07053) 932850, FAX: (0321) 23931995, E-Mail: Georgia.Kolb@web.de

Ingrid Letzgus, Ritter-Jörg-Str.8/2, 72108 Rottenburg, FON: (07472) 916155, E-Mail: ingridletzgus@t-online.de

Arbeitnehmergruppe:

Traudel Kern, J.-A.-Silbermann-Str. 17, 77974 Meißenheim, FON: (07824) 663239, FAX: –663709, E-Mail: traudel.kern@gmx.de

Adressenteil: Hauptpersonalräte / Bezirkspersonalräte

Hauptpersonalrat für den außerschulischen Bereich beim Kultusministerium

Beamtengruppe:

Wolfgang Ehinger, Beckmannweg 16, 72076 Tübingen, FON: (07071) 66626, E-Mail: info@crea-sys.de

Ulrich Keintzel, Uhlandstr. 10/2, 74211 Leingarten, FON: (07131) 401688, E-Mail: ukeintzel@web.de

Martin Morgen, Birkenweg 7, 89601 Schelklingen, FON: (07394) 245946, E-Mail: Martin.Morgen@t-online.de

Arbeitnehmergruppe:

Michaela Grimm, Denzlinger Straße 5, 79350 Sexau, E-Mail: m.c.grimm@gmx.de

Martin Hug (Vorsitzender), Eichbühl 5A, 79252 Stegen, FON p.: (07661) 627465, d.: (0711) 279-2886 (HPR), E-Mail: Martin.Hug@km.kv.bwl.de

Hauptpersonalrat beim Ministerium für Wissenschaft und Forschung

Geschäftsstelle: Königstr. 46, 70173 Stuttgart, FON: (0711) 279-3287 oder –3288, FAX: –3215

Arbeitnehmergruppe:

Achim Brötz, Personalrat Uni Mannheim, 68131 Mannheim, FON: (0621) 181-3314, E-Mail: achim.broetz@uni-mannheim.de

Dr. Wolfgang Kouker, KIT Campus Nord, Hermann-von-Helmholtz-Platz 1, 76344 Eggenstein-Leopoldshafen, FON: (07247) 824036, E-Mail: wolfgang.kouker@kit.edu

Bezirkspersonalräte (GEW-Mitglieder)

GEW-Mitglieder in den Bezirkspersonalräten bei den oberen Schulaufsichtsbehörden

Regierungsbezirk Freiburg

Geschäftsstelle der schulischen Bezirkspersonalräte beim Regierungspräsidium, 79098 Freiburg, Eisenbahnstr. 68, FON: (0761) 208-6029, FAX: (0761) 208-6080

Grund-, Haupt-, Werkreal-, Real- und Sonderschulen

Beamtengruppe:

Uta Adam (Vorsitzende), Vogesenstr. 31, 77743 Neuried, FON: (07807) 957766, FAX: (07807) 958552, E-Mail: info@utaadam.de

Andreas Hirt, Brühlstr. 115, 78056 Villingen-Schwenningen, FON: (07720) 7549, FAX: –63998,E-Mail: andretehirt@t-online.de

Claudia Meissner, Lindenstr. 29, 79194 Gundelfingen, FON: (0761) 5932283, FAX: (0761) 5932282, E-Mail: meissner.cl@t-online.de

Bernd Pohlmann, Heimatstr. 1, 79249 Merzhausen, FON/FAX: (0761) 406388, E-Mail: b.m.pohlmann@gmx.de

Monika Sulzberger, Wittlinger Str. 17, 79576 Weil am Rhein, FON: (07621) 77916, E-Mail: mo_sul@web.de

Sandrina Vogt, Lessingstr. 7, 79100 Freiburg, FON: (0761) 7077919, E-Mail: sandrinavogt@gmx.de

Arbeitnehmergruppe:

Walburga Zecha, Weinstr. 103, 77654 Offenburg, FON: (0781) 9481369, FAX: (0781) 9482767, E-Mail: W.Zecha@web.de

Gymnasien

Beamtengruppe:

Marie Battran-Berger, Holzweg 3, 79194 Heuweiler, FON: (07666) 882791, FAX: (07666) 882817, E-Mail: marie.berger@t-online.de

Rainer Happel, Breslauer Str. 47, 78073 Bad Dürrheim, FON: (07726) 8999, E-Mail: r.hpl@t-online.de

Klaus Mühlherr, Bahnhofstr. 27, 78259 Mühlhausen-Ehingen, FON: (07733) 978954, E-Mail: klaus.muehlherr@t-online.de

Frank Nagel-Gallery, Ettenheimer Str. 18, 79108 Freiburg, FON: (0761) 8815859, E-Mail: frank.nagelgallery@googlemail.com

Arbeitnehmergruppe:

Peter Galli, Weinstr. 12, 79235 Vogtsburg-Oberrotweil, FON: (07662) 935561, E-Mail: petergalli@web.de

Berufliche Schulen

Beamtengruppe:

Michael Ecke, Gebenstr. 4, 79112 Freiburg, FON: (07664) 504118, Mail: ecke@wara.de

---

Mit dem Jahrbuchservice up to date

In unregelmäßiger Folge veröffentlichen wir den „Jahrbuchservice" mit Änderungen und Verbesserungen des laufenden Jahrbuches. Unter der Adresse http://spv-s.de/Jahrbuch-Update-Service.html kann man sich in eine Mailing-Liste eintragen und erhält dann alle Ausgaben im Abonnement.

Bernhard Eisele, Kastellstr. 19,
78737 Fluorn-Winzeln, FON: (07402) 1296,
E-Mail: gew@bernhardeisele.de

Erich Katterfeld, Stürtzelstr. 13,
79106 Freiburg, FON: (0761) 277190,
E-Mail: ekatterfeld@t-online.de

Regierungsbezirk Karlsruhe

Geschäftsstelle der schulischen Bezirkspersonalräte beim Regierungspräsidium Karlsruhe, Schlossplatz 1-3, 76247 Karlsruhe, FON: (0721) 926 4886, FAX: (0721) 933 40267, Sekretariat: (0721) 926 4754

Grund-, Haupt-, Werkreal-, Real- und Sonderschulen

Beamtengruppe:

Susanne Veil-Bauer, Großmüllergasse 6, 76307 Karlsbad-Ittersbach, FON: (07248) 926970, E-Mail: sanni.veil-bauer@gmx.de

Jürgen Ebert, Friedenstr. 128, 75173 Pforzheim, FON: (07231) 4433361, FAX: (07231) 9380291, E-Mail: juergen.ebert@gew-bw.de

Gottfried Gruner, Ottenbühl 21, 72224 Ebhausen, FON: (07054) 8774, E-Mail: gottfried.gruner@t-online.de

Ulrich Karl (Vorsitzender), Hengstplatz 3, 76227 Karlsruhe, FON: (0721) 9264538, E-Mail: ulrich.karl@rpk.bwl.de

Sigrid Kaschanian, Rüppurrer Str. 33, 76137 Karlsruhe, FON: p. (0721) 377796, FON: d. (0721) 1334665, E-Mail: schulleitung@garten-gs-ka.schule.bwl.de

Hildegard Klenk, R.-Wagner-Str. 72, 68165 Mannheim, FON: p. (0621) 406979, E-Mail: hildegard.klenk@gew-bw.de

Ulrike Noll, Küferstraße 14, 69168 Wiesloch, FON: (06222) 937999, u.noll@freenet.de

Arbeitnehmergruppe:

(Ab Februar 2011:) Gabriele Killguß, Wiesenbacher Straße 17, 69151 Neckargemünd, FON: (06223) 72875, E-Mail: hsz.killguss@web.de

Gymnasien

Beamtengruppe:

Barbara Becker, Vogt-Kistner-Str. 1, 77815 Bühl, FON: p. (07223) 30137, E-Mail: bam.becker@t-online.de

Birgit Breunig, Donaustraße 6b, 76199 Karlsruhe, FON: (0721) 4705348, E-Mail: birgitbreunig@web.de

Jürgen Lewe, N.-Lenau-Str. 7, 76199 Karlsruhe, FON: p. (0721) 9892660, d. (07231) 392360, E-Mail: koschka13@aol.com

Hannelore Sander, Wilhelm-Blum-Str. 6, 69120 Heidelberg, FON/FAX: (06221) 7258575, E-Mail: Hanne.Sander@gmx.net

Arbeitnehmergruppe:

Dorothea Hennig, Im Brühl 2, 75203 Königsbach-Stein, FON: (07232) 3177526, E-Mail: elisahe@web.de

Berufliche Schulen

Beamtengruppe:

Peter Koch, Hauptstraße 26, 75249 Kieselbronn, FON: (07231) 585625, Fax (07231) 585517, E-Mail: peter.p.koch@gmx.de

Erich Liesecke, Rabanstr. 4c, 74921 Helmstadt-Bargen, FON: (07263) 1889, E-Mail: erich.liesecke@mac.com

Petra Salesch, Römerstr. 56, 69115 Heidelberg, FON: (06221) 23436, Mail: petra@salesch.de

Andreas Solleder, Freiburger Str. 9, 76337 Waldbronn, FON: p. (07243) 65485, FON: d. (0721) 1333367, E-Mail: Anduschi.Solleder@t-online.de

Arbeitnehmergruppe:

Gabi Bilger (Stellv. Vorsitzende), Im Hassel 20, 69221 Dossenheim, FON: (06221) 862282, E-Mail: bilgab@web.de

Regierungsbezirk Stuttgart

Geschäftsstelle der schulischen Bezirkspersonalräte beim Regierungspräsidium, Postfach 10 36 42, 70031 Stuttgart, FON: (0711) 90440- 470, FAX: –477

Grund-, Haupt-, Werkreal-, Real- und Sonderschulen

Beamtengruppe:

Norbert Baur, Hohenstaufenstr. 7, 72124 Pliezhausen, FON: (07127) 88221, FAX: –88421, E-Mail: enbaur@t-online.de

Hans Dörr, Müllerweg 34, 73274 Notzingen, FON: (07021) 44163,FAX: (07021) 976545, E-Mail: hans_doerr@gmx.de

Rolf Dzillak, Hundersinger Str. 23, 70599 Stuttgart, FON: (0711) 455509, FAX: (0711) 4599074, E-Mail: rolf.dzillak@gmx.de

Frank Eberhard, Oberriexinger Str. 5, 71706 Markgröningen, FON: (07147) 8755, E-Mail: frank-eberhard@gmx.de

Barbara Hauser, Bleiche 54, 74343 Sachsenheim, FON: (07147) 8827, E-Mail: barbara.hauser@gmx.de

Alfred König (Vorsitzender), Baurstr. 8, 70806 Kornwestheim, FON: (0711) 90440-471, p.: (07154) 8050237, E-Mail: alfred@königsfamilie.com

Andrea Krieg, Wilhelm-Busch-Str. 15, 74076 Heilbronn, FON: (07131)160450, E-Mail: andrea.krieg.hn@freenet.de

Margit Wohner, Friedensweg 4, 73547 Lorch, FON: (07172) 5692, E-Mail: margit.wohner@gew-bw.de

---

Die GEW im Internet:
Aktuelle Informationen und Adressen finden Sie unter: http://www.gew-bw.de

Arbeitnehmergruppe:
Bärbel Etzel-Paulsen, Saarlandstr. 21,
70734 Fellbach, FON: (0711) 582652,
E-Mail: b.etzel-paulsen@gmx.de
Roland Theophil, Falkenstraße 10, 71579
Spiegelberg, FON: (07194) 3810148,
E-Mail: rosothe25@t-online.de

Gymnasien
Beamtengruppe:
Dr. Erhard Jöst, Ludwigstr. 18,
74078 Heilbronn, FON: (07131) 21963,
E-Mail: gauwahn@gmx.de
Waltraud Kommerell, Martin-Maier-Str. 86,
74223 Flein, FON: (07131) 6423265,
E-Mail: w_kommerell@yahoo.de
Dagmar Wenger-Morschett, Roggenstr. 25,
70794 Filderstadt, FON: (0711) 7775372,
E-Mail: wenger.morschett@t-online.de
Helmut Zimmerling, Anne-Frank-Weg 59,
73207 Plochingen, FON: (07153) 73278,
E-Mail: Helmut.Zimmerling@t-online.de

Arbeitnehmergruppe:
Ute Demko, Honigwiesenstr. 9,
70563 Stuttgart, FON: (0711) 7878395,
E-Mail: ute.demko@t-online.de

Berufliche Schulen
Beamtengruppe:
Gerhardt Hurich, Wilhelm-Maybach-Str. 52,
73614 Schörndorf, FON: (07181) 77093,
FAX: (07181) 605249,
E-Mail: gerhardthurich@web.de
Brigitte Klein, Keilstr. 22, 74080 Heilbronn,
FON: (07131) 3900648,
E-Mail: schuster-klein@t-online.de
Jörg Sattur, Arthurstr. 20, 70565 Stuttgart,
FON: (0711) 4414322,
E-Mail: joerg_s68@web.de
Michael Schulze, Strombergstr. 14, 74321
Bietigheim-Bissingen, FON: (07142) 736246,
FAX: (0711) 2103045,
E-Mail: michael.schulze@gew-bw.de

Arbeitnehmergruppe:
Brigitte Wuttke, Weinbergweg 44, 73630
Remshalden, FON: (07151) 6044538,
E-Mail: b.wuttke@gmx.net

Regierungsbezirk Tübingen
Geschäftsstelle der schulischen Bezirkspersonalräte beim Regierungspräsidium: Postfach 2666, 72016 Tübingen, FON: (07071) 200-2031, FAX: –2007

Grund-, Haupt-, Werkreal-, Real- und Sonderschulen
Beamtengruppe:
Anton Eiberle, Bei der Sägemühle 1,
88484 Gutenzell-Hürbel, FON: (07352)
939747, E-Mail: a.eiberle@gmx.de,
Mathias Dewald, Ohmenhäuser Str. 1, 72127
Kusterdingen-Mähringen, FON: (07071)
38520, E-Mail: mathias-dewald@gmx.de,
Fritz Erb, Seestr. 59, 88212 Ravensburg, FON:
(0751) 351779, E-Mail: F.Erb@t-online.de
Erika Francke, Lochstraße 3, 72336 Balingen,
FON: (07433) 36368,
E-Mail: erika.francke@web.de
Wolfgang Kargl, Bellinostr. 32,
72764 Reutlingen, FON: (07121) 24657,
E-Mail: wolf.kargl@t-online.de
Karl-Heinz Schoch, Am Schlegelberg 7, Birkenhard, 88447 Warthausen, FON: (07351)
9995, E-Mail: karl-heinz.schoch@t-online.de
Arthur F. Vosseler (Vorsitzender), Adenauerstraße 58, 89171 Illerkirchberg, FON:
(07346) 919363, E-Mail: bpr@afv-net.de
Thomas Wagner, Schönbergstr. 6,
72144 Dußlingen, FON: 07072 129411,
E-Mail: Th-Wagner@gmx.de

Arbeitnehmergruppe:
Edmund Schnaitter, Kirchstr.23,
89129 Setzingen, FON: (07345) 919838,
E-Mail: eddi@schnaitter.de
Margit Stolz-Vahle, Postfach 73,
78352 Sipplingen, FON: (0700) 67076800,
E-Mail: gew@stolz-vahle.de

Gymnasien
Beamtengruppe:
Jürgen Schaal (Stv. Vorsitzender), Neue Steige 7,
88273 Fronreute, FON: (07502) 911348,
E-Mail: j.schaal@t-online.de
Brigitte Schmid, Breslauer Str. 28,
89597 Munderkingen, FON: (07393) 2316,
E-Mail: brigitte.schmid@t-online.de
Günther Stoiber, Leviweg 6, 72379 Hechingen,
FON: (07471) 15193,
E-Mail: gstoiber@web.de

Arbeitnehmergruppe:
Christine Brohl , Zwerchäcker 38/1,
88471 Laupheim, FON: (07392) 8976,
E-Mail: tine.brohl@gmx.de

Berufliche Schulen
Beamtengruppe:
Klaus-Peter Krämer, Talblick 10,
72336 Balingen, FON: (07433) 7755,
E-Mail: kraemer-balingen@t-online.de
Marlene Haupt, Alexanderstr. 38,
72072 Tübingen, FON: (07071) 32573,
E-Mail: marlene.haupt@t-online.de
Reinhold Schröder, Ziegelhüttegasse 18,
72813 St.Johann-Würtingen, FON: (07122)
9080, E-Mail: rpf-schroeder@t-online.de

Außerschulischer Bereich
Wolfgang Ehinger, Beckmannweg 16,
72076 Tübingen, FON: (07071) 66626

Adressenteil: Personalräte für GWHRS-Schulen

Personalräte für GWHRS-Schulen

Vorsitzende der Personalräte für Grund-, Werkreal-, Haupt-, Real- und Sonderschulen bei den Staatlichen Schulämtern; genannt ist jeweils der Sitz des Staatlichen Schulamts (siehe Schaubild und die Übersicht auf den folgenden Seiten)

Regierungsbezirk Freiburg

Donaueschingen (Landkreise Rottweil und Schwarzwald-Baar-Kreis):
Katarine Werner, Frühlingstr. 9, 78662 Herrenzimmern-Bösingen, FON: (07404) 91260, FAX: (07404) 91261, E-Mail: kathi-werner@web.de

Freiburg (Stadtkreis Freiburg sowie Landkreise Breisgau-Hochschwarzwald und Emmendingen):
Gerlinde Rupp, Windenreuter Str. 4, 79312 Emmendingen, FON: (07641) 9529565, E-Mail: g-l.rupp@gmx.de

Konstanz (Landkreise Konstanz und Tuttlingen):
Christel Höpfner, Rathenaustr. 14, 78224 Singen, FON: (07731) 41986, FAX: (07731) 949587, E-Mail: christel_hoepfner@yahoo.de

Lörrach (Landkreise Lörrach und Waldshut):
Gerhard Kappenberger, Zur Lehnern 8, 79837 Häusern, FON: (07672) 1771, FAX: (03222) 3740966, E-Mail: gerhard.kappenberger@t-online.de

Offenburg (Landkreis Ortenaukreis):
Horst Kosmalla, Schäffereigasse 4, 77866 Rheinau, FON: (07844) 991454, E-Mail: HorstKosmalla@gmx.de

Regierungsbezirk Karlsruhe

Karlsruhe (Stadt- und Landkreis Karlsruhe):
Sigrid Kaschanian, Rüppurrer Str. 33, 76137 Karlsruhe, FON: (0721) 377796, E-Mail: Sigrid.Kaschanian@ssa-ka.kv.bwl.de

Mannheim (Stadtkreise Mannheim und Heidelberg, Landkreise Rhein-Neckar und Neckar-Odenwald):
Franz Klüber, W.-Furtwängler-Str. 40, 68259 Mannheim, FON: (0621) 796068, FAX: -7993488, Mail: Becher.Klueber@t-online.de

Pforzheim (Stadtkreis Pforzheim und Landkreise Enzkreis, Calw):
Eva Schaufelberger, Birkenweg 12, 75378 Bad Liebenzell, FON: (07052) 935724, FAX: 07052) 935725, E-Mail: sch-eva@web.de

Rastatt (Stadtkreis Baden-Baden, Landkreise Freudenstadt und Rastatt):
Barbara Adam, Fichtenstr. 11, 77815 Bühl, FON (07223) 910488, E-Mail: barbara@adam-buehl.de

Regierungsbezirk Stuttgart

Backnang (Landkreis Rems-Murr-Kreis):
Martin Fischer, Wilhelm-Föll-Str. 29, 71522 Backnang, FON: (07191) 979149. E-Mail: mainfischer@arcor.de

Böblingen (Landkreis Böblingen):
Gerhard Winter, Elbenstr. 3/2, 71083 Herrenberg, FON: (07032) 34413, E-Mail: winter.g@t-online.de

Göppingen (Landkreise Göppingen, Heidenheim und Ostalbkreis):
Margit Wohner, Friedensweg 4, 73547 Lorch, FON: (07172) 5692, E-Mail: margit.wohner@gew-bw.de

Heilbronn (Stadt- und Landkreis Heilbronn):
Andrea Krieg, Wilhelm-Busch-Str. 15, 74076 Heilbronn/N., FON: (07131) 160450, E-Mail: andrea.krieg.hn@freenet.de

Künzelsau (Landkreise Hohenlohekreis, Schwäbisch Hall und Main-Tauber-Kreis):
Wolfgang Giese, Gutenbergstr. 43, 74523 Schwäbisch Hall, FON: p. (0791) 89640, d. (0791) 755-2470 (Dienststelle Schw. Hall) und (07940) 18507 (Dienststelle Künzelsau), E-Mail: bobek.giese@t-online.de

Ludwigsburg (Landkreis Ludwigsburg):
Barbara Hauser, Bleiche 54, 74343 Sachsenheim, FON: (07147) 8827, barbara.hauser@gmx.de

Nürtingen (Landkreis Esslingen):
Sandra Schettke, Olgastr. 70, 73728 Esslingen, FON: (0711) 4696055, schettke@web.de

Stuttgart (Stadtkreis Stuttgart):
Annemarie Raab, Burenstr. 24, 70435 Stuttgart, FON: (0711) 8208935, FAX: (0711) 8208934, E-Mail: Annemarie.Raab@gr-z.de

Regierungsbezirk Tübingen

Albstadt (Landkreise Zollernalbkreis und Sigmaringen):
- *Zollernalbkreis:* Thomas Wagner (Vors.), Schönbergstr. 6, 72144 Dußlingen, FON: (07072) 129411, E-Mail: oepr.als@gmx.de
- *Sigmaringen:* Hans-Jörg Kraus, Humboldtstr. 20, 88603 Messkirch, FON: (07575) 4345, FAX: (07575) 4184, E-Mail: oepr.als@gmx.de

Biberach (Stadtkreis Ulm, Landkreise Biberach und Alb-Donau-Kreis):
Karl-Heinz Schoch, Am Schlegelberg 7, 88447 Warthausen-Birkenhard, FON: (07351) 9995, FAX: (07351) 9996, E-Mail: Karl-Heinz.Schoch@t-online.de

Markdorf (Bodenseekreis und LK Ravensburg):
- *Ravensburg:* Fritz Erb (Vors.), Seestr. 59, 88214 Ravensburg, FON: (0751) 351779, FAX: (0751) 35294183, F.Erb@t-online.de
- *Bodenseekreis:* Helmut Schönleber, Schimmelstr. 3, 88048 Friedrichshafen, FON: (07541) 54699, FAX: -488099, E-Mail: helmut.schoenleber@web.de

Tübingen (Landkreise Tübingen und Reutlingen):
Wolfgang Kargl, Bellinostr. 32, 72764 Reutlingen, FON: (07121) 24657, FAX: (07121) 206566, E-Mail: wolf.kargl@t-online.de

Adressenteil: Beauftragte für Chancengleichheit / Schwerbehinderten-Vertrauenspersonen

Beauftragte für Chancengleichheit

Beauftragte für Chancengleichheit und Fachliche Beraterinnen beim Kultusministerium und den Schulaufsichtsbehörden

Kultusministerium

Beauftragte für Chancengleichheit: Birgit Stimpfig, Kultusministerium, Schlossplatz 4, 70029 Stuttgart, FON: (0711) 279-2669, FAX: –2944, E-Mail: birgit.stimpfig@km.kv.bwl.de

Obere Schulaufsichtsbehörden

Hinweis der Redaktion: In jedem Regierungspräsidium wird eine „Beauftrage für Chancengleichheit" bestellt. Sie ist für alle Beschäftigten im Bereich dieser „personalverwaltenden Dienststelle" zuständig, also auch für alle Lehrkräfte. Zusätzlich wird jeweils eine „fachliche Beraterin" aus dem Bereich Schule bestellt, die in Abstimmung mit der Beauftragten für Chancengleichheit deren Aufgaben und Rechte wahrnimmt, soweit Maßnahmen der Dienststelle ausschließlich die Schulen betreffen. Wir nennen hier nur deren Adressen.

Fachliche Beraterinnen der Chancengleichheitsbeauftragten bei den Regierungspräsidien

FR: Bettina Hoffmann, Regierungspräsidium Freiburg, Abt. 7, Postfach 79095 Freiburg, FON: (0761) 208-6216, E-Mail: bettina.hoffmann@rpf.bwl.de

KA: Gertrud Daum, Regierungspräsidium Karlsruhe, Abt. 7., Postfach 100151, 76257 Karlsruhe, FON: (0721) 926-4244, FAX: (0721) 933-40270, E-Mail: Gertrud.Daum@rpk.bwl.de

S: Jutta Bähre und Helga Merz *(Team)*, RP Stuttgart, Abt. Schule und Bildung, Postfach 103642, 70031 Stuttgart, FON: 0711/ 90440-117, FAX: –444, Mail: Jutta.Baehre @rps.bwl.de und Helga.Merz@rps.bwl.de

TÜ: Gudrun Bregenzer, RP Tübingen, Abt.7, Postfach 2666, 72016 Tübingen, FON: (07071) 200-2081 (Mo. und Do.), E-Mail: gudrun.bregenzer@rpt.bwl.de

→ Chancengleichheitsgesetz § 16

Beauftragte für Chancengleichheit an den unteren Schulaufsichtsbehörden

Für Maßnahmen der Staatlichen Schulämter, die den Bereich der Lehrkräfte der Grund-, Werkreal-, Haupt-, Real- und Sonderschulen betreffen, wird dort aus dem Kreis der Lehrkräfte nach vorheriger Ausschreibung eine Beauftragte für Chancengleichheit bestellt. Die Anschriften sind über die Schulämter zu erfahren (s.u.).

→ Beauftragte für Chancengleichheit (GWHRS)

Schwerbehinderten-Vertrauenspersonen

Vertrauenspersonen der Schwerbehinderten beim Kultusministerium und den oberen Schulaufsichtsbehörden

Hauptvertrauenspersonen (Kultusministerium)

GHRS Kurt Wiedemann, Vischerstr. 58, 70563 Stuttgart, FON: (0711) 731250, FAX: (0711) 7356901, E-Mail: Kurt.Wiedemann.HVP@t-online.de

GY Ursula Meissner-Müller, In den Steinen 17/7, 73760 Ostfildern, FON: (0711) 8105418, E-Mail: U.Meissner-Mueller@gmx.de

BS Margreth Knoll-Kruse, 70186 Stuttgart, FON: (0711) 2622318, E-Mail: HVP-BS@knoll-kruse.de

Bezirksvertrauenspersonen (Regierungspräsidium)

Regierungsbezirk Freiburg

GHRS Katarine Werner, Frühlingstr. 9, 78662 Bösingen, FON: (07404) 91260, FAX: (07404) 91261, E-Mail: Kathi-Werner@web.de

GY Rosemarie Weiler, Mittelweg 35, 79224 Umkirch, FON: (07665) 99441, E-Mail: Romiewei@gmx.de

BS Hans-Jürgen Hummel, Allmannsdorfer Str. 34, 78464 Konstanz, FON: (07531) 62562, hans-juergen.hummel@web.de

Regierungsbezirk Karlsruhe

GHRS Ralf Egenberger, Mozartstr. 6, 74706 Osterburken, FON: (06291) 415295, FAX d.: (0721) 933 40267, E-Mail: Ralf.Egenberger@t-online.de

GY Christa Heinrich, Ortsstr. 46, 69469 Weinheim, FON: (06201) 22675, FAX: (06201) 293514, E-Mail: heinrich-steinkl@t-online.de

BS Gisela Wöhrle, Hans-Grohe-Str. 79, 77761 Schiltach, FON: (07836) 7495, E-Mail: woehrle-gisela@t-online.de

Regierungsbezirk Stuttgart

GHRS Ilse Bodmann-Hocke, Mannheimer Straße 4, 71672 Marbach, FON: (07144) 13554, FAX: (07144) 897533 E-Mail: Ilse.Bodmann-Hocke@gmx.de

GY Effi Münchinger, Im Rötenhart 14, 71665 Vaihingen, FON: (07042) 4580, FAX: –816823, mue-la@t-online.de

BS Helmut Mayer, Zur Steinhelle 7, 97877 Wertheim, FON: (09397) 1413, FAX: –1414, E-Mail: Kstbbmy@web.de

Adressenteil: Schwerbehinderten-Vertrauenspersonen / Schulverwaltung

Regierungsbezirk Tübingen

- **GHRS** Walter Renz, Roman-Stelzer-Str. 14, 72401 Haigerloch, FON: (07474) 7631, E-Mail: wmrenz@gmx.de
- **GY** Rolf Ege, Emil-Weil-Weg 14, 72379 Hechingen, FON: (07471) 3465, Mail: rolf.ege@schwerbehindertenvertretung-osa-tue.de
- **BS** Willy Hafner, Grüner Weg 11, 89075 Ulm, FON: (0731) 95082 96, E-Mail: W-Hafner@gmx.de

Örtliche Vertrauenspersonen

Für die Grund-, Werkreal-, Haupt-, Real- und Sonderschulen besteht beim Staatlichen Schulamt eine örtliche Schwerbehindertenvertretung. Die Anschriften sind bei den Staatlichen Schulämtern und den Bezirksvertrauenspersonen zu erfahren.

An Schulen, die der oberen Schulaufsichtsbehörde unterstehen (z.B. Gymnasien und berufl. Schulen), kann bei mindestens fünf schwerbehinderten bzw. gleichgestellten Lehrkräften eine Vertrauensperson der Schwerbehinderten gewählt werden.

BS: Berufliche Schulen – GHRS: Grund-, Werkreal-, Haupt-, Real- und Sonderschulen – GY: Gymnasien

Zentrale Info-Homepage: www.schwerbehindertenvertretung-schule-bw.de

Schulverwaltung

Hinweise der Redaktion (vereinfachte Darstellung ohne Schulen besonderer Art gem. § 107 Schulgesetz)

Oberste Schulaufsichtsbehörde

Ministerium für Kultus, Jugend und Sport Baden-Württemberg, Schlossplatz 4, 70173 Stuttgart, Postanschrift: Postfach 10 34 42, 70029 Stuttgart, FON: (0711) 279-0, Mail: Poststelle@km.kv.bwl.de, Homepage: www.km-bw.de.

Obere Schulaufsichtsbehörden

Die früheren Oberschulämter sind (als „Abteilung 7") in die vier Regierungspräsidien eingegliedert. Das Schaubild auf der nächsten Seite zeigt den Aufbau der Schulverwaltung mit Personal-, Frauen- und Schwerbehindertenvertretung.

Regierungspräsidium Freiburg, Abteilung 7, Postanschrift: 79083 Freiburg *(ohne Straße)*, FON: (0761) 208-0, FAX: (0761) 208-394200, E-Mail: abteilung7@rpf.bwl.de, Internet: www.rp-freiburg.de

Regierungspräsidium Karlsruhe, Abteilung 7, Postanschrift: 76247 Karlsruhe *(ohne Straße)*, FON: (0721) 926-0, FAX: (0721) 926-6211, E-Mail: abteilung7@rpk.bwl.de, Internet: www.rp-karlsruhe.de

Regierungspräsidium Stuttgart, Abteilung 7, Postanschrift: Postfach 10 36 42, 70031 Stuttgart, FON: (0711) 90440-0, FAX (0711) 90440-102, E-Mail: abteilung7@rps.bwl.de, Internet: www.rps-schule.de

Regierungspräsidium Tübingen, Abteilung 7, Postanschrift: Postfach 2666, 72016 Tübingen, FON: (07071) 757-0, FAX: (07071) 757-3190, E-Mail: abteilung7@rpt.bwl.de, Internet: www.rp-tuebingen.de

Über das Kultusportal Baden-Württemberg werden alle Online-Angebote im Kultusbereich erschlossen: www.kultusportal-bw.de. Dort sind auch die Adressen der unteren Schulbehörden unter > Kultusverwaltung auffindbar.

Untere Schulaufsichtsbehörden (Staatliche Schulämter)

Regierungspräsidium Stuttgart

Sitz	Zuständig für
Böblingen	Landkreis Böblingen
Nürtingen	Landkreis Esslingen
Göppingen	Landkreise Göppingen, Heidenheim, Ostalbkreis
Heilbronn	Stadt- und Landkreis Heilbronn
Künzelsau	Landkreise Hohenlohekreis, Schwäb. Hall, Main-Tauber-Kreis
Ludwigsburg	Landkreis Ludwigsburg
Stuttgart	Stadtkreis Stuttgart
Backnang	Landkreis Rems-Murr-Kreis

Regierungspräsidium Karlsruhe

Sitz	Zuständig für
Karlsruhe	Stadt- und Landkreis Karlsruhe
Mannheim	Stadtkreise Mannheim, Heidelberg, Landkreise Rhein-Neckar-Kreis, Neckar-Odenwald-Kreis
Pforzheim	Stadtkreis Pforzheim, Landkreise Enzkreis, Calw
Rastatt	Stadtkreis Baden-Baden, Landkreise Freudenstadt, Rastatt

Regierungspräsidium Freiburg

Sitz	Zuständig für
Freiburg	Stadtkreis Freiburg, Landkreise Breisgau-Hochschwarzwald, Emmendingen
Konstanz	Landkreise Konstanz, Tuttlingen
Lörrach	Landkreise Lörrach, Waldshut
Offenburg	Landkreis Ortenaukreis
Donaueschingen	Landkreise Rottweil, Schwarzwald-Baar-Kreis

Adressenteil: Schulverwaltung / Formulare (Schulverwaltung und LBV)

Regierungspräsidium Tübingen

Sitz	Zuständig für
Biberach	Stadtkreis Ulm, Landkreise Biberach, Alb-Donau-Kreis
Albstadt	Landkreise Zollernalbkreis, Sigmaringen

Markdorf	Landkreise Bodenseekreis, Ravensburg
Tübingen	Landkreise Tübingen, Reutlingen

Die Schulpsychologische Beratungsstelle ist Teil des Staatlichen Schulamts.

→ Schulpsychologische Beratungsstellen

Schulverwaltung mit Personalräten und Beauftragten für Chancengleichheit (BfC)

Land (Kultusministerium)	**Kultusministerium** (Oberste Schulaufsichtsbehörde)[1] mit BfC		
	Hauptpersonalrat (HPR) für Grund-, Haupt-, Werkreal-, Real- und Sonderschulen sowie Schulkindergärten	HPR für berufliche Schulen	HPR für Gymnasien
Bezirk (Regierungspräsidium – Abteilung 7)	**4 Regierungspräsidien** (Obere Schulaufsichtsbehörden)[1] mit BfC[2]		
	Bezirkspersonalrat (BPR) für Grund-, Haupt-, Werkreal-, Real- und Sonderschulen sowie Schulkindergärten	BPR für berufliche Schulen	BPR für Gymnasien
Kreis (Staatliches Schulamt) bzw. einzelne **Schule** (soweit dem RP direkt unterstellt)	**21 Staatliche Schulämter**[1] (Untere Schulaufsichtsbehörden) mit BfC[3]	Berufliche Schule[1,4]	Gymnasium[1,4]
	Örtlicher Personalrat für Grund-, Werkreal-, Haupt-, Real- und Sonderschulen beim Staatlichen Schulamt	Örtlicher Personalrat an der einzelnen beruflichen Schule	Örtlicher Personalrat an dem einzelnen Gymnasium
	für Grund-, Haupt-, Werkreal-, Real- und Sonderschulen sowie Schulkindergärten		

Schulen (soweit der unteren Schulaufsichtsbehörde unterstellt)	Grundschule[4,5] kein Personalrat an der Schule[3]	Haupt- bzw. Werkrealschule[4,5] kein Personalrat an der Schule[3]	Realschule[4,5] kein Personalrat an der Schule[3]	Sonderschule[4,5] kein Personalrat an der Schule[3]

[1] Auf Landes-, Bezirks- und Kreisebene gibt es – parallel zum Personalrat – eine Schwerbehindertenvertretung der Lehrkräfte. Auf Kreisebene besteht sie an Gymnasien und beruflichen Schulen ab 5 Schwerbehinderten an der Schule selbst, sonst haben mehrere Gymnasien bzw. berufliche Schulen eine gemeinsame Schwerbehindertenvertretung.

[2] Der Chancengleichheitsbeauftragten beim RP ist eine „fachliche Beraterin für den Bereich Schule" zugeordnet.
[3] Zu den Beauftragten für Chancengleichheit an GWHRS:
→ Beauftragte für Chancengleichheit (GWHRS-Bereich)
[4] Chancengleichheitsbeauftragte gibt es an der einzelnen Schule ab 50 Beschäftigten, sonst nur Ansprechpartnerin.
[5] „Örtlicher Personalrat" für Grund-, Haupt-, Real- und Sonderschulen sowie Schulkindergärten ist der Personalrat für GWHRS-Schulen beim Staatlichen Schulamt.

→ Personalvertretungsgesetz, → Schwerbehinderung

→ Schulgesetz § 32 ff.

Formulare (Schulverwaltung und LBV)

Die Formulare und Merkblätter der Schulverwaltung (z.B. Versetzungsanträge, Anträge auf Teilzeitbeschäftigung usw.) können auf den Internet-Seiten der Regierungspräsidien online abgerufen werden. Dort jeweils zuerst die Abteilung 7 aufsuchen. Über *Weitere Informationen aus der Abteilung* „Schule und Bildung" gelangt man dann unter „Service" zu den Formularen und Merkblättern.
Die Formulare des Landesamts für Besoldung und Versorgung (z.B. Beihilfe, Reisekosten, Kindergeld usw.) sind unter http://www.lbv.bwl.de/vordrucke/ im Internet abrufbar.

Und so kommen Sie direkt zu den Formularen der Abteilung 7 im jeweiligen RP:
Freiburg: http://www.rp.baden-wuerttemberg.de/servlet/PB/menu/1189909/index.html
Karlsruhe: http://www.rp-karlsruhe.de/servlet/PB/menu/1189835/index.html
Stuttgart: http://www.rp.baden-wuerttemberg.de/servlet/PB/menu/1232667/index.html
Tübingen: http://www.rpt.tue.schule-bw.de/a7/a711-service/01-formulare/01-formulare-download.htm

Abschlüsse (Allgemeines)

Alphabetischer Teil

Abschlüsse (Allgemeines)

Hinweise der Redaktion auf die geltenden Vorschriften

1. Allgemeines

Mit dem „Hamburger Abkommen" haben die Bundesländer 1967 einen bundesweiten Rahmen für die schulischen Laufbahnen und Abschlüsse geschaffen, innerhalb dessen sie selbstständig über die Vergabe sowie die Anerkennung von schulischen Abschlüssen entscheiden („Kulturhoheit").

Fundstelle: Loseblattsammlung KuU Nr. 6400-2

Auf Landesebene ist dies im Einzelnen im Schulgesetz sowie in Verordnungen des KM geregelt.

→ Schulgesetz §§ 4-15

Die Feststellung der Gleichwertigkeit von Bildungsnachweisen aus anderen Bundesländern, der früheren DDR und dem Ausland mit Abschlüssen in Baden-Württemberg erfolgt überwiegend zentral durch das Regierungspräsidium Stuttgart; alle Regierungspräsidien (Abt. 7) erteilen hierzu Auskunft.

2. Abschluss der Grundschule

Das Ziel der Grundschule haben Schüler erreicht, die am Ende der Klasse 4 versetzt werden können.

→ Grundschule (Versetzungsordnung) § 6

3. Hauptschulabschluss

Der Hauptschulabschluss wird durch die Ablegung der Abschlussprüfung (am Ende der 9. Klasse der Hauptschule oder (erstmals 2011/12) am Ende der Werkrealschule) erworben (auch als Schulfremdenprüfung).

→ Werkrealschule (Ausbildung und Prüfung)

Abschlüsse und Bildungswege in Baden-Württemberg

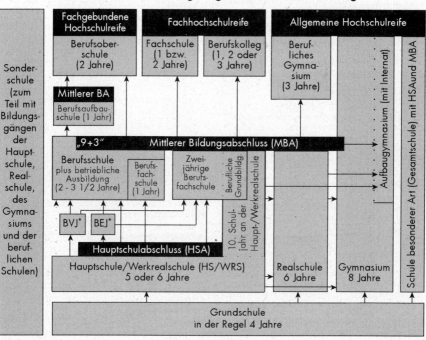

Abschlüsse (Allgemeines)

Außerdem können der Hauptschulabschluss bzw. ein dem Hauptschulabschluss gleichwertiger Bildungsstand auf folgende Weise erlangt werden:
- Zulassung zum Besuch der Klasse 10 der Haupt-/Werkrealschule,
  → Werkrealschule (Ausbildung und Prüfung)
- Versetzung in Klasse 10 der Realschule oder des Gymnasiums,
  → Abschlüsse (Hauptschule / Mittlere Reife) Nr. 1
- erfolgreiches Bestehen einer Zusatzprüfung im Rahmen des Berufsvorbereitungsjahres oder der einjährigen gewerblichen Sonderberufsfachschule (berufsvorbereitend),
- erfolgreiches Bestehen der Berufsschule in Verbindung mit der nach dem Berufsbildungsgesetz oder der Handwerksordnung vorgeschriebenen beruflichen Abschlussprüfung,
- Erreichen des Bildungsziels im Berufsgrundbildungsjahr oder einer entsprechenden einjährigen oder kooperativen zweijährigen Berufsfachschule,
  → Berufsfachschule
- Erfolgreich absolvierte hauswirtschaftliche Förderberufsfachschule (KuU S. 190/1980),
- Gleichstellung eines Zeugnisses der Freien Waldorfschule mit dem Hauptschulabschluss (VwV vom 15.10.1999; KuU S. 239/1999),
- Das griechische Apolitirio (Abschluss des Lyzeums) wird als ein dem Hauptschulabschluss gleichwertiger Bildungsstand anerkannt.
  → Abschlüsse (Berufsausbildung/HS/RS/„9+3"); → Abschlüsse (Hauptschule / Mittlere Reife); → Berufseinstiegsjahr § 17 Abs. 1; → Berufsvorbereitungsjahr

4.
Realschulabschluss („Mittlere Reife" – Fachschulreife)

Der Realschulabschluss wird durch die Ablegung der Realschulabschlussprüfung am Ende der 10. Klasse der Realschule (oder Schulfremdenprüfung) erworben. → Realschule (Abschlussprüfung)
Ein Realschulabschluss bzw. ein dem Realschulabschluss gleichgestellter Bildungsstand oder die Fachschulreife kann auch auf folgende Weise erworben werden;
- Abschlussprüfung nach Klasse 10 der Werkrealschule,
  → Werkrealschule (Ausbildung und Prüfung)
- Versetzung nach Klasse 11 des Gymnasiums.
  → Abschlüsse (Hauptschule / Mittlere Reife) Nr. 2
  Dies gilt auch für Schülerinnen und Schüler des achtjährigen Gymnasiums, die mit dem Versetzungszeugnis von Klasse 9 nach Klasse 10 an ein berufliches Gymnasium wechseln und dort von der Eingangsklasse in die erste Jahrgangsstufe des Kurssystems versetzt werden oder, sofern sie an ein Berufskolleg wechseln, die erste Klasse des Berufskollegs erfolgreich absolvieren,
  → Berufskolleg
- Abschlussprüfung an der Waldorfschule nach der Realschulabschlussprüfungsordnung an Freien Waldorfschulen und in entsprechenden staatlich anerkannten Bildungsgängen (Schulen in freier Trägerschaft nach dem Privatschulgesetz),
- Abschluss der zweijährigen zur Fachschulreife führenden Berufsfachschule (§ 11 SchG),
  → Berufsfachschule (Zweijährig) – Fachschulreife
- Abschluss der Berufsaufbauschule, die auf dem Besuch der Berufsschule und einer praktischen Berufsausbildung aufbaut (§ 13 SchG),
  → Berufsaufbauschule
- qualifizierter Abschluss einer Berufsausbildung bzw. einer beruflichen Vollzeitschule in Verbindung mit dem qualifizierten Abschluss von Haupt-/Werkrealschule nach dem Modell „9+3".
  → Abschlüsse (Berufsausbildung / HS / RS / „9+3")
- Anerkennung eines ausländischen Bildungsabschlusses. Die „Vor-Ort-Zuständigkeit" für die Anerkennung ausländischer Bildungsabschlüsse für den Bereich des ganzen Landes obliegt dem Regierungspräsidium Stuttgart.

5.
Allgemeine Hochschulreife, fachgebundene Hochschulreife und Fachhochschulreife

Für das (auf der Grundschule aufbauende) Gymnasium der Normalform einschließlich des Aufbaugymnasiums mit Heim gilt die NGVO, für das berufliche Gymnasium die BGVO. Nach Maßgabe dieser Regelungen wird die allgemeine Hochschulreife erworben (auch Schulfremdenprüfung).
→ Berufliches Gymnasium; → Gymnasium (Abitur); → Gymnasium (Aufbaugymnasium) / (Schultypen)
Neben den Wegen über das Gymnasium führen folgende Bildungsgänge zu einer allgemeinen Hochschulreife:
- nach der Kollegverordnung
- nach der Abendgymnasienverordnung
- nach der Verordnung über die Berufsoberschule
  → Berufsaufbau- und Berufsoberschule
- nach der Verordnung für die Abiturprüfung für Schüler an freien Waldorfschulen.
Inhaber der fachgebundenen Hochschulreife können die allgemeine Hochschulreife über eine Ergänzungsprüfung erwerben.
→ Hochschulreife (Ergänzungsprüfung)
Daneben eröffnet die Prüfung für besonders befähigte Berufstätige Wege zur Universität. Bestimmte Bildungsabschlüsse können außerdem der allgemeinen Hochschulreife gleichgestellt werden.
→ Begabten-Eignungsprüfung; → Hochschulreife (Zuerkennung)
Die fachgebundene Hochschulreife wird vermittelt durch die Prüfung nach der Verordnung über die Ausbildung und Prüfung in der Oberstufe der Berufsoberschulen, wenn Kenntnisse in nur einer Fremdsprache nachgewiesen werden.
→ Berufsaufbau- und Berufsoberschule

Darüber hinaus bestehen folgende Wege zur Fachhochschulreife:
- nach Abschluss der ersten Jahrgangsstufe der Kursphase in der Gymnasialen Oberstufe an allgemeinbildenden und beruflichen Gymnasien (Jahrgangsstufe 12 im neunjährigen und Jahrgangsstufe 11 im achtjährigen Bildungsgang oder die entsprechende Jahrgangsstufe in beruflichen Gymnasien, in Abendgymnasium oder Kollegs) wird, sofern bestimmte Mindestleistungen vorliegen, der schulische Teil der Fachhochschulreife erreicht,
- nach den einschlägigen Vorschriften für Berufsschulen, Berufskollegs und Fachschulen.
→ Berufskolleg; → Berufsaufbau- und Berufsoberschule; → Berufsschule; → Fachhochschulreife; → Fachschulen

6. Beratung

In allen Fragen der schulischen Abschlüsse beraten die → Schulpsychologoschen Beratungsstellen.

Abschlüsse (Berufsausbildung / HS / RS / „9+3")

Erwerb eines dem Hauptschulabschluss oder dem Realschulabschluss gleichwertigen Bildungsstandes an beruflichen Schulen; Auszug aus der Verwaltungsvorschrift des KM vom 7. Dezember 2001 (KuU S. 185/2002)

A.
Erwerb eines dem Hauptschulabschluss gleichwertigen Bildungsstandes

I.

Schülerinnen und Schüler ohne Hauptschulabschluss erwerben an beruflichen Schulen einen dem Hauptschulabschluss gleichwertigen Bildungsstand, wenn sie
1. an der Berufsschule die ordentliche Abschlussprüfung oder die Abschlussprüfung für Schulfremde bestanden und eine nach dem Berufsbildungsgesetz (BBiG) oder der Handwerksordnung (HWO) vorgeschriebene Abschlussprüfung in einem anerkannten Ausbildungsberuf mit einer Regelausbildungsdauer von mindestens zwei Jahren erfolgreich abgelegt haben; Entsprechendes gilt für Schülerinnen und Schüler, die die Abschlussprüfung an einer Sonderberufsschule und in einem Ausbildungsberuf nach § 48 BBiG oder § 42 HWO bestanden haben;
2. im Berufsgrundbildungsjahr oder einer entsprechenden einjährigen oder kooperativen zweijährigen Berufsfachschule das Ziel des Bildungsganges erreicht haben;
3. an einer gewerblichen Sonderberufsfachschule (berufsvorbereitend) eine Zusatzprüfung erfolgreich abgelegt haben.

II.

Die Feststellung eines dem Hauptschulabschluss gleichwertigen Bildungsstandes nach I. erfolgt durch eine Bestätigung gemäß Anlage 1 *(hier nicht abgedruckt)*. Die Bestätigung wird von der Schule ausgestellt, die erfolgreich besucht oder an der die Schulfremdenprüfung erfolgreich abgelegt wurde.

B.
Erwerb eines dem Realschulabschluss gleichwertigen Bildungsstandes nach Abschluss der Berufsausbildung

I.

1. Entsprechend der Vereinbarung der Kultusministerkonferenz vom 28./29. September 1995 schließt das Abschlusszeugnis der Berufsschule einen dem Realschulabschluss gleichwertigen Bildungsstand ein, wenn
- die Berufsschule erfolgreich besucht und im Abschlusszeugnis in den maßgebenden Fächern (alle Fächer mit Ausnahme von Religionslehre und Sport) ein Durchschnitt von mindestens 3,0 erreicht ist (auf eine Dezimale gerechnet),
- der erfolgreiche Abschluss einer Berufsausbildung nach dem Berufsbildungsgesetz (BBiG) oder der Handwerksordnung (HWO) in einem anerkannten Ausbildungsberuf mit einer Regelausbildungsdauer von mindestens zwei Jahren nachgewiesen ist und
- Fremdsprachenkenntnisse dadurch nachgewiesen sind, dass ein mindestens fünfjähriger Fremdsprachenunterricht in aufeinander folgenden Klassenstufen mit der Note „ausreichend" abgeschlossen wurde; dieser Nachweis kann auch durch die Note „ausreichend" in einer Abschlussprüfung erbracht werden, die nach ihren Anforderungen einen fünfjährigen Unterricht voraussetzt (z.B. Schulfremdenprüfung der Hauptschule, Zusatzprüfung im Berufsvorbereitungsjahr, Abschluss des Zusatzunterrichts an der Berufsschule).
2. Im Land Baden-Württemberg wird weiterhin ein dem Realschulabschluss gleichwertiger Bildungsstand zuerkannt, wenn die in Ziffer 1 genannten Voraussetzungen nicht vorliegen, jedoch nach Maßgabe nachstehender Regelung bei gleichgewichtiger Wertung eine Durchschnittsnote von mindestens 2,5 aus dem

Abschlüsse (Berufsausbildung)

- Hauptschulabschlusszeugnis,
- Berufsschulabschlusszeugnis,
- Zeugnis der zuständigen Stelle für die Abschlussprüfung in einem anerkannten Ausbildungsberuf mit einer Regelausbildungsdauer von mindestens drei Jahren erreicht wird.

2.1 Durchschnitt des Hauptschulabschlusszeugnisses

Maßgebend ist der im Hauptschulabschlusszeugnis für das Bestehen der Hauptschulabschlussprüfung ausgewiesene Durchschnitt der Gesamtleistungen aufgrund der seit 10.12.1983 über die Abschlussprüfungen an Hauptschulen jeweils geltenden Vorschriften. In der Fremdsprache muss sich der Schüler der Prüfung unterzogen haben.

Absolventen der Hauptschule, die am Ende des Schuljahres 1983/84 die Prüfung abgelegt haben, müssen sich ihr im A-Kurs unterzogen haben. Bei Absolventen der Hauptschule, die diese vor dem Schuljahr 1983/84 am Ende der Klasse 9 abgeschlossen haben, tritt an die Stelle des Durchschnitts der Gesamtleistungen der Hauptschulabschlussprüfung der Durchschnitt aller Noten des Abschlusszeugnisses, wenn in der Fremdsprache eine Note ausgebracht ist. Falls in den Fächern Deutsch, Mathematik und Fremdsprachen nach A- und B-Kurs differenziert worden ist, müssen die Noten nach den Anforderungen des A-Kurses erteilt worden sein.

Bei Absolventen des Berufsvorbereitungsjahres, die die Zusatzprüfung in Deutsch, Mathematik und Englisch abgelegt haben, tritt an die Stelle des Durchschnitts der Gesamtleistungen der Hauptschulabschlussprüfung der Durchschnitt aller Noten des Abschlusszeugnisses und der Zusatzprüfung.

2.2 Durchschnitt des Berufsschulabschlusszeugnisses

Maßgebend ist die nach den jeweils geltenden Vorschriften über die Ausbildung und Prüfung an Berufsschulen für die Entscheidung über das Bestehen der Prüfung ermittelte Durchschnittsnote, die im Abschlusszeugnis der Berufsschule ausgewiesen wird.

2.3 Durchschnitt des Zeugnisses der zuständigen Stelle über die Abschlussprüfung in einem anerkannten Ausbildungsberuf

Aus den im Zeugnis ausgewiesenen Noten in der Kenntnisprüfung (theoretische Fächer) und in der Fertigkeitsprüfung (praktische Prüfung bzw. mündliche Prüfung) wird ein Notendurchschnitt gebildet. –Soweit mehrere theoretische Fächer im Zeugnis ausgewiesen sind, werden die Noten der theoretischen Fächer gleichgewichtig zu einem Notendurchschnitt, gerechnet auf die erste Dezimale, zusammengefasst; aus diesem und der Note in der Fertigkeitsprüfung wird gleichgewichtig die Gesamtnote, auf die erste Dezimale gerechnet, gebildet.

3. Bei Absolventinnen und Absolventen der Ausbildung für den mittleren Verwaltungsdienst tritt an die Stelle des Berufsschulabschlusszeugnisses das Jahreszeugnis (Durchschnittsnote) der Berufsschule am Ende des Dienstanfängerjahres und an die Stelle des Zeugnisses über die Abschlussprüfung in einem anerkannten Ausbildungsberuf das Prüfungszeugnis der Staatsprüfung für den mittleren Verwaltungsdienst.

4. Bei Absolventinnen und Absolventen der Ausbildung für den mittleren Justizdienst tritt an die Stelle des Berufsschulabschlusszeugnisses die Durchschnittsnote im Zeugnis am Ende des Begleitlehrgangs, an den sich der Fachlehrgang anschließt, und an die Stelle des erfolgreichen Abschlusses der Berufsausbildung das Prüfungszeugnis der Staatsprüfung für den mittleren Justizdienst.

II.

1. Ein dem Realschulabschluss gleichwertiger Bildungsstand nach I.1 kann auch durch den Besuch einer beruflichen Vollzeitschule, die mit einer Regelausbildungsdauer von mindestens zwei Jahren einen Berufsabschluss vermittelt, sowie durch den Besuch der dreijährigen Berufsfachschule für Altenpflege erworben werden. Dabei tritt an die Stelle des Zeugnisses der Berufsschule sowie an die Stelle des Zeugnisses der nach BBiG oder HWO zuständigen Stelle das Abschlusszeugnis.

2. Ein dem Realschulabschluss gleichwertiger Bildungsstand nach I.2 kann auch durch den Besuch einer öffentlichen oder als Ersatzschule anerkannten beruflichen Vollzeitschule, die mit einer Regelausbildungsdauer von mindestens drei Jahren einen Berufsabschluss vermittelt, sowie durch den Besuch der dreijährigen Berufsfachschule für Altenpflege erworben werden. Dabei tritt das Abschlusszeugnis der Schule an die Stelle der Zeugnisse nach I.2.2 und I.2.3 und zählt damit doppelt.

III.

Mit diesem dem Realschulabschluss gleichwertigen Bildungsstand können nach Maßgabe der einschlägigen Schul- und Prüfungsordnungen alle Bildungsgänge besucht werden, die einen Realschulabschluss voraussetzen. Dies gilt nicht für die Oberstufe der Berufsoberschulen, für deren Besuch eine zusätzliche Aufnahmeprüfung zum Nachweis der erforderlichen Kenntnisse abzulegen ist, und die beruflichen Gymnasien.

IV.

... Zuständig für die Feststellung ist die zuletzt besuchte berufliche Schule. Bei Ziffer I.3 und I.4 ist das Oberschulamt zuständig, in dessen Bereich die Staatsprüfung bzw. der Begleitlehrgang stattfand.

→ Abschlüsse (Allgemeines); → Berufsschule (Ausbildung / Prüfung); → Berufseinstiegsjahr § 17 Abs. 1; → Berufsvorbereitungsjahr; → Fachhochschulreife; → Realschule (Abschlussprüfung); → Werkrealschule (Ausbildung und Prüfung)

Abschlüsse (Hauptschule / Mittlere Reife)

Hauptschulabschluss, Realschulabschluss; Verwaltungsvorschrift des KM vom 31. März 2009 (KuU S. 81/2009)

1. Schüler der Realschule und des Gymnasiums, die an ihrer Schulart von Klasse 9 nach Klasse 10 versetzt wurden, haben einen dem Hauptschulabschluss gleichwertigen Bildungsstand.

2. Schüler des Gymnasiums, die von Klasse 10 im neunjährigen Bildungsgang nach Klasse 11 oder im achtjährigen Bildungsgang in die erste Jahrgangsstufe versetzt wurden, haben einen dem Realschulabschluss gleichwertigen Bildungsstand. Schüler des Gymnasiums im achtjährigen Bildungsgang, die nach Teilnahme an einem längerfristigen Einzelschüleraustausch mit dem Ausland ohne Versetzungsentscheidung in die Kursstufe aufgenommen worden sind, erwerben einen dem Realschulabschluss gleichwertigen Bildungsstand, wenn am Ende der 1. Jahrgangsstufe nicht mehr als 20 % der angerechneten Kurse mit weniger als 5 Punkten in einfacher Wertung bewertet sind.

3. Ein nach den Nummern 1 und 2 erworbener Bildungsabschluss bleibt im Falle einer freiwilligen Wiederholung erhalten, sofern am Ende der wiederholten Klasse keine Versetzung erfolgt.

→ Abschlüsse (Allgemeines); → Abschlüsse (Berufsausbildung); → Abschlüsse (Allgemeines); → Gymnasium (Versetzungsordnung); → Realschule (Abschlussprüfung); → Werkrealschule (Ausbildung und Prüfung)

Abwesenheit und Krankmeldung (Lehrkräfte)

Teilzeitbeschäftigung, Urlaub und Urlaub von längerer Dauer ohne Dienstbezüge, Zuständigkeiten und Pflichten bei Dienst- und Arbeitsunfähigkeit von Lehrkräften sowie Zuständigkeiten für Tarifbeschäftigte im Bereich der Kultusverwaltung; Auszug aus der Verwaltungsvorschrift des KM, Az. 14-0311.40/231 (Entwurf; noch nicht veröffentlicht)

Vorbemerkung der Redaktion zu dieser Sammelvorschrift

Wir haben die für den Aufgabenbereich der Schulleitungen besonders relevanten Zuständigkeitsregelungen – vor allem in Fragen der Freistellung bzw. der Genehmigung von Urlaub – unter
→ Beamtenrecht (Zuständigkeiten im Schulbereich) und
→ Tarifrecht (Zuständigkeiten im Schulbereich)
in tabellarischer Form dargestellt und verzichten hier auf die Wiedergabe der Teile A und B dieser sehr umfangreichen Sammelvorschrift.

Bitte hierzu auch den Beitrag → Urlaub (Allgemeines) (insbesondere Nr. 4 zur *„Unterrichtsverlegung"*) beachten.

Teil D dieser Sammelvorschrift ist unter → Teilzeit / Urlaub (Beamtenrecht – VwV) abgedruckt.

Teil C
Abwesenheit bei Dienst- oder Arbeitsunfähigkeit sowie bei Arbeitsverhinderung von Lehrkräften

I.
Abwesenheitsblatt

1. An der Schule ist für jede Lehrkraft ein Abwesenheitsblatt gemäß Anlage *(hier nicht abgedruckt)* für jedes Kalenderjahr gesondert zu führen, soweit Zeiten der Abwesenheit anfallen. Eine elektronische Führung ist zulässig, wenn die Sicherung der Daten sichergestellt ist. Die Vorschriften des Landesbeamtengesetzes (LBG) zu Personalaktendaten sowie des Landesdatenschutzgesetzes (LDSG) sind entsprechend anzuwenden.

2. Die Abwesenheitsblätter und die ärztlichen Bescheinigungen verbleiben an der Schule. Sie sind außerhalb des Nebendatenbestands als Teildatenbestand zu führen (vgl. § 88 Abs. 1 LBG).
→ Beamtengesetz § 83 ff.; → Personalakten

3. Im Falle der Versetzung der Lehrkraft ist der Teildatenbestand der aufnehmenden Schule zu übermitteln

4. Die Abwesenheitsblätter und die ärztlichen Bescheinigungen sind drei Jahre nach Ablauf des Jahres, in dem der Vorgang angefallen ist, zu löschen (vgl. § 86 Abs. 6 LBG).

II.
Dienst- oder Arbeitsunfähigkeit

1. Jede Dienst- oder Arbeitsunfähigkeit infolge Krankheit und deren voraussichtliche Dauer sind unverzüglich dem Schulleiter mitzuteilen. Dies gilt für Beschäftigte auch für die Zeit während der Schulferien. Beamte haben während der Schulferien diese Mitteilung zu machen, soweit die Dienstunfähigkeit durch Unfall oder Dritte (mit-)verursacht wurde.
→ Tarifvertrag (Länder) § 44; → Unfälle (Arbeits-/ Dienst- und Privatunfälle)

Abwesenheit und Krankmeldung (Lehrkräfte)

Hinweise der Redaktion:
1. In § 44 TV-L (Sonderregelung für Beschäftigte als Lehrkräfte – Zu Abschnitt IV – Urlaub und Arbeitsbefreiung) ist verfügt:
   (1) „...Wird die Lehrkraft während der Schulferien durch Unfall oder Krankheit arbeitsunfähig, so hat sie dies unverzüglich anzuzeigen. Die Lehrkraft hat sich nach Ende der Schulferien oder, wenn die Krankheit länger dauert, nach Wiederherstellung der Arbeitsfähigkeit zur Arbeitsleistung zur Verfügung zu stellen."
2. Das Versäumen der Meldung über die Wiederherstellung der Arbeits- bzw. Dienstfähigkeit (beim Schulleiter; von Schulleitern beider Schulaufsicht) kann mit negativen Rechtsfolgen verbunden sein (z. B. bei Arbeitnehmern Krankengeld statt Gehalt oder bei Beamten Anordnung einer amtsärztlichen Untersuchung).
3. Betriebliches Eingliederungsmanagement
   Sind Beschäftigte innerhalb eines Jahres länger als sechs Wochen ununterbrochen oder wiederholt arbeitsunfähig, klärt der Arbeitgeber mit der Personalvertretung, bei schwerbehinderten Menschen außerdem mit der Schwerbehindertenvertretung, wie die Arbeitsunfähigkeit möglichst überwunden werden und mit welchen Leistungen oder Hilfen erneuter Arbeitsunfähigkeit vorgebeugt und der Arbeitsplatz erhalten werden kann (betriebliches Eingliederungsmanagement, § 84 SGB IX). Hierfür ist grundsätzlich die Zustimmung und Beteiligung der betroffenen Lehrkraft erforderlich. Unabhängig von dieser Zustimmung sieht das Gesetz eine Information von Personal- bzw. Schwerbehindertenvertretung nur dann vor, wenn das „Arbeitsverhältnis" gefährdet ist, beispielsweise weil der Einsatz an der Schule gefährdet ist, eine anderweitige Verwendung „geprüft werden muss, eine begrenzte Dienstfähigkeit oder eine Zurruhesetzung droht. Die Hauptvertrauenspersonen der Schwerbehinderten und die Hauptpersonalräte haben Unterlagen erarbeitet, die an solche Lehrkräfte übersandt werden sollen, die mindestens sechs Wochen arbeitsunfähig erkrankt sind. Die erkrankten Lehrkräfte haben dann die Möglichkeit wegen einer Beratung oder eines Eingliederungsgespräches auf Personalvertretung, Schwerbehindertenvertretung oder Schulverwaltung zuzugehen.
(Quelle: KM, 17.7.2006; AZ: 14-5110/128)

2. Eine ärztliche Bescheinigung über das Bestehen der Dienst- oder Arbeitsunfähigkeit sowie deren voraussichtliche Dauer ist dem Schulleiter vorzulegen
   2.1 von Beamten, wenn die Dienstunfähigkeit länger als eine Woche dauert,
   2.2 von Beschäftigten, _falls_ die Arbeitsunfähigkeit länger als drei Kalendertage dauert; dies gilt auch für Zeiten während der Schulferien (§ 5 Abs. 1 Entgeltfortzahlungsgesetz).
   Die ärztliche Bescheinigung ist spätestens am ersten dem Ablauf der genannten Fristen folgenden allgemeinen Arbeitstag vorzulegen.
3. Der Schulleiter ist berechtigt, im Einzelfall die Vorlage der ärztlichen Bescheinigung früher zu verlangen. Dauert die Dienst- oder Arbeitsunfähigkeit länger als in der ärztlichen Bescheinigung angegeben, ist eine neue ärztliche Bescheinigung vorzulegen.

III.
Meldungen durch den Schulleiter an die Schulaufsicht und an das Landesamt für Besoldung und Versorgung

1. Die Abwesenheit einer Lehrkraft ist der oberen Schulaufsichtsbehörde auf dem Dienstweg zu melden, wenn
   1.1 die Vertretung der Lehrkraft nicht anderweitig geregelt werden kann,
   1.2 die Dienst- oder Arbeitsunfähigkeit durch Unfall oder Dritte (mit-)verursacht wurde; dies gilt auch für die Zeit während der Schulferien,
   → Unfälle (Arbeits-/Dienstunfälle)
   1.3 die Dienst- oder Arbeitsunfähigkeit häufi-

Hinweise der Redaktion
Dienstliche Betätigung bei Krankheit und während gesetzlicher Schutzfristen

Während einer ärztlichen Krankschreibung oder während gesetzlicher Schutzfristen (z.B. Mutterschutzfrist) dürfen Beschäftigte grundsätzlich keinen Dienst tun. Es gibt jedoch Ausnahmen. Hierfür drei konkrete Beispiele:

1. Eine Lehrerin ist nach einem Beinbruch vom Arzt krankgeschrieben. Sie trägt einen Gehgips und möchte, da sie sich einsatzfähig fühlt, wenigstens ihre eigene Schulklasse unterrichten, den übrigen Unterricht in anderen Klassen und Fächern aber wegen der gesundheitlichen Belastung ausfallen lassen.

   Diese Teil-Dienstleistung ist lediglich bei beamteten Lehrkräften und auch dort nur im Rahmen der „Rekonvaleszenzregelung" zulässig: → Arbeitszeit (Rekonvaleszenzregelung)

   Ärztlich krankgeschriebene tarifbeschäftigte Lehrkräfte dürfen jedoch keinen Dienst tun.

2. Wenn der Arzt attestiert: _„Frau X. ist bis zum 30. April dienstunfähig; sie kann jedoch eingeschränkt Unterricht – mit Ausnahme von Sport-

unterricht – erteilen; eine Belastung mit bis zu 14 Unterrichtsstunden in der Woche ist aus ärztlicher Sicht unbedenklich"_, entscheidet die Schulleitung, ob sie die Teil-Dienstleistung annimmt. Wenn der Arzt bescheinigt: _„Frau X kann ab sofort wieder Dienst tun; sie darf jedoch in den nächsten vier Wochen keinen Sportunterricht erteilen"_, so darf die Schulleitung die Kollegin mit vollem Unterrichtsumfang einsetzen, muss jedoch den Sportunterricht hiervon ausnehmen.

3. Eine Lehrerin möchte nach Eintritt der Mutterschutzfrist in ihrer eigenen Klasse noch drei Wochen unterrichten, um die Schüler/innen möglichst gut auf eine Prüfung vorzubereiten. Wenn sie sich ausdrücklich hierzu bereiterklärt, kann die Schulleitung dies gestatten. Die Lehrerin kann ihre Erklärung jederzeit widerrufen. Nach der Entbindung gilt ein absolutes Beschäftigungsverbot.
   → Mutterschuz (Verordnung – AzUVO) §§ 32, 34

In den Fällen 2 bis 3 gibt es keinen Unterschied zwischen Beamt/innen und Arbeitnehmer/innen.

ger auftritt oder bereits länger als sechs Wochen andauert.

Eine Kopie der ärztlichen Bescheinigung ist der Meldung anzuschließen.

2. Unabhängig von Nr. 1 ist bei Beschäftigten der Eintritt jeder Arbeitsunfähigkeit und Arbeitsverhinderung sowie deren Wegfall dem Landesamt für Besoldung und Versorgung sowie der oberen Schulaufsichtsbehörde auf dem dafür vorgesehenen Vordruck zu melden. Dies gilt auch für die Zeit während der Schulferien.

➔ Arbeitszeit (Rekonvaleszenzregelung; ➔ Beamtengesetz § 75; ➔ Beamtenrecht (Zuständigkeiten im Schulbereich); ➔ Beamtenstatusgesetz § 44; ➔ Ermessen; ➔ Mutterschuz (Verordnung – AzUVO) §§ 32, 34; ➔ Teilzeit / Urlaub (Arbeitnehmer); ➔ Teilzeit / Urlaub (Beamtenrecht – VwV); ➔ Teilzeit / Urlaub (Sabbatjahr); ➔ Teilzeit (Pflichten und Rechte); ➔ Tarifrecht (Zuständigkeiten im Schulbereich); ➔ Tarifvertrag (Länder) § 29; ➔ Unfälle (Arbeits-, Dienst- und Privatunfälle); ➔ Urlaub (Allgemeines); ➔ Urlaub (Jugendleiter/innen); ➔ Urlaub (Pflegezeitgesetz); ➔ Urlaub (Pflegezeit – AzUVO); ➔ Urlaub (Prüfungen); ➔ Urlaub (Verordnung / AzUVO)

Aktenvermerk

Hinweis der Redaktion

Der Aktenvermerk (Aktennotiz) ist der Aufschrieb eines Sachverhalts; er dient als Erinnerungsstütze und Beweismittel. Er wird aufbewahrt und kann bei Bedarf aktiviert werden.

Aktenvermerke sind in der allgemeinen Verwaltung (und außerhalb des öffentlichen Bereichs, z.B. in der Industrie) ein gebräuchliches Mittel der Verständigung: Der Verfasser / die Verfasserin des Aktenvermerks legt darin die Kenntnis über einen Vorgang nieder und macht sie Dritten (z.B. Vorgesetzten, Geschäftspartnern, Kollegen) zusammengefasst und geordnet zugänglich. Dies dient im öffentlichen Bereich auch dazu, das Verwaltungshandeln nachvollziehbar und transparent zu machen.

Die Aktennotiz ist darüber hinaus im Konfliktfall (und zur Vorbeugung von Konflikten) ein unentbehrliches Hilfsmittel zur gegenseitigen Information sowie zur eigenen Absicherung.

Typische Fälle für Aktenvermerke im Schulbereich:
- Eine Lehrkraft erstellt für die Schulleitung einen Bericht über einen Schülerunfall, einen Gewaltvorfall auf dem Schulhof oder ein problematisches Elterngespräch.
- Ein Schulleiter unterrichtet eine einzelne Lehrkraft oder eine Gruppe von Lehrkräften über eine Elternbeschwerde oder das Ergebnis eines Gesprächs mit einem auffälligen Schüler.
- Eine Lehrkraft konkretisiert ihre Bedenken gegen die Absicht der Schulleitung, einen Schüler für eine Woche vom Unterricht auszuschließen.
- Eine Lehrkraft teilt der Schulleitung mit, dass sie die Eltern eines Schülers abends zu einem Gespräch aufsuchen wird (➔ Hausbesuch).

- Die Schulleiterin hält fest, dass der zuständige Schulrat telefonisch angeordnet hat, der Presse keine Auskunft über die Lehrerversorgung an der Schule zu erteilen, und dass sie dieser Weisung widersprochen hat, weil diese Anordnung in ihre dienstliche Zuständigkeit eingreift.
  ➔ Beamtenstatusgesetz § 36
- Eine Lehrkraft / die Schulleitung hält fest, wann und aus welchen Gründen sie einem Vater telefonisch aufgelegt hat, ein ärztliches Attest über die Krankheit des Sohnes vorzulegen.

Aktenvermerke können in schriftlicher (Papier-) Form, als Fax oder auch elektronisch (E-Mail) erstellt werden; bei E-Mails ist für die Dauer-Aufbewahrung ein Ausdruck in Papierform erforderlich.

Für die Wirksamkeit von Aktennotizen gelten zwei Verfahrensregeln:
1. Was man aufschreibt, erhalten beide Parteien (ggf. mit der Aufforderung zur Stellungnahme innerhalb einer bestimmten Frist).
2. Wer daraufhin nicht reagiert, akzeptiert damit stillschweigend den Inhalt.

Im öffentlichen Bereich (Behörde, Schule) wird ein Aktenvermerk, da er sich auf einen Sachverhalt/ Vorgang bezieht, zu den „Sachakten" genommen. Sobald ein Aktenvermerk in einem unmittelbaren inneren Zusammenhang mit dem Dienstverhältnis von Beschäftigten steht (z.B. Beanstandung des konkreten dienstlichen Verhaltens einer Lehrkraft durch die Schulleitung), handelt es sich um Personalaktendaten, die nach den beamten- bzw. tarifrechtlichen Vorschriften zu behandeln sind.
➔ Personalakten

➔ Beamtenstatusgesetz § 36; ➔ Datenschutz (Schule); ➔ Hausbesuch; ➔ Personalakten; ➔ Schulgesetz § 41

Wer schützt Sie im Konfliktfall?

Wenn Sie mit Ihrer Eingruppierung nicht einverstanden sind – wer leistet Ihnen dann zuverlässig Rat und Hilfe? Darauf gibt es nur eine Antwort: die GEW mit Beratung und Rechtsschutz. Das ist ein guter Grund, im Lehrerzimmer über die Mitgliedschaft in der GEW zu sprechen.

Amtsärztliche Untersuchung

Auszug aus der Verwaltungsvorschrift des Sozialministeriums über amtsärztliche Untersuchungen im öffentlichen Dienst vom 29. Juli 2003 (GABl. S. 598/2003)

Hinweise der Redaktion:
1. Beamt/innen sind verpflichtet, sich nach dienstlicher Weisung (amts)ärztlich untersuchen und ggf. beobachten zu lassen, wenn Zweifel an der Dienstfähigkeit oder über die Dienstunfähigkeit bestehen oder Dienstunfähigkeit ärztlich festzustellen ist. Es ist das Gesundheitsamt zuständig, in dessen Bezirk die zu untersuchende Person ihren gewöhnlichen Aufenthalt hat oder zuletzt hatte.
→ Beamtengesetz § 53
2. Zur „Eignung" als Einstellungsvoraussetzung gehört auch die gesundheitliche Eignung für die angestrebte Laufbahn. Dazu ist ein amtsärztliches Zeugnis vorzulegen, das nicht älter als sechs Monate sein sollte. Wurde die gesundheitliche Eignung vor der Begründung des Beamtenverhältnisses auf Widerruf oder auf Probe geprüft, so ist vor der Berufung ins Beamtenverhältnis auf Probe auf Lebenszeit eine weitere Untersuchung nur notwendig, wenn Anhaltspunkte dies nahelegen oder wenn die Art der Tätigkeit besondere Anforderungen an die Dienstfähigkeit stellt.
Bei Lehrkräften erfolgt diese amtsärztliche Untersuchung bereits vor der Berufung in das Beamtenverhältnis auf Widerruf (Vorbereitungsdienst/Referendariat). Bei der späteren „Verbeamtung" sind also weitere Untersuchungen nur dann erforderlich, wenn bei der Erstuntersuchung keine klare Unbedenklichkeit attestiert und eine weitere Untersuchung vor der Einstellung in das Beamtenverhältnis auf Probe für notwendig erachtet wurde. In diesen Fällen erfolgt die Einstellung häufig nicht im Beamtenverhältnis, sondern im Arbeitnehmerverhältnis.
→ Beamtenstatusgesetz § 9

3
Allgemeine Anforderungen für die Erstellung und Bekanntgabe des amtsärztlichen Zeugnisses

3.1 Amtsärztliche Zeugnisse sind grundsätzlich nur auf schriftliche Anforderung der für Personalmaßnahmen zuständigen Dienststelle auszustellen.
Die Anforderung kann dem Gesundheitsamt direkt durch die Dienststelle selbst oder mittelbar durch die zu untersuchende Person übermittelt werden. ...

3.3 Fachärztliches Gutachten
Ist dem Gesundheitsamt in anderen als den in Nummer 4.3 geregelten Fällen ein abschließendes ärztliches Urteil ohne Beiziehung ergänzender fachärztlicher Zeugnisse nicht möglich, so ist die untersuchte Person aufzufordern, ein solches fachärztliches Zeugnis beizubringen, damit dieses in ein abschließendes amtsärztliches Zeugnis einbezogen werden kann.
Ist die untersuchte Person nicht bereit, eine vom Gesundheitsamt für erforderlich gehaltene fachärztliche Untersuchung durchführen zu lassen und die Übersendung des fachärztlichen Zeugnisses an das Gesundheitsamt zu veranlassen, wird die anfordernde Dienststelle hierüber unter Übersendung eines Zeugnisses über die vom Gesundheitsamt getroffenen ärztlichen Feststellungen unterrichtet.
Bei Untersuchungen auf Veranlassung der untersuchten Person (zum Beispiel Einstellungsuntersuchungen) erfolgt in diesem Fall jedoch eine Mitteilung an die für Personalmaßnahmen zuständige Dienststelle nur mit Zustimmung der untersuchten Person. Kosten für fachärztliche Untersuchungen können vom Gesundheitsamt nicht übernommen werden.

3.4 Schwerbehinderte
Bei Einstellungsuntersuchungen ist darauf zu achten, dass bei schwerbehinderten Personen im Interesse der Förderung ihrer Beschäftigung deutlich geringere gesundheitliche Anforderungen gelten. So ist die gesundheitliche Eignung bei der Einstellung von Beamten regelmäßig noch als ausreichend anzusehen,
– wenn die schwerbehinderte Person nur für die Wahrnehmung bestimmter Dienstposten der betreffenden Laufbahn geistig und körperlich geeignet ist und
– bei der Einstellung davon ausgegangen werden kann, dass die schwerbehinderte Person mindestens fünf Jahre dienstfähig bleibt (dies muss im amtsärztlichen Gutachten zum Ausdruck kommen).

4
Gutachten im Rahmen von Zurruhesetzungsverfahren
4.1 Beamte sind nach § 53 Abs. 1 des Landesbeamtengesetzes (LBG) – *jetzt:* → Beamtenstatusgesetz §§ 26-27; *Anm.d.Red.* – in den Ruhestand zu versetzen, wenn sie infolge eines körperlichen Gebrechens oder wegen Schwäche ihrer körperlichen oder geistigen Kräfte zur Erfüllung ihrer Dienstpflichten dauernd unfähig (dienstunfähig) sind. Als dienstunfähig können Beamte auch dann angesehen werden, wenn sie infolge Erkrankung innerhalb eines Zeitraumes von sechs Monaten mehr als drei Monate keinen Dienst getan haben und keine Aussicht besteht, dass sie innerhalb weiterer sechs Monate wieder voll dienstfähig werden.
Hinweis der Redaktion: Wegen Dienstunfähigkeit pensionierte Beamt/innen werden in der Regel alle zwei Jahre aufgefordert, sich einer erneuten amtsärztlichen Untersuchung zu unterziehen, ob die Dienstunfähigkeit immer noch vorliegt. Einzelheiten hierzu befinden sich im Beitrag:
→ Ruhestand (Allgemeines)

Das Vorliegen der Voraussetzungen ist mit besonderer Sorgfalt zu prüfen. Zur Vermeidung der Versetzung in den Ruhestand oder der Entlassung sind von Amts wegen zunächst alle Möglichkeiten zu nutzen, die eine angemessene Weiterverwendung gestatten oder erwarten lassen.
Vorrangig sind Maßnahmen der beruflichen Rehabilitation zu ergreifen, die eine uneingeschränkte Weiterverwendung auf dem bisherigen Arbeitsplatz zulassen. Soweit dies nicht möglich ist, ist zu beachten, dass von einer Versetzung in den Ruhestand wegen Dienstunfähigkeit abgesehen werden soll, wenn dem Beamten unter den Voraussetzungen des § 53 Abs. 3 LBG – *jetzt:* → Beamtenstatusgesetz § 26; *Anm.d.Red.* – eine anderweitige Beschäftigung zugewiesen werden kann. Außerdem sollen nach § 53a Abs. 1 LBG – *jetzt:* → Beamtenstatusgesetz § 27; *Anm.d.Red.* – Beamte dann

nicht mehr in den Ruhestand wegen Dienstunfähigkeit versetzt werden, wenn sie unter Beibehaltung ihres Amtes ihre Dienstpflichten mindestens noch zur Hälfte der regelmäßigen Arbeitszeit erfüllen können.

Für die Beurteilung der Dienstfähigkeit, begrenzten Dienstfähigkeit oder Dienstunfähigkeit ist nicht allein auf die Person des jeweiligen Beamten abzustellen, sondern vielmehr sind die Auswirkungen der körperlichen Gebrechen oder der Schwäche seiner körperlichen oder geistigen Kräfte auf seine Fähigkeit, die ihm in seinem Amt obliegenden Dienstpflichten zu erfüllen, und damit auch die Auswirkungen auf den Dienstbetrieb entscheidend. Zur Feststellung der Dienstunfähigkeit eines Beamten ist es daher erforderlich, dass in jedem Einzelfall die gesamte Breite der in Betracht kommenden Faktoren individuell festgehalten und gewürdigt wird. Hierzu gehört nicht nur das Beschwerde- oder Krankheitsbild des zu beurteilenden Beamten, sondern ebenso das Anforderungsprofil des von ihm derzeit ausgeübten Amtes sowie die Frage der gesundheitlichen Eignung für die Übernahme eines anderen Amtes im abstrakt-funktionellen Sinne ... .

4.3 Für die Abfassung eines amtsärztlichen Zeugnisses zur Frage der Dienstunfähigkeit und einer etwaigen Nachuntersuchung kann es erforderlich sein, dass zusätzliche ärztliche Auskünfte beziehungsweise ergänzende fachärztliche Gutachten eingeholt werden müssen (...). Bei der Einholung externer Gutachten soll stets auf eine möglichst genaue Angabe der von diesen Gutachtern durchzuführenden Untersuchungen geachtet werden. ... Die Hinzuziehung anderer Fachdienste des Gesundheitsamts (zum Beispiel Psychiater) ist im Einzelfall zu prüfen.

Die o.g. Grundsätze gelten auch für die Einholung anderer ergänzender fachärztlicher Gutachten während des bestehenden Dienstverhältnisses.

4.4 Das Gutachten im Zurruhesetzungsverfahren soll ... der ... zuständigen Stelle eine umfassende Entscheidungsgrundlage zur Erfüllung ihrer Aufgaben geben. Daher hat es nicht nur ein Votum zur Dienstunfähigkeit zu enthalten. Erforderlich im Rahmen der Gesamtbeurteilung ... ist grundsätzlich auch

- eine Beschreibung der Auswirkungen der Krankheit auf die dem Beamten übertragenen Dienstpflichten,
- eine Dokumentation bisher durchgeführter Heilmaßnahmen einschließlich der durch diese Maßnahmen erzielten Ergebnisse,
- die Benennung geeigneter und erfolgversprechender Heil- und Rehabilitationsmaßnahmen oder psychotherapeutischer Behandlungen zur Wiederherstellung der Dienstfähigkeit (kommen solche Maßnahmen nicht in Betracht, ist dies unter Angabe von Gründen zu erläutern) und
- eine aussagefähige Prognose über die weitere Entwicklung der Erkrankung.

Die Dienststelle kann verlangen, dass zu bestimmten Verwendungsbereichen ein Leistungsbild erstellt wird, aus dem detailliert hervorgeht, welchen Einschränkungen der Beamte unterliegt und was er voraussichtlich noch zu leisten imstande ist. Das Leistungsprofil muss sich sowohl auf die Unterweisung in die neuen Aufgaben als auch die anschließende anderweitige Verwendung beziehen. Macht die Dienststelle auch auf Nachfrage keine entsprechenden Angaben, ist zur Frage einer gesundheitlichen Eignung für eine andere Verwendung allgemein Stellung zu nehmen.

Die möglichen beziehungsweise bereits genutzten Erleichterungen des Schwerbehindertenrechts sind aufzuzeigen.

Die Beurteilung der Dienstunfähigkeit aus ärztlicher Sicht hat ausschließlich unter Zugrundelegung der dienstlichen Anforderungen zu erfolgen. Beruht die Dienstunfähigkeit auf besonderen Belastungen aus dem privaten Umfeld des Probanden und erlangte er bei Wegfall dieser Belastungen wieder die Dienstfähigkeit, ist im Gutachten näher darauf einzugehen.

5
Datenschutz

5.1 Die ärztliche Schweigepflicht gilt grundsätzlich auch zwischen den Ärzten. Eine Beteiligung weiterer Ärzte setzt daher eine wechselseitige Entbindung von der Schweigepflicht voraus. Dies gilt insbesondere bei der Einholung von Auskünften bei einem Arzt, der die untersuchte Person ausschließlich auf eigenem Wunsch behandelt hat oder behandelt. ...

Die untersuchte Person ist patientenrechtlich nicht verpflichtet, die Entbindung von der Schweigepflicht zu erklären; dies kann jedoch dienst- oder arbeitsrechtlich der Fall sein. Hierauf ist sie hinzuweisen. Wird die Entbindung von der Schweigepflicht verweigert, so ist das amtsärztliche Zeugnis unter Hinweis auf fehlende oder lückenhafte ärztliche oder andere Information zur Vorgeschichte in dem aus ärztlicher Sicht möglichen Umfang zu erstellen. Die eingeschränkte Aussagekraft des amtsärztlichen Zeugnisses ist zu erläutern.

5.2 Einzelheiten aus Anamnese und Befunderhebung werden grundsätzlich nur mit schriftlichem Einverständnis der untersuchten Person, (...) mitgeteilt, wenn die das Zeugnis anfordernde Dienststelle dies im Einzelfall ausdrücklich fordert und dabei darlegt, aus welchen Gründen diese Angaben erforderlich sind oder dies vom untersuchten Arzt für zwingend erforderlich gehalten wird. Angaben aus der Familienanamnese werden nicht weitergegeben. ...

5.3 Das Einverständnis ist bei Untersuchungen, denen sich ein Bediensteter aufgrund einer gesetzlichen Verpflichtung oder entsprechender tariflicher Bestimmungen unterziehen muss, für die Übermittlung von Einzelheiten aus Anamnese und Befunderhebung nicht notwendig, wenn deren Kenntnis für die anfordernde Dienststelle zur Entscheidung über die konkrete Maßnahme, zu deren Zweck die Untersuchung durchgeführt worden ist, erforderlich ist (...). Gleiches gilt für amtsärztliche Zeugnisse anlässlich von Ernennungen bereits im öffentlichen Dienst beschäftigter Beamter. Eine Datenweitergabe ist in den genannten Fällen zulässig. Die untersuchte Person ist jedoch zu Beginn der Untersuchung auf deren Zweck und die Befugnis zur Übermittlung an die personalverwaltende Dienststelle hinzuweisen.

5.4 Ergeben sich bei einer Einstellungsuntersuchung aus ärztlicher Sicht Bedenken gegen eine Einstellung, so können diese nur mit schriftlichem Einverständnis der untersuchten Person der das Zeugnis anfordernden Dienststelle mitgeteilt werden. Verweigert die untersuchte Person das Einverständnis, wird je nach der Lage des Einzelfalls die für Personalmaßnahmen zuständige Dienststelle entweder davon unterrichtet, dass die untersuchte Person kein amtsärztliches Zeugnis mehr wünscht oder ein amtsärztliches Zeugnis nicht erteilt werden kann, da hierzu kein Einverständnis der untersuchten Person vorliegt. Auch diese Unterrichtung ist nur bei entsprechender schriftlicher Zustimmung der untersuchten Person zulässig.

5.5 Beim Gesundheitsamt befindliche Unterlagen über die zu untersuchende oder untersuchte Person, die im Rahmen der amtsärztlichen Begutachtungstätigkeit des Gesundheitsamts für einen anderen Untersuchungs- und Begutachtungszweck erhoben wurden, dürfen nur mit Zustimmung der untersuchten Person bei der Erstellung des amtsärztlichen Zeugnisses beigezogen werden.

5.6 Das amtsärztliche Zeugnis ist als Arztsache zu kennzeichnen und in einem gesonderten, verschlossenen und versiegelten Umschlag grundsätzlich an den zuständigen Bearbeiter der anfordern-

den Dienststelle zu übersenden. Bei Untersuchungen auf Veranlassung der untersuchten Person (zum Beispiel bei Einstellungsuntersuchungen) ist es nur der untersuchten Person zur Vorlage bei der Dienststelle auszuhändigen.

5.7 Der untersuchten Person ist grundsätzlich eine Kopie des der anfordernden Dienststelle erteilten amtsärztlichen Zeugnisses zu übermitteln.

Im Übrigen gilt hinsichtlich des Auskunftsanspruchs und des Akteneinsichtsrechts § 21 LDSG.

5.8 Aus datenschutzrechtlichen Gründen ist besonders zu beachten, dass Abschnitt II der Anlage 8 *(hier nicht abgedruckt)* keine Rückschlüsse auf die begutachtete Person erlauben darf.

6
Gebühren und Auslagen

6.1 Amtsärztliche Untersuchungen über die Eignung zum Eintritt in den Dienst des Landes, ... sind gebührenfrei; Auslagen werden nicht erhoben (...). Im Übrigen werden für Untersuchungen über die Eignung zum Eintritt in den öffentlichen Dienst Gebühren und Auslagen erhoben. Gebühren- und Auslagenschuldner ist die untersuchte Person.

6.2 Amtsärztliche Untersuchungen, die sich aus dem Dienstverhältnis ergeben, sind grundsätzlich gebührenfrei; ... . Auslagen werden nicht erhoben. Für Fälle der Amtshilfe gilt § 8 LVwVfG.

→ Amtshilfe

Hinweise der Redaktion: Nach dem Landesgebührengesetz (GBl. S. 895/2004) können die Stadt- und Landkreise Gebühren erheben; das Gesetz sieht jedoch weiterhin Gebührenfreiheit für Untersuchungen vor, die „das bestehende oder frühere Dienstverhältnis von Beschäftigten des öffentlichen Dienstes" betreffen. Einstellungsuntersuchungen (vor dem Vorbereitungsdienst bzw. vor der Übernahme in den Schuldienst) sind hingegen nicht mehr gebührenfrei.

→ Amtshilfe; → Beamtengesetz §§ 26-27 und 83ff.; → Beamtenstatusgesetz §§ 9 und 50; → Datenschutz (LDSG);
→ Infektionsschutzgesetz; → Schulärztliche Untersuchung; → Ruhestand (Allgemeines); → Schwerbehinderung;
→ Sucht (Dienstvereinbarung); → Tarifvertrag (Länder) § 3 Abs. 5

Amtshilfe

Auszug aus dem Verwaltungsverfahrensgesetz für Baden-Württemberg (Landesverwaltungsverfahrensgesetz – LVwVfG) in der Fassung vom 12. April 2005; zuletzt geändert 17. Dezember 2009 (GBl. S. 809, 811/2009)

§ 4
Amtshilfepflicht

(1) Jede Behörde leistet anderen Behörden auf Ersuchen ergänzende Hilfe (Amtshilfe).

(2) Amtshilfe liegt nicht vor, wenn
1. Behörden einander innerhalb eines bestehenden Weisungsverhältnisses Hilfe leisten;
2. die Hilfeleistung in Handlungen besteht, die der ersuchten Behörde als eigene Aufgabe obliegen.

§ 5
Voraussetzungen und Grenzen der Amtshilfe

(1) Eine Behörde kann um Amtshilfe insbesondere dann ersuchen, wenn sie

1. aus rechtlichen Gründen die Amtshandlung nicht selbst vornehmen kann;
2. aus tatsächlichen Gründen, besonders weil die zur Vornahme der Amtshandlung erforderlichen Dienstkräfte oder Einrichtungen fehlen, die Amtshandlungen nicht selbst vornehmen kann;
3. zur Durchführung ihrer Aufgaben auf die Kenntnis von Tatsachen angewiesen ist, die ihr unbekannt sind und die sie selbst nicht ermitteln kann;
4. zur Durchführung ihrer Aufgaben Urkunden oder sonstige Beweismittel benötigt, die sich im Besitz der ersuchten Behörde befinden;

Amtshilfe / Arbeits- und Gesundheitsschutz (Allgemeines)

5. die Amtshandlung nur mit wesentlich größerem Aufwand vornehmen könnte als die ersuchte Behörde.

(2) Die ersuchte Behörde darf Hilfe nicht leisten, wenn
1. sie hierzu aus rechtlichen Gründen nicht in der Lage ist;
2. durch die Hilfeleistung dem Wohl des Bundes oder eines Landes erhebliche Nachteile bereitet würden.

Die ersuchte Behörde ist insbesondere zur Vorlage von Urkunden oder Akten sowie zur Erteilung von Auskünften nicht verpflichtet, wenn die Vorgänge nach einem Gesetz oder ihrem Wesen nach geheim gehalten werden müssen.

(3) Die ersuchte Behörde braucht Hilfe nicht zu leisten, wenn
1. eine andere Behörde die Hilfe wesentlich einfacher oder mit wesentlich geringerem Aufwand leisten kann;
2. sie die Hilfe nur mit unverhältnismäßig großem Aufwand leisten könnte;
3. sie unter Berücksichtigung der Aufgaben der ersuchenden Behörde durch die Hilfeleistung die Erfüllung ihrer eigenen Aufgaben ernstlich gefährden würde.

(4) Die ersuchte Behörde darf die Hilfe nicht deshalb verweigern, weil sie das Ersuchen aus anderen als den in Absatz 3 genannten Gründen oder weil sie die mit der Amtshilfe zu verwirklichende Maßnahme für unzweckmäßig hält.

(5) Hält die ersuchte Behörde sich zur Hilfe nicht für verpflichtet, so teilt sie der ersuchenden Behörde ihre Auffassung mit. Besteht diese auf der Amtshilfe, so entscheidet über die Verpflichtung zur Amtshilfe die gemeinsame fachlich zuständige Aufsichtsbehörde oder, sofern eine solche nicht besteht, die für die ersuchte Behörde fachlich zuständige Aufsichtsbehörde.

§ 6
Auswahl der Behörde

Kommen für die Amtshilfe mehrere Behörden in Betracht, so soll nach Möglichkeit eine Behörde der untersten Verwaltungsstufe des Verwaltungszweigs ersucht werden, dem die ersuchende Behörde angehört.

§ 7
Durchführung der Amtshilfe

(1) Die Zulässigkeit der Maßnahme, die durch die Amtshilfe verwirklicht werden soll, richtet sich nach dem für die ersuchende Behörde, die Durchführung der Amtshilfe nach dem für die ersuchte Behörde geltenden Recht.

(2) Die ersuchende Behörde trägt gegenüber der ersuchten Behörde die Verantwortung für die Rechtmäßigkeit der zu treffenden Maßnahme. Die ersuchte Behörde ist für die Durchführung der Amtshilfe verantwortlich.

Hinweise der Redaktion

Ein Beispiel für Amtshilfe: Der Polizeivollzugsdienst fertigt beim Verdacht auf Schulschwänzen einen „Antreffbericht" und übersendet diesen bei eindeutiger Sachlage gleichzeitig Eltern und Schule. Ein notorischer Schulschwänzer wird ggf. von der Polizei auch zuhause abgeholt und der Schule zugeführt.

→ Schulpflicht (Durchsetzung)

Nicht zur Amtshilfe zählt eine außergerichtliche oder gerichtliche Aussage von Beamten über dienstliche Angelegenheiten. Hierzu ist gemäß § 37 Beamtenstatusgesetz die Genehmigung des Dienstvorgesetzten erforderlich.

→ Datenschutz (Schulen); → Beamtenstatusgesetz § 37; → Polizei und Schule; → Suchtprävention; → Verschwiegenheitspflicht; → Verwaltungsrecht

Arbeits- und Gesundheitsschutz (Allgemeines)

Hinweise der Redaktion

1.
Arbeitsschutzgesetz und weitere Vorschriften zum Arbeitsschutz

Die für den Arbeits- und Gesundheitsschutz der Lehrkräfte bedeutsamsten staatlichen Arbeitsschutzvorschriften sind das Arbeitsschutzgesetz und die hierzu erlassenen Rechtsverordnungen. Dazu gehören die Bildschirmarbeitsverordnung, die Lastenhandhabungsverordnung sowie die Gefahrstoffverordnung.

→ Arbeitsschutzgesetz; → Bildschirmarbeitsverordnung

Das Arbeitsschutzgesetz des Bundes gilt unmittelbar für alle Beschäftigten, auch für die Beamtinnen und Beamten des Landes (§ 49 der Arbeitszeit- und Urlaubsverordnung).

Daneben ist eine Reihe von weiteren Arbeitsschutzbestimmungen zu beachten, z.B. die Vorschriften → Gewaltvorfälle und Schadensereignisse. Zur Gesundheitsgefährdung am Arbeitsplatz Schule siehe auch → Erste Hilfe.

Nach dem Arbeitssicherheitsgesetz ist in den Verwaltungen und Betrieben des Landes ein arbeitsmedizinischer und sicherheitstechnischer Arbeitsschutz zu gewährleisten. Die vom Arbeitgeber zur Erfüllung des Gesetzes zu treffenden Maßnahmen sind durch die Unfallverhütungsvorschrift GUV-V A 6/7 „Betriebsärzte, Sicherheitsingenieure und andere Fachkräfte für Arbeitssicherheit" geregelt. Sie gilt unmittelbar für die Lehrkräfte im Arbeit-

Arbeits- und Gesundheitsschutz (Allgemeines)

nehmerverhältnis; die arbeitsmedizinische und sicherheitstechnische Betreuung der beamteten Lehrkräfte erfolgt in Anlehnung an sie.

Das KM hat eine Verwaltungsvorschrift „Arbeitsschutz an Schulen und Schulkindergärten" erlassen (29.3.2001; KuU S. 255/2001, 359/2001; zuletzt geändert 28.4.2003; KuU S. 111/2003). Ferner hat das KM mit den schulischen Hauptpersonalräten *Dienstvereinbarungen zur Gefährdungsbeurteilung* der Arbeitsplätze der Lehrkräfte abgeschlossen (Bekanntmachungen vom 29.3. 2001, KuU S. 257/2001, vom 11.10.2001, KuU S. 357/2001, und vom 24.7. 2001; KuU S. 328/2001).

Die Dienstvereinbarungen gelten für alle Arbeitsplätze der Lehrkräfte an den Schulen und Schulkindergärten. Auszugsweise sind die Verwaltungsvorschrift „*Arbeitsschutz*" sowie die Dienstvereinbarung für den GWHRS-Bereich in das Arbeitsschutzgesetz eingearbeitet. Die vollen Texte sind unter www.stolz-vahle.de im Internet verfügbar.
→ Arbeitsschutzgesetz

Rahmenkonzept des Kultusministeriums zum Arbeits- und Gesundheitsschutz

Beim KM besteht eine „*Leitstelle Betriebsärztlicher Dienst für das Kultusressort, Arbeits- und Gesundheitsschutz*" als Stabsstelle. Einzelheiten stehen unter
→ Arbeits- und Gesundheitsschutz (Rahmenkonzept)

2. Unfallschutz und Prävention

Die Unfallkasse Baden-Württemberg (Träger der gesetzlichen Unfallversicherung) sorgt für die Verhütung von Arbeits-, (Schul-)unfällen und eine wirksame Erste Hilfe. Sie ist per Gesetz berechtigt, ein autonomes Regelwerk zu erlassen.
→ Erste Hilfe

Für Schulen und Schulkindergärten wurde durch die Unfallversicherungsträger ein bundesweit einheitliches Regelwerk erlassen. Abgestuft nach der Rechtsverbindlichkeit umfasst dieses Regelwerk Unfallverhütungsvorschriften, Regeln für Sicherheit und Gesundheitsschutz, Grundsätze und Informationen, Unterrichtsbeispiele, Plakate usw.

Für den Bereich der Schulen und Schulkindergärten stellen die Unfallverhütungsvorschrift „Grundsätze der Prävention" (GUV-V A1) und „Unfallverhütungsvorschrift Schulen" (GUV-V S1) unmittelbar zwingendes Recht dar. Die Unfallverhütungsvorschriften der Unfallkasse Baden-Württemberg sind abrufbar unter www.uk-bw.de.

Die Unfallkasse Baden-Württemberg ist auch für die gesetzliche Unfallversicherung der Schülerinnen und Schüler zuständig. Hierzu hat das Kultusministerium eine eigene Verwaltungsvorschrift erlassen. Sie enthält auch Vorgaben für die Erhaltung der Gesundheit der Beschäftigten (z.B. Bestellung von Sicherheitsbeauftragten).
→ Unfallversicherung

3. Überwachungs- und Beteiligungsrechte

In Arbeitsschutzfragen bestehen Überwachungs- und Beteiligungsrechte des Personalrats (§ 79 Abs. 1 Nr. 8 und § 83 → Personalvertretungsgesetz), der Gesamtlehrerkonferenz (§ 2 Nr. 8a → Konferenzordnung) und der Schulkonferenz (§ 47 Abs. 4 Nr. 6 → Schulgesetz). Gemäß § 83 Abs. 2 LPVG sind bei allen im Zusammenhang mit dem Arbeitsschutz oder der Unfallverhütung der Beschäftigten stehenden Besichtigungen und Fragen und bei Unfalluntersuchungen (z.B. durch das Gewerbeaufsichtsamt oder die Unfallkasse) der Personalrat oder die von ihm bestimmten Personalratsmitglieder derjenigen Dienststelle hinzuzuziehen, in der die Besichtigung oder Untersuchung stattfinden.

Aushanggesetze und Unfallverhütungsvorschriften

1. Bestellung der pdf-Version (Download)

Die Bestellung der Download-Version (8,50 Euro) bzw. der Download-Version mit Aktualisierungsgarantie (21,50 Euro je Kalenderjahr) erfolgt über die Internet-Adresse

http://www.aushanggesetze.verlag-weinmann.de

2. Bestellung der Druckversion

(Bitte vollständig und in Druckschrift ausfüllen; Zutreffendes ankreuzen)

------------------------------------- hier abtrennen -------------------------------------

An die Verlagsgesellschaft W.E. Weinmann, Karl-Benz-Straße 19, 70794 Filderstadt

Besteller (Rechnungsanschrift): _____ Ggf. abweichende Lieferanschrift: _____

_____

_____

Hiermit bestellen wir die „Aushangpflichtigen Gesetze"

O ___ Expl. der Druckversion (12,50 Euro je Stück)   O zur jährlichen Lieferung (Abonnement)

Datum: _____ Unterschrift: _____

Arbeits- und Gesundheitsschutz (Allgemeines) / (Rahmenkonzept)

Ferner sind dem Personalrat unverzüglich die den Arbeitsschutz und die Unfallverhütung der Beschäftigten betreffenden Auflagen und Anordnungen dieser Stellen mitzuteilen. Nach § 83 Abs. 4 LPVG erhält der Personalrat ferner die Niederschrift über die Untersuchungen, Besichtigungen und Besprechungen, zu denen er hinzuzuziehen ist. Die Benachrichtigung des örtlichen Personalrats ist durch die jeweilige Schule sicherzustellen. Für die Grund-, Haupt-, Real- und Sonderschulen ist „örtlicher Personalrat" der Personalrat für GWHRS-Schulen bei der unteren Schulaufsichtsbehörde; an den anderen Schulen besteht der Personalrat an der Schule selbst.

Nach § 95 Abs. 4 Sozialgesetzbuch IX (SGB IX) hat die Schwerbehindertenvertretung das Recht, an allen Sitzungen des Arbeitsschutzausschusses beratend teilzunehmen. Das KM hat dieses Recht auch der jeweiligen Beauftragten für Chancengleichheit bzw. Ansprechpartnerin eingeräumt.
(Quelle: KM vom 29.1.2002; AZ: 15-0304.5/181)

→ Chancengleichheitsgesetz; → Schwerbehinderung

4. Verantwortung der Schulleitung: Aushang- und Auslagepflichten

Für den Arbeits- und Gesundheitsschutz der Lehrkräfte sowie für den Unfallschutz (Prävention) und die gesetzliche Unfallversicherung der Schüler/innen ist der Schulleiter bzw. die Schulleiterin verantwortlicher „Unternehmer".

Die für den „Unternehmer" geltenden Unfallverhütungsvorschriften sind an geeigneter Stelle für die Versicherten zugänglich zu machen (§ 12 der Unfallverhütungsvorschrift „Grundsätze der Prävention"). Das KM hat auf diese Pflicht der Schulleitung ausdrücklich hingewiesen und betont: *„Diese Verpflichtungen gelten auch im Schulbereich. Für den Fall der Verletzung der Aushangpflicht ist i.d.R. ein Ordnungsgeld angedroht. Die schuldhafte Verletzung dieser Pflicht kann außerdem eine zum Schadensersatz verpflichtende Fürsorgepflichtverletzung darstellen"*.
(Quelle: Hinweis des KM „Arbeitsschutzvorschriften" im amtlichen Teil des Amtsblatts; KuU S. 18/2007)

Außerdem ist der Arbeitgeber (d.h. die Schulleitung) gesetzlich verpflichtet, zahlreiche Arbeitsschutzvorschriften im Betrieb zur Einsichtnahme auszulegen oder auszuhängen.

Die GEW bietet die aushangpflichtigen Gesetze als Sonderausgabe für den Schulbereich an (Broschüre bzw. Download; die Bereitstellung der Download-Version im Intranet der Schule bzw. auf einem allen Lehrkräften zugänglichen Schulcomputer ersetzt die Auslage der Gesetze).

Mitgeliefert wird ein Plakat „Unfallverhütungsvorschriften". Mit dem Aushang dieses Plakats im Lehrerzimmer genügt eine Schule, die einen allen Lehrkräfte zugänglichen Rechner mit Internet-Zugang bereitstellt, ihrer gesetzlichen Pflicht. Ein Ausdruck dieser Vorschriften ist nur entsprechend dem konkreten Bedarf erforderlich. Zur Kenntnisnahme und Beachtung durch die Schulleitung und den/die Sicherheitsbeauftragten der Schule sowie die jeweils direkt betroffenen Lehrkräfte (z.B. naturwissenschaftliche und technische Fachlehrkräfte, Kunst- und Sport-Lehrkräfte) sollten jedoch alle einschlägigen Publikationen mindestens einmal ausgedruckt und in der Schule an geeigneter Stelle (z.B. Schulsekretariat) aufbewahrt werden.

→ Arbeitsschutzgesetz; → BildschirmarbeitsVO; → Erste Hilfe; → Gewaltvorfälle und Schadensereignisse, → Konferenzordnung; → Personalvertretungsgesetz; → Schulgesetz § 47; → Schwerbehinderung; → Unfallversicherung

Arbeits- und Gesundheitsschutz (Rahmenkonzept)

Auszug aus dem Rahmenkonzept zum Arbeits- und Gesundheitsschutz für Lehrerinnen und Lehrer an den öffentlichen Schulen und Schulkindergärten in Baden-Württemberg; Bekanntmachung vom 21.9.2007 (KuU S. 147/2007)

Hinweis der Redaktion: Das Rahmenkonzept gilt für allgemeinbildende Schulen und Schulkindergärten.

1. Einleitung

Arbeits- und Gesundheitsschutz ist Aufgabe des Arbeitgebers/Dienstherrn als Ausfluss der Fürsorgepflicht für das von ihm beeinflussbare dienstliche Umfeld. Daneben hat jeder Beschäftigte die Pflicht, für Sicherheit und Gesundheit bei der Arbeit Sorge zu tragen.

Für die Beachtung der staatlichen Arbeitsschutzvorschriften ist als Arbeitgeber/Dienstherr das Land Baden-Württemberg verantwortlich. Die Verantwortlichkeit des Schulträgers bleibt hiervon unberührt. Im Bereich der Schulen und Schulkindergärten ist für die Erfüllung der Verpflichtungen des Arbeitsschutzgesetzes neben dem Dienstherrn/Arbeitgeber die Schulleiterin/der Schulleiter bzw. die Leiterin/der Leiter des Schulkindergartens im Rahmen der ihnen übertragenen Aufgaben und Befugnisse zuständig.

Maßnahmen des Arbeits- und Gesundheitsschutzes verstehen sich dabei als Bestandteil einer umfassenden Personal- und Organisationsentwicklung, die auf den Erhalt und die Förderung der Gesundheit zielt und eine Gefährdung für Leben und Gesundheit zu vermeiden hilft.

Die Arbeitsschutzanforderungen, die an den Arbeitgeber/Dienstherrn gestellt werden, sind geregelt ... *(im)* Arbeitsschutzgesetz ... und den hierzu erlassenen Rechtsverordnungen, dem ... Arbeitssicherheitsgesetz ... sowie in den Unfallverhütungsvorschriften der Unfallkasse Baden-Württemberg. ...

→ Arbeitsschutzgesetz; → Unfallversicherung

Um die Bedeutung des Arbeits- und Gesundheitsschutzes zu unterstreichen und um das Kultusministerium bei der Umsetzung des Arbeitsschutzes an den Schulen und Schulkindergärten fachlich zu unterstützen, wurde ... die Leitstelle Betriebsärztlicher Dienst für das Kultusressort, Arbeits und Gesundheitsschutz als Stabsstelle beim Kultusministerium eingerichtet.

Der Leitstelle obliegt hinsichtlich des Schulbereichs insbesondere die konzeptionelle Arbeit zur betriebsärztlichen und sicherheitstechnischen Betreuung der Lehrerinnen und Lehrer sowie die Bearbeitung übergreifender Aufgaben nach den §§ 3 und 6 Arbeitssicherheitsgesetz. Zum Aufgabenbereich der Leitstelle gehört ferner die Steuerung, Koordination und Fortbildung der vom Land verpflichteten regional tätigen überbetrieblichen Dienste und die Beratung des Kultusministeriums in allen medizinischen und technischen Fragen des Arbeitsschutzes.

2. Ziele

Das ... Rahmenkonzept zum Arbeits- und Gesundheitsschutz dient der ganzheitlichen Umsetzung und der Fortentwicklung der Maßnahmen zum Erhalt und zur Förderung von Gesundheit, physischer und psychischer Leistungsfähigkeit, Arbeitszufriedenheit und Leistungsbereitschaft der Lehrerinnen und Lehrer. Durch präventive Maßnahmen sollen Gefährdungen, einschließlich gesundheitsgefährdender Belastungen, im Lehrerberuf effizient minimiert und nach Möglichkeit beseitigt werden, um damit die Sicherheit und Gesundheit der Lehrerinnen und Lehrer an den Schulen und Schulkindergärten Baden-Württembergs zu verbessern. Voraussetzung hierfür ist, dass die Schutzmaßnahmen alle Entscheidungsebenen ansprechen und von allen am Arbeitsschutz Beteiligten getragen werden. Das System soll eine kontinuierliche Verbesserung der Arbeitsschutzleistung ermöglichen.

Ziele sind:
- Eine positive Beeinflussung des Gesundheitszustandes der Lehrerinnen und Lehrer unter Berücksichtigung der jeweils besonderen Situation von Frauen und Männern, Schwangeren, Behinderten und älteren Beschäftigen,
- ein verstärktes Engagement aller Führungskräfte und Entscheidungsträger bei der Umsetzung von Schutzmaßnahmen,
- eine Verbesserung der Information der Beschäftigten über die Maßnahmen und Angebote zum Arbeits- und Gesundheitsschutz,
- eine Motivierung der Beschäftigten, an der Umsetzung von Schutzmaßnahmen aktiv teilzunehmen,
- die Sensibilisierung hinsichtlich Gefährdungen und Belastungen im Lehrerberuf sowie deren möglichen Folgen.

3. Maßnahmen

Die Umsetzung erfolgt aufgrund der jeweils geltenden rechtlichen Bestimmungen im Rahmen der nach dem Haushaltsplan zur Verfügung stehenden Mittel mithilfe folgender Maßnahmen:

1. Regelbetreuung der Lehrerinnen und Lehrer nach den §§ 3 und 6 ASiG durch Bestellung von Betriebsärztinnen/Betriebsärzten und von Fachkräften für Arbeitssicherheit [*],
2. Arbeitskreise für Arbeitsschutz und projektbezogene Gesundheitszirkel auf freiwilliger Basis an den Schulen und Schulkindergärten sowie Arbeitsschutzausschüsse bei den Schulaufsichtsbehörden,
3. Durchführung von Gefährdungsbeurteilungen an den Schulen und Schulkindergärten, Umsetzung von Maßnahmen auf der Grundlage der Ergebnisse durch die beteiligten Schulen/Schulkindergärten bzw. Schulaufsichtsbehörden und Dokumentation der Ergebnisse,
4. Initiierung und Durchführung von vertiefenden Untersuchungen zu den Ursachen von psychomentalen Belastungen und deren möglicher Abhilfe,
5. Unterstützung der Schulen und Schulkindergärten, insbesondere durch sukzessive Bereitstellung der Rechtsgrundlagen zum Arbeitsschutz (Gesetze, Verordnungen, Unfallverhütungsvorschriften) sowie von Informationen zu deren Umsetzung, Informationen über typische Gefährdungen sowie von Hinweisen zur Vermeidung bzw. Verminderung von Gefährdungen für Schulen und Schulkindergärten, Beratungsmöglichkeiten und Berücksichtigung bei der Fortbildung.

3.1 Betriebsärztliche und sicherheitstechnische Regelbetreuung nach den §§ 3 und 6 ASiG

Für die öffentliche Verwaltung ist gemäß § 16 ASiG ein den Grundsätzen dieses Gesetzes gleichwertiger arbeitsmedizinischer und sicherheitstechnischer Arbeitsschutz zu gewährleisten. Die Maßnahmen, die der Arbeitgeber zur Erfüllung der aus dem Arbeitssicherheitsgesetz resultierenden Pflichten zu treffen hat, ergeben sich für die Arbeitnehmer des Landes aus der Unfallverhütungsvorschrift GUV-V A6/7 (ehemals GUV 0.5).

→ Arbeitsschutz (Betriebsärztliche Beratung für Lehrkräfte)

Für die betriebsärztliche Betreuung der Lehrerinnen und Lehrer schließen die Regierungspräsidien in Abstimmung mit dem Kultusministerium Verträge mit überbetrieblichen arbeitsmedizinischen Diensten ab.[*]

Die Regelbetreuung umfasst insbesondere
- Beratung bei
  - der Planung, Ausführung, Unterhaltung von Betriebsanlagen, sozialen und sanitären Einrichtungen,
  - der Beschaffung von technischen Arbeitsmitteln und der Einführung von Arbeitsverfahren und Arbeitsstoffen,
  - der Auswahl und Erprobung von Körperschutzmitteln,
  - arbeitsphysiologischen, arbeitspsychologischen und sonstigen ergonomischen sowie ar-

beitshygienischen Fragen, insbesondere des Arbeitsrhythmus, der Arbeitszeit und der Pausenregelung,
- Fragen der Ersten Hilfe,
- der Beurteilung der Arbeitsbedingungen;
- Untersuchung, arbeitsmedizinische Beurteilung und Beratung der Lehrerinnen und Lehrer, Erfassung und Auswertung der Untersuchungsergebnisse;
- Sicherheitstechnische Überprüfung der Betriebsanlagen, der technischen Hilfsmittel und Arbeitsverfahren;
- Beobachtung der Durchführung des Arbeitsschutzes und der Unfallverhütung durch
  - regelmäßige Begehungen, Mitteilung der festgestellten Mängel, Vorschlagen von Maßnahmen zur Beseitigung von Mängeln und Hinwirken auf deren Durchführung,
  - Achten auf die Benutzung von Körperschutzmitteln,
  - Untersuchung von Ursachen von Arbeitsunfällen und von arbeitsbedingten Erkrankungen, Erfassung und Auswertung von Untersuchungsergebnissen, Vorschlagen von Maßnahmen zur Verhütung dieser Arbeitsunfälle bzw. dieser Erkrankungen;
- Verhaltensbeeinflussungen durch Hinwirken auf sicheres Verhalten, insbesondere durch Belehrung über Unfall- und Gesundheitsgefahren und Maßnahmen zur Abwendung dieser Gefahren.

Als Anlauf- und Informationsplattform für Anfragen der Schulleiterinnen und Schulleiter bzw. der Leiterinnen und Leiter der Schulkindergärten sowie auch für Anfragen einzelner Lehrkräfte wird von den arbeitsmedizinischen Diensten eine Hotline eingerichtet, unter der die betriebsärztlichen Dienste für Fragen zum Arbeits- und Gesundheitsschutz zur Verfügung stehen.

3.2 Arbeitskreise für Arbeitsschutz, Gesundheitszirkel, Arbeitsschutzausschüsse

3.2.1 Arbeitskreis für Arbeitsschutz

An den Schulen und Schulkindergärten kann ein Arbeitskreis für Arbeitsschutz eingerichtet werden. Die Schulleiterin /der Schulleiter bzw. die Leiterin /der Leiter des Schulkindergartens ist zur Einrichtung eines solchen Arbeitskreises verpflichtet, wenn
- im Grund-, Haupt-, Real- und Sonderschulbereich die Mehrheit der Gesamtlehrerkonferenz;
- im Bereich der Gymnasien die Mehrheit der Gesamtlehrerkonferenz oder des örtlichen Personalrats

die Einrichtung eines Arbeitskreises schriftlich begründet wünscht. Als Gründe kommen insbesondere in Betracht:
- Nach den Ergebnissen einer vorangegangenen Gefährdungsbeurteilung besteht dringender Handlungsbedarf aufgrund einer erheblichen Gesundheitsgefährdung für Lehrerinnen und Lehrer,
- bei dringendem Beratungsbedarf, z.b. aus Anlass umfangreicher Sanierungsarbeiten in der Schule/dem Schulkindergarten oder einer räumlichen Umorganisation (Neueinrichtung oder Verlegung von Fachräumen) innerhalb der Schule/des Schulkindergartens oder
- zur Beratung von Vorschlägen des Gesundheitszirkels für Maßnahmen einer gesundheitsgerechten Arbeitsgestaltung.

Wird ein Arbeitskreis gebildet, tritt dieser ein Mal pro Schuljahr zusammen. Im Bedarfsfall sind zusätzliche Sitzungen möglich. Der Bedarf gilt als gegeben, wenn mindestens zwei der ständigen Vertreter des Arbeitskreises oder die Mehrheit der Gesamtlehrerkonferenz eine Sitzung schriftlich begründet wünscht.

Der Arbeitskreis setzt sich wie folgt zusammen (ständige Vertreter):
- Schulleiter/in bzw. Leiter/in des Schulkindergartens oder eine von der Schulleiterin/dem Schulleiter bzw. der Leiterin/dem Leiter des Schulkindergartens beauftragten Lehrkraft (Vorsitzende/r),
- Sicherheitsbeauftragte/r für den inneren Schulbereich,
  - im GHRS-Bereich eine von der Gesamtlehrerkonferenz gewählte Lehrkraft und ein vom örtlichen Personalrat bestimmtes Personalratsmitglied,
  - im Bereich der Gymnasien zwei vom örtlichen Personalrat bestimmte Personalratsmitglieder.

Die Vertrauensperson der Schwerbehinderten sowie die Beauftragte für Chancengleichheit haben das Recht, an den Sitzungen beratend teilzunehmen.

Bei Bedarf können zusätzlich die Betriebsärztin/ der Betriebsarzt, die Fachkraft für Arbeitssicherheit, die/der Sicherheitsbeauftragte für den äußeren Schulbereich an den Sitzungen teilnehmen. Sofern erforderlich, können auch Vertreter der zuständigen Schulaufsicht, des Unfallversicherungsträgers oder weitere Fachleute (z.B. Strahlenschutzbeauftragte/r) zu den Sitzungen hinzugezogen werden.

Welche Personen zusätzlich zu den ständigen Vertretern an den Sitzungen teilnehmen sollen, legt die/der Vorsitzende des Arbeitskreises fest. Die/ der Vorsitzende soll dann weitere Personen einladen, wenn mindestens zwei der ständigen Vertreter des Arbeitskreises oder die Mehrheit der Gesamtlehrerkonferenz das Hinzuziehen weiterer Personen begründet wünscht.

Die Einladung zur Sitzung des Arbeitskreises erfolgt jeweils schriftlich durch die/den Vorsitzende/n unter Mitteilung der Tagesordnung.

Der Arbeitskreis hat beratende Funktion. Die Erörterungen sollen sich auf wesentliche Fragen mit

---

* Hinsichtlich der sicherheitstechnischen Betreuung ist die Rechtslage (Zuständigkeit, Verantwortlichkeit für Finanzierung) zwischen dem Land und den kommunalen Schulträgern nicht abschließend geklärt. Eine Lösung wird angestrebt.

Bedeutung für alle Beteiligten konzentrieren. Die Aufgabenkataloge der §§ 3 und 6 Arbeitssicherheitsgesetz können als Orientierung für die Tätigkeit des Arbeitskreises herangezogen werden.

3.2.2 Gesundheitszirkel

Um die aktive Einbeziehung der Lehrerinnen und Lehrer in den Arbeitsschutz zu fördern, können an den Schulen und Schulkindergärten unter Beachtung des Grundsatzes der Freiwilligkeit über einen begrenzten Zeitraum von acht bis zwölf Sitzungen projektbezogene Gesundheitszirkel gebildet werden. Aufgabe der Gesundheitszirkel ist es, gesundheitlich bedeutsame Arbeitsbelastungen an der jeweiligen Schule/dem jeweiligen Schulkindergarten und deren Ursache aufzuzeigen und Veränderungsvorschläge für an der Schule/dem Schulkindergarten konkret umsetzbare Maßnahmen im Sinne einer gesundheitsgerechten Arbeitsgestaltung zu entwickeln.

Dem Gesundheitszirkel sollen in Abhängigkeit von der Größe der Schule/des Schulkindergartens bis zu 10 Lehrkräfte der jeweiligen Schule bzw. des jeweiligen Schulkindergartens angehören.

Die Schulleiterin/der Schulleiter bzw. die Leiterin/der Leiter des Schulkindergartens oder eine von der Schulleiterin/dem Schulleiter bzw. der Leiterin/dem Leiter des Schulkindergartens beauftragte Lehrkraft sowie die/der zuständige Betriebsärztin/Betriebsarzt nehmen im erforderlichen Umfang an den Sitzungen des Gesundheitszirkels teil.

3.2.3 Arbeitsschutzausschüsse

Die Bildung von Arbeitsschutzausschüssen und die Benennung von Ansprechpartnern bei den Schulaufsichtsbehörden richtet sich nach der Verwaltungsvorschrift über den Arbeitsschutz an Schulen und Schulkindergärten in der jeweils geltenden Fassung.

3.3 Gefährdungsbeurteilung

Nach § 5 Abs. 1 ArbSchG ist der Arbeitgeber verpflichtet, durch eine Beurteilung die für die Beschäftigten mit ihrer Arbeit verbundenen Gefährdungen zu ermitteln, um Maßnahmen des Arbeitsschutzes festzulegen. Nach § 6 ArbSchG ist die Beurteilung zu dokumentieren. Die Beurteilung ist je nach Art der Tätigkeit vorzunehmen. Bei gleichartigen Arbeitsbedingungen ist die Beurteilung eines Arbeitsplatzes oder einer Tätigkeit ausreichend.

Die Gefährdungsbeurteilung ist eine systematische Ermittlung von Gefährdungen sowie deren Bedingungen, unter denen sie wirksam werden. Daraus abzuleitende Schutzmaßnahmen orientieren sich an den Beurteilungskriterien, Rechtsgrundlagen und Schutzzielen nach Stand von Wissenschaft und Technik. Für die Gefährdungsbeurteilung werden den allgemeinbildenden und beruflichen Schulen spezielle Checklisten von der Leitstelle zur Verfügung gestellt. Diese sollen aufgrund der in der praktischen Anwendung gemachten Erfahrungen mit dem Ziel einer kontinuierlichen Verbesserung des Arbeitsschutzes angepasst werden.

Die Durchführung der regelmäßigen arbeitsplatz- und personenbezogenen Gefährdungsbeurteilung obliegt den Schulen/den Schulkindergärten. Die Schulleiterin/der Schulleiter bzw. die Leiterin/der Leiter des Schulkindergartens kann möglichst durch Aus-, Fort- und Weiterbildung befähigte Lehrerinnen und Lehrer mit der Durchführung der arbeitsplatzbezogenen Gefährdungsbeurteilung beauftragen. Art und Weise der personenbezogenen Gefährdungsbeurteilung zu den psychomentalen Belastungen von Lehrerinnen und Lehrern wird für alle Schulen und Schulkindergärten einheitlich festgelegt. Die Verantwortung für die Durchführung der arbeitsplatz- und personenbezogenen Gefährdungsbeurteilung verbleibt jedoch bei der Schulleiterin/dem Schulleiter bzw. der Leiterin/dem Leiter des Schulkindergartens.

Hinweis der Redaktion: Die personenbezogene Gefährdungsbeurteilung erfolgt mittels eines standardisierten Fragebogens. Die Schulleiter und Leiter der Schulkindergärten kommen ihrer Verpflichtung nach, indem sie ihre Lehrkräfte über die Befragung informieren; die Teilnahme der Lehrkräfte an der Befragung ist jedoch freiwillig. Macht jedoch eine Schule durch Gesamtlehrerkonferenz-Beschluss den Arbeits- und Gesundheitsschutz nach § 4 Nr. 3 EvaluationsVO „Umgang mit beruflichen Anforderungen" zum Schwerpunkt ihrer Selbstevaluation, wird die Teilnahme für die im Landesdienst stehenden Lehrkräfte verpflichtend; dabei kann bei dem aktuell verwendeten Fragebogen die Beantwortung des Teils A (Angaben zur Person und zum Arbeitsplatz) nicht verpflichtend gemacht werden. → Evaluation
(Quelle: KM, 10.12.2009, AZ: LBD-0304.52/173)

Von Betriebsärztinnen und Betriebsärzten werden weiterhin anlassbezogene Gefährdungsbeurteilungen im arbeitsmedizinischen Bereich durchgeführt. Mit deren Hilfe sollen bereits festgestellte Belastungsfaktoren einer vertiefenden Untersuchung unterzogen und bewertet werden.

Derartige anlassbezogene Gefährdungsbeurteilungen können sich z.B. aus folgenden Gründen ergeben:

- Die regelmäßige Gefährdungsbeurteilung der Schule ergab einen Handlungsbedarf; dennoch konnten nach Beratung durch die Betriebsärztin/den Betriebsarzt keine zumindest die Gefährdung oder Belastung minimierende Maßnahmen eingeleitet werden,
- eingetretener Gesundheitsschaden einer Lehrerin oder eines Lehrers oder lang anhaltende gesundheitliche Beschwerden mit begründetem Verdacht auf einen beruflichen Zusammenhang,
- bei Verdacht auf Vorliegen einer Dienstbeschädigung oder Berufskrankheit,
- nach Arbeits- oder Dienstunfällen in der Schule/dem Schulkindergarten mit Wiederholungsgefahr,
- bei Feststellung von Mängeln durch die staatlichen Aufsichtsbehörden oder die Unfallkasse,
- auf Beschluss der Gesamtlehrerkonferenz.

Die Durchführung von anlassbezogenen Gefährdungsbeurteilungen sind von der Schulleiterin/vom Schulleiter bzw. der Leiterin/dem Leiter des Schulkindergartens in Abstimmung mit der Betriebsärztin/dem Betriebsarzt festzulegen. Bei Bedarf kann die Leitstelle beratend hinzugezogen werden.

Schutzmaßnahmen sind im Rahmen der ihnen übertragenen Aufgaben und Befugnisse von der Schulleiterin/dem Schulleiter bzw. der Leiterin/dem Leiter des Schulkindergartens, vom Schulträger sowie ggf. von den Schulaufsichtsbehörden festzulegen. Dabei sind die Grundsätze des § 4 ArbSchG zu berücksichtigen. ...

➜ Arbeits- und Gesundheitsschutz (Allgemeines); ➜ Arbeitsschutz (Betriebsärztliche Beratung für Lehrkräfte); ➜ Arbeitsschutzgesetz; ➜ BildschirmarbeitsVO; ➜ Erste Hilfe ➜ Evaluation; ➜ Jugendarbeitsschutz (Kinderarbeit); ➜ Gewaltvorfälle und Schadensereignisse; ➜ Konferenzordnung § 2 Nr. 8a; ➜ Personalvertretungsgesetz § 79 Abs. 1 Nr. 8, § 83; ➜ Schulgesetz § 47 Abs. 4 Nr. 6; ➜ Unfallversicherung

Arbeitsschutz (Betriebsärztliche Beratung für Lehrkräfte)

Hinweise der Redaktion auf das Merkblatt zur betriebsärztlichen Beratung

Lehrerinnen und Lehrer in Baden-Württemberg haben die Möglichkeit, sich bei Gesundheitsproblemen betriebsärztlich beraten zu lassen, wenn für deren Entstehung oder Verschlechterung berufsbedingte Zusammenhänge wahrscheinlich sind oder vermutet werden.

Das betriebsärztliche Beratungsangebot beruht auf den Grundlagen der Arbeitsschutzgesetzgebung und kann bei Bedarf durch jede Lehrkraft in Anspruch genommen werden.

Betriebsärztinnen und Betriebsärzte unterliegen der ärztlichen Schweigepflicht wie jeder Arzt sowie den Bestimmungen des Datenschutzes.

1.
Bereich des RP Freiburg

Für den Bereich des **Regierungspräsidiums Freiburg** wurde der Betreuungsauftrag an die IAS-Stiftung (www.ias-stiftung.de) erteilt. Sie bietet Beratung an und vermittelt eine Arbeitsmedizinerin oder -mediziner in der Nähe. IAS-Stiftung, Niederlassung Freiburg, Koordinatorin Dr. med. Ulrike Dinkelaker, Talstr. 9, 79102 Freiburg, FAX: (0761) 809411, E-Mail: bbl-bw@ias-stiftung.de

2.
Bereich der Regierungspräsidien Karlsruhe, Stuttgart und Tübingen

Die BAD GmbH (www.bad-gmbh.de) besitzt den Auftrag, mit ihren Arbeitsmedizinerinnen und Arbeitsmedizinern dieses Beratungsangebot in den **Regierungsbezirken Stuttgart, Karlsruhe und Tübingen** umzusetzen.

Sie vermittelt bei Bedarf einen Betriebsarzt bzw. eine Betriebsärztin in der Nähe. Kontaktadressen
- für RP **Karlsruhe**: BAD-Koordinationsstelle Arbeitsschutz für Lehrkräfte in Baden-Württemberg, c/o Dr. med. Michael Bestier, Kriegsstraße 154, 76133 Karlsruhe, FAX: (0721) 28045
- für RP **Stuttgart**: BAD-Koordinationsstelle Arbeitsschutz für Lehrkräfte in Baden-Württemberg, c/o Dr. med. Daniel Menzel, Henriettenstraße 76, 73230 Kirchheim/Teck, FAX: (07021) 480763
- für RP **Tübingen**: BAD-Koordinationsstelle Arbeitsschutz für Lehrkräfte in Baden-Württemberg, c/o Dr. med. Bernd Bauer, Schnarrenbergstr. 103, 72076 Tübingen, FAX: (07071) 927499

Arbeitsschutzgesetz

Auszug aus dem Gesetz über die Durchführung von Maßnahmen des Arbeitsschutzes zur Verbesserung der Sicherheit und des Gesundheitsschutzes der Beschäftigten bei der Arbeit (Arbeitsschutzgesetz – ArbSchG) vom 7.8.1996 (BGBl. I S. 1246); zuletzt geändert 5. Februar 2009 (BGBl. I S. 160)

Erster Abschnitt
Allgemeine Vorschriften

§ 1
Zielsetzung und Anwendungsbereich

(1) Dieses Gesetz dient dazu, Sicherheit und Gesundheitsschutz der Beschäftigten bei der Arbeit durch Maßnahmen des Arbeitsschutzes zu sichern und zu verbessern. Es gilt in allen Tätigkeitsbereichen.

(2) Dieses Gesetz gilt nicht für den Arbeitsschutz von Hausangestellten in privaten Haushalten. Es gilt nicht für den Arbeitsschutz von Beschäftigten auf Seeschiffen und in Betrieben, die dem Bundesberggesetz unterliegen, soweit dafür entsprechende Rechtsvorschriften bestehen.

(3) Pflichten, die die Arbeitgeber zur Gewährleistung von Sicherheit und Gesundheitsschutz der Beschäftigten bei der Arbeit nach sonstigen Rechtsvorschriften haben, bleiben unberührt. Satz 1 gilt entsprechend für Pflichten und Rechte der Beschäftigten. Unberührt bleiben Gesetze, die andere Personen als Arbeitgeber zu Maßnahmen des Arbeitsschutzes verpflichten.

(4) Bei öffentlich-rechtlichen Religionsgemeinschaften treten an die Stelle der Betriebs- oder Personalräte die Mitarbeitervertretungen entsprechend dem kirchlichen Recht.

§ 2
Begriffsbestimmungen

(1) Maßnahmen des Arbeitsschutzes im Sinne

Arbeitsschutzgesetz

dieses Gesetzes sind Maßnahmen zur Verhütung von Unfällen bei der Arbeit und arbeitsbedingten Gesundheitsgefahren einschließlich Maßnahmen der menschengerechten Gestaltung der Arbeit.

(2) Beschäftigte im Sinne dieses Gesetzes sind:
1. Arbeitnehmerinnen und Arbeitnehmer,
2. die zu ihrer Berufsbildung Beschäftigten, ...
3. *(nicht abgedruckt)*
4. Beamtinnen und Beamte, ...
7. die in Werkstätten für Behinderte Beschäftigten.

(3) Arbeitgeber im Sinne dieses Gesetzes sind natürliche und juristische Personen und rechtsfähige Personengesellschaften, die Personen nach Absatz 2 beschäftigen.

Hinweis der Redaktion: „Arbeitgeber" im Sinne dieses Gesetzes ist im Schulbereich die/der Schulleiter/in (vgl. § 13).

(4) Sonstige Rechtsvorschriften im Sinne dieses Gesetzes sind Regelungen über Maßnahmen des Arbeitsschutzes in anderen Gesetzen, in Rechtsverordnungen und Unfallverhütungsvorschriften.

→ Unfallversicherung

(5) Als Betriebe im Sinne dieses Gesetzes gelten für den Bereich des öffentlichen Dienstes die Dienststellen. Dienststellen sind die einzelnen Behörden, Verwaltungsstellen und Betriebe der Verwaltungen des Bundes, der Länder, der Gemeinden und der sonstigen Körperschaften, Anstalten und Stiftungen des öffentlichen Rechts, die Gerichte des Bundes und der Länder sowie die entsprechenden Einrichtungen der Streitkräfte.

Hinweis der Redaktion: Im Sinne dieses Gesetzes ist jede einzelne Schule eine „Dienststelle".

→ Arbeitsschutz (Allgemeines); → Arbeitsschutz (Betriebsärztliche Beratung); → Arbeitsschutz (Rahmenkonzept)

Zweiter Abschnitt
Pflichten des Arbeitgebers

§ 3
Grundpflichten des Arbeitgebers

(1) Der Arbeitgeber ist verpflichtet, die erforderlichen Maßnahmen des Arbeitsschutzes unter Berücksichtigung der Umstände zu treffen, die Sicherheit und Gesundheit der Beschäftigten bei der Arbeit beeinflussen. Er hat die Maßnahmen auf ihre Wirksamkeit zu überprüfen und erforderlichenfalls sich ändernden Gegebenheiten anzupassen. Dabei hat er eine Verbesserung von Sicherheit und Gesundheitsschutz der Beschäftigten anzustreben.

Auszug aus der Dienstvereinbarung zur Gefährdungsbeurteilung (GWHRS-Bereich)
§ 11 – *Flächendeckende Erstellung der Gefährdungsbeurteilungen*
Nach Abschluss der Probephase (1.9.2001 – 31.8.2002) wird das Verfahren – ggf. nach Durchführung der erforderlichen Verfahrensänderungen – umgehend flächendeckend bei allen Schulen und Schulkindergärten des Landes im Geltungsbereich dieser Dienstvereinbarung eingeführt.

(2) Zur Planung und Durchführung der Maßnahmen nach Absatz 1 hat der Arbeitgeber unter Berücksichtigung der Art der Tätigkeiten und der Zahl der Beschäftigten

1. für eine geeignete Organisation zu sorgen und die erforderlichen Mittel bereitzustellen sowie
2. Vorkehrungen zu treffen, dass die Maßnahmen erforderlichenfalls bei allen Tätigkeiten und eingebunden in die betrieblichen Führungsstrukturen beachtet werden und die Beschäftigten ihren Mitwirkungspflichten nachkommen können.

(3) Kosten für Maßnahmen nach diesem Gesetz darf der Arbeitgeber nicht den Beschäftigten auferlegen.

§ 4
Allgemeine Grundsätze

Der Arbeitgeber hat bei Maßnahmen des Arbeitsschutzes von folgenden allgemeinen Grundsätzen auszugehen:
1. Die Arbeit ist so zu gestalten, dass eine Gefährdung für Leben und Gesundheit möglichst vermieden und die verbleibende Gefährdung möglichst gering gehalten wird;
2. Gefahren sind an ihrer Quelle zu bekämpfen;
3. bei den Maßnahmen sind der Stand von Technik, Arbeitsmedizin und Hygiene sowie sonstige gesicherte arbeitswissenschaftliche Erkenntnisse zu berücksichtigen;
4. Maßnahmen sind mit dem Ziel zu planen, Technik, Arbeitsorganisation, sonstige Arbeitsbedingungen, soziale Beziehungen und Einfluss der Umwelt auf den Arbeitsplatz sachgerecht zu verknüpfen;
5. individuelle Schutzmaßnahmen sind nachrangig zu anderen Maßnahmen;
6. spezielle Gefahren für besonders schutzbedürftige Beschäftigtengruppen sind zu berücksichtigen;
7. den Beschäftigten sind geeignete Anweisungen zu erteilen;
8. mittelbar oder unmittelbar geschlechtsspezifisch wirkende Regelungen sind nur zulässig, wenn dies aus biologischen Gründen zwingend geboten ist.

→ Gleichbehandlungsgesetz

Auszug aus der VwV „Arbeitsschutz an Schulen und Schulkindergärten"
2.
Umsetzung des Arbeitsschutzgesetzes
Nach § 5 ArbSchG ist der Arbeitgeber verpflichtet, durch eine Beurteilung der für die Beschäftigten mit ihrer Arbeit verbundenen Gefährdungen zu ermitteln, welche Maßnahmen des Arbeitsschutzes erforderlich sind. Das Ergebnis dieser Gefährdungsbeurteilung, die vom Arbeitgeber festgelegten Maßnahmen des Arbeitsschutzes und das Ergebnis ihrer Überprüfung sind vom Arbeitgeber zu dokumentieren (§ 6 ArbSchG). Betriebsärzte und Fachkräfte für Arbeitssicherheit unterstützen ihn und die Schulleiterin/den Schulleiter bzw. die Leiterin/den Leiter des Schulkindergartens bei der Erfüllung dieser gesetzlichen Aufgaben (§§ 3 und 6 des Gesetzes über Betriebsärzte, Sicherheitsingenieure und andere Fachkräfte für Arbeitssicherheit vom 12. Dezember 1973 – BGBl. I S. 1885 – Arbeitssicherheitsgesetz – ASiG). Näheres regelt eine Dienstvereinbarung.

§ 5
Beurteilung der Arbeitsbedingungen

(1) Der Arbeitgeber hat durch eine Beurteilung der für die Beschäftigten mit ihrer Arbeit verbundenen Gefährdung zu ermitteln, welche Maßnahmen des Arbeitsschutzes erforderlich sind.

(2) Der Arbeitgeber hat die Beurteilung je nach Art der Tätigkeiten vorzunehmen. Bei gleichartigen Arbeitsbedingungen ist die Beurteilung eines Arbeitsplatzes oder einer Tätigkeit ausreichend.

(3) Eine Gefährdung kann sich insbesondere ergeben durch
1. die Gestaltung und die Einrichtung der Arbeitsstätte und des Arbeitsplatzes,
2. physikalische, chemische und biologische Einwirkungen,
3. die Gestaltung, die Auswahl und den Einsatz von Arbeitsmitteln, insbesondere von Arbeitsstoffen, Maschinen, Geräten und Anlagen sowie den Umgang damit,
4. die Gestaltung von Arbeits- und Fertigungsverfahren, Arbeitsabläufen und Arbeitszeit und deren Zusammenwirken,
5. unzureichende Qualifikation und Unterweisung der Beschäftigten.

→ Fortbildung

Auszug aus der Dienstvereinbarung zur Gefährdungsbeurteilung (GWHRS-Bereich)
§ 3
Ziel und Zweck der Gefährdungsbeurteilung

(1) Ziel ist der Aufbau eines betrieblichen Arbeitsschutzes, der einen umfassenden Gesundheitsschutz anstrebt und der mit den wesentlichen betrieblichen Führungsstrukturen und Entscheidungsprozessen verzahnt ist.

(2) Die Gefährdungsbeurteilung erfolgt zu dem Zweck, Maßnahmen zur Beseitigung oder Verringerung von Gefährdungen abzuleiten.

§ 4 Gegenstand der Gefährdungsbeurteilung

(1) Gegenstand der Gefährdungsbeurteilung ist die Gesamtheit der Faktoren, die zu Unfällen und Gesundheitsbeeinträchtigungen führen können. Die Gefährdungsbeurteilung besteht aus den folgenden zwei Elementen:
a) der Gefährdungsermittlung: darin werden die für die Beschäftigten mit ihrer Arbeit verbundenen Gefährdungen ermittelt, und
b) der Gefährdungsbewertung: darin werden die Ergebnisse der Gefährdungsermittlung bewertet und es wird darin festgelegt, welche Maßnahmen des Arbeitsschutzes erforderlich sind.

(2) Zur Gefährdungsermittlung sollen insbesondere verwendet werden
- Checklisten zu den Arbeitsbedingungen,
- physikalische, chemische, biologische und medizinische Messungen,
- Fragebögen für die Lehrkräfte.

Die Gefährdungsermittlung erstreckt sich auf alle Gefährdungs- und Belastungsfaktoren, die im Arbeitsschutzgesetz und hierzu ergangenen Rechtsverordnungen angesprochen sind und die insbesondere in den Ratgebern und Handreichungen der Bundesanstalt für Arbeitsschutz und Arbeitsmedizin, der Landesunfallkassen sowie in der einschlägigen Fachliteratur aufgeführt werden.

(3) Die Gefährdungsbewertungen müssen die erforderlichen „Maßnahmen des Arbeitsschutzes" beinhalten.

§ 5 Vorbereitungen für Gefährdungsbeurteilungen

(1) Das Ministerium erstellt unter wissenschaftlicher Begleitung und unter der Mitbestimmung des Hauptpersonalrats ein grundlegendes Arbeitsschutzkonzept.

(2) In den Schulen und Schulkindergärten können unter Beachtung des Grundsatzes der Freiwilligkeit Gesundheitszirkel gebildet werden.

(3) Im Vorfeld der Gefährdungsbeurteilungen werden die Lehrkräfte in den Schulen und Schulkindergärten sowohl über die Möglichkeit der Bildung von Gesundheitszirkeln als auch über die, bevorstehenden Gefährdungsbeurteilungen umfassend informiert.

§ 6 Gefährdungsbeurteilung

(1) Die Schulleiterin/der Schulleiter bzw. die Leiterin/der Leiter des Schulkindergartens ist verantwortlich, dass für die Arbeitsplätze an der Schule bzw. dem Schulkindergarten Gefährdungsbeurteilungen erstellt werden. Bei gleichartigen Arbeitsbedingungen ist die Beurteilung eines Arbeitsplatzes oder einer Tätigkeit ausreichend (§ 5 Abs. 2 Satz 2 ArbSchG).

(2) Bei der Durchführung der Gefährdungsbeurteilungen werden die Schulleiterin/der Schulleiter bzw. die Leiterin/der Leiter des Schulkindergartens von Betriebsärzten, Fachkräften für Arbeitssicherheit und dem Arbeitsschutzausschuss unterstützt.

§ 7 Gefährdungsermittlung

Die Schulleiterin/der Schulleiter bzw. die Leiterin/der Leiter des Schulkindergartens hat die Gefährdungen – erforderlichenfalls auch unter Beteiligung des Betriebsarztes, der Fachkraft für Arbeitssicherheit und des Arbeitsschutzausschusses – nach Maßgabe von § 5 Abs. 3 ArbSchG zu ermitteln. Sofern sich bei den Gefährdungsbeurteilungen weitere Gefährdungsgesichtspunkte ergeben, die beispielsweise nicht in den Checklisten enthalten sind, ist diesen ebenfalls nachzugehen.

§ 8 Gefährdungsbewertungen und Maßnahmen

(1) Die Schulleiterin/der Schulleiter bzw. die Leiterin/der Leiter des Schulkindergartens erarbeitet – ggf. unter Beteiligung des jeweiligen Gesundheitszirkels – auf der Grundlage der gefundenen Ergebnisse sowie des grundlegenden Arbeitsschutzkonzepts Vorschläge für Maßnahmen des Arbeitsschutzes. Diese sind ggf. in den zuständigen Konferenzen zu behandeln.

(2) Maßnahmen sind unverzüglich in die Wege zu leiten. Zuvor ist die jeweils zuständige Schulaufsichtsbehörde entsprechend zu unterrichten, die das Mitbestimmungsverfahren bei der zuständigen Personalvertretung einzuleiten hat. An Schulen, bei denen gemäß § 93 Abs. 1 Landespersonalvertretungsgesetz ein Personalrat gebildet ist, leitet die Schulleiterin/der Schulleiter das Mitbestimmungsverfahren mit diesem Personalrat ein.

§ 6
Dokumentation

(1) Der Arbeitgeber muss über die je nach Art der Tätigkeiten und der Zahl der Beschäftigten erforderlichen Unterlagen verfügen, aus denen das Ergebnis der Gefährdungsbeurteilung, die von ihm festgelegten Maßnahmen des Arbeitsschutzes und das Ergebnis ihrer Überprüfung ersichtlich sind. Bei gleichartiger Gefährdungssituation ist es ausreichend, wenn die Unterlagen zusammengefasste Angaben enthalten. Soweit in sonstigen Rechtsvorschriften nichts anderes bestimmt ist, gilt Satz 1 nicht für Arbeitgeber mit zehn oder weniger Beschäftigten; die zuständige Behörde kann, wenn besondere Gefährdungssituationen gegeben sind, anordnen, dass Unterlagen verfügbar sein müssen. Bei der Feststellung der Zahl der Beschäftigten sind Teilzeitbeschäftigte mit einer regelmäßigen wöchentlichen Arbeitszeit von nicht mehr

als 20 Stunden mit 0,5 und nicht mehr als 30 Stunden mit 0,75 zu berücksichtigen.

(2) Unfälle in seinem Betrieb, bei denen ein Beschäftigter getötet oder so verletzt wird, dass er stirbt oder für mehr als drei Tage völlig oder teilweise arbeits- oder dienstunfähig wird, hat der Arbeitgeber zu erfassen.

→ Erste Hilfe

Auszug aus der Dienstvereinbarung zur Gefährdungsbeurteilung (GWHRS-Bereich)

§ *9 Dokumentation der Ergebnisse*

(1) Der in § 6 des Arbeitsschutzgesetzes und in den hierzu ergangenen Rechtsverordnungen verankerten Dokumentationspflicht ist von der Schulleiterin/dem Schulleiter bzw. der Leiterin/dem Leiter des Schulkindergartens in der Weise Rechnung zu tragen, dass die Unterlagen über das Ergebnis der Gefährdungsbeurteilungen, die von der Schulleiterin/dem Schulleiter bzw. der Leiterin/dem Leiter des Schulkindergartens festgelegten Maßnahmen des Arbeitsschutzes und das Ergebnis ihrer Überprüfung für alle in der jeweiligen Schule bzw. dem jeweiligen Schulkindergarten am Arbeitsschutz Beteiligten verfügbar sind.

(2) Lehrkräfte können diese Unterlagen einsehen, soweit der Schutz personenbezogener Daten dem nicht entgegensteht.

(3) Die Unterlagen über die Gefährdungsbeurteilungen sind bis zum Abschluss der entsprechenden arbeitsschutzrechtlichen Maßnahmen, längstens jedoch für den Zeitraum von fünf Jahren an der Schule bzw. dem Schulkindergarten aufzubewahren. In begründeten Einzelfällen soll dieser Zeitraum angemessen verlängert werden.

§ *7*
Übertragung von Aufgaben

Bei der Übertragung von Aufgaben auf Beschäftigte hat der Arbeitgeber je nach Art der Tätigkeiten zu berücksichtigen, ob die Beschäftigten befähigt sind, die für die Sicherheit und den Gesundheitsschutz bei der Aufgabenerfüllung zu beachtenden Bestimmungen und Maßnahmen einzuhalten.

§ *9*
Besondere Gefahren

(1) Der Arbeitgeber hat Maßnahmen zu treffen, damit nur Beschäftigte Zugang zu besonders gefährlichen Arbeitsbereichen haben, die zuvor geeignete Anweisungen erhalten haben.

(2) Der Arbeitgeber hat Vorkehrungen zu treffen, dass alle Beschäftigten, die einer unmittelbaren erheblichen Gefahr ausgesetzt sind oder sein können, möglichst frühzeitig über diese Gefahr und die getroffenen oder zu treffenden Schutzmaßnahmen unterrichtet sind. Bei unmittelbarer erheblicher Gefahr für die eigene Sicherheit oder die Sicherheit anderer Personen müssen die Beschäftigten die geeigneten Maßnahmen zur Gefahrenabwehr und Schadensbegrenzung selbst treffen können, wenn der zuständige Vorgesetzte nicht erreichbar ist; dabei sind die Kenntnisse der Beschäf-

tigten und die vorhandenen technischen Mittel zu berücksichtigen. Den Beschäftigten dürfen aus ihrem Handeln keine Nachteile entstehen, es sei denn, sie haben vorsätzlich oder grob fahrlässig ungeeignete Maßnahmen getroffen.

(3) Der Arbeitgeber hat Maßnahmen zu treffen, die den Beschäftigten bei unmittelbarer erheblicher Gefahr ermöglichen, sich durch sofortiges Verlassen der Arbeitsplätze in Sicherheit zu bringen. Den Beschäftigten dürfen hierdurch keine Nachteile entstehen. Hält die unmittelbare erhebliche Gefahr an, darf der Arbeitgeber die Beschäftigten nur in besonders begründeten Ausnahmefällen auffordern, ihre Tätigkeit wiederaufzunehmen. Gesetzliche Pflichten der Beschäftigten zur Abwehr von Gefahren für die öffentliche Sicherheit ... bleiben unberührt.

§ *10 Erste Hilfe und sonstige Notfallmaßnahmen*

(1) Der Arbeitgeber hat entsprechend der Art der Arbeitsstätte und der Tätigkeiten sowie der Zahl der Beschäftigten die Maßnahmen zu treffen, die zur Ersten Hilfe, Brandbekämpfung und Evakuierung der Beschäftigten erforderlich sind. Dabei hat er der Anwesenheit anderer Personen Rechnung zu tragen. Er hat auch dafür zu sorgen, dass im Notfall die erforderlichen Verbindungen zu außerbetrieblichen Stellen, insbesondere in den Bereichen der Ersten Hilfe, der medizinischen Notversorgung, der Bergung und der Brandbekämpfung eingerichtet sind.

(2) Der Arbeitgeber hat diejenigen Beschäftigten zu benennen, die Aufgaben der Ersten Hilfe, Brandbekämpfung und Evakuierung der Beschäftigten übernehmen. Anzahl, Ausbildung und Ausrüstung der nach Satz 1 benannten Beschäftigten müssen in einem angemessenen Verhältnis zur Zahl der Beschäftigten und zu den bestehenden besonderen Gefahren stehen. Vor der Benennung hat der Arbeitgeber den Betriebs- oder Personalrat zu hören. Weitergehende Beteiligungsrechte bleiben unberührt. Der Arbeitgeber kann die in Satz 1 genannten Aufgaben auch selbst wahrnehmen, wenn er über die nach Satz 2 erforderliche Ausbildung und Ausrüstung verfügt.

→ Gewaltvorfälle und Schadensereignisse II.1.1; → Erste Hilfe; → Unfallversicherung II.3.4

§ *11 Arbeitsmedizinische Vorsorge*

Der Arbeitgeber hat den Beschäftigten auf ihren Wunsch unbeschadet der Pflichten aus anderen Rechtsvorschriften zu ermöglichen, sich je nach den Gefahren für ihre Sicherheit und Gesundheit bei der Arbeit regelmäßig arbeitsmedizinisch untersuchen zu lassen, es sei denn, aufgrund der Beurteilung der Arbeitsbedingungen und der getrof-

---

Infoportal Arbeits- und Gesundheitsschutz

Das „Infoportal Arbeits- und Gesundheitsschutz für Lehrkräfte in Baden-Württemberg" bietet Informationen über Rechtsgrundlagen, neue Rechtsvorschriften, Veröffentlichungen, Termine, Organisation des Arbeits- und Gesundheitsschutzes im Kultusbereich, Gefährdungsbeurteilungen an Lehrerarbeitsplätzen, sowie Beratungs- und Unterstützungsangebote: www.arbeitsschutz-schule-bw.de

fenen Schutzmaßnahmen ist nicht mit einem Gesundheitsschaden zu rechnen.
→ Bildschirmarbeitsverordnung

§ 12 Unterweisung

(1) Der Arbeitgeber hat die Beschäftigten über Sicherheit und Gesundheitsschutz bei der Arbeit während ihrer Arbeitszeit ausreichend und angemessen zu unterweisen. Die Unterweisung umfasst Anweisungen und Erläuterungen, die eigens auf den Arbeitsplatz oder den Aufgabenbereich der Beschäftigten ausgerichtet sind. Die Unterweisung muss bei der Einstellung, bei Veränderungen im Aufgabenbereich, der Einführung neuer Arbeitsmittel oder einer neuen Technologie vor Aufnahme der Tätigkeit der Beschäftigten erfolgen. Die Unterweisung muss an die Gefährdungsentwicklung angepasst sein und erforderlichenfalls regelmäßig wiederholt werden. ...

§ 13 Verantwortliche Personen

(1) Verantwortlich für die Erfüllung der sich aus diesem Abschnitt ergebenden Pflichten sind neben dem Arbeitgeber
1. sein gesetzlicher Vertreter, ...
4. Personen, die mit der Leitung eines Unternehmens oder eines Betriebes beauftragt sind, im Rahmen der ihnen übertragenen Aufgaben und Befugnisse,
5. sonstige nach Absatz 2 oder nach einer aufgrund dieses Gesetzes erlassenen Rechtsverordnung oder nach einer Unfallverhütungsvorschrift beauftragte Personen im Rahmen ihrer Aufgaben und Befugnisse.
→ Unfallverhütung

(2) Der Arbeitgeber kann zuverlässige und fachkundige Personen schriftlich damit beauftragen, ihm obliegende Aufgaben nach diesem Gesetz in eigener Verantwortung wahrzunehmen.

Auszug aus der VwV
„Arbeitsschutz an Schulen und Schulkindergärten"

1. Verantwortlichkeiten
Für die Beachtung der staatlichen Arbeitsschutzvorschriften ist als Arbeitgeber das Land Baden-Württemberg verantwortlich. Die Verantwortlichkeit der Schulträger bleibt unberührt. Im Bereich der Schulen und Schulkindergärten liegt daneben die Verantwortlichkeit für den Arbeitsschutz ... bei den Schulleiterinnen/Schulleitern bzw. den Leiterinnen/Leitern der Schulkindergärten.

§ 14
Unterrichtung und Anhörung
der Beschäftigten des öffentlichen Dienstes

(1) Die Beschäftigten des öffentlichen Dienstes sind vor Beginn der Beschäftigung und bei Veränderungen in ihren Arbeitsbereichen über Gefahren für Sicherheit und Gesundheit, denen sie bei der Arbeit ausgesetzt sein können, sowie über die Maßnahmen und Einrichtungen zur Verhütung dieser Gefahren und die nach § 10 Abs. 2 getroffenen Maßnahmen zu unterrichten.
→ Personalvertretungsgesetz § 83

(2) Soweit in Betrieben des öffentlichen Dienstes keine Vertretung der Beschäftigten besteht, hat der Arbeitgeber die Beschäftigten zu allen Maßnahmen zu hören, die Auswirkungen auf Sicherheit und Gesundheit der Beschäftigten haben können.

Hinweis der Redaktion: Dies betrifft z.B. die GWHRS-Schulen, in denen es keinen eigenen Personalrat gibt. Hier muss die Schulleitung die Lehrkräfte hören (z.B. durch Beratung in der Gesamtlehrerkonferenz).

Auszug aus der VwV „Arbeitsschutz"

10. *Mitbestimmungsrecht des Personalrats*
Bei Maßnahmen zur Verhütung von Dienst- und Arbeitsunfällen, Berufskrankheiten und sonstigen Gesundheitsschädigungen hat der Personalrat gemäß § 79 Abs. 1 Nr. 8 LPVG mitzubestimmen. Hierzu gehört auch die Beurteilung der Arbeitsbedingungen nach § 5 ArbSchG und § 6 ArbSchG erforderliche Dokumentation Nach § 79 Abs. 3 Nr. 1 LPVG steht der Personalvertretung auch bei der Bestellung und Abberufung von Betriebsärzten ein Mitbestimmungsrecht zu. Nach § 9 Abs. 3 ASiG sieht vor der Verpflichtung oder Entpflichtung eines überbetrieblichen Dienstes der Personalrat zu hören.

11. *Ansprechpartner/innen Arbeitsschutz*
Beim Kultusministerium, bei den Oberschulämtern und bei den Staatlichen Schulämtern ist eine Person zu benennen, die den verschiedenen mit dem Arbeitsschutz befassten Stellen (z.B. Schulen, kommunalen Schulträgern, Personalvertretungen, Betriebsärzten, Fachkräften für Arbeitssicherheit, Sicherheitsbeauftragten) als Ansprechpartner/Ansprechpartnerinnen für den Bereich des Arbeitsschutzes zur Verfügung steht. Eine entsprechende fachliche Qualifikation ist sicherzustellen.

12. *Arbeitsschutzausschuss*
Einer der Grundsätze des Arbeitssicherheitsgesetzes ist es, dass die Aufgaben der Betriebsärzte und der Sicherheitsfachkräfte in gegenseitiger Zusammenarbeit und in Zusammenarbeit mit allen Beteiligten im Betrieb wahrgenommen werden müssen (vgl. §§ 9, 10, 11 ASiG). Das Arbeitssicherheitsgesetz institutionalisiert diese Zusammenarbeit in Form eines Arbeitsschutzausschusses (§ 11 ASiG). Es sind danach beim Kultusministerium, bei den Oberschulämtern, bei den Staatlichen Schulämtern sowie bei den Gymnasien und beruflichen Schulen solche Arbeitsschutzausschüsse einzurichten. Beim Kultusministerium und bei den Oberschulämtern sind diese Arbeitsschutzausschüsse entsprechend der vorhandenen Aufteilung der Personalvertretung getrennt zu bilden.

Auszug aus der Dienstvereinbarung zur
Gefährdungsbeurteilung (GWHRS-Bereich)
§ 14. *Information und Qualifikation*
Das Kultusministerium sorgt dafür, dass die für die Umsetzung der Dienstvereinbarung verantwortlichen Personen (Schulleiterinnen und Schulleiter, Leiterinnen und Leiter von Schulkindergärten, Schulverwaltung) Kenntnisse in allen Fragen des Arbeitsschutzes und des in diesem Zusammenhang relevanten neuesten Standes der Technik und der wissenschaftlichen Erkenntnisse über die menschengerechte Gestaltung der Arbeit unter Berücksichtigung der in den Schulen und Schulkindergärten vorkommenden Gefährdungen und Risiken besitzen bzw. erwerben.
→ Arbeitsschutz (Betriebsärztliche Beratung)

Dritter Abschnitt
Pflichten und Rechte der Beschäftigten

§ 15 Pflichten der Beschäftigten

(1) Die Beschäftigten sind verpflichtet, nach ihren Möglichkeiten sowie gemäß der Unterweisung und Weisung des Arbeitgebers für ihre Sicherheit und Gesundheit bei der Arbeit Sorge zu tragen. Entsprechend Satz 1 haben die Beschäftigten auch für die Sicherheit und Gesundheit der Personen zu sorgen, die von ihren Handlungen oder Unterlassungen bei der Arbeit betroffen sind.

Arbeitsschutzgesetz

(2) Im Rahmen des Absatzes 1 haben die Beschäftigten insbesondere Maschinen, Geräte, Werkzeuge, Arbeitsstoffe, Transportmittel und sonstige Arbeitsmittel sowie Schutzvorrichtungen und die ihnen zur Verfügung gestellte persönliche Schutzausrüstung bestimmungsgemäß zu verwenden.

§ 16 Besondere Unterstützungspflichten

(1) Die Beschäftigten haben dem Arbeitgeber oder dem zuständigen Vorgesetzten jede von ihnen festgestellte unmittelbar erhebliche Gefahr für die Sicherheit und Gesundheit sowie jeden an den Schutzsystemen festgestellten Defekt unverzüglich zu melden.

(2) Die Beschäftigten haben gemeinsam mit dem Betriebsarzt und der Fachkraft für Arbeitssicherheit den Arbeitgeber darin zu unterstützen, die Sicherheit und den Gesundheitsschutz der Beschäftigten bei der Arbeit zu gewährleisten und seine Pflichten entsprechend den behördlichen Auflagen zu erfüllen. Unbeschadet ihrer Pflicht nach Absatz 1 sollen die Beschäftigten von ihnen festgestellte Gefahren für Sicherheit und Gesundheit und Mängel an den Schutzsystemen auch der Fachkraft für Arbeitssicherheit, dem Betriebsarzt oder dem Sicherheitsbeauftragten nach § 22 des Siebten Buches Sozialgesetzbuch mitteilen.

§ 17 Rechte der Beschäftigten

(1) Die Beschäftigten sind berechtigt, dem Arbeitgeber Vorschläge zu allen Fragen der Sicherheit und des Gesundheitsschutzes bei der Arbeit zu machen. Für Beamtinnen und Beamte des Bundes ist § 171 des Bundesbeamtengesetzes anzuwenden. § 60 des Beamtenrechtsrahmengesetzes und entsprechendes Landesrecht bleiben unberührt.

Hinweis der Redaktion: Dies betrifft die Einhaltung des Dienstweges.➜ Dienstweg; ➜ Beamtengesetz § 49; ➜ Beamtenstatusgesetz § 54

(2) Sind Beschäftigte aufgrund konkreter Anhaltspunkte der Auffassung, dass die vom Arbeitgeber getroffenen Maßnahmen und bereitgestellten Mittel nicht ausreichen, um die Sicherheit und den Gesundheitsschutz bei der Arbeit zu gewährleisten, und hilft der Arbeitgeber darauf gerichteten Beschwerden von Beschäftigten nicht ab, können sich diese an die zuständige Behörde wenden. Hierdurch dürfen den Beschäftigten keine Nachteile entstehen. ...

Hinweis der Redaktion: „Zuständige Behörden" sind die Gewerbeaufsichtsämter (Regierungspräsidien) sowie das Landesgesundheitsamt. Im Schulbereich sind die Unfallkassen Träger der gesetzlichen Unfallversicherung.
➜ Unfallversicherung

4. Abschnitt – Verordnungsermächtigungen

§ 20
Regelungen für den öffentlichen Dienst

(1) Für die Beamten der Länder, Gemeinden und sonstigen Körperschaften, Anstalten und Stiftungen des öffentlichen Rechts regelt das Landesrecht, ob und inwieweit die nach § 18 erlassenen Rechtsverordnungen gelten.

Hinweis der Redaktion: § 18 ermächtigt die Bundesregierung zum Erlass von Rechtsverordnungen. In der ➜ Arbeitszeit- und Urlaubsverordnung (§ 49 Abs. 1) ist verfügt, dass die aufgrund von § 18 Arbeitsschutzgesetz erlassenen Rechtsverordnungen entsprechend für Landesbeamt/innen gelten.

Fünfter Abschnitt – Schlussvorschriften

§ 21
Zuständige Behörden; Zusammenwirken mit den Trägern der gesetzlichen Unfallversicherung

(1) Die Überwachung des Arbeitsschutzes nach diesem Gesetz ist staatliche Aufgabe. Die zuständigen Behörden haben die Einhaltung dieses Gesetzes und der aufgrund dieses Gesetzes erlassenen Rechtsverordnungen zu überwachen und die Arbeitgeber bei der Erfüllung ihrer Pflichten zu beraten. ...

Auszug aus der VwV „Arbeitsschutz an Schulen und Schulkindergärten"
4. Bestellung von Fachkräften für Arbeitssicherheit
Nach der Rechtsauffassung des Landes ist für die Bestellung der Fachkräfte für Arbeitssicherheit der jeweilige Schulträger zuständig. Er hat auch die hierdurch entstehenden Kosten zu tragen. – Für die Berechnung der Einsatzzeiten der Fachkräfte für Arbeitssicherheit meldet die Schulleitung dem Schulträger zum Stichtag der amtlichen Schulstatistik die Zahl der an der Schule tätigen Lehrkräfte, getrennt nach Angestellten und Beamten. ... .

5. Bestellung von Betriebsärzten
5.1 Für die Bestellung der Betriebsärzte ist das Land zuständig. Es hat auch die hierdurch entstehenden Kosten zu tragen (vgl. § 1 Nr. 11 Schullastenverordnung).
5.2 Für die Bestellung der Betriebsärzte gilt neben den Regelungen des Arbeitssicherheitsgesetzes die Unfallverhütungsvorschrift „Betriebsärzte, Sicherheitsingenieure und andere Fachkräfte für Arbeitssicherheit" (GUV 0.5).

7. Leitstelle Betriebsärztlicher Dienst für das Kultusressort
Beim Kultusministerium wird eine „Leitstelle Betriebsärztlicher Dienst für das Kultusressort, Arbeits- und Gesundheitsschutz" eingerichtet.
➜ Arbeitsschutz (Betriebsärztliche Beratung für Lehrkräfte)

§ 22
Befugnisse der zuständigen Behörden

(1) Die zuständige Behörde kann vom Arbeitgeber oder von verantwortlichen Personen die zur Durchführung ihrer Überwachungsaufgabe erforderlichen Auskünfte und die Überlassung von entsprechenden Unterlagen verlangen. Die auskunftspflichtige Person kann die Auskunft auf solche Fragen oder die Vorlage derjenigen Unterlagen verweigern, deren Beantwortung oder Vorlage sie selbst oder einen in § 383 Abs. 1 Nr. 1 bis 3 der Zivilprozessordnung bezeichneten Angehörigen der Gefahr der Verfolgung wegen einer Straftat oder Ordnungswidrigkeit aussetzen würde. Die auskunftspflichtige Person ist darauf hinzuweisen.

(2) Die mit der Überwachung beauftragten Personen sind befugt, zu den Betriebs- und Arbeitszeiten Betriebsstätten, Geschäfts- und Betriebsräume zu betreten, zu besichtigen und zu prüfen sowie in die geschäftlichen Unterlagen der auskunftspflichtigen Person Einsicht zu nehmen, soweit dies zur Erfüllung ihrer Aufgaben erforderlich ist. Außerdem sind sie befugt, Betriebsanlagen, Arbeitsmittel und persönliche Schutzausrüstungen zu prüfen, Arbeitsverfahren und Arbeitsabläufe zu

untersuchen, Messungen vorzunehmen und insbesondere arbeitsbedingte Gesundheitsgefahren festzustellen und zu untersuchen, auf welche Ursachen ein Arbeitsunfall, eine arbeitsbedingte Erkrankung oder ein Schadensfall zurückzuführen ist. Sie sind berechtigt, die Begleitung durch den Arbeitgeber oder eine von ihm beauftragte Person zu verlangen. Der Arbeitgeber oder die verantwortlichen Personen haben die mit der Überwachung beauftragten Personen bei der Wahrnehmung ihrer Befugnisse nach den Sätzen 1 und 2 zu unterstützen. Außerhalb der in Satz 1 genannten Zeiten oder wenn die Arbeitsstätte sich in einer Wohnung befindet, dürfen die mit der Überwachung beauftragten Personen ohne Einverständnis des Arbeitgebers die Maßnahmen nach den Sätzen 1 und 2 nur zur Verhütung dringender Gefahren für die öffentliche Sicherheit oder Ordnung treffen. Die auskunftspflichtige Person hat die Maßnahmen nach den Sätzen 1, 2 und 5 zu dulden. Die Sätze 1 und 5 gelten entsprechend, wenn nicht feststeht, ob in der Arbeitsstätte Personen beschäftigt werden, jedoch Tatsachen gegeben sind, die diese Annahme rechtfertigen. Das Grundrecht der Unverletzlichkeit der Wohnung (Artikel 13 des Grundgesetzes) wird insoweit eingeschränkt.

(3) Die zuständige Behörde kann im Einzelfall anordnen,

1. welche Maßnahmen der Arbeitgeber und die verantwortlichen Personen oder die Beschäftigten zur Erfüllung der Pflichten zu treffen haben, die sich aus diesem Gesetz und den aufgrund dieses Gesetzes erlassenen Rechtsverordnungen ergeben,

2. welche Maßnahmen der Arbeitgeber und die verantwortlichen Personen zur Abwendung einer besonderen Gefahr für Leben und Gesundheit der Beschäftigten zu treffen haben.

Die zuständige Behörde hat, wenn nicht Gefahr im Verzug ist, zur Ausführung der Anordnung eine angemessene Frist zu setzen. Wird eine Anordnung nach Satz 1 nicht innerhalb einer gesetzten Frist oder eine für sofort vollziehbar erklärte Anordnung nicht sofort ausgeführt, kann die zuständige Behörde die von der Anordnung betroffene Arbeit oder die Verwendung oder den Betrieb der von der Anordnung betroffenen Arbeitsmittel untersagen. ...

→ Arbeits- und Gesundheitsschutz (Allgemeines); → Arbeitsschutz (Betriebsärztliche Beratung); → Arbeits- und Gesundheitsschutz (Rahmenkonzept); → Bildschirmarbeitsverordnung; → Erste Hilfe; → Jugendarbeitsschutz (Kinderarbeit); → Gewaltvorfälle und Schadensereignisse; → Konferenzordnung § 2 Nr. 8a; → Personalvertretungsgesetz § 79 Abs. 1 Nr. 8 und § 83; → Schulgesetz § 47 Abs. 4 Nr. 6; → Unfallversicherung

Arbeitszeit (Allgemeines)
Hinweise der Redaktion auf die Rechtslage

1.
Rechtliche Grundlagen

Die regelmäßige Arbeitszeit der Landesbeamtinnen und Landesbeamten wird von der Landesregierung durch Rechtsverordnung festgesetzt. Daneben besteht eine Pflicht zur Mehrarbeit.

→ Beamtengesetz § 67; → Mehrarbeit

Die Arbeitszeit- und Urlaubsverordnung (§ 4) legt die regelmäßige Arbeitszeit der Landesbeamten auf durchschnittlich 41 Wochenstunden fest. Abweichend bestimmt § 18: *„Die Dauer der Unterrichtsverpflichtung der beamteten Lehrkräfte im Rahmen der durchschnittlichen Wochenarbeitszeit ... wird durch besondere Verordnung der Landesregierung geregelt."*

→ Arbeitszeit- und Urlaubsverordnung; → Arbeitszeit (Arbeitszeitverordnung)

Dies erfolgt durch die Verwaltungsvorschrift des Kultusministeriums über die Arbeitszeit der Lehrkräfte. Dieser *„Regelstundenmaßerlass"* gilt unmittelbar nur für die beamteten und tarifbeschäftigten Lehrkräfte an öffentlichen Schulen des Landes. Sollen diese Regelungen auch für Beschäftigte an privaten Ersatzschulen gelten, so ist dort eine Betriebs- oder Dienstvereinbarung erforderlich.

→ Arbeitszeit (Lehrkräfte); → Tarifvertrag (Länder) § 44

Nach dem *„Regelstundenmaßerlass"* beträgt die Jahresarbeitszeit der Lehrkräfte 1804 Zeitstunden (wöchentliche Arbeitszeit von 41 Zeitstunden x 52 Wochen minus 6 Wochen Urlaub minus Feiertage). Das KM geht davon aus, dass davon ca. 85% auf Aufgaben entfallen, die direkt im Zusammenhang mit Unterricht stehen (Lernen, Erziehen, Beurteilen), und ca. 15% auf unmittelbar pädagogische Aufgaben (Fortbildung, Qualitätssicherung sowie allgemeine Aufgaben wie z.B. die Mitarbeit in Konferenzen und Gremien oder die Zusammenarbeit mit Kooperationspartnern der Schule).

→ Arbeitszeit (Lehrkräfte) Teil I

Tatsächlich bemessen wird die wöchentliche Arbeitszeit der Lehrkräfte im *„Regelstundenmaßerlass"* deshalb nicht in Form von Zeitstunden, sondern durch ihre regelmäßige Unterrichtsverpflichtung. Das Kultusministerium verwendet hierfür parallel die Begriffe *„Regelstundenmaß"* und *„Deputat"*.

Insofern gliedert sich die Lehrer-Arbeitszeit

1. in einen **nicht disponiblen Teil**, bei dem eine Anwesenheitspflicht der einzelnen Lehrkraft besteht; dazu gehören z.B.
   - Unterricht nach Stundenplan,
   - Pausenaufsicht nach einem Aufsichtsplan,
   - Teilnahme an verpflichtenden Konferenzen oder Dienstbesprechungen,
   - von der Gesamtlehrerkonferenz beschlossene verbindliche Aktivitäten wie Eltern-

sprechtage, Schulfeste, Pädagogische Tage, Tage der offenen Tür usw.,
- Durchführung von schulischen Prüfungen,
- Erledigung sonstiger termingebundener Aufgaben im Auftrag der Schulleitung usw.,
2. in einen **disponiblen Teil**, über dessen zeitliche Lage die einzelne Lehrkraft selbst oder in Absprache mit anderen entscheidet, z.B.
- Vor- und Nachbereitung des Unterrichts,
- Entwurf und Korrektur von Tests und Klassenarbeiten sowie Notenbildung und Erstellung von Zeugnissen,
- individuelle Fortbildung,
- dienstlich veranlasste Gespräche mit Kolleg/innen, Schüler/innen oder Eltern
- Sprechstunden für Eltern oder Schüler/innen usw.

Da hierfür keine Regelungen durch das KM bestehen (die der Beteiligung der Personalvertretung unterlägen), können Vorgesetzte in den „disponiblen" Teil der Lehrer-Arbeitszeit nicht eingreifen: Es ist - außer durch die Anordnung von „Mehrbeit" - nicht zulässig, dass die Schulleitung die Arbeitszeit über das Regelstundenmaß und die unter Nr. 1 erwähnten Dienstpflichten hinaus zeitlich festlegt, beispielsweise durch die Anordnung an eine Lehrkraft, für eventuelle Notfälle in der Schule morgens schon eine Stunde früher anwesend zu sein (sogenannte „Präsenzpflicht").

Das KM hat vorgeschrieben, an den Schulen „Zeitfenster" für Kooperationen festzulegen (*„flexibles Arbeitszeitmodell"*; siehe auch Nr. 4). Hieraus resultiert aber keine generelle Pflicht der Lehrkräfte zu diesen Zeiten in der Schule anwesend zu sein, sondern hierzu bedarf es des konkreten Anlasses (z.B. Einberufung einer Konferenz oder einer Besprechung). Audrücklich hat das KM festgestellt: *„Das flexible Arbeitszeitmodell zielt nicht darauf ab, dass an den Schulen Jahresarbeitszeitkonten, Verrechnungslisten oder Arbeitszeitblätter eingeführt werden".*
→ Arbeitszeit (Lehrkräfte) Teil I (dort Kasten beachten)
Diese Äußerung des KM gilt allgemein: Weder aus diesem konkreten Anlass noch aus irgend einem anderen Grund besteht eine Rechtsgrundlage dafür, die Arbeitszeit der Lehrkräfte durch „Stundenkonten" o.ä. festzuhalten oder zu regulieren.
Im *„Regelstundenmaßerlass"* werden neben der Unterrichtsverpflichtung der Lehrkräfte auch die *„Vorgriffsstunde"* (Teil A Nr. V) sowie drei *„unterrichtsfreie Tage"* (Teil H) geregelt (bei letzteren handelt es sich nicht um eine Urlaubs-, sondern um eine Arbeitszeitregelung, weil sie 1989 im Lehrerbereich anstelle der tariflichen Arbeitszeitverkürzung im übrigen öffentlichen Dienst eingeführt wurden).

2.
Leitungsaufgaben und Nachlässe

Die Arbeitszeit der Personen mit Schulleitungsaufgaben gliedert sich in die Erledigung dieser Leitungsaufgaben und in Unterricht. Deshalb wird die zeitliche Belastung durch Schulleitungsaufgaben als *„Leitungszeit"* (Teile B und C des Regelstundenmaßerlasses) gesondert ausgewiesen.
Ferner werden in dieser Verwaltungsvorschrift die „Deputatsnachlässe", nämlich die
- Ermäßigungen (Alter und Schwerbehinderung)
- Anrechnungen (für besondere schulbezogene Aufgaben und Belastungen),
- Freistellungen (für Personalratsmitglieder) und
- Arbeitsbefreiungen (für Schwerbehindertenvertrauenspersonen)

festgelegt. Bei *Ermäßigungen* handelt es sich um personenbezogene Nachlässe wegen individueller Umstände. *Anrechnungen, Freistellungen* und *Arbeitsbefreiungen* sind hingegen funktionsbezogen.
Bei diesen „Deputatsnachlässen" tritt keine Minderung der Dienstbezüge ein, es handelt sich also nicht um eine Teilzeitbeschäftigung.
Auch teilzeitbeschäftigte Lehrkräfte können „Deputatsnachlässe" erhalten; dabei bleiben der vereinbarte Umfang der Teilzeitbeschäftigung und das anteilige Gehalt unverändert, nur der Unterrichtsumfang wird reduziert. Bei Anrechnungen, Freistellungen und Arbeitsbefreiungen richtet sich der Nachlass auch bei Teilzeitbeschäftigten nach dem Umfang der damit verbundenen Aufgaben, die Ermäßigungen werden bei ihnen hingegen gestaffelt.
→ Arbeitszeit (Lehrkräfte) Teil B; → Teilzeit (Pflichten)
Neben dem „Regelstundenmaßerlass" hat das KM eine Reihe von Sonderregelungen für individuelle „Deputatsnachlässe" getroffen, z.B. Anrechnungen
- für die Betreuung von EDV-Anlagen oder
  → Arbeitszeit (PC-Betreuung und Multimedia-Beratung)
- zur Koordination der Sprachförder- und Integrationsmaßnahmen
  → Sprachförderung (Integration) Nr. 3.2.2
- für die Chancengleichheitsbeauftragten.
  → Chancengleichheitsgesetz § 19 (Hinweis)

Ferner stellt das KM den Schulen in bestimmten Belastungssituationen (z.B. Schulversuch, Einrichtung einer neuen Schulart) Stundenkontingente zur Entlastung der beteiligten Lehrkräfte zur Verfügung. Solche - in der Regel befristeten - Maßnahmen gab es z.B. bei der Einführung des G8-Gymnasiums oder der der Werkrealschule.
(Quelle: Schreiben des KM zu den Gymnasien vom 2.12.2009, AZ.: 22-6615.51/42, und zu den Werkrealschulen vom 16.4.2010, AZ.: 14-0301.620/1406)
Im Einzelfall wird (insbesondere in der Genesungsphase nach schwerer Krankheit) das Deputat auf Antrag befristet und individuell verringert.
→ Arbeitszeit (Rekonvaleszenzregelung)
Außerdem gibt es Einzelfall-Anrechnungen z.B. für die Mitarbeit in ministeriellen Kommissionen, bei der Lehrerfortbildung, der Lehrplanentwicklung, bei Schulversuchen usw.

3.
Maximale Stundenzahl je Schultag

Für die maximale Arbeitszeit je Arbeitstag gibt es - wie so oft im öffentlichen Dienst! - leider kaum

Arbeitszeit (Allgemeines)

auf den Lehrerbereich anwendbare Vorschriften. Zwar schreibt das Arbeitszeitgesetz Höchstzeiten vor, aber dieses Gesetz gilt nur im Arbeitnehmerbereich (z.B. für Erzieher/innen an Heimsonderschulen sowie pädagogische Assistent/innen).

➜ Arbeitszeit (Arbeitszeitgesetz)

Die – auch für die Lehrkräfte an öffentlichen Schulen geltende – Arbeitszeit- und Urlaubsverordnung des Landes hilft ebenfalls nicht weiter. Sie schreibt zwar vor: *„Die tägliche Arbeitszeit darf zehn Stunden nicht überschreiten, sofern nicht Mehrarbeit nach § 90 Abs. 2 LBG angeordnet oder genehmigt ist".*

➜ Arbeitszeit (Arbeitszeitverordnung) § 8 Abs. 2

Damit eine Lehrkraft diese Obergrenze überschreitet, müsste sie mehr als 13 Stunden Unterricht am Tag halten (13 x 45 Minuten = 9,75 Zeitstunden; die Schulpausen werden von den Gerichten nicht als Arbeits-, sondern als Erholungszeit angesehen).

Das Kultusministerium hat zu dieser Frage auch keine Spezialvorschriften erlassen. Einen Anhaltspunkt gibt es nur in seiner VwV über den Blockunterricht an Berufsschulen: Dort ist eine maximale Zahl von 8 (Unterrichts-)Stunden je Tag vorgeschrieben. Sonst existieren keine Vorschriften.

Bei der Festlegung einer Höchstzahl von Unterrichtsstunden an einem Schultag ist deshalb in der Praxis eine „pädagogische" Argumentation zweckmäßig; alle Erfahrung spricht dagegen, dass eine Lehrkraft nach mehr als acht oder maximal zehn Schulstunden noch ertragreich unterrichten kann. Das aber ist den Schüler/innen nicht zuzumuten. Dies sollte ggf. in der Gesamtlehrerkonferenz erörtert und der Schulleitung sollte eine Empfehlung des Kollegiums gegeben werden (s.u.).

4. Beteiligungsrechte des Kollegiums

Soweit „Nachlässe" nicht personenbezogen sind (z.B. Alters- und Schwerbehindertenermäßigung) oder zentral hierüber entschieden wird (z.B. Freistellung bzw. Arbeitsbefreiung von Personalräten und Schwerbehindertenvertrauenspersonen oder die Direktzuweisung beispielsweise die Mitglieder von Lehrplankommissionen), muss an der einzelnen Schule eine Entscheidung darüber getroffen werden, welche Lehrkräfte eine Entlastung (= Verringerung ihrer Unterrichtsverpflichtung) erhalten.

Die *„Verteilung der Lehraufträge"* (sowie sonstiger dienstlicher Aufgaben), die *„Aufstellung der Stunden- und Aufsichtspläne"* und die *„Anordnung von Vertretungen"* obliegen der Schulleiterin bzw. dem Schulleiter. Diese müssen die an der Schule zur Verfügung stehenden „Nachlässe" verteilen sowie jene Stunden für Leitungsaufgaben, die sie nicht selber in Anspruch nehmen, nach pflichtgemäßem Ermessen an die Lehrkräfte weitergeben.

➜ Ermessen; ➜ Schulgesetz § 41 Abs. 1

In die Zuständigkeit der Schulleitung fällt auch das *„flexible Arbeitszeitmodell"*, die individuelle Erhöhung oder Absenkung der Unterrichtsverpflichtung der Lehrkräfte um bis zu zwei Wochenstunden (*„Bandbreitenmodell"*) sowie die Festlegung von verbindlichen *„Kooperationszeiten"* an der Schule.

➜ Arbeitszeit (Lehrkräfte) Buchst. I

Zu all diesen Arbeitszeitregelungen sowie zur Verteilung *„sonstiger dienstlicher Aufgaben"* – *„unbeschadet § 41 Abs. 1 Schulgesetz"* – das Recht zur Abgabe von *„allgemeinen Empfehlungen"* an die Schulleitung.

➜ Konferenzverordnung § 2 Abs. 1 Nr. 9

Ein solcher Konferenzbeschluss ist für die Schulleiterin bzw. den Schulleiter zwar nicht unmittelbar bindend, sie haben die Empfehlung der Gesamtlehrerkonferenz aber in ihre Entscheidungsfindung einzubeziehen.

Aus dem allgemeinen Empfehlungsrecht der Konferenz ergibt sich ein Informationsanspruch des Lehrerkollegiums über die Anrechnungen, Freistellungen und Arbeitsbefreiungen an der Schule:

– Diese Stunden-Nachlässe sind mit der Erfüllung bestimmter Aufgaben verbunden; die betreffende Lehrkraft nimmt also statt der Erteilung von Unterricht andere dienstliche Aufgaben wahr.

– Auch die individuelle Erhöhung oder Absenkung der Unterrichtsverpflichtung gemäß Teil I des Regelstundenmaßerlasses (das *„flexible Arbeitszeitmodell"*) ist an die jeweilige Belastung durch dienstliche Aufgaben gebunden.

Damit die GLK zu der damit verbundenen *„Verteilung der Lehraufträge und sonstiger dienstlicher Aufgaben"* überhaupt sachgerechte *„allgemeine Empfehlungen"* abgeben kann, muss sie von der Schulleitung über die Anrechnungen sowie die sonstigen Freistellungen und Arbeitsbefreiungen unterrichtet werden (Grund und Umfang; bei den Ermäßigungen zumindest über den Umfang – hier haben individuelle Datenschutzansprüche Vorrang).

Insbesondere die Verteilung der Stunden aus dem „Stundenpool" (Teil E 1 des Regelstundenmaßerlasses) sollte in der GLK erörtert werden; bei Empfehlungen an die Schulleitungen sollten die individuellen persönlichen (z.B. Kindererziehung, Teilzeit) und dienstlichen Belastungen (z.B. schwieriger Lehrauftrag) berücksichtigt werden.

Da die Höchst-Stundenzahl je Schultag durch die Lehrauftragsverteilung bzw. den Stundenplan festgelegt wird, kann die Gesamtlehrerkonferenz auch hierzu allgemeine Empfehlungen beschließen.

Zum Beschlussrecht der Gesamtlehrerkonferenz in Arbeitszeitfragen bitte auch den Beitrag ➜ Konferenzen (Allgemeines) beachten.

➜ Arbeitszeit (Arbeitszeitgesetz); ➜ Arbeitszeit (ArbeitszeitVO); ➜ Arbeitszeit (Fachlehrer und Technische Lehrkräfte); ➜ Arbeitszeit (Ganztagsschulen); ➜ Arbeitszeit (Gesamtschulen); ➜ Arbeitszeit (Lehrkräfte); ➜ Arbeitszeit (Mischdeputat); ➜ Arbeitszeit (PC-Betreuung); ➜ Arbeitszeit (Rekonvaleszenzregelung); ➜ Arbeitszeit (Vorgriffsstunde); ➜ Ermessen; ➜ Schulleitung (Aufgaben); ➜ Schwerbehinderung; ➜ Teilzeitbeschäftigung (Pflichten); ➜ Tarifvertrag (Länder) § 44

Arbeitszeit (Arbeitszeitgesetz) / Arbeitszeit- und Urlaubsverordnung / Arbeitszeitverordnung)

Arbeitszeit (Arbeitszeitgesetz)

Arbeitszeitgesetz vom 6. Juni 1994 (BGBl. I S. 1170, 1171), zuletzt geändert 15. Juli 2009 (BGBl. I S. 1939)

Hinweis der Redaktion: Dieses Gesetz gilt weder für beamtete Lehrkräfte, Lehramtsanwärter- und Referendar/innen noch für Lehrkräfte im Arbeitnehmerverhältnis (für Letztere gelten hinsichtlich der Arbeitszeit die Bestimmungen für die entsprechenden Beamten). Es findet aber Anwendung für die übrigen Tarifbeschäftigten im Schuldienst (z.B. Erzieher/innen an Heimsonderschulen oder Pädagogische Assistent/innen).
→ Tarifvertrag (Länder) § 44 i.V.m. §§ 6-10

§ 2
Begriffsbestimmungen

(1) Arbeitszeit im Sinne dieses Gesetzes ist die Zeit vom Beginn bis zum Ende der Arbeit ohne die Ruhepausen; Arbeitszeiten bei mehreren Arbeitgebern sind zusammenzurechnen. Im Bergbau unter Tage zählen die Ruhepausen zur Arbeitszeit.

(2) Arbeitnehmer im Sinne dieses Gesetzes sind Arbeiter und Angestellte sowie die zu ihrer Berufsbildung Beschäftigten.

(3) Nachtzeit im Sinne dieses Gesetzes ist die Zeit von 23 bis 6 Uhr, in Bäckereien und Konditoreien die Zeit von 22 bis 5 Uhr.

(4) Nachtarbeit im Sinne dieses Gesetzes ist jede Arbeit, die mehr als zwei Stunden der Nachtzeit umfasst. ...

§ 3
Arbeitszeit der Arbeitnehmer

Die werktägliche Arbeitszeit der Arbeitnehmer darf acht Stunden nicht überschreiten. Sie kann auf bis zu zehn Stunden nur verlängert werden, wenn innerhalb von sechs Kalendermonaten oder innerhalb von 24 Wochen im Durchschnitt acht Stunden werktäglich nicht überschritten werden.

§ 4 Ruhepausen

Die Arbeit ist durch im voraus feststehende Ruhepausen von mindestens 30 Minuten bei einer Arbeitszeit von mehr als sechs bis zu neun Stunden und 45 Minuten bei einer Arbeitszeit von mehr als neun Stunden insgesamt zu unterbrechen. Die Ruhepausen nach Satz 1 können in Zeitabschnitte von jeweils mindestens 15 Minuten aufgeteilt werden. Länger als sechs Stunden hintereinander dürfen Arbeitnehmer nicht ohne Ruhepause beschäftigt werden.

§ 5 Ruhezeit

(1) Die Arbeitnehmer müssen nach Beendigung der täglichen Arbeitszeit eine ununterbrochene Ruhezeit von mindestens elf Stunden haben. ...

→ Arbeitszeit (Allgemeines); → Arbeitszeit- und Urlaubsverordnung; → Arbeitszeit (Arbeitszeitverordnung);
→ Konferenzordnung § 2 Abs. 1 Nr. 9; → Tarifvertrag (Länder) § 44

Arbeitszeit- und Urlaubsverordnung

Hinweise der Redaktion

Die Landesregierung hat 2005 u.a. die Arbeitszeitverordnung, die Urlaubsverordnung, die Mutterschutzverordnung und die Erziehungsurlaubsverordnung) in der *„Arbeitszeit- und Urlaubsverordnung (AzUVO)"* zusammengefasst.
Um das Auffinden dieser Bestimmungen zu erleichtern, haben wir die einzelnen Abschnitte dieser Sammelverordnung dem jeweiligen alphabetischen Sach-Beitrag zugeordnet. Sie finden die Paragrafen unter folgendem Stichwort:

Paragrafen	Stichwort
§§ 4, 7, 8, 18	→ Arbeitszeit (Arbeitszeitverordnung)
§§ 21, 27-31	→ Urlaub (Verordnung / AzUVO)
§§ 32-39	→ Mutterschutz (Verordnung / AzUVO)
§§ 40-47	→ Elternzeit (Verordnung / AzUVO)
§§ 48–48b	→ Urlaub (Pflegezeit / AzUVO)

Arbeitszeit (Arbeitszeitverordnung)

Auszug aus der VO über die Arbeitszeit, den Urlaub, den Mutterschutz, die Elternzeit, die Pflegezeiten ... (Arbeitszeit- und Urlaubsverordnung – AzUVO) vom 29.11.2005 (GBl. S. 716); zuletzt geändert 14.9.2009 (GBl. S. 473) mit den Änderungen aufgrund der Dienstrechtsreform ab 1.1.2011

2. ABSCHNITT – Arbeitszeit

1. Unterabschnitt
Gemeinsame Bestimmungen

§ 4 Regelmäßige wöchentliche Arbeitszeit

Die regelmäßige Arbeitszeit der Beamtinnen und Beamten beträgt im Durchschnitt wöchentlich 41 Stunden.

2. Unterabschnitt
Bestimmungen
für Beamtinnen und Beamte des Landes

§ 7
Regelmäßige Arbeitszeit

(1) Für die Berechnung des Durchschnitts der regelmäßigen wöchentlichen Arbeitszeit ist ein Zeit-

raum von einem Jahr zugrunde zu legen; dabei darf die Arbeitszeit in keiner Woche 55 Stunden überschreiten. ...

§ 8
Tägliche Arbeitszeit

(2) Die tägliche Arbeitszeit darf zehn Stunden nicht überschreiten, sofern nicht Mehrarbeit nach § 67 Abs. 3 LBG angeordnet oder genehmigt ist.

→ Beamtengesetz § 68 Abs. 3; → Mehrarbeit

§ 18 Beamtete Lehrkräfte

Die Dauer der Unterrichtsverpflichtung der beamteten Lehrkräfte im Rahmen der durchschnittlichen Wochenarbeitszeit (§ 4) wird durch Verordnung der Landesregierung geregelt.

Hinweise der Redaktion:
1. Geregelt wird dies durch eine Verwaltungsvorschrift des Kultusministeriums. → Arbeitszeit – Lehrkräfte
2. Zur Höchstgrenze für die Zahl der Unterrichtsstunden je Schultag siehe → Arbeitszeit (Allgemeines).

→ Arbeitszeit (Allgemeines); → Arbeitszeit- und Urlaubsverordnung; → Arbeitszeit (Lehrkräfte); → Beamtengesetz § 67; Abs. 3; → Konferenzordnung § 2 Abs. 1 Nr. 9; → Mehrarbeit; → Tarifvertrag (Länder) § 44

Arbeitszeit (Fachlehrer/innen und Technische Lehrkräfte)

Hinweise der Redaktion

1.
Schulen für Geistigbehinderte

Erlass des Kultusministeriums zur Arbeitszeit an der Schule für Geistigbehinderte vom 30.7.1980 Nr. IV-2-7070/166

An der Schule für Geistigbehinderte (Sonderschule) werden neben Sonderschullehrern Fachlehrer und Technische Lehrer verwendet, die eigenständig Unterricht erteilen.

Das Ministerium für Kultus und Sport geht davon aus, dass die Fachlehrer und Technischen Lehrer an Schulen für Geistigbehinderte im Grundsatz das gleiche Regelstundenmaß haben, wie die übrigen Fachlehrer.

Die Eigenart der Schule für Geistigbehinderte und der entsprechenden Abteilungen anderer Sonderschulen bringt es allerdings mit sich, dass die von den Fachlehrern und Technischen Lehrern an Schulen für Geistigbehinderte und Schulen für Körperbehinderte zu übernehmenden Aufgaben nicht ausschließlich unterrichtlicher Art sind. Diese Fachlehrer und Technischen Lehrer müssen vielmehr aufgrund der Behinderung der zu fördernden Kinder und Jugendlichen auch pflegerische Aufgaben übernehmen.

Das Regelstundenmaß der Fachlehrer an Schulen für Geistigbehinderte wurde demgemäß aufgrund der Tatsache, dass neben Unterrichts- und Erziehungstätigkeit auch pflegerische Arbeiten anfallen, mit 4 Stunden *(inzwischen 3 Stunden; Anm.d.Red.)* höher angesetzt als das Regelstundenmaß der übrigen Fachlehrer. Es muss allerdings darauf hingewiesen werden, dass diese Regelung zur Folge hat, dass im Gegensatz zu anderen Lehrergruppen alle Zeiten (also zum Beispiel auch Zeiten der Mittagsbeschäftigung und der Freizeitgestaltung, die diese Lehrergruppe mit Kindern und Jugendlichen stundenplanmäßig in der Schule verbringt), volle Zeiten innerhalb des Regelstundenmaßes sind.

→ Sonderschulen (Förderschule) / (Krankenhausschule) / (Schule für Geistigbehinderte)

2.
Technische Lehrer an beruflichen Schulen

Erlass des Kultusministeriums vom 10. Dezember 1973 (KuU S. 111/1974)

Aus gegebenem Anlass weist das Kultusministerium darauf hin, dass es sich bei dem Regelstundenmaß für Technische Lehrer, wie es in Abschnitt II *(der VwV „Arbeitszeit der Lehrer")* festgelegt ist, um reine Unterrichtsstunden handelt. Vorbereitung, Nachbereitung usw. finden außerhalb der Unterrichtsstunden statt. Eine Anwesenheit der Technischen Lehrer in der Schule kann außerhalb der Unterrichtsstunden nur in den Fällen verlangt werden, in denen die Anwesenheit aus dringenden dienstlichen Gründen (z.B. Auf- und Abbau von Versuchen) erforderlich ist.

→ Arbeitszeit (Lehrkräfte) Teil A II

3. Technische Lehrer/innen und Fachlehrer/innen als Mentoren

Technische Lehrer/innen sowie Fachlehrer/innen an den „Ausbildungsschulen" der Pädagogischen Fachseminare Karlsruhe, Kirchheim und Schwäb. Gmünd erhalten als Mentoren bei der schulpraktischen Ausbildung der Fachlehreranwärter je Gruppe 1 Wochenstunde in Form einer Besprechungsstunde auf ihr Regelstundenmaß angerechnet.

(Quelle: Erlass des KM vom 24.9.1982 Nr. VII 143.00/2)

Für die Technischen Lehrkräfte sowie die Fachlehrer/innen an den Schulen für Geistig- und Körperbehinderte, die als Mentor/innen bei der schulpraktischen Ausbildung der Fachlehreranwärter/in-

Arbeitszeit (Fachlehrer/innen und Technische Lehrkräfte) / Arbeitszeit (Ganztagsschulen)

nen beim Fachseminar für Sonderpädagogik in Reutlingen bzw. beim Päd. Fachseminar Abt. Sonderpädagogik in Karlsruhe eingesetzt sind, gilt die Verwaltungsvorschrift ➔ Arbeitszeit (Lehrkräfte) Teil E. Danach können Ausbildungsschulen für Lehramtsanwärter, die den Vorbereitungsdienst an den Staatlichen Seminaren für Didaktik und Lehrerbildung ableisten, je Auszubildenden 1,5 Wochenstunden in Anspruch nehmen.

Diese Mentorenstunden stehen der Schule zu und werden von der Schulleitung nach pflichtgemäßem dienstlichen Ermessen auf die an der Ausbildung von Anwärter/innen beteiligten Lehrkräfte (einschließlich der Schulleitung selbst) verteilt.

4. Fachlehrer/innen für musisch-technische Fächer an beruflichen Schulen

Erlass des Kultusministeriums, 19. Januar 2007; 14-0301.621/233

Aus gegebener Veranlassung weist das Kultusministerium darauf hin, dass ... das Regelstundenmaß der Fachlehrer 28 Wochenstunden beträgt. Es weist weiter darauf hin, dass die Unterrichtsverpflichtung sich nicht danach richtet, wie die Fachlehrer eingesetzt sind.

Das Kultusministerium ist damit einverstanden, dass bei Lehrkräften, bei denen das Regelstundenmaß wegen des Einsatzes in berufsbezogenen Fächern auf 27 Wochenstunden festgelegt wurde, dieses nicht zurückgenommen, sondern toleriert wird. ➔ Arbeitszeit (Lehrkräfte) Teil A II. Nr. 5

➔ Arbeitszeit (Ganztagsschulen); ➔ Arbeitszeit (Lehrkräfte), Buchst. A II; ➔ Schulkindergärten; ➔ Sonderschulen (Förderschule); ➔ Sonderschulen (Krankenhausschule); ➔ Sonderschulen (Schule für Geistigbehinderte)

Arbeitszeit (Ganztagsschulen)

Arbeitszeit der Lehrer an Ganztagsschulen; Tätigkeiten im Ganztagesbetrieb; Erlass des KM vom 1.10.1996 (Nr. 1/5-0301.620.962); nicht im Amtsblatt veröffentlicht

Die Tätigkeit von Lehrern, die im Ganztagesbetrieb einer öffentlichen Schule eingesetzt sind, ist unter Berücksichtigung von § 1 Abs. 1 Satz 1 Arbeitszeitverordnung ... wie folgt umzurechnen:
➔ Arbeitszeit (ArbeitszeitVO); ➔ Ganztagsschulen

1. Einsatz in festen Unterrichtsgruppen, für die eine Teilnahmeverpflichtung über einen längeren Zeitraum besteht und die eine Vor- und Nachbereitung wie für den Unterricht erfordern:
   Eine dieser Stunden à 45 Minuten entspricht in der Regel einer Wochenstunde des Regelstundenmaßes.
2. Einsatz in Gruppen mit unterrichtsähnlichem Angebot, für die mit oder ohne Teilnahmeverpflichtung, für die jedoch Vor- und Nachbereitung nur eingeschränkt erforderlich ist:
   1 1/2 dieser Stunden à 45 Minuten entsprechen in der Regel einer Wochenstunde des Regelstundenmaßes.
3. Einsatz im Betreuungsbereich (z.B. Betreuung von Spielangeboten, auch mit Beratung, Betreuung und Aufsicht während des Mittagessens), für die keine oder nur eine geringfügige Vor- und Nachbereitung, z.B. in Einzelfällen Materialbeschaffung erforderlich ist:
   Zwei dieser Stunden à 45 Minuten entsprechen in der Regel einer Wochenstunde des Regelstundenmaßes.

Hinweise der Redaktion:
1. Dieser Erlass bezieht sich auf die „Ganztagsschulen mit besonderer pädagogischer und sozialer Aufgabenstellung". Bei Ganztagsschulen „neuer Art" in offener Angebotsform (ab 2006) wird die Arbeitszeitregelung vom RP im Genehmigungserlass für die einzelne Schule definiert; sie orientiert sich zwar an diesem Erlass, es wird jedoch ausdrücklich verfügt, dass der Schulträger für die Finanzierung, und die Aufsicht beim Mittagessen und in der Mittagsfreizeit zuständig ist; hier ist also nur vom Schulträger gestelltes Personal einzusetzen.
   ➔ Aufsichtspflicht; ➔ Ganztagsschulen
2. Zur Verteilung der an der Schule insgesamt zur Verfügung stehenden Unterrichtsstunden auf die drei Tätigkeitsbereiche besitzt die Gesamtlehrerkonferenz ein allgemeines Empfehlungsrecht.
   ➔ Konferenzordnung § 2 Abs. 1 Nr. 9
3. Zur Hausaufgabenbetreuung an allgemeinbildenden Gymnasien mit Ganztagsbetrieb siehe
   ➔ Arbeitszeit (Lehrkräfte) Teil E Nr. 2.8.

Die Regelung gilt nicht für Fachlehrer und Technische Lehrer an Sonderschulen, weil bei dieser Lehrergruppe die Tätigkeiten aus dem Ganztagesbetrieb bei der Festsetzung des Umfangs ihres Regelstundenmaßes (31 Wochenstunden) allgemein berücksichtigt worden sind.

Hinweis der Redaktion: Das KM hat für Fachlehrer/innen und Technische Lehrkräfte an Schulen und Schulkindergärten, die nach dem Bildungsplan der Sonderschule für Geistigbehinderte arbeiten, beim Mittagessen eine Verrechnung von 1:1 verfügt (➔ Sonderschulen – Fachlehrer/innen und Techn. Lehrkräfte Nr. 1). Für alle anderen Lehrkräfte, die beim Mittagessen an Schulen und Schulkindergärten eingesetzt sind, die nach dem Bildungsplan der Sonderschule für Geistigbehinderte arbeiten, ist hingegen eine Verrechnung im Verhältnis 2:1 vorzunehmen: 2 „Stunden" à 45 Minuten entsprechen bei ihnen einer Wochenstunde des Regelstundenmaßes.

Der Schulleiter ist verpflichtet, die vorstehend ausgeführten Maßstäbe bei der Umrechnung der Arbeitszeit von Lehrern, die im Ganztagesbetrieb eingesetzt sind, anzuwenden.

➔ Arbeitszeit (Allgemeines); ➔ Arbeitszeit (Arbeitszeitverordnung); ➔ Arbeitszeit (Gesamtschulen); ➔ Arbeitszeit (Lehrkräfte) Teil C.1; ➔ Ganztagsschulen

Arbeitszeit (Gesamtschulen) / (Lehramtsanwärter- und Referendar/innen)

Arbeitszeit (Gesamtschulen)

Bemessung der Lehrerstunden für Schulen besonderer Art; Erlass des KM vom 30. Januar 1992, Nr. III/2-6503.1/110; dieser Erlass ist laut Mitteilung des KM vom 14.9.2000 weiterhin gültig

Der Stundenbedarf für Schulen besonderer Art setzt sich abschließend aus folgenden Teilen zusammen:
1. Grundzuweisung (Pflichtbereich) gemäß Verordnung ... über die Schulen besonderer Art ... und den dort aufgeführten Stundentafeln sowie dem Organisationserlass ... .
   ➜ Gesamtschulen; ➜ Organisationserlass
2. Zusätzlich **maximal** einem Drittel der Grundzuweisung der Jahrgangsstufen 5–10 für den Ganztagesbetrieb. Grundlage für die Berechnung des Ganztageszuschlags sind die Wochenstundenzahlen der Schüler entsprechend den Stundentafeln der Verwaltungsvorschrift ... über die Schulen besonderer Art **ohne** Stütz-, Förder- und weitere Binnendifferenzierungsmaßnahmen. Die volle Inanspruchnahme des gesamten Drittels setzt voraus, dass die Schule Betreuungsmaßnahmen bzw. Unterricht an mindestens vier Wochentagen jeweils bis mindestens 16.00 Uhr durchführt.
3. Den Stunden für den außerunterrichtlichen Bereich der Klassenstufen 11–13. Hier ergibt sich die Stundenausstattung aus der Zahl der Klassen einschließlich fiktiver Klassen in den Jahrgangsstufen 12 und 13 und dem Stundenfaktor für den Ergänzungsbereich gemäß dem gültigen Organisationserlass.
4. Den Anrechnungen gemäß Abschnitt C Ziffer 1 und 2 (Schulleitungsaufgaben und allgemeines Entlastungskontingent) der Verwaltungsvorschrift ... ➜ Arbeitszeit (Lehrkräfte) – jetzt Abschnitte B und C sowie E Ziff. 1.
5. Sonstigen personenbezogenen Ermäßigungen, Anrechnungen, Freistellungen und Arbeitsbefreiungen gemäß den gültigen Verwaltungsvorschriften.

Die insgesamt vorgesehenen Betreuungsmaßnahmen und Arbeitsgemeinschaften gemäß Ziffer 2 und 3 finden sämtlich im Rahmen der vorgenannten Stundenzuweisungen statt. Dabei sind die Angebote wie folgt aus dem Deputat anzurechnen:

- Feste Unterrichtsgruppen mit Teilnahmeverpflichtung für einen längeren Zeitraum, für die Vor- und Nachbereitung erforderlich sind; eine solche Wochenstunde (45 Minuten) entspricht i.d.R. einer Deputatsstunde.
- Gruppen mit unterrichtsähnlichem Angebot ohne feste Teilnahmeverpflichtung, aber mit eingeschränkt erforderlicher Vor- und Nachbereitung; eineinhalb dieser Wochenstunden (à 45 Minuten) entsprechen i.d.R. einer Deputatsstunde.
- Betreuungsmaßnahmen (Betreuung von Spielangeboten, auch mit Beratung) einschließlich der dafür in Einzelfällen erforderlichen Vorbereitung (z.B. Materialbeschaffung); zwei dieser Wochenstunden (à 45 Minuten) entsprechen i.d.R. einer Deputatsstunde.

Der Schulleiter ist verpflichtet, sich bei der Anrechnung der Unterrichts- und Betreuungsmaßnahmen gemäß Ziffer 2 und 3 auf das Deputat an den o.g. Maßstäben zu orientieren.

Zusätzlich zur Regelung unter Ziffer 4 des Erlasses besteht die Möglichkeit, auf entsprechenden Antrag der Schule im Rahmen des Erforderlichen eine zusätzliche Zumessung von Stunden für Schulleitungsaufgaben – jeweils auf ein Schuljahr befristet – vorzunehmen. Die Oberschulämter werden gebeten, entsprechend den tatsächlichen Mehrbelastungen im Rahmen von Einzelfallentscheidungen für eine flexible Regelung zu sorgen, damit die Arbeit der Schulleitung in der erforderlichen Weise unterstützt werden kann. ...

➜ Arbeitszeit (Allgemeines); ➜ Arbeitszeit (Ganztagsschulen); ➜ Arbeitszeit (Lehrkräfte); ➜ Gesamtschulen; ➜ Organisationserlass; ➜ Schulgesetz

Arbeitszeit (Lehramtsanwärter- und Referendar/innen)

Hinweise der Redaktion

Im letzten Ausbildungsabschnitt des Vorbereitungsdienstes sollen die
- *Lehramtsanwärter/innen* (Lehrämter an GWHRS-Schulen, Fachlehrer- und Technische Lehrer/innen)
- *Studienreferendar/innen* (Lehrämter an Gymnasien und beruflichen Schulen)

selbstständig* unterrichten. Die Tabelle auf der nächsten Seite zeigt die Unterrichtsverpflichtung nach den Prüfungsordnungen in der Fassung vom 1.7.2007 (für Schwerbehinderte ab GdB 50 jeweils eine Stunde weniger).

Anwärter/innen bzw. Referendar/innen an beruflichen Schulen, Gymnasien und Realschulen erhalten für zusätzlichen selbstständigen Unterricht eine Vergütung (im Realschulbereich ab der 12. Unterrichtsstunde, im gymnasialen sowie im beruflichen Bereich ab der 13. Unterrichtsstunde).

➜ Besoldung (Anwärter-Unterrichtsvergütung)

Weitergehende Vergütungsmöglichkeiten oder der

Arbeitszeit (Lehramtsanwärter- und Referendar/innen) / Arbeitszeit (Lehrkräfte)

Abschluss von Nebenlehrverträgen für zusätzlich geleistete Unterrichtsstunden sind für Anwärter/innen sowie Studienreferendar/innen auf ein Lehramt nicht vorhanden bzw. möglich, auch nicht die Anordnung oder Vergütung von „Mehrarbeit".

→ Mehrarbeit

* Nur Fachlehrer/innen an Geistig- und Körperbehindertenschulen. Fachlehrer/innen für musisch-technische Fächer haben in dieser Phase „in zunehmendem Maße selbstständig zu unterrichten".

** An Gymnasien und beruflichen Schulen: „selbstständig und begleitet" (Hervorhebung durch die Redaktion). Grundsätzlich sind an Gymnasien und beruflichen Schulen 11 Wochenstunden anzusetzen; der begleitete Unterricht (in der Regel 1 Wochenstunde) bleibt bei der Bemessung der Unterrichtsversorgung unberücksichtigt. (Quelle: KM, 18.2.2008; AZ: Zu 22-6701.7/380)

Selbstständig zu unterrichtende Wochenstunden	insgesamt	davon in kontinuierlichen Lehraufträgen
– Grund-/Hauptschulen	13	11
– Realschulen	11	9
– Sonderschulen	14	5
– Fachlehrer/innen (SoS)*	12	4
– Gymnasien und Berufliche Schulen**	10-12	9
– TL an Berufl. Schulen***	14	10-12

*** Nur Technische Lehrkräfte an hauswirtschaftlichen und kaufmännischen Schulen; TL an gewerblichen Schulen haben keinen Vorbereitungsdienst, sondern eine berufsbegleitende Ausbildung mit Deputatsanrechnung.

→ Besoldung (Anwärter-Unterrichtsvergütung); → Mehrarbeit; → Nebenamtlicher/nebenberuflicher Unterricht

Arbeitszeit (Lehrkräfte) – „Regelstundenmaßerlass"

Arbeitszeit der Lehrer an öffentlichen Schulen ...; hier: Regelstundenmaße, Ermäßigungen, Anrechnungen, Freistellungen und Arbeitsbefreiungen; VwV des KM vom 10.11.1993 (KuU S. 469); zul. geändert 11.2.2010 (KuU S.133/2010)

A. Regelstundenmaße

I. Lehrer an allgemeinbildenden Schulen

Wochenstunden

1. Lehrer an Grundschulen — 28
2. Lehrer an Hauptschulen und Werkrealschulen — 27[1]
3. Lehrer an Realschulen und Gymnasien (gehobener Dienst) — 27[2]
4. Lehrer an Sonderschulen — 26[2]
5. Lehrer an Gymnasien (höherer Dienst) — 25
6. Fachlehrer
   a) mit Lehrbefähigung für musisch-technische Fächer und für vorschulische Einrichtungen einschließlich Instrumentallehrer und Lehrer für Stenografie und Maschinenschreiben — 28
   b) mit Lehrbefähigung für Schulen für Geistigbehinderte und Schulen für Körperbehinderte einschließlich Schulkindergärten — 31
7. Technische Lehrer an Schulen für Geistigbehinderte bzw. an entsprechenden Abteilungen anderer Sonderschultypen — 31
8. Sportlehrer — 28

1) Lehrer an Hauptschulen oder Werkrealschulen ist, wer mindestens 14 Wochenstunden an der Hauptschule oder Werkrealschule unterrichtet. Im Falle einer Teilzeitbeschäftigung, Anrechnung, Ermäßigung, Freistellung oder Arbeitsbefreiung gilt als Lehrer an Hauptschulen oder Werkrealschulen, wer mit mehr als der Hälfte seiner restlichen Unterrichtsverpflichtung an der Hauptschule oder Werkrealschule unterrichtet. Unabhängig davon gilt als Lehrer an Hauptschulen oder Werkrealschulen der Krankheitsvertreter mit wechselndem Einsatz an einer verbundenen Grund- und Hauptschule oder Grund- und Werkrealschule. Stichtag für die Bestimmung ist der erste Unterrichtstag nach den Sommerferien, bei später eingestellten Lehrern der erste Unterrichtstag.

2) Soweit bisher ein niedrigeres Regelstundenmaß erteilt wurde, verbleibt es dabei.
→ Arbeitszeit (Mischdeputat); → Organisationserlass 1.3

II. Lehrer an beruflichen Schulen einschließlich beruflichen Sonderschulen

Wochenstunden

1. Lehrer, die theoretischen und nicht mehr als 4 Wochenstunden fachpraktischen Unterricht erteilen — 25
2. Lehrer, die theoretischen und mehr als 4 Wochenstunden fachpraktischen Unterricht erteilen — 25[1]

   Hinweis der Redaktion: Gilt auch für Handelsschulräte, die neben theoretischem auch fachpraktischen (schreibtechnischen) Unterricht erteilen (vgl. KuU S. 517/1981)

3. Technische Lehrer der kaufmännischen und hauswirtschaftlichen Fachrichtung — 27
4. Technische Lehrer der gewerblichen und landwirtschaftlichen Fachrichtung für den fachpraktischen Unterricht bei Erteilung von
   a) fachpraktischer Unterweisung mit 0-4 Stunden Technologiepraktikum bzw. Praktischer Fachkunde — 28
   b) fachpraktischer Unterweisung mit 5 und mehr Stunden Technologiepraktikum bzw. Praktischer Fachkunde — 27
5. Fachlehrer mit Lehrbefähigung für musisch-technische Fächer — 28

   Hinweis der Redaktion: Das KM „toleriert" eine „wegen des Einsatzes in berufsbezogenen Fächern", „aber entgegen dieser Bestimmung erfolgte Reduzierung der

Unterrichtsverpflichtung dieser Fachlehrer/innen von 28 auf 27 WStd. (KM, 19.1.2007; AZ: 14-0301.621/233).

6. Sportlehrer 28

1) Soweit bisher ein niedrigeres Regelstundenmaß erteilt wurde, verbleibt es dabei.

→ Arbeitszeit (Mischdeputat); → Blockunterricht II.6

III.
Zeitdauer der Unterrichtsstunden

Die Zeitdauer der Unterrichtsstunden wird allgemein auf 45 Minuten festgesetzt.

→ Stundentafel-Öffnungsverordnung § 1 Abs. 3

IV. Variabler Einsatz der Regelstundenmaße

Sofern aus Gründen der Lehrauftragsverteilung die Unterrichtsverpflichtung eines Lehrers nicht seinem Regelstundenmaß entspricht, ist der erforderliche Ausgleich spätestens im darauf folgenden Schuljahr vorzunehmen. Die Rückgabe der Vorgriffsstunde kann auf Antrag der Lehrkraft auch zu einem späteren Zeitpunkt in Anspruch genommen werden.

→ Mehrarbeit Nr. VII; → Organisationserlass 1.5

Hinweis der Redaktion: Insbesondere an Gymnasien und beruflichen Schulen entstehen durch das „variable Deputat" größere „Bugwellen". Das KM hat darauf hingewiesen, dass
- diese angesammelten Stunden rechtlich abgesichert sind, sie also nicht verfallen und nicht verjähren,
- sie aber vor Eintritt in den Ruhestand ausgeglichen sein müssen, da sonst eine Vergütung nur nach den Sätzen der Mehrarbeitsvergütung für Beamte gezahlt werden könne.

Die „Bugwellenstunden" könnten jedoch „keineswegs als Instrument einer flexiblen Arbeitszeitgestaltung dienen". Diese Regelung sei restriktiv auszulegen. Sie ziele insbesondere auf Fälle ab, in denen Schulen über kurzfristige Mehrarbeit einzelner Lehrkräfte Probleme bei der Unterrichtsversorgung in Mangelfächern überbrücken.
(Quelle: KM, 06.02.2008; AZ: 14-0301.620/1348)

Das RP Stuttgart hat bekanntgegeben (7.3.2008; AZ: 0301.620/118-1): Sind bei einzelnen Lehrkräften im Laufe der Zeit „Bugwellenstunden" im Umfang eines vollen Deputats zusammengekommen, die anderweitig nicht ausgeglichen werden konnten, so ist ein Ausgleich ausnahmsweise auch dadurch möglich, dass die betreffende Lehrkraft in dem Schuljahr, das dem Eintritt in den gesetzlichen bzw. einen Antragsruhestand vorausgeht, keine Unterrichtsverpflichtung mehr hat.

V. Vorgriffsstunde (nicht abgedruckt)

Hinweis der Redaktion: Hierzu bitte den Beitrag
→ Arbeitszeit (Vorgriffsstunde) beachten.

B.
Leitungszeit des Schulleiters

Aufgabe des Schulleiters ist es die Schule zu leiten. Daneben erteilt er mindestens in folgendem Umfang (vorbehaltlich Anrechnungen und Ermäßigungen und anderen Sonderregelungen) Unterricht:

An Grundschulen
  mit bis zu 7 Klassen   20 Wochenstunden,
an Haupt-, Werkreal- und Realschulen
  mit bis zu 7 Klassen   19 Wochenstunden,
an Sonderschulen
  mit bis zu 7 Klassen   18 Wochenstunden,
an Gymnasien und beruflichen Schulen
  mit bis zu 7 Klassen   17 Wochenstunden;
ab der 8. Klasse bis zur 20. Klasse reduziert sich die Unterrichtsverpflichtung

um weitere 0,4 Wochenstunden und
zuzüglich   1,2 Wochenstunden je Klasse,
ab der 21. Klasse
um   1 Wochenstunde je Klasse.

Erteilt der Schulleiter über seine Verpflichtung nach Satz 1 hinaus Unterricht, kann anderen Lehrkräften, die mit Schulleitungsaufgaben betraut werden, ihre Unterrichtsverpflichtung entsprechend reduziert werden.

Hinweis der Redaktion: Zu den „anderen Lehrkräften" gehört auch der bzw. die stellvertretende Schulleiter/in. Es ist für eine kooperative und sachgerechte Führungsarbeit geboten, dass die Zuständigkeiten (Verteilung der Schulleitungsaufgaben auf die beteiligten Personen) in Form eines Geschäftsverteilungsplans fixiert und bekanntgegeben werden.

→ Dienstordnungen; → Schulleitung (Aufgaben)

Für den Schulleiter einer verbundenen Schule gilt die niedrigste Unterrichtsverpflichtung der verbundenen Schularten.

C.
Berechnung der Zeiten
für Schulleitungsaufgaben

1.

Schulen, einschließlich Teilzeitschulen, können

bis zu 20 Klassen   1,2 Wochenstunden
ab der 21. - 40. Klasse   1 Wochenstunde
ab der 41. Klasse   0,5 Wochenstunden

je Klasse in Anspruch nehmen. Schulen mit weniger als 7 Klassen wird eine Mindestanrechnung von 8 Wochenstunden gewährt. Bei Schulen, an denen ein Hort an der Schule eingerichtet ist, wird die Horteinrichtung einer Klasse gleichgesetzt.

Hinweis der Redaktion: Grundschulförderklassen zählen in diesem Sinne als „Klassen" (vgl. → Grundschulförderklassen, Ziff. II.2.1. vorletzter Absatz), nicht jedoch beim Stundenpool (vgl. Buchst. E) oder bei der Besoldung.

Maßgebend ist die Klassenzahl, die sich bei Anwendung der Berechnungsgrundlage für die Klassenzahl des jeweils geltenden Organisationserlasses ergibt.

In der Oberstufe (Jahrgangsstufe 1 und 2) und in der Praktikantenausbildung im Bereich der Beruflichen Schulen zählen 20 Schüler bzw. Praktikanten bzw. jede Jahrgangsstufe als eine Klasse.

Selbstständige Hauptschulen, Werkrealschulen, Realschulen, Gymnasien und Berufliche Schulen mit 5 bis 10 Klassen erhalten zusätzlich 1 Wochenstunde je Schule.

Das Ministerium für Kultus, Jugend und Sport kann bei einzelnen Sonderschulen, die nicht Ganztagsschulen sind, in besonders begründeten Fällen eine zusätzliche Anrechnung gewähren.

Abweichend hiervon können in Anspruch nehmen
- Aufbaugymnasien mit Heim, Heimsonderschulen und Schulen für Behinderte, die als Ganztagsschule geführt werden,
  bis zu 10 Klassen/Gruppen
                              16 Wochenstunden,
  mit mehr als 10 Klassen/Gruppen
                              22 Wochenstunden;

Arbeitszeit (Lehrkräfte)

- Schulen mit mehr als zwei Schularten ab der dritten Schulart an der Schule eine weitere Wochenstunde je Schulart. Dabei rechnen das Berufsvorbereitungsjahr sowie die einzelnen hinsichtlich Aufnahmevoraussetzungen und Abschluss unterschiedlich geregelten Bildungsgänge der Berufsfachschule, des Berufskollegs, der Berufsoberschule und der Fachschule abweichend vom Schulgesetz als verschiedene Schularten. Bei Schulen mit verschiedenen Schultypen, die organisatorisch unter einer Leitung stehen, kann jede Schulart nur einmal berücksichtigt werden;
- Schulen mit einem Anteil an Ausländerkindern von mehr als
  - 15 v.H. je Schulart zusätzlich 1 Wochenstunde,
  - 25 v.H. je Schulart zusätzlich 2 Wochenstunden,
  - 50 v.H. je Schulart zusätzlich 3 Wochenstunden.
- Hauptschulen und Werkrealschulen, an denen das Kultusministerium gem. § 30 i.V.m. § 22 Schulgesetz die Einrichtung des Ganztagesbetriebs (sog. Schulen mit besonderer pädagogischer und sozialer Aufgabenstellung) genehmigt hat, zusätzlich 1 Wochenstunde.

Dies gilt entsprechend für als Verbundschulen geführte Grund- und Hauptschulen oder Grund- und Werkrealschulen, soweit der Ganztagesbetrieb an der Haupt- oder Werkrealschule eingerichtet ist.

Von den errechneten Wochenstunden ist die sich nach Teil B ergebende Leitungszeit (Regelstundenmaß der jeweiligen Schulart nach A.I. bzw. II. abzüglich des sich nach Teil B i.V.m. Teil C Nr. 4 ergebenden, vom Schulleiter zu erteilenden Unterrichts) abzuziehen.

2. Tritt während des Schuljahres eine Änderung in der Klassenzahl ein, muss dies mit dem Zeitpunkt der Änderung berücksichtigt werden.
3. Stundenbruchteile mit einem Wert von 0,5 und mehr sind aufzurunden.
4. An Unterricht sind mindestens zu erteilen:
   - vom Schulleiter 4 Wochenstunden,
   - vom ständigen Vertreter 8 Wochenstunden,
   - von anderen Lehrern 14 Wochenstunden.

Ausnahmen hiervon bedürfen der Zustimmung der oberen Schulaufsichtsbehörde.

→ Schulleitung (Aufgaben und Stellvertretung)

D. Ermäßigungen

Hinweise der Redaktion:

1. Die Altersermäßigung und die Schwerbehindertenermäßigung steht nur Lehrkräften im Schuldienst zu, nicht jedoch Lehrkräften, die in den außerschulischen Bereich abgeordnet sind. Wer nur zu einem Teil in den außerschulischen Bereich abgeordnet ist, hat an der Schule Anspruch auf anteilige Altersermäßigung bzw. Schwerbehindertenermäßigung. Bezugsgröße ist der an der Schule erbrachte Beschäftigungsumfang (Beispiel: Eine 63-jährige beamtete Lehrkraft mit halbem Deputat an der Schule erhält eine Stunde, ist sie nur mit 40% an der Schule tätig, erhält sie keine Altersermäßigung). Schwerbehinderte Lehrkräfte haben im außerschulischen Bereich Anspruch auf jährlich 5 Tage Zusatzurlaub gem. § 23 AzUVO und § 125 SGB IX (bei Teilabordnung anteilig neben den Schulferien). (Quelle: KM, 29.9.2010; AZ: 14-0301.620/1410)
2. Teilzeitbeschäftigte mit einer Reduzierung um bis zu zwei Wochenstunden gelten bei der Alters- und der Schwerbehindertenermäßigung als vollzeitbeschäftigt. Deshalb ist Lehrkräften, die das entsprechende Alter erreicht haben, von einer Reduzierung des Deputats um drei oder vier Stunden abzuraten.

1.
Altersermäßigung

Das Regelstundenmaß der vollbeschäftigten Lehrer aller Schularten – einschließlich der Teilzeitbeschäftigten mit einer Reduzierung um bis zu zwei Wochenstunden – ermäßigt sich zu Beginn des Schuljahres, in dem sie

das 58. Lebensjahr vollenden,
  um eine Wochenstunde,
das 60. Lebensjahr vollenden,
  um zwei Wochenstunden.

Bei teilzeitbeschäftigten Lehrern mit mindestens einem halben Lehrauftrag ermäßigt sich das Regelstundenmaß zu Beginn des Schuljahres, in dem sie das 60. Lebensjahr vollenden,
  um eine Wochenstunde.

Vollbeschäftigte Lehrer – einschließlich der Teilzeitbeschäftigten mit einer Reduzierung um bis zu zwei Wochenstunden –, die im Schuljahr 2007/08 oder 2008/09 das 55. Lebensjahr vollendet haben, erhalten weiterhin nach der bis zum 31. Juli 2009 geltenden Regelung eine Stunde Altersermäßigung.

Hinweise der Redaktion:

1. Die im letzten Satz geregelte Fortgeltung einer Ermäßigungsstunde betrifft nur Lehrkräfte an Gymnasien (höherer Dienst) sowie an beruflichen Schulen (höherer und teilweise auch gehobener Dienst; z.B. Handels-, Gewerbe-, Haus- und Landwirtschaftswirtschaftsschulrat/innen ab Bes.-Gr. A 13, nicht jedoch Technische Lehrer/innen und Fachlehrer/innen oder Lehrkräfte anderer Schularten.
2. Teilzeitbeschäftigte Arbeitnehmer/innen haben Anspruch auf anteilige Altersermäßigung. Ist bei einer Teilzeitbeschäftigung eine anteilige Altersermäßigung nicht vorgesehen oder entspricht die Altersermäßigung dem Umfang der Teilzeitbe-

Übersicht der Redaktion über die Altersermäßigungen			
Hinweis: Der Anspruch auf Ermäßigung besteht ab Beginn des Schuljahrs, in dem das betreffende Lebensjahr vollendet wird.	Vollzeitbeschäftigte (einschließlich Reduzierung um 1 bis 2 Wochenstunden)		Teilzeitbeschäftigte (Reduzierung mehr als 2 WStd.)	
Vollendetes Lebensjahr	58. Lebensjahr	60. Lebensjahr	58. Lj.	60. Lj.
Lehrkräfte aller Schularten	1	2	0	1

schäftigung nicht voll, erhalten sie einen Ausgleich in Geld. Ein Zeitausgleich ist auch im Umfang von halben Wochenstunden möglich. Rechnerisch über halbe Wochenstunden hinausgehende Anteile werden in Geld ausgeglichen. **Beispiel:** Eine 61-jährigen Gymnasiallehrkraft, die mit 20/25 Wochenstunden beschäftigt ist, erhält einen Zeitausgleich von eineinhalb Wochenstunden. Daneben werden 0,1 Wochenstunden in Geld ausgeglichen. Arbeitnehmer/innen mit bis zu zwei Stunden Teilzeit, deren Arbeitsverträge am 1.4.2000 bereits bestanden, werden wie Vollzeitbeschäftigte behandelt. (KM, 17.12.2008; KuU S. 32)

2.
Schwerbehindertenermäßigung

2.1 Das Regelstundenmaß der vollbeschäftigten schwerbehinderten Lehrer – einschließlich der teilzeitbeschäftigten schwerbehinderten Lehrer mit einer Reduzierung um bis zu 2 Wochenstunden – ermäßigt sich auf Antrag bei einem Grad der Behinderung von

mindestens 50.v.H. um	2 Wochenstunden,
mindestens 70 v.H. um	3 Wochenstunden,
mindestens 90 v.H. um	4 Wochenstunden.

2.2 Das Regelstundenmaß der teilzeitbeschäftigten schwerbehinderten Lehrer mit mindestens einem halben Lehrauftrag ermäßigt sich auf Antrag bei einem Grad der Behinderung von

mindestens 50 v.H. um	1 Wochenstunde,
mindestens 90 v.H. um	2 Wochenstunden.

2.3 Der Grad der Behinderung ist durch einen Schwerbehindertenausweis nachzuweisen. Erst nach der Vorlage dieses Nachweises darf eine Ermäßigung gewährt werden. Diese ist auf die Gültigkeitsdauer des Schwerbehindertenausweises zu befristen.

2.4 In besonderen Ausnahmefällen kann auf Antrag des schwerbehinderten Lehrers die obere Schulaufsichtsbehörde eine befristete zusätzliche Ermäßigung gewähren. Die zusätzliche Ermäßigung darf 2 Wochenstunden nicht übersteigen. Dem Antrag ist ein fachärztliches Gutachten beizufügen, das in seinem Inhalt nicht über ein amtsärztliches Gutachten im Sinne der Nr. 3.2 der VwV ... → Amtsärztliche Untersuchung hinausgehen darf. Das Gutachten ist im verschlossenen Umschlag der personalverwaltenden Stelle zuzuleiten. Soweit erforderlich, ist vor einer Entscheidung ein amtsärztliches Gutachten einzuholen.

2.5 Bei einem Grad der Behinderung von weniger als 50 v.H. kann keine Ermäßigung gewährt werden. Dies gilt auch im Falle einer Gleichstellung nach dem Schwerbehindertengesetz.

→ Amtsärztliche Untersuchung, Nr. 6.1; → Arbeitszeit (Rekonvaleszenz); → Arbeitszeit (Schwerbehinderung)
Zur Anerkennung und „Nachgewährung" einer Schwerbehindertenermäßigung siehe: → Schwerbehinderung (Allgemeines) Teil D

E.
Anrechnungen

Für die Wahrnehmung besonderer ständiger Aufgaben und zum Ausgleich unterschiedlicher zeitlicher Belastungen können bei Vorliegen eines dienstlichen Bedürfnisses auf die zu leistenden Regelstundenmaße Anrechnungen bis zu nachstehenden Höchstgrenzen gewährt werden.

Hinweis der Redaktion: Werkrealschulen stehen im Sinne dieser Vorschrift den Hauptschulen gleich (Quelle: LT-Drucksache 14/5238).

1.
Allgemeines Entlastungskontingent (Stundenpool)

Hinweis der Redaktion: Aus dieser pauschalen Zuweisung sind die Anrechnungen für die Wahrnehmung solcher Aufgaben zu entnehmen, für die das KM keine bestimmte Stundenzahl festgelegt hat, also z.B. für die Lehrmittel- und Fachraumverwaltung, die Tätigkeit als Verbindungslehrer/in zur SMV, als Lehrer/in für Suchtprävention, Verkehrserziehungs-Beauftragte usw., nicht jedoch für Leitungsaufgaben. Über die Gewährung einer Anrechnung entscheidet die Schulleitung; die Gesamtlehrerkonferenz kann hierzu allgemeine Empfehlungen geben.

→ Ermessen; → Konferenzordnung § 2 Abs. 1 Ziff. 9;
→ Schulgesetz § 41

1.1 Für die Wahrnehmung besonderer ständiger außerunterrichtlicher Aufgaben und zum Ausgleich besonderer unterrichtlicher und außerunterrichtlicher Belastungen stehen den Schulen je Klasse höchstens folgende Anrechnungen zur Verfügung:

bis zu 20 Klassen	0,5 Wochenstunden,
ab der 21. - 40. Klasse	0,4 Wochenstunden,
ab der 41. - 50. Klasse	0,2 Wochenstunden,
ab der 51. Klasse	0,1 Wochenstunden.

Mit Ausnahme selbstständiger Grundschulen erhalten Schulen mit weniger als 11 Klassen, bei den in Satz 3 aufgeführten anderen Schulen mit weniger als 13 Klassen, zusätzlich eine Wochenstunde je Schule.

Abweichend von Satz 1 stehen

selbstständigen Grund-, Haupt- oder Werkrealschulen, verbundenen Grund-, Haupt-, Werkreal- und Realschulen sowie Sonderschulen je Klasse höchstens folgende Anrechnungen zur Verfügung:

bis zu 20 Klassen	0,35 Wochenstunden,
ab der 21. bis 40. Klasse	0,25 Wochenstunden,
ab der 41. Klasse	0,05 Wochenstunden.

Verbundenen Grund-, Haupt-, Werkreal- und Realschulen steht im Bereich der Realschulen je Klasse ein Zuschlag von 0,15 Wochenstunden zur Verfügung.

1.2 Darüber hinaus können

– Berufliche Schulen

für das erste Berufsfeld	2 Wochenstunden
und für jedes weitere Berufsfeld je	1 Wochenstunde

– Ausbildungsschulen für Lehramtsanwärter, die den Vorbereitungsdienst an den Staatlichen Seminaren für Schulpädagogik oder für schulpraktische Ausbildung ableisten, sowie für direkt eingestellte Wissenschaftliche Lehrer, gewerbliche und landwirtschaftliche Technische Lehrer,

je Auszubildenden	1,5 Wochenstunden

Arbeitszeit (Lehrkräfte)

Hinweis der Redaktion: Die „Mentorenstunden" an Ausbildungsschulen werden von der Schulleitung nach pflichtgemäßem ➔ Ermessen auf die beteiligten Lehrkräfte (einschließlich der Schulleitung selbst) verteilt.
Hierzu hat das KM u.a. verfügt: „Die Anrechnung von 1,5 Wochenstunden steht somit der Schule je Auszubildenden (nicht je Ausbilder) pro Schuljahr zu. – Seitens des Ministeriums bestehen keine Bedenken, wenn die Anrechnung aus unterrichtsorganisatorischen Gründen auf ein Schuljahr verdichtet wird (0,75 Wochenstunden für die Zeit vom 1.2. bis 31.7. + 1,5 Wochenstunden für die Zeit vom 1.8. bis 31.7. = 2,25 Wochenstunden). Eine rechnerische Aufrundung auf drei Wochenstunden ist jedoch nicht zulässig (...). Drei Wochenstunden können nur dann vergeben werden, wenn die betroffenen Ausbildungslehrer im Umfang der Aufrundung einen Ausgleich durch andere Tätigkeiten schaffen". (Quelle: KM, 16.5.1995, AZ: I/4-0301. 620.956)... „Die Schule muss in diesem Fall auf bereits zur Verfügung stehende Anrechnungen zurückgreifen (z.B. auf Anrechnungsstunden, die über das allgemeine Entlastungskontingent des Teils E Nr. 1.1 gewährt werden)". (Quelle: KM, 16.2.2010; AZ: 14-0301.620/1405).
Findet die Ausbildung an mehreren Schulen statt, so ist es Sache der beteiligten Lehrkräfte bzw. Schulen, wie sie diese Anrechnungsstunden auf die beteiligten Mentor/innen verteilen. Mithilfe des „flexiblen Deputats" (siehe Buchst. A.IV) können ggf. Stundenbruchteile auf das folgende Schul(halb)jahr übertragen werden.

- Gymnasien 2 Wochenstunden
- Praktikumsschulen für Praktikanten im Schulpraxissemester je Praktikant 1 Wochenstunde

in Anspruch nehmen.

1.3 Teil C Nr. 1 Abs. 2 und 3, Nr. 2 und 3 gilt entsprechend.

1.4 Die Anrechnungen dürfen nur in Anspruch genommen werden, wenn hierzu ein dienstliches Bedürfnis und eine entsprechende Belastung des Lehrers vorliegt.

Die Verteilung der Anrechnungen steht im pflichtgemäßen Ermessen des Schulleiters.

2.
Sonstige Anrechnungen

2.1 Geschäftsführende Schulleiter, wenn sie betreuen
 bis zu 50 Klassen 2 Wochenstunden
 bis zu 100 Klassen 4 Wochenstunden
 über 100 Klassen 6 Wochenstunden
4 Wochenstunden Unterricht dürfen jedoch nicht unterschritten werden.

2.2 Leitung eines Schulkindergartens mit
 ein bis zwei Gruppen 4 Wochenstunden
 drei bis fünf Gruppen 8 Wochenstunden
 sechs bis zehn Gruppen 12 Wochenstunden
 mehr als zehn Gruppen 16 Wochenstunden

2.3 Tätigkeit als Fachberater entsprechend der regelmäßigen besonderen Inanspruchnahme.
 ➔ Fachberaterinnen und Fachberater; ➔ Schulleitung (Abteilungsleiter/innen)

2.4 Beratungslehrer, wenn sie betreuen
 bis 500 Schüler 2 Wochenstunden
 bis 750 Schüler 3 Wochenstunden
 bis 1250 Schüler 4 Wochenstunden
 über 1250 Schüler 5 Wochenstunden

2.5 Ausbildungslehrer, die Praktikanten im Schulpraxissemester betreuen 2 Wochenstunden

2.6 Tätigkeit von Sonderschullehrern im Überprüfungs- und Ausleseverfahren zur Festlegung der Sonderschulbedürftigkeit 1 Wochenstunde.

Hinweis der Redaktion: „Orientierungswert" für eine Anrechnungsstunde ist die Erledigung von 8 Überprüfungsverfahren im Schuljahr (Quelle: KM, 27.11.1992).

2.7 Erteilen Lehrer regelmäßig Unterricht außerhalb ihrer Stammschule und erhöht sich dadurch der Zeitaufwand, der üblicherweise zum Erreichen der Stammschule erforderlich ist, um mehr als fünf Zeitstunden im Monat, so erhalten sie für einen Zeitaufwand von je zwei weiteren vollen Zeitstunden eine Anrechnung von einer Wochenstunde im Monat.

Hinweis der Redaktion: „Mit dieser Anrechnungsregelung soll der gesamte zeitliche Mehraufwand für Fahrten, der bei einer sogenannten Teilabordnung – das heißt, der Lehrer erteilt Unterricht an seiner Stammschule und daneben an einer weiteren Schule – entsteht, abgegolten werden. Keinesfalls ist damit gemeint, dass der Anrechnung nur der Mehraufwand für die Hinfahrt zugrunde gelegt werden kann." (Quelle:KM; LT-Drucksache 10/3100). **Beispiel:** Eine teilabgeordnete Lehrkraft hat sie von ihrer Wohnung aus 35 Min. Fahrzeit, zur anderen Schule 55 Min. Für die Hin- und Rückfahrt hat sie demnach täglich 2x20 = 40 Min. Mehraufwand; bei 4 Tagen wöchentlich sind das 2 Std. und 40 Min., bei ca. 4 Wochen im Monat 10 Std. und 40 Min. Mehraufwand, also 5 Std. und 40 Min. mehr als die o.g. 5 Zeitstunden. Für 2 volle Std. Mehraufwand gibt es eine Anrechnungsstunde im Monat; demnach erhält sie zwei solche Stunden im Monat (umgerechnet auf ihre Unterrichtsverpflichtung ist das rund eine halbe Wochenstunde).

➔ Reisekosten (Auswärtiger Unterricht)

2.8 Allgemeinbildende Gymnasien für die Organisation und Koordination der Hausaufgabenbetreuung sowie Qualifizierung der Hausaufgabenbetreuer bei
- bis zu zwei Zügen 3 Wochenstunden,
- drei und vier Zügen 5 Wochenstunden,
- fünf und mehr Zügen 6 Wochenstunden.

Hinweis der Redaktion: Neben der Stundenzuweisung für die „sonstigen Anrechnungen" (Nr. E.2.1 bis E.2.8) haben die Schulen bei Vorliegen der entsprechenden Voraussetzungen Anspruch auf die Zuweisung weiterer Lehrerwochenstunden zur Gewährung von Anrechnungen/Freistellungen an Lehrkräfte, die bestimmte Sonderaufgaben wahrnehmen. Diese Aufgaben bzw. die damit verbundenen Anrechnungen werden entweder durch Einzel-Erlass der Schulverwaltung festgelegt (z.B. Beauftragung von Lehrkräften mit der Mitarbeit in Lehrplankommissionen) oder sind in allgemeinen Vorschriften definiert. Hierfür einige Beispiele:

- Zur Koordination der Sprachförder- und Integrationsmaßnahmen erhält die Schule je Vorbereitungsklasse eine Entlastungsstunde, mit der die „Betreuungslehrkraft" für Kinder mit fremder Muttersprache entlastet werden kann.
 ➔ Sprachförderung (Integration) Nr. 3.2.2
- Die Chancengleichheitsbeauftragten den Staatlichen Schulämtern erhalten eine nach Größe des Schulamtsbezirks gestaffelte Entlastung. Die Chancengleichheitsbeauftragten an den Schulen mit 50 und mehr Lehrkräften erhalten für ihre Tätigkeit eine Wochenstunde.
 ➔ Chancengleichheitsgesetz § 19 (Hinweis)
- Die PC-Betreuer- und Multimedia-Berater/innen werden entsprechend dem Umfang der Hardware (PCs) entlastet.
 ➔ Arbeitszeit (PC-Betreuung / Multimedia-Beratung)

Arbeitszeit (Lehrkräfte)

F.
Freistellungen

1. Auf Antrag der Personalräte können Mitglieder der örtlichen Personalräte bis zum Rahmen der in § 47 Abs. 4 des Landespersonalvertretungsgesetzes festgelegten Höchstgrenzen von ihrer dienstlichen Tätigkeit freigestellt werden. Soll ein Mitglied ganz freigestellt werden, wird es mit dem Regelstundenmaß freigestellt, das es zu unterrichten verpflichtet wäre. Werden Teilfreistellungen mehrerer Mitglieder vorgenommen, ist im Bereich der Grund-, Werkreal-, Haupt-, Real- und Sonderschulen von einem durchschnittlichen Regelstundenmaß von 28 Wochenstunden auszugehen.

   Hinweis der Redaktion: Die vorstehenden Sätze betreffen nur die Mitglieder der Personalräte für GWHRS-Schulen; der Umfang ihrer Freistellung richtet sich nach dem
   → Landespersonalvertretungsgesetz § 47 Abs. 4

   Die örtlichen Personalräte der Gymnasien, der beruflichen Schulen, der Gesamtschulen und der Heimsonderschulen können für ihre Mitglieder auf Antrag Freistellungen bis zu folgendem Umfang erhalten:

   Mit in der Regel mindestens 25 bis zu 40 an der Schule unterrichtenden Lehrkräften bzw. an der Schule sonst tätigen Landesbediensteten — 1 Wochenstunde,

   mit 41-74 an der Schule unterrichtenden Lehrkräften bzw. an der Schule sonst tätigen Landesbediensteten — 2 Wochenstunden,

   mit 75-99 an der Schule unterrichtenden Lehrkräften bzw. an der Schule sonst tätigen Landesbediensteten — 3 Wochenstunden,

   mit 100-300 an der Schule unterrichtenden Lehrkräften bzw. an der Schule sonst tätigen Landesbediensteten — 6 Wochenstunden.

2. Die Mitglieder der Haupt- bzw. Bezirkspersonalräte können für ihre Tätigkeit bis zu einem Viertel des von ihnen jeweils abzuleistenden Regelstundenmaßes freigestellt werden. Darüber hinaus können erhalten:

a) die Hauptpersonalräte zu ihrer Verfügung für den Bereich der

   Grund-, Haupt-, Werkreal-, Real- und Sonderschulen
   1 Regelstundenmaß eines Lehrers an Grundschulen
   1 1/4 Regelstundenmaß eines Lehrers an Hauptschulen
   1 Regelstundenmaß eines Lehrers an Realschulen

   Gymnasien
   1 Regelstundenmaß eines Lehrers an Gymnasien (höherer Dienst)
   1 Regelstundenmaß eines Lehrers an Gymnasien (gehobener Dienst)

   beruflichen Schulen
   1 Regelstundenmaß eines Lehrers, der ausschließlich theoretischen Unterricht erteilt
   1 Regelstundenmaß eines Technischen Lehrers (schreibtechnischer Unterricht)

b) die Bezirkspersonalräte zu ihrer Verfügung für den Bereich der

   Grund-, Haupt-, Werkreal-, Real- und Sonderschulen 1 Regelstundenmaß eines Lehrers an Grundschulen
   1 Regelstundenmaß eines Lehrers an Realschulen

   Gymnasien
   mit bis zu 9 Mitgliedern (höherer Dienst) 1 Regelstundenmaß eines Lehrers an Gymnasien
   mit mehr als 9 Mitgliedern 1 Regelstundenmaß eines Lehrers an Gymnasien (gehobener Dienst)

   beruflichen Schulen
   mit bis zu 9 Mitgliedern 1 Regelstundenmaß eines Lehrers, der ausschließlich theoretischen Unterricht erteilt
   mit mehr als 9 Mitgliedern 1 Regelstundenmaß eines Technischen Lehrers (schreibtechnischer Unterricht).

   Ergeben sich bei der Berechnung der Zeiten Teile von Stunden, sind diese auf- bzw. abzurunden.

3. Die Personalräte können entsprechend der Inanspruchnahme der Mitglieder im Rahmen der insgesamt zur Verfügung stehenden anrechenbaren Wochenstunden eine andere Aufteilung vornehmen. Jedes Mitglied sollte jedoch mindestens vier Wochenstunden unterrichten bzw. in entsprechendem Umfang Schulleitungsaufgaben wahrnehmen. Die Aufteilung der Freistellungen auf die einzelnen Mitglieder ist der jeweils zuständigen Stelle mitzuteilen.

Hinweis der Redaktion: Freigestellte Personalratsmitglieder im schulischen Bereich sind dem Grunde nach als Lehrer tätig. Deshalb gelten für sie nicht die Arbeitszeitregelungen für Verwaltungsbeamte, sondern die Bestimmungen der VwV „Arbeitszeit der Lehrer ...". Für die in Abschnitt F dieser VwV pauschal festgelegten Freistellungen haben die Personalratsmitglieder keine Nachweise zu erbringen. Die Urlaubsregelung richtet sich für schulische Personalratsmitglieder nach § 1 Abs. 8 Urlaubsverordnung, wonach der Erholungsurlaub durch die Ferien abgegolten wird.
(Quelle: KM, 16.1.2004, AZ: 14-0301.624/72)

→ Urlaub (Verordnung / AzUVO) § 21

G. Arbeitsbefreiungen

Freistellungen für Schwerbehindertenvertretungen gemäß § 96 Abs. 4 Sozialgesetzbuch – Neuntes Buch – (SGB IX)

Auf Antrag können die Vertrauensfrauen und Vertrauensmänner, die Bezirksvertrauensfrauen und Bezirksvertrauensmänner sowie die Hauptvertrauensfrauen und Hauptvertrauensmänner in folgendem Umfang von ihrer dienstlichen Tätigkeit freigestellt werden:

Pro fünf beschäftige Schwerbehinderte jeweils 1/40 des entsprechenden Regelstundenmaßes (abgerundet auf volle Stunden). Bei einem Bruchteil von weniger als einer Wochenstunde ist auf eine volle Wochenstunde aufzurunden.

Die Arbeitsbefreiung kann ganz oder teilweise auf die Stellvertreterin / den Stellvertreter übertragen werden.

→ Schwerbehinderung

H. Drei unterrichtsfreie Tage

Lehrer erhalten in jedem Schuljahr drei unterrichtsfreie Tage, die entsprechend § 3 der ... Ferienverordnung ... festzulegen sind. Für Schüler sind diese Tage unterrichtsfrei.

Hinweis der Redaktion: Diese drei Tage wurden 1989 zur Umsetzung einer tariflichen Verkürzung der Arbeitszeit im öffentlichen Dienst für die Lehrkräfte des Landes eingeführt. Sie werden für jedes Ferienjahr in gleicher Weise wie die beweglichen Ferientage festgelegt. → Ferienverordnung § 3

Der Schulleiter ist gehalten, Lehrer, deren Regelstundenmaß zum 1. August 1997 nicht erhöht worden ist, für kurzfristige Krankheitsvertretungen oder Tätigkeiten, für die im Allgemeinen Entlastungskontingent keine Anrechnungen mehr verfügbar sind, heranzuziehen.

Hinweise der Redaktion:
1. Nicht zu solchen Aufgaben heranzuziehen sind demnach die wissenschaftlichen Lehrkräfte an beruflichen Schulen und Gymnasien, da ihr Regelstundenmaß zum 1.8.1997 von 23 auf 24 Std. erhöht wurde.
2. Das KM hat am 23.3.1994 zur Heranziehung zu Krankheitsvertretungen usw. bekanntgegeben: „Es liegt somit in der Verantwortung des Schulleiters, sachangemessen unter Berücksichtigung der speziellen Situation der Schule diese Vorschrift auszufüllen. Ein Stundenkonto soll nicht geführt werden." (Unterstreichung durch die Redaktion)
3. Nach § 2 Abs. 1 Ziff. 9 der Konferenzordnung besitzt die Gesamtlehrerkonferenz ein allgemeines Empfehlungsrecht für die Verteilung der Lehraufträge und sonstiger dienstlicher Aufgaben ..., unbeschadet § 41 Abs. 1 SchG. Die Schulleitung besitzt also ein Letzt-Entscheidungsrecht; andererseits obliegt ihr eine Informationspflicht über diese Angelegenheiten. Wir empfehlen im Interesse der Transparenz, die Verteilung insbesondere der Stunden aus dem „Stundenpool" jeweils anlässlich der Lehrauftragsverteilung vor bzw. zu Beginn des Schuljahres in einer Gesamtlehrerkonferenz zu erörtern.

→ Ferienverordnung § 3 (Bewegliche Ferientage); → Konferenzordnung § 2 Abs. 1 Nr. 9 und 16

I. Flexibles Arbeitszeitmodell

Hinweis der Redaktion: Hierzu bitte die Erläuterungen des KM auf der nächsten Seite beachten (Kasten)

Ziel der nachfolgenden flexiblen Arbeitszeitregelung ist es, insbesondere die Transparenz der von den Lehrkräften erbrachten Arbeit zu erhöhen und einen gerechten Ausgleich der unterschiedlichen Belastungen der Lehrkräfte zu ermöglichen.

1. Aufteilung der Jahresarbeitszeit

Die Jahresarbeitszeit einer Lehrkraft beträgt 1804 Zeitstunden (wöchentliche Arbeitszeit von 41 Zeitstunden x 52 Wochen abzüglich 6 Wochen Urlaub und gesetzliche Feiertage). Davon entfallen ca. 85% auf Aufgaben, die direkt im Zusammenhang mit Unterricht stehen (Bereiche Lernen, Erziehen, Beurteilen), und ca. 15% auf sonstige pädagogische Aufgaben (Bereiche Fortbildung, Qualitätssicherung sowie allgemeine Aufgaben wie z.B. die Mitarbeit in Konferenzen und Gremien oder die Zusammenarbeit mit Kooperationspartnern der Schule). Diese Aufteilung ist nicht im Sinne eines Abrechnungsmodells, sondern eines Planungsmodells zu verstehen.

2. Abweichungen vom Deputat

Vom jeweiligen Deputat der Lehrkraft kann, unbeschadet der Regelungen nach Teil A. III bis V., B. bis H., um bis zu 2 Wochenstunden nach oben oder unten abgewichen werden.

Die Abweichungen dürfen das der Schule zur Verfügung stehende Gesamtstundenbudget nicht verändern.

Bei teilzeitbeschäftigten Lehrkräften ist bei der Abweichung vom Deputat auf deren besondere Belastung durch unteilbare Tätigkeiten Rücksicht zu nehmen. Die Belange der schwerbehinderten Lehrkräfte sind zu berücksichtigen.

→ Schwerbehinderung; → Teilzeit (Pflichten und Rechte)

Kriterien für ein Abweichen vom Deputat können insbesondere folgende Faktoren sein:

Schülerzahl, Klassenlehrerfunktion, Korrekturaufwand, Klassenstufe, hoher Zeitaufwand für außerunterrichtliche Veranstaltungen und für sonstige pädagogischen Aufgaben.

Hinweis der Redaktion: Siehe Hinweis bei Nr. 4

3. Kooperationszeit

Die Weiterentwicklung der Qualität in der Schule verstärkt die Notwendigkeit zu regelmäßiger Kooperation und Teamarbeit innerhalb des Kollegiums über die nach der Konferenzordnung vorgesehenen Konferenzen hinaus. Kooperation und Teamarbeit finden, wie in der Regel die Konferenzen nach der Konferenzordnung, innerhalb der Gesamtarbeitszeit in der unterrichtsfreien Zeit einschließlich in den Ferien statt. Es ist notwendig, dass an diesen Kooperationen alle beteiligten Lehrpersonen teilnehmen können. Im Interesse der

Planbarkeit der Arbeitszeit der Lehrkräfte außerhalb des Unterrichts werden schulintern langfristig im Voraus vom Schulleiter Zeitfenster festgelegt, in denen Kooperation und Teamarbeit stattfinden kann.

Hinweis der Redaktion: Siehe Hinweis bei Nr. 4

4. Zuständigkeiten

4.1. Flexibilisierung der Arbeitszeit

Über die Flexibilisierung der Arbeitszeit an der Schule entscheidet der Schulleiter; die Gesamtlehrerkonferenz kann zur Teilnahme der Schule an der Flexibilisierung der Arbeitszeit und zu den Grundsätzen Empfehlungen geben (§ 41 SchG, § 2 Abs. 1 Nr. 9 Konferenzordnung).

Hinweise der Redaktion:
1. Die GEW hat für einen GLK-Beschluss zur *„Bandbreitenregelung"* folgenden Wortlaut vorgeschlagen: „Die Gesamtlehrerkonferenz empfiehlt der Schulleiterin / dem Schulleiter, die Bandbreitenregelung nicht anzuwenden."
2. Die GEW hat zur *„Kooperationszeit"* empfohlen, dass die Gesamtlehrerkonferenz der Schulleitung zum zeitlichen Umfang, den Modalitäten der Teilnahme sowie der Behandlung von Teilzeitbeschäftigten eine Empfehlung gibt, und diesen Beschluss jährlich überprüft.
→ Konferenzordnung § 2 Abs. 1 Nr. 9

4.2. Abweichen vom jeweiligen Deputat bei der einzelnen Lehrkraft

Der Schulleiter entscheidet, ob und in welchem Umfang vom jeweiligen Deputat für eine Lehrkraft abgewichen wird.

→ Arbeitszeit (Allgemeines); → Arbeitszeit- und Urlaubsverordnung; → Arbeitszeit (Arbeitszeitverordnung); → Arbeitszeit (FL/TL); → Arbeitszeit (Gesamtschulen); → Arbeitszeit (Ganztagsschulen); → Arbeitszeit (Mischdeputat); → Arbeitszeit (PC-Betreuung); → Arbeitszeit (Rekonvaleszenz); → Arbeitszeit (Schwerbehinderung); → Arbeitszeit (Vorgriffsstunde); → Beamtengesetz §§ 67 und 69 ff.; → Ferienverordnung § 3; → Konferenzordnung § 2 Abs. 1 Nr. 9; → Mehrarbeit; → Organisationserlass 1.3; → Schulleitung (Aufgaben und Stellvertretung); → Schwerbehinderung; → Teilzeit / Urlaub; → Teilzeitbeschäftigung (Pflichten und Rechte); → Tarifvertrag (Länder) §§ 6 und 44

Erläuterungen des Kultusministeriums zu Teil I (Flexibles Arbeitszeitmodell)

Auszug aus dem Schreiben des KM vom 27.7.2005 (AZ: 14-0301.620/1303) in neuer Bezifferung („I" statt „G")

Über die Einführung der Flexibilisierung der Arbeitszeit, das heißt, ob von den Regelungen der flexiblen Arbeitszeit (Teil I Nr. 1 und 2) Gebrauch gemacht werden soll oder nicht und gegebenenfalls in welcher Weise, entscheidet die Schulleiterin oder der Schulleiter (vgl. Teil I Nr. 4.1.); möchte eine Schulleiterin oder ein Schulleiter von dieser Option Gebrauch machen, hat sie oder er die Kriterien zu bestimmen, welche an der Schule Grundlage für eine Abweichung vom Deputat sind (beispielsweise Schülerzahl, Klassenlehrerfunktion, Korrekturaufwand, Klassenstufe, hoher Zeitaufwand für außerunterrichtliche Veranstaltungen und für sonstige pädagogische Aufgaben). Die Gesamtlehrerkonferenz kann zur Teilnahme der Schule an der Flexibilisierung der Arbeitszeit und zu den Grundsätzen gemäß § 2 Abs. 1 Nr. 9 Konferenzordnung allgemeine Empfehlungen geben (vgl. Teil I Nr. 4.1.). Die Entscheidung bezüglich des Deputats der einzelnen Lehrkraft trifft die Schulleiterin oder der Schulleiter (vgl. Teil I Nr. 4.2.).

In Teil I. Nr. 3 finden sich Ausführungen über die Kooperationszeit. Diese Regelung ist ab dem neuen Schuljahr von jeder Schule anzuwenden. Es spielt keine Rolle, ob von der nach Teil I. Nr. 2 (Abweichungen vom Deputat) eingeräumten Option Gebrauch gemacht wird. Die Schulleiterin oder der Schulleiter legt die für Kooperation und Teamarbeit erforderlichen Zeitfenster fest. Diese Zeiten können auch in den Ferien liegen. Die Kooperationszeit ist keine zusätzliche Arbeitszeit. Sie ist ein Teil der von einer Lehrkraft zu erbringenden Arbeitszeit.

In Ergänzung zu diesen Ausführungen möchten wir insbesondere auf Folgendes hinweisen:

Das flexible Arbeitszeitmodell zielt nicht darauf ab, dass an den Schulen Jahresarbeitszeitkonten, Verrechnungslisten oder Arbeitszeitblätter eingeführt werden.

Es ist auch nicht Sinn und Zweck der Verwaltungsvorschrift, dass an den Schulen in nicht mehr vertretbarem Umfang Zeitfenster für Kooperationszeiten festgelegt werden.

Die Regelung, dass an den Schulen langfristig im Voraus Zeitfenster festzulegen sind, in denen Kooperation und Teamarbeit stattfinden können, soll vor allem verhindern, dass zu den erforderlichen Kooperationszeiten Unterricht ausfällt. Die langfristige Festlegung dieser Zeiten hat den Vorteil, dass sich die Lehrkräfte diese Zeitfenster freihalten können, was ihnen im Interesse der Planbarkeit sicherlich auch entgegenkommen wird.

Nicht alle Zeitfenster müssen dann im Verlauf des Schuljahres auch tatsächlich für Kooperation und Teamarbeit in Anspruch genommen und „gefüllt" werden. Für alle Beteiligten dürfte es jedoch von Vorteil sein, wenn in den festgelegten Zeitfenstern regelmäßig auch Kooperationen und Teamarbeit stattfinden.

In der Verwaltungsvorschrift wurde bewusst darauf verzichtet, einen zeitlichen Umfang für die Zeitfenster und für die tatsächlich durchzuführenden Kooperationen festzulegen. Da der Bedarf an den Schulen recht unterschiedlich sein wird, soll den Schulen in eigener Verantwortung die Möglichkeit eingeräumt werden, die Zeiten festzulegen, die sie konkret benötigen.

Arbeitszeit (Mischdeputat)

Hinweis der Redaktion zum Unterricht an mehreren Schularten

1. Grundsatz

Nach Fußnote 1 zu Teil A der VwV ➜ Arbeitszeit (Lehrkräfte) in der bis zum 31.7.1994 geltenden Fassung galt folgende Regelung:

„Wird an mehreren Schularten unterrichtet, ist das Regelstundenmaß der Schulart maßgebend, an der überwiegend unterrichtet wird."

Diese Regelung ist seit 1.8.1994 formal nicht mehr existent, gilt jedoch im Grundsatz weiter.

So ist z.b. beim Unterricht an verbundenen Grund- und Hauptschulen sowie an Verbundschulen gem. § 16 SchG (z.B. an einer Grund-, Haupt- und Realschule) das Deputat der Schulart maßgebend, an welcher die betreffende Lehrkraft überwiegend unterrichtet.

Beispiel (volles Deputat; ohne Vorgriffsstunde):
- Eine Grund- und Hauptschullehrerin ist mit 17 Stunden – und damit überwiegend – an der Grundschule tätig. Sie hat demnach eine Unterrichtsverpflichtung von insgesamt 28 Wochenstunden und muss noch 11 Stunden an der Werkreal-/Hauptschule unterrichten;
- Unterrichtet sie dagegen mit 14 Stunden an der Werkreal-/Hauptschule, so ist sie überwiegend an dieser Schulart tätig. Sie hat demnach eine Unterrichtsverpflichtung von insgesamt 27 Wochenstunden; an der Grundschule muss sie demnach noch 13 Wochenstunden halten.

2. GHS-Lehrkräfte an Berufsschulen

Hierzu hat das Kultusministerium mitgeteilt: „Das Regelstundenmaß der an berufliche Schulen voll abgeordneten Lehrer beträgt 23 Wochenstunden *(inzwischen 25; Anm.d.Red.)*. Wird ein Lehrer nur teilweise abgeordnet, so muss in diesem Fall ein Mischdeputat gebildet werden. Dabei ist der Einsatz an verschiedenen Schulen anteilmäßig zu berechnen. Es ist hierbei der Stundenumfang der Abordnung an beruflichen Schulen in Prozent des Deputats an beruflichen Schulen zu errechnen und dieser Prozentsatz als geleistete Arbeitszeit vom Deputat an Grund- und Hauptschulen abzuziehen. Der Rest wäre dann die verbleibende Stundenzahl an der Grund- und Hauptschule."

(Quelle: KM 12.10.1988 Nr. III/4-Zu 0301.621/19)

Hierfür ein konkretes **Beispiel** (volles Deputat; ohne Vorgriffsstunde):
- Umfang der Abordnung an die Berufsschule: 14 Stunden. Das sind 56% des dort geltenden Regelstundenmaßes von 25 Wochenstunden.
- Die verbleibenden 44% eines vollen Deputats unterrichtet diese Lehrkraft an der Werkreal-/Hauptschule; dies entspricht dort 27 x 0,44 = 11,88 (aufgerundet 12) Wochenstunden.
- Damit hat diese Lehrkraft ein „Mischdeputat" von 14 Wochenstunden an der Berufsschule plus 12 Stunden an der Werkreal-/Hauptschule, insgesamt also 26 Wochenstunden.

➜ Arbeitszeit (Allgemeines); ➜ Arbeitszeit- und Urlaubsverordnung; ➜ Arbeitszeit (Lehrkräfte) Teil A; ➜ Organisationserlass Nr. 1.3; ➜ Versetzungen und Abordnungen

Arbeitszeit (PC-Betreuung / Multimedia-Beratung)

Hinweise der Redaktion

1. PC-Betreuung an den beruflichen Schulen

Zusätzliche Anrechnungen für die Systembetreuung von Unterrichtscomputern an den beruflichen Schulen; Erlass des KM vom 23. Juni 1998; AZ: I/5-0301.623/953

Zahl der Unterrichtscomputer	Zahl der Anrechnungsstunden	Zahl der Unterrichtscomputer	Zahl der Anrechnungsstunden
ab 9	3	95	11
25	4	105	12
35	5	115	13
45	6	125	14
55	7	135	15
65	8	145	16
75	9	155	17
85	10		

Die fachgerechte Systembetreuung von Unterrichtscomputern führt zu einem zusätzlichen Arbeitsaufwand an den Schulen, der insbesondere in der Zukunft nicht allein durch das Entlastungskontingent aufgefangen werden kann.

Es ist davon auszugehen, dass entsprechend zur betrieblichen Praxis für etwa 60 Unterrichtscomputer eine Betreuungsperson erforderlich ist und etwa 1/3 der in diesem Zusammenhang anfallenden Arbeiten pädagogischer Natur sind und damit von Lehrkräften durchgeführt werden müssen.

Auf dieser Grundlage und unter Einbeziehung der Anrechnungsmöglichkeiten aus dem Entlastungs-

Arbeitszeit (PC-Betreuung / Multimedia-Beratung) / (Rekonvaleszenz – Arbeitsversuch)

kontingent (es wird von 2 Wochenstunden ausgegangen, deren Vergabe aber allein Sache der Schule ist) ergeht – zunächst versuchsweise – folgende zusätzliche Anrechnungsregelung: *(siehe Tabelle)*

2. PC-Betreuung an den allgemeinbildenden Schulen

Zusätzliche Anrechnungen für die Systembetreuung von Unterrichtscomputern an den allgemeinbildenden Schulen (Erlass des KM, 23.6.1998; AZ: I/5-0301.623/953)

Die fachgerechte Systembetreuung von Unterrichtscomputern führt zu einem zusätzlichen Arbeitsaufwand an den Schulen, der insbesondere in der Zukunft nicht allein durch das Entlastungskontingent aufgefangen werden kann. – Es ist davon auszugehen, dass der Betreuungsaufwand für je angefangene 25 Unterrichtscomputer im allgemeinbildenden Bereich bei 1 Wochenstunde liegt.

Auf dieser Grundlage und unter Einbeziehung der Anrechnungsmöglichkeiten aus dem Entlastungskontingent (es wird von 1 Wochenstunde ausgegangen, deren Vergabe aber allein Sache der Schule ist) ergeht – zunächst versuchsweise – folgende <u>zusätzliche</u> Anrechnungsregelung:

Zahl der Unterrichtscomputer	Zahl der Anrechnungsstunden
ab 25	1
51	2

Hinweis der Redaktion: Berechnungsgrundlage für diese Regelung ist nach Mitteilung des KM, dass zwei Drittel des Betreuungsbedarfs durch den Schulträger zu erbringen sind. Insbesondere fallen die Installation und Wartung der Hardware und der Grundsoftware, wie etwa des Betriebssystems und der Netzwerksoftware, darunter.

Das KM spricht in beiden Erlassen von „<u>zusätzlichen</u> Anrechnungen". Es geht davon aus, dass Lehrkräfte, die an den Schulen EDV-Anlagen betreuen, hierfür bereits eine Basis-Anrechnung von 1 bzw. 2 Stunden aus dem „allgemeinen Entlastungskontingent" erhalten. Dieser „Stundenpool" ist jedoch sehr klein und an den Schulen in der Regel bereits verbraucht. Trotz der Klausel, die Vergabe von Entlastungsstunden an PC-Betreuer sei „allein Sache der Schule" beschneidet das KM damit den Spielraum der Schulen und reduziert faktisch die Entlastungsmöglichkeiten für andere belastete Lehrkräfte.
➜ Arbeitszeit (Lehrkräfte) Teil E 2

3. Multimedia-Beratung

Erlass des KM, 29.3.2001, AZ: 24-6750.50/609; fortgeschrieben durch Merkblatt des KM; Stand: Juli 2007

Die von der Schulverwaltung bestellten Multimedia-Berater/innen an den Schulen nehmen neben der schulinternen Fortbildung (15 Unterrichtsstunden bzw. vier Nachmittage pro Schuljahr) die Aufgabe der Ansprechpartner/innen für alle mit dem Thema Multimedia zusammenhängenden Fragen wahr (vor allem neue Medien und Gewalt, Medienerziehung, Jugendschutz sowie die Online-Lernplattform Moodle).

Sie erhalten eine halbe Stunde Ermäßigung auf die Unterrichtsverpflichtung; diese Anrechnung ist nicht dem allgemeinen Entlastungskontingent (Stundenpool) der Schule zu entnehmen, es handelt sich um eine zusätzliche Entlastung. – *(Sie)* sind im Rahmen ihrer Entlastung nicht zuständig für die Erstellung und Betreuung der Schulhomepage, die Präsentation der Schule ..., Tätigkeiten für die Schulleitung oder für Aufgaben der Schulverwaltung wie z.B. Zeugnisse schreiben oder die Betreuung der Videoanlage. Sie sind auch nicht zuständig für die Installation von Software und die Betreuung der Hardware und des Netzes.

➜ Arbeitszeit (Allgemeines); ➜ Arbeitszeit (Lehrkräfte) Teil E 2; ➜ Datenschutz (Schulen)

Arbeitszeit (Rekonvaleszenz – Arbeitsversuch)

Hinweise der Redaktion

1. Allgemeines

Grundsätzlich gilt: Wer nach ärztlichem Zeugnis krank oder arbeits- bzw. dienstunfähig ist oder sich in einer gesetzliche Schutzfrist befindet (➜ Mutterschutz – Verordnung), ist von dienstlichen Tätigkeiten befreit. Hiervon gibt es drei Abweichungen:
1. In bestimmtem Umfang sind trotzdem dienstliche Tätigkeiten möglich. Siehe Kasten bei
   ➜ Abwesenheit und Krankmeldung (Lehrkräfte)
2. Die Teildienstfähigkeit: Siehe Beitrag
   ➜ Ruhestand (Allgemeines) Nr. A.5
3. Die Rekonvaleszenzregelung.

2. Rekonvaleszenzregelung für Beamt/innen

Für die Wiedereingliederungsphase nach schweren Erkrankungen, Unfällen oder Operationen ist im Beamtengesetz bestimmt: *„Können infolge lang andauernder Krankheit dienstunfähige Beamtinnen und Beamte nach ärztlicher Feststellung ihren Dienst stundenweise verrichten und durch eine gestufte Wiederaufnahme ihres Dienstes voraussichtlich wieder in den Dienstbetrieb eingegliedert werden, kann mit Einverständnis der Beamtinnen und Beamten widerruflich und befristet festgelegt werden, dass in geringerem Umfang als die regelmäßige Arbeitszeit Dienst zu leisten ist."*

➜ Beamtengesetz § 68 Abs. 3

Arbeitszeit (Rekonvaleszenz – Arbeitsversuch)

Auf Antrag legt die Schulaufsichtsbehörde das Regelstundenmaß grundsätzlich bis zur Dauer eines Jahres abweichend fest; das Gehalt wird in dieser Rekonvaleszenzphase unverändert weiter bezahlt. In Ausnahmefällen ist eine Verlängerung möglich. Auch Teilzeitbeschäftigte können eine Ermäßigung ihres (Teil-)Deputats unter Beibehaltung der anteiligen Dienstbezüge erhalten. Dem Antrag an die Schulaufsichtsbehördeist ein fachärztliches Gutachten beizufügen; ggf. ist auch ein amtsärztliches Gutachten einzuholen.

Die Zuständigkeiten sind dargestellt unter:
→ Beamtenrecht (Zuständigkeiten im Schulbereich)

Die abweichende Festlegung des Deputats setzt voraus, dass nach einer Übergangszeit die Aussicht auf eine volle Wiederherstellung der Dienstfähigkeit besteht. Entscheidend für den Umfang dieser befristeten Deputatsermäßigung ist allein die medizinische Notwendigkeit (individuelle Belastbarkeit in der Genesungsphase), d.h. sie kann auch weit unter der Hälfte der Ist-Stundenzahl liegen.

Rekonvaleszenten behalten je nach Alter bzw. Grad der Behinderung eine ihnen zustehende Alters- bzw. Schwerbehindertenermäßigung. Diese Ermäßigung *kann* jedoch bei der Bemessung der Reduzierung berücksichtigt werden.
→ Arbeitszeit (Lehrkräfte) Teil D.2; → Ermessen

3. Rekonvaleszenz von Arbeitnehmer/innen

Auch Arbeitnehmerinnen und Arbeitnehmer können zur stufenweisen Wiedereingliederung einen Arbeitsversuch unternehmen. Vor der Antragstellung sollten Chancen und Risiken genau abgewogen werden, denn das arbeitsrechtliche Risiko kann erheblich sein, wenn die Wiedereingliederung scheitert. Keinesfalls sollte der bestehende Arbeitsvertrag geändert werden.

Arbeitnehmer/innen, die sich in einem Arbeitsversuch befinden, gelten weiterhin als arbeitsunfähig, die Fristen für die Lohnfortzahlung bzw. das Krankengeld laufen also weiter; der Anspruch auf maximal 78 Wochen Krankengeld erhöht sich nicht. Man sollte dies vor einer Gesundmeldung bedenken und mit dem Arzt darüber sprechen: Eine zu frühe Rückkehr aus dem Krankenstand kann bei voller Belastung zum Rückfall führen.

Ist eine angestellte Lehrkraft nach Ablauf der Frist für den Bezug von Krankengeld noch nicht wieder zur vollen Dienstleistung fähig, so kann zwar arbeitsvertraglich nach Maßgabe der ärztlichen Empfehlung eine Teilzeitarbeit vereinbart werden.

Das führt jedoch zu einer Absenkung des Einkommens und eventuell auch der späteren Rente.

4. Antragstellung (Beamt/innen und Arbeitnehmer/innen)

Betroffene teilen, sobald die Wiederaufnahme des Dienstes absehbar ist, der Schulaufsichtsbehörde unter Beifügung eines ärztlichen Attestes mit, dass sie sich in der Lage sehen, ihre Dienstpflichten in beschränktem Umfang wieder aufnehmen zu können; das Attest kann auch getrennt (ohne Dienstweg) direkt an das Schulamt bzw. das Regierungspräsidium – Abteilung 7 – eingereicht werden. Der Facharzt sollte darin

– bescheinigen, dass die Behandlungsphase zu Ende geht und die/der Betroffene ab *(Datum)* wieder dienstfähig, aber noch nicht voll belastbar ist,
– diagnostizieren, dass der bzw. die Beschäftigte nach dieser „Schonphase" voraussichtlich wieder voll dienstfähig sein wird,
– eine konkrete, genau bezifferte, aus medizinischer Sicht nötige Reduzierung der Wochenstundenzahl empfehlen (sinnvoll ist ein gestufter Vorschlag von Ferienabschnitt zu Ferienabschnitt bis – in der Regel – zu einem Schuljahr).

Wichtig: Die Diagnose chronischer Erkrankungen führt in der Regel nicht zu dieser Arbeitszeit-Ermäßigung, da die volle Wiederherstellung der Dienstfähigkeit nicht erwartet werden kann.

Es ist sinnvoll, sich bei der Antragstellung durch die Schwerbehindertenvertretung und/oder den Personalrat beraten zu lassen. Das kann zur Verfahrensbeschleunigung beitragen, damit nach der akuten Behandlung keine Phase entsteht, in der bereits das volle Deputat abgeleistet werden muss. Bei kurzfristigem Diensteintritt ist das Vorgehen mit dem Schulamt bzw. dem / der Sachbearbeiter/in beim Regierungspräsidium (Abt. 7) zumindest telefonisch abzustimmen. Es empfiehlt sich stets, eine Kopie des Antrags an die Bezirksvertrauensperson für Schwerbehinderte und an den zuständigen Bezirkspersonalrat beim Regierungspräsidium Abteilung 7 „Bildung und Schule" zu senden damit diese der Antragsteller/innen unterstützen können.

Wir raten längerfristig erkrankten Lehrkräften dringend, schon aus der Klinik heraus oder spätestens zu Beginn der Rekonvaleszenzphase beim Versorgungsamt einen Antrag auf Feststellung einer Schwerbehinderung zu stellen, damit sie im Anschluss ggf. eine Deputatsermäßigung erhalten.

→ Abwesenheit und Krankmeldung (Lehrkräfte); → Arbeitszeit (Allgemeines); → Arbeitszeit (Lehrkräfte) Buchst. D.2;
→ Arbeitszeit (Schwerbehinderung); → Beamtengesetz § 68 Abs. 3; → Beamtenrecht (Zuständigkeiten im Schulbereich); → Ermessen; → Schwerbehinderung; → Teilzeit / Urlaub (Arbeitnehmer); → Tarifvertrag (Länder) § 22

Mit dem Jahrbuchservice up to date

In unregelmäßiger Folge veröffentlichen wir den „Jahrbuchservice" mit Änderungen und Verbesserungen des laufenden Jahrbuches. Unter der Adresse http://spv-s.de/Jahrbuch-Update-Service.html kann man sich in eine Mailing-Liste eintragen und erhält dann alle Ausgaben im Abonnement.

Arbeitszeit (Schwerbehinderung)

Hinweise der Redaktion

Schwerbehinderte Lehrkräfte (ab GdB 50) erhalten auf Antrag (!) eine Deputatsermäßigung. Diese ist gestaffelt nach GdB und Vollzeit/Teilzeit und beträgt zwischen einer bis sechs Wochenstunden.
→ Arbeitszeit (Lehrkräfte), D.2; → Schwerbehinderung

1. Ermäßigung bis zu vier Wochenstunden

Wegen der möglichen „Nachgewährung" (→ Schwerbehinderung – Allgemeines – Buchst. D) sollte man zeitgleich mit der Einreichung des Antrags auf Anerkennung als Schwerbehinderte/r beim Versorgungsamt folgendes Schreiben an die Schulleitung richten: *„Am ... habe ich beim Versorgungsamt einen Antrag auf Anerkennung als Schwerbehinderter gestellt. Ich beantrage hiermit die Schwerbehindertenermäßigung, die mir bei einer Anerkennung zusteht. Ich werde Sie sofort über den entsprechenden Bescheid informieren."*

Nach der Anerkennung legt der/die Schwerbehinderte den Schwerbehindertenausweis der Schulleitung im Original vor. Daraufhin muss die Schulleitung der Lehrkraft einen schriftlichen Bescheid über die Deputatsermäßigung erteilen. Dieser Bescheid muss den Grad der Behinderung, den Umfang und die Dauer der Ermäßigung (bis Ende des Gültigkeitsdatums des Schwerbehindertenausweises) benennen. Dabei besitzt die Schulleitung keinen Ermessensspielraum bezüglich der Höhe der Ermäßigung; diese richtet sich unmittelbar nach dem Grad der Behinderung.

Für Anträge auf eine Ermäßigung bis zu vier Wochenstunden ist die Schulleitung zuständig; über die bis zu zwei zusätzlichen Ermäßigungsstunden entscheidet die Schulaufsicht (siehe unten Nr. 2). (Quelle: KM, 8.12. 2000, AZ: 14-0301.622/101).

Die Schulleitung fertigt vom Ausweis vier beglaubigte Kopien (Vorder- und Rückseite) und sendet eine Kopie des Schwerbehindertenausweises an das Regierungspräsidium (auf dem Dienstweg; damit wird ggf. auch das Staatliche Schulamt informiert) sowie zwei Kopien an die örtliche Schwerbehindertenvertretung (diese leitet ein Exemplar an die Bezirksschwerbehindertenvertretung beim Regierungspräsidium weiter). Eine Kopie von Ausweis und Bescheid wird in die Personal-Teilakte der Lehrkraft an der Schule aufgenommen.
→ Beamtengesetz § 83 ff.; → Personalakten

2. Zusätzliche Ermäßigungen

In besonderen Ausnahmefällen kann die obere Schulaufsichtsbehörde auf begründeten Antrag bis zu zwei zusätzliche Stunden bewilligen.

Wer diese zusätzlichen Ermäßigungsstunden beantragen will, richtet einen formlosen Antrag (auf dem Dienstweg) an die Schulaufsichtsbehörde (SSA bzw. Regierungspräsidium) und fügt ein fachärztliches Gutachten über die Notwendigkeit der zusätzlichen Ermäßigung sowie ggf. weitere Informationen zum Gesundheitszustand bei. Aus diesem Gutachten sollte eindeutig hervorgehen, dass die als Schwerbehinderung anerkannte Erkrankung sich im Lehrerberuf besonders gravierend auswirkt. Dies kann insbesondere der Fall sein, wenn als Schwerbehinderung anerkannte Beeinträchtigungen im Bereich des Sprechens, Hörens, Schreibens, Sehens, Gehens oder Stehens oder der Psyche vorliegen. Während das Versorgungsamt bei der Prüfung der Schwerbehinderteneigenschaft auf die Erschwernisse im Alltag allgemein abstellt und berufsspezifische Belastungen hier keine Rolle spielen, kann die obere Schulaufsichtsbehörde die individuelle Belastung bei der Berufsausübung würdigen. So können z.B. vom Versorgungsamt „niedrig" gewichtete orthopädische Behinderungen, Stimmstörungen oder Hörprobleme im Lehrerberuf gravierende Behinderungen sein.
→ Beamtenrecht (Zuständigkeiten im Schulbereich)

Diese gesundheitlichen Informationen sollten dem Antrag aus Gründen der Diskretion in verschlossenem Umschlag mit dem Hinweis beigefügt werden: *„Ärztliche Unterlagen zum Antrag auf Arbeitszeit-Ermäßigung von Vorname, Name");* sie können auch getrennt (ohne Dienstweg) direkt an die Schulaufsichtsbehörde (Schulamt bzw. Regierungspräsidium – Abt. 7 – gesandt werden.

Häufig wird daraufhin von der oberen Schulaufsichtsbehörde eine amtsärztliche Untersuchung veranlasst. Es ist sinnvoll, dem Gesundheitsamt bereits vor dieser Untersuchung die Befunde und Diagnosen der behandelnden Haus- und Fachärzte in Kopie zuzuleiten.

Die zusätzlichen Deputatsermäßigungsstunden werden grundsätzlich jeweils befristet gewährt, dies gilt auch, wenn der Schwerbehindertenausweis unbefristet ist. Sollten nach Ablauf des Befristungszeitraums die Auswirkungen der lehrerspezifischen Behinderung weiterhin bestehen bzw. durch erneute Erkrankungen, Krankheitsverschlechterungen und Schübe die zusätzliche Ermäßigung wieder bzw. weiter notwendig sein, so ist dies bei einem erneuten Antrag in einem fachärztlichen Bericht darzulegen, der die Notwendigkeit der zusätzlichen Deputatsermäßigung bescheinigt.

In der Wiedereingliederungsphase nach schweren Erkrankungen oder schweren Operationen ist außerdem eine individuelle Ermäßigung (sogenannte „Rekonvaleszenzregelung") möglich.
→ Arbeitszeit (Rekonvaleszenzregelung)

→ Arbeitszeit (Lehrkräfte), Teil D 2; → Arbeitszeit (Rekonvaleszenzregelung); → Schwerbehinderung (Allgemeines) D

Arbeitszeit (Vorgriffsstunde)

Auszug aus dem Merkblatt des KM „Erläuterungen zur Rückgabephase des Vorgriffsstundenmodells" vom August 2007 (revidierte Fassung; Stand: 2. November 2007)

I.
Erläuterung des Vorgriffsstundenmodells

... Das Modell ist in der VwV ➔ Arbeitszeit (Lehrkräfte) A.IV und V geregelt und sieht drei Phasen vor...:

Phase 1 - Ansparphase: In den Schuljahren 1998/99 bis einschließlich 2002/03 wurde das jeweilige Regelstundemaß um eine Wochenstunde erhöht.

Phase 2 - Karenzphase: In den Schuljahren 2003/04 bis 2007/08 wurde das Regelstundenmaß wieder auf den Stand des Schuljahres 1997/98 gesetzt.

Phase 3 - Rückgabephase: Die Rückgabe der in der Ansparphase geleisteten Vorgriffsstunden, beginnend mit dem Schuljahr 2008/09, erfolgt durch Verringerung des jeweiligen Regelstundenmaßes für einen der Ansparphase entsprechenden Zeitraum um eine Wochenstunde. Ausgangsbasis ist das Regelstundenmaß des Schuljahres 1997/98, wobei die Zahl der „Rückgabejahre" der Anzahl der „Ansparjahre" entspricht.

Hinweis der Redaktion: Das heißt, Vollzeitbeschäftigte arbeiten eine Wochenstunde weniger, Teilzeitbeschäftigte erhalten ein (um den Gegenwert einer Wochenstunde) erhöhtes Gehalt; vgl. hierzu auch die Anmerkungen der Redaktion auf der nächsten Seite.

Beispiel für das Durchlaufen der drei Phasen des Vorgriffsstundenmodells (Lehrkraft an einer Grundschule):

Regelstundenmaß Schuljahr 1997/98:	28 Wochenstunden
Regelstundenmaß Ansparphase Schuljahre 1998/99 bis 2002/03:	29 Wochenstunden
Regelstundenmaß Karenzphase Schuljahre 2003/04 bis 2007/08:	28 Wochenstunden
Regelstundenmaß Rückgabephase Schuljahre 2008/09 bis 2012/13:	27 Wochenstunden

II.
Rückgabe der Vorgriffsstunde

Lehrkräfte, die in das Vorgriffsstundenmodell einbezogen waren, erhalten beginnend mit dem Schuljahr 2008/09 die in der Ansparphase erbrachten Stunden automatisch zurück. Für diese „Regelrückgabe" ist es nicht erforderlich, einen Antrag zu stellen oder eine sonstige Erklärung abzugeben. Alle Lehrkräfte *(erhielten)* ein individuelles Schreiben des Regierungspräsidiums, in dem darüber informiert wird, wie hoch das „Guthaben" ist, das ab dem Schuljahr 2008/09 zurückgegeben wird.

III.
Wahlmöglichkeiten bei der Rückgabe der Vorgriffsstunde

Das Kultusministerium hat ... für die Lehrkräfte die Möglichkeit geschaffen, die zurückzugebenden Stunden aus der Vorgriffsphase auf einen späteren Zeitpunkt zu verschieben.

➔ Arbeitszeit (Lehrkräfte) A IV.

1.
Vollzeit-/Teilzeitbeschäftigung

Die Rückgabe der Vorgriffsstunde unterscheidet sich bei den vollzeitbeschäftigten und teilzeitbeschäftigten Lehrkräften. Entscheidend ist alleine der Beschäftigungsumfang (Vollzeit/Teilzeit) während des Rückgabezeitraums. Für die Rückgabe der angesparten Zeitguthaben ist es somit unerheblich, ob diese aus einer Vollzeit- oder einer Teilzeitbeschäftigung in den Schuljahren 1998/99 bis 2002/03 stammen.

Da einige Lehrkräfte während der Ansparphase innerhalb des laufenden Schuljahrs beurlaubt worden sind, sind in diesen Fällen nicht nur volle Jahre zurückzugeben. Die Rückgabe von Bruchteilen (Monaten) unterscheidet sich wiederum zwischen den vollzeitbeschäftigten und teilzeitbeschäftigten Lehrkräften. Insgesamt können somit vier Kategorien gebildet werden, die sich wie folgt darstellen lassen (es handelt sich um Beispiele einer Grundschullehrkraft):

Rückgabe

Vollzeit		Teilzeit	
(1) Keine Bruchteile: Reduzierung Regelstundenmaß im ges. Schuljahr	(2) Bruchteile: Reduzierung Regelstundenmaß für Teil des Schuljahrs	(3) Keine Bruchteile: Erhöhung Bezüge im gesamten Schuljahr	(4) Bruchteile: Erhöhung Bezüge für Teil des Schuljahrs
Wahlmöglichkeit: „Schulinterne Lösung"		Wahlmöglichkeit: „MAU"	

Erläuterung

(1) Vollzeitbeschäftigte ohne Bruchteile:

Eine vollzeitbeschäftigte Grundschullehrkraft unterrichtet im Rückgabeschuljahr mit einem Deputat von 27/27 Wochenstunden anstelle von 28/28 Wochenstunden. Die Bezahlung beträgt 100%.

(2) Vollzeitbeschäftigte mit Bruchteilen:

Eine vollzeitbeschäftigte Grundschullehrkraft unterrichtet im letzten Rückgabeschuljahr für den Zeitraum von 1 bis 11 Monaten mit 27/27 Wochenstunden anstelle von 28/28 Wochenstunden und den Rest des Schuljahrs mit 28/28 Wochenstunden (sog. schulinterne Lösung). Die Bezahlung beträgt durchgehend 100 %. Die Lehrkraft hat auch die Möglichkeit, sich die Bruchteile auszahlen zu lassen (Mehrarbeitsvergütung).

(3) Teilzeitbeschäftigte ohne Bruchteile:
Eine Grundschullehrkraft unterrichtet mit 20 Wochenstunden. Sie erhält während des gesamten Schuljahrs Bezüge in Höhe von 20/27 Wochenstunden anstelle von 20/28 Wochenstunden ausgezahlt. Die Rückgabe der Vorgriffsstunde erhöht somit die Bezüge.

Wenn eine teilzeitbeschäftigte Lehrkraft die Rückgabe der Vorgriffsstunde in Zeit haben möchte, muss sie ihr Regelstundenmaß reduzieren, was bei einer Reduzierung um ½ Wochenstunde ohne finanzielle Einbußen möglich ist (siehe auch Beispiel am Ende dieser Ziffer).

Hierzu ist ergänzend zu erläutern, dass teilzeitbeschäftigte Lehrkräfte die Vorgriffsstunden in der Ansparphase – im Unterschied zu den vollzeitbeschäftigten Lehrkräften – nicht durch eine erhöhte Wochenunterrichtsverpflichtung erbracht haben, sondern die Vorgriffsstunden durch die Zahlung von geringeren Bezügen erbracht worden sind.

Beispiel: Eine teilzeitbeschäftigte Grundschullehrkraft hat mit der von ihr festgelegten Unterrichtsverpflichtung (Beispiel 20 Wochenstunden Unterricht) gearbeitet. Im Jahr vor Beginn der Ansparphase des Vorgriffsstundenmodells hat die Lehrkraft somit Bezüge in Höhe von 20/28 Wochenstunden (ca. 71,5%) erhalten. Im ersten Jahr der Ansparphase hat sie bei ebenfalls 20 Stunden Unterricht aber „nur" Bezüge für 20/29 Wochenstunden (ca. 69%) erhalten. In der Rückgabephase würde die Lehrkraft für 20 Stunden Unterricht Bezüge in Höhe von 20/27 Wochenstunden (ca. 74%) erhalten.

Folglich wirkt sich bei der Teilzeitkraft das Vorgriffsstundenmodell sowohl in der Anspar- als auch in der Rückgabephase nicht durch Mehr- oder Wenigerunterricht, sondern nur bei den Bezügen (Ansparphase: Geringere Bezüge; Rückgabephase: Höhere Bezüge) aus.

Für in der Rückgabephase teilzeitbeschäftigte Lehrkräfte besteht die Möglichkeit, die Anzahl ihrer zu unterrichtenden Wochenstunden beispielsweise um 1 Stunde zu senken. Der entstehende finanzielle Nachteil aufgrund der Änderung des Teilzeitumfangs kann durch die erhöhten Bezüge in der Rückgabephase teilweise kompensiert werden (Bezüge bei 20/28 Wochenstunden ca. 71,5 %; bei 19/27 Wochenstunden ca. 70,3 %).

(4) Teilzeitbeschäftigte mit Bruchteilen:
Eine Grundschullehrkraft unterrichtet durchgehend mit 20 Wochenstunden. Sie erhält für die Rückgabezeiten (Bruchteile - Monate) Bezüge in Höhe von 20/27 Wochenstunden, für die restlichen Monate des Schuljahres Bezüge in Höhe von 20/28 Wochenstunden ausgezahlt.

2. Wahlmöglichkeiten

Das Kultusministerium hat die Voraussetzungen geschaffen, nach denen Lehrkräfte die Möglichkeit haben, die Rückgabe der Vorgriffsstunde auf einen späteren Zeitraum zu verschieben.

Bei Wahrnehmung dieser Option ist die Abgabe einer Erklärung erforderlich, die spätestens am 16.11.2007 bei der Schule einzureichen ist. Im Formular „Rückgabe der Vorgriffsstunde" besteht die Möglichkeit,

– die Rückgabe der Vorgriffsstunde auf später zu verschieben, wobei der Zeitraum der Rückgabephase sofort festgelegt werden kann, in der Form,
  o dass die Rückgabephase ab einem bestimmten Schuljahr beginnt (d.h. Rückgabe von jeweils 1 Stunde anstelle der Schuljahre 2008/09, 2009/10, 2010/11, 2011/12, 2012/13 verschoben auf (beispielsweise!) die Schuljahre 2010/11, 2011/12, 2012/13, 2013/14, 2014/15) [siehe auch Beispiel 1]   oder
  o die Rückgabe der Vorgriffsstunde auf später verschoben wird und die Rückgabe später in kumulierter Form erfolgt [siehe auch Beispiel 2]
– die Rückgabe der Vorgriffsstunde auf später zu verschieben, wobei der Zeitraum der Rückgabephase und die Art der Rückgabe noch später bestimmt werden kann

Hinweis der Redaktion: Diese Erklärung kann auch später nachgeholt oder abgeändert werden.

Zu Beispiel 1:
Eine Grundschullehrkraft hat in insgesamt 5 Jahren jeweils 1 Stunde angespart. Im Regelfall würden der Lehrkraft im Schuljahr 2008/09 eine Stunde und in den Schuljahren 2009/10 bis 2012/13 jeweils wiederum eine weitere Stunde zurückgegeben.
Die Lehrkraft hat die Wahlmöglichkeit diesen Rückgabezeitraum auf später zu verschieben. So könnte (beispielsweise!) die Rückgabe erst im Schuljahr 2010/11 starten. Die Rückgabephase wäre somit mit Ablauf des Schuljahrs 2014/15 abgeschlossen.

Zu Beispiel 2:
Eine Grundschullehrkraft hat in insgesamt 5 Jahren jeweils 1 Stunde angespart. Im Regelfall würden der Lehrkraft im Schuljahr 2008/09 eine Stunde und in den Schuljahren 2009/10 bis 2012/13 jeweils wiederum eine weitere Stunde zurückgegeben.
Die Lehrkraft hat die Wahlmöglichkeit sich (bei-

spielsweise!) im Schuljahr 2011/12 zwei Stunden und im Schuljahr 2012/13 drei Stunden zurückgeben zu lassen. Als vollzeitbeschäftigte Lehrkraft würde sie dann im Schuljahr 2011/12 mit 26/26 Wochenstunden unterrichten und im Schuljahr 2012/2013 mit 25/25 Wochenstunden (anstelle von jeweils 28/28 Wochenstunden). Teilzeitbeschäftigte Lehrkräfte können die Stunden ebenfalls auf später verschieben, wobei sich die Rückgabe in diesen Fällen bei den Bezügen auswirkt, die dann höher sind. Im aufgezeigten Beispiel würde eine 20 Wochenstunden unterrichtende Lehrkraft im Schuljahr 2011/2012 Bezüge in Höhe von 20/26 Wochenstunden und im Schuljahr 2012/2013 in Höhe von 20/25 Wochenstunden erhalten (anstelle von jeweils 20/28 Wochenstunden).

Hinweis der Redaktion: Will die teilzeitbeschäftigte Lehrkraft auch die Rückgabe in Form von Zeit, so kann sie auf eigenen Antrag ihren Teilzeitumfang reduzieren (s. „Erläuterungen der Redaktion" auf der nächsten Seite). Möchten Teilzeitbeschäftigte die Rückgabe in Zeit statt in Geld haben, müssen sie darüber hinaus einen Antrag auf Änderung ihres Teilzeitumfangs spätestens bis zum Stichtag für → Stellenwirksame Änderungsanträge bei der Schulleitung einreichen.

Bei den aufgezeigten Beispielen handelt es sich nur um eine Auswahl der vielfältigen Gestaltungsmöglichkeiten.

3. MAU/Schulinterne Lösung

Vollzeitbeschäftigte Lehrkräfte, denen Bruchteile zurückzugeben sind, können sich anstelle der schulinternen Lösung die angesparten Bruchteile als Mehrarbeitsstunden ausgleichen lassen. Bei der schulinternen Lösung werden die Schulen, in den Fällen, in denen während des Schuljahres das Deputat variiert, jeweils eine individuelle Lösung finden, damit ein sinnvoller Einsatz über das gesamte Jahr gewährleistet ist. Die Auszahlung der Mehrarbeitsvergütung oder die Rückgabe über die schulinterne Lösung erfolgt regelmäßig im Anschluss an die Rückgabe des die vollen Schuljahre umfassenden Zeitraums.

Für Lehrkräfte mit Geburtsdatum 02.08.1951 und für jüngere Lehrkräfte werden die Vorgriffsstunden aus der Ansparphase erst über einen Zeitraum von fünf Jahren fällig (in 2008/09 Anspruch auf Rückgabe von 1 Stunde, in 2009/10 Anspruch auf Rückgabe einer weiteren Stunde, usw.). Dies bedeutet, dass diese Lehrkräfte erstmals ab dem Schuljahr 2012/13 die Möglichkeit haben sich alle Stunden in kumulierter Form zurückgeben zu lassen (beispielsweise 5 Stunden im Schuljahr 2012/13).

IV.
Formular zur Rückgabe der Vorgriffsstunde

Falls Lehrkräfte von den eingeräumten Optionen Gebrauch machen möchten, sind die im Zusammenhang mit der Rückgabe der Vorgriffsstunde abzugebenden Erklärungen in den kommenden Schuljahren jeweils bis zum Zeitpunkt der im Amtsblatt Kultus und Unterricht bekanntgegebenen Termine bei den Schulleitungen abzugeben ... .

→ Stellenwirksame Änderungsanträge

Für das Schuljahr 2008/09 wurde die Ausschlussfrist jedoch von dem Termin zur Abgabe der stellenwirksamen Änderungswünsche abgetrennt und bereits auf 16.11.2007 festgelegt. ...

Hinweise der Redaktion:

Das Formular steht unter www.vorgriffsstunde.kultus-bw.de zum Download bereit. Es enthält folgende Optionen für die „Erklärung zum Zeitraum der Rückgabe":

❑ Rückgabe der Vorgriffsstunde durchgehend ab Schuljahr* ..../............
❑ Rückgabe der Vorgriffsstunde (volle Jahre)

	Stundenzahl	1	2	3	4	5
im Schuljahr*	............/............	❑	❑	❑	❑	❑
im Schuljahr*	............/............	❑	❑	❑	❑	❑
im Schuljahr*	............/............	❑	❑	❑	❑	❑
im Schuljahr*	............/............	❑	❑	❑	❑	❑

❑ Den Rest verschiebe ich.

Wahlmöglichkeit bei Vollbeschäftigung und Restanspruch unter 12 Monaten (Ausgleich/Auszahlung erfolgt im Anschluss an den volle Schuljahre umfassenden Zeitraum):

❑ MAU ❑ schulinterne Lösung

❑ Ich verschiebe die Rückgabephase auf einen von mir noch zu bestimmenden Zeitraum.

* Vom Beginn des Unterrichts nach den Sommerferien bis zum Tag vor Beginn des Unterrichts nach den Sommerferien des Folgejahres.

2.

Bei Lehrkräften, die eine Erklärung eingereicht haben, wird wie folgt verfahren:

– Lehrkräfte, welche die Rückgabe auf einen unbestimmten Zeitpunkt verschoben haben, erhalten kein weiteres Einzelschreiben der Regierungspräsidien. Sie müssen den Zeitpunkt rechtzeitig (es gelten die Termine für stellenwirksame Änderungswünsche der Lehrerinnen und Lehrer) vor dem gewünschten Beginn der Rückgabephase den Regierungspräsidien mitteilen.

– Lehrkräfte, welche die Rückgabe auf einen bestimmten Zeitpunkt verschoben haben, werden zum gewünschten Beginn automatisch berücksichtigt. Sie erhalten dann ein entsprechendes Einzelschreiben.

V.
Rückgabe der Vorgriffsstunden im Altersteilzeit- und Freistellungsjahrmodell

1. Freistellungsjahrmodell

... Das Freistellungsjahr ist dadurch gekennzeichnet, dass die Ermäßigung der Arbeitszeit nicht über den gesamten Bewilligungszeitraum gleichmäßig verteilt ist, sondern am Ende des Bewilligungszeitraums in Anspruch genommen wird. Im ersten Teil des Gesamtbewilligungszeitraums wird in vollem Umfang oder in erhöhter Teilzeitbeschäftigung Dienst geleistet (Arbeitsphase), anschließend erfolgt dann die Freistellung vom Dienst (Freistellungsphase). Die Rückgabe der Vorgriffsstunde ist auch im Rahmen dieses Modells möglich und erfolgt grundsätzlich automatisch und entsprechend den Regelungen, die für Lehrkräfte gelten, die sich nicht im Freistellungsjahrmodell befinden.

Das KM empfiehlt aber denjenigen Lehrkräften, bei denen das Freistellungsjahr (Jahr der Freistellung vom Dienst) mit einem Jahr zusammenfällt,

Arbeitszeit (Vorgriffsstunde)

in dem eine Vorgriffsstunde zurückgegeben wird, von der Verschiebemöglichkeit Gebrauch zu machen. Für die Lehrkraft würde es sich nämlich nicht auswirken, ob sie im Freistellungsjahr beispielsweise mit 0/27 Wochenstunden anstelle von 0/28 Wochenstunden „arbeitet". Faktisch würden die Lehrkräfte in den genannten Fällen die Rückgabe der Vorgriffsstunde somit nicht „spüren".

2. Altersteilzeit
Die Regierungspräsidien werden sich mit den Lehrkräften, denen Altersteilzeit bewilligt worden ist, in Verbindung setzen, um die Rückgabe der Vorgriffsstunden zu regeln.

Hinweis der Redaktion: Weitere Informationen zur Altersteilzeit finden sich auf der Homepage der Schwerbehindertenvertretung: www.schwerbehindertenvertretung-schule-bw.de

Erläuterungen der Redaktion zur Rückgabe der Vorgriffsstunde

1.
Voll- und Teilzeitbeschäftigte

In der oben abgedruckten, revidierten Fassung seines Merkblatts vom November 2007 hat das KM deutlich gemacht, dass Teilzeitbeschäftigte selbst bestimmen können, ob sie die zurückgegebenen Vorgriffsstunden in Form von Geld oder den Gegenwert in Form von Zeit erhalten:

Während **Vollzeitbeschäftigte** die Vorgriffsstunde in der Regel in Form von Zeit zurückerhalten, können **Teilzeitbeschäftigte** zwischen Geld und Zeit wählen:
– Entweder erhalten sie (automatisch) einen Gehaltsanteil mehr bezahlt (z.B. bei 17 Wochenstunden Unterricht 17/27 statt 17/28 Gehalt),
– oder sie verwenden diesen zusätzlichen Gehaltsanteil, um ihr individuelles Teildeputat (auf Antrag) um eine Wochenstunde zu senken.

Der „Wert" des „abgelieferten" und des zurückgegebenen Volumens ist jedem Fall gleich groß*.

2.
Verschiebung, MAU und „Störfall"
1.

Man darf nicht vergessen, die „verschobenen" Stunden rechtzeitig einzufordern, denn die Schulverwaltung erteilt über die Verschiebung keinen förmlichen Bescheid. Wir raten deshalb, diese Angelegenheit privat auf „Wiedervorlage" zu legen.

2.

Aus jeder Verschiebung kann ein „Störfall" werden (z.B. Wechsel des Bundeslands, Zurruhesetzung wegen Dienstunfähigkeit). Dann verfällt die Vorgriffsstunde zwar nicht, der Anspruch wird sogar vererbt. Aber im „Störfall" erhalten Vollbeschäftigte nicht das anteilige Gehalt zurück, sondern Mehrarbeitsentschädigung („MAU"); Teilzeitbeschäftigte erhalten hingegen das anteilige Gehalt.
→ Mehrarbeit (Vergütung)

3.

Wegen der – seinerzeit noch nicht beschlossenen – Dienstrechtsreform (Hinausschiebung des gesetzlichen Pensionierungstermins) wussten jene Lehrkräfte, die ab 2012 pensioniert werden, noch nicht definitiv, wann sie aus dem Dienst ausscheiden.

Sie mussten ihren Vertagungs- oder Kumulierungsantrag deshalb auf Basis der geltenden Rechtslage stellen. Falls es für langfristig verschobene Stunden keine Übergangsregelung gibt, kann es bei einer Änderung der Altersgrenze auch hier zu „Störfällen" kommen.

4.

Zur Berechnung der MAU-Stunden im Störfall wird die Zahl der betroffenen Schulwochen (ganzes Schuljahr: 39 Wochen, „angebrochenes" Schuljahr = entsprechend weniger) mit dem Satz der Mehrarbeitsvergütung multipliziert. So erhält z.B. eine 50 Jahre alte, ledige Realschullehrerin, die 2008 wegen Dienstunfähigkeit zur Ruhe gesetzt werden muss, für eine im Jahr 2000 geleistete Vorgriffsstunde 39 x 22,11 Euro = 862,29 Euro brutto erstattet. Würde ihr das anteilige Gehalt erstattet, so erhielte sie doppelt so viel zurück.

Auch in der Rückgabephase Vollbeschäftigt, die wegen unterbrochener Ansparzeit nur Anspruch auf „Bruchteile" haben, erhalten nur MAU ausbezahlt.

Hiervon betroffen sind auch Vollzeitbeschäftigte, die in „begründeten Ausnahmefällen" zurückgegebene Vorgriffsstunden in Form von Geld erhalten.

(Quelle: KM, 23.10.2007; AZ: 14-0301.620/1347)

3.
Kumulierung und Ermäßigungen

Lehrkräfte, die ihr Deputat um eine oder zwei Stunden reduzieren, sind teilzeitbeschäftigt. Wenn sie Anspruch auf eine Alters- oder Schwerbehindertenermäßigung haben, werden sie in Bezug auf diese – für Voll- und Teilzeitbeschäftigte unterschiedlich hohen – Ermäßigungen wie Vollzeitbeschäftigte behandelt (*„Reduzierungsmodell"*).
→ Arbeitszeit (Lehrkräfte) D 1 und 2

Die Auswirkungen dieser Regelung seien am Beispiel einer Grundschullehrerin dargestellt, die das 60. Lebensjahr vollendet hat. Sie entschließt sich, alle 5 Vorgriffsstunden im letzten Dienstjahr in Anspruch zu nehmen (Kumulierung).
Dann lautet für sie die Rechnung:
Bisheriges Regelstundenmaß: 28
Zurückgegebene Vorgriffsstunden: − 5
Regelstundenmaß im letzten Dienstjahr: 23

Fall 1
Vollbeschäftigung
Ist sie in diesem letzten Dienstjahr vollzeitbeschäftigt, besitzt sie einen Anspruch auf zwei Stunden Altersermäßigung. Dann lautet die Rechnung:

---

*Bereits bei der Einführung der Vorgriffsstunde hatte das KM angekündigt, dass geringfügige Differenzen, die sich beim Wechsel zwischen Vollzeit und Teilzeit während der Anspar- bzw. Rückgabephase ergeben können, weder berücksichtigt noch ausgeglichen werden, weil damit ein „unvertretbarer Verwaltungsaufwand" verbunden wäre.

Regelstundenmaß im letzten Dienstjahr 23
minus 2 Stunden Altersermäßigung − 2
Unterricht im letzten Jahr: = 21
Sie muss also bei vollem Gehalt 21 Stunden Unterricht halten.

Fall 2
Teilzeitbeschäftigung („Reduzierungsmodell")
Sie reduziert ihr Deputat um zwei Stunden (Teilzeit) auf 21 von 23 Stunden. Da sie in diesem Fall bezüglich der Altersermäßigung als vollzeitbeschäftigt gilt, hat sie Anspruch auf 2 Stunden Altersermäßigung. Dann lautet die Rechnung:

Regelstundenmaß im letzten Dienstjahr 23
minus 2 Stunden Teilzeit − 2
minus 2 Stunden Altersermäßigung − 2
Unterricht im letzten Dienstjahr: = 19
Sie muss also 19 Stunden unterrichten; ihr Gehalt beträgt 21/23.

Fall 3
Teilzeitbeschäftigung (Rückgabe in Geld)
Ist sie teilzeitbeschäftigt, z.B. mit 16 von 23 Stunden, lautet die Rechnung:

Regelstundenmaß im letzten Dienstjahr 23
minus 7 Stunden Teilzeit − 7
minus 1 Stunde Altersermäßigung − 1
Unterricht im letzten Dienstjahr: = 15
Sie muss also 15 Stunden unterrichten, erhält aber 16/23 des Gehalts.
Die Rückgabe kommt also in Form von Geld an.

Fall 4
Teilzeitbeschäftigung (Rückgabe in Zeit)
Möchte sie nicht Geld, sondern Stunden haben, um ihre Belastung im letzten Dienstjahr zu verringern, könnte sie ihre Teilzeit noch weiter reduzieren, z.B. auf 11,5 von 23 Stunden (weniger geht nicht, denn „unterhälftige" Teilzeit ist nicht zulässig). Dann lautet die Rechnung:

Regelstundenmaß im letzten Dienstjahr 23
minus 11,5 Stunden Teilzeit − 11,5
minus 1 Stunde Altersermäßigung − 1
Unterricht im letzten Dienstjahr: = 10,5
Sie muss nur noch 10,5 Stunden unterrichten (die Rückgabe kommt also in Form von Zeit an), erhält aber 11,5/23 des Gehalts.
Hinweis: Bei Teilzeitbeschäftigung sind auch halbe Stunden zulässig; es wird z.B. in einem Schulhalbjahr eine Stunde erteilt (beispielsweise eine AG), in der zweiten Hälfte entfällt diese Stunde.

Fall 5
Sonderfälle bei Kumulation und Sabbatjahr sowie Ruhestand vor 2013
Lehrkräfte, die heute 55 Jahre und älter sind, wählen häufig das Sabbatmodell, oft auch in der kumulierten Form, um früher aufhören zu können → siehe Teilzeit (Sabbatjahr). Hier ist eine sehr gründliche Planung angebracht, z.B. weil eine Überlagerung von „Jahren der vollen Freistellung" mit der Rückgabe der Vorgriffsstunde vermieden werden muss und weil diese Lehrkräfte oft in der Ansparphase des Sabbatjahres 60 Jahre alt werden und eine Altersermäßigung erhalten. Da hier nicht alle denkbaren Fallkonstellationen dargestellt werden können, soll die Komplexität an einem Beispiel verdeutlicht werden:

Eine im Mai 1950 geborene Grundschul-Lehrkraft hat im Schuljahr 2007/08 ein 5/6-Sabbatmodell auf der Basis von 25/28 Stunden begonnen (damit ist sie während der gesamten Laufzeit des Sabbatjahres an ihr individuelles Teilzeit-Deputat von 25 Stunden gebunden). Das Schuljahr 2012/13 ist ihr „Jahr der vollen Freistellung", am 1.8.2013 will sie auf Antrag nach Vollendung des 63. Lebensjahrs in den Ruhestand treten.

Sie muss jetzt ihre insgesamt fünf Vorgriffsstunden auf die vier Anspar-Schuljahre 2008/09, 2009/10, 2010/11 und 2011/12 verteilen, denn es ist unsinnig (s.o.), Vorgriffsstunden in das „Jahr der vollen Freistellung" zu legen. Dabei muss sie die Kumulation in mehr als drei Vorgriffsstunden vermeiden, denn maximal darf sie auf 25/25 Wochenstunden kommen. Außerdem sollte sie ab dem Schuljahr, in dem sie den 60. Geburtstag feiert (2009/10), nicht unter 25/27 Wochenstunden kommen, denn mit 25/28 gälte sie bezüglich der Altersermäßigung als teilzeitbeschäftigt und würde eine ihrer beiden Ermäßigungsstunden verlieren.

Eine sinnvolle Lösung wäre für diese Kollegin: In den Schuljahren 2008/09 bis 2010/11 nimmt sie jeweils eine Vorgriffsstunde und hat folglich in diesen drei Jahren ein Deputat von 25/27 Stunden. In ihrem letzten Arbeitsjahr 2011/12 nimmt sie 2 Vorgriffsstunden und hat damit in diesem Jahr ein Deputat von 25/26 Stunden.

6.
Fingerspitzengefühl ist gefragt
Die Schulen müssen in jenen Fällen, wo bei der Rückgabe das Deputat in einem Schuljahr variiert, jeweils eine individuelle Lösung finden, damit ein sinnvoller Einsatz über das gesamte Jahr gewährleistet ist.

Dies lässt sich nicht zentral vorgeben, sondern die Lehrkräfte und die Schulleitung müssen sich verständigen, wie die Anteile am besten in Anspruch genommen werden. Ziel muss die Einigung auf eine beidseitig akzeptierte Lösung sein; keinesfalls sollte das Vorgriffsstundenmodell dadurch belastet werden, dass die Schulleitung einseitig die Lösung vorgibt oder der Lehrkraft aufoktroyiert.

Man sollte dies in der Gesamtlehrerkonferenz und – soweit an der Schule vorhanden – mit dem Personalrat erörtern.

→ Arbeitszeit (Lehrkräfte) Teil A Nr. IV

→ Arbeitszeit (Allgemeines); → Arbeitszeit (Lehrkräfte) Teil A Nr. IV und V; → Mehrarbeit (Vergütung); → Stellenwirksame Änderungsanträge; → Teilzeit / Urlaub (Beamtenrecht)

Arbeitszeugnis / Dienstzeugnis

Hinweise der Redaktion

1. Arbeitnehmerinnen und Arbeitnehmer (Arbeitszeugnis)

Bei Beendigung des Arbeitsverhältnisses haben Arbeitnehmerinnen und Arbeitnehmer einen tarifvertraglich abgesicherten Anspruch auf ein schriftliches Zeugnis über Art und Dauer ihrer Tätigkeit; es muss sich auch auf Führung und Leistung erstrecken (Endzeugnis).

→ Tarifvertrag (Länder) § 35

Diesen Anspruch haben nicht nur Tarifbeschäftigte, sondern auch aushilfsweise oder als Nebenlehrer/innen Beschäftigte, auch nach einer nur kurzfristigen Tätigkeit. Dieses Arbeitszeugnis muss den gesetzlichen Anforderungen entsprechen. In der für alle Arbeitnehmer/innen geltenden Gewerbeordnung (§ 109) ist u.a. verfügt, dass es mindestens Angaben zu Art und Dauer der Tätigkeit enthalten muss (*„einfaches Zeugnis"*). Der/die Arbeitnehmer/in kann verlangen, dass sich die Angaben darüber hinaus auf Leistung und Verhalten im Arbeitsverhältnis erstrecken (*„qualifiziertes Zeugnis"*). Das Zeugnis muss klar und verständlich formuliert sein. Es darf keine Merkmale oder Formulierungen enthalten, die den Zweck haben, eine andere als aus der äußeren Form oder aus dem Wortlaut ersichtliche Aussage über den Arbeitnehmer zu treffen. Die Erteilung des Zeugnisses in elektronischer Form ist ausgeschlossen.

Bei Lehrkräften im öffentlichen Schuldienst ist das Regierungspräsidium „einstellende Behörde"; es ist damit dafür verantwortlich, dass bei Beendigung des Arbeitsverhältnisses die erforderlichen Unterlagen ausgehändigt werden. Dazu gehören neben der Steuerkarte und dem Sozialversicherungsausweis auch das Arbeitszeugnis. Hierzu muss das RP
- entweder das Arbeitszeugnis beim Schulleiter bzw. der Schulleiterin anfordern
- oder beim Schulleiter / der Schulleiterin die erforderlichen Angaben dafür anfordern und das Zeugnis selbst erstellen.

Schulleitungen und Beschäftigte verwechseln das Arbeitszeugnis nicht selten mit einer dienstlichen Beurteilung. Diese ist aber kein „Arbeitszeugnis" im rechtlichen Sinne; die Erstellung einer Anlassbeurteilung kann deshalb höchstens als inhaltliche Basis für ein Arbeitszeugnis dienen.

→ Dienstliche Beurteilung (Lehrkräfte) Nr. III,1.2

Die Beurteilung der Beschäftigten des Schulträgers (z.B. Hausmeister, Schulsekretärin usw.) obliegt dem Schulträger; dieser kann solche Aufgaben nicht auf die Schulleiter/innen übertragen. Diese sind lediglich gehalten, an der Beurteilung des Schulträgerpersonals mitzuwirken und einen Beitrag mit eigenen Erkenntnissen beizusteuern, der im Wesentlichen Grundlage der Beurteilung werden kann, da sie über ihr Weisungsrecht aus § 41 Schulgesetz jedenfalls die konkreten Arbeitsabläufe beeinflussen können. (Quelle: KM, 2.4.2008)

Zwischenzeugnis

Außer auf ein qualifiziertes Zeugnis anlässlich des Ausscheidens besitzen Arbeitnehmer/innen auch während des Arbeitsverhältnisses einen Anspruch auf ein Zwischenzeugnis, wenn hierfür ein berechtigtes Interesse vorliegt; dieses liegt vor
- bei Änderungen im Arbeitsverhältnis,
- bei betrieblichen Veränderungen (Versetzung in einen anderen Bereich, Übernahme einer anderen Tätigkeit, Wechsel des Vorgesetzten, angekündigte Kündigung des Arbeitsverhältnisses),
- bei persönlichen Veränderungen (Unterbrechung der Beschäftigung aufgrund von Elternzeit, Freistellung als Personalrat, Bewerbung bei einem anderen Arbeitgeber),
- zur Vorlage bei Banken, Behörden oder für Fortbildungsmaßnahmen.

Obwohl das Gesetz nur die Erstellung eines „einfachen" Zwischenzeugnisses vorschreibt (Bescheinigung über Dauer, Art und Umfang der Beschäftigung), wird heute in der Regel jedoch allen Arbeitnehmer/innen auf deren Wunsch ein „qualifiziertes" Zwischenzeugnis mit Aussagen über die Leistung und das Sozial- bzw. Führungsverhalten der/des Beschäftigten ausgestellt.

2. Beamtinnen und Beamte (Dienstzeugnis)

Nach § 51 Landesbeamtengesetz wird Beamtinnen und Beamten auf ihren Antrag nach Beendigung des Beamtenverhältnisses, beim Wechsel des Dienstherrn oder zum Zweck der Bewerbung um eine Stelle bei einem anderen Dienstherrn oder außerhalb des öffentlichen Dienstes vom letzten Dienstvorgesetzten ein Dienstzeugnis erteilt. Das Dienstzeugnis muss Angaben über Art und Dauer der bekleideten Ämter sowie auf Verlangen auch über die ausgeübte Tätigkeit und die Leistung enthalten.

→ Beamtengesetz § 51

Unter „Wechsel des Dienstherrn" ist z.B. auch ein beabsichtigter Wechsel zu einem anderen Arbeitgeber oder in den Auslandsschuldienst zu verstehen. Insofern ist auch im Beamtenbereich die Erteilung eines Zwischenzeugnisses nicht nur anlässlich des Ausscheidens möglich. Als Basis hierfür ist die Erstellung einer Anlassbeurteilung möglich.

→ Dienstliche Beurteilung (Lehrkräfte) Nr. III,1.2

→ Beamtengesetz § 51; → Dienstliche Beurteilung (Lehrkräfte) Nr. I und III.1.2; → Tarifvertrag (Länder) § 35

Archivierung/Aufbewahrungsfristen

Hinweise der Redaktion auf Vorschriften und Mitteilungen des Kultusministeriums

1. Allgemeines – Lehrerakten

- Für <u>Personalakten</u> der Lehrkräfte siehe
  → Beamtengesetz § 83 ff.); → Personalakten.
- Für Unterlagen der <u>Personalvertretung</u> gilt das
  → Personalvertretungsgesetz § 65.
- Unfallmeldungen müssen 5 Jahre lang aufbewahrt werden; vgl. → Erste Hilfe.
- Zur Datenlöschung auch die Verwaltungsvorschrift → Datenschutz (Schulen) beachten.

2. Landesarchivgesetz

Nach § 3 Abs. 1 Landesarchivgesetz sind alle Unterlagen, die zur Erfüllung der Aufgaben nicht mehr benötigt werden, dem zuständigen Staatsarchiv zur Übernahme anzubieten. Unabhängig davon sind alle Unterlagen spätestens 30 Jahren nach ihrer Entstehung dem Staatsarchiv anzubieten, sofern durch Rechtsvorschriften oder Verwaltungsvorschriften der obersten Landesbehörden nicht längere Aufbewahrungsfristen vorgesehen sind. ...

3. Schulakten / Schülerakten

Aufbewahrungsfristen für schulische Unterlagen; Schreiben des KM vom 16.2.1987, Nr. 6630.9/1

Das Ministerium hat in keiner generellen Regelung festgelegt, wie lange die Schulen ihre verschiedenen Unterlagen aufbewahren müssen. Zu den Aufbewahrungsfristen für schulische Unterlagen ist Folgendes festzustellen:

1. Zur Aufbewahrung von Klassenarbeiten gibt es seit der ... NotenbildungsVO keine Regelung mehr. Wenn die Gesamtlehrerkonferenz mit Zustimmung der Schulkonferenz keine Regelung über die Dauer der Aufbewahrung trifft, ist die Entscheidung darüber in das Ermessen des Fachlehrers gestellt ... .
   → Notenbildungsverordnung

2. Die Aufbewahrung von Prüfungsunterlagen ist in verschiedenen Prüfungsordnungen geregelt (...). Aus diesen Bestimmungen ergibt sich der allgemeine Grundsatz, dass Prüfungsniederschriften und Prüfungsarbeiten nach Ablauf von drei Jahren seit der Schlusssitzung vernichtet werden können. Unterlagen, die für die Ausstellung von Zweitschriften der Prüfungs- oder Abgangszeugnisse notwendig sind, sollten länger aufbewahrt werden, damit bei einem etwaigen Verlust die Ausstellung einer Zweitschrift noch möglich ist. Hier erscheinen 30 Jahre angemessen (vgl. Ziff. 3).

   Hinweise der Redaktion:
   1. Hierzu bitte die Vorschriften über die Abschlussprüfungen und über die Abiturprüfung beachten (z.B.
      → Gymnasium – Abitur / NGVO; § 26 Abs. 3).
   2. Dazu gehören auch die Begründungen der Erst- und Zweitkorrektoren (Quelle: Schreiben des KM vom 30.3.1999, AZ: IV/1-6630.1/21)
      → Datenschutz (Schulen)

3. Für Schülerkarteikarten wurden keine Mindestaufbewahrungsfristen festgelegt. Aus der Verwaltungsvorschrift ... → Datenschutz (Schulen) ... ergibt sich jedoch, dass die Schulen personenbezogene Daten zu sperren haben, wenn ihre Kenntnis zur rechtmäßigen Erfüllung der jeweiligen Aufgabe der Schule nicht mehr erforderlich ist, und dass diese Daten von Amts wegen in der Regel spätestens nach 50 Jahren, nachdem der Schüler die Schule verlassen hat, zu löschen sind.

Hinweise der Redaktion:
1. Klassen- und Kurstagebücher werden nach Ablauf der folgenden fünf Schuljahre vernichtet.
   → Klassenbücher Nr. 5
2. Die Löschung personenbezogener Daten (dazu gehören auch die Abschriften von Abgangs- und Abschlusszeugnissen sowie die Schülerkarteikarten) unterbleibt, „wenn Grund zur Annahme besteht, dass durch sie schutzwürdige Interessen der Betroffenen beeinträchtigt würden" (Landesdatenschutzgesetz § 19 Abs. 1). Da auch nach Jahrzehnten die Rekonstruktion von Schulabschlüssen im Interesse der Betroffenen liegen kann (z.B. Hauptschulabschluss für eine handwerkliche Meisterprüfung), dürfen solche Unterlagen erst nach einer ausreichenden Frist (50 Jahre) „gelöscht" werden. Hingegen dürfen z.B. die Prüfungsarbeiten, die diesem Zugrunde liegen, nicht länger als erforderlich „gespeichert" werden.
   → Bildungsberatung Ziff. IV.3; → Datenschutz (Schulen) Nr. II.6; → Erste Hilfe

→ Beamtengesetz §§ 83 ff.; → Datenschutz (LDSG); → Datenschutz (Schulen); → Erste Hilfe; → Klassenbücher Ziff. 5;
→ Notenbildungsverordnung; → Personalakten; → Zeugnisse

Hätten Sie's gewusst?
Meldefrist für den Ersatz von Sachschäden

Lehrkräfte müssen Dienst- bzw. Arbeitsunfälle unverzüglich melden (auf dem Dienstweg beim Regierungspräsidium). Für den Sachschadenersatz beträgt die Meldefrist drei Monate, bei Beschädigung eines abgestellten (geparkten) Pkw nur <u>einen</u> Monat (Achtung: Das ist eine Ausschlussfrist!).

→ Beamtenversorgung (Unfallfürsorge); → Sachschäden; → Unfälle

Aufnahmeverfahren (Orientierungsstufe)

Aufnahmeverfahren für die auf der Grundschule aufbauenden Schularten; Orientierungsstufe; Verwaltungsvorschrift des Kultusministeriums vom 5.11.2000 (KuU S. 329/2000); zuletzt geändert 11.11.2010 (KuU S. 199/2010)

I.
Vorbemerkungen

1. Ziel des im Schuljahr 1979/80 eingeführten neuen Aufnahmeverfahrens ist es, Erziehungsberechtigte und Schüler durch gut fundierte Bildungsempfehlungen bei der Wahl des dem Schüler entsprechenden Bildungsweges zu unterstützen. Die Wahl zwischen den verschiedenen auf der Grundschule aufbauenden Schularten ist in einem gegliederten, differenzierten Bildungswesen, wie es Baden-Württemberg besitzt, eine wichtige Entscheidung. Allerdings handelt es sich hierbei um eine Entscheidung, die es Hauptschülern, Werkrealschülern, Realschülern und Gymnasiasten – entsprechend der Durchlässigkeit und den Kooperationsmöglichkeiten unseres Schulwesens – ermöglicht, auch später erneut den für sie geeignetsten Bildungsweg zu wählen. Mögliche Wege zur Erlangung eines höherwertigen Schulabschlusses sollten bei der Beratung in angemessener Weise einbezogen werden.

2. Die in Baden-Württemberg eingeführte schulartabhängige Form der Orientierungsstufe erleichtert vor allem denjenigen Schülern, für die am Ende der Klasse 4 noch keine klare Schullaufbahnentscheidung getroffen werden kann, einen Schulartwechsel während der Klassen 5 und 6. Hierbei handelt es sich zwar nur um eine Minderheit von Schülern; für sie ist aber die Durchlässigkeit zwischen den Schularten für eine mögliche bzw. notwendige Laufbahnkorrektur besonders wichtig.

Hinweis der Redaktion: Diese Verordnung bezieht sich auf den Schulwechsel innerhalb des baden-württembergischen Regelschulwesens. Auf Schüler/innen aus anerkannten Ersatzschulen oder aus Regelschulen anderer Bundesländer sind die gleichen Regularien anzuwenden; die abgebende Grundschule erstellt also eine Bildungsempfehlung usw. Bei Schüler/innen aus anderen Bildungssystemen – z.B. Ausland oder auch Waldorfschulen (!) – nimmt die aufnehmende Schule eine individuelle Leistungsbesichtigung/-überprüfung vor.

II.
Aufnahmeverfahren für die auf der Grundschule aufbauenden Schularten

1.
Informationsveranstaltungen

Die Erziehungsberechtigten der Schüler der vierten Grundschulklasse sind im ersten Schulhalbjahr der Klasse 4 in Informationsveranstaltungen über Bildungsauftrag, Arbeitsweisen und Leistungsanforderungen der auf der Grundschule aufbauenden Schularten zu unterrichten und zu beraten; dabei soll auch aufgezeigt werden, wie die verschiedenen Schularten zu anschließenden Bildungs- und Ausbildungsgängen – vor allem auch in beruflichen Schulen – weiterführen und welche Berechtigungen sie vermitteln. Die Veranstaltungen werden vom Schulleiter der jeweiligen Grundschule einberufen und geleitet. Er lädt jeweils einen Schulleiter einer Hauptschule oder einer Werkrealschule, einer Realschule, eines Gymnasiums und einer beruflichen Schule sowie den Elternbeiratsvorsitzenden der Grundschule zu diesen Veranstaltungen ein. Er kann einen Beratungslehrer beiziehen. Der Klassenlehrer nimmt teil.

2. Orientierungsarbeiten *(aufgehoben)*
→ Vergleichsarbeiten

3.
Grundschulempfehlung
(vergl. § 4 der Aufnahmeverordnung)

3.1 Die Klassenkonferenz empfiehlt jedem Schüler die für ihn geeignete Schullaufbahn (Grundschulempfehlung). Bei der Erstellung der Grundschulempfehlung berücksichtigt die Klassenkonferenz das Lern- und Arbeitsverhalten des Schülers, die Art und Ausprägung seiner Leistungen sowie seine bisherige Entwicklung. Wenn erforderlich, soll der Klassenkonferenz eine Aussprache des Klassenlehrers mit den Erziehungsberechtigten vorausgegangen sein. Über das Ergebnis der Aussprache berichtet der Klassenlehrer der Klassenkonferenz.

3.2 Die Grundschulempfehlung wird ausgesprochen für Werkrealschule, Hauptschule bzw. Werkrealschule, Hauptschule oder Realschule bzw. Werkrealschule, Hauptschule oder Realschule oder Gymnasium. Die Grundschulempfehlung wird den Erziehungsberechtigten auf einem Formblatt in doppelter Ausfertigung übersandt. Die Mehrfertigung dient ihnen zur Anmeldung des Schülers bei der aufnehmenden Schule. Wegen der weiteren Einzelheiten wird auf § 4 der Aufnahmeverordnung verwiesen.

Das Anmeldezeugnis wird in Form einer Liste aufgestellt und dient als Grundlage für die Erstellung der Grundschulempfehlung; es wird nicht auf einem Zeugnisformular an die Eltern ausgegeben. Wenn sich der betreffende Schüler einer Aufnahmeprüfung unterziehen muss, wird das Anmeldezeugnis auf der Rückseite des Blattes 4 des für die Aufnahmeprüfung vorgesehenen Formulars derjenigen Grundschule, Grund- und Hauptschule oder Grund- und Werkrealschule, an der die Prüfung stattfindet, mitgeteilt. Gegebenenfalls sind besondere Hinweise der abgebenden Grundschule über das Kind (z.B. Schüler nimmt an besonderen Fördermaßnahmen im Fach Deutsch teil) zusammen mit dem Anmeldezeugnis an die prüfende Schule zu geben.

3.3 Sofern die Erziehungsberechtigten dies wünschen, findet eine Aussprache über die Empfehlung mit dem Klassenlehrer statt. Der Mitteilung der Grundschulempfehlung an die Erziehungsberechtigten wird ein Formblatt Rückmeldung beigefügt. Auf diesem werden die Erziehungsberechtigten darauf hingewiesen, dass der Grundschule mitzuteilen ist, ob sie ihr Kind bei einer der Grundschulempfehlung entsprechenden Schulart anmelden wollen bzw. ob sie von der Empfehlung abweichen und ihr Kind an einem besonderen Beratungsverfahren oder ohne dieses unmittelbar an der Aufnahmeprüfung teilnehmen lassen wollen.

4.
Gemeinsame Bildungsempfehlung
(vergl. § 5 der Aufnahmeverordnung)

4.1 Die Grundschule teilt den Erziehungsberechtigten, die von der Grundschulempfehlung abweichen wollen und die Teilnahme ihres Kindes an einem besonderen Beratungsverfahren wünschen, den Termin für die Testdurchführung mit. Die technische Durchführung obliegt den jeweiligen Grundschulen. Nach Abstimmung mit dem zuständigen Staatlichen Schulamt können die Schüler mehrerer Grundschulen gemeinsam am Testverfahren teilnehmen.

4.2 Im Rahmen dieses besonderen Beratungsverfahrens führt ein Beratungslehrer zwei verschiedene allgemeine Begabungstests durch, die landesweit einheitlich festgelegt und nach den vorgegebenen Normen ausgewertet werden. In Ausnahmefällen kann die Testdurchführung einem anderen damit vertrauten Lehrer übertragen werden.

Die Grundschule informiert den Beratungslehrer über das Arbeits-, Lern- und Sozialverhalten des jeweiligen Schülers.

4.3 Ausgehend von der Grundschulempfehlung und den Ergebnissen der Begabungstests führen der Klassenlehrer und der Beratungslehrer mit den Erziehungsberechtigten – soweit diese es wünschen – ein Beratungsgespräch. Die Erziehungsberechtigten sind darauf hinzuweisen.

4.4 Im Anschluss an das Beratungsgespräch wird von der Klassenkonferenz, an der der Beratungslehrer mit Stimmrecht teilnimmt, die Gemeinsame Bildungsempfehlung beschlossen.

Hinsichtlich des Inhalts gelten die Kategorien der Grundschulempfehlung (vergl. Ziff. 3.2). Die Gemeinsame Bildungsempfehlung wird den Erziehungsberechtigten auf einem Formblatt in doppelter Ausfertigung übersandt. Die Mehrfertigung dient ihnen zur Anmeldung des Schülers bei der aufnehmenden Schule. Der Gemeinsamen Bildungsempfehlung ist ein Formblatt für die Rückmeldung beigefügt. Auf diesem werden die Erziehungsberechtigten darauf hingewiesen, dass der Grundschule mitzuteilen ist, ob sie ihr Kind bei einer der Gemeinsamen Bildungsempfehlung entsprechenden Schulart anmelden bzw. ob sie von der Empfehlung abweichen und ihr Kind an der Aufnahmeprüfung teilnehmen lassen wollen.

5.
Aufnahme in die Orientierungsstufe

5.1 Zum vorgesehenen Termin melden die Erziehungsberechtigten ihr Kind unter Angabe der Grundschulempfehlung bzw. der Gemeinsamen Bildungsempfehlung bei der aufnehmenden Hauptschule, Werkrealschule, Realschule bzw. beim aufnehmenden Gymnasium an.

Erfüllt das Kind gemäß Grundschulempfehlung bzw. Gemeinsamer Bildungsempfehlung die Voraussetzungen für die Aufnahme in die gewünschte Schulart nicht, muss es sich einer Aufnahmeprüfung unterziehen. Wegen der näheren Einzelheiten wird auf §§ 6 bis 10 der Aufnahmeverordnung verwiesen. Für Erziehungsberechtigte, deren Kind eine Aufnahmeprüfung abzulegen hat, wird ein gesonderter Meldetermin nach Abschluss der Aufnahmeprüfung festgelegt (vergl. § 2 der Aufnahmeverordnung). Die aufnehmende Schule teilt der abgebenden Grundschule die Aufnahme des Schülers mit.

Die Erziehungsberechtigten sind bei der Anmeldung ihrer Kinder, falls es gewünscht wird, über den weiteren Bildungsweg an der weiterführenden Schule zu beraten.

5.2 Falls bei einzelnen Schülern mit besonderen Schwierigkeiten beim Erlernen des Lesens und des Rechtschreibens die besonderen Fördermaßnahmen im Fach Deutsch in Klasse 5 fortgesetzt werden sollen, teilt der Schulleiter der Grundschule dies formlos auf einem gesonderten Blatt der aufnehmenden Schule mit.

III.
Die Orientierungsstufe

1.
Personaler Bezug

Der personale Bezug, der die Grundschularbeit weitgehend prägt, ist in den Klassenstufen 5 und 6 nach Möglichkeit fortzuführen.

Dem Klassenlehrer dieser Klassenstufen obliegen hierbei besonders wichtige Aufgaben. Er soll daher seine Klasse möglichst in wenigstens 4 Wochenstunden unterrichten. U.a. informiert der Klassenlehrer die Schüler seiner Klasse zu Schuljahresbeginn über die Unterrichtsarbeit der Schule und der Klassenstufe. Er beobachtet in Zusammenarbeit mit den in der Klasse unterrichtenden Fachlehrern und dem Schulleiter die Persönlichkeits- und Leistungsentwicklung der Schüler seiner Klasse und stellt, falls dies erforderlich ist, Kontakte mit den Eltern her.

2.
Fördermaßnahmen

Während der Klassenstufen 5 und 6 werden Fördermaßnahmen angeboten. Der Förderunterricht wird in den Fächern Deutsch, Fremdsprache und Mathematik erteilt. Mit dem Förderunterricht sollen insbesondere Laufbahnkorrekturen innerhalb der Orientierungsstufe vorbereitet oder/und abgesichert sowie vorübergehende Lücken einzelner Schüler geschlossen werden.

Eine Teilnahme am Förderunterricht kann daher nur in einem zeitlich begrenzten Umfang – von in der Regel ca. 6 Wochen – erfolgen.

Beim Förderunterricht können Schüler aus Parallelklassen zusammengenommen werden. Die Gruppengröße sollte mindestens acht, höchstens 16 Schüler betragen. Die gleichzeitige Teilnahme derselben Schüler am Förderunterricht in drei Fächern ist nicht zulässig. Der Förderunterricht darf nicht die Funktion von Nachhilfestunden erhalten.

3.
Beratungslehrereinsatz in der Orientierungsstufe

Der Tätigkeit der Beratungslehrer kommt in der Orientierungsstufe besondere Bedeutung zu, um kontinuierlich erforderliche Korrekturen der Schullaufbahn durch Beratung der Eltern zu erleichtern.

→ Bildungsberatung

4.
Kontakt zwischen Schule und Elternhaus

Besonders in den Klassenstufen 4 bis 6 ist ein enger Kontakt zwischen Schule und Elternhaus erforderlich. Durch verstärkte Information und Beratung der Eltern sowie durch Informationen, die die Eltern der Schule über die Entwicklung ihrer Kinder geben können, kann eine mögliche bzw. notwendige Laufbahnkorrektur erkannt bzw. vorbereitet werden.

Zur Verbesserung der Elterninformation bieten sich vor allem eine Verstärkung der Arbeit der Klassenpflegschaft an (§ 56 SchG).

5.
Schullaufbahnkorrekturen und Wiederholungsmöglichkeit innerhalb der Orientierungsstufe

5.1 Am Ende eines Schulhalbjahres der Orientierungsstufe kann unbeschadet § 1 Abs. 5 der Realschulversetzungsordnung oder der Versetzungsordnung Gymnasien eine Bildungsempfehlung ausgesprochen werden. Dies gilt insbesondere, wenn erwartet werden kann, dass ein Schüler den Anforderungen einer anderen Schulart voraussichtlich gerecht werden bzw. den Anforderungen der besuchten Schulart voraussichtlich nicht mehr entsprechen kann. Hierbei orientiert sich die Klassenkonferenz an der multilateralen Versetzungsordnung ... bzw. an der für die jeweilige Schulart geltenden Versetzungsordnung. Soweit möglich, nimmt der Beratungslehrer an der Sitzung der Klassenkonferenz mit beratender Stimme teil.

Vorsitzender der Klassenkonferenz in den o.a. Fällen ist der Schulleiter. Der Vorsitzende ist stimmberechtigt, bei Stimmengleichheit gibt seine Stimme den Ausschlag.

→ Multilaterale Versetzungsordnung

Die Bildungsempfehlung wird den Erziehungsberechtigten in schriftlicher oder mündlicher Form mitgeteilt. Die Entscheidung über einen eventuellen Wechsel treffen die Erziehungsberechtigten.

Wurde eine Empfehlung nach § 1 Abs. 5 der Realschulversetzungsordnung oder der Versetzungsordnung Gymnasien ausgesprochen, findet, sofern die Erziehungsberechtigten dies wünschen, vor einem Schulwechsel ein Beratungsgespräch mit der Schule statt, an dem auch ein Lehrer der entsprechenden Klasse der aufnehmenden Schule teilnimmt.

5.2 Jeweils am Ende des zweiten Halbjahres der Klassenstufen 5 und 6 erfolgt eine Versetzungsentscheidung.

5.3 Die Wiederholungsmöglichkeit innerhalb der Klassenstufen 5 und 6 richtet sich nach der geltenden Versetzungsordnung. Wird es von den Erziehungsberechtigten gewünscht, kann ein Schüler anstelle der Wiederholung einer Klassenstufe der besuchten Schulart auch in die nächsthöhere Klassenstufe einer anderen Schulart vorrücken, soweit er die Voraussetzungen hierzu nach der multilateralen Versetzungsordnung erfüllt.

6.
Die Klassenkonferenz

Die Klassenkonferenz soll die sich aus der laufenden Unterrichtsarbeit ergebenden Fragen in regelmäßigen Abständen beraten. Pro Schulhalbjahr ist neben den Zeugnis- und Versetzungskonferenzen wenigstens eine Klassenkonferenz durchzuführen; kleine Schulen können ausnahmsweise hiervon absehen, sofern sich ihnen eine geeignetere Möglichkeit bietet.

Hierbei sollten insbesondere erörtert werden:
- Arbeitsverhalten und Motivation der Klassen und einzelner Schüler bzw. Schülergruppen
- Aussprache über Fragen der Unterrichtsstile und der Unterrichtsorganisation
- Einübung von Lern- und Arbeitstechniken
- Abstimmung von Hausaufgaben
- Verfahren zur Abstimmung der Termine für Klassenarbeiten und sonstige schriftliche Wiederholungen
- Entwicklung sozialer Aktivitäten innerhalb der Klasse
- Vorbereitung und Durchführung der Elterninformationen
- Vorbereitung von Einzelentscheidungen über die Korrektur eines Bildungsganges.

Die Abstimmung der Maßstäbe für die Leistungsbeurteilung ist im Rahmen der hierfür vorgesehenen Stufen- und Fachkonferenzen zu beraten. Dasselbe gilt für die Stoffverteilung aufgrund des Bildungsplans.

7.
Zusammenarbeit zwischen den Schularten

7.1 Zur Erörterung der ihre Schulen gemeinsam berührenden Fragen muss zwischen den Leitern der auf der Grundschule aufbauenden Schulen und der in deren Einzugsbereich liegenden Grundschulen mindestens ein Informationsgespräch pro Schuljahr stattfinden. Hierbei sollen vor allem Fragen der Lernmittel, der Elterninformation, der Anwendung der Regelungen für das Aufnahmeverfahren und die Orientierungsstufe, der schulartübergreifenden Lehrerkontakte sowie der Organisation von Unterrichtshospitationen erörtert werden. Es empfiehlt sich, für alle Fragen der Zusammenarbeit zwischen den Schulen einen Koordinator zu benennen. Die Leiter der Staatlichen Schulämter werden gebeten, mit den Leitern der Gymnasien eine sinnvolle Zuordnung von kooperierenden Schulen zu vereinbaren und eine konkrete Zusammenarbeit zwischen diesen Schulen in die Wege zu leiten.

7.2 Soweit es die örtlichen Gegebenheiten zulassen, ist schulartübergreifender Lehrereinsatz möglich.

7.3 Die Lehrer, die in den Klassen 4 der Grundschulen und in den Klassenstufen 5 und 6 der auf der Grundschule aufbauenden Schularten unterrichten, sollen in jedem Schuljahr gegenseitige Kontakte aufnehmen. Diese dienen vor allem der gegenseitigen Information über Ziele, Grundlagen und Methoden des Fachunterrichts. Erforderlich ist die Kenntnis des für die benachbarten Schularten maßgeblichen Bildungsplans sowie der verwendeten Lehr- und Lernmittel. Möglichkeiten für eine verstärkte gegenseitige Abstimmung im Rahmen der Lehrpläne, die sich bei den schulartübergreifenden Kontakten aufzeigen, sollten Grundlage für die weitere Arbeit sein. Soweit gegenseitige Unterrichtshospitationen möglich sind, sollten sie von den Fachlehrern wahrgenommen werden, um einen unmittelbaren Eindruck in die Unterrichtspraxis der benachbarten Schulen zu gewinnen. Die bei der Durchführung von Hospitationen ggf. in Kauf zu nehmenden Unterrichtsausfälle sind auf ein Mindestmaß zu beschränken.

Die Lehrerkontakte und Unterrichtshospitationen gelten als Dienstgeschäfte.

7.4 In der Orientierungsstufe sollten gemeinsame Fachkonferenzen der auf der Grundschule aufbauenden Schularten eingerichtet werden. Sie haben das Ziel, den Lehrkräften die Möglichkeit zu bieten, gemeinsame Aufgaben und Probleme, insbesondere fachspezifische Fragen (z.B. Abstimmung der Unterrichtsplanung und -durchführung, der Maßstäbe bei der Leistungsbeurteilung, des Einsatzes von Lehr- und Lernmitteln) zu erörtern. An diesen Fachkonferenzen sollten alle Lehrer teilnehmen, die das entsprechende Fach an der Orientierungsstufe unterrichten.

→ Abschlüsse (Allgemeines); → Aufnahmeverordnung (Realschulen/Gymnasien); → Aufnahmeverordnung (Terminplan); → Bildungsberatung; → Notenbildungsverordnung § 9; → Klassenlehrer; → Konferenzordnung § 4;
→ Multilaterale Versetzungsordnung

Aufnahmeverordnung (Realschulen / Gymnasien)

Verordnung des KM über das Aufnahmeverfahren für die Realschulen und die Gymnasien der Normalform (Aufnahmeverordnung) vom 10.6.1983 (KuU S. 475); zuletzt geändert 11.11.2009 (KuU S. 205/2009)

1. Abschnitt: Allgemeines

§ 1
Aufnahmevoraussetzungen

(1) Nach Abschluss der Grundschule kann ein Schüler in die Klasse 5 der Realschule oder des Gymnasiums aufgenommen werden, wenn

1. der Wunsch der Erziehungsberechtigten mit der Grundschulempfehlung (§ 4 Abs. 2) oder mit der Gemeinsamen Bildungsempfehlung von Grundschule und Bildungsberatung (§ 5 Abs. 2) übereinstimmt oder

2. er die Aufnahmeprüfung bestanden hat.

(2) Eine Empfehlung für die Realschule beinhaltet auch eine Empfehlung für die Werkrealschule und Hauptschule. Eine Empfehlung für das Gymnasium beinhaltet auch eine Empfehlung für die Realschule und die Werkrealschule und Hauptschule.

§ 2
Anmeldung

(1) Die Erziehungsberechtigten melden ihr Kind schriftlich oder persönlich bei der Schule an, die ihr Kind ihrem Wunsch entsprechend nach Abschluss der Grundschule besuchen soll.

(2) Die Anmeldung ist vorzunehmen:

1. bei Schülern, die eine Grundschulempfehlung oder eine Gemeinsame Bildungsempfehlung für die gewünschte Schulart erhalten haben, nach deren Vorliegen,

2. bei Schülern, die die Aufnahmeprüfung ablegen, nach deren Bestehen für die gewünschte Schulart. ...

2. Abschnitt: Beratung

§ 3 Orientierungsarbeiten (aufgehoben)

§ 4
Anmeldezeugnis, Grundschulempfehlung

(1) Vor dem Meldetermin ist den Schülern der Klasse 4 der Grundschule ein Zeugnis über die im laufenden Schuljahr erzielten Leistungen in sämtlichen Unterrichtsfächern auszustellen (Anmeldezeugnis). Im Anmeldezeugnis sind die Noten für Deutsch und Mathematik bis auf eine Dezimalstelle, im Übrigen in ganzen Noten auszubringen.

(2) Mit der Beratung und Beschlussfassung über das Anmeldezeugnis spricht die Klassenkonferenz für jeden Schüler eine Empfehlung für den weiteren Schulbesuch in einer auf der Grundschule aufbauenden Schule aus. Sie ist den Erziehungsberechtigten schriftlich mitzuteilen.

(3) Voraussetzungen für eine Empfehlung für die Realschule sind, dass
1. der Schüler im Durchschnitt der Noten im Anmeldezeugnis in den Fächern Deutsch und Mathematik mindestens 3,0 erreicht hat und
2. das Lern- und Arbeitsverhalten des Schülers, die Art und Ausprägung seiner schulischen Leistungen auch in den übrigen Fächern *oder in den Fächerverbünden* sowie seine bisherige Entwicklung erwarten lassen, dass er den Anforderungen der Realschule entsprechen wird.

Eine Empfehlung für die Realschule kann ausnahmsweise auch dann ausgesprochen werden, wenn der Schüler den Notendurchschnitt nach Nr. 1 nicht hat, jedoch die Voraussetzungen von Nr. 2 in besonderer Weise erfüllt sind.

(4) Voraussetzungen für eine Empfehlung für das Gymnasium sind, dass
1. der Schüler im Durchschnitt der Noten im Anmeldezeugnis in den Fächern Deutsch und Mathematik mindestens 2,5 erreicht hat und
2. das Lern- und Arbeitsverhalten des Schülers, die Art und Ausprägung seiner schulischen Leistungen auch in den übrigen Fächern oder in den Fächerverbünden sowie seine bisherige Entwicklung erwarten lassen, dass er den Anforderungen des Gymnasiums entsprechen wird.

Eine Empfehlung für das Gymnasium kann ausnahmsweise auch dann ausgesprochen werden, wenn der Schüler den Notendurchschnitt nach Nr. 1 nicht erreicht hat, jedoch die Voraussetzungen von Nr. 2 in besonderer Weise erfüllt sind.

(5) Vorsitzender der Klassenkonferenz bei der Entscheidung über das Anmeldezeugnis und die Grundschulempfehlung nach Absatz 2 sowie über die Gemeinsame Bildungsempfehlung (§ 5 Abs. 2) ist der Schulleiter. Der Vorsitzende ist stimmberechtigt, bei Stimmengleichheit gibt seine Stimme den Ausschlag.

§ 5
Gemeinsame Bildungsempfehlung

(1) Schüler, bei denen der Wunsch der Erziehungsberechtigten und die Grundschulempfehlung nicht übereinstimmen, können auf Antrag der Erziehungsberechtigten an einem besonderen, vom Kultusministerium festzulegenden Beratungsverfahren teilnehmen.

(2) Die Klassenkonferenz hat eine Gemeinsame Bildungsempfehlung über Grundschule und Bildungsberatung auszusprechen. Ihr sind die in § 4 Abs. 3 Satz 1 Nr. 2 und § 4 Abs. 4 Satz 1 Nr. 2 genannten Beurteilungskriterien unter Berücksichtigung des Ergebnisses des besonderen Beratungsverfahrens zugrunde zu legen. Der Beratungslehrer oder der Lehrer, der das besondere Beratungsverfahren durchgeführt hat, nimmt mit Stimmrecht an der Klassenkonferenz teil. Die Gemeinsame Bildungsempfehlung ist den Erziehungsberechtigten schriftlich mitzuteilen.

3. Abschnitt: Aufnahmeprüfung

§ 6
Allgemeines

(1) Die Aufnahmeprüfung besteht aus einer schriftlichen und einer mündlichen Prüfung. Die Termine werden vom Kultusministerium festgelegt.

(2) Die Schüler legen die Aufnahmeprüfung an geeigneten zentral gelegenen Grundschulen ab, die vom Staatlichen Schulamt bestimmt werden. Falls im Einzelfall eine geeignete zentral gelegene Grundschule nicht vorhanden ist, kann das Staatliche Schulamt ausnahmsweise auch eine zentral gelegene Grund- und Hauptschule oder eine Grund- und Werkrealschule mit der Durchführung der Prüfung beauftragen.

(3) Schüler, die aus wichtigen Gründen (z.B. Krankheit) an der Teilnahme an der Prüfung ganz oder teilweise verhindert waren, können die nicht abgelegten Prüfungsteile in einem Nachtermin ablegen. Über das Vorliegen eines wichtigen Grundes entscheidet der Vorsitzende des Prüfungsausschusses. Die Termine der schriftlichen Nachprüfung werden vom Kultusministerium, die der mündlichen Nachprüfung vom Vorsitzenden des Prüfungsausschusses festgelegt.

§ 7
Prüfungsausschuss, Fachausschüsse

(1) An den Schulen, an denen die Aufnahmeprüfung stattfindet, wird ein Prüfungsausschuss gebildet. Diesem gehören an
1. als Vorsitzender der Schulleiter der Schule, an der die Prüfung stattfindet, oder ein von ihm Beauftragter als Vorsitzender,
2. vom Vorsitzenden beauftragte Lehrer der Schule,
3. erforderlichenfalls vom Vorsitzenden im Einvernehmen mit dem Leiter des Staatlichen Schulamts beauftragte Lehrer anderer Grund- bzw. Grund- und Hauptschulen oder Grund- und Werkrealschulen.

(2) Für die mündliche Prüfung kann der Vorsitzende des Prüfungsausschusses erforderlichenfalls für die einzelnen Prüfungen Fachausschüsse bilden. Diesen gehören an

Weiter nach den Terminübersichten

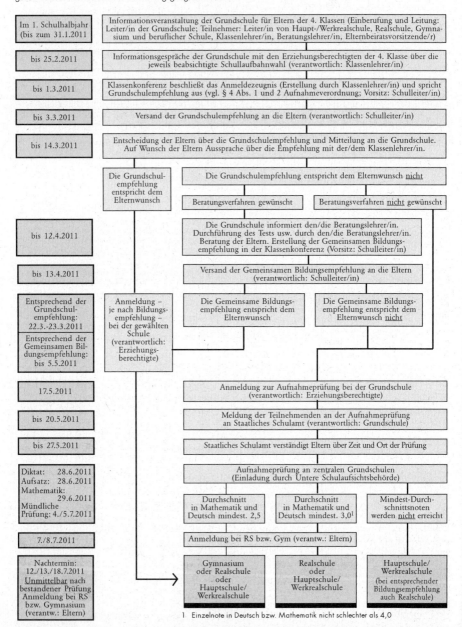

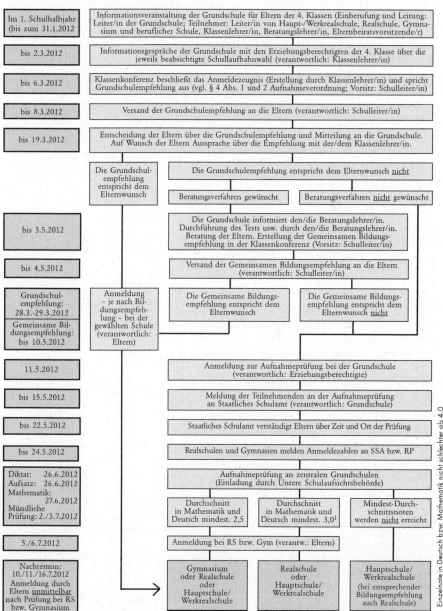

Fortsetzung § 7
1. der Vorsitzende oder ein von ihm bestimmtes Mitglied des Prüfungsausschusses als Leiter,
2. ein weiteres Mitglied des Prüfungsausschusses.

(3) Lehrer, die einen zu prüfenden Schüler in der Klasse 4 unterrichtet haben, dürfen bei der schriftlichen und mündlichen Prüfung sowie bei der Feststellung des Prüfungsergebnisses dieses Schülers nicht mitwirken.

§ 8
Schriftliche Prüfung

(1) In der schriftlichen Prüfung sind anzufertigen:
1. In Deutsch: ein Aufsatz, eine Nachschrift
2. In Mathematik: eine Arbeit.

(2) Die Prüfungsaufgaben werden vom Kultusministerium im Rahmen des Bildungsplans für die Klasse 4 der Grundschule landeseinheitlich gestellt.

(3) Jede schriftliche Arbeit wird von einem vom Vorsitzenden des Prüfungsausschusses bestimmten Mitglied des Prüfungsausschusses korrigiert und bewertet. Dabei sind halbe Noten zulässig. Im Aufsatz sind Rechtschreibfehler bei der Bewertung nicht zu berücksichtigen.

§ 9
Mündliche Prüfung

(1) Die mündliche Prüfung wird vom Prüfungsausschuss oder einem Fachausschuss abgenommen. Sie erstreckt sich auf Deutsch und Mathematik.

(2) Schüler, die eine Realschule besuchen wollen und bereits in der schriftlichen Prüfung die Anforderungen von § 10 Abs. 2 erfüllen, werden von der mündlichen Prüfung befreit. Schüler, die ein Gymnasium besuchen wollen und bereits in der schriftlichen Prüfung die Anforderungen von § 10 Abs. 3 erfüllen, werden von der mündlichen Prüfung befreit.

(3) Die Entscheidung über die Teilnahme an der mündlichen Prüfung trifft der Vorsitzende des Prüfungsausschusses. Die Note in Deutsch errechnet sich aus dem Durchschnitt der Noten für den Aufsatz und die Nachschrift.

(4) Die mündliche Prüfung kann als Einzel- oder Gruppenprüfung durchgeführt werden. Bei der Gruppenprüfung werden drei bis fünf Schüler gemeinsam geprüft. Die Prüfungsaufgaben werden im Rahmen des Bildungsplans für die Klasse 4 der Grundschule gestellt.

(5) Im Anschluss an die mündliche Prüfung in einem Fach setzt der Prüfungs- bzw. Fachausschuss die Noten der einzelnen Schüler fest. Dabei sind halbe Noten zulässig. Kann sich der Ausschuss auf keine bestimmte Note einigen, wird die Note aus dem auf die erste Dezimale errechneten Durchschnitt der Noten der Mitglieder gebildet, der in der üblichen Weise auf eine halbe Note zu runden ist.

§ 10 Prüfungsergebnis

(1) Die Entscheidung über das Bestehen der Prüfung trifft der Prüfungsausschuss. Falls eine mündliche Prüfung stattgefunden hat, wird die Note aus dem Durchschnitt der Noten für die schriftliche und mündliche Prüfung errechnet.

(2) Schüler, die im Durchschnitt der Noten in den Fächern Deutsch und Mathematik mindestens 3,0 und in jedem dieser Fächer mindestens 4,0 erreicht haben, haben die Aufnahmeprüfung für die Realschule bestanden.

(3) Schüler, die im Durchschnitt der Noten in den Fächern Deutsch und Mathematik mindestens 2,5 erreicht haben, haben die Aufnahmeprüfung für das Gymnasium bestanden.

(4) Ausnahmsweise kann der Prüfungsausschuss bei einem Schüler, der die Voraussetzungen von Absatz 2 bzw. 3 nicht erfüllt hat, die Aufnahmeprüfung mit Zweidrittelmehrheit für bestanden erklären, wenn er zu der Auffassung gelangt, dass der Schüler nach seinem gesamten Leistungsbild und seiner Leistungsfähigkeit für die betreffende Schulart dennoch geeignet erscheint.

→ Abschlüsse (Allgemeines); → Aufnahmeverfahren (Orientierungsstufe); → Aufnahmeverordnung (Terminplan); → Behinderungen und Förderbedarf Nr. 2.3.2; → Konferenzordnung § 4; → Korrekturtage; → Multilaterale VersetzungsVO

Aufsichtspflicht

- Hinweise der Redaktion

1.
Grundsätze

Im Gegensatz zu anderen Bundesländern hat das baden-württembergische Kultusministerium keine dezidierten Vorschriften oder amtlichen Bekanntmachungen zur Aufsichtspflicht erlassen. Es gibt auch kein Gesetz über die Aufsichtspflicht in der Schule (im Schulgesetz kommt der Begriff „Aufsicht" nur einmal vor: Laut § 41 obliegt der Schulleitung die Aufstellung der „Aufsichtspläne"). Dennoch besteht kein Zweifel, dass auch in Baden-Württemberg eine Aufsichtspflicht besteht: Wenn der Staat die Kinder und Jugendlichen der Schulpflicht unterwirft, so muss er im Rahmen seiner Möglichkeiten dafür Sorge tragen, dass sie auf dem Schulweg und während des Schulbesuchs vor Schäden geschützt werden („Obhutspflicht").

→ Grundgesetz; → Schulgesetz § 41

Aufgrund seiner Obhutspflicht ist der Staat gegebenenfalls auch zu Eingriffen in die Rechte der Schüler berechtigt, wenn dies erforderlich ist, um Schäden von ihnen oder von Dritten abzuwenden.

Aufsichtspflicht

Den Schulen erwächst auch aus den allgemeinen Gesetzen, die zum Schutz der Kinder und Jugendlichen erlassen wurden, solange sich jene in der Obhut der Schule befinden, eine Aufsichtspflicht: Die Lehrkräfte müssen diese Gesetze nicht nur selbst beachten, sondern deren Einhaltung durch die Schüler/innen ggf. durchsetzen.

→ Jugendarbeitsschutzgesetz; → Jugendschutzgesetz; → Rauchen in der Schule

Für die Intensität und den Umfang der jeweils erforderlichen Aufsicht sind maßgebend:
- das Alter und die Reife der Schüler/innen
- die Erfahrung der aufsichtführenden Person mit den einzelnen Schüler/innen bzw. der Gruppe
- die konkreten Umstände (z.B. gefährliche Unternehmungen).

Die Schule (Schulleitung, Lehrkräfte) hat bei der Planung und Wahrnehmung der Aufsicht
- vorausschauende Umsicht zu wahren (die Schule/Lehrkraft muss die Aufsicht nach den o.g. Faktoren planen)
- ununterbrochene Beständigkeit zu üben (die Schule/Lehrkraft muss – z.B. durch Erlass und Einhaltung von Aufsichtsplänen – eine kontinuierliche Beaufsichtigung sicherstellen)
- mit kontrollierender Nachdrücklichkeit zu handeln (die Schule/Lehrkraft muss so tätig sein, dass sich die Schüler/innen stets beaufsichtigt fühlen – gegebenenfalls durch Stichproben).

Dabei kann und darf es keine übertriebene Durch-Regulierung geben: Dauer- und Total-Aufsicht können den Erziehungsauftrag (Erziehung zu Verantwortung, Mündigkeit und Selbstständigkeit) gefährden. Aber die Aufsichts-Verantwortung der Schule besteht und muss wahrgenommen werden. Maßstab kann die *diligentia quam in suis* (Sorgfalt wie bei eigenen Angelegenheiten) sein: Wie würde ich bei meinem eigenen Kind handeln, was erwarte ich für mein eigenes Kind von der Schule?

2.
Aufsichtsplan der Schule

In § 41 Schulgesetz ist festgelegt, dass die Schulleitung für die Aufstellung der Aufsichtspläne zuständig ist. Nach § 2 Abs. 1 Nr. 9 der Konferenzordnung besitzt die Gesamtlehrerkonferenz hierzu ein allgemeines Empfehlungsrecht. Die Wahrnehmung der Aufsichtspflicht ist Teil der nicht gebundenen Arbeitszeit der Lehrkräfte, also eine zum herkömmlichen Berufsbild gehörende Dienstpflicht. Es sind bei der Zuteilung von Aufsichtsaufgaben die Fürsorgepflicht (alle Beschäftigten müssen nach Recht und Billigkeit behandelt werden) sowie bestimmte Ausnahmen berücksichtigt werden: Schwerbehinderte, Schwangere, Teilzeitbeschäftigte (bei Letzteren gilt der Grundsatz der anteiligen Belastung, z.B. entsprechend der Anzahl der erteilten Unterrichtsstunden).

Die Regelung und Wahrnehmung der Aufsichtspflicht an der Schule kann auch Gegenstand der Beratungen in der Schulkonferenz und im Elternbeirat sein (§§ 47 und 57 Schulgesetz). Es empfiehlt sich, in diesen Gremien insbesondere die Regelungen bzw. Verfahrensweisen der Schule darzustellen und zu erörtern, die beim Ausfall von Lehrkräften gelten, insbesondere die Regularien bei der vorzeitigen Beendigung des Unterrichts.

→ Hitzefrei; → Mehrarbeit und Unterrichtsversorgung

In Aufsichtsplänen, die (zumindest in vorläufiger Form) bereits am ersten Tag des Unterrichts nach Beginn des neuen Schuljahres in Kraft gesetzt werden müssen, werden die Anlässe geregelt, in denen einzelne Lehrkräfte bestimmte Aufsichtstätigkeiten wahrnehmen müssen (z.B. Pausenaufsicht, Aufsicht vor und nach Schulbeginn oder um den Übergang zu zusätzlichen Betreuungsangeboten wie Kernzeitenbetreuung usw. zu gewährleisten, Aufsicht in Hohlstunden oder in der Mittagszeit, Aufsicht beim Schülertransport). Für die Aufsicht vor und nach Schulbeginn hat die KM für den Grundschulen verfügt: „Die Grundschule öffnet 15 Minuten vor Unterrichtsbeginn (Aufsicht durch Lehrkräfte)". Für die übrigen Schularten gibt es keine Vorschrift; allgemein wird jedoch vorausgesetzt, dass die aufsichtführende Lehrkraft 10 Minuten vor Unterrichtsbeginn auf dem Schulgelände anwesend sein muss.

→ Stundenpläne und Unterrichtsbeginn

Daneben und unabhängig hiervon obliegt die Pflicht zur Beaufsichtigung der Schülerinnen und Schüler beim Unterricht und außerunterrichtlichen Veranstaltungen der zuständigen Lehrkraft. Aber auch eine nicht zur Aufsicht eingeteilte Lehrkraft muss bei einer Rauferei auf dem Schulhof eingreifen und auch andere an der Schule Beteiligte – z.B. sonstiges Personal, Eltern als Begleitpersonen bei außerunterrichtlichen Veranstaltungen – können an der Beaufsichtigung der Schülerinnen und Schüler teilhaben. So muss z.B. die begleitende Mutter auf dem Wandertag die Kinder am Ersteigen einer gefährlichen Felsklippe hindern.

Auch Schüler/innen können – zumindest teilweise – Aufsichtsaufgaben wahrnehmen. So kann ein zuverlässiger Schüler die Klasse beaufsichtigen, wenn der Lehrkraft den Raum zeitweilig verlassen muss (hierfür muss jedoch ein nachvollziehbarer, besonderer Grund vorliegen) oder es kann ein Schüler bei einer Wanderung gebeten werden, den Abschluss zu bilden. Der Lehrkraft bleibt jedoch eine Letztverantwortung, z.B. ob sie bei Auswahl, Instruktion oder Kontrolle des aufsichtführenden Schülers Fehler gemacht hat oder der Schüler mit der Übertragung der Aufsicht überfordert ist.

3.
Aufsicht im Unterricht

Im Unterricht wird die Aufsicht von der Lehrkraft neben den unterrichtlichen Aufgaben wahrgenommen. Die Lehrkraft muss dabei nicht ständig die ganze Klasse im Auge haben, sondern kann sich vorübergehend einzelnen Schüler/innen widmen oder (je nach Erfahrung und Alter der Schülerinnen und Schüler) Arbeitsgruppen bilden und diese auch auf verschiedene Räume aufteilen. Sie muss die Aufsicht aber so gestalten, dass die Schüler jederzeit

Aufsichtspflicht

mit ihrem Kommen rechnen müssen. Dies gilt auch bei der sogenannten „Mitversehung" einer zweiten Klasse in einem anderen Klassenraum.

Unter dem Gesichtspunkt der Aufsichtspflicht ist grundsätzlich abzulehnen, dass Lehrkräfte störende Schüler aus dem Klassenzimmer verweisen. Dennoch kommt es auch hierbei auf Alter, Reife und Erfahrung des Betroffenen an. Ein Beispiel: Ein 13-jähriger Schüler eines Gymnasiums mit Internat hatte den Unterricht erheblich gestört. Die Lehrkraft wies ihn aus dem im zweiten Stock gelegenen Klassenzimmer. Anstatt sich vor der Klassenzimmertür aufzuhalten, wie ihm aufgetragen war, ging der Schüler in einen benachbarten Wohn- und Schlafraum. Von dort stürzte er aus einem Fenster 11 Meter tief. Er wurde schwer verletzt. Das Oberlandesgericht Stuttgart hat hierzu entschieden: Die Lehrkraft hat nicht gegen ihre Aufsichtspflicht verstoßen. Sie durfte damit rechnen, dass der Schüler, auch wenn er nicht mehr unter unmittelbarer Kontrolle steht, sich ordnungsgemäß und vernünftig verhält. Anders hätte das Gericht entschieden, wenn der Schüler bereits bei einem früheren Hinausstellen auf dem Fenstersims geturnt hätte und dies der Lehrkraft bekannt war.

Bei der Wahrnehmung der Aufsicht genügt es nicht, dass die Lehrkraft Gefahren vermeidet, sondern sie muss den Schülern zeigen, wie man sie erkennt und meistert. Dies gilt vor allem auch in Fächern mit höherem Unfallrisiko (z.B. Sport, naturwissenschaftliche und technische Experimentalfächer). Auch hier hängen Art und Intensität der Aufsicht davon ab, welche Reife und Erfahrung die Schülerinnen und Schüler haben und wie gefährlich das jeweilige Vorhaben ist. Besonders heikel ist dies beim Schwimmunterricht sowie beim Schwimmen außerhalb unterrichtlicher Veranstaltungen (so sollte z.B. das Baden in Baggerseen oder unbekannten Gewässern unterbleiben). Zur Aufsicht beim Schwimmen sowie beim Sport durch Lehrkräfte des jeweils anderen Geschlechts siehe
→ Aufsichtspflicht (Schwimmunterricht).

Die Aufsichtspflicht erstreckt sich auf die gesamte Unterrichts- und Veranstaltungszeit einschließlich der Pausen und auf Unterrichtswege (also Wege während der Unterrichtszeit z.B. vom Schulgebäude zu einer Sportstätte und zurück, nicht jedoch auf den Hin- und Rückweg zur Schule). Bei Sportunterricht erstreckt sie sich auf die gesamte Sportstätte, also auch auf die Umkleideräume und Zugänge zur Sportstätte. Abgesehen von Lerngruppen der Primarstufe (Klassen 1 bis 4) sollten Lehrkräfte jedoch – außer bei Gefahr im Verzuge, z.B. nach einem Unfall zur Ersten Hilfe – die Umkleideräume einer andersgeschlechtlichen Schülergruppe nicht betreten. Falls erforderlich, muss die Lehrkraft stattdessen eine Aufsichtsperson des entsprechenden Geschlechts zu Hilfe holen (lassen).

Ferner muss die Lehrkraft im Vorfeld alle denkbaren Maßnahmen ergreifen (z.B. Vorkehrungen und Anordnungen in Form von Ge- bzw. Verboten), die zur Vermeidung von Schäden notwendig sind. Sie kann bzw. muss gegebenenfalls andere Personen, z.B. vertrauenswürdige Schüler/innen, zeitweise zur Aufsicht in den Umkleidekabinen heranziehen. Damit wird sie von ihrer Verantwortung und von der Aufsichtspflicht jedoch nicht befreit.

4.
Aufsicht in Pausen, Hohlstunden, Mittagszeit, Mittagessen und Freizeit

Während der kurzen Fünf-Minuten-Pause ist eine besondere Aufsicht in der Regel nicht notwendig (dennoch gilt auch hier der Grundsatz der „kontrollierenden Nachdrücklichkeit": Alle Lehrkräfte müssen sich so verhalten, dass sich die Schülerinnen und Schüler stets beaufsichtigt fühlen).

Bei längeren Pausen müssen genügend Lehrkräfte eingeteilt sein, sodass es im Pausenhof bzw. im Schulgebäude keine ständig aufsichtsfreien Zonen gibt. Zweck der Pause ist jedoch, dass sich die Schüler/innen auch durch Bewegung oder Spielen erholen. Die aufsichtsführenden Lehrkräfte sollten deshalb nur dann einschreiten, wenn die Schüler sich selbst oder andere in Gefahr bringen. Durch eine entsprechende Gestaltung der Schulhöfe (z.B. Schaffung von Ruhe- und Spielzonen, Trennung nach Altersgruppen) können die Risiken verringert und die Aufsichtsführung erleichtert werden.

Die Aufsichtspflicht der Schule erstreckt sich auf das gesamte Schulgelände und über die gesamte Unterrichtszeit. Dies gilt auch für Bereiche, die „möbliert" (z.B. mit Sport- und Freizeitgeräten versehen oder als Sitz- oder Spielecken ausgestaltet) sind oder von Schüler/innen außerhalb der individuellen Unterrichtszeiten, z.B. in Hohlstunden, der Mittagspause oder am Nachmittag genutzt werden, oder für ausgewiesene „Raucherzonen" auf dem Schulgelände. Während der Schulpausen muss die jeweilige Pausenaufsicht gerade diese Bereiche wegen der erhöhten Unfallgefahr besonders im Auge haben. Außerhalb der Pausen ist auch hier – wieder gestaffelt nach dem Alter und der Einsichtsfähigkeit der Schüler/innen – eine „gelockerte Aufsicht" ausreichend, also eine stichprobenartige Kontrolle; die Schüler/innen müssen sich beaufsichtigt fühlen, also damit rechnen, dass eine Lehrkraft vorbeikommt. Hier gilt das Prinzip, dass jeder Lehrkraft eine allgemeine Aufsichtspflicht über alle Schüler/innen obliegt, dass sie also eingreifen muss, wenn dies aus pädagogischer Sicht oder zur Gefahrenabwehr notwendig ist.

Wenn solche Bereiche nach dem Unterricht für die Öffentlichkeit als Spielplatz freigegeben sind, endet die Aufsichtspflicht der Schule mit dem allgemeinen Unterrichtsschluss bzw. mit dem jeweiligen Freigabetermin; es sollte deshalb auf eine unmissverständliche Beschilderung geachtet werden, ab wann der jeweilige Bereich „öffentlich" wird.

„Hohlstunden" im Stundenplan sollten möglichst

Bei den GEW-Geschäftsstellen ist eine Broschüre zur Aufsichtspflicht erhältlich.

vermieden werden. Während der Hohlstunden dürfen die Schüler nicht unbeaufsichtigt bleiben; die Schule muss regeln, wo sie sich aufhalten, ggf. sind besondere Aufenthaltsräume zuzuweisen (z.B. für Fahrschüler/innen, die die Wartezeit zwischen Unterricht und Fahrt überbrücken). Es genügt aber eine stichprobenartige Aufsicht mit gelegentlichen Kontrollen.

Sonderfall
Aufsicht während des Religionsunterrichts

Zur Aufsicht über Schülerinnen und Schüler, die nicht am Religionsunterricht teilnehmen, hat das KM auf Landtags-Drucksache 14 / 3498 mitgeteilt:

„Für Kinder, die nicht am Religionsunterricht teilnehmen und für die auch kein Ethikunterricht vorgesehen ist, besteht auch in einer dadurch entstehenden Hohlstunde eine Aufsichtspflicht der Schule. Zu der Art und Weise der Aufsicht hat das Kultusministerium keine detaillierte Regelung erlassen, weil die Verhältnisse vor Ort zu unterschiedlich sind. Soweit möglich, wird der Religionsunterricht auf die Randstunden verlegt. Darüber hinaus bieten sich Möglichkeiten der Aufsicht durch Hilfskräfte oder durch Einzelarbeit im Raum einer anderen Klasse. Bei älteren Schülerinnen und Schülern ist eine Präsenzaufsicht nicht in jedem Fall erforderlich. Hier kann es genügen, dass eine Lehrkraft jederzeit erreichbar ist." → Ethik; → Religionsunterricht

Zur Aufsicht bei Schul- und Schülergottesdiensten siehe → Schul- und Schülergottesdienste.

Sonderfall Schulbushaltestelle

Bei Schulbushaltestellen auf dem Schulgelände besteht eine Aufsichtspflicht der Schule; dies gilt jedoch nicht bei entfernt liegenden (Schulbus-)Haltestellen, insbesondere wenn es sich dabei um Haltestellen des öffentlichen Personennahverkehrs handelt. Denn grundsätzlich sind die Eltern für den Schulweg verantwortlich. Bei Haltestellen außerhalb des Schulgeländes, die dem Schulbetrieb räumlich und funktionell zugeordnet sind, kann sich die Schule der Aufsicht über Fahrschüler/innen jedoch kaum entziehen. Denn nach der höchstrichterlichen Rechtsprechung (BGH, 7.10. 1967 und 27.4.1981) kommt es bei der Aufsicht über eine Schulbushaltestelle darauf an, ob ein hinreichender Bezug zum Schulbetrieb einschließlich seiner Vor- und Nachwirkungen besteht. Bei Schulbushaltestellen, die unmittelbar an das Schulgelände grenzen, ist ein solcher Bezug in der Regel gegeben. Dabei richtet sich der zeitliche und personelle Aufsichtsbedarf z.B. nach dem Alter und dem Reifegrad der beteiligten Schüler/innen, der Art und Anzahl der eingesetzten Fahrzeuge und dem aus der Lage und der Art der Haltestelle rührenden Gefahrenpotenzial. Hier sind zur Gefahrenminderung eine spezifische Verkehrserziehung sowie die Zusammenarbeit mit dem Schulträger, der Polizei, den Verkehrsunternehmen und den Eltern besonders geboten. → Verkehrserziehung

Sonderfall Mittagessen und Betreuung

Beim Mittagessen sowie den Betreuungsangeboten z.B. an Ganztagsschulen oder in der „Verlässlichen Grundschule" kollidieren die Pflichten der Kostenträger: Das Land trägt die Personalkosten für den Unterricht, also für die Lehrkräfte; der kommunale Schulträger ist für die Sachkosten einschließlich des nicht-lehrenden Schulpersonals zuständig. Hieraus ergibt sich die paradoxe Situation, dass ein Teil der Zeit, welche die Kinder in der Schule verbringen, z.B. Mittagessen, nicht in den Bildungs- und Erziehungsauftrag der Schule und damit in die Aufsicht der Lehrkräfte einbezogen ist, sondern dass dies dem Schulträger obliegt:

1. Bei den Betreuungsangeboten als Ergänzung der Verlässlichen Grundschule gehen die Kinder in die angebotenen Gruppen und erhalten dort ggf. auch ein Mittagessen. Essensausgabe, Aufsicht und Betreuungsangebote liegen in der Hand der Kommune bzw. eines (von der Kommune beauftragten) freien Trägers. Lehrkräfte haben damit nichts zu tun.

2. Beim Mittagessen und den Betreuungsangeboten im Ganztagsbetrieb gibt es unterschiedliche Konstellationen, die im jeweiligen „Genehmigungserlass" für die einzelne Schule von der Schulaufsicht festgesetzt sind:
   – Bis Anfang der neunziger Jahre war darin u.a. bestimmt: *„Die Aufsichts- und Betreuungszeit während des Mittagessens und der freien Zeit wird zur Hälfte auf die Regelstundenverpflichtung des Lehrers angerechnet".* Das Land stellte die Kosten für die eingesetzten Lehrerstunden dem Schulträger teilweise in Rechnung.
   – Ab 1994 galt folgender Erlass des KM: *„Der kommunale Schulträger trägt ...., insbesondere die Kosten für die Betreuung beim Mittagessen und in der Freizeit."* (20.5.1994, S. 3)
   – Mit Erlass vom 26.3.2006 hat das KM verfügt: *„Ein vom Schulträger beaufsichtigtes Mittagessen ist an allen Tagen mit Ganztagsangebot bereitzustellen".*
   → Ganztagsschulen Nr. II, 1. Absatz
   An den seitdem genehmigten Ganztagsschulen hat die Kommune dies also zu finanzieren und auch zu organisieren. In Stuttgart erhalten „neue" Ganztagsschulen z.B. ein Budget, aus dem die Kosten für die Stellung des Mittagessens und der freizeitpädagogischen Betreuungsangebote durch einen „freier Träger" finanziert werden. Lehrerstunden dürfen dafür nicht eingesetzt werden.

3. Für die Gewährleistung der Aufsicht an Schulen mit sonstigen Ganztagsangeboten (z.B. Mensa an G8-Gymnasien, Mittagstisch an Realschulen) ist der jeweilige Träger, beispielsweise ein Förderverein, zuständig. Er muss (geeignetes) Personal stellen, es einweisen und fortbilden.

Zwar *„führt der Schulleiter für den Schulträger die unmittelbare Aufsicht über die an der Schule tätigen, nicht im Dienst des Landes stehenden Bediensteten; er hat ihnen gegenüber die aus der Verantwortung für einen geordneten Schulbetrieb sich ergebende Weisungsbefugnis"* (SchG § 41). Für die Aufsicht beim Mittagessen und in den freizeitpädagogischen Angebo-

ten ist aber der Schulträger allein verantwortlich.
→ Schulgesetz § 41 Abs. 3

Wird die Aufsicht durch den Schulträger bzw. den beauftragten Anbieter nicht gewährleistet, muss die Schulleitung ggf. den Mensabetrieb schließen.

Sonderfall Sonderschulen

Für die (Sonder-)Schulen und Schulkindergärten, die nach dem Bildungsplan der Sonderschule für Geistigbehinderte arbeiten, gilt eine abweichende Rechtslage: Hier gehört nach dem Bildungsplan auch die Einnahme des Mittagessens zum schulischen Bildungsauftrag. Deshalb sind dort die von den Lehrkräften zu übernehmenden Aufgaben nicht ausschließlich unterrichtlicher Art; diese müssen vielmehr aufgrund der Behinderung der zu fördernden Kinder und Jugendlichen auch pflegerische Aufgaben übernehmen. Bei der Anrechnung dieser Tätigkeit auf die Arbeitszeit der Lehrkräfte hat das KM für Fachlehrer/innen und Technische Lehrkräfte einerseits sowie für wissenschaftliche Sonderschullehrer/innen beim Mittagessen eine unterschiedliche Verrechnung verfügt.

→ Arbeitszeit (Fachlehrer/innen und Techn. Lehrkräfte) Nr. 1

5.
Außerunterrichtliche Veranstaltungen

Auch bei Schulausflügen, Schullandheimaufenthalten, Museums- oder Theaterbesuchen, Wandertagen usw. müssen die Schüler/innen mindestens so beaufsichtigt werden, dass bei ihnen niemals das Gefühl entsteht, völlig unbeaufsichtigt zu sein. Das heißt jedoch nicht, dass Schüler/innen nichts allein unternehmen dürfen, insbesondere ältere, selbstverantwortliche Schüler/innen.

Gerade bei solchen Veranstaltungen, deren Ziel ja ist, die Schülerinnen und Schüler zu größerer Selbstständigkeit zu erziehen, kommt es einerseits auf die Einsichtsfähigkeit der Schülerinnen und Schüler sowie andererseits auf die unmissverständlichen Anweisungen der Lehrkraft an. Je nach den Umständen ist das Aufsichtspflicht-Risiko durch geeignete Maßnahmen zu mindern: Ausgehen in Gruppen, Verbot bestimmter Aktivitäten etc.

Grundsätzlich sollten außerunterrichtliche Veranstaltungen nicht von einer Lehrkraft allein geleitet werden (insbesondere bei Schülerinnen und Schüler beiderlei Geschlechts). Beim Ausgehen in Gruppen empfiehlt sich das Drei-Personen-Prinzip: Wenn einer Probleme hat, kann der Zweite bei ihm bleiben und der Dritte Hilfe holen.

Es empfiehlt sich, die Aufsichtsprobleme und die Verhaltensregelungen vor der Veranstaltung mit den Eltern zu besprechen (z.B. auf dem Elternabend). Eltern können übrigens ihre Kindern nicht von der Befolgung schulischer Regelungen entbinden (auch nicht durch eine schriftliche Erklärung).

Die Beteiligung von Schulen oder Schulklassen an „Müllsammelaktionen" bedarf der vorherigen Genehmigung durch die Schulleitung als schulische Veranstaltung. Maßstab ist, ob die Teilnahme pädagogisch wertvoll und nützlich für die schulische und persönliche Entwicklung der Kinder und Jugendlichen ist. Ein direkter Kontakt der sammelnden Personen mit Abfällen muss sicher ausgeschlossen werden. Ferner sind mögliche Gefahren durch Fahrzeugverkehr zu beachten. Von Sammelaktionen an stark befahrenen Land- oder Bundesstraßen wird grundsätzlich abgeraten. Die Schüler/innen müssen durch die verantwortlichen Lehrkräfte über mögliche Gefahren sowie über festgelegte Schutzmaßnahmen unterrichtet und beaufsichtigt werden.

(Quelle: Infodienst Schulleitung Nr. 128 / Mai 2009)

6.
Aufsicht über Volljährige

Volljährige müssen nicht beaufsichtigt werden. Sie können die Schule in Pausen oder Hohlstunden ohne besondere Erlaubnis der Schule verlassen. Sie genießen damit jedoch keine grenzenlose Freiheit, andererseits ist auch die Schule nicht aller Sorgfaltspflichten entbunden. So müssen sich auch Volljährige an die Schulordnung halten. Die Schule muss ihnen gegenüber die allgemeine Verkehrssicherungspflicht und die sich aus dem Schulverhältnis ergebende Fürsorgepflicht wahrnehmen.

Das Verlassen des Schulgeländes in Pausen oder Hohlstunden kann auch nicht Volljährigen gestattet werden, jedoch nur älteren Schüler/innen, etwa der gymnasialen Oberstufe oder der beruflichen Schulen. Vor einer Beschlussfassung über eine solche Regelung in der Schulordnung (dies bedarf des Einverständnisses der Schulkonferenz) sollte das Problem mit Eltern- und Schülervertretung beraten werden; die Eltern der betroffenen Schüler müssen über den Beschluss unterrichtet werden.

→ Unfallversicherung (Hinweise); → Volljährigkeit

7.
Aufsicht bei SMV-Veranstaltungen

Auch Veranstaltungen der Schülermitverantwortung (SMV), die den Charakter einer „Schulveranstaltung" besitzen, unterliegen der Aufsichtspflicht der Schule. Sie müssen deshalb vorher der Schulleitung angezeigt werden. Der Schulleiter muss der Durchführung der Veranstaltung als Schulveranstaltung unter Angabe von Gründen mit bindender Wirkung widersprechen, wenn für hinreichende Aufsicht nicht gesorgt werden kann.

→ Schülermitverantwortung §§ 7 und 14

In § 14 der SMV-Verordnung ist u.a. verfügt:

(3) Die Ausübung der Aufsicht richtet sich nach der Art der Veranstaltung sowie nach Alter und Reife der Schüler. Soweit nicht die Aufsichtsführung durch einen Lehrer erforderlich ist, kann den Schülern die selbstverantwortliche Durchführung der Veranstaltung übertragen werden. In diesem Fall betraut der Schulleiter auf Vorschlag der für die Veranstaltung verantwortlichen Schüler mit der Aufsicht ihm geeignet erscheinende Schüler, die mindestens 16 Jahre alt sein sollen. Ihre Erziehungsberechtigten müssen sich damit einverstanden erklären.

(4) Die Aufsichtsführung durch einen Lehrer ist erforderlich, wenn es die Art der Veranstaltung – insbesondere im Hinblick auf das Alter der daran teilnehmenden Schüler oder wenn sie erhöhte Gefahren mit sich bringt

– gebietet. *Die hierfür bestimmten Lehrer können sich bei ihrer Aufsicht der Mithilfe geeigneter Schüler bedienen.*

(5) Werden Schüler mit der Führung der Aufsicht betraut oder zur Mithilfe bei der Aufsichtsführung herangezogen, ist ihrer innerhalb ihrer Befugnisse erteilten Anordnungen von den anderen Schülern Folge zu leisten.

8.
Folgen bei Verletzung der Aufsichtspflicht

Führt ein Unfall zu einem Personenschaden bei Schüler/innen, übernimmt die gesetzliche Unfallversicherung die Kosten der Heilbehandlung, der Rehabilitation sowie ein Verletztengeld und zahlt gegebenenfalls eine Rente. ➜ Unfallversicherung

Die Schulen sind deshalb bei jedem Schülerunfall verpflichtet, beim Träger der gesetzlichen Unfallversicherung auf vorgeschriebenen Formularen eine Unfallanzeige zu erstatten. Die behandelnden Ärzte bzw. Krankenhäuser sind von den Schüler/innen bzw. deren Erziehungsberechtigten darauf aufmerksam zu machen, dass es sich um einen Schulunfall handelt. Die Behandler rechnen dann ihre Leistungen direkt mit der gesetzlichen Unfallversicherung ab (nicht mit der Krankenkasse).

Zum Haftungsrecht im Schulbereich und den Folgen für die Lehrkräfte siehe den Beitrag ➜ Haftung und Versicherung.

➜ Aufsichtspflicht (Schwimmunterricht); ➜ Außerunterrichtl. Veranstaltungen; ➜ Haftung und Versicherung; ➜ Jugendarbeitsschutzgesetz; ➜ Jugendschutzgesetz; ➜ Konferenzordnung § 2 Abs. 1 Ziff. 9 bis 11; ➜ Rauchen in der Schule; ➜ Rechtsschutz; ➜ Sachschäden; ➜ Schüler-Zusatzversicherung; ➜ Schulgesetz §§ 38 und 41; ➜ Schul- und Schülergottesdienste; ➜ Unfallversicherung

Aufsichtspflicht (Schwimmunterricht)

Prävention und Rettungsfähigkeit beim Schwimmunterricht sowie beim Aufenthalt am und im Wasser bei außerunterrichtlichen Schulveranstaltungen; Auszug aus der Bekanntmachung des KM (KuU S. N 17/2006; nichtamtlicher Teil)

1.
Wer darf Schwimmunterricht erteilen?

Die Verantwortung für den Unterricht, also für die Aufsicht über den Schwimmunterricht sowie für dessen Erteilung, trägt allein die Lehrkraft. Die eingesetzten Lehrkräfte müssen den Schwimmunterricht unter fachdidaktisch-methodischen wie auch organisatorischen Gesichtspunkten kompetent vertreten und so gestalten, dass unter präventiven Aspekten mögliche Risiken durch Beachtung aller Möglichkeiten der speziellen Methodik, sorgfältigen Organisation des Schwimmunterrichts und gewissenhaften Wahrnehmung ihrer Aufsichtspflicht vermieden werden. Zentrale Bedeutung erlangt dabei die Frage nach dem Nachweis der Rettungsfähigkeit der Lehrkraft.

2. Wer ist rettungsfähig?

Rettungsfähigkeit wird als Fähigkeit definiert, eine Schülerin bzw. einen Schüler aus einer gesundheits- oder lebensgefährdenden Situation im Wasser zu befreien. Die Art und der Umfang der Rettungsfähigkeit in der Unterrichtspraxis hängen von den jeweiligen örtlichen Verhältnissen und Rahmenbedingungen ab. Wesentliche Einflussgröße ist hierbei die Beschaffenheit des Schwimmbades, z.B. Beckengröße, Wassertiefe. Übergang Nichtschwimmer-Schwimmerbereich.

Die Sicherheit im Schwimmunterricht im Sinne der Wasserrettung erfordert ein bestimmtes Maß an körperlicher Leistungsfähigkeit und spezifische Kenntnisse. Diese erfüllt eine Lehrkraft dann, wenn sie in dem Schwimmbecken, in dem der Unterricht stattfindet, eine verunfallte Person situativ angemessen unter den höchsten Stressbedingungen:
1. an jeder Stelle aus jeder Tiefe des Schwimmbeckens an die Wasseroberfläche bringen kann,
2. mit dem Gesicht über Wasser an den Beckenrand transportieren/schleppen kann,
3. über den Beckenrand bergen kann,
4. lebensrettende Sofortmaßnahmen durchführen kann sowie
5. einen Notruf absetzen kann.

Lehrkräfte, die Schwimmunterricht erteilen, sind grundsätzlich verpflichtet, selbst sicherzustellen, dass sie im oben beschriebenen Sinn rettungsfähig sind. Es obliegt der Eigenverantwortung der Lehrkräfte im Rahmen ihrer beruflichen Fortbildung, ihre Rettungsfähigkeit in angemessenen Abständen zu überprüfen.

3. Welche Ausbildungsmöglichkeiten zur Rettungsfähigkeit gibt es?

Nach dem derzeitigen Stand der Ausbildungsordnungen müssen alle für das Fach Sport ausgebildeten Lehrkräfte im Rahmen ihres Studiums den Nachweis der Rettungsfähigkeit erbringen. Lehrkräfte ohne betreffenden Nachweis müssen einen solchen erwerben, bevor sie mit Schwimmunterricht beauftragt werden. Die Schulleitung hat darauf zu achten, dass sie mit der Erteilung des Schwimmunterrichts grundsätzlich nur Lehrkräfte betraut, die einen entsprechenden Nachweis erbringen können und über die notwendigen methodisch-didaktischen Kompetenzen für einen qualifizierten Schwimmunterricht verfügen.

Im Rahmen der Lehrerfortbildung kann die oben beschriebene Rettungsfähigkeit durch Bescheinigungen einer entsprechend fundierten Ausbildung mit einem Umfang von 24 Unterrichtseinheiten am Landesinstitut für Schulsport Baden-Württemberg oder bei den oberen Schulaufsichtsbehörden

Aufsichtspflicht (Schwimmunterricht)

... und den unteren Schulaufsichtsbehörden ... nachgewiesen werden. Auch die DLRG und die Wasserwacht machen adäquate Angebote. Die Deutschen Rettungsschwimmabzeichen der DLRG (Bronze und/oder Silber) sind mögliche Basisqualifikationen, die den oben genannten Erfordernissen gerecht werden, wobei das Tieftauchen sich mindestens an der Unterrichts-Wassertiefe des Schwimmbeckens, an dem die Lehrkraft unterrichtet, orientieren muss.

4. Aufsichtspflicht

Bei allen schulischen Aktivitäten stehen die Aufrechterhaltung der Gesundheit und das Wohlergehen der anvertrauten Schülerinnen und Schüler im Vordergrund. Für die Sicherheit und Aufsichtsführung ist grundsätzlich die leitende Lehrkraft verantwortlich (Obhutspflicht und Garantenstellung). Dies gilt sowohl für den regulären Schwimmunterricht als auch für alle außerunterrichtlichen Veranstaltungen am und im Wasser (siehe 6.).
→ Aufsichtspflicht

Die Lehrkraft muss die notwendige Vorsorge für die Sicherheit (Präventionsfähigkeit) der Schülerinnen und Schüler treffen. Aus der Obhutspflicht ergibt sich bereits in der Planungsphase die Notwendigkeit, das Alter, die geistigen Fähigkeiten, den Charakter, die körperlichen Fähigkeiten, die Wassertiefe, die Übersichtlichkeit der Schwimmhalle und aus dem öffentlichen Badebetrieb hervorgehende Konsequenzen zu beachten. Es ist eine mögliche Vorhersehbarkeit eines Schadenseintritts abzuwägen. In der Durchführung ist eine dauernde, vorausschauende und umsichtig beobachtende Beaufsichtigung der Schwimmgruppe notwendig. Aufgrund ihrer Garantenstellung gegenüber den Schülerinnen und Schülern hat die Lehrkraft die Pflicht, bei Unfällen die erforderliche Hilfe (Rettungsfähigkeit) zu leisten bzw. unverzüglich Hilfsmaßnahmen einzuleiten.
→ Erste Hilfe

5. Unterrichtsorganisation

Vor Beginn des Schwimmunterrichts im Primarbereich und in der Sekundarstufe I sind die Eltern schriftlich zu benachrichtigen (siehe Muster-Elternbrief in der Broschüre *„Sicherheit im Schwimmunterricht – Prävention und Rettungsfähigkeit"*). Dabei sollte nach körperlichen Beschwerden gefragt werden, die für die einzelnen Schülerinnen und Schüler beim Schwimmen, Wasserspringen und Tauchen eine gesundheitliche Gefahr bedeuten könnten (Obhuts- und Garantenpflicht). Bei der möglichen Frage nach der Schwimmfähigkeit reichen Elternbestätigungen alleine nicht aus. Die Lehrkraft ist verpflichtet, sich selbst durch persönlichen Augenschein von der Schwimmfähigkeit der ihr anvertrauten Schülerinnen und Schüler zu überzeugen.

Hinweise der Redaktion:

1. Der Muster-Elternbrief ist in Arabisch, Türkisch, Russisch, Italienisch, Englisch, Bosnisch/Kroatisch/Serbisch abrufbar bei www.schulamt-stuttgart.de unter „Schulsport".
2. Das Schulsportreferat des Kultusministeriums erstellt didaktisch-methodische Handreichungen für die Schulpraxis zu Themen des Schulsports und Inhalten einer sport- und bewegungsfreundlichen Schule. Die Broschüre „Sicherheit im Schwimmunterricht – Prävention und Rettungsfähigkeit" (2. Auflage) ist für 5,40 Euro (incl. Versandkosten) erhältlich beim KM, Referat 52, Postfach 10 34 42, 70029 Stuttgart, FAX: (07 11) 2 79 27 95. Alle Broschüren im Überblick unter: www.schulsport-in-bw.de.

Die Größe der Schwimmgruppe richtet sich nach den geltenden Regelungen zur Klassen- und Gruppenbildung. Diese sind die aktuell gültigen Verwaltungsvorschrift zur Unterrichtsorganisation zu entnehmen. Die Bildung unterhalb der eigentlichen Klassenstärke zählender Sportgruppen ist beim Schwimmunterricht ausnahmsweise möglich.
→ Organisationserlass

Bereits vor Beginn des Unterrichts hat sich die Lehrkraft über die Sicherheits- und Rettungsvorkehrungen und über die Badeordnung des jeweiligen Schwimmbades zu informieren.

Um zu gewährleisten, dass während des Schwimmunterrichts auch Störungen der technischen Anlagen (z.B. der Chloranlage) beseitigt werden können, muss die Anwesenheit bzw. die jederzeitige Erreichbarkeit einer geeigneten weiteren Person des Badebetriebes sichergestellt sein.

Außerdem muss gewährleistet sein, dass durch einen jederzeit zugänglichen Telefonanschluss rasch Hilfe herbeigerufen werden kann. → Erste Hilfe

Die Schülerinnen und Schüler werden sowohl über Gefahren als auch über Vorsichtsmaßnahmen im Badbereich belehrt. Auf die Möglichkeiten der ersten Hilfe und das Absetzen eines Notrufes ist hinzuweisen. – Werden mehrere Gruppen in einem Schwimmbecken unterrichtet, soll der Unterricht möglichst in einem abgegrenzten Bereich (z.B. mittels einer Trennleine) stattfinden. Für Schwimmer und Nichtschwimmer sollen nach Möglichkeit getrennte Schwimmgruppen gebildet werden.

Besondere Aufsicht oder sogar Einzelbeaufsichtigung ist beim Erlernen des freien Schwimmens im tiefen Wasser, beim Wasserspringen sowie beim Tief- und Streckentauchen erforderlich.

Bei kopf- und fußwärtigen Sprüngen ins Wasser sowie bei tiefen Wenden (Rollwenden) ist auf eine ausreichende Wassertiefe zu achten (z.B. unterhalb von Startblöcken mindestens 1,80 m).

In der Schwimmstätte haben Lehr- und Aufsichtskräfte sowie Schülerinnen und Schüler geeignete funktionelle Schwimmkleidung zu tragen. Weitere Personen (z.B. Eltern oder geeignete Schülerinnen und Schüler, Schülermentoren), die rettungsfähig sind, können an der Gestaltung des Unterrichts beteiligt werden.

Während des Schwimmunterrichts befinden sich die Lehrkräfte in der Regel außerhalb des Wassers und wählen ihren Platz so, dass sie alle im Wasser befindlichen Schülerinnen und Schüler jederzeit sehen und beobachten können. Ist es aus pädagogischen Gründen erforderlich, dass sich die Lehrkraft gleichzeitig mit der Schwimmgruppe im nichtschwimmertiefen Wasser aufhält, darf sich keine/r der Schülerinnen und Schüler im schwimmtiefen Wasser befinden.

Wasserspringen ist nur dort zulässig, wo die Wasserfläche für diesen Zweck freigegeben ist. Es ist dabei zu beachten, dass die jeweilige Absprungfläche erst betreten werden darf, wenn die Wasserfläche im Sprungbereich frei ist. Die erforderliche Wassertiefe an Sprunganlagen richtet sich nach der Sprunghöhe (z.B. unterhalb des 1-m-Brettes mindestens 3,40 m, unterhalb des 3-m-Brettes mindestens 3,80 m).

Vor dem Betreten des Schwimmbades, unmittelbar nach dem Verlassen des Schwimmbeckens und vor dem Verlassen des Schwimmbades ist die Vollzähligkeit der Gruppe zu überprüfen. Die Lehrkraft betritt als Erste die Schwimmhalle und verlässt sie als Letzte.

Die Abnahme von Schwimmabzeichen zur Ergebnissicherung, zur Überprüfung von Standards und zur Evaluation wird ausdrücklich empfohlen.

6. Aufenthalt am und im Wasser bei außerunterrichtlichen Schulveranstaltungen

Neben dem regulären Schwimmunterricht im Hallen- und Freibad halten sich Schülergruppen im Rahmen von Wandertagen, Klassenausflügen, Schullandheimaufenthalten, Studienfahrten oder sonstigen Veranstaltungen im Bereich von öffentlichen und nichtöffentlichen Gewässern, Bädern, Erlebnisbädern etc. auf. In all diesen Fällen gelten die oben genannten Ausführungen in gleicher Weise. Die Sicherheit der Schülerinnen und Schüler wird wesentlich davon beeinflusst, über welchen Kenntnis- und Fähigkeitsstand die als Aufsichtspersonen eingesetzten Lehrkräfte verfügen.

Die verantwortliche Lehrkraft muss sich über die besonderen Bedingungen und Gefahren des jeweiligen Gewässers (Fluss, See, Meer) oder Bades (auch Freizeitbäder, Erlebnisbäder) informieren und die Schülergruppe intensiv über die zusätzlichen Gefahren belehren. Es ist abzuwägen, ob weitere zusätzliche und qualifizierte Aufsichtspersonen heranzuziehen sind.

Für Bootsausflüge, Segeltörns und ähnliche Veranstaltungen am und auf dem Wasser sind zusätzliche organisatorische Maßnahmen von der hauptverantwortlichen Lehrkraft zu beachten. Nähere Auskunft erteilt die Unfallkasse Baden-Württemberg.

→ Unfallversicherung

7. Rechtliche Situation bei einem Unfall während des Schwimmunterrichts und beim Aufenthalt am und im Wasser bei außerunterrichtlichen Schulveranstaltungen

Die oben gemachten Aussagen zur Regelung der Rettungsfähigkeit im Schwimmunterricht sind mit dem zuständigen Unfallversicherungsträger abgestimmt. Grundsätzlich besteht ein gesetzlicher Unfallversicherungsschutz für Körperschäden (§ 2, Abs. 1 Nr. 8 b SGB VII) im Rahmen der Schülerunfallversicherung. Gleichzeitig schließt der Anspruch des Schülers aus der gesetzlichen Unfallversicherung nach §§ 104, 105 SGB VII alle anderen gesetzlichen Ansprüche auf Ersatz des entstandenen Personenschadens aus. Dies bedeutet, dass die Schülerin bzw. der Schüler weder Ansprüche gegen die Lehrkraft persönlich (Ausnahme: vorsätzliche Schädigung) noch gegen das Land aus Amtshaftungsgrundsätzen (Art. 34 GG, § 839 BGB) geltend machen kann.

Sofern die Lehrkraft einen Personenschaden vorsätzlich oder grob fahrlässig herbeiführt, besteht für den Unfallversicherungsträger die Möglichkeit, auf die Lehrkraft zurückzugreifen (§ 110 SGB VII).

Ergänzende Anmerkungen der Redaktion zu dieser Bekanntmachung des KM

Wir raten den Schulleitungen und Lehrkräften, alle Voraussetzungen für die Sicherheit der Schüler/innen sorgfältig einzuhalten. Dies kann z.B. zur Folge haben, dass Schwimmunterricht nicht stattfinden kann, wenn an der Schule keine Lehrkräfte vorhanden sind, die die oben genannten Voraussetzungen erfüllen, oder dass der Schwimmunterricht ggf. nicht für die ganze Klasse gemeinsam erteilt werden darf, wenn es eine größere Zahl von Nichtschwimmern und nur eine Aufsichtsperson gibt. Es ist den Schulleitungen abzuraten, Lehrkräfte ohne entsprechende Ausbildung zur Erteilung des Schwimmunterrichts zu verpflichten, weil die eventuellen Haftungsfolgen unabsehbar sind.

Das KM hat auf die Frage, ob beim Fehlen ausgebildeter Lehrkräfte auch rettungskundige Kräfte der Deutschen Lebensrettungsgesellschaft für die Begleitung des Schwimmunterrichts eingesetzt werden können, u.a. mitgeteilt: *„Wenn die vor Ort Verantwortlichen eine Zweitkraft für erforderlich halten, kann sie auch außerhalb des schuleigenen Lehrerkollegiums requiriert werden. Allerdings ist dann die Eignung besonders zu prüfen. Wenn die Zweitkraft auch im Lehrbetrieb eigenverantwortlich eingesetzt werden soll, muss mit ihr ein Arbeitsvertrag abgeschlossen werden, da alle Lehrer im Dienst des Landes stehen müssen (§ 38 Abs. 1 SchG). Eine Vergütung richtet sich dann nach dem allgemeinen arbeits- und haushaltsrechtlichen Rahmen. Dies gilt auch für Mitglieder ... der DLRG."*

(Quelle: Landtags-Drucksache 13/3504 (16.8.2004)

Probleme können bei der Aufsicht durch Lehrkräfte des jeweils anderen Geschlechts beim Sport- bzw. Schwimmunterricht (z.B. beim Duschen oder Umziehen) auftreten. Nach Auffassung des KM dürfen die Schulen den Sport- und Schwimmunterricht in der Grundschule und in den Klassen 5 und 6 der weiterführenden Schulen sowie in höheren Klassen, z.B. im Neigungskurs des Gymnasiums koedukativ durchführen. Erst bei beginnender Pubertät seien die Schulen verpflichtet, den Unterricht geschlechtergetrennt zu erteilen, mit der Folge, dass ab Klasse 7 Sport nicht koedukativ erteilt werden dürfe. Es sei deshalb möglich, eine Lehrkraft in den Klassen 5 und 6 ohne eine Hilfskraft des anderen Geschlechts die Aufsicht beim Sport- und Schwimmunterricht führe. Weibliche Lehrkräfte könnten auch die Umkleide- und Duschkabinen von Jungen betreten. Zudem würden Lehrkräfte beim Besuch des Schwimmbads häufig von einem Elternteil, meistens von einer

Mutter, begleitet, sodass auch dann kein ‚aufsichtsfreier Raum' entstehe, wenn eine männliche Lehrkraft mit dem Schwimmunterricht betraut sei.

(Quelle: Schreiben an den SPD-Abgeordneten Norbert Zeller vom 10.5.2006 und 12.7.2006, Az. 31-6600.4/31)

Das KM verweist weiterhin auf die Notwendigkeit einer „*geschlechtsspezifischen Diskretion*", besonders in den Dusch- und Umkleideräumen. In der Regel werde der männliche Lehrer die Umkleideräume der Mädchen nicht betreten. In einer – auch vermeintlichen – Notsituation sei es jedoch legitim, wenn ein männlicher Lehrer die Umkleidekabine der Mädchen ausnahmsweise betrete.

Im Ergebnis heißt dies, dass die Schulen ab Klasse 5 den Sport- und Schwimmunterricht nach Geschlechtern getrennt organisieren sollten, da sich spätestens ab dieser Klassenstufe stets mindestens ein Teil der Schülerinnen in der Pubertät befindet. Diese Organisationsform ist auch wegen der Abmeldemöglichkeiten bzw. Freistellungsnotwendigkeiten aus religiösen Gründen zu empfehlen.

➜ Religionsunterricht (Teilnahme); ➜ Schulbesuchsverordnung (Weitere Hinweise der Redaktion)

In diesem Zusammenhang sei auf die „*Remonstrationspflicht*" verwiesen: Beamt/innen sind verpflichtet Bedenken gegen die Rechtmäßigkeit dienstlicher Anordnungen (z.B. wegen der Gruppengröße oder fehlender Aufsicht) unverzüglich schriftlich bei den ihren Vorgesetzten geltend machen.

➜ Beamtenstatusgesetz § 36

➜ Aufsichtspflicht; ➜ Beamtenstatusgesetz § 36; ➜ Disziplinargesetz (Allgemeines); ➜ Erste Hilfe; ➜ Haftung und Versicherung; ➜ Organisationserlass; ➜ Rechtsschutz; ➜ Schülerzusatzversicherung; ➜ Schulbesuchsverordnung (dort Hinweis: Sportunterricht – Freistellung); ➜ Unfallversicherung

Aufstieg (Laufbahnen)

Hinweise der Redaktion

1. Rechtliche Grundlagen

Beamtinnen und Beamte können in die nächsthöhere Laufbahn derselben Fachrichtung aufsteigen, auch wenn die Bildungsvoraussetzungen für diese Laufbahn nicht vorliegen, wenn sie

1. sich im Endamt ihrer bisherigen Laufbahn befinden; ist das Endamt ein Amt mit Amtszulage, so kann der Aufstieg auch aus dem Amt ohne Amtszulage erfolgen,
2. sich in mindestens zwei unterschiedlichen Aufgabengebieten ihrer Laufbahn bewährt haben,
3. seit mindestens einem Jahr erfolgreich überwiegend Aufgaben der nächsthöheren Laufbahn wahrnehmen,
4. nach ihrer Persönlichkeit und ihren bisherigen überdurchschnittlichen Leistungen für diese Laufbahn geeignet erscheinen und
5. sich durch Qualifizierungsmaßnahmen zusätzliche, über ihre Vorbildung und die bisherige Laufbahnbefähigung hinausgehende Kenntnisse und Fähigkeiten erworben haben, die ihnen die Wahrnehmung der Aufgaben der neuen Laufbahn ermöglichen.

Eine erneute Probezeit muss nicht abgeleistet werden. Das Eingangsamt der nächsthöheren Laufbahn kann übersprungen werden, wenn dieses mit keinem höheren Grundgehalt verbunden ist.

➜ Beamtengesetz §§ 15, 19, 20, 22

Bis zum Erlass neuer Regelungen gelten die vor Inkrafttreten des LBG geltenden Regelungen weiter. Sie sind anschließend wiedergeben.

2. Aufstieg in den höheren Dienst

Wissenschaftliche Lehrkräfte des gehobenen Dienstes an beruflichen Schulen und Gymnasien können aus Besoldungsruppe A 13 in den höheren Dienst aufsteigen (Studienrat/-rätin in Bes.-Gr. A 13 plus Zulage mit Beförderungsmöglichkeit zum Oberstudienrat/-rätin in Bes.-Gr. A 14).

Für diesen „Bewährungsaufstieg" müssen folgende Voraussetzungen vorliegen:
- Vollendung des 40. Lebensjahres,
- sechs Monate zusätzliche persönliche Wartezeit,
- acht Jahre Bewährung im Schuldienst ab Einstellung,
- das 58. Lebensjahr darf zum Zeitpunkt der Ernennung nicht vollendet sein.

Es gilt folgendes Verfahren: Die Schulleitung erstellt eine dienstliche Beurteilung (Anlassbeurteilung) und gibt eine Empfehlung für den Aufstieg ab. Die obere Schulaufsichtsbehörde erstellt auf Grundlage der Schulleiterbeurteilung ein Ranking aller Bewerber/innen (Mitbestimmung des Bezirkspersonalrats bei der Auswahlentscheidung).

Der Aufstieg ist auch für Arbeitnehmer/innen möglich; sie erhalten danach zwar keine Zulage, sondern bleiben in ihrer Entgeltgruppe. Sie erwerben damit aber die Voraussetzung für eine Beförderung und die Übernahme von Funktionsstellen.

2.1 Berufliche Schulen

Herkömmliches Aufstiegsverfahren

Der Aufstieg ist für wissenschaftliche Lehrkräfte des gehobenen Dienstes (Gewerbe-, Handels-, Hauswirtschafts- und Landwirtschaftsschulrätinnen, FH-, BA- und PH-Absolvent/innen) möglich.

Voraussetzungen:
- Beamtin/Beamter oder Arbeitnehmer/in im öffentlichen Dienst (Erfüllerstatus);
- mindestens 40 und höchstens 58 Jahre alt;
- mindestens 8 Jahre Bewährungszeit an einer be-

ruflichen Schule (Für Absolvent/inn/en von Fachhochschulen und Berufsakademien beginnt die 8-jährige Bewährungszeit nach Abschluss der zweijährigen pädagogischen Schulung);
- dienstliche Beurteilung mindestens „sehr gut bis gut"
- sechs Monate persönliche Wartezeit (Stellenbesetzungs- und Beförderungssperre).

Realschul- und Sonderschullehrer/innen, die an berufliche Schulen versetzt sind, können ebenfalls am Aufstiegsverfahren für den höheren Dienst teilnehmen. Sie müssen sich acht Jahre mit mindestens einem halben Lehrauftrag im beruflichen Schuldienst bewährt haben. Sofern die geforderten Voraussetzungen erfüllen, werden auch Sonderschullehrer/innen, die an private berufliche Sonderschulen beurlaubt sind, in das herkömmliche Aufstiegsverfahren an beruflichen Schulen einbezogen. Dies gilt auch für Versorgungsberechtigte (§ 104 Schulgesetz).

Grund- und Hauptschullehrkräfte sind vom Aufstieg ausgeschlossen.

Ein Aufstiegslehrgang muss nicht besucht werden.
➔ Dienstliche Beurteilung (Lehrkräfte) III.1.2

Aufstiegslehrgang
Zur Teilnahme am Aufstiegslehrgang können sich wissenschaftliche Lehrkräfte im gehobenen Dienst an beruflichen Schulen des Landes bewerben, die
- mit Beginn des Lehrgangs in der Regel* das 32. Lebensjahr erreicht und
- das 55. Lebensjahr noch nicht vollendet haben,
- sich zu Beginn des Lehrgangs mindestens im vierten Dienstjahr befinden.

* Wer vor Vollendung des 32. Lebensjahres mit dem Aufstiegslehrgang beginnt, kann nach dessen erfolgreichem Abschluss erst mit der Vollendung des 35. Lebensjahres in den höheren Dienst übernommen werden; Stichtag ist jeweils der 1. August.

Der Aufstiegslehrgang wird berufsbegleitend angeboten. Es wird keine Deputatsanrechnung gewährt. Für die Teilnahme werden keine Gebühren erhoben. Durch die Lehrgangsteilnahme entstehende Reisekosten werden zur Hälfte durch das zuständige Regierungspräsidium erstattet.

Über Einzelheiten informiert ein Merkblatt des Kultusministeriums (im Sonderteil Berufliche Schulen des Jahrbuchs abgedruckt).

2.2 Gymnasien

Lehrkräfte des gehobenen Dienstes an Gymnasien mit der Lehrbefähigung für die Unter- und Mittelstufe (Gymnasialräte/innen – „Kleine Fakultas") müssen außer den unter Ziff. 1 genannten Voraussetzungen folgende Bedingungen erfüllen:
1. Erteilung von Oberstufenunterricht (auf Antrag der Lehrkraft).
2. Die Beurteilung und Empfehlung für den Aufstieg durch die Schulleitung muss mindestens die Note „sehr gut bis gut" enthalten.

3.
Laufbahnwechsel für Fachlehrer/innen und Technische Lehrkräfte

Für jährlich 30 Lehrkräfte ist ein Laufbahnwechsel möglich (Voraussetzung: mindestens zwölfjährige hauptberufliche Unterrichtspraxis und dienstliche Beurteilung von mindestens sehr gut bis gut):

Bisherige Laufbahn	Neue Laufbahn
Fachlehrkraft für musisch-technische Fächer	Lehramt an Grund-, Haupt- und Werkrealschulen,
Fachlehrkraft an Schulen für Körperbehinderte oder für Geistigbehinderte	Lehramt an Sonderschulen
Technische Lehrkraft der gewerblichen, kaufmännischen, hauswirtschaftlichen oder landwirtschaftlichen Richtung beruflicher Schulen	Lehramt an Berufs- und Berufsfachschulen
Technische Lehrkraft an Schulen für Geistigbehinderte	Lehramt an Sonderschulen

Die Ausschreibung erfolgt im Amtsblatt KuU. Die ausgewählten Lehrkräfte müssen das Endamt ihrer Laufbahn erreicht haben (FL: A 11 mit Amtszulage, TL: A 12). Sie unterrichten in einer zweijährigen Bewährungszeit in der angestrebten Laufbahn, werden vom Staatlichen Seminar für Didaktik und Lehrerbildung durch Unterrichtsmitschauen und Beratungsgespräche begleitet und nehmen an einer berufsbegleitenden Qualifizierung teil.

➔ Beamtengesetz §§ 15, 19, 20, 22; ➔ Beförderung; ➔ Beförderung (Stellen- und Beförderungssperre); ➔ Besoldung (Lehrkräfte – Eingruppierung); ➔ Dienstl. Beurteilung (Lehrkräfte) III.1.2 und Hinweis nach IV.1.3; ➔ Reisekosten (LRKG) § 23; ➔ Schwerbehinderung

---

Hätten Sie's gewusst?
Reisekostenbelege aufbewahren

Wer vom Land die Reisekosten erstattet bekommt, darf die Fahrkarte nicht wegwerfen. Der Dienstreisende ist verpflichtet, die Kostenbelege nach Erstattung der Reisekostenvergütung bis zum Ablauf eines Jahres für Zwecke der Rechnungsprüfung aufzubewahren und auf Verlangen vorzulegen.

Auch wer mit seiner Klasse ins Schullandheim fährt oder eine Klassen-/Studienfahrt unternimmt, muss alle Belege (Eintrittskarten, Quittungen usw.) – nicht nur seine eigenen, sondern auch alle Belege über die Ausgaben für die Schüler/innen – sorgfältig aufbewahren. Denn auch die Eltern haben einen Anspruch auf Offenlegung – sie haben das Geld dafür schließlich aufgebracht.

➔ Haushalt (Kassenführung); ➔ Reisekosten (Gesetz) § 3 Abs. 6

Ausbildungspersonalräte

Auszug aus der Verordnung des Kultusministeriums über die Bildung von Ausbildungspersonalräten im Geschäftsbereich der Kultusverwaltung vom 7. März 1977 (GBl. S. 98/1977)

§ 1

(1) Für Lehramtsanwärter wird ein Ausbildungspersonalrat an jedem Seminar für Studienreferendare, jedem Institut für Reallehrer an einer Pädagogischen Hochschule, jedem Pädagogischen Fachseminar sowie ... dem Fachseminar für Sonderpädagogik ... gebildet.

Hinweis der Redaktion: An den Seminaren für die schulpraktische Ausbildung (Grund- und Hauptschulen sowie Realschulen) gibt es keine Ausbildungspersonalräte. Für die Lehramtsanwärter/innen GHS und RS ist die jeweils zugewiesene Schule „Stammbehörde"; sie sind dort wahlberechtigt.

→ Personalvertretungsgesetz § 11 (Hinweis)

§ 2

(1) Die Amtszeit der Ausbildungspersonalräte beträgt ein Jahr.

(2) Die regelmäßigen Wahlen zu den Ausbildungspersonalräten für die Lehramtsanwärter finden in der Zeit vom 1. August bis 31. Oktober ... eines jeden Jahres statt. Für Lehramtsanwärter an Seminaren für Studienreferendare, an denen der Vorbereitungsdienst ausschließlich im Monat Januar beginnt, finden die regelmäßigen Wahlen in der Zeit vom 1. Februar bis 30. April eines jeden Jahres statt.

(3) Die Amtszeit endet mit Ablauf der Anfechtungsfrist für den neu gewählten Ausbildungspersonalrat, jedoch spätestens am 31. Oktober eines Jahres bei Ausbildungspersonalräten für Lehramtsanwärter ... . Die Amtszeit der Ausbildungspersonalräte an Seminaren für Studienreferendare, an denen der Vorbereitungsdienst ausschließlich im Monat Januar beginnt, endet spätestens am 30. April eines Jahres.

→ Personalvertretungsgesetz §§ 11 und § 56

§ 3

Die Ausbildungspersonalräte werden an den Maßnahmen beteiligt, die nach dem Landespersonalvertretungsgesetz der Mitbestimmung oder Mitwirkung unterliegen und von den in § 1 bezeichneten Dienststellen für die bei ihnen in Ausbildung befindlichen Anwärter getroffen werden. Sie haben insbesondere die in §§ 66 und 68 des Landespersonalvertretungsgesetzes genannten Aufgaben, Rechte und Pflichten.

Auslandsschuldienst

Hinweise der Redaktion

1. Vorbemerkungen der Redaktion

Eine vorübergehende Arbeit im Ausland regt an, gibt neue Motivation, erweitert den Erfahrungshorizont und schafft einen Zuwachs an Weltoffenheit. Alle Hinweise zur Bewerbung und zu Vermittlungsmöglichkeiten befinden sich im Internet unter www.auslandsschulwesen.de (Web-Seiten der Zentralstelle für das Auslandsschulwesen – ZfA)

Informationen und Beistand durch die GEW

Es ist dringend zu empfehlen, die Aufnahme einer Auslandstätigkeit der GEW mitzuteilen und die GEW-Mitgliedschaft während des Schuldienstes im Ausland aufrecht zu erhalten: Mit jedem dienstlichen Einsatz im Ausland sowie mit der Rück-Eingliederung in den deutschen Schuldienst sind besondere Risiken verbunden (z.B. Anerkennung von Dienstzeiten, Beförderung, Auswahl der Schule, Auseinandersetzungen mit dem Schulträger). Die GEW schützt ihre Mitglieder im Ausland – zusätzlich zum Rechtsschutz – durch eine weltweit geltende Berufshaftpflichtversicherung und informiert sie durch Zusendung der GEW-Zeitungen und weiterer Materialien ins Ausland.

Während einer Auslandstätigkeit werden GEW-Mitglieder nicht bei ihrem Landesverband, sondern bei der GEW-Bundesorganisation geführt.

Beim GEW-Bundeshauptvorstand gibt es eine „Arbeitsgruppe Auslandslehrerinnen und -lehrer" (AGAL), in der jeder Landesverband durch einen Beauftragten vertreten ist. Diese AG hat Hinweise für Lehrerinnen und Lehrer veröffentlicht, die sich um eine Vermittlung durch die Zentralstelle für das Auslandsschulwesen (ZfA) an Schulen und sonstigen Bildungseinrichtungen im Ausland bewerben wollen. Es ist vor einer Bewerbung dringend zu empfehlen, diese Hinweise zu zu beachten. Für die aus dem Auslandsschuldienst Zurückgekehrten veranstaltet die GEW alle zwei Jahre ein Seminar zu aktuellen Fragen des Auslandsschulwesens. Es findet in der Regel im November eines Jahres mit gerader Jahreszahl statt.

Kontakte:

GEW-Hauptvorstand: Postfach 90 04 09, 60444 Frankfurt/Main, FON: (069) 789730, FAX: (069) 78973201; http://www.gew.de, E-Mail: agal@gew.de

Beauftragter für Auslandslehrkräfte der GEW in Baden-Württemberg:

Wolfgang Gotterbarm, Friedrich-Ebert-Ring 163, 69469 Weinheim, FON: (06201) 183751 und (0175) 5602760, E-Mail: post@wgotterbarm.de

2.
Merkblatt des KM: Als Lehrkraft ins Ausland: die Rahmenbedingungen

Quelle: Infodienst Schule des KM Nr. 37 (Juli 2008)

Die Zentralstelle für das Auslandsschulwesen (ZfA) vermittelt Auslandsdienstlehrkräfte als aus dem innerdeutschen Schuldienst beurlaubte Lehrkräfte sowie Bundesprogrammlehrkräfte (in der Regel noch nicht in den Schuldienst übernommene Lehrkräfte), die während ihrer Tätigkeit im Ausland organisatorisch, pädagogisch und personell von der Zentralstelle für das Auslandsschulwesen betreut werden.

1.
Bedarf:

Bedarf besteht hauptsächlich an Lehrkräften mit der Lehrbefähigung für die Sekundarstufe II:
- mit den Fächern Deutsch und/oder einer modernen Fremdsprache und Beifächern wie Geschichte, Biologie, Geographie, Musik;
- mit Mathematik und/oder Naturwissenschaften/Informatik;
- und in geringerem Umfang an Diplomhandelslehrerinnen und -lehrer oder Wirtschaftspädagoginnen und -pädagogen vor allem in Lateinamerika.

Einsatzmöglichkeiten für Grund-, Haupt- und Real-schullehrerinnen und -lehrer sind im Rahmen der von der ZfA angebotenen Vermittlungsprogramme nur in begrenztem Umfang gegeben. Diese Lehrkräfte werden von den Auslandsschulen überwiegend direkt als Ortskräfte eingestellt und erhalten keine Leistungen seitens der ZfA. Technische Fachlehrkräfte sowie Sonderschullehrerinnen oder -lehrer können nicht vermittelt werden.

2.
Einsatzgebiete:

Auslandsdienstlehrkräfte (ADLK) und Ortskräfte (OK) können weltweit in folgenden Großräumen eingesetzt werden: Nordamerika, Zentralasien, Mittel-/Südamerika, Nahost, Fernost/Australien, West-/Nordeuropa, Südeuropa/ Türkei, Afrika, Mittel-/Osteuropa.

Bundesprogrammlehrkräfte (BPLK) können eingesetzt werden an Schulen in: Mittel-/Südamerika, Zentralasien, Nahost, Fernost, Südeuropa, Türkei, Afrika, Mittel-/Osteuropa.

Die größte Chance, im Ausland eine Stelle zu bekommen, haben Lehrkräfte, die sich für möglichst viele Großräume zur Verfügung stellen. Bei einer Bewerbung sollte man die Lehrkraft den Einsatz in maximal zwei der genannten Großräume ablehnen.

Besonders großer Bedarf an Deutschlehrerinnen und -lehrern besteht in Mittel- und Osteuropa sowie in Zentralasien.

3. *Vertragsdauer*

Auslandsdienstlehrkräfte schließen den Dienstvertrag mit dem ausländischen Schulträger für drei Jahre ab. Mit Zustimmung der Schule, der Zentralstelle und der Landesschulbehörde kann dieser Vertrag auf maximal sechs Jahre verlängert werden (für Schulleiterinnen und -leiter gelten maximal acht Jahre).

Bundesprogrammlehrkräfte schließen den Arbeitsvertrag mit dem ausländischen Schulträger in der Regel für zwei Jahre ab. Mit Zustimmung der Schule und der Zentralstelle (und gegebenenfalls ihrer Inlandsschulbehörde) können sie diesen Vertrag im Zweijahresrhythmus bis zu einer Gesamtdauer von sechs Jahren verlängern.

Ortskräfte handeln die Dauer ihres Arbeitsvertrages frei mit dem ausländischen Schulträger aus.

4. *Unterrichtsverpflichtung*

Die Zahl der wöchentlichen Unterrichtsstunden mit einer Dauer von 45 Minuten beträgt für Auslandsdienstlehrkräfte und Bundesprogrammlehrkräfte in der Regel:

Grund- und Hauptschullehrkräfte 28
Realschullehrkräfte: 26
Gymnasiallehrkräfte: 24

Wochenstunden. Die Unterrichtsverpflichtung der Ortskräfte richtet sich nach den Vereinbarungen mit dem örtlichen Schulträger.

5. *Einkommen*

Auslandsdienstlehrkräfte erhalten von der Zentralstelle laufende monatliche Zuwendungen, die aus einem steuerpflichtigen Inlandsteil und einem steuerfreien Auslandsteil bestehen.

Das Einkommen von Bundesprogrammlehrkräften setzt sich aus zwei verschiedenen Faktoren zusammen, nämlich dem Ortsgehalt, das ihnen die Schule zahlt und der Zuwendung des Bundesverwaltungsamtes.

Ortskräfte erhalten ihr Gehalt ausschließlich von der Auslandsschule.

6. *Sprachkenntnisse*

Es wird erwartet, dass die Sprache des Gastlandes, sofern sie nicht bereits beherrscht wird, in angemessener Zeit erlernt wird. Handelt es sich um eine besonders schwierige Sprache, sollten ausreichende Kenntnisse der dort verwendeten europäischen Verkehrssprache und zumindest Grundkenntnisse in der Landessprache erworben werden. Unterrichtssprache ist fast immer Deutsch, in Ausnahmefällen wird bilingual unterrichtet.

Die AGAL findet man im Internet unter:
http://www.gew.de/AG_Auslandslehrerinnen_und_-lehrer_AGAL.html
(dort auch Links auf wichtige Informationen, Tagungsberichte, Rundbrief ...).

Als Lehrkraft ins Ausland: der Weg der Bewerbung

1.
Bewerbung

Bewerberinnen und Bewerber um eine Stelle als Auslandsdienstlehrkraft müssen ihre Bewerbung auf dem Dienstweg einreichen. Dieser beginnt mit Abgabe der Bewerbungsunterlagen bei der Schulleitung. Die zuständige Schulbehörde prüft die Bewerbung und leitet die Unterlagen gegebenenfalls mit einem Hinweis, von welchem Zeitpunkt an die Lehrkraft zur Verfügung stehen wird (Freistellungsvermerk), an die Zentralstelle für das Auslandsschulwesen (ZfA) weiter.

Mit der Freistellung verpflichtet sich der Dienstherr, im Fall einer Vermittlung die erforderliche Beurlaubung zu gewähren. Die Freistellung beträgt grundsätzlich vier Jahre. Der Dienstherr kann die Freistellung widerrufen.

Da Bewerberinnen und Bewerber um eine Stelle als Bundesprogrammlehrkraft in der Regel nicht im innerdeutschen Schuldienst beschäftigt sind, können diese sich direkt bei der ZfA bewerben. Vor Aufnahme in die Bewerberdatenbank erfolgt ein Auswahlverfahren, das in der ZfA in Köln stattfindet.

Bewerberinnen und Bewerber um eine Stelle als Ortskraft können sich unmittelbar bei einer Auslandsschule auf eine ausgeschriebene Stelle bewerben. Aktuelle Stellenangebote der Schulen finden Sie auf der Homepage der ZfA.

Außerdem besteht die Möglichkeit der Aufnahme in eine von der ZfA geführte Datenbank für Ortskraft-Bewerber, über welche die Leiter der Deutschen Auslandsschulen Kontakt mit den Lehrkräften aufnehmen können.

Wichtig: Verbeamtete Lehrerinnen und Lehrer müssen zuvor klären, ob ihr Dienstherr bereit ist, sie für eine Tätigkeit als Ortskraft zu beurlauben.

2.
Bewerberauswahl/Stellenangebote

Frei werdende Stellen für Auslandsdienstlehrkräfte und Bundesprogrammlehrkräfte werden im Normalfall nicht ausgeschrieben, sondern die Leiterinnen und Leiter der Deutschen Auslandsschulen wählen aus der ZfA-Bewerberdatenbank die am Besten passenden Lehrkräfte aus.

Für alle übrigen schulischen Einrichtungen im Ausland erfolgt die Bewerberauswahl durch die Zentralstelle, bei Funktionsstellen sind die Länder beteiligt.

Nur Stellen, die in diesem Verfahren nicht besetzt werden können, sowie Funktionsstellen als Schulleiterin und Schulleiter oder Fachberaterin und Fachberater werden auf der ZfA-Homepage ausgeschrieben.

Ortskräfte werden ausschließlich von der Schulleitung der Deutschen Schulen ausgewählt.

3.
Beurlaubung

Nach Abschluss eines Vertrages mit dem ausländischen Schulträger wird die Zentralstelle bei der innerdeutschen Schulbehörde die Umwandlung der zugesagten Freistellung in eine Beurlaubung beantragen.

Die Lehrkraft wird unter Fortfall der Inlandsdienstbezüge beziehungsweise -vergütung aus dem Landesschuldienst beurlaubt, behält während der Zeit der Auslandstätigkeit aber ihren Status als (beurlaubte) Beamtin oder (beurlaubter) Beamter und als Angestellte oder Angestellter des Bundeslandes.

Weitere Informationen erhalten Sie unter www.auslandsschulwesen.de.

Hinweise der Redaktion zum Merkblatt des KM

Sowohl für Auslandsdienstlehrkräfte als auch für Bundesprogrammlehrkräfte gilt eine Altersgrenze. In den Bewerbungshinweisen der ZfA heißt es hierzu u.a.: *„Die wichtigsten Voraussetzungen für eine Vermittlung als Auslandsdienstlehrkraft erfüllt die Lehrkraft, wenn sie ... noch nicht das 59. Lebensjahr bei Dienstantritt vollendet hat; Grund hierfür ist eine angestrebte Verweilzeit von 6 Jahren bis zum Eintritt in den gesetzlichen Ruhestand, die im Auslandsschuldienst verbracht werden soll (bitte beachten Sie eine hinreichende Vorlaufzeit für das Bewerbungs- und Vermittlungsverfahren) ...".* Als Bundesprogrammlehrkräfte können sich auch Magister mit *„Deutsch als Fremdsprache (DaF)"* und Linguistik mit dem Schwerpunkt *„Deutsch als Fremdsprache"* sowie mindestens überdurchschnittlicher Examensnote bewerben.

Laut Beschluss der KMK vom 4.2.1965 dürfen Lehrkräften, die für den Auslandsschuldienst aus den Ländern beurlaubt sind, „in Anstellung und Beförderung keine Nachteile erwachsen".

Über die einzelnen Länder informieren landeskundliche Merkblätter beim Bundesverwaltungsamt – Amt für Auswanderung – in 50728 Köln. Jedes Bundesland betreibt in der jeweiligen Landeshauptstadt eine Beratungsstelle für Auslandstätige und Auswanderer/innen. Ferner bietet die Forschungsstelle für Auslandsschulwesen (FO) der Universität Oldenburg, Postfach 2503, 26129 Oldenburg, Material über Auslandsschulen, Auslandsschulwesen anderer Länder, Pädagogik der Auslandsschulen u.a.

Bei der ZfA sind „Schulauskunftsbogen" erhältlich (Kurzinformation über die einzelnen Schulen). An vielen Schulen im Ausland wird die Mitarbeit in der Erwachsenenbildung erwartet (Sprachkurse für Ausländer/innen, Mitarbeit im Goethe-Institut u.a.) und in anderen schulischen Bereichen (z.B. Sport, Chorleitung ...).

ADLK und BPLK werden in der Regel Angestellte eines Schul- oder Elternvereins bzw. einer Kirchengemeinde (Schulträger).

Die Bewerbung erfolgt auf dem Dienstweg. Dienstantritt ist jeweils der 1. September (Nordhalbkugel) bzw. 1. März (Südhalbkugel).

In den Auslandsschuldienst können Lehrkräfte bis zur Dauer von sechs Jahren, in Ausnahmefällen bis zu acht Jahren beurlaubt werden. Eine Beurlaubung zur Übernahme einer Tätigkeit als „Ortslehrkraft" ist bis zu sechs Jahren möglich.

Es ist zu empfehlen, während des Auslandsschuldienstes Kontakt zur ehemaligen Schule in Deutschland, zum zuständigen Personalrat sowie zur Schulaufsichtsbehörde zu halten. Diesen Stellen sollten frühzeitig die Rückkehr und die Einsatzwünsche mitgeteilt werden. Ein persönliches Gespräch während eines Heimaturlaubs kann die berufliche Wiedereingliederung erleichtern.

Vermittlung durch sonstige Organisationen (DAAD, DED und GTZ, BA)

Andere Lehrtätigkeiten im Ausland bieten folgende Organisationen an:

a)
Deutscher Akademischer Austauschdienst (DAAD)

Der DAAD, Kennedyallee 50, 53175 Bonn, FON: (0228) 882-0, vermittelt Lehrerinnen und Lehrer als Deutschlektoren an ausländische Hochschulen.
Internet: www.daad.de/ausland/de/3.5.html

b)
Deutscher Entwicklungsdienst (DED)

Der DED, Kladowerer Damm 299, 14089 Berlin, FON: (030) 36 509-0, sucht Lehrerinnen und Lehrer für die Arbeit in Entwicklungsländern.

Im Rahmen der sogenannten Bildungshilfe kann man dort beim Aufbau oder der Weiterentwicklung des einheimischen Schulwesens helfen.
Informationen im Internet unter www.ded.de

c)
Deutsche Gesellschaft für Technische Zusammenarbeit (GTZ) GmbH

Die GTZ, Dag-Hammarskjöld-Weg 1-5, 65760 Eschborn, FON: (06196) 79-0, FAX: (06196) 79-115, unterstützt komplexe Reformen und Veränderungsprozesse in Entwicklungs- und Transformationsländern und bietet u.a. Stellen als „Experts for Teacher Training" an. Info im Internet unter www.gtz.de/de/index.htm

d)
Zentralstelle für Arbeitsvermittlung

Die Zentralstelle für Arbeitsvermittlung, Villemombler Straße 76, 53123 Bonn, FON: (0228) 713-0, weist Beschäftigungsmöglichkeiten für ausgebildete Lehrkräfte im Ausland nach und unterstützt bei der Bewerbung usw. Informationen im Internet unter www.arbeitsamt.de/zav/

Hospitationsaufenthalte und Austauschprogramme

a)
Lehrer- und Assistentenaustausch sowie Hospitationsaufenthalte

Verwaltungsvorschrift des KM vom 19.12.2000 (KuU S. 5/2001)

Zur Förderung des internationalen Kulturaustausches, zur internationalen Verständigung und zum Kennenlernen des Schulwesens anderer Länder können Lehrer aller Schularten Lehreraustausche (kurz- oder langfristige), Assistentenaustausche und auch Hospitationsaufenthalte durchführen.

1. Im Einzelnen wird hierzu Folgendes bestimmt:
1.1 Anträge auf Teilnahme sind auf dem Dienstweg an das zuständige Oberschulamt zu richten.
1.2 Anträge auf Beurlaubung sind nach der Zulassung auf dem Dienstweg beim zuständigen Oberschulamt zu stellen.
1.3 Ob und in welcher Höhe das jeweilige Gastland dem deutschen Lehrer Zuwendungen gewährt, richtet sich nach den Bestimmungen des Gastlandes. Zuwendungen des Gastlandes zu den Reisekosten sind auf die ... reisekostenrechtliche Abfindung anzurechnen. ...
2. Im Übrigen ergeben sich die Möglichkeiten für eine Beurlaubung und ihre Modalitäten aus folgender Übersicht: *(hier nicht abgedruckt).*

b)
Weitere Programme (Auswahl)

1. Einsatz deutscher Fremdsprachenassistenten an Schulen im europäischen Ausland (Bekanntmachung in KuU S. 283/2001).
2. Beurlaubung im öffentlichen Interesse für bestimmte Lehreraustauschprogramme mit den USA (Ausschreibung in KuU S. 312/2000).
3. Grundschullehreraustausch mit Frankreich: Zielgruppe: Beamtete Lehrkräfte (Bes.-Gr. A 12), Grundschulkräfte, die Französisch unterrichten, werden bevorzugt zugelassen; Schwerpunkt: altersgerechte, eher spielerische Vermittlung der deutschen Sprache an französischen Grundschulen; Dauer: ein Schuljahr; Verlängerung grundsätzlich möglich (wird regelmäßig ausgeschrieben, zuletzt: KuU S. 194/2008)
4. Auch zur Förderung der deutschen Sprache in Osteuropa gibt es ein Lehrer-Austauschprogramm: (Ausschreibung in KuU S. 153/2007).
5. Kulturaustauschprogramm im pädagogischen Bereich mit den USA, 11.9.2007 (KuU S. 4/2008)

→ Ländertausch (Lehrkräfte); → Schulpartnerschaften; → Urlaub (Verordnung / AzUVO) § 31, Hinweis

---

Die GEW-Mitgliedschaft ist im Ausland noch wichtiger als zuhause!

Gelegentlich fühlt man sich als deutsche Lehrkraft im Ausland recht alleingelassen. Wo bekommt man **sachkundigen Rat von einer „neutralen" Stelle**? Als GEW-Mitglied sind Sie nie allein. Am raschesten finden Sie über agal@gew.de einen kompetenten Ansprechpartner – oder über http://www.gew.de/AG_Auslandslehrerinnen_und_-lehrer_AGAL.html

Außerschulische Jugendbildung (Landesjugendplan)

Auszug aus den Richtlinien des Kultusministeriums zur Förderung der außerschulischen Jugendbildung; Verwaltungsvorschrift vom 30. Juli 2002 (K.u.U. S. 267/2002)

17. Internationale Schülerbegegnungen mit Staaten Mittel- und Osteuropas

17.1 Schulen können für internationale Schülerbegegnungen mit Staaten Mittel- und Osteuropas, die die persönliche Begegnung junger Menschen ermöglichen, insbesondere helfen, das kulturelle und gesellschaftliche Leben in den genannten Ländern kennenzulernen, Zuschüsse gewährt werden.

17.2 Zuwendungsvoraussetzungen:

17.2.1 Die Teilnehmerinnen und Teilnehmer sollen mindestens der Klassenstufe 8 angehören.

17.2.2 Das Projekt soll mindestens 5 und nicht länger als 10 Tage dauern.

17.2.3 Es wird eine gründliche Vor- und Nachbereitung erwartet, die auch die Beschäftigung mit aktuellen und grundsätzlichen Fragen der Entwicklung in Mitteleuropa umfasst. Die begleitenden Lehrkräfte sollen vor einer Begegnungsfahrt an einer geeigneten Lehrerfortbildungsmaßnahme teilgenommen haben. Das Projekt soll auf Gegenseitigkeit angelegt sein, wie z.B. im Rahmen einer Schulpartnerschaft.

→ Schulpartnerschaften

17.2.4 Eine Gruppe soll nicht weniger als 8 und nicht mehr als 60 Personen umfassen. Auf durchschnittlich je 15 Personen soll eine Jugendleiterin bzw. ein Jugendleiter, eine Lehrkraft oder eine sonstige Betreuungspersonen teilnehmen.

Bei gemischten Gruppen sollen männliche und weibliche Betreuungspersonen die Gruppe begleiten, auch wenn dadurch die Teilnehmer-Betreuer-Relation unterschritten wird; diese kann auch in begründeten Einzelfällen, wie z.B. bei behinderten Teilnehmerinnen und Teilnehmern, unterschritten werden.

17.3 Der Zuschuss wird im Wege der Projektförderung gewährt, bei Maßnahmen in Baden-Württemberg als Zuschuss zu den Aufenthaltskosten (Festbetragsfinanzierung), bei Maßnahmen bei der Partnerorganisation als Zuschuss zu den Fahrkosten (Anteilsfinanzierung).

17.3.1 Bei Maßnahmen in Baden-Württemberg beträgt der Zuschuss bis 7,70 EUR je Tag und Person der Gästegruppe; An- und Abreise werden zusätzlich als ein weiterer Tag gefördert.

Sollte die Unterbringung aller, auch der baden-württembergischen Teilnehmerinnen und Teilnehmer, an einem dritten Ort in Baden-Württemberg stattfinden, kann der Zuschuss auch für Teilnehmerinnen und Teilnehmer der gastgebenden Gruppe gewährt werden. Für den Fall der Unterbringung außerhalb Baden-Württembergs kann der Zuschuss nur gewährt werden, wenn die Bewilligungsbehörde vorher zugestimmt hat.

17.3.2 Bei Maßnahmen bei der Partnerorganisation beträgt der Zuschuss bis 60 v.H. der anerkannten Fahrkosten (günstigstes Angebot bei Busfahrten oder Gruppenfahrschein 2. Klasse bei Bahnfahrten, wobei jeweils sämtliche Ermäßigungen zu berücksichtigen sind); dabei wird jeweils die kürzeste Entfernung zwischen den zentralen Ausgangsorten (regelmäßig die Kreisstadt) zugrunde gelegt, wobei aus Gründen der Programmgestaltung bis zu 100 km (einfache Entfernung) zusätzlich anerkannt werden können.

17.4 Der Zuschuss kann auch für Betreuungspersonen gewährt werden, soweit diese nicht Anspruch auf Kostenerstattung nach dem baden-württembergischen Reisekostenrecht haben.

17.5 Die Anträge sollen, in Abweichung von Nr. 6.4, bis 1. Dezember des Vorjahres vorliegen.

18. Gedenkstättenfahrten

18.1 Trägern der Jugendarbeit, Schulen sowie Studentengruppen können Zuschüsse für Studienfahrten zu Gedenkstätten nationalsozialistischen Unrechts gewährt werden.

18.2 Zuwendungsvoraussetzungen sind:

18.2.1 Die Teilnehmerinnen und Teilnehmer sollen mindestens 12, jedoch noch nicht 27 Jahre alt sein.

18.2.2 Die Gruppe soll nicht weniger als 8 Personen umfassen.

18.2.3 Die Gedenkstättenfahrt sollte in der Regel eintägig sein. Dies gilt nicht für den Fall, dass sie Teil einer mehrtägigen Veranstaltung ist, etwa eines Schullandheimaufenthalts oder einer Jugendfreizeit.

18.2.4 Die besuchte Gedenkstätte soll ein didaktisches Konzept aufweisen, eigenes Dokumentationsmaterial einsetzen und über die notwendige organisatorische Grundausstattung, insbesondere Räume für Vorträge, Filme u.a. verfügen. Die Studienfahrt wird in Zusammenarbeit mit der Gedenkstätte geplant und durchgeführt.

Hinweise und Informationen zu entsprechenden Einrichtungen in Baden-Württemberg können beim Gedenkstättenreferat der Landeszentrale für politische Bildung abgerufen werden.

Hinweis der Redaktion: Die Landeszentrale für politische Bildung, Abt. Demokratisches Engagement – Gedenkstättenarbeit, Paulinenstr. 44 - 46, 70178 Stuttgart, FON: (0711) 16409931, im Internet: gedenkstaettenarbeit@lpb.bwl.de, www.gedenkstaetten-bw.d, informiert über Gedenkstätten in Baden-Württemberg (Plätze jüdischer Geschichte sowie ehemalige Konzentrationslager, zu denen pädagogische und museale Angebote bestehen). Die LpB informiert nicht über die finanzielle Förderung von Fahrten zu Gedenkstätten – hierfür und für die Bearbeitung der Anträge an Zuschüsse sind die Regierungspräsidien (Abt. Schule und Bildung) zuständig).

18.2.5 Fahrten zu Gedenkstätten innerhalb Baden-Württembergs, die den o.a. Anforderungen entsprechen, können im Rahmen dieses Pro-

Außerschulische Jugendbildung (Landesjugendplan)

gramms gefördert werden. Dies gilt auch für außerhalb des Landes gelegene Gedenkstätten, die bis zu 100 km von der Landesgrenze entfernt liegen, sowie für die Gedenkstätte Dachau. Fahrten zu anderen Gedenkstätten können bei Vorliegen besonderer Gründe gefördert werden.

18.2.6 Es wird eine gründliche Vor- und Nachbereitung erwartet. ...

18.3 Der Zuschuss wird nach Maßgabe der vorhandenen Mittel in der Form der Anteilsfinanzierung bewilligt. Er beträgt bis zu 50 v.H. der als notwendig anerkannten Fahrkosten zwischen dem Ausgangsort und der Gedenkstätte.

18.3.1 Ist die Gedenkstättenfahrt Teil einer mehrtägigen Veranstaltung, wird der Zuschuss nach dem Anteil berechnet, den der Tag des Besuchs der Gedenkstätte am Gesamtprogramm hat.

18.3.2 Bei Fahrten anlässlich von Schullandheimaufenthalten, Jugendfreizeiten oder vergleichbaren Veranstaltungen wird der Zuschuss anhand der Fahrkosten berechnet, die aus Anlass des Besuchs der Gedenkstätte entstanden sind.

18.3.3 Ist die Gedenkstättenfahrt ausnahmsweise auf mehrere Tage angelegt, um ergänzende Programmpunkte einbauen zu können, die in einem inneren Zusammenhang mit der Thematik stehen, wie z.B. Wiederaufbau, demokratische Errungenschaften oder supranationale Einrichtungen, kann der volle Zuschuss gewährt werden, wenn die Bewilligungsbehörde dem Programm vor Projektbeginn zugestimmt hat.

18.4 Anträge sollen ... 6 Wochen vor Projektbeginn vorliegen.

→ Außerunterrichtliche Veranstaltungen

Welche Gedenkstätten können / sollten besucht werden?

Hinweise der Redaktion

1.

In seinem Merkblatt für die Förderung von Studienfahrten von Schulklassen, Jugend- und Studentengruppen zu Gedenkstätten nationalsozialistischen Unrechts (AZ: VI/4-6973.0/12; Stand: 1998; ergänzt 10/2000) hat das KM u.a. ausgeführt:

(Es) sollten vorrangig folgende Einrichtungen besucht werden ... :

- Natzweiler/Struthof, Camp du Struthof, F 67130 Natzwiller, France
- Dachau, Verwaltung der KZ-Gedenkstätte, Alte Römerstr. 75, 85221 Dachau
- Flossenbürg, Informationsbüro KZ-Gedenkstätte, Hohenstaufenstr. 24, 92696 Flossenbürg
- Oberer Kuhberg (Ulm), KZ-Gedenkstätte Oberer Kuhberg, Postfach 2066, 89010 Ulm
- Brettheim (möglichst unter Einbeziehung der Synagoge Michelbach a.d.Lücke), Kontakt: Brettheim: Bürgermeisteramt Rot am See, 74585 Rot am See-Brettheim, Michelbach a.d.Lücke, 74599 Wallhausen
- Mannheim-Sandhofen.

Fahrten zu anderen, insbesondere weiter entfernt gelegenen Gedenkstätten können bei Vorliegen besonderer Gründe bezuschusst werden. Als „besonderer Grund" in diesem Sinne gilt es auch, wenn sich die Schulklasse/Jugend- oder Studentengruppen ohnehin schon in der Nähe der entfernt gelegenen Gedenkstätte aufhält (Beispiel: Besuch der Gedenkstätte Theresienstadt/Tschechische Republik in Verbindung mit einer Studienfahrt nach Prag). Für Studienfahrten nach Auschwitz und in andere polnische Gedenkstätten bestehen Fördermöglichkeiten durch das Deutsch-Polnische Jugendwerk.

2.

Das KM hat am 13.4.2000 (KuU S. 138/2000) darüber hinaus folgende Gedenkstätten benannt, die für einen Besuch in Betracht kommen:

- Adelsheim-Sennfeld: Ehemalige Synagoge
- Bad Friedrichshall-Kochendorf: Ehemaliges KZ
- Bisingen: Heimatmuseum „Schwierigkeiten des Erinnerns" und KZ-Gedenkstätte Bisingen
- Bopfingen-Oberdorf: Ehemalige Synagoge Oberdorf – Museum zur Geschichte der Juden im Ostalbkreis
- Freudental: Pädagogisch-Kulturelles Centrum Ehemalige Synagoge
- Gomadingen-Grafeneck: Euthanasie-Gedenkstätte
- Göppingen-Jebenhausen: Jüdisches Museum
- Haigerloch: Ehemalige Synagoge und jüdisches Wohnviertel Haag
- Haslach i.K.: KZ-Gedenkstätte „Vulkan"
- Hechingen: Alte Synagoge
- Heidelberg: Dokumentations- und Kulturzentrum Deutscher Sinti und Roma
- Hemsbach: Ehemalige Synagoge
- Kippenheim: Ehemalige Synagoge
- Königsbronn: Georg-Elser-Gedenkstätte
- Laupheim: Museum zur Geschichte von Christen und Juden, Schloss Großlaupheim
- Münsingen-Buttenhausen: „Juden in Buttenhausen" Ehemalige Realschule
- Neckarelz: KZ-Gedenkstätte und Gedenkpfad
- Obersulm-Affaltrach: Museum zur Geschichte der Juden in Heilbronn, ehem. Synagoge
- Sulzburg: Ehemalige Synagoge
- Überlingen: Dokumentationsstätte Goldbacher Stollen und KZ-Aufkirch
- Weinsberg: Dokumentationsstätte „Lager Weinsberg"
- Wellendingen-Wilflingen: KZ-Gedenkstätte Eckerwald.

Seitdem sind u.a. neu eröffnet worden:
- Vaihingen/Enz: Gedenkstätte
- Schwäbisch Hall-Hessental.

→ Außerunterrichtliche Veranstaltungen; → Außerunterrichtliche Veranstaltungen (Hinweise); → Außerunterrichtliche Veranstaltungen (Reisekosten); → Jugendarbeit und Schule; → Reisekosten (Gesetz – LRKG); → Schulpartnerschaften

Außerunterrichtliche Veranstaltungen

Außerunterrichtliche Veranstaltungen der Schulen; VwV des KM vom 17. Juli 1985 (KuU S. 337/1985); neu erlassen 19.10.1995 (KuU S. 554/1995); neu in Kraft gesetzt 6.10.2002 (KuU S. 324/2002)

I. Allgemeines

Bei der Erfüllung der erzieherischen Aufgaben der Schule kommt außerunterrichtlichen Veranstaltungen besondere Bedeutung zu. Sie dienen der Vertiefung, Erweiterung und Ergänzung des Unterrichts und tragen zur Entfaltung und Stärkung der Gesamtpersönlichkeit des einzelnen Schülers bei.

Vorbereitung und Durchführung dieser Veranstaltungen eröffnen vielfältige Möglichkeiten einer vertieften Begegnung von Lehrern und Schüler innerhalb einer Gemeinschaft. Für den Lehrer bietet sich dabei die Chance, sich dem einzelnen Schüler noch stärker persönlich zuwenden zu können. Gleichzeitig kann er die Schüler nach ihren besonderen Interessen und Fähigkeiten an der Gestaltung wesentlich mitarbeiten lassen. Auf diesem Wege vermag der Lehrer die Beziehung zu seinen Schülern enger zu gestalten, die für erfolgreiche pädagogische Arbeit wichtige Vertrauensbasis zu festigen und zu verbessern und darüber hinaus das Selbstverständnis der Schüler sowie ihr Selbstvertrauen zu fördern.

Die Schüler haben bei der Planung und Durchführung solcher Veranstaltungen Gelegenheit, ihre unterschiedlichen Interessen einzubringen, ihre besonderen Fähigkeiten und Fertigkeiten zu entfalten und dabei Anerkennung und Ansporn für weiteren persönlichen Einsatz zu finden, Selbstständigkeit und Eigenverantwortung zu entwickeln und ihre Bereitschaft zum mitverantwortlichen Handeln in einer Gemeinschaft zu stärken. Die außerunterrichtlichen Veranstaltungen leisten somit einen wichtigen Beitrag zur Entfaltung der gesamten Persönlichkeit des Schülers.

Als geeignet erweisen sich insbesondere folgende Veranstaltungen:

1. Wanderungen und Jahresausflüge
   Im Schuljahr können Schulen, Grundschulförderklassen und Schulkindergärten bis zu vier Wandertage durchführen; ab Klasse 5 kann dafür auch eine bis zu einwöchige Wanderung stattfinden. Ausnahmsweise ist auch mit Schülern der Klassen 3 und 4 eine mehrtägige Wanderung möglich. Daneben können die Schulen einen ganztägigen Jahresausflug durchführen, wobei eine angemessene Wanderzeit gewährleistet sein soll.

2. Chor-, Orchester- und Sporttage
   Im Schuljahr können bis zu fünf Tage für Chor-, Orchester- und Sportveranstaltungen verwendet werden.

3. Besuch von bildungsfördernden Veranstaltungen sowie Theateraufführungen und musikalischen Darbietungen

4. Lehr- und Studienfahrten sowie Veranstaltungen im Rahmen der politischen Bildung
   Sie können ab Klasse 8 durchgeführt werden und sollen nicht mehr als fünf Unterrichtstage dauern.
   Für Studienfahrten zu Gedenkstätten nationalsozialistischen Unrechts gilt Nummer 18 der Richtlinien des Kultusministeriums zur Förderung der außerschulischen Jugendbildung vom 30. Juli 2002 (KuU S. 267) ... .
   → Außerschulische Jugendbildung; → Gedenktag
   Hinsichtlich der Landtagsbesuche wird auf die Richtlinien des Präsidenten des Landtags über die Einführung von Schülern ... in die Parlamentsarbeit ... hingewiesen.
   → Landtagsbesuche (dort auch Hinweis auf Zuschüsse für Berlinreisen)

5. Schullandheimaufenthalte
   Jeder Schüler soll während seiner Schulzeit mindestens einmal an einem Schullandheimaufenthalt teilnehmen, der in der Regel mit Schülern ab Klasse 5 in ländlichen Gegenden Baden-Württembergs durchgeführt wird und zwischen sieben und vierzehn Tagen dauert. Ausnahmsweise sind auch mit Schülern der Klassen 1 bis 4 Schullandheimaufenthalte möglich.

6. Lerngänge und – in der Regel ab Klasse 8 – Betriebserkundungen

7. Projekttage

8. Schüleraustausch mit dem Ausland
   Er kann in der Regel mit Schülern ab Klasse 7 durchgeführt werden und zwischen zehn Tagen und vier Wochen dauern, wobei Gruppen von Schülern aus mehreren Klassen bis zu höchstens zwei Wochen Unterrichtszeit in Anspruch nehmen können.
   → Schulpartnerschaften (Schüleraustausch)

9. Internationale Schülerbegegnungen mit Staaten Mittel- und Osteuropas
   Es gilt Nummer 17 der Richtlinien des Kultusministeriums zum Landesjugendplan Baden-Württemberg ... .
   → Außerschulische Jugendbildung; → Gedenktag

Umweltbewusst und zuverlässig ans Ziel Ihrer Klassenfahrt?
www.bahn.de/klassenfahrten   Weitere Infos: siehe 4. Umschlagseite

Außerunterrichtliche Veranstaltungen

Während eines Schuljahres soll eine Klasse in der Regel nicht mehr als zwei Wochen Schulzeit für die Durchführung von Veranstaltungen nach den Nummern 1 bis 4 in Anspruch nehmen.

Hinweis der Redaktion: Zur Teilnahmepflicht von Lehrkräften an außerunterrichtlichen Veranstaltungen sowie zur Vergütung teilzeitbeschäftigter Lehrkräfte im Arbeitnehmerverhältnis siehe die Beiträge → Außerunterrichtliche Veranstaltungen (Hinweise) sowie → Teilzeit (Pflichten und Rechte).

II.
Vorbereitung und Genehmigung

1. Die Gesamtlehrerkonferenz berät und beschließt mit Einverständnis der Schulkonferenz über die Grundsätze der in einem Schuljahr stattfindenden schulischen Veranstaltungen.
   → Konferenzordnung § 2 Nr.11; → Schulgesetz § 47 Abs. 5 Nr. 4
2. Die Planung der einzelnen schulischen Veranstaltungen, insbesondere der mehrtägigen Fahrten und Wanderungen, soll grundsätzlich in der Klassenpflegschaft beraten werden.
3. Die Veranstaltungen werden vom Schulleiter genehmigt. Genehmigungen sind nur im Rahmen der verfügbaren Mittel möglich, es sei denn, die teilnehmenden Lehrer und Begleitpersonen verzichten vorher ganz oder teilweise auf Reisekostenvergütung.
   Hinweis der Redaktion: Zum Verzicht auf Reisekostenerstattung bitte den Beitrag → Außerunterrichtliche Veranstaltungen (Hinweise) beachten.
4. Die Schule trägt die Verantwortung dafür, dass Art und Ausgestaltung der geplanten Maßnahmen den genannten pädagogischen Zielen und Vorgaben unmittelbar und eindeutig dienen und auf den Erkenntnisstand und die Belastbarkeit der Schüler abgestimmt sind. Lerngänge, Betriebserkundungen, Lehr- und Studienfahrten sowie Veranstaltungen im Rahmen der politischen Bildung müssen dem Lehrplan entsprechen.
5. Die an den Veranstaltungen teilnehmenden Lehrer und Begleitpersonen müssen den vorauszusehenden Anforderungen gewachsen und über ihre Pflichten informiert sein. Begleitpersonen können neben Lehrern auch andere geeignete Personen (z.B. Eltern) sein.
   → Erste Hilfe
   Bei Veranstaltungen mit mehr als 20 Schülern – an Grundschulen bei jeder Klassengröße – soll neben dem verantwortlichen Lehrer eine Begleitperson teilnehmen. Bei mehr als 40 Schülern kann eine weitere Begleitperson teilnehmen.
   Bei Sonderschulen richtet sich die Zahl der Begleitpersonen nach der Art der Behinderung.
6. Die für Schüler entstehenden Kosten sind so niedrig wie möglich zu halten, müssen in einem vertretbaren Verhältnis zum Nutzen der Veranstaltung stehen und dürfen die Eltern nicht in unzumutbarem Maße belasten. Wenn minderjährige Schüler an mehrtägigen Veranstaltungen teilnehmen, ist das schriftliche Einverständnis der Eltern erforderlich.
7. Bei mehrtägigen Veranstaltungen sind in der Regel Heime, Jugendherbergen, Jugendhotels und ähnliche Übernachtungs- und Verpflegungsstätten auszuwählen, bei denen geringere Kosten für Verpflegung und Unterkunft als allgemein entstehen.
8. Bei der Wahl des Verkehrsmittels sind öffentliche Verkehrsmittel zu bevorzugen, soweit ein zumutbares Fahrangebot besteht.
9. Die Kostenbeiträge der Schülerinnen, Schüler und Eltern sowie die sonstigen Einnahmen im Zusammenhang mit den außerunterrichtlichen Veranstaltungen werden von der beauftragten Lehrkraft verwaltet. Die Einnahmen und Ausgaben sollen über ein zweckgebundenes Treuhandkonto abgewickelt werden. Eine zeitnahe Prüfung des Nachweises über die ordnungsgemäße Mittelverwendung ist durch die Schulleitung sicherzustellen.
   → Haushalt (Kassenführung und Schulkonten)
10. Grundsätzlich sollen alle Schüler einer Klasse oder eines Kurses teilnehmen. Wenn dies einzelnen Schülern nicht möglich ist, muss dafür gesorgt werden, dass sie am Unterricht weiter teilnehmen können.
    Hinweise der Redaktion: Zum Ausschluss einzelner Schüler/innen von außerunterrichtlichen Veranstaltungen siehe: → Schulgesetz § 90 Abs. 9 (Hinweise).

III.
Reisekostenvergütung für Lehrer und Begleitpersonen, Versicherungsschutz, Zuschüsse für Schüler

1. Den Schulen wird der ihnen für außerunterrichtliche Veranstaltungen zur Verfügung stehende Betrag mitgeteilt.
   Hinweise der Redaktion: Bitte zur Verteilung dieser Mittel und zum Verzicht auf Reisekosten den Beitrag → Außerunterrichtliche Veranstaltungen (Reisekosten) beachten.
2. Bei allen Maßnahmen, die nach dieser Verwaltungsvorschrift als Veranstaltungen der Schule durchgeführt werden, besteht für beamtete Lehrer Dienstunfallfürsorge, für angestellte Lehrer, Begleitpersonen und Schüler gesetzlicher Versicherungsschutz nach den Bestimmungen der Reichsversicherungsordnung. Die Eltern sind darauf hinzuweisen, dass bei rein privaten Tätigkeiten der Schüler kein Versicherungsschutz besteht. Ein Versicherungsschutz für diesen Zweck kann durch den rechtzeitigen Abschluss der freiwilligen Schüler-Zusatzversicherung herbeigeführt werden (...).
   → Schüler-Zusatzversicherung
3. Die Reisekostenvergütung für Lehrer richtet sich bei allen Veranstaltungen, die auf der Grundlage dieser Verwaltungsvorschrift durchgeführt werden, nach den allgemeinen Bestimmungen des Abschnitts II des Landesreisekostengesetzes (LRKG) für Inlandsdienstreisen. Entsprechendes gilt für Begleitpersonen, die

Außerunterrichtliche Veranstaltungen

nicht im öffentlichen Dienst stehen. Für Genehmigung und Abrechnung aller Veranstaltungen sind die Formblätter nach Anlage 1 und 2 *(hier nicht abgedruckt)* zu verwenden. Auf der Rückseite der Anlage 1 *(auf der übernächsten Seite abgedruckt)* sind die Höchstbeträge der hiernach zustehenden Aufwandsvergütung abgedruckt. Bei mehrtägigen Veranstaltungen wird gemäß § 17 Landesreisekostengesetz anstelle des zustehenden Tage- und Übernachtungsgeldes gemäß §§ 9 und 10 LRKG folgende Aufwandsvergütung festgesetzt:

→ Außerunterrichtliche Veranstaltungen (Reisekosten);
→ Reisekosten (Gesetz) § 17

bei	für Unterkunft	für Verpflegung
Vollpension	Gegen Nachweis Ersatz der Kosten für Vollpension (höchstens 80 v.H. des Übernachtungs-	und 70 v.H. des Tagegeldes)
Halbpension	Gegen Nachweis Ersatz der Kosten für Halbpension (höchstens 80 v.H. des Übernachtungs-	und 40 v.H. des Tagegeldes) zuzüglich 30 v.H. des Tagegeldes ohne Nachweis
Übernachtung mit Frühstück	Gegen Nachweis Ersatz der Kosten für Unterkunft und Frühstück (höchstens 90 v.H. des Übernachtungsgeldes)	Ohne Nachweis 60 v.H. des Tagegeldes
Übernachtung ohne Frühstück sowie zweitägige Veranstaltungen	Gegen Nachweis Ersatz der Kosten (höchstens 80 v.H. des Übernachtungsgeldes)	Ohne Nachweis 70 v.H. des Tagegeldes
Selbstverpflegung	Gegen Nachweis Ersatz der Kosten (höchstens 80 v.H. des Übernachtungsgeldes)	Ohne Nachweis 50 v.H. des Tagegeldes

Für den Tag der An- und Rückreise wird bei Voll- und Halbpension jeweils ein Tagegeld in Höhe von 50 v.H., in den übrigen Fällen in Höhe von 70 v.H. gewährt.

→ Reisekosten (Gesetz – LRKG), §§ 9, 10 und 17

Hinweis der Redaktion: Teilzeitbeschäftigte Lehrkräfte im Arbeitnehmerverhältnis haben bei mindestens ganztägigen Klassenfahrten usw. Anspruch auf Vergütung wie Vollbeschäftigte. Zu den Einzelheiten siehe → Außerunterrichtliche Veranstaltungen (Hinweise) Nr. 4.

4. Zuständig für die Festsetzung und Auszahlung der Reisekostenvergütung ist für den Bereich der Grund-, Haupt-, Real- und Sonderschulen das Staatliche Schulamt, für den Bereich der Gymnasien und beruflichen Schulen das Oberschulamt.
   Abweichend hiervon entscheidet über die Reisekostenvergütung
   a) das zuständige Oberschulamt
      bei Schüleraustauschmaßnahmen mit Frankreich,
      bei Schüleraustauschmaßnahmen im Rahmen des Patenschaftsprogramms mit deutschen Auslandsschulen,
      bei aus dem Landesjugendplan geförderten internationalen Schülerbegegnungen mit Staaten Mittel- und Osteuropas sowie bei Studienfahrten zu Gedenkstätten nationalsozialistischen Unrechts,
      → Außerschulische Jugendbildung; → Gedenktag
   b) das Oberschulamt Stuttgart
      bei Austauschmaßnahmen, die nicht unter Buchstabe a) fallen.
5. Im Rahmen des Schüleraustausches können Schülern Zuschüsse gewährt werden. Beim deutsch-französischen Schüleraustausch sind Anträge über das jeweilige Oberschulamt an das Deutsch-Französische Jugendwerk, beim Austausch mit anderen Ländern an das Oberschulamt Stuttgart zu richten.
6. Für internationale Schülerbegegnungen mit Staaten Mittel- und Osteuropas sowie für Studienfahrten zu Gedenkstätten nationalsozialistischen Unrechts können Schulen Zuschüsse nach Maßgabe der Nummern 17 und 18 der Richtlinien zum Landesjugendplan ... gewährt werden. Anträge sind beim jeweiligen Oberschulamt zu stellen.

→ Außerschulische Jugendbildung; → Gedenktag (NS-Zeit); → Schulpartnerschaften

Hinweis der Redaktion: Das KM hat Richtlinien für den Erwerb eines Berechtigungsscheines zur Durchführung von Schneesportunterricht im Rahmen von Schneesporttagen und Schneesportschullandheimaufenthalten erlassen (VwV vom 8.8.2002; Loseblattsammlung KuU Nr. 6752.52).

→ Aufsichtspflicht; → Aufsichtspflicht (Schwimmunterricht); → Außerschulische Jugendbildung; → Außerunterrichtliche Veranstaltungen (Hinweise); → Außerunterrichtliche Veranstaltungen (Reisekosten); → Erste Hilfe; → Gedenktag (NS-Zeit); → Musisch-kulturelle Erziehung; → Schüler-Zusatzversicherung; → Schulpartnerschaften; → Unfallversicherung

---

Sind alle Schüler/innen ausreichend versichert? Siehe Kasten bei → Schüler-Zusatzversicherung.

Außerunterrichtliche Veranstaltungen (Hinweise)

Hinweise der Redaktion auf die Rechte und Pflichten der Lehrkräfte

1.
Konferenzbeschlüsse

Nach Ziff. II.1 der Verwaltungsvorschrift „Außerunterrichtliche Veranstaltungen" ist in der Gesamtlehrerkonferenz über die Grundsätze der im jeweiligen Schuljahr beabsichtigten außerunterrichtlichen Veranstaltungen zu beraten und zu beschließen. Dieser Beschluss bedarf des Einverständnisses der Schulkonferenz (§ 47 Abs. 5 SchG).

→ Konferenzen (Allgemeines); → Konferenzordnung § 2 Abs. 1 Nr. 7 und 11; → Schulgesetz § 34 Abs. 5

In einem solchen Beschluss können – mit bindender Wirkung für die Lehrkräfte und die Schulleitung (vgl. SchG § 44 Abs. 3) – Prioritäten für die Durchführung bestimmter Veranstaltungen und damit deren Genehmigung gesetzt werden: So kann z.B. festgelegt werden, dass die Durchführung eines Schullandheimaufenthalts in einer bestimmten Klassenstufe Vorrang vor allen anderen außerunterrichtlichen Veranstaltungen haben soll.

Bei der Beschlussfassung der Gesamtlehrerkonferenz (GLK) über außerunterrichtliche Veranstaltungen ist stets zu beachten, dass die Zuständigkeit der GLK einerseits und jene der Schulkonferenz miteinander verbunden sind: Die GLK ist bei der Aufstellung der Grundsätze über die Durchführung von außerunterrichtlichen Veranstaltungen an das Votum der Schulkonferenz gebunden. Sie muss gem. § 47 Abs. 5 Nr. 5 Schulgesetz deren Einverständnis einholen. Konkret heißt dies, dass der Schulleiter bzw. die Schulleiterin als Vorsitzender der Schulkonferenz einen entsprechenden Beschluss der GLK der Schulkonferenz vorlegen, darüber beraten und abstimmen lassen muss. Ohne Zustimmung der Schulkonferenz ist der Beschluss der GLK nichtig.

Da außerunterrichtliche Veranstaltungen vom Gesetzgeber gewollt sind, kann die GLK keinen Beschluss über die generelle Abschaffung oder Aussetzung solcher Veranstaltungen fassen. Sie kann und muss jedoch im Rahmen der konkreten Situation an der Schule (pädagogische Zielsetzung, personelle Kapazitäten, finanzielle Mittel) Schwerpunkte setzen und Prioritäten festlegen (Art und Umfang der Einzelmaßnahmen sowie deren Häufigkeit im Verhältnis zueinander). Dabei spielt auch eine Rolle, in welchem Umfang die Lehrkräfte durch sonstige Dienstpflichten und die Höhe ihrer Unterrichtsverpflichtung belastet sind.

→ Außerunterrichtliche Veranstaltungen Ziff. II.9

Die GLK darf keinen Beschluss fassen, dass die zustehenden Reisekosten gekürzt werden oder entfallen. Da es sich hierbei um einen individuellen Anspruch der leitenden Lehrkraft bzw. der Begleitperson/en handelt, wäre ein solcher Beschluss unzulässig und deshalb auch nicht bindend.

→ Außerunterrichtliche Veranstaltungen (Reisekosten)

2.
Individuelle Entscheidung der Lehrkraft

Die Durchführung von außerunterrichtlichen Veranstaltungen, insbesondere auch von Schullandheimaufenthalten, Studienfahrten oder Jahresausflügen, gehört zu den herkömmlichen Berufsaufgaben bzw. zum Berufsbild von Lehrerinnen und Lehrern. Die Durchführung solcher Veranstaltungen ist insofern nicht in das Belieben der einzelnen Lehrkraft gestellt. Andererseits ist die Durchführung derartiger Veranstaltungen im Einzelfall von einer Entscheidung der Lehrkraft abhängig: Sie muss prüfen, ob sie mit dieser konkreten Klasse und unter den obwaltenden Umständen eine derartige Maßnahme durchführen kann bzw. will. Es kann gute Gründe geben, selbst dann auf derartige Veranstaltungen zu verzichten, wenn sie an der betreffenden Schule allgemein üblich sind oder sogar ein Konferenzbeschluss darüber vorliegt, dass z.B. stets bestimmte Klassen ins Schullandheim gehen. Solche Gründe können in der Person des Lehrers bzw. der Lehrerin liegen (z.B. gehobenes Lebensalter, Krankheit oder Schwerbehinderung) bzw. mit der Arbeitsplanung und dem konkreten Ablauf der Arbeit oder den besonderen Verhältnissen der Klasse im jeweiligen Schuljahr zusammenhängen. Das können z.B. über das Normale hinausgehende Disziplinprobleme oder der Umstand sein, dass ein beträchtlicher Teil der Schülerinnen und Schüler nicht teilnehmen will. Auch die Belastung durch die „normalen" (aber ständig steigenden) Dienstpflichten, also die Unterrichtsverpflichtung und sonstige verbindliche Tätigkeiten, sowie die Frage, ob der Dienstherr die Reisekostenmittel bereitstellt, können die individuelle Entscheidung der Lehrkraft darüber beeinflussen, ob sie die erhebliche Mehrbelastung einer außerunterrichtlichen Veranstaltung auf sich nehmen will. Auch eine Teilzeitbeschäftigung kann hierauf maßgeblichen Einfluss haben. Das Kultusministerium

---

Broschüre der GEW
Außerunterrichtliche Veranstaltungen

Die GEW hat eine umfangreiche Handreichung zu den außerunterrichtlichen Veranstaltungen herausgegeben. Sie enthält auf 112 Seiten DIN A 4 neben allen einschlägigen Vorschriften auch Checklisten zur Vorbereitung eines Schullandheimaufenthalts, rechtliche Hinweise und Formulare.
Preis für GEW-Mitglieder: 6,00 Euro (im Buchhandel 9,50 Euro).
Bestellung am einfachsten online:
www.spv-s.de

hat der GEW mit Schreiben vom 3.2.1983 mitgeteilt, „ ... *dass die Teilnahme an außerunterrichtlichen Veranstaltungen ... in der pädagogischen Verantwortung des Lehrers liegt. Teilzeitbeschäftigten Lehrern mit geringem Unterrichtsauftrag ist es deshalb unbenommen, vor Teilnahme an einer außerunterrichtlichen Veranstaltung das pädagogische Interesse hieran und die Zumutbarkeit im Rahmen ihres Lehrauftrags gegeneinander abzuwägen."*

Zur Situation der teilzeitbeschäftigten Lehrkräfte, insbesondere zur vollen Vergütung von teilzeitbeschäftigten Arbeitnehmer/innen, siehe:

→ Teilzeitbeschäftigung (Pflichten und Rechte)

3.
Leitung und Verantwortung

Eine außerunterrichtliche Veranstaltung wird von einer Lehrkraft geleitet. Auch wenn (z.B. bei einer Exkursion mit „Fachleuten aus der Praxis") die eigentliche Arbeit von Expert/innen geleistet wird, obliegt der Lehrkraft die Letzt-Verantwortung.

Häufig ist „leitende" Lehrkraft die bzw. der Klassenlehrer/in. Es kann aber auch (z.B. wegen deren gesundheits- oder altersbedingter Verhinderung oder bei fachlich gebunden Veranstaltungen wie Besuch eines Theaters mit der Deutsch-Lehrkraft) eine andere Lehrkraft sein.

Daneben kann die Schule sonstige geeignete Personen, soweit diese sich hierzu bereiterklären, mit Aufsichts- und Betreuungsfunktionen betrauen. Ob und wie viel zusätzliche Aufsicht erforderlich ist, hängt z.B. ab vom Alter der Schüler, von der Klassengröße und dem Programm der Veranstaltung. Gemäß Ziff. II.5 der VwV Außerunterrichtliche Veranstaltungen soll bei Veranstaltungen mit mehr als 20 Schülern – an Grundschulen bei jeder Klassengröße – neben der verantwortlichen Lehrkraft eine Begleitperson teilnehmen. Bei mehr als 40 Schülern kann eine weitere Begleitperson teilnehmen. Bei Sonderschulen richtet sich die Zahl der Begleitpersonen nach der Art der Behinderung.

Wir empfehlen wegen des erhöhten Risikos, dass an außerunterrichtlichen Veranstaltungen jeder Art und Größe mindestens eine Begleitperson teilnimmt. Wenn keine Person gefunden wird (oder z.B. die Suche an fehlenden Mitteln für die Erstattung der Reisekosten scheitert), muss ggf. auf die Veranstaltung ganz verzichtet werden. So schmerzlich dies sein mag – dies ist besser, als wenn Schülerinnen oder Schüler mangels einer zweiten Aufsichtsperson zu Schaden kommen.

Als „Begleitpersonen" kommen andere Lehrkräfte, Referendar/innen oder Lehramtsanwärter/innen, Lehramtsstudent/innen sowie andere geeignete Erwachsene (insbesondere Erziehungsberechtigte von teilnehmenden Schülern, Ehe- oder Lebenspartner der leitenden Lehrkraft ...) in Betracht. Die leitende Lehrkraft ist verantwortlich für die Eignung der Begleitperson, die in ihrem Auftrag während der Fahrt auch Aufsichtspflichten wahrnimmt (s.u.). Die leitende Lehrkraft und die Begleitperson müssen sich vor Beginn der Veranstaltung über Ziele, Methoden, Risiken und eventuelle Maßnahmen verständigen.

Die rechtliche Verantwortlichkeit der Aufsichts- und Begleitpersonen entspricht in strafrechtlicher und haftungsrechtlicher Hinsicht jener der Lehrer; eine disziplinarrechtliche Verantwortlichkeit dieser Personen besteht nicht. Damit haftet für Schäden, die diese Personen bei ihrer Tätigkeit den Schülern oder sonstigen Dritten zufügen, nach Artikel 34 GG i.V.m. § 839 BGB das Land. Die Haftung ist bei Personenschäden Schülern gegenüber jedoch auf vorsätzliches Handeln beschränkt.

Begleitpersonen genießen bei ihrer Tätigkeit gesetzlichen Unfallversicherungsschutz. Bei Körperschäden, die auf Unfälle im Zusammenhang mit dieser Tätigkeit zurückzuführen sind, gewähren deshalb die gesetzlichen Unfallkassen die vorgesehenen Leistungen. Der Ersatz von Sachschäden ist nicht möglich.

→ Haftung

4.
Vergütung für Teilzeitbeschäftigte im Arbeitnehmerverhältnis

Das BAG hat entschieden, dass teilzeitbeschäftigte Lehrkräfte im Angestelltenverhältnis für die Dauer der Teilnahme an einer mindestens ganztägigen Klassenfahrt wie vollzeitbeschäftigte Lehrkräfte zu vergüten sind. Klassenfahrten sind außerunterrichtliche Veranstaltungen, die außerhalb des Schulgeländes stattfinden, also mit einem Ortswechsel verbunden sind. Dabei kommt es nicht darauf an, ob die Teilnahme an der Klassenfahrt auf Wunsch oder gegen den Willen der Lehrkraft erfolgt. Andere außerunterrichtliche Arbeitsleistungen sind von dem Urteil des BAG nicht betroffen. Solche Mehrbeanspruchungen führen bei teilzeitbeschäftigten Lehrkräften im Angestelltenverhältnis weiterhin nicht zu einem höheren Vergütungsanspruch.

Von einer ganztägigen Klassenfahrt ist bei einer Dauer von mindestens acht Zeitstunden auszugehen. Eine Gegenrechnung mit ausfallenden Unterrichtsstunden ist nicht vorzunehmen. ...

(Quelle: Vergütung teilzeitbeschäftigter Lehrkräfte im Angestelltenverhältnis bei Klassenfahrten an öffentlichen Schulen; Bekanntmachung des KM, 26.11.2002 (KuU S. 16/2003)

Ausführungshinweise des KM

Für die Teilnahme an ganztägigen Klassenfahrten mit einer Dauer von mindestens acht Zeitstunden sind teilzeitbeschäftigte Lehrkräfte wie Vollzeitbeschäftigte zu vergüten. Dies bedeutet, dass eine Lehrkraft mit einem Deputat von z.B. 6/24 Wochenstunden für eine fünftägige Klassenfahrt für diese Tage eine Vergütung für ein Deputat von 24/24 Wochenstunden erhält. Dies gilt auch für die darin evtl. enthaltenen Wochenendtage. Unbeachtlich ist, ob die betreffende Lehrkraft in dieser Zeit eine stundenplanmäßige Unterrichtsverpflichtung gehabt hätte oder nicht. Wird von einer Lehrkraft z.B. vormittags vor einer dann noch mindestens acht Zeitstunden dauernden eintägigen Klassenfahrt Unterricht erteilt, ist für diesen Tag die

Vergütung einer vollzeitbeschäftigten Lehrkraft zugrunde zu legen. Es ist jedoch nicht möglich, die Dauer des Unterrichts, der vor oder nach einer Klassenfahrt erteilt wird, auf die Dauer einer Klassenfahrt anzurechnen.

Klassenfahrten sind außerunterrichtliche Veranstaltungen, die außerhalb des Schulgeländes stattfinden. Zum Schulgelände gehören auch die gewöhnlich genutzten Schulsportstätten. Bei Sport- oder Projekttagen, die auf dem Schulgelände im vorgenannten Sinne stattfinden, handelt es sich daher nicht um Klassenfahrten. Falls Projekttage außerhalb des Schulgeländes stattfinden, z.B. für das Anlegen eines Biotops im Gemeindewald, sind sie bei entsprechender Dauer als Klassenfahrt zu behandeln. Ganztägige Klassenfahrten sind beispielsweise auch Wandertage, Betriebsbesichtigungen, Museumsbesuche und die Teilnahme von Schulmannschaften an einem Wettkampf außerhalb des Schulgeländes im oben genannten Sinne, wenn sie mindestens acht Zeitstunden dauern.

(Quelle: KM vom 27.9.2002; AZ: 14-0341.53/30)

5.
Haftung bei Vertragsstreitigkeiten

Hierzu hat das Kultusministerium mit Schreiben vom 12.7.1984 (AZ: Nr. I 5276/243) wie folgt Stellung genommen:

Die Beförderungs- und Beherbergungsverträge zur Durchführung von außerunterrichtlichen schulischen Veranstaltungen werden durch die Lehrer für das Land mit der Folge abgeschlossen, dass das Land Vertragspartner der Unternehmen ist.

Voraussetzung dafür ist, dass die Lehrer sich im Rahmen der für die Durchführung der außerunterrichtlichen schulischen Veranstaltungen bestehenden Vorschriften halten. Die Lehrer werden sodann als ‚Vertreter' des Landes tätig. (Erfüllungs-)Ansprüche des Beförderungs- oder Beherbergungsunternehmens richten sich gegen das Land, wenn der abgeschlossene Vertrag von der Schule nicht eingehalten werden kann und die Nichteinhaltung, sofern nichts anderes vereinbart wurde, von der Schule zu vertreten ist. Dies gilt auch dann, wenn die geplante außerunterrichtliche schulische Veranstaltung vom Lehrer aus Gründen, die im schulischen Bereich liegen, kurzfristig abgesagt wird.

Gegen den Lehrer besteht gemäß § 96 LBG ein Regressanspruch, wenn es auf sein vorsätzliches oder grobfahrlässiges pflichtwidriges Verhalten zurückzuführen ist, dass die außerunterrichtliche schulische Veranstaltung nicht durchgeführt werden konnte, und wenn vom Land gleichwohl Leistungen an das Beförderungs- oder Beherbergungsunternehmen zu erbringen waren.

Ferner hat das KM mit Schreiben vom 21.3.1986 (AZ: I 5276/260) ausgeführt:

Bei Vertragsabschluss sollte grundsätzlich der Briefkopf der Schule verwandt werden, damit zweifelsfrei erkannt werden kann, dass es sich nicht um eine Privataktion handelt. Zum Abschluss von Beförderungs- oder Beherbergungsverträgen sind Lehrer/innen als „Vertreter" des Landes erst befugt, wenn auf schulischer Seite dafür sämtliche Voraussetzungen erfüllt sind. Hierzu gehört die Genehmigung durch den Schulleiter, die Behandlung in den zuständigen Gremien und die Besprechung mit den Eltern. Schließt die Lehrkraft vor Erledigung dieser Formalitäten Verträge ab, so haftet sie dafür persönlich.

Hinweise der Redaktion:
1. Wir empfehlen für kostenträchtige, langfristige Buchungen (Bus-/Bahnfahrt, Unterkunft) eine Reiserücktrittskostenversicherung.
2. Lehrkräfte sollten den gesamten Schriftverkehr auf dem Kopfbogen der Schule abwickeln (das ist ja keine Privat-Reise!).
3. Der Rechtsschutz und die Berufshaftpflichtversicherung der GEW helfen Mitgliedern aus eventuellen Schwierigkeiten heraus bzw. unterstützen sie zuverlässig bei deren Bewältigung.

→ Haftung

6.
Nutzung privater Pkws für schulische Zwecke

Nach Abschnitt II Nr. 8 der VwV „Außerunterrichtliche Veranstaltungen" sind öffentliche Verkehrsmittel zu bevorzugen, soweit ein zumutbares Fahrangebot besteht. Der Transport von Schülern durch Lehrkräfte, Begleitpersonen oder Eltern mit privaten Kraftfahrzeugen ist ist also eine zulässige Ausnahme und nur freiwillig möglich.

War die Benutzung privater Verkehrsmittel aus triftigen Gründen erforderlich und wurde die Dienstreise schriftlich von der Schulleitung genehmigt (bei einem Dienstgang genügt dies in mündlicher Form), kann für den einen Unfallschaden an einem Kraftfahrzeug – außer bei Vorsatz oder grober Fahrlässigkeit – Sachschadenersatz geleistet werden. Bei vorsätzlicher oder grob fahrlässiger Schadensherbeiführung kann der Träger der gesetzlichen Schülerunfallversicherung gegen die Lehrkraft Ersatzansprüche geltend machen; er kann nach billigem Ermessen hierauf auch verzichten.

→ Sachschäden; → Unfälle (Arbeits- und Dienstunfälle)

Für entstandene Fremdschäden und mögliche Schmerzensgeldforderungen, die durch schuldhaftes Handeln bei der Teilnahme am allgemeinen Verkehr (öffentlicher Straßenverkehr) entstanden sind, muss die Haftpflichtversicherung des Fahrzeughalters in Anspruch genommen werden. Ein Schadensfreiheitsrabattverlust in der Haftpflichtversicherung ist nicht erstattungsfähig. Insoweit können finanzielle Nachteile für Lehrkräfte nicht ausgeschlossen werden.

Wenn Eltern nicht im Auftrag der Schule, sondern aus reiner Gefälligkeit Schüler transportieren, besteht für die Eltern kein Versicherungsschutz im Rahmen der gesetzlichen Schülerunfallversicherung. Die beförderten Schüler sind jedoch weiterhin gesetzlich unfallversichert.

Für Schüler/innen besteht bei der Teilnahme an außerunterrichtlichen schulischen Veranstaltungen

– einschließlich des Weges zu und von solchen Veranstaltungen – gesetzlicher Unfallversicherungsschutz; ein Schmerzensgeld wird von der gesetzlichen Unfallversicherung jedoch nicht erstattet. Wenn der Unfall bei Teilnahme am allgemeinen Verkehr eingetreten ist, können Schmerzensgeldansprüche entstehen, die von der Kfz-Haftpflichtversicherung übernommen werden.

Wegen dieser Haftungs-Risiken müssen wir Lehrkräften grundsätzlich davon abraten, ihre privaten Kraftfahrzeuge für die Schülerbeförderung einzusetzen. Dies gilt selbst dann, wenn eine Insassenversicherung abgeschlossen ist. Der Schülertransport ist Sache der Eltern bzw. des Schulträgers! Falls sich Lehrkräfte wegen der besonderen Umstände (z.B. Nichterreichbarkeit mit öffentlichen Verkehrsmitteln) dazu entschließen, Schülerinnen oder Schüler im privateigenen Pkw an den Ort einer schulischen Veranstaltung zu befördern, so raten wir dringend:

– In jedem Fall ist die (schriftliche!) Genehmigung der Schulleitung einholen; dabei müssen ausdrücklich „triftige Gründe" für die Nutzung des Pkw anerkannt werden. Andernfalls halten wir das Risiko für zu hoch.

– Soweit es sich um eine außerunterrichtliche Veranstaltung handelt, muss zudem die (schriftliche) Genehmigung der Schulleitung für die Durchführung dieser außerunterrichtlichen Veranstaltung vorliegen.

7.
Grenzübertritt und Visapflicht

Nach Art. 1 Abs. 1 der EU-Schülersammellistenregelung (ABl. EG Nr. L 327 S.1) verlangt ein Mitgliedstaat bei Schulausflügen von Schülern, die auf einer Schülersammelliste eingetragen sind, kein Visum. Die Schülergruppe muss von einem Lehrer begleitet sein. Die Schülersammelliste muss die Schule mit Namen und Anschrift, den begleitenden Lehrer, Reiseziel und -Zeitraum und sämtliche mitreisenden Schüler (unabhängig von ihrer Staatsangehörigkeit) bezeichnen sowie von der Schulleitung unterzeichnet sein. Es sind einheitliche Vordrucke zu verwenden, die von der Ausländerbehörde bei der Bundesdruckerei bezogen werden können.

Neben der visumersetzenden Funktion kann die Schülersammelliste auch die Funktion eines Passersatzpapiers übernehmen. In diesem Fall ist eine Integration der Lichtbilder sämtlicher Schüler, die keinen eigenen Lichtbildausweis besitzen und auf die sich die Passersatzfunktion daher beziehen soll, in die Schülersammelliste erforderlich.

Eine Aufnahme in die Schülersammelliste kommt für drittstaatsangehörige Schüler in Betracht, die einen Aufenthaltstitel oder eine Aufenthaltskarte besitzen, gemäß § 1 Abs. 2 Aufenthaltsgesetz keinen Aufenthaltstitel benötigen, aufgrund der Aufenthaltsverordnung vom Erfordernis des Aufenthaltstitels befreit sind oder aufgrund anderer gesetzlicher Regelungen keinen Aufenthaltstitel benötigen. Hierzu zählen auch Asylbewerber, deren Aufenthalt gemäß § 55 Asylverfahrensgesetz kraft Gesetzes gestattet ist. Es können mittlerweile zudem geduldete Schüler in Schülersammellisten aufgenommen werden und auf diese Weise an Klassenfahrten innerhalb der Europäischen Union teilnehmen. Die Richtigkeit der Angaben zu Drittstaatsangehörigen sowie deren Berechtigung zur Wiedereinreise sind von der Ausländerbehörde auf der Liste zu bestätigen.

Im deutsch-französischen Reiseverkehr kann die Sammelliste auch für eigene Staatsangehörige – und dabei auch für Kindergartenkinder – als Passersatzpapier Verwendung finden; die Geltungsdauer der Schülersammelliste beträgt ein Schuljahr. Deutsche und französische Kinder benötigen bei Reisen in das jeweilige Nachbarland also in diesem Fall kein zusätzliches Dokument mehr.

Seit dem 12. Dezember 2008 wendet die Schweiz die Bestimmungen des Schengen-Besitzstandes an. Nachdem hierzu auch die EU-Schülersammellistenregelung gehört, werden Schülersammellisten nunmehr auch von der Schweiz anerkannt. Die o.g. Regelungen gelten deshalb auch für Schulfahrten in die Schweiz.

(Quelle: KM, 30.07.2009; AZ: 31-6535.0/341)

8
Zur Teilnahmepflicht für Schüler/innen

Nach Ziff. II.10 der VwV sollen grundsätzlich (zur Bedeutung dieser Begriffe: → Juristische Terminologie) alle Schüler/innen einer Klasse oder eines Kurses an außerunterrichtlichen Veranstaltungen teilnehmen. Denn der pädagogische Wert dieser schulischen Veranstaltungen ist für alle Schüler/innen je einzeln sowie für die Klasse/Kurs insgesamt so bedeutend, dass niemand ausgeschlossen bleiben bzw. werden sollte.

Die Formulierung „grundsätzlich" besagt jedoch auch, dass hiervon Ausnahmen möglich sind.

Für die Nicht-Teilnahme werden im Wesentlichen disziplinäre, gesundheitliche, finanzielle oder religiöse Gründe vorgebracht:

– Aus sozialen Gründen sollten keine Schüler/innen ausgeschlossen bleiben. Hierzu die Ausführungen unter Nr. 11 „Finanzierung und Freiplätze" sowie unter Nr. 12 „Sozialhilfe" beachten.

– Auch die eingeschränkte Gesundheit bzw. die Behinderung von Schüler/innen sollte durch geeignete Maßnahmen (Auswahl des Ziels und des Transportmittel sowie ggf. der Unterkunft, zusätzliche Begleitpersonen) nur in extremen Ausnahmefällen kein Hindernis sein müssen.

– Religiösen Bedenken kann ebenfalls durch die Gestaltung des Unternehmens (z.B. Sicherstellung der Geschlechtertrennung in der Unterkunft, Auswahl von rituell zulässigen Speisen und Getränken) sowie durch die Mitnahme „passender" Begleitpersonen begegnet werden. Hier obliegt der Schule eine gesteigerte Gewährleistungpflicht: Wenn die verantwortliche Lehrkraft beispielsweise nicht garantieren kann, dass

auf der Klassenfahrt kein Alkohol getrunken wird, sollte auf die Unternehmung ohnehin besser verzichtet werden!
- Wenn eine Schülerin oder ein Schüler wegen erheblicher Störungen zu der berechtigten Sorge Anlass gibt, dass sie bzw. er den Erfolg der Veranstaltung konkret gefährden wird, kann sie/er von der Veranstaltung ausgeschlossen und für die entsprechende Zeit einer Parallelklasse zugewiesen werden (VG Karlsruhe vom 23.6.1992; AZ: 8 K 345/92). Siehe hierzu den Hinweis bei
→ Schulgesetz § 90 Abs. 9.

Wegen des hohen erzieherischen Werts sollte die Schule, bevor ein Schüler/eine Schülerin nicht teilnimmt, stets das Gespräch mit den Erziehungsberechtigten mit dem Ziel der Einwilligung suchen. Kommt eine Einigung nicht zustande, muss nach der für die betroffenen Schüler/innen am wenigsten belastenden Lösung gesucht werden.

Nimmt ein Schüler / eine Schülerin nicht teil, so erlischt damit die Pflicht zum Schulbesuch in dieser Zeit nicht. Die Schulleitung bestimmt, wie diese zu erfüllen ist (z.B. Besuch einer Parallelklasse).

9.
Finanzierung und Freiplätze

In Baden-Württemberg gibt es keine Schulgeldfreiheit im Sinne der Unentgeltlichkeit aller schulischen Veranstaltungen. Unentgeltlich ist lediglich der Unterricht; dies sind die lehrplanmäßigen Unterrichtsveranstaltungen.

→ Verfassung Art. 14

Deswegen besteht für sogenannte außerunterrichtliche Veranstaltungen kein Anspruch auf Kostenfreiheit. Entsprechend gibt es für derartige Veranstaltungen auch keine bindende Teilnahmepflicht der Schülerinnen und Schüler, sondern nur Soll-Bestimmungen (z.B. soll jede Schülerin oder jeder Schüler mindestens einmal im Laufe der Schulzeit an einem Schullandheimaufenthalt teilnehmen). Es ist deshalb grundsätzlich möglich, dass sie nicht an außerunterrichtlichen Veranstaltungen teilnehmen, weil die Erziehungsberechtigten die zur Teilnahme notwendigen finanziellen Mittel (z.B. für den Transport zum Veranstaltungsort, Eintritte und Gebühren) nicht aufbringen können oder wollen.

Trotzdem sollten Schülerinnen und Schüler nicht aus finanziellen Gründen von der Teilnahme ausgeschlossen bleiben. So kann z.B. durch die Verwendung sogenannter Freiplätze oder durch die Schaffung eines Fonds für bedürftige Schüler/innen im Rahmen der Gesamtfinanzierung einer einzelnen Veranstaltung oder durch Zuwendungen aus der Kasse eines Eltern- oder Schulfördervereins ein Zuschuss an bedürftige Schülerinnen und Schüler gewährt oder ihnen sogar die Finanzierung der Gesamtkosten ermöglicht werden.

→ Haushalt (Kassenführung); → Sponsoring

Der Vorstand des Schullandheimverbandes Baden-Württemberg hat empfohlen, Freiplätze, die von den Beherbergungsunternehmen und den Verkehrsträgern (Schullandheime, Jugendherbergen, Bundesbahn, Busunternehmen usw.) zur Verfügung gestellt werden, nicht von Lehrkräften in Anspruch genommen, sondern sozial schwächer gestellten Schülern zur Verfügung gestellt werden sollten. Das Kultusministerium hat in einer parlamentarischen Stellungnahme bestätigt: *„Wird der Freiplatz bzw. die Freifahrt den Schülern zur Verfügung gestellt, steht er selbstverständlich ihnen zu"*. Wenn der Vertragspartner (Verkehrsunternehmen oder Beherbergungsbetrieb) den Freiplatz oder die Freifahrt ohne personelle Zweckbindung zur Verfügung stelle, entscheide die Schule. *„Dabei sollte sie* (die Schule; Anm. d.Red.) *insbesondere die bisherige Praxis und die Vorstellungen der Eltern berücksichtigen."*

Zur Inanspruchnahme durch Lehrkräfte siehe:
→ Außerunterrichtliche Veranstaltungen (Reisekosten)

10.
Sozialhilfe für Klassenreisen

Die Leistungsträger (SGB II und SGB XII) übernehmen den von den Sorgeberechtigten zu erbringenden Teilnehmerbeitrag für mehrtägige Klassenfahrten – auch für Schullandheimaufenthalte – im Rahmen der schulrechtlichen Bestimmungen als einmalige Leistung in angemessener Höhe (vgl. Randnummer 23.19 der Richtlinien zum SGB II für Baden-Württemberg). Dies gilt auch für Empfänger/innen des Arbeitslosengelds II („Hartz IV"). Anspruch haben auch bedürftige Eltern, die laufende *„Hilfe zum Lebensunterhalt"* erhalten, sowie für die Kinder von „Aufstockern", also Eltern, deren Einkommen über dem ALG II-Satz liegt, die aber aus eigenen Kräften die Kosten für die Klassenfahrt nicht (voll) decken können. Etwaige freiwillige Zuschüsse der Kommunen bzw. der Schulen sind auf diese Leistungen anzurechnen.

Zum Teilnehmerbeitrag zählen in der Regel die Kosten für Fahrt, Unterkunft und Verpflegung. Ein altersangemessenes Taschengeld wird in diesem Zusammenhang nicht gewährt, da auch kein Abzug beim Sozialgeld wegen ersparter Aufwendungen im häuslichen Bereich erfolgt und regelmäßig in ähnlicher Höhe Taschengeld für die Fahrt benötigt wird. Die Kosten für die persönliche Ausstattung – wie entsprechendes Schuhwerk oder warme Kleidung – sind bereits von den Regelleistungen umfasst und werden nicht gesondert übernommen (vgl. § 20 Abs. 1 SGB II). Ob im Zusammenhang mit einer mehrtägigen Klassenfahrt anfallende weitere Nebenkosten übernommen werden, hängt auch davon ab, inwieweit diese bereits im Regelsatz berücksichtigt bzw. evtl. schon in den Reisekosten enthalten sind.

Im Gesetz ist eine Pauschalierung der Leistungen für mehrtägige Klassenfahrten nicht vorgesehen (§ 23 Abs. 3 Satz 5 SGB II). Das Bundessozialgericht hat hierzu entschieden (BSG, 13.11. 2008 - B 14 AS 36/07): *„Leistungen für mehrtägige Klassenfahrten sind im Rahmen der schulrechtlichen Bestimmungen nicht von der Regelleistung umfasst und werden gem. § 23 III 2 SGB II gesondert erbracht. Die*

Übernahme dieser Kosten ist in der Höhe nicht zu beschränken." Antragsberechtigt sind die Eltern, in deren Bedarfsgemeinschaft die Kinder leben. Wer eine Klassenfahrt plant, sollte betroffenen Eltern empfehlen, rechtzeitig einen schriftlichen Antrag bei der für sie zuständigen Behörde zu stellen und einen rechtsmittelfähigen Bescheid zu verlangen.

Manche Städte und Gemeinden ermöglichen weitere Zuschüsse z.B. über Familienpässe oder Sozialfonds. Es empfiehlt sich, dies gegebenenfalls im Lehrerkollegium allgemein bekanntzumachen.

11.
Schülerbusreisen

Schreiben des OSA Stuttgart, 20.8.1997 (6535.0/63-1)

Bei Schülerbusreisen ... wird von den Reisebusunternehmen immer wieder gegen die Regelungen von Lenkzeit und Ruhezeit, die in der Verordnung (EWG) 3820/85 enthalten sind, verstoßen.

Diese Regelungen sehen u.a. vor, dass

- die Tageslenkzeit zwischen 2 Ruhezeiten 9 Stunden nicht überschreiten darf. Sie darf zweimal pro Woche auf 10 Stunden verlängert werden,
- nach einer Lenkzeit von 4 ½ Stunden eine Unterbrechung von mindestens 45 Minuten einzulegen ist. Die Pause kann in Form von Einzelabschnitten von mindestens 15 Minuten genommen werden, die in die Lenkzeit oder unmittelbar nach dieser einzufügen sind, sodass nie länger als 4 ½ Stunden ohne Pause gelenkt wird,
- der Fahrer innerhalb eines Zeitraume von 24 Stunden eine tägliche Ruhezeit von mindestens 11 zusammenhängenden Stunden einlegen muss, die höchstens 3 x pro Woche auf nicht weniger als 9 zusammenhängende Stunden verkürzt werden darf.

Die Regelungen der Verordnung dienen nicht nur dem Schutz der Gesundheit des Fahrpersonals vor Übermüdung, sie dienen auch der Sicherheit des Straßenverkehrs und damit der Sicherheit der Fahrgäste von Reisebussen.

Aus Kostengründen werden von manchen Schulen bewusst Unternehmen gewählt, die gegen diese Vorschriften verstoßen.

Es ist nicht akzeptabel, wenn Verträge abgeschlossen werden, die bewusst auf das Einhalten der Vorschriften zu Lenkzeiten, Mindestruhezeiten und Lenkzeitunterbrechungen verzichten. ... Ein Lehrer verstößt gegen seine Dienstpflichten, wenn er einen Fahrer veranlasst, den Regelungen der EU zuwider zu handeln, und die Schüler somit dem Risiko übermüdungsbedingter Fehlhandlungen des Fahrers aussetzt.

12.
Mitnahme von Waffen

Quelle: OSA Stuttgart, 15.8.1997 AZ: 663.1/419-1

In Großbritannien ist der Besitz von Schreckschusswaffen und Munition, Reizstoffsprühgeräten, Schlagringen, Pistolenattrappen, aber auch Messern, die in Deutschland nicht unter das Waffenrecht fallen, verboten und wird rigoros geahndet. Entsprechende Regelungen gelten auch in anderen Staaten.

Nach Feststellungen der britischen Behörden werden Verstöße besonders häufig von Jugendlichen begangen, wobei oft kein kriminelles Motiv, sondern lediglich Unkenntnis der rechtlichen Bestimmungen vorliegen. Werden bei Kontrollen Waffen oder ähnliche Gegenstände vorgefunden, erfolgt Sicherstellung und die Einleitung eines Strafverfahrens, es kann in Einzelfällen auch zu Festnahmen kommen.

→ Waffen in der Schule

13.
Kurtaxe bei Schullandheimaufenthalten

Es ist zu empfehlen, bei Kommunen, die Kurtaxe erheben, rechtzeitig abzuklären, ob bei Schullandheimaufenthalten darauf verzichtet wird. In der (für die Kommunen nicht bindenden) Muster-Kurtaxesatzung des Gemeindetags Baden-Württemberg ist in § 4 Abs. 1 Nr. 4 eine Befreiung von Kurtaxe bei Teilnehmern von Schullandheimen (Schüler und Lehrkräfte) vorgesehen.

Schulleiter und Lehrkräfte sollten sich bei Vertragsabschluss auf diese Mustersatzung berufen und die Befreiung damit begründen, dass Schullandheimaufenthalte Schulveranstaltungen sind, die der Erziehung und Bildung dienen.

Eine gute Informationsquelle: der Schullandheimverband

Der Schullandheimverband Baden-Württemberg e.V. ist ein gemeinnütziger Verein, dem Schulen sowie Einzelpersonen beitreten können. Der Mitgliedsbeitrag von 30 Euro fällt unter die sächlichen Schulkosten und schließt den Bezug der Fachzeitschrift *„das Schullandheim"* mit jährlich 4 Heften ein. E-Mail: verband@bw.schullandheim.de. Informationen im Internet: www.bw.schullandheim.de. Unter www.schullandheim.de gibt der Bundesverband Informationen über 400 Schullandheime (Daten, Fotos, Aktivitäten etc.) in allen Bundesländern. Dazu gibt es eine **„Last-Minute Börse"**, die Möglichkeit freie Termine nachzufragen, eine Online-Belegungsanfrage sowie ein Schullandheim-Gästebuch. Bitte beachten: Der Schullandheimverband vermittelt keine Belegungen! Lehrkräfte und Gruppenleitungen müssen diese jeweils umgehend und verbindlich mit den Heimen vereinbaren. www.schullandheimliteratur.de zeigt Veröffentlichungen und Materialien zu Schullandheimaufenthalten, Schullandheimpädagogik und Schullandheimarbeit.
www.service.schullandheim.de enthält Artikel, Infos und Tipps zu verschiedenen Vereins-, Wirtschafts- und Steuerfragen, Sponsoring, Downloads von Artikeln der Fachzeitschrift „das Schullandheim" etc.

Eine solche Vergünstigung für Schullandheimaufenthalte lässt sich deshalb rechtfertigen, weil den Teilnehmern an einem Schullandheimaufenthalt die Möglichkeit nicht uneingeschränkt offen steht, die zu Kur- und Erholungszwecken vorgehaltenen Einrichtungen der Kommune zu benutzen. Sie sind in der Nutzung dieser Angebote nicht frei, weil sie regelmäßig an vorgegebenen schulischen Veranstaltungen teilzunehmen haben (vgl. VGH Mannheim, Beschluss v. 17.8.19 92, 14 S 249/90).
(Quelle: Schullandheimverband Baden-Württ., 24.10.2000)

14.
Gesetzliche Unfallversicherung

Die Unfallkassen stellen Informationen zu außerunterrichtlichen Veranstaltungen bereit und beraten Schulen und Lehrkräfte in allen Fragen der Sicherheit und Unfallverhütung. Hinzuweisen ist besonders auf die die Broschüre „*Mit der Schulklasse sicher unterwegs*" (Best.-Nr. GUV 57.1.38). Informationen über die gesetzliche Unfallversicherung bei Auslandsfahrten bieten die MerkblätterA 1 und A 2 (Best.-Nr. GUV 20.1.5 bzw. 20.1.6). Die Anschriften der Unfallkassen stehen im Beitrag ➔ Unfallversicherung. Internet: www.uk-bw.de

15.
Zusätzlicher Versicherungsschutz

Zwar sind die Schüler/innen gesetzlich unfallversichert (➔ Unfallversicherung). Wegen des erhöhten Haftungsrisikos und weil sogenannte „eigenwirtschaftliche Tätigkeiten" während einer außerunterrichtlichen Veranstaltungen von der gesetzlichen Schülerunfallversicherung nicht abgedeckt sind, sollten die teilnehmenden Schüler/innen eine freiwillige Schülerzusatzversicherung abgeschlossen haben (vgl. Ziff. III.2 der VwV). Es empfiehlt sich, dies durch die pauschale Versicherung aller Schüler/innen sicherzustellen (vgl. Informationskasten beim Beitrag ➔ Schüler-Zusatzversicherung).

➔ Außerunterrichtliche Veranstaltungen; ➔ Außerunterrichtliche Veranstaltungen (Reisekosten); ➔ Haftung und Versicherung; ➔ Reisekosten (Gesetz – LRKG); ➔ Sachschäden; ➔ Schüler-Zusatzversicherung; ➔ Teilzeit (Pflichten und Rechte); ➔ Unfälle (Arbeits- und Dienstunfälle); ➔ Unfallversicherung

Außerunterrichtliche Veranstaltungen (Reisekosten)
Hinweise der Redaktion

1.
Ausgangslage

Lehrkräfte und Begleitpersonen besitzen bei Dienstreisen bzw. Dienstgängen anlässlich von (genehmigten) außerunterrichtlichen Veranstaltungen zwar einen Rechtsanspruch auf Erstattung ihrer Reisekosten (Fahrkostenerstattung, Unterkunft, Verpflegung, Nebenkosten).
➔ Außerunterrichtliche Veranstaltungen Teil III; ➔ Reisekosten (Gesetz – LRKG) Abschnitt II

Das Kultusministerium geht jedoch – entgegen der Realität – von der Fiktion aus, dass bei solchen Veranstaltungen „*erfahrungsgemäß geringere Aufwendungen für Verpflegung oder Unterkunft als allgemein entstehen*"; die Lehrkräfte und Begleitpersonen werden deshalb gem. § 17 LRKG „*mit einer Aufwandsvergütung abgefunden*". Die Höchstbeträge der hiernach zustehenden, pauschalisierten Aufwandsvergütung sind auf der folgenden Seite abgedruckt.

Die Schulverwaltung teilt jeder Schule jährlich für das Kalenderjahr (= Haushaltsjahr) die Höhe des für sie reservierten Verfügungsbetrages zur Abgeltung der reisekostenrechtlichen Ansprüche aus den außerunterrichtlichen Veranstaltungen mit. Dieser Verfügungsbetrag wird nach einem Schlüssel errechnet, der die Zahl der im Vorjahr an der Schule vorhandenen Klassen berücksichtigt, wobei die Klassenstufen entsprechend den notwendigen außerunterrichtlichen Veranstaltungen mit verschieden hohen Anteilsbeträgen gewichtet werden. So soll z.B. grundsätzlich gewährleistet sein, dass jede Schülerin und jeder Schüler – auch an einer einzügigen Hauptschule – wenigstens einmal in ihrer bzw. seiner Schulzeit in den Genuss eines Schullandheimaufenthaltes kommt. Deshalb geht die Schulverwaltung davon aus, dass sämtliche Klassen 7 der allgemeinbildenden Schulen für die Durchführung eines Schullandheimaufenthaltes jeweils einen bestimmten Festbetrag erhalten.

Die Schulleitung darf im Hinblick auf mögliche Veränderungen im jeweiligen Haushaltsjahr zunächst nur Verpflichtungen bis zu 75% der rechnerisch zur Verfügung stehenden Mittel eingehen. Kommt es zu keiner Haushaltssperre können die Schulen auch über die restlichen 25% verfügen.

2.
Auf Reisekosten verzichten?

Außerunterrichtliche Veranstaltungen bedürfen stets der Genehmigung durch die Schulleitung; die Zustimmung darf nur erteilt werden, wenn die Finanzierung der Reisekosten der Lehrkräfte und Begleitpersonen gesichert ist.

Die Reisekostenmittel, die der einzelnen Schule vom Land zur Verfügung gestellt werden, reichen jedoch bisweilen nicht aus, um die Reisekosten für alle geplanten außerunterrichtlichen Veranstaltungen zu bestreiten. Dann stellt sich die Frage, ob die Lehrkräfte und/oder Begleitpersonen ganz oder teilweise auf die ihnen zustehenden Reisekosten verzichten.

Der Bayerische Verwaltungsgerichtshof hat festgestellt, dass beamtete Lehrkräfte, die auf Anordnung eine außerunterrichtliche Veranstaltung durchführen, Reisekosten erstattet werden müssen und dass eine vorher unterzeichnete Verzichtserklärung diesem Anspruch nicht entgegenstehe (2.8.2007, AZ: 14 B 04.3576). Das Gericht führt aus, dass beamtenrechtlich – im Gegensatz zum Arbeitsrecht – eine solche Verzichtserklärung zwar grundsätzlich möglich, jedoch unzulässig sei, wenn es eine gängige Praxis des Dienstherrn sei, für die Genehmigung einer derartigen außerunterrichtlichen Veranstaltung einen Verzicht auf Reisekosten zu verlangen. Dies stelle eine unzulässige Rechtsausübung dar, die insbesondere unter dem Aspekt der Fürsorgepflicht verwehrt sei.

Das baden-württembergische Kultusministerium vertritt hierzu eine andere Rechtsauffassung. Es hat betont: *„Selbstverständlich wird von keiner Lehrkraft verlangt, einen solchen Verzicht zu erklären. ... Es darf auf die Lehrkräfte ... kein sozialer Druck ausgeübt werden, auf die ihnen nach Gesetz zustehenden Ansprüche zu verzichten. Dies gilt auch für Beschlüsse schulischer Gremien."* (25.11.2008; 14-0371.28/33)

Deshalb wird dies in hier nach wie vor wie folgt gehandhabt: Auf dem Genehmigungsformular ist von der antragstellenden Lehrkraft jeweils auch die Höhe der anfallenden Reisekosten für sich selbst sowie die eventuellen Begleitpersonen zu benennen sowie eine Erklärung darüber abzugeben, ob diese Mittel in Anspruch genommen werden. Die Schulleitung darf zwar auch über den Verfügungsbetrag hinaus außerunterrichtliche Veranstaltungen genehmigen, sofern vor der Genehmigung entsprechende Verzichtserklärungen vorliegen; ein solcher Verzicht muss jedoch freiwillig erfolgen. Auf dem Genehmigungsformular hat die Lehrkraft aus-

---

Merkblatt zur Ermittlung der zustehenden Reisekostenvergütung

Rückseite der Anlage 1 zur VwV → Außerunterrichtliche Veranstaltungen Ziff. III.3

Es können für den verantwortlichen Lehrer und die Begleitpersonen erstattet werden:
1. die nachgewiesenen notwendigen Fahr- und Nebenkosten,
2. für die Aufwendungen für Unterkunft und Verpflegung

2.1 bei eintägigen Veranstaltungen
(Wandertage, Jahresausflüge, Betriebsbesichtigungen u.a.):

Für Verpflegung – ohne Nachweis –
bei einer Dauer von   8 Stunden bis 13.59 Stunden   6,00 Euro
                            14 und mehr Stunden   12,00 Euro

2.2 bei zweitägigen Veranstaltungen (Lehr- und Studienfahrten u.a.):

gegen Nachweis Ersatz der Kosten für die Übernachtung bis höchstens 16,00 Euro

für die Verpflegung – ohne Nachweis –
bei einer Dauer von   8 Stunden bis 13.59 Stunden   4,20 Euro   pro Tag
                            14 und mehr Stunden   8,40 Euro   pro Tag

2.3 bei drei und mehr Tage dauernden Veranstaltungen
(Schullandheimaufenthalte, Studienfahrten u.a.):

Für die Verpflegung am An- und Rückreisetag – ohne Nachweis –
bei Voll- und Halbpension
bei einer Dauer von   8 Stunden bis 13.59 Stunden   3,00 Euro   pro Tag
                            14 und mehr Stunden   6,00 Euro   pro Tag

in den übrigen Fällen
bei einer Dauer von   8 Stunden bis 13.59 Stunden   4,20 Euro   pro Tag
                            14 und mehr Stunden   8,40 Euro   pro Tag

Für die Tage des Aufenthalts bei
2.3.1 Vollpension – Ersatz der nachgewiesenen Kosten bis   32,80 Euro   pro Tag
2.3.2 Halbpension
      Ersatz der nachgewiesenen Kosten für Übernachtungen,
      Frühstück und eine Hauptmahlzeit bis   25,60 Euro   pro Tag
      zuzüglich – ohne Nachweis – für die zweite Hauptmahlzeit   7,20 Euro   pro Tag
2.3.3 Übernachtung mit Frühstück
      Ersatz der nachgewiesenen Kosten für Übernachtung und
      Frühstück bis   18,00 Euro   pro Tag
      zuzüglich – ohne Nachweis – für zwei Hauptmahlzeiten   14,40 Euro   pro Tag
2.3.4 Übernachtung ohne Frühstück
      Ersatz der nachgewiesenen Kosten für die Übernachtungen bis   16,00 Euro   pro Nacht
      zuzüglich – ohne Nachweis – für Verpflegung   16,80 Euro   pro Tag
2.3.5 Selbstverpflegung
      Ersatz der nachgewiesenen Kosten für die Übernachtungen bis   16,00 Euro   pro Nacht
      zuzüglich – ohne Nachweis – für Verpflegung   12,00 Euro   pro Tag

drücklich zu bekunden, ihr sei bekannt, *„dass ein solcher Verzicht von mir nicht erwartet wird"*.

Lehrkräfte im Arbeitnehmerverhältnis können nicht wirksam auf zustehende Reisekosten verzichten. Sie haben deshalb stets den vollen Anspruch.

Quelle: Bundesarbeitsgericht, 11.9. 2003 (6 AZR 323/02)

Gelegentlich werden auch entsprechende Konferenzbeschlüsse gefasst (*„Wir verzichten alle auf einen Teil des Geldes, damit es für alle reicht"*). Dies ist unzulässig: Die Gesamtlehrerkonferenz hat zwar über die Grundsätze der im jeweiligen Schuljahr beabsichtigten außerunterrichtlichen Veranstaltungen zu beraten und zu beschließen. Damit besitzt das Lehrerkollegium ein Mitentscheidungsrecht über die Verwendung der Reisekostenmittel. Die GLK darf jedoch aus Rechtsgründen keinen Beschluss fassen, dass die zustehenden Reisekosten gekürzt werden oder entfallen. Da es sich hierbei individuelle Ansprüche der jeweiligen Lehrkräfte bzw. Begleitpersonen handelt, wäre ein solcher Beschluss im Übrigen nicht bindend.

→ Außerunterrichtliche Veranstaltungen (Hinweise);
→ Konferenzordnung § 1 Abs. 2 Nr. 11

Wir empfehlen folgendes Verfahren:

1.

An der Schule wird durch Beschluss der GLK langfristig grundsätzlich darüber entschieden, welche Veranstaltungen für welche Klassen Priorität haben. Dieser Beschluss bedarf der Zustimmung der Schulkonferenz und kann für mehrere Jahre gelten. Das gibt Planungssicherheit und hat zugleich Aufforderungscharakter (wer eine Klassenstufe als Klassenlehrer/in übernimmt, weiß dann z.B., dass die Durchführung bestimmter Veranstaltungen die Regel ist und dass die Schule dem Vorrang gibt).

2.

Jährlich reichen alle Lehrkräfte zu einem festgelegten Stichtag ihre Vorhaben mit Angabe der Kosten bei der Schulleitung ein. In einem ersten Schritt entscheidet die GLK der Schule darüber, welchen dieser Veranstaltungen im laufenden Jahr Priorität zukommt („Ranking").

3.

Die Schulleitung genehmigt danach
– im Rahmen des von der Schulverwaltung mitgeteilten Verfügungsbetrages und
– unter Beachtung dieser Prioritätenfestlegung

alle mit Reisekosten verbundenen Veranstaltungen. Sie achtet ferner darauf, dass die Reisekosten für diese Veranstaltungen von den Lehrkräften sofort nach Abschluss abgerechnet werden.

Dabei ist unbedingt zu beachten, dass die Reisekostenvergütung innerhalb einer Ausschlussfrist von sechs Monaten bei der zuständigen Abrechnungsstelle schriftlich oder elektronisch zu beantragen ist. Die Frist beginnt mit dem Tag nach Beendigung der Dienstreise oder des Dienstgangs.

→ Reisekosten (Gesetz – LRKG) § 3 Abs. 5

4.

Die Schulleitung genehmigt zugleich unter Vorbehalt der Mittelzuweisung auch alle übrigen mit Reisekosten verbundenen Veranstaltungen und beantragt sofort bei der Schulverwaltung hierfür schriftlich und mit Begründung die Nachbewilligung von Mitteln, da erfahrungsgemäß ein Teil der Schulen ihren Verfügungsrahmen nicht ausschöpft. Wenn noch Geld übrig ist, können diese bereits genehmigten Veranstaltungen stattfinden.

Ansonsten gilt: Was nicht bezahlt wird, findet nicht statt. Ein Reisekostenverzicht kommt nicht infrage. Nur dies erzeugt – nicht zuletzt über die Betroffenheit der Lehrkräfte, der Schüler/innen sowie der Eltern – politischen Druck und signalisiert dem Landtag, dass er die Mittel aufstocken muss.

3. Steuerliche Berücksichtigung

Aufwendungen, die den Lehrkräften bei außerunterrichtlichen Veranstaltungen entstehen und vom Dienstherrn nicht ersetzt werden, sind – steuerlich zumindest teilweise absetzbare – „Werbungskosten". Wir empfehlen deshalb, alle Aufwendungen durch Belege (Quittungen, Rechnungen, Fahrscheine, Eintrittskarten usw.) zu dokumentieren und hiervon vor der Einreichung als Reisekosten bei der Schulleitung eine Kopie zu machen. Diese Belege können dann bei der privaten Steuerklärung eingereicht werden. Falls das Finanzamt Originalbelege verlangt, kann darauf hingewiesen werden, dass sich die diese bei der dienstlichen Reisekostenabrechnung befinden.

Werden öffentliche Verkehrsmittel benutzt, können die tatsächlichen Fahrpreise (einschließlich Zuschläge) steuerlich geltend gemacht werden. Bei gemeinschaftlicher Benutzung eines Omnibusses wird der anteilige Fahrpreis anerkannt. Sofern der eigene Pkw benutzt wurde, erkennt das Finanzamt ohne besondere Nachweise einen Kilometersatz von 0,30 Euro pro gefahrenen Kilometer an.

Neben den Reisekosten können sächliche Kosten wie z.B. Telefongespräche, die im Zusammenhang mit einer Klassenfahrt entstehen, steuerlich geltend gemacht werden. Zu den Aufwendungen für Verpflegung und Unterkunft bitte auch den Beitrag → Reisekosten (Gesetz – LRKG) § 14 beachten.

4.
Sponsoring und Freiplätze

Es ist höchst problematisch, wenn sich Lehrkräfte die Reisekosten durch Dritte (z.B. einen Schulförderverein oder sonstige *„Sponsoren"*) ersetzen lassen oder wenn sie *„Freiplätze"* der Veranstalter in Anspruch nehmen, da dies als *„Vorteilsnahme"* gewertet werden kann, denn die Freiplätze werden vom Veranstalter nicht aus sozialen Gründen vergeben, sondern sie dienen dessen Werbung. Wir empfehlen dringend, derartige Angebote bedürftigen Schüler/innen zugute kommen zu lassen

→ Belohnungen und Geschenke; → Sponsoring

→ Außerunterrichtliche Veranstaltungen Teil III; → Außerunterrichtliche Veranstaltungen (Hinweise); → Belohnungen und Geschenke; → Konferenzordnung § 1 Abs. 2 Nr. 11; → Reisekosten (Gesetz – LRKG) ; → Sponsoring

Lehrerausweise / Schülerausweise / Beamte (Allgemeines)

Ausweise (Lehrkräfte)

Hinweise der Redaktion

Aktive Lehrkräfte

Schulen können keine „Lehrer-" oder „Dienstausweise" ausstellen, um damit z.b. den verbilligten Einkauf von Büchern und Arbeitsmitteln oder den kostenlosen Eintritt in Museen usw. zu ermöglichen. Die Verwendung des Landeswappens und/oder eines Dienstsiegels mit Landeswappen kommt nur bei der Ausübung hoheitlicher Tätigkeiten in Betracht, also hauptsächlich bei der Erteilung von Zeugnissen, bei der Entscheidung über Versetzungen und bei der Ausstellung von Bescheinigungen. Möglich ist aber eine formlose Bescheinigung der Schule, aus der sich ergibt, dass eine Lehrkraft an dieser Schule tätig ist. Diese Bescheinigung kann auf dem Briefpapier der Schule erteilt werden.
(Quelle: KM, 30.7.1997; AZ: II/2-0233.3/8)
→ Beglaubigungen; → Wilhelma

Pensionärsausweis

Arbeitnehmerbereich: Versicherte in der gesetzlichen Rentenversicherung erhalten von der Deutschen Rentenversicherung jährlich unaufgefordert einen „Rentnerausweis".

Beamtenbereich: Versorgungsempfänger/innen erhalten vom Landesamt für Besoldung und Versorgung jährlich als ausschneidbaren Coupon mit der ersten Bezügemitteilung eine scheckkartengroße „*Bescheinigung für Versorgungsempfänger und Versorgungsempfängerinnen*". Wer schon länger im Ruhestand ist, kann die Bescheinigung formlos beim LBV beantragen (Personalnummer angeben).
In Ausstellungen und Veranstaltungen kann damit ggf. eine Ermäßigung in Anspruch genommen werden.

Ausweise (Schüler/innen)

Schülerausweise; Bekanntmachung des KM vom 3. Oktober 1977 (KuU S. 1623/1977)

Den Schulen wird empfohlen, den Schülern auf Antrag Schülerausweise auszustellen. Der Ausweisvordruck sollte das kleine Landeswappen enthalten. Die Kosten für den Ausweisvordruck können als sächliche Schulkosten verrechnet werden. Das Lichtbild ist von den Schülern zu stellen.

Hinweise der Redaktion:
1. Die erforderlichen Daten (z.B. Foto) dürfen nur mit Einwilligung der betroffenen Schüler bzw. deren Eltern erhoben werden (Quelle: Schreiben des KM an den Landesdatenschutzbeauftragten, 1.7.1996, Nr. I/5-0551.7/60).
2. Für die Ausstellung eines Ausweises wird inzwischen eine Gebühr erhoben. → Gebühren

Beamte (Allgemeines)

Hinweise der Redaktion

1.
Grundsätze

Das Grundgesetz und die Landesverfassung schreiben vor: „*Die Ausübung hoheitsrechtlicher Befugnisse ist als ständige Aufgabe in der Regel Angehörigen des öffentlichen Dienstes zu übertragen, die in einem öffentlich-rechtlichen Dienst- und Treueverhältnis stehen.*"
→ Grundgesetz Artikel 33 Abs. 4; → Verfassung Artikel 77 Abs. 1

Das Grundgesetz bestimmt weiter (Artikel 33 Abs. 5): „*Das Recht des öffentlichen Dienstes ist unter Berücksichtigung der hergebrachten Grundsätze des Berufsbeamtentums zu regeln und fortzuentwickeln*" und die Landesverfassung ergänzt (Art. 77 Abs. 2): „*Alle Angehörigen des öffentlichen Dienstes sind Sachwalter und Diener des ganzen Volkes*".

Das Land Baden-Württemberg sieht für die Beschäftigung der Lehrkräfte im Schuldienst das Beamtenverhältnis als Regelfall vor. Die Beschäftigung von Tarifbeschäftigten ist die Ausnahme.
→ Beamtengesetz; → Einstellungserlass; → Funktionsstellen (Besetzung); → Verfassung Art. 77

2.
Rechtslage ab 1.1.2011

Seit der Föderalismusreform 2007 ist die Regelung des früher bundeseinheitlich geltenden Beamtenrechts (Statusrecht einschließlich der Besoldung sowie der Versorgung der Ruhestandsbeamten) weitgehend in die Zuständigkeit der Bundesländer übergegangen.

Seitdem werden nur noch einige Rahmenbedingungen bundeseinheitlich (durch das 2007 erlassene Beamtenstatusgesetz – BeamtStG) vorgegeben, während die Ausgestaltung der Rechtsverhältnisse der Beamtinnen und Beamten im Einzelnen den Bundesländern obliegt. Baden-Württemberg hat 2010 sein LBG entsprechend novelliert.

→ Beamtengesetz; → Beamtenstatusgesetz

Während bis 2007 alle beamtenrechtlichen Bestimmungen für die Landesbeamten abschließend und vollständig im Landesbeamtengesetz geregelt waren, hat das Nebeneinander des BeamtStG und des neuen LBG seitdem zur Folge, dass bei allen Beamtenrechtsfragen jeweils beide Gesetze beachtet und zu diesem Zweck parallel betrachtet werden müssen. Hierfür zwei konkrete Beispiele:

- Das BeamtStG beschränkt sich bei der Zurruhesetzung wegen Erreichens der Altersgrenze auf die lapidare Bestimmung: „Beamtinnen auf Lebenszeit und Beamte auf Lebenszeit treten nach Erreichen der Altersgrenze in den Ruhestand." (§ 25). Alle Einzelheiten sind im neuen LBG geregelt, nämlich in dessen §§ 36 bis 42.
- Details regelt das BeamtStG hingegen bei dem Thema „Dienstunfähigkeit, begrenzte Dienstfähigkeit, Wiederberufung" (§§ 26 bis 29), das LBG enthält jedoch einige Verfahrensvorschriften (LBG §§ 43-44).

Um den Benutzer/innen des Jahrbuchs diese notwendige, aber mühsame Parallel-Lektüre zu erleichtern, haben wir beide Gesetze durch besondere Querverweise miteinander verbunden: Wo immer ein Sachverhalt sowohl im BeamtStG als auch im LBG geregelt ist, erscheinen diese Hinweise:

Querverweis: Hierzu muss auch das → Beamtengesetz § xy beachtet werden.   oder:
Querverweis: Hierzu muss auch das → Beamtenstatusgesetz § xy beachtet werden.

3. Koalitionsfreiheit und Streikrecht

Die öffentlichen Dienstherren – insbesondere das Land Baden-Württemberg – halten am Beamtenrecht auch in Bereichen wie dem öffentlichen Schuldienst fest, die heute nicht mehr als „Hoheitsverwaltung" im engeren Sinne angesehen werden (anders z.B. die Polizei). Einer der hauptsächlichen Gründe für diese Position der Landesregierung ist der Umstand, dass es sich beim Beamtenrecht nicht um ein Vertragsverhältnis „auf Augenhöhe" handelt, wie dies beim Tarifrecht der Fall ist. Vielmehr werden die Rechtsverhältnisse der Beamtinnen und Beamten nach den „hergebrachten Grundsätzen des Berufsbeamtentums" einseitig vom Dienstherrn durch Gesetz geregelt. Das macht das (Durch-)Regieren leichter.

Zwar gilt für alle Beschäftigten, auch für die Beamtinnen und Beamten, das Koalitionsrecht (Artikel 9 Abs. 3 GG): *„Das Recht, zur Wahrung und Förderung der Arbeits- und Wirtschaftsbedingungen Vereinigungen zu bilden, ist für jedermann und für alle Berufe gewährleistet. Abreden, die dieses Recht einschränken oder zu behindern suchen, sind nichtig, hierauf gerichtete Maßnahmen sind rechtswidrig. ...".*

→ Grundgesetz Artikel 9; → Personalvertretungsgesetz

Damit ist auch der Streik, also die kollektive Arbeitsniederlegung/-verweigerung mit dem Ziel, den im Rahmen eines Arbeitskampfes erhobenen Forderungen Nachdruck zu verleihen, als Grundrecht geschützt. Deshalb handelt nicht pflichtwidrig im Sinne eines Arbeitsvertrags, wer sich an einem rechtmäßigen, von einer Gewerkschaft organisierten Streik beteiligt. Die Rechtsprechung verlangt, dass ein Streik verhältnismäßig ist und nur als letztes Mittel eingesetzt wird. Streiks während der Laufzeit eines Tarifvertrags sind unzulässig („Friedenspflicht"); durch Warnstreiks können die Gewerkschaften aber auch in der Friedenspflicht Druck ausüben und die Ernsthaftigkeit ihrer Forderungen betonen. Arbeitnehmer/innen haben – auch bei einem rechtmäßigen Streik – für den Zeitraum ihrer Beteiligung keinen Anspruch auf Entgelt. Gewerkschaftsmitglieder erhalten in dieser Zeit in der Regel Streikgeld. Die Einleitung eines Streiks wird vom Gewerkschafts-Hauptvorstand beschlossen; in der Regel – nicht bei Warnstreiks – wird vor dem Beginn und dem Ende eines Streiks eine Urabstimmung durchgeführt (Quorum von 75% der betroffenen Gewerkschaftsmitglieder).

Ein Streikrecht für Beamtinnen und Beamte wird in Deutschland jedoch von der herrschenden juristischen Lehre und in der Rechtsprechung verneint. Nehmen Beamt/innen an Warnstreiks teil, muss deshalb mit Disziplinarmaßnahmen durch den Dienstherrn, Besoldungsabzug und ggf. auch Haftungsansprüchen des Dienstherrn gerechnet werden.

Dies steht im Widerspruch zum internationalen Recht (UN-Menschenrechtspakte, Übereinkommen Nr. 87, 98, 151 der Internationalen Arbeitsorganisation – ILO – und Art. 6 der Europäischen Sozialcharta; Entscheidungen des Europäischen Gerichtshof für Menschenrechte vom 12.11.2008, Nr. 34503/97, und vom 21.4.2009, Nr. 68959/01).

Die GEW fordert, das Streikrecht auch für Beamt/innen anzuerkennen. Bis dies erreicht ist, gilt: Zur Vermeidung von Nachteilen müssen insbesondere beamtete Mitglieder der GEW bei der Teilnahme an Urabstimmungen und Streiks sowie sonstigen Arbeitskampfmaßnahmen die die konkreten Anweisungen der Gewerkschafts-Streikleitung genau beachten. GEW-Mitglieder erhalten bei Beteiligung im Rahmen der von der Streikleitung getroffenen Entscheidungen gewerkschaftlichen Schutz.

→ Rechtsschutz

Unabhängig hiervon ist zu beachten: Der Einsatz von Beamt/innen als Streikbrecher ist verfassungswidrig (Beschluss des Bundesverfassungsgerichts, 2.3.1993; 1 BvR 1213/85). Auch die Heranziehung von Beamt/innen zu Mehrarbeit oder Notdiensten ist nicht zulässig. Das bedeutet: Die Weisung an eine beamtete Lehrkraft, eine wegen eines Streiks von Tarifbeschäftigten verwaiste Klasse zu versorgen, ist rechtswidrig; die Lehrkraft muss hiergegen remonstrieren.   → Beamtenstatusgesetz § 36

4. Beamtenrechtliche Haftung

Hierzu bitte → Haftung und Versicherung beachten.

→ Beamtengesetz; → Beamtenstatusgesetz; → Einstellungserlass; → Funktionsstellen (Besetzung); → Grundgesetz Artikel 33 Abs. 4; → Haftung und Versicherung; → Rechtsschutz; → Verfassung Art. 77

Beamtengesetz (LBG)

Auszug der für den Schulbereich relevanten Bestimmungen aus dem Landesbeamtengesetz; Text nach dem Dienstrechtsreformgesetz vom 27.10.2010 (GBl. S. 793/2010)

> **Vorbemerkung der Redaktion:**
> Das Innenministerium hat eine Verwaltungsvorschrift zur Durchführung des vor der Dienstrechtsreform (bis zum 31.12.2010) geltenden Landesbeamtengesetzes erlassen (8.7.2003; GABl. S. 502). Diese VwV ist in den nachfolgend abgedruckten Text des neuen LBG eingearbeitet, soweit sie für dessen Anwendung weiterhin unmittelbar relevant ist.

Erster Teil – Allgemeine Vorschriften

§ 1
Geltungsbereich

Dieses Gesetz gilt für die Beamtinnen und Beamten des Landes, der Gemeinden und Gemeindeverbände sowie der sonstigen der Aufsicht des Landes unterstehenden Körperschaften, Anstalten und Stiftungen des öffentlichen Rechts.

Querverweis: Hierzu muss auch das → Beamtenstatusgesetz § 1 beachtet werden.

§ 2 Dienstherrnfähigkeit *(nicht abgedruckt)*

§ 3
Begriffsbestimmungen

Hinweis der Redaktion: Zu den Zuständigkeiten bitte → Beamtenrecht (Zuständigkeiten im Schulbereich) beachten.

(1) Körperschaften im Sinne dieses Gesetzes sind juristische Personen des öffentlichen Rechts mit Dienstherrnfähigkeit.

(2) Oberste Dienstbehörde der Beamtin oder des Beamten ist die oberste Behörde des Dienstherrn, in deren Geschäftsbereich die Beamtin oder der Beamte ein Amt wahrnimmt oder bei Beendigung des Beamtenverhältnisses zuletzt wahrgenommen hat.

(3) Dienstvorgesetzte sind diejenigen, die für beamtenrechtliche Entscheidungen über die persönlichen Angelegenheiten der ihnen nachgeordneten Beamtinnen und Beamten zuständig sind. Die Dienstvorgesetzten werden durch Gesetz oder Rechtsverordnung bestimmt. Sie können Beamtinnen oder Beamte ihrer Dienststelle mit der Wahrnehmung von Aufgaben des Dienstvorgesetzten beauftragen.

(4) Vorgesetzte sind diejenigen, die dienstliche Anordnungen erteilen können. Die Vorgesetzten bestimmen sich nach dem Aufbau der öffentlichen Verwaltung.

(5) Angehörige im Sinne dieses Gesetzes und von Rechtsverordnungen, zu denen dieses Gesetz oder das Beamtenstatusgesetz ermächtigen, sind die in § 20 Abs. 5 des Landesverwaltungsverfahrensgesetzes sowie die darüber hinaus in § 7 Abs. 3 Nr. 2 und 3 des Pflegezeitgesetzes genannten Personen.

(6) Als Grundgehalt im Sinne dieses Gesetzes und der auf das Grundgehalt Bezug nehmenden Vorschriften des Beamtenstatusgesetzes gilt das Grundgehalt, in Besoldungsgruppen mit aufsteigenden Gehältern das Grundgehalt der höchsten Stufe, mit Amtszulagen und der Strukturzulage nach dem Landesbesoldungsgesetz Baden-Württemberg (LBesGBW); Stellenzulagen gelten nicht als Bestandteil des Grundgehalts.

→ Beamtenrecht (Zuständigkeiten im Schulbereich);
→ Beamtenstatusgesetz; → Besoldung (Gesetz);
→ Dienstweg; → Pflegezeitgesetz; → Verwaltungsrecht

§ 4
Allgemeine Zuständigkeit,
Zuständigkeiten nach dem Beamtenstatusgesetz

(1) Die unmittelbaren Dienstvorgesetzten sind zuständig für Entscheidungen, die aufgrund des Beamtenstatusgesetzes, dieses Gesetzes oder einer Rechtsverordnung ergehen, zu der dieses Gesetz oder das Beamtenstatusgesetz ermächtigen. Die übergeordneten Dienstvorgesetzten können entsprechende Verfahren im Einzelfall jederzeit an sich ziehen. Die oberste Dienstbehörde kann Zuständigkeiten des Dienstvorgesetzten auch teilweise auf andere Dienstvorgesetzte durch Rechtsverordnung übertragen.

→ Beamtengesetz (Zuständigkeiten im Schulbereich);
→ Ernennungsgesetz

(2) *(nicht abgedruckt)*

(3) Zuständig für die Entscheidung über eine Ausnahme nach § 7 Abs. 3 BeamtStG ist die Behörde, die über die Ernennung der Beamtin oder des Beamten entscheidet.

(4) Zuständig für die Versagung der Aussagegenehmigung nach § 37 Abs. 4 BeamtStG ist die oberste Dienstbehörde; ... .

(5) *(nicht abgedruckt)*

(6) Bei Klagen aus dem Beamtenverhältnis wird der Dienstherr durch die oberste Dienstbehörde vertreten. Diese kann die Zuständigkeit zur Vertretung durch Rechtsverordnung auf andere Behörden übertragen. ...

→ Beamtenstatusgesetz § 7 Abs. 3 und § 37 Abs. 4

§ 5 Zustellung

Verfügungen und Entscheidungen, die Beamtinnen und Beamten oder Versorgungsempfängerinnen oder Versorgungsempfängern nach den Vorschriften dieses Gesetzes bekanntzugeben sind, sind, soweit gesetzlich nichts anderes bestimmt ist,

---

> Das Beamtengesetz und das → Beamtenstatusgesetz überschneiden bzw. ergänzen einander.
> Bitte beachten Sie die Erläuterungen unter → Beamte (Allgemeines) sowie die Querverweise.

Zweiter Teil – Beamtenverhältnis

§ 6
Beamtenverhältnis auf Probe

Ein Beamtenverhältnis auf Probe ist spätestens nach fünf Jahren in ein solches auf Lebenszeit umzuwandeln, wenn die Beamtin oder der Beamte die beamtenrechtlichen Voraussetzungen hierfür erfüllt. ➜ Probezeit (Beamt/innen)

Querverweis: Hierzu muss auch das ➜ Beamtenstatusgesetz § 4 Abs. 3 beachtet werden.

§ 7
Beamtenverhältnis auf Zeit

Ein Beamtenverhältnis auf Zeit kann nur begründet werden, wenn dies gesetzlich bestimmt ist. Die Vorschriften des Dritten Teils finden keine Anwendung.

Querverweis: Hierzu muss auch das ➜ Beamtenstatusgesetz §§ 4 Abs. 2 und 6 beachtet werden.

§ 8
Führungsfunktionen auf Probe

(1) Ämter mit leitender Funktion im Sinne dieser Vorschrift sind die im Anhang genannten oder danach bestimmten Ämter, soweit sie nicht aufgrund anderer gesetzlicher Vorschriften im Beamtenverhältnis auf Zeit übertragen werden oder die Amtsträger richterliche Unabhängigkeit besitzen.

Hinweis der Redaktion: Hierzu gehören auch die Schulleiterinnen und Schulleiter an öffentlichen Schulen.

Querverweis: Hierzu muss auch das ➜ Beamtenstatusgesetz § 4 Abs. 2 Buchst. b beachtet werden.

(2) Ein Amt mit leitender Funktion wird zunächst im Beamtenverhältnis auf Probe übertragen. Die regelmäßige Probezeit beträgt zwei Jahre. Die oberste Dienstbehörde kann eine Verkürzung der Probezeit zulassen; die Mindestprobezeit beträgt ein Jahr. Zeiten, in denen Beamtinnen oder Beamten die leitende Funktion nach Satz 1 bereits übertragen worden ist, sowie unmittelbar vorangegangene Zeiten, in denen Beamtinnen oder Beamten ein vergleichbares Amt mit leitender Funktion nach Satz 1 erfolgreich übertragen worden war, sollen auf die Probezeit angerechnet werden. Eine Verlängerung der Probezeit ist nicht zulässig.

(3) In ein Amt mit leitender Funktion darf berufen werden, wer
1. sich in einem Beamtenverhältnis auf Lebenszeit oder einem Richterverhältnis auf Lebenszeit befindet und
2. in dieses Amt auch als Beamtin oder Beamter auf Lebenszeit berufen werden könnte.

Vom Tage der Ernennung ruhen für die Dauer der Probezeit die Rechte und Pflichten aus dem Amt, das der Beamtin oder dem Beamten zuletzt im Beamtenverhältnis auf Lebenszeit oder im Richterverhältnis auf Lebenszeit übertragen worden ist, mit Ausnahme der Verschwiegenheitspflicht (§ 37 BeamtStG) und des Verbotes der Annahme von Belohnungen, Geschenken und sonstigen Vorteilen (§ 42 BeamtStG); das Beamtenverhältnis auf Lebenszeit oder das Richterverhältnis auf Lebenszeit besteht fort. Dienstvergehen, die mit Bezug auf das Beamtenverhältnis auf Lebenszeit, das Richterverhältnis auf Lebenszeit oder das Beamtenverhältnis auf Probe begangen worden sind, werden so verfolgt, als stünde die Beamtin oder der Beamte nur im Beamtenverhältnis auf Lebenszeit oder Richterverhältnis auf Lebenszeit.

(4) Die Beamtin oder der Beamte ist, außer in den Fällen des § 22 Abs. 5 BeamtStG, mit Beendigung des Beamtenverhältnisses auf Lebenszeit ... oder Beamtenverhältnisses auf Probe nach § 4 Abs. 3 Buchst. a BeamtStG ... aus dem Beamtenverhältnis auf Probe nach Absatz 2 entlassen. § 22 Abs. 1 und 2, § 23 Abs. 1 bis 3 Satz 1 und § 30 Abs. 2 BeamtStG bleiben unberührt.

(5) Mit dem erfolgreichen Abschluss der Probezeit ist der Beamtin oder dem Beamten das Amt mit leitender Funktion auf Dauer im Beamtenverhältnis auf Lebenszeit zu verleihen; eine erneute Berufung der Beamtin oder des Beamten in ein Beamtenverhältnis auf Probe zur Übertragung dieses Amtes innerhalb eines Jahres ist nicht zulässig. Wird das Amt nicht auf Dauer verliehen, endet der Anspruch auf Besoldung aus diesem Amt. Weitergehende Ansprüche bestehen nicht.

(6) Die Beamtinnen und Beamten führen während ihrer Amtszeit im Dienst nur die Amtsbezeichnung des ihnen nach Absatz 2 übertragenen Amtes; nur diese darf auch außerhalb des Dienstes geführt werden. Wird der Beamtin oder dem Beamten das Amt mit leitender Funktion nicht auf Dauer übertragen, darf die Amtsbezeichnung nach Satz 1 mit dem Ausscheiden aus dem Beamtenverhältnis auf Probe nicht weitergeführt werden.

➜ Funktionsstellen (Besetzung)

(7) Sofern zwingende dienstliche Gründe dies erfordern, darf abweichend von Absatz 3 Satz 1 in ein Amt mit leitender Funktion ausnahmsweise auch berufen werden,
1. wer sich in einem Beamtenverhältnis auf Probe nach § 4 Abs. 3 Buchst. a BeamtStG ... befindet,
2. wer nach Art, Dauer und Wertigkeit dem Amt mit leitender Funktion vergleichbare Tätigkeiten bereits wahrgenommen hat und
3. wem nach dem erfolgreichen Abschluss der Probezeit nach Absatz 2 und der Probezeit nach § 19 dieses Gesetzes ... dieses Amt durch Ernennung im Beamtenverhältnis auf Lebenszeit verliehen werden kann.

Absatz 3 Satz 2 gilt für das Beamtenverhältnis ... auf Probe nach Satz 1 Nr. 1 entsprechend mit der Maßgabe, dass auch die Probezeit nach § 19 dieses Gesetzes ... vom Ruhen des Beamtenverhältnisses ... auf Probe ausgenommen ist.

Querverweis: Hierzu muss auch das ➜ Beamtenstatusgesetz § 4 beachtet werden.

§ 9
Ernennungszuständigkeit und Rechtsfolgen einer Ernennung

(1) *(nicht abgedruckt)*

(2) Ernennungen werden mit dem Tage der Aushändigung der Ernennungsurkunde wirksam, wenn nicht in der Urkunde ausdrücklich ein späterer Tag bestimmt ist.

(3) Mit der Berufung in das Beamtenverhältnis erlischt ein privatrechtliches Arbeitsverhältnis zum Dienstherrn.

Querverweis: Hierzu muss auch das → Beamtenstatusgesetz §§ 8-10 beachtet werden.

§ 10
Ernennung beim Wechsel der Laufbahngruppe

Einer Ernennung bedarf es neben den in § 8 Abs. 1 BeamtStG aufgeführten Fällen zur Verleihung eines anderen Amtes mit anderer Amtsbezeichnung beim Wechsel der Laufbahngruppe.

Querverweis: Hierzu muss auch das → Beamtenstatusgesetz §§ 8-10 beachtet werden.

§ 11
Auswahlverfahren, Stellenausschreibung

(1) Für Einstellungen sind die Bewerberinnen und Bewerber durch öffentliche Ausschreibung der freien Stellen zu ermitteln.

(2) Freie Beförderungsdienstposten sollen, sofern sie nicht öffentlich ausgeschrieben werden, innerhalb des Behördenbereichs ausgeschrieben werden. Die obersten Dienstbehörden können Art und Umfang der Ausschreibung und ihrer Bekanntmachung regeln. Von einer Ausschreibung kann allgemein oder im Einzelfall abgesehen werden, wenn vorrangige Gründe der Personalplanung oder des Personaleinsatzes entgegenstehen.

(3) Die Pflicht zur Ausschreibung gilt nicht
1. für die Einstellung in das Beamtenverhältnis auf Probe ...

→ Gleichbehandlungsgesetz

§ 12
Rücknahme der Ernennung

Die Ernennung ist mit Wirkung für die Vergangenheit zurückzunehmen, wenn eine vorgeschriebene Mitwirkung einer Aufsichtsbehörde unterblieben ist und nicht nachgeholt wurde.

Querverweis: Hierzu muss auch das → Beamtenstatusgesetz §§ 11 beachtet werden.

§ 13
Verfahren und Rechtsfolgen der Rücknahme oder bei Nichtigkeit der Ernennung

(1) Die Nichtigkeit einer Ernennung ist von der Behörde festzustellen, die für die Ernennung zuständig wäre. Wäre der Ministerpräsident für die Ernennung zuständig, ist die Nichtigkeit von der obersten Dienstbehörde festzustellen. Die Feststellung der Nichtigkeit ist dem oder der Ernannten bekanntzugeben. Ist eine Ernennung nichtig, ist dem oder der Ernannten unverzüglich jede weitere Führung der Dienstgeschäfte zu verbieten. Das Verbot ist erst auszusprechen, wenn die sachlich zuständigen Stellen es abgelehnt haben, die Ernennung zu bestätigen oder eine Ausnahme von § 7 Abs. 3 BeamtStG nachträglich zuzulassen.

(2) Die Rücknahme einer Ernennung wird von der Behörde, die für die Ernennung zuständig wäre, erklärt. Wäre der Ministerpräsident für die Ernennung zuständig, so ist die Rücknahme von der obersten Dienstbehörde zu erklären. Die Ernennung kann nur innerhalb einer Frist von sechs Monaten zurückgenommen werden, nachdem die für die Rücknahme zuständige Behörde Kenntnis vom Grund der Rücknahme erlangt hat. Die Rücknahme ist der Beamtin, dem Beamten oder den Hinterbliebenen bekanntzugeben.

(3) Vor Entlassung einer Beamtin oder eines Beamten auf Probe nach § 23 Abs. 3 Satz 1 Nr. 1 BeamtStG hat die für die Entlassung zuständige Behörde Ermittlungen durchzuführen; § 8 Abs. 1, § 9 Satz 1, § 10 Abs. 1 und 3, §§ 12, 15 bis 18, 22 bis 24 und 39 des Landesdisziplinargesetzes gelten entsprechend. Satz 1 gilt entsprechend für die Entlassung einer Beamtin oder eines Beamten auf Widerruf wegen eines Dienstvergehens im Sinne von § 23 Abs. 3 Satz 1 Nr. 1 BeamtStG.

(4) Ist eine Ernennung nichtig oder ist sie zurückgenommen worden, sind die bis zu dem Verbot der Weiterführung der Dienstgeschäfte oder bis zur Bekanntgabe der Erklärung der Rücknahme vorgenommenen Amtshandlungen in gleicher Weise wirksam, wie wenn sie eine Beamtin oder ein Beamter ausgeführt hätte. Gewährte Leistungen können belassen werden; die Entscheidung trifft die Stelle, welche die Nichtigkeit feststellt oder über die Rücknahme entscheidet.

Querverweis: Hierzu muss auch das → Beamtenstatusgesetz §§ 11 beachtet werden.

Dritter Teil – Laufbahnen

§ 14
Laufbahn

(1) Die Laufbahnen umfassen alle der Laufbahngruppe zugeordneten Ämter derselben Fachrichtung. Sie unterscheiden sich nach fachlichen Gesichtspunkten und gehören zu den Laufbahngruppen des mittleren, des gehobenen und des höheren Dienstes.

(2) Die Zuordnung einer Laufbahn zu einer Laufbahngruppe erfolgt nach dem Schwierigkeitsgrad der wahrzunehmenden Dienstaufgaben, dem Grad der Selbstständigkeit und der Verantwortung, den Bildungsvoraussetzungen und der Ausbildung. Den Laufbahngruppen sind die Ämter grundsätzlich wie folgt zugeordnet:

1. Mittlerer Dienst: Besoldungsgruppen A 6 bis A 9,
2. Gehobener Dienst: Besoldungsgruppen A 9 bis A 13,
3. Höherer Dienst: Besoldungsgruppen A 13 bis A 16 sowie Ämter der Landesbesoldungsordnung B.

Beamtengesetz

Im Landesbesoldungsgesetz Baden-Württemberg werden für einzelne Laufbahnen Eingangsämter und Endämter abweichend bestimmt, wenn es die besonderen Verhältnisse der Laufbahn erfordern.

→ Besoldung (Gesetz)

§ 15
Bildungsvoraussetzungen

(1) Als Bildungsvoraussetzung für den Erwerb einer Laufbahnbefähigung ist erforderlich:

1. für die Laufbahnen des mittleren Dienstes mindestens
    a) der Hauptschulabschluss und eine qualifizierende Maßnahme,
    b) der Hauptschulabschluss, eine abgeschlossene Berufsausbildung und eine mehrjährige entsprechende Berufserfahrung oder eine gleichwertige qualifizierende Maßnahme oder
    c) der Realschulabschluss und eine abgeschlossene Berufsausbildung;
2. für die Laufbahnen des gehobenen Dienstes mindestens
    a) der Abschluss eines Diplom- oder Staatsprüfungs-Studiengangs an der Dualen Hochschule oder einer entsprechenden Bildungseinrichtung, einer Fachhochschule oder einer Pädagogischen Hochschule oder
    b) der Abschluss eines Bachelor-Studiengangs an einer Hochschule;
3. für die Laufbahnen des höheren Dienstes
    a) der Abschluss eines Diplom-, Magister-, Staatsprüfungs- oder Master-Studiengangs an einer Universität oder an einer anderen Hochschule in gleichgestellten Studiengängen oder
    b) der Abschluss eines akkreditierten Master-Studiengangs an der Dualen Hochschule oder einer entsprechenden Bildungseinrichtung, einer Fachhochschule oder einer Pädagogischen Hochschule.

(2) Bei Erwerb der Laufbahnbefähigung nach § 16 Abs. 1 Nr. 1 reicht zur Begründung des Beamtenverhältnisses auf Widerruf oder des öffentlich-rechtlichen Ausbildungsverhältnisses als Bildungsvoraussetzung aus

1. in Fällen des Absatzes 1 Nr. 1 Buchst. c der Realschulabschluss;
2. in Fällen des Absatzes 1 Nr. 2 eine zum Hochschulstudium berechtigende Schulbildung oder berufliche Qualifikation nach § 59 des Landeshochschulgesetzes, wenn die Laufbahnprüfung zugleich einen Hochschulabschluss nach Absatz 1 Nr. 2 vermittelt.

(3) Andere als die in Absatz 1 und 2 genannten Abschlüsse gelten als gleichwertige Bildungsvoraussetzung, wenn sie diesen entsprechen. Über die Anerkennung anderer Bildungsstände als gleichwertig entscheidet in den Fällen des Absatzes 1 Nr. 1 das Kultusministerium und in den Fällen des Absatzes 1 Nr. 2 und 3 das Wissenschaftsministerium jeweils im Einvernehmen mit dem für die vorgesehene Laufbahn zuständigen Ministerium.

(4) *(Ermächtigung; hier nicht abgedruckt)*

§ 16
Erwerb der Laufbahnbefähigung

(1) Laufbahnbewerberinnen und Laufbahnbewerber können die Befähigung für eine Laufbahn erwerben

1. a) durch einen Vorbereitungsdienst im Beamtenverhältnis auf Widerruf,
   b) in einem öffentlich-rechtlichen Ausbildungsverhältnis
   und Bestehen der Laufbahnprüfung,
2. durch Erwerb der Bildungsvoraussetzungen für eine Laufbahn und
   a) eine anschließende laufbahnqualifizierende Zusatzausbildung oder
   b) eine mindestens dreijährige, der Vorbildung entsprechende Berufstätigkeit, die die Eignung zur selbstständigen Wahrnehmung eines Amts der angestrebten Laufbahn vermittelt,
3. durch einen horizontalen Laufbahnwechsel nach § 21,
4. durch Aufstieg nach § 22,
5. aufgrund der Richtlinie 2005/36/EG des Europäischen Parlaments und des Rates vom 7. September 2005 über die Anerkennung von Berufsqualifikationen (ABl. L 255 S. 22) ...

(2) *(Ermächtigung; hier nicht abgedruckt)*

(3) Andere Bewerberinnen und Bewerber können bei Vorliegen besonderer dienstlicher Gründe für die Übernahme in das Beamtenverhältnis die Befähigung für eine Laufbahn in Einzelfällen abweichend von den Vorschriften der entsprechenden Laufbahnverordnung erwerben, wenn

1. sie nach Vorliegen der Bildungsvoraussetzungen nach § 15 mindestens vier Jahre überdurchschnittlich erfolgreich dieser Laufbahn entsprechende Tätigkeiten wahrgenommen haben; liegen nur die Bildungsvoraussetzungen der nächstniederen Laufbahngruppe vor, sind mindestens acht Jahre erforderlich,
2. sie eine besondere Fortbildungsbereitschaft nachweisen können und
3. es für sie eine unzumutbare Härte bedeuten würde, die Befähigung als Laufbahnbewerberin oder Laufbahnbewerber zu erwerben.

Vor- und Ausbildungen sowie bisherige berufliche Tätigkeiten müssen hinsichtlich der Fachrichtung sowie der Breite und Wertigkeit dazu geeignet sein, den Bewerberinnen und Bewerbern die Kenntnisse und Fähigkeiten zu vermitteln, die sie dazu befähigen, alle Aufgaben der Laufbahn, in der sie verwendet werden sollen, zu erfüllen. Die Entscheidung trifft die oberste Dienstbehörde.

(4) Bewerberinnen und Bewerber müssen über die

Kenntnisse der deutschen Sprache verfügen, die für die Wahrnehmung der Aufgaben der jeweiligen Laufbahn erforderlich sind.

(5) Soweit gesetzlich nichts anderes bestimmt ist, finden auf Auszubildende in öffentlich-rechtlichen Ausbildungsbildungsverhältnissen und auf Beamtinnen und Beamte auf Widerruf im Vorbereitungsdienst geltenden Bestimmungen mit Ausnahme von §§ 8 und 38 BeamtStG entsprechende Anwendung. ...

§ 17
Beschränkung der Zulassung zur Ausbildung

(1) Die Zulassung zum Vorbereitungsdienst kann in den Fällen, in denen der Vorbereitungsdienst Ausbildungsstätte im Sinne des Artikels 12 Abs. 1 des Grundgesetzes ist, nach Maßgabe der folgenden Vorschriften eingeschränkt werden.

(2) Für einen Vorbereitungsdienst kann die Zahl der höchstens aufzunehmenden Bewerberinnen und Bewerber (Zulassungszahl) festgesetzt werden, soweit dies unter Berücksichtigung
1. der voraussichtlich vorhandenen Ausbildungskräfte und der Zahl der Auszubildenden, die im Durchschnitt von den Ausbildungskräften betreut werden kann,
2. der räumlichen Kapazitäten der Ausbildungsstellen,
3. der fachspezifischen Gegebenheiten der Ausbildungseinrichtungen,
4. der zur Verfügung stehenden sächlichen Mittel,
5. der im Haushaltsplan zur Verfügung stehenden Stellen für Auszubildende

zwingend erforderlich ist. Zulassungszahlen werden nur für einen bestimmten Zeitraum, längstens für die Zulassungstermine des folgenden Jahres, festgesetzt.

(3) Die Auswahlkriterien sind so zu bestimmen, dass für sämtliche Bewerberinnen und Bewerber unter Berücksichtigung der besonderen Verhältnisse in den einzelnen Ausbildungsbereichen eine Aussicht besteht, nach Möglichkeit innerhalb einer zumutbaren Wartezeit in den Vorbereitungsdienst aufgenommen zu werden. Dabei sind insbesondere zu berücksichtigen
1. die Erfüllung einer Dienstpflicht nach Artikel 12a Abs. 1 oder 2 GG, freiwilliger Wehrdienst, eine mindestens zweijährige Tätigkeit als Entwicklungshelferin oder Entwicklungshelfer im Sinne des Entwicklungshelfergesetzes ... oder ein freiwilliges soziales oder ökologisches Jahr im Sinne des Gesetzes zur Förderung von Jugendfreiwilligendiensten ...,
2. die Eignung und Befähigung der Bewerberinnen und Bewerber,
3. die Wartezeit seit der ersten Antragstellung auf Zulassung zum Vorbereitungsdienst in Baden-Württemberg, auf welche die Bewerberinnen und Bewerber zu jedem Zulassungstermin beworben haben, und
4. besondere persönliche oder soziale Härtefälle.

(4) *(Ermächtigung; hier nicht abgedruckt)*

(5) Für die Beschränkung der Zulassung zum öffentlich-rechtlichen Ausbildungsverhältnis nach § 16 Abs. 1 Nr. 1 Buchst. b, das Ausbildungsstätte im Sinne des Artikels 12 Abs. 1 GG ist, gelten die Absätze 1 bis 4 entsprechend.

→ Vorbereitungsdienst (Zulassung)

§ 18
Einstellung

(1) Die Begründung eines Beamtenverhältnisses auf Probe oder auf Lebenszeit oder die Umwandlung eines Beamtenverhältnisses auf Widerruf in ein solches Beamtenverhältnis (Einstellung) erfolgt grundsätzlich im Eingangsamt einer Laufbahn.

(2) Die Einstellung ist ausnahmsweise im ersten oder zweiten Beförderungsamt zulässig, wenn besondere dienstliche Bedürfnisse dies rechtfertigen und eine Einstellung im Eingangsamt aufgrund der bisherigen Berufserfahrung eine unzumutbare Härte für die Bewerberin oder den Bewerber bedeuten würde. Sie darf im ersten Beförderungsamt nur nach einer mindestens dreijährigen, im zweiten Beförderungsamt nur nach einer mindestens vierjährigen erfolgreichen Wahrnehmung laufbahnentsprechender Tätigkeiten nach dem Erwerb der Laufbahnbefähigung erfolgen. Bei anderen Bewerberinnen und Bewerbern müssen die Mindestzeiten nach Satz 2 zusätzlich zu den Voraussetzungen für den Erwerb der Befähigung nach § 16 Abs. 3 vorliegen.

(3) Richterinnen oder Richter *(nicht abgedruckt)*

→ Einstellung (Altersgrenze); → Einstellungserlass;
→ Ernennungsgesetz

Querverweis: Hierzu muss auch das → Beamtenstatusgesetz § 7 beachtet werden.

§ 19
Probezeit

(1) Probezeit ist die Zeit im Beamtenverhältnis auf Probe nach § 4 Abs. 3 Buchst. a BeamtStG, während der sich Beamtinnen und Beamte in den Aufgaben einer Laufbahn, deren Befähigung sie besitzen, bewähren sollen. Sie rechnet ab der Berufung in das Beamtenverhältnis auf Probe und dauert drei Jahre. Zeiten einer Beurlaubung ohne Bezüge gelten nicht als Probezeit, wenn nicht etwas anderes festgestellt worden ist; Absatz 3 bleibt unberührt.

Querverweis: Hierzu muss auch das → Beamtenstatusgesetz § 4 Abs. 3 beachtet werden.

(2) Die Probezeit kann für Beamtinnen und Beamte, die sich in der bisher zurückgelegten Probezeit bewährt haben,
1. bei weit überdurchschnittlicher Bewährung,
2. bei Erwerb der Laufbahnbefähigung mit hervorragendem Ergebnis

um bis zu jeweils einem Jahr abgekürzt werden.

(3) Auf die Probezeit angerechnet werden Verzögerungen im beruflichen Werdegang
1. aufgrund von Wehr- oder Zivildienst, wenn die Verzögerungen nach § 9 Abs. 8 Satz 4 des Ar-

beitsplatzschutzgesetzes, auch in Verbindung mit § 9 Abs. 10 Satz 2, § 12 Abs. 3 und 4, § 13 Abs. 2 und 3 oder § 16a Abs. 1 und 5 des Arbeitsplatzschutzgesetzes, mit § 8a Abs. 1, 3 und 4 des Soldatenversorgungsgesetzes oder mit § 78 Abs. 1 Nr. 1 des Zivildienstgesetzes, angemessen auszugleichen sind, oder

2. aufgrund einer Tätigkeit als Entwicklungshelferin oder Entwicklungshelfer in den Fällen des § 17 des Entwicklungshelfer-Gesetzes.

Hat sich die Einstellung der Beamtin oder des Beamten in das Beamtenverhältnis auf Widerruf oder auf Probe wegen Betreuung oder Pflege eines Angehörigen verzögert oder wurde Elternzeit, Pflegezeit oder Urlaub nach § 72 Abs. 1 in Anspruch genommen, können Verzögerungen im beruflichen Werdegang auf die Probezeit angerechnet werden. Verzögerungen nach Satz 1 und 2 sind im tatsächlichen Umfang, höchstens bis zu zwei Jahren, anrechenbar.

(4) Dienstzeiten im öffentlichen Dienst oder Zeiten, die in einem der Ausbildung entsprechenden Beruf zurückgelegt wurden, können auf die Probezeit angerechnet werden, wenn sie nach ihrer Art und Bedeutung Tätigkeiten in der betreffenden Laufbahn entsprochen haben.

(5) Auch bei Abkürzungen nach Absatz 2 und Anrechnungen nach Absatz 3 und 4 ist eine Mindestprobezeit von sechs Monaten zu leisten. Die Ministerien können im Rahmen ihres Geschäftsbereichs durch Rechtsverordnung abweichend von Satz 1 eine Mindestprobezeit von bis zu einem Jahr festlegen, wenn dies die Besonderheit der Laufbahn oder die wahrzunehmenden Tätigkeit erfordert. Bei Anrechnung von beim selben Dienstherrn zurückgelegten Zeiten nach Absatz 4 kann die Mindestprobezeit unterschritten oder auf sie verzichtet werden, wenn nach dem Erwerb der Laufbahnbefähigung Tätigkeiten ausgeübt wurden, die in der Regel von Beamtinnen und Beamten derselben Laufbahn im Beamtenverhältnis wahrgenommen werden. Zeiten nach § 23 Abs. 5 Satz 1 stehen Zeiten nach Satz 2 gleich. Dienstzeiten im Richterverhältnis auf Probe sind auf die Probezeit anzurechnen; eine Mindestprobezeit ist nicht zu leisten.

(6) Kann die Bewährung bis zum Ablauf der Probezeit noch nicht festgestellt werden, kann die Probezeit bis auf höchstens fünf Jahre verlängert werden.

(7) Wird die Befähigung für eine weitere Laufbahn nach § 16 Abs. 1 Nr. 1, 2 oder 5 erworben, können Zeiten, die im Beamtenverhältnis auf Zeit oder in der bisherigen Laufbahn im Beamtenverhältnis auf Probe oder auf Lebenszeit zurückgelegt wurden, auf die Probezeit in der neuen Laufbahn angerechnet werden, wenn die ausgeübten Tätigkeiten für die Aufgaben der neuen Laufbahn förderlich waren. Befindet sich die Beamtin oder der Beamte bereits in einem Beamtenverhältnis auf Lebenszeit, sollen Zeiten nach Satz 1 angerechnet werden. Bei einem Laufbahnwechsel nach § 21 oder einem Aufstieg nach § 22 ist eine Probezeit in der neuen Laufbahn nicht mehr abzuleisten.

(8) *(Ermächtigung; hier nicht abgedruckt)*

→ Amtsärztliche Untersuchung; → Probezeit

§ 20
Beförderung

(1) Beförderung ist eine Ernennung, durch die einer Beamtin oder einem Beamten ein anderes Amt mit höherem Grundgehalt verliehen wird.

→ Beförderung; → Beförderung (Oberstudienrat/-rätin); → Einstellungserlass; → Grundgesetz Art. 33 und 40; → Personalvertretungsgesetz § 82; → Schwerbehinderung

(2) Ämter einer Laufbahn, die in der Landesbesoldungsordnung A aufgeführt sind, sind regelmäßig zu durchlaufen und dürfen nicht übersprungen werden. Das Überspringen von bis zu zwei Ämtern innerhalb der Laufbahngruppe ist ausnahmsweise zulässig, wenn

1. besondere dienstliche Bedürfnisse vorliegen,
2. nach Art, Dauer und Wertigkeit dem höheren Amt vergleichbare Tätigkeiten im entsprechenden zeitlichen Umfang wahrgenommen wurden und
3. die laufbahnentsprechenden Tätigkeiten nicht durch Einstellung in einem Beförderungsamt oder durch Anrechnung auf die Probezeit berücksichtigt wurden.

Wurden die laufbahnentsprechenden Tätigkeiten in einem Beamtenverhältnis auf Zeit wahrgenommen, ist ein gleichzeitiger Wechsel der Laufbahngruppe zulässig. Beim Aufstieg nach § 22 kann das Eingangsamt der nächsthöheren Laufbahn übersprungen werden, wenn dieses mit keinem höheren Grundgehalt verbunden ist, als das bisherige Amt.

(3) Eine Beförderung ist nicht zulässig
1. während der Probezeit,
2. vor Ablauf eines Jahres seit der Einstellung,
3. vor Ablauf eines Jahres seit der letzten Beförderung.

(4) In den Laufbahnen der Lehrkräfte an Grund-, Werkreal-, Haupt-, Real- und Sonderschulen (gehobener Dienst) ist das Eingangsamt, in den übrigen Laufbahnen der Lehrkräfte sind das Eingangsamt und das erste Beförderungsamt innerhalb der Laufbahn regelmäßig zu durchlaufen.

→ Beförderung (Allgemeines)

§ 21 *(nicht abgedruckt)*

§ 22
Aufstieg

(1) Beamtinnen und Beamte können in die nächsthöhere Laufbahn derselben Fachrichtung aufsteigen, auch wenn die Bildungsvoraussetzungen nach § 15 für diese Laufbahn nicht vorliegen, wenn sie

1. sich im Endamt ihrer bisherigen Laufbahn befinden; ist das Endamt ein Amt mit Amtszula-

ge, so kann der Aufstieg auch aus dem Amt ohne Amtszulage erfolgen,
2. sich in mindestens zwei unterschiedlichen Aufgabengebieten ihrer Laufbahn bewährt haben,
3. seit mindestens einem Jahr erfolgreich überwiegend Aufgaben der nächsthöheren Laufbahn wahrnehmen,
4. nach ihrer Persönlichkeit und ihren bisherigen überdurchschnittlichen Leistungen für diese Laufbahn geeignet erscheinen und
5. sich durch Qualifizierungsmaßnahmen zusätzliche, über ihre Vorbildung und die bisherige Laufbahnbefähigung hinausgehende Kenntnisse und Fähigkeiten erworben haben, die ihnen die Wahrnehmung der Aufgaben der neuen Laufbahn ermöglichen.

(2) Über den Aufstieg entscheidet die für die Ernennung in der neuen Laufbahn zuständige Behörde.

(3) Die Beamtinnen und Beamten bleiben bis zur Verleihung eines Amtes der neuen Laufbahn in ihrer Rechtsstellung.

(4) *(Ermächtigung; hier nicht abgedruckt)*
→ Aufstieg (Laufbahnen)

§ 23
Übernahme von Beamtinnen und Beamten anderer Dienstherrn und von früheren Beamtinnen und Beamten

(1) Eine beim Bund oder in einem anderen Land erworbene oder dort von der zuständigen Stelle anerkannte Laufbahnbefähigung soll grundsätzlich als Befähigung für eine Laufbahn vergleichbarer Fachrichtung in Baden-Württemberg anerkannt werden. Über die Anerkennung und die Zuordnung zu einer in Baden-Württemberg eingerichteten Laufbahn entscheidet die für die Ernennung in der neuen Laufbahn zuständige Behörde. Die Ministerien können Laufbahnbefähigungen nach Satz 1 für Laufbahnen ihres Geschäftsbereichs allgemein anerkennen.

(2) *(Ermächtigung; nicht abgedruckt)*

(3) Eine Übernahme von Beamtinnen und Beamten anderer Dienstherrn kann statusgleich erfolgen, in einem Beförderungsamt jedoch nur, wenn
1. eine Probezeit bei einem anderen Dienstherrn abgeleistet wurde oder auf eine Mindestprobezeit aus Gründen verzichtet wurde, die § 19 Abs. 5 Satz 2 entsprechen und
2. die Vorschriften über Beförderungen nach § 20 Abs. 3 Nr. 2 und 3 erfüllt sind.

Als statusgleich gilt bei Beamtinnen und Beamten eines Dienstherrn außerhalb des Geltungsbereichs dieses Gesetzes die Verleihung eines Amtes, das hinsichtlich Fachrichtung und Höhe des Grundgehalts dem bisherigen Amt entspricht. Gibt es kein Amt mit gleich hohem Grundgehalt, darf das nächsthöhere Amt der gleichen Laufbahngruppe verliehen werden.

(4) Für die Einstellung früherer Beamtinnen und Beamter gilt Absatz 3 entsprechend; maßgebend ist das letzte Amt im früheren Beamtenverhältnis. § 18 Abs. 2 bleibt unberührt.

(5) Zeiten, in denen nach Erwerb der Laufbahnbefähigung laufbahnentsprechende Tätigkeiten in einem
1. Kirchenbeamtenverhältnis bei einer öffentlich-rechtlichen Religionsgemeinschaft,
2. Dienstordnungsverhältnis bei einem Sozialversicherungsträger oder
3. hauptberuflichen Beschäftigungsverhältnis bei einem kommunalen Bundes- oder Landesverband,

für die das Beamtenrecht des Bundes oder eines Landes entsprechende Anwendung findet, wahrgenommen wurden, werden wie Zeiten in einem Beamtenverhältnis nach dem Beamtenstatusgesetz behandelt. Die Einstellung in ein Beamtenverhältnis kann in diesem Fall in einem vergleichbaren statusrechtlichen Amt erfolgen, in einem Beförderungsamt jedoch nur, wenn eine Probezeit entsprechend beamtenrechtlicher Vorschriften abgeleistet wurde und die Vorschriften über Beförderungen nach § 20 Abs. 3 Nr. 2 und 3 erfüllt sind. Absatz 3 Satz 2 und 3 gilt entsprechend.

Vierter Teil
Versetzung, Abordnung und Umbildung von Körperschaften innerhalb des Geltungsbereichs dieses Gesetzes

§ 24
Versetzung

(1) Eine Versetzung ist die auf Dauer angelegte Übertragung eines anderen Amtes bei einer anderen Dienststelle desselben oder eines anderen Dienstherrn.

(2) Eine Versetzung kann auf Antrag oder aus dienstlichen Gründen erfolgen. Sie bedarf nicht der Zustimmung der Beamtin oder des Beamten, wenn die neue Tätigkeit aufgrund der Vorbildung oder Berufsausbildung der Beamtin oder dem Beamten zumutbar und das Amt mit mindestens demselben Grundgehalt verbunden ist wie das bisherige Amt. Bei der Auflösung einer Behörde oder einer wesentlichen Änderung des Aufbaus oder der Aufgaben einer Behörde oder der Verschmelzung einer Behörde mit einer oder mehreren anderen können Beamtinnen und Beamte, deren Aufgabengebiet davon berührt wird, ohne ihre Zustimmung in ein anderes Amt einer anderen gleichwertigen Laufbahn mit geringerem Grundgehalt im Bereich desselben Dienstherrn versetzt werden, wenn eine dem bisherigen Amt entsprechende Verwendung nicht möglich ist; das Grundgehalt muss mindestens dem des Amtes entsprechen, das die Beamtin oder der Beamte vor dem bisherigen Amt inne hatte.

(3) Beamtinnen und Beamte, die in ein Amt einer anderen Laufbahn versetzt werden ohne die Befähigung für diese Laufbahn zu besitzen, sind verpflichtet, an Qualifizierungsmaßnahmen zum Erwerb der Befähigung teilzunehmen.

(4) Die Versetzung wird von dem abgebenden im Einverständnis mit dem aufnehmenden Dienstherrn verfügt. Das Einverständnis ist schriftlich zu erklären. In der Verfügung ist zum Ausdruck zu bringen, dass das Einverständnis vorliegt. Das Beamtenverhältnis wird mit dem neuen Dienstherrn fortgesetzt; auf die beamtenrechtliche Stellung finden die im Bereich des neuen Dienstherrn geltenden Vorschriften Anwendung.

(5) Absatz 4 Satz 2 und 3 gilt bei einer Versetzung in den Bereich eines Dienstherrn eines anderen Landes oder in den Bereich des Bundes entsprechend.

→ Ernennungsgesetz; → Ländertausch; → Versetzungen und Abordnungen

§ 25 Abordnung

(1) Eine Abordnung ist die vorübergehende Übertragung einer dem Amt der Beamtin oder des Beamten entsprechenden Tätigkeit bei einer anderen Dienststelle desselben oder eines anderen Dienstherrn unter Beibehaltung der Zugehörigkeit zur bisherigen Dienststelle. Die Abordnung kann auf Antrag oder aus dienstlichen Gründen ganz oder teilweise erfolgen.

(2) Aus dienstlichen Gründen kann eine Abordnung auch zu einer nicht dem bisherigen Amt entsprechenden Tätigkeit erfolgen, wenn die Wahrnehmung der neuen Tätigkeit aufgrund der Vorbildung oder Berufsausbildung der Beamtin oder dem Beamten zumutbar ist. Dabei ist auch die Abordnung zu einer Tätigkeit zulässig, die nicht einem Amt mit demselben Grundgehalt entspricht.

(3) Die Abordnung bedarf der Zustimmung der Beamtin oder des Beamten, wenn sie
1. im Fall des Absatzes 2 länger als zwei Jahre dauert oder
2. zu einem anderen Dienstherrn erfolgt.

Die Abordnung zu einem anderen Dienstherrn ist ohne Zustimmung zulässig, wenn die neue Tätigkeit einem Amt mit demselben Grundgehalt auch einer anderen Laufbahn entspricht und nicht länger als fünf Jahre dauert.

(4) Bei Abordnungen zu einem anderen Dienstherrn gilt § 24 Abs. 4 Satz 1 bis 3 entsprechend. Soweit zwischen den Dienstherrn nichts anderes vereinbart ist, finden die für den Bereich des aufnehmenden Dienstherrn geltenden Vorschriften über die Pflichten und Rechte der Beamtinnen und Beamten mit Ausnahme der Regelungen über Diensteid, Amtsbezeichnung, Zahlung von Bezügen, Krankenfürsorgeleistungen, Versorgung und Jubiläumsgaben entsprechende Anwendung. Die Verpflichtung zur Bezahlung hat auch der Dienstherr, zu dem die Abordnung erfolgt ist.

(5) § 24 Abs. 4 Satz 2 und 3 gilt bei einer Abordnung in den Bereich eines Dienstherrn eines anderen Landes oder in den Bereich des Bundes entsprechend.

→ Ernennungsgesetz; → Organisationserlass 1.3.; → Personalvertretungsgesetz § 75 i.V.m. § 92; → Versetzung

§§ 26 - 30 (nicht abgedruckt)

Fünfter Teil
Beendigung des Beamtenverhältnisses
1. Abschnitt – Entlassung

§ 31
Zuständigkeit, Form und Zeitpunkt der Entlassung

(1) Soweit durch Gesetz, Verordnung oder Satzung nichts anderes bestimmt ist, wird die Entlassung von der Stelle verfügt, die für die Ernennung der Beamtin oder des Beamten zuständig wäre. Wäre der Ministerpräsident für die Ernennung zuständig, nimmt die oberste Dienstbehörde die Aufgaben nach diesem Abschnitt wahr.

(2) Die Entlassung ist schriftlich zu verfügen; im Falle einer Entlassung kraft Gesetzes wird der Tag der Beendigung des Beamtenverhältnisses festgestellt. Die Verfügung ist der Beamtin oder dem Beamten bekanntzugeben.

(3) Die Entlassung auf Antrag nach § 23 Abs. 1 Satz 1 Nr. 4 BeamtStG soll für den beantragten Zeitpunkt ausgesprochen werden. Sie kann aus zwingenden dienstlichen Gründen um längstens drei Monate ab der Antragstellung hinausgeschoben werden. Der Antrag kann, solange der Beamtin oder dem Beamten die Entlassungsverfügung nicht bekanntgegeben ist, innerhalb von zwei Wochen nach seiner Einreichung, mit Zustimmung der Entlassungsbehörde auch nach Ablauf dieser Frist, zurückgenommen werden.

Querverweis: Hierzu muss auch das → Beamtenstatusgesetz § 23 beachtet werden.

(4) Soweit durch Gesetz oder Verfügung nichts anderes bestimmt ist, tritt die Entlassung mit dem Ende des Monats ein, der auf den Monat folgt, in dem die Entlassungsverfügung der Beamtin oder dem Beamten bekanntgegeben wird. In Fällen der Entlassung nach § 23 Abs. 1 Satz 1 Nr. 3 BeamtStG sowie der Entlassung von Beamtinnen und Beamten auf Probe oder Widerruf kann in der Entlassungsverfügung kein früherer Eintritt bestimmt werden. Bei einer Beschäftigungszeit von mindestens einem Jahr tritt die Entlassung frühestens sechs Wochen nach Bekanntgabe der Verfügung zum Ende des Kalendervierteljahres ein. Die Entlassung nach § 23 Abs. 1 Satz 1 Nr. 1 und Abs. 3 Satz 1 Nr. 1 BeamtStG tritt frühestens mit Bekanntgabe der Entlassungsverfügung ein.

(4) Im Fall von § 23 Abs. 3 Satz 1 Nr. 3 BeamtStG kann die Entlassung nur innerhalb einer Frist von sechs Monaten nach Wirksamwerden der Umbildung oder Auflösung der Behörde oder Körperschaft ausgesprochen werden. Durch Rechtsvorschrift kann ein anderer Zeitpunkt für den Beginn der Frist bestimmt werden.

→ Personalvertretungsgesetz § 80; → Probezeit

§ 32
Rechtsfolgen der Entlassung

(1) Nach der Entlassung haben frühere Beamtinnen und Beamte keinen Anspruch auf Leistungen des Dienstherrn, soweit gesetzlich nichts anderes bestimmt ist.

Beamtengesetz

(2) Die für die Entlassung zuständige Behörde kann entlassenen Beamtinnen und Beamten die Erlaubnis erteilen, die bisherige Amtsbezeichnung mit dem Zusatz „außer Dienst" („a. D.") sowie die im Zusammenhang mit dem Amt verliehenen Titel zu führen. Die Erlaubnis kann widerrufen werden, wenn die frühere Beamtin oder der frühere Beamte sich ihrer als nicht würdig erweist.

(3) In Fällen der Entlassung von Beamtinnen und Beamten auf Probe oder auf Widerruf wegen eines Verhaltens der in § 23 Abs. 3 Satz 1 Nr. 1 BeamtStG bezeichneten Art gilt § 35 Abs. 2 entsprechend.

Querverweis: Hierzu muss auch das → Beamtenstatusgesetz §§ 23 und 35 beachtet werden.

2. Abschnitt – Verlust der Beamtenrechte
§ 33
Folgen des Verlusts der Beamtenrechte

Endet das Beamtenverhältnis nach § 24 Abs. 1 BeamtStG, so haben frühere Beamtinnen und Beamte keinen Anspruch auf Leistungen des Dienstherrn, soweit gesetzlich nichts anderes bestimmt ist. Sie dürfen die Amtsbezeichnung und die im Zusammenhang mit dem Amt verliehenen Titel nicht führen.

→ Renten (Allgemeines) Nr. 4; → Beamtenversorgung (Allgemeines) Nr. 4; → Schwerbehinderung

Querverweis: Hierzu muss auch das → Beamtenstatusgesetz § 24 beachtet werden.

§ 34 Gnadenerweis

Dem Ministerpräsidenten steht hinsichtlich des Verlusts der Beamtenrechte das Gnadenrecht zu. Wird im Gnadenweg der Verlust der Beamtenrechte in vollem Umfang beseitigt, so gilt von diesem Zeitpunkt ab § 35 entsprechend.

§ 35
Weitere Folgen eines Wiederaufnahmeverfahrens

(1) Gilt nach § 24 Abs. 2 BeamtStG das Beamtenverhältnis als nicht unterbrochen, so haben Beamtinnen und Beamte, sofern sie die Altersgrenze noch nicht erreicht haben und dienstfähig sind, Anspruch auf Übertragung eines Amtes derselben oder einer mindestens gleichwertigen Laufbahn wie ihr bisheriges Amt und mit mindestens demselben Grundgehalt; bis zur Übertragung des neuen Amtes erhalten sie die Besoldungsbezüge, die ihnen aus ihrem bisherigen Amt zugestanden hätten.

Querverweis: Hierzu muss auch das → Beamtenstatusgesetz § 24 beachtet werden.

(2) Beamtinnen und Beamte, die aufgrund des im Wiederaufnahmeverfahren festgestellten Sachverhalts oder aufgrund eines rechtskräftigen Strafurteils, das nach der früheren Entscheidung ergangen ist, nach disziplinarrechtlichen Vorschriften aus dem Dienst entfernt werden, verlieren die ihnen nach Absatz 1 zustehenden Ansprüche. Wird wegen eines schweren Dienstvergehens ein Disziplinarverfahren eingeleitet, können die Ansprüche nach Absatz 1 bis zum bestandskräftigen Abschluss des Disziplinarverfahrens nicht geltend gemacht werden.

(3) Beamtinnen und Beamte müssen sich auf die ihnen nach Absatz 1 zustehenden Besoldungsbezüge ein anderes Arbeitseinkommen oder einen Unterhaltsbeitrag anrechnen lassen; sie sind zur Auskunft hierüber verpflichtet.

3. Abschnitt
Ruhestand, Verabschiedung, Dienstunfähigkeit

§ 36
Ruhestand wegen Erreichens der Altersgrenze

(1) Beamtinnen und Beamte auf Lebenszeit erreichen die Altersgrenze für den Eintritt in den Ruhestand kraft Gesetzes mit dem Ablauf des Monats, in dem sie das 67. Lebensjahr vollenden.

(2) Lehrerinnen und Lehrer an öffentlichen Schulen außer an Hochschulen erreichen abweichend von Absatz 1 die Altersgrenze mit dem Ende des Schuljahres, in dem sie das 66. Lebensjahr vollenden. ...

Hinweise der Redaktion: Für die Geburtsjahrgänge 1948 bis 1964 gelten Übergangsregelungen. Zu den konkreten Auswirkungen siehe → Ruhestand (Übergangsregelungen).

Querverweis: Hierzu muss auch das → Beamtenstatusgesetz § 25 beachtet werden.

§§ 37 - § 38 (nicht abgedruckt)

§ 39
Hinausschiebung der Altersgrenze

Der Eintritt in den Ruhestand wegen Erreichens der Altersgrenze kann auf Antrag
1. der Beamtinnen und Beamten auf Lebenszeit,
2. der Beamtinnen und Beamten auf Probe nach § 8

bis zu einem Jahr, jedoch nicht länger als bis zu dem Ablauf des Monats, in dem die Beamtin oder der Beamte das 68. Lebensjahr vollendet, hinaus geschoben werden, wenn dies im dienstlichen Interesse liegt. Der Antrag ist spätestens sechs Monate vor dem Erreichen der Altersgrenze zu stellen. Für die in § 36 Abs. 3 genannten Beamtinnen und Beamten tritt das 63. Lebensjahr an die Stelle des 68. Lebensjahres.

Hinweis der Redaktion: § 39 Satz 1 ... (ist) bis zum Ablauf des Jahres 2028 mit der Maßgabe anzuwenden, dass einem Antrag der Beamtin oder des Beamten auf Hinausschiebung des Eintritts in den Ruhestand bis zu dem Ablauf des Monats, in dem die Beamtin oder der Beamte das 68. Lebensjahr vollendet, stattzugeben ist, soweit dienstliche Interessen nicht entgegenstehen.

§ 40
Versetzung in den Ruhestand auf Antrag

(1) Beamtinnen und Beamte auf Lebenszeit können auf ihren Antrag in den Ruhestand versetzt werden, wenn sie
1. das 63. Lebensjahr vollendet haben oder
2. schwerbehindert im Sinne des § 2 Abs. 2 des Neunten Buches Sozialgesetzbuch sind und das 62. Lebensjahr vollendet haben. ...

> Zur Zurruhesetzung von Lehrkräften bitte die ausführliche Darstellung im Beitrag → Ruhestand (Allgemeines) beachten.

Hinweise der Redaktion: Für die Geburtsjahrgänge 1948 bis 1964 gelten Übergangsregelungen. Zu den konkreten Auswirkungen siehe ➔ Ruhestand (Übergangsregelungen).

(2) Beamtinnen und Beamte auf Lebenszeit sind auf ihren Antrag in den Ruhestand zu versetzen, wenn sie eine Dienstzeit von 45 Jahren erreicht und das 65. Lebensjahr vollendet haben. In diesem Fall gilt für Rechtsvorschriften, die auf die Altersgrenze nach § 36 Abs. 1 abheben, abweichend der Ablauf des Monats, in dem die Voraussetzungen nach Satz 1 erfüllt sind, als Altersgrenze. Als Dienstzeit im Sinne des Satzes 1 gelten die ruhegehaltfähigen Dienstzeiten nach § 27 Abs. 3 Satz 2 bis 5 LBeamtVGBW.

➔ Beamtenversorgung (Hinterbliebene)/(Höchstgrenzen);
➔ Personalvertretungsgesetz § 80 Abs. I Nr. 7 i.V. m. Abs.2

§§ 41 - § 42 (nicht abgedruckt)

§ 43
Dienstunfähigkeit, begrenzte Dienstfähigkeit, Wiederberufung

(1) Beamtinnen und Beamte können als dienstunfähig nach § 26 Abs. 1 Satz 2 BeamtStG nur angesehen werden, wenn die Aussicht auf Wiederherstellung voller Dienstfähigkeit auch innerhalb weiterer sechs Monate nicht besteht.

➔ Amtsärztliche Untersuchung; ➔ Besoldung (Gesetz) § 70; ➔ Personalvertretungsgesetz § 80 Abs. I Nr. 7 i.V. m. Abs. 2; ➔ Ruhestand (Allgemeines) A.4; ➔ Sucht (Dienstvereinbarung); ➔ Teilzeit/Urlaub (Beamtenrecht) V
Querverweis: Hierzu muss auch das ➔ Beamtenstatusgesetz § 26 beachtet werden.
Hinweise der Redaktion:
1. Zur Erfüllung des Begriffs der Dienstunfähigkeit reicht es aus, wenn die geistig-seelische Verfassung des Beamten mit Blick auf die Erfüllung seiner amtsgemäßen Dienstgeschäfte bedeutende und dauernde Abweichungen vom Normalbild in dieser Hinsicht tauglichen Beamten aufweist. Dabei ist diese Abweichung nicht an dem Normalbild eines im medizinischen Sinne gesunden Menschen zu messen, sondern an der Verfassung eines vergleichbaren und durchschnittlichen, zur Erfüllung seiner amtsgemäßen Dienstgeschäfte tauglichen Amtsinhabers, ... Es ist daher ... maßgebend, ob der Beamte aufgrund seiner gesamten Konstitution und seines Verhaltens, ohne dass eine Erkrankung im engeren Sinne vorliegen muss, zur Erfüllung seiner Dienstpflichten dauernd unfähig ist. Aus diesem Grund stellt die ärztliche Begutachtung nicht das einzige und allein ausschlaggebende Beweismittel für die Klärung der Frage der Dienstunfähigkeit dar ... . (Verwaltungsgerichtshof BW, 3.2.2005, AZ: 4 S 2398/04)
2. Wird das Verfahren zur Feststellung der begrenzten Dienstfähigkeit eines schwerbehinderten Beamten eingeleitet, hat die Dienststelle nach der Präventionsregelung des § 84 SGB IX möglichst frühzeitig die Schwerbehindertenvertretung, den Personalrat und das Integrationsamt einzuschalten. Das Integrationsamt ist nach § 128 Abs. 2 SGB IX ferner vor der Entscheidung anzuhören, es sei denn, der Beamte hat die Maßnahme selbst beantragt. Der Personalrat ist nicht nur bei schwerbehinderten, sondern bei <u>allen</u> Beamt/innen einzuschalten; bei Schwerbehinderten ist <u>zusätzlich</u> die Schwerbehindertenvertretung einzuschalten.

➔ Schwerbehinderung (Gesetz – SGB IX) § 84

(2) Beamtinnen und Beamte des Polizeivollzugsdienstes *(nicht abgedruckt)*

(3) Von der Verwendung in begrenzter Dienstfähigkeit nach § 27 BeamtStG soll abgesehen werden, wenn der Beamtin oder dem Beamten ein anderes Amt nach § 26 Abs. 2 BeamtStG oder eine geringerwertige Tätigkeit nach § 26 Abs. 3 BeamtStG übertragen werden kann.

(4) Die erneute Berufung in das Beamtenverhältnis nach § 29 Abs. 1 BeamtStG ist vor Ablauf von fünf Jahren seit Beginn des Ruhestandes zu beantragen. Bei der erneuten Berufung in ein Beamtenverhältnis nach § 29 Abs. 3 BeamtStG ist § 27 Abs. 2 BeamtStG entsprechend anzuwenden.

§ 44
Verfahren bei Dienstunfähigkeit

(1) Liegen Anhaltspunkte dafür vor, dass Beamtinnen oder Beamte dienstunfähig oder begrenzt dienstfähig sind und scheiden Verwendungen nach § 26 Abs. 2 oder 3 oder § 27 BeamtStG aus, ist ihnen bekanntzugeben, dass die Versetzung in den Ruhestand oder die Verwendung in begrenzter Dienstfähigkeit beabsichtigt ist. Dabei sind die Gründe für die beabsichtigte Maßnahme anzugeben. Die Beamtin oder der Beamte kann innerhalb eines Monats Einwendungen erheben.

(2) Vom Ablauf des Monats, in dem die Versetzung in den Ruhestand der Beamtin oder dem Beamten bekanntgegeben worden ist, bis zu deren Unanfechtbarkeit wird der für die Versorgungsbezüge übersteigende Teil der Dienstbezüge einbehalten. Wird die Versetzung in den Ruhestand unanfechtbar aufgehoben, sind die einbehaltenen Dienstbezüge nachzuzahlen.

§ 45 Form, Zuständigkeit (nicht abgedruckt)

§ 46
Beginn des Ruhestands und des einstweiligen Ruhestands

(1) Der Ruhestand beginnt, abgesehen von den Fällen der §§ 36 bis 40, mit dem Ablauf des Monats, in dem die Versetzung in den Ruhestand der Beamtin oder dem Beamten bekanntgegeben worden ist. Die Versetzung in den Ruhestand zu einem zurückliegenden Zeitpunkt ist unzulässig und insoweit unwirksam. Für die begrenzte Dienstfähigkeit gelten die Sätze 1 bis 2 entsprechend.

(2) *(Einstweiliger Ruhestand – nicht abgedruckt)*

(3) Ruhestandsbeamtinnen und Ruhestandsbeamte erhalten auf Lebenszeit Ruhegehalt nach den Vorschriften des Landesbeamtenversorgungsgesetzes Baden-Württemberg.

➔ Ruhestand (Allgemeines); ➔ Beamtenversorgung (Allgemeines)

Sechster Teil
Rechtliche Stellung im Beamtenverhältnis

Querverweis: Die grundlegenden Beamtenpflichten und -rechte sind im ➔ Beamtenstatusgesetz § 33 ff. enthalten.

1. Abschnitt
Allgemeine Pflichten und Rechte

§ 47
Diensteid

(1) Der zu leistende Diensteid hat folgenden Wortlaut:
„Ich schwöre, dass ich mein Amt nach bestem Wissen und Können führen, das Grundgesetz für die Bundesrepublik Deutschland, die Landesver-

fassung und das Recht achten und verteidigen und Gerechtigkeit gegen jedermann üben werde. So wahr mir Gott helfe."

(2) Der Eid kann auch ohne die Worte „So wahr mir Gott helfe." geleistet werden.

(3) Lehnt eine Beamtin oder ein Beamter die Ablegung des vorgeschriebenen Eides aus Glaubens- oder Gewissensgründen ab, können anstelle der Worte „Ich schwöre" auch die Worte „Ich gelobe" oder eine andere Beteuerungsformel gesprochen werden.

(4) In den Fällen, in denen nach § 7 Abs. 3 BeamtStG eine Ausnahme von § 7 Abs. 1 Nr. 1 BeamtStG zugelassen worden ist, kann von einer Eidesleistung abgesehen werden. Die Beamtin oder der Beamte hat zu geloben, die Amtspflichten gewissenhaft zu erfüllen.

Querverweis: Hierzu muss auch das ➔ Beamtenstatusgesetz § 38 beachtet werden.

Hinweis der Redaktion: Bei Einstellungs-, Bewerbungs- und Vorstellungsterminen vor Begründung des Beamtenverhältnisses besteht kein Unfallschutz. Vereidigungen sollen nicht vor Beginn des Beschäftigungsverhältnisses (Einstellungstermin) stattfinden. (Quelle: KM, 9.1.2004, AZ: 14-0331.4/93)

§ 48 Verantwortung für die Rechtmäßigkeit
(gilt nur für Beamtinnen und Beamte, die unmittelbaren Zwang anzuwenden haben; nicht abgedruckt)

Querverweis: Die grundsätzlichen Bestimmungen über die Verantwortung für die Rechtmäßigkeit der Amtshandlungen sind im ➔ Beamtenstatusgesetz § 36 enthalten.

§ 49
Anträge, Beschwerden, Vertretung

(1) Beamtinnen und Beamte können Anträge stellen und Beschwerden vorbringen; hierbei ist der Dienstweg einzuhalten. Richten sich Beschwerden gegen unmittelbare Vorgesetzte, so können sie bei den nächsthöheren Vorgesetzten unmittelbar eingereicht werden. Der Beschwerdeweg bis zur obersten Dienstbehörde steht offen.

(2) Beamtinnen und Beamte können die für sie zuständigen Gewerkschaften oder Berufsverbände mit ihrer Vertretung beauftragen, soweit gesetzlich nichts anderes bestimmt ist.

➔ Dienstweg; ➔ Gleichbehandlungsgesetz; ➔ Mobbing; ➔ Verwaltungsrecht

Querverweis: Hierzu muss auch das ➔ Beamtenstatusgesetz § 54 beachtet werden.

§ 50
Fortbildung

Beamtinnen und Beamte sind verpflichtet, an der dienstlichen Fortbildung teilzunehmen und sich außerdem selbst fortzubilden, damit sie insbesondere die Fach-, Methoden- und sozialen Kompetenzen für die Aufgaben des übertragenen Dienstpostens erhalten und fortentwickeln sowie ergänzende Qualifikationen für höher bewertete Dienstposten und für die Wahrnehmung von Führungsaufgaben erwerben. Die Dienstherrn fördern die dienstliche Fortbildung. Beamtinnen und Beamte, die durch Fortbildung ihre Kenntnisse und Fähigkeiten nachweislich wesentlich gesteigert haben, sollen nach Möglichkeit gefördert werden und vor allem Gelegenheit erhalten, ihre Eignung auf höher bewerteten Dienstposten zu beweisen.

➔ Fortbildung (Allgemeines)

§ 51
Dienstliche Beurteilung, Dienstzeugnis

(1) Eignung, Befähigung und fachliche Leistung der Beamtinnen und Beamten sind in regelmäßigen Zeitabständen zu beurteilen. Die Landesregierung kann durch Rechtsverordnung bestimmen, dass Beurteilungen außerdem anlässlich bestimmter Personalmaßnahmen erfolgen. In der Rechtsverordnung können für Beamtinnen und Beamte des Landes auch Grundsätze der Beurteilung und des Verfahrens, insbesondere die Zeitabstände der regelmäßigen Beurteilung, festgelegt sowie Ausnahmen für bestimmte Gruppen von Beamtinnen und Beamten zugelassen werden.

(2) Die Beurteilungen sind den Beamtinnen und Beamten zu eröffnen und auf Verlangen mit ihnen zu besprechen. Eine schriftliche Äußerung der Beamtin oder des Beamten zu der Beurteilung ist zu den Personalakten zu nehmen.

(3) Beamtinnen und Beamten wird auf ihren Antrag nach Beendigung des Beamtenverhältnisses, beim Wechsel des Dienstherrn oder zum Zweck der Bewerbung um eine Stelle bei einem anderen Dienstherrn oder außerhalb des öffentlichen Dienstes vom letzten Dienstvorgesetzten ein Dienstzeugnis erteilt. Das Dienstzeugnis muss Angaben über Art und Dauer der bekleideten Ämter sowie auf Verlangen auch über die ausgeübte Tätigkeit und die Leistung enthalten.

➔ Arbeits- und Dienstzeugnisse; ➔ Dienstliche Beurteilung (Lehrkräfte); ➔ Dienstliche Beurteilung (Religionslehre); ➔ Personalvertretungsgesetz § 68 Abs. 3; ➔ Probezeit; ➔ Unterrichtsbesuche

§ 52
Befreiung von Amtshandlungen

Beamtinnen und Beamte sind von Amtshandlungen zu befreien, die sich gegen sie selbst oder Personen richten, zu deren Gunsten ihnen wegen familienrechtlicher Beziehungen im Strafverfahren ein Zeugnisverweigerungsrecht zustünde.

Hinweis der Redaktion: Gem. § 52 Strafprozessordnung sind dies: Ehegatten und eingetragene Lebenspartner/innen (jeweils auch nach Beendigung der Ehe/Partnerschaft), Verlobte; eheliche und nichteheliche Kinder, Stief- oder Adoptivkinder und Schwiegertöchter, Schwiegersöhne, Eltern, Stief- oder Adoptiveltern und Schwiegereltern; Enkel, Stiefenkel und die Ehegatten der Enkel, Urenkel, Tanten und deren Ehegatten, Großeltern, Geschwister, Eltern der Stiefeltern und Eltern der Schwiegereltern; Nichten, Neffen.

Auszug aus der VwV des IM zum LBG

Der Beamte ist verpflichtet, seinen Dienstvorgesetzten unverzüglich darauf hinzuweisen, wenn er eine Amtshandlung vorzunehmen hat, die sich gegen ihn selbst oder einen Angehörigen richten würde. Im übrigen finden im Verwaltungsverfahren die Vorschriften der §§ 20, 21 des Landesverwaltungsverfahrensgesetzes (LVwVfG) über den Ausschluss und die Befangenheit Anwendung.

➔ Befangenheit

Bitte beachten Sie die Erläuterungen unter ➔ Beamte (Allgemeines) sowie die Querverweise.

§ 53
Ärztliche Untersuchungen, Genetische Untersuchungen und Analysen

(1) Beamtinnen und Beamte sind verpflichtet, sich nach dienstlicher Weisung ärztlich untersuchen und, falls dies aus amtsärztlicher Sicht für erforderlich gehalten wird, auch beobachten zu lassen, wenn Zweifel an der Dienstfähigkeit oder über die Dienstunfähigkeit bestehen oder Dienstunfähigkeit ärztlich festzustellen ist. Entzieht sich die Beamtin oder der Beamte trotz schriftlicher Aufforderung dieser Verpflichtung, ohne hierfür einen hinreichenden Grund nachzuweisen, kann Dienstunfähigkeit oder begrenzte Dienstfähigkeit mit der Hälfte der regelmäßigen Arbeitszeit als amtsärztlich festgestellt angenommen werden. Auf die Rechtsfolge ist in der Aufforderung hinzuweisen.

(2) Zu Beginn der ärztlichen Untersuchung oder Beobachtung ist die Beamtin oder der Beamte auf deren Zweck und die Übermittlungsbefugnis bezüglich des Untersuchungsergebnisses an die die Untersuchung oder Beobachtung veranlassende Stelle hinzuweisen.

(3) Die Ärztin oder der Arzt übermittelt der die Untersuchung veranlassenden Personalverwaltung in einem gesonderten und verschlossenen Umschlag nur die tragenden Feststellungen und Gründe des Untersuchungsergebnisses, die in Frage kommenden Maßnahmen zur Wiederherstellung der Dienstfähigkeit und die Möglichkeit der anderweitigen Verwendung, soweit deren Kenntnis für die Personalverwaltung unter Beachtung des Grundsatzes der Verhältnismäßigkeit für die von ihr zu treffende Entscheidung erforderlich ist. Sonstige Untersuchungsdaten dürfen übermittelt werden, soweit deren Verarbeitung nach § 84 Abs. 3 Satz 2 zulässig ist. Die Ärztin oder der Arzt übermittelt der Beamtin oder dem Beamten eine Kopie der Mitteilung an die Personalverwaltung, soweit dem ärztliche Gründe nicht entgegenstehen.

→ Amtsärztliche Untersuchung

(4) Genetische Untersuchungen und Analysen im Sinne von § 3 Nr. 1 und 2 des Gendiagnostikgesetzes vom 31. Juli 2009 (BGBl. I S. 2529) ... sind bei Beamtinnen und Beamten sowie bei Bewerberinnen und Bewerbern für ein Beamtenverhältnis unzulässig, insbesondere

1. vor und nach einer Ernennung oder
2. im Rahmen arbeitsmedizinischer Vorsorgeuntersuchungen.

(5) Abweichend von Absatz 4 Nr. 2 sind diagnostische genetische Untersuchungen (§ 3 Nr. 7 des Gendiagnostikgesetzes) durch Genproduktanalyse zulässig, soweit sie zur Feststellung genetischer Eigenschaften erforderlich sind, die für schwerwiegende gesundheitliche Störungen, die bei einer Tätigkeit auf einem bestimmten Dienstposten oder mit einer bestimmten Tätigkeit entstehen können, ursächlich oder mitursächlich sind. Als Bestandteil arbeitsmedizinischer Vorsorgeuntersuchungen sind genetische Untersuchungen nachrangig zu anderen Maßnahmen des Arbeitsschutzes nach § 77. Die §§ 7 bis 16 des Gendiagnostikgesetzes gelten entsprechend.

(6) Die Mitteilung von Ergebnissen bereits vorgenommener genetischer Untersuchungen oder Analysen darf weder verlangt werden, noch dürfen solche Ergebnisse entgegen genommen oder verwendet werden.

§ 54
Wohnung, Aufenthaltsort

(1) Beamtinnen und Beamte haben ihre Wohnung so zu nehmen, dass sie in der ordnungsgemäßen Wahrnehmung ihrer Dienstgeschäfte nicht beeinträchtigt werden. Die aktuelle Anschrift ist dem Dienstvorgesetzten mitzuteilen.

(2) Wenn die dienstlichen Verhältnisse es erfordern, können Beamtinnen und Beamte angewiesen werden, ihre Wohnung innerhalb einer bestimmten Entfernung von ihrer Dienststelle zu nehmen. ...

Hinweis der Redaktion: Im Schulbereich gibt es keine allgemeinen Anweisungen zur Wohnsitznahme, insbesondere existiert keine „Residenzpflicht" für Schulleiter/innen.

§ 55 Dienstkleidung (nicht abgedruckt)

§ 56
Amtsbezeichnung

(1) Die Amtsbezeichnungen der Landesbeamtinnen und Landesbeamten werden durch den Ministerpräsidenten festgesetzt, soweit sie nicht gesetzlich bestimmt sind. Der Ministerpräsident kann die Ausübung dieser Befugnis auf andere Stellen übertragen. Er kann einer Beamtin oder einem Beamten eine andere als die für ihr oder sein Amt vorgesehene Amtsbezeichnung verleihen.

(2) Beamtinnen und Beamte haben das Recht, innerhalb und außerhalb des Dienstes die Amtsbezeichnung der ihnen übertragenen Amtes zu führen. Nach dem Wechsel in ein anderes Amt dürfen sie neben der neuen Amtsbezeichnung die Amtsbezeichnung des früheren Amtes mit dem Zusatz „außer Dienst" („a. D.") nur führen, wenn das neue Amt einer Besoldungsgruppe mit geringerem Grundgehalt angehört wie das bisherige Amt.

(3) Ruhestandsbeamtinnen und Ruhestandsbeamte dürfen die ihnen bei der Versetzung in den Ruhestand zustehende Amtsbezeichnung mit dem Zusatz „außer Dienst" („a.D.") und die im Zusammenhang mit dem Amt verliehenen Titel weiter führen. Werden sie erneut in ein Beamtenverhältnis berufen, gilt Absatz 2 Satz 2 entsprechend.

(4) Werden entlassene Beamtinnen und Beamte, denen die Führung der früheren Amtsbezeichnung nach § 32 Abs. 2 erlaubt worden ist, erneut in ein Beamtenverhältnis berufen, gilt Absatz 2 Satz 2 entsprechend.

§ 57
Verschwiegenheitspflicht

(1) Die Verschwiegenheitspflicht nach § 37 Abs. 1 BeamtStG gilt nicht, soweit gegenüber einem bestellten Vertrauensanwalt für Korruptionsverhü-

tung ein durch Tatsachen begründeter Verdacht einer Korruptionsstraftat nach §§ 331 bis 337 des Strafgesetzbuches angezeigt wird.

Querverweis: Hierzu muss auch das → Beamtenstatusgesetz § 37 beachtet werden.

(2) Soweit ein Vertrauensanwalt für Korruptionsverhütung bestellt oder ein elektronisches System zur Kommunikation mit anonymen Hinweisgebern eingerichtet ist, ist der Dienstherr nicht verpflichtet, die Identität der Informationsgeber, die sich an den Vertrauensanwalt gewandt oder das elektronische System benutzt haben, offen zu legen. Der Dienstherr hat in angemessener Weise dafür Sorge zu tragen, dass die Persönlichkeitsrechte der Beamtinnen und Beamten gewahrt werden. Satz 1 findet keine Anwendung, wenn der Dienstherr auf andere Weise Kenntnis von der Identität der Informationsgeber erhält.

→ Verschwiegenheitspflicht

§ 58
Nichterfüllung von Pflichten

Bei Ruhestandsbeamtinnen und Ruhestandsbeamten gilt es auch als Dienstvergehen, wenn sie schuldhaft
1. entgegen § 29 Abs. 2 oder 3 BeamtStG oder § 30 Abs. 3 Satz 2 BeamtStG in Verbindung mit § 29 Abs. 2 BeamtStG einer erneuten Berufung in das Beamtenverhältnis nicht nachkommen oder
2. ihre Verpflichtungen nach § 29 Abs. 4 oder 5 Satz 1 BeamtStG verletzen.

Querverweis: Hierzu muss das → Beamtenstatusgesetz §§ 29 und 30 beachtet werden.

§ 59
Pflicht zum Schadenersatz

(1) Für den Schadenersatz nach § 48 BeamtStG gelten die Verjährungsvorschriften des Bürgerlichen Gesetzbuches. Hat der Dienstherr Dritten Schadenersatz geleistet, gilt als Zeitpunkt, zu dem der Dienstherr Kenntnis im Sinne dieser Verjährungsvorschriften erlangt, der Zeitpunkt, zu dem der Ersatzanspruch des Dritten diesem gegenüber vom Dienstherrn anerkannt oder dem Dienstherrn gegenüber rechtskräftig festgestellt wird.

(2) Leisten Beamtinnen und Beamte dem Dienstherrn Ersatz und hat dieser Ersatzansprüche gegen Dritte, gehen die Ersatzansprüche auf die Beamtinnen und Beamten über.

Querverweis: Hierzu muss das → Beamtenstatusgesetz § 48 beachtet werden.

2. Abschnitt – Nebentätigkeit, Tätigkeit nach Beendigung des Beamtenverhältnisses

§ 60
Nebentätigkeit

(1) Nebentätigkeit ist jede nicht zum Hauptamt der Beamtin oder des Beamten gehörende Tätigkeit innerhalb oder außerhalb des öffentlichen Dienstes. Ausgenommen sind unentgeltliche Tätigkeiten, die nach allgemeiner Anschauung zur persönlichen Lebensgestaltung gehören.

→ Nebentätigkeiten

(2) Nicht als Nebentätigkeiten gelten
1. öffentliche Ehrenämter und
2. unentgeltliche Vormundschaften, Betreuungen oder Pflegschaften.

Die Übernahme von Tätigkeiten nach Satz 1 ist dem Dienstvorgesetzten anzuzeigen.

Querverweis: Hierzu muss das → Beamtenstatusgesetz § 40 beachtet werden.

§ 61
Nebentätigkeiten auf Verlangen

(1) Beamtinnen und Beamte sind verpflichtet, auf Verlangen ihres Dienstvorgesetzten eine Nebentätigkeit im öffentlichen Dienst auszuüben, sofern diese Tätigkeit ihrer Vorbildung oder Berufsausbildung entspricht und sie nicht über Gebühr in Anspruch nimmt. Satz 1 gilt entsprechend für Nebentätigkeiten außerhalb des öffentlichen Dienstes, wenn die Übernahme der Nebentätigkeit zur Wahrung dienstlicher Interessen erforderlich ist.

(2) Werden Beamtinnen und Beamte aus einer auf Verlangen ausgeübten Tätigkeit im Vorstand, Aufsichtsrat, Verwaltungsrat oder in einem sonstigen Organ einer Gesellschaft, Genossenschaft oder eines in einer anderen Rechtsform betriebenen Unternehmens haftbar gemacht, haben sie gegen ihren Dienstherrn Anspruch auf Ersatz des ihnen entstandenen Schadens. Ist der Schaden vorsätzlich oder grob fahrlässig herbeigeführt worden, ist der Dienstherr nur ersatzpflichtig, wenn die Beamtin oder der Beamte bei der Verursachung des Schadens auf Weisung einer oder eines Vorgesetzten gehandelt hat.

(3) Beamtinnen und Beamte haben Nebentätigkeiten, die auf Verlangen ausgeübt werden, mit Beendigung des Dienstverhältnisses zu ihrem Dienstherrn zu beenden, soweit nichts anderes bestimmt wird.

§ 62
Genehmigungspflichtige Nebentätigkeiten

(1) Beamtinnen und Beamte bedürfen zur Ausübung jeder Nebentätigkeit, mit Ausnahme der in § 63 Abs. 1 genannten, der vorherigen Genehmigung, soweit sie nicht nach § 61 Abs. 1 zu ihrer Ausübung verpflichtet sind.

(2) Die Genehmigung ist zu versagen, wenn zu besorgen ist, dass durch die Nebentätigkeit dienstliche Interessen beeinträchtigt werden. Ein solcher Versagungsgrund liegt insbesondere vor, wenn die Nebentätigkeit
1. die Beamtin oder den Beamten in einen Widerstreit mit den dienstlichen Pflichten bringen kann oder
2. die Unparteilichkeit oder Unbefangenheit der Beamtin oder des Beamten beeinflussen kann oder
3. zu einer wesentlichen Einschränkung der künf-

> Bitte beachten Sie auch die ausführliche Darstellung im Beitrag → Nebentätigkeiten.

tigen dienstlichen Verwendbarkeit der Beamtin oder des Beamten führen kann oder
4. sonst dem Ansehen der öffentlichen Verwaltung abträglich sein kann.

(3) Ein Versagungsgrund nach Absatz 2 Satz 1 liegt auch vor, wenn die Nebentätigkeit nach Art und Umfang die Arbeitskraft der Beamtin oder des Beamten so stark in Anspruch nimmt, dass die ordnungsgemäße Erfüllung der dienstlichen Pflichten behindert werden kann. Diese Voraussetzung gilt in der Regel als erfüllt, wenn die zeitliche Beanspruchung durch eine oder mehrere Nebentätigkeiten in der Woche ein Fünftel der regelmäßigen Arbeitszeit überschreitet. Bei begrenzter Dienstfähigkeit verringert sich die Grenze nach Satz 2 in dem Verhältnis, in dem die Arbeitszeit nach § 27 Abs. 2 Satz 1 BeamtStG herabgesetzt ist. Bei beurlaubten oder teilzeitbeschäftigten Beamtinnen und Beamten erhöht sich die Grenze nach Satz 2 in dem Verhältnis, in dem die regelmäßige Arbeitszeit ermäßigt ist, höchstens jedoch auf zwölf Stunden in der Woche; die Nebentätigkeit darf dem Zweck der Bewilligung des Urlaubs oder der Teilzeitbeschäftigung nicht zuwiderlaufen. Für Hochschullehrerinnen und Hochschullehrer gelten die Sätze 1 bis 4 mit der Maßgabe, dass anstelle der regelmäßigen Arbeitszeit die Zeit tritt, die dem Umfang eines durchschnittlichen individuellen Arbeitstags der Hochschullehrerin oder des Hochschullehrers entspricht.

(4) Beamtinnen und Beamte haben bei der Beantragung einer Genehmigung Angaben über Art und Umfang der Nebentätigkeit, die Person des Auftrag- oder Arbeitgebers sowie die Vergütung zu machen. Auf Verlangen sind die erforderlichen Nachweise zu führen. Der Dienstvorgesetzte kann nähere Bestimmungen über die Form des Antrags treffen.

(5) Die Genehmigung soll auf längstens fünf Jahre befristet werden. Sie kann mit Auflagen oder Bedingungen versehen werden.

(6) Die zur Übernahme einer oder mehrerer Nebentätigkeiten erforderliche Genehmigung gilt allgemein als erteilt, wenn
1. die Vergütungen hierfür insgesamt 1 200 Euro im Kalenderjahr nicht übersteigen,
2. die zeitliche Beanspruchung insgesamt ein Fünftel der regelmäßigen wöchentlichen Arbeitszeit nicht überschreitet,
3. die Nebentätigkeiten in der Freizeit ausgeübt werden und
4. kein Versagungsgrund nach Absatz 2 vorliegt.

Beamtinnen und Beamte haben allgemein genehmigte Nebentätigkeiten vor Aufnahme ihrem Dienstvorgesetzten anzuzeigen, es sei denn, dass es sich um eine einmalige Nebentätigkeit im Kalenderjahr handelt und die Vergütung hierfür 200 Euro nicht übersteigt; Absatz 4 gilt entsprechend. Eine allgemein als erteilt geltende Genehmigung erlischt mit dem Wegfall der Voraussetzungen nach Satz 1.

(7) Ergibt sich bei der Ausübung einer Nebentätigkeit eine Beeinträchtigung dienstlicher Interessen, ist die Genehmigung zu widerrufen. Soweit die dienstlichen Interessen es zulassen, soll der Beamtin oder dem Beamten eine angemessene Frist zur Beendigung der Nebentätigkeit eingeräumt werden. Die §§ 48, 49 und 51 des Landesverwaltungsverfahrensgesetzes bleiben unberührt.

➜ Nebentätigkeiten; ➜ Personalvertretungsgesetz § 75 Abs. 1 Ziff. 13

Hinweis der Redaktion: Für Nebentätigkeiten der Lehrkräfte ist die Schulleitung, ansonsten die Schulaufsichtsbehörde zuständig; vgl. ➜ Beamtenrecht (Zuständigkeiten).

§ 63
Nicht genehmigungspflichtige Nebentätigkeiten

(1) Nicht genehmigungspflichtig sind
1. unentgeltliche Nebentätigkeiten mit Ausnahme
   a) der Übernahme einer gewerblichen Tätigkeit, der Ausübung eines freien Berufes oder der Mitarbeit bei einer dieser Tätigkeiten,
   b) des Eintritts in ein Organ eines Unternehmens mit Ausnahme einer Genossenschaft sowie der Übernahme einer Treuhänderschaft,
2. die Verwaltung eigenen oder der Nutznießung der Beamtin oder des Beamten unterliegenden Vermögens,
3. schriftstellerische, wissenschaftliche, künstlerische oder Vortragstätigkeiten,
4. mit Lehr- oder Forschungsaufgaben zusammenhängende selbstständige Gutachtertätigkeiten von Lehrerinnen und Lehrern an öffentlichen Hochschulen sowie von Beamtinnen und Beamten an wissenschaftlichen Instituten und Anstalten und
5. Tätigkeiten zur Wahrung von Berufsinteressen in Gewerkschaften, Berufsverbänden oder Selbsthilfeeinrichtungen der Beamtinnen und Beamten.

(2) Beamtinnen und Beamte haben Nebentätigkeiten nach Absatz 1 Nr. 3 und 4 und in Selbsthilfeeinrichtungen nach Absatz 1 Nr. 5, für die eine Vergütung geleistet wird, vor Aufnahme ihrem Dienstvorgesetzten anzuzeigen. Bei regelmäßig wiederkehrenden gleichartigen Nebentätigkeiten genügt eine einmal jährlich zu erstattende Anzeige für die in diesem Zeitraum zu erwartenden Nebentätigkeiten; die obersten Dienstbehörden können abweichende Regelungen treffen. § 62 Abs. 4 gilt entsprechend.

(3) Eine Anzeigepflicht für eine oder mehrere Nebentätigkeiten nach Absatz 2 besteht nicht, wenn
1. die Vergütungen hierfür insgesamt 1 200 Euro im Kalenderjahr nicht übersteigen und
2. die zeitliche Beanspruchung insgesamt ein Fünftel der regelmäßigen wöchentlichen Arbeitszeit nicht überschreitet.

(4) Eine nicht genehmigungspflichtige Nebentätigkeit ist ganz oder teilweise zu untersagen, wenn die Beamtin oder der Beamte bei ihrer Ausübung dienstliche Pflichten verletzt. § 62 Abs. 7 Satz 2 gilt entsprechend.

§ 64
Pflichten bei der Ausübung von Nebentätigkeiten

(1) Nebentätigkeiten dürfen grundsätzlich nur in der Freizeit ausgeübt werden.

(2) Bei der Ausübung von Nebentätigkeiten dürfen Einrichtungen, Personal oder Material des Dienstherrn nur bei Vorliegen eines dienstlichen, öffentlichen oder wissenschaftlichen Interesses mit vorheriger Genehmigung in Anspruch genommen werden. Für die Inanspruchnahme hat die Beamtin oder der Beamte ein Entgelt zu entrichten, das den Vorteil, der durch die Inanspruchnahme entsteht, berücksichtigen soll. Das Entgelt ist nach den dem Dienstherrn entstehenden Kosten oder nach einem Prozentsatz der für die Nebentätigkeit bezogenen Vergütung zu bemessen.

(3) Beamtinnen und Beamte haben Vergütungen für
1. im öffentlichen Dienst ausgeübte oder
2. auf Verlangen des Dienstvorgesetzten ausgeübte oder
3. der Beamtin oder dem Beamten mit Rücksicht auf die dienstliche Stellung übertragene

Nebentätigkeiten an ihren Dienstherrn im Hauptamt abzuliefern, soweit nicht durch die Ausführungsverordnung nach § 65 etwas anderes bestimmt ist.

(4) Änderungen von genehmigungspflichtigen, anzeigepflichtigen oder auf Verlangen des Dienstherrn übernommenen Nebentätigkeiten, insbesondere hinsichtlich Art und Umfang der Nebentätigkeit, der Person des Auftrag- oder Arbeitgebers und der Vergütung, sind dem Dienstvorgesetzten unverzüglich anzuzeigen. Der Dienstvorgesetzte kann nähere Bestimmungen über die Form der Anzeige treffen. Er kann aus begründetem Anlass verlangen, dass die Beamtin oder der Beamte Auskunft über eine ausgeübte Nebentätigkeit erteilt und die erforderlichen Nachweise führt.

§ 65 Ausführungsverordnung (nicht abgedruckt)

§ 66
Tätigkeit nach Beendigung des Beamtenverhältnisses

Eine Tätigkeit ist nach § 41 Satz 1 BeamtStG dem letzten Dienstvorgesetzten anzuzeigen, wenn sie innerhalb eines Zeitraums von fünf Jahren nach Beendigung des Beamtenverhältnisses aufgenommen wird und mit der dienstlichen Tätigkeit der Beamtin oder des Beamten in den letzten fünf Jahren vor Beendigung des Beamtenverhältnisses in Zusammenhang steht. Eine Untersagung nach § 41 Satz 2 BeamtStG wird durch den letzten Dienstvorgesetzten ausgesprochen.

Querverweis: Hierzu muss auch das → Beamtenstatusgesetz § 41 beachtet werden.

3. Abschnitt – Arbeitszeit und Urlaub

§ 67
Arbeitszeit

(1) Die Landesregierung bestimmt durch Rechtsverordnung mit Zustimmung des Landtags die regelmäßige Arbeitszeit der Beamtinnen und Beamten. ... *(Ermächtigung; nicht abgedruckt)*
→ Arbeitszeit (Allgemeines); → Arbeitszeit (Arbeitszeitverordnung); → Arbeitszeit (Lehrkräfte)

(2) *(Dienst in Bereitschaft; nicht abgedruckt)*

(3) Beamtinnen und Beamte sind verpflichtet, ohne Vergütung über die regelmäßige Arbeitszeit hinaus Dienst zu tun, wenn zwingende dienstliche Verhältnisse dies erfordern. Werden sie durch dienstlich angeordnete oder genehmigte Mehrarbeit mehr als fünf Stunden im Monat über die regelmäßige Arbeitszeit hinaus beansprucht, ist ihnen innerhalb eines Jahres für die über die regelmäßige Arbeitszeit hinaus geleistete Mehrarbeit entsprechende Dienstbefreiung zu gewähren; bei Teilzeitbeschäftigung vermindern sich die fünf Stunden entsprechend der Verringerung der Arbeitszeit. Ist Dienstbefreiung aus zwingenden dienstlichen Gründen nicht möglich, kann nach den Voraussetzungen des § 65 LBesGBW Mehrarbeitsvergütung gewährt werden. ...
→ Besoldung (Gesetz – LBesGBW) § 65; → Mehrarbeit

§ 68
Fernbleiben vom Dienst, Krankheit

(1) Beamtinnen und Beamte dürfen dem Dienst nicht ohne Genehmigung fernbleiben.

(2) Kann aus tatsächlichen oder rechtlichen Gründen kein Dienst geleistet werden, ist das Fernbleiben vom Dienst unverzüglich anzuzeigen. Dienstunfähigkeit infolge Krankheit ist auf Verlangen nachzuweisen. Wird eine amtsärztliche Untersuchung oder die Untersuchung durch eine beamtete Ärztin oder einen beamteten Arzt angeordnet, hat der Dienstherr die Kosten der Untersuchung zu tragen.

(3) Können infolge lang andauernder Krankheit dienstunfähige Beamtinnen und Beamte nach ärztlicher Feststellung ihren Dienst stundenweise verrichten und durch eine gestufte Wiederaufnahme ihres Dienstes voraussichtlich wieder in den Dienstbetrieb eingegliedert werden, kann mit Einverständnis der Beamtinnen und Beamten widerruflich und befristet festgelegt werden, dass in geringerem Umfang als die regelmäßige Arbeitszeit Dienst zu leisten ist.

→ Arbeitszeit (Rekonvaleszenz); → Besoldung (Gesetz – LBesGBW) § 11; → Urlaub (Lehrkräfte / Allgemeines) – → Urlaub (Lehrkräfte und Krankmeldung)

Querverweis: Hierzu muss auch das → Beamtenstatusgesetz § 47 beachtet werden.

Auszug aus der VwV des IM zum LBG (alt)

1 Der Beamte, der wegen Krankheit dem Dienst fernbleibt, hat seinen Dienstvorgesetzten (Lehrer im Schuldienst: Schulleiter als Vorgesetzten) unverzüglich von der Erkrankung und – soweit möglich – ihrer voraussichtlichen Dauer zu verständigen. Auf Verlangen des Dienstvorge-

Bitte beachten Sie auch die ausführliche Darstellung im Beitrag → Mehrarbeit

setzten hat der erkrankte Beamte ein ärztliches Zeugnis über die Dienstunfähigkeit und ihre Dauer vorzulegen. Ein ärztliches Zeugnis ist stets vorzulegen, wenn die Dauer der Krankheit voraussichtlich eine Woche übersteigen wird, es sei denn, dass der Dienstvorgesetzte auf die Vorlage des ärztlichen Zeugnisses ausnahmsweise verzichtet. Als Nachweis der Dienstunfähigkeit und ihrer voraussichtlichen Dauer gilt auch eine Bescheinigung eines Heilpraktikers. Bei längerem Fernbleiben vom Dienst ist der Nachweis der Dienstunfähigkeit auf Verlangen zu wiederholen.

2 Wer eine Gesundheitsgefahr für die übrigen Angehörigen der Dienststelle darstellt, weil er oder eine im selben Haushalt lebende Person an einer nach § 6 Abs. 1 Nr. 1 Infektionsschutzgesetz (IfSG) meldepflichtigen oder an einer bedrohlichen übertragbaren Krankheit leidet oder dessen verdächtig oder Träger eines Erregers nach § 7 IfSG ist, und nach ärztlichem Urteil eine Ansteckungsgefahr besteht, hat dem Dienst solange fernzubleiben, bis nach ärztlichem Urteil eine Weiterverbreitung der Krankheit oder des Erregers nicht mehr zu befürchten ist.

3 Hat ein Beamter allgemeine staatsbürgerliche Pflichten wahrzunehmen (z.B. als Zeuge, Sachverständiger, ehrenamtlicher Richter, Beisitzer) oder wird er von einer Behörde vorgeladen, hat er die Einberufung oder Vorladung seinem Dienstvorgesetzten so zeitig anzuzeigen, dass für Stellvertretung gesorgt werden kann.

➜ Amtsärztliche Untersuchung; ➜ Infektionsschutzgesetz; ➜ Urlaub (Mandatsträger/innen); ➜ Urlaub (Verordnung / AzUVO) § 29

§ 69
Teilzeitbeschäftigung

(1) Beamtinnen und Beamten mit Dienstbezügen, die
1. ein Kind unter 18 Jahren oder
2. eine nach ärztlichem Gutachten pflegebedürftige Angehörige oder einen pflegebedürftigen Angehörigen

tatsächlich betreuen oder pflegen, ist auf Antrag Teilzeitbeschäftigung mit mindestens der Hälfte der regelmäßigen Arbeitszeit zu bewilligen, wenn zwingende dienstliche Belange nicht entgegenstehen.

➜ Besoldung (Gesetz – LBesGBW); ➜ Teilzeit / Urlaub (Beamtenrecht – VwV); dort auch Übersichtstabelle

Querverweis: Hierzu muss auch das ➜ Beamtenstatusgesetz §§ 43 beachtet werden.

(2) Unter den Voraussetzungen des Absatzes 1 kann Teilzeitbeschäftigung mit weniger als der Hälfte, mindestens aber 30 Prozent der regelmäßigen Arbeitszeit bewilligt werden, wenn dienstliche Belange nicht entgegenstehen.

Hinweis der Redaktion: Hierzu auch § 74 Abs. 2 beachten

(3) Während der Elternzeit (§ 76) kann Teilzeitbeschäftigung mit weniger als der Hälfte, mindestens aber einem Viertel der regelmäßigen Arbeitszeit bewilligt werden, wenn dies im Interesse des Dienstherrn liegt.

➜ Elterngeld / Elternzeit (Allgemeines)

(4) Beamtinnen und Beamten mit Dienstbezügen kann auf Antrag Teilzeitbeschäftigung mit mindestens der Hälfte der regelmäßigen Arbeitszeit bis zur jeweils beantragten Dauer bewilligt werden, soweit dienstliche Belange nicht entgegenstehen.

(5) Die oberste Dienstbehörde kann für ihren Dienstbereich, auch für einzelne Gruppen von Beamtinnen und Beamten, zulassen, dass Teilzeitbeschäftigung nach Absatz 4 auf Antrag in der Weise bewilligt wird, dass der Teil, um den die regelmäßige Arbeitszeit im Einzelfall ermäßigt ist, zu einem zusammenhängenden Zeitraum von bis zu einem Jahr zusammengefasst wird (Freistellungsjahr). Das Freistellungsjahr soll am Ende des Bewilligungszeitraums in Anspruch genommen werden. Es kann auf Antrag der Beamtin oder des Beamten bis vor den Eintritt in den Ruhestand aufgeschoben werden. Mehrere Freistellungsjahre können zusammengefasst werden.

➜ Teilzeit / Urlaub (Freistellungs-/Sabbatjahr)

(6) Treten während des Bewilligungszeitraums einer Teilzeitbeschäftigung nach Absatz 5 Umstände ein, die die vorgesehene Abwicklung der Freistellung unmöglich machen, ist ein Widerruf abweichend von § 49 des Landesverwaltungsverfahrensgesetzes nach Maßgabe der Absätze 7 und 8 auch mit Wirkung für die Vergangenheit zulässig. Der Widerruf darf nur mit Wirkung für den gesamten Bewilligungszeitraum und nur in dem Umfang erfolgen, der der tatsächlichen Arbeitszeit entspricht.

(7) Die Bewilligung einer Teilzeitbeschäftigung mit Freistellungsjahr nach Absatz 5 ist zu widerrufen
1. bei Beendigung des Beamtenverhältnisses,
2. beim Dienstherrnwechsel,
3. bei Gewährung von Urlaub nach § 72 Abs. 2 Nr. 2 oder nach § 31 Abs. 2 der Arbeitszeit- und Urlaubsverordnung.

➜ Urlaub (Verordnung / AzUVO) § 31

(8) Wird langfristig Urlaub nach anderen als den in Absatz 7 Nr. 3 genannten Vorschriften bewilligt, so verlängert sich der Bewilligungszeitraum um die Dauer der Beurlaubung. Auf Antrag oder aus dienstlichen Gründen kann die Bewilligung widerrufen werden.

(9) Die Bewilligung von Teilzeitbeschäftigung kann aus dienstlichen Gründen von
1. einer bestimmten Dauer (Mindestbewilligungszeitraum),
2. einem bestimmten Umfang der Teilzeitbeschäftigung und
3. von einer bestimmten Festlegung der Verteilung der Arbeitszeit

abhängig gemacht werden.

Eine Festlegung der Verteilung der Arbeitszeit darf bei Teilzeitbeschäftigung nach Absatz 1 Nr. 1 und Nr. 2 nicht dem Zweck der Bewilligung zuwiderlaufen. Soweit zwingende dienstliche Belange es erfordern, kann nachträglich die Dauer der Teilzeitbeschäftigung beschränkt oder der Umfang der zu leistenden Arbeitszeit erhöht werden. Die Bewilligung soll widerrufen werden, wenn die Gründe nach Absatz 1 weggefallen sind. Ein Antrag auf

Bitte beachten Sie die Erläuterungen unter ➜ Beamte (Allgemeines) sowie die Querverweise.

Verlängerung einer Teilzeitbeschäftigung ist spätestens sechs Monate vor Ablauf des Bewilligungszeitraums zu stellen. Die Ausübung von Nebentätigkeiten ist nach Maßgabe der §§ 60 bis 65 zulässig.

→ Stellenwirksame Änderungsanträge; → Teilzeit / Urlaub (Beamtenrecht – VwV)

(10) Ein Übergang zur Vollzeitbeschäftigung oder eine Änderung des Umfangs der Teilzeitbeschäftigung ist auf Antrag zuzulassen, wenn der Beamtin oder dem Beamten die Fortsetzung der bewilligten Teilzeitbeschäftigung nicht zugemutet werden kann und dienstliche Belange nicht entgegenstehen.

Hinweis der Redaktion: Es gilt folgende Übergangsvorschrift: Für Beamtinnen und Beamte auf Lebenszeit auf Lebenszeit oder auf Zeit, deren
1. Urlaub nach §§ 153b und 153c des Landesbeamtengesetzes (alt) ... bis zum Beginn des Ruhestandes,
2. Teilzeitbeschäftigung nach § 153g des Landesbeamtengesetzes (alt) mit der Lage des Freistellungsjahres unmittelbar vor dem Beginn des Ruhestandes oder
3. Altersteilzeit nach § 153h Abs. 2 des Landesbeamtengesetzes (alt) ...

am Tage vor dem Inkrafttreten des Beamtengesetzes *(1.1.2011; Anm.d.Red.)* bewilligt und angetreten oder aufgenommen war, gelten für den Eintritt in den Ruhestand und die Festsetzung der Versorgungsbezüge die am Tage vor dem Inkrafttreten des LBG (neu) geltenden Vorschriften.

Auf Antrag ist ferner der Eintritt einer betroffenen Lehrkraft in den Ruhestand bis zum Schuljahresende nach Vollendung des 67. Lebensjahres hinauszuschieben.

§ 70 Altersteilzeit

(1) Beamtinnen und Beamten mit Dienstbezügen, bei denen zum Zeitpunkt der Antragstellung die Schwerbehinderteneigenschaft im Sinne des § 2 Abs. 2 des Neunten Buches Sozialgesetzbuch festgestellt ist, kann auf Antrag, der sich auf die Zeit bis zum Beginn des Ruhestands erstrecken muss, Teilzeitbeschäftigung als Altersteilzeit mit 60 Prozent der bisherigen Arbeitszeit, höchstens jedoch 60 Prozent der in den letzten zwei Jahren vor Beginn der Altersteilzeit durchschnittlich geleisteten Arbeitszeit, bewilligt werden, wenn
1. die Beamtin oder der Beamte das 55. Lebensjahr vollendet hat,
2. sie oder er in den letzten fünf Jahren vor Beginn der Altersteilzeit insgesamt drei Jahre mindestens teilzeitbeschäftigt war und
3. dienstliche Belange nicht entgegenstehen.

(2) Altersteilzeit kann in der Weise bewilligt werden, dass
1. während des gesamten Bewilligungszeitraums Teilzeitarbeit durchgehend im nach Absatz 1 festgesetzten Umfang geleistet wird (Teilzeitmodell) oder
2. während der ersten drei Fünftel des Bewilligungszeitraums die tatsächliche Arbeitszeit auf die bisherige Arbeitszeit, höchstens die in den letzten zwei Jahren vor Beginn der Altersteilzeit durchschnittlich zu leistende Arbeitszeit erhöht wird und diese Arbeitszeiterhöhung in den restlichen zwei Fünfteln des Bewilligungszeitraums durch eine volle Freistellung vom Dienst ausgeglichen wird (Blockmodell).

Altersteilzeit mit weniger als 60 Prozent der regelmäßigen Arbeitszeit kann nur bewilligt werden, wenn vor der vollen Freistellung von der Arbeit mindestens im Umfang der bisherigen Teilzeitbeschäftigung Dienst geleistet wird; dabei bleiben geringfügige Unterschreitungen des notwendigen Umfangs der Arbeitszeit außer Betracht. Bei Beantragung der Altersteilzeit im Blockmodell müssen Beamtinnen und Beamte unwiderruflich erklären, ob sie bei Bewilligung der Altersteilzeit mit Erreichen der gesetzlichen Altersgrenze in den Ruhestand treten oder ob sie einen Antrag nach § 40 stellen werden.

(3) § 69 Abs. 9 Satz 6, Abs. 10 und § 75 gelten entsprechend.

Hinweis der Redaktion:
1. Bitte die Übergangsvorschrift beachten (siehe nach § 69)
2. In der Altersteilzeit gib es einen Gehaltszuschlag gemäß → Besoldung (Gesetz) § 69.

§ 71 Urlaub
(Ermächtigung; nicht abgedruckt)

Querverweis: Zum Erholungsurlaub das → Beamtenstatusgesetz § 44 beachten.

§ 72
Urlaub von längerer Dauer ohne Dienstbezüge

(1) Beamtinnen und Beamten mit Dienstbezügen, die
1. ein Kind unter 18 Jahren oder
2. eine nach ärztlichem Gutachten pflegebedürftige Angehörige oder einen pflegebedürftigen Angehörigen

tatsächlich betreuen oder pflegen, ist auf Antrag Urlaub ohne Dienstbezüge zu gewähren, wenn zwingende dienstliche Belange nicht entgegenstehen.

(2) Beamtinnen und Beamten mit Dienstbezügen kann aus anderen Gründen auf Antrag Urlaub ohne Dienstbezüge
1. bis zur Dauer von sechs Jahren oder
2. nach Vollendung des 55. Lebensjahres bis zum Beginn des Ruhestands

bewilligt werden, wenn dienstliche Belange nicht entgegenstehen. Zur Ausübung einer Erwerbstätigkeit oder vergleichbaren Tätigkeit darf Urlaub nach Satz 1 nicht bewilligt werden.

Hinweise der Redaktion:
1. Der Urlaub beginnt grundsätzlich am ersten Unterrichtstag nach den Sommerferien und endet am letzten Tag vor dem Unterrichtsbeginn nach den Sommerferien.
2. Lehrkräften kann „Altersurlaub" (§ 72 Abs. 2 Nr. 2) auch bis zur Antragsaltersgrenze bewilligt werden. Sie treten dann im laufenden Schuljahr „tagesscharf" bei Vollendung des 63. Lebensjahres in den Ruhestand. Dieser Urlaub muss also nicht ein oder mehrere volle Schuljahre, sondern auch nur wenige Tage, Wochen oder Monate dauern. (Quelle: KM, 21.10.1998; AZ: 114-0311.52/175)

Zur Teilzeitbeschäftigung und Beurlaubung bitte den Beitrag → Teilzeit / Urlaub (Beamtenrecht – VwV) beachten. Dort befindet sich auch eine Übersichtstabelle.

(3) § 69 Abs. 9 Satz 1 Nr. 1 und Satz 5 und 6 gilt entsprechend.

(4) Die Rückkehr aus dem Urlaub ist auf Antrag zuzulassen, wenn der Beamtin oder dem Beamten die Fortsetzung des Urlaubs nicht zugemutet werden kann und dienstliche Belange nicht entgegenstehen. Die Bewilligung soll widerrufen werden, wenn die Gründe nach Absatz 1 weggefallen sind.

Hinweis der Redaktion: Bitte die Übergangsvorschrift beachten (abgedruckt nach § 69)
➜ Beihilfe (Urlaub); ➜ Krankenversicherung; ➜ Teilzeit/Urlaub (Beamtenrecht – VwV); ➜ Teilzeit/Urlaub (Freistellungs-/Sabbatjahr) ➜ Urlaub (Lehrkräfte / Allgemeines)

§ 73
Höchstdauer von
unterhälftiger Teilzeitbeschäftigung und Urlaub

(1) Teilzeitbeschäftigung mit weniger als der Hälfte der regelmäßigen Arbeitszeit nach § 69 Abs. 2 Satz 1 und Urlaub nach § 72 Abs. 1 und 2 dürfen insgesamt die Dauer von 15 Jahren nicht überschreiten. Dabei bleibt eine unterhälftige Teilzeitbeschäftigung während einer Elternzeit nach § 76 Nr. 2 unberücksichtigt. Satz 1 findet bei Urlaub nach § 72 Abs. 2 Satz 1 Nr. 2 keine Anwendung, wenn es der Beamtin oder dem Beamten nicht mehr zuzumuten ist, zur Voll- oder Teilzeitbeschäftigung zurückzukehren.

Hinweis der Redaktion: „Zurückzukehren" bedeutet, dass der sogenannte Altersurlaub (§ 73 Abs. 2 Nr. 2) nach Ausschöpfen der Höchstdauer von 15 Jahren nur als Verlängerung eines bereits bestehenden Urlaubs möglich ist.

(2) Der Bewilligungszeitraum kann bei Beamtinnen und Beamten im Schul- und Hochschuldienst bis zum Ende des laufenden Schuljahrs, Semesters oder Trimesters ausgedehnt werden.

➜ Beihilfeverordnung § 2; ➜ Elternzeit (Beamte)

§ 74 Pflegezeiten

(1) Beamtinnen und Beamte dürfen bis zu zwei Wochen unter Wegfall der Dienst- oder Anwärterbezüge dem Dienst fernbleiben, wenn dies erforderlich ist, um für pflegebedürftige nahe Angehörige nach § 7 Abs. 3 des Pflegezeitgesetzes in einer akut aufgetretenen Pflegesituation eine bedarfsgerechte Pflege zu organisieren oder eine pflegerische Versorgung in dieser Zeit sicherzustellen. Das Fernbleiben vom Dienst und dessen voraussichtliche Dauer sind unverzüglich anzuzeigen. Die Voraussetzungen für das Fernbleiben sind auf Verlangen nachzuweisen.

(2) Beamtinnen und Beamte, die pflegebedürftige nahe Angehörige in häuslicher Umgebung pflegen, ist auf Verlangen Urlaub ohne Dienst- oder Anwärterbezüge bis zur Dauer von sechs Monaten zu bewilligen (Pflegezeit), soweit nicht Teilzeitbeschäftigung nach Satz 2 ausgeübt wird. Unter den gleichen Voraussetzungen ist auf Antrag Teilzeitbeschäftigung mit mindestens 30 Prozent der regelmäßigen Arbeitszeit zu bewilligen, wenn dringende dienstliche Gründe nicht entgegenstehen. Die Beurlaubung oder Teilzeitbeschäftigung unterbricht eine Beurlaubung nach § 72 oder eine Teilzeitbeschäftigung nach § 69. ...

➜ Urlaub (Pflegezeitgesetz – Arbeitnehmer/innen) § 7

4. Abschnitt – Fürsorge und Schutz
§ 75
Benachteiligungsverbot

(1) Teilzeitbeschäftigung darf das berufliche Fortkommen nicht beeinträchtigen; eine unterschiedliche Behandlung von Beamtinnen und Beamten mit ermäßigter Arbeitszeit gegenüber Beamtinnen und Beamten mit regelmäßiger Arbeitszeit ist nur zulässig, wenn zwingende sachliche Gründe dies rechtfertigen. Satz 1 gilt für Schwangerschaft, Mutterschutz, Elternzeit, Pflegezeit, Telearbeit und Urlaub von längerer Dauer entsprechend.

(2) Beamtinnen und Beamte dürfen wegen ihrer oder der genetischen Eigenschaften (§ 3 Nr. 4 des Gendiagnostikgesetzes) einer genetisch verwandten Person in ihrem Dienstverhältnis nicht benachteiligt werden. Dies gilt auch, wenn sich Beamtinnen oder Beamte weigern, genetische Untersuchungen oder Analysen bei sich vornehmen zu lassen oder die Ergebnisse bereits vorgenommener genetischer Untersuchungen oder Analysen zu offenbaren. Die §§ 15 und 22 des Allgemeinen Gleichbehandlungsgesetzes gelten entsprechend.

§ 76 Mutterschutz, Elternzeit
(Ermächtigung; nicht abgedruckt)

➜ Elterngeld/Elternzeit; ➜ Mutterschutz (Verordnung / AzUVO) ; ➜ Mutterschutz (Stillzeiten)

Querverweis: Hierzu muss auch das ➜ Beamtenstatusgesetz §§ 46 beachtet werden.

§ 77
Arbeitsschutz

(1) Für Beamtinnen und Beamte gelten die aufgrund von § 18 des Arbeitsschutzgesetzes erlassenen Rechtsverordnungen entsprechend. ...

➜ Arbeits- und Gesundheitsschutz (Allgemeines); ➜ Arbeitsschutzgesetz

§ 78 Beihilfe

(1) Den Beamtinnen und Beamten, Ruhestandsbeamtinnen und Ruhestandsbeamten, früheren Beamtinnen und Beamten, Witwen, Witwern und Waisen wird zu Aufwendungen in Geburts-, Krankheits-, Pflege- und Todesfällen sowie zur Gesundheitsvorsorge Beihilfe gewährt, solange ihnen laufende Besoldungs- oder Versorgungsbezüge zustehen.

(2) ... *(Ermächtigung; nicht abgedruckt)* Die Beihilfe soll grundsätzlich zusammen mit Leistungen Dritter und anderen Ansprüchen die tatsächlich entstandenen Aufwendungen nicht übersteigen; sie soll die notwendigen und angemessenen Aufwen-

---

Das Beamtengesetz und das ➜ Beamtenstatusgesetz überschneiden bzw. ergänzen einander. Bitte beachten Sie die Erläuterungen unter ➜ Beamte (Allgemeines) sowie die Querverweise.

dungen unter Berücksichtigung der Eigenvorsorge und zumutbarer Selbstbehalte decken. In der Regel umfasst die zumutbare Eigenvorsorge beim Beihilfeberechtigten 50 Prozent, beim nach der Höhe seiner Einkünfte wirtschaftlich nicht unabhängigen Ehegatten sowie bei Versorgungsempfängerinnen und Versorgungsempfängern 30 Prozent und bei den Kindern 20 Prozent dieser Aufwendungen, im Falle der freiwilligen Versicherung in der gesetzlichen Krankenversicherung die Leistungen im Umfang nach dem Fünften Buch Sozialgesetzbuch, soweit nicht pauschale Beihilfen vorgesehen werden.

→ Beihilfeverordnung

§ 79 Heilfürsorge (nicht abgedruckt)

§ 80 Ersatz von Sachschaden
abgedruckt unter → Sachschäden

§ 81 Übergang des Schadenersatzanspruchs

(1) Werden Beamtinnen und Beamte oder Versorgungsberechtigte oder einer ihrer Angehörigen körperlich verletzt oder getötet, so geht ein gesetzlicher Schadensersatzanspruch, der diesen Personen infolge der Körperverletzung oder der Tötung gegen einen Dritten zusteht, insoweit auf den Dienstherrn über, als dieser während einer auf der Körperverletzung beruhenden Aufhebung der Dienstfähigkeit oder infolge der Körperverletzung oder der Tötung zur Gewährung von Leistungen verpflichtet ist. Satz 1 gilt sinngemäß auch für gesetzliche Schadensersatzansprüche wegen der Beschädigung, Zerstörung oder Wegnahme von Heilmitteln, Hilfsmitteln oder Körperersatzstücken sowie für Erstattungsansprüche. Ist eine Versorgungskasse zur Gewährung der Versorgung oder einer anderen Leistung verpflichtet, so geht der Anspruch auf sie über. Der Übergang des Anspruchs kann nicht zum Nachteil der Verletzten oder Hinterbliebenen geltend gemacht werden.

(2) Absatz 1 gilt für die Anspruchinhaberinnen und Anspruchinhaber auf Altersgeld nach dem Landesbeamtenversorgungsgesetz Baden-Württemberg und deren Hinterbliebenen entsprechend.

→ Unfälle (Arbeits- und Dienstunfälle)

§ 82
Dienstjubiläum

(1) Beamtinnen und Beamten ist anlässlich des 25-, 40- und 50-jährigen Dienstjubiläums eine Jubiläumsgabe zu zahlen. Die Jubiläumsgabe beträgt bei einer Dienstzeit

1. von 25 Jahren   300 Euro,
2. von 40 Jahren   400 Euro,
3. von 50 Jahren   500 Euro.

(2) Als Dienstzeit im Sinne des Absatzes 1 gelten die Zeiten
1. einer hauptberuflichen Tätigkeit im Dienst eines öffentlich-rechtlichen Dienstherrn im Sinne von § 33 Abs. 1 LBesGBW,
2. eines nicht berufsmäßigen Wehrdienstes, eines dem nicht berufsmäßigen Wehrdienst gleichstehenden Grenzschutz- oder Zivildienstes sowie einer Tätigkeit als Entwicklungshelfer, soweit diese vom Wehr- oder Zivildienst befreit,
3. einer Kinderbetreuung bis zu drei Jahren für jedes Kind, soweit sie nach Aufnahme einer hauptberuflichen Tätigkeit im Dienst eines öffentlich-rechtlichen Dienstherrn im Sinne von § 33 Abs. 1 LBesGBW verbracht worden sind.

Zeiten nach § 34 LBesGBW gelten nicht als Dienstzeit im Sinne von Satz 1.

→ Besoldung (Gesetz – LBesGBW) §§ 33 ff.

(3) Für die am 17. Oktober 1996 vorhandenen Beamtinnen und Beamten bleibt die nach der Jubiläumsgabenverordnung vom 16. Januar 1995 (GBl. S. 57) oder entsprechenden früheren Regelungen zuletzt festgesetzte Jubiläumsdienstzeit weiterhin unverändert maßgebend; nach dem 31. Dezember 2000 werden nur noch Zeiten im Sinne von Absatz 2 oder entsprechenden früheren Regelungen berücksichtigt.

(4) Treten Beamtinnen und Beamte wegen Erreichens der Altersgrenze oder wegen Dienstunfähigkeit in den Ruhestand, gilt die für ein Jubiläum erforderliche Dienstzeit auch dann als erfüllt, wenn sie um höchstens 182 Tage unterschritten wird.

(5) *(Ermächtigung; nicht abgedruckt)*

→ Dienstjubiläen; → Urlaub (Verordnung / AzUVO) § 27

5. Abschnitt – Personalaktendaten
Hinweise der Redaktion:
1. Die zum alten LBG (§§ 113 ff.) erlassene Verwaltungsvorschrift, abgedruckt im Jahrbuch 2010, ist bis zum Erlass neuer Vorschriften entsprechend anzuwenden.
2. Auf die Verarbeitung von Personalaktendaten von Arbeitnehmer/innen finden die §§ 83 - 88 entsprechende Anwendung, es sei denn, besondere Rechtsvorschriften oder tarifliche Vereinbarungen gehen vor.

→ Datenschutz (LDSG) § 36; → Personalakten

Querverweis: Hierzu muss auch das → Beamtenstatusgesetz § 50 beachtet werden.

§ 83
Erhebung

Der Dienstherr darf Personalaktendaten nur erheben, soweit dies zur Begründung, Durchführung, Beendigung oder Abwicklung des Dienstverhältnisses oder zur Durchführung innerdienstlich planerischer, organisatorischer, personeller, sozialer oder haushalts- und kostenrechnerischer Maßnahmen, insbesondere auch zu Zwecken der Personalplanung oder des Personaleinsatzes erforderlich ist oder eine Rechtsvorschrift dies erlaubt.

§ 84
Speicherung, Veränderung und Nutzung

(1) Personalaktendaten dürfen gespeichert, verändert oder genutzt werden, wenn dies für die personalverwaltenden oder andere für die Personalbearbeitung zuständigen Stellen zur Erfüllung ihrer Aufgaben erforderlich ist.

(2) Personalaktendaten über Beihilfe dürfen für andere als für Beihilfezwecke nur gespeichert, verändert oder genutzt werden, wenn die Voraussetzungen vorliegen, die eine Übermittlung nach

§ 85 Abs. 2 oder 3 zulassen würden. Satz 1 gilt entsprechend für die Speicherung, Veränderung oder Nutzung von Personalaktendaten über Heilfürsorge und Heilverfahren.

(3) Über medizinische oder psychologische Untersuchungen und Tests dürfen im Rahmen der Personalverwaltung nur die Ergebnisse gespeichert, verändert oder genutzt werden, soweit sie die Eignung betreffen und ihre Speicherung, Veränderung oder Nutzung dem Schutz der Beamtin oder des Beamten dient. Sonstige Untersuchungsdaten dürfen nur gespeichert, verändert oder genutzt werden, soweit deren Kenntnis zur Entscheidung für die konkrete Maßnahme, zu deren Zweck die Untersuchung durchgeführt worden ist, erforderlich ist.

(4) Absatz 1 gilt für die nach §§ 77 und 96 LBeamtVGBW zuständigen Stellen entsprechend.

§ 85
Übermittlung

(1) Soweit es zur Erfüllung der Aufgaben der personalverwaltenden Stellen oder der Stellen, an die die Daten übermittelt werden, erforderlich ist, ist die Übermittlung von Personalaktendaten zulässig an:
1. die oberste Dienstbehörde für Zwecke der Personalverwaltung oder der Personalwirtschaft,
2. eine im Rahmen der Dienstaufsicht weisungsbefugte Behörde zum Zwecke der Personalverwaltung oder der Personalwirtschaft,
3. Behörden oder Stellen desselben Geschäftsbereichs zur Vorbereitung oder Durchführung einer Personalentscheidung,
4. Behörden oder Stellen eines anderen Geschäftsbereichs desselben Dienstherrn zur Mitwirkung an einer Personalentscheidung,
5. einen anderen Dienstherrn zur Vorbereitung personeller Maßnahmen, die nicht der Zustimmung der Beamtin oder des Beamten bedürfen,
6. die personalverwaltende Stelle eines anderen Dienstherrn, auf die Aufgaben der Personalverwaltung übertragen worden sind,
7. Ärztinnen oder Ärzte zur Erstellung eines ärztlichen Gutachtens sowie Psychologinnen oder Psychologen zur Erstellung eines psychologischen Gutachtens im Auftrag der personalverwaltenden Stelle,
8. die zuständigen Behörden zur Entscheidung über die Verleihung von staatlichen Orden und Ehrenzeichen oder von sonstigen Ehrungen,
9. die zur Erteilung einer Versorgungsauskunft und zur Festsetzung der Versorgungsbezüge nach § 77 LBeamtVGBW und zur Erteilung einer Auskunft über die Höhe des Altersgeldes nach § 96 LBeamtVGBW zuständigen Stellen, soweit diese sich schriftlich verpflichten, die übermittelten Daten nicht an Dritte zu übermitteln und die Daten nur für den Zweck, zu dem sie übermittelt worden sind zu speichern, zu verändern oder zu nutzen,
10. sonstige Dritte zur Abwehr einer erheblichen Beeinträchtigung des Gemeinwohls oder zum Schutz rechtlicher, höherrangiger Interessen des Dritten, wobei die übermittelnde Stelle die betroffene Beamtin oder den Beamten von der Übermittlung, insbesondere über die übermittelten Daten, den Dritten und den Zweck der Übermittlung zu unterrichten hat,
11. die bezügezahlende Stelle zur Erfüllung ihrer Aufgaben.

(2) Personalaktendaten über Beihilfe dürfen für andere als Beihilfezwecke nur übermittelt werden, wenn
1. die beihilfeberechtigte Beamtin oder der beihilfeberechtigte Beamte und die bei der Beihilfegewährung berücksichtigten Angehörigen im Einzelfall einwilligen,
2. die Einleitung oder Durchführung eines im Zusammenhang mit einem Beihilfeantrag stehenden behördlichen oder gerichtlichen Verfahrens dies erfordert,
3. dies zur Abwehr erheblicher Nachteile für das Gemeinwohl, einer sonst unmittelbar drohenden Gefahr für die öffentliche Sicherheit oder einer schwerwiegenden Beeinträchtigung der Rechte einer anderen Person erforderlich ist.

Satz 1 gilt entsprechend für die Übermittlung von Personalaktendaten über Heilfürsorge und Heilverfahren.

(3) Abweichend von Absatz 2 dürfen Personalaktendaten über Beihilfe auch ohne Einwilligung der Betroffenen an eine andere Behörde oder Stelle übermittelt werden, wenn sie für die Festsetzung und Berechnung der Besoldung oder Versorgung oder für die Prüfung der Kindergeldberechtigung erforderlich sind. Dies gilt auch für Personalaktendaten über Besoldung und Versorgung, soweit sie für die Festsetzung und Berechnung der Beihilfe oder der Heilfürsorge erforderlich sind.

(4) Die Bezügestellen des öffentlichen Dienstes im Sinne von § 41 Abs. 5 LBesGBW dürfen die zur Durchführung der Zahlung von Familienzuschlag erforderlichen Personalaktendaten untereinander austauschen. ...

§ 86
Löschung

(1) Personalaktendaten sind zu löschen, wenn ihre Speicherung unzulässig ist.

(2) Personalaktendaten sind zu löschen, wenn sie für die speichernde Stelle zur Erfüllung ihrer Aufgaben nicht mehr erforderlich sind, spätestens jedoch nach Ablauf einer Aufbewahrungsfrist von fünf Jahren. Die Frist beginnt,
1. wenn Beamtinnen oder Beamte ohne Versorgungsansprüche oder ohne Anspruch auf Altersgeld aus dem öffentlichen Dienst ausscheiden, mit Ablauf des Jahres, in dem sie die gesetzliche Altersgrenze erreichen, in den Fällen des § 24 BeamtStG und des § 31 des Landesdisziplinargesetzes jedoch erst, wenn mögliche

Versorgungsempfängerinnen und Versorgungsempfänger oder mögliche Anspruchsberechtigte auf Altersgeld nicht mehr vorhanden sind,
2. wenn die Beamtin oder der Beamte ohne versorgungsberechtigte Hinterbliebene oder die ehemalige Beamtin oder der ehemalige Beamte ohne Hinterbliebenengeldberechtigte verstorben ist, mit Ablauf des Todesjahres,
3. wenn nach dem Tod der Beamtin oder des Beamten versorgungsberechtigte Hinterbliebene vorhanden sind, mit dem Ablauf des Jahres, in dem die letzte Versorgungsverpflichtung entfallen ist,
4. wenn nach dem Tod der ehemaligen Beamtin oder des ehemaligen Beamten Hinterbliebenengeldberechtigte vorhanden sind, mit Ablauf des Jahres in dem die letzte Hinterbliebenengeldverpflichtung entfallen ist.

Die für die Versorgung zuständige Behörde hat in den Fällen des Absatz 2 Nr. 2 bis 4 der personalaktenführenden Stelle den Zeitpunkt des Abschlusses der Personalakten mitzuteilen.

(3) Personalaktendaten über Beschwerden, Behauptungen und Bewertungen, auf welche die Tilgungsvorschriften des Disziplinarrechts keine Anwendung finden, sind,
1. falls sie sich als unbegründet oder falsch erwiesen haben, mit Zustimmung der Beamtin oder des Beamten unverzüglich zu löschen,
2. falls sie für die Beamtin oder den Beamten ungünstig sind oder der Beamtin oder dem Beamten nachteilig werden können, nach zwei Jahren zu löschen; dies gilt nicht für dienstliche Beurteilungen.

Die Frist nach Satz 1 Nr. 2 wird durch erneute Sachverhalte im Sinne dieser Vorschrift oder durch die Einleitung eines Straf- oder Disziplinarverfahrens unterbrochen. Stellt sich der erneute Sachverhalt als unbegründet oder falsch heraus, gilt die Frist als nicht unterbrochen. Sachverhalte nach Satz 1 Nr. 2 dürfen nach Fristablauf bei Personalmaßnahmen nicht mehr berücksichtigt werden.

(4) Personalaktendaten der Beamtin oder des Beamten über Vorgänge und Eintragungen über strafgerichtliche Verurteilungen und über andere Entscheidungen in Straf-, Bußgeld-, sonstigen Ermittlungs- und berufsgerichtlichen Verfahren, die keinen Anlass zu disziplinarrechtlichen Ermittlungen gegeben haben, sind mit Zustimmung der Beamtin oder des Beamten nach zwei Jahren zu löschen. Die Frist beginnt mit dem Tage der das Verfahren abschließenden Entscheidung; ist diese angefochten, beginnt die Frist mit dem Tage, an dem die Entscheidung unanfechtbar geworden ist. Absatz 5 Satz bis gilt entsprechend.

(5) Nach § 88 Abs. 1 Satz 4 mehrfach gespeicherte Personalaktendaten sind innerhalb eines Jahres nach Wegfall des Grundes für die mehrfache Speicherung zu löschen.

(6) Personalaktendaten über Beihilfen, Heilfürsorgen, Heilverfahren, Unterstützungen, Urlaub, Erkrankungen, Umzugs- und Reisekosten sind drei Jahre nach Ablauf des Jahres zu löschen, in dem die Bearbeitung des einzelnen Vorgangs abgeschlossen wurde. Daten, die dem Nachweis eines Anspruchs nach Satz 1 dienen, sind unverzüglich zu löschen, sobald sie zur Aufgabenwahrnehmung nicht mehr benötigt werden.

(7) Personalaktendaten über Versorgung, Alters- und Hinterbliebenengeld sind zehn Jahre nach Ablauf des Jahres zu löschen, in dem letzte Versorgungs-, Alters- oder Hinterbliebenengeldzahlung geleistet worden ist. Besteht die Möglichkeit des Wiederauflebens des Anspruchs, beträgt die Speicherdauer 30 Jahre.

(8) Personalaktendaten dürfen nach ihrer Löschung bei Personalmaßnahmen nicht mehr berücksichtigt werden (Verwertungsverbot). Ferner sind die Verarbeitungsformen automatisierter Personalverwaltungsverfahren zu dokumentieren und einschließlich des jeweiligen Verwendungszweckes sowie der regelmäßigen Empfänger und des Inhalts automatisierter Datenübermittlung allgemein bekanntzugeben.

§ 87
Einsichtsrecht, Anhörung, Mitteilung über gespeicherte Daten

(1) Beamtinnen und Beamte haben, auch nach Beendigung des Beamtenverhältnisses, ein Recht auf Einsicht in alle über sie gespeicherten Personalaktendaten. Die Einsichtnahme ist unzulässig, wenn die Daten der Beamtin oder des Beamten mit Daten Dritter oder geheimhaltungsbedürftigen nicht personenbezogenen Daten derart verbunden sind, dass ihre Trennung nicht oder nur mit unverhältnismäßig großem Aufwand möglich ist. In diesem Fall ist der Beamtin oder dem Beamten Auskunft zu erteilen.

(2) Bevollmächtigten der Beamtin oder des Beamten ist Einsicht zu gewähren, soweit dienstliche Gründe nicht entgegenstehen. Dies gilt auch für Hinterbliebene und deren Bevollmächtigte, wenn ein berechtigtes Interesse glaubhaft gemacht wird. Für Auskünfte gelten die Sätze 1 und 2 entsprechend.

→ Personalvertretungsgesetz § 68 Abs. 2

(3) Die verantwortliche Stelle im Sinne von § 3 Abs. 3 des Landesdatenschutzgesetzes bestimmt im Einzelfall, wo und in welcher Form Einsicht gewährt wird. Soweit dienstliche Gründe nicht entgegenstehen, können Abschriften, Kopien oder Ausdrucke, auch auszugsweise, gefertigt werden. Werden Daten automatisiert gespeichert, ist Beamtinnen und Beamten auf Verlangen ein Ausdruck der zu ihrer Person automatisiert gespeicher-

ten Personalaktendaten sowie ein Verzeichnis über die zum Zugriff auf ihre Personalaktendaten berechtigten Stellen zu überlassen.

(4) Beamtinnen und Beamte sind zu Beschwerden, Behauptungen und Bewertungen, die für sie ungünstig sind oder ihnen nachteilig werden können, vor deren Speicherung als Personalaktendaten zu hören. Soweit eine Speicherung erfolgt, ist hierzu die Äußerung der Beamtin oder des Beamten ebenfalls zu den Personalaktendaten zu speichern.

→ Verwaltungsrecht (dort Informationen zur Anhörung)

(5) Bei erstmaliger Speicherung von Personalaktendaten in automatisierten Dateien ist der Beamtin oder dem Beamten die Art der zu ihrer oder seiner Person gespeicherten Daten mitzuteilen, bei wesentlichen Änderungen ist sie oder er zu benachrichtigen.

§ 88
Gliederung von Personalaktendaten, Zugriff auf Personalaktendaten

(1) Personalaktendaten können nach sachlichen Gesichtspunkten in einen Grunddatenbestand und Teildatenbestände gegliedert werden. Teildatenbestände können bei der für den betreffenden Aufgabenbereich zuständigen Behörde geführt werden. Personalaktendaten über Beihilfe, Heilfürsorge und Heilverfahren sowie Disziplinarverfahren sind stets als Teildatenbestände zu führen; Personalaktendaten über Beihilfe, Heilfürsorge und Heilverfahren sollen von einer von der übrigen Personalverwaltung getrennten Organisationseinheit bearbeitet werden. Sind Beschäftigungsstellen nicht zugleich personalverwaltende Stellen oder sind mehrere personalverwaltende Stellen zuständig, dürfen sie Nebendatenbestände über Personalaktendaten des Grunddatenbestands oder der Teildatenbestände führen sowie lesend auf die Hauptdatenbestände zugreifen, soweit deren Kenntnis zur Aufgabenerledigung der betreffenden Stelle erforderlich ist. In den Grunddatenbestand ist ein vollständiges Verzeichnis aller Teil- und Nebendatenbestände aufzunehmen. Werden die Personalaktendaten nicht vollständig in Schriftform oder vollständig automatisiert geführt, legt die personalverwaltende Stelle jeweils schriftlich fest, welche Teile in welcher Form geführt werden und nimmt dies in das Verzeichnis nach Satz 5 auf.

→ Datenschutz (Schulen)

(2) *(Ermächtigung; nicht abgedruckt)*

(3) Zugang zu Personalaktendaten dürfen nur Beschäftigte haben, die mit der Bearbeitung von Personalangelegenheiten beauftragt sind und nur soweit dies zu Zwecken der Personalverwaltung oder Personalwirtschaft erforderlich ist.

(4) Der Zugriff auf Personalaktendaten, an deren Geheimhaltung die Beamtin oder der Beamte, auch nach Beendigung des Beamtenverhältnisses, ein besonderes Interesse hat, insbesondere Daten über ärztliche Untersuchungen oder aus strafrechtlichen Verfahren, darf nur insoweit erfolgen, als diese Daten für eine konkrete beamtenrechtliche Entscheidung erforderlich sind. Der Name der Person, die diese Daten speichert, verändert oder nutzt, der Zeitpunkt des Zugriffs und der Grund der Speicherung, Veränderung oder Nutzung sind gesondert zu dokumentieren.

Siebter Teil – Beteiligung der Gewerkschaften und Berufsverbände sowie der kommunalen Landesverbände

§ 89
Beteiligung der Gewerkschaften und Berufsverbände

(1) Die obersten Landesbehörden und die Spitzenorganisationen der zuständigen Gewerkschaften und Berufsverbände im Land wirken bei der Vorbereitung allgemeiner Regelungen der beamtenrechtlichen Verhältnisse nach Maßgabe der folgenden Absätze vertrauensvoll zusammen.

(2) Bei der Vorbereitung von Regelungen der beamtenrechtlichen Verhältnisse durch Gesetz oder Rechtsverordnung ist den Spitzenorganisationen der beteiligten Gewerkschaften und Berufsverbände im Lande innerhalb einer angemessenen Frist Gelegenheit zur Stellungnahme zu geben. Sie sind erneut mit innerhalb einer angemessenen Frist zu beteiligen, wenn Entwürfe nach der Beteiligung wesentlich verändert oder auf weitere Gegenstände erstreckt worden sind. Schriftliche Stellungnahmen sind auf Verlangen der Spitzenorganisationen der beteiligten Gewerkschaften und Berufsverbände im Lande zu erörtern. Auf deren Verlangen sind nicht berücksichtigte Vorschläge bei Gesetzentwürfen dem Landtag und bei Verordnungsentwürfen dem Ministerium bekanntzugeben.

(3) Absatz 2 gilt bei der Vorbereitung von Verwaltungsvorschriften der Landesregierung entsprechend, wenn die Verwaltungsvorschrift Fragen von grundsätzlicher Bedeutung regelt.

(4) Das Innenministerium und das Finanzministerium kommen mit den Spitzenorganisationen der Gewerkschaften und Berufsverbände im Lande regelmäßig zu Gesprächen über allgemeine Regelungen beamtenrechtlicher Verhältnisse und grundsätzliche Fragen des Beamtenrechts zusammen (Grundsatzgespräche). Gegenstand der Grundsatzgespräche können auch einschlägige aktuelle Tagesfragen oder vorläufige Hinweise auf Gegenstände späterer konkreter Beteiligungsgespräche sein.

Querverweis: Hierzu muss auch das → Beamtenstatusgesetz § 53 beachtet werden.

→ Beamtenrecht (Zuständigkeiten im Schulbereich); → Beamtenstatusgesetz; → Beamtenversorgung (Allgemeines); → Belohnungen und Geschenke; → Disziplinargesetz (Allgemeines); → Elterngeld / Elternzeit (Allgemeines); → Ernennungsgesetz; → Grundgesetz Art. 9, 33 und 34; → Haftung und Versicherung; → Ländertausch; → Mehrarbeit; → Mutterschutz (Verordnung / AzUVO); → Nebentätigkeiten; → Personalakten; → Personalvertretungsgesetz; → Probezeit (Beamtinnen); → Rechtsschutz; → Ruhestand (Allgemeines); → Sachschäden; → Teilzeit / Urlaub (Beamtenrecht); → Urlaub (Allgemeines); → Verschwiegenheitspflicht; → Versetzung und Abordnung; → Verwaltungsrecht

Beamtenrecht (Zuständigkeiten im Schulbereich)

Hinweise der Redaktion auf die Rechtslage nach der Dienstrechtsreform (Quelle: Verordnung des Kultusministeriums zur Übertragung von Zuständigkeiten nach dem Landesbeamtengesetz, nach dem Landesreisekostengesetz, der Landestrennungsgeldverordnung und dem Landesdisziplinargesetz im Kultusressort; noch nicht veröffentlicht)

In folgenden Angelegenheiten nimmt jeweils die Aufgabe des Dienstvorgesetzten wahr: SL = Schulleiter/in SSA = Staatliches Schulamt RP = Regierungspräsidium	Grund,- Haupt-, Werkreal-, Real- und Sonderschulen		Gymnasien und berufliche Schulen	
	Lehr-kräfte	Schul-leiter/innen	Lehr-kräfte	Schul-leiter/innen
Bewilligung von Sonderurlaub (bis 5 Arbeitstage) → Urlaub (Verordnung / AzUVO) § 29	SL	SSA	SL	RP
Bewilligung von Sonderurlaub (6 bis 10 Arbeitstage) → Urlaub (Verordnung / AzUVO) § 29	SSA	SSA	RP	RP
Bewilligung von Urlaub für Dienstjubiläum, Familienheimfahrt oder Kur → Urlaub (Verordnung / AzUVO) §§ 27 - 30	SL	SSA	SL	RP
Festlegung der Mutterschutzfrist → Mutterschutz (Verordnung / AzUVO) §§ 32 und 34	SSA	SSA	RP	RP
Entscheidungen über Elternzeit → Elternzeit (Beamt/innen) §§ 40 - 44	SSA	SSA	RP	RP
Bewilligung einer Rekonvaleszenzregelung → Arbeitszeit (Rekonvaleszenz); → Beamtengesetz § 68 Abs. 3	SSA	SSA	RP	RP
Gewährung von Freizeit gegen Vorarbeiten bzw. Nachholen des Unterrichts und sonstiger Dienstpflichten – bis zur Dauer von 3 Tagen – von mehr als 3 Tagen	SL SSA	SSA SSA	SL RP	RP RP
Festlegung der Schwerbehindertenermäßigung nach dem Grad der Behinderung → Arbeitszeit (Lehrkräfte) Teil D 1.1 und 2.2	SL	SSA	SL	RP
Bewilligung einer zusätzlichen Schwerbehindertenermäßigung → Arbeitszeit (Lehrkräfte) Teil D 2.4	SSA	SSA	RP	RP
Bewilligung von Pflegezeiten → Beamtengesetz § 74 Abs. 1; → Urlaub (Pflegezeit / AzUVO)	SL	SSA	SL	RP
Entscheidungen über die Annahme von Belohnungen und Geschenken → Beamtenstatusgesetz § 42	SL	SSA	SL	RP
Entscheidungen über Nebentätigkeiten → Beamtengesetz §§ 60 - 64; → Nebentätigkeiten	SL	SSA	SL	RP

Zuständig für Einstellung, Beförderung, Urlaub ohne Bezüge, Teilzeitbeschäftigung, Versetzung, Abordnung, Anerkennung von förderlichen Zeiten als berücksichtigungsfähige Zeiten nach § 33 Abs. 1 Satz 2 LBesGBW, Feststellung, ob die Leistungen des Beamten den Mindestanforderungen entsprechen, nach § 32 Abs. 5 Satz 5 LBesGBW, Entlassung oder Zurruhesetzung ist jeweils, wer für die Ernennung zuständig ist.
→ Besoldung (Gesetz); → Ernennungsgesetz

Die Zuständigkeiten und das Verfahren bei Freistellungen von längerer Dauer, für die Abwesenheit wegen Krankheit sowie für die dienstliche Beurteilung sind gesondert geregelt.

→ Abwesenheit und Krankmeldung (Lehrkräfte); → Dienstliche Beurteilung (Lehrkräfte); → Ernennungsgesetz;
→ Tarifrecht (Zuständigkeiten im Schulbereich); → Urlaub (Allgemeines); → Urlaub (Verordnung / AzUVO)

Beamtenstatusgesetz

Auszug aus dem Gesetz zur Regelung des Statusrechts der Beamtinnen und Beamten in den Ländern (Beamtenstatusgesetz - BeamtStG) vom 17. Juni 2008 (BGBl. I S. 1010), zuletzt geändert 5.2.2009 (BGBl. I S. 160/2009)

Vorbemerkung der Redaktion:

Das Innenministerium hat eine Verwaltungsvorschrift zur Durchführung des vor der Dienstrechtsreform (bis zum 31.12.2010) geltenden Landesbeamtengesetzes erlassen (8.7.2003; GABl. S. 502). Diese VwV ist in den nachfolgend abgedruckten Text des Beamtenstatusgesetzes eingearbeitet, soweit sie für dessen Anwendung weiterhin unmittelbar relevant ist.

Abschnitt 1 – Allgemeine Vorschriften

§ 1
Geltungsbereich

Dieses Gesetz regelt das Statusrecht der Beamtinnen und Beamten der Länder, Gemeinden und Gemeindeverbände sowie der sonstigen der Aufsicht eines Landes unterstehenden Körperschaften, Anstalten und Stiftungen des öffentlichen Rechts.

Querverweis: Hierzu muss auch das → Beamtengesetz § 1 beachtet werden.

§ 2
Dienstherrnfähigkeit (nicht abgedruckt)

Querverweis: Hierzu muss auch das → Beamtengesetz § 2 beachtet werden.

Abschnitt 2 – Beamtenverhältnis

§ 3
Beamtenverhältnis

(1) Beamtinnen und Beamte stehen zu ihrem Dienstherrn in einem öffentlich-rechtlichen Dienst- und Treueverhältnis (Beamtenverhältnis).

(2) Die Berufung in das Beamtenverhältnis ist nur zulässig zur Wahrnehmung

1. hoheitsrechtlicher Aufgaben oder
2. solcher Aufgaben, die aus Gründen der Sicherung des Staates oder des öffentlichen Lebens nicht ausschließlich Personen übertragen werden dürfen, die in einem privatrechtlichen Arbeitsverhältnis stehen.

→ Grundgesetz Art. 33

§ 4
Arten des Beamtenverhältnisses

(1) Das Beamtenverhältnis auf Lebenszeit dient der dauernden Wahrnehmung von Aufgaben nach § 3 Abs. 2. Es bildet die Regel.

(2) Das Beamtenverhältnis auf Zeit dient
a) der befristeten Wahrnehmung von Aufgaben nach § 3 Abs. 2 oder
b) der zunächst befristeten Übertragung eines Amtes mit leitender Funktion.

Querverweis: Hierzu muss auch das → Beamtengesetz §§ 7 und 8 beachtet werden.

(3) Das Beamtenverhältnis auf Probe dient der Ableistung einer Probezeit
a) zur späteren Verwendung auf Lebenszeit oder
b) zur Übertragung eines Amtes mit leitender Funktion.

Querverweis: Hierzu muss auch das → Beamtengesetz §§ 6 und 19 beachtet werden.

(4) Das Beamtenverhältnis auf Widerruf dient
a) der Ableistung eines Vorbereitungsdienstes oder
b) der nur vorübergehenden Wahrnehmung von Aufgaben nach § 3 Abs. 2.

→ Probezeit (Beamtenrecht)

§ 5 Ehrenbeamtinnen und Ehrenbeamte (nicht abgedruckt)

§ 6
Beamtenverhältnis auf Zeit

Für die Rechtsverhältnisse der Beamtinnen auf Zeit und Beamten auf Zeit gelten die Vorschriften für Beamtinnen auf Lebenszeit und Beamte auf Lebenszeit entsprechend, soweit durch Landesrecht nichts anderes bestimmt ist.

Querverweis: Hierzu muss auch das → Beamtengesetz § 7 beachtet werden.

§ 7
Voraussetzungen des Beamtenverhältnisses

(1) In das Beamtenverhältnis darf nur berufen werden, wer

1. Deutsche oder Deutscher im Sinne des Artikels 116 des Grundgesetzes ist oder die Staatsangehörigkeit
   a) eines anderen Mitgliedstaates der Europäischen Union oder
   b) eines anderen Vertragsstaates des Abkommens über den Europäischen Wirtschaftsraum oder
   c) eines Drittstaates, dem Deutschland und die Europäische Union vertraglich einen entsprechenden Anspruch auf Anerkennung von Berufsqualifikationen eingeräumt haben,

   besitzt,

2. die Gewähr dafür bietet, jederzeit für die freiheitliche demokratische Grundordnung im Sinne des Grundgesetzes einzutreten, und
3. die nach Landesrecht vorgeschriebene Befähigung besitzt.

(2) Wenn die Aufgaben es erfordern, darf nur eine Deutsche oder ein Deutscher im Sinne des Arti-

---

Das Beamtenstatusgesetz und das → Beamtengesetz überschneiden bzw. ergänzen einander. Bitte beachten Sie die Erläuterungen unter → Beamte (Allgemeines) sowie die Querverweise.

kels 116 des Grundgesetzes in ein Beamtenverhältnis berufen werden.

(3) Ausnahmen von Absatz 1 Nr. 1 und Absatz 2 können nur zugelassen werden, wenn
1. für die Gewinnung der Beamtin oder des Beamten ein dringendes dienstliches Interesse besteht ...

Querverweis: Hierzu muss auch das ➔ Beamtengesetz § 18 beachtet werden.

Auszug aus der VwV des IM zum LBG (alt)

1 Vor der Begründung eines Beamtenverhältnisses ist zu prüfen, ob der Bewerber die Voraussetzungen des § 6 Abs. 1 und 4 in Verbindung mit § 11 Abs. 1 erfüllt.

2 Der Bewerber hat einen Personalbogen vorzulegen. ... Dabei muss erkennbar bleiben, welche Angaben der Bewerber selbst gemacht hat. ...

4 Staatsangehörige anderer Mitgliedstaaten der Europäischen Union (EU) oder eines anderen Vertragsstaates des Abkommens über den Europäischen Wirtschaftsraum (EWR) sind hinsichtlich der Berufung in das Beamtenverhältnis Deutschen im Sinne des Artikels 116 des Grundgesetzes grundsätzlich gleichgestellt. Andere Vertragsstaaten des Abkommens über den Europäischen Wirtschaftsraum sind Island, Liechtenstein und Norwegen. ...

7 Als Nachweis, dass sich der zur Einstellung vorgesehene Bewerber in geordneten wirtschaftlichen Verhältnissen befindet, kann, falls die vorgesehene Verwendung es erfordert, eine entsprechende Erklärung des Bewerbers verlangt werden. Dabei kann auch eine Erklärung verlangt werden, ob Eintragungen im Schuldnerverzeichnis (§§ 915 ff. der Zivilprozessordnung – ZPO), vorliegen.

8 Von einem Bewerber vorgelegte Unterlagen sind nach näherer Maßgabe des § 36 Abs. 3 Satz 3 des Landesdatenschutzgesetzes (LDSG) unverzüglich zurückzugeben und zu vernichten oder ihm gespeicherte Daten zu löschen, wenn eine Einstellung nicht erfolgt ist. ...

9 **Prüfung der Verfassungstreue im öffentlichen Dienst**
Nach § 6 Abs. 1 Nr. 2 darf nur der Bewerber in das Beamtenverhältnis auf berufen werden, wenn er die Gewähr dafür bietet, dass er jederzeit für die freiheitliche demokratische Grundordnung im Sinne des Grundgesetzes eintritt.
... Die besondere politische Treuepflicht des Beamten gegenüber dem Staat und seiner Verfassung ist ein hergebrachter Grundsatz des Berufsbeamtentums (Artikel 33 Abs. 5 des Grundgesetzes) und gehört deshalb zu den Kernpflichten des Beamten. Sie gilt für jedes Beamtenverhältnis und für jede Funktion, in der der Beamte tätig ist bzw. der Bewerber tätig werden soll (BVerfGE 39, 334). Die politische Treuepflicht gebietet, den Staat und seine geltende Verfassungsordnung zu bejahen und dies nicht bloß verbal, sondern insbesondere in der beruflichen Tätigkeit dadurch, dass der Beamte die bestehenden verfassungsrechtlichen und gesetzlichen Vorschriften beachtet und erfüllt und sein Amt aus dem Geist dieser Vorschriften heraus führt. Die politische Treuepflicht fordert mehr als nur eine formal korrekte, im Übrigen aber uninteressierte, kühle, innerlich distanzierte Haltung gegenüber Staat und Verfassung. Sie fordert vom Beamten insbesondere, dass er sich eindeutig von Gruppen und Bestrebungen distanziert, die diesen Staat, seine verfassungsmäßigen Organe und die geltende Verfassungsordnung angreifen, bekämpfen und diffamieren. Vom Beamten wird erwartet, dass er diesen Staat und seine Verfassung als einen hohen positiven Wert erkennt und anerkennt, für den einzutreten sich lohnt (BVerfGE 39, 334).
Jeder Einzelfall muss für sich geprüft und unter Beachtung des Grundsatzes der Verhältnismäßigkeit entschieden werden. Hierfür gelten die nachstehenden Grundsätze: ...

10.3 Der Dienstherr muss die zu Zweifeln Anlass gebenden Umstände darlegen; die Widerlegung ist Sache des Bewerbers. Der Bewerber hat bei der Aufklärung des Sachverhalts eine Mitwirkungspflicht. Kommt er dieser nicht nach, ist die Einstellungsbehörde berechtigt, die bestehenden Zweifel an der Verfassungstreue als gerechtfertigt anzusehen. Dies gilt auch bei einer Weigerung des Bewerbers, die unter Nummer 11 genannte Erklärung zu unterschreiben.
Können die Zweifel an der Verfassungstreue eines Bewerbers nicht ausgeräumt werden, darf eine Einstellung in das Beamtenverhältnis nicht erfolgen.
Ist ein Beamtenverhältnis zur Ausbildung für Berufe außerhalb des öffentlichen Dienstes gesetzlich vorgeschrieben, kann die Einstellung nur versagt werden, wenn dies trotz des Ausbildungszwecks geboten erscheint.

11 **Belehrung und Erklärung**
Beabsichtigt die Einstellungsbehörde die Einstellung des Bewerbers, so ist dieser vor der Entscheidung über die Einstellung ... schriftlich zu belehren. Anschließend hat er die Erklärung ... zu unterschreiben.

12 **Anfrage beim Landesamt für Verfassungsschutz**
Eine Regelanfrage beim Landesamt für Verfassungsschutz findet nicht statt. Ergeben sich im Einstellungsverfahren, insbesondere im Einstellungsgespräch, jedoch Zweifel an der Verfassungstreue eines Bewerbers, ist über das Innenministerium eine Anfrage an das Landesamt für Verfassungsschutz zu richten, ob gerichtsverwertbare Tatsachen über den Bewerber bekannt sind, die unter dem Gesichtspunkt der Verfassungstreue Bedenken gegen eine Einstellung begründen.

➔ Amtsärztliche Untersuchung; ➔ Einstellung (Altersgrenze); ➔ Probezeit

§ 8
Ernennung

(1) Einer Ernennung bedarf es zur
1. Begründung des Beamtenverhältnisses,
2. Umwandlung des Beamtenverhältnisses in ein solches anderer Art (§ 4),
3. Verleihung eines anderen Amtes mit anderem Grundgehalt oder
4. Verleihung eines anderen Amtes mit anderer Amtsbezeichnung, soweit das Landesrecht dies. bestimmt.

(2) Die Ernennung erfolgt durch Aushändigung einer Ernennungsurkunde. In der Urkunde müssen enthalten sein
1. bei der Begründung des Beamtenverhältnisses die Wörter „unter Berufung in das Beamtenverhältnis" mit dem die Art des Beamtenverhältnisses bestimmenden Zusatz „auf Lebenszeit", „auf Probe", „auf Widerruf", „als Ehrenbeamtin" oder „als Ehrenbeamter" oder „auf Zeit" mit der Angabe der Zeitdauer der Berufung,
2. bei der Umwandlung des Beamtenverhältnisses in ein solches anderer Art die diese Art bestimmenden Wörter nach Nummer 1 und
3. bei der Verleihung eines Amtes die Amtsbezeichnung.

(3) Mit der Begründung eines Beamtenverhältnisses auf Probe, auf Lebenszeit und auf Zeit wird gleichzeitig ein Amt verliehen.

(4) Eine Ernennung auf einen zurückliegenden Zeitpunkt ist unzulässig und insoweit unwirksam.

➔ Ernennungsgesetz

Querverweis: Hierzu muss auch das ➔ Beamtengesetz § 9 beachtet werden.

§ 9
Kriterien der Ernennung

Ernennungen sind nach Eignung, Befähigung und fachlicher Leistung ohne Rücksicht auf Geschlecht, Abstammung, Rasse oder ethnische Herkunft, Behinderung, Religion oder Weltanschauung, politische Anschauungen, Herkunft, Beziehungen oder sexuelle Identität vorzunehmen.

→ Ernennungsgesetz; → Gleichbehandlungsgesetz

Querverweis: Hierzu muss auch das → Beamtengesetz §§ 9-13 beachtet werden.

Hinweise der Redaktion:
1. Durch das Frauenfördergesetz *(jetzt Chancengleichheitsgesetz; Anm.d.Red.)* erhält die Geschlechtszugehörigkeit der Frau die rechtliche Bedeutung eines Hilfsmaßstabes bei gleicher oder annähernd gleicher Einschätzung von Eignung, Befähigung und fachlicher Leistung – mit Vorrang gegenüber anderen Hilfsmaßnahmen wie dem Dienstalter. (Quelle: VGH Mannheim, 25.7.1996 – 4 S 1525/96)
   → Funktionsstellen (Besetzung und Überprüfung)
2. Bei der Beurteilung der Eignung sind die in der Familienarbeit und in ehrenamtlicher Tätigkeit erworbenen überfachlichen Kompetenzen einzubeziehen, soweit sie für die vorgesehene Tätigkeit von Bedeutung sind und in das Bewerbungsverfahren eingebracht werden. Bei Vorliegen gleicher Eignung, Befähigung und fachlicher Leistung von Frauen und Männern dürfen geringere aktive Dienst- oder Beschäftigungszeiten, Reduzierungen der Arbeitszeit oder Verzögerungen beim Abschluss einzelner Ausbildungsgänge aufgrund der Betreuung von Kindern oder pflegebedürftigen Angehörigen nicht berücksichtigt werden.
   → Chancengleichheitsgesetz § 10 Abs. 2 und 3
3. Bei Vorstellungsgesprächen und sonstigen Personalauswahlgesprächen sind Fragen nach der Familienplanung und danach, wie die Betreuung von Kindern neben der Berufstätigkeit gewährleistet werden kann, unzulässig.
   → Chancengleichheitsgesetz § 9 Abs. 2

§ 10
Voraussetzung der Ernennung auf Lebenszeit

Die Ernennung zur Beamtin auf Lebenszeit oder zum Beamten auf Lebenszeit ist nur zulässig, wenn die Beamtin oder der Beamte sich in einer Probezeit von mindestens sechs Monaten und höchstens fünf Jahren bewährt hat. Von der Mindestprobezeit können durch Landesrecht Ausnahmen bestimmt werden.

§ 11
Nichtigkeit der Ernennung

(1) Die Ernennung ist nichtig, wenn
1. sie nicht der in § 8 Abs. 2 vorgeschriebenen Form entspricht,
2. sie von einer sachlich unzuständigen Behörde ausgesprochen wurde oder
3. zum Zeitpunkt der Ernennung
   a) nach § 7 Abs. 1 Nr. 1 keine Ernennung erfolgen durfte und keine Ausnahme nach § 7 Abs. 3 zugelassen war,
   b) nicht die Fähigkeit zur Bekleidung öffentlicher Ämter vorlag oder
   c) eine ihr zugrunde liegende Wahl unwirksam ist.

(2) Die Ernennung ist von Anfang an als wirksam anzusehen, wenn
1. im Fall des Absatzes 1 Nr. 1 aus der Urkunde oder aus dem Akteninhalt eindeutig hervorgeht, dass die für die Ernennung zuständige Stelle ein bestimmtes Beamtenverhältnis begründen oder ein bestehendes Beamtenverhältnis in ein solches anderer Art umwandeln wollte, für das die sonstigen Voraussetzungen vorliegen, und die für die Ernennung zuständige Stelle die Wirksamkeit schriftlich bestätigt; das Gleiche gilt, wenn die Angabe der Zeitdauer fehlt, durch Landesrecht aber die Zeitdauer bestimmt ist,
2. im Fall des Absatzes 1 Nr. 2 die sachlich zuständige Behörde die Ernennung bestätigt oder
3. im Fall des Absatzes 1 Nr. 3 Buchstabe a eine Ausnahme nach § 7 Abs. 3 nachträglich zugelassen wird.

Querverweis: Hierzu muss auch das → Beamtengesetz §§ 12-13 beachtet werden.

§ 12
Rücknahme der Ernennung

(1) Die Ernennung ist mit Wirkung für die Vergangenheit zurückzunehmen, wenn
1. sie durch Zwang, arglistige Täuschung oder Bestechung herbeigeführt wurde,
2. nicht bekannt war, dass die ernannte Person wegen eines Verbrechens oder Vergehens rechtskräftig zu einer Strafe verurteilt war oder wird, das sie für die Berufung in das Beamtenverhältnis nach § 8 Abs. 1 Nr. 1 als unwürdig erscheinen lässt,
3. die Ernennung nach § 7 Abs. 2 nicht erfolgen durfte und eine Ausnahme nach § 7 Abs. 3 nicht zugelassen war und die Ausnahme nicht nachträglich erteilt wird oder
4. eine durch Landesrecht vorgeschriebene Mitwirkung einer unabhängigen Stelle oder einer Aufsichtsbehörde unterblieben ist und nicht nachgeholt wurde.

(2) Die Ernennung soll zurückgenommen werden, wenn nicht bekannt war, dass gegen die ernannte Person in einem Disziplinarverfahren auf Entfernung aus dem Beamtenverhältnis oder auf Aberkennung des Ruhegehalts erkannt worden war. Dies gilt auch, wenn die Entscheidung gegen eine Beamtin oder einen Beamten der Europäischen Gemeinschaften oder eines Staates nach § 7 Abs. 1 Nr. 1 ergangen ist.

Querverweis: Hierzu muss auch das → Beamtengesetz §§ 12-13 beachtet werden.

Abschnitt 3
Länderübergreifender Wechsel und Wechsel in die Bundesverwaltung

§ 13 Grundsatz / § 14 Abordnung
(hier nicht abgedruckt)

§ 15
Versetzung

(1) Beamtinnen und Beamte können auf Antrag oder aus dienstlichen Gründen in den Bereich eines Dienstherrn eines anderen Landes oder des Bundes in ein Amt einer Laufbahn versetzt werden, für die sie die Befähigung besitzen.

(2) Eine Versetzung bedarf der Zustimmung der Beamtin oder des Beamten. Abweichend von Satz 1 ist die Versetzung auch ohne Zustimmung zulässig, wenn das neue Amt mit mindestens demselben Grundgehalt verbunden ist wie das bisherige Amt. Stellenzulagen gelten hierbei nicht als Bestandteile des Grundgehalts.

(3) Die Versetzung wird von dem abgebenden im Einverständnis mit dem aufnehmenden Dienstherrn verfügt. Das Beamtenverhältnis wird mit dem neuen Dienstherrn fortgesetzt.

→ Ländertausch

Querverweis: Hierzu muss auch das → Beamtengesetz § 24. beachtet werden.

§ 16 *Umbildung einer Körperschaft* /
§ 17 *Rechtsfolgen der Umbildung* /
§ 18 *Rechtsstellung der Beamtinnen und Beamten* /
§ 19 *Rechtsstellung der Versorgungsempfängerinnen und Versorgungsempfänger*
(hier nicht abgedruckt)

Abschnitt 4 – Zuweisung einer Tätigkeit bei anderen Einrichtungen

§ 20 *Zuweisung* (hier nicht abgedruckt)

Abschnitt 5
Beendigung des Beamtenverhältnisses

§ 21
Beendigungsgründe

Das Beamtenverhältnis endet durch
1. Entlassung,
2. Verlust der Beamtenrechte,
3. Entfernung aus dem Beamtenverhältnis nach den Disziplinargesetzen oder
4. Eintritt oder Versetzung in den Ruhestand.

→ Disziplinargesetz (Allgemeines); → Ruhestand (Allgemeines)

Querverweis: Hierzu muss auch das → Beamtengesetz §§ 30a ff. beachtet werden.

§ 22
Entlassung kraft Gesetzes

(1) Beamtinnen und Beamte sind entlassen, wenn
1. die Voraussetzungen des § 7 Abs. 1 Nr. 1 nicht mehr vorliegen oder
2. sie die Altersgrenze erreichen und das Beamtenverhältnis nicht durch Eintritt in den Ruhestand endet.

(2) Die Beamtin oder der Beamte ist entlassen, wenn ein öffentlich-rechtliches Dienst- oder Amtsverhältnis zu einem anderen Dienstherrn oder zu einer Einrichtung ohne Dienstherrneigenschaft begründet wird, sofern nicht im Einvernehmen mit dem neuen Dienstherrn oder der Einrichtung die Fortdauer des Beamtenverhältnisses neben dem neuen Dienst- oder Amtsverhältnis angeordnet oder durch Landesrecht etwas anderes bestimmt wird. Dies gilt nicht für den Eintritt in ein Beamtenverhältnis auf Widerruf oder als Ehrenbeamtin oder Ehrenbeamter.

(3) Die Beamtin oder der Beamte ist mit der Berufung in ein Beamtenverhältnis auf Zeit aus einem anderen Beamtenverhältnis bei demselben Dienstherrn entlassen, soweit das Landesrecht keine abweichenden Regelungen trifft.

(4) Das Beamtenverhältnis auf Widerruf endet mit Ablauf des Tages der Ablegung oder dem endgültigen Nichtbestehen der für die Laufbahn vorgeschriebenen Prüfung, sofern durch Landesrecht nichts anderes bestimmt ist.

(5) Das Beamtenverhältnis auf Probe in einem Amt mit leitender Funktion endet mit Ablauf der Probezeit oder mit Versetzung zu einem anderen Dienstherrn.

§ 23
Entlassung durch Verwaltungsakt

(1) Beamtinnen und Beamte sind zu entlassen, wenn sie
1. den Diensteid oder ein an dessen Stelle vorgeschriebenes Gelöbnis verweigern,
2. nicht in den Ruhestand oder einstweiligen Ruhestand versetzt werden können, weil eine versorgungsrechtliche Wartezeit nicht erfüllt ist,
3. dauernd dienstunfähig sind und das Beamtenverhältnis nicht durch Versetzung in den Ruhestand endet,
4. die Entlassung in schriftlicher Form verlangen oder
5. nach Erreichen der Altersgrenze berufen worden sind.

Im Fall des Satzes 1 Nr. 3 ist § 26 Abs. 2 entsprechend anzuwenden.

(2) Beamtinnen und Beamte können entlassen werden, wenn sie in Fällen des § 7 Abs. 2 die Eigenschaft als Deutsche oder Deutscher im Sinne des Artikels 116 des Grundgesetzes verlieren.

(3) Beamtinnen auf Probe und Beamte auf Probe können entlassen werden,
1. wenn sie eine Handlung begehen, die im Beamtenverhältnis auf Lebenszeit mindestens eine Kürzung der Dienstbezüge zur Folge hätte,
2. wenn sie sich in der Probezeit nicht bewährt haben oder
3. wenn ihr Aufgabengebiet bei einer Behörde von der Auflösung dieser Behörde oder einer auf landesrechtlicher Vorschrift beruhenden wesentlichen Änderung des Aufbaus oder Verschmelzung dieser Behörde mit einer anderen oder von der Umbildung einer Körperschaft berührt wird und eine andere Verwendung nicht möglich ist.

Im Fall des Satzes 1 Nr. 2 ist § 26 Abs. 2 bei allein

Das Beamtenstatusgesetz und das → Beamtengesetz überschneiden bzw. ergänzen einander.
Bitte beachten Sie die Erläuterungen unter → Beamte (Allgemeines) sowie die Querverweise.

mangelnder gesundheitlicher Eignung entsprechend anzuwenden.

(4) Beamtinnen auf Widerruf und Beamte auf Widerruf können jederzeit entlassen werden. Die Gelegenheit zur Beendigung des Vorbereitungsdienstes und zur Ablegung der Prüfung soll gegeben werden.

Querverweis: Hierzu muss auch das → Beamtengesetz §§ 31 ff. beachtet werden.

§ 24
Verlust der Beamtenrechte

(1) Wenn eine Beamtin oder ein Beamter im ordentlichen Strafverfahren durch das Urteil eines deutschen Gerichts
1. wegen einer vorsätzlichen Tat zu einer Freiheitsstrafe von mindestens einem Jahr oder
2. wegen einer vorsätzlichen Tat, die nach den Vorschriften über Friedensverrat, Hochverrat und Gefährdung des demokratischen Rechtsstaates, Landesverrat und Gefährdung der äußeren Sicherheit oder, soweit sich die Tat auf eine Diensthandlung im Hauptamt bezieht, Bestechlichkeit, strafbar ist, zu einer Freiheitsstrafe von mindestens sechs Monaten

verurteilt wird, endet das Beamtenverhältnis mit der Rechtskraft des Urteils. Entsprechendes gilt, wenn die Fähigkeit zur Bekleidung öffentlicher Ämter aberkannt wird oder wenn die Beamtin oder der Beamte aufgrund einer Entscheidung des Bundesverfassungsgerichts nach Artikel 18 des Grundgesetzes ein Grundrecht verwirkt hat.

(2) Wird eine Entscheidung, die den Verlust der Beamtenrechte zur Folge hat, in einem Wiederaufnahmeverfahren aufgehoben, gilt das Beamtenverhältnis als nicht unterbrochen.

Querverweis: Hierzu muss auch das → Beamtengesetz §§ 32 und 35 beachtet werden.

§ 25
Ruhestand wegen Erreichens der Altersgrenze

Beamtinnen auf Lebenszeit und Beamte auf Lebenszeit treten nach Erreichen der Altersgrenze in den Ruhestand.

Querverweis: Hierzu muss auch das → Beamtengesetz §§ 36 ff. beachtet werden.

→ Ruhestand (Allgemeines)

§ 26
Dienstunfähigkeit

(1) Beamtinnen auf Lebenszeit und Beamte auf Lebenszeit sind in den Ruhestand zu versetzen, wenn sie wegen ihres körperlichen Zustands oder aus gesundheitlichen Gründen zur Erfüllung ihrer Dienstpflichten dauernd unfähig (dienstunfähig) sind. Als dienstunfähig kann auch angesehen werden, wer infolge Erkrankung innerhalb eines Zeitraums von sechs Monaten mehr als drei Monate keinen Dienst getan hat und keine Aussicht besteht, dass innerhalb einer Frist, deren Bestimmung dem Landesrecht vorbehalten bleibt, die Dienstfähigkeit wieder voll hergestellt ist. Von der Versetzung in den Ruhestand soll abgesehen werden, wenn eine anderweitige Verwendung möglich ist. Für Gruppen von Beamtinnen und Beamten können besondere Voraussetzungen für die Dienstunfähigkeit durch Landesrecht geregelt werden.

(2) Eine anderweitige Verwendung ist möglich, wenn der Beamtin oder dem Beamten ein anderes Amt derselben oder einer anderen Laufbahn übertragen werden kann. In den Fällen des Satzes 1 ist die Übertragung eines anderen Amtes ohne Zustimmung zulässig, wenn das neue Amt zum Bereich desselben Dienstherrn gehört, es mit mindestens demselben Grundgehalt verbunden ist wie das bisherige Amt und wenn zu erwarten ist, dass die gesundheitlichen Anforderungen des neuen Amtes erfüllt werden. Beamtinnen und Beamte, die nicht die Befähigung für die andere Laufbahn besitzen, haben an Qualifizierungsmaßnahmen für den Erwerb der neuen Befähigung teilzunehmen.

(3) Zur Vermeidung der Versetzung in den Ruhestand kann der Beamtin oder dem Beamten unter Beibehaltung des übertragenen Amtes ohne Zustimmung auch eine geringerwertige Tätigkeit im Bereich desselben Dienstherrn übertragen werden, wenn eine anderweitige Verwendung nicht möglich ist und die Wahrnehmung der neuen Aufgabe unter Berücksichtigung der bisherigen Tätigkeit zumutbar ist.

Querverweis: Hierzu muss auch das → Beamtengesetz § 43 beachtet werden.

§ 27
Begrenzte Dienstfähigkeit

(1) Von der Versetzung in den Ruhestand wegen Dienstunfähigkeit soll abgesehen werden, wenn die Beamtin oder der Beamte unter Beibehaltung des übertragenen Amtes die Dienstpflichten noch während mindestens der Hälfte der regelmäßigen Arbeitszeit erfüllen kann (begrenzte Dienstfähigkeit).

Querverweis: Hierzu muss auch das → Beamtengesetz § 43 ff. beachtet werden.

(2) Die Arbeitszeit ist entsprechend der begrenzten Dienstfähigkeit herabzusetzen. Mit Zustimmung der Beamtin oder des Beamten ist auch eine Verwendung in einer nicht dem Amt entsprechenden Tätigkeit möglich.

§ 28
Ruhestand bei Beamtenverhältnis auf Probe

(1) Beamtinnen auf Probe und Beamte auf Probe sind in den Ruhestand zu versetzen, wenn sie infolge Krankheit, Verwundung oder sonstiger Beschädigung, die sie sich ohne grobes Verschulden bei Ausübung oder aus Veranlassung des Dienstes zugezogen haben, dienstunfähig geworden sind.

(2) Beamtinnen auf Probe und Beamte auf Probe können in den Ruhestand versetzt werden, wenn sie aus anderen Gründen dienstunfähig geworden sind.

(3) § 26 Abs. 1 Satz 3, Abs. 2 und 3 sowie § 27 sind entsprechend anzuwenden.

Zur Zurruhesetzung von Lehrkräften bitte die ausführliche Darstellung im Beitrag
→ Ruhestand (Allgemeines) beachten.

§ 29
Wiederherstellung der Dienstfähigkeit

(1) Wird nach der Versetzung in den Ruhestand wegen Dienstunfähigkeit die Dienstfähigkeit wiederhergestellt und beantragt die Ruhestandsbeamtin oder der Ruhestandsbeamte vor Ablauf einer Frist, deren Bestimmung dem Landesrecht vorbehalten bleibt, spätestens zehn Jahre nach der Versetzung in den Ruhestand, eine erneute Berufung in das Beamtenverhältnis, ist diesem Antrag zu entsprechen, falls nicht zwingende dienstliche Gründe entgegenstehen.

(2) Beamtinnen und Beamte, die wegen Dienstunfähigkeit in den Ruhestand versetzt worden sind, können erneut in das Beamtenverhältnis berufen werden, wenn im Dienstbereich des früheren Dienstherrn ein Amt mit mindestens demselben Grundgehalt übertragen werden soll und wenn zu erwarten ist, dass die gesundheitlichen Anforderungen des neuen Amtes erfüllt werden. Beamtinnen und Beamte, die nicht die Befähigung für die andere Laufbahn besitzen, haben an Qualifizierungsmaßnahmen für den Erwerb der neuen Befähigung teilzunehmen. Den wegen Dienstunfähigkeit in den Ruhestand versetzten Beamtinnen und Beamten kann unter Übertragung eines Amtes ihrer früheren Laufbahn nach Satz 1 auch eine geringerwertige Tätigkeit im Bereich desselben Dienstherrn übertragen werden, wenn eine anderweitige Verwendung nicht möglich ist und die Wahrnehmung der neuen Aufgabe unter Berücksichtigung ihrer früheren Tätigkeit zumutbar ist.

(3) Die erneute Berufung in ein Beamtenverhältnis ist auch in den Fällen der begrenzten Dienstfähigkeit möglich.

(4) Beamtinnen und Beamte, die wegen Dienstunfähigkeit in den Ruhestand versetzt worden sind, sind verpflichtet, sich geeigneten und zumutbaren Maßnahmen zur Wiederherstellung ihrer Dienstfähigkeit zu unterziehen; die zuständige Behörde kann ihnen entsprechende Weisungen erteilen.

(5) Die Dienstfähigkeit der Ruhestandsbeamtin oder des Ruhestandsbeamten kann nach Maßgabe des Landesrechts untersucht werden; sie oder er ist verpflichtet, sich nach Weisung der zuständigen Behörde ärztlich untersuchen zu lassen. Die Ruhestandsbeamtin oder der Ruhestandsbeamte kann eine solche Untersuchung verlangen, wenn sie oder er einen Antrag nach Absatz 1 zu stellen beabsichtigt.

(6) Bei einer erneuten Berufung gilt das frühere Beamtenverhältnis als fortgesetzt.

§ 30 Einstweiliger Ruhestand /
§ 31 Einstweiliger Ruhestand bei Umbildung und Auflösung von Behörden
(nicht abgedruckt)

§ 32
Wartezeit

Die Versetzung in den Ruhestand setzt die Erfüllung einer versorgungsrechtlichen Wartezeit voraus.

➜ Beamtenversorgung (Allgemeines)

Abschnitt 6
Rechtliche Stellung im Beamtenverhältnis
§ 33
Grundpflichten

(1) Beamtinnen und Beamte dienen dem ganzen Volk, nicht einer Partei. Sie haben ihre Aufgaben unparteiisch und gerecht zu erfüllen und ihr Amt zum Wohl der Allgemeinheit zu führen. Beamtinnen und Beamte müssen sich durch ihr gesamtes Verhalten zu der freiheitlichen demokratischen Grundordnung im Sinne des Grundgesetzes bekennen und für deren Erhaltung eintreten.

Auszug aus der VwV des IM zum LBG (alt)

1 Jeder Beamte ist nach § 70 Abs. 2 verpflichtet, sich durch sein gesamtes Verhalten zur freiheitlich demokratischen Grundordnung im Sinne des Grundgesetzes zu bekennen und für deren Erhaltung einzutreten. Bei Beamten ist die Entfernung aus dem Dienst nur aufgrund eines begangenen konkreten Dienstvergehens möglich. Das Dienstvergehen besteht nicht schon in der mangelnden Gewähr des Beamten dafür, dass er jederzeit für die freiheitlich demokratische Grundordnung eintritt, sondern erst in der nachgewiesenen Verletzung dieser Treuepflicht.

2 Besteht der Verdacht auf ein Dienstvergehen, so sind disziplinarrechtliche Vorermittlungen einzuleiten.

3 Ein Beamter, der sich aktiv für eine verfassungsfeindliche Partei oder Organisation einsetzt, verletzt seine politische Treuepflicht und ist aus dem Dienst zu entfernen, wenn er die Tätigkeit beharrlich fortsetzen will. Um eine solche disziplinarrechtliche Ahndung zu rechtfertigen, muss die Tätigkeit allerdings im Mindestmaß an Evidenz und Gewicht aufweisen, damit sie als aktives Einsetzen für eine verfassungsfeindliche Partei oder Organisation qualifiziert werden kann. Das bloße Haben einer Überzeugung und die bloße Mitteilung, dass man diese habe, reicht für die Entfernung aus dem Dienst nicht aus. Die Mitgliedschaft in einer Partei mit verfassungsfeindlichen Zielsetzungen ist nur ein Element bei der Beurteilung des Einzelfalls. Es müssen auch die näheren Umstände, z.B. des Erwerbs der Mitgliedschaft, und die Kenntnis von den Zielen der Partei berücksichtigt werden.

4 Die Entfernung aus dem Dienst stellt eine schwerwiegende Maßnahme dar. Für den Beamten hat sie i.d.R. den Verlust seiner Existenzgrundlage zur Folge. Derartige Entscheidungen sind daher der jeweilige Einzelfall sorgfältig aufzuklären und in besonderem Maße der Grundsatz der Verhältnismäßigkeit zu beachten.

Hinweis der Redaktion: Beamt/innen müssen bei der Einstellung eine entsprechende Erklärung und Belehrung unterzeichnen; Text in Anlage 3 zu dieser Verwaltungsvorschrift (hier nicht abgedruckt). Entsprechendes gilt für Arbeitnehmer, die ggf. mit außerordentlicher Kündigung rechnen müssen.

(2) Beamtinnen und Beamte haben bei politischer Betätigung diejenige Mäßigung und Zurückhaltung zu wahren, die sich aus ihrer Stellung gegenüber der Allgemeinheit und aus der Rücksicht auf die Pflichten ihres Amtes ergibt.

Bitte beachten Sie die Erläuterungen unter ➜ Beamte (Allgemeines) sowie die Querverweise.

Hinweise der Redaktion:

1. Der Verwaltungsgerichtshof Baden-Württemberg hat hierzu u.a. festgestellt, die Schule dürfe „weder zu einem Forum für eine einseitige politische Beeinflussung der Jugend gemacht werden noch bei Erfüllung ihrer Erziehungsaufgaben in aktuellen Prozessen der Meinungsbildung Partei ergreifen oder sich einseitig werbend mit einzelnen politischen Auffassungen identifizieren. Sie muss vielmehr bei der Bestimmung der Ziele und Inhalte schulischer Erziehung und Bildung sowie bei der Unterrichtsgestaltung für die Vielfalt der in der Gesellschaft bestehenden Anschauungen offen bleiben. Hieraus erwächst dem einzelnen Lehrer die dienstliche Verpflichtung, in kontroversen Bereichen ethischer, weltanschaulicher oder politischer Fragen Zurückhaltung zu üben, jede missionarisch sich eiferernde Werbung für bestimmte eigene Auffassungen zu unterlassen, die verschiedenen, sich widersprechenden Auffassungen sachlich darzulegen und den Schülern das Unterrichtsmaterial so zu unterbreiten, dass diese sich ein eigenes kritisches Urteil bilden und einen eigenen Standpunkt beziehen können. Insoweit ist die durch Art. 5 Abs. 1 GG garantierte Meinungsäußerungsfreiheit des Lehrers nach Art. 5 Abs. 2 GG durch seine durch Art. 33 Abs. 5 gedeckten Beamtenpflichten eingeschränkt. ... In den Schranken dieser Dienstpflicht ist der Lehrer gleichwohl berechtigt, sich – im Rahmen der Grundwerte der Verfassung – zu seiner eigenen politischen Auffassung zu bekennen. Insoweit wird von ihm ständige politische Enthaltsamkeit im Unterricht von ihm nicht verlangt. ..."
(Beschluss vom 24.5.1984; VBlBW 1985, 115, 116 f.)

2. Das Innenministerium hat zur Betätigung im Wahlkampf wie folgt Stellung genommen (Drucksache 12/5541):
„Bei der Teilnahme von öffentlich Bediensteten an Wahlkampfveranstaltungen ist danach zu differenzieren, ob es sich um eine Teilnahme in dienstlicher Funktion oder als Privatperson handelt. Bei einer dienstlichen Teilnahme muss die Neutralitätspflicht beachtet werden; eine dienstliche Teilnahme z.B. als Referent an Wahlkampfveranstaltungen einer Partei ist damit regelmäßig nicht vereinbar. Bei einer Teilnahme als Privatperson (z.B. als Mitglied oder Funktionär einer Partei) genießen auch Angehörige des öffentlichen Dienstes das Grundrecht auf freie Entfaltung der Persönlichkeit und auf freie Meinungsäußerung. Sie benötigen zur Teilnahme an Partei- und Wahlkampfveranstaltungen außerhalb der Arbeitszeit keine Genehmigung. Beamte haben bei politischer Betätigung jedoch diejenige Mäßigung und Zurückhaltung zu wahren, die sich aus ihrer Stellung gegenüber der Gesamtheit und aus der Rücksicht auf die Pflichten ihres Amts ergeben; ihr Verhalten muss auch außerhalb des Dienstes der Achtung und dem Vertrauen gerecht werden, die ihr Beruf erfordert (§§ 72 und 73 Satz 3 LBG). Angestellte ... haben sich bei einer solchen Veranstaltung so zu verhalten, wie es von Angehörigen des öffentlichen Dienstes erwartet wird (...)."

3. Hinweis Nr. 2 gilt auch für Mitarbeiter des Kultusministeriums und der Schulverwaltung bei Parteiveranstaltungen der Ministerin / des Ministers.

→ Tarifvertrag (Länder) § 3 Abs. 2

§ 34
Wahrnehmung der Aufgaben, Verhalten

Beamtinnen und Beamte haben sich mit vollem persönlichem Einsatz ihrem Beruf zu widmen. Sie haben die übertragenen Aufgaben uneigennützig nach bestem Gewissen wahrzunehmen. Ihr Verhalten muss der Achtung und dem Vertrauen gerecht werden, die ihr Beruf erfordert.

Auszug aus der VwV des IM zum LBG

Der Beamte ist verpflichtet, seinen Dienstvorgesetzten unverzüglich darauf hinzuweisen, wenn er eine Amtshandlung vorzunehmen hat, die sich gegen ihn selbst oder einen Angehörigen richten würde. Im übrigen finden im Verwaltungsverfahren die Vorschriften der §§ 20, 21 des Landesverwaltungsverfahrensgesetzes (LVwVfG) über den Ausschluss und die Befangenheit Anwendung.

→ Befangenheit

§ 35
Weisungsgebundenheit

Beamtinnen und Beamte haben ihre Vorgesetzten zu beraten und zu unterstützen. Sie sind verpflichtet, deren dienstliche Anordnungen auszuführen und deren allgemeine Richtlinien zu befolgen. Dies gilt nicht, soweit die Beamtinnen und Beamten nach besonderen gesetzlichen Vorschriften an Weisungen nicht gebunden und nur dem Gesetz unterworfen sind.

§ 36
Verantwortung für die Rechtmäßigkeit

(1) Beamtinnen und Beamte tragen für die Rechtmäßigkeit ihrer dienstlichen Handlungen die volle persönliche Verantwortung.

(2) Bedenken gegen die Rechtmäßigkeit dienstlicher Anordnungen haben Beamtinnen und Beamte unverzüglich auf dem Dienstweg geltend zu machen. Wird die Anordnung aufrechterhalten, haben sie sich, wenn die Bedenken fortbestehen, an die nächsthöhere Vorgesetzte oder den nächsthöheren Vorgesetzten zu wenden. Wird die Anordnung bestätigt, müssen die Beamtinnen und Beamten sie ausführen und sind von der eigenen Verantwortung befreit. Dies gilt nicht, wenn das aufgetragene Verhalten die Würde des Menschen verletzt oder strafbar oder ordnungswidrig ist und die Strafbarkeit oder Ordnungswidrigkeit für die Beamtinnen oder Beamten erkennbar ist. Die Bestätigung hat auf Verlangen schriftlich zu erfolgen.

(3) Wird von den Beamtinnen oder Beamten die sofortige Ausführung der Anordnung verlangt, weil Gefahr im Verzug besteht und die Entscheidung der oder des höheren Vorgesetzten nicht rechtzeitig herbeigeführt werden kann, gilt Absatz 2 Satz 3 und 4 entsprechend.

Querverweis: Hierzu muss auch das → Beamtengesetz § 48 beachtet werden.

→ Verwaltungsrecht

Hinw.d.Red.: Diese Pflicht zum Widerspruch wird in der juristischen Fachsprache als „Remonstrationsrecht" bezeichnet.

§ 37
Verschwiegenheitspflicht

(1) Beamtinnen und Beamte haben über die ihnen bei oder bei Gelegenheit ihrer amtlichen Tätigkeit bekanntgewordenen dienstlichen Angelegenheiten Verschwiegenheit zu bewahren. Dies gilt auch über den Bereich eines Dienstherrn hinaus sowie nach Beendigung des Beamtenverhältnisses.

→ Verschwiegenheitspflicht

Querverweis: Hierzu muss auch das → Beamtengesetz § 57 beachtet werden.

(2) Absatz 1 gilt nicht, soweit

1. Mitteilungen im dienstlichen Verkehr geboten sind,

2. Tatsachen mitgeteilt werden, die offenkundig sind oder ihrer Bedeutung nach keiner Geheimhaltung bedürfen, oder

3. gegenüber der zuständigen obersten Dienstbehörde, einer Strafverfolgungsbehörde oder einer durch Landesrecht bestimmten weiteren Behörde oder außerdienstlichen Stelle ein durch Tatsachen begründeter Verdacht einer Korruptionsstraftat nach den §§ 331 bis 337 des Strafgesetzbuches angezeigt wird.

Im Übrigen bleiben die gesetzlich begründeten Pflichten, geplante Straftaten anzuzeigen und für die Erhaltung der freiheitlichen demokratischen Grundordnung einzutreten, von Absatz 1 unberührt.

(3) Beamtinnen und Beamte dürfen ohne Genehmigung über Angelegenheiten, für die Absatz 1 gilt, weder vor Gericht noch außergerichtlich aussagen oder Erklärungen abgeben. Die Genehmigung erteilt der Dienstherr oder, wenn das Beamtenverhältnis beendet ist, der letzte Dienstherr. Hat sich der Vorgang, den Gegenstand der Äußerung bildet, bei einem früheren Dienstherrn ereignet, darf die Genehmigung nur mit dessen Zustimmung erteilt werden. ...

(4) Die Genehmigung, als Zeugin oder Zeuge auszusagen, darf nur versagt werden, wenn die Aussage dem Wohl des Bundes oder eines deutschen Landes erhebliche Nachteile bereiten oder die Erfüllung öffentlicher Aufgaben ernstlich gefährden oder erheblich erschweren würde. ... Die Genehmigung, ein Gutachten zu erstatten, kann versagt werden, wenn die Erstattung den dienstlichen Interessen Nachteile bereiten würde.

(5) Sind Beamtinnen oder Beamte Partei oder Beschuldigte in einem gerichtlichen Verfahren oder soll ihr Vorbringen der Wahrnehmung ihrer berechtigten Interessen dienen, darf die Genehmigung auch dann, wenn die Voraussetzungen des Absatzes 4 Satz 1 erfüllt sind, nur versagt werden, wenn die dienstlichen Rücksichten dies unabweisbar erfordern. Wird sie versagt, ist Beamtinnen oder Beamten der Schutz zu gewähren, den die dienstlichen Rücksichten zulassen.

(6) Beamtinnen und Beamte haben, auch nach Beendigung des Beamtenverhältnisses, auf Verlangen des Dienstherrn oder des letzten Dienstherrn amtliche Schriftstücke, Zeichnungen, bildliche Darstellungen sowie Aufzeichnungen jeder Art über dienstliche Vorgänge, auch soweit es sich um Wiedergaben handelt, herauszugeben. Die gleiche Verpflichtung trifft ihre Hinterbliebenen und Erben.

→ Presserecht; → Schulgesetz § 41; → Verschwiegenheitspflicht; → Verwaltungsrecht (dort Ausführungen über „Flucht an die Öffentlichkeit")

§ 38 Diensteid

(1) Beamtinnen und Beamte haben einen Diensteid zu leisten. Der Diensteid hat eine Verpflichtung auf das Grundgesetz zu enthalten.

(2) In den Fällen, in denen Beamtinnen und Beamte erklären, dass sie aus Glaubens- oder Gewissensgründen den Eid nicht leisten wollen, kann für diese anstelle des Eides ein Gelöbnis zugelassen werden.

(3) In den Fällen, in denen nach § 7 Abs. 3 eine Ausnahme von § 7 Abs. 1 Nr. 1 zugelassen worden ist, kann anstelle des Eides ein Gelöbnis vorgeschrieben werden.

Querverweis: Hierzu muss auch das → Beamtengesetz § 47 beachtet werden.

§ 39
Verbot der Führung der Dienstgeschäfte

Beamtinnen und Beamten kann aus zwingenden dienstlichen Gründen die Führung der Dienstgeschäfte verboten werden. Das Verbot erlischt, wenn nicht bis zum Ablauf von drei Monaten gegen die Beamtin oder den Beamten ein Disziplinarverfahren oder ein sonstiges auf Rücknahme der Ernennung oder auf Beendigung des Beamtenverhältnisses gerichtetes Verfahren eingeleitet worden ist.

§ 40
Nebentätigkeit

Eine Nebentätigkeit ist grundsätzlich anzeigepflichtig. Sie ist unter Erlaubnis- oder Verbotsvorbehalt zu stellen, soweit sie geeignet ist, dienstliche Interessen zu beeinträchtigen.

→ Nebentätigkeiten

Querverweis: Hierzu muss auch das → Beamtengesetz §§ 60 ff. beachtet werden.

§ 41
Tätigkeit nach Beendigung des Beamtenverhältnisses

Ruhestandsbeamtinnen und Ruhestandsbeamte sowie frühere Beamtinnen mit Versorgungsbezügen und frühere Beamte mit Versorgungsbezügen haben die Ausübung einer Erwerbstätigkeit oder sonstigen Beschäftigung außerhalb des öffentlichen Dienstes, die mit der dienstlichen Tätigkeit innerhalb eines Zeitraums, dessen Bestimmung dem Landesrecht vorbehalten bleibt, im Zusammenhang steht und durch die dienstliche Interessen beeinträchtigt werden können, anzuzeigen. Die Erwerbstätigkeit oder sonstige Beschäftigung ist zu untersagen, wenn zu besorgen ist, dass durch sie dienstliche Interessen beeinträchtigt werden. Das Verbot endet spätestens mit Ablauf von fünf Jahren nach Beendigung des Beamtenverhältnisses.

Querverweis: Hierzu muss auch das → Beamtengesetz §§ 66 beachtet werden.

§ 42
Verbot der Annahme von Belohnungen, Geschenken und sonstigen Vorteilen

(1) Beamtinnen und Beamte dürfen, auch nach Beendigung des Beamtenverhältnisses, keine Belohnungen, Geschenke oder sonstigen Vorteile für sich oder eine dritte Person in Bezug auf ihr Amt fordern, sich versprechen lassen oder annehmen. Ausnahmen bedürfen der Zustimmung ihres gegenwärtigen oder letzten Dienstherrn.

→ Belohnungen und Geschenke

(2) Wer gegen das in Absatz 1 genannte Verbot verstößt, hat das aufgrund des pflichtwidrigen Verhaltens Erlangte auf Verlangen dem Dienstherrn herauszugeben, soweit nicht der Verfall angeord-

Bitte beachten Sie die Erläuterungen unter → Beamte (Allgemeines) sowie die Querverweise.

net worden oder es auf andere Weise auf den Staat übergegangen ist.

§ 43
Teilzeitbeschäftigung

Teilzeitbeschäftigung ist zu ermöglichen.

→ Teilzeit / Urlaub (Beamtenrecht)
Querverweis: Hierzu muss auch das → Beamtengesetz §§ 70 ff. beachtet werden.

§ 44
Erholungsurlaub

Beamtinnen und Beamten steht jährlicher Erholungsurlaub unter Fortgewährung der Bezüge zu.

→ Urlaub (Allgemeines)

§ 45
Fürsorge

Der Dienstherr hat im Rahmen des Dienst- und Treueverhältnisses für das Wohl der Beamtinnen und Beamten und ihrer Familien, auch für die Zeit nach Beendigung des Beamtenverhältnisses, zu sorgen. Er schützt die Beamtinnen und Beamten bei ihrer amtlichen Tätigkeit und in ihrer Stellung.

Hinweis der Redaktion: Der beamtenrechtliche Grundsatz von „Schutz und Fürsorge" bedeutet, dass Vorgesetzte den Beamten bei Ermessensentscheidungen „gerecht und wohlwollend" und unter „gebührender Berücksichtigung der wohlverstandenen Interessen des Beschäftigten" begegnen müssen (BVerwGE 15,7; 19,54). Zum Rechtsschutz für Landesbedienstete siehe: → Rechtsschutz

→ Ermessen

§ 46
Mutterschutz und Elternzeit

Mutterschutz und Elternzeit sind zu gewährleisten.

→ Elterngeld / Elternzeit (Allgemeines); → Mutterschutz (Verordnung / AzUVO)
Querverweis: Hierzu muss auch das → Beamtengesetz § 77 beachtet werden.

§ 47
Nichterfüllung von Pflichten

(1) Beamtinnen und Beamten begehen ein Dienstvergehen, wenn sie schuldhaft die ihnen obliegenden Pflichten verletzen. Ein Verhalten außerhalb des Dienstes ist nur dann ein Dienstvergehen, wenn es nach den Umständen des Einzelfalls in besonderem Maße geeignet ist, das Vertrauen in einer für ihr Amt bedeutsamen Weise zu beeinträchtigen.

(2) Bei Ruhestandsbeamtinnen und Ruhestandsbeamten oder früheren Beamtinnen mit Versorgungsbezügen und früheren Beamten mit Versorgungsbezügen gilt es als Dienstvergehen, wenn sie sich gegen die freiheitliche demokratische Grundordnung im Sinne des Grundgesetzes betätigen oder an Bestrebungen teilnehmen, die darauf abzielen, den Bestand oder die Sicherheit der Bundesrepublik zu beeinträchtigen, oder wenn sie schuldhaft gegen die in den §§ 37, 41 und 42 bestimmten Pflichten verstoßen. Bei sonstigen früheren Beamtinnen und früheren Beamten gilt es als Dienstvergehen, wenn sie schuldhaft gegen die in den §§ 37, 41 und 42 bestimmten Pflichten verstoßen. Für Beamtinnen und Beamte nach den Sätzen 1 und 2 können durch Landesrecht weitere Handlungen festgelegt werden, die als Dienstvergehen gelten.

(3) Das Nähere über die Verfolgung von Dienstvergehen regeln die Disziplinargesetze.

→ Disziplinargesetz (Allgemeines); → Disziplinargesetz (LDG)

§ 48
Pflicht zum Schadensersatz

Beamtinnen und Beamte, die vorsätzlich oder grob fahrlässig die ihnen obliegenden Pflichten verletzen, haben dem Dienstherrn, dessen Aufgaben sie wahrgenommen haben, den daraus entstehenden Schaden zu ersetzen. Haben mehrere Beamtinnen oder Beamte gemeinsam den Schaden verursacht, haften sie als Gesamtschuldner.

→ Grundgesetz Art. 34; → Haftung und Versicherung; → Sachschäden
Querverweis: Hierzu muss auch das → Beamtengesetz § 59 beachtet werden.

Auszug aus der VwV des IM zum LBG (alt)

Die Haftung des Beamten gegenüber dem Dienstherrn, dessen Aufgaben er wahrgenommen hat, ist auf Vorsatz und grobe Fahrlässigkeit beschränkt.

Die Haftung umfasst unmittelbare Schäden des Dienstherrn sowie mittelbare Schäden, das heißt Schäden, für die der Dienstherr zum Beispiel nach §§ 31, 89, 823 des Bürgerlichen Gesetzbuches (BGB), §§ 278, 831 BGB, §§ 7 ff. des Straßenverkehrsgesetzes oder § 839 BGB in Verbindung mit Artikel 34 des Grundgesetzes Dritten Schadensersatz geleistet hat. – Ein Schaden liegt auch dann vor, wenn ein Beamter Gegenstände für die Verwaltung beschafft hat, deren Qualität zwar dem bezahlten Preis entspricht, die aber nach einschlägigen Richtlinien oder sonstigen Veranschlagungen überhaupt nicht oder zumindest nicht in der teureren Ausführung hätten beschafft werden dürfen. Der Schaden ist in diesem Fall in der Einschränkung der wirtschaftlichen Dispositionsmöglichkeit des Dienstherrn zu sehen. ...

→ Haftung und Versicherung; → Grundgesetz Art. 34; → Rechtsschutz

§ 49
Übermittlungen bei Strafverfahren

(1) Das Gericht, die Strafverfolgungs- oder Strafvollstreckungsbehörde hat in Strafverfahren gegen Beamtinnen und Beamte zur Sicherstellung der erforderlichen dienstrechtlichen Maßnahmen im Fall der Erhebung der öffentlichen Klage

1. die Anklageschrift oder eine an ihre Stelle tretende Antragsschrift,
2. den Antrag auf Erlass eines Strafbefehls und
3. die einen Rechtszug abschließende Entscheidung mit Begründung

zu übermitteln. Ist gegen die Entscheidung ein Rechtsmittel eingelegt worden, ist die Entscheidung unter Hinweis auf das eingelegte Rechtsmittel zu übermitteln. Der Erlass und der Vollzug eines Haftbefehls oder eines Unterbringungsbefehls sind mitzuteilen.

→ Disziplinargesetz (Allgemeines); → Disziplinargesetz

(2) In Verfahren wegen fahrlässig begangener Straftaten werden die in Absatz 1 Satz 1 bestimmten Übermittlungen nur vorgenommen, wenn

1. es sich um schwere Verstöße handelt, namentlich Vergehen der Trunkenheit im Straßenverkehr oder der fahrlässigen Tötung, oder

2. in sonstigen Fällen die Kenntnis der Daten aufgrund der Umstände des Einzelfalls erforderlich ist, um zu prüfen, ob dienstrechtliche Maßnahmen zu ergreifen sind.

(3) Entscheidungen über Verfahrenseinstellungen, die nicht bereits nach Absatz 1 oder 2 zu übermitteln sind, sollen übermittelt werden, wenn die in Absatz 2 Nr. 2 genannten Voraussetzungen erfüllt sind. Dabei ist zu berücksichtigen, wie gesichert die zu übermittelnden Erkenntnisse sind.

(4) Sonstige Tatsachen, die in einem Strafverfahren bekannt werden, dürfen mitgeteilt werden, wenn ihre Kenntnis aufgrund besonderer Umstände des Einzelfalls für dienstrechtliche Maßnahmen gegen eine Beamtin oder einen Beamten erforderlich ist und soweit nicht für die übermittelnde Stelle erkennbar ist, dass schutzwürdige Interessen der Beamtin oder des Beamten an dem Ausschluss der Übermittlung überwiegen. Erforderlich ist die Kenntnis der Daten auch dann, wenn diese Anlass zur Prüfung bieten, ob dienstrechtliche Maßnahmen zu ergreifen sind. Absatz 3 Satz 2 ist entsprechend anzuwenden.

(5) Nach den Absätzen 1 bis 4 übermittelte Daten dürfen auch für die Wahrnehmung der Aufgaben nach dem Sicherheitsüberprüfungsgesetz oder einem entsprechenden Landesgesetz verwendet werden.

(6) Übermittlungen nach den Absätzen 1 bis 3 sind auch zulässig, soweit sie Daten betreffen, die dem Steuergeheimnis (§ 30 der Abgabenordnung) unterliegen. Übermittlungen nach Absatz 4 sind unter den Voraussetzungen des § 30 Abs. 4 Nr. 5 der Abgabenordnung zulässig.

§ 50 Personalakte

Für jede Beamtin und jeden Beamten ist eine Personalakte zu führen. Zur Personalakte gehören alle Unterlagen, die die Beamtin oder den Beamten betreffen, soweit sie mit dem Dienstverhältnis in einem unmittelbaren inneren Zusammenhang stehen (Personalaktendaten). Die Personalakte ist vertraulich zu behandeln. Personalaktendaten dürfen nur für Zwecke der Personalverwaltung oder Personalwirtschaft verwendet werden, es sei denn, die Beamtin oder der Beamte willigt in die anderweitige Verwendung ein. Für Ausnahmefälle kann landesrechtlich eine von Satz 4 abweichende Verwendung vorgesehen werden.

→ Personalakten

Querverweis: Hierzu muss auch das → Beamtengesetz §§ 83 ff. beachtet werden.

§ 51
Personalvertretung

Die Bildung von Personalvertretungen zum Zweck der vertrauensvollen Zusammenarbeit zwischen der Behördenleitung und dem Personal ist unter Einbeziehung der Beamtinnen und Beamten zu gewährleisten.

→ Personalvertretungsgesetz

§ 52
Mitgliedschaft in Gewerkschaften und Berufsverbänden

Beamtinnen und Beamte haben das Recht, sich in Gewerkschaften oder Berufsverbänden zusammenzuschließen. Sie dürfen wegen Betätigung für ihre Gewerkschaft oder ihren Berufsverband nicht dienstlich gemaßregelt oder benachteiligt werden.

→ Beamte (Allgemeines); → Grundgesetz Art. 9

§ 53
Beteiligung der Spitzenorganisationen

Bei der Vorbereitung gesetzlicher Regelungen der beamtenrechtlichen Verhältnisse durch die obersten Landesbehörden sind die Spitzenorganisationen der zuständigen Gewerkschaften und Berufsverbände zu beteiligen. Das Beteiligungsverfahren kann auch durch Vereinbarung ausgestaltet werden.

Querverweis: Hierzu muss auch das → Beamtengesetz § 89 beachtet werden.

Abschnitt 7 – Rechtsweg

§ 54 Verwaltungsrechtsweg

(1) Für alle Klagen der Beamtinnen, Beamten, Ruhestandsbeamtinnen, Ruhestandsbeamten, früheren Beamtinnen, früheren Beamten und der Hinterbliebenen aus dem Beamtenverhältnis sowie für Klagen des Dienstherrn ist der Verwaltungsrechtsweg gegeben.

→ Rechtsschutz; → Verwaltungsrecht

(2) Vor allen Klagen ist ein Vorverfahren nach den Vorschriften des 8. Abschnitts der Verwaltungsgerichtsordnung durchzuführen. Dies gilt auch dann, wenn die Maßnahme von der obersten Dienstbehörde getroffen worden ist. Ein Vorverfahren ist nicht erforderlich, wenn ein Landesgesetz dieses ausdrücklich bestimmt.

(3) Den Widerspruchsbescheid erlässt die oberste Dienstbehörde. Sie kann die Entscheidung für Fälle, in denen sie die Maßnahme nicht selbst getroffen hat, durch allgemeine Anordnung auf andere Behörden übertragen. Die Anordnung ist zu veröffentlichen.

(4) Widerspruch und Anfechtungsklage gegen Abordnung oder Versetzung haben keine aufschiebende Wirkung.

→ Versetzung und Abordnung; → Verwaltungsrecht

Abschnitte 8-10 (Spannungs- und Verteidigungsfall / Sonderregelungen für Verwendungen im Ausland / Sonderregelungen für wissenschaftliches Hochschulpersonal) *(hier nicht abgedruckt)*

→ Beamte (Allgemeines); → Beamtengesetz; → Beamtenrecht (Zuständigkeiten); → Beamtenversorgung (Allgemeines); → Belohnungen und Geschenke; → Disziplinargesetz (Allgemeines); → Elterngeld / Elternzeit (Allgemeines); → Ernennungsgesetz; → Grundgesetz Art. 9, 33 und 34; → Haftung und Versicherung; → Ländertausch; → Mehrarbeit; → Mutterschutz (Verordnung/AzUVO); → Nebentätigkeiten; → Personalakten; → Personalvertretungsgesetz; → Probezeit (Beamtenrecht); → Rechtsschutz; → Ruhestand (Allgemeines); → Sachschäden; → Teilzeit / Urlaub (Beamtenrecht); → Urlaub (Allgemeines); → Verschwiegenheitspflicht; → Versetzung und Abordnung; → Verwaltungsrecht

Beamtenversorgung (Abschläge)

Hinweise der Redaktion auf die Rechtslage (LBeamtVGBW § 27 ff.) nach dem Dienstrechtsreformgesetz vom 27.10.2010 (GBl. S. 793/2010)

Die Versorgung von Beamt/innen wird bei einer vorzeitigen Zurruhesetzung in der Regel durch „Versorgungsabschläge" gemindert. Grundsätzlich beträgt der Versorgungsabschlag pro Jahr 3,6% der Versorgungsbezüge (ab 2011 maximal: 14,4%).

Der Abschlag mindert nicht den individuell erreichten *Ruhegehaltssatz* (z.B. 75%), sondern den sich hieraus ergebenden konkreten *Ruhegehaltsbetrag*. Er gilt für die gesamte Laufzeit der Pension (also bis zum Lebensende des Versorgungsempfängers und ggf. versorgungsberechtigter Hinterbliebener).

Da Lehrkräfte in der Regel nicht „tagesscharf" am 65. Geburtstag zur Ruhe gesetzt werden, sondern an einem festen Stichtag (zum Schuljahresende, das ihrem 64. Geburtstag folgt), ist bei ihnen der Stichtag für den Antragsruhestand der 31. Juli nach ihrem 63. Geburtstag. Eine Lehrkraft, die den Antragsruhestand wählt, tritt am 1. August, also exakt ein Jahr (= 365 Tage) vor dem Stichtag, in den Ruhestand, an dem sie von Amts wegen pensioniert würde. Ihr wird deshalb der Abschlag für genau ein Jahr auf die Versorgung angerechnet.

Ist der Zurruhesetzungstermin – z.B. bei Dienstunfähigkeit – nicht der 1. August, so wird der Abschlag ab diesem Termin tagesgenau berechnet.

→ Beamtengesetz §§ 36 ff.; → Beamtenversorgung (Allgemeines)

Folgen der Dienstrechtsreform

Infolge der Dienstrechtsreform treten bei der Berechnung der Versorgungsabschläge ab 1.1.2011 gravierende Veränderungen ein: Der individuelle Versorgungsabschlag richtet sich für die von den Übergangsregelungen betroffenen Lehrkräfte (Geburtsjahrgänge 1948 bis 1964) nach dem Geburtsmonat. Bitte hierzu die Tabelle unter → Ruhestand (Übergangsregelung) beachten.

Schwerbehinderte

Auch bei einer vorzeitigen Zurruhesetzung von Schwerbehinderten wird ein Versorgungsabschlag einbehalten. Kein Versorgungsabschlag fällt an bei Schwerbehinderten, die vor dem 16. November 1950 geboren sind und am 16. November 2000 schwerbehindert i.S.v. § 68 Sozialgesetzbuch IX waren. Zu den komplizierten Übergangsregelungen aufgrund der Dienstrechtsreform siehe → Ruhestand (Übergangsregelungen)

Ausscheiden wegen Dienstunfähigkeit

Der Versorgungsabschlag beträgt bei Dienstunfähigkeit (ausgenommen Dienstunfall) für jedes Jahr, um das der Ruhestand vor Vollendung des 65. Lebensjahres beginnt, 3,6% pro Jahr, höchstens jedoch 14,4%.

Beamtenversorgung (Allgemeines)

Hinweise der Redaktion auf die Bestimmungen des Landesbeamtenversorgungsgesetzes Baden-Württemberg (LBeamtVGBW) auf Grundlage des Dienstrechtsreformgesetzes vom 27.10.2010 (GBl. S. 793/2010)

I. Grundsätze

Die Versorgung der Landesbeamtinnen und -beamten (Ruhegehalt) richtet sich nach dem Landesbeamtenversorgungsgesetz (LBeamtVGBW). Aus Platzgründen sind im Jahrbuch nur Auszüge aus dem bzw. Hinweise auf das Gesetz abgedruckt. Bitte beachten Sie folgende Beiträge:

→ Beamtenversorgung (Altersgeld)
→ Beamtenversorgung (Abschläge)
→ Beamtenversorgung (Berechnung)
→ Beamtenversorgung (Hinterbliebene)
→ Beamtenversorgung (Höchstgrenzen)
→ Beamtenversorgung (Unfallfürsorge).

Zur Pensionierung siehe → Ruhestand (Allgemeines).

Die Versorgungsbezüge (landläufig: *„Pension"*) sind *„Einkünfte aus nichtselbstständiger Arbeit"* und deshalb grundsätzlich steuerpflichtig. Bemessungsgrundlagen für ihre Berechnung sind
– die ruhegehaltfähigen Dienstbezüge (§ 19) und
– die ruhegehaltfähige Dienstzeit (§§ 21-26).

Maßgebend sind die Dauer der Dienstzeit und die in den letzten zwei Jahren vor dem Ausscheiden zustehenden Dienstbezüge. Der individuelle „Ruhegehaltssatz" bemisst sich nach der Anzahl der berücksichtigungsfähigen Dienstjahre. Vereinfachte Formel: Ein volles Dienstjahr führt zu 1,79375% Ruhegehalt aus dem vollen Gehalt der Besoldungsgruppe, die man mindestens zwei Jahre vor der Pensionierung innehatte, und zwar aus der Stufe, die am Tag vor der Pensionierung erreicht war.

Ein Ruhegehaltsanspruch entsteht nach Vollendung einer mindestens fünfjährigen ruhegehaltfähigen Dienstzeit. Hierauf werden Zeiten im Beamtenverhältnis auf Widerruf, auf Probe und auf Lebenszeit angerechnet; Zeiten einer Teilzeitbeschäftigung werden anteilig berücksichtigt. Nicht angerechnet werden die Studienzeiten.

Die beamtenrechtliche Mindestversorgung beträgt 35% der ruhegehaltfähigen Dienstbezüge aus der innegehabten Besoldungsgruppe bzw. – wenn dies günstiger ist – 61,4% der ruhegehaltfähigen Dienstbezüge aus der Endstufe der Bes.-Gr. A 5 (2010 belief sich die Mindestpension auf ca. 1.350 Euro). Die „Versorgungslücke" bei kurzen Dienstzeiten sollte privat abgesichert werden.

→ Renten / Beamtenversorgung (Zusatzversicherungen)

Werden die Dienstbezüge der Besoldungsberechtigten allgemein erhöht oder vermindert, sind von demselben Zeitpunkt an die Versorgungsbezüge oder das Alters- und Hinterbliebenengeld durch Gesetz entsprechend zu regeln (§ 11 Beamtenversorgungsgesetz).

A. Zusammensetzung der ruhegehaltfähigen Dienstbezüge (19 LBeamtVGBW)

1. Grundgehalt

Maßgebend ist das volle Grundgehalt, das vor dem Tag des Beginns des Ruhestandes **zustand**; nicht das zuletzt **tatsächlich bezogene** Gehalt. Auch bei einem Urlaub ohne Bezüge oder einer Teilzeitbeschäftigung bis zum Eintritt in den Ruhestand wird das (volle) Grundgehalt zugrunde gelegt, das bei Ausübung der Tätigkeit am Tag vor Beginn des Ruhestandes zugestanden hätte. Teilzeit- bzw. Beurlaubungsphasen können jedoch die ruhegehaltfähige Dienstzeit schmälern, sodass nicht der Höchstruhegehaltssatz, sondern ein individuell niedrigerer Ruhegehaltssatz erreicht wird.

Erfolgt eine Beförderung weniger als zwei Jahre vor der Pensionierung, wird sie (außer beim vorzeitigen Ausscheiden ohne eigenes Verschulden) bei der Berechnung des Ruhegehalts nicht berücksichtigt. Bei mit Gehaltskürzung disziplinarbestraften Beamt/innen sind die ungekürzten Dienstbezüge ruhegehaltfähig.

2. Familienzuschlag

Berücksichtigt wird der ehebezogene Teil des Familienzuschlags (§ 42 Absatz 1 und 2 LBesGBW). Solange Kinder im Familienzuschlag berücksichtigungsfähig sind, wird der kinderbezogene Bestandteil neben dem Ruhegehalt gewährt.

→ Besoldung (Gesetz) § 42; → Besoldung (Gehälter)

3. Zulagen

Amts- und Stellenzulagen sind nur insoweit ruhegehaltfähig, als sie als solche im Besoldungsrecht gekennzeichnet sind. → Besoldung (Zulagen)

4. Sonderregelungen

Sind Beamte wegen Dienstunfähigkeit aufgrund eines Dienstunfalls (§ 45 LBeamtVGBW) in den Ruhestand getreten und haben noch nicht die Endstufe ihrer Besoldungsgruppe erreicht, wird die Dienstaltersstufe der Bes.-Gr. zugrunde gelegt, die bis zum Eintritt in den Ruhestand wegen Erreichens der Altersgrenze erreichbar gewesen wäre. Erfolgte die Zurruhesetzung wegen Dienstunfähigkeit und ist ein Ruhegehaltssatz von 66,97 % nicht erreicht und hat der Beamte einen Anspruch auf Rente aus der Deutschen Rentenversicherung, kann auf Antrag gem. 28 BeamtVG (alt) die Versorgung um 0,95667 % pro Pflichtversicherungsjahr erhöht werden, bis die Rente ausbezahlt wird.

Zur Heilfürsorge und Sachschäden bei Dienstfällen siehe → Beamtenversorgung (Unfallfürsorge).

B. Ruhegehaltfähige Dienstzeit (§§ 21-26 LBeamtVGBW)

Die „ruhegehaltfähige Dienstzeit" wird individuell ermittelt. Angerechnet werden insbesondere

- alle im Beamtenverhältnis verbrachten Zeiten; bei Teilzeitbeschäftigung sind nur im Verhältnis der ermäßigten zur regelmäßigen Dienstzeit. Zeiten einer Beurlaubung werden nur dann angerechnet, wenn der Urlaub öffentlichen Belangen diente und seine Berücksichtigung als ruhegehaltfähige Dienstzeit spätestens bei Beendigung des Urlaubs schriftlich zugesagt wird. Ferner werden berufsmäßige Dienstzeiten in der Bundeswehr, im Polizeivollzugsdienst und vergleichbare Tätigkeiten, die vor der Berufung in das Beamtenverhältnis zurückgelegt wurden, als ruhegehaltfähige Dienstzeit anerkannt.
- Ausbildungszeiten sowie das Referendariat (Vorbereitungsdienst).
- Ersatz- oder Wehrdienst, anerkanntes Freiwilliges Soziales Jahr.
- Für vor 31.12.1991 geborene Kinder die Kindererziehungszeit bis zu dem Tag, an dem das Kind sechs Monate alt wird (gilt auch für Urlaubszeiten nach § 153b oder § 153c – jetzt §§ 69 ff. – LBG). Zeiten einer Beurlaubung ohne Bezüge sind nicht ruhegehaltfähig. Kindererziehungszeiten für seit dem 1. Januar 1992 geborene Kinder sind nicht ruhegehaltfähig, der Wert für die Kindererziehungszeit wird neben dem Ruhegehalt gewährt (§ 66 LBeamtVGBW). Der Kinderzuschlag (pro Kind 82 Euro) wird für die ersten 36 Kalendermonate nach Geburt des Kindes gewährt Dies gilt nicht, wenn der Beamte wegen der Erziehung des Kindes in der gesetzlichen Rentenversicherung versicherungspflichtig war und die allgemeine Wartezeit für eine Rente in dieser Versicherung erfüllt ist.

→ Elternzeit-Verordnung (Beamt/innen)

- Für Zeiten der Pflege von Angehörigen oder pflegebedürftigen Kindern wird ein Pflegezuschlag (je nach Pflegeumfang 0,59 Euro bis 1,78 Euro pro Monat) bzw. Kinderpflegeergänzungszuschlag (je pflegebedürftiges Kind die Hälfte dieser Beträge) gewährt (§ 67 LBeamtVGBW).

→ Pflegezeit

- Vorhergehende Arbeitnehmerzeiten im öffentlichen Dienst können angerechnet werden.

Zurechnungszeit

Treten Beamt/innen vor Vollendung des 60. Lebensjahres wegen Dienstunfähigkeit in den Ruhestand, wird die Zeit vom Eintritt in den Ruhestand bis zum Ablauf des Monats der Vollendung des 60. Lebensjahres, soweit diese nicht nach anderen Vorschriften als ruhegehaltfähig berücksichtigt wird, der ruhegehaltfähigen Dienstzeit zu zwei Dritteln hinzugerechnet.

Beamtenversorgung (Allgemeines)

C. Vorübergehende Erhöhung des Ruhegehaltssatzes bei Zurruhesetzung wegen Dienstunfähigkeit

Werden Beamte, die vorher schon längere Zeit als Arbeitnehmer/in tätig waren, wegen Dienstunfähigkeit zur Ruhe gesetzt, so entsteht eine Versorgungslücke: Die Pension ist häufig sehr niedrig, die Rente wird aber regelmäßig erst ab der gesetzlichen Altersgrenze gezahlt. In diesem Fall ist bis zum gesetzlichen Rentenalter bzw. Rentenbeginn eine vorübergehende Erhöhung des Ruhegehaltssatzes möglich (nur auf Antrag, formlos direkt beim → Landesamt). Wird der Antrag nach Beginn des Ruhestands gestellt, wirkt er ab dem Antragsmonat. Rechtzeitig von der GEW beraten lassen!

II. Entwicklung der Beamtenversorgung

In den vergangenen Jahrzehnten erfolgten vielfache Eingriffe des Gesetzgebers in die Beamtenversorgung – in aller Regel führten sie für die Betroffenen zu finanziellen Verschlechterungen.

Zum 1.1.2002 wurde die Beamtenversorgung wesentlich geändert, um die seinerzeit vorgenommenen Verschlechterungen der gesetzlichen Renten „zeitgleich" auf den Beamtenbereich zu übertragen und damit die Pensionslasten zu reduzieren.

Es gilt folgende Übergangsregelung: Hat das Beamtenverhältnis bereits am 31. Dezember 1991 bestanden, bleibt der zu diesem Zeitpunkt erreichte Ruhegehaltssatz gewahrt. Für die vor dem 1. Januar 1992 zurückgelegte ruhegehaltfähige Dienstzeit beträgt der Ruhegehaltssatz bis zu einer zehnjährigen Dienstzeit 35%; er steigt je weiterem vollem Jahr ruhegehaltfähiger Dienstzeit um 2 Prozentpunkte bis zu einer fünfundzwanzigjährigen Dienstzeit und um einen Prozentpunkt bis zu einer fünfunddreißigjährigen Dienstzeit. Der am 31.12.1991 erreichte Ruhegehaltssatz erhöht sich um einen Prozentpunkt je vollem Jahr ruhegehaltfähiger Dienstzeit, die nach dem 31. Dezember 1991 zurückgelegt wurde, bis zum Höchstsatz von 71,75%. Im Falle einer Zurruhesetzung wegen Dienstunfähigkeit wird die Zeit bis zum 55. Lebensjahr zu eine Drittel hinzugerechnet

Hier ein Überblick über die sonstigen seit 2002 erfolgten Änderungen.

Kürzung der Pensionen

Der Höchstsatz in der Beamtenversorgung (bisher 75 Prozent) wird seit Januar 2003 in acht Schritten jeweils im Zusammenhang mit den Besoldungs- und Versorgungserhöhungen um einen bestimmten Faktor gekürzt („angepasst"), bis der neue Höchstsatz von 71,75 Prozent erreicht ist. Ein niedrigerer individueller Prozentsatz vermindert sich entsprechend. In diese Regelung werden alle vorhandenen und künftigen Versorgungsempfänger einbezogen.

Seit 1.3.2010 gilt die siebte Stufe (Faktor 0,96208). Es steht noch ein letzter „*Anpassungs*"-schritt aus. Mit Wirkung vom 1.1.2008 wurde das Weihnachtsgeld in die Besoldungstabelle integriert. Da Versorgungsempfänger/innen nur 30% eines Monatsgehalts erhalten (aktive Beamte: 50%), wird für die Berechnung der Versorgung die Besoldungstabelle um den Versorgungs-Faktor 0,984 gekürzt.

→ Besoldung (Gehälter)

Kürzung des Witwen- und Witwergeldes

Der Anspruch auf Witwen- und Witwergeld beträgt nur noch 55 anstatt 60%. Die alte Regelung wird jedoch weiter angewandt, wenn die Ehe vor dem 1. Januar 2002 geschlossen wurde und mindestens ein Ehegatte vor dem 2. Januar 1962 geboren worden ist, außerdem auch dann, wenn zur Hinterbliebenenversorgung ein Kindererziehungszuschlag gezahlt wird. Keine Kürzung erfolgt auch bei Hinterbliebenen von Beamt/innen, die bis einschließlich 31.2001 pensioniert wurden.

Kindererziehungs- und Pflegezeiten

Die Berücksichtigung von Kindererziehungszeiten hängt vom Geburtsdatum des Kindes ab:

a) Bis zum 31. Dezember 1991 geborene Kinder

Die Erziehungszeiten bis zum 6. Lebensmonat des Kindes werden als ruhegehaltfähige Dienstzeit berücksichtigt, wenn aus diesem Grunde Teilzeit gearbeitet oder ein Urlaub angetreten wurde.

Lagen die Kindererziehungszeiten vor der Berufung in das Beamtenverhältnis, werden sie als Kindererziehungszuschlag zum Ruhegehalt bis zu 12 Monaten berücksichtigt. Dieser Zuschlag beträgt (Stand: 2010) monatlich 27,20 Euro.

b) Nach dem 31. Dezember 1991 geborene Kinder

Die Erziehungszeiten werden als Kindererziehungszuschlag zum Ruhegehalt bis zu 36 Monaten je Kind berücksichtigt (gerechnet ab Ablauf des Geburtsmonats). Der Zuschlag beträgt (Stand: 2010) pro Kind monatlich 81,60 Euro.

Liegen Kindererziehungszeiten nach 1991, aber vor dem 1.1.2011 wird zusätzlich bis zur Vollendung des 10. Lebensjahres ein Kindererziehungsergänzungszuschlag gezahlt, wenn mehrere Kinder gleichzeitig oder ein Kind bei gleichzeitiger Beschäftigung erzogen werden. Dieser Zuschlag beträgt derzeit für jeden angefangenen Monat der Erziehung bei gleichzeitiger Erziehung mehrerer Kinder (*Mehrkindfall*) 0,0278 und im *Einkindfall* (Erziehung eines Kindes und gleichzeitiger Beschäftigung) 0,0208 des aktuellen Rentenwertes. Die Höhe der Zuschläge entspricht der Bewertung von Kindererziehungszeiten in der gesetzlichen Rentenversicherung, d.h. sie ändern sich bei jeder allgemeinen Rentenanpassung. Für Kinder, die nach dem 31.12.2010 geboren sind wird für die ersten 36 Monate ein Kinderzuschlag in Höhe von 82 Euro neben dem Ruhegehalt gezahlt.

Zuschlag bei Teildienstfähigkeit

Im Fall der begrenzten Dienstfähigkeit erhalten Beamt/innen Bezüge entsprechend dem Anteil ihrer Dienstfähigkeit, mindestens jedoch 50%. Übersteigen diese Dienstbezüge nicht die Bezüge, die bei einer sofortigen Versetzung in den Ruhestand wegen Dienstunfähigkeit anfallen würden, so muss aufgrund einer – vom GEW-Rechtsschutz erstrittenen – Entscheidung des Bundesverfassungsgerichts ein Zuschlag gewährt werden, damit die Bezüge in der Teildienstfähigkeit höher sind als bei einer Zurruhesetzung. Der Zuschlag beträgt 5% der Vollzeitbezüge, mindestens jedoch 220 Euro. Keinen Zuschlag gibt es, wenn das Einkommen aus der begrenzten Dienstfähigkeit höher ist als die zu diesem Zeitpunkt zustehende Pension.

➜ Besoldung (Gesetz) § 70

Dienstrechtsreform 2011

Mit dem Dienstrechtsreformgesetz ist zum 1.1.2011 auch das Versorgungsrecht voll in die Zuständigkeit des Landes gelangt. Durch die schrittweise Erhöhung der Altersgrenzen für die Zurruhesetzung ergeben sich zahlreiche zusätzliche Verschlechterungen der Alterseinkünfte. Hierzu bitte den Beitrag ➜ Ruhestand (Allgemeines) beachten.
Neu eingeführt wurde dabei auch das *Altersgeld*.
➜ Beamtenversorgung (Altersgeld)

Ausbildungszeiten

Bis 1991 war die für das jeweilige Lehramt notwendige Regelstudienzeit voll ruhegehaltfähig. Ab 1992 wurden maximal drei Jahre Studienzeit anerkannt, vor 1991 Eingestellte erhielten Besitzstand. Ab 1.1.2011 werden bei der Pensionsberechnung nur noch drei Jahre und ab 2015 nur noch 855 Tage Studienzeit berücksichtigt. Der GEW gelang es zwar, die für Teilzeitbeschäftigte im Rahmen der Dienstrechtsreform geplanten erheblichen Verschlechterungen abzuwehren, es sind jedoch seitdem komplizierte Vergleichsberechnungen und Ausgleichszahlungen erforderlich.

III. Unsere Empfehlung: Durch die GEW beraten lassen

Die Veränderungen der vergangenen Jahre machen umfangreiche und komplizierte Vergleichsberechnungen nötig. Die Bezirksgeschäftsstellen berechnen für GEW-Mitglieder die voraussichtlichen Pensionsansprüche und beraten sie individuell.
➜ Beamtenversorgung (Berechnung)

Es ist ferner dringend zu empfehlen, den anlässlich der Zurruhesetzung erstellten Bescheid über die Versorgungsbezüge von der GEW überprüfen zu lassen, weil dann auch laufende rechtliche Auseinandersetzungen über die Höhe der Versorgung berücksichtigt werden und vom Mitglied geltend gemacht werden können. **Unbedingt beachten:** Die Widerspruchsfrist beträgt nur einen Monat! Wegen der Versorgungslücke in den ersten Dienstjahren und der Absenkung der Pensionsansprüche sei auf die *„Riester-Rente"* verwiesen, die auch im Beamtenbereich als Zusatzversorgung wirkt. Über gewerkschaftsnahe Angebote informiert der Text:
➜ Renten / Beamtenversorgung (Zusatzversicherungen)

➜ Beamtengesetz §§ 36 ff.; ➜ Beamtenversorgung (Abschläge); ➜ Beamtenversorgung (Altersgeld); ➜ Beamtenversorgung (Berechnung); ➜ Beamtenversorgung (Hinter-bliebenenversorgung); ➜ Beamtenversorgung (Höchstgrenzen); ➜ Besoldung (Gehälter); ➜ Besoldung (Gesetz - LBesGBW); ➜ Renten; ➜ Renten und Beamtenversorgung; ➜ Renten / Beamtenversorgung (Zusatzversicherungen); ➜ Ruhestand (Allgemeines)

Beamtenversorgung (Altersgeld)

Hinweise der Redaktion auf das Beamtenversorgungsgesetz (LBeamtVGBW) § 84ff. nach dem Dienstrechtsreformgesetz vom 27.10.2010 (GBl. S. 793/2010)

Beamtinnen und Beamte, die mindestens eine fünfjährige ruhegehaltfähige Dienstzeit erfüllt haben und die freiwillig aus dem Beamtenverhältnis ausscheiden, erhalten ein Altersgeld.
Das Altersgeld beträgt 1,79375% für jedes volle Dienstjahr. Es werden nur die echten Beamtenzeiten berücksichtigt. Ausbildungszeiten und Vordienstzeiten werden nicht berücksichtigt.
Alternativ kann auch die Nachversicherung in der Deutschen Rentenversicherung beantragt werden.
Das Altersgeld wird in der Regel gezahlt, wenn das gesetzliche Rentenalter erreicht wird. Eine Inanspruchnahme ab Vollendung des 63. Lebensjahres (62. Lebensjahr bei Schwerbehinderten) ist mit entsprechenden Abschlägen möglich.
Im Falle einer Teil-Erwerbsunfähigkeit kann die Hälfte des Altersgeldes dann ausbezahlt werden, wenn eine entsprechende Erwerbsunfähigkeitsrente von der DRV gewährt wird. Im Falle einer vollen Erwerbsminderung kann auf Antrag ein erhöhtes Altersgeld beantragt werden.
Die Hinterbliebenen von altersgeldberechtigten ehemaligen Beamt/innen erhalten nach § 84 ff. LBeamtVGBW ein *Hinterbliebenengeld*. Das Hinterbliebenengeld umfasst ausschließlich:

1. Bezüge für den Sterbemonat nach § 31;
2. Hinterbliebenengeld der Witwe nach § 33,
3. Witwenabfindung nach § 35;
4. Hinterbliebenengeld der Waisen nach § 37 des Beamtenversorgungsgesetzes (LBeamtVGBW).

Das Hinterbliebenengeld wird aus dem Altersgeld berechnet, das dem verstorbenen ehemaligen Beamten zusteht. Es beträgt für Witwen 55%, für Vollwaisen 20% und für Halbwaisen 12% des Altersgeldes.

➜ Beamtenversorgung (Hinterbliebene); ➜ Renten und Beamtenversorgung

Beamtenversorgung (Berechnung)

Hinweise der Redaktion

1. Berechnung durch die GEW

GEW-Mitglieder können ihre voraussichtlichen Versorgungsansprüche auch durch die Bezirksgeschäftsstellen ausrechnen und sich dort beraten lassen (Anschriften am Anfang des Jahrbuchs; dort das Formular anfordern). Zur Vorbereitung sollte man beim Regierungspräsidium (formlos) einen Ausdruck der persönlichen Daten beantragen.

Wer in den Ruhestand tritt, sollte den Bescheid über die Festsetzung der Versorgungsbezüge, der in der Regel schon einige Zeit vor der Pensionierung vom Landesamt zugestellt wird, nicht nur selbst **sofort** genau prüfen, sondern ihn stets – unter Angabe von eventuellen Unstimmigkeiten und mit den entsprechenden Unterlagen – **eiligst** seinem GEW-Bezirk zur Überprüfung senden.

Das Ruhegehalt wird vom Landesamt nämlich auf Grundlage der Personalakte berechnet. Es ist selbst für das Landesamt nicht einfach, dabei alles zu erkennen und richtig zu machen (z.B. bei Zulagen, Ausbildungszeiten, Versorgungsabschlägen, Vorgriffsstunden usw.). Außerdem weiß nur die GEW genau Bescheid, welche Fragen strittig sind und wo es im Hinblick auf laufende Rechtsverfahren im Einzelfall sinnvoll ist, Widerspruch einzulegen. Allerdings: Auch die GEW weiß nur, was ihr mitgeteilt wird: Die im Bescheid genannten Daten/Zeiten können nur von den Betroffenen selbst und nicht von der GEW auf Stimmigkeit und Vollständigkeit geprüft werden.

Die Widerspruchsfrist beträgt nur einen Monat! Danach wird der Bescheid „bestandskräftig"! Beim geringsten Zweifel sollte man deshalb vor Ablauf dieser Frist formlos direkt beim Landesamt mit dem Zusatz: *„Die Begründung wird nachgereicht"* Widerspruch einlegen sowie der GEW Kopien dieses Widerspruchs und aller Unterlagen schicken. Ergeben sich bei der Prüfung durch die GEW keine Anstände, kann man den Widerspruch problemlos wieder zurückziehen.

2. Versorgungsauskunft

Auszug aus dem Beamtenversorgungsgesetz nach dem Dienstrechtsreformgesetz vom 27.10.2010 (GBl. S. 793/2010)

§ 77
Erteilung einer Versorgungsauskunft und Festsetzung der Versorgungsbezüge

(1) Einem Beamten auf Lebenszeit wird ab dem Zeitpunkt der Begründung eines Anspruchs auf Versorgung nach § 18 Abs. 1 in regelmäßigem Abstand von fünf Jahren, beginnend ab dem 1. Januar 2016, eine Auskunft über die Höhe seiner Versorgungsbezüge auf Grundlage der jeweils zum Zeitpunkt der Erteilung der Versorgungsauskunft aktuellen Rechtslage erteilt. Die Auskunft nach Satz 1 stellt unter Beachtung des § 2 keine verbindliche Zusage über die Höhe der späteren Versorgungsansprüche dar; sie steht unter dem Vorbehalt künftiger Sach- und Rechtsänderungen. Der Beamte ist verpflichtet, bei Erstellung der Versorgungsauskunft mitzuwirken. Dabei sind insbesondere die Daten des in der Versorgungsauskunft aufgenommenen beruflichen Werdegangs auf Richtigkeit und Vollständigkeit hin zu überprüfen und etwaige Unrichtigkeiten oder Lücken im Werdegang unverzüglich gegenüber der für die Festsetzung der Versorgungsbezüge zuständigen Stelle zu melden. Die personalverwaltenden Dienststellen erheben die erforderlichen Daten bei Berufung in das Beamtenverhältnis oder für die bei Inkrafttreten dieses Gesetzes vorhandenen Beamten binnen drei Jahren nach Inkrafttreten dieses Gesetzes.

→ Landesamt

(2) Ergänzend zu Absatz 1 kann einem Beamten bei ausführlicher Darlegung eines besonderen Interesses eine Versorgungsauskunft erteilt werden.

Hinweis der Redaktion: Dieser Anspruch besteht in der Regel erst nach fünf ruhegehaltfähigen Dienstjahren. Erstmals wird diese Auskunft 2016 erteilt. Hierzu Nr. 3 beachten.

3. Berechnung durch das Landesamt

Ruhestand (Versorgungsanwartschaften); Bekanntmachung des Finanzministeriums betr. Auskünfte an aktive Beamte und Richter über ihre Versorgungsanwartschaften vom 19. Januar 1988 (KuU S. 78/1988)

Das Landesamt für Besoldung und Versorgung erteilt aktiven Beamten, für deren Versorgung bei Eintritt des Versorgungsfalles das Landesamt zuständig ist, auf Antrag bei berechtigtem Interesse Auskünfte über ihre Versorgungsanwartschaften.

Ein berechtigtes Interesse liegt vor;
- allgemein, wenn der Beamte oder Richter das 55. Lebensjahr vollendet hat,
- im Übrigen, wenn ein konkreter – sich aus dem Beamtenrecht ergebender – Anlass glaubhaft gemacht wird.

Ein konkreter Anlass ist gegeben, wenn
- eine Versetzung in den Ruhestand wegen Dienstunfähigkeit vorgesehen ist,
- eine Ermäßigung der Arbeitszeit, Teilzeitbeschäftigung oder Beurlaubung ohne Dienstbezüge in Aussicht genommen wird.

Anträge auf Erteilung von Auskünften über die

| Beamtenversorgung (Berechnung) | Beamtenversorgung (Hinterbliebene) |

Versorgungsanwartschaften sind an die personalverwaltende Stelle zu richten *(im Schulbereich ist dies das Regierungspräsidium)*. Die personalverwaltende Stelle leitet den Antrag unter Anschluss der Personalakte an das Landesamt ... weiter ... .

Hinweise der Redaktion:
1. Auf seiner Homepage teilt das Landesamt mit, dass die letzte Auskunft mindestens 4 Jahre zurückliegen muss.
2. Das Landesamt bietet ein Online-Berechnungsprogramm an: http://www.lbv.bwl.de/service/versorgungsauskunft/

→ Landesamt

Beamtenversorgung (Hinterbliebene)

Hinweise der Redaktion auf das Beamtenversorgungsgesetz (LBeamtVGBW) nach dem Dienstrechtsreformgesetz vom 27.10.2010 (GBl. S. 793/2010)

Allgemeines

Die Hinterbliebenenversorgung gem. §§ 30 ff. LBeamtVGBW umfasst die Bezüge für den Sterbemonat, das Sterbegeld, das Witwengeld bzw. die Witwenabfindung, das Waisengeld sowie ggf. Unterhaltsbeiträge. Zur Hinterbliebenenversorgung gehören ferner der Kinderzuschlag sowie der Pflege- und Kinderpflegeergänzungszuschlag.
Regelungen für Witwen gelten entsprechend für Witwer. An die Stelle der Witwe tritt der Witwer, an die Stelle des Witwengeldes das Witwergeld.

Bezüge für den Sterbemonat

Den Erben eines verstorbenen Beamten, Ruhestandsbeamten oder entlassenen Beamten verbleiben für den Sterbemonat die Bezüge des Verstorbenen (§ 31 LBeamtVGBW).

Sterbegeld

Beim Tode eines Beamten bzw. einer Beamtin mit Dienstbezügen oder eines Beamten bzw. einer Beamtin auf Widerruf im Vorbereitungsdienst erhält der überlebende Ehegatte Sterbegeld. Das Sterbegeld ist in Höhe des Zweifachen der Dienstbezüge oder der Anwärterbezüge des Verstorbenen in einer Summe zu zahlen. Für Ruhestandsbeamte gelten die gleichen Modalitäten, wobei anstelle der Dienstbezüge die Versorgungsbezüge treten (§ 32 LBeamtVGBW).

Witwen- bzw. Witwergeld

Das Witwengeld beträgt 55% des Ruhegehalts (§ 34 LBeamtVGBW). Wenn die Ehe vor dem 1.1.2002 geschlossen wurde und mindestens ein Ehegatte vor dem 2.1.1962 geboren worden ist, oder wenn zur Hinterbliebenenversorgung ein Kindererziehungszuschlag gezahlt wird, oder bei Hinterbliebenen von bis einschließlich 31.12.2001 pensionierten Beamt/innen beträgt es 60%.
War die Witwe mehr als 20 Jahre jünger als der Verstorbene und ist aus der Ehe kein Kind hervorgegangen, so wird das Witwengeld für jedes angefangene Jahr des Altersunterschiedes über 20 Jahre um 5 v.H. gekürzt, höchstens jedoch um 35 v.H.
Kein Witwengeld-Anspruch besteht, wenn
– die Ehe mit dem Verstorbenen nicht mindestens ein Jahr gedauert hat und ersichtlich war, dass es der alleinige oder der überwiegende Zweck der Heirat war, der Witwe eine Versorgung zu verschaffen,
– die Ehe erst nach dem Eintritt des Beamten in den Ruhestand geschlossen wurde und der Ruhestandsbeamte zur Zeit der Eheschließung das 65. Lebensjahr bereits vollendet hatte; stattdessen wird der Witwe gemäß § 36 LBeamtVGBW jedoch auf Antrag ein Unterhaltsbeitrag in Höhe von 75% des Witwengeldes (ggf. unter Anrechnung von Erwerbseinkünften) gewährt.

Witwenabfindung

Witwen mit Anspruch auf Witwengeld oder auf einen Unterhaltsbeitrag erhalten im Fall einer Wiederverheiratung gemäß § 35 LBeamtVGBW eine Witwenabfindung in Höhe des 24-Fachen des für den Monat, in dem sich die Witwe wiederverheiratet, nach Anwendung der Anrechnungs-, Kürzungs- und Ruhensvorschriften zu zahlenden Betrags des Witwengeldes oder Unterhaltsbeitrags.

Waisengeld

Das Waisengeld beträgt für eine Halbwaise 12% und für eine Vollwaise 20% des Ruhegehalts (§ 37 LBeamtVGBW). Kein Waisengeld erhalten die Kinder eines verstorbenen Ruhestandsbeamten, wenn das Kindschaftsverhältnis durch Annahme als Kind begründet wurde und der Ruhestandsbeamte zu diesem Zeitpunkt bereits im Ruhestand war und die Regelaltersgrenze nach § 36 LBG erreicht hatte. Ihnen wird jedoch ein Unterhaltsbeitrag (75% des Waisengelds) bewilligt.
Witwen- und Waisengeld dürfen weder einzeln noch zusammen den Betrag des ihrer Berechnung zugrunde zu legenden Ruhegehaltes übersteigen.
Der Anspruch der Witwen und Waisen auf Versorgungsbezüge erlischt
1. für jeden Berechtigten mit dem Ende des Monats, in dem er stirbt,
2. für jede Witwe außerdem mit dem Ende des Monats, in dem sie sich verheiratet,
3. für Waisen außerdem mit dem Ende des Monats, in dem sie das 18. Lebensjahr vollenden,
4. sowie in bestimmten Fällen nach der Verurteilung in Strafverfahren (§ 42 LBeamtVGBW).

→ Beamtengesetz §§ 36 ff; → Renten; → Beamtenversorgung (Allgemeines); → Renten und Beamtenversorgung

Beamtenversorgung (Höchstgrenzen)

Hinweise der Redaktion

A.
Vorbemerkungen

Grundsätzlich gilt: Ehegatten erhalten, solange der Partner lebt, ihre eigene Altersversorgung unabhängig von den Einkünften des Partners.

Sobald jedoch – z.B. nach dem Tode eines der Ehepartner – mehrere Versorgungsberechtigungen in einer Person kumulieren oder wenn Versorgungsbezüge (Pension) mit anderen Einkünften zusammentreffen, werden diese aufeinander angerechnet. Dies ist im Einzelnen im Beamtenversorgungsgesetz §§ 68 ff. (LBeamtVGBW) geregelt.

Wegen der Kompliziertheit der Vorschriften empfehlen wir bei Problemen im Einzelfall sowie insbesondere bei vorzeitigem Ruhestand die Beratung durch die GEW-Geschäftsstellen.

B.
Beamtenversorgungsgesetz

Auszug aus dem Beamtenversorgungsgesetz (LBeamtVGBW) nach dem Dienstrechtsreformg vom 27.10.2010 (GBl. S. 793/2010)

§ 68
Zusammentreffen von Versorgungsbezügen mit Erwerbs- und Erwerbsersatzeinkommen

(1) Beziehen Versorgungsberechtigte Erwerbs- oder Erwerbsersatzeinkommen (Absatz 5), werden daneben Versorgungsbezüge nur bis zum Erreichen der in Absatz 2 bezeichneten Höchstgrenze gezahlt.

→ Beamtenversorgung (Allgemeines)

(2) Als Höchstgrenze gelten

1. für Ruhestandsbeamte und Witwen die ruhegehaltfähigen Dienstbezüge aus der Endstufe der Besoldungsgruppe, aus der sich das Ruhegehalt berechnet, mindestens ein Betrag in Höhe des 1,384-Fachen der jeweils ruhegehaltfähigen Dienstbezüge aus der Endstufe der Besoldungsgruppe A 5,
2. für Waisen 40 Prozent des Betrags, der sich nach Nummer 1,
3. für Ruhestandsbeamte, die wegen Dienstunfähigkeit, die nicht auf einem Dienstunfall beruht, nach § 40 Abs. 1 Satz 1 Nr. 2 LBG in den Ruhestand versetzt wurden, bis zum Ablauf des Monats, in dem sie die Regelaltersgrenze nach § 36 Abs. 1 LBG in Verbindung mit ... (den Übergangsvorschriften; Anm.d.Red.) erreichen, 71,75 Prozent der ruhegehaltfähigen Dienstbezüge aus der Endstufe der Besoldungsgruppe, aus der sich das Ruhegehalt berechnet, mindestens ein Betrag in Höhe von 71,75 Prozent des 1,384-Fachen der jeweils ruhegehaltfähigen Dienstbezüge aus der Endstufe der Besoldungsgruppe A 5, zuzüglich eines Betrags von monatlich 325 Euro.

→ Beamtengesetz § 40; → Ruhestand (Übergangsvorschriften)

Die Höchstgrenze erhöht sich um den jeweils zustehenden kinderbezogenen Teil des Familienzuschlags nach § 65 Abs. 2.

(3) Den Versorgungsberechtigten ist mindestens ein Betrag in Höhe von 20 Prozent ihres jeweiligen Versorgungsbezugs (§ 17) zu belassen. Satz 1 gilt nicht beim Bezug von Erwerbseinkommen aus einer Verwendung im öffentlichen Dienst, das mindestens aus derselben Besoldungsgruppe oder einer vergleichbaren Entgeltgruppe berechnet wird, aus der sich auch die ruhegehaltfähigen Dienstbezüge bestimmen. Für sonstiges in der Höhe vergleichbares Verwendungseinkommen gilt Satz 2 und Absatz 5 Satz 5 entsprechend.

(4) Bei der Ruhensberechnung für ehemalige Beamten oder ehemalige Ruhestandsbeamte, die Anspruch auf Versorgung nach § 53 haben *(unterhaltsbeitrag nach Dienstunfall; Anm.d.Red)*, ist mindestens ein Betrag als Versorgung zu belassen, der unter Berücksichtigung des Grads der Schädigungsfolgen infolge des Dienstunfalls dem Unfallausgleich entspricht. Dies gilt nicht, wenn wegen desselben Unfalls Grundrente nach dem Bundesversorgungsgesetz zusteht.

(5) Erwerbseinkommen sind Einkünfte aus nichtselbständiger Arbeit einschließlich Abfindungen, aus selbständiger Arbeit sowie aus Gewerbebetrieb, aus Land- und Forstwirtschaft sowie entsprechende Einkünfte, die unabhängig vom Wohnsitz im Ausland erzielt werden, abzüglich der Werbungskostenpauschale nach dem Einkommensteuergesetz. Auf Nachweis des Versorgungsberechtigten können Betriebsausgaben und erhöhte Werbungskosten geltend gemacht werden. Nicht als Erwerbseinkommen gelten Aufwandsentschädigungen, Jubiläumszuwendungen, ein Unfallausgleich nach § 50, steuerfreie Einnahmen für Leistungen der Grundpflege oder hauswirtschaftlichen Versorgung, Einkünfte aus Nebentätigkeiten nach § 63 Abs. 1 Nr. 3 LBG. Erwerbsersatzeinkommen sind Leistungen, die aufgrund oder in entsprechender Anwendung öffentlich-rechtlicher Vorschriften kurzfristig erbracht werden, um Erwerbseinkommen zu ersetzen. Die Berücksichtigung des Erwerbs- und des Erwerbsersatzeinkommens erfolgt monatsbezogen. Wird Einkommen nicht in Monatsbeträgen erzielt, ist das Einkommen des Kalenderjahrs, geteilt durch zwölf Kalendermonate, anzusetzen. Hat die Erwerbstätigkeit in den Fällen des Satzes 6 keine zwölf Monate bestanden, ist das Gesamteinkommen durch die Anzahl

Beamtenversorgung (Höchstgrenzen)

der Monate zu teilen, für die die Erwerbstätigkeit bestanden hat. Sonderzahlungen und entsprechende Leistungen, die der Versorgungsberechtigte aus einer Erwerbstätigkeit erhält, sind im jeweiligen Auszahlungsmonat zu berücksichtigen.

➜ Elterngeld/Elternzeit (Allgemeines); ➜ Elterngeld

Hinweis der Redaktion:
1. Schriftstellerische, wissenschaftliche, künstlerische oder Vortragstätigkeiten sind keine „Erwerbs-" bzw. „Erwerbsersatzeinkommen". Eine Betätigung im schulischen oder erwachsenenbildnerischen Bereich (z.B. Nachhilfeunterricht oder Arbeit an einer Volkschochschule) gelten dabei nicht als wissenschaftliche Tätigkeit.
   ➜ Beamtengesetz § 63 Abs. 1 Nr. 3
2. Dem Landesamt für Besoldung und Versorgung sind anrechnungspflichtige Erwerbs- bzw. Erwerbsersatzeinkommen unverzüglich anzuzeigen; ggf. sind Nachweise vorzulegen.

(6) Nach Ablauf des Monats, in dem der Versorgungsberechtigte die jeweils maßgebliche gesetzliche Regelaltersgrenze erreicht, gilt Absatz 1 bis 5 nur für Erwerbseinkommen aus einer Verwendung im öffentlichen Dienst (Verwendungseinkommen). Dies ist jede Beschäftigung im Dienst von Körperschaften, Anstalten und Stiftungen des deutschen öffentlichen Rechts oder ihrer Verbände sowie jede Verwendung im öffentlichen Dienst einer zwischen- oder überstaatlichen Einrichtung, an der eine deutsche Körperschaft oder ein deutscher Verband durch Zahlung von Beiträgen oder Zuschüssen oder in anderer Weise beteiligt ist. Ausgenommen ist die Beschäftigung bei öffentlich-rechtlichen Religionsgemeinschaften oder ihren Verbänden. ...

§ 70
Zusammentreffen mehrerer Versorgungsbezüge

(1) Erhalten aus einer Verwendung im öffentlichen Dienst (§ 68 Abs. 6) an neuen Versorgungsbezügen

1. Ruhestandsbeamte ein Ruhegehalt oder eine ähnliche Versorgung,
2. Witwen oder Waisen aus der Verwendung des verstorbenen Beamten oder Ruhestandsbeamten Witwengeld, Waisengeld oder eine ähnliche Versorgung,
3. Witwen ein Ruhegehalt oder eine ähnliche Versorgung,

so sind neben den neuen Versorgungsbezügen die früheren Versorgungsbezüge nur bis zum Erreichen der in Absatz 2 bezeichneten Höchstgrenze zu zahlen. Dabei darf die Gesamtversorgung nicht hinter der früheren Versorgung zurückbleiben.

➜ Beamtenversorgung (Altersgeld); ➜ Beamtenversorgung (Hinterbliebene)

(2) Als Höchstgrenze gelten
1. für Ruhestandsbeamte (Absatz 1 Nr. 1) das Ruhegehalt, das sich unter Zugrundelegung der gesamten ruhegehaltfähigen Dienstzeit und der ruhegehaltfähigen Dienstbezüge aus der Endstufe der Besoldungsgruppe, aus der sich das frühere Ruhegehalt berechnet, ergibt,
2. für Witwen und Waisen (Absatz 1 Nr. 2) das Witwen- oder Waisengeld, das sich aus dem Ruhegehalt nach Nummer 1 ergibt,
3. für Witwen (Absatz 1 Nr. 3) 71,75 Prozent, in den Fällen des § 52 *(Erhöhtes Unfallruhegehalt; Anm.d.Red.)* 80 Prozent, der ruhegehaltfähigen Dienstbezüge aus der Endstufe der Besoldungsgruppe, aus der sich das dem Witwengeld zugrundeliegende Ruhegehalt bemisst.

Die Höchstgrenze erhöht sich um den jeweils zustehenden kinderbezogenen Teil des Familienzuschlags nach § 65 Abs. 2. Ist bei einem an der Ruhensregelung nach Satz 1 Nr. 1 oder 2 beteiligten Versorgungsbezug das Ruhegehalt um einen Versorgungsabschlag nach § 27 Abs. 2 gemindert, ist das für die Höchstgrenze maßgebende Ruhegehalt entsprechend festzusetzen. In den Fällen des Satzes 1 Nr. 3 ist Satz 3 entsprechend anzuwenden, wenn das dem Witwengeld zugrunde liegende Ruhegehalt einem Versorgungsabschlag unterliegt.

(3) Im Fall des Absatzes 1 Nr. 3 ist neben dem neuen Versorgungsbezug mindestens ein Betrag in Höhe von 20 Prozent des früheren Versorgungsbezugs zu belassen.

(4) Erwerben Ruhestandsbeamte einen Anspruch auf Witwengeld oder eine ähnliche Versorgung, so erhalten sie daneben ihr Ruhegehalt zuzüglich des jeweils zustehenden kinderbezogenen Teils des Familienzuschlags nach § 65 Abs. 2 nur bis zum Erreichen der in Absatz 2 Satz 1 Nr. 3 sowie Satz 4 bezeichneten Höchstgrenze. Die Gesamtbezüge dürfen nicht hinter ihrem Ruhegehalt zuzüglich des jeweils zustehenden kinderbezogenen Teils des Familienzuschlags nach § 65 Abs. 2 sowie eines Betrags in Höhe von 20 Prozent des neuen Versorgungsbezugs zurückbleiben.

(5) § 68 Abs. 4 gilt entsprechend. ...

§ 108
Zusammentreffen von Versorgungsbezügen mit Renten

(1) Versorgungsbezüge für die zum Zeitpunkt des Inkrafttretens dieses Gesetzes vorhandenen Beamten oder Versorgungsempfänger werden neben Renten nur bis zum Erreichen der in Absatz 2 bezeichneten Höchstgrenze gezahlt. ...

Hinweis der Redaktion: Die komplizierten Berechnungsmodalitäten sind hier nicht abgedruckt. Betroffene Kolleg/innen sollten rechtzeitig vor dem Eintritt des Versorgungsfalls die Beratung durch die Deutsche Rentenversicherung (DRV) sowie durch die Bezirksgeschäftsstellen der GEW in Anspruch nehmen. Zu den Beratungsstellen der DRV siehe ➜ Renten (Allgemeines); die Anschriften der GEW-Bezirksgeschäftsstellen stehen im Adressenteil am Anfang des Jahrbuchs. Bitte hierzu auch den Beitrag ➜ Renten und Beamtenversorgung beachten.

➜ Beamtengesetz § 63; ➜ Beamtenversorgung (Allgemeines); ➜ Beamtenversorgung (Altersgeld); ➜ Beamtenversorgung (Hinterbliebene); ➜ Elterngeld/Elternzeit (Allgemeines); ➜ Elterngeld; ➜ Renten und Beamtenversorgung; ➜ Ruhestand (Übergangsvorschriften)

Beamtenversorgung (Unfallfürsorge)

Auszug aus dem Beamtenversorgungsgesetz nach dem Dienstrechtsreformgesetz vom 27.10.2010 (GBl. S. 793/ 2010)

§ 44
Allgemeines

(1) Wird ein Beamter durch einen Dienstunfall verletzt, so wird ihm oder seinen Hinterbliebenen Unfallfürsorge gewährt. Unfallfürsorge wird auch dem Kind einer Beamtin gewährt, das durch deren Dienstunfall während der Schwangerschaft unmittelbar geschädigt wurde. Satz 2 gilt auch, wenn die Schädigung durch besondere Einwirkungen verursacht worden ist, die generell geeignet sind, bei der Mutter einen Dienstunfall im Sinn des § 45 Abs. 3 zu verursachen.

(2) Die Unfallfürsorge umfasst folgende, nach den Regelungen dieses Gesetzes normierten Zahlungen: ...
2. Erstattung von Sachschäden und besonderen Aufwendungen (§ 47),
3. Heilverfahren (§§ 48 und 49),
4. Unfallausgleich (§ 50),
5. Unfallruhegehalt oder Unterhaltsbeitrag (§§ 51 bis 54),
6. Unfall-Hinterbliebenenversorgung (§§ 55 bis 58),
7. einmalige Unfallentschädigung (§ 59),
8. Schadensausgleich in besonderen Fällen (§ 60).

Im Fall von Absatz 1 Satz 2 und 3 erhält das Kind der Beamtin Leistungen nach Nr. 3 und 4 sowie nach § 54. ...

→ Unfälle (Arbeits- und Dienstunfälle)

§ 45
Dienstunfall

(1) Dienstunfall ist ein auf äußerer Einwirkung beruhendes, plötzliches, örtlich und zeitlich bestimmbares, einen Körperschaden verursachendes Ereignis, das in Ausübung oder infolge des Dienstes eingetreten ist. Zum Dienst gehören auch
1. Dienstreisen, Dienstgänge und die dienstliche Tätigkeit am Bestimmungsort,
2. die Teilnahme an dienstlichen Veranstaltungen und
3. Nebentätigkeiten, zu deren Ausübung der Beamte nach § 61 LBG verpflichtet ist, oder an deren Übernahme der Dienstvorgesetzte ein dienstliches Interesse anerkannt hat, sofern kein Versicherungsschutz in der gesetzlichen Unfallversicherung (§ 2 des Siebten Buches Sozialgesetzbuch) besteht.

(2) Als Dienst gilt auch das Zurücklegen des mit dem Dienst zusammenhängenden Wegs nach und von der Dienststelle; hat der Beamte wegen der Entfernung der ständigen Familienwohnung vom Dienstort an diesem oder in dessen Nähe eine Unterkunft, gilt Halbsatz 1 auch für den Weg von und nach der Familienwohnung. Der Zusammenhang mit dem Dienst gilt als nicht unterbrochen, wenn der Beamte von dem unmittelbaren Weg zwischen der Wohnung und der Dienststelle in vertretbarem Umfang abweicht, weil
1. sein dem Grunde nach kindergeldberechtigendes Kind, das mit ihm in einem Haushalt lebt, wegen seiner beruflichen Tätigkeit oder der beruflichen Tätigkeit beider Eheleute fremder Obhut anvertraut wird oder
2. weil er mit anderen berufstätigen oder in der gesetzlichen Unfallversicherung versicherten Personen gemeinsam ein Fahrzeug für den Weg nach und von der Dienststelle benutzt.

Ein Unfall, den der Verletzte bei Durchführung des Heilverfahrens (§ 48) oder auf einem hierzu notwendigen Weg erleidet, gilt als Folge eines Dienstunfalls.

(3) Erkrankt ein Beamter, der nach der Art seiner dienstlichen Verrichtung der Gefahr der Erkrankung an bestimmten Krankheiten besonders ausgesetzt ist, an einer solchen Krankheit, gilt dies als Dienstunfall, es sei denn, dass der Beamte sich die Krankheit außerhalb des Diensts zugezogen hat. ... .

(4) Dem durch Dienstunfall verursachten Körperschaden ist ein Körperschaden gleichzusetzen, den ein Beamter außerhalb seines Diensts erleidet, wenn er im Hinblick auf pflichtgemäßes dienstliches Verhalten oder wegen seiner Eigenschaft als Beamter angegriffen wird. ...

§ 47
Erstattung von Sachschäden und besonderen Aufwendungen

Sind bei einem Dienstunfall Kleidungsstücke oder sonstige Gegenstände, die der Beamte mit sich geführt hat, beschädigt oder zerstört worden oder abhanden gekommen, kann dafür Ersatz geleistet werden. Anträge auf Gewährung von Sachschadensersatz nach Satz 1 sind innerhalb einer Ausschlussfrist von drei Monaten zu stellen. Sind durch die erste Hilfeleistung nach dem Unfall besondere Kosten entstanden, ist dem Beamten der nachweisbar notwendige Aufwand zu ersetzen.

→ Sachschäden

§ 48
Heilverfahren

(1) Das Heilverfahren umfasst die notwendige
1. ärztliche Behandlung,
2. Versorgung mit Arznei- und anderen Heilmitteln, Ausstattung mit Körperersatzstücken, orthopädischen und anderen Hilfsmitteln, die

den Erfolg der Heilbehandlung sichern oder die Unfallfolgen erleichtern sollen,
3. Pflege (§ 49).

(2) Anstelle der ärztlichen Behandlung sowie der Versorgung mit Arznei- und anderen Heilmitteln kann Krankenhausbehandlung oder Heilanstaltspflege gewährt werden. Der Verletzte ist verpflichtet, sich einer Krankenhausbehandlung oder Heilanstaltspflege zu unterziehen, wenn sie nach einer Stellungnahme eines durch die Dienstbehörde bestimmten Arztes zur Sicherung des Heilerfolgs notwendig ist.

(3) Der Verletzte ist verpflichtet, sich einer ärztlichen Behandlung zu unterziehen, es sei denn, dass sie mit einer erheblichen Gefahr für Leben oder Gesundheit des Verletzten verbunden ist. Das gleiche gilt für eine Operation dann, wenn sie keinen erheblichen Eingriff in die körperliche Unversehrtheit bedeutet.

(4) Verursachen die Folgen des Dienstunfalls außergewöhnliche Kosten für Kleider- und Wäscheverschleiß, sind diese in angemessenem Umfang zu ersetzen.

(5) Ist der Verletzte an den Folgen des Dienstunfalls verstorben, können auch die Kosten für die Überführung und die Bestattung in angemessener Höhe erstattet werden. ...

§ 49
Pflegekosten und Hilflosigkeitszuschlag

(1) Ist der Verletzte infolge des Dienstunfalls so hilflos, dass er nicht ohne fremde Hilfe und Pflege auskommen kann, sind ihm die Kosten einer notwendigen Pflege in angemessenem Umfang zu erstatten.

(2) Nach dem Beginn des Ruhestands ist dem Verletzten auf Antrag für die Dauer der Hilflosigkeit ein Zuschlag zu dem Unfallruhegehalt bis zum Erreichen der ruhegehaltfähigen Dienstbezüge zu gewähren; die Kostenerstattung nach Absatz 1 entfällt.

Hinweis der Redaktion: Die umfangreichen Bestimmungen über die Altersversorgung von Unfallopfern und ihren Hinterbliebenen (Unfallruhegeld usw.) sind hier nicht abgedruckt. Wir raten dringend, sich im Fall von Dienstunfällen von der GEW beraten zu lassen.

§ 61
Nichtgewährung von Unfallfürsorge

(1) Unfallfürsorge wird nicht gewährt, wenn der Verletzte oder der anspruchsberechtigte Hinterbliebene den Dienstunfall vorsätzlich herbeigeführt hat.

(2) Hat der Verletzte eine die Heilbehandlung betreffende Anordnung ohne gesetzlichen oder sonstigen wichtigen Grund nicht befolgt und wird dadurch seine Dienst- oder Erwerbsfähigkeit ungünstig beeinflusst, kann ihm die oberste Dienstbehörde oder die von ihr bestimmte Stelle die Unfallfürsorge insoweit versagen. Der Verletzte ist auf diese Folgen schriftlich hinzuweisen.

(3) Hinterbliebenenversorgung nach den Unfallfürsorgevorschriften wird im Fall des § 36 *(Unterhaltsbeitrag für nicht witwengeldberechtigte Witwen; Anm.d.Red.)* nicht gewährt.

§ 62
Meldung und Untersuchungsverfahren

(1) Unfälle, aus denen Unfallfürsorgeansprüche nach diesem Gesetz entstehen können, sind innerhalb einer Ausschlussfrist von zwei Jahren nach dem Eintritt des Unfalls bei dem Dienstvorgesetzten des Verletzten zu melden. § 47 Satz 2 *(dies ist die Ausschlussfrist von drei Monaten für die Meldung von Sachschäden; Anm.d.Red.)* bleibt unberührt. Die Frist nach Satz 1 gilt auch dann als gewahrt, wenn der Unfall bei der für den Wohnort des Berechtigten zuständigen unteren Verwaltungsbehörde gemeldet worden ist.

(2) Nach Ablauf der Ausschlussfrist wird Unfallfürsorge nur gewährt, wenn seit dem Unfall noch nicht zehn Jahre vergangen sind und glaubhaft gemacht wird, dass mit der Möglichkeit einer den Anspruch auf Unfallfürsorge begründenden Folge des Unfalls nicht habe gerecht werden können oder dass der Berechtigte durch außerhalb seines Willens liegende Umstände gehindert worden ist, den Unfall zu melden. Die Meldung muss, nachdem mit der Möglichkeit einer den Anspruch auf Unfallfürsorge begründenden Folge des Unfalls gerechnet werden konnte oder das Hindernis für die Meldung weggefallen ist, innerhalb von drei Monaten erfolgen. Die Unfallfürsorge wird in diesen Fällen vom Tag der Meldung an gewährt; zur Vermeidung von Härten kann sie auch von einem früheren Zeitpunkt an gewährt werden.

(3) Der Dienstvorgesetzte hat jeden Unfall, der ihm von Amts wegen oder durch Meldung der Beteiligten bekannt wird, zu untersuchen. Die oberste Dienstbehörde oder die von ihr bestimmte Stelle entscheidet, ob ein Dienstunfall vorliegt und ob der Verletzte den Unfall vorsätzlich herbeigeführt hat; ... . Die Entscheidung ist dem Verletzten oder seinen Hinterbliebenen bekanntzugeben.

(4) Unfallfürsorge nach § 44 Abs. 1 Satz 2 wird nur gewährt, wenn der Unfall des Beamten innerhalb der Frist nach Absatz 1 und 2 gemeldet und als Dienstunfall anerkannt worden ist. Der Anspruch auf Unfallfürsorge nach § 44 Abs. 2 Satz 2 ist innerhalb von zwei Jahren vom Tag der Geburt an von dem Sorgeberechtigten geltend zu machen. Absatz 2 gilt mit der Maßgabe, dass die Zehn-Jahres-Frist am Tag der Geburt zu laufen beginnt. Der Antrag muss, nachdem mit der Möglichkeit einer Schädigung durch einen Dienstunfall der Mutter während der Schwangerschaft gerechnet werden konnte oder das Hindernis für den Antrag weggefallen ist, innerhalb von drei Monaten gestellt werden.

→ Beamtengesetz § 81a; → Arbeits- und Gesundheitsschutz (Allgemeines); → Arbeitsschutzgesetz; → Beihilfeverordnung; → Sachschäden; → Unfälle (Arbeits-, Dienst- und Privatunfälle)

Befangenheit

Hinweise der Redaktion auf die Befangenheit von Lehrkräften bei schulischen Entscheidungen

1.
Beamtenrechtliche Vorschriften

Nach § 52 LBG sind Beamt/innen von Amtshandlungen zu befreien, die sich gegen sie selbst oder Personen richten, zu deren Gunsten ihnen wegen familienrechtlicher Beziehungen ein Zeugnisverweigerungsrecht zustünde (Ehegatten und eingetragene Lebenspartner/innen, jeweils auch nach Beendigung der Ehe/Partnerschaft, Verlobte; eheliche und nichteheliche Kinder, Stief- oder Adoptivkinder und Schwiegertöchter, Schwiegersöhne, Eltern, Stief- oder Adoptiveltern und Schwiegereltern; Enkel, Stiefenkel und die Ehegatten der Enkel, Onkel, Tanten und deren Ehegatten, Großeltern, Geschwister, Eltern der Stiefeltern und Eltern der Schwiegereltern; Nichten, Neffen).
Nach § 62 Beamtengesetz sind Nebentätigkeiten zu untersagen, die die Unbefangenheit berühren.

2.
Verwaltungsverfahren

In einem Verwaltungsverfahren darf für eine Behörde nicht tätig werden, wer selbst „Beteiligter" oder Angehöriger eines Beteiligten ist oder wer einen Beteiligten kraft Gesetzes oder Vollmacht allgemein oder in diesem Verwaltungsverfahren vertritt. Als befangen gilt u.a. auch, wer Angehöriger einer Person ist, die einen Beteiligten in diesem Verfahren vertritt, wer bei einem Beteiligten gegen Entgelt beschäftigt ist, wer außerhalb seiner amtlichen Eigenschaft in der Angelegenheit ein Gutachten abgegeben hat oder sonst tätig geworden ist (Landesverwaltungsverfahrensgesetz § 20).

3.
Beispiele für Befangenheit bei Lehrkräften

Lehrkräfte sollten nach Möglichkeit die eigenen Kinder nicht unterrichten. Ist dies ausnahmsweise aus zwingenden Gründen erforderlich, ist aufgrund von § 2 Abs. 3 Landesverwaltungsverfahrensgesetz wie folgt zu verfahren:
- Die Lehrkraft darf wie üblich eine Note für das Fach erteilen.
- In der Klassen- bzw. Jahrgangsstufenkonferenz darf die Lehrkraft bei Gegenständen, die ihr Kind betreffen, nicht abstimmen (z.B. Entscheidungen über Zeugnisse, Schulbericht, Versetzung).
- Die Lehrkraft darf bei der Teilnahme ihres Kindes an Abschlussprüfungen als Erstkorrektor und als Prüfer im Fachausschuss tätig werden. Von seiner Beauftragung als Zweitkorrektor und Vorsitzender oder weiteres Mitglied des Fachausschusses ist abzusehen. Bei Entscheidungen des Fachausschusses bzw. der Prüfungskommission darf sie nicht abstimmen.

(Quelle: KM, 20.3.1996, AZ: 11/1-6452.0/9)

4.
Befangenheit in der Schulkonferenz

Am Beschluss der Schulkonferenz über den Vorschlag zur Besetzung der Schulleiterstelle darf eine Lehrkraft, deren Ehepartner Bewerber ist, nicht teilnehmen. Entsprechendes gilt für Elternvertreter- und für Schülervertreter/innen, bei denen ein Elternteil Bewerber ist.

→ Beamtengesetz §§ 52, 62; → Eltern und Schule; → Personalvertretungsgesetz § 36; → Verwaltungsrecht

Beflaggung

Auszug aus der Bekanntmachung des Staatsministeriums über die Beflaggung der Dienstgebäude vom 22. Oktober 1991 (GABl. S. 1110); geändert am 3. November 1993 (Staatsanzeiger Nr. 89, Seite 5/1993)

1. Bei der Beflaggung der Dienstgebäude des Landes ist der ... Erlass der Bundesregierung über die Beflaggung der Dienstgebäude des Bundes ... sinngemäß anzuwenden. ...

6. Wenn geflaggt wird, setzen die Landesbehörden neben der Landesdienstflagge (...) oder der Landesflagge grundsätzlich auch die Europaflagge und die Bundesflagge. Der Europaflagge gebührt die bevorzugte Stelle.

Bei Anlässen, zu denen die Landesdienstflagge oder die Landesflagge auf halbmast gesetzt werden, darf die Europaflagge nicht zu hissen. Dies gilt für die gesamte Dauer der Trauerbeflaggung.

Hinweise der Redaktion:
1. Die öffentlichen Schulen sind im Sinne dieser Bekanntmachung als „Dienstgebäude des Landes" anzusehen. Für die Beflaggung ist jeweils der Schulträger verantwortlich; in der Regel wird hiermit der Hausmeister beauftragt.
2. Nach dem Erlass der Bundesregierung über die Beflaggung der Dienstgebäude des Bundes vom 22. März 2005 (Bundesanzeiger Nr. 61 S. 4982) ist ohne besondere Anordnung an folgenden Tagen zu flaggen:
   a) am Tag des Gedenkens an die Opfer des Nationalsozialismus (27. Januar) – halbmast –
   b) am Tag der Arbeit (1. Mai)
   c) am Europatag (9. Mai)
   d) am Jahrestag der Verkündung des Grundgesetzes (23. Mai)
   e) am Jahrestag des 17. Juni 1953
   f) am Jahrestag des 20. Juli 1944
   g) am Tag der Deutschen Einheit (3. Oktober)
   h) am Volkstrauertag (2. Sonntag vor dem 1. Advent) – halbmast –
   i) am Tag der Wahl zum Deutschen Bundestag sowie
   j) am Tag der Wahl zum Europäischen Parlament

Beförderung (Allgemeines)

Hinweise der Redaktion

1. Allgemeines und Begriffsbestimmungen

Der beamtenrechtliche Begriff der Beförderung ist im Landesbeamtengesetz (LBG) definiert.

→ Beamtengesetz § 20

Danach ist eine Beförderung *„eine Ernennung, durch die einer Beamtin oder einem Beamten ein anderes Amt mit höherem Grundgehalt verliehen wird"*.

Zu unterscheiden ist zwischen
- einer „Regelbeförderung", bei der das Eingangsamt sowie ein oder mehrere Beförderungsämter durchlaufen werden, ohne dass sich der Inhalt des Amtes ändert, sowie
- einer funktionsbezogenen Beförderung auf Stellen mit Leitungsfunktionen (siehe Ziffer 5).

Bei der Auswahl für eine Beförderung sind die allgemeinen Eignungsgrundsätze für den öffentlichen Dienst maßgebend: Eignung, Befähigung und fachliche Leistung (Beamtenstatusgesetz § 9). Dabei sind die Vorschriften über die dienstliche Beurteilung („Anlassbeurteilung") anzuwenden. Die Gültigkeitsdauer des maßgebenden Gesamturteils von Anlassbeurteilungen in Zusammenhang mit den Beförderungsverfahren sowie mit dem Bewährungsaufstieg beträgt fünf Jahre; auf Antrag der Lehrkraft oder wenn sich deren Leistung verändert hat, kann der/die Schulleiter/in eine neue dienstliche Beurteilung auch früher erstellen.

→ Beamtengesetz § 34; → Beamtenstatusgesetz § 9; → Dienstliche Beurteilung Lehrkräfte]

Wenn gleiche Eignung, Befähigung und fachliche Leistung von Frauen und Männern vorliegen, dürfen bei der Auswahlentscheidung für Beförderungen geringere aktive Dienst- oder Beschäftigungszeiten, Reduzierungen der Arbeitszeit oder Verzögerungen beim Abschluss einzelner Ausbildungsgänge aufgrund der Betreuung von Kindern oder pflegebedürftigen Angehörigen nicht berücksichtigt werden.

→ Chancengleichheitsgesetz § 10 Abs. 3

Die formalen Regelungen für die Auswahl der Beschäftigten bei der Besetzung von Funktionsstellen (Schulleitung, stellvertretende Schulleitung, Stufenleiter/innen, Fachleiter- und Fachbetreuer/innen) sind in der Verwaltungsvorschrift → Funktionsstellen (Besetzung und Überprüfung) getroffen.

Die Beauftragte für Chancengleichheit hat ein Teilnahmerecht an Vorstellungs- und Personalauswahlgesprächen in Bereichen geringerer Repräsentanz von Frauen, soweit nicht nur Frauen oder nur Männer die vorgesehenen Voraussetzungen der Personalstelle erfüllen. Bei der Bewerbung von Schwerbehinderten hat die Schwerbehindertenvertretung das Recht auf Einsichtnahme in die entscheidungsrelevanten Teile der Bewerbungsunterlagen sowie auf Teilnahme an allen Bewerbungsgesprächen der schwerbehinderten und der nicht schwerbehinderten Bewerber/innen um eine Stelle, außer der/die Schwerbehinderte lehnt dies ausdrücklich ab.

Im Regelfall werden freie Beförderungsdienstposten ausgeschrieben (LBG § 11 Abs. 1). Hierauf können sich auch Tarifbeschäftigte bewerben. Zur Vergütung siehe Hinweis bei → Schulgesetz § 39.

Eine Beförderung ist nicht zulässig
1. während der Probezeit,
2. vor Ablauf eines Jahres seit der Einstellung,
3. vor Ablauf eines Jahres seit der letzten Beförderung.

Innerhalb von drei Jahren vor Erreichen der Altersgrenze sollen keine Beförderungen erfolgen (hierzu siehe auch unten Nr. 4). Ferner ist die Stellen- und Beförderungssperre zu beachten.

→ Beförderung (Stellensperre)

Beförderungen, die weniger als zwei Jahre (= 24 Monate) vor der Versetzung in den Ruhestand liegen, sind nicht ruhegehaltfähig (§ 19 Abs. 3 Beamtenversorgungsgesetz). Ausnahmen werden nur bei Beschäftigten zugelassen, die ohne eigenes Verschulden z.B. wegen Krankheit vorzeitig aus dem aktiven Dienst ausscheiden. Eine Ausnahme liegt ferner in einer Reihe von Fällen beim Hauptschulbeförderungsverfahren vor (s.u. Ziff. 5). Betroffene können gem. § 39 LBG beantragen, den Eintritt in den Ruhestand um ein Schuljahr hinauszuschieben. Nicht zulässig ist, den Ruhestand lediglich um den Zeitraum hinauszuschieben, der zum Erreichen der Ruhegehaltsfähigkeit fehlt (z.B. um einen Monat).

(Quelle: KM, 4. November 2009, AZ: 14-0311.23/508)

Keine „Beförderung" liegt hingegen vor, wenn die von dem Beamten besetzte Stelle durch Änderung des Besoldungsgesetzes angehoben wird (z.B. Hebung der Konrektorenstellen an kleinen Hauptschulen von A 12 + Zulage nach A 13 oder bei Rektoren von A 13 nach A 13 + Zulage); in diesen Fällen tritt die Ruhegehaltfähigkeit sofort ein.

→ Beamtengesetz §§ 19 Abs. 3, 39; → Beamtenversorgung (Allgemeines); → Beförderung (Stellensperre)

Laut Beschluss der KMK vom 4.2.1965 dürfen Lehrkräften, die für den Auslandsschuldienst aus den Ländern beurlaubt sind, „in Anstellung und Beförderung keine Nachteile erwachsen."

Detaillierte Zahlen und weitergehende Infos zu dem aktuellen Beförderungsprogramm für Fachlehrer/innen und Technische Lehrkräfte aller Schularten finden Sie unter www.stolz-vahle.de

2. Regelbeförderung

a) Lehrkräfte im Beamtenverhältnis

Die „wissenschaftlichen" Lehrkräfte des gehobenen Dienstes an den Grund-, Haupt-, Real- und Sonderschulen sowie an beruflichen Schulen und Gymnasien durchlaufen regelmäßig nur das „Eingangsamt" (LVO § 49 Abs. 1); ihre Laufbahn beginnt und endet in der Anfangsbesoldungsgruppe (Ausnahme: Haupt-/Werkrealschule; siehe Nr. 5).

Bei den übrigen Lehrkräften gibt es innerhalb der jeweiligen Laufbahn eine „Regelbeförderung". Dabei ist teilweise eine Mindest-Dienstzeit in den vorhergehenden Ämtern vorgeschrieben.

Die (Regel-)Beförderungsverfahren (zum bzw. zur Oberstudienrat/-rätin, Technische Oberlehrer/in, Fachoberlehrer/in) basieren auf einer Verbindung von Dienstalter und Beurteilung. Beim Dienstalter wird beim ersten Beförderungsamt bei bis zum 31.3.2009 eingestellten Beamt/innen auf das Jahr der Anstellung abgestellt. Wenn danach Beurlaubungen aus sonstigen Gründen erfolgen, führt dies zu einer Verschiebung des Anstellungsjahrgangs (nicht jedoch bei Beurlaubungen aus familiären Gründen). So wird z.B. eine Lehrkraft, die 1990 angestellt und danach 3 Jahre beurlaubt wurde, dem Anstellungsjahr 1996 zugeordnet:

- Anstellung 1990,
- Beurlaubung ohne Bezüge 3 Jahre 1993,
- Regelwartezeit (LVO) 3 Jahre 1996.

Tatsächlich in Anspruch genommener Erziehungsurlaub führt bis zu drei Jahren pro Kind nicht zur Verschiebung des Anstellungsjahrgangs. Entsprechend wird bei der Zuordnung zu einem Anstellungs- oder Beförderungsjahrgang (nicht bei Fristen nach der LVO oder der Beförderungssperre) anlässlich der Beförderung ins zweite Beförderungsamt, z.B. Fachoberlehrer/in verfahren.

Seit 1.4.2009 ist dabei nicht mehr das Datum der Anstellung, sondern der Einstellung maßgebend.
(Quelle: KM vom 26.4.2001; AZ: 14-0311.23/304)

Bei der Regelbeförderung werden stets nur freie Planstellen besetzt. Dies führt dazu, dass bei vielen Betroffenen trotz Erfüllung der Mindest-Dienstzeiten und der erforderlichen dienstlichen Qualifikation (Eignung) zusätzliche Wartezeiten und damit auch finanzielle Einbußen entstehen. Die Schulverwaltung versucht, diesen Mangel in Zusammenarbeit mit den Personalräten durch Beförderungslisten auszugleichen, mit denen die verschiedenen Bewerberjahrgänge und die dienstliche Beurteilung der einzelnen Bewerber/innen in eine stimmige Korrelation gebracht werden sollen. Betroffene erhalten beim zuständigen Bezirkspersonalrat Auskunft.

b) Anrechnung von Vordienstzeiten

Für die Anrechnung von Lehr- und Unterrichtszeiten vor Eintritt in den Schuldienst bei Festlegung des Beförderungs- bzw. Anstellungsjahrgangs für Beförderungen in ein funktionsloses Beförderungsamt gilt: Diese sind, sofern sie vor Erwerb der Laufbahnbefähigung ausgeübt wurden und nach Art und Bedeutung mindestens der Tätigkeit in einem Amt der betreffenden Laufbahn entsprochen haben, generell auf die „nicht gesetzliche" Wartezeit anzurechnen, die aufgrund fehlender Beförderungsstellen entsteht. Voraussetzungen:

- Die Lehr- und Unterrichtstätigkeit muss rund 50% der damaligen Tätigkeit ausgemacht haben;
- die aktuelle Zielgruppe der Lehr- und Unterrichtstätigkeit (Schüler, Auszubildende, Erwachsene) soll derjenigen der damaligen Tätigkeit entsprechen.

Hierbei können nur solche Zeiten auf die Wartezeit aufgrund fehlender Beförderungsstellen angerechnet werden, die nicht bereits anderweitig berücksichtigt wurden.

Beispiele:
- Voraussetzung für die Beförderung zum/zur Technischen Oberlehrer/in ist eine mindestens achtjährige Lehrtätigkeit oder eine mindestens vierjährige Dienstzeit seit Anstellung als Technische/r Lehrer/in. Auf die Wartezeit aufgrund fehlender Beförderungsstellen können daher nur Zeiten angerechnet werden, die über diese 8 bzw. 4 Jahre hinausgehen.
- Bei Sozialpädagog/innen (FH) ist eine sechsjährige Lehrtätigkeit Voraussetzung für die Befähigungsfeststellung für das Lehramt im gehobenen Dienst an Berufs- und Berufsfachschulen. Auf die Wartezeit aufgrund fehlender Beförderungsstellen können daher nur über diese 6 Jahre hinausgehende Zeiten angerechnet werden.

Betroffene Lehrkräfte können beim Regierungspräsidium einen Antrag auf Anrechnung entsprechender Zeiten für die Zuordnung zu dem Beförderungs- bzw. Anstellungsjahrgang stellen.
Quelle: KM, 9. Juni 2005, AZ: 14-0311.23/406

c) Lehrkräfte im Arbeitnehmerverhältnis („Erfüller")

1. Bei tarifbeschäftigten Fachlehrer/innen und Technischen Lehrer/innen, welche die fachlichen und pädagogischen Voraussetzungen für die Übernahme ins Beamtenverhältnis erfüllen („Erfüller"), die also in ein erstes oder zweites Beförderungsamt eingruppiert werden können, und die ihre Laufbahnprüfung (2. Lehramtsprüfung) mit einer Note besser als „befriedigend" (2,4 und besser) bestanden haben, wird für die Berechnung des Beförderungsjahrgangs eine fiktive, mit den Beamten vergleichbare Probezeit ermittelt. Bei ihnen kann die erforderliche Überprüfung der dienstlichen Leistungen auf der Basis der allgemeinen dienstlichen Erkenntnisse erfolgen. Ein Unterrichtsbesuch ist nicht zwingend erforderlich!
2. Bei tarifbeschäftigten Lehrkräften mit der Be-

Beförderung (Allgemeines)

fähigung für das wissenschaftliche Lehramt an Gymnasien und Beruflichen Schulen ging man in der Vergangenheit von der regelhaften Bewährungsprobezeit der Beamtinnen und Beamten von 3 Jahren ab Einstellung aus. Bei **neu eingestellten** Tarifbeschäftigten an Gymnasien und Beruflichen Schulen, die das 2. Staatsexamen besser als „befriedigend" (= 2,4 und besser) abgeschlossen haben, erfolgt spätestens 15 Monate nach Einstellung eine einstufige (!) Bewährungsfeststellung durch den/die Schulleiter/in. Fällt das Ergebnis dieser Bewährungsfeststellung ebenfalls besser als befriedigend aus, wird die Bewährungsprobezeit auf mindestens 1 1/2 Jahre verkürzt.

Eine Verkürzung der Bewährungsprobezeit erfolgt nicht, wenn das 2. Staatsexamen befriedigend und schlechter ausgefallen ist oder der/die Tarifbeschäftigte nicht mit einer Bewährungsfeststellung einverstanden ist.

Weitere Auskünfte hierzu erteilen die GEW-Arbeitnehmervertreter/innen in den Personalräten.

3. Regelbeförderung von Fachlehrer/innen und Technischen Lehrer/innen

Die Fachlehrer/innen (an allen Schularten) durchlaufen regelmäßig das Eingangsamt sowie zwei Beförderungsämter; die Technischen Lehrer/innen (an allen Schularten) durchlaufen regelmäßig das Eingangsamt und ein Beförderungsamt (siehe Beispiele). Darüber hinaus steht allen ein funktionsbezogenes weiteres Beförderungsamt – „Funktionsstelle" – offen (hierzu siehe Ziff. 5).

Beispiel 1: Regelbeförderung einer Fachlehrerin

Eingangsamt:	Fachlehrerin	Besoldungsgruppe A 9 mit Stellenzulage
1. Beförderungsamt:	Fachoberlehrerin	Besoldungsgruppe A 10 mit Stellenzulage
2. Beförderungsamt:	Fachoberlehrerin	Besoldungsgruppe A 11 mit Stellenzulage

Beispiel 2: Regelbeförderung einer Technischen Lehrerin

Eingangsamt:	Technische Lehrerin	Besoldungsgruppe A 10
Beförderungsamt:	Technische Oberlehrerin	Besoldungsgruppe A 11

Für eine Beförderung sind zwei Kriterien von entscheidender Bedeutung: der <u>Beförderungsjahrgang</u> und die <u>Note</u> der dienstlichen Beurteilung. Der Beförderungsjahrgang ist das Jahr, in dem die besoldungs- und beamtenrechtlichen Voraussetzungen für die Beförderung erfüllt sind. Ein Beispiel (Beförderung einer Fachlehrerin):

Abschluss des Fachseminars:	31.7.2000
Ende Regel-Probezeit:	31.1.2003
Regelwartezeit (A 9 - A 10, 3 Jahre):	31.1.2006
Voraussetzungen für Beförderung nach Bes.-Gr. A 10 sind erfüllt:	im Jahr 2006
Regelwartezeit von A10 nach A11:	weitere 5 Jahre*

* bei Techn. Lehrer/innen (von A 10 nach A 11): 4 Jahre

4. Regelbeförderung an Gymnasien und beruflichen Schulen

Die Lehrkräfte des <u>höheren Dienstes</u> an Gymnasien und beruflichen Schulen durchlaufen regelmäßig das „Eingangsamt" (Bes.-Gr. A 13 + Zulage) sowie ein erstes Beförderungsamt (Oberstudienrat/-rätin, A 14). Für sie gilt ein besonderes Beförderungsverfahren (→ Beförderung – Oberstudienrat/-rätin). Ferner steht ihnen eine funktionsbezogene Beförderung offen (Fachleiter- bzw. Studiendirektor/innen, Bes.-Gr. A 15; siehe Ziff. 6).

Für die „wissenschaftlichen" Lehrkräfte des <u>gehobenen Dienstes</u> an Gymnasien und beruflichen Schulen (z.B. Gymnasialräte/-innen, Gewerbeschulräte/-innen, Handelsschulräte/-innen) gibt es zwar keine Regelbeförderung; ihnen wird jedoch ein Aufstieg in den höheren Dienst ermöglicht.

→ Aufstieg

Studienrät/innen an Gymnasien und beruflichen Schulen werden ab dem 60. Lebensjahr außerhalb der Kriterien des jeweiligen Beförderungsprogramms (funktionslos) nach Bes.-Gr. A 14 (Oberstudienrat/-rätin) befördert, müssen aber mindestens eine Beurteilung mit der Note „gut" vorweisen („*Aktion Abendsonne*"). Dieses Verfahren gilt auch auch für Gewerbe- und Handelsschulrät/innen, die zum Studienrat ernannt wurden, für verbeamtete Direkteinsteiger/innen und aufgestiegene Realschullehrer/innen. Die Beförderungen erfolgen so kurz wie möglich vor Beginn des Beförderungsverbots (drei Jahre vor der Altersgrenze). Damit wird das Oberstudienratsgehalt ruhegehaltfähig, es sei denn die Lehrkraft tritt vor Erreichen der gesetzlichen Altersgrenze in den Ruhestand.

5. Beförderung von Lehrkräften an Hauptschulen und Werkrealschulen

20% der Lehrkräfte mit der Befähigung für das Lehramt an Grund- und Hauptschulen, die mehr als die Hälfte ihrer Unterrichtsverpflichtung an einer Haupt- oder Werkrealschule unterrichten, können aus Bes.-Gr. A 12 nach A 13 befördert werden. Dies gilt auch für Hauptschullehrkräfte, die im Bildungsgang Hauptschule bzw. in der Hauptstufe einer Sonderschule, an einer Realschule, einem Gymnasium oder an einer beruflichen Schule unterrichten, an eine Pädagogische Hochschule (teil-)abgeordnet oder an eine Privatschule beurlaubt sind. Auch überwiegend im Hauptschulbereich oder an Werkrealschulen tätige HHT-Oberlehrerinnen, sind einbezogen.

Bei Tarifbeschäftigten erfolgt keine Beförderung, sondern eine entsprechende Höhergruppierung.
→ Arbeitszeit – Lehrkräfte – A.I.2, Fußnote 1

Grundsätzlich werden nur Lehrkräfte befördert, die danach auf Dauer mit mehr als 50% ihrer Unterrichtsverpflichtung an einer Haupt- oder Werkrealschule unterrichten (Ausnahme: HS-Lehrkräfte an Realschulen, Gymnasien oder beruflichen Schulen). Es können sich auch GHS-Lehrkräfte bewerben, die überwiegend oder ganz an einer Grundschule unterrichten, wenn sie künftig dauerhaft mit mehr als 50% an einer Hauptschule tätig sind.
Die Erst-Auswahl 2009 erfolgte in einem Mischverfahren:

- Rund 41% der Stellen wurden in einer Kombination aus Dienstalter und Beurteilung an Personen mit der Beurteilung „sehr gut" vergeben.
- Rund 50% der A13-Stellen wurden durch die jeweilige Schule mit einer besonderen Aufgabe ausgeschrieben (Übernahme spezieller pädagogischer oder Verwaltungsaufgaben).
- Der dritte Teil (9%) wurde an Personen vergeben, die Funktionen außerhalb der Schule wahrnehmen, z.b. in der Schulverwaltung, an Akademien, Instituten oder Seminaren.

Da 2009 das Kontingent von 20% der Stellen ausgeschöpft wurde, können weitere Personen erst dann in die Bes.-Gr. A 13 „nachrücken", wenn im Jahr 2009 beförderte Lehrkräfte wieder ausscheiden (z.b. nach einer weiteren Beförderung oder durch Pensionierung). Wegen der Haushaltssperren werden erst ab 2011 wieder A 13-Stellen frei werden. Zum Auswahlverfahren siehe Beförderungsverfahren für Fachlehrer/innen (s.o. Nr. 2).

6. Beförderung auf Funktionsstellen (alle Schularten)

Funktionsstellen (z.B. Konrektor/in, Rektor/in, Studiendirektor/in, Oberstudiendirektor/in, Fachbetreuer/in und Stufenleiter/in) werden grundsätzlich nach Ausschreibung und einem Überprüfungsverfahren besetzt. Hierzu die Beiträge → Funktionsstellen (Besetzung und Überprüfung); → Funktionsstellen (Merkblatt) sowie → Schulleitung (Abteilungsleiter/innen) beachten. Zum Entgelt für Tarifbeschäftigte auf Funktionsstellen siehe → Schulgesetz § 39 (Hinweis d. Redaktion Nr. 2).

Die funktionsbezogenen Beförderungsämter für Fachlehrer/innen sowie für Technische Lehrer/innen an allen Schularten sind wie folgt ausgebracht:

- Fachoberlehrer/in als Fachbetreuer/in bzw. Stufenleiter/in Bes.-Gr. A 11 + Amtszulage
- Technische/r Oberlehrer/in als Fachbetreuer/in bzw. Stufenleiter/in Bes.-Gr. A 12

→ Aufstieg; → Beamtengesetz §§ 19 Abs. 3, 39; → Beamtenversorgung (Allgemeines); → Beförderung (Oberstudienrat/-rätin); → Besoldung (Lehrkräfte); → Beförderung (Stellen- und Beförderungssperre); → Dienstliche Beurteilung (Lehrkräfte); → Ernennungsgesetz; → Funktionsstellen (Besetzung); → Schulleitung (Abteilungsleiter/innen)

Beförderung (Oberstudienrat/-rätin)

Beförderung zur Oberstudienrätin zum Oberstudienrat; Ziff. I der Verwaltungsvorschrift des KM vom 19. März 2001 (KuU S. 213/2001); zuletzt geändert 23.10.2007 (KuU S. 370/2007)

1.
Ausschreibung mit besonderer Aufgabe

Die besetzbaren A-14-Stellen werden durch die jeweilige Schule mit einer besonderen Aufgabe ausgeschrieben.
Folgende besondere Aufgaben können einer A-14-Ausschreibung zugrunde gelegt werden:

- Mitwirkung bei schulorganisatorischen Aufgaben (z.B. Unterrichtsorganisation, Zusammenarbeit mit anderen Schulen, Behörden, freie Träger und Institutionen der Wirtschaft; Lernortkooperation; Datenverwaltung).
- Wahrnehmung von Aufgaben im Bereich Ausstattung der Schule (z.B. Medientechnologie, u.a. EDV-Netzbetreuung; Mediensammlung, Lehrerbibliothek, Schülerbücherei; Umwelt-, Energiefragen; Arbeitssicherheit, Arbeitsschutz; Betreuung von Sammlungen und/oder Laboreinrichtungen; Lernmittelverwaltung).
- Wahrnehmung lehrerbezogener Aufgaben (z.B. Mitwirkung bei der schulinternen Lehrerfortbildung; Kontaktpflege zu anderen Schulen; Zusammenarbeit Schule/Betrieb; Fach- bzw. Fachbereichsbeauftragte; Übernahme spezieller pädagogischer Aufgaben).
- Wahrnehmung schülerbezogener Aufgaben (z.B. Verkehrserziehung; Schülerwettbewerbe; Suchtprävention; Schüleraustausch/Partnerschulen; Betreuung von Übungs-/Juniorfirmen).

Hinweis der Redaktion:
1. Zur funktionslosen Beförderung von Studienrät/innen nach Besoldungsgruppe A 14 („Aktion Abendsonne") siehe → Beförderung (Allgemeines) Nr. 4.
2. Studienrät/innen an beruflichen Schulen können sich auf Stellenausschreibungen der Bes.-Gr. A14 an allgemeinbildenden Gymnasien bewerben, sofern sie die Lehrbefähigung für das Gymnasium besitzen. Einschränkungen können sich jedoch aus den in der Ausschreibung genannten Anforderungen ergeben.
(Quelle: KM, 15. März 2007, AZ: 14-0311.23/466)
3. Insbesondere auch die Übernahme spezieller pädagogi-

scher Aufgaben (z. B. im Rahmen der Schulentwicklung, Koordination von Unterrichtsfächern oder Lernfeldern) kann einer A14-Ausschreibung zugrunde gelegt werden.
4. Der Umfang der ausgeschriebenen Aufgabe ist zu beachten. Kein/e Oberstudienrat/rätin muss mehr als 100% Leistung erbringen. Eine zusätzliche zeitliche Belastung von einer Stunde als Ausgleich für die Beförderung ist denkbar, ansonsten sind zusätzliche Aufgaben weiterhin über Anrechnungen abzugelten.
(Quelle zu 3-4: KM, 27.10.2010, AZ: 14-0311.23/589)

2.
Späterer Wechsel der A-14-Aufgabe

Es ist selbstverständlich möglich, nach der Ernennung zur Oberstudienrätin / zum Oberstudienrat die der Besoldungsgruppe A 14 zugewiesene Aufgabe zu wechseln. Darauf wird in den individuellen Einweisungserlassen hingewiesen werden.

3.
Verteilung der für eine Beförderung verfügbaren A-14-Stellen durch das Kultusministerium ...

Die A-14-Stellen werden im Verhältnis der jeweils in den einzelnen Oberschulamtsbezirken vorhandenen Stellen der wissenschaftlichen Lehrkräfte des höheren Dienstes und von 50% im gehobenen Dienst an Gymnasien bzw. beruflichen Schulen auf die Oberschulämter verteilt.

4.
Verteilung der für eine Beförderung besetzbaren A-14-Stellen ... auf die Schulen

Im Oberschulamtsbezirk werden die A-14-Stellen nach der Zahl der für die vorhandenen wissenschaftlichen Lehrkräfte erforderlichen Stellen im höheren Dienst und von 50% im gehobenen Dienst an der jeweiligen Schule verteilt. Die Schulen, die danach unterdurchschnittlich mit A-14-Stellen versorgt sind, müssen grundsätzlich zunächst bedacht werden. Da in einer Übergangszeit neben dem Ausschreibungsverfahren das bisherige Verfahren beibehalten werden soll, ist dadurch ein Ausgleich der unterschiedlichen Beförderungschancen für alle Studienrätinnen und Studienräte anzustreben. Um Besonderheiten ausgleichen zu können, können die Oberschulämter bis zu 10% der besetzbaren Beförderungsstellen zurückbehalten, um auch Funktionen außerhalb der Schule angemessen berücksichtigen zu können (z.B. Lehrbeauftragte an Seminaren, Akademiereferentinnen und Akademiereferenten, in die Schulverwaltung abgeordnete Beamtinnen und Beamte, in den Auslandsschuldienst beurlaubte Beamtinnen und Beamte).

Hinweis der Redaktion: Das KM hat u.a. verfügt
1. Es sollen die Gymnasien berücksichtigt werden, die in den vergangenen Jahren keine Ausschreibungsstelle erhalten haben. (KM, 27.10.2010, AZ: 14-0311.23/589)
2. (Berufliche) Schulen, die seit 5 Jahren keine Stelle zur Ausschreibung in A 14 erhalten haben, sollen vorab mit einer Stelle bedacht werden. (15.10.2007; AZ: 14-0311.23/472)
3. An beruflichen Schulen ist abweichend von der VwV für die Verteilung der A14-Stellen auf die Schulen nur das Verhältnis der wissenschaftlichen Lehrkräfte in A13 (einschließlich angestellter Lehrkräfte im Erfüllerstatus) zu wissenschaftlichen Lehrkräften in A14 (einschließlich angestellter Lehrkräfte im Erfüllerstatus) zu berücksichtigen.
(Quelle: KM, 15.10.2007; 14-0311.23/472)

5.
Verbindung der freien A-14-Stellen mit einer besonderen Aufgabe

Die Schule hat hinsichtlich der auszuschreibenden Aufgabe ein Vorschlagsrecht. Die endgültige Zuordnung der besonderen Aufgabe zu der zur Beförderung heranstehenden Planstelle erfolgt durch das Oberschulamt nach Abstimmung mit der Schulleiterin/dem Schulleiter.

6. Ausschreibung

Die Ausschreibung der A-14-Stelle erfolgt durch Ausschreibungslisten für die allgemeinbildenden Gymnasien und die beruflichen Schulen, die in den Schulen bekanntzugeben sind. Die Ausschreibungen werden in 2 bis 4 Listen/Jahr zusammengefasst.

7.
Bewerbungsverfahren

Bewerbungen sind auf dem Dienstweg an das Oberschulamt zu richten. Ein Durchschlag der Bewerbung ist - soweit es sich um eine Außenbewerbung handelt - an die Schule zu senden, an der die A-14-Stelle ausgeschrieben ist.

Hinweis der Redaktion: Studienrät/innen können sich im Ausschreibungsverfahren auch auf ausgeschriebene Stellen außerhalb des Regierungsbezirkes bewerben, in dem sie unterrichten. Sofern sie bei einer solchen Bewerbung außerhalb ihres Regierungsbezirkes zum Zuge kommen, wird die Versetzung in der Regel erst zum 01.08. eines Jahres erfolgen. Die Beförderung erfolgt trotzdem zum 1.5. des Jahres.
Bewerbungen von „jungen" Studienrätinnen und Studienräten, die sich ohne Vorliegen der Beförderungsvoraussetzung auf Ausschreibungsstellen bewerben, können aus rechtlichen Gründen nicht in das Bewerbungsverfahren ausgeschlossen werden. Auch Lehrkräfte im Arbeitnehmerverhältnis („Erfüller") können sich um die ausgeschriebene Stelle bewerben.
(Quelle: KM, 27.10.2010, AZ: 14-0311.23/589)

8.
Auswahlverfahren

Grundlage des Auswahlverfahrens ist eine dienstliche Beurteilung, die nach den Regelungen der Verwaltungsvorschrift → Dienstliche Beurteilung (Lehrkräfte) ... erstellt wird.

Die Schulleiterin/der Schulleiter der Schule, an der die A-14-Stelle zu besetzen ist, führt mit den in Frage kommenden Bewerberinnen und Bewerbern ein Gespräch.

Die Schulleiterin/der Schulleiter, an der die A-14-Stelle zu besetzen ist, erörtert mit dem örtlichen Personalrat seinen/ihren Besetzungsvorschlag und übermittelt ihn dann an das Oberschulamt. Der örtliche Personalrat kann gegenüber dem Oberschulamt zum Besetzungsvorschlag der Schulleiterin/des Schulleiters Stellung nehmen.

Das Oberschulamt entscheidet abschließend über die Vergabe der A-14-Stelle. Es kann mit einzelnen oder mehreren Bewerberinnen oder Bewerbern ein Vorstellungsgespräch führen. Dies dürfte insbesondere dann geboten sein, wenn sich Lehrerinnen und Lehrer von anderen Schulen um die ausgeschriebene Stelle beworben haben. Wenn das Oberschulamt vom Vorschlag der Schulleiterin oder des Schulleiters abweichen möchte, ist dies mit der Schulleiterin/dem Schulleiter zu besprechen.

Beförderung (Oberstudienrat/-rätin) / Beförderung (Stellen- und Beförderungssperre)

Hinweise der Redaktion:
1. Bei der Auswahlentscheidung sollen ... bei gleicher Eignung, Befähigung und fachlicher Leistung Studienrätinnen grundsätzlich vorrangig befördert werden.
(Quelle: KM, 18.12.2006; AZ: 14-0311.23/448)
→ Chancengleichheitsgesetz § 10
2. Bei allen Verfahrensschritten sollen die Bezirkspersonalräte und Bezirksvertrauenspersonen der Schwerbehinderten rechtzeitig informiert werden. Sowohl die Verteilung der Ausschreibungsstellen auf die Schulen als auch der Zuordnung der besonderen Aufgabe zu der einzelnen Ausschreibungsstelle sollte schon vorab zugeleitet werden. Im Rahmen der vertrauensvollen Zusammenarbeit soll auch der örtliche Personalrat frühzeitig über die Verfahrensschritte an der Schule informiert werden. Bei der Bewerbung von schwerbehinderten Personen hat die örtliche Schwerbehindertenvertretung das Recht auf Einsichtnahme in die entscheidungsrelevanten Teile der Bewerbungsunterlagen sowie auf Teilnahme an allen Bewerbungsgesprächen der schwerbehinderten und der nicht schwerbehinderten Bewerberinnen und Bewerber eine Stelle betreffend, es sei denn, die schwerbehinderte Person lehnt dies ausdrücklich ab. Der Besetzungsvorschlag der Schulleitung ist mit dem örtlichen Personalrat und der örtlichen Schwerbehindertenvertretung zu erörtern. Auf Wunsch ist Einsicht in die entscheidungsrelevanten Teile der Bewerbungsunterlagen zu gewähren. Abweichende Stellungnahmen des örtlichen Personalrats, der Beauftragten für Chancengleichheit (BfC) und/oder der örtlichen Schwerbehindertenvertretung sind zusammen mit der Bewerberübersicht dem RP zuzuleiten. Die BfC ist bei allen Verfahrensschritten frühzeitig zu beteiligen. Frühzeitig bedeutet, dass die BfC an der Entscheidungsfindung gestaltend mitwirken und Einfluss nehmen kann. Die BfC hat ein Teilnahmerecht an Vorstellungsgesprächen und sonstigen Personalauswahlgesprächen in Bereichen geringerer Repräsentanz von Frauen, wenn nicht nur Frauen oder nur Männer die vorgesehenen Voraussetzungen der Personalstelle erfüllen.
→ Chancengleichheitsgesetz §§ 4 und § 9 Abs 3; → Personalvertretungsgesetz §§ 66 Und 68; → Schwerbehinderung (VwV) 2.4.2
3. Entscheidet sich ein Schulleiter nach einem Vorstellungsgespräch für einen schlechter beurteilten Bewerber, weil dieser im Hinblick auf die ausgeschriebene Stelle besser geeignet sei, muss er dies gegenüber dem RP plausibel darstellen. Dieses kann mit allen Bewerbern ein weiteres Gespräch führen, um deren Eignung zu überprüfen.
(Quelle zu 2-3: KM, 27.10.2010, AZ: 14-0311.23/589)

→ Beförderung (Allgemeines); → Chancengleichheitsgesetz; → Dienstliche Beurteilung (Lehrkräfte); → Ernennungsgesetz

9. Besetzungszeitpunkt
Die Stellen sollen rechtzeitig jeweils vor Schuljahresbeginn besetzt werden, um eventuell während des Schuljahres entstehende Versorgungslücken zu vermeiden.

10. Berücksichtigung von Teilzeitbeschäftigten
Die Bewerbungen von Teilzeitbeschäftigten auf ausgeschriebene A-14-Stellen sind genauso wie die von vollbeschäftigten Bewerberinnen / Bewerbern zu behandeln. Wenn die ausgeschriebene Stelle mit einer / einem Teilbeschäftigten besetzt wird und für den restlichen Stellenteil keine weitere „Teilzeitbewerbung" vorliegt, ist der dadurch nicht besetzte Teil der Planstelle entweder sofort erneut auszuschreiben oder auszuschreiben, wenn durch Freiwerden eines weiteren Stellenbruchteils eine ganze A-14-Stelle zur Beförderung zur Verfügung steht.
→ Teilzeit und Urlaub (Beamtenrecht) Nr. II.3
Hinweis der Redaktion: Auf die Möglichkeit, eine A14-Stelle mit zwei Teilzeitkräften zu 50% zu besetzen, ist besonders hinzuweisen. Auch die Belange älterer und schwerbehinderter Lehrkräfte sind zu berücksichtigen.
(Quelle: KM, 27.10.2010, AZ: 14-0311.23/589)
→ Schwerbehinderung (VwV) 2.4.2

11. Folge, wenn eine Oberstudienrätin / ein Oberstudienrat die besondere Aufgabe nicht mehr wahrnimmt oder an eine andere Schule versetzt wird, bei der diese Aufgabe nicht frei ist.
Wenn die besondere Aufgabe, die der Besoldungsgruppe A 14 zugeordnet ist, nach der Beförderung wegfällt, ist der Schulleiterin / der Schulleiter die Oberstudienrätin / den Oberstudienrat mit einer anderen Aufgabe, die der Besoldungsgruppe A 14 zugewiesen ist, zu betrauen.
Hinweis der Redaktion: Unter Ziff. II. der vorstehend abgedruckten VwV hat das KM verfügt: 70% der verfügbaren Planstellen der Besoldungsgruppe A 14 werden nach diesen Regelungen vergeben. Die anderen Beförderungsstellen werden nach dem früheren Verfahren besetzt.

Beförderung (Stellen- und Beförderungssperre)

Hinweise der Redaktion

Zur Sanierung des Landeshaushalts bleibt jede frei werdende Haushalts-Stelle zunächst unbesetzt.
Quelle: VwV Besetzungs- und Beförderungssperre vom 14.11.2000 (GABl. S. 428), zuletzt geändert 29.10.2004 (GABl. S. 751); unverändert zum 1.1.2008 neu erlassen.
Es werden drei Arten der Sperre unterschieden:

1.
Allgemeine Stellenbesetzungssperre
(Ziff. 1 der VwV-Besetzungs- und Beförderungssperre)
Schulen sind von der zwölfmonatigen „allgemeinen Stellenbesetzungssperre" ausgenommen. Deshalb kann eine frei gewordene Funktionsstelle im Schulbereich (z.B. Schulleitung) stets sofort besetzt werden: Die bzw. der ausgewählte Bewerber/in wird bestellt und ggf. an die neue Schule versetzt.

2.
Persönliche Wartezeit
(Ziff. 2.1.1 der VwV-Besetzungs- und Beförderungssperre)
Zusätzlich zu den Mindestzeiten aus dem Laufbahnrecht müssen Beamtinnen und Beamte für Beförderungen nach Bes.-Gr. A 12 und höher im Zeitpunkt der Beförderung eine „persönliche Wartezeit" von sechs Monaten zurückgelegt haben.

3.
Stellenbezogene Beförderungssperre
(Ziff. 2.1.2 der VwV-Besetzungs- und Beförderungssperre)
Sie beträgt für Beförderungen nach Bes.-Gruppe
– bis A 11 sechs Monate,
– ab A 12 neun Monate.

| Beförderung (Stellen- und Beförderungssperre) / Begabten-Eignungsprüfung / Beglaubigungen |

Damit sind alle Funktionsstellen im Schulbereich ab Freiwerden sechs bzw. neun Monate lang für Beförderungen gesperrt. Wird eine Stelle jedoch dadurch frei, dass der/die bisherige Stelleninhaber/in – unter entsprechender Sperrfrist – befördert wird, gilt für diese Stelle keine weitere Sperre.

Die Frist beginnt bei Neustellen und Stellenhebungen mit dem Inkrafttreten des Stellenanteils nach den Bestimmungen des jeweiligen Staatshaushalts oder Nachtrags (in der Regel zum 1. Januar eines Jahres).

→ Beamtengesetz §§ 8 und 20; → Beamtenstatusgesetz § 22 Abs.5; → Beförderung (Allgemeines); → Beförderung (Oberstudienrat/-rätin); → Besoldung (Gesetz – LBesGBW); → Besoldung (Lehrkräfte – Eingruppierung)

Begabten-Eignungsprüfung (Hochschulzugang)

Hinweis der Redaktion

1. Begabtenprüfung

Mit der „Begabtenprüfung" soll hervorragend begabten Bewerbern, die für ein bestimmtes Fachgebiet eine herausragende Befähigung besitzen, die aber wegen ihres Entwicklungsganges keine Abiturprüfung ablegen konnten und denen die Teilnahme an der Abiturprüfung für Schulfremde nicht mehr zugemutet werden kann, durch den Erwerb der allgemeinen Hochschulreife der Zugang zum Hochschulstudium ermöglicht werden.
Die Prüfung findet einmal jährlich an einem vom Kultusministerium bestimmten Regierungspräsidium statt. Meldung beim Kultusministerium jeweils bis zum 1. August für die Prüfung im Folgejahr.
Fundstelle: Loseblattsammlung KuU Nr. 6615-281.

2. Eignungsprüfung

Besonders qualifizierte Berufstätige, die keine Hochschulzugangsberechtigung besitzen, können durch das Bestehen einer „Eignungsprüfung" die Qualifikation für das Studium in einem bestimmten Studiengang an einer Hochschule oder Berufsakademie im Lande Baden-Württemberg erwerben.
Die Prüfung wird von den Regierungspräsidien durchgeführt. Meldung jeweils bis zum 1. Dezember für die Prüfung im Folgejahr.
Fundstelle: Loseblattsammlung KuU Nr. 7611.21

→ Abschlüsse (Hochschulreife); → Fachhochschulreife

Beglaubigungen

Hinweise der Redaktion auf die einschlägigen Vorschriften

Für die Beglaubigung von Abschriften, Ablichtungen, Vervielfältigungen und Negativen gilt § 33 Abs. 1 des Landesverwaltungsverfahrensgesetzes (LVwVfG). Darin heißt es u.a.:
„Jede Behörde ist befugt, Abschriften von Urkunden, die sie selbst ausgestellt hat, zu beglaubigen...."
In § 1 der Verordnung der Ministerien über die Befugnis zur amtlichen Beglaubigung vom 11.8. 2005 (GBl. S. 613/2005) heißt es ferner:
„Zur amtlichen Beglaubigung von Abschriften, Vervielfältigungen, Negativen, Ausdrucken elektronischer Dokumente, elektronischen Dokumenten, Unterschriften und Handzeichen ... sind befugt:
1. Die Gemeinden und Landkreise,
2. Die unteren Verwaltungsbehörden,
Hinweis der Redaktion: Dies sind im Schulbereich die unteren Schulaufsichtsbehörden.
3. Die übrigen Behörden, wenn die amtliche Beglaubigung für ein Verfahren benötigt wird, das zu ihrem Aufgabenbereich gehört, oder wenn die amtliche Beglaubigung das Beschäftigungs- oder Ausbildungsverhältnis eines ihrer Bediensteten betrifft."
Hinweis der Redaktion: Im Sinne von Abs. 3 ist jede selbständige Schule eine „Behörde".

In § 33 Abs. 3 LVwVfG wird vorgeschrieben:
„Eine Abschrift wird beglaubigt durch einen Beglaubigungsvermerk, der unter die Abschrift zu setzen ist. Der Vermerk muss enthalten:
1. die genaue Bezeichnung des Schriftstückes, dessen Abschrift beglaubigt wird,
2. die Feststellung, dass die beglaubigte Abschrift mit dem vorgelegten Schriftstück übereinstimmt,
3. den Hinweis, dass die beglaubigte Abschrift nur zur Vorlage bei der angegebenen Behörde erteilt wird, wenn die Urschrift nicht von einer Behörde ausgestellt worden ist,
4. den Ort und den Tag der Beglaubigung, die Unterschrift des für die Beglaubigung zuständigen Bediensteten und das Dienstsiegel."
Die Schulen des Landes führen das „kleine Dienstsiegel" (Bekanntmachung des Staatsministeriums vom 24.3.1955, Staatsanzeiger Nr. 24/1955). Verantwortlich für die Verwaltung der Schule und damit unterschriftsberechtigt ist nach § 41 Schulgesetz die Schulleitung.
Für Beglaubigungen im Rahmen der inneren Schulverhältnisse sind nach dem Landesgebührengesetz Verwaltungsgebühren zu entrichten.

→ Gebühren; → Haushalt (Gebühreneinzug); → Schulgesetz §§ 23 / 41; → Zeugnisse; → Zeugnisse (Ersatzzeugnisse)

Behinderungen (Kinder und Jugendliche)

Hinweise der Redaktion

Vorbemerkung

Im → Grundgesetz ist vorgeschrieben (Artikel 3 Abs. 2): *"Niemand darf wegen seiner Behinderung benachteiligt werden."* Diesem Verfassungsauftrag kommen Gesetzgeber und Verwaltung in einer Vielzahl von Regelungen nach, die sich aufeinander beziehen und einander ergänzen. Da wir im Jahrbuch
- einerseits über die schulische (und z.T. auch die außerschulische) Förderung und Betreuung behinderter **Kinder und Jugendlicher** und
- andererseits über die Regelungen zugunsten behinderter **Beschäftigter**

informieren, haben wir die einschlägigen Vorschriften nach Möglichkeit diesen beiden Betroffenen-Gruppen direkt zugeordnet und jeweils dort zitiert, damit sie leichter auffindbar sind:

1. Förderung behinderter und von Behinderung bedrohter Kinder und Jugendlicher

- → Behinderungen und Förderbedarf
- → Grundschulförderklassen
- → Jugendhilfe (Bundesrecht – SGB VIII)
- → Jugendhilfe (Landesrecht – KJHG)
- → Schulgesetz §§ 15 und 82 ff.
- → Schulkindergärten
- → Schulpflicht (Durchsetzung) / (Meldeverordnung)
- → Sonderschule (Förderschule) / (Stundentafel) / (Versetzungsordnung)
- → Sonderschule (Krankenhausschule)
- → Sonderschule (Schule G) / (Schulpflicht)
- → Sonderschule (Sprachheilkurse)
- → Sprachförderung (Integration) .

Die früheren Bestimmungen zur Lese-Rechtschreibschwäche (LRS) sind seit 2008 in die VwV → Behinderungen und Förderbedarf 2.3.2 integriert.
Zu den „Nachteilsausgleichen" bei der Leistungsfeststellung (Notengebung usw.) siehe
- → Behinderungen und Förderbedarf 2.3.2; → Notenbildungsverordnung § 7

2. Bestimmungen für behinderte Beschäftigte befinden sich in den in den Beiträgen:

- → Arbeitszeit (Lehrkräfte) Teile D und E Ziff. 2.6
- → Arbeitszeit Arbeitszeit (Rekonvaleszenz)
- → Arbeitszeit (Schwerbehinderung)
- → Schwerbehinderung
- → Schwerbehinderten-Verwaltungsvorschrift.

Rehabilitation und Teilhabe behinderter Menschen (SGB IX)

Aus dem Neunten Buch des Sozialgesetzbuchs (SGB IX) – Rehabilitation und Teilhabe behinderter Menschen – werden im Folgenden einige für die behinderten Kinder und Jugendlichen wichtige Bestimmungen wiedergegeben (weitere Auszüge aus dem SGB IX, insbesondere auch die einleitenden Bestimmungen über die Begrifflichkeiten, sind unter → Schwerbehinderung abgedruckt):

§ 4
Leistungen zur Teilhabe

(3) Leistungen für behinderte oder von Behinderung bedrohte Kinder werden so geplant und gestaltet, dass nach Möglichkeit Kinder nicht von ihrem sozialen Umfeld getrennt und gemeinsam mit nicht behinderten Kindern betreut werden können. Dabei werden behinderte Kinder alters- und entwicklungsentsprechend an der Planung und Ausgestaltung der einzelnen Hilfen beteiligt und ihre Sorgeberechtigten intensiv in Planung und Gestaltung der Hilfen einbezogen.

§ 60
Pflichten Personensorgeberechtigter

Eltern, Vormünder, Pfleger und Betreuer, die bei ihrer Personensorge anvertrauten Menschen Behinderungen (§ 2 Abs. 1) wahrnehmen oder durch die in § 61 genannten Personen hierauf hingewiesen werden, sollen im Rahmen ihres Erziehungs- oder Betreuungsauftrags die behinderten Menschen einer gemeinsamen Servicestelle oder einer sonstigen Beratungsstelle für Rehabilitation oder einem Arzt zur Beratung über die geeigneten Leistungen zur Teilhabe vorstellen.

§ 61
Sicherung der Beratung behinderter Menschen

(1) Die Beratung der Ärzte, denen eine Person nach § 60 vorgestellt wird, erstreckt sich auf die geeigneten Leistungen zur Teilhabe. Dabei weisen sie auf die Möglichkeit der Beratung durch eine gemeinsame Servicestelle oder eine sonstige Beratungsstelle für Rehabilitation hin. Bei Menschen, bei denen der Eintritt der Behinderung nach allgemeiner ärztlicher Erkenntnis zu erwarten ist, wird entsprechend verfahren. ...

(2) Hebammen, Entbindungspfleger, Medizinalpersonen außer Ärzten, Lehrer, Sozialarbeiter, Jugendleiter und Erzieher, die bei Ausübung ihres Berufs Behinderungen (§ 2 Abs. 1) wahrnehmen, weisen die Personensorgeberechtigten auf die Behinderung und auf die Beratungsangebote nach § 60 hin. ...

Hilfeplan (SGB VIII)

Das Kinder- und Jugendhilfegesetz (SGB VIII) bestimmt:

§ 36 *Mitwirkung, Hilfeplan*

(1) Der Personensorgeberechtigte und das Kind oder der Jugendliche sind vor der Entscheidung über die Inanspruchnahme einer Hilfe und vor einer notwendigen Änderung von Art und Umfang der Hilfe zu beraten und auf die möglichen Folgen für die Entwicklung des Kindes oder des Jugendlichen hinzuweisen. Vor und während ei-

ner langfristig zu leistenden Hilfe außerhalb der eigenen Familie ist zu prüfen, ob die Annahme als Kind in Betracht kommt. Ist Hilfe außerhalb der eigenen Familie erforderlich, so sind die in Satz 1 genannten Personen bei der Auswahl der Einrichtung oder der Pflegestelle zu beteiligen. Der Wahl und den Wünschen ist zu entsprechen, sofern sie nicht mit unverhältnismäßigen Mehrkosten verbunden sind. Wünschen die in Satz 1 genannten Personen die Erbringung einer in § 78a genannten Leistung in einer Einrichtung, mit deren Träger keine Vereinbarungen nach § 78b bestehen, so soll der Wahl nur entsprochen werden, wenn die Erbringung der Leistung in dieser Einrichtung nach Maßgabe des Hilfeplanes nach Absatz 2 geboten ist.

(2) Die Entscheidung über die im Einzelfall angezeigte Hilfeart soll, wenn Hilfe voraussichtlich für längere Zeit zu leisten ist, im Zusammenwirken mehrerer Fachkräfte getroffen werden. Als Grundlage für die Ausgestaltung der Hilfe sollen sie zusammen mit dem Personensorgeberechtigten und dem Kind oder dem Jugendlichen einen Hilfeplan aufstellen, der Feststellungen über den Bedarf, die zu gewährende Art der Hilfe sowie die notwendigen Leistungen enthält; sie sollen regelmäßig prüfen, ob die gewählte Hilfeart weiterhin geeignet und notwendig ist. Werden bei der Durchführung der Hilfe andere Personen, Dienste oder Einrichtungen tätig, so sind sie oder deren Mitarbeiter an der Aufstellung des Hilfeplans und seiner Überprüfung zu beteiligen.

(3) Erscheinen Hilfen nach § 35a erforderlich, so soll bei der Aufstellung und Änderung des Hilfeplans sowie bei der Durchführung der Hilfe ein Arzt, der über besondere Erfahrungen in der Hilfe für Behinderte verfügt, beteiligt werden. Erscheinen Maßnahmen der beruflichen Eingliederung erforderlich, so sollen auch die Stellen der Bundesagentur für Arbeit beteiligt werden.

→ Behinderungen und Förderbedarf Nr. 4.4

Eingliederungshilfe (SGB VIII und XII)

Bei der „Eingliederungshilfe" handelt sich um Hilfen der Gesellschaft zur Eingliederung bzw. Wiedereingliederung von behinderten Menschen, damit diese an der Gesellschaft teilhaben können. Sie wird als „Leistung zur Teilhabe" definiert.

Der Rechtsanspruch Behinderter auf Eingliederungshilfe wird in zwei Gesetzen konstituiert:

1. (§ 35a SGB VIII)

Die Eingliederungshilfe für seelisch behinderte Kinder und Jugendliche oder von einer solchen Behinderung bedrohte Personen richtet sich nach § 35a SGB VIII. Kinder oder Jugendliche haben danach Anspruch auf Eingliederungshilfe, wenn ihre seelische Gesundheit mit hoher Wahrscheinlichkeit länger als sechs Monate von dem für ihr Lebensalter typischen Zustand abweicht, und daher ihre Teilhabe am Leben in der Gesellschaft beeinträchtigt ist oder eine solche Beeinträchtigung zu erwarten ist.

Von einer seelischen Behinderung „bedroht" sind Kinder oder Jugendliche, bei denen eine Beeinträchtigung ihrer Teilhabe am Leben in der Gesellschaft nach fachlicher Erkenntnis mit hoher Wahrscheinlichkeit zu erwarten ist

Die Eingliederungshilfe wird nach Bedarf im Einzelfall z.B. ambulant, in Tageseinrichtungen für Kinder oder in anderen teilstationären Einrichtungen oder durch geeignete Pflegepersonen geleistet. Ist gleichzeitig Hilfe zur Erziehung zu leisten, so sollen Einrichtungen, Dienste und Personen in Anspruch genommen werden, die geeignet sind, sowohl die Aufgaben der Eingliederungshilfe zu erfüllen als auch den erzieherischen Bedarf zu decken. Sind heilpädagogische Maßnahmen für noch nicht schulpflichtige Kinder in Tageseinrichtungen für Kinder zu gewähren und lässt der Hilfebedarf es zu, so sollen Einrichtungen in Anspruch genommen werden, in denen behinderte und nicht behinderte Kinder gemeinsam betreut werden.

2. (§§ 53 ff. SGB XII)

Die Eingliederungshilfe für andere (z.B. geistig, körperlich, seelisch oder mehrfach) Behinderte richtet sich nach §§ 53 ff. SGB XII und gehört deshalb in den Bereich der Sozialhilfe (Voraussetzungen sind hier also Bedarf und Bedürftigkeit).

Die Leistungen umfassen hier z.B. die medizinische Rehabilitation oder Hilfen bei der Verfolgung einer schulisch-beruflichen Perspektive (z.B. Begleitpersonen usw. bei der Integration von Behinderten in die Regelschulen).

Die Eingliederungshilfe kann teilweise auch als „persönliches Budget" gewährt werden, bei welcher der behinderte Mensch bzw. seine Betreuer (z.B. die Familie) eigenständig entscheiden, welche Leistungen sie im Rahmen dieser Mittel vorrangig in Anspruch nehmen wollen.

Aus Platzgründen können die einschlägigen Bestimmungen hier nicht vollständig abgedruckt werden. Bei den örtlichen Trägern der öffentlichen Jugendhilfe (Landkreise, Stadtkreise und die zu örtlichen Trägern bestimmten kreisangehörigen Gemeinden), bei den Behinderten- und Sozialverbänden sowie bei den Arbeitsstellen Kooperation der unteren Schulaufsichtsbehörden (→ Behinderungen und Förderbedarf Nr. 7) sind im konkreten Fall die erforderlichen Informationen erhältlich.

Landes-Behindertengleichstellungsgesetz

Baden-Württemberg hat am 3. Mai 2005 ein Landes-Behindertengleichstellungsgesetz erlassen (*Fundstelle:* GBl. S. 327/2005). Das Gesetz enthält u.a. Vorschriften zur Barrierefreiheit, zu Frauen mit Behinderungen, ein Benachteiligungsverbot für öffentliche Stellen, das Recht auf Verwendung von Gebärdensprache und anderen Kommunikationshilfen sowie zum Rechtsschutz durch Verbände.

→ Behinderungen und Förderbedarf; → Jugendhilfe (Bundesrecht – SGB VIII); → Jugendhilfe (Landesrecht – KJHG); → Schwerbehinderung

Behinderungen und Förderbedarf

Kinder und Jugendliche mit besonderem Förderbedarf und Behinderungen; Verwaltungsvorschrift des KM vom 8. März 1999 (KuU S. 45/1999); zuletzt geändert 22. August 2008 (KuU S. 149/2008); berichtigt KuU S. 179/2008

Vorbemerkung der Redaktion

Die Behindertenrechtskonvention der Vereinten Nationen besitzt seit dem 26.3.2009 in Deutschland Gesetzeskraft. Über das bisher schon verfolgte Ziel der „Integration" von Menschen mit Behinderung hinaus ist seitdem die Leitidee eines „*inklusiven*" Bildungswesens (gemeinsame Bildung und Erziehung von Menschen mit und ohne Behinderung) maßgebend. Eine Umsetzung in das baden-württembergische Schulrecht bedarf einer Reihe von Gesetzesänderungen. Ab 2010/2011 wird die „*Inklusion*" in Modellregionen als Schulversuch erprobt. Hierzu hat das KM Leitgedanken formuliert und Regelungen getroffen, abgedruckt unter: ➔ Behinderungen (Inklusion).

1. Allgemeine Ziele und Grundsätze

Die Förderung von Schülerinnen und Schülern (im Folgenden: Schüler) mit besonderem Förderbedarf und Behinderungen ist Aufgabe in allen Schularten. Besondere Förderbedürfnisse können sich insbesondere ergeben bei Schwierigkeiten im Lesen oder Rechtschreiben, in Mathematik, bei mangelnden Kenntnissen in der deutschen Sprache (vgl. hierzu ➔ Sprachförderung – Integration ...), bei besonderen Problemen im Verhalten und in der Aufmerksamkeit, bei chronischen Erkrankungen, bei Behinderungen oder bei einer Hochbegabung. Die individuellen Lern- und Entwicklungsvoraussetzungen der Kinder und Jugendlichen bestimmen den Unterricht und erfordern Differenzierung und Individualisierung. Für die persönliche und schulische Entwicklung von Kindern und Jugendlichen ist es von grundlegender Bedeutung, dass ihre Lern- und Entwicklungsmöglichkeiten auf allen Schulstufen erkannt werden.

➔ Behinderungen (Kinder und Jugendliche)

Eine fortlaufende Beobachtung der Lernentwicklung, kontinuierliche Lernstandsdiagnosen, Elternberatung, ggf. die Erstellung von Förderplänen und die Durchführung von Fördermaßnahmen gehören zu den Aufgaben der Schule unter verantwortlicher Koordination der Schulleiterin oder des Schulleiters (im Folgenden: Schulleiter). Schulische Förderkonzepte werden unter Einbeziehung von verbindlichen Diagnose- und Vergleichsarbeiten klassenübergreifend, klassenbezogen oder individuell entwickelt; sie können auch schul- und schulartübergreifend konzipiert werden.

Der Erfolg von Förderung hängt entscheidend davon ab, dass der Bedarf rechtzeitig erkannt und entsprechende Maßnahmen eingeleitet werden. Hierfür ist eine Zusammenarbeit der Lehrerinnen und Lehrer (im Folgenden: Lehrer), auch der speziell qualifizierten Lehrer, Schulleiter und Eltern, ggf. mit Partnern im außerschulischen Bereich, notwendig, aber auch eine Kooperation zwischen Kindergarten und Grundschule sowie der Grundschule mit den hierauf aufbauenden Schulen und der allgemeinen Schulen mit den Sonderschulen.

Zur Beratung von frühzeitigen Präventionsmaßnahmen und Fördermaßnahmen kann die Schule Experten insbesondere aus dem Kreis der Beratungslehrer, schulpsychologischen Beratungsstellen und der Sonderpädagogen sowie andere an der Fördermaßnahme Beteiligte einbeziehen. Mit Zustimmung der Eltern können in diesen Klärungsprozess Erkenntnisse aus Diagnose- und Fördermaßnahmen im Vorfeld und Umfeld der schulischen Förderung einschließlich der Jugendhilfe, einbezogen werden.

Soweit für unterstützende Maßnahmen weitere Leistungs- und Kostenträger erforderlich sind, werden sie frühzeitig in den Entscheidungsprozess einbezogen. Die Einrichtung besonderer Förderklassen bedarf der Zustimmung des Schulträgers.

2. Aufgaben der Schule

2.1. Fördermaßnahmen an allgemeinen Schulen

Die Erkenntnisse aus den Lernstandsbeobachtungen und -diagnosen bedingen Art und Form der Förderung. Förderung erfolgt in der Klasse durch Maßnahmen der inneren Differenzierung. Dafür verantwortlich ist im Rahmen des schulischen Förderkonzepts der Klassen- bzw. Fachlehrer. Ist ein weiterer Förderbedarf feststellbar, können allgemeine Stütz- und Förderkurse eingerichtet werden.

Für Schüler, die Anhaltspunkte für einen darüber hinausgehenden Förderbedarf aufweisen, ist ein gestuftes pädagogisches Verfahren notwendig. Dieses leitet der Klassenlehrer im Einvernehmen mit dem Schulleiter ein. Die beteiligten Lehrer klären nach der differenzierten Ermittlung des Lernstandes und des Lernumfeldes in Beratung mit den Eltern und ggf. schulischen Experten den besonderen Förderbedarf.

Danach beschließt die Klassenkonferenz im Benehmen mit dem Schulleiter die besonderen Fördermaßnahmen auf der Grundlage einer diagnosegeleiteten Förderplanung. Die Förderung kann außerhalb der Regelklasse in Fördergruppen bzw. Förderklassen, in Ausnahmefällen auch als zeitlich befristeter Einzelunterricht, stattfinden und wird von dafür qualifizierten Lehrkräften erteilt. Klassenunterricht und Fördermaßnahmen werden eng abgestimmt. Die Förderung und Entwicklung wird nachvollziehbar dokumentiert. Ihre Wirksamkeit wird in regelmäßigen Zeitabständen überprüft.

Soweit sich Maßnahmen als notwendig erweisen, die von den einzelnen Schule nicht leistbar sind, werden im Zusammenwirken von Schule und Eltern weitere schulische und außerschulische Partner, insbesondere die zuständige Schulaufsichtsbehörde, der Schulträger oder der zuständige örtliche Träger der Jugendhilfe oder der Sozialhilfe einbezogen. Die Koordination erfolgt ggf. durch die Schulaufsichtsbehörde.

Die Lehrerwochenstunden für die Fördermaßnahmen werden auf der Basis eines schulischen Förderkonzeptes aus dem Pool der Schulaufsichtsbehörden (siehe jeweils gültige Fassung der Verwaltungsvorschrift → Organisationserlass) entnommen.

2.2
Förderung von Schülern mit besonderen Schwierigkeiten in Mathematik

Bei Schülern mit besonderen Schwierigkeiten in der mathematischen Begriffsbildung und beim mathematischen Denken und Handeln kommt der frühzeitigen Erkennung und Förderung eine besondere Bedeutung zu.

Mit dem Erfassen der individuellen Fähigkeiten zu Beginn des Anfangsunterrichts wird das Risiko später auftretender Schwierigkeiten in Mathematik erkennbar. Spätestens ab dem Anfangsunterricht soll bei den Schülern eine Beobachtung der Lernvoraussetzungen für Mathematik in Verbindung mit einer kontinuierlichen Lernstands- und Lernprozessbeobachtung erfolgen. Im Bedarfsfall werden geeignete diagnostische Verfahren eingesetzt.

Um an der Grundschule den Förderprozess zur Behebung der besonderen Schwierigkeiten in Mathematik zu unterstützen, wird auf die Möglichkeiten des Nachteilsausgleichs nach Ziffer 2.3.1 hingewiesen.

2.3
Leistungsmessung und Leistungsbeurteilung, Nachteilsausgleich

2.3.1 Allgemeine Grundsätze

Die schulische Leistungsmessung steht im Dienst der Chancengleichheit. Jeder junge Mensch hat ohne Rücksicht auf Herkunft oder wirtschaftliche Lage das Recht auf eine seiner Begabung entsprechende Erziehung und Ausbildung. Um dieses Recht einzulösen, ist eine Leistungsmessung erforderlich, die sich nach einheitlichen Kriterien und einem einheitlichen Anforderungsprofil richtet. Die hierauf beruhende Notengebung bildet die Grundlage für Schullaufbahnentscheidungen.

Die Chancengleichheit ist eine Ausformung des Gleichheitssatzes nach Art. 3 Abs. 1 des Grundgesetzes („Alle Menschen sind vor dem Gesetz gleich"). Dieser Satz verlangt nicht, bei allen Menschen die gleichen Handlungsmuster anzulegen. Der Gleichheitssatz bedeutet vielmehr, dass die Menschen vor dem Gesetz nach den gleichen Maximen zu behandeln sind, dass also Lebenssachverhalte, die von ihrem Wesen her gleich sind, auch rechtlich gleichgestellt werden müssen; der Gleichheitssatz bedeutet aber auch umgekehrt, dass bei Lebenssachverhalten, die von ihrem Wesen her ungleich sind, von Rechts wegen zu differenzieren ist. Insofern kann es auch rechtlich geboten sein, Nachteile von Schülern mit besonderem Förderbedarf oder mit Behinderungen auszugleichen.

Dieser auf dem Gleichheitssatz beruhende Anspruch zur Differenzierung muss aber – wiederum aus Gründen der Gleichbehandlung aller Schüler – eine Grenze finden: Die Anforderungen in der Sache selbst dürfen nicht eigens für einzelne Schüler herabgesetzt werden. Die Hilfestellungen für den Schüler ebnen ihm also Wege zu dem schulartgemäßen Niveau; dieses Niveau dann zu erreichen, kann aber auch Schülern mit besonderem Förderbedarf oder Behinderungen nicht erlassen werden.

Der Nachteilsausgleich für Schüler mit besonderem Förderbedarf oder für behinderte Schüler lässt daher das Anforderungsprofil unberührt und bezieht sich auf Hilfen, mit denen die Schüler in die Lage versetzt werden, diesem zu entsprechen. Die Art und Weise solcher Hilfen hängt von den Umständen des Einzelfalles ab. Zum einen können die allgemeinen Rahmenbedingungen auf die besonderen Probleme einzelner Schüler Rücksicht nehmen. Daneben sind auch besondere, nur auf einzelne Schüler bezogene Maßnahmen des Nachteilsausgleichs möglich, insbesondere durch eine Anpassung der Arbeitszeit oder durch die Nutzung von besonderen technischen oder didaktisch-methodischen Hilfen. Auch ist es möglich, die Gewichtung der schriftlichen, mündlichen und praktischen Leistungen im Einzelfall anzupassen; allerdings muss jede dieser Leistungsarten eine hinreichende Gewichtung behalten. Im Rahmen des Nachteilsausgleiches ist es insoweit auch möglich von den äußeren Rahmenbedingungen einer Prüfung abzuweichen.

Solche besonderen, auf einzelne Schüler bezogenen Maßnahmen des Nachteilsausgleiches sind nur in besonders begründeten Ausnahmefällen gerechtfertigt; in den beruflichen Schulen sind sie nur möglich, soweit sie mit den jeweiligen spezifischen Ausbildungszielen vereinbar sind. Mit bindender Wirkung für die Fachlehrer obliegt die Entscheidung der Klassen- oder Jahrgangsstufenkonferenz, soweit deren Mitglieder den Schüler unterrichten, unter Vorsitz des Schulleiters, ggf. unter Hinzuziehung eines Beratungs- oder Sonderschullehrers, schulischer Ansprechpartner, LRS-Fachberater oder in Ausnahmefällen der örtlich zuständigen schulpsychologischen Beratungsstelle; die Klassen- oder Jahrgangsstufenkonferenz kann außerschulische Stellungnahmen oder Gutachten in ihre Entscheidungsfindung einbeziehen. Die betroffenen Schüler und Eltern werden frühzeitig in die Entscheidungsfindung einbezogen. Maßnahmen des Nachteilsausgleichs können in der Klasse begründet und erläutert werden. Maßnahmen des Nachteilsausgleichs werden nicht im Zeugnis vermerkt.

Mögliche Härten, die sich aus dem für alle Schüler gleichermaßen geltenden Anforderungsprofil ergeben, können mit den jeweiligen bestehenden Ermessensspielräumen gemildert werden, insbesondere bezüglich Nachlernfristen, Ausnahmeregelungen bei Versetzungsentscheidungen, zusätzlichen Wiederholungen von Klassen oder Jahrgangsstufen, Ergänzungen der Noten durch verbale Beurteilungen oder Ausnahmeregelungen bei der Aufnahme in weiterführende Schulen.

2.3.2 Besonderheiten bei Schülern mit Schwierigkeiten im Lesen oder Rechtschreiben

Vom Prinzip, dass für alle Schüler gleichermaßen das jeweilige Anforderungsprofil gilt, sind im Hinblick auf die besonderen Probleme des Schriftspracherwerbs in der Grundschule und in den unteren Klassen der auf der Grundschule aufbauenden Schularten Ausnahmen möglich.

Bis Klasse 6 gelten in den Fächern Deutsch und Fremdsprache für Schüler, deren Leistungen im Lesen oder im Rechtschreiben dauerhaft, d.h. in der Regel etwa ein halbes Jahr, geringer als mit der Note ausreichend bewertet wurden, additiv oder alternativ folgende Formen der Leistungsmessung und Leistungsbewertung:

- Die Leistungen im Lesen oder Rechtschreiben werden – auch für die Berechnung der Zeugnisnote – zurückhaltend gewichtet.
- Bei einer schriftlichen Arbeit oder Übung zur Bewertung der Rechtschreibleistung kann der Lehrer eine andere Aufgabe stellen, die eher geeignet ist, einen individuellen Lernfortschritt zu dokumentieren; auch kann der Umfang der Arbeit begrenzt werden.
- Zur Dokumentation des Lernfortschritts werden nach pädagogischem Ermessen die Leistungen im Rechtschreiben als Ersatz der Note oder ergänzend zur Note schriftlich erläutert.
- In den übrigen Fächern werden die Rechtschreibleistungen nicht gewertet.

Ab Klasse 7 gilt dies nur in besonders begründeten Ausnahmefällen, wenn davon auszugehen ist, dass die Lese- oder Rechtschreibschwäche nicht auf eine mangelnde allgemeine Begabung oder auf mangelnde Übung zurückzuführen ist, sondern ein komplexes Feld an Ursachen für einen gestörten oder verzögerten Schriftspracherwerb vorliegt oder die Lese- oder Rechtschreibschwäche eine auf medizinischen Gründen beruhende Teilleistungsstörung ist.

Die Entscheidung, ob im Einzelfall von dem Anforderungsprofil abzuweichen ist, trifft jeweils die Klassenkonferenz unter dem Vorsitz des Schulleiters, ggf. unter Hinzuziehung der in Ziffer 2.3.1 genannten weiteren Stellen. Wenn die Note unter zurückhaltender Gewichtung für Rechtschreiben oder Lesen gebildet wurde, wird dies in der Halbjahresinformation und im Zeugnis unter „Bemerkungen" festgehalten. Wenn es pädagogisch vertretbar ist, kann mit Zustimmung der Eltern von der zurückhaltenden Gewichtung abgesehen werden.

In den Abschlussklassen, außer den Abschlussklassen der Grundschulen, und in den Jahrgangsstufen des Gymnasiums sind Ausnahmen von der Verbindlichkeit des allgemeinen Anforderungsprofils, insbesondere eine zurückhaltende Gewichtung bei der Leistungsmessung, nicht mehr möglich. Allerdings gelten auch hier die in Ziffer 2.3.1 genannte allgemeinen Grundsätze zum Nachteilsausgleich.

Zur Information der weiterführenden Schulen bietet die Grundschule den Eltern an, auf einem Beiblatt zur Grundschulempfehlung die Lese- oder Rechtschreibschwäche einschließlich der durchgeführten Fördermaßnahmen zu dokumentieren.

Wechselt ein Schüler während des laufenden Bildungsganges in eine andere Schule, so können Informationen zu dem besonderen Förderbedarf dann weitergegeben werden, wenn sie zur Erfüllung der pädagogischen Aufgaben der aufnehmenden Schule erforderlich sind.

3.
Klärung des sonderpädagogischen Förderbedarfes und sonderpädagogische Hilfen in allgemeinen Schulen

3.1.
Schulgesetzlicher Rahmen

Schüler mit Behinderungen besuchen die allgemeine Schule, wenn sie dort nach den pädagogischen, finanziellen, personellen und organisatorischen Möglichkeiten dem Bildungsgang folgen können; die allgemeinen Schulen werden hierbei von den Sonderschulen unterstützt. Behinderte Schüler, bei denen sich dies als nicht möglich erweist, erfahren rechtzeitig eine sonderpädagogische Förderung in den Sonderschulen. Die Entscheidung über den Besuch der Sonderschule trifft die untere Schulaufsichtsbehörde; dabei wird das Einvernehmen mit den Erziehungsberechtigten angestrebt.

Den allgemeinen Schulen und Sonderschulen ist aufgegeben, pädagogische und soziale Begegnungsfelder zwischen behinderten und nicht behinderten Schülern zu schaffen, die gemeinsame Unterrichtsveranstaltungen einschließen können. Außenklassen der Sonderschulen in allgemeinen Schulen stärken das soziale und pädagogische Miteinander.

3.2 Sonderpädagogische Dienste

Die allgemeine Schule wird von sonderpädagogischen Diensten unterstützt, wenn aufgrund einer Behinderung oder aufgrund besonderer Entwicklungsprobleme ein sonderpädagogischer Förderbedarf oder jedenfalls deutliche Anhaltspunkte eines solchen Bedarfes vorliegen. Diese Dienste werden im Rahmen der Kooperation der Sonderschulen mit den allgemeinen Schulen geleistet und von der unteren Schulaufsichtsbehörde im Zusammenwirken mit den betroffenen Schulen eingerichtet und koordiniert.

Die sonderpädagogischen Dienste werden in den allgemeinen Schulen in subsidiärer Funktion, insbesondere in folgenden Formen tätig:

- Sie beraten die beteiligten Lehrer und Eltern;
- sie klären den sonderpädagogischen Förderbe-

darf, und zwar im Rahmen einer kooperativen Diagnostik, in die auch die Eltern, die Lehrer der allgemeinen Schule und gegebenenfalls Vertreter weiterer Fachdisziplinen einbezogen werden;
- sie beteiligen sich an der Förderplanung der allgemeinen Schulen im Zusammenwirken mit den Eltern und gegebenenfalls außerschulischen Leistungs- und Kostenträgern und
- sie leisten im Rahmen des Unterrichts in arbeitsteiligen Verfahren auf gemeinsamer Grundlage eine unmittelbare sonderpädagogische Förderung der betroffenen Schüler, soweit erwartet werden kann, dass die Schüler hierdurch in die Lage versetzt werden, dem Bildungsgang der allgemeinen Schule zu folgen;
- sie unterstützen die Schulen beim Aufbau geeigneter Hilfesysteme und Förderkonzepte.

Die Wirksamkeit dieser sonderpädagogischen Dienste wird in angemessenen Zeiträumen überprüft und erforderlichenfalls modifiziert. Grundlage hierfür ist eine nachvollziehbare Dokumentation.

4. Besuch der Sonderschule

4.1 Die Frage des Besuchs der Sonderschule ist zu prüfen, wenn für ein schulpflichtig werdendes Kind von den Erziehungsberechtigten oder der Leiterin bzw. dem Leiter (im Folgenden: Leiter) der zuständigen Grundschule ein entsprechender Antrag gestellt wird. Wenn die Schule den Antrag stellt, fügt sie einen pädagogischen Bericht bei.

Wird für einen Schüler der allgemeinen Schule unter Einbeziehung eines Sonderschullehrers und der Erziehungsberechtigten festgestellt, dass ihm eine erfolgreiche Teilnahme am Bildungsgang der allgemeinen Schule unter den gegebenen Verhältnissen nicht ermöglicht werden kann, ist die Frage des Besuchs der Sonderschule ebenfalls zu prüfen. Voraussetzung für die Einleitung der Klärung dieser Frage ist ein pädagogischer Bericht, der zusammen von der allgemeinen Schule und dem unterstützenden Sonderschullehrer erstellt wird.

→ Arbeitszeit (Lehrkräfte) Teil E Nr. 2.6; → Behinderungen (Kinder und Jugendliche)

Hinweis der Redaktion: Mangelnde Kenntnisse in der deutschen Sprache sind kein Kriterium für Sonderschulbedürftigkeit. Bei den entsprechenden Überprüfungen kann auf Wunsch der Erziehungsberechtigten eine geeignete Lehrkraft der jeweiligen Herkunftssprache hinzugezogen werden; auf diese Möglichkeit sollen die Erziehungsberechtigten durch die meldende Schule hingewiesen werden. Dieser Hinweis wird im Bericht der meldenden Schule vermerkt.

→ Sprachförderung (Integration) Ziff. 3.2.4

Besteht unter allen Beteiligten Einvernehmen über den Besuch der Sonderschule, so stellen die Erziehungsberechtigten oder die Schule im Einvernehmen mit den Erziehungsberechtigten einen entsprechenden Antrag bei der unteren Schulaufsichtsbehörde. Die allgemeine Schule kann auch ohne Einvernehmen der Erziehungsberechtigten bei der unteren Schulaufsichtsbehörde beantragen, die Frage des Besuchs der Sonderschule zu klären. Ebenso können die Erziehungsberechtigten auch ohne ein entsprechendes Votum der Schule die Klärung des Besuchs der Sonderschule beantragen. Sind die Erziehungsberechtigten mit dem Antrag der Schule oder dem Inhalt des Berichtes nicht einverstanden, ist ihr abweichendes Votum anzufügen.

4.2 Die Schulaufsichtsbehörde kann über den Besuch der Sonderschule in einem vereinfachten Verwaltungsverfahren entscheiden, wenn ein entsprechender Antrag von den Erziehungsberechtigten oder von der Schule im Einvernehmen mit den Erziehungsberechtigten gestellt wird. Die untere Schulaufsichtsbehörde prüft auf der Grundlage der vorhandenen Unterlagen die Begründung für den Besuch der Sonderschule. Sie beteiligt die zuständige Sonderschule und gegebenenfalls weitere Leistungs- und Kostenträger. Die untere Schulaufsichtsbehörde bestätigt schriftlich die gemeinsam vereinbarte Entscheidung über den Besuch der Sonderschule, wenn sie zu dem Ergebnis kommt, dass der Antrag begründet ist.

4.3 Hält die untere Schulaufsichtsbehörde nach Sichtung der Unterlagen vor einer Entscheidung weitere Klärungen für erforderlich oder haben die Erziehungsberechtigten das Einvernehmen zum Antrag der Schule nicht erteilt, beauftragt sie nach einem Beratungsgespräch mit den Erziehungsberechtigten einen bisher nicht beteiligten Sonderschullehrer mit der weiteren Begutachtung des sonderpädagogischen Förderbedarfs, die auch eine pädagogisch-psychologische Prüfung einschließen kann. Die untere Schulaufsichtsbehörde kann daneben Fachleute anderer Disziplinen oder Leistungs- und Kostenträger beiziehen und unter Beteiligung der Erziehungsberechtigten, die eine Vertrauensperson zuziehen können, einen Expertenkreis zur gemeinsamen Beratung des Einzelfalles bilden.

4.4 Wenn es zur Erfüllung der Pflicht zum Besuch der Sonderschule erforderlich ist, können die Schüler nach § 84 Abs. 3 SchG mit Zustimmung der Erziehungsberechtigten in einem Heim oder in Familienpflege untergebracht werden. Eine solche Maßnahme setzt das Einvernehmen mit dem zuständigen Träger der Sozialhilfe bzw. dem zuständigen örtlichen Träger der Jugendhilfe voraus. Die untere Schulaufsichtsbehörde bezieht die Leistungs- und Kostenträger frühzeitig in das Verfahren ein und ermöglicht damit einen abgestimmten und koordinierten Klärungsprozess. In diesen Klärungsprozess ist der öffentliche Gesundheitsdienst einzubeziehen. Die untere Schulaufsichtsbehörde und die Schulen wirken bei der Erstellung eines Gesamtplanes nach § 58 Sozialgesetzbuch XII (Sozialhilfe) und bei der Erstellung eines Hilfeplanes nach § 36 ... Kinder- und Jugendhilfegesetz mit *(abgedruckt unter* → Behinderungen (Kinder und Jugendliche)*)*.

4.5 Der unteren Schulaufsichtsbehörde ist eine eingehende Prüfung des Elternwunsches und eine Auseinandersetzung mit dem in ihm zum Ausdruck gebrachten elterlichen Erziehungsplan aufgegeben. An der Klärung der Einlösungsmöglichkeiten der elterlichen Erwartungen wirken, der gemeinsamen Verantwortung entsprechend, die für die allgemeine Schule und die Sonderschule zuständigen Schulaufsichtsbeamten mit. Die Erziehungsberechtigten haben die Möglichkeit, alle ihr Kind betreffenden Unterlagen bei der unteren Schulaufsichtsbehörde einzusehen. Diese überlässt ihnen auf Wunsch Kopien der Unterlagen; gemäß § 26 Abs. 2 LGebG kann Auslagenersatz verlangt werden. ➔ Beglaubigungen; ➔ Gebühren

Die untere Schulaufsichtsbehörde entscheidet über das sonderpädagogische Förderangebot und gegebenenfalls über die Pflicht zum Besuch der Sonderschule unter Gesamtwürdigung des Einzelfalles, der Beratungsergebnisse und der gegebenen oder herstellbaren Rahmenbedingungen der Schularten. Mit der Entscheidung gegen den elterlichen Erziehungsplan ist ein erhöhter Begründungsbedarf verbunden, der unter Hinzuziehung eines Expertenkreises die Einbeziehung pädagogischer, organisatorischer, personeller und finanzieller Aspekte erforderlich macht. In jedem Einzelfall muss der Umfang der sonderpädagogischen Förderung im finanziell vertretbaren Rahmen bleiben.

4.6 Um das Einvernehmen mit den Erziehungsberechtigten herzustellen, hat die untere Schulaufsichtsbehörde neben der Entscheidungsalternative des Besuchs der Sonderschule oder der allgemeinen Schule folgende, einem Kompromiss zwischen staatlichem Erziehungsauftrag und elterlichem Erziehungsplan dienliche Entscheidungsmöglichkeiten:

Die untere Schulaufsichtsbehörde kann

- die Entscheidung über den Besuch der Sonderschule zurückstellen. Um das Einvernehmen der Erziehungsberechtigten zu erreichen, kann eine gewisse zeitliche Verzögerung der Entscheidung in Kauf genommen werden. Dabei ist einerseits sorgfältig zu prüfen, ob die allgemeine Schule mit den verfügbaren Mitteln die elterlichen Erwartungen einlösen kann. Wenn dies als nicht möglich erweist, darf aber andererseits dem behinderten Schüler auf Dauer keine Lernsituation zugemutet werden, in der er überfordert ist. In Fällen, in denen die Teilnahme des behinderten Schülers an dem Unterricht der allgemeinen Schule zu pädagogisch untragbaren Verhältnissen führt, kann die untere Schulaufsichtsbehörde auch ohne zeitliche Verzögerung korrigierend eingreifen.
- den probeweisen Besuch der Sonderschule oder eine zeitlich befristete Aufnahme in die Sonderschule vorsehen; während der Zeit des probeweisen Besuches ist der betreffende Schüler ordentlicher Schüler der besuchten Sonderschule,
- die Feststellung der Pflicht zum Besuch der Sonderschule mit der Festlegung eines Zeitraumes verbinden, nach dem eine erneute Überprüfung vorgesehen ist. Damit wird nicht ausgeschlossen, dass die erneute Überprüfung früher erfolgt, wenn sich die pädagogischen Grundlagen wesentlich geändert haben.
- weitere Maßnahmen im allgemeinen Schulbereich treffen oder vermitteln, vor allem Begegnungs- und Kooperationsprojekte oder die Bildung von Außenklassen (vgl. unten Nr. 5).

Soweit es erforderlich ist, bezieht die untere Schulaufsichtsbehörde Schulträger und andere Leistungs- und Kostenträger frühzeitig in das Verfahren ein.

4.7 Über Rückschulungen und gegebenenfalls erforderliche Maßnahmen für die Rückschulungsbegleitung entscheidet die untere Schulaufsichtsbehörde. Die Prüfung der Rückschulungsfrage kann durch die untere Schulaufsichtsbehörde, die Sonderschule und die Erziehungsberechtigten veranlasst werden. Die untere Schulaufsichtsbehörde kann im Einvernehmen mit den Erziehungsberechtigten den probeweisen Besuch der allgemeinen Schule genehmigen.

4.8 Stellt sich während des Besuches einer Sonderschule die Frage, ob ein anderer Sonderschultyp für den betreffenden Schüler geeigneter wäre, so entscheidet die untere Schulaufsichtsbehörde über den Schulwechsel. Nummer 4.1 bis 4.5 gilt in diesem Fall entsprechend. Neben einem Schulwechsel kommen auch Kooperationsmaßnahmen zwischen den einzelnen Sonderschultypen in Betracht.

5. Weitere Formen der integrativen Bildung und Erziehung

5.1 Begegnungs- und Kooperationsprojekte

Die allgemeinen Schulen sollen nach § 15 Abs. 5 SchG mit den Sonderschulen im Schulleben und im Unterricht, soweit es nach Bildungs- und Erziehungszielen möglich ist, zusammenarbeiten.

Gegenseitiges Kennenlernen, Verstehen und Annehmen von behinderten und nichtbehinderten Schülern sind auch in den allgemeinen Schulen Ziel der Erziehung und Bildung. Begegnungs- und Kooperationsprojekte sind daher im Erziehungs- und Bildungsauftrag, zum Teil auch in den Fachlehrplänen der Grund-, Haupt- und Realschulen sowie Gymnasien verankert. – Zur Umsetzung dieser Ziele eignen sich Aktivitäten unterrichtlicher und außerunterrichtlicher Art, die auf den verschiedenen Ebenen (Schüler, Lehrer, Eltern) zwischen den Schularten durchgeführt werden. Sie müssen durch schul- und unterrichtsorganisatorische Maßnahmen vorbereitet und unterstützt werden.

Zuschüsse zur Durchführung von gemeinsamen Schullandheimaufenthalten und anderen Begegnungen von behinderten und nichtbehinderten Kindern und Jugendlichen können über die Schulaufsichtsbehörde beantragt und im Rahmen der im Staatshaushaltsplan bereitgestellten Mittel gewährt werden.

Soweit erforderlich, tragen die untere Schulaufsichtsbehörde oder das Regierungspräsidium dafür Sorge, dass entsprechende Begegnungs- und Kooperationsprojekte von den verschiedenen Schularten durchgeführt werden, und übernehmen eine entsprechende unterstützende Begleitung, insbesondere auch durch eine entsprechende Öffentlichkeitsarbeit.

5.2
Außenklassen

Nach § 15 Abs. 6 SchG können an den Grund-, Haupt- und Realschulen sowie an den Gymnasien im Rahmen der gegebenen Verhältnisse Außenklassen von Sonderschulen gebildet werden.

→ Behinderungen (Kinder und Jugendliche)

5.2.1 Gestaltung der Arbeit

Die Außenklasse wird einer Partnerklasse zugeordnet, wobei die Verantwortung der Lehrer für die jeweilige Klasse ihrer Schulart erhalten bleibt. Die Schüler der Außenklasse sind Schüler der Sonderschule und werden nach dem Bildungsplan ihrer Sonderschule unterrichtet. Die Lehrer der Außenklasse und der Partnerklasse arbeiten auch mit den Eltern beider Klassen eng zusammen und werden hierbei durch eine kontinuierliche Kooperation der allgemeinen Schule und der Sonderschule unterstützt. Für Schüler der Außenklasse gilt der zeitliche Unterrichtsrahmen der allgemeinen Schule; darüber hinaus wird ihnen nach Möglichkeit die Teilnahme am Unterricht in der Sonderschule angeboten.

5.2.2 Beteiligung der betroffenen Lehrer, Eltern und Schulträger

Die untere Schulaufsichtsbehörde übernimmt vor Einrichtung einer Außenklasse die Koordination der Verhandlungen und die Vorbereitungen der Entscheidung. Für ein gutes Gelingen der Arbeit in einer Außenklasse ist es wichtig, dass die Entscheidung der unteren Schulaufsichtsbehörde, die nur im Einvernehmen mit den beteiligten Schulträgern erfolgen kann, auch von den anderen Beteiligten mitgetragen und unterstützt wird. Deren Einvernehmen ist anzustreben.

Vor der Entscheidung wird die Einrichtung der Außenklasse in den Pflegschaften der betroffenen Klassen besprochen und die untere Schulaufsichtsbehörde beteiligt die Leiter, die Gesamtlehrerkonferenzen, die Elternbeiräte und die Schulkonferenzen der betroffenen Schulen. Gegebenenfalls sind auch die Träger der Schülerbeförderung oder außerschulische Kostenträger in die Entscheidungsfindung einzubeziehen.

5.2.3 Voraussetzungen für die Einrichtung

Größe und personelle Ausstattung einer Außenklasse müssen in der Regel mit den Verhältnissen in der Stammschule vergleichbar sein. Die Ressourcenzuweisung erfolgt für alle Schüler der Sonderschule nach den Vorgaben der Verwaltungsvorschrift Eigenständigkeit der Schulen und Unterrichtsorganisation ... .

Für die Außenklasse muss ein eigener Raum verfügbar sein. Sie muss über ausreichende behinderungsspezifische Lehr- und Lernmittel verfügen,
die von der Sonderschule oder von deren Schulträger bereitgestellt werden.

Eine Veränderung der sonst üblichen Rahmenbedingungen ist nur in begründeten Ausnahmefällen möglich.

Die untere Schulaufsichtsbehörde legt einen Zeitraum fest, nach dem die Entscheidung über die Einrichtung der Außenklasse überprüft wird.

6. Zusammenarbeit der Schulen und Lehrer in fachlichen Fragen

Schulartübergreifende und interdisziplinäre Fortbildungsmaßnahmen dienen der Weiterentwicklung integrativer Formen von Bildung und Erziehung. In Arbeitskreisen auf der Ebene der unteren Schulaufsichtsbehörde können die beteiligten Lehrer und ihre Partner Erfahrungen austauschen. Solche Veranstaltungen, in die auch Eltern sowie andere schulische und außerschulische Partner einbezogen werden können, dienen auch dazu, die Konzeption der gemeinsamen Arbeit zu überdenken und weiter zu entwickeln.

Schulartübergreifende und interdisziplinäre gemeinsame Fortbildungsangebote auf regionaler und überregionaler Ebene zu speziellen Lern- und Verhaltensschwierigkeiten, behinderungsspezifischen Themen und Krankheitsbildern, zu entsprechenden Fördermaßnahmen und außerschulischen Hilfen, zur Schülerbeobachtung und Schülerbeschreibung sowie zum Themenbereich des differenzierten Unterrichtens unterstützen die gemeinsame Arbeit. Ein besonderer Schwerpunkt liegt dabei im Bereich der kollegialen Beratung.

Zu einer besseren Zusammenarbeit der Schulen, Lehrer und Eltern trägt auch eine entsprechende Öffentlichkeitsarbeit bei. Zur Information über geeignete Kooperationsmöglichkeiten können gemeinsame Konferenzen oder andere geeignete Veranstaltungen durchgeführt werden.

7. Arbeitsstellen Kooperation

Die untere Schulaufsichtsbehörde übernimmt die Verantwortung für die Gesamtkoordination zwischen den Schularten.

Die Landesarbeitsstelle Kooperation beim Regierungspräsidium Stuttgart und die Arbeitsstellen Kooperation bei den unteren Schulaufsichtsbehörden bieten für die beschriebenen Aufgabenfelder Unterstützung in Form von Beratung, Information und Vermittlung an. ...

Hinweis der Redaktion: Die Landesarbeitsstelle Kooperation ist im Internet erreichbar unter: http://www.schule-bw.de/schularten/sonderschulen/kooperation. Dort sind auch eine Liste mit den Ansprechpartner/innen der örtlichen „Arbeitsstellen Kooperation" und eine Handreichung zu dieser Verwaltungsvorschrift als Boschüre im pdf-Format abrufbar.

→ Arbeitszeit (Lehrkräfte) Teil E Ziff. 2.6; → Behinderungen (Kinder und Jugendliche); → Grundschulförderklassen; → Jugendhilfe (Bundesrecht) / (Landesrecht); → Organisationserlass Teil B Nr. II.2.2; → Schulbesuchsverordnung; → Schulgesetz §§ 15, 72 ff., 83 Nr. 2 und 84; → Schulkindergärten; → Schulpflicht (Durchsetzung) / (Meldeordnung); → Sonderschule (Förderschule); → Sonderschule (Förderschule) – Stundentafel; → Sonderschule (Förderschule) – Versetzungsordnung; → Sonderschule (Körperbehindertenschule) / (Schule für Geistigbehinderte) / (Schule für Geistigbehinderte – Schulpflicht) / (Sprachheilkurse) / → Sprachförderung (Integration); → Verschwiegenheitspflicht

Behinderungen (Inklusion)

Auszug aus dem Erlass des KM „Regelungen des KM zur Umsetzung des Beschlusses des Ministerrats vom 3. Mai 2010 ;Schulische Bildung von jungen Menschen mit Behinderung'" vom 22.9.2010, Az.: 31-6500.30/355

I. Leitgedanken

Die schulische Bildung von Kindern und Jugendlichen mit Behinderungen, Beeinträchtigungen, Benachteiligungen oder chronischen Erkrankungen und einem Anspruch auf ein sonderpädagogisches Beratungs-, Unterstützungs- und Bildungsangebot soll nach dem Ministerratsbeschluss vom 3. Mai 2010 unter Berücksichtigung der VN-Behindertenrechtskonvention und unter der Berücksichtigung pädagogischer Erkenntnisse und Erfahrungen weiterentwickelt werden.

Für die generelle Aufhebung der gesonderten Pflicht zum Besuch einer Sonderschule neben der allgemeinen Schulpflicht ist eine Änderung des Schulgesetzes, des Privatschulgesetzes und sonstiger Rechtsvorschriften erforderlich, die zum Schuljahr 2013/2014 vorgesehen ist. Unabhängig von diesen Rechtsänderungen bzw. im Vorgriff auf sie sollen in den Schuljahren 2010/11 und 2011/12 nachstehende Entwicklungen eingeleitet werden.

Ausbau inklusiver Bildungsangebote in ganz Baden-Württemberg

In den Schulen des Landes gibt es heute schon eine breite Erfahrungsbasis bezüglich des gemeinsamen Unterrichts von Kindern und Jugendlichen mit und ohne Behinderung. Alle Staatlichen Schulämter erweitern die bereits heute bestehenden zahlreichen Möglichkeiten des gemeinsamen Unterrichts und realisieren im bestehenden Rechtsrahmen bedarfsbezogen inklusive Bildungsangebote, auf die sich die jeweils Beteiligten verständigen. Dies wird unterstützt durch:
- die Einführung von Bildungswegekonferenzen,
- den Aufbau einer Datensammlung zum regionalen Bildungsangebot,
- die Initiierung und Pflege einer gezielten Schulangebotsplanung bei der Schulverwaltung,
- den Ausbau des Sonderpädagogischen Dienstes unter dem Gesichtspunkt der Effizienz,
- die Verdichtung des Netzwerkes zwischen allgemeinen Schulen und Sonderschulen,
- den Aufbau eines Ansprechpartnersystems in allgemeinen Schulen in Zusammenarbeit mit den regionalen Arbeitsstellen Kooperation,
- die Erweiterung der Arbeitsstellen Kooperation um Vertreter der Gymnasien und der beruflichen Schulen
- die konsequente Weiterentwicklung von Sonderschulen (einschließlich der beruflichen Sonderschulen) zu sonderpädagogischen Bildungs- und Beratungszentren; das schließt den Unterricht von Schülern ohne Behinderung im Wege von kooperativen Lösungen mit ein,
- den Ausbau kooperativer Formen der beruflichen Eingliederung und
- die Qualifizierung der Lehrerinnen und Lehrer durch zentrale, regionale und schulinterne Fortbildungen und Fortbildung im Rahmen einer Praxisbegleitung sowie durch Austauschforen oder Hospitationen für beteiligte und interessierte Lehrkräfte.

Auch geht es um die Aufgabe, Einstellungen und Haltungen im Hinblick auf die dargestellten Herausforderungen zu reflektieren und ggf. aufzubauen bzw. zu modifizieren. Darüber hinaus ist Steuerungswissen aufzubauen und es sind Begleit- und Steuerungsinstrumente zu entwickeln.

Über die Lernortfrage bei Kindern und Jugendlichen mit Behinderung, Benachteiligung oder chronischer Erkrankung wird – soweit möglich – unter Beteiligung der jungen Menschen selbst, unter Mitwirkung ihrer Eltern sowie sonstiger Beteiligter im Rahmen von Bildungswegekonferenzen entschieden. Voraussetzung ist, dass im Einzelfall geklärt ist, ob ein Anspruch auf ein sonderpädagogisches Unterstützungs- und Beratungsangebot (bisher Unterstützungs- und Beratungsangebote im Rahmen der Sonderpädagogischen Dienstes) oder ob ein Anspruch auf ein sonderpädagogisches Bildungsangebot (bisher Sonderschulbedürftigkeit) besteht. Ob ein Anspruch auf ein sonderpädagogisches Bildungsangebot besteht, wird im Rahmen einer sonderpädagogischen Diagnostik geprüft, in einem Sonderpädagogischen Gutachten dargestellt und vom Staatlichen Schulamt festgestellt. Das Sonderpädagogische Gutachten macht auch Aussagen zum elterlichen Erziehungsplan und damit zu den langfristigen und grundsätzlichen Vorstellungen und Überzeugungen der Eltern zur schulischen Bildung und Erziehung ihres Kindes.

In der Bildungswegekonferenz, die vom Staatlichen Schulamt initiiert wird und deren Zusammensetzung sich nach den Gegebenheiten des Einzelfalls richtet, werden in gemeinsamer Beratung Bildungsangebote für jede Schülerin bzw. jeden Schüler entwickelt. Hierbei geht es um eine Einzelfallbetrachtung, die Gesamtbedarfsanalyse in einer Raumschaft und um die Entwicklung von in der Regel gruppenbezogenen[1] Bildungsangeboten. In der Bildungswegekonferenz soll auch eine Vereinbarung darüber getroffen werden, zu welchem Zeitpunkt über den Bildungsweg erneut beraten wird. Wenn ein Anspruch auf ein sonderpädagogisches Bildungsangebot besteht und sich die Eltern für einen Lernort entschieden haben, soll die Entscheidung der Eltern von der Schulverwaltung übernommen werden. Bei zwingenden Gründen, die die Schulverwaltung und ggf. die Kostenträger transparent zu belegen haben, kann im Ausnahmefall nach nochmaliger Überprüfung des Sachverhalts durch das Staatliche Schulamt eine andere Entscheidung getroffen werden.

Behinderungen (Inklusion)

Die so gefundenen Bildungsangebote werden im Wege kooperativer Lösungen umgesetzt.

Klärungsbedürftige rechtliche, finanzielle und verwaltungstechnische Aspekte und Fragen – Erprobung in den Schwerpunktregionen

Nachdem das Recht auf Bildung für junge Menschen mit Behinderung in Baden-Württemberg – unabhängig von Art und Schwere der Behinderung – verwirklicht ist, kann die Pflicht zum Besuch der Sonderschule aufgegeben werden und in die Pflicht zum Besuch der Grundschule und einer auf ihr aufbauenden Schule oder die Pflicht zum Besuch der Berufsschule aufgehen. Dieser Sachverhalt, aber auch

- der zieldifferente gemeinsame Unterricht,
- die Aufnahme von Schülerinnen und Schülern ohne Behinderung in eine Sonderschule,
- die Stärkung des Elternwahlrechts für Eltern von Kindern mit einem festgestellten Anspruch auf ein sonderpädagogisches Bildungsangebot und die
- Weiterentwicklung von Sonderschulen zu Sonderpädagogischen Bildungs- und Beratungszentren

bedürfen einer Änderung des Schulgesetzes und ggf. des Privatschulgesetzes. Hiermit sind verschiedene Auswirkungen auf Verordnungen und Verwaltungsvorschriften verbunden bzw. neue Prinzipien des Verwaltungshandelns zu entwickeln. Die in Aussicht genommenen Änderungen von gesetzlichen und untergesetzlichen Regelungen werden in den Bezirken der Staatlichen Schulämter Stuttgart, Mannheim, Freiburg, Konstanz und Biberach (Schwerpunktregionen) erprobt. In den Schwerpunktregionen gelten die in Abschnitt II enthaltenen Regelungen nach § 22 SchG. Sofern die Schulkonferenz und Gesamtlehrerkonferenz der betroffenen Schulen sowie die betroffenen Schulträger zustimmen, bedarf es nach der Regelung unter Abschn. II. Nr. 1 keiner gesonderten Einrichtung des Schulversuchs an einer Schule durch das Kultusministerium. Eine Entscheidung des Ministeriums ist nur in dem Fall vorgesehen, in dem keine Zustimmung der schulischen Gremien oder der betroffenen Schulträger vorliegt.

Das zuständige Staatliche Schulamt muss diese Entscheidung auf dem Dienstweg einholen.

[1] Die Frage der Entwicklung von in der Regel gruppenbezogenen Bildungsangeboten ist teilweise auch davon abhängig, ob es sich um zielgleiche oder zieldifferente Bildungsangebote handelt.

II. Regelungen

Hinweis der Redaktion: Diese Regelungen können vorerst nur in den Schulamtsbezirken Stuttgart, Mannheim, Freiburg, Konstanz und Biberach angewandt werden (vgl. Teil I, vorletzter Absatz)

1. Verfahren

Bevor an der Schule diese Bestimmungen zur Anwendung kommen, sollen zustimmende Beschlüsse der Gesamtlehrerkonferenz und Schulkonferenz vorliegen. Die Schulträger sind zu informieren. Falls für die betroffenen Schulträger Mehraufwendungen entstehen können, ist deren Zustimmung einzuholen. Soweit dies erforderlich ist, führt die Schulaufsichtsbehörde (das Staatliche Schulamt) eine Entscheidung des Kultusministeriums nach § 22 Abs. 2 Nr. 2 SchG herbei.
→ Konferenzordnung § 2 Abs. 1 Nr. 8b; → Schulgesetz § 22

2. Sonderpädagogische Bildungsangebote in allgemeinen Schulen und Sonderpädagogischen Bildungs- und Beratungszentren (bisher: Sonderschulen)

(1) Die Erziehung, Bildung und Ausbildung von Schülern mit einem Anspruch auf ein sonderpädagogisches Beratungs-, Unterstützungs- und Bildungsangebot ist Aufgabe aller Schulen. Die allgemeinen Schulen arbeiten hierbei mit den Sonderpädagogischen Bildungs- und Beratungszentren innerhalb und außerhalb des Unterrichts zusammen.

(2) Sonderpädagogische Bildungs- und Beratungszentren beraten und unterstützen Schüler mit sonderpädagogischem Beratungs- und Unterstützungsbedarf an allgemeinen Schulen, deren Eltern, Lehrkräfte sowie die weiteren Fachdienste. Sonderpädagogische Bildungs- und Beratungszentren dienen ferner der Erziehung, Bildung und Ausbildung von behinderten Schülern auf Anspruch auf ein sonderpädagogisches Bildungsangebot an allgemeinen Schulen bzw. in ihren Einrichtungen.

(3) Gemeinsamer Unterricht für Schüler mit und ohne Anspruch auf ein sonderpädagogisches Bildungsangebot (gemeinsamer Unterricht) kann an allgemeinen Schulen und an Sonderpädagogischen Bildungs- und Beratungszentren (vgl. hierzu Nr. 14) stattfinden.

(4) Gemeinsamer Unterricht kann für Schüler mit Anspruch auf ein sonderpädagogisches Bildungsangebot an allgemeinen Schulen auch dann erfolgen, wenn diese Schüler dem jeweiligen Bildungsgang der allgemeinen Schule nicht folgen können (gemeinsamer zieldifferenter Unterricht). Die allgemeinen Schulen treffen im Hinblick auf diese Schüler angemessene Vorkehrungen. Sie werden hierbei von den Sonderpädagogischen Bildungs- und Beratungszentren unterstützt.

(5) Schüler mit Anspruch auf ein sonderpädagogisches Bildungsangebot, die den gemeinsamen Unterricht an einer öffentlichen allgemeinen Schule besuchen, begründen dort ein Schulverhältnis (§ 23 Abs. 1 SchG), wenn die allgemeine Schule der alleinige oder überwiegende Lernort ist (inklusives Bildungsangebot). Besuchen sie nur oder überwiegend ein Sonderpädagogisches Bildungs- und Beratungszentrum, begründen sie dort ein Schulverhältnis. Soweit sie sowohl an einer allgemeinen Schule als auch an einem Sonderpädagogischen Bildungs- und Beratungszentrum unterrichtet werden, gilt ein Schulverhältnis auch hinsichtlich des nicht überwiegend besuchten Lernortes als begründet. Das Schulverhältnis im Sinne des § 23 Abs. 1 SchG ist unabhängig vom Status des Schülers hinsichtlich der Ressourcenzuweisung und der Zählung in der Statistik.

(6) Die Schulaufsichtsbehörde kann im Einvernehmen mit den beteiligten Schulträgern weitere Organisationsformen des gemeinsamen Unterrichts an allgemeinen Schulen und Sonderpädagogischen Bildungs- und Beratungszentren einrichten.

3. Schulpflicht für Schüler mit und ohne Anspruch auf ein sonderpädagogisches Bildungsangebot

Die Schulpflicht gliedert sich
1. in die Pflicht zum Besuch der Grundschule und einer auf ihr aufbauenden Schule,
2. die Pflicht zum Besuch der Berufsschule.

Sie gilt auch für Schüler mit Anspruch auf ein sonderpädagogisches Bildungsangebot. Sie kann auch durch den Besuch eines sonderpädagogischen Bildungs- und Beratungszentrums erfüllt werden.

4. Schulbezirk

(1) Schüler mit Anspruch auf ein sonderpädagogisches Bildungsangebot dürfen in Abweichung von den Schulbezirksregelungen der §§ 76 Abs. 2 Satz 1, 79 Abs. 1, 84 Abs. 1 Satz 1 SchG den gemeinsamen Unterricht an einer allgemeinen Schule besuchen, auch wenn sie nicht in deren Schulbezirk wohnen oder der Ausbildungs- oder Beschäftigungsort nicht in deren Schulbezirk liegt.

→ Schulgesetz § 76, § 79, § 82

(2) Wird der Anspruch auf ein sonderpädagogisches Bildungsangebot an einem Sonderpädagogischen Bildungs- und Beratungszentrum erfüllt, hat der Schüler das Sonderpädagogische Bildungs- und Beratungszentrum zu besuchen, in dessen Schulbezirk er wohnt. § 76 Abs. 2 Satz 2 und 4 bzw. § 79 Abs. 2 und 3 SchG, die hiervon Ausnahmen und Abweichungen bestimmen bzw. zulassen, gelten entsprechend.

(3) Für Schüler ohne Anspruch auf ein sonderpädagogisches Bildungsangebot, die den gemeinsamen Unterricht an einem Sonderpädagogischen Bildungs- und Beratungszentrum besuchen wollen, gelten § 76 Abs. 2 Satz 1 SchG bzw. 79 Abs. 1 SchG nicht. Soweit sie auch eine allgemeine Schule besuchen, gelten hierfür aber diese Schulbezirksregelungen.

5. Feststellung des Anspruchs auf ein sonderpädagogisches Bildungsangebot

(1) Das Staatliche Schulamt stellt auf der Basis der Ergebnisse einer Sonderpädagogischen Diagnostik fest, ob ein Anspruch auf ein sonderpädagogisches Bildungsangebot besteht. Das Verfahren zur Feststellung des Anspruchs wird auf Antrag der Erziehungsberechtigten oder der Schule eingeleitet. Die Kinder und Jugendlichen haben sich auf Verlangen des Staatlichen Schulamts an der Sonderpädagogischen Diagnostik (einschließlich Schulleistungsprüfung und Intelligenztest) zu beteiligen und vom Gesundheitsamt untersuchen zu lassen. Sofern ein solcher Anspruch gegeben ist, bestimmt das Staatliche Schulamt zugleich nach Maßgabe von Nr. 4 Absatz 2 das Sonderpädagogische Bildungs- und Beratungszentrum, das zusammen mit einer allgemeinen Schule diesem Anspruch Rechnung trägt bzw. das Bildungsangebot in der eigenen Einrichtung vorhält. Der Anspruch auf ein sonderpädagogisches Bildungsangebot kann für Schulpflichtige auch während des Besuchs einer allgemeinen Schule festgestellt werden.

(2) Die Feststellung des Anspruchs auf ein sonderpädagogisches Bildungsangebot ist nach einer vom Staatlichen Schulamt im Einzelfall festzulegenden Frist zu überprüfen. Nr. 7 Abs. 4 bleibt unberührt. Der Anspruch entfällt, wenn festgestellt wird, dass der Schüler auch ohne ein sonderpädagogisches Bildungsangebot mit Erfolg am Bildungsgang einer allgemeinen Schule teilnehmen kann.

(3) Im Hinblick auf das Ruhen der Schulpflicht von Schülern mit Anspruch auf ein sonderpädagogisches Bildungsangebot gilt § 82 Abs. 3 SchG, im Hinblick auf die Befreiung von der Schulpflicht gilt § 82 Abs. 4 SchG entsprechend.

6. Dauer der Schulpflicht bei Schülern mit Anspruch auf ein sonderpädagogisches Bildungsangebot in einzelnen sonderpädagogischen Förderschwerpunkten

Für blinde, hörgeschädigte und körperbehinderte Schüler mit Anspruch auf ein entsprechendes sonderpädagogisches Bildungsangebot gilt hinsichtlich der Pflicht zum Besuch der Grundschule § 83 Nr. 1 a SchG entsprechend.

Für blinde, hörgeschädigte, geistig behinderte und körperbehinderte Schüler im Sinne von Satz 1 gilt hinsichtlich der Pflicht zum Besuch einer auf der Grundschule aufbauenden Schule § 83 Nr. 2 SchG entsprechend.

7. Erfüllung des Anspruchs auf ein sonderpädagogisches Bildungsangebot

(1) Wird ein Anspruch auf ein sonderpädagogisches Bildungsangebot festgestellt, wählen die Erziehungsberechtigten, ob dieser Anspruch an der allgemeinen Schule oder einem Sonderpädagogischen Bildungs- und Beratungszentrum erfüllt werden soll.

(2) Die Erziehungsberechtigten üben ihr Wahlrecht auf der Grundlage der Vorschläge einer Bildungswegekonferenz aus. Das Staatliche Schulamt lädt die Teilnehmer der Bildungswegekonferenz ein und leitet diese. In der Bildungswegekonferenz werden in gemeinsamer Beratung mit den Erziehungsberechtigten, die eine Person ihres Vertrauens zuziehen können, den beteiligten Schulen und Schulträgern sowie weiteren notwendigen Leistungs- und Kostenträgern (bspw. nach SGB VIII und SGB XII) im Rahmen der gegebenen oder realisierbaren Verhältnisse verschiedene mögliche, in der Regel gruppenbezogene Bildungsangebote entwickelt. Hierbei soll das Einvernehmen aller Teilnehmer angestrebt werden.

(3) Stehen der Erfüllung des Anspruchs auf ein sonderpädagogisches Bildungsangebot am von den Erziehungsberechtigten gewünschten Lernort zwingende Gründe entgegen, entscheidet das

Staatliche Schulamt nach nochmaliger Anhörung der Erziehungsberechtigten über den Lernort.

(4) Das Verfahren nach Abs. 1 bis 3 ist bei fortbestehendem Anspruch rechtzeitig vor Beendigung der Pflicht zum Besuch der Grundschule entsprechend durchzuführen. Abs. 5 gilt entsprechend. Beim Übergang in eine berufliche Schule, eine Berufsausbildung oder -vorbereitung ist eine Bildungs- und Berufswegekonferenz Grundlage für die Entscheidung der Erziehungsberechtigten nach Abs. 1. Die Absätze 2, 3 und 5 gelten entsprechend.

(5) Teilen die Erziehungsberechtigten nach der Feststellung des Anspruchs auf ein sonderpädagogisches Bildungsangebot der Schulaufsichtsbehörde mit, dass sie ein Sonderpädagogisches Bildungs- und Beratungszentrum oder das bereits eingerichtete Angebot eines gemeinsamen Unterrichts als Lernort wählen, kann mit ihrem Einverständnis von der Durchführung einer Bildungswegekonferenz abgesehen werden.

8. Bildungsplan, Stundentafel bei inklusiven Bildungsangeboten (Nr. 2 Abs. 5 Satz 1 und 3)

Der Unterricht für Schüler mit Anspruch auf ein sonderpädagogisches Bildungsangebot orientiert sich an den im Rahmen der individuellen Lern- und Entwicklungsbegleitung zusammen mit dem jungen Menschen selbst und mit ihren Eltern festgelegten Entwicklungs- und Bildungszielen, am Bildungsplan und der Stundentafel der allgemeinen Schule sowie am Bildungsplan und der Stundentafel des entsprechenden Sonderpädagogischen Bildungs- und Beratungszentrums.

9. Leistungsbewertung, Versetzungsentscheidung, Zeugnis bei inklusiven Bildungsangeboten (Nr. 2 Abs. 5 Satz 1 und 3)

(1) §§ 8 und 9 Notenbildungsverordnung (Klassenarbeiten, schriftliche Wiederholungsarbeiten, gleichwertige Leistungen und deren Anzahl) finden auf Schüler mit Anspruch auf ein sonderpädagogisches Bildungsangebot, die den gemeinsamen zieldifferenten Unterricht an einer allgemeinen Schule besuchen, keine Anwendung.

→ Notenbildungsverordnung

(2) Die Lern- und Leistungsbeurteilung der Schüler mit Anspruch auf ein sonderpädagogisches Bildungsangebot orientiert sich an den im Rahmen der individuellen Lern- und Entwicklungsbegleitung festgelegten Entwicklungs- und Bildungszielen. Für Schüler mit Anspruch auf ein sonderpädagogisches Bildungsangebot im Sinne der Förderschule richtet sich das Aufsteigen in die nächst höhere Klassenstufe nach den Bestimmungen der entsprechenden Versetzungsordnung. Schüler mit Anspruch auf ein sonstiges sonderpädagogisches Bildungsangebot können nach Beschluss der Klassenkonferenz in die nächst höhere Klassenstufe aufsteigen, wenn auf der Grundlage der individuellen Entwicklungs- und Bildungsziele eine weitere erfolgreiche Entwicklung zu erwarten ist.

(3) Schüler mit Anspruch auf ein sonderpädagogisches Bildungsangebot nehmen im gemeinsamen zieldifferenten Unterricht am Aufnahmeverfahren für die auf die Grundschule aufbauenden Schularten nicht teil. Nr. 7 Abs. 4 bleibt unberührt.

(4) Schüler mit Anspruch auf ein sonderpädagogisches Bildungsangebot erhalten das Zeugnis der besuchten allgemeinen Schule, wenn diese Schule der alleinige oder überwiegende Lernort ist (Nr. 2 Abs. 5 Satz 1). Das Zeugnis orientiert sich in der inhaltlichen Ausgestaltung, wie zum Beispiel bezüglich besonderer Fächer oder Bildungsbereiche an den Vorgaben der VwV „Zeugnisse, Halbjahresinformation und Schulbericht" für das Zeugnis der Sonderschule des von der Schulverwaltung festgelegten Sonderpädagogischen Bildungs- und Beratungszentrums sowie des ggf. festgelegten Bildungsgangs.

Sofern die Schüler zieldifferent unterrichtet werden, ist folgende Bemerkung aufzunehmen: „Gemeinsamer zieldifferenter Unterricht der Schülerin / des Schülers mit Anspruch auf ein sonderpädagogisches Bildungsangebot".

10. Erziehungs- und Ordnungsmaßnahmen bei inklusiven Bildungsangeboten (Nr. 2 Abs. 5 Satz 1 und 3)

Bei der Beratung über eine Erziehungs- und Ordnungsmaßnahme nach § 90 Abs. 3 Nr. 2 Buchst. e bis g SchG nimmt der Schulleiter des sonderpädagogischen Bildungs- und Beratungszentrums, ggf. desjenigen nach Nr. 5 Abs. 1 Satz 4, oder eine von ihm beauftragte Lehrkraft mit Stimmrecht an der Klassenkonferenz der befassten allgemeinen Schule teil. Soweit das sonderpädagogische Bildungs- und Beratungszentrum für die Entscheidung nach § 90 SchG zuständig ist, gilt Satz 1 entsprechend.

→ Schulgesetz § 90

11. Konferenzen bei inklusiven Bildungsangeboten (Nr. 2 Abs. 5 Satz 1 und 3)

(1) Die Lehrkräfte des sonderpädagogischen Bildungs- und Beratungszentrums können mit Stimmrecht an Klassenkonferenzen der jeweiligen allgemeinen Schulen teilnehmen, soweit sie am gemeinsamen Unterricht von Schülern mit Anspruch auf ein sonderpädagogisches Bildungsangebot mitwirken. Für die Beschlussfähigkeit der Konferenz gilt § 13 Abs. 2 Satz 2 der Konferenzordnung mit der Maßgabe, dass sich die erforderliche Anzahl der mindestens anwesenden Stimmberechtigten nach der Anzahl der in der Konferenz insgesamt stimmberechtigten Lehrkräfte der allgemeinen Schule bemisst.

Soweit der Schüler auch an einem sonderpädagogischen Bildungs- und Beratungszentrum unterrichtet wird, werden die vom sonderpädagogischen Bildungs- und Beratungszentrum übermittelten Beurteilungen einbezogen. Die befassten Lehrkräfte der sonderpädagogischen Bildungs- und Beratungszentrums können mit Stimmrecht an den Klassenkonferenzen teilnehmen. Im Übrigen gilt Satz 2 entsprechend.

(2) Die Klassenkonferenzen finden am sonderpädagogischen Bildungs- und Beratungszentrum

statt, wenn dieses der überwiegende Lernort ist. Hinsichtlich der an den Konferenzen teilnehmenden Lehrkräfte der allgemeinen Schule gelten die Regelungen nach Abs. 1 entsprechend.

12. Lehrerzuweisung, Sachkosten bei inklusiven Bildungsangeboten (Nr. 2 Abs. 5 Satz 1 und 3)

(1) Die zur Verfügung stehenden Ressourcen (Sonderschullehrerstunden, Sachkostenbeiträge für Schulträger) für Kinder und Jugendliche mit Anspruch auf ein sonderpädagogisches Bildungsangebot bleiben weiterhin im Bereich der Sonderpädagogik verankert, um sie von dort aus passgenau, auch an der besuchten allgemeinen Schule, zum Einsatz zu bringen. Dies gilt auch in den Fällen, in denen an der besuchten allgemeinen Schule ein Schulverhältnis nach § 23 Abs. 1 SchG begründet wird (Nr. 2 Abs. 5 Satz 1) oder als begründet gilt (Nr. 2 Abs. 5 Satz 3). Die Ressourcenzuweisung ist insoweit ggf. abweichend vom Schulverhältnis nach § 23 Abs. 1 SchG.

(2) Die Schüler im Sinne von Abs. 1 sind im Hinblick auf die Ressourcen dem sonderpädagogischen Bildungs- und Beratungszentrum nach Nr. 5 Abs. 1 Satz 4 zugeordnet. Schüler im Sinne von Abs. 1 zählen

a) hinsichtlich der Höhe des Sachkostenbeitrags als Schüler des sonderpädagogischen Bildungs- und Beratungszentrums nach Nr. 5 Abs. 1 Satz 4. Dessen Schulträger erhält den Sachkostenbeitrag in voller Höhe.

→ Haushalt (Sachkostenbeiträge)

b) im Hinblick auf die VwV „Eigenständigkeit der Schulen und Unterrichtsorganisation" als Schüler des sonderpädagogischen Bildungs- und Beratungszentrums nach Nr. 5 Abs. 1 Satz 4. Wird durch den gemeinsamen Unterricht der ansonsten an den allgemeinen Schulen geltende Klassenteiler berührt und sollte aufgrund der Klassengröße der gemeinsame Unterricht nicht möglich sein und andere Lösungsformen ausscheiden, kann im besonders begründeten Ausnahmefall von der zuständigen Schulaufsichtsbehörde im Rahmen der insgesamt zur Verfügung stehenden Lehrerwochenstunden die Bildung einer zusätzlichen Klasse genehmigt werden.

→ Organisationserlass

c) im Hinblick auf die Schülerbeförderungskosten als Schüler des sonderpädagogischen Bildungs- und Beratungszentrums nach Nr. 5 Abs. 1 Satz 4. Die Stadt- und Landkreise tragen daher die ihnen als Träger dieser Schule entstehenden Beförderungskosten dieser Schüler (§ 18 Abs. 1 Satz 4 FAG) nach Maßgabe der jeweiligen Satzung.

→ Haushalt (Kommunaler Finanzausgleich) § 18

13. Schulen in freier Trägerschaft
(hier nicht abgedruckt)

Hinweis der Redaktion: Schulen in freier Trägerschaft (Privatschulen) können grundsätzlich an der Erprobung gemeinsamer Bildungsangebote für Schüler mit Anspruch auf ein sonderpädagogisches Bildungsangebot nach Maßgabe dieser Regelungen in der jeweils geltenden Fassung teilnehmen.

14. Gemeinsamer Unterricht für Schüler ohne Anspruch auf ein sonderpädagogisches Bildungsangebot an Sonderpädagogischen Bildungs- und Beratungszentren (Nr. 2 Abs. 3)

(1) Die Erziehungsberechtigten entscheiden darüber, ob ein Kind, das keinen Anspruch auf ein sonderpädagogisches Bildungsangebot hat, ganz oder überwiegend einen gemeinsamen Unterricht an Sonderpädagogischen Bildungs- und Beratungszentren besuchen soll. Dies gilt auch während der Pflicht zum Besuch der Grundschule. Ein solches Bildungsangebot ist im Rahmen der gegebenen Verhältnisse ebenfalls im Wege einer Bildungswegekonferenz zu entwickeln. Für das Verfahren gilt Nr. 7 Abs. 2, 3 und 5 entsprechend.

(2) Schüler im Sinne des Abs. 1, die den gemeinsamen Unterricht an einem Sonderpädagogischen Bildungs- und Beratungszentrum besuchen, begründen dort ein Schulverhältnis (§ 23 Abs. 1 SchG), wenn das Sonderpädagogische Bildungs- und Beratungszentrum der alleinige oder überwiegende Lernort ist. Im Hinblick auf diese Schüler gelten auch am Sonderpädagogischen Bildungs- und Beratungszentrum die Voraussetzungen und Bestimmungen des besuchten Bildungsganges der allgemeinen Schulen, insbesondere hinsichtlich des Bildungsplans, der Stundentafel, Leistungsbewertung, Versetzung und des Aufnahmeverfahrens für die auf der Grundschule aufbauenden Schularten, sowie nach Maßgabe von Nr. 4 Abs. 3 der Schulbezirksregelungen.

(3) Die Lehrerzuweisung für Klassen an Sonderpädagogischen Bildungs- und Beratungszentren, an denen Schüler ohne Anspruch auf ein sonderpädagogisches Bildungsangebot unterrichtet werden, orientiert sich an der jeweils geltenden VwV „Eigenständigkeit der Schulen und Unterrichtsorganisation" mit der Maßgabe, dass diese Schüler nicht als Schüler mit Anspruch auf ein sonderpädagogisches Bildungsangebot gelten.

(4) Im Falle des Absatzes 2 Satz 1 erhält der Schulträger des Sonderpädagogischen Bildungs- und Beratungszentrums den Sachkostenbeitrag mit der Maßgabe, dass die Schüler im Sinne von Abs. 1 hinsichtlich der Höhe des Sachkostenbeitrags als Schüler des Bildungsganges nach Absatz 2 Satz 2 gelten.

15. Ergänzende Regelungen

(1) Soweit nichts Abweichendes bestimmt ist, gelten ergänzend die Regelungen des Schulgesetzes, der VwV „Kinder und Jugendliche mit besonderem Förderbedarf und Behinderungen" und sonstiger Bestimmungen zur Sonderschule und ihrer Typen. ...

→ Behinderungen und Förderbedarf

III. Verfahrenshinweise, Dokumentations- und Evaluationsaufgaben

(hier nicht abgedruckt)

Hinweis der Redaktion: Die Staatlichen Schulämter Stuttgart, Mannheim, Freiburg, Konstanz und Biberach können Lehrerwochenstunden bis zu einem Deputat für Bildungswe-

Behinderungen (Inklusion) / Beihilfe (Allgemeines)

gekonferenzen, die Schulangebotsplanung, Begleitung, Dokumentation und Mitwirkung bei der Auswertung einsetzen. Das gilt auch für die anderen Staatlichen Schulämter, die Lehrerwochenstunden bis zu einem halben Deputat für die Umsetzung der Empfehlungen im Rahmen der geltenden Rechtslage einsetzen können.

Die bei den Staatlichen Schulämtern eingerichteten regionalen Arbeitsstellen Kooperation werden zum Schuljahr 2010/11 jeweils um Vertreter aus dem Bereich Gymnasium und Berufliche Schulen erweitert. Die mitwirkenden Lehrkräfte erhalten für diese Tätigkeit jeweils 2 Anrechnungsstunden.

→ Behinderungen und Förderbedarf; → Haushalt (Kommunaler Finanzausgleich) § 18 ; → Notenbildungsverordnung; → Organisationserlass; → Schülerbeförderung; ; → Schulgesetz § 15

Beihilfe (Allgemeines)

Hinweise der Redaktion

1. Grundsatz

Rechtsgrundlage für die Gewährung von Beihilfen in Geburts-, Krankheits-, Pflege- und Todesfällen ist die Beihilfeverordnung (BVO).
→ Beihilfeverordnung; → Beihilfe (Arbeitnehmer)
Zuständige Behörde ist für Beschäftigte im Landesdienst das Landesamt für Besoldung und Versorgung (Anschrift und Sprechzeiten: → Landesamt). Die Beihilfe bemisst sich nach einem Prozentsatz der beihilfefähigen Aufwendungen (siehe Tabelle). Sind mindestens zwei Kinder berücksichtigungsfähig, beträgt der Bemessungssatz für beihilfeberechtigte Eltern 70%, für die Kinder 80%. Bei Beihilfeberechtigten mit zwei Kindern verringert sich deren Bemessungssatz nach Wegfall eines Kindes im Familienzuschlag wieder auf 50%, diese Reduzierung erfolgt aber erst nach Ablauf des betreffenden Kalenderjahres. Waren jedoch schon einmal mindestens drei Kinder im Familienzuschlag berücksichtigungsfähig, bleibt der Satz von 70% auch dann erhalten, wenn nur noch zwei Kinder beihilfeberechtigt sind. Der jeweilige Bemessungssatz steht dem beihilfeberechtigten Elternteil auch dann zu, wenn die beihilfeberechtigten Kinder über den Ehepartner in der gesetzlichen Krankenversicherung mitversichert sind.
→ Beihilfeverordnung § 3 Abs. 3 und § 14

Das Restrisiko (50%, 30% bzw. 20%) müssen die Beihilfeberechtigten – auch für beihilfeberechtigte Angehörige! – durch eine Krankenversicherung abdecken; wird dem Landesamt keine Versicherung nachgewiesen, besteht kein Beihilfeanspruch. Aufwendungen für die Behandlung von Versicherten im Basistarif durch „Kassenärzte" sind nur im Umfang der Leistungen beihilfefähig, die für den Basistarif gelten (zum Beispiel zahnärztliche Leistungen nur bis zum 2,0-fachen, übrige ärztliche Leistungen nur bis zum 1,8-fachen Satz der GOÄ).
→ Krankenversicherung
Auch die Leistungen der gesetzlichen Pflegeversicherung werden über eine Kombination von Beihilfe und (privater) Versicherung abgedeckt.
→ Beihilfeverordnung § 9; → Pflegeversicherung
Die Beihilfe wird um eine Kostendämpfungspauschale („Selbstbehalt") gekürzt. Diese ist nach Besoldungsgruppen gestaffelt; für Versorgungsempfänger/innen gelten niedrigere Sätze. Bei Lehramtsanwärter/innen und Referendar/innen ist für den Selbstbehalt die Eingangsbesoldungsgruppe maßgebend. Änderungen der Besoldung (Beförderungen) im Laufe des Jahres führen nicht zu einer Änderung der Stufe. Maßgebend für die Kostendämpfungspauschale ist das Rechnungsdatum.
→ Beihilfeverordnung § 15

Beihilfe (Bemessungssätze nach § 14 Beihilfeverordnung)

Anspruch des/der einzelnen Beihilfeberechtigten \ Status des/der Beihilfeberechtigten	ledig oder verwitwet		verheiratet; Ehepartner nicht selbst beihilfeberechtigt		verheiratet; Ehepartner selbst beihilfeberechtigt	
	ohne Kinder bzw. mit einem beihilfeberechtigten Kind	mit zwei oder mehr beihilfeberechtigten Kindern	ohne Kinder bzw. mit einem beihilfeberechtigten Kind	mit zwei oder mehr beihilfeberechtigten Kindern	ohne Kinder bzw. mit einem beihilfeberechtigten Kind	mit zwei oder mehr beihilfeberechtigten Kindern
Beihilfeberechtigter nach § 2.1.1 Beihilfeverordnung[1]	50%	70%	50%	70%	50%	70%
Beihilfeberechtigter Versorgungsempfänger[2]	70%	70%	70%	70%	70%	70%
Berücksichtigungsfähiger Ehegatte	entfällt	entfällt	70%	70%	50%	70%
Berücksichtigungsfähiges Kind	80%	80%	80%	80%	80%	80%

1 Gilt so auch für entpflichtete Hochschullehrer.
2 Ein aktiver Beamter mit Versorgungsbezügen gilt als als Beihilfeberechtigter nach § 2.1.1.

Beihilfe (Allgemeines)

Erleiden Beamt/innen einen Dienstunfall, so gelten nicht die Beihilfevorschriften, sondern das Beamtenversorgungsrecht (Heilverfahren).

→ Beamtenversorgung (Unfallfürsorge) § 48

2. Stationäre Wahlleistungen

Die Kosten für vor- und nachstationäre Behandlungen sowie für allgemeine Krankenhausleistungen in nach § 108 SGB V zugelassenen Krankenhäusern sind grundsätzlich beihilfefähig. Ein Anspruch auf Beihilfe zu den Aufwendungen für Wahlleistungen im Krankenhaus (Chefarztbehandlung, Zweibettzimmer) besteht – auch für Teilzeitbeschäftigte – nur gegen einen Beitrag von 13 Euro monatlich, alle berücksichtigungsfähigen Angehörigen (Ehegatte, Kinder) sind dann eingeschlossen. Während einer Elternzeit besteht Beitragsfreiheit. Die Beihilfeberechtigten konnten bis zum 31.8.2004 entscheiden, ob sie diesen Zusatzbeitrag leisten wollten (diese Erklärung kann jederzeit ohne Angabe von Gründen für die Zukunft widerrufen werden). Wer diese Option nicht in Anspruch genommen hat, kann auf Dauer keine Beihilfen mehr hierzu geltend machen. Der Ausschluss wirkt auch nach der Pensionierung bzw. nach dem Tod des Beihilfeberechtigten für die Hinterbliebenen fort. Wer am 1.4.2004 ohne Bezüge beurlaubt war und / oder neu beihilfeberechtigt wird (z.B. Neueinstellung, Ernennung von Beamten auf Widerruf oder auf Probe, Entstehung eines Anspruchs auf Witwen-/Witwergeld oder Waisengeld), kann mit der (Wieder-)Aufnahme des Dienstes mit Bezügen innerhalb einer fünfmonatigen Ausschlussfrist die Abgabe dieser Erklärung nachholen.

→ Beihilfeverordnung § 6a

Nimmt der Beihilfeberechtigte Beihilfen für Wahlleistungen nicht in Anspruch, obwohl er den Zusatzbeitrag leistet, erhält er im Fall einer stationären Behandlung in einem nach § 108 SGB V zugelassenen Krankenhaus als Ausgleich eine pauschale Beihilfe pro Behandlungstag (Tagegeld). Diese beträgt bei Verzicht auf die sogenannte Chefarztbehandlung in einem § 108 SGB V zugelassenen Krankenhaus) 14 Euro täglich; bietet das Krankenhaus Zweibettzimmer an und wird diese Wahlleistung nicht in Anspruch genommen, beträgt sie zusätzlich 11 Euro täglich. Bei stationärer Behandlung in einem nicht nach § 108 SGB V zugelassenen Krankenhaus beträgt dieses Tagegeld 10 Euro.

3. Antragsverfahren

1. Beihilfefähige Aufwendungen müssen direkt beim Landesamt für Besoldung und Versorgung geltend gemacht werden. Hierzu ist das Formblatt LBV 301 zu verwenden (auch im Internet erhältlich und auf dem Bildschirm ausfüllbar: www.lbv.bwl.de).

   Sofern – z.B. in höherem Alter, bei schweren Erkrankungen oder im Pflegefall – die Antragstellung durch Dritte erfolgt, ist eine Vollmacht erforderlich. Selbst Ehegatten werden nicht als gegenseitig bevollmächtigt anerkannt. Es empfiehlt sich, rechtzeitig eine Vertrauensperson zu bevollmächtigen. Beim Landesamt sind hierfür Formulare (Nr. 319a und 319b) erhältlich. Da die Beihilfe nur über das „Bezügekonto" ausgezahlt wird, sollte man Bevollmächtigten auch eine entsprechende Bankvollmacht erteilen.

2. Auf dem Antrag ist die Personalnummer einzutragen (auf der Gehaltsmitteilung und dem letzten Beihilfebescheid abgedruckt). Wegen der Trennung der Beihilfeakten von den übrigen Personalakten gibt es eine gesonderte Personalnummer für die Beihilfe.

3. Auf dem ersten Beihilfeantrag nach der Einstellung bzw. dem Eintritt in den Ruhestand sind alle das Dienst- bzw. Versorgungsverhältnis betreffenden Fragen zu beantworten. Ferner sind Nachweise über den Versicherungsschutz (ggf. über den Versicherungsschutz von Ehegatten und Kindern) vorzulegen.

4. Beihilfeanträge können nur eingereicht werden, wenn die Summe der Aufwendungen mindestens 300 Euro beträgt, außer der letzte Beihilfeantrag liegt mindestens zwölf Monate zurück. Bestehen Antragsteller trotz geringerer Aufwendungen als 300 Euro auf der Berechnung der Beihilfe wird eine Verwaltungskostenpauschale von 16 Euro in Rechnung gestellt. Diese Einschränkungen gelten nicht, wenn die Beihilfeberechtigung entfällt, z.B. beim Ausscheiden aus dem Dienstverhältnis.

5. Beihilfeanträge müssen vor Ablauf der beiden Kalenderjahre, die auf das Kalenderjahr des Entstehens der Aufwendungen oder der ersten Ausstellung der Rechnung folgen, beim Landesamt eingehen. Verspätet eingereichte Rechnungen werden nicht mehr akzeptiert. Maßgebend für den Zeitpunkt des Entstehens der Aufwendungen ist z.B. der Zeitpunkt der Behandlung durch den Arzt bzw. des Einkaufs der Medikamente oder der Lieferung möglicher Hilfsmittel.

5. Die Aufwendungen müssen durch Rechnungen oder Rezepte nachgewiesen werden; es genügen unbeglaubigte Kopien; diese werden nicht zurückgegeben. Es ist deshalb anzuraten, Ärzte, Krankenhäuser, Apotheken usw. um jeweils zwei Kopien des Originalbelegs (quittiertes Rezept bzw. Rechnung) zu bitten, je eine für die Krankenkasse und das Landesamt. Eine Ausfertigung sollte man selbst mindestens bis zur Bestandskraft des Beihilfebescheids aufbewahren (die Widerspruchsfrist beträgt einen Monat); sonst kann man den Bescheid nicht überprüfen und besitzt im Streitfall keine eigenen Unterlagen. Nur in den Fällen, in denen das Landesamt ausdrücklich Originalbelege verlangt (z.B. für Aufwendungen im Todesfall), erhält man diese zurück.

6. In bestimmten Fällen (z.B. Operationen) können sehr hohe Beträge fällig werden. Ferner stellen die Krankenhäuser oder auch Ärzte teilweise Rechnungen mit kurzen Zahlungsfristen aus

und verlangen Verzugszinsen. Es ist in einem solchen Fall sinnvoll, dem Beihilfeantrag ein Schreiben vorzuheften, worin auf die außergewöhnlich hohen Aufwendungen hingewiesen wird, und zusätzlich den Antrag telefonisch zu avisieren (die Telefonnummer sowie die Beihilfe-Personalnummer befinden sich auf der Gehaltsmitteilung). Damit kann keine Beschleunigung oder Abschlagszahlung erreicht werden.

7. Alle Unfälle (auch solche im privaten Bereich!) sind dem Landesamt zu melden, damit dieses ggf. beim Schädiger Regress fordern kann.

➜ Beihilfeverordnung § 17 Abs. 7; ➜ Unfälle (Arbeits- und Dienstunfälle)

4.
Beihilfe für Kinder und Ehepartner

1. Solange der kinderbezogene Familienzuschlag gezahlt wird, bleiben die Kinder bei der Beihilfe berücksichtigungsfähig.

2. Sind beide Ehegatten beihilfeberechtigt, kann für die Kinder nur Beihilfe geltend machen, wer auch das Kindergeld erhält. Dabei sind zwei Fallgruppen zu unterscheiden:
   - **Beide Beihilfeberechtigte sind Beamte:**
     Beihilfe für berücksichtigungsfähige Kinder wird nur dem Beihilfeberechtigten gewährt, der das Kindergeld bzw. den Kinderanteil im Familienzuschlag erhält.
   - **Mindestens ein Beihilfeberechtigter ist Arbeitnehmer im öffentlichen Dienst und hat nach der Umstellung auf den TV-L oder TVÖD Anspruch auf den kinderbezogenen Familienzuschlag (Besitzstand):**
     Wenn derjenige von mehreren Beihilfeberechtigten, der die Aufwendungen für ein Kind bzw. mehrere Kindergeld geltend machen darf, noch nicht einvernehmlich bestimmt ist, darf die Beihilfestelle Aufwendungen für das Kind nur bei demjenigen berücksichtigen, der tatsächlich den Kinderanteil im Familienzuschlag erhält. Eine gemeinsame Bestimmung ist nicht notwendig, wenn es bei dem vorgenannten Empfänger des Kinderanteils im Familienzuschlag bleiben soll.

   Für eine abweichende Festlegung gibt es einen Vordruck (LBV 332). Das Landesamt betont, es diene der Verwaltungsvereinfachung, auf eine solche abweichende Bestimmung zu verzichten.

3. Für nicht selbst beihilfeberechtigte Ehegatten können Beihilfen nur geltend gemacht werden, wenn der Gesamtbetrag der Einkünfte des Ehegatten mindestens in einem der beiden Kalenderjahre vor der Stellung des Beihilfeantrages 18.000 Euro nicht übersteigt. Liegen die Einkünfte z.B. im laufenden Kalenderjahr unterhalb der Einkommensgrenze oder sind gänzlich weggefallen und erklärt der Beihilfeberechtigte dies gegenüber dem Landesamt, wird unter dem Vorbehalt des Widerrufs eine Beihilfe bereits im laufenden Kalenderjahr gewährt. Es empfiehlt sich bei Vorliegen dieser Voraussetzungen die Erklärung abzugeben und dem Landesamt zu Beginn des folgenden Kalenderjahres mitzuteilen, ob die Einkünfte im abgelaufenen Kalenderjahr tatsächlich unterhalb der Einkommensgrenze geblieben sind. Hierzu unbedingt ➜ Krankenversicherung beachten.

4. Veränderungen im Familienstand, die Auswirkungen auf die Beihilfeberechtigung haben (z.B. wenn kindergeldberechtigte Kinder wegen Beendigung der Ausbildung oder wegen Überschreitens der Altersgrenze ausscheiden), sind immer sofort schriftlich dem Landesamt (mit Personalnummer) zu übermitteln. Zugleich ist ein Versicherungsnachweis der privaten Krankenversicherung (Kopie des aktuellen Nachtrags zum Versicherungsschein) zu übersenden. Das Landesamt muss sicherstellen, dass keine „Überversicherung" (über 100% liegende Erstattung von tatsächlichen Krankenkosten) vorliegt. Es ist sinnvoll, eine solche Veränderung der Beihilfeberechtigung zuvor der privaten Krankenversicherung anzuzeigen, damit diese den Versicherungsumfang und den Beitrag anpassen kann. Diese Mitteilung an die Krankenversicherung sollte stets unmittelbar nach Änderung der familiären Verhältnisse erfolgen, da die privaten Krankenversicherer eine solche Vertragsveränderung problemlos in der Regel nur innerhalb weniger Monate zulassen.

5.
Urlaub ohne Dienstbezüge

Aufwendungen während einer Beurlaubung ohne Bezüge – mit Ausnahme der Beurlaubung zur Pflege gem. § 75 LBG – sind nicht beihilfefähig. Bei Beurlaubungen bis zu längstens 31 Kalendertagen bleibt die Beihilfeberechtigung erhalten.

➜ Beihilfeverordnung § 2 Abs. 2 letzter Satz

Zur Krankenversicherung und zum Beihilfeanspruch während eines Urlaubs ohne Bezüge bitte ➜ Beihilfe (Urlaub ohne Bezüge) und ➜ Krankenversicherung beachten.

6.
Krankheitskosten im Ausland

Im Ausland – z.B während des Urlaubs – entstehende Krankheitskosten sind grundsätzlich nur insoweit und bis zu der Höhe beihilfefähig, wie sie im Inland entstanden und beihilfefähig gewesen wären. Kosten für Krankenrücktransporte an den Wohnort sind nicht beihilfefähig. Es ist darauf zu achten, dass ärztliche Auslandsrechnungen eindeutige Leistungsbezeichnungen enthalten, damit der Kostenvergleich durchführbar ist.
Es ist deshalb dringend zu empfehlen, eine Reisekrankenversicherung abzuschließen.

7. Voranerkennung

Aufwendungen für folgende Behandlungsarten sind nur beihilfefähig, wenn sie vom Landesamt vor dem Behandlungsbeginn anerkannt wurden:
- Behandlung und Rehabilitation in nicht als

Krankenhaus zugelassenen Einrichtungen ab einer Dauer von 30 Tagen,
- Kuren (nur bei Beamten und Richtern, nicht bei deren berücksichtigungsfähigen Angehörigen),
- psychotherapeutische und ähnliche Behandlungen,
- außerhalb der EG durchzuführende Behandlung

(einschließlich Auslandskur), wenn im Inland eine medizinisch erfolgversprechende Behandlung nicht möglich ist.

Anträge auf Voranerkennung mit begründenden Unterlagen sind direkt an das Landesamt zu richten (Ausnahme: Anträge wegen einer Kur sind über die urlaubgewährende Stelle einzureichen).

→ Beamtengesetz §§ 83 ff.; → Beamtenversorgung (Unfallfürsorge) § 48; → Beihilfe (Arbeitnehmer); → Beihilfe (Kuren); → Beihilfe (Urlaub ohne Bezüge); → Krankenversicherung; → Landesamt; → Pflegeversicherung

Beihilfe (Arbeitnehmer/innen)

Hinweise der Redaktion

Arbeitnehmer/innen im öffentlichen Dienst, deren Arbeitsverhältnis vor dem 1.10.1997 begründet und die zum 1.11.2006 in den Tarifvertrag (Länder) übergeleitet wurden, haben in bestimmtem Umfang Anspruch auf Beihilfe in Krankheitsfällen.

Teilzeitbeschäftigte beihilfeberechtigte Arbeitnehmer erhalten von der errechneten Beihilfe einen Anteil entsprechend dem Umfang der Teilzeit.

Für nach dem 1.10.1997 Eingestellte sowie für geringfügig beschäftigte Arbeitnehmer (§ 8 Abs. 1 SGB IV) besteht kein Beihilfeanspruch.

→ Beihilfeverordnung § 15; → Krankenversicherung

1. Pflichtversicherte Arbeitnehmer/innen

In der gesetzlichen Krankenversicherung pflichtversicherte Arbeitnehmer sowie ihre berücksichtigungsfähigen Angehörigen sind auf die Sachleistungen der Krankenkassen verwiesen. Aufwendungen, die dadurch entstehen, dass Arbeitnehmer die zustehenden Sachleistungen nicht in Anspruch nehmen (z.B. privatärztliche Behandlung oder Heilpraktiker anstelle der kassenärztlichen Behandlung), sind nicht beihilfefähig.

Soweit pflichtversicherten Arbeitnehmern kein Anspruch auf eine Sachleistung zusteht oder sie vom Versicherungsträger nur einen Zuschuss beanspruchen können, wird Beihilfe für die – ggf. um die zustehenden Versicherungsleistungen gekürzten – beihilfefähigen Aufwendungen gewährt für
- Säuglingserstausstattung (Pauschalbetrag),
- Beihilfe in Todesfällen.

→ Beihilfeverordnung §§ 11 und 12

2. Freiwillig versicherte Arbeitnehmer/innen

Bei Arbeitnehmer/innen, welche die Bemessungsgrenze für die Pflichtversicherung überschreiten, gilt der Grundsatz, dass sie für den Krankheitsfall in angemessenem Umfang selbst Vorsorge treffen und sich freiwillig (in einer privaten oder in der gesetzlichen Krankenversicherung) versichern. Diese Versicherung wird durch die Beihilfe ergänzt.
→ Krankenversicherung

Dabei ist zu unterscheiden zwischen:

1.
Arbeitnehmer/innen, die Anspruch auf den Arbeitgeberzuschuss nach § 257 SGB V zur Krankenversicherung haben

Dieser Zuschuss beträgt 257,25 Euro für die Kranken- und 35,83 euro für die Pflegeversicherung (Stand: 1.7.2009). Diese Arbeitnehmer/innen erhalten Beihilfeleistungen im Krankheitsfall im Umfang der Pflichtversicherten.

Die aus der Krankenversicherung zustehenden Leistungen werden auch dann auf die beihilfefähigen Aufwendungen angerechnet, wenn anstelle dieser Leistungen eine Beitragsrückgewähr in Anspruch genommen wird. Leistungen aus privaten Versicherungsverhältnissen, die nicht in die Zuschussberechnung einbezogen wurden, sind auch nicht von den beihilfefähigen Aufwendungen abzusetzen. Eine Anrechnung der privaten Versicherungsleistungen unterbleibt nur, während der Zeit, in der die beihilfefähigen Aufwendungen entstanden sind, kein Zuschuss nach § 257 SGB V gewährt worden ist (z.B. wegen Ablaufs der Krankenbezugsfristen nach § 22 TV-L oder wegen Bezugs von Mutterschaftsgeld nach § 13 MuSchG).

2.
Vor dem 1.10.1997 eingestellte Arbeitnehmer/innen, die auf den Anspruch auf Arbeitgeberzuschuss nach § 257 SGB V verzichtet haben

Diese Arbeitnehmer/innen erhalten Beihilfe im Krankheitsfall wie die vergleichbaren Beamten.
Wichtig: Dieser Anspruch endet mit dem Eintritt in die Rente!

3.
Zur Kollision des Arbeitgeberzuschusses mit dem Beihilfeanspruch von pensionierten Beamten, die auch einen Rentenanspruch besitzen, siehe: → Rente und Beamtenversorgung.

→ Beihilfe § 15; → Krankenversicherung; → Landesamt; → Mutterschutz (VO); → Sozialversicherungsbeiträge

Beihilfe (Arbeitnehmer/innen) / Beihilfe (Kuren)

Beihilfe (Kuren)

Hinweise der Redaktion auf §§ 7 und 8 der Beihilfeverordnung

I. Vorbemerkung

Das Beihilferecht des Landes unterscheidet zwischen
- der stationären *„Behandlung und Rehabilitation in nicht als Krankenhaus zugelassenen Einrichtungen"* (§ 7 Beihilfeverordnung – BVO –) und
- verschiedenen Arten von *„Kuren"* (§ 8 BVO).

→ Beihilfeverordnung §§ 7 und 8

Grundsätzlich ist dabei zu beachten:
Stationäre *„Rehabilitationsmaßnahmen"* (§ 7 BVO) sind im Vergleich zu den *„Kuren"* (§ 8 BVO) meist medizinisch sinnvoller und häufig auch für die Betroffenen kostengünstiger, da hier auch die Aufwendungen für Unterkunft, Verpflegung und Pflege beihilfefähig sind (bei einem persönlichen Bemessungssatz von 50% wird vom Landesamt für Besoldung und Versorgung die Hälfte der Kosten für Sozialversicherte erstattet).

Dagegen sind bei den *„Kuren"* (§ 8 BVO) die Aufwendungen für Unterkunft und Verpflegung nur bis zu 26 Euro pro Tag und Person beihilfefähig, d.h. es gibt für Unterkunft und Verpflegung maximal 30 Tage lang 13 Euro Beihilfe pro Tag.

II. Kuren nach § 8 der Beihilfeverordnung

Es gibt drei beihilfefähige Arten von *Kuren*:
1. *Kuren in Einrichtungen der medizinischen Rehabilitation.*
   Diese von Ärzten schriftlich und mit Begründung verordneten Heilbehandlungen werden kurmäßig mit Unterkunft und Verpflegung in entsprechenden Einrichtungen durchgeführt.
2. *Müttergenesungskuren und Mutter-Kind-Kuren.*
   Dies sind Maßnahmen in Form einer Rehabilitationskur in einer Einrichtung des Müttergenesungswerks oder einer anderen als gleichartig anerkannten Einrichtung.
3. *Ambulante Heilkuren; Maßnahmen zur Wiederherstellung und Erhaltung der Dienstfähigkeit.*
   Diese Kuren müssen mit Heilbehandlungen und nach einem ärztlich erstellten Kurplan in einem im Heilkurort-Verzeichnis aufgeführten Kurort durchgeführt werden. Die Unterkunft muss sich im Heilkurgebiet befinden und ortsgebunden sein (z.B. kein Wohnmobil).
   Die Beihilfe umfasst neben den ärztlichen Leistungen usw. (§ 6 Abs. 1 Nr. 1 bis 3 BVO) auch Familien- und Haushaltshilfen, Fahrtkosten, Kurtaxe, ärztlichen Schlussbericht, Unterkunft und Verpflegung (maximal 26 Euro/Tag), begrenzt auf 30 Tage (§ 8 Abs. 6 BVO).

Voraussetzungen für die Beihilfefähigkeit sind:
1. Es muss eine Wartezeit von insgesamt fünf Jahren bei der Beihilfeberechtigung oder Beihilfeberücksichtigungsfähigkeit erfüllt sein;
2. im laufenden Kalenderjahr oder in den beiden vorangegangenen Kalenderjahren darf keine Kur durchgeführt oder beendet worden sein;
3. ambulante ärztliche Behandlungen oder Heilbehandlungen außerhalb von Kurmaßnahmen reichen nicht aus;
4. die medizinische Notwendigkeit wird durch eine vor Beginn der Kur ausgestellte, begründete Bescheinigung nachgewiesen.

Beihilfen zu *ambulanten Heilkuren* und *Maßnahmen zur Wiederherstellung und Erhaltung der Dienstfähigkeit* werden nur gewährt, wenn die Voraussetzungen in den ersten beiden Punkten erfüllt sind sowie durch ein amtsärztliches Gutachten nachgewiesen ist, dass die im dritten Punkt beschriebenen Voraussetzungen vorliegen und die Heilkur zur Wiederherstellung oder Erhaltung der Dienstfähigkeit erforderlich ist. Die Beihilfefähigkeit der Kur muss vor dem Antritt genehmigt worden sein. Der Antrag ist über die Schulleitung (bei Schulleiter/innen über die Schulaufsichtsbehörde) an das Landesamt zu richten. Das amtsärztliche Gutachten kann – mit Personalnummer! – direkt an das Landesamt geschickt werden.

Heilkuren müssen innerhalb des im Anerkennungsbescheid bestimmten Zeitraums begonnen werden.

III. Behandlung und Rehabilitation nach § 7 der Beihilfeverordnung

Die Beihilfeverordnung (§ 7) unterscheidet bei der *„stationären Behandlung"* bzw. der *„Rehabilitation"* zwischen vier Behandlungsstätten:
1. *Krankenhäuser*, die nicht zur gesetzlich Krankenversicherte zugelassen sind (z.B. Privatkliniken),
2. *Einrichtungen für Anschlussheilbehandlungen* (dies sind auf medizinische Rehabilitationsmaßnahmen besonders spezialisierte Einrichtungen, welche die Voraussetzungen für entsprechende stationäre Maßnahmen der Träger der Sozialversicherung erfüllen); Anschlussheilbehandlungen müssen sich unmittelbar an einen Krankenhausaufenthalt anschließen oder bei einer Unterbrechung zum Krankenhausaufenthalt in zeitlichem Zusammenhang stehen,
3. *Einrichtungen für Suchtbehandlungen,*
4. *sonstige Einrichtungen der medizinischen Rehabilitation.*

Voraussetzung für die Beihilfefähigkeit ist bei Nr. 1 bis 3, dass die Maßnahme nach begründeter Bescheinigung eines Arztes, der nicht mit der Einrichtung verbunden ist, nach Art und Dauer medizinisch notwendig ist und ambulante Maßnahmen nicht ausreichen. Bei *„sonstigen Einrichtungen* *der medizinischen Rehabilitation"* ist die Vorlage eines amtsärztlichen Gutachtens vorgeschrieben (es kann direkt an das Landesamt geschickt werden).

Ab einer Dauer von 30 Tagen ist die Beihilfefähigkeit von der vorherigen Anerkennung durch das Landesamt abhängig. Dafür muss die lange Dauer vom Arzt besonders begründet oder durch ein amtsärztliches Gutachten nachgewiesen werden. Der Voranerkennungsbescheid muss vor dem Behandlungsbeginn bzw. vor einer Verlängerung der Dauer während einer laufenden Maßnahme über 30 Tage hinaus vorliegen.

Unterzieht sich ein Patient aufgrund ärztlicher Verordnung einer *„stationären Behandlung"* gemäß § 7 BVO, so handelt es sich um eine Dienstverhinderung aufgrund einer Erkrankung. Es bedarf also keiner Urlaubsgenehmigung, sondern der Schulleitung ist eine ärztliche Bescheinigung über eine zeitweise Dienstunfähigkeit vorzulegen.

Dies gilt gleichermaßen für Arbeitnehmer/innen: Arbeitsverhinderungen durch Maßnahmen der medizinischen Vorsorge oder Rehabilitation sind tariflich der unverschuldeten Arbeitsunfähigkeit gleichgestellt. Angestellte Lehrkräfte haben deshalb dem Arbeitgeber (Schulleitung) eine ärztliche Arbeitsunfähigkeitsbescheinigung vorzulegen.

Für *„Kuren"* im Sinne von § 8 BVO ist hingegen eine Beurlaubung nötig, sofern die Maßnahme nicht in der arbeitsfreien Zeit (Ferien) stattfindet. Voraussetzung ist die vorhergehende Anerkennung der Kur als beihilfefähig. Für die Gewährung des Urlaubs ist bei Lehrkräften die Schulleitung (bei Schulleitern die Schulaufsichtsbehörde) zuständig.

→ Urlaub (Allgemeines); → Urlaub (Verordnung / AzUVO) § 30

Auch Arbeitnehmer müssen – falls die Maßnahme nicht in den Ferien stattfinden kann – für „freie

Die Aufwendungen für Unterkunft, Verpflegung und Pflege sowie für ärztlich verordnete Heilbehandlungen und Arzneimittel sind nur in der Höhe der **Tagespauschale für Sozialversicherungspflichtige** beihilfefähig. Man sollte mit der Einrichtung für **alle** Leistungen nur den Satz für Sozialversicherungspflichtige vereinbaren. Sonst bleibt man auf den Mehrkosten sitzen!

Für stationäre Behandlungen im Ausland sollte man sich vorher (!) direkt mit dem Landesamt für Besoldung und Versorgung ins Benehmen setzen.

IV. Beurlaubung für Kuren

Badekuren", bei denen ohne stationäre Unterbringung Behandlungen/Anwendungen erfolgen, Urlaub beantragen.

Bei der Terminierung soll auf dienstliche Belange Rücksicht genommen werden. Die Beurlaubung erfolgt für die als beihilfefähig anerkannte oder vom Leistungsträger bewilligte Dauer; für Nachkuren oder Schonungszeiten gibt es keinen Urlaub. In der Regel wird Urlaub in der Schulzeit nicht genehmigt: Es wird erwartet, dass Kuren von Lehrkräften grundsätzlich in den Schulferien stattfinden. Bei besonders gelagerten Fällen sind aus gesundheitlichen Rücksichten Abweichungen möglich, vor allem dann, wenn das Gesundheitsamt die Unaufschiebbarkeit der Kur bescheinigt. Die Schulleitung kann aber beispielsweise im Rahmen ihres pflichtgemäßen Ermessens auch Urlaub für eine ambulante Heilkur genehmigen, die noch in der Schulzeit beginnt und in die Ferien hineinragt oder umgekehrt, weil die Kureinrichtung nur in dieser Zeit noch Termine anbieten kann.

Dabei sollten Schulleitungen auch berücksichtigen, dass Lehrkräfte ihren Erholungsurlaub nicht frei wählen können, sondern auf die Schulferien angewiesen sind. → Ermessen

V. Verfahren bei der Beantragung einer Kur

1.
Stationäre Behandlung nach § 7 BVO (Medizinische Rehabilitation)

1. Suche eines geeigneten Hauses (Klinik, Sanatorium, Krankenanstalt). Es muss die Voraussetzungen des § 107 Abs. 2 SGB V erfüllen (im Haus-Prospekt steht meist „beihilfefähig").
2. Beim Landesamt für Besoldung (LBV) schriftlich oder telefonisch nachfragen, ob das gewählte Haus § 7 BVO entspricht.
3. Terminabsprache mit der Schulleitung; vor Antritt der Kur eine ärztliche Dienst- bzw. Arbeitsunfähigkeitsbescheinigung vorlegen.
4. Vom Haus- oder Facharzt ein Attest ausstellen lassen; dieses sollte folgenden Inhalt haben:
   a) Diagnose,
   b) Notwendigkeit der stationären Maßnahme mit Begründung,
   c) medizinisch notwendige Dauer der Maßnahme (4 Wochen / 6 Wochen),
   d) vorgeschlagenes Haus (mit Anschrift).

5. Mit dem örtlich zuständigen Gesundheitsamt einen Termin zur Untersuchung und Erstellung eines amtsärztlichen Zeugnisses vereinbaren. Dem Amtsarzt das haus- bzw. fachärztliche Attest vorlegen (am besten schon vor dem Untersuchungstermin übersenden).
6. Bei stationärer Rehabilitation ab 30 Tagen Antrag auf Anerkennung der Beihilfefähigkeit auf dem Dienstweg an das Landesamt senden.
7. Nach der Maßnahme: Abrechnung mit dem Landesamt unter Verweis auf den Voranerkennungsbescheid bzw. unter Beifügung des amtsärztlichen Zeugnisses.

2.
Ambulante Heilkur nach § 8 BVO

1. Suche eines geeigneten Ortes (Heilkurorteverzeichnis des Bundesinnenministeriums) sowie eines geeigneten Hauses (Hotel, Pension, Privatzimmer). Die Kurverwaltungen bieten vielfach Spezialinformationen für Beihilfeberechtigte an, auch die Suche im Internet lohnt.

2. Urlaub gem. → Urlaub (Verordnung / AzUVO) § 30 bei der Schulleitung beantragen (s.o. Nr. IV).
3. Vom Haus- oder Facharzt ein Attest ausstellen lassen mit folgendem Inhalt:
   - Diagnose,
   - Begründung der Notwendigkeit der Heilkur sowie deren Dauer (4 Wochen / 6 Wochen),
   - vorgeschlagenes Haus (Name und Anschrift).
4. Mit dem Gesundheitsamt einen Termin zur Untersuchung und Erstellung eines amtsärztlichen Zeugnisses vereinbaren. Dem Amtsarzt hierbei das haus- bzw. fachärztliche Attest vorlegen (bzw. vor der Untersuchung übersenden).
5. Genehmigung beim Landesamt beantragen (amtsärztliches Attest und Urlaubsgenehmigung durch die Schulleitung: „*Freistellung für 28 Tage, von … bis …*" beifügen. Die Kur nicht vor Erhalt des Bewilligungsbescheids antreten!
6. Nach der Maßnahme: Abrechnung mit dem Landesamt nach der Heilkur unter Verweis auf den Bewilligungsbescheid.

VI. Weitere Hinweise zum Verfahren

Beim Landesamt ist ein Merkblatt „Stationäre Behandlung nach § 7 BVO" erhältlich. Internet: http://www.lbv.bwl.de/fachlichethemen/beamte/beihilfe/stationaerebehandlungnach7bvo

Wer mit der Krankenversicherung eine Kostenerstattung für Maßnahmen nach §§ 7 und 8 BVO vereinbart hat (häufig ist hier jedoch ein Versicherungsausschluss vereinbart), muss parallel ein Genehmigungsverfahren bei der Krankenkasse durchführen; andernfalls sind die von der Beihilfe nicht ersetzten Kostenanteile privat zu tragen.

Arbeitnehmer/innen beantragen Maßnahmen der medizinischen Vorsorge / Rehabilitation bzw. Kuren bei der Deutschen Rentenversicherung.

Die Einrichtungen verlangen häufig eine Vorauszahlung bei Antritt der Kur oder der stationären Behandlung. Es empfiehlt sich, diese Frage vor der Anreise zu klären.

Wer sich einer „stationären Behandlung" im Sinne von § 7 BVO unterzieht, sollte darauf achten, dass die Rechnung der Einrichtung nur ärztlich verordnete, medizinisch notwendige Behandlungen ausweist, damit der Anschein vermieden wird, dass es sich um eine verdeckte „Kur" handelt.

→ Beihilfeverordnung (§§ 7 und 8 sowie Hinweise auf das Voranerkennungsverfahren am Ende der Beihilfeverordnung und unter → Beihilfe – Allgemeines Nr. 5); → Beihilfe (Arbeitnehmer); → Ermessen; → Krankenversicherung; → Landesamt; → Urlaub (Verordnung / AzUVO) ; → Urlaub (Allgemeines)

Beihilfe (Urlaub ohne Dienstbezüge)

Hinweise der Redaktion

Im Fall einer Beurlaubung von Beamten ohne Dienstbezüge nach den §§ 153b ff. LBG besteht kein Beihilfeanspruch. Nur bei kurzfristigem Urlaub (z.B. Überbrückung bis zum Beginn des Ruhestands) besteht er für maximal 31 Tage fort.
→ (jetzt::) Beamtengesetz §§ 73 ff.; → BeihilfeVO § 2 Abs. 2 letzter Satz; → Ruhestand (Allgemeines) A.2.c)

Im Sabbatjahr hingegen besteht die Beihilfeberechtigung weiter, da es eine besondere Form der Teilzeitbeschäftigung ist. In der Elternzeit wird eine beihilfegleiche Krankenfürsorge gewährt.
→ Elternzeit-Verordnung (Beamt/innen) § 46

Bei einer über 31 Tage hinausgehenden Beurlaubung ohne Bezüge treten in der Zeit bis zur Wiederaufnahme des Dienstes bzw. bis zur unmittelbar an den Urlaub anschließenden Pensionierung im wesentlichen drei Fallkonstellationen auf:

1.
„Absicherung" durch beihilfeberechtigte Ehepartner

Beurlaubte Ehegatten von Beihilfeberechtigten sind als „*berücksichtigungsfähige Angehörige*" beihilfeberechtigt, außer „*wenn der Gesamtbetrag der Einkünfte (§ 2 Abs. 3 des Einkommensteuergesetzes) des Ehegatten in den beiden Kalenderjahren vor der Stellung des Beihilfeantrags jeweils 18.000 Euro übersteigt*".
→ Beihilfeverordnung § 5 Abs. 4 Nr. 4

Das bedeutet in verständlichem Deutsch: Es müssen die zwei vollen Kalenderjahre vor der Stellung des Beihilfeantrags betrachtet werden. Entscheidend ist, dass jemand in einem dieser beiden Kalenderjahre entweder nichts verdient oder seine Einkünfte höchstens 18.000 Euro betragen.

In der VwV zur Beihilfeverordnung wird erlaubt, Erstattungsanträge auch schon einzureichen bevor ein solches Kalenderjahr mit Einkünften unter 18.000 Euro abgeschlossen ist. Da zu diesem Zeitpunkt noch nicht feststeht, ob es tatsächlich dabei bleibt (der Urlaub kann ja z.B. aus persönlichen Gründen noch abgebrochen werden), verlangt das Landesamt von dem Beihilfeberechtigten eine schriftliche Erklärung, dass die Einkommensgrenze bei den berücksichtigungsfähige Angehörigen im laufenden Kalenderjahr nicht überschritten wird, und erstattet die beihilfefähigen Aufwendungen auf Widerruf. Nach Ablauf dieses Jahres muss der Beihilfeberechtigte dem Landesamt mitteilen, ob die Einkommensgrenze überschritten wurde.

Unter „Einkünfte" sind alle Brutto-Einnahmen zu verstehen, abgezogen werden nur der Altersentlastungs- und der Entlastungsbetrag für Alleinerziehende sowie Einkünfte aus Land- und Forstwirtschaft, die bis zu 670 Euro im Jahr betragen.

Beihilfe (Urlaub ohne Bezüge)

Lehrkräfte, die sich nur für **ein** Schuljahr (oder weniger) beurlauben lassen, bleiben in der Regel in **keinem** Kalenderjahr unter 18.000 Euro, gelten also nicht als „*berücksichtigungsfähige Angehörige*"!

Ein konkretes Fallbeispiel:
Eine beamtete Lehrerin, Ehefrau eines beihilfeberechtigten Beamten, lässt sich vom ersten Schultag nach den Sommerferien 2010 bis zum Eintritt in den Ruhestand im Sommer 2013 ohne Bezüge beurlauben. Das bedeutet für ihre „Einkünfte":
- Im Kalenderjahr 2009 hat sie aus eigener Berufstätigkeit ein Brutto-Gehalt von 52.000 Euro.
- Im Kalenderjahr 2010 beträgt ihr Brutto-Gehalt bis zum Urlaubsbeginn 38.000 Euro.
- In den Kalenderjahren 2011 und 2012 hat sie wegen des Urlaubs keine Einkünfte.
- Im Kalenderjahr 2013 setzen ab dem Ende des Urlaubs wieder Einkünfte ein (14.000 Euro).

Also liegen ihre „Einkünfte" in den Kalenderjahren 2011, 2012 und 2013 unter 18.000 Euro. Das bedeutet für die Abrechnung ihrer Krankheitskosten beim Landesamt:
Bis zum Tag vor dem Urlaubsantritt und ab der Rückkehr aus dem Urlaub ist sie selbst beihilfeberechtigt und rechnet mit dem Landesamt alle bis dahin bzw. ab dann entstandenen beihilfefähigen Aufwendungen selbst ab (maßgebend ist nicht das Rechnungsdatum, sondern der Behandlungstag).
Ob sie in der Zeit dazwischen als „*berücksichtigungsfähige Angehörige*" gilt, hängt davon ab, wann ihr Ehemann den Beihilfeantrag einreicht:

a)
Die Kollegin sucht kurz nach ihrem Urlaubsantritt, nämlich im Oktober 2010, den Arzt auf und erhält im November dafür eine Rechnung. Der Mann reicht die Rechnung Anfang Dezember 2010 beim Landesamt ein.
Diese Aufwendung ist nicht beihilfefähig, denn in keinem der beiden Jahre vor der Antragstellung hatte die Ehefrau Einkünfte von weniger als 18.000 Euro brutto.

b)
Der Mann reicht diese Rechnung im Mai **2011** beim Landesamt ein.
Diese Aufwendung ist jetzt beihilfefähig. Voraussetzung ist, der Ehemann erklärt schriftlich, dass die Einkünfte seiner Frau im laufenden Kalenderjahr 2011 die 18.000-Euro-Grenze nicht überschreiten werden. Das Landesamt erstattet die beihilfefähigen Aufwendungen der Ehefrau jedoch nur auf Widerruf.

c)
Der Mann reicht die gleiche Rechnung im Mai **2012** beim Landesamt ein.
Auch jetzt ist diese Rechnung beihilfefähig, denn in einem der beiden Kalenderjahre vor der Antragstellung, nämlich im Jahr 2011, hat die Ehefrau weniger als 18.000 brutto verdient.

d)
Der Mann reicht die gleiche Rechnung im Mai **2013** beim Landesamt ein.
Jetzt ist diese nicht mehr beihilfefähig, denn zwar hat die Ehefrau in einem der beiden Kalenderjahre vor der Antragstellung, nämlich im Jahr 2012, weniger als 18.000 brutto verdient, aber seit dem Jahr, in dem die Aufwendungen entstanden, sind zwei volle Kalenderjahre verstrichen.
Es werden übrigens in den Fällen zwei und drei jeweils 70% der beihilfefähigen Aufwendungen der Ehefrau erstattet, sie muss im Urlaub also nur die Restkosten von 30% privat versichern.

2.
„Absicherung" durch gesetzlich versicherte Partner

Beamtete Ehepartner von gesetzlich krankenversicherten Arbeitnehmer/innen, deren Arbeitseinkommen während einer Beurlaubung ohne Bezüge unter 400 Euro und deren Einkünfte aus Renten, Zinserträgen, Mieteinnahmen usw. unter 350 Euro liegen, können in der Familienversicherung des Ehepartners mitversichert werden, außer wenn der bzw. die Beurlaubte älter als 55 ist (dann ist das Sabbatjahr – mit Beihilfe! – einem Urlaub vor dem Ruhestand vorzuziehen).
→ Teilzeit/Urlaub (Freistellungsjahr)
Wir empfehlen, diese Frage rechtzeitig mit der Krankenkasse des gesetzlich versicherten Ehepartners schriftlich (!) abzuklären.

3.
Keine „Absicherung" durch Ehepartner

Wer während des Urlaubs nicht anderweitig abgesichert ist (wie die Fälle a und b), muss die Kombination von Beihilfe und ergänzender Krankenversicherung in dieser Phase durch eine Vollversicherung ersetzen. Dazu kann man nicht die bestehende Krankenversicherung auf 100% „aufstocken" (vielmehr „ruht" diese in der Urlaubsphase und lebt ggf. bei der Rückkehr in den aktiven Dienst bzw. im Ruhestand wieder auf), sondern muss eine neue Versicherung abschließen.
Wegen der Altersrückstellung ist diese Vollversicherung in der Regel nur bei der bisherigen Krankenversicherung sinnvoll. Handelt es sich um eine kurze Überbrückungsphase, sollte man den Leistungsumfang (z.B. Ausschluss von Leistungen, die erfahrungsgemäß in dieser Phase nicht beansprucht werden, z.B. umfangreiche Zahnregulierungen) und die Selbstbeteiligung der Prämienhöhe beeinflussen. Um unnötige Beiträge und Fehlentscheidungen zu vermeiden, sollte man rechtzeitig prüfen, welche Tarife es gibt und welche geeignet sind (z.B. auch für einen Auslandsaufenthalt während der „Auszeit"). Da die – oft provisionsabhängigen – Außendienst-Mitarbeiter der Versicherungen nicht immer nur das Wohl ihrer Kunden im Blick haben, kann es sinnvoll sein, sich durch unabhängige Versicherungsmakler beraten lassen. Das kostet zwar eine Gebühr, aber kann sich rechnen.

→ Beamtengesetz § 73; → Beihilfeverordnung § 2 Abs. 2 letzter Satz und § 5 Abs. 4 Nr. 4; → Krankenversicherung

Beihilfeverordnung (BVO)

VO des FM über die Gewährung von Beihilfe in Geburts-, Krankheits-, Pflege- und Todesfällen (Beihilfeverordnung – BVO) vom 28.7.1995 (GBl. S. 561/1995); zuletzt geändert 27.10.2010 (GBl. S. 793/2010)

> *Zu den „Hinweisen"*
> *des Finanzministeriums:*
> Das Finanzministerium hat zur Beihilfeverordnung „Hinweise" veröffentlicht. Wir haben diese in die Beihilfeverordnung eingearbeitet.
> Quelle: VwV des Finanzministeriums vom 23.4.1996 (GABl. S. 370); geändert 7.12.2001 (GABl. S. 7/2002)

§ 1
Anwendungsbereich, Zweckbestimmung und Rechtsnatur

(1) Diese Verordnung regelt die Gewährung von Beihilfe in Geburts-, Krankheits-, Pflege- und Todesfällen sowie zur Gesundheitsvorsorge. Die Beihilfe ergänzt in diesen Fällen den Betrag, der in den laufenden Bezügen für eine anteilige Eigenvorsorge enthalten ist.

Hinweise des Finanzministeriums zu Absatz 1
Die Beihilfe ist eine eigenständige beamtenrechtliche Krankenfürsorge, die Versicherungsfreiheit der Beamten in der gesetzlichen Krankenversicherung trägt dem Rechnung. Durch die Beihilfe erfüllt der Dienstherr die dem Beamten und seiner Familie gegenüber bestehende beamtenrechtliche und soziale Verpflichtung, sich an den Krankheitskosten mit dem Anteil zu beteiligen, der durch die zumutbare Eigenvorsorge nicht abgedeckt wird.

(2) Diese Verordnung gilt für die Beamten, früheren Beamten und Versorgungsempfänger der in § 1 LBG genannten Dienstherren. Sie gilt für Richter, frühere Richter sowie Richter im Ruhestand entsprechend.

(3) Auf die Beihilfe besteht ein Rechtsanspruch. Der Anspruch kann nicht abgetreten, verpfändet oder gepfändet werden; jedoch ist die Pfändung durch einen Forderungsgläubiger bezüglich der auf seine Forderung zustehenden und noch nicht ausgezahlten Betrags einer Beihilfe zulässig. Der Anspruch ist nicht vererblich, jedoch stehen vom Beihilfeberechtigten beantragte Beihilfebeträge nach seinem Tod den Verfügungsberechtigten seines Bezügekontos zu.

(4) Beihilfe wird zu den beihilfefähigen Aufwendungen der beihilfeberechtigten Personen und ihrer berücksichtigungsfähigen Angehörigen oder als Pauschale gewährt.

(5) Für Personen, die nach § 193 Abs. 3 des Versicherungsvertragsgesetzes oder anderen Rechtsvorschriften verpflichtet sind, einen Versicherungsschutz für sich und ihre berücksichtigungsfähigen Angehörigen für ambulante und stationäre Krankheits- und Pflegefälle abzuschließen und aufrecht zu erhalten, wird Beihilfe nur gewährt, solange dieser Verpflichtung entsprochen wird. Jeder bestehende Versicherungsschutz für Krankheits- und Pflegefälle ist nach Art und Umfang, einschließlich abgeschlossener Zusatzversicherungen und Wahltarife nach § 53 des Fünften Buches des Sozialgesetzbuchs (SGB V), nachzuweisen.

Hinweis der Redaktion: Der Ausschluss der Beihilfe für Beamt/innen und Versorgungsempfänger/innen, die keine ergänzende (private) Krankenversicherung abschließen, ist rechtswidrig (Verwaltungsgerichtshof BW, 10 S 2821/09).

§ 2
Beihilfeberechtigte Personen

(1) Beihilfeberechtigt sind
1. Beamte,
2. Ruhestandsbeamte sowie frühere Beamte,
3. Witwen und Witwer sowie die in § 37 des Landesbeamtenversorgungsgesetzes Baden-Württemberg genannten Kinder der in den Nummern 1 und 2 bezeichneten Personen.

Hinweise des Finanzministeriums zu Absatz 1
Sind die in Nummer 3 genannten Personen nach Ablauf des Monats, in dem der Beamte verstorben ist, nach Absatz 2 selbst beihilfeberechtigt, können sie auch für die im Sterbemonat oder früher entstandenen Aufwendungen Beihilfe erhalten.

Hinweise der Redaktion:
1. Beihilfe für Kinder steht zu, solange Kindergeld für das betreffende Kind gezahlt wird.
2. Zur Vermeidung von Härten bei der Beihilfe und von Lücken im Krankenversicherungsschutz infolge der Auswirkungen der Herabsetzung der Altersgrenze für den Bezug des Kindergeldes vom 27. stufenweise auf das 25. Lebensjahr durch das Steueränderungsgesetz 2007 gelten Kinder übergangsweise nach § 3 der Beihilfeverordnung weiterhin als beihilfeberechtigt, die im Sommersemester 2006 oder im Wintersemester 2006/07 an einer Hochschule eingeschrieben sind, solange sie die im Einkommensteuergesetz in der bis 31.12.2006 geltenden Fassung genannten Voraussetzungen für den Kindergeldbezug weiterhin erfüllen, somit längstens bis zur Vollendung des 27. Lebensjahres zuzüglich Wehr- oder Ersatzdienstzeiten oder davon befreiender Tätigkeit als Entwicklungshelfer. § 3 Abs. 3 BVO (Wegfall zum Jahresende) und § 14 Abs. 1 Satz 3 BVO (Bemessungssatz bei zwei oder mehr Kindern) finden Anwendung.
(Quelle: Finanzministerium, 2006)
Diese Übergangsregelung betrifft nur die Beihilfeberechtigung und nicht das Kindergeld und den Familienzuschlag. Kindergeld und Familienzuschlag entfallen nach Erreichen der „Altersgrenze".

(2) Die in Absatz 1 bezeichneten Personen sind beihilfeberechtigt, wenn und solange sie Dienstbezüge, Anwärterbezüge, Unterhaltsbeihilfen, Entpflichtetenbezüge, Ruhegehalt, Übergangsgeld aufgrund gesetzlichen Anspruchs, Witwengeld, Witwergeld, Waisengeld nach dem Satz für Vollwaisen oder Unterhaltsbeitrag erhalten. Die Beihilfeberechtigung besteht auch, wenn die Bezüge nur wegen Anwendung von Ruhens- oder Anrechnungsvorschriften nicht gezahlt werden oder wenn gnadenweise bewilligte Bezüge die Beihilfeberechtigung ausdrücklich mit umfassen. Ein Urlaub unter Wegfall der Bezüge von längstens 31 Kalendertagen lässt den Anspruch auf Beihilfe unberührt.

➔ Beihilfe (Urlaub ohne Bezüge)

Hinweise des Finanzministeriums zu Absatz 2

1. Die Beihilfeberechtigung entfällt mit Ablauf des Tages, an dem das Beamtenverhältnis endet oder die Bezüge wegfallen. Sie besteht jedoch noch so lange fort, als dem entlassenen früheren Beamten Bezüge bis zum Ende des laufenden Monats belassen werden (vgl. § 60 Satz 1 des Bundesbesoldungsgesetzes).
2. Empfänger von Übergangsgeld nach § 47 des Beamtenversorgungsgesetzes sind als Versorgungsempfänger beihilfeberechtigt. Empfänger von Unterhaltsbeiträgen aufgrund disziplinarrechtlicher Regelungen sind beihilfeberechtigt; Empfänger von Gnadenunterhaltsbeiträgen sind nur beihilfeberechtigt, wenn die Beihilfeberechtigung ausdrücklich mitbewilligt ist.
3. Wird ein Landesbeamter zu einem anderen Dienstherrn abgeordnet oder wird ein Beamter eines anderen Dienstherrn zum Land abgeordnet, so ist mit dem anderen Dienstherrn wegen § 37 Abs. 4 LBG und § 17 Abs. 4 BRRG die Zuständigkeit für die Beihilfegewährung einschließlich des anzuwendenden Beihilferechts und die Unterrichtung des Beamten darüber alsbald abzuklären. Maßgeblich ist im Zweifel die Zuständigkeit und das Beihilferecht des Dienstherrn, der die laufenden Dienstbezüge an den abgeordneten Beamten auszahlt und versteuert. Etwaige Verrechnungen zwischen den Dienstherren bleiben davon unberührt.

(3) Als beihilfeberechtigt gelten unter den Voraussetzungen des § 16 auch andere natürliche sowie juristische Personen.

(4) Beihilfeberechtigt sind nicht
1. Ehrenbeamte,
2. Beamte, wenn das Dienstverhältnis auf weniger als ein Jahr befristet ist, es sei denn, dass sie insgesamt mindestens ein Jahr ununterbrochen im öffentlichen Dienst (§ 41 Abs. 5 des Landesbesoldungsgesetzes Baden-Württemberg) beschäftigt oder Beamte auf Widerruf im Vorbereitungsdienst sind,
3. Beamte und Versorgungsempfänger, wenn ihnen Leistungen nach § 11 des Europaabgeordnetengesetzes, § 27 des Gesetzes über die Rechtsverhältnisse der Mitglieder des Deutschen Bundestages oder entsprechenden vorrangigen landesrechtlichen Vorschriften zustehen,
4. Ruhestandsbeamte und frühere Beamte, wenn sie am Tag der Beendigung der aktiven Dienstzeit nach Nummer 1 oder 2 in der an diesem Tag maßgeblichen Fassung nicht beihilfeberechtigt waren, sowie deren Hinterbliebene.

Hinweise des Finanzministeriums zu Absatz 4

1. Wird ein Dienstverhältnis, das unbefristet oder auf ein Jahr oder länger befristet ist, gleichwohl vor Ablauf eines Jahres beendet, bleiben die bis dahin entstandenen Aufwendungen beihilfefähig. Wird ein Dienstverhältnis, das ursprünglich auf weniger als ein Jahr befristet war, auf insgesamt mindestens ein Jahr verlängert, so sind die ab dem Zeitpunkt der Verlängerung entstandenen Aufwendungen beihilfefähig.
2. Eine Teilzeitbeschäftigung im öffentlichen Dienst wird auf die Jahresfrist voll angerechnet, wenn die regelmäßige wöchentliche Arbeitszeit durchschnittlich mindestens die Hälfte der regelmäßigen wöchentlichen Arbeitszeit eines vollbeschäftigten Beamten betragen hat.
3. Eine Beihilfeberechtigung nach § 2 wird durch einen Anspruch nach § 19 des Abgeordnetengesetzes des Landes Baden-Württemberg nicht ausgeschlossen.

§ 3
Berücksichtigungsfähige Angehörige

(1) Berücksichtigungsfähige Angehörige sind
1. die Ehegatten der Beihilfeberechtigten,
2. die im Familienzuschlag nach dem Landesbesoldungsgesetz Baden-Württemberg berücksichtigungsfähigen Kinder der Beihilfeberechtigten.

Hinweis der Redaktion: Beihilfe für Kinder steht zu, solange Kindergeld für das betreffende Kind gezahlt wird.

Im Hinblick auf die Geburt eines nichtehelichen Kindes des Beihilfeberechtigten gilt die Mutter des Kindes als nach Satz 1 Nr. 1 berücksichtigungsfähige Angehörige.

(2) Berücksichtigungsfähige Angehörige sind nicht
1. Geschwister der Beihilfeberechtigten oder von Ehegatten,
2. Ehegatten und Kinder beihilfeberechtigter Waisen.

(3) Die Berücksichtigung von Ehegatten endet mit dem Ablauf des Kalendermonats, in dem sie im Familienzuschlag nicht mehr berücksichtigungsfähig sind. Die Berücksichtigung von Kindern endet mit dem Ablauf des Kalenderjahres, in dem sie im Familienzuschlag nicht mehr berücksichtigungsfähig sind; bei Wegfall am 31. Dezember eines Jahres mit Ablauf des folgenden Kalenderjahres. Darüber hinaus bleiben Kinder, für die der Kinderanteil im Familienzuschlag rückwirkend wegfällt, bis zum Ablauf des Kalendermonats, für den zuletzt der Kinderanteil gezahlt wurde, ohne dass der Beihilfeberechtigte den Wegfallgrund kannte oder hätte kennen müssen, berücksichtigungsfähig.

Hinweise des Finanzministeriums zu § 3

1. Die Vorschrift erfasst nicht nur die beim Familienzuschlag tatsächlich berücksichtigten Kinder, sondern auch Kinder, die beim Beihilfeberechtigten berücksichtigungsfähig sind oder wären. Damit steht Beihilfe auch für Kinder zu, für die der Beihilfeberechtigte deshalb keinen Kinderanteil im Familienzuschlag erhält, weil er nicht unter den Anwendungsbereich des Familienzuschlagsrechts fällt, oder der Kinderanteil im Familienzuschlag für dieses Kind einer anderen Person gewährt wird (vgl. hierzu § 4 Abs. 6, § 17 Abs. 3 Satz 2).
2. Solange der kinderbezogene Anteil im Familienzuschlag gezahlt wird, bleiben die Kinder in der Beihilfe berücksichtigungsfähig. Dies gilt unabhängig davon, ob nachträglich festgestellt wird, dass ein entsprechender Anspruch nicht bestanden hat und der kinderbezogene Anteil im Familienzuschlag zurückgefordert wird. Dies gilt nicht, soweit die Überzahlung auf Zeiten entfällt, in denen der Beihilfeberechtigte den Wegfallgrund bereits kannte oder hätte kennen müssen.

→ Beihilfe (Urlaub ohne Bezüge)

§ 4
Zusammentreffen mehrerer Beihilfeberechtigungen

(1) Beim Zusammentreffen mehrerer Beihilfeberechtigungen aufgrund beamtenrechtlicher Vorschriften schließt eine Beihilfeberechtigung
1. aus einem Dienstverhältnis die Beihilfeberechtigung aus einem Rechtsverhältnis als Versorgungsempfänger,
2. aus einem neuen Dienstverhältnis die Beihil-

feberechtigung aus einem älteren Dienstverhältnis,
3. aufgrund eines neuen Versorgungsbezugs die Beihilfeberechtigung aufgrund eines älteren Versorgungsbezugs; bei gleichzeitigem Beginn von zwei Versorgungsbezügen die Beihilfeberechtigung aus dem jüngeren die aus dem älteren Dienstverhältnis,
4. aufgrund eines Versorgungsbezugs aus einem eigenen Dienstverhältnis die Beihilfeberechtigung aufgrund eines Bezugs von Witwengeld oder Witwergeld

aus.

Hinweise des Finanzministeriums zu Absatz 1
Beihilfen nach beamtenrechtlichen Vorschriften sind unbeschadet der Ausgestaltung im Einzelnen dem Grunde nach gleichwertig. Absatz 1 stellt klar, aus welchem Rechtsverhältnis eine Beihilfe beim Zusammentreffen mehrerer Beihilfeberechtigungen nach beamtenrechtlichen Vorschriften zu gewähren ist.

(2) Die Beihilfeberechtigung nach anderen als beamtenrechtlichen Vorschriften geht der Beihilfeberechtigung aus einem Rechtsverhältnis als Versorgungsempfänger vor.

Hinweise des Finanzministeriums zu Absatz 2
1. Eine Beihilfeberechtigung aus einem Beschäftigungsverhältnis verdrängt eine beamtenrechtliche Beihilfeberechtigung als Versorgungsempfänger auch dann, wenn das – mit Beihilferechten ausgestattete – Beschäftigungsverhältnis außerhalb des öffentlichen Dienstes besteht (z.B. Religionsgemeinschaft, Gesellschaft privaten Rechts). Allerdings ist die Beihilfeberechtigung nach beamtenrechtlichen Vorschriften nicht stets für alle Aufwendungen ganz ausgeschlossen. Sie bleibt vielmehr bestehen, wenn aus einer Beihilfeberechtigung nach anderen als beamtenrechtlichen Vorschriften im konkreten Fall dem Grunde nach keine Beihilfe zusteht (vgl. § 4 Abs. 5 und Urteil des BVerwGerichts vom 25.10.1978 – 6 C 20.78 – BVerwGE 56, S. 349).
2. Eine nach anderen als beamtenrechtlichen Vorschriften gewährte Beihilfe darf nach § 4 Abs. 2, Abs. 3 Satz 2, § 5 Abs. 4 Nr. 7 nicht durch eine Beihilfe aus einem beamtenrechtlichen Rechtsverhältnis oder einem als Versorgungsempfänger aufgestockt werden.

(3) Die Beihilfeberechtigung aufgrund beamtenrechtlicher Vorschriften schließt die Berücksichtigungsfähigkeit als Angehöriger aus. Die Beihilfeberechtigung nach anderen als beamtenrechtlichen Vorschriften geht der Berücksichtigungsfähigkeit als Angehöriger vor.

Hinweise des Finanzministeriums zu Absatz 3
Für Fälle des Satzes 2 gelten die Hinweise zu Absatz 2 entsprechend.

(4) *(nicht abgedruckt)*

(5) Eine Beihilfeberechtigung nach anderen als beamtenrechtlichen Vorschriften ist gegeben, wenn ein Anspruch auf Beihilfe aufgrund privatrechtlicher Rechtsbeziehungen nach einer den Beihilfevorschriften des Landes im Wesentlichen vergleichbaren Regelung besteht. Keine im wesentlichen vergleichbare Regelung ist der bei teilzeitbeschäftigten Arbeitnehmern arbeitszeitanteilig zu kürzende Beihilfeanspruch.

(6) Ist ein Angehöriger bei mehreren Beihilfeberechtigten berücksichtigungsfähig, wird Beihilfe für Aufwendungen dieses Angehörigen jeweils nur einem Beihilfeberechtigten gewährt, der von ihnen zu bestimmen ist; die Bestimmung darf nur aus einem triftigen Grund geändert werden. Bestimmungen und Änderungen sind jeweils der anderen Beihilfestelle mitzuteilen. Abweichend hiervon wird Beihilfe zu Aufwendungen für ein Kind, das bei mehreren nach beamtenrechtlichen Vorschriften Beihilfeberechtigten berücksichtigungsfähig ist, nur dem Beihilfeberechtigten gewährt, der das Kindergeld erhält; eine Bestimmung nach Satz 1 entfällt.

Hinweise des Finanzministeriums zu Absatz 6
1. Solange der Beihilfeberechtigte, der die Aufwendungen für ein mehrfach berücksichtigungsfähiges Kind geltend machen darf, noch nicht bestimmt ist, dürfen Aufwendungen für das Kind nur bei dem Beihilfeberechtigten berücksichtigt werden, der tatsächlich den kindbezogenen Anteil im Familienzuschlag (Stufe 2 ff.), im Erhöhungszuschlag (Stufe 3 ff.) oder den entsprechenden Sozialzuschlag erhält.
2. Den Beihilfeberechtigten ist nahezulegen, zur Verfahrensvereinfachung denjenigen Beihilfeberechtigten, der Aufwendungen für ein mehrfach berücksichtigungsfähiges Kind geltend machen darf, nicht abweichend von den Bezugsberechtigten für das Kindergeld (und damit den Kinderanteil im Familien-, Orts- oder Sozialzuschlag) und ab dem zweiten Kind einheitlich mit dem Bezugsberechtigten für den auf 70 v.H. erhöhten Bemessungssatz zu bestimmen. Wird eine abweichende Bestimmung (Vordruck LBV 332) nicht getroffen, so sind Originalbelege entsprechend § 17 Abs. 3 Satz 2 nicht erforderlich.
3. Beruhen die konkurrierenden Beihilfeberechtigungen auf beamtenrechtlichen Vorschriften, so wird Beihilfe zu Aufwendungen für Kinder nach Satz 3 der Vorschrift nur demjenigen gewährt, der das Kindergeld und gegebenenfalls den Kinderanteil im Familienzuschlag erhält. Eine davon abweichende Bestimmung nach Satz 1 der Vorschrift ist somit nur zulässig, wenn mindestens eine der Beihilfeberechtigungen auf anderen als beamtenrechtlichen Vorschriften beruht.

§ 5
Beihilfefähigkeit der Aufwendungen

(1) Nach den folgenden Vorschriften sind Aufwendungen beihilfefähig, wenn sie dem Grunde nach notwendig und soweit sie der Höhe nach angemessen sind. Über die Notwendigkeit und die Angemessenheit entscheidet die Beihilfestelle. Sie kann hierzu begründete medizinische Gutachten (§ 18 Abs. 5) einholen, in Ausnahmefällen auch ohne Einverständnis des Betroffenen. Bezüglich der Höhe der Aufwendungen sind die Rechtsvorschriften des Bundes und der Länder über Preise und Gebühren sowie die Anlage anzuwenden.

Hinweise des Finanzministeriums zu Absatz 1
1. Zu den Aufwendungen im Sinne der §§ 6 bis 13 kann Beihilfe nur gewährt werden, wenn sie in medizinischer, vertragsrechtlicher und beamtenfürsorgerechtlicher Hinsicht notwendig und angemessen sind. Die Anlage zur BVO und die Hinweise dazu sind zu beachten.
2. Zum Schutz der Beihilfedaten und zur Einholung medizinischer Gutachten siehe § 18 und die Hinweise dazu.

(2) Voraussetzung für die Beihilfefähigkeit ist, dass im Zeitpunkt des Entstehens der Aufwendungen Beihilfeberechtigung besteht und bei Aufwendungen für einen Angehörigen dieser berücksichtigungsfähig ist. Die Aufwendungen gelten in dem

Zeitpunkt als entstanden, in dem die sie begründende Leistung erbracht wird.

(3) Bei Ansprüchen auf Sozialleistungen, Krankenfürsorge oder Kostenersatz aufgrund von Rechtsvorschriften oder arbeitsvertraglichen Vereinbarungen sind die im Einzelfall tatsächlich gewährten Geldleistungen in voller Höhe von den im Rahmen dieser Verordnung beihilfefähigen Aufwendungen abzuziehen. Ist eine aufgrund von Ansprüchen nach Satz 1 zustehende Geldleistung insbesondere bei Behandlern, die an der Versorgung der gesetzlich Versicherten teilnehmen, nicht in Anspruch genommen worden, entfällt insoweit die Beihilfefähigkeit der Aufwendung. Hierbei sind auch Aufwendungen für kieferorthopädische Behandlungen sowie für Arznei- und Verbandmittel in voller Höhe als zustehende Leistung anzusetzen. Sätze 2 und 3 gelten nicht hinsichtlich einer Leistung

1. nach § 10 Abs. 2, 4 und 6 des Bundesversorgungsgesetzes oder hierauf bezugnehmenden Vorschriften,
2. für berücksichtigungsfähige Kinder eines Beihilfeberechtigten, die von der Versicherung in der gesetzlichen Kranken- oder Rentenversicherung einer anderen Person erfasst werden,
3. der gesetzlichen Krankenversicherung aus einer freiwilligen Versicherung.

Sätze 1 bis 4 gelten nicht für Leistungen nach § 28 Abs. 2 SGB XI und nach dem Wohngeldgesetz.

Hinweise des Finanzministeriums zu Absatz 3

1. Der Umfang von tatsächlich gewährten Leistungen aufgrund von Rechtsvorschriften oder Arbeitsverträgen (auch Dienstverträgen) ist, sofern nicht vom Rechnungsaussteller bereits abgesetzt, jeweils betragsmäßig nachzuweisen, regelmäßig durch eine Originalbescheinigung des Leistungsträgers auf der Rechnung. Solange der Nachweis fehlt, kann keine Beihilfe zu dem Beleg bewilligt werden.
2. § 5 Abs. 3 Sätze 2 und 3 zwingen den Leistungsberechtigten nicht, nur solche Behandlungen in Anspruch zu nehmen, für die Ansprüche gegen eine Krankenkasse usw. zustehen. Die Regelungen gehen vom Grundsatz der freien Behandlerwahl aus, der unabhängig von dem jeweils konkret bestehenden Versicherungsschutz respektiert wird. Erst wenn der Behandler und die Behandlung ausgewählt sind, kann entschieden werden, ob für die von dem Behandler erbrachte Leistung ein Anspruch im Sinne der Sätze 2 und 3 zusteht.
3. Wenn der Behandelte die Behandlung selbst bezahlt (Selbstzahler, Privatpatient), so ist – außer in den Fällen des Satzes 1 bis 3 – nachzuweisen, dass der Behandler oder verordnende Arzt nicht zu dem von der Krankenkasse zugelassenen Behandlerkreis gehört, der seine Leistung als (nicht beihilfefähige) Dienst- oder Sachleistung – auf Vorlage der Krankenversichertenkarte, des Kassenrezepts, Berechtigungs- oder Überweisungsscheins – abrechnen kann. Zugleich ist für diesen Fall eine Originalbescheinigung der Kasse auf dem Beleg über die Höhe einer gleichwohl zu erlangenden Geldleistung anzufordern.
4. Zu den Leistungen, die nach Satz 1 anzurechnen und den Ansprüchen, die gemäß den Sätzen 2 und 3 vorrangig sind, gehören nicht solche nach Familienrecht (auf Unterhalt), auf Schadenersatz und in den Fällen des § 5 Abs. 5 Satz 3 sowie solche aus dem Entschädigungsfonds für Schäden aus Kraftfahrzeugunfällen nach § 12 Abs. 1 des Pflichtversicherungsgesetzes. Gleiches gilt für Sozialhilfeleistungen; sie gehören zwar begrifflich auch zu den in den Sozialgesetzbüchern erfassten Sozialleistungen (siehe §§ 11, 18 ff. SGB I), sie sind jedoch aufgrund des Bundessozialhilfegesetzes (BSHG) nachrangig (vgl. dazu außerdem die Hinweise 3 bis 5 zu § 17 Abs. 1). Ein zu beihilfefähigen Kosten einer Unterkunft (insbesondere § 9 Abs. 9) zustehendes Wohngeld ist hingegen stets in voller Höhe abzusetzen – solange der Wohngeldbescheid noch nicht vorliegt mit vorläufig 0,51 Euro pro Tag; bei der Berechnung des Wohngeldes darf die Beihilfe nicht berücksichtigt sein.
5. Leistungen aus einer privaten Pflegepflichtversicherung sind nicht von dieser Vorschrift erfasst, sie sind nach § 15 zu berücksichtigen. Auf die Pauschalbeihilfe bei Pflegebedürftigkeit werden Leistungen nach Maßgabe des § 9 Abs. 4 angerechnet.

(4) Nicht beihilfefähig sind

1. Dienst- und Sachleistungen; dies gilt nicht für Leistungen nach dem Bundessozialhilfegesetz, wenn Ansprüche auf den Sozialhilfeträger übergeleitet sind.

Von der Beihilfegewährung ausgeschlossen sind auch

a) Aufwendungen, die darauf beruhen, dass die bei dem aufgesuchten Leistungserbringer mögliche Dienst- oder Sachleistung nicht beansprucht wurde,

b) Aufwendungen, die darauf beruhen, dass Kostenerstattung nach §§ 13 Abs.2, 53 Abs. 4, 64 Abs. 4 SGB V oder entsprechenden Vorschriften beansprucht wurde,

c) Festbeträge für Arznei- und Verbandmittel nach § 35 SGB V,

d) Aufwendungen, soweit sie infolge eines Abschlags für Verwaltungskosten und fehlende Wirtschaftlichkeitsprüfung nach § 13 Abs. 2 SGB V oder entsprechenden Vorschriften nicht erstattet wurden; wird die Höhe des Abschlags nicht nachgewiesen, gelten 10% der Kostenerstattung als Abschlag.

Satz 2 Buchst. a und b gelten nicht für Leistungen nach Absatz 3 Satz 4 und für Wahlleistungen nach § 6a Abs. 2 und § 7.

Hinweise des Finanzministeriums zu Abs. 4 Nr. 1

1. Die Vorschrift erfasst Dienst- und Sachleistungen (z.B. ärztliche und zahnärztliche Versorgung – ohne Zahnersatz – Krankenhausleistungen, Arznei-, Verband- und Heilmittel, die meist auf Vorlage der Krankenversichertenkarte, des Kassenrezepts, Berechtigungs- oder Überweisungsscheins gewährt werden) der gesetzlichen Kranken-, Pflege-, Renten- und Unfallversicherung sowie sonstiger Leistungsträger, z.B. Versorgungsverwaltung nach dem BVG. Die Hinweise 2 bis 4 zu Absatz 3 gelten entsprechend.
2. Hätte der Behandler im Fall der Vorlage der Krankenversichertenkarte, des Berechtigungs- oder Überweisungsscheins eine Dienst- oder Sachleistung zu erbringen gehabt, ist eine Beihilfe nach Absatz 4 Nr. 1 Buchst. c ausgeschlossen. Die Sachleistungsansprüche ist auch dann gegeben, wenn der Patient ganz oder teilweise auf den Anspruch verzichtet, oder den Anspruch nicht oder nicht rechtzeitig geltend macht (z.B. wenn er dem Behandler keine Krankenversichertenkarte vorlegt), weil ein Sachleistungsanspruch gemäß Buchst. c) Satz 2 nur in dort bezeichneten Fällen nicht berücksichtigt wird.

Beihilfeverordnung

Nimmt der Behandler an der kassenärztlichen Versorgung nicht teil und steht deshalb ggf. nur eine Geldleistung zu, so ist diese gemäß Absatz 3 von den beihilfefähigen Aufwendungen abzuziehen, wenn sie erlangt werden kann.

2. gesetzlich vorgesehene kleinere Kostenanteile, insbesondere Zuzahlungen nach dem SGB V; auf das gewählte Abrechnungsverfahren kommt es dabei nicht an,

Hinweise des Finanzministeriums zu Abs. 4 Nr. 2

Zuzahlungen bzw. Kostenanteile nach §§ 23 Abs. 6, 24 Abs. 3, 29 Abs. 2, 31 Abs. 3, 32 Abs. 2, 39 Abs. 4, 40 Abs. 5, 41 Abs. 3 und 60 Abs. 2 SGB V oder entsprechenden Regelungen sind auch dann nicht beihilfefähig, wenn nicht das Sachleistungsverfahren, sondern Kostenerstattung (Geldleistung) gewählt wird. Ist § 5 Abs. 3 Satz 3 i. V. mit Abs. 4 Nr. 1 Buchst. c) einschlägig, so sind danach auch Aufwendungen für Arznei- und Verbandmittel (entsprechend § 31 Abs. 2, § 130 SGB V), unbeschadet der Art der Abrechnung, nicht beihilfefähig.

3. Aufwendungen für medizinisch notwendige Leistungen, die als Folge von medizinisch nicht notwendigen Maßnahmen entstehen, insbesondere nach ästhetischer Operation, Tätowierung, Piercing,

Hinweise des FM zu Absatz 4 Nr. 3 Buchst. a (alt)

Bei Aufwendungen eines freiwillig Versicherten beruht eine nachgewiesene Kostenerstattung stets auf § 13 Abs. 2 SGB V, wenn die konkret in Anspruch genommene Leistung bei dem aufgesuchten Behandler auch als Dienst- oder Sachleistung zu erlangen gewesen wäre; hiervon ist grundsätzlich auszugehen mit Ausnahme derjenigen Kostenerstattungen, an deren Stelle nach dem SGB V keine Dienst- oder Sachleistung in Betracht kommt oder dort spezielle Regelungen über die Höhe eines Kostenersatzes getroffen sind (Zahnersatz einschließlich Zahnkronen und besonderer Zahnfüllungen, Wahlleistungen). Ist die Höhe des Abschlags nicht nachgewiesen, sind vom Erstattungsbetrag der Krankenkasse 10 v.H. des Erstattungsbetrags zusätzlich als fiktiver Abschlag abzusetzen. Beispiel: Erstattungsbetrag 1500 Euro, fiktiver Abschlag 10 v.H. = 150 Euro, abzusetzen somit insgesamt 1650 Euro. Der Abzug ist auch dann vorzunehmen, wenn Absatz 4 Nr. 2 bereits einschlägig ist. Hinsichtlich der Kostenerstattung für Zahnersatz und Zahnkronen gilt Nummer 1.2.2 der Anlage.

4. die in §§ 6 bis 10 genannten Aufwendungen, auch in Verbindung mit 13 Abs. 1 bis 3, die für den Ehegatten des Beihilfeberechtigten entstanden sind, wenn der Gesamtbetrag der Einkünfte (§ 2 Abs. 3 des Einkommensteuergesetzes) des Ehegatten in den beiden Kalenderjahren vor der Stellung des Beihilfeantrags jeweils 18.000 Euro übersteigt,

→ Beihilfe (Urlaub ohne Bezüge)

Hinweise des Finanzministeriums zu Abs. 4 Nr. 4

Sind beim berücksichtigungsfähigen Ehegatten im laufenden Kalenderjahr die Einkünfte weggefallen oder deutlich reduziert und erklärt der Beihilfeberechtigte, dass im laufenden Kalenderjahr die Einkommensgrenze nicht überschritten wird, wird hiermit zugestimmt, dass unter dem Vorbehalt des Widerrufs eine Beihilfe bereits im laufenden Kalenderjahr gewährt wird. Dem Beihilfeberechtigten ist aufzugeben, zu Beginn des folgenden Kalenderjahres zu erklären, ob die Einkünfte des berücksichtigungsfähigen Ehegatten im abgelaufenen Kalenderjahr die Einkommensgrenze überschritten haben.

5. die in §§ 6 bis 8, 10 und 11 Abs. 1 genannten Aufwendungen, auch in Verbindung mit § 13 Abs. 1 bis 3, für Beamte, denen aufgrund von §§ 69, 70 des Bundesbesoldungsgesetzes, der Heilfürsorgeverordnung ... oder entsprechenden anderen landesrechtlichen Vorschriften Heilfürsorge zusteht,

6. Aufwendungen für die persönliche Tätigkeit eines nahen Angehörigen bei einer Heilbehandlung; nahe Angehörige im Sinne dieser Vorschrift sind

a) Ehegatten, Kinder, Eltern, Großeltern, Enkelkinder,

b) Schwiegersöhne, Schwiegertöchter und Geschwister des Beihilfeberechtigten oder der berücksichtigungsfähigen Angehörigen.

Aufwendungen zum Ersatz der dem nahen Angehörigen im Einzelfall entstandenen Sachkosten sind bis zur Höhe des nachgewiesenen Geldwertes im Rahmen dieser Vorschriften beihilfefähig. Aufwendungen für nahe Angehörige nach Satz 1 Buchst. b) sind bis zu zwei Dritteln der jeweils einschlägigen Gebühren oder der Höchstbeträge beihilfefähig,

7. Aufwendungen, die bereits aufgrund eines vorgehenden Beihilfeanspruchs (§ 4 Abs. 2, Abs. 3 Satz 2 oder Abs. 5 Satz 1) beihilfefähig sind,

8. Aufwendungen für den Schwangerschaftsabbruch ohne medizinische, embryopathische oder kriminologische Indikation,

9. Aufwendungen für den Besuch vorschulischer oder schulischer Einrichtungen sowie für sozialpädiatrische, sozialpädagogische, heilpädagogische, psychosoziale, berufsfördernde, berufsvorbereitende und berufsbildende Maßnahmen sowie für den Besuch von Werkstätten für Behinderte in allen Bereichen.

(5) Nicht beihilfefähig sind Aufwendungen insoweit, als Schadenersatz von einem Dritten erlangt werden kann oder die Ansprüche auf einen anderen übergegangen oder übertragen worden sind. Dies gilt auch für verjährte, erloschene oder im Vergleichsweg abgefundene Ansprüche. Abweichend von Satz 1 und 2 sind Aufwendungen beihilfefähig, die auf einem Ereignis beruhen, das nach § 81a LBG zum Übergang des gesetzlichen Schadenersatzanspruchs auf den Dienstherrn oder eine Versorgungskasse führt.

(6) Bei Anlegung eines strengen Maßstabs kann in besonderen Härtefällen mit Zustimmung der obersten Dienstbehörde und nur im Einvernehmen mit dem Finanzministerium zu Aufwendungen im Sinne des § 78 LBG ausnahmsweise abweichend von den in dieser Verordnung genannten Voraussetzungen Beihilfe gewährt werden. Dies gilt für die in § 5 Abs. 4 Nr. 3 und 4 genannten Fälle entsprechend. Aufwendungen für nahe Angehörige nach Satz 1 Buchst. b sind bis zu zwei Dritteln der jeweils einschlägigen Gebühren oder der Höchstbeträge beihilfefähig. Voraussetzung ist außerdem, dass die fraglichen Aufwendungen unbedingt notwendig sind und 10 vom Hundert des

laufenden in § 2 Abs. 2 genannten Bruttomonatsbezugs, mindestens 360 Euro übersteigen.

Hinweise des Finanzministeriums zu Absatz 6
Die finanzielle Situation der Angehörigen ist auch dann zu berücksichtigen, wenn es sich um Aufwendungen für den Beihilfeberechtigten selbst handelt (Beschluss des VGH Baden-Württ. vom 21. 7.1989 AZ: 4 S 3739/88). Soweit das Finanzministerium das Einvernehmen allgemein erteilt hat und damit eine Vorlage entfällt, ist dies in die Hinweise zu den Einzelregelungen der BVO (siehe zu § 6 Abs. 1 Nr. 6, 8, 9) aufgenommen. Auch in diesen Fällen müssen die Voraussetzungen des § 5 Abs. 6 gegeben sein, insbesondere müssen die den Grenzbetrag übersteigenden nicht anderweitig gedeckten Aufwendungen angesichts der zu prüfenden finanziellen Situation so hoch sein, dass sie nicht ohne (Teil-)Beihilfe getragen werden können.

§ 6
Beihilfefähige Aufwendungen bei Krankheit

(1) Aus Anlass einer Krankheit sind beihilfefähig die Aufwendungen für gesondert erbrachte und berechnete
1. ärztliche, psychotherapeutische und zahnärztliche Leistungen und Leistungen von Heilpraktikern nach Maßgabe der Anlage. Ausgenommen sind Begutachtungen, die weder im Rahmen einer Behandlung noch bei der Durchführung dieser Vorschriften erbracht werden,

Hinweise des Finanzministeriums zu Abs. 1 Nr. 1
1. Ob die Aufwendungen aus Anlass einer Krankheit entstanden sind und notwendig waren, ergibt sich aus der Diagnose; ohne deren Angabe in der Rechnung können die Aufwendungen daher nicht als beihilfefähig anerkannt werden. Bei zahnärztlicher Behandlung ist die Angabe der Diagnose oder der Indikation nur erforderlich bei Parodontalbehandlung, Funktionsanalyse und Funktionstherapie sowie bei Implantologie.
2. Keine beihilfefähigen Krankheitskosten sind Kosten für ärztliche Untersuchungen und Atteste für den Wechsel einer Krankenversicherung, zur Bescheinigung der Fahrtauglichkeit für Führerscheinbewerbern sowie zur gesundheitlichen Eignung zur Übernahme in ein Arbeitnehmer- oder Beamtenverhältnis. Aufwendungen für ärztliche Bescheinigungen zum Nachweis der Dienstunfähigkeit und Dienstfähigkeit des Beihilfeberechtigten sind jedoch beihilfefähig. Siehe auch die Anlage zur BVO (Nr. 1) sowie die dazu gegebenen Hinweise.
3. Die Aufwendungen für Maßnahmen der künstlichen Befruchtung sind unter folgenden Voraussetzungen beihilfefähig: Bei homologer Insemination (Befruchtung mit Sperma des Ehemanns) sind die Aufwendungen für die ärztliche Feststellung der Voraussetzungen und für höchstens fünf Behandlungen beihilfefähig. Die Beihilfestelle kann bei einer entsprechenden ärztlichen Befürwortung darüber hinaus die Aufwendungen für weitere drei Behandlungen als beihilfefähig anerkennen. Bei homologer In-vitro-Fertilisation (extrakorporal) sind die Aufwendungen für die ärztliche Feststellung der Voraussetzungen und für höchstens vier Behandlungen beihilfefähig. Nicht beihilfefähig sind Aufwendungen für die heterologe Insemination oder heterologe In-vitro-Fertilisation (Befruchtung mit Sperma eines anderen als des Ehemanns).
2. von Ärzten, Zahnärzten oder Heilpraktikern bei Leistungen nach Nummer 1 verbrauchte oder nach Art und Umfang schriftlich verordnete Arzneimittel, Verbandmittel und Teststreifen für Körperflüssigkeiten. Nicht beihilfefähig sind Aufwendungen für Mittel, die geeignet sind, Güter des täglichen Bedarfs zu erset-

zen, für Diäten und Nahrungsergänzungsmittel, sowie für Mittel, die zur Empfängnisregelung oder Potenzsteigerung verordnet sind. Das Finanzministerium bestimmt durch Verwaltungsvorschrift, unter welchen Voraussetzungen und inwieweit Elementar- und Formeldiäten (insbesondere Aminosäuremischungen, Eiweißhydrolysate), Sondennahrung, Medizinprodukte sowie Mineralstoff- und Vitaminpräparate ausnahmsweise, gegebenenfalls unter Abzug eines Eigenanteils beihilfefähig sind,

Hinweise des Finanzministeriums zu Abs. 1 Nr. 2
1. Der Begriff der beihilfefähigen Arznei- und Verbandmittel deckt sich nicht mit dem wortgleichen Begriff der gesetzlichen Krankenversicherung oder dem Arzneimittelbegriff des Arzneimittelgesetzes.
2. Beihilfefähig sind die Aufwendungen für verordnete Arzneimittel zur Vorbeugung gegen Rachitis und Karies (z.B. D-Fluoretten, Vigantoletten) bei Säuglingen und Kleinkindern.
3. Aufwendungen für empfängnisregelnde Mittel sind nicht beihilfefähig, es sei denn, sie werden als Arzneimittel zur Behandlung einer Krankheit ärztlich verordnet.
4. Zu den Mitteln, die geeignet sind Güter des täglichen Bedarfs zu ersetzen, gehören die ballaststoffreiche Kost, Diätkost, glutenfreie Nahrung, Heil- und Mineralwässer, medizinische Körperpflegemittel, Säuglingsfrühnahrung, aber auch Geriatrika, Stärkungsmittel und dergleichen.
    In folgenden, medizinisch gesicherten Ausnahmefällen haben auch sogenannte vollbilanzierte Formeldiäten (nährstoffdefinierte ballaststoffarme Volldiätpräparate, Elementardiät, Sondennahrung) zugleich Arzneimittelcharakter, die Aufwendungen hierfür sind beihilfefähig, wenn die Formeldiät aufgrund einer entsprechenden ärztlichen Bescheinigung notwendig ist und soweit sie vierteljährlich 306 Euro übersteigen bei
    - Ahornsirupkrankheit
    - Colitis ulcerosa
    - Kurzdarmsyndrom
    - Morbus Crohn
    - Mukoviszidose bei starkem Untergewicht
    - Phenylketonurie
    - erheblichen Störungen der Nahrungsaufnahme bei neurologischen Schluckbeschwerden oder Tumoren der oberen Schluckstraße, insbesondere Mundboden- und Zungenkarzinom
    - Tumortherapien (auch nach der Behandlung)
    - postoperativer Nachsorge.
    Aufwendungen für chemisch definierte Formeldiäten (z.B. auch Aminosäuremischungen als Zusatz zur Diät bei Phenylketonurie) sind beihilfefähig; der Abzug von 306 Euro unterbleibt, wenn die Kosten zusätzlich zu den für die übliche Diätnahrung entstehen. Eine parenterale Versorgung (direkt in die Blutbahn) hat Arzneimittelcharakter.
5. Aufwendungen für Arzneimittel, Verbandmittel und dergl., die über die verordnete Menge hinaus (bei Dauerbelegen über den anzuwendenden Geltungszeitraum hinaus) oder ohne ausdrücklichen Wiederholungsvermerk des Verordnenden erneut beschafft worden sind, sind grundsätzlich nicht beihilfefähig; jedoch kann eine einmalige Wiederholung als notwendig angesehen werden.

3. von Ärzten schriftlich begründet verordnete Heilbehandlungen und die dabei verbrauchten Stoffe nach Maßgabe der Anlage. Aus der ärztlichen Verordnung müssen sich Art und genauer Umfang der Heilbehandlung sowie die Diagnose ergeben. Die Heilbehandlung muss von einem der folgenden Heilberufe in ihrer jewei-

ligen Qualifikation erbracht werden: Beschäftigungs- und Arbeitstherapeut, Ergotherapeut, Krankengymnast, Logopäde, Masseur, medizinischer Bademeister, Neuropsychologe GNP, Physiotherapeut, Podologe. Zur Heilbehandlung gehören auch ärztlich verordnete Bäder – ausgenommen Saunabäder und Mineral- oder Thermalbäder außerhalb einer nach §§ 7 oder 8 beihilfefähigen stationären Behandlung oder Kur –, Massagen, Bestrahlungen, Krankengymnastik, Beschäftigungs- sowie Sprachtherapie. Ist die Durchführung einer Heilbehandlung in einen Unterricht zur Erfüllung der Schulpflicht eingebunden, so sind die Aufwendungen gemäß § 5 Abs. 4 Nr. 9 nicht beihilfefähig; dies gilt entsprechend für Heilbehandlungen, mit denen zugleich einer der in § 5 Abs. 4 Nr. 9 genannten Zwecke verfolgt wird,

Hinweise des Finanzministeriums zu Abs. 1 Nr. 3

1. Die Beihilfe setzt stets eine Verordnung voraus, aus der sich unbedingt die Art und der genaue Umfang (insbesondere die Anzahl) der Heilbehandlungen ergeben muss, auch die Diagnose sollte angegeben sein. Verordnungen vom Zahnarzt oder Heilpraktiker reichen nicht aus, um eine Beihilfefähigkeit zu begründen.
2. Die Heilbehandlung muss von einer Person erbracht werden, die die staatliche Anerkennung in dem einschlägigen medizinischen Heilhilfsberuf besitzt. Beihilfefähig sind nur Aufwendungen für Heilbehandlungen, die Behandler in ihrem nach Maßgabe einer staatlichen Regelung der Berufsausbildung oder eines Berufsbildes erlernten Heilhilfsberuf erbringen. Heilbehandlungen sind demnach die Leistungen der Beschäftigungs- und Arbeitstherapeuten auf dem Gebiet der Beschäftigungstherapie, der Diplompsychologen ausschließlich im Rahmen der Beihilferegelungen für psychotherapeutische Behandlungen, der Krankengymnasten, Logopäden, Masseure oder Masseure und medizinischen Bademeister. Dies gilt bei Sprachtherapie (logopädischen Leistungen) auch für die nach dem Recht des Landes Niedersachsen staatlich anerkannten Sprachtherapeuten oder staatlich geprüften Atem-, Sprech- und Stimmlehrer der Schule Schlaffhorst-Andersen (ASSL).
3. Legasthenie und Akalkulie (Lese-, Rechtschreib- oder Rechenschwäche) sind keine Erkrankungen i.S. des § 6 Abs. 1. Aufwendungen für derartige Behandlungen sind daher nicht beihilfefähig.
4. Nur außerhalb des Besuchs einer vorschulischen, schulischen, berufsfördernden, berufsvorbereitenden oder berufsbildenden Einrichtung oder Werkstätte für Behinderte zu erbringende ärztlich verordnete Heilbehandlungen sind vom Ausschluss gemäß § 101 Nr. 2 LBG i. V. mit § 5 Abs. 4 Nr. 9 und § 6 Abs. 1 Nr. 3 Satz 3 nicht erfasst. Sie müssen nach § 6 Abs. 1 erster Halbsatz gesondert erbracht und detailliert berechnet sein; die maßgeblichen Höchstbeträge ergeben sich aus den Nummern 1.4.1 und 1.4.2 der Anlage zur BVO.
5. Aufwendungen für Heilbehandlungen im Rahmen einer teilstationären oder stationären Unterbringung in speziellen Einrichtungen für Kranke und Behinderte, die nicht die Voraussetzungen des § 7 oder § 9 Abs. 3, 7 erfüllen, sind ebenfalls nur unter der vorstehenden Voraussetzungen beihilfefähig. Bei Berechnung von pauschalen Tagessätzen durch Einrichtungen zur Berufsfindung, Belastungserprobung (nicht: Berufsvorbereitung, Arbeitserprobung), Übergangsheime für Suchtkranke, therapeutische Bauernhöfe und therapeutische Wohngemeinschaften kann die Beihilfestelle bis zu 11 Euro der pauschalen Tagessatzes je Anwesenheitstag, oder den mit einer gesetzlichen Krankenkasse vereinbarten Betrag, als Aufwendungen für Heilbehandlungen ansehen, wenn die ver-

ordneten Leistungen nach Art und Umfang nach der Anlage zur BVO beihilfefähig sind.
4. Anschaffung, Miete, Reparatur, Ersatz sowie Betrieb und Unterhaltung der von Ärzten schriftlich begründet verordneten Hilfsmittel, Geräte zur Selbstbehandlung und zur Selbstkontrolle, Körperersatzstücke sowie die Unterweisung im Gebrauch dieser Gegenstände nach Maßgabe der Anlage,
5. erste Hilfe,
6. voll- und teilstationäre Krankenhausleistungen sowie vor- und nachstationäre Behandlungen in zugelassenen Krankenhäusern nach § 108 SGB V nach Maßgabe des § 6a,

Hinweise des Finanzministeriums zu Abs. 1 Nr. 6 – alt (seit der Änderung vom 17.2.2004 – GBl. S. 66/2004 – vgl. den neu eingefügten § 6a)

1. Ist die Unterbringung des Erkrankten in einem Ein- oder Zweibettzimmer oder einer Begleitperson aus medizinischen Gründen notwendig, so ist sie durch den Pflegesatz abgegolten. Die Kosten für die Unterbringung einer Begleitperson außerhalb des Krankenhauses sind nicht beihilfefähig; abweichend hiervon wird nach § 5 Abs. 6 hiermit zugelassen, dass ein Betrag bis zu der in § 6 Abs. 1 Nr. 10a genannten Höhe anerkannt wird, wenn die Unterbringung der Begleitperson nach fachärztlichem Attest wegen des Alters des Kindes und seiner eine stationäre Langzeittherapie erfordernden schweren Erkrankung aus medizinischen Gründen notwendig ist.
2. Aufwendungen für Krankenhausleistungen eines nicht unter die BPflV fallenden Krankenhauses, das jedoch nach § 108 SGB V zugelassen sein muss (siehe „Deutsches Krankenhausverzeichnis" der Deutschen Krankenhaus Verlagsgesellschaft, Düsseldorf), können im Gesamtbetrag den beihilfefähigen Kosten des Vergleichskrankenhauses gegenübergestellt werden, soweit sie nach Art und Umfang (bis zur Höhe der Kosten eines Zweibettzimmers) den beihilfefähigen Krankenhausleistungen nach der Bundespflegesatzverordnung entsprechen. Wurde ein Zimmer mit drei oder mehr Betten in Anspruch genommen, so können für die Vergleichsberechnung nicht die Mehrkosten eines Zweibettzimmers mit zugrunde gelegt werden. Mehrkosten eines Einbettzimmers gegenüber einem Zweibettzimmer sind nach dem Wortlaut in keinem Fall beihilfefähig.
3. Berücksichtigungsfähige Angehörige im Sinne dieser Vorschrift sind die Personen nach § 3 (ohne Beachtung der Konkurrenzregelungen des § 4). Nur teil- und vollstationäre Leistungen sind nach Satz 2 zu kürzen.
7. von Ärzten begründet als notwendig bescheinigte häusliche Krankenpflege. Sie besteht in der Behandlungspflege sowie, sofern nicht § 9 einschlägig ist, bis zu sechs Monaten Grundpflege mit hauswirtschaftlicher Versorgung; dabei muss die Grundpflege überwiegen. Bei einer Pflege durch nahe Angehörige (§ 5 Abs. 4 Nr. 4) sind die folgenden Aufwendungen beihilfefähig,

a) Fahrkosten (§ 10a Nr. 4),

b) eine für die Pflege an nahe Angehörige gewährte Vergütung bis zur Höhe von 1300 Euro monatlich, wenn wegen der Ausübung der Pflege eine mindestens halbtägige Erwerbstätigkeit aufgegeben oder im Umfang einer solchen eingeschränkt wird, eine an Ehegatten, Eltern oder Kinder des Pflegebedürftigen gewährte Vergütung ist nicht beihilfefähig,

Beihilfeverordnung

Hinweise des Finanzministeriums zu Abs. 1 Nr. 7

1. Häusliche Krankenpflege kommt für die Personen in Betracht, die wegen Krankheit der Behandlungspflege oder Grundpflege, sowie ggf. zusätzlich der hauswirtschaftlichen Versorgung, vorübergehend für eine Dauer von längstens weniger als sechs Monate, bedürfen:
   a) Zur Grundpflege zählen die Bereiche Mobilität und Motorik (z.B. Betten, Lagern, Hilfe beim An- und Auskleiden), Hygiene (z.B. Körperpflege, Benutzung der Toilette) und Nahrungsaufnahme.
   b) Die hauswirtschaftliche Versorgung umfasst insbesondere das Einkaufen, Kochen, Reinigen der Wohnung, Spülen, Wechseln und Waschen der Wäsche und Kleidung, das Beheizen.
   c) Die Behandlungspflege umfasst insbesondere Verbandwechsel, Injektionen, Katheterisierung, Einreibungen Krankenpflege liegt nicht vor, wenn lediglich hauswirtschaftliche Arbeiten erbracht werden (z.B. Essen zubereiten) oder lediglich soziale oder psychische Betreuung (z.B. in Wohnheimen für Behinderte) stattfindet.
2. Die ärztliche Bescheinigung muss Angaben über Arten der Leistungen, die tägliche Stundenzahl und insbesondere die voraussichtliche Dauer enthalten. Die Notwendigkeit der Krankenpflege ist mit Diagnoseangabe zu begründen.
3. Bei einer Krankenpflege durch Berufspflegekräfte sind die Aufwendungen bis zur Höhe der örtlichen Sätze der hierfür in Betracht kommenden öffentlichen oder frei gemeinnützigen Träger beihilfefähig. Werden stattdessen andere vom Arzt als geeignet erklärte Personen hauptberuflich als Pflegekräfte beschäftigt, sind die Aufwendungen bis zur Höhe der Kosten für Berufspflegekräfte beihilfefähig. Kosten einer Berufspflegekraft sind die durchschnittliche monatliche feste Vergütung einer Angestellten in der VergGr. Kr. V der Anlage 1 b zum BAT (Endstufe der Grundvergütung, Ortszuschlag nach Tarifklasse II Stufe 2, Allgemeine Zulage, Pflegezulage, anteilige Zuwendung sowie anteiliges Urlaubsgeld zuzüglich der Arbeitgeberanteile).
4. Bei einer vorübergehend notwendigen Krankenpflege einer in einem Alten-/Seniorenwohnheim, einem Alten- und Pflegeheim oder einer entsprechenden Einrichtung wohnenden Person, die nicht pflegebedürftig im Sinne des § 9 Abs. 2 ist, ist der aus den allgemeinen Unterbringungskosten berechnete Pflegezuschlag bis zur Höhe der Kosten einer Berufspflegekraft beihilfefähig. Aufwendungen für Unterkunft und Verpflegung sind nicht beihilfefähig.
5. Werden von Pflegediensten, Pflegeeinrichtungen und dergl. für Behandlungspflege anstelle einer gesonderten (§ 6 Abs. 1 erster Halbsatz) Erbringung und Berechnung der Leistungen Pauschalsätze – ggf. einschließlich Unterkunft und Verpflegung – berechnet, so ist – wenn im Übrigen die Voraussetzungen für eine Beihilfegewährung nach § 6 Abs. 1 Nr. 7 oder § 9 Abs. 1 Satz 1 vorliegen, der auf die Behandlungspflege entfallender Kostenanteil bis zur Höhe der entsprechenden Sätze der gesetzlichen Krankenkassen beihilfefähig.
   → Pflegeversicherung
8. von Ärzten schriftlich verordnete ambulante spezialisierte Palliativversorgung, wenn wegen einer nicht heilbaren weiter fortschreitenden Erkrankung und zugleich begrenzten Lebenserwartung eine besonders aufwändige spezialisierte pflegerische Versorgung notwendig ist, damit ein Verbleiben im häuslichen Bereich möglich ist. Ist nach ärztlicher Begründung die ambulante Versorgung nicht möglich oder nicht ausreichend, sind bei stationärer Palliativversorgung in Hospizen § 7 Abs. 7 Satz 2 bis 5 und § 9 Abs. 10 sinngemäß anzuwenden,
9. von Ärzten schriftlich verordnete ambulante Rehabilitationsmaßnahmen in Rehabilitationseinrichtungen (§ 7) und verordneter Rehabilitationssport in besonderen Gruppen unter Betreuung und Überwachung durch Ärzte oder Personen nach Nummer 3 Satz 3.

(2) Das Finanzministerium kann, soweit nicht in der Anlage bereits geregelt, die Beihilfefähigkeit von folgenden Aufwendungen, die nicht zweifelsfrei notwendig oder nach Umfang oder Höhe angemessen sind, ganz oder teilweise von einer vorherigen Anerkennung abhängig machen, begrenzen oder ausschließen:

1. Aufwendungen für wissenschaftlich nicht allgemein anerkannte Untersuchungs- oder Behandlungsmethoden sowie Materialien, Arznei- und Verbandmittel,
2. Aufwendungen für nicht in den Gebührenverzeichnissen der Gebührenordnungen der Bundesregierung aufgeführte ärztliche, psychotherapeutische oder zahnärztliche Leistungen,
3. Aufwendungen für Heilbehandlungen nach Absatz 1 Nr. 3, Behandlungen von Heilpraktikern und psychotherapeutische oder ähnliche Behandlungen.

Hinweise des Finanzministeriums zu Absatz 2

Regelungen aufgrund dieser Bestimmung sind in die Hinweise zur Anlage zur BVO eingearbeitet.

Hinweis der Redaktion: Diese Anlage (Hinweise des Finanzministeriums zu § 6) ist nach § 20 abgedruckt.

§ 6a
Krankenhausleistungen

(1) Beihilfefähig sind die Aufwendungen für Leistungen in zugelassenen Krankenhäusern (§ 108 SGB V), die nach der Bundespflegesatzverordnung (BPflV) oder dem Krankenhausentgeltgesetz (KHEntgG) vergütet werden, für

1. vor- und nachstationäre Behandlungen nach § 1 Abs. 3 Satz 1 KHEntgG, § 115a SGB V,
2. allgemeine Krankenhausleistungen nach § 2 Abs. 2 BPflV, § 2 Abs. 2 KHEntgG,
3. nach § 22 BPflV, §§ 16 und 17 KHEntgG gesondert berechnete wahlärztliche Leistungen und für Unterkunft bis zur Höhe der Wahlleistungsentgelte für Zweibettzimmer, jeweils unter den Voraussetzungen des Absatzes 2,
4. andere im Zusammenhang mit Nummern 1 und 2 berechenbare Leistungen im Rahmen des § 6 Abs.1 Nr.1 und 2.

(2) Beihilfeberechtigte haben Anspruch auf Beihilfen für die Aufwendungen nach Absatz 1 Nr. 3 gegen Zahlung eines Betrages von 13 Euro monatlich, wenn gegenüber der Bezügestelle und Beihilfestelle innerhalb einer Ausschlussfrist von fünf Monaten schriftlich erklärt wird, dass sie für sich und ihre berücksichtigungsfähigen Angehörigen Beihilfen für die Aufwendungen für Wahlleistungen ab Beginn der Frist in Anspruch nehmen werden. Die Frist beginnt:

1. für die am 1. April 2004 nach dieser Verordnung Beihilfeberechtigten am 1. April 2004,
2. für die am 1. April 2004 ohne Beihilfeberechtigung beurlaubten Beamten mit dem Wiederaufleben der Beihilfeberechtigung,
3. im Übrigen mit dem Tag der Entstehung einer neuen Beihilfeberechtigung nach dieser Verordnung infolge
   a) der Begründung oder Umwandlung des Beamtenverhältnisses mit Ausnahme der Fälle des § 8 LBG,
   b) der Entstehung des Anspruchs auf Witwengeld, Witwergeld oder Waisengeld nach dem Satz für Vollwaisen, jeweils nur wenn der Versorgungsurheber Anspruch auf Beihilfe zu Wahlleistungen hatte, oder
   c) der Abordnung oder Versetzung von einem anderen Dienstherrn zu einem Dienstherrn im Geltungsbereich dieser Verordnung.

Die Beihilfeberechtigten sind auf die Ausschlussfrist schriftlich hinzuweisen. Die Erklärung nach Satz 1 beinhaltet das Einverständnis, dass der ab Beginn der Frist zu zahlende Betrag monatlich von den Bezügen einbehalten wird; bei Beihilfeberechtigten ohne Bezüge besteht in den Fällen des § 2 Abs. 2 letzter Satz, sowie während eines Wahlvorbereitungsurlaubs sowie während eines Erziehungsurlaubs Beitragsfreiheit. Sie kann jederzeit ohne Angabe von Gründen schriftlich für die Zukunft widerrufen werden.

(3) Bei Leistungen von zugelassenen Krankenhäusern, die nicht nach der Bundespflegesatzverordnung oder dem Krankenhausentgeltgesetz vergütet werden, sind Aufwendungen insoweit beihilfefähig, als sie für Leistungen eines vergleichbaren Krankenhauses nach Absatz 1 und 2 beihilfefähig wären.

§ 7
Beihilfe bei Behandlung und Rehabilitation in nicht als Krankenhaus zugelassenen Einrichtungen

(1) Die Aufwendungen für die stationäre Behandlung in
1. Krankenhäusern nach Absatz 2,
2. Einrichtungen für Anschlussheilbehandlungen,
3. Einrichtungen für Suchtbehandlungen und
4. in sonstigen Einrichtungen der medizinischen Rehabilitation

sind nach den folgenden Absätzen beihilfefähig.

Hinweise des Finanzministeriums zu Absatz 1
1. Behandlungen im Sinne dieser Vorschrift liegen nur vor, wenn der Erkrankte seine speziellen Behandlungen im Wesentlichen in der Einrichtung selbst (vollstationär oder Nachtklinik) erhält, in der er auch untergebracht ist. Manche Einrichtungen erfüllen die Voraussetzungen für mehrere Maßnahmen im Sinne der Nummern 1 bis 4; beihilferechtlich ist die im Einzelfall notwendige Art der Maßnahme entscheidend, die sich aus dem nach Absatz 6 vorzulegenden begründeten Nachweis ergeben muss. Gleiches gilt, wenn ein Teil der Einrichtung zugelassenes Krankenhaus i.S. des § 6 Abs. 1 Nr. 6 ist.
2. Eine vorherige Anerkennung ist nur bei Maßnahmen erforderlich, die voraussichtlich 30 oder mehr Tage dauern; ergibt sich dies nachweislich erst im Verlauf der stationären Maßnahme, so genügt die in Absatz 6 vorgeschriebene besondere Begründung der langen Dauer. Gleichwohl können die Beihilfeberechtigten für alle Maßnahmen nach Nr. 1 der Schlussvorschriften frühzeitig zur eigenen Sicherheit eine vorherige Anerkennung beantragen. Ein Anerkennungsbescheid soll regelmäßig eine Geltungsdauer von höchstens vier Monaten ab Bekanntgabe haben und soll die aufgrund der Anerkennung beihilfefähigen Aufwendungen bezeichnen.

(2) Krankenhäuser im Sinne des Absatzes 1 Nr. 1 sind nur solche, die die Voraussetzungen des § 107 Abs. 1 SGB V erfüllen und nur deshalb nicht unter § 6 Abs. 1 Nr. 6 fallen, weil sie nicht nach § 108 SGB V zugelassen sind.

(3) Einrichtungen für Anschlussheilbehandlungen sind solche auf medizinische Rehabilitationsmaßnahmen besonders spezialisierte Einrichtungen, welche die Voraussetzungen für entsprechende stationäre Maßnahmen der Träger der Sozialversicherung erfüllen. Anschlussheilbehandlungen liegen nur vor, wenn sie sich unmittelbar an einen Krankenhausaufenthalt anschließen oder bei einer zeitlichen Unterbrechung zum Krankenhausaufenthalt mit diesem in zeitlichem Zusammenhang stehen.

Hinweise des Finanzministeriums zu Absatz 3
Ein zeitlicher Zusammenhang kann grundsätzlich noch dann unterstellt werden, wenn die Unterbrechung nicht länger als drei Wochen dauert. Bei einer längeren zeitlichen Unterbrechung bis zu längstens drei Monaten kann ausnahmsweise der zeitliche Zusammenhang mit dem Krankenhausaufenthalt als gegeben angesehen werden, wenn nach einer schweren Erkrankung, die erfahrungsgemäß nach dem Krankenhausaufenthalt meist eine Anschlussheilbehandlung (AHB) erfordert (z.B. Herz-, Wirbelsäulen- oder Hüftgelenkoperation), eine solche aus Platzmangel oder Gesundheitsgründen erst nach mehr als drei Wochen Unterbrechung durchgeführt wird; in einem solchen Einzelfall ist eine auch bezüglich der Unterbrechungsdauer begründete Bescheinigung nach Abs. 6 Satz 1 erforderlich. Wird in anderen als in Satz 2 erfassten Fällen eine Maßnahme erst nach mehr als drei Wochen nach der Entlassung aus dem Krankenhaus (§ 6 Abs. 1 Nr. 6) durchgeführt, so sind Absatz 5 und 6 Satz 2 einschlägig.

(4) Einrichtungen für Suchtbehandlungen sind solche auf Suchtbehandlungen zur Entwöhnung spezialisierte Einrichtungen, welche die Voraussetzungen für entsprechende stationäre Maßnahmen der Träger der Sozialversicherung erfüllen.

(5) Sonstige Einrichtungen der medizinischen Rehabilitation sind nur solche, die die Voraussetzungen des § 107 Abs. 2 SGB V erfüllen (Rehabilitationseinrichtungen).

Hinweise des Finanzministeriums zu Absatz 5
Aus den einschlägigen Verzeichnissen der gesetzlichen Krankenkassen (siehe „VRK-Vorsorge-, Rehabilitations- und Kureinrichtungen" Graeve-Verlag, Bochum) sind diejenigen Rehabilitationseinrichtungen im Sinne des § 107 Abs. 2 SGB V ersichtlich, die aufgrund von § 111 SGB V zur Versorgung der gesetzlichen Krankenversicherten zugelassen sind. Bei nicht zugelassenen Einrichtungen ist nach Maßgabe der Kriterien des § 107 Abs. 2 SGB V das Vorliegen der Voraussetzungen zu prüfen; Einrichtungen, die nicht fachlich-medizinisch unter ständiger ärztlicher Verantwortung stehen, erfüllen damit nicht die Voraussetzungen.

(6) Voraussetzung für die Beihilfefähigkeit von Aufwendungen bei stationären Maßnahmen in Einrichtungen nach Absatz 2 bis 4 ist, dass die Maßnahme nach begründeter Bescheinigung ei-

nes Arztes, der nicht mit der Einrichtung verbunden ist, nach Art und vorgesehener Dauer medizinisch notwendig ist und ambulante Maßnahmen nicht ausreichend sind. Voraussetzung für die Beihilfefähigkeit von Aufwendungen bei stationären Maßnahmen in Einrichtungen nach Absatz 5 ist, dass es sich nicht um eine Anschlussheilbehandlung (Absatz 3) handelt und nach begründetem medizinischen Gutachten die Art oder Schwere der Erkrankung die stationäre Behandlung und die vorgesehene Dauer medizinisch notwendig macht und ambulante Behandlungen oder eine Kur nicht ausreichend sind. Reichen stattdessen auch ambulante medizinische Rehabilitationsmaßnahmen in einer Einrichtung nach Absatz 5 ohne Unterkunft darin aus, so sind nur diese nach begründeter Bescheinigung eines Arztes, der nicht mit der Einrichtung verbunden ist, beihilfefähig. Die Beihilfefähigkeit ist ab einer Dauer von 30 Tagen von der vorherigen Anerkennung der Beihilfefähigkeit durch die Beihilfestelle abhängig; die Anerkennung wird erteilt, wenn die lange Dauer vom Arzt besonders begründet wird oder durch ein medizinisches Gutachten nachgewiesen ist.

Hinweise des Finanzministeriums zu Absatz 6
1. Die Bescheinigung nach Satz 1 oder das medizinische Gutachten nach Satz 2 soll vor Beginn der Maßnahme ausgestellt sein. Sie muss die Einrichtung bezeichnen; in der die Behandlung durchzuführen ist. Die ungefähre Dauer der Maßnahme soll darin angegeben sein.
2. Bei stationären Maßnahmen in Einrichtungen nach Absatz 1 Nr. 1 bis 3 (insbesondere bei Kurzzeitaufenthalten bis 10 Tagen in einem Krankenhaus nach Absatz 2) kann die Beihilfestelle an die in Satz 1 vorgeschriebene Bescheinigung geringere Anforderungen stellen oder darauf verzichten, soweit nach den eingereichten Belegen – z.B. der angegebenen Diagnose – erfahrungsgemäß keine Zweifel an der Notwendigkeit oder Dauer der stationären Behandlung auftreten können.

(7) Bei Behandlung in Krankenhäusern nach Absatz 2, die die Bundespflegesatzverordnung, sinngemäß anwenden, sind pauschal berechnete Aufwendungen für die Leistungen beihilfefähig, wenn und soweit sie in Krankenhäusern nach § 6a beihilfefähig wären. Im Übrigen sind Aufwendungen für folgende gesondert erbrachte und berechnete Leistungen beihilfefähig
1. nach § 6 Abs. 1 Nr. 1,
2. nach § 6 Abs. 1 Nr. 2 und 3,
3. für Pflege, Unterkunft und Verpflegung nach Maßgabe der Sätze 3 bis 5, zuzüglich Kurtaxe,
4. nach § 6 Abs. 1 Nr. 9, § 10a Nr. 3, sowie Fahrkosten nach § 10a Nr. 4 bis zu 120 Euro für die einfache Entfernung, darüber hinaus nur in ganz besonderen Fällen, soweit nach eingehender ärztlicher Begründung keine näher gelegene Behandlungseinrichtung in Betracht kommt,
5. für den ärztlichen Schlussbericht, falls er vorgelegt wird.

Satz 2 Nr. 3 und 4 gilt auch für Begleitpersonen, wenn die Notwendigkeit der Begleitung durch amtlichen Ausweis oder medizinisches Gutachten festgestellt ist und die Einrichtung bestätigt, dass für eine erfolgversprechende Behandlung eine Begleit-

person notwendig ist. Die Einzelentgelte, Pauschalpreise und Tagessätze von Einrichtungen nach Absatz 4 und 5, die Leistungen nach Satz 2 Nr. 2 oder 3 betreffen, sind nur insoweit beihilfefähig, als sie einer Preisvereinbarung dieser Einrichtung, mit einem Sozialversicherungsträger entsprechen; die Beihilfefähigkeit darüber hinausgehender Aufwendungen nach Satz 2 Nr. 2 und 3 ist ausgeschlossen. Bei Einrichtungen ohne Preisvereinbarung gilt Satz 4 mit der Maßgabe, dass Preisvereinbarungen anderer entsprechender Einrichtungen maßgebend sind.

Hinweise des Finanzministeriums zu Absatz 7
1. Sind Aufwendungen für Leistungen eines Krankenhauses nach Absatz 2 nicht offensichtlich geringer als solche nach der BPflV, so können sie zur Prüfung der Angemessenheit im Gesamtbetrag den beihilfefähigen Kosten eines unter die BPflV fallenden Krankenhauses gegenübergestellt werden, soweit sie nach Art der Leistung den Krankenhausleistungen nach der BPflV entsprechen.
2. Die beihilferechtliche Feststellung der Notwendigkeit ständiger Begleitung ergibt sich ausschließlich aus dem amtlichen Ausweis (Merkzeichen „B"). Bei Kindern genügt stattdessen die Feststellung des Amts- oder Vertrauensarztes, dass wegen des Alters des Kindes und der Art der langen schweren Erkrankung eine Begleitperson zur stationären Nachsorge notwendig ist.
3. Für die nach § 6 Abs. 1 Nr. 1 bis 3 beihilfefähigen Aufwendungen sind die hierfür maßgeblichen Vorschriften, einschließlich der Höchstbeträge und sonstigen Einschränkungen, zu beachten. Soweit Kosten für Leistungen nach § 6 Abs. 1 Nr. 2 pauschaliert sind, ggf. zusammen mit dem Preis für Unterkunft einschl. Kurtaxe, Pflege und Verpflegung, unterfallen sie nicht mehr der Begrenzung auf die Pauschal- oder Tagessätze für Sozialversicherte in dieser Einrichtung. Pauschal- und Tagessätze in Einrichtungen nach Absatz 3 bis 5, die keinen Versorgungsvertrag nach § 111 SGB V haben, sind bis zu einer entsprechenden Höhe beihilfefähig; die Beihilfestelle soll für solche Einrichtungen aufgrund von Preisvergleichen generelle Obergrenzen festlegen.

§ 8
Beihilfe bei Kuren
(1) Beihilfe wird gewährt zu
1. Kuren in Einrichtungen der medizinischen Rehabilitation,
2. Müttergenesungskuren und Mutter-Kind-Kuren,
3. ambulanten Heilkuren.

Zu Kuren, die weit überwiegend der Vorsorge dienen, wird Beihilfe nicht gewährt; gleiches gilt für Maßnahmen, deren Zweck eine berufliche Rehabilitation ist, wenn medizinisch keine kurmäßigen Maßnahmen mehr erforderlich sind.

→ Beihilfe (Kuren)

Hinweise des Finanzministeriums zu Absatz 1
Einzelne Einrichtungen für Maßnahmen nach Nr. 1 oder 2 erfüllen zugleich auch die Voraussetzungen des § 7 Abs. 3 oder 5; beihilferechtlich ist die im Einzelfall notwendige Art der Maßnahme entscheidend, die sich aus dem nach Absatz 5 vorzulegenden begründeten Nachweis ergeben muss.

(2) Kuren in Einrichtungen der medizinischen Rehabilitation sind Heilbehandlungen im Sinne des § 6 Abs. 1 Nr. 3, die mit Unterkunft und Verpflegung kurmäßig in Einrichtungen nach § 7 Abs. 5

durchgeführt werden und für die die Voraussetzungen für eine Beihilfe nach § 7 Abs. 6 Satz 2 nicht erfüllt sind.

(3) Müttergenesungskuren und Mutter-Kind-Kuren sind Maßnahmen in Form einer Rehabilitationskur in einer Einrichtung des Müttergenesungswerks oder einer anderen, nach § 41 SGB V als gleichartig anerkannten Einrichtung.

(4) Ambulante Heilkuren sind Maßnahmen für Beamte und Richter zur Wiederherstellung und Erhaltung der Dienstfähigkeit sowie Maßnahmen für die übrigen Beihilfeberechtigten und die berücksichtigungsfähigen Angehörigen bei erheblich beeinträchtigter Gesundheit. Die Kuren müssen mit Heilbehandlungen nach § 6 Abs. 1 Nr. 3 nach einem ärztlich erstellten Kurplan in einem im Heilkurorteverzeichnis des Bundesministeriums des Innern aufgeführten Heilkurort durchgeführt werden. Die Unterkunft muss sich im Heilkurgebiet befinden und ortsgebunden sein, eine Unterkunft in Ferienwohnungen, Wohnwagen, auf Campingplätzen und dergleichen ist nicht ausreichend.

Hinweise des Finanzministeriums zu Absatz 4
Eine Heilkur liegt nur vor, wenn die Kur nach ärztlichen Anordnungen aufgrund eines Kurplans unter Bedingungen durchgeführt wird, die den Kurerfolg nicht von vornherein in Frage stellen. Die von Reiseveranstaltern angebotenen Pauschalkuren genügen regelmäßig nicht an Anforderungen. Im Zweifel, insbesondere bei Aufenthalt in einer Ferienwohnung, ist der individuelle Kurplan mit ärztlichen Konsultationen und erforderlichen Kuranwendungen anzufordern. Bei Aufenthalt im Wohnwagen oder auf dem Campingplatz (mit oder ohne Familie) fehlen wesentliche Voraussetzungen für eine erfolgversprechende Heilkur; die Voraussetzungen sind dann bereits in Anerkennungsbescheiden nach Absatz 5 Satz 2 mitzuteilen. Erholungsmaßnahmen, Familienferien, Kurlaub, Aufenthalt in Luftkurorten oder Seebädern sind nicht als Kuren beihilfefähig.

(5) Voraussetzung für die Beihilfe zu Kuren nach Absatz 1 bis 4 ist, dass
1. erstmalig eine Wartezeit von insgesamt fünf Jahren Beihilfeberechtigung oder Berücksichtigungsfähigkeit nach diesen oder entsprechenden Beihilfevorschriften erfüllt ist,
2. im laufenden und den beiden vergangenen Kalenderjahren keine Kur nach Absatz 1 bis 4 durchgeführt und beendet wurde,
3. ambulante ärztliche Behandlungen und Heilbehandlungen außerhalb von Kurmaßnahmen wegen erheblich beeinträchtigter Gesundheit nicht ausreichend sind, und
4. die medizinische Notwendigkeit vor Beginn der Kur durch begründete ärztliche Bescheinigung nachgewiesen ist.

Beihilfe zu Kuren für Beamte und Richter (§ 2 Abs. 1 Nr. 1) wird nur gewährt, wenn neben den Voraussetzungen des Satzes 1 Nr. 1 und 2
1. durch amtsärztliches Gutachten nachgewiesen ist, dass die Voraussetzungen des Satzes 1 Nr. 3 vorliegen und die Kur zur Wiederherstellung oder Erhaltung der Dienstfähigkeit erforderlich ist,
2. die Beihilfestelle die Beihilfefähigkeit vor Beginn der Kur anerkannt hat, und
3. die Kur innerhalb eines im Anerkennungsbescheid unter Beachtung der dienstlichen Belange zu bestimmenden Zeitraums begonnen wird.

Hinweise des Finanzministeriums zu Absatz 5
1. Die Wartezeiten nach Nummern 1 und 2 können nach der Zweckbestimmung der Kuren und dem Beihilfeumfang nicht zur einer Härte führen, weil bei dringlicher Behandlungsbedürftigkeit eine Kur nicht angezeigt ist. In Fällen dringlicher Behandlungsbedürftigkeit kommt eine Krankenbehandlung (ambulant, ggf. auch stationär z.B. nach § 7 Abs. 5) in Betracht. In besonderen Ausnahmefällen, in denen eine Kur zur Vermeidung eines Rezidivs wegen eines schweren chronischen Leidens aus zwingenden medizinischen Gründen vor Fristablauf geboten ist, kann die Beihilfefähigkeit ausnahmsweise anerkannt werden, jedoch ohne die Aufwendungen nach Absatz 6 Nr. 3 und 6.
2. Die Wartezeit nach Nummer 1 ist bei Angehörigen, die weniger als 5 Jahre berücksichtigungsfähig sind, auch dann erfüllt, wenn der Beihilfeberechtigte selbst die Wartezeit erfüllt.
3. Für die Wartezeitberechnung nach Nummer 2 bleiben solche Kuren außer Betracht, für die keine Beihilfe zu Aufwendungen nach Absatz 6 Nr. 1 bis 6 gewährt wurde, außerdem die aus zwingendem Grund abgebrochenen Kuren. Zwingender Grund ist in der Regel nur eine Krankenhauseinlieferung des Beihilfeberechtigten oder eines berücksichtigungsfähigen Angehörigen oder ein Todesfall eines Angehörigen sowie ein aus medizinischen Gründen erforderlicher Abbruch der Kur.
4. Hat sich die frühere Maßnahme über den Kalenderjahreswechsel erstreckt, so ist eine Beihilfe zulässig für eine Maßnahme, die sich frühestens über den drei Jahre darauf folgenden Kalenderjahreswechsel erstreckt.
5. In der ärztlichen Bescheinigung nach Satz 1 Nr. 4 oder dem amtsärztlichen Gutachten nach Satz 2 Nr. 1 soll die Einrichtung oder der Heilkurort angegeben sein.
6. Für Beamte und Richter (§ 2 Abs. 1 Nr. 1) ist für alle Arten von Kuren nach § 8 eine vorherige Anerkennung erforderlich. Der Anerkennungsbescheid nach Satz 2 Nr. 2, 3 muss die Einrichtung oder den Heilkurort genau bezeichnen. Der Anerkennungsbescheid soll regelmäßig eine Geltungsdauer von höchstens vier Monaten ab Bekanntgabe haben und soll aufgrund der Anerkennung beihilfefähigen Aufwendungen bezeichnen.

(6) Bei Kuren nach den vorstehenden Absätzen sind neben Aufwendungen nach § 6 Abs. 1 Nr. 1 bis 3 beihilfefähig die Aufwendungen für
1. eine Familien- und Haushaltshilfe nach § 10a Nr. 3,
2. Fahrkosten nach § 10a Nr. 4 bis zu 120 Euro für die einfache Entfernung, darüber hinaus nur in ganz besonderen Fällen, soweit nach eingehender ärztlicher Begründung kein näher gelegener Kurort in Betracht kommt,
3. die Kurtaxe,
4. den ärztlichen Schlussbericht, wenn er vorgelegt wird,
5. eine behördlich als notwendig anerkannte Begleitperson für schwerbehinderte Menschen,
6. Unterkunft und Verpflegung bis zu 26 Euro pro Tag und Person, begrenzt auf eine Dauer von höchstens 30 Tagen.

Bei Pauschalpreisen in Einrichtungen nach Absatz 3, für die eine Preisvereinbarung mit einem Sozialleistungsträger besteht, ist die Beihilfefähigkeit auf den Pauschalpreis begrenzt.

Hinweise des Finanzministeriums zu Absatz 6
Bezüglich Begleitpersonen ist Hinweis 2 zu § 7 Abs. 7 anzuwenden.

§ 9
Beihilfe bei Pflegebedürftigkeit

(1) Bei Pflegebedürftigkeit sind die Aufwendungen für die von Ärzten begründet als notwendig bescheinigte Behandlungspflege beihilfefähig; § 6 Abs. 1 Nr. 7 Satz 3 ist anzuwenden. Die Aufwendungen für die nach Absatz 8 als notwendig festgestellte häusliche Pflege (Grundpflege und zusätzlich hauswirtschaftliche Versorgung), für teilstationäre oder stationäre Pflege sind nach den folgenden Absätzen beihilfefähig, soweit nicht nach Absatz 4 eine pauschale Beihilfe zusteht.

➜ Pflegeversicherung; ➜ Pflegezeitgesetz

Hinweise des Finanzministeriums zu Absatz 1
1. Die Beihilfefähigkeit umfasst die bei einer – voraussichtlich gemäß Absatz 2 auf Dauer erforderlichen – häuslichen, teilstationären und stationären Pflege entstehenden Aufwendungen für Grundpflege und hauswirtschaftliche Versorgung (vgl. Hinweise 2 und 3 zu Absatz 2). Aufwendungen für eine notwendige Behandlungspflege sind daneben entsprechend § 6 Abs. 1 Nr. 7 und den Hinweisen 1c, 2 und 5 dazu beihilfefähig.
2. Die Beihilfestellen können subsidiär Beihilfe zu Aufwendungen für Maßnahmen zur Verbesserung des individuellen Wohnumfeldes (z.B. Treppenlift) des Pflegebedürftigen im Rahmen der nachstehenden Sätze 2 bis 4 gewähren, wenn dadurch im Einzelfall die häusliche Pflege ermöglicht oder erheblich erleichtert oder eine möglichst selbstständige Lebensführung des Pflegebedürftigen wiederhergestellt wird. Voraussetzung ist, dass die private oder soziale Pflegeversicherung anteilige Zuschüsse für die Maßnahme gezahlt hat. Bei den privaten Pflegeversicherungen Versicherten ist nur der Betrag beihilfefähig, aus dem der anteilige Zuschuss berechnet wurde. Bei Personen nach § 28 Abs. 2 SGB XI wird entsprechend Absatz 6 Satz 1 verfahren.

(2) Pflegebedürftig sind Personen, die wegen einer körperlichen, geistigen oder seelischen Krankheit oder Behinderung für die gewöhnlichen und regelmäßig wiederkehrenden Verrichtungen im Ablauf des täglichen Lebens auf Dauer, voraussichtlich für mindestens sechs Monate, in erheblichem oder höherem Maße der Hilfe bedürfen. Erforderlich ist mindestens, dass die pflegebedürftige Person bei der Körperpflege, der Ernährung oder der Mobilität für wenigstens zwei Verrichtungen einmal täglich der Hilfe bedarf und zusätzlich mehrfach in der Woche Hilfe bei der hauswirtschaftlichen Versorgung benötigt. Die Pflegebedürftigen sind einer der Stufen nach § 15 SGB XI zuzuordnen.

Hinweise des Finanzministeriums zu Absatz 2
1. Krankheiten oder Behinderungen sind
   - Verluste, Lähmungen oder andere Funktionsstörungen am Stütz- und Bewegungsapparat,
   - Funktionsstörungen der inneren Organe oder der Sinnesorgane,
   - Störungen des Zentralnervensystems wie Antriebs-, Gedächtnis- oder Orientierungsstörungen sowie endogene Psychosen, Neurosen oder geistige Behinderungen.
2. Hilfe besteht in der Unterstützung, in der teilweisen oder vollständigen Übernahme der Verrichtungen im Ablauf des täglichen Lebens oder in Beaufsichtigung oder Anleitung mit dem Ziel der eigenständigen Übernahme dieser Verrichtungen.
3. Gewöhnliche und regelmäßig wiederkehrende Verrichtungen sind
   - im Bereich der Körperpflege das Waschen, Duschen, Baden, die Zahnpflege, das Kämmen, Rasieren, die Darm- oder Blasenentleerung,
   - im Bereich der Ernährung das mundgerechte Zubereiten oder die Aufnahme der Nahrung,
   - im Bereich der Mobilität das selbstständige Aufstehen und Zu-Bett-Gehen, An- und Auskleiden, Gehen, Stehen, Treppensteigen oder das Verlassen und Wiederaufsuchen der Wohnung,
   - im Bereich der hauswirtschaftlichen Versorgung das Einkaufen, Kochen, Reinigen der Wohnung, Spülen, Wechseln und Waschen der Wäsche und Kleidung oder das Beheizen.
4. Bei Kindern ist der zusätzliche Hilfebedarf gegenüber einem gesunden gleichaltrigen Kind maßgebend.
5. Die Beschäftigung und Betreuung z.B. in einer Werkstatt für Behinderte ist keine Pflege im Sinne des § 9, siehe auch nachstehend Hinweis 4 zu Absatz 7. Ebenfalls nicht beihilfefähig sind die Aufwendungen, die durch einen zur Erfüllung der Schulpflicht vorgeschriebenen Sonderschulunterricht entstehen (z.B. Fahrkosten).

(3) Die Aufwendungen für häusliche Pflege durch geeignete Pflegekräfte in dem als notwendig festgestellten Umfang der Pflege sowie für teilstationäre Pflege einschließlich der Fahrkosten sind entsprechend den Pflegestufen des § 15 SGB XI beihilfefähig für Pflegebedürftige
1. in Pflegestufe 1 bis zu 420 Euro, ab 1. Januar 2010 bis zu 440 Euro, ab 1. Januar 2012 bis zu 450 Euro je Kalendermonat,
2. in Pflegestufe 2 bis zu 980 Euro, ab 1. Januar 2010 bis zu 1040 Euro, ab 1. Januar 2012 bis zu 1100 Euro je Kalendermonat,
3. in Pflegestufe 3 bis zu 1470 Euro, ab 1. Januar 2010 bis zu 1510 Euro, ab 1. Januar 2012 bis zu 1550 Euro je Kalendermonat.

Ist in besonders gelagerten Einzelfällen ein außergewöhnlich hoher Pflegebedarf festgestellt, der das in Pflegestufe 3 übliche Maß weit übersteigt, so sind Aufwendungen nach Satz 3 höchstens bis zum doppelten Betrag der Pflegestufe 1 beihilfefähig.

Hinweise des Finanzministeriums zu Absatz 3
1. Geeignete Pflegekräfte sind Personen, die
   - bei ambulanten Pflegeeinrichtungen (Pflegediensten) angestellt sind und die unter ständiger Verantwortung einer ausgebildeten Pflegekraft Pflegebedürftige in ihrer Wohnung pflegen und hauswirtschaftlich versorgen (§ 71 Abs. 1, § 72 SGB XI) oder
   - bei der Pflegekasse angestellt sind (§ 77 Abs. 2 SGB XI) oder
   - von der privaten Pflegeversicherung zur Pflege und hauswirtschaftlichen Versorgung zugelassen sind oder
   - mit der Pflegekasse einen Einzelvertrag nach § 77 Abs. 1 SGB XI geschlossen haben.
2. Die Höhe der beihilfefähigen Pflegeaufwendungen ist abhängig von der Zuordnung zu einer der drei Pflegestufen.

2.1 Pflegestufe 1
Erheblich Pflegebedürftige sind Personen, die bei der Körperpflege, der Ernährung oder der Mobilität für wenigstens zwei Verrichtungen aus einem oder mehreren Bereichen mindestens einmal täglich der Hilfe bedürfen und zusätzlich mehrfach in der Woche Hilfen bei der hauswirtschaftlichen Versorgung benötigen.

2.2 Pflegestufe 2
Schwerpflegebedürftige sind Personen, die bei der Körperpflege, der Ernährung oder der Mobilität mindestens dreimal täglich zu verschiedenen Tageszeiten der Hilfe bedürfen und zusätzlich mehrfach in der Woche Hilfen bei der hauswirtschaftlichen Versorgung benötigen.

2.3 Pflegestufe 3
Schwerstpflegebedürftige sind Personen, die bei der Körperpflege, der Ernährung oder der Mobilität täglich rund um die Uhr, auch nachts, der Hilfe bedürfen und zusätzlich mehrfach in der Woche Hilfen bei der hauswirtschaftlichen Versorgung benötigen.

3. Nach § 89 SGB XI sind die Vergütungen der ambulanten Pflegeleistungen und der hauswirtschaftlichen Versorgung für alle Pflegebedürftigen nach einheitlichen Grundsätzen zu vereinbaren. Aufwendungen für Pflege sind nur angemessen, soweit sie sich im Rahmen dieser Vereinbarungen halten.

4. Erfolgt die Pflege nicht für den gesamten Kalendermonat, so ist der Höchstbetrag nach Satz 1 entsprechend zu mindern; dabei ist der Kalendermonat mit 30 Tagen anzusetzen. Gleiches gilt für den Selbstbehalt nach Satz 3. Zur Höhe der Durchschnittskosten einer Krankenpflegekraft vgl. Hinweis 3 Satz 2 zu § 6 Abs. 1 Nr. 7.

5. Bis zu den festgelegten Obergrenzen der beihilfefähigen Aufwendungen sind die Kosten einer teilstationären Pflege in einer Tages- oder Nachtpflegeeinrichtung, einschließlich etwaiger täglicher Fahrten, beihilfefähig. Stellt die teilstationäre Pflegeeinrichtung einen Pauschalsatz für Pflegeleistungen und Unterkunft und Verpflegung in Rechnung, sind 50 v.H. des Pauschalsatzes als Pflegekosten anzusetzen.

6. Außergewöhnlich hoher Pflegebedarf nach Satz 2 liegt nicht vor, wenn die Aufwendungen für die nach Absatz 8 notwendige Grundpflege und hauswirtschaftlichen Versorgung den Höchstbetrag nach Satz 1 um nicht mehr als 150 Euro monatlich überschreiten.

(4) Bei einer häuslichen Pflege durch geeignete Pflegepersonen (19 SGB XI) wird eine Pauschalbeihilfe ohne Nachweis von Aufwendungen gewährt. Als beihilfefähige Aufwendungen gelten in den Pflegestufen des § 15 SGB XI entsprechend § 37 Abs.1 SGB XI monatlich

1. in Pflegestufe 1   215 Euro, ab 1. Januar 2010 225 Euro, ab 1. Januar 2012   235 Euro je Kalendermonat,
2. in Pflegestufe 2   420 Euro, ab 1. Januar 2010 430 Euro, ab 1. Januar 2012   440 Euro je Kalendermonat,
3. in Pflegestufe 3   675 Euro, ab 1. Januar 2010 685 Euro, ab 1. Januar 2012   700 Euro je Kalendermonat.

Die Beiträge in Satz 2 vermindern sich entsprechend § 4 Abs. 3 des Landesbesoldungsgesetzes Baden-Württemberg anteilig nur um Tage einer vollstationären Unterbringung nach § 6 Abs.1 Nr. 6 und § 7, soweit diese über vier Wochen hinausgeht, sowie um Tage, für die Beihilfe nach Absatz 5 Satz 2 oder Absatz 7 zusteht. Dabei gelten die Tage der An- und Abreise jeweils auch als volle Tage der häuslichen Pflege. Pauschalbeihilfe wird bis zum Ende des Kalendermonats gewährt, in dem der Pflegebedürftige verstorben ist; § 118 Abs. 3 und 4 SGB VI gilt entsprechend.

Hinweise des Finanzministeriums zu Absatz 4
1. Die Pauschalbeihilfe darf nur einmal pro Pflegebedürftigen gewährt werden, auch bei Kombinationspflege. Die Zahl der Pflegepersonen ist für die Höhe der Pauschalbeihilfe nicht maßgeblich.

2. Hinsichtlich Abschlagszahlungen auf die Pauschalbeihilfe siehe den Hinweis zu § 17 Abs. 7.

3. Zeiten, für die Aufwendungen nach § 6 Abs. 1 Nr. 6, §§ 7, 8 oder Absatz 7 für den Pflegebedürftigen geltend gemacht werden, unterbrechen die häusliche Dauerpflege. Für diese Zeiten wird die Pauschalbeihilfe nicht gewährt, wobei der Tag des Beginns und der Tag der Beendigung der Unterbrechung für die Pauschalbeihilfe unschädlich sind. Gleiches gilt für Zeiten nach § 6 Abs. 1 Nr. 10b und § 9 Abs. 3, sofern es sich nicht um Kombinationspflege (Abs. 5) handelt. Leistungen aus einer Pflegeversicherung für Zeiträume, für die keine Beihilfe zusteht, bleiben unberücksichtigt.

4. Wird eine geeignete Pflegeperson wegen Erholungsurlaub, Krankheit oder aus anderen Gründen durch eine andere geeignete Person ersetzt, ändert dies an der Höhe der Pauschalbeihilfe nichts; gewährt die Pflegeversicherung gleichwohl höhere Leistungen, so verbleibt es ausnahmsweise bei der Anrechnung in der bisherigen Höhe auf die Pauschalbeihilfe. Wird vertretungsweise die Pflege durch eine Pflegekraft nach Absatz 3 ausgeübt, sind die Aufwendungen nach Maßgabe des Absatzes 3 beihilfefähig.

5. Wird ein dauernd Pflegebedürftiger vorübergehend in einer Pflegeeinrichtung vollstationär gepflegt (Kurzzeitpflege), sind die Aufwendungen nach Maßgabe der Absätze 7 und 9 beihilfefähig.

6. Entsprechende Leistungen aufgrund sonstiger Rechtsvorschriften im Sinne von Satz 4 sind z.B. solche nach § 35 Abs. 1 BVG, § 44 SGB VII, § 34 BeamtVG. Dies gilt nicht für Leistungen nach § 69a BSHG.

7. Die Vorschriften über die Beihilfebemessungssätze (§ 14) finden auf die Pauschalbeihilfe keine Anwendung. Bei der Festsetzung der Beihilfe ist § 15 Abs. 2 letzter Satz zu beachten.

8. Für die geeigneten Pflegepersonen i.S. des § 19 SGB XI, die mindestens 14 Stunden wöchentlich pflegen und nicht daneben mehr als 30 Stunden wöchentlich erwerbstätig sind, sind nach Maßgabe des § 44 SGB XI Beiträge zur gesetzlichen Rentenversicherung abzuführen. Dies gilt nicht für Zeiträume, für die keine Pauschalbeihilfe zusteht. Die Beiträge sind nach § 170 Abs. 1 Nr. 6 SGB VI von den Beihilfestellen anteilig zu tragen; für die Höhe des Anteils gilt Absatz 4 oder 6 sinngemäß. Einzelheiten der Zahlungsabwicklung ergeben sich aus einer Information des Verbandes Deutscher Rentenversicherungsträger zur Durchführung der Rentenversicherung der Pflegepersonen durch die Beihilfestellen, die im GMBl. 1995 S. 347 bekanntgemacht wurde.

Die Meldungen der zu versichernden Person an den Rentenversicherungsträger erfolgen auf Antrag der Pflegeperson durch die Pflegeversicherung. Die Beihilfestellen haben insoweit keine Meldepflicht.

(5) Wird die häusliche Pflege teilstationär in Einrichtungen der Behindertenhilfe (§§ 43a, 71 Abs. 4 SGB XI) erbracht, sind die Aufwendungen für die Pflege in der Einrichtung, neben Aufwendungen nach Absatz 4, bis zur Höhe der Hälfte der in Satz 2 genannten Beträge beihilfefähig. Wird die Pflege vollstationär in Einrichtungen der Behindertenhilfe erbracht, so gelten als beihilfefähige Aufwendungen für die Pflege in der Einrichtung

1. in Pflegestufe 1 monatlich 245 Euro, ab 1. Januar 2010 monatlich 256 Euro,
2. in Pflegestufe 2 monatlich 393 Euro, ab 1. Januar 2010 monatlich 400 Euro und
3. in Pflegestufe 3 monatlich 638 Euro, ab 1. Januar 2010 monatlich 650 Euro.

Im Monat des Beginns und der Beendigung der Pflege werden die Beträge nach Satz 1 und Satz 2 halbiert; im Übrigen sind Unterbrechungszeiten bereits bei der Bemessung der Beträge berücksichtigt.

Hinweise des Finanzministeriums zu Absatz 5

1. Bei einer Kombination der Leistungen nach den Absätzen 3 und 4 ist entsprechend § 38 SGB XI die Pauschalbeihilfe nach Absatz 4 nur anteilig mit einem Vomhundertsatz festzusetzen, der sich aus der Differenz zwischen dem einschlägigen, nach Absatz 3 beihilfefähigen Höchstbetrag und den tatsächlich geringeren Aufwendungen für Pflege ergibt. Das von der privaten oder sozialen Pflegeversicherung zugrunde gelegte Verhältnis der anteiligen Inanspruchnahme ist nicht auch für die Pauschalbeihilfe maßgeblich.

Beispiele:

1.1 Der in der privaten Pflegeversicherung versicherte Versorgungsempfänger nimmt als Pflegebedürftiger der Stufe 2 die Pflege teilweise durch Berufspflegekräfte mit Aufwendungen von monatlich 368,40 Euro (40% von 921 Euro), zum anderen Teil durch eine Pflegeperson nach Absatz 4 (somit zu 60%), in Anspruch.

a) Leistungen der privaten Pflegeversicherung
- zu den Aufwendungen der Berufspflegekraft
  30% aus 368,40 Euro   = 110,52 Euro
- zum Pflegegeld (60% von 410 Euro)
  = 246 Euro, (daraus 30%)   = 73,80 Euro
  Gesamt   = 184,32 Euro

b) Leistungen der Beihilfe
- zu den Aufwendungen der Berufspflegekraft
  70% aus 368,40 Euro   = 257,88 Euro
- Pauschalbeihilfe (60% von 410 Euro) = 246 Euro,
  abzüglich 73,80 Euro der
  privaten Pflegeversicherung   = 172,20 Euro
  Gesamt   = 430,08 Euro.

1.2 Der in der sozialen Pflegeversicherung versicherte Versorgungsempfänger nimmt als Pflegebedürftiger der Stufe 2 zu jeweils 50% die Pflege durch Berufspflegekräfte (460,50 Euro von 921 Euro) und das Pflegegeld (205 von 410 Euro) in Anspruch. Als Person nach § 28 Abs. 2 SGB XI erhält der Versorgungsempfänger von der sozialen Pflegeversicherung in diesem Fall von der Hälfte 50%.

a) Leistungen der sozialen Pflegeversicherung
- zu den Aufwendungen der Berufspflegekraft
  50% von 460,50 Euro   = 230,25 Euro
- zum Pflegegeld 50% von 205 Euro   = 102,50 Euro
  Gesamt   = 332,75 Euro

b) Leistungen der Beihilfe
- zu den Aufwendungen der Berufspflegekraft
  in gleichem Wert der Leistung der sozialen
  Pflegeversicherung (Absatz 6)   = 230,25 Euro
- Pauschalbeihilfe (50% von 410 Euro) = 205 Euro)
  abzüglich des anteiligen Pflegegeldes
  der sozialen Pflegeversicherung
  von 102,50 Euro   = 102,50 Euro
  Gesamt   = 332,75 Euro.

2. Bei der Prüfung, ob ein außergewöhnlich hoher Pflegebedarf nach Absatz 3 Satz 2 besteht, ist bei Kombinationspflege auch der als notwendig festgestellte Umfang der Pflege durch geeignete Pflegepersonen (Absatz 4) fiktiv mit dem Betrag zu bewerten, der für geeignete Pflegekräfte (Absatz 3) aufzuwenden wäre. Dabei dürfen die Pflegeleistungen von geeigneten Pflegepersonen (Absatz 4) in Pflegestufe 2 und 3 insgesamt mit dem Betrag für höchstens eine vollbeschäftigte Berufspflegekraft bewertet werden, in Pflegestufe 1 ist die Obergrenze in Absatz 3 Satz 4 zu beachten.

Die anteilige Pauschalbeihilfe ist danach mit dem Prozentsatz zu errechnen, der dem Anteil der fiktiv bewerteten Pflege durch geeignete Pflegepersonen an den fiktiven Gesamtkosten entspricht. Beispiel hierzu: Pflegestufe 3, tatsächliche Aufwendungen nach Absatz 3 = 1000 Euro, fiktiv bewertete Pflege durch Pflegepersonen 2500 Euro, fiktive Gesamtkosten somit 3500 Euro. Der Anteil der Pflegeperson ist demnach 71,4%, die Pauschalbeihilfe ist mit anteilig 72% (aufgerundet) aus 665 Euro = 478,80 Euro festzusetzen. Hiervon ist noch die von der Pflegeversicherung geleistete anteilige Pauschale abzuziehen.

(6) Treffen Aufwendungen für verschiedene Pflegeleistungen zusammen, so gilt Folgendes:

1. Wird die Pflege im Kalendermonat zeitweise sowohl durch Pflegekräfte (Absatz 3) als auch durch Pflegepersonen (Absatz 4) erbracht, so darf die Summe der nach den Absätzen 3 und 4 beihilfefähigen Beträge den nach der Pflegestufe zutreffenden Höchstbetrag in Absatz 3 im Kalendermonat nicht übersteigen (kombinierte Pflege). Wird teilstationäre Pflege im Kalendermonat zeitweise sowohl in Einrichtungen der Tages- oder Nachtpflege (Absatz 3) oder in Einrichtungen der Behindertenhilfe (Absatz 5 Satz 1) als auch durch

a) Pflege durch Pflegekräfte (Absatz 3), oder

b) Pflege durch Pflegepersonen (Absatz 4), oder

c) kombinierte Pflege (Satz 1)

erbracht, so gilt für jede Pflegeform der einschlägige Höchstbetrag, insgesamt aber im Kalendermonat begrenzt auf 150 Prozent des nach der Pflegestufe zutreffenden Höchstbetrags in Absatz 3.

2. Ist eine Pflegeperson nach Absatz 4 wegen Urlaub, Krankheit oder aus anderen Gründen an der häuslichen Pflege gehindert, so sind Aufwendungen für die Pflege entsprechend § 39 Satz 3 SGB XI bis zu weiteren 1470 Euro, ab 1. Januar 2010 bis zu 1510 Euro und ab 1. Januar 2012 bis zu 1550 Euro jährlich beihilfefähig (Verhinderungspflege). Absatz 3 letzter Satz gilt sinngemäß.

3. Neben einer Beihilfe nach Absatz 4 sind Aufwendungen für Beratungen nach §§ 7a Abs. 1 und 37 Abs. 3 SGB XI ohne Anrechnung auf die vorstehenden Höchstbeträge beihilfefähig.

4. Bei einem erheblichen Bedarf an allgemeiner Beaufsichtigung und Betreuung sind Aufwendungen für Leistungen nach Maßgabe der §§ 45a und 45b SGB XI beihilfefähig.

(7) Kann die häusliche Pflege (Absätze 3 bis 5 Satz 1) zeitweise nicht, noch nicht oder nicht in erforderlichen Umfang erbracht werden, so sind Aufwendungen für vollstationäre Pflege entsprechend § 42 Abs. 2 SGB XI bis zu 1470 Euro, ab 1. Januar 2010 bis zu 1510 Euro und ab 1. Januar 2012 bis zu 1550 Euro im Kalenderjahr beihilfefähig (Kurzzeitpflege). Ist häusliche Pflege längerfristig nicht ausreichend möglich, so sind Aufwendungen für die vollstationäre Pflege nur in einer dafür zugelassenen Pflegeeinrichtung (§ 72 Abs. 1 Satz 1 SGB XI) beihilfefähig. Erfolgt die Unterbringung vollstationär, liegen aber die Voraussetzungen des Satzes 1 oder 2 und des Absatzes 5 nicht vor, so sind

die auf die Pflege entfallenden Kosten im Rahmen der Höchstbeträge des Absatzes 3 beihilfefähig.

Hinweise des Finanzministeriums zu Absatz 7
1. Die Vorschrift erfasst die Kosten für Pflege in Pflegeeinrichtungen (vollstationär als Kurzzeitpflege oder dauernde Pflege). Bezüglich der zugleich anfallenden Kosten für Unterkunft und Verpflegung ist ausschließlich Absatz 9 maßgeblich.
2. In Fällen, in denen weder häusliche Pflege noch teilstationäre Pflege möglich ist, hat der Pflegebedürftige Anspruch auf stationäre Kurzzeitpflege. Er wird für einen begrenzten Zeitraum in eine vollstationäre Einrichtung im Sinne der §§ 71 Abs. 2, 72 SGB XI aufgenommen und dort gepflegt. In Betracht kommt die Kurzzeitpflege
   - für eine Übergangszeit nach einer stationären Behandlung in einem Krankenhaus oder einer Rehabilitationseinrichtung, wenn etwa für die häusliche Pflege in der Wohnung des Pflegebedürftigen noch Umbaumaßnahmen erforderlich sind oder die Pflegeperson die Pflege noch nicht sofort übernehmen kann, oder
   - für Zeiten der Krankheit, des Urlaubs oder einer sonstigen Verhinderung der Pflegeperson, die nicht mit Leistungen nach Absatz 3 bis 5 überbrückt werden können, oder in Krisenzeiten, z.B. bei völligem Ausfall der bisherigen Pflegeperson oder kurzfristiger erheblicher Verschlimmerung der Pflegebedürftigkeit.

   Bei festgestellter Pflegebedürftigkeit ist für eine Kurzzeitpflege bis zu 28 Tagen pro Kalenderjahr kein besonderer Nachweis der Voraussetzungen der Sätze 1 und 2 erforderlich.
3. Die Kosten für dauernde stationäre Pflege mit Unterkunft und Verpflegung sollen insbesondere dann als notwendig angesehen werden, wenn nach ärztlichem Attest der zeitliche Umfang der Behandlungs- und Grundpflege wöchentlich über 38,5 Stunden hinausgeht und deshalb für eine häusliche Krankenpflege mehr als die Arbeitszeit einer Krankenpflegekraft benötigt würde.
4. Werkstattgebühren sind sowohl bei getrennter Berechnung neben einem Tagessatz für Unterkunft und Verpflegung als auch bei pauschaler Einbeziehung in einen einheitlichen Tagessatz nicht beihilfefähig (§ 101 Nr. 2 LBG, § 5 Abs. 4 Nr. 9 und § 9 Abs. 9 letzter Satz BVO); denn sie sind entsprechend der Zielsetzung der Werkstätten – siehe §§ 102, 109 SGB III, §§ 39 – 41, 136, 144 SGB IX und die Werkstättenverordnung dazu – weder Kosten der Behandlung oder Pflege noch Kosten der Unterkunft oder Verpflegung in einer Pflegeeinrichtung, sondern Aufwendungen im Sinne einer nicht beihilfefähigen sozialen oder beruflichen Rehabilitation. Auch die Versicherungsbeiträge für einen Beschäftigten in einer Werkstatt für Behinderte sind nicht beihilfefähig. Wenn neben Werkstattgebühren gleichzeitig Kosten für getrennt erbrachte und berechnete stationäre Pflege in einer Pflegeeinrichtung anfallen, können diese – nicht aber die Werkstattgebühren – gemäß Absatz 7 und 9 beihilfefähig sein, wenn stationäre Pflege ohnehin notwendig ist.
5. Nach § 84 Abs. 3, 4 SGB XI sind die Pflegesätze für alle Heimbewohner nach einheitlichen Grundsätzen zu bemessen, eine Differenzierung nach Kostenträgern ist unzulässig. Aufwendungen für dauernde Pflege sind nur in diesem Rahmen beihilfefähig.

(8) Die Beihilfestelle entscheidet über die Pflegebedürftigkeit und die Beihilfe. Erforderlich ist eine Erhebung der Merkmale der Pflegebedürftigkeit durch ein medizinisches Gutachten, das zu dem Vorliegen der Pflegebedürftigkeit sowie zu Art und notwendigem Umfang der Pflege Stellung nimmt. Bei Versicherten der privaten oder sozialen Pflegeversicherung ist die von der Versicherung festgestellte Pflegestufe auch für die Beihilfe bindend, im Übrigen ist aufgrund des für die Versicherung erstellten Gutachtens zu entscheiden; Kostenanteile für die Erstellung dieses Gutachtens werden nicht erstattet. Die Beihilfe wird ab Beginn des Monats der erstmaligen Antragstellung oder des Antrags auf Feststellung einer höheren Pflegestufe bei der Beihilfestelle oder Pflegeversicherung gewährt, frühestens jedoch ab dem Zeitpunkt, von dem an die Anspruchsvoraussetzungen vorliegen.

Hinweise des Finanzministeriums zu Absatz 8
1. Für Versicherte der privaten oder sozialen Pflegeversicherung hat deren Versicherung die Pflegebedürftigkeit und die Stufe der Pflegebedürftigkeit feststellen zu lassen (gesetzliche Verpflichtung). Diese Feststellung ist auch für die Beihilfestelle maßgebend und dieser vom Antragsteller in geeigneter Weise zugänglich zu machen (z.B. Kopie des Gutachtens, schriftliche Leistungszusage der Versicherung). Besteht keine Pflegeversicherung, ist ein medizinisches Gutachten (§ 18 Abs. 5) über die Pflegebedürftigkeit und die Zuordnung zu einer bestimmten Pflegestufe vorzulegen.
2. Ist im Einzelfall eine vorgelegte Leistungszusage nicht ausreichend oder beantragt der Beihilfeberechtigte weitergehende Beihilfe nach Abs. 3 Satz 2, ist vom Beihilfeberechtigten oder von der Beihilfestelle (mit Einwilligung des Pflegebedürftigen einschl. Entbindung von der Schweigepflicht) bei der Pflegeversicherung eine Kopie des Gutachtens anzufordern. Ohne einen derartigen Nachweis ist eine Bearbeitung des Antrags nicht möglich (vgl. § 22 LVwVfG). Sofern erforderlich, ist eine ergänzende ärztliche oder gutachterliche Stellungnahme anzufordern. Bei fortbestehenden Unklarheiten ist nach § 18 Abs. 5 zu verfahren.
3. Die Antragsfrist nach Satz 4 gilt nur für den Beginn der Beihilfe wegen Pflegebedürftigkeit und für den Wechsel in eine höhere Pflegestufe, sie gilt nicht für den Wechsel zwischen verschiedenen Formen der Pflege nach Abs. 3 bis 7.
4. Erhebt der Beihilfeberechtigte gegen einen Beihilfebescheid Widerspruch mit der Begründung, die von der Pflegeversicherung anerkannte Pflegestufe sei zu niedrig, ist der Widerspruch zwar zulässig, jedoch ist die Entscheidung bis zum Eintritt der Rechtskraft der Feststellung der Pflegeversicherung auszusetzen; sodann ist der Widerspruch ggf. als unbegründet zurückzuweisen.
5. Für Klagen in Angelegenheiten nach dem SGB XI (z.B. Feststellung der Pflegebedürftigkeit und Zuordnung zu einer Pflegestufe) sind die Sozialgerichte zuständig (§ 51 Abs. 2 SGG).

(9) Aus Anlass einer nach Absatz 7 Satz 1 oder 2 beihilfefähigen vollstationären Pflege sind Aufwendungen für Unterkunft (einschließlich Investitionskosten und Verpflegung) insoweit beihilfefähig, als sie einen Eigenanteil übersteigen.

1. Der Eigenanteil beträgt bei Beihilfeberechtigten mit einem Angehörigen 250 Euro, mit zwei Angehörigen 220 Euro, mit drei Angehörigen 190 Euro, mit mehr als drei Angehörigen 160 Euro pro Kalendermonat; die Beträge gelten für jede Person, wenn mehr als eine Person vollstationär pflegebedürftig ist.
2. Bei Beihilfeberechtigten ohne Angehörige oder bei gleichzeitiger vollstationärer Pflege des Beihilfeberechtigten und aller Angehörigen beträgt der Eigenanteil 70 vom Hundert der in § 2 Abs. 2 genannten Bruttobezüge sowie der Renten aus den gesetzlichen Rentenversicherungen und aus zusätzlichen Alters- und Hinterbliebenenversorgungseinrichtungen.

Angehörige im Sinne der Nummern 1 und 2 sind Personen, die nach § 3 Abs.1 berücksichtigungsfähig sind. Die in Nummern 1 und 2 bezeichneten monatlichen Eigenanteile werden entsprechend § 4 Abs. 3 des Landesbesoldungsgesetzes Baden-Württemberg nicht für Kalendertage abgesetzt, für die keine Aufwendungen für Unterkunft in Rechnung gestellt sind.

Hinweise des Finanzministeriums zu Absatz 9

1. Die in Satz 1 genannten Anstalten und Pflegeheime sind Pflegeeinrichtungen, wenn sie regelmäßig Pflegebedürftige zur Betreuung und Pflege vollstationär aufnehmen. Hierzu können auch Krankenanstalten (z.B. Bezirks- und Landeskrankenhäuser) sowie Pflegeabteilungen und Pflegeplätze in Altenheimen gehören. Eine Einrichtung gilt stets als Pflegeheim, wenn die Pflegeversicherung Leistungen für vollstationäre Pflege erbringt. Übergangsweise gilt eine Einrichtung auch als Pflegeheim, wenn die nach dem Heimgesetz vom 23. April 1990 (BGBl. I S. 764) zuständige Behörde die zum Betreiben eines Pflegeheims oder einer einem Pflegeheim vergleichbaren Einrichtung (nicht aber nur zum Betreiben eines Altenheims, Altenwohnheims oder gleichartigen Einrichtung) erforderliche Erlaubnis erteilt hat. Jedoch können derartige Einrichtungen auch in Altenheimen, Altenwohnheimen oder Wohnheimen für Behinderte betrieben werden, und zwar entweder als besondere Pflegestation oder als einzelner Pflegeplatz (§§ 23, 28 der Verordnung über bauliche Mindestanforderungen für Altenheime, Altenwohnheime und Pflegeheime i.d.F. der Bekanntmachung vom 3. Mai 1983, BGBl. 1 S. 550). In Fällen des § 6 Abs. 1 Satz 2 des Heimgesetzes gilt gleiches, wenn im Übrigen die vorgenannten Voraussetzungen für eine Erlaubnis vorliegen. Andere Einrichtungen sind keine Einrichtungen im Sinne des Satzes 1.

2. Die Aufwendungen für Unterkunft und Verpflegung in anderen als in Hinweis 1 genannten Einrichtungen sind nach § 9 Abs. 9 nicht beihilfefähig. Demnach gehören Aufwendungen für Unterkunft und Verpflegung in Kinderheimen, Erziehungsinstituten, Ganztagsschulen, Tagesheimen, Tagespflegeheimen, Altenheimen, Altenwohnheimen oder Wohnheimen für Behinderte (sofern es sich nicht um Pflegeplätze i. S. des Hinweises 1 Satz 5 handelt) zu den nicht beihilfefähigen Kosten der täglichen Lebenshaltung oder zu den gleichfalls nicht beihilfefähigen Maßnahmen der beruflichen oder sozialen Rehabilitation.

3. Betten- und Platzfreihaltegebühren, die durch die Unterbrechung wegen Krankheit des Pflegebedürftigen erhoben werden, sind beihilfefähig. Dies gilt auch für eine Abwesenheit aus einem sonstigen, in der Person des Pflegebedürftigen liegenden Grund bis zu 30 Kalendertagen jährlich.

4. Für die Berechnung der beihilfefähigen Aufwendungen für Unterkunft und Verpflegung bleiben die beihilfefähigen Pflegekosten unberücksichtigt. Werden die Kosten für Unterkunft und Verpflegung von der Pflegeeinrichtung bei der Berechnung des Pflegesatzes nicht besonders nachgewiesen, sind hierfür 50 v.H. des Pflegesatzes anzusetzen.

5. Dienstbezüge sind die in § 1 Abs. 2 BBesG genannten Bruttobezüge, Versorgungsbezüge sind die in § 2 Abs. 1 BeamtVG genannten Bruttobezüge. Unfallausgleich nach § 35 BeamtVG, Unfallentschädigung nach § 43 BeamtVG und Leistungen für Kindererziehung nach § 294 SGB VI bleiben unberücksichtigt. Beim Zusammentreffen von Versorgungsbezügen mit Verwendungseinkommen, Versorgung aus zwischenstaatlicher oder überstaatlicher Verwendung, mehrerer Versorgungsbezüge oder den in Satz 1 Nr. 2 berechneten Renten ist die Summe aller nach Anwendung von Ruhens- oder Anrechnungsvorschriften gezahlten Dienst- oder Versorgungsbezüge zugrunde zu legen. Dem Betrag der Dienst- oder Versorgungsbezüge ist der Zahlbetrag der Renten hinzuzurechnen. Zahlbetrag der Rente aus der gesetzlichen Rentenversicherung ist der Rentenbetrag, der sich ohne Berücksichtigung der Beitragszuschüsse und der Versicherungsbeiträge ergibt.

6. Der monatliche Eigenbehalt ist nur im Kalendermonat des Beginns oder der Beendigung entsprechend der Zahl der Tage, für die keine Kosten berechnet sind, zu mindern; dabei ist der Kalendermonat mit 30 Tagen anzusetzen.

(10) Aufwendungen für Hilfsmittel zur Linderung von Beschwerden, zur Erleichterung der Pflege oder der selbstständigen Lebensführung des Pflegebedürftigen sind nach Maßgabe der Anlage beihilfefähig. Bei stationärer Pflege gilt Satz 1 nur für Gegenstände, die zum Verbrauch bestimmt sind, die individuell angepasst sind oder die überwiegend nur dem Pflegebedürftigen allein überlassen sind, sofern sie nicht üblicherweise von der Einrichtung vorzuhalten sind.

(11) Aufwendungen für Verbesserung des individuellen Wohnumfeldes des Pflegebedürftigen können als beihilfefähig anerkannt werden, wenn und soweit die Maßnahme von der Pflegeversicherung anteilig bezuschusst wird.

§ 10
Beihilfefähige Aufwendungen bei Maßnahmen zur Gesundheitsvorsorge

(1) Aus Anlass von Maßnahmen zur Früherkennung von Krankheiten sind nur beihilfefähig

1. bei Kindern bis zur Vollendung des sechsten Lebensjahres die Aufwendungen für Untersuchungen zur Früherkennung von Krankheiten, die eine körperliche oder geistige Entwicklung des Kindes in nicht geringfügigem Maße gefährden,

2. bei Kindern und Jugendlichen die Kosten für eine Jugendgesundheitsuntersuchung zwischen dem vollendeten 13. und dem vollendeten 14. Lebensjahr, wobei die Untersuchung auch bis zu 12 Monaten vor und nach diesem Zeitintervall durchgeführt werden kann,

3. bei Frauen vom Beginn des 20., bei Männern vom Beginn des 45. Lebensjahres an die Aufwendungen für jährlich eine Untersuchung zur Früherkennung von Krebserkrankungen,

4. bei Personen vom Beginn des 36. Lebensjahres an die Aufwendungen für eine Gesundheitsuntersuchung, insbesondere zur Früherkennung von Herz-, Kreislauf- und Nierenerkrankungen sowie der Zuckerkrankheit. Diese Aufwendungen sind jedes zweite Jahr beihilfefähig.

Hinweis der Redaktion: Beihilfeberechtigte haben jedes zweite Jahr einen Anspruch auf eine Früherkennungsuntersuchung auf Hautkrebs („Hautkrebs-Screening"). Die dabei entstehenden, dem Grunde nach beihilfefähigen Aufwendungen müssen vom behandelnden Arzt nach GOÄ abgerechnet werden und sind mit dem Beihilfeantrag geltend zu machen. Für Beihilfeberechtigte und deren berücksichtigungsfähigen Angehörigen ist im Gegensatz zu gesetzlich Versicherten kein besonderer Berechtigungsschein notwendig. Das Hautkrebs-Screening wird in speziell hierzu qualifizierten Praxen durchgeführt. Berechtigt, diese Untersuchung durchzuführen, sind Dermatologen (Fachärzte für Haut- und Geschlechtskrankheiten) und Hausärzte (Praktische Ärzte, Allgemeinmediziner, Ärzte ohne Gebietsbezeichnung sowie Internisten), die aufgrund einer Zertifizierung eine entsprechende Genehmigung der zuständigen Kassenärztlichen Vereinigung (KV) vorweisen können. (Quelle: Information des LBV vom 9.7.2008)

Beihilfeverordnung

(2) Beihilfefähig sind Aufwendungen für prophylaktische zahnärztliche Leistungen nach den Nummern 100 bis 102 und 200 des Gebührenverzeichnisses der GOZ.

(3) Beihilfefähig sind Aufwendungen für ambulante ärztliche Leistungen, wenn diese notwendig sind, um
1. eine Schwächung der Gesundheit, die in absehbarer Zeit voraussichtlich zu einer Krankheit führen würde, zu beseitigen,
2. einer Gefährdung der gesundheitlichen Entwicklung eines Kindes entgegenzuwirken,
3. Krankheiten zu verhüten oder deren Verschlimmerung zu vermeiden oder
4. Pflegebedürftigkeit zu vermeiden.

Hinweise des Finanzministeriums zu Abs. 1 und 3
Zur Abgrenzung der beihilfefähigen Aufwendungen finden die diesbezüglichen Regelungen der gesetzlichen Krankenkassen ergänzend Anwendung.

(4) Beihilfefähig sind Aufwendungen für Schutzimpfungen, die aufgrund des Infektionsschutzgesetzes angeordnet oder von der obersten Gesundheitsbehörde des Landes öffentlich empfohlen sind. Die Beihilfestelle kann die Kosten einer Impfaktion in einer Dienststelle voll übernehmen, wenn dies kostengünstiger als Beihilfe zu privatärztlichen Einzelimpfungen ist.

(5) Reichen bei gefährdeter Gesundheit Maßnahmen nach Absatz 1 und 3 nicht aus, kann Beihilfe zu Aufwendungen für qualitätsgeprüfte ambulante Maßnahmen entsprechend § 137d SGB V gewährt werden, die unter ärztlicher Betreuung und Überwachung von Angehörigen der Heilberufe (§ 6 Abs. 1 Nr. 3 Satz 3, ggf. in Verbindung mit Nr. 1.1 der Anlage) durchgeführt werden.

§ 10a
Sonstige Aufwendungen

Beihilfefähig sind außerdem die Aufwendungen für
1. von Ärzten schriftlich verordnete ambulante sozialmedizinische Nachsorge für chronisch oder schwerstkranke Kinder bis zum vollendeten 12. Lebensjahr im Anschluss an eine stationäre Maßnahme, wenn dadurch die stationäre Maßnahme verkürzt wird oder die nachfolgende ambulante Weiterbehandlung gesichert wird,
2. von Ärzten schriftlich verordnete ambulante Soziotherapie bis zu 120 Stunden innerhalb von drei Jahren, wenn die Person wegen schwerer psychischer Erkrankung nicht in der Lage ist, ärztliche, ärztlich verordnete oder psychotherapeutische Leistungen selbstständig in Anspruch zu nehmen und soweit dadurch § 6 beihilfefähige Aufwendungen erspart werden,
3. Familien- und Haushaltshilfe. Voraussetzung ist,
   a) dass die sonst den Haushalt allein oder überwiegend führende beihilfeberechtigte oder berücksichtigungsfähige Person wegen ihrer notwendigen außerhäuslichen Unterbringung (§§ 6a bis 9, Nummer 5) den Haushalt nicht weiterführen kann,
   b) im Haushalt mindestens ein berücksichtigungsfähiges Kind verbleibt, das das 15. Lebensjahr noch nicht vollendet hat, und
   c) keine andere im Haushalt lebende Person den Haushalt, ggf. auch an einzelnen Tagen, weiterführen kann.

Dies gilt auch für bis zu sieben, in ärztlich begründeten Fällen bis zu 14 Tagen nach Ende der außerhäuslichen Unterbringung. § 6 Abs. 1 Nr. 7 Satz 3 gilt entsprechend. Anstelle einer außerhäuslichen Unterbringung nach Buchstabe a kann auch eine langfristige häusliche Bettlägerigkeit, insbesondere bei Problemschwangerschaft, oder langfristige krankheitsbedingte Unfähigkeit zur Verrichtung der häuslichen Tätigkeiten Voraussetzung sein; in diesen Fällen wird Beihilfe für Familien- und Haushaltshilfe ab Beginn der fünften Woche gewährt, wenn mindestens ein Kind unter zwölf Jahren vorhanden ist. Werden anstelle der Beschäftigung einer Familien- und Haushaltshilfe Kinder unter zwölf Jahren in einem Heim oder in einem fremden Haushalt untergebracht, so sind die Aufwendungen hierfür bis zu den sonst notwendigen Kosten einer Familien- und Haushaltshilfe beihilfefähig. Die Kosten für eine Unterbringung im Haushalt eines nahen Angehörigen (§ 5 Abs. 4 Nr. 6 Buchst. a) sind mit Ausnahme der Fahrkosten (Nummer 4) nicht beihilfefähig.

Hinweise des Finanzministeriums zu § 6 Abs. 1 Nr. 8 (alt; jetzt § 10a Nr. 3)
1. ...
2. Der Antragsteller hat glaubhaft darzulegen, in welchem zeitlichen Umfang (Stundenzahl) die Familien- und Haushaltshilfe zur Betreuung des Pflegebedürftigen oder der Kinder unter 15 Jahren zur verantwortlichen Führung des Haushalts täglich benötigt wird. Falls mehr als fünf Tage pro Kalenderwoche geltend gemacht werden, ist dies eingehend zu begründen. Verbleiben volljährige Personen im Haushalt, so ist anzugeben, warum diesen eine Führung des Haushalts, ggf zumindest an arbeitsfreien Tagen, nicht möglich ist.
3. Die Voraussetzungen der Vorschrift sind nicht erfüllt, wenn die den Haushalt allein führende Person nur als Begleitperson im Krankenhaus aufgenommen wird. Abweichend hiervon wird nach § 5 Abs. 6 hiermit allgemein zugestimmt, dass Aufwendungen für eine Familien- und Haushaltshilfe berücksichtigt werden, wenn die den Haushalt allein führende Person als Begleitperson eines aufgenommenen Kindes im Krankenhaus aufgenommen wird und dies nach Feststellung des Amtsoder Vertrauensarztes wegen des Alters des Kindes und seiner eine stationäre Langzeittherapie erfordernden schweren Erkrankung aus medizinischen Gründen notwendig ist. Gleiches gilt auch in dem im Hinweis 1 Satz 2 zu Absatz 1 Nr. 6 geregelten Fall.
4. Fahrten bei Inanspruchnahme ärztlicher, psychotherapeutischer, zahnärztlicher Leistungen und Krankenhausleistungen sowie bei Heilbehandlungen (§ 6 Abs. 1 Nr. 3) und für eine

erforderliche Begleitung bis zur Höhe der Kosten der niedrigsten Klasse regelmäßig verkehrender Beförderungsmittel sowie die Gepäckbeförderung. Höhere Fahr- und Transportkosten dürfen nur berücksichtigt werden, wenn sie unvermeidbar waren; wird ein privater Personenkraftwagen benutzt, ist höchstens der in § 6 Abs. 1 Satz 1 Nr. 2 des Landesreisekostengesetzes genannte Betrag beihilfefähig.

Nicht beihilfefähig sind Aufwendungen für
a) die Mitnahme weiterer Personen sowie des Gepäcks bei Benutzung privater Personenkraftwagen,
b) die Benutzung privater Personenkraftwagen sowie regelmäßig verkehrender Beförderungsmittel am Wohn-, Behandlungs- oder Aufenthaltsort und in deren Nahbereich bei einfachen Entfernungen bis zu 40 Kilometern,
c) die Mehrkosten von Fahrten zu einem anderen als dem nächstgelegenen Ort, an dem eine geeignete Behandlung möglich ist, und zurück,
d) Rücktransport wegen Erkrankung während einer Urlaubs- oder anderen Reise,

Hinweise des Finanzministeriums
zu § 6 Abs. 1 Nr. 9 (alt; jetzt § 10a Nr. 4)
1. Aufwendungen für Fahr- und Transportkosten sind nur für die Strecke von dem Ort, an dem sich der Erkrankte bei Antritt der Fahrt gerade aufhält, bis zur nächstgelegenen geeigneten Behandlungsmöglichkeit beihilfefähig.
2. Als nächste Umgebung sind die Orte anzusehen, die in einem Umkreis von 20 km zum jeweiligen Wohn-, Behandlungs- oder Aufenthaltsort liegen.
3. Aufwendungen für Besuchsfahrten sind nicht beihilfefähig. Abweichend hiervon wird nach § 5 Abs. 6 hiermit allgemein zugestimmt, dass Aufwendungen für regelmäßige Fahrten eines Elternteils zum Besuch seines im Krankenhaus oder einer Einrichtung nach § 7 aufgenommenen Kindes berücksichtigt werden, wenn nach der Feststellung des Amts- oder Vertrauensarztes der Besuch wegen des Alters des Kindes und/oder eine stationäre Langzeittherapie erfordernden schweren Erkrankung aus medizinischen Gründen notwendig ist. Wird im Fall des Satzes 2 ein privater Personenkraftwagen benutzt, so sind nur die Kraftstoffkosten bis zu 0,11 Euro pro km als krankheitsbedingte Kosten anzusetzen. Bei notwendigen Besuchsfahrten zu erwachsenen Langzeitkranken kann allenfalls in besonderen Ausnahmefällen eine finanzielle Unterstützung außerhalb des Beihilferechts in Betracht kommen, wenn dafür Haushaltsmittel zur Verfügung stehen.

Hinweis der Redaktion: Fahrkosten werden bei Inanspruchnahme ärztlicher, zahnärztlicher Leistungen und Krankenhausleistungen sowie bei Heilbehandlungen (nicht jedoch bei Heilpraktikerbehandlung) sowie für eine erforderliche Begleitung nur dann als beihilfefähig anerkannt, wenn der Krankentransport medizinisch notwendig und ärztlich verordnet war und mit einem Krankenwagen oder Taxi durchgeführt wurde. Aufwendungen für die Beförderung mit einem regelmäßig verkehrenden Beförderungsmittel oder mit einem privaten Pkw werden in einem solchen Fall nicht anerkannt.

5. Unterkunft bei notwendigen auswärtigen ambulanten ärztlichen und psychotherapeutischen Leistungen bis zum Höchstbetrag von 30 Euro täglich. Ist eine Begleitperson erforderlich, so sind deren Kosten für Unterkunft ebenfalls bis zum Höchstbetrag von 30 Euro täglich beihilfefähig. Der Höchstbetrag darf insoweit überschritten werden, als dadurch eine sonst nach § 6a oder § 7 erforderliche Leistung insgesamt kostengünstiger erbracht wird. Diese Vorschrift findet bei Kuren oder ähnlichen Maßnahmen keine Anwendung,
6. Unterkunft und Verpflegung bei einer nach § 6 Abs. 1 Nr. 3 beihilfefähigen Heilbehandlung, die nach begründetem medizinischen Gutachten eine Heimunterbringung erforderlich macht, insgesamt bis zu 8 Euro täglich,
7. Leistungen bei einem Organspender, wenn die das Organ erhaltende Person beihilfeberechtigt oder berücksichtigungsfähig ist, im Rahmen von § 6 Abs. 1 Nr. 1 bis 3, 9, § 6a und vorstehenden Nummern 3 bis 5, soweit sie bei den für die Transplantation notwendigen Maßnahmen entstehen; beihilfefähig ist auch der vom Organspender nachgewiesene Ausfall an Arbeitseinkommen. Dies gilt auch für als Organspender vorgesehene Personen, wenn sich herausstellt, dass sie als Organspender nicht in Betracht kommen.
8. behördlich angeordnete Entseuchung und die dabei verbrauchten Stoffe.

§ 11
Beihilfe bei Geburtsfällen

(1) Im Hinblick auf eine Geburt sind beihilfefähig die Aufwendungen
1. für die Schwangerschaftsüberwachung,
2. entsprechend § 6 Abs. 1 Nr. 1 bis 6, § 6a, § 7 Abs. 1 Nr.1, §10a Nr. 3 und in Einrichtungen der Geburtshilfe, die von Hebammen geleitet werden,
3. für die Hebamme und den Entbindungspfleger nach Maßgabe der Hebammengebührenordnung,
4. für eine Haus- und Wochenpflegekraft bei Hausentbindung oder ambulanter Entbindung in einer von Hebammen geleiteten Einrichtung der Geburtshilfe oder in einem Krankenhaus bis zu zwei Wochen nach der Geburt, wenn die Wöchnerin nicht bereits Krankenpflege im Sinne von § 6 Abs. 1 Nr. 7 erhält; § 6 Abs. 1 Nr. 7 ist entsprechend anzuwenden,
5. entsprechend § 6 Abs. 1 Nr. 6 für das Kind.

Hinweise des Finanzministeriums zu Absatz 1
1. Für die Schwangerschaftsüberwachung werden die Richtlinien des Bundesausschusses der Ärzte und Krankenkassen über die ärztliche Betreuung während der Schwangerschaft und nach der Entbindung (Mutterschafts-Richtlinien) in der jeweils geltenden Fassung zugrunde gelegt.
2. Die Aufwendungen für ärztlich verordnete Schwangerschaftsgymnastik sind beihilfefähig. Leistungen einer Hebamme oder eines Entbindungspflegers nach der Hebammengebührenordnung bedürfen keiner ärztlichen Verordnung, soweit nicht in der Gebührenordnung etwas anderes bestimmt ist.

(2) Für die Säuglings- und Kleinkinderausstattung jedes lebend geborenen Kindes und die sonstigen

Aufwendungen, die im Zusammenhang mit den während der Schwangerschaft und nach der Entbindung üblichen Untersuchungen entstehen, wird eine pauschale Beihilfe von 250 Euro gewährt. Dies gilt auch, wenn die Beihilfeberechtigte ein Kind, das das dritte Lebensjahr noch nicht vollendet hat, annimmt oder mit dem Ziel der Annahme in seinen Haushalt aufnimmt und die zur Annahme erforderliche Einwilligung der Eltern erteilt ist. Sind beide Elternteile beihilfeberechtigt, wird die Beihilfe der Mutter gewährt.

Hinweise des Finanzministeriums zu Absatz 2
Für die Beihilfe nach dieser Vorschrift ist ein Nachweis durch Belege nicht erforderlich (§ 17 Abs. 3 Satz 1). Die Geburtsfallpauschale darf nicht gewährt werden, wenn im Zeitpunkt der Geburt (bzw. der Annahme als Kind) keine Beihilfeberechtigung bestand oder die Mutter nicht berücksichtigungsfähige Angehörige war (§ 5 Abs. 2 i.V. mit §§ 2, 3). Der letzte Satz der Vorschrift ergänzt die Vorschriften des § 4 für dort nicht bereits generell geregelte Fälle einer Anspruchskonkurrenz.

§ 12
Beihilfefähige Aufwendungen bei Todesfällen

(1) In Todesfällen wird zu den Aufwendungen für die Leichenschau, die Einsargung, die Überführung, die Aufbahrung, die Einäscherung, die Beisetzung, die Anlegung der Grabstelle sowie die Grundlage für einen Grabstein eine pauschale Beihilfe in Höhe von 1900 Euro gewährt. Daneben sind beihilfefähig Aufwendungen für den Sarg, die Urne und für das Nutzungsrecht für einen Beisetzungsplatz beihilfefähig; Aufwendungen für das Nutzungsrecht vor dem Tode gelten als am Todestag entstanden, soweit sie anteilig auf die Zeit ab dem Tode entfallen.

(2) Stehen anlässlich des Todes einer Person Sterbegelder aufgrund von Rechtsvorschriften, arbeitsvertraglichen Regelungen oder aus Zusatzversorgungseinrichtungen zu, die insgesamt den Betrag von 1500 Euro übersteigen, so ist die Pauschalbeihilfe nach Absatz 1 Satz 1 auf 1300 Euro zu kürzen. Übersteigen die Sterbegelder 2700 Euro, so ist die Pauschalbeihilfe auf 700 Euro zu kürzen; übersteigen sie 3900 Euro, so wird keine Beihilfe nach Absatz 1 Satz 1 gewährt. Übersteigen die Sterbegelder den Betrag von 4900 Euro, so sind auch Aufwendungen nach Absatz 1 Satz 2 nicht beihilfefähig.

(3) Verbleibt mindestens ein berücksichtigungsfähiges Kind unter 15 Jahren im Haushalt und kann dieser beim Tode der den Haushalt allein führenden beihilfeberechtigten Person oder berücksichtigungsfähigen Angehörigen nicht durch eine andere im Haushalt lebende Person weitergeführt werden, so sind die Aufwendungen für eine Familien- und Haushaltshilfe in entsprechender Anwendung des § 10a Nr. 3 bis zu sechs Monaten, in Ausnahmefällen bis zu einem Jahr beihilfefähig.

Hinweise des Finanzministeriums zu Absatz 3
Die Frist kann nur bei Vorliegen besonderer Umstände über sechs Monate hinaus verlängert werden bis zur Höchstdauer von einem Jahr, wenn z.B. auch andere Angehörige den Haushalt nicht weiterführen können und dem Haushalt (neben dem berufstätigen Beihilfeberechtigten) ausschließlich Kinder unter zwölf Jahren – mindestens zwei – angehören.

Der Zeitraum kann auch dann voll ausgeschöpft werden, wenn die Beschäftigung nicht unmittelbar nach dem Todestag beginnt.

§ 13
Beihilfefähige außerhalb der Bundesrepublik Deutschland entstandene Aufwendungen

Hinweise des Finanzministeriums zu Absatz 1-3
1. Rechnungsbeträge in ausländischer Währung sind mit dem Wechselkurs in Euro umzurechnen, der nachweislich von einer Bank oder ähnlichen Stelle in zeitlichem Zusammenhang mit den geltend gemachten Aufwendungen zugrunde gelegt wurde. Solange ein solcher Nachweis fehlt, kann der bei Errechnung der Beihilfe aktuelle in der Presse veröffentlichte niedrigste Devisen-Wechselkurs (d.h. Geldkurs) zugrunde gelegt werden.
2. Eine Übersetzung des Belegs ist beim Beihilfeberechtigten anzufordern, wenn sonst eine Beschreibung des Krankheitsbilds (Diagnose) und die ungefähr erbrachten Leistungen nicht hinreichend erkennbar sind.
3. Der Beleg soll den im Inland geltenden Anforderungen weitgehend entsprechen, insbesondere bezüglich der Diagnose und der erbrachten einzelnen Leistungen.

(1) Außerhalb der Bundesrepublik Deutschland entstandene Aufwendungen sind nur beihilfefähig, insoweit und bis zu der Höhe, wie sie in der Bundesrepublik Deutschland am Sitz der Beihilfestelle oder deren nächster Umgebung entstanden und beihilfefähig gewesen wären; nicht beihilfefähig sind außerhalb der Europäischen Gemeinschaft und der Schweiz entstandene Aufwendungen nach § 6a Abs. 1 Nr. 3, § 7 Abs. 1 Nr. 3 und 4, §§ 8, 10a und 15 Abs. 4. Soweit ein Beleg inhaltlich nicht den im Inland geltenden Anforderungen voll entspricht oder der Beihilfeberechtigte die für den Vergleich notwendigen Angaben nicht beibringt, hat die Beihilfestelle die Beihilfefähigkeit im Rahmen des Satzes 1 nach billigem Ermessen ganz oder teilweise anzuerkennen, wenn der Beihilfeberechtigte mindestens eine Beschreibung des Krankheitsbildes und der ungefähr erbrachten Leistungen, auf Anforderung auch eine Übersetzung der Belege vorlegt. Bei innerhalb der Europäischen Gemeinschaft entstandenen Aufwendungen für ambulante Behandlungen und für stationäre Leistungen in öffentlichen Krankenhäusern ist regelmäßig ein Kostenvergleich nicht erforderlich, es sei denn, dass gebietsfremden Personen regelmäßig höhere Preise als ansässigen Personen berechnet werden.

Hinweise des Finanzministeriums zu Absatz 1
1. Entsprechend dem Zweck der Beihilfe, ergänzende finanzielle Hilfen für Aufwendungen in Krankheitsfällen zu gewähren, soweit der Beamte derartige Aufwendungen nicht durch eine zumutbare Eigenvorsorge absichern kann, wird Beihilfe nicht über den Umfang hinaus gewährt, wie sie im Inland beihilfefähig gewesen wäre. Das im Ausland ggf. erhöhte Kostenrisiko ist nicht vom Dienstherrn zu tragen; zur Deckung dieses Risikos gibt es spezielle private Versicherungstarife.
2. Fahrkosten im Ausland sind nur nach Maßgabe des § 6 Abs. 1 Nr. 9 für die Strecke vom (Aufenthalts-) Ort des Erkrankten bis zum nächstgelegenen geeigneten Behandlungsort beihilfefähig. Die tatsächlich entstandenen Kosten für diese Strecke im Ausland sind mit den Kosten zu vergleichen, die im Inland für die Strecke vom Wohnort zum nächstgelegenen Behandlungsort angefallen wären. Im Inland können Fahrkosten für eine Entfernung bis 40 km als beihilfefähig anerkannt werden, sofern nicht § 6 Abs. 1 Nr. 9 Satz 3 entgegensteht.

(2) Aufwendungen nach Absatz 1 sind ohne Beschränkung auf die Kosten in der Bundesrepublik Deutschland beihilfefähig, jedoch unter Beachtung der beihilferechtlichen Ausschlüsse und Höchstbeträge,

1. wenn sie bei einer Dienstreise eines Beihilfeberechtigten entstanden sind, es sei denn, dass die Behandlung bis zur Rückkehr in die Bundesrepublik Deutschland hätte aufgeschoben werden können,
2. wenn und soweit die Beihilfefähigkeit vor Antritt der Reise anerkannt worden ist. Die Anerkennung der Beihilfefähigkeit kommt ausnahmsweise in Betracht, wenn durch ein begründetes medizinisches Gutachten nachgewiesen ist, dass die Behandlung außerhalb der Bundesrepublik Deutschland zwingend notwendig ist, weil hierdurch eine wesentlich größere Erfolgsaussicht zu erwarten ist. Die Anerkennung der Beihilfefähigkeit von Aufwendungen, die im Zusammenhang mit einer Kur oder ähnlichen Maßnahmen entstehen, ist nur nach Maßgabe der Absätze 1 und 3 zulässig,
3. wenn sie 1.000 Euro nicht übersteigen oder wenn bei Aufenthalt in der Nähe der Grenze aus akutem Anlass das nächstgelegene Krankenhaus aufgesucht werden muss.
4. bei Beihilfeberechtigten mit dienstlichem Wohnsitz im Ausland, die ins Ausland abgeordnet bzw. zugewiesen sind, und ihren berücksichtigungsfähigen Angehörigen; die Aufwendungen sind unter Beachtung der Verhältnisse im Gastland in angemessenem Umfang beihilfefähig.

Hinweise des Finanzministeriums zu Absatz 2

1. Ist bei einem Aufenthalt in der Nähe (diesseits oder jenseits) der Grenze der Bundesrepublik Deutschland das Aufsuchen eines Akut-Krankenhauses notwendig, so findet die Einschränkung auf die Inlandskosten keine Anwendung, wenn das nächstgelegene, für die Krankheit geeignete Krankenhaus aufgesucht wird. Dies gilt auch für Fälle einer Verlegung von einem inländischen Allgemeinkrankenhaus in Grenznähe (z.B. Lörrach, Waldshut-Tiengen) in die nächstgeeignete Spezialklinik (z.B. nach Basel anstelle von Freiburg), wenn der Chefarzt des inländischen Krankenhauses die Notwendigkeit der Verlegung aus akutem Anlass bestätigt.
2. Befindet sich ein Heimdialysepatient vorübergehend aus privaten Gründen im Ausland, sind die Aufwendungen beihilfefähig, die im gleichen Zeitraum bei Durchführung einer ambulanten Dialyse in der der Wohnung am nächsten gelegenen inländischen Dialyseeinrichtung entstanden wären.

(3) Aus Anlass stationärer oder ambulanter Maßnahmen im Sinne von § 7 Abs. 1 Nr. 2 bis 4 und § 8 Abs. 1 Nr. 1 oder 3 außerhalb der Bundesrepublik Deutschland entstandene Aufwendungen sind im Rahmen des § 8 Abs. 6 ausnahmsweise beihilfefähig, wenn vor Antritt der Reise

1. bei Maßnahmen außerhalb der Europäischen Gemeinschaft durch medizinisches Gutachten nachgewiesen ist, dass die Maßnahme wegen wesentlich größerer Erfolgsaussicht außerhalb der Bundesrepublik Deutschland zwingend notwendig ist, und

2. bei ambulanten Heilkuren der Kurort im Heilkurorteverzeichnis Ausland des Bundesministeriums des Innern aufgeführt ist und die sonstigen Voraussetzungen des § 8 Abs. 4 und 5 vorliegen.

Die Aufwendungen nach § 6 Abs. 1 Nr. 1 bis 3 und § 8 Abs. 6 Satz 1 Nr. 2 bis 5 sind ohne Beschränkung auf die Kosten in der Bundesrepublik Deutschland beihilfefähig. Absatz 1 Satz 2 und 3 gilt entsprechend.

§ 14
Bemessung der Beihilfe

Hinweis der Redaktion: Bitte hierzu die tabellarische Übersicht bei → Beihilfe (Allgemeines) beachten.

(1) Die Beihilfe bemisst sich nach einem Vomhundertsatz der beihilfefähigen Aufwendungen (Bemessungssatz). Der Bemessungssatz beträgt für Aufwendungen, die entstanden sind für

1. Beihilfeberechtigte nach § 2 Abs. 1 Nr. 1 sowie für entpflichtete Hochschullehrer
   50 vom Hundert,
2. Empfänger von Versorgungsbezügen, die als solche beihilfeberechtigt sind, sowie berücksichtigungsfähige Ehegatten
   70 vom Hundert,
3. berücksichtigungsfähige Kinder sowie Waisen, die als solche beihilfeberechtigt sind,
   80 vom Hundert.

Sind zwei oder mehr Kinder berücksichtigungsfähig, beträgt der Bemessungssatz für Beihilfeberechtigte nach Satz 2 Nr. 1 70 vom Hundert; er vermindert sich bei Wegfall von Kindern nicht, wenn drei oder mehr Kinder berücksichtigungsfähig waren. Satz 2 Nr. 2 gilt auch für entpflichtete Hochschullehrer, denen aufgrund einer weiteren Beihilfeberechtigung nach § 2 Abs. 1 Nr. 2, die jedoch gemäß § 4 Abs. 1 Nr. 3 nachrangig ist, ein Beihilfebemessungssatz von 70 vom Hundert zustehen würde.

Hinweis der Redaktion: Der Hinweis des FM zu Abs. 1 ist durch die Änderung der BeihilfeVO vom 20.2.2003 (GBl. S. 125) überholt und wird deshalb hier nicht mehr abgedruckt.

(2) Für die Anwendung des Absatzes 1 gelten die Aufwendungen

1. nach § 6 Abs. 1 Nr. 8 und § 12 Abs. 3 als Aufwendungen des jüngsten verbleibenden Kindes,
2. einer Begleitperson als Aufwendungen des Begleiteten,
3. nach § 11 Abs. 1 als Aufwendungen der Mutter.

(3) Für beihilfefähige Aufwendungen, für die trotz ausreichender und rechtzeitiger Versicherung wegen angeborener Leiden oder bestimmter Krankheiten aufgrund eines individuellen Ausschlusses keine Versicherungsleistungen gewährt werden oder für die die Regelleistungen auf Dauer eingestellt worden sind (Aussteuerung), erhöht sich der Bemessungssatz um 20 vom Hundert, jedoch höchstens auf 90 vom Hundert. Satz 1 gilt nur, wenn das Versicherungsunternehmen die Bedingungen nach § 257 Abs. 2 a Satz 1 Nr. 1 bis 4 SGB V erfüllt. und eine Aufnahme in den Standardtarif oder die Streichung des Risikoausschlusses ge-

gen Risikozuschlag nicht zu zumutbaren Bedingungen möglich ist.

Hinweise des Finanzministeriums zu Absatz 3

1. Die Bestimmung greift seit 1. Januar 1987 regelmäßig nicht mehr, nachdem die privaten Krankenversicherungen alle Beamten und Angehörigen innerhalb bestimmter Fristen aufnehmen, auch wenn sie Risiken mitbringen. Versicherungen mit einem Risikoausschluss gelten deshalb grundsätzlich nicht mehr als ausreichende Versicherung.

2. Ist wegen vorhandener Leiden eine ausreichende Versicherung nicht abgeschlossen worden oder ist eine früher bestehende ausreichende Versicherung aufgegeben worden, liegen die Voraussetzungen für eine Bemessungssatzerhöhung nicht vor. Eine rechtzeitige Versicherung liegt vor, wenn sie mit dem Beginn der Beihilfeberechtigung oder Berücksichtigungsfähigkeit abgeschlossen wird.

3. Eine ausreichende Versicherung liegt vor, wenn sich aus Versicherungsbedingungen ergibt, dass die Versicherung in den üblichen Fällen stationärer oder ambulanter Krankenbehandlung wesentlich zur Entlastung des Versicherten beiträgt, d.h. zusammen mit der Beihilfe das Kostenrisiko weitgehend deckt. Dabei ist unerheblich, wenn für eine einzelne Aufwendung die Versicherungsleistung ausnahmsweise verhältnismäßig gering ist. Die Versicherung ist nicht ausreichend, wenn sie im ambulanten oder stationären Bereich hohe, wenn auch seltene Kostenrisiken nicht einschließt, z.B. Leistungen für den Einsatz besonders teurer Apparate.

4. Der Ausschluss muss im Versicherungsschein als persönliche Sonderbedingung ausgewiesen sein; er ist nur dann zu berücksichtigen, wenn er nachweislich nicht durch einen Risikozuschlag hätte abgewendet werden können. Ein individueller Ausschluss liegt u.a. dann nicht vor, wenn die Krankenversicherung in ihrem Tarif für einzelne Behandlungen generell keine Leistungen vorsieht oder wenn die Versicherungsbedingungen Tatbestände (z.B. Suchtkrankheiten, Aufwendungen, für die anderweitige Ansprüche insbesondere nach BVG bestehen) vom Versicherungsschutz ausnehmen oder der Leistungsausschluss nur bezüglich einer Höher- oder Zusatzversicherung gilt. Das Gleiche gilt für Aufwendungen, die während einer in den Versicherungsbedingungen vorgesehenen Wartezeit anfallen.

5. Regelleistungen sind auf Dauer eingestellt, wenn nach einer bestimmten Dauer einer Krankheit die Leistungen für diese Krankheit aus einer ausreichenden Versicherung nach den Versicherungsbedingungen für immer ganz eingestellt wurden, im Ergebnis insoweit ein nachträglicher Versicherungsausschluss eintritt. Regelleistungen sind aber nicht eingestellt, wenn sie nur zeitweilig entfallen, weil z.B. ein tariflich festgelegter Jahreshöchstbetrag oder eine gewisse Zahl von Behandlungen in einem bestimmten Zeitraum überschritten ist oder wenn nach beginnender Pflegebedürftigkeit Leistungen aus der Krankenversicherung eingestellt werden.

(4) Bei freiwillig versicherten Mitgliedern der gesetzlichen Krankenversicherung einschließlich ihrer familienversicherten Angehörigen erhöht sich der Bemessungssatz auf 100 vom Hundert der sich nach Anrechnung der nachzuweisenden Kassenleistung ergebenden beihilfefähigen Aufwendungen, wenn die Kassenleistung das in der gesetzlichen Pflichtversicherung übliche Maß nicht unterschreitet. Satz 1 gilt nicht für Belege, zu denen keine oder nur eine geringere als die übliche Kassenleistung gewährt wird, insbesondere wegen eines Wahltarifs mit Selbstbehalt.

Hinweise des Finanzministeriums zu Absatz 4

1. Der 100 v.H.-Bemessungssatz wird nur für solche Aufwendungen gewährt, zu denen die Krankenkasse eine Geldleistung gewährt hat. Diese Geldleistung muss gemäß § 5 Abs. 3 Satz 1 abgezogen worden sein und darf das in der gesetzlichen Pflichtversicherung übliche Maß nicht unterschreiten (z.B. Wert einer an sich zustehenden Sachleistung, bei ambulanten ärztlichen Kosten mindestens einfacher Satz des Gebührenverzeichnisses der GOÄ; im Übrigen evtl. unter Abzug von gesetzlich vorgesehenen Kostenanteilen oder eines Mengenrabatts). Dabei sind Aufwendungen für Krankenhausleistungen einschließlich belegärztlichen oder Wahlleistungen als Einheit anzusehen; gleiches gilt für Aufwendungen, die nach § 7 Abs. 7 (ausgenommen Satz 2 Nr. 4) oder § 8 Abs. 6 (ausgenommen Nr. 1 und 2) beihilfefähig sind. Im Übrigen ist regelmäßig – allerdings für jeden Beleg getrennt – davon auszugehen, dass die Kasse auf die gesamte Rechnung erstattet hat, sofern nicht deutlich ersichtlich ist, dass die Kasse bestimmte selbstständige Rechnungspositionen (z.B. eines von mehreren auf demselben Rezept verordneten Arzneimitteln) unberücksichtigt gelassen hat.

2. Im Fall des § 14 SGB V steht die Erhöhung auf 100 vom Hundert nicht zu.

3. Sind die Voraussetzungen des Absatzes 4 nicht sämtlich erfüllt, so richtet sich der Bemessungssatz nach Absatz 1.

(5) Für Personen, die nach § 28 Abs. 2 SGB XI Leistungen der Pflegeversicherung zu nach § 9 Abs. 3 Satz 1, Abs. 4 bis 7, 10 und 11 beihilfefähigen Aufwendungen grundsätzlich zur Hälfte erhalten, beträgt der Bemessungssatz bezüglich dieser Aufwendungen 50 vom Hundert. Soweit die beihilfefähigen Aufwendungen die jeweiligen vollen Höchstbeträge nach dem SGB XI übersteigen, ist Absatz 1 anzuwenden.

(6) Bei Anlegung eines strengen Maßstabs kann der Bemessungssatz in besonderen Härtefällen, insbesondere wenn die Aufwendungen infolge einer Dienstbeschädigung entstanden sind, erhöht werden.

Hinweise des Finanzministeriums zu Absatz 6

1. Ein besonderer Härtefall setzt voraus, dass besonders hohe Krankheitskosten entstanden sind, der Beihilfeberechtigte trotz der Regelbeihilfe und Leistungen aus einer zumutbaren Versicherung nach der wirtschaftlichen Lage seiner Familie nicht aus dem Familieneinkommen zu bestreiten vermag, ohne den Lebensunterhalt für sich und seine Familie zu gefährden. Auch Vermögen soll berücksichtigt werden, soweit es den Wert angemessenen Hausgrundstücks übersteigt. Die wirtschaftliche Lage des Beihilfeberechtigten und seiner nach § 3 berücksichtigungsfähigen Angehörigen soll mittels eines Vordrucks erhoben werden. Es sind alle zu Gebote stehenden Entlastungsmöglichkeiten in Bezug auf den ungedeckten Teil der Krankheitskosten zu berücksichtigen, z.B. auch mögliche Steuererleichterungen. Eine Erhöhung kommt nicht schon deshalb in Betracht, weil Sozialhilfe gewährt wird. Bei Versicherung in der privaten Krankenversicherung ist weitere Voraussetzung, dass der Versicherungsschutz die Bedingungen des § 257 Abs. 2a SGB V erfüllt.

2. Bei hoher Belastung für vorübergehende häusliche Krankenpflege oder für (dauernde) Pflege kann ein besonderer Härtefall vorliegen, wenn die nicht durch Beihilfe und andere Leistungen gedeckten Aufwendungen so hoch sind, dass sie auf absehbare Dauer für die Familie nicht tragbar sind. Hinweis 1 ist anzuwenden. Entsprechendes gilt für Unterkunfts- und Verpflegungsaufwendungen, auf die § 9 Abs. 9 anzuwenden ist. Die finanziellen Verhältnisse sind zeitnah (jährlich) zu

prüfen, damit wesentliche Veränderungen (z.B. Erbschaft) rechtzeitig berücksichtigt werden können.

Bei Aufwendungen, auf die § 9 Abs. 9 Nr. 2 anzuwenden ist, bleiben bei der Gegenüberstellung von Einnahmen und finanziellem Bedarf für notwendige Ausgaben bei den Einnahmen entweder ein Betrag von 108 Euro monatlich (pro Person bei gleichzeitiger Unterbringung des Beihilfeberechtigten und aller berücksichtigungsfähigen Angehörigen) für persönliche Bedürfnisse nebst den Aufwendungen für eine angemessene Krankenversicherung und für die Pflegeversicherung, oder 15 v.H. der Einnahmen außer Ansatz. Vermögen ist hierbei bereits zu berücksichtigen, soweit es den Jahresbetrag der jeweiligen Mindestversorgungsbezüge übersteigt. Da Beihilfe erst bezüglich der Aufwendungen mit finanzieller Mehrbelastung zu gewähren ist, muss bei finanziell schlechter gestellten Personen mindestens von fiktiven Gesamteinnahmen in Höhe des Jahresbetrags der jeweils verdoppelten monatlichen Sozialhilferegelsätze ausgegangen werden.

3. Für Empfänger von Versorgungsbezügen (Absatz 1 Satz 2 Nr. 2) kann ausnahmsweise eine Erhöhung des Bemessungssatzes auch wegen hoher Beitragsbelastung bei einem geringen Familieneinkommen bewilligt werden. Hierfür ist folgender Maßstab zugrunde zu legen:

Der erforderliche eigene Beitragsaufwand für die beihilfekonforme private Kranken- und Pflegeversicherung und der Beitragsaufwand für die privat- oder pflichtversicherten berücksichtigungsfähigen Angehörigen muss 15 v.H. des Familieneinkommens übersteigen.

Maßgebendes Familieneinkommen sind die Versorgungsbezüge einschließlich Sonderzuwendung, Renten, Kapitalerträge und sonstige laufende Einnahmen (z.B. Wohngeld) des Versorgungsempfängers und seiner berücksichtigungsfähigen Angehörigen, nicht jedoch Grundrenten nach dem BVG und Blindengeld. Hinweis 1 und 2 hSatz 7 gelten entsprechend.

Die Belastung errechnet sich aus einer Gegenüberstellung der monatlichen Versicherungsbeiträge (abzüglich etwaiger Beitragszuschüsse u. dergl.) zum Zeitpunkt der Stellung des Antrags auf Erhöhung und des durchschnittlichen Monatseinkommens der zurückliegenden zwölf Monate, beginnend mit dem Monat der Antragstellung.

Im Regelfall erhöht sich der Bemessungssatz um 10 v.H. Die Erhöhung gilt für den Versorgungsempfänger und erfolgt auf Dauer. Sie kann auch für den berücksichtigungsfähigen Ehegatten bewilligt werden, wenn die Erhöhung für den Versorgungsempfänger allein nicht ausreicht, um den Beitragsaufwand unter 15 v.H. des Familieneinkommens zu senken.

Die Erhöhung gilt nur für künftige Aufwendungen, die frühestens ab dem zweiten auf die Stellung des Antrags folgenden Kalendermonats entstehen, in Hinblick auf § 15 Abs. 2, 3 aber nicht vor dem Zeitpunkt der Wirksamwerdens der Anpassung des Versicherungsschutzes.

4. Eine Erhöhung kann, auch im Vergleich zu der Regelung des § 14 Abs. 3, grundsätzlich nicht um mehr als 20 v.H. erfolgen, jedoch soll der Bemessungssatz auch in ganz außergewöhnlichen Fällen 90 v.H. nicht übersteigen. Ist eine Notlage von der betroffenen Person mitverschuldet, z.B. mangels zumutbarer Eigenvorsorge oder bei Verarmung infolge Schenkung an andere (§ 528 BGB), soll dies berücksichtigt werden.

§ 15
Begrenzung der Beihilfe

(1) Die Beihilfe wird vor Anwendung der Absätze 2 bis 4 um eine Kostendämpfungspauschale für jedes Kalenderjahr gekürzt, in dem beihilfefähige Aufwendungen in Rechnung gestellt sind. Der Betrag ist unabhängig von der Fortdauer der Beihilfeberechtigung, die Höhe richtet sich nach der Besoldungsgruppe, nach der die laufenden Bezüge bei Rechnungstellung bemessen sind, bei Beamten auf Widerruf im Vorbereitungsdienst nach der Eingangsbesoldungsgruppe; Änderungen der Besoldung im Lauf eines Jahres führen nicht zu einer Änderung der Stufe. Sind die laufenden Bezüge nicht nach einer nachstehend genannten Besoldungsgruppe bemessen, so hat die Zuordnung zu der Stufe der Besoldungsgruppe zu erfolgen, deren Anfangsgrundgehalt am nächsten kommt. Die Beihilfe für Hinterbliebene wird insoweit nicht nochmals gekürzt, als für das Jahr des Todes des verstorbenen Beihilfeberechtigten bereits eine Kürzung erfolgt ist. Die Kostendämpfungspauschale beträgt in

Stufe	Bezüge nach Besoldungsgruppen	Betrag in Euro	
		Aktive	Versorgungsempfänger
1	A 6 bis A 9	75	60
2	A 10 bis A 12	90	80
3	A 13 bis A 16, B 1 und B 2, R 1 und R 2, C 1 bis C 3, H 1 bis H 3, W1 und W2	120	100
4	B 3 bis B 6, R 3 bis R 6, C 4, H 4 und H 5, W3	180	150
5	Höhere Besoldungsgruppen	270	240

Hiervon ausgenommen sind Waisen, die als solche beihilfeberechtigt sind, sowie Beihilfen nach § 9 Abs. 3 bis 7, § 11 Abs. 2 und § 15 Abs. 4.

Hinweise des Finanzministeriums zu Absatz 1

1. Als Kalenderjahr der Ausstellung des Belegs über die Aufwendungen kann bei Rezepten, die zugleich Rechnungsbeleg sind (Arznei- und Verbandmittelrezepte) auf das Kalenderjahr abgestellt werden, in dem die Aufwendungen angefallen sind. In dem Beihilfebescheid ist das Kalenderjahr zu bezeichnen, für das die Beihilfe um die Kostendämpfungspauschale gekürzt wurde.

2. Ist bis zum Tod eines Beihilfeberechtigten für ein Kalenderjahr bereits eine Kostendämpfungspauschale abgezogen, so wird den Hinterbliebenen für dasselbe Kalenderjahr nicht nochmals eine Kostendämpfungspauschale abgezogen.

(2) Die Beihilfe darf zusammen mit den aus demselben Anlass gewährten Leistungen aus Krankenversicherungen, Pflegeversicherungen, aufgrund von Rechtsvorschriften oder arbeitsvertraglichen Vereinbarungen die dem Grunde nach beihilfefähigen Aufwendungen nicht übersteigen. Hierbei bleiben Sterbegelder, Wohngeld, Leistungen aus Krankentagegeld-, Krankenhaustagegeld- und Pflegetagegeldversicherungen, aus nicht aufwandsbezogenen Kapitalversicherungen sowie Ansprüche nach § 1968 BGB unberücksichtigt. Dem Grunde nach beihilfefähig sind die in den §§ 6 bis 13 genannten Aufwendungen in tatsächlicher Höhe, für die im Einzelfall eine Beihilfe gewährt wird. Bei pauschalen Beihilfen nach 9 Abs. 4 und § 11 Abs. 2 sind Aufwendungen in Höhe des Pauschalbetrags zugrunde zu legen. Die Sätze 1 bis 4 gelten nicht für Beihilfen nach § 12 Abs.1 und 2.

Beihilfeverordnung

Hinweise des Finanzministeriums zu Absatz 2
1. Für die Begrenzung der Beihilfe sind die in einem Beihilfeantrag zusammengefassten, dem Grunde nach beihilfefähigen Aufwendungen den dazu gewährten Leistungen aus Krankenversicherungen usw. gegenüberzustellen.
2. Dem Grunde nach beihilfefähig sind alle in den §§ 6 bis 13 und der Anlage näher bezeichneten Aufwendungen, für die im Einzelfall eine Beihilfe gewährt wird, auch soweit sie über etwaige Höchstbeträge, sonstige Begrenzungen oder Einschränkungen hinausgehen (z.B. Kosten eines teureren Brillengestells, Kosten eines Einbettzimmers bei Krankenhausbehandlungen, Arzthonorare, die den Höchstsatz der Gebührenordnung übersteigen). Hierzu gehören jedoch nicht Aufwendungen für nicht verordnete Medikamente nach § 6 Abs. 1 Nr. 2 Satz 2, sowie die nach §§ 5, 6 Abs. 2 oder der Anlage ganz von der Beihilfefähigkeit ausgeschlossenen Aufwendungen. Kostenanteile nach § 5 Abs. 4 Nr. 2 gehören nicht zu den dem Grunde nach beihilfefähigen Aufwendungen, wenn für die dem Kostenanteil zugrunde liegenden Aufwendungen keine Beihilfe gewährt wird.
3. Folgende Leistungen sind nach § 15 zu berücksichtigen:
   a) dieselben Geldleistungen, die nach § 5 Abs. 3 Satz 1 (nicht: Sätze 2 und 3) zu berücksichtigen sind,
   b) Leistungen der sozialen Pflegeversicherung und der privaten Pflegepflichtversicherung (§ 9 Abs. 4 Satz 4, Abs. 6).
   c) Leistungen aus privaten Kranken- und Pflegeversicherungen (ausgenommen Tagegeldversicherungen und sonstige nicht aufwandsbezogene Summen- bzw. Kapitalversicherungen),
   d) wegen einer Beitragsrückerstattung nicht in Anspruch genommene Leistungen aus Verträgen nach c (gemäß Absatz 3 Sätze 2, 3),
   e) gemäß Absatz 2 anzurechnende über den Freibetrag hinausgehende Sterbegelder.

(3) Die in Absatz 2 bezeichneten Leistungen sind durch Belege nachzuweisen. Wenn die Leistungen aus einer privaten Kranken- oder Pflegeversicherung nachweislich nach einem für alle Aufwendungen einheitlich hohen Vomhundertsatz bemessen werden, ist ein Einzelnachweis nicht erforderlich; in diesem Fall werden die Leistungen der Versicherung nach diesem Vomhundertsatz von der dem Grunde nach beihilfefähigen Aufwendungen errechnet. Gleiches gilt für Leistungen nach § 28 Abs. 2 SGB XI. Der Summe der mit einem Antrag geltend gemachten Aufwendungen ist die Summe der hierauf entfallenden Leistungen gegenüberzustellen, auch wenn Leistungen nicht in Anspruch genommen werden. Aufwendungen nach § 12 werden getrennt abgerechnet.

Hinweise des Finanzministeriums zu Absatz 3
1. Aus Gründen der Verwaltungsvereinfachung ist nicht jedem einzelnen Rechnungsbetrag – etwa für die einzelne Position – die hierzu jeweils gewährte Versicherungsleistung gegenüberzustellen. Vielmehr sind alle im Antrag geltend gemachten, dem Grunde nach beihilfefähigen Aufwendungen den insgesamt hierzu gewährten Leistungen gegenüberzustellen. Beitragsrückerstattungen sind keine Leistungen aus Anlass einer Krankheit.
2. Wenn alle Versicherungsleistungen aufgrund des Versicherungsvertrags nach einem Vomhundertsatz bemessen sind, ist dies beim ersten Antrag durch Vorlage des Versicherungsscheins oder einer Bescheinigung der Krankenversicherung nachzuweisen. Auch Versicherungsverträge, die einen vollständigen (100 v.H.) Ersatz als vertragliche Leistung zusagen, sind in diesem Sinne Versicherungsverträge nach einem Vomhundertsatz. Änderungen der Versicherungsverhältnisse sind jeweils bei der nächsten Antragstellung nachzuweisen. Abweichende geringere Erstattungen können im Einzelfall nachgewiesen werden.
3. Übersteigt der Betrag der nach § 14 errechneten, um die Kostendämpfungspauschale gekürzten Beihilfe zusammen mit den Leistungen aus Krankenversicherungen usw. den Gesamtbetrag der dem Grunde nach beihilfefähigen Aufwendungen, so ist die Beihilfe um den übersteigenden Betrag zu kürzen.

(4) Wird die beihilfefähige Wahlleistung Unterkunft anlässlich eines Krankenhausaufenthalts (§ 6 Abs. 1 Nr. 6, gegebenenfalls in Verbindung mit § 11 Abs. 1 Nr. 2) in einem Krankenhaus nicht beansprucht, so wird stattdessen eine Beihilfe von 11 Euro pro Pflegesatztag gewährt. Für die nicht beanspruchte beihilfefähige wahlärztliche Leistung (§ 22 Abs. 3 BPflV) anlässlich eines in Satz 1 genannten Krankenhausaufenthalts wird eine Beihilfe von 22 Euro pro Pflegesatztag gewährt. Werden anlässlich der Inanspruchnahme von Leistungen nach § 7 Abs. 7 Satz 1 oder 4 gesondert berechnete ärztliche Leistungen nach § 7 Abs. 7 Satz 2 Nummer 1 nicht geltend gemacht, so wird eine Beihilfe von 14 Euro pro Tag des stationären Aufenthalts gewährt.

Hinweise des Finanzministeriums zu Absatz 4
Der Wortlaut des Satzes 1 der Vorschrift lässt die Gewährung eines Zweibettzimmertagegeldes nur zu, wenn der Patient in dem Krankenhaus die Wahlleistung Zweibettzimmer hätte beanspruchen können und wenn diese für ihn beihilfefähig gewesen wäre. Tagegeld steht auch zu, wenn die Wahlleistung zwar in Anspruch genommen, die Aufwendungen aber nicht bei der Beihilfe geltend gedeckt werden, weil sie durch eine Zusatzversicherung abgedeckt sind. In Fällen des Hinweises 1 Satz 1 zu § 6 Abs. 1 Nr. 6 oder wenn in dem Krankenhaus Zweibettzimmer nicht als Wahlleistung angeboten werden, sowie bei tarif- oder arbeitsvertraglicher Verweisung auf Sachleistungen steht somit kein Zweibettzimmertagegeld zu. Gleiches gilt für das Wahlarzttagegeld nach Satz 2 der Vorschrift.

(5) Die Beihilfestelle kann mit Personen oder Einrichtungen, die Leistungen erbringen oder Rechnungen ausstellen, mit Versicherungen und anderen Kostenträgern sowie deren Zusammenschlüssen Verträge über Beihilfeangelegenheiten abschließen, wenn dies im Interesse einer wirtschaftlicheren Krankenfürsorge liegt. Dabei sollen auch feste Preise vereinbart werden, die deutlich unter den nach dieser Verordnung maßgeblichen Gebührenrahmensätzen und Höchstbeträgen liegen.

§ 16
Beihilfe beim Tod des Beihilfeberechtigten

(1) Der hinterbliebene Ehegatte, die leiblichen Kinder und Adoptivkinder eines verstorbenen Beihilfeberechtigten erhalten Beihilfe zu den bis zu dessen Tod und aus Anlass des Todes entstandenen beihilfefähigen Aufwendungen, sofern Beihilfe nicht nach § 1 Abs. 3 Satz 3 zu gewähren ist. Die Beihilfe bemisst sich nach den Verhältnissen am Tag vor dem Tod. Die Beihilfe wird demjenigen gewährt, der die Originalbelege zuerst vorlegt.

(2) Andere als die in Absatz 1 genannten natürlichen Personen sowie juristische Personen erhalten die Beihilfe nach Absatz 1, soweit sie die von dritter Seite in Rechnung gestellten Aufwendungen nachweislich bezahlt haben und die Originalbelege vorlegen. Sind diese Personen Erben des Bei-

hilfeberechtigten, erhalten sie eine Beihilfe auch zu Originalbelegen über Aufwendungen des Erblassers, die von diesem nachweislich bezahlt worden sind.

Hinweise des Finanzministeriums zu § 16
Macht der hinterbliebene Ehegatte Aufwendungen, die bis zum Tod und aus Anlass des Todes des Beihilfeberechtigten entstanden sind, geltend, so kann die Beihilfestelle statt Originalbelegen auch Rechnungsduplikate als ausreichend ansehen. Gleiches gilt bei anderen Antragsstellern, wenn die Beihilfe auf das Bezügekonto des verstorbenen Beihilfeberechtigten überwiesen werden soll.

§ 17
Verfahren

(1) Beihilfe wird auf schriftlichen Antrag der Beihilfeberechtigten gewährt; hierfür sind im Bereich der Landesverwaltung die vom Finanzministerium, im übrigen Bereich die vom Finanzministerium oder der Beihilfestelle bekanntgegebenen Formblätter zu verwenden. Die Beihilfestelle kann elektronische Antragstellung zulassen und die dafür erforderlichen Standards festlegen.

Hinweise des Finanzministeriums zu Absatz 1
1. Im Bereich der Landesverwaltung ist, soweit das Landesamt für Besoldung und Versorgung Baden-Württemberg zuständig ist, mit Wirkung ab 1. Januar 2002 das beigefügte, neu gefasste Formblatt LBV 301 zu verwenden. ...
   Hinweis der Redaktion: Das Formular ist auch im Internet verfügbar: www.lbv.bwl.de.
2. Durch die gemeinsame Antragstellung verliert die Halbwaise ihren Beihilfeanspruch nicht, sie wird beihilferechtlich nicht berücksichtigungsfähige Person i.S. des § 3.
3. Hat ein Sozialhilfeträger vorgeleistet, so kann er aufgrund einer schriftlichen Überleitungsanzeige nach § 90 BSHG einen Beihilfeanspruch geltend machen. Der Beihilfeanspruch geht damit in der Höhe und in dem Umfang, wie er dem Beihilfeberechtigten selbst zusteht, auf den Sozialhilfeträger über. Eine Überleitung nach § 90 BSHG ist nur zulässig, wenn Aufwendungen für den Beihilfeberechtigten selbst, oder Hilfe in besonderen Lebenslagen für seinen nicht getrennt lebenden Ehegatten oder für seine berücksichtigungsfähigen Kinder (nicht Pflegekinder und Stiefkinder), entstanden sind. In allen übrigen Fällen ist die Überleitung eines Beihilfeanspruchs nicht zulässig; gegen eine derartige Überleitungsanzeige ist durch die Beihilfestelle Widerspruch einzulegen und ggf. Anfechtungsklage zu erheben.
4. Liegt keine rechtswirksame Überleitung des Beihilfeanspruchs vor, sondern nimmt der Sozialhilfeträger den Beihilfeberechtigten für vorstehend in Hinweis 3 Satz 3 genannte Angehörige im Wege des Aufwendungsersatzes (§ 29 BSHG) in Anspruch, so kann nur der Beihilfeberechtigte selbst einen Beihilfeanspruch geltend machen. Auf Wunsch des Beihilfeberechtigten kann die Beihilfe unmittelbar an den Sozialhilfeträger überwiesen werden. Die Abtretung des Beihilfeanspruchs an den Sozialhilfeträger ist ausgeschlossen (§ 1 Abs. 3 BVO).
5. Hat der Sozialhilfeträger Leistungen für eine berücksichtigungsfähige Person, die selbst nach § 28 BSHG Hilfesuchender ist (volljähriges unverheiratetes Kind; verheiratetes Kind, Pflege- oder Stiefkind; getrennt lebender Ehegatte) vorläufig übernommen, kann der Beihilfeanspruch nur vom Beihilfeberechtigten selbst geltend gemacht werden. Die Inanspruchnahme des Beihilfeberechtigten ist nachzuweisen, hierzu reicht es aus, wenn der Sozialhilfeträger dem Beihilfeberechtigten die Belege über seine Aufwendungen zur Beihilfebeantragung übergibt. Hinweis 4 Satz 2 und 3 gilt.

(2) Eine Beihilfe wird nur gewährt, wenn die mit dem Antrag geltend gemachten dem Grunde nach beihilfefähigen Aufwendungen mindestens 300 Euro betragen. Wird diese Summe nicht erreicht, wird abweichend von Satz 1 eine Beihilfe gewährt, wenn der letzte hiernach zulässige Antrag vor mehr als zwölf Monaten bei der Beihilfestelle eingegangen ist. Die Beihilfe wird vor Anwendung des § 15 um 16 Euro gekürzt, wenn die Voraussetzungen des Satzes 1 oder 2 nicht vorliegen, der Antragsteller nach ausdrücklichem Hinweis aber auf der Bearbeitung seines Antrags besteht.

Hinweise des Finanzministeriums zu Absatz 2
Satz 3 der Vorschrift schließt aus, dass Beihilfeanträge, mit denen die Antragsvoraussetzungen nicht erfüllt sind, ohne Abzug von 16 Euro abgerechnet werden.

(3) Beihilfe wird nur zu den Aufwendungen gewährt, die durch Belege nachgewiesen sind, soweit nichts anderes bestimmt ist. Würde mehreren Beihilfeberechtigten zu denselben Aufwendungen Beihilfe zustehen, so wird eine Beihilfe nur dem gewährt, der die Originalbelege zuerst vorlegt.

Hinweise des Finanzministeriums zu Absatz 3
1. Die Aufwendungen sind nach Möglichkeit durch Originalbelege nachzuweisen. Duplikate, Kopien und Abschriften sollen anerkannt werden, wenn sie beglaubigt oder erkennbar von Rechnungssteller ausgefertigt sind, es sei denn, dass Originalbelege vorgeschrieben sind (§ 16 Abs. 1 Satz 3, § 17 Abs. 3 Satz 2 und Hinweis 2 zu § 4 Abs. 6). Die Beihilfestelle kann in Zweifelsfällen ausnahmsweise Zahlungsnachweise (Quittungen) verlangen. Ein Beleg liegt auch bei nach § 90 BSHG übergeleiteten Ansprüchen nur vor, wenn er vom Erbringer der Leistungen erstellt worden ist.
2. Die Berechnung der Beihilfe muss aus dem Bescheid und den Anlagen ersichtlich sein; es wird empfohlen, Bescheid nach dem Muster des Landesamts für Besoldung und Versorgung zu fertigen. Wenn die beihilfefähigen Aufwendungen von dem geltend gemachten Rechnungsbetrag abweichen, sind die Abweichungen im Beihilfebescheid oder auf dem Beleg mindestens stichwortartig zu begründen.

(4) Die Beihilfeanträge sind unter Beifügung der Belege unmittelbar der Beihilfestelle vorzulegen. Die Beihilfestelle soll die Angaben zur Beihilfeberechtigung und zur Berücksichtigung nach den §§ 2 bis 4 mit den für die Bezüge maßgeblichen Daten abgleichen. Auf im Inland ausgestellten Arzneimittelrezepten muss die Pharmazentralnummer angegeben sein. Beihilfe zu Aufwendungen für Arzneimittel wird für Personen, die eine elektronische Gesundheitskarte nach § 291a SGB V erhalten haben, grundsätzlich nur gewährt, wenn dabei die Karte eingesetzt wird. Die Beihilfestelle darf bei begründeten Zweifeln an der Echtheit eines Belegs, insbesondere einer Computerrechnung ohne vorgedruckten Briefkopf, die erforderliche Auskunft unmittelbar beim Aussteller einholen.

Hinweise des Finanzministeriums zu Absatz 4
Nachweise über bestehende beihilferelevante Ansprüche, insbesondere über Ansprüche aus Kranken- und Pflegeversicherungen, sind unerlässlich für die Bearbeitung der Beihilfeanträge. Die Beihilfestelle sichert die Beihilfestammdaten durch Anlegen eines Beihilfestammblatts oder einer Beihilfestammakte und prüft die Anträge jeweils auch insoweit.

(5) Als Beihilfestellen entscheiden, soweit in Rechtsvorschriften oder von den obersten Dienstbehörden nichts anderes bestimmt ist, ...

Hinweis der Redaktion: Für Lehrkräfte im Landesdienst ist Beihilfestelle das Landesamt für Besoldung und Versorgung.

→ Landesamt für Besoldung und Versorgung

(6) In automatisierten Zahlungsverfahren soll die Beihilfe grundsätzlich auf das Bezügekonto überwiesen werden; abweichende Zahlungswege sind zu überwachen, Barauszahlungen und Überweisungen auf Zweitkonten sind nicht zulässig.

Hinweise des Finanzministeriums zu Absatz 6

1. Die Verwendung der Belege für Beihilfezwecke soll, wenn die Vorlage von Originalbelegen vorgeschrieben ist, in der Weise kenntlich gemacht werden, dass auch bei mehreren Beihilfeberechtigungen andere Verwaltungen die Verwendung erkennen können.
2. Eine Überweisung auf ein anderes als das Bezügekonto des Beihilfeberechtigten ist nur ausnahmsweise bei Vorliegen eines zwingenden Grundes zulässig.

(7) Den Beihilfeberechtigten können Abschlagszahlungen gewährt werden.

Hinweise des Finanzministeriums zu Absatz 7

In den Fällen des § 9 Abs. 4 bis 7 sollen von Amts wegen Abschläge auf die Beihilfe gezahlt werden, die Abschläge können monatlich oder vierteljährlich (jeweils zur Mitte des Zeitraums, für den sie bestimmt sind) für einen Zeitraum von bis zu sechs Monaten gezahlt werden. Danach ist die Beihilfe unter Berücksichtigung von Unterbrechungszeiten (Hinweis 3 zu § 9 Abs. 4), die der Beihilfeberechtigte zur endgültigen Abrechnung anzuzeigen hat, festzusetzen. Auf Antrag sollen laufend Abschläge auf Beihilfe auch zu Aufwendungen nach § 9 Abs. 3 oder 9 gewährt werden, mindestens in Höhe der zu erwartenden Beihilfe. Außer bei Beihilfen wegen Pflegebedürftigkeit sollen Abschlagszahlungen nur bei einer nachgewiesenen Vorauszahlungsverpflichtung gewährt werden.

(8) Nur solche Originalbelege, deren Vorlage vorgeschrieben oder ausdrücklich verlangt worden ist, werden zurückgegeben. Sie können vor der Rückgabe von der Beihilfestelle als für Beihilfezwecke verwendet kenntlich gemacht werden. Andere Belege kann die Beihilfestelle einbehalten.

(9) Ist eine vorgeschriebene vorherige Anerkennung der Beihilfefähigkeit unterblieben, wird eine Beihilfe nur gewährt, wenn der Beihilfeberechtigte ohne Verschulden und nicht lediglich aus Unkenntnis verhindert war, die Anerkennung zu beantragen und die Antragstellung innerhalb eines Monats nach Wegfall des Hindernisses nachgeholt worden ist. Im Übrigen gilt § 32 des Landesverwaltungsverfahrensgesetzes entsprechend.

(10) Eine Beihilfe wird nur gewährt, wenn die Beihilfeberechtigten sie vor Ablauf der beiden Kalenderjahre beantragt haben, die auf das Jahr des Entstehens der Aufwendungen oder, wenn es sich nicht um Aufwendungen nach § 3 handelt, der ersten Ausstellung der Rechnung folgen. Für den Beginn der Frist ist bei Beihilfe nach § 9 und § 15 Abs. 4 jeder Pflegetag, nach § 11 Abs. 2 der Tag der Geburt oder der Annahme als Kind maßgebend. Sätze 1 und 2 gelten auch, wenn Adressat der Rechnung nicht der Beihilfeberechtigte selbst, sondern ein anderer Kostenschuldner ist. Bei Fristversäumnis erlischt der Anspruch.

§ 18
Datenschutz

(1) Beihilfeangelegenheiten sind in einer von der übrigen Personalverwaltung unabhängigen, getrennten Beihilfestelle zu bearbeiten. Die Trennung muss durch organisatorische Regelungen und technische Zugriffssperren gewährleistet sein. Die Beihilfestelle darf Beihilfeangelegenheiten nur für solche andere Stellen erledigen, die zusichern, dass sie diese Datenschutzvorschriften beachten.

(2) Die Beihilfestelle hat die notwendigen organisatorischen und technischen Maßnahmen zu treffen, um die im Zusammenhang mit Verfahren auf Gewährung von Beihilfe stehenden personenbezogenen Daten (Beihilfedaten) vor unbefugter Kenntnisnahme und Nutzung zu schützen. An dem Schutz der Beihilfedaten haben auch alle Informationen und Unterlagen der Angehörigen der Beihilfeberechtigten teil, die sich auf Geburts-, Krankheits-, Pflege- oder Todesfälle sowie auf Gesundheitsvorsorge beziehen oder im Zusammenhang mit einer Beihilfeangelegenheit sonstige finanzielle oder familienbezogene Umstände betreffen. Gleiches gilt für solche Beihilfestammdaten, die als beihilferechtliche Konsequenz aus Bezügedaten festzustellen sind, insbesondere hinsichtlich der Berücksichtigung nach §§ 3 und 4.

Hinweise des Finanzministeriums zu Absatz 2

Auf die besonderen Vorschriften des Landesbeamtengesetzes über Beihilfedaten und Beihilfeakten, insbesondere §§ 113a, 113d Abs. 1 Satz 3 und Abs. 4, 113f Abs. 2, 113g, wird hingewiesen.

→ (jetzt:) Beamtengesetz §§ 83 ff.

(3) Beihilfedaten und Beihilfeakten sollen im Schriftverkehr zur Vermeidung von Fehlleitungen und zur Wahrung besonderer Vertraulichkeit eindeutig als solche und nicht lediglich als Personaldaten oder Personalakten bezeichnet werden. Sind bei Auskunftsersuchen nicht eindeutige Bezeichnungen verwendet, ist bis zur ausdrücklichen Klarstellung in jedem Einzelfall davon auszugehen, dass Beihilfedaten und Beihilfeakten nicht angesprochen sind.

(4) Vorschriften über die Benutzung des Dienstwegs sind in Beihilfeangelegenheiten nicht anzuwenden. Ein Antrag auf Anerkennung der Beihilfefähigkeit für eine Heilkur (§ 8 Abs. 5 Satz 2) soll über die für die Urlaubsbewilligung zuständige Stelle unmittelbar der Beihilfestelle zugeleitet werden; begründende Unterlagen sind in verschlossenem Umschlag beizufügen und ungeöffnet weiterzuleiten oder unmittelbar der Beihilfestelle zuzuleiten.

(5) Soweit für Beihilfezwecke medizinische Gutachten ohne Bezeichnung der Gutachterstelle vorgesehen sind, soll ein – bezüglich des anzugebenden Zwecks ausreichend begründetes – amtsärztliches Zeugnis des Gesundheitsamts eingeholt werden. Benennt die Beihilfestelle stattdessen andere Stellen oder Personen zur Begutachtung, so hat die betroffene Person die Auswahl zwischen den bezeichneten und dem Gesundheitsamt.

Hinweise des Finanzministeriums zu Absatz 5
Wenn ein medizinisches Gutachten ausdrücklich vorgeschrieben ist oder wenn die Beihilfestelle ein solches für erforderlich hält, wird es mit Schreiben an den Beihilfeberechtigten eingefordert. Das diesbezügliche Schreiben der Beihilfestelle bewirkt, dass die Begutachtung für Beihilfezwecke durch das Gesundheitsamt gebührenfrei ist, auch wenn der Beihilfeberechtigte die Bitte der Beihilfestelle um gutachterliche Äußerung an das Gesundheitsamt weitergibt. Bei stationären Maßnahmen nach § 7 Abs. 6 Satz 2 und 3 letzter Halbsatz und bei Heilkuren für Beamte und Richter nach § 8 Abs. 5 Satz 2 ist ein Schreiben der Beihilfestelle nicht erforderlich. Ein medizinisches Gutachten nach § 7 Abs. 6 Satz 2 oder § 8 verliert in der Regel seine Gültigkeit, wenn die Maßnahme nicht innerhalb von 6 Monaten nach Ausstellung begonnen wird; wenn der Beihilfeberechtigte gehalten ist, die Maßnahme in den Semester- oder Sommerschulferien durchzuführen, gilt es bis dahin.

(6) Ein gegebenes Einverständnis zur Einholung von erforderlichen Auskünften bei Personen oder Einrichtungen, die Leistungen erbringen, Rechnungen ausstellen, bei Versicherungen und anderen Kostenträgern oder eine Entbindung von der Schweigepflicht kann von der Beihilfestelle nur insoweit als Grundlage für Auskunftsersuchen verwendet werden, als sich das Einverständnis zweifelsfrei auf den konkreten Sachverhalt erstreckt. Auskunftsersuchen zur Krankheitsgeschichte und zur Bewertung der Schwierigkeit ärztlicher Leistungen soll die Beihilfestelle auch bei vorliegendem Einverständnis nicht direkt an den Behandler richten.

Hinweise des Finanzministeriums zu Absatz 6
Aus Gründen des Daten- und Geheimnisschutzes sollen alle Fragen, die persönliche Daten betreffen, an den Beihilfeberechtigten gerichtet werden, solange er nicht sein Einverständnis zur unmittelbaren Anfrage gegeben hat. Der Beihilfeberechtigte kann sie auch durch den betreffenden Angehörigen oder den behandelnden Arzt beantworten lassen.

(7) In Verträgen nach § 15 Abs. 5 darf von Verfahrensregelungen dieser Verordnung abgewichen werden, der Schutz der Beihilfedaten muss vertraglich gewährleistet bleiben. An Beihilfeberechtigte oder berücksichtigungsfähige Angehörige kann die Beihilfestelle Chipkarten mit Daten entsprechend § 291 SGB V und zum Umfang des Beihilfeanspruchs herausgeben, wenn die entsprechende Verwendung in solchen Verträgen geregelt ist.

(8) Bei der Veranschlagung und Anforderung von Haushaltsmitteln für Beihilfe ist darauf zu achten, dass Rückschlüsse auf einzelne Beihilfeberechtigte nicht möglich sind. Gleiches gilt für die Haushaltsrechnung.

(9) Schriftliche Unterlagen über Beihilfeangelegenheiten sollen unverzüglich ausgesondert und vernichtet werden, wenn die Daten für die vorgeschriebene Aufbewahrungsfrist durch automatisierte Datenverarbeitung gespeichert sind.
→ Beamtengesetz §§ 83 ff.

§ 19
Übergangsvorschriften

(1) Kinder gelten übergangsweise nach § 3 weiterhin als berücksichtigungsfähig, wenn sie im Sommersemester 2006 oder im Wintersemester 2006/07 an einer Hochschule eingeschrieben waren, solange sie die im Einkommensteuergesetz in der 31.12.2006 geltenden Fassung genannten Voraussetzungen für den Kindergeldbezug weiterhin erfüllen, längstens bis zur Vollendung des 27. Lebensjahres zuzüglich Wehr- oder Ersatzdienstzeiten oder davon befreiender Tätigkeit als Entwicklungshelfer. § 3 Abs. 3 und § 14 Abs. 1 Satz 1 finden Anwendung.

(2) § 15 Abs. 2 und 3 gilt nicht für Personen, die mindestens seit 1. Januar 1985 in einem Festkostentarif einer privaten Krankenversicherung versichert sind, hinsichtlich der Leistungen aus diesem Tarif, solange sie diesen Tarif beibehalten und nicht zu zumutbaren Bedingungen einen restkostendeckenden Prozenttarif abschließen können. § 14 Abs. 3 Satz 2 ist sinngemäß anzuwenden. ...
→ Krankenversicherung

(4) Werden Regelungen des Bundesministeriums des Innern geändert, die nach dieser Verordnung anzuwenden sind, gelten die Änderungen auch im Rahmen dieser Verordnung, soweit das Finanzministerium übergangsweise nichts anderes bestimmt. Gleiches gilt für solche Beträge in § 9, wenn durch Verordnung der Bundesregierung nach § 30 SGB XI gleiche Beträge in entsprechenden Vorschriften geändert werden.

§ 20 Inkrafttreten (nicht abgedruckt)

Beihilfeverordnung (Anlage)

1. Einschränkungen
zu § 5 Abs. 1 und §§ 6 ff.

1.1 Die Angemessenheit ärztlicher, psychotherapeutischer und zahnärztlicher Aufwendungen beurteilt sich ausschließlich nach dem Gebührenrahmen der jeweils geltenden Gebührenordnungen für Ärzte, psychologische Psychotherapeuten und Kinder- und Jugendlichentherapeuten und Zahnärzte; soweit gebührenrechtlich zulässig und begründet, ist auch eine über den Schwellenwert hinausgehende Gebühr angemessen. Werden solche Leistungen nach Regeln in Vereinbarungen über medizinische Leistungen der gesetzlichen Kranken- oder Rentenversicherungsträger auf Bundes- oder Landesebene zusammen mit Leistungen nach § 6 Abs.1 Nr. 3 oder anderer sozialtherapeutischer Berufe erbracht und pauschal berechnet, so sind unter denselben Voraussetzungen die mit den anderen Leistungsträgern vereinbarten pauschalen Vergütungen beihilfefähig.

1.2 Aufwendungen für zahnärztliche Leistungen einschließlich Kieferorthopädie
1.2.1 Nicht beihilfefähig sind
a) Aufwendungen für Leistungen, die auf der Grundlage einer Vereinbarung nach

§ 2 Abs. 3 der GOZ erbracht werden,
b) Mehraufwendungen für Keramik- und Verblendkronen bei den Zähnen 6 bis 8; sie sind in Höhe von 45 Euro pro Krone abzusetzen,
c) Aufwendungen für besondere individuelle Zahngestaltung, Charakterisierung, besondere Farbauswahl und Farbgebung, Bemalen, Bleaching.

1.2.2 Bei Mitgliedern gesetzlicher Krankenkassen und ihren mitversicherten Angehörigen gilt bei der Versorgung mit Zahnersatz und Zahnkronen **mindestens der nach § 55 Abs. 1** Sätze 3 und 5 SGB V auf 65 vom Hundert erhöhte Zuschuss als gewährte Leistung.

1.2.3 Aufwendungen für kieferorthopädische Leistungen sind beihilfefähig, wenn
a) die Notwendigkeit und Angemessenheit anhand eines vorzulegenden Heil- und Kostenplans für den gesamten Behandlungszeitraum von der Beihilfestelle festgestellt wird und
b) die behandelte Person bei Behandlungsbeginn das 18. Lebensjahr noch nicht vollendet hat; dies gilt nicht bei schweren Kieferanomalien, die eine kombinierte kieferchirurgische und kieferorthopädische Behandlung erfordern.

1.2.4 Aufwendungen für implantologische Leistungen einschließlich aller damit verbundenen weiteren zahnärztlichen Leistungen sind nur bei Vorliegen einer der folgenden Indikationen beihilfefähig:
a) Nicht angelegte Zähne im jugendlichen Erwachsenengebiss, wenn pro Kiefer weniger als acht Zähne angelegt sind, nach einem einzuholenden Gutachten,
b) bei großen Kieferdefekten in Folge von Kieferbruch oder Kieferresektion, wenn nach einem einzuholenden Gutachten auf andere Weise Kaufähigkeit nicht hergestellt werden kann.

In anderen Fällen sind Aufwendungen für mehr als zwei Implantate pro Kieferhälfte, einschließlich vorhandener Implantate, und die damit verbundenen weiteren zahnärztlichen Leistungen von der Beihilfefähigkeit ausgeschlossen; dabei sind die gesamten Aufwendungen nach Satz 1 entsprechend dem Verhältnis der Zahl der nichtbeihilfefähigen zur Gesamtzahl der Implantate der jeweils geltend gemachten Aufwendungen zu kürzen.

1.3 Werden Leistungen von Gesellschaften oder Unternehmen (z.B. Klinik, Badebetrieb) in Rechnung gestellt, so sind – soweit keine anderen Rechtsvorschriften bestehen – die Aufwendungen insoweit beihilfefähig, als sie im Fall einer Leistung und Berechnung durch einen freiberuflich tätigen Behandler beihilfefähig wären.

1.4 Es gelten folgende Voraussetzungen, Beschränkungen und Höchstbeträge:
1.4.1 Für Heilbehandlungen nach § 6 Abs. 1 Nr. 3 die vom Bundesministerium des Innern in der Anlage 4 zur Bundesbeihilfeverordnung (BBhV) genannten;
1.4.2 für psychotherapeutische Leistungen die in Anlage 2 zur BBhV genannten, abweichend davon sind bei analytischer Psychotherapie ab der 240. Stunde, bei anderen Psychotherapieverfahren ab der 90. Stunde Aufwendungen nur bis zum 1,7-Fachen der Einfachsätze nach den Gebührenordnungen beihilfefähig
1.4.3 für Leistungen der Heilpraktiker die Beträge, die für vergleichbare Leistungen nach der Gebührenordnung für Ärzte angemessen sind.

1.5 Ausschlussregelung, Voranerkennung
Von der Beihilfefähigkeit sind, einschließlich der zugehörigen Materialien, Arznei- und Verbandmittel, ausgeschlossen:
1.5.1 Aufwendungen für die vom Bundesministerium des Innern in Anlage 1 zur BBhV genannten Untersuchungs- und Behandlungsmethoden und die dort genannten Maßgaben;
1.5.2 Akupunktur, sofern nicht die Beihilfegewährung aus besonderen Gründen durch medizinisches Gutachten befürwortet ist oder chronische Schmerzen behandelt werden;
1.5.3 Aufwendungen für psychotherapeutische, psychosomatische oder ähnliche Behandlungen, wenn und soweit sie nach Maßgabe der Anlage 2 zur BBhV des Bundesministeriums des Innern nicht vorher anerkannt oder ausgeschlossen sind.

Hinweise des FM zu Nr. 1 der Anlage
1. Die Hinweise des BMI Nummer 1 bis 5.3 zu § 5 Abs. 1 der BhV des Bundes gelten entsprechend, soweit die BVO und die Hinweise des Finanzministeriums keine eigenständigen Regelungen enthalten. Gleiches gilt für den Anhang 1 „Hinweise zum Gebührenrecht" zu den BhV des Bundes.
2. Heil- und Kostenpläne sind, abgesehen von kieferorthopädischen Behandlungen, nicht für Beihilfezwecke erforderlich und somit nicht beihilfefähig. Aufwendungen für formelle Heil- und Kostenpläne nach GOZ Nr. 003 über prothetische Leistungen (GOZ Abschnitt F) können jedoch als beihilfefähig berücksichtigt werden, wenn der Plan zu den Beihilfeakten gegeben wird und es sich um größere Maßnahmen (z.B. Krone oder Edelmetallfüllungen, Brücke für drei fehlende Zähne, neue Prothese) handelt.
3. Die Beteiligung eines Gutachters für Zahnersatz oder Implantologie kann bei aufwendigem Zahnersatz (z.B. mehrgliedrigen Brücken, zahlreichen Verbindungselementen, Kronen oder Edelmetallfüllungen) zum Zweck der Prüfung in Betracht kommen, ob eine kostengünstigere wirtschaftlichere Lösung möglich erscheint, oder beim Zweifel bestehen, ob eine Indikation im Sinne der Nummer 1.2.4 bis 1.2.6 der Anlage tatsächlich gegeben ist.
4. Die Wartefrist in Nr. 1.2.1 für zahnärztliche Leistungen muss nach einem Urlaub nach §§ 99, 152, 153 LBG oder § 14 Urlaubsverordnung nicht nochmals erfüllt werden.

Anlage zur Beihilfeverordnung

5. Die beihilferechtliche Indikation Einzelzahnlücke nach Nr. 1.2.6 besteht nur, wenn zur ordnungsgemäßen Versorgung der Unterbrechung in der Zahnreihe nicht mehr als 1 Implantat erforderlich ist. Fehlen bei der Indikation Freiendlücke die Zähne 8 und 7, so ist nur 1 Implantat beihilfefähig; fehlt auch noch der Zahn 6 (und ggf. 5), so sind 2 Implantate beihilfefähig.
6. Vor- und nachstationäre Leistungen, die von nach § 108 SGB V zugelassenen Krankenhäusern erbracht werden, sind nach § 115a SGB V in Verbindung mit § 17 Abs. 1 KHG auch für durch Sozialversicherte in einheitlicher Höhe zu berechnen. In diesen Fällen ist somit nicht Nr. 1.3 der Anlage, sondern § 5 Abs. 1 letzter Satz BVO einschlägig.
7. Für den Vergleich der Leistungen eines Heilpraktikers nach Nummer 1.4.3 der Anlage ist die vom BMI herausgegebene Gegenüberstellung des Gebührenverzeichnisses für Heilpraktiker zur GOÄ (Anlage zu Nummer 2 der Hinweise „Anhang zum Gebührenrecht") zugrunde zu legen.
8. Besondere Gründe im Sinne der Nummer 1.5.2 sind grundsätzlich bei erfolgloser Ausschöpfung der in Betracht kommenden Behandlungsmethoden der Schulmedizin gegeben.
9. Nach § 6 Abs. 2 von der Beihilfefähigkeit ausgeschlossen sind auch die in Nummer 5 der Anlage 1 zu den BhV genannten Behandlungsverfahren, auch außerhalb psychotherapeutischer Behandlung.
10. Ergänzend zu Anlage l zu den BhV des Bundes sind die Hinweise 5 bis 5.7 zu § 6 Abs.1 Nr. 1 BhV, auch bezüglich der Formblätter, anzuwenden.

2. Hilfsmittel

2.1 Die notwendigen und angemessenen Aufwendungen für Anschaffung, Miete und Ersatz der Hilfsmittel und Geräte zur Selbstbehandlung und Selbstkontrolle nebst Zubehör sind im Rahmen der Höchstbeträge beihilfefähig, wenn sie vom Arzt schriftlich verordnet und nachstehend aufgeführt sind:

Abduktionslagerungskeil
Absauggerät (z.B. bei Kehlkopferkrankung)
Adaptionen für diverse Gebrauchsgegenstände (z.B. bei Schwerstbehinderten zur Erleichterung der Körperpflege und der Nahrungsaufnahme, Universalhalter)
Aircast-Fußgelenkstütze
Alarmgerät für Epileptiker
Anatomische Brillenfassung
Anti-Varus-Schuh
Anus-praeter-Versorgungsartikel
Anzieh-/Aussziehhilfen
Aquamat (Spezialkanüle für Kehlkopflose)
Arthrodesensitzkissen
Arthrodesensitzkoffer (Nielsen)
Arthrodesenstuhl
Atomiseur (zur Medikamenten-Aufsprühung)
Aufrichteschlaufe
Auftriebshilfe (bei Schwerstbehinderten)
Augenschielklappe, auch als Folie
Autokindersitz mit individueller schwerstbehindertengerechter Ausstattung, soweit sie 76 Euro übersteigen
Badewannensitz nur bei Schwerstbehinderung, Totalendo-
prothese, Hüftgelenk-Luxationsgefahr, Polyarthritis
Badewannenverkürzer
Ballspritze
Behindertenspezialfahrzeug für außerhalb der Wohnung bis zum Höchstbetrag von 2.600 Euro
Behinderten-Dreirad oder Behinderten-Zweirad mit Stützrädern, unter Abzug eines Eigenanteils von 200 Euro, zur Therapie
Behindertenstuhl, -sessel oder Zimmerrollstuhl bis zum Höchstbetrag von 1.300 Euro
Bestrahlungsmaske für ambulante Strahlentherapie
Bettnässer-Weckgerät
Beugebandage
Billroth-Batist-Lätzchen
Blasenfistelbandage
Blindenführhund (einschließlich Geschirr, Hundeleine, Halsband, Maulkorb)
Blindenlangstock, Blindenstock, Blindentaststock
Blindenleitgerät (Ultraschallbrille, Ultraschall-Leitgerät)
Blindenschriftmaschine
Blutkoagulometer
Blutlanzette
Blutzuckermessgerät
Bracelet
Bruchband
Closett-Matratze (im häuslichen Bereich bei dauernder Bettlägerigkeit und bestehender Inkontinenz)
Communicator (bei dysarthrischen Sprachstörungen)
Decubitus-Schutz-Mittel, z.B. Auf-/Unterlagen für das Bett, Spezialmatratzen, -Keile, -Kissen, Auf-/Unterlagen für den Rollstuhl, Schützer für Ellenbogen, Unterschenkel und Füße
Delta-Gehrad
Drehscheibe, Umsetzhilfen
Druckbeatmungsgerät
Duschsitz/-stuhl
Einlagen, orthopädische, für Schuhe, nicht paarweise
Einmal-Schutzhosen bei Querschnittsgelähmten
Ekzem-Manschette
Epicondylitisbandage/-spange mit Pelotten
Ergometer nach Herzinfarkt bei Notwendigkeit einer exakten Leistungskontrolle
Ernährungssonde und -pumpe
Farberkennungsgerät für Blinde
Fersenschutz (Kissen, Polster, Schale, Schoner)
Fixationshilfen (Mini)-Fonator
Gehgipsgalosche
Gehhilfen und -übungsgeräte
Gerät zur Behandlung mit elektromagnetischen Wechselfeldern bei atropher Pseudarthrose, Endoprothesenlockerung, idiopathischer Hüftnekrose und verzögerter Knochenbruchheilung
Gerät zur Behandlung von muskulären Inaktivitätsatrophien
Gerät zur Elektrostimulationsbehandlung der idiopathischen Skoliose (Scolitron-Gerät, Skolitrosegerät)
Gerät zur transkutanen Nervenstimulation (TNS-Gerät)
Gipsbett, Liegeschale
Gummihose bei Blasen- oder/und Darminkontinenz
Gummistrümpfe
Halskrawatte, Hals-, Kopf-, Kinnstütze
Hebekissen
Heimdialysegerät
Helfende Hand, Scherenzange
Herz-Atmungs-Überwachungsgerät (-monitor)
Herzschrittmacher einschl. Kontrollgerät und Schutzbandage
Hörgeräte (C.R.O.S.-Gerät, Hörbrille, drahtlose Hörhilfe, HdO- und Im-Ohr-Geräte, Hör-
Sprachtrainer, Infrarot- Kinnbügel-Hörer, Otoplastik, Taschengerät)
Hüftbandage (z.B. Hohmannbandage)
Impulsvibrator (Abklopfgerät, z.B. bei Mucoviscidose, Pankreasfibrose)
Infusionsbesteck bzw. -gerät
Inhalationsgerät (auch Sauerstoff), jedoch kein Luftbefeuchter, -filter, -wäscher
Innenschuh, orthopädischer
Insulinapplikationshilfen (Insulindosiergerät, -pumpe, -injektor)
Iontophoresegerät bei Hyperhidrosis
Ipos-Redressionskorrektur-Schühchen
Ipos-Vorfußentlastungsschuh
Kanülen
Katheter, auch Ballonkatheter
Klumpfußschiene
Klumphandschiene
Klyso
Kniekappe/Kniebandage/Kreuzgelenkbandage
Kniepolster/Knierutscher bei Unterschenkelamputation
Knöchel- und Gelenkstützen
Körperersatzstücke
Kompressionsstrümpfe, -strumpfhose
Koordinator nach Schielbehandlung

Anlage zur Beihilfeverordnung

Kopfring mit Stab, Kopfschreiber
Kopfschützer
Krabbler für Spastiker
Krampfaderbinde
Krankenfahrstuhl, handbetrieben oder elektrisch
Krankenstock
Kreuzstützbandage
Krücke
Latextrichter bei Querschnittlähmung
Leibbinde; jedoch nicht: Nieren-, Flanell- und Wärmeleibbinden
Lesehilfen:
Leseständer, Blattwendestab, Blattwendegerät, Blattlesegerät (auch Würzburger Bettlesegerät), Auflagegestell
Lesehilfen, elektronisch für stark Sehbehinderte und Blinde (z.B. Bildschirmlesegerät, elektronische Sprachausgabe für Computer, Lesephon, Reading-Edge, Open Book, Optacon)
Lichtsignalanlage für Gehörlose und hochgradig Schwerhörige
Lifter: Krankenlifter, Multilift, Bad-Helfer, Krankenheber, Badewannenlifter
Lispelsonde
Mangoldsche Schnürbandage
Maßschuhe, orthopädische, die nicht serienmäßig herstellbar sind, soweit die Aufwendungen 35 Euro pro Schuh übersteigen (bei Kindern: 25 Euro)
Milchpumpe
Mundstab, Mundgreifstab
Narbenschützer
Orthese, Orthoprothese, Korrekturschienen, Korsetts sowie Haltemanschetten, Stützapparate und dergl.
Orthonyxie-Nagelkorrekturspange
Orthopädische Zurichtungen an Konfektionsschuhen, soweit sie pro Schuh 12 Euro übersteigen
Pavlikbandage
Perücke oder Toupet bis zum Höchstbetrag von 650 Euro, bei Personen über 15 Jahren höchstens 2 Stück innerhalb von 4 Jahren, in folgenden Fällen
– bei entstellendem partiellen Haarausfall
– bei verunstaltenden Narben
– bei totalem oder sehr weitgehenden Haarausfall
Pflegebett oder Pflegebettrost bei häuslicher Pflege nach § 9, insgesamt höhenverstellbar
Polarimeter
Pulsoxymeter
Quengelschiene
Reflektometer
Rollbrett
Rutschbrett
Schaumstoff-Therapie-Schuh, soweit die Aufwendungen 25 Euro pro Schuh übersteigen
Schede-Rad
Schrägliegebrett
Schutzbrille für Blinde
Schutzhelm für Behinderte
Schwellstromapparat
Segufix-Bandagensystem
Sehhilfe; Brillengestelle jedoch nur entsprechend nachstehender Nummer 2.2.1
Sitzschale, wenn Korsett nicht ausreicht
Skolioseumkrümmungsbandage
Spastikerhilfen (auch Gymnastik-, Übungsgeräte)
Sphinkter-Stimulator
Sprachverstärker
Spreizfußbandage
Spreizhose, Spreizschale, Spreizwagenaufsatz
Spritzen
Stehübungsgerät
Stomaversorgungsartikel, Sphinkter-Plastik
Strickleiter
Strubbies
Stumpfschutzhülle
Stumpfstrumpf
Suspensorium
Symphysen-Gürtel
Teleskoprampe
Therapeutisches Bewegungsgerät
Tinnitus-Masker, auch in Kombination mit Hörgerät
Toilettenhilfen bei Schwerbehinderten
Tracheostomaversorgungsartikel, auch Wasserschutzgerät (Larchel)
Tragegurtsitz
Treppenraupe
Übungsschiene
Urostomie-Beutel
Vibrationstrainer bei Taubheit
Wasserfeste Gehhilfe
Wechseldruckgerät
Wright-Peak-Flow-Meter
Zyklomat-Hormon-Pumpe und Set.

Die Aufwendungen für die Anschaffung sind nicht beihilfefähig, wenn das Eigentum einem anderen als der beihilfeberechtigten oder berücksichtigungsfähigen Person zusteht, insbesondere wenn der Gegenstand nur im Ausleihverfahren zur Verfügung gestellt wird. Ist eine Beihilfe für die Anschaffung gewährt und das Eigentum einem anderen überlassen worden, so ist der Beihilfeberechtigte zur unverzüglichen Unterrichtung der Beihilfestelle und anteiligen Erstattung der Beihilfe nach dem Zeitwert verpflichtet. Neben der kurzzeitigen Miete oder einer Anschaffung kommt auch die langfristige Gebrauchsüberlassung gegen Einmalbetrag (Fallpauschale) in Betracht; beihilfefähig ist die finanziell günstigste Form.

2.2 Auch ohne ärztliche Verordnung sind beihilfefähig die Aufwendungen für

2.2.1 Brillengestelle bei erstmaliger Anschaffung einer Fernbrille und einer Nahbrille, oder wenn die Anschaffung des letzten Gestells für die Fern- oder die Nahbrille mindestens drei Jahre zurückliegt oder das vorhandene nicht mehr brauchbar ist, jeweils bis 20,50 Euro;

Hinweis der Redaktion: Soweit Sehhilfen berufsbedingt erforderlich sind – z.B. (spezielle) Sehhilfen für Lehrkräfte an Bildschirmarbeitsplätzen, die aufgrund einer Untersuchung nach § 6 Abs. 1 der Bildschirmarbeitsverordnung angepasst sind –, handelt es sich um sächliche Kosten, die vom Schulträger zu tragen sind. (Quelle: KM, 21.5.2003; AZ: 32-0304.57/87)

→ Bildschirmarbeitsverordnung § 6 Abs. 1

2.2.2 vom Optiker angepasste Brillengläser oder Kontaktlinsen. Aufwendungen für die Refraktionsbestimmung sind bis zu 13 Euro je Sehhilfe beihilfefähig;

2.2.3 Aufwendungen für Betrieb und Unterhaltung der Hilfsmittel und Geräte, soweit sie innerhalb eines Kalenderjahres über 100 Euro hinausgehen.

Nicht beihilfefähig sind Aufwendungen für Batterien für Hörgeräte von Personen über 18 Jahren, für elektrischen Strom sowie für Pflege- und Reinigungsmittel;

2.2.4 Reparaturen beihilfefähiger Hilfsmittel und Geräte, höchstens bis zu dem bei Ersatzanschaffung beihilfefähigen Betrag.

2.3 Zu den Hilfsmitteln und Geräten gehören nicht Gegenstände von geringem oder umstrittenem therapeutischen Nutzen oder geringem Preis, oder die dem Bereich der allgemeinen Lebenshaltung zuzurechnen sind. Dies gilt auch für behindertengerecht veränderte Gegenstände sowie Bade- und Turnbekleidung, Bandscheibenmatratzen, Bestrahlungslampen und -geräte (ausgenommen zur Psoriasisbehandlung), Blutdruckmessgeräte, Fieberthermometer, Fitnessgeräte (Heimtrainer und dergleichen), Gesundheitsschuhe, Hausnotruf, Heizkissen, Heizdecken, Liegestühle, Luftbefeuchter und -filter, Mieder, Mundduschen, Personenkraftwagen einschließlich behindertengerechter Einbauten, Rheumawäsche, Tische, Treppenlifte, Zahnbürsten (auch elektrische). § 9 Abs.11 bleibt unberührt.

Anlage zur Beihilfeverordnung

2.4 Das Finanzministerium kann durch Verwaltungsvorschrift Hilfsmittel und Geräte, die vorstehend nicht ausdrücklich genannt sind, einer der vorstehenden Nummern 2.1 bis 2.3 zuordnen; es kann, auch ergänzend zu Nummer 2.1, durchschnittlich ausreichende Höchstbeträge sowie Eigenbehalte wegen Lebenshaltungskosten festlegen. Im Übrigen ist eine Beihilfegewährung auch ohne Vorliegen eines besonderen Härtefalls unter den sonstigen Voraussetzungen des § 5 Abs. 6 nur mit Zustimmung des Finanzministeriums zulässig.

Hinweise des Finanzministeriums zu Nr. 2 der Anlage

1. Für teure Hilfsmittel kann Beihilfe mit der Auflage gewährt werden, dass bei Rückkauf des Hilfsmittels durch den Lieferanten oder bei sonstigem Wiederverkauf die Beihilfe anteilig entsprechend dem Beihilfebemessungssatz zurückzuzahlen ist.
2. Der Betrag von 100 Euro in Nr. 2.2.3 der Anlage wird für Kalenderjahre, in denen die Beihilfeberechtigung für weniger als sechs Monate bestand, auf 50 Euro ermäßigt.
3. Nach Nummern 2.3 und 2.4 der Anlage sind die Kosten für die folgenden Gegenstände nicht beihilfefähig:

- Adimed-Stabil-Schuhe und vergleichbare Schuhe
- Adju-Set Sano
- Angorawäsche
- Aqua-Therapie-Hose
- Arbeitsplatte zum Rollstuhl
- Armtragegurt
- Augenbadewanne
- Augenheizkissen
- Autofahrerrückenstütze
- Autokindersitz in Normalausführung
- Autokofferraumlifter
- Autolifter
- Badeanzug für Brustprothesenträgerin
- Badestrumpf
- Badewannengleitschuh
- Badewannenkopfstütze
- Badewannenmatte
- Bandagen, soweit nicht in Nummer 2 der Anlage aufgeführt
- Basalthermometer
- Basisrampe
- Bauchgurt
- Berkemannsandalen
- Bestrahlungsgeräte für ambulante Strahlentherapie
- Bett, -brett, -decken, -füllung, -lagerungskissen, -platte, -rost, -stütze, -tisch, -überzüge
- Bidet
- Bill-Wanne
- Blinden-Schreibsystem
- Blinden-Uhr
- Blutdruckmessgerät
- Computer
- Corolle-Schuh
- Dusche
- Einkaufsnetz
- Einmal-Handschuhe
- Eisbeutel und Kompressen
- Elektrische Schreibmaschine
- Elektrische Zahnbürste
- Elektrofahrzeuge LARK, Graf Carello
- Elektro-Luftfilter
- Electronic-Muscle-Control (EMC)
- Elektronisches Notizbuch
- Ess- und Trinkhilfen
- Expander
- Fieberthermometer
- Fingerling
- Fingerschiene
- Fußgymnastik-Rolle, Fußwippe, WIP-Venentrainer
- Ganter-Aktiv-Schuhe
- Garage für Behindertenspezialfahrzeug, Krankenfahrstuhl
- Glasstäbchen
- Handgelenksriemen
- Handschuhe
- Handtrainer
- Hängeliege
- Hantel, Federhantel
- Hausnotrufsystem
- Hautschutzmittel
- Heimtrainer
- Heizdecke, -kissen
- Hilfsgeräte für Hausarbeit
- Holzsandalen
- Höhensonne
- Hörkissen
- Hörkragen Akusta-Coletta
- Intraschallgerät „Novafon"
- Inuma-Gerät (alpha, beta, gamma)
- Ionisator, Ionopront, außer: Iontophoresegerät
- Katzenfell
- Klingelleuchte
- Knetmaterial
- Knickfußstrumpf
- Knoche Natur-Bruch-Slip
- Kolorimeter
- Kommunikationssystem
- Kraftfahrzeug einschl. behindertengerechter Einbauten Krankenbett, Ausnahme: Pflegebett und Antidecubitusbett
- Kreislaufgerät „Schiele"
- Lagerungskissen, -stütze, außer Abduktionslagerungskeil
- Language-Master
- Linguaduc-Schreibmaschine
- Luftbefeuchter, Luftreinigungsgeräte
- Luftpolsterschuh
- Magnetfolie
- Massagegerät, ausgenommen Wechseldruckgerät
- Monophonator
- Munddusche
- Mundsperrer
- Nackenheizkissen
- Nagelspange Link
- Öldispersionsapparat
- Orthopädische Bade- oder Turnschuhe, ausgenommen bei notwendigem Behindertensport
- Prothesenschuh
- Pulsfrequenzmesser
- Rotlichtlampe
- Rückentrainer
- Salbenpinsel
- Sandbox
- Schlaftherapiegerät
- Schreibtelefon, ausgenommen bei sprachbehinderten Schülern
- Sessel und Stühle ohne spezielle behindertengerechte Ausstattung (wie Aufrichthilfe, Katapultsitz, Rollen und Schiebegriffe)
- Sicherheitsschuh, orthopäd.
- Spezialtastatur, ausgenommen Groß- oder Minitastatur, wenn schriftliche Verständigung anders nicht möglich ist
- Spirometer
- Spranzbruchband
- Sprossenwand
- Sterilisator
- Stimmübungssystem für Kehlkopflose
- Stockständer
- Strumpfhose
- Stützstrumpf, ausgenommen Kompressionsstrumpf
- Stufenbett
- Suntronic-System (AS 43)
- Taktellgerät
- Tamponapplikator
- Tandem für Behinderte
- Telefonhalter, -verstärker
- Therapeutische Wärmesegmente
- Treppenlift, Monolift, Plattformlift
- Tünkers-Butler
- Übungsmatte
- Umweltkontrollgerät
- Urinal
- Urin-Prüfgerät Uromat
- Venenkissen, -nachtstrumpf
- Waage
- Wandstandgerät
- Zahnpflegemittel
- Zehenkorrektursandale
- Zweirad für Behinderte
- Zweit- und Mehrfachbeschaffung gleichartiger Gegenstände, sofern nicht medizinisch begründet.

Schlussvorschriften

1. Zusicherungen

Hat der Beihilfeberechtigte Zweifel, ob die Kosten einer vorgesehenen Maßnahme oder einer bestimmten Aufwandsart beihilfefähig sind, kann er sich jederzeit mit der Bitte um Auskunft oder um Anerkennung der Beihilfefähigkeit dem Grunde nach (Anerkennungsbescheid) an seine Beihilfestelle wenden. Zusicherungen auf Leistungen sind nur dann wirksam, wenn sie in Schriftform erteilt sind, siehe dazu § 38 LVwVfG.

2. Andere Rechtsgrundlage

Sofern sich die Beihilfeberechtigung nicht unmittelbar aus der BVO ... ergibt – z.B. bei Angestellten ... aufgrund von Arbeits- und Tarifverträgen – gilt diese Verwaltungsvorschrift nur dann und insoweit, als sich aus den diese Beihilfeberechtigung begründenden Bestimmungen nichts Abweichendes ergibt ...).

→ Arbeitszeit (Rekonvaleszenzregelung); → Beamtengesetz; → Beihilfe; → Beihilfe (Arbeitnehmer); → Beihilfe (Kuren); → Beihilfe (Urlaub ohne Bezüge); → Besoldung (Gesetz); → Krankenversicherung; → Landesamt; → Mutterschutz (Verordnung / AzUVO) ; → Pflegeversicherung; → Sozialversicherungsbeiträge; → Verwaltungsrecht

Belohnungen und Geschenke

Annahme von Belohnungen und Geschenken; Handreichung des Kultusministeriums vom Oktober 2007

Die Lehrkraft darf keine Belohnungen oder Geschenke in Bezug auf ihr Amt annehmen (§ 89 Landesbeamtengesetz und § 3 Abs. 3 TV-L). Ausnahmen bedürfen der Zustimmung. Zuständig für die Entscheidung ist ... die Schulleiterin bzw. der Schulleiter.

➔ Beamtengesetz § 3 (Kasten); ➔ Tarifvertrag (Länder)

Hinweise der Redaktion:
1. Seit dem Dienstrechtsreformgesetz gilt für beamtete Lehrkräfte § 42 BeamtStG. Danach dürfen Beamtinnen und Beamte keine Belohnungen, Geschenke oder sonstige Vorteile in Bezug auf das Amt fordern, sich versprechen lassen oder annehmen – auch nicht für eine dritte Person. Es ist also nicht zulässig, das allgemeine Verbot dadurch zu umgehen, dass man z.B. dem Ehepartner der Lehrkraft ein Geschenk macht. Das Verbot der Geschenkannahme gilt auch nach Beendigung des Beamtenverhältnisses.
2. Bei Schulleiter/innen entscheidet die jeweilige Schulaufsichtsbehörde über die Zulassung von Ausnahmen.

1. Allgemeine Maßstäbe

Die Einzelheiten sind in der Verwaltungsvorschrift zu § 89 LBG (Anlage) geregelt. Generell gilt: Eine feste Wertgrenze, bis zu der Geschenke angenommen werden dürfen, lässt sich nicht angeben.

Maßgeblich ist vielmehr in welcher Situation und von wem die Lehrkraft ein Geschenk erhält. Entscheidend ist, ob dadurch der Eindruck entstehen kann, dass das Geschenk Einfluss auf eine Amtshandlung nehmen könnte.

Das ist bei Geschenken von Einzelpersonen in viel höherem Maße anzunehmen als bei Geschenken „der Klasse" (bzw. deren Eltern) als Gruppe.

Wird das Geschenk im zeitlichen Zusammenhang mit einer Amtshandlung (z.B. vor den Grundschulempfehlungen, Versetzungsentscheidungen) gegeben, ist ein besonders strenger Maßstab anzulegen.

2. Fallgruppen

Geschenke, die von einer Klasse (bzw. den Eltern) zur Verabschiedung einer Lehrkraft gemacht werden, können im gesellschaftlich üblichen Rahmen akzeptiert werden.

Bei Geschenken, die Lehrkräfte von Einzelpersonen, beispielsweise von den Eltern einer Schülerin oder eines Schülers erhalten, ist ein sehr strenger Maßstab anzulegen. Nur kleine Aufmerksamkeiten, die beispielsweise aus Anlass des Geburtstags oder eines Feiertags gemacht werden, sind zulässig. Der Wert darf 5 Euro nicht übersteigen. Geschenke außerhalb solcher Anlässe, die in Verbindung mit einer Amtshandlung (z.B. Notengebung) gebracht werden könnten, sind stets zurückzuweisen.

Geschenke von Schülerinnen und Schülern mit einem überwiegend ideellen Wert (z.B. Bastelarbeiten) können angenommen werden.

3. Verfahren

Soweit die Genehmigung nicht nach Ziff. 6 der ... VwV zu § 89 als allgemein erteilt angesehen werden kann und die Lehrkraft einen schriftlichen Antrag stellt (Ziff. 5 der VwV), ist dieser ebenso wie die schriftliche Entscheidung der Schulleitung in die bei der Schule geführte Teilakte (jetzt: ➔ Beamtengesetz § 88; *Anm.d. Red.*) aufzunehmen. Eine Übersendung des Vorgangs an die Schulaufsichtsbehörden ist damit entbehrlich.

Hinweis der Redaktion: Bis zum Erlass einer neuen VwV ist die unten abgedruckte Anlage weiterhin zu beachten.

Anlage zu Nr. 1

Auszug aus der Verwaltungsvorschrift des Innenministeriums zu § 89 LBG (alt)

1 Ein Beamter muss jeden Anschein vermeiden, im Rahmen der Amtsführung für persönliche Vorteile empfänglich zu sein. Ein Beamter darf, auch nach Beendigung des Beamtenverhältnisses, keine Belohnungen oder Geschenke in Bezug auf sein Amt annehmen. Ausnahmen bedürfen der Zustimmung seiner gegenwärtigen oder letzten zuständigen Behörde.

2 »Belohnungen« oder »Geschenke« im Sinne des § 89 sind nicht nur Geld oder Sachwerte, sondern auch alle anderen Zuwendungen einschließlich Dienstleistungen, auf die der Beamte keinen Rechtsanspruch hat und die ihm einen Vorteil verschaffen, ihn also objektiv besser stellen. Ein derartiger Vorteil kann insbesondere bestehen in
 - der Überlassung von Gutscheinen (z.B. Eintrittskarten), Telefon-, Geld- oder Kreditkarten oder von Gegenständen (z.B. Baumaschinen, Fahrzeugen) zum privaten Gebrauch oder Verbrauch,
 - besonderen Vergünstigungen bei Privatgeschäften (z.B. zinslosen oder zinsgünstigen Darlehen, Bürgschaften),
 - der Gewährung von Preisnachlässen, die nicht allen Angehörigen des öffentlichen Dienstes, Mitgliedern berufsständischer oder gewerkschaftlicher Vereinigungen oder einer allgemeinen Berufsgruppe, der der Beamte angehört, generell eingeräumt werden,
 - der Überlassung von Fahrkarten oder Flugtickets oder der Mitnahme auf Reisen (z.B. Urlaubsreisen),
 - Bewirtungen oder der Gewährung von Unterkunft,
 - erbrechtlichen Begünstigungen (z.B. der Einsetzung als Erbe oder dem Bedenken mit einem Vermächtnis).

 Ein Vorteil kann auch darin bestehen, wenn der Beamte zwar einen Anspruch auf eine Gegenleistung hat (z.B. aus einer genehmigten privaten Nebentätigkeit), seine Leistung aber in keinem angemessenen Verhältnis zur gewährten Gegenleistung steht.

3 Es kommt nicht darauf an, ob der Vorteil von der zuwendenden Person unmittelbar oder in ihrem Auftrag von Dritten gewährt wird.

 Für die Anwendbarkeit der Vorschrift ist es auch ohne Bedeutung, ob der Vorteil dem Beamten unmittelbar oder – zum Beispiel bei Zuwendungen an Angehörige oder Vereine, denen er angehört – nur mittelbar zugute kommt. Die beabsichtigte Weitergabe von Vorteilen an Dritte (z.B. Verwandte, Bekannte, andere Bedienstete, Gemeinschaftseinrichtungen oder soziale Einrichtungen) oder für Gemeinschaftsveranstaltungen rechtfertigt nicht deren Annahme; auch in diesen Fällen muss die zuständige Behörde der ausnahmsweisen Annahme zustimmen.

4 »In Bezug auf das Amt« ist ein Vorteil immer dann gewährt, wenn die zuwendende Person sich davon bestimmen oder mitbestimmen lässt, dass der Beamte ein bestimmtes Amt bekleidet oder bekleidet hat. Ein Bezug zu einer bestimmten Amtshandlung ist nicht erforderlich. Zum »Amt« gehören sowohl das Hauptamt als auch jedes Nebenamt und jede sonstige auf Verlangen, Vorschlag oder Veranlassung des Dienstvorgesetzten ausgeübte Nebentätigkeit. »In Bezug auf das Amt« gewährt kann auch eine Zuwendung sein, die der Beamte durch eine im Zusammenhang mit seinen dienstlichen Aufgaben stehende Nebentätigkeit oder in einem im Zusammenhang mit seinen dienstlichen Aufgaben wahrgenommenes öffentliches Ehrenamt erhält.

Nicht »in Bezug auf das Amt« gewährt sind Vorteile, die ausschließlich mit Rücksicht auf Beziehungen innerhalb der privaten Sphäre gewährt werden. Derartige Beziehungen dürfen aber nicht mit Erwartungen in Bezug auf die dienstliche Tätigkeit des Beamten verknüpft sein. Erkennt der Beamte, dass an den persönlichen Verkehr derartige Erwartungen geknüpft werden, darf er weitere Vorteile nicht mehr annehmen.

5 Der Beamte darf eine Zuwendung, für deren ausnahmsweise Annahme die Zustimmung nicht nach Nummer 15 allgemein erteilt oder nach Nummer 6 als allgemein erteilt anzusehen ist, nur annehmen, wenn die zuständige Behörde zugestimmt hat. Hat der Beamte Zweifel, ob die Annahme eines Vorteils unter § 89 LBG fällt oder ob die Zustimmung allgemein erteilt oder als allgemein erteilt anzusehen ist, hat er die Zustimmung ebenfalls zu beantragen.

Die Zustimmung ist in der Regel schriftlich zu beantragen. Dabei hat der Beamte die für die Entscheidung maßgeblichen Umstände vollständig mitzuteilen.

Kann die Zustimmung nicht rechtzeitig herbeigeführt werden, so darf der Beamte die Zuwendung ausnahmsweise vorläufig annehmen, muss die Zustimmung aber unverzüglich beantragen. Er hat grundsätzlich den ausdrücklichen Vorbehalt zu erklären, die Zuwendung wieder zurückzugeben, falls deren Annahme nicht zugestimmt wird; auf die Erklärung des Vorbehalts kann insbesondere unter den Voraussetzungen der Nummer 7 Abs. 2 Satz 2 verzichtet werden.

6 Als allgemein erteilt anzusehen ist die Zustimmung für die Annahme
- von nach allgemeiner Auffassung nicht zu beanstandenden geringwertigen Aufmerksamkeiten (z.B. Massenwerbeartikeln wie Kalendern, Kugelschreibern, Schreibblocks, sofern es sich dabei um Artikel einfacher Art handelt),
- von Geschenken aus dem Mitarbeiterkreis des Beamten (z.B. aus Anlass eines Geburtstags oder Dienstjubiläums) im herkömmlichen Umfang,
- von Vorteilen, die die Durchführung eines Dienstgeschäfts erleichtern oder beschleunigen (z.B. die Abholung mit einem Fahrzeug vom Bahnhof),
- üblicher und angemessener Bewirtung aus Anlass oder bei Gelegenheit dienstlicher Handlungen, Besprechungen, Besichtigungen oder dergleichen, wenn sie ihren Grund in den Regeln des Verkehrs und der Höflichkeit haben, denen sich auch ein Beamter nicht entziehen kann, ohne gegen gesellschaftliche Normen zu verstoßen,
- üblicher und angemessener Bewirtung bei allgemeinen Veranstaltungen, an denen der Beamte im Rahmen seines Amts, in dienstlichem Auftrag oder mit Rücksicht auf die ihm durch sein Amt auferlegten gesellschaftlichen Verpflichtungen teilnimmt (z.B. Einführung und Verabschiedung von Amtspersonen, offiziellen Empfängen, gesellschaftlichen und kulturellen Veranstaltungen, die der Pflege dienstlicher Interessen dienen, Jubiläen, Grundsteinlegungen, Richtfesten, Einweihungen, Eröffnungen von Ausstellungen, Betriebsbesichtigungen, Sitzungen von Organen wirtschaftlicher Unternehmen, an denen die öffentliche Hand beteiligt ist).

7 Die Zustimmung zur Annahme anderer Zuwendungen ist die Ausnahme. Sie soll nur unter Anlegung strenger Maßstäbe erteilt werden.

Die Zustimmung darf nur erteilt werden, wenn nach Lage des Falles nicht zu besorgen ist, dass die Annahme der Zuwendung die objektive Amtsführung des Beamten beeinträchtigt oder bei dritten Personen, die von der Zuwendung Kenntnis erlangen, den Eindruck seiner Befangenheit entstehen lassen könnte. Eine solche Besorgnis wird insbesondere bei persönlichen Geschenken im Zusammenhang mit dienstlichen Kontakten mit ausländischen staatlichen Stellen zu verneinen sein, wenn die Geschenke nach internationalen Gepflogenheiten nicht zurückgewiesen werden können.

Die Zustimmung soll grundsätzlich nicht erteilt werden, wenn die Zuwendung aus öffentlichen Mitteln erfolgt, weil Zuwendungen aus Mitteln der öffentlichen Hand an Angehörige des öffentlichen Dienstes unangebracht sind. Dies gilt auch für Zuwendungen wirtschaftlicher Unternehmen, an denen die öffentliche Hand überwiegend beteiligt ist.

Die Zustimmung darf nicht erteilt werden, wenn mit der Zuwendung von Seiten der zuwendenden Person erkennbar eine Beeinflussung des amtlichen Handelns beabsichtigt ist oder in dieser Hinsicht Zweifel bestehen.

8 Die Zustimmung soll schriftlich erteilt werden. Sie kann mit der Auflage erteilt werden, die Zuwendung an eine soziale Einrichtung, an den Dienstherrn oder an eine sonstige Körperschaft, Anstalt oder Stiftung des öffentlichen Rechts weiterzugeben; in der Regel wird es zweckmäßig sein, die zuwendende Person von der Weitergabe der Zuwendung zu unterrichten. Die Zuwendung kann dem Beamten ausnahmsweise auch belassen werden, sofern er sich bereiterklärt, den Wert der Zuwendung zu erstatten.

9 Der Beamte ist verpflichtet, seinen Dienstvorgesetzten unverzüglich über jeden Versuch zu unterrichten, seine Amtsführung durch das Angebot von Belohnungen oder Geschenken oder durch ihm mittelbar zugute kommende Vorteile zu beeinflussen.

10 Strafrechtliche Rechtsfolgen

Ein Beamter, der für eine im Zusammenhang mit seinem Amt stehende, in sich nicht pflichtwidrige Dienstausübung einen Vorteil für sich oder einen Dritten fordert, sich versprechen lässt oder annimmt, macht sich strafrechtlich der Vorteilsannahme schuldig, die nach § 331 Abs. 1 des Strafgesetzbuches (StGB) mit Freiheitsstrafe bis zu drei Jahren oder mit Geldstrafe bestraft wird. Die vorherige oder nachträgliche Zustimmung der zuständigen Behörde zur Annahme eines Vorteils schließt die Strafbarkeit der Tat gemäß § 331 Abs. 3 StGB nicht aus, wenn der Vorteil vom Beamten gefordert worden ist. Enthält die zurückliegende oder künftige Diensthandlung, für die der Beamte einen Vorteil für sich oder einen Dritten als Gegenleistung fordert, sich versprechen lässt oder annimmt, eine Verletzung seiner Dienstpflichten, so ist der Tatbestand der Bestechlichkeit gegeben, für die § 332 Abs. 1 StGB eine Freiheitsstrafe bis zu fünf Jahren, in besonders schweren Fällen bis zu zehn Jahren (§ 335 StGB) androht. Bereits der Versuch ist strafbar. ...

11 Beamten- und disziplinarrechtliche Rechtsfolgen

Wird ein Beamter wegen Vorteilsannahme oder Bestechlichkeit zu einer Freiheitsstrafe von einem Jahr oder längerer Dauer verurteilt, so endet das Beamtenverhältnis kraft Gesetzes mit der Rechtskraft des Urteils (§ 66 Abs. 1). Ist der Beamte mit Begehung der Tat in den Ruhestand getreten, so verliert er mit der Rechtskraft der Entscheidung seine Rechte als Ruhestandsbeamter (§ 59 Abs. 1 Nr. 1 BeamtVG). Wird eine geringere Strafe verhängt, so wird in der Regel ein förmliches Disziplinarverfahren durchgeführt, bei dem der Beamte mit Maßnahmen bis zur Entfernung aus dem Dienst, der Ruhestandsbeamte bis zur Aberkennung des Ruhegehalts rechnen muss.

Unabhängig von der strafrechtlichen Beurteilung stellt ein schuldhafter Verstoß gegen das Verbot der Annahme von Belohnungen oder Geschenken bei einem Beamten ein disziplinarrechtlich zu untersuchendes Dienstvergehen dar (§ 95 Abs. 1). Bei einem Ruhestandsbeamten oder früheren Beamten mit Versorgungsbezügen gilt es nach § 95 Abs. 2 Nr. 3 als Dienstvergehen, wenn er schuldhaft gegen das Verbot der Annahme von Belohnungen oder Geschenken in Bezug auf sein früheres Amt verstößt.

12 Weitere Rechtsfolgen, Schadenersatz
Neben der Verhängung einer Freiheits- oder Geldstrafe sind weitere Rechtsfolgen gesetzlich vorgesehen, z.b. dass das Eigentum an dem aus der rechtswidrigen Tat Erlangten auf den Staat übergeht (Verfall, §§73 ff. StGB). – Darüber hinaus haftet ein Beamter für den durch seine rechtswidrige und schuldhafte Tat entstandenen Schaden (§ 96).

13 Belehrung
Beamte sind bei Einstellung schriftlich auf die Verpflichtungen hinzuweisen, die sich aus § 89 ergeben. Es ist dafür Sorge zu tragen, dass sie in regelmäßigen Abständen über diese Verpflichtungen belehrt werden.

14 Zuständige Behörde, Aufgabe der Dienstvorgesetzten
Zuständige Behörde für die Erteilung der Zustimmung zur ausnahmsweisen Annahme von Belohnungen oder Geschenken ist bei Beamten die oberste Dienstbehörde oder die von ihr in § 2 der Beamtenrechtszuständigkeitsverordnung bestimmten Stellen.
Hinweis der Redaktion: Dies ist im Schulbereich die Schulleitung, bei Schulleiter/innen die Schulaufsichtsbehörde.
Für die Belehrung nach Nummer 13 ist die Stelle zuständig, welche die Einstellung vornimmt, im Übrigen die Dienstvorgesetzte.
Die Dienstvorgesetzten haben etwaigen Verstößen gegen §89 und die §§331 ff. StGB durch geeignete organisatorische und personalwirtschaftliche Maßnahmen vorzubeugen (insbesondere nach der Verwaltungsvorschrift zur Korruptionsverhütung und -bekämpfung vom 21. Juli 1997, GABl. S. 487, und dem Merkblatt für Vorgesetzte »Korruption: Vorbeugen – Erkennen – Handeln« des Innenministeriums vom Oktober 2001).

Kann der Verdacht, dass ein Beamter schuldhaft gegen das Verbot der Annahme von Belohnungen oder Geschenken verstoßen hat, nicht zweifelsfrei ausgeräumt werden, hat der Dienstvorgesetzte die Dienstpflicht, ein Disziplinarverfahren einzuleiten.
Bei Verletzung seiner Pflicht kann sich der Dienstvorgesetzte eines Dienstvergehens schuldig und nach § 357 StGB strafbar machen.

15 Ergänzende Hinweise und Anordnungen
Die obersten Dienstbehörden können ergänzende Hinweise geben oder Anordnungen treffen, um speziellen Gegebenheiten in ihren Bereichen oder einzelnen Verwaltungszweigen gerecht zu werden. Sie können insbesondere Wertgrenzen festlegen oder für geringwertige Zuwendungen, die nicht von Nummer 6 erfasst sind, die Zustimmung allgemein erteilen, sofern ein Bedürfnis für eine Prüfung im Einzelfall nicht besteht.
Den in bestimmten Aufgabenbereichen tätigen Beamten kann für bestimmte Zeiträume aufgegeben werden, Zuwendungen, für deren Annahme die Zustimmung allgemein erteilt oder als allgemein erteilt anzusehen ist, unverzüglich dem Dienstvorgesetzten anzuzeigen.
Hinweis der Redaktion: Nach Ziff. 2.3.4 der Verwaltungsvorschrift „Korruptionsverhütung und -bekämpfung" vom 25.8.1997 (KuU S. 208/1997) haben alle Stellen, die Bewerber oder Bieter wegen schwerer Verfehlungen von der Teilnahme am Wettbewerb ausschließen, dies der Melde- und Informationsstelle für Vergabesperren beim Landesgewerbeamt, Willi-Bleicher-Str. 19, 70174 Stuttgart zu melden. Solche „Stellen" können wegen der Budgetierung auch die öffentlichen Schulen sein.

→ Beamtengesetz § 3 (Kasten); → Beamtenstatusgesetz § 42; → Nebentätigkeiten; → Sponsoring; → Personalakten; → Tarifvertrag (Länder) § 3 Abs. 3

Berufliches Gymnasium

Hinweise der Redaktion

Abschlüsse und Anschlüsse

Das berufliche Gymnasium bereitet die Schülerinnen und Schüler auf das Studium an der Hochschule und – durch seine fachlichen Ausrichtungen – in besonderer Weise auf das Berufsleben vor.

Absolventinnen und Absolventen des beruflichen Gymnasiums erhalten das Zeugnis der allgemeinen Hochschulreife. Es ist bundesweit anerkannt.

Unter bestimmten Voraussetzungen kann den Schülerinnen und Schülern, die nach Abschluss der Jahrgangsstufe 1 die Schule verlassen, der schulische Teil der Fachhochschulreife bescheinigt werden. Das Fachhochschulreifezeugnis kann dann ausgehändigt werden, wenn ein ergänzender beruflicher Teil erworben wurde beispielsweise in Form einer abgeschlossenen Berufsausbildung.

Berufliche Gymnasien sind Vollzeitschulen. Sie haben im Gegensatz zu den allgemeinbildenden Gymnasien („G 8"), bei denen auf die Sekundarstufe I eine zweijährige Oberstufe folgt, eine dreijährige Oberstufe („reformierte Oberstufe").

Berufliches Gymnasium der dreijährigen Aufbauform

Das berufliche Gymnasium der dreijährigen Aufbauform führt über die Eingangsklasse, die Jahrgangsstufen eins und zwei zur Hochschulreife. Folgende Richtungen werden angeboten:

Berufliches Gymnasium

Die Verordnung des KM über die Jahrgangsstufen sowie über die Abiturprüfung an beruflichen Gymnasien (BGVO), die Verordnung des KM über die Aufnahme in die beruflichen Gymnasien der dreijährigen Aufbauform und die Versetzungsordnung berufliche Gymnasien sind im Sonderteil Berufliche Schulen des Jahrbuchs abgedruckt.

Berufliches Gymnasium

- Agrarwissenschaftliche Richtung
- Biotechnologische Richtung
- Ernährungswissenschaftliche Richtung
- Sozialpädagogische Richtung
- Sozialwissenschaftliche Richtung (Schulversuch)
- Technische Richtung mit den Profilen Technik, Gestaltungs- und Medientechnik, Informationstechnik, Technik und Management (Schulversuch), Angewandte Naturwissenschaften(1 Standort) und Technik mit Schwerpunkt Elektro- und Informationstechnik (1 Standort)
- Wirtschaftswissenschaftliche Richtung

Voraussetzungen für die Aufnahme
(Je nach Form der bisher besuchten Schule):
- Realschulabschluss oder der am Ende der Klasse 10 der Hauptschule (Werkrealschule) erworbene, dem Realschulabschluss gleichwertige Bildungsstand oder die Fachhochschulreife mit einem Durchschnitt von mindestens 3,0 aus den Noten der Fächer Deutsch, Mathematik sowie der am aufnehmenden beruflichen Gymnasium weiterzuführenden ersten Pflichtfremdsprache (Englisch oder Französisch) und in jedem dieser Fächer mindestens die Note „ausreichend"
- Versetzungszeugnis in die Klasse 10 eines Gymnasiums des achtjährigen Bildungsgangs
- Versetzungszeugnis in die Klasse 11 eines Gymnasiums des neunjährigen Bildungsgangs
- Übergang ohne Versetzung in die Klasse 10 des achtjährigen oder in die Klasse 11 des neunjährigen Bildungsgangs entsprechend § 3 Abs. 3 Satz 1 der Versetzungsordnung für Gymnasien.
- Schüler der Klasse 10 (G8) mit Versetzung in Jahrgangsstufe 11 (G8) können ebenfalls in die Eingangsklasse (Klasse 11) des dreijährigen Beruflichen Gymnasiums aufgenommen werden. Dies gilt nicht als (freiwillige) Wiederholung im Sinne der Versetzungsordnung.

→ Gymnasium (Versetzungsordnung)

Verfahrensablauf
Die Anmeldung zum Gymnasium erfolgt bei Minderjährigen durch die Erziehungsberechtigten.
Können nicht alle Bewerber, die die Aufnahmevoraussetzungen erfüllen, aufgenommen werden, findet ein Auswahlverfahren statt.
Die Anmeldungen für das berufliche Gymnasium der dreijährigen Aufbauform müssen spätestens bis zum 1. März eines Jahres für das kommende Schuljahr vorgenommen werden.

→ Abschlüsse (Allgemeines); → Schulgesetz § 8

Berufliches Gymnasium der sechsjährigen Aufbauform

Das berufliche Gymnasium der sechsjährigen Aufbauform wird derzeit in Baden-Württemberg an fünf Standorten angeboten und vermittelt allgemeinbildende und berufsbezogene Inhalte mit Schwerpunkt in der wirtschaftswissenschaftlichen Richtung.
Diese Form des beruflichen Gymnasiums beginnt mit der Klasse 8. Mit dem Versetzungszeugnis nach Klasse 11 wird der mittlere Bildungsabschluss erworben.

Voraussetzungen für die Aufnahme
Die Aufnahme ist in der Regel nur zu Beginn der Klasse 8 möglich.
Aufnahme ohne Prüfung für Schüler der Realschule: Leistungen im laufenden Schuljahr (Klasse 7) in zwei der Fächer Deutsch, Mathematik und der Pflichtfremdsprache, die mit der des aufnehmenden Gymnasiums übereinstimmen muss, mindestens die Note „gut" und im dritten dieser Fächer mindestens die Note „befriedigend" sowie in allen für die Versetzung maßgebenden Fächern mindestens der Durchschnitt von 3,0.
Aufnahme ohne Prüfung für Schüler des allgemeinbildenden Gymnasiums: Versetzung in Klasse 7 im vorhergehenden Jahr und erfolgreicher Abschluss der Klasse 7.
Aufnahme mit Prüfung: Für Schüler der Hauptschule sowie für Schüler, die die oben genannten Voraussetzungen nicht erfüllen, besteht die Möglichkeit, eine Aufnahmeprüfung abzulegen.
Die Anmeldung zum beruflichen Gymnasium der sechsjährigen Aufbauform erfolgt schriftlich durch die Erziehungsberechtigten. Sie erfolgt vorbehaltlich des Bestehens einer Probezeit bis zum Ende des ersten Schulhalbjahres.
Die Anmeldung für das berufliche Gymnasium der sechsjährigen Aufbauform muss bis zum 15. Mai für eine Aufnahme im nächsten Schuljahr eingereicht werden.

Abiturprüfung für Schulfremde

Wer das Zeugnis der allgemeinen Hochschulreife erwerben will, ohne Schüler/in eines öffentlichen oder staatlich anerkannten privaten beruflichen Gymnasiums zu sein, kann die Abiturprüfung als außerordentlicher Teilnehmer (Schulfremder) ablegen.

Berufsaufbau- und Berufsoberschule

Die Verordnung des Kultusministeriums über die Ausbildung und Prüfung in der Oberstufe der Berufsoberschule sowie die Verordnung des Kultusministeriums über die Ausbildung und Prüfung an der Berufsaufbauschule sind im Sonderteil Berufliche Schulen des Jahrbuchs abgedruckt.

Berufsaufbau- und Berufsoberschule

Hinweise der Redaktion

Die Berufsoberschule (Technische Oberschule oder Wirtschaftsoberschule) ist eine Vollzeitschule. Sie baut auf der Berufsschule und auf einer praktischen Berufsausbildung oder Berufsausübung auf und vermittelt auf der Grundlage des erworbenen Fachwissens vor allem eine weitergehende allgemeine Bildung. Sie bietet die Chance, die fachgebundene Hochschulreife bzw. in Verbindung mit einer zweiten Fremdsprache die allgemeine Hochschulreife zu erwerben. Beide Abschlüsse sind bundesweit anerkannt.

Die Berufsoberschule gliedert sich in die Mittelstufe (Berufsaufbauschule) und die Oberstufe.

Mittelstufe (Berufsaufbauschule)

Die Mittelstufe wird als Berufsaufbauschule (BAS) bezeichnet. Sie umfasst mindestens ein Schuljahr und führt zur Fachschulreife. Die BAS gliedert sich in folgende Typen:
- Gewerblich-technische Berufsaufbauschulen,
- kaufmännische Berufsaufbauschule,
- hauswirtschaftlich-pflegerisch-sozialpädagogische Berufsaufbauschule und
- landwirtschaftliche Berufsaufbauschule.

Nach einjährigem Besuch dieser Vollzeitschulform können Hauptschüler/innen mit einer abgeschlossenen Berufsausbildung nachträglich einen mittleren Bildungsabschluss (mittlere Reife) erwerben.

Aufbauend auf den bisher erworbenen Kenntnissen und Fähigkeiten, erhalten die Besucher dieser Schulform eine insbesondere auf technischem und wirtschaftlichem Gebiet erweiterte Allgemeinbildung und werden auf die Übernahme höher qualifizierter Tätigkeiten vorbereitet.

Aufnahmevoraussetzungen
- Hauptschulabschluss oder ein gleichwertiger Bildungsstand
- Abschlusszeugnis der Berufsschule

→ Abschlüsse (Allgemeines); → Abschlüsse (Berufsabschlüsse);

alternativ:
- Abschlusszeugnis einer einjährigen Berufsfachschule
- Abschlusszeugnis einer mindestens zweijährigen Berufsfachschule, die nicht zum Erwerb der Fachschulreife führt
- Abschluss eines anerkannten Ausbildungsberufs oder eine mindestens vierjährige einschlägige praktische Tätigkeit mit guten Beurteilungen, wobei die Zeit des Besuchs einer Berufsfachschule angerechnet werden kann
- ausreichende deutsche Sprachkenntnisse (bei ausländischen Bewerber/innen).

Oberstufe (Berufsoberschule)

Die Oberstufe wird als Berufsoberschule (BOS) bezeichnet. Sie umfasst mindestens zwei Schuljahre und führt zur fachgebundenen oder allgemeinen Hochschulreife. Bewerber/innen mit Fachhochschulreife können unter bestimmten Bedingungen (Notendurchschnitt in den Fächern Deutsch, Englisch, Mathematik mindestens 2,0 und Teilnahme an einem Beratungsgespräch) gleich in das zweite Jahr einsteigen.

Aufnahmevoraussetzungen
- Mittlere Reife (Realschulabschluss, Fachschulreife, Abschluss nach der Klasse 10 der Hauptschule / Werkrealschule),
- Versetzungszeugnis in die Klasse 11 eines Gymnasiums mit einem Notendurchschnitt von mindestens 3,0 in den Fächern Deutsch, Englisch, Mathematik und Physik, wobei in jedem Fach mindestens die Note „ausreichend" erreicht sein muss und abgeschlossene Berufsausbildung oder gleichgestellte Berufserfahrung

Absolventen des „9 + 3" Modells können über eine Aufnahmeprüfung zugelassen werden.

→ Abschlüsse (Berufsabschlüsse)

→ Schulgesetz § 13

Berufseinstiegsjahr

Hinweise der Redaktion

Das Berufseinstiegsjahr (BEJ) ist ein Bildungsgang zur gezielten Unterstützung des Berufseinstiegs. Er wurde als Ergänzung zum Berufsvorbereitungsjahr (BVJ) an beruflichen Schulen für berufsschulpflichtige Jugendliche, die keinen Ausbildungsplatz gefunden haben und keine weiterführende Schule besuchen können, entwickelt.

Das BEJ sieht, aufbauend auf dem bereits erworbenen Hauptschulabschluss, folgende Fördermaßnahmen vor, um die Ausbildungsreife und die Chancen der Schülerinnen und Schüler auf einen Ausbildungsplatz verbessern:
- Eine Vorqualifikation in einem Berufsfeld,
- eine verstärkte Förderung in Deutsch, Mathematik, Projekt- und Sozialkompetenz,
- eine individuelle Förder- und Berufswegeplanung auf der Grundlage einer umfassenden Kompetenzanalyse,

Berufsaufbau- und Berufsoberschule / Berufseinstiegsjahr (BEJ)

- die Erlangung eines höher qualifizierenden Abschlusses mit Anforderungen, die etwas über dem Niveau des Hauptschulabschlusses liegen, anstelle der bloßen Wiederholung eines bereits erworbenen Bildungsstandes wie bislang im BVJ.

Mit dem Besuch des BEJ ist die Berufsschulpflicht erfüllt, sofern kein Berufsausbildungsverhältnis eingegangen wird.

In das BEJ kann aufgenommen werden, wer über den Hauptschulabschluss verfügt und berufsschulpflichtig ist. In begründeten Einzelfällen können auch Schüler aufgenommen werden, die den Besuch der Realschule oder des Gymnasiums abgebrochen haben, nicht mehr der allgemeinen Schulpflicht unterliegen und nicht über den Hauptschulabschluss verfügen, wenn sie erwarten lassen, dass sie den Anforderungen des BEJ genügen werden.

→ Abschlüsse (Allgemeines); → Abschlüsse (Berufsabschlüsse); → Schulgesetz §§ 10 und 11

Berufseinstiegsjahr

Die Ausbildungs- und Prüfungsordnung des Kultusministeriums für das Berufseinstiegsjahr (Schulversuchsbestimmungen) ist im Sonderteil Berufliche Schulen des Jahrbuchs abgedruckt.

Berufsfachschulen

Hinweise der Redaktion

Die Berufsfachschule (BFS) vermittelt je nach Dauer eine berufliche Grundbildung, eine berufliche Vorbereitung oder einen Berufsabschluss und fördert die allgemeine Bildung; in Verbindung mit einer erweiterten allgemeinen Bildung kann sie zur Prüfung der Fachschulreife führen. Die Berufsfachschule kann durch Zusatzprogramme den Erwerb weiterer Berechtigungen ermöglichen. Sie wird in der Regel als Vollzeitschule geführt und umfasst mindestens ein Schuljahr; sie kann im pflegerischen Bereich in Kooperation mit betrieblichen Ausbildungsstätten auch in Teilzeitunterricht geführt werden. Ihr Besuch setzt eine berufliche Vorbildung nicht voraus; im Übrigen richten sich die Voraussetzungen für den Besuch nach Dauer oder Bildungsziel der Berufsfachschule.

Die Berufsfachschulen unterteilen sich in:
- Zweijährige zur Prüfung der Fachschulreife führende Berufsfachschulen,
- Zweijährige Berufsfachschulen, die nicht zur Fachschulreife führen,
- Einjährige Berufsfachschulen.

Die Berufsfachschulen befinden sich gegenwärtig in einer Umbruch- und Veränderungsphase. Das Kultusministerium hat vielfach Schulversuche eingerichtet.

Zweijährige zur Fachschulreife führende BFS

Die zweijährige zur Prüfung der Fachschulreife führende Berufsfachschule ist eine Vollzeitschule. Die Schüler/innen erhalten neben der Erweiterung und Vertiefung der Allgemeinbildung eine Grundausbildung im kaufmännischen oder im gewerblich-technischen Bereich oder im Bereich Ernährung und Gesundheit.

Die Ausbildung richtet sich an Jugendliche, die nach erfolgreichem Abschluss der Hauptschule die Fachschulreife („mittlere Reife") erwerben möchten. Danach bietet sich den Absolventen eine Vielzahl an Berufsausbildungsmöglichkeiten und die Möglichkeit, ein Berufskolleg oder ein berufliches Gymnasium zu besuchen.

Die zweijährige BFS gliedert sich wie folgt:

- Kaufmännischer Bereich
- gewerblich-technischer Bereich (mit einer Vielzahl von Berufsfeldern, z.B. Metalltechnik, Elektrotechnik, Bautechnik, Holztechnik, Farbtechnik, Nahrung/Textiltechnik)
- Bereich Ernährung und Gesundheit mit den Profilen
  - Hauswirtschaft und Ernährung
  - Gesundheit und Pflege
  - Ernährung und Gastronomie.

Voraussetzung für die Aufnahme ist
1. der Hauptschulabschluss wobei ein Durchschnitt von mindestens 3,0 aus den Noten der Fächer Deutsch, Englisch und Mathematik so-

Berufsfachschulen

Die Verordnungen des Kultusministeriums über die Ausbildung und Prüfung an den Berufsfachschulen sind im Sonderteil Berufliche Schulen des Jahrbuchs abgedruckt.

wie im Fach Deutsch mindestens die Note „befriedigend" und in den Fächern Englisch und Mathematik jeweils mindestens die Note „ausreichend" erreicht sein müssen, oder
2. das Zeugnis mit dem Versetzungsvermerk in die Klasse 10 der Realschule oder des Gymnasiums oder
3. das Abgangszeugnis der Klasse 9 der Realschule oder des Gymnasiums, wobei in den Fächern Deutsch, Englisch und Mathematik ein Durchschnitt von 4,0 erreicht sein muss und in höchstens einem dieser Fächer die Note „mangelhaft" erteilt sein darf, oder
4. der Nachweis eines der Nummern 1, 2 oder 3 gleichwertigen Bildungsstandes.

Gegebenenfalls findet ein Auswahlverfahren statt; dabei werden 85% der Plätze nach Eignung und Leistung, 10% nach Wartezeit und 5 %für außergewöhnliche Härtefälle vergeben.

Kooperation von BFS und Werkrealschule

Die zweijährige Berufsfachschule eröffnete bisher – je nach schulischem Angebot vor Ort – für viele Hauptschulabsolventen einen Zugang zur „Mittleren Reife" (Fachschulreife). Dieser Weg bleibt auch künftig offen: Nach dem Ablegen der Hauptschulabschlussprüfung können sich Schüler/innen, welche die Aufnahmevoraussetzungen erfüllen (s.o.) weiterhin für die zweijährige BFS anmelden.

Ab dem Schuljahr 2010/11 eröffnet sich mit der Einführung der Werkrealschule ein weiterer Weg über die BFS zur Fachschulreife: Zum pädagogischen Profil dieser Schule gehört in der zehnten Klasse ein gemeinsames Bildungsangebot mit der zweijährigen Berufsfachschule. Die 10. Klasse der Werkrealschule zählt deshalb zugleich als erstes Jahr der zweijährigen BFS. Zur Orientierung drucken wir auf der folgenden Seite die Stundentafel der zweijährigen BFS ab.

➔ Werkrealschule (Ausbildung und Prüfung) § 1 Abs. 2

Sonstige Berufsfachschulen

Zweijährige Berufsfachschule, die nicht zur Fachschulreife führen

Zu den zweijährigen nicht zur Fachschulreife führenden Berufsfachschulen gehören u.a.
– die Berufsfachschule für Büro und Handel,
– die Staatl. Ballettakademie in Stuttgart,
– die Berufsfachschule für Metalltechnik,
– die Berufsfachschule für Goldschmiede in Pforzheim
– die Berufsfachschule für Haus- und Familienpflege
– die Berufsfachschule für Kinderpflege.

Aufnahmevoraussetzung ist in der Regel der Hauptschul- oder ein gleichwertiger Abschluss.

Einjährige Berufsfachschulen

Einjährige Berufsfachschulen gibt es für folgende Bereiche:

Stundentafel der zweijährigen zur Prüfung der Fachschulreife führenden Berufsfachschulen
(durchschnittliche Zahl der Wochenstunden)

		1. Schuljahr					2. Schuljahr				
Bereich		kauf-männisch	gewerbl.-technisch	Ernährung und Gesundheit			kauf-männisch	gewerbl.-technisch	Ernährung und Gesundheit		
Profil				Hausw. u. Ernährung	Gesundheit u. Pflege	Ernährung u. Gastronomie			Hausw. u. Ernährung	Gesundheit u. Pflege	Ernährung u. Gastronomie
1. Pflichtbereich											
1.2 Allgemeiner Bereich											
Deutsch		3					2				
Englisch		3					4				
Mathematik		3					4				
Geschichte m. Gemeinschaftskunde		2					2				
Biologie oder Chemie oder Physik		2					2				
Religionslehre		2					1				
Sport		2					2				
Summe		17					17				
1.1 Profilbereich											
Berufsfachliche Kompetenz		7	4	5	6	5	7	4	5	6	5
Projektkompetenz [1]		-	-	-	-	-	-	-	-	-	-
Berufspraktische Kompetenz		2	9	6	5	6	2	9	6	5	6
Summe		9	13	11	11	11	9	13	11	11	11
2. Wahlpflichtbereich [2]											
Stützunterricht [3]											
Betriebspraktikum [4]											
Physik, Chemie, Biologie											
Berufliches Vertiefungsfach											
Summe		4					4				
3. Wahlbereich											
Summe		30	34	32	32	32	30	34	32	32	32

Anmerkungen:

[1] Die Projektkompetenz ist ein eigenständiges Fach. Sie wird jedoch integrativ, mit Schwerpunkt im Rahmen des Unterrichts der Berufsfachlichen Kompetenz, unterrichtet. Der Umfang der Projektkompetenz umfasst hierbei im kaufmännischen Bereich sowie im Bereich Ernährung und Gesundheit ca. 1/5, im gewerblichen Bereich ca. 1/4.

[2] Von den Fächern Physik, Chemie, Biologie, Berufliches Vertiefungsfach ist mindestens eines mit mindestens 2 Stunden zu unterrichten.

[3] Stützunterricht kann sich auf jedes Fach des Pflichtbereichs erstrecken, mit Ausnahme von Sport und Religion.

[4] Zur Betreuung des Praktikums können, abhängig von der Schülerzahl, bei einem Praxistag bis zu 2 Lehrerwochenstunden verwendet werden.

Berufsfachschulen / Berufskollegs

- Drucktechnik (Medientechnik) mit den Berufsgruppen
  Technik
  Medien
  Medienberatung
- Fahrzeugtechnik
- Farbtechnik und Raumgestaltung
- Elektrotechnik mit den Berufsgruppen
  Elektronik
  Informationselektronik
- Ernährung und Hauswirtschaft (gewerbliche Berufe) mit den Berufsgruppen
  Backwarenherstellung
  Fleischverarbeitung

- Metalltechnik mit den Berufsgruppen
  Feinwerk- und Metallbautechnik
  Installationstechnik
- Textiltechnik und Bekleidung
- Holztechnik
- Bautechnik
- Bauzeichner / Bauzeichnerin
- Glaser / Glaserin
- Maskenbildner / Maskenbildnerin

Eine Sonderform der einjährigen Berufsfachschule ist das Berufseinstiegsjahr.
Aufnahmevoraussetzung ist in der Regel der Hauptschul- oder ein gleichwertiger Abschluss.
→ Berufseinstiegsjahr

→ Abschlüsse (Allgemeines); → Abschlüsse (Berufsabschlüsse); → Berufseinstiegsjahr; → Schulgesetz §11

Berufskollegs

Hinweise der Redaktion

Das Berufskolleg (BK) baut auf der Fachschulreife, dem Realschulabschluss, einem gleichwertigem Bildungsstand oder auf der Klasse 9 des Gymnasiums im achtjährigen Bildungsgang auf; einzelne Bildungsgänge können auf der Hochschulreife aufbauen. Es vermittelt in ein bis drei Jahren eine berufliche Qualifikation und kann bei einer mindestens zweijährigen Dauer unter besonderen Voraussetzungen zur Fachhochschulreife führen. Nach abgeschlossener Berufsausbildung oder einer entsprechenden beruflichen Qualifikation kann die Fachhochschulreife auch in einem einjährigen Bildungsgang erworben werden.

Das Berufskolleg wird in der Regel als Vollzeitschule geführt; es kann in einzelnen Typen in Kooperation mit betrieblichen Ausbildungsstätten auch in Teilzeitunterricht durchgeführt werden.

Einjährige Berufskollegs

Das einjährige BK zum Erwerb der Fachhochschulreife gliedert sich in folgende Profile (Richtungen):
- Gewerbliche Richtung
- gestalterische Richtung
- kaufmännische Richtung
- hauswirtschaftliche Richtung
- landwirtschaftliche Richtung
- sozialpädagogische Richtung.

Die Ausbildung dauert in Vollzeitform ein Schuljahr, in Teilzeitform entsprechend länger. Sie endet mit einer Abschlussprüfung, durch deren Bestehen die Fachhochschulreife erworben wird.

Voraussetzungen für die Aufnahme in das Berufskolleg sind
1. die Fachschulreife oder der Realschulabschluss oder das Versetzungszeugnis in die Klasse 11 eines Gymnasiums oder der Nachweis eines gleichwertigen Bildungsstandes;

2. eine abgeschlossene, mindestens zweijährige und für das am aufnehmenden Berufskolleg angebotene berufsbezogene Schwerpunktfach einschlägige
   a) Berufsausbildung in einem anerkannten oder gleichwertig geregelten Ausbildungsberuf oder
   b) schulische Berufsausbildung, gegebenenfalls in Verbindung mit einem Berufspraktikum, oder
   c) Berufsausbildung in einem öffentlich-rechtlichen Dienstverhältnis.

Der Berufsausbildung gleichgestellt ist eine einschlägige, für den Besuch des Berufskollegs förderliche Berufserfahrung von mindestens fünf Jahren, wobei der erfolgreiche Besuch einer beruflichen Vollzeitschule bis zu einem Jahr angerechnet werden kann.

Gewerblich-technisches Berufskolleg (dreijährig) in Teilzeitform

Die in Teilzeitunterricht geführten Gewerblich-technischen Berufskollegs wirken mit betrieblichen Ausbildungsstätten zusammen. Sie bereiten auf den Abschluss in einem anerkannten Ausbildungsberuf vor; darüber hinaus vermittelt das BK allgemeine und fachtheoretische Kenntnisse.

Die erfolgreiche Teilnahme am Zusatzunterricht in allgemeinbildenden Fächern ermöglicht den Erwerb der Fachhochschulreife.

Das Gewerblich-technische BK gliedert sich in die Fachrichtungen
- Bautechnik,
- Bekleidungstechnik,
- Elektrotechnik und
- Maschinentechnik.

Der Besuch dauert drei Schuljahre. Der Teilzeit-

unterricht kann auch als Blockunterricht erteilt werden. Voraussetzungen für die Aufnahme sind
1. die Fachschulreife oder der Realschulabschluss oder das Versetzungszeugnis in die Klasse 11 eines Gymnasiums oder der Nachweis eines gleichwertigen Bildungsstandes und
2. der Nachweis eines einschlägigen Berufsausbildungsvertrages, nach den Bestimmungen des Berufsbildungsgesetzes mit einer betrieblichen Ausbildungsstätte, die mit dem Berufskolleg zusammenwirkt; der Vertrag muss den Besuch des Berufskollegs vorsehen.

Berufskolleg (Kaufmännisch)

Das Kaufmännische Berufskolleg ist eine Vollzeitschule und gliedert sich in zwei Schuljahre:
- Die Ausbildung am Kaufmännischen Berufskolleg I soll die fachtheoretischen und fachpraktischen Grundkenntnisse für Tätigkeiten in Wirtschaft und Verwaltung vermitteln und die Allgemeinbildung vertiefen.
- Die Ausbildung am Kaufmännischen Berufskolleg II soll vertiefte fachtheoretische und fachpraktische Kenntnisse vermitteln und die Absolventen zur selbstständigen Wahrnehmung kaufmännischer und verwaltender Tätigkeiten in einem den Schwerpunkten der Ausbildung entsprechenden Aufgabenfeld befähigen. Sie soll gleichzeitig die Allgemeinbildung weiterführen und mit der Vermittlung von Grundlagenkenntnissen auf den Eintritt in die Laufbahn des gehobenen nichttechnischen Dienstes vorbereiten.

Außerdem gibt es das zweijährige Kaufmännische Berufskolleg Fremdsprachen. Hier soll die Ausbildung die Absolventen befähigen, kaufmännische und verwaltende Tätigkeiten in fremdsprachlich geprägten Aufgabenfeldern zu bewältigen.
Am Kaufmännischen Berufskolleg II und am Kaufmännischen Berufskolleg Fremdsprachen können die Schüler mit dem erfolgreichen Ablegen einer Zusatzprüfung die Fachhochschulreife erwerben.
Voraussetzung für die Aufnahme in das Kaufmännische Berufskolleg I und das Kaufmännische Berufskolleg Fremdsprachen ist:
1. die Fachschulreife oder
2. der Realschulabschluss oder
3. die Versetzung in die Klasse 11 eines Gymnasiums oder
4. der Nachweis eines gleichwertigen Bildungsstandes.

Für die Aufnahme in das Kaufmännische Berufskolleg Fremdsprachen muss zusätzlich in den Fächern Deutsch und Englisch mindestens die Note „befriedigend" erreicht sein.
Voraussetzung für die Aufnahme in das Kaufmännische Berufskolleg II ist im Regelfall das Abschlusszeugnis des Kaufmännischen Berufskollegs I mit einem Durchschnitt von mindestens 3,0 aus den Noten der Kernfächer.

Berufskolleg Design

Das Berufskolleg Design ist eine Vollzeitschule und umfasst drei Schuljahre. Es gliedert sich in
- das Berufskolleg für Grafik-Design,
- das Berufskolleg für Mode und Design und
- das Berufskolleg für Design, Schmuck und Gerät.

Die Ausbildung dient dem Erwerb der fachtheoretischen, fachpraktischen und gestalterischen Kenntnisse, Fähigkeiten und Fertigkeiten, die im jeweiligen Fachbereich zur Ausübung der Tätigkeit eines Designers oder einer Designerin erforderlich sind. Darüber hinaus wird die Allgemeinbildung weitergeführt und durch freiwilligen Zusatzunterricht der Erwerb der Fachhochschulreife ermöglicht.

Voraussetzungen für die Aufnahme in das Berufskolleg Design sind
1. die Fachschulreife oder der Realschulabschluss oder das Versetzungszeugnis in die Klasse 11 eines Gymnasiums oder der Nachweis eines gleichwertigen Bildungsstandes,
2. das Bestehen einer Aufnahmeprüfung,
3. bei Personen, deren Muttersprache nicht Deutsch ist, für den Besuch des jeweiligen Berufskollegs ausreichende deutsche Sprachkenntnisse.

BK Ernährung und Hauswirtschaft

Das Berufskolleg Ernährung und Hauswirtschaft ist eine Vollzeitschule mit zwei Abschnitten:
- Die einjährige Ausbildung am Berufskolleg für Ernährung und Hauswirtschaft I vermittelt eine Grundbildung für die Wahrnehmung der sozialen und wirtschaftlichen Aufgaben im Haushalt und führt in weitere Berufe des Berufsfeldes Ernährung und Hauswirtschaft sowie in pflegerische und sozialpädagogische Berufe ein.
- Die zweijährige Ausbildung am Berufskolleg für Ernährung und Hauswirtschaft II bereitet auf den Vorbereitungsdienst zur technischen Lehrkraft hauswirtschaftlicher Richtung vor. Daneben erwerben die Schüler/innen hauswirtschaftliche, organisatorische und betriebswirtschaftliche Kompetenzen, die sie zum Einsatz in der Verwaltung und in den verschiedenen Praxisfeldern hauswirtschaftlicher Betriebe befähigen.

Berufskollegs

Die Verordnungen des Kultusministeriums über die Ausbildung und Prüfung an den Berufskollegs sind im Sonderteil Berufliche Schulen des Jahrbuchs abgedruckt.

Berufskollegs / Berufsschulen

Mit dem erfolgreichen Ablegen einer Zusatzprüfung wird die Fachhochschulreife erreicht.

Voraussetzung für die Aufnahme ist die Fachschulreife oder der Realschulabschluss oder die Versetzung in die Klasse 11 eines Gymnasiums oder der Nachweis eines gleichwertigen Bildungsstandes.

Voraussetzungen für die Aufnahme in das Berufskolleg für Ernährung und Hauswirtschaft II sind
– die Fachschulreife oder der Realschulabschluss oder die Versetzung in die Klasse 11 eines Gymnasiums oder der Nachweis eines gleichwertigen Bildungsstandes und
– das Abschlusszeugnis des Berufskollegs für Ernährung und Hauswirtschaft I oder der zweijährigen zur Prüfung der Fachhochschulreife führenden hauswirtschaftlich-sozialpädagogischen Berufsfachschulen oder
– der Berufsschulabschluss und der Berufsabschluss in einem einschlägigen, mindestens zweijährigen Ausbildungsberuf im Berufsfeld Ernährung und Hauswirtschaft in Verbindung mit einem mittleren Bildungsabschluss.

Außerdem können staatlich geprüfte Wirtschafterinnen des Privat- und Großhaushalts aufgenommen werden.

Berufskolleg Gesundheit und Pflege

Für die Aufnahme sind neben dem Mittleren Bildungsabschluss teilweise weitere Voraussetzungen (zum Beispiel ein Praktikum) zu erfüllen.

In zweijährigen (auch gestuften) oder dreijährigen Berufskollegs kann – mit Zusatzunterricht und Zusatzprüfung – die Fachhochschulreife erworben werden. Bei dreijährigen Berufskollegs, beim Berufskolleg für pharmazeutisch-technische Assistenten und beim einjährigen Berufskolleg zum Erwerb der Fachhochschulreife wird die bundesweite Anerkennung erlangt.

Berufskollegs – Verzahnung mit dualen Ausbildungsberufen

Die Berufskollegs befinden sich gegenwärtig in einer Umbruch- und Veränderungsphase. Das Kultusministerium hat vielfach Schulversuche eingerichtet, bei denen teilweise auch eine „Verzahnung" mit dualen Ausbildungsgängen erfolgt. Zu nennen sind hier z.B.:
– Technisches Berufskolleg I und II – Verzahnung mit dualen Ausbildungsberufen
– Kaufmännisches Berufskolleg I und II – Verzahnung mit dualen Ausbildungsberufen
– Berufskolleg Gesundheit und Pflege I
– Berufskolleg Gesundheit und Pflege II
– Berufskolleg für Ernährung und Hauswirtschaft I
– Berufskolleg für Ernährung und Hauswirtschaft II.

→ Abschlüsse (Allgemeines); → Schulgesetz § 12

Berufsschulen

Hinweise der Redaktion

Form und Inhalt der Ausbildung

Die meisten Jugendlichen entscheiden sich nach dem Besuch der allgemeinbildenden Schule für eine Berufsausbildung im dualen System. Die früher als „Lehre" bezeichnete und hauptsächlich im Handwerksbereich angesiedelte duale Ausbildung erstreckt sich heute auf ca. 350 Ausbildungsberufe in nahezu allen Wirtschaftsbranchen – vom Handwerk über den Dienstleistungssektor bis hin zum Hightech-Bereich.

Die Ausbildung erfolgt dabei an zwei Lernorten: im Betrieb und in der Berufsschule. Während der Betrieb die praktische Ausbildung übernimmt, vermittelt die Berufsschule – neben einer Erweiterung und Vertiefung der allgemeinen Bildung – hauptsächlich die theoretischen Kenntnisse, die zur Ausübung eines Berufes erforderlich sind. Dabei werden inzwischen überwiegend die Lerninhalte nicht mehr in einzelnen Fächern, sondern im Rahmen von in sich abgeschlossenen Themenbereichen („Lernfeldern") unterrichtet, die an Handlungsabläufen aus der betrieblichen Praxis orientiert sind.

Das Schulgesetz bestimmt in § 10 als Aufgabe der Berufsschule, im Rahmen der Berufsausbildung oder Berufsausübung vor allem fachtheoretische Kenntnisse zu vermitteln und die allgemeine Bildung zu vertiefen und zu erweitern. Sie führt über eine Grundbildung und eine darauf aufbauende Fachbildung gemeinsam mit Berufsausbildung oder Berufsausübung zu berufsqualifizierenden oder berufsbefähigenden Abschlüssen. Bei Schülern mit Hochschulreife kann anstelle der Vermittlung allgemeiner Bildungsinhalte eine zusätzliche Vermittlung fachtheoretischer Kenntnisse treten. Die Berufsschule kann durch Zusatzprogramme den Erwerb weiterer Berechtigungen ermöglichen.

Die Grundbildung wird in der Grundstufe, die Fachbildung in den Fachstufen vermittelt. Der Unterricht wird als Teilzeitunterricht, auch als Blockunterricht, erteilt. Die Grundstufe kann als Berufsgrundbildungsjahr, und zwar in der Form des Vollzeitunterrichts oder in Kooperation mit betrieblichen oder überbetrieblichen Ausbildungsstätten, durchgeführt werden.

Die Berufsschule wird in den Typen der gewerblichen, kaufmännischen, hauswirtschaftlich-pflege-

Berufsschulen

risch-sozialpädagogischen oder landwirtschaftlichen Berufsschule geführt. In einheitlich geführten Berufsschulen sind für die einzelnen Typen Abteilungen einzurichten.

Fachklassen werden in der Regel in der Grundstufe für Berufsfelder und in den Fachstufen für Berufsgruppen oder für einzelne oder eng verwandte Berufe gebildet.

Die Berufsschule soll für Jugendliche, die zu Beginn der Berufsschulpflicht ein Berufsausbildungsverhältnis nicht nachweisen, als einjährige Vollzeitschule (Berufsvorbereitungsjahr) geführt werden.

Verpflichtung und Berechtigung zum Besuch der Berufsschule

Es gelten hierfür die folgende Grundsätze (in den einschlägigen Rechtsvorschriften werden zum Teil weitergehende, differenzierende Festlegungen getroffen):

Schülerinnen und Schüler, die den Besuch der Hauptschule oder der Realschule oder des Gymnasiums beendet haben, sind grundsätzlich verpflichtet, die Berufsschule für die Dauer von – in der Regel – drei Jahren zu besuchen. Diese Berufsschulpflicht endet mit Ablauf des Schuljahres, in dem das 18. Lebensjahr vollendet wird.

Allerdings gilt die Berufsschulpflicht für Schülerinnen und Schüler dann als vorzeitig beendet,
– wenn sie einen Realschulabschluss haben oder
– über einen dem Realschulabschluss gleichwertigen Bildungsstand verfügen und die Berufsschule zwei Jahre besucht haben, oder
– wenn sie die Klasse 11 eines Gymnasiums durchlaufen und die Berufsschule ein Jahr besucht haben, oder
– wenn sie mindestens ein Jahr lang eine öffentliche Vollzeitschule oder eine entsprechende Ersatzschule besucht haben.

→ Schulpflicht (Ausländer/innen)

Für Schülerinnen und Schüler der Sonderschule gelten besondere Bestimmungen.

Wird statt der Berufsschule eine andere berufsbildende öffentliche Schule (z.B. Berufsfachschule, Berufskolleg) oder eine entsprechende private Schule, eine Berufsakademie oder eine Hochschule besucht oder der Vorbereitungsdienst für Beamte, ein freiwilliges soziales oder ökologisches Jahr oder der Wehr- oder Zivildienst absolviert, so ruht die Berufsschulpflicht während dieser Zeit.

Wird vor Beendigung der Berufsschulpflicht eine duale Ausbildung begonnen oder eine Stufenausbildung fortgesetzt, so muss die Berufsschule bis zum Abschluss der Ausbildung besucht werden.

Beginnt eine nicht mehr berufsschulpflichtige Person eine duale Ausbildung oder eine Umschulung oder setzt sie eine Stufenausbildung fort, so kann sie die Berufsschule mit den Rechten und Pflichten eines Berufsschulpflichtigen bis zum Abschluss der Ausbildung besuchen.

Für bestimmte Fälle hat das KM allgemein festgestellt, dass die Berufsschulpflicht vorzeitig beendet ist (z.B. wenn mindestens ein Jahr lang eine berufliche Vollzeitschule besucht wurde).

→ Schulgesetz §§ 77 ff.

Unterrichtsorganisation

Die Ausbildung an der Berufsschule erfolgt in der Regel in Teilzeitunterricht. Das bedeutet, dass die Auszubildenden an eineinhalb bis zwei Tagen pro Woche die Berufsschule besuchen. Der wöchentliche Unterricht kann aber auch in zusammenhängenden Zeitabschnitten (Blöcken) erteilt werden. Beispiel: Drei Wochen Berufsschule – sechs Wochen Ausbildung im Betrieb – wieder drei Wochen Unterricht usw.

Teilweise wird das erste Jahr der dualen Ausbildung auch im Berufsgrundbildungsjahr (Vollzeitschule oder in Kooperation mit betrieblichen oder überbetrieblöchen Ausbildujngsstätten) verbracht. Das Berufsgrundbildungsjahr verbindet die praktische und die theoretische Ausbildung.

Blockunterricht wird vor allem bei Ausbildungsberufen eingesetzt, die nur eine geringe Anzahl von Auszubildenden aufweisen. In diesen Fällen ist das Einzugsgebiet der Berufsschule meist sehr groß, so dass vielen Schülern eine tägliche Rückkehr zum Wohn- oder Ausbildungsort nicht möglich ist.

Abschluss der Ausbildung

Die Ausbildung an der Berufsschule endet mit einer Berufsschulabschlussprüfung. Wer diese erfolgreich absolviert hat, erhält ein Berufsschulabschlusszeugnis.

In Verbindung mit dem erfolgreichen Abschluss der betrieblichen Ausbildung (Gesellen-, Gehilfen- oder Facharbeiterbrief) erwerben die Jugendlichen ohne Hauptschulabschluss einen dem Hauptschulabschluss gleichwertigen Bildungsstand.

Sofern es die erzielten Noten zulassen, können sich Auszubildende mit Hauptschulabschluss nach Abschluss der Berufsausbildung auch einen dem mittleren Bildungsabschluss gleichwertigen Bildungsstand zuerkennen lassen.

→ Abschlüsse (Allgemeines); → Abschlüsse (Berufsausbildung / HS / RS / „9+3"); → Kooperationsklassen HS / WRS – Berufliche Schule; → Schulgesetz §§ 77 und 77 ff.; → Schulpflicht (Ausländer/innen)

Berufsschulen

Die Verordnung des KM über die Ausbildung und Prüfung an den Berufsschulen, die VwV des KM über den Blockunterricht an den Berufsschulen sowie die Bekanntmachung des KM „Blockunterricht an den Berufsschulen" sind im Sonderteil Berufliche Schulen abgedruckt.

Berufsvorbereitungsjahr

Hinweise der Redaktion

Jugendliche ohne Hauptschulabschluss, die nach Erfüllung der allgemeinen Schulpflicht keine weiterführende Schule besuchen und keine Ausbildung beginnen, werden im Berufsvorbereitungsjahr (BVJ) gezielt auf den Einstieg in die Berufs- und Arbeitswelt vorbereitet. Für sie ist, sofern keine alternativen Förderangebote wahrgenommen werden können, der Besuch des BVJ verpflichtend.

Die Ausbildung im Berufsvorbereitungsjahr vertieft und erweitert die allgemeine Bildung und fördert den Erwerb von Schlüsselqualifikationen. Sie vermittelt ein berufliches Grundwissen in bis zu drei Berufsfeldern und unterstützt damit die berufliche Orientierung und Berufsfindung. Der Besuch des Berufsvorbereitungsjahres mit Schwerpunkt Erwerb von Deutschkenntnissen vermittelt Grundlagen in der deutschen Sprache sowie einfache praktische Grundfertigkeiten und vertieft die Allgemeinbildung. Durch zusätzliche Unterrichtsinhalte und eine Zusatzprüfung kann ein dem Hauptschulabschluss gleichwertiger Bildungsstand erworben werden. Diese Möglichkeit besteht nicht im Berufsvorbereitungsjahr mit Schwerpunkt Erwerb von Deutschkenntnissen.

Die Klasseneinteilung und die Ausgestaltung der Stundentafel richten sich dabei bestmöglich nach dem speziellen Förderbedarf. So erhalten beispielsweise Schülerinnen und Schüler, die noch nicht über ausreichende Deutschkenntnisse verfügen, Deutschunterricht in größerem Umfang.

Ein Betriebspraktikum und der berufsbezogene Unterricht mit hohem Anteil praktischen Lernens ermöglichen den Jugendlichen Erfahrungen in bis zu drei Berufsfeldern, wie beispielsweise Metalltechnik, Elektrotechnik, Holztechnik, Bautechnik, Ernährung und Hauswirtschaft, Körperpflege sowie Wirtschaft und Verwaltung.

Viele Schulen bieten das Praktikum in Form von wöchentlichen Praxistagen in Betrieben an. Begleitet durch den Unterricht und betreut durch eine Lehrkraft können die Schülerinnen und Schüler des BVJ so über einen längeren Zeitraum an ein oder zwei Tagen pro Woche fortlaufend den „beruflichen Ernstfall" erproben.

Das Kultusministerium hat das BVJ gem. § 78a SchG im gesamten Land Baden-Württemberg mit Ausnahme der Stadt Stuttgart und der Landkreise Esslingen, Ludwigsburg und Rems-Murr-Kreis für verbindlich erklärt. Damit sind – außer in den vier genannten Kreisen – alle Jugendlichen, die ein Berufsausbildungsverhältnis nicht nachweisen, zum Besuch der Berufsschule als einjährige Vollzeitschule (BVJ) verpflichtet.

Abschlüsse und Anschlüsse

Das BVJ endet mit einer Abschlussprüfung. Wer eine Zusatzprüfung in den Fächern Deutsch, Mathematik und eventuell Englisch besteht, erwirbt einen dem Hauptschulabschluss gleichwertigen Bildungsstand. Durch den einjährigen Besuch des BVJ haben die Schülerinnen und Schüler ihre Berufsschulpflicht erfüllt, wenn sie im Anschluss daran kein Ausbildungsverhältnis eingehen.

Neuerungen seit 2008

Seit dem Schuljahr 2008/09 dürfen nur noch BVJ-pflichtige Jugendliche ohne Hauptschulabschluss in das BVJ aufgenommen werden. Absolvent/innen und Absolventen von Förderschulen können das BVJ unabhängig von einem etwaigen Hauptschulabschluss besuchen.

In begründeten Einzelfällen können bei Vorliegen eines ausgesprochen hohen Förderbedarfs und nach sorgfältiger Prüfung zusätzlicher Fördermaßnahmen im Berufseinstiegsjahr auch berufsschulpflichtige Schüler in das BVJ aufgenommen werden, die zuvor an einer Hauptschule bzw. an einer Sonderschule mit Bildungsgang Hauptschule einen sehr schlechten Hauptschulabschluss erworben haben, wenn für diese gegenüber dem BEJ das BVJ der richtige Förderort ist. Ein solcher Einzelfall ist dann begründet, wenn der ausgesprochen hohe Förderbedarf belegt ist (beispielsweise durch die Arbeitsverwaltung oder den sonderpädagogischen Dienst) und wenn nach eingehender Beratung die schriftliche Zustimmung aller Beteiligten (Schüler/innen, Erziehungsberechtigte, beteiligte Schulen) vorliegt.

Das KM erprobt in Schulversuchen an verschiedenen Standorten ein „Vorqualifizierungsjahr Arbeit/Beruf". Das VAB ist für BVJ-pflichtige Jugendliche ohne Hauptschulabschluss als einjährige Vollzeitschule zum Erwerb eines dem Hauptschulabschluss gleichwertigen Bildungsstandes und zur Verbesserung der Ausbildungsreife konzipiert.

→ Abschlüsse (Allgemeines); → Abschlüsse (Berufsausbildung / HS / RS / „9+3"); → Schulgesetz §§ 10 und 77 ff.;
→ Kooperationsklassen HS / WRS – Berufliche Schule

Berufsvorbereitungsjahr

Die Verordnungen des KM über die Ausbildung und Prüfung im Berufsvorbereitungsjahr (BVJVO) sowie die Hinweise des KM zur Befreiung von der Pflicht zum Besuch des Berufsvorbereitungsjahres und der Erlass des KM „Erprobung des Vorqualifizierungsjahres Arbeit/Beruf als Weiterentwicklung des BVJ" sind im Sonderteil Berufliche Schulen abgedruckt.

Besoldung (Anwärterbezüge)

Hinweise der Redaktion; Beträge auf Grundlage des Dienstrechtsreformgesetzes vom 27.10.2010 (GBl. S. 793/2010)

1. Anwärterbezüge

Anwärtergrundbetrag (in Euro; gültig ab 1. Januar 2011)		
A 9 - A 11	Fachlehrer/innen, Technische Lehrer/innen (gehobener Dienst)	1000,58
A 12	Lehramt an Grund- und Hauptschulen (gehobener Dienst)	1137,05
A 13	Lehrämter an Real- und an Sonderschulen (gehobener Dienst)	1168,10
A 13 mit Zulage	Lehrämter an Gymnasien und beruflichen Schulen (höherer Dienst)	1202,20

Der Anwärtergrundbetrag erhöht sich gegebenenfalls um den ehebezogenen Teil des Familienzuschlags (für Verheiratete bzw. Geschiedene, wenn diese aus der Ehe zum Unterhalt verpflichtet sind). Anwärter/innen mit Kind(ern) erhalten die Familienzuschläge je nach Kinderzahl.

Erhalten Anwärter/innen ein Entgelt für eine Nebentätigkeit innerhalb (z.B Unterrichtsvergütung) oder für eine genehmigungspflichtige Nebentätigkeit außerhalb des öffentlichen Dienstes, so wird das Entgelt auf die Anwärterbezüge angerechnet, soweit es diese übersteigt (§ 65 Abs. 1 BBesG). Als Anwärtergrundbetrag werden jedoch mindestens 30 v.H. des Anfangsgrundgehalts der Eingangsbesoldungsgruppe der Laufbahn gewährt.

→ Besoldung (Anwärter-Unterrichtsvergütung);
→ Nebenamtlicher / nebenberuflicher Unterricht Nr. 3

2. Familienzuschlag in Euro (gültig ab 1. Januar 2011)	
Ehebezogener Teil	121,06
Kinderbezogener Teil	
- für das erste oder zweite Kind jeweils	105,83
- für das dritte und jedes weitere Kind jeweils	319,56

3. Anwärtersonderzuschlag (AWSZ)

Anwärter/innen für das höhere Lehramt an beruflichen Schulen, die bis zum 31.12.2012 eingestellt wurden, erhalten in den Fächern Energie- und Automatisierungstechnik, System- und Informationstechnik, Fertigungstechnik, Fahrzeugtechnik und Metallbautechnik einen Sonderzuschlag.
Der Anwärtersonderzuschlag (AWSZ) beträgt 45% des Anwärtergrundbetrags:

Grundbetrag (Stand 1.1.2011): 1202,20 Euro
AWSZ (45 % des Grundbetrags): + 540,99 Euro
Monatliche Bruttobezüge: = 1743,19 Euro
(Hinzu kommen ggf. Familienzuschlag und ggf. vermögenswirksame Leistungen)

(Quelle: Entwurf des Finanzministeriums, November 2010)

Bei vorzeitigem Ausscheiden aus dem Vorbereitungsdienst oder schuldhaftem Nichtbestehen der zweiten Lehramtsprüfung ist der AWSZ vollständig zurückzuzahlen. Im Anschluss an den Vorbereitungsdienst ist eine mindestens fünfjährige Tätigkeit in der Laufbahn für das höhere Lehramt an beruflichen Schulen abzuleisten. Die Rückzahlung vermindert sich für jedes nach der Laufbahnprüfung abgeleistete Dienstjahr um ein Fünftel.
→ Besoldung (Gesetz – LBesGBW) § 81

→ Besoldung (Gesetz – LBesGBW); → Einstellungserlass; → Besoldung (Gehälter) (dort auch Familienzuschläge);
→ Nebenamtlicher / nebenberuflicher Unterricht Nr. 3; → Urlaub (Prüfungen); → Vorbereitungsdienst

---

Hätten Sie's gewusst?
Beamt/innen müssen ihre Dienstbezüge selbst überprüfen

Die Rechtsprechung hat vielfach festgestellt: Beamtinnen und Beamte sind aufgrund der Qualifikation für ihr Amt auch in der Lage, die Richtigkeit ihrer Bezüge selbst zu überprüfen oder ihre dienst- und versorgungsrechtlichen Ansprüche selbstständig geltend zu machen. Sie dürfen sich nicht darauf verlassen, dass ihnen der Dienstherr dabei behilflich ist oder sie fürsorglich auf Änderungen der Rechtslage hinweist. Deshalb ist die GEW so wichtig: Sie hilft ihren Mitgliedern dabei, sich im Dschungel des Dienstrechts zurechtzufinden und ihre Ansprüche geltend zu machen.

Das Bundesverwaltungsgericht hat auch entschieden, dass es Beamtinnen und Beamten zuzumuten ist Gehaltsansprüche zeitnah geltend zu machen (13.11.2008; BVerwG 2 C 16.07, 2 C 21.07). Als „zeitnah" gilt das laufende Haushaltsjahr. Die allgemeine Verjährungsfrist von 3 Jahren ist unbeachtlich. Dies bedeutet, dass nur die Ansprüche nachbezahlt werden, die im jeweils laufenden Kalenderjahr, also bis zum 31. Dezember des betreffenden Jahres (!) geltend gemacht wurden.

Besoldung (Anwärter-Unterrichtsvergütung) – Entwurf –

Entwurf der VO des KM über die Gewährung einer Unterrichtsvergütung für Anwärterinnen und Anwärter auf ein wissenschaftliches Lehramt sowie Studienreferendarinnen und Studienreferendare (Unterrichtsvergütungsverordnung – UVergVO) – soll zum 1.1.2011 in Kraft treten; bei Redaktionsschluss noch nicht veröffentlicht

§ 1
Unterrichtsvergütung für Anwärter und Studienreferendare

Anwärterinnen und Anwärter auf ein wissenschaftliches Lehramt an Realschulen sowie Studienreferendarinnen und Studienreferendare an beruflichen Schulen und Gymnasien erhalten für zusätzlich selbstständig erteilte Unterrichtsstunden eine Unterrichtsvergütung nach Maßgabe dieser Verordnung. Der Abschluss von Arbeitsverträgen im Rahmen einer Nebentätigkeit ist ausgeschlossen.

Hinweise der Redaktion:
1. Zu den Anwärter/innen an Grund-, Werkreal-, Haupt- und Sonderschulen: → Arbeitszeit (Anwärter/innen).
2. Auch die Anordnung von – bezahlter oder unbezahlter – Mehrarbeit durch Anwärter/innen bzw. Studienreferendar/innen ist nicht möglich. → Mehrarbeit

§ 2
Vergütungsfähige Unterrichtsstunden

Vergütungsfähige Unterrichtsstunden sind solche, die in einer Kalenderwoche über die in der Ausbildungs- und Prüfungsordnung für die jeweiligen Schularten der Anwärterinnen und Anwärter bzw. Studienreferendarinnen und Studienreferendare vorgesehene Soll-Wochenstundenzahl hinaus selbstständig erteilt werden und von der Schulleitung vor der Erteilung schriftlich genehmigt wurden.

Soweit in den jeweiligen Ausbildungs- und Prüfungsordnungen eine Obergrenze für den im Rahmen des Vorbereitungsdienstes zu erbringenden Unterricht vorgesehen ist, gilt diese als Soll-Wochenstundenzahl. Ist eine Regel-Unterrichtsverpflichtung festgelegt, so ist diese maßgeblich.

Hinweis der Redaktion: Grundsätzlich erfolgt im Realschulbereich eine Vergütung somit ab der 12., im gymnasialen sowie im beruflichen Bereich ab der 13. Unterrichtsstunde.

Bei der Ermittlung der tatsächlich geleisteten Unterrichtsstunden werden für Feiertage, unterrichtsfreie Tage sowie Ferientage die auf diese Tage entfallenden und im Rahmen der Ausbildung planmäßig selbstständig zu erteilenden Unterrichtsstunden angerechnet.

Bei Unterrichtswochen, die sich über zwei Kalendermonate hinweg erstrecken, sind die insgesamt und zusätzlich innerhalb dieser überlappenden Kalenderwoche geleisteten Unterrichtsstunden nachrichtlich auch jeweils anzugeben, als sie nicht mehr in den Abrechnungsmonat fallen. Diese werden für die Ermittlung der je Kalendermonat vergütungsfähigen Unterrichtsstunden herangezogen.

Die Unterrichtsvergütung wird für höchstens vierundzwanzig im Kalendermonat tatsächlich zusätzlich geleistete Unterrichtsstunden gewährt.

§ 3
Genehmigungsvoraussetzungen

Die Genehmigung von zusätzlichen Unterrichtsstunden darf nur erteilt werden, wenn
1. die Versorgung mit Pflichtunterricht nicht auf andere Weise sicher gestellt werden kann,
2. das Ausbildungsziel dadurch nicht gefährdet wird.

Ob die Erteilung von zusätzlichen Unterrichtsstunden das Ausbildungsziel gefährdet, entscheidet die Ausbildungsleitung (Seminarleitung) vor der Genehmigung im Einvernehmen mit der Schulleitung.

Schwerbehinderte sollen nicht zu zusätzlichen Unterrichtsstunden herangezogen werden. Auf eigenen Wunsch kann dies im Ausnahmefall nach Rücksprache mit der Schulleitung und mit den Betroffenen von der Ausbildungsleitung genehmigt werden.

→ Schwerbehinderung (Allgemeines)

Die Ableistung von zusätzlichen Unterrichtsstunden ist für Anwärterinnen und Anwärter sowie Studienreferendarinnen und Studienreferendare freiwillig. Verweigern sie die Ableistung, dürfen ihnen daraus keine Nachteile entstehen.

Während der Prüfungszeiträume der Anwärterinnen und Anwärter sowie Studienreferendarinnen und Studienreferendare sollen keine zusätzlichen Unterrichtsstunden genehmigt werden.

Der zusätzliche Unterricht darf nur an der Ausbildungsschule abgeleistet werden.

§ 4
Höhe der Unterrichtsvergütung

Die Unterrichtsvergütung beträgt je Unterrichtsstunde 75 v. H. der nach Anlage 15 zu § 65 LBesG festgelegten Mehrarbeitsvergütungssätze des Eingangsamtes im Schuldienst, das nach Abschluss des Vorbereitungsdienstes angestrebt wird.

→ Mehrarbeit (Vergütung)

§ 5
Verfahrensvorschriften

Die Unterrichtsvergütung ist beim zuständigen Regierungspräsidium mit dem in Anlage 1 aufgeführten Vordruck *(hier nicht abgedruckt)* für jeden Kalendermonat separat zu beantragen. Feiertage, unterrichtsfreie Tage sowie Ferientage sind durch Einkreisen zu kennzeichnen.

Der Anspruch erlischt, wenn er nicht innerhalb von 6 Monaten nach Ablauf des Monats, in dem der selbstständige Unterricht erteilt wurde, beim zuständigen Regierungspräsidium geltend gemacht wird.

→ Arbeitszeit (Anwärter/innen); → Besoldung (Anwärterbezüge); → Mehrarbeit (Vergütung); → Nebenamtlicher/ nebeberuflicher Unterricht; → Schwerbehinderung (Allgemeines)

Besoldung (Gehälter)

Hinweise der Redaktion auf Grundlage des Dienstrechtsreformgesetzes vom 27.10.2010 (GBl. S. 793/2010)

Grundgehalt (Besoldungsordnung A) ab 1.1.2011

Grundgehaltssätze (Monatsbeträge in Euro)

Bes.-Gr.	2	3	4	5	6	7	8	9	10	11	12
	2-Jahres-Rhythmus			3-Jahres-Rhythmus				4-Jahres-Rhythmus			
A 9	2183,01	2240,64	2334,37	2428,09	2521,82	2615,56	2680,00	2744,45	2808,87	2873,33	
A 10	2348,97	2429,03	2549,12	2669,22	2789,31	2909,43	2989,49	3069,55	3149,60	3229,66	
A 11		2701,38	2824,44	2947,49	3070,55	3193,61	3275,66	3357,67	3439,74	3521,79	3603,81
A 12			3048,80	3195,49	3342,22	3488,92	3586,74	3684,52	3782,34	3880,16	3977,97
A 13				3578,16	3736,58	3895,01	4000,62	4106,24	4211,87	4317,50	4423,11
A 14				3803,46	4008,89	4214,33	4351,29	4488,26	4625,22	4762,19	4899,15
A 15					4404,34	4630,21	4810,91	4991,60	5172,31	5353,01	5533,73
A 16					4860,08	5121,31	5330,32	5539,32	5748,29	5957,28	6166,26

Familienzuschlag (Monatsbeträge in Euro)

Ehebezogener Teil des Familienzuschlags	121,06	Zum Familienzuschlag bei Ehegatten, die beide im öffentlichen Dienst stehen, siehe → Besoldung (Gesetz – LBesGBW) § 42.
Kinderbezogener Teil des Familienzuschlags		
– für das erste oder zweite Kind jeweils	105,83	
– für das dritte und jedes weitere Kind jeweils	319,56	

Hinweise der Redaktion

Zur Struktur der Beamtenbesoldung, zur Eingruppierung der Lehrkräfte des Landes in der Besoldungsordnung und zu den Stellenzulagen siehe → Besoldung (Gesetz); → Besoldung (Landesbesoldungsordnung – Lehrkräfte); → Besoldung (Zulagen).

Bei Dienstanfänger/innen ab Bes.-Gr. A 12 vermindern sich die Grundgehaltssätze in den ersten drei Jahren um 4%.

Die Fachlehrer/innen in Bes.-Gr. A 9 sowie die Studienrät/innen in Bes.-Gr. A 13 erhalten eine „Strukturzulage" in Höhe von 79,58 Euro.

Die am 31.12.2010 vorhandenen Beamt/innen werden „stufengleich" in die oben abgedruckten Tabellen übergeleitet. Wer sich am 31.12.2010 in A 12 Stufe 3 befand, kommt nach Stufe 4, wer in A 13/14 Stufe 3 oder 4 war, kommt in Stufe 5. Die Zeit bis zum Vorrücken in die nächste Stufe verlängert sich aber entsprechend.

Die Tabellen gelten nur für aktive Landesbeamt/innen). Die Bezüge der Versorgungsempfänger/innen sind geringer, da das frühere „Weihnachtsgeld" 2008 bei der Integration in das Grundgehalt stärker als bei den aktiven Beamten (auf 30% statt auf 50%) gekürzt wurde. Zur Ermittlung der Versorgungsbezüge sind die Tabellenwerte mit 0,984* zu multiplizieren, (auf der Bezügemitteilung des Landesamts wird dies als „Faktor Ver" bezeichnet).

* bei Empfänger/innen von Übergangsgeld nach den §§ 47 und 47 a BeamtVG sowie für Empfänger/innen eines Unterhaltsbeitrags durch Gnadenerweis oder Disziplinarentscheidung, welcher sich in Prozent der ruhegehaltfähigen Dienstbezüge bestimmt, lautet der Faktor 0,96.

Ferner werden die Versorgungsbezüge durch einen „Anpassungsfaktor" stufenweise reduziert. Seit dem 1.3. 2010 lautet dieser Faktor 0,96208 (auf der Bezügemitteilung als „Anp.fak." bezeichnet).
→ Beamtenversorgung (Allgemeines)

Zur Ermittlung der ruhegehaltfähigen Dienstbezüge sind die Tabellenwerte deshalb zuerst mit 0,984 und danach mit dem „Anpassungsfaktor" zu multiplizieren.

Hätten Sie's gewusst?
Meldepflicht von persönlichen Veränderungen

Alle persönlichen Veränderungen, die Auswirkungen auf den Beihilfeanspruch haben (z.B. Ausbildungsabschluss oder Überschreiten der Altersgrenze kindergeldberechtigter Kinder, Zurruhesetzung) müssen sofort der privaten Krankenversicherung gemeldet werden, damit diese den Versicherungsumfang und den Beitragssatz anpassen kann (problemlos nur innerhalb weniger Monate möglich!). Der geänderte Versicherungsschein ist unverzüglich dem → Landesamt zu übersenden.

Besoldung (Gesetz – LBesGBW)

Auszüge aus dem Landesbesoldungsgesetz (LBesGBW) nach dem Dienstrechtsreformgesetz vom 27.10.2010 (GBl. S. 793/2010)

1. Abschnitt – Allgemeine Vorschriften

(§§ 1-5 nicht abgedruckt)

§ 6
Verjährung von Ansprüchen

Ansprüche und Rückforderungsansprüche nach diesem Gesetz oder auf der Grundlage dieses Gesetzes verjähren in drei Jahren. Die Verjährung beginnt mit dem Schluss des Jahres, in dem der Anspruch entstanden ist. Im Übrigen sind die Vorschriften des Bürgerlichen Gesetzbuches entsprechend anzuwenden.

Hinweis der Redaktion: Die Rechtsprechung hat vielfach bestätigt, dass von Beamt/innen erwartet werden kann, ihre Gehaltsansprüche bzw. die Richtigkeit der Gehaltszahlungen selbst zu überprüfen. Wir empfehlen, Besoldungsansprüche aus dem laufenden Kalenderjahr stets bis spätestens bis zum 31. Dezember des betreffenden Kalenderjahres geltend zu machen. Zweifel an der Höhe der Besoldung sollten stets direkt dem Landesamt für Besoldung und Versorgung (LBV) schriftlich mitgeteilt und die höhere Bezahlung beantragt werden.

→ Rechtsschutz

§ 8
Besoldung bei Teilzeitbeschäftigung

(1) Bei Teilzeitbeschäftigung wird die Besoldung im gleichen Verhältnis wie die Arbeitszeit gekürzt, soweit gesetzlich nichts anderes bestimmt ist.

(2) Bei einer Teilzeitbeschäftigung mit ungleichmäßig verteilter Arbeitszeit, die sich in eine Beschäftigungs- und eine Freistellungsphase aufteilt, gilt Absatz 1 für das Grundgehalt, den Familienzuschlag, die Amtszulagen, die Strukturzulage sowie die vermögenswirksamen Leistungen. Andere Besoldungsbestandteile werden abweichend von Absatz 1 entsprechend dem Umfang der tatsächlich geleisteten Tätigkeit während der Beschäftigungsphase gewährt, wenn sie aufgrund ihrer Anspruchsvoraussetzungen in der Zeit der Freistellungsphase nicht gewährt werden können ... .

→ Teilzeit (Freistellungs-/Sabbatjahr)

(3) Bei Altersteilzeit nach § 70 des Landesbeamtengesetzes (LBG) ... wird zur Besoldung nach den Absätzen 1 und 2 ein Zuschlag nach Maßgabe des § 69 gewährt.

→ Beamtengesetz § 70; → Teilzeit / Urlaub (dort weitere Verweise); → Teilzeit (Pflichten und Rechte)

§ 9
Besoldung bei begrenzter Dienstfähigkeit

(1) Bei begrenzter Dienstfähigkeit nach § 27 des Beamtenstatusgesetzes (BeamtStG) erhält der Beamte ... Besoldung entsprechend § 8 Abs. 1. Sie wird mindestens in Höhe des Ruhegehalts gewährt, das er bei Versetzung in den Ruhestand erhalten würde.

→ Beamtenstatusgesetz § 27

(2) Zur Besoldung nach Absatz 1 wird ein Zuschlag nach Maßgabe des § 72 gewährt.

§ 11
Verlust der Besoldung bei schuldhaftem Fernbleiben vom Dienst

(1) Bleibt der Beamte ... ohne Genehmigung schuldhaft dem Dienst fern, so verliert er für die Zeit des Fernbleibens seine Bezüge. Dies gilt auch bei einem Fernbleiben vom Dienst für Teile eines Tages. Der Verlust der Bezüge wird durch den Dienstvorgesetzten festgestellt.

(2) Der Vollzug einer Freiheitsstrafe, die von einem deutschen Gericht verhängt wird, gilt als schuldhaftes Fernbleiben vom Dienst. Für die Zeit einer Untersuchungshaft wird die Besoldung unter dem Vorbehalt der Rückforderung gezahlt. Sie soll zurückgefordert werden, wenn gegenüber dem Beamten ... aus Anlass des Sachverhalts, der Anlass für die Untersuchungshaft war, eine Freiheitsstrafe verhängt wird.

→ Beamtengesetz § 68

§ 15
Rückforderung von Bezügen

(1) Wird ein Beamter ... durch eine gesetzliche Änderung seiner Bezüge einschließlich der Einreihung seines Amtes in die Besoldungsgruppen der Landesbesoldungsordnungen mit rückwirkender Kraft schlechter gestellt, so sind die Unterschiedsbeträge nicht zu erstatten.

(2) Im Übrigen regelt sich die Rückforderung zu viel gezahlter Bezüge nach den Vorschriften des Bürgerlichen Gesetzbuchs über die Herausgabe einer ungerechtfertigten Bereicherung, soweit gesetzlich nichts anderes bestimmt ist. Der Kenntnis des Mangels des rechtlichen Grundes der Zahlung steht es gleich, wenn der Mangel so offensichtlich war, dass der Empfänger ihn hätte erkennen müssen. Von der Rückforderung kann aus Billigkeitsgründen mit Zustimmung der obersten Dienstbehörde oder der von ihr bestimmten Stelle ganz oder teilweise abgesehen werden.

(3) Geldleistungen, die für die Zeit nach dem Tode des Beamten oder Richters auf ein Konto bei einem Geldinstitut überwiesen werden, gelten als unter Vorbehalt erbracht. Das Geldinstitut hat sie der überweisenden Stelle zurück zu überweisen, wenn diese sie als zu Unrecht erbracht zurückfordert. Eine Verpflichtung zur Rücküberweisung besteht nicht, soweit über den entsprechenden Betrag bei Eingang der Rückforderung bereits anderweitig verfügt wurde, es sei denn, dass die Rücküberweisung aus einem Guthaben erfolgen kann. Das Geldinstitut darf den überwiesenen Betrag nicht zur Befriedigung eigener Forderungen verwenden.

(4) Soweit Geldleistungen für die Zeit nach dem Tode des Beamten ... zu Unrecht erbracht worden sind, haben die Personen, die die Geldleistung in Empfang genommen oder über den entsprechen-

den Betrag verfügt haben, diesen Betrag der überweisenden Stelle zu erstatten, sofern er nicht nach Absatz 3 von dem Geldinstitut zurück überwiesen wird. Ein Geldinstitut, das eine Rücküberweisung mit dem Hinweis abgelehnt hat, dass über den entsprechenden Betrag bereits anderweitig verfügt wurde, hat der überweisenden Stelle auf Verlangen Namen und Anschrift der Personen, die über den Betrag verfügt haben, und etwaiger neuer Kontoinhaber zu benennen. Ein Anspruch gegen die Erben bleibt unberührt.

§ 16
Anpassung der Besoldung
Die Besoldung wird entsprechend der Entwicklung der allgemeinen wirtschaftlichen und finanziellen Verhältnisse und unter Berücksichtigung der mit den Dienstaufgaben verbundenen Verantwortung durch Gesetz regelmäßig angepasst.

§ 17
Versorgungsrücklage
(1) Um die Versorgungsleistungen angesichts der demographischen Veränderungen und des Anstiegs der Zahl der Versorgungsempfänger sicherzustellen, werden Versorgungsrücklagen als Sondervermögen aus der Verminderung der Besoldungs- und Versorgungsanpassungen nach Absatz 2 gebildet. Damit soll zugleich das Besoldungs- und Versorgungsniveau in gleichmäßigen Schritten von durchschnittlich 0,2 Prozent abgesenkt werden.
(2) In der Zeit bis zum 31. Dezember 2017 werden die Anpassungen der Besoldung nach § 16 gemäß Absatz 1 Satz 2 vermindert. Der Unterschiedsbetrag gegenüber der nicht nach Satz 1 verminderten Anpassung wird den Sondervermögen zugeführt. Die Mittel der Sondervermögen dürfen nur zur Finanzierung von Versorgungsausgaben verwendet werden.
(3) Abweichend von Absatz 2 wird die auf den 1. März 2010 folgende allgemeine Anpassung der Besoldung nicht vermindert. Die auf vorangegangenen Anpassungen nach Bundesrecht beruhenden weiteren Zuführungen an die Versorgungsrücklage bleiben unberührt.
(4) Den Versorgungsrücklagen werden im Zeitraum nach Absatz 2 Satz 1 zusätzlich 50 Prozent der Verminderung der Versorgungsausgaben durch das Versorgungsänderungsgesetz 2001 vom 20. Dezember 2001 (BGBl. I S. 3926) zugeführt. ...

2. Abschnitt – Grundgehälter, Leistungsbezüge an Hochschulen
1. Unterabschnitt – Allgemeine Grundsätze

§ 20
Grundsatz der funktionsgerechten Besoldung
(nicht abgedruckt)

§ 21
Bestimmung des Grundgehalts nach dem Amt
(1) Das Grundgehalt des Beamten ... bestimmt sich nach der Besoldungsgruppe des ihm verliehenen Amtes. ...

(2) Ist einem Amt gesetzlich eine Funktion zugeordnet oder richtet sich die Zuordnung eines Amtes zu einer Besoldungsgruppe einschließlich der Gewährung von Amtszulagen nach einem gesetzlich festgelegten Bewertungsmaßstab, insbesondere ... nach der Schülerzahl einer Schule ..., so gibt die Erfüllung dieser Voraussetzungen allein keinen Anspruch auf die Besoldung aus diesem Amt.

Hinweis der Redaktion: Das Grundgehalt wird mit Ausnahme der festen Gehälter (z.B. Besoldungsordnung B), nach Stufen bemessen. Die Stufen sind aus der Besoldungstabelle (→ Besoldung (Gehälter) ersichtlich; dort sind auch die Familienzuschläge abgedruckt.

§ 22
Besoldungsanspruch bei Verleihung eines anderen Amtes
(1) Verringert sich während eines Dienstverhältnisses nach § 1 Abs. 1 die Summe der Dienstbezüge aus Grundgehalt, Amtszulage und Strukturzulage durch die Verleihung eines anderen Amtes aus dienstlichen Gründen, sind abweichend von § 21 das Grundgehalt sowie die Amtszulage und die Strukturzulage zu zahlen, die bei einem Verbleiben in dem bisherigen Amt zugestanden hätten. Veränderungen in der Bewertung des bisherigen Amtes bleiben unberücksichtigt. Satz 1 gilt entsprechend bei Übertragung einer anderen Funktion.
(2) Absatz 1 gilt bei Beamten auf Zeit nur für die restliche Amtszeit.
(3) Absatz 1 gilt nicht, wenn ein Amt mit leitender Funktion im Beamtenverhältnis auf Probe nicht auf Dauer übertragen wird oder wenn die Verringerung auf einer Disziplinarmaßnahme beruht.

§ 23
Besondere Eingangsbesoldung
(1) Bei Beamten ... mit Anspruch auf Dienstbezüge aus einem Eingangsamt der Besoldungsgruppe A 12 und höher, ... sind für die Dauer von drei Jahren nach Entstehen des Anspruchs die jeweiligen Grundgehälter und Amtszulagen um 4 Prozent abzusenken.
(2) Absatz 1 gilt nicht für Beamte ...,
1. denen spätestens am 31. Dezember 2004 Dienstbezüge im Geltungsbereich dieses Gesetzes zugestanden haben oder
2. die aus einem vor dem 1. Januar 2005 begründeten Angestelltenverhältnis zu einem Dienstherrn nach § 1 Abs. 1 in das Beamtenverhältnis wechseln oder
3. denen bis zur Entstehung des Anspruchs auf Dienstbezüge nach Absatz 1 Dienstbezüge aus einem anderen Amt im Geltungsbereich dieses Gesetzes zugestanden haben.

(3) Auf den Absenkungszeitraum von drei Jahren werden frühere Zeiten des Beamten ... mit nach Abs. 1 abgesenkter Eingangsbesoldung angerechnet. Gleiches gilt für frühere Zeiten, in denen der Beamte ... abgesenkte Bezüge entsprechend Absatz 1 erhalten hat:

Besoldung (Gesetz – LBesGBW)

1. von einem Arbeitgeber nach Absatz 2 Nr. 2 oder
2. von einem anderen Arbeitgeber, zu dem der Beamte ... unter Anerkennung von öffentlichen Belangen ohne Dienstbezüge beurlaubt wurde, sofern der Arbeitgeber von einem Dienstherrn nach § 1 Absatz 1 für die Zeit der Beurlaubung einen Zuschuss zu den Personalkosten des Beamten ... erhalten hat.

(4) Absatz 3 gilt entsprechend für Zeiten, in denen der Beamte ... aufgrund oder in sinngemäßer Anwendung von § 1 a des Landessonderzahlungsgesetzes in der bis zum 31. Dezember 2007 geltenden Fassung keine Sonderzahlungen oder vergleichbare Leistungen erhalten hat.

(5) Zuletzt zugestandene ruhegehaltfähige Dienstbezüge im Sinne von § 19 Abs. 1 des Landesbeamtenversorgungsgesetzes ... (LBeamtVGBW) sind die nicht abgesenkten Dienstbezüge. ...

§ 28
Landesbesoldungsordnungen A und B

(1) Die Zuordnung der Ämter zu den Besoldungsgruppen und die Amtsbezeichnungen richten sich nach den Landesbesoldungsordnungen. Den Ämtern können Funktionen zugeordnet werden. ...

➔ Besoldung (Lehrkräfte – Eingruppierung)

§ 31
Bemessung des Grundgehalts in der Landesbesoldungsordnung A

(1) Die Höhe des Grundgehalts in den Besoldungsgruppen der Landesbesoldungsordnung A wird nach Stufen bemessen. Das Aufsteigen in den Stufen bestimmt sich nach Zeiten mit dienstlicher Erfahrung (Erfahrungszeiten). Erfahrungszeiten sind Zeiten im Dienst eines öffentlich-rechtlichen Dienstherrn im Geltungsbereich des Grundgesetzes in einem Beamten- oder Richterverhältnis mit Anspruch auf Dienstbezüge.

(2) Das Grundgehalt steigt in den Stufen eins bis vier im Abstand von zwei Jahren, in den Stufen fünf bis acht im Abstand von drei Jahren und ab der Stufe neun im Abstand von vier Jahren bis zum Erreichen des Endgrundgehalts. Zeiten ohne Anspruch auf Grundgehalt verzögern den Stufenaufstieg um diese Zeiten, soweit in § 32 Abs. 33 Absatz 2 nichts anderes bestimmt ist. Die sich nach Satz 2 ergebenden Verzögerungszeiten werden auf volle Monate abgerundet.

(3) Das Aufsteigen in den Stufen beginnt mit dem Anfangsgrundgehalt der jeweiligen Besoldungsgruppe mit Wirkung vom ersten des Monats, in dem die erste Ernennung mit Anspruch auf Dienstbezüge bei einem öffentlich-rechtlichen Dienstherrn im Geltungsbereich des Grundgesetzes wirksam wird. Der Zeitpunkt des Beginns wird um die zu diesem Zeitpunkt vorliegenden, nach § 32 Abs. 1 berücksichtigungsfähigen Zeiten vorverlegt. Ausgehend von dem Zeitpunkt des Beginns werden die Stufenlaufzeiten nach Absatz 2 berechnet. Die Berechnung und die Festsetzung des Zeitpunkts des Beginns des Aufsteigens in den Stufen stellt die bezügezahlende Stelle fest und teilt diese dem Beamten schriftlich mit.

(4) Eine Änderung der Besoldungsgruppe wirkt sich auf die erreichte Stufe grundsätzlich nicht aus. Weist die neue höhere Besoldungsgruppe für diese Stufe kein Grundgehalt aus, wird der Beamte der Stufe des Anfangsgrundgehalts der neuen Besoldungsgruppe zugeordnet. Ab diesem Zeitpunkt beginnt das Aufsteigen in den Stufen des Anfangsgrundgehalts der neuen Besoldungsgruppe. Wechselt der Beamte aus der Endstufe seiner Besoldungsgruppe in eine Besoldungsgruppe, die eine weitere Stufe ausweist, wird für die Festlegung der Stufe in der neuen Besoldungsgruppe die gesamte bisherige Erfahrungszeit berücksichtigt; weist eine neue niedrigere Besoldungsgruppe für diese Stufe kein Grundgehalt aus, wird das Endgrundgehalt der neuen Besoldungsgruppe gezahlt.

(5) Wird festgestellt, dass die Leistungen des Beamten nicht den mit seinem Amt verbundenen Mindestanforderungen entsprechen, ist der Beamte darauf hinzuweisen, anforderungsgerechte Leistungen zu erbringen. Ergibt eine weitere Leistungsfeststellung, dass der Beamte die mit seinem Amt verbundenen Mindestanforderungen nach wie vor nicht erbringt, gelten seine Dienstzeiten ab diesem Zeitpunkt nicht als Erfahrungszeiten und er verbleibt in seiner bisherigen Stufe. Diese Feststellungen erfolgen auf der Grundlage von geeigneten Leistungseinschätzungen. Wird bei einer späteren Leistungseinschätzung, die frühestens zwölf Monate nach der Leistungsfeststellung nach Satz 2 erfolgen darf, festgestellt, dass die Leistungen des Beamten wieder mit dem Amt verbundenen Mindestanforderungen entsprechen, gelten ab dem Zeitpunkt der späteren Leistungseinschätzung seine Dienstzeiten wieder als Erfahrungszeiten. Die Feststellungen trifft die zuständige oberste Dienstbehörde oder die von ihr bestimmte Stelle. Sie sind dem Beamten schriftlich mitzuteilen. Widerspruch und Anfechtungsklage haben keine aufschiebende Wirkung. Die obersten Dienstbehörden werden ermächtigt, das Nähere für ihren Bereich durch Rechtsverordnung zu regeln.

➔ Dienstliche Beurteilung (Lehrkräfte)

(6) Der Beamte verbleibt in seiner bisherigen Stufe, solange er vorläufig des Dienstes enthoben ist. Führt ein Disziplinarverfahren nicht zur Entfernung aus dem Beamtenverhältnis und endet das Beamtenverhältnis nicht durch Entlassung auf Antrag des Beamten oder infolge strafgerichtlicher Verurteilung, regelt sich das Aufsteigen im Zeitraum einer vorläufigen Dienstenthebung nach Absatz 2. Absatz 5 bleibt unberührt.

(7) In Fällen einer erneuten Begründung eines Beamtenverhältnisses in einem Eingangsamt einer höheren Besoldungsgruppe kann die bezügezahlende Stelle auf Antrag des Beamten den Zeitpunkt des Beginns des Aufsteigens in den Stufen abweichend von Absatz 3 berechnen, soweit die Berechnung nach Absatz 3 zu einem ungünstigen Ergebnis führt. Der Berechnung ist der erste des Monats der erneuten Begründung des Beamtenverhältnis-

ses und das neue Eingangsamt zugrunde zu legen. Dieser Zeitpunkt kann höchstens um die in § 32 Abs. 1 genannten Zeiten vorverlegt werden; die Zeit der hauptberuflichen Tätigkeit in dem früheren Beamtenverhältnis gilt dabei als berücksichtigungsfähige Zeit nach § 32 Abs. 1. § 32 Abs. 3 findet Anwendung.

§ 32
Berücksichtigungsfähige Zeiten

(1) Berücksichtigungsfähige Zeiten nach § 31 Abs. 3 Satz 2 sind:
1. Zeiten einer hauptberuflichen Tätigkeit als Beamter oder Pfarrer im Dienst von öffentlich-rechtlichen Religionsgesellschaften und ihren Verbänden,
2. Zeiten einer hauptberuflichen Tätigkeit als Arbeitnehmer im Dienst eines öffentlich-rechtlichen Dienstherrn oder im Dienst von öffentlich-rechtlichen Religionsgesellschaften und ihren Verbänden, die nicht Voraussetzung für die Zulassung zur Laufbahn sind,
3. sonstige Zeiten einer hauptberuflichen Tätigkeit, die nicht Voraussetzung für die Zulassung zur Laufbahn sind oder diese Voraussetzung ersetzen, soweit diese für die Verwendung des Beamten förderlich sind, sofern die hauptberufliche Tätigkeit mindestens
   a) auf der Qualifikationsebene eines Ausbildungsberufs und
   b) sechs Monate ohne Unterbrechung
   ausgeübt wurde.
4. Zeiten als Soldat auf Zeit oder als Berufssoldat,
5. Zeiten eines Wehr- oder Zivildienstes oder eines Entwicklungshelferdienstes oder eines freiwilligen sozialen oder ökologischen Jahres, die nach dem Arbeitsplatzschutzgesetz, dem Zivildienstgesetz, dem Entwicklungshelfer-Gesetz zur Vermeidung beruflicher Verzögerungen auszugleichen sind; entsprechendes gilt für ein freiwilliges soziales oder ein freiwilliges ökologisches Jahr nach dem Gesetz zur Förderung von Jugendfreiwilligkeitsdiensten,
6. Zeiten einer Eignungsübung nach dem Eignungsübungsgesetz,
7. Verfolgungszeiten nach dem Beruflichen Rehabilitierungsgesetz, soweit eine Erwerbstätigkeit, die einem Dienst bei einem öffentlich-rechtlichen Dienstherrn (§ 33) entspricht, nicht ausgeübt werden konnte.

Die Entscheidung über die Anerkennung von förderlichen Zeiten nach Satz 1 Nr. 3 trifft die oberste Dienstbehörde oder die von ihr bestimmte Stelle; es können insgesamt bis zu zehn Jahren berücksichtigt werden. Zeiten nach Satz 1 werden durch Unterbrechungszeiten nach Absatz 2 nicht vermindert.

(2) Abweichend von § 31 Abs. 2 Satz 2 wird der Aufstieg in den Stufen durch folgende Zeiten nicht verzögert:

1. berücksichtigungsfähige Zeiten nach Absatz 1 nach der ersten Ernennung mit Anspruch auf Dienstbezüge bei einem öffentlich-rechtlichen Dienstherrn im Geltungsbereich des Grundgesetzes,
2. Zeiten einer Kinderbetreuung bis zu drei Jahren für jedes Kind,
3. Zeiten der tatsächlichen Pflege von nach ärztlichem Gutachten pflegebedürftigen nahen Angehörigen (Eltern, Schwiegereltern, Ehegatten, Geschwistern oder Kindern) bis zu drei Jahren für jeden nahen Angehörigen,
4. Zeiten einer Beurlaubung ohne Dienstbezüge, die nach gesetzlichen Bestimmungen dienstlichen Interessen dient; dies gilt auch, wenn durch die oberste Dienstbehörde oder die von ihr bestimmte Stelle schriftlich anerkannt ist, dass der Urlaub ohne Dienstbezüge dienstlichen Interessen dient.

(3) Die Summe der Zeiten nach Absatz 1 wird auf volle Monate aufgerundet.

§ 33 *Öffentlich-rechtliche Dienstherrn*

(1) Öffentlich-rechtliche Dienstherrn im Sinne der §§ 31 und 32 sind der Bund, die Länder, die Gemeinden (Gemeindeverbände) und andere Körperschaften, Anstalten und Stiftungen des öffentlichen Rechts mit Ausnahme der öffentlich-rechtlichen Religionsgesellschaften und ihrer Verbände.

(2) Der Tätigkeit im Dienst eines öffentlich-rechtlichen Dienstherrn stehen gleich:
1. für Staatsangehörige eines Mitgliedstaates der Europäischen Union die ausgeübte gleichartige Tätigkeit im öffentlichen Dienst einer Einrichtung der Europäischen Union oder im öffentlichen Dienst eines Mitgliedstaats der Europäischen Union und
2. die von volksdeutschen Vertriebenen und Spätaussiedlern ausgeübte gleichartige Tätigkeit im Dienst eines öffentlich-rechtlichen Dienstherrn ihres Herkunftslandes.

§ 34
Nicht zu berücksichtigende Dienstzeiten

(1) § § 31 Abs. 1 Satz 3 und Abs. 3 Satz 1 sowie § 32 Abs. 1 gelten nicht für Zeiten einer Tätigkeit für das Ministerium für Staatssicherheit oder das Amt für Nationale Sicherheit der ehemaligen Deutschen Demokratischen Republik. Dies gilt auch für Zeiten, die vor einer solchen Tätigkeit zurückgelegt worden sind. Satz 1 gilt auch für Zeiten einer Tätigkeit als Angehöriger der Grenztruppen der ehemaligen Deutschen Demokratischen Republik.

(2) Absatz 1 Sätze 1 und 2 gelten auch für Zeiten einer Tätigkeit, die aufgrund einer besonderen persönlichen Nähe zum System der ehemaligen Deutschen Demokratischen Republik übertragen war. Das Vorliegen dieser Voraussetzung wird insbesondere widerlegbar vermutet, wenn der Beamte

1. vor oder bei Übertragung der Tätigkeit eine hauptamtliche oder hervorgehobene ehrenamt-

liche Funktion in der Sozialistischen Einheitspartei Deutschlands, dem Freien Deutschen Gewerkschaftsbund, der Freien Deutschen Jugend oder einer vergleichbaren systemunterstützenden Partei oder Organisation innehatte oder
2. als mittlere oder obere Führungskraft in zentralen Staatsorganen, als obere Führungskraft beim Rat eines Bezirks, als Vorsitzender des Rates eines Kreises oder einer kreisfreien Stadt oder in einer vergleichbaren Funktion tätig war oder
3. hauptamtlich Lehrender an den Bildungseinrichtungen der staatstragenden Parteien oder einer Massen- oder gesellschaftlichen Organisation war oder
4. Absolvent der Akademie für Staat und Recht oder einer vergleichbaren Bildungseinrichtung war.

3. Abschnitt – Familienzuschlag

§ 40
Grundlage des Familienzuschlags

Der Familienzuschlag besteht aus einem ehebezogenen und einem kinderbezogenen Teil. Seine Höhe richtet sich nach Anlage 12. ...

§ 41
Familienzuschlag

(1) Den ehebezogenen Teil des Familienzuschlags erhalten
1. verheiratete Beamte ..,
2. verwitwete Beamte ...,
3. geschiedene Beamte ... sowie Beamte ..., deren Ehe aufgehoben oder für nichtig erklärt ist, wenn sie aus der Ehe zum Unterhalt verpflichtet sind, sofern diese Unterhaltsverpflichtung mindestens die Höhe des ehebezogenen Teils des Familienzuschlags nach Anlage 12 erreicht,
4. andere Beamte und Richter, die eine andere Person nicht nur vorübergehend in ihre Wohnung aufgenommen haben und ihr Unterhalt gewähren, weil sie gesetzlich oder sittlich dazu verpflichtet sind oder aus beruflichen oder gesundheitlichen Gründen ihrer Hilfe bedürfen. Dies gilt bei gesetzlicher oder sittlicher Verpflichtung zur Unterhaltsgewährung nicht, wenn für den Unterhalt der aufgenommenen Person Mittel zur Verfügung stehen, die, bei einem Kind einschließlich des gewährten Kindergeldes und des kinderbezogenen Teils des Familienzuschlags, das Sechsfache des Betrags des ehebezogenen Teils des Familienzuschlags übersteigen; kurzfristige Überschreitungen dieser Grenze während höchstens zwei Monaten im Kalenderjahr bleiben hierbei unberücksichtigt. Als in die Wohnung aufgenommen gilt ein Kind auch, wenn der Beamte oder Richter es auf seine Kosten anderweitig untergebracht hat, ohne dass dadurch die häusliche Verbindung mit ihm aufgehoben werden soll. Beanspruchen mehrere nach dieser Vorschrift oder einer vergleichbaren Regelung Anspruchsberechtigte einen ehebezogenen Teil des Familienzuschlags oder eine entsprechende Leistung, wird der ehebezogene Teil des Familienzuschlags nach der Zahl der Berechtigten anteilig gewährt; Absatz 2 Satz 3 gilt entsprechend.

Hinweis der Redaktion: „Verpartnerte" Beamte haben Anspruch auf Familienzuschlag und können diesen rückwirkend geltend machen (Bundesverwaltungsgericht, 28.10.2010). Die EG-Richtlinie 2000/78/EG ist laut BVerwG unabhängig davon unmittelbar anzuwenden, ob der deutsche Gesetzgeber diese Richtlinie vollständig umgesetzt hat.

(2) Steht der Ehegatte eines Beamten ... als Beamter, Richter oder Soldat im öffentlichen Dienst und stünde ihm ebenfalls ein ehebezogener Teil des Familienzuschlags oder eine entsprechende Leistung zu, so erhält der Beamte ... den ehebezogenen Teil des Familienzuschlags zur Hälfte. § 8 findet auf den Betrag keine Anwendung, wenn einer der Ehegatten vollbeschäftigt oder nach beamtenrechtlichen Grundsätzen versorgungsberechtigt ist oder beide Ehegatten in Teilzeit beschäftigt sind und dabei zusammen mindestens die regelmäßige Arbeitszeit bei Vollzeitbeschäftigung erreichen. Eine entsprechende Leistung im Sinne des Satzes 1 liegt vor, wenn die Leistung, bei Versorgungsempfängern der entsprechende ruhegehaltfähige Dienstbezug, monatlich gewährt wird und mindestens 40 Prozent des Betrags des ehebezogenen Teils des Familienzuschlags erreicht.

(3) Einen kinderbezogenen Teil des Familienzuschlags für jedes Kind erhalten Beamte ..., denen Kindergeld nach dem Einkommensteuergesetz oder nach dem Bundeskindergeldgesetz zusteht oder ohne Berücksichtigung der §§ 64 oder 65 des Einkommensteuergesetzes oder der §§ 3 oder 4 des Bundeskindergeldgesetzes zustehen würde.

(4) Stünde neben dem Beamten ... einer anderen Person im öffentlichen Dienst ein kinderbezogener Teil des Familienzuschlags oder eine entsprechende Leistung für ein oder mehrere Kinder zu, so wird der auf das jeweilige Kind entfallende Betrag des Familienzuschlags dem Beamten ... gewährt, wenn und soweit ihm das Kindergeld nach dem Einkommensteuergesetz oder nach dem Bundeskindergeldgesetz gewährt wird oder ohne Berücksichtigung des § 65 des Einkommensteuergesetzes oder des § 4 des Bundeskindergeldgesetzes vorrangig zu gewähren wäre. Auf das Kind entfällt derjenige Betrag, der sich aus der für die Anwendung des Einkommensteuergesetzes oder des Bundeskindergeldgesetzes maßgebenden Reihenfolge der Kinder ergibt. § 8 findet auf den Betrag keine Anwendung, wenn einer der Anspruchsberechtigten im Sinne des Satzes 1 vollbeschäftigt oder nach beamtenrechtlichen Grundsätzen versorgungsberechtigt ist oder mehrere Anspruchsberechtigte in Teilzeit beschäftigt sind und dabei zusammen mindestens die regelmäßige Arbeitszeit bei Vollzeitbeschäftigung erreichen. Eine entsprechende Leistung im Sinne des Satzes 1 liegt vor, wenn kinderbezogene Leistungen nach Besoldungs- oder Versorgungsgesetzen oder Besitzstandszulagen nach den Überleitungstarifverträgen zum TVöD oder TV-L oder einem zu diesen vergleichbaren Tarifvertrag gewährt werden. Zudem

muss die Leistung monatlich gewährt werden und mindestens 80 Prozent des Betrags des kinderbezogenen Teils des Familienzuschlags für erste Kinder erreichen.

(5) Öffentlicher Dienst im Sinne der Absätze 2 und 4 ist die Tätigkeit im Dienst des Bundes, eines Landes, einer Gemeinde oder anderer Körperschaften, Anstalten und Stiftungen des öffentlichen Rechts oder der Verbände von solchen, sowie die Versorgungsberechtigung aufgrund einer solchen Tätigkeit; ausgenommen ist die Tätigkeit bei öffentlich-rechtlichen Religionsgesellschaften oder ihren Verbänden. Dem öffentlichen Dienst steht die Tätigkeit im Dienst einer zwischenstaatlichen oder überstaatlichen Einrichtung gleich, an der der Bund oder eine der in Satz 1 bezeichneten Körperschaften oder einer der dort bezeichneten Verbände durch Zahlung von Beiträgen oder Zuschüssen oder in anderer Weise beteiligt ist. ...

(6) Wegen der Erhebung und des Austausches der zur Durchführung dieser Vorschrift erforderlichen personenbezogenen Daten durch die Bezügestellen des öffentlichen Dienstes (Absatz 5) wird auf die §§ 83 und 85 Abs. 4 LBG verwiesen.

→ Beamtengesetz §§ 83 und 85

§ 42
Änderung des Familienzuschlags

Der Familienzuschlag wird vom Ersten des Monats an gezahlt, in den das hierfür maßgebende Ereignis fällt. Er wird nicht mehr gezahlt für den Monat, in dem die Anspruchsvoraussetzungen an keinem Tage vorgelegen haben. Die Sätze 1 und 2 gelten entsprechend für die Zahlung von Teilbeträgen des Familienzuschlags.

4. Abschnitt
Zulagen, Vergütungen, Zuschläge
1. Unterabschnitt
Amtszulagen und Strukturzulage
§ 43
Amtszulagen

(1) Zur Feindifferenzierung der Ämtereinstufung können für herausgehobene Funktionen Amtszulagen vorgesehen werden. Sie dürfen 75 Prozent des Unterschiedsbetrags zwischen dem Endgrundgehalt der Besoldungsgruppe des Beamten ... und dem Endgrundgehalt der nächsthöheren Besoldungsgruppe nicht übersteigen, soweit in diesem Gesetz nichts anderes bestimmt ist.

(2) Amtszulagen sind unwiderruflich und ruhegehaltfähig. Sie gelten als Bestandteil des Grundgehalts und nehmen an den regelmäßigen Besoldungsanpassungen nach § 16 teil.

(3) Die einzelnen Amtszulagen ergeben sich aus den §§ 44 und 45 sowie den Landesbesoldungsordnungen. Die Höhe der Amtszulagen ergibt sich aus Anlage 13.   → Besoldung (Zulagen)

§ 46
Strukturzulage

Beamte in den Besoldungsgruppen A 5 bis A 13 erhalten eine unwiderrufliche, das Grundgehalt ergänzende, ruhegehaltfähige Strukturzulage. Satz 1 gilt nicht für:

1. Lehrkräfte des gehobenen Dienstes sowie Inhaber von Schulleitungsämtern mit Ausnahme der Lehrer und Inhaber von Schulleitungsämtern in der Laufbahn der Fachlehrer und der Laufbahn der landwirtschaftstechnischen Lehrer und Berater, ...

Die Strukturzulage nimmt an den regelmäßigen Besoldungsanpassungen nach § 16 teil. ...

2. Unterabschnitt – Stellenzulagen
§ 47
Stellenzulagen

(1) Für herausgehobene Funktionen können Stellenzulagen vorgesehen werden. Sie dürfen 75 Prozent des Unterschiedsbetrags zwischen dem Endgrundgehalt der Besoldungsgruppe des Beamten ... und dem Endgrundgehalt der nächsthöheren Besoldungsgruppe nicht übersteigen, soweit in diesem Gesetz nichts anderes bestimmt ist.

(2) Stellenzulagen dürfen nur für die Dauer der Wahrnehmung der herausgehobenen Funktion gewährt werden, soweit in diesem Gesetz nichts anderes bestimmt ist.

(3) Die Stellenzulagen nehmen an den regelmäßigen Besoldungsanpassungen nach § 16 nicht teil, es sei denn, ihre Höhe richtet sich nach einer dynamischen Bemessungsgrundlage dieses Gesetzes.

(4) Die Stellenzulagen sind widerruflich und nur ruhegehaltfähig, wenn dies gesetzlich bestimmt ist.
... .   → Besoldung (Zulagen)

§ 57
Weitere Stellenzulagen

(1) Eine Stellenzulage erhalten: ...

3. Geschäftsführende Schulleiter im Sinne von § 43 des Schulgesetzes für Baden-Württemberg,

4. Fachschulräte an Pädagogischen Fachseminaren, Fachhochschulen, Pädagogischen Hochschulen, Staatlichen Akademien der bildenden Künste, an der Staatlichen Hochschule für Gestaltung Karlsruhe und am Landesinstitut für Schulsport, Schulkunst und Schulmusik, ...

9. Lehrkräfte, die als
   a) Fachberater Schulentwicklung für die Regierungspräsidien des Landes oder
   b) Fremdevaluatoren für das Landesinstitut für Schulentwicklung

   tätig sind und die ihre Aufgaben im Bereich der Qualitätsentwicklung und Qualitätssicherung an den Schulen mit ihrem jeweils vollständigen Deputat wahrnehmen,

10. Lehrkräfte, die Aufgaben im Rahmen der Lehrerausbildung oder -fortbildung ständig wahrnehmen.

(2) Die Stellenzulage nach Absatz 1 Nr. 4 ist ruhegehaltfähig, die Zahl der Stellen ist im Stellenplan des Haushalts festzulegen. Eine Stellenzulage nach Absatz 1 Nr. 9 erhalten Lehrkräfte nur dann, wenn sie sich nicht in der Besoldungsgruppe A 15 oder höher befinden. Neben einer Stellenzulage nach Absatz 1 Nr. 9 wird eine Stellenzulage nach Absatz 1 Nr. 10 nicht gewährt. ... .

4. Unterabschnitt – Vergütungen
§ 65
Mehrarbeitsvergütung

(1) Beamten mit Dienstbezügen in Besoldungsgruppen mit aufsteigenden Gehältern kann in folgenden Bereichen für Mehrarbeit eine Vergütung gewährt werden: ...

5. im Schuldienst als Lehrkraft, ...

→ Beamtengesetz § 68; → Mehrarbeit

(2) Die Vergütung wird nur gewährt, wenn die Mehrarbeit

1. von Beamten geleistet wurde, für die beamtenrechtliche Arbeitszeitregelungen gelten,
2. schriftlich angeordnet oder genehmigt wurde und
3. aus zwingenden dienstlichen Gründen nicht durch Dienstbefreiung innerhalb von mindestens einem Jahr ausgeglichen werden kann.

(3) Die Höhe der Vergütung pro Mehrarbeitsstunde ergibt sich aus Anlage 15 *(hier nicht abgedruckt;* → *Mehrarbeit – Vergütung)*. Die für die Vergütungssätze maßgebenden Verhältnisse richten sich nach dem Zeitpunkt, an dem die Mehrarbeit geleistet wurde. Als Mehrarbeitsstunde gilt die volle Zeitstunde, im Schuldienst die Unterrichtsstunde. ... Die im Laufe eines Monats abgeleisteten Mehrarbeitszeiten werden zusammengerechnet; ergibt sich hierbei ein Bruchteil einer Stunde, so werden 30 Minuten und mehr auf eine volle Stunde aufgerundet, weniger als 30 Minuten bleiben unberücksichtigt. Besteht keine feste tägliche Arbeitszeit, so dass eine Mehrarbeit nicht für den einzelnen Arbeitstag, sondern nur aufgrund der regelmäßigen wöchentlichen Arbeitszeit für eine volle Woche ermittelt werden kann, so ist Mehrarbeit innerhalb einer Kalenderwoche, wenn diese zum Teil auf den laufenden, zum Teil auf den folgenden Kalendermonat fällt, dem folgenden Kalendermonat zuzurechnen. Die Vergütung wird für höchstens 480 Mehrarbeitsstunden, im Schuldienst höchstens für 288 Unterrichtsstunden im Kalenderjahr gewährt.

(4) Mehrarbeit wird nicht vergütet, sofern sie fünf Stunden, im Schuldienst drei Unterrichtsstunden im Kalendermonat nicht übersteigt. Bei Teilzeitbeschäftigung vermindert sich diese Grenze entsprechend der Verringerung der Arbeitszeit. ...

(6) Teilzeitbeschäftigte, mit Ausnahme von Beamten in Altersteilzeit, erhalten bis zur Erreichung der regelmäßigen Arbeitszeit von Vollzeitbeschäftigten je Stunde vergütungsfähiger Mehrarbeit eine Vergütung in Höhe des auf eine Stunde entfallenden Anteils der Besoldung entsprechender Vollzeitbeschäftigter. Zur Ermittlung der auf eine Stunde entfallenden anteiligen Besoldung sind die monatlichen Bezüge entsprechender Vollzeitbeschäftigter durch das 4,348-Fache ihrer regelmäßigen wöchentlichen Arbeitszeit zu teilen. Bezüge, die nicht der anteiligen Kürzung nach § 8 Abs. 1 unterliegen, bleiben unberücksichtigt. Mehrarbeit, die über die Arbeitszeit von Vollzeitbeschäftigten hinausgeht, wird nach Anlage 15 vergütet.

5. Unterabschnitt.
Zuschläge und sonstige Besoldungsbestandteile
§ 69
Zuschlag bei Altersteilzeit

(1) Beamte und Richter in Altersteilzeit erhalten zusätzlich zu der Besoldung nach § 8 Abs. 1 einen nicht ruhegehaltfähigen Altersteilzeitzuschlag. Der Zuschlag wird gewährt in Höhe des Unterschiedsbetrags zwischen

1. der Nettobesoldung, die sich während der Altersteilzeit aus der – entsprechend der ermäßigten Arbeitszeit nach § 8 Abs. 1 gekürzten – Bruttobesoldung ergibt, und
2. 80 Prozent der Nettobesoldung, die aus der Bruttobesoldung nach der bisherigen Arbeitszeit zustehen würde; maßgebend ist die Arbeitszeit, die Bemessungsgrundlage für die ermäßigte Arbeitszeit während der Altersteilzeit war. § 9 ist zu berücksichtigen.

(2) Grundlage für die Ermittlung der Höhe des Zuschlags sind die Dienstbezüge nach § 1 Abs. 2 Nr. 1 bis 3, ... Amts- und Stellenzulagen, die Strukturzulage sowie Überleitungs- und Ausgleichszulagen, die wegen des Wegfalls oder einer Verminderung solcher Bezüge zustehen. Stellenzulagen, die nach § 8 Abs. 2 Satz 2 entsprechend dem Umfang der tatsächlich geleisteten Tätigkeit gewährt werden, sind von Satz 1 ausgenommen.

(3) Zur Ermittlung der Nettobesoldung nach Absatz 1 Satz 2 Nr. 2 ist die Bruttobesoldung um die Lohnsteuer entsprechend der individuellen Steuerklasse des Beamten sowie den Solidaritätszuschlag zu vermindern; steuerliche Freibeträge oder sonstige individuelle Merkmale bleiben unberücksichtigt. Ein Abzug für Kirchensteuer in Höhe von 8 Prozent der Lohnsteuer erfolgt bei Ermittlung der Nettobesoldung nach Satz 1 nur dann, wenn auch die Nettobesoldung nach Absatz 1 Satz 2 Nr. 1 um die Kirchensteuer vermindert wird.

→ Beamtengesetz § 70

§ 70
Ausgleich bei vorzeitiger Beendigung der Altersteilzeit

Wenn die Altersteilzeit im Blockmodell vorzeitig endet, und die insgesamt gezahlten Altersteilzeitbezüge geringer sind als die Besoldung, die nach der tatsächlich geleisteten Arbeitszeit zugestanden hätte, ist ein Ausgleich in Höhe des Unterschiedsbetrags zu gewähren. Dabei bleiben Zeiten ohne Dienstleistung in der Arbeitsphase unberücksichtigt, soweit sie insgesamt sechs Monate überschreiten.

§ 72
Zuschlag bei begrenzter Dienstfähigkeit

(1) Begrenzt Dienstfähige erhalten zusätzlich zu der Besoldung nach § 9 Abs. 1 einen nicht ruhegehaltfähigen Zuschlag. Der Zuschlag beträgt 5 Prozent der Dienstbezüge, die der begrenzt Dienstfähige bei Vollzeitbeschäftigung erhalten würde, mindestens jedoch monatlich 220 Euro. Werden Dienstbezüge nach § 9 Abs. 1 Satz 1 gewährt, weil sie höher sind als die Dienstbezüge nach § 9 Abs. 1 Satz 2, verringert sich der Zuschlag um den Unterschiedsbetrag.

(2) Dienstbezüge im Sinne von Absatz 1 sind die Dienstbezüge nach § 1 Absatz 2 Nr. 1 bis 3, ... Amts- und Stellenzulagen, die Strukturzulage sowie Ausgleichs- und Überleitungszulagen, die wegen des Wegfalls oder einer Verminderung solcher Bezüge zustehen.

(3) Ein Zuschlag nach dieser Vorschrift wird nicht gewährt, wenn ein Zuschlag nach § 69 zusteht.

§ 73
Zuschlag bei Hinausschiebung der Altersgrenze

(1) Bei Hinausschiebung der Altersgrenze nach § 39 LBG wird ab dem Beginn des auf den Zeitpunkt des Erreichens der gesetzlichen Altersgrenze folgenden Kalendermonats nach Maßgabe des Absatzes 2 ein nicht ruhegehaltfähiger Zuschlag gewährt, soweit nicht bei einer Teilzeitbeschäftigung mit ungleichmäßig verteilter Arbeitszeit eine Freistellungsphase vorliegt. Der Zuschlag beträgt 10 Prozent der Summe aus den Dienstbezügen nach § 1 Abs. 2 Nr. 1 bis 3, ... den Amtszulagen sowie der Strukturzulage.

→ Beamtengesetz § 39; → Teilzeit (Freistellungsjahr)

(2) Voraussetzung für den Zuschlag ist, dass der Beamte ... aus dem laufenden Beamten-...verhältnis keine Versorgungsbezüge wegen Alters erhält und dass er den Höchstruhegehaltssatz (§ 27 Abs. 1 LBeamtVGBW) erreicht hat. Erreicht der Beamte ... den Höchstruhegehaltssatz erst während der Zeit des Hinausschiebens, wird der Zuschlag ab Beginn des folgenden Kalendermonats gezahlt.

→ Beamtenversorgung (Allgemeines)

§ 74
Zuschlag bei Teilzeitbeschäftigung bei Hinausschiebung der Altersgrenze

Bei einer Teilzeitbeschäftigung bei Hinausschiebung der Altersgrenze nach § 39 in Verbindung mit § 69 LBG erhält der Beamte oder Richter ab dem Beginn des auf den Zeitpunkt des Erreichens der gesetzlichen Altersgrenze folgenden Kalendermonats zur Besoldung nach § 8 Abs. 1 einen nicht ruhegehaltfähigen Zuschlag, soweit nicht bei einer Teilzeitbeschäftigung mit ungleichmäßig verteilter Arbeitszeit eine Freistellungsphase vorliegt. Bemessungsgrundlage für den Zuschlag ist das Ruhegehalt, das der Beamte oder Richter bei Versetzung in den Ruhestand wegen Erreichens der Altersgrenze erhalten hätte. Die Höhe des Zuschlags entspricht dem Teil des Ruhegehalts, der sich aus dem Verhältnis der Freistellung während der Hinausschiebung der Altersgrenze zur regelmäßigen Arbeitszeit ergibt. § 73 bleibt unberührt.

→ Teilzeit (Freistellungs-/Sabbatjahr)

§ 75 Sonderzuschläge zur Sicherung der Funktions- und Wettbewerbsfähigkeit (Ermächtigung; nicht abgedruckt)

§ 76
Leistungsprämien

(1) Zur Abgeltung von herausragenden besonderen Einzelleistungen können an Beamte in Ämtern der Landesbesoldungsordnungen A und B Leistungsprämien gewährt werden. Leistungsprämien können auch an die Mitglieder von Teams vergeben werden, die an der Erstellung des Arbeitsergebnisses wesentlich beteiligt waren. Beamte auf Zeit sind von der Gewährung von Leistungsprämien ausgenommen. Abgeordnete Beamte sind der Dienststelle zuzuordnen, zu der sie abgeordnet sind. Leistungsprämien sind einmalige, nicht ruhegehaltfähige Zahlungen; erneute Bewilligungen sind möglich. § 8 findet keine Anwendung.

(2) Vergabezeitraum für die Leistungsprämie ist das Kalenderjahr. Die Gesamtzahl der in einem Kalenderjahr bei einem Dienstherrn vergebenen Leistungsprämien darf 20 Prozent der Zahl der am 1. März des jeweiligen Kalenderjahres bei dem Dienstherrn vorhandenen Beamten nach Absatz 1 nicht übersteigen.

(3) Die einem Beamten gewährten Leistungsprämien dürfen außerdem innerhalb eines Kalenderjahres insgesamt das Endgrundgehalt der Besoldungsgruppe A 16 nicht übersteigen. Die an die Mitglieder eines Teams gewährten Leistungsprämien dürfen außerdem innerhalb eines Kalenderjahres insgesamt 300 Prozent des Endgrundgehalts der Besoldungsgruppe A 16 nicht übersteigen. Maßgebend ist jeweils das Endgrundgehalt nach dem Stand vom 1. März des jeweiligen Kalenderjahres.

(4) Leistungsprämien können nicht gewährt werden, wenn Beamte für herausragende besondere Einzelleistungen eine andere erfolgsorientierte Entschädigung erhalten. Leistungsprämien führen nicht zu einer Verminderung von Überleitungs- und Ausgleichszulagen.

(5) Leistungsprämien können nur im Rahmen besonderer haushaltsrechtlicher Regelungen oder von im Rahmen einer flexibilisierten Haushaltsführung nach § 7 a Landeshaushaltsordnung für Baden-Württemberg erwirtschafteten Mitteln, die zu diesem Zweck verwendet werden sollen, vergeben werden. ...

§ 77
Fahrkostenersatz für Fahrten zwischen Wohnung und Dienststätte

Zu den Aufwendungen für Fahrten zwischen Wohnung und Dienststätte mit regelmäßig verkehrenden öffentlichen Beförderungsmitteln kann im Rahmen besonderer haushaltsrechtlicher Regelungen ganz oder teilweise ein Fahrkostenersatz gewährt werden.

6. Abschnitt
Anwärterbezüge

§ 79
Anwärterbezüge

(1) Beamte auf Widerruf im Vorbereitungsdienst (Anwärter) erhalten Anwärterbezüge.

(2) Zu den Anwärterbezügen gehören der Anwärtergrundbetrag und die Anwärtersonderzuschläge. Daneben werden nach Maßgabe dieses Gesetzes der Familienzuschlag und die vermögenswirksamen Leistungen gewährt. Zulagen, Vergütungen, Zuschläge und sonstige Besoldungsbestandteile werden nur gewährt, wenn dies in diesem Gesetz besonders bestimmt ist. ...

→ Besoldung (Anwärterbezüge)

§ 80
Bezüge des Anwärters nach Ablegung der Laufbahnprüfung

Endet das Beamtenverhältnis eines Anwärters mit Ablauf des Tages der Ablegung oder dem endgültigen Nichtbestehen der für die Laufbahn vorgeschriebenen Prüfung, werden die Bezüge des Anwärters (§ 79 Absätze 2 und 3) für die Zeit nach Ablegung der Prüfung bis zum Ende des laufenden Monats weitergewährt. Wird bereits vor diesem Zeitpunkt ein Anspruch auf Bezüge oder Entgelt aus einer hauptberuflichen Tätigkeit bei einem öffentlich-rechtlichen Dienstherrn (§ 33) oder bei einer Ersatzschule erworben, so werden die Bezüge nur bis zum Tage vor Beginn dieses Anspruchs belassen.

§ 81
Anwärtersonderzuschläge

(1) Besteht ein erheblicher Mangel an qualifizierten Bewerben, können Anwärtersonderzuschläge gewährt werden. Sie dürfen 70 Prozent des Anwärtergrundbetrags nicht übersteigen.

(2) Anspruch auf Anwärtersonderzuschläge besteht nur, wenn der Anwärter
1. nicht vor dem Abschluss des Vorbereitungsdienstes oder wegen schuldhaften Nichtbestehens der Laufbahnprüfung ausscheidet und
2. nach Bestehen der Laufbahnprüfung mindestens fünf Jahre als Beamter im öffentlichen Dienst (§ 33) in der Laufbahn verbleibt, für die er die Befähigung erworben hat, oder, wenn das Beamtenverhältnis nach Bestehen der Laufbahnprüfung endet, in derselben Laufbahn in ein neues Beamtenverhältnis im öffentlichen Dienst (§ 33) für mindestens die gleiche Zeit eintritt.

(3) Werden die Voraussetzungen des Absatzes 2 aus Gründen, die der Beamte oder frühere Beamte zu vertreten hat, nicht erfüllt, ist der Anwärtersonderzuschlag in voller Höhe zurückzuzahlen. Der Rückzahlungsanspruch vermindert sich für jedes nach Bestehen der Laufbahnprüfung abgeleistete Dienstjahr um jeweils ein Fünftel. § 15 bleibt unberührt. ...

§ 82
Unterrichtsvergütung für Lehramtsanwärter

(1) Anwärtern für ein Lehramt an öffentlichen Schulen kann für selbstständig erteilten Unterricht eine Unterrichtsvergütung gewährt werden, wenn in Ausnahmefällen die Unterrichtsversorgung ansonsten nicht gewährleistet werden kann.

→ Besoldung (Anwärter-Unterrichtsvergütung)

(2) Eine Unterrichtsvergütung darf nur für tatsächlich geleistete Unterrichtsstunden gewährt werden, die über die im Rahmen der Ausbildung festgesetzten Unterrichtsstunden hinaus zusätzlich selbstständig erteilt und von der Schulleitung schriftlich genehmigt werden. Zu den im Rahmen der Ausbildung zu erteilenden Unterrichtsstunden, für die eine Unterrichtsvergütung nicht gewährt wird, zählen auch Hospitationen und Unterricht unter Anleitung.

(3) Die Unterrichtsvergütung je Unterrichtsstunde darf 75 Prozent der für das angestrebte Lehramt festgesetzten Beträge der Mehrarbeitsvergütung nicht überschreiten. Eine Unterrichtsvergütung wird für höchstens 24 im Kalendermonat tatsächlich geleistete Unterrichtsstunden gewährt. ...

§ 83
Anrechnung anderer Einkünfte

Erhält ein Anwärter ein Entgelt für eine andere Tätigkeit innerhalb oder außerhalb des öffentlichen Dienstes, wird das Entgelt auf die Anwärterbezüge angerechnet, soweit es diese übersteigt. Dies gilt auch, wenn der Anwärter einen arbeitsrechtlichen Anspruch auf ein Entgelt für eine in den Ausbildungsrichtlinien vorgeschriebene Tätigkeit hat.

§ 84
Kürzung der Anwärterbezüge

(1) Die für die Ernennung der Anwärter zuständigen Stellen sollen den Anwärtergrundbetrag um 15 Prozent herabsetzen, wenn der Anwärter die vorgeschriebene Laufbahnprüfung nicht bestanden hat oder sich die Ausbildung aus einem vom Anwärter zu vertretenden Grunde verzögert. Abweichend davon beträgt die Kürzung 30 Prozent, wenn der Anwärter wegen eines Täuschungsversuchs oder eines Ordnungsverstoßes von der Laufbahnprüfung ausgeschlossen wird.

(2) Von der Kürzung ist abzusehen
1. bei Verlängerung des Vorbereitungsdienstes infolge genehmigten Fernbleibens oder Rücktritts von der Prüfung,
2. in besonderen Härtefällen.

(3) Wird eine Zwischenprüfung nicht bestanden oder ein sonstiger Leistungsnachweis nicht erbracht, so ist die Kürzung auf den sich daraus ergebenden Zeitraum der Verlängerung des Vorbereitungsdienstes zu beschränken. Gleiches gilt für Lehramtsanwärter, bei denen der Vorbereitungsdienst verlängert wird, weil selbstständig erteilter Unterricht noch nicht erteilt werden kann.

7. Abschnitt
Vermögenswirksame Leistungen
§ 85 Vermögenswirksame Leistungen

(1) Beamte ... erhalten vermögenswirksame Leistungen nach dem Fünften Gesetz zur Förderung der Vermögensbildung für Arbeitnehmer ...

(2) Die vermögenswirksame Leistung beträgt monatlich 6,65 Euro.

(3) Vermögenswirksame Leistungen werden für die Kalendermonate gewährt, in denen dem Berechtigten Dienstbezüge, Anwärterbezüge oder Unterhaltsbeihilfe zustehen und er diese Bezüge auch erhält.

(4) Der Anspruch auf die vermögenswirksamen Leistungen entsteht frühestens für den Kalendermonat, in dem der Berechtigte die nach § 86 Absatz 1 erforderlichen Angaben mitteilt, und für die beiden vorangegangenen Monate desselben Kalenderjahres.

§ 86
Anlage der vermögenswirksamen Leistungen

(1) Der Berechtigte teilt seiner Dienststelle oder der nach Landesrecht bestimmten Stelle schriftlich die Art der gewählten Anlage mit und gibt hierbei, soweit dies nach der Art der Anlage erforderlich ist, das Unternehmen oder Institut mit der Nummer des Kontos an, auf das die Leistung eingezahlt werden soll.

(2) Der Wechsel der Anlage bedarf im Fall des § 11 Abs. 3 Satz 2 des Fünften Vermögensbildungsgesetzes nicht der Zustimmung der zuständigen Stelle, wenn der Berechtigte diesen Wechsel aus Anlass der erstmaligen Gewährung der vermögenswirksamen Leistungen verlangt.

Hinweis der Redaktion: Anträge können per Formblatt direkt beim → Landesamt gestellt werden.

8. Abschnitt – Sonstige Vorschriften
§ 91
Zuordnung zu Ämtern nach schul- und hochschulstatistischen Merkmalen

(1) Wenn sich die Zuordnung von Ämtern zu den Besoldungsgruppen einschließlich der Gewährung von Amtszulagen nach schulstatistischen Merkmalen richtet (Schülerzahlen, Schulstellen), sind die schulstatistischen Merkmale maßgebend, die sich aus der amtlichen Schulstatistik ergeben. Bei einer dadurch eintretenden Änderung der Zuordnung sind Ernennungen und Einweisungen in Planstellen sowie die Gewährung von Amtszulagen erst zulässig, wenn die schulstatistischen Merkmale bereits im Jahr vorgelegen haben und mit hinlänglicher Sicherheit feststellbar ist, dass die Änderung für mindestens zwei weitere Jahre Bestand haben wird. § 21 Absatz 2 bleibt unberührt. ...

(2) *(Besoldungsgruppe W 2) (nicht abgedruckt)*

§ 92
Ämter bei Absinken der Schülerzahl

(1) Richtet sich die Zuordnung des einem Beamten übertragenen Amtes zu einer Besoldungsgruppe einschließlich der Gewährung von Amtszulagen nach der Schülerzahl einer Schule, so begründet ein Absinken der Zahl der Schüler unter die für das Amt in den Bewertungsmerkmalen festgelegte Untergrenze allein kein dienstliches Bedürfnis, den Beamten in ein anderes Amt seiner Laufbahn zu versetzen. Wird der Beamte aus anderen Gründen in ein anderes Amt versetzt oder scheidet er aus dem Beamtenverhältnis aus, gilt die von ihm innegehabte Planstelle als in eine Planstelle der Besoldungsgruppe umgewandelt, die der tatsächlichen Zahl der Schüler entspricht.

(2) Beamte, die wegen Rückgangs der Schülerzahlen in ein Amt mit niedrigerem Endgrundgehalt übertreten oder übergetreten sind, dürfen auf Antrag anstelle der Amtsbezeichnung des ihnen übertragenen Amtes die Amtsbezeichnung des bisherigen Amtes ohne den Zusatz „außer Dienst" führen.

§ 93
Ämter der Leiter von Schulen besonderer Art und von Schulverbünden

Für die Ämter der Leiter von Schulen besonderer Art und Verbünden der Schularten Hauptschule, Werkrealschule, Realschule und Gymnasium sowie für die anderen Ämter mit besonderen Funktionen an diesen Schulen dürfen die in der Landesbesoldungsordnung A enthaltenen Ämter nach Maßgabe sachgerechter Bewertung aufgrund eines Vergleichs mit den jeweiligen Anforderungen an die in der Landesbesoldungsordnung A ausgewiesenen Lehrämter mit entsprechenden Aufgaben in Anspruch genommen werden. Die danach maßgeblichen Ämter werden durch die Ausbringung entsprechender Planstellen im Haushaltsplan festgelegt.

→ Schulgesetz § 107

§ 101
Sonstige Übergangsregelungen

(5) Beamtinnen, die zum Zeitpunkt des Inkrafttretens dieses Gesetzes eine männliche Amtsbezeichnung führen, sind berechtigt, die Amtsbezeichnung auch künftig in der männlichen Form zu führen.

(6) Ansprüche auf Besoldung, die vor dem Inkrafttreten dieses Gesetzes entstanden sind, verjähren nach den bisherigen Vorschriften.

(7) Wurde die Altersteilzeit vor dem Inkrafttreten dieses Gesetzes angetreten, gilt für die Berechnung des Zuschlags § 6 Absatz 2 BBesG sowie die dazu erlassene Rechtsverordnung jeweils in der am 31. August 2006 geltenden Fassung.

→ Beamtengesetz; → Beamtenstatusgesetz; → Beförderung (Stellensperre); → Besoldung (Anwärterbezüge); → Besoldung (Gehälter); → Besoldung (Gesetz – LBesGBW) § 70; → Besoldung (Lehrkräfte – Eingruppierung); → Besoldung (Leistungsprämien / leistungsstufen); → Besoldung (Zulagen); → Besoldung (Gesetz – LBesGBW) § 99; → Dienstliche Beurteilung (Lehrkräfte); → Einstellungserlass; → Funktionsstellen (Besetzung und Überprüfung); → Kindergeld; → Ruhestand (Allgemeines); → Schulgesetz § 43; → Schulleitung (Geschäftsführende Schulleiter)

Besoldung (Lehrkräfte – Eingruppierung)

Auszug aus der Besoldungsordnung A des Besoldungsgesetzes (LBesGBW) nach dem Dienstrechtsreformgesetz; nur Ämter im Schuldienst des Landes, in der Schulverwaltung sowie an dem KM unmittelbar unterstehenden Einrichtungen

Besoldungsgruppe A 9

Fachlehrer [2) 3)]

Landwirtschaftstechnischer Lehrer und Berater [5)]

2) Dieser Besoldungsgruppe werden nur solche Beamte zugeteilt, die die Lehrbefähigung für musisch-technische Fächer, für vorschulische Einrichtungen oder für Sonderschulen besitzen.
3) Als Eingangsamt.

Besoldungsgruppe A 10

Fachoberlehrer [3)]

Landwirtschaftstechnischer Oberlehrer und Berater [3)]

Technischer Lehrer [5)]
- an einer beruflichen Schule oder an einer vergleichbaren kommunalen schulischen Einrichtung
- an einer Sonderschule

2) Dieser Besoldungsgruppe werden nur solche Beamte zugeteilt, die die Lehrbefähigung für musisch-technische Fächer, für vorschulische Einrichtungen oder für Sonderschulen besitzen.
3) Soweit nicht in der Besoldungsgruppe A 11
5) Als Eingangsamt.

Besoldungsgruppe A 11

Fachoberlehrer [1)2)]

Fachoberlehrer [1)3)]
- als Fachbetreuer
- an einer Sonderschule für Geistigbehinderte oder an einer sonstigen Sonderschule mit einer Abteilung für Geistigbehinderte als Stufenleiter der Unter-, Mittel- oder Oberstufe

Hauptlehrerin für Hauswirtschaft, Handarbeit und Turnen [*)] – künftig wegfallend –
*) Als Eingangsamt.

Landwirtschaftstechnischer Oberlehrer und Berater [2)]

Technischer Oberlehrer
- an einer beruflichen Schule oder an einer vergleichbaren kommunalen schulischen Einrichtung
- an einer Sonderschule

1) Dieser Besoldungsgruppe werden nur solche Beamte zugeteilt, die die Lehrbefähigung für musisch-technische Fächer, für vorschulische Einrichtungen oder für Sonderschulen besitzen.
2) Soweit nicht in der Besoldungsgruppe A 10
3) Erhält eine Amtszulage (siehe Tabelle, Buchst. B).

Bitte die Übersicht über die Amtszulagen am Ende dieses Beitrags beachten

Besoldungsgruppe A 12

Konrektor [2)]
als der ständige Vertreter des Leiters einer Grundschule mit mehr als 180 bis zu 360 Schülern

Lehrer [1)]
mit der Befähigung für das Lehramt an Grund- und Hauptschulen

Oberlehrerin für Hauswirtschaft, Handarbeit und Turnen – künftig wegfallend –

Rektor [2)]
einer Grundschule mit bis zu 80 Schülern

Technischer Oberlehrer
- an einer beruflichen Schule als Fachbetreuer
- an einer Sonderschule für Geistigbehinderte als Stufenleiter der Werkstufe

1) Als Eingangsamt
2) Erhält eine Amtszulage (siehe Tabelle, Buchst. A).

Besoldungsgruppe A 13

Dozent [*)] an einem Pädagogischen Fachseminar
 – künftig wegfallend –
*) Mit abgeschlossener wissenschaftlicher oder künstlerischer Ausbildung. Soweit nicht in der Besoldungsgruppe A 14kw.

Fachschulrat [1)]
- an einer Pädagogischen Hochschule

Fachschulrat [*)] – künftig wegfallend –
- am Landesinstitut für Schulsport, Schulkunst und Schulmusik
- an einem Pädagogischen Fachseminar
*) Als Eingangsamt.

Gewerbeschulrat [1) 3)]

Handelsschulrat [1) 3)]

Hauswirtschaftsschulrat [1) 3)]

Konrektor
- als der ständige Vertreter des Leiters einer Grundschule mit mehr als 360 Schülern
- als der ständige Vertreter des Leiters einer Hauptschule, Werkrealschule, Grund- und Hauptschule oder Grund- und Werkrealschule mit mehr als 180 Schülern [4)]
- als der ständige Vertreter des Leiters einer Grund- und Hauptschule mit Realschule, Grund- und Werkrealschule mit Realschule, Hauptschule mit Realschule, Werkrealschule mit Realschule oder Grundschule mit Realschule mit insgesamt mehr als 180 Schülern [5)6)]

Landwirtschaftlicher Direktor bei einem Schulbauernhof [1) 6)]

Landwirtschaftlicher Fachschulrat [1) 3)]

Besoldung (Lehrkräfte – Eingruppierung)

Landwirtschaftsschulrat [1) 3)]

Lehrer [7) 8)]
   mit der Befähigung für das Lehramt an Grund- und Hauptschulen bei überwiegender Verwendung in Hauptschul- oder Werkrealschulbildungsgängen

Lehrer   – künftig wegfallend –
   mit der Befähigung für das Lehramt für die Unter- und Mittelstufe eines Gymnasiums

Pädagogischer Direktor bei einem Schulbauernhof [1) 6) 11)]

Realschullehrer [1)]
   mit der Befähigung für das Lehramt an Realschulen

Rektor
- einer Grundschule mit mehr als 80 bis zu 180 Schülern
- einer Grundschule mit mehr als 180 bis zu 360 Schülern [5)]
- einer Hauptschule, Werkrealschule, Grund- und Hauptschule oder Grund- und Werkrealschule mit bis zu 360 Schülern [5)]

Seminarschulrat als Bereichsleiter
- an einem Fachseminar für Sonderpädagogik [13)]
- an einem Pädagogischen Fachseminar [13)]
- an einem Seminar für Didaktik und Lehrerbildung (Grund- und Hauptschulen) [4)]

Sonderschullehrer [1) 14)]

Sonderschuloberlehrer [*)]   – künftig wegfallend –

*) Soweit im Zeitpunkt der Überleitung nach Artikel III § 1 des Landesbesoldungsanpassungsgesetzes vom 3. April 1979 (GBl. S. 134) in einem Amt der Besoldungsgruppe A 13a. Erhält eine Amtszulage (siehe Tabelle, Buchst. B).

Studienrat [1)]
- als Referent am Landesinstitut für Schulentwicklung
- als Referent am Landesinstitut für Schulsport, Schulkunst und Schulmusik
- als Referent an der Landesakademie für Schulkunst, Schul- und Amateurtheater
- mit der Befähigung für das Lehramt an Gymnasien oder an beruflichen Schulen

Zweiter Konrektor [5) 6)]
   einer Grund- und Hauptschule mit Realschule, Grund- und Werkrealschule mit Realschule, Hauptschule mit Realschule, Werkrealschule mit Realschule oder Grundschule mit Realschule mit insgesamt mehr als 540 Schülern

1) Als Eingangsamt.
3) Mit der Befähigung für ein Lehramt des gehobenen Dienstes an beruflichen Schulen (ausgenommen das Lehramt für Technische Lehrer an beruflichen Schulen).
4) Erhält eine Amtszulage (siehe Tabelle, Buchst. A1).
5) Erhält eine Amtszulage (siehe Tabelle, Buchst. B).
6) Soweit nicht in der Besoldungsgruppe A 14.
7) Soweit nicht in der Besoldungsgruppe A 12.
8) Bis zu 20 Prozent der Gesamtzahl der Planstellen in den Besoldungsgruppen A 12 und A 13 für Lehrer mit der Befähigung für das Lehramt an Grund- und Hauptschulen, die überwiegend in Hauptschul- oder Werkrealschulbildungsgängen verwendet werden.
11) Mit der Befähigung für ein Lehramt des gehobenen oder höheren Dienstes.
13) Als Eingangsamt für Beamte mit der Befähigung für ein Lehramt mit Eingangsamt in der Besoldungsgruppe A 12 oder einer niedrigeren Besoldungsgruppe.
14) Mit der Befähigung für ein Lehramt an Sonderschulen (ausgenommen das Lehramt für Fachlehrer und Technische Lehrer an Sonderschulen).

Besoldungsgruppe A 14

Dozent an einem Pädagogischen Fachseminar [*)]
            – künftig wegfallend –
*) Soweit nicht in der Besoldungsgruppe A 13kw.

Fachschulrat
   als Abteilungsleiter an einer Heimsonderschule [1)]

Konrektor
   als der ständige Vertreter des Leiters einer Grund- und Hauptschule mit Realschule, Grund- und Werkrealschule mit Realschule, Hauptschule mit Realschule, Werkrealschule mit Realschule oder Grundschule mit Realschule
- mit bis zu 180 Realschülern und mit mehr als 360 Grund- und/oder Haupt- beziehungsweise Werkrealschülern
- mit mehr als 180 bis zu 360 Realschülern und mit bis zu 360 Grund- und/oder Haupt- beziehungsweise Werkrealschülern
- mit mehr als 180 bis zu 360 Realschülern und mit mehr als 360 Grund- und/oder Hauptbeziehungsweise Werkrealschülern [3)]
- mit mehr als 360 Realschülern [3)]

Landwirtschaftlicher Direktor bei einem Schulbauernhof [4)]

Oberstudienrat
- als Referent am Landesinstitut für Schulentwicklung
- als Referent am Landesinstitut für Schulsport, Schulkunst und Schulmusik
- als Referent und zugleich ständiger Vertreter des Leiters der Landesakademie für Schulkunst, Schul- und Amateurtheater
- mit der Befähigung für das Lehramt an Gymnasien oder an beruflichen Schulen

Oberstudienrat   – künftig wegfallend –
   als der ständige Vertreter des Leiters eines Pädagogischen Fachseminars mit 3 bis 6 Schulstellen [*)]
*) Erhält eine Amtszulage (siehe Tabelle, Buchst. B).

Pädagogischer Direktor bei einem Schulbauernhof [4)]

Professor an einer Berufsakademie – Staatlichen Studienakademie [*)]   – künftig wegfallend –
*) Als Eingangsamt; erhält eine Amtszulage (siehe Tabelle, Buchst. E).

Realschulkonrektor
- als der ständige Vertreter des Leiters einer Realschule mit mehr als 180 bis zu 360 Schülern

Besoldung (Lehrkräfte – Eingruppierung)

- als der ständige Vertreter des Leiters einer Realschule mit mehr als 360 Schülern [3]

Realschulrektor
- einer Realschule mit bis zu 180 Schülern
- einer Realschule mit mehr als 180 bis zu 360 Schülern [3]

Regierungsschulrat [6]
- als Referent in der Schulaufsicht bei einer oberen Schulaufsichtsbehörde

Rektor
- einer Grundschule, Hauptschule, Werkrealschule, Grund- und Hauptschule oder Grund- und Werkrealschule mit mehr als 360 Schülern
- einer Grund- und Hauptschule mit Realschule, Grund- und Werkrealschule mit Realschule, Hauptschule mit Realschule, Werkrealschule mit Realschule oder Grundschule mit Realschule
- mit bis zu 180 Realschülern und mit bis zu 360 Grund- und/oder Haupt- beziehungsweise Werkrealschülern
- mit bis zu 180 Realschülern und mit mehr als 360 Grund- und/oder Haupt- beziehungsweise Werkrealschülern [3]
- mit mehr als 180 bis zu 360 Realschülern und mit bis zu 360 Grund- und/oder Haupt- beziehungsweise Werkrealschülern [3]

Schulrat [3) 6)]
als Schulaufsichtsbeamter bei einer unteren Schulaufsichtsbehörde

Seminarschuldirektor
als der ständige Vertreter des Leiters eines Seminars für Didaktik und Lehrerbildung (Grund- und Hauptschulen)

Seminarschulrat als Bereichsleiter
- an einem Fachseminar für Sonderpädagogik [4]
- an einem Pädagogischen Fachseminar [4]
- an einem Seminar für Didaktik und Lehrerbildung (Realschulen)

Sonderschulkonrektor
als der ständige Vertreter des Leiters einer Sonderschule
- für Lernbehinderte mit mehr als 90 bis 180 Schülern
- für Lernbehinderte mit mehr als 180 Schülern [3]
- für sonstige Sonderschüler mit mehr als 45 bis zu 90 Schülern
- für sonstige Sonderschüler mit mehr als 90 Schülern [3]
- mit 3 bis 8 Schulstellen im Justizvollzug
- mit mindestens 9 Schulstellen im Justizvollzug [3]

Sonderschulrektor
als Leiter einer Sonderschule
- für Lernbehinderte mit bis zu 90 Schülern

- für Lernbehinderte mit mehr als 90 bis 180 Schülern [3]
- für sonstige Sonderschüler mit bis zu 45 Schülern
- für sonstige Sonderschüler mit mehr als 45 bis zu 90 Schülern [3]
- mit 3 bis 8 Schulstellen im Justizvollzug [3]

Zweiter Konrektor
einer Grund- und Hauptschule mit Realschule, Grund- und Werkrealschule mit Realschule, Hauptschule mit Realschule, Werkrealschule mit Realschule oder Grundschule mit Realschule mit insgesamt mehr als 540 Schülern
- mit mehr als 180 bis zu 360 Realschülern und mehr als 360 Grund- und/oder Haupt- beziehungsweise Werkrealschülern
- mit mehr als 360 Realschülern

Zweiter Realschulkonrektor
einer Realschule mit mehr als 540 Schülern

Zweiter Sonderschulkonrektor
an einer Sonderschule
- für Lernbehinderte mit mehr als 270 Schülern
- für sonstige Sonderschüler mit mehr als 135 Schülern
- mit mindestens 13 Schulstellen im Justizvollzug

1) Erhält als der ständige Vertreter des Leiters einer Heimsonderschule mit bis zu 90 Schülern eine Amtszulage (siehe Tabelle, Buchst. B).
2) Soweit nicht in den Besoldungsgruppen A 13, A 15, A 16 oder B 3.
3) Erhält eine Amtszulage (siehe Tabelle, Buchst. B).
4) Soweit nicht in der Besoldungsgruppe A 13.
5) Soweit nicht in den Besoldungsgruppen A 13, A 15 oder A 16.
6) Für Beamte in der Schulaufsicht mit der Befähigung für ein Lehramt als Eingangsamt.

Besoldungsgruppe A 15

Direktor bei der Landesakademie für Fortbildung und Personalentwicklung an Schulen als weiteres Mitglied des Vorstandes

Direktor der Landesakademie für Schulkunst, Schul- und Amateurtheater [1]

Direktor des Fachseminars für Sonderpädagogik [1]

Direktor des Internationalen Instituts für Berufsbildung

Direktor einer Heimsonderschule
- als Leiter einer Heimsonderschule mit bis zu 90 Schülern
- als Leiter einer Heimsonderschule mit mehr als 90 Schülern [1) 2)]

Direktor eines Pädagogischen Fachseminars [1]

Direktor eines Seminars für Didaktik und Lehrerbildung als Leiter eines Seminars (Grund- und Hauptschulen)

Fachbereichsdirektor am Landesmedienzentrum als Leiter eines Fachbereichs

Besoldung (Lehrkräfte – Eingruppierung)

Fachschuldirektor
- als der ständige Vertreter des Leiters einer Heimsonderschule mit mehr als 90 Schülern[2]
- als der ständige Vertreter des Leiters einer Heimsonderschule mit mehr als 90 Schülern
- und mit einer Abteilung Sonderberufs- oder Sonderberufsfachschule mit mehr als 60 Schülern [1)2)]
- und mit einer voll ausgebauten Abteilung gymnasiale Oberstufe [1]

Professor am Landesinstitut für Schulentwicklung [1] als Referatsleiter und zugleich ständiger Vertreter des Fachbereichsleiters

Professor eines Seminars für Didaktik und Lehrerbildung

an einem Seminar (Berufliche Schulen)
- als Bereichsleiter [6]
- als der ständige Vertreter des Direktors [7]

an einem Seminar (Gymnasien)
- als Bereichsleiter [6]
- als der ständige Vertreter des Direktors [7]

Professor an einem Staatlichen Seminar für Schulpädagogik als Fachberater [*]
       – künftig wegfallend –
*) Erhält eine Amtszulage (siehe Tabelle, Buchst. D).

Professor an einer Berufsakademie – Staatlichen Studienakademie   – künftig wegfallend –
- als Studiengangsleiter [*]
*) Erhält eine Amtszulage (siehe Tabelle, Buchst. F).
- als Studienbereichsleiter [*]
*) Erhält eine Amtszulage (siehe Tabelle, Buchst. G).

Realschulrektor
einer Realschule mit mehr als 360 Schülern

Regierungsschuldirektor
- als Referent in der Schulaufsicht bei einer oberen Schulaufsichtsbehörde

Rektor
einer Grund- und Hauptschule mit Realschule, Grund- und Werkrealschule mit Realschule, Hauptschule mit Realschule, Werkrealschule mit Realschule oder Grundschule mit Realschule
- mit mehr als 180 bis zu 360 Realschülern und mehr als 360 Grund- und/oder Haupt- beziehungsweise Werkrealschülern
- mit mehr als 360 Realschülern

Schulamtsdirektor
als Schulaufsichtsbeamter bei einer unteren Schulaufsichtsbehörde

Seminarschuldirektor
- als der ständige Vertreter des Leiters eines Fachseminars für Sonderpädagogik
- als der ständige Vertreter des Leiters eines Pädagogischen Fachseminars
- als der ständige Vertreter des Leiters eines Seminars für Didaktik und Lehrerbildung (Realschulen)
- als Leiter der Abteilung Sonderpädagogik am Pädagogischen Fachseminar Karlsruhe [9]

Sonderschulrektor als Leiter einer Sonderschule
- für Lernbehinderte mit mehr als 180 Schülern
- für sonstige Sonderschüler mit mehr als 90 Schülern
- mit mindestens 9 Schulstellen im Justizvollzug

Studiendirektor
- als der ständige Vertreter des Leiters des Landesgymnasiums für Hochbegabte mit Internat und Kompetenzzentrum Schw. Gmünd[1]
- als der ständige Vertreter des Leiters des Landesinstituts für Schulsport, Schulkunst und Schulmusik
- am Landesinstitut für Schulentwicklung
- an einer Heimsonderschule mit mehr als 90 Schülern als Leiter einer Abteilung Sonderberufs- oder Sonderberufsfachschule mit mehr als 60 Schülern [1]
- an einer Heimsonderschule mit mehr als 90 Schülern als Leiter einer voll ausgebauten Abteilung gymnasiale Oberstufe [1]
- als Fachberater in der Schulaufsicht, als Fachleiter oder Seminarlehrer an Studienseminaren oder Seminarschulen oder zur Koordinierung schulfachlicher Aufgaben [10]
- als der ständige Vertreter des Leiters

einer beruflichen Schule mit mehr als 80 bis zu 360 Schülern, [2]

einer beruflichen Schule mit mehr als 360 Schülern, [1)2)]

eines Gymnasiums im Aufbau mit
- mehr als 540 Schülern, wenn die oberste Jahrgangsstufe fehlt, [1]
- mehr als 670 Schülern, wenn die zwei oberen Jahrgangsstufen fehlen, [1]
- mehr als 800 Schülern, wenn die drei oberen Jahrgangsstufen fehlen, [1]

eines nicht voll ausgebauten Gymnasiums,

eines voll ausgebauten Gymnasiums mit bis zu 360 Schülern,

eines voll ausgebauten Gymnasiums mit mehr als 360 Schülern, [1]

eines voll ausgebauten Oberstufengymnasiums,

eines zweizügig voll ausgebauten Oberstufengymnasiums oder eines Oberstufengymnasiums mit mindestens zwei Schultypen [1]

- als Leiter

einer beruflichen Schule mit bis zu 80 Schülern, [2]

einer beruflichen Schule mit mehr als 80 bis zu 360 Schülern, [1)2)]

eines nicht voll ausgebauten Gymnasiums, [1]

eines voll ausgebauten Gymnasiums mit bis zu 360 Schülern, [1]

eines voll ausgebauten Oberstufengymnasiums [1]

Besoldung (Lehrkräfte – Eingruppierung)

Studiendirektor — künftig wegfallend —
- als der ständige Vertreter des Leiters eines Pädagogischen Fachseminars mit 7 bis 14 Schulstellen
- als der ständige Vertreter des Leiters eines Pädagogischen Fachseminars mit mindestens 15 Schulstellen *)
- als Leiter eines Pädagogischen Fachseminars mit 3 bis 6 Schulstellen
- als Leiter eines Pädagogischen Fachseminars mit 7 bis 14 Schulstellen *)

*) Erhält eine Amtszulage (siehe Tabelle, Buchst. B).
1) Erhält eine Amtszulage (siehe Tabelle, Buchst. B).
2) Bei Schulen mit Teilzeitunterricht rechnen 2,5 Unterrichtsteilnehmer mit Teilzeitunterricht als einer.
3) Soweit nicht in den Besoldungsgruppen A 16, B 2 oder B 3.
4) Soweit nicht in den Besoldungsgruppen A 13, A 14, A 16 oder B 3.
5) Soweit nicht in den Besoldungsgruppen A 13, A 14 oder A 16.
6) Erhält eine Amtszulage (siehe Tabelle, Buchst. D).
7) Erhält eine Amtszulage (siehe Tabelle, Buchst. C).
9) Zugleich auch ständiger Vertreter des Direktors für diesen Bereich.
10) Höchstens 30 Prozent der Gesamtzahl der planmäßigen Beamten in der Laufbahn der Studienräte.

Besoldungsgruppe A 16

Direktor bei der Landesakademie für Fortbildung und Personalentwicklung an Schulen
als Stellvertretender Vorstandsvorsitzender

Direktor des Landesinstituts für Schulsport, Schulkunst und Schulmusik

Direktor des Landesmedienzentrums Baden-Württemberg

Direktor einer Heimsonderschule
als Leiter einer Heimsonderschule mit mehr als 90 Schülern [2]
- und mit einer Abteilung Sonderberufs- oder Sonderberufsfachschule mit mehr als 60 Schülern [2]
- und mit einer voll ausgebauten Abteilung gymnasiale Oberstufe

Direktor eines Seminars für Didaktik und Lehrerbildung als Leiter eines Seminars (Realschulen)

Direktor einer Staatlichen Akademie für Lehrerfortbildung — künftig wegfallend —

Leitender Regierungsschuldirektor
als Referatsleiter bei einer oberen Schulaufsichtsbehörde

Leitender Schulamtsdirektor
als leitender Schulaufsichtsbeamter bei einer unteren Schulaufsichtsbehörde, dem mindestens sechs weitere Schulaufsichtsbeamte unterstellt sind

Oberstudiendirektor
- als Leiter des Landesgymnasiums für Hochbegabte mit Internat und Kompetenzzentrum Schwäbisch Gmünd
- als Leiter
einer beruflichen Schule mit mehr als 360 Schülern, [2)]
eines Gymnasiums im Aufbau mit
 - mehr als 540 Schülern, wenn die oberste Jahrgangsstufe fehlt,
 - mehr als 670 Schülern, wenn die zwei oberen Jahrgangsstufen fehlen,
 - mehr als 800 Schülern, wenn die drei oberen Jahrgangsstufen fehlen,
eines voll ausgebauten Gymnasiums mit mehr als 360 Schülern,
eines zweizügig voll ausgebauten Oberstufengymnasiums oder eines Oberstufengymnasiums mit mindestens zwei Schultypen

Oberstudiendirektor — künftig wegfallend —
als Leiter eines Pädagogischen Fachseminars mit mindestens 15 Schulstellen

Professor am Landesinstitut für Schulentwicklung
- als Fachbereichsleiter
- als der Stellvertretende Direktor

Professor an einer Berufsakademie – Staatlichen Studienakademie — künftig wegfallend —
- als stellvertretender Direktor
- als Leiter einer Außenstelle

1) Bei Schulen mit Teilzeitunterricht rechnen 2,5 Unterrichtsteilnehmer mit Teilzeitunterricht als einer.
2) Soweit nicht in den Besoldungsgruppen A 15, B 2 oder B 3.

Übersicht über die Amtszulagen (in Euro ab 1.1.2011)

Hinweise der Redaktion; Monatsbeträge in Euro (siehe Fußnoten in der vorstehenden Übersicht)

Buchstabe A1	100,00
Buchstabe A	147,85
Buchstabe B	177,34
Buchstabe C	295,52
Buchstabe D	118,23
Buchstabe E	260,72
Buchstabe F	370,98
Buchstabe G	462,90

Die Fachlehrer/innen in Bes.-Gr. A 9 sowie die Studienrät/innen in Bes.-Gr. A 13 erhalten eine ruhegehaltsfähige „Strukturzulage" nach § 45 BesG in Höhe von 79,58 Euro.

→ Beförderung; → Beförderung (Allgemeines) / (Oberstudienrat/-rätin) / (Stellensperre); → Besoldung (Gehälter); → Besoldung (Gesetz – LBesGBW); → Besoldung (Leistungsprämien / leistungsstufen); → Besoldung (Zulagen); → Funktionsstellen (Besetzung); → Schulleitung (Abteilungsleiter/innen)

Besoldung (Leistungsprämien / Leistungsstufen)

Hinweise der Redaktion auf Grundlage des Dienstrechtsreformgesetzes vom 27.10.2010 (GBl. S. 793/2010)

1. Leistungsstufen

Nach den bis zum 31.12.2010 geltenden Bestimmungen konnten Beamt/innen aufgrund besonderer Leistungen die nächste Stufe innerhalb ihrer Besoldungsgruppe vorzeitig erreichen. Beamt/innen mit schlechterer Beurteilung konnten beim Voranschreiten in den Stufen eine „Hemmung" erfahren. Dies wirkte sich konkret in einer höheren Bezahlung bzw. im längeren Verbleiben in der bisherigen Stufe aus.

Dieses System der Leistungsbezahlung wurde mit der Dienstrechtsreform zum 1.1.2011 abgeschafft.

Für die am 1.1.2011 vorhandenen Beamt/innen gelten Übergangsregelungen: Sie nehmen eine vor diesem Zeitpunkt erreichte Leistungsstufe mit.

2. Leistungsprämien

Zur Abgeltung von herausragenden besonderen Einzelleistungen können seit dem 1.1.2011 Leistungsprämien gewährt werden. Sie können auch an die Mitglieder von Teams vergeben werden, die an der Erstellung des Arbeitsergebnisses wesentlich beteiligt waren.

Leistungsprämien sind einmalige, nicht ruhegehaltfähige Zahlungen; erneute Bewilligungen sind möglich. Vergabezeitraum ist jeweils das Kalenderjahr. Jährlich kann rund ein Fünftel der Beamt/innen hiervon profitieren.

→ Besoldung (Gesetz) § 76

Ein einzelner Empfänger kann innerhalb eines Kalenderjahres einmal höchstens das Endgrundgehalt der Besoldungsgruppe A 16 erhalten (derzeit 6.166,26 Euro), ein Team maximal das Dreifache.

→ Besoldung (Gesetz) §§ 31 und 76; → Dienstliche Beurteilung (Lehrkräfte)

3. Stufen-Hemmung

Umgekehrt können seit 2011 Minderleistungen auch nachteilige Folgen nach sich ziehen. Im Besoldungsgesetz (§ 31 Abs. 5) heißt es hierzu: Wird festgestellt, dass die Leistungen des Beamten nicht den mit seinem Amt verbundenen Mindestanforderungen entsprechen, ist der Beamte darauf hinzuweisen, anforderungsgerechte Leistungen zu erbringen. Ergibt eine weitere Leistungsfeststellung, dass der Beamte die mit seinem Amt verbundenen Mindestanforderungen nach wie vor nicht erbringt, gelten seine Dienstzeiten ab diesem Zeitpunkt nicht als Erfahrungszeiten und er verbleibt in seiner bisherigen Stufe. Diese Feststellungen erfolgen auf der Grundlage von geeigneten Leistungseinschätzungen. Wird bei einer späteren Leistungseinschätzung, die frühestens zwölf Monate nach der Leistungsfeststellung nach Satz 2 erfolgen darf, festgestellt, dass die Leistungen des Beamten wieder den mit dem Amt verbundenen Mindestanforderungen entsprechen, gelten ab dem Zeitpunkt der späteren Leistungseinschätzung seine Dienstzeiten wieder als Erfahrungszeiten. Die Feststellungen trifft die zuständige oberste Dienstbehörde oder die von ihr bestimmte Stelle. Sie sind dem Beamten schriftlich mitzuteilen. Widerspruch und Anfechtungsklage haben keine aufschiebende Wirkung.

Im Schulbereich noch keine Anwendung

Die Ministerien müssen die Einzelheiten (z.B. das Beurteilungsverfahren) durch Rechtsverordnung regeln. Solange das Kultusministerium diese nicht erlassen hat, werden Leistungsprämien und Leistungshemmung im Schulbereich nicht umgesetzt.

Hätten Sie's gewusst?

Urlaub (Freistellung) aus persönlichen Gründen

Lehrkräfte haben beim Vorliegen wichtiger persönlicher Gründe einen Anspruch auf Freistellung vom Dienst unter Fortzahlung der Bezüge. Hierüber entscheidet die Schulleitung (bei Schulleiter/innen die Schulaufsicht).

Das Kultusministerium hat zu diesem Kurz-Urlaub mit Dienstbezügen verfügt: *„Für die Beurlaubung von beamteten Lehrkräften und Schulleitern aus wichtigem persönlichen Grund ... ist hinsichtlich der Anlässe sowie der Dauer der Beurlaubung nach § 29 TV-L zu verfahren"*. Den Text von § 29 des Tarifvertrags (Länder) und weitere Erläuterungen finden Sie unter: → Urlaub (Allgemeines) Nr. 2.

Da ihr Erholungsurlaub durch die Ferien abgegolten ist, können Lehrkräfte außer in den in diesem § 29 Abs. 1 TV-L aufgeführten Fällen in der Regel keinen Urlaub für sonstige persönliche Anlässe erhalten (z.B. Beisetzung eines engen Freundes oder Teilnahme am 90. Geburtstag der Großmutter). Stattdessen können sie auf Antrag ihren Unterricht „verlegen": Das Kultusministerium hat verfügt, dass eine *„Gewährung von Freizeit gegen Vorarbeiten bzw. Nachholen des Unterrichts und sonstiger Dienstpflichten"* zulässig ist. Mehr dazu steht unter → Urlaub (Allgemeines) Nr. 4.

Besoldung (Zulagen)

Hinweise der Redaktion auf Amts- und Stellenzulagen im Schulbereich auf Grundlage des Dienstrechtsreformgesetzes vom 27.10.2010 (GBl. S. 793/2010)

I. Amts- und Stellenzulagen

1. Teilzeitbeschäftigung

Bei Teilzeitbeschäftigung werden Zulagen trotz voller Wahrnehmung der Aufgabe nur anteilig gezahlt. Der GEW-Rechtsschutz hat erstritten, dass Teilzeitbeschäftigte, die die entsprechende Funktion voll ausüben, Anspruch auf die volle Zulage haben (Verwaltungsgerichtshof B-W 4 S 1387/06; noch nicht rechtskräftig). Betroffene sollten ihren Anspruch auf die volle Zulage zeitnah, also bis zum Schluss des jeweiligen Kalenderjahres, beim Landesamt für Besoldung schriftlich geltend machen.

2. Stellenzulagen

Stellenzulagen sind widerruflich; sie nehmen an regelmäßigen Besoldungsanpassungen nur teil, wenn sich ihre Höhe nach einer dynamischen Bemessungsgrundlage richtet; dies ist bei Stellenzulagen nach der Lehrkräftezulagenverordnung (s.u.) nicht der Fall. Ruhegehaltfähig sind nur noch Stellenzulagen für Fachschulräte an einer Reihe von außerschulischen Bildungsstätten (z.b. an Pädagogischen Fachseminaren, Pädagogischen Hochschulen, Landesinstitut für Schulsport). Stellenzulagen nach der Lehrkräftezulagenverordnung sind hingegen **nicht** ruhegehaltsfähig.
Es gelten folgende Übergangsregelungen:
- Für Empfänger/innen von Dienstbezügen, die bis zum 31.12.2007 in den Ruhestand traten, gelten die bis zum 31.12.1998 geltenden Vorschriften über die Ruhegehaltfähigkeit von Stellenzulagen weiter.
- Für Empfänger/innen von Dienstbezügen aus Besoldungsgruppen A 1 bis A 9 gilt weiter altes Recht, sofern die Zurruhesetzung bis zum 31.12.2010 erfolgt, d.h. für diesen Personenkreis wirken sich die Stellenzulagen weiterhin versorgungssteigernd aus.
- Für Empfänger/innen von Dienstbezügen, die bis zum 31.12.2010 in den Ruhestand traten, gelten die bis zum 31.12.2010 geltenden Vorschriften über die Ruhegehaltfähigkeit von Stellenzulagen .

Erfüllt eine Zulage nicht die zeitlichen Mindestvoraussetzungen für die Ruhegehaltfähigkeit, können fehlende Zeiten nicht mit Zeiten anderer Zulagen aufgefüllt werden.
(Quelle: FM vom 29.11.1999; GABl. S. 698/1999)

Fachberater/innen Schulentwicklung

Lehrkräfte, die als Fachberater Schulentwicklung für die Regierungspräsidien oder als Fremdevaluatoren für das Landesinstitut für Schulentwicklung tätig sind und die ihre Aufgaben im Bereich der Qualitätsentwicklung und Qualitätssicherung an den Schulen mit ihrem jeweils vollständigen Deputat wahrnehmen, erhalten eine Stellenzulage, wenn sie sich nicht in der Besoldungsgruppe A 15 oder höher befinden. Sie beträgt in

- Besoldungsgruppe A 9   256,00 Euro
- Besoldungsgruppe A 10   269,00 Euro
- Besoldungsgruppe A 11   269,00 Euro
- Besoldungsgruppe A 12   320,00 Euro
- Besoldungsgruppe A 13   342,00 Euro
- Besoldungsgruppe A 14   456,00 Euro

Neben dieser Stellenzulage werden Zulagen nach der Lehrkräftezulagenverordnung nicht gewährt.

Geschäftsführende Schulleiter/innen

Die Zulage beträgt 79,89 Euro (diese Zulage wurde seit 1999 nicht mehr erhöht). Bitte auch → Schulleitung (Geschäftsführende Schulleiter) beachten.

3. Amtszulagen

Amtszulagen sind ruhegehaltfähig. Hierunter fällt auch die bisherige „allgemeine Stellenzulage"; obwohl es sich hierbei um eine *Stellenzulage* handelt, hat der Bundesgesetzgeber ausdrücklich festgelegt, dass diese Zulage auch weiterhin dynamisiert wird, d.h. sie nimmt an Tariferhöhungen teil und bleibt Bestandteil der ruhegehaltfähigen Dienstbezüge, wie sich also steigernd auf die Versorgung aus. Im Landesrecht (§ 45 LBesGBW) ist sie als Amtszulage ausgewiesen und beträgt für die Fachlehrer/innen in Besoldungsgruppe A 9, die Studienrät/innen in Bes.-Gr. A 13 und die Beschäftigten in Bes.-Gr. C 1 monatlich 79,58 Euro.
→ Beamtenversorgungsgesetz; → Besoldung (Gesetz) Nr. 3; → Besoldung (Lehrkräfte – Eingruppierung)

II. Lehrkräftezulagenverordnung

§ 1 der Verordnung der Landesregierung über Zulagen für Lehrkräfte mit besonderen Funktionen (Lehrkräftezulagenverordnung) vom 24.4 (GBl. S. 328/1995); zul.geändert 27.10.2010 (GBl. S. 793/2010)

§ 1

(1) Für die Dauer der Verwendung in den in der Anlage zu dieser Verordnung aufgeführten besonderen Funktionen im Sinne des § 57 Abs. 1 Nr. 10 des Landesbesoldungsgesetzes Baden-Württemberg erhalten die dort genannten Lehrer nach Maßgabe der Anlage eine Stellenzulage.

Hinweis der Redaktion: Zur Ruhegehaltfähigkeit der Zulagen siehe Teil I (Vorbemerkungen der Redaktion)

(2) Eine Verwendung in einer der in der Anlage

Besoldung (Zulagen)

genannten Funktionen liegt nur vor, wenn die Funktion dem Lehrer durch eine förmliche Bestellung übertragen wurde.
(3) Eine Stellenzulage steht nicht zu, wenn die in der Anlage genannte Funktion bei der Bewertung des Amtes bereits berücksichtigt ist.
(4) Werden mehrere der in der Anlage aufgeführten Funktionen nebeneinander ausgeübt, wird nur eine Stellenzulage, bei Stellenzulagen in unterschiedlicher Höhe nur die höhere Stellenzulage gewährt.

Hinweise der Redaktion: Die Bestellung von Fachberater/innen erfolgt auf Zeit (zwei Jahre; bei Pädagogischen Berater/innen fünf Jahre). Es sollte „damit keine strikte Regelung i.S. einer Fristberechnung nach dem BGB (z.B. 1.5.1999 bis 30.4.2001) vorgegeben werden ... . Vielmehr ist eine Anpassung an den Schuljahresrhythmus sinnvoll; ...". (Quelle: KM, 24.3.1999 Nr. I/3-6401.50/10).

→ Besoldung (Gesetz); → Besoldung (Gehälter); → Besoldung (Lehrkräfte – Eingruppierung); → Besoldung (Leistungsprämien / leistungsstufen) → Fachberater/innen; → Schulgesetz § 43; → Schulleitung (Geschäftsführende Schulleiter)

Anlage zu § 1 der Lehrkräftezulagenverordnung; Vergütungssätze ab 1.1.2008

Monatsbeträge in Euro
(Diese Zulagen sind nicht ruhegehaltfähig und nehmen nicht an allgemeinen Besoldungserhöhungen teil)

Nr.	Lehrer	Funktion	Stellenzulage
1	Lehrer des gehobenen Dienstes in Ämtern der BesGr. A 12 bis A 15[1]	Ausbildungslehrer der Ausbildungsklassen der Pädagogischen Hochschulen	79,89
2	Lehrer des gehobenen Dienstes an allgemeinbildenden Schulen und in Ämtern der Technischen Lehrer an beruflichen Schulen in Ämtern der BesGr. A 9 bis A 15	Fachberater in der Lehreraus- und -fortbildung an diesen Schulen	38,81
3	Studienräte und Oberstudienräte an Gymnasien oder an beruflichen Schulen	Ausbildungslehrer für Lehramtspraktikanten des höheren Lehramts in Gymnasien oder an beruflichen Schulen	79,89
4	Studienräte und Oberstudienräte an Gymnasien oder an beruflichen Schulen	Verwendung an Staatlichen Seminaren für Didaktik und Lehrerbildung – Gymnasien oder beruflichen Schulen –	
4.1		als Lehrbeauftragter[2]	79,89
4.2		als Fachleiter	79,89
5	Lehrer des gehobenen Dienstes in Eingangsämtern der BesGr. A 12 oder A 13	Verwendung an Staatlichen Seminaren für Didaktik und Lehrerbildung – Grund- und Hauptschulen, Realschulen und Sonderschulen	
5.1		als Lehrbeauftragter[2]	38,81
5.2		als Fachleiter	79,89
6	Lehrer des gehobenen Dienstes in Eingangsämtern der BesGr. A 12 oder A 13, Studienräte und Oberstudienräte an Gymnasien oder an beruflichen Schulen	Akademiereferent bei der Landesakademie für Fortbildung und Personalentwicklung an Schulen[2]	79,89
7	Lehrer in den Laufbahnen der Fachlehrer und der Technischen Lehrer, Lehrer des gehobenen Dienstes in Eingangsämtern der BesGr. A 12 oder A 13, Studienräte und Oberstudienräte an Gymnasien oder an beruflichen Schulen	Verwendung an Pädagogischen Fachseminaren oder am Fachseminar Sonderpädagogik	
7.1		als Lehrbeauftragter[2]	38,81
7.2		als Fachleiter	79,89
8	Lehrer in den Laufbahnen der Fachlehrer und der Technischen Lehrer, Lehrer des gehobenen Dienstes in Eingangsämtern der BesGr. A 12 oder A 13	Verwendung an Staatlichen Seminaren für Didaktik und Lehrerbildung (Berufliche Schulen)	
8.1		als Lehrbeauftragter[2]	38,81
8.2		als Fachleiter	79,89

[1] Nur Lehrer des gehobenen Dienstes, deren Eingangsämter in den Besoldungsgruppen A 12 oder A 13 ausgebracht sind.
[2] Die Funktion muss mindestens 20 vom Hundert der Gesamttätigkeit des Lehrers in Anspruch nehmen.

Betriebsausflüge

Betriebsausflüge von Lehrern an allgemeinbildenden und beruflichen Schulen; VwV des KM vom 26.7.1983 (KuU S. 546); erneuert 20.9.1993 (KuU S. 424/1993) und 20.12.2000 (KuU S. 5/2001)

Um den Unterrichtsausfall so gering wie möglich zu halten, wird für den Bereich der allgemeinbildenden und beruflichen Schulen bestimmt, dass Lehrer zur Teilnahme an einem Betriebsausflug erst nach der vierten Unterrichtsstunde (einmal jährlich) von der Erteilung des Unterrichts freigestellt werden können.

Hinweis der Redaktion: Betriebsausflüge sind dienstliche Veranstaltungen im Sinne des Beamtenversorgungsgesetzes. Auf sie finden somit die beamtenrechtlichen Unfallfürsorgebestimmungen Anwendung. Da ein Betriebsausflug keine Dienstreise bzw. kein Dienstgang ist, sind die Voraussetzungen für die Gewährung von Schadenersatz bei Benutzung eines privaten Kraftfahrzeugs zur Durchführung eines Betriebsausfluges jedoch nicht erfüllt. (Quelle: KM, 2.10.1998 AZ: 1/4-0331.4/85)

→ Beamtengesetz § 81; → Reisekosten (Gesetz – LRKG); → Sachschäden; → Beamtenversorgung (Unfallfürsorge)

Betriebs- und Sozialpraktika

Praktika zur Berufs- und Studienorientierung an allgemeinbildenden Schulen; Verwaltungsvorschrift vom 28. Juli 2007 (KuU S. 125/2007); zuletzt geändert 11.11.2009 (KuU S. 223/2009)

I.
Allgemeines

Die Arbeitsplatzerkundungen, Betriebs- und Sozialpraktika in der Werkrealschule und Hauptschule, in der Förderschule, in der Realschule und im Gymnasium sowie die Erkundungen und Praktika in Sonderschulen mit entsprechenden Bildungsgängen und die Maßnahmen zur Berufswegeorientierung im Bildungsgang Schule für Geistigbehinderte sind schulische Veranstaltungen. Zur Vorbereitung, Durchführung und Nachbereitung tragen die Fächer, die Fächerverbünde und die Bildungsbereiche in verschiedenen Klassenstufen auf der Basis der Bildungspläne als Teil des Pflichtunterrichts bei.

→ Außerunterrichtliche Veranstaltungen (Teil I.6.);
→ Reisekosten (Genehmigung) Nr. 3.17

1.

Arbeitsplatzerkundungen, Betriebs- und Sozialpraktika in der Werkrealschule und Hauptschule werden im Fächerverbund Wirtschaft – Arbeit – Gesundheit im Rahmen des Themenbereichs „Wege zur Berufsfindung" durchgeführt. Der Schwerpunkt der Realerfahrungen in den Klassen 5 und 6 liegt im Bereich der Arbeitsplatzerkundungen, in den Klassen 7 – 10 in der Absolvierung unterschiedlichster Praktika.
Bei den Arbeitsplatzerkundungen, Betriebs- und Sozialpraktika sind die Schülerinnen und Schüler in den Klassenstufen 5–10 insgesamt mindestens 20 Tage in Unternehmen, Behörden und Einrichtungen tätig. Wesentlicher Bestandteil der Berufswegeplanung ist die Durchführung von Blockpraktika. Ergänzend hierzu können Praktika mit unterschiedlicher Organisationsstruktur und Umfang durchgeführt werden. Werkrealschule und Hauptschulen ermöglichen den Schülerinnen und Schülern je nach lokalen und regionalen Gegebenheiten die Absolvierung eines halb- bis maximal zweitägigen Wochentagspraktikums über einen längeren Zeitraum parallel bzw. ergänzend zum Unterricht.

2.

Betriebs- und Sozialpraktika in der Förderschule werden im Rahmen des Bildungsbereiches Arbeit und der Fächerverbünde Wirtschaft – Arbeit – Gesundheit und Natur – Technik durchgeführt. Bei den Arbeitsplatzerkundungen, Betriebs- und Sozialpraktika sind die Schülerinnen und Schüler mehrere Tage lang ununterbrochen oder über einen längeren Zeitraum an jeweils einem Tag in der Woche in Wirtschaftsunternehmen, Verwaltungsbehörden, Sozialeinrichtungen, überbetrieblichen Ausbildungsstätten oder beruflichen Schulen tätig. Aufgrund des unterschiedlichen Förderbedarfs der Schülerinnen und Schüler wird der Gesamtzeitraum frühzeitig zusammen mit der Schülerin oder dem Schüler, mit den Eltern und dem Schulleiter individuell festgelegt. In Ergänzung der Praktika kann es erforderlich sein, Schülerinnen und Schüler mit Tätigkeiten zu beauftragen, die Dienstleistungscharakter haben und ihnen Einblick in das Erwerbsleben ermöglichen.

Im Bildungsgang Schule für Geistigbehinderte werden die Angebote zur Berufswegeorientierung in Art, Ort, Anzahl und Dauer in Kooperation mit den Eltern und außerschulischen Partnern sowie weitestgehender Beteiligung der Schülerinnen und Schüler individuell festgelegt.

3.

Die Betriebs- und Arbeitsplatzerkundungen in der Realschule werden in der Regel in Klasse 9 im Rahmen des themenorientierten Projekts BORS (Berufsorientierung in der Realschule) durchgeführt. Die Schülerinnen und Schüler erkunden in der Regel eine Woche lang Arbeitsplätze in unterschiedlichen Unternehmen, Behörden und Einrichtungen.

Im Rahmen des themenorientierten Projekts SE (Soziales Engagement) kann tages- oder blockweise ein Sozialpraktikum (z.B. im Bereich Diakonie oder Caritas, Feuerwehr, Vereine) abgeleistet werden.

4.

Die Berufserkundungen im Gymnasium werden in der Regel in den Klassen 10 und 11 (neunjähriger Bildungsgang) und in den Klassen 9 und 10 (achtjähriger Bildungsgang) im Rahmen der Berufs- und Studienorientierung (BOGY) entsprechend den Leitgedanken und Bildungsstandards Wirtschaft durchgeführt. Dabei erkunden die Schülerinnen und Schüler für die Dauer einer Unterrichtswoche, in der Regel vor einem Ferienabschnitt, in Unternehmen, Behörden und Einrichtungen sowie in Instituten von Hochschulen und bei freiberuflich Tätigen Berufe oder deren Umfeld.

In der Kursstufe können die Schülerinnen und Schüler verschiedene Angebote der Studienorientierung wahrnehmen. Dazu gehören der im Unterricht vor- und nachbereitete Studientag, mehrtägige Ziel- und Orientierungsseminare, Informationsveranstaltungen, Studien- und Berufsmessen, Eignungstestverfahren und die Vorbereitung auf Bewerbungs- und Auswahlverfahren.

II.
Ziele, Vorbereitung und Durchführung
1. Ziele

Bei den Veranstaltungen sollen die Schülerinnen und Schüler ihren Berufs- bzw. Studienwahlprozess möglichst eigenverantwortlich gestalten lernen, ihre Sozialkompetenz erweitern und durch eigenes Tun bzw. durch unmittelbare Anschauung Einblicke und Erfahrungen in die Arbeits- und Wirtschaftswelt erhalten. Sie sollen dadurch ihren Berufs- bzw. Studienwahlprozess realistisch, planvoll und zielgerichtet gestalten. Gezielte Aufgabenstellungen ergeben sich

- für die Arbeitsplatzerkundungen, Betriebs- und Sozialpraktika in der Förderschule vorwiegend aus dem Bildungsbereich Arbeit und den Fächerverbünden Wirtschaft – Arbeit – Gesundheit und Natur und Technik,
- für die Arbeitsplatzerkundungen, Betriebs- und Sozialpraktika in der Haupt- und Werkrealschule aus den Leitgedanken und Bildungsstandards der einzelnen Fächer und Fächerverbünde, insbesondere aus den Bildungsstandards des Fächerverbundes WAG, besonders im Themenbereich „Wege zur Berufsfindung",
- für die Betriebs- und Arbeitsplatzerkundungen in der Realschule vorwiegend aus den Kompetenzen und Inhalten der Fächer und Fächerverbünde der Realschule, insbesondere aus den Kompetenzen und Inhalten des themenorientierten Projekts Berufsorientierung in der Realschule (BORS), sowie für das Sozialpraktikum innerhalb des themenorientierten Projekts Soziales Engagement (SE) der Realschule formulierten Kompetenzen und Inhalte,
- für die Berufserkundungen im Gymnasium aus dem Erziehungs- und Bildungsauftrag des Gymnasiums sowie aus den berufs- und studienorientierenden Inhalten der Fächer, insbesondere aus den Bildungsstandards für Wirtschaft bezüglich der Berufs- und Studienorientierung am Gymnasium (BOGY).

Die Veranstaltungen tragen dazu bei,

- dass durch Einsicht in die Notwendigkeit bestimmter Kenntnisse, Fähigkeiten und Fertigkeiten eine zusätzliche Motivation für die schulische Arbeit entsteht,
- dass die Schülerinnen und Schüler wesentliche Merkmale der speziellen Arbeitsweisen in der beruflichen Praxis erfahren,
- dass die Schülerinnen und Schüler die Bedeutung eines bestimmten Arbeitsplatzes im Gefüge eines Betriebes bzw. einer sozialen Einrichtung erkennen,
- dass die Schülerinnen und Schüler eine Orientierung für eine realistische Berufs- und Studienwahl erhalten,
- dass die Schülerinnen und Schüler ihre Kommunikationsfähigkeit, ihre Teamfähigkeit und die eigene Sozialkompetenz stärken.

2. Vorbereitung und Organisation

An den Schulen vor Ort werden in der Fachkonferenz, Gesamtlehrerkonferenz und Schulkonferenz und gegebenenfalls in Arbeitsgruppen die schulspezifischen Konzeptionen, Inhalte, Zuständigkeiten und Zeitfenster für die Jahresplanung festgelegt. Hierzu ist der Elternbeirat anzuhören.

Auf Grundlage einer schulischen Gesamtkonzeption wird die Vorbereitung und Organisation der Arbeitsplatzerkundungen sowie der Betriebs- und Sozialpraktika von den Klassen- oder Klassenstufenkonferenzen unter Einbeziehung der vom Schulleiter bestimmten verantwortlichen Lehrkraft durchgeführt. Hierbei sollen die Eltern, sowie die Jugendlichen selbst beteiligt werden. Die Beteiligung weiterer Partner (Kontaktlehrerin/Kontaktlehrer, Jugendberufshilfe, Betriebe, Arbeitsagenturen, Berufliche Schulen) ist anzustreben.

Zur Vermeidung von Terminüberschneidungen und zusätzlichen Belastungen der Betriebe und Einrichtungen finden, soweit erforderlich, Absprachen zwischen den weiterführenden Schulen vor Ort und mit Vertretern der am Berufswahlprozess beteiligten Institutionen statt. Die Absprache erfolgt in der Regel über die verantwortlichen Lehrkräfte aller beteiligten Schulen, ggf. unter Beteiligung der Schulaufsichtsbehörden bzw. der geschäftsführenden Schulleiterinnen/Schulleiter.

3. Auswahl der Betriebe und Einrichtungen

Es können nur solche Betriebe und Einrichtungen ausgewählt werden, in denen die Ziele der in der jeweiligen Schulart vorgesehenen Praktika oder Erkundungen erreicht werden können und in denen den Schülerinnen und Schülern in einem für sie überschaubaren Bereich Einblicke in die Praxis ermöglicht werden sowie entsprechende Sozial-, Personal- und Methodenkompetenzen erwerben können. Die Betriebsgröße spielt dabei keine Rolle.

Betriebe und Einrichtungen in der Region der jeweiligen Schule haben bei der Auswahl der Praktikums- bzw. Erkundungsstellen Priorität. Im Einzelfall kommen auch weiter entfernte bzw. auch im Ausland gelegene Praktikumsstellen in Betracht, wenn die Zielsetzungen der Praktika oder Erkundungen in der Region nicht oder nur teilweise zu erreichen sind.

Für die Durchführung der Praktika in der Förderschule, der Hauptschule/Werkrealschule und Realschule muss die Betreuung sichergestellt sein. Dies kann auch durch eine Partnerschule erfolgen. Es muss sichergestellt sein, dass die Schülerinnen und Schüler nicht mit gefährlichen Arbeiten im Sinne des § 22 des Jugendarbeitsschutzgesetzes beschäftigt werden. In Zweifelsfällen ist mit dem örtlich zuständigen Gewerbeaufsichtsamt Verbindung aufzunehmen.

→ Jugendarbeitsschutzgesetz

4. Besprechung mit den Betrieben und Einrichtungen

Nach der Zustimmung des Unternehmens, der Behörde bzw. der Einrichtung informiert die verantwortliche Lehrkraft die in dem Unternehmen, der Behörde bzw. der Einrichtung bestimmte verantwortliche Person, über Ziele, Inhalte und Durchführung der Veranstaltung. Die verantwortliche Lehrkraft sollte – besonders bei erstmaliger Beteiligung des Betriebes – den Betrieb aufsuchen und die vorgeschlagenen Arbeits- bzw. Erkundungsplätze ansehen. In dem Gespräch soll auch erörtert werden, ob und in welcher Weise Betriebsrat und/oder Jugendvertretung bei der Veranstaltung mitwirken.

5. Vorbereitung der Schülerinnen und Schüler

Die Veranstaltung ist im Unterricht vor- und nachzubereiten. Dafür ist ausreichend Unterrichtszeit einzuplanen. Die Zuweisung der Schülerinnen und Schüler zu den Betrieben erfolgt durch die Schule. Schülerinnen und Schüler können sich selbstständig, ggf. mit Unterstützung der Schule, um geeignete Praktikumsplätze bemühen, wenn die Konzeption der Schule dies vorsieht. Insbesondere an der Realschule und am Gymnasium bemühen sich die Schülerinnen und Schüler weitgehend selbstständig um geeignete Erkundungsstellen, wobei die Verantwortung für die Koordination der Schule obliegt.

6. Versicherungsschutz und Haftung

6.1. Versicherung der Schülerinnen und Schüler bei Körperschäden

Schülerinnen und Schüler, die ein Praktikum ableisten, stehen nach § 2 Abs. 1 Nr. 8 b) SGB VII unter dem Schutz der gesetzlichen Schülerunfallversicherung, wenn das Praktikum dem Schulbesuch zuzurechnen ist. Der Versicherungsschutz besteht während der Verrichtung aller Tätigkeiten, die mit dem jeweiligen Praktikum in einem inneren ursächlichen Zusammenhang stehen sowie auf den damit verbundenen direkten Wegen. Kommt es dabei zu einem Unfall mit Körperschaden, übernimmt die Unfallkasse Baden-Württemberg als Träger der gesetzlichen Schülerunfallversicherung die Behandlungs- und eventuelle weitere Folgekosten.

→ Unfallversicherung

§§ 104 i.V.m. 110 SGB VII eröffnen dem gesetzlichen Unfallversicherungsträger eine Rückgriffsmöglichkeit auf den Unternehmer in Fällen von Vorsatz und grober Fahrlässigkeit. Ob in diesen Fällen Regress genommen wird, ist Entscheidung des gesetzlichen Unfallversicherungsträgers und richtet sich nach dem Einzelfall.

6.2 Versicherung der Schülerinnen und Schüler bei Sachschäden

Erleiden die Schülerinnen und Schüler während eines Praktikums einen Sachschaden so fällt das nicht unter den Bereich der gesetzlichen Schülerunfallversicherung. Diese greift nur bei Körperschäden. Bei Abschluss der Freiwilligen Schüler-Zusatzversicherung tritt diese entsprechend den geltenden Versicherungsbedingungen ein.

→ Schüler-Zusatzversicherung

6.3 Haftpflichtversicherung der Schüler

Verursachen Schüler während des Praktikums Schäden an Einrichtungen des Unternehmers, so tritt bei Vorliegen die Freiwillige Schüler-Zusatzversicherung entsprechend ihren Versicherungsbedingungen ein. Die Schulen stellen vorher sicher, dass eine Haftpflichtversicherung besteht (II. Nr. 6 VwV).

→ Schüler-Zusatzversicherung

6.4. Haftung des Unternehmers für Schäden beim Praktikanten

Wie unter 6.1. ausgeführt, kommt eine Haftung des Unternehmers für Körperschäden eines Praktikanten nur bei Vorsatz und grober Fahrlässigkeit in Fällen des Rückgriffs seitens des gesetzlichen Unfallversicherungsträgers in Betracht.

6.5 Haftung des Unternehmers bei Schäden, die ein Praktikant während eines Praktikums Dritten zufügt

Rechtlich gesehen nimmt der Unternehmer, der einen Praktikanten i.S.d. VwV aufnimmt, für die Dauer von dessen Tätigkeit im Betrieb auch schulische Aufsichtspflichten wahr. Dies deshalb, weil das Praktikum im Bereich der Organisationsverantwortung der Schule stattfindet und der Unternehmer während der Durchführung des Praktikums zusammen mit der Schule in der Aufsichtspflicht steht. Der Unternehmer gilt insoweit rechtlich gesehen als „Beamter im haftungsrechtlichen Sinne".

Verursacht der Praktikant in Ausübung seiner Tätigkeit einen Schaden bei einem Dritten, können deshalb haftungsrechtlich Amtshaftungsgrundsätze (II. Nr. 9 VwV) in Betracht kommen.

Bei einer Verletzung der Aufsichtspflicht und dadurch kausaler Schädigung eines Dritten durch den Praktikanten tritt das Land nach Amtshaftungsgrundsätzen für den Schaden ein. Ein Rückgriff des Landes gegen den Unternehmer ist nur bei Vorsatz oder grober Fahrlässigkeit möglich, § 839 BGB i.V.m.Art. 34 Abs. 2 GG und § 96 Abs. 1 LBG analog. Grobe Fahrlässigkeit liegt nur dann vor, wenn die im Verkehr erforderliche Sorgfalt in besonders schwerem Maße verletzt wird, wenn nicht das beachtet wird, was unter den jeweiligen konkreten Umständen jedem einleuchten muss, wenn schon einfachste, naheliegende Überlegungen nicht angestellt worden sind, oder wenn gleichgültig gegen Gefahren gehandelt wurde.

→ Haftung und Versicherung

7. Ärztliche Untersuchung

Schülerinnen und Schüler, die im Rahmen der Veranstaltung Tätigkeiten im Sinne des § 42 Abs. 1 Infektionsschutzgesetz (IfSG) ausüben, benötigen nach § 43 Abs. 1 IfSG eine Belehrung durch das für den Wohnort zuständige Gesundheitsamt. Schülerinnen und Schüler, die im Rahmen der Veranstaltung Tätigkeiten nach § 35 IfSG in Gemeinschaftseinrichtungen nach § 33 IfSG ausüben und dabei Kontakt zu den Betreuten haben, bedürfen nach § 35 IfSG vor Aufnahme der Tätigkeit einer Belehrung durch den Arbeitgeber.

→ Amtsärztliche Untersuchung; → Infektionsschutzgesetz

8. Beteiligung der Eltern/Erziehungsberechtigten

Die Teilnahme an den Veranstaltungen setzt eine rechtzeitige und eingehende Beteiligung und Information der Erziehungsberechtigten voraus. Dabei ist auf die Anforderungen, auf erkennbare gesundheitliche Risiken (z.B. Staub- und Lärmentwicklung), auf notwendige Sicherheitsvorkehrungen und auf etwaige Kosten (z.B. Versicherungsschutz, Fahrkosten) besonders einzugehen.

9. Beaufsichtigung

Der verantwortlichen Lehrkraft und den beteiligten Lehrkräften obliegt die schulische Aufsichtspflicht, soweit sie sich unter den besonderen Verhältnissen der Veranstaltung verwirklichen lässt. Hierzu gehört vor allem, dass die verantwortliche Lehrkraft und die beteiligten Lehrerinnen und Lehrer Kontakt mit den Erkundungs- bzw. Praktikastellen halten, diese, soweit dies die jeweiligen Gegebenheiten zulassen, besuchen und sich von der ordnungsgemäßen Durchführung der Veranstaltung, insbesondere am einzelnen Praktikumsplatz überzeugen. Die Erfüllung der betrieblichen Aufsichtspflicht ist Aufgabe der nach Abschnitt II Nr. 4 vom Unternehmen, der Behörde bzw. der Einrichtung benannte verantwortliche Person. Sie übt diese Aufsicht entsprechend der für den Betrieb bestehenden Bestimmungen und der dort vorliegenden Verhältnisse aus. Soweit kann diese Person hierbei auch schulische Aufsichtspflicht wahrnehmen.

→ Arbeitsschutzgesetz; → Aufsichtspflicht

10. Ergänzende Regelungen

Erkrankungen und Versäumnisse sind Schule und Betrieb zu melden.

→ Schulbesuchsverordnung

Eine Honorierung des Praktikums ist nicht statthaft.

Die verantwortliche Lehrkraft und die beteiligten Lehrkräfte können für Besuche und Betreuung für die Dauer der Veranstaltung von anderen Unterrichtsverpflichtungen befreit werden.

Die verantwortliche Lehrkraft und die beteiligten Lehrkräfte informieren den Schulleiter über den Verlauf der Veranstaltungen.

Die Veranstaltungen können auch an schulfreien Tagen, in der unterrichtsfreien Zeit oder in den Ferien als schulische Veranstaltung nach den vorstehenden Bestimmungen durchgeführt werden; dadurch kann die nach Abschnitt I Nr. 1 bis 4 vorgesehene Dauer der Veranstaltung verlängert werden.

11. Genehmigung

Die Veranstaltung ist durch den Schulleiter zu genehmigen.

→ Haftung und Versicherung; → Aufsichtspflicht; → Außerunterrichtliche Veranstaltungen; → Grundgesetz Art. 34; → Infektionsschutzgesetz; → Jugendarbeitsschutz (Kinderarbeit); → Rei-sekosten (Genehmigung); → Schüler-Zusatzversicherung; → Schulärztliche Untersuchung; → Schulbesuchsverordnung; → Unfallversicherung; → Werkreal-/Hauptschule (Informationsveranstaltungen)

Bildschirmarbeitsverordnung

Auszug aus der VO über Sicherheit und Gesundheitsschutz bei der Arbeit an Bildschirmgeräten (Bildschirmarbeitsverordnung – BildscharbV) vom 4.12.1996 (BGBl. I S. 1843), zuletzt geändert 31. Oktober 2006 (BGBl. I S. 2407)

§ 2 Begriffsbestimmungen

(1) Bildschirmgerät im Sinne dieser Verordnung ist ein Bildschirm zur Darstellung alphanumerischer Zeichen oder zur Grafikdarstellung, ungeachtet des Darstellungsverfahrens.

(2) Bildschirmarbeitsplatz im Sinne dieser Verordnung ist ein Arbeitsplatz mit einem Bildschirmgerät, der ausgestattet sein kann mit
1. Einrichtungen zur Erfassung von Daten,
2. Software, die den Beschäftigten bei der Aus-

führung ihrer Arbeitsaufgaben zur Verfügung steht,
3. Zusatzgeräten und Elementen, die zum Betreiben oder Benutzen des Bildschirmgeräts gehören, oder
4. sonstigen Arbeitsmitteln,
sowie die unmittelbare Arbeitsumgebung.

(3) Beschäftigte im Sinne dieser Verordnung sind Beschäftigte, die gewöhnlich bei einem nicht unwesentlichen Teil ihrer normalen Arbeit ein Bildschirmgerät benutzen.

§ 3
Beurteilung der Arbeitsbedingungen

Bei der Beurteilung der Arbeitsbedingungen nach § 5 des Arbeitsschutzgesetzes hat der Arbeitgeber bei Bildschirmarbeitsplätzen die Sicherheits- und Gesundheitsbedingungen insbesondere hinsichtlich einer möglichen Gefährdung des Sehvermögens sowie körperlicher Probleme und psychischer Belastungen zu ermitteln und zu beurteilen.

§ 4 Anforderungen an die Gestaltung

(1) Der Arbeitgeber hat geeignete Maßnahmen zu treffen, damit die Bildschirmarbeitsplätze den Anforderungen des Anhangs und sonstiger Rechtsvorschriften entsprechen. ...

(3) Von den Anforderungen des Anhangs darf abgewichen werden, wenn
1. die spezifischen Erfordernisse des Bildschirmarbeitsplatzes oder Merkmale der Tätigkeit diesen Anforderungen entgegenstehen oder
2. der Bildschirmarbeitsplatz entsprechend den jeweiligen Fähigkeiten der daran tätigen Behinderten unter Berücksichtigung von Art und Schwere der Behinderung gestaltet wird

und dabei Sicherheit und Gesundheitsschutz auf andere Weise gewährleistet sind.

§ 5 Täglicher Arbeitsablauf

Der Arbeitgeber hat die Tätigkeit der Beschäftigten so zu organisieren, dass die tägliche Arbeit an Bildschirmgeräten regelmäßig durch andere Tätigkeiten oder durch Pausen unterbrochen wird, die jeweils die Belastung durch die Arbeit am Bildschirmgerät verringern.

§ 6
Untersuchung der Augen und des Sehvermögens

(1) Der Arbeitgeber hat den Beschäftigten vor Aufnahme ihrer Tätigkeit an Bildschirmgeräten, anschließend in regelmäßigen Zeitabständen sowie bei Auftreten von Sehbeschwerden, die auf die Arbeit am Bildschirmgerät zurückgeführt werden können, eine angemessene Untersuchung der Augen und des Sehvermögens durch eine fachkundige Person anzubieten. Erweist sich aufgrund der Ergebnisse einer Untersuchung nach Satz 1 eine augenärztliche Untersuchung als erforderlich, ist diese zu ermöglichen.

(2) Den Beschäftigten sind im erforderlichen Umfang spezielle Sehhilfen für ihre Arbeit an Bildschirmgeräten zur Verfügung zu stellen, wenn die Ergebnisse einer Untersuchung nach Absatz 1 ergeben, dass spezielle Sehhilfen notwendig und normale Sehhilfen nicht geeignet sind.

Hinweis der Redaktion: Soweit Sehhilfen berufsbedingt erforderlich sind – z.B. (spezielle) Sehhilfen für Lehrkräfte an Bildschirmarbeitsplätzen, die aufgrund einer Untersuchung nach § 6 Abs. 1 angepasst sind –, handelt es sich um sächliche Kosten, die vom Schulträger zu tragen sind. (Quelle: KM, 21.5.2003; AZ: 32-0304.57/87)
→ Beihilfeverordnung (Anlage Nr. 2.2.1)

§ 7 Ordnungswidrigkeiten

Ordnungswidrig im Sinne des § 25 Abs. 1 Nr. 1 des Arbeitsschutzgesetzes handelt, wer vorsätzlich oder fahrlässig entgegen § 6 Abs. 1 Satz 1 die dort bezeichneten Untersuchungen nicht oder nicht rechtzeitig anbietet.

Anhang über an Bildschirmarbeitsplätze zu stellende Anforderungen

Bildschirmgerät und Tastatur

1. Die auf dem Bildschirm dargestellten Zeichen müssen scharf, deutlich und ausreichend groß sein sowie einen angemessenen Zeichen- und Zeilenabstand haben.
2. Das auf dem Bildschirm dargestellte Bild muss stabil und frei von Flimmern sein; es darf keine Verzerrungen aufweisen.
3. Die Helligkeit der Bildschirmanzeige und der Kontrast zwischen Zeichen und Zeichenuntergrund auf dem Bildschirm müssen einfach einstellbar sein und den Verhältnissen der Arbeitsumgebung angepasst werden können.
4. Der Bildschirm muss frei von störenden Reflexionen und Blendungen sein.
5. Das Bildschirmgerät muss frei und leicht drehbar und neigbar sein.
6. Die Tastatur muss vom Bildschirmgerät getrennt und neigbar sein, damit die Benutzer eine ergonomisch günstige Arbeitshaltung einnehmen können.
7. Die Tastatur und die sonstigen Eingabemittel müssen auf der Arbeitsfläche variabel angeordnet werden können. Die Arbeitsfläche vor der Tastatur muss ein Auflegen der Hände ermöglichen.
8. Die Tastatur muss eine reflexionsarme Oberfläche haben.
9. Form und Anschlag der Tasten müssen eine ergonomische Bedienung der Tastatur ermöglichen. Die Beschriftung der Tasten muss sich vom Untergrund deutlich abheben und bei normaler Arbeitshaltung lesbar sein.

Sonstige Arbeitsmittel

10. Der Arbeitstisch beziehungsweise die Arbeitsfläche muss eine ausreichend große und reflexionsarme Oberfläche besitzen und eine flexible Anordnung des Bildschirmgeräts, der Tastatur, des Schriftguts und der sonstigen Arbeitsmittel ermöglichen. Ausreichender Raum für eine ergonomisch günstige Arbeitshaltung muss vorhanden sein. Ein separater Ständer für das Bildschirmgerät kann verwendet werden.

Bildschirmarbeitsverordnung / Bildungsberatung

11. Der Arbeitsstuhl muss ergonomisch gestaltet und standsicher sein.
12. Der Vorlagenhalter muss stabil und verstellbar sein sowie so angeordnet werden können, dass unbequeme Kopf- und Augenbewegungen soweit wie möglich eingeschränkt werden.
13. Eine Fußstütze ist auf Wunsch zur Verfügung zu stellen, wenn eine ergonomisch günstige Arbeitshaltung ohne Fußstütze nicht erreicht werden kann.

Arbeitsumgebung

14. Am Bildschirmarbeitsplatz muss ausreichender Raum für wechselnde Arbeitshaltungen und -bewegungen vorhanden sein.
15. Die Beleuchtung muss der Art der Sehaufgabe entsprechen und an das Sehvermögen der Benutzer angepasst sein; dabei ist ein angemessener Kontrast zwischen Bildschirm und Arbeitsumgebung zu gewährleisten. Durch die Gestaltung des Bildschirmarbeitsplatzes sowie Auslegung und Anordnung der Beleuchtung sind störende Blendwirkungen, Reflexionen oder Spiegelungen auf dem Bildschirm und den sonstigen Arbeitsmitteln zu vermeiden.
16. Bildschirmarbeitsplätze sind so einzurichten, dass leuchtende oder beleuchtete Flächen keine Blendung verursachen und Reflexionen auf dem Bildschirm soweit wie möglich vermieden werden. Die Fenster müssen mit einer geeigneten verstellbaren Lichtschutzvorrichtung ausgestattet sein, durch die sich die Stärke des Tageslichteinfalls auf den Bildschirmarbeitsplatz vermindern lässt.
17. Bei der Gestaltung des Bildschirmarbeitsplatzes ist dem Lärm, der durch die zum Bildschirmarbeitsplatz gehörenden Arbeitsmittel verursacht wird, Rechnung zu tragen, insbesondere um eine Beeinträchtigung der Konzentration und der Sprachverständlichkeit zu vermeiden.
18. Die Arbeitsmittel dürfen nicht zu einer erhöhten Wärmebelastung am Bildschirmarbeitsplatz führen, die unzuträglich ist. Es ist für eine ausreichende Luftfeuchtigkeit zu sorgen.
19. Die Strahlung muss – mit Ausnahme des sichtbaren Teils des elektromagnetischen Spektrums – so niedrig gehalten werden, dass sie für Sicherheit und Gesundheit der Benutzer des Bildschirmgerätes unerheblich ist.

Zusammenwirken Mensch – Arbeitsmittel

20. Die Grundsätze der Ergonomie sind insbesondere auf die Verarbeitung von Informationen durch den Menschen anzuwenden.
21. Bei Entwicklung, Auswahl, Erwerb und Änderung von Software sowie bei der Gestaltung der Tätigkeit an Bildschirmgeräten hat der Arbeitgeber den folgenden Grundsätzen insbesondere im Hinblick auf die Benutzerfreundlichkeit Rechnung zu tragen:

21.1 Die Software muss an die auszuführende Aufgabe angepasst sein.
21.2 Die Systeme müssen den Benutzern Angaben über die jeweiligen Dialogabläufe unmittelbar oder auf Verlangen machen.
21.3 Die Systeme müssen den Benutzern die Beeinflussung der jeweiligen Dialogabläufe ermöglichen sowie eventuelle Fehler bei der Handhabung beschreiben und deren Beseitigung mit begrenztem Arbeitsaufwand erlauben.
21.4 Die Software muss entsprechend den Kenntnissen und Erfahrungen der Benutzer im Hinblick auf die auszuführende Aufgabe angepasst werden können.

22. Ohne Wissen der Benutzer darf keine Vorrichtung zur qualitativen oder quantitativen Kontrolle verwendet werden.

➜ Arbeits- und Gesundheitsschutz (Allgemeines); ➜ Arbeitsschutzgesetz; ➜ Datenschutz

Bildungsberatung

Richtlinien für die Bildungsberatung; Verwaltungsvorschrift des KM vom 26. April 1984 (KuU S. 349); neu erlassen 13.11.2000 (KuU S. 332/2000)

I.
Grundsätze und Ziele

Die Bildungsberatung soll dazu beitragen, das verfassungsmäßig garantierte Recht des jungen Menschen auf eine seiner Begabung entsprechende Erziehung und Ausbildung zu verwirklichen und ihn in der bestmöglichen Entfaltung seiner Persönlichkeit zu unterstützen.

➜ Verfassung Art. 11

Die Aufgaben der Bildungsberatung umfassen dabei insbesondere die Schullaufbahnberatung sowie die Beratung bei Schulschwierigkeiten in Einzelfällen. Darüber hinaus unterstützen die Einrichtungen der Bildungsberatung Schulen und Schulaufsichtsbehörden in psychologisch-pädagogischen Fragen.

Beratung ist ein wesentlicher Bestandteil des Erziehungs- und Bildungsauftrags der Schule und damit zunächst Aufgabe jeder Lehrerin und jeden Lehrers. Angesichts der Vielfalt und Differenziertheit des Bildungsangebots und der Konfrontation der Schule mit Fehlentwicklungen bei Kindern und Jugendlichen, die den Erziehungszielen der Schule entgegenwirken und die mit den erzieherischen Methoden der Pädagogik allein nicht bewältigt werden können, ist es notwendig, bestimmte schulische Beratungsaufgaben besonders qualifizierten Beraterinnen und Beratern zuzuweisen. Dementsprechend wirken bei der Erfüllung der in § 19

Schulgesetz festgelegten Aufgaben der Bildungsberatung die überörtlich eingerichteten Schulpsychologischen Beratungsstellen sowie Beratungslehrerinnen und Beratungslehrer an den Schulen mit. Um dem natürlichen Erziehungsrecht der Eltern Rechnung zu tragen, erfolgen Beratungen grundsätzlich in Abstimmung mit den Erziehungsberechtigten.

II.
Beratungslehrerinnen und Beratungslehrer

1. Allgemeines

Für besondere Beratungsaufgaben werden durch das Oberschulamt an den Schulen Beratungslehrerinnen und Beratungslehrer bestellt, die eine zusätzliche Ausbildung als Beratungslehrerin oder Beratungslehrer absolviert haben oder eine gleichwertige Ausbildung besitzen.

Die Beratungstätigkeit gehört zum Hauptamt dieser Lehrkräfte. Sie üben ihre Beratungstätigkeit neben ihrem Unterrichtsauftrag aus, der entsprechend dem Umfang ihrer Beratungstätigkeit ermäßigt wird (vgl. Verwaltungsvorschrift über die Arbeitszeit der Lehrer ...).
→ Arbeitszeit (Lehrkräfte) Teil E Nr. 2.4

In der Regel wird eine Beratungslehrerin oder ein Beratungslehrer für mehrere Schulen, bei größeren Schulen für die Schule bestellt, an der sie oder er unterrichtet.

2. Aufgaben

Schwerpunkt der Aufgaben ist die Schullaufbahnberatung, d.h. die Information und Beratung von Schülerinnen, Schülern und Eltern über die geeigneten Bildungsgänge.

Insbesondere

2.1 beraten sie Schülerinnen, Schüler und Eltern in Fragen der Schullaufbahnwahl und des Schullaufbahnwechsels, z.B. bei der Einschulung, beim Übergang auf die auf der Grundschule aufbauenden Schularten, beim Durchlaufen der Orientierungsstufe an den einzelnen Schularten, bei der Zuweisung zu Stütz- und Förderkursen, beim Übergang von einer Schulart in die andere, bei Entscheidungen über anzustrebende Bildungsabschlüsse, bei der Fächerwahl im Wahlpflichtbereich, bei der Zuweisung in Leistungsgruppen, bei der Orientierung über das berufliche Schulwesen, beim Übergang in die Oberstufe des allgemeinbildenden Schulwesens sowie in das berufliche Schulwesen;

2.2 unterstützen sie die zuständigen Berufs- und Studienberaterinnen und -berater bei der beruflichen Orientierung und bei der studienvorbereitenden Beratung;

2.3 wirken sie mit bei örtlichen Informationsveranstaltungen zur Schullaufbahnwahl;

2.4 machen sie Ratsuchenden Informationsmaterial zugänglich;

2.5 helfen sie Schülerinnen und Schülern bei der Bewältigung von Schulschwierigkeiten, soweit Möglichkeiten hierzu im pädagogischen Bereich liegen. Insbesondere sind Leistungsschwächen (Leistungsabfall- und -schwankungen) sowie Lernschwierigkeiten zu nennen;

2.6 helfen sie an beruflichen Schulen in Kooperation mit der Berufsberatung und den Ausbildungsberaterinnen und -beratern bei den Kammern bei der Bewältigung von Schwierigkeiten in der Ausbildung.

Weitergehende, insbesondere psychotherapeutische Maßnahmen bei einzelnen Schülerinnen und Schülern oder Klassen gehören nicht zu den Aufgaben.

3. Methoden

3.1 Die wichtigste Methode der Beratung ist das persönliche Gespräch. Besondere Untersuchungs- und Testverfahren dürfen nur eingesetzt werden, wenn diese in dem vom Kultusministerium aufgestellten „Testkatalog" (Anlage 1; *hier nicht abgedruckt*) aufgeführt sind.

3.2 Untersuchungen und Beratungsmaßnahmen, zu deren Durchführung ein besonderes wissenschaftliches Studium oder eine andere spezifische Qualifikation, die durch die Beratungslehrer-Ausbildung nicht erworben wird, vorausgesetzt werden muss, dürfen nicht durchgeführt werden. ...

III.
Schulpsychologische Beratungsstellen

1. Allgemeines *(hier nicht abgedruckt)*

2. Aufgaben

Die Schulpsychologischen Beratungsstellen sind Bestandteil der beratenden Schulaufsicht und unterstützen die Schulen bei der Erfüllung ihres Erziehungsauftrags.

Die an den Schulpsychologischen Beratungsstellen tätigen Schulpsychologinnen und Schulpsychologen

– helfen mit psychologischen Beratungsmethoden Schülerinnen und Schülern, die wegen Lern- und Arbeitsstörungen sowie aufgrund von Beeinträchtigungen im sozialen und emotionalen Bereich Schwierigkeiten in der Schule haben. Sie wirken mit bei der Behebung von Verhaltensauffälligkeiten von Schülerinnen und Schülern und bei der Bewältigung innerschulischer Konflikte,

– unterstützen Lehrkräfte und Schulaufsicht bei pädagogisch-psychologischen Fragestellungen, wirken mit in der Lehrerfortbildung sowie bei der Entwicklung geeigneter Untersuchungs- und Beratungsmethoden und beteiligen sich auf Weisung des Kultusministeriums an Schulversuchen,

– beraten und informieren Ratsuchende in Fragen des Zweiten Bildungswegs.

Die Erfahrungen aus der Beratungsarbeit werden in den Arbeitsauftrag der Schulaufsicht einbezogen.

→ Fachberaterinnen und Fachberater; → Schulleitung (Abteilungsleiter/innen); → Schulpsychologische Beratungsstellen

IV.
Formale Rahmenbedingungen der Bildungsberatung

1. Einwilligung der Berechtigten

1.1 Sofern Untersuchungen durchgeführt werden, zu deren Teilnahme die betroffenen Schülerinnen und Schüler aufgrund von Rechtsvorschriften verpflichtet sind, bedürfen sie keiner Einwilligung der Erziehungsberechtigten.

1.2 Sofern Schulpsychologinnen, Schulpsychologen, Beratungslehrerinnen und und Beratungslehrer auf Anforderung von Schulleitungen und Lehrkräften oder auf Veranlassung der Schulaufsichtsbehörden tätig werden und die betroffenen Schülerinnen und Schüler zur Teilnahme an erforderlichen Einzeluntersuchungen nicht verpflichtet sind, können diese nur durchgeführt werden, wenn die Erziehungsberechtigten oder volljährigen Schülerinnen und Schüler selbst vorab schriftlich erklären, dass sie mit der Untersuchung und damit einverstanden sind, dass die Ergebnisse in dem für die Fragestellung erforderlichen Umfang dem Auftraggeber bekanntgegeben werden.

1.3 Sofern Beratungsfachkräfte auf Wunsch minderjähriger Schülerinnen und Schüler tätig werden, ist eine erste Beratung zulässig. Werden darüber hinaus Maßnahmen für erforderlich gehalten, sind diese nur zulässig, wenn eine schriftliche Einwilligung der Erziehungsberechtigten vorliegt.

→ Aufnahmeverfahren; → Aufnahmeverordnung; → Behinderungen und Förderbedarf; → Datenschutz (Schulen); → Werbung

2. Vertraulichkeit

2.1 Beratungslehrerinnen, Beratungslehrer, Schulpsychologinnen und Schulpsychologen haben über Tatsachen, die ihnen im Rahmen ihrer besonderen Beratungsaufgaben anvertraut wurden, Stillschweigen zu wahren. Psychodiagnostische Untersuchungen und Beratungen sind deshalb in der Regel unter Ausschluss Dritter durchzuführen.

→ Verschwiegenheitspflicht

2.2 Hiervon ergeben sich folgende Abweichungen:

2.2.1 In den Fällen des Abschnitts IV, 1.1 sind auf Anforderung der Vorgesetzten und Schulaufsichtsbehörden alle erforderlichen Auskünfte zu erteilen und ist erforderlichenfalls auch Akteneinsicht zu gewähren.

2.2.2 Es liegt die Zustimmung der Berechtigten vor, die sich sowohl auf die Person, gegenüber der eine Auskunft erteilt werden soll, wie auf den inhaltlichen Umfang beziehen muss.

3. Behandlung von Unterlagen

3.1 Beratungslehrerinnen, Beratungslehrer, Schulpsychologinnen und Schulpsychologen führen Aufzeichnungen über ihre Tätigkeit. Alle wesentlichen Ergebnisse der Beratungsarbeit, insbesondere Gutachten, gutachtliche Stellungnahmen, Befunde, Empfehlungen und Beratungen, werden in Akten (Untersuchungsunterlagen) festgehalten. Werden Arbeits-ergebnisse mündlich weitergegeben, ist hierüber ein Vermerk in die Akten aufzunehmen. Jeweils zum Schuljahresende ist den Dienstvorgesetzten ein Tätigkeitsbericht vorzulegen.

3.2 Die Untersuchungsunterlagen sind als personenbezogene Unterlagen unter Verschluss zu halten.

3.3 Die Untersuchungsunterlagen sind zu vernichten, wenn die betreffende Schülerin oder der betreffende Schüler seine Schullaufbahn beendet hat, spätestens jedoch nach 10 Jahren; alle anderen Unterlagen sind zu vernichten, wenn sie zur Aufgabenerfüllung nicht mehr benötigt werden, spätestens jedoch nach 30 Jahren. Die Unterlagen sind vor ihrer Vernichtung gemäß § 8 Abs. 1 des Landesarchivgesetzes dem zuständigen Archiv zur Übernahme anzubieten; Untersuchungsunterlagen dürfen nur in anonymisierter Form übergeben werden. Schulpsychologische Beratungsstellen, an deren Untersuchungsunterlagen die Archivverwaltung interessiert ist, erhalten eine gesonderte Mitteilung. Im Übrigen sind alle Schulpsychologischen Beratungsstellen und alle Beratungslehrerinnen und Beratungslehrer von der Pflicht, ihre Unterlagen der Archivverwaltung anzubieten, befreit.

Hinweis der Redaktion: Damit eine effektive Beratungstätigkeit erfolgen kann, sind folgende äußere Rahmenbedingungen notwendig:

– Ein Beratungszimmer mit verschließbarem Schrank, das möglichst ausschließlich dem Beratungslehrer zur Verfügung steht.
– Ein Telefonanschluss für vertrauliche Gespräche mit Klienten und Beratungseinrichtungen.
– Testausstattung Literatur und Verbrauchsmaterialen, die der Beratungslehrer zur Ausübung seiner Tätigkeit benötigt.
– Bei der ersten Gesamtlehrerkonferenz im Schuljahr sollte sich der Beratungslehrer vorstellen können.
– In den allgemeinbildenden Schulen sollte der Beratungslehrer seine Verfügungsstunden möglichst an einem Vormittag hintereinander haben, weil nur dadurch eine sinnvolle Testdurchführung gewährleistet ist. Psychodiagnostische Tests müssen aus pädagogisch-psychologischen Gründen vormittags stattfinden, weil sonst nur wenig brauchbare Daten erhalten werden. Die Schüler sind in diesen Fällen vom Unterricht freizustellen. Wünschenswert wäre ein regional einheitlicher „Beratungstag". In den beruflichen Schulen mit Teilzeitunterricht ist es allerdings angezeigt, die Verfügungsstunden auf mehrere Tage zu verteilen, damit für viele Schüler eine persönliche Kontaktmöglichkeit mit dem Beratungslehrer gegeben ist.

(Quelle: Oberschulamt Stuttgart, 4.10.1993, AZ 6402.3/17; lt. Schreiben des OSA vom Juli 2000 – AZ: 6402.02-1/2000 – ist diese Äußerung weiterhin aktuell):

V.
Zusammenarbeit mit anderen Einrichtungen

1. Bei der Wahrnehmung ihrer Aufgaben arbeiten die Beratungsfachkräfte untereinander und mit den Schulen ihres Tätigkeitsbezirks eng zusammen. Beratungslehrerinnen und Beratungs-

Bildungsberatung / Bildungspläne und Bildungsstandards / Bildungsregionen

lehrer richten an den Schulen, für die sie bestellt sind, regelmäßige Sprechstunden ein.

2. Beratunglehrerinnen, Beratunglehrer, Schulpsychologinnen und Schulpsychologen nehmen von Fall zu Fall Kontakt mit anderen Personen oder Institutionen, die an der Erziehung und Betreuung von Kindern und Jugendlichen mitwirken, auf.

Insbesondere sind zu nennen:

Erziehungsberatungsstellen,

Drogenberatungsstellen,

Schulgesundheitsdienst der Gesundheitsämter,

Jugend- und Sozialämter, sowie andere Einrichtungen der Jugendpflege und -fürsorge,

Berufs- und Studienberatung der Arbeitsverwaltung,

Studienberatung der Hochschulen und des Landesinstituts für Erziehung und Unterricht.

Hinweis der Redaktion: Zu den Aufgaben der Beratungslehrer/innen gehört nicht das Verweisen von Schülern an Nachhilfeeinrichtungen (Quelle: KM, 24.5. 1993, AZ: IV/6-6402.0/16).

➜ Abschlüsse; ➜ Arbeitszeit (Lehrkräfte)Teil E Nr. 2.4; ➜ Aufbewahrungspflicht; ➜ Aufnahmeverfahren; ➜ Aufnahmeverordnung; ➜ Datenschutz (Schulen); ➜ Fachberater/innen; ➜ Schulleitung (Abteilungsleiter/innen); ➜ Schulgesetz §§ 19 und 32 (1), letzter Satz; ➜ Schulpsychologische Beratungsstellen; ➜ Verschwiegenheitspflicht

Bildungspläne und Bildungsstandards

Hinweise der Redaktion

In Baden-Württemberg erfolgt der Unterricht traditionell auf der Grundlage von Bildungsplänen. Sie sind für die Lehrkräfte verbindlich.

Die Bildungspläne werden von Lehrplankommissionen erarbeitet (vom Kultusministerium berufen) und anschließend vom KM erlassen. Der Landeselternbeirat besitzt dabei ein Beratungsrecht.

➜ Schulgesetz § 35 Abs. 4 und § 60 Abs. 1

Die Bildungspläne werden in Teil C des Amtsblattes veröffentlicht. Die seit 2004 eingeführten Bildungspläne (s.u.) können auch als CD kostenlos beim KM bezogen werden kann. FAX: (0711) 279-2838, Mail: oeffentlichkeitsarbeit@km.kv.bwl.de.

➜ Kultus und Unterricht

Eltern besitzen ein Recht auf Einsicht in die Bildungspläne der jeweiligen Schulart an der Schule.

Bildungsplan 2004

Seit dem Schuljahr 2004/05 wurden an den allgemeinbildenden Schulen (Grundschule, Hauptschule, Realschule, allgemeinbildendes Gymnasium) schrittweise neue Bildungspläne auf der Grundlage von Bildungsstandards eingeführt.

Die Endfassung der Bildungsstandards für alle Fächer in allen Schularten stehen im Internet zur Verfügung: http://www.bildungsstandards-bw.de.

KMK-Bildungsstandards

Parallel wurden auf Ebene der Kultusministerkonferenz (KMK) schulartübergreifende Bildungsstandards für den Schulabschluss im Primarbereich, für den Hauptschul- und für den Mittleren Bildungsabschluss beschlossen. Das Gesamtpaket der KMK-Standards ist unter http://www.kmk.org/schul/home-htm direkt abrufbar.

Das Landesinstitut für Schulentwicklung hat eine Handreichung zur Umsetzung der baden-württembergischen Bildungspläne auf dem Hintergrund der KMK-Standards erstellt. Sie umfasst die Fächer Deutsch, Mathematik (für alle Schularten) sowie Englisch und Französisch (weiterführende Schulen) und liegt schulartbezogen für die Grundschule, die Hauptschule, die Realschule und das Gymnasium vor. Die Handreichung ist von der Schule bei der Planung, Durchführung und Begleitung in der unterrichtlichen Arbeit zu beachten.

➜ Kultus und Unterricht; ➜ Schulentwicklung; ➜ Schulgesetz § 35 Abs. 3 und § 60 Abs.1; ➜ Vergleichsarbeiten; ➜ Vergleichsarbeiten (Termine)

Bildungsregionen

Hinweise der Redaktion

Die Landesregierung hat 2009 aufgrund der Erfahrungen mit den „Bildungsregionen" Freiburg und Ravensburg alle Stadt- und Landkreise eingeladen, „Regionale Bildungslandschaften" aufzubauen. In den Jahren 2009 bis 2012 werden hierfür auf Antrag finanzielle und personelle Ressourcen als Zuschüsse bereitgestellt.

Hierzu wurde ein „Impulsprogramm Bildungsregionen" ausgeschrieben (Bekanntmachung des KM vom 21. April 2009; KuU S. 66/2009). Darin werden die Ziele des Impulsprogramms sowie die Grundzüge einer Bildungsregion dargestellt.

➜ Schulentwicklung

Chancengleichheitsbeauftragte (GWHRS-Bereich)

Hinweise der Redaktion

Jedes Staatliche Schulamt bestellt für den Bereich der Lehrkräfte an Grund-, Haupt-, Real- und Sonderschulen aus deren Kreis nach vorheriger Ausschreibung eine Beauftragte für Chancengleichheit (BfC). Die Personalvertretung wirkt bei der Bestellung nicht mit (nur bei der Abberufung).
→ Chancengleichheitsgesetz § 16 Abs. 3; → Personalvertretungsgesetz § 79 Abs. 3 Nr. 19

Es ist ist jeweils auch eine Stellvertreterin zu bestellen (ohne Ausschreibung auf Vorschlag der Beauftragten für Chancengleichheit oder der fachlichen Beraterin – Bereich Schule – des RPs).

Ausschreibung und Aufgaben

Anlässlich der erstmaligen Bestellung (2006) hat das KM die Aufgaben der BfC so beschrieben:
- Unterstützung der Dienststellenleitung bei Maßnahmen zur praktischen Umsetzung des Chancengleichheitsgesetzes, die den Bereich der Lehrkräfte der Grund-, Haupt-, Real- und Sonderschulen betreffen.
- Regelmäßige Dienstbesprechungen mit den Beauftragten für Chancengleichheit und Ansprechpartnerinnen der Schulen, den dem Landratsamt / Staatlichen Schulamt zugeordnet sind.
- Organisation von Fortbildungsveranstaltungen für die Ansprechpartnerinnen.
- Beratung der Lehrkräfte in Fragen der Chancengleichheit.
- Erfahrungsaustausch mit den fachlichen Beraterinnen der Regierungspräsidien

(Quelle: KM, 21.12.2005; AZ: 13-4910.21/48)

Bewerberinnnen für die BfC-Funktion müssen
- Lehrerin an einer Grund-, Haupt-, Real- oder Sonderschule im Bereich der unteren Schulaufsichtsbehörde sein,
- Kenntnisse und Erfahrungen im Umgang mit dem Chancengleichheitsgesetz haben und
- sich durch Teamfähigkeit, Organisationsgeschick, Konfliktfähigkeit und soziale Kompetenzen auszeichnen.

Wünschenswert sind Erfahrungen als Frauenvertreterin, in der Lehrerfortbildung und in Methoden der Gesprächs- und Verhandlungsführung.

Anrechnung

Die BfC erhalten zur Entlastung eine Anrechnung auf die Arbeitszeit (Sockelanrechnung von 2 Wochenstunden plus eine Entlastung, die sich an der Größe des Zuständigkeitsbereichs orientiert).

→ Beauftragte für Chancengleichheit – Schulverwaltung (im Adressenteil am Anfang des Buches); → Chancengleichheitsgesetz; → Chancengleichheitsplan; → Grundgesetz Art. 3; → Personalvertretungsgesetz § 79 Abs. 3 Nr. 19

Chancengleichheitsgesetz

Gesetz zur Verwirklichung der Chancengleichheit von Frauen und Männern im öffentlichen Dienst des Landes Baden-Württemberg (Chancengleichheitsgesetz – ChancenG)* vom 11.10.2005 (GBl. S. 650/2005); zuletzt geändert 27.10.2010 (GBl. S. 793/2010)

1. Abschnitt – Allgemeine Vorschriften

§ 1
Gesetzesziel

In Erfüllung des Verfassungsauftrags nach Artikel 3 Abs. 2 des Grundgesetzes (GG) wird die tatsächliche Durchsetzung der Gleichberechtigung von Frauen und Männern in den Behörden des Landes und den sonstigen in diesem Gesetz genannten Körperschaften, Anstalten und Stiftungen des öffentlichen Rechts nach Maßgabe dieses Gesetzes gefördert. Ziel des Gesetzes ist die berufliche Förderung von Frauen unter Wahrung des Vorrangs von Eignung, Befähigung und fachlicher Leistung (Artikel 33 Abs. 2 GG), insbesondere die Verbesserung der Zugangs- und Aufstiegschancen für Frauen, eine deutliche Erhöhung des Anteils der Frauen in Bereichen, in denen sie geringer repräsentiert sind als Männer, sowie die Beseitigung bestehender Benachteiligungen. Weiteres Ziel ist es, auf eine bessere Vereinbarkeit von Familie und Beruf für Frauen und Männer hinzuwirken.

→ Grundgesetz Art. 3

§ 2
Besondere Verantwortung

Alle Beschäftigten, insbesondere diejenigen mit Vorgesetzten- und Leitungsaufgaben, fördern die tatsächliche Verwirklichung der Gleichberechtigung von Frauen und Männern und berücksichtigen Chancengleichheit als durchgängiges Leitprinzip in allen Aufgabenbereichen der Dienststelle.

§ 3
Geltungsbereich

(1) Dieses Gesetz gilt für

1. die Behörden des Landes, ...

3. die Hochschulen und Berufsakademien, soweit nicht das Landeshochschulgesetz für wissenschaftlich Beschäftigte an Hochschulen, für wissenschaftliches und künstlerisches Personal an Hochschulen sowie für die Mitglieder des Lehr-

körpers der Berufsakademien Regelungen enthält, ...
→ Chancengleichheitsbeauftragte (GWHRS-Bereich)

§ 4
Begriffsbestimmungen

(1) Beschäftigte im Sinne dieses Gesetzes sind Angestellte, Arbeiterinnen und Arbeiter, Beamtinnen und Beamte sowie Auszubildende, ferner Richterinnen und Richter.

(2) Familienpflichten im Sinne dieses Gesetzes bestehen, wenn eine beschäftigte Person mindestens ein Kind unter 18 Jahren oder einen nach ärztlichem Gutachten pflegebedürftigen Angehörigen tatsächlich betreut oder pflegt.

(3) Dienststellen im Sinne dieses Gesetzes sind die einzelnen Behörden, ... sowie ... die Hochschulen und die Schulen.

(4) Beförderung im Sinne dieses Gesetzes ist auch die Verleihung eines anderen Amtes mit höherem Endgrundgehalt ohne Änderung der Amtsbezeichnung, die Übertragung eines anderen Amtes mit gleichem Endgrundgehalt und anderer Amtsbezeichnung unter gleichzeitigem Wechsel der Laufbahngruppe, die Verleihung eines Richteramtes mit höherem Endgrundgehalt und die Übertragung einer höher zu bewertenden Tätigkeit sowie die Gewährung einer Amtszulage.

(5) Eine geringere Repräsentanz von Frauen im Sinne dieses Gesetzes ist gegeben, wenn innerhalb des Geltungsbereichs eines Chancengleichheitsplans in einer Lohn-, Vergütungs- oder Besoldungsgruppe oder in Positionen mit Vorgesetzten- und Leitungsaufgaben weniger Frauen als Männer beschäftigt sind. Innerhalb dieser Bereiche soll auf Antrag der Beauftragten für Chancengleichheit eine weitere Differenzierung nach Laufbahnen oder Beschäftigungsbereichen vorgenommen werden, wenn die Repräsentanz von Frauen in verschiedenen Laufbahnen oder Beschäftigungsbereichen innerhalb einer Lohn-, Vergütungs- oder Besoldungsgruppe erheblich voneinander abweicht.

(6) Frühzeitige Beteiligung im Sinne dieses Gesetzes bedeutet, dass die Beauftragte für Chancengleichheit an der Entscheidungsfindung gestaltend mitwirken und Einfluss nehmen kann. Die Beteiligung der Beauftragten für Chancengleichheit soll vor Beteiligung der Personalvertretung erfolgen.

2. Abschnitt – Maßnahmen zur Verwirklichung der Chancengleichheit

§ 5
Erstellung des Chancengleichheitsplans

(1) Jede personalverwaltende Dienststelle, deren Personalverwaltungsbefugnis 50 und mehr Beschäftigte umfasst, erstellt mindestens einen Chancengleichheitsplan. Für die Ministerien ist jeweils ein gesonderter Chancengleichheitsplan zu erstellen.
→ Chancengleichheitsplan

(2) Ist die personalverwaltende Dienststelle, deren Personalverwaltungsbefugnis Beschäftigte einer nachgeordneten Dienststelle umfasst, an der Personalplanung und der Personalauswahl der nachgeordneten Dienststelle nicht unmittelbar beteiligt, kann sie von der Erstellung eines Chancengleichheitsplans absehen. Diese Beschäftigten sind in den Chancengleichheitsplan der nachgeordneten Dienststelle aufzunehmen und bei der Berechnung nach Absatz 1 Satz 1 zu berücksichtigen.

(3) In besonders gelagerten Einzelfällen kann mit Genehmigung des jeweiligen Fachministeriums und des für Frauenfragen zuständigen Ministeriums von der Erstellung eines Chancengleichheitsplans abgesehen werden.

(4) Der Chancengleichheitsplan ist für die Dauer von fünf Jahren zu erstellen und soll bei erheblichen strukturellen Änderungen angepasst werden. Bei der Erstellung des Chancengleichheitsplans und seiner Anpassung ist die Beauftragte für Chancengleichheit mit dem Ziel einer einvernehmlichen Regelung frühzeitig zu beteiligen.

(5) Die Chancengleichheitspläne und ihre Anpassung sind der Dienstaufsichtsbehörde, die ihre Beauftragte für Chancengleichheit beteiligt, vorzulegen. Chancengleichheitspläne der übrigen, der alleinigen Aufsicht des Landes unterstehenden Körperschaften, Anstalten und Stiftungen des öffentlichen Rechts sind der Dienststelle, die die Rechtsaufsicht ausübt, vorzulegen.

(6) Der Chancengleichheitsplan ist in den vom Geltungsbereich des Chancengleichheitsplans erfassten Dienststellen an geeigneter Stelle zur Einsicht auszulegen, auszuhängen oder in sonstiger geeigneter Weise bekanntzumachen.

(7) Zusammen mit dem Chancengleichheitsplan ist alle fünf Jahre eine Übersicht über die Beschäftigtenstruktur der einzelnen Dienststellen zu erstellen und in der jeweiligen Dienststelle in geeigneter Weise bekanntzumachen.

§ 6
Inhalt des Chancengleichheitsplans

(1) Der Chancengleichheitsplan hat eine Bestandsaufnahme und beschreibende Auswertung der Beschäftigtenstruktur seines jeweiligen Geltungsbereiches zu enthalten. Im Chancengleichheitsplan ist darzustellen, in welchen Bereichen die Frauen unterrepräsentiert sind. Hierfür sind alle fünf Jahre folgende Daten jeweils getrennt nach Geschlecht zu erheben und auszuwerten:
– die Zahl der Beschäftigten, gegliedert nach Voll- und Teilzeittätigkeit, Besoldungs-, Vergütungs- und Lohngruppen, Laufbahnen und Berufsgruppen,
– die Zahl der Beurlaubten und Beschäftigten in Positionen mit Vorgesetzten- und Leitungsaufgaben sowie
– die Zahl der Auszubildenden, gegliedert nach Laufbahnen und Ausbildungsberuf.

Stichtag ist der 30. Juni des Berichtsjahres.

(2) Der Chancengleichheitsplan hat die Zielvorgabe zu enthalten, mindestens die Hälfte der durch Einstellung zu besetzenden Stellen in Bereichen, in denen Frauen unterrepräsentiert sind, zur Besetzung durch Frauen vorzusehen. Sind in Bereichen geringerer Repräsentanz von Frauen voraus-

sichtlich nicht genügend Frauen mit der notwendigen Qualifikation zu gewinnen, können entsprechend weniger Stellen zur Besetzung mit Frauen vorgesehen werden. Dies ist im Chancengleichheitsplan darzulegen. Bei Beförderungen und der Übertragung höherwertiger Tätigkeiten ist der Anteil der Frauen in Bereichen, in denen sie in geringerer Zahl beschäftigt sind als Männer, deutlich zu erhöhen. Der Vorrang von Eignung, Befähigung und fachlicher Leistung ist zu beachten.

(3) Im Chancengleichheitsplan ist festzulegen, mit welchen personellen, organisatorischen, fortbildenden und qualifizierenden Maßnahmen die geringere Repräsentanz von Frauen abgebaut werden soll.

§ 7 Erfüllung des Chancengleichheitsplans

(1) Nach drei Jahren und im nächsten Chancengleichheitsplan stellt jede Dienststelle, die den Chancengleichheitsplan erstellt, den Stand der Erfüllung der im Chancengleichheitsplan festgelegten Zielvorgaben fest. Die jeweils zuständige Beauftragte für Chancengleichheit ist frühzeitig zu beteiligen. Werden die Zielvorgaben des Chancengleichheitsplans nicht erreicht, sind die Gründe darzulegen. Hierfür sind folgende Daten jeweils getrennt nach Geschlecht zu erheben und auszuwerten: die Zahl der Einstellungen in Bereichen geringerer Repräsentanz von Frauen, die Zahl der Bewerbungen auf und die Besetzung von Positionen mit Vorgesetzten- und Leitungsaufgaben sowie die Zahl der Teilnehmenden an Qualifizierungsmaßnahmen, die zur Übernahme höherwertiger Tätigkeiten vorbereiten. Stichtag ist der 30. Juni des Berichtsjahres.

(2) Der Zwischenbericht ist der Dienstaufsichtsbehörde, die ihre Beauftragte für Chancengleichheit beteiligt, vorzulegen. ...

(3) Auf die Erfüllung des Chancengleichheitsplans achtet die jeweils aufsichtsführende Behörde, die ihre Beauftragte für Chancengleichheit beteiligt. Soweit Verstöße festgestellt werden und sie nicht im Rahmen der in Gesetz gegebenen Möglichkeiten behoben werden können, sind diese in den Bericht nach § 25 aufzunehmen.

(4) Bei erheblichen Abweichungen von den Zielvorgaben des Chancengleichheitsplans kann sich die Dienstaufsichtsbehörde unter frühzeitiger Beteiligung ihrer Beauftragten für Chancengleichheit die Zustimmung bei jeder weiteren Einstellung oder Beförderung in einem Bereich, in dem Frauen geringer repräsentiert sind, vorbehalten.

§ 8 Stellenausschreibung

(1) Stellen sind, soweit Frauen in einzelnen Bereichen geringer repräsentiert sind, grundsätzlich in der Dienststelle sowie öffentlich auszuschreiben. Die Stellenausschreibung ist so abzufassen, dass Frauen ausdrücklich zur Bewerbung aufgefordert werden.

(2) Soweit zwingende dienstliche Belange nicht entgegenstehen, ist in der Ausschreibung darauf hinzuweisen, dass Vollzeitstellen grundsätzlich teilbar sind. Dies gilt auch für Stellen mit Vorgesetzten- und Leitungsaufgaben.

(3) Bei Ausnahmen von den Grundsätzen nach Absatz 1 Satz 1 und Absatz 2 ist die Beauftragte für Chancengleichheit frühzeitig zu beteiligen.

(4) § 11 Abs. 2 und 3 des Landesbeamtengesetzes gilt entsprechend.

→ Beamtengesetz § 11

§ 9 Vorstellungsgespräche, sonstige Personalauswahlgespräche

(1) In Bereichen, in denen Frauen geringer repräsentiert sind, sollen soweit möglich mindestens ebenso viele Frauen wie Männer oder alle Bewerberinnen zum Vorstellungsgespräch eingeladen werden, soweit sie die von der personalverwaltenden Dienststelle vorgesehenen Voraussetzungen für die Besetzung der Personalstelle oder des zu vergebenden Amtes erfüllen.

(2) Fragen nach der Familienplanung und danach, wie die Betreuung von Kindern neben der Berufstätigkeit gewährleistet werden kann, sind unzulässig.

→ Einstellungserlass Nr. 2.4 und 2.5

(3) Bei der Stellenbesetzung in Bereichen geringerer Repräsentanz von Frauen kann die Beauftragte für Chancengleichheit an den Vorstellungs- und sonstigen Personalauswahlgesprächen teilnehmen, soweit nicht nur Frauen oder nur Männer die vorgesehenen Voraussetzungen für die Besetzung der Personalstelle oder des zu vergebenden Amtes erfüllen.

§ 10 Einstellung, beruflicher Aufstieg

(1) Soweit Frauen in einzelnen Bereichen geringer repräsentiert sind, hat die Dienststelle unter Wahrung des Vorrangs von Eignung, Befähigung und fachlicher Leistung (Artikel 33 Abs. 2 GG) nach Maßgabe der Zielvorgaben des Chancengleichheitsplans und entsprechender Personalplanung bei der Besetzung von Stellen, auch mit Vorgesetzten- und Leitungsaufgaben sowie von Stellen für die Berufsausbildung und bei der Beförderung, deren Anteil deutlich zu erhöhen.

→ Funktionsstellen (Besetzung)

(2) Bei der Beurteilung der Eignung sind die in der Familienarbeit und in ehrenamtlicher Tätigkeit erworbenen überfachlichen Kompetenzen einzubeziehen, soweit sie für die vorgesehene Tätigkeit von Bedeutung sind und in das Bewerbungsverfahren eingebracht werden.

→ Chancengleichheitsgesetz; → Einstellungserlass; → Grundgesetz Art. 3

(3) Bei der Auswahlentscheidung sind Dienstalter, Lebensalter und der Zeitpunkt der letzten Beförderung nur zu berücksichtigen, soweit ihnen für die Beurteilung der Eignung, Leistung und Befähigung von Bedeutung sind. Bei Vorliegen gleicher Eignung, Befähigung und fachlicher Leistung von Frauen und Männern dürfen geringere aktive Dienst- oder Beschäftigungszeiten, Reduzierungen der Arbeitszeit oder Verzögerungen beim Abschluss einzelner Ausbildungsgänge aufgrund der

Chancengleichheitsgesetz

Betreuung von Kindern oder pflegebedürftigen Angehörigen nicht berücksichtigt werden.

(4) Die Dienststelle hat die Beauftragte für Chancengleichheit an der Entscheidung über jede Einstellung und Beförderung in Bereichen, in denen Frauen geringer repräsentiert sind, frühzeitig zu beteiligen. Ihr sind die entscheidungsrelevanten Daten mitzuteilen und die erforderlichen Bewerbungsunterlagen frühzeitig zur Einsicht vorzulegen. Hiervon erfasst sind auch die Bewerbungsunterlagen männlicher Mitbewerber auf Stellen in Bereichen geringerer Repräsentanz von Frauen, die die vorgesehenen Voraussetzungen für die Besetzung der Personalstelle oder des zu vergebenden Amtes erfüllen. Personalakten darf die Beauftragte für Chancengleichheit nur mit Zustimmung der Betroffenen einsehen.

§ 11 Fort- und Weiterbildung

(1) Die berufliche Fort- und Weiterbildung weiblicher Beschäftigter wird gefördert. Insbesondere sollen dazu Fortbildungsmaßnahmen angeboten werden, die eine Weiterqualifikation ermöglichen oder auf die Übernahme von Tätigkeiten in Bereichen geringerer Repräsentanz von Frauen vorbereiten. Bei der Planung und Gestaltung der Fort- und Weiterbildungsmaßnahmen ist der Beauftragten für Chancengleichheit Gelegenheit zur Beteiligung zu geben.

(2) Bei innerbehördlichen Dienstbesprechungen und bei geeigneten Veranstaltungen der beruflichen Fortbildung, insbesondere auch bei Fortbildungsmaßnahmen für Führungskräfte sind Themen zur Chancengleichheit von Frauen und Männern vorzusehen.

(3) Bei allen beruflichen Fortbildungsmaßnahmen sollen Frauen entsprechend ihrem Anteil an der Zielgruppe der Fortbildungsmaßnahme berücksichtigt werden. Frauen sollen verstärkt als Leiterinnen und Referentinnen für Fortbildungsveranstaltungen eingesetzt werden. Der Beauftragten für Chancengleichheit ist bei der Auswahl der Teilnehmerinnen und Teilnehmer an Fortbildungsmaßnahmen, die eine Weiterqualifikation ermöglichen oder auf die Übernahme von Tätigkeiten in Bereichen geringerer Repräsentanz von Frauen vorbereiten, Gelegenheit zur Beteiligung zu geben.

(4) Bei der Ausgestaltung und Durchführung von beruflichen Fort- und sonstigen Weiterbildungsveranstaltungen soll auch darauf geachtet werden, dass den Beschäftigten mit zu betreuenden Kindern oder pflegebedürftigen Angehörigen eine Teilnahme möglich ist. Möglichkeiten der Kinderbetreuung sollen im Bedarfsfall angeboten werden.

→ Reisekosten (Aus- und Fortbildungsreisen) Nr. 3

§ 12 Gremien

(1) Gremien, für die dem Land ein Berufungsrecht zusteht, sollen zu gleichen Anteilen mit Frauen und Männern besetzt werden. Wird ein Gremium gebildet oder wiederbesetzt auf Benennung oder Vorschlag einer Stelle, die nicht zur unmittelbaren Landesverwaltung gehört, ist auf eine Besetzung des Gremiums mit Frauen und Männern zu gleichen Anteilen hinzuwirken. Steht dem Land für ein Gremium ein Entsende- oder Vorschlagsrecht zu, sollen Frauen und Männer gleichermaßen berücksichtigt werden. Besteht das Entsende- oder Vorschlagsrecht nur für eine Person, sollen Frauen oder Männer alternierend berücksichtigt werden. Bei der Gremienbesetzung ist die Beauftragte für Chancengleichheit in den einzelnen Dienststellen frühzeitig zu beteiligen.

(2) Absatz 1 gilt nicht, soweit die Mitgliedschaft in Gremien durch eine auf einer Rechtsnorm oder Satzung beruhenden Wahl begründet wird.

3. Abschnitt – Arbeitszeit und Vereinbarkeit von Beruf und Familie

§ 13
Familiengerechte Arbeitszeit

Die Dienststellen können auf Antrag über die gleitende Arbeitszeit hinaus eine familiengerechte Gestaltung der täglichen und wöchentlichen Arbeitszeit einräumen, wenn dies nachweislich zur Betreuung von mindestens einem Kind unter 18 Jahren oder einer nach ärztlichem Zeugnis pflegebedürftigen Person erforderlich ist und dienstliche Belange nicht entgegenstehen. Ist beabsichtigt, dem Antrag einer oder eines Beschäftigten nicht zu entsprechen, ist die Beauftragte für Chancengleichheit zu beteiligen. Die Ablehnung des Antrags ist von der Dienststelle schriftlich zu begründen.

→ Teilzeit und Urlaub (Beamtenrecht) Ziff. II

§ 14
Teilzeit, Telearbeit

(1) Die Dienststelle hat unter Einbeziehung der Beauftragten für Chancengleichheit für die Beschäftigten in allen Bereichen, auch bei Stellen mit Vorgesetzten- und Leitungsaufgaben, ein ausreichendes Angebot an Teilzeitarbeitsplätzen zu schaffen, soweit zwingende dienstliche Belange nicht entgegenstehen. Die Wahrnehmung von Vorgesetzten- und Leitungsaufgaben steht der Reduzierung der Arbeitszeit grundsätzlich nicht entgegen. ...

(3) Teilzeitbeschäftigung und Telearbeit dürfen sich nicht nachteilig auf den beruflichen Werdegang, insbesondere auf die dienstliche Beurteilung auswirken. Teilzeitbeschäftigten sind die gleichen beruflichen Aufstiegsmöglichkeiten und Fortbildungschancen wie Vollzeitbeschäftigten einzuräumen. Entsprechendes gilt für Beschäftigte an Telearbeitsplätzen. Auch darf Teilzeit oder Telearbeit nicht dazu führen, dass den Beschäftigten geringerwertige Aufgaben übertragen werden.

(4) Die Dienststellen sind verpflichtet, Beschäftigte, die eine Reduzierung der Arbeitszeit beantragen, ausdrücklich auf die allgemeinen beamten- und versorgungsrechtlichen, sozialversicherungs-, arbeits- und tarifrechtlichen Folgen hinzuweisen.

(5) Beabsichtigt die Dienststelle, dem Antrag einer oder eines Beschäftigten mit Familienpflichten auf Teilzeitbeschäftigung oder Teilnahme an

der Telearbeit nicht zu entsprechen, ist die Beauftragte für Chancengleichheit zu beteiligen. Die Ablehnung des Antrags ist von der Dienststelle schriftlich zu begründen.

→ Teilzeit und Urlaub (Beamtenrecht); → Teilzeit (Pflichten)

§ 15
Beurlaubung, beruflicher Wiedereinstieg

(1) Die Dienststelle hat insbesondere den aus familiären Gründen Beurlaubten durch geeignete Maßnahmen die Verbindung zum Beruf und den beruflichen Wiedereinstieg zu erleichtern.

(2) Beurlaubten soll in geeigneten Fällen Gelegenheit gegeben werden, Urlaubs- oder Krankheitsvertretungen wahrzunehmen.

(3) Beurlaubte sind auf Verlangen über Fortbildungsmaßnahmen zu unterrichten. Eine Teilnahme an Fortbildungsveranstaltungen soll ihnen im Rahmen der zur Verfügung stehenden Plätze und der allgemeinen Grundsätze über die Auswahl der dafür in Frage kommenden Beschäftigten ermöglicht werden. Ihnen sind auf Verlangen Fortbildungsmaßnahmen anzubieten, die den beruflichen Wiedereinstieg erleichtern. § 11 Abs. 1 Satz 3 und Abs. 4 findet entsprechende Anwendung.

(4) Mit den Beurlaubten sind auf Antrag Beratungsgespräche zu führen, in denen sie über Einsatzmöglichkeiten während und nach der Beurlaubung informiert werden.

(5) § 14 Abs. 4 und 5 gilt entsprechend.

4. Abschnitt
Beauftragte für Chancengleichheit

§ 16 Bestellung

(1) In jeder Dienststelle mit 50 und mehr Beschäftigten und in jeder personalverwaltenden Dienststelle, deren Personalverwaltungsbefugnis 50 und mehr Beschäftigte umfasst, ist eine Beauftragte für Chancengleichheit und ihre Stellvertreterin nach vorheriger Wahl zu bestellen. Die regelmäßige Amtszeit beträgt vier Jahre. In allen anderen Dienststellen ist eine Ansprechpartnerin für die weiblichen Beschäftigten und die zuständige Beauftragte für Chancengleichheit zu bestellen. Eine Ansprechpartnerin kann auch für einen Teil einer Dienststelle bestellt werden, der räumlich von dem Hauptsitz der Dienststelle entfernt seinen Sitz hat.

(2) Zuständig für eine Dienststelle nach Absatz 1 Satz 3 ist die Beauftragte für Chancengleichheit der nächsthöheren Dienststelle.

(3) In jedem Staatlichen Schulamt ist für den Bereich der Lehrkräfte an Grund-, Haupt-, Real- und Sonderschulen aus deren Kreis nach vorheriger Ausschreibung eine Beauftragte für Chancengleichheit zu bestellen.

→ Chancengleichheitsbeauftragte (GWHRS-Bereich)

(4) In jedem Regierungspräsidium ist zusätzlich zur Beauftragten für Chancengleichheit jeweils eine fachliche Beraterin aus den Bereichen Polizei und Schule zu bestellen. Absatz 1 Satz 2 gilt entsprechend. Die fachliche Beraterin nimmt in Abstimmung mit der Beauftragten für Chancengleichheit deren Aufgaben und Rechte wahr, soweit Maßnahmen der Dienststelle ausschließlich den nachgeordneten Polizeibereich oder die Schulen betreffen.

→ Beauftragte für Chancengleichheit (im Adressenteil)

§ 17
Verfahren zur Bestellung

(1) Wahlberechtigt sind alle weiblichen Beschäftigten der Dienststelle. Nicht wahlberechtigt sind die unter Wegfall der Bezüge beurlaubten Bediensteten. Wer zu einer anderen Dienststelle abgeordnet ist, wird in ihr wahlberechtigt und verliert das Wahlrecht bei der anderen Dienststelle. Satz 3 gilt nicht bei Abordnungen zur Teilnahme an Lehrgängen.

(2) Wählbar für das Amt der Beauftragten für Chancengleichheit und der Stellvertreterin sind die weiblichen Beschäftigten der Dienststelle. Absatz 1 Sätze 2 und 3 gilt entsprechend.

(3) Die Beauftragte für Chancengleichheit und ihre Stellvertreterin werden in einem Wahlverfahren in getrennten Wahlgängen nach den Grundsätzen der Mehrheitswahl gewählt. Die Wahl hat den Grundsätzen der allgemeinen, unmittelbaren, freien, gleichen und geheimen Wahl zu entsprechen. Das Verfahren für die Durchführung der Wahl wird durch Rechtsverordnung der Landesregierung geregelt.

Hinweis der Redaktion: Die Verordnung der Landesregierung über die Wahl der Beauftragten für Chancengleichheit wurde am 12.2.1996 erlassen (GBl. S. 133/1966) und am 8.11.2005 an das Chancengleichheitsgesetz angepasst (GBl. S. 685/2005).

(4) Findet sich nur eine zur Ausübung des Amtes bereite Beschäftigte, kann die Dienststelle von der weiteren Durchführung des Wahlverfahrens absehen und diese zur Beauftragten für Chancengleichheit bestellen. Findet sich aus dem Kreis der weiblichen Beschäftigten keine zur Ausübung des Amtes bereite Person, kann die Dienststelle auch einen zur Ausübung bereiten männlichen Beschäftigten zum Beauftragten für Chancengleichheit bestellen. Anderenfalls hat die Dienststelle das Wahlverfahren nach sechs Monaten zu wiederholen. Gleiches gilt für die Stellvertretung.

(5) Die Wahl der Beauftragten für Chancengleichheit und ihrer Stellvertreterin kann beim Verwaltungsgericht angefochten werden, wenn gegen wesentliche Vorschriften über das Wahlrecht, die Wählbarkeit oder das Wahlverfahren verstoßen worden und eine Berichtigung nicht erfolgt ist, es sei denn, dass durch den Verstoß das Wahlergebnis nicht geändert oder beeinflusst werden konnte. Zur Anfechtung berechtigt sind mindestens drei Wahlberechtigte, alle Bewerberinnen oder die Dienststellenleitung. Die Anfechtung ist nur binnen einer Frist von zwei Wochen, von dem Tag der Bekanntgabe des Wahlergebnisses an gerechnet, zulässig.

Hinweis der Redaktion: Bei der Bestellung wirkt die Personalvertretung nicht mit (das Mitbestimmungsrecht des Personalrats wurde auf die Fälle der Abberufung der Beauftragten für Chancengleichheit beschränkt).

→ Personalvertretungsgesetz § 79 Abs. 3 Nr. 19

§ 18
Erlöschen der Bestellung, Widerruf, Neubestellung

(1) Die Bestellung zur Beauftragten für Chancengleichheit erlischt mit Ablauf der Amtszeit, der Niederlegung des Amtes, ihrem Ausscheiden aus der Dienststelle oder ihrer nicht nur vorübergehenden Verhinderung von mehr als sechs Monaten.

(2) Die Dienststellenleitung darf die Bestellung zur Beauftragten für Chancengleichheit nur auf deren Verlangen oder wegen grober Verletzung ihrer gesetzlichen Verpflichtungen widerrufen.
→ Personalvertretungsgesetz § 79 Abs. 3 Nr. 19

(3) Ist die Bestellung erloschen oder widerrufen worden, ist die Stellvertreterin mit ihrem Einverständnis bis zum Ende der laufenden Amtszeit zur Beauftragten für Chancengleichheit zu bestellen. Anderenfalls hat die Dienststellenleitung aus der Liste der für das Amt der Beauftragten für Chancengleichheit nicht gewählten Beschäftigten die Person mit der nächsthöheren Stimmenzahl bis zum Ende der laufenden Amtszeit zur Beauftragten für Chancengleichheit zu bestellen. Ist eine solche nicht vorhanden, hat die Dienststelle aus dem Kreis der weiblichen Beschäftigten die Beauftragte für Chancengleichheit zu bestellen. § 17 Abs. 4 Satz 2 findet entsprechende Anwendung. Die Bestellung ist nur mit Einverständnis der zu bestellenden Beschäftigten vorzunehmen.

(4) Die Absätze 1 und 2 gelten für die Stellvertreterin entsprechend. Ist die Bestellung zur Stellvertreterin erloschen oder widerrufen worden, findet Absatz 3 Sätze 2 bis 5 entsprechende Anwendung. Gleiches gilt bei Nachrücken der Stellvertreterin in das Amt der Beauftragten für Chancengleichheit nach Absatz 3 Satz 1.

§ 19 Rechtsstellung

(1) Die Beauftragte für Chancengleichheit ist der Dienststellenleitung unmittelbar zugeordnet und hat ein unmittelbares Vortragsrecht. Sie ist in der Ausübung ihrer Tätigkeit nicht an Weisungen gebunden.

(2) Die Beauftragte für Chancengleichheit ist mit den zur Erfüllung ihrer Aufgaben notwendigen räumlichen, personellen und sachlichen Mitteln auszustatten. Ihr ist die Teilnahme an spezifischen Fortbildungsveranstaltungen zu ermöglichen, soweit diese für ihre Tätigkeit erforderlich sind.

(3) Die Dienststellenleitung hat die Beauftragte für Chancengleichheit im erforderlichen Umfang von ihren anderweitigen dienstlichen Verpflichtungen zu entlasten. Der Umfang bestimmt sich nach den in ihrer Dienststelle regelmäßig anfallenden Aufgaben sowie nach dem für die Ausübung ihrer Aufgaben und Rechte entfallenden Zeitaufwand.

Hinweise der Redaktion:
1. Die Chancengleichheitsbeauftragten bei den Staatlichen Schulämtern (GWHRS-Bereich) erhalten eine Entlastung, die sich an der Größe des Schulamts orientiert (zwischen 4 und 13 Wochenstunden).
2. Die Chancengleichheitsbeauftragten an den Schulen mit 50 und mehr Lehrkräften erhalten eine Wochenstunde.
(Quelle: KM, 21.3.1996; AZ: I/3-4991/162)

3. Für Ansprechpartnerinnen (an den Schulen mit weniger als 50 Lehrkräften) gibt es keine Freistellung.

(4) Bei Uneinigkeit über den Umfang der Entlastung kann die Dienststelle oder die Beauftragte für Chancengleichheit eine Schlichtungsstelle anrufen. Die Schlichtungsstelle besteht aus einer Vertreterin oder einem Vertreter des für Frauenfragen zuständigen Ministeriums (Vorsitz), einer Vertreterin oder einem Vertreter des betroffenen Fachministeriums und einer dritten Person mit Befähigung zum Richteramt, die der baden-württembergischen Arbeits- oder Verwaltungsgerichtsbarkeit angehört und von dem für Frauenfragen zuständigen Landtagsausschuss zu benennen ist. Das Nähere wird durch Rechtsverordnung des für Frauenfragen zuständigen Ministeriums geregelt.

(5) Die Beauftragte für Chancengleichheit darf wegen ihrer Tätigkeit weder allgemein noch in ihrer beruflichen Entwicklung benachteiligt werden. Die Beauftragte für Chancengleichheit darf gegen ihren Willen nur umgesetzt, versetzt oder abgeordnet werden, wenn dies aus dringenden dienstlichen Gründen auch unter Berücksichtigung ihrer Funktion als Beauftragte für Chancengleichheit unvermeidbar ist. In diesem Fall ist die Zustimmung der vorgesetzten Dienststelle, die ihre Beauftragte für Chancengleichheit beteiligt, notwendig. § 15 Abs. 2 und 4 des Kündigungsschutzgesetzes gilt entsprechend.

(6) Die Beauftragte für Chancengleichheit und ihre Stellvertreterin sind verpflichtet, über die persönlichen Verhältnisse von Beschäftigten und andere vertrauliche Angelegenheiten in der Dienststelle auch über die Zeit ihrer Bestellung hinaus Stillschweigen zu bewahren. Die Verschwiegenheitspflicht gilt auch für die Ansprechpartnerinnen und für die fachlichen Beraterinnen.

§ 20 Grundsätze für die Zusammenarbeit

(1) Die Dienststellenleitung legt zu Beginn der Amtszeit der Beauftragten für Chancengleichheit im Einvernehmen mit der Beauftragten für Chancengleichheit die näheren Einzelheiten der Zusammenarbeit fest.

(2) Die Beauftragte für Chancengleichheit ist in dem für die sachgerechte Wahrnehmung ihrer Aufgaben und Beteiligungsrechte erforderlichen Umfang frühzeitig und umfassend zu unterrichten. Ihr sind die hierfür erforderlichen Unterlagen frühzeitig vorzulegen und alle erforderlichen Informationen und Auskünfte zu erteilen.

(3) Die Beauftragte für Chancengleichheit kann an der regelmäßig stattfindenden Besprechung der Dienststellenleitung mit den anderen Führungskräften der Dienststelle teilnehmen. Dies gilt nicht, soweit die Dienststellenleitung einen Bezug zu den der Beauftragten für Chancengleichheit nach diesem Gesetz zugewiesenen Aufgaben ausschließt.

Hinweis der Redaktion: Hierunter fallen an Gymnasien und Beruflichen Schulen die in regelmäßigen Abständen und aus begründetem Anlass geführten Besprechungen zwischen Schulleitung und Fachleiterinnen/Fachleitern bzw. an den Grund-, Haupt-, Real- und Sonderschulen die Besprechungen der Rektorin/des Rektors mit der Konrektorin/dem Konrektor" ... „die Frauenvertreterin (ist) im Rahmen ihrer Aufgaben zu beteiligen". (KM, 6.11.1998; Nr. I/3-4910.21/13)

§ 21
Sonstige Aufgaben und Rechte

(1) Die Beauftragte für Chancengleichheit achtet auf die Durchführung und Einhaltung dieses Gesetzes und unterstützt die Dienststellenleitung bei dessen Umsetzung. Sie ist an sonstigen allgemeinen personellen sowie sozialen und organisatorischen Maßnahmen ihrer Dienststelle, soweit diese Auswirkungen auf die berufliche Situation weiblicher Beschäftigter haben können, frühzeitig zu beteiligen.

(2) Die Beauftragte für Chancengleichheit hat ein Initiativrecht für Maßnahmen zur gezielten beruflichen Förderung von Frauen. Sie kann sich innerhalb ihrer Dienststelle zu fachlichen Fragen der Gleichberechtigung von Frauen und Männern, der beruflichen Förderung von Frauen und der Vereinbarkeit von Familie und Beruf äußern. Sie kann während der Arbeitszeit Sprechstunden durchführen und einmal im Jahr eine Versammlung der weiblichen Beschäftigten der Dienststelle einberufen.

(3) Weibliche Beschäftigte können sich in ihren Angelegenheiten ohne Einhaltung des Dienstwegs an die Beauftragte für Chancengleichheit ihrer Dienststelle wenden.

(4) Den Beauftragten für Chancengleichheit ist Gelegenheit zum Erfahrungsaustausch untereinander zu geben.

(5) Die Rechte der Personalvertretungen bleiben unberührt.

→ Verwaltungsrecht; → Personalvertretungsgesetz

§ 22
Beanstandungsrecht

(1) Hält die Beauftragte für Chancengleichheit eine Maßnahme für unvereinbar mit diesem Gesetz oder mit anderen Vorschriften über die Gleichbehandlung von Frauen und Männern, hat sie das Recht, diese Maßnahme binnen einer Woche nach ihrer Unterrichtung schriftlich zu beanstanden. Bei unaufschiebbaren Maßnahmen kann die Dienststelle die Frist auf zwei Arbeitstage verkürzen. Im Falle der Beanstandung hat die Dienststellenleitung ihrer Dienststelle zu entscheiden. Die Ablehnung der Beanstandung ist gegenüber der Beauftragten für Chancengleichheit schriftlich zu begründen.

(2) Die beanstandete Maßnahme soll vor Ablauf der Frist und vor der Entscheidung der Dienststellenleitung nach Absatz 1 Satz 3 nicht vollzogen werden.

(3) Wird die Beauftragte für Chancengleichheit nicht oder nicht rechtzeitig nach Maßgabe dieses Gesetzes beteiligt, soll der Vollzug bis zum Ablauf einer Woche nach Unterrichtung der Beauftragten für Chancengleichheit ausgesetzt werden.

(4) Die Beauftragte für Chancengleichheit kann sich unter Einhaltung des Dienstweges über die jeweils nächsthöhere Behörde an die oberste Dienstbehörde wenden und insbesondere Beanstandungen, denen auch die nächsthöhere Behörde nicht abhilft, zur Klärung vorlegen.

(5) Bei Fragen von allgemeiner frauenpolitischer Bedeutung kann sich die Beauftragte für Chancengleichheit an das für Frauenfragen zuständige Ministerium wenden.

(§§ 23-24 hier nicht abgedruckt)

6. Abschnitt
Berichtspflicht, Übergangsvorschrift
§ 25 Berichtspflicht

Die Landesregierung legt dem Landtag alle fünf Jahre einen Bilanzbericht vor. Der Bilanzbericht hat eine Bestandsaufnahme und Darstellung der Entwicklung des Frauenanteils im öffentlichen Dienst des Landes sowie eine Übersicht über die Besetzung der Stellen mit Vorgesetzten- und Leitungsaufgaben zu enthalten.

→ Beamtengesetz § 11; → Beauftragte für Chancengleichheit – Schulverwaltung (im Adressenteil); → Chancengleichheitsbeauftragte (GWHRS-Bereich); → Chancengleichheitsgesetz; → Gleichbehandlungsgesetz; → Einstellungserlass; → Fortbildung (Allgemeines); → Funktionsstellen (Besetzung); → Grundgesetz Art. 3 und 33; → Personalvertretungsgesetz; → Reisekosten (Aus- und Fortbildungsreisen) Nr. 3; → Schulverwaltung (bei Adressen); → Teilzeit / Urlaub; → Teilzeit (Pflichten und Rechte)

Chancengleichheitsplan

Hinweise der Redaktion auf die Frauenförderpläne des KM für die Schulen

Die vier Regierungspräsidien als „personalverwaltende Dienststellen" im Schulbereich stellen getrennte „Chancengleichheitspläne" für
- die beruflichen Schulen,
- die Grund-, Haupt-, Real- und Sonderschulen,
- sowie die Gymnasien

auf. Diese insgesamt 12 Pläne unterscheiden sich in ihren statistischen Befunden sowie in den politischen Aussagen und Schlussfolgerungen. Bis auf unwesentliche Nuancen sind jedoch die Vorgaben zu *„Maßnahmen zur Vereinbarkeit von Familie und Beruf"* in den Chancengleichheitsplänen aller vier Regierungsbezirke und aller Schularten identisch.

Ein Beispiel für den Abschnitt *„Familienarbeit und Teilzeit"* drucken wir im Beitrag → Teilzeitbeschäftigung (Pflichten und Rechte) ab.

→ Chancengleichheitsgesetz § 5; → Teilzeitbeschäftigung (Pflichten und Rechte)

Datenschutz (Dienstvereinbarung Lernplattformen)

Hinweise der Redaktion auf die Rahmendienstvereinbarung zum Einsatz einer Lernplattform

Zur Unterstützung von Lehr- und Lernprozessen werden in der Lehreraus- und -fortbildung sowie im Unterricht „Lernplattformen" eingesetzt (z.b. Moodle, LoNet, BSCW). Über Einsatzmöglichkeiten und Nutzen von E-Learning können im Internet Informationen unter www.lehrerfortbildung-bw.de/elearning/moodle/ abgerufen werden.

Beim Einsatz einer Lernplattform ist das Speichern personenbezogener Daten unumgänglich. Um die Persönlichkeitsrechte der betroffenen Lehrkräfte zu schützen, haben die Hauptpersonalräte mit dem Kultusministerium eine Rahmendienstvereinbarung abgeschlossen (Bekanntmachung des KM vom 28.7.2008; KuU S. 171/2008). Sie regelt den Einsatz von Lernplattformen für elektronisch unterstützte Bildungsmaßnahmen (E-Learning und Blended-Learning) der Beschäftigten im Geschäftsbereich des KM und umfasst ähnliche Aspekte wie die Rahmen-DV → Datenschutz (Dienstvereinbarung Personaldaten), z.B. Informationspflicht der Dienststelle gegenüber dem Personalrat, Maßnahmen zur Datensicherheit, keine Verhaltens- und Leistungskontrolle bzw. -bewertung der Beschäftigten mittels automatisierter Verarbeitung personenbezogener Daten. Ferner dürfen z.B. keine personenbezogenen Daten und Protokolle weitergegeben werden (auch nicht anonymisiert) und keine statistischen Auswertungen erfolgen. E-Learning-Anwendungen sind so auszugestalten, dass sie auch von behinderten Menschen genutzt werden können.

In seinem Begleitschreiben zur Dienstvereinbarung weist das KM darauf hin, dass die bei den Dienststellen – also an den einzelnen Schulen – vorhandenen Rahmenbedingungen (PC-Arbeitsplätze, angemessene Lernumgebung, ausreichende zeitliche Disposition zum Lernen, Barrierefreiheit) zu berücksichtigen sind. Den Lehrkräften sowie den Anwärter/innen bzw. Referendar/innen ist in der Schule oder im Seminar der Zugang zu PC-Arbeitsplätzen zu ermöglichen.

→ Personalvertretungsgesetz § 79 Abs. 3 Nr. 12 und 14

Zuständig für die Mitbestimmung ist jeweils die Personalvertretung, die für den Dienststellenbereich gebildet ist, der von der Einführung oder wesentlichen Änderung oder wesentlichen Erweiterung einer Lernplattform mit personenbezogenen Daten) betroffen ist, soweit in diesem Dienststellenbereich die Entscheidungszuständigkeit hinsichtlich der Maßnahme liegt. Bei den beruflichen Schulen und den Gymnasien ist dies der Personalrat an der Schule, bei den GWHRS-Schulen der Personalrat für GWHRS-Schulen bei der unteren Schulaufsichtsbehörde. Bei landesweit eingesetzten Lernplattformen, für die das Kultusministerium als Projektträger die Projektverantwortung zentral wahrnimmt, werden die Mitbestimmungsverfahren vom Kultusministerium mit dem zuständigen Hauptpersonalrat durchgeführt. Soweit einzelne Dienststellen (Schulen) landesweit eingesetzte Verfahren erweitern, ergänzen oder sonst abändern, ist der dort gebildete, jeweils zuständige Personalrat zu beteiligen.

Aufgrund der Speicherung personenbezogener Daten ist von den Teilnehmenden eine Einwilligungserklärung einzuholen bzw. sind sie über die Verarbeitung personenbezogener Daten zu informieren.

Beim Einsatz von Lernplattformen sind die gesetzlichen Bestimmungen zum Urheberrecht einzuhalten; hierzu wird auf folgende Internetseite verwiesen (insbesondere die Checkliste im Hauptmenü beachten):
http://lehrerfortbildung-bw.de/sueb/recht/urh/.

→ Internet und Schule; → Urheberrecht (Kopien - Internet)

→ Datenschutz (Dienstvereinbarung Personaldaten); → Internet und Schule; → Urheberrecht (Kopien – Internet);
→ Internet und Schule; → Personalvertretungsgesetz § 79 Abs. 3; → Urheberrecht (Kopien – Internet)

Datenschutz (Dienstvereinbarung Personaldaten)

Hinweise der Redaktion

Vorbemerkung der Redaktion

Das Kultusministerium hat mit den Hauptpersonalräten Rahmendienstvereinbarungen zum Schutz der Persönlichkeitsrechte der Beschäftigten bei der Verarbeitung ihrer personenbezogenen Daten durch elektronische Datenverarbeitung abgeschlossen:
- „Elektronische Datenverarbeitung personenbezogener Daten durch die Schulen" (KuU S. 154)
- „Elektronische Datenverarbeitung personenbezogener Daten durch die Kultusverwaltung" (für alle Dienststellen der Kultusverwaltung außer den Schulen) – KuU S. 157/2005.

In der DV „Schulen" wird die Mitbestimmung des Personalrats für die einzelne Schule näher definiert. Wir geben nachfolgend die wichtigsten Bestimmungen wieder, die für die Schulleitung unmittelbar verpflichtend und von ihr einzuhalten sind.

Auszug aus der Dienstvereinbarung
„Elektronische Datenverarbeitung personenbezogener Daten durch die Schulen"

§ 3 Begriffsbestimmungen

(1) Der Mitbestimmung (Zustimmung) unterliegt neben der Einführung und Anwendung von technischen Einrichtungen zur Verhaltens- und Leistungskontrolle (§ 79 Abs. 3 Nr. 12 LPVG) vor allem die Einführung, Anwendung oder wesentliche Änderung oder wesentliche Erweiterung technischer Einrichtungen und Verfahren der automatisierten Verarbeitung personenbezogener Daten (§ 79 Abs. 3 Nr. 14 LPVG). ...
→ Personalvertretungsgesetz § 79 Abs. 3

§ 4 Zuständigkeiten

(1) Zuständig für die Mitbestimmung ist gemäß den Bestimmungen des LPVG
– bei Gymnasien und beruflichen Schulen jeweils der Personalrat an der Schule bzw.
– bei Grund-, Haupt-, Real- und Sonderschulen der Personalrat für GHRS-Schulen bei der unteren Schulaufsichtsbehörde,

soweit die Entscheidungszuständigkeit hinsichtlich der Maßnahme bei der jeweiligen Schulleitung liegt.

(2) Die Übermittlung von an der Schule verarbeiteten personenbezogenen Daten der Beschäftigten an Stellen außerhalb des Geschäftsbereiches des Kultusministeriums mittels Datenfernübertragung oder durch Datenträger kommt nur im Rahmen von Verfahren der Schulverwaltung bzw. in deren Auftrag oder mit deren Genehmigung in Frage. In diesen Fällen werden die Beteiligungsrechte des Personalrats auf der entsprechenden Ebene der Schulverwaltung (untere Schulaufsichtsbehörden, obere Schulaufsichtsbehörden bzw. Kultusministerium) wahrgenommen.

§ 5 Informationspflicht

(1) Die Schulleitung unterrichtet den Personalrat – bei GHRS-Schulen über die untere Schulaufsichtsbehörde – von der beabsichtigten Einführung, Anwendung oder wesentlichen Änderung oder wesentlichen Erweiterung technischer Einrichtungen und Verfahren und beantragt seine Zustimmung. Ohne Zustimmung darf die Maßnahme nicht durchgeführt werden; in strittigen Fällen muss die nach § 69 Abs. 3 und 4 LPVG herbeizuführende Entscheidung abgewartet werden.
→ Personalvertretungsgesetz § 69

(2) Die Unterrichtung des Personalrats erfolgt rechtzeitig und umfassend.
– Rechtzeitig bedeutet dass die Information des zuständigen Personalrats und die Erörterung der Maßnahme zu einem Zeitpunkt stattfinden, der die Planung und Verwirklichung von Gestaltungsalternativen noch ermöglicht.
– Umfassend bedeutet, dass die Dienststelle dem Personalrat alle für die Meinungs- und Willensbildung erforderlichen Informationen und Auskünfte erteilt. Die Informationen erfolgen schriftlich in allgemeinverständlicher Form und werden auf Wunsch erläutert.

(3) Bei der Einführung, Anwendung oder wesentlichen Änderung oder wesentlichen Erweiterung technischer Einrichtungen und Verfahren besteht im Rahmen der Mitbestimmung ein Anspruch der Personalvertretung auf Informationen über die gespeicherten Merkmale, den Verwendungszweck, das benutzte technische System einschließlich des Betriebssystems und insbesondere über die Anwendungsprogramme. Für jedes Verfahren und seine personenbezogenen Daten muss der Verwendungszweck abschließend beschrieben sein. Die Schulleitung legt dem Personalrat auf seinen Wunsch die Arbeitsweise bzw. Verwendungszusammenhänge der Programme einschließlich der Möglichkeit der Verknüpfung von personenbezogenen Daten mit anderen Datenbeständen offen.

(4) Das Verfahrensverzeichnis gemäß § 11 LDSG wird regelmäßig fortgeschrieben. Es wird dem Personalrat auf dessen Wunsch zur Verfügung gestellt.
→ Datenschutz (Schulen) Nr. I.10

(5) Der Personalrat wird auch über die im jeweiligen Verfahren vorgesehenen Maßnahmen der Datensicherheit rechtzeitig und umfassend unterrichtet.

§ 6 Zulässigkeit der Verarbeitung

(1) Die Zulässigkeit der Verarbeitung sowie die Rechte der Beschäftigten und die datenschutzrechtlichen Pflichten der Schulen nach den Vorschriften des LDSG sind in der Verwaltungsvorschrift ... → Datenschutz (Schulen) sowie in der Bekanntmachung vom 7. Dezember 1993 (K.u.U. 1994 S. 27) „Datenschutzkonzept für den Einsatz von Personalcomputern in der Schule" erläutert, auf die insoweit Bezug genommen wird.

(2) Wenn die durch Tatsachen begründete Besorgnis besteht, dass ein Datenmissbrauch oder ein Verstoß gegen diese Dienstvereinbarung vorliegen, werden die zuständigen Dienststellen unverzüglich auf die erforderlichen personalrechtlichen Schritte hinwirken. In einem solchen Fall ist insbesondere auch zu prüfen, ob nach der Maßgabe der einschlägigen gesetzlichen Bestimmungen eine Maßnahme zurückgenommen werden kann oder ob ein Schadensersatzanspruch entstanden ist.

§ 7 Verhaltens- und Leistungskontrollen

Eine Verhaltens- und/oder Leistungskontrolle der Beschäftigten mittels automatisierter Verarbeitung personenbezogener Daten findet nicht statt.
→ Datenschutz (LDSG)

§ 8 Weiterentwicklung von Verfahren

Verfahrensänderungen und -erweiterungen, die neue Anwendungen zulassen (z.B. Erweiterung des Datenkatalogs, neue Auswertungsmöglichkeiten, Einbeziehung neuer Dienststellen oder Beschäftigungsgruppen, Datenübermittlung, neue Auskünfte- oder Meldepflichten), bedürfen der erneuten

Datenschutz (Dienstvereinbarung Personaldaten) / Datenschutz (LDSG)

Zustimmung des jeweiligen Personalrats (§ 79 Abs. 3 Nr.14 LPVG).

§ 11 Informationsveranstaltungen, Schulung und Beratung der Personalräte

(1) Zur Gewährleistung der Wahrnehmung der aus dieser Vereinbarung resultierenden Rechte und Pflichten können einzelne vom Personalrat bestimmte Mitglieder gemäß § 47 Abs. 5 LPVG an speziellen Schulungsmaßnahmen der Schulverwaltung teilnehmen. Die Kosten werden nach Maßgabe des § 45 Abs. 1 LPVG erstattet. Soweit erforderlich, können einzelne vom Personalrat bestimmte Mitglieder mit Genehmigung der oberen Schulaufsichtsbehörde bzw. der unteren Schulaufsichtsbehörde an entsprechenden internen Schulungen und Einführungsmaßnahmen teilnehmen, um einen Überblick über die technisch-organisatorischen Veränderungen zu erlangen, Eine Grundschulung für alle Mitglieder des Personalrates bleibt hiervon unberührt.

Die Schulverwaltung unterrichtet die Personalräte auf Anforderung über die entsprechenden Schulungen.

(2) Die Schulverwaltung berät Personalräte zur Durchführung ihrer gesetzlichen Aufgaben durch sachverständige Mitarbeiter.

→ Datenschutz (LDSG); → Datenschutz (Dienstvereinbarung Lernplattformen); → Datenschutz (Schulen) Nr. I.10;
→ Personalvertretungsgesetz §§ 45, 47 und 79 Abs. 3

Datenschutz (LDSG)

Auszug aus dem Gesetz zum Schutz personenbezogener Daten (Landesdatenschutzgesetz – LDSG) i.d.F. vom 18.9.2000 (GBl. S. 649/2000; KuU S. 224/2001); zuletzt geändert 27.10.2010 (GBl. S. 793/2010)

Hinweise der Redaktion: Die für den Schulbereich wesentlichen Bestimmungen des Landesdatenschutzgesetzes (LDSG) werden in der VwV → Datenschutz (Schulen) inhaltlich zitiert und kommentiert. Wir geben hier deshalb nur die für die Rechtsverhältnisse der Lehrkräfte an öffentlichen Schulen wesentlichen §§ 33 und 36 LDSG wieder. → Personalakten

§ 33
Verarbeitung besonderer Arten personenbezogener Daten

(1) Daten, aus denen die rassische und ethnische Herkunft, politische Meinungen, religiöse oder weltanschauliche Überzeugungen, die Gewerkschaftszugehörigkeit, die Gesundheit oder das Sexualleben hervorgehen, dürfen nur verarbeitet werden, wenn

1. eine besondere Rechtsvorschrift dies vorsieht,
2. der Betroffene ausdrücklich eingewilligt hat,
3. die Verarbeitung zum Schutz lebenswichtiger Interessen des Betroffenen oder eines Dritten erforderlich ist und der Betroffene aus rechtlichen oder tatsächlichen Gründen nicht in der Lage ist, seine Einwilligung zu geben, oder
4. dies zur Geltendmachung rechtlicher Ansprüche vor Gericht einschließlich eines Vorverfahrens erforderlich ist.

(2) Absatz 1 findet keine Anwendung auf die Verarbeitung von Daten über religiöse oder weltanschauliche Überzeugungen nach § 17, von Daten für Zwecke der wissenschaftlichen Forschung nach §§ 19 und 35 und von Daten im Zusammenhang mit Dienst- und Arbeitsverhältnissen nach § 30 a.

→ Diskriminierung; → Grundgesetz Art. 3 und 9

(3) Absatz 1 findet ferner keine Anwendung auf die Verarbeitung personenbezogener Daten
1. zur Gefahrenabwehr,
2. zur Verfolgung von Straftaten oder Ordnungswidrigkeiten, zur Vollstreckung oder zum Vollzug von Strafen oder Maßnahmen im Sinne des § 11 Abs. 1 Nr. 8 des Strafgesetzbuches oder von Erziehungsmaßregeln oder Zuchtmitteln im Sinne des Jugendgerichtsgesetzes oder zur Vollstreckung von Bußgeldentscheidungen,
3. durch das Landesamt für Verfassungsschutz,
4. durch die Finanzverwaltung, soweit sie die Daten in Erfüllung ihrer gesetzlichen Aufgaben im Anwendungsbereich der Abgabenordnung zur Überwachung und Prüfung verarbeitet, und
5. bei einer Sicherheitsüberprüfung nach dem Landessicherheitsüberprüfungsgesetz. ...

§ 36
Datenverarbeitung bei Dienst- und Arbeitsverhältnissen

(1) Personenbezogene Daten von Beschäftigten dürfen nur verarbeitet werden, soweit dies zur Eingehung, Durchführung, Beendigung oder Abwicklung des Dienst- oder Arbeitsverhältnisses oder zur Durchführung innerdienstlicher planerischer, organisatorischer, personeller, sozialer oder haushalts- und kostenrechnerischer Maßnahmen, insbesondere zu Zwecken der Personalplanung und des Personaleinsatzes, erforderlich ist oder eine Rechtsvorschrift, ein Tarifvertrag oder eine Dienst- oder Betriebsvereinbarung es vorsieht.

→ Datenschutz (Dienstvereinbarung Personaldaten)

(2) Auf die Verarbeitung von Personalaktendaten von Angestellten und Arbeitern ... finden die für Beamte geltenden Vorschriften des § 50 des Beamtenstatusgesetzes und der §§ 83 bis 88 des Landesbeamtengesetzes entsprechende Anwendung, es sei denn, besondere Rechtsvorschriften oder tarifliche Vereinbarungen gehen vor.

→ Beamtengesetz; → Beamtenstatusgesetz

(3) Im Zusammenhang mit der Begründung ei-

nes Dienst- oder Arbeitsverhältnisses ist die Erhebung personenbezogener Daten eines Bewerbers bei dem bisherigen Dienstherrn oder Arbeitgeber nur zulässig, wenn der Betroffene eingewilligt hat. Satz 1 gilt entsprechend für die Übermittlung personenbezogener Daten an künftige Dienstherrn oder Arbeitgeber. Steht fest, dass ein Dienst- oder Arbeitsverhältnis nicht zustande kommt, sind dem Betroffenen die von ihm vorgelegten Unterlagen unverzüglich zurückzusenden und die zu ihm gespeicherten Daten spätestens nach Ablauf eines Jahres zu löschen, es sei denn, er hat in die weitere Verarbeitung eingewilligt oder diese ist wegen eines anhängigen Rechtsstreits erforderlich.

→ Archivierung; → Beamtengesetz; → Beamtenstatusgesetz; → Beihilfeverordnung § 18; → Daten-schutz (Dienstvereinbarung Personaldaten); → Datenschutz (Schulen); → Internet und Schule; → Personalvertretungsgesetz § 65; → Schulgesetz § 115; → Urheberrecht (Kopien – Internet)

Datenschutz (Schulen)

Datenschutz an öffentlichen Schulen; Verwaltungsvorschrift des KM vom 25. November 2009 (KuU S. 59/2010)

I. Allgemeines

1. Grundbegriffe

1.1 Personenbezogene Daten sind Einzelangaben über persönliche oder sachliche Verhältnisse einer bestimmten oder bestimmbaren natürlichen Person (Betroffener).

1.2 Eine Datei liegt entweder vor bei einer Sammlung personenbezogener Daten, die durch automatisierte Verfahren nach bestimmten Merkmalen ausgewertet werden kann (automatisierte Datei, z.B. bei automatisierter Verarbeitung von Lehrerdaten, automatisierter Textverarbeitung mit personenbezogenen Daten) oder bei einer sonstigen Sammlung personenbezogener Daten, die gleichartig aufgebaut ist und nach bestimmten Merkmalen geordnet, umgeordnet und ausgewertet werden kann. Personalakten und Personalhilfsakten sind keine Dateien.

→ Datenschutz (LDSG); → Internet und Schule

Hinweis der Redaktion: Zu den Personaldaten der Lehrkräfte bitte die Beiträge → Personalakten und → Beamtengesetz § 83 ff. beachten.

1.3 Verarbeiten ist das Erheben, Speichern, Verändern, Übermitteln, Nutzen, Sperren und Löschen personenbezogener Daten ungeachtet der dabei angewendeten Verfahren.

1.4 Erziehungsberechtigte im Sinne dieser Verwaltungsvorschrift sind auch diejenigen Personen, denen Erziehung oder Pflege einer Schülerin oder eines Schülers anvertraut worden sind.

→ Eltern und Schule

2. Zulässigkeit der Datenverarbeitung

2.1 Die Verarbeitung personenbezogener Daten ist nur zulässig, wenn das Landesdatenschutzgesetz (LDSG) oder eine andere Rechtsvorschrift erlaubt oder der Betroffene, dessen Daten verarbeitet werden, entsprechend den folgenden Regelungen eingewilligt hat (§ 4 Abs. 2 bis 5 LDSG). Wird die Einwilligung Betroffener eingeholt, sind diese über die beabsichtigte Datenverarbeitung und den Zweck der Verarbeitung aufzuklären. Die Aufklärungspflicht umfasst bei einer beabsichtigten Übermittlung auch die Nennung der Empfänger der Daten. Über eine mögliche weitergehende Datenverarbeitung aufgrund gesetzlicher Bestimmungen sind die Betroffenen zu unterrichten. Sie sind unter Darlegung der Folgen darauf hinzuweisen, dass die Einwilligung verweigert werden kann und dass die Möglichkeit besteht, die Einwilligung zu widerrufen.

→ Datenschutz (Dienstvereinbarung Personaldaten)

2.2 Die Einwilligung bedarf der Schriftform, soweit nicht wegen besonderer Umstände eine andere Form angemessen ist. Soll die Einwilligung zusammen mit anderen Erklärungen schriftlich erteilt werden, ist die Einwilligungserklärung im äußeren Erscheinungsbild der Erklärung hervorzuheben. Die Einwilligung kann auch elektronisch erklärt werden, wenn die empfangende Stelle sicherstellt, dass

- die Einwilligung nur durch eine eindeutige und bewusste Handlung der Einwilligenden erfolgen kann,
- sie nicht unerkennbar verändert werden kann,
- die Urheber eindeutig erkannt werden können und die Einwilligung (Tag, Uhrzeit, Inhalt) protokolliert wird.

Prüfschema zum Datenschutz

Zur Klärung der Frage, ob und von wem schulische Daten verarbeitet werden dürfen, empfiehlt die Jahrbuch-Redaktion, folgende Fragen zu beantworten:
1. Sind die Daten personenbezogen?
2. Dient ihre Verarbeitung einer dienstlichen Aufgabe?
3. Gibt es eine Rechtsgrundlage, die ihre Verarbeitung erlaubt?
   - Erlaubt das Landesdatenschutzgesetz (LDSG) ihre Verarbeitung?
   - Oder gibt es eine bereichsspezifische Regelung?
   - Erlaubt diese die Verarbeitung?
   - Regelt sie die Verarbeitung abschließend?
4. Muss vor der Verarbeitung eine Einwilligung eingeholt werden?

2.3 Bei jeder Datenverarbeitung muss § 4 Abs. 6 LDSG beachtet werden. Betroffene haben das Recht, gegenüber der Verarbeitung ihrer Daten, auch wenn diese rechtmäßig ist, ein schutzwürdiges, in ihrer persönlichen Situation begründetes Interesse einzuwenden (Einwendungsrecht). Die Verarbeitung ist in diesem Fall nur zulässig, wenn eine Abwägung ergeben hat, dass ihr Interesse hinter dem öffentlichen Interesse an der Verarbeitung zurückzustehen hat. Das Ergebnis der Abwägung ist ihnen unter Angabe der Gründe mitzuteilen.

2.4 Eine Veröffentlichung von personenbezogenen Daten von Schülerinnen und Schülern oder deren Erziehungsberechtigten im Internet ist außer in vereinzelten Ausnahmefällen (siehe Anlage 2, Gesetz betreffend das Urheberrecht an Werken der bildenden Künste und der Photographie (KUG)) nur mit deren schriftlichen oder elektronischen Einwilligung gem. § 4 Abs. 2 bis 5 LDSG zulässig.

3. Datenerhebung

3.1 Datenerhebung ist das Beschaffen personenbezogener Daten über die Betroffenen (§ 3 Abs. 2 Satz 2 Nr. 1 LDSG). Sie ist zulässig, wenn die Kenntnis der personenbezogenen Daten zur Erfüllung der Aufgaben der erhebenden Stelle erforderlich ist (§ 13 Abs. 1 LDSG). Diese Voraussetzung liegt in den Fällen vor, in denen die Schulen ohne die erhobenen Daten ihren Erziehungs-, Bildungs- oder Fürsorgeauftrag (§ 1 Schulgesetz (SchG)) sowie ihre Aufgabe im Bereich der Personalverwaltung nicht oder nicht vollständig erfüllen können. → Werbung Nr. 4

3.2 Keine Erhebung liegt vor, wenn die jeweilige Schule die Daten selbst erstellt (z.B.: Leistungs- und Prüfungsdaten).

3.3 Rechtsgrundlage für die Erhebung von personenbezogenen Daten durch die Schule ist in der Regel § 13 Abs. 1 LDSG. Eine Spezialregelung besteht gemäß § 115 Abs. 3 SchG. Dieser erlaubt einer Schule zum Zwecke des Schulwechsels und anderen schulübergreifenden Verwaltungszwecken, wie z.B. Blockunterricht, personenbezogene Daten von Schülerinnen und Schülern, deren Erziehungsberechtigten und denjenigen, denen Erziehung oder Pflege eines Schülers anvertraut ist, bei einer anderen Schule zu erheben. In der Regel ist für diesen Zweck das Verfahren „Amtliche Schuldaten Baden-Württemberg" (ASD-BW) zu verwenden.

3.4 Personenbezogene Daten, die nicht aus allgemein zugänglichen Quellen (z.B. Adress- oder Telefonbücher) entnommen werden, sind grundsätzlich bei den jeweils Betroffenen mit ihrer Kenntnis zu erheben. Werden personenbezogene Daten bei Betroffenen mit ihrer Kenntnis erhoben, haben die Schulen diesen gegenüber mindestens folgende Informationen gem. § 14 Abs. 1 Nr. 1 und 2 LDSG mitzuteilen:

- die Art der beabsichtigten Datenverarbeitung, z.B. elektronisch oder papiergebunden,
- den Zweck der Verarbeitung, eine mögliche Übermittlung der Daten und den Empfänger der Daten.

3.5 Werden die Daten aufgrund einer Rechtsvorschrift erhoben, die zur Auskunft verpflichtet oder ist die Erteilung der Auskunft Voraussetzung für die Gewährung von Rechtsvorteilen, sind die Betroffenen hierauf, ansonsten auf die Freiwilligkeit ihrer Angaben, hinzuweisen. Über die der Auskunftspflicht zugrunde liegende Rechtsvorschrift und die Folgen der Verweigerung von Angaben sind die Betroffenen bei Verwendung eines Erhebungsvordrucks stets, sonst nur auf Verlangen, aufzuklären. Bei Verwendung eines Erhebungsvordrucks sind die Betroffenen auch auf das Bestehen von Auskunfts- und Berichtigungsrechten hinzuweisen (§ 14 Abs. 1 Satz 2 bis 4 LDSG).

3.6 Personenbezogene Daten Betroffener dürfen ausnahmsweise bei ihnen ohne ihre Kenntnis unter den Voraussetzungen des § 13 Abs. 3 LDSG oder bei Dritten über sie unter den Voraussetzungen des § 13 Abs. 4 LDSG erhoben werden. In diesen Fällen ist § 14 Abs. 2 in Verbindung mit Abs. 3 LDSG zu berücksichtigen. Werden personenbezogene Daten bei Dritten außerhalb des öffentlichen Bereichs erhoben, ist darüber hinaus § 14 Abs. 4 LDSG zu beachten.

3.7 Bezüglich der Datenverarbeitung von personenbezogenen Daten in den Verfahren ASD-BW und „Amtliche Schulverwaltung Baden-Württemberg" (ASV-BW) sind die Regelungen des § 115 SchG und der Rechtsverordnung zur Schulstatistik zu beachten.

4. Datenspeicherung, -veränderung und -nutzung

4.1 Das Speichern, Verändern und Nutzen personenbezogener Daten ist nur zulässig, wenn es zur Erfüllung der Aufgaben der Schule, also für ihren Erziehungs-, Bildungs- und Fürsorgeauftrag (§ 1 SchG) sowie ihre Aufgabe im Bereich der Personalverwaltung erforderlich ist und für Zwecke erfolgt, für welche die Daten erhoben worden sind (§ 15 Abs. 1 Nr. 1 und 2 1. Halbsatz LDSG). Ist keine Erhebung vorausgegangen – dies ist z.B. dann der Fall, wenn die jeweilige Schule Leistungs- und Prüfungsdaten selbst erstellt – dürfen Daten nur für Zwecke genutzt werden, für die sie erstmals gespeichert worden sind (§ 15 Abs. 1 Nr. 22. Halbsatz LDSG).

4.2 Das Speichern, Verändern und Nutzen personenbezogener Daten für andere Zwecke (§ 15 Abs. 2 LDSG) kommt für die Schulen in der Regel nicht in Betracht.

5. Datenlöschung

5.1 Datenlöschung ist das Unkenntlichmachen gespeicherter personenbezogener Daten (§ 3 Abs. 2 Satz 2 Nr. 7 LDSG), worunter auch das Vernichten des Datenträgers fällt.

5.2 Personenbezogene Daten in Dateien sind zu löschen, wenn deren Speicherung unzulässig ist. In diesem Fall ist § 23 Abs. 5 LV. m. § 22 Abs. 2 LDSG einzuhalten. Personenbezogene Daten in Dateien sind ferner zu löschen, wenn deren Kenntnis für die Schule zur Erfüllung ihrer Aufgaben nicht mehr erforderlich ist (§ 23 Abs. 1 LDSG).

5.3 Personenbezogene Daten in Akten sind zu löschen, wenn die Schule im Einzelfall feststellt, dass die gesamte Akte zur Aufgabenerfüllung nicht mehr erforderlich ist (§ 23 Abs. 2 LDSG).

5.4 Die Löschung gemäß 5.2 und 5.3 unterbleibt, wenn Grund zur Annahme besteht, dass durch sie schutzwürdige Interessen der Betroffenen beeinträchtigt würden oder sie wegen der besonderen Art der Speicherung nicht oder nur mit unverhältnismäßig hohem Aufwand möglich ist (§ 23 Abs. 4 LDSG).

5.5 Die zu löschenden Daten sind gemäß § 23 Abs. 3 LDSG i.v.m. § 3 Abs. 1 und 2, § 7 Abs. 1 und § 8 Abs. 2 Landesarchivgesetz ... zuvor dem zuständigen Archiv zur Übernahme anzubieten. Schulen, an deren Daten die Archivverwaltung interessiert ist, erhalten eine gesonderte Mitteilung. Alle anderen Schulen sind von der Pflicht, die Daten der Archivverwaltung anzubieten, befreit.

→ Archivierung/Aufbewahrungsfristen

6. Datensperrung

6.1 Die Schulen haben personenbezogene Daten in Dateien zu sperren, d.h. die weitere Verarbeitung personenbezogener Daten einzuschränken, wenn ihre Richtigkeit von den jeweiligen Betroffenen bestritten wird und sich weder die Richtigkeit noch die Unrichtigkeit feststellen lässt (§ 24 Abs. 1 Nr. 1 LDSG).

6.2 Weiterhin sind personenbezogene Daten in Dateien zu sperren, wenn die Löschung unterbleibt, weil Grund zur Annahme besteht, dass durch sie schutzwürdige Interessen Betroffener beeinträchtigt würden, oder eine Löschung wegen der besonderen Art der Speicherung nicht oder nur mit unverhältnismäßig hohem Aufwand möglich ist (§§ 24 Abs. 1 Nr. 2, 23 Abs. 4 LDSG).

6.3 Für die Sperrung personenbezogener Daten in Akten gilt § 24 Abs. 2 LDSG. Demnach sind personenbezogene Daten in Akten zu sperren, wenn die speichernde Stelle im Einzelfall feststellt, dass die Daten unzulässig gespeichert sind. Sie sind ferner zu sperren, wenn die speichernde Stelle im Einzelfall feststellt, dass die Daten zur Aufgabenerfüllung nicht mehr erforderlich sind, eine Löschung nach § 23 Abs. 2 LDSG nicht in Betracht kommt und ohne die Sperrung schutzwürdige Interessen der Betroffenen beeinträchtigt würden.

6.4 Gesperrte Daten sind gesondert aufzubewahren; bei automatisierten Verfahren kann die Sperrung stattdessen auch durch zusätzliche technische Maßnahmen gewährleistet werden. Lassen sich aufgrund der Art der Verarbeitung Maßnahmen nach Satz 1 nicht oder nur mit unverhältnismäßig hohem Aufwand durchführen (z.B. bei Verarbeitung von Daten in nichtautomatisierten Dateien wie z.B. Karteien, bei der Verarbeitung von frei strukturierten Daten), sind die Daten mit einem Sperrvermerk zu versehen (§ 24 Abs. 3 LDSG).

6.5 Gesperrte personenbezogene Daten dürfen ohne die Einwilligung der jeweiligen Betroffenen ausnahmsweise nur dann genutzt oder übermittelt werden, wenn es zu wissenschaftlichen Zwecken, zur Behebung einer bestehenden Beweisnot, zu Aufsichts- und Kontrollzwecken, zur Rechnungsprüfung oder aus sonstigen im überwiegenden Interesse der Schule oder von Dritten liegenden Gründen unerlässlich ist und die Daten hierfür übermittelt oder genutzt werden dürften, wenn sie nicht gesperrt wären (§ 24 Abs. 4 Satz 1 LDSG).

6.6 Unzulässig in Akten gespeicherte und deshalb zu sperrende personenbezogene Daten dürfen nur mit Einwilligung der jeweiligen Betroffenen genutzt oder übermittelt werden (§ 24 Abs. 4 Satz 2 LDSG).

6.7 Für die Löschung gesperrter personenbezogener Daten wird auf Nummer 5 „Datenlöschung" verwiesen.

7. Datenübermittlung

7.1 Die Schulen sollen keine personenbezogenen Daten an Privatpersonen oder Stellen außerhalb des öffentlichen Bereichs nach § 18 Abs. 1 LDSG übermitteln mit Ausnahme der in Abschnitt II. 4.3 angegebenen Stellen. Dies gilt nicht, wenn die Betroffenen vor der Übermittlung von personenbezogenen Daten zu nichtkommerziellen Zwecken ihre schriftliche Einwilligung erklärt haben.

→ Verschwiegenheitspflicht

7.2 Die Schulen dürfen personenbezogene Daten innerhalb des öffentlichen Bereichs nur übermitteln, wenn dies zur Erfüllung ihrer jeweiligen Aufgaben oder der Aufgaben der anfordernden Behörde oder sonstigen öffentlichen Stelle erforderlich ist und für Zwecke erfolgt, für eine Nutzung nach § 15 Abs. 1 bis 4 LDSG zulässig wäre (§ 16 Abs. 1 LDSG).

7.3 Die Verantwortung für die Zulässigkeit der Übermittlung trägt die übermittelnde Schule. Erfolgt die Übermittlung auf Ersuchen einer Behörde oder sonstigen öffentlichen Stelle im Geltungsbereich des Grundgesetzes, trägt diese die Verantwortung (§ 16 Abs. 2 Satz 1 und 2 LDSG); die übermittelnde Schule hat jedoch zu prüfen, ob das Übermittlungsersuchen im Rahmen der Aufgaben der ersuchenden Stelle liegt, es sei denn, dass besonderer Anlass zur Prüfung der Zulässigkeit der Übermittlung besteht (§ 16 Abs. 2 Satz 3 LDSG).

8. Auskunftsrecht

8.1 Den Betroffenen ist von der Schule auf Antrag unentgeltlich über ihre gespeicherten personenbezogenen Daten Auskunft zu erteilen, den Zweck der Verarbeitung sowie die Herkunft der Daten und die Empfänger oder Gruppen von Empfängern von Übermittlungen, soweit dies gespeichert oder sonst bekannt ist (§ 21 Abs. 1 Satz 1 Nr. 1 bis 3 LDSG). Wegen der Ausübung der Rechte bei minderjährigen Schülerinnen und Schülern wird auf Abschnitt 11. Nr. 1 verwiesen.

8.2 Die Schule bestimmt das Verfahren, insbesondere die Form der Auskunftserteilung, nach pflichtgemäßem Ermessen; dabei dürfen berechtigte Interessen Dritter nicht beeinträchtigt werden (§ 21 Abs. 3 LDSG).

9.
Datengeheimnis, Datensicherung

9.1 Alle an der Schule beschäftigten Personen sind, auch nach Beendigung des Beschäftigungsverhältnisses, verpflichtet, das Datengeheimnis zu wahren.

9.2 Die Verpflichtung zur Wahrung des Datengeheimnisses bezieht sich außer auf die unmittelbar mit der Datenverarbeitung befassten Personen (wie z.B. Schulleiterin bzw. Schulleiter, Lehrkräfte und Mitarbeiterinnen bzw. Mitarbeiter des Schulsekretariats) auf alle mit Vorbereitungs- und Nachbereitungsarbeiten beschäftigten oder in irgendeiner Weise in die Datenverarbeitung eingeschalteten Mitarbeiterinnen bzw. Mitarbeiter (z.B. Postversand oder Kurierdienst).

9.3 Die Schule hat durch entsprechende technische und organisatorische Maßnahmen sicherzustellen, dass die gespeicherten personenbezogenen Daten verschlossen aufbewahrt werden und nur die Schulleiterin bzw. der Schulleiter sowie die von ihnen ausdrücklich autorisierten Mitarbeiterinnen und Mitarbeiter in dem jeweils erforderlichen Umfang Zugriff haben (§ 9 Abs. 2 LDSG).

9.4 Bei jeder automatisierten Verarbeitung personenbezogener Daten sind die in § 9 Abs. 2 und Abs. 3 LDSG genannten technischen und organisatorischen Maßnahmen einzuhalten; insoweit wird auf die Bekanntmachung über das Datenschutzkonzept für den Einsatz von Personalcomputern in der Schule vom 7. Dezember 1993 (K.u.U. 1994 S. 27) verwiesen.

9.5 Werden personenbezogene Daten in nichtautomatisierten Dateien (z.B. Karteien über Schülerinnen und Schüler, Lehrerkarteien) oder in Akten verarbeitet, sind insbesondere Maßnahmen zu treffen, um zu verhindern, dass Unbefugte bei der Bearbeitung, der Aufbewahrung, dem Transport und der Vernichtung auf die Daten zugreifen können (z.B. durch sorgfältige Auswahl, Schulung, Belehrung und Überwachung der damit Beschäftigten; Festlegung der Zugangsberechtigungen; Abschließen von Dienstzimmern und Registraturen bei Abwesenheit; Verwendung spezieller Versandformen; Aktenvernichtung durch spezielle Aktenvernichtungsgeräte, § 9 Abs. 4 LDSG).

10.
Verfahrensverzeichnis

10.1 Jede Schule hat ein sogenanntes Verfahrensverzeichnis zu führen oder lässt es durch eine andere öffentliche Stelle führen, wenn sie Computerprogramme zur Verwaltung personenbezogener Daten von Schülerinnen und Schülern, deren Erziehungsberechtigten, Lehrkräften oder sonstigen Personen einsetzt.

In diesem Verzeichnis sind alle automatisierten Verfahren aufzulisten, die personenbezogene Daten verarbeiten. Unter dem Begriff „automatisierte Verfahren" versteht man Computerprogramme bzw. Softwareprodukte.

Das Verfahrensverzeichnis dient dazu, dass sich z.B. Schülerinnen und Schüler oder deren Erziehungsberechtigte über die elektronische Verarbeitung ihrer personenbezogenen Daten an einer Schule informieren können.

An einer Schule sind in der Regel folgende, im Einsatz befindliche Computerprogramme in das Verfahrensverzeichnis einzutragen:
- Schulverwaltungsprogramme, mit denen personenbezogene Daten von Schülerinnen und Schülern sowie von deren Erziehungsberechtigten verwaltet werden,
- Stundenplanprogramme, in denen personenbezogene Daten von Lehrkräften verarbeitet werden, Programme wie Access oder Excel, wenn sie anstelle eines im Handel erhältlichen Schulverwaltungsprogramms oder Stundenplanprogramms zur Verwaltung der Schule eingesetzt werden.

10.2 Gemäß § 11 Abs. 2 LDSG sind folgende Inhalte in das Verfahrensverzeichnis einzutragen:
- Name und Anschrift der verantwortlichen Stelle,
- die Bezeichnung des Verfahrens (also der Software bzw. des Programms),
- die Zweckbestimmung und die Rechtsgrundlage der Verarbeitung,
- die Art der gespeicherten Daten,
- der Kreis der Betroffenen,
- die Empfänger der Daten oder Gruppen von Empfängern sowie die jeweiligen Datenarten, wenn vorgesehen ist, die Daten zu übermitteln oder sie innerhalb der öffentlichen Stelle für einen weiteren Zweck zu nutzen oder sie im Auftrag verarbeiten zu lassen,
- die Fristen für die Prüfung der Sperrung und Löschung der Daten oder für die Sperrung und Löschung,
- die Personengruppen oder Personen, die allein zugriffsberechtigt sind,
- eine allgemeine Beschreibung der eingesetzten Hardware, der Vernetzung und der Software und
- die technischen und organisatorischen Maßnahmen nach § 9 LDSG.

Für die Eintragung zur Zweckbestimmung und Rechtsgrundlage der Verarbeitung gilt Folgendes:

Als Zweckbestimmung für die Verarbeitung von personenbezogenen Daten von Schülerinnen und Schülern sowie von deren Erziehungsberechtigten können in der Regel der Erziehungs- und Bildungsauftrag der Schule und Verwaltungs- oder Fürsorgeaufgaben genannt werden. Die Zweckbestimmung ist möglichst ausführlich zu beschreiben.

Als Rechtsgrundlage der Verarbeitung von personenbezogenen Daten von Schülerinnen und Schülern sowie von deren Erziehungsberechtigten sind in der Regel § 13 Abs. 1 und § 15 Abs. 1 LDSG und diese Verwaltungsvorschrift (Datenschutz an öffentlichen Schulen) zu nennen.

Als Rechtsgrundlage der Verarbeitung von personenbezogenen Daten von Lehrkräften sind in der Regel § 36 i.V.m. § 13 Abs. 1, § 15 Abs. 1 LDSG und § 50 Beamtenstatusgesetz und diese Verwaltungsvorschrift zu nennen.

Datenschutz (Schulen)

Sollten durch die Schule personenbezogene Daten, also z.b. Namen von Schülerinnen und Schülern oder Lehrkräften elektronisch im Rahmen eines Schulverwaltungsprogramms an Dritte übermittelt werden, ist für die Übermittlung auch § 16 LDSG oder gegebenenfalls § 18 LDSG anzugeben.

Bezüglich weiterer Informationen zur Erstellung des Verfahrensverzeichnisses wird auf die Anlage 1 „Hinweise des Landesbeauftragten für den Datenschutz Baden-Württemberg zum Verfahrensverzeichnis" verwiesen. Die jeweils aktuelle Fassung ist auf der Internet-Seite des Landesbeauftragten für den Datenschutz Baden-Württemberg einsehbar (http://www.baden-wuerttemberg.datenschutz.de).

Eine Ausfüllanleitung und ein Muster eines Schulverwaltungsprogramms in einem Verfahrensverzeichnis kann im Kultusintranet eingesehen werden.

10.3 Die Schule macht die Angaben nach Absatz 2 Nr. 1 bis 7 des Verfahrensverzeichnisses auf Antrag jedermann in geeigneter Weise verfügbar.

11. Die Meldung an den Landesbeauftragten für den Datenschutz gemäß § 32 Abs. 1 LDSG

11.1 Gemäß § 32 Abs. 1 LDSG hat jede Schule, die keinen Datenschutzbeauftragten nach § 10 LDSG bestellt hat, dem Landesbeauftragten für den Datenschutz den Einsatz und die wesentliche Veränderung eines Computerprogramms, mit dem personenbezogene Daten verarbeitet werden, mitzuteilen. Ein solches Programm ist z.B. ein Schulverwaltungsprogramm mit dem Schüler-, Eltern- oder Lehrerdaten verwaltet werden.

11.2 Nicht gemeldet werden müssen Verfahren, die allgemeinen Verwaltungszwecken dienen, wie z.B. Verfahren der Textverarbeitung oder E-Mail-Programme (z.B. MS Word oder Outlook).

11.3 Der Meldeverpflichtung kann unter anderem dadurch nachgekommen werden, dass nach § 11 Abs. 1 LDSG zu führende Verfahrensverzeichnis in Kopie und mit einem – kurzen – Begleitschreiben an den Landesbeauftragten für den Datenschutz übersandt wird.

11.4 Die Meldung erfolgt formlos an: Landesbeauftragter für den Datenschutz Baden-Württemberg, Postfach 10 29 32, 70025 Stuttgart, oder poststelle@lfd.bwl.de

12. Der Behördliche Datenschutzbeauftragte

12.1 Gemäß § 10 Abs. 1 LDSG kann jede Schule einen behördlichen Datenschutzbeauftragten bestellen.

12.2 Erfolgt eine solche Bestellung, hat dieser das Verfahrensverzeichnis nach Nummer 10 zu führen. Die Meldung an den Landesbeauftragten für den Datenschutz nach Nummer 11 kann dann unterbleiben.

Hinweis der Redaktion: Nach § 10 Abs. 4 LDSG hat die bzw. der Datenschutzbeauftragte die Aufgabe, die Schule bei der Ausführung der Vorschriften über den Datenschutz zu unterstützen und das Verfahrensverzeichnis zu führen. Sie sollen in der Schule der Ansprechpartner/in für Fragen des Datenschutzes sein und das Kollegium sensibilisieren, die datenschutzrechtlichen Erfordernisse zu beachten.
Nach § 10 Abs. 3 LDSG sind die bzw. der Datenschutzbeauftragte der Schule bei der Erfüllung ihrer Aufgaben weisungsfrei und dürfen deswegen nicht benachteiligt werden.

12.3 Mehrere Schulen können auch gemeinsam einen behördlichen Datenschutzbeauftragten bestellen.

12.4 Ein behördlicher Datenschutzbeauftragter für eine oder mehrere Schulen kann auch bei der unteren Schulaufsichtsbehörde oder beim jeweiligen Schulträger mit deren Einverständnis bestellt werden.

II. Verarbeitung personenbezogener Daten von Schülerinnen und Schülern sowie von deren Erziehungsberechtigten

1. Die Wahrnehmung von Rechten minderjähriger Schülerinnen und Schüler

1.1 Minderjährige Schülerinnen und Schüler üben alle Rechte, wie z.B. das Recht auf Auskunft (§ 21 LDSG), Berichtigung (§ 22 LDSG), Löschung von Daten (§ 23 LDSG) oder deren Sperrung (§ 24 LDSG) aus dem LDSG selbst aus, sofern sie die nötige Einsichtsfähigkeit hierfür besitzen, ansonsten werden diese durch deren Erziehungsberechtigte ausgeübt.

→ Eltern und Schule

1.2 Die Einsichtsfähigkeit ist nach dem jeweiligen Reifezustand der Schülerin bzw. des Schülers und dem Verwendungszusammenhang der Daten zu beurteilen.

Sie liegt nicht vor, wenn die Schülerin bzw. der Schüler die Folgen einer Verarbeitung der jeweiligen Daten nicht erkennen und sachgerecht einschätzen kann.

1.3 Mit Vollendung des 16. Lebensjahres ist in der Regel dem Vorliegen der Einsichtsfähigkeit auszugehen.

1.4 Bei der Einwilligung in die Veröffentlichung von personenbezogenen Daten im Internet, insbesondere wenn dies zusammen mit Abbildungen von Schülerinnen bzw. Schülern geschieht, ist ein besonders hoher Maßstab an den jeweiligen Reifezustand anzulegen.

2. Die Veröffentlichung personenbezogener Daten von Schülerinnen und Schülern sowie von deren Erziehungsberechtigten

2.1 Die Veröffentlichung von personenbezogenen Daten von Schülerinnen und Schülern sowie von deren Erziehungsberechtigten (z.B. Namen oder Adressen von Schülerinnen und Schülern) in Druckerzeugnissen wie z.B. Zeitungen oder Zeitschriften oder im Internet/Intranet ist grundsätzlich nur mit der schriftlichen oder elektronischen Einwilligung der jeweils betroffenen Person bzw. Personen zulässig.

Datenschutz (Schulen)

2.2 Bei der Veröffentlichung von Bildnissen (z.B. Einzel- bzw. Gruppenfotografien von Schülerinnen und Schülern oder auch von Filmen oder anderen digitalen Medien) in Druckerzeugnissen, dem Internet/Intranet oder einem öffentlich zugänglichen Schwarzen Brett sind die §§ 22 bis 24 des KUG (Anlage 2) zusätzlich zu berücksichtigen. Gem. § 22 KUG ist eine schriftliche Einwilligung der Betroffenen notwendig, wenn nicht die Ausnahmen des § 23 KUG vorliegen.

Insbesondere § 23 Abs. 1 Nr. 3 KUG ist als Ausnahme für die Schulen zu beachten. Bei öffentlichen Veranstaltungen der Schule wie Sportfesten, Umzügen, Theateraufführungen oder Schulkonzerten dürfen die Beteiligten und das Publikum im Auftrag der Schule fotografiert oder gefilmt werden und diese Aufnahmen veröffentlicht werden, da alle Beteiligten davon ausgehen müssen, dass bei solchen Veranstaltungen üblicherweise Aufnahmen hergestellt und veröffentlicht werden. Auch bei Großveranstaltungen ist aber zu beachten, dass die berechtigten Interessen der Abgebildeten, etwa die Intimsphäre oder Ehre, durch eine Aufnahme oder Veröffentlichung nicht verletzt werden dürfen.

Bei der Herstellung von Fotos oder Filmen im Auftrag der Schule, die nur für den Gebrauch durch die abgebildeten Personen vorgesehen sind oder ausschließlich in Druckwerken der Schule veröffentlicht werden, bedarf es in folgenden Fällen keiner Einwilligung, da diese Verarbeitung personenbezogener Daten im Rahmen des Erziehungs-, Bildungs- oder Fürsorgeauftrags der Schule erfolgt und somit gem. § 4 Abs. 1 LDSG i. V. m. § 13, § 15, § 18 LDSG, § 1 SchG zulässig ist:

– Aufnahmen von Abschlussklassen,
– Aufnahmen von Klassenausfahrten/Landschulheimaufenthalten oder sonstigen außerunterrichtlichen Veranstaltungen,
– Aufnahmen für Schülerausweise,
– Aufnahmen von öffentlichen Schulaufführungen,
– Aufnahmen für Jahrgangsbücher.

Die Schülerinnen und Schüler sind jedoch rechtlich nicht verpflichtet, die Herstellung dieser Aufnahmen zu dulden. Eine Veröffentlichung auch von solchen Aufnahmen im Internet ist aber weiterhin nur mit der schriftlichen oder elektronischen Einwilligung der jeweils Betroffenen zulässig.

2.3 Bei der Erteilung der schriftlichen Einwilligung ist Abschnitt I Nr. 2.1 und bei minderjährigen Schülerinnen und Schülern Abschnitt II Nr. 1 dieser Verwaltungsvorschrift zu beachten.

2.4 Eine wirksame Einwilligung liegt nur dann vor, wenn die Betroffenen, bei nicht einwilligungsfähigen Schülerinnen bzw. Schülern deren Erziehungsberechtigte, zuvor über die Risiken einer solchen Veröffentlichung aufgeklärt wurden. Dabei ist darauf hinzuweisen, dass die Verwendung der im Internet veröffentlichten personenbezogenen Daten in keiner Weise einzugrenzen ist, dass auf diese Daten weltweit, auch über Suchmaschinen, zugegriffen werden kann und sie Bestandteil von Datensammlungen von Internetnutzern oder mit Daten aus anderen Zusammenhängen verknüpft werden können.

2.5 Auf die Veröffentlichung von Namen minderjähriger Schülerinnen oder Schüler in Medien, insbesondere im Zusammenhang mit einem Foto oder Film, sollte, mit Ausnahme von begründeten Einzelfällen oder in einer Schülerzeitschrift, verzichtet werden.

3.
Datenspeicherung zum Zwecke der weiteren Verarbeitung von personenbezogenen Daten von Schülerinnen und Schülern sowie von deren Erziehungsberechtigten

3.1 Die Schulen können folgende personenbezogene Daten entsprechend den Erfordernissen der jeweiligen Schulart speichern und entsprechend weiterverarbeiten:

<u>Allgemeine Daten von Schülerinnen und Schülern</u>
Name, Vornamen
Adresse
Kommunikationsverbindungen (z.B. Telefonnummer, Faxnummer, Email)
Fahrschüler
Geschlecht
Geburtsdatum
Geburtsort und Geburtsland
Migrationshintergrund (Staatsangehörigkeit, Verkehrssprache in der Familie)
Aussiedlereigenschaft
Religionszugehörigkeit
Gesundheitliche Beeinträchtigungen, soweit sie für den Schulbesuch erheblich sind
Heimunterbringung

<u>Daten der Erziehungsberechtigten</u>
Name, Vornamen, Titel
Geschlecht
Adresse
Staatsangehörigkeit
Kommunikationsverbindungen (z.B. Telefonnummer, Faxnummer, Email)

<u>Schulische Daten, Schullaufbahndaten</u>
Teilnahme am Unterricht (insbesondere Klasse, Bildungsgang, Fach, Unterrichtsfächer, Kurse, Arbeitsgemeinschaften, Teilnahme an Stütz- und Fördermaßnahmen einschl. LRS- und Sprachheilkurse, sonderpädagogische Betreuung im Rahmen der Kooperation mit Sonderschulen, Teilnahme am Religionsunterricht bzw. am Ethikunterricht)

Schullaufbahn (vorzeitige Aufnahme, Eintritt in die Schule/Austritt/Grund, bisher besuchte Schulen und Bildungsgänge, Schulwechsel, Name und Anschrift der aufnehmenden Schule, Wiederholungen von Klassen, Überspringen von Klassen)

Schulanfänger (Zurückstellung vom Schulbesuch)

Praktikum
Grundschulempfehlung und gegebenenfalls weitere Bildungsempfehlungen
Unterrichtsversäumnisse
Preise/Belobigungen
Erziehungs- und Ordnungsmaßnahmen
Zusatzversicherungen für Schülerinnen und Schüler
Befreiungen vom Unterricht/Beurlaubung
Gastschüler
Teilnahme an Betreuungsangeboten (z.B. Ganztagesschule, verlässliche Grundschule, Hortbesuch)
Leistungsdaten, Prüfungsdaten (Noten, Punktzahl)
Zeitpunkt und Ergebnis von Prüfungen und Versetzungskonferenzen
Nichtzulassung zu Prüfungen
Zeugnisbemerkungen
Erworbener Schulabschluss
Teilnahme an Bundesjugendspielen (Sportart, Erwerb von Urkunden)
Erfolgreiche Teilnahme an Mentorenausbildungen (z.B. Musik, Bildende Kunst)
Preise bei Wettbewerben (z.B. Jugend musiziert, Jugendkunstpreis)
Schülerhelfer bei Begegnungskonzerten
Zusatzdaten bei beruflichen Schulen
Berufsschulpflicht
Schulische und berufliche Vorbildung
Berufliche Abschlüsse nach Berufsbildungsrecht
Voll- oder Teilzeitbeschulung
Teilnahme an Blockunterricht
Ausbildungsberuf, Beruf bzw. berufliche Stellung (z.B. Teilnahme an Praktikum, Förderungsmaßnahmen; Jungarbeiterin bzw. Jungarbeiter)
Beginn und Ende des Ausbildungsverhältnisses
Adresse und Kommunikationsverbindungen (z.B. Telefonnummer, Faxnummer, E-Mail) des Ausbildungs- oder Beschäftigungsbetriebes, der Praxis- oder Praktikumsstelle oder sonstiger Institutionen und der nach dem Berufsbildungsgesetz zuständigen Stelle, dortiger Ansprechpartner
Teilnahme an Umschulungsmaßnahmen
Zusatzdaten bei Schulen mit Heim
Krankenkasse
Vorerkrankungen
Gesundheitszeugnis

3.2 Beim Speichern weiterer personenbezogener Daten sind die Voraussetzungen nach Abschnitt 1. Nr. 4.1 im Einzelnen besonders zu prüfen.

4.
Datenübermittlung personenbezogener Daten von Schülerinnen und Schülern sowie von deren Erziehungsberechtigten

4.1 Bei der Erteilung der schriftlichen Einwilligung ist Abschnitt 1. Nr. 2 und bei minderjährigen Schülerinnen und Schülern Abschnitt II. Nr. 1 zu beachten.

4.2 Eine Übermittlung von personenbezogenen Daten an Privatpersonen oder Stellen außerhalb des öffentlichen Bereichs zu kommerziellen Zwecken ist zu unterlassen. Die Schule holt auch keine Einwilligung zu einer solchen Übermittlung ein.

4.3 Für eine Übermittlung von personenbezogenen Daten können insbesondere folgende Stellen in Betracht kommen:
Stellen innerhalb des öffentlichen Bereichs nach § 16 LDSG
– andere Schulen,
– Schulaufsichtsbehörden,
– Gesundheitsämter,
– zuständige öffentliche Archive,
– Mitverantwortliche für die Berufserziehung der Schülerin bzw. des Schülers (Dienstherren, Leiterinnen und Leiter von Betrieben, Verantwortliche für Praktika u.ä.) oder deren Bevollmächtigte,
– Stellen, die nach dem Berufsbildungsgesetz für die Berufsausbildung zuständig sind,
– Meldebehörden, Arbeits- und Ausländerämter nach Maßgabe der Gemeinsamen Verwaltungsvorschrift ... → Schulpflicht (Durchsetzung) ... ,
– Schulträger,
– Jugendwohlfahrtsbehörden (vgl. § 90 Abs. 8 SchG), Sozialämter,
– Ämter für Ausbildungsförderung,
Stellen außerhalb des öffentlichen Bereichs nach §§ 17, 18 LDSG
– Elternvertretungen im Sinne der §§ 57 - 60 des SchG,
– Kirchen,
– Schülerversicherungen.

4.4 Für die Übermittlung von Daten volljähriger Schülerinnen und Schüler an deren Eltern gilt § 55 Abs. 3 des SchG.
→ Volljährigkeit

4.5 Die Schulen haben die Übermittlungsvorgänge festzuhalten.

5.
Datenlöschung personenbezogener Daten von Schülerinnen und Schülern

5.1 Eine Löschung von personenbezogenen Daten von Schülerinnen und Schülern gemäß den Regelungen von Abschnitt I. Nr. 5 „Datenlöschung" unterbleibt, wenn Grund zur Annahme besteht, dass durch sie schutzwürdige Interessen der Schülerinnen und Schüler beeinträchtigt würden oder sie wegen der besonderen Art der Speicherung nicht nur mit unverhältnismäßig hohem Aufwand möglich ist (§ 23 Abs. 4 LDSG).
→ Archivierung / Aufbewahrungsfristen

5.2 Ein schutzwürdiges Interesse im Sinne von § 23 Abs. 4 Nr. 1 LDSG besteht insbesondere für folgende Daten:

- Daten von Betroffenen, die für den Ersatz von abhanden gekommenen oder vernichteten Abschlusszeugnissen, Abgangszeugnissen bzw. von Zeugnissen, die beim Verlassen einer Schule auch ohne Teilnahme an einer Prüfung erteilt wurden, notwendig sind,
- Daten von Betroffenen, die für Nachweise gegenüber den Rentenversicherungsträgern notwendig sind, z.B. der Zeitpunkt der Beendigung der Schulausbildung, in welchen Zeiträumen bestimmte Schulen und/oder Klassen besucht worden sind,
- Daten, die für die Durchführung von Jubiläumsveranstaltungen, Ehemaligentreffen usw. benötigt werden, z.B. Listen über Betroffene bzw. Karteien der Abschlussklassen.

5.3 Diese Daten sind gemäß § 24 Abs. 1 Nr. 2 LDSG zu sperren (Abschnitt I. Nr. 6 „Datensperrung") und in der Regel spätestens nach 50 Jahren, nachdem die Betroffenen die Schule verlassen haben, zu löschen.

6.
Einsichtnahme in schulische Prüfungsarbeiten, Prüfungsprotokolle und Aushändigung von Prüfungsunterlagen

6.1 Wer an einer öffentlichen Schule eine Prüfung abgelegt hat (einschließlich der Prüfungen für Schulfremde), kann nach Abschluss der Prüfung, bzw. soweit diese aus mehreren Teilprüfungen besteht, nach Abschluss der gesamten Prüfungen, seine Prüfungsarbeiten einschließlich der Korrekturanmerkungen und gegebenenfalls einer Notenbegründung und die ihn betreffenden Prüfungsprotokolle der mündlichen Prüfungen einsehen. Das gleiche Recht steht bei minderjährigen Schülerinnen und Schülern deren Erziehungsberechtigten zu. Diese und volljährige Schülerinnen und Schüler können mit der Einsichtnahme einen volljährigen Bevollmächtigten betrauen. Die Vollmacht muss schriftlich erteilt sein.

6.2 Die Prüfungsunterlagen sind an der Schule einzusehen, an der die Prüfung abgelegt wurde. Die Einsichtnahme ist nur unter Aufsicht zulässig. Die Schule bestimmt den Termin der Einsichtnahme unter Berücksichtigung ihrer räumlichen und organisatorischen Möglichkeiten. Befinden sich die Prüfungsunterlagen bei einer anderen Stelle, sind sie von dieser möglichst rasch der Schule zurückzugeben.

6.3 Die Einsichtnehmenden können Auszüge aus den Prüfungsunterlagen oder Fotokopien auf eigene Kosten anfertigen.

6.4 Auf Antrag werden den Prüfungsteilnehmern die Prüfungsunterlagen drei Jahre nach Abschluss ihrer Prüfung von der Schule, an der die Prüfung abgelegt wurde, ausgehändigt. Sofern die Prüfungsunterlagen von einem staatlichen oder kommunalen Archiv im Rahmen der für die Auswahlarchivierung von Schulunterlagen getroffenen Regelung archiviert werden, kann der Antragsteller auf eigene Kosten Kopien seiner Arbeiten erhalten. Wird kein Antrag gestellt, können die Prüfungsunterlagen nach Ablauf von drei Jahren nach der Schlusssitzung vernichtet werden.

6.5 Die vorstehenden Bestimmungen gelten auch für Prüfungen, die an anerkannten Ersatzschulen nach staatlichen Vorschriften abgenommen werden.

7.
Die Nutzung privater Datenverarbeitungsgeräte durch Lehrkräfte

Lehrkräfte, die sich schriftlich zur Beachtung der datenschutzrechtlichen Hinweise der Anlage 3 zu dieser Verwaltungsvorschrift verpflichtet haben, dürfen für Erfüllung ihrer Aufgaben private Datenverarbeitungsgeräte zur Verarbeitung personenbezogener Daten verwenden. Sie haben sicherzustellen, dass diese Daten vor dem Zugriff Dritter geschützt sind und spätestens nach dem Ende des jeweils nächsten Schuljahres auf dem privaten Datenverarbeitungsgerät gelöscht oder gesperrt werden.

Hinweis der Redaktion: Ein Formular für die Genehmigung durch die Schulleitung ist online abrufbar unter http://www.km-bw.de/servlet/PB/show/1270514/

Für die Löschung und Sperrung der Daten ist Abschnitt I. Nr. 4 und Nr. 5 dieser Verwaltungsvorschrift zu beachten.

III.
Verarbeitung personenbezogener Daten von Lehrkräften durch öffentliche Schulen

1.
Rechtsgrundlage

Auf die Verarbeitung personenbezogener Daten bei Dienst- und Arbeitsverhältnissen finden die Bestimmungen des LDSG, insbesondere § 36 i. V. m. §§ 13 bis 17 LDSG, Anwendung.

2.
Datenverarbeitung personenbezogener Daten von Lehrkräften durch öffentliche Schulen

2.1 Personenbezogene Daten von Lehrkräften dürfen nur erhoben werden, soweit dies zur Eingehung, Durchführung, Beendigung oder Abwicklung des Dienst- oder Arbeitsverhältnisses oder zur Durchführung innerdienstlicher planerischer, organisatorischer, personeller, sozialer oder haushalts- und kostenrechnerischer Maßnahmen, insbesondere zu Zwecken der Personalplanung und des Personaleinsatzes, erforderlich ist oder eine Rechtsvorschrift, ein Tarifvertrag oder eine Dienst- oder Betriebsvereinbarung es vorsieht (§ 3 Abs. 2 Satz 2 Nr. 1, § 13 i.V.m. § 36 LDSG). Diese Grundsätze sind auch dann bei der Erhebung personenbezogener Daten im Rahmen früherer, bestehender oder zukünftiger arbeitsrechtlicher Rechtsverhältnisse von Lehrkräften anzuwenden.

→ Beamtengesetz §§ 83 ff.; → Datenschutz (Dienstvereinbarung Lern-plattformen) / (Dienstvereinbarung Personaldaten); → Internet und Schule; → Perso-nalakten, → Personalvertretungsgesetz § 79 Abs. 3 Nr. 12 und 14

2.2 Personalaktendaten sind alle zur Personalakte gehörenden Unterlagen, welche die einzelne Lehrkraft betreffen, einschließlich der in Dateien gespeicherten Daten, soweit sie mit ihrem Dienst-

Datenschutz (Schulen)

verhältnis in einem unmittelbaren inneren Zusammenhang stehen.

2.3 Für das Speichern, Verändern, Nutzen oder Übermitteln dieser Daten gelten die §§ 15 bis 20 LDSG. Danach ist das Speichern, Verändern, Nutzen oder Übermitteln personenbezogener Daten von Lehrkräften an öffentlichen Schulen zulässig, wenn es zur Erfüllung der Aufgaben der Schule erforderlich ist und für Zwecke erfolgt, für die die Daten erhoben worden sind. Ist keine Erhebung vorausgegangen, dürfen die Daten nur für Zwecke genutzt werden, für die sie erstmals gespeichert worden sind. Soweit es sich dabei um Personalaktendaten handelt, sind die beamtenrechtlichen Vorschriften zu beachten. Personalaktendaten dürfen danach nur für Zwecke der Personalverwaltung der der Personalwirtschaft gespeichert, verändert, übermittelt oder sonst genutzt werden.

Hinweis der Redaktion: Wenn die Personaldatenverarbeitung nicht „zur Erfüllung der Aufgaben der Schule erforderlich" ist, bedarf sie der Zustimmung der Betroffenen. Zulässig, weil „erforderlich", ist deshalb z.b. die Bekanntgabe der Sprechstundentermine der Lehrkräfte durch Aushang in der Schule oder in einem Merkblatt für die Eltern. Ohne Zustimmung der Lehrkräfte nicht statthaft (weil nicht erforderlich) ist jedoch die Veröffentlichung'der privaten Mail-Adressen oder Telefonnummern. Auch die Bekanntgabe eines Sprechstundenplans ohne Zustimmung der Lehrkräfte im (öffentlichen) Amtsblatt der Gemeinde ist unzulässig. Es ist auch nicht statthaft, Vertretungspläne ohne strengen Passwortschutz auf eine Schulhomepage zu stellen, selbst wenn nur ein Namenskürzel angegeben ist. Denn die weltweite Verbreitung solcher Daten ist zur Erfüllung der Aufgaben der Schule nicht erforderlich. Die Veröffentlichung im Internet sollte selbst dann unterbleiben, wenn die Einwilligung der Lehrkräfte vorliegt.

2.4 Für Lehrkräfte im Angestelltenverhältnis gelten die für Beamte geltenden Vorschriften entsprechend, es sei denn, besondere Rechtsvorschriften oder tarifliche Vereinbarungen gehen vor (§ 36 Abs. 2 LDSG).

2.5 Vor der erstmaligen Speicherung ihrer Daten sind die Lehrkräfte von der Schulleitung zu unterrichten und nach der Erfassung der Daten mit einem Ausdruck über die gespeicherten Daten zu informieren. Des Weiteren stellen die Schulleitungen bei automatisierter Datenverarbeitung im Interesse der Transparenz und der Richtigkeit der gespeicherten Daten ihrer Lehrkräfte unaufgefordert in regelmäßigen Abständen einen Ausdruck der über sie gespeicherten Daten und der damit durchgeführten systematischen Auswertungen zur Verfügung.

2.6 Personenbezogene Daten von Lehrkräften dürfen nur nach Maßgabe des LDSG oder des KUG (Anlage 2) im Internet, in Filmen oder Druckwerken veröffentlicht werden, soweit eine Einwilligung der betroffenen Person oder ein dienstliches Erfordernis dafür vorliegt. Ein dienstliches Erfordernis liegt in der Regel bei Schulleiterinnen bzw. Schulleitern und deren Stellvertreterinnen und Stellvertretern vor.

2.7 Die Schulen können danach folgende personenbezogenen Daten entsprechend den aus der nachfolgenden Liste ersichtlichen Maßgaben verarbeiten, wobei eine Verarbeitung mit dem Ziel einer Bewertung der Leistungen und des Verhaltens der Lehrkräfte unzulässig ist:

Gruppe 1: STAMMDATEN

Merkmale	Erläuterungen*	Hinweise
Familienname		
Kurzzeichen		
Vorname		
Namenszusatz	A: z. B. Adelsprädikat	
Titel	A: z. B. Akademische Grade	
Geburtsdatum		
Geburtsname		
Geburtsort		
Personalnummer/Arbeitsgebiet LBV	Z: Angabe für den Schriftverkehr LBV	
Geschlecht		
Staatsangehörigkeit		
Konfession		Erfassung nur für Lehrkräfte, die potenziell im Religionsunterricht eingesetzt werden
Familienstand	A: nicht verheiratet/verheiratet Z: Ansprüche der Lehrer (z.B. Sonderurlaub)	
Kinder	A: Anzahl, Alter Z: Ansprüche der Lehrer (z.B. Sonderurlaub)	
Wohnsitz	A: Straße, Hausnummer, PLZ Ort, Telefonnummer	
weitere Anschrift	A: Straße, Hausnummer, PLZ Ort, Telefonnummer F: nur mit Einwilligung des Betroffenen Z: Erreichbarkeit	* S: Schulart/Personengruppe Z: Zweck A: Ausprägungen/Angaben F: Freiwilligkeit (falls zu S, Z, A oder F bei einem Merkmal keine Vorgaben stehen, gelten hierfür keine besonderen Auflagen)

Datenschutz (Schulen)

Merkmale	Erläuterungen*		Hinweise
E-Mail-Adresse (dienstlich) Notfallverbindung	A:	Name, Anschrift, Telefonnummer	
	F:	nur mit Einwilligung des Betroffenen	
	Z:	Benachrichtigung im Notfall	
Grad der Behinderung Merkzeichen im Ausweis, (z.B. 'G' für Gehbehinderung) Gültigkeitsdatum Schwerbehindertenausweis	Z:	Grundlage für die Berechnung von Anrechnungsstunden.	Der Anspruch ist an die Gültigkeit des Schwerbehindertenausweises geknüpft.

Gruppe 2: LAUFBAHNDATEN

Merkmale	Erläuterungen*		Hinweise
Dienst-/Amtsbezeichnung/Status Beschäftigungsverhältnis-Amtskennzahl	Z:	Statistik	Informationen stammen aus PERS und werden vom RP gepflegt
Beschäftigungsverhältnis – Dauer Ansparphase (nur GHRS)	Z:	Statistik	Berechnung des aktuell gültigen Deputates einer Lehrkraft siehe Erhebungsbogen der LID (für allgemeinbildende Schulen) bzw. Statistische Übersicht 5.1 (für berufliche Schulen)
Bes./Verg. Gruppe	Z:	Statistik	
Lehrerart	Z:	Statistik	Informationen stammen aus PERS und werden vom RP gepflegt
Abschlussprüfungen	S:	allgemeinbildende Schulen	siehe LID
	Z:	Statistik	
Lehrbefähigungen/ Abschlussprüfung	A:	Lehrbefähigung gemäß Dienstprüfung, Vocatio bzw. Missio, Stufenschwerpunkt	vgl. „Unterrichtsfächer", Angabe über die lehramtsspezifische Qualifikation
	Z:	Statisik	
weitere Qualifikationen	A:	z. B. Ergänzungsstudium, Qualifikation als Beratungslehrer	soweit sie für den Einsatz an der Schule von Bedeutung sind
Art des Eintritts	Z:	Statistik	siehe LID
Datum der Einstellung	Z:	Probezeitbeurteilung	
Datum der Anstellung	S:	berufliche Schulen und allgemeinbildende Gymnasien sowie Fachlehrer und Technische Lehrer in allen Schularten	
	Z:	Laufbahnbetreuung	
	F:	nur mit Einwilligung des Betroffenen	
Datum der letzten Beurteilung Datum der letzten Beförderung/Höhergruppierung	S:	berufliche Schulen und allgemeinbildende Gymnasien sowie Fachlehrer und Technische Lehrer in allen Schularten	
	Z:	Laufbahnbetreuung	
	F:	nur mit Einwilligung des Betroffenen	
Datum der letzten Schulleiterbeurteilung	Z:	Laufbahnbetreuung (Ernennungen: z.B. Anstellung, Beförderung)	
	S:	allgemeinbildende Schulen	
Datum des ersten Arbeitstags an der Schule	Z:	soziale Betreuung	
Datum des letzten Arbeitstags an der Schule	Z:	Datenbestandspflege; Statistik	siehe LID (Austrittsdatum)
Einsatzfächer	A:	Fächer, die durch die Lehrkraft unterrichtet werden können	
Krankheitsstellvertreterstunden-Umfang	A:	Art, Dauer	Im Rahmen der Krankheitsstellvertretung hat eine Dienststelle (GHRS) ein vorgegebe-
	Z:	Deputatsplanung	

Datenschutz (Schulen)

Merkmale	Erläuterungen*	Hinweise
		nes Stundenkontingent an Krankheitsstellvertretern auszuweisen
Beurlaubung	A: Art, Dauer	nur aktuelle, nicht frühere Beurlaubungen
Mutterschutz/Besonderheiten	A: Dauer; voraussichtlicher und tatsächlicher Geburtstermin	Berechnung der Mutterschutzfrist
Teilzeitbeschäftigung	A: Art, Dauer	nur aktuelle, nicht frühere Teilzeitbeschäftigungen
Stammschule		für abgeordnete Lehrkräfte aus anderen Schulen
weitere Schule(n)		für abgeordnete Lehrkräfte der eigenen Schule

EINSATZDATEN

Gruppe 3: Einsatzdaten 1 – Zusammenfassungen für das laufende Schuljahr

Merkmale	Erläuterungen	Hinweise
Regelstundenmaß		
Regelstundenmaßausgleich	A: Übertrag aus dem vorigen Schuljahr, Vortrag auf das nächste Schuljahr	
Mehrarbeitsunterrichtsstunden		zu vergütende MAU-Stunden
Gesamtunterrichtsstunden		
Nachlässe auf das Regelstundenmaß:		
Anrechnungen	A: Klassifikation gemäß amtlicher Statistik, Umfang, Grund	
Ermäßigungen	A: Klassifikation gemäß amtlicher Statistik, Umfang, Grund	
Freistellungen	A: Klassifikation gemäß amtlicher Statistik, Umfang, Grund	
Arbeitsbefreiungen	A: Klassifikation gemäß amtlicher Statistik, Umfang, Grund	
Abordnungen		an andere Schulen bzw. Dienststellen (LEU, RP)
Funktionen an der Schule		
Fachabteilung	S: berufliche Schulen	
Lehrerzimmer	S: berufliche Schulen	
Dienstliche Telefonnummern	S: allgemeinbildende Schulen	

Gruppe 4: Einsatzdaten 2 – Details für das laufende Schuljahr

Merkmale	Erläuterungen	Hinweise
Lehrauftrag	A: Stunden pro Fach, Lehrbereich, Klasse und Schulart; Unterrichtsform	Inhaltliche Beschreibung der Unterrichtselemente
Klassenlehrer/Tutor	A: Klassen-/Kursbezeichnung	
Raum		bei Lehrkraft/Raum-Zuordnung
Lehrerstundenplan		
Sprechstunde		
Lehrauftragswünsche	A: Fächer und Klassen Z: Vorbereitung für die Deputatsplanung	
Stundenplanwünsche	Z: Stundenplan-Erstellung	
Abwesenheiten	A: Dauer, Grund (gemäß Abwesenheitsblatt) Z: Vertretungsplan und Erstellung des Abwesenheitsblattes	
Vertretungen	A: Unterricht/Aufsicht Datum, Stunde, Klasse	
Prüfungsbeteiligungen		
Sonderaufgaben	A: z.B. Erstellung von Prüfungsaufgaben für das Regierungspräsidium Mitwirkung bei der Lehrerfortbildung	

* S: Schulart/Personengruppe Z: Zweck A: Ausprägungen/Angaben F: Freiwilligkeit (falls zu S, Z, A oder F bei einem Merkmal keine Vorgaben stehen, gelten hierfür keine besonderen Auflagen)

3.
Datenlöschung personenbezogener Daten von Lehrkräften

3.1 Personenbezogene Daten von Lehrkräften, die nur vorübergehend für die Schule erforderlich sind, müssen gemäß den Regelungen von Abschnitt I Nr. 5 „Datenlöschung" gelöscht werden (§ 23 Abs. 1 Nr. 2 LDSG).

3.2 Vorübergehend für die Schule erforderlich sind folgende Angaben:

aus Gruppe 2:
„Beurlaubung/Teilzeitbeschäftigung",
„Krankheitsstellvertreterstunden-Umfang",
„Mutterschutz/Besonderheiten",
„Stammschule",
„weitere Schulen";

aus Gruppe 3:
alle Angaben mit Ausnahme des Regelstundenmaßes;

aus Gruppe 4:
sämtliche Angaben.

3.3 Die Daten aus den Gruppen 3 und 4 sind jeweils schuljahresbezogen und dürfen nicht länger als bis zum Ende des folgenden Schuljahres automatisiert verarbeitet werden. Die Personalakte ist nach Ablauf der Aufbewahrungsfrist dem zuständigen Archiv (§ 3 LArchivG) anzubieten. Übernimmt das Archiv die Personalakte nicht, ist sie unverzüglich zu vernichten.

4.
Mitbestimmung und Beteiligungsverfahren

Gemäß § 79 Abs. 3 Nr. 14 Landespersonalvertretungsgesetz (LPVG) unterliegen die Einführung, Anwendung, wesentliche Änderung oder wesentliche Erweiterung technischer Einrichtungen und Verfahren, die der automatisierten Verarbeitung personenbezogener Daten der Beschäftigten dienen, der Mitbestimmung. Die Zustimmung des örtlichen Personalrats zu solchen Maßnahmen, die seitens der Schule bzw. des Schulträgers vorgenommen werden, muss vor deren Umsetzung eingeholt werden.

IV.
Verarbeitung personenbezogener Daten im Rahmen der Schulevaluation (§ 114 SchG)

1.
Daten von Lehrkräften im Rahmen der Schulevaluation

1.1 Lehrkräfte sind gemäß § 114 Abs. 1 SchG zur Mitarbeit bei der Selbst- und Fremdevaluation verpflichtet. Dies umfasst auch die Verpflichtung, an der Erhebung personenbezogener Daten anlässlich von evaluationsbezogenen schriftlichen und mündlichen Befragungen teilzunehmen und die erforderlichen Angaben zu machen, sowie die Verpflichtung, ggf. bei der Beobachtung von Unterrichtssituationen im Rahmen der Fremdevaluation mitzuwirken. → Evaluation

1.2 Bei der Selbst- und Fremdevaluation von Schulen handelt es sich um innerdienstliche, planerische und organisatorische Maßnahmen. Die Verarbeitung von personenbezogenen Daten von Lehrkräften, die für die Durchführung der Evaluation erforderlich sind, ist gemäß § 36 LDSG zulässig.

1.3 Die Schulleitung informiert die Lehrkräfte darüber, zu welchem Zweck sie die Daten erhebt und wie sie weiter verarbeitet werden. Insbesondere sind die Lehrkräfte auch über den Ort und die Dauer der Verarbeitung zu informieren. Die Information muss in geeigneter Weise, in der Regel schriftlich, erfolgen.

Hinweis der Redaktion: Zur personenbezogenen Gefährdungsbeurteilung im Rahmen der Selbstevaluation siehe → Arbeits- und Gesundheitsschutz (Rahmenkonzept) Nr. 3.3.

2.
Daten von Schülerinnen und Schülern, deren Erziehungsberechtigten und anderen am Schulleben beteiligten Personen im Rahmen der Schulevaluation

2.1 Die Mitarbeit von Schülerinnen und Schülern und deren Erziehungsberechtigten bei der Evaluation ist grundsätzlich freiwillig. Gleiches gilt für alle anderen am Schulleben beteiligten Personen wie Ausbilder oder das Personal des Schulträgers. Eine Verpflichtung von Schülerinnen und Schülern besteht allerdings bei einer Beobachtung des Unterrichts im Rahmen einer Selbst- oder Fremdevaluation. Hier ist die Teilnahme für Schülerinnen und Schülern – wie bei jedem anderen Unterricht auch – verpflichtend. Bei der Befragung der Schüler über Daten ihrer Eltern (z.B. Alter, Berufsausbildung) ist auch die Einwilligung der Eltern in diese Datenerhebung einzuholen, soweit deren Identität aus der Befragung erkennbar ist. Dies ist nicht notwendig, wenn die Befragung anonym erfolgt.

2.2 Von Personen, die nicht zur Mitwirkung verpflichtet sind, muss zur Verarbeitung ihrer personenbezogenen Daten deren schriftliche Einwilligungserklärung eingeholt werden. Das Personal des Schulträgers und das im Schuldienst stehende nicht lehrende Personal kann vom Arbeitgeber bzw. Dienstherrn auf der Grundlage des Beschäftigungsverhältnisses zur Teilnahme an einer Selbst- oder Fremdevaluation verpflichtet werden.

2.3 Bei der Einholung der Einwilligung muss der Betroffene darüber informiert werden, dass er nicht verpflichtet ist, personenbezogene Angaben zu machen und er eine erteilte Einwilligung auch widerrufen kann. Es muss deutlich darauf hingewiesen werden, dass eine Verweigerung der Einwilligung zu keinerlei Nachteilen führt. Darüber hinaus ist darüber zu informieren, zu welchem Zweck die Daten verarbeitet, also z.B. wie und wie lange die Daten in personenbezogener Form gespeichert werden, ob und ggf. an wen sie weitergegeben werden und wann sie gelöscht werden. Diese Information muss in geeigneter Weise, in der Regel schriftlich, erfolgen.

3. Umgang mit personenbezogenen Daten im Rahmen der Schulevaluation

3.1 Unabhängig von der datenschutzrechtlichen Bewertung gilt der Grundsatz der Datensparsamkeit. Die Schulen müssen deshalb, sowohl bei der Erhebung von Daten wie bei ihrer weiteren Verarbeitung, aus den grundsätzlich denkbaren Maßnahmen diejenige auswählen, die einerseits zu sinnvollen Ergebnissen der Evaluation führt, andererseits dabei aber in möglichst geringem Umfang datenschutzrechtliche Belange berührt.

3.2 Um bei der Selbst- und Fremdevaluation relevante Ergebnisse zu erzielen, ist es in der Regel nicht erforderlich, die gewonnenen Informationen bestimmten befragten Lehrkräften, Schülerinnen und Schülern, deren Erziehungsberechtigten und anderen am Schulleben beteiligter Personen zuzuordnen oder Aussagen über Einzelpersonen zu treffen. Deshalb soll auch bereits der erste Schritt – die Erhebung der Daten – so erfolgen, dass keine Zuordnung zu bestimmten Personen möglich ist. Dies kann z.B. durch die folgenden Maßnahmen erreicht werden:

- Bei der Bildung von zu befragenden Gruppen sollte deren Teilnehmerzahl grundsätzlich nicht unter fünf Personen liegen.
- Auf Namensangaben in Fragebögen ist zu verzichten. Es ist auf solche Erhebungsmerkmale zu verzichten, die es ermöglichen, dass – auch ohne Namensangabe – Daten einer bestimmten Person zugeordnet werden können. Dies kann z.B. mit dem Verzicht auf Angaben des genauen Alters (Altersgruppen „von ... bis" bilden) oder des Geschlechts erreicht werden.
- Die Abgabe der Fragebögen ist so zu organisieren, dass die Anonymität bei der Abgabe gewährleistet ist (z.B. Urnenabgabe).
- Erhebungsunterlagen, z.B. Fragebögen, sind so zu gestalten, dass zunächst notwendige personenbezogene Angaben (= Hilfsmerkmale) physisch abgetrennt werden können.

Bei der Datenerhebung durch Interviews oder Beobachtungen ist das Protokoll so zu führen, dass eine Zuordnung zu einzelnen Befragten nicht mehr möglich ist.

3.3 Ist es nicht möglich, bereits im Zusammenhang mit der Datenerhebung einen Personenbezug zu vermeiden, sollte anschließend eine Anonymisierung erfolgen. Dazu gehört auch, dass personenbezogene Daten getrennt von den eigentlichen Daten aufbewahrt und sofort nach ihrer Auswertung vernichtet werden. Protokolle mit personenbezogenen Daten müssen für Unbefugte unzugänglich aufbewahrt werden und sind ebenfalls sofort nach ihrer Auswertung zu vernichten.

3.4 Die Verwendung von nicht personenbezogenen Daten, beispielsweise in schulinternen Qualitätsdokumentationen, bei der Selbstevaluation oder im Bericht der Fremdevaluation, oder deren Übermittlung an Dritte, z.B. im Rahmen einer Gesamtlehrerkonferenz oder einer Schulkonferenz, ist datenschutzrechtlich unbedenklich.

3.5 Neben den datenschutzrechtlichen Regelungen sind bei Einsatz von elektronischen Verfahren im Rahmen der Selbst- und Fremdevaluation, soweit diese zweckgerichtet für die Verarbeitung von personenbezogenen Daten eingesetzt werden, auch die Beteiligungsrechte der Personalvertretungen gemäß § 79 Abs.3 Nr. 14 LPVG zu beachten. Dies ist dann der Fall, wenn elektronische Verfahren umfangreiche Auswertungs- und Datenverknüpfungen zulassen.

→ Datenschutz (Dienstvereinbarung Personaldaten);
→ Personalvertretungsgesetz § 79 Abs. 3 Nr. 14

4. Übermittlung von personenbezogenen Daten im Rahmen der Schulevaluation

4.1 Bei einer Übermittlung von Ergebnissen der Evaluation im Rahmen von beispielsweise schulinternen Qualitätsdokumentationen oder im Bericht der Fremdevaluation oder bei der Bekanntgabe z.B. im Rahmen einer Gesamtlehrerkonferenz oder Schulkonferenz sind personenbezogene Daten zu aggregieren, sodass eine Zuordnung bestimmter Personen dadurch unmöglich gemacht wird.

4.2 Ist es unumgänglich, in die Dokumentation der Selbstevaluation oder in den Fremdevaluationsbericht personenbezogene Daten aufzunehmen, sind bei der Entscheidung über die Datenübermittlung das Interesse der Schule an einer Qualitätsverbesserung und schutzwürdige Interessen Einzelner sorgfältig gegeneinander abzuwägen. Hiervon betroffene Personen sind zu informieren, ihre Zustimmung ist einzuholen.

4.3 Personenbezogene Daten von Lehrkräften, Schülerinnen und Schülern, Eltern oder sonstiger einbezogener Personen (insbesondere Personal des Schulträgers) dürfen nur mit deren Einwilligung an Dritte übermittelt werden. Dies gilt auch für personenbezogene Daten des Schulleiters und seines Stellvertreters. Dritte im datenschutzrechtlichen Sinn sind dabei sowohl die schulischen Gremien wie auch mittelbar am Schulleben Beteiligte (z.B. Schulträger). Für die Einwilligung gilt das oben Ausgeführte entsprechend. Allein der Umstand, dass ein Gremium nicht öffentlich tagt, rechtfertigt für sich keine Datenübermittlung ohne Einwilligung davon betroffener Personen nicht.

4.4 Für die Übermittlung des Berichts der Fremdevaluation an die Schulaufsicht bedarf es keiner Einwilligung.

→ Amtshilfe; → Archivierung/Aufbewahrungsfristen; → Beamtengesetz §§ 83 ff.; → Beihilfeverordnung § 18;
→ Datenschutz (Dienstvereinbarung Personaldaten); → Datenschutz (LDSG); → Internet und Schule; → Klassen- und Kurstagebücher; → Personalakten; → Schulgesetz §§ 55, 90, 115; → Schulpflicht (Meldeverordnung / Datenschutz);
→ Urheberrecht (Kopien – Internet); → Verschwiegenheitspflicht; → Werbung Nr. 4

Die Anlagen zu dieser VwV stehen auf den folgenden Seiten.

Anlage 1: Hinweise des Landesbeauftragten für den Datenschutz zum Verfahrensverzeichnis – Stand: 1. März 2006

1. Allgemeines

Nach § 11 des Landesdatenschutzgesetzes (LDSG) muss jede öffentliche Stelle des Landes ein Verzeichnis der automatisierten Verfahren führen, mit denen sie personenbezogene Daten verarbeitet. Welche Angaben in dieses Verfahrensverzeichnis aufzunehmen sind, ist durch die gesetzliche Regelung im Einzelnen festgelegt. Gleichwohl ergeben sich in der Praxis immer wieder Fragen und Unklarheiten zum Inhalt. Leider erweisen sich die Verfahrensverzeichnisse immer wieder als wenig aussagekräftig oder unvollständig. Ziel dieses Merkblattes ist daher, Hinweise zur Erstellung des Verfahrensverzeichnisses zu geben.

2. Welchen Nutzen hat das Verfahrensverzeichnis?

Im Verfahrensverzeichnis muss die Daten verarbeitende Stelle dokumentieren, welche personenbezogenen Daten sie mithilfe welcher automatisierter Verfahren auf welche Weise verarbeitet und welche Datenschutzmaßnahmen sie dabei getroffen hat. Es ermöglicht ihr folglich, den Überblick über ihre Datenverarbeitung zu bewahren. Das Verfahrensverzeichnis ist somit unverzichtbar für eine effektive Eigenkontrolle. Zudem ist es eine wichtige Informationsquelle für Fremdkontrollen, etwa datenschutzrechtliche Kontrollen durch meine Dienststelle *(i.e. den Landesdatenschutzbeauftragten; Anm.d.Red.)*.

3. Was ist ein automatisiertes Verfahren?

Unklarheiten können sich bereits bei der Frage ergeben, was unter einem automatisierten Verfahren zu verstehen ist. Zum Teil trägt bereits das Landesdatenschutzgesetz selbst zur Klärung bei. Nach § 11 Abs. 2 LDSG sind zu jedem automatisierten Verfahren unter anderem die Zweckbestimmung und die Rechtsgrundlage der Verarbeitung anzugeben. Ein automatisiertes Verfahren umfasst demzufolge sämtliche Programme oder Programmteile, mit denen die Daten verarbeitende Stelle personenbezogene Daten aufgrund einer bestimmten Rechtsgrundlage für einen bestimmten Zweck verarbeitet.

Schwierigkeiten ergeben sich in der Praxis immer wieder bei Dateien, die die Daten verarbeitende Stelle mithilfe von Bürokommunikations-Programmen wie etwa einem Textverarbeitungs- oder Tabellenkalkulationsprogramm erstellt. Folgende Fragen ergeben sich: Ist das Bürokommunikationsprogramm ein automatisiertes Verfahren? Sind das Bürokommunikations-Programm zusammen mit den damit erzeugten Dateien automatisierte Verfahren? Oder liegt überhaupt kein automatisiertes Verfahren vor? Das bereits Ausgeführte liefert die Antwort: Kennzeichnend für ein automatisiertes Verfahren ist die Verarbeitung personenbezogener Daten für einen bestimmten Zweck. Ein Bürokommunikations-Programm, für sich allein betrachtet, kann daher kein automatisiertes Verfahren sein, weil kein Bezug zur Verarbeitung personenbezogener Daten besteht. Im Gegensatz dazu sind aber das Bürokommunikationsprogramm und eine oder mehrere damit erstellte Dateien, mit denen personenbezogene Daten für einen bestimmten Zweck verarbeitet werden, ein automatisiertes Verfahren.

Ein automatisiertes Verfahren ist damit beispielsweise eine mithilfe des Tabellenkalkulationsprogramms Excel erstellte Datei aller von einem Landratsamt zu überwachenden Tankstellenbetreiber.

4. Welche Datenverarbeitungen sind zu dokumentieren?

Die verantwortliche Stelle muss im Verfahrensverzeichnis Angaben zu sämtlichen von ihr betriebenen automatisierten Verfahren machen, mit denen sie personenbezogene Daten verarbeitet. Von der Dokumentationspflicht ausgenommen sind nach § 11 Abs. 3 LDSG nur solche automatisierte Verfahren,

- deren einziger Zweck die Information der Öffentlichkeit ist sowie
- Verfahren für allgemeine Verwaltungszwecke (z.B. Verfahren der Textverarbeitung).

Auch wenn keine Dokumentationspflicht besteht, muss die Stelle nach Maßgabe des § 9 LDSG Datenschutzvorkehrungen treffen. So muss sie etwa bei der Textverarbeitung regeln, wann welche Texte mit personenbezogenem Inhalt zu löschen sind.

5. Welche Angaben sind in das Verfahrensverzeichnis aufzunehmen?

Der Gesetzgeber hat in § 11 Abs. 2 LDSG festgelegt, welche Angaben im Einzelnen in das Verfahrensverzeichnis aufzunehmen sind. Diese Bestandteile des Verfahrensverzeichnisses sollen im Folgenden erläutert werden:

– *Name und Anschrift der verantwortlichen Stelle*

Die verantwortliche Stelle ist nach § 3 Abs. 3 LDSG die Stelle, die personenbezogene Daten für sich selbst verarbeitet oder durch andere im Auftrag verarbeiten lässt.

– *Die Bezeichnung des Verfahrens*

Das Verfahren ist eindeutig zu bezeichnen. Über die Bezeichnung muss sich das Verfahren im DV-System der verantwortlichen Stelle oder eines beauftragten Auftragnehmers identifizieren lassen. Mitunter kommt es vor, dass Verfahren als „Liste" oder „Datei" bezeichnet werden, wobei nicht erkennbar ist, ob der Begriff „Datei" edv-technisch gemeint ist, das gemeldete Verfahren also beispielsweise lediglich aus einer Word- oder Excel-Datei besteht, oder ob das Verfahren beispiels-weise trotz der Bezeichnung als „Datei" als datenbankbasierte Fachanwendung programmiert wurde. Um Missverständnisse zu vermeiden, sollten zumindest datenbankbasierte Fachanwendungen nicht als „Liste" oder „Datei" bezeichnet werden.

Datenschutz (Schulen)

- *Die Zweckbestimmung und die Rechtsgrundlage der Verarbeitung*

Der Zweck der Datenverarbeitung ist so präzise wie möglich zu benennen. Nach § 4 Abs. 1 LDSG ist die Verarbeitung personenbezogener Daten nur zulässig, wenn das Landesdatenschutzgesetz oder eine andere Rechtsvorschrift sie erlaubt oder der Betroffene, d.h. die Person, deren Daten verarbeitet werden sollen, eingewilligt hat. Im Verfahrensverzeichnis ist daher zu dokumentieren, ob die Verarbeitung aufgrund einer Einwilligung oder aufgrund einer Rechtsvorschrift erfolgt. Erfolgt die Verarbeitung aufgrund einer Rechtsvorschrift, so ist sie zusammen mit den einschlägigen Paragraphen präzise anzugeben.

- *Die Art der gespeicherten Daten*

Hier geht es nicht darum, jedes einzelne im automatisierten Verfahren gespeicherte Datenfeld aufzuführen. Vielmehr sind sachlich zusammengehörende Datenfelder zu sinnvollen Gruppen zusammenzufassen und diese Datenarten dann allgemeinverständlich zu benennen. Beispiele dafür sind:

- Ordnungsmerkmal (z.B. eine Personennummer)
- Familienname
- Vorname
- Geburtstag
- Zahl der Kinder
- Kfz-Kennzeichen
- Jahreseinkommen

Einzelmerkmale wie etwa „Postleitzahl", „Wohnort", „Straße" und „Hausnummer" können dabei zu einem Sammelmerkmal, in diesem Falle „Postanschrift", zusammengefasst werden. Bei der Bildung von Sammelmerkmalen ist allerdings darauf zu achten, dass diese noch aussagekräftig bleiben. Die Kunst besteht also darin, den richtigen Konkretisierungsgrad zu finden. Einerseits dürfen die Begriffe, die die Art der gespeicherten Daten beschreiben, nicht zu allgemein sein, weil sonst die Transparenz über den Umfang der Datenspeicherung verlorenginge. Die Aussagekraft von Begriffen wie „Personalien" oder „Vermögensverhältnisse" wäre nicht begrenzt. Andererseits sollten die gewählten Begriffe so flexibel sein, dass nicht jede kleine Änderung am automatisierten Verfahren eine Änderung am Verfahrensverzeichnis nach sich zieht.

- *Der Kreis der Betroffenen*

Betroffene sind die natürlichen Personen, deren Daten mithilfe des automatisierten Verfahrens verarbeitet werden. Der Kreis der Betroffenen ist so präzise wie möglich zu bezeichnen. So wäre etwa die Angabe „natürliche Personen" bei einem computergestützten Ausleihsystem einer Bibliothek viel zu allgemein. In diesem Fall lässt sich der Kreis der Betroffenen wesentlich genauer angeben, z.B. „alle Personen, die einen Leseausweis haben".

- *Die Empfänger der Daten oder Gruppen von Empfängern sowie die jeweiligen Datenarten, wenn vorgesehen ist,*

a) die Daten zu übermitteln,
b) *sie innerhalb der öffentlichen Stelle für einen weiteren Zweck zu nutzen oder*
c) *sie im Auftrag verarbeiten zu lassen.*

Empfänger ist nach § 3 Abs. 4 LDSG jede Person oder Stelle, die Daten erhält, mit Ausnahme des Betroffenen. Angaben sind sowohl bei einer Datenweitergabe an einen Dritten (Fall a) als auch bei einer Zweckänderung innerhalb der verantwortlichen Stelle (Fall b) oder bei der Einschaltung eines Auftragnehmers (Fall c) zu machen.

- *Fristen für die Prüfung der Sperrung und Löschung der Daten oder für die Sperrung und Löschung*

Wer personenbezogene Daten mithilfe eines automatisierten Verfahrens verarbeitet, muss – beginnend mit der erstmaligen Speicherung von Daten – festlegen, wann welche Datenarten zu sperren oder zu löschen sind.

- *Die zugriffsberechtigten Personengruppen oder Personen, die allein zugriffsberechtigt sind*

Zugriffsberechtigte können sowohl Mitarbeiter der öffentlichen Stelle als auch Dritte sein. Nicht notwendig ist, die Zugriffsberechtigten namentlich aufzuführen. Dies würde einen hohen Änderungsbedarf des Verfahrensverzeichnisses nach sich ziehen. Vielmehr können die Zugriffsberechtigten auch funktionsbezogen aufgeführt werden. Eine Bezeichnung, wie z.B. „Mitarbeiter der Personalabteilung", sollte dabei nicht verwendet werden, da sie offen lässt, ob alle oder nur bestimmte Mitarbeiterinnen und Mitarbeiter dieser Abteilung zugriffsberechtigt sind. Empfehlenswert sind stattdessen Bezeichnungen wie z.B. „Alle Mitarbeiter der Personalabteilung, die Anträge auf ... bearbeiten". Sofern die zugriffsberechtigten Mitarbeiter auf unterschiedliche Datenarten zugreifen können, sollte auch dies erkennbar sein.

- *Eine allgemeine Beschreibung der eingesetzten Hardware, der Vernetzung und der Software*

Zu dokumentieren ist die technische Infrastruktur, in der die verantwortliche Stelle ihre automatisierten Verfahren betreibt. Es sind Angaben zur Hardware (z.B. Anzahl der vorhandenen Großrechner, Server und Clients, Angaben zu aktiven Netzkomponenten), der Vernetzung (z.B. Typ und Topologie der lokalen Computernetzwerks wie Ethernet oder Token Ring), Informationen zu den eingesetzten aktiven Netzkomponenten (z.B. Hubs, Switches), zu Anschlüssen an Landes- oder kommunale Netze sowie an das Internet oder andere öffentliche Netze) und der eingesetzten Software (z.B. Betriebssysteme, Datenbanksysteme, Sicherheitssoftware oder andere systemnahe Software wie z.B. Tools zur Fernadministration) zu machen.

Angaben wie „Windows-Netzwerk" oder „Standalone-PC" allein reichen nicht aus, um die EDV-technische Infrastruktur zu beschreiben. Da sich die einzelnen Windows-Varianten in sicherheitstechnischer Hinsicht ganz erheblich unterscheiden, ist die Angabe „Windows" zur Beschreibung des Betriebssystems unzureichend. Die Beschreibung sollte in jedem Fall erkennen lassen, welches Betriebssystem auf wie vielen der eingesetzten Clients, Server sowie etwa vorhandenen unvernetzten PC eingesetzt wird.

– *Die technischen und organisatorischen Maßnahmen*
Nach § 9 LDSG muss die verantwortliche Stelle technische und organisatorische Sicherheitsmaßnahmen treffen, um eine datenschutzgerechte Verarbeitung personenbezogener Daten sicherzustellen. Diese Maßnahmen muss sie in ihrem Verfahrensverzeichnis beschreiben. Unzureichend wäre, wenn das Verfahrensverzeichnis lediglich Aufschluss darüber geben würde, in welchen der in § 9 Abs. 3 LDSG genannten Kontrollbereiche (Zutrittskontrolle, Datenträgerkontrolle, Speicherkontrolle etc.) Maßnahmen getroffen sind. Eine solche Art der Dokumentation ist wenig aussagekräftig. Vielmehr hat die verantwortliche Stelle in angemessener Form darzustellen, welche Sicherheitsmaßnahmen sie denn konkret umgesetzt hat. Folgende beispielhaft erwähnte Aspekte mögen verdeutlichen, welche Detaillierung dabei empfehlenswert ist:

– Unzulänglich wäre etwa, wenn beispielsweise im Zusammenhang mit den Maßnahmen der Zugriffskontrolle, die einen unberechtigten Zugriff auf personenbezogene Daten verhindern sollen, nur Stichwörter wie „Passwortschutz", „differenzierte Zugriffsberechtigungen" oder „Dienstanweisung" genannt würden. Diese Maßnahmen sind zwar allesamt notwendig, jedoch sind dafür unterschiedlichste Realisierungsmöglichkeiten vorstellbar, die letztlich ein ganz unterschiedliches Sicherheitsniveau gewährleisten. Es muss daher erkennbar sein, **wie** die Realisierung jeweils erfolgt.

– Im Hinblick auf den Passwortschutz sollten beispielsweise die im Betriebssystem eingestellten Passwortkonventionen wie Mindestlänge, Höchstalter, Sperrung nach wie viel Fehlversuchen oder Passwort-Historie im Einzelnen beschrieben werden (etwa durch Screen-Shots). Auch im Hinblick auf weitere Gestaltungsmöglichkeiten des Passwortschutzes, die etwa in unserem Merkblatt zum Umgang mit Passwörtern beschrieben sind, vgl. www.baden-wuerttemberg.datenschutz.de/service/ lfd-merkblaetter/passwort.htm, sollte dargestellt werden, welche Optionen in den jeweiligen Installationen gewählt wurden und welche Anforderungen an Passwörter technisch und welche organisatorisch sichergestellt werden.

– Im Hinblick auf die Zugriffsberechtigungen sollte beispielsweise angegeben werden, welches Filesystem genutzt wird (z.B. NTFS). In Abhängigkeit vom Datenhaltungskonzept sollte dargelegt werden, wer Zugriff auf welche Verzeichnisse erhält (z.B. individuelle Ablagen, Ablagen für Gruppenverzeichnisse, Ablagen für Daten der Anwendungsprogramme).

– Es sollte erkennbar sein, ob und wenn ja, wofür Verzeichnisfreigaben (Shares) verwendet werden. Gegebenenfalls sollte dargestellt werden, dass deren Nutzung an den einzelnen Arbeitsplatz-PC durch eine entsprechende Systemkonfiguration unterbunden wird.

– Soweit die Anwendungsprogramme sicherheitsrelevante Funktionen bieten (z.B. eigenen Passwortschutz oder eigene Zugriffsberechtigungsverwaltung und -steuerung), ist auch darauf einzugehen und zu beschreiben, ob und, wenn ja, wie diese Funktionen genutzt werden.

– Auch im Hinblick auf weitere, sicherheitsrelevante Einstellungen der Betriebssysteme und Anwendungsprogramme sollte, beispielsweise mithilfe von Screen-Shots, angegeben werden, wie davon Gebrauch gemacht wird.

– Was etwa geplante Fernsteuerungs- und Fernwartungsmaßnahmen betrifft, so sollte erwähnt werden, wie dieser Zugriff jeweils erfolgen soll (z.B. über Landesverwaltungsnetz, ISDN-Wählverbindung oder über Internet). Je nachdem, welcher Weg dafür gewählt wird, ist darzustellen, welche sicherheitsrelevanten Parameter und welche sonstigen Schutzmaßnahmen dafür gewählt werden (z.B. Option zur Einwahl von außen deaktiviert) und auf welche Weise die Systemverantwortlichen vor Ort jeweils mitwirken müssen, um die Verbindung aufzubauen. Näheres zum datenschutzgerechten Umgang mit Fernwartung und dem Einsatz von Fernsteuerungssoftware sind unseren Merkblättern unter www.baden-wuerttemberg.datenschutz.de/ service/lfd-merkblaetter/fernwartung.htm sowie www.baden-wuerttemberg.datenschutz.de/service/ lfd-merkblaetter/fernsteuerung.htm zu entnehmen.

– Im Zusammenhang mit der Anbindung beispielsweise an das Landesverwaltungsnetz, das Netz eines Regionalen Rechenzentrums oder ein öffentliches Netz wie das ISDN-Netz oder das Internet ist darzustellen, wie diese Netzanbindung gesichert und beispielsweise ein unberechtigter Verbindungsaufbau verhindert wird.

– Sofern über die lokalen Netze auch E-Mails ausgetauscht oder im Internet gesurft werden soll, sind auch die dafür vorgesehenen Sicherheitsmaßnahmen zu beschreiben.

Da in aller Regel eine Vielzahl von Sicherheitsmaßnahmen nicht vom eingesetzten automatisierten Verfahren, sondern von der zugrunde liegenden technischen Infrastruktur abhängen (z.B. Sicherheitsmaßnahmen, die im lokalen Computernetzwerk getroffen sind), empfiehlt es sich, diese verfahrensunabhängig getroffenen Sicherheitsmaßnahmen in einem Datenschutz- und Datensicherheitskonzept gebündelt zu beschreiben. Im Verfahrensverzeichnis kann dann auf dieses Konzept verwiesen werden. Wichtig ist dabei dann, dass die Inhalte, auf die verwiesen wird, konkret bezeichnet werden, also z.B. einzelne Gliederungsnummern oder Kapitel von genau (d.h. Angabe von Titel und Version/Stand) bezeichneten Dokumenten.

Die hier genannten Punkte können nur beispielhaft für Fragestellungen stehen, die im Verfahrensverzeichnis zu berücksichtigen sind. Je nach der Nutzungssituation vor Ort kann die Behandlung weiterer Punkte im Verfahrensverzeichnis erforderlich sein. Weitere in Frage kommende Maßnahmen finden sich etwa in unseren Merkblättern
- zum Einsatz von PC und lokalen Netzwerken
  www.baden-wuerttemberg.datenschutz.de/service/lfd-merkblaetter/pcln.htm
- zur Fernsteuerung
  www.baden-wuerttemberg.datenschutz.de/service/lfd.merkblaetter/fernsteuerung.htm
- zur Fernwartung
  www.baden-wuerttemberg.datenschutz.de/service/lfd-merkblaetter/fernwartung.htm
- oder zum Thema Internet und Datenschutz
  www.baden-wuerttemberg.datenschutz.de/service/lfd-merkblaetter/internet.htm.

Ist es im Einzelfall unklar, ob und mit welcher Ausführlichkeit bestimmte Fragestellungen im Verfahrensverzeichnis angesprochen werden sollen, so kann es hilfreich sein, sich in die Rolle eines Lesers zu versetzen, der der öffentlichen Stelle nicht angehört, aber anhand des Verfahrensverzeichnisses darüber informiert werden soll, welche Datenverarbeitungsvorgänge ablaufen, auf welcher Rechtsgrundlage dies erfolgt und ob dafür ausreichende technische und organisatorische Schutzmaßnahmen ergriffen wurden.

6. Wer führt das Verfahrensverzeichnis?

Sofern die verantwortliche Stelle einen behördlichen Datenschutzbeauftragten i.S. von § 10 LDSG bestellt hat, gehört es zu dessen Aufgaben, das Verfahrensverzeichnis zu führen (§ 10 Abs. 4 Nr. 3 LDSG). Andernfalls muss die verantwortliche Stelle im Rahmen ihrer Geschäftsverteilung festlegen, welcher Bedienstete für die Führung des Verfahrensverzeichnisses verantwortlich ist. In jedem Falle muss die verantwortliche Stelle durch organisatorische Regelungen sicherstellen, dass der für die Führung des Verfahrensverzeichnisses Verantwortliche von allen automatisierten Verfahren erfährt.

7. Wer kann das Verfahrensverzeichnis einsehen?

Wie bereits ausgeführt, dient das Verfahrensverzeichnis in erster Linie der Eigenkontrolle. Im Rahmen der ihm gesetzlich übertragenen Aufgaben kann auch der Landesbeauftragte für den Datenschutz Baden-Württemberg Einblick in die Verfahrensverzeichnisse der öffentlichen Stellen des Landes nehmen.

Schließlich muss die verantwortliche Stelle eine Reihe von Angaben des Verfahrensverzeichnisses auf Antrag jedem in geeigneter Weise verfügbar machen. Ausgenommen von dieser Regelung sind automatisierte Verfahren des Landesamtes für Verfassungsschutz.

Keine Einsicht erhalten Interessierte in die Angaben, die die internen Abläufe und Strukturen der Daten verarbeitenden Stelle beschreiben. Dazu gehören Angaben zu den Zugriffsberechtigten, die allgemeine Beschreibung der zugrunde liegenden Infrastruktur sowie die getroffenen technischen und organisatorischen Sicherheitsmaßnahmen.

8. Weitere Informationen

Weitere Informationen rund um das Thema Datenschutz finden sich im Internetangebot des virtuellen Datenschutzbüros, das von zahlreichen nationalen und internationalen Datenschutzbeauftragten getragen wird, unter www.datenschutz.de.

Anlage 2

Gesetz betreffend das Urheberrecht an Werken der bildenden Künste und der Fotografie – Auszug – vom 9.1.1907 (RGBl. S. 7; BGBl. III 440-3) aufgehoben am 1. Januar 1996 ... bis auf den Schutz von Bildnissen

§ 22 Recht am eigenen Bilde

Bildnisse dürfen nur mit Einwilligung des Abgebildeten verbreitet oder öffentlich zur Schau gestellt werden.

Die Einwilligung gilt im Zweifel als erteilt, wenn der Abgebildete dafür, dass er sich abbilden ließ, eine Entlohnung erhielt. Nach dem Tode des Abgebildeten bedarf es bis zum Ablaufe von 10 Jahren der Einwilligung der Angehörigen des Abgebildeten. Angehörige im Sinne dieses Gesetzes sind der überlebende Ehegatte oder Lebenspartner und die Kinder des Abgebildeten und, wenn weder ein Ehegatte oder Lebenspartner noch Kinder vorhanden sind, die Eltern des Abgebildeten.

→ Internet und Schule; → Urheberecht (Kopien – Internet)

§ 23 Ausnahmen zu § 22

(1) Ohne die nach § 22 erforderliche Einwilligung dürfen verbreitet und zur Schau gestellt werden:
1. Bildnisse aus dem Bereiche der Zeitgeschichte;
2. Bilder, auf denen die Personen nur als Beiwerk neben einer Landschaft oder sonstigen Örtlichkeit erscheinen;
3. Bilder von Versammlungen, Aufzügen und ähnlichen Vorgängen, an denen die dargestellten Personen teilgenommen haben;
4. Bildnisse, die nicht auf Bestellung angefertigt sind, sofern die Verbreitung oder Schaustellung einem höheren Interesse der Kunst dient.

(2) Die Befugnis erstreckt sich jedoch nicht auf eine Verbreitung und Schaustellung, durch die ein

---

Das unabhängige Landeszentrum für Datenschutz Schleswig-Holstein hat ein „Praxishandbuch Schuldatenschutz" veröffentlicht. Trotz der unterschiedlichen Rechtslage gibt es auch Schulleitungen, Schulsekretärinnen und Lehrkräften in Baden-Württemberg viele gute Hinweise. Online abrufbar unter https://www.datenschutzzentrum.de/schule/praxishandbuch-schuldatenschutz.php

berechtigtes Interesse des Abgebildeten oder, falls dieser verstorben ist, seiner Angehörigen verletzt wird.

§ 24 Ausnahmen im öffentlichen Interesse

Für Zwecke der Rechtspflege und der öffentlichen Sicherheit dürfen von den Behörden Bildnisse ohne Einwilligung des Berechtigten sowie des Abgebildeten oder seiner Angehörigen vervielfältigt, verbreitet und öffentlich zur Schau gestellt werden.

§ 33 Strafvorschrift

(1) Mit Freiheitsstrafe bis zu einem Jahr oder mit Geldstrafe wird bestraft, wer entgegen den §§ 22, 23 ein Bildnis verbreitet oder öffentlich zur Schau stellt.
(2) Die Tat wird nur auf Antrag verfolgt.

Anlage 3
Datenschutzrechtliche Hinweise für den Gebrauch privater Datenverarbeitungsgeräte durch Lehrkräfte zur Verarbeitung personenbezogener Daten

Genehmigung

Der Schulleiter muss über Art und Umfang der vorgesehenen Verarbeitung personenbezogener Daten auf einem privaten Datenverarbeitungsgerät einer Lehrkraft informiert sein und dieser Datenverarbeitung schriftlich zustimmen. Die Schulleitung und ggfs. der Landesbeauftragte für den Datenschutz hat gegenüber der Lehrkraft einen Auskunftsanspruch über die auf dem privaten Gerät gespeicherten dienstlichen personenbezogenen Daten. Besonders sensible Daten, etwa über das Verhalten von Schülerinnen und Schülern, dürfen nicht auf dem privaten Datenverarbeitungsgerät verarbeitet werden.

Hinweis d. Redaktion: Ein Genehmigungsformular ist unter www.km-bw.de/servlet/PB/show/1270514/ abrufbar.

Verhinderung von ungewollten Zugriffen

Die Daten auf privaten Datenverarbeitungsgeräten können durch folgende Maßnahmen geschützt werden:
- Das private Datenverarbeitungsgerät wird durch ein geheimes Passwort geschützt.
- Das private Datenverarbeitungsgerät sollte nicht von Dritten genutzt werden. Sollte dies nicht zu vermeiden sein, sollten verschiedene Benutzerprofile eingerichtet und der Zugriff auf die dienstliche Daten geschützt werden.
- Das eingesetzte Betriebssystem wird mit den jeweils neuesten Sicherheitsupdates geschützt. Soweit sich das Datenverarbeitungsgerät im Internet befindet oder andere Schnittstellen nach außen besitzt, muss neben dem Browser, ein Virenschutzprogramm und eine Firewall verwendet werden, für deren Aktualität (automatische Updatefunktion) zu sorgen ist.
- Bei der Nutzung von Webportalen darf das eingegebene Passwort nicht im Browser für weitere Sitzungen gespeichert werden. Dies verhindert die unberechtigte Nutzung des Webportals durch andere Nutzer Ihres privaten Umfelds, z.B. durch im Haushalt wohnende Kinder.
- Die Nutzung fremder Internetzugänge (z.B. in Internet- Cafes oder Hot-Spots an öffentlichen Plätzen) ist verboten.
- Legen Sie die dienstlichen Daten nur auf verschlüsselten und durch Passwörter geschützten Datenträgern ab. Empfohlen wird z.B. ein USB-Stick, auf dem die Daten verschlüsselt abgelegt werden und der durch ein Passwort geschützt ist.

Weitere Informationen zu diesen Themen finden Sie im Internet auf der Webseite des BSI für Privatpersonen, welche unter http://www.bsi-fuer-buerger.de/ zu erreichen ist.

Dienstantrittsmeldung

Hinweise der Redaktion

Bei besoldungs- oder vergütungsrelevanten Veränderungen wird das geänderte Gehalt erst ab dem Datum des jeweiligen Dienstantritts gezahlt, z.B.
- wenn sich die Ist-Stundenzahl ändert (z.B. statt bisher 17/27 Std. auf 19/27 Std.)
- bei der Einstellung sowie beim Antritt von Schulleitungs- und sonstigen besoldungsrelevanten Funktionsstellen (Fachleiter/in, stellv. Schulleiter/in) oder von Ämtern mit Zulagen.

Ferner muss das Regierungspräsidium den Termin sonstiger Personalveränderungen erfahren, z.B.
- Ablauf einer befristeten Freistellung (Arbeitsversuch usw.),
- Rückkehr aus Mutterschutzfrist oder Elternzeit, Urlaub ohne Dienstbezüge.

- Dienstantritt nach Versetzung an eine andere Schule,
- Dienstantritt bzw. -ende im Fall einer Abordnung an der „neuen" Schule bzw. Rückkehr an die Stammschule.

Von der Schulleitung ist unmittelbar nach einer solchen Veränderung eine Dienstantrittsmeldung zu erstatten (schriftlich auf dem Dienstweg).

Bei Arbeitnehmer/innen sind wegen der Lohnfortzahlung im Krankheitsfall der Beginn und das Ende jeder Dienstverhinderung (Arbeitsunfähigkeit und Arbeitsverhinderung) direkt dem Landesamt zu melden – auch bei kürzerer krankheitsbedingter Abwesenheit und während der Schulferien!

➔ Abwesenheit und Krankmeldung (Lehrkräfte)✚ ➔ Mutterschutz (Verordnung / AzUVO)

Dienst- und Arbeitsjubiläen

Hinweise der Redaktion

1. Beamtinnen und Beamte

Verordnung der Landesregierung über die Gewährung von Jubiläumsgaben an Beamte und Richter Jubiläumsgabenverordnung – JubGVO) vom 5. Februar 2002 (GBl. S. 94/2002); zuletzt geändert 27.10.2010 (GBl. S. 793/2010)

§ 1
Allgemeines

(1) Die Beamten des Landes, ... erhalten anlässlich der Vollendung einer Dienstzeit von 25, 40 und 50 Jahren nach Maßgabe des § 82 LBG und der folgenden Bestimmungen eine Jubiläumsgabe und in der Regel eine Dankurkunde. ...

Hinweis der Redaktion: Die Jubiläumsgabe beträgt
- beim 25-jährigen Jubiläum   300 Euro,
- beim 40-jährigen Jubiläum   400 Euro,
- beim 50-jährigen Jubiläum   500 Euro.

Teilzeitbeschäftigte erhalten die Jubiläumsgabe in voller Höhe.
Die Jubiläumsgabe ist steuerpflichtig!
Beim Dienstjubiläum gibt es einen freien Tag.
→ Beamtengesetz § 82; → Urlaub (VO) § 27

§ 2
Jubiläumsdienstzeit

Die Jubiläumsdienstzeit nach § 103 Abs. 2 LBG ist zu berechnen und der Zeitpunkt der Dienstjubiläen (Jubiläumstage) festzusetzen; die Berechnung und die Festsetzung sind den Beamten schriftlich mitzuteilen. Entsprechendes gilt in den Fällen des § 103 Abs. 2 Halbsatz 2 LBG.

§ 3
Anspruch, Verfahren

(1) Der Anspruch auf die Jubiläumsgabe besteht gegenüber dem Dienstherrn, in dessen Dienst der Beamte am Jubiläumstag steht. Ein zu diesem Zeitpunkt zu einem anderen Dienstherrn abgeordneter Beamter erhält die Jubiläumsgabe vom abordnenden Dienstherrn.

(2) Die Jubiläumsgabe soll zusammen mit den Dienstbezügen für den Kalendermonat gezahlt werden, in der der Jubiläumstag (§ 2) fällt; § 4 bleibt unberührt. Fällt der Jubiläumstag ... in die Zeit einer Beurlaubung wegen Kinderbetreuung nach § 82 Abs. 2 Nr. 3 LBG, soll abweichend von Satz 1 Halbsatz 1 die Jubiläumsgabe alsbald nach Wiederaufnahme des Dienstes gewährt werden, es sei denn, die Beurlaubung erstreckt sich bis zum Beginn des Ruhestands.

(3) Auf die Jubiläumsgabe sind die aus demselben Anlass aus öffentlichen Mitteln gewährten Geld- oder Sachzuwendungen anzurechnen.

§ 4
Hinderungsgründe

(1) Die Gewährung der Jubiläumsgabe wird hinausgeschoben,
1. wenn die Disziplinarmaßnahme einer Geldbuße von mehr als 150 Euro verhängt worden ist, bis zum Ablauf von drei Jahren,
2. wenn die Disziplinarmaßnahme einer Kürzung der Bezüge verhängt worden ist, bis zum Ablauf von fünf Jahren,
3. wenn die Disziplinarmaßnahme der Zurückstufung verhängt worden ist, bis zum Ablauf von sieben Jahren seit dem Tage der Verhängung der Disziplinarmaßnahme, bei späterer Abänderung seit dem Tage der Verhängung der ursprünglichen Disziplinarmaßnahme.

(2) Die Gewährung der Jubiläumsgabe wird zurückgestellt, solange gegen den Beamten strafrechtliche Ermittlungen geführt werden, gegen ihn Anklage erhoben ist oder ein gegen ihn eingeleitetes Straf- oder Disziplinarverfahren nicht unanfechtbar abgeschlossen ist.

§ 5
Dankurkunde

(1) Die Entscheidung über die Ehrung mit einer Dankurkunde trifft die oberste Dienstbehörde oder die von ihr bestimmte Stelle. § 3 Abs. 2 Satz 2 und § 4 gelten entsprechend.

(2) Bei 40- und 50-jährigem Dienstjubiläum wird die Dankurkunde vom Ministerpräsidenten, bei 25-jährigen Dienstjubiläum von der obersten Dienstbehörde oder der von ihr bestimmten Stelle ausgefertigt. ...

(3) Die nach Absatz 1 zuständige Stelle legt die vorbereitete Dankurkunde spätestens sechs Wochen vor dem Tag des Dienstjubiläums der nach Absatz 2 zuständigen Stelle zur Ausfertigung vor.

2. Arbeitnehmer/innen

Arbeitnehmerinnen und Arbeitnehmer erhalten gemäß § 23 Abs. 2 TV-L nach einer entsprechenden Beschäftigungszeit (§ 34 Abs. 3 TV-L) eine steuerpflichtige Sonderzahlung.
- Beim 25-jährigen Arbeitsjubiläum   350 Euro,
- Beim 40-jährigen Arbeitsjubiläum   500 Euro.

Teilzeitbeschäftigte Arbeitnehmerinnen und Arbeitnehmer erhalten die Sonderzahlung in voller Höhe.
Beim Arbeitsjubiläum gibt es gemäß TV-L § 29 Nr. 1 Buchst. d einen freien Tag.
Gemäß „VwV-Dankurkunde" (KuU S. 191/2008) erhalten Arbeitnehmer/innen eine Dankurkunde wie die entsprechenden Beamt/innen.

→ Beamtengesetz § 82; → Urlaub (Verordnung / AzUVO) § 27; → Tarifvertrag (Länder) § 34

Dienstliche Beurteilung (Beamtenrecht) / Dienstliche Beurteilung (Lehrkräfte)

Dienstliche Beurteilung (Beamtenrecht)

Auszug aus der Verordnung der Landesregierung über die dienstliche Beurteilung der Beamten (Beurteilungsverordnung) vom 6. Juni 1983 (GBl. S. 209; KuU S. 523/1983); zuletzt geändert am 27.10.2010 (GBl. S. 793/2010)

§ 1

(1) Beamte auf Probe werden
1. neun Monate nach der Einstellung in das Beamtenverhältnis auf Probe sowie
2. drei Monate vor Beendigung der Probezeit dienstlich beurteilt. Beträgt die Probezeit ein Jahr oder weniger, entfällt die Beurteilung nach Satz 1 Nr. 1. Beträgt die Probezeit mehr als ein Jahr aber weniger als 18 Monate, kann auf die Beurteilung nach Satz 1 Nr. 1 verzichtet werden. ...
(3) Vorschriften über die Beurteilung in Ausbildungs- und Prüfungsordnungen bleiben unberührt.

§ 3

Von der regelmäßigen Beurteilung werden ausgenommen: ...

3. Beamte auf Widerruf im Vorbereitungsdienst ...
5. Beamte, die am Beurteilungsstichtag bereits länger als ein Jahr
a) beurlaubt,
b) zu einem anderen Dienstherrn abgeordnet oder
c) von ihrer dienstlichen Tätigkeit freigestellt sind,
6. Beamte während der Probezeit.

§ 6

(2) ... Lehrkräfte im Schuldienst und hauptamtliche Lehrkräfte der Lehrerbildungseinrichtungen ... werden von der regelmäßigen Beurteilung ausgenommen, wenn sie das 50. Lebensjahr vollendet haben ... .

→ Beamtenstatusgesetz § 50; → Besoldung (Gesetz – LBesGBW); → Dienstliche Beurteilung (Lehrkräfte); → Dienstliche Beurteilung (Religionslehre); → Funktionsstellen (Überprüfungsverfahren); → Probezeit; → Unterrichtsbesuche; → Verwaltungsrecht

Dienstliche Beurteilung (Lehrkräfte)

Beratungsgespräch und dienstliche Beurteilung der Lehrkräfte an öffentlichen Schulen; Verwaltungsvorschrift des KM vom 21.7.2000 (KuU S. 280); zuletzt geändert 10.8.2009 (KuU S. 200/2009)

I. Allgemeines und Anwendungsbereich

1.

Die öffentlichen Schulen sind wie alle anderen Teile der öffentlichen Verwaltung verpflichtet, der Qualität und Effektivität ihrer Arbeit besonderes Augenmerk zu schenken. Im Rahmen der ständig notwendigen Weiterentwicklung und Verbesserung des Bildungswesens kommt der Qualitätserhaltung und Qualitätsverbesserung an der einzelnen Schule eine zentrale Rolle zu. Die Lehrkräfte sollen in ihrem pädagogischen Wirken bestätigt und bestärkt, der Erhalt ihrer Leistungsfähigkeit gefördert und Möglichkeiten der Verbesserung aufgezeigt werden, die sie zur Erfüllung ihres Erziehungs- und Bildungsauftrages benötigen. Dies trägt dazu bei, die Qualität der Arbeit an der Schule zu sichern.

Zur Entwicklung und Förderung eines gedeihlichen pädagogischen Klimas an der einzelnen Schule sowie als Basis für ein fruchtbares erzieherisches Handeln sind die gemeinsame Planung, Vorbereitung und Gestaltung von Unterricht, gegenseitige Hospitationen der Lehrkräfte untereinander sowie die Durchführung von Gesamtlehrerkonferenzen, Teilkonferenzen und Pädagogischen Tagen wichtige Voraussetzungen. In diesem Zusammenhang kommt dem Schulleiter, den sonst an der Leitung beteiligten Personen sowie dem Lehrerkollegium eine besondere Bedeutung zu.

Dienstliche Beurteilungen bilden die Grundlage für Personalentscheidungen und ermöglichen die zweckmäßige dienstliche Verwendung der Lehrkräfte.

2.

Diese Verwaltungsvorschrift gilt für Lehrkräfte, einschließlich der Funktionsinhaber, an öffentlichen Schulen.

→ Dienstliche Beurteilung (Beamtenrecht) § 6

Hinweis der Redaktion: Die Beurteilung der Beschäftigten des Schulträgers (z.B. Hausmeister, Schulsekretärin usw.) obliegt dem Schulträger. Von dieser Beurteilung ist u.a. das Leistungsentgelt dieser Beschäftigten abhängig. Der Schulträger kann diese Beurteilung nicht auf die Schulleiter/innen übertragen. Diese sind lediglich dabei an der Beurteilung des Schulträgerpersonals mitzuwirken und einen Beitrag mit eigenen Erkenntnissen beizusteuern, der im Wesentlichen Grundlage der Beurteilung werden kann, da sie über ihr Weisungsrecht aus § 41 Schulgesetz jedenfalls die konkreten Arbeitsabläufe beeinflussen können. (Quelle: KM, 2.4.2008)

→ Arbeitszeugnis / Dienstzeugnis

II. Beratungsgespräch

Der Schulleiter führt mit den Lehrkräften seiner Schule in regelmäßigen Abständen Beratungsgespräche, die mit einer Zielvereinbarung abschlie-

ßen können. In diesem Zusammenhang sind insbesondere folgende Punkte zu erörtern:
- Qualität der unterrichtlichen, erzieherischen und außerunterrichtlichen Arbeit,
- individuelle Fortbildungsplanung,
- künftige berufliche Entwicklung,
- Arbeitsbedingungen und Arbeitszufriedenheit.

→ Unterrichtsbesuche

Hinweise der Redaktion:
1. Für das „Beratungsgespräch" (auch für die Frequenz dieser Gespräche und für eine mögliche „Zielvereinbarung") hat das KM bewusst keine Formvorschriften erlassen. Der Termin sollte zwischen der Schulleitung und der Lehrkraft einvernehmlich festgelegt werden. Auch eine Protokollierung ist nicht vorgeschrieben; es ist jedoch sinnvoll, dass der Schulleiter/die Schulleiterin eine Aktennotiz fertigt und in der Nebenakte der Lehrkraft ablegt, um den Zeitpunkt sowie ggf. wichtige Inhalte des Gesprächs festzuhalten. Der Lehrkraft ist eine Kopie zu übergeben. Bitte auch Ziff. III.2.2 sowie den Hinweis bei Nr. III.2.3 beachten

→ Personalakten

2. In der „Dienstordnung für die Landesverwaltung" (20.2. 1998; KuU S. 114/1998) sind „Mitarbeitergespräche" vorgeschrieben; diese Dienstordnung gilt aber ausdrücklich *nicht im Schulbereich*. Auch die vom KM mit dem zuständigen Hauptpersonalrat im Oktober 2002 abgeschlossene „Dienstvereinbarung zur Durchführung von Mitarbeitergesprächen mit Zielvereinbarung" mit genauen Zeit- und Formvorgaben gilt nur im *außerschulischen Bereich*.

→ Dienstordnung

3. Im schulischen Bereich ist statt der „Mitarbeitergespräche" das „Beratungsgespräch" vorgeschrieben (s.o. Nr. II). Das KM lässt den Schulleiter/innen hierfür bewusst einen Gestaltungsfreiraum: Es gibt keine verbindliche Zeitvorgabe; auch Gruppengespräche sind möglich. Das Gespräch *kann*, muss aber nicht zu einer Zielvereinbarung führen.

4. Will die Schulleitung über diesen offenen Rahmen hinaus Regularien für Beratungsgespräche einführen (z.B. verbindliche Termine, Gesprächsformen oder -inhalte oder verpflichtende Zielvereinbarungen), die für alle oder eine unbestimmte Vielzahl von Beschäftigten an der Schule gelten, muss sie den zuständigen Personalrat beteiligen: Nach der gefestigten Rechtsprechung des Verwaltungsgerichtshofes Baden-Württemberg ist die Einführung von Mitarbeitergesprächen mit Zielvereinbarung nach § 79 Absatz 1 Ziffer 12 LPVG eine *Regelung der Ordnung in der Dienststelle und des Verhaltens der Beschäftigten*" und damit mitbestimmungspflichtig (9.5.2000, PL 15 S 2514/99). Zuständig ist bei Gymnasien und beruflichen Schulen der Personalrat an der Schule, bei den GWHRS-Schulen der Personalrat für Lehrkräfte bei den Staatlichen Schulamt.

→ Landespersonalvertretungsgesetz § 79 Abs. 1 Nr. 12

5. In den verbindlich vorgeschriebenen „Integrationsvereinbarungen" sind für schwerbehinderte Lehrkräfte regelmäßig verpflichtende „Personalgespräche" vorgesehen. In der Muster-Integrationsvereinbarung, die von den Hauptschwerbehindertenvertretungen beim KM herausgegeben wurde, lautet die Standard-Formulierung hierfür:

Personalgespräch über Deputat, Klassenleitung, Stundenplan, Aufsichtsführung und bei sich abzeichnenden Problemen.

Die Schulleiterin/der Schulleiter führt am Ende des Schuljahres zur Vorbereitung des folgenden Schuljahres mit der schwerbehinderten Lehrkraft ein persönliches Gespräch mit dem Ziel, die besonderen Bedürfnisse zu erfahren und bei der Planung des Schuljahres zu berücksichtigen. – Bei Konflikten ist ebenfalls ein Gespräch mit dem Ziel zu führen, die Situation zu bereinigen. In beiden Fällen ist auf Wunsch der schwerbehinderten Lehrkraft die Schwerbehinderten-

vertretung zu diesen Gesprächen hinzuzuziehen. Über die Ergebnisse ist ein Protokoll anzufertigen, eine Kopie ist dem Beschäftigten auszuhändigen.

Die der Schwerbehinderung zugrunde liegenden Erkrankungen müssen von der schwerbehinderten Lehrkraft nicht offengelegt werden. Nachfragen nach den Erkrankungen sind deshalb in diesen Gesprächen nicht zulässig.

→ Schwerbehinderung

III.
Dienstliche Beurteilung

1. Arten der dienstlichen Beurteilung

Lehrkräfte werden während ihrer Probezeit (Probezeitbeurteilung), aus besonderem Anlass (Anlassbeurteilung), nach Ablauf der Probezeit in regelmäßigen Zeitabständen (Dienstbericht) und nach der Verordnung der Landesregierung über das leistungsabhängige Aufsteigen in den Grundgehaltsstufen (aktuelle Leistungsfeststellung) dienstlich beurteilt.

1.1 Probezeitbeurteilung

Beamte auf Probe werden neun Monate nach der Einstellung oder Übernahme in das Beamtenverhältnis auf Probe, spätestens jedoch drei Monate vor dem Zeitpunkt, zu dem ein Beamter während der Probezeit angestellt werden soll, dienstlich beurteilt. Außerdem werden Beamte auf Probe drei Monate vor Beendigung der Probezeit dienstlich beurteilt.

1.2 Anlassbeurteilung

Dienstliche Beurteilungen aus besonderem Anlass können vor Entscheidungen über eine Versetzung, Beförderung oder die Übertragung von Dienstaufgaben eines höherwertigen Amtes sowie bei Vorliegen eines besonderen dienstlichen Bedürfnisses angefordert werden.

→ Arbeitszeugnis / Dienstzeugnis; → Funktionsstellen (Überprüfungsverfahren)

Hinweise der Redaktion:
1. Die Gültigkeitsdauer des maßgebenden Gesamturteils von Anlassbeurteilungen in Zusammenhang mit den Beförderungsverfahren sowie mit dem Bewährungsaufstieg vom gehobenen in den höheren Dienst beträgt 5 Jahre. Für Lehrkräfte besteht die Möglichkeit, früher um eine erneute dienstliche Beurteilung zu bitten; der Schulleiter/in bleibt es unbenommen, früher eine neue dienstliche Beurteilung zu erstellen, wenn sich die Leistung der Lehrkräfte verändert hat.
Quelle: KM, 12.12.2005; AZ: 14-0311.23/381

2. Als „besonderes dienstliches Bedürfnis" werden z.B. Beschwerden über eine Lehrkraft oder der Verdacht eines dienstlichen Fehlverhaltens betrachtet.

1.3 Dienstbericht

Der Dienstbericht erfolgt jeweils fünf Jahre nach der letzten dienstlichen Beurteilung.

Vom Dienstbericht ausgenommen sind
- Lehrkräfte, die das 50. Lebensjahr vollendet haben,
- Lehreranwärter und Studienreferendare,
- Lehrkräfte im Beamtenverhältnis auf Probe während der Probezeit,

---

Die Formulare befinden sich – in zusammengefasster Form – auf den folgenden Seiten.

Dienstliche Beurteilung (Lehrkräfte)

- Lehrkräfte, die länger als ein Jahr beurlaubt oder zu einem anderen Dienstherrn abgeordnet sind.

  Hinweis der Redaktion: Der Dienstbericht erfolgt formlos; deshalb gibt es hierfür kein Formular.

1.4 Aktuelle Leistungsfeststellung (nicht abgedruckt)

Hinweis der Redaktion: Ab 1.1.2011 werden aufgrund der Dienstrechtsreform keine → Leistungsstufen mehr vergeben.

2. Inhalt der dienstlichen Beurteilung

2.1 Bei der Probezeit- und Anlassbeurteilung werden Eignung, Befähigung und fachliche Leistung durch eine Leistungsbeurteilung (vgl. Nr. 3) und eine Befähigungsbeurteilung (vgl. Nr. 4) erfasst. Die fachlichen Leistungen werden in der Leistungsbeurteilung, die Fähigkeiten und Fachkenntnisse in der Befähigungsbeurteilung beurteilt, um sie bei der Feststellung der Eignung im Rahmen von Personalentscheidungen berücksichtigen zu können.

2.2 Im Dienstbericht werden die Leistung und das pädagogische Wirken gewürdigt und ggf. Möglichkeiten der Verbesserung aufgezeigt.

2.3 Die aktuelle Leistungsfeststellung erfolgt durch eine Leistungsbeurteilung nach Nr. 3 und eine Bewertung nach Nr. 6.2.

Hinweis der Redaktion: Es liegt im → Ermessen der Schulleiter/innen, wie und wann sie sich einen Eindruck von den unterrichtlichen Leistungen der Lehrkräfte verschaffen. Es muss also aus Anlass des Dienstberichts bzw. der aktuellen Leistungsfeststellung nicht in jedem Fall ein Unterrichtsbesuch erfolgen. Bei der Anlass- und der abschließenden Probezeitbeurteilung wird hingegen auf Unterrichtsbesuche als Grundlage für die Beurteilung (durch die Schulaufsicht) hingewiesen (vgl. Ziff. III.7.3).

3. Leistungsbeurteilung

3.1 Mit der Leistungsbeurteilung werden die dienstlichen Tätigkeiten erfasst und die Arbeitsergebnisse bewertet.

3.2 Die Leistungsbeurteilung hat sich an der Aufgabenbeschreibung auszurichten. Die Aufgabenbeschreibung soll die den allgemeinen Aufgabenbereich der Lehrkraft im Beurteilungszeitraum prägenden Tätigkeiten sowie ihr übertragene Sonderaufgaben aufführen.

3.3 Die dienstlichen Leistungen sind nach den Leistungsmerkmalen

- Unterrichtsgestaltung, Unterrichtserfolg
- Erzieherisches Wirken
- Zusammenarbeit mit den am Schulleben Beteiligten
- Wahrnehmung leitender und beratender Aufgaben

zu bewerten. Die Bewertung der einzelnen Leistungsmerkmale erfolgt durch verbale Beschreibung ohne Note.

4. Befähigungsbeurteilung

4.1 Mit der Befähigungsbeurteilung werden die allgemeinen und fachlichen Kenntnisse und Fähigkeiten (Befähigungsmerkmale), die für die weitere dienstliche Verwendung und berufliche Entwicklung von Bedeutung sind, erfasst und bewertet. Die Bewertung einzelner Befähigungsmerkmale entfällt, soweit diese bei der Wahrnehmung der dienstlichen Tätigkeit nicht feststellbar sind. Bei der Probezeitbeurteilung nach Nr. 1.1 Satz 1 unterbleibt eine Befähigungsbeurteilung.

4.2 Die Befähigungsmerkmale sind nach den Ausprägungsgraden

- schwach ausgeprägt
- normal ausgeprägt
- stärker ausgeprägt
- besonders stark ausgeprägt

zu bewerten. Falls erforderlich, sind zusätzliche Erläuterungen zu geben.

4.3 Die Befähigungsmerkmale sind im Beurteilungsformblatt aufgeführt; es können zusätzliche Befähigungsmerkmale aufgenommen werden.

5. Gesamturteil

5.1 Probezeit- und Anlassbeurteilung schließen mit einem Gesamturteil ab, das durch eine Note nach Nr. 6.1 ausgedrückt wird. Die Vergabe halber Noten ist nicht zulässig.

Hinweis der Redaktion: Eine weitere Differenzierung ist nicht möglich. Wenn bei gleicher Beurteilung bei Beförderungen Auswahlentscheidungen zu treffen sind, ist unter Beachtung des Grundsatzes von Eignung, Befähigung und fachlicher Leistung auf Hilfskriterien zurückzugreifen, die die oberen Schulaufsichtsbehörden mit den jeweiligen Bezirkspersonalräten abstimmen.

(Quelle: KM vom 10. Juni 2003, AZ: 14-0301.620/-)

5.2 Das Gesamturteil ist aus der Bewertung der Leistungsmerkmale und unter Würdigung des Gesamtbildes der Leistungen zu bilden. Dabei sind die bewerteten Befähigungsmerkmale, soweit diese zu den dienstlichen Leistungen beigetragen haben, in das Gesamturteil einzubeziehen.

5.3 Die Angaben bei den Beurteilungsmerkmalen müssen das Gesamturteil tragen. Sind einzelne Merkmale für die Tätigkeit besonders kennzeichnend, so soll dies bei der Bildung des Gesamturteils berücksichtigt werden. In diesem Falle ist das Gesamturteil zu begründen.

→ Chancengleichheitsgesetz § 10

6. Beurteilungsmaßstab

6.1 Für das Gesamturteil gilt folgender Beurteilungsmaßstab:

sehr gut =	eine Leistung, die den Anforderungen in besonderem Maße entspricht;
gut =	eine Leistung, die den Anforderungen voll entspricht;
befriedigend =	eine Leistung, die im Allgemeinen den Anforderungen entspricht;

ausreichend	= eine Leistung, die zwar Mängel aufweist, aber im Ganzen den Anforderungen noch entspricht;
mangelhaft	= eine Leistung, die wesentliche Mängel aufweist und deshalb im Ganzen den Anforderungen nicht entspricht;
ungenügend	= eine Leistung, die den Anforderungen in keiner Weise entspricht.

6.2 Für die aktuelle Leistungsfeststellung gilt folgender Beurteilungsmaßstab:
– Übertrifft die Leistungserwartungen in besonderem Maße;
– Übertrifft die Leistungserwartungen;
– Entspricht den Leistungserwartungen;
– Entspricht nicht den Leistungserwartungen.

6.3 Maßgebend für die an die Lehrkraft gestellten Anforderungen sind das ihr übertragene Amt und die damit verbundenen Dienstaufgaben.

6.4 Beurteilungen sind unabhängig von vorausgegangenen Beurteilungen vorzunehmen.

7. Beurteilungsverfahren

7.1 Lehrkräfte in der Funktion des Schulleiters werden durch die Schulaufsichtsbehörde beurteilt.

7.2 Die Beurteilung der anderen Lehrkräfte erfolgt grundsätzlich durch den Schulleiter.

Hinweise der Redaktion:

Sehen sich Schulleiter/innen ausnahmsweise nicht in der Lage, den Unterricht einer Lehrkraft zu beurteilen, weil ihnen dazu fachliche Kenntnisse des Unterrichtsfaches fehlen, können sie sich bei der Beurteilung durch Fachleiter/innen unterstützen lassen, die insoweit Führungsaufgaben wahrnehmen. Auch in diesen Fällen bleibt es aber bei der alleinigen Verantwortung der Schulleiterin bzw. des Schulleiters für die Bewertung. Sie können sich insoweit nur beraten lassen.
Quelle: KM, 26. Juni 2006; AZ: 14-0300.41/275

Lehrkräfte, die mit mehr als 50% ihres Arbeitsumfangs oder ihres Regelstundenmaßes an das KM bzw. die nachgeordneten Einrichtungen der Schulverwaltung (Seminare, Akademien usw.) abgeordnet wurden, werden von der Dienststelle bzw. der Einrichtung beurteilt, für die sie überwiegend tätig sind. Die Vorbeurteilerin bzw. der Vorbeurteiler hat dann für die Beurteilung einer teilweise abgeordneten Lehrkraft oder sofern es zur Beurteilung des gesamten Beurteilungszeitraums erforderlich ist bei der Leiterin bzw. beim Leiter der Stammdienststelle der/

des abgeordneten Bediensteten eine Stellungnahme einzuholen, die bei der Beurteilung zu berücksichtigen ist.
(Quelle: RP S, 29.2.2008; AZ: 7-0300.40/43-1)

7.3 Bei der drei Monate vor Ablauf der Probezeit abzugebenden Beurteilung kann sich die Schulaufsichtsbehörde die Bildung des maßgebenden Gesamturteils im Einzelfall vorbehalten, wenn hierfür ein besonderes dienstliches Bedürfnis besteht. Die Schulaufsichtsbehörde bildet ihr Gesamturteil aufgrund der Beurteilung des Schulleiters und ihrer eigenen Erkenntnisse, insbesondere aufgrund von Unterrichtsbesuchen. Ob bei der Anlassbeurteilung und der aktuellen Leistungsfeststellung im Einzelfall ein Unterrichtsbesuch erforderlich ist, steht im pflichtgemäßen Ermessen des Beurteilers.

Hinweise der Redaktion:

1. Ein „besonderes dienstliches Bedürfnis" kann je nach Einzelfall z.B. in folgenden Fällen vorliegen:
   a) die Lehramtsprüfung liegt lange zurück und/oder wurde mit schlechter als „*befriedigend*" absolviert,
   b) die erste dienstliche Beurteilung 9 Monate nach der Einstellung lautet auf die Note 3,0 oder schlechter,
   c) sonstige besondere Erkenntnisse der Schulaufsichtsbehörde,
   d) in der zweiten dienstlichen Beurteilung gegen Ende der Probezeit werden die Leistungen mit 3,0 oder schlechter beurteilt.

   Das besondere dienstliche Bedürfnis, ein maßgebendes Gesamturteil durch das Regierungspräsidium zu bilden (zweistufige Beurteilung), kann demzufolge festgestellt werden:
   a) bereits mehr oder minder lange vor Ende der Probezeit (Ziffer 1 bis 3) oder
   b) erst am Ende der Probezeit nach Eingang der zweiten Beurteilung (Ziffer 4).
   (Quelle: KM, 301.1.2007; AZ: 76-6412.00123)

2. Leisten Lehrkräfte ihre Probezeit an einer Schule ab, für die sie keine Lehramtsbefähigung haben, wird die 1. Stufe der Probezeitbeurteilung von der Schulleitung der Schule erstellt, an der die Lehrkräfte unterrichten. Die zweite Stufe wird gem. Ziff. 7.3 von der Schulaufsichtsbehörde erstellt. Bei der Abordnung einer wissenschaftlichen Lehrkraft an Gymnasien oder an beruflichen Schulen an eine Schule aus dem Bereich der GHRS-Schulen während der Probezeit wird das maßgebliche Gesamturteil durch die zuständige untere Schulaufsichtsbehörde erstellt.
(Quelle: KM, 25.6.2003; Az.:14-0300.41/261)

7.4 Weichen die Erkenntnisse der Schulaufsichtsbehörde im Falle der Nr. 7.3 von der Beurteilung des Schulleiters – im Einzelnen wie im Gesamturteil – ab, so hat sie dies zu begründen.

Hätten Sie's gewusst?
Regelmäßig ein Daten-Ausdruck für alle Lehrkräfte der Schule

Vor der erstmaligen Speicherung ihrer Daten an der Schule sind die Lehrkräfte von der Schulleitung hierüber zu unterrichten und nach der Erfassung der Daten mit einem Ausdruck über die gespeicherten Daten zu informieren. Bei automatisierter Datenverarbeitung müssen die Schulleitungen im Interesse der Transparenz und der Richtigkeit der gespeicherten Daten ihrer Lehrkräfte unaufgefordert in regelmäßigen Abständen einen Ausdruck der über sie gespeicherten Daten und der damit durchgeführten systematischen Auswertungen zur Verfügung stellen.

Datenschutz (Schulen) Nr. III.2.5

Dienstliche Beurteilung (Lehrkräfte)

7.5 Die Lehrkraft wird an der Schule dienstlich beurteilt, an der sie im Beurteilungszeitpunkt unterrichtet. Liegt ihre Versetzung oder Abordnung an diese Schule weniger als ein Jahr zurück, so wird sie im Benehmen mit dem Leiter der abgebenden Schule dienstlich beurteilt.

7.6 Im Fach Religion erfolgt die Beurteilung im Einvernehmen mit dem kirchlichen Beauftragten.
→ Dienstliche Beurteilung (Religionslehre)

8. Beurteilungsaufschub
Eine dienstliche Beurteilung, deren Abgabe zum vorgesehenen Beurteilungszeitpunkt nicht möglich oder nicht zweckmäßig ist, wird zurückgestellt und nach Fortfall des Hinderungsgrundes abgegeben.

9. Beurteilung von Schwerbehinderten
Auf Abschnitt II Nr. 6 der ...Verwaltungsvorschrift ... über die Beschäftigung schwerbehinderter Menschen ... wird hingewiesen.
→ (jetzt:) Schwerbehinderung (VwV) Nr. 2.5

10. Bekanntgabe der dienstlichen Beurteilung
Die dienstliche Beurteilung ist der Lehrkraft durch den Schulleiter bekanntzugeben und auf Verlangen mit ihr zu besprechen. Wird nach Nr. 7.3 verfahren, so erfolgen Bekanntgabe und Besprechung erst, nachdem die Schulaufsichtsbehörde das maßgebende Gesamturteil gebildet hat.

Die Bekanntgabe der dienstlichen Beurteilung erfolgt regelmäßig durch Aushändigung einer Abschrift. Bekanntgabe und Besprechung sind zu vermerken.

Hinweise der Redaktion:
1. Gem. § 68 Abs. 3 LPVG ist „ein Mitglied der Personalvertretung auf Verlangen des zu beurteilenden Beschäftigten an Beurteilungsgesprächen im Sinne von § 115 Abs. 2 des Landesbeamtengesetzes zu beteiligen". Demnach hat die Schulleitung nach einem Antrag der Lehrkraft mit dem Personalrat einen Termin zu vereinbaren.
2. Dies gilt nur für die (abschließende) Besprechung des Vorgesetzten mit dem Beurteilten nach der Eröffnung der dienstlichen (End-)Beurteilung ... . Gespräche im Verlaufe des Beurteilungsverfahrens, z.B. Gespräche des Fachberaters mit dem beurteilten Lehrer im Rahmen der Erstellung eines Unterrichtsbesuchsbescheides oder aber andere Beurteilungs-, Förderungs-, Beratungs- und Eignungsgespräche (Personalführungsgespräche) fallen nicht unter diesen Tatbestand. (Quelle: KM, 15.2.1996 AZ: I/4-0307.0/88)

11. Geschäftsmäßige Behandlung der dienstlichen Beurteilung
Dienstliche Beurteilungen sind vertraulich zu behandeln. Die Beurteilung und damit im Zusammenhang stehende Äußerungen der Lehrkraft sind zu den Personalakten (Grundakte) zu nehmen. Nach Aufnahme in die Personalakten sind Entwürfe und Notizen zu vernichten.

Hinweise der Redaktion:
1. Dies bezieht sich nur auf die „geschäftsmäßige Behandlung" der Beurteilung (z.B. durch die Schulleitung oder das Schulsekretariat). Hieraus kann kein generelles Verbot an die Lehrkräfte abgeleitet werden, über ihre Beurteilung mit Dritten zu sprechen; insbesondere ist ihr Recht nicht eingeschränkt, sich an ihre Gewerkschaft oder den Personalrat zu wenden. Hierbei ist jedoch das Verbot der „Flucht in die Öffentlichkeit" zu beachten.
→ Verschwiegenheitspflicht; → Verwaltungsrecht
2. Eine Bekanntgabe der Leistungsstufenempfängerinnen und -empfänger an der Schule ist ... dann möglich, wenn diese der Bekanntgabe zugestimmt haben.
(Quelle: KM, 23.4.2001; AZ: 14-0321.10/581)

12. Sonderregelungen für Leistungsstufen
Hinweis der Redaktion: Ab 1.1.2011 werden aufgrund der Dienstrechtsreform keine → Leistungsstufen mehr vergeben.

IV.
Übergangs- und Schlussbestimmungen

1.1 Vorschriften über die Beurteilung in Ausbildungs- und Prüfungsordnungen bleiben von dieser Verwaltungsvorschrift unberührt.

1.2 Diese Verwaltungsvorschrift findet auf Lehrkräfte im Arbeitnehmerverhältnis entsprechende Anwendung, Abschnitt III Nr. 1.1 jedoch mit der Maßgabe, dass die dienstliche Beurteilung zwei Monate vor Ablauf der Probezeit (§ 5 BAT; jetzt: TV-L § 2) abzugeben ist. Die Regelungen über die aktuelle Leistungsfeststellung und die Sonderregelungen für Leistungsstufen finden auf Lehrkräfte im Angestelltenverhältnis keine Anwendung.
→ Probezeit (Arbeitnehmer); → Tarifvertrag (Länder) §2

1.3 Für die Abgabe der Probezeitbeurteilung ist das Formblatt nach der Anlage 1 zu verwenden, für die Abgabe der Anlassbeurteilung ist das Formblatt nach der Anlage 2 sowie für die Abgabe der aktuellen Leistungsfeststellung ist das Formblatt nach der Anlage 3 (siehe folgende Seiten). Der Dienstbericht ist schriftlich ohne besondere Form abzufassen.

2. Die Regelungen für Lehrkräfte an Grund-, Werkreal-, Haupt-, Real- und Sonderschulen einschließlich der Schulkindergärten gelten probeweise und treten vorbehaltlich einer Anschlussregelung mit Ablauf des 31. Dezember 2010 außer Kraft.

→ Aufstieg; → Beamtenstatusgesetz § 50; → Beförderung; → Beförderung (Oberstudienrat/-rätin); → Chancengleichheitsgesetz; → Dienstliche Beurteilung (Beamtenrecht); → Dienstliche Beurteilung (Lehrkräfte); → Dienstliche Beurteilung (Religionslehre); → Funktionsstellen (Besetzung und Überprüfung); → Leistungsprämien/Leistungsstufen; → Personalakten; → Probezeit (Arbeitnehmer); → Probezeit (Beamte); → Schulgesetz §§ 32 bis 35, 41, 96 ff.; → Schwerbehinderung; → Tarifvertrag (Länder) § 2; → Unterrichtsbesuche; → Verwaltungsrecht

---

**Die Anlage 2 befindet sich – in zusammengefasster Form – auf den folgenden beiden Seiten.
Die Anlage 3 („Aktuelle Leistungsfeststellung") ist nicht abgedruckt,
da seit 1.1.2011 keine Neu-Vergabe von Leistungsstufen mehr stattfindet.**

Dienstliche Beurteilung (Lehrkräfte – Formulare)

Dienstliche Beurteilung – Lehrkräfte (Formulare)

Von der Redaktion zusammengefasste (inhaltlich vollständige) Fassung der Anlagen zur Verwaltungsvorschrift Dienstliche Beurteilung (Lehrkräfte) – Stand: Oktober 2007

Zu diesen Formularen

Wir drucken hier das (inhaltlich unveränderte, aus Platzgründen von der Redaktion zusammengefasste) Formular für die Anlassbeurteilung (Anlage 2) ab. Die Anlage 3 („Aktuelle Leistungsfeststellung") ist nicht abgedruckt, da seit 1.1.2011 keine Neu-Vergabe von Leistungsstufen mehr stattfindet.
Anlage 1 (Formular für die Probezeitbeurteilung) hat den gleichen Wortlaut wie Anlage 2 (Anlassbeurteilung), enthält jedoch zusätzlich in Nr. V. eine Rubrik für ein „Gesamturteil durch die Schulaufsichtsbehörde aufgrund eines besonderen dienstlichen Bedürfnisses" mit Note und ggf. Begründung.
Der Dienstbericht erfolgt formlos (Ziff. IV Nr. 1.3); deshalb gibt es hierfür kein Formular.

Anlage 2 zur VwV „Dienstliche Beurteilung (Lehrkräfte)"

Schule _____   Vertraulich behandeln

Dienstliche Beurteilung – Anlassbeurteilung

Grund: _____ Letzte Beurteilung am: _____

I. Angaben zur Person

Familienname, ggf. Geburtsname, Vorname   Geburtsdatum
Amts- bzw. Dienstbezeichnung, Funktion   Bes./Verg.Gr. _____ schwerbehindert
   ❏ ja   ❏ nein

Lehrbefähigung (Fächer) / Fachrichtung / Stufenschwerpunkt   an der berichtenden Schule seit _____
Beurteilungszeitraum (von/bis) _____

II. Beschreibung der dienstlichen Tätigkeit

a) **Allgemeiner Aufgabenbereich**
Derzeitiger Lehrauftrag (Fach, Klasse, Wochenstunden, Klassenlehrer/in), Schwerpunkte des Lehrauftrags in den vorangegangenen Jahren des Beurteilungszeitraums

b) **Sonderaufgaben** (z.B. Verbindungslehrer/in, Beratungslehrer/in, Sammlungstätigkeit, Personalratsmitglied, Tätigkeit in der Lehreraus- und -fortbildung)

III. Leistungsbeurteilung

a) **Unterrichtsgestaltung, Unterrichtserfolg**
Vorbereitung und Planung, fachlich-methodisch-didaktisches Vorgehen, schülergerechte Behandlung des Lehrstoffs, individuelle Förderung der Schüler/innen, Beachtung der Unterrichtsziele, Leistungskontrolle und Notengebung, Einhaltung des Lehrplans, angemessener Medieneinsatz u.a.

b) **Erzieherisches Wirken**
Vor allem ganzheitliche Förderung der Schüler/innen, Wertevermittlung und Wirken im Sinne der Erziehungsziele, Aufgeschlossenheit für Probleme der Schüler/innen, Hilfsbereitschaft, beispielhaftes Verhalten, Erscheinungsbild, Mitwirkung bei außerunterrichtlichen Veranstaltungen

c) **Zusammenarbeit mit den am Schulleben Beteiligten**
(Vorgesetzte, Kollegen/Kolleginnen, Eltern, Schulträger, Kirchen, Betriebe und andere Stellen)

d) **Wahrnehmung leitender, beratender Aufgaben und von Sonderaufgaben**
z.B. als Schulleiter/in, Fachberater/in, Mentor/in (insbesondere Verhalten als Vorgesetzte/r, Wahrnehmung von Führungs- und Aufsichtsfunktionen, Erledigung von Verwaltungsaufgaben, Vertretung der Schule nach außen, Tätigkeit in der Lehreraus- und -fortbildung)

Dienstliche Beurteilung (Lehrkräfte – Formulare)

IV. Befähigungsbeurteilung (Bewertung bitte ankreuzen)

Befähigungsmerkmale	Ausprägungsgrad A = schwach ausgeprägt B = normal ausgeprägt C = stärker ausgeprägt D = besonders stark ausgeprägt				Ggf. zusätzliche Erläuterungen (vgl. Verwaltungsvorschrift vom 21. Juli 2000 Abschnitt III Nr. 4.2 und Fußnote*)
	A	B	C	D	
Fachkenntnisse					
Auffassungsgabe und geistige Beweglichkeit					
Urteilsvermögen					
Mündliche Ausdrucksfähigkeit					
Schriftliche Ausdrucksfähigkeit					
Fortbildungsbereitschaft					
Bereitschaft zur Auseinandersetzung mit pädagogischen Fragen					
Verhandlungsgeschick					
Organisationsfähigkeit					
Zuverlässigkeit					
Durchsetzungsvermögen					
Entschlusskraft					
Initiative					
Verantwortungsbewusstsein					
Einsatzbereitschaft					
Kontaktfähigkeit					
Kooperationsfähigkeit					
Fähigkeit zur Menschenführung als Vorgesetzter					

* Anmerkungen: Ggf. sind wesentlich erscheinende weitere Merkmale zu bewerten sowie ergänzende oder erläuternde Hinweise zu geben, vor allem, wenn offensichtlich besondere persönliche Verhältnisse von Einfluss waren.
Merkmale wie Objektivität, Bereitschaft, ggf. Kritik anzunehmen (Einsichtsfähigkeit), Selbstbeherrschung u.a. sind nicht besonders aufgeführt und sollen nur dann eine Wertung erfahren, wenn eine besondere Auffälligkeit festzustellen ist.

V. Gesamturteil
Gesamturteil durch den Schulleiter/die Schulleiterin
(Note und ggf. Begründung gemäß Verwaltungsvorschrift vom 21. Juli 2000 ... Abschnitt III Nr. 5.3)
(Datum, Unterschrift)

VI. Bekanntgabe an die betreffende Lehrkraft
❏ Durch Übergabe
1. Die vorstehende dienstliche Beurteilung wurde mir am _____ durch Übergabe einer Ausfertigung bekanntgegeben.
   ❏ Sie wurde auf mein Verlangen am _____ mit mir besprochen.
           (Ort, Datum)   (Unterschrift der Lehrkraft)
2. Die Lehrkraft hat sich zu der dienstlichen Beurteilung
   ❏ geäußert. Die Äußerung ist dieser dienstlichen Beurteilung beigefügt.
   ❏ nicht geäußert.
           (Ort, Datum)   (Unterschrift des Beurteilers/der Beurteilerin)
❏ Durch Übersendung
1. Die vorstehende dienstliche Beurteilung wurde der Lehrkraft durch Übersendung am _____ bekanntgegeben.
   Sie wurde auf ihr Verlangen am _____ mit ihr besprochen.
2. Die Lehrkraft hat sich zu der dienstlichen Beurteilung
   ❏ geäußert. Die Äußerung ist dieser dienstlichen Beurteilung beigefügt.
   ❏ nicht geäußert.
           (Ort, Datum)   (Unterschrift des Beurteilers/der Beurteilerin)

Dienstliche Beurteilung (Religionslehre)

Dienstliche Beurteilung von Lehrern im Landesdienst im Fach Religion; Erlass des Kultusministeriums vom 10. Juni 1991; Nr. II/4-6520.40/145

1. Hat der Schulleiter eine dienstliche Beurteilung abzugeben, teilt er dies dem zuständigen kirchlichen Beauftragten mit.
2. Der kirchliche Beauftragte fertigt eine Beurteilung für das Fach Religion an und übermittelt sie dem Schulleiter.
3. Im Anschluss daran erstellt der Schulleiter die dienstliche Beurteilung. Vor der Bekanntgabe der dienstlichen Beurteilung an den Lehrer oder ihre Weiterleitung an die Schulaufsichtsbehörde nach Nr. 7.3 *(jetzt Nr. 7.6; Anm.d.Red.)* der Lehrerbeurteilungsrichtlinien hat der Schulleiter hinsichtlich der Beurteilung im Fach Religion das Einvernehmen mit dem kirchlichen Beauftragten herzustellen.

Hinweise der Redaktion:
1. „Zuständige kirchliche Beauftragte" bzw. Ansprechpartner für die Beurteilung in Religionslehre sind die evangelischen bzw. katholischen Schuldekane (in der Diözese Rottenburg/Stuttgart teilweise auch die „Schulräte im kirchlichen Dienst"); diese können ihre Aufgabe auch an Fachberater/innen für Religionsunterricht bei den staatlichen Schulaufsichtsbehörden delegieren.
2. Bei der Beurteilung kirchlicher Religionslehrkräfte fordert die zuständige Kirchenbehörde die Beurteilung direkt bei der Schule an. Das RP erhält eine Mehrfertigung (Quelle: KM, 19.4.2001; 14-zu 300.41/245).

→ Dienstliche Beurteilung (Lehrkräfte) Ziff. 7.6; → Unterrichtsbesuche; → Religionsunterricht und kirchliche Lehrkräfte; → Religionsunterricht (Teilnahme); → Schulgesetz § 96; → Verfassung Art. 18

Dienstordnungen

Hinweise der Redaktion

Anders als in anderen Bundesländern existiert in Baden-Württemberg für den Schulbereich keine allgemeine, umfassende „Dienstordnung", sondern das KM regelt die einzelnen Sachverhalte durch Detail-Erlasse (in der Regel in Form von Verwaltungsvorschriften) oder verzichtet auf zentrale Vorgaben. So hat es z.B. auf den Erlass von Dienstordnungen für Schulleiter/innen und deren Stellvertreter/innen verzichtet, obwohl dies im Schulgesetz (§§ 41 und 42) ausdrücklich vorgesehen ist. Zwar hat die Landesregierung zentral für alle Ministerien eine „Dienstordnung für die Landesverwaltung" Baden-Württemberg erlassen (20.2.1998; GABl. S. 248/1998; KuU S. 114/1998); diese gilt aber ausdrücklich nicht für den Schulbereich.

Deshalb bleibt im Bereich des Schulwesens vieles ungeregelt, wofür es in der allgemeinen Verwaltung exakte Vorschriften gibt. Dies eröffnet den Schulleitungen einen begrüßenswerten Freiraum, es kann aber auch dazu führen, dass selbstverständliche Führungsmaximen missachtet werden, weil sie nicht ausdrücklich vorgeschrieben sind.

Insofern ist zu empfehlen, dass sich die Schulleiter/innen an einigen beherzigenswerten Maximen orientieren, welche die Landesregierung den anderen Behörden vorgegeben hat. Wir zitieren nachfolgend aus der „Dienstordnung für die Landesverwaltung" einige Vorgaben, die an öffentlichen Schulen analog angewandt werden können.

Auszug aus der Dienstordnung für die Landesverwaltung
2
Leitlinie Führung und Personalwirtschaft

2.1 Führung

Die Behörden der Landesverwaltung wurden durch die Leitlinien für die Führung und Zusammenarbeit vom 30.10.1979 auf den Grundgedanken des kooperativen Führungsstils verpflichtet. Um dies zu gewährleisten, halten sich die Führungskräfte an den folgenden Kernbestand von Regeln.

2.1.1 Einführung und Einarbeitung

Es ist Führungsaufgabe, dafür zu sorgen, dass neue – insbesondere neu in die Landesverwaltung eintretende – Beschäftigte eingeführt und eingearbeitet werden.

2.1.2 Aufgaben, Delegation

(1) Den Beschäftigten ist grundsätzlich ein klar abgegrenzter Aufgabenbereich mit den erforderlichen Handlungs- und Entscheidungsbefugnissen zu übertragen; dabei sind insbesondere ihre Fähigkeiten und Kenntnisse zu berücksichtigen.

(2) Weisungen für den Einzelfall sind auf das sachlich Notwendige zu beschränken. Haben Beschäftigte eine Arbeit nach Weisung erledigt, können sie ihre abweichende Auffassung in den Akten festhalten. Weitergehende, z.B. beamtenrechtliche Pflichten (Remonstration) bleiben unberührt ... .

→ Beamtenstatusgesetz § 36

2.1.4 Information

(1) Vorgesetzte sorgen dafür, dass allen Beschäftigten die Informationen gegeben werden, die sie benötigen, um ihre Aufgaben zu erfüllen. Dazu gehören auch Informationen über Zusammenhänge und allgemeine Umstände der Tätigkeit der Behörde, damit die Beschäftigten ihre eigenen Tätigkeiten in die Arbeit ihrer Behörde einordnen können. Die Beschäftigten haben das Recht und die Pflicht, sich in ihrem Aufgabenbereich die not-

wendigen Informationen zu beschaffen, vor allem, um die ihnen vorgegebenen Ziele zu erreichen.

→ Beamtenstatusgesetz § 34

Hinweis der Redaktion: Zum Spannungsverhältnis zwischen Dienstbesprechungen und dem Konferenzrecht der Schulen siehe den Beitrag → Konferenzen (Allgemeines).

(2) Die Beschäftigten informieren ihre Vorgesetzten über Angelegenheiten von wesentlicher Bedeutung.

Hinweis der Redaktion: Die in der Landes-Dienstordnung vorgeschriebenen „Mitarbeitergespräche" sind für Lehrkräfte nach wie vor nicht vorgesehen. Deshalb geben wir die entsprechenden Ziffern der Dienstordnung nicht wieder. Die dazu abgeschlossene „Dienstvereinbarung zur Durchführung von Mitarbeitergesprächen mit Zielvereinbarung" vom Oktober 2002, die genaue Zeit- und Formvorgaben enthält, gilt ausschließlich für den außerschulischen Bereich. Im schulischen Bereich gibt es stattdessen das „Beratungsgespräch".

→ Dienstliche Beurteilung (Lehrkräfte) Nr. II

3 Leitlinie Organisation

3.1.3 Geschäftsverteilungsplan

(1) Jede Behörde erstellt einen Geschäftsverteilungsplan. Darin werden die Aufgabengebiete voneinander abgegrenzt und den Organisationseinheiten und möglichst auch einzelnen Personen zugeordnet. ...

(2) Der Geschäftsverteilungsplan soll mindestens die Aufgabengebiete in Stichworten beschreiben, Namen und Funktion der beschäftigten Personen enthalten und soweit notwendig und sinnvoll die Vertretung regeln.

→ Arbeitszeit (Lehrkräfte) Buchst. C.1.4

3.2 Dienstbetrieb

3.2.2 Verbot des Handeltreibens

(1) Es ist nicht gestattet, in Diensträumen und dienstlichen Anlagen Waren und Dienstleistungen für private Zwecke anzubieten oder zu vertreiben.

→ Werbung

(2) Ausnahmen dürfen nur für Kantinen und Cafeterien zugelassen werden.

3.2.3 Alkoholische Getränke

Die Behörden haben dem Mißbrauch von Alkohol vorzubeugen. Der Genuss von alkoholischen Getränken ist während der Arbeitszeit nicht gestattet. Ausnahmen sollen nur bei besonderen Anlässen zugelassen werden.

→ Sucht (Dienstvereinbarung); → Rauchen

3.4 Verkehr mit Behörden und anderen Stellen

3.4.1 Verkehr zwischen Landesbehörden

Übergeordnete und nachgeordnete Behörden verkehren auf dem Dienstweg. Davon ist abzusehen, wenn anzunehmen ist, dass die zwischengeschaltete Behörde in der Sache nicht tätig wird; sie ist dann gleichzeitig zu unterrichten, es sei denn, Gründe des Datenschutzes stehen entgegen. Behörden der gleichen Verwaltungsebene verkehren unmittelbar miteinander, soweit für einzelne Verwaltungsverfahren nichts Abweichendes geregelt ist.

→ Dienstweg

3.4.3 Verkehr mit dem Landtag und den Abgeordneten

(1) Der Verkehr mit dem Landtag ist den obersten Landesbehörden vorbehalten. Die den Ministerien nachgeordneten Behörden sind nicht befugt, sich unmittelbar an den Landtag oder an einzelne Abgeordnete zu wenden.

Hinweis der Redaktion: Dieses Verbot gilt jedoch nicht für die Beschäftigten, wenn sie sich gewerkschaftlich betätigen oder ihr Petitionsrecht in Anspruch nehmen.

(2) Wenden sich Abgeordnete unmittelbar an Behörden, die den Ministerien nachgeordnet sind, oder an einzelne dort beschäftigte Personen, ist das zuständige Ministerium zu unterrichten, wenn es sich um Anliegen von erheblicher politischer Bedeutung handelt.

→ Fachleute aus der Praxis; → Wahlkampf; → Werbung

→ Amtshilfe; → Beamtenstatusgesetz § 36; → Dienstliche Beurteilung→ Fortbildung; → Konferenzen (Allgemeines); → Konferenzordnung; → Rauchen in der Schule; → Sucht; → Schulgesetz §§ 41, 44 ff., 47; → Wahlkampf; → Werbung

Dienstweg

Hinweis der Redaktion

In der staatlichen Verwaltung herrscht – entsprechend dem Behördenaufbau – eine Hierarchie der Zuständigkeiten. Der Aufbau der staatlichen Schulverwaltung ist unter → Schulverwaltung (bei Adressen), die Zuständigkeiten für die Landesbeamten sind bei → Beamtengesetz § 3 dargestellt.

Dabei gilt der Grundsatz, dass die einzelne Behörde bzw. Amtsperson für die ihr übertragenen Aufgaben unmittelbar selbst zuständig ist (Verbot des „Selbsteintritts" von höheren Instanzen anstelle des/der jeweils unmittelbar „Zuständigen").

Um in der staatlichen Verwaltung sicherzustellen,
- dass alle „Vorgänge" von der jeweils zuständigen Stelle oder Amtsperson erledigt werden

– und dass eine ausreichende Information der verschiedenen Instanzen untereinander erfolgt, ist im innerdienstlichen Verkehr der „Dienstweg" einzuhalten. Dies bedeutet, dass eine nicht selbst zur Entscheidung befugte Behörde bzw. Amtsperson den jeweiligen „Vorgang" dem unmittelbaren Vorgesetzten bzw. der übergeordneten Behörde und diese wiederum der nächsthöheren Instanz vorzulegen hat, bis eine entscheidungsbefugte Ebene erreicht ist. Nach deren Entscheidung ist der „Vorgang" entsprechend nach „unten" zurückzuleiten.

Deswegen sind z.B. alle stellenwirksamen Anträge (z.B. Teilzeit, Beurlaubung, Versetzung) stets über die Schulleitung einzureichen. Wegen der langen Postlaufzeiten zwischen den Schulaufsichtsbehörden kann es in eilbedürftigen Angelegenheiten sinnvoll sein, eine Kopie direkt an die zuständige Stelle mit dem Vermerk zu zu senden, dass der Originalvorgang auf dem Dienstweg unterwegs ist.

Der „Dienstweg" gilt für Beamte auch im Fall von Anträgen und Beschwerden über Vorgesetzte (auch bei der „Remonstration" – BeamtStG § 36); Beschwerden gegen unmittelbare Vorgesetzte können bei der nächsthöheren Instanz eingereicht werden.

→ Beamtengesetz § 49; → Beamtenstatusgesetz § 36

Kein „Dienstweg" gilt hingegen beim Verkehr der einzelnen Beamt/innen in persönlichen Angelegenheiten mit dem Landesamt für Besoldung und Versorgung (z.b. Beihilfeanträge) sowie bei Petitionen von Beschäftigten an Bundes- oder Landtag.

→ Grundgesetz Art. 17; → Landesamt für Besoldung

Vertrauliche persönliche Unterlagen (z.B. ärztliche Gesundheitszeugnisse usw.) können gegebenenfalls ohne Dienstweg direkt an die entscheidungsbefugte Behörde gesandt oder dem Vorgang in verschlossenem Umschlag beigefügt werden.

→ Arbeitszeit (Rekonvaleszenz); → Beamtengesetz § 3 und 49; → Beamtenstatusgesetz §§ 36 und 54; → Dienstordnungen; → Grundgesetz Art. 17; → Landesamt für Besoldung; → Schwerbehinderung; → Verwaltungsrecht;
→ Verschwiegenheitspflicht

Diskriminierung im Unterrichtswesen

Übereinkommen gegen Diskriminierung im Unterrichtswesen vom 15.12.1960, vom Landtag Baden-Württemberg als Gesetz verabschiedet am 10.3.1964 (GBl. S. 107/1964)

Artikel 1

(1) Im Sinne dieses Übereinkommens umfasst der Ausdruck „Diskriminierung" jegliche auf der Rasse oder der Hautfarbe, dem Geschlecht, der Sprache, der Religion, der politischen oder sonstigen Überzeugung, der nationalen und sozialen Herkunft, den wirtschaftlichen Verhältnissen oder der Geburt beruhenden Unterscheidung, Ausschließung, Beschränkung oder Bevorzugung, die den Zweck oder die Wirkung hat, die Gleichbehandlung auf dem Gebiet des Unterrichtswesens aufzuheben oder zu beeinträchtigen und insbesondere
a) einer Person oder Personengruppe den Zugang zum Unterricht – gleichviel welcher Art oder Stufe – zu verwehren,
b) eine Person oder Personengruppe auf einen niedrigeren Bildungsstand zu beschränken,
c) für Personen oder Personengruppen getrennte Unterrichtssysteme oder -anstalten zu schaffen oder zu unterhalten, mit Ausnahme der nach Artikel 2 zulässigen,
d) eine Person oder Personengruppe in eine Lage zu versetzen, die mit der Menschenwürde unvereinbar ist.

(2) Im Sinne dieses Übereinkommens bezieht sich der Ausdruck „Unterricht" auf dessen sämtliche Arten und Stufen und umfasst den Zugang zum Unterricht, dessen Niveau und Qualität sowie die Bedingungen, unter denen er erteilt wird.

Artikel 2

Soweit staatlich zugelassen, gilt es nicht als Diskriminierung im Sinne des Artikels 1,
a) für Schüler der beiden Geschlechter getrennte Unterrichtssysteme oder -anstalten zu schaffen oder zu unterhalten, sofern sie gleichwertige Zugangsmöglichkeiten zum Unterricht eröffnen, über Lehrkräfte mit gleichwertiger Lehrbefähigung, über Unterrichtsräume und Ausstattung gleicher Qualität verfügen und gleiche oder gleichwertige Ausbildungs- und Studienmöglichkeiten bieten;
b) aus religiösen oder sprachlichen Gründen getrennte Unterrichtssysteme oder -anstalten zu schaffen oder zu unterhalten, die einen den Wünschen der Eltern und den gesetzlichen Vormunds des Schülers entsprechenden Unterricht vermitteln, sofern in Bezug auf die Zugehörigkeit zu solchen Systemen oder den Besuch solcher Anstalten kein Zwang ausgeübt wird und der dort erteilte Unterricht den Normen entspricht, welche die zuständigen Behörden, insbesondere für den Unterricht auf den gleichen Stufen, festgelegt oder genehmigt haben;
c) private Unterrichtsanstalten zu schaffen oder zu unterhalten, sofern ihr Ziel nicht auf den Ausschluss irgendeiner Personengruppe, sondern darauf gerichtet ist, zusätzliche Unterrichtsmöglichkeiten zu denen durch die öffentliche Hand bereitgestellten zu bieten, und sofern solche Anstalten in Übereinstimmung mit dieser Zielsetzung geführt werden und der dort erteilte Unterricht den Normen entspricht, welche die zuständigen Behörden, insbesondere für den Unterricht auf den gleichen Stufen, festgelegt oder genehmigt haben.

Artikel 3

Um jede Diskriminierung im Sinne dieses Übereinkommens zu beseitigen und zu verhüten, verpflichten sich die Vertragsstaaten,
a) alle Rechts- und Verwaltungsvorschriften aufzuheben und alle Verwaltungsgepflogenheiten einzustellen, die eine Diskriminierung im Unterrichtswesen bewirken;
b) die notwendigen Maßnahmen zu treffen, erforderlichenfalls im Wege der Gesetzgebung, damit bei der Zulassung von Schülern zu Un-

terrichtsanstalten keine Diskriminierung stattfindet;
c) in Bezug auf Schulgebühren, auf die Gewährung von Freiplätzen oder sonstigen Vergünstigungen für Schüler sowie auf etwa erforderliche Genehmigungen und Erleichterungen für Studien im Ausland keine unterschiedliche Behandlung ihrer eigenen Staatsangehörigen durch die Behörden zuzulassen, es sei denn aufgrund von Leistung oder Bedürftigkeit;
d) bei der Unterstützung, gleichviel welcher Art, die den Unterrichtsanstalten von behördlicher Seite gewährt wird, keine Bevorzugung oder Beschränkung zuzulassen, die lediglich auf der Zugehörigkeit der Schüler zu einer bestimmten Personengruppe beruht;
e) ausländischen Staatsangehörigen, die in ihrem Hoheitsgebiet ansässig sind, denselben Zugang zum Unterricht zu gewähren wie ihren eigenen Staatsangehörigen.

Artikel 4
Die Vertragsstaaten verpflichten sich ferner, eine staatliche Politik festzulegen, weiterzuentwickeln und durchzuführen, die unter Anpassung der Methoden an die gegebenen Umstände und nationalen Gepflogenheiten darauf abzielt, gleiche Möglichkeiten und Gleichbehandlung im Unterrichtswesen zu fördern insbesondere
a) Schulpflicht und Schulgeldfreiheit für den Volksschulunterricht einzuführen; Unterrichtsmöglichkeiten in weiterführende Schulen jeder Art allgemein bereitzustellen und allen zugänglich zu machen; den Hochschulunterricht auf der Grundlage der Gleichberechtigung allen nach Maßgabe ihrer individuellen Fähigkeiten zugänglich zu machen; sicherzustellen, dass alle der gesetzlich vorgeschriebenen Schulpflicht nachkommen;
b) in allen öffentlichen Unterrichtsanstalten gleicher Stufe ein gleiches Unterrichtsniveau und gleichwertige Voraussetzungen für die Qualität des Unterrichts sicherzustellen;
c) durch geeignete Methoden die Bildung derjenigen zu fördern und zu vertiefen, die eine Volksschulbildung nicht genossen oder nicht abgeschlossen haben, und ihnen die Möglichkeit zu geben, sich nach Maßgabe ihrer individuellen Fähigkeit weiterzubilden;
d) die Ausbildung zum Lehrberuf ohne Diskriminierung zu gewährleisten.

Artikel 5
(1) Die Vertragsstaaten kommen überein,
a) dass die Erziehung darauf auszurichten ist, die menschliche Persönlichkeit voll zu entfalten, die Achtung vor den Menschenrechten und Grundfreiheiten zu stärken, Verständnis, Duldsamkeit und Freundschaft zwischen allen Völkern, allen rassischen und religiösen Gruppen zu pflegen und die Tätigkeit der Vereinten Nationen zur Wahrung des Friedens zu fordern;
b) dass es wesentlich ist, die Freiheit der Eltern und gegebenenfalls des gesetzlichen Vormunds zu achten, für ihre Kinder andere, als die behördlich unterhaltenen Unterrichtsanstalten zu wählen, sofern jede den Mindestnormen entsprechen, welche die zuständigen Behörden festgelegt oder genehmigt haben; dass es ebenso wesentlich ist, ihre Freiheit zu achten, im Einklang mit dem für die Anwendung der innerstaatlichen Rechtsvorschriften geltenden Verfahren, die religiöse und sittliche Erziehung der Kinder nach ihren eigenen Überzeugung sicherzustellen; dass keine Person oder Personengruppen gezwungen werden soll, religiöse Unterweisungen zu empfangen, die mit ihrer Überzeugung unvereinbar sind;

➜ Religionsunterricht (Teilnahme)

c) dass es wesentlich ist, den Angehörigen nationaler Minderheiten das Recht zuzuerkennen ihre eigene Erziehungsarbeit zu leisten, hierbei Schulen zu unterhalten und im Einklang mit der innerstaatlichen Politik in Erziehungsfragen ihre eigene Sprache zu gebrauchen und zu lehren, jedoch mit der Maßgabe
i) dass dieses Recht nicht in einer Weise ausgeübt werden darf, welche die Angehörigen de Minderheiten daran hindert, die Kultur und Sprache der Gesamtgemeinschaft zu verstehen und an ihren Tätigkeiten teilzunehmen oder in einer Weise, die der staatlichen Souveränität Abbruch tut;
ii) dass das Niveau des Unterrichts an diesen Schulen nicht niedriger sein darf, als das allgemeine Niveau, das die zuständigen Behörden festgelegt oder genehmigt haben; und
iii) dass kein Zwang zum Besuch dieser Schulen ausgeübt werden darf.

(2) Die Vertragsstaaten verpflichten sich, alle erforderlichen Maßnahmen zu ergreifen, um die Anwendung der in Absatz 1 dargelegten Grundsätze zu gewährleisten.

Artikel 6
Bei der Anwendung dieses Übereinkommens werden die Vertragsstaaten alle von der Generalkonferenz der Organisation der Vereinigten Nationen für Erziehung, Wissenschaft und Kultur künftig angenommenen Empfehlungen zur Bestimmung von Maßnahmen auf das sorgfältigste beachten, die zu ergreifen sind, um die verschiedenen Formen der Diskriminierung im Unterrichtswesen zu bekämpfen sowie gleiche Möglichkeiten und Gleichbehandlung zu gewährleisten.

Artikel 9
Vorbehalte zu diesem Übereinkommen sind nicht zulässig.

➜ Behinderungen und Förderbedarf; ➜ Gleichstellungsgesetz; ➜ Grundgesetz Art. 3; ➜ Lernmittelfreiheit (Allgemeines); ➜ Menschenrechte (Kasten); ➜ Schulgesetz §§ 1, 93 und 94; ➜ Schulpflicht (Ausländer/innen); ➜ Sprachförderung (Integration); ➜ Verfassung Art. 11, 12, 17

Diskriminierung (Sexuelle Orientierung)

Hinweise der Redaktion

Das Grundgesetz verbietet jegliche Diskriminierung wegen der Geschlechtszugehörigkeit, auch von Personen mit gleichgeschlechtlicher Orientierung (Lesben, Schwule). Dies gilt auch für das Zugangsrecht zum öffentlichen Dienst: Bei der Einstellung dürfen Benachteiligungen wegen der sexuellen Orientierung nicht stattfinden.

→ Grundgesetz Art. 3 und Art. 33; → Mobbing

Das „Allgemeine Gleichbehandlungsgesetz" (2006) verbietet jede Diskriminierung von Beschäftigten, auch wegen ihrer sexuellen Orientierung.

→ Gleichbehandlungsgesetz

Lebenspartnerschaftsgesetz

Die „Verfassungswirklichkeit" wird diesen Geboten nach wie vor häufig nicht gerecht. Durch das „Lebenspartnerschaftsgesetz" sind zwar im Jahr 2001 die bestehenden Diskriminierungen teilweise überwunden worden. So tragen die Partner/innen in einer eingetragenen Partnerschaft füreinander Verantwortung im Sinne des Versorgungs- und Rentenrechts sowie des Bundeserziehungsgeldgesetzes und gelten als „Angehörige" im Sinne der Vorschriften über die Teilzeitbeschäftigung und Beurlaubung. Nach wie vor besteht jedoch eine tatsächliche Schlechterstellung, selbst wenn es sich um eine eingetragene Partnerschaft handelt. Gleichgeschlechtliche Partnerschaften nehmen z.B. nicht am Ehegatten-Splitting des Steuerrechts teil und werden auch beim Erbrecht oder der Hinterbliebenenversorgung schlechtergestellt.

Im „Lebenspartnerschaftsgesetz" hat der Bundesgesetzgeber nämlich zwar bundeseinheitliche Vorgaben zur völligen Gleichstellung der eingetragenen Lebenspartnerschaft mit der Ehe getroffen. Die eingetragene Lebenspartnerschaft ist seitdem eine Form einer Familieneinheit und wurde der Ehe stark angenähert. Die Ausgestaltung einzelner Regelungen bleibt jedoch in vielen Bereichen den Ländern überlassen; dies gilt auch für das Beamtenrecht.

Dienstrechtsreform

Der Bund und mehrere Bundesländer haben ihre in Lebenspartnerschaft lebenden Beamt/innen familien- und ehebezogen ihren in Ehe lebenden Kolleg/innen gleichgestellt. Baden-Württemberg stellt dagegen eingetragene Lebenspartnerschaft nicht der Ehe gleich (nur bei negativen Folgen, wie dem Versorgungsausgleich erfolgt eine Gleichbehandlung). Das am 1.1.2011 in Kraft getretene Dienstrechtsreformgesetz bringt nur marginale Verbesserungen: Seitdem gelten als „Angehörige" im Sinne des Landesbeamtengesetzes und von Rechtsverordnungen, zu denen dieses Gesetz oder das Beamtenstatusgesetz ermächtigen die in § 20 Abs. 5 des Landesverwaltungsverfahrensgesetzes sowie die darüber hinaus in § 7 Abs. 3 Nr. 2 und 3 des Pflegezeitgesetzes genannten Personen.

→ Beamtengesetz § 3; → Urlaub (Pflegezeitgesetz) § 7

Analog gilt für die Befangenheit: Eine Mitwirkung von Personalratsmitgliedern wird ausgeschlossen, wenn Lebenspartner betroffen sein können.

→ Landespersonalvertretungsgesetz § 36 Abs. 2

Verheirateten Beamten steht seit 2011 ein „ehebezogener Teil des Familienzuschlags" zu. Beamt/innen in eingetragener Lebenspartnerschaft besitzen einen Anspruch auf diesen ehebezogenen Teil nur, wenn sie mit dem Lebenspartner gemeinsam eine Wohnung bewohnen und die nachgewiesenen eigenen Mittel des Lebenspartners für dessen Unterhalt das Sechsfache des ehebezogenen Bestandteils nicht übersteigen.

→ Besoldungsgesetz § 41 Abs. 1 Nr. 4

Auch nach der Dienstrechtsreform findet eine Gleichstellung eingetragener Lebenspartner im Versorgungs-, Beihilfe-, Reisekosten- und Umzugskostenrecht des Landes nicht statt. Eingetragenen Lebenspartner/innen werden keine Hinterbliebenenversorgung, Trennungsgeld oder Umzugskostenvergütung, soweit diese an den Familienstand der Ehe anknüpfen, gewährt. Auch bei der Beihilfe werden sie nicht wie Ehegatten berücksichtigt.

Die Landesregierung hat im Jahre 2010 erklärt, dass sie vorerst an dieser Diskriminierung festhalten will: *„Die Rechtslage ist nicht eindeutig. Eine die Frage der Notwendigkeit einer Gleichstellung eingetragener Lebenspartner im Beamtenrecht eindeutig klärende Entscheidung eines Senats des Bundesverfassungsgerichts steht bislang noch aus. Eine Gleichstellung im Bereich der Besoldung und Versorgung ist daher rechtlich nicht zwingend. Angesichts der jüngsten Rechtsprechung des Bundesverfassungsgerichts aus den Jahren 2009 und 2010 ist jedoch nicht auszuschließen, dass das Bundesverfassungsgericht künftig auch für die beamtenrechtliche Alimentation eine Gleichstellung für geboten erachten könnte."* (Landtags-Drucksache 14 / 6940)

Die Position der GEW

Die GEW wendet sich gegen jegliche Diskriminierung von Lehrkräften mit gleichgeschlechtlicher Orientierung (dies gilt in gleicher Weise auch für lesbische und schwule Schüler/innen) und fordert alle Kolleginnen und Kollegen auf, möglichen Diskriminierungsversuchen entgegenzutreten. Beim Landesverband der GEW bestehen Arbeitskreise „Lesbenpolitik" und „Schwulenpolitik".

→ Adressenteil (GEW-Adressen am Anfang des Buches)

→ Beamtengesetz § 3; → Besoldungsgesetz § 41 Abs. 1 Nr. 4; → Diskriminierung (Unterrichtswesen); → Disziplinargesetz; → Eltern und Erziehungs-berechtigte; → Gleichbehandlungsgesetz; → Grundgesetz Art. 3 und Art. 33; → Landespersonalvertretungsgesetz § 36 Abs. 2

Disziplinargesetz (Allgemeines)

Informationen der Redaktion zum Disziplinarrecht

1. Allgemeines

Beamtinnen und Beamte begehen ein Dienstvergehen, wenn sie schuldhaft die ihnen obliegenden Pflichten verletzen. Auch ein Verhalten außerhalb des Dienstes ist ein Dienstvergehen, wenn es nach den Umständen des Einzelfalles in besonderem Maße geeignet ist, Achtung und Vertrauen in einer für das Amt oder das Ansehen des Beamtentums bedeutsamen Weise zu beeinträchtigen.
→ Disziplinargesetz (LDG); → Beamtenstatusgesetz § 23 Abs. 3 Satz 1 Nr. 1

Die Folgen eines strafrechtlich relevanten Fehlverhaltens werden von den Betroffenen vielfach unterschätzt: So führen z.B. die Verurteilung zu einer Freiheitsstrafe von mindestens einem Jahr wegen einer vorsätzlichen Tat automatisch (!) zur Entlassung aus dem Beamtenverhältnis (→ Beamtenstatusgesetz § 24), ebenso beispielsweise bereits der Besitz (nicht erst die Herstellung oder Weitergabe) von kinderpornografischem Material.

Das Disziplinarrecht will zwar vorrangig fehlerhaftes Handeln sanktionieren und wirkt insofern individuell und allgemein „disziplinierend". Es kann aber auch als Schutzrecht zugunsten der Beschäftigten betrachtet werden, denn es soll diese durch ein geordnetes, rechtsstaatliches Verfahren vor willkürlicher Maßregelung durch Vorgesetzte bewahren. Ein Beamter bzw. eine Beamtin kann gemäß § 9 LDG durch einen „Selbstreinigungsantrag" das Disziplinarrecht z.B. auch dazu nutzen, sich von unberechtigten Vorwürfen zu befreien.

2. Mitteilungen in Strafsachen („MiStra")

Gerichte, Strafverfolgungs- und Strafvollstreckungsbehörden müssen in Strafverfahren gegen Beamt/innen dem Dienstvorgesetzen zur Sicherstellung der erforderlichen dienstrechtlichen Maßnahmen bei Erhebung der öffentlichen Klage
1. die Anklageschrift oder eine an ihre Stelle tretende Antragsschrift,
2. den Antrag auf Erlass eines Strafbefehls und
3. die einen Rechtszug abschließende Entscheidung mit Begründung

übermitteln. Außerdem dürfen dem Regierungspräsidium sonstige Tatsachen, die in einem Strafverfahren bekannt werden, mitgeteilt werden.
→ Beamtenstatusgesetz § 49

Nach der „*Anordnung über Mitteilungen in Strafsachen*" (*MiStra*) vom 29.4.1998 (Die Justiz, S. 200/ 1998) besteht eine solche Mitteilungspflicht auch bei Arbeitnehmer/innen im öffentlichen Dienst.

3. Hinweise zum Verhalten in Disziplinarfällen

Bei drohenden Disziplinarverfahren (auch schon vor der Einleitung von förmlichen Ermittlungen, also z.B. bei der Anhörung im Beschwerdefall oder bei „Dienstgesprächen") sollte beachtet werden: Bei jedem Disziplinarverfahren wird die Gesamtpersönlichkeit in den Blick genommen; es wird also nicht nur der Einzelvorwurf untersucht, sondern dieser wird auf dem Hintergrund der gesamten dienstlichen Leistungen (sowie des inner- und außerdienstlichen Verhaltens) beurteilt. Bei jeder Beschwerde oder jedem Verdacht der Vernachlässigung von Dienstpflichten kann der Kernbereich der Lehrerarbeit, also die Unterrichtstätigkeit, überprüft werden. Betroffene müssen also damit rechnen, dass die Schulaufsichtsbehörde bzw. (nach § 41 Schulgesetz) in deren Auftrag die Schulleiter/in Unterrichtsbesuche durchführt. Eine – benotete und damit zusätzlich disziplinierende – Anlassbeurteilung ist jedoch nicht zulässig (VG Karlsruhe, 5.12.2007; AZ: 7 K 2160/05).
→ Dienstliche Beurteilung (Lehrkräfte); → Schulgesetz § 41; → Unterrichtsbesuche

Allen Beamt/innen, die als Beschuldigte in ein Disziplinarverfahren verwickelt sind, steht das Recht der Aussageverweigerung wegen der Gefahr zu, sich selbst zu belasten. Jedoch schreibt das Disziplinarrecht vom ersten Stadium des Verfahrens an vor, sich dann, wenn ausgesagt wird, wahrheitsgemäß und vollständig zu äußern. Während ein Beschuldigter in einem strafrechtlichen Verfahren (z.B. bei einem Verkehrsdelikt) für falsche Aussagen nur dann bestraft werden kann, wenn er sie unter Eid gemacht hat, müssen beamtete Zeugen und Beschuldigte im anschließenden Disziplinarverfahren wegen der gleichen Sache wahrheitsgemäße und vollständige Auskunft geben. Eine falsche Aussage kann ihnen als – zusätzliches – Dienstvergehen vorgeworfen werden.

Beamt/innen können sich in jedem Stadium des Verfahrens eines Verteidigers bedienen.
→ Disziplinargesetz (LDG) § 11

Für die amtliche Anhörung bei Beanstandungen und Beschwerden und für die Vertretung durch GEW-Vertreter/innen bzw. Personalratsmitglieder sowie zur „Flucht an die Öffentlichkeit" siehe
→ Verwaltungsrecht

Wenn die Einleitung von Ermittlungen durch die obere Schulaufsichtsbehörde zu erwarten ist oder ihnen diese Absicht förmlich eröffnet wird, sollten GEW-Mitglieder **sofort** mit der Rechtsschutzstelle Kontakt aufnehmen und sich beraten lassen.
→ Rechtsschutz

→ Beamtengesetz §§ 32 ff.; → Beamtenstatusgesetz §§ 23 ff., 49; → Disziplinargesetz (LDG); → Ermessen; → Haftung und Versicherung; → Personalvertretungsgesetz § 80 Abs. 1 Ziff. 3; → Probezeit; → Rechtsschutz; → Schulgesetz § 41; → Verschwiegenheitspflicht; → Verwaltungsrecht

Disziplinargesetz (LDG)

Auszug aus dem Gesetz zur Neuordnung des Landesdisziplinarrechts (LDNOG) vom 14.10.2008 (GBl. S. 343/2008); zuletzt geändert 27.10.2010 (GBl. S. 793/2010)

Hinweis der Redaktion: Wir beschränken uns auf jene Bestimmungen, welche alle Beschäftigten auf jeden Fall kennen sollten. Sobald konkret ein Disziplinarfall ansteht und insbesondere spätestens dann, wenn eine Untersuchung oder ein Verfahren angedroht oder gar eingeleitet wird, sollten sich GEW-Mitglieder unverzüglich und mit allen vorliegenden Informationen an die zuständige GEW-Rechtsschutzstelle wenden und werden von dort beraten und unterstützt.
→ Disziplinargesetz (Allgemeines); → Rechtsschutz

Teil 1 – Allgemeine Bestimmungen
§ 1
Geltungsbereich

(1) Dieses Gesetz regelt die Verfolgung von Dienstvergehen, die Beamte und Ruhestandsbeamte des Landes, ...
1. während ihres Beamtenverhältnisses,
2. während eines früheren Dienstverhältnisses als Beamter, als Beamter, Richter, Berufssoldat oder Soldat auf Zeit oder
3. nach der Beendigung eines solchen Dienstverhältnisses (Nummer 1 oder 2)

begangen haben. Frühere Beamte, die Unterhaltsbeiträge nach dem Beamtenversorgungsgesetz beziehen, gelten als Ruhestandsbeamte, ihre Versorgungsbezüge als Ruhegehalt; ... .
(2) Soweit sich aus diesem Gesetz nichts anderes ergibt, finden die Bestimmungen dieses Gesetzes über Beamte auch auf Ruhestandsbeamte Anwendung.

§ 2 Verfahren

Soweit sich aus diesem Gesetz nichts anderes ergibt, finden das Landesverwaltungsverfahrensgesetz und, sofern das Verwaltungsgericht in dem Verfahren mitwirkt, die Verwaltungsgerichtsordnung und die zu ihrer Ausführung ergangenen Rechtsvorschriften Anwendung.

§ 3 Bezüge, Ruhegehalt

(1) Monatliche Bezüge im Sinne dieses Gesetzes sind die Summe der Dienstbezüge nach § 1 Abs. 2 des Landesbesoldungsgesetzes Baden-Württemberg und der Anwärterbezüge nach § 1 Abs. 3 Nr. 1 des Landesbesoldungsgesetzes Baden-Württemberg, jeweils ohne Familienzuschlag. ...
(2) Wird das Ruhegehalt nach den Vorschriften dieses Gesetzes gemindert, bleiben die auf dem Familienzuschlag beruhenden Teile außer Ansatz.

Teil 3 – Verfahren
1. Abschnitt
Einleitung, Gegenstand des Verfahrens
§ 8
Einleitung von Amts wegen

(1) Liegen tatsächliche Anhaltspunkte vor, die den Verdacht eines Dienstvergehens rechtfertigen, leitet die Disziplinarbehörde das Disziplinarverfahren ein und macht dies aktenkundig. ...
(2) Das Verfahren wird nicht eingeleitet, wenn zu erwarten ist, dass eine Disziplinarmaßnahme nach § 34 nicht ausgesprochen werden darf, oder wenn feststeht, dass eine Disziplinarmaßnahme aus sonstigen Gründen nicht in Betracht kommt. Die Gründe sind aktenkundig zu machen und dem Beamten bekanntzugeben. Das Verfahren wird auch nicht eingeleitet, wenn gegen einen Beamten auf Probe oder auf Widerruf Ermittlungen nach § 13 Abs. 3 des Landesbeamtengesetzes eingeleitet worden sind.
→ Beamtengesetz § 13; → Ermessen; → Sucht (Dienstvereinbarung)

§ 9
Einleitung auf Antrag

Der Beamte kann bei der Disziplinarbehörde die Einleitung eines Disziplinarverfahrens gegen sich beantragen. Der Antrag darf nur abgelehnt werden, wenn tatsächliche Anhaltspunkte, die den Verdacht eines Dienstvergehens rechtfertigen, nicht vorliegen. Die Entscheidung ist dem Beamten schriftlich bekanntzugeben. § 8 Abs. 4 und 5 gilt entsprechend.

2. Abschnitt
Durchführung
§ 11
Unterrichtung, Belehrung, Anhörung

(1) Der Beamte ist über die Einleitung, Ausdehnung und Beschränkung des Verfahrens sowie die Wiedereinbeziehung von Handlungen in das Verfahren zu unterrichten, sobald dies möglich ist, ohne die Aufklärung des Sachverhalts zu gefährden.
(2) Bei der Unterrichtung über die Einleitung oder Ausdehnung ist dem Beamten zu eröffnen, welches Dienstvergehen ihm zur Last gelegt wird. Er ist darauf hinzuweisen, dass es ihm freisteht, sich mündlich oder schriftlich zu äußern oder nicht zur Sache auszusagen und sich jederzeit eines Bevollmächtigten oder Beistands zu bedienen. Er ist ferner darauf hinzuweisen, dass er zu seiner Entlastung einzelne Beweiserhebungen beantragen kann.
(3) Für die Äußerung wird dem Beamten schriftlich eine angemessene Frist gesetzt. Ist der Beamte aus zwingenden Gründen gehindert, die Frist einzuhalten, und hat er dies unverzüglich mitgeteilt, ist die Frist zu verlängern.
(4) § 44 a der Verwaltungsgerichtsordnung findet Anwendung. Ist die Belehrung nach Absatz 2 unterblieben oder unrichtig erfolgt, darf die Aussage des Beamten nur mit dessen Zustimmung zu seinem Nachteil verwertet werden. Satz 2 gilt entsprechend für Anhörungen des Beamten zu möglichen Dienstvergehen vor Einleitung des Verfahrens, wenn er bei der ersten Anhörung im Verfahren von dem Recht Gebrauch macht, nicht zur Sache auszusagen.

§ 12
Ermittlungen

Die belastenden, die entlastenden und die weiteren für die Bemessung der Disziplinarmaßnahme bedeutsamen Umstände sind zu ermitteln.

§ 14
Bindung an tatsächliche Feststellungen aus anderen Verfahren

(1) Die tatsächlichen Feststellungen eines rechtskräftigen Urteils im Straf- oder Bußgeldverfahren oder einer unanfechtbaren Entscheidung über den Verlust der Bezüge wegen schuldhaften Fernbleibens vom Dienst (§ 11 Abs. 1 des Landesbesoldungsgesetzes Baden-Württemberg) sind im Disziplinarverfahren, das denselben Sachverhalt zum Gegenstand hat, bindend. Sind Feststellungen offenkundig unrichtig, hat die Disziplinarbehörde erneut zu ermitteln; die Gründe sind aktenkundig zu machen und dem Beamten mitzuteilen.

(2) Die in einem anderen gesetzlich geregelten Verfahren getroffenen tatsächlichen Feststellungen können der Entscheidung im Disziplinarverfahren ohne weitere Prüfung zugrunde gelegt werden.

§ 18
Niederschriften

(1) Über Anhörungen und Beweiserhebungen sind Niederschriften zu erstellen. § 168 a der Strafprozessordnung gilt entsprechend. Bei der Einholung von schriftlichen dienstlichen Auskünften sowie der Beiziehung von Urkunden und Akten genügt die Fertigung eines Aktenvermerks.

(2) Der Beamte erhält Abschriften der Niederschriften und wird über die Einholung oder Beiziehung unterrichtet, sobald dies möglich ist, ohne die Aufklärung des Sachverhalts zu gefährden. §§ 45 und 46 des Landesverwaltungsverfahrensgesetzes bleiben unberührt.

§ 19
Innerdienstliche Informationen

(1) Die Übermittlung personenbezogener Daten, insbesondere die Vorlage von Personalakten sowie Auskünfte hieraus, an eine mit dem Verfahren befasste Stelle ist zulässig, wenn besondere bundes- oder entsprechende landesgesetzliche Verwendungsregelungen nicht entgegenstehen und die Übermittlung unter Berücksichtigung der Belange des Beamten, anderer Betroffener und der übermittelnden Stelle zur Durchführung des Verfahrens erforderlich ist.

(2) Die Übermittlung personenbezogener Daten durch eine mit dem Verfahren befasste Stelle an andere öffentliche Stellen ist zulässig, soweit dies zur Durchführung des Verfahrens, im Hinblick auf die künftige Übertragung von Aufgaben oder Ämtern an den Beamten, zur Ausübung der Dienstaufsicht oder im Einzelfall aus besonderen dienstlichen Gründen unter Berücksichtigung der Belange des Beamten und anderer Betroffener erforderlich ist.

→ Datenschutz; → Personalakten

§ 20
Abschließende Anhörung

Nach Abschluss der Ermittlungen ist dem Beamten Gelegenheit zu geben, sich zu äußern; § 11 Abs. 3 gilt entsprechend. Satz 1 findet keine Anwendung, wenn das Verfahren nach § 37 Abs. 2 eingestellt werden soll.

3. Abschnitt – Vorläufige Maßnahmen
§ 21
Vorläufige, nicht amtsgemäße Verwendung

Ab Einleitung des Disziplinarverfahrens kann die Disziplinarbehörde dem Beamten vorläufig eine in Bezug auf sein Amt geringerwertige Tätigkeit übertragen, wenn er voraussichtlich zurückgestuft wird und eine dem bisherigen Amt entsprechende Verwendung dem Dienstherrn oder der Allgemeinheit nicht zugemutet werden kann. Die Tätigkeit hat mindestens dem Amt zu entsprechen, in das der Beamte voraussichtlich zurückgestuft wird. § 22 Abs. 1 Satz 1 Nr. 2 bleibt unberührt.

§ 22 Vorläufige Dienstenthebung, Einbehaltung von Bezügen oder Ruhegehalt

(1) Ab Einleitung des Disziplinarverfahrens kann die Disziplinarbehörde den Beamten vorläufig des Dienstes entheben, wenn

1. er voraussichtlich aus dem Beamtenverhältnis entfernt wird oder ihm das Ruhegehalt aberkannt wird oder
2. andernfalls der Dienstbetrieb oder die Ermittlungen wesentlich beeinträchtigt würden und die Enthebung im Hinblick auf die Bedeutung der Sache und die zu erwartende Disziplinarmaßnahme verhältnismäßig ist.

§ 39 des Beamtenstatusgesetzes und § 55 Abs. 4 des Landesbeamtengesetzes bleiben unberührt.

(2) Wird der Beamte nach Absatz 1 Satz 1 Nr. 1 vorläufig des Dienstes enthoben, kann die Disziplinarbehörde verfügen, dass bis zu 50 Prozent der monatlichen Bezüge einbehalten werden.

(3) Wird dem Ruhestandsbeamten voraussichtlich das Ruhegehalt aberkannt, kann die Disziplinarbehörde ab Einleitung des Disziplinarverfahrens verfügen, dass bis zu 30 Prozent des monatlichen Ruhegehalts einbehalten werden.

4. Abschnitt – Disziplinarmaßnahmen
§ 25 Arten

(1) Disziplinarmaßnahmen gegen Beamte sind Verweis, Geldbuße, Kürzung der Bezüge, Zurückstufung und Entfernung aus dem Beamtenverhältnis. Bei Beamten auf Probe und Beamten auf Widerruf sind nur Verweis und Geldbuße, bei Ehrenbeamten nur Verweis, Geldbuße und Entfernung aus dem Beamtenverhältnis zulässig. § 23 Abs. 3 Satz 1 Nr. 1 und Abs. 4 Satz 1 des Beamtenstatusgesetzes und § 13 Abs. 3 des Landesbeamtengesetzes bleiben unberührt.

(2) Disziplinarmaßnahmen gegen Ruhestandsbeamte sind Kürzung des Ruhegehalts und Aberkennung des Ruhegehalts.

§ 26
Bemessung

(1) Disziplinarmaßnahmen sind nach den Vorschriften der §§ 27 bis 35 zu bemessen. Das Persönlichkeitsbild des Beamten ist zu berücksichtigen.

(2) Darf eine andere Disziplinarmaßnahme berücksichtigt werden, kann auch eine schärfere als die nach der Schwere des Dienstvergehens zulässige Disziplinarmaßnahme ausgesprochen werden.

§ 27
Verweis

Hat der Beamte durch ein leichtes Dienstvergehen das Vertrauen des Dienstherrn oder der Allgemeinheit in die pflichtgemäße Amtsführung geringfügig beeinträchtigt, kann ihm, um ihn zur Pflichterfüllung anzuhalten, eine ausdrücklich als Verweis bezeichnete, schriftliche Rüge erteilt werden.

Hinweis der Redaktion: Unterhalb der Schwelle des förmlichen Verweises gibt es auch missbilligende Äußerungen von Vorgesetzten. Zuständig für den Ausspruch schriftlicher Missbilligungen (dies ist die schriftliche Beanstandung eines konkreten dienstpflichtwidrigen Verhaltens) gegenüber Lehrkräften sind die Schulleiter/innen. Zuvor ist der/die Betroffene zu hören und auf das Beteiligungsrecht des Personalrats hinzuweisen. Der Personalrat (auf Antrag des Betroffenen) und ggf. die Schwerbehindertenvertretung sind zu beteiligen. Die Missbilligung ist mit einer Rechtsmittelbelehrung zu versehen. Hierbei anfallende Vorgänge sind an der Schule als Teilakten – getrennt von den Nebenakten – zu führen.
→ Beamtengesetz §§ 3 (Hinweis der Redaktion) und 83 ff.; → Personalvertretungsgesetz § 80 Abs. 1 Nr. 5 i.V.m. Abs. 2, Satz 2

§ 28
Geldbuße

(1) Hat der Beamte durch ein leichtes Dienstvergehen das Vertrauen des Dienstherrn oder der Allgemeinheit in die pflichtgemäße Amtsführung nicht nur geringfügig beeinträchtigt, kann ihm, um ihn zur Pflichterfüllung anzuhalten, auferlegt werden, einen bestimmten Geldbetrag an den Dienstherrn zu zahlen (Geldbuße). Die Geldbuße darf die Höhe der monatlichen Bezüge, bei Ehrenbeamten die Höhe der monatlichen Aufwandsentschädigung, bei Beamten, die keine monatlichen Bezüge erhalten, 500 Euro nicht überschreiten.

(2) Die Geldbuße kann von den Bezügen oder dem Ruhegehalt abgezogen werden.

§ 29
Kürzung der Bezüge

(1) Hat der Beamte durch ein mittelschweres Dienstvergehen das Vertrauen des Dienstherrn oder der Allgemeinheit in die pflichtgemäße Amtsführung erheblich beeinträchtigt, können, um ihn zur Pflichterfüllung anzuhalten, seine monatlichen Bezüge um höchstens 20 Prozent bis zu drei Jahre anteilig vermindert werden (Kürzung der Bezüge). Bei der Bestimmung des Anteils sind die wirtschaftlichen Verhältnisse des Beamten zu berücksichtigen; jener kann für verschieden lange Zeiträume verschieden hoch festgesetzt werden. Die Kürzung erstreckt sich auf die Bezüge aus allen Ämtern, die der Beamte bei ihrem Beginn innehat. Bei der Anwendung von Ruhens-, Kürzungs- und Anrechnungsvorschriften bleibt die Kürzung der Bezüge unberücksichtigt.

(2) Die Kürzung beginnt mit dem Kalendermonat, der auf den Eintritt ihrer Unanfechtbarkeit folgt. Tritt der Beamte vor Eintritt der Unanfechtbarkeit in den Ruhestand, gilt eine entsprechende Kürzung des Ruhegehalts als festgesetzt. Tritt der Beamte später in den Ruhestand, wirkt die Kürzung mit dem festgesetzten Anteil und für den restlichen Zeitraum auf sein Ruhegehalt fort. Sterbe-, Witwen- und Waisengeld werden nicht gekürzt.

(3) Der Vollzug der Kürzung wird gehemmt, solange der Beamte ohne Bezüge beurlaubt ist. Er kann während seiner Beurlaubung jeweils den monatlichen Kürzungsbetrag vorab an den Dienstherrn entrichten; die Dauer der Kürzung verringert sich entsprechend.

(4) Für die Dauer der Kürzung ist eine Beförderung ausgeschlossen. Der Zeitraum kann verkürzt werden, soweit das mit Rücksicht auf die Dauer des Verfahrens angezeigt ist.

(5) Die Rechtsfolgen der Kürzung erstrecken sich auch auf ein neues Beamtenverhältnis. Einstellung und Anstellung in einem höheren Amt stehen der Beförderung gleich.

§ 30 Zurückstufung

(1) Hat der Beamte durch ein mittelschweres Dienstvergehen das Vertrauen des Dienstherrn oder der Allgemeinheit in die pflichtgemäße Amtsführung nachhaltig erschüttert, kann er, um zur Pflichterfüllung angehalten zu werden oder weil sein Verbleiben im bisherigen Amt dem Dienstherrn oder der Allgemeinheit nicht zugemutet werden kann, in ein anderes Amt derselben Laufbahn mit geringerem Endgrundgehalt versetzt werden (Zurückstufung). Mit der Zurückstufung verliert der Beamte auch den Anspruch auf die Bezüge aus dem bisherigen Amt und das Recht, die bisherige Amtsbezeichnung zu führen. Soweit nichts anderes bestimmt wird, verliert der Beamte alle Neben- und Ehrenämter, die er wegen des bisherigen Amtes oder auf Verlangen, Vorschlag oder Veranlassung seines Dienstherrn übernommen hatte; die Genehmigungen derartiger Nebenbeschäftigungen erlöschen. Solange der Beamte nach Absatz 2 nicht befördert werden darf, gilt § 29 Abs. 1 Satz 4 entsprechend.

(2) Der Beamte darf frühestens fünf Jahre nach Eintritt der Unanfechtbarkeit befördert werden. Der Zeitraum kann verkürzt werden, soweit das mit Rücksicht auf die Dauer des Verfahrens angezeigt ist.

(3) Die Rechtsfolgen der Zurückstufung erstrecken sich auch auf ein neues Beamtenverhältnis. Einstellung oder Anstellung in einem höheren Amt stehen der Beförderung gleich.

§ 31
Entfernung aus dem Beamtenverhältnis

(1) Hat der Beamte durch ein schweres Dienstvergehen das Vertrauen des Dienstherrn oder der Allgemeinheit in die pflichtgemäße Amtsführung

endgültig verloren, wird er aus dem Beamtenverhältnis entfernt. Mit der Entfernung endet das Beamtenverhältnis. Der Beamte verliert auch den Anspruch auf Bezüge und Versorgung sowie die Befugnis, die Amtsbezeichnung und die im Zusammenhang mit dem Amt verliehenen Titel zu führen und die Dienstkleidung zu tragen. Die Entfernung erstreckt sich auf alle Ämter, die der Beamte im Zeitpunkt der Zustellung der Disziplinarverfügung innehat. Der Beamte verliert auch die Rechte aus einem früheren Dienstverhältnis, wenn die Entfernung wegen eines Dienstvergehens in dem früheren Dienstverhältnis ausgesprochen wird. ...

(2) Bis zum unanfechtbaren Abschluss des Disziplinarverfahrens wird der Beamte des Dienstes enthoben, ein Teil der monatlichen Bezüge wird einbehalten. Der Einbehalt soll in den ersten drei Monaten 20 Prozent, in den weiteren sechs Monaten 35 Prozent, danach 50 Prozent der monatlichen Bezüge betragen. Wird bereits ein Teil der monatlichen Bezüge nach § 22 Abs. 2 einbehalten, soll dieser Einbehalt nicht unterschritten werden. Dem Beamten ist der unpfändbare Teil der monatlichen Bezüge zu belassen. Tritt der Beamte vor Eintritt der Unanfechtbarkeit der Verfügung in den Ruhestand, wird ein Teil des Ruhegehalts einbehalten; die Höhe des Einbehalts bestimmt sich nach § 33 Abs. 2 Satz 2 bis 4. Die Dienstenthebung wird mit der Zustellung, die Einbehaltung von Bezügen oder Ruhegehalt mit dem Ablauf des Monats der Zustellung wirksam; die Anfechtungsklage hat keine aufschiebende Wirkung. Für Verfall und Nachzahlung der einbehaltenen Beträge gilt § 24 entsprechend. Verfallen die einbehaltenen Beträge, hat der Beamte auch die seit der Zustellung gezahlten Beträge zu erstatten, soweit diese den nach Satz 4 zu belassenden Betrag überstiegen haben. ...

§ 32
Kürzung des Ruhegehalts

Hat der Ruhestandsbeamte ein mittelschweres Dienstvergehen begangen, das geeignet ist, das Ansehen des öffentlichen Dienstes oder des Berufsbeamtentums erheblich zu beeinträchtigen, kann, um ihn zur Pflichterfüllung anzuhalten, sein monatliches Ruhegehalt um höchstens ein Fünftel für längstens drei Jahre anteilig vermindert werden (Kürzung des Ruhegehalts). Wurde das Dienstvergehen ganz oder teilweise während des Beamtenverhältnisses begangen, darf die Disziplinarmaßnahme auch ausgesprochen werden, um Beamte und Ruhestandsbeamte angemessen gleich zu behandeln. Die Kürzung erstreckt sich auf das Ruhegehalt aus allen Ämtern, die der Ruhestandsbeamte bei Eintritt in den Ruhestand innegehabt hat. § 29 Abs. 1 Satz 2 und 4, Abs. 2 Satz 1 und 4 sowie Abs. 5 Satz 1 gilt entsprechend.

§ 33
Aberkennung des Ruhegehalts

(1) Hat der Ruhestandsbeamte ein schweres Dienstvergehen begangen, das geeignet ist, das Ansehen des öffentlichen Dienstes oder des Berufsbeamtentums so zu beeinträchtigen, dass dem Dienstherrn oder der Allgemeinheit ein Fortbestehen des Versorgungsverhältnisses nicht zugemutet werden kann, wird ihm das Ruhegehalt aberkannt. Wurde das Dienstvergehen ganz oder teilweise während des Beamtenverhältnisses begangen, wird dem Ruhestandsbeamten das Ruhegehalt auch aberkannt, wenn er als Beamter aus dem Beamtenverhältnis zu entfernen wäre. Mit der Aberkennung verliert der Ruhestandsbeamte den Anspruch auf Versorgung ein schließlich der Hinterbliebenenversorgung und die Befugnis, die Amtsbezeichnung und die Titel zu führen, die im Zusammenhang mit dem früheren Amt verliehen wurden. Die Aberkennung erstreckt sich auf alle Ämter, die der Ruhestandsbeamte bei Eintritt in den Ruhestand innegehabt hat. § 31 Abs. 1 Satz 5 gilt entsprechend.

(2) Bis zum unanfechtbaren Abschluss des Disziplinarverfahrens wird ein Teil des monatlichen Ruhegehalts einbehalten. Der Einbehalt soll in den ersten drei Monaten 10 Prozent, in den weiteren sechs Monaten 20 Prozent, danach 30 Prozent des monatlichen Ruhegehalts betragen. Wird bereits ein Teil des monatlichen Ruhegehalts nach § 22 Abs. 3 einbehalten soll dieser Einbehalt nicht unterschritten werden. Dem Beamten ist der unpfändbare Teil des monatlichen Ruhegehalts zu belassen. Die Einbehaltung wird mit dem Ablauf des Monats der Zustellung der Verfügung wirksam; die Anfechtungsklage hat keine aufschiebende Wirkung. Für Verfall und Nachzahlung des einbehaltenen Ruhegehalts gilt § 24 entsprechend. Verfällt das einbehaltene Ruhegehalt, hat der Beamte auch das seit der Zustellung gezahlte Ruhegehalt zu erstatten, soweit dieses den nach Satz 4 zu belassenden Betrag überstiegen hat.

(3) § 31 Abs. 3 gilt entsprechend.

§ 34
Zulässigkeit von Disziplinarmaßnahmen nach Straf- oder Bußgeldverfahren

(1) Ist gegen den Beamten im Straf- oder Bußgeldverfahren eine Strafe, Geldbuße oder Ordnungsmaßnahme unanfechtbar verhängt worden oder kann eine Tat nach § 153 a Abs. 1 Satz 5 oder Abs. 2 Satz 2 der Strafprozessordnung nach der Erfüllung von Auflagen und Weisungen nicht mehr als Vergehen verfolgt werden, dürfen wegen desselben Sachverhalts
1. ein Verweis nicht,
2. eine Geldbuße, eine Kürzung der Bezüge oder eine Kürzung des Ruhegehalts nur ausgesprochen werden, wenn dies zusätzlich erforderlich ist, um den Beamten zur Pflichterfüllung anzuhalten.

(2) Ist der Beamte im Straf- oder Bußgeldverfahren aufgrund einer Prüfung des Sachverhalts rechtskräftig freigesprochen worden, darf wegen dieses Sachverhalts eine Disziplinarmaßnahme nicht ausgesprochen werden. Dies gilt nicht, soweit der Sachverhalt eine Handlung umfasst, die ein

Dienstvergehen darstellt, aber den Tatbestand einer Straf- oder Bußgeldvorschrift nicht erfüllt.

§ 35
Disziplinarmaßnahmeverbot wegen Zeitablaufs

(1) Ein Verweis darf zwei, eine Geldbuße drei, eine Kürzung der Bezüge oder des Ruhegehalts fünf und eine Zurückstufung sieben Jahre nach der Vollendung eines Dienstvergehens nicht mehr ausgesprochen werden.

(2) Die Fristen werden unterbrochen, wenn das Disziplinarverfahren eingeleitet, ausgedehnt oder vorläufig nicht eingeleitet wird oder Ermittlungen gegen Beamte auf Probe oder auf Widerruf nach § 13 Abs. 3 des Landesbeamtengesetzes angeordnet oder ausgedehnt werden und dies jeweils aktenkundig gemacht wird.

(3) Die Fristen sind gehemmt, solange das Verfahren vorläufig nicht eingeleitet oder ausgesetzt und dies jeweils aktenkundig gemacht ist. Die Fristen sind auch gehemmt, solange der Personalrat beim Erlass der Disziplinarverfügung mitwirkt, wegen desselben Sachverhalts ein Straf- oder Bußgeldverfahren geführt wird oder eine Klage aus dem Beamtenverhältnis rechtshängig ist.

5. Abschnitt – Abschluss
§ 36 Beendigung

(1) Das Verfahren ist beendet, wenn
1. der Beamte oder Ruhestandsbeamte gestorben ist,
2. das Beamtenverhältnis durch Entlassung, Verlust der Beamtenrechte oder Entfernung unanfechtbar beendet ist oder
3. der Ruhestandsbeamte seine Rechte nach § 6 Abs. 1 des Landesbeamtenversorgungsgesetzes Baden-Württemberg unanfechtbar verloren hat.

(2) Die Beendigung des Verfahrens ist aktenkundig zu machen. Über die Kosten ist zu entscheiden, wenn dies beantragt wird oder sonst geboten ist.

§ 37
Einstellung

(1) Das Verfahren wird eingestellt, wenn
1. ein Dienstvergehen nicht erwiesen ist,
2. ein Dienstvergehen zwar erwiesen ist, aber eine Disziplinarmaßnahme nicht angezeigt erscheint,
3. eine Disziplinarmaßnahme nach § 34 oder § 35 nicht ausgesprochen werden darf oder
4. das Verfahren oder eine Disziplinarmaßnahme aus sonstigen Gründen unzulässig ist.

(2) Hat das Verfahren ein leichtes oder mittelschweres Dienstvergehen zum Gegenstand und ist das Verschulden des Beamten gering, kann die Disziplinarbehörde mit Zustimmung des Beamten das Verfahren befristet aussetzen und diesem auferlegen, bis zum Ablauf der Frist
1. zur Wiedergutmachung des durch die Handlung entstandenen Schadens eine bestimmte Leistung zu erbringen oder
2. einen Geldbetrag zugunsten einer gemeinnützigen Einrichtung oder des Dienstherrn zu zahlen.

Es können mehrere Auflagen nebeneinander erteilt werden. Die Auflage muss geeignet sein, den Beamten zur Pflichterfüllung anzuhalten. Sie kann nachträglich aufgehoben oder mit Zustimmung des Beamten auferlegt oder geändert werden. Sie ist nicht vollstreckbar. Wird die Auflage nicht fristgerecht erfüllt, ist das Verfahren unverzüglich wieder aufzunehmen; Leistungen, die zur Erfüllung der Auflage erbracht wurden, werden nicht erstattet. Wird die Auflage fristgerecht erfüllt, stellt die Disziplinarbehörde das Verfahren ein.

(3) Ist das Verfahren innerhalb von sechs Monaten seit der Einleitung nicht abgeschlossen, kann der Beamte bei dem Verwaltungsgericht beantragen, eine Frist zum Abschluss des Verfahrens zu bestimmen. Liegt einzu reichender Grund für den fehlenden Abschluss nicht vor, bestimmt das Gericht eine Frist, in der das Verfahren abzuschließen ist. Andernfalls lehnt es den Antrag ab. Die Frist kann auf Antrag des Dienstherrn verlängert werden, wenn dieser sie aus Gründen, die er nicht zu vertreten hat, voraussichtlich nicht einhalten kann. Wird das Verfahren innerhalb der Frist nicht abgeschlossen, stellt die Disziplinarbehörde es ein.

(4) Die Einstellungsverfügung ist mit Begründung, Kostenentscheidung und Rechtsbehelfsbelehrung zu versehen und dem Beamten zuzustellen. Soweit eine Disziplinarmaßnahme erstmals ausgesprochen werden soll, ist die Aufhebung einer Einstellungsverfügung nach Absatz 2 oder 3 nur nach § 40 Abs. 2 zulässig.

§ 38
Ausspruch von Disziplinarmaßnahmen

(1) Disziplinarmaßnahmen werden durch Disziplinarverfügung ausgesprochen. Eine Disziplinarmaßnahme nach §§ 29 bis 33 darf nur ausgesprochen werden, wenn
1. die höhere Disziplinarbehörde der Disziplinarverfügung zugestimmt hat, ...

(2) Die Disziplinarverfügung ist mit Begründung, Kostenentscheidung und Rechtsbehelfsbelehrung zu versehen und dem Beamten zuzustellen. In der Begründung sind der persönliche und berufliche Werdegang des Beamten, der Gang des Disziplinarverfahrens, die Tatsachen, die ein Dienstvergehen begründen, und die anderen Tatsachen und Beweismittel darzustellen, die für die Entscheidung bedeutsam sind. Auf die bindenden Feststellungen eines Urteils oder einer Entscheidung nach § 14 Abs. 1 Satz 1 kann verwiesen werden.

§ 39
Kosten

(1) Die durch das Verfahren entstandenen Kosten werden dem Dienstherrn, dem Beamten und dem Rechtsträger einer Behörde, die nicht Behörde des Dienstherrn ist, aber in dem Verfahren Aufgaben der Disziplinarbehörden wahrgenommen hat, nach den folgenden Vorschriften erstattet.

(2) Wird eine Disziplinarmaßnahme ausgespro-

chen, trägt der Beamte die Kosten des Verfahrens. Beruht die Maßnahme nur auf einzelnen der ihm zur Last gelegten Handlungen, können die Kosten zwischen dem Beamten und dem Dienstherrn verhältnismäßig geteilt werden.

(3) Wird das Verfahren auf sonstige Weise abgeschlossen, trägt der Dienstherr die Kosten. Ist ein Dienstvergehen erwiesen, können die Kosten dem Beamten ganz oder anteilig auferlegt werden.

(4) Kosten, die durch das Verschulden des Dienstherrn, des Beamten oder des Rechtsträgers nach Absatz 1 entstanden sind, hat jeweils dieser zu tragen. Das Verschulden eines Vertreters ist dem Vertretenen zuzurechnen.

(5) Kosten sind die Auslagen des Dienstherrn, die zur zweckentsprechenden Rechtsverfolgung oder Rechtsverteidigung notwendigen Aufwendungen des Beamten sowie die Auslagen des Rechtsträgers nach Absatz 1. Hat sich der Beamte eines Bevollmächtigten bedient, sind dessen gesetzliche Gebühren und Auslagen erstattungsfähig.

(6) Die Kosten setzt die Disziplinarbehörde fest, welche die Kostenentscheidung erlassen hat. Die dem Beamten zu erstattenden Kosten werden auf Antrag festgesetzt.

(7) Die gegen den Beamten festgesetzten Kosten können von den Bezügen, dem Ruhegehalt und nachzuzahlenden Beträgen abgezogen werden.

§ 42
Verwertungsverbot, Entfernung aus der Personalakte

(1) Ein Verweis darf nach zwei, eine Geldbuße nach drei, eine Kürzung der Bezüge oder des Ruhegehalts nach fünf und eine Zurückstufung nach sieben Jahren bei weiteren Disziplinarmaßnahmen und sonstigen Personalmaßnahmen nicht mehr berücksichtigt werden (Verwertungsverbot). Der Beamte gilt als nicht von der Disziplinarmaßnahme betroffen.

(2) Die Frist beginnt mit der Unanfechtbarkeit der Disziplinarmaßnahme. Sie endet nicht, solange ein gegen den Beamten eingeleitetes Straf- oder Disziplinarverfahren nicht unanfechtbar abgeschlossen ist, eine andere Disziplinarmaßnahme berücksichtigt werden darf, eine Kürzung der Bezüge oder des Ruhegehalts noch nicht vollzogen oder ein gerichtliches Verfahren über die Beendigung des Beamtenverhältnisses oder über die Geltendmachung von Schadenersatz gegen den Beamten anhängig ist.

(3) Für Disziplinarverfahren, die nicht zu einer Disziplinarmaßnahme geführt haben, tritt ein Verwertungsverbot zwei Jahre nach Abschluss des Verfahrens ein.

(4) Personalaktendaten über den Disziplinarvorgang sind aufgrund des Verwertungsverbots mit Zustimmung des Beamten zu entfernen und zu vernichten. Auf Antrag des Beamten unterbleibt die Entfernung oder erfolgt eine gesonderte Aufbewahrung. Der Antrag ist innerhalb eines Monats zu stellen, nachdem dem Beamten die Entfernungsabsicht mitgeteilt und er auf sein Antragsrecht und die Antragsfrist hingewiesen worden ist. Wird der Antrag nicht gestellt, gilt die Zustimmung als erteilt. Der Tenor einer unanfechtbaren Disziplinarverfügung, durch die eine Zurückstufung ausgesprochen wurde, verbleibt stets in der Personalakte. Das Verwertungsverbot ist bei den in der Personalakte verbleibenden Eintragungen zu vermerken.

→ Personalakten

Teil 4 – Begnadigung *(nicht abgedruckt)*

→ Beamtengesetz; → Beamtenstatusgesetz; → Disziplinargesetz (Allgemeines); → Ermessen; → Personalakten; → Personalvertretungsgesetz § 80 Abs. 1 Ziff. 3; → Rechtsschutz; → Sucht (Dienstvereinbarung); → Verschwiegenheitspflicht; → Verwaltungsrecht

Ein-Euro-Jobs

Hinweise der Redaktion

An Schulen werden teilweise Arbeitslose im Rahmen von „Ein-Euro-Jobs" eingesetzt, z.B.
- für Betreuungsangebote und die Schulverpflegung an Ganztagsschulen oder für von Schulen organisierte Mittagstische
- als zusätzliche Betreuungskräfte für die Verlässliche Grundschule oder als zusätzliches Aufsichtspersonal in Schulbussen
- in Schulbibliotheken und Schulsekretariaten
- bei der Hausaufgabenbetreuung
- für einfache handwerkliche Leistungen, die nicht zu den Hausmeister-Dienstaufgaben gehören.

Die Betroffenen erhalten für ihre Tätigkeit eine Vergütung von 1 Euro je Stunde netto, wodurch die ihnen zustehenden Transferleistungen (Arbeitslosengeld II) aufgebessert werden. Bei der Vergabe arbeiten der Schulträger, die Arbeitsagentur / Job-Center) und die Schulleitung zusammen. Mit „Ein-Euro-Jobs" sollen gem. § 16 SGB II für erwerbstätige Hilfebedürftige, die keine Arbeit finden können, Arbeitsgelegenheiten geschaffen werden. Diese Arbeitsgelegenheiten müssen im öffentlichen Interesse und zusätzlich sein; sie dürfen nicht zu Wettbewerbsverzerrungen führen.

Diese Beschäftigung von Arbeitslosengeld-II-Empfängern wird von der GEW und den Personalräten überwiegend abgelehnt, weil hiermit keine regulären Arbeitsplätze geschaffen werden.

→ Ganztagsschulen; → Sozialversicherungsbeiträge

Einschulung

Hinweise der Redaktion

A. Allgemeines

1. Flexible Einschulung

Für den Beginn der Pflicht zum Besuch der Grundschule bzw. einer entsprechenden Sonderschule gibt es zwar einen festen Stichtag: *„Mit dem Beginn des Schuljahres sind alle Kinder, die bis 30. September des laufenden Kalenderjahres das sechste Lebensjahr vollendet haben, verpflichtet, die Grundschule zu besuchen"* (SchG § 73 Abs. 1). Die Grundschulen fordern deshalb alle Eltern von schulpflichtig werdenden Kindern auf, die im *„Schulbezirk"* der jeweiligen Schule wohnen (SchG § 25 i.V.m. § 76 Abs. 2), ihr Kind in einem festgelegten Zeitraum dort anzumelden. Dies erfolgt in der Regel durch persönliche Vorstellung des Kindes in der Schule.
→ Grundschule (Verlässliche); → Schulgesetz § 25, § 73 Abs. 1, § 76 Abs. 2; → Schulpflicht (Durchsetzung)

Die Eltern können diesen Stichtag jedoch beeinflussen: Auch jene Kinder gelten als schulpflichtig, *„die bis zum 30. Juni des folgenden Kalenderjahres das sechste Lebensjahr vollendet haben und von den Erziehungsberechtigten in der Grundschule angemeldet wurden"* (SchG § 73 Abs. 1 zweiter Satz). Hierzu sind außer der Anmeldung bei der betreffenden Schule keine weiteren Formalitäten erforderlich.

2. Vorzeitige Aufnahme und Zurückstellung

Auf Antrag der Erziehungsberechtigten ist eine vorzeitige Aufnahme des Kindes möglich (SchG § 74 Abs. 1), wenn aufgrund geistigen und körperlichen Entwicklungsstandes zu erwarten ist, dass das Kind mit Erfolg am Unterricht teilnehmen wird. Die Entscheidung trifft die Schule; bestehen Zweifel am hinreichenden Entwicklungsstand des Kindes, zieht diese ein Gutachten des Gesundheitsamtes bei. Wird dem Antrag stattgegeben, beginnt die Schulpflicht mit der Aufnahme in die Schule. Wenn der geistige Entwicklungsstand von Schülerinnen oder Schülern so überdurchschnittlich ist, dass eine Einschulung in Klasse 1 pädagogisch nicht sinnvoll erscheint, können sie sogar gleich in Klasse 2 eingeschult werden. Die Entscheidung trifft die Schulleitung; sie kann hierzu ein fachpsychologisches Gutachten einholen.

Die Schulen können den höchst unterschiedlichen individuellen Eingangsvoraussetzungen der Schüler/innen und ihrem ebenso unterschiedlichen Lern- und Entwicklungstempo dadurch entsprechen, dass die Einschulung bei entsprechenden persönlichen Voraussetzungen auch im laufenden Schuljahr erfolgt; auch das Überspringen einer Klasse wird flexibel gehandhabt (*„Schulanfang auf neuen Wegen"*). Da die beiden ersten Klassen der Grundschule zu einer zweijährigen „Eingangsklasse" umgestaltet wurden (zwischen beiden Klassen findet keine Versetzungsentscheidung statt) können sich hierin Schüler/innen aus drei und mehr Altersjahrgängen befinden.
→ Grundschule (Versetzungsordnung)

Kinder, von denen bei Beginn der Schulpflicht aufgrund ihres geistigen oder körperlichen Entwicklungsstandes nicht erwartet werden kann, dass sie mit Erfolg am Unterricht teilnehmen können, um ein Jahr vom Schulbesuch zurückgestellt werden; mit Zustimmung der Erziehungsberechtigten können auch Kinder zurückgestellt werden, bei denen sich dies während den ersten Schulhalbjahres zeigt (SchG § 74 Abs. 2). Die Entscheidung trifft die Schule unter Beiziehung eines Gutachtens des Gesundheitsamtes. Die Zeit der Zurückstellung wird auf die Dauer der Pflicht zum Besuch der Grundschule nicht angerechnet. Ggf. kommen eine Frühförderung oder der Besuch eines Schulkindergartens oder einer Grundschulförderklasse sowie eine Sonderschule in Betracht.
→ Behinderungen und Förderbedarf; → Grundschulförderklasse; → Schulgesetz § 15; → Schulkindergarten

Kinder, die vorzeitig eingeschult oder zurückgestellt werden sollen, sind verpflichtet, bei Verlangen der Schule bzw. des Schulamts an einer pädagogisch-psychologischen Prüfung (Schuleignungsprüfung und Intelligenztest) zu beteiligen und vom Gesundheitsamt untersuchen zu lassen.

3. Kooperation Kindertagesstätten – Grundschule

Zur Vorbereitung auf die flexible Einschulung wird im Jahr davor eine enge Kooperation zwischen Kindertageseinrichtungen und Grundschulen gepflegt, um den individuellen Entwicklungsstand und Förderbedarf des Kindes, pädagogische Konzepte, Methoden und Arbeitsweisen der Tageseinrichtungen und der Schulen, Wünsche und Erwartungen der Eltern, mögliche schulische Lernorte im Grund- und Sonderschulbereich und eine Fördermöglichkeiten zu kennen und zu berücksichtigen. Dazu gehört auch die Beobachtung der Lern- und Entwicklungsvoraussetzungen von Kindern sowie die Beratung mit Eltern. Zu Gesprächen mit den Eltern über eine frühere Einschulung oder eine Zurückstellung sollten auch die Mitarbeiter/innen der vorschulischen Einrichtung hinzugezogen werden, da diese nicht nur den kognitiven Entwicklungsstand, sondern auch die emotionale und soziale Reife des Kindes (*„Schulfähigkeit"*) langfristig in der Gruppe beobachten können.

Die Eltern sind über die Ziele, Inhalte und Maßnahmen der Kooperation zu informieren. Sofern sich die Kooperation auf einzelne Kinder bezieht, ist dazu eine schriftliche Einwilligung ihrer Eltern einzuholen. Dies gilt auch für die Beteiligung anderer schulischer und außerschulischer Dienste und Institutionen (z.B. Frühförderung).
→ Kooperation Kindertageseinrichtungen – Grundschule

4. Einschulungsuntersuchung

Zur Vorbereitung auf die Einschulung gehört auch eine obligatorische Untersuchung, durch den Kinder- und Jugendärztlichen Dienst des Gesundheitsamts. Dabei sollen gesundheitliche Einschränkungen untersucht, festgestellt und beurteilt werden, die die Schulfähigkeit oder die Teilnahme am Unterricht gefährden können. Alle Kinder, auch jene ohne Kindergartenbesuch, werden 15 bis 24 Monate vor der Einschulung untersucht, um ggf. gezielte Fördermaßnahmen einleiten zu können. Zu den Einzelheiten siehe:

→ Schulärztliche Untersuchung; → Schulgesetz § 91

Dazu gehören ein Screening des Entwicklungsstandes und der Fertigkeiten in Entwicklungsdimensionen, z.b. Seh- und Hörvermögen, Sprachkompetenz, Motorik, Körpergröße und Gewicht. Ergeben sich Hinweise auf eine Sprachentwicklungsverzögerung, sollen diese Kinder eingehender untersucht werden. Ausgewertet werden auch Eltern- und Erzieherinnenfragebögen sowie das Vorsorgeheft (ärztliche Früherkennungsuntersuchungen).

Die zweite Untersuchung soll im letzten Kindergartenjahr drei Monate vor der Einschulung durchgeführt werden. In der ärztlichen Zusammenschau aller Befunde einschließlich der aktualisierten Dokumentation des Erzieherinnenfragebogens sowie der Einschätzung der/des Kooperationslehrerin/-lehrers wird entschieden, welche Kinder aus medizinischer Sicht schulreif sind oder ob eine Rückstellung oder eine Sonderschule sinnvoll wäre. Bei auffälligen oder unklaren Befunden erfolgt eine erneute Untersuchung. Kinder, die keine vorschulische Einrichtung besuchen, werden ausnahmslos in Schritt 1 und Schritt 2 ärztlich untersucht.

B. Sprachstandsdiagnose

Auszug aus der Verwaltungsvorschrift des Kultusministeriums zur Durchführung einer Sprachstandsdiagnose in Verknüpfung mit der Einschulungsuntersuchung vom 18. Dezember 2008 (KuU S. 1/2009)

I. Basisuntersuchung zur Sprachstandsfeststellung

Im Rahmen von Schritt l der Einschulungsuntersuchung ... führt der Kinder- und Jugendärztliche Dienst der Gesundheitsämter bei allen Kindern eine Basisuntersuchung zur Sprachstandsfeststellung (Sprachscreening) durch. Diese Basisuntersuchung ... wird in einem dazugehörigen Erhebungsbogen gemeinsam mit den anamnestischen Daten, bereits vorhandenen Befunden und Informationen zur Sprachentwicklung und verschiedenen aktuellen Sprachbefunden (sprachliche Leistungsfähigkeit, semantische Strukturerfassung, auditives Arbeitsgedächtnis) festgehalten.

II. Verpflichtende Sprachstandsdiagnose

1. Der Kinder- und Jugendärztliche Dienst der Gesundheitsämter führt im Auftrag des Kultusministeriums bei Kindern, die bei der Basisuntersuchung zur Sprachstandsfeststellung auffällige Befunde aufweisen, d.h. als potenziell sprachbeeinträchtigt identifiziert wurden, eine verpflichtende, auf Sprachverstehen, Sprachproduktion und Sprachgedächtnis bezogene Sprachstandsdiagnose durch. Hiermit werden ggf. auch Auffälligkeiten im Bereich Sprache diagnostiziert, welche die spätere Schulfähigkeit und erfolgreiche Teilnahme am Unterricht der Grundschule gefährden könnten. Sie ist – soweit geboten oder gewünscht – Grundlage für die Information und Beratung der Eltern sowie der pädagogischen Fachkräfte durch den Kinder- und Jugendärztlichen Dienst. ...
2. Die ärztliche Bewertung erfolgt auf der Grundlage der Sprachstandsdiagnose unter Einbeziehung sonstiger relevanter Befunde der schulärztlichen Untersuchung wie Hörvermögen, Entwicklung der Feinmotorik sowie – mit Einverständnis der Eltern – der Beobachtungsergebnisse der sprachlichen Entwicklung durch die Erzieherin oder den Erzieher der Tageseinrichtung bzw. des Schulkindergartens, die das Kind besucht.
3. Die ärztliche Bewertung wird in einem Befundbogen ..., der die Sprachentwicklung in verschiedenen Bereichen (Sprachverstehen, Sprachproduktion, Sprachgedächtnis) umfasst, festgehalten. Dieser Befundbogen wird den Eltern ausgehändigt. Mit ihrem Einverständnis werden eine Durchschrift der Leitung der Tageseinrichtung bzw. des Schulkindergartens, eine weitere Durchschrift der nach dem Wohnsitz des Kindes zuständigen Schule sowie eine Durchschrift, die für einen evtl. Förderantrag des Kindergartenträgers notwendigen Daten enthält, dem Kindergartenträger übergeben. Ein Exemplar verbleibt im Gesundheitsamt in der Schulgesundheitskarte des Kindes ... . Auf der Grundlage des Befundbogens berät das Gesundheitsamt die Eltern und mit deren Einverständnis die pädagogischen Fachkräfte sowie die Schulleitung der zuständigen Schule. ... .
4. Die Sprachbewertung wird kategorisiert nach intensivem Förderbedarf, Förderbedarf, kein Förderbedarf. Wird ein altersgerechter Entwicklungsstand festgestellt, so ist die Sprachbewertung "ohne Befund".

Die Förderhinweise bei der Sprachbewertung erstrecken sich insbesondere auf
– Förderung im Kindergarten im Rahmen des Orientierungsplans und der sonstigen Vorschulaktivitäten,
– spezielle pädagogische Förderung mit zusätzlichen intensiven Fördermaßnahmen (zusätzlich zu den Maßnahmen im Rahmen der grundlegenden Sprachbildung und Sprachförderung),
– Sprachheilpädagogische Maßnahmen im Rahmen der sonderpädagogischen Frühförderung bzw. im Rahmen ambulanter Sprachheilkurse,

Einschulung / Einstellung (Altersgrenze)

- Empfehlung zum Besuch eines Schulkindergartens,
- Empfehlung zu sonstigen Maßnahmen, z.B. sprachtherapeutischen Maßnahmen in Form von Heilmitteln vorbehaltlich der Entscheidung und Verordnung durch den behandelnden Arzt (Sprachtherapie beim niedergelassenen Logopäden oder im Rahmen Interdisziplinärer Frühförderung). ...

III.
Mitwirkung der Tageseinrichtungen für Kinder

1. ... Die Befunde der Sprachstandsdiagnose dienen den Tageseinrichtungen für Kinder zur gezielten Förderplanung im Rahmen
   - der Basisförderung des Orientierungsplans,
   - von darüber hinausgehenden, vom Träger zu beantragenden zusätzlichen Fördermaßnahmen,
   - der Kooperation mit anderen Partnern (z.B. Frühförderstellen, sozialpädiatrische Zentren) nach Zustimmung mit den Eltern oder
   - der Kooperation mit der Schule nach Zustimmung der Eltern entsprechend der Gemeinsamen Verwaltungsvorschrift ➜ Kooperation Kindertageseinrichtungen – Grundschulen einschließlich der Lernortklärung entsprechend der Verwaltungsvorschrift ➜ Behinderungen und Förderbedarf. ...

   ➜ Schulärztliche Untersuchung
3. Diese Mitwirkungsregelungen gelten für die Schulkindergärten für behinderte Kinder entsprechend.

Hinweise der Redaktion: Von der Basisuntersuchung zur Sprachstandsfeststellung und -diagnose kann bei Kindern mit Behinderung oder besonderem Förderbedarf abgesehen werden, wenn diese im Blick auf die Art und Schwere der Behinderung nicht zur Anwendung geeignet ist oder anderweitig fachlich aussagekräftige Befunde vorliegen.

➜ Behinderungen und Förderbedarf; ➜ Grundschule (Versetzungsordnung; ➜ Kooperation Kindertageseinrichtungen – Grundschulen; ➜ Schulärztliche Untersuchung; ➜ Schulgesetz § 15, § 25, § 73 Abs. 1, § 76 Abs. 2; ➜ Schulkindergarten; ➜ Schulpflicht (Durchsetzung)

Einstellung (Altersgrenze)

Auszug aus der Landeshaushaltsordnung (LHO) für Baden-Württemberg vom 19. Oktober 1971 (GBl. S. 428), zuletzt geändert 27.10.2010 (GBl. S. 793/2010)

§ 48
Einstellung und Versetzung von Beamten und Richtern

(1) In den Landesdienst als Beamter oder Richter eingestellt oder versetzt werden kann ein Bewerber, wenn er im Zeitpunkt der Einstellung oder Versetzung das 42. Lebensjahr noch nicht vollendet hat. Für Bewerber, die Betreuungs- und Pflegezeiten für Kinder unter 18 Jahren oder für nach ärztlichen Gutachten pflegebedürftige sonstige Angehörige geleistet haben, erhöht sich die Altersgrenze nach Satz 1 außerdem für jeden Betreuungs- oder Pflegefall um zwei Jahre. Die Altersgrenze nach Satz 1 erhöht sich außerdem um die Zeit des tatsächlich abgeleisteten Grundwehrdienstes oder Zivildienstes.

(2) *(Professoren; nicht abgedruckt)*

(3) Hat der Bewerber die Altersgrenzen nach Absatz 1 oder 2 überschritten, kann er als Beamter oder Richter in den Landesdienst eingestellt oder versetzt werden, wenn ein eindeutiger Mangel an geeigneten jüngeren Bewerbern besteht und seine Übernahme beziehungsweise Nichtübernahme unter Berücksichtigung der entstehenden Versorgungslasten einen erheblichen Vor- beziehungsweise Nachteil für das Land bedeutet. Bis zur Vollendung des 45. Lebensjahres kann eine Einstellung oder Versetzung als Beamter oder Richter in den Landesdienst im Einzelfall auch ohne Mangel an geeigneten jüngeren Bewerbern vorgenommen werden, wenn dadurch eine herausragend qualifizierte Fachkraft gewonnen wird und dies unter Berücksichtigung der entstehenden Versorgungslasten einen erheblichen Vorteil für das Land bedeutet.

Hinweis der Redaktion: Ein besonderer Personalgewinnungsbedarf liegt regelmäßig in den Bereichen vor, für die der Seiten- oder Direkteinstieg in den Schuldienst eröffnet ist, sowie bei Technischen Lehrkräften der gewerblichen Richtung an beruflichen Schulen.

(4) Die Beschränkungen nach den Absätzen 1 bis 3 gelten nicht

1. für Bewerber, die aus dem Dienstverhältnis einer landesunmittelbaren juristischen Person des öffentlichen Rechts in den Dienstbereich des Landes versetzt werden oder aus einem Richter- oder Beamtenverhältnis zum Land in das Beamten- oder Richterverhältnis zum Land berufen werden,
2. im Fall der Versetzung von Beamten oder Richtern von sonstigen Dienstherren in den Landesdienst, wenn der abgebende Dienstherr in einem Tauschverfahren einen Beamten oder Richter des Landes in mindestens derselben Besoldungsgruppe übernimmt und das Lebensalter des in den Landesdienst zu versetzenden Beamten oder Richters höchstens um drei Jahre über dem des Tauschpartners liegt,
3. bei der Einstellung und Versetzung von Beamten auf Widerruf,
4. für Bewerber mit einer Versorgungsberechtigung nach § 104 des Schulgesetzes ...,

5. im Anwendungsbereich von Vereinbarungen nach § 97 Abs. 3 des Schulgesetzes ... .
➜ Schulgesetz §§ 97 und 104
(5) In den Fällen des Absatzes 3 bedarf die Einstellung und Versetzung von Beamten ... in den Landesdienst der Einwilligung des Finanzministeriums
1. bei Berufung als Professor, wenn der Bewerber das 52. Lebensjahr vollendet hat;
2. ansonsten, wenn der Bewerber das 45. Lebensjahr vollendet hat.
(6) § 48 Abs. 1 und 3 bis 5 ist sinngemäß anzuwenden, wenn eine Versorgungsberechtigung nach § 104 des Schulgesetzes von Baden-Württemberg verliehen wird.
Hinweis der Redaktion: Abweichend hiervon kann bis zum 31. Dezember 2011 im Schulbereich eine Einstellung in den Landesdienst als Beamter erfolgen,
1. werm im Jahr 2009 den Vorbereitungsdienst beendet hat oder sich im Jahr 2009 noch im Vorbereitungsdienst befand,
2. werdas 45. Lebensjahr noch nicht vollendet hat und
3. wenn ein vom Land als Dienstherrn begründetes, berechtigtes Vertrauen des Bewerbers auf eine Einstellung als Beamter bis zur Vollendung des 45. Lebensjahrs bestand.

Diese drei Bedingungen müssen kumulativ erfüllt sein. Das KM hat hierzu ausgeführt: Der Vorbereitungsdienst ist sowohl für angehende GHRS-Lehrkräfte als auch für angehende Gymnasial- und Berufsschullehrkräfte zwingender Bestandteil der Ausbildung bzw. des Studiums. Ohne erfolgreiches Absolvieren des Vorbereitungsdienstes haben die Lehrkräfte keine abgeschlossene Ausbildung / kein abgeschlossenes Studium und können in dem angestrebten Beruf – Lehrer als Laufbahnbewerber – nicht arbeiten. Die angehenden Lehrerinnen und Lehrer leisten den Vorbereitungsdienst also nicht vorrangig und im Vertrauen darauf ab, Beamtin oder Beamter zu werden, sondern um dem Beruf als Ausbildung zu beenden. Das 2. Staatsexamen ist auch Voraussetzung, um bei einer Privatschule zu arbeiten. Die Vertrauensschutzregelung ist deshalb für diese Lehrkräfte nicht anzuwenden. Anders verhält es sich bei Fachlehrkräften / Technischen Lehrkräften, die – als Voraussetzung für die Ausbildung zur Fachlehrkraft / zur Technischen Lehrkraft – bereits eine abgeschlossene Ausbildung vorweisen können und somit bereits die Möglichkeit haben, in diesem Beruf zu arbeiten.
(Quelle: Hinweise des Kultusministeriums zu der Neuregelung in § 48 LHO ... vom Juli 2010)

➜ Beamtengesetz § 3 ff.; ➜ Einstellungserlass; ➜ Ernennungsgesetz; ➜ Schulgesetz

Einstellungserlass

Einstellung von Lehramtsbewerberinnen und Lehramtsbewerbern; Verwaltungsvorschrift des KM vom Dezember 2010 (Anhörungsfassung; beim Redaktionsschluss noch nicht veröffentlicht)

I.
Auswahlverfahren
1 Auswahlgrundsätze

Die Lehrkräfte für die öffentlichen Schulen in Baden-Württemberg werden gemäß § 9 – Beamtenstatusgesetz nach Eignung, Befähigung und fachlicher Leistung eingestellt.

1.1 Die Lehramtsbewerberinnen und -bewerber werden im Rahmen der verfügbaren Stellen und Mittel sowie nach dem regionalen Bedarf für die Einstellung ausgewählt. Die Auswahl erfolgt dabei
– überwiegend fächerspezifisch nach Leitfächern oder
– nach Fächerkombinationen, die den Anforderungen der Schulen entsprechen oder
– nach Fächerkombinationen in Abstimmung zwischen den Schulen und der oberen Schulaufsichtsbehörde bei den Gymnasien und beruflichen Schulen sowie
– fächerspezifisch bei den musisch-technischen Fachlehrerinnen / Fachlehrern,
– fachrichtungsspezifisch bei den Sonderschulen aufgrund ihrer Qualifikation (Leistungszahl bzw. Gesamtqualifikation).

Hinweis der Redaktion: Für die individuellen Einstellungschancen ist neben den Fächern und dem Prüfungsergebnis die Bereitschaft zur regionalen Mobilität von größter Bedeutung. Das KM rät deshalb dringend, neben dem Wunscheinsatzungsbezirk stets noch weitere Einstellungsbezirke anzugeben. In diesem Zusammenhang gilt: Die Einsatzwünsche sollten im Blick auf die persönlich-familiäre Situation realistisch, aber so weiträumig wie nur möglich angegeben werden!
(Quelle: Hinweise des KM zur Lehrereinstellung 2010)

1.1.1 Mit der Annahme eines Einstellungsangebots nimmt eine Bewerberin bzw. ein Bewerber am weiteren Verfahren nicht mehr teil.

1.2 Leistungszahl

1.2.1 Die Leistungszahl wird ausschließlich aus der Summe des Zwanzigfachen der Durchschnittsnote der Ersten Lehramtsprüfung oder der Gesamtnote der Prüfung, mit der die Zulassung zum Vorbereitungsdienst erfolgte, und des Zwanzigfachen der Durchschnittsnote der Zweiten Lehramtsprüfung gebildet. Bei Lehramtsprüfungen aus anderen Ländern, der EU und dem weiteren Ausland wird entsprechend gewichtet.

1.2.2 Für die Bewerberinnen und Bewerber aus Aufbaustudiengängen mit Lehrbefähigung in einem weiteren Fach und für Bewerberinnen und Bewerber, die ihre Dienstprüfungen nach früheren Prüfungsordnungen abgelegt haben, gelten gegebenenfalls besondere Berechnungsverfahren.

1.2.3 Für Bewerberinnen und Bewerber mit ausländischer Lehramtsprüfung, die nach der EU-EWR-LehrerVO ... eine Eignungsprüfung abgelegt bzw. einen Anpassungslehrgang absolviert haben, wird die Leistungszahl aus der Summe des Zwanzigfachen der Durchschnittsnote des Zeugnisses im Herkunftsland und dem Zwanzigfachen der Note der Eignungsprüfung bzw. des Anpassungslehrgangs gebildet. Ist eine Vergleichbarkeit der

Zeugnisnoten des Herkunftslandes nicht möglich, wird die Leistungszahl aus dem Vierzigfachen der Note der Eignungsprüfung bzw. des Anpassungslehrgangs gebildet. Bewerberinnen und Bewerber ohne Deutsch als Muttersprache müssen vor der Aufnahme in die Bewerberliste die für die Berufsausübung als Lehrkraft in Baden-Württemberg erforderlichen deutschen Sprachkenntnisse nachweisen. Dies erfolgt grundsätzlich mit dem Großen Deutschen Sprachdiplom eines Goetheinstituts oder einem auf andere Weise erbrachten gleichwertigen Nachweis und der erfolgreichen Teilnahme an einem Sprachkolloquium. Näheres regelt ein Erlass.

Mit Bewerberinnen und Bewerbern, deren Prüfungszertifikat keine Note aufweist und mit denen weder eine Eignungsprüfung noch ein Anpassungslehrgang durchzuführen ist, ist ein Einstellungsgespräch zu führen und zu benoten.[1] Im Rahmen dieses Gesprächs wird auch die Beherrschung der deutschen Unterrichtssprache mit überprüft. Das Einstellungsgespräch ist von der einen Schulaufsichtsbehörde zu führen, in deren Bezirk vorrangig eine Einstellung angestrebt wird. Aus dem Vierzigfachen dieser Note ist die Leistungszahl zu bilden.

1.3 Bei Fachlehrerinnen und -lehrern sowie Technischen Lehrerinnen und Lehrern an Sonderschulen und Technischen Lehrerinnen und Lehrern an beruflichen Schulen der kaufmännischen und hauswirtschaftlichen Richtung erfolgt die Auswahl aufgrund der in der Laufbahnprüfung erzielten Endnote.

1.4 Seminarausgleich

Zum Ausgleich regionaler Bewertungsunterschiede zwischen den Seminaren kann für Neubewerberinnen und -bewerber im Bereich der Grund-, Haupt-, Werkrealschulen, der Realschulen und bei musisch-technischen Fachlehrerinnen und -lehrern ein Bonus-/Malus-Verfahren durchgeführt werden. Dabei werden die Ergebnisse der Zweiten Lehramtsprüfungen aller Bewerberinnen und Bewerber, die zu einem bestimmten Termin an der Zweiten Prüfung bzw. Laufbahnprüfung innerhalb der betreffenden Schulart teilgenommen haben, zugrunde gelegt. Sofern Neu- und Altbewerberinnen bzw. Neu- und Altbewerber im Listenauswahlverfahren in einer gemeinsamen Bewerberliste zusammengeführt werden, erhalten auch die Neubewerberinnen und -bewerber einen Jahrgangsausgleich (vgl. Nr. 1.5).

1.5 Jahrgangsausgleich

Für Bewerberinnen und Bewerber für die Lehrämter an Grund-, Haupt- und Werkrealschulen, an Realschulen und für musisch-technische Fachlehrerinnen und -lehrer wird zum Ausgleich der Bewertungsunterschiede zwischen den Prüfungsjahrgängen ein Ausgleich durchgeführt.

2 Listenauswahlverfahren

2.1 Bewerberkreis

In das Listenauswahlverfahren werden nur Bewerberinnen und Bewerber einbezogen, die über eine in Baden-Württemberg erworbene oder als gleichwertig anerkannte Lehrbefähigung verfügen, sich fristgerecht beworben haben und in die Bewerberlisten der jeweiligen Bewerbergruppe aufgenommen wurden.

Hinweis der Redaktion: Durch die Ausweitungen der schulbezogenen Stellenausschreibungen wird der Einstellungsspielraum im Listenauswahlverfahren entsprechend eingeschränkt. Es wird deshalb dringend empfohlen, auch Bewerbungen auf schulbezogene Stellenausschreibungen in Betracht zu ziehen. Insbesondere in Mangelregionen und in -fächern wird die Mehrzahl der Stellen über schulbezogene Stellenausschreibungen besetzt. Siehe: www.lehrereinstellung-bw.de.
(Quelle: Hinweise des KM zur Lehrereinstellung 2011)

2.2 Benachrichtigung der Bewerberinnen und Bewerber

2.2.1 Die Bewerberinnen und Bewerber, die eingestellt werden können, werden nach den dienstlichen Erfordernissen den Bezirken der oberen Schulaufsichtsbehörden zugewiesen. Sie erhalten von der zuständigen oberen Schulaufsichtsbehörde ein Einstellungsangebot.

2.2.2 Bewerberinnen und Bewerber, die in das Listenauswahlverfahren aufgenommen worden sind, jedoch für eine Einstellung noch nicht berücksichtigt werden konnten, können einen Zwischenbescheid erhalten. Sie werden in die Auswahl des Nachrückverfahrens (vgl. Nr. 6) einbezogen.

→ Ländertausch (Lehrkräfte)

2.2.3 Alle anderen Bewerberinnen und Bewerber erhalten eine Absage, die mit einem Hinweis auf künftige Bewerbungsmöglichkeiten verbunden werden kann.

2.3 Vorstellungsgespräche

2.3.1 Mit allen Bewerberinnen und Bewerbern, die ein Einstellungsangebot erhalten sollen, sind grundsätzlich Vorstellungsgespräche zu führen. Sofern ein telefonischer Kontakt mit den Bewerberinnen und Bewerbern nicht zustande kommt, muss die Kontaktaufnahme unter der von den Bewerberinnen und Bewerbern im Übernahmeantrag angegebenen Anschrift schriftlich oder gegebenenfalls in elektronischer Form erfolgen. Sofern sich die angeschriebenen Bewerberinnen und Bewerber nicht innerhalb von zwei Arbeitstagen nach Zugang der schriftlichen Benachrichtigung äußern, findet das Nachrückverfahren Anwendung. Die Bewerberinnen und Bewerber sind darauf hinzuweisen.

Die Beauftragte für Chancengleichheit [2] kann gemäß § 9 Abs. 3 Chancengleichheitsgesetz bei Stellenbesetzungen in Bereichen geringerer Repräsentanz von Frauen an Vorstellungsgesprächen teilnehmen, soweit nicht nur Frauen oder nur Männer die vorgesehenen Voraussetzungen für die Besetzung der Stelle erfüllen.

---

1 Für den Bereich der Gymnasien und beruflichen Schulen ist das zuständige Seminar für Didaktik und Lehrerbildung zu beteiligen.
2 In den oberen Schulaufsichtsbehörden nimmt die fachliche Beraterin für den Bereich Schule in Abstimmung mit der Beauftragten für Chancengleichheit deren Aufgaben und Rechte gemäß § 16 Abs. 4 S. 3 Chancengleichheitsgesetz wahr.

Hinweis der Redaktion: Fragen nach der Familienplanung und danach, wie die Betreuung von Kindern neben der Berufstätigkeit gewährleistet werden kann, sind unzulässig.
→ Chancengleichheitsgesetz §§ 9, 10, 16 und 20

An Vorstellungsgesprächen, die mit schwerbehinderten bzw. gleichgestellten und nicht schwerbehinderten Bewerberinnen und Bewerbern geführt werden, nimmt die jeweilige Schwerbehindertenvertretung teil, wenn unter den Bewerberinnen und Bewerbern Schwerbehinderte sind; es sei denn, die einzelnen schwerbehinderten Bewerberinnen und Bewerber widersprechen ausdrücklich der Teilnahme der Schwerbehindertenvertretung. Die Bewerberinnen und Bewerber sind darauf hinzuweisen.

Die Schwerbehindertenvertretung ist immer dann zu unterrichten, wenn unter den Bewerberinnen und Bewerbern Schwerbehinderte sind; ihr sind auf Wunsch die entscheidungsrelevanten Teile der Bewerbungsunterlagen zur Einsicht vorzulegen.
→ Schwerbehinderung

2.3.2 Das Vorstellungsgespräch kann von der oberen Schulaufsichtsbehörde geführt werden. Beim Vorstellungsgespräch mit einer Bewerberin oder einem Bewerber aus dem Bereich der Grund-, Haupt- und Werkrealschulen, Realschulen oder Sonderschulen kann eine Schulrätin oder ein Schulrat derjenigen unteren Schulaufsichtsbehörde, in der die betreffende Bewerberin oder der Bewerber tätig sein soll, beteiligt werden. Es soll in der Regel nicht länger als 15 Minuten dauern.

Die obere Schulaufsichtsbehörde kann das Vorstellungsgespräch bei Grund-, Haupt- und Werkrealschulen, Realschulen und Sonderschulen auf die jeweilige untere Schulaufsichtsbehörde bzw. bei den Bewerberinnen und Bewerbern, mit denen ein Beteiligungsgespräch nach Nr. 2.5 zu führen ist, als Teil des Beteiligungsgesprächs auf die betreffende Schulleitung übertragen. Im Bereich der Gymnasien und beruflichen Schulen kann die obere Schulaufsichtsbehörde bei Bewerberinnen und Bewerbern, mit denen ein Beteiligungsgespräch nach Nr. 2.5 zu führen ist, das Vorstellungsgespräch als Teil des Beteiligungsgesprächs auf die betreffende Schulleitung übertragen.

Unter den für das Listenauswahlverfahren festgelegten Voraussetzungen kann das Vorstellungsgespräch auch im Nachrückverfahren auf die jeweilige Schulleitung übertragen werden.

Die obere Schulaufsichtsbehörde, die untere Schulaufsichtsbehörde und gegebenenfalls die Schulleitung treffen eine der folgenden Entscheidungen:

„Einstellung ja" oder

„Einstellungsgespräch erforderlich".

Bei Bewerberinnen und Bewerbern mit der Entscheidung „Einstellungsgespräch erforderlich" ist ein Protokoll zu fertigen. Mit diesen Bewerberinnen oder Bewerbern wird ein zusätzliches Gespräch nach den Verfahrensregeln für das Einstellungsgespräch nach Nr. 2.4 durchgeführt. Ergibt auch dieses Gespräch nicht mindestens die Beurteilung „geeignet", kann die Bewerberin oder der Bewerber nicht eingestellt werden.

2.4 Einstellungsgespräche

2.4.1 Einstellungsgespräche können geführt werden, wenn dies im Einzelfall aus besonderen Gründen für erforderlich gehalten wird (z.B. bei gleicher oder fast gleicher Gesamtqualifikation/Leistungszahl/Laufbahnprüfungsnote, lang zurückliegender Lehramtsprüfung).

Die Beauftragte für Chancengleichheit [2] kann gemäß § 9 Abs. 3 Chancengleichheitsgesetz bei Stellenbesetzungen in Bereichen geringerer Repräsentanz von Frauen an Einstellungsgesprächen teilnehmen, soweit nicht nur Frauen oder nur Männer die vorgesehenen Voraussetzungen für die Besetzung der Stelle erfüllen.

An allen Einstellungsgesprächen, die mit schwerbehinderten bzw. gleichgestellten und nicht schwerbehinderten Bewerberinnen und Bewerbern geführt werden, nimmt die jeweilige Schwerbehindertenvertretung teil, wenn unter den Bewerberinnen und Bewerbern Schwerbehinderte sind; es sei denn, die einzelnen schwerbehinderten Bewerberinnen und Bewerber widersprechen ausdrücklich der Teilnahme der Schwerbehindertenvertretung. Die Bewerberinnen und Bewerber sind darauf hinzuweisen.

Die Schwerbehindertenvertretung ist immer dann zu unterrichten, wenn unter den Bewerberinnen und Bewerbern Schwerbehinderte sind; ihr sind auf Wunsch die entscheidungsrelevanten Teile der Bewerbungsunterlagen aller Bewerberinnen und Bewerber zur Einsicht vorzulegen.

2.4.2 Bei der Entscheidung über die Eignung einer Bewerberin oder eines Bewerbers ist eine Gesamtwürdigung vorzunehmen. Hierbei sind insbesondere folgende Kriterien heranzuziehen:
– Erklärung, längerfristig an dem Ort des Bedarfs tätig zu werden,
– schulische und/oder außerschulische Tätigkeiten und Aktivitäten,
– Fächerverbindung bzw. Stufenschwerpunkt,
– besondere Eigenschaften, Fähigkeiten und Umstände (z.B. in außerschulischen Tätigkeiten erworbene Fertigkeiten und Erfahrungen, Sprachkenntnisse, dem Unterricht förderliche Aufbau- und Zusatzstudien usw.).

Über die Gespräche sind stichwortartige Protokolle zu fertigen. Die wesentlichen Gründe für die Beurteilung der Bewerberin oder des Bewerbers sind in den Protokollen festzuhalten. Eine Mehrfertigung des Protokolls wird der Bewerberin oder dem Bewerber übermittelt.

2.4.3 Die Einstellungsgespräche sind als Einzelgespräche zu führen und sollen in der Regel nicht länger als 30 Minuten dauern. Sie werden von Kommissionen geführt, die aus jeweils zwei Mitgliedern bestehen. Die Kommissionen werden von der oberen Schulaufsichtsbehörden berufen. Den Vorsitz führt eine in diesem Aufgabenbereich erfahrene Referentin oder ein Referent der oberen Schulaufsichtsbehörde.

Die/Der Vorsitzende kann in begründeten Fällen

eine weitere Referentin bzw. einen weiteren Referenten (z.B. Juristin/Jurist) beratend hinzuziehen.

Im Bereich der Grund-, Haupt- und Werkrealschulen, Realschulen und Sonderschulen ist das zweite Mitglied der Kommission eine Schulrätin oder ein Schulrat möglichst desjenigen Bezirks der unteren Schulaufsichtsbehörde, in dem die betreffende Bewerberin bzw. der Bewerber tätig werden soll. Im Bereich der Gymnasien und beruflichen Schulen ist das zweite Mitglied der Kommission in der Regel eine Schulleiterin oder ein Schulleiter, das von der oberen Schulaufsichtsbehörde berufen wird.

Die oberste Schulaufsichtsbehörde kann jederzeit eine Vertreterin oder einen Vertreter in die Kommission entsenden.

Die Gespräche sind mit einer der folgenden Beurteilungen zu bewerten:
- „besonders gut geeignet",
- „gut geeignet",
- „geeignet",
- „wird nach dem Ergebnis des Einstellungsgesprächs nicht eingestellt".

2.5 Beteiligungsgespräche

2.5.1 Alle Bewerberinnen und Bewerber, denen im Listenauswahlverfahren eine konkrete Schule als künftiger Dienstort benannt wird und die diesen auch annehmen wollen, müssen unverzüglich mit der Schulleiterin oder dem Schulleiter dieser Schule Verbindung aufnehmen.

Die Schulleitung führt mit der Bewerberin oder dem Bewerber ein Beteiligungsgespräch. Sie soll ein Mitglied der Personalvertretung hinzuziehen, sofern eine solche an der Schule eingerichtet ist. An Schulen, an denen keine Personalvertretung eingerichtet ist, soll ein von der Gesamtlehrerkonferenz gewähltes Mitglied hinzugezogen werden.

Hinweis der Redaktion: Zur Bedeutung von „soll" bitte den Beitrag → Juristische Terminologie beachten.

2.5.2 An allen Beteiligungsgesprächen, die mit schwerbehinderten bzw. gleichgestellten und nicht schwerbehinderten Bewerberinnen und Bewerbern geführt werden, nimmt die jeweilige Schwerbehindertenvertretung teil, wenn unter den Bewerberinnen und Bewerbern Schwerbehinderte sind; es sei denn, die einzelnen schwerbehinderten Bewerberinnen und Bewerber widersprechen ausdrücklich der Teilnahme der Schwerbehindertenvertretung. Die Bewerberinnen und Bewerber sind darauf hinzuweisen.

Die Schwerbehindertenvertretung ist immer dann zu unterrichten, wenn unter den Bewerberinnen und Bewerbern Schwerbehinderte sind; ihr sind auf Wunsch die entscheidungsrelevanten Teile der Bewerbungsunterlagen aller Bewerberinnen und Bewerber zur Einsicht vorzulegen.

2.5.3 Innerhalb einer Woche nach Benennung der vorgesehenen Schule informiert die Schulleiterin oder der Schulleiter die obere bzw. untere Schulaufsichtsbehörde, ob sie bzw. er
- mit der Zuweisung der Bewerberin oder des Bewerbers einverstanden ist oder
- ob triftige Gründe gegen die Zuweisung der Bewerberin oder des Bewerbers an die Schule bestehen.

Fach bzw. Fachrichtung oder Stufenschwerpunkt dürfen bei dieser Entscheidung nicht berücksichtigt werden, da diese Kriterien bereits von der oberen bzw. unteren Schulaufsichtsbehörde bei der Bewerberauswahl soweit als möglich berücksichtigt wurden.

2.5.4 Äußert die Schulleiterin oder der Schulleiter keine Bedenken gegen die Zuweisung der Bewerberin oder des Bewerbers, entscheidet die obere Schulaufsichtsbehörde abschließend über die Einstellungsmaßnahme. Werden von der Schulleiterin oder dem Schulleiter triftige Gründe gegen die Zuweisung der Bewerberin oder des Bewerbers erhoben, so teilt sie bzw. er die Gründe innerhalb der genannten Frist der oberen Schulaufsichtsbehörde schriftlich mit. In diesem Fall wird mit der Bewerberin oder dem Bewerber ein Einstellungsgespräch (vgl. Nr. 2.6) geführt.

2.5.5 Erfolgt das Beteiligungsgespräch nicht innerhalb der festgelegten Frist, weil die Bewerberin oder der Bewerber sich nicht bei der Schulleiterin oder dem Schulleiter gemeldet hat, scheidet die Bewerberin oder der Bewerber aus allen Einstellungsverfahren des laufenden Auswahlverfahrens aus. Die Stelle wird dann anderweitig besetzt.

2.5.6 In Einzelfällen können bei mehreren Bewerberinnen und Bewerbern mit gleicher oder fast gleicher Gesamtqualifikation/Leistungszahl/Laufbahnprüfungsnote Vorstellungsgespräche als Einstellungsgespräche nach den Regelungen in Nr. 2.4 zur Besetzung einer Stelle geführt werden. Die Schulleiterin oder der Schulleiter ist hierbei zu beteiligen. Ein Beteiligungsgespräch nach Nr. 2.5 findet in diesen Fällen nicht statt.

2.6 Einstellungsgespräche im Beteiligungsverfahren

2.6.1 Das Einstellungsgespräch ist mit allen Bewerberinnen und Bewerbern zu führen, gegen deren Zuweisung die Leiterin oder der Leiter der ausgewählten Schule triftige Gründe erhoben hat.

2.6.2 Die Einstellungsgespräche werden von Kommissionen geführt, die aus jeweils zwei Mitgliedern bestehen. Die Kommissionen werden von den oberen Schulaufsichtsbehörden berufen. Den Vorsitz führt die obere Schulaufsichtsbehörde.

Im Bereich der Grund-, Haupt- und Werkrealschulen, Realschulen und Sonderschulen ist das zweite Mitglied der Kommission eine Schulrätin oder ein Schulrat möglichst desjenigen Bezirks der unteren Schulaufsichtsbehörde, in dem die betroffene Bewerberin bzw. der betroffene Bewerber tätig werden soll. Im Bereich der Gymnasien und beruflichen Schulen ist das zweite Mitglied der Kommission eine Schulleiterin oder ein Schulleiter, das von der oberen Schulaufsichtsbehörde berufen wird.

Die Leiterin oder der Leiter der ursprünglich vorgesehenen Schule kann auf eigenen Antrag oder nach Wunsch der oberen Schulaufsichtsbehörde am Einstellungsgespräch teilnehmen.

Über die Gespräche sind stichwortartige Protokolle zu fertigen. Die wesentlichen Gründe für die Beurteilung der Bewerberin oder des Bewerbers sind in den Protokollen festzuhalten. Eine Mehrfertigung des Protokolls ist der Bewerberin oder dem Bewerber zu übermitteln.

2.6.3 Die obere Schulaufsichtsbehörde entscheidet abschließend auf der Grundlage des Einstellungsgesprächs wie folgt:
- „für die vorgesehene Schule im Benehmen mit der Schulleiterin oder dem Schulleiter geeignet",
- „nimmt am Nachrückverfahren teil",
- „wird nach dem Ergebnis des Einstellungsgesprächs derzeit nicht eingestellt".

2.7 Die Beauftragte für Chancengleichheit [2] kann gemäß § 9 Abs. 3 Chancengleichheitsgesetz bei Stellenbesetzungen in Bereichen geringerer Repräsentanz von Frauen an Beteiligungs- und Einstellungsgesprächen teilnehmen, soweit nicht nur Frauen oder nur Männer die vorgesehenen Voraussetzungen für die Besetzung der Stelle erfüllen. Die Beauftragte für Chancengleichheit [2] der oberen Schulaufsichtsbehörde kann diese Aufgabe auf die Beauftragte für Chancengleichheit bzw. Ansprechpartnerin der jeweiligen Schule delegieren.

An allen Gesprächen, die mit schwerbehinderten bzw. gleichgestellten und nicht schwerbehinderten Bewerberinnen und Bewerbern geführt werden, nimmt die jeweilige Schwerbehindertenvertretung teil, wenn unter den Bewerberinnen und Bewerbern Schwerbehinderte sind; es sei denn, die einzelnen schwerbehinderten Bewerberinnen und Bewerber widersprechen ausdrücklich der Teilnahme der Schwerbehindertenvertretung. Die Bewerberinnen und Bewerber sind darauf hinzuweisen.

Die Schwerbehindertenvertretung ist immer dann zu unterrichten, wenn unter den Bewerberinnen und Bewerbern Schwerbehinderte sind; ihr sind auf Wunsch die einstellungsrelevanten Teile der Bewerbungsunterlagen aller Bewerberinnen und Bewerber zur Einsicht vorzulegen.

Die Schulaufsichtsbehörden können an allen Gesprächen teilnehmen.

2.8 Bei den Vorstellungs-, Beteiligungs- und Einstellungsgesprächen wird den Bewerberinnen und Bewerbern keine Reisekostenvergütung gewährt.

3 Engpassfächer

3.1 Im Bereich der Grund-, Haupt- und Werkrealschulen können bis zu 15 v.H. der Stellen im Listenauswahlverfahren mit Bewerberinnen und Bewerbern in den Engpassfächern Musik, Religionslehre, Sport, Technik, Haushalt/Textil, Wirtschaftslehre, Englisch, Französisch, Chemie und Physik unter Qualifikationsgesichtspunkten besetzt werden. Außerdem können Bewerberinnen und Bewerber nach Stufenschwerpunkt bzw. Schwerpunkten der Ausbildung sowie mit den Lehramtsstudiengängen Europalehramt und Integriertem Teilstudiengang eingestellt werden. Die Zahl der Bewerberinnen und Bewerber, die nach dem Stufenschwerpunkt bzw. mit dem Europalehramt oder dem Integrierten Teilstudiengang eingestellt werden, wird von der obersten Schulaufsichtsbehörde jährlich festgelegt. Dabei muss gewährleistet sein, dass min-destens 15 v.H. der Stellen im Listenauswahlverfahren mit Bewerberinnen und Bewerbern nach Gesamtqualifikation besetzt werden.

3.2 Im Bereich der Realschulen können bis zu 10 v.H. der Stellen im Listenauswahlverfahren mit Bewerberinnen und Bewerbern mit dem Ausbildungsfach Bildende Kunst, Französisch, Mathematik, Chemie, Physik, Technik, Religion, Sport und Musik unter Qualifikationsgesichtspunkten besetzt werden. Zusätzlich können Bewerberinnen und Bewerber mit dem Lehramtsstudiengang Europalehramt sowie fächerspezifisch eingestellt werden. Die Zahl der Bewerberinnen und Bewerber, die aufgrund des Europalehramtes bzw. fächerspezifisch eingestellt werden, wird jeweils von der obersten Schulaufsichtsbehörde festgelegt.

3.3 Im Bereich der Gymnasien haben Bewerberinnen und Bewerber mit Hauptfächern grundsätzlich Vorrang vor Bewerberinnen und Bewerbern mit Beifächern.

3.4 Im Rahmen von Schulversuchen oder bei Schulen mit besonderen Aufgaben gelten gegebenenfalls weitere Anforderungen.

4 Soziale Härtefälle, Deputatsaufstockungen

4.1 Als soziale Härtefälle sind ganz besonders gelagerte wirtschaftliche Verhältnisse anzusehen, wie sie insbesondere bei Bewerberinnen und Bewerbern vorliegen, die Alleinverdienende ohne weitere Einkünfte sind und die für den vollen Unterhalt von mindestens einem Kind aufzukommen haben. Bewerberinnen und Bewerber mit zweitem Bildungsweg sind dabei angemessen zu berücksichtigen. Die Auswahl erfolgt nach sozialer Dringlichkeit und nach Leistungsgesichtspunkten.

4.2 Innerhalb des Auswahlverfahrens können bis zu 60 Stellen für soziale Härtefälle vergeben werden. Davon werden bis zu 37 Stellen wie folgt aufgeteilt:

Grund-, Haupt- und Werkrealschulen, Sonderschulen, Realschulen	zusammen höchstens 22 Stellen,
Gymnasien	höchstens 10 Stellen,
berufliche Schulen	höchstens 5 Stellen.

Die Vorauswahl erfolgt durch die oberen Schulaufsichtsbehörden, die Endauswahl wird gemeinsam durch die oberen Schulaufsichtsbehörden getroffen. Bis zu 10 Stellen können zum Zweck des Ausgleichs zwischen den einzelnen Schularten von der obersten Schulaufsichtsbehörde zentral verwaltet werden. Die Auswahlentscheidungen werden zusammen mit den jeweils zuständigen Personalvertretungen getroffen. Auf Wunsch der zuständigen Personalvertretungen kann ein Mitglied des Hauptpersonalrats an dieser Auswahlsitzung der oberen Schulaufsichtsbehörden teilnehmen.

4.3 Die Härtefallregelung findet grundsätzlich nur bei Bewerberinnen und Bewerbern Anwendung, die ihre Lehrbefähigung in Baden-Württemberg erworben oder ihren Lebensmittelpunkt in Baden-

Württemberg haben und die zuvor in die Bewerberliste für das zentrale Einstellungsverfahren aufgenommen wurden.

4.4 Daneben kann im Rahmen dieses Kontingents der Lehrauftrag teilzeitbeschäftigter Lehrkräfte im Schuldienst des Landes, die bisher schon unter den TV-L fallen (frühere Nebenlehrer mit einem Unterrichtsauftrag von mindestens 18/40 eines ganzen Deputats), auf Antrag im Rahmen des für sie maßgeblichen Regelstundenmaßes bis zur vollen Wochenstundenzahl aufgestockt werden. Außerdem ist grundsätzlich eine Weiterbildung in einem zweiten Fach nachzuweisen. Die Auswahlentscheidung erfolgt im Zusammenhang mit dem nach Nr. 4.2 durchzuführenden Verfahren. → Tarifvertrag-L

5 Berücksichtigung von Wehr- oder Zivildienst, Geburt eines Kindes oder Pflege eines nahen Angehörigen bei Erhöhung der Einstellungs-anforderungen (Rückprojektion)

5.1 Bewerber, die Grundwehr- oder Zivildienst geleistet haben oder Soldat auf Zeit waren, werden im Rahmen des § 11 a des Arbeitsplatzschutzgesetzes hinsichtlich der Einstellungskriterien so behandelt, als hätten sie keinen Grundwehr- bzw. Zivildienst abgeleistet.

5.2 Bewerberinnen, deren Bewerbung sich nur infolge der Geburt eines Kindes verzögert hat und die sich innerhalb von drei Jahren nach der Geburt oder sechs Monate nach Erfüllung der ausbildungsmäßigen Einstellungsvoraussetzungen beworben haben, werden in Anwendung des § 125 b Abs. 1 des Beamtenrechtsrahmengesetzes hinsichtlich der Einstellungskriterien so behandelt, als hätten sie sich ohne diese Verzögerung beworben. Die Zeit, um die zurückgerechnet werden darf, berechnet sich nach den Fristen des § 15 Abs. 1 und 2 → Elternzeit (Gesetz) ... i.V. mit § 3 Abs. 2 und § 6 Abs. 1 des Mutterschutzgesetzes.

5.3 Bewerberinnen und Bewerber, deren Bewerbung sich nur infolge der tatsächlichen Pflege eines nach ärztlichem Gutachten pflegebedürftigen sonstigen nahen Angehörigen (insbesondere aus dem Kreis der Eltern, Schwiegereltern, Ehegatten, Geschwister sowie volljährigen Kindern) verzögert hat, werden nach § 125 b des Beamtenrechtsrahmengesetzes so behandelt, als hätten sie sich ohne diese Verzögerung beworben. Der berücksichtigungsfähige Zeitraum beträgt längstens drei Jahre.

5.4 Es werden nur Verzögerungen berücksichtigt, die allein durch den geleisteten Dienst, die Geburt des Kindes oder den berücksichtigungsfähigen Zeitraum der Pflege verursacht waren. Wurde die Bewerbung oder die Lehramtsausbildung durch Gründe verzögert, die in den persönlichen Bereich der Bewerberin bzw. des Bewerbers fallen, so ist die dafür aufgewendete Dauer (bei einem Studium gerechnet nach der Zahl der versäumten Semester) von der anrechenbaren Zeit abzusetzen. Als anrechenbare Studienzeit können bei den einzelnen Lehrämtern folgende Semesterhöchstzahlen zugrundegelegt werden (einschließlich der Prüfungszeiten):

Lehramt an Grund-, Haupt- und Werkrealschulen	7
Lehramt an Realschulen	8
Lehramt an Sonderschulen	9
Lehramt an Gymnasien	11
Lehramt an beruflichen Schulen (Diplom)	11

Über diese Studienzeiten hinaus sind Vorbereitungsdienste als Regelausbildungszeiten zu berücksichtigen.

6 Nachrückverfahren

6.1 Die Lehramtsbewerberinnen und -bewerber, die im Listenauswahlverfahren aufgrund der von ihnen erzielten Gesamtqualifikation/Leistungszahl/Laufbahnprüfungsnote nicht berücksichtigt werden konnten, können gegebenenfalls in einem Nachrückverfahren Berücksichtigung finden.

Im Nachrückverfahren kann in begründeten Ausnahmefällen über die Regelung in Nr. 1.1 hinaus auch in anderen Bereichen fächerspezifisch ausgewählt werden.

In das Nachrückverfahren können in begründeten Fällen auch die Sonderschullehrerinnen und -lehrer einbezogen werden, die im Listenauswahlverfahren ein Angebot in der sonderpädagogischen Nebenfachrichtung ausgeschlagen haben.

Innerhalb des Nachrückverfahrens kann für die bis zu einem von der obersten Schulaufsichtsbehörde festgelegten Termin noch nicht besetzten Stellen eine schulbezogene Stellenausschreibung durchgeführt werden; die Regelungen der Nummern 26.2 bis 26.5 gelten, mit Ausnahme der dort genannten Termine, entsprechend. Außerdem können die oberen Schulaufsichtsbehörden Ende Juli über noch nicht besetzte Stellen informieren. Die Stellenausschreibungen und die Informationen über freie Stellen werden einheitlich auf der Internetseite www.lehrereinstellung-bw.de öffentlich bekanntgemacht.

6.2 Mit den im Nachrückverfahren zu berücksichtigenden Bewerberinnen und Bewerbern ist ebenfalls ein Vorstellungsgespräch nach Nr. 2.3 bzw. ein Einstellungsgespräch nach Nr. 2.4 zu führen.

6.3 Nach Abschluss des Nachrückverfahrens können noch vorhandene freie Stellen grundsätzlich nicht mehr besetzt werden. Ausgenommen sind Stellenausschreibungen nach Nr. 26. Weitere Ausnahmen bedürfen der vorherigen Zustimmung der obersten Schulaufsichtsbehörde.

6.4 Auch im Nachrückverfahren muss die Kontaktaufnahme mit den Bewerberinnen und Bewerbern schriftlich oder gegebenenfalls in elektronischer Form erfolgen, wenn Telefonkontakte nicht zustande kommen. Die Frist, innerhalb der sich eine Bewerberin oder ein Bewerber melden muss, beträgt zwei Arbeitstage nach Zugang der schriftlichen Benachrichtigung. Nach Ablauf dieser Frist wird das Einstellungsangebot an eine andere Lehramtsbewerberin oder einen anderen Lehramtsbewerber vergeben. Darauf ist die Bewerberin oder der Bewerber hinzuweisen.

II. Besondere Bewerbergruppen
7 Schwerbehinderte

7.1 Grundlage für die Auswahlentscheidungen ist das Sozialgesetzbuch (SGB) Neuntes Buch (IX) über Rehabilitation und Teilhabe behinderter Menschen. Es können bis zu zwanzig Schwerbehinderte oder Schwerbehinderten gleichgestellte Bewerberinnen oder Bewerber, die nicht ohnedies nach den regulären Einstellungsregelungen in den Schuldienst des Landes übernommen werden können, im Hinblick auf ihre Behinderung eingestellt werden. Die Auswahl dieser Bewerberinnen und Bewerber erfolgt durch die oberste Schulaufsichtsbehörde im Einvernehmen mit den oberen Schulaufsichtsbehörden und den Hauptvertrauenspersonen der schwerbehinderten Lehrkräfte.

7.2 In diesem Rahmen und bis zur Höhe der dafür veranschlagten Mittel können schwerbehinderte Lehramtsbewerberinnen und -bewerber zum Schulhalbjahr vorgezogen eingestellt werden.

7.3 Diese Regelung findet grundsätzlich nur bei Bewerberinnen und Bewerbern Anwendung, die ihre Lehrbefähigung in Baden-Württemberg erworben oder ihren Lebensmittelpunkt in Baden-Württemberg haben und die zuvor in die Bewerberliste für das zentrale Einstellungsverfahren aufgenommen wurden.

→ Schwerbehinderung (Allgemeines)

8 (aufgehoben) / 9 (frei)

III. Übernahme in den Schuldienst
10 Allgemeines

10.1 Bewerberinnen und Bewerber mit entsprechender Laufbahnbefähigung können bei Übernahme in den Schuldienst des Landes im Rahmen der zur Verfügung stehenden Stellen in das Beamtenverhältnis übernommen werden, sofern bei ihnen die allgemeinen beamtenrechtlichen Voraussetzungen hierfür vorliegen.

Hinweise der Redaktion:
1. Die Einstellung in das Beamtenverhältnis ist der Regelfall. Es ist jedoch aus haushaltsrechtlichen oder aus persönlichen Gründen (z.B. vorhergehende Arbeitnehmertätigkeit und höheres Lebensalter) auch die Einstellung im Arbeitnehmerverhältnis möglich. Soweit zunächst im Arbeitnehmerverhältnis übernommene Lehrkräfte dies wünschen, kann der Wechsel ins Beamtenverhältnis auch zu einem späteren Zeitpunkt erfolgen (Quelle: Schreiben des KM vom 20.4.2001; Az.: 14-0311.21/21). In letzterem Fall müssen jedoch die beamtenrechtlichen Einstellungsvoraussetzungen erfüllt werden (Gesundheit, Alter ...).
2. Hinsichtlich der gesundheitlichen Eignung werden sehr strenge Maßstäbe angelegt (insbesondere Body Mass Index – BMI – und chronische Krankheiten). Seit dem Schuljahr 2009/10 ist die Übernahme in das Beamtenverhältnis nach Vollendung des 40. Lebensjahres nur noch unter bestimmten Voraussetzungen möglich.
   → Amtsärztliche Untersuchung; → Einstellung (Altersgrenze)
3. Auch wer sich zur Zeit des einheitlichen Einstellungstermins im mutterschutzrechtlichen Beschäftigungsverbot befindet, erhält ein Einstellungsangebot.
4. Mit der schriftlichen Annahmeerklärung eines Einstellungsangebots ist zusätzlich die Erklärung der eingestellten Lehrkraft verbunden, dass sie in der Regel mehrere Jahre an der für sie vorgesehenen Schule verbleiben wird.

→ Beamtenstatusgesetz § 9

Lehrkräfte können nach Maßgabe dieser Verwaltungsvorschrift auch für den Einsatz in Schularten eingestellt werden, die nicht ihrer Lehrbefähigung entsprechen.

Hinweise der Redaktion:
1. Zum Ausgleich der Unterversorgung insbesondere an Sonderschulen und beruflichen Schulen ordnet die Schulverwaltung Lehrkräfte an Schulen ab, für die sie keine Lehrbefähigung besitzen. Teilweise werden dabei „Abordnungsketten" gebildet: Lehrkraft A wird an eine andere Schulart abgeordnet, um dort Lehrkraft B zu ersetzen, die wiederum an eine dritte Schulart abgeordnet wird, usw.. Zum Teil werden solche Abordnungen über die Dauer eines Jahres hinaus verlängert (Grundsatz der Freiwilligkeit).
2. Lehrkräfte können ihre Probezeit auch in Schularten absolvieren, für die sie keine Lehrbefähigung aufweisen. Es ist im Rahmen der Probezeitbeurteilung zu berücksichtigen, dass diese Lehrerinnen und Lehrer an einer anderen Schulart tätig sind. Bei der Abordnung von neu einzustellenden Lehrkräften an eine „fremde" Schulart wird jeweils eine Stammschule in der eigenen Schulart festgelegt. Soweit es während der Probezeit zu Leistungsmängeln kommt, gebietet es die Fürsorgepflicht des Dienstherrn, die betroffenen Lehrkräfte an ihrer Schulart einzusetzen, für die sie die Lehrbefähigung erworben haben.
   → Probezeit; → Versetzungen und Abordnungen
3. Einstellungen auf Dauer von Sonderschullehrer/innen und Realschullehrer/innen an berufliche Schulen erfolgen nach Maßgabe von Ziff. 26 (Schulbezogene Ausschreibungen).

10.2 Im Schuldienst des Landes stehende Lehrkräfte, die eine Ausbildung für ein anderes Lehramt abschließen, werden in der Regel nur im Rahmen der allgemeinen Einstellungsbedingungen für dieses Lehramt übernommen.

10.3 Verbeamtete Bewerberinnen und Bewerber, die für die Ausbildung zur Sonderschullehrerin oder zum Sonderschullehrer aus ihrem bisherigen Beamtenverhältnis beurlaubt worden sind, werden nach Abschluss ihrer Ausbildung – unabhängig von ihrer Leistungszahl – zum nachfolgenden einheitlichen Einstellungstermin als Sonderschullehrerin oder -lehrer in den Schuldienst des Landes übernommen. Sie werden bis dahin in ihrem seitherigen Status weiter beschäftigt. Der Beurlaubung bzw. Teilbeurlaubung ist stets ein dienstliches Interesse für die Absolvierung eines sonderpädagogischen Aufbaustudiums zugrunde zu legen.

Bei verbeamteten musisch-technischen Fachlehrerinnen und -lehrern, die eine Ausbildung für das Lehramt an Grund-, Haupt- und Werkrealschulen anstreben und hierbei den Stufenschwerpunkt Haupt-/Werkrealschule wählen, ist für die Beurlaubung bzw. Teilbeurlaubung stets von einem dienstlichen Interesse auszugehen. Nach Abschluss der Ausbildung werden diese Bewerberinnen und Bewerber – unabhängig von ihrer Leistungszahl – zum nachfolgenden einheitlichen Einstellungstermin als Grund- und Hauptschullehrerin bzw. -lehrer in den Schuldienst des Landes übernommen. Sie werden bis dahin in ihrem seitherigen Status weiter beschäftigt. Bei der Wahl des Stufenschwerpunktes Grundschule ist die Anerkennung eines dienstlichen Interesses in der Regel ausgeschlossen.

Bei verbeamteten Fachlehrerinnen und -lehrern an Schulen für Geistigbehinderte und Körperbehinderte bzw. Technischen Lehrerinnen und Lehrern an Sonderschulen, die die Ausbildung für das Lehramt an Sonderschulen mit den Fachrichtungen Pädagogik der Lernförderung bzw. Erziehungshilfe anstreben, ist für eine Beurlaubung bzw. Teilbeurlaubung stets von einem dienstlichen Interesse auszugehen. Nach Abschluss der Ausbildung werden diese Bewerberinnen und Bewerber - unabhängig von ihrer Leistungszahl - zum nachfolgenden einheitlichen Einstellungstermin als Sonderschullehrerin bzw. -lehrer in den Schuldienst des Landes übernommen. Bei der Wahl von anderen Fachrichtungen entscheidet die obere Schulaufsichtsbehörde im Einzelfall, ob für die Beurlaubung bzw. Teilbeurlaubung ein dienstliches Interesse anerkannt werden kann. Gegebenenfalls ist beim Einstellungsverfahren analog zu verfahren.

Bei verbeamteten, in den Privatschuldienst beurlaubten Lehrkräften ist stets analog zu verfahren.

Hinweis der Redaktion: Die Beurlaubung zum Erwerb einer weiteren Lehrbefähigung wird, soweit möglich, auch auf unbefristet beschäftigte angestellte Lehrkräfte angewandt.
(Quelle: KM, 13.12.2006; AZ: 22-6740.2/230)

10.4 Bewerberinnen und Bewerber für die Einstellung als Fachlehrerinnen oder -lehrer an Sonderschulen bzw. Technische Lehrerinnen und Lehrer an Sonderschulen, die arbeitsvertraglich verpflichtet waren, den Vorbereitungsdienst zu absolvieren, werden nach Abschluss ihrer Ausbildung - unabhängig von der Prüfungsnote - in den Schuldienst übernommen.

Hinweis der Redaktion: Fachlehrer/innen erwerben die Befähigung als Grund- und Hauptschul-, oder Realschul- oder Sonderschullehrer ohne Absolvierung des betreffenden Vorbereitungsdienst es nach
- erfolgreichem Abschluss eines Studiums für das betreffende Lehramt mit der ersten Staatsprüfung.
- und hauptberuflicher Unterrichtspraxis von mindestens zwölf Jahren in der Laufbahn einer Fachlehrkraft für Fächer oder einer Fachlehrkraft für Körper- oder Geistigbehinderte an einer öffentlichen Schule oder einer genehmigten oder anerkannten Ersatzschule (hierzu zählen auch Zeiten im Arbeitnehmerverhältnis; Beurlaubungszeiten wegen Elternzeit oder aus familiären Gründen während der Tätigkeit als Fachlehrkraft bis zu insgesamt zwei Jahren können hierauf angerechnet werden; Teilzeitbeschäftigung, einschließlich unterhälftiger Teilzeit während der Elternzeit, wird als hauptberufliche Unterrichtspraxis berücksichtigt),
- und überdurchschnittlicher Bewährung als Fachlehrer, die in den Dienstberichten und in einer dienstlichen Beurteilung mit dem maßgeblichen Gesamturteil von besser als „gut" zum Ausdruck kommt.

(Quellen: Beschlüsse des Landespersonalausschusses vom 12.12.2007 und vom 8.10.2008 sowie Mitteilung des KM vom 25.2.2008; AZ: 14-0315.4)

IV. Sonderregelungen für einzelne Schularten und Laufbahnen
11 Sonderschulen

11.1 An den Schulen für Geistigbehinderte und entsprechenden Abteilungen anderer Sonderschultypen werden staatlich anerkannte Erzieherinnen oder Erzieher bzw. Meisterinnen oder Meister nur dann auf Dauer eingestellt, wenn sie die Ausbildung und Prüfung für die Laufbahn der Fachlehrerin oder des Fachlehrers bzw. der Technischen Lehrerin oder des Technischen Lehrers an Sonderschulen nachweisen können. Die Beschäftigung erfolgt grundsätzlich im Beamtenverhältnis.

Nachrangig können bei der Einstellung auch staatlich anerkannte Erzieherinnen oder Erzieher bzw. Meisterinnen oder Meister mit einer anderen mindestens einjährigen anerkannten sonderpädagogischen Zusatzausbildung (z.B. staatlich anerkannter Heilpädagoge / anerkannte Heilpädagogin) berücksichtigt werden. Die Einstellung erfolgt in diesem Fall als Tarifbeschäftigte. → TV-L

Zur Sicherung der Unterrichtsversorgung können vorübergehend - bis genügend Bewerberinnen und Bewerber im Bereich der Fachlehrerin oder des Fachlehrers bzw. der Technischen Lehrerin oder des Technischen Lehrers an Sonderschulen zur Verfügung stehen - auch Lehrkräfte anderer Lehrämter in Schulen für Geistigbehinderte und entsprechenden Abteilungen anderer Sonderschultypen als Tarifbeschäftigte eingesetzt werden. Die Beschäftigung erfolgt zu den arbeits- und tarifvertraglichen Bedingungen einer Fachlehrerin / eines Fachlehrers bzw. einer Technischen Lehrerin / eines Technischen Lehrers.

Staatlich anerkannte Erzieherinnen und Erzieher bzw. Meisterinnen und Meister ohne sonderpädagogische Ausbildung können befristet als Tarifbeschäftigte als Vertretungskräfte für Ausfälle von Lehrkräften eingesetzt werden. Nr. 15 gilt entsprechend.

11.2 Für den Unterrichtsbereich Bewegungsförderung an Schulen für Körperbehinderte werden grundsätzlich Fachlehrerinnen und -lehrer an Schulen für Körperbehinderte eingestellt. Sofern keine ausgebildeten Bewerberinnen und Bewerber zur Verfügung stehen, können Physiotherapeutinnen und -therapeuten/Krankengymnastinnen und -gymnasten bzw. Ergotherapeutinnen und -therapeuten/Beschäftigungs- und Arbeitstherapeutinnen und -therapeuten vorübergehend als Tarifbeschäftigte eingestellt werden. Der Arbeitsvertrag enthält eine auflösende Bedingung, wonach das Arbeitsverhältnis endet, wenn die Lehrkraft zu dem festgelegten Termin der Vorbereitungsdienst für die Laufbahn der Fachlehrerin / des Fachlehrers an Schulen für Körperbehinderte nicht antritt. Nr. 11.1 Abs. 2 und 4 gilt entsprechend.

11.3 Gymnasiallehrerinnen und -lehrer mit sonderpädagogischem Ergänzungsstudium in nur einer Fachrichtung dürfen nur in Sonderschulen eingesetzt werden, die den Bildungsgang Gymnasium führen. Berufsschullehrerinnen und -lehrer mit sonderpädagogischem Ergänzungsstudium in nur einer Fachrichtung dürfen nicht im Bereich der allgemeinbildenden Sonderschulen eingesetzt werden.

12 Berufliche Schulen

12.1 Eine Einstellung von Gymnasial-, Realschul-, Hauptschul-, Werkrealschul- sowie Sonderschullehrerinnen und -lehrern ist im Bereich der beruflichen Schulen zulässig, wenn an der Übernahme dieser Bewerberinnen oder Bewerber ein besonderes dienstliches Interesse besteht. Bei der Einstellung von Real-, Haupt-, Werkreal- und Sonderschullehrkräften muss die zuständige Personalvertretung vorab zustimmen.

12.2 Im Bereich der beruflichen Schulen können sonstige Bewerberinnen und Bewerber berücksichtigt werden, wenn der fächerspezifische Bedarf durch geeignete Bewerberinnen und Bewerber mit abgeschlossener Lehramtsausbildung nicht abgedeckt werden kann. Für die Auswahl gelten die allgemeinen Grundsätze für die Einstellung in den öffentlichen Dienst.

→ Beamtenstatusgesetz § 9

Hinweis der Redaktion: Für diese „Direkteinsteiger" in den beruflichen Schuldienst gilt ein zweistufiges Vertragsverhältnis: Nach einem befristeten Probearbeitsverhältnis (Vertragslaufzeit 1 Jahr) folgt bei Bewährung die Übernahme in ein unbefristetes Arbeitsverhältnis. Die Teilnahme an einer unterrichtsbegleitenden pädagogisch-didaktischen Schulung ist verpflichtend. Falls das am Ende der Schulung durchgeführte Überprüfungsverfahren auch nach einer ggf. erfolgten Wiederholung nicht erfolgreich absolviert wird, endet das Arbeitsverhältnis mit einer Auslauffrist von zwei Wochen.
(Quelle: KM, 15. Februar 2006, AZ: 41-zu 6742.2/404)

13 Religionslehrerinnen und -lehrer

13.1 Bei den Einstellungsgesprächen, die mit Lehramtsbewerberinnen und -bewerbern mit dem Wahl- oder Beifach bzw. Haupt- oder Nebenfach Religionslehre geführt werden, soll der Gesprächskommission eine Vertreterin / ein Vertreter der Kirche als drittes Mitglied (in der Regel eine Schuldekanin / ein Schuldekan bzw. eine Kirchlich Beauftragte / ein Kirchlich Beauftragter) angehören.

13.2 In der sogenannten Status-quo-Regelung (besondere Stellen) können nur höchstens so viele Geistliche, Diplom-Theologinnen oder -Theologen oder Absolventinnen und Absolventen von kirchlichen Fachhochschulen in den Schuldienst des Landes übernommen werden, wie zuvor aus diesen Stellen aus dem Landesdienst ausgeschieden sind. In diese Regelung können auch Religionsphilologinnen und -philologen einbezogen werden, soweit diese die zum Zeitpunkt der Übernahme in den Landesdienst für Neubewerberinnen bzw. Neubewerber mit dem Fach Religionslehre geltenden Qualifikationsgrenzen (Leistungszahl) erreichen.

Hinweis der Redaktion: Evangelische oder römisch-katholische Geistliche, die im höheren Schuldienst in der Fachrichtung Religionslehre eingestellt werden, können direkt im Anschluss an eine mindestens einjährige Tätigkeit als ordinierter Geistlicher zum jeweiligen Einstellungstermin unmittelbar zum Studienrat in das Beamtenverhältnis auf Lebenszeit ernannt werden. Bei „Status-quo-Lehrkräften" der evangelischen und katholischen Kirche, die zunächst im kirchlichen Dienst Religionsunterricht erteilt haben, darf bei der unmittelbar anschließenden Beschäftigung als Lehrkräfte des Landes im Arbeitnehmerverhältnis – über den Tarifwortlaut hinaus – im Einzelfall auch dann von der Möglichkeit der Stufenberücksichtigung Gebrauch gemacht werden, wenn die Anstellung im kirchlichen Dienst nach einer (nicht tarifvertraglichen) kirchlichen Arbeitsvertrags-/Anstellungsordnung erfolgt ist, sofern diese mit dem TV-L oder dem TVöD vergleichbar ist. In Fällen, in denen diese Regelung (z.B. wegen der Nichtvergleichbarkeit der Arbeitsbedingungen) nicht anwendbar ist, bestehen gegen eine Berücksichtigung der von den „Status-quo-Lehrkräften" zuvor als Religionslehrer/innen der evangelischen und katholischen Kirche im Rahmen der Schule des Landes zurückgelegten Zeit im Rahmen des § 16 Abs. 2 Satz 2 TV-L entsprechend einer beim selben Arbeitgeber zurückgelegten Berufserfahrung keine Einwendungen.
(Quelle: KM, 25.5.2009 AZ:14-0381.E/2)

Mit den Bewerberinnen oder Bewerbern ist ein Einstellungsgespräch nach Nr. 2.4 zu führen. In der Gesprächskommission tritt jedoch an die Stelle der Schulleiterin oder des Schulleiters / der Schulrätin oder des Schulrats eine Vertreterin / ein Vertreter der Kirche (in der Regel eine Schuldekanin / ein Schuldekan bzw. eine Kirchlich Beauftragte / ein Kirchlich Beauftragter).

→ Religionsunterricht (Kirchliche Lehrkräfte)

14 Diplomsportlehrerinnen und -lehrer, Gymnastiklehrerinnen und -lehrer, Ein-Fach-Lehrerinnen und -Lehrer

Diplomsportlehrerinnen und -lehrer, Gymnastiklehrerinnen und -lehrer und sonstige Ein-Fach-Lehrerinnen und Lehrer können grundsätzlich nicht in den Schuldienst des Landes übernommen werden. Stehen Bewerberinnen und Bewerber mit anerkannter Lehrbefähigung nicht zur Verfügung, können ausnahmsweise stundenweise Lehraufträge oder befristete Beschäftigungsverhältnisse abgeschlossen werden. Hierfür ist zuvor die Zustimmung der obersten Schulaufsichtsbehörde einzuholen.

V. Sonstige Regelungen
15
Befristete und stundenweise Beschäftigung zur Vermeidung gravierender Unterrichtsausfälle während des Schuljahres

15.1 Um nicht vorhersehbare gravierende Unterrichtsausfälle während des Schuljahres, die anders nicht ausgeglichen werden können, zu vermeiden, dürfen im Rahmen der verfügbaren Haushaltsmittel Lehraufträge erteilt werden. Die Lehraufträge dürfen nur befristet, gegebenenfalls bis zur Rückkehr der zu vertretenden Lehrerin oder des Lehrers, längstens jedoch bis zum letzten Schultag des laufenden Schuljahres, vereinbart werden.

Soweit eine Lehrkraft in der ersten bzw. dritten Klassenstufe der Grundschule wegen Eintritt in Erziehungsurlaub / Elternzeit zu vertreten ist, kann bei dienstlichem Bedarf im Interesse pädagogischer Kontinuität die Vertretungslehrkraft bis Ende des nächsten Schuljahres weiterbeschäftigt werden.

Ausgenommen sind Spezialisten im Bereich der Gymnasien, beruflichen Schulen und Sonderschulen (z.B. Pfarrer, Ärzte, Rechtsanwälte, Handwerksmeister), soweit sie keine Übernahme in den Schuldienst auf Stelle anstreben.

15.2 Bei der Auswahl in Frage kommender Lehrkräfte darf grundsätzlich nur auf solche Bewerberinnen und Bewerber zurückgegriffen werden, die über eine in Baden-Württemberg erworbene oder als gleichwertig anerkannte Lehramtsbefähigung verfügen.

Stehen Lehrkräfte mit anerkannter Lehrbefähigung nicht zur Verfügung, können in begründeten Ausnahmefällen auch befristete Verträge mit Lehramtsanwärterinnen und Lehramtsanwärtern zwischen Erster Lehramtsprüfung und dem Beginn des Vorbereitungsdienstes sowie mit sonstigen geeigneten Bewerberinnen und Bewerbern abgeschlossen werden [3].

15.3 Aus einer stundenweisen oder befristeten Beschäftigung kann kein Anspruch auf Einstellung oder eine hauptberufliche Dauerbeschäftigung hergeleitet werden.

15.4 Übernehmen Lehramtsbewerberinnen und -bewerber aus dem oberen Qualifikationsbereich, die zunächst nicht eingestellt werden können, aber über eine Einstellungsperspektive für die nächsten Jahre verfügen, eine befristete Beschäftigung als Vertretungslehrerin oder Vertretungslehrer nach Nr. 15.1, können sie von der jeweiligen oberen Schulaufsichtsbehörde die Zusicherung erhalten, dass sie über Anschlussverträge bis zu ihrer endgültigen Übernahme in den Schuldienst bei Vorliegen der sonstigen Voraussetzungen weiterbeschäftigt werden. Dabei ist vertraglich festzuhalten, dass die Bewerberinnen und Bewerber damit rechnen müssen, an wechselnden Einsatzorten verwendet zu werden.

Die entsprechende Zahl der Lehramtsbewerberinnen und -bewerber und die für solche Zusicherung maßgebenden Qualifikationsgrenzen werden unter Berücksichtigung fachspezifischer Gesichtspunkte jeweils von der obersten Schulaufsichtsbehörde festgelegt.

Hinweise der Redaktion:
1. Außerdem gibt es aus „Mitteln" finanzierte Fest-Einstellungen mit der Zusage auf Übernahme (in der Regel als Beamte) zum folgenden allgemeinen Einstellungstermin. Auf Wunsch der Lehrkraft kann der Wechsel vom Arbeitnehmer- ins Beamtenverhältnis zu einem späteren Zeitpunkt erfolgen (Quelle: KM 20.4.2001; 14-0311.21/21).
2. Die im Rahmen dieser Regelungen eingestellten Lehrkräfte können bei Vorliegen bestimmter Bedingungen einen „Gewährleistungsbescheid" erhalten. Weil für sie später eine versorgungsrechtliche Absicherung als Beamte vorgesehen ist, werden sie dadurch in der vorgeschalteten Arbeitnehmerphase vom Beitrag zur gesetzlichen Rentenversicherung befreit und ihre Nettobezüge erhöhen sich. Der einschlägige Entscheid des Landesamts für Besoldung und Versorgung vom 9.2.2009 (AZ: 0361.1-2) lautet: „Eine Anwartschaft auf lebenslängliche Versorgung und auf Hinterbliebenenversorgung im Sinne des § 5 Abs.1 Satz 1 Nr.2 SGB VI in Verbindung mit § 5 Abs.1 Satz 2 SGB VI ist in dieser Beschäftigung gewährleistet bei … Lehramtsbewerberinnen und Lehramtsbewerbern mit zweiter Dienstprüfung, bei denen die Übernahme in das Beamtenverhältnis innerhalb von zwei Jahren nach Ablegung dieser Prüfung bevorsteht. …
Die Anwartschaft ist gewährleistet … vom Tage der Ablegung der zweiten Dienstprüfung an, …
3. Zur Weiterbeschäftigung befristet eingestellter Lehrkräfte bitte Hinweis bei → Tarifvertrag (Länder) § 11 beachten.
4. Hierzu auch den Hinweis bei Nr. 4 beachten.
5. Das KM hat zum Abschluss von befristeten Vertretungsverträgen angeordnet, „vorrangig solche Verträge zur Krankheitsvertretung (abzuschließen), die mindestens einen (längeren) Ferienabschnitt beinhalten, sodass der zustehende Urlaubsanspruch bereits durch die freien Tage in den Ferien abgegolten ist".
(Quelle: KM, 8. Juli 2009, AZ: 14-0381.1-39/4)

16
Beurlaubung an Privatschulen

16.1 An Privatschulen sollen grundsätzlich Lehrkräfte beurlaubt werden, die bereits im Schuldienst des Landes stehen und ihre Probezeit abgeleistet haben, sofern der Beurlaubung keine gravierenden dienstlichen Gründe entgegenstehen.

Hinweis der Redaktion: Bei Bewerber/innen, die nicht in das Beamtenverhältnis übernommen, sondern als Arbeitnehmer/innen beschäftigt werden, ist eine Beurlaubung für den Privatschuldienst nicht möglich.

16.2 Darüber hinaus können auch Lehrkräfte in der Probezeit und Bewerberinnen und Bewerber mit einer der Schulart oder dem Bildungsgang entsprechenden Lehrbefähigung gleichzeitig mit ihrer Einstellung an Privatschulen beurlaubt werden, wenn sie einen unbefristeten Arbeitsvertrag mit einer in Baden-Württemberg gelegenen staatlich anerkannten Privatschule nachweisen, entsprechende freie und besetzbare Stellen zur Verfügung stehen und wenn die Bewerberinnen und Bewerber
– im Listenauswahlverfahren die Leistungskriterien für eine Einstellung in den öffentlichen Schuldienst und
– die sonstigen Voraussetzungen zur Übernahme in das Beamtenverhältnis erfüllen.

Im Nachrückverfahren erfolgen grundsätzlich keine Zusagen bzw. Einstellungen unter gleichzeitiger Beurlaubung an Privatschulen.

16.3 Bewerberinnen und Bewerber für das Lehramt an allgemeinbildenden Gymnasien mit Engpassfächern können nach Nr. 16.2 grundsätzlich höchstens in dem Umfang ins Beamtenverhältnis übernommen und zugleich an eine Privatschule beurlaubt werden, wie an dieser verbeamtete Lehrkräfte im jeweiligen Fach ausscheiden.[4]

16.4 Der Antrag auf Beurlaubung in den Privatschuldienst ist von Lehrkräften im Schuldienst des Landes grundsätzlich bis spätestens zu dem für die Mitteilung über stellenwirksame Änderungswünsche festgelegten Termin (erster Unterrichtstag nach den Weihnachtsferien) des betreffenden Jahres über die Schule einzureichen.

Für Bewerberinnen und Bewerber für den Schuldienst gelten grundsätzlich die allgemeinen Antragsfristen (s. Nr. 23).

Beurlaubungen in den Privatschuldienst sind in der Regel nur zum Beginn eines Schuljahres möglich.

→ Privatschulgesetz § 11; → Urlaub (Privatschuldienst)

16.5 Die notwendigen Personalmaßnahmen (Beurlaubung, Zusage und Rückkehr in den öffentlichen Schuldienst) erfolgen grundsätzlich durch die obere Schulaufsichtsbehörde, der die betreffende Lehrkraft für eine Tätigkeit im öffentlichen Schuldienst zugewiesen wird. Änderungen sind nur im Einzelfall (gegebenenfalls unter den Voraussetzungen einer Versetzung) möglich.

17
Einstellungszusage bei minderjährigem Kind

Lehramtsbewerberinnen und -bewerber mit minderjährigem Kind, die in der Hauptzuweisung des Listenauswahlverfahrens ein Einstellungsangebot für den Schuldienst des Landes erhalten, können für den Fall, dass sie zunächst auf eine Einstel-

---
3 Der für den Bereich der Grund-, Werkreal-, Haupt-, Real- und Sonderschulen zuständige Hauptpersonalrat hat dieser Regelung nicht zugestimmt.
4 Wird derzeit nicht angewandt.

lung verzichten, von der oberen Schulaufsichtsbehörde, deren Bezirk sie zugewiesen worden sind, die Zusage auf Einstellung zu einem späteren Zeitpunkt erhalten. Eine solche Zusage steht unter dem Vorbehalt der bei der Einlösung der Einstellungszusage zu führenden Beteiligungs- und Einstellungsgespräche.

Eine Einstellung kann in der Regel erst nach Ablauf von drei Jahren, frühestens jedoch zum folgenden Einstellungstermin erfolgen. Sie wird von der oberen Schulaufsichtsbehörde vorgenommen, die die Zusage erteilt hat. Ausnahmen sind nur unter den Voraussetzungen einer Versetzung zulässig. – Für eine Verlängerung des Zeitraumes bis zur Einstellung gelten die Regeln über eine Beurlaubung und ihre Höchstdauer entsprechend.

Der Antrag auf Einstellung bzw. Verlängerung des Zusagezeitraumes ist bis spätestens zu dem für die Mitteilung über stellenwirksame Änderungswünsche festgelegten Termin (erster Unterrichtstag nach den Weihnachtsferien) des betreffenden Jahres bei der oberen Schulaufsichtsbehörde zu stellen.

Für schwangere Frauen und für Bewerberinnen und Bewerber mit Anspruch auf Elternzeit gilt diese Regelung entsprechend und findet auch im Nachrückverfahren Anwendung.

18 Wiedereinstellungszusage

Lehrkräften im Beamtenverhältnis mit abgelegter Zweiter Lehramtsprüfung, die nach Ablauf der höchstzulässigen Beurlaubungsdauer einen Antrag auf Entlassung aus dem Beamtenverhältnis stellen, wird eine Wiedereinstellung als Tarifbeschäftigte für den Fall zugesichert, dass eine besondere Härte im persönlichen Bereich eintritt. Die Entscheidung über eine Wiedereinstellung trifft in jedem Fall die oberste Schulaufsichtsbehörde.

19 Einstellungszusage bei hauptberuflichem Beschäftigungsverhältnis

Bewerberinnen und Bewerber mit anderweitigem hauptberuflichem Beschäftigungsverhältnis, die ein Einstellungsangebot erhalten, ihren Arbeitsvertrag aber wegen der vereinbarten Kündigungsfrist nicht rechtzeitig kündigen können, können von der oberen Schulaufsichtsbehörde, deren Bezirk sie zugewiesen worden sind, eine Zusage auf Einstellung zu einem späteren Einstellungstermin erhalten. Eine solche Zusage steht unter dem Vorbehalt der bei der Einlösung der Einstellungszusage zu führenden Beteiligungs- und Einstellungsgespräche.

Die Einstellung erfolgt durch die obere Schulaufsichtsbehörde, die die Zusage erteilt hat. Ausnahmen sind nur unter den Voraussetzungen einer Versetzung zulässig.

20 Einstellungszusage bei Bedarfsfächern im Bereich der Gymnasien und beruflichen Schulen

20.1 Lehramtsabsolventinnen und -absolventen für Gymnasien und berufliche Schulen mit Bedarfsfächern sowie in den Fällen der Nr. 12.2 auch sonstige Bewerberinnen und Bewerber, die derzeit nicht eingestellt werden können, aber zum oberen Qualifikationsbereich gehören, können von der oberen Schulaufsichtsbehörde, in deren Bezirk sie eingesetzt werden wollen, eine Einstellungszusage zu einem späteren Zeitpunkt erhalten. Eine solche Zusage steht unter dem Vorbehalt der bei der Einlösung der Einstellungszusage zu führenden Beteiligungs- und Einstellungsgespräche. Die Einstellung erfolgt durch die obere Schulaufsichtsbehörde, die die Zusage erteilt hat. Ausnahmen sind nur unter den Voraussetzungen einer Versetzung zulässig.

→ Tarifvertrag (Länder) § 16 (Hinweise)

20.2 Bewerberinnen und Bewerber mit mindestens einem berufstheoretischen Bedarfsfach im Bereich der beruflichen Schulen können von der oberen Schulaufsichtsbehörde vor Antritt des Vorbereitungsdienstes eine Einstellungszusage für den Einstellungstermin des übernächsten Jahres erhalten.

20.3 Die Anzahl der Einstellungszusagen und die maßgebenden fachspezifischen Qualifikationsgrenzen sowie gegebenenfalls weitere Auswahlkriterien werden jeweils von der obersten Schulaufsichtsbehörde festgelegt.

21 Einschleusung von Lehrkräften nach Qualifikationsverbesserung

Die im Bereich der Gymnasien und beruflichen Schulen tätigen Lehrkräfte, die mit einem unbefristeten Arbeitsvertrag nach diesem Einschleusungsmodell bereits auf Stellen in den Schuldienst des Landes übernommen werden konnten, können bei Einstellungsmöglichkeiten mit bis zu vollem Lehrauftrag im Schuldienst des Landes beschäftigt werden, wenn sie nach einer Dienstzeit von mindestens drei Jahren eine Qualifikation erreicht haben, die von den Neubewerberinnen und -bewerbern für die Übernahme in den Schuldienst gefordert wird. Die bisherige Qualifikation aufgrund der Leistungszahl kann durch Beurteilung der Schulleiterinnen und Schulleiter und der Fachberaterinnen und Fachberater sowie aufgrund weiterer Qualifikationsgesichtspunkte, die sich auch aus einem Einstellungsgespräch ergeben können, verbessert werden.

22 Wartelisten (aufgehoben)

23 Bewerberlisten, Antragsfristen

23.1 Neubewerberinnen und -bewerber für alle Lehrämter bewerben sich bis zum 31. März bei der jeweiligen oberen Schulaufsichtsbehörde.

23.2 Bewerberinnen und Bewerber für das Lehramt an Grund- Haupt- und Werkrealschulen, Realschulen, Sonderschulen, musisch-technische Fachlehrerinnen und -lehrer sowie Fachlehrerinnen und -lehrer an Sonderschulen, die nicht in den Schuldienst des Landes übernommen werden konnten, werden bei Einsatzbereitschaft für den folgenden Einstellungstermin auf Antrag in Bewerberlisten aufgenommen. Der Antrag ist beim Regierungspräsidium Stuttgart gegebenenfalls bis zum 30. November für die Februareinstellung bzw.

bis zum 31. März für die Sommereinstellung zu stellen. Diese Termine gelten auch für Bewerberinnen und Bewerber aus anderen Ländern der Bundesrepublik. Bewerberinnen und Bewerber, die eine Einstellung zum Februar beantragen, werden in das Sommereinstellungsverfahren ohne weiteren Antrag einbezogen, wenn sie bei der Februareinstellung nicht berücksichtigt werden konnten.

23.3 Bewerberinnen und Bewerber für das Lehramt an Gymnasien und an beruflichen Schulen, die nicht eingestellt werden konnten, können sich bei der jeweiligen oberen Schulaufsichtsbehörde jährlich bis zum 31. März erneut bewerben.

24 Austauschverfahren

Bewerberinnen und Bewerber, die unbefristet im Schuldienst eines anderen Landes beschäftigt sind, können über das Auswahlverfahren bzw. die schulbezogenen Stellenausschreibungen und das Einigungsverfahren (Tauschverfahren) in den Schuldienst des Landes übernommen werden. Sie können in das Auswahlverfahren bzw. die schulbezogenen Stellenausschreibungen nur dann einbezogen werden, wenn sie ihrer Bewerbung eine Freigabeerklärung ihrer Schulbehörde beifügen (vgl. Bekanntmachung „Übernahme von Lehrkräften aus anderen Ländern" vom 17.1.2003, KuS S. 52).

→ Ländertausch (Lehrkräfte)

25 Auswahlverfahren für Bewerberinnen und Bewerber mit Zusatzqualifikationen

Bis zu 10 v.H. der in den Schularten besetzbaren Stellen können für Bewerberinnen und Bewerber mit Zusatzqualifikationen verwendet werden. Hierbei sollen nicht mehr als 5 v.H. der besetzbaren Stellen mit Bewerberinnen und Bewerbern besetzt werden, die ihren Antrag überwiegend mit Vertretungstätigkeiten begründen. Die genaue Anzahl dieser Stellen wird jährlich von der obersten Schulaufsichtsbehörde festgelegt.

Bei der Einstellungsentscheidung werden Zusatzqualifikationen berücksichtigt, die unter dem Gesichtspunkt „Eignung, Befähigung und fachliche Leistung" dem Lehrerberuf förderlich sind. Hierzu zählt auch die Tätigkeit als Pädagogische Assistentin bzw. Pädagogischer Assistent. Die vor dem Ablegen der Zweiten Prüfung/Laufbahnprüfung erworbenen Zusatzqualifikationen schlagen sich in der Regel in den Lehramtsprüfungen nieder. Sie können jedoch in besonders begründeten Ausnahmefällen zur Entscheidungsfindung herangezogen werden. Dem Lehrerberuf förderlichen Tätigkeiten, Erfahrungen und Kenntnisse bei der Arbeit mit Menschen mit Migrationshintergrund können hier ebenfalls berücksichtigt werden.

→ Pädagogische Assistent/innen

Hinweis der Redaktion: Bei der Beurteilung der Eignung sind Fähigkeiten und Erfahrungen, die durch die Betreuung von Kindern oder Pflegebedürftigen im häuslichen Bereich (Familienarbeit) oder ehrenamtliche Tätigkeiten im sozialen Bereich erworben wurden, mit einzubeziehen, wenn sie für die vorgesehene Tätigkeit von Bedeutung sind. Dies gilt auch, wenn Familienarbeit neben der Erwerbsarbeit geleistet wurde (LGIG § 9 Abs. 2).

→ Chancengleichheitsgesetz § 10

Diese Verfahrensweise gilt nur für Bewerberinnen und Bewerber, die ihre Lehrbefähigung in Baden-Württemberg erworben oder ihren Lebensmittelpunkt in Baden-Württemberg haben und die zuvor in die Bewerberlisten für das zentrale Einstellungsverfahren aufgenommen wurden.

Anträge zu diesem Verfahren sind an die oberen Schulaufsichtsbehörden bis spätestens **1. März** zu richten. Diese entscheiden abschließend auf der Basis der Gesamtqualifikation/Leistungszahl/Laufbahnprüfungsnote nach einer Gesamtwürdigung der einzelnen Anträge im Rahmen einer Auswahlkommission, an der der Bezirkspersonalrat und die Beauftragte für Chancengleichheit [2] zu beteiligen sind. Die Schwerbehindertenvertretung ist dann zu beteiligen, wenn Anträge schwerbehinderter bzw. gleichgestellter Bewerberinnen und Bewerber in diesem Verfahren vorliegen. Zur Entscheidungsfindung können Einstellungsgespräche geführt werden; Vorstellungsgespräche sind in jedem Falle zu führen. Die Auswahlkriterien und Entscheidungen sind von der oberen Schulaufsichtsbehörde festzuhalten.

Nach dieser Regelung einzustellende Bewerberinnen und Bewerber können ins Beamtenverhältnis übernommen werden. Mit der Annahme des Einstellungsangebots nimmt die Bewerberin oder der Bewerber am weiteren Verfahren nicht mehr teil.

26 Schulbezogene Stellenausschreibungen für Lehrkräfte

Schulen können Stellen für Lehrkräfte ausschreiben. Der Schulleiter informiert vorab die zuständige Lehrerkonferenz. Diese berät hierüber und kann ihm unbeschadet seiner Zuständigkeit nach § 41 Abs. 1 Schulgesetz Empfehlungen geben. Der Antrag ist zuvor mit der oberen bzw. unteren Schulaufsichtsbehörde abzustimmen. Die oberen Schulaufsichtsbehörden prüfen diesen Antrag insbesondere im Blick auf die Bedarfs- und Stellensituation. Vorrang haben dabei Schulen in Mangelbereichen und Mangelregionen sowie Schulen mit besonderen Profilen bzw. Bereichen. In begründeten Fällen kann auch eine Teilzeitstelle ausgeschrieben werden.

Hinweise der Redaktion:

1. Die Teilnahme von Altbewerberinnen und Altbewerbern sowie von Bewerberinnen und Bewerbern aus anderen Ländern am schulbezogenen Stellenausschreibungsverfahren ist nur mit einer Bestätigung des Regierungspräsidiums über die Aufnahme in die Bewerberliste möglich. Der Antrag auf Aufnahme in die Bewerberliste muss deshalb rechtzeitig gestellt werden.

   (Quelle: Hinweise des KM zur Lehrereinstellung 2008/09)

2. Eine Versetzung, die aufgrund einer Bewerbung im Rahmen der schulscharfen Stellenausschreibungen von Nichtfunktionsträgern bzw. bei der Ausschreibung aufgabenbezogener Stellen um eine ausgeschriebene Stelle erfolgt, ist dienstlich veranlasst. Die persönlichen Gründe, die aus Sicht des Bediensteten für eine solche Bewerbung stets mit ausschlaggebend sind, treten hinter den dienstlichen Gründen (Stellenbesetzung) zurück. Somit ist gemäß § 3 Abs. 1 Nr. 1 LUKG auch bei Versetzungen infolge schulscharfer Stellenausschreibungen die Umzugskostenvergütung zuzusagen, sofern die übrigen Voraussetzungen erfüllt sind.

Einstellungserlass

Bei Bewerber/innen aus anderen Ländern kommt die Zusage einer Umzugskostenvergütung lediglich in Betracht, wenn ein besonderes dienstliches Interesse an der Einstellung besteht (Umzüge aus Anlass der Einstellung analog § 4 Abs. 1 Nr. 1 LUKG; dabei muss an der Gewinnung des bestimmten Bewerbers ein besonderes Interesse gegeben sein, beispielsweise weil er ein Spezialist für ein bestimmtes Arbeitsgebiet ist).
(Quelle: KM, 18.9.2007 (AZ: 14-0372.1/9/5)
→ Umzugskostengesetz

3. Ausschreibungen von Stellen für Real-, Haupt- und Sonderschullehrkräfte an beruflichen Schulen muss die zuständige Personalvertretung vorab zustimmen
(Quelle: Handreichungen des KM, Dezember 2009)

26.1 Sammelausschreibungen können erfolgen
- für die Einstellung zum Februar im Zeitraum Dezember/Januar und
- für die Einstellung zum Sommer in folgenden Zeiträumen:
  - für Schulen im ländlichen Raum im Rahmen eines besonderen vorrangigen Verfahrens im Februar
  - als Hauptausschreibungsverfahren im März/April
  - im Rahmen des Nachrückverfahrens (s. Nr. 6.1) im Juli.

Die Zusammenstellung aller Stellenausschreibungen erfolgt durch die oberen Schulaufsichtsbehörden. Die Stellenausschreibungen werden durch die oberen Schulaufsichtsbehörden für das Internet – www.lehrereinstellung-bw.de – freigegeben. Diese Internetseite enthält außerdem Informationen zur Lehrereinstellung, insbesondere zu weiteren Ausschreibungsterminen und ist das zentrale Lehrereinstellungsportal des Landes.

26.2 Die vollständigen Bewerbungsunterlagen müssen jeweils bis zum Ende der jeweiligen Bewerbungsfrist direkt der jeweiligen Schule vorliegen. Zusätzlich muss die Bewerberin bzw. der Bewerber der oberen Schulaufsichtsbehörde die Bewerbung anzeigen. Bewerben können sich Lehramtsbewerberinnen und -bewerber, die in eine Bewerberliste in Baden-Württemberg aufgenommen wurden sowie bereits im Dienst des Landes stehende Lehrkräfte, aber auch Bewerberinnen und Bewerber, die noch nicht alle Einstellungsvoraussetzungen nachweisen können. Lehrkräfte, die sich bereits im Dienst des Landes befinden, haben sich auf dem Dienstweg zu bewerben. Parallel dazu übersenden sie ihre Bewerbungsunterlagen an die jeweilige Schule. Die Schulleitung darf sie nur dann in das Bewerberauswahlverfahren einbeziehen, wenn ihr eine Freigabe der zuständigen Schulaufsichtsbehörde vorliegt. Lehrkräfte, die sich noch in der Probezeit befinden, können nur in Ausnahmefällen eine entsprechende Freigabe erhalten.

Die Schwerbehindertenvertretung ist immer dann unmittelbar zu unterrichten, wenn unter den Bewerberinnen und Bewerbern Schwerbehinderte sind; ihr sind auf Wunsch die entscheidungsrelevanten Teile der Bewerbungsunterlagen aller Bewerberinnen und Bewerber zur Einsicht vorzulegen.

26.3 Die Schulleitung der ausschreibenden Schule führt mit den Bewerberinnen oder Bewerbern oder mit einer Auswahl von Bewerberinnen und Bewerbern ein Bewerbergespräch. Bewerbergespräche werden nur mit Bewerberinnen und Bewerbern geführt, die in ihrer Bewerbung die in der Stellenausschreibung genannten besonderen Anforderungen nachweisen. Sollen Bewerbergespräche nur mit einer Auswahl von Bewerberinnen und Bewerbern geführt werden, ist die Auswahl nach der Gesamtqualifikation/Leistungszahl/Laufbahnprüfungsnote vorzunehmen. Sollen neben Altbewerberinnen und Altbewerbern auch Neubewerberinnen und Neubewerber in die Einstellungsentscheidung einbezogen werden, können die Schulen bei Altbewerberinnen und Altbewerbern aufgrund der Gesamtqualifikation/Leistungszahl/Laufbahnprüfungsnote eine begründete Vorauswahl treffen. Bei Neubewerberinnen und Neubewerbern kann – sofern die Gesamtqualifikation noch nicht vorliegt – eine begründete Vorauswahl aufgrund der Noten der Ersten Lehramtsprüfung vorgenommen werden[5]. Schwerbehinderte Bewerberinnen und Bewerber sind – unabhängig von der Anwendung von Vorauswahlkriterien – immer zu einem Bewerbergespräch einzuladen, wenn die fachliche Eignung nicht offensichtlich fehlt.

Hinweis der Redaktion: Schulleitungen können zwar die Rangplatzfolge festlegen und begründen, dürfen aber die Bewerber/innen nicht bei Entscheidungen zugunsten ihrer Schule z.B. mit Aussagen über die Rangfolge unter Druck setzen.
(Quelle: Infodienst Schulleitung, April 2006)

Im öffentlichen Schuldienst des Landes befindliche Lehrkräfte werden unabhängig von der Gesamtqualifikation/Leistungszahl/Laufbahnprüfungsnote in die Auswahl einbezogen.

Hinweis der Redaktion: Lehrkräfte, die als Beamte oder als Arbeitnehmer unbefristet im Schuldienst des Landes tätig sind, können grundsätzlich am schulbezogenen Stellenausschreibungsverfahren teilnehmen. Sie müssen auf dem Dienstweg beim Regierungspräsidium ihre Freigabe beantragen und parallel an die ausschreibende Schule eine Bewerbungsmappe mit tabellarischem Lebenslauf, Lehramtsprüfungszeugnissen, letzter dienstlicher Beurteilung sowie sonstiger erforderlicher Nachweise innerhalb der jeweiligen Bewerbungsfrist übersenden. Ohne die Freigabeentscheidung des zuständigen RP können Lehrkräfte nicht in die Auswahlentscheidung um die zu besetzende Stelle einbezogen werden. Informationen zum Verfahren unter www.lehrereinstellung-bw.de.
(Quelle: Infodienst Schulleitung Nr. 87, Februar 2007)

Bei den Gesprächen soll die Schulleitung ein Mitglied der Personalvertretung hinzuziehen, sofern eine solche an der Schule eingerichtet ist. An Schulen, an denen keine Personalvertretung eingerichtet ist, soll ein von der Gesamtlehrerkonferenz gewähltes Mitglied hinzugezogen werden.

Die Beauftragte für Chancengleichheit[2] kann gemäß § 9 Abs. 3 Chancengleichheitsgesetz an Bewerbergesprächen in Bereichen geringerer Repräsentanz von Frauen teilnehmen, soweit nicht nur Frauen oder nur Männer die vorgesehenen Vorausetzungen für die Besetzung der Stelle erfüllen. Die Beauftragte für Chancengleichheit[2] der oberen Schulaufsichtsbehörde kann diese Aufgabe auf die Beauftragte für Chancengleichheit bzw. Ansprechpartnerin der jeweiligen Schule delegieren.

5 Der Hauptpersonalrat GHRS stimmt der Einführung der hier genannten Regelung probeweise zu.

Einstellungserlass

Hinweis der Redaktion: „Bereiche geringerer Repräsentanz von Frauen" sind die gewerblichen Schulen (alle Regierungsbezirke), bei kaufmännischen Schulen der RP Freiburg.
(Quelle: Handreichungen des KM, Dezember 2009)

An allen Gesprächen, die mit schwerbehinderten bzw. gleichgestellten und nicht schwerbehinderten Bewerberinnen und Bewerbern geführt werden, nimmt die jeweilige Schwerbehindertenvertretung teil, wenn unter den Bewerberinnen und Bewerbern Schwerbehinderte sind; es sei denn, die einzelnen schwerbehinderten Bewerberinnen und Bewerber widersprechen ausdrücklich der Teilnahme der Schwerbehindertenvertretung. Die Bewerberinnen und Bewerber sind darauf hinzuweisen.

Bewerberinnen und Bewerber, die nicht zu einem Bewerbergespräch eingeladen werden, erhalten baldmöglichst von der Schulleiterin bzw. vom Schulleiter eine Absage und die Bewerbungsunterlagen zurück.

Hinweis der Redaktion: Im Bewerbergespräch soll die Eignung und Befähigung der Bewerberin/des Bewerbers im Hinblick auf die ausgeschriebene Stelle und die entsprechenden besonderen Anforderungen festgestellt werden. Über jedes Gespräch ist eine Gesprächsnotiz zu fertigen. Die Festlegung der Rangfolge beschließt sich auf der Grundlage der Gesprächsergebnisse. Die Gesamtqualifikation / Leistungszahl der Bewerberinnen und Bewerber muss besonders gewürdigt werden. In der Begründung des Besetzungsvorschlags muss – unter strikter Beachtung des in der Ausschreibung formulierten Anforderungsprofils – die getroffene Auswahlentscheidung plausibel und transparent (in gerichtsverwertbarer Weise) beschrieben sein. Wird nicht die Bewerberin/der Bewerber mit der besten Gesamtqualifikation / Leistungszahl ausgewählt, so sind die hierfür tragenden Gründe in besonderer Qualität darzulegen. Dies gilt umso mehr, je größer der Differenz zwischen den Prüfungsleistungen ist. Die Begründung darf sich nicht nur auf die/den ersten Bewerber/in in der Rangliste beschränken, sondern muss auch die nachfolgenden Bewerber/innen einbeziehen, falls diese bei Absage der Wunschbewerber/innen berücksichtigt werden sollen.
(Quelle: Handreichungen des KM, Dezember 2009)

26.4 Die Schulleiterin bzw. der Schulleiter teilt der oberen Schulaufsichtsbehörde nach Abschluss des Auswahlverfahrens die Bewerberinnen und Bewerber mit, die für eine Tätigkeit an dieser Schule in Frage kommen. Kommen mehrere Bewerberinnen oder Bewerber in Frage, ist eine schriftlich begründete Rangfolge zu bilden. Für diese Entscheidungen sind ausschließlich die in der Stellenausschreibung genannten besonderen Anforderungen maßgebend. Die Unterlagen der von der Schulleitung priorisierten Bewerberinnen und Bewerber sind der oberen Schulaufsichtsbehörde zu übersenden. Diese entscheidet abschließend auf der Grundlage der von der Schulleiterin oder vom Schulleiter genannten Rangfolge, insbesondere unter Würdigung der Gesamtqualifikation, Leistungszahl und Laufbahnprüfungsnote über die konkrete Besetzung der ausgeschriebenen Stelle und unterbreitet der Bewerberin bzw. dem Bewerber ein Einstellungsangebot. Nimmt die Bewerberin bzw. der Bewerber innerhalb einer angemessenen Frist das Einstellungsangebot nicht an, so ist die obere Schulaufsichtsbehörde nicht mehr an das Angebot gebunden. Erreicht eine Bewerberin bzw. ein Bewerber bei mehreren ausgeschriebenen Stellen den ersten Rangplatz, kann sie oder er im Rahmen einer von der oberen Schulaufsichtsbehörde festgelegten Erklärungsfrist entscheiden, welches Angebot sie oder er annimmt. Mit der Annahme des Einstellungsangebots nimmt die Bewerberin oder der Bewerber am weiteren Verfahren nicht mehr teil.

Nach der Entscheidung über die Einstellungsmaßnahme benachrichtigt die obere Schulaufsichtsbehörde die nicht berücksichtigten Bewerberinnen bzw. Bewerber, deren Bewerbungsunterlagen von den Schulleitungen übersandt worden sind. Die Schulleiterin bzw. der Schulleiter benachrichtigt die weiteren Bewerberinnen und Bewerber.

26.5 Für die Bewerbergespräche an den Schulen wird keine Reisekostenvergütung gewährt.

Hinweis der Redaktion: Die Bewerber/innen müssen bei der Einladung jeweils auf diesen Sachverhalt hingewiesen werden. Würde ein solcher Hinweis fehlen und die Bewerber im Nachhinein diese Kosten geltend machen, so hätte das Land entsprechend § 670 BGB dem Bewerber die ihm erwachsenden notwendigen Auslagen (Reisekosten) und Verdienstausfälle zu ersetzen.

27
Lehrbeauftragte an Schulen zur Ergänzung des Unterrichtsangebots

Für die Beschäftigung von Lehrbeauftragten an Schulen zur Ergänzung des Unterrichtsangebots gilt eine gesonderte Regelung. → Lehrbeauftragte

28 Einstellungstermin

Einheitlicher Einstellungstermin für alle im Sommer 2011 zu übernehmenden Lehramtsbewerberinnen und bewerber ist der **9. September 2011**. Ausnahmen hiervon sind gem. Nr. 6 und Nr. 26 möglich.

Dies gilt grundsätzlich auch für Fachlehrerinnen und -lehrer bzw. Technische Lehrerinnen und -Lehrer an Sonderschulen sowie für Technische Lehrerinnen und -Lehrer an gewerblichen und landwirtschaftlichen Schulen.

Fachlehrerinnen und -lehrer bzw. Technische Lehrerinnen und -Lehrer an Sonderschulen, die verpflichtet waren den Vorbereitungsdienst zu absolvieren, werden unmittelbar nach Abschluss des Vorbereitungsdienstes in den Schuldienst des Landes übernommen.

Scheiden Lehrkräfte im Laufe des Schuljahres aus, können die so frei werdenden Stellen in besonderen Fällen nach Zustimmung der obersten Schulaufsichtsbehörde sofort wieder besetzt werden, wenn der Ausfall nicht anderweitig ausgeglichen werden kann.

Hinw.d.Red.: Da vor Begründung des Beamtenverhältnisses kein Unfallschutz besteht, sollen Vereidigungen nicht vor Beginn des Beschäftigungsverhältnisses (Einstellungstermin) stattfinden. (Quelle: KM, 9.1.2004, AZ: 14-0331.4/93)

→ Beamtenstatusgesetz §§ 7 und 9; → Chancengleichheitsgesetz; → Einstellung (Altersgrenze); → Grundgesetz Art. 33; → Ländertausch (Lehrkräfte); → Lehrbeauftragte; → Organisationserlass 1.3; → Privatschulgesetz § 11; → Schwerbehinderung; → Urlaub (Privatschuldienst)

Eltern und Schule

Hinweise der Redaktion

A.
Elternrechte und Elternpflichten

1.
Grundsätze des elterlichen Sorgerechts

Das Grundgesetz bestimmt: *„Pflege und Erziehung der Kinder sind das natürliche Recht der Eltern und die zuvörderst ihnen obliegende Pflicht. Über ihre Betätigung wacht die staatliche Gemeinschaft".*

→ Grundgesetz Artikel 6 Absatz 2

Damit sind die Eltern die ersten und wichtigsten „Erziehungsberechtigten". Sie sind zugleich die ersten und wichtigsten Personen, die gegenüber den Kindern und Jugendlichen Pflichten besitzen.

Als *„Eltern"* im Sinne des Schulrechts gelten
- entweder die *„Erziehungsberechtigten, denen die Sorge über die Person des Schülers zusteht"*,
- oder *„Personen, denen diese die Erziehung außerhalb der Schule anvertraut haben"*.

→ Elternbeiratsverordnung § 1

Das allgemeine Sorgerecht und die daraus entspringenden Pflichten der Erziehungsberechtigten können hier nicht vollständig dargestellt werden. An dieser Stelle wird hierauf nur eingegangen, soweit es um das Bildungsrecht des Kindes und um das Verhältnis zwischen Elternhaus und Schule geht.

Die Eltern können sich nicht beliebig vertreten lassen, sondern die Ausübung des Sorgerechts muss (z.B. bei Pflegeelternschaft, Heim- oder Internatsunterbringung oder Unterbringung bei Verwandten) vollständig und nicht nur vorübergehend an Dritte übertragen werden, in deren alleiniger Obhut sich das Kind befindet, damit solche Personen alle Rechte aus der Elternbeiratsverordnung (EltBVO) wahrnehmen können (z.B. aktives / passives Wahlrecht zur Elternvertretung).

Beide Eltern können auch nach einer Scheidung das Sorgerecht gemeinsam ausüben; sie sind dann auch beide *„Eltern"* bzw. *„Erziehungsberechtigte"* im Sinn der EltBVO. Auch geschiedene Ehepartner können an einer Sitzung der Klassenpflegschaft teilnehmen oder Elternvertreter werden. Dieses gemeinsame Sorgerecht geschiedener Ehegatten ist der gesetzliche Regelfall. Eine abweichende Regelung durch das Familiengericht ergeht nur dann, wenn ein Elternteil dies ausdrücklich beantragt.

Das Bürgerliche Gesetzbuch (BGB) bestimmt:
„Die Eltern haben die elterliche Sorge in eigener Verantwortung und in gegenseitigem Einvernehmen zum Wohle des Kindes auszuüben. Bei Meinungsverschiedenheiten müssen sie versuchen, sich zu einigen." (§ 1627)
„Die Eltern vertreten das Kind gemeinschaftlich; ist eine Willenserklärung gegenüber dem Kind abzugeben, so genügt die Abgabe gegenüber einem Elternteil." (§ 1629)

Schulen sind deshalb nicht verpflichtet, einen vom Kind getrennt lebenden Elternteil über schulische Angelegenheiten zu informieren. Die Ausübung des gemeinsamen Sorgerechts setzt voraus, dass die Eltern zur Kooperation bereit sind. Eine Regelung, ob und wie Informationen über Angelegenheiten ihres Kindes weitergegeben werden, ist in erster Linie von ihnen selbst zu treffen. Nach § 1686 BGB kann jeder Elternteil vom anderen bei berechtigtem Interesse Auskunft über die persönlichen Verhältnisse des Kindes verlangen, soweit dies dem Wohl des Kindes entspricht.

Auch den Eltern eines nichtehelichen Kindes steht unter Umständen das Sorgerecht gemeinsam zu. Das BGB bestimmt hierzu (§ 1626a):
„(1) Sind die Eltern bei der Geburt des Kindes nicht miteinander verheiratet, so steht ihnen die elterliche Sorge dann gemeinsam zu, wenn sie
1. erklären, dass sie die Sorge gemeinsam übernehmen wollen (Sorgeerklärungen), oder
2. einander heiraten; dies gilt auch, wenn die Ehe später für nichtig erklärt wird.
(2) Im Übrigen hat die Mutter die elterliche Sorge."
Es ist damit zu rechnen, dass dies aufgrund eines 2009 ergangenen europarechtlichen Urteils zugunsten der nichtehelichen Väter geändert wird.
Einigen sich die Eltern nicht – in einer öffentlich (notariell) beurkundeten *Sorgeerklärung* – auf ein gemeinsames Sorgerecht, kann der nicht sorgerechtigte Elternteil die elterlichen Rechte (z.B. Wahlrecht als Elternvertreter) nicht wahrnehmen und besitzt keinen Anspruch auf Informationen über den Leistungsstand des eigenen Kindes.

Die nicht sorgeberechtigten Lebenspartner von sorgeberechtigten Müttern oder Vätern können grundsätzlich nicht an deren Stelle treten. Sie können Elternrechte im Sinne des Schulrechts nicht wahrnehmen. Der Ehegatte eines allein Sorgeberechtigten, der nicht Elternteil des Kindes ist, darf jedoch im Einvernehmen mit dem Sorgeberechtigten in Angelegenheiten des täglichen Lebens des Kindes mitentscheiden (§ 1687b BGB). Dies gilt auch bei eingetragenen Lebenspartnerschaften.

2.
Pflichten der Erziehungsberechtigten

Die Pflichten der Eltern/Erziehungsberechtigten gegenüber der öffentlichen Schule sind in § 85 *(Verantwortlichkeit für die Erfüllung der Schul- und Teilnahmepflicht)* des Schulgesetzes niedergelegt. Danach haben die Erziehungsberechtigten und diejenigen, denen die Obhut oder Pflege eines Kindes anvertraut ist, u.a. die Anmeldung zur Schule vorzunehmen und dafür Sorge zu tragen, dass der Schüler am Unterricht und an den übrigen verbindlichen Veranstaltungen der Schule regelmäßig teilnimmt und sich der Schulordnung fügt.

→ Schulgesetz § 85; → Verwaltungsrecht

Aus dem elterlichen Erziehungsrecht ergibt sich jedoch kein Freibrief für die Eltern, nach Belieben in die Rechte ihrer Kinder einzugreifen. Sie nehmen ihr Erziehungsrecht, das zugleich ein Grundrecht und eine Grundpflicht ist, sozusagen treuhänderisch für das Kind wahr. Die oberste Richtschnur der elterlichen Pflege und Erziehung ist deshalb das „Kindeswohl".

Das Gesetz verlangt von den Eltern, das Erziehungsbedürfnis des Kindes seiner Selbstbestimmungsfähigkeit auch in schulischen Angelegenheiten gegenüberzustellen. Sie müssen die wachsende Fähigkeit und das wachsende Bedürfnis des Kindes zu selbstständigen verantwortungsbewussten Handeln berücksichtigen, mit dem Kind, soweit es nach dessen Entwicklungsstand angezeigt ist, Fragen der elterlichen Sorge besprechen und dabei Einvernehmen anstreben (§ 1626 Abs. 2 BGB). So genügt es beispielsweise bei einem Grundschulkind nicht, dass die Eltern die künftige Schullaufbahn mit ihm nur besprechen, sondern sie müssen seine Meinung in ihre Entscheidung einbeziehen, denn nur so können sein eigenständiges Recht auf Bildung respektiert und zugleich sein Lern- und Leistungswille geweckt werden. Bei Jugendlichen müssen die Eltern deren gewachsener Beurteilungs- und Einsichtsfähigkeit weit mehr Raum geben und z.B. den erzieherischen Vorteil einer selbstständigen, jedoch möglicherweise fehlsamen Entscheidung ihres Kindes bei der Wahl einer Fremdsprache oder eines Leistungskurses mit den eventuellen Nachteilen abwägen, die aufgrund dieser Entscheidung eintreten könnten. In Angelegenheiten der Ausbildung haben die Eltern auch auf Eignung und Neigung des Kindes Rücksicht zu nehmen und sich im Zweifelsfall mit Lehrkräften oder anderen geeigneten Personen zu beraten (§ 1631 a BGB).

Dieser treuhänderische Charakter des Elternrechts wird durch die Bestimmung bestätigt, dass der Staat über die Betätigung der Eltern wacht. Er muss nicht nur bei einem Missbrauch des Erziehungsrechts durch die Eltern eingreifen (z.B. im Fall der Verwahrlosung oder der Misshandlung), sondern er hat auch sicherzustellen, dass die Kinder ihre Grundrechte gegebenenfalls auch gegen den Willen ihrer Eltern geltend machen können.

Ein Beispiel hierfür ist die Entscheidung über die Teilnahme am Religionsunterricht: Zwar bestimmen grundsätzlich die Erziehungsberechtigten über die Teilnahme des Kindes am Religionsunterricht, aber nach dem Gesetz über die religiöse Kindererziehung können Kinder vom 12. Lebensjahr an nicht mehr gegen ihren Willen zum Wechsel der Religion gezwungen werden und dürfen ab dem 14. Lebensjahr völlig frei über ihre Religionszugehörigkeit und damit auch über ihre Teilnahme am Religionsunterricht entscheiden.

→ Religionsunterricht (Teilnahme)

Eine erhebliche Verletzung der Elternpflichten gegenüber der Schule kann zum Anlass genommen werden, diesen das Sorgerecht zu entziehen (z.B. bei beharrlicher Schulpflichtverweigerung aus religiösen Gründen).

3.
Für die schulische Praxis heißt dies:

1.
Gemeinsame Ausübung des Sorgerechts

Grundsätzlich kann die Schule davon ausgehen, dass beide Elternteile eines Kindes das Sorgerecht besitzen und es auch gemeinsam ausüben. Wenn ein Elternteil also gegenüber der Schule Erklärungen abgibt oder an einer Besprechung teilnimmt, darf die Schule davon ausgehen, dass dies im Einvernehmen mit dem anderen Elternteil geschieht. Ebenso kann die Schule im „Normalfall" voraussetzen, dass Mitteilungen, die an einen der beiden Erziehungsberechtigten gerichtet werden (z.B. mündliche Information über eine gefährdete Versetzung in der Elternsprechstunde) oder die über das Kind an die Eltern gelangen (z.B. Einladung zu einem Gesprächstermin oder zu einer Sitzung der Klassenpflegschaft/Elternabend), beide Erziehungsberechtigten erreichen.

2.
Fürsorgepflicht der Schule

Dieser Normalfall ist jedoch – mit steigender Tendenz – nicht in jedem Fall gegeben. Zwar ist die Regelung der beiderseitigen Rechte von geschiedenen, getrennt lebenden oder nicht verheirateten Erziehungsberechtigten untereinander grundsätzlich deren Angelegenheit (bzw. im Konfliktfall Sache des Familiengerichts). Dies entbindet die Schule als staatliche Behörde jedoch nicht davon, im Interesse eines betroffenen Kindes auf die geordnete Wahrnehmung dieser Rechte und Pflichten zu achten bzw. diese zu ermöglichen. So muss sie beispielsweise bei Verwaltungsakten (Nichtversetzung, Aufnahme, Schulprüfungen, Erziehungs- und Ordnungsmaßnahmen) beide Erziehungsberechtigte verständigen bzw. einbeziehen.

Zu diesem Zweck ist es sinnvoll, jeweils bei der Aufnahme eines Schülers / einer Schülerin die Namen und Anschriften beider Erziehungsberechtigten zu erheben und gegebenenfalls (z.B. bei unterschiedlichen Namen oder Anschriften) nach dem Sorgerecht zu fragen und die Erziehungsberechtigung schriftlich festzuhalten. Da die Schule Elternteilen ohne Sorgeberechtigung ohne Zustimmung des sorgeberechtigten Elternteils keine Auskünfte über ein Kind erteilen darf (sie kann bzw. muss nicht sorgeberechtigten Elternteilen im Einzelfall sogar Hausverbot erteilen), ist es zweckmäßig, gegebenenfalls einen solchen Ausschlusstatbestand in den Schülerakten (Schülerkarteikarte, Datei) zu vermerken und zumindest dem Klassenlehrer / der Klassenlehrerin mitzuteilen.

Hierbei verbietet sich jedoch jede Form von bürokratischer Akribie: Kommen beispielsweise geschiedene Ehegatten gemeinsam in die Elternsprechstunde oder nehmen an einer Klassenpflegschaftssitzung teil, so sollte ihnen dies ohne weiteres gestattet werden, da vom Regelfall des gemeinsamen Sorgerechtes auszugehen ist. Ebenso sollte verfahren werden, wenn der sorgeberechtigte Elternteil ausdrücklich erklärt, dass er mit der Teilnahme des anderen (nicht sorgeberechtigten) Elternteiles einverstanden ist. Dies gilt in gleicher Weise für die Partner einer eingetragenen Partnerschaft.

Dabei sollte die Schule grundsätzlich die mündliche Aussage eines zweifelsfrei sorgeberechtigten Elternteils als ausreichende Legitimation zur Wahrnehmung von Elternrechten betrachten und auf die – oft als diskriminierend empfundene – Vorlage von notariellen Erklärungen oder gerichtlichen Entscheidungen über das Sorgerecht verzichten. Bei Zweifeln der Schule oder sofern ein Elternteil die Legitimation des anderen in Zweifel stellt, muss jedoch gegebenenfalls auf der Vorlage der einschlägigen Urkunden bestanden werden. Will z.b. eine alleinerziehende (geschiedene) Mutter verhindern, dass der nicht sorgeberechtigte Vater Informationen über das Kind erhält oder gar in schulische Angelegenheiten eingreift, kann die Schule auf Vorlage der einschlägigen Dokumente (z.B. Scheidungsurteil) bestehen.

3.
Datenerhebung und Meldepflichten

Die Meldebehörde übermittelt der zuständigen Grundschule zur Verwirklichung ihres Erziehungs- und Bildungsauftrags u.a. die Vor- und Familiennamen sowie die Anschrift der gesetzliche Vertreter der schulpflichtig werdenden Kinder und jener Kinder, die bis zum Ende des laufenden Kalenderjahres das sechste Lebensjahr vollendet haben. Die automatische Meldung dieser Daten durch die Meldebehörde an die jeweils zuständige Grund-, Haupt-/Werkreal- oder Berufsschule erfolgt auch bei Kindern bis zum vollendeten zehnten Lebensjahr, die nach der Einschulung zugezogen sind, sowie bei schulpflichtigen Kindern und Jugendlichen, die aus dem Ausland zugezogen sind.

→ Schulpflicht (Durchsetzung) / (Meldeverordnung)

Beim Übergang von Schüler/innen auf andere Schulen (z.B. Realschule, Gymnasium oder Sonderschule) sollten die Schulen diese Daten, soweit sie nicht von der abgebenden Schule übermittelt werden, bei den anmeldenden Erziehungsberechtigten erheben.

Die Schule sollte zur Ermöglichung einer schnellen Kontaktaufnahme (z.B. im Fall eines Unfalls oder sonstiger überaschender Vorkommnisse, von denen die Eltern in Kenntnis gesetzt werden sollten bzw. müssen) stets zusätzlich auch eine Telefonverbindung der Erziehungsberechtigten notieren. Im Bereich der beruflichen Schulen ist die Speicherung dieser Daten im Zusammenhang mit einer Regelung der Übergabe der Schulpflichtigen von Schule zu Schule ausdrücklich vorgeschrieben. Bei den übrigen Schularten fehlt eine entsprechende Vorschrift (weshalb es hier vier vorkommen kann, dass Kinder bei einem Schulwechsel „verschwinden" oder sich der Schulpflicht entziehen); die allgemeinbildenden und die Sonderschulen sollten dies deshalb analog handhaben.

→ Schulpflicht (Berufliche Schulen – Übergabe)

Das Erheben, Speichern und Nutzen dieser personenbezogenen Daten ist zulässig, wenn es zur Erfüllung der Aufgaben der Schule, also für ihren Erziehungs-, Bildungs- und Fürsorgeauftrag erforderlich ist und für Zwecke erfolgt, für welche die Daten erhoben worden sind (vgl. § 15 Abs. 1 Nr. 1 und 2, 1. Halbsatz LDSG).

→ Datenschutz (Schulen) Nr. I. Ziff.1.4

4.
Durchsetzung des Elternwillens

Die Schule muss dem Elternwillen Geltung verschaffen; es obliegt ihr jedoch nicht, in einen Konflikt der Erziehungsberechtigten ordnend oder gar regelnd einzugreifen. **Ein konkretes Beispiel:** Eine geschiedene oder vom Vater getrennt lebende Mutter meldet ein Kind mit entsprechender Bildungsempfehlung beim Gymnasium an. Der – ebenfalls sorgeberechtigte – Vater teilt dem Gymnasium einige Tage später mit, dies sei ohne sein Einverständnis geschehen; er wolle sein Kind lieber bei der Realschule anmelden. Maßnahmen, die im Fall einer „geteilten" Sorgeberechtigung von einem Elternteil ohne Einverständnis des anderen Teils getroffen werden, sind *„schwebend unwirksam"*. Das Gymnasium muss deshalb beide (!) Elternteile darüber informieren, dass die Anmeldung des Kindes erst wirksam wird, wenn sie mitteilen, auf was sie sich geeinigt haben. Wie die Erziehungsberechtigten sich einigen (ggf. unter Anrufung des Familiengerichts), geht die Schule nichts an.

→ Datenschutz (Schulen) Nr. I. Ziff.1.4 und Nr. II.3;
→ Elternbeiratsverordnung § 1; → Grundgesetz Art. 6;
→ Schulpflicht (Berufliche Schulen – Übergabe); → Schulpflicht (Durchsetzung); → Schulpflicht (Meldeverordnung)

B.
Elternrecht und Schul- bzw. Verwaltungsrecht

Das Recht (und die Pflicht) der Erziehungsberechtigten, an der Erziehung der Kinder und Jugendlichen im öffentlichen Schulwesen mitzuwirken, findet seine Grundlage im Grundgesetz sowie in der Landesverfassung (LV).

→ Grundgesetz; → Verfassung; → Verwaltungsrecht

Das Grundgesetz bestimmt in Artikel 7 Abs. 1: *„Das gesamte Schulwesen steht unter der Aufsicht des Staates".*

Dabei liegt die Betonung auf *„des Staates"*. Damit wird ausgeschlossen, dass – anders als früher – kirchliche Behörden, Parteien oder andere Instanzen über das Schulwesen bestimmen. Unter „Aufsicht" ist nicht nur die Schulaufsicht im engeren Sinne (Dienst- und Fachaufsicht über Lehrkräfte und Schulen) gemeint, sondern dies schließt die Gestaltungskompetenz des Parlaments und – unter dessen Aufsicht – der Schulverwaltung ein.

Eingriffe in die Grundrechte der Bürger bedürfen einer gesetzlichen Grundlage. Auch sonst hat das Parlament alle wesentlichen Entscheidungen selbst zu treffen. Daher darf auch die Ausgestaltung des Schulverhältnisses nicht den zuständigen Behörden überlassen bleiben (Wesentlichkeitsprinzip und Parlamentsvorbehalt). Dies gilt auch für staatliche Eingriffe in die Rechte Minderjähriger (z.B. durch die Schulpflicht). Die Schulen sind also keine „Anstalten" mehr, in denen die Direktion alles bestimmt, was zu geschehen hat.

Sein Gestaltungsrecht nimmt das Parlament wahr, indem es in der Landesverfassung allgemeine Grundsätze für das Schulwesen aufstellt, z.B. in
- Artikel 11 LV, wo es in Absatz 1 heißt:
   „Jeder junge Mensch hat ohne Rücksicht auf Herkunft oder wirtschaftliche Lage das Recht auf eine seiner Begabung entsprechende Erziehung und Ausbildung. Das öffentliche Schulwesen ist nach diesem Grundsatz zu gestalten",
- oder Artikel 17 LV, dessen Abs. 1 bestimmt:
   „In allen Schulen waltet der Geist der Duldsamkeit und der sozialen Ethik".

An diesen Prinzipien hat sich jede Schule / jede Lehrkraft zu orientieren. Sie sind auch bestimmender Maßstab für die Regelungen, die das Parlament (der Landtag) im Einzelnen für das öffentliche Schulwesen im Schulgesetz des Landes erlässt.

Der Staat verpflichtet die Kinder und Jugendlichen zum Besuch der Schule (allgemeinen Schulpflicht) und schränkt damit das Recht der Eltern auf die Erziehung ihrer Kinder ein. Dieses *„natürliche Erziehungsrecht"* der Eltern und der Bildungs- und Erziehungsanspruch der öffentlichen Schule stehen deshalb in einem unauflösbaren Spannungsverhältnis. Zwar lassen sich Bildung und Erziehung nicht völlig trennscharf voneinander abgrenzen. Dennoch ist davon auszugehen, dass der Staat weitgehend frei darüber entscheiden kann, welche Kenntnisse, Fähigkeiten und Fertigkeiten er in der Schule vermitteln will. Insbesondere haben die Eltern keinen Anspruch darauf, dass ihren Kindern in der Schule bestimmte Informationen (etwa über die Evolutionstheorie oder die menschliche Sexualität einschliesslich der Methoden zur Verhütung von Schwangerschaften und zum Schutz vor Geschlechtskrankheiten) vorenthalten werden.

Bei der Auswahl der Unterrichtsinhalte muss sich der Staat zum einen von den in der Landesverfassung festgeschriebenen Erziehungszielen leiten lassen: *„Die Jugend ist in der Ehrfurcht vor Gott, im Geiste der christlichen Nächstenliebe, zur Brüderlichkeit aller Menschen und zur Friedensliebe, in der Liebe zu Volk und Heimat, zu sittlicher und politischer Verantwortlichkeit, zu beruflicher und sozialer Bewährung und zu freiheitlicher demokratischer Gesinnung zu erziehen"* (LV Art. 12). Zum anderen muss er insofern auf das Erziehungsrecht der Eltern Rücksicht nehmen, als deren ethische und religiöse Überzeugungen nicht grundsätzlich in Frage gestellt oder gar lächerlich gemacht werden dürfen, sofern die Ziele der Erziehung durch die Eltern nur mit den Vorgaben der Verfassung vereinbar sind; andernfalls besteht aufgrund des staatlichen Wächteramtes (Art. 6 Abs. 2 GG) Anlass zum Einschreiten.

C.
Individuelle Informationsrechte der Eltern

Nur gut informierte Eltern sind auch gute Partner der Schule sowie der Lehrkräfte. Deshalb hat der Gesetzgeber in einer Reihe von Bestimmungen verfügt, dass und wie Eltern bzw. Elternvertretungen von den Lehrkräften, den Schulen und den Schulaufsichtsbehörden zu informieren sind:

1.
Eltern-Lehrergespräch / Sprechstunden

Das Gespräch mit den Eltern sowie die Abhaltung von Sprechstunden gehören zu den Dienstpflichten aller Lehrkräfte. Sie müssen den Eltern je nach Anlass jeweils in angemessener Frist und in angemessenem Umfang hierfür zur Verfügung stehen. So bestimmt dies die → Elternbeiratsverordnung § 3.

An vielen Schulen wird jährlich eine Liste mit den Sprechstunden-Terminen der Lehrkräfte bekanntgegeben (z.B. durch Rundschreiben an die Eltern). Es sind - insbesondere bei berufstätigen Eltern, die sonst für ein solches Gespräch Urlaub nehmen müssen - auch Terminvereinbarungen außerhalb dieser Sprechstunden möglich.

Die Anmeldung zum Gespräch erfolgt über die Schüler/innen, durch telefonische Absprache mit der Lehrkraft bzw. über das Sekretariat der Schule, im Problemfall ggf. auch über die Schulleitung.

Die Schulen können auch *„Elternsprechtage"* durchführen, an denen die Lehrer in der unterrichtsfreien Zeit während eines bestimmten Zeitraums in der Schule für Gespräche mit den Eltern anwesend sind. Ein Elternsprechtag erleichtert zwar die Kontaktaufnahme (insbesondere auch mit den Fachlehrer/innen), er ersetzt aber nicht das regelmäßige „Eltern-Lehrergespräch" und vor allem das individuelle Gespräch aus besonderem Anlass.

Vielfach geht es beim „Eltern-Lehrergespräch" um die Leistung und die Leistungsmessung in der Schule. In den Vorbemerkungen zur „Notenbildungsverordnung", die u.a. auch die Grundsätze für die Klassen- und Wiederholungsarbeiten sowie die Hausaufgaben enthält, ist u.a. verfügt:

„Der gemeinsame Erziehungsauftrag von Elternhaus und Schule gebietet, dass Fragen der Leistungserhebung und -beurteilung zwischen den beiden Erziehungsträgern beraten werden. Soweit derartige Fragen das Unterrichtsgeschehen insgesamt betreffen, sind sie in der Schulkonferenz (§ 47 SchG), soweit sie einzelne Klassen betreffen, in der Klassenpflegschaft (§ 56 SchG) zu behandeln. ... Der gemeinsame Erziehungsauftrag von Elternhaus und Schule erfordert auch eine mögliche umfassende Information der Eltern über die schulische Entwicklung ihrer Kinder. ...".

Ausdrücklich nennt das Kultusministerium als Ort hierfür das *„Gespräch zwischen Lehrern und Eltern".*

→ Notenbildungsverordnung

Bei der Information der Erziehungsberechtigten handelt es sich um eine Pflicht *„beider Erziehungsträger":* Nicht nur die Schule bzw. die Lehrkraft sind verpflichtet, die Eltern allgemein und im konkreten Anlass - z.B. Gefahr der Nichtversetzung oder gravierende Erziehungs- und Ordnungsmaßnahmen – zu unterrichten, sondern auch die Eltern sind gehalten, sich durch regelmäßigen Kontakt mit der Schule über Leistung und Verhalten ihrer Kinder auf dem Laufenden zu halten.

Mit Eintritt der Volljährigkeit enden die Informationsrechte der Eltern weitgehend, denn volljährige Schülerinnen und Schüler können alle sich aus dem Schulverhältnis ergebenden Rechte selbst ausüben und müssen alle sich daraus ergebenden Pflichten selbst übernehmen. So entfällt z.B. die bei bestimmten Erziehungs- und Ordnungsmaßnahmen vorgesehene Beteiligung (Anhörung) der Erziehungsberechtigten. Die Schule darf den Eltern jedoch auch personenbezogene Auskünfte erteilen oder Mitteilungen machen,
- wenn kein gegenteiliger Wille der volljährigen Schüler erkennbar ist oder
- wenn eine Gefahr für wesentlich überwiegende Rechtsgüter wie Leben, Leib, Freiheit oder Eigentum zu befürchten ist und die Auskunft oder Mitteilung angemessen ist, die Gefahr abzuwenden oder zu verringern.

Dies gilt auch, wenn der Ausschluss aus der Schule angedroht wird oder ein Schüler die Schule gegen seinen Willen verlassen muss.

Hingegen bleibt das kollektive Mitwirkungsrecht ihrer Eltern, also z.B. das aktive und passive Wahlrecht zu den Elternvertretungen, auch nach Eintritt der Volljährigkeit von Schüler/innen erhalten (Schulgesetz § 55 Abs. 3).

→ Schulgesetz § 55 Abs. 3; → Volljährigkeit

2. Klassenpflegschaft (Elternabend)

Die zweite individuelle Informationsquelle für die Erziehungsberechtigten sind die Sitzungen der Klassen-, Kurs- bzw. Jahrgangsstufenpflegschaft (der sogenannte „*Elternabend*").

→ Elternabend (Klassenpflegschaft); → Elternbeiratsverordnung § 5 ff.; → Schulgesetz § 56

3. Informationen durch die Schulleitung

Darüber hinaus können sich Eltern mit allen Anliegen auch an die Schulleitung wenden. Es empfiehlt sich aber, zunächst (insbesondere beim Vorliegen von Missständen und bei Beschwerden auf der Ebene der einzelnen Klasse) das Gespräch mit der Klassenlehrerin bzw. dem Klassenlehrer oder den zuständigen Fachlehrkräften zu suchen. Vor allem dann, wenn dies nicht zum erwünschen Ergebnis führt, steht die Schulleitung als vorgesetzte Instanz der Lehrkräfte zu Informationen bzw. zur Klärung strittiger Fragen zur Verfügung.

Zum Beschwerde- und Widerspruchsrecht siehe
→ Verwaltungsrecht

Die Erziehungsberechtigten sowie die Schülerinnen und Schüler haben auf Nachfrage die Möglichkeit, bei der Schule alle Ausgaben des Amtsblattes einzusehen. Ebenso kann bei der Schulleitung (Rektorat/Sekretariat) die Loseblatt-Ausgabe des Amtsblattes Kultus und Unterricht eingesehen werden. Sie ist gleichzeitig das amtliche „Gültigkeitsverzeichnis" des Kultusministeriums für dessen Rechts- und Verwaltungsvorschriften.

→ Kultus und Unterricht

D.
Kollektive Rechte der Eltern in der öffentlichen Schule

Nicht nur einzelne Eltern besitzen Beteiligungsrechte an der öffentlichen Erziehung, sondern auch die Elternschaft kollektiv: Die Landesverfassung bestimmt: „*Die Erziehungsberechtigten wirken durch gewählte Vertreter an der Gestaltung des Lebens und der Arbeit der Schule mit. Näheres regelt ein Gesetz.*"

→ Landesverfassung Artikel 17 Abs. 4:

Das Schulgesetz bestimmt dazu (§ 55):

„*(1) Die Eltern haben das Recht und die Pflicht, an der schulischen Erziehung mitzuwirken. Die gemeinsame Verantwortung der Eltern und der Schule für die Erziehung und Bildung der Jugend fordert die vertrauensvolle Zusammenarbeit beider Erziehungsträger. Schule und Elternhaus unterstützen sich bei der Erziehung und Bildung der Jugend und pflegen ihre Erziehungsgemeinschaft.*

(2) Das Recht und die Aufgabe, die Erziehungsarbeit der Schule zu fördern und mitzugestalten, nehmen die Eltern
1. *in der Klassenpflegschaft,*
2. *in den Elternvertretungen und*
3. *in der Schulkonferenz*

wahr.

(3) Unbeschadet der Rechte volljähriger Schüler können deren Eltern die Aufgaben nach Absatz 2 wahrnehmen.

(4) Angelegenheiten einzelner Schüler können die Elternvertretungen nur mit der Zustimmung von deren Eltern behandeln.

(5) Die Elternvertreter üben ein Ehrenamt aus."

→ Schulgesetz §§ 47 und 55; → Schulkonferenzordnung; → Volljährigkeit

Die Formulierung „Ehrenamt" bedeutet:
1. Die Elternvertreter erhalten keine Bezahlung, aber Kostenersatz. Das KM hierzu: „*Die notwendigen Kosten des Elternbeirats (vor allem für Porto und Briefpapier) gehören zu den sächlichen Schulkosten, für die der Schulträger aufkommt*". Der Schulträger wird hierbei durch die Schulleitung vertreten. Es empfiehlt sich, hierfür im Schuletat einen eigenen Titel auszubringen, über den der Elternbeirat selbstständig verfügt.

→ Elternvertretung (Kassenführung)

2. Die Elternvertreter sind bei ihrer Tätigkeit (auch beim Hin- und Rückweg) gesetzlich versichert.
3. Die Elternvertreter werden gewählt, damit sie vornehmlich die Interessen der anderen Eltern bzw. deren Kinder wahrnehmen.

„Elternvertretungen" im Sinne von § 55 SchG sind:
- Die bzw. der von den Eltern einer Klasse oder Jahrgangsstufe gewählte Klassenelternvertreter/in und dessen bzw. deren Stellvertreter/in

→ Schulgesetz § 56; → ElternbeiratsVO § 11 ff.

- der Elternbeirat der Schule
  → ElternbeiratsVO § 24 ff.; → Schulgesetz § 57;
- der Gesamtelternbeirat und Eltern-Arbeitskreise
  → Schulgesetz § 58; → ElternbeiratsVO § 30 ff.;
- der Landeselternbeirat
  → Schulgesetz § 60 ff.; → ElternbeiratsVO § 36 ff.;

Ferner sind die Eltern durch gewählte Vertreter/innen im Landesschulbeirat vertreten.
→ Schulgesetz § 71

Die Gesamtelternbeiräte haben sich vielfach (regional bzw. schulartspezifisch) zu Arbeitskreisen zusammengeschlossen. Informationen hierzu finden sich auf der Homepage des Arbeitskreises der Gesamtelternbeiräte: http://www.ak-geb-bw.de.

Den Gesamtelternbeiräten und überörtlichen Arbeitskreisen der Elternvertretungen besitzen einen Informationsanspruch durch die Schulverwaltung.
→ Elternbeiratsverordnung § 34

Ferner ist Schulleitung verpflichtet, den Elternbeirat von sich aus über *„alle Angelegenheiten, die für die Schule von allgemeiner Bedeutung sind"* zu informieren, und soll den Elternbeirat anhören, bevor sie *„Maßnahmen trifft, die für das Schulleben von allgemeiner Bedeutung sind"*.
→ Schulgesetz § 57 Abs. 2

1. Elterngruppe in der Schulkonferenz

Die Elternvertreter/innen in der Schulkonferenz bilden die *„Elterngruppe"*.
→ Konferenzordnung § 11 Abs. 4

Diese Gruppe darf zu folgenden Gegenständen Anträge an die Gesamtlehrerkonferenz richten:
- Erlass der Schul- und Hausordnung,
- Beschlüsse zu allgemeinen Fragen der Klassenarbeiten und Hausaufgaben sowie zur einheitlichen Durchführung der Rechts- und Verwaltungsvorschriften an der Schule,
- Grundsätze über die Durchführung von besonderen Schulveranstaltungen, die die gesamte Schule berühren, sowie über die Durchführung von außerunterrichtlichen Veranstaltungen (z.B. Klassenfahrten, Schullandheimaufenthalte).

→ Schulgesetz § 47 Abs. 5

Bei der Behandlung des Antrags in der GLK besitzen diese Elternvertreter beratendes Stimmrecht. Ihr Teilnahmerecht beschränkt sich auf den betreffenden Tagesordnungspunkt. An der übrigen Sitzung nehmen sie in der Regel nicht (mehr) teil.

2. Elterngruppe in der Klassenpflegschaft

Die Eltern einer Klasse können als „Elterngruppe" gesondert (ohne Lehrkräfte) zusammentreten.
→ Elternbeiratsverordnung § 8 Abs. 5; → Konferenzordnung § 11 Abs. 3

Diese Gruppe kann zu folgenden Beratungsgegenständen Anträge an die Klassenkonferenz stellen:

§ 4 der Elternbeiratsverordnung bestimmt: *„Die Elternvertreter sind bei der Ausübung ihrer Rechte im schulischen Bereich frei von Weisungen durch Schule, Schulaufsichtsbehörde und sonstige Behörden. Andererseits sind auch sie nicht berechtigt, diesen Weisungen zu erteilen oder Untersuchungen gegen sie wegen ihres dienstlichen Verhaltens zu führen; unberührt hiervon bleibt das Informations- und Beschwerderecht der Eltern."*
→ Elternbeiratsverordnung § 4; → Verwaltungsrecht

Eltern und Elternvertretungen können nur durch ihre kollektiven Beteiligungsrechte (dazu zählen auch ihre Rechte in der Schulkonferenz), durch Gespräche und Verhandlungen sowie durch die Wahrnehmung ihres Informations- und Beschwerderechts Einfluss auf die Schule nehmen. Führt dies nicht zu einem befriedigenden Ergebnis oder bleibt ein Konflikt ungelöst, so entscheidet – unbeschadet des Klagerechts bei den Verwaltungsgericht – abschließend die Schulaufsichtsbehörde.
→ Schulgesetz § 32 ff.

Umgekehrt besitzen Schulen und Schulaufsichtsbehörden keine Aufsichts- oder Kontrollbefugnisse über die Elternvertretungen. Dies schließt deren Kontakte nach außen ein: Briefe von Dritten an den Elternbeirat oder einzelne Elternvertreter müssen von der Schule weitergeleitet werden.

E. Rechte der Elterngruppen in den Konferenzen

- Entwicklungsstand der Klasse (z.B. Leistung, Verhalten, besondere Probleme);
- Stundentafel und differenziert angebotene Unterrichtsveranstaltungen (z.B. Fächerwahl, Kurse, Arbeitsgemeinschaften);
- Kriterien und Verfahren zur Leistungsbeurteilung;
- Grundsätze für Klassenarbeiten und Hausaufgaben sowie Versetzungsordnung und für Abschlussklassen Prüfungsordnung;
- in der Klasse verwendete Lernmittel einschließlich Arbeitsmittel;
- Schullandheimaufenthalte, Schulausflüge, Wandertage, Betriebsbesichtigungen u.Ä. im Rahmen der beschlossenen Grundsätze der Gesamtlehrerkonferenz sowie sonstige Veranstaltungen für die Klasse;
- Förderung der Schülermitverantwortung der Klasse, Durchführung der Schülerbeförderung;
- grundsätzliche Beschlüsse der Gesamtlehrerkonferenz, der Schulkonferenz, des Elternbeirats und des Schülerrats.

→ Schulgesetz § 56 Abs. 6

Bei der Behandlung des Antrags der Elterngruppe in der Klassenkonferenz besitzen die beiden Klassenelternvertreter/innen ein beratendes Stimmrecht. Ihr Teilnahmerecht beschränkt sich auf den betreffenden Tagesordnungspunkt der Konferenz. An der übrigen Sitzung nehmen sie in der Regel nicht (mehr) teil.

→ Elternabend (Klassenpflegschaft); → Elternbeiratsverordnung; → Grundgesetz; → Kultus und Unterricht; → Notenbildungsverordnung; → Religionsunterricht (Teilnahme); → Schulgesetz; → Schulkonferenzordnung; → Verfassung; → Verwaltungsrecht; → Volljährigkeit

Elternabend (Klassenpflegschaft)

Hinweise der Redaktion für die Gestaltung und Vorbereitung von Sitzungen der Klassenpflegschaft (Elternabenden)

1. Begriffsbestimmung

Auf der Ebene der Schulklasse (bzw. der Jahrgangsstufe oder des Kurses) besitzen die Eltern (Erziehungsberechtigten) das gesetzlich definierte Recht, sich als „Elterngruppe" zu versammeln.

→ Elternbeiratsverordnung § 8 Abs. 5

Diese „Elterngruppe" ist kein beliebiges, informelles Treffen von Eltern, sondern eine schulische Institution, der bestimmte, relativ beschränkte Beteiligungsrechte zustehen.

→ Eltern und Schule, Teil E Nr. 2; → Konferenzordnung § 11 Abs. 3

Eine der wichtigsten Aufgaben (und damit eines ihrer vornehmsten Rechte) der Elterngruppe ist die Wahl der beiden Elternvertreter/innen. Damit wird zugleich über die Zusammensetzung des Elternbeirats der Schule entschieden.

Zumeist vollzieht sich die Elternbeteiligung auf dieser Ebene nicht in einer „Elterngruppe" (also ohne Anwesenheit von Lehrkräften), sondern in der Regel in der „Klassenpflegschaft". An bestimmten Schularten bzw. Schulstufen tritt an ihre Stelle die Kurs- oder Jahrgangsstufenpflegschaft (im Folgenden wird zusammenfassend von „Klasse" bzw. „Klassenpflegschaft" gesprochen).

→ Elternbeiratsverordnung §§ 10 ff.

Diese Pflegschaften sind „gemischte" Gremien; sie bestehen nicht nur aus den Eltern, sondern ihnen gehören auch alle in der Klasse unterrichtenden Lehrkräfte an.

Im allgemeinen Sprachgebrauch werden die Sitzungen einer Klassenpflegschaft trotzdem häufig als „Elternabend" bezeichnet.

2. Elterngruppe und Klassenelternvertreter

Die Eltern (Erziehungsberechtigten) einer Klasse – die „Elterngruppe" – wählen aus ihrer Mitte zwei Personen als Elternvertreter:
- einen bzw. eine Klassenelternvertreter/in und
- einen bzw. eine Stellvertretender/in.

Die Amtszeit beträgt ein Jahr, sie kann durch eine Wahlordnung des Elternbeirats auf mehrere Jahre ausgedehnt werden.

→ Elternbeiratsverordnung § 15 i.V.m. § 20

Bestimmte Eltern können nicht zu Klassenelternvertreter/innen gewählt werden, z.B. Mitglieder der Leitung und des Lehrerkollegiums der Schule, Schulaufsichtsbeamte sowie z.B. der Schulbürgermeister einer Stadt. Es kann auch niemand an derselben Schule zum Klassenelternvertreter oder Stellvertreter mehrerer Klassen gewählt werden.

→ Elternbeiratsverordnung § 14

Es ist üblich, dass die Wahl der beiden Klassenelternvertreter (soweit deren Amtszeit nicht auf

---

Klassenpflegschaft

Sie muss mindestens einmal im Schulhalbjahr zusammentreten.
Den Vorsitz hat der bzw. die Klassenelternvertreter/in,
den stellvertretenden Vorsitz hat der bzw. die Klassenlehrer/in.

Die Klassenpflegschaft besteht aus zwei Personengruppen:

„Elterngruppe"

Die Eltern (Erziehungsberechtigten) aller Schülerinnen und Schüler der Klasse haben je eine Stimme. Sie wählen:
- eine Klassenelternvertreterin bzw. einen stellvertretenden Klassenelternvertreter sowie
- einen bzw. eine stellvertretende Klassenelternvertreter/in.

Beide sind Mitglieder im Elternbeirat.

+

„Lehrergruppe"

Der Klassenlehrer bzw. die Klassenlehrerin sowie alle anderen in der Klasse unterrichtenden Lehrkräfte haben je eine Stimme.

Der Klassenlehrer bzw. die Klassenlehrerin ist zur Teilnahme an der Sitzung der Klassenpflegschaft verpflichtet, die übrigen Lehrkräfte, soweit ihre Teilnahme nach der Tagesordnung erforderlich ist.

Der bzw. die Elternbeiratsvorsitzende sowie der Schulleiter bzw. die Schulleiterin dürfen an allen Sitzungen der Klassenpflegschaft teilnehmen;
sie müssen deshalb zu jeder Sitzung eingeladen werden.

Elternabend (Klassenpflegschaft)

mehrere Jahre ausgedehnt wird) jeweils im Rahmen der ersten Klassenpflegschaftssitzung des Schuljahres (siehe Nr. 3) vorgenommen und entsprechend auf der Tagesordnung angekündigt wird.

Formal handelt es sich bei diesem Wahlakt jedoch um eine Sitzung der „Elterngruppe" der Klassenpflegschaft. Die Lehrkräfte sind an der Wahl nicht beteiligt. Nur in neu gebildeten Klassen bereitet die/der Klassenlehrer/in die erste Sitzung vor und beruft sie ein, wenn dies nicht vom Elternbeirat organisiert wird; auch hier muss die Lehrkraft die Sitzungsleitung aber nach Bestellung des Wahlvorstands abgeben.

→ Elternbeiratsverordnung § 17 Abs. 3

Bei dieser Wahl sind die üblichen Regularien für demokratische Wahlen zu beachten: Zur Wahlleitung sollte eine Person bestimmt werden, die nicht selbst kandidiert; offene Wahl ist nur möglich, wenn niemand geheime Wahl wünscht. Es ist aber grundsätzlich zu empfehlen, von vornherein die geheime Wahl vorzusehen sowie den/die Klassenelternvertreter/in und Stellvertreter/in in getrennten Wahlgängen zu wählen und die Sitzung entsprechend vorzubereiten (Stimmzettel). Der Elternbeirat kann eine Wahlordnung erlassen; darin kann dies für die ganze Schule geregelt werden.

→ Elternbeiratsverordnung § 15 Abs. 2 i.V.m. § 20

Um jeden Anschein einer Einflussnahme zu vermeiden, sollten die Lehrkräfte spätestens nach der Bestellung des Wahlvorstandes den Raum verlassen; ihre Anwesenheit ist nur dann zulässig, wenn die Eltern dies ausdrücklich wünschen und keiner der Anwesenden widerspricht. Auf jeden Fall müssen sich Lehrkräfte jeder Einwirkung auf die Wahlen enthalten. Insbesondere ist es unzulässig, selbst „geeignete" Kandidaten zu benennen.

Diese beiden Elternvertreter bzw. -vertreterinnen haben u.a. folgende Rechte und Aufgaben:

1. Sie sind mit gleichen Rechten Mitglieder des Elternbeirats der Schule (deshalb kann auch stellvertretende Elternvertreter/innen zm Vorsitzenden des Elternbeirats gewählt werden).
2. Sie vertreten die „Elterngruppe" ihrer Klasse in der Klassenkonferenz.

→ Elterngruppe

3. Im gegenseitigen Einvernehmen können sie gegenüber dem Lehrkräften bzw. der Schulleitung die Interessen von anderen Eltern wahrnehmen (z.B. als Vermittler in Konfliktfällen oder zur Einholung von Informationen).

Hieraus ergibt sich zwangsläufig die Notwendigkeit, dass beide Elternvertreter zusammenarbeiten, einander informieren und unterstützen.

Der bzw. die stellvertretende Klassenelternvertreter/in leitet im Fall der Verhinderung des bzw. der Klassenelternvertreter/in jene Sitzungen, in denen die Eltern einer Klasse als „Elterngruppe", ohne Beteiligung der an der Klasse unterrichtenden Lehrkräfte, tätig werden; dies gilt auch im Fall der Abberufung des Klassenelternvertreters. Diese Vertretungsbefugnis erstreckt sich jedoch **nicht auf die Leitung der Klassenpflegschaft!** Siehe Nr. 4.

→ Elternbeiratsverordnung § 16

3. Teilnahme- und Stimmrecht am Elternabend (Klassenpflegschaft)

Mindestens zwei Sitzungen der Klassenpflegschaft im Schuljahr sind vorgeschrieben. Die erste Sitzung hat innerhalb von sechs Wochen nach Beginn des Unterrichts stattzufinden.

→ Schulgesetz § 56; → ElternbeiratsVO § 14 Abs. 1

Auch Schülervertreter/innen können an den Klassenpflegschaftssitzungen teilnehmen: Der/die Vorsitzende der Klassenpflegschaft lädt den/die Klassensprecher/in und deren Stellvertreter/in „zu geeigneten Tagesordnungspunkten" ein; erweist sich ein Tagesordnungspunkt als nicht geeignet, setzt die Klassenpflegschaft die Behandlung des Tagesordnungspunktes ohne Schülervertreter fort.

→ Schulgesetz § 56 Abs. 3

Ferner sind der/die Schulleiter/in und der/die Elternbeiratsvorsitzende berechtigt, an der Klassenpflegschaftssitzung (ohne Stimme!) teilzunehmen; sie müssen deshalb stets eine Einladung erhalten.

→ Elternbeiratsverordnung § 5 ff.; → Schulgesetz § 56

Von den Lehrkräften nimmt häufig nur der bzw. die Klassenlehrer/in an der Klassenpflegschaftssitzung teil. Nur diese Lehrkraft ist zur Teilnahme verpflichtet, aber auch alle anderen an der Klasse unterrichtenden Lehrkräfte können teilnehmen, da sie stimmberechtigte Mitglieder der Klassenpflegschaft sind. Sie müssen jedoch erscheinen, „soweit ihre Teilnahme entsprechend der Tagesordnung erforderlich ist". Wollen Eltern die Teilnahme einer bestimmten (Fach-)Lehrkraft an einer Sitzung der Klassenpflegschaft durchsetzen, muss deshalb die Tagesordnung entsprechend formuliert werden.

→ Elternbeiratsverordnung § 8 Abs. 4

Stimmberechtigt ist jedes anwesende Mitglied der Klassenpflegschaft mit einer Stimme (also auch die an der Klasse unterrichtenden Lehrkräfte); Mutter und Vater haben je eine Stimme. Eine Stimme haben Erziehungsberechtigte auch dann, wenn ihnen die Sorge für mehrere Schüler der Klasse zusteht (z.B. bei Zwillingen). Alleinerziehende besitzen also nur ein Stimme, Vater und Mutter zusammen haben deren zwei. Dies ist im Hinblick darauf, dass in der Klassenpflegschaft z.B. auch über finanzielle Angelegenheiten beraten und gegebenenfalls auch beschlossen wird (z.B. Kosten eines Schullandheimaufenthalts, Umlagen für Kopien oder Ausgestaltung eines Klassenfestes usw.) nicht unproblematisch. Die Übertragung des Stimmrechts und die Beschlussfassung im Wege der schriftlichen Umfrage sind nicht zulässig.

→ Elternbeiratsverordnung §§ 6 und 7

Zum Teilnahme- und Stimmrecht von Nicht-Eltern sowie von anderen Personen, die als Erziehungsberechtigte wirken, siehe:

→ Eltern und Schule, Teil A

4.
Leitung und Vorbereitung der Sitzungen

Vorsitzender der Klassenpflegschaft ist der von den Eltern <u>gewählte</u> Klassenelternvertreter bzw. die Klassenelternvertreterin. Der <u>stellvertretenden Vorsitz</u> obliegt immer dem Klassenlehrer bzw. der Klassenlehrerin; es erfolgt hier also <u>keine Wahl</u>, sondern mit der Bestellung einer Lehrkraft zum Klassenlehrer überträgt die Schulleitung den stellvertretenden Vorsitz dieser Person „qua Amt".

In der Elternbeiratsverordnung (§ 5 ff.) sind die Regularien für die Sitzungen niedergelegt. Zu einer Sitzung ist einzuladen, wenn es der Förderung der Erziehungsarbeit in der Klasse dienlich scheint, mindestens jedoch einmal im Schulhalbjahr. Ferner ist eine Sitzung binnen zweier Wochen einzuberufen, wenn ein Viertel der Eltern, der Klassenlehrer, der Schulleiter oder der Elternbeiratsvorsitzende dies beantragen (§ 56 Abs. 5 Satz 2 SchG). Die Sitzungen der Klassenpflegschaft sind nicht öffentlich, es besteht aber für die Eltern – im Gegensatz zu den Lehrkräften! – keine Pflicht zur Verschwiegenheit über den Sitzungsinhalt/-verlauf.
→ Verschwiegenheitspflicht

Der Klassenelternvertreter bzw. die Klassenelternvertreterin lädt zu den Sitzungen der Klassenpflegschaft ein, bereitet sie vor, leitet sie und bestimmt im Benehmen mit dem Klassenlehrer bzw. der Klassenlehrerin Zeitpunkt, Tagungsort und Tagesordnung der Sitzung sowie jene Tagesordnungspunkte, zu denen gemäß § 56 Abs. 3 Satz SchG der Klassensprecher und sein Stellvertreter einzuladen sind; das Gleiche gilt für die Einladung aller Schüler einer Klasse und weiterer Personen. Für die Einladung zur Sitzung kann sich der/die Vorsitzende der Hilfe der Schule bedienen (z.B. Vervielfältigung, Austeilen der Einladungen an die Schüler/innen zur Weitergabe an die Eltern).

Dies bedeutet: Der Klassenlehrer bzw. die Klassenlehrerin ist an der Vorbereitung und Leitung zwar beteiligt, aber mehr als zurückhaltende Mithilfe ist nicht verlangt. Die Letztverantwortung liegt bei dem / der gewählten Elternvertreter/in.

Es ist vielerorts üblich, dass von der Schulleitung im Einvernehmen mit dem Elternbeirat zumindest für den ersten Elternabend nach Schuljahresbeginn ein oder mehrere Tage im Herbst reserviert werden. Dies ist sinnvoll, weil dann an diesen Tagen alle Lehrkräfte verfügbar sind. Außerdem kann man dann zum Anfang alle Klassen oder eine Klassenstufe (z.B. alle neu gebildeten 1. oder 5. Klassen) zu einer gemeinsamen Sitzung zusammenfassen, wo der Vorstand des Elternbeirats und die Schulleitung die „Neuen" begrüßen und über die Schule informieren; anschließend finden dann getrennte Elternabende für die einzelnen Klassen statt. Grundsätzlich obliegt die Terminfestlegung jedoch dem bzw. der Klassenelternvertreter/in.

Die Einladungsfrist soll mindestens eine Woche betragen; da die Zustellung bei der üblichen Verteilung über die Schüler/innen immer mehrere Tage dauert, sollte die Verteilung spätestens vierzehn Tage vor dem Sitzungstermin erfolgen.

Bei der Tagesordnung der Sitzung ist die Zweckbestimmung der Klassenpflegschaft zu beachten. In § 56 Abs. 1 Schulgesetz ist hierzu u.a. verfügt:

„Die Klassenpflegschaft dient der Pflege enger Verbindungen zwischen Eltern und Schule und hat die Aufgabe, das Zusammenwirken von Eltern und Lehrern in der gemeinsamen Verantwortung für die Erziehung der Jugend zu fördern. Eltern und Lehrer sollen sich in der Klassenpflegschaft gegenseitig beraten sowie Anregungen und Erfahrungen austauschen. ...".

→ Schulgesetz § 56

Zu den Beratungsthemen gemäß § 56 SchG gehören neben der Information über grundsätzliche Beschlüsse von Gesamtlehrerkonferenz, Schulkonferenz, Elternbeirat und Schülerrat z.B.

- Entwicklungsstand der Klasse (Leistung, Verhalten, besondere Probleme)
- Stundentafel, Fächerwahl, Kurse und Arbeitsgemeinschaften, Lern- und Arbeitsmittel
- Leistungsbeurteilung, Klassenarbeiten und Hausaufgaben, Versetzungs- und Prüfungsordnung
- außerunterrichtliche Veranstaltungen
- Schülermitverantwortung, Schülerbeförderung.

In der Regel finden Elternabende in der Schule statt; die Schulleitung muss (nach Absprache) geeignete Räumlichkeiten zur Verfügung stellen. Jeder Elternabend muss deshalb vorher bei der Schulleitung (Sekretariat) angemeldet werden, damit die Schule zu gegebener Zeit auch geöffnet und beleuchtet sowie beheizt werden kann.

Sitzungen der Klassenpflegschaft oder der „Elterngruppe" in privaten Räumen oder in Gaststätten können zu Missverständnissen über den Charakter der Veranstaltung führen und werden von manchen Eltern und Lehrkräften auch als unzumutbar empfunden. Wenn die Sitzung trotzdem in einer öffentlichen Gaststätte, einem Vereinsheim o.ä. stattfinden soll, ist vorher das Einverständnis aller Eltern und der eingeladenen Lehrkräfte einzuholen. Es muss sich wegen der vorgeschriebenen Nichtöffentlichkeit um einen getrennten Raum ohne Zugang für Dritte handeln.

Wenn möglich, sollten die Sitzungen in Räumen mit für Erwachsene geeignetem Mobiliar stattfinden. Die Eltern sollten zwar auch das Klassenzimmer ihrer Kinder kennen (z.B. auch, um sich über die Ausstattung, über dort ausgestellte Schülerarbeiten usw. einen Eindruck verschaffen zu können), aber das Sitzen auf Stühlchen, die für sieben- oder achtjährige Kinder gebaut sind, ist für Erwachsene nicht beschwerlich.

→ Eltern und Schule; → Eltern (Erziehungsberechtigte); → Elternabend (Kontrollliste); → Elternabend (Muster-Einladung); → Elternbeiratsverordnung § 5 ff.; → Elterngruppe; → Elternvertretung (Kassenführung); → Elternvertretung (Öffentlichkeitsarbeit); → Grundgesetz; → Schulgesetz; → Verfassung

Elternbeiratsverordnung

Verordnung des Kultusministeriums für Elternvertretungen und Pflegschaften an öffentlichen Schulen (Elternbeiratsverordnung) vom 16. Juli 1985 (GBl. S. 234); zuletzt geändert 1.11.2010 (KuU S. 199/2010)

Erster Teil – Eltern

§ 1
Eltern

(1) Eltern im Sinne dieser Verordnung sind alle Erziehungsberechtigten, denen die Sorge über die Person des Schülers zusteht, oder Personen, denen diese die Erziehung außerhalb der Schule anvertraut haben.

(2) Die Elternrechte bei volljährigen Schülern in Klassenpflegschaft, Elternvertretungen und Schulkonferenz gemäß § 55 Abs. 3 SchG können von Erziehungsberechtigten, denen die Sorge für die Person des Schülers im Zeitpunkt des Eintritts der Volljährigkeit zustand, wahrgenommen werden.

→ Eltern und Schule; → Grundgesetz Art. 6; → Schulgesetz § 55; → Verwaltungsrecht; → Volljährigkeit

Hinweis der Redaktion: Das KM hat in der VwV Sprachförderung (Integration) Ziff. 3.5. u.a. verfügt: „Maßgeblichen Anteil am Gelingen der schulischen Eingliederung von Kindern und Jugendlichen mit nichtdeutscher Herkunftssprache haben die Erziehungsberechtigten. Sie entscheiden über längerfristigen Verbleib oder die Rückkehr ins Herkunftsland, über die Teilnahme an freiwilligen Angeboten der muttersprachlichen Bildung. ... Die Schulen übernehmen [die] Information und Beratung der Erziehungsberechtigten von Kindern und Jugendlichen mit Migrationshintergrund und beziehen Migrantenfamilien in die Zusammenarbeit an der Schule ein."

→ Sprachförderung (Integration) Nr. 3.5

§ 2 Elternrechte

Die Rechte und Pflichten der einzelnen Eltern gegenüber ihren Kindern, gegenüber Schule und Schulverwaltung werden durch diese Verordnung nicht berührt.

→ Eltern und Schule; → Schulgesetz § 85

§ 3
Eltern-Lehrergespräch, Elternsprechtag

(1) Unbeschadet dienstlicher Regelungen stehen die Lehrer den Eltern in Sprechstunden zur gegenseitigen persönlichen Aussprache und Beratung zur Verfügung.

(2) Darüber hinaus können die Schulen Elternsprechtage durchführen, an denen die Lehrer in der unterrichtsfreien Zeit während eines bestimmten Zeitraums in der Schule für Gespräche mit den Eltern anwesend sind. Auf Antrag des Elternbeirats kann die Schule nach Beschluss der Gesamtlehrerkonferenz den Elternsprechtag einmal im Schuljahr auf einen unterrichtsfreien Samstag legen.

→ Konferenzordnung

Hinweis der Redaktion: Nach Auffassung des KM dürfen Eltern den Unterricht ihrer Kinder nicht besuchen. Dies wäre ein unzulässiger Eingriff in die Persönlichkeitssphäre der anderen Kinder und deren Eltern. Dies schließt nicht aus, dass Lehrkräfte die Eltern gezielt in den Unterricht einladen („Offene Stunden"). Ebenso können Eltern von den Lehrkräften bei unterrichtlichen und außerunterrichtlichen Veranstaltungen mit Hilfsfunktionen betraut werden, z.B. zusätzliche Aufsicht beim Schwimmen, Beteiligung an Eltern-Schüler-Bastelarbeiten in der Grundschule. Die Eltern nehmen dabei – wenn auch unter der grundsätzlichen Verantwortung und im Auftrag der Lehrkraft – eine Aufgabe des Staates mit allen Rechten und Pflichten wahr und stehen, falls ihnen z.B. ein Körper- oder Sachschaden zustößt, unter dem Schutz der Sozialversicherung.

→ Aufsichtspflicht (Schwimmunterricht)

Anders ist dies im Sonderschulbereich: So ist z.B. im Bildungsplan der Förderschule ausgeführt: „Die aktive Mitarbeit der Eltern wird durch vielfältige Maßnahmen der Schule unterstützt, u.a. durch Einblicke in den Unterricht, ...".

§ 4
Rechtsstellung der Elternvertreter

Die Elternvertreter sind bei der Ausübung ihrer Rechte im schulischen Bereich frei von Weisungen durch Schule, Schulaufsichtsbehörde und sonstige Behörden. Andererseits sind auch sie nicht berechtigt, diesen Weisungen zu erteilen oder Untersuchungen gegen sie wegen ihres dienstlichen Verhaltens zu führen; unberührt hiervon bleibt das Informations- und Beschwerderecht der Eltern.

→ Verwaltungsrecht; → Kultus und Unterricht Ziff. 3

Hinweis der Redaktion: Die Schulleitung ist verpflichtet, verschlossene persönliche Briefe, die an ... Eltern-Vertretungen, insbesondere Elternbeiratsvorsitzende ... gerichtet sind, weiterzuleiten. Dies gilt auch für Briefe von Abgeordneten. Die Pflicht zur Weiterleitung von Post gilt allerdings nicht für Postwurfsendungen, Drucksachen, Flugblätter und Ähnliches.
(Quelle: Infodienst Schulleitung des KM, Dezember 2005)

Zweiter Teil – Pflegschaften
1. Abschnitt – Klassenpflegschaft

§ 5
Aufgaben

Aufgaben und Rechte der Klassenpflegschaft ergeben sich aus § 56 SchG.

§ 6
Mitglieder und Teilnahmeberechtigte

(1) Mitglieder der Klassenpflegschaft sind die Eltern der Schüler der Klasse sowie alle Lehrer, die an der Klasse regelmäßig unterrichten.

(2) Der Schulleiter und der Vorsitzende des Elternbeirats sind berechtigt, an den Sitzungen der Klassenpflegschaft teilzunehmen; sie sind hierzu einzuladen.

§ 7

Stimmberechtigt ist jedes anwesende Mitglied der Klassenpflegschaft mit einer Stimme. Das gilt auch für Mitglieder, denen die Sorge für mehrere Schüler der Klasse zusteht; Mutter und Vater haben je eine Stimme. Die Übertragung des Stimmrechts und die Beschlussfassung im Wege der schriftlichen Umfrage sind nicht zulässig.

§ 8 Sitzungen

(1) Der Vorsitzende der Klassenpflegschaft lädt zu den Sitzungen der Klassenpflegschaft ein, bereitet sie vor und leitet sie. Er bestimmt im Benehmen mit dem Klassenlehrer Zeitpunkt, Tagungsort und Tagesordnung der Sitzung sowie die Tagesordnungspunkte, zu denen gemäß § 56 Abs. 3 Satz 2 SchG der Klassensprecher und sein Stell-

vertreter einzuladen sind; das Gleiche gilt für die Einladung aller Schüler einer Klasse und weiterer Personen. Die Einladungsfrist soll mindestens eine Woche betragen. Für die Einladung zur Sitzung kann sich der Vorsitzende der Hilfe der Schule bedienen.

Hinweis der Redaktion: Bei Verhinderung des Vorsitzenden obliegt die Sitzungsleitung dem Klassenlehrer als stellv. Vorsitzendem der Klassenpflegschaft (nicht dem stellv. Klassenelternvertreter).

(2) Zu einer Sitzung ist einzuladen, wenn es der Förderung der Erziehungsarbeit in der Klasse dienlich scheint, mindestens jedoch einmal im Schulhalbjahr. Außerdem hat der Vorsitzende binnen zwei Wochen zu einer Sitzung einzuladen, wenn ein Viertel der Eltern, der Klassenlehrer, der Schulleiter oder der Elternbeiratsvorsitzende darum nachsuchen (§ 56 Abs. 5 Satz 2 SchG).

(3) Die Sitzungen der Klassenpflegschaft sind nicht öffentlich.

(4) Die Klassenlehrer sind zur Teilnahme an den Sitzungen verpflichtet, die Fachlehrer, soweit ihre Teilnahme entsprechend der Tagesordnung erforderlich ist.

(5) Das Recht der Eltern einer Klasse, außerhalb der Klassenpflegschaft zusammenzukommen, bleibt unberührt.

Hinweis der Redaktion: Gem. § 56 Abs. 6 → Schulgesetz i.V.m. § 11 Abs. 3 → Konferenzordnung können die Eltern einer Klasse als *„Elterngruppe"* gesondert zusammentreten und in bestimmtem Rahmen Anträge an die Klassenkonferenz richten; bei der Behandlung in der Konferenz besitzen die beiden Klassenelternvertreter beratendes Stimmrecht.

§ 9
Geschäftsordnung

Die Schulkonferenz kann für die Klassenpflegschaften eine Geschäftsordnung erlassen, die insbesondere das Nähere regelt über:
1. Die Form und die Frist für die Einladungen; dabei kann bestimmt werden, dass die Einladung der Eltern über die Schüler erfolgen kann;
2. das Verfahren bei Abstimmungen, insbesondere darüber, ob geheim abzustimmen ist;
3. die Wahl des Schriftführers.

2. Abschnitt – Sonstige Pflegschaften
§ 10
Pflegschaften an Berufsschulen und Berufskollegs in Teilzeitunterricht

(1) Für die Klassenpflegschaften an Berufsschulen und Berufskollegs in Teilzeitunterricht gelten die §§ 5 bis 9 mit der Maßgabe, dass der Klassenpflegschaft auch die für die Berufserziehung der Schüler Mitverantwortlichen angehören. Dasselbe gilt für Berufsschulen und Berufskollegs in Teilzeitunterricht, die organisatorisch mit anderen Schularten verbunden sind.

(2) Werden gemäß § 59 Abs. 1 SchG Berufsgruppen- oder Abteilungspflegschaften gebildet, so gelten die §§ 5 bis 9 entsprechend mit folgender Maßgabe:
1. zuständig für die Bildung ist die Schulkonferenz;
2. die Pflegschaften können für einzelne oder alle Jahrgangsstufen der Berufsgruppe oder Abteilung gebildet werden;
3. Mitglieder sind
   a) die Eltern der Schüler, die in der Jahrgangsstufe zu der jeweiligen Berufsgruppe oder Abteilung gehören,
   b) die Lehrer, die diese Schüler unterrichten,
   c) die für die Berufserziehung der Schüler Mitverantwortlichen;
4. Vorsitzender der Pflegschaft ist jeweils der Elternvertreter im Elternbeirat (§ 21);
5. stellvertretender Vorsitzender ist jeweils ein von den Lehrern aus ihrer Mitte gewählter Vertreter.

(3) Für die Berufserziehung der Schüler Mitverantwortliche sind
1. die Ausbilder, Dienstherren und Leiter von Betrieben oder deren Bevollmächtigte, solange zwischen ihnen und den Schülern ein Ausbildungs- oder Arbeitsverhältnis besteht;
2. je ein von der örtlich und sachlich zuständigen Handwerkskammer oder Industrie- und Handelskammer berufener Arbeitgeber- und Arbeitnehmervertreter; sind sowohl eine Handwerkskammer als auch eine Industrie- und Handelskammer zuständig, so können beide Kammern je einen Arbeitgeber- und Arbeitnehmervertreter berufen. Diese Vertreter sollen die Voraussetzungen gemäß Nummer 1 erfüllen und dem Berufsbildungsausschuss einer nach dem Berufsbildungsgesetz zuständigen Stelle angehören. Sie müssen mit den besonderen Aufgaben der Berufsausbildung vertraut sein.

(4) Die Pflegschaften sind auch dann einzuberufen, wenn ein Viertel der Vertreter der für die Berufserziehung der Schüler Mitverantwortlichen darum nachsucht.

§ 11
Jahrgangsstufenpflegschaft

Für die Jahrgangsstufen 12 und 13 des Gymnasiums wird jeweils eine Jahrgangsstufenpflegschaft gebildet. Für sie gelten die §§ 5 bis 9 mit folgender Maßgabe:
1. An die Stelle der Eltern der Schüler der Klasse, der Lehrer der Klasse und des Klassensprechers treten jeweils die Eltern der Schüler der Jahrgangsstufen, alle Lehrer, die regelmäßig in der Jahrgangsstufe unterrichten, die Vertreter der Schüler der Jahrgangsstufe im Schülerrat sowie deren Stellvertreter.
2. An die Stelle des Vorsitzenden der Klassenpflegschaft tritt der Vorsitzende der Jahrgangsstufenpflegschaft. Er wird von den Elternvertretern der Jahrgangsstufe (§ 22) aus ihrer Mitte gewählt. Für die Wahl und die Amtszeit gelten die §§ 14 bis 20 entsprechend.
3. An die Stelle des Klassenlehrers tritt ein Lehrer der Jahrgangsstufe. Er wird von der Jahrgangsstufenkonferenz aus ihrer Mitte entsprechend der Konferenzordnung gewählt.

§ 12
Kurspflegschaft

Die Jahrgangsstufenpflegschaft kann für die Leistungskurse Kurspflegschaften bilden. Für diese gelten die §§ 5 bis 9 mit folgender Maßgabe:
1. An die Stelle der Eltern der Schüler der Klasse, der Lehrer der Klasse und des Klassensprechers treten jeweils die Eltern der Schüler des Kurses, alle Lehrer, die regelmäßig im Kurs unterrichten, und der Kurssprecher sowie sein Stellvertreter.
2. die Eltern der Kurspflegschaft wählen aus ihrer Mitte den Vorsitzenden der Kurspflegschaft. Für die Wahl und die Amtszeit gelten die §§ 14 bis 20 entsprechend. Stellvertreter ist der Kurslehrer, bei mehreren Kurslehrern wird er vom Schulleiter bestimmt.

§ 13
Pflegschaften an Heimschulen und Sonderschulen

Für die Pflegschaften an Gymnasien in Aufbauform mit Heim, Heimsonderschulen und Sonderschulen gelten die §§ 5 bis 12 entsprechend.

Dritter Teil – Elternvertreter
1. Abschnitt – Klassenelternvertreter

§ 14
Wahl und Wählbarkeit

(1) Die Eltern der Schüler der Klasse wählen den Klassenelternvertreter und seinen Stellvertreter (§ 57 Abs. 3 Satz 1 SchG). Die Wahl erfolgt in dem Schuljahr, das auf den Ablauf der Amtszeit des bisherigen Elternvertreters folgt, spätestens aber innerhalb von sechs Wochen nach Beginn des Unterrichts. Für die Stimmabgabe gilt § 7 entsprechend.

(2) Wählbar sind die Eltern jedes Schülers der Klasse, ausgenommen:
1. Der Schulleiter, der Stellvertretende Schulleiter und die Lehrer der Schule sowie sonstige Personen, die an der Schule unterrichten;
→ Bitte Hinweis zu § 26 Abs. 1 beachten!
2. die Ehegatten des Schulleiters, des Stellvertretenden Schulleiters und der Lehrer, die die Klasse unterrichten;
3. die in einer Schulaufsichtsbehörde des Landes tätigen Beamten des höheren Dienstes;
4. die Ehegatten der für die Fach- und Dienstaufsicht über die Schule zuständigen Beamten;
5. die gesetzlichen Vertreter des Schulträgers, ihre allgemeinen Stellvertreter sowie die beim Schulträger für die Schulverwaltung zuständigen leitenden Beamten.

(3) Niemand kann an derselben Schule zum Klassenelternvertreter oder Stellvertreter mehrerer Klassen gewählt werden.

§ 15
Amtszeit und Fortführung der Geschäfte

(1) Die Amtszeit beginnt mit der Annahme der Wahl und dauert bis zum Ende des laufenden Schuljahres. Wiederwahl ist zulässig, solange die Wählbarkeit besteht.

(2) Die Amtszeit kann durch Wahlordnung für alle Elternvertreter der Schule verlängert werden, jedoch höchstens um zwei Schuljahre.

(3) Klassenelternvertreter, deren Amtszeit abgelaufen ist, versehen ihr Amt geschäftsführend bis zur Neuwahl der Klassenelternvertreter weiter. Das gilt auch dann, wenn sie nicht mehr wählbar sind.

§ 16
Vorzeitige Beendigung

(1) Das Amt des Klassenelternvertreters erlischt vor Ablauf der Amtszeit mit dem Verlust der Wählbarkeit für dieses Amt.

(2) Klassenelternvertreter und Stellvertreter können vor Ablauf der Amtszeit dadurch abberufen werden, dass die Mehrheit der Wahlberechtigten einen Nachfolger für den Rest der laufenden Amtszeit wählt. Die Wahl muss erfolgen, wenn ein Viertel der Wahlberechtigten schriftlich darum nachsucht. Für die Einladung gilt § 17 Abs. 1 Satz 2 mit der Maßgabe, dass der betroffene Amtsinhaber als verhindert gilt, und § 17 Abs. 3.

§ 17 Wahlverfahren

(1) Der geschäftsführende Amtsinhaber lädt die Wahlberechtigten zur Neuwahl ein und bereitet die Wahl vor. Ist kein geschäftsführender Amtsinhaber vorhanden oder ist er verhindert, so sorgt dafür sein Stellvertreter.

(2) In neu gebildeten Klassen lädt der Vorsitzende des Elternbeirats oder ein von ihm bestimmter Klassenelternvertreter zur ersten Wahl ein und bereitet sie vor; für geschäftsführende Amtsinhaber gilt dies entsprechend. Nimmt der Vorsitzende des Elternbeirats diese Aufgabe nicht wahr, übernimmt sie der Klassenlehrer oder ein vom Schulleiter bestimmter Lehrer.

(3) Die Einladungsfrist beträgt eine Woche.

(4) Die Wahlordnung kann Abweichungen von den Absätzen 1 und 2 bestimmen; sie hat für den Fall, dass kein Stellvertreter vorhanden oder auch dieser verhindert ist, Vorsorge zu treffen.

§ 18
Abstimmungsgrundsätze

(1) Die Wahl findet auf Antrag geheim statt. Wird ein Antrag nicht gestellt, wird durch Handzeichen abgestimmt.

(2) Eine Übertragung des Stimmrechts ist nicht zulässig.

(3) Gewählt ist, wer die meisten gültigen Stimmen erhält. Bei Stimmengleichheit entscheidet das Los; die Wahlordnung kann etwas anderes bestimmen.

§ 19 Wahlanfechtung

(1) Über Einsprüche gegen die Wahl entscheidet der Elternbeirat, soweit die Wahlordnung nichts anderes bestimmt.

(2) Die Wahl kann nicht deshalb angefochten werden, weil sie später als sechs Wochen nach Beginn des Unterrichts (§ 14 Abs. 1 Satz 2) durchgeführt wurde.

§ 20 Wahlordnung
Der Elternbeirat kann durch Wahlordnung nähere Regelungen erlassen über:
1. Die Verlängerung der Amtszeit der Klassenelternvertreter und ihrer Stellvertreter;
2. die Form und die Frist für die Einladung, wobei bestimmt werden kann, dass die Einladung über die Schüler erfolgen kann;
3. eine Neuwahl für den Fall, dass der Klassenelternvertreter und sein Stellvertreter vor Ablauf ihrer Amtszeit aus ihren Ämtern ausscheiden;
4. das Wahlverfahren, insbesondere darüber, ob geheim abzustimmen und ob Briefwahl zulässig ist;
5. das Verfahren für Einsprüche gegen die Wahl.

2. Abschnitt – Sonstige Elternvertreter
§ 21 Elternvertreter an Berufsschulen und Berufskollegs in Teilzeitunterricht

(1) Sind Berufsgruppen- oder Abteilungspflegschaften gebildet (§ 10 Abs. 2), so werden, sofern der Klassenverband aufgelöst ist, für jede Jahrgangsstufe aller Berufsgruppen oder Abteilungen je ein Elternvertreter und ein Stellvertreter gewählt. Im Übrigen gelten die §§ 14 bis 20 entsprechend.

(2) Ist der Klassenverband nicht aufgelöst, werden gemäß § 14 Klassenelternvertreter und Stellvertreter gewählt.

§ 22
Elternvertreter für Jahrgangsstufen

Die Eltern der Jahrgangsstufen 12 und 13 des Gymnasiums wählen jeweils in den Elternbeirat so viele Vertreter wie in der vorangegangenen Klasse 11 Klassenelternvertreter und Stellvertreter. Für die Vertreter der Jahrgangsstufen gelten die §§ 14 bis 20 entsprechend.

§ 23
Elternvertreter an Heimschulen und Sonderschulen

Für die Elternvertreter an Gymnasien in Aufbauform mit Heim, Heimsonderschulen und Sonderschulen gelten die §§ 14 bis 22 entsprechend mit der Maßgabe, dass an Sonderschulen auf die Wahl des stellvertretenden Klassenelternvertreters verzichtet werden kann.

Vierter Teil – Elternvertretungen
1. Abschnitt – Elternbeirat

§ 24 Aufgaben

Aufgaben und Rechte des Elternbeirats ergeben sich aus § 57 SchG.

§ 25 Mitglieder

Mitglieder des Elternbeirats sind gemäß § 57 Abs. 3 Satz 2 SchG mit gleichen Rechten und Pflichten die Klassenelternvertreter und ihre Stellvertreter sowie die Elternvertreter und ihre Stellvertreter nach den §§ 21 bis 23.

§ 26
Wahl und Amtszeit des Vorsitzenden

(1) Der Elternbeirat wählt aus seiner Mitte den Vorsitzenden und dessen Stellvertreter (§ 57 Abs. 4 Satz 1 SchG).

Dabei sind nicht wählbar:
1. Schulleiter, Stellvertretender Schulleiter und Lehrer einer öffentlichen Schule des Landes;
2. Ehegatten der Lehrer der Schule;
3. Ehegatten der in § 14 Abs. 2 Nr. 5 genannten Vertreter des Schulträgers.

Hinweis der Red.: Dies gilt nicht für beurlaubte Lehrkräfte.

(2) Zum Vorsitzenden oder zum stellvertretenden Vorsitzenden des Elternbeirats kann nicht gewählt werden, wer bereits an einer anderen Schule desselben Schulträgers eines dieser Ämter innehat.

(3) Die Wahl des Vorsitzenden des Elternbeirats und seines Stellvertreters findet nach der Wahl der Mitglieder des Elternbeirats (§ 25), spätestens aber innerhalb von neun Wochen nach Beginn des Unterrichts in dem Schuljahr statt, das auf den Ablauf der Amtszeit der bisherigen Amtsinhaber erfolgt.

(4) Die Wahl ist nach erfolgter Wahl der Mitglieder des Elternbeirats, spätestens nach Ablauf der Frist für diese Wahl (§ 14 Abs. 1 Satz 2), zulässig. Das gilt auch dann, wenn zu diesem Zeitpunkt noch nicht alle Mitglieder gewählt sind.

(5) Bei Einklassenschulen gilt der Klassenelternvertreter als Vorsitzender und sein Stellvertreter als stellvertretender Vorsitzender des Elternbeirats.

(6) Für Amtszeit und Wahl des Vorsitzenden und seines Stellvertreters gelten die §§ 15 Abs. 1 und 3, 16 Abs. 1, 17 Abs. 1 und § 18, für die vorzeitige Abberufung § 16 Abs. 2 und für die Wahlanfechtung § 19 entsprechend. Sofern die Amtszeit der Mitglieder verlängert ist (§ 15 Abs. 2), kann auch die Amtszeit des Vorsitzenden und seines Stellvertreters durch Geschäftsordnung entsprechend verlängert werden.

§ 27
Sitzungen

(1) Der Vorsitzende des Elternbeirats lädt zu den Sitzungen des Elternbeirats ein, bereitet sie vor und leitet sie.

(2) Wird der Schulleiter zu einer Sitzung des Elternbeirats mit gleicher Frist wie die Eltern und unter Mitteilung der Tagesordnung eingeladen, soll er, im Verhinderungsfall sein ständiger Vertreter, teilnehmen.

(3) Der Elternbeirat kann weitere Personen ohne Stimmrecht zu Sitzungen zuziehen.

→ Grundschulförderklassen

§ 28
Geschäftsordnung

Der Elternbeirat gibt sich eine Geschäftsordnung. Diese regelt insbesondere das Nähere über:
1. Die Amtszeit des Vorsitzenden und seines Stellvertreters;
2. das Verfahren bei der Wahl des Vorsitzenden, seines Stellvertreters und der Vertreter der Eltern und ihrer Stellvertreter in der Schulkonferenz (§ 3 Abs. 1 Schulkonferenzordnung);

Hinweis der Redaktion: Die Eltern in der Schulkonferenz dürfen sich als *„Elterngruppe"* gesondert zusammentreten und in bestimmtem Rahmen Anträge an die Gesamt-

lehrerkonferenz richten; bei der Behandlung dieser Anträge in der GLK besitzen diese Elternvertreter beratende Stimme (→ Konferenzordnung § 11 Abs. 4).
3. die Form und die Frist für die Einladung, wobei bestimmt werden kann, dass die Einladung über die Schüler erfolgen kann;
4. eine Neuwahl für den Fall, dass der Vorsitzende und sein Stellvertreter vor Ablauf der Amtszeit aus ihren Ämtern ausscheiden;
5. das Verfahren bei Abstimmungen, insbesondere darüber, ob geheim abzustimmen und ob eine Abstimmung im Wege der schriftlichen Umfrage zulässig ist;
6. die Voraussetzungen, unter denen der Vorsitzende verpflichtet ist, den Elternbeirat einzuberufen;
7. die Beschlussfähigkeit des Elternbeirats;
8. das Verfahren über Einsprüche gegen die Wahl des Vorsitzenden und seines Stellvertreters;
9. a) die Möglichkeit, zur Deckung notwendiger Unkosten freiwillige Beiträge zu erheben,
   b) die Möglichkeit, eine Elternkasse zu führen und die für eine geordnete Kassenführung notwendigen Grundsätze zu erlassen;
10. den Verzicht auf die Wahl des stellvertretenden Klassenelternvertreters an Sonderschulen gemäß § 23.

→ Haushalt (Kassenführung)

§ 29
Fortgeltung der Wahl- und Geschäftsordnung

Wahl- und Geschäftsordnung des Elternbeirats gelten fort, bis sie aufgehoben oder geändert werden.

2. Abschnitt – Gesamtelternbeirat

§ 30
Aufgaben

Aufgaben und Rechte des Gesamtelternbeirats ergeben sich aus §§ 58 Abs. 1 Satz 2 SchG. Insbesondere obliegt es ihm,
1. die Fragen zu beraten, die alle Eltern an öffentlichen Schulen desselben Schulträgers berühren,
2. zum Verständnis der Eltern für die Entwicklung des örtlichen Schulwesens sowie für Fragen der Erziehung beizutragen,
3. Anregungen und Wünsche einzelner Vertreter der Eltern im Schulbeirat, soweit sie von allgemeiner Bedeutung sind, zu unterstützen,
4. Vorschläge, Anregungen und Empfehlungen an den Schulträger und an die Schulaufsichtsbehörde zu richten,
5. bei der Festlegung der beweglichen Ferientage gemäß § 3 Abs. 3 der Ferienverordnung mitzuwirken.

→ Ferienverordnung

§ 31 Mitglieder

(1) Mitglieder des Gesamtelternbeirats sind gemäß § 58 Abs. 1 Satz 1 SchG die Vorsitzenden und die stellvertretenden Vorsitzenden der Elternbeiräte aller Schulen desselben Schulträgers.

Daneben können Vorsitzende und stellvertretende Vorsitzende der Elternbeiräte der staatlich anerkannten Ersatzschulen im Gebiet des Schulträgers Mitglieder werden, wenn sie in einem Wahlverfahren gewählt wurden, das den Vorgaben der §§ 14 bis 20, 22, 23, 26 und 29 entspricht, und eine allgemeinbildende Ersatzschule oder eine Ersatzschule vertreten, die einer beruflichen Schulart nach § 37 Satz 1 entspricht; wenn dem Gesamtelternbeirat ausschließlich Elternvertreter von allgemeinbildenden oder von beruflichen Schulen angehören, können jeweils nur die Elternvertreter der entsprechenden Ersatzschulen Mitglieder werden.

(2) Der Gesamtelternbeirat kann weitere Personen ohne Stimmrecht zu Sitzungen zuziehen.

§ 32
Wahl und Amtszeit des Vorsitzenden

(1) Zur ersten Sitzung des Gesamtelternbeirats in der neuen Amtszeit lädt der Vorsitzende des bisherigen Gesamtelternbeirats, im Verhinderungsfall sein Stellvertreter, ein; die Geschäftsordnung hat für den Fall, dass auch dieser verhindert ist, Vorsorge zu treffen. Ist kein Gesamtelternbeirat gebildet, lädt der Vorsitzende des Elternbeirats der Schule mit der größten Schülerzahl ein. Die Einladungsfrist beträgt eine Woche.

(2) Die Mitglieder des Gesamtelternbeirats wählen aus ihrer Mitte den Vorsitzenden und dessen Stellvertreter.

(3) Die Wahl findet spätestens bis zum Ablauf der zwölften Woche nach Beginn des Unterrichts im neuen Schuljahr statt. § 26 Abs. 4 gilt entsprechend.

(4) Für Amtszeit und Wahl des Vorsitzenden und seines Stellvertreters gelten die §§ 15 Abs. 1 und 3, 17 Abs. 1 und 3 und § 18, für die vorzeitige Abberufung § 16 Abs. 2 und für die Wahlanfechtung § 19 entsprechend. Sofern die Amtszeit der Mitglieder verlängert ist (§ 26 Abs. 6), kann auch die Amtszeit des Vorsitzenden und seines Stellvertreters durch Geschäftsordnung entsprechend verlängert werden, jedoch nicht über die Dauer seiner Zugehörigkeit zum Gesamtelternbeirat hinaus.

§ 33
Arbeitskreise

Die Aufgaben überörtlicher Arbeitskreise, die von Elternvertretungen (Elternbeiräte, Gesamtelternbeiräte) gebildet werden, ergeben sich aus § 58 Abs. 2 SchG.
§ 32 gilt entsprechend, sofern der Arbeitskreis durch Geschäftsordnung nichts anderes bestimmt.

§ 34
Informationsrecht

(1) Die Schulaufsichtsbehörden beraten und unterstützen Gesamtelternbeiräte und überörtliche Arbeitskreise bei der Erfüllung ihrer Aufgaben; sie stehen ihnen mindestens einmal im Schuljahr zur Aussprache zur Verfügung.

(2) Die Schulträger sollen in gleicher Weise Gesamtelternbeiräte und überörtliche Arbeitskreise bei ihrer Arbeit unterstützen.

§ 35
Geschäftsordnung

(1) Der Gesamtelternbeirat gibt sich eine Geschäftsordnung. Für sie gelten § 28 Nr. 1, 3 bis 8 und Nr. 9 b sowie § 29 entsprechend mit der Maßgabe, dass
1. die Amtszeit des Vorsitzenden und seines Stellvertreters nicht über die Dauer ihrer Mitgliedschaft im Gesamtelternbeirat hinaus verlängert werden kann;
2. auch die Wahl des Elternvertreter im Schulbeirat (§ 49 letzter Satz SchG) geregelt werden kann.

(2) Für die Geschäftsordnung überörtlicher Arbeitskreise gelten Absatz 1 Satz 2 Nr. 1 sowie die §§ 30 und 31 entsprechend.

3. Abschnitt – Landeselternbeirat
§ 36
Aufgaben

(1) Aufgaben und Rechte des Landeselternbeirats ergeben sich aus § 60 Abs. 1 und 2 SchG.

(2) Der Landeselternbeirat kann Ausschüsse bilden.

§ 37
Mitglieder

Der Landeselternbeirat besteht aus 29 gewählten Mitgliedern, und zwar aus jeweils einem Vertreter für
- die Grundschule
- die Werkrealschule und Hauptschule
- die Realschule
- das Gymnasium
- die Berufsschule und die Berufsfachschule
- das Berufskolleg mit Ausnahme des einjährigen Berufskollegs zum Erwerb der Fachhochschulreife und das berufliche Gymnasium
- die Sonderschule

aus jedem Regierungsbezirk. Daneben gehört dem Landeselternbeirat ein Vertreter der staatlich anerkannten Ersatzschulen an, die allgemeinbildend sind oder die den beruflichen Schularten nach Satz 1 entsprechen.

§ 38
Amtszeit und Fortführung der Geschäfte

(1) Die Amtszeit des Landeselternbeirats beginnt am 1. April des Jahres, in dem die Amtszeit des bisherigen Landeselternbeirats abläuft, und dauert drei Jahre. Er führt die Geschäfte bis zum Zusammentritt des neuen Landeselternbeirats fort.

(2) Die Mitgliedschaft im Landeselternbeirat endet nicht durch den Verlust der Wählbarkeit.

(3) Scheidet ein Mitglied vorzeitig aus dem Landeselternbeirat aus, rückt als Mitglied sein Stellvertreter nach und an dessen Stelle, wer bei der Wahl des Stellvertreters die nächsthöhere Stimmenzahl erreicht hat. Das Gleiche gilt für das Ausscheiden des jeweils Nachrückenden.

§ 39
Wahl des Vorsitzenden

(1) Der Vorsitzende und sein Stellvertreter (§ 60 Abs. 3 SchG) werden innerhalb von zwei Monaten nach Beginn der Amtszeit des Landeselternbeirats gewählt. Eine Übertragung des Stimmrechts ist nicht zulässig.

(2) Für die Wahl des Vorsitzenden und seiner Stellvertreter gelten § 17 Abs. 1 und § 18, für deren vorzeitige Abberufung § 16 Abs. 2 entsprechend.

§ 40
Geschäftsordnung

(1) Der Landeselternbeirat gibt sich gemäß § 60 Abs. 3 SchG eine Geschäftsordnung. Diese regelt insbesondere das Nähere über:
1. Das Verfahren bei der Wahl des Vorsitzenden, der Stellvertreter und der Vertreter der Eltern im Landesschulbeirat (§ 4 Abs. 1 Nr. 1 Landesschulbeiratsverordnung);
2. die Form und die Frist für die Einladungen;
3. eine Neuwahl für den Fall, dass der Vorsitzende und seine Stellvertreter vor Ablauf ihrer Amtszeit aus ihren Ämtern ausscheiden;
4. das Verfahren bei Abstimmungen, insbesondere darüber, ob geheim abzustimmen und ob eine Abstimmung im Wege der schriftlichen Umfrage zulässig ist;
5. die Voraussetzungen, unter denen der Vorsitzende verpflichtet ist, den Landeselternbeirat einzuberufen;
6. die Beschlussfähigkeit des Landeselternbeirats.

(2) Für die Fortgeltung der Geschäftsordnung gilt § 29.

§ 41
Wahl und Wählbarkeit der Mitglieder

(1) Die Mitglieder des Landeselternbeirats nach § 37 Satz 1 und ihre Stellvertreter werden in den einzelnen Regierungsbezirken von Wahlausschüssen spätestens bis zum 1. April des Jahres gewählt, in dem die Amtszeit des bestehenden Landeselternbeirats abläuft. Die Wahl erfolgt in geheimer Abstimmung; im Übrigen gilt § 18 Abs. 2 und 3.

(2) Wählbar sind die Eltern jedes Schülers, der zur Zeit der Wahl im Lande eine Schule der Schulart/Schultyp besucht, die der Gewählte im Landeselternbeirat vertreten soll, ausgenommen Schulleiter, Stellvertretende Schulleiter und die in einer Schulaufsichtsbehörde des Landes tätigen Beamten des höheren Dienstes.

(3) Die Wahl eines Vertreters für mehrere Schularten/Schultypen ist nur zulässig, soweit diese nach § 37 zusammengefasst sind; dabei soll darauf geachtet werden, dass verschiedene Schularten/Schultypen bei der Wahl berücksichtigt werden.

(4) Für die Wahl des Mitglieds nach § 37 Satz 2 gelten Absätze 1 und 2 entsprechend mit der Maßgabe, dass es von einem auf Landesebene gebildeten Wahlausschuss gewählt wird und die Eltern der Schüler wählbar sind, die zur Zeit der Wahl eine Schule nach § 37 Satz 2 besuchen.

§ 42
Wahlausschüsse

(1) In jedem Regierungsbezirk werden folgende Wahlausschüsse gebildet:
1. Ein gemeinsamer Wahlausschuss für die Wahl der Vertreter für die Grundschule und für die Werkrealschule und Hauptschule;
2. ein gemeinsamer Wahlausschuss für die Wahl der Vertreter für die Berufsschule und für die Berufsfachschule;
3. ein gemeinsamer Wahlausschuss für die Wahl der Vertreter für das Berufskolleg und die beruflichen Gymnasien;
4. je ein Wahlausschuss für die Wahl der Vertreter für die übrigen Schularten.

(2) Dem Wahlausschuss gemäß Absatz 1 Nr. 1 gehören aus jedem Stadt- und Landkreis zwei gewählte Vertreter für die Grundschule und zwei gewählte Vertreter gemeinsam für die Werkrealschule und Hauptschule an; wählbar sind alle Eltern von Schülern, die im Stadt- oder Landkreis eine entsprechende Schule besuchen. Die Vertreter und ihre Stellvertreter werden in jedem Stadt-und Landkreis jeweils von den Vorsitzenden der Elternbeiräte der Grundschulen und Werkrealschulen oder Hauptschulen gewählt; der Vorsitzende des Elternbeirats einer Schule, an der eine Grundschule und eine Werkrealschule oder Hauptschule geführt werden, ist sowohl bei der Wahl der Vertreter der Grundschule als auch bei der Wahl der Vertreter der Werkrealschule oder Hauptschule wahlberechtigt. Die Wahl findet bis zum 1. Februar statt; für die Wahl gelten § 18 Abs. 2 und 3 und § 41 Abs. 3.

(3) Dem Wahlausschuss gemäß Absatz 1 Nr. 2 gehören jeweils die Vorsitzenden der Elternbeiräte von Schulen mit Berufsschule oder Berufsfachschule an.

(4) Dem Wahlausschuss gemäß Absatz 1 Nr. 3 gehören jeweils die Vorsitzenden der Elternbeiräte von Schulen mit Berufskolleg oder beruflichem Gymnasium an.

(5) Dem Wahlausschuss gemäß Absatz 1 Nr. 4 gehören jeweils die Vorsitzenden der Elternbeiräte der Realschulen, Gymnasien und Sonderschulen an.

(6) Die Vorsitzenden der Elternbeiräte von Schulen, die als Schulversuch keiner Schulart nach § 37 Satz 1 zugerechnet werden können, gehören den Wahlausschüssen aller Schularten an, deren Ausschüsse im Schulversuch vorgesehen sind. Für Schulen besonderer Art (§ 107 SchG) gilt dies entsprechend.

(7) Dem Wahlausschuss nach § 41 Abs. 4 gehören aus jedem Regierungsbezirk vier gewählte Vertreter der staatlich anerkannten Ersatzschulen an, die allgemeinbildend sind oder die den beruflichen Schularten nach § 37 Satz 1 entsprechen. Wahlberechtigt zur Wahl dieser Vertreter sind die Vorsitzenden der Elternbeiräte der entsprechenden Schulen im jeweiligen Regierungsbezirk, die in einem Wahlverfahren gewählt wurden, das den Vorgaben der §§ 14 bis 20, 22, 23, 26 und 29 entspricht; wählbar sind alle Eltern von Schülern, die im jeweiligen Regierungsbezirk eine entsprechende Schule besuchen.

§ 43 Durchführung der Wahl

(1) Der Landeselternbeirat sorgt für die rechtzeitige und ordnungsgemäße Durchführung der Wahlen. Er kann hiermit einzelne Mitglieder oder Ausschüsse beauftragen.

(2) Der Wahlausschuss gemäß § 42 Abs. 1 Nr. 1 und Abs. 7 kann ab 1. Februar wählen, die übrigen Wahlausschüsse sobald die Frist für die Wahl der Vorsitzenden der Elternbeiräte (§ 26 Abs. 3) abgelaufen ist.

§ 44 Wahlanfechtung

(1) Über Einsprüche gegen die Wahl entscheidet der Landeselternbeirat. Das gilt auch im Falle des § 42 Abs. 2 Satz 2 und Abs. 7 Satz 2.

➔ Eltern und Schule; ➔ Grundgesetz Art. 6; ➔ Schulgesetz §§ 55-61; ➔ Volljährigkeit

Elterngeld / Elternzeit (Allgemeines)

Hinweis der Redaktion

1. Gesetzliche Grundlagen

Elterngeld

Das Elterngeld ist eine Transferzahlung für Familien mit kleinen Kindern. Es dient als vorübergehender Entgelt- bzw. Gehaltsersatz. Die Höhe richtet sich nach dem Einkommen der Eltern.

Geregelt wird dies einheitlich für alle Beschäftigten, also für Arbeitnehmer/innen und für Beamt/innen im Bundeselterngeld- und Elternzeitgesetz vom 28. März 2009 (BGBl. I S. 634/2009).
➔ Elterngeld

Elternzeit

Die Elternzeit (früher: „Erziehungsurlaub") sichert den Eltern einen Rechtsanspruch auf unbezahlte Freistellung von der Arbeit sowie eine gewisse soziale Absicherung. Geregelt wird dies
- für die Arbeitnehmer/innen im Bundeselterngeld- und Elternzeitgesetz
  ➔ Elternzeit (Gesetz / Arbeitnehmer)
- für die Beamt/innen in der Arbeitszeit- und Urlaubsverordnung der Landesregierung.
  ➔ Elternzeit (Verordnung / Beamt/innen)

2. Hinweise für Arbeitnehmer/innen und Beamt/innen

Übertragung von Elternzeit

Bis zu einem Jahr der Elternzeit kann auf den Zeitraum bis zur Vollendung des 8. Lebensjahres des Kindes übertragen werden (dies muss kein ganzes Jahr, sondern es können – je nach individuellem Wunsch – auch einige Monate sein).

Diese Möglichkeit zur Übertragung noch nicht verbrauchter Zeiten ist besonders dann wichtig, wenn innerhalb der Drei-Jahres-Dauer der Elternzeit ein weiteres Kind geboren wird oder eine Mehrlingsgeburt vorliegt. In diesen Fällen überschneiden sich nämlich mehrere Elternzeit-Ansprüche. Es ist dann sinnvoll, den überlagernden Anteil so weit wie möglich auf einen späteren Zeitraum zu übertragen (z.b. nach dem dritten Geburtstag des ersten Kindes zu hängen), da er sonst verfällt. Auch ein z.B. während des Vorbereitungsdienstes rechtlich erworbener, aber nicht sofort realisierter Anspruch auf Elternzeit kann später eingelöst werden.

Hier ein Beispiel im Fall einer Mehrlingsgeburt: Am 1. Mai 2008 werden Zwillinge geboren (siehe Tabelle). Für jedes der beiden Kinder besteht ein Anspruch auf Elternzeit bis zum 30. April 2011. Wird kein Antrag auf Übertragung gestellt, verfällt die Elternzeit für ein Kind völlig. Die Eltern können zu-nächst einen Antrag auf zwei Jahre Elternzeit für das Kind A bis zur Vollendung des 2. Lebensjahres (30. April 2010) und danach auf ein Jahr Elternzeit für Kind B stellen. Damit kann sowohl bei Kind A als auch bei Kind B ein Jahr Elternzeit auf später übertragen werden. Nach Ausschöpfung der Drei-Jahres-Frist können dann (ab dem 1.Mai 2011) die übertragenen Jahre in Anspruch genommen werden. Damit wird eine fünfjährige Gesamtdauer der Elternzeit für beide Kinder ermöglicht.

Voraussetzung ist, dass die Übertragung rechtzeitig vor Inanspruchnahme der Elternzeit für das weitere Kind beantragt und der überlagerte Anteil noch nicht vollständig in Anspruch genommen wurde.

→ Elternzeit (VO) – Beamt/innen § 41 (Hinweise)

Teilzeitbeschäftigung während der Elternzeit

Eltern können während der Elternzeit eine Teilzeitbeschäftigung ausüben (auch „unterhälftig" mit mindestens 25% des Deputats). Im Beamtenverhältnis gelten hierfür Höchst- und Mindeststundengrenzen. Siehe:

→ Elternzeit (Verordnung – Beamt/innen) § 42

Seit 2011 ist zudem nach der Elternzeit auch eine eine unterhälftige Teilzeit aus familiären Gründen mit mindestens 30% des Deputats möglich.

Für eine Teilzeitbeschäftigung im Arbeitnehmerbereich sind Höchstundengrenzen festgelegt. Hier gibt es keine Mindeststundenzahl. Siehe:

→ Elternzeit (Gesetz / Arbeitnehmer) § 15

Fortbildung und Kontakt mit der Schule

Es liegt im Interesse des öffentlichen Arbeitgebers, dass Lehrkräfte während der Elternzeit in Kontakt mit der Schule bleiben. Sie können, soweit Plätze vorhanden sind, an der amtlichen Fortbildung teilnehmen und werden reisekosten- und unfallschutzrechtlich wie die übrigen Lehrkräfte behandelt (vorherige Genehmigung durch die Schulleitung erforderlich). Auch wenn Lehrkräfte, die sich formal noch in der Elternzeit befinden, beispielsweise am Ende der Sommerferien an Konferenzen zur Vorbereitung des neuen Schuljahrs teilnehmen, sind sie unfallschutzrechtlich gesichert.

Elternzeit als „Fallschirm in Notsituationen"

Wer durch die Geburt eines Kindes Anspruch auf Elternzeit erwirbt, sollte diese grundsätzlich auch

	Beginn	Ende	Übertragen wird
	der Elternzeit		
Kind A	1.5.2008	30.4.2010	1 Jahr
Kind B	1.5.2010	30.4.2011	1 Jahr
Übertragenes Jahr – Kind A	1.5.2011	30.4.2012	
Übertragenes Jahr – Kind B	1.5.2012	30.4.2013	

Beantragung von Elternzeit und Elterngeld

	Elternzeit	Elterngeld
Genehmigende Behörde bzw. Geldinstitut	Regierungspräsidium (Berufl. Sch. u. Gymnasien) bzw. Staatliches Schulamt (GWHRS-Schulen)	L-Bank Karlsruhe (unter www.l-bank.de gibt es viele Infos zu Bundes- und Landes-Erziehungsgeld, Mehrlingsgeburten usw.)
Dauer	Maximal bis zum 3. Lebensjahr, Festlegung für zwei Jahre, ein Jahr kann bis zum 8. Lebensjahr hinausgeschoben werden	Bis zum 12. Lebensmonat + ggf. zwei Partnermonate (der Partner bzw. die Partnerin beantragt in diesem Fall für zwei weitere Monate Elternzeit)
Fristen	7 Wochen vor Inanspruchnahme	Nach Antragseingang werden rückwirkend nur 3 Monate bezahlt.
Formulare	Beim Schulsekretariat bzw. beim Download-Center des Regierungspräsidiums	Abzurufen unter www.l-bank.de Beratung auch bei der Stadt- bzw. Gemeindeverwaltung des Wohnorts

Elterngeld / Elternzeit (Allgemeines) / Elterngeld

beantragen. Es empfiehlt sich generell, zunächst zwei Jahre und dann je nach familiärer Situation – z.b. Geburt eines weiteren Kindes – das dritte Jahr in Anspruch zu nehmen.

Denn damit hält man sich, auch wenn man während der Elternzeit in Teilzeit arbeitet, die Möglichkeit offen, die Unterrichtstätigkeit zu beenden (auch kurzfristig!!!) und die Elternzeit voll zur Betreuung des eigenen Kindes zu nutzen. Beispiele:

1. Eine Kollegin ist nach der Geburt des ersten Kindes mit einem halben Deputat in den Dienst zurückgekehrt. Sie stellt nach einiger Zeit fest, dass sie der Doppelbelastung von Kind und Lehrauftrag nicht gewachsen ist.
2. Nach einem halben Jahr stellt sich heraus, dass die Betreuung des Kindes durch die Großmutter nicht funktioniert; eine Tagesmutter oder eine Tageseinrichtung sind nicht verfügbar.
3. Eine Kollegin ist nach einigen Jahren der familiären Teilzeitbeschäftigung wieder mit dem vollen Deputat tätig. Das Kind wird eingeschult. Es stellt sich heraus, dass dies zu früh war und dass das Kind noch ein Jahr vom Schulbesuch zurückgestellt werden sollte.

Die Elternzeit wirkt dann wie ein „Notfallschirm": Die Betroffene kann entweder die Teilzeitarbeit beenden und sich voll der eigenen Familie widmen oder auch eine (für Beamt/innen nur in der Elternzeit zulässige) unterhälftige Teilzeit beantragen.

Besonders wirksam ist diese „Fallschirmfunktion" im Beamtenbereich, da mit der Elternzeit ein Anspruch auf beihilfegleiche Leistungen verbunden und in ihr eine „unterhälftige" Teilzeit zulässig ist. Zudem wird die Elternzeit auf die Höchstfristen bei Beurlaubung ohne Dienstbezüge nicht angerechnet; deshalb sollte man der Elternzeit Vorrang vor einem Urlaub nach §§ 69 ff. LBG geben und die dreijährige Höchstdauer je Kind voll ausschöpfen. Aber auch bei Arbeitnehmer/innen besitzt die Elternzeit gegenüber einer im Notfall sonst erforderlichen Beurlaubung Vorteile (z.b. beitragsfreie Versicherung in der gesetzlichen Krankenkasse).

Solche Anträge sollte man auf dem Dienstweg einreichen und wegen der Eilbedürftigkeit parallel direkt an das Regierungspräsidium senden. Eine Kopie geht an den zuständigen Bezirkspersonalrat.

Erweitertes Elterngeld

Das Bundeselterngeld- und Elternzeitgesetz will fördern, dass nicht nur – wie weithin üblich – Mütter, sondern auch Väter die Elternzeit in Anspruch nehmen: Sobald beide Elternteile die Elternzeit untereinander aufteilen, wird die Bezugsdauer des Elterngeldes von 12 auf 14 Monate verlängert.

Rechtzeitige Antragstellung

Aus Lehrer-Planstellen, die durch Elternzeit nicht in Anspruch genommen werden, können Ersatz-Lehrkräfte bezahlt, also zusätzliche Lehrkräfte eingestellt werden. Im Hinblick auf eine frühzeitige Zuweisung freier Stellen für Ersatzeinstellungen an den Schulen ist es deshalb sehr wichtig, dass Anträge auf Elternzeit frühzeitig bei der Schulverwaltung vorliegen.

Landeserziehungsgeld

Im Anschluss an das Elterngeld wird an EU-Bürger/innen mit Wohnsitz in Baden-Württemberg, die ein Kind im eigenen Haushalt versorgen, ein Landeserziehungsgeld gezahlt (bis zu 10 Monaten à 205 Euro). Es gilt eine gestaffelte Einkommensgrenze (Familieneinkommen netto 1.380 Euro, alleinstehend 1.125 Euro, ab 1.1.2010: 1.480 bzw. 1.225 Euro). Eine Teilzeitbeschäftigung ist bis zu 21 Stunden möglich. Nähere Informationen erteilt die Landeskreditbank (www.l-bank.de).

→ Elterngeld; → Elternzeit (Gesetz / Arbeitnehmer); → Elternzeit (Verordnung – Beamtinnen)

Elterngeld

Abschnitt 1 (Elterngeld) des Bundeselterngeld- und Elternzeitgesetzes vom 5. Dezember 2006 (BGBl. I S. 2748; zuletzt geändert 28.3.2009 (BGBl. I S. 634)

Abschnitt 1 – Elterngeld

§ 1
Berechtigte

(1) Anspruch auf Elterngeld hat, wer
1. einen Wohnsitz oder seinen gewöhnlichen Aufenthalt in Deutschland hat,
2. mit seinem Kind in einem Haushalt lebt,
3. dieses Kind selbst betreut und erzieht und
4. keine oder keine volle Erwerbstätigkeit ausübt.

→ Elterngeld / Elternzeit (Allgemeine Informationen

(2) Anspruch auf Elterngeld hat auch, wer, ohne eine der Voraussetzungen des Absatzes 1 Nr. 1 zu erfüllen,
1. nach § 4 des Vierten Buches Sozialgesetzbuch dem deutschen Sozialversicherungsrecht unterliegt oder im Rahmen seines in Deutschland bestehenden öffentlich-rechtlichen Dienst- oder Amtsverhältnisses vorübergehend ins Ausland abgeordnet, versetzt oder kommandiert ist,
2. Entwicklungshelfer oder Entwicklungshelferin

im Sinne des § 1 des Entwicklungshelfer-Gesetzes ist ...
3. die deutsche Staatsangehörigkeit besitzt und nur vorübergehend bei einer zwischen- oder überstaatlichen Einrichtung tätig ist, insbesondere nach den Entsenderichtlinien des Bundes beurlaubte Beamte und Beamtinnen, oder wer vorübergehend eine nach § 123a des Beamtenrechtsrahmengesetzes oder § 29 des Bundesbeamtengesetzes zugewiesene Tätigkeit im Ausland wahrnimmt.

Dies gilt auch für mit der nach Satz 1 berechtigten Person in einem Haushalt lebende Ehegatten, Ehegattinnen, Lebenspartner oder Lebenspartnerinnen.

(3) Anspruch auf Elterngeld hat abweichend von Absatz 1 Nr. 2 auch, wer
1. mit einem Kind in einem Haushalt lebt, das er mit dem Ziel der Annahme als Kind aufgenommen hat,
2. ein Kind des Ehegatten, der Ehegattin, des Lebenspartners oder der Lebenspartnerin in seinen Haushalt aufgenommen hat oder
3. mit einem Kind in einem Haushalt lebt und die von ihm erklärte Anerkennung der Vaterschaft nach § 1594 Abs. 2 des Bürgerlichen Gesetzbuchs noch nicht wirksam oder über die von ihm beantragte Vaterschaftsfeststellung nach § 1600d des Bürgerlichen Gesetzbuchs noch nicht entschieden ist.

Für angenommene Kinder und Kinder im Sinne des Satzes 1 Nr. 1 sind die Vorschriften dieses Gesetzes mit der Maßgabe anzuwenden, dass statt des Zeitpunktes der Geburt der Zeitpunkt der Aufnahme des Kindes bei der berechtigten Person maßgeblich ist.

(4) Können die Eltern wegen einer schweren Krankheit, Schwerbehinderung oder Tod der Eltern ihr Kind nicht betreuen, haben Verwandte bis zum dritten Grad und ihre Ehegatten, Ehegattinnen, Lebenspartner oder Lebenspartnerinnen Anspruch auf Elterngeld, wenn sie die übrigen Voraussetzungen nach Absatz 1 erfüllen und von anderen Berechtigten Elterngeld nicht in Anspruch genommen wird.

(5) Der Anspruch auf Elterngeld bleibt unberührt, wenn die Betreuung und Erziehung des Kindes aus einem wichtigen Grund nicht sofort aufgenommen werden kann oder wenn sie unterbrochen werden muss.

(6) Eine Person ist nicht voll erwerbstätig, wenn ihre wöchentliche Arbeitszeit 30 Wochenstunden im Durchschnitt des Monats nicht übersteigt, ...

§ 2
Höhe des Elterngeldes

(1) Elterngeld wird in Höhe von 67 Prozent des in den zwölf Kalendermonaten vor dem Monat der Geburt des Kindes durchschnittlich erzielten monatlichen Einkommens aus Erwerbstätigkeit bis zu einem Höchstbetrag von 1 800 Euro monatlich für volle Monate gezahlt, in denen die berechtigte Person kein Einkommen aus Erwerbstätigkeit erzielt. Als Einkommen aus Erwerbstätigkeit ist die Summe der positiven Einkünfte aus Land- und Forstwirtschaft, Gewerbebetrieb, selbstständiger Arbeit und nichtselbstständiger Arbeit im Sinne von § 2 Abs. 1 Satz 1 Nr. 1 bis 4 des Einkommensteuergesetzes nach Maßgabe der Absätze 7 bis 9 zu berücksichtigen.

(2) In den Fällen, in denen das durchschnittlich erzielte monatliche Einkommen aus Erwerbstätigkeit vor der Geburt geringer als 1 000 Euro war, erhöht sich der Prozentsatz von 67 Prozent um 0,1 Prozentpunkte für je 2 Euro, um die das maßgebliche Einkommen den Betrag von 1 000 Euro unterschreitet, auf bis zu 100 Prozent.

(3) Für Monate nach der Geburt des Kindes, in denen die berechtigte Person ein Einkommen aus Erwerbstätigkeit erzielt, das durchschnittlich geringer ist als das nach Absatz 1 berücksichtigte durchschnittlich erzielte Einkommen aus Erwerbstätigkeit vor der Geburt, wird Elterngeld in Höhe des nach Absatz 1 oder 2 maßgeblichen Prozentsatzes des Unterschiedsbetrages dieser durchschnittlich erzielten monatlichen Einkommen aus Erwerbstätigkeit gezahlt. Als vor der Geburt des Kindes durchschnittlich erzieltes monatliches Einkommen aus Erwerbstätigkeit ist dabei höchstens der Betrag von 2 700 Euro anzusetzen.

(4) Lebt die berechtigte Person mit zwei Kindern, die das dritte Lebensjahr noch nicht vollendet haben, oder mit drei oder mehr Kindern, die das sechste Lebensjahr noch nicht vollendet haben, in einem Haushalt, so wird das nach den Absätzen 1 bis 3 und 5 zustehende Elterngeld um 10 Prozent, mindestens um 75 Euro, erhöht. Zu berücksichtigen sind alle Kinder, für die die berechtigte Person die Voraussetzungen des § 1 Abs.. 1 und 3 erfüllt und für die sich das Elterngeld nicht nach Absatz 6 erhöht. Für angenommene Kinder und Kinder im Sinne von § 1 Abs. 3 Satz 1 Nr. 1 gilt als Alter des Kindes der Zeitraum seit der Aufnahme des Kindes bei der berechtigten Person. Die Altersgrenze nach Satz 1 beträgt bei behinderten Kindern im Sinne von § 2 Abs. 1 Satz 1 des Neunten Buches Sozialgesetzbuch jeweils 14 Jahre. Der Anspruch auf den Erhöhungsbetrag endet mit dem Ablauf des Monats, in dem eine der in Satz 1 genannten Anspruchsvoraussetzungen entfällt.

(5) Elterngeld wird mindestens in Höhe von 300 Euro gezahlt. Dies gilt auch, wenn in dem nach Absatz 1 Satz 1 maßgeblichen Zeitraum vor der Geburt des Kindes kein Einkommen aus Erwerbstätigkeit erzielt worden ist. Der Betrag nach Satz 1 wird nicht zusätzlich zu dem Elterngeld nach den Absätzen 1 bis 3 gezahlt.

(6) Bei Mehrlingsgeburten erhöht sich das nach den Absätzen 1 bis 5 zustehende Elterngeld um je 300 Euro für das zweite und jedes weitere Kind.

(7) Als Einkommen aus nichtselbstständiger Arbeit ist der um die auf dieses Einkommen entfallenden Steuern und die aufgrund dieser Erwerbstätigkeit geleisteten Pflichtbeiträge zur Sozialver-

sicherung in Höhe des gesetzlichen Anteils der beschäftigten Person einschließlich der Beiträge zur Arbeitsförderung verminderte Überschuss der Einnahmen in Geld oder Geldeswert über die mit einem Zwölftel des Pauschbetrags nach § 9a Abs. 1 Satz 1 Nr. 1 Buchstabe a des Einkommensteuergesetzes anzusetzenden Werbungskosten zu berücksichtigen. Sonstige Bezüge im Sinne von § 38a Abs. 1 Satz 3 des Einkommensteuergesetzes werden nicht als Einnahmen berücksichtigt. Als auf die Einnahmen entfallende Steuern gelten die abgeführte Lohnsteuer einschließlich Solidaritätszuschlag und Kirchensteuer, im Falle einer Steuervorauszahlung der auf die Einnahmen entfallende monatliche Anteil. Grundlage der Einkommensermittlung sind die entsprechenden monatlichen Lohn- und Gehaltsbescheinigungen des Arbeitgebers; in Fällen, in denen der Arbeitgeber das Einkommen nach § 97 Abs. 1 des Vierten Buches Sozialgesetzbuch vollständig und fehlerfrei gemeldet hat, treten an die Stelle der monatlichen Lohn- und Gehaltsbescheinigungen des Arbeitgebers die entsprechenden elektronischen Einkommensnachweise nach dem Sechsten Abschnitt des Vierten Buches Sozialgesetzbuch. Kalendermonate, in denen die berechtigte Person vor der Geburt des Kindes ohne Berücksichtigung einer Verlängerung des Auszahlungszeitraums nach § 6 Satz 2 Elterngeld für ein älteres Kind bezogen hat, bleiben bei der Bestimmung der zwölf für die Einkommensermittlung vor der Geburt des Kindes zu Grunde zu legenden Kalendermonate unberücksichtigt. Unberücksichtigt bleiben auch Kalendermonate, in denen die berechtigte Person Mutterschaftsgeld nach der Reichsversicherungsordnung oder dem Gesetz über die Krankenversicherung der Landwirte bezogen hat oder in denen während der Schwangerschaft wegen einer maßgeblich auf die Schwangerschaft zurückzuführenden Erkrankung Einkommen aus Erwerbstätigkeit ganz oder teilweise weggefallen ist. ...

§ 3
Anrechnung von anderen Leistungen

(1) Mutterschaftsgeld, das der Mutter nach der Reichsversicherungsordnung oder dem Gesetz über die Krankenversicherung der Landwirte für die Zeit ab dem Tag der Geburt zusteht, wird mit Ausnahme des Mutterschaftsgeldes nach § 13 Abs. 2 des Mutterschutzgesetzes auf das ihr zustehende Elterngeld nach § 2 angerechnet. Das Gleiche gilt für Mutterschaftsgeld, das der Mutter im Bezugszeitraum des Elterngeldes für die Zeit vor dem Tag der Geburt eines weiteren Kindes zusteht. Die Sätze 1 und 2 gelten auch für den Zuschuss zum Mutterschaftsgeld nach § 14 des Mutterschutzgesetzes sowie für Dienstbezüge, Anwärterbezüge und Zuschüsse, die nach beamten- oder soldatenrechtlichen Vorschriften für die Zeit der Beschäftigungsverbote zustehen. Stehen die Leistungen nach den Sätzen 1 bis 3 nur für einen Teil des Lebensmonats des Kindes zu, sind sie nur auf den entsprechenden Teil des Elterngeldes anzurechnen.

→ Mutterschutz (Verordnung / AzUVO)

(2) Soweit Berechtigte anstelle des vor der Geburt des Kindes erzielten Einkommens aus Erwerbstätigkeit nach der Geburt andere Einnahmen erzielen, die nach ihrer Zweckbestimmung dieses Einkommen aus Erwerbstätigkeit ganz oder teilweise ersetzen, werden diese Einnahmen auf das für das ersetzte Einkommen zustehende Elterngeld angerechnet, soweit letzteres den Betrag von 300 Euro übersteigt; dieser Betrag erhöht sich bei Mehrlingsgeburten um je 300 Euro für das zweite und jedes weitere Kind. Absatz 1 Satz 4 ist entsprechend anzuwenden.

(3) Dem Elterngeld vergleichbare Leistungen, auf die eine nach § 1 berechtigte Person außerhalb Deutschlands oder gegenüber einer zwischen- oder überstaatlichen Einrichtung Anspruch hat, werden auf das Elterngeld angerechnet, soweit sie für denselben Zeitraum zustehen und die auf der Grundlage des Vertrages zur Gründung der Europäischen Gemeinschaft erlassenen Verordnungen nicht anzuwenden sind. Solange kein Antrag auf die in Satz 1 genannten vergleichbaren Leistungen gestellt wird, ruht der Anspruch auf Elterngeld bis zur möglichen Höhe der vergleichbaren Leistung.

§ 4
Bezugszeitraum

(1) Elterngeld kann in der Zeit vom Tag der Geburt bis zur Vollendung des 14. Lebensmonats des Kindes bezogen werden. Für angenommene Kinder und Kinder im Sinne des § 1 Abs. 3 Nr. 1 kann Elterngeld ab Aufnahme bei der berechtigten Person für die Dauer von bis zu 14 Monaten, längstens bis zur Vollendung des achten Lebensjahres des Kindes bezogen werden.

(2) Elterngeld wird in Monatsbeträgen für Lebensmonate des Kindes gezahlt. Die Eltern haben insgesamt Anspruch auf zwölf Monatsbeträge. Sie haben Anspruch auf zwei weitere Monatsbeträge, wenn für zwei Monate eine Minderung des Einkommens aus Erwerbstätigkeit erfolgt. Die Eltern können die jeweiligen Monatsbeträge abwechselnd oder gleichzeitig beziehen.

→ Elterngeld / Elternzeit (Allgemeines)

(3) Ein Elternteil kann mindestens für zwei und höchstens für zwölf Monate Elterngeld beziehen. Lebensmonate des Kindes, in denen nach § 3 Abs. 1 oder 3 anzurechnende Leistungen zustehen, gelten als Monate, für die die berechtigte Person Elterngeld bezieht. Ein Elternteil kann abweichend von Satz 1 für 14 Monate Elterngeld beziehen, wenn eine Minderung des Einkommens aus Erwerbstätigkeit erfolgt und mit der Betreuung durch den anderen Elternteil eine Gefährdung des Kindeswohls im Sinne von § 1666 Abs. 1 und 2 des Bürgerlichen Gesetzbuchs verbunden wäre oder die Betreuung durch den anderen Elternteil unmöglich ist, insbesondere weil er wegen einer schweren Krankheit oder Schwerbehinderung sein Kind nicht betreuen kann; für die Feststellung der Unmöglichkeit der Betreuung bleiben wirtschaftliche Gründe und Gründe einer Verhinderung wegen anderweitiger Tätigkeiten außer Betracht. Eltern-

Elterngeld

geld für 14 Monate steht einem Elternteil auch zu, wenn
1. ihm die elterliche Sorge oder zumindest das Aufenthaltsbestimmungsrecht allein zusteht oder er eine einstweilige Anordnung erwirkt hat, mit der ihm die elterliche Sorge oder zumindest das Aufenthaltsbestimmungsrecht für das Kind vorläufig übertragen worden ist,
2. eine Minderung des Einkommens aus Erwerbstätigkeit erfolgt und
3. der andere Elternteil weder mit ihm noch mit dem Kind in einer Wohnung lebt.

(4) Der Anspruch endet mit dem Ablauf des Monats, in dem eine Anspruchsvoraussetzung entfallen ist.

(5) Die Absätze 2 und 3 gelten in den Fällen des § 1 Abs. 3 und 4 entsprechend. Nicht sorgeberechtigte Elternteile und Personen, die nach § 1 Abs. 3 Nr. 2 und 3 Elterngeld beziehen können, bedürfen der Zustimmung des sorgeberechtigten Elternteils.

Hinweis der Redaktion: Beantragt die Mutter Elterngeld, so erhält sie dieses bis zur Vollendung des 12. Lebensmonats des Kindes. Die Zahlung beginnt nach der Mutterschutzfrist (8 Wochen nach der Geburt). Die Mutter erhält also real für 10 Monate Elterngeld. Beantragt der Vater Elternzeit, z.B. ab der Geburt des Kindes für zwei Monate („Partnermonate"), so kann er ebenfalls Elterngeld beantragen. Die Familie erhält dann insgesamt 12 Monate Elterngeld plus 2 Monate Mutterschaftsbezüge.

§ 5
Zusammentreffen von Ansprüchen

(1) Erfüllen beide Elternteile die Anspruchsvoraussetzungen, bestimmen sie, wer von ihnen welche Monatsbeträge in Anspruch nimmt.

(2) Beanspruchen beide Elternteile zusammen mehr als die ihnen zustehenden zwölf oder 14 Monatsbeträge Elterngeld, besteht der Anspruch eines Elternteils, der nicht über die Hälfte der Monatsbeträge hinausgeht, ungekürzt; der Anspruch des anderen Elternteils wird gekürzt auf die verbleibenden Monatsbeträge. Beanspruchen beide Elternteile Elterngeld für mehr als die Hälfte der Monate, steht ihnen jeweils die Hälfte der Monatsbeträge zu.

(3) Die Absätze 1 und 2 gelten in den Fällen des § 1 Abs. 3 und 4 entsprechend. Wird eine Einigung mit einem nicht sorgeberechtigten Elternteil oder einer Person, die nach § 1 Abs. 3 Nr. 2 und 3 Elterngeld beziehen kann, nicht erzielt, kommt es abweichend von Absatz 2 allein auf die Entscheidung des sorgeberechtigten Elternteils an.

§ 6
Auszahlung und Verlängerungsmöglichkeit

Das Elterngeld wird im Laufe des Monats gezahlt, für den es bestimmt ist. Die einer Person zustehenden Monatsbeträge werden auf Antrag in jeweils zwei halben Monatsbeträgen ausgezahlt, so dass sich der Auszahlungszeitraum verdoppelt. Die zweite Hälfte der jeweiligen Monatsbeträge wird beginnend mit dem Monat gezahlt, der auf den letzten Monat folgt, für den der berechtigten Person ein Monatsbetrag der ersten Hälfte gezahlt wurde.

§ 7 Antragstellung

(1) Das Elterngeld ist schriftlich zu beantragen. Es wird rückwirkend nur für die letzten drei Monate vor Beginn des Monats geleistet, in dem der Antrag auf Elterngeld eingegangen ist.

(2) In dem Antrag ist anzugeben, für welche Monate Elterngeld beantragt wird. Die im Antrag getroffene Entscheidung kann bis zum Ende des Bezugszeitraums ohne Angabe von Gründen einmal geändert werden. In Fällen besonderer Härte, insbesondere bei Eintritt einer schweren Krankheit, Schwerbehinderung oder Tod eines Elternteils oder eines Kindes oder bei erheblich gefährdeter wirtschaftlicher Existenz der Eltern nach Antragstellung ist bis zum Ende des Bezugszeitraums einmal eine weitere Änderung zulässig. Eine Änderung kann rückwirkend nur für die letzten drei Monate vor Beginn des Monats verlangt werden, in dem der Änderungsantrag eingegangen ist. Sie ist außer in den Fällen besonderer Härte unzulässig, soweit Monatsbeträge bereits ausgezahlt sind. Im Übrigen finden die für die Antragstellung geltenden Vorschriften auch auf den Änderungsantrag Anwendung.

(3) Der Antrag ist außer in den Fällen des § 4 Abs. 3 Satz 3 und 4 und der Antragstellung durch eine allein sorgeberechtigte Person von der Person, die ihn stellt, und zur Bestätigung der Kenntnisnahme auch von der anderen berechtigten Person zu unterschreiben. Die andere berechtigte Person kann gleichzeitig einen Antrag auf das von ihr beanspruchte Elterngeld stellen oder der Behörde anzeigen, für wie viele Monate sie Elterngeld beansprucht, wenn mit ihrem Anspruch die Höchstgrenze nach § 4 Abs. 2 Satz 2 überschritten würde. Liegt der Behörde weder ein Antrag noch eine Anzeige der anderen berechtigten Person nach Satz 2 vor, erhält der Antragsteller oder die Antragstellerin die Monatsbeträge ausgezahlt; die andere berechtigte Person kann bei einem späteren Antrag abweichend von § 5 Abs. 2 nur für die unter Berücksichtigung von § 4 Abs. 2 Satz 2 und 3 verbleibenden Monate Elterngeld erhalten. ...

§ 9
Einkommens- und Arbeitszeitnachweis, Auskunftspflicht des Arbeitgebers

Soweit es zum Nachweis des Einkommens aus Erwerbstätigkeit oder der wöchentlichen Arbeitszeit erforderlich ist, hat der Arbeitgeber der nach § 12 zuständigen Behörde für den bei ihm Beschäftigte das Arbeitsentgelt, die abgezogene Lohnsteuer und den Arbeitnehmeranteil der Sozialversicherungsbeiträge sowie die Arbeitszeit auf Verlangen zu bescheinigen. ...

Bitte beachten Sie auch den Beitrag → Elterngeld / Elternzeit (Allgemeines)

§ 10
Verhältnis zu anderen Sozialleistungen

(1) Das Elterngeld und vergleichbare Leistungen der Länder sowie die nach § 3 auf das Elterngeld angerechneten Leistungen bleiben bei Sozialleistungen, deren Zahlung von anderen Einkommen abhängig ist, bis zu einer Höhe von insgesamt 300 Euro im Monat als Einkommen unberücksichtigt.

(2) Das Elterngeld und vergleichbare Leistungen der Länder sowie die nach § 3 auf das Elterngeld angerechneten Leistungen dürfen bis zu einer Höhe von 300 Euro nicht dafür herangezogen werden, um auf Rechtsvorschriften beruhende Leistungen anderer, auf die kein Anspruch besteht, zu versagen.

(3) In den Fällen des § 6 Satz 2 bleibt das Elterngeld nur bis zu einer Höhe von 150 Euro als Einkommen unberücksichtigt und darf nur bis zu einer Höhe von 150 Euro nicht dafür herangezogen werden, um auf Rechtsvorschriften beruhende Leistungen anderer, auf die kein Anspruch besteht, zu versagen.

(4) Die nach den Absätzen 1 bis 3 nicht zu berücksichtigenden oder nicht heranzuziehenden Beträge vervielfachen sich bei Mehrlingsgeburten mit der Zahl der geborenen Kinder.

§ 11
Unterhaltspflichten

Unterhaltsverpflichtungen werden durch die Zahlung des Elterngeldes und vergleichbarer Leistungen der Länder nur insoweit berührt, als die Zahlung 300 Euro monatlich übersteigt. In den Fällen des § 6 Satz 2 werden die Unterhaltspflichten insoweit berührt, als die Zahlung 150 Euro übersteigt. Die in den Sätzen 1 und 2 genannten Beträge vervielfachen sich bei Mehrlingsgeburten mit der Zahl der geborenen Kinder. Die Sätze 1 bis 3 gelten nicht in den Fällen des § 1361 Abs. 3, der §§ 1579, 1603 Abs. 2 und des § 1611 Abs. 1 des Bürgerlichen Gesetzbuchs.

→ Elterngeld / Elternzeit (Allgemeines); → Elternzeit (Gesetz / Arbeitnehmer); → Elternzeitverordnung (Beamt/innen)

Elternzeit (Gesetz / Arbeitnehmer/innen)

Abschnitt 2 (Elternzeit für Arbeitnehmerinnen und Arbeitnehmer) des Bundeselterngeld- und Elternzeitgesetzes vom 5. Dezember 2006 (BGBl. I S. 2748; zuletzt geändert 28.3.2009 (BGBl. I S. 634).

§ 15
Anspruch auf Elternzeit

(1) Arbeitnehmerinnen und Arbeitnehmer haben Anspruch auf Elternzeit, wenn sie
1. a) mit ihrem Kind,
   b) mit einem Kind, für das sie die Anspruchsvoraussetzungen nach § 1 Abs. 3 oder 4 erfüllen, oder
   → Elterngeld § 1 Abs. 3 und 4
   c) mit einem Kind, das sie in Vollzeitpflege nach § 33 des Achten Buches Sozialgesetzbuch aufgenommen haben,
   in einem Haushalt leben und
2. dieses Kind selbst betreuen und erziehen.

Hinweis der Redaktion: Dies kann auch das Kind des/der Lebensgefährt/in sein oder eine Nichte bzw. ein Enkelkind, deren Eltern diese wegen schwerer Erkrankung oder Schwerbehinderung nicht betreuen können. Auch für Personen, die zur Berufsausbildung beschäftigt sind, besteht dieser Anspruch.

Nicht sorgeberechtigte Elternteile und Personen, die nach Satz 1 Nr. 1 Buchstabe b und c Elternzeit nehmen können, bedürfen der Zustimmung des sorgeberechtigten Elternteils.

(1a) Anspruch auf Elternzeit haben Arbeitnehmer und Arbeitnehmerinnen auch, wenn sie mit ihrem Enkelkind in einem Haushalt leben und dieses Kind selbst betreuen und erziehen und
1. ein Elternteil des Kindes minderjährig ist oder
2. ein Elternteil des Kindes sich im letzten oder vorletzten Jahr einer Ausbildung befindet, die vor Vollendung des 18. Lebensjahres begonnen wurde und die Arbeitskraft des Elternteils im Allgemeinen voll in Anspruch nimmt.

Der Anspruch besteht nur für Zeiten, in denen keiner der Elternteile des Kindes selbst Elternzeit beansprucht.

(2) Der Anspruch auf Elternzeit besteht bis zur Vollendung des dritten Lebensjahres eines Kindes. Die Zeit der Mutterschutzfrist nach § 6 Abs. 1 des Mutterschutzgesetzes wird auf die Begrenzung nach Satz 1 angerechnet. Bei mehreren Kindern besteht der Anspruch auf Elternzeit für jedes Kind, auch wenn sich die Zeiträume im Sinne von Satz 1 überschneiden. Ein Anteil der Elternzeit von bis zu zwölf Monaten ist mit Zustimmung des Arbeitgebers auf die Zeit bis zur Vollendung des achten Lebensjahres übertragbar; dies gilt auch, wenn die Zeiträume im Sinne von Satz 1 bei mehreren Kindern überschneiden. Bei einem angenommenen Kind und bei einem Kind in Vollzeit- oder Adoptionspflege kann Elternzeit von insgesamt bis zu drei Jahren ab der Aufnahme bei der berechtigten Person, längstens bis zur Vollendung des achten Lebensjahres des Kindes genommen werden; die Sätze 3 und 4 sind entsprechend anwendbar, soweit sie die zeitliche Aufteilung regeln. Der Anspruch kann nicht durch Vertrag ausgeschlossen oder beschränkt werden.

Hinweis der Redaktion: Zu Übertragung eines Jahrs auf ein anderes Kind siehe → Elterngeld / Elternzeit (Allgemeines).

(3) Die Elternzeit kann, auch anteilig, von jedem

Elternzeit (Gesetz / Arbeitnehmer/innen)

Elternteil allein oder von beiden Elternteilen gemeinsam genommen werden. Satz 1 gilt in den Fällen des Absatzes 1 Satz 1 Nr. 1 Buchstabe b und c entsprechend.

(4) Der Arbeitnehmer oder die Arbeitnehmerin darf während der Elternzeit nicht mehr als 30 Wochenstunden erwerbstätig sein. ... Teilzeitarbeit bei einem anderen Arbeitgeber oder selbstständige Tätigkeit nach Satz 1 bedürfen der Zustimmung des Arbeitgebers. Dieser kann sie nur innerhalb von vier Wochen aus dringenden betrieblichen Gründen schriftlich ablehnen.

Hinweis der Redaktion: Bei Lehrkräften im Arbeitnehmerverhältnis ist demnach eine Teilzeitbeschäftigung in der Elternzeit bei einem anderen Arbeitgeber höchstens bis zu 30/39,5 der regelmäßigen Arbeitszeit zulässig. Für eine Teilzeitbeschäftigung innerhalb des Schuldienstes gilt anstelle der regelmäßigen wöchentlichen Arbeitszeit das Pflichtstundenmaß der entsprechenden Beamten; das sind

beim Regelstundenmaß	im Umfang von höchstens
von 25 Wochenstunden	18 Wochenstunden,
von 26 Wochenstunden	19 Wochenstunden,
von 27 Wochenstunden	19 Wochenstunden,
von 28 Wochenstunden	20 Wochenstunden,
von 31 Wochenstunden	22 Wochenstunden.

Arbeitnehmer können im Unterschied zu Beamten auch weniger als ein Viertel der regelmäßigen Arbeitszeit beantragen. Im Prinzip ist jede Stundenzahl zwischen einer Stunde und der in der Tabelle genannten Höchst-Stundenzahl möglich (dabei ist zu beachten, dass die Beschäftigung nicht mehr der Sozialversicherungspflicht unterliegt, sobald durch sie ein Einkommen von weniger als 400 Euro erzielt wird).
Es ist dringend zu empfehlen, vor der Antragstellung die Beratung durch die Arbeitnehmervertretung beim zuständigen Bezirkspersonalrat oder durch die Bezirksgeschäftsstelle der GEW in Anspruch zu nehmen.

→ Tarifvertrag (Länder) § 11

(5) Der Arbeitnehmer oder die Arbeitnehmerin kann eine Verringerung der Arbeitszeit und ihre Ausgestaltung beantragen. Über den Antrag sollen sich der Arbeitgeber und der Arbeitnehmer oder die Arbeitnehmerin innerhalb von vier Wochen einigen. Der Antrag kann mit der schriftlichen Mitteilung nach Absatz 7 Satz 1 Nr. 5 verbunden werden. Unberührt bleibt das Recht, sowohl die vor der Elternzeit bestehende Teilzeitarbeit unverändert während der Elternzeit fortzusetzen, soweit Absatz 4 beachtet wird, als auch nach der Elternzeit zu der Arbeitszeit zurückzukehren, die vor Beginn der Elternzeit vereinbart war.

(6) Der Arbeitnehmer oder die Arbeitnehmerin kann gegenüber dem Arbeitgeber, soweit eine Einigung nach Absatz 5 nicht möglich ist, unter den Voraussetzungen des Absatzes 7 während der Gesamtdauer der Elternzeit zweimal eine Verringerung seiner oder ihrer Arbeitszeit beanspruchen.

(7) Für den Anspruch auf Verringerung der Arbeitszeit gelten folgende Voraussetzungen:
1. Der Arbeitgeber beschäftigt, unabhängig von der Anzahl der Personen in Berufsbildung, in der Regel mehr als 15 Arbeitnehmer und Arbeitnehmerinnen,
2. das Arbeitsverhältnis in demselben Betrieb oder Unternehmen besteht ohne Unterbrechung länger als sechs Monate,

3. die vertraglich vereinbarte regelmäßige Arbeitszeit soll für mindestens zwei Monate auf einen Umfang zwischen 15 und 30 Wochenstunden verringert werden,
4. dem Anspruch stehen keine dringenden betrieblichen Gründe entgegen und
5. der Anspruch wurde dem Arbeitgeber sieben Wochen vor Beginn der Tätigkeit schriftlich mitgeteilt.

Der Antrag muss den Beginn und den Umfang der verringerten Arbeitszeit enthalten. Die gewünschte Verteilung der verringerten Arbeitszeit soll im Antrag angegeben werden. Falls der Arbeitgeber die beanspruchte Verringerung der Arbeitszeit ablehnen will, muss er dies innerhalb von vier Wochen mit schriftlicher Begründung tun. Soweit der Arbeitgeber der Verringerung der Arbeitszeit nicht oder nicht rechtzeitig zustimmt, kann der Arbeitnehmer oder die Arbeitnehmerin Klage vor den Gerichten für Arbeitssachen erheben.

§ 16
Inanspruchnahme der Elternzeit

(1) Wer Elternzeit beanspruchen will, muss sie spätestens sieben Wochen vor Beginn schriftlich vom Arbeitgeber verlangen und gleichzeitig erklären, für welche Zeiten innerhalb von zwei Jahren Elternzeit genommen werden soll. Bei dringenden Gründen ist ausnahmsweise eine angemessene kürzere Frist möglich. Nimmt die Mutter die Elternzeit im Anschluss an die Mutterschutzfrist, wird die Zeit der Mutterschutzfrist nach § 6 Abs. 1 des Mutterschutzgesetzes auf den Zeitraum nach Satz 1 angerechnet. Nimmt die Mutter die Elternzeit im Anschluss an einen auf die Mutterschutzfrist folgenden Erholungsurlaub, wird die Zeit der Mutterschutzfrist nach § 6 Abs. 1 des Mutterschutzgesetzes und die Zeit des Erholungsurlaubs auf den Zweijahreszeitraum nach Satz 1 angerechnet. Die Elternzeit kann auf zwei Zeitabschnitte verteilt werden; eine Verteilung auf weitere Zeitabschnitte ist nur mit der Zustimmung des Arbeitgebers möglich. Der Arbeitgeber hat dem Arbeitnehmer oder der Arbeitnehmerin die Elternzeit zu bescheinigen.

Hinweis der Redaktion: Hat die/der Beschäftigte zunächst nur für die Dauer von zwei Jahren Elternzeit beantragt, muss sie/er sich spätestens 7 Wochen vor Ablauf dieses Zeitraums entscheiden, ob sie/er von dem Recht auf unmittelbare Verlängerung auf drei Jahre Gebrauch macht oder beantragen möchte, dass das dritte Jahr der Elternzeit aufgeschoben wird (höchstens bis zur Vollendung des achten Lebensjahres).

(2) Können Arbeitnehmerinnen und Arbeitnehmer aus einem von ihnen nicht zu vertretenden Grund eine sich unmittelbar an die Mutterschutzfrist des § 6 Abs. 1 des Mutterschutzgesetzes anschließende Elternzeit nicht rechtzeitig verlangen, können sie dies innerhalb einer Woche nach Wegfall des Grundes nachholen.

(3) Die Elternzeit kann vorzeitig beendet oder im Rahmen des § 15 Abs. 2 verlängert werden, wenn der Arbeitgeber zustimmt. Die vorzeitige Beendigung wegen der Geburt eines weiteren Kindes oder wegen eines besonderen Härtefalles im Sinne des

Gewerkschaft Erziehung und Wissenschaft B-W   341   Jahrbuch für Lehrerinnen und Lehrer 2011

Elternzeit (Gesetz / Arbeitnehmer/innen)

§ 7 Abs. 2 Satz 3 kann der Arbeitgeber nur innerhalb von vier Wochen aus dringenden betrieblichen Gründen schriftlich ablehnen. Die Arbeitnehmerin kann ihre Elternzeit nicht wegen der Mutterschutzfristen des § 3 Abs. 2 und § 6 Abs. 1 des Mutterschutzgesetzes vorzeitig beenden; dies gilt nicht während ihrer zulässigen Teilzeitarbeit. Eine Verlängerung kann verlangt werden, wenn ein vorgesehener Wechsel in der Anspruchsberechtigung aus einem wichtigen Grund nicht erfolgen kann.

(4) Stirbt das Kind während der Elternzeit, endet diese spätestens drei Wochen nach dem Tod des Kindes.

(5) Eine Änderung in der Anspruchsberechtigung hat der Arbeitnehmer oder die Arbeitnehmerin dem Arbeitgeber unverzüglich mitzuteilen.

§ 17 Urlaub

(1) Der Arbeitgeber kann den Erholungsurlaub, der dem Arbeitnehmer oder der Arbeitnehmerin für das Urlaubsjahr zusteht, für jeden vollen Kalendermonat der Elternzeit um ein Zwölftel kürzen. Dies gilt nicht, wenn der Arbeitnehmer oder die Arbeitnehmerin während der Elternzeit bei seinem oder ihrem Arbeitgeber Teilzeitarbeit leistet.

(2) Hat der Arbeitnehmer oder die Arbeitnehmerin den ihm oder ihr zustehenden Urlaub vor dem Beginn der Elternzeit nicht oder nicht vollständig erhalten, hat der Arbeitgeber den Resturlaub nach der Elternzeit im laufenden oder im nächsten Urlaubsjahr zu gewähren.

(3) Endet das Arbeitsverhältnis während der Elternzeit oder wird es im Anschluss an die Elternzeit nicht fortgesetzt, so hat der Arbeitgeber den noch nicht gewährten Urlaub abzugelten.

(4) Hat der Arbeitnehmer oder die Arbeitnehmerin vor Beginn der Elternzeit mehr Urlaub erhalten, als ihm oder ihr nach Absatz 1 zusteht, kann der Arbeitgeber den Urlaub, der dem Arbeitnehmer oder der Arbeitnehmerin nach dem Ende der Elternzeit zusteht, um die zu viel gewährten Urlaubstage kürzen.

§ 18 Kündigungsschutz

(1) Der Arbeitgeber darf das Arbeitsverhältnis ab dem Zeitpunkt, von dem an Elternzeit verlangt worden ist, höchstens jedoch acht Wochen vor Beginn der Elternzeit, und während der Elternzeit nicht kündigen. ...In besonderen Fällen kann ausnahmsweise eine Kündigung für zulässig erklärt werden. Die Zulässigkeitserklärung erfolgt durch die für den Arbeitsschutz zuständige oberste Landesbehörde oder die von ihr bestimmte Stelle. ...

(2) Absatz 1 gilt entsprechend, wenn Arbeitnehmer oder Arbeitnehmerinnen
1. während der Elternzeit bei demselben Arbeitgeber Teilzeitarbeit leisten oder
2. ohne Elternzeit in Anspruch zu nehmen, Teilzeitarbeit leisten und Anspruch auf Elterngeld nach § 1 während des Bezugszeitraums nach § 4 Abs. 1 haben.

§ 19 Kündigung zum Ende der Elternzeit

Der Arbeitnehmer oder die Arbeitnehmerin kann das Arbeitsverhältnis zum Ende der Elternzeit nur unter Einhaltung einer Kündigungsfrist von drei Monaten kündigen. ...

§ 21 Befristete Arbeitsverträge

(1) Ein sachlicher Grund, der die Befristung eines Arbeitsverhältnisses rechtfertigt, liegt vor, wenn ein Arbeitnehmer oder eine Arbeitnehmerin zur Vertretung eines anderen Arbeitnehmers oder einer anderen Arbeitnehmerin für die Dauer eines Beschäftigungsverbotes nach dem Mutterschutzgesetz, einer Elternzeit, einer auf Tarifvertrag, Betriebsvereinbarung oder einzelvertraglicher Vereinbarung beruhenden Arbeitsfreistellung zur Betreuung eines Kindes oder für diese Zeiten zusammen oder für Teile davon eingestellt wird.

→ Tarifvertrag (Länder) § 11

(2) Über die Dauer der Vertretung nach Absatz 1 hinaus ist die Befristung für notwendige Zeiten einer Einarbeitung zulässig.

(3) Die Dauer der Befristung des Arbeitsvertrags muss kalendermäßig bestimmt oder bestimmbar oder den in den Absätzen 1 und 2 genannten Zwecken zu entnehmen sein.

(4) Der Arbeitgeber kann den befristeten Arbeitsvertrag unter Einhaltung einer Frist von mindestens drei Wochen, jedoch frühestens zum Ende der Elternzeit, kündigen, wenn die Elternzeit ohne Zustimmung des Arbeitgebers vorzeitig endet und der Arbeitnehmer oder der Arbeitnehmerin die vorzeitige Beendigung der Elternzeit mitgeteilt hat. Satz 1 gilt entsprechend, wenn der Arbeitgeber die vorzeitige Beendigung der Elternzeit in den Fällen des § 16 Abs. 3 Satz 2 nicht ablehnen darf.

(5) Das Kündigungsschutzgesetz ist im Falle des Absatzes 4 nicht anzuwenden.

(6) Absatz 4 gilt nicht, soweit seine Anwendung vertraglich ausgeschlossen ist. ...

§ 27 Übergangsvorschrift

(1) Für die vor dem 1. Januar 2007 geborenen oder mit dem Ziel der Adoption aufgenommenen Kinder sind die Vorschriften des Ersten und Dritten Abschnitts des Bundeserziehungsgeldgesetzes in der bis zum 31. Dezember 2006 geltenden Fassung weiter anzuwenden; ein Anspruch auf Elterngeld besteht in diesen Fällen nicht.

Hinweis der Redaktion: Abgedruckt im Jahrbuch 2006

(2) Der Zweite Abschnitt ist in den in Absatz 1 genannten Fällen mit der Maßgabe anzuwenden, dass es bei der Prüfung des § 15 Abs. 1 Satz 1 Nr. 1 Buchstabe b auf den Zeitpunkt der Geburt oder der Aufnahme des Kindes nicht ankommt. ...

(3) In den Fällen des Absatzes 1 ist § 18 Abs. 2 Satz 1 Nr. 2 des Bundeserziehungsgeldgesetzes in der bis zum 31. Dezember 2006 geltenden Fassung weiter anzuwenden.

(4) Für die dem Erziehungsgeld vergleichbaren Leistungen der Länder sind § 8 Abs. 1 und § 9 des Bundeserziehungsgeldgesetzes in der bis zum 31.12.2006 geltenden Fassung weiter anzuwenden.

Hinweise der Redaktion auf die Auswirkungen von Elternzeit im Arbeitnehmerbereich

Stufenlaufzeit:: Eine Unterbrechung wegen Elternzeit ist für die Stufenlaufzeit unschädlich, wird aber nicht angerechnet. → Tarifvertrag (Länder) § 17

Bewährungsaufstieg: Sofern bei übergeleiteten Beschäftigten übergangsweise ein Bewährungsaufstieg ansteht, so gilt die Elternzeit nicht als Unterbrechung, die vor der Elternzeit verbrachte Zeit bleibt also erhalten; die Elternzeit selbst wird dabei jedoch nicht angerechnet.

Jahres-Sonderzahlung: Der Anspruch auf die Sonderzahlung vermindert sich um ein Zwölftel für jeden Kalendermonat, in dem kein Anspruch auf Entgelt oder Fortzahlung des Entgelts nach § 21 besteht. Diese Verminderung unterbleibt für Kalendermonate, für die Beschäftigte wegen Inanspruchnahme der Elternzeit nach dem Bundeserziehungsgeldgesetz kein Tabellenentgelt erhalten haben, bis zum Ende des Kalenderjahres, in dem das Kind geboren ist, wenn am Tag vor Antritt der Elternzeit Anspruch auf Entgelt oder auf Zuschuss zum Mutterschaftsgeld bestanden hat. Wird nach Ablauf des Kalenderjahres nach der Geburt während der Elternzeit eine elterngeldunschädliche Teilzeitbeschäftigung ausgeübt, ist für die Höhe der Jahressonderzahlung grundsätzlich der Umfang der elterngeldunschädlichen Teilzeitbeschäftigung maßgebend. → TV-L § 20 Abs. 4

Krankenversicherung/Beihilfe: In der gesetzlichen Krankenversicherung versicherte Arbeitnehmer bleiben während der Elternzeit beitragsfrei Mitglied ihrer Krankenkasse. Während der Elternzeit besteht keine Beihilfeberechtigung.
→ Beihilfe (Arbeitnehmer); → Krankenversicherung

Betriebliche Altersversorgung: Eine bestehende Pflichtversicherung bei der VBL wird durch die Elternzeit nicht berührt. Während der Elternzeit kein Entgelt gezahlt wird, werden auch keine Umlagen oder Beiträge zur VBL fällig. Es werden aber für die Kindererziehungszeit für höchstens 36 Monate je Kind Versorgungspunkte gutgeschrieben.
→ Renten

Wird während der Elternzeit eine elterngeldunschädliche Teilzeitbeschäftigung ausgeübt, werden lediglich die Versorgungspunkte aus der Teilzeitbeschäftigung, nicht aber für die Kindererziehung gutgeschrieben. Eine eventuelle Vereinbarung zur Entgeltumwandlung ruht in der Elternzeit.
→ Entgeltumwandlung

Vermögenswirksame Leistungen: Sie stehen in der Elternzeit nicht zu (außer es wird z.B. bei Beendigung der Elternzeit im Laufe eines Kalendermonats für diesen Monat Entgelt gezahlt).

→ Beihilfe; → Beihilfe (Arbeitnehmer); → Besoldung (Gehälter); → Elterngeld / Elternzeit (Allgemeine Informationen); → Elterngeld; → Elternzeit (Verordnung / AzUVO) ; → Krankenversicherung; → Mutterschutz (Verordnung / AzUVO) ; → Probezeit (Arbeit-nehmer); → Sozialversicherungsbeiträge; → Teilzeit/Urlaub; → Tarifvertrag (Länder) §§ 17 und 20

Elternzeit (Verordnung / AzUVO)

Auszug aus der Arbeitszeit- und Urlaubsverordnung vom 29.11.2005 (GBl. S. 716/2005); zuletzt geändert 27.10.2010 (GBl. S. 793/2010)

5. Abschnitt – Elternzeit

§ 40 Anspruch auf Elternzeit

(1) Beamtinnen und Beamte haben Anspruch auf Elternzeit ohne Dienstbezüge, wenn sie
1. mit
   a) ihrem Kind,
   b) einem Kind, für das sie die Anspruchsvoraussetzungen nach § 1 Abs. 3 oder 4 des Bundeselterngeld- und Elternzeitgesetzes (BEEG) erfüllen, oder
   c) einem Kind, das sie in Vollzeitpflege nach § 33 des Achten Buches Sozialgesetzbuch (SGB VIII) aufgenommen haben, in einem Haushalt leben
   und
2. dieses Kind selbst betreuen und erziehen.

Hinweis der Redaktion: Dies kann auch das Kind des bzw. der Lebensgefährt/in sein oder eine Nichte bzw. ein Enkelkind, deren Eltern diese wegen schwerer Erkrankung oder Schwerbehinderung nicht betreuen können, oder Personen, die zur Berufsausbildung beschäftigt sind.

Nicht sorgeberechtigte Elternteile und Personen, die nach Satz 1 Nr. 1 Buchst. b und c Elternzeit nehmen können, bedürfen der Zustimmung des sorgeberechtigten Elternteils.

→ Elterngeld / Elternzeit (Allgemeine Informationen)

(1a) Anspruch auf Elternzeit ohne Dienstbezüge haben Beamtinnen und Beamte auch, wenn sie mit ihrem Enkelkind in einem Haushalt leben und dieses Kind selbst betreuen und erziehen und

1. ein Elternteil des Kindes minderjährig ist oder
2. ein Elternteil des Kindes sich im letzten oder vorletzten Jahr einer Ausbildung befindet, die vor Vollendung des 18. Lebensjahres begonnen

wurde und die Arbeitskraft des Elternteils im Allgemeinen voll in Anspruch nimmt.
Der Anspruch besteht nur für Zeiten, in denen keiner der Elternteile des Kindes selbst Elternzeit beansprucht.

(2) Der Anspruch auf Elternzeit besteht bis zur Vollendung des dritten Lebensjahres eines Kindes. Die Zeit des Beschäftigungsverbots nach § 34 Abs.1 oder nach § 6 Abs.1 MuSchG (Mutterschutzfrist) wird auf die Begrenzung nach Satz 1 angerechnet. Bei mehreren Kindern besteht der Anspruch auf Elternzeit für jedes Kind, auch wenn sich die Zeiträume nach Satz 1 überschneiden. Ein Anteil der Elternzeit von bis zu zwölf Monaten für jedes Kind ist auf die Zeit bis zur Vollendung des achten Lebensjahres übertragbar, wenn zwingende dienstliche Belange nicht entgegenstehen; dies gilt auch, wenn sich Zeiträume nach Satz 1 bei mehreren Kindern überschneiden.

➔ Mutterschutz (Verordnung / AzUVO)
Hinweis der Redaktion: Zu Übertragung eines Jahres der Elternzeit auf ein anderes Kind siehe ➔ Elterngeld / Elternzeit (Allgemeines).

(3) Bei einem angenommenen Kind und bei einem Kind in Vollzeit- oder in Adoptionspflege besteht ein Anspruch auf Elternzeit von insgesamt bis zu drei Jahren ab der Aufnahme bei der berechtigten Person, längstens bis zur Vollendung des achten Lebensjahres des Kindes. Absatz 2 Satz 3 und 4 gilt entsprechend.

(4) Die Elternzeit kann, auch anteilig, von jedem Elternteil allein oder von beiden Elternteilen gemeinsam genommen werden. Satz 1 gilt in den Fällen des Absatzes 1 Satz 1 Nr.1 Buchst. b und c entsprechend.

§ 41
Inanspruchnahme

(1) Die Elternzeit muss spätestens sieben Wochen vor Beginn schriftlich beantragt werden Bei Vorliegen dringender Gründe ist ausnahmsweise eine angemessene kürzere Frist möglich. Kann eine sich unmittelbar an die Mutterschutzfrist anschließende Elternzeit aus einem von der Beamtin oder dem Beamten nicht zu vertretenden Grund nicht rechtzeitig beantragt werden, so kann sie innerhalb einer Woche nach Wegfall des Grundes nachgeholt werden.

(2) Bei der Antragstellung ist anzugeben, für welche Zeiträume innerhalb von zwei Jahren die Elternzeit beantragt wird. Nimmt die Mutter die Elternzeit im Anschluss an die Mutterschutzfrist, wird die Zeit der Mutterschutzfrist auf den Zweijahreszeitraum nach Satz 1 angerechnet. Nimmt die Mutter die Elternzeit im Anschluss an einen auf die Mutterschutzfrist folgenden Erholungsurlaub, werden die Zeit der Mutterschutzfrist und die Zeit des Erholungsurlaubs auf den Zweijahreszeitraum nach Satz 1 angerechnet.

(3) Die Elternzeit kann auf zwei Zeitabschnitte verteilt werden. Eine Verteilung auf weitere Zeitabschnitte ist nur mit Zustimmung der Bewilligungsbehörde möglich.

(4) Bei beamteten Lehrkräften sowie beamteten hauptberuflich tätigen Mitgliedern von Hochschulen mit Lehrverpflichtungen sind Unterbrechungen der Elternzeit, die überwiegend auf die Ferien oder die vorlesungsfreie Zeit entfallen, nicht zulässig; bei Beginn und Ende der Elternzeit dürfen Ferien oder die vorlesungsfreie Zeit nicht ausgespart werden. Ein der Beamtin oder dem Beamten zustehender Erholungsurlaub kann jedoch innerhalb des Kalenderjahres in Anspruch genommen werden.

Hinweise der Redaktion: Das KM hat zu einem möglichen „Missbrauch" dieser Regelung folgende Erläuterungen gegeben (2.6.2008; AZ: 14-5513/95 i.V.m. Schreiben vom 17. April 2009; AZ: 14-5513/95):
Als Ferien im Sinne des § 41 Abs. 4 AzUVO zählen die Sommerferien, die Weihnachtsferien und die Pfingstferien, nicht hingegen die Oster- und Herbstferien sowie die beweglichen Ferientage. Diese Feststellung gilt <u>nur</u> beim Aussparen, nicht beim Unterbrechen der Elternzeit.
Die Elternzeit hat im Gegensatz zu sonstigen Beurlaubungen keinen zeitlich fixierten Beginn und kein zeitlich fixiertes Ende. Ein Missbrauch ist demnach in der Weise möglich, dass Lehrkräfte eine Arbeitsphase gezielt auf die Schulferien legen, d. h. sie erhalten volle Bezüge, ohne zur Dienstleistung herangezogen zu werden. § 41 Abs. 4 AzUVO kennt zwei Missbrauchsfälle:

1. Die Unterbrechung der Elternzeit
Dieser Missbrauchsfall liegt vor, wenn die Elternzeit nicht am Stück genommen, also unterbrochen wird. Fällt die Unterbrechung überwiegend, d.h. zu mehr als 50%, in die Ferien, liegt ein Missbrauch vor.

2. Bei Beginn und Ende der Elternzeit
Wie in § 41 Abs. 4 ausgeführt, dürfen bei Beginn und Ende der Elternzeit die Ferien nicht ausgespart werden, was bedeutet, dass die Ferien bewusst nicht in die Elternzeit einbezogen werden, um so für die Dauer der Ferien Bezüge zu erhalten.
Ausgespart werden Ferien, wenn die Lehrkraft Beginn oder Ende „frei" wählt, so dass eine Arbeitsphase für die Zeitdauer der Ferien eingeschoben wird.
- Schließt sich die Elternzeit unmittelbar an die Mutterschutzfrist an, liegt kein Fall des Missbrauchs vor.
- Gleiches gilt, wenn die Höchstdauer der Elternzeit erreicht ist. Dies gilt <u>nicht</u>, wenn der Beginn der Elternzeit frei gewählt wurde und insoweit die zeitliche Lage vom Willen der Lehrkraft abhängt.
- Ein Missbrauchsfall ist ebenfalls dann auszuschließen, wenn die Höchstbezugsdauer des Elterngeldes ausgeschöpft ist. Die Lehrkraft kann nicht gezwungen werden, während der Ferien eine Phase ohne Bezüge in Kauf zu nehmen.

Wird beim Beginn der Elternzeit, also nach dem Beginn des Anspruchs (z.B. nach der Mutterschutzfrist) eine Arbeitsphase zwischengeschaltet, sind folgende Möglichkeiten denkbar:
- Die Erklärung der Dienstbereitschaft ausschließlich für die Ferien ist der klarste Fall des Missbrauchs. Derartige Anträge sind abzulehnen.
- Gleiches gilt, wenn die Dienstbereitschaft für einen Zeitraum von weniger als drei Wochen erklärt wird.

Wird das Ende der Elternzeit so gewählt, dass der Dienstantritt auf den Ferienbeginn fällt (und damit die Ferien bezahlt werden) liegt ebenfalls ein Missbrauchsfall vor.
Gleiches gilt, wenn das Ende der Elternzeit so gewählt wird, dass sie weniger als drei Wochen vor einem der o.g. Ferienzeit liegt.

Erweitertes Elterngeld
Elterngeld kann nach § 4 Abs. 1 Bundeselterngeld- und -elternzeitgesetz nur im Zeitraum bis zur Vollendung des

14. Lebensmonats des Kindes in Anspruch genommen werden. Ein Elternteil kann jedoch höchstens 12 Monate Elterngeld beziehen.
- Wird die zweimonatige Elternzeit **am Stück** beantragt, ist sie im beantragten Zeitraum zu bewilligen.
- Im Rahmen des § 41 Abs. 3 AzUVO ist eine **einmalige Unterbrechung** möglich. Diese kann **frei gewählt** werden, da sich bei zwei Monaten kaum eine zeitliche Lage finden lässt, die weder bei Beginn noch am Ende in die Nähe der Ferien kommt. Es ist damit auch zulässig, die zweimonatige Elternzeit unmittelbar an Ferien angrenzen zu lassen oder den Unterbrechungszeitraum beispielsweise (überwiegend) in die Sommerferien zu legen.

Nimmt eine Lehrkraft die zweimonatige Elternzeit in Anspruch - in zehn von zwölf Monaten eines Jahres ihre Besoldung; zwei von zwölf Monaten bezieht sie Elterngeld.

Ein rechtlich erworbener Anspruch auf Elternzeit (z.B. während des Vorbereitungsdienstes) bleibt bestehen und kann im Rahmen der gesetzlichen Bestimmungen (ein Jahr, rechtzeitige Übertragungserklärung) später eingelöst werden.

Die Elternzeit muss grundsätzlich sieben Wochen vor Beginn schriftlich beantragt werden (§ 41 Abs. 1 AzUVO). Die 7-Wochenfrist kann im Voraus nicht eindeutig berechnet werden, wenn der Vater unmittelbar nach der Geburt Elternzeit wünscht. In diesem Fall ist eine angemessene **Kürzung der Antragsfrist** möglich.

§ 42
Teilzeitbeschäftigung

(1) Während der Elternzeit ist Beamtinnen und Beamten auf Antrag eine Teilzeitbeschäftigung in ihrem Beamtenverhältnis mit mindestens der Hälfte der regelmäßigen Arbeitszeit, höchstens mit 30 Stunden wöchentlich zu bewilligen, wenn zwingende dienstliche Belange nicht entgegenstehen. Die Teilzeitbeschäftigung kann auch mit weniger als der Hälfte, mindestens aber einem Viertel der regelmäßigen Arbeitszeit bewilligt werden, wenn dies im Interesse des Dienstherrn liegt. Im Schuldienst an öffentlichen Schulen tritt an die Stelle der wöchentlichen Arbeitszeit nach Satz 1 und 2 die entsprechende Pflichtstundenzahl.

Hinweis der Redaktion: Der Höchstumfang einer Teilzeitbeschäftigung beträgt 30/41, der Mindestumfang 10,25/41 (Zeit-)Stunden; bei beamteten Lehrkräften ist Teilzeitarbeit in der Elternzeit demnach in folgendem Umfang zulässig:

Regelstundenmaß	mindestens	höchstens
25 WStd.	6,5 WStd.	18 WStd.
26 WStd.	6,5 WStd.	19 WStd.
27 WStd.	7 WStd.	19 WStd.
28 WStd.	7 WStd.	20 WStd.
31 WStd.	8 WStd.	22 WStd.

(2) Absatz 1 gilt nicht für Beamtinnen und Beamte auf Widerruf im Vorbereitungsdienst ... .

Hinweis der Redaktion: Elternzeit kann also nur beantragen, wer sich bereits im Beamtenverhältnis (auf Probe oder auf Lebenszeit) befindet. Neueingestellte können lediglich im Rahmen der §§ 69 Abs. 1 LBG (familiäre) bzw. 69 Abs. 4 LBG (sonstige Gründe) in Teilzeit mit mindestens halbem Deputat beschäftigt werden. Erst nach vollzogener Einstellung kann ein Antrag auf Elternzeit und ggf. auch unterhälftige Beschäftigung in den durch § 41 vorgegebenen Fristen gestellt werden. Alternativ kann anstelle der sofortigen Einstellung die (verbindliche) Einstellungszusage gem. Nr. 5 bzw. Nr. 17 des Einstellungserlasses in Anspruch genommen werden. Lehrkräften im Vorbereitungsdienst steht zwar die Elternzeit offen, jedoch generell keine Form der Teilzeitbeschäftigung im Beamtenverhältnis gem. Abs. 4 außerhalb des Vorbereitungsdienstes ist jedoch bei Genehmigung zulässig.

(3) Mit Genehmigung der zuständigen Stelle darf eine Teilzeitbeschäftigung
1. im Arbeitnehmerverhältnis beim eigenen Dienstherrn im Umfang von bis zu 30 Stunden wöchentlich oder
2. in einem sonstigen Arbeitnehmerverhältnis oder als selbstständige Tätigkeit
   a) im Umfang von bis zu zehn Stunden wöchentlich oder
   b) im Umfang von bis zu 30 Stunden wöchentlich, wenn der eigene Dienstherr eine Teilzeitbeschäftigung nach Absatz 1 Satz 2 im beantragten Umfang ablehnt oder keine dem Amt der Beamtin oder des Beamten entsprechende Teilzeitbeschäftigung nach Nummer 1 im beantragten Umfang anbietet, oder
   c) als geeignete Tagespflegeperson im Sinne von § 23 SGB VIII zur Betreuung von bis zu fünf Kindern

nach Maßgabe der nebentätigkeitsrechtlichen Bestimmungen ausgeübt werden. Absatz 1 Satz 3 gilt entsprechend.

→ (jetzt:) Beamtengesetz §§ 70 ff.; → Teilzeit / Urlaub

§ 43 Verlängerung

Die Elternzeit kann im Rahmen des § 40 Abs. 2 und 3 verlängert werden, wenn die Bewilligungsbehörde zustimmt. Die Elternzeit ist auf Antrag zu verlängern, wenn ein vorgesehener Wechsel der Inanspruchnahme der Elternzeit unter den Berechtigten aus wichtigem Grund nicht erfolgen kann.

§ 44
Vorzeitige Beendigung

(1) Die Elternzeit kann vorzeitig beendet werden, wenn die Bewilligungsbehörde zustimmt. Die vorzeitige Beendigung wegen der Geburt eines weiteren Kindes oder wegen eines besonderen Härtefalls im Sinne von § 7 Abs. 2 Satz 3 BEEG kann nur innerhalb von vier Wochen nach der Antragstellung aus dringenden dienstlichen Gründen abgelehnt werden. Eine vorzeitige Beendigung der Elternzeit zum Zwecke der Inanspruchnahme der Beschäftigungsverbote nach § 32 Abs. 2 und § 34 Abs.1 ist nicht zulässig; dies gilt nicht während einer Teilzeitbeschäftigung nach § 42 Abs. 1 oder 3.

→ Mutterschutz (Verordnung / AzUVO) §§ 32 und 34

(2) Stirbt das Kind während der Elternzeit, endet diese spätestens drei Wochen nach dem Tod des Kindes.

(3) Änderungen der Voraussetzungen oder der Inanspruchnahme von Elternzeit sind der Bewilligungsbehörde unverzüglich mitzuteilen.

§ 45 Entlassung

Während der Elternzeit darf eine Entlassung nach § 23 Abs. 3 oder 4 oder § 30 Abs. 2 BeamtStG gegen den Willen der Beamtin oder des Beamten nicht ausgesprochen werden. § 37 Abs. 2 gilt entsprechend.

§ 46
Krankenfürsorge

(1) Soweit in Absatz 2 nichts anderes bestimmt ist, wird während der Elternzeit Krankenfürsorge in Form des prozentualen Krankheitskostenersatzes entsprechend den Beihilfevorschriften gewährt, sofern Beihilfe nicht bereits aufgrund einer Teilzeitbeschäftigung unmittelbar gewährt wird.

→ Beihilfeverordnung

(2) Beamtinnen und Beamten, die heilfürsorgeberechtigt sind, wird während der Elternzeit Krankenfürsorge entsprechend den Heilfürsorgevorschriften gewährt, sofern Heilfürsorge nicht bereits aufgrund einer Teilzeitbeschäftigung unmittelbar gewährt wird. Beamtinnen und Beamte, die einen Zuschuss zu Beiträgen an eine Krankenversicherung nach Maßgabe des § 20 Abs.1 und 2 der Heilfürsorgeverordnung erhalten, wird anstelle der Krankenfürsorge nach Satz 1 der Zuschuss während der Elternzeit weitergezahlt; neben dem Zuschuss wird Krankenfürsorge entsprechend § 20 Abs. 4 der Heilfürsorgeverordnung gewährt.

§ 47 Erstattung von Kranken- und Pflegeversicherungsbeiträgen

(1) Beamtinnen und Beamten werden auf Antrag während der Elternzeit die Beiträge für eine die Beihilfe ergänzende Krankheitskosten- und Pflegeversicherung nach Maßgabe der Absätze 2 bis 4 erstattet, wenn die maßgeblichen Bezüge der Beamtin oder des Beamten vor Beginn der Elternzeit die Versicherungspflichtgrenze in der gesetzlichen Krankenversicherung nicht überschritten haben. § 39 Satz 3 und 4 gilt entsprechend.

→ Sozialversicherung

(2) Besteht ein Anspruch auf Leistungen nach § 46 Abs. 1, werden Beiträge für die eigene Versicherung und die Versicherung der Kinder den

1. ... Beamtinnen und Beamten auf Widerruf im Vorbereitungsdienst ... bis zu einem Betrag von 120 Euro für den vollen Monat,

2. anderen Beamtinnen und Beamten ... bis zu einem Betrag von 42 Euro für den vollen Monat erstattet.

(3) Besteht ein Anspruch auf Leistungen nach § 46 Abs. 2, werden Beiträge für die Versicherung der Kinder bis zu einem Betrag von 10 Euro für den vollen Monat erstattet.

(4) § 4 Abs. 3 LBesGBW gilt entsprechend. Eine Beitragserstattung erfolgt nicht, solange eine Teilzeitbeschäftigung nach § 42 mit mindestens der Hälfte der regelmäßigen Arbeitszeit ausgeübt wird. Nehmen die Eltern gemeinsam Elternzeit, steht der Anspruch auf Beitragserstattung nur dem Elternteil zu, bei dem das Kind im Familienzuschlag berücksichtigt wird oder berücksichtigt werden soll.

Hinweise der Redaktion:

1. Für Entscheidungen über Elternzeit ist bei Lehrkräften in den Lehrämtern an Grund- und Hauptschulen, an Realschulen und an Sonderschulen das Staatl. Schulamt zuständig (Ausnahme: Entscheidungen nach § 42 Abs. 4: Regierungspräsidium im Benehmen mit dem Staatl. Schulamt); für alle anderen Lehrkräfte ist das Regierungspräsidium zuständig.

2. Für Kinder, die vor dem 1. Januar 2007 geboren oder mit dem Ziel der Adoption aufgenommen worden sind, gelten folgende Maßgaben:
    1. Ein Anspruch auf Elternzeit nach § 40 Abs.1 Satz 1 Nr.1 Buchst. b besteht auch, wenn der Beamtin oder dem Beamten wegen des Zeitpunkts der Geburt oder der Aufnahme des Kindes kein Elterngeld zusteht.
    2. Die Erstattung von Kranken- und Pflegeversicherungsbeiträgen während der Elternzeit richtet sich nach § 47 in der vor Inkrafttreten dieser Verordnung geltenden Fassung, solange die Beamtin oder der Beamte noch keine Elternzeit für ein nach dem 31. Dezember 2006 geborenes oder mit dem Ziel der Adoption aufgenommenes Kind in Anspruch genommen hat.

Hinweise der Redaktion auf die Auswirkungen der Elternzeit von beamteten Lehrkräften

1. Dienstbezüge

Die Elternzeit ist ein Urlaub ohne Dienstbezüge. Nur bei Teilzeitbeschäftigung werden neben dem Erziehungsgeld anteilige Dienstbezüge gezahlt. Zum Familienzuschlag bei unterhälftiger Teilzeitbeschäftigung siehe → Besoldung (Gehälter)

2. Beförderung

Zeiten der tatsächlich in Anspruch genommenen Elternzeit im Umfang von bis zu drei Jahren pro Kind wirken sich beim Beförderungsverfahren (Oberstudienrätin/-rat bzw. Technische Oberlehrer/in oder Fachoberlehrer/in) nicht nachteilig aus.

3. Beförderungswartezeit (§ 49 Abs. 5 LVO)

Die Elternzeit wird nicht angerechnet.

4. Besoldungsdienstalter

Die Elternzeit hat keinen negativen Einfluss.

5. Kindererziehungszuschlag

Elternzeit für ein nach dem 31.12.1991 geborenes Kind wird nicht auf die ruhegehaltfähige Dienstzeit angerechnet. Für jeden Monat Elternzeit erhöht sich das Ruhegehalt nach dem Kindererziehungszuschlagsgesetz um 6,25 v.H. des aktuellen Rentenwertes nach § 68 SGB VI, wenn die Voraussetzungen im Übrigen erfüllt sind. Der Kindererziehungszuschlag wird bei Elternzeit bis zur Vollendung des 36. Lebensmonats gezahlt. Die Elternzeit für ein bis zum 31.12.1991 geborenes Kind ist bis zu dem Tag ruhegehaltfähig, an dem das Kind den 6. Lebensmonat vollendet. Die darüber hinausgehende Zeit ist nicht ruhegehaltfähig.

6. Beihilfen

Auf den Beihilfeanspruch (§ 46) kann nicht verzichtet werden (Mitversicherung – z.B. über die Krankenkasse des Ehepartners – ist nicht möglich). Der monatliche Betrag von 13 Euro für Wahlleistungen im Krankenhaus muss während der Elternzeit nicht bezahlt werden. Auf Antrag kann ein Zuschuss zu den Kosten der privaten Krankenversicherung gezahlt werden.

7. Vermögenswirksame Leistungen

Vermögenswirksame Leistungen werden in der Elternzeit nicht gezahlt.

8. Entlassung

Während der Elternzeit dürfen Beamt/innen auf Probe oder auf Widerruf gegen deren Willen nicht entlassen werden, es sei denn dass ein Sachverhalt vorliegt, bei dem Beamte bzw. Beamte auf Lebenszeit durch förmliches Disziplinarverfahren aus dem Dienst zu entfernen wären.

→ Beamtengesetz §§ 70 ff.; → Beamtenstatusgesetz; → Beihilfe; → Besoldung (Gesetz – LBesGBW); → Besoldung (Gehälter); → Elterngeld / Elternzeit (Allgemeine Informationen; → Elterngeld; → Elternzeit (Gesetz / Arbeitnehmer); → Mutterschutz (Verordnung / AzUVO) ; → Probezeit; → Ruhestand; → Teilzeit/Urlaub

Ermessensentscheidung

Hinweise der Redaktion

Im juristischen Sprachgebrauch ist vom (pflichtgemäßen dienstlichen) *Ermessen* die Rede, wenn zwischen verschiedenen Verhaltensweisen ausgewählt werden kann, wenn also eine Entscheidung getroffen werden muss, ob und gegebenenfalls welche Reaktion ein bestimmter Sachverhalt notwendig macht. Dabei ist zu unterscheiden zwischen
- der Feststellung eines **Sachverhaltes**,
- der Zuordnung dieses Sachverhaltes zu einem gesetzlichen **Tatbestand** und
- der Auswahl einer **Rechtsfolge**.

Nur die letzte Stufe ist die Ermessensentscheidung.

Bevor es zur Ausübung des Ermessens kommt, muss wahrgenommen werden, dass überhaupt eine Entscheidung notwendig ist. Im Schulbereich ist diese „Wahrnehmung" häufig stark formalisiert: Nachdem z.B. eine Klassenarbeit geschrieben worden ist, muss sie benotet werden; am Ende des Schuljahres ist über die Versetzung der Schüler in die nächsthöhere Klassenstufe zu entscheiden etc. Eine Entscheidung ist jedoch auch notwendig, wenn eine Lehrkraft bemerkt, dass ein/e Schüler/in sich auffällig verhält oder gegen Regeln verstößt.

Auf der nächsten Stufe des Verfahrens muss die Wahrnehmung bestimmten Normen zugeordnet werden: Die Leistungen einer Schülerin sind anhand der Notenbildungsverordnung zu bewerten oder das Verhalten eines Schülers muss darauf überprüft werden, ob es ein „Fehlverhalten" ist, das die Erfüllung der Aufgabe der Schule oder die Rechte anderer gefährdet (→ Schulgesetz § 90 Abs. 6).

In diesen Normen werden Begriffe verwendet, deren Inhalt sich juristischen Laien (Lehrkräften, Schulleiter/innen und pädagogischen Schulaufsichtsbeamten) nicht ohne weiteres erschließt:
- Wann entspricht eine Leistung „*den Anforderungen in besonderem Maße*", wann „*im Allgemeinen*"?
- Handelt es sich bei einem bestimmten Verhalten einer Schülerin um eine „*Gefährdung*" des Auftrages der Schule oder nur um eine – hinnehmbare – Störung des Unterrichts?

Normalerweise behält die Rechtsprechung sich das Recht vor, die Auslegung solcher „unbestimmten Rechtsbegriffe" durch die Norm-Anwender umfassend zu kontrollieren. Im Schulbereich gilt dieser Grundsatz aber nur eingeschränkt: Bei den Prüfungsentscheidungen und bei sonstigen pädagogischen Entscheidungen wurde den Lehrkräften ein „Beurteilungsspielraum" zugebilligt, innerhalb dessen sie frei entscheiden können. Nach der neueren höchstrichterlichen Rechtsprechung ist ein solcher Beurteilungsspielraum allerdings jedenfalls dann kaum zu rechtfertigen, wenn es um Abschlusszeugnisse geht, die für den Zugang zu einem bestimmten Beruf entscheidend sind (Freiheit der Berufswahl gem. → Grundgesetz Art. 12). Diese Rechtsprechung kann und muss auf andere Entscheidungen übertragen werden, welche die Grundrechte der Schüler/innen unmittelbar berühren. Im Ergebnis hat dies zu einer weiteren Formalisierung der Verfahren geführt: Durch exakte Protokollierung und strikte Einhaltung der Verfahrensvorschriften müssen die schulischen Entscheidungen justiziabel gemacht werden. Hierzu bitte auch den Beitrag → Verwaltungsrecht beachten.

Bei den eigentlichen pädagogischen Entscheidungen ist jedoch nach wie vor davon auszugehen, dass den Lehrkräften ein Beurteilungsspielraum zusteht, da (nur) sie den zu beurteilenden Sachverhalt aus eigener Anschauung kennen.

Ob eine Ermessensentscheidung getroffen werden muss, bestimmt sich nach der anzuwendenden Rechtsnorm. Dort ist nur selten ausdrücklich von der *pflichtgemäßen Ermessensausübung* die Rede. Die Verwendung der Begriffe „*kann*", „*soll*", „*darf*", „*in der Regel*" etc. zeigt jedoch an, dass eine Ermessensentscheidung getroffen werden muss (vgl. → Juristische Terminologie).

Hierfür einige Beispiele:
- Genügen die Leistungen an sich den Anforderungen für die Versetzung in die nächsthöhere Klasse nicht, so „*kann*" die Versetzungskonferenz nach § 1 Abs. 3 der Versetzungsordnung dennoch mit 2/3-Mehrheit versetzen, es ist also eine Ermessensentscheidung möglich.
- Wurde ein bestimmtes Verhalten als Gefährdung des Erziehungsauftrags der Schule bewertet, so

ist eine Ermessensentscheidung darüber notwendig, ob und ggf. welche der in § 90 SchG genannten Maßnahmen ergriffen werden sollte.

Kein Ermessen besteht aber dann, wenn eine Lehrerin oder ein Lehrer unbestimmte Rechtsbegriffe ausfüllt, also z.b. eine Leistung als *„den Anforderungen in besonderem Maße"* entsprechend beurteilt: Dann **muss** aufgrund der NotenbildungsVO konsequenterweise die Note *„sehr gut"* erteilt werden.

Damit ist jedoch die Ausübung des Ermessens der gerichtlichen Überprüfung nicht entzogen. Jede Ermessensentscheidung kann daraufhin untersucht werden, ob die Grenzen des Ermessens gewahrt wurden; dabei überprüfen die Gerichte jedoch nur die *Recht*mäßigkeit der jeweiligen Amtshandlung, nicht aber deren *Zweck*mäßigkeit. Dennoch kann es vorkommen, dass in einer bestimmten Situation nur eine einzige Möglichkeit für eine ermessensfehlerfreie Entscheidung besteht.

Diese Ermessensbindung folgt aus dem Grundsatz der Gleichbehandlung. Juristische Laien leiten aus diesem Grundsatz häufig ab, dass **alle** Sachverhalte oder Personen völlig gleich behandelt werden müssten. Tatsächlich verlangt der Gleichbehandlungsgrundsatz aber nur, dass nicht grundlos differenziert wird. So muss z.B. bei der Ermessensentscheidung über die Befreiung einer Schülerin vom Sportunterricht im Einzelfall die Religionszugehörigkeit berücksichtigt werden. Eine moslemische Schülerin **muss** ggf. befreit werden, wenn sie darlegt, dass der Koran es ihr verbietet, sich Männern in Sportkleidung zu zeigen. Andererseits führt dies nicht dazu, dass *alle* moslemischen Schülerinnen automatisch befreit werden müssten. Vielmehr kommt es darauf an, dass die einzelne Schülerin die Voraussetzung für die Befreiung glaubhaft darlegt, nämlich ihre eigene Überzeugung, den Geboten des Koran Folge leisten zu müssen.

Besonders groß ist dieser Freiraum, wenn eine Ermessensentscheidung mit einem unbestimmten Rechtsbegriff gekoppelt wird, bei dessen Ausfüllung die Lehrkraft einen Beurteilungsspielraum hat. Weil die Gerichte diese pädagogische Wertung nur bedingt überprüfen können, ist es ihnen auch nicht möglich, die aufgrund dieser Wertung getroffenen Maßnahmen zu kontrollieren. Zwar ist davon auszugehen, dass eine völlig unzweckmäßige Maßnahme auch nicht rechtmäßig ist; dennoch bleibt ein ausreichend großer pädagogischer Freiraum für die Ausfüllung der unbestimmten Rechtsbegriffe und für die Ausübung des Ermessens.

Dieser Freiraum sollte aber nicht zur Sorglosigkeit verführen: Kommt es zum Streit, prüft nämlich am Ende die Schulaufsichtsbehörde, der die *Fachaufsicht* obliegt, den strittigen Fall, und das geschieht sehr gründlich.   ➔ Verwaltungsrecht

Bei Verwaltungsakten – z.B. Entscheidung über eine Versetzung oder Ausschluss aus der Schule – findet <u>vor</u> dem Gang zum Gericht stets ein Widerspruchsverfahren statt: Die dafür zuständige Behörde (obere Schulaufsichtsbehörde) überprüft die angegriffene Entscheidung umfassend, also auch auf ihre Zweckmäßigkeit hin. Gegenstand des gerichtlichen Verfahrens ist danach nicht mehr der ursprüngliche Verwaltungsakt sondern die Fassung, die er durch den Widerspruchsbescheid der Schulaufsichtsbehörde erhalten hat. Allerdings ist die Fachaufsicht nicht grenzenlos, sondern sie setzt stets voraus, dass die Schulaufsichtsbehörde den strittigen Sachverhalt selbst beurteilen kann.

Für das Dienstverhältnis gilt: Der beamtenrechtliche Grundsatz von „Schutz und Fürsorge" (§ 98 LBG) bedeutet, dass Vorgesetzte den Beamten bei Ermessensentscheidungen „gerecht und wohlwollend" und unter „gebührender Berücksichtigung der wohlverstandenen Interessen des Beschäftigten", begegnen müssen (BVerwGE 15, 7; 19, 54).

➔ Beamtenstatusgesetz § 45

Schritte bei der Ermessenausübung

In der Praxis ist folgendermaßen zu verfahren:
1. **Wahrnehmung** eines Sachverhaltes.
2. **Zuordnung** dieses Sachverhaltes zu einer Rechtsvorschrift, gegebenenfalls durch Auslegung unbestimmter Rechtsbegriffe.
3. **Feststellung**, ob auf diesen Sachverhalt auf verschiedene Art reagiert werden kann (nur dann wird eine Ermessensentscheidung verlangt).
4. **Auswahl** einer der möglichen Maßnahmen.

Vorgesetzte bzw. Gerichte können eine so getroffene Entscheidung nur revidieren, wenn wenigstens eine der folgenden Bedingungen vorliegt:
1. Der **Sachverhalt** wurde unrichtig festgestellt.
2. Es wurde die falsche **Rechtsnorm** angewandt.
3. Das **Ermessen** wurde fehlerhaft ausgeübt,
    – wenn die Behörde (Schule) eine Maßnahme ergreift, die nicht im Rahmen der Ermessensvorschrift liegt (**Ermessensüberschreitung**).
    – wenn die Behörde (Schule) keine Ermessenserwägungen angestellt hat, sondern davon ausgegangen ist, zu einer bestimmten Vorgehensweise verpflichtet zu sein (**Ermessensnichtgebrauch**).
    – wenn die Behörde (Schule) sich nicht ausschließlich vom Zweck der Ermessensvorschrift hat leiten lassen, sondern auch von sachfremden Erwägungen (**Ermessensmissbrauch**).
    – wenn die gewählte Maßnahme **unverhältnismäßig** war oder gleiche Sachverhalte grundlos ungleich behandelt wurden. (Nicht dem Verhältnismäßigkeitsgrundsatz entspricht eine Maßnahme, wenn
        – sie nicht geeignet ist, den gewünschten Erfolg zu erzielen
        – es mildere Mittel gibt, mit denen der Erfolg ebensogut erreicht werden könnte.
        – sie Betroffene übermäßig belastet, Mittel und Zweck also außer Verhältnis stehen).

➔ Juristische Terminologie; ➔ Notenbildungsverordnung; ➔ Schulgesetz § 90; ➔ Verwaltungsrecht; ➔ Vorschriften

Ernennungsgesetz

Hinweise der Redaktion auf das Gesetz über die Ernennung der Richter und Beamten des Landes in der Fassung vom 16. August 1994 (GBl. S. 486/1994), mit den Änderungen durch das Dienstrechtsreformgesetz vom 27.10.2010 (GBl. S. 793/2010)

Übersicht über die Zuständigkeiten im Schulbereich	Ernennung Einstellung	Beförderung	Versetzung Abordnung	Zurruhesetzung Altersgrenze*	Zurruhesetzung auf Antrag**
Schulleiter/innen des höheren Dienstes (Besoldungsgruppe A 16 – Oberstudiendirektor/in)	MP	MP	KM	KM	KM
Lehrkräfte und stv. Schulleiter/innen des höheren Dienstes (Bes.-Gr. A 15 – Studiendirektor/in)	MP	MP	RP	KM	RP
Lehrkräfte des höheren Dienstes bis Bes.-Gruppe A 14 (Studienrat/Oberstudienrat/rätin)	RP	RP	RP	RP	RP
Lehrkräfte des gehobenen Dienstes an Gymnasien und beruflichen Schulen (z.B. Gymnasial-, Gewerbe-, Handelsschulrat/rätin, Technische Oberlehrer/in an Beruflichen Schulen)	RP	RP	RP	RP	RP
Schulleiter/innen an Grund-, Haupt-, Real- und Sonderschulen (Rektor/innen)	RP	RP	RP	RP	RP
Stellvertretende Schulleiter/innen an Grund-, Haupt-, Real- und Sonderschulen (Konrektor/innen), Technische Oberlehrer/in oder Fachoberlehrer/in als Fachbetreuer/in)	RP	SSA	SSA/RP***	RP	RP
Lehrkräfte des gehobenen Dienstes an Grund-, Haupt-, Werkreal-, Real- und Sonderschulen (z.B. Lehrer/in, Realschul-/Sonderschullehrer/in, Fachlehrer/in, HHT-Lehrerin, Technische Lehrer/in	RP	RP	SSA/RP***	RP	RP
Studienreferendar/innen und Lehreranwärter/innen	RP	RP	RP	–	–

* Zurruhesetzung wegen Erreichens der Altersgrenze (§ 36 LBG) und wegen Dienstunfähigkeit bzw. Feststellung der begrenzten Dienstfähigkeit (§27 BeamtStG i.V.m. § 43 LBG), Hinausschieben der Altersgrenze (§ 39 LBG)
** Zurruhesetzung auf eigenen Antrag (§ 40 LBG)   *** RP, wenn Schulamtsgrenze überschritten wird

MP = Ministerpräsident / KM = Kultusminister / RP = Regierungspräsident / SSA = Staatliches Schulamt
→ Beamtengesetz Kasten bei § 3; → Funktionsstellen (Besetzung); → Schulverwaltung (bei Adressen)

Erste Hilfe in Schulen

Auszüge aus dem Merkblatt „Erste Hilfe in Schulen" der gesetzlichen Unfallversicherung

Vorbemerkungen der Redaktion:

1. Das auf den folgenden Seiten abgedruckte Merkblatt wurde mit Zustimmung des Kultusminister erarbeitet und besitzt den Charakter einer Richtlinie für die Schulträger, die für die Ausstattung der Schulen zuständig sind. Es ist bei der Unfallkasse Baden-Württemberg kostenlos erhältlich (www.uk-bw.de).
→ Unfallversicherung; dort auch die Anschrift
2. Der Schulleiter bzw. die Schulleiterin ist „Unternehmer" des Betriebs „Schule" und hat ggf. den Schulträger zur Bereitstellung/Beschaffung der erforderlichen Materialien bzw. Einrichtung anzuhalten. Bei Konflikten ist die Schulaufsichtsbehörde einzuschalten.
→ Schulgesetz § 32 Abs. 1 Nr. 5
3. Das KM hat zusammen mit der Unfallkasse Baden-Württemberg zum Thema „Erste Hilfe an Schulen" eine Handlungshilfe zur arbeitsplatzbezogenen Gefährdungsbeurteilung herausgegeben. Sie kann im Internet abgerufen werden (www.bildungsportal-bw.de/) unter: *Startseite > Arbeitsschutz -Schule-bw.de > Gefährdungsbeurteilung an Lehrerarbeitsplätzen > Arbeitsplatzbezogen > Instrumente.*

Auszüge aus dem Merkblatt „Erste Hilfe in Schulen"

1
Was enthält diese Information

Nach § 21 Sozialgesetzbuch VII und § 10 Arbeitsschutzgesetz muss für Schülerinnen und Schüler in der Schule eine sachgerechte Erste Hilfe sichergestellt werden.

Diese GUV-Information nennt die Voraussetzungen für eine wirksame Erste Hilfe in allgemeinbildenden und beruflichen Schulen.

Außerdem werden Hinweise für Maßnahmen nach Eintritt eines Unfalls und den Transport von Verletzten gegeben.

2
Sachliche Voraussetzungen

2.1
Welche Meldeeinrichtungen sollten vorhanden sein?

In den Schulen muss während schulischer Veranstaltungen jederzeit bei Unfällen unverzüglich die notwendige Hilfe herbeigerufen werden können, z.B. durch einen amtsberechtigten Fernmeldeanschluss oder eine Haustelefonanlage mit zentraler Benachrichtigungsstelle. Dieser Anschluss muss in zentraler Lage im Gebäude jederzeit erreichbar sein.

Bei Schulen mit weitläufigen Gebäudekomplexen muss zusätzlich in Bereichen mit erhöhter Gefährdung der Schülerinnen und Schüler (z.B. Sporthallen, naturwissenschaftliche Unterrichtsräume, Räume für Technikunterricht, Fachräume der einzelnen Berufsfelder in berufsbildenden Schulen) eine den Lehrkräften jederzeit zugängliche Meldeeinrichtung vorhanden sein.

In unmittelbarer Nähe der Meldeeinrichtung müssen die Namen der Ersthelferinnen/ Ersthelfer und der Orte, an denen sie üblicherweise zu erreichen sind, die Rufnummern der nächstgelegenen Arztpraxen, der Durchgangsärztin/des Durchgangsarztes, des Krankenhauses, der Rettungsleitstelle, der Giftzentralen und der Taxizentrale verfügbar sein.

2.2 Muss ein Sanitätsraum vorhanden sein?

In allen Schulen muss mindestens ein Raum vorhanden sein, in dem verletzte Schülerinnen und Schüler betreut werden können („Sanitätsraum", „Krankenzimmer", „Schularztzimmer"). Dieser sollte sich zu ebener Erde in zentraler Lage im Gebäudekomplex der Schule, im Bereich der Werkstätten und/oder in der Sporthalle befinden und für den Rettungsdienst gut zugänglich sein.

Dieser Raum muss mindestens mit einem kleinen Verbandkasten nach DIN 13 157 Typ C sowie einer Krankentrage nach DIN 13 024, Teil 1 oder DIN 13 024, Teil 2 oder einer Liege ausgerüstet sein. Auch sollte ein Waschbecken mit fließend kaltem und warmem Wasser vorhanden sein.

→ Schulbau

2.3
Welches Erste-Hilfe-Material muss zur Verfügung stehen?

Mindestens ein Verbandkasten nach DIN 13 157 Typ C muss an einer zentralen, allen Hilfe Leistenden zugänglichen Stelle im Schulgebäude (z.B. Sanitätsraum, Schulsekretariat) bereitgehalten und je nach Verbrauch ergänzt werden (siehe DIN 13 157 oder die GUV-Information „Erste-Hilfe-Material – GUV-I 512, bisher GUV 20.6). Neu einzuführende Verbandstoffe müssen entsprechend dem Medizinproduktgesetz ein CE-Zeichen tragen. Medikamente und Salben gehören nicht in Verbandkästen.

Weitere Verbandkästen müssen, je nach Größe der Schule, vor allem in Bereichen mit erhöhter Gefährdung der Schülerinnen und Schüler (z.B. Sporthallen, naturwissenschaftliche Unterrichtsräume, Werkräume, Lehrküchen, Werkstätten) vorhanden sein. In Sporthallen und auf Sportplätzen sollten zusätzlich Kältepackungen, Sportsalben/-gel zur Behandlung stumpfer Verletzungen (z.B. Prellungen, Zerrungen) vorhanden sein. Erste-Hilfe-Material muss bei Wanderungen, Exkursionen, Studienfahrten, Wintersportveranstaltungen, Sportveranstaltungen außerhalb der Sporthalle usw. mitgenommen werden.

2.4
Wie sind die Erste-Hilfe-Einrichtungen zu kennzeichnen?

Erste-Hilfe-Einrichtungen sowie Aufbewahrungsorte von Erste-Hilfe-Material, Rettungsgeräten, Rettungstransportmitteln sind deutlich erkennbar und dauerhaft durch ein weißes Kreuz auf quadratischem oder rechteckigem grünen Grund mit weißer Umrandung (Aufkleber „Erste Hilfe", Bestell-Nr. GUV-I 8577, bisher GUV 38.5) zu kennzeichnen.

2.5
Wer trägt die Kosten für die sachlichen Voraussetzungen der Ersten Hilfe?

Die Kosten für die sachlichen Voraussetzungen einer wirksamen Ersten Hilfe hat der Schulsachkostenträger zu übernehmen. Die Schulleiterin/ der Schulleiter hat dafür zu sorgen, dass die im vorhergehenden Abschnitt genannten sachlichen Voraussetzungen durch den Schulsachkostenträger geschaffen und erhalten werden.

In Räumen oder Einrichtungen der Schule, in denen Schülerinnen und Schüler besonderen Gefährdungen ausgesetzt sind (z.B. naturwissenschaftliche Unterrichtsräume, Werkstätten, Schwimmbäder) müssen zusätzlich zu dem im vorhergehenden Abschnitt genannten Erste-Hilfe-Material entsprechende Rettungsgeräte (z.B. Löschdecken, Handbrausen, Rettungsringe) vorhanden sein.

Arbeits- und Gesundheitsschutz – Aushang bzw. Auslage sind Pflicht!
Sind an Ihrer Schule die „aushangpflichtigen Gesetze" vorhanden?
Einen Bestellschein finden Sie unter → Arbeits- und Gesundheitsschutz (Allgemeines).

3
Personelle Voraussetzungen
3.1
Wer sollte als Ersthelfer* ausgebildet werden?

Die Schulleiterin/der Schulleiter ist verantwortlich für die Organisation einer wirksamen Ersten Hilfe in ihrer/seiner Schule. Dazu gehört auch, dass ausreichend Ersthelfer ausgebildet sind. Es ist anzustreben, dass Lehrkräfte, die bei schulischen Veranstaltungen in Situationen gelangen können, die Hilfeleistungen erfordern (z.B. Klassenfahrten, Besichtigungen) adäquat ausgebildet sind. Dies gilt insbesondere für alle Lehrkräfte des Faches Sport, der technisch-naturwissenschaftlichen Fächer und der praktischen Ausbildung in beruflichen Schulen sowie für Lehrkräfte, die Klassenfahrten, Besichtigungen etc. durchführen.

* Ersthelfer sind Personen, die bei Schülerinnen und Schülern nach Unfällen Erste Hilfe leisten.

Darüber hinaus sollten Hausmeister und sonstige Arbeitnehmer/innen der Schule (z.B. Schulverwaltungskräfte) ausgebildet werden.

Die Erfahrung zeigt, dass die Kenntnisse und Fertigkeiten aufgefrischt werden müssen. Die Fortbildung soll in angemessenen Zeiträumen erfolgen.

Die Ausbildung in Erster Hilfe und die notwendige Fortbildung erfolgt nach den länderspezifischen Regelungen. Auskunft dazu gibt der zuständige Träger der gesetzlichen Unfallversicherung.

3.2 Wer trägt die Kosten der Ausbildung?

Die Ausbildung ist für die Ersthelferin/den Ersthelfer kostenfrei. Die Übernahme der Kosten für die Aus- und Fortbildung in Erster Hilfe erfolgt in Absprache zwischen dem zuständigen Unfallversicherungsträger und dem Dienstherrn bzw. Arbeitgeber.

4
Maßnahmen nach Eintritt eines Unfalls
4.1 Wie muss die/der Verletzte versorgt werden?

Bei einem Unfall muss jeder Hilfe leisten. Die Erste-Hilfe-Maßnahmen richten sich nach der Art und Schwere der Verletzung. Reichen Erste-Hilfe-Maßnahmen für die Versorgung von Verletzten nicht aus, müssen die Verletzten in ärztliche Behandlung gebracht werden.

Hinweis der Redaktion: Bitte beachten Sie hierzu auch den Beitrag → Unfallversicherung; dort sind auch die Anschriften der Gemeindeunfallversicherungsverbände enthalten; bei diesen sind das vollständige Merkblatt sowie die Verbandbücher etc. erhältlich.

Eine schnelle, sachgerechte Versorgung kann sichergestellt werden, wenn bereits vor Ort über die Wahl der Arztpraxen bzw. den Transport in ein Krankenhaus entschieden wird. Diese Entscheidung ist jeweils abhängig von Art und Schwere der Verletzung. Folgende Übersicht kann hierzu eine Hilfestellung geben:

Personen mit leichten Verletzungen, die ärztlicher Versorgung bedürfen, bei denen aber voraussichtlich nur eine kurzfristige Behandlung erforderlich ist, sind der nächsterreichbaren Arztpraxis vorzustellen.

Bei schwereren Verletzungen ist die/der Verletzte einer Durchgangsärztin/ einem Durchgangsarzt vorzustellen (Durchgangsärzte sind fachlich besonders qualifizierte Ärztinnen und Ärzte, die von den Unfallversicherungsträgern zugelassen sind. Auskünfte über den nächstgelegenen Durchgangsarzt erteilt der zuständige Unfallversicherungsträger.

Liegt offensichtlich eine Augen- oder Hals-, Nasen-, Ohrenverletzung vor, ist die/der Verletzte der nächsterreichbaren Arztpraxis des entsprechenden Fachgebietes zuzuführen.

4.2 Wie ist die/der Verletzte zu transportieren?

Ein schneller und fachgerechter Transport der/des Verletzten zur Arztpraxis bzw. in das Krankenhaus kann entscheidend für den Erfolg der Heilbehandlung sein. Bei der Auswahl des Transportmittels sind die Art und Schwere der Verletzung und die örtlichen Verhältnisse zu beachten.

So kann bei leichten Verletzungen eine Schülerin/ ein Schüler zu Fuß, mit öffentlichen Verkehrsmitteln, Taxi oder Privatwagen zur behandelnden Arztpraxis gebracht werden (Kosten für den Transport trägt der Unfallversicherungsträger).

Hinweise der Redaktion:
1. Aus haftungsrechtlichen Gründen raten wir vom Transport von Schülerinnen und Schüler durch Lehrkräfte in privateigenen Kraftwagen ab. In jeder Schule sollte deshalb ein Verzeichnis der für den Krankentransport zuständigen Stellen sowie der Taxizentralen vorliegen.
2. Die Unfallversicherungsträger haben für die direkte Abrechnung des Taxiunternehmens Formulare entwickelt („Taxi-Fahrauftrag und Rechnung"). Der Fahrauftrag muss dann nur von der Schule unterschrieben werden.
→ Unfallversicherung

Je nach Alter der/des Verletzten und je nach Art der Verletzung muss entschieden werden, ob die/ der Verletzte durch eine weitere Person begleitet werden muss.

Bei Verletzungen, die einen besonderen Transport bzw. sachkundige Betreuung während des Transportes erfordern, sollte dieser durch Rettungswagen oder Notarztwagen erfolgen.

Bestehen nach Unfällen Zweifel an der Transportfähigkeit der/des Verletzten, sollte grundsätzlich eine Ärztin/ein Arzt über die Art des Transportes entscheiden.

5
Unfälle dokumentieren

Unfälle müssen dokumentiert werden. Bei allen Unfällen, bei denen ärztliche Behandlung in Anspruch genommen wird, ist eine Unfallanzeige an den zuständigen Unfallversicherungsträger zu senden. ... Die Anzeige ist auf dem dafür vorgesehenen Vordruck – ... bei den Unfallversicherungsträgern erhältlich – binnen drei Tagen dem Unfallversicherungsträger vorzulegen.

→ Unfallversicherung

Hinweis der Redaktion: Die Unfallanzeigen von verletzten Beschäftigten sind auch dem Personalrat zu übermitteln.

→ Personalvertretungsgesetz § 83

Alle anderen Unfälle müssen vermerkt werden, z.B. im Verbandbuch oder in einer PC-Datei, damit bei Spätfolgen eines nicht durch Unfallanzei-

ge angezeigten Unfalls der schulische Zusammenhang nachgewiesen werden kann. Außerdem wird im Verbandbuch dokumentiert, dass die Schulleitung bzw. die Lehrerinnen und Lehrer ihrer Verpflichtung zu Erster Hilfe nachgekommen sind.
Diese Aufzeichnungen müssen fünf Jahre nach der letzten Eintragung aufbewahrt werden. Aus ihnen müssen Angaben hervorgehen über
- Zeit,
- Ort (Gebäudeteil),
- Hergang des Unfalls,
- Unfallfolgen,
- Zeitpunkt und Art der Erste-Hilfe-Maßnahmen,
- Namen der/des Verletzten,
- Namen der Zeugen,
- Namen der Personen, die Erste Hilfe leisteten.

Für diese Aufzeichnungen wird vom Unfallversicherungsträger ein Verbandbuch unter der Bestellnummer GUV-I 511-1 (bisher GUV 40.6) kostenlos zur Verfügung gestellt. Die Unfallanzeige ersetzt die Eintragung in das Verbandbuch.

Anhang
Inhalt des kleinen Verbandkastens (DIN 13 157, Typ C) – hier nicht abgedruckt –

Erste Hilfe bei Veranstaltungen im freien Gelände
Hinweise der Redaktion

Die Unfallkassen (gesetzliche Schülerunfallversicherung) haben darauf hingewiesen, dass die zuständige Erste-Hilfe-Organisation von Ski-Veranstaltungen, Ski-Schultagen und Ski-Wettkämpfen der Schulen informiert werden muss, um eine wirksame Erste Hilfe im freien Gelände sicherstellen zu können. Verantwortlich hierfür ist die Schulleitung als „Unternehmer".
→ Unfallversicherung Ziff. II.3.3
Zuständige Erste-Hilfe-Organisation für Ski-Veranstaltungen ist in den Regierungsbezirken
- Freiburg und Karlsruhe die Bergwacht Schwarzwald e.V., Basler Landstr. 90, 79111 Freiburg, FON: (0761) 493366, FAX: (0761) 472900,
- Stuttgart und Tübingen das Deutsche Rote Kreuz – Bergwacht Württemberg, Badstr. 41, 70372

Stuttgart, FON: (0711) 5505-0, FAX: -5505-194.
Geplante Ski-Veranstaltungen sollten rechtzeitig (mindestens drei Wochen vorher) dort angemeldet werden, damit eine Betreuung dieser Veranstaltungen durch die Erste-Hilfe-Organisation erfolgen kann. Die Anwesenheit des Bergrettungsdienstes an Wochentagen ist kostenpflichtig!
Die Bergwachten sowie die Unfallkassen helfen mit Auskünften auch bei der Vorbereitung von Ski-Veranstaltungen im Ausland weiter.
Auch für alle anderen Veranstaltungen außerhalb des eigentlichen Schulbereichs (z.B. Waldlauf-Tag, Radrennen oder Schulfest im freien Gelände) ist die Organisation der Ersten Hilfe notwendig. Hier sollte man die örtlichen Erste-Hilfe-Organisationen ansprechen (z.B. DRK, Malteser, ASB usw.).

→ Arbeits- und Gesundheitsschutz (Allgemeines); → Arbeitsschutzgesetz § 10; → Archivierung/Aufbewahrungsfristen; → Schulbau; → Unfälle (Arbeits- und Dienstunfälle); → Unfallversicherung (dort auch die Anschriften der Gemeindeunfallversicherungsverbände; bei diesen sind das vollständige Merkblatt sowie die Verbandbücher etc. erhältlich)

Ethik

Ethikunterricht; Verwaltungsvorschrift des KM vom 21. November 2001 (KuU S. 1/2002); zuletzt geändert 11.11.2009 (KuU S. 223/2009)

1
Einrichtung

Nach § 100a SchG ist für Schülerinnen und Schüler, die nicht am Religionsunterricht als ordentlichem Unterrichtsfach teilnehmen, das Fach Ethik als ordentliches Unterrichtsfach einzurichten. Das Fach Ethik ist bisher eingerichtet an den
a) Klassen 8 bis 10 der Haupt-, Werkreal - und Realschulen sowie der Sonderschulen mit entsprechenden Bildungsgängen,
b) Klassen 8 bis 11 und den Jahrgangsstufen im neunjährigen Bildungsgang Gymnasien, an den Sonderschulen mit entsprechendem Bildungsgang und an den beruflichen Gymnasien,
c) Klassen 7 bis 10 und den Jahrgangsstufen im achtjährigen Bildungsgang Gymnasien.

2
Gruppenbildung

Die Gruppenbildung im Fach Ethik erfolgt nach Maßgabe der Verwaltungsvorschrift über die Unterrichtsorganisation (Organisationserlass). Dabei können auch bei den Gymnasien über Parallelklassen und Klassen oder Jahrgangsstufen hinweg Gruppen gebildet werden. Gegebenenfalls können Gruppen auch zwischen benachbarten Schulen der gleichen Schulart gebildet werden.
→ Organisationserlass
Falls im Verlauf des ersten Schulhalbjahres die erforderliche Schülerzahl erreicht wird, ist das Fach Ethik zu Beginn des zweiten Schulhalbjahres einzurichten.
Falls im Verlauf des Schuljahres die erforderliche

Schülerzahl unterschritten wird, ist der Unterricht bis zum Ende des Schuljahres fortzusetzen.

3 Teilnahmepflicht

Zur Teilnahme am Ethikunterricht sind Schülerinnen und Schüler verpflichtet,
a) die keiner Religionsgemeinschaft angehören,
b) für die Religionsunterricht als ordentliches Unterrichtsfach nicht eingerichtet ist,
c) die sich vom Religionsunterricht abgemeldet haben.

Hinweis der Redaktion: „Eingerichtet" ist in Baden-Württemberg altkatholischer, evangelischer, jüdischer, romisch-katholischer und syrisch-orthodoxer Religionsunterricht.

→ Schulgesetz § 96

In den Fällen der Buchstaben a) und b) entfällt die Teilnahmepflicht, wenn die Schülerin oder der Schüler am Religionsunterricht als ordentlichem Unterrichtsfach einer Religionsgemeinschaft mit deren Zustimmung teilnimmt. Ferner besteht für Schülerinnen und Schüler keine Teilnahmepflicht, wenn der Religionsunterricht ihres Bekenntnisses an der Schule eingerichtet ist, jedoch für die entsprechende Klassenstufe ausnahmsweise nicht erteilt wird.

→ Religionsunterricht (Teilnahme)

4 Austritt aus dem Ethikunterricht

Der Austritt aus dem Ethikunterricht ist nur zu Beginn eines Schulhalbjahres und nur, wenn anschließend Religionsunterricht als ordentliches Unterrichtsfach besucht wird, zulässig.

5 Leistungserhebung und Leistungsbeurteilung

Das Fach Ethik ist ordentliches Unterrichtsfach. Es gelten die allgemeinen Bestimmungen zur Leistungserhebung und Leistungsbeurteilung. Das Fach Ethik ist ein für die Versetzung maßgebendes Fach im Sinne der Versetzungsordnungen. Dies gilt auch dann, wenn der Ethikunterricht erst zu Beginn des zweiten Schulhalbjahres besucht wird.

→ Notenbildungsverordnung

Für den Ethikunterricht in den Jahrgangsstufen gelten die Bestimmungen der Verordnungen über die Jahrgangsstufen sowie die Abiturprüfung der allgemeinbildenden und der beruflichen Gymnasien.

Hinweis der Redaktion: Religionslehrkräfte im Dienst des Landes dürfen an der gleichen Schule nicht gleichzeitig sowohl im Ethik- als auch im Religionsunterricht eingesetzt werden. Über mögliche Folgen des Einsatzes einer Religionslehrkraft in Ethik für die kirchliche Bevollmächtigung informiert ausschließlich die Kirche. (Quelle: KuU S. 201/2008)

→ Gymnasium (Abitur); → Notenbildungsverordnung; → Organisationserlass; → Religion und Schule; → Religionsunterricht und kirchliche Lehrkräfte; → Religionsunterricht (Teilnahme); → Schulgesetz § 100 a

Evaluation

Verordnung des Kultusministeriums über die Evaluation von Schulen (EvaluationsVO) vom 10. Juni 2008 (KuU S. 113/2008)

Erster Abschnitt – Allgemeines

§ 1
Zweck der Evaluation, Bezeichnungen

(1) Die Evaluation dient der Qualitätssicherung und Qualitätsentwicklung vor Ort. Die Pflicht zur Selbst- und Fremdevaluation gilt für alle öffentlichen Schulen.

(2) Die Schule führt zur Bewertung ihrer Schul- und Unterrichtsqualität regelmäßig Selbstevaluationen durch. Die systematische Datenerhebung und Datenauswertung soll darüber Auskunft geben, inwieweit die von der Schule festgelegten beziehungsweise die mit der Schulaufsicht vereinbarten Ziele erreicht worden sind.

(3) Das Landesinstitut für Schulentwicklung (Landesinstitut) führt in angemessenen zeitlichen Abständen Fremdevaluationen durch. Dabei stellt es die Qualität der Schule anhand definierter Qualitätskriterien fest und gibt der Schule Rückmeldung.

(4) Die im Landesdienst stehenden Lehrkräfte sind zur Mitwirkung an der Selbst- und Fremdevaluation verpflichtet. Die Mitwirkung von Schülern, deren Eltern und der für die Berufserziehung Mitverantwortlichen ist für diese freiwillig. Im Falle einer Beobachtung von Unterricht ist die Teilnahme für Schüler auf der Grundlage der Schulbesuchsverordnung verpflichtend.

(5) Zur Durchführung der Evaluation kann das Kultusministerium nähere Festlegungen treffen.

(6) Soweit die nachfolgenden Bestimmungen Personalbegriffe wie Schulleiter, Evaluatoren oder Schüler enthalten, sind dies funktions- oder statusbezogene Bezeichnungen, die gleichermaßen auf Frauen und Männer zutreffen.

→ Schulentwicklung

§ 2
Datenschutz

Die Vorschriften des Landesdatenschutzgesetzes, konkretisiert durch die VwV „Datenschutz an öffentlichen Schulen" in der jeweils geltenden Fassung, sind zu beachten.

Hinweis der Redaktion: Hierzu dort das Kapitel IV. „Verarbeitung personenbezogener Daten im Rahmen der Schulevaluation (§ 114 SchG)" beachten.

→ Datenschutz (Schulen)

Zweiter Abschnitt – Selbstevaluation

§ 3
Zuständigkeit

(1) Unbeschadet der Verantwortung des Schulleiters ist die Qualitätssicherung und Qualitätsentwicklung an der Schule Aufgabe des im Landesdienst stehenden lehrenden und nicht lehrenden Personals.

(2) Inhaltliche Entscheidungen treffen entsprechend den Regelungen in § 2 Abs. 1 Nr. 1 Konferenzordnung die Gesamtlehrerkonferenz oder nach §§ 3 bis 8 Konferenzordnung die entsprechenden Teilkonferenzen. Die Schulkonferenz ist nach § 47 Abs. 4 Nr. 1 Buchst. a SchG anzuhören.

➔ Konferenzordnung § 2 Abs. 1 Nr. 1; ➔ Schulgesetz § 47 Abs. 4 Nr. 1 Buchst. a

§ 4 Themen

Qualitätsentwicklung und Selbstevaluation erstrecken sich auf sämtliche für den Erfolg von Schule und Unterricht relevanten Bereiche wie

1. Voraussetzungen und Bedingungen schulischen Handelns, insbesondere Rahmenvorgaben, sächliche und personelle Ressourcen, Schüler und deren Lebensumfeld;
2. Unterricht, insbesondere Umsetzung des Bildungsplans, Gestaltung der Lehr- und Lernprozesse, Praxis der Leistungsbeurteilung und Leistungsrückmeldung;
3. Professionalität der Lehrkräfte, insbesondere Kooperation, Praxis der Weiterqualifizierung, Umgang mit beruflichen Anforderungen;

   Hinweis der Redaktion: Macht eine Schule durch Gesamtlehrerkonferenz-Beschluss den Arbeits- und Gesundheitsschutz zum Schwerpunkt ihrer Selbstevaluation, wird die Teilnahme einschließlich der Gefährdungsbeurteilung mittels eines standardisierten Fragebogens für die im Landesdienst stehenden Lehrkräfte verpflichtend; dabei kann bei dem aktuell verwendeten Fragebogen die Beantwortung des Teils A (Angaben zur Person und zum Arbeitsplatz) nicht verpflichtend gemacht werden.
   (Quelle: KM, 10.12.2009, AZ: LBD-0304.52/173)
   ➔ Arbeits- und Gesundheitsschutz (Rahmenkonzept) 3.3

4. Schulführung und Schulmanagement, insbesondere Führung, Verwaltung und Organisation;
5. Schul- und Klassenklima, insbesondere Schulleben, Mitgestaltungsmöglichkeiten der Schüler;
6. inner- und außerschulische Partnerschaften, insbesondere Mitgestaltungsmöglichkeiten der Eltern und der für die Berufserziehung Mitverantwortlichen, Zusammenarbeit mit anderen Institutionen, Darstellung der schulischen Arbeit in der Öffentlichkeit;
7. Ergebnisse und Wirkungen, insbesondere fachliche und überfachliche Lernergebnisse, Schul- und Laufbahnerfolg, Bewertung schulischer Arbeit.

§ 5
Verfahren, Methoden

(1) Die Schule formuliert ihre pädagogischen Grundsätze, erstellt ein Konzept zur Qualitätssicherung und Qualitätsentwicklung und führt die Selbstevaluation durch. Für ihre Qualitätsentwicklungs- und Selbstevaluationsprojekte legt sie für ein oder mehrere Schuljahre Ziele und Aufgaben anhand schulspezifischer Fragen fest.

(2) Der Bereich des Unterrichts ist verpflichtend und kontinuierlich zu bearbeiten. Zusätzlich soll die Schule die in § 4 genannten Bereiche in einer mehrjährig angelegten, systematischen Weise einbeziehen. Liegt eine Zielvereinbarung mit der Schulaufsicht vor, so sind Vorhaben und Projekte zur Erreichung der darin festgelegten Entwicklungsziele vorrangig zu bearbeiten.

(3) Den Umfang und die Reihenfolge der zu evaluierenden schulischen Bereiche und Fragestellungen legt die Schule nach Maßgabe von Absatz 2 in Abstimmung mit ihren Entwicklungszielen selbst fest; Absatz 2 Satz 1 bleibt unberührt.

(4) Die eingesetzten Erhebungsverfahren sollen dem Erkenntnisziel angemessen und adressatengerecht sein. Die Ergebnisse von zentralen Leistungsfeststellungsverfahren sind bei der Selbstevaluation einzubeziehen.

(5) Schulbeschreibung, Zielorientierung wie beispielsweise Leitbild oder pädagogische Leitziele, Entwicklungsprozesse und Maßnahmen sowie Evaluationsverfahren, Evaluationsergebnisse und daraus abgeleitete Folgerungen werden in einer schulinternen schriftlichen Qualitätsdokumentation festgehalten.

(6) Es steht der Schule frei, sich bei der Selbstevaluation der Hilfe sachkundiger Dritter zu bedienen. Der Schulträger ist nicht zur Übernahme hierfür entstehender Kosten verpflichtet.

§ 6
Einbeziehung Dritter, Schulträger

(1) Bei der Selbstevaluation bezieht die Schule alle am Schulleben Beteiligten, insbesondere Schüler und Eltern sowie die für die Berufserziehung Mitverantwortlichen, mit ein.

(2) Die Schule nimmt im Benehmen mit dem Schulträger und soweit erforderlich mit dessen Unterstützung in die schulinterne schriftliche Qualitätsdokumentation auch relevante Angaben zu Leistungen des Schulträgers auf.

Dritter Abschnitt – Fremdevaluation

§ 7
Zuständigkeit

Das Landesinstitut entwickelt Evaluationskonzepte, organisiert die Fremdevaluation, führt diese durch, wertet die Ergebnisse aus und übermittelt sie der evaluierten Schule.

➔ Schulentwicklung

Hinweis der Redaktion: Viele Informationen zur Evaluation bietet das LS unter: http://www.ls-bw.de/ueber/qeeva/.

§ 8
Themen

Unter Beachtung der Voraussetzungen und Bedingungen schulischen Handelns und in Würdigung der Selbstevaluation erstreckt sich die Fremdevaluation auf in § 4 Nr. 2 bis 7 bezeichnete Bereiche.

§ 9
Zeitpunkt

Die Fremdevaluation findet an jeder Schule grundsätzlich alle fünf Jahre statt. Sie wird in einem mehrjährigen Stufenplan an allen Schulen des Landes eingeführt.

Hinweis der Redaktion: An Schulen mit fünf und weniger Lehrkräften verzichtet das Landesinstitut aus Datenschutzgründen auf die Pflicht zur Fremdevaluation; sie können freiwillig teilnehmen. Wegen fehlender personeller Kapazitäten wird das Verfahren in der Praxis auf sieben Jahre gestreckt.

§ 10
Verfahren

(1) Das Landesinstitut bestimmt für jede Fremdevaluation ein Evaluationsteam, das je nach Größe der Schule aus zwei bis drei Evaluatoren bestehen soll. Mindestens ein Teammitglied hat die Lehrbefähigung für die Schulart der zu evaluierenden Schule. Das Evaluationsteam kann um eine von der jeweiligen Schule vorgeschlagene Person erweitert werden.

(2) Die Schule stellt dem Evaluationsteam vorab die schulinterne schriftliche Qualitätsdokumentation und gegebenenfalls weitere Dokumente zur Verfügung. Das Evaluationsteam vereinbart mit der Schule den konkreten Ablauf der Fremdevaluation, erstellt einen mit der Schule abgestimmten Evaluationsplan und legt den Termin für eine Rückmeldung fest.

Hinweis der Redaktion: Die §§ 10 und 11 bewirken ein zweistufiges Verfahren: Zunächst erfolgt eine Rückmeldung der Evaluatoren an die Schule, erst nach Stellungnahme der Schule wird vom LS der Evaluationsbericht erstellt. Das KM hat hierzu mitgeteilt (7.1.2009; AZ: 31-6500.140/125):
Die Rückmeldung des Landesinstituts in der Gesamtlehrerkonferenz nach durchgeführter Fremdevaluation und vor Übersendung des Fremdevaluationsberichts an die Schule hat den Zweck einer internen Ergebnispräsentation und gibt der GLK die Möglichkeit, zu diesen Ergebnissen Stellung zu nehmen, eventuell nicht berücksichtigte Umstände vorzutragen und ggf. Sachverhaltsrichtigstellungen vorzunehmen.
Erst auf der Grundlage dieser Ergebnispräsentation und etwaiger Rückmeldungen aus der GLK verfassen die Evaluatoren den Fremdevaluationsbericht und übersenden ihn gemäß § 11 EvaluationsVO an die Schule.
Vor endgültiger Erstellung und Übersendung des Fremdevaluationsberichts sind vom LS zurückgemeldete Ergebnisse von Schulleitung und Kollegium auch gegenüber sonstigen am Schulleben Beteiligten und Außenstehenden vertraulich zu behandeln. Die Ergebnisse der Fremdevaluation werden den schulischen Gremien von der Schulleitung gemäß § 11 Abs. 3 EvaluationsVO nach Eingang des Fremdevaluationsberichts vorgestellt.
Es ist demnach zwingend geboten, dass die Schulleitung zur Ergebnispräsentation eine Gesamtlehrerkonferenz einberuft, die ggf. über eine Stellungnahme der Schule an die Evaluatoren berät und beschließt.
→ Konferenzordnung § 2 Abs. 1 Nr. 1

(3) In der Regel dauert der Besuch der Schule zu Zwecken der Datenerhebung vor Ort durch das Evaluationsteam ein bis drei Tage. Es werden schulartangepasst unterschiedliche Evaluationsinstrumente verwendet.

§ 11
Evaluationsbericht

(1) Das Landesinstitut hält die Ergebnisse der Fremdevaluation in einem schriftlichen Evaluationsbericht fest und übersendet ihn der Schule.

Hinweis der Redaktion: Die Schulleitung muss nach Eingang des Evaluationsberichts eine weitere Gesamtlehrerkonferenz einberufen, die ggf. über eine Stellungnahme der Schule an die Schulaufsichtsbehörde (Abs. 2) berät und beschließt.
→ Konferenzordnung § 2 Abs. 1 Nr. 1

(2) Die Schule legt den Evaluationsbericht zeitnah der zuständigen Schulaufsichtsbehörde vor; dabei kann sie eine Stellungnahme abgeben. Der Schulträger erhält den Fremdevaluationsbericht unverzüglich nach Abschluss der datenschutzrechtlichen Prüfung. Er kann gegenüber der zuständigen Schulaufsichtsbehörde eine Stellungnahme abgeben.

Hinweis der Redaktion: Die Schulverwaltung übermittelt den Evaluationsbericht dem Schulträger mit einem Standardschreiben des KM, in dem es u.a. heißt (Stand: November 2008):
„Sie werden ... um vertrauliche Behandlung des Berichts gebeten. ... Durch den Fremdevaluationsbericht der Schulen erhalten die Schulträger zum Teil neue Einblicke in das schulische Geschehen. ... Die Aufgabenstellung des § 114 des Schulgesetzes bringt es mit sich, dass der Fremdevaluationsbericht Informationen über die untersuchte Schule enthält, die insbesondere im Hinblick auf die daraus von der Schule zu ziehenden Schlussfolgerungen vertraulich zu behandeln sind. Es wird daher gebeten, den Fremdevaluationsbericht in den gemeindlichen Gremien in nichtöffentlicher Sitzung zu behandeln und die Gemeinderäte auf ihre Verschwiegenheitspflicht bezüglich der Inhalte des Fremdevaluationsberichts hinzuweisen."

(3) Die Schulleitung stellt den Evaluationsbericht in den schulischen Gremien vor.

Hinweis der Redaktion: Dies sind die Schulkonferenz, der Elternbeirat und die SMV. Dabei muss sie nicht den gesamten Bericht zur Verfügung stellen, sondern die Ergebnisse.

§ 12
Zielvereinbarung

Die Schule ist verpflichtet, aus dem Fremdevaluationsbericht Zielvorstellungen und Maßnahmen zur Schulentwicklung abzuleiten. Diese legt sie der Schulaufsicht vor und trifft mit ihr eine Zielvereinbarung. Dabei werden die Zielvorstellungen der Schule abgeglichen mit den bildungspolitisch vorgegebenen Entwicklungslinien des Landes.

Hinweis der Redaktion: Auch dies bedarf der Beratung und Beschlussfassung in der Gesamtlehrerkonferenz.

•

Hinweise der Redaktion zur Selbst- und Fremdevaluation

1.
Allgemeinbildende Schulen

Jede zur Fremdevaluation benannte Schule erhält für die systematische Qualitätsentwicklung und Selbstevaluation zwei Jahre lang in Abhängigkeit von der Größe der Schule zwischen 2,5 und 4 Anrechnungsstunden jährlich. Zudem hat jede zur Fremdevaluation benannte Schule zwei Jahre lang jährlich Anspruch auf 6, große Schulen auf 8 Beratungshalbtage durch Prozessbegleiterinnen und Prozessbegleiter. Nach Absprache kann eine Schule auch 3 bzw. 4 Beratungstage in Anspruch nehmen. Zur Planung und Gestaltung dieser zwei Jahre ist es sinnvoll, einen pädagogischen Tag als Einstieg

in die systematische Qualitätsentwicklung durchzuführen.
(Quelle: KM, 28.9.2007, AZ: 32-6500.140/94)
→ Fortbildung und Personalentwicklung Nr. II Abs. 5
Umfangreiche Informationen zur Selbst- und Fremdevaluation (darunter der Orientierungsrahmen zur Schulqualität für allgemeinbildende Schulen und die Broschüre „*Schule entwickeln, Qualität fördern – Information zum Unterstützungssystem für die allgemeinbildenden Schulen*") sind auf der Homepage des Landesinstituts für Schulentwicklung unter: http://www.ls-bw.de/ueber/qeeva/ dokumentiert; von dort stammt auch das Merkblatt (siehe vorhergehende Seiten). Die datenschutzrechtlichen Hinweise des KM zur Evaluation sind abgedruckt unter → Datenschutz – Evaluation.

2. Berufliche Schulen

An den beruflichen Schulen erfolgt die Einführung der Selbstevaluation und Fremdevaluation mit dem Konzept „*Operativ Eigenständige Schule*" (OES), das bis zum Schuljahr 2010/11 schrittweise an allen 300 beruflichen Schulen eingeführt wird. Es zielt auf eine weitere Stärkung der pädagogischen und fachlichen Erstverantwortung der beruflichen Schulen. Im Mittelpunkt steht die Sicherung und Entwicklung der Unterrichts- und Schulqualität. Dazu führen die beruflichen Schulen ein Qualitätsentwicklungssystem ein. Darüber hinaus wird eine Erweiterung der Gestaltungsräume in den Blick genommen. Nähere Informationen hierzu gibt es unter http://www.schule-bw.de/schularten/berufliche_schulen/stebs/oes

→ Datenschutz (Schulen) Teil IV; → Fortbildung und Personalentwicklung; → Konferenzordnung § 2 Abs. 1 Nr. 1;
→ Schulentwicklung; → Schulgesetz § 47 Abs. 4 Nr. 1 Buchst. a

Fachberaterinnen und Fachberater

Fachberaterinnen und Fachberater; Verwaltungsvorschrift des KM vom 4. August 2006 (KuU S. 268/2006); zuletzt geändert 11.11.2009 (KuU S. 223/2009)

I. Geltungsbereich

Diese Verwaltungsvorschrift regelt Aufgaben und Stellung der Fachberaterinnen und Fachberater für Grundschulen, Hauptschulen, Realschulen und Sonderschulen sowie für allgemeinbildende Gymnasien und berufliche Schulen.

II. Rechtsstellung
1. Allgemeines

Die Fachberater sind besondere Schulaufsichtsbeamte im Sinne von § 37 Schulgesetz. Sie sind Teil der Schulaufsicht und unterstützen diese bei der Erfüllung ihrer Aufgaben; sie können auch für schulart- oder schulverwaltungsbezirksübergreifende Aufgaben bestellt werden. Im Rahmen der ihnen übertragenen Aufgaben handeln sie selbstständig und eigenverantwortlich. Sie sind berechtigt, die zur Erfüllung ihrer Aufgaben erforderlichen Weisungen zu geben. Soweit ihnen die Aufgabe übertragen ist, im Rahmen der Schulentwicklung prozessbegleitend tätig zu sein, müssen sie über ihnen dabei zur Kenntnis gelangte vertrauliche Erkenntnisse Stillschweigen bewahren, soweit nicht Dienstpflichtverletzungen vorliegen.

→ Schulgesetz § 37; → Verschwiegenheitspflicht

2. Aufgaben

Die Schulaufsichtsbehörden legen im Rahmen ihrer Zuständigkeit die Aufgaben und den Einsatz der ihnen zugeordneten Fachberater fest.
Die Fachberater dokumentieren ihre Tätigkeit gegenüber der zuständigen Schulaufsichtsbehörde.
Den Fachberatern können neben der Unterstützung der Schulverwaltung Aufgaben insbesondere in nachfolgenden Feldern übertragen werden:

2.1 Unterrichtsberatung, Sicherung und Weiterentwicklung der Qualität des Unterrichts,
2.2 Schulberatung, Schulentwicklungsprozesse, insbesondere Qualitätsentwicklung und Selbstevaluation,
2.3 Lehrerbildung, insbesondere Lehrerfortbildung,
2.4 Arbeits- und Gesundheitsschutz,
2.5 Unterstützung der Schulleitung bei der Erstellung der dienstlichen Beurteilung der Lehrkräfte in besonders gelagerten Einzelfällen, ausgenommen an der eigenen Schule,
2.6 Frühförderung und Kooperation,
2.7 Mitwirkung bei Prüfungen,
2.8 projektbezogene Aufgaben, insbesondere im Rahmen der Lehr- und Bildungsplanentwicklung.

→ Fortbildung und Personalentwicklung

3. Anforderungsprofil

Von einem Fachberater werden insbesondere erwartet:

- besondere Qualifikationen im fachlichen, didaktisch-methodischen, pädagogischen und organisatorischen Bereich,
- Fähigkeit und Bereitschaft, sich in Fragen der Lehrerbildung, insbesondere der Lehrerfortbildung, sowie der Schulentwicklung einzuarbeiten,
- Aufgeschlossenheit für Innovationen,
- Eigeninitiative,
- umfassende kommunikative Kompetenzen,
- Verständnis für Verwaltungsvorgänge und Führungsaufgaben in der Schule

– sowie Bereitschaft zur kontinuierlichen eigenen Fortbildung im Sinne des Aufgabenprofils.

4. Bestellung

4.1 Die Bestellung der Fachberater für Grundschulen, Hauptschulen, Werkrealschulen, Realschulen und Sonderschulen erfolgt durch die örtlich zuständige untere Schulaufsichtsbehörde. Die obere Schulaufsichtsbehörde bestellt die ihr unmittelbar zugeordneten Fachberater.

4.2 Die Fachberater für allgemeinbildende Gymnasien und berufliche Schulen werden im Auftrag des Kultusministeriums durch die oberen Schulaufsichtsbehörden bestellt.

4.3 Bei Fachberatern in den Fächern Katholische und Evangelische Religionslehre erfolgt die Bestellung im Benehmen mit den Kirchen.

4.4 Zum Fachberater kann auch bestellt werden, wer einen Teillehrauftrag hat. Bei Fachberatern, die entsprechend ihrem Teillehrauftrag eine anteilige Zulage erhalten, reduziert sich entsprechend der Aufgabenumfang.

Hinweis der Redaktion: Zur Arbeitszeit der Fachberater/innen siehe → Arbeitszeit (Lehrkräfte) Teil E Nr. 2.3.

→ Besoldung (Zulagen); → Dienstliche Beurteilung (Religionsunterricht); → Fortbildung und Personalentwicklung; → Schulgesetz § 37; → Schulpsychologische Beratungsstellen; → Verschwiegenheitspflicht

Fachhochschulreife

Verordnung des Kultusministeriums über den Erwerb der Fachhochschulreife in der gymnasialen Oberstufe vom 17. Mai 2009 (KuU S. 86/2009)

§ 1
Allgemeine Voraussetzungen

Wer ein Gymnasium der Normalform, Aufbaugymnasium mit Heim, berufliches Gymnasium der dreijährigen oder sechsjährigen Aufbauform, Kolleg, staatlich anerkanntes Abendgymnasium oder das Deutsch-Französische Gymnasium Freiburg durchlaufen hat und nach Abschluss des zweiten Halbjahres des ersten Jahrgangsstufe des Kurssystems, der Klasse III oder am Deutsch-Französischen Gymnasium der Klasse 11 (Première) ohne allgemeine Hochschulreife verlässt, erwirbt das Zeugnis der Fachhochschulreife, wenn

1. die erforderlichen schulischen Leistungen nach § 2 (schulischer Teil der Fachhochschulreife) erbracht sind und
2. praktische Leistungen nach § 3 (berufsbezogener Teil der Fachhochschulreife) nachgewiesen sind.

§ 2
Schulischer Teil der Fachhochschulreife

(1) Für den schulischen Teil der Fachhochschulreife sind folgende Leistungen nachzuweisen:

1. In zwei Kernfächern, darunter im allgemeinbildenden Gymnasium mindestens einem Pflichtkernfach und im beruflichen Gymnasium dem Profilfach, müssen je zwei Kurse belegt und bei einfacher Wertung mindestens 20 Punkte erreicht sein. Zwei der vier anzurechnenden Kurse müssen bei einfacher Wertung mit mindestens fünf Punkten abgeschlossen sein.
2. In weiteren Fächern müssen elf Kurse belegt und bei einfacher Wertung zusammen mindestens 55 Punkte erreicht sein. Sieben der elf anzurechnenden Kurse müssen bei einfacher Wertung mit jeweils fünf Punkten abgeschlossen sein.

Es werden nur Kurse angerechnet, die ausschließlich in zwei aufeinander folgenden Schulhalbjahren besucht wurden. Mit der Note »ungenügend« (0 Punkte) bewertete Kurse gelten als nicht belegt. Themen- oder inhaltsgleiche Kurse können nur einmal berücksichtigt werden.

(2) Unter den nach Absatz 1 anzurechnenden Kursen müssen folgende Fächer oder Fächergruppen mit je zwei Halbjahreskursen aus einem Fach enthalten sein:

1. Deutsch;
2. Englisch, Französisch, Latein oder eine andere Fremdsprache; die Kurse müssen zur Erfüllung der Mindestverpflichtung in der Fremdsprache dienen können;
3. Mathematik;
4. Geschichte, Gemeinschaftskunde oder Geschichte als Kombinationsfach;
5. Biologie, Chemie, Physik, Agrarbiologie, Biotechnologie oder Ernährungslehre mit Chemie.

Außer den in Satz 1 genannten Fächern und Kursen können nach Wahl des Schülers aus weiteren Fächern höchstens je zwei Halbjahreskurse angerechnet werden.

(3) Für die staatlich anerkannten Abendgymnasien gelten die Absätze 1 und 2 mit folgender Maßgabe:

1. Absatz 1 Satz 1 Nr.1 gilt für die Fächer, die im Abendgymnasium als dreifach gewertete Fächer in Betracht kommen, entsprechend.
2. In den staatlich anerkannten Abendgymnasium zweifach gewerteten Fächern müssen sechs Kurse belegt und bei einfacher Wertung zusammen mindestens 30 Punkte erreicht sein. Vier der sechs anzurechnenden Kurse müssen bei einfacher Wertung mit jeweils mindestens fünf Punkten abgeschlossen sein.

(4) Am Deutsch-Französischen-Gymnasium Freiburg werden die Voraussetzungen für den schuli-

Fachhochschulreife

schen Teil der Fachhochschulreife mit der Versetzung von der Klasse 11 (Première) in die Klasse 12 (Terminale) erfüllt.

(5) Die im schulischen Teil der Fachhochschulreife erreichte Gesamtpunktzahl von mindestens 95 und höchstens 285 Punkten, die sich auf der Grundlage der in den anzurechnenden Kursen erreichten Punkte ergibt, wird nach der in Anlage 1 beigefügten Formel errechnet; die erzielte Durchschnittsnote wird nach der in Anlage 2 beigefügten Tabelle ermittelt. Für die Festlegung der Durchschnittsnote des am Deutsch-Französischen Gymnasium erworbenen schulischen Teils der Fachhochschulreife wird der im Versetzungszeugnis nach Absatz 4 ausgewiesene allgemeine Durchschnitt von mindestens 6,0 und höchstens 10,0 Punkten nach der in Anlage 3 beigefügten Tabelle in eine Durchschnittsnote übertragen.

§ 3
Berufsbezogener Teil der Fachhochschulreife

(1) Der berufsbezogene Teil der Fachhochschulreife wird nachgewiesen durch

1. eine mindestens zweijährige Berufsausbildung in einem anerkannten Ausbildungsberuf nach dem Berufsbildungsgesetz oder der Handwerksordnung oder in einem gleichwertig geregelten Ausbildungsberuf oder

2. eine mindestens zweijährige schulische Berufsausbildung, gegebenenfalls in Verbindung mit einem Berufspraktikum oder

3. eine mindestens zweijährige Berufsausbildung in einem öffentlich-rechtlichen Dienstverhältnis oder

4. ein mindestens einjähriges Praktikum nach Absatz 2 oder

Anlage 1 (zu § 2 Abs. 5 Satz 1)
Berechnung der Punktezahl für den schulischen Teil der Fachhochschulreife
(gilt nicht für das Deutsch-Französische Gymnasium)

Die erreichte Punktezahl für den schulischen Teil der Fachhochschulreife (E) wird nach folgender Formel ermittelt:
Dabei sind: $E = \frac{P}{S} \times 19$

E = Errechnete Punktzahl für den schulischen Teil der Fachhochschulreife

P = Erreichte Punktzahl in den eingebrachten Fächern

S = Anzahl der zugehörigen Schulhalbjahresergebnisse

Es wird auf eine ganzzahlige Punktzahl gerundet; ab n,5 wird aufgerundet.

Anlage 2 (zu § 2 Abs. 5 Satz 1)
Tabelle zur Ermittlung der Durchschnittsnote für die Fachhochschulreife
(schulischer Teil) (gilt nicht für das Deutsch-Französische Gymnasium)

Punkte	Durchschnittsnote	Punkte	Durchschnittsnote	Punkte	Durchschnittsnote	Punkte	Durchschnittsnote
285–261	1,0	220–215	1,8	174–170	2,6	129–124	3,4
260–255	1,1	214–210	1,9	169–164	2,7	123–118	3,5
254–249	1,2	209–204	2,0	163–158	2,8	117–113	3,6
248–244	1,3	203–198	2,1	157–153	2,9	112–107	3,7
243–238	1,4	197–192	2,2	152–147	3,0	106–101	3,8
237–232	1,5	191–187	2,3	146–141	3,1	100–96	3,9
231–227	1,6	186–181	2,4	140–135	3,2	95	4,0
226–221	1,7	180–175	2,5	134–130	3,3		

Anlage 3 (zu § 2 Abs. 5 Satz 2)
Tabelle zur Ermittlung der Durchschnittsnote für die Fachhochschulreife
(schulischer Teil) am Deutsch-Französischen Gymnasium

Allgemeiner Durchschnitt im Zeugnis (Punkte)	Durchschnittsnote	Allgemeiner Durchschnitt im Zeugnis (Punkte)	Durchschnittsnote	Allgemeiner Durchschnitt im Zeugnis (Punkte)	Durchschnittsnote	Allgemeiner Durchschnitt im Zeugnis (Punkte)	Durchschnittsnote
8,5 bis 10	1,0	7,8	1,7	7,1	2,4	6,4	3,1
8,4	1,1	7,7	1,8	7,0	2,5	6,3	3,2
8,3	1,2	7,6	1,9	6,9	2,6	6,2	3,3
8,2	1,3	7,5	2,0	6,8	2,7	6,1	3,4
8,1	1,4	7,4	2,1	6,7	2,8	6,0	3,5
8,0	1,5	7,3	2,2	6,6	2,9		
7,9	1,6	7,2	2,3	6,5	3,0		

5. eine mindestens dreijährige für ein Studium an einer Fachhochschule förderliche Berufserfahrung, wobei der erfolgreiche Besuch einer beruflichen Vollzeitschule bis zu einem Jahr angerechnet werden kann; in Zweifelsfällen entscheidet das Regierungspräsidium.

(2) Das Praktikum nach Absatz 1 Nr. 4 dient dem Kennenlernen der Arbeitswelt. Es wird in einem Betrieb der Wirtschaft oder in einer vergleichbaren außerschulischen Einrichtung durchgeführt. Das Praktikum soll Einblicke in unterschiedliche Arbeitsbereiche und Arbeitsmethoden, in den Aufbau und die Organisation der Praktikumsstelle sowie in Personal- und Sozialfragen geben. Die Durchführung des Praktikums ist der Schule durch eine Bescheinigung des Betriebs oder der Einrichtung im Sinne von Satz 2 nachzuweisen, aus der die Dauer der Beschäftigung, der zugewiesene Aufgabenbereich oder die zugewiesenen Aufgabenbereiche und die Fehltage hervorgehen müssen.

§ 4 Bescheinigung, Zeugnis

(1) Wer die Voraussetzungen für den schulischen Teil der Fachhochschulreife nach § 2 erfüllt und die Schule verlassen hat, den berufsbezogenen Teil der Fachhochschulreife nach § 3 aber noch nicht nachweisen kann, erhält auf Antrag eine Bescheinigung über die Durchschnittsnote, die Gesamtpunktzahl und die für ihre Errechnung notwendigen Fächer und Kursleistungen. In der Bescheinigung des Deutsch-Französischen Gymnasiums werden die Durchschnittsnote, die besuchten Fächer und die in ihnen erreichten Punktzahlen ausgewiesen.

(2) Wer die Voraussetzungen für den schulischen Teil und für den berufsbezogenen Teil der Fachhochschulreife nach den §§ 2 und 3 erfüllt und die Schule verlassen hat, erhält auf Antrag das Zeugnis der Fachhochschulreife, in dem die Durchschnittsnote, die Gesamtpunktzahl und die für ihre Errechnung notwendigen Fächer und Kursleistungen auszuweisen sind. Absatz 1 Satz 2 gilt entsprechend.

(3) Zuständig für die Ausstellung der Bescheinigung und des Zeugnisses ist die Schule, an der die gymnasiale Oberstufe zuletzt besucht wurde.

§ 5 Inkrafttreten, Übergangsregelung (nicht abgedruckt)

Hinweise der Redaktion:
1. Die nach der hier abgedruckten, ab 1. Juli 2009 gültigen Neuregelung erworbene Fachhochschulreife ist in allen Ländern mit Ausnahme von Bayern, Sachsen und Thüringen anerkannt. Dies gilt auch für die Abendgymnasien und Kollegs erworbene Fachhochschulreife, nicht jedoch für die am Deutsch-Französischen Gymnasium erworbene Fachhochschulreife, die grundsätzlich nur in Baden-Württemberg zum Studium berechtigt.
Die an den Abendgymnasien nach der bisherigen Regelung vergebene Fachhochschulreife berechtigt nur in Baden-Württemberg zum Studium und wird in anderen Ländern grundsätzlich nicht anerkannt.
(Quelle: KM, 22.6.2006; AZ: 44-6620.62/89)
2. Die Fachhochschulreife kann auch an Berufskollegs, Berufsoberschulen und Fachschulen erworben werden.

→ Abschlüsse (Allgemeines); → Hochschulreife (Zuerkennung); → Begabten-Eignungsprüfung (Hochschulzugang); → Berufliches Gymnasium; → Gymnasium (Abitur – NGVO); → Gymnasium (Aufbaugymnasium); → Gymnasium (Schultypen)

Fachleute aus der Praxis

Mitwirkung von Fachleuten aus der Praxis im Unterricht; Bekanntmachung vom 29. Oktober 1999 (KuU S. 252/1999); zuletzt geändert 14.12.2004 (KuU S. 5/2005)

Der Erziehungs- und Bildungsauftrag der Schule macht es erforderlich, dass der Unterricht in lebendigem Kontakt mit der Wirklichkeit steht. Dazu trägt bei, wenn bei geeigneten Anlässen Fachleute aus der Praxis in den Unterricht einbezogen werden.

Bei der Mitwirkung von Vertreterinnen und Vertretern der im Bundestag und im Landtag vertretenen Parteien dürfen die Schulen keine einseitige Auswahl vornehmen. Von der Mitwirkung von Abgeordneten und anderen Personen des politischen Lebens im Rahmen des Unterrichts an den Schulen ist in den letzten acht Wochen vor Landtagswahlen in Baden-Württemberg, Bundestagswahlen sowie Wahlen zum Europaparlament abzusehen.

Hinweise der Redaktion:
1. Erklärtermaßen will das KM den Schulleitungen keine Vorgaben machen, welche schulfremden Personen oder Institutionen im Rahmen des Erziehungs- und Bildungsauftrags der Schule bei geeigneten Anlässen in den Unterricht einbezogen werden können. Dies entscheiden die Schulleitungen in eigener Regie. Die früheren Festlegungen des KM über die vorrangige Hinzuziehung von Jugendoffizieren als „Fachleute" zum Unterricht über Friedenssicherung und Bundeswehr und die Einschränkung des Einsatzes von Vertretern der Kriegsdienstverweigerer sind hinfällig.
2. Das KM geht davon aus, dass die „außerschulischen Fachleute" bei der Aids-Aufklärung im Unterricht in der Regel Ärzte sein werden, weil nur diese über die notwendigen medizinisch-wissenschaftlichen Kenntnisse und praktischärztlichen Erfahrungen verfügen, die eine Ergänzung des schulischen Unterrichtsauftrags gewährleisten können. In Einzelfällen stimmt das KM der Mitwirkung nichtärztlicher Fachleute dann zu, wenn zuvor deren Beitrag mit dem verantwortlichen Lehrer so abgeklärt wurde, dass sämtliche Ausführungen im Einklang mit den einschlägigen Rechtsvorschriften (insbesondere Schulgesetz und Bildungspläne) stehen. Das KM geht davon aus, dass der unterrichtende und verantwortliche Lehrer selbst an diesen Veranstaltungen teilnimmt und der Schulleiter dem Vorhaben zugestimmt hat. Insbesondere kann diese Ausnahmeregelung zur Anwendung kommen, wenn
   – Aids-Aufklärung mehr unter psychosozialen Gesichtspunkten erfolgt, nachdem die medizinisch-biologischen sowie soziethischen Aspekte bereits berücksichtigt wurden,

- die Aufklärung sich vornehmlich an ältere Schüler richtet (Gymnasiale Oberstufe, Berufliche Schulen, Schulentlass-Jahrgänge) und entsprechend nachbereitet wird,
- ergänzende Veranstaltungen zum Regelunterricht zum Thema Aids durchgeführt werden.

Gegebenenfalls sind die Eltern von der Veranstaltung zu informieren. Grundsätzlich weist das KM darauf hin, dass gerade ergänzende Beiträge von außerschulischen Fachleuten der besonderen Vor- und Nachbereitung im Unterricht bedürfen.
(Quelle: KM, 10.6.1994, Nr. VI/4-6520.1-080/709)

3. Der Einsatz von Experten (Ärzte, Mitarbeiter von Pro Familia) bei der Geschlechtserziehung wird mit 30 DM (15,36 Euro) pro Unterrichtsstunde bezuschusst.
(Quelle: KM, 8.6.2008, Nr. 53–6530.2/76, Landtags-Drucksache 14 / 2737)

4. Wenn Abgeordnete als Fachleute aus der Praxis in den Unterricht einbezogen werden, ist es auch möglich, mehrere Klassen zusammenzufassen. Es muss sich aber um eine Veranstaltung im Rahmen des kontinuierlichen Unterrichts handeln.

5. Allgemeine politische Diskussionsveranstaltungen kann die Schülermitverantwortung auch in Räumen der Schulen durchführen. Sie kann hierzu Abgeordnete einladen, darf allerdings keine einseitige Auswahl treffen. Die Schülermitverantwortung muss zwar nicht zu jeder Veranstaltung gleichzeitig Abgeordnete von allen im Landtag vertretenen Parteien einladen, sie muss aber, wenn sie solche Veranstaltungen wiederholt durchführt, im Laufe der Zeit allen Landtagsfraktionen die Möglichkeit einräumen, mit den Schülerinnen und Schülern ins Gespräch zu kommen. Die Schule als öffentliche Einrichtung soll nicht Träger solcher Veranstaltungen sein. Daneben haben die Abgeordneten des Wahlkreises und Gremien des Parlaments (z.B. Fraktionen, Arbeitskreise) im Rahmen ihrer demokratischen Kontrollbefugnis die Möglichkeit, Schulen zu besuchen, um sich vor Ort zu informieren. Sie können hierbei mit der Schulleitung, mit Lehrern und mit Eltern oder Schülervertretern Gespräche führen, allerdings keine öffentlichen, insbesondere presseöffentlichen Veranstaltungen durchführen. ... Durch solche Besuche darf grundsätzlich kein Unterricht ausfallen. Das KM befürwortet, dass auch für Einladungen von Fraktionen an Schüler oder Schülervertreter eine Absprache herbeigeführt wird. Nach Auffassung des KM ist es notwendig, solche Einladungen auf die unterrichtsfreie Zeit – d.h. auf den Nachmittag – zu legen. Soweit auch am Nachmittag Unterricht stattfindet, muss es in der Entscheidung der Schule bleiben, ob der betreffende Schüler beurlaubt wird.
(Quelle: KM, 19. April 1993, AZ: II/2-zu 0201.5/3)

6. Zum Auftreten von Abgeordneten in Wahlkampfzeiten siehe den Beitrag → Wahlkampf und Schule.

→ Außerschulische Jugendbildung; → Gedenktag (NS-Zeit); → Geschlechtserziehung; → Menschenrechte;
→ Schülermitverantwortung; → Wahlkampf und Schule; → Werbung

Fachschulen

Hinweise der Redaktion

1.
Allgemeines

Die Fachschule hat die Aufgabe, nach abgeschlossener Berufsausbildung und praktischer Bewährung oder nach einer geeigneten beruflichen Tätigkeit von mindestens fünf Jahren eine weitergehende fachliche Ausbildung im Beruf zu vermitteln. Die Ausbildung kann in aufeinander aufbauenden Ausbildungsabschnitten durchgeführt werden. Der Besuch der Fachschule dauert, wenn sie als Vollzeitschule geführt wird, in der Regel ein Jahr, bei Abend- oder Wochenendunterricht entsprechend länger. Die Fachschule kann auch den Erwerb weiterer Berechtigungen ermöglichen und im Einvernehmen mit den nach dem Berufsbildungsgesetz fachlich zuständigen Stellen Weiterbildungskurse anbieten.
→ Schulgesetz § 14

Die ein- und zweijährigen Fachschulen bieten für Berufstätige mit abgeschlossener Berufausbildung die Möglichkeit, sich auf eine Tätigkeit im mittleren Management vorzubereiten oder sich für die berufliche Selbstständigkeit zu qualifizieren. Dazu werden die in der Berufsausbildung und im Beruf erworbenen Qualifikationen vertieft und erweitert. Der Besuch der Fachschule ist über BAföG oder das Aufstiegsfortbildungsförderungsgesetz (AFBG) förderungsfähig.

Hätten Sie's gewusst?
Einsicht in die „Personalaktendaten"

Die Beschäftigten haben nicht nur ein Einsichtsrecht in die „Personalakten", die in Papierform an der Schule, beim Regierungspräsidium und ggf. auch beim Schulamt über sie geführt werden, sondern sie dürfen auch wissen, was elektronisch über sie gespeichert ist.

Die Schulleitung muss jeder Lehrkraft *„bei automatisierter Datenverarbeitung im Interesse der Transparenz und der Richtigkeit der gespeicherten Daten ihrer Lehrkräfte unaufgefordert in regelmäßigen Abständen einen Ausdruck der über sie gespeicherten Daten und der damit durchgeführten systematischen Auswertungen zur Verfügung"* stellen. Das ist eine Bringschuld! Und: *„in regelmäßigen Abständen"* heißt sicher nicht: nur alle zehn Jahre!   → Datenschutz (Schulen) Nr. III.2.5

Außerdem kann man jederzeit formlos beim Regierungspräsidium einen Ausdruck der dort elektronisch gespeicherten Personaldaten anfordern. Ein kurzer Brief ans RP genügt: *„Hiermit bitte ich um einen Ausdruck der beim RP über mich gespeicherten Personaldaten"*. Diesen Brief kann man direkt an das Regierungspräsidium schicken (also ohne Dienstweg).

2. Fachschulen für Technik und Gestaltung

Zugangsvoraussetzung in die zweijährigen Fachschulen für Technik und für Gestaltung sind eine für die angestrebte Fachrichtung einschlägige Berufsausbildung und eine anschließende einschlägige Berufstätigkeit. Während der Ausbildung muss in der Fachstufe der Ausbildung eine eigenständige Projektarbeit angefertigt und präsentiert werden. Mit bestandener Abschlussprüfung erwerben die Absolventen/innen der Fachschule für Technik und für Gestaltung die Berufsbezeichnung „Staatlich geprüfte/r Techniker/in" bzw. „Staatlich geprüfte/r Gestalter/in". Zusammen mit dem Abschluss wird auch die Fachhochschulreife erworben. Weiterhin steht auch der Weg in die Selbstständigkeit offen, sofern die gegebenen gesetzlichen Regelungen erfüllt werden. An zahlreichen Fachschulen wird der Unterricht auch in Teilzeitform angeboten, so dass die Fachschule auch neben der beruflichen Tätigkeit besucht werden kann.

3. Fachschulen für Wirtschaft

Die zweijährige Fachschule für Wirtschaft ist in die drei Fachrichtungen Betriebswirtschaft, Wirtschaftsinformatik und Hotel- und Gaststättengewerbe gegliedert. Die Ausbildung befähigt die Absolventen/innen, als gehobene Fachkräfte leitende Tätigkeiten kaufmännischer Prägung in Wirtschaft und Verwaltung selbstständig und verantwortlich wahrzunehmen. Die Vermittlung kaufmännischer Qualifikationen und profilbezogener Kenntnisse bildet den Schwerpunkt der Ausbildung. Während der Ausbildung muss eine Betriebswirtarbeit angefertigt und präsentiert werden. Zugangsvoraussetzung ist eine für die angestrebte Fachrichtung einschlägige Berufsausbildung sowie eine einschlägige berufliche Tätigkeit von in der Regel mindestens zwei Jahren (bei Bewerbern mit Hochschulreife oder Fachhochschulreife mindestens einem Jahr). Mit bestandener Abschlussprüfung werden der Abschluss „Staatlich geprüfte/r Betriebswirt/in" sowie die Fachhochschulreife erworben (in der Fachrichtung Hotel- und Gaststättengewerbe sind der Besuch eines Zusatzprogramms sowie der erfolgreiche Abschluss der Zusatzprüfung notwendig).

4. Meisterschulen

Die Meisterausbildung eröffnet die Möglichkeit, sich selbstständig zu machen oder in verantwortlicher Stellung in Handwerksbetrieben oder der Industrie tätig zu sein. Die Meisterschule dauert in der Regel ein Jahr, im Teilzeitunterricht entsprechend länger. Voraussetzung für die Aufnahme ist eine einschlägige abgeschlossene Berufsausbildung und eine einschlägige Berufstätigkeit.

→ Abschlüsse (Allgemeines); → Schulgesetz § 14

Die Meisterprüfung umfasst vier Teile – den fachpraktischen, den fachtheoretischen, den wirtschaftlichen und rechtlichen sowie den berufs- und arbeitspädagogischen Teil. Sie wird vor dem zuständigen Meisterprüfungsausschuss der Handwerkskammer, der Industrie- und Handelskammer beziehungsweise des Regierungspräsidiums abgelegt.

5. Akademien

Die Akademien für Betriebsmanagement im Handwerk vermitteln in zwei Jahren die Vorbereitung auf die Meisterprüfung und darüber hinaus weitergehende Qualifikationen im technischen und vor allem auch betriebswirtschaftlichen Bereich. Voraussetzung ist eine einschlägige Berufstätigkeit von in der Regel mindestens zwei Jahren. In allen Fachrichtungen ist es möglich, nach bestandener Meisterprüfung ins zweite Jahr der Akademie für Betriebsmanagement im Handwerk einzusteigen. Mit dem Bestehen der Abschlussprüfung wird die Fachhochschulreife zuerkannt.

6. Fachschule für Weiterbildung in der Pflege

Zugangsvoraussetzungen für die zweijährige Fachschule für Weiterbildung in der Pflege in Teilzeitform sind eine abgeschlossene Berufsausbildung als Altenpfleger/in, Krankenschwester/-pfleger, Kinderkrankenschwester/-pfleger oder Heilerziehungspfleger/in sowie eine einschlägige berufliche Tätigkeit von mindestens zwei Jahren. Zudem sind während der Weiterbildung insgesamt mindestens 400 Stunden ausbildungsbezogener Praxis abzuleisten. Mit bestandener Abschlussprüfung erwerben die Absolventinnen und Absolventen die Berufsbezeichnung „Staatlich geprüfte Fachkraft zur Leitung einer Pflege- und Funktionseinheit" oder „Staatlich geprüfte Fachkraft für Gerontopsychiatrie". Daneben kann durch Besuch eines Zusatzprogramms und den erfolgreichen Abschluss einer Zusatzprüfung die Fachhochschulreife erworben werden.

7. Fachschule für Organisation und Führung

Die Weiterbildung in der zweijährigen Fachschule für Organisation und Führung in Teilzeitform dient der Qualifizierung einschlägiger Fachkräfte zur Wahrnehmung leitender Aufgaben vor allem in sozialpädagogischen Einrichtungen. Nach erfolgreichem Abschluss der gesamten Weiterbildung wird die Berufsbezeichnung „Staatlich geprüfter Fachwirt für Organisation und Führung Schwerpunkt Sozialwesen" erworben. Zugangsvoraussetzungen sind neben einem einschlägigen Berufsabschluss in der Regel zweijährige einschlägige Berufstätigkeit. Bewerber mit Fachhochschulreife oder Hochschulreife müssen eine mindestens einjährige einschlägige Berufstätigkeit nachweisen.

Fachschulen
Die Techniker- und die Betriebswirtverordnung sind im Sonderteil Berufliche Schulen abgedruckt.

Feiertage

Hinweise der Redaktion auf die in der ➔ Schulbesuchsverordnung erwähnten Fest- und Feiertage

Griechische und griechisch-orthodoxe Feiertage

1. Jährlich wechselnde Feiertage:
Das griechisch-orthodoxe Oster-, Pfingst- und Weihnachtsfest fallen auf die gleichen Termine wie in der evangelischen und der katholischen Kirche (siehe Schuljahreskalender auf den folgenden Seiten).
2. Gleichbleibende Feiertage in Griechenland:
Dreikönigsfest (Theophanie): 6. Januar / Drei Hierarchen (Schulfeiertag): 30. Januar / Mariä Verkündigung (Nationalfeiertag): 25. März / Mariä Entschlafung: 15. August / Kreuzerhöhung: 14. September / Nationalfeiertag: 28. Oktober.

Jüdische Feiertage

Jahr	2010/2011	2011/2012
Neujahrsfest *(Rosch ha-Schana)*	9./10.9.2010	29./30.9.2011
Versöhnungsfest *(Jom Kippur)*	18.9.2010	8.10.2011
Laubhüttenfest *(Sukkot)*	23./24.9.2010	13./14.10.2011
Beschlussfest *(Schemini Azeret* und *Simchat Tora)*	30.9./1.10.2010	20./21.10.2011
Chanukka	2.-9.12.2010	21.-28.12.2011
Purim	20.3.2011	8.3.2012
Passahfest *(Pessach)*	19./20. und 25./26.4.2011	7./8. und 13./14.4 2012
Jüdisches Pfingstfest *(Schawuot)*	8./9.6.2011	27.5.2012

Jüdische Feste beginnen stets am Abend des Vortages. Wir führen die Feiertage hier mit den Bezeichnungen auf, die das Kultusministerium in der Anlage zur Schulbesuchsverordnung verwendet. Unverständlicherweise benutzt es dort eine in den jüdischen Gemeinden ungebräuchliche Nomenklatur; so bezeichnet es das Wochenfest *(Schawuot)* als *„jüdisches Pfingstfest"* und fasst die Feiertage *Schemini Azeret* und *Simchat Tora* unter dem Namen *„Beschlussfest"* zusammen (richtig wäre *„Schlussfest"*). Wir fügen deshalb jeweils in Klammern und in kursiver Schrift den hebräischen Namen hinzu. Die Aufstellung enthält auch die Feste Chanukka und Purim; diese fallen jedoch nicht unter die Anlage zu § 4 Abs. 1 und 2 der Schulbesuchsverordnung, es ist also an diesen Festtagen keine Beurlaubung möglich.

Moslemische und türkische Feiertage

Jahr	Ramadan	Zuckerfest[1]	Opferfest[2]	Neujahr[3]	Ashura[4]	Mevlid[5]
2010/11	11.8.-9.9.2010	9.9.2010	16.11.2010	7.12.2010 (1432 nH)	16.12.2010	14./15.2.2011
2011/12	1.-30.8.2011	30.8.2011	6.11.2011	26.11.2011 (1433 nH)	5.12.2011	3./4.2.2012

1. Der Fastenmonat Ramadan (*türk. Ramazan*) endet mit dem Zuckerfest (türk.: Seker Bayram; arab.: Idul Fitr)
2. türk.: Kurban Bayram; arab.: Idul Adha
3. in Klammern das entsprechende Jahr nach dem islamischen Kalender (nH = nach der Hidschra)
4. Fasten- und Rettungstag des Propheten Moses
5. Geburtstag des Propheten Muhammad

Da die religiösen Feiertags-Termine von der realen Sichtung des Neumondes abhängen, kann es zu regionalen bzw. konfessionellen Termin-Abweichungen kommen. Der Koordinierungsrat der Muslime in Deutschland hat sich auf den hier zitierten, einheitlichen Zeitrahmen verständigt.

Im Fastenmonat Ramadan sind Moslems durch die religiösen Fastengebräuche (verkürzte Nachtruhe, keine Getränke- und Nahrungsaufnahme zwischen Morgendämmerung und Sonnenuntergang) häufig psychisch und physisch stark belastet. Die religiöse Fastenpflicht beginnt ab der Geschlechtsreife (erste Monatsblutung bzw. erster Samenguss); vorher ist das freiwillige Fasten erwünscht. Hierauf sollte Rücksicht genommen werden. Das Fasten entbindet jedoch grundsätzlich nicht von der Teilnahme an schulischen Pflichtveranstaltungen.

Nach der Anlage zur SchulbesuchsVO (Ziff. VI) werden moslemische Schüler/innen am Zuckerfest und am Opferfest je einen Tag beurlaubt.

Nationale türkische Feiertage sind der 23. April (*„Tag der nationalen Souveränität und der Kinder"*), der 19. Mai (Gedenktag an Atatürk; Jugend- und Sportfest), der 30. August (*„Tag der Befreiung"*) sowie der 29. Oktober (*„Tag der Republik"*). An diesen Tagen finden in den muttersprachlichen Klassen und Kursen Schulveranstaltungen statt. Eine Beurlaubung zu diesen Feiertagen ist auf begründeten Antrag möglich (Ziff. 4.3 SchulbesuchsVO lässt dies durch die Formulierung *„insbesondere"* zu).

➔ Aufsicht (Schwimmunterricht); ➔ Ermessen; ➔ Ferienverordnung (Anlage); ➔ Juristische Terminologie; ➔ Schulbesuchsverordnung (Anlage; dort auch Hinweise zur Freistellung vom Sportunterricht)

Ferien (Ferienverordnung)

Verordnung des Kultusministeriums über die Schulferien (Ferienverordnung) vom 20. November 1986 (KuU S. 1/1987); zuletzt geändert 31.3.2005 (KuU S. 4972005)

§ 1
Ferientage

(1) Ein Ferienjahr umfasst 75 Ferientage.

Hinweis der Redaktion: Zur Umsetzung einer tariflichen Verkürzung der Arbeitszeit im öffentlichen Dienst erhalten die Lehrkräfte des Landes darüber hinaus seit dem Schuljahr 1989/90 jährlich drei „unterrichtsfreie Tage", die auch für die Schüler/innen schulfrei sind. Sie werden für jedes Ferienjahr in gleicher Weise wie die beweglichen Ferientage festgelegt (vgl. § 3). Infolgedessen stehen in Baden-Württemberg für die Schulferien in jedem Ferienjahr 78 Tage zur Verfügung.
→ Arbeitszeit (Lehrkräfte) Buchst. H; → Konferenzordnung § 2 Abs. 1 Nr. 16

(2) Als Ferienjahr gilt die Zeit vom Beginn der Sommerferien bis zum Tag vor Beginn der Sommerferien des folgenden Jahres.

(3) Als Ferientage zählen alle schulfreien Tage, mit Ausnahme von
1. Sonntagen und gesetzlichen Feiertagen,
2. den kirchlichen Feiertagen Gründonnerstag und Reformationsfest, soweit sie außerhalb eines zusammenhängenden Ferienabschnitts oder innerhalb eines zusammenhängenden Ferienabschnitts von nicht mehr als einer Woche liegen,

Hinweis der Redaktion: Als „zusammenhängende Ferienabschnitte" gelten nur die landeseinheitlich festgelegten Ferien (vgl. § 2). Werden an einen solchen Ferienabschnitt andere schulfreie Tage (z.B. bewegliche Ferientage) angegliedert, so verschmelzen sie nicht mit diesem. Die kirchlichen Feiertage Gründonnerstag bzw. Reformationsfest bleiben deshalb „schulfreie Tage" und werden nicht zu „Ferien", selbst wenn sie vor einem „zusammenhängenden Ferienabschnitt" liegen und ihnen bewegliche Ferientage vorgeschaltet werden. Hierfür ein Beispiel:
1. Schritt: Das Kultusministerium erklärt den Ostersamstag zum „unterrichtsfreien Samstag" und die Woche nach dem Osterfest (Di bis Sa) zu „Osterferien".
2. Schritt: Die einzelne Schule belegt nach § 3 der Ferienverordnung den Montag bis Mittwoch der Woche vor Ostern mit beweglichen Ferientagen.
Der Gründonnerstag bleibt dann schulfrei, weil er außerhalb eines „zusammenhängenden Ferienabschnitts" liegt.

3. vom Kultusministerium aus besonderen Gründen für schulfrei erklärten Tagen,
4. sonstigen, aus zwingenden Gründen schulfreien Tagen, soweit nicht eine Sonderregelung nach § 4 getroffen wird.

Hinweis der Redaktion: Auf Beschluss des Unterausschusses „Ferienregelung" der Kultusministerkonferenz vom 23./24.3.1992 hat jedes Land in seinen festgelegten Ferienterminen mindestens 12 Samstage als Werktage zu zählen.

§ 2
Zusammenhängende Ferienabschnitte

(1) Für jedes Ferienjahr werden vom Kultusministerium einheitlich für alle Schulen folgende zusammenhängende Ferienabschnitte festgesetzt und rechtzeitig bekanntgegeben:

1. Sommerferien
Sie sollen im Zeitraum vom 1. Juli bis 10. September liegen und dauern sechs bis sieben Wochen.

2. Herbstferien
Sie liegen im Zeitraum von Mitte Oktober bis Anfang November und dauern in der Regel eine Woche.

3. Weihnachtsferien
Sie beginnen spätestens am 23. Dezember und dauern zwei bis drei Wochen; der Unterricht beginnt in der Regel an dem auf den 6. Januar des nächsten Jahres folgenden Montag. Fällt der 23. Dezember auf einen Samstag oder Sonntag, so können sie am danach folgenden ersten Werktag beginnen.

4. Osterferien
Sie liegen um die Osterfeiertage und dauern ein bis zwei Wochen.

5. Pfingstferien
Sie liegen um die Pfingstfeiertage und dauern mindestens eine Woche. Sie können bis zu zwei Wochen dauern, wenn zwischen ihrem Ende und dem Beginn der Sommerferien mindestens fünf Wochen liegen.

(2) Für berufliche Schulen mit landwirtschaftlicher Fachrichtung können die vom Kultusministerium festgelegten Herbstferien abweichend von Absatz 1 Nr. 2 innerhalb der Herbstzeit ganz oder teilweise verlegt und unter Verwendung von beweglichen Ferientagen verlängert werden. § 3 Abs. 2 bis 5 gilt entsprechend.

(3) Der Leiter einer beruflichen Schule kann mit Einverständnis der Schulkonferenz für die Schule oder einzelne ihrer Klassen den Beginn der Weihnachtsferien bis zu einer Woche vorverlegen. Neben beweglichen Ferientagen können dafür die Ferientage verwendet werden, die dadurch frei werden, dass die Herbstferien ganz oder teilweise entfallen. § 3 Abs. 2 Satz 2 gilt entsprechend.

(4) Für Schulen mit Heim kann der Schulleiter mit Einverständnis des Elternbeirats Beginn und Ende der zusammenhängenden Ferienabschnitte geringfügig ändern. Dabei darf die Gesamtzahl der Ferientage nicht überschritten werden.

(5) Am letzten Unterrichtstag vor den Sommerferien endet der Unterricht nach der vierten Unterrichtsstunde. Am letzten Unterrichtstag vor den Weihnachtsferien kann der Schulleiter den Unterricht nach der vierten Unterrichtsstunde beenden; dies soll er in der Regel nur tun, wenn dies nach einer Weihnachtsfeier oder sonstigen besonderen schulischen Veranstaltungen aus pädagogischen Gründen angezeigt ist.

§ 3
Bewegliche Ferientage

(1) Für jedes Ferienjahr sind höchstens fünf bewegliche Ferientage vorgesehen. Diese Ferientage dienen, vorbehaltlich einer Anordnung des Kultusministeriums der Berücksichtigung besonderer

örtlicher Verhältnisse. Sie können auch zur Verlängerung der zusammenhängenden Ferienabschnitte verwendet werden.
→ Konferenzordnung § 2 Abs. 1 Ziff. 16

(2) In Gemeinden mit einer Schule und für Schulen mit Heim setzt der Schulleiter mit Einverständnis des Elternbeirats die beweglichen Ferientage fest. Verweigert der Elternbeirat sein Einverständnis und kommt eine Einigung nicht zustande, entscheidet die Schulaufsicht.

(3) In Gemeinden mit mehreren Schulen werden die beweglichen Ferientage für alle Schulen, mit Ausnahme der Schulen mit Heim, einheitlich festgesetzt. Über die Festsetzung entscheiden die Schulleiter mehrheitlich mit Einverständnis des Gesamtelternbeirats. Die Vorsitzenden und stellvertretenden Vorsitzenden der Elternbeiräte der öffentlichen Schulen, die im Gesamtelternbeirat nicht vertreten sind, nehmen an der Beschlussfassung des Gesamtelternbeirats über das Einverständnis teil. Sie sind insoweit vollberechtigte Mitglieder und zu der Sitzung einzuladen. Die Entscheidung wird von den Geschäftsführenden Schulleitern herbeigeführt; soweit für eine Schulart keine vorhanden ist, tritt an seine Stelle der Leiter der Schule dieser Schulart mit den meisten Schülern. Verweigert der Gesamtelternbeirat sein Einverständnis und kommt eine Einigung nicht zustande, entscheidet die gemeinsame Schulaufsichtsbehörde. Auf Antrag einer Schule, der des Einverständnisses des Elternbeirats bedarf, kann die zuständige Schulaufsichtsbehörde aus besonders wichtigem Grund eine von der beschlossenen einheitlichen Festsetzung abweichende Regelung treffen.

(4) Im Einzugsbereich von Nachbarschaftsschulen soll eine einheitliche Regelung herbeigeführt werden.

(5) Die Entscheidung über die Verwendung der beweglichen Ferientage ist für jedes Ferienjahr bis zum Ende der Sommerferien zu treffen. Können bis zu diesem Zeitpunkt die für landwirtschaftliche Zwecke vorgesehenen beweglichen Ferientage noch nicht endgültig festgelegt werden, genügt zunächst die Entscheidung über ihre Zahl und den vorgesehenen Zeitraum; in diesem Fall können sie später kurzfristig festgesetzt werden. Die Entscheidungen nach Satz 1 und 2 sind den zuständigen Schulaufsichtsbehörden mitzuteilen.

Hinweis der Redaktion: Außerdem stehen den Lehrkräften jährlich drei unterrichtsfreie Tage zu, über deren Verteilung analog zu den beweglichen Ferientagen zu entscheiden ist.
→ Arbeitszeit (Lehrkräfte) Teil H

§ 4
Unvorhergesehener Unterrichtsausfall

Durch Unterrichtsausfall aus zwingenden Gründen (z.B. Katastrophen, Seuchengefahr) schulfreie Tage können, soweit es sich um mehr als sechs Tage in einem Ferienjahr handelt, auf die Ferientage angerechnet werden. Die Entscheidung trifft die obere Schulaufsichtsbehörde.

Anlage
zur Ferienverordnung

Auszug aus dem Gesetz über die Sonntage und Feiertage i.d.F. vom 8.5.1995 (GBl. S. 450/1995)

§ 1
Gesetzliche Feiertage sind:
Neujahr, Erscheinungsfest (6. Januar), Karfreitag, Ostermontag, 1. Mai, Christi Himmelfahrt, Pfingstmontag, Fronleichnam, Allerheiligen (1. November), Erster Weihnachtstag, Zweiter Weihnachtstag.

Hinweis der Redaktion: Nach dem Gesetz über die deutsche Einheit (Einigungsvertrag) ist auch der 3. Oktober („Tag der deutschen Einheit") gesetzlicher Feiertag.

§ 2
Kirchliche Feiertage sind:
Gründonnerstag,
Reformationsfest (31. Oktober),
Allgemeiner Buß- und Bettag (Mittwoch vor dem letzten Sonntag des Kirchenjahres). ...

§ 4
(1) Am Allgemeinen Buß- und Bettag steht den bekenntniszugehörigen Beschäftigten und Auszubildenden das Recht zu, von der Arbeit fernzubleiben, soweit nicht betriebliche Notwendigkeiten entgegenstehen. Weitere Nachteile als ein etwaiger Entgeltausfall für versäumte Arbeitszeit dürfen diesen aus ihrem Fernbleiben nicht erwachsen.

(2) An den übrigen in § 2 genannten kirchlichen Feiertagen haben die in einem Beschäftigungs- oder Ausbildungsverhältnis stehenden Angehörigen der Kirchen und anerkannten Religionsgemeinschaften das Recht, zum Besuch des Gottesdienstes ihres Bekenntnisses von der Arbeit fernzubleiben, soweit nicht betriebliche Notwendigkeiten entgegenstehen.

(3) Schüler haben an den kirchlichen Feiertagen Gründonnerstag und Reformationsfest schulfrei.

Hinweise der Redaktion:
1. Dem Fernbleiben von Lehrkräften an religiösen Feiertagen steht die „betriebliche Notwendigkeit" entgegen. Deshalb kommt nur eine „Freistellung gegen Vorarbeiten bzw. Nachholen des Unterrichts oder sonstiger Dienstpflichten in Betracht. Eine völlige Freistellung ... unter Fortzahlung der Bezüge ist nicht möglich." (Quelle: Schreiben des KM vom 19.10.98, Nr. I/4-0301.80/53)
2. Zur Unterrichtsbefreiung für Schüler/innen am Buß- und Bettag siehe: → Schul- und Schülergottesdienst Nr. 3

→ Arbeitszeit (Lehrkräfte) Teil H; → Feiertage; → Hitzefrei; → Konferenzordnung § 2 Abs. 1 Ziff. 16; → Schulbesuchsverordnung (Anlage); → Schul- und Schülergottesdienste (dort Bestimmungen zur Freistellung von Schüler/innen am Buß- und Bettag); → Urlaub (Allgemeines) Nr. 2

Ferien und unterrichtsfreie Samstage

Ferienverteilung und unterrichtsfreie Samstage in den Schuljahren 2008/2009 bis 2012/2013; Auszug aus der VwV des KM vom 4. September 2006 (KuU S. 300/2006); zuletzt geändert 10.8.2010 (KuU S. 165/2010)

I.
Ferienverteilung

Schuljahr 2010/2011:
Sommerferien: 29. Juli bis 11. September 2010
Herbstferien: 2. bis 6. November 2010
Weihnachtsferien: 23.12.2010 bis 8. Januar 2011
Osterferien: 26. April bis 30. April 2011[2)]
Pfingstferien: 14. Juni bis 25. Juni 2011
Den Schulen stehen noch vier bewegliche Ferientage zur Verfügung.[3)]

Schuljahr 2011/2012:
Sommerferien: 28. Juli bis 10. September 2011
Herbstferien: 2. bis 4. November 2011[1)]
Weihnachtsferien: 23.12.2011 bis 5. Januar 2012
Osterferien: 2. April bis 13. April 2012
Pfingstferien: 29. Mai bis 9. Juni 2012
Den Schulen stehen noch drei bewegliche Ferientage zur Verfügung.[3)]

Schuljahr 2012/2013:
Sommerferien: 26. Juli bis 8. September 2012
Herbstferien: 29. Oktober bis 2. November 2012
Weihnachtsferien: 24.12.2012 bis 5. Januar 2013
Osterferien: 25. März bis 5. April 2013
Pfingstferien: 21. Mai bis 1. Juni 2013
Den Schulen stehen noch fünf bewegliche Ferientage zur Verfügung.[3)]

Schuljahr 2013/2014:
Sommerferien: 25. Juli bis 7. September 2013
Herbstferien: 28. bis 30. Oktober 2013
Weihnachtsferien: 23.12.2013 bis 4. Januar 2014
Osterferien: 14. bis 25. April 2014
Pfingstferien: 10. bis 21. Juni 2014
Den Schulen stehen noch fünf bewegliche Ferientage zur Verfügung.[3)]

Schuljahr 2014/2015:
Sommerferien: 31. Juli bis 13. September 2014
Herbstferien: 27. bis 30. Oktober 2014
Weihnachtsferien: 22.12.2014 bis 5. Januar 2015
Osterferien: 30. März 2015 bis 10. April 2015
Pfingstferien: 26. Mai 2015 bis 6. Juni 2015
Den Schulen stehen noch drei bewegliche Ferientage zur Verfügung.[3)]

1) Am 31. Oktober 2011, 31. Oktober 2013 und 31. Oktober 2014 (Reformationsfest) ist schulfrei.

2) Am 21. April 2011 (Gründonnerstag) ist schulfrei.

3) Zu den beweglichen Ferientagen erhalten Lehrerinnen und Lehrer nach der Verwaltungsvorschrift „Arbeitszeit der Lehrer an öffentlichen Schulen in Baden-Württemberg", vom 10.11.1993, Buchstabe H, in jedem Schuljahr drei unterrichtsfreie Tage, die entsprechend der Regelung für bewegliche Ferientage festzulegen sind.
→ Arbeitszeit (Lehrkräfte); → Konferenzordnung § 2 Abs. 1 Nr. 16

II.
Unterrichtsfreie Samstage

1
Allgemeines

1.1 An einer öffentlichen Schule ist jeder Samstag unterrichtsfrei, wenn dies die Schulkonferenz beschließt. An beruflichen Schulen können hiervon einzelne Schularten oder Bildungsgänge durch Beschluss der Schulkonferenz ausgenommen werden.
Es wird empfohlen, dass benachbarte Schulen sich gegenseitig abstimmen. Bei Angelegenheiten, die den Schulträger berühren, ist ihm Gelegenheit zu geben, beratend mitzuwirken.

1.2 Wird ein Beschluss nach Nummer 1.1 nicht gefasst, ist in der Regel jeder zweite Samstag, beginnend mit dem zweiten Samstag nach dem Ende der Sommerferien, unterrichtsfrei. Diese unterrichtsfreien Samstage werden vom Kultusministerium vor Schuljahresbeginn landeseinheitlich festgelegt und bekanntgegeben.

1.3 Soweit nach den Stundentafeln Wochenstundenzahlen vorgeschrieben sind, werden diese durch einen unterrichtsfreien Samstag nicht verringert; die unterrichtsfreien Samstage sind bei der Stundenplangestaltung zu berücksichtigen.

2
Sonderregelungen

2.1 Abweichend von den Nummern 1.1 und 1.2 kann an beruflichen Schulen folgender Unterricht an Samstagen abgehalten werden:

2.1.1 gerätebezogener Unterricht, insbesondere Labor- und Werkstattunterricht, sofern dieser Unterricht aus schulorganisatorischen Gründen, vor allem wegen Mangel an Fachräumen, nicht an anderen Werktagen erteilt werden kann,

2.1.2 Unterricht zum Erwerb von Zusatzqualifikationen, insbesondere der Fachhochschulreife,

2.1.3 Unterricht zum Erwerb von Abschlüssen vollzeitschulischer Bildungsgänge, der in Teilzeitform angeboten wird.

2.2 Abweichend von Nr. 1.1 können mündliche Abschlussprüfungen sowie Arbeitsgemeinschaften, insbesondere Chor und Orchester, am Samstag stattfinden.

Ferien und unterrichtsfreie Samstage

3.
Festlegung der unterrichtsfreien Samstage

Folgende Samstage werden in den Schuljahren 2010/2011, 2011/2012, 2012/2013, 2013/2014 und 2014/2015 festgelegt*:

2010/2011	2011/2012	2012/2013	2013/2014	2014/2015
25. Sept. 2010	24. Sept. 2011	22. Sept. 2012	21. Sept. 2013	27. Sept. 2014
9. Okt. 2010	8. Okt. 2011	6. Okt. 2012	5. Okt. 2013	4. Okt. 2014
30. Okt. 2010	22. Okt. 2011	20. Okt. 2012	19. Okt. 2013	25. Okt. 2014
13. Nov. 2010	5. Nov. 2011	3. Nov. 2 012	2. Nov. 2013	15. Nov. 2014
27. Nov. 2010	19. Nov. 2011	17. Nov. 2012	16. Nov. 2013	29. Nov. 2014
11. Dez. 2010	3. Dez. 2011	1. Dez. 2012	30. Nov. 2013	13. Dez. 2014
15. Jan. 2011	17, Dez. 2011	22. Dez. 2012	14. Dez. 2013	10. Jan. 2015
29. Jan. 2011	7. Jan. 2012	12. Jan. 2013	11. Jan. 2014	24. Jan. 2015
12. Febr. 2011	28. Jan. 2012	26. Jan. 2013	25. Jan. 2014	7. Febr. 2015
26. Febr. 2011	11. Febr. 2012	9. Febr. 2013	8. Febr. 2014	21. Febr. 2015
12. März 2011	25. Febr. 2012	23. Febr. 2013	22. Febr. 2014	7. März 2015
26. März 2011	10. März 2012	9. März 2013	8. März 2014	21. März 2015
9. April 2011	24. März 2012	23. März 2013	22. März 2014	11. April 2015
23. April 2011	14. April 2012	6. April 2013	5. April 2014	25. April 2015
14. Mai 2011	28. April 2012	27. April 2013	26. April 2014	9. Mai 2015
28. Mai 2011	12. Mai 2012	11. Mai 2013	10. Mai 2014	23. Mai 2015
11. Juni 2011	26. Mai 2012	8. Juni 2013	24. Mai 2014	20. Juni 2015
9. Juli 2011	23. Juni 2012	22. Juni 2013	7. Juni 20 14	4. Juli 2015
23. Juli 2011	7. Juli 2012	6. Juli 2013	5. Juli 2014	18. Juli 2015
	21. Juli 2012	20. Juli 2013	19. Juli 2014	

* An öffentlichen Schulen ist jeder Samstag unterrichtsfrei, wenn dies die Schulkonferenz beschließt.
→ Schulgesetz § 47 Abs. 3 Nr. 2

Ferien (Sommerferien 2011-17)

Langfristige Sommerferienregelung 2011 bis 2017 (Beschluss der Kultusministerkonferenz, 15.5.2008); angegeben ist jeweils der erste und der letzte Ferientag

Land	2011	2012	2013	2014	2015	2016	2017
Baden-Württemberg	28.07. - 10.09.	26.07. - 08.09.	25.07. - 07.09.	31.07. - 13.09.	30.07. - 12.09.	28.07. - 10.09.	27.07. - 09.09.
Bayern	30.07. - 12.09.	01.08. - 12.09.	31.07. - 11.09.	30.07. - 15.09.	01.08. - 14.09.	30.07. - 12.09.	29.07. - 11.09.
Berlin	30.06. - 12.08.	21.06. - 03.08.	20.06. - 02.08.	10.07. - 22.08.	16.07. - 28.08.	21.07. - 02.09.	20.07. - 01.09.
Brandenburg	30.06. - 13.08.	21.06. - 04.08.	20.06. - 03.08.	10.07. - 23.08.	16.07. - 29.08.	21.07. - 03.09.	20.07. - 02.09.
Bremen	07.07. - 17.08.	23.07. - 31.08.	27.06. - 07.08.	24.07. - 03.09.	23.07. - 02.09.	23.06. - 03.08.	22.06. - 02.08.
Hamburg	30.06. - 10.08.	21.06. - 01.08.	20.06. - 31.07.	10.07. - 20.08.	16.07. - 26.08.	21.07. - 31.08.	20.07. - 30.08.
Hessen	27.06. - 05.08.	02.07. - 10.08.	08.07. - 16.08.	28.07. - 05.09.	27.07. - 04.09.	18.07. - 26.08.	03.07. - 11.08.
Mecklenburg-Vorpommern	04.07. - 13.08.	23.06. - 04.08.	22.06. - 03.08.	14.07. - 23.08.	20.07. - 29.08.	25.07. - 03.09.	24.07. - 02.09.
Niedersachsen[2]	07.07. - 17.08.	23.07. - 31.08.	27.06. - 07.08.	24.07. - 03.09.	23.07. - 02.09.	23.06. - 03.08.	22.06. - 02.08.
Nordrhein-Westfalen	25.07. - 06.09.	09.07. - 21.08.	22.07. - 03.09.	07.07. - 19.08.	29.06. - 11.08.	11.07. - 23.08.	17.07. - 29.08.
Rheinland-Pfalz	27.06. - 05.08.	02.07. - 10.08.	08.07. - 16.08.	28.07. - 05.09.	27.07. - 04.09.	18.07. - 26.08.	03.07. - 11.08.
Saarland	24.06. - 05.08.	02.07. - 14.08.	08.07. - 16.08.	28.07. - 05.09.	27.07. - 04.09.	18.07. - 26.08.	03.07. - 14.08.
Sachsen	11.07. - 19.08.	23.07. - 31.08.	15.07. - 23.08.	21.07. - 29.08.	13.07. - 21.08.	27.06. - 05.08.	26.06. - 04.08.
Sachsen-Anhalt	11.07. - 24.08.	23.07. - 05.09.	15.07. - 28.08.	21.07. - 03.09.	13.07. - 26.08.	27.06. - 10.08.	26.06. - 09.08.
Schleswig-Holstein[3]	04.07. - 13.08.	25.06. - 04.08.	24.06. - 03.08.	14.07. - 23.08.	20.07. - 29.08.	25.07. - 03.09.	24.07. - 02.09.
Thüringen	11.07. - 19.08.	23.07. - 31.08.	15.07. - 23.08.	21.07. - 29.08.	13.07. - 21.08.	27.06. - 10.08.	26.06. - 09.08.

Anzeige

**Strandhotel
Löchnerhaus
Insel Reichenau/Bodensee**

**Schiffslände 12
78479 Insel Reichenau
Telefon (07534) 8030
Fax (07534) 582
E-Mail:info@Loechnerhaus.de
www.Loechnerhaus.de**

Das Strandhotel Löchnerhaus - das Haus der Gastlichkeit

An der Südseite der Insel Reichenau liegt unser GEW-Hotel, der Sonne zugeneigt, direkt am See, mit eigenem Badestrand und großer Liegewiese. Behagliche, neu eingerichtete Zimmer, viele mit Balkon und Seeblick mit herrlicher Aussicht bieten optimale Voraussetzungen für Ihr Wohlbefinden.
Die kulinarische Palette reicht von Spezialitäten der See- und Insellandschaft bis zur internationalen Küche.

Das Löchnerhaus, das Traditionshaus der württ. Lehrerschaft, ist im Besitz der Johannes-Löchner-Stiftung der GEW, nach deren früherem Vorsitzenden es benannt ist.
GEW-Mitglieder sind im Löchnerhaus besonders willkommen und erhalten auch besondere Konditionen.

Angebote für GEW-Mitglieder in der Saison 2011

Arrangement I   Das Angebot umfasst Übernachtung und Frühstücksbuffet
Buchbar im März, April und Oktober

Übernachtung	2 Nächte	3 Nächte	4 Nächte	6 Nächte
Euro	135,00	195,00	247,00	345,00

Die Preise gelten pro Person

Arrangement II   Das Angebot umfasst Übernachtung und Frühstücksbuffet

Übernachtung	2 Nächte	3 Nächte	4 Nächte	6 Nächte
Euro	144,00	204,00	262,00	366,00

Die Preise gelten pro Person

Arrangement III   Zwei Übernachtungen inklusive Frühstücksbuffet
Am ersten Abend erhalten Sie ein erlesenes Fischmenü, Sie erkunden unsere Unesco-Kultur-Insel mit unseren hauseigenen Fahrrädern. Der zweite Abend steht zur freien Verfügung. Sie erhalten ein Abschiedsgeschenk.
Pro Person 195,- Euro

Arrangement IIII   Vier Übernachtungen inklusive Frühstücksbuffet und Halbpension
Unsere hauseigenen Fahrräder stehen Ihnen jederzeit zur Erkundung interessanter Ziele in der näheren Umgebung zur Verfügung.
Zum Abschied erhalten Sie ein Geschenk.
Pro Person 330,- Euro

Die Sonderpreise für GEW-Mitglieder und Partner/Partnerin bitte unter dem Stichwort „Löchnerstiftung" buchen.
Im Zeitraum Juni bis Mitte September sind Zimmer zur Seeseite nicht buchbar.

Ferien 2010/11 (Schuljahreskalender)

Ferienverteilung und unterrichtsfreie Samstage in den Schuljahren 2008/2009 bis 2012/2013; Verwaltungsvorschrift des KM vom 4. September 2006 (KuU S. 300/2006); zuletzt geändert 14.8.2008 (KuU S. 180/2008)

2010					2011						
Aug	Sept	Okt	Nov	Dez	Jan	Feb	Mär	Apr	Mai	Juni	Juli
1 So	1 Mi	1 Fr	1 Mo	1 Mi	1 Sa	1 Di	1 Di	1 Fr	1 So	1 Mi	1 Fr
2 Mo	2 Do	2 Sa	2 Di	2 Do	2 So	2 Mi	2 Mi	2 Sa	2 Mo	2 Do	2 Sa
3 Di	3 Fr	3 So	3 Mi	3 Fr	3 Mo	3 Do	3 Do	3 So	3 Di	3 Fr	3 So
4 Mi	4 Sa	4 Mo	4 Do	4 Sa	4 Di	4 Fr	4 Fr	4 Mo	4 Mi	4 Sa	4 Mo
5 Do	5 So	5 Di	5 Fr	5 So	5 Mi	5 Sa	5 Sa	5 Di	5 Do	5 So	5 Di
6 Fr	6 Mo	6 Mi	6 Sa	6 Mo	6 Do	6 So	6 So	6 Mi	6 Fr	6 Mo	6 Mi
7 Sa	7 Di	7 Do	7 So	7 Di	7 Fr	7 Mo	7 Mo	7 Do	7 Sa	7 Di	7 Do
8 So	8 Mi	8 Fr	8 Mo	8 Mi	8 Sa	8 Di	8 Di	8 Fr	8 So	8 Mi	8 Fr
9 Mo	9 Do	9 Sa*	9 Di	9 Do	9 So	9 Mi	9 Mi	9 Sa*	9 Mo	9 Do	9 Sa*
10 Di	10 Fr	10 So	10 Mi	10 Fr	10 Mo	10 Do	10 Do	10 So	10 Di	10 Fr	10 So
11 Mi	11 Sa	11 Mo	11 Do	11 Sa*	11 Di	11 Fr	11 Fr	11 Mo	11 Mi	11 Sa*	11 Mo
12 Do	12 So	12 Di	12 Fr	12 So	12 Mi	12 Sa*	12 Sa*	12 Di	12 Do	12 So	12 Di
13 Fr	13 Mo	13 Mi	13 Sa*	13 Mo	13 Do	13 So	13 So	13 Mi	13 Fr	13 Mo	13 Mi
14 Sa	14 Di	14 Do	14 So	14 Di	14 Fr	14 Mo	14 Mo	14 Do	14 Sa*	14 Di	14 Do
15 So	15 Mi	15 Fr	15 Mo	15 Mi	15 Sa*	15 Di	15 Di	15 Fr	15 So	15 Mi	15 Fr
16 Mo	16 Do	16 Sa	16 Di	16 Do	16 So	16 Mi	16 Mi	16 Sa	16 Mo	16 Do	16 Sa
17 Di	17 Fr	17 So	17 Mi	17 Fr	17 Mo	17 Do	17 Do	17 So	17 Di	17 Fr	17 So
18 Mi	18 Sa	18 Mo	18 Do	18 Sa	18 Di	18 Fr	18 Fr	18 Mo	18 Mi	18 Sa	18 Mo
19 Do	19 So	19 Di	19 Fr	19 So	19 Mi	19 Sa	19 Sa	19 Di	19 Do	19 So	19 Di
20 Fr	20 Mo	20 Mi	20 Sa	20 Do	20 Do	20 So	20 So	20 Mi	20 Fr	20 Mo	20 Mi
21 Sa	21 Di	21 Do	21 So	21 Di	21 Fr	21 Mo	21 Mo	21 Do	21 Sa	21 Di	21 Do
22 So	22 Mi	22 Fr	22 Mo	22 Mi	22 Sa	22 Di	22 Fr	22 So	22 Mi	22 Fr
23 Mo	23 Do	23 Sa	23 Di	23 Do	23 So	23 Mi	23 Sa*	23 Mo	23 Do	23 Sa*
24 Di	24 Fr	24 So	24 Mi	24 Fr	24 Mo	24 Do	24 Do	24 So	24 Di	24 Fr	24 So
25 Mi	25 Sa*	25 Mo	25 Do	25 Sa	25 Di	25 Fr	25 Mo	25 Mi	25 Sa	25 Mo
26 Do	26 So	26 Di	26 Fr	26 So	26 Mi	26 Sa*	26 Sa*	26 Di	26 Do	26 So	26 Di
27 Fr	27 Mo	27 Mi	27 Sa*	27 Mo	27 Do	27 So	27 So	27 Mi	27 Fr	27 Mo	27 Mi
28 Sa	28 Di	28 Do	28 So	28 Di	28 Fr	28 Mo	28 Mo	28 Do	28 Sa*	28 Di	28 Do
29 So	29 Mi	29 Fr	29 Mo	29 Mi	29 Sa*		29 Di	29 Fr	29 So	29 Mi	29 Fr
30 Mo	30 Do	30 Sa*	30 Di	30 Do	30 So		30 Mi	30 Sa	30 Mo	30 Do	30 Sa
31 Di		31 So		31 Fr	31 Mo		31 Do		31 Di		31 So

* An einer öffentlichen Schule ist jeder Samstag unterrichtsfrei, wenn dies die Schulkonferenz beschließt (SchG § 47 Abs. 3 Nr. 2). An Schulen, die keinen derartigen Beschluss fassen, sind nur die mit * gekennzeichneten Samstage unterrichtsfrei.

Feiertage, Gedenktage und schulfreie Tage 2010: Antikriegstag: 1. 9. – Tag der älteren Menschen: 1.10. – Tag der deutschen Einheit: 3.10. – Weltlehrertag: 5.10. – Reformationsfest: 31.10. – Allerheiligen: 1.11. – Buß- und Bettag: 17.11. – Tag der Menschenrechte: 10.12. – Weihnachten: 25./26.12.2010. **2011:** Neujahr: 1.1. – Hl. 3 Könige: 6.1. – Auschwitz-Gedenktag: 27.1. – Rosenmontag: 7.3. – Int. Frauentag: 8.3. – Karfreitag: 22.4. – Ostern: 24./25.4. – Tag der Arbeit: 1.5. – Himmelfahrt: 2.6. – Pfingsten: 12./13.6. – Fronleichnam: 23.6.2011.

Im Schuljahr 2010/11 stehen ferner 4 bewegliche Feiertage sowie 3 zusätzliche unterrichtsfreie Tage gem. Teil H der VwV „Arbeitszeit der Lehrer" zur Verfügung. Sommerferien 2011: 28.7. bis 10.9.2011.

▬ = Sonn- und Feiertage   ▭ = sonstige schulfreie Tage

→ Arbeitszeit (Lehrkräfte) Teil H; → Ferien (Ferienverordnung); → Ferien und unterrichtsfreie Samstage; → Konferenzordnung § 2 Abs. 1 Nr. 16; → Unterrichtsfreier Samstag

Ferien 2011/12 (Schuljahreskalender)

Ferienverteilung und unterrichtsfreie Samstage in den Schuljahren 2008/2009 bis 2012/2013; Verwaltungsvorschrift des KM vom 4. September 2006 (KuU S. 300/2006); zuletzt geändert 14.8.2008 (KuU S. 180/2008)

2011						2012					
Aug	Sep	Okt	Nov	Dez	Jan	Feb	Mär	Apr	Mai	Juni	Juli
1 Mo	1 Do	1 Sa	1 Di	1 Do	1 So	1 Mi	1 Do	1 So	1 Di	1 Fr	1 So
2 Di	2 Fr	2 So	2 Mi	2 Fr	2 Mo	2 Do	2 Fr	2 Mo	2 Mi	2 Sa	2 Mo
3 Mi	3 Sa	3 Mo	3 Do	3 Sa*	3 Di	3 Fr	3 Sa	3 Di	3 Do	3 So	3 Di
4 Do	4 So	4 Di	4 Fr	4 So	4 Mi	4 Sa	4 So	4 Mi	4 Fr	4 Mo	4 Mi
5 Fr	5 Mo	5 Mi	5 Sa*	5 Mo	5 Do	5 So	5 Mo	5 Do	5 Sa	5 Di	5 Do
6 Sa	6 Di	6 Do	6 So	6 Di	6 Fr	6 Mo	6 Di	6 Fr	6 So	6 Mi	6 Fr
7 So	7 Mi	7 Fr	7 Mo	7 Mi	7 Sa*	7 Di	7 Mi	7 Sa	7 Mo	7 Do	7 Sa*
8 Mo	8 Do	8 Sa*	8 Di	8 Do	8 So	8 Mi	8 Do	8 So	8 Di	8 Fr	8 So
9 Di	9 Fr	9 So	9 Mi	9 Fr	9 Mo	9 Do	9 Fr	9 Mo	9 Mi	9 Sa	9 Mo
10 Mi	10 Sa	10 Mo	10 Do	10 Sa	10 Di	10 Fr	10 Sa*	10 Di	10 Do	10 So	10 Di
11 Do	11 So	11 Di	11 Fr	11 So	11 Mi	11 Sa*	11 So	11 Mi	11 Fr	11 Mo	11 Mi
12 Fr	12 Mo	12 Mi	12 Sa	12 Mo	12 Do	12 So	12 Mo	12 Do	12 Sa*	12 Di	12 Do
13 Sa	13 Di	13 Do	13 So	13 Di	13 Fr	13 Mo	13 Di	13 Fr	13 So	13 Mi	13 Fr
14 So	14 Mi	14 Fr	14 Mo	14 Mi	14 Sa	14 Di	14 Mi	14 Sa*	14 Mo	14 Do	14 Sa
15 Mo	15 Do	15 Sa	15 Di	15 Do	15 So	15 Mi	15 Do	15 So	15 Di	15 Fr	15 So
16 Di	16 Fr	16 So	16 Mi	16 Fr	16 Mo	16 Do	16 Fr	16 Mo	16 Mi	16 Sa	16 Mo
17 Mi	17 Sa	17 Mo	17 Do	17 Sa*	17 Di	17 Fr	17 Sa	17 Di	17 Do	17 So	17 Di
18 Do	18 So	18 Di	18 Fr	18 So	18 Mi	18 Sa	18 So	18 Mi	18 Fr	18 Mo	18 Mi
19 Fr	19 Mo	19 Mi	19 Sa*	19 Mo	19 Do	19 So	19 Mo	19 Do	19 Sa	19 Di	19 Do
20 Sa	20 Di	20 Do	20 So	20 Di	20 Fr	20 Mo	20 Di	20 Fr	20 So	20 Mi	20 Fr
21 So	21 Mi	21 Fr	21 Mo	21 Mi	21 Sa	21 Di	21 Mi	21 Sa	21 Mo	21 Do	21 Sa*
22 Mo	22 Do	22 Sa*	22 Di	22 Do	22 So	22 Mi	22 Do	22 So	22 Di	22 Fr	22 So
23 Di	23 Fr	23 So	23 Mi	23 Fr	23 Mo	23 Do	23 Fr	23 Mo	23 Mi	23 Sa*	23 Mo
24 Mi	24 Sa*	24 Mo	24 Do	24 Sa	24 Di	24 Fr	24 Sa*	24 Di	24 Do	24 So	24 Di
25 Do	25 So	25 Di	25 Fr	25 So	25 Mi	25 Sa*	25 So	25 Mi	25 Fr	25 Mo	25 Mi
26 Fr	26 Mo	26 Mi	26 Sa	26 Mo	26 Do	26 So	26 Mo	26 Do	26 Sa*	26 Di	26 Do
27 Sa	27 Di	27 Do	27 So	27 Di	27 Fr	27 Mo	27 Di	27 Fr	27 So	27 Mi	27 Fr
28 So	28 Mi	28 Fr	28 Mo	28 Mi	28 Sa*	28 Di	28 Mi	28 Sa*	28 Mo	28 Do	28 Sa
29 Mo	29 Do	29 Sa	29 Di	29 Do	29 So	29 Mi	29 Do	29 So	29 Di	29 Fr	29 So
30 Di	30 Fr	30 So	30 Mi	30 Fr	30 Mo		30 Fr	30 Mo	30 Mi	30 Sa	30 Mo
31 Mi		31 Mo		31 Sa	31 Di		31 Sa		31 Do		31 Di

* An einer öffentlichen Schule ist jeder Samstag unterrichtsfrei, wenn dies die Schulkonferenz beschließt (SchG § 47 Abs. 3 Nr. 2). An Schulen, die keinen derartigen Beschluss fassen, sind nur die mit * gekennzeichneten Samstage unterrichtsfrei.

Feiertage, Gedenktage und schulfreie Tage 2011: Antikriegstag: 1. 9. – Tag der älteren Menschen: 1.10. – Tag der deutschen Einheit: 3.10. – Weltlehrertag: 5.10. – Reformationsfest: 31.10. – Allerheiligen: 1.11. – Buß- und Bettag: 16.11. – Tag der Menschenrechte: 10.12. – Weihnachten: 25./26.12.2011. **2012:** Neujahr: 1.1. – Hl. 3 Könige: 6.1. – Auschwitz-Gedenktag: 27.1. – Rosenmontag: 20.2. – Int. Frauentag: 8.3. – Karfreitag: 6.4. – Ostern: 8./9.4. – Tag der Arbeit: 1.5. – Himmelfahrt: 17.5. – Pfingsten: 27./28.5. – Fronleichnam: 7.6.2012.

Im Schuljahr 2011/12 stehen ferner 3 bewegliche Ferientage sowie 3 zusätzliche unterrichtsfreie Tage gem. Teil H der VwV „Arbeitszeit der Lehrer" zur Verfügung. Sommerferien 2012: 26.7. bis 8.9.2012.

▮ = Sonn- und Feiertage   ▮ = sonstige schulfreie Tage

→ Arbeitszeit (Lehrkräfte) Teil H; → Ferien (Ferienverordnung); → Ferien und unterrichtsfreie Samstage; → Konferenzordnung § 2 Abs. 1 Nr. 16; → Unterrichtsfreier Samstag

Fortbildung (Allgemeines)

Hinweise der Redaktion

1. Grundsätze

Unter „Fortbildung" ist die Erhaltung und Erweiterung des allgemeinen und des spezifisch fachbezogenen Kenntnisstands von Beschäftigten zu verstehen, die nicht „Ausbildung" (Wissenserwerb bis zum Erwerb der Befähigung für eine Laufbahn oder ein Amt) ist.

Beamtinnen und Beamte sind gesetzlich verpflichtet, an der dienstlichen Fortbildung teilzunehmen und sich außerdem selbst fortzubilden, „*damit sie insbesondere die Fach-, Methoden- und sozialen Kompetenzen für die Aufgaben des übertragenen Dienstpostens erhalten und fortentwickeln sowie ergänzende Qualifikationen für höher bewertete Dienstposten und für die Wahrnehmung von Führungsaufgaben erwerben*".

→ Beamtengesetz § 50

Lehrkräften im Arbeitnehmerverhältnis ist vom Arbeitgeber eine „Qualifizierung" anzubieten.

→ Tarifvertrag (Länder) § 5

Die Beschäftigten entscheiden jedoch bislang selbst, ob, wie oft und wie intensiv sie an welchen Fortbildungsmaßnahmen teilnehmen bzw. sich selbstständig (z.B. Seminare, Fachliteratur, Selbststudium usw.) fortbilden. Hiervon wird in der Regel nicht abgewichen

- bei der allgemeinen Einführung neuer Unterrichtsmethoden oder Unterrichtsinhalte,
- zur Behebung von individuellen Defiziten.

→ Fortbildung und Personalentwicklung

2. Amtliche Lehrerfortbildung
a) Zentrale Einrichtungen

Für die amtliche Lehrerfortbildung besteht die „Landesakademie für Fortbildung und Personalentwicklung an Schulen" mit Sitz in Esslingen. Sie dient der beruflichen Fort- und Weiterbildung von pädagogischem Personal im fachlichen Zuständigkeitsbereich des Kultusministeriums. In ihr wurden die Akademien für Lehrerfortbildung in Esslingen, Schwäb. Hall (Comburg) und Wildbad (früher Calw und Donaueschingen) zusammengefasst. Außerdem bestehen für die Bereiche Schulsport und Verkehrserziehung das Landesinstitut für Schulsport, für Schulkunst und Schultheater die Landesakademie für Schulkunst, Schul- und Amateurtheater Akademie Schloss Rotenfels

Die Ausschreibung der Veranstaltungen an den Akademien (sowie weiterer amtlicher und teilweise auch nichtamtlicher Lehrgänge) erfolgt über Sonderhefte des Amtsblattes → Kultus und Unterricht). Die Programme werden ferner unter http://lfb.lbs.bw.schule.de/ vorgestellt. Zu den Einzelheiten siehe → Fortbildung (Meldeverfahren Akademien).

An den Akademien für Lehrerfortbildung können neben den zentralen Lehrgängen auch „Wunschkurse" im Umfang von eineinhalb Tagen für einzelne Schulen/Lehrerkollegien durchgeführt werden, deren inhaltliche Ausgestaltung sich unmittelbar am konkreten Bedarf einer Gruppe von Lehrkräften – eines gesamten Kollegiums oder z.B. einer Fachschaft – orientiert; kleine Schulen können sich mit anderen zusammenschließen (ggf. helfen die Anlaufstellen – vgl. Buchst. b – dabei).

Zwei Drittel dieser Pädagogischen Tage mit Übernachtung werden in der Zeit von Freitagnachmittag bis Samstagnachmittag oder in Ferienzeiten, das verbleibende Drittel wird an Unterrichtstagen (Montag bis Freitag) angeboten. Die Planung und Durchführung eines Pädagogischen Tags müssen in der Schulkonferenz beraten und abgestimmt werden; die Schulkonferenz muss also ggf. dem Unterrichtsausfall zugestimmt haben.

→ Fortbildung und Personalentwicklung II.5

b) Regionale Fortbildung

Zur regionalen amtlichen Lehrerfortbildung gehören der „Pädagogische Tag", verschiedene Formen der schulinternen (SCHILF) und schulnahen Lehrerfortbildung, sowie die sogenannten „Fallbesprechungsgruppen". Zu den „Wunschkursen" siehe oben Nr. 2 Buchst. a).

→ Fachberater/innen; → Fortbildung und Personalentwicklung II. § 5

Im GWHRS-Bereich wurden zur Qualitätsentwicklung und -sicherung im Fortbildungs- und Beratungsbereich „Anlaufstellen für Fortbildung und Beratung" eingerichtet. Diese sind teilweise kreisübergreifend tätig und u.a. zuständig für die Beratung der Schulen bei der Fortbildungsplanung, für die Umsetzung landesweiter Fortbildungs- und Beratungsprogramme sowie für die Organisation und Durchführung zusätzlicher regionaler, schulinterner oder schulnaher Fortbildungsangebote.

3. Reisekosten, Dienstbefreiung und Freistellung

Reisen zu Fortbildungsveranstaltungen der allgemeinen dienstlichen Fortbildung sind reisekostenrechtlich Dienstreisen.

→ Reisekosten (Aus- und Fortbildung); → Reisekosten (Gesetz – LRKG) §§ 6, 23

Lehrkräfte können für die Teilnahme an nichtdienstlichen Fortbildungsveranstaltungen „freigestellt" oder „beurlaubt" werden; dabei gilt folgender Maßstab: Wenn ein dienstliches Interesse an der Teilnahme einer Lehrkraft an einer Fortbildung anderer Träger besteht, ist diese vom Unterricht *freizustellen* und nicht zu *beurlauben* (siehe Tabelle auf der nächsten Seite). Über das Vorliegen eines „*dienstlichen Interesses*" entscheidet unmittelbar die zuständige Stelle (bei Lehrkräften die Schulleitung, bei Schulleiter/innen die Schulaufsichtsbehörde) nach pflichtgemäßem Ermessen.

Bei einer „*Freistellung*" befindet sich die Lehrkraft während der Veranstaltung im Dienst; auch auf der An- und Rückreise gelten die Unfallfürsorgebestimmungen. Bei einer „*Beurlaubung*" handelt es sich hingegen während der Veranstaltung und auf der Reise nicht um „Dienst"; es besteht in der Regel auch kein Versicherungsschutz. Auch die für die Anreise zur amtlichen Fortbildung erforderliche Zeit – ggf. einschließlich der für die Einnahme einer Mahlzeit erforderlichen Pause zwischen der vorhergehenden dienstlichen Tätigkeit und der Fortbildungsreise – ist „Dienst". Ein Beispiel: Eine Lehrkraft hätte bis 13.30 Uhr stundenplanmäßigen Unterricht. Sie soll ab 14.30 Uhr an einer Fortbildung an einem Ort teilnehmen, der 30 Minuten Anreise erfordert. Die verbleibenden 30 Minuten reichen zur Erholung und zum Mittagessen nicht aus. Es ist angemessen, dass die Schulleitung die Lehrkraft auf Antrag vom Unterricht mindestens in der letzten Unterrichtsstunde freistellt. Bitte das Schaubild unten beachten.

Das KM gibt in den Ausschreibungen für Akademieveranstaltungen regelmäßig bekannt: „*Für die Lehrerinnen und Lehrer, die zu einer Akademietagung zugelassen sind, ist die Teilnahme Dienst. Fällt die Teilnahme in die Unterrichtszeit, muss die am Arbeitsplatz versäumte Zeit (ausgefallene Unterrichtszeit) nicht vor- oder nachgeholt werden.*" Dieser Grundsatz gilt auch für die sonstige amtliche Lehrerfortbildung: Wer daran teilnimmt, tut „Dienst" und kann in der gleichen Zeit keinen anderen „Dienst" erledigen. Es kommt deshalb auch kein „Nachholen" ausgefallenen Unterrichts in Frage.

Nach amtlicher Einladung oder eigener Meldung und Zulassung zu einer Veranstaltung der amtlichen Fortbildung bedarf es zwar keiner förmlichen Genehmigung durch die Schulleitung mehr. Kollidiert dieser Dienst jedoch mit einem anderen Dienstgeschäft (z.B. Erteilung stundenplanmäßigen Unterrichts), so hat der/die Vorgesetzte gegebenenfalls nach pflichtgemäßem Ermessen eine Entscheidung zu treffen, welches der beiden konkurrierenden Dienstgeschäfte den Vorrang hat; in diesem Fall vermerkt er/sie die Einwände bei der Weitergabe der Meldung auf dem Dienstweg. Insofern ist die Teilnahme an einer Fortbildung während der Arbeitszeit an die Freigabe durch die zuständige Stelle gebunden.

Insbesondere im Bereich der GWHRS-Schulen findet die regionale Lehrerfortbildung jedoch überwiegend nachmittags statt: Bei der Organisation der Veranstaltungen achtet die Schulverwaltung darauf, dass möglichst kein Unterricht ausfällt. Erfolgt eine Freistellung (Dienstbefreiung) zur Teilnahme an einer Fortbildungsveranstaltung, so braucht deswegen ausfallender Unterricht nicht vor- oder nachgeholt zu werden. Hierzu die Hinweise in → Fortbildung (Meldeverfahren Akademien) beachten. Ist zur Teilnahme an einer amtlichen Fortbildungsveranstaltung eine Dienstreise erforderlich, so besteht in bestimmtem Umfang Anspruch auf Reisekostenersatz (nicht bei Dienstgängen!).

→ Reisekosten (Gesetz – LRKG) § 23

Dienstbefreiung, Freistellung, Beurlaubung und Unterrichtsverlegung

Art der Freistellung zur Fortbildung	Art der Fortbildungsveranstaltung	Dienstunfallschutz	Reisekosten	Unterrichtserteilung
Dienstbefreiung (statt einer Dienstpflicht wird eine andere wahrgenommen)	**Amtliche Fortbildung** Teilnahme nach amtlicher Einladung oder eigener Meldung und Zulassung zur Veranstaltung	ja	ja	Unterricht wird vertreten oder fällt aus
Freistellung vom Unterricht	**Fortbildung anderer Träger** von der Schulleitung als „im dienstlichen Interesse liegend" anerkannt; Teilnahme nach Genehmigung durch die Schulleitung	ja	in Ausnahmefällen	Unterricht wird vertreten oder fällt aus
Beurlaubung[1]	**Sonstige Fortbildung** für die keine Freistellung erfolgt; Teilnahme nach Genehmigung durch die Schulleitung	nein	nein	Unterricht wird vertreten oder fällt aus
Verlegung[2] (Freistellung gegen Vorarbeiten bzw. Nachholen des Unterrichts oder sonstiger Dienstpflichten)	**Sonstige Anlässe** (z.B. Fortbildung), für die keine Freistellung bzw. keine Beurlaubung möglich ist; Teilnahme nach Genehmigung durch die Schulleitung	nein	nein	Unterricht wird von der Lehrkraft vor- oder nachgeholt

1 Fundstelle: Arbeitszeit- und Urlaubsverordnung § 29 → Urlaub (Verordnung / AzUVO) § 29

2 Fundstelle: → Urlaub (Allgemeines) 2+4

Bitte zu den Einschränkungen dieses Anspruchs den Beitrag → Reisekosten (Aus- und Fortbildung) beachten.

Für den Besuch der sogenannten „Fortbildung anderer Träger" (z.B. der GEW), kann auf Antrag eine „Freistellung" vom Dienst erfolgen, ausnahmsweise ist eine Reisekostenerstattung möglich. Die Anerkennung solcher Veranstaltungen als für den Dienst förderlich sowie die Freistellung, womit die Gewährung von Dienstunfallschutz verbunden ist, erfolgt durch die jeweiligen Vorgesetzten (bei Lehrkräften durch die Schulleitung).

Sofern keine Dienstbefreiung möglich ist, kann ggf. auch eine Unterrichtsverlegung erfolgen.
→ Urlaub (Allgemeines) Nr. 4

Bei der inhaltlichen und organisatorischen Gestaltung der dienstlichen Fortbildung sowie bei der Auswahl der Teilnehmenden besitzt die Personalvertretung Mitwirkungs- und Mitbestimmungsrechte. Hierzu gehört auch, dass die Schulleitung dem Personalrat im Falle einer Nicht-Zustimmung zur Meldung einer Lehrkraft auf eine Akademieveranstaltung eine Kopie der Meldung sowie der Absage-Begründung übermitteln muss.
→ Fortbildung (Meldeverfahren Akademien) Nr. 1

Bei der Zulassung zur Fortbildung sind u.a. das Chancengleichheitsgesetz und die Schwerbehinderten-VwV zu beachten.
→ Chancengleichheitsgesetz §§ 11 und 19 Abs. 2;
→ Schwerbehinderung

4. Beurlaubte Lehrkräfte

Beurlaubte Lehrkräfte können, soweit Plätze vorhanden, an der amtlichen Fortbildung teilnehmen. Sie werden reisekosten- und unfallschutzrechtlich wie die übrigen Lehrkräfte behandelt (vorherige Genehmigung durch die Schulleitung erforderlich). Dies gilt auch in der Elternzeit.

→ Beamtengesetz § 50; → Chancengleichheitsgesetz § 11; → Fortbildung (Allgemeines); → Fortbildung (Meldeverfahren Akademien); → Fortbildung und Personalentwicklung; → Kultus und Unterricht; → Personalvertretungsgesetz § 79 Abs. 3 Nr. 11 und § 80 Abs. 1 Nr. 9; → Reisekosten (Gesetz) / (Aus- und Fortbildungsreisen); → Schulentwicklung; → Schulpsychologische Beratungsstellen; → Schwerbehinderung; → Tarifvertrag (Länder) § 5

Fortbildung und Personalentwicklung

Leitlinien zur Fortbildung und Personalentwicklung an Schulen in Baden-Württemberg; Verwaltungsvorschrift des KM vom 24. Mai 2006 (K.u.U. S. 244/2006); zuletzt geändert 11.11.2009 (KuU S. 223/2009)

I. Aufgaben

(1) Im Rahmen eines umfassenden schulischen Qualitätskonzeptes, das mit einer Stärkung der Eigenverantwortung der einzelnen Schule und veränderten Formen der Rechenschaftslegung einhergeht, stellen Maßnahmen der Fort- und Weiterbildung zentrale Instrumente für Unterrichtsentwicklung, Schulentwicklung und Personalentwicklung dar.

(2) Lehrerbildung wird verstanden als kontinuierlicher, sich über das gesamte Berufsleben erstreckender Prozess. Bereits in der Berufseingangsphase werden die in der Ausbildung erworbenen Qualifikationen vertieft und erweitert sowie individuelle Kompetenzen im Blick auf die weitere Berufslaufbahn gezielt gefördert. Durch berufsbegleitende Fort- und Weiterbildung entwickeln Lehrerinnen und Lehrer ihre berufliche Qualifikation in bezug auf den Unterricht und den Bildungs- und Erziehungsauftrag der Schule stetig fort.

(3) Maßnahmen der Personalentwicklung qualifizieren für besondere Aufgaben und Zuständigkeiten in der Schule, für Ausbildungs-, Beratungs- und Fortbildungstätigkeiten, für pädagogische Leitungsaufgaben an Schulen und in der Lehrerausbildung der zweiten Phase oder für Tätigkeiten in der Schulverwaltung.

II. Verantwortlichkeiten und Pflichten

(1) Das Kultusministerium ist zuständig für die strategische Weiterentwicklung der Rahmenbedingungen, Konzepte, Inhalte und Verfahren der Lehrerfort- und -weiterbildung, die jährliche Festlegung von landesweiten Fort-, Weiterbildungs- und Beratungsschwerpunkten sowie die entsprechende Ressourcenbudgetierung. Die Festlegung der Schwerpunkte ist für alle Ebenen verbindlich; sie eröffnet ausdrücklich die Möglichkeit von Fortbildungsinitiativen der einzelnen Schule.

(2) Die Landesakademie für Fortbildung und Personalentwicklung an Schulen dient der beruflichen Fort- und Weiterbildung von pädagogischem Personal im fachlichen Zuständigkeitsbereich des Kultusministeriums. Dazu zählt vor allem die Gestaltung und Durchführung von Fortbildungs- und Weiterbildungsangeboten

– im Bereich der Personalentwicklung, insbesondere für pädagogisches Leitungspersonal sowie für Lehrkräfte mit besonderen Aufgaben im schulischen Bereich,

– im Bereich der schulartübergreifenden und schulartspezifischen pädagogischen und pädagogisch-psychologischen Fortbildung,

– im Bereich der schulartübergreifenden und

schulartspezifischen fachlichen und didaktisch-methodischen Fortbildung,
- im Bereich der Schulentwicklung und Schulberatung.
➜ Schulentwicklung; ➜ Schulpsycholog. Beratungsstellen

Die Landesakademie erfüllt ihre Aufgabe vor allem durch die Konzeptgestaltung und Multiplikatorenschulung als Dienstleistung für die Fortbildung und Beratung vor Ort, durch Angebote zur Gewinnung und Qualifizierung von pädagogischem Leitungspersonal und Lehrkräften mit besonderen Aufgaben in Lehrerausbildung, Fortbildung und Beratung, durch die Ausgestaltung von Wunschkursen für Schulen sowie durch den Aufbau einer Datenbank zur Information über Angebote und Fortbildnerinnen und Fortbildner beziehungsweise Expertinnen und Experten. Bei der Aufgabenerfüllung, insbesondere bei Konzeptgestaltung und Multiplikatorenschulung, wird sie durch systematische projektbezogene Mitwirkung der Staatlichen Seminare für Didaktik und Lehrerbildung unterstützt. Die Landesakademie kann bei der Erfüllung ihrer Aufgabe auch mit anderen Trägern kooperieren und die Schulaufsichtsbehörden über deren Einsatzmöglichkeiten in der Fort- und Weiterbildung beraten. Darüber hinaus trägt die Zusammenarbeit mit Hochschulen, der Wirtschaft, den Kirchen, anderen Weiterbildungseinrichtungen sowie europäischen und internationalen Partnern zur Ergänzung und Erweiterung ihres Angebots bei.

Für die Bereiche Schulsport und Verkehrserziehung wird diese Aufgabe von dem Landesinstitut für Schulsport, für die Bereiche Schulkunst und Schultheater von der Landesakademie für Schulkunst, Schul- und Amateurtheater Akademie Schloss Rotenfels wahrgenommen.

(3) In Kooperation mit der Landesakademie gewährleisten die Staatlichen Schulämter als untere Schulaufsichtsbehörden für den Bereich der Grund-, Werkreal-, Haupt-, Real- und Sonderschulen ein entsprechendes bedarfsorientiertes Angebot für Lehrkräfte vor Ort. Dabei greifen sie auf die an der Landesakademie zentral entwickelten Konzepte zurück. Sie haben insbesondere die Aufgabe der Beratung der Schulen bei der Fortbildungsplanung, der Sichtung der Bedarfsmeldungen der Schulen, der Organisation von Veranstaltungen, der Gewinnung und Einsatzsteuerung des erforderlichen Fortbildungs- und Beratungspersonals sowie der Bewirtschaftung der zugewiesenen Fortbildungsmittel. Diese Aufgabe wird für die Bereiche der Gymnasien und Beruflichen Schulen sowie für schulartübergreifende Angebote der Fortbildung und Beratung, soweit Gymnasien und Berufliche Schulen mit betroffen sind, von den Regierungspräsidien wahrgenommen. Die unteren und oberen Schulaufsichtsbehörden können bei der Organisation ihrer Angebote jeweils die Kompetenzen der Staatlichen Seminare für Didaktik und Lehrerbildung in ihrem Einzugsbereich einbeziehen.

Hinweise der Redaktion Erfolgt eine Teilnehmerauswahl zur Fortbildung, so hat die auswählende Stelle den Personalrat zu beteiligen; bei negativer Stellungnahme einer Schulleitung zur Anmeldung einer Lehrkraft zur Fortbildung auf einer Staatl. Akademie ist dem Personalrat – unaufgefordert – eine Kopie des Meldeformulars zu übermitteln.

(4) Zuständig für die Fortbildung und Personalentwicklung an der Schule ist die Schulleitung. Sie wird dabei durch die Angebote der Landesakademie beziehungsweise der Schulaufsichtsbehörden unterstützt.

(5) Nach Möglichkeit bilden schulinterne Maßnahmen und Maßnahmen im Verbund von Nachbarschulen oder Profilschulen mit affinem Profil einen Schwerpunkt der Lehrerfortbildung. Diese Maßnahmen werden von den Schulen geplant, organisiert und gestaltet; kleine Grundschulen können dabei Unterstützung durch die Anlaufstellen erhalten. Alle Schulen können bei den jeweils zuständigen Schulaufsichtsbehörden Fortbildungs- und Beratungspersonal sowie Mittel zur Honorierung externer Referenten abrufen. An der Landesakademie können Wunschkurse angefordert werden. Nach Maßgabe des Staatshaushaltsplans wird den Schulen gegebenenfalls künftig ein Budget an Fortbildungsmitteln zur Verfügung gestellt. Die tatsächliche Mittelzuweisung orientiert sich am Fortbildungsplan der Schule.

Zur schulinternen Fortbildung gehört auch die Durchführung von Pädagogischen Tagen als Fortbildungsveranstaltung des gesamten Kollegiums. Diese sind in besonderer Weise geeignet, schulische Entwicklungsvorhaben im Kollegium, mit Eltern und Schülerinnen und Schülern sowie Vertretern der dualen Partner zu besprechen. Pädagogische Tage sind dienstliche Veranstaltungen, an denen alle Lehrkräfte der Schule teilnehmen. Ausnahmsweise können entsprechende Veranstaltungen auch innerhalb einer Fachabteilung, einer Schulart oder einer Schulstufe durchgeführt werden. Planung und Durchführung von Pädagogischen Tagen sind in der Schulkonferenz zu beraten und mit ihr abzustimmen. Pädagogische Tage sind grundsätzlich in der unterrichtsfreien Zeit durchzuführen.

Hinweise der Redaktion:
1. Ob, wann, mit welchen Inhalten und in welcher Form ein Pädagogischer Tag stattfindet, entscheidet – bindend für Schulleitung und Lehrkräfte – die Gesamtlehrerkonferenz (➜ Konferenzordnung § 2 Abs. 1 Nr. 2). Dieser Beschluss muss zwar mit der Schulkonferenz abgestimmt werden, ist aber nicht von deren formaler Zustimmung abhängig. Weder die Schulleitung noch die Schulkonferenz können ohne vorhergehenden GLK-Beschluss einen Pädagogischen Tag ansetzen oder einen solchen Beschluss aufheben.
2. Pädagogische Tage finden in aller Regel in der unterrichtsfreien Zeit statt. Wenn ausnahmsweise nach Art und Inhalt dieser schulinternen Fortbildungsveranstaltung auch Unterrichtszeit in Anspruch genommen wird, verlangt das Kultusministerium, dass dem Beschluss der GLK bzw. der „Abstimmung" mit der Schulkonferenz eine „tragfähige Begründung" im Einzelfall zugrundeliegt. Ferner hat das KM angeordnet: Die Schulen müssen seit dem Schuljahr 2008/09 den Schulaufsichtsbehörden anzeigen, wann ihre Päd. Tage stattfinden, und die Begründung des Schulkonferenzbeschlusses vorlegen, falls sie in der Unterrichtszeit liegen (Quelle: KM, 8.9.2008, AZ: 23-0451.12-08/4).

Die Schulaufsichtsbehörden haben jedoch nicht über das

Ob und das Wie eines Pädagogischen Tages zu entscheiden; dies obliegt allein der Gesamtlehrerkonferenz! Erfahrungsgemäß sind Schulkonferenzen mit der Durchführung von Pädagogischen Tagen während der Unterrichtszeit insbesondere dann einverstanden, wenn daran auch Vertreter/innen der Eltern- und/oder der Schülerschaft teilnehmen dürfen bzw. wenn Themen behandelt werden, die aus deren Sicht von hoher Bedeutung sind.

3. Findet der Pädagogische Tag außerhalb der Dienststätte (Schule) statt, handelt es sich um einen Dienstgang bzw. eine Dienstreise (§ 2 LRKG); in diesem Fall besteht Anspruch auf Reisekostenersatz (ggf. auch Ersatz der Übernachtungskosten). Die Schulleitung muss deshalb bei der Schulaufsichtsbehörde die Bereitstellung der erforderlichen Mittel bewirken; andernfalls kann der Tag nicht auswärts stattfinden. → Reisekosten (Gesetz) § 2
Auch an einem auswärtigen Pädagogischen Tag ist – sofern die Finanzierung gesichert ist – die Teilnahme für die Lehrkräfte verpflichtend. Es ist jedoch im Einzelfall (z.B. wenn die Teilnahme einer Lehrkraft individuell unzumutbar ist) eine Beurlaubung möglich.

4. Zu den Päd. Tagen als „Wunschkurse" an den Akademien siehe → Fortbildung Nr. 2 Buchst. a

(6) Weitere Träger berufsbegleitender Fortbildung sind insbesondere die Hochschulen, die Kirchen, Fach- und Berufsverbände, Einrichtungen der Wirtschaft, Stiftungen sowie weitere freie Träger. Für die Teilnahme an derartigen Veranstaltungen anderer Träger kann die Schulleitung unter Berücksichtigung der schulischen Situation Lehrkräfte freistellen. Maßgeblich ist, dass das Angebot im dienstlichen Interesse liegt und keine anderen dienstlichen Gründe der Freistellung entgegenstehen. In diesem Fall finden für Lehrkräfte im Beamtenverhältnis die Unfallfürsorgebestimmungen der §§ 30 ff. des Beamtenversorgungsgesetzes Anwendung, für Lehrkräfte im Angestelltenverhältnis die §§ 2 ff. des Sozialgesetzbuches VII. Ein reisekostenrechtlicher Auslagenersatz kann regelmäßig amtlicherseits nicht gewährt werden.

(7) Die Teilnahme von Lehrerinnen und Lehrern an Fort- und Weiterbildungsveranstaltungen anderer Träger zum Erhalt und oder zur Erweiterung der lehramtsbezogenen Qualifikation und zur Vorbereitung auf neue oder erweiterte Aufgaben kann nach Maßgabe der zur Verfügung stehenden Mittel durch die zuständige Schulaufsichtsbehörde bezuschusst werden. Die Landesakademie kann hierbei als beratende Einrichtung beigezogen werden.

III. Evaluation

Die Landesakademie, die Schulaufsichtsbehörden sowie die Schulen und Schulverbünde sind verpflichtet, die Fortbildungsangebote in ihrer jeweiligen Zuständigkeit zu evaluieren. → Evaluation

IV. Fortbildungsplan und Fortbildungsportfolio

(1) Die Schule legt in einem jährlichen Fortbildungsplan ihre schulentwicklungsbezogenen Qualifizierungsanforderungen und Qualifizierungsmaßnahmen fest.

Hinweis der Redaktion: Unter www.lehrerfortbildung-bw.de/qm/ ist eine Handreichung zu den Leitlinien für Fortbildung und Personalentwicklung an Schulen eingestellt. Sie bietet u.a. Informationen über schulbezogene Fortbildungsplanung wie zur Erstellung eines Fortbildungsportfolios.

(2) Der Fortbildungsplan bildet die Grundlage für Mittelanforderungen zur Begleichung von Honoraren bzw. zur Anforderung von Fortbildungs- und Beratungspersonal im Rahmen von Abrufangeboten für schulinterne Fortbildung beziehungsweise Fortbildung im Schulverbund bei der zuständigen Schulaufsichtsbehörde.

(3) Lehrerinnen und Lehrer sind verpflichtet, ihre berufsspezifischen Kompetenzen zu erhalten und stetig weiterzuentwickeln. Sie wirken bei der Umsetzung des schulischen Fortbildungsplans aktiv mit, indem sie nach Maßgabe des jeweiligen Fortbildungsplans geeignete Fortbildungsangebote auswählen. Die Erfüllung der Fortbildungsverpflichtung ist vorrangig im Wege kooperativer und motivierender Personalführung durch die Schulleitung sicherzustellen. Unbeschadet der Zuständigkeit der Gesamtlehrerkonferenz nach § 2 Abs. 1 Nr. 2 Konferenzordnung kann die Schulleitung Lehrerinnen und Lehrer in zu begründenden Fällen zur Wahrnehmung bestimmter Fort- bzw. Weiterbildungsmaßnahmen verpflichten.

→ Konferenzordnung

Hinweis der Redaktion: „Eine Verpflichtung zur Wahrnehmung bestimmter Fort- bzw. Weiterbildungsmaßnahmen durch die Schulleitung ist im Einzelfall zu begründen."
(Quelle: KM, 7.6.2006 (AZ: 21-6750.00/466).

(4) Jede Lehrerin und jeder Lehrer hat das Recht auf Förderung im Rahmen einer schulbezogenen und schulübergreifenden Personalentwicklung; diese schließt eine Beratung und gegebenenfalls eine Vereinbarung über die Teilnahme an personenbezogenen Qualifizierungsmaßnahmen durch die Schulleitung ein. Beratung und gegebenenfalls Vereinbarung sind Bestandteil des in regelmäßigen Abständen zu führenden Beratungsgesprächs.
→ Dienstliche Beurteilung (Lehrkräfte) Ziff. II

(5) Lehrerinnen und Lehrer dokumentieren die von ihnen wahrgenommene Fort- und Weiterbildung durch die Zusammenführung entsprechender Nachweise in einem Portfolio. Die Teilnahme an Veranstaltungen anderer Träger wird im Portfolio durch eine Bescheinigung des Trägers über Inhalte und Zeitumfang der Maßnahme nachgewiesen.

(6) Bei der Teilnahme an Veranstaltungen wird nach Maßgabe der schulischen Möglichkeiten Unterrichtsausfall vermieden.

Hinweis der Redaktion: Im Entwurf des KM für diese VwV war in Ziff. 6 eine (engere) Soll-Vorschrift vorgesehen. Die im Einigungsverfahren mit den Hauptpersonalräten gefundene Formulierung gibt der Schule einen (weiteren) Ermessensspielraum: Wenn nach Möglichkeit der schulischen Möglichkeiten Unterrichtsausfall nicht vermieden werden kann, ist dieser hinzunehmen.

→ Chancengleichheitsgesetz § 11; → Dienstl. Beurteilung (Lehrkräfte) Ziff. II; → Evaluation; → Fortbildung (Allgemeines); → Fortbildung (Meldeverfahren); → KonferenzVO; → Personalvertretungsgesetz § 79 Abs. 3 Nr. 11 und § 80 Abs. 1 Nr. 9; → Reisekosten (Gesetz) / (Aus- und Fortbildungsreisen); → Schulentwicklung; → Schulgesetz §§ 41, 47, 114; → Schulpsych. Beratungsstellen; → Schwerbehinderung; → Urlaub (Allgemeines) / (Verordnung)

Fortbildung (Meldeverfahren Akademien)

Hinweise des KM in den Lehrgangsheften des Amtsblatts (Grundlage: Ziff. 1 der VwV des KM „Veranstaltungen an den Akademien für Lehrerfortbildung; hier: Meldeverfahren und Teilnehmerauswahl"; 1.10.2002; KuU S. 343/2002)

1. Anmeldung und Zulassung

Die Lehrerinnen und Lehrer melden sich mit dem vorgeschriebenen Meldeformular ... über die Schulleitung unmittelbar bei der Akademie unter Einhaltung der genannten Meldefrist an. Das Formular steht auch im Internet zur Verfügung. Adresse: www.kultus-bw.de; dort dann die Menüpunkte SERVICE –> FORMULARE wählen. Der Schulleiter bzw. die Schulleiterin nimmt zu der Bewerbung Stellung und vermerkt sie auf dem Formular. Ist die Teilnahme dienstlich nicht möglich, leitet die Schulleitung das Formular ggf. über die untere Schulaufsichtsbehörde an das Regierungspräsidium zur Aufnahme in die Personalakte. In diesem Fall erhält der zuständige örtliche Personalrat von der Schulleitung unmittelbar eine weitere Mehrfertigung des Meldeformulars.

Liegen der Akademie mehr Meldungen vor als Plätze vorhanden sind, so wählt diese – soweit nicht für einzelne Lehrgänge andere Kriterien festgelegt sind – insbesondere nach folgenden Kriterien aus:
- Zugehörigkeit zur Zielgruppe
- vorrangige Berücksichtigung von Schwerbehinderten
- letzte Teilnahme an einer Akademieveranstaltung
- Verteilung der Teilnehmer/innen entsprechend dem Proporz der Regierungspräsidien
- lehrgangsbedingte Besonderheiten in der Teilnehmer/innenzusammensetzung (z.B. bei fächer- oder schulartübergreifenden Veranstaltungen gleichmäßige Verteilung auf die Fächer bzw. nach den Schularten, bei Musik die instrumentale Besetzung)
- Nichtberücksichtigung von Mehrfachmeldungen aus einer Schule, sofern nicht Lehrgänge für bestimmte Zielgruppen anderes vorsehen (z.B. Fortbildung im Team).

Hinweis der Redaktion: Es empfiehlt sich, auf dem Formular besondere Gründe für die Meldung hervorzuheben (z.B. wenn an der eigenen Schule ein Projekt vorbereitet wird oder man in nächsten Schuljahr fachfremd unterrichten soll und hierfür bestimmte Kenntnisse erwerben muss).

Bei allen beruflichen Fortbildungsmaßnahmen sollen Frauen entsprechend ihrem Anteil an der Zielgruppe der Fortbildungsmaßnahme berücksichtigt werden.

Die Akademie benachrichtigt die Lehrkräfte von der Zulassung oder Nichtzulassung über die Schulleitung. Absagen werden begründet.

Ist eine zugelassene Lehrkraft an der Teilnahme verhindert, ist umgehend die Akademie zu informieren, damit der Platz an eine/n andere/n Bewerber/in vergeben werden kann.

Nach Abschluss jedes Lehrgangs berichtet die Akademie dem Regierungspräsidium zur Aufnahme in die Personalakte, wer sich gemeldet hat, wer zugelassen wurde und wer teilgenommen hat.

Die im Landespersonalvertretungsgesetz vorgesehene Mitwirkung der Personalräte bleibt unberührt.
→ Personalvertretungsgesetz §§ 79 Abs. 3 Nr. 11 und 80 Abs. 1 Nr. 9

Eine zusätzliche Dienstreisegenehmigung ist nicht erforderlich. Gleiches gilt für Reisen von Lehrerinnen und Lehrern der allgemeinbildenden und beruflichen Schulen, die als Lehrgangsleiter/innen oder Referenten an den unter Ziffer 5 aufgeführten Einrichtungen *(dies sind die verschiedenen Landesakademien; Anm.d.Red.)* tätig werden und die im Programmheft bzw. in der Einzelausschreibung im Amtsblatt „Kultus und Unterricht", Sonderausgabe Lehrerfortbildung, namentlich aufgeführt sind.

2. Reisekostenrechtliche Regelungen

An der Akademie erhalten die Teilnehmer/innen unentgeltliche Verpflegung und Unterkunft. Ein Tage- und Übernachtungsgeld wird nicht gezahlt. Daneben werden die notwendigen Fahrkosten in Höhe der Kosten der allgemein niedrigsten Klasse eines regelmäßig verkehrenden Beförderungsmittels (unabhängig von der Entfernung) bzw. Wegstrecken- und Mitnahmeentschädigung nach § 6 Landesreisekostengesetz und notwendige Nebenkosten gegen Nachweis erstattet.

Teilnehmer/innen mit einer amtlich festgesetzten Erwerbsminderung von mindestens 50 v.H. erhalten die notwendigen Fahrkosten bis zur Höhe der Kosten der ersten Wagenklasse eines regelmäßig verkehrenden Beförderungsmittels erstattet.
→ Reisekosten (Gesetz – LRKG) § 6; → Reisekosten (Aus- und Fortbildung)

3. Unterrichtsbefreiung

Für die Lehrer/innen, die zu einer Akademietagung zugelassen sind, ist die Teilnahme Dienst. Fällt die Teilnahme in die Unterrichtszeit, muss die am Arbeitsplatz versäumte Zeit (ausgefallene Unterrichtszeit) nicht vor- oder nachgeholt werden. ...

→ Fortbildung (Allgemeines)

→ Chancengleichheitsgesetz; → Fortbildung (Allgemeines); → Fortbildung und Personalentwicklung; → Personalvertretungsgesetz § 80 Abs. 1 Nr. 9; → Reisekosten (Gesetz – LRKG) § 6; → Reisekosten (Aus- und Fortbildung); → Schwerbehinderung

> Fundsachen / Funktionsstellen (Besetzungs- und Überprüfungsverfahren)

Fundsachen

Hinweis der Redaktion (Quelle: Homepage des KM, http://www.km-bw.de/servlet/PB/menu/1187906/index.html)

Für die Behandlung von Fundsachen in öffentlichen Schulen gelten die Regelungen des Bürgerlichen Gesetzbuches (BGB). Danach hat der Finder seinen Fund zwar bei der Gemeinde des Fundorts als zuständiger „Fundbehörde" abzuliefern, Behörden, also auch die Schulen, sind jedoch selbst „Fundbehörde". Der Finder muss die in der Schule gefundene Sache also nicht an das Fundbüro der Gemeinde, sondern an die Schule abliefern.

Bei geringwertigen Sachen, die nicht zu verwerten sind, genügt es, wenn sie einige Zeit so aufbewahrt werden, dass die Verlierer ihr Eigentum zurückerhalten können. Andere Gegenstände können öffentlich versteigert werden (§ 979 BGB), allerdings erst nach einer einer „öffentlichen Bekanntmachung des Fundes". Ist die Sache nicht weniger als 50 Euro wert, erhält der Finder einen Finderlohn (normalerweise 5% des Wertes, bei einem „Verkehrsfund" – Fund in einer Behörde – die Hälfte). Lehrkräfte oder andere Mitarbeiter/innen der Schule haben als „Behördenbedienstete" grundsätzlich keinen Anspruch auf Finderlohn.

Die Versteigerung kann nach ca. drei Monaten vorgenommen werden. Sie ist aber erst zulässig, nachdem der Fund öffentlich bekanntgemacht und die Verlierer zur Anmeldung ihrer Rechte aufgefordert wurden. Hier das Beispiel einer öffentlichen Bekanntmachung:

Name und Adresse der Schule
Öffentliche Fundsachenbekanntmachung

In unserer Schule haben sich in den letzten Monaten wieder viele Gegenstände angesammelt, die von Schülerinnen oder Schülern verloren oder vergessen wurden. Diese Gegenstände liegen am ... von 14 bis 18 Uhr beim Hausmeister zur Ansicht und Abholung aus.

Die Empfangsberechtigten werden hiermit gemäß §§ 980, 981, 983, 384 BGB aufgefordert, diese Gegenstände dort abzuholen bzw. ihre Rechte im Sekretariat der Schule (Telefon: ... Fax: ...) bis spätestens zum ... wahrzunehmen.

Danach werden alle ... in der Schule gefundenen und nicht abgeholten Gegenstände am ... ab ... Uhr im Musiksaal (1.OG) der Schule versteigert.

gez. Schulleiter/in

Funktionsstellen (Besetzung und Überprüfung)

Besetzung von Funktionsstellen und Überprüfung von Funktionsstellenbewerberinnen und -bewerbern im schulischen Bereich; VwV des KM vom 5.12.2001 (KuU S. 68/2002); zuletzt geändert 11.11.2009 (KuU S. 223/2009)

Hinweis der Redaktion: Um Funktionsstellen können sich auch Lehrkräfte im Arbeitnehmerverhältnis bewerben, sofern sie die entsprechende Lehramtsbefähigung besitzen.
→ Schulgesetz § 39 (Hinweis)

I. Besetzungsverfahren
1. Schulleiterstellen

Um das vom Gesetz in § 39 Abs. 4 Satz 2 Schulgesetz vorgegebene Ziel einer Wiederbesetzung frei gewordener Schulleiterstellen im Normalfall binnen sechs Monaten zu erreichen, ist wie folgt zu verfahren:

*1.1 Ausschreibung
freier bzw. frei werdender Schulleiterstellen*

Ist eine Schulleiterstelle frei geworden oder ist deren Freiwerden konkret abzusehen, veranlasst die obere Schulaufsichtsbehörde unverzüglich die Ausschreibung der Stelle durch elektronische Post unmittelbar bei der Redaktion des Amtsblattes Kultus und Unterricht.

Hinweis der Redaktion: Wird eine Schulleiterstelle durch die Versetzung von Beamten besetzt, die sich bereits in der entsprechenden Besoldungsgruppe befinden, so können die Ausschreibung der Stelle und die Beteiligung der Gremien entfallen (vgl. Landtagsdrucksache Nr. 11/7180).

1.2 Bewerbungen

Bewerbungen um Schulleiterstellen und andere Funktionsstellen sind von der Bewerberin / dem Bewerber möglichst unter Verwendung des hierfür vorgesehenen Formblatts der oberen Schulaufsichtsbehörde auf dem Dienstweg vorzulegen. Bewerbungsfristen sind grundsätzlich einzuhalten. Sie stellen jedoch keine Ausschlussfristen dar.

Die Schulleiterin / der Schulleiter leitet die Bewerbung einer Lehrkraft umgehend an die Schulaufsichtsbehörde weiter. Die unteren Schulaufsichtsbehörden legen eingegangene Bewerbungen und dienstliche Beurteilungen unverzüglich der oberen Schulaufsichtsbehörde vor, ohne den Ablauf der Bewerbungsfrist abzuwarten.

Bei der Besetzung einer Schulleiterstelle in einem anderen Regierungsbezirk legt die untere Schulaufsichtsbehörde die eingegangenen Bewerbungsunterlagen unmittelbar der oberen Schulaufsichtsbehörde vor, in deren Bezirk die Stelle zu besetzen ist. Gleichzeitig ist die für die Bewerberin / den Bewerber zuständige obere Schulaufsichtsbehörde über die Bewerbung zu unterrichten. Diese übersendet hierauf unverzüglich die Personalakten der oberen Schulaufsichtsbehörde, in deren Bezirk die Stelle zu besetzen ist.

1.3 Überprüfung der Bewerberinnen / Bewerber
Nach Ablauf der Bewerbungsfrist erarbeitet die obere Schulaufsichtsbehörde unverzüglich eine Bewerberübersicht. Im Bereich der Grund-, Werkreal-, Haupt-, Real- und Sonderschulen erfolgt dies im Benehmen mit der zuständigen unteren Schulaufsichtsbehörde.

Grundlage ist das unter II. dieser Verwaltungsvorschrift geregelte Überprüfungsverfahren. Die Einzelnoten sowie die zusammenfassenden Eignungsbewertungen werden auf Blatt 5 der Bewerberübersicht festgehalten. Die „Informationen zur Eignung der Bewerber" (Blatt 4) enthalten für jede Bewerberin / jeden Bewerber die Eignungsbewertung mit Begründung. Diese Begründung muss aussagekräftig sein.

1.4 Beteiligung von Schulkonferenz und Schulträger
Die oberen Schulaufsichtsbehörden leiten die Blätter 1 bis 4 der Bewerberübersicht unverzüglich der Schulkonferenz und dem Schulträger zur Mitwirkung nach § 40 Schulgesetz zu. Die Gremien erhalten dabei ein Merkblatt zum Verfahren.
Bei der Beteiligung von Schulkonferenz und Schulträger ist von den im Merkblatt dargestellten Verfahrensregelungen auszugehen.
→ Funktionsstellen (Merkblatt)
Kann die obere Schulaufsichtsbehörde dem Vorschlag eines Gremiums aus dienstrechtlichen Gründen nicht entsprechen, setzt sie sich mit der Schulkonferenz und / oder dem Schulträger ins Benehmen. Auf Verlangen eines der Beteiligten findet ein Verständigungsgespräch mit dem Ziel einer Einigung statt. Kommt es innerhalb von vier Wochen nicht zu einer Einigung, entscheidet das Kultusministerium über die Besetzungsvorschläge der Gremien unter Berücksichtigung der Stellungnahme der oberen Schulaufsichtsbehörde.

1.5 Information anderer Verfahrensbeteiligter
1.5.1 Die zuständige Frauenvertreterin erhält nach Eingang aller Bewerbungen Blatt 1 der Bewerberübersicht unabhängig davon, ob eine Bewerberin am Verfahren beteiligt ist.
1.5.2 Eine vollständige Bewerberübersicht zur Information erhalten zeitgleich mit Schulkonferenz und Schulträger
– das Kultusministerium und die jeweils zuständige Hauptvertrauensperson der Schwerbehinderten, falls eine schwerbehinderte / ein schwerbehinderter oder den Schwerbehinderten gleichgestellte Bewerberin / gleichgestellter Bewerber beteiligt ist und die oberen Schulaufsichtsbehörden nicht selbst die Ernennungszuständigkeit besitzen,
– der Bezirkspersonalrat für die Lehrerinnen und Lehrer an Grund-, Werkreal-, Haupt-, Real- und Sonderschulen, sofern eine Schulleiterstelle aus diesem Bereich besetzt werden soll, und
Weiter auf der übernächsten Seite

Beispiel:
Bestellung von Konrektor/innen

Diese Übersicht zeigt den Ablauf einer Konrektorenernennung im Bereich der Grund-, Haupt-, Real- und Sonderschulen.

Ausschreibendes Staatliches Schulamt = SSA.

Die Stelle wird frei. Das Regierungspräsidium schreibt sie im Amtsblatt aus.

Bewerbung innerhalb von drei Wochen nach Ausschreibung auf dem Dienstweg beim SSA (keine Ausschlussfrist).

Unmittelbar nach Eingang der Bewerbung erstellt die bzw. der Schulleiter/in eine Anlassbeurteilung und übermittelt sie auf dem Dienstweg an das SSA. Zum Beurteilungsverfahren siehe → Dienstliche Beurteilung (Lehrkräfte) Teil III.

Das SSA erstellt die Bewerberübersicht und übersendet Blatt 1 an die Schulleitung (Gelegenheit zur Stellungnahme).

Das SSA führt Bewerbergespräche und erstellt unter Berücksichtigung aller Teile des Überprüfungsverfahrens eine Eignungsbewertung (vier Bewertungsstufen); auf Antrag ist dem Bewerber(= Beurteilungs-)gespräch ein Mitglied der Personalvertretung zu beteiligen.
Jede Bewerber/in erhält die eigene Eignungsbewertung (Möglichkeit zum Rücktritt von der Bewerbung). Die Schwerbehindertenvertretung kann an allen Bewerbungsgesprächen teilnehmen, wenn sich wenigstens eine schwerbehinderte Person beworben hat, die Chancengleichheitsbeauftragte an allen Gesprächen in Bereichen geringerer Repräsentanz von Frauen.

Das SSA übermittelt die Besetzungsabsicht mit Bewerberübersicht und Eignungsbewertung aller Bewerber/innen gleichzeitig an:

Personalrat GWHRS beim SSA	Beauftragte für Chancengleichheit beim SSA	Schwerbehindertenvertretung beim SSA (falls betroffen)

Mitbestimmung des Personalrats GWHRS beim SSA (Frist: 18 Arbeitstage). Bei Nichteinigung zwischen Personalrat und SSA Verfahren nach
→ Personalvertretungsgesetz § 69 Abs. 3

Das SSA entscheidet abschließend über die Besetzung der Stelle, verständigt zunächst die nicht zum Zuge gekommenen Mitbewerber/innen, damit diese ihre Rechte wahrnehmen können, und bestellt danach die neue bzw. den neuen Konrektor/in.

Funktionsstellen (Besetzungs- und Überprüfungsverfahren)

Beispiel: Bestellung von Schulleiterinnen und Schulleitern

Dauer in Wochen	
	Diese Übersicht zeigt den fristgerechten Ablauf einer Schulleiterernennung (laut § 39 Abs. 4 Schulgesetz soll dies innerhalb von sechs Monaten geschehen). Abkürzungen: Regierungspräsidium: RP – Untere Schulaufsichtsbehörde (Staatl. Schulamt):SSA
1. Woche	Die Stelle wird frei. Das Regierungspräsidium schreibt die Stelle im Amtsblatt aus.
bis 3. Woche	Bewerbungsfrist nach Ausschreibung der Stelle im Amtsblatt Kultus und Unterricht (die Bewerbungsfrist ist keine Ausschlussfrist).
bis 6. Woche	Bewerbung auf dem Dienstweg beim Regierungspräsidium. RP erstellt eine Bewerberübersicht (bei GWHRS-Schulen im Benehmen mit zuständigem SSA). Ggf. Beteiligung der Schwerbehindertenvertretung. Die Chancengleichheitsbeauftragte beim RP erhält Bewerberübersicht. / Unmittelbar nach Eingang der Bewerbung: Anlassbeurteilung des Bewerbers bzw. der Bewerberin durch die Schulleitung. Zum Verfahren siehe → Dienstliche Beurteilung (Lehrkräfte) Teil III. Schulleitung übersendet Beurteilung (bei GWHRS-Schulen über SSA) an RP.
	Das Regierungspräsidium – bei GWHRS-Schulen unter Beteiligung des SSA – führt das weitere Überprüfungsverfahren durch (Unterrichtsanalyse mit Beratung und Bewerbergespräch) und erstellt unter Berücksichtigung aller Teile des Verfahrens eine Eignungsbewertung (vier Bewertungsstufen). Jede Bewerber/in erhält die eigene Eignungsbewertung (Möglichkeit zum Rücktritt von der Bewerbung). Auf Wunsch Beurteilungsgespräch im RP; auf Antrag ist dabei ein Mitglied der Personalvertretung zu beteiligen. Die Schwerbehindertenvertretung kann an allen Bewerbungsgesprächen in Bewerbungsverfahren teilnehmen, in denen sich wenigstens eine schwerbehinderte Person beworben hat, die Chancengleichheitsbeauftragte an allen Gesprächen in Bereichen geringerer Repräsentanz von Frauen.

bis 18. Woche	Das RP versendet die Bewerberübersicht mit Eignungsbewertung gleichzeitig an:				
	Schulkonferenz (sie verständigt den Schulträger vorab von ihrem Votum; Frist: 4 Wochen)	Schulträger Frist: 6 Wochen	Bezirkspersonalrat („Vorinformation") BPR-GWHRS informiert den Personalrat beim SSA. BPR Gym bzw. BS informiert den PR an der Schule	Beauftragte für Chancengleichheit beim RP	Schwerbehindertenvertretung (soweit betroffen)
	Schulträger und/oder Schulkonferenz laden die Bewerber/innen in der Regel zur Vorstellung ein. Beide Gremien teilen dem Regierungspräsidium ihren Besetzungsvorschlag mit. Ggf. Verständigungsgespräch des RP mit Schulträger bzw. Schulkonferenz.				

bis 19. Woche	Das RP erstellt aufgrund der Eignungsbewertung und unter Berücksichtigung der Voten von Schulträger, Schulkonferenz, Chancengleichheitsbeauftragter und ggf. Schwerbehindertenvertretung einen Ernennungsvorschlag (ggf. Letztentscheid des KM).
bis 22. Woche	Das Regierungspräsidium beteiligt den Bezirkspersonalrat (Mitwirkung; Frist: 27 Arbeitstage). Der BPR hört den Personalrat (bei GWHRS beim aufnehmenden SSA, bei Gym bzw. BS an der Schule) an und gibt ihm Gelegenheit zur Stellungnahme.
bis 25. Woche	Das Regierungspräsidium verständigt zunächst die nicht zum Zuge gekommenen Mitbewerber/innen, damit diese ihre Rechte wahrnehmen können, und bestellt danach die neue Schulleiterin bzw. den neuen Schulleiter auf Probe[*] (LBG § 34a).

[*] Wegen der Stellenbesetzungssperre erfolgt in der Regel zunächst eine **Bestellung** als Schulleiter/in; die **Beförderung (Ernennung)** erfolgt nach Ablauf der Sperrfrist. Hinzu kommt die „persönliche Wartezeit" (→ Besoldung – Stellen- und Beförderungssperre). Bis dahin wird trotz erhöhter Aufgaben das bisherige Gehalt gezahlt. Zusätzlich ist die → Beamtengesetz § 14 ff.(§ 49 Abs. 5) zu beachten.

→ Dienstliche Beurteilung (Lehrkräfte) Teil III; → Ernennungsgesetz; → Chancengleichheitsgesetz § 9 Abs. 3 und § 20;
→ Personalvertretungsgesetz § 75, 2 i.V.m. § 81; → Schulgesetz §§ 39-40; Schwerbehinderung (SGB IX) § 95 Abs. 2

Funktionsstellen (Besetzungs- und Überprüfungsverfahren)

- die jeweils zuständige Bezirksvertrauensperson der Schwerbehinderten, falls eine der Bewerberinnen / einer der Bewerber schwerbehindert oder den Schwerbehinderten gleichgestellt ist,
- die jeweils zuständige Frauenvertreterin.

Hinweise der Redaktion:
1. Die Schulverwaltung gibt der Personalvertretung über alle Bewerber/innen folgende Informationen:
   a) Datum, Art und Note der Laufbahnprüfungen
   b) Datum und Noten aller bisherigen dienstlichen Beurteilungen
   c) Datum, Note und Gesamturteil der Anlassbeurteilung
   d) Datum und Note der vorliegenden Unterrichtsbesuchsbescheide
   e) Note des aus Unterrichtsanalyse mit Beratung und Bewerbergespräch bestehenden aktuellen Überprüfungsverfahrens
   f) Bei Teilnahme Ergebnis des Führungsseminars
   g) Prädikat der zusammenfassenden Eignungsbewertung für die konkret zu besetzende Stelle
2. Vor der Weiterleitung an die Gremien (Schulkonferenz, Schulträger, Personalrat) werden den Bewerber/innen die Ergebnisse des Überprüfungsverfahrens einschließlich ihrer persönlichen Eignungsbewertung (nicht die der anderen Bewerber/innen!) mitgeteilt. Ziehen sie daraufhin ihre Bewerbung zurück, werden sie von der Bewerberliste gestrichen, ihre dienstliche Beurteilung wird jedoch zu ihren Personalakten genommen. Nur wenn die Bewerbung noch vor der Eröffnung der Beurteilung zurückgezogen wird, erfolgt keine Aufnahme in die Personalakte.

2. Sonstige Funktionsstellen im Schulbereich

2.1 Sinngemäße Anwendung der o.g. Regelungen

Die Regelungen dieser Verwaltungsvorschrift gelten, soweit sie nicht Besonderheiten des Verfahrens zur Besetzung von Schulleiterstellen betreffen (Abschnitte 1.4 und 1.5), sinngemäß auch für die Besetzung sonstiger Funktionsstellen im Schulbereich. Anders als bei Schulleiterbesetzungen erarbeitet die obere Schulaufsichtsbehörde – ggf. im Benehmen mit der unteren Schulaufsichtsbehörde – bei allen anderen Funktionsstellen wie bisher einen Besetzungsvorschlag. Die Begründung des Besetzungsvorschlags muss aussagekräftig sein und mit der zusammenfassenden Eignungsbewertung übereinstimmen.

Das Formular „Bewerberübersicht" ist bei allen Funktionsstellenbesetzungen zu verwenden.

2.2 Beteiligung der Schulleiterin / des Schulleiters

Bei der Besetzung von stellvertretenden Schulleiterstellen sowie Fachleiterstellen erhält die Schulleiterin / der Schulleiter nach Eingang der Bewerbungen eine Bewerberübersicht (Blatt 1). Die Schulleiterin / der Schulleiter kann gegenüber der zuständigen Schulaufsichtsbehörde ein Votum abgeben. Deckt sich der spätere Besetzungsvorschlag der Schulaufsichtsbehörde mit dem Schulleitervotum, wird dies in der verbalen Stellenbesetzungsbegründung auf Blatt 4 der Bewerberübersicht festgehalten. Anderenfalls wird der Schulleiterin / dem Schulleiter der Besetzungsvorschlag mitgeteilt und die Möglichkeit zu einer weiteren Stellungnahme eingeräumt. Sofern eine solche abgegeben wird, ist sie dem Besetzungsvorschlag beizufügen. Hat die Schulleiterin / der Schulleiter auf die Abgabe eines Votums und / oder einer Stellungnahme verzichtet, ist dies ebenfalls auf Blatt 4 der Bewerberübersicht zu dokumentieren. Die schriftlichen und / oder mündlichen Äußerungen der Schulleiterin / des Schulleiters im Rahmen dieser Beteiligung haben nicht den Charakter von dienstlichen Beurteilungen.

II. Überprüfungsverfahren

1. Allgemeines

Das Überprüfungsverfahren umfasst die Erstellung einer Anlassbeurteilung nach der Verwaltungsvorschrift „Beratungsgespräch und dienstliche Beurteilung der Lehrkräfte an öffentlichen Schulen" ... und je nach Funktionsstelle weitere Überprüfungsmaßnahmen. Weitere Überprüfungsmaßnahmen sind die Unterrichtsanalyse mit Beratung und das Bewerbergespräch.

→ Dienstliche Beurteilung (Lehrkräfte)

Hinweise der Redaktion:
1. Die Beauftragte für Chancengleichheit kann bei Stellenbesetzungen in Bereichen geringerer Repräsentanz von Frauen an Bewerbergesprächen teilnehmen, soweit nicht nur Frauen oder Männer die vorgesehenen Voraussetzungen für die Besetzung der Stelle erfüllen.
   → Chancengleichheitsgesetz § 9 Abs. 3
2. Die jeweilige Schwerbehindertenvertretung kann an allen Bewerbergesprächen teilnehmen, wenn unter den Bewerber/innen mindestens ein Schwerbehinderter bzw. eine Schwerbehinderte ist
   → Schwerbehinderung Teil A § 95 Abs. 2
3. An allen Bewerbungsgesprächen durch die Schulleitung bzw. die Schulaufsicht ist auf Antrag der Bewerber/innen ein Mitglied der Personalvertretung zu beteiligen.
   → Personalvertretungsgesetz § 68 Abs. 3
4. Dienstliche Beurteilungen beziehen sich auf einen längeren Zeitraum als Vorstellungs- oder Bewerbergespräche, deren Verlauf sehr von der Tagesform abhängen kann. Es ist deshalb nicht möglich, wesentliche Eignungsunterschiede, wie sie in der dienstlichen Beurteilung zum Ausdruck kommen, durch den Eindruck in einem Bewerbergespräch zu überwinden (VGH 4 S 558/07 bzw. 4 S 2455/09).

Schulverwaltungsbeamtinnen / -beamte, die sich auf Funktionsstellen an Schulen bewerben, werden nach den gemeinsamen Richtlinien ... über die dienstliche Beurteilung der Landesbeamten vom 8. September 1989 (GABl. 1989, S. 1033) beurteilt. Eine dienstliche Anlassbeurteilung durch die hierfür vorgesehenen Vorgesetzten / den Vorgesetzten erfolgt unabhängig von einer vorliegenden Regelbeurteilung.

Die Unterrichtsanalyse mit Beratung umfasst in der Regel eine Unterrichtsstunde. Diese Stunde kann von zwei, höchstens drei Bewerbern beobachtet werden.

Eine dienstliche Beurteilung ist erneut zu erstellen, wenn die letzte dienstliche Beurteilung mehr als ein Jahr zurückliegt. Sie kann höchstens zweimal für jeweils ein Jahr bestätigt werden. Bescheide über die Unterrichtsanalyse mit Beratung sind drei Jahre gültig. Auf Veranlassung der Schulverwaltung oder auf Wunsch der Bewerberin/des Bewerbers kann die Unterrichtsanalyse mit Beratung wiederholt werden, frühestens jedoch nach Ablauf eines Jahres.

Das Verfahren endet mit der Eignungsbewertung für die zu besetzende Funktionsstelle. Sie umfasst

vier Stufen: „besonders gut geeignet", „gut geeignet", „geeignet", „nicht geeignet".
Auch die Eignungsbewertung wird der Bewerberin / dem Bewerber bekanntgegeben und auf Verlangen mit ihr / ihm besprochen.

2.
Bereich der Grund-, Haupt-, Werkreal-, Real- und Sonderschulen

2.1 Konrektorin / Konrektor
(siehe Übersicht auf der vor-vorhergehenden Seite)

2.1.1 Nach Erstellung der Anlassbeurteilung durch die Schulleiterin / den Schulleiter führt die untere Schulaufsichtsbehörde, bei behördenübergreifenden Bewerbungen die aufnehmende untere Schulaufsichtsbehörde, ein Bewerbergespräch durch und macht der oberen Schulaufsichtsbehörde einen Besetzungsvorschlag.

2.1.2 Die obere Schulaufsichtsbehörde, bei regierungsbezirksübergreifenden Bewerbungen die aufnehmende obere Schulaufsichtsbehörde, trifft unter Berücksichtigung aller Teile des Überprüfungsverfahrens im Benehmen mit der unteren Schulaufsichtsbehörde, bei behördenübergreifenden Bewerbungen mit der aufnehmenden unteren Schulaufsichtsbehörde, die Eignungsbewertung und entscheidet dann über die Besetzung der Stelle. Zusätzlich zum Überprüfungsverfahren kann vor Festlegung der Eignungsbewertung bei der oberen Schulaufsichtsbehörde ein Vorstellungsgespräch stattfinden, zu dem die untere Schulaufsichtsbehörde eingeladen wird.

2.2 Rektorin / Rektor und Schulrätin / Schulrat

2.2.1 Nach der Erstellung der Anlassbeurteilung durch die Schulleiterin / den Schulleiter führt die obere Schulaufsichtsbehörde, bei regierungsbezirksübergreifenden Bewerbungen die aufnehmende obere Schulaufsichtsbehörde, unter Beteiligung der unteren Schulaufsichtsbehörde, bei behördenübergreifenden Bewerbungen der aufnehmenden unteren Schulaufsichtsbehörde, das weitere Überprüfungsverfahren durch. Es umfasst eine Unterrichtsanalyse mit Beratung und ein Bewerbergespräch. Darüber erstellt die obere Schulaufsichtsbehörde einen Beurteilungsbescheid mit Note.

2.2.2 Die obere Schulaufsichtsbehörde, bei regierungsbezirksübergreifenden Bewerbungen die aufnehmende obere Schulaufsichtsbehörde, trifft unter Berücksichtigung aller Teile des Überprüfungsverfahrens im Benehmen mit der unteren Schulaufsichtsbehörde, bei behördenübergreifenden Bewerbungen mit der aufnehmenden unteren Schulaufsichtsbehörde, die Eignungsbewertung. Zusätzlich zum Überprüfungsverfahren kann vor Festlegung der Eignungsbewertung bei der oberen Schulaufsichtsbehörde ein Vorstellungsgespräch stattfinden, zu dem die untere Schulaufsichtsbehörde eingeladen wird.

3.
Bereich der beruflichen Schulen und allgemeinbildenden Gymnasien

3.1 Nach der Erstellung der Anlassbeurteilung durch die Schulleiterin / den Schulleiter führt die obere Schulaufsichtsbehörde, bei regierungsbezirksübergreifenden Bewerbungen die aufnehmende obere Schulaufsichtsbehörde, das weitere Überprüfungsverfahren durch. Es umfasst eine Unterrichtsanalyse mit Beratung, ausgenommen bei stellvertretenden Schulleitern und Fachleitern, und ein Bewerbergespräch. Darüber wird ein Beurteilungsbescheid mit Note erstellt.

3.2 Die obere Schulaufsichtsbehörde, bei regierungsbezirksübergreifenden Bewerbungen die aufnehmende obere Schulaufsichtsbehörde, trifft unter Berücksichtigung aller Teile des Überprüfungsverfahrens und gegebenenfalls unter Einbeziehung eines Vorstellungsgesprächs die Eignungsbewertung.

→ Beamtengesetz § 14 ff.; → Beamtenstatusgesetz § 9; → Beförderung; → Beförderung (Oberstudienrat/-rätin); → Chancengleichheitsgesetz; → Dienstliche Beurteilung (Lehrkräfte); → Funktionsstellen (Merkblatt); → Schulgesetz §§ 39-47; → Schulkonferenzordnung; → Schwerbehinderung

Funktionsstellen (Merkblatt)

Beteiligung der Schulkonferenz und des Schulträgers bei der Besetzung von Schulleiterstellen; Merkblatt des Kultusministeriums (Stand: 31.8.2005)

1.
Zügiger Verfahrensablauf als gemeinsames Ziel

Nach § 39 Abs. 4 des Schulgesetzes soll eine frei gewordene Schulleiterstelle innerhalb von 6 Monaten wieder besetzt werden. Die Schulverwaltung hat die von ihr beeinflussbaren Verfahrensschritte so organisiert, dass diese gesetzliche Vorgabe im Regelfall eingehalten werden kann. Sie bittet Schulkonferenz und Schulträger, bei der Realisierung dieses Zieles dadurch mitzuhelfen, dass die im Schulgesetz eingeräumten Mitwirkungsfristen nach Möglichkeit nicht ausgeschöpft werden.

→ Schulgesetz §§ 40, 47; → Schulkonferenzordnung

2.
Sachdienliche Informationen

Schulkonferenz und Schulträger können ihr Mitwirkungsrecht nur sinnvoll ausüben, wenn sie die zur Frage der Eignung, Befähigung und fachlichen Leistung der Bewerber erforderlichen sachdienlichen Informationen erhalten. Diesem Zweck dienen die Bewerberübersicht und Informationen zur Eignung der einzelnen Bewerber. Sollten im Einzelfall weitere Informationen notwendig erscheinen, wird gebeten, sich mit dem im Anschreiben genannten Ansprechpartner in Verbindung zu setzen.

3.
Einladung der Bewerber zum Vorstellungsgespräch
Die Bewerber können zu einem Vorstellungsgespräch eingeladen werden. Eine Rechtspflicht zum Erscheinen, die durch die Schulverwaltung erzwungen werden könnte, besteht allerdings nicht. Die Schulverwaltung geht davon aus, dass sich die zum Vorstellungsgespräch erschienenen Bewerber allen sachlichen Fragen stellen. Es wird aber um Verständnis dafür gebeten, dass das Land als Dienstherr die Bewerber aus Gründen der Fürsorgepflicht vor unsachlichen Fragen und unzutreffenden Äußerungen schützen müsste.

4.
Umfang des Mitwirkungsrechts
Schulkonferenz und Schulträger sind berechtigt, gegenüber dem Regierungspräsidium Besetzungsvorschläge zu machen. Ist unter den Bewerbern ein Lehrer der Schule selbst, so sind Schulkonferenz und Schulträger gehalten, bei sonst gleicher Qualifikation einem Mitbewerber den Vorzug zu geben, der der Schule nicht angehört.

Die Rechtsprechung beurteilt das Mitwirkungsrecht der Gremien als qualifiziertes Anhörungsrecht. Sie haben jedoch kein Auswahlrecht unter

→ Funktionsstellen (Besetzungs- und Überprüfungsverfahren)

mehreren Bewerbern, da es allein Aufgabe des Landes als Dienstherr seiner Lehrer ist, die freie Stelle dem nach Eignung, Befähigung und fachlicher Leistung am besten qualifizierten Bewerber zu übertragen. Die von Schulträger und Schulkonferenz vorgelegten Besetzungsvorschläge sind dabei sorgfältig zu würdigen. Je konkreter und gewichtiger die Begründung eines Besetzungsvorschlags ist, desto mehr trägt sie zur Entscheidungsfindung bei.

Ist das Regierungspräsidium der Auffassung, dass den Vorschlägen der Gremien aus dienstrechtlichen Gründen nicht entsprochen werden kann, setzt es sich mit der Schulkonferenz und/oder dem Schulträger in Verbindung. Auf Verlangen eines der Beteiligten findet ein Verständigungsgespräch mit dem Ziel einer Einigung statt. Kommt es innerhalb von vier Wochen nicht zu einer Einigung, entscheidet das Ministerium über die Besetzungsvorschläge der Gremien unter Berücksichtigung der Stellungnahme des Regierungspräsidiums.

5.
Information des Schulträgers
über das Votum der Schulkonferenz
Beratung und Beschlussfassung in der Schulkonferenz sind nach § 47 Abs. 11 des Schulgesetzes vertraulich. Vorgesehen ist jedoch, dass der Vorsitzende der Schulkonferenz den Schulträger über den Vorschlag der Schulkonferenz informiert. Unzulässig wäre es allerdings, wenn über das Abstimmungsverhalten einzelner Mitglieder Angaben gemacht würden.

Hätten Sie's gewusst?
Mängel am Schulgebäude oder bei der Ausstattung

In einigen Klassenzimmern fehlt es an ausreichendem Schallschutz. Selbst „ruhige" Schulklassen werden als unerträglich laut empfunden. Es gibt nur im ersten und dritten Stock einen Overheadprojektor mit Fahrtisch. Wer im zweiten Stock Folien für den Unterricht braucht, muss den Projektor von einer Etage zur anderen schleppen. In der Turnhalle fehlt immer noch ein für alle zugängliches Telefon für Unfallmeldungen. – Das sind nur drei Beispiele für Bau- oder Ausstattungsmängel, durch welche die Gesundheit der Lehrkräfte und/oder der Schüler/innen gefährdet wird.

Wenn man mit guten Worten nichts erreicht, lohnt ein Blick ins Gesetz: *„Sind Beschäftigte aufgrund konkreter Anhaltspunkte der Auffassung, dass die vom Arbeitgeber getroffenen Maßnahmen und bereitgestellten Mittel nicht ausreichen, um die Sicherheit und den Gesundheitsschutz bei der Arbeit zu gewährleisten, und hilft der Arbeitgeber darauf gerichteten Beschwerden von Beschäftigten nicht ab, können sich diese an die zuständige Behörde wenden. Hierdurch dürfen den Beschäftigten keine Nachteile entstehen ..."* (→ Arbeitsschutzgesetz § 17 Abs. 2). Dabei muss kein Dienstweg eingehalten werden, man sollte aber vorher den Personalrat einschalten, denn dieser besitzt bei allen im Zusammenhang mit dem Arbeitsschutz oder der Unfallverhütung stehenden Besichtigungen und Fragen und bei Unfalluntersuchungen ein Beteiligungsrecht.   → Erste Hilfe; → Personalvertretungsgesetz § 83; → Unfallversicherung

„Zuständige Behörden" sind die Gewerbeaufsichtsämter sowie das Landesgesundheitsamt. Man kann sich auch direkt an die Unfallkasse wenden. Diese Instanzen sind dankbar für Hinweise auf Gefahren. Denn rechtzeitige Abhilfe ist billiger als die nachträgliche Regulierung von Gesundheitsschäden oder Unfällen. Die Fachleute der Unfallkasse kommen auch in die Schulen und sorgen gegebenenfalls für Abhilfe. Notfalls schicken sie dem Schulträger einen Bußgeldbescheid.

Ganztagsschulen

Bedarfsorientierter Ausbau von Ganztagsschulen in Baden-Württemberg; Auszug aus dem Erlass des KM an die Regierungspräsidien vom 26. März 2006 (AZ: 24-6503.1/616)

II
Voraussetzungen für die Einrichtung von Ganztagsschulen

Allgemeine Voraussetzungen sind:
- ein pädagogisches Konzept als Grundlage,
- ein vom Schulträger beaufsichtigtes Mittagessen ist an allen Tagen mit Ganztagsangebot bereitzustellen,
- kommunale Angebote über Jugendbegleiter und andere außerschulischen Partner sind wichtiger Bestandteil dieses Konzepts.

Ferner müssen folgende Voraussetzungen gegeben sein:

1. Ganztagsschulen mit besonderer pädagogischer und sozialer Aufgabenstellung:

Eine Schule kann als Hauptschule bzw. Grundschule mit besonderer pädagogischer und sozialer Aufgabestellung eingestuft werden, wenn mehrere der nachfolgend, nicht abschließend genannten Kriterien im Einzugsgebiet vorliegen und an der ganzen Schule eine Situation eintritt, in der die Lehrerinnen und Lehrer ihren Bildungs- und Erziehungsauftrag ohne zusätzliche Unterstützung nicht mehr gewährleisten können:

- eine Bevölkerungszusammensetzung, bei der sozial und ökonomisch Benachteiligte überwiegen
- ein überdurchschnittlich hoher Anteil an Ausländern, Aussiedlern, Asylbewerbern und Flüchtlingen
- ein schwieriges soziales Umfeld mit einem hohen Anteil an Sozialhilfeempfängern, jugendlichen Straftätern, Alkohol- und Drogenmissbrauch, Familienfürsorge und Jugendhilfe
- eine hohe Jugendarbeitslosigkeit
- eine defizitäre Wohn- und Infrastruktur
- überdurchschnittlich viele Alleinerziehende
- ein hoher Anteil an Schlüsselkindern
- Unterbringung von Schülern in einer sonstigen betreuten Wohnform nach § 34 SGB VIII z.B. in einer Kinderheim, Betreutem Wohnen, Jugendwohngruppe.

Ganztagsschulen mit besonderer pädagogischer und sozialer Aufgabenstellung haben an vier Tagen mindestens acht Zeitstunden täglich geöffnet. Die Ganztagsform ist voll gebunden (die ganze Schule nimmt verpflichtend am Ganztagsbetrieb teil; der Ausbau kann sukzessive erfolgen) oder teilweise gebunden (ein Teil der Schüler/innen z.B. ein Zug, nehmen verpflichtend am Ganztagsbetrieb teil).

2.
Ganztagsschulen in offener Angebotsform

Ganztagsschulen in offener Angebotsform können in allen Schularten der allgemeinbildenden Schulen (Primarbereich und Sekundarstufe I) eingerichtet werden. Die Ganztagsschule in offener Angebotsform muss einen Ganztagsbetrieb an vier Tagen mit täglich mindestens sieben Zeitstunden gewährleisten. Die Teilnahme ist freiwillig. Aus Gründen der Planungssicherheit ist die Anmeldung am Ganztagsbetrieb mindestens für ein Schuljahr verbindlich.

3. Rhythmisierung des Unterrichts

Die Konzeption „Ganztagsschulen in offener Angebotsform" und die Weiterentwicklung der Ganztagsschulen mit besonderer pädagogischer und sozialer Aufgabenstellung sehen eine Neuverteilung der Unterrichtsstunden einschließlich der (längeren) Pausen auf den Vor- und Nachmittag vor (maximal vier bis fünf Unterrichtsstunden am Vormittag, ein bis drei Unterrichtsstunden am Nachmittag), die Pausenzeiten werden so verändert, dass die kleinen Pausen statt fünf neu zehn Minuten und die große Pause mindestens zwanzig Minuten betragen. Mindestens eine Vormittagspause täglich soll eine Bewegungspause sein. Dadurch können bei allen Schularten mindestens zwei Unterrichtstage von 8.00 Uhr (weiterführende Schulen) bzw. 8.30 Uhr (Grundschule) bis 15.00 Uhr bzw. 16.00 Uhr (Schulen mit besonderer pädagogischer und sozialer Aufgabenstellung) abgedeckt werden.

Auch wenn nicht die ganze Schule als Ganztagsschule eingerichtet wird, sondern nur ein Zug oder eine Gruppe, muss die neue Rhythmisierung (aufgrund organisatorischer Notwendigkeiten) für die ganze Schule gelten.

Die neue Rhythmisierung soll nicht verpflichtend vorgegeben werden, da die Umsetzung von verschiedenen Rahmenbedingungen abhängig ist, z.B. den Fahrplänen des ÖPNV und der Schülerbeförderung. Dies ist bei der Antragsgenehmigung im Einzelfall zu bewerten, da grundsätzlich Ganztagsschulen mit neuem Unterrichtsrhythmus angestrebt werden.

Hinweis der Redaktion: In den Förderrichtlinien des KM über die Gewährung von Zuwendungen an die Träger von ... Angeboten der flexiblen Nachmittagsbetreuung (18.12.2007; KuU S. 51; zul. geändert 11.12.2008; KuU S. 33/2009), ist u.a. verfügt: „Zuwendungen werden nur für die tatsächlich am Nachmittag geleistete Betreuungszeit an Schultagen gewährt. Die Zeiten des Mittagessens können im Sinne dieser Richtlinien bezuschusst werden. Der Nachmittag im Sinne von Satz 1 beginnt frühestens um 12.00 Uhr und endet spätestens um 17.30 Uhr."

III. Festlegung der Standorte der Ganztagsschulen

1. Allgemeines

Um eine Flächendeckung (jedes Kind, jeder Jugendliche soll eine Ganztagsschule in zumutbarer Entfernung erreichen können) gewährleisten zu können, ist es erforderlich, an 40% der allgemeinbildenden Schulen unter Anrechnung der Schulen mit besonderer pädagogischer und sozialer Aufgabenstellung den Ganztagsbetrieb einzurichten. Es ist möglich, dass entweder eine Schule ganz oder, abhängig vom örtlichen Bedarf, nur ein Zug oder eine Gruppe über mehrere Klassenstufen hinweg den Ganztagsbetrieb einrichtet. Die letztgenannte Möglichkeit kommt insbesondere für kleine Schulen in Frage. Die Gruppe muss dauerhaft mindestens 20 Schülerinnen und Schüler umfassen.

2.
Schulen mit besonderer
pädagogischer und sozialer Aufgabenstellung

Da eine Ausweitung der Ganztagsschulen auf 400 Hauptschulen mit besonderer pädagogischer und sozialer Aufgabenstellung, 300 Grundschulen im Verbund mit einer Hauptschule mit besonderer pädagogischer Aufgabenstellung und 50 selbstständigen Grundschulen mit besonderer pädagogischer und sozialer Aufgabenstellung geplant ist, bedarf es einer Überarbeitung bzw. Erweiterung der Listen der Schulen mit besonderer pädagogischer und sozialer Aufgabenstellung. Hierbei sind die Landratsämter bzw. die Schulämter und von diesen die Schulträger sowie die Träger der örtlichen öffentlichen Jugendhilfe zu beteiligen. Jedem Regierungspräsidium wird zur Erstellung dieser Liste eine Quote, bezogen auf die bereits eingerichteten Ganztagsschulen und die Anzahl der Hauptschulen, der Grundschulen im Verbund mit einer Hauptschule und der selbstständigen Grundschulen, zugeteilt.

Es ist zu gewährleisten, dass nur die wirklich problematischen Schulen in die Liste aufgenommen werden. Die Quote ist also nicht zwingend auszuschöpfen. Vielmehr können Realisierungsmöglichkeiten auf einen anderen Regierungsbezirk übertragen werden.

3.
Ganztagsschulen in offener Angebotsform

Um eine Flächendeckung unter Berücksichtigung der zumutbaren Erreichbarkeit für die an den Ganztagsangeboten teilnehmenden Schülerinnen und Schüler sowie eine regionale Ausgewogenheit zu gewährleisten, sollen die Regierungspräsidien durch die Erstellung eines Plans (Landkarte) festlegen, an welchen Standorten Ganztagsschulen in offener Angebotsform eingerichtet werden sollten. Hierbei sind die bereits bestehenden bzw. noch einzurichtenden Ganztagsschulen mit besonderer pädagogischer und sozialer Aufgabenstellung zu berücksichtigen. Weiter ist zu beachten, dass für Schulen, die im Rahmen des IZBB *(siehe unten)* Fördermittel für den Ganztagsbetrieb erhielten, nunmehr die Einrichtung einer GTS nach neuem Landeskonzept mit nur geringfügigen Veränderungen beantragt werden kann. ...

V. Ressourcen

1. Allgemeines

Zur Unterstützung erhalten die Ganztagsschulen auch unter Berücksichtigung der neuen Rhythmisierung des Unterrichts eine zusätzliche Lehrerzuweisung für ergänzende schulische Bildungsangebote, z.B. Hausaufgabenbetreuung, Förderung benachteiligter Schüler, Zusatzangebote im Musik-, Kunst- und Sportbereich.

2.
Ganztagsschulen mit besonderer pädagogischer
und sozialer Aufgabenstellung erhalten eine
zusätzliche Lehrerzuweisung wie folgt:

Grundschulen: bis zu 6 Lehrerwochenstunden (LWS) je GT-Klasse (bisher 10)

Hauptschulen: bis zu 5 LWS je GT-Klasse (bisher 7)

Förderschulen: ca. 0,75 Deputate je Schule (Einzelfallentscheidung)

Hinweis der Redaktion: Die zwischen 1995/96 und 2005/06 eingerichteten Ganztagsschulen erhielten eine bessere Personalausstattung (GS 10, HS 7 Lehrerwochenstunden). Dies soll ab 2011/12 reduziert, die „Altfälle" sollen den ab 2006 genehmigten Schulen gleichgestellt werden.

3.
Ganztagsschulen in offener Angebotsform
erhalten eine zusätzliche Lehrerzuweisung wie folgt:

Grundschulen: 4 LWS je GT-Klasse oder GT-Gruppe

Realschulen/Hauptschulen: 2 LWS je GT-Klasse oder GT-Gruppe

Gymnasien: 1 LWS je GT-Klasse oder GT-Gruppe

VI. Genehmigungsverfahren

1.
Ganztagsschulen mit besonderer
pädagogischer und sozialer Aufgabenstellung

Das Verfahren wird wie bisher gehandhabt, das heißt, den Antrag auf Einrichtung einer Ganztagsschule stellt der kommunale Schulträger beim Kultusministerium über das Landratsamt bzw. Schulamt und das Regierungspräsidium. Über den Antrag entscheidet gemäß § 30 i.V. mit § 22 SchG das Ministerium.

Dem Antrag des Schulträgers sind beizufügen:

– eine Bestätigung des Schulträgers, aus der hervorgeht, dass er die Sachkosten für den Ganztagsbetrieb sowie die Personalkosten für die Betreuung, auch während der Mittagsfreizeit und dem Mittagessen trägt (ggf. unter Vorlage des entsprechenden Gemeinderatsbeschlusses),

– die pädagogische Konzeption der Schule im Hinblick auf die Umsetzung des Ganztagsbetriebes,

– eine Stellungnahme des zuständigen Landratsamts bzw. Schulamts und Regierungspräsidiums.

2.
Ganztagsschulen in offener Angebotsform

Den Antrag auf Einrichtung einer Ganztagsschule in offener Angebotsform stellt der kommunale Schulträger beim Regierungspräsidium unter Vorlage eines pädagogischen Konzepts. Das Regierungspräsidium entscheidet über den Antrag auf

Einrichtung. Hierbei ist das Verfahren nach § 30 SchG entsprechend anzuwenden.

Hinweis der Redaktion: Ganztagsschulen sind bisher nicht als Regelschulen im Schulgesetz verankert. Ganztagsschulen mit besonderer pädagogischer und sozialer Aufgabenstellung werden vom KM als Schulversuch eingerichtet (§ 22 i.V.m. § 30 SchG). Ganztagsschulen in offener Angebotsform werden vom RP (nicht als Schulversuch, sondern unter Bezug auf § 30 SchG) eingerichtet. In beiden Fällen ist die Zustimmung von Gesamtlehrerkonferenz und Schulkonferenz Voraussetzung für die Genehmigung.
→ Konferenzordnung § 2 Abs. 1 Nr. 8b i.V.m. → Schulgesetz § 22, § 30 und § 47 Abs. 4

3. Priorisierung

Bei der Einrichtung ist folgende Priorisierung vorzusehen:
- Eigenständige Ganztagsgrundschulen mit besonderer pädagogischer und sozialer Aufgabenstellung und Grundschulen im Verbund mit einer Ganztagshauptschule mit besonderer pädagogischer und sozialer Aufgabenstellung sowie Hauptschulen mit besonderer pädagogischer und sozialer Aufgabenstellung,
- Grundschulen, die bereit sind, die neue Konzeption (Ganztagsschule in offener Angebotsform mit neuer Rhythmisierung) umzusetzen,
- Grundschulen, die einen Ganztagsbetrieb im herkömmlichen Tagesrhythmus einrichten wollen,
- Förderschulen in räumlicher Nähe von Hauptschulen mit besonderer pädagogischer und sozialer Aufgabenstellung, Hauptschulen, Realschulen, allgemeinbildende Gymnasien.

4. Antragsfristen:

Die Anträge sind bis 01. Dezember eines Jahres dem Kultusministerium bzw. dem jeweils zuständigen Regierungspräsidium vorzulegen, damit die Entscheidung rechtzeitig bis zur Lehrerzuweisung des nächsten Schuljahrs getroffen werden kann. Im Zustimmungsbescheid ist die Höhe der zusätzlichen Lehrerwochenstunden zu regeln.

VII. Ergänzende Hinweise

1. Baumaßnahmen

Das Förderprogramm Investitionsoffensive Ganztagsschulen sieht als Fördervoraussetzung einen Ganztagsbetrieb entsprechend der KMK-Definition an mindestens <u>drei</u> Tagen mit sieben Zeitstunden vor. Nähere Einzelheiten ergeben sich aus dem 4. Abschnitt der neu gefassten Schulbauförderungsrichtlinien vom 3. Februar 2006 (K. u. U; S. 46).
→ Schulbau

2. Jugendbegleiter

Qualifizierte ehrenamtliche Jugendbegleiter können in der Ganztagsbetreuung der Schulen ein zentraler Baustein bei der erforderlichen zeitlichen Abdeckung sein. Hierfür sollen im Endausbau bis zu 40 Mio. Euro bereitgestellt werden.
→ Jugendbegleiter/innen

3. Flexible Nachmittagsbetreuung

Im Hinblick auf den Ausbau der Ganztagsschulen und den Jugendbegleiter werden die Förderrichtlinien v.a. für die flexible Nachmittagsbetreuung zu überarbeiten sein, mit Änderungen der Fördervoraussetzungen ist daher zu rechnen.

Hinweis der Redaktion: Zur Unterrichtsverpflichtung der Lehrkräfte an Ganztagsschulen: → Arbeitszeit (Ganztagsschulen).

Ganztagsschulförderung durch den Bund

Hinweis der Redaktion: Das KM hat die Grundsätze des Investitionsprogramms des Bundes in KuU S. 81/2003 dargestellt (ergänzt am 25.9.2007; KuU S. 166); auszugsweise ist dies im Jahrbuch 2006 abgedruckt.

→ Arbeitszeit (Ganztagsschulen); → Jugendbegleiter/innen; → Konferenzordnung § 2 Abs. 1 Nr. 8b; → Schulgesetz §§ 22, 47 Abs. 4 und 107

Gebühren

Hinweise der Redaktion

1. Landesgebührengesetz

Für amtliche Handlungen staatlicher Behörden im Bereich des Landes werden Verwaltungsgebühren nach dem Landesgebührengesetz vom 14.12.2004 (GBl. S. 895/2004) erhoben. Auch jede Schule ist in diesem Sinne eine Behörde.

In § 9 des Landesgebührengesetzes (*Sachliche Gebührenfreiheit*) ist u.a. verfügt:

(1) Gebühren werden nicht erhoben für öffentliche Leistungen, die folgende Angelegenheiten betreffen:
2. das bestehende oder frühere Dienstverhältnis von Beschäftigten des öffentlichen Dienstes, ...
4. Prüfungen, die der beruflichen Aus- und Weiterbildung dienen, mit Ausnahme von Prüfungen zur Notenverbesserung,
5. mündliche und einfache schriftliche Auskünfte, soweit bei schriftlichen Auskünften nicht durch Gebüh-

renordnungen oder -satzungen etwas anderes bestimmt ist.

Ferner kann die einzelne Behörde nach § 11 Abs. 2 des Gesetzes Gebührenerleichterungen gewähren:

(2) Die Behörde kann die Gebühren niedriger festsetzen oder von der Festsetzung der Gebühren ganz absehen, wenn die Festsetzung der Gebühr nach Lage des einzelnen Falles unbillig wäre.

Auf der Grundlage des Landesgebührengesetzes hat das KM eine Gebührenverordnung erlassen (siehe unten Nr. 2). In dieser sind die Gebühren, die von den staatlichen Behörden im Geschäftsbereich des KM, also auch den einzelnen Schulen, zu erheben sind, aufgeführt.

Die von der einzelnen Schule erhobenen Gebühren gehören zu den „Kassengeschäften für innere

Schulangelegenheiten". Diese werden über Konten der Schule abgewickelt, die von der Schulleitung verwaltet werden, sofern sie nicht nach § 2 GemKVO im Einvernehmen mit dieser durch die Gemeindekasse erledigt werden.

→ Beglaubigungen; → Haushalt (Gebühreneinzug)

2. Gebührenverordnung des Kultusministeriums

§ 1 der Verordnung des Kultusministeriums über die Festsetzung der Gebührensätze für öffentliche Leistungen der staatlichen Behörden für den Geschäftsbereich des KM (GebVO KM) vom 29.8.2006 (KuU S. 327/2006)

§ 1

Für den Geschäftsbereich des Kultusministeriums werden die gebührenpflichtigen Tatbestände und die Höhe der Gebühren für öffentliche Leistungen, die die staatlichen Behörden, ausgenommen die Landratsämter, erbringen, in dem Gebührenverzeichnis (GebVerz KM) festgesetzt, das dieser Verordnung als Anlage beigefügt ist.

Auszug aus dem Gebührenverzeichnis – Anlage (zu § 1)

Nr.	Gegenstand	Gebühr Euro
4	Verfahrensgebühren	
	4.1 Zurückweisung eines Rechtsbehelfs (insbesondere Widerspruch)	50 – 2500
	4.2 Zurücknahme eines Rechtsbehelfs, wenn mit der sachlichen Bearbeitung begonnen war	25–1250
5	Beglaubigungen	
	5.1 Beglaubigung von Abschriften, Fotokopien und dergleichen (...)	3 –100
	5.1.1 Schulzeugnisse (bei Abgangs- oder Abschlusszeugnissen sind die ersten fünf gebührenfrei)	3
	5.2 Beglaubigung von Unterschriften, Handzeichen und Siegeln (...)	3 –100
6	Abschriften und Fotokopien	
	6.1 Abschriften, Ausfertigungen, Auszüge	6 – 30
	6.1.1 Schulzeugnisse (bei Abgangs- oder Abschlusszeugnissen sind die ersten fünf gebührenfrei)	2
	6.2 Fotokopien (je Seite)	1
7	Schülerausweise	
	7.1 Ersatzweise Ausstellung eines Schülerausweises	3
8	Ausstellung von Ersatzzeugnissen	50–200
9	Feststellung der Gleichwertigkeit von Bildungsnachweisen (je Bildungsabschluss)	100
10	Anerkennung ausländischer Lehramtsabschlüsse	50–300
11	Feststellung der Gleichwertigkeit nach § 2 Abs. 2 des BundesausbildungsG	150–500
16	Aufnahmeverfahren an das Landesgymnasium für Hochbegabte	50
17	Adressauskünfte an gewerbliche Unternehmen	25 – 100

→ Ausweise; → Beglaubigungen; → Haushalt (Gebühreneinzug); → Haushalt (Kassenführung); → Verwaltungsrecht; → Zeugnisse (Ersatz)

Gedenktag für die Opfer des Nationalsozialismus

Hinweis der Redaktion

Der Bundespräsident hat den 27. Januar (Datum der Befreiung des KZ Auschwitz im Jahr 1945) zum Tag des Gedenkens an die Opfer des Nationalsozialimus erklärt. Das KM veröffentlicht zu diesem Anlass jährlich einen Aufruf: Der Gedenktag solle *„kein verordnetes Erinnern sein, sondern ernsthafte, verantwortungsvolle Suche, um Ursachen und Erscheinungsformen von Intoleranz emd Rassenwahn zu begreifen, um in der Gegenwart jeder Wiederholungsgefahr zu begegnen. Demokratie lebt in hohem Maße von der Zivilcourage der Einzelnen und der gemeinsamen Verantwortung aller"*. Die Schulen werden gebeten, *„den Gedenktag zum Anlass für eine vertiefte Auseinandersetzung mit der NS-Zeit zu nehmen"*.

→ Beflaggung; → Außerunterrichtliche Veranstaltungen; → Reisekosten (Gesetz)

Hätten Sie's gewusst?
Einsicht in die Personalakte

Die Beschäftigten (und ihre Bevollmächtigten, z.B. Gewerkschafts-, Personal-, Schwerbehindertenvertreter/innen oder Chancengleichheitsbeauftragte) haben ein grundsätzliches Recht auf Einsicht in ihre vollständigen Personalakten – auch in die über sie an der Schule oder beim Schulamt geführten Teil- oder Nebendatenbestände).

Haben Sie Ihre eigene Akte eigentlich schon einmal angeschaut? Da ergeben sich manchmal interessante Einblicke! Eine formlose Anmeldung beim RP, Schulamt oder der Schulleitung genügt.
→ Beamtengesetz §§ 83 ff.; → Beamtenstatusgesetz § 50; → Personalakten

Gesamtschulen

Verordnung des Kultusministeriums über die Schulen besonderer Art vom 4. Juni 2009 (KuU S. 93/2009)

§ 1
Allgemeines

Für die Schulen besonderer Art gelten die allgemeinen Bestimmungen, soweit nicht ausdrücklich Abweichendes geregelt ist.

→ Schulgesetz § 107

§ 2
Äußere Gliederung

(1) Die Schulen besonderer Art werden anstelle nach Schularten nach Abteilungen gegliedert, und zwar in die Abteilung Orientierungsstufe (Klassen 5 und 6) und in die Abteilung Mittelstufe (Klassen 7 bis 10). In gymnasialbezogenen Klassen umfasst die Mittelstufe die Klassen 7 bis 9. In der integrierten Gesamtschule Mannheim-Herzogenried umfasst die Orientierungsstufe die Klassen 5 bis 7; auch in den gymnasialbezogenen Klassen umfasst an dieser Schule die Mittelstufe die Klassen 8 bis 10.

(2) Soweit die Schulen weitere Abteilungen haben, haben diese nicht den Status einer Schule besonderer Art.

§ 3
Unterrichtsorganisation

(1) An den Schulen besonderer Art wird der Unterricht im Klassenverband sowie während der Orientierungsstufe in drei der Fächer Deutsch, Mathematik und erste und zweite Fremdsprache nach dem Prinzip der äußeren Fachleistungsdifferenzierung erteilt.

(2) Spätestens ab Beginn der Klasse 7 wird der Unterricht in den Fächern Deutsch, erste Fremdsprache und Mathematik auf verschiedenen Leistungsebenen (A-Niveau, B-Niveau, C-Niveau) erteilt.

(3) Spätestens ab Beginn der Klasse 8 werden schulartbezogene Klassen gebildet.

(4) Das Fach Sport kann schulartübergreifend erteilt werden.

§ 4
Stundentafeln

Für die Orientierungsstufe und die Mittelstufe einschließlich der Klasse 10 oder 11 gelten insgesamt die jeweiligen Kontingentstundentafeln für die Hauptschule, Realschule und das Gymnasium nach den Maßgaben der Anlagen 1 bis 3 *(hier nicht abgedruckt)*.

§ 5
Bildungs- und Lehrpläne

(1) Dem Unterricht in der Orientierungsstufe wird, wenn die Fächer übereinstimmen, der Bildungsplan der Realschule zugrunde gelegt. In den übrigen Fächern wird nach der jeweiligen Schule erstellten und vom Kultusministerium genehmigten Lehrplan unterrichtet.

(2) In Klassen mit Unterricht auf verschiedenen Leistungsebenen wird in den Fächern Deutsch, erste Fremdsprache und Mathematik im A-Niveau der Lehrplan des Gymnasiums, im B-Niveau der Lehrplan der Realschule und im C-Niveau der Lehrplan der Hauptschule zugrunde gelegt. In den Fächern, die nur an den Schulen besonderer Art angeboten oder mit abweichender Wochenstundenzahl unterrichtet werden, und bis zur Bildung der schulartbezogenen Klassen in der zweiten Fremdsprache wird nach von der jeweiligen Schule erstellten und vom Kultusministerium genehmigten Lehrplänen unterrichtet.

(3) In den schulartbezogenen Klassen wird nach dem Bildungsplan der entsprechenden Schulart unterrichtet. Dem schulartübergreifenden Unterricht im Fach Sport an der Internationalen Gesamtschule Heidelberg und der Integrierten Gesamtschule Mannheim-Herzogenried liegt der Lehrplan der Realschule zugrunde.

§ 6 Aufnahme der Schüler

(1) In die Klasse 5 der Schulen besonderer Art können Schüler aufgenommen werden, die das Ziel der Grundschule erreicht haben und im Gebiet des Schulträgers wohnen. Werden mehr Schüler angemeldet, als aufgenommen werden können, hat die Schule mit Zustimmung der Schulaufsichtsbehörde ein Auswahlverfahren festzulegen. Falls noch Plätze frei sind, können mit Zustimmung der Schulaufsichtsbehörde auch Schüler aufgenommen werden, die außerhalb des Gebiets des Schulträgers wohnen.

(2) Falls noch Plätze frei sind, können Schüler auch in höhere Klassen aufgenommen werden. Bis zur Bildung der schulartbezogenen Klassen entscheidet der Abteilungsleiter über die Zuordnung zu den verschiedenen Leistungsebenen in Deutsch, Fremdsprachen und Mathematik. Bei Aufnahme in die schulartbezogenen Klassen muss der Schüler in die entsprechende Klasse der entsprechenden Schulart versetzt worden sein; im Übrigen gilt die multilaterale Versetzungsordnung ... .

→ Multilaterale Versetzungsordnung

§ 7 Einstufung, Umstufung

(1) Über die Zuordnung der Schüler zu den verschiedenen Leistungsebenen in Deutsch, Fremdsprachen und Mathematik entscheidet die Klassenkonferenz aufgrund der bisher gezeigten Leistungen und der voraussichtlichen Leistungsentwicklung. Kein Schüler darf gegen den Willen der Erziehungsberechtigten einem höheren Niveau zugeordnet werden.

(2) Eine Umstufung in eine andere Leistungsebene erfolgt, wenn der Schüler erhöhten Anforderungen gewachsen erscheint oder ein erfolgreiches Mitarbeiten in der bisher besuchten Leistungsebene nicht mehr gewährleistet ist. Die Umstufun-

gen erfolgen in der Regel zum Ende eines Schulhalbjahres. Die Entscheidung trifft die Klassenkonferenz. Absatz 1 Satz 2 gilt entsprechend.

§ 8
Notengebung, Zeugnisse

(1) In der Orientierungsstufe kann anstelle oder neben der Leistungsbeurteilung mit den herkömmlichen Notenstufen eine verbale Beurteilung der Leistungen in den einzelnen Fächern erfolgen.

(2) In der Orientierungsstufe der Internationalen Gesamtschule Heidelberg und der Staudinger-Gesamtschule Freiburg i. Br. erfolgt in allen Fächern die Notengebung nach einer Zehn-Punkte-Tabelle.

(3) Die Zeugnisse sind den abweichenden Regelungen für die Schulen besonderer Art anzupassen, insbesondere ist bei Fächern mit verschiedenen Leistungsebenen das Niveau kenntlich zu machen.

§ 9
Bildung der schulartbezogenen Klassen

(1) Integrierte Gesamtschule Mannheim-Herzogenried

1. Ein Schüler kann in die schulartbezogene Klasse aufgenommen werden, nach deren Versetzungsordnung er unter den nachfolgenden Maßgaben am Ende der vorhergehenden Klasse versetzt worden wäre.

   a) Zum Besuch der gymnasialbezogenen Klasse ist ferner erforderlich, dass der Schüler am Ende der vorhergehenden Klasse in mindestens zwei Fächern mit verschiedenen Leistungsebenen im A-Niveau war und dass er in Klasse 7 den Unterricht in der zweiten Fremdsprache besuchte.

   b) Zum Besuch der realschulbezogenen Klasse ist ferner erforderlich, dass der Schüler am Ende der vorhergehenden Klasse in mindestens zwei Fächern mit verschiedenen Leistungsebenen im B-Niveau war.

2. In den Fächern mit verschiedenen Leistungsebenen ist die Note erforderlichenfalls dem entsprechenden Niveau zuzuordnen.

3. Für die Versetzungsordnungen gelten folgende Maßgaben: Das Fach Arbeitslehre ist ein für die Versetzung maßgebendes Fach. Im Übrigen richtet sich die Maßgeblichkeit der Fächer nach Anlage 3.

(2) Internationale Gesamtschule Heidelberg/Staudinger-Gesamtschule Freiburg i. Br.

1. Ein Schüler kann in die gymnasialbezogene Klasse aufgenommen werden, wenn er am Ende der Klasse 6 in mindestens zwei der Fächer Deutsch, erste und zweite Fremdsprache und Mathematik jeweils mindestens 8 Punkte und in den anderen beiden Fächern mindestens 7 Punkte erreicht hat, sowie der Durchschnitt aus den Leistungen in den nach den Anlagen 1 und 2 maßgeblichen Fächern mindestens 8 Punkte beträgt.

2. Ein Schüler kann in die realschulbezogene Klasse aufgenommen werden, wenn er am Ende der Klasse 6 in mindestens zwei der Fächer Deutsch, Englisch und Mathematik jeweils mindestens 6 Punkte und im dritten Fach mindestens 5 Punkte erreicht hat, sowie der Durchschnitt aus den Leistungen in den nach den Anlagen 1 und 2 maßgeblichen Fächern mindestens 6 Punkte beträgt.

3. Wird der Durchschnitt von 8 oder 6 Punkten wegen der Leistungen in Sport, Musik und Bildende Kunst nicht erreicht, ist von diesen Fächern nur das mit der besten Note in die Durchschnittsberechnung einzubeziehen. Die Regelungen zum untypischen Leistungsabfall und zur Aufnahme auf Probe nach § 1 Abs. 3 und 6 der Realschulversetzungsordnung und der Versetzungsordnung Gymnasien gelten entsprechend.

(3) Die Entscheidung trifft die Klassenkonferenz unter Vorsitz des Abteilungsleiters. Der Vorsitzende ist stimmberechtigt; bei Stimmengleichheit gibt seine Stimme den Ausschlag.

§ 10
Versetzungen

(1) In den Klassenstufen vor Bildung der schulartbezogenen Klassen steigt ein Schüler ohne Versetzungsentscheidung in die nächsthöhere Klasse auf. Auf Antrag der Erziehungsberechtigten kann eine Klassenstufe freiwillig wiederholt werden.

(2) In den schulartbezogenen Klassen gilt die Versetzungsordnung der entsprechenden Schularten mit folgenden Maßgaben:

1. Staudinger-Gesamtschule Freiburg i. Br.

   Das Fach Arbeitslehre ist ein für die Versetzung maßgebendes Fach. Die Fächer des Wahlpflichtbereichs I und II (Anlage 1) sind jeweils ein für die Versetzung maßgebendes Kernfach im Sinne der Versetzungsordnungen für Gymnasien und Realschulen. Sind die Fächer Sport, Musik oder Bildende Kunst Kernfächer, sind sie in jedem Fall für die Versetzung maßgebende Fächer.

2. Integrierte Gesamtschule Mannheim-Herzogenried

   a) Hauptschulversetzungsordnung

   Das Fach Arbeitslehre mit dem jeweiligen Schwerpunkt Elektrotechnik, Metalltechnik oder Hauswirtschaft ist ein für die Versetzung maßgebendes Fach.

   b) Realschulversetzungsordnung

   Das vom Schüler gewählte Wahlpflichtfach ist ein für die Versetzung maßgebendes Kernfach. Für Schüler, die Arbeitslehre nicht als Wahlpflichtfach gewählt haben, ist dieses Fach ein für die Versetzung maßgebendes Fach.

   c) Versetzungsordnung Gymnasien

   Das Fach Arbeitslehre ist in den Klassen 7 bis 10 ein für die Versetzung maßgebendes Fach.

§ 11 Abschlüsse, Übergang in die Oberstufe des Gymnasiums

Für den Erwerb des Hauptschul- und des Realschulabschlusses und für den Übergang in die Eingangsklasse der Oberstufe (Klasse 10 oder 11 des Gymnasiums) gelten die allgemeinen Bestimmungen mit folgenden Maßgaben:

1. Der Vorsitzende des Prüfungsausschusses bei der Hauptschulabschlussprüfung und der stellvertretende Vorsitzende des Prüfungsausschusses bei der Realschulabschlussprüfung ist der Abteilungsleiter der Mittelstufe.
2. Voraussetzung für den Übergang von der realschulbezogenen Klasse 10 in eine besondere Eingangsklasse der Oberstufe ist der Realschulabschluss, wobei ein Durchschnitt von mindestens 3,0 aus den Noten der Fächer Deutsch, Mathematik sowie der beiden als Pflicht- oder Wahlpflichtfremdsprache belegten Fremdsprachen und in jedem dieser Fächer mindestens die Note »ausreichend« erreicht sein müssen.

§ 12 Schulwechsel

Für den Wechsel eines Schülers einer Schule besonderer Art in eine Hauptschule, eine Realschule oder in ein Gymnasium gilt Folgendes:

1. Vor der Bildung der schulartbezogenen Klassen stellt die Klassenkonferenz aufgrund der gezeigten Leistungen des Schülers fest, für welche Schulart beziehungsweise Schularten er geeignet ist. Diese Feststellung berechtigt zum Übertritt in die entsprechende Schulart. Stimmen die Feststellung der Schule und der Elternwunsch nicht überein, kann der Schüler an einer Schule der gewünschten Schulart eine Aufnahmeprüfung nach der multilateralen Versetzungsordnung ablegen.
2. Nach der Bildung der schulartbezogenen Klassen kann der Schüler in die entsprechende Schulart überwechseln. Im Übrigen gilt die multilaterale Versetzungsordnung.

§ 13 Schulaufsicht

Die Schulen besonderer Art unterstehen der unmittelbaren Schulaufsicht des Regierungspräsidiums.

§ 14 Inkrafttreten (nicht abgedruckt)

Hinweise der Redaktion:

1 Diese Verordnung tritt mit Wirkung vom 1. August 2008 mit der Maßgabe in Kraft, dass sie erstmals für Schüler Anwendung findet, die zum Schuljahr 2004/05 in die Klasse 5 eingetreten sind.
2 Die bisherige Verordnung (abgedruckt im Jahrbuch 2009) tritt mit der Maßgabe außer Kraft, dass sie letztmals für Schüler gilt, die vor dem Schuljahr 2004/05 in die Klasse 5 eingetreten sind.

→ Arbeitszeit (Gesamtschulen); → Gymnasium (Abitur); → Multilaterale Versetzungsordnung; → Personalvertretung (Sonderfälle); → Realschule Abschlussprüfung; → Schulgesetz § 107; → Versetzungsordnungen (bei den Schularten); Ü Werkrealschule (Ausbildung und Prüfung)

Geschlechtserziehung

Richtlinien zur Familien- und Geschlechtserziehung in der Schule; VwV des KM vom 12.5.2001 (KuU S. 247/2001)

Vorbemerkung

Pflege und Erziehung der Kinder sind gemäß Artikel 6 Abs. 2 Grundgesetz das natürliche Recht der Eltern und die zuvörderst ihnen obliegende Pflicht. Daneben hat die Schule einen durch Grundgesetz, Landesverfassung und Schulgesetz begründeten Erziehungs- und Bildungsauftrag, der auch die Familien- und Geschlechtserziehung umfasst. Nach § 100 b Schulgesetz (SchG) haben deshalb die Schulen den ausdrücklichen Auftrag zur Familien- und Geschlechtserziehung erhalten.

1. Familien- und Geschlechtserziehung in der Schule

1.1 Ziel der Familien- und Geschlechtserziehung in der Schule ist es, die Schülerinnen und Schüler altersgemäß mit den biologischen, ethischen, kulturellen und sozialen Tatsachen und Bezügen der Geschlechtlichkeit des Menschen vertraut zu machen. Die Familien- und Geschlechtserziehung soll das Bewusstsein für eine persönliche Intimsphäre und für ein verantwortungsvolles partnerschaftliches Verhalten in persönlichen Beziehungen und insbesondere in Ehe und Familie entwickeln und fördern.

1.2 Die Familien- und Geschlechtserziehung wird unter Wahrung der Toleranz für unterschiedliche Wertauffassungen fächerübergreifend durchgeführt. Die Unterrichtsinhalte ergeben sich aus den Bildungsplänen für die einzelnen Schularten; sie finden ihre Grundlage vor allem in den Lehrplänen der Fächer Heimat- und Sachunterricht, Religionslehre, Ethik, Biologie und Biologie/Chemie sowie in beruflichen Schulen auch in den Lehrplänen des Faches Gesundheitslehre.

Spontane Schülerfragen zur Geschlechtserziehung in der Schule können in allen Fächern im stofflichen Rahmen und in der durch die Unterrichtssituation gesetzten Grenzen beantwortet werden, ohne dass diese jedoch zum Anlass für eine weitergehende, über die Einzelfragen hinausreichende Behandlung der Thematik genommen werden.

1.3 Die Lehrkraft gestaltet den Unterricht mit Takt und Einfühlungsvermögen und vermeidet jede Form der Indoktrination. Sie behandelt die Themen zurückhaltend, berücksichtigt die menschlich-personalen Aspekte der Geschlechtlichkeit ebenso wie die Intimsphäre der Schülerinnen und Schüler und vermeidet Empfehlungen für das geschlechtliche Verhalten.

Bei geeigneten Anlässen können in den Unterricht Fachleute aus der Praxis einbezogen werden (vgl. Bekanntmachung über die Mitwirkung von Fachleuten aus der Praxis ...) .

→ Fachleute aus der Praxis

Hinweis der Redaktion: Aufgrund eines Erlasses des KM vom 15. August 1985 (AZ: IV-1-3151/824) wird der Einsatz von Experten (Ärzte, Mitarbeiter von Pro Familia) mit 30 DM (15,36 Euro) pro Unterrichtsstunde bezuschusst.
(Quelle: KM, 8.6.2008, Nr. 53–6530.2/76, Landtags-Drucksache 14 / 2737)

1.4 Unterrichtsinhalte, die dem Bereich der Geschlechtserziehung angehören und die Intimsphäre berühren, dürfen nicht Gegenstand von Leistungserhebungen sein; dies gilt nicht für die Fächer der beruflichen Schulen, die entsprechende Inhalte im Rahmen der beruflichen Ausbildung vermitteln.

2. Lehr- und Lernmittel

Im Rahmen der Familien- und Geschlechtserziehung sind nur die vom Kultusministerium zugelassenen Schulbücher zu verwenden.

Bei der Verwendung von Lernmitteln, für die eine Zulassung nicht erforderlich ist, ist die Lehrkraft zur besonders sorgfältigen Auswahl in analoger Anwendung von § 4 Schulbuchzulassungsverordnung verpflichtet. Für die verwendeten Lehrmittel gilt dies entsprechend.

→ Lernmittel (Zulassung)

3. Zusammenarbeit von Schule und Erziehungsberechtigten bei der Familien- und Geschlechtserziehung in der Schule

Die Erziehungsberechtigten sind in einer Klassenpflegschaftssitzung gemäß § 56 SchG rechtzeitig und umfassend über Ziel, Inhalt, Form und Zeitpunkt der Geschlechtserziehung im Rahmen der Familien- und Geschlechtserziehung in der Schule sowie über die hierbei verwendeten Lehr- und Lernmittel zu informieren. Die Erziehungsberechtigten erhalten dabei gleichzeitig die Möglichkeit, ihre Wünsche und Anregungen sowie Erfahrungen einzubringen, damit die Familien- und Geschlechtserziehung in Elternhaus und Schule so weit wie möglich abgestimmt werden kann. Zu den Klassenpflegschaften können Fachleute wie z.B. Ärzte, Pfarrer und Psychologen hinzugezogen werden.

Hinweis der Redaktion: „Sollte sich ... aus religiösen Gründen ein Dissens zwischen Elternhaus und Schule ergeben, muss ein klärendes Gespräch zwischen den betroffenen Eltern, dem Klassenlehrer bzw. der Klassenlehrerin und der Schulleitung geführt werden. Kommt es ... nicht zu einer einvernehmlichen Lösung, so ist ein Fernbleiben einzelner Kinder von den Unterrichtsstunden bzw. Unterrichtssequenzen, in denen Inhalte der Geschlechtserziehung behandelt werden, seitens der Schule nicht zu ahnden. ... In diesem Zusammenhang wird darauf hingewiesen, dass die Grundschule nicht die Aufgabe hat, Kinder mit Inhalten zu konfrontieren, die erst in den Klassen 5, 7 und 9 bzw. 10 behandelt werden." (Quelle: KM in: „Schulintern" Nr. 7/1995)

→ Gleichbehandlungsgesetz; → Elternbeiratsverordnung § 5 ff.; → Fachleute aus der Praxis; → Grundgesetz Art. 6;
→ Lernmittel (Zulassung); → Schulgesetz §§ 56,100 b; → Verfassung Art. 12

Gewaltvorfälle und Schadensereignisse

Gemeinsame Verwaltungsvorschrift des Kultusministeriums, des Innenministeriums und des Umweltministeriums über das Verhalten an Schulen bei Gewaltvorfällen und Schadensereignissen ...vom 27.Juni 2006 (GABl. S. 379/2006; KuU S. 271/2006)

Die Schulleiterin oder der Schulleiter (Schulleitung), die Lehrkräfte, die sonstigen Bediensteten der Schule und die Schülerinnen und Schüler müssen vorbereitet werden, Gewaltvorfälle wie Bombendrohungen, Geiselnahmen usw. und Schadensereignisse wie Brände, Katastrophen, Unglücksfälle richtig einzuschätzen und unter Einschaltung der dafür fachlich zuständigen Stellen zu bewältigen.

Hinweis der Redaktion: Zur Weiterleitung von Informationen gegebenenfalls auch außerhalb von Dienstzeiten nutzt das Kultusministerium in Gefährdungslagen (z.B. Amok-Drohungen) parallel zur Kommunikationsmöglichkeit wie elektronischer Post und Telefon auch den Versand von Kurznachrichten (SMS). Voraussetzung hierfür ist, dass die Schulen eine oder mehrere Anschlussnummern für Mobiltelefone der Personen angeben, die im Krisenfall benachrichtigt werden sollen. Diese Angaben sind ebenso wie das Mitsichführen des Mobiltelefons – auch außerhalb der Dienstzeit – freiwillig. Der Schutz der persönlichen Angaben ist gewährleistet. SMS-Benachrichtigungen werden ausschließlich im Notfall versendet. Um die SMS-Benachrichtigung in Krisenfällen nutzen zu können, bedarf es einer Eintragung des betreffenden Handyanschlusses im Modul „Dienststellenverwaltung" der EDVAnwendung ASD-BW, die vor Ort an der Schule vorgenommen werden kann. Eine genaue Anleitung zur Erfassung und Pflege der Alarmierungsauskünfte steht der Schule im Intranet (http://kvintra.kultus.bwl.de/wdb/sms_alarmierung.htm).
Quelle: Kultusministerium, 18.6.2008 (Aktenzeichen 15-0276.62/312)

Die Lehrkräfte und die sonstigen Bediensteten an Schulen sind verpflichtet, sich rechtzeitig mit den dargelegten Verhaltensregeln vertraut zu machen und sie im Ernstfall zu beachten.

Für die Bediensteten der Gemeinden und Landkreise an den Schulen sind diese Verhaltensregeln nicht verbindlich. Ungeachtet dessen wird den Schulträgern zur einheitlichen Handhabung der Verhaltensregeln für Gewaltvorfälle und Schadensereignissen an Schulen empfohlen, ihre Bediensteten an der Schule ebenfalls zu verpflichten, diese Verhaltensregeln zu beachten.

→ Polizei und Schule; → Schulgesetz §§ 23 und 41;
→ Schulpsychologische Beratungsstellen

1
Allgemeine Bestimmungen

1.1 Die Schulleitung ist für die Durchführung der erforderlichen Schutzmaßnahmen bei Gewaltvorfällen und Schadensereignissen verantwortlich. Sie bestimmt zu ihrer Unterstützung geeignete Lehrkräfte als Mitglieder eines schulinternen Krisenteams.

1.2 Erfordern Gewaltvorfälle oder Schadensereignisse die Räumung des Schulgebäudes, ist unverzüglich Alarm auszulösen und die Räumung anzuordnen. Dies geschieht in der Regel durch die Schulleitung, bei Gefahr im Verzug auch durch eine Lehrkraft oder sonstige Bedienstete der Schule.

1.3 Bei Gewaltvorfällen oder Schadensereignissen hat die Schulleitung unverzüglich die notwendigen Schutzmaßnahmen durchzuführen oder anzuordnen, soweit nicht bereits der Polizeivollzugsdienst oder die Feuerwehr die notwendigen Anordnungen getroffen haben.

1.4 Nach Auslösung des Katastrophen- oder Katastrophenvoralarms durch die zuständige Katastrophenschutzbehörde hat die Schulleitung die nach den Weisungen der Katastrophenschutzbehörde notwendigen Anordnungen zu treffen.

2
Vorbereitende Maßnahmen zur Bewältigung von Gewaltvorfällen und Schadensereignissen

2.1 Die Schulleitung beruft zu Beginn eines jeden Schuljahres ein schulinternes Krisenteam ein, um die notwendigen Vorkehrungen (Vorsorge, Bewältigung von Gewaltvorfällen und Schadensereignissen, Nachsorge, Umgang mit Medien) zu treffen. Das schulinterne Krisenteam wird auf Anforderung durch die Feuerwehr oder die Polizei beraten.

2.1.1 Die Schulleitung erstellt in Abstimmung mit dem Schulträger auf der Grundlage eines vom Innenministerium und Kultusministerium gemeinsam herausgegebenen Rahmenkrisenplans unter Berücksichtigung der örtlichen Verhältnisse einen Krisenplan für das Verhalten bei Gewaltvorfällen. Mit Blick auf polizeiliche Maßnahmen soll dieser mit der zuständigen Polizeidienststelle abgestimmt werden. Die Schulkonferenz ist über das Ergebnis zu unterrichten.

Hinweis der Redaktion: Im Amtsblatt Nr. 15-16a/2006 wurde ein Rahmenkrisenplan zu dieser VwV veröffentlicht (www.kultus-bw.de/krisenintervention).

2.1.2 Die Schulleitung erstellt in Abstimmung mit dem Schulträger und der örtlichen Feuerwehr einen Rettungsplan für das Verhalten bei Schadensereignissen. Die Schulkonferenz ist über das Ergebnis zu unterrichten.

Der Rettungsplan enthält mindestens:
- die Fluchtwege für jeden Unterrichtsraum,
- den Lageplan der Sammelplätze außerhalb des Gebäudes,
- die Lage und Anzahl der Feuerlöscheinrichtungen,
- den Lageplan der gefährlichen Stoffe und Behälter (z.B. brennbare Flüssigkeiten, Chemikalien, Druckgasflaschen),
- geeignete Räume für die Aufnahme von Schülerinnen und Schülern, Lehrkräften und sonstigen Bediensteten der Schule im Falle kerntechnischer Unfälle (vgl. Nr. 8.1),
- die Standorte der Notfalltelefone und Anleitungen zu deren Bedienung.

2.1.3 Der Krisenplan oder der Rettungsplan ist bei Änderungsbedarf unverzüglich zu aktualisieren und die Schulkonferenz ist zu unterrichten.

2.2 Das Alarmsignal muss den Lehrkräften, den sonstigen Bediensteten der Schule und den Schülerinnen und Schülern bekannt sein. Dem Schulträger wird empfohlen, in den Schulen neben den elektrischen Alarmeinrichtungen eine netzunabhängige Einrichtung (z.B. handbetätigte Feuerglocke, Megaphon oder Gong) und ein netzunabhängiges Rundfunkgerät bereitzuhalten.

2.3 Es muss sichergestellt sein, dass eine Alarmierungseinrichtung (z.B. Notfalltelefon) vorhanden und für die Lehrkräfte jederzeit zugänglich ist.   → Erste Hilfe

2.4 Die Telefonnummern der Schulverwaltung, die Notrufnummer der Feuerwehr (112), der Polizei (110) und die Telefonnummer der Rettungsleitstelle sowie ein Hinweis auf den nächsten Feuermelder (soweit vorhanden) sind an geeigneten Stellen gut sichtbar anzubringen.

Hinweise der Redaktion:
1. Es ist zweckmäßig, hierfür das amtliche Formular der Unfallkasse zu benutzen, zu beziehen z.B. über die von der GEW herausgegebenen „Aushanggesetze" (www.aushanggesetze.verlag-weinmann.de). Bestellschein am Ende des Jahrbuchs.
2. Diese Liste und sonstige wichtige Nummern (z.B. private Rufnummer des Schulleiters) gehört in die Erste-Hilfe-Tasche für außerunterrichtliche Veranstaltungen (Schullandheim, Wandertag usw.).

2.5 Die Lehrkräfte und die sonstigen Bediensteten der Schule müssen durch die Schulleitung über den Standort der Alarm-, Feuerlösch- und Rettungseinrichtungen informiert werden und mit deren Handhabung vertraut sein.

2.6 Die Fluchtwege und Notausgänge sind freizuhalten. Die Gebäudeausgangstüren dürfen nicht versperrt und müssen gekennzeichnet sein. Sie müssen in Fluchtrichtung aufschlagen und sich während der Dienstzeit ohne

Hilfsmittel ins Freie öffnen lassen (z.B. durch Klinke innen, Knauf außen). Es wird empfohlen, in jedem Unterrichtsraum ein Merkblatt über das Verhalten im Brandfall und eine Fluchtwegeskizze für den Brandfall auszuhängen. Der Fluchtweg soll durch Sicherheitskennzeichnung nach DIN 4844 gekennzeichnet sein.

2.7 Die Lehrkräfte und die sonstigen Bediensteten der Schule sind durch die Schulleitung in regelmäßigen Zeitabständen über das bei Gewaltvorfällen und Schadensereignissen geeignete Verhalten zu unterrichten.

2.8 Mindestens einmal im Jahr ist eine Alarmübung durchzuführen. Die Alarmübung sollte zu Beginn eines Schuljahres stattfinden; ihr hat eine Unterweisung der Schülerinnen und Schüler über das Verhalten bei einem Alarm vorauszugehen. Diese muss auch Verhaltensanweisungen für Schülerinnen und Schüler, die sich nicht im Klassenverband aufhalten, umfassen. – Zur Alarmübung gehören:
- die Auslösung des Alarms,
- die Räumung der Schule,
- das Sammeln der Schülerinnen und Schüler an den Sammelplätzen außerhalb des Schulgebäudes,
- die Rückführung der Schülerinnen und Schüler in die Klassenräume.

Der örtlichen Feuerwehr und Polizeidienststelle ist der Termin der Alarmübung jeweils vorher mitzuteilen.

3
Räumung der Schule

3.1 Nach Auslösen des Alarms und Anordnung der Räumung haben die Schülerinnen und Schüler das Gebäude, grundsätzlich unter Zurücklassung aller Gegenstände, klassenweise unter Aufsicht der Lehrkräfte zu verlassen und die Sammelplätze aufzusuchen.

3.2 Jede Lehrkraft hat sich beim Verlassen des Unterrichtsraumes zu überzeugen, dass keine Schülerinnen und Schüler – auch nicht in den Nebenräumen – zurückgeblieben sind. Die Fenster und Türen aller Räume sind zu schließen, jedoch nicht abzuschließen.

3.3 Am Sammelplatz stellt jede Lehrkraft sofort fest, ob ihre Klasse vollzählig ist. Sie kümmert sich sofort um eventuell fehlende Schülerinnen und Schüler und meldet diese zum frühestmöglichen Zeitpunkt der Schulleitung und der Einsatzleiterin oder dem Einsatzleiter (Einsatzleitung).

4
Verhalten bei Bränden

4.1 Bei Schadenfeuer ist ohne den Erfolg eigener Löschversuche abzuwarten, unverzüglich Alarm auszulösen, die Feuerwehr und die zuständige Polizeidienststelle zu verständigen und gegebenenfalls die Räumung anzuordnen (vgl. Nummer 3).

4.2 Ist die Benutzung der Fluchtwege nicht mehr möglich, haben die Lehrkräfte sowie die Schülerinnen und Schüler im Unterrichtsraum oder in einem anderen Raum, der mehr Sicherheit bietet, zu bleiben. In den Räumen sind die Fenster und die Türen erforderlichenfalls zu schließen. Zur schnelleren Rettung sollen sich die Eingeschlossenen am Fenster oder auf andere geeignete Weise bemerkbar machen.

4.3 Bei Bränden mit Schadstofffreisetzung in der Umgebung der Schule bleiben die Schülerinnen und Schüler zunächst in ihren Unterrichtsräumen oder im Schulgebäude und warten auf die Anweisungen der Schulleitung oder der Einsatzleitung.

Die Fenster und die Türen sind zu schließen, die vorhandenen Lüftungs- und Klimaanlagen sind abzuschalten.

5
Verhalten bei Bombendrohungen

Bei Bombendrohungen an der Schule hat die Schulleitung unverzüglich die zuständige Polizeidienststelle zu verständigen. Auf Anweisung der Polizei ist der Schulbetrieb unverzüglich einzustellen und das Schulgebäude zu räumen; den sonstigen Anweisungen des Polizeivollzugsdienstes ist umgehend Folge zu leisten. Im übrigen gelten die Nummern 1 bis 3 entsprechend.

Hält der Polizeivollzugsdienst eine Gefahr nicht für gegeben, so braucht die Schulleitung keine Maßnahmen zu ergreifen. Ist sie jedoch der Auffassung, dass sie die Verantwortung für die Fortführung des Schulbetriebs nicht übernehmen kann, kann sie die Räumung der Schule anordnen.

6
Verhalten bei sonstigen Gewaltvorfällen an Schulen

6.1 Die Entscheidungen über erforderliche Maßnahmen des Krisenplanes (Nr. 2.1.1) liegen bei der Schulleitung. Wenn zeitlich möglich, soll das schulinterne Krisenteam miteinbezogen werden. Bei Gefahr im Verzug sind die erforderlichen Schritte durch eine Lehrkraft oder sonstige Bedienstete der Schule in die Wege zu leiten.

Im Wesentlichen geht es darum,
- Hilfe herbeizurufen (Polizei) und erste Hilfe zu leisten,
- Schülerinnen und Schüler und Schulpersonal zu schützen.

Ferner sind gegebenenfalls
- Fakten zu sichern und weiterzugeben,
- Betroffene und Schulaufsicht zu informieren.

Soweit erforderlich sind folgende Stellen einzuschalten:
- das Kriseninterventionsteam beim Regierungspräsidium (Abteilung 7 Schule und Bildung),

- der Schulpsychologische Dienst.

Hinweis der Redaktion: Die Schule sollte Gewaltvorfälle und Schadensereignisse stets der Unfallkasse melden, damit Versicherungschutz für die Behandlung von Spätschäden (z.B. posttraumatische Störungen) besteht.

Unbeschadet der vorstehenden Zuständigkeiten hat die Schulleitung zu gewährleisten, dass bei Einsätzen des Polizeivollzugsdienstes aus Anlass von Straftaten oder zur Gefahrenabwehr Maßnahmen nur im Einvernehmen mit der Polizei erfolgen.

Dies gilt insbesondere für Räumungs- und Evakuierungsmaßnahmen sowie für die Öffentlichkeitsarbeit und die Information der Eltern. Bei Geiselnahme- und Bedrohungslagen ist den Anweisungen des Polizeivollzugsdienstes umgehend Folge zu leisten.

6.2 Entsprechend dem Krisenplan der Schule ist die Betreuung von Schülerinnen und Schülern, Lehrkräften und Betroffenen im Anschluss an einen Gewaltvorfall einzuleiten und das Kriseninterventionsteam beim Regierungspräsidium (Abteilung 7 Schule und Bildung) einzuschalten.

6.3 Die Pressearbeit wird im schulinternen Krisenteam besprochen. Medienvertreter werden an die Pressestelle der Polizei und an die Pressestelle der Schulaufsicht verwiesen. Nach Einschaltung des Kriseninterventionsteams beim Regierungspräsidium (Abteilung 7 Schule und Bildung) wird die Pressearbeit durch dieses eventuell begleitet oder übernommen. Die Pressearbeit ist stets im Hinblick auf die einsatztaktischen Belange mit der Polizei abzustimmen.

→ Polizei und Schule; → Schulpsychologische Beratungsstellen

7
Verhalten bei Katastrophen

7.1 Bei Katastrophen- und Katastrophenvoralarm gelten für Schulen die an die Bevölkerung gerichteten Anordnungen der Katastrophenschutzbehörde. Nummer 1.4 bleibt unberührt.

7.2 Die Schulleitung hat sicherzustellen, dass entsprechende Rundfunkdurchsagen in der Schule empfangen und dass Anordnungen und Hinweise der Katastrophenschutzbehörde beachtet werden.

7.3 Ordnet die Katastrophenschutzbehörde an, die Schülerinnen und Schüler nach Hause zu schicken, hat die Schulleitung die Räumung entsprechend Nummer 3 anzuordnen. Sie hat im Einvernehmen mit dem Schulträger für Heimfahrgelegenheiten der Schülerinnen und Schüler zu sorgen, sofern solche bestehen und erforderlich sind.

7.4 Ordnet die Katastrophenschutzbehörde die Evakuierung der Schule an, erfolgt diese entsprechend Nummer 3.

Die Katastrophenschutzbehörde stellt die erforderlichen Transportmittel an den Sammelplätzen bereit. Die Schulleitung hat für einen geordneten Ablauf der Evakuierung Sorge zu tragen. Sie bestimmt für jedes Transportfahrzeug eine Aufsichtsperson. Schülerinnen und Schüler, Lehrkräfte und sonstige Bedienstete der Schule werden an die vorgesehenen Aufnahmeorte gebracht und dort versorgt. Schülerinnen und Schüler werden so rasch wie möglich mit ihren Angehörigen zusammengeführt.

7.5 Hält die Schulleitung eine seelsorgerische oder psychosoziale Betreuung von Schülerinnen und Schülern oder Lehrkräften für erforderlich, fordert sie über die Katastrophenschutzbehörde Notfallseelsorger der Kirchen oder Notfallpsychologen an oder kontaktiert den Schulpsychologischen Dienst.

7.6 Die Pressearbeit ist stets mit der Katastrophenschutzbehörde abzustimmen.

8
Besondere Verhaltenshinweise bei kerntechnischen Unfällen

8.1 Fordert die zuständige Katastrophenschutzbehörde die Bevölkerung auf, zu ihrem Schutz feste Gebäude aufzusuchen, darf niemand mehr die Schule verlassen, auch dann nicht, wenn der Unterricht schon beendet ist. Die Schülerinnen und Schüler, Lehrkräfte und sonstige Bedienstete der Schule sollen dann Räume aufsuchen, die Strahleneinwirkungen minimieren. Dies sind z.B. innenliegende Räume oder Räume im Untergeschoss.

Außerdem ist dafür zu sorgen, dass zur Vermeidung der Aufnahme der Radioaktivität aus der Luft die Fenster und die Türen geschlossen und die Lüftungs- und Klimaanlagen abgeschaltet werden.

8.2 Im Übrigen hat die Schulleitung dafür Sorge zu tragen, dass Anordnungen der Katastrophenschutzbehörde Folge geleistet wird, z.B. zur Ausgabe von Jodtabletten, soweit in der Schule vorgehalten. Nummer 7 gilt entsprechend.

Hinweis der Redaktion: Diese Verwaltungsvorschrift tritt am 1. August 2013 außer Kraft.

→ Arbeitsschutzgesetz; → Erste Hilfe; → Polizei und Schule; → Schulpsychologische Beratungsstellen; → Unfallversicherung

---

Informationsbroschüre zum Kopieren an Schulen

Unter www.schulbuchkopie.de ist eine Broschüre erhältlich, in der die häufigsten Fragen zum Urheberrecht an praktischen Beispielen beantwortet werden. Wir empfehlen, sie auszudrucken, an alle Lehrkräfte zu verteilen und an den Kopiergeräten auszuhängen oder auszulegen.

Gleichbehandlungsgesetz

Auszug aus dem Allgemeinen Gleichbehandlungsgesetz (AGG) vom 14. August 2006 (BGBl. I S. 1897), zuletzt geändert 2. Dezember 2006 (BGBl. I S. 2742)

Abschnitt 1 – Allgemeiner Teil

§ 1
Ziel des Gesetzes

Ziel des Gesetzes ist, Benachteiligungen aus Gründen der Rasse oder wegen der ethnischen Herkunft, des Geschlechts, der Religion oder Weltanschauung, einer Behinderung, des Alters oder der sexuellen Identität zu verhindern oder zu beseitigen.

§ 2
Anwendungsbereich

(1) Benachteiligungen aus einem in § 1 genannten Grund sind nach Maßgabe dieses Gesetzes unzulässig in Bezug auf:
1. die Bedingungen, einschließlich Auswahlkriterien und Einstellungsbedingungen, für den Zugang zu unselbstständiger und selbstständiger Erwerbstätigkeit, unabhängig von Tätigkeitsfeld und beruflicher Position, sowie für den beruflichen Aufstieg, ...
2. die Beschäftigungs- und Arbeitsbedingungen einschließlich Arbeitsentgelt und Entlassungsbedingungen, insbesondere in individual- und kollektivrechtlichen Vereinbarungen und Maßnahmen bei der Durchführung und Beendigung eines Beschäftigungsverhältnisses sowie beim beruflichen Aufstieg,
3. den Zugang zu allen Formen und allen Ebenen der Berufsberatung, der Berufsbildung einschließlich der Berufsausbildung, der beruflichen Weiterbildung und der Umschulung sowie der praktischen Berufserfahrung,
4. die Mitgliedschaft und Mitwirkung in einer Beschäftigten- oder Arbeitgebervereinigung oder einer Vereinigung, deren Mitglieder einer bestimmten Berufsgruppe angehören, einschließlich der Inanspruchnahme der Leistungen solcher Vereinigungen,
5. den Sozialschutz, einschließlich der sozialen Sicherheit und der Gesundheitsdienste,
6. die sozialen Vergünstigungen,
7. die Bildung,
8. den Zugang zu und die Versorgung mit Gütern und Dienstleistungen, die der Öffentlichkeit zur Verfügung stehen, einschließlich von Wohnraum.

(2) Für Leistungen nach dem Sozialgesetzbuch gelten § 33c des Ersten Buches Sozialgesetzbuch und § 19a des Vierten Buches Sozialgesetzbuch. Für die betriebliche Altersvorsorge gilt das Betriebsrentengesetz.

(3) Die Geltung sonstiger Benachteiligungsverbote oder Gebote der Gleichbehandlung wird durch dieses Gesetz nicht berührt. Dies gilt auch für öffentlich-rechtliche Vorschriften, die dem Schutz bestimmter Personengruppen dienen.

(4) Für Kündigungen gelten ausschließlich die Bestimmungen zum allgemeinen und besonderen Kündigungsschutz.

§ 3
Begriffsbestimmungen

(1) Eine unmittelbare Benachteiligung liegt vor, wenn eine Person wegen eines in § 1 genannten Grundes eine weniger günstige Behandlung erfährt, als eine andere Person in einer vergleichbaren Situation erfährt, erfahren hat oder erfahren würde. Eine unmittelbare Benachteiligung wegen des Geschlechts liegt in Bezug auf § 2 Abs. 1 Nr. 1 bis 4 auch im Falle einer ungünstigeren Behandlung einer Frau wegen Schwangerschaft oder Mutterschaft vor.

(2) Eine mittelbare Benachteiligung liegt vor, wenn dem Anschein nach neutrale Vorschriften, Kriterien oder Verfahren Personen wegen eines in § 1 genannten Grundes gegenüber anderen Personen in besonderer Weise benachteiligen können, es sei denn, die betreffenden Vorschriften, Kriterien oder Verfahren sind durch ein rechtmäßiges Ziel sachlich gerechtfertigt und die Mittel sind zur Erreichung dieses Ziels angemessen und erforderlich.

(3) Eine Belästigung ist eine Benachteiligung, wenn unerwünschte Verhaltensweisen, die mit einem in § 1 genannten Grund in Zusammenhang stehen, bezwecken oder bewirken, dass die Würde der betreffenden Person verletzt und ein von Einschüchterungen, Anfeindungen, Erniedrigungen, Entwürdigungen oder Beleidigungen gekennzeichnetes Umfeld geschaffen wird.

(4) Eine sexuelle Belästigung ist eine Benachteiligung in Bezug auf § 2 Abs. 1 Nr. 1 bis 4, wenn ein unerwünschtes, sexuell bestimmtes Verhalten, wozu auch unerwünschte sexuelle Handlungen und Aufforderungen zu diesen, sexuell bestimmte körperliche Berührungen, Bemerkungen sexuellen Inhalts sowie unerwünschtes Zeigen und sichtbares Anbringen von pornographischen Darstellungen gehören, bezweckt oder bewirkt, dass die Würde der betreffenden Person verletzt wird, insbesondere wenn ein von Einschüchterungen, Anfeindungen, Erniedrigungen, Entwürdigungen oder Beleidigungen gekennzeichnetes Umfeld geschaffen wird.

(5) Die Anweisung zur Benachteiligung einer Person aus einem in § 1 genannten Grund gilt als Benachteiligung. Eine solche Anweisung liegt in Bezug auf § 2 Abs. 1 Nr. 1 bis 4 insbesondere vor, wenn jemand eine Person zu einem Verhalten bestimmt, das eine Beschäftigte oder einen Beschäftigten wegen eines in § 1 genannten Grundes benachteiligt oder benachteiligen kann.

➜ Diskriminierung (Sexuelle Orientierung); ➜ Mobbing

Gleichbehandlungsgesetz

§ 4
Unterschiedliche Behandlung wegen mehrerer Gründe

Erfolgt eine unterschiedliche Behandlung wegen mehrerer der in § 1 genannten Gründe, so kann diese unterschiedliche Behandlung nach den §§ 8 bis 10 und 20 nur gerechtfertigt werden, wenn sich die Rechtfertigung auf alle diese Gründe erstreckt, derentwegen die unterschiedliche Behandlung erfolgt.

§ 5
Positive Maßnahmen

Ungeachtet der in den §§ 8 bis 10 sowie in § 20 benannten Gründe ist eine unterschiedliche Behandlung auch zulässig, wenn durch geeignete und angemessene Maßnahmen bestehende Nachteile wegen eines in § 1 genannten Grundes verhindert oder ausgeglichen werden sollen.

Abschnitt 2 – Schutz der Beschäftigten vor Benachteiligung

Unterabschnitt 1
Verbot der Benachteiligung

§ 6
Persönlicher Anwendungsbereich

(1) Beschäftigte im Sinne dieses Gesetzes sind
1. Arbeitnehmerinnen und Arbeitnehmer,
2. die zu ihrer Berufsbildung Beschäftigten,
3. Personen, die wegen ihrer wirtschaftlichen Unselbstständigkeit als arbeitnehmerähnliche Personen anzusehen sind; zu diesen gehören auch die in Heimarbeit Beschäftigten und die ihnen Gleichgestellten. Als Beschäftigte gelten auch die Bewerberinnen und Bewerber für ein Beschäftigungsverhältnis sowie die Personen, deren Beschäftigungsverhältnis beendet ist.

(2) Arbeitgeber (Arbeitgeber und Arbeitgeberinnen) im Sinne dieses Abschnitts sind natürliche und juristische Personen sowie rechtsfähige Personengesellschaften, die Personen nach Absatz 1 beschäftigen. ...

(3) Soweit es die Bedingungen für den Zugang zur Erwerbstätigkeit sowie den beruflichen Aufstieg betrifft, gelten die Vorschriften dieses Abschnitts für Selbstständige und Organmitglieder, insbesondere Geschäftsführer oder Geschäftsführerinnen und Vorstände, entsprechend.

§ 7
Benachteiligungsverbot

(1) Beschäftigte dürfen nicht wegen eines in § 1 genannten Grundes benachteiligt werden; dies gilt auch, wenn die Person, die die Benachteiligung begeht, das Vorliegen eines in § 1 genannten Grundes bei der Benachteiligung nur annimmt.

(2) Bestimmungen in Vereinbarungen, die gegen das Benachteiligungsverbot des Absatzes 1 verstoßen, sind unwirksam.

(3) Eine Benachteiligung nach Absatz 1 durch Arbeitgeber oder Beschäftigte ist eine Verletzung vertraglicher Pflichten.

§ 8
Zulässige unterschiedliche Behandlung wegen beruflicher Anforderungen

(1) Eine unterschiedliche Behandlung wegen eines in § 1 genannten Grundes ist zulässig, wenn dieser Grund wegen der Art der auszuübenden Tätigkeit oder der Bedingungen ihrer Ausübung eine wesentliche und entscheidende berufliche Anforderung darstellt, sofern der Zweck rechtmäßig und die Anforderung angemessen ist.

(2) Die Vereinbarung einer geringeren Vergütung für gleiche oder gleichwertige Arbeit wegen eines in § 1 genannten Grundes wird nicht dadurch gerechtfertigt, dass wegen eines in § 1 genannten Grundes besondere Schutzvorschriften gelten.

§ 9
Zulässige unterschiedliche Behandlung wegen der Religion oder Weltanschauung

(1) Ungeachtet des § 8 ist eine unterschiedliche Behandlung wegen der Religion oder der Weltanschauung bei der Beschäftigung durch Religionsgemeinschaften, die ihnen zugeordneten Einrichtungen ohne Rücksicht auf ihre Rechtsform oder durch Vereinigungen, die sich die gemeinschaftliche Pflege einer Religion oder Weltanschauung zur Aufgabe machen, auch zulässig, wenn eine bestimmte Religion oder Weltanschauung unter Beachtung des Selbstverständnisses der jeweiligen Religionsgemeinschaft oder Vereinigung im Hinblick auf ihr Selbstbestimmungsrecht oder nach der Art der Tätigkeit eine gerechtfertigte berufliche Anforderung darstellt.

(2) Das Verbot unterschiedlicher Behandlung wegen der Religion oder der Weltanschauung berührt nicht das Recht der in Absatz 1 genannten Religionsgemeinschaften, der ihnen zugeordneten Einrichtungen ohne Rücksicht auf ihre Rechtsform oder der Vereinigungen, die sich die gemeinschaftliche Pflege einer Religion oder Weltanschauung zur Aufgabe machen, von ihren Beschäftigten ein loyales und aufrichtiges Verhalten im Sinne ihres jeweiligen Selbstverständnisses verlangen zu können.

§ 10
Zulässige unterschiedliche Behandlung wegen des Alters

Ungeachtet des § 8 ist eine unterschiedliche Behandlung wegen des Alters auch zulässig, wenn sie objektiv und angemessen und durch ein legitimes Ziel gerechtfertigt ist. Die Mittel zur Erreichung dieses Ziels müssen angemessen und erforderlich sein. Derartige unterschiedliche Behandlungen können insbesondere Folgendes einschließen:

1. die Festlegung besonderer Bedingungen für den Zugang zur Beschäftigung und zur beruflichen Bildung sowie besonderer Beschäftigungs- und Arbeitsbedingungen, einschließlich der Bedingungen für Entlohnung und Beendigung des Beschäftigungsverhältnisses, um die berufliche Eingliederung von Jugendlichen, älteren Beschäftigten und Personen mit Fürsorgepflich-

ten zu fördern oder ihren Schutz sicherzustellen,
2. die Festlegung von Mindestanforderungen an das Alter, die Berufserfahrung oder das Dienstalter für den Zugang zur Beschäftigung oder für bestimmte mit der Beschäftigung verbundene Vorteile,
3. die Festsetzung eines Höchstalters für die Einstellung aufgrund der spezifischen Ausbildungsanforderungen eines bestimmten Arbeitsplatzes oder aufgrund der Notwendigkeit einer angemessenen Beschäftigungszeit vor dem Eintritt in den Ruhestand,
4. die Festsetzung von Altersgrenzen bei den betrieblichen Systemen der sozialen Sicherheit als Voraussetzung für die Mitgliedschaft oder den Bezug von Altersrente oder von Leistungen bei Invalidität einschließlich der Festsetzung unterschiedlicher Altersgrenzen im Rahmen dieser Systeme für bestimmte Beschäftigte oder Gruppen von Beschäftigten und die Verwendung von Alterskriterien im Rahmen dieser Systeme für versicherungsmathematische Berechnungen,
5. eine Vereinbarung, die die Beendigung des Beschäftigungsverhältnisses ohne Kündigung zu einem Zeitpunkt vorsieht, zu dem der oder die Beschäftigte eine Rente wegen Alters beantragen kann; § 41 des Sechsten Buches Sozialgesetzbuch bleibt unberührt,
6. Differenzierungen von Leistungen in Sozialplänen im Sinne des Betriebsverfassungsgesetzes, wenn die Parteien eine nach Alter oder Betriebszugehörigkeit gestaffelte Abfindungsregelung geschaffen haben, in der die wesentlich vom Alter abhängigen Chancen auf dem Arbeitsmarkt durch eine verhältnismäßig starke Betonung des Lebensalters erkennbar berücksichtigt worden sind, oder Beschäftigte von den Leistungen des Sozialplans ausgeschlossen haben, die wirtschaftlich abgesichert sind, weil sie, gegebenenfalls nach Bezug von Arbeitslosengeld, rentenberechtigt sind.

Unterabschnitt 2
Organisationspflichten des Arbeitgebers
§ 11
Ausschreibung

Ein Arbeitsplatz darf nicht unter Verstoß gegen § 7 Abs. 1 ausgeschrieben werden.

§ 12
Maßnahmen und Pflichten des Arbeitgebers

(1) Der Arbeitgeber ist verpflichtet, die erforderlichen Maßnahmen zum Schutz vor Benachteiligungen wegen eines in § 1 genannten Grundes zu treffen. Dieser Schutz umfasst auch vorbeugende Maßnahmen.

(2) Der Arbeitgeber soll in geeigneter Art und Weise, insbesondere im Rahmen der beruflichen Aus- und Fortbildung, auf die Unzulässigkeit solcher Benachteiligungen hinweisen und darauf hinwirken, dass diese unterbleiben. Hat der Arbeitgeber seine Beschäftigten in geeigneter Weise zum Zwecke der Verhinderung von Benachteiligung geschult, gilt dies als Erfüllung seiner Pflichten nach Absatz 1.

(3) Verstoßen Beschäftigte gegen das Benachteiligungsverbot des § 7 Abs. 1, so hat der Arbeitgeber die im Einzelfall geeigneten, erforderlichen und angemessenen Maßnahmen zur Unterbindung der Benachteiligung wie Abmahnung, Umsetzung, Versetzung oder Kündigung zu ergreifen.
→ Mobbing

(4) Werden Beschäftigte bei der Ausübung ihrer Tätigkeit durch Dritte nach § 7 Abs. 1 benachteiligt, so hat der Arbeitgeber die im Einzelfall geeigneten, erforderlichen und angemessenen Maßnahmen zum Schutz der Beschäftigten zu ergreifen.

(5) Dieses Gesetz und § 61b des Arbeitsgerichtsgesetzes sowie Informationen über die für die Behandlung von Beschwerden nach § 13 zuständigen Stellen sind im Betrieb oder in der Dienststelle bekanntzumachen.
Die Bekanntmachung kann durch Aushang oder Auslegung an geeigneter Stelle oder den Einsatz der im Betrieb oder der Dienststelle üblichen Informations- und Kommunikationstechnik erfolgen.

Unterabschnitt 3
Rechte der Beschäftigten
§ 13
Beschwerderecht

(1) Die Beschäftigten haben das Recht, sich bei den zuständigen Stellen des Betriebs, des Unternehmens oder der Dienststelle zu beschweren, wenn sie sich im Zusammenhang mit ihrem Beschäftigungsverhältnis vom Arbeitgeber, von Vorgesetzten, anderen Beschäftigten oder Dritten wegen eines in § 1 genannten Grundes benachteiligt fühlen. Die Beschwerde ist zu prüfen und das Ergebnis ist dem oder der beschwerdeführenden Beschäftigten mitzuteilen.

(2) Die Rechte der Arbeitnehmervertretungen bleiben unberührt.

§ 14
Leistungsverweigerungsrecht

Ergreift der Arbeitgeber keine oder offensichtlich ungeeignete Maßnahmen zur Unterbindung einer Belästigung oder sexuellen Belästigung am Arbeitsplatz, sind die betroffenen Beschäftigten berechtigt, ihre Tätigkeit ohne Verlust des Arbeitsentgelts einzustellen, soweit dies zu ihrem Schutz erforderlich ist. § 273 des Bürgerlichen Gesetzbuchs bleibt unberührt.

§ 15
Entschädigung und Schadensersatz

(1) Bei einem Verstoß gegen das Benachteiligungsverbot ist der Arbeitgeber verpflichtet, den hierdurch entstandenen Schaden zu ersetzen. Dies gilt nicht, wenn der Arbeitgeber die Pflichtverletzung nicht zu vertreten hat.

(2) Wegen eines Schadens, der nicht Vermögens-

schaden ist, kann der oder die Beschäftigte eine angemessene Entschädigung in Geld verlangen. Die Entschädigung darf bei einer Nichteinstellung drei Monatsgehälter nicht übersteigen, wenn der oder die Beschäftigte auch bei benachteiligungsfreier Auswahl nicht eingestellt worden wäre.

(3) Der Arbeitgeber ist bei der Anwendung kollektivrechtlicher Vereinbarungen nur dann zur Entschädigung verpflichtet, wenn er vorsätzlich oder grob fahrlässig handelt.

(4) Ein Anspruch nach Absatz 1 oder 2 muss innerhalb einer Frist von zwei Monaten schriftlich geltend gemacht werden, es sei denn, die Tarifvertragsparteien haben etwas anderes vereinbart. Die Frist beginnt im Falle einer Bewerbung oder eines beruflichen Aufstiegs mit dem Zugang der Ablehnung und in den sonstigen Fällen einer Benachteiligung zu dem Zeitpunkt, in dem der oder die Beschäftigte von der Benachteiligung Kenntnis erlangt.

(5) Im Übrigen bleiben Ansprüche gegen den Arbeitgeber, die sich aus anderen Rechtsvorschriften ergeben, unberührt.

(6) Ein Verstoß des Arbeitgebers gegen das Benachteiligungsverbot des § 7 Abs. 1 begründet keinen Anspruch auf Begründung eines Beschäftigungsverhältnisses, Berufsausbildungsverhältnisses oder einen beruflichen Aufstieg, es sei denn, ein solcher ergibt sich aus einem anderen Rechtsgrund.

§ 16
Maßregelungsverbot

(1) Der Arbeitgeber darf Beschäftigte nicht wegen der Inanspruchnahme von Rechten nach diesem Abschnitt oder wegen der Weigerung, eine gegen diesen Abschnitt verstoßende Anweisung auszuführen, benachteiligen. Gleiches gilt für Personen, die den Beschäftigten hierbei unterstützen oder als Zeuginnen oder Zeugen aussagen.

(2) Die Zurückweisung oder Duldung benachteiligender Verhaltensweisen durch betroffene Beschäftigte darf nicht als Grundlage für eine Entscheidung herangezogen werden, die diese Beschäftigten berührt. Absatz 1 Satz 2 gilt entsprechend.

(3) § 22 gilt entsprechend.

Unterabschnitt 4 – Ergänzende Vorschriften
§ 17
Soziale Verantwortung der Beteiligten

(1) Tarifvertragsparteien, Arbeitgeber, Beschäftigte und deren Vertretungen sind aufgefordert, im Rahmen ihrer Aufgaben und Handlungsmöglichkeiten an der Verwirklichung des in § 1 genannten Ziels mitzuwirken.

(2) In Betrieben, in denen die Voraussetzungen des § 1 Abs. 1 Satz 1 des Betriebsverfassungsgesetzes vorliegen, können bei einem groben Verstoß des Arbeitgebers gegen Vorschriften aus diesem Abschnitt der Betriebsrat oder eine im Betrieb vertretene Gewerkschaft unter der Voraussetzung des § 23 Abs. 3 Satz 1 des Betriebsverfassungsgesetzes die dort genannten Rechte gerichtlich geltend machen; § 23 Abs. 3 Satz 2 bis 5 des Betriebsverfassungsgesetzes gilt entsprechend. Mit dem Antrag dürfen nicht Ansprüche des Benachteiligten geltend gemacht werden.

§ 18
Mitgliedschaft in Vereinigungen

(1) Die Vorschriften dieses Abschnitts gelten entsprechend für die Mitgliedschaft oder die Mitwirkung in einer

1. Tarifvertragspartei,
2. Vereinigung, deren Mitglieder einer bestimmten Berufsgruppe

angehören oder die eine überragende Machtstellung im wirtschaftlichen oder sozialen Bereich innehat, wenn ein grundlegendes Interesse am Erwerb der Mitgliedschaft besteht, sowie deren jeweiligen Zusammenschlüssen.

(2) Wenn die Ablehnung einen Verstoß gegen das Benachteiligungsverbot des § 7 Abs. 1 darstellt, besteht ein Anspruch auf Mitgliedschaft oder Mitwirkung in den in Absatz 1 genannten Vereinigungen

Abschnitt 3 – Schutz vor Benachteiligung im Zivilrechtsverkehr (nicht abgedruckt)
Abschnitt 4 – Rechtsschutz
§ 22 Beweislast

Wenn im Streitfall die eine Partei Indizien beweist, die eine Benachteiligung wegen eines in § 1 genannten Grundes vermuten lassen, trägt die andere Partei die Beweislast dafür, dass kein Verstoß gegen die Bestimmungen zum Schutz vor Benachteiligung vorgelegen hat.

§ 23
Unterstützung durch Antidiskriminierungsverbände
(hier nicht abgedruckt)

Abschnitt 5
Sonderregelungen für öffentlich-rechtliche Dienstverhältnisse
§ 24
Sonderregelung für öffentlich-rechtliche Dienstverhältnisse

Die Vorschriften dieses Gesetzes gelten unter Berücksichtigung ihrer besonderen Rechtsstellung entsprechend für

1. Beamtinnen und Beamte des Bundes, der Länder, der Gemeinden, der Gemeindeverbände ...

Abschnitt 6 – Antidiskriminierungsstelle
§ 27
Aufgaben

(1) Wer der Ansicht ist, wegen eines in § 1 genannten Grundes benachteiligt worden zu sein, kann sich an die Antidiskriminierungsstelle des Bundes wenden.

(2) Die Antidiskriminierungsstelle des Bundes unterstützt auf unabhängige Weise Personen, die sich

nach Absatz 1 an sie wenden, bei der Durchsetzung ihrer Rechte zum Schutz vor Benachteiligungen. Hierbei kann sie insbesondere
1. über Ansprüche und die Möglichkeiten des rechtlichen Vorgehens im Rahmen gesetzlicher Regelungen zum Schutz vor Benachteiligungen informieren,
2. Beratung durch andere Stellen vermitteln,
3. eine gütliche Beilegung zwischen den Beteiligten anstreben. ...

→ Beamtenstatusgesetz § 9; → Diskriminierung (Sexuelle Orientierung); → Grundgesetz Art. 3; → Mobbing;
→ Personalvertretungsgesetz §§ 67 und 68

Abschnitt 7 – Schlussvorschriften

§ 31
Unabdingbarkeit

Von den Vorschriften dieses Gesetzes kann nicht zu Ungunsten der geschützten Personen abgewichen werden. ...

Hinweis der Redaktion: Das Beschäftigtenschutzgesetz wurde durch das AGG aufgehoben.

Grundgesetz (Auszug)

Grundgesetz für die Bundesrepublik Deutschland vom 10. Mai 1949 (Auszug); zuletzt geändert 19. März 2009 (BGBl. 1 S. 606/2009)

I. Die Grundrechte

Artikel 1

(1) Die Würde des Menschen ist unantastbar. Sie zu achten und zu schützen ist Verpflichtung aller staatlichen Gewalt.

(2) Das Deutsche Volk bekennt sich darum zu unverletzlichen und unveräußerlichen Menschenrechten als Grundlage jeder menschlichen Gemeinschaft, des Friedens und der Gerechtigkeit in der Welt.

(3) Die nachfolgenden Grundrechte binden Gesetzgebung, vollziehende Gewalt und Rechtsprechung als unmittelbar geltendes Recht.

Artikel 2

(1) Jeder hat das Recht auf die freie Entfaltung seiner Persönlichkeit, soweit er nicht die Rechte anderer verletzt und nicht gegen die verfassungsmäßige Ordnung oder das Sittengesetz verstößt.

(2) Jeder hat das Recht auf Leben und körperliche Unversehrtheit. Die Freiheit der Person ist unverletzlich. In diese Rechte darf nur aufgrund eines Gesetzes eingegriffen werden.

Artikel 3

(1) Alle Menschen sind vor dem Gesetz gleich.

(2) Männer und Frauen sind gleichberechtigt. Der Staat fördert die tatsächliche Durchsetzung der Gleichberechtigung von Frauen und Männern und wirkt auf die Beseitigung bestehender Nachteile hin.

(3) Niemand darf wegen seines Geschlechtes, seiner Abstammung, seiner Rasse, seiner Sprache, seiner Heimat und Herkunft, seines Glaubens, seiner religiösen oder politischen Anschauungen benachteiligt oder bevorzugt werden. Niemand darf wegen seiner Behinderung benachteiligt werden.

→ Behinderungen und Förderbedarf; → Chancengleichheitsgesetz; → Diskriminierung (Sexuelle Orientierung); → Gleichbehandlungsgesetz; → Personalvertretungsgesetz (§ 82); → Schulpflicht (Ausländer/innen); → Sonderschulen; → Sprachförderung

Artikel 4

(1) Die Freiheit des Glaubens, des Gewissens und die Freiheit des religiösen und weltanschaulichen Bekenntnisses sind unverletzlich.

(2) Die ungestörte Religionsausübung wird gewährleistet. ...

→ Religion und Schule

Artikel 5

(1) Jeder hat das Recht, seine Meinung in Wort, Schrift und Bild frei zu äußern und zu verbreiten und sich aus allgemein zugänglichen Quellen ungehindert zu unterrichten. Die Pressefreiheit und die Freiheit der Berichterstattung durch Rundfunk und Film werden gewährleistet. Eine Zensur findet nicht statt.

(2) Diese Rechte finden ihre Schranken in den Vorschriften der allgemeinen Gesetze, den gesetzlichen Bestimmungen zum Schutze der Jugend und in dem Recht der persönlichen Ehre.

(3) Kunst und Wissenschaft, Forschung und Lehre sind frei. Die Freiheit der Lehre entbindet nicht von der Treue zur Verfassung.

Artikel 6

(1) Ehe und Familie stehen unter dem besonderen Schutze der staatlichen Ordnung.

(2) Pflege und Erziehung der Kinder sind das natürliche Recht der Eltern und die zuvörderst ihnen obliegende Pflicht. Über ihre Betätigung wacht die staatliche Gemeinschaft.

→ Eltern/Erziehungsberechtigte; → Geschlechtserziehung

(3) Gegen den Willen der Erziehungsberechtigten dürfen Kinder nur aufgrund eines Gesetzes von

Grundgesetz (Auszug)

der Familie getrennt werden, wenn die Erziehungsberechtigten versagen oder wenn die Kinder aus anderen Gründen zu verwahrlosen drohen.

(4) Jede Mutter hat Anspruch auf den Schutz und die Fürsorge der Gemeinschaft.

→ Einstellungserlass → Elterngeld/Elternzeit; → Mutterschutz (Verordnung)

(5) Den unehelichen Kindern sind durch die Gesetzgebung die gleichen Bedingungen für ihre leibliche und seelische Entwicklung und ihre Stellung in der Gesellschaft zu schaffen wie den ehelichen Kindern.

Artikel 7

(1) Das gesamte Schulwesen steht unter der Aufsicht des Staates.

→ Schulgesetz § 32 ff.

(2) Die Erziehungsberechtigten haben das Recht, über die Teilnahme des Kindes am Religionsunterricht zu bestimmen.

Hinweis der Redaktion: Zur Religionsmündigkeit siehe → Religionsunterricht (Teilnahme).

(3) Der Religionsunterricht ist in den öffentlichen Schulen mit Ausnahme der bekenntnisfreien Schulen ordentliches Lehrfach. Unbeschadet des staatlichen Aufsichtsrechtes wird der Religionsunterricht in Übereinstimmung mit den Grundsätzen der Religionsgemeinschaften erteilt. Kein Lehrer darf gegen seinen Willen verpflichtet werden, Religionsunterricht zu erteilen.

→ Religionsunterricht und kirchliche Lehrkräfte; → Schulgesetz § 100; → Verfassung Art. 18

(4) Das Recht zur Errichtung von privaten Schulen wird gewährleistet. Private Schulen als Ersatz für öffentliche Schulen bedürfen der Genehmigung des Staates und unterstehen den Landesgesetzen. Die Genehmigung ist zu erteilen, wenn die privaten Schulen in ihren Lehrzielen und Einrichtungen sowie in der wissenschaftlichen Ausbildung ihrer Lehrkräfte nicht hinter den öffentlichen Schulen zurückstehen und eine Sonderung der Schüler nach den Besitzverhältnissen der Eltern nicht gefördert wird. Die Genehmigung ist zu versagen, wenn die wirtschaftliche und rechtliche Stellung der Lehrkräfte nicht genügend gesichert ist.

(5) Eine private Volksschule ist nur zuzulassen, wenn die Unterrichtsverwaltung ein besonderes pädagogisches Interesse anerkennt oder, auf Antrag von Erziehungsberechtigten, wenn sie als Gemeinschaftsschule, als Bekenntnis- oder Weltanschauungsschule errichtet werden soll und eine öffentliche Volksschule dieser Art in der Gemeinde nicht besteht.

(6) Vorschulen bleiben aufgehoben.

→ Privatschulgesetz

Artikel 8

(1) Alle Deutschen haben das Recht, sich ohne Anmeldung oder Erlaubnis friedlich und ohne Waffen zu versammeln.

(2) Für Versammlungen unter freiem Himmel kann dieses Recht durch Gesetz oder aufgrund eines Gesetzes beschränkt werden.

Artikel 9

(1) Alle Deutschen haben das Recht, Vereine und Gesellschaften zu bilden.

(2) Vereinigungen, deren Zwecke oder deren Tätigkeit den Strafgesetzen zuwiderlaufen oder die sich gegen die verfassungsmäßige Ordnung oder gegen den Gedanken der Völkerverständigung richten, sind verboten.

(3) Das Recht, zur Wahrung und Förderung der Arbeits- und Wirtschaftsbedingungen Vereinigungen zu bilden, ist für jedermann und für alle Berufe gewährleistet. Abreden, die dieses Recht einschränken oder zu behindern suchen, sind nichtig, hierauf gerichtete Maßnahmen sind rechtswidrig. Maßnahmen nach den Artikeln 12a, 35 Abs. 2 und 3, Artikel 87a Abs. 4 und Artikel 91 dürfen sich nicht gegen Arbeitskämpfe richten, die zur Wahrung und Förderung der Arbeits- und Wirtschaftsbedingungen von Vereinigungen im Sinne des Satzes 1 geführt werden.

→ Beamte (Allgemeines) Nr. 3; → Personalvertretungsgesetz

Artikel 17

Jedermann hat das Recht, sich einzeln oder in Gemeinschaft mit anderen schriftlich mit Bitten oder Beschwerden an die zuständigen Stellen und an die Volksvertretung zu wenden.

Artikel 33

(1) Jeder Deutsche hat in jedem Lande die gleichen staatsbürgerlichen Rechte und Pflichten.

(2) Jeder Deutsche hat nach seiner Eignung, Befähigung und fachlichen Leistung gleichen Zugang zu jedem öffentlichen Amte.

(3) Der Genuß bürgerlicher und staatsbürgerlicher Rechte, die Zulassung zu öffentlichen Ämtern sowie die im öffentlichen Dienste erworbenen Rechte sind unabhängig von dem religiösen Bekenntnis.

Hätten Sie's gewusst?
Kein Streikverbot für Beamtinnen und Beamte

Das Grundgesetz enthält kein Streikverbot für Beamtinnen und Beamte, sondern spricht ihnen das volle Koalitionsrecht zu. Das Streikverbot ist lediglich „herrschende Lehre" in der Rechtswissenschaft und der Rechtsprechung. Das kann und muss sich ändern.

Beamtinnen und Beamte dürfen auch nicht als „Streikbrecher" eingesetzt werden. Mehr zu diesem Thema finden Sie unter: → Beamte (Allgemeines) Nr. 3

Grundgesetz (Auszug)

Niemandem darf aus seiner Zugehörigkeit oder Nichtzugehörigkeit zu einem Bekenntnisse oder einer Weltanschauung ein Nachteil erwachsen.

(4) Die Ausübung hoheitsrechtlicher Befugnisse ist als ständige Aufgabe in der Regel Angehörigen des öffentlichen Dienstes zu übertragen, die in einem öffentlich-rechtlichen Dienst- und Treueverhältnis stehen.

(5) Das Recht des öffentlichen Dienstes ist unter Berücksichtigung der hergebrachten Grundsätze des Berufsbeamtentums zu regeln und fortzuentwickeln.

→ Beamtengesetz § 89; → Beamtenstatusgesetz § 3;
→ Einstellungserlass; → Funktionsstellen (Besetzung);
→ Verfassung Art. 77

Artikel 34
Verletzt jemand in Ausübung eines ihm anvertrauten öffentlichen Amtes die ihm einem Dritten gegenüber obliegende Amtspflicht, so trifft die Verantwortlichkeit grundsätzlich den Staat oder die Körperschaft, in deren Dienst er steht. Bei Vorsatz oder grober Fahrlässigkeit bleibt der Rückgriff vorbehalten. Für den Anspruch auf Schadensersatz und für den Rückgriff darf der ordentliche Rechtsweg nicht ausgeschlossen werden.

→ Haftung und Versicherung

Artikel 140
Die Bestimmungen der Artikel 136, 137, 138, 139 und 141 der Deutschen Verfassung vom 11. August 1919 sind Bestandteil dieses Grundgesetzes.

Art. 136-137 Weimarer Reichsverfassung (vgl. Art. 140 Grundgesetz)

Art. 136
(1) Die bürgerlichen und staatsbürgerlichen Rechte und Pflichten werden durch die Ausübung der Religionsfreiheit weder bedingt noch beschränkt.
(2) Der Genuss bürgerlicher und staatsbürgerlicher Rechte sowie die Zulassung zu öffentlichen Ämtern sind unabhängig von dem religiösen Bekenntnis.
(3) Niemand ist verpflichtet, seine religiöse Überzeugung zu offenbaren. Die Behörden haben nur soweit das Recht, nach der Zugehörigkeit zu einer Religionsgemeinschaft zu fragen, als davon Rechte und Pflichten abhängen oder eine gesetzlich angeordnete statistische Erhebung dies erfordert.
(4) Niemand darf zu einer kirchlichen Handlung oder Feierlichkeit oder zur Teilnahme an religiösen Übungen oder zur Benutzung einer religiösen Eidesform gezwungen werden.

Art. 137
(1) Es besteht keine Staatskirche.
(2) Die Freiheit der Vereinigung zu Religionsgesellschaften wird gewährleistet. Der Zusammenschluss von Religionsgesellschaften innerhalb des Reichsgebiets unterliegt keinen Beschränkungen.
(3) Jede Religionsgesellschaft ordnet und verwaltet ihre Angelegenheiten selbstständig innerhalb der Schranken der für alle geltenden Gesetze. Sie verleiht ihre Ämter ohne Mitwirkung des Staates oder der bürgerlichen Gemeinden.
(4) Religionsgesellschaften erwerben die Rechtsfähigkeit nach den allgemeinen Vorschriften des bürgerlichen Rechtes.
(5) Die Religionsgesellschaften bleiben Körperschaften des öffentlichen Rechtes, soweit sie solche bisher waren. Anderen Religionsgesellschaften sind auf ihren Antrag gleiche Rechte zu gewähren, wenn sie durch ihre Verfassung und die Zahl ihrer Mitglieder die Gewähr der Dauer bieten. Schließen sich mehrere derartige öffentlich-rechtliche Religionsgesellschaften zu einem Verbande zusammen, so ist auch dieser Verband eine öffentlich-rechtliche Körperschaft.
(6) Die Religionsgesellschaften, welche Körperschaften des öffentlichen Rechtes sind, sind berechtigt, aufgrund der bürgerlichen Steuerlisten nach Maßgabe der landesrechtlichen Bestimmungen Steuern zu erheben.
(7) Den Religionsgesellschaften werden die Vereinigungen gleichgestellt, die sich die gemeinschaftliche Pflege einer Weltanschauung zur Aufgabe machen.

Artikel 138
Die auf Gesetz, Vertrag oder besonderen Rechtstiteln beruhenden Staatsleistungen an die Religionsgesellschaften werden durch die Landesgesetzgebung abgelöst. Die Grundsätze hierfür stellt das Reich auf.

Das Eigentum und andere Rechte der Religionsgesellschaften und religiösen Vereine an ihren für Kultus-, Unterrichts- und Wohlfahrtszwecke bestimmten Anstalten, Stiftungen und sonstigen Vermögen werden gewährleistet.

Artikel 139
Der Sonntag und die staatlich anerkannten Feiertage bleiben als Tage der Arbeitsruhe und der seelischen Erhebung gesetzlich geschützt.

Artikel 141
Soweit das Bedürfnis nach Gottesdienst und Seelsorge im Heer, in Krankenhäusern, Strafanstalten oder sonstigen öffentlichen Anstalten besteht, sind die Religionsgesellschaften zur Vornahme religiöser Handlungen zuzulassen, wobei jeder Zwang fernzuhalten ist.

→ Behinderungen und Förderbedarf; → Chancengleichheitsgesetz; → Diskriminierung (Sexuelle); → Einstellungserlass
→ Eltern und Schule; → Elterngeld/Elternzeit; → Funktionsstellen (Besetzung); → Geschlechtserziehung; → Gleichbehandlungsgesetz; → Haftung und Versicherung; → Mutterschutz (Verordnung / AzUVO) ; → Personalvertretungsgesetz (§ 82); → Religion und Schule; → Religionsunterricht (Teilnahme); → Religionsunterricht und kirchliche Lehrkräfte; → Schulbesuchsverordnung; → Schulgesetz § 32 ff.; → Schulpflicht (Ausländer); → Sprachförderung; → Verfassung Art. 18

Grundschule (Fremdsprachen) / (Schulbericht)

Grundschule (Fremdsprachen)

Fremdsprache in der Grundschule; Nr. 1 der Verwaltungsvorschrift des KM vom 11. März 2003 (KuU S. 60/2003)

1. An allen Grundschulen, im Bildungsgang Grundschule an Sonderschulen und in der Primarstufe der Förderschulen und Sonderschulen mit Bildungsgang Förderschule wird in allen Klassenstufen im Umfang von zwei Wochenstunden Fremdsprachenunterricht erteilt. Der Unterricht soll abweichend von der Dauer einer Unterrichtsstunde in kleinere Zeiteinheiten aufgeteilt werden. In den Förderschulen und Sonderschulen mit Bildungsgang Förderschule kann die Fremdsprache zu Beginn eines Schulhalbjahres mit Zustimmung der Eltern abgewählt werden.
2. Hierbei ist in Grenznähe zu Frankreich die Fremdsprache Französisch, und zwar in folgenden Landesteilen:
    – im Landkreis Lörrach, mit Ausnahme der Gemeinden Hasel und Schwörstadt,
    – im Landkreis Breisgau-Hochschwarzwald mit Ausnahme folgender Städte und Gemeinden: Breitnau, Hinterzarten, Feldberg, Titisee-Neustadt, Eisenbach, Friedenweiler, Lenzkirch, Schluchsee, Löffingen,
    – im Stadtkreis Freiburg,
    – im Landkreis Emmendingen,
    – im Ortenaukreis mit Ausnahme der Stadt Hornberg,
    – im Landkreis Rastatt,
    – im Stadtkreis Baden-Baden,
    – im Landkreis Karlsruhe in den nachfolgend genannten Städten und Gemeinden: Rheinstetten, Ettlingen, Malsch, Waldbronn, Karlsbad, Marxzell, Eggenstein-Leopoldshafen, Linkenheim/ Hochstetten, Dettenheim, Stutensee, Weingarten, Pfinztal,
    – im Stadtkreis Karlsruhe.
3. In den übrigen Landesteilen ist die Fremdsprache Englisch.

→ Grundschule (Stundentafel); → Grundschule (Versetzungsordnung)

Grundschule (Schulbericht)

Verordnung des Kultusministeriums über die Schülerbeurteilung in Grundschulen und Sonderschulen vom 29.11.1983 (KuU S. 11/1984); zuletzt geändert 17.6.2007 (KuU S. 101/2007)

§ 1
Schulbericht in Klasse 1 und 2

(1) In den Klassen 1 und 2 tritt anstelle des Jahreszeugnisses und der Halbjahresinformation der Schulbericht. Der Schulbericht dient vor allem der Förderung des Schülers. Um das Zutrauen des Kindes in die eigene Fähigkeiten zu erhalten und zu fördern, orientiert sich der Schulbericht in erster Linie an den Möglichkeiten des einzelnen Schülers und nicht an denen anderer Schüler und deren Leistungen.

→ Notenbildungsverordnung § 3 Abs. 1

(2) Im Schulbericht werden sachliche Feststellungen zum Verhaltensbereich, zum Arbeitsbereich und zum Lernbereich getroffen, am Ende des zweiten Schulhalbjahrs der Klasse 2 unter Berücksichtigung der Projektpräsentation.

1. Verhaltensbereich

Dieser Teil macht Aussagen zum Verhalten gegenüber Mitschülern, gegenüber Lehrern und zum Umgang mit Sachen.

2. Arbeitsbereich

Dieser Teil trifft Aussagen zum Arbeitsverhalten in der Klasse, in der Gruppe und bei Einzelarbeit, z.B. über Ausdauer, Aufmerksamkeit und Sorgfalt.

3. Lernbereich

Dieser Teil trifft Aussagen zur Leistungsfähigkeit des Schülers zum Beispiel bezüglich Sprachverständnis, Ausdruck und schriftlicher Darstellung, zur Fähigkeit der Körperbeherrschung, zur Beherrschung der Sinne und zu den kreativen und kognitiven Leistungen.

Ferner können ergänzende Hinweise zum individuellen Bereich des Schülers gemacht werden. Beim Schulbericht zum Ende des zweiten Schulhalbjahres der Klasse 2 sind für die Fächer Deutsch und Mathematik ganze Noten im Lernbereich auszubringen.

(3) Zur Abfassung des Schulberichts sollen die vom Schüler im Unterricht und als Hausaufgabe gefertigten schriftlichen und praktischen Arbeiten sowie seine mündlichen Äußerungen sorgfältig beobachtet werden.

(4) Die Schüler erhalten zum Ende der Klasse 1 sowie zum Ende des ersten und zweiten Schulhalbjahres der Klasse 2 einen Schulbericht. Die Gesamtlehrerkonferenz kann mit Zustimmung der Schulkonferenz und nach Anhörung des Elternbeirats beschließen, dass der Schulbericht zum Ende des ersten Schulhalbjahrs der Klassenstufe 2 durch ein Gespräch ersetzt wird, das der Klas-

senlehrer nach Beratung in der Klassenkonferenz mit den Eltern führt.

Hinweis der Redaktion: Ein Ergebnisprotokoll zum Elterngespräch wird zu den Schülerakten genommen. Wird das Elterngespräch nicht wahrgenommen, erhalten die Eltern einen Schulbericht (18.12.2002; AZ: 42-6612.1/412/1).

(5) Der Schulbericht wird von der Klassenkonferenz erarbeitet und beschlossen. Der Klassenlehrer kann beauftragt werden, einen Entwurf zu fertigen.

§ 2 Schriftliche Arbeiten in Klasse 3 und 4 der Grundschule

(1) In den Klassen 3 und 4 werden in Deutsch und Mathematik schriftliche Arbeiten auch für die Lernkontrolle und den Leistungsnachweis angefertigt. Beim Umfang und bei der Beurteilung ist auf die Ausdauer und die Konzentrationsfähigkeit von Schülern dieses Alters besondere Rücksicht zu nehmen.

(2) Im Schuljahr sind in Deutsch mindestens zehn schriftliche Arbeiten, darunter fünf Aufsätze und in Mathematik mindestens acht schriftliche Arbeiten, die der Lernkontrolle und dem Leistungsnachweis dienen, anzufertigen. Sie sind gleichmäßig auf das ganze Schuljahr zu verteilen. Zum Ende des Schuljahres werden in der Klasse 3 in den Fächern Deutsch und Mathematik zentrale Diagnosearbeiten gestellt, die nicht benotet werden.

→ Vergleichsarbeiten

(3) Am ersten Schultag nach einem zusammenhängenden Ferienabschnitt sowie an dem auf einen Sonntag oder gesetzlichen Feiertag folgenden Tag dürfen keine schriftlichen Arbeiten geschrieben werden, die der Lernkontrolle und dem Leistungsnachweis dienen. An einem Tag darf nur eine solche schriftliche Arbeit angefertigt werden.

(4) Darüber hinaus können in allen Fächern oder Fächerverbünden, ausgenommen Fremdsprache, schriftliche Arbeiten, die der Übung und Wiederholung der zuletzt behandelten Unterrichtsstoffe dienen, gefertigt werden. Diese können zur Sicherung der Notengebung herangezogen werden.

§ 3 Projektpräsentation, verbale Beurteilung

(1) Im zweiten Schulhalbjahr der Klasse 2 und im ersten Schulhalbjahr der Klasse 4 wird im Fächerverbund Mensch, Natur und Kultur eine Projektpräsentation durchgeführt.

(2) Die Note im Fächerverbund Mensch, Natur und Kultur wird im Jahreszeugnis der Klasse 3 und unter Berücksichtigung der Projektpräsentation im Abschlusszeugnis durch eine verbale Beurteilung ergänzt, wenn aufgrund besonderer Leistungsschwerpunkte des Schülers die Note die Gesamtleistung nicht hinreichend abbildet.

§ 4 Schrift und Gestaltung in Klasse 3 und 4 der Grundschule

In den Klassen 3 und 4 erhalten die Schüler in der Halbjahresinformation eine schriftliche Information und im Jahreszeugnis sowie im Abschlusszeugnis eine Note für Schrift und Gestaltung. Die Note ist für die Versetzung nicht maßgeblich.

Hinweis der Redaktion: Die Fächer Religionslehre, Englisch und der Fächerverbund Bewegung/Sport und Spiel werden zwar benotet, sind aber nicht versetzungsrelevant.

§ 5 Sonderbestimmungen

Diese Verordnung findet auf die Schule für Geistigbehinderte keine Anwendung.

Hinweis der Redaktion: Gem. § 11 der → Notenbildungsverordnung sind in den Grund- und Sonderschulen keine „Klassenarbeiten" oder „schriftlichen Wiederholungsarbeiten" zu schreiben. Es können aber „schriftliche Arbeiten" zur „Sicherung der Notengebung" herangezogen werden (vgl. oben § 2). Für sie gelten die sonstigen Vorschriften der Notenbildungsverordnung, auch § 7 über die Pflicht zur Darlegung der Bewertungsmaßstäbe. Dies gilt auch für die Bewertung der „vom Schüler im Unterricht und als Hausaufgabe gefertigten schriftlichen und praktischen Arbeiten sowie seine mündliche Äußerungen", die als Grundlage für den Schulbericht zum Ende des zweiten Schulhalbjahres der Klasse 2 dienen (darin sind für die Fächer Deutsch und Mathematik ganze Noten im Lernbereich auszubringen; vgl. oben § 1 Abs. 3).

→ Aufnahmeverfahren/-verordnung; → Ausländ. Schüler/innen; → Behinderungen und Förderbedarf 2.3.2; → Grundschule (Schulbericht – Hinweise); → Grundschule (Versetzungsordnung); → Notenbildungsverordnung § 9; → Vergleichsarbeiten

Grundschule (Schulbericht – Hinweise)

Hinweise für den Schulbericht für die Schüler in Klasse 1 und 2 der Grundschulen; Bekanntmachung des KM vom 2.6.1977 (KuU S. 91/1977); diese Bekanntmachung ist im Bekanntmachungsverzeichnis des KM (→ Kultus und Unterricht) enthalten

I.

Die Einführung eines Schulberichts in den Klassen 1 und 2 der Grundschule anstelle der bisherigen Beurteilung durch Noten soll dazu beitragen, dass die Schüler selbst, seine Schularbeit und seine Lernfortschritte auf diesen Klassenstufen vor allem unter dem Gesichtspunkt der persönlichen Lernvoraussetzungen und Eigenart gesehen werden. Dadurch wird die Möglichkeit geschaffen, dass der Schüler die Förderung erfahren kann, die seinem besonderen Fall angemessen erscheint. Lernfreude und Erfolgszuversicht sollen also nicht frühzeitig unter ständigem Lern- und Leistungsdruck verkümmern. Das Berichtsverfahren soll außerdem die Zusammenarbeit von Elternhaus und Schule zum Wohle des Kindes verbessern. Da der Verhaltens- und Arbeitsbereich in den Bericht einbezogen wird, können den Eltern neben Aussagen über den Lernerfolg auch wichtige Informationen über das schulische Erscheinungsbild des Kindes vermittelt werden. Gerade diese Informationen können in vielen Fällen für den schulischen Erfolg oder Mißerfolg eines Kindes besonders aufschlussreich sein. Sie können aber auch zu einer Motivation für Eltern und Lehrer werden, nicht in der Leistung die ausschließliche Aufgabe der Schule zu sehen.

Es muss vermieden werden, dass sich der Bericht über das schulische Verhalten, Arbeiten und Lernen zu einer Charakterbeschreibung ausweitet und zu unzulässigen Verallgemeinerungen kommt. Außerdem muss deutlich werden, dass der Bericht Aussagen über einen begrenzten Beobachtungszeitraum enthält, deshalb sollte die Vergangenheitsform für den Bericht gewählt werden.

Die Absicht, den Schüler vor allem zu fördern, sollte verhindern, dass in diesen Berichten eine frühzeitige Festschreibung von Verhaltensweisen, Arbeitshaltung und Lernerfolgen vorgenommen wird. Stereotype Wiederholungen von bereits früher einmal getroffenen Feststellungen werden wenig hilfreich sein.

Jeder Bericht sollte die für Eltern und Schule erforderlichen Aussagen über die Bereiche Verhalten, Arbeit und Lernen enthalten. Die Aussagen sollten weitgehend frei von Wertungen sein.

II.

A) Verhaltensbereich
Der Bericht macht Aussagen zum Verhalten des Schülers als einzelner, gegenüber Mitschülern, gegenüber Lehrkräften, zum Umgang mit Sachen. Dazu gehört auch, wie ein Schüler sich an vorgegebene oder vereinbarte Regeln hält und wie er sich anderen gegenüber einstellt.

B) Arbeitsbereich
Hier werden z.B. Feststellungen zum Arbeitsverhalten in der Klasse, in der Gruppe und bei der Einzelarbeit getroffen. Es wird berichtet über Ausdauer, Aufmerksamkeit und Sorgfalt. Der Bericht wertet nicht, sondern beschreibt Sachverhalte.

C) Lernbereich
Der Bericht in diesem Bereich stellt die Leistungsfähigkeit des Schülers z.B. bezüglich Sprachverständnis und Ausdrucksfähigkeit fest; er macht Aussagen z.B. zur Fähigkeit der Körperbeherrschung, zur Beherrschung der Sinne, zu kreativer und kognitiver Leistung. Dazu gibt er Einzelheiten über den Stand des Lernens in einzelnen Fächern.

D) Allgemeines
Sind bei einem Schüler besondere Mängel festzustellen, müssen gemäß § 1 Abs. 6 Satz 2 der Schulordnung des Kultusministeriums über die Schülerbeurteilung in der Grundschule die Eltern des betreffenden Schülers auf Möglichkeiten der individuellen Beratung und Förderung hingewiesen werden. Dies geschieht am besten in einem Gespräch, zu dem der Lehrer einlädt.
➜ Grundschule (Schulbericht) § 1 Abs. 6 Satz 2

Im Schulbericht am Ende des zweiten Schulhalbjahres der Klasse 2 sind in den Fächern Deutsch und Mathematik auch Noten gemäß der Schulordnung des Kultusministeriums über Noten ... zu erteilen, weil es von Klasse 2 nach Klasse 3 bei der bisherigen Versetzung bleibt.
➜ Notenbildungsverordnung

Bei einzelnen Schülern sind über den Verhaltens-, Arbeits- und Lernbereich hinaus unter „Hinweise" noch Aussagen über besondere Aktivitäten möglich und förderlich. Dies wird vor allem dann der Falls ein, wenn es darum geht, den Schüler in einer bestimmten Haltung zu bestärken, ihm Mut zu machen oder ihm Selbstvertrauen zu geben. Da Schüler dieser Altersstufe zwischen ihren einzelnen Lebensbereichen wie Schule, Elternhaus, Spielbereich kaum unterscheiden und Aktivitäten aus einem Lebensbereich in die anderen hineinwirken und diese beeinflussen, können sich ermutigende Hinweise auch auf außerschulische Aktivitäten beziehen, soweit sich diese für die Schularbeit fördernd auswirken. Vielfach gelingt es gerade bei Kindern mit ausgeprägter Eigenart dem Lehrer erst dann, sie für die Schularbeit aufzuschließen, wenn er sie in einer ihrer Eigenart entsprechenden Aktivität ermuntert und von hier aus eine Brücke zum schulischen Leben baut.

(Anlage mit „wünschenswerten" und „nicht wünschenswerten" Formulierungsbeispielen; hier nicht abgedruckt)

➜ Behinderungen und Förderbedarf 2.3.2; ➜ Grundschule (Schulbericht); ➜ Grundschule (Versetzungsordnung); ➜ Notenbildungsverordnung

Grundschule (Stundentafel)

Verordnung des Kultusministeriums über die Stundentafel der Grundschule vom 28. April 1994 (GBl. S. 283; KuU S. 409/1994); zuletzt geändert 5.2.2004 (KuU S. 43/2004)

§ 1
Stundentafel

Für die Grundschule gilt die als Anlage beigefügte Stundentafel.

§ 2
Inkrafttreten (nicht abgedruckt)

1 Die Wochenstunden im Fach Religionslehre werden im Einvernehmen mit den obersten Kirchenbehörden unbescha-

Grundschule (Verlässliche)

	Klasse 1-4
Religionslehre[1]	8
Deutsch	26
Fremdsprache[2]	8
Mathematik	19
Mensch, Natur und Kultur	25
Bewegung, Spiel und Sport	12
Themenorientierte Projekte[3]	
Ergänzende Angebote[4]	10

det der Rechtslage erteilt. Die Wochenstundenzahl im Fach Religionslehre wird unter Beteiligung der zuständigen kirchlichen Beauftragten festgelegt.

2 Abweichend von der Dauer einer Unterrichtsstunde soll der Fremdsprachenunterricht in kleinere Zeiteinheiten aufgeteilt werden. Nach Entscheidung des Kultusministeriums ist die Fremdsprache in Grenznähe zu Frankreich in der Regel Französisch und im Übrigen in der Regel Englisch.

3 Integrativ innerhalb der Fächer und Fächerverbünde

4 Zuweisung durch das Staatliche Schulamt im Rahmen der insgesamt zur Verfügung stehenden Ressourcen

→ Einschulung; → Grundschule (Fremdsprachen);
→ Grundschule (Schulbericht); → Grundschule (Schulbericht – Hinweise); → Grundschule (Verlässliche);
→ Grundschule (Versetzungsordnung)

Grundschule (Verlässliche Grundschule)
Hinweise der Redaktion auf die vom KM erlassenen Regelungen

1.
Mindeststandards

Verlässliche Grundschule in Baden-Württemberg; Auszug aus den Vorgaben des Kultusministeriums (Schreiben an die Schulleitungen vom 15.12.1999; III/2-6662.01/325)

1. Optimierung des Stundenplans

Der Unterricht soll regelmäßig am Vormittag stattfinden. Nachmittagsunterricht soll weitgehend vermieden werden. Der Grundschule wird in diesem Zusammenhang bei der Hallenbelegung, dem Fachunterricht, den Lehraufträgen usw. Priorität eingeräumt. Die Staatlichen Schulämter unterstützen die Grundschulen hierbei. Die Grundschule öffnet 15 Minuten vor Unterrichtsbeginn (Aufsicht durch Lehrkräfte). Der Unterricht soll jeden Tag gleichmäßig beginnen (z.B. 8.30 Uhr) und möglichst gleichlange Unterrichtsblöcke umfassen.

Die Klassen 1 und 2 beginnen spätestens zur 2. Stunde, die Klassen 3 und 4 zur 1. Stunde. Von diesen Vorgaben darf nur aus zwingenden Gründen abgewichen werden. Dies gilt in besonderem Maße für die Klassen 1 und 2.

Hinweise der Redaktion:
1. Über den Unterrichtsbeginn entscheidet die Schulkonferenz . Die Gesamtlehrerkonferenz besitzt hierzu ein Beratungs- und Antragsrecht.→ Schulgesetz § 47 Abs. 3 Nr. 2
2. Für Ganztagesgrundschulen hat das KM andere Hinweise gegeben: → Ganztagesschulen, Abschnitt II, Punkt 3

2. Verlässlichkeit der Unterrichtszeiten

Die Sicherung verlässlicher Unterrichtszeiten hat oberste Priorität. ... Bei einem kurzzeitigen Ausfall einer Lehrkraft ist die Vertretung des Unterrichts durch die Lehrkräfte der Schule sicherzustellen bzw. mit anderen vorhandenen Möglichkeiten der Schule zu reagieren. ...

→ Konferenzordnung § 2 Absatz 1, Nr. 9; → Mehrarbeit

Bei mehrtägigen Ausfällen von Lehrkräften muss die Vertretung durch die Schulverwaltung sichergestellt werden.

Hinweis der Red.: Teil 2 (Unterrichtsversorgung) beachten

3. Aktivpausen

Die Rhythmisierung zwischen Unterricht und Pausen muss ausgewogen und auf die Bedürfnislage der Kinder abgestimmt sein. Den Grundschulen wird empfohlen, als Element zur Rhythmisierung des Unterrichts am Vormittag eine zweite große Pause einzuführen. Die Kindheitsbedingungen haben sich auch im Hinblick auf die Bewegungs-, Sport- und Spielmöglichkeiten geändert. Deshalb sollten die bereits bestehenden Pausenzeiten zu Aktivpausen/Bewegungspausen weiterentwickelt werden. Die Grundschulen erhalten hierzu Empfehlungen. ...

... Zu dem dargestellten Mindeststandard kommt dann ggf. – entsprechend dem örtlichen Bedarf – ein Betreuungsangebot des Schulträgers oder eines privaten Trägers (z.B. Elternverein) hinzu. Damit kann den Kindern und Eltern eine verlässliche Öffnungszeit der Grundschule am Vormittag von bis zu 5 1/2 Stunden angeboten werden. Die Betreuungszeit kann vor oder nach dem Unterricht liegen oder den Unterricht als Gürtel umschließen. Bei Bedarf sollte eine Frühbetreuung z.B. ab 7.00 Uhr weitergeführt bzw. eingerichtet werden. Die Betreuung findet in der Regel in den Räumen der Schule statt.

Das Land bezuschusst die konkrete Betreuungszeit im Rahmen von durchschnittlich 5 1/2 Stunden (abzüglich der Unterrichtszeit und der Pausenzeit) am Vormittag mit 50% der pauschal festgelegten Personalkosten. Eine Mindestgruppengröße wird zunächst nicht mehr vorgegeben. Die Betreuungszeit wird in der Regel von Erzieherinnen oder anderen in der Erziehung erfahrenen Kräften, die beim Schulträger angestellt sind, abgedeckt. Die Betreuung kann jedoch auch von einem Elternverein oder Förderverein organisiert werden. Die bisher bereits in der Kernzeitenbetreuung erfolgreich tätigen Betreuungskräfte sollen in das Betreuungsangebot im Rahmen der verlässlichen Grundschule integriert werden. ...

Eine Beteiligung der Schule bei der Auswahl der Betreuungskräfte und eine enge Kooperation bei der Umsetzung der Betreuungsphase zwischen Schule und Schulträger ist anzustreben. Die Erfahrungen aus der Kernzeitenbetreuung zeigen, dass die Betreuungskräfte noch stärker in das schulische Leben einbezogen werden müssen, da deren pädagogische Kompetenz eine Bereicherung für die Schule darstellt. Die Verlässliche Grundschule erfordert ein neu strukturiertes pädagogisches Team. Die Schulleitung trägt Sorge dafür, dass sich Betreuung und Unterricht in einem Gesamtkonzept ergänzen, das in einem pädagogischen Team entwickelt, umgesetzt und weiterentwickelt wird.

Die Schulleitungen werden gebeten, die schulischen Gremien über das Projekt zu informieren und frühzeitig in die Umsetzung einzubinden. In enger Kooperation mit dem Schulträger bzw. einem privaten Träger ist die Frage des ergänzenden Betreuungsangebotes zu klären. ...

Hinweis der Redaktion: In den Förderrichtlinien des KM über Zuwendungen an die Träger von Betreuungsangeboten (Loseblattsammlung KuU Nr. 6662.51) ist u.a. verfügt, dass der Zeitrahmen bis zu sechs Stunden einschließlich Unterricht und Pausen beträgt (Ziff. 4.2.1) und dass die Betreuungszeit spätestens um 14.00 Uhr endet (Ziff. 4.2.2).

2. Unterrichtsversorgung

Auszug aus dem Schreiben des KM vom 1.3.2000 (32-6662.01/366)

(Zur Sicherung der Unterrichtszeit und zur Vermeidung von Unterrichtsausfällen) ... stehen folgende Instrumente ... zusätzlich zur Verfügung:

1. Bei längerfristigen Ausfällen einer Lehrkraft wegen Krankheit stehen zusätzliche Nebenlehrermittel ... in ausreichendem Umfang zur Verfügung, mit denen eine Vertretungskraft sofort eingestellt werden kann.
2. Entsprechendes gilt beim Ausscheiden einer Lehrkraft während des Schuljahres, z.B. wegen Elternzeit ... oder vorzeitiger Zurruhesetzung.
3. Die fest installierte Lehrerreserve wird auf über 600 Deputate erhöht ... (Springer). Diese Lehrkräfte werden zu Beginn des Schuljahres einer Stammschule zugewiesen und können bei Bedarf kurzfristig an einer anderen Schule eingesetzt werden.
4. *(nicht abgedruckt; bitte Kapitel 3 beachten)*
5. Nicht zuletzt stehen ausreichend Mittel ... für bezahlte Mehrarbeit zur Verfügung. Die Schulen entscheiden über das Ob und den Umfang der Mehrarbeit. ... Wir empfehlen von der Möglichkeit der bezahlten Mehrarbeit verstärkt Gebrauch zu machen. → Mehrarbeit

3. Zeitkontingent

Auszug aus den Handreichungen des KM für die Schulleitungen zur Vergabe des Zeitkontingents im Rahmen der Verlässlichen Grundschule (Stand Juli 2000)

1. ... Das Zeitkontingent ist eines von mehreren Instrumenten, das den Schulen helfen soll, kurzzeitige Unterrichtsausfälle zu vermeiden.
2. ... Jede Schule erhält ... ein Zeitkontingent im Umfang von 70 Unterrichtsstunden pro Schuljahr. Der Verbrauch des Zeitkontingents ist von der Schulleitung in einem einfachen Nachweis festzuhalten.
3. ... Das Zeitkontingent kann auf der Grundlage einer nebenberuflichen Tätigkeit an eine Vertretungskraft (vgl. Nr. 4) vergeben werden. Der Abschluss eines schriftlichen Vertrages ist nicht erforderlich. Es genügt, wenn sich die Schulleitung und die Vertretungskraft insbesondere über den zeitlichen Rahmen, den Ort, die Klasse und die Höhe der Vergütung (vgl. Nr. 6) mündlich einig sind.
4. ... Als Vertretungskraft kommt nur eine beamtete beurlaubte Lehrkraft oder eine ehemals beamtete Lehrkraft im Ruhestand in Betracht. Sie sollte die Befähigung für die Laufbahn des Grund- und Hauptschullehrers haben. Lehrkräfte mit anderen Lehrbefähigungen sind nicht ausgeschlossen. Um die Schulen bei der Suche nach Vertretungskräften zu unterstützen, werden die Staatlichen Schulämter geeignete Personen anschreiben, mit der Bitte, sich bei Interesse an dieser Tätigkeit bei den Schulen zu melden. Unabhängig davon wird den Schulen empfohlen, sich selbst um geeignete Vertretungskräfte zu bemühen. Es sollte möglichst vor Beginn des Schuljahres die grundsätzliche Bereitschaft zur Übernahme einer Vertretung abgeklärt werden, um auch bei kurzfristigen Ausfällen rasch reagieren zu können.

5. ... Die Schulleitung ist gegenüber der Vertretungskraft weisungsberechtigt. Für Schäden, die die Vertretungskraft im Rahmen des Unterrichts verursacht oder erleidet, gelten die gleichen Regelungen wie für hauptamtliche Lehrkräfte.

6. ... Die Vergütung richtet sich nach den Vergütungssatzrichtlinien ... und zwar unabhängig von der jeweiligen Lehrbefähigung der Vertretungskraft. ...

Hinweis der Redaktion: Siehe Hinweis nach Nr. 7.

7. ... Die Vergütung ist gemäß § 3 Nr. 26 Einkommensteuergesetz steuerfrei, soweit der Freibetrag von insgesamt 1.848 Euro im Jahr nicht überschritten wird. Auch die Befreiung von der Sozialversicherungspflicht ist an die Einhaltung dieses Freibetrags gebunden ... .

Hinweis der Redaktion: Diese sogenannte „Übungsleiterpauschale" beträgt 2.100 Euro/Jahr. Bei Überschreitung dieser Freibetragsgrenze verliert das Entgelt seinen Charakter als steuerfreie Einnahme. Auch die Befreiung von der Sozialversicherungspflicht ist an die Einhaltung dieser Grenze gebunden. **Der Freibetrag darf daher in keinem Fall überschritten werden,** da andernfalls ein faktisches unbefristetes Arbeitsverhältnis begründet wird. Tätigkeiten an mehreren Schulen, in verschiedenen Projekten oder eine zusätzliche nebenberufliche Übungsleitertätigkeit sind hierbei zusammenzuzählen. Der maßgebliche Zeitraum für die Ausschöpfung des Freibetrags ist das Kalenderjahr (nicht das Schuljahr!). (Quelle: KM; 20.11.2007; AZ: 14-0381.1-03/1).

Die Vertretungskraft muss eine entsprechende Erklärung abgeben (...). Diese Erklärung verbleibt bei der Schule.

Hinweis der Redaktion: Die Vergütung beträgt 29 EUR. Auf dieser Basis können im Kalenderjahr maximal 63 Stunden Unterricht erteilt werden (seit der zwischenzeitlich erfolgten Erhöhung der Übungsleiterpauschale 72 Stunden; Anmerkung der Redaktion). Dies gilt unabhängig davon, ob im Einzelfall Vertretungsunterricht an mehreren Schulen erteilt oder das Zeitkontingent an einer Schule erhöht wurde.

Soweit Vertretungslehrkräfte gleichzeitig einen Lehrauftrag im Rahmen des Lehrbeauftragtenprogramms gegen eine Aufwandsentschädigung von 7 EUR pro Unterrichtsstunde wahrnehmen, sind die insgesamt hierfür zu zahlenden Beträge wie auch alle anderen Einnahmen aus sonstigen begünstigten Tätigkeiten, z.B. als Übungsleiter in einem Sportverein, bei der Ausschöpfung des Freibetrags zu berücksichtigen.

Soweit es sich um eine kurzfristige Beschäftigung handelt, sind unabhängig von der Höhe der Einnahmen keine Sozialversicherungsbeiträge abzuführen. Um eine kurzfristige Beschäftigung handelt es sich, wenn das Beschäftigungsverhältnis auf längstens zwei Monate oder 50 Arbeitstage im Jahr (nicht Kalenderjahr) begrenzt ist. Dabei wird davon ausgegangen, dass jeder Vertretungsfall als gesonderte Beschäftigungsverhältnis betrachtet wird und die Beschäftigung nicht berufsmäßig ausgeübt wird. Bei Vertretungslehrkräften, die wiederholt von ein und demselben Arbeitgeber beschäftigt werden, liegt eine regelmäßige Beschäftigung so lange nicht vor, als vom voraussichtlichen Ende des jeweiligen Arbeitseinsatzes aus rückschauend betrachtet, innerhalb des letzten Jahres 50 Arbeitstage nicht überschritten werden.

Falls es sich um keine kurzfristige Beschäftigung handelt, ist zu prüfen, ob die Beschäftigung geringfügig entlohnt ist. Dies ist dann der Fall, wenn wöchentlich unter 15 Zeitstunden gearbeitet wird und das Entgelt ggf. ohne die steuerfreien Einnahmen 400 EUR im Monat nicht übersteigt. Wird eine Lehrtätigkeit nebenberuflich ausgeübt, ist auch dann noch von einer geringfügigen Beschäftigung auszugehen, wenn das gesamte Entgelt den Betrag von 479 EUR im Monat nicht übersteigt. (Quelle: KM; 18.12.2002, AZ: 14-0341.53/33 und Schreiben des KM vom Sommer 2003, AZ: 14-0341.53/40)

→ Lehrbeauftragte

8. ... Die Auszahlung der Vergütung für tatsächlich erteilte Unterrichtsstunden ist von der Schulleitung ... direkt beim Landesamt für Besoldung ... zu veranlassen. ...

Die Verantwortung für die sachliche und rechnerische Richtigkeit der Höhe der Vergütung liegt allein bei der Schulleitung, eine Prüfung durch das Landesamt für Besoldung und Versorgung oder durch die Schulverwaltung erfolgt aus Gründen der Verfahrensvereinfachung nicht. Die Vergütung kann nur für jede tatsächlich erteilte Unterrichtsstunde gewährt werden. Nicht erteilte Stunden etwa wegen Krankheit dürfen nicht vergütet werden. Die Schulleitung muss daher im Bedarfsfall in der Lage sein, die tatsächlich im Rahmen des Vertretungsauftrages erteilten Unterrichtsstunden belegen zu können (z.B. durch einen Eintrag im Klassentagebuch). ...

→ Grundschulförderklasse; → Hort; → Lehrbeauftragte; → Mehrarbeit; → Mehrarbeit (Vergütung); → Nebenberuflicher/-amtlicher Unterricht

Grundschule (Versetzungsordnung)

Verordnung des Kultusministeriums über die Versetzung an Grundschulen (Grundschulversetzungsordnung) vom 30. Januar 1984 (KuU S. 59); zuletzt geändert 5.2.2004 (KuU S. 43/2004)

Hinweise der Redaktion:
1. Alle Entscheidungen nach dieser Verordnung werden von der Klassenkonferenz unter Vorsitz der Schulleiterin bzw. des Schulleiters getroffen.
    → KonferenzVO § 4 Abs. 1 Nr. 4, § 12 Abs. 2 Ziff. 1
2. Zur Berücksichtigung der Lese-Rechtschreib- und der Rechenschwäche siehe:
    → Behinderungen und Förderbedarf Nr. 2.2 und 2.3

§ 1
Versetzungsanforderungen

(1) Von Klasse 1 nach Klasse 2 steigt ein Schüler ohne Versetzungsentscheidung auf. Im Übrigen werden nur die Schüler in die nächsthöhere Klasse versetzt, die aufgrund ihrer Leistungen den Anforderungen im laufenden Schuljahr im Ganzen entsprochen haben und die deshalb erwarten lassen, dass sie den Anforderungen der nächsthöheren Klasse gewachsen sind. Ein Schüler wird auch dann versetzt, wenn die Klassenkonferenz zu der Auffassung gelangt, dass seine Leistungen nur vorübergehend nicht für die Versetzung ausreichen, dass er aber nach einer Übergangszeit den Anforderungen der nächsthöheren Klasse voraussichtlich gewachsen sein wird.

(2) Die Voraussetzungen für eine Versetzung gemäß Absatz 1 Satz 2 liegen vor

1. von Klasse 2 nach Klasse 3, wenn der Schüler im Jahreszeugnis in keinem der Fächer Deutsch und Mathematik die Note „ungenügend" und in nicht mehr als einem dieser Fächer die Note „mangelhaft" erreicht hat;
2. von Klasse 3 nach Klasse 4, wenn der Schüler im Jahreszeugnis in den Fächern Deutsch und Mathematik sowie im Fächerverbund Mensch, Natur und Kultur zweimal mindestens „ausreichend" und einmal mindestens „mangelhaft" erreicht hat.

(3) Die Versetzung oder Nichtversetzung eines Schülers ist im Zeugnis wie folgt zu vermerken: „Versetzt" oder „Nicht versetzt".

Grundschule (Versetzungsordnung)

§ 2
Meldung versetzungsgefährdeter Schüler

(1) Wird in den Klassen 2 bis 4 eine Klasse in den Fächern Deutsch, Mathematik sowie ab Klasse 3 im Fächerverbund Mensch, Natur und Kultur nur von einem Lehrer unterrichtet, hat dieser sechs Wochen vor Aushändigung der Jahreszeugnisse alle Schüler, bei denen die Versetzung gefährdet erscheint, dem Schulleiter schriftlich zu melden. Der Schulleiter oder ein von ihm beauftragter Lehrer hat sich von den Leistungen dieser Schüler im Unterricht einen ausreichenden Eindruck zu verschaffen, über den die Klassenkonferenz vor der Beschlussfassung zu unterrichten ist.

(2) An ein- und zweiklassigen Schulen ist die Meldung an das Staatliche Schulamt zu richten. Dieses oder ein von ihm Beauftragter verschafft sich von den Leistungen der Schüler im Unterricht einen ausreichenden Eindruck. Die Entscheidung über die Nichtversetzung ist erst nach Beratung mit dem Staatlichen Schulamt oder dessen Beauftragten zu treffen.

Hinweis der Redaktion: Hierzu auch den Beiträge → Verwaltungsrecht Nr. II sowie – zur Koordinierungsaufgabe von Klassenlehrer bzw. -lehrerin bei der Notengebung → Klassenlehrerin (Nr. 2) beachten.

§ 3
Aussetzung der Versetzungsentscheidung

Die Klassenkonferenz kann die Entscheidung über die Versetzung längstens bis zum Ende des nächsten Schulhalbjahres aussetzen und von der Erteilung eines Zeugnisses absehen, wenn hinreichende Entscheidungsgrundlagen fehlen, weil die Leistungen des Schülers dadurch abgesunken sind, dass er im zweiten Schulhalbjahr

1. aus von ihm nicht zu vertretenden Umständen die Schule wechseln musste oder
2. wegen Krankheit länger als acht Wochen den Unterricht nicht besuchen konnte oder
3. durch sonstige besonders schwerwiegende von ihm nicht zu vertretende Gründe in seinem Leistungsvermögen erheblich beeinträchtigt war.

Auf dem Zeugnisformular ist anstelle der Noten der Vermerk anzubringen: „Versetzung ausgesetzt gemäß § 3 der Versetzungsordnung". Bis zur endgültigen Entscheidung über die Versetzung nimmt der Schüler am Unterricht der nächsthöheren Klasse teil.

§ 4
Überspringen einer Klasse

In Ausnahmefällen können Schüler mit Einverständnis der Erziehungsberechtigten nach folgenden Maßgaben bis zu zwei Klassen überspringen:

1. Schüler, deren geistiger Entwicklungsstand so überdurchschnittlich ist, dass eine Einschulung in Klasse 1 pädagogisch nicht sinnvoll erscheint, können in Klasse 2 eingeschult werden. Die Entscheidung trifft der Schulleiter; er kann hierzu ein fachpsychologisches Gutachten einholen.

2. Schüler, deren Gesamtleistungen so überdurchschnittlich sind, dass ein Verbleiben in der bisherigen Klasse pädagogisch nicht sinnvoll erscheint, können in der Regel am Ende des ersten Schulhalbjahres der Klassen 1 bis 3 in die nächsthöhere Klasse oder zum Schuljahresende der Klassen 1 bis 2 in die übernächste Klasse überwechseln. Die Entscheidung trifft die Klassenkonferenz. An der Klassenkonferenz nehmen die Lehrer der Klasse, in die der Schüler übertreten soll, mit beratender Stimme teil.

3. Bei Schülern, deren Gesamtleistungen so überdurchschnittlich sind, dass ein Verbleiben in der Grundschule pädagogisch nicht sinnvoll erscheint, kann am Ende der Klasse 3 festgestellt werden, dass das Ziel der Abschlussklasse der Grundschule erreicht ist, und eine Grundschulempfehlung ausgesprochen werden. Die Entscheidung trifft die Klassenkonferenz. § 4 der Aufnahmeverordnung gilt entsprechend.

§ 5
Freiwillige Wiederholung einer Klasse

(1) Einem Schüler der Klassen 1 bis 3 wird auf Antrag der Erziehungsberechtigten einmal während des Besuchs dieser Klassen gestattet, ein Jahr freiwillig zu wiederholen. Die freiwillige Wiederholung ist zulässig am Ende der Klasse 1, während der Klasse 2, in der Klasse 3 in der Regel nur zum Ende eines Schulhalbjahres; über Ausnahmen entscheidet der Schulleiter.

(2) Einem Schüler der Klasse 4 kann auf Antrag der Erziehungsberechtigten von der Klassenkonferenz ausnahmsweise bei Vorliegen besonderer Gründe (z.B. längere Krankheit, besondere familiäre Belastungen, vorzeitige Einschulung) gestattet werden, ein Jahr freiwillig zu wiederholen, wenn er nicht bereits nach Absatz 1 wiederholt hat oder vom Schulbesuch nach Eintritt der Schulpflicht aufgrund der verpflichtenden Stichtages (§ 73 Abs. 1 Satz 1 des Schulgesetzes ...) zurückgestellt wurde. Die freiwillige Wiederholung ist in der Regel nur zum Ende eines Schulhalbjahres zulässig.
→ Schulgesetz § 73 Abs. 1

(3) Die freiwillige Wiederholung hat zur Folge, dass die zuletzt ausgesprochene Versetzung rückwirkend als nicht mehr getroffen gilt. Die freiwillige Wiederholung ist im Zeugnis mit „wiederholt freiwillig" zu vermerken.

§ 6
Ziel der Abschlussklasse

Am Ende der Klasse 4 ist festzustellen, ob das Ziel der Abschlussklasse der Grundschule erreicht ist. Das Ziel der Grundschule haben Schüler erreicht, die aufgrund von § 1 Abs. 2 Nr. 2 dieser Versetzungsordnung versetzt werden können.

→ Abschlüsse (Allgemeines); → Aufnahmeverordnung; → Befangenheit; → Behinderungen und Förderbedarf Nr. 2.3.2; → Grundschule (Fremdsprachen); → Multilaterale Versetzungsordnung; → Notenbildungsverordnung; → Schulbericht; → Schulgesetz § 73 Abs. 1; → Schulpflicht (Ausländer/innen); → Sprachförderung (Integration); → Zeugnisse

Grundschulförderklassen

Öffentliche Grundschulförderklassen; Verwaltungsvorschrift des KM vom 16. August 1991 (KuU S. 399/1991); neu erlassen am 6.7.1998 (KuU S. 208/1998)

I. Allgemeines

1. Begriff der öffentlichen Grundschulförderklasse

Öffentliche Grundschulförderklassen werden als organisatorisch und pädagogisch eigenständige Einrichtungen von einer Gemeinde, einem Landkreis oder einem Zweckverband gemeinsam mit dem Land unterhalten. Die Lehrer und Erziehungskräfte (Erzieher und Fachlehrer) stehen im Dienst des Landes ... .

Die übrigen Grundschulförderklassen sind Grundschulförderklassen in freier Trägerschaft (private Grundschulförderklassen).

2. Verfahren bei der Einrichtung

2.1 Grundsatz
Für die Einrichtung von Grundschulförderklassen gilt § 30 Abs. 1 SchG entsprechend.

2.2 Zuweisung von Erziehungskräften
Das Land weist Erziehungskräfte nur zu, wenn die Grundschulförderklasse die Bestimmungen dieser Verwaltungsvorschrift erfüllt und die haushaltsmäßigen Voraussetzungen vorliegen. Jede Förderklasse der Grundschulförderklasse wird von einer fachlich vorgebildeten Erziehungskraft betreut.

2.3 Größe
Eine Förderklasse kann in der Regel eingerichtet werden, wenn zu erwarten ist, dass sie auf Dauer von mindestens 15 vom Schulbesuch zurückgestellten Kindern besucht wird.

2.4 Elternbeirat
Ein Elternbeirat kann eingerichtet werden. Dem Elternbeirat der Grundschule wird empfohlen, den Elternbeirat der Grundschulförderklasse zu Sitzungen einzuladen, wenn Fragen besprochen werden, die die Grundschulförderklasse berühren.

II. Aufgabe und Ausgestaltung der Grundschulförderklasse

1. Aufgabe

Die Grundschulförderklasse hat die Aufgabe, schulpflichtige, aber gemäß § 74 Abs. 2 SchG vom Schulbesuch zurückgestellte Kinder zur Grundschulfähigkeit zu führen. Durch gezielte Förderung und freies Spiel sollen diese Kinder in ihrer geistigen, seelischen und körperlichen Entwicklung so gefördert werden, dass eine Aufnahme in die Grundschule möglich wird. Hierbei kommt dem sozialen Lernen innerhalb der Gruppe besondere Bedeutung zu. Es gehört jedoch nicht zu den Aufgaben der Grundschulförderklasse, Lerninhalte des Anfangsunterrichts der Grundschule vorwegzunehmen.

Für zurückgestellte Kinder mit leichten sprachlichen Behinderungen können in der Grundschulförderklasse entsprechende sprachheilpädagogische Maßnahmen von besonders dafür ausgebildeten Lehrkräften (Zusammenarbeit mit sonderpädagogischen Beratungsstellen) durchgeführt werden.

Kinder mit Behinderungen, für die aufgrund ihres pädagogischen Förderbedarfs bei Schuleintritt voraussichtlich der Besuch der Sonderschule nach § 15 Abs. 1 SchG geeignet erscheint, werden nicht in die Grundschulförderklasse aufgenommen. Dasselbe gilt für Kinder, die Defizite ausschließlich im Beherrschen der deutschen Sprache haben. Für diese Kinder sind andere Fördermaßnahmen vorgesehen.

→ Einschulung;

2. Organisation und Arbeit

2.1 Aufgaben des Leiters
Grundschulförderklassen werden an Grundschulen geführt. Der Leiter der Grundschule ist zugleich Leiter der Grundschulförderklasse. Er leitet und verwaltet die Grundschulförderklasse und vertritt sie nach außen.
Zu seinem Aufgabenbereich gehören insbesondere:
die Aufnahme der Kinder,
die Mitwirkung bei der Organisation der Beförderung der Kinder,
die Festlegung der Öffnungs- und Betreuungszeit sowie
die Anordnung der Vertretung von Erziehungskräften im Verhinderungsfall

Die vom Schulträger für die Grundschulförderklassen bereitgestellten Mittel sind ausschließlich für diese zu verwenden (Ausgestaltung der Räume, Ausstattung, Materialien usw.).

Der Schulleiter nimmt diese Aufgaben in Abstimmung mit der Erziehungskraft der Förderklasse und den dort eingesetzten Lehrern wahr.

Hinsichtlich einer Anrechnung der Leitungs- und Verwaltungstätigkeit auf die Arbeitszeit des Leiters entspricht eine Grundschulförderklasse einer Klasse im Sinne von Abschnitt C Nr. 1.1 der Verwaltungsvorschrift über die Arbeitszeit der Lehrer an öffentlichen Schulen.

→ Arbeitszeit (Lehrkräfte); jetzt: E. Nr. 1.1

Der Schulleiter kann einzelne Leitungsfunktionen auf eine Erziehungskraft der Grundschulförderklasse übertragen. Die damit beauftragte Erziehungskraft erhält dafür eine Anrechnungsstunde.

Hinweis der Redaktion: Das KM empfiehlt, die Aufgabenübertragung und die Anrechnungsstunde bevorzugt den ehemaligen Schulkindergartenleiterinnen zukommen zu lassen. (Quelle: KM vom 25.9.1991, Nr. III/2-6411-11/150)

2.2 Aufgabe der Erziehungskraft

Die Erziehungskraft trägt die pädagogische Verantwortung für die Förderung und Betreuung der Kinder.

Sie wirkt bei der Aufnahme der Kinder mit.

Sie sorgt für deren ganzheitliche Förderung und leitet erforderlichenfalls sonderpädagogische Maßnahmen ein.

Sie erstellt einen Förder- und Wochenplan.

Am Ende des Schuljahres erteilt sie auf Wunsch der aufnehmenden Schule Auskunft über den Entwicklungsstand der Kinder und gibt gegebenenfalls Empfehlungen zur weiteren Förderung der Kinder.

Die Erziehungskräfte arbeiten eng mit den Erziehungsberechtigten zusammen, insbesondere durch Elternsprechstunden und Elternabende. Die Erziehungskräfte sollen die Erziehungsberechtigten beraten, mit welchen Hilfen sie zur Förderung der Kinder beitragen können. Erforderlichenfalls können Hausbesuche durchgeführt werden. Die Erziehungskräfte arbeiten auch mit entsprechenden Institutionen (Kindergarten, Beratungsstellen u.a.) zusammen.

Die Erziehungskräfte nehmen an den Lehrerkonferenzen der Grundschule teil, wenn Fragen besprochen werden, die die Arbeit der Grundschulförderklasse berühren. Sie werden volles Stimmrecht erhalten.

Hinweis der Redaktion: Inzwischen durch Änderung der → Konferenzordnung § 10 Abs. 2 vollzogen.

2.3 Mitarbeit der Lehrer

Aus pädagogischen und organisatorischen Gründen arbeiten Lehrer von Grundschulen stundenweise an der Grundschulförderklasse mit. Die Zuweisung der Lehrerstunden erfolgt durch das Staatliche Schulamt. Die Mitwirkung der Grundschullehrer an der Grundschulförderklasse gehört zu den ordentlichen Dienstaufgaben der Lehrer. Bei der Mitarbeit der Lehrer an der Grundschulförderklasse soll möglichst auf Kontinuität geachtet werden. Die Mitarbeit der Lehrer ist in regelmäßiger Absprache mit den Erziehungskräften den jeweiligen Erfordernissen der Grundschulförderklasse anzupassen und kann Einzel- und Gruppenförderung umfassen.

Die Erziehungskräfte der Grundschulförderklassen und die Lehrer, die bei der Betreuung und Förderung der Kinder mitwirken, sollen sich in regelmäßigen Besprechungen mit den Fortschritten sowie mit den Förder- und Betreuungsschwierigkeiten der einzelnen Kinder befassen und gemeinsame Vorschläge zur wirksamen Förderung dieser Kinder erarbeiten.

2.4 Klassengröße

Die Kinder sollen in Klassen von 15 bis 20 Kindern betreut werden.

3. *Förderungs- und Betreuungszeit*

Die Förderungs- und Betreuungszeit für jedes Kind soll 22 Wochenstunden betragen. Die Grundschulförderklasse kann in einzelnen Stunden geteilt werden. Die gemeinsame Förderungs- und Betreuungszeit soll jedoch mindestens 13 bis 15 Stunden betragen.

Erforderlichenfalls können Kinder parallel zur Gruppenbetreuung durch Lehrer oder Erzieher zusätzlich noch einzeln gefördert werden. Die Einzelförderung sollte eine zeitlich begrenzte Maßnahme sein und für das einzelne Kind nicht mehr als 2 Wochenstunden betragen.

Für den Beginn der Betreuung am Vormittag sind die jeweils geltenden Regelungen über die Festsetzung der Unterrichtsstunden für die 1. Klasse der Grundschule maßgebend. Die Betreuung in der 6. Unterrichtsstunde soll möglichst vermieden werden.

Eine pädagogisch angemessene Stundenverteilung macht in der Regel eine Betreuung an mindestens zwei Nachmittagen erforderlich. Bei der Gestaltung des Stundenplans sind örtliche Gegebenheiten (z.B. Fahrwege für die Kinder) zu berücksichtigen. – Samstags werden die Kinder nicht betreut.

Hinweis der Redaktion: Das KM hat zur Einbeziehung der Grundschulförderklassen in die verlässliche Grundschule mitgeteilt: Die Grundschulförderklasse ist keine Schule und hat keinen Unterricht. Die Teilnahme ist daher freiwillig, ohne Verpflichtung. Insoweit gibt es auch keine Unterrichtszeiten, die abgedeckt werden müssten. Wenn an einem Standort, an dem die Grundschulförderklasse eingerichtet ist, auch ein Betreuungsangebot besteht, können die Kinder der Grundschulförderklasse mit Einverständnis des Trägers an diesem Betreuungsangebot teilnehmen. In solchen Fällen wäre eine Abstimmung der Öffnungszeiten der Grundschulförderklasse mit dem Betreuungsangebot empfehlenswert.

(Quelle: Rundschreiben des SSA Nürtingen, 15.5.2000)

→ Grundschule (Verlässliche); → Hort; → Organisationserlass 1.3; → Mehrarbeit

4. *Räumliche Unterbringung*

Jede Grundschulförderklasse benötigt einen Raum. Daneben sollte ein Mehrzweckraum zur Verfügung stehen, z.B. durch Mitbenutzung eines Mehrzweckraumes der Grundschule. Ferner ist auf die altersgemäße Spielmöglichkeiten im Freien und ausreichende Benutzungsmöglichkeiten vorhandener Sportstätten zu achten.

III.
Besondere Fördermaßnahmen

Für zurückgestellte Kinder, die in zumutbarer Entfernung keine Grundschulförderklasse erreichen können, können an ausgewählten Grundschulen besondere Förderangebote durch Grundschullehrer erfolgen. Bei Kindern, die noch ein weiteres Jahr den Kindergarten besuchen, kann diese Förderung innerhalb des Kindergartens im Rahmen der Kooperation von Kindergarten und Grundschule erfolgen. Die Förderangebote werden von den Staatlichen Schulämtern im Benehmen mit den jeweiligen Trägern eingerichtet.

→ Arbeitszeit (Lehrkräfte); → Einschulung; → Haushalt (Kommunaler Finanzausgleich § 18a; → Hort; → Schulgesetz §§ 2 Abs. 1, 5a und 38; → Schulkindergärten

Gymnasium (Abitur – NGVO)

VO des KM über die Jahrgangsstufen sowie über die Abiturprüfung an Gymnasien der Normalform und Gymnasien in Aufbauform mit Heim (NGVO) vom 24.7.2001 (KuU S. 295); zuletzt geändert 5.8.2007 (KuU S. 117+ 144/2007)

1. Abschnitt
Allgemeines

§ 1
Geltungsbereich, Bezeichnung

(1) Diese Verordnung gilt für die Gymnasien der Normalform und die Gymnasien in Aufbauform mit Heim.

(2) Soweit die nachfolgenden Bestimmungen Personalbegriffe wie Vorsitzender, Prüfer, Schulleiter, Leiter, Tutor oder Schüler sowie Bewerber enthalten, sind dies funktions- oder statusbezogene Bezeichnungen, die gleichermaßen auf Frauen und Männer zutreffen.

→ Gymnasium (Abitur – Neuerungen 2011)

§ 2
Struktur und Organisation

(1) Die Schüler werden im achtjährigen Bildungsgang (G 8) nach Klasse 10 und im neunjährigen Bildungsgang (G 9) nach Klasse 11 in zwei für beide Bildungsgänge gemeinsamen Jahrgangsstufen unterrichtet, die insgesamt vier Schulhalbjahre umfassen und eine pädagogische Einheit bilden. Eine Versetzung von einer Jahrgangsstufe zur anderen findet nicht statt. In den einzelnen Fächern wird unbeschadet des Absatzes 3 Satz 2 und des Absatzes 7 in jeweils halbjährigen Kursen mit zwei oder vier Wochenstunden unterrichtet. Die Kurse sind in der Regel an die Jahrgangsstufe gebunden; übergreifende Kurse sind möglich.

(2) Die Schüler belegen in fünf Kernfächern Kurse; Kernfächer sind

– Deutsch, Mathematik und eine zu wählende Fremdsprache (Pflichtkernfächer),

– nach Wahl zwei der Fächer Religionslehre oder Ethik, Geographie, Geschichte, Gemeinschaftskunde, Wirtschaft, weitere Fremdsprachen, Physik, Chemie, Biologie, Sport, Musik oder Bildende Kunst (Wahlkernfächer); darunter muss ein Fach entweder eine weitere Fremdsprache oder eine Naturwissenschaft sein.

Außerdem werden Kurse nach Maßgabe von § 12 belegt.

(3) Die Kurse in den Kernfächern sind vierstündig. Die Kurse in der spät beginnenden Fremdsprache (§ 8 Abs. 3) sind nach Entscheidung des Schulleiters zwei-, drei- oder vierstündig. Alle anderen Kurse sind unbeschadet des Absatzes 7 zweistündig.

(4) Die Kurse in den Kernfächern dienen in besonderem Maße der allgemeinen Studienvorbereitung. Sie sollen in wissenschaftliche Methoden, Fragestellungen und Denkweisen einführen und erweiterte Kenntnisse vermitteln. Im Übrigen dienen die Kurse der allgemeinen Orientierung im Bereich eines Faches sowie der Sicherung einer breiten Grundbildung. Sie vermitteln Einblicke in grundlegende Verfahrensweisen und prinzipielle Erkenntnisse über ein Fachgebiet sowie Methoden selbstständigen Arbeitens.

(5) Die Schüler besuchen in den Kernfächern in den vier Schulhalbjahren die aufeinander folgenden Kurse. Ein Wechsel im Verlauf der Jahrgangsstufen ist nicht zulässig; § 13 Abs. 4 bleibt unberührt. Die Kurse in der Fremdsprache setzen hierbei jeweils Pflichtunterricht spätestens ab Klasse 8 (G 8) oder 9 (G 9) voraus. Vier Kernfächer, darunter Deutsch, Mathematik und eine Fremdsprache, sind Gegenstand der schriftlichen Abiturprüfung (§ 19).

(6) Die Kurse in den Kernfächern werden getrennt neben den gegebenenfalls zweistündigen Kursen des Faches angeboten. In Ausnahmefällen können sie auch durch Zusatzkurse zu zweistündigen Kursen gebildet werden. Religionslehre oder Ethik kann als Kernfach nur gewählt werden, wenn in Klasse 10 (G 8) oder 11 (G 9) Unterricht in Religionslehre oder Ethik besucht wurde. Schüler, die vom Sportunterricht teilweise befreit sind, können in der Regel Sport nicht als Kernfach wählen.

(7) Nach Wahl ist im Rahmen des schulischen Unterrichtsangebotes eine besondere Lernleistung möglich, die aus der Teilnahme an zwei halbjährigen, in der Regel dreistündigen Kursen mit fächerübergreifender Themenstellung, einem Kolloquium und einer Dokumentation besteht (Seminarkurs). Statt der Teilnahme an den Kursen kann auch eine dem oberstufen- und abiturgerechten Anforderungsprofil entsprechende, geeignete Arbeit aus einem Wettbewerb oder einem Schülerstudium eingebracht werden.

§ 3
Information und Beratung

Die Schüler werden über das Kurssystem in den Jahrgangsstufen beraten, insbesondere über

1. die Arbeitsweise in den Kursen,
2. die Bildungs- und Lehrpläne,
3. das voraussichtliche Kursangebot der Schule,
4. die verbindliche Kursbelegung,
5. die grundsätzlichen Regelungen für die Abiturprüfung und für die Feststellung der Gesamtqualifikation, die für die Zuerkennung der allgemeinen Hochschulreife maßgebend ist.

§ 4
Tutoren

Jedem Schüler steht in den Jahrgangsstufen eine Lehrkraft als Tutor zur Verfügung. Der Tutor erfüllt die Aufgaben, die bei Schülern, die im Klassenverband unterrichtet werden, dem Klassenlehrer obliegen. An allen Konferenzen, die einen zu betreuenden Schüler individuell betreffen, nimmt der Tutor, falls nicht eine Mitgliedschaft gegeben ist, mit beratender Stimme teil.

§ 5
Notengebung und Punktesystem

(1) In den Jahrgangsstufen sowie in der Abiturprüfung werden die Leistungen mit den herkömmlichen Noten und den ihnen je nach Notentendenz zugeordneten Punkten bewertet. Dabei entspricht die Note

„sehr gut" 15/14/13 Punkte je nach Notentendenz
„gut"   12/11/10 Punkten je nach Notentendenz
„befriedigend" 9/8/7 Punkten je nach Notentendenz
„ausreichend" 6/5/4 Punkten je nach Notentendenz
„mangelhaft" 3/2/1 Punkten je nach Notentendenz
„ungenügend"   0 Punkten.

Es werden nur ganze Noten und volle Punkte gegeben.

(2) Werden in Ausnahmefällen Teilbereiche eines Kurses von verschiedenen Lehrkräften unterrichtet, einigen sie sich über die gemeinsam zu bildende Zeugnisnote und die entsprechende Punktzahl.

(3) Im Fach Musik können besondere Leistungen in den Arbeitsgemeinschaften Chor und Orchester und im Fach Sport besondere Leistungen in Schulsportwettbewerben bei der Leistungsbewertung in den Kursen auf Antrag mitberücksichtigt werden.

(4) Für die besondere Lernleistung (§ 2 Abs. 7) wird eine Gesamtnote ermittelt, für welche die beiden halbjährigen Kurse zusammen zur Hälfte, das Kolloquium und die Dokumentation zu je einem Viertel gewichtet werden. Für das Kolloquium bildet der Schulleiter einen Fachausschuss, dem er oder ein am Seminarkurs vorher nicht beteiligter Lehrer als Leiter und die am Seminarkurs beteiligten Lehrer angehören; § 24 Abs. 7 und 8 gilt entsprechend. Das Kolloquium dauert pro Schüler etwa 20 bis 30 Minuten. Die Dokumentation und das Kolloquium sind keine Prüfungsleistungen im Sinne von § 28.

(5) Mit der Note „ungenügend" (0 Punkte) bewertete Kurse gelten als nicht besucht.

§ 6
Klassenarbeiten und gleichwertige Feststellungen von Schülerleistungen

(1) In den vierstündigen Kursen, außer im Fach Sport, sind in den ersten drei Schulhalbjahren mindestens je zwei Klassenarbeiten und im vierten Schulhalbjahr mindestens eine Klassenarbeit anzufertigen. In den vierstündigen Kursen im Fach Sport sind in den ersten beiden Schulhalbjahren zusammen mindestens drei Klassenarbeiten, darunter pro Schulhalbjahr mindestens eine Klassenarbeit, und im dritten und vierten Schulhalbjahr mindestens je eine Klassenarbeit anzufertigen.

(2) In den zweistündigen Kursen, außer im Fach Sport, ist in jedem Schulhalbjahr mindestens eine Klassenarbeit pro Fach anzufertigen.

(3) Neben den Klassenarbeiten werden gleichwertige Feststellungen von Schülerleistungen vorgesehen, die sich insbesondere auf schriftliche Hausarbeiten, Projekte, darunter auch experimentelle Arbeiten im naturwissenschaftlichen Bereich, Referate, mündliche, gegebenenfalls auch außerhalb der stundenplanmäßigen Unterrichtszeit terminierte Prüfungen oder andere Präsentationen beziehen. Die Fachlehrkräfte sorgen für eine Koordination dieser Leistungsfeststellungen. Zu diesen Leistungen ist jeder Schüler im Laufe der Jahrgangsstufen in drei Fächern seiner Wahl verpflichtet; die Schule ermöglicht es ihm, diese Leistungen in den ersten drei Halbjahren zu erbringen. Darüber hinaus hat der Schüler in einem weiteren Fach seiner Wahl das Recht zu einer gleichwertigen Leistungsfeststellung.

§ 7
Zeugnisse

(1) Für jedes Schulhalbjahr wird ein Zeugnis über die in den einzelnen Kursen und gegebenenfalls über die in der besonderen Lernleistung (§ 2 Abs. 7) erreichten Bewertungen, im ersten und zweiten Schulhalbjahr auch über Verhalten und Mitarbeit erteilt.

(2) Die Zeugnisse werden am Ende des jeweiligen Schulhalbjahres, für das vierte Schulhalbjahr spätestens mit der Bekanntgabe der Ergebnisse der schriftlichen Abiturprüfung ausgegeben.

→ Zeugnisse

2. Abschnitt – Kurssystem
§ 8
Unterrichtsangebot, Aufgabenfelder

(1) Das Unterrichtsangebot gliedert sich in einen Pflichtbereich und einen Wahlbereich.

(2) Das Unterrichtsangebot im Pflichtbereich umfasst

1. das sprachlich-literarisch-künstlerische Aufgabenfeld mit den Fächern Deutsch, Englisch, Französisch, Latein, Griechisch, Russisch, Italienisch, Spanisch, Portugiesisch, Bildende Kunst und Musik; das Kultusministerium kann weitere Fremdsprachen zulassen,

2. das gesellschaftswissenschaftliche Aufgabenfeld mit den Fächern Wirtschaft, Geschichte, Geographie, Gemeinschaftskunde sowie den Fächern Religionslehre und Ethik, die diesem Aufgabenfeld zugeordnet werden,

3. das mathematisch-naturwissenschaftlich-technische Aufgabenfeld mit den Fächern Mathematik, Physik, Chemie, Biologie,

4. das Fach Sport, das keinem Aufgabenfeld angehört.

(3) Das Unterrichtsangebot im Wahlbereich umfasst die Fächer Astronomie, Darstellende Geometrie, Geologie, Informatik, Problemlösen mit einem Computer-Algebra-System, Literatur, Philosophie und Psychologie sowie die spät beginnenden Fremdsprachen, die einen Unterricht spätestens ab Klasse 10 (G 8) oder 11 (G 9) zumindest als Arbeitsgemeinschaft voraussetzen. Das Kultusministerium kann im Einzelfall weitere Fächer zulassen.

(4) Die Leistungen des Schülers im Rahmen der besonderen Lernleistung (§ 2 Abs. 7) werden entsprechend ihrem inhaltlichen Schwerpunkt nach

Entscheidung der beteiligten Fachlehrkräfte einem Aufgabenfeld zugeordnet. Die Zuordnung zu einem bestimmten Aufgabenfeld setzt voraus, dass eine hierfür qualifizierte Fachlehrkraft beteiligt war.

§ 9
Kursangebot

(1) Den Rahmen für das Angebot an Kursen bilden die der Schule für die Jahrgangsstufen zur Verfügung stehenden Lehrerwochenstunden. Das Kursangebot wird vom Schulleiter unter Berücksichtigung der an der Schule geführten Profile, insbesondere nach den personellen, räumlichen und sächlichen Voraussetzungen der Schule gestaltet. Dabei haben die besuchs- und anrechnungspflichtigen Kurse Vorrang. Es wird eine größtmögliche Kontinuität angestrebt.

(2) Zweistündige Kurse in Geographie werden im zweiten und dritten Schulhalbjahr, zweistündige Kurse in Gemeinschaftskunde im ersten und vierten Schulhalbjahr angeboten.

(3) Es werden Kurse in Evangelischer und Katholischer Religionslehre angeboten. Kurse in Religionslehre anderer Religionsgemeinschaften bedürfen im Einzelfall der Genehmigung des Kultusministeriums.

(4) Das Angebot an Kursen wird rechtzeitig bekanntgegeben, Ein Anspruch auf das Angebot eines bestimmten Faches oder eines bestimmten Kurses besteht nicht.

§ 10
Allgemeine Hinweise zur Kurswahl

Im Rahmen des Kursangebotes der Schule wählen die Schüler neben den 20 vierstündigen Kursen in den Kernfächern mindestens 20 weitere Kurse in den übrigen Fächern und darüber hinaus im Umfang von durchschnittlich 2 Wochenstunden pro Halbjahr weitere Kurse oder Arbeitsgemeinschaften. Sie haben die Pflicht, an den gewählten Kursen regelmäßig teilzunehmen. In den Prüfungsfächern der Abiturprüfung sind unbeschadet § 9 Abs. 2 jeweils die vier Kurse der Jahrgangsstufen zu besuchen.

§ 11
Kurswahl in Religionslehre

(1) Die Schüler besuchen grundsätzlich die Kurse in Religionslehre der Religionsgemeinschaft, der sie angehören.

(2) Gehören sie keiner Religionsgemeinschaft an oder wird an der besuchten Schule in dem betreffenden Schulhalbjahr keine Religionslehre ihrer eigenen Religionsgemeinschaft angeboten, so ist der Besuch von Kursen in Religionslehre mit Zustimmung der hierfür verantwortlichen Religionsgemeinschaft möglich.

(3) Werden Kurse in Religionslehre der eigenen Religionsgemeinschaft angeboten, können die Schüler im Verlauf der beiden Jahrgangsstufen höchstens zwei Kurse in Religionslehre einer anderen Religionsgemeinschaft besuchen, soweit sie nicht bereits in der Einführungsphase den Unterricht in Religionslehre einer anderen Religionsgemeinschaft besucht haben. Voraussetzung ist die Zustimmung der eigenen sowie der Religionsgemeinschaft, welche für die Kurse, die besucht werden sollen, verantwortlich ist. Unter dieser Voraussetzung können im Übrigen in Härtefällen auch Kurse in Religionslehre einer anderen Religionsgemeinschaft besucht werden.

§ 12
Belegungspflicht in den zweistündigen Kursen

(1) In den folgenden Fächern sind unbeschadet von § 2 Abs. 2 und 5 und § 10 folgende Kurse verbindlich zu besuchen:

1. in einem der Fächer Bildende Kunst oder Musik die vier Kurse der Jahrgangsstufen,
2. in Geschichte die vier Kurse der Jahrgangsstufen,
3. in Geographie und Gemeinschaftskunde nach Maßgabe von § 9 Abs. 2 die insgesamt vier Kurse der Jahrgangsstufen,
4. in Religionslehre oder Ethik die vier Kurse der Jahrgangsstufen,
5. in zwei der Fächer Physik, Chemie oder Biologie die vier Kurse der Jahrgangsstufen,
6. in Sport die vier Kurse der Jahrgangsstufen.

(2) Ist eines dieser Fächer als Kernfach belegt, gilt in diesem Fach die Pflicht nach Absatz 1 als erfüllt; in diesem Fach zusätzlich einen zweistündigen Kurs zu besuchen, ist nicht statthaft. Ist das Kernfach Wirtschaft belegt, so sind das Fach Gemeinschaftskunde nur im ersten und das Fach Geographie nur im dritten Halbjahr zu belegen.

(3) In den Fächern Astronomie, Darstellende Geometrie, Problemlösen mit einem Computer-Algebra-System, Geologie, Literatur, Philosophie und Psychologie können im Verlauf der Jahrgangsstufen nur zwei zweistündige Kurse besucht werden; der Besuch solcher Kurse in unterschiedlichen Schuljahren ist in der Regel nicht möglich.

(4) Wer keinen Kurs in Religionslehre besucht, hat stattdessen Kurse im Fach Ethik zu besuchen, soweit sie von der Schule angeboten werden.

(5) Wer vom Fach Sport befreit ist, hat stattdessen zusätzlich zu den nach Absatz 1 zu besuchenden Kursen in entsprechender Anzahl Kurse in anderen Fächern zu besuchen.

§ 13 Kurswahl

(1) Die Schüler legen vor Eintritt in das erste Schulhalbjahr eine vollständige und korrekte Kurswahl vor. Für die zweite Jahrgangsstufe ist eine Nachwahl im Rahmen der Regelungen dieser Verordnung möglich. Der Schulleiter setzt den Zeitpunkt für den Beginn und für den Abschluss der Wahl fest. Der Zeitpunkt für den Abschluss der Wahl darf nicht früher als vier Wochen vor Ende des Unterrichts im vorangehenden Schuljahr liegen. Die vier zweistündigen Kurse im Fach Sport, die nach den von der Schule festgelegten Unterrichtsangeboten durchgeführt werden, sind vor Eintritt in das erste Schulhalbjahr zu wählen.

(2) Die Wahl bezieht sich nur auf das Fach und die Art des Kurses. Die Wahl eines Kurses in einem bestimmten Fach begründet keinen Anspruch auf Einrichtung dieses Kurses.

(3) Aufgrund der Wahl weist der Schulleiter die Schüler den einzelnen Kursen zu. Kommt ein angebotener Kurs nicht zustande oder ist die Teilnahme an einem gewählten Kurs aus organisatorischen Gründen nicht möglich, trifft der Schüler innerhalb einer vom Schulleiter bestimmten angemessenen Frist eine Ersatzwahl.

(4) Nach Abschluss der Wahl oder der Ersatzwahl ist ein Wechsel der Kurse oder ein Austritt aus einem Kurs nur in besonders begründeten Ausnahmefällen zu Beginn des Schuljahres innerhalb von zwei Wochen nach Unterrichtsbeginn auf Antrag mit Zustimmung des Schulleiters zulässig, wenn dies aus pädagogischen und organisatorischen Gründen möglich ist. Das Gleiche gilt für die Entscheidung zu einer besonderen Lernleistung (§ 2 Abs. 7).

3. Abschnitt – Gesamtqualifikation und ordentliche Abiturprüfung

§ 14 Allgemeines

Die Gesamtqualifikation, die für die Zuerkennung der allgemeinen Hochschulreife maßgebend ist, wird aus den Leistungen in den Kursen (Block I) und in der Abiturprüfung (Block II) ermittelt.

§ 15
Gesamtqualifikation

(1) Im Block I der Gesamtqualifikation können bis zu 600 Punkte erreicht werden. Hierzu müssen mindestens 40 Kurse angerechnet werden, weitere Kurse können nach Maßgabe der Sätze 5 bis 6 angerechnet werden. Höchstens 20 Prozent der angerechneten Kurse dürfen mit jeweils weniger als 5 Punkten in einfacher Wertung bewertet sein. Unter den angerechneten Kursen müssen sich unbeschadet des § 12 Abs. 1 befinden:
1. die 20 Kurse in den Kernfächern,
2. soweit nicht als Kernfach einzubringen,
   a) zwei Kurse in einem der Fächer Bildende Kunst oder Musik,
   b) die Kurse in Geschichte,
   c) die Kurse in Geographie und Gemeinschaftskunde (§ 9 Abs. 2);
   d) die Kurse in zwei der Fächer Physik, Chemie oder Biologie,
3. soweit nicht bereits nach Nummer 1 und 2 einzubringen, die Kurse im mündlichen Prüfungsfach.

Über die gegebenenfalls weiteren anzurechnenden Kurse entscheiden die Schüler spätestens am nächsten Schultag nach Ausgabe des Zeugnisses für das vierte Schulhalbjahr; dabei kann die besondere Lernleistung nach Entscheidung des Schülers in zweifacher Wertung der nach § 5 Abs. 4 Satz 1 ermittelten Punktzahl angerechnet werden. Werden mehr als 40 Kurse angerechnet, wird die im Block I erreichte Punktzahl ermittelt, indem die Summe der in den angerechneten Kursen erreichten Punkte durch die Zahl der angerechneten Kurse dividiert und der Quotient mit 40 multipliziert wird; für die besondere Lernleistung werden insoweit 2 Kurse zugrunde gelegt. Ein nicht ganzzahliges Ergebnis wird in üblicher Weise auf eine volle Punktzahl gerundet (Beispiel: 497,5 bis 498,4 auf 498).

(2) In Block II der Gesamtqualifikation können bis zu 300 Punkte erreicht werden. Er besteht aus der Summe der in der Abiturprüfung erreichten Punkte. Dabei sind die Punkte der Abiturprüfung unbeschadet § 22 und § 24 Abs. 6 wie folgt zu ermitteln:
1. Wurde in einem Fach nur schriftlich oder nur mündlich geprüft, ist die in der Prüfung erreichte Punktzahl vierfach zu werten;
2. wurde in einem Fach schriftlich und mündlich geprüft, wird das Ergebnis der schriftlichen Prüfung mit 2 2/3, das der mündlichen Prüfung mit 1 1/3 multipliziert und die sich ergebenden Punktzahlen werden addiert (siehe Rechnungstabelle in Anlage 1).

Die besondere Lernleistung (§ 2 Abs. 7) kann nach Wahl statt der Anrechnung in Block I das mündliche Prüfungsfach (§ 19 Abs. 1) ersetzen und wird dann vierfach gewertet.

§ 16
Teile der Abiturprüfung

Die Abiturprüfung besteht aus der schriftlichen und der mündlichen Prüfung. Dabei wird in einem Prüfungsfach ausschließlich mündlich geprüft (mündliches Prüfungsfach). In den übrigen vier Prüfungsfächern (schriftliche Prüfungsfächer) wird nach Maßgabe von § 24 Abs. 1 nur schriftlich oder schriftlich und mündlich geprüft. In den Fächern Bildende Kunst, Musik und Sport werden die schriftlichen oder mündlichen Prüfungen nach Maßgabe von § 22 und § 24 Abs. 6 durch fachpraktische Prüfungen, in den modernen Fremdsprachen werden die schriftlichen Prüfungen nach Maßgabe von § 22 durch Kommunikationsprüfungen ergänzt.

§ 17
Ort und Termine der Abiturprüfung

(1) Die Abiturprüfung wird an den öffentlichen und an den staatlich anerkannten privaten Gymnasien abgehalten.

(2) Die Abiturprüfung findet einmal jährlich statt. Für Schüler, die aus wichtigen Gründen (§ 27) an der Teilnahme ganz oder teilweise verhindert waren, wird eine Nachprüfung durchgeführt. Die Termine der schriftlichen Prüfung werden vom Kultusministerium, die der mündlichen oder fachpraktischen Prüfung von der oberen Schulaufsichtsbehörde und die der Kommunikationsprüfung vom Schulleiter festgesetzt.

(3) Falls die Sportstättensituation oder die Witterungsabhängigkeit einer Sportart es erfordern, kann mit der praktischen Prüfung im Fach Sport bereits im dritten Schulhalbjahr begonnen werden

(vorgezogene praktische Prüfung). Die Teilnahme an der vorgezogenen praktischen Prüfung impliziert die Entscheidung über das mündliche Prüfungsfach nach § 19 Abs. 4.

§ 18
Prüfungsausschuss, Fachausschüsse

(1) Für die Abiturprüfung wird an jedem Gymnasium ein Prüfungsausschuss gebildet. Diesem gehören an:
1. als Vorsitzender ein Vertreter oder Beauftragter der oberen Schulaufsichtsbehörde,
2. als stellvertretender Vorsitzender der Schulleiter,
3. sämtliche Fachlehrkräfte der Schule, welche die an der Abiturprüfung teilnehmenden Schüler in den letzten beiden Schulhalbjahren unterrichtet haben,
4. gegebenenfalls weitere von der oberen Schulaufsichtsbehörde oder von dem Vorsitzenden des Prüfungsausschusses beauftragte Mitglieder oder von dem Schulleiter mit der Führung des Protokolls beauftragte fachkundige Lehrkräfte.

(2) Der Vorsitzende des Prüfungsausschusses sorgt für die ordnungsgemäße Durchführung der mündlichen oder fachpraktischen Prüfung. Dabei wird insbesondere darauf geachtet, dass die Bestimmungen eingehalten werden, nicht von unrichtigen Voraussetzungen oder sachfremden Erwägungen ausgegangen und nicht gegen allgemeine Bewertungsgrundsätze oder den Grundsatz der Gleichbehandlung aller Prüflinge verstoßen wird. Die Personen nach Absatz 1 Nr. 1 und 2 können bei allen Prüfungen und Beratungen der Fachausschüsse anwesend sein.

(3) Die Mitglieder des Prüfungsausschusses sind bei ihrer Prüfungstätigkeit unabhängig. Sie sind zur Amtsverschwiegenheit über alle Prüfungsangelegenheiten verpflichtet und vor Beginn der Prüfung hierüber zu belehren.

(4) Für die mündliche oder fachpraktische Prüfung in den einzelnen Fächern bildet der Vorsitzende des Prüfungsausschusses die erforderlichen Fachausschüsse. Jedem Fachausschuss gehören an:
1. der Vorsitzende oder ein von ihm bestimmtes Mitglied des Prüfungsausschusses als Leiter, sofern die obere Schulaufsichtsbehörde nichts anderes bestimmt,
2. die Fachlehrkraft, welche den Schüler im vierten Schulhalbjahr unterrichtet oder im Fach Geographie im dritten Schulhalbjahr unterrichtet hat, als Prüfer,
3. ein weiteres fachkundiges Mitglied des Prüfungsausschusses, zugleich mit der Aufgabe, das Protokoll zu führen.

In Kursen, in denen von verschiedenen Fachlehrkräften für einzelne Fächer oder Teilbereiche unterrichtet wurde, gehören dem Fachausschuss die Fachlehrkräfte an, die in den zu prüfenden Fächern zuletzt unterrichtet haben. Sie sind jeweils für ihr Fach Prüfer gemäß Nummer 2, im Übrigen weiteres Mitglied gemäß Nummer 3. Ist ein Prüfer verhindert, wird vom Vorsitzenden des Prüfungsausschusses eine in dem betreffenden Fach an der Oberstufe unterrichtende Lehrkraft bestellt.

§ 19
Fächer der Abiturprüfung

(1) Die schriftliche Prüfung erstreckt sich auf die Fächer Deutsch, Mathematik und eine als Kernfach belegte Fremdsprache sowie nach Wahl auf ein weiteres Kernfach (schriftliche Prüfungsfächer). Die mündliche Prüfung erstreckt sich auf ein weiteres, nach Maßgabe von Absatz 2 bis 4 gewähltes Fach (mündliches Prüfungsfach) und gegebenenfalls auf die Fächer der schriftlichen Prüfung; die Möglichkeit, das mündliche Prüfungsfach durch eine besondere Lernleistung zu ersetzen (§ 15 Abs. 2 Satz 4), bleibt unberührt.

(2) Für die Prüfungsfächer gelten folgende Bestimmungen:
1. Die drei Aufgabenfelder (§ 8 Abs. 2) müssen abgedeckt sein.
2. In den Prüfungsfächern werden die vier Kurse durchgängig besucht. § 9 Abs. 2 bleibt unberührt.
3. Religionslehre kann nur als Prüfungsfach gewählt werden, wenn in Klasse 10 (G 8) oder in Klasse 11 (G 9) am Religionsunterricht teilgenommen wurde oder in einer Überprüfung zu Beginn des ersten Halbjahres durch die Fachlehrkraft entsprechende Kenntnisse nachgewiesen wurden. Außer in den Fällen von § 11 Abs. 2 und 3 sind die vier Kurse in Religionslehre der Religionsgemeinschaft zu besuchen, welcher der Schüler angehört. Wurden im Rahmen von § 11 Abs. 2 und 3 Kurse in Religionslehre einer Religionsgemeinschaft besucht, welcher der Schüler nicht angehört, kann Religionslehre nur dann als Prüfungsfach gewählt werden, wenn vier Kurse in Religionslehre derselben Religionsgemeinschaft besucht worden sind.
4. Ethik kann nur dann als Prüfungsfach gewählt werden, wenn in Klasse 10 (G 8) oder in Klasse 11 (G 9) am Ethikunterricht teilgenommen wurde oder in einer Überprüfung zu Beginn des ersten Schulhalbjahres durch die Fachlehrkraft des Kurses entsprechende Kenntnisse nachgewiesen wurden.
5. Das Fach Sport kann in der Regel als Prüfungsfach nur wählen, wer vom Unterricht in den besuchten Kursen nicht teilweise befreit war. Bei der Wahl des Faches Sport sind die gewählten Prüfungsteile zu benennen.
6. Mündliches Prüfungsfach kann, falls alle drei Aufgabenfelder bereits abgedeckt und die sonstigen Voraussetzungen für die Wahl der Prüfungsfächer erfüllt sind, auch eine spät begonnene Fremdsprache (§ 8 Abs. 3) oder Informatik sein; Informatik setzt hierbei Unterricht spätestens ab Klasse 10 (G 8) oder Klasse 11 (G 9) voraus.

(3) Die Wahl des weiteren schriftlichen Prüfungsfaches (Absatz 1) ist schriftlich nach Ausgabe des

Zeugnisses für das zweite Schulhalbjahr spätestens zwei Wochen nach Beginn des Unterrichts des dritten Schulhalbjahres zu treffen.
(4) Die Wahl des mündlichen Prüfungsfaches ist schriftlich unbeschadet des § 15 Abs. 2 Satz 4 spätestens einen Schultag nach Ausgabe des Zeugnisses für das dritte Schulhalbjahr zu treffen. Wird die praktische Prüfung im Fach Sport vorgezogen (§ 17 Abs. 3), bestimmt der Schulleiter oder eine von ihm beauftragte Lehrkraft den Wahltermin.

§ 20
Zulassung zur schriftlichen Prüfung
(1) An der schriftlichen Prüfung kann nur teilnehmen, wer zugelassen wurde.
(2) Für die Zulassung müssen folgende Voraussetzungen erfüllt sein oder durch den Besuch von Kursen im vierten Schulhalbjahr noch erfüllt werden können:
1. Besuch der nach § 2 Abs. 2 und 5 sowie § 12 vorgeschriebenen Kurse,
2. Einhaltung der Regelungen nach § 10,
3. Einhaltung der für die Anrechnungen nach § 15 Abs. 1 und für die Prüfungsfächer nach § 19 geltenden Regelungen,
4. Erreichbarkeit von mindestens 200 Punkten im Block I der Gesamtqualifikation.

(3) Über die Versagung der Zulassung entscheidet der Schulleiter nach Abschluss der Wahl des mündlichen Prüfungsfaches (§ 19 Abs. 4). Sie gilt als Nichtzuerkennung der allgemeinen Hochschulreife und ist unter Angabe der Gründe unverzüglich schriftlich mitzuteilen.
(4) An einer vorgezogenen praktischen Prüfung im Fach Sport (§ 17 Abs. 3) kann unbeschadet der später erforderlichen Zulassung teilgenommen werden.

§ 21
Durchführung der schriftlichen Prüfung
(1) In der schriftlichen Prüfung werden eine oder mehrere Aufgaben aus verschiedenen Stoffgebieten gestellt. Die Bearbeitungszeit beträgt mindestens 240 Minuten und höchstens 300 Minuten. Die besonderen Regelungen für die Prüfungen in den Fächern Bildende Kunst, Musik, Sport und moderne Fremdsprachen (§§ 16 und 22) bleiben unberührt.
(2) Die Prüfungsaufgaben werden vom Kultusministerium im Rahmen der Bildungs- und Lehrpläne für die Jahrgangsstufen landeseinheitlich gestellt.
(3) Die Leitung der schriftlichen Prüfung obliegt dem Schulleiter, soweit die obere Schulaufsichtsbehörde nichts anderes bestimmt. Die Leitung umfasst die Verantwortung für die ordnungsgemäße Durchführung der Prüfung, insbesondere hinsichtlich der Prüfungsaufsicht.
(4) Über jede schriftliche Prüfung ist ein Protokoll zu fertigen, das von dem Leiter der Prüfung und den aufsichtführenden Lehrkräften zu unterschreiben ist. In dem Protokoll sind insbesondere die Prüfungszeit, die Namen der aufsichtführenden Lehrkräfte und besondere Vorkommnisse (wie Täuschungshandlungen) festzuhalten.
(5) Jede schriftliche Arbeit wird von der Fachlehrkraft des Schülers und von einer Fachlehrkraft eines anderen von der oberen Schulaufsichtsbehörde bestimmten Gymnasiums korrigiert und nach § 5 Abs. 1 bewertet. Ist die für die Korrektur zuständige Fachlehrkraft verhindert, bestimmt der Schulleiter die Lehrkraft, die an deren Stelle tritt. Weichen die Bewertungen um mehr als zwei Punkte voneinander ab, muss ein Beauftragter des Oberschulamts die beiden vorangegangenen Bewertungen überprüfen und die endgültige Bewertung für die schriftliche Prüfung festsetzen; dabei dürfen die vorangegangenen Bewertungen in der Regel nicht über- oder unterschritten werden. Bei Abweichungen von zwei Punkten gilt der Durchschnittswert und bei Abweichungen von einem Punkt die höhere Punktzahl der beiden Bewertungen als endgültige Bewertung für die schriftliche Prüfung, falls nicht in entsprechender Anwendung von Satz 3 eine Überprüfung erfolgt.
(6) Die in der schriftlichen Prüfung in den einzelnen Fächern erreichten Punkte werden etwa eine Woche vor der mündlichen Prüfung bekanntgegeben.

§ 22
Fachpraktische Prüfung, Kommunikationsprüfung
(1) In den Fächern Bildende Kunst, Musik und Sport besteht die schriftliche Prüfung aus einer besonderen Fachprüfung, welche schriftliche und fachpraktische Teile enthält, die gleich gewichtet werden. Die Bearbeitungszeit für die schriftlichen Teile beträgt mindestens 210 und höchstens 240 Minuten. In den modernen Fremdsprachen besteht die schriftliche Prüfung aus einem schriftlichen Teil und einer Kommunikationsprüfung, wobei das Ergebnis des schriftlichen Teils mit 2 2/3, das der Kommunikationsprüfung mit 1 1/3 multipliziert und die sich ergebenden Punktzahlen addiert werden (siehe Rechnungstabelle in Anlage 1). Die Bearbeitungszeit für den schriftlichen Teil beträgt mindestens 150 und höchstens 240 Minuten. Für die Kommunikationsprüfung gibt das Kultusministerium zentrale Prüfungsmaßstäbe vor. Sie wird in der Regel zu Beginn des vierten Schulhalbjahres von der Fachlehrkraft des Schülers und einer weiteren von Schulleiter bestimmten Fachlehrkraft abgenommen und dauert etwa 20 Minuten je Schüler. Die Schüler werden einzeln oder zu zweit geprüft.
(2) Für die fachpraktische Prüfung und die Kommunikationsprüfung gilt § 24 Abs. 7 und 8 entsprechend.
(3) Die fachpraktischen Prüfungen und die Kommunikationsprüfungen müssen spätestens mit der mündlichen Prüfung abgeschlossen sein.

§ 23
Zulassung zur mündlichen Prüfung
(1) An der mündlichen Prüfung kann nur teilnehmen, wer zugelassen wurde.

(2) Für die Zulassung müssen folgende Voraussetzungen erfüllt sein:
1. Die Voraussetzungen gemäß § 20 Abs. 2 müssen unter Berücksichtigung der Kurse des vierten Schulhalbjahres nunmehr erfüllt sein.
2 In Block I (§ 15 Abs. 1) der Gesamtqualifikation müssen mindestens 200 Punkte erreicht sein.

(3) Zur mündlichen Prüfung kann nicht zugelassen werden, wer aufgrund der Ergebnisse der schriftlichen Prüfung die Mindestqualifikation der Abiturprüfung (§ 25 Abs. 2) selbst dann nicht mehr erreichen kann, wenn er die mündliche Prüfung durch die besondere Lernleistung ersetzt (§ 15 Abs. 2 Satz 4) oder wenn er in der mündlichen Prüfung die höchstmögliche Punktzahl erreichen würde.

(4) An einer vorgezogenen praktischen Prüfung im Fach Sport (§ 17 Abs. 3) kann unbeschadet der später erforderlichen Zulassung nach Abs. 1 teilgenommen werden.

(5) Über die Versagung der Zulassung entscheidet der Schulleiter; sie gilt als Nichtzuerkennung der allgemeinen Hochschulreife und ist unter Angabe der Gründe unverzüglich schriftlich mitzuteilen.

§ 24
Durchführung der mündlichen Prüfung

(1) Die Schüler werden in dem gewählten mündlichen Prüfungsfach (§ 19) mündlich geprüft. Ferner können die Schüler in den Fächern ihrer schriftlichen Prüfung auch mündlich geprüft werden; die Entscheidung trifft der Vorsitzende des Prüfungsausschusses. Darüber hinaus werden die Schüler in den weiteren Fächern ihrer schriftlichen Prüfung mündlich geprüft, die sie spätestens am nächsten auf die Bekanntgabe der Ergebnisse der schriftlichen Prüfung folgenden Schultag schriftlich gegenüber dem Schulleiter benennen.

(2) Spätestens am nächsten auf die Bekanntgabe der Ergebnisse der schriftlichen Prüfung folgenden Schultag entscheiden die Schüler, ob sie statt der Teilnahme an der Prüfung im mündlichen Prüfungsfach ihre besondere Lernleistung anrechnen (§ 15 Abs. 2 Satz 4).

Für das mündliche Prüfungsfach nach § 19 Abs. 1 Satz 2 legen die Schüler spätestens zehn Unterrichtstage vor der Prüfung vier Themen im Rahmen der Bildungs- und Lehrpläne für die Jahrgangsstufen im Einvernehmen mit der Fachlehrkraft schriftlich vor. Der Leiter des Fachausschusses wählt eines dieser Themen als Prüfungsthema. Diese Entscheidung wird den Schülern etwa eine Woche vor der mündlichen Prüfung mitgeteilt. Für die mündliche Prüfung in den schriftlichen Prüfungsfächern werden Prüfungsaufgaben im Rahmen der Bildungs- und Lehrpläne für die Jahrgangsstufen vom Leiter des Fachausschusses aufgrund von Vorschlägen der Fachlehrkraft gestellt; die Prüfungsaufgaben werden schriftlich vorgelegt, wobei eine Zeit von etwa 20 Minuten zur Vorbereitung unter Aufsicht eingeräumt wird.

(4) Der Leiter des Fachausschusses bestimmt den Gang der Prüfung und kann selbst prüfen. Die Prüfung im mündlichen Prüfungsfach wird in der Regel als Einzelprüfung durchgeführt und dauert etwa 20 Minuten je Prüfungsfach und Prüfling; wird die Form der Gruppenprüfung gewählt, so ist durch Begrenzung der Gruppengröße und durch die Themenstellung sicher zu stellen, dass die individuelle Leistung eindeutig erkennbar ist. Die mündliche Prüfung in den schriftlichen Prüfungsfächern wird als Einzelprüfung durchgeführt und dauert etwa 20 Minuten je Prüfungsfach.

(5) In der mündlichen Prüfung soll der Schüler das Prüfungsthema oder die Prüfungsaufgaben in zusammenhängender Rede darstellen und in einem anschließenden Prüfungsgespräch in größere fachliche und fachübergreifende Zusammenhänge einordnen. Die Prüfung darf keine Wiederholung, sondern muss Ergänzung der schriftlichen Prüfung sein; sie bezieht sich über das Prüfungsthema oder die Aufgabenstellung hinaus auch auf weitere Themen der Bildungs- und Lehrpläne.

6) Die mündliche Prüfung in den Fächern Bildende Kunst und Musik kann fachpraktische Elemente enthalten. Ist Sport mündliches Prüfungsfach, so besteht die Prüfung aus einem etwa 20 Minuten umfassenden mündlichen und einem fachpraktischen Teil, wobei das Ergebnis des fachpraktischen Teils mit 2 2/3, das des mündlichen Teils mit 1 1/3 multipliziert und die sich ergebenden Punktzahlen addiert werden (siehe Rechnungstabelle in Anlage 1).

(7) Im Anschluss an die mündliche Prüfung des einzelnen Schülers setzt der Fachausschuss das Ergebnis der mündlichen Prüfung nach § 5 Abs. 1 auf Vorschlag des Prüfers fest und teilt es dem Schüler auf Wunsch mit. Kann sich der Fachausschuss auf keine bestimmte Punktzahl einigen oder mehrheitlich mit der Stimme des Leiters für keine Punktzahl entscheiden, wird das Ergebnis aus dem auf die erste Dezimale errechneten Durchschnitt der Bewertungen aller Mitglieder gebildet, der in der üblichen Weise auf eine volle Punktzahl zu runden ist (Beispiel: 12,5 bis 13,4 auf 13 Punkte).

(8) Über die mündliche Prüfung des einzelnen Schülers ist ein Protokoll zu fertigen, das die Zusammensetzung des Fachausschusses, die Prüfungsthemen und -aufgaben, die Dauer und den wesentlichen Verlauf der Prüfung sowie das Prüfungsergebnis festhält. Das Protokoll ist von allen Mitgliedern des Fachausschusses zu unterschreiben.

§ 25
Ergebnis der Abiturprüfung

(1) Im Anschluss an die mündliche Prüfung ermittelt der Vorsitzende des Prüfungsausschusses das Ergebnis der Abiturprüfung (Block II der Gesamtqualifikation) und stellt fest, wer die Mindestqualifikation erreicht hat.

(2) Die Mindestqualifikation der Abiturprüfung ist erreicht, wenn

1. in den fünf Prüfungsfächern zusammen mindestens 100 Punkte und

2. in drei Prüfungsfächern jeweils mindestens 20 Punkte

erreicht wurden,

Das Nichterreichen der Mindestqualifikation gilt als Nichtzuerkennung der allgemeinen Hochschulreife. Sie ist dem Schüler unter Angabe der Gründe unverzüglich schriftlich mitzuteilen.

§ 26
Feststellung der Gesamtqualifikation, Zeugnis der allgemeinen Hochschulreife

(1) Der Vorsitzende des Prüfungsausschusses stellt die Gesamtqualifikation (§ 15) sowie nach der als Anlage 2 beigefügten Tabelle die Gesamtnote fest und erkennt den Schülern, die in Block I der Gesamtqualifikation mindestens 200 Punkte und in Block II mindestens 100 Punkte erreicht und auch die übrigen Voraussetzungen erfüllt haben, die allgemeine Hochschulreife zu.

(2) Über die Feststellung der Ergebnisse der Prüfung ist ein Protokoll zu fertigen, das vom Vorsitzenden des Prüfungsausschusses und dem Mitglied, von dem das Protokoll angefertigt wurde, zu unterschreiben ist.

(3) Die Protokolle über die einzelnen Prüfungsteile und die Feststellung der Ergebnisse der Prüfung sowie die Prüfungsarbeiten sind bei den Schulakten aufzubewahren. Die Prüfungsarbeiten können nach Ablauf von drei Jahren seit der Feststellung der Ergebnisse der Prüfung vernichtet werden.

§ 27
Nichtteilnahme, Rücktritt

(1) Wird ohne wichtigen Grund an einem der Prüfungsteile ganz oder teilweise nicht teilgenommen, gilt dies als Nichtzuerkennung der allgemeinen Hochschulreife. Über das Vorliegen eines wichtigen Grundes entscheidet bei der schriftlichen Prüfung der Leiter, bei der mündlichen Prüfung der Vorsitzende des Prüfungsausschusses, bei der fachpraktischen Prüfung im Fach Sport der Vorsitzende des Fachausschusses und bei der Kommunikationsprüfung der Schulleiter. Der Schüler hat den Grund unverzüglich der Schule mitzuteilen.

(2) Als wichtiger Grund gilt insbesondere Krankheit. Auf Verlangen ist ein ärztliches oder amtsärztliches Zeugnis vorzulegen. Wer sich in Kenntnis einer gesundheitlichen Beeinträchtigung oder eines anderen wichtigen Grundes der Prüfung unterzogen hat, kann dies nachträglich nicht mehr geltend machen. Der Kenntnis steht die fahrlässige Unkenntnis gleich; fahrlässige Unkenntnis liegt insbesondere dann vor, wenn beim Vorliegen einer gesundheitlichen Beeinträchtigung nicht unverzüglich eine Klärung herbeigeführt wurde.

(3) Sofern und insoweit ein wichtiger Grund vorliegt, gilt die Prüfung als nicht unternommen. Die Teilnahme an einer Nachprüfung nach § 17 Abs. 2 Satz 2 ist möglich. Hierbei bleiben die bereits erbrachten Prüfungsleistungen bestehen.

(4) Vor Beginn der Abiturprüfung ist auf diese Bestimmungen hinzuweisen.

§ 28
Täuschungshandlungen, Ordnungsverstöße

(1) Wer es unternimmt, das Prüfungsergebnis durch Täuschung oder Benutzung nicht zugelassener Hilfsmittel zu beeinflussen oder nicht zugelassene Hilfsmittel nach Bekanntgabe der Prüfungsaufgaben mitführt oder Beihilfe zu einer Täuschung oder einem Täuschungsversuch leistet, begeht eine Täuschungshandlung.

(2) Wird während der Prüfung eine Täuschungshandlung oder ein entsprechender Verdacht festgestellt, ist der Sachverhalt von einer aufsichtführenden Lehrkraft zu protokollieren. Der Schüler setzt die Prüfung bis zur Entscheidung über die Täuschungshandlung vorläufig fort.

(3) Liegt eine Täuschungshandlung vor, wird der Schüler von der weiteren Teilnahme an der Prüfung ausgeschlossen; dies gilt als Nichtzuerkennung der allgemeinen Hochschulreife. In leichten Fällen kann stattdessen die Prüfungsleistung mit der Note „ungenügend" (0 Punkte) bewertet werden. Die Entscheidung trifft bei der schriftlichen Prüfung der Leiter, bei der mündlichen Prüfung der Vorsitzende des Prüfungsausschusses, bei der fachpraktischen Prüfung im Fach Sport der Vorsitzende des Fachausschusses und bei der Kommunikationsprüfung der Schulleiter.

(4) Stellt sich eine Täuschungshandlung erst nach Aushändigung des Zeugnisses heraus, kann die obere Schulaufsichtsbehörde das Zeugnis einziehen und entweder ein anderes Zeugnis erteilen oder die Zuerkennung der allgemeinen Hochschulreife zurücknehmen, sofern seit der Ausstellung des Zeugnisses nicht mehr als zwei Jahre vergangen sind.

(5) Wer durch sein Verhalten die Prüfung so schwer behindert, dass es nicht möglich ist, die Prüfung ordnungsgemäß durchzuführen, wird von der Prüfung ausgeschlossen; dies gilt als Nichtzuerkennung der allgemeinen Hochschulreife. Absatz 3 Satz 3 gilt entsprechend.

(6) Vor Beginn der Abiturprüfung ist auf diese Bestimmungen hinzuweisen.

→ Handy-Nutzung

4. Abschnitt
Wiederholung, Entlassung

§ 29
Voraussetzungen für die Wiederholung

(1) Die Jahrgangsstufen können außer in den Fällen der Absätze 2 bis 4 nicht wiederholt werden.

(2) Wenn bereits am Ende des zweiten Schulhalbjahres feststeht, dass die Zulassung zur schriftlichen Prüfung nicht möglich ist, kann die erste Jahrgangsstufe einmal wiederholt werden, falls nicht bereits die vorangehende Klasse wiederholt worden ist. Darüber hinaus kann der Schulleiter in besonderen Härtefällen eine Wiederholung der ersten Jahrgangsstufe oder des zweiten und dritten Schulhalbjahres zulassen, falls nicht bereits die vorangehende Klasse wiederholt wurde.

(3) Schüler, denen die allgemeine Hochschulreife zum ersten Mal nicht zuerkannt wurde, können einmal wiederholen, und zwar
1. bei Nichtzulassung zur schriftlichen Abiturprüfung (§ 20 Abs. 3)
   a) das zweite und das dritte Schulhalbjahr oder
   b) die zweite Jahrgangsstufe insgesamt nach weiterem Besuch der zweiten Jahrgangsstufe bis zum Ende des Schuljahres oder
   c) das dritte Schulhalbjahr nach halbjähriger Unterbrechung des Schulbesuchs,
2. in den übrigen Fällen das dritte und vierte Schulhalbjahr.

(4) Schüler des vierten Schulhalbjahres, bei denen zu erwarten ist, dass sie zum Ende des Schulhalbjahres die im ersten und zweiten Block der Gesamtqualifikation erforderlichen Leistungen nicht erbringen werden, können auf Antrag mit Zustimmung des Schulleiters nach Absatz 3 Nr. 1 einmal wiederholen. Dies gilt als Nichtzuerkennung der allgemeinen Hochschulreife.

(5) Die Wiederholung lediglich einzelner Kurse ist nicht zulässig.

(6) Bei Zuerkennung der allgemeinen Hochschulreife ist weder eine Wiederholung der Oberstufe noch eine Wiederholung der Abiturprüfung zulässig.

§ 30
Kurswahl bei Wiederholung

(1) Bei einer Wiederholung wählt der Schüler im Rahmen des Kursangebotes der Schule die Kurse neu; für die Entscheidungen nach § 2 Abs.2 gilt dies nur, wenn die beiden ersten Schulhalbjahre wiederholt werden. Es besteht kein Anspruch darauf, dass Kurse angeboten werden, die der früheren Wahl entsprechen.

(2) Die beim ersten Durchgang besuchten Kurse werden nicht mehr berücksichtigt. Dies gilt auch für die im Rahmen des Seminarkurses besuchten Kurse einschließlich der Dokumentation und des Kolloquiums; wird der Seminarkurs nur teilweise wiederholt, bleiben die in dem nicht wiederholten Teil erbrachten Leistungen erhalten und fließen in die für die besondere Lernleistung neu zu bildende Gesamtnote ein.

(3) Wer Kurse, die zur Erlangung der Mindestqualifikation erforderlich sind, nicht besuchen kann, hat sich ohne den Besuch von Unterrichtsveranstaltungen am Ende des Schulhalbjahres einer schriftlichen und mündlichen Leistungsfeststellung über den Unterrichtsstoff des betreffenden Kurses zu unterziehen, wobei die schriftlichen und mündlichen Leistungen je einfach zählen. Das Ergebnis der Leistungsfeststellung gilt als Ergebnis des entsprechenden Kurses. Die Leistungsfeststellung wird von einer vom Schulleiter beauftragten Fachlehrkraft vorgenommen, die den Schüler auch schon während der Selbstvorbereitung berät.

(4) Ergeben sich aus sonstigen Gründen von der Schule nicht behebbare Schwierigkeiten bei der Wiederholung, kann die obere Schulaufsichtsbehörde Sonderregelungen treffen.

§ 31 Entlassung

Schüler, bei denen am Ende der ersten Jahrgangsstufe bereits feststeht, dass sie zur schriftlichen Abiturprüfung nicht zugelassen werden können und diese Jahrgangsstufe nicht wiederholen können, oder denen zweimal die Zuerkennung der allgemeinen Hochschulreife versagt worden ist, müssen das Gymnasium endgültig verlassen.

5. Abschnitt
Abiturprüfung für Schulfremde

§ 32 Teilnehmer

Wer das Zeugnis der allgemeinen Hochschulreife erwerben will, ohne Schüler eines öffentlichen oder staatlich anerkannten privaten Gymnasiums zu sein, kann die Abiturprüfung als außerordentliche Teilnehmerin oder außerordentlicher Teilnehmer (Schulfremder) ablegen.

§ 33 Termin der Prüfung

Die Abiturprüfung für Schulfremde findet einmal jährlich zusammen mit der Abiturprüfung an den öffentlichen Gymnasien statt.

§ 34 Form der Prüfung, Prüfungsfächer

(1) Die Prüfung gliedert sich in zwei Teile. Der erste Teil umfasst vier Fächer, die schriftlich und mündlich geprüft werden. Der zweite Teil umfasst vier weitere Fächer, die nur mündlich geprüft werden. Die Fächer des ersten Teils der Prüfung werden nach den Anforderungen eines Kernfaches, die Fächer des zweiten Teils der Prüfung nach den Anforderungen eines mündlichen Prüfungsfaches in der ordentlichen Abiturprüfung geprüft.

(2) Prüfungsfächer können folgende Fächer des Pflichtbereichs (§ 8 Abs. 2) sein:
Deutsch, Englisch, Französisch, Latein, Griechisch, Russisch, Italienisch, Spanisch, Geschichte, Evangelische oder Katholische Religionslehre oder Ethik, Mathematik, Physik, Chemie und Biologie sowie die Fächer Geographie und Gemeinschaftskunde. Die obere Schulaufsichtsbehörde kann im Einzelfall weitere Fächer, außer dem Fach Sport, zulassen. Es soll sie zulassen, falls im Zeitpunkt der Entscheidung feststeht, dass sie in dem betreffenden Prüfungstermin mit den entsprechenden Anforderungen Gegenstand der ordentlichen Abiturprüfung sein werden.

(3) Aus den möglichen Prüfungsfächern wählt der Bewerber die jeweils vier Fächer der beiden Teile der Prüfung. Für die Wahl gelten folgende Bestimmungen:
1. Fächer des ersten Prüfungsteils sind Deutsch, eine Fremdsprache des Pflichtbereichs (§ 8 Abs. 2 Nr. 1), Mathematik und Geschichte.
2. Unter den Fächern des zweiten Prüfungsteils muss eine weitere Fremdsprache sowie eines der Fächer Physik oder Chemie oder Biologie sein.

§ 35
Meldung zur Prüfung

(1) Die Meldung ist bis zum 1. Oktober für die Prüfung im darauf folgenden Jahr an die für den

Wohnsitz des Bewerbers zuständige obere Schulaufsichtsbehörde zu richten. Für die Schüler der staatlich genehmigten privaten Gymnasien ist die obere Schulaufsichtsbehörde zuständig, in dessen Bezirk das Gymnasium liegt. Bewerber, die sich durch Teilnahme an einem Fernlehrgang auf die Prüfung vorbereitet haben, können ihre Bewerbung an die für ihren Wohnsitz oder an die für den Sitz des Veranstalters des Fernlehrgangs zuständige obere Schulaufsichtsbehörde richten.

(2) Der Meldung sind beizufügen:
1. ein Lebenslauf in tabellarischer Form mit Angaben über den bisherigen Bildungsweg und gegebenenfalls über die ausgeübte Berufstätigkeit,
2. die Geburtsurkunde (beglaubigte Abschrift oder Ablichtungen) und ein Lichtbild in Passbildgröße,
3. die Abschluss- oder Abgangszeugnisse der besuchten. Schulen (beglaubigte Abschriften oder Ablichtungen),
4. eine Erklärung darüber, ob und gegebenenfalls mit welchem Ergebnis schon einmal an einer Prüfung zum Erwerb der allgemeinen oder fachgebundenen Hochschulreife teilgenommen wurde,
5. eine Erklärung über die Wahl der Prüfungsfächer (§ 34 Abs. 3),
6. eine Darlegung und gegebenenfalls Nachweise über die Vorbereitung auf die Prüfung.

(3) Für Schüler der staatlich genehmigten privaten Gymnasien kann anstelle einzelner Meldungen die Sammelmeldung des Gymnasiums treten, die jeweils Vor- und Zuname, Geburtstag, Geburtsort und Anschrift enthalten muss. Der Sammelmeldung sind die Unterlagen gemäß Absatz 2 beizufügen. Dies gilt für die Teilnehmer an einem Fernlehrgang oder für die Schüler von Ergänzungsschulen entsprechend.

§ 36
Voraussetzungen für die Zulassung

(1) Zur Prüfung wird nur zugelassen,
1. wer bis zum 31. Juli des auf den Meldetermin folgenden Jahres das 19. Lebensjahr vollendet hat,
2. wem nicht bereits zweimal die Zuerkennung der allgemeinen oder fachgebundenen Hochschulreife versagt worden ist,
3. wer nicht bereits anderweitig das Zeugnis der allgemeinen Hochschulreife erworben hat,
4. wer in dem der Prüfung vorausgehenden Jahr nicht Schüler eines öffentlichen oder eines staatlich anerkannten privaten Gymnasiums war.

Anlage 1 – (Zu § 15 Abs. 2, § 22 Abs. 1 und § 24 Abs. 6)
Tabelle für die Ermittlung des Prüfungsergebnisses bei schriftlicher und mündlicher Prüfung sowie bei mündlicher Prüfung einschließlich fachpraktischer Prüfung im Fach Sport

Noten / Punkte / Noten			Schriftliche Prüfung														
			6	5			4			3			2			1	
				−	+	−		+	−		+	−		+	−	+	
			0	1	2	3	4	5	6	7	8	9	10	11	12	13	14	15
Mündliche Prüfung	6	0	0	2	5	8	10	13	16	18	21	24	26	29	32	34	37	40
	5 −	1	1	4	6	9	12	14	17	20	22	25	28	30	33	36	38	41
	5	2	2	5	8	10	13	16	18	21	24	26	29	32	34	37	40	42
	5 +	3	4	6	9	12	14	17	20	22	25	28	30	33	36	38	41	44
	4 −	4	5	8	10	13	16	18	21	24	26	29	32	34	37	40	42	45
	4	5	6	9	12	14	17	20	22	25	28	30	33	36	38	41	44	46
	4 +	6	8	10	13	16	18	21	24	26	29	32	34	37	40	42	45	48
	3 −	7	9	12	14	17	20	22	25	28	30	33	36	38	41	44	46	49
	3	8	10	13	16	18	21	24	26	29	32	34	37	40	42	45	48	50
	3 +	9	12	14	17	20	22	25	28	30	33	36	38	41	44	46	49	52
	2 −	10	13	16	18	21	24	26	29	32	34	37	40	42	45	48	50	53
	2	11	14	17	20	22	25	28	30	33	36	38	41	44	46	49	52	54
	2 +	12	16	18	21	24	26	29	32	34	37	40	42	45	48	50	53	56
	1 −	13	17	20	22	25	28	30	33	36	38	41	44	46	49	52	54	57
	1	14	18	21	24	26	29	32	34	37	40	42	45	48	50	53	56	58
	1 +	15	20	22	25	28	30	33	36	38	41	44	46	49	52	54	57	60

vierfach gewertetes Prüfungsergebnis

Der Tabelle liegt folgender Rechenvorgang zugrunde:
Das Ergebnis der schriftlichen Prüfung (im Fach Sport der fachpraktischen Prüfung) wird mit 2 2/3, das der mündlichen Prüfung (im Fach Sport des mündlichen Teils der Prüfung) mit 1 1/3 multipliziert, die sich ergebenden Punktzahlen werden addiert.
Die beim Rechenvorgang zur Ermittlung des Endergebnisses anwendbare Formel lautet

$$p = \frac{2s + m}{3} \cdot 4$$

Bei dem Ergebnis bleiben Bruchteile von Punkten unberücksichtigt. – Dabei sind
P = endgültige Punktsumme der schriftlichen und mündlichen Prüfung im Fach,
s = Punktzahl der schriftlichen Prüfung im Fach,
m = Punktzahl der mündlichen Prüfung im Fach.

Gymnasium (Abitur / NGVO)

(2) Zur Prüfung werden in der Regel nur solche Bewerber zugelassen, die in Baden-Württemberg ihren ständigen Wohnsitz haben oder an einem staatlich genehmigten privaten Gymnasium oder an einer sonstigen Unterrichtseinrichtung in Baden-Württemberg auf die Abiturprüfung für Schulfremde vorbereitet wurden.

§ 37 Entscheidung über die Zulassung

Die obere Schulaufsichtsbehörde entscheidet über die Zulassung und weist den Bewerber einem öffentlichen Gymnasium zur Ablegung der Prüfung zu. Die obere Schulaufsichtsbehörde kann die Entscheidung dem Gymnasium übertragen.

§ 38 Durchführung der Prüfung

(1) Für die Prüfung der zugelassenen Bewerber gelten im Übrigen §§ 18, 21, 23, 24 Abs. 3 bis 8, §§ 27 und 28 entsprechend mit folgender Maßgabe:

1. Am zweiten Teil darf nur teilnehmen, wer den ersten Teil bestanden hat.
2. Fachlehrkräfte im Sinne von § 18 Abs. 1 Nr. 3, Abs. 4 Nr. 2, § 22 Abs. 1 Satz 6 sind die vom Vorsitzenden des Prüfungsausschusses und im Sinne von § 21 Abs. 5 Satz 1 die von der oberen Schulaufsichtsbehörde bestimmten Fachlehrkräfte eines öffentlichen Gymnasiums, in der Regel des Gymnasiums, dem der Bewerber zur Ablegung der Prüfung zugewiesen ist.
3. Bei Schülern von staatlich genehmigten privaten Gymnasien kann die obere Schulaufsichtsbehörde zulassen, dass die Prüfung ganz oder teilweise im Gebäude der betreffenden Schule abgenommen wird; die Leitung und Beaufsichtigung regelt in diesem Fall die obere Schulaufsichtsbehörde.
4. Bei der Prüfung in einer Fremdsprache im ersten Teil der Schulfremdenprüfung wird die mündliche Prüfung nach den für die Kommunikationsprüfung (§ 22) geltenden zentralen Maßstäben durchgeführt. Die Zusammensetzung des Fachausschusses nach § 18 bleibt unberührt.

(2) Die Bewerber haben sich bei Beginn der Prüfung mit einem mit Lichtbild versehenen amtlichen Ausweis auszuweisen und diesen während der gesamten Prüfung bei sich zu führen und auf Verlangen vorzuzeigen.

§ 39 Ergebnis der Prüfung, Zeugnis der allgemeinen Hochschulreife

(1) Nach Abschluss des ersten Teils der Prüfung stellt der Vorsitzende des Prüfungsausschusses fest, wer diesen Teil bestanden hat und am zweiten Teil teilnehmen kann. Das Nichtbestehen des ersten Teils gilt als Nichtzuerkennung der allgemeinen Hochschulreife.

(2) Nach Abschluss des zweiten Teils der Prüfung stellt der Vorsitzende des Prüfungsausschusses fest, wer diesen Teil bestanden hat. Das Nichtbestehen des zweiten Teils gilt als Nichtzuerkennung der allgemeinen Hochschulreife.

(3) Der Vorsitzende des Prüfungsausschusses stellt für diejenigen Bewerber, die beide Teile der Prüfung bestanden haben, das Gesamtergebnis sowie die Gesamtnote nach der als Anlage 2 beigefügten Tabelle fest und erkennt die allgemeine Hochschulreife zu.

(4) Das Ergebnis der beiden Teile der Prüfung wird wie folgt ermittelt:

1. Der erste Teil ist bestanden, wenn kein Fach mit 0 Punkten bewertet wurde und insgesamt in allen vier Prüfungsfächern mindestens 220 Punkte, darunter jeweils fünf Punkte bei einfacher Wertung in mindestens zwei Fächern, erreicht wurden; dabei werden die Punktzahlen der schriftlichen und mündlichen Prüfung jeweils mit 5,5 multipliziert.
2. Der zweite Teil ist bestanden, wenn kein Fach mit 0 Punkten und mindestens zwei Fächer mit jeweils fünf Punkten in einfacher Wertung bewertet, sowie insgesamt in allen vier Prüfungsfächern mindestens 80 Punkte erreicht wurden; dabei werden die Punktzahlen in den einzelnen Fächern jeweils mit vier multipliziert.

(5) § 26 Abs. 2 und 3 gilt entsprechend.

Anlage 2 (Zu § 26 Abs. 1, § 39 Abs. 3)
Umrechnung der Gesamtpunktzahl in eine Gesamtnote

Die Punktzahl der Gesamtqualifikation (§ 26 Abs. 1, § 39 Abs. 3) ist nach folgender Tabelle in eine Gesamtnote umzurechnen:

Gesamt-punktzahl	Gesamt-note	Gesamt-punktzahl	Gesamt-note	Gesamt-punktzahl	Gesamt-note	Gesamt-punktzahl	Gesamt-note
900 - 823	1,0	696 - 679	1,8	552 - 535	2,6	408 - 391	3,4
822 - 805	1,1	678 - 661	1,9	534 - 517	2,7	390 - 373	3,5
804 - 787	1,2	660 - 643	2,0	516 - 499	2,8	372 - 355	3,6
786 - 769	1,3	642 - 625	2,1	498 - 481	2,9	354 - 337	3,7
768 - 751	1,4	624 - 607	2,2	480 - 463	3,0	336 - 319	3,8
750 - 733	1,5	606 - 589	2,3	462 - 445	3,1	318 - 301	3,9
732 - 715	1,6	588 - 571	2,4	444 - 427	3,2	300	4,0
714 - 697	1,7	570 - 553	2,5	426 - 409	3,3		

(6) Bewerberinnen und Bewerber, denen die allgemeine Hochschulreife nicht zuerkannt wurde, können die Abiturprüfung einmal wiederholen. § 36 Abs. 1 Nr. 2 bleibt unberührt.

Hinweis der Redaktion: Die Regelungen zur Kommunikationsprüfung (§ 16 Satz 4, § 17 Abs. 2 Satz 3, § 21 Abs. 1 Satz 3, § 22 Abs. 1 bis 3, § 27 Abs. 1 Satz 2, § 28 Abs. 3 Satz 3, § 38 Abs. 1 Nr. 4) finden erstmals auf Schüler/innen Anwendung, die im Schuljahr 2012/13 das Abitur ablegen.

→ Abschlüsse (Allgemeines); → Fachhochschulreife; → Gymnasium (Abitur – Terminplan); → Gymnasium (Aufbaugymnasium); → Gymnasium (Neuerungen 2011); → Gymnasium (Stundentafel); → Gymnasium (Versetzungsordnung); → Gymnasium (Schultypen); → Handy-Nutzung; → Hochschulreife (Zuerkennung); → Korrekturtage); → Zeugnisse

Gymnasium (Abitur – Terminplan 2011)

Auszug aus der Bekanntmachung des KM vom 3. Mai 2009 (KuU S. 73/2009), Nr. 6

6.1 Zulassung zur Abiturprüfung

Späteste Ausgabe der Zeugnisse für das Schulhalbjahr 13/1   Freitag, 28. Januar 2011

Beginn des Unterrichts des Schulhalbjahres 13/2   Montag, 31. Januar 2011

Wahl des mündlichen Prüfungsfaches   Montag, 31. Januar 2011

Späteste Zustellung der Nichtzulassung zur Abiturprüfung   Montag, 31. Januar 2011

6.2 Schriftliche Prüfung (Haupttermin)

Beginn der schriftlichen Prüfung   Dienstag, 15. März 2011

Ende der schriftlichen Prüfung   Donnerstag, 24. März 2011

Wiederbeginn des Unterrichts   Montag, 28. März 2011

6.3 Schriftliche Prüfung (Nachtermin)

Beginn der schriftlichen Prüfung   Mittwoch, 6. April 2011

Ende der schriftlichen Prüfung   Freitag, 15. April 2011

6.4 Der Unterricht endet am jeweiligen Tag der Bekanntgabe der Ergebnisse der schriftlichen Abiturprüfung.

6.5 Bekanntgabe der Ergebnisse

Erste Bekanntgabe der Ergebnisse der schriftlichen Prüfung   Mittwoch, 18. Mai 2011

Letzte Bekanntgabe der Ergebnisse der schriftlichen Prüfung   Freitag, 3. Juni 2011

6.6 Mündliche Prüfungen

Erste mündliche Prüfung   Mittw., 25. Mai 2011

Letzte mündliche Prüfung   Freitag, 10. Juni 2011

6.7 Ausgabe der Zeugnisse

Letzte Ausgabe der Zeugnisse der allgemeinen Hochschulreife   Do., 30. Juni 2011

6.8 Fachpraktische Prüfungen

a) Der Zeitraum, in dem die fachpraktische Prüfung in den Fächern Musik und Bildende Kunst durchgeführt wird, wird von den Regierungspräsidien festgelegt.

Der erstmögliche Termin ist   Montag, 7. Februar 2011.

b) Für die Terminierung der fachpraktischen Prüfung im Fach Sport wird auf § 17 Abs. 2 und 3 NGVO hingewiesen.

→ Gymnasium (Abitur) § 17

Gymnasium (Abitur – Terminplan 2012)

Terminübersicht im Schuljahr 2011/2012; Bekanntmachung des KM vom 7. April 2010 (KuU S. 151/2010)

6.1 Zulassung zur Abiturprüfung

Späteste Ausgabe der Zeugnisse für das Schulhalbjahr 13/1   Freitag, 27. Januar 2012

Beginn des Unterrichts des Schulhalbjahres 13/2   Montag, 30. Januar 2012

Wahl des mündlichen Prüfungsfaches   Montag, 30. Januar 2012

Späteste Zustellung der Nichtzulassung zur Abiturprüfung   Montag, 30. Januar 2012

6.2 Schriftliche Prüfung (Haupttermin)

Beginn der schriftlichen Prüfung   Montag, 19. März 2012

Ende der schriftlichen Prüfung   Dienstag, 27. März 2012

Wiederbeginn des Unterrichts   Montag, 16. April 2012

6.3 Schriftliche Prüfung (Nachtermin)

Beginn der schriftlichen Prüfung   Mittwoch, 18. April 2012

Ende der schriftlichen Prüfung   Freitag, 27. April 2012

6.4 Der Unterricht endet am jeweiligen Tag der Bekanntgabe der Ergebnisse der schriftlichen Abiturprüfung.

Gymnasium (Abitur – Terminplan)

6.5 Bekanntgabe der Ergebnisse
Erste Bekanntgabe der Ergebnisse der schriftlichen Prüfung   Donnerstag, 24. Mai 2012
Letzte Bekanntgabe der Ergebnisse der schriftlichen Prüfung   Freitag, 22. Juni 2012

6.6 Mündliche Prüfungen
Erste mündliche Prüfung Dienstag, 12. Juni 2012
Letzte mündliche Prüfung Freitag, 29. Juni 2012

6.7 Ausgabe der Zeugnisse
→ Gymnasium (Abitur) § 17

Letzte Ausgabe der Zeugnisse der allgemeinen Hochschulreife   Freitag, 29. Juni 2012

6.8 Fachpraktische Prüfungen
a) Der Zeitraum, in dem die fachpraktische Prüfung in den Fächern Musik und Bildende Kunst durchgeführt wird, wird von den Regierungspräsidien festgelegt. Der erstmögliche Termin ist der   Montag, 09. Januar 2012.

b) Für die Terminierung der fachpraktischen Prüfung im Fach Sport wird auf § 17 Abs. 2 und 3 NGVO hingewiesen.

Gymnasium (Aufbaugymnasium)

Hinweise der Redaktion

1. Allgemeine Informationen

In Baden-Württemberg gibt es sechs Gymnasien in Aufbauform mit Heim, davon 5 in staatlicher Trägerschaft (in Adelsheim, Künzelsau, Lahr, Meersburg und Markgröningen) sowie ein Evangelisch-Kirchliches Aufbaugymnasium in Michelbach/Bilz.

Die Aufbaugymnasien sind Schulen mit Schwerpunktbereichen, in denen die musischen, kreativen oder sportlichen Talente der Schülerinnen und Schüler gefördert und vertieft werden; alle Profile führen zur allgemeinen Hochschulreife. Bis auf die Schule in Markgröningen (Ganztagsbetreuung) werden alle im Internatsbetrieb geführt

In § 1 der Internatsordnung für Staatliche Aufbaugymnasien (8.9.1987, KuU S. 610/1987) wird über die Struktur und Aufgaben ausgeführt:

(1) Beim Gymnasium in Aufbauform mit Heim (Aufbaugymnasium) bilden Schule und Heim (Internat) eine Einheit. Das Gymnasium in Aufbauform hat sowohl den besonderen Erziehungs- und Bildungsauftrag dieses Schultyps zu erfüllen als auch die Schüler im Internat zu betreuen und zu erziehen. Im Rahmen des Erziehungs- und Bildungsauftrags ist die Entwicklung der Internatsschüler zu eigenständigen und eigenverantwortlichen Menschen zu fördern.

(2) Im Rahmen der Internatserziehung sind die Schüler auch stufenweise zu selbstständigem und eigenverantwortlichem Lernen zu führen. Hierzu werden Hilfen angeboten, insbesondere geregelte Lernzeiten, Betreuung der Hausaufgaben, Vermittlung von Lerntechniken.

(3) Für die Freizeit der Schüler stellen die Aufbaugymnasien entsprechend den örtlichen Möglichkeiten angemessene Freizeitangebote bereit, die neben der Erholung auch das Sozialverhalten und die Kreativität der Schüler fördern sollen.

(4) Die Erhaltung der Bindungen der Internatsschüler an ihr Elternhaus ist entscheidend für die persönliche und schulische Entwicklung des Schülers. Die Aufbaugymnasien haben daher die Zusammenarbeit mit den Eltern besonders zu pflegen.

2. Aufnahmeordnung für die Aufbaugymnasien

Verordnung des Kultusministeriums über die Aufnahme in die Gymnasien der sechs- und siebenjährigen Aufbauform (Aufnahmeordnung für die sechs- und siebenjährigen Aufbaugymnasien) vom 6.9.2005 (KuU S. 127/2005)

§ 1 Aufnahmevoraussetzungen

(1) Schüler der Realschule können ohne Prüfung aufgenommen werden, wenn sie im Anmeldezeugnis (§ 2 Abs. 1 Nr. 2) die Voraussetzungen nach der multilateralen Versetzungsordnung ... erfüllen.

→ Multilaterale Versetzungsordnung

(2) Schüler der Realschule, die die Voraussetzungen für einen Übergang ohne Prüfung nicht erfüllen, und Schüler der Hauptschule können nach Bestehen einer Aufnahmeprüfung aufgenommen werden. Für diese Aufnahmeprüfung gelten die Bestimmungen der multilateralen Versetzungsordnung.

(3) Die Aufnahme in ein Gymnasium in Aufbauform mit Heim setzt ferner voraus, dass die Eignung für das jeweilige Profil nachgewiesen wird.

(4) In der Regel kann nur aufgenommen werden, wer am Ende des vorhergehenden Schuljahres versetzt wurde.

(5) Die Aufnahme in ein berufliches Gymnasium der sechsjährigen Aufbauform ist in der Regel nur zu Beginn der Klasse 8 möglich.

§ 2 Anmeldung

(1) Schüler, die zum Schuljahresbeginn in das Aufbaugymnasium aufgenommen werden wollen, sind nach den Terminvorgaben der Schule von ihren

Erziehungsberechtigten schriftlich bei dem Aufbaugymnasium anzumelden, in das sie eintreten wollen.

Der Anmeldung sind beizufügen:
1. ein Lebenslauf,
2. das Zeugnis oder die Halbjahresinformation über die bis zum Zeitpunkt der Anmeldung im laufenden Schuljahr erbrachten Leistungen.

Eine beglaubigte Abschrift des Jahreszeugnisses des laufenden Schuljahres mit dem Nachweis des erfolgreichen Abschlusses der Klasse ist nachzureichen.

(2) Der Anmeldung für das Internat oder die Ganztagsschule sind zusätzlich beizufügen:
1. eine Erklärung der Erziehungsberechtigten, dass sie bereit sind, die für sie anfallenden Kosten zu tragen,
2. eine Erklärung der Erziehungsberechtigten über den Gesundheitszustand des Schülers.

(3) Die Schule kann Aufnahmevereinbarungen treffen.

§ 3 Aufnahme

(1) Die Entscheidung über die Aufnahme in das Aufbaugymnasium trifft der Schulleiter. Die Aufnahme in das Internat oder das Verbleiben im Internat können abgelehnt werden, wenn Umstände vorliegen, die Anlass zu der Annahme geben, dass der Schüler den Internatsbetrieb beeinträchtigen wird.

(2) Die Aufnahme in das Internat und in die Schule erfolgt auf Probe; die Probezeit beträgt in der Regel ein halbes Jahr. Wer die Probezeit nicht bestanden hat, muss das Aufbaugymnasium verlassen. Die Probezeit ist nicht bestanden, wenn sich zeigt, dass das Verhalten des Schülers den Internats- oder Schulbetrieb empfindlich beeinträchtigt. Im Übrigen gelten für die Entscheidung über das Bestehen der Probezeit
1. für Schüler des Gymnasium in Aufbauform mit Heim die Versetzungsordnung Gymnasien ... ,
   → Gymnasium (Versetzungsordnung)
2. für Schüler des beruflichen Gymnasiums der sechsjährigen Aufbauform die Versetzungsordnung berufliche Gymnasien ... entsprechend, wobei in den für die Versetzung maßgebenden Fächern ganze Noten zu bilden sind.
   → Berufliches Gymnasium

(3) Mit der Aufnahme in ein Gymnasium der Aufbauform mit Heim sind die Schüler verpflichtet, im Internat zu wohnen, wenn sie nicht bei ihren Eltern oder bei Personen, denen die Erziehung außerhalb der Schule anvertraut ist, am Ort des Aufbaugymnasiums oder in dessen Nähe wohnen oder wenn nicht sonstige besondere Gründe einen anderen Wohnsitz rechtfertigen.

→ Gymnasium (Versetzungsordnung); → Multilaterale Versetzungsordnung

Gymnasium (Neuerungen 2011)

Hinweise der Redaktion auf das Schreiben des KM vom 23.11.2010 (AZ: 36-6615.30/1543)

Das Kultusministerium hat folgende Eckpunkte für allgemeinbildende Gymnasien ab dem Schuljahr 2011/12 verbindlich vorgegeben. Sie gelten nicht für Schüler/innen, deren Eltern ein bilinguales, Kunst-, Sport-, oder Musik-Profil oder eine Ganztagsbetreuung wünschen:
1. Begrenzung des Pflichtunterrichts auf 265 Jahreswochenstunden. In der Stundentafel der Schule werden nur fünf der zehn Poolstunden für alle Schüler/innen verpflichtend ausgewiesen. Die Verwendung dieser Stunden liegt ausschließlich in der Verantwortung der Schule.
2. Die restlichen fünf Poolstunden werden zur fachspezifischen individuellen Förderung als Intensivierungsstunden, insbesondere für Fachunterricht in geteilten Klassen eingesetzt. Damit soll mehr Zeit zum Üben, Wiederholen und Vertiefen des Gelernten bleiben; die Unterrichtsorganisation in Doppelstunden wird empfohlen. Auch andere pädagogische Modelle wie kompakte Wiederholungskurse z.B. in Mathematik oder den Sprachen in der Mittelstufe oder vor Eintritt in die Kursstufe sind möglich.
3. Durch Bündelung des Unterrichts in der Schulwoche sollen Freiräume für außerschulische Aktivitäten geschaffen werden. Die Klassen 5 und 6 haben pro Woche mindestens drei von Pflichtunterricht (einschließlich Poolstunden) freie Nachmittage in einer Schulwoche von Montag bis Freitag. In diesen Klassen finden höchstens 32 Pflichtwochenstunden (einschließlich Poolstunden) statt. In den Klassenstufen 7 bis 9 findet Pflichtunterricht an höchstens drei Nachmittagen statt. Ausnahmen von diesen Vorgaben sind nur in begründeten Einzelfällen und nur mit Zustimmung der Schulkonferenz möglich.

Das KM hat angekündigt, dass die Stundentafelverordnung entsprechend geändert wird.

→ Gymnasium (Stundentafel)

Das KM hat die Schulleitungen, Abteilungsleiter/innen und Klassenlehrer/innen aus diesem Anlass aufgefordert, *„sich bereits bestehende Regelungen zur Terminierung von Klassenarbeiten bewusst zu machen und Steuerungs- und Koordinierungsaufgaben verantwortungsvoll wahrzunehmen. Eine Häufung von Klassenarbeiten in bestimmten Zeiträumen, insbesondere vor Ferien, ist zu vermeiden."*

→ Gymnasium (Stundentafel); → Notenbildungsverordnung

Gymnasium (Schultypen)

§ 1 der Verordnung des KM über die Schultypen des Gymnasiums vom 12. Juli 2000 (GBl. S. 551; KuU S. 191); zuletzt geändert 19. Dezember 2002 (GBl. S. 63/2003; KuU S. 18/2003)

(1) Das allgemeinbildende Gymnasium der Normalform und der Aufbauform mit Heim gliedert sich in den naturwissenschaftlichen und den sprachlich-musischen Schultyp. In den Bildungsplänen sind in den beiden Schultypen entsprechende Differenzierungen spätestens ab Klasse 9 bis zum Beginn der Jahrgangsstufen erforderlich; in dem auf der 10. Klasse der Realschule aufbauenden Gymnasium sind entsprechende Differenzierungen in Klasse 11 erforderlich. Die altsprachliche Prägung eines Gymnasiums gilt dann als eigenständiger Schultyp, wenn als erste Fremdsprache ausschließlich Latein und als dritte Fremdsprache Altgriechisch angeboten werden.

(2) Das berufliche Gymnasium gliedert sich in den agrarwissenschaftlichen, biotechnologischen, ernährungswissenschaftlichen, sozialpädagogischen, technischen und wirtschaftswissenschaftlichen Schultyp.

(3) In allen Schultypen kann Unterricht in bilingualer Form und im sprachlich-musischen Schultyp ein verstärkter Unterricht in den Fächern Musik, Bildende Kunst und Sport erteilt werden.

→ Abschlüsse (Allgemeines); → Berufliches Gymnasium; → Gymnasium (Abitur – NGVO); → Gymnasium (Aufbaugymnasium) / (Stundentafel) / Gymnasium (Versetzungsordnung); → Schulgesetz § 4

Gymnasium (Stundentafel)

VO des KM über die Stundentafeln der Klassen 5 bis 10 der Gymnasien der Normalform und der Klassen 7 bis 11 der Gymnasien in Aufbauform mit Heim vom 23.6.1999(KuU S. 179/1999); zul. geänd. 21.12.2007 (GBl. S. 47/2008)

§ 1
Stundentafeln

(1) Für die Klassen 5 bis 10 der Gymnasien der Normalform gilt die als Anlage 1 beigefügte Stundentafel.

(2) Für die Klassen 7 bis 11 der Gymnasien in Aufbauform mit Heim gelten die als Anlage 2, 3 und 4 beigefügten Stundentafeln.

→ Gymnasium (Neuerungen 2011)

§ 2
Inkrafttreten

Hinweis der Redaktion: Diese VO findet erstmals für Schüler/innen Anwendung, die im Schuljahr 2004/05 in die Klasse 5 eingetreten sind. Die Einführung der zweiten Fremdsprache in Klasse 5 des Gymnasiums setzt einen vorangehenden, vierjährigen Fremdsprachenunterricht in der Grundschule voraus; andernfalls beginnt die zweite Fremdsprache erst in Klasse 6. Unberührt hiervon bleibt die Möglichkeit, ab Klasse 5 neben einer modernen Fremdsprache Latein anzubieten.

Anlagen 1 bis 4
Vorbemerkung zu den Anlagen

Für die folgende Beschreibung von Stundenanteilen (Gesamtkontingente) ist zwischen einzeln genannten Fächern, affinen Fächergruppen, dem Fächerverbund (GWG) und Profilen zu unterscheiden.

- Fächer: Deutsch, Mathematik, Geschichte, Sport, Religionslehre/Ethik
- Affine Fächergruppen: Fremdsprachen (1. und 2.), Künstlerische Fächer (Musik, Bildende Kunst), Naturwissenschaften (Naturphänomene, Biologie, Physik, Chemie)
- Fächerverbund: Geographie-Wirtschaft-Gemeinschaftskunde (GWG)
- Profile (ab Klasse 8): Sprachliches Profil (3. Fremdsprache), naturwissenschaftliches Profil (Naturwissenschaft und Technik), künstlerisches Profil (Musik oder Bildende Kunst), sportliches Profil (Sport)

Die Wochenstunden in Religionslehre werden unter Beteiligung der zuständigen kirchlichen Beauftragten festgelegt. Das Fach Ethik ist für Schüler vorgesehen, die nicht am Religionsunterricht teilnehmen. In GWG wird der Bereich Wirtschaft in die Fächer Geographie und Gemeinschaftskunde integriert. Sind Latein und Französisch 1. und 2. Fremdsprache, so beginnt der Unterricht in Englisch nach Entscheidung der Schule in Klasse 7 oder 8. Der Unterricht im Fach Französisch wird frühestens am Ende der Klassenstufe 7 abgeschlossen. Von den in den Klassen 5 und 6 zu unterrichtenden Fremdsprachen beginnt die eine zu Beginn der Klasse 5 und die andere nach Entscheidung der Schule in Klasse 5 oder zu Beginn der Klasse 6.

Hinweis der Redaktion: Die Fremdsprachenfolge ist unabhängig vom vorangehenden Fremdsprachenunterricht der Grundschule. Die Schule entscheidet über die Fremdsprachenfolge durch Beschluss der Gesamtlehrerkonferenz nach Anhörung des Elternbeirates und mit Zustimmung der Schulkonferenz.

→ Abschlüsse (Allgemeines); → Gymnasium (Abitur – NGVO); → Gymnasium (Aufbaugymnasium); → Gymnasium (Neuerungen 2011); → Gymnasium (Schultypen); → Konferenzordnung

Gymnasium (Stundentafel)

Anlage 1 (zu § 1 Abs. 1)
**Kontingentstundentafel für die Klassen
5 bis 10 der Gymnasien der Normalform**

Religionslehre/Ethik	11 / 7
Deutsch	24
Geschichte	10
Fremdsprachen (1. und 2.)	40
Mathematik	24
Naturwissenschaften	25
Sport	16
Künstlerische Fächer	18
Geographie-Wirtschaft-Gemeinschaftskunde (GWG)	14
Profile (3. Fremdsprache, Naturwissenschaft und Technik, ggf. Musik, Bildende Kunst oder Sport)	12
Poolstunden (Verwendung nach Entscheidung der Schule auch in den Jahrgangsstufen)	10

Anmerkungen: Ethik wird ab Klasse 7, Geschichte ab Klasse 6, Naturphänomene in Klasse 5 und 6, Physik ab Klasse 7, Chemie ab Klasse 8 unterrichtet. Das Profilfach Sport, Musik oder Bildende Kunst setzt in den Klassen 5 bis 7 einen verstärkten Fachunterricht voraus; zur Hinführung auf das Profilfach stehen die in der Kontingentstundentafel ausgewiesenen Stunden für die Klassen 5 bis 7 zur Verfügung. In Gymnasien, in denen der Unterricht in dafür eingerichteten Abteilungen in bilingualer Form erteilt wird, werden für deutsch-englische Abteilungen zusätzlich 6 Stunden und für deutsch-französische Abteilungen zusätzlich 15 Stunden zugewiesen; zudem werden für die bilingualen Unterricht 4 Stunden aus den Poolstunden verwendet. – Für die Klassen, die in den Schuljahren 2004/2005 bis 2006/2007 aufgenommen worden sind, gelten die von der Schule ab 1. August 2007 von 12 auf 10 Poolstunden anzupassenden schulinternen Jahrgangsstundentafeln auch dann, wenn ihnen im Hinblick auf die bisher zugeteilten Poolstunden damit insgesamt mehr als 10 Poolstunden zugeteilt werden.

Anlage 2 (zu § 1 Abs. 2)
**Kontingentstundentafel für die Klassen
7 bis 11 der Gymnasien in Aufbauform
Siebenjähriger Aufbauzug**

Religionslehre/Ethik	9 / 7
Deutsch	20
Geschichte	10
Fremdsprachen (1. und 2.)	34
Mathematik	20
Sport	12
Naturwissenschaften	21
Geographie-Wirtschaft-Gemeinschaftskunde (GWG)	12
Profile	12
Künstlerische Fächer	15
Poolstunden (Verwendung nach Entscheidung der Schule auch in den Jahrgangsstufen)	10

Anlage 3 (zu § 1 Abs. 2)
**Kontingentstundentafel für die Klassen
8 bis 11 der Gymnasien in Aufbauform
Sechsjähriger Aufbauzug**

Religionslehre/Ethik	7
Deutsch	17
Geschichte	8
Fremdsprachen (1.und 2.)	31
Mathematik	18
Sport	10
Naturwissenschaften	18
Geographie-Wirtschaft-Gemeinschaftskunde (GWG)	8
Künstlerische Fächer	15
Poolstunden (Verwendung nach Entscheidung der Schule auch in den Jahrgangsstufen)	8

Anmerkung: Ethik wird ab Klasse 8 unterrichtet.

Anlage 4 (zu § 1 Abs. 2)
**Kontingentstundentafel für die Klasse 11
der Gymnasien in Aufbauform
Realschulaufsetzer**

Religionslehre/Ethik	2
Deutsch	4
Geschichte	2
Englisch	8
Französisch	
Mathematik	4
Sport	
Naturwissenschaften	6
Geographie-Wirtschaft-Gemeinschaftskunde (GWG)	3
Künstlerische Fächer	2
Poolstunden (Verwendung nach Entscheidung der Schule auch in den Jahrgangsstufen)	2

Gymnasium (Versetzungsordnung)

Verordnung des KM über die Versetzung an Gymnasien der Normalform und an Gymnasien in Aufbauform mit Heim (Versetzungsordnung Gymnasien) vom 30.1.1984 (KuU S. 63); zuletzt geändert 21.3.2007 (KuU S. 69/2007)

§ 1
Versetzungsanforderungen

(1) In die nächsthöhere Klasse werden nach Maßgabe der nachfolgenden Bestimmungen solche Schüler versetzt, die aufgrund ihrer Leistungen in den für die Versetzung maßgebenden Fächern den Anforderungen im laufenden Schuljahr im Ganzen entsprochen haben und die deshalb erwarten lassen, dass sie den Anforderungen der nächsthöheren Klasse gewachsen sind.

(2) Die Voraussetzungen nach Absatz 1 liegen vor, wenn im Jahreszeugnis

1. der Durchschnitt aus den Noten aller für die Versetzung maßgebenden Fächer 4,0 oder besser ist und
2. der Durchschnitt aus den Noten der Kernfächer 4,0 oder besser ist und
3. die Leistungen in keinem Kernfach mit der Note „ungenügend" bewertet sind und
4. die Leistungen in nicht mehr als einem für die Versetzung maßgebenden Fach geringer als mit der Note „ausreichend" bewertet sind; trifft dies in zwei Fächern zu, so ist der Schüler zu versetzen, wenn für beide Fächer ein sinnvoller Ausgleich gegeben ist. Ausgeglichen werden können

a) die Note „ungenügend" in einem Fach, das nicht Kernfach ist, durch die Note „sehr gut" in einem anderen maßgebenden Fach oder die Note „gut" in zwei anderen maßgebenden Fächern,

b) die Note „mangelhaft" in einem Kernfach durch mindestens die Note „gut" in einem anderen Kernfach,

c) die Note „mangelhaft" in einem Fach, das nicht Kernfach ist, durch mindestens die Note „gut" in einem anderen maßgebenden Fach oder die Note „befriedigend" in zwei anderen maßgebenden Fächern.

(3) Ausnahmsweise kann die Klassenkonferenz einen Schüler, der nach Absatz 2 nicht zu versetzen wäre, mit Zweidrittelmehrheit versetzen, wenn sie zu der Auffassung gelangt, dass seine Leistungen nur vorübergehend nicht für die Versetzung ausreichen und dass er nach einer Übergangszeit den Anforderungen der nächsthöheren Klasse voraussichtlich gewachsen sein wird. Diese Bestimmung darf nicht zwei Schuljahre hintereinander angewendet werden.

(4) Die Versetzung oder Nichtversetzung eines Schülers ist im Zeugnis mit „versetzt" oder „nicht versetzt" zu vermerken. Bei einer Versetzung nach Absatz 3 ist folgender Vermerk anzubringen: „Versetzt nach § 1 Abs. 3 der Versetzungsordnung".

(5) Wird ein Schüler am Ende der Klasse 5 oder 6 nicht versetzt, hat die Klassenkonferenz die Empfehlung auszusprechen, dass der Schüler in die Realschule oder in die Hauptschule überwechseln soll, es sei denn, sie gelangt zu der Auffassung, dass der Schüler nach der Wiederholung der Klasse voraussichtlich den Anforderungen des Gymnasiums gewachsen sein wird. Die Empfehlung ist im Jahreszeugnis zu vermerken. Für das Überwechseln gelten die Bestimmungen der multilateralen Versetzungsordnung.

(6) Die Klassenkonferenz kann im Einvernehmen mit dem Schulleiter nicht versetzten Schülern, welche die Klasse wiederholen können, für den Zeitraum von etwa vier Wochen die Aufnahme auf Probe in die nächsthöhere Klasse gestatten, wenn sie zu der Auffassung gelangt, dass die Schüler die Mängel in den unter ausreichend bewerteten Fächern in absehbarer Zeit beheben werden; dies gilt nicht für die Aufnahme in die Jahrgangsstufe. Die Aufnahme setzt eine Zielvereinbarung voraus. Zum Ende der Probezeit werden die Schüler in den für die Versetzung maßgebenden Fächern, in denen die Leistungen im vorausgegangenen Schuljahr geringer als mit der Note „ausreichend" bewertet worden sind, jeweils von einem vom Schulleiter beauftragten Lehrer schriftlich und mündlich geprüft. Die Prüfung erstreckt sich auf Unterrichtsinhalte der Probezeit und des vorangegangenen Schuljahres. Das Ergebnis ersetzt in dem entsprechenden Fach die Note des vorangegangenen Jahreszeugnisses. Wenn dieses Zeugnis unter Berücksichtigung der neuen Noten den Anforderungen nach Absatz 2 entspricht, ist der Schüler versetzt und die am Ende des vorangegangenen Schuljahres ausgesprochene Nichtversetzung gilt rückwirkend als nicht getroffen.

→ Klassenlehrerin (Nr. 2); → Versetzungsordnung (Multilaterale)

§ 2
Maßgebende Fächer

(1) Maßgebende Fächer für die Versetzung sind, sofern sie in der schuleigenen Stundentafel für die jeweilige Klasse als Unterrichtsfächer ausgewiesen sind, Religionslehre, Ethik, Deutsch, Geographie, Geschichte, Gemeinschaftskunde, die Pflichtfremdsprachen, Mathematik, Naturphänomene, Biologie, Physik, Chemie, Naturwissenschaft und Technik, Sport, Musik und Bildende Kunst. Wäre eine Versetzung wegen der Fächer Sport, Musik und Bildende Kunst nicht möglich, ist von diesen Fächern nur das mit der besten Note für die Versetzung maßgebend; ist eines dieser Fächer Kernfach, gilt Halbsatz 1 nur für die beiden übrigen Fächer. Für Schüler, die während der Klasse 4 der Grundschule keinen Fremdsprachenunterricht in der in Klasse 5 fortgeführten Fremdsprache hatten, wird die Versetzungserheblichkeit dieses Faches in dieser Klassenstufe ausgesetzt, wenn andernfalls eine Versetzung nicht möglich wäre.

(2) An den Gymnasien der Normalform sind unter den für die Versetzung maßgebenden Fächern Deutsch, die Pflichtfremdsprachen und Mathematik Kernfächer. Außerdem sind Kernfächer

1. im sprachlichen Profil ab Klasse 8 die dritte Fremdsprache,
2. im naturwissenschaftlichen Profil ab Klasse 8 Naturwissenschaft und Technik,
3. im künstlerischen Profil ab Klasse 8 Musik oder Bildende Kunst,
4. im Sportprofil ab Klasse 8 Sport.

Im sprachwissenschaftlichen Profil ist eine zusätzlich gewählte dritte Fremdsprache (Additum) kein Kernfach; werden die Leistungen geringer als mit der Note „ausreichend" bewertet, bleiben sie bei der Versetzungsentscheidung außer Betracht und die Klassenkonferenz kann den Schüler vom Un-

Gymnasium (Versetzungsordnung)

terricht in diesem Fach ausschließen. Wird in Klasse 5 die zweite Fremdsprache entsprechend der Jahrgangsstundentafel der Schule mit nicht mehr als zwei Wochenstunden unterrichtet, so ist sie nicht für die Versetzung maßgebend und nicht Kernfach.

(3) An den Gymnasien der Aufbauform mit Heim sind unter den für die Versetzung maßgebenden Fächern Deutsch, die Pflichtfremdsprachen und Mathematik Kernfächer. Außerdem sind Kernfächer

1. im naturwissenschaftlichen Profil ab Klasse 7 Naturwissenschaft und Technik,
2. im künstlerischen Profil ab Klasse 7 Musik, ab Klasse 9 Musik oder Bildende Kunst
3. im Sportprofil ab Klasse 7 Sport,
4. im Realschulaufsetzer Musik oder Naturwissenschaft und Technik.

§ 3
Aussetzung der Versetzungsentscheidung

(1) Die Klassenkonferenz kann bei Schülern der Klassen 5 bis 9 die Entscheidung über die Versetzung längstens bis zum Ende des nächsten Schulhalbjahres aussetzen und von der Erteilung eines Zeugnisses absehen, wenn hinreichende Entscheidungsgrundlagen fehlen, weil die Leistungen des Schülers dadurch abgesunken sind, dass er im zweiten Schulhalbjahr

1. aus von ihm nicht zu vertretenden Umständen die Schule wechseln musste oder
2. wegen Krankheit länger als acht Wochen den Unterricht nicht besuchen konnte.

Auf dem Zeugnisformular ist anstelle der Noten der Vermerk anzubringen: „Versetzung ausgesetzt gemäß § 3 der Versetzungsordnung". Bis zur endgültigen Entscheidung über die Versetzung nimmt der Schüler am Unterricht der nächsthöheren Klasse teil.

(2) Schüler der Klasse 10, bei denen die Voraussetzungen von Absatz 1 vorliegen, können nach Bestehen einer Aufnahmeprüfung in die Jahrgangsstufe 11 aufgenommen werden. Für die Prüfung gilt § 8 Abs. 3 entsprechend mit der Maßgabe, dass die Prüfung zu Beginn der Jahrgangsstufe 11 stattfindet.

(3) Ein Schüler, für den zum Ende der Klassen 5 bis 10 kein Zeugnis erteilt und damit keine Versetzungsentscheidung getroffen werden kann, weil er an einem längerfristigen Einzelschüleraustausch mit dem Ausland teilgenommen und dort die Schule besucht hat, wird auf Antrag der Erziehungsberechtigten, bei Volljährigkeit auf seinen Antrag ohne Versetzungsentscheidung in die nächsthöhere Klasse bzw. in die Jahrgangsstufe 11 aufgenommen. Abweichend von Satz 1 kann ein Schüler, bei dem die Voraussetzungen von Satz 1 am Ende der Klasse 10 vorliegen und der nicht die dem Unterricht in den Klassen 7 bis 10 entsprechenden Kenntnisse in einer zweiten Pflichtfremdsprache besitzt, nur nach Bestehen einer Feststellungsprüfung in der zweiten Pflichtfremdsprache in die Jahrgangsstufe 11 aufgenommen werden. Für diese Feststellungsprüfung gilt § 8 Abs. 3 entsprechend.

§ 4
Versetzungsentscheidung bei Schulwechsel

Verlässt ein Schüler innerhalb von acht Wochen vor Beginn der Sommerferien die Schule und geht er auf ein anderes Gymnasium über, sind der Versetzungsentscheidung die an der früher besuchten Schule erteilten Noten zugrunde zu legen.

§ 5
Überspringen einer Klasse

(1) In Ausnahmefällen kann ein Schüler der Klassen 5 bis 9, dessen Gesamtleistungen so überdurchschnittlich sind, dass sein Verbleiben in der bisherigen Klasse pädagogisch nicht sinnvoll erscheint, auf Beschluss der Klassenkonferenz und mit Einverständnis der Erziehungsberechtigten zum Ende des ersten Schulhalbjahres in die nächsthöhere Klasse überwechseln oder zum Schuljahresende eine Klasse überspringen. An der Klassenkonferenz nehmen die Lehrer der Kernfächer der Klasse, in die der Schüler übertreten soll, mit beratender Stimme teil.

(2) Wird der Schüler aus der neuen Klasse nicht versetzt oder wiederholt er freiwillig eine Klasse innerhalb eines Jahres nach dem Überwechseln in die nächsthöhere Klasse bzw. dem Überspringen, bleibt dies bei einer Entscheidung nach § 6 Abs. 1 außer Betracht.

§ 6
Mehrmalige Nichtversetzung

(1) Ein Schüler muss das Gymnasium verlassen, wenn er

1. aus einer Klasse des Gymnasiums, die er wiederholt hat, nicht versetzt wird,
2. nach Wiederholung einer Klasse des Gymnasiums auch aus der nachfolgenden nicht versetzt wird,
3. bereits zweimal eine Klasse des Gymnasiums wiederholt hat und wiederum nicht versetzt wird.

(2) Ein Schüler, der

1. mindestens 12 Unterrichtswochen beim ersten bzw. zweiten Besuch der Klasse wegen Krankheit den Unterricht nicht besuchen konnte, oder
2. mindestens 80% schwerbeschädigt und dadurch hinsichtlich seiner schulischen Lern- und Leistungsfähigkeit erheblich beeinträchtigt ist, oder
3. bei der endgültigen Entscheidung gemäß § 3 nicht versetzt wurde und deshalb die Klasse wiederholt,

kann die Klasse ausnahmsweise ein weiteres Mal besuchen, wenn die Klassenkonferenz mit Zweidrittelmehrheit zu der Auffassung gelangt, dass er nach einem weiteren Besuch der Klasse voraussichtlich versetzt werden kann.

(3) Eine Klasse gilt als besucht, wenn der Schüler ihr länger als acht Wochen angehörte. Dies gilt nicht
1. für den Besuch der nächsthöheren Klasse, wenn er diese verlassen musste, weil er bei der endgültigen Entscheidung gemäß § 3 nicht versetzt wurde,
2. für den Besuch der Klasse, die der Schüler bei einer freiwilligen Wiederholung während eines Schuljahres verlassen hat.

§ 7
Freiwillige Wiederholung einer Klasse

Die freiwillige Wiederholung einer Klasse ist grundsätzlich nur zu Beginn eines Schulhalbjahres möglich; über Ausnahmen entscheidet der Schulleiter. Sie gilt als Wiederholung wegen Nichtversetzung der Klasse, die bereits zuvor erfolgreich besucht worden war mit der Folge, dass die am Ende dieser Klasse ausgesprochene Versetzung rückwirkend als nicht getroffen gilt. Die freiwillige Wiederholung ist im Zeugnis mit „wiederholt freiwillig" zu vermerken.

§ 8
Wiederaufnahme

(1) Ein Schüler, der das Gymnasium freiwillig verlassen hat und keine Hauptschule oder Realschule besucht, kann in die Klassen 5 bis 10 und in die Jahrgangsstufe 11 wieder aufgenommen werden
1. in die Klasse, die er zuletzt mit Erfolg besucht hat, während des ersten Schulhalbjahres und in den ersten acht Unterrichtswochen des zweiten Schulhalbjahres ohne Prüfung.
2. in die Klasse, in die er zuletzt versetzt wurde und die er noch nicht mit Erfolg besucht hat
    a) während des ersten Schulhalbjahres ohne Prüfung
    b) während der ersten acht Unterrichtswochen des zweiten Schulhalbjahres nach Bestehen einer Aufnahmeprüfung,
3. in eine höhere Klasse als in die, in die er zuletzt versetzt wurde, nach Bestehen einer Aufnahmeprüfung, jedoch nur zu Beginn eines Schulhalbjahres und frühestens ein Jahr nach dem Verlassen des Gymnasiums. Die Aufnahme ist höchstens in die Klasse möglich, die der Schüler erreicht hätte, wenn er mit den anderen Schülern seiner Klasse regelmäßig weiterversetzt worden wäre.
4. Die erneute Aufnahme in eine bereits besuchte Klasse gilt als Wiederholung im Sinne von § 6 dieser Verordnung.
5. Abweichend von Nr. 1, 2 und 3 ist
    a) die Aufnahme in die Jahrgangsstufe 11 nur zu Beginn des Schuljahres,
    b) eine Wiederholung der Jahrgangsstufe 11 nur unter den Voraussetzungen von § 29 der Verordnung des Kultusministeriums über die Jahrgangsstufen 11 und 12 sowie über die Abiturprüfung an Gymnasien der Normalform und Gymnasien in Aufbauform mit Heim
zulässig.

(2) Ein Schüler, der das Gymnasium gemäß § 6 dieser Verordnung verlassen musste und keine Hauptschule oder Realschule besucht, kann frühestens nach einem Jahr und nur nach Bestehen einer Aufnahmeprüfung wieder in das Gymnasium aufgenommen werden. Die Aufnahme ist nur zum Schuljahresbeginn und nur in eine höhere, als die zuletzt besuchte Klasse möglich; Absatz 1 Nr. 3 letzter Satz findet Anwendung.

(3) Die Aufnahmeprüfung, die von der Schule abgenommen wird, richtet sich bei der Aufnahme in die Klassen 5 bis 10 nach den Anforderungen der Klasse, in die der Schüler aufgenommen werden soll, bei einer Aufnahme in die Jahrgangsstufe 11 danach, ob der Schüler nach seinen Leistungen den Anforderungen einer Versetzung am Ende der Klasse 10 entsprochen hätte. Der Schüler wird in den Kernfächern der entsprechenden Klasse schriftlich und mündlich geprüft; er kann zusätzlich in anderen maßgebenden Fächern dieser Klasse mündlich geprüft werden. Bei der Entscheidung über das Bestehen der Aufnahmeprüfung sind die Bestimmungen dieser Verordnung über die Versetzung sinngemäß anzuwenden.

(4) Die Aufnahme von Schülern, die das Gymnasium verlassen haben und eine Hauptschule oder eine Realschule besuchen, richtet sich nach den Bestimmungen der Schulordnung ... über die Übergänge zwischen diesen Schularten ... .
→ Multilaterale Versetzungsordnung

§ 9 a
Übergangsregelung

Schüler im neunjährigen Bildungsgang der Klassen 6 bis 10 des Gymnasiums, die in dem Jahrgang sind, der dem allgemeinen achtjährigen Bildungsgang vorausgeht, und die in die nächsthöhere Klasse nicht versetzt werden, wechseln nach Entscheidung der Klassenkonferenz in die entsprechende oder in die nächstniedrigere Klasse des achtjährigen Bildungsganges. Sie wechseln in die entsprechende Klasse, wenn nach ihrem Lern- und Arbeitsverhalten sowie nach Art und Ausprägung ihrer schulischen Leistungen in den einzelnen Fächern erwartet werden kann, dass sie dort den Anforderungen entsprechen werden. Der Übergang in die entsprechende Klasse des achtjährigen Bildungsganges bleibt bei einer Entscheidung nach § 6 Abs. 1 außer Betracht.

Hinweise der Redaktion: Alle Entscheidungen nach dieser Verordnung werden von der Klassenkonferenz unter Vorsitz der Schulleiterin bzw. des Schulleiters getroffen.
→ KonferenzVO § 4 Abs. 1 Nr. 4, § 12 Abs. 2 Ziff. 1

→ Abschlüsse (Allgemeines); → Gymnasium (Abitur – NGVO); → Gymnasium (Aufbaugymnasium); → Gymnasium (Schultypen)

Haftung und Versicherung

Hinweise der Redaktion

1. Grundsätze des Haftungsrechts im Schulbereich

Verletzt eine Lehrkraft in Ausübung des Amtes schuldhaft die ihr einem Dritten gegenüber obliegende Amtspflicht, so trifft die Verantwortlichkeit den Dienstherrn (Land Baden-Württemberg). Die Geschädigten (z.B. Schüler/innen oder der Schulträger) können also ihren Schadenersatz nicht bei der Lehrkraft einfordern sondern müssen ihre Forderungen beim Land geltend machen. Dies folgt aus dem verfassungsrechtlichen Grundsatz der Amts- oder Staatshaftung (Art. 34 Grundgesetz):

„*Verletzt jemand in Ausübung eines ihm anvertrauten öffentlichen Amtes die ihm einem Dritten gegenüber obliegende Amtspflicht, so trifft die Verantwortlichkeit grundsätzlich den Staat oder die Körperschaft, in deren Dienst er steht. Bei Vorsatz oder grober Fahrlässigkeit bleibt der Rückgriff vorbehalten. Für den Anspruch auf Schadenersatz und für den Rückgriff darf der ordentliche Rechtsweg nicht ausgeschlossen werden.*"

→ Grundgesetz Art. 34

Dieser Grundsatz ist in zwei allgemeinen Gesetzen konkretisiert:

1. Bürgerliches Gesetzbuch (§ 839):

(1) Verletzt ein Beamter vorsätzlich oder fahrlässig die ihm einem Dritten gegenüber obliegende Amtspflicht, so hat er dem Dritten den daraus entstehenden Schaden zu ersetzen. Fällt dem Beamten nur Fahrlässigkeit zur Last, so kann er nur dann in Anspruch genommen werden, wenn der Verletzte nicht auf andere Weise Ersatz zu erlangen vermag. ...
(3) Die Ersatzpflicht tritt nicht ein, wenn der Verletzte vorsätzlich oder fahrlässig unterlassen hat, den Schaden durch Gebrauch eines Rechtsmittels abzuwenden.

2. Beamtenstatusgesetz § 48

Die Regelungen über die Haftung bei Vorsatz oder grober Fahrlässigkeit für den Beamtenbereich sind näher im → Beamtenstatusgesetz § 48 ausgeführt.

Einen gewissen Schutz vor der persönlichen Haftung für Amtspflichtverletzungen bietet auch, dass Schüler/innen während des Schulbesuchs gemäß § 2 Abs. 1 Nr. 8 b) SGB VII unter dem Schutz der gesetzlichen → Unfallversicherung stehen.

Hieraus ergibt sich zusammengefasst für den Schulbereich:

Die Lehrerinnen und Lehrer brauchen grundsätzlich nicht zu befürchten, von geschädigten Schüler/innen bzw. deren Eltern oder einem geschädigten Schulträger persönlich zur Kasse gebeten zu werden. Dabei spielt es keine Rolle, ob die einzelne Lehrkraft verbeamtet oder angestellt ist. Diese Grundsätze gelten auch für andere Personen, die ein ihnen anvertrautes öffentliches Amt ausüben, z.B. die Mutter, die als Begleitperson eine Klasse auf dem Schulausflug beaufsichtigt.

Muss der Dienstherrn in Fällen, in denen nicht die gesetzliche Unfallversicherung für den Schaden eintritt, Schadenersatz leisten, kann er gegen die Lehrkraft Rückgriff (*Regress*) nehmen, jedoch nur dann, wenn diese vorsätzlich oder grob fahrlässig gehandelt hat (§ 48 LBG) bzw. § 3 Abs. 7 des Tarifvertrags – Länder (TV-L). Bei leichter Fahrlässigkeit besteht kein Rückgriffsrecht.

→ Beamtenstatusgesetz § 48; → TV-L § 3 Abs. 7

Der Begriff „*Fahrlässigkeit*" wird wie folgt definiert:
– Leichte Fahrlässigkeit liegt vor, wenn es sich um eine geringfügige und leicht entschuldbare Pflichtverletzung handelt, die jedem Beschäftigten unterlaufen könnte,
– mittlere (normale) Fahrlässigkeit, wenn der Beschäftigte ohne Vorwurf besonderer Schwere die erforderliche Sorgfalt außer Acht gelassen hat und der Schaden bei Anwendung der gebotenen Sorgfalt voraussehbar und vermeidbar gewesen wäre,
– grobe Fahrlässigkeit, wenn die im Verkehr erforderliche Sorgfalt nach den gesamten Umständen in ungewöhnlich hohem Maße verletzt und unbeachtet gelassen wurde, was im gegebenen Fall hätte einleuchten müssen.

Es kommt also stets auf den Einzelfall an: In welcher konkreten Situation, die zum Schadenseintritt führte, hat sich die Lehrkraft wie verhalten?

Bei unmittelbarer Schädigung des Dienstherrn ist zwischen „*hoheitlicher*" und „*nichthoheitlicher*" Betätigung zu unterscheiden:

1. Tritt der Schaden durch Verletzung einer Dienstpflicht in Ausübung des Amtes ein (z.B. Beschädigungen am Eigentum des kommunalen Schulträgers durch die Lehrkraft, nachlässiger Umgang mit Lernmitteln oder Verlust eines Schlüssels des Schul-Schließsystems), handelt es sich um *hoheitliche Tätigkeit*. In diesem Fall richtet sich die Haftung nach § 839 BGB i.V.m. Art. 34 GG (s.o.), eine Ersatzpflicht besteht nur bei Vorsatz und grober Fahrlässigkeit.

2. Für einen Schaden, den die Lehrkraft dem Dienstherrn schuldhaft bei *nichthoheitlicher Betätigung* zufügt (z.B. falsche Angaben in Reisekostenabrechnungen oder Beihilfeanträgen), muss sie stets, also auch bei leichter Fahrlässigkeit, eintreten.

Einzelfälle aus der Praxis

Ein Lehrer hatte die Schlüssel zu der Generalhauptschließanlage der Schule in einem nicht verschlossenen Umkleideraum der zu der Schule gehörenden Sporthalle ohne weitere Sicherheitsmaßnahmen zurückgelassen. Das Gericht bejahte ei-

Haftung und Versicherung

nen Schadenersatzanspruch gegen den Lehrer, da dieser die ihm obliegende Sorgfaltspflicht in besonderem Maße außer Acht gelassen habe. Jeder verständige Mensch müsse bedenken, dass sich die Schlüssel im Umkleideraum einer Sporthalle an einer äußerst unsicheren Stelle befinden. Für den Grad des Verschuldens war nach Ansicht des Gerichts auch maßgeblich, dass der entwendete Schlüssel zu einer Generalschließanlage gehörte.
OLG Naumburg, Urteil vom 09.08.1996 – 6 U 41/96

In einem anderen Fall wurde die Klage eines Schulträgers wegen Schadenersatz für einen verloren gegangenen Schlüssel gegen das Land als Dienstherr abgewiesen. Eine Referendarin hatte während einer Chorprobe einen Teilgeneralschlüssel unbeaufsichtigt auf den Boden gelegt. Das Gericht stellte zwar eine gesteigerte Sorgfaltspflicht fest, die grundsätzlich ausreichende Sicherheitsvorkehrungen begründe. Im konkreten Fall sei es jedoch aufgrund einer Vielzahl von Schülern sehr hektisch zugegangen. In Situationen außergewöhnlicher Anspannung, die sich bei einer in Ausbildung befindlichen Referendarin verstärkt zeigen, sei das Liegenlassen eines ungesicherten Schlüssels keine grob fahrlässige Sorgfaltspflichtverletzung.
VG Köln, Urteil vom 29.07.2003 – 7 K 4528/00

Wie die gesetzliche Schülerunfallversicherung auch die Lehrkräfte schützt, zeigt sich an folgendem Fall: Ein Schüler wurde bei einer tätlichen Auseinandersetzung im Schulunterricht durch einen Lehrer verletzt. Ihm steht ein Schadensersatzanspruch gegen den Lehrer nicht zu, da dessen Haftung in jedem Fall auf das Land als Dienstherrn übergeht. Handelte der Lehrer nur fahrlässig, so scheidet auch eine Haftung des Landes nach Amtshaftungsgrundsätzen aus, weil in diesem Fall die gesetzliche Unfallversicherung eintrittspflichtig ist.
OLG Hamm, Urteil vom 17.09.1993 – 11 U 53/93

2. Berufshaftpflichtversicherung der GEW

Die GEW hat für ihre Mitglieder eine Berufshaftpflichtversicherung abgeschlossen, die durch den Mitgliedsbeitrag abgegolten ist. Sie umfasst die gesetzliche Haftpflicht der Mitglieder aus ihrer dienstlichen Tätigkeit und erstreckt sich auf den gesamten Bereich der dienstlichen Tätigkeit aller aktiven Mitglieder.

Höchstdeckungssumme je Schadensfall bei
- Personen- und Sachschäden 3.000.000 EUR
- Vermögensschäden 200.000 EUR
- Verlust von Schulschlüsseln 30.000 EUR
- Schäden am Eigentum der Schule oder von Dritten für den Schulbetrieb zur Verfügung gestellten Sachen bis zur Höhe von 10.000 EUR

Das Haftungsrecht ist umfangreich und kompliziert. Mitglieder der GEW sollten deshalb im Schadensfall nicht auf eigene Faust handeln, sondern sofern Dritte (Schulträger, geschädigte Schüler/innen) Forderungen an sie richten, sofort den Schaden zusammen mit der Forderung über die zuständige GEW-Geschäftsstelle (Anschriften am Anfang des Buches) an die GEW-Berufshaftpflichtversicherung melden. Keinesfalls sollten sie vorher Erklärungen oder Einlassungen zur Sache abgeben, die einem Schuldanerkenntnis gleichkommen, oder gar Zahlungen versprechen oder leisten. Denn jede Haftpflichtversicherung dient der Abwehr von unberechtigten Ansprüchen und prüft deshalb zunächst, ob das Mitglied haftbar gemacht werden kann. Erst wenn dies abschließend bejaht wird und ein gesetzlicher Haftungsanspruch besteht, leistet die Versicherung Schadensersatz.

3. Private Haftpflichtversicherung für GEW-Mitglieder

Eine sinnvolle und notwendige Ergänzung zur Berufshaftpflichtversicherung (s.o.) bietet der Vertrag, den die GEW mit der AXA-Versicherung (früher Nordstern bzw. Colonia) für eine private Familienhaftpflichtversicherung abgeschlossen hat. Sie kann von GEW-Mitgliedern durch Bezahlung einer sehr günstigen Jahresprämie abgeschlossen werden (jährlich 39,50 Euro; Stand: 1.10. 2009).

Die Versicherung deckt ohne Selbstbeteiligung u.a. auch Mietsachschäden und Sachschäden durch häusliche Abwässer ab. Mitversichert sind Ehegatten (auch Lebensgefährten) sowie Kinder, volljährige Kinder nur, solange sie sich in der Schul- oder Berufsausbildung befinden.

Das Risiko als Inhaber einer oder mehrerer Wohnungen oder eines im Inland gelegenen Einfamilienhauses ist kostenfrei abgedeckt, sofern sie nicht vermietet sind.

Das Risiko vermieteter Wohnungen kann eingeschlossen werden (zusätzliche Jahresprämie je vermieteter Wohnung oder Garage: 6,32 Euro). Die Jahresprämie und die eventuelle zusätzliche Prämie von 6,32 Euro je vermieteter Wohnung werden für die bereits versicherten Mitglieder jeweils zum 1. April durch Lastschrift erhoben.

Die Deckungssummen betragen:
- Für Personen-, Sach- und Vermögensschäden 10 Millionen Euro
- Mietsachschäden (beschränkt auf Gebäudeteile) 1 Million Euro

Änderungen von Anschrift oder Bankverbindung sind umgehend an die unten stehende Adresse mitzuteilen.

Interessierte Mitglieder wenden sich bitte schriftlich oder telefonisch an: Christina Reis, Friedenstr. 99, 75173 Pforzheim, FON und FAX: (07231) 782403, E-Mail: privathaft.gew@web.de.

Weitere Informationen finden Sie auf der Homepage: www.privathaftpflicht.gew-bawue.de

➔ Aufsichtspflicht; ➔ Beamtenstatusgesetz § 48; ➔ Grundgesetz Art. 34; ➔ Rechtsschutz; ➔ Unfallversicherung

Handy-Nutzung in der Schule

Hinweise der Redaktion

In Baden-Württemberg gibt es kein generelles Verbot, Handys mit in die Schule zu bringen oder sie in der Schule zu nutzen. Nach Auffassung des KM kann Schülerinnen und Schülern nicht generell verboten werden, ein Handy mitzuführen, da die Eltern ein berechtigtes Interesse daran haben können, ihre Kinder vor Schulbeginn oder nach Schulende zu erreichen.

Quelle: Infodienst Schulleitung, April 2006

Die einzelne Schule kann jedoch verlangen, dass das Handy während des Unterrichts ausgeschaltet bleibt, um eine Störung des Unterrichts zu vermeiden. Die Schule kann ferner die Handybenutzung während der Pausen auf dem Schulhof zumindest einschränken (u.a. um zu vermeiden, dass zum Beispiel Horror- oder Gewaltszenen angesehen werden). Das Ansehen oder Vorführen von Gewalt- oder Pornovideos auf dem Pausenhof kann als Fehlverhalten mit Erziehungs- und Ordnungsmaßnahmen gem. Schulgesetz § 90 sanktioniert werden. Hier sind auch strafrechtliche Konsequenzen zu erwarten!

Mit einem Verbot der Handynutzung nimmt die Schule einen Eingriff in Grundrechte vor (freie Entfaltung der Persönlichkeit und Eigentumsrecht). Dies gilt auch beim Einzug des Handys, wenn gegen ein solches Verbot verstoßen wurde. Ein solcher Eingriff bedarf stets einer gesetzlichen Ermächtigung. Die Rechtsgrundlage hierfür bietet § 23 Abs. 2 Schulgesetz: „Die Schule ist im Rahmen der Vorschriften dieses Gesetzes berechtigt, die zur Aufrechterhaltung der Ordnung des Schulbetriebs und zur Erfüllung der ihr übertragenen unterrichtlichen und erzieherischen Aufgaben erforderlichen Maßnahmen zu treffen und örtliche Schulordnungen, allgemeine Anordnungen und Einzelanordnungen zu erlassen. Inhalt und Umfang der Regelungen ergeben sich aus Zweck und Aufgabe der Schule."

→ Schulgesetz § 23 Abs. 2

Zweckmäßigerweise wird dies an der einzelnen Schule durch eine Schul- oder Hausordnung geregelt, die von der Gesamtlehrerkonferenz beschlossen wird und die des Einverständnisses der Schulkonferenz bedarf (auf diese Weise ist auch die Elternvertretung in den Entscheidungsprozess eingebunden).

→ Konferenzordnung § 2 Abs. 1 Nr. 3 i.V.m. → Schulgesetz § 47 Abs. 5

Darüber hinaus ist die Benutzung von Handys und anderen kommunikationselektronischen Medien bei Prüfungen unzulässig. Dies ergibt sich aus einer sachgerechten Anwendung der Prüfungsordnungen sowie der Notenbildungsverordnung.

→ Notenbildungsverordnung § 8

Das Kultusministerium hat schon im Jahre 2000 klar gestellt: Bei schulischen Abschlussprüfungen stellt bereits das Mitführen eines Handys nach Bekanntgabe der Prüfungsaufgaben eine Täuschungshandlung dar. Die Schülerinnen und Schüler müssen hierüber und über die nach der Prüfungsordnung vorgesehenen Folgen informiert werden.

(Quelle: KM, 21.3.2000; 41-6610.0/17)

Auch in sonstigen Prüfungssituationen ist das Handy als „elektronischer Spickzettel" ein nicht zugelassenes Hilfsmittel. Die Notenbildungsverordnung sieht die Möglichkeit vor, eine Notensanktion auszusprechen, wenn bei schriftlichen Arbeiten Täuschungen oder Täuschungsversuche begangen werden. Auch bei Klassenarbeiten ist denkbar, dass den Schülerinnen und Schülern verboten wird, beim Gang zur Toilette das Handy mitzuführen.

→ Konferenzordnung § 2 Abs. 1 Nr. 3; → Notenbildungsverordnung; → Schulgesetz § 23 Abs. 2, § 47 Abs. 5, § 90

Hauptschule

Hinweise der Redaktion

An die Stelle der bisherigen Hauptschule ist ab Sommer 2010 die „Werkrealschule" getreten (wobei einzügige Werkrealschulen weiterhin die Bezeichnung „Hauptschule" tragen. Die bislang geltenden – im letztjährigen Jahrbuch 2010 abgedruckten – Vorschriften für die Hauptschule (Abschlussprüfung, Stundentafel, Versetzungsordnung) gelten nur noch übergangsweise.

Alle die Werkrealschule und die „Hauptschule" betreffenden Informationen sowie die Übergangsvorschriften finden Sie unter → Werkrealschule (Ausbildung und Prüfung).

→ Schulgesetz § 6; → Werkrealschule (Ausbildung und Prüfung); Übergangsvorschriften unter § 48.

Nutzen Sie das Schlagwortverzeichnis am Ende des Jahrbuchs.

Hausaufgaben-, Sprach- und Lernhilfe

Auszug aus der VwV des KM über Zuwendungen zur Förderung von Maßnahmen der vor- und außerschulischen bzw. außerunterrichtlichen Hausaufgaben-, Sprach- und Lernhilfe (HSL-Richtlinien) vom 26. April 2006 (GABl. S. 283/2006)

1 Zuwendungszweck

1.1 Das Land Baden-Württemberg gewährt Zuwendungen im Rahmen der verfügbaren Haushaltsmittel für

1.1.1 Maßnahmen für Kinder im Vorschulalter zur Vermittlung von deutschen Sprachkenntnissen vorrangig an Kinder mit Migrationshintergrund sowie an Kinder mit Bedarf an ergänzender Sprachförderung (vorschulische Sprachförderung),

1.1.2 außerschulische bzw. außerunterrichtliche Hausaufgaben-, Sprach- und Lernhilfen für Kinder mit Migrationshintergrund sowie für Kinder mit Bedarf an zusätzlicher Sprachförderung.

1.2 Den begünstigten Kindern soll durch diese Maßnahmen die Integration in das deutsche Schul- und Bildungssystem sowie das Einüben sozialen Verhaltens ermöglicht bzw. erleichtert werden. Die sonstigen Bemühungen um die begünstigten Kinder im Elementarbereich und in der Schule sollen sinnvoll ergänzt werden.

3 Zuwendungsempfänger

3.1 Zuwendungsempfänger können sein

3.1.1 Träger von Kindergärten und Tageseinrichtungen mit altersgemischten Gruppen im Sinne von § 1 des Kindertagesbetreuungsgesetzes (...),

3.1.2 geeignete andere juristische Personen (z.B. Gemeinden, Kirchengemeinden, gemeinnützige Einrichtungen der Wohlfahrtspflege, eingetragene Vereine),

3.1.3 geeignete natürliche Personen (Privatpersonen).

→ Arbeitszeit (Lehrkräfte) Teil E Nr. 2.8; → Einschulung; → Schulärztliche Untersuchung

Hinweise der Redaktion:

1.

Außerschulische Sprachfördermaßnahmen (HSL) müssen in den Räumen der Schule bzw. in ihrer räumlichen Nähe erfolgen. Die Förderung erfolgt überwiegend im Fach Deutsch bzw. in den Fächern und Fächerverbünden zum Erwerb sprachlicher Kompetenz in Deutsch; Fremdsprachen sind ausgeschlossen. Gefördert werden ausschließlich in Baden-Württemberg wohnhafte Kinder. Die Maßnahmen müssen ausschließlich in deutscher Sprache durchgeführt werden. Im außerschulischen bzw. außerunterrichtlichen Bereich werden in erster Linie Kinder der Klassenstufen 1 bis 6 im Grund- und Hauptschulbereich und Kinder der Förderschule gefördert. Gefördert werden ausschließlich Maßnahmen, die an Werktagen stattfinden. Die Förderung von Kindern ohne Migrationshintergrund setzt eine Bestätigung der Schule über den dringenden Sprachförderbedarf des Kindes voraus.

Es muss eine sach- und bedarfsgerechte Förderung des Kindes durch die Sprachhelferin bzw. den Sprachhelfer erfolgen; sie muss auf den Stoffplan und auf das spezielle Bedürfnis des Kindes abgestimmt sein. Dem Antrag auf Förderung von HSL-Maßnahmen ist deshalb eine Bestätigung der Schule beizufügen, dass die genannten Kriterien erfüllt sind.
Der Fördersatz je Kind/Stunde für ergänzende vorschulische Maßnahmen beträgt bis zu 1,00 Euro; für außerschulische bzw. außerunterrichtliche Maßnahmen beträgt er bis zu 0,87 Euro. Die Höchstzahl der Kinder pro Gruppe beträgt acht. Eine Mindestgruppengröße besteht nicht.
Die Richtlinien, das Trägerschreiben sowie Antragsformulare können von der Internetseite der L-Bank (http://www.l-bank.de unter „Öffentliche Einrichtungen" – „Bildung" – „HSL") heruntergeladen werden.

2.

Ausschließlich im Bereich der Gymnasien gibt es darüber hinaus eine institutionalisierte Hausaufgabenbetreuung: Allgemeinbildende Gymnasien erhalten für die Organisation und Koordination der Hausaufgabenbetreuung sowie Qualifizierung der Hausaufgabenbetreuer je nach Größe zwischen 3 und 6 Wochenstunden.

→ Arbeitszeit (Lehrkräfte) Teil E Nr. 2.8

Hausbesuche

Hinweise der Redaktion

I. Allgemeines

Der Besuch von Lehrkräften im Haushalt der Erziehungsberechtigten (sogenannter „*Hausbesuch*") liegt im pflichtgemäßen dienstlichen Ermessen der einzelnen Lehrkraft und ist jeweils von der Einwilligung der Besuchten abhängig: Hausbesuche sind grundsätzlich mit den Erziehungsberechtigten zu vereinbaren (also nicht nur anzukündigen; ein selbstständiges Zutrittsrecht von Lehrkräften in den elterlichen Haushalt gibt es nicht).

→ Ermessen

Hausbesuche können sich z.B. als sinnvoll bzw. notwendig erweisen, wenn ein Zugang zu den Erziehungsberechtigten auf andere Weise nicht möglich ist oder eine sonstige Kontaktaufnahme nicht erfolgt, wenn also die Eltern weder in den „Elternabend" (Klassenpflegschaft) noch in die angebotene Sprechstunde kommen, im Interesse des Kindes jedoch ein Kontakt zwischen Schule und Elternhaus dringend erforderlich erscheint. Dies kann z.B. bei Erziehungs- bzw. Disziplinarproblemen oder bei Lern- und Leistungsstörungen geboten sein.

In den amtlichen Bildungsplänen sind Hausbesuche nicht verbindlich vorgeschrieben. Lediglich in den Bildungsplänen von Sonderschulen wird die Durchführung von Hausbesuchen teilweise vorausgesetzt, z.B. im Bildungsplan der Schule für Geistigbehinderte (S. 8): „*Hausbesuche der Lehrer und Mitarbeiter ... sind wesentliche Formen der Zusammenarbeit*" oder im Bildungsplan der Schule für Blinde (S. 32): „*Bei besonderen Umständen kann der Klas-*

senlehrer bzw. der Erzieher Hausbesuche durchführen". Im Bildungsplan der Förderschule wird unter Ziff. 9 bestimmt: *„Umgekehrt wird der Lehrer in Einzelfällen durch Hausbesuche, die im Einvernehmen mit den Eltern durchgeführt werden, Einsichten gewinnen, die der Individualisierung des Unterrichts dienen."*

In den seit 2004/05 neu eingeführten Bildungsplänen für die übrigen Schularten kommen Hausbesuche nicht (mehr) vor. Die Lehrkräfte sind unabhängig hiervon nach wie vor in ihrem pflichtgemäßen dienstlichen Ermessen frei, Hausbesuche durchzuführen.

II.
Reisekosten und Dienstunfallschutz

Führt eine Lehrkraft einen Hausbesuch durch, handelt es sich – unabhängig davon, ob er von der Schulleitung genehmigt wurde oder angeordnet wurde – um ein „Dienstgeschäft". Dienstunfallschutz bzw. Anspruch auf Sachkostenersatz (z.B. im Falle eines Wegeunfalls) sind also in jedem Fall gegeben.

Falls bei Hausbesuchen ein Reisekostenanspruch entsteht, ist zu dessen Befriedigung die (vorherige!) Anordnung bzw. Genehmigung durch die Schulleitung erforderlich. Ausnahme: Bei Hausbesuchen, die im Bildungsplan der Sonderschulen und Sonderschulkindergärten verbindlich vorgeschrieben sind, sind Anordnung oder Genehmigung der Dienstreise oder des Dienstganges nicht erforderlich, weil sich die Notwendigkeit dieser Reise aus dem Wesen des Dienstgeschäfts ergibt.

→ Reisekosten (Genehmigung)

Wir raten für **alle** Hausbesuche dringend an, bei der vorgesetzten Stelle (Schulleitung) vorher immer eine schriftliche Notiz über die Absicht zu hinterlegen, wann und bei wem ein solcher Besuch beabsichtigt ist: Es sollte z.B. im Falle eines Unfalls mit dem privateigenen Pkw an einem Nachmittag oder Abend außerhalb der üblichen Unterrichtszeit beweisbar sein, dass man sich nicht auf einer Fahrt zum Supermarkt, sondern zu den Eltern von Schulkindern und damit bei der Erledigung eines Dienstgeschäfts befunden hat.

→ Reisekosten (Gesetz – LRKG); → Reisekosten (Genehmigung); → Sachschäden; → Unfälle (Arbeits- und Dienstunfälle); → Beamtenversorgung (Unfallfürsorge)

Haushalt (Allgemeines – Budgetierung)
Hinweise der Redaktion auf die Rechtslage

1. Grundsätze

In Baden-Württemberg werden die Kosten für das pädagogische Personal (Lehrkräfte) der öffentlichen Schulen vom Land getragen, die Schulträger (Stadt oder Gemeinde, Kreis oder Land) sind für die Finanzierung der Sachkosten (einschließlich des nicht-pädagogischen Personals wie Hausmeister, Schulsekretärin, Putzkräfte usw.) zuständig.

→ Schulgesetz § 48

Um unabhängig von der Finanzkraft des einzelnen Schulträgers in allen Teilen des Landes eine ausreichende und gleichwertige materielle Ausstattung der öffentlichen Schulen sicherzustellen, erhalten die Schulträger vom Land jährlich einen festen Betrag je Schüler/in zur Finanzierung der sächlichen Schulkosten (Sachkostenbeitrag). Die Sachkosten für die Grundschulen und die die Fachschulen sind von den Schulträgern allein zu tragen. Diese Sachkostenbeiträge sind nicht unmittelbar zweckgebunden, sondern fließen dem Haushalt des jeweiligen Schulträgers zu, der selbstständig in seinem Haushaltsplan über die Finanzmittel für den Sachbedarf (Lern- und Lehrmittel, Bau und Unterhaltung, Mobiliar und Geräte) sowie für das nicht-pädagogische Personal (z.B. Hausmeister) jeder einzelnen Schule entscheidet.

→ Haushalt (Komm. Finanzausgleich) / (Sachkostenbeiträge)

Die Aufstellung der kommunalen Haushalte erfolgt nach einheitlichen Richtlinien. Der Einzelhaushalt für die Schule kann bei der Gemeinde- bzw. Stadtverwaltung eingesehen werden. Schulen (Schulleitungen) und Elternvertretungen sollten den „Einzelplan" ihrer Schule kennen.

2. Budgetierung

a)
Sachkosten

Viele Schulträger überlassen einen Teil dieser Mittel der Schule zur eigenen Bewirtschaftung („Budgetierung"). Dies bedeutet, dass die Schule in diesem Rahmen selbstständig Leistungen oder Waren bestellen und zur Zahlung anweisen kann. Mit Ausnahme einer Handkasse („Portokasse") erfolgen Zahlungen jedoch in der Regel nach wie vor über die Kasse des Schulträgers.

Rechtsgrundlage hierfür ist Schulgesetz § 48 Abs. 2: *„Der Schulträger errichtet und unterhält die Schulgebäude und Schulräume, stellt die sonstigen für die Schule erforderlichen Einrichtungen und Gegenstände zur Verfügung, beschafft die Lehr- und Lernmittel und bestellt die Bediensteten, die nicht im Dienst des Landes stehen. Der Schulträger soll dem Schulleiter die zur Deckung des laufenden Lehrmittelbedarfs erforderlichen Mittel zur selbstständigen Bewirtschaftung überlassen."*

→ Haushalt (Kassenführung)

Haushalt (Allgemeines – Budgetierung)

Das Kultusministerium hat hierzu mitgeteilt:
1. *Die Budgetierung erfolgt auf der Grundlage von § 48 Abs. 2 SchG. Das Kultusministerium beabsichtigt derzeit nicht, zusätzliche Regelungen zu erlassen.*
2. *Die Zuständigkeit des Schulleiters soll auf die Beschaffung und Unterhaltung der mit dem Unterricht zusammenhängenden Gegenstände sowie auf Vorgänge des laufenden Schulbetriebs begrenzt bleiben. Hingegen soll sich die Budgetverantwortung nicht auf Baumaßnahmen und -unterhaltung sowie auf Personalbewirtschaftung erstrecken. Weitergehende Zuständigkeitsübertragungen sollen nur im Einzelfall versuchsweise erfolgen. Die Absprache über den Umfang erfolgt vor Ort zwischen Schulleiter und Schulträger.*
3. *Der Schulleiter handelt bei der Bewirtschaftung der Mittel für den Schulträger. Gegenüber dem Schulträger ist der Schulleiter verantwortlich. Es bedarf einer konkreten Ermächtigung des Schulleiters.*
4. *Seitens des Schulträgers können im Rahmen der kommunalen Organisationshoheit vor Ort Kontrollmechanismen geschaffen werden; die für den Schulträ-*

ger geltenden haushaltsrechtlichen Prüfungsbestimmungen finden Anwendung.
Quelle: KM, 25. Juli 1997 (AZ: III/2-6432.20/15)

Zur Beschaffung der Lernmittel und zum Buchpreisbindungsgesetz bitte den Beitrag → Lernmittelfreiheit (Allgemeines) Teil B beachten.

b)
Personalkosten

Ab dem Schuljahr 2009/10 (im Rahmen der noch nicht besetzten Lehrerstellen) bzw. endgültig ab 2010/11 erhalten die Schulen im Rahmen einer „Personalausgabenbudgetierung" die Möglichkeit, für einen Teil der Lehrerwochenstunden zwischen der traditionellen Zuweisung der notwendigen Lehrerwochenstunden oder der Zuweisung von Haushaltsmitteln zu wählen. Im Rahmen des Budgets können sie z.B. Lehrkräfte oder sonstiges geeignetes Personal einstellen oder Verträge über die Wartung der Unterrichtscomputer bzw. schulischer Netzwerke abschließen

→ Haushalt (Personalausgabenbudgetierung)

3.
Beteiligungsrechte der Konferenzen

a)
Anforderung der Haushaltsmittel

Jede Schule sollte ihr Recht wahrnehmen, beim Schulträger die Aufnahme der von ihr benötigten Mittel in dessen Haushaltsplan zu beantragen. Diesen Antrag muss die Schule rechtzeitig vor der Haushaltsberatung im Beschlussgremium (Stadt- oder Gemeinderat) beim Schulträger einreichen. Dabei sollten vor allem Abweichungen von den vorhergehenden Haushaltsplänen begründet werden, vor allem wenn höhere oder zusätzliche Aufwendungen als üblich notwendig sind.

In Orten mit mehreren Schulen sollten sich die Schulen untereinander abstimmen (ggf. über die Geschäftsführenden Schulleiter/innen), um ein gemeinsames Vorgehen zu ermöglichen und um zu verhindern, dass die verschiedenen Schulen bzw. Schularten gegeneinander ausgespielt werden.

Über diese „Anforderung von Haushaltsmitteln gegenüber dem Schulträger" entscheidet die Schulkonferenz. Die Schulleitung muss also einen Beschluss der Schulkonferenz hierüber herbeiführen, bevor sie einen solchen Antrag an den Schulträger richtet. Dies muss in einer ordnungsgemäßen Sitzung erfolgen (schriftliche Abstimmungen im Umlaufverfahren sind nicht zulässig).

→ Schulgesetz § 47 Abs. 3 Nr. 7; → Schulkonf.VO § 7
Die Gesamtlehrerkonferenz kann der Schulkonferenz hierzu Anregungen und Empfehlungen geben.
→ Konferenzordnung § 2 Abs. 2

Es ist deshalb sinnvoll, dass die Schulleitung, die beim Schulträger einen Haushaltsantrag einreichen will, folgendes Verfahren einhält:

1. Schritt
Die Schulleitung holt bei den Lehrkräften bzw. den Fachkonferenzen deren Wünsche und Vor-

schläge für die Mittel-Anforderung ein (hierzu ist die Beratung und Beschlussfassung in den Fach- und/oder Klassenkonferenzen sinnvoll).

2. Schritt
Die Schulleitung (alternativ oder ergänzend auch ein von der GLK eingesetzter „Haushaltsausschuss") entwirft unter Berücksichtigung dieser Vorschläge einen Entwurf für den Haushaltsantrag und bringt ihn in die Gesamtlehrerkonferenz ein.

3. Schritt
Die Gesamtlehrerkonferenz beschließt auf dieser Basis eine Empfehlung an die Schulkonferenz.

4. Schritt
Die Schulkonferenz beschließt den Haushaltsantrag, der anschließend von der Schulleitung an den Schulträger übermittelt wird (Einladungsfrist mindestens eine Woche). → SchulkonferenzVO § 5
Es ist geboten, den jeweiligen Entwurf den Mitgliedern der GLK bzw. der Schulkonferenz spätestens zusammen mit der Einladung zur Sitzung zu übermitteln, damit eine sachgerechte Behandlung möglich ist.

b) Verteilung der Haushaltsmittel
(schulinterner Haushalt)

Nach dem Beschluss des Stadt- bzw. Gemeinderats über den Haushalt (ggf. auch schon im Vorgriff darauf) weist der Schulträger der Schule jene Mittel zu, über die sie im Rahmen der Budgetierung selbständig entscheiden darf.

Die Schule (Schulleitung) kann diese jedoch erst verwenden, nachdem die Gesamtlehrerkonferenz hierüber beschlossen hat: Laut § 2 Abs. 1 Nr. 7 der Konferenzordnung „berät und beschließt" (!) die Gesamtlehrerkonferenz über die „Verwendung der der Schule zur Verfügung gestellten Haushaltsmittel im Rahmen ihrer Zweckbestimmung". Damit stellt die

Gesamtlehrerkonferenz sozusagen einen „schulinternen Haushaltsplan" auf.

Die Gesamtlehrerkonferenz muss sich hierbei an die vom Schulträger verfügte Zweckbestimmung der einzelnen Haushaltstitel halten. Wenn der Schulträger eine „gegenseitige Deckungsfähigkeit" der einzelnen Haushaltsposten genehmigt hat, erlischt damit diese grundsätzliche Zweckbindung nicht; es wird aber für die Bewirtschaftung der Mittel eine größere Flexibilität ermöglicht (z.B. wenn sich im Verlauf des Haushaltsvollzuges Haushaltsreste ergeben).

(Quelle: LT-Drucksache 12/2643)

Zu diesem Beschluss der GLK ist die Schulkonferenz anzuhören (→ Schulgesetz § 47 Abs. 4 Nr. 1 b). Hieraus ergibt sich zwingend folgendes Verfahren:

1. Schritt

Die GLK berät über den Haushalt der Schule.

2. Schritt

Die Schulleitung beruft die Schulkonferenz ein und informiert sie über das Beratungsergebnis der GLK. Die Schulkonferenz kann (muss nicht) hierzu eine Stellungnahme abgeben.

3. Schritt

Die Schulleitung informiert die GLK über die Stellungnahme der Schulkonferenz. Danach entscheidet die GLK abschließend über „*die Verwendung der der Schule zur Verfügung gestellten Haushaltsmittel im Rahmen ihrer Zweckbestimmung*".

Wenn die GLK beim ersten Schritt einen Vorbehaltsbeschluss fasst („*vorbehaltlich der Anhörung der Schulkonferenz*"), so kann der dritte Schritt entfallen, falls die Schulkonferenz beim zweiten Schritt keine Einwände gegen den Entwurf erhebt.

An vielen Schulen erfolgt – unbeschadet der Letztverantwortung der Schulleitung gem. § 41 Schulgesetz – im Rahmen des von der GLK gesetzten Rahmens noch eine weitere Delegation von schulinternen Haushaltsentscheidungen auf die Ebene der Schulstufen, Abteilungen oder Fachbereiche. In diesem Fall wird der jeweiligen Ebene ein bestimmtes Budget zur Verfügung gestellt, über dessen Verwendung sie – unter Beteiligung der zuständigen Konferenz – selbstständig entscheidet (z.B. Einführung neuer Lernmittel oder Beschaffung von Lehrmitteln bzw. Arbeitsmaterialien durch die Fachkonferenz).

Hierzu bitte auch die Ausführungen im Beitrag
→ Haushalt (Kassenführung und Schulkonten) beachten.

→ Gebühren; → Haushalt (Kassenführung und Schulkonten); → Haushalt (Kommunaler Finanzausgleich); → Haushalt (Personalausgabenbudgetierung); → Haushalt (Sachkostenbeiträge); → Konferenzordnung § 2 Abs. 1 Nr. 7;
→ Schulgesetz §§ 41, 47 Abs. 4 Nr. 1 b, 48

Haushalt (Gebühreneinzug)

Das Innenministerium hat uns zu dieser Frage am 6.6.1997 (Nr. 2-2243/15) mitgeteilt:

Für die Erhebung von Gebühren durch die Schulen gibt es zwei gesetzliche Grundlagen. In Nr. 6 der VwVGemKVO zu § 1 Gemeindekassenverordnung (GemKVO) wird zwischen inneren und äußeren Schulangelegenheiten unterschieden. Kassengeschäfte, die im Zusammenhang mit inneren Schulangelegenheiten stehen, gehören zum Verantwortungsbereich des Landes. Deshalb gilt hier das Landesgebührengesetz ... mit der Verordnung der Landesregierung über die Festsetzung der Gebührensätze für Amtshandlungen der staatlichen Behörden ... und das Gebührenverzeichnis als Anlage der genannten Verordnung.

Für die äußeren Schulangelegenheiten, zu denen insbesondere die Erhebung von Verwaltungs- und Beglaubigungsgebühren gehört, ist die Gemeindekasse zuständig. In diesem Fall ist § 8 Kommunalabgabengesetz (KAG) ... die Ermächtigungsgrundlage. Nach § 2 Abs. 1, Satz 1 KAG werden die Kommunalabgaben aufgrund einer Satzung erhoben, die nähere Regelungen enthält. Hierzu hat der Gemeindetag BW ein Satzungsmuster mit möglichem Gebührenverzeichnis herausgegeben.

Da die in den Schulen eingerichteten Zahlstellen Teile der Gemeindekasse sind, gelten auch hier die kassenrechtlichen Vorschriften über die Abwicklung des Zahlungsverkehrs. Außerdem kann der Bürgermeister weitere Anordnungen z.B. durch eine Dienstanweisung treffen (§ 3 GemKVO). Dabei sind besonders zu nennen:

Einnahmen können dem praktischen Bedürfnis entsprechend bar oder unbar bewirkt werden (§§ 12, 42 Nr. 1 GemKVO). Die Erteilung einer Quittung ist in § 14 GemKVO zwingend vorgeschrieben. Die Pflicht, mit der Gemeindekasse abzurechnen, ergibt sich letztlich aus dem Umstand, dass die Zahlstelle in der Schule zwar Kassengeschäfte eigenständig wahrnehmen kann, aber als Teil der Gemeindekasse keine selbstständige Kasse ist.

Hinweis der Redaktion: Ein Auszug aus der Gemeindekassenverordnung ist als Nr. 2 im Beitrag → Haushalt (Kassenführung und Schulkonten) abgedruckt.

→ Beglaubigungen; → Gebühren; → Haushalt (Allgemeines – Budgetierung); → Haushalt (Kassenführung); → Haushalt (Kommunaler Finanzausgleich); → Haushalt (Sachkostenbeiträge); → Sponsoring; → Schulgesetz §§ 23, 41, 48

Haushalt (Kassenführung und Schulkonten)

Hinweise der Redaktion auf die Rechtslage

1. Allgemeines

An den öffentlichen Schulen kommt es in einer Vielzahl von Fällen zum Umgang mit Geld in barer oder unbarer Form. Hierfür einige Beispiele:

1. Im Rahmen der „Budgetierung" bewirtschaftet die Schule (Schulleitung) einen Teil der Haushaltsmittel, die ihr der Schulträger für sächliche Ausgaben zur Verfügung stellt, selbstständig.
→ Haushalt (Allgemeines – Budgetierung);
→ Schulgesetz § 48,2
2. Auf dem Schulsekretariat wird für kleinere Ausgaben (z.B. Frankieren der Schulpost) eine „Portokasse" als Bar-Kasse geführt. Hier werden auch die Bar-Einnahmen aus der Herstellung von Beglaubigungen und Zeugnis-Kopien verbucht.
→ Beglaubigungen; → Gebühren; → Haushalt (Gebühreneinzug durch Schulen)
3. Einer Schule fließen Sach- oder Bar-Mittel von Dritten zu (z.B. Spende des Schulfördervereins).
→ Haushalt (Kassenführung); → Sponsoring;
→ Schulfördervereine
4. Bei einem Schulfest oder einer Schüler-Disco gibt es bare Einnahmen und Ausgaben (z.B. Kauf und Verkauf von Speisen und Getränken, Eintrittsgelder, Erlös einer Tombola; Gebühr an die GEMA).
→ Schülermitverantwortung §§ 19-20; → Urheberrecht (GEMA); zu Tombolas siehe → Werbung Ziff. 2.2
5. Eine Schulklasse spart in einer „Klassenkasse" Geld für klasseninterne Unternehmungen an (z.B. Eigenbeiträge der Schüler/innen bzw. der Eltern für einen Schullandheimaufenthalt, Einnahmen aus einem Klassenfest, Zuschuss des Fördervereins).
→ Außerunterrichtliche Veranstaltungen
6. Die Klassenlehrer/innen sammeln im Rahmen der freiwilligen Schüler-Zusatzversicherung die Prämien für Schüler/innen bzw. der Erziehungsberechtigten ein, die Schule sammelt und überweist den Gesamtbetrag an die Versicherung.
→ Schüler-Zusatzversicherung Nr. II.2
7. Mehrere Lehrkräfte einer Schule reichen Reisekostenabrechnungen für außerunterrichtliche Veranstaltungen (Jahresausflüge) ein. Die Zahlstelle bittet zur Vereinfachung der Zahlungsvorgänge um Angabe eines gemeinsamen Kontos („Schulkonto"), wohin der Gesamtbetrag überwiesen werden soll, den die Lehrkräfte dann unter einander aufteilen.
→ Außerunterrichtliche Veranstaltungen;
→ Reisekosten (Gesetz – LRKG)
8. Die Lehrkräfte einer Schule haben eine „Freud- und Leid-Kasse" eingerichtet; aus ihr werden der Geburtstags-Blumenstrauß oder das Abschiedsgeschenk für ausscheidende Lehrkräfte finanziert.
9. Die Lehrkräfte einer Schule führen ihren „Betriebsausflug" mit einem Busunternehmen durch, besichtigen ein Museum und gehen gemeinsam essen. Dafür entrichten sie an den stellvertretenden Schulleiter, der den Ausflug organisiert und die Rechnungen überweist, einen fes-ten Betrag. Der Überschuss kommt in die „Freud- und Leid-Kasse".
→ Betriebsausflüge

Rechtliche Bewertung

a)

Für die Fälle 1 bis 6 ist die Verwaltungsvorschrift des Innenministeriums zur Anwendung der Gemeindekassenverordnung einschlägig (s.u.). Dabei gehören die Fälle
- 1 und 2 zu den „äußeren Schulangelegenheiten",
- 3 bis 5 zu den „inneren Schulangelegenheiten".

In Fall 3 gilt: Fließen einer Schule Sach- oder Bar-Mittel von Dritten zu (z.B. Spenden eines Schulfördervereins), so handelt es sich – auch dann, wenn diese Mittel auf einem gesonderten Schulkonto geführt werden – um Einnahmen im Rahmen des Haushalts der Schule. Über die Verwendung dieser Mittel entscheidet die Schule durch Beschluss der Gesamtlehrerkonferenz nach Anhörung der Schulkonferenz. Dies gilt auch dann, wenn die Schule dem Spender (z.B. dem Förderverein) eine „Wunschliste" von Anschaffungen oder Vorhaben übermittelt, die aus den Spendenmitteln finanziert werden sollen.

Soweit Spenden zweckgebunden sind, ist diese Zweckbindung zu beachten; ggf. muss eine Spende von der Schule abgelehnt werden.
→ Haushalt (Kassenführung); → Konferenzordnung § 2 Abs. 1 Nr. 7; → Schulgesetz § 47; → Schulfördervereine; → Sponsoring

Wenn in Fall 4 die Schülermitverantwortung als Organisator der Schüler-Disco auftritt, so handelt es sich doch um eine Schulveranstaltung, bei der die Schule, vertreten durch die Schulleitung, z.B. für die Gebührenzahlung an die GEMA haftet.

Wenn in Fall 5 eine Lehrkraft die Gelder einsammelt und verwahrt, so hat sie beim Umgang mit diesem fremden Eigentum „nur für diejenige Sorgfalt einzustehen, welche sie in eigenen Angelegenheiten anzuwenden pflegt" (BGB § 690). Bei Verlust oder Diebstahl tritt eine Amtshaftung nur bei Vorsatz oder Fahrlässigkeit ein.

Bitte hierzu auch die Beiträge unter → Sponsoring und → Schulfördervereine beachten.

Haushalt (Kassenführung und Schulkonten)

Bei Fall 6 nimmt die Schule im Auftrag des KM eine Aufgabe für Dritte wahr; eine eindeutige Zuordnung zu „äußeren" oder „inneren" Schulangelegenheiten erscheint hier nicht möglich.

b)
Bei Fall 7 handelt es sich um persönliche Erstattungsansprüche der Lehrkräfte nach dem Landesreisekostengesetz. Diese können grundsätzlich nur durch Zahlung an die Betroffenen selbst erfüllt werden. Es ist daher nicht zulässig, dass vorgesetzte Behörden die Schulen auffordern, ein Schulkonto einzurichten, damit aus Gründen der Verwaltungsvereinfachung die Reisekosten von Lehrkräften gesammelt dorthin überwiesen werden können. Denkbar wäre ein solches Erstattungsverfahren nur, wenn sich alle betroffenen Lehrkräfte zuvor schriftlich damit einverstanden erklärt haben.
(Quelle: KM, 7.3.2000, Nr. 12-0442.21/20)
→ Außerunterrichtliche Veranstaltungen (Hinweise)

c)
Bei Fall 8 und 9 liegt trotz des äußeren dienstlichen Anlasses eine privatwirtschaftliche Betätigung vor.

2. Kassenführung (Gemeindekassenverordnung – VwV-GemKVO)

Auszug aus der VwV des IM zur Anwendung der Gemeindekassenverordnung – Zu § 1 Nr. 6 – vom 2. Juni 1992 (GABl. S. 511/1992) – 1999 formal außer Kraft getreten, inhaltlich aber weiter relevant

Die Gemeindekasse hat die Kassengeschäfte der Schulen, deren Träger die Gemeinde ist, zu erledigen, soweit sie mit den dem Schulträger obliegenden Schulangelegenheiten (äußere Schulangelegenheiten) zusammenhängen. Dazu gehören insbesondere Kassengeschäfte im Zusammenhang mit
- der Bewirtschaftung des Schulgebäude und sonstigen Schuleinrichtungen, der Vermietung von Schulräumen, der Beschaffung von Lehr- und Lernmitteln, dem Ersatz für Lernmittel, der Erhebung von Verwaltungs- und Beglaubigungsgebühren oder Schulgeld, Stiftungen oder Schenkungen (§ 48 Abs. 2 des Schulgesetzes),
- der Abwicklung der Schülerbeförderungskosten (§ 18 des Finanzausgleichsgesetzes – FAG),
- Aufwendungen des Schulträgers beim Schulveranstaltungen außerhalb des Lehrplans, z.B. bei Sportfesten, Theater- und Konzertaufführungen, Ausstellungen u.Ä. sowie Ersätze dafür.

Kassengeschäfte, die im Zusammenhang mit inneren Schulangelegenheiten stehen, z.B. Kassengeschäfte im Zusammenhang mit lehrplanmäßigen Veranstaltungen, Schullandheimaufenthalten, Studienfahrten, Exkursionen sowie Vorbereitungskosten zur Ablegung von Meisterprüfungen, gehören zum Verantwortungsbereich des Landes. Kassengeschäfte für innere Schulangelegenheiten werden über Konten der Schule abgewickelt, die vom Schulleiter oder von den Lehrern verwaltet werden, sofern sie nicht nach § 2 GemKVO im Einvernehmen mit dem Schulleiter durch die Gemeindekasse erledigt werden. Mit einer Erledigung durch die Gemeindekasse sind keine über die Vorschrift der GemKVO hinausgehenden Verpflichtungen der Gemeinde (z.B. Abdeckung von Fehlbeträgen) verbunden.

→ Gebühren; → Sponsoring; → Schulfördervereine

Auf die Möglichkeit, zur Abwicklung von Kassengeschäften bei den Schulen Zahlstellen einzurichten (§ 3) und Handvorschüsse zu gewähren (§ 4), wird hingewiesen. Werden Zahlstellen eingerichtet, sollten die notwendigen Einzelheiten in einer Dienstanweisung geregelt werden.

3. Die Position des Kultusministeriums zur Führung von Schulkonten

Das Kultusministerium hat in einem Schreiben vom 7.3.2000 (Nr. 12-0442.21/20) betont: Aus der Bestimmung der VwV-GemKVO (s.o.), dass Kassengeschäfte, die zu den inneren Schulangelegenheiten gezählt werden, über Konten der Schule abgewickelt werden, lasse sich nicht ableiten, dass Schulen als rechtlich unselbstständige Anstalten ohne weiteres ein Konto einrichten können. Es sei nur möglich, ein sogenanntes Treuhandkonto durch den Schulleiter oder eine Lehrkraft zu führen. Vorgegebene Regeln und Kriterien dazu bestünden nicht.

Das KM hat zur Klarstellung die VwV → Außerunterrichtliche Veranstaltungen wie folgt ergänzt: *„Die Kostenbeiträge der Schülerinnen, Schüler und Eltern sowie die sonstigen Einnahmen im Zusammenhang mit den außerunterrichtlichen Veranstaltungen werden von der beauftragten Lehrkraft verwaltet. Die Einnahmen und Ausgaben sollen über ein zweckgebundenes Treuhandkonto abgewickelt werden. Eine zeitnahe Prüfung des Nachweises über die ordnungsgemäße Mittelverwendung ist durch die Schulleitung sicherzustellen."*

Mehr wollte das KM in diesem Bereich nicht regeln. Das KM räumt zwar ein, dass sich die Praxis an den Schulen zum Teil in einem gewachsenen, rechtlich allerdings nicht geregelten Bereich bewege. Diese von Schule zu Schule verschiedene Praxis werde von den Beteiligten jedoch akzeptiert und habe sich alles in allem bewährt. Das KM räumt ferner ein, dass eine klare Lösung der Probleme am ehesten durch die Einrichtung einer staatlichen Zahlstelle an den Schulen erreicht werden könnte. Dies hätte aber mit Blick auf die formalen Erfordernisse des staatlichen Haushalts- und Kassenrechts weitgehende Konsequenzen sowohl in verwaltungsmäßiger als auch personeller Hinsicht. Eine dahingehende Lösung erscheine vor allem im Interesse der Schulen und ihrer Aktivitäten weder sinnvoll noch praktikabel.

4.
Empfehlungen der Redaktion zur Kassen- und Kontoführung

Ein Grund für diese Zurückhaltung des KM liegt darin, dass die Kreditinstitute in aller Regel nur Privatkonten einrichten (z.B. auf den Namen des Rektors), nicht jedoch „Betriebskonten" auf den Namen der Schule. Damit bleiben z.B. folgende Probleme ungelöst:
- Wer trägt die Gebühren für die Kontoführung?
- Wie sind eventuelle Zinserträge zu behandeln?
- Wie ist die Zinsabschlagssteuer von den privaten Verpflichtungen des Kontoinhabers zu trennen?

Diese Fragen müssen deshalb von den Schulen „praxisnah" in eigener Verantwortung gelöst werden. Dabei gilt: „Schwarze Kassen" darf es nicht geben.

Wir empfehlen vor diesem Hintergrund den Schulen, für die Abwicklung aller Finanzvorgänge auch im Bereich der „inneren Schulangelegenheiten" nach Möglichkeit und in Absprache mit dem Schulträger das sogenannte „Schulkonto" nach der Gemeindekassenverordnung zu verwenden. Durch die Einrichtung von Unterkonten kann eine saubere Trennung und Abwicklung der verschiedenen Fälle erfolgen. Zumindest bei allen Schulveranstaltungen, bei denen der Schulträger durch Aufwendungen mitbeteiligt ist (Schulveranstaltungen außerhalb des Lehrplans, z.B. Sportfeste, Theater- und Konzertaufführungen, Ausstellungen u.Ä.) oder auch bei der Abwicklung der Schüler-Unfallversicherung wird dies in vielen Fällen problemlos möglich sein.

Wo dies nicht möglich ist, muss auf die vom KM erwähnten „Treuhandkonten" zurückgegriffen werden (s.o. unter Nr. 3). Dabei tragen allerdings die beteiligten Lehrkräfte bzw. Schulleiter das private Risiko und – soweit diese Kosten nicht umgelegt werden können – die Kosten (Gebühren usw.).

5.
Empfehlungen der Redaktion für außerunterrichtliche Veranstaltungen

Wir empfehlen, die Mittel für einen Schullandheimaufenthalt, eine Studienfahrt o.ä. stets langfristig auf einem hierfür speziell eingerichteten Konto anzusparen. Meistens wird hierfür ein Sparbuch bei einer Bank oder Sparkasse eingerichtet. Je nach Höhe der angesparten Beträge (bei 30 Schülern à 100 Euro kommen bereits 3.000 Euro zusammen) sind die Geldinstitute gern bereit, einen höheren Zinssatz zu vereinbaren, denn durch die Terminbindung handelt es sich um eine Festgeldanlage. Bei allen privatwirtschaftlichen Konten sind auch die steuerlichen Vorschriften zu beachten (Zinsabschlagssteuer).

Viele Geldinstitute beraten nicht nur bei der Führung der Klassenkonten zur Vorbereitung von außerunterrichtlichen Veranstaltungen – oft stocken sie sogar dieses Konto noch durch einen Zuschuss auf. Fragen lohnt sich. Bitte dabei jedoch beachten: Die Institute erwarten für ihre Mithilfe in der Regel auch eine Gegenleistung, z.B. eine Liste mit den Namen und Anschriften der Schüler/innen. Das geht – wegen des Datenschutzes – nur mit Einwilligung der Erziehungsberechtigten.

In der Regel wird das Konto als „Treuhandkonto" (s.o.) von der Lehrkraft eingerichtet, die die Veranstaltung leitet. Es lautet dann auf den Namen dieser Lehrkraft (z.B. „Emil Müller, Sonderkonto der Klasse 7a"). Es sollte dabei darauf geachtet werden, dass die Zinserträge nicht auf den „privaten" Freistellungsbescheid der Lehrkraft angerechnet werden, sondern das Geldinstitut die Zinsabschlagssteuer für das Konto separat abrechnet (dies erfolgt immer zum Jahresende). Eine Vermischung mit den Privatgeschäften der Lehrkraft muss konsequent vermieden werden; keinesfalls sollten deshalb Zahlungen über private Konten der Lehrkraft laufen. Auch wenn es umständlich ist: Wer mit seiner privaten Kreditkarte irgendwelche Zahlungen für die Klasse leistet und das Geld dann später wieder der Klassenkasse entnimmt, schafft einen finanziellen Transfer-Vorgang, der im Streitfall später problematisch erscheinen kann.

Da es sich hierbei um Gelder der Erziehungsberechtigten – bzw. bei volljährigen Schüler/innen um deren Eigentum – handelt (dies sind keine Mittel oder Einnahmen der Schule), ist den Erziehungsberechtigten/Eigentümern hierüber nach Abschluss der Reise Rechenschaft zu legen (auch aus diesem Grund ist eine Vermischung mit den privaten Konten höchst problematisch). Dies kann z.B. anlässlich einer Klassenpflegschaftssitzung oder durch einen schriftlichen Bericht erfolgen. Es empfiehlt sich, schon zu Beginn der Planungsarbeiten (im ersten Rundschreiben an die Eltern) festzulegen, was mit einem eventuellen Überschuss geschehen soll (z.B. Überführung in die normale „Klassenklasse" oder Zuwendung an den Schulförderverein).

Es sollte stets ein Elternteil bzw. ein/e volljähriger Schüler/Schülerin als „Rechnungsprüfer" bestimmt und mit diesem die Schlussabrechnung durchgesprochen werden. Diese Person sollte auch von Anfang an mit einer Zeichnungsberechtigung für das Klassenkonto ausgestattet werden. Zu beachten ist auch, dass bei solchen Treuhandkonten eine „zeitnahe Prüfung des Nachweises über die ordnungsgemäße Mittelverwendung durch die Schulleitung sicherzustellen" ist.

Deshalb und da es immer wieder einmal vorkommt, dass – bisweilen auch längere Zeit nach Abschluss einer Reise – Auseinandersetzungen mit Beherbungsbetrieben, Verkehrsunternehmen, einzelnen Eltern usw. stattfinden und auch die Endabrechnung des Klassenkontos (z.B. wegen der Zinsabrechnungen) mit Verzögerung erfolgt, ist dringend anzuraten, alle Unterlagen über die finanzielle Abwicklung mindestens fünf Jahre nach Abschluss der Reise aufzubewahren (zweckmäßigerweise in der Schule / Sekretariat; dies gilt auch dann, wenn das Konto von Eltern geführt wurde). Die eleganteste und transparenteste Form der Abrechnung ist im Übrigen, dass das Konto von der Elternvertretung der Klasse eingerichtet und verwaltet wird. Die Lehrkraft braucht dann nur die Zahlungsbelege für alle von ihr getätigten Auslagen dort einzureichen (bzw. erhält für die Reise selbst einen Kassenvorschuss) und hat darüber hinaus mit der Kontoführung und Rechnungslegung nichts zu tun. Wo immer Eltern(vertreter) vorhanden sind, die eine solche Aufgabe übernehmen wollen, sollte dieser Weg gewählt werden. Allerdings sollte auch hier konsequent das „Vier-Augen-Prinzip" beachtet und eine gemeinsame Zeichnungsberechtigung vorgesehen werden.

→ Außerunterrichtliche Veranstaltungen; → Gebühren; → Elternbeiratsverordnung § 28 Nr. 9b; → Haushalt (Allgemeines – Budgetierung); → Haushalt (Personalausgabenbudgetierung); → Sponsoring; → Schulfördervereine

Haushalt (Kommunaler Finanzausgleich)

Auszug aus dem Gesetz über den kommunalen Finanzausgleich (Finanzausgleichsgesetz – FAG) in der Fassung vom 1.1.2000 (GBl. S. 14/2000); zuletzt geändert 1.3.2010 (GBl. S. 265/2010)

§ 15
Schullastenverteilung

(1) Das Land trägt die persönlichen Kosten für die in seinem Dienst stehenden Lehrer an den öffentlichen Schulen nach § 2 Abs. 1 Nr. 1 des Schulgesetzes für Baden-Württemberg.

(2) Die Schulträger tragen die übrigen Schulkosten; ihnen verbleiben die Schulgeldeinnahmen.

(3) Zu den persönlichen Kosten gehören insbesondere Besoldungs- und Versorgungsbezüge, Vergütungen, Stellvertretungskosten, Beihilfen, Unterstützungen, Reise- und Umzugskostenvergütungen einschließlich Trennungsgeld, Übergangsgelder, Unterhaltsbeiträge, Beiträge zur Sozialversicherung und zur zusätzlichen Alters- und Hinterbliebenenversorgung. ...

§ 17
Sachkostenbeitrag

(1) Die Schulträger der unter § 4 Abs. 1 des Schulgesetzes für Baden-Württemberg fallenden öffentlichen Schulen erhalten für jeden Schüler einen Beitrag zu den laufenden Schulkosten (Sachkostenbeitrag). Dies gilt nicht für Schüler, die eine Grundschule oder eine Fachschule besuchen.

(2) Die Höhe des Sachkostenbeitrags wird ... so bestimmt, dass ein angemessener Ausgleich der laufenden Schulkosten geschaffen wird. Der Sachkostenbeitrag kann für jede Schulart, jeden Schultyp, jede Schulstufe sowie für Schulen mit Voll- und Teilzeitunterricht verschieden hoch festgesetzt werden. Er darf den Landesdurchschnitt der laufenden Kosten für einen Schüler nicht übersteigen. ...

→ Haushalt (Sachkostenbeiträge)

§ 18
Schülerbeförderungskosten

(1) Die Stadt- und Landkreise erstatten den Trägern öffentlicher Schulen und privater Ersatzschulen, für die das Kultusministerium oberste Schulaufsichtsbehörde ist, dem Träger der Europäischen Schule in Karlsruhe, den Trägern öffentlicher und privater Grundschulförderklassen und Schulkindergärten sowie den Wohngemeinden, wenn Schüler öffentliche oder private Schulen außerhalb Baden-Württembergs besuchen, die notwendigen Beförderungskosten. Satz 1 gilt nicht für Träger von Fachschulen. Maßgebend für die Zuordnung einer Schule zu einem Stadt- oder Landkreis ist der Schulort. Abweichend hiervon tragen die Stadt- und Landkreise die ihnen als Schulträger entstehenden Beförderungskosten selbst.

(2) Die Stadt- und Landkreise können durch Satzung bestimmen

1. Umfang und Abgrenzung der notwendigen Beförderungskosten einschließlich der Festsetzung von Mindestentfernungen;

2. Höhe und Verfahren der Erhebung eines Eigenanteils oder der Gewährung eines Zuschusses;

3. Pauschalen oder Höchstbeträge für die Kostenerstattung sowie Ausschlussfristen für die Geltendmachung von Erstattungsansprüchen;

4. Verfahren der Kostenerstattung zwischen Schülern beziehungsweise Eltern und Schulträger sowie zwischen Schulträger und Stadt- beziehungsweise Landkreis.

Abweichend von Nr. 3 können bei Schülern von Sonderschulen keine Höchstbeträge bestimmt werden. Übersteigen bei diesen Schülern die Beförderungskosten 2.600 Euro im Schuljahr, kann der Stadt- oder Landkreis den übersteigenden Betrag zu 75 vom Hundert von dem Stadt- oder Landkreis geltend machen, in dem der Schüler wohnt.

(3) Die Stadt- und Landkreise erhalten für die Kostenerstattung nach Absatz 1 pauschale Zuweisungen. ...

→ Schülerbeförderung

§ 18 a
Grundschulförderklassen, Schulkindergärten

(1) Auf die persönlichen Kosten des Landes für die in seinem Dienst stehenden Lehrer und Erzieher an Grundschulförderklassen und Schulkindergärten, die von einer Gemeinde, einem Landkreis oder einem Zweckverband unterhalten werden, findet § 15 Abs. 3 Anwendung.

(2) § 17 gilt entsprechend für Kinder in Grundschulförderklassen und Schulkindergärten, die von einer Gemeinde, einem Landkreis oder einem Zweckverband unterhalten werden.

§ 19
Schullastenausgleich für Schüler der Grundschulen

(1) Besucht ein Schulpflichtiger aufgrund von § 76 Abs. 2 Satz 3 SchG die Grundschule eines anderen Schulträgers als desjenigen, in dessen Gebiet er wohnt, so hat der für den Wohnort zuständigen Schulträger nach Satz 2 einen Beitrag zu den laufenden Schulkosten zu leisten, wenn die Schulträger nichts Abweichendes vereinbaren. Die Höhe dieses Beitrags wird ... so bestimmt, dass ein angemessener Ausgleich der laufenden Schulkosten geschaffen wird. ...

Hinweis der Redaktion: Dieser Beitrag beläuft sich laut § 4 der Schullastenverordnung auf 200 Euro jährlich, soweit die Schulträger nichts Abweichendes vereinbaren.

→ Haushalt (Allgemeines – Budgetierung); → Haushalt (Personalausgabenbudgetierung); → Haushalt (Sachkostenbeiträge); → Lernmittelfreiheit; → Schülerbeförderung; → Schulgesetz §§ 27-31, § 48, § 76; §§ 93-94; → Verfassung Art. 14 Abs. 2

Haushalt (Personalausgabenbudgetierung – PAB)

Verwaltungsvorschrift des Kultusministeriums zur Personalausgabenbudgetierung (PAB) an Schulen einschließlich Schulkindergärten (VwV-PAB) vom vom 29.10.2010 (KuU S. 196/2010)

1.
Mittel statt Stellen

Den Schulleitungen der öffentlichen Schulen des Landes Baden-Württemberg wird zur weiteren Stärkung der Eigenständigkeit und Eigenverantwortung im Rahmen der in § 6 b StHG festgelegten Grundsätze die Möglichkeit eingeräumt, auf Antrag anstelle der der Schule nach der Verwaltungsvorschrift ... → Organisationserlass ... zugewiesenen Lehrerwochenstunden Haushaltsmittel zu erhalten. Die zugewiesenen Haushaltsmittel bilden das Budget einer Schule. Das Budget wird der Schule jeweils für ein Schuljahr zur Verfügung gestellt. Die für die PAB vorgesehenen Stellen und Stellenanteile müssen im Bewilligungszeitraum verfügbar sein. Im Umfang der nicht zugewiesenen Lehrerwochenstunden werden Stellen beziehungsweise Stellenanteile gesperrt.

Die Anzahl der gesperrten Stellen beziehungsweise Stellenanteile multipliziert mit den jeweiligen einheitlichen festgelegten Pauschalsätzen für eine Stelle des gehobenen beziehungsweise höheren Dienstes ergibt den Mittelbetrag für das Budget.

2.
Bemessungsgrundlage

Die insgesamt zugewiesenen Lehrerwochenstunden (Ist-Stunden einschließlich der Leitungszeit und des Allgemeinen Entlastungskontingentes) des aktuell statistisch erfassten Schuljahres (Lehrerbericht im Herbst) bilden die Bemessungsgrundlage für den Rahmen des Budgets für die einzelne Schule.

→ Arbeitszeit (Lehrkräfte) Teil E 1

In das Budget sind von der einzelnen Schule mindestens Lehrerwochenstunden im Umfang von 0,25 Stellen (Untergrenze) einzubringen. Als Obergrenze können höchstens fünf Prozent der gesamten Lehrerwochenstunden von der einzelnen Schule in das Budget eingebracht werden.

3.
Verwendung des Budgets

Das Budget darf von den Schulen nur für Landesaufgaben des Kultusbereichs eingesetzt werden. Hierzu gehört die Bereitstellung des Lehr- und Leitungspersonals sowie sonstigen Personals, sofern es ausschließlich Landesaufgaben an der Schule wahrnimmt. Weiter können von dem Budget durch die Schulen Sachausgaben für Landesaufgaben bestritten werden.

4.
Einstellung von Personal

Einstellungen sind nur im ohne Sachgrund befristeten Beschäftigungsverhältnis auf der Grundlage des Teilzeit- und Befristungsgesetzes insbesondere nach dem Tarifvertrag für den öffentlichen Dienst der Länder (TV-L) zulässig. Es gelten jeweils die aktuellen Hinweise des Finanzministeriums zum Arbeits- und Tarifrecht, die jeweils aktuellen Regelungen des Sozialgesetzbuches (SGB) – Neuntes Buch (IX) – Rehabilitation und Teilhabe behinderter Menschen, sowie die jeweils aktuellen Regelungen des Landespersonalvertretungsgesetzes (LPVG), insbesondere hinsichtlich der Beteiligung der Personalvertretung.

Für die Einstellung von Lehrpersonal durch die Schulen gelten die jeweils aktuellen Regelungen zur Lehrereinstellung (insbesondere Verwaltungsvorschrift Einstellung von Lehramtsbewerberinnen und Lehramtsbewerbern, Verwaltungsvorschrift Einstellung von Pädagogischen Assistentinnen und Assistenten und Regelungen zur Vergabe von Lehraufträgen an Lehrbeauftragte an Schulen).

→ Chancengleichheitsgesetz (§ 10); → Einstellungserlass; → Lehrbeauftragte; → Pädagogische Assistent/innen; → Personalvertretungsgesetz; → Schwerbehinderung (Verwaltungsvorschrift) Nr. 2; → Tarifvertrag (Länder)

5.
Sachausgaben

Die Schulleitungen können Verträge (beispielsweise Dienstleistungs- und Werkverträge) ausschließlich zur Erfüllung von Landesaufgaben abschließen, sofern es sich um sächliche Verwaltungsaufgaben handelt. Die Verwendung des Budgets für Investitionsausgaben ist ausgeschlossen. Hierfür gelten die jeweils aktuellen haushaltsrechtlichen und vergaberechtlichen Regelungen (insbesondere Landeshaushaltsordnung (LHO), Allgemeine Verwaltungsvorschriften zur Landeshaushaltsordnung (VV-LHO), Gesetz gegen Wettbewerbsbeschränkungen (GWB), Vergabeverordnung (VgV) und Finanzausgleichgesetz (FAG)).

6.
Antragsverfahren

Der Antrag auf Teilnahme an der PAB für das kommende Schuljahr ist auf der Grundlage zuvor bei der zuständigen Schulaufsichtsbehörde durchgeführter Personalplanungsgespräche von der Schulleitung nach vorheriger Beratung in Gesamtlehrerkonferenz und Schulkonferenz bis spätestens 30. April eines Jahres auf dem Dienstweg beim zuständigen Regierungspräsidium schriftlich zu stellen.

Sofern Lehrerstellen im Rahmen des Lehrereinstellungsverfahrens zum Unterrichtsbeginn nicht besetzt werden konnten, kann die Schulleitung unter Berücksichtigung der unter Nummer 2 genannten Bemessungsgrundlage die Teilnahme an der PAB bzw. die Erhöhung des Budgets bis spätestens 1. September eines Jahres beantragen.

Die Genehmigung wird vom zuständigen Regierungspräsidium erteilt, wenn dem Antrag keine wichtigen Gründe entgegenstehen. Das Budget darf nicht zu einer Verschlechterung der Unterrichtsversorgung im Pflichtbereich führen.

7.
Abschluss von Verträgen

Mit der Genehmigung des Antrags wird die Schulleitung bevollmächtigt, selbständig und eigenverantwortlich für das Land Verträge rechtswirksam abzuschließen. Die Verträge bedürfen der Schriftform.

8. Budgetzuweisung und Abwicklung

Das zuständige Regierungspräsidium weist den an der PAB teilnehmenden Schulen das Budget für das kommende Schuljahr zu. Das Budget ist verbindlich und verlässlich.

Die teilnehmenden Schulen übersenden Mehrfertigungen der abgeschlossenen Verträge an das zuständige Regierungspräsidium zur Veranlassung der Auszahlung durch das Landesamt für Besoldung und Versorgung und die Landesoberkasse.

Die Schulleitungen sind dafür verantwortlich, dass das zugewiesene Budget nicht überschritten wird. In regelmäßigen Abständen werden die Schulleitungen von den Regierungspräsidien über den Mittelabfluss ihres Budgets informiert.

Die teilnehmenden Schulen haben Aufzeichnungen über die Budgetverwendung während des Schuljahres zu führen. Die Aufzeichnungen samt den begründenden Unterlagen sind zum Ende des Schuljahres dem zuständigen Regierungspräsidium zur Prüfung vorzulegen.

9.
Beratungsstelle

Beim Landesinstitut für Schulentwicklung wird eine Beratungsstelle zur Beratung der an der PAB teilnehmenden Schulen eingerichtet.

→ Arbeitszeit (Lehrkräfte) Teile B und C; → Arbeitszeit (PC-Betreuung); → Chancengleichheitsgesetz (§ 10); → Haushalt (Budgetierung – Allgemeines); → Einstellungserlass; → Pädagogische Assistentinnen und Assistenten; → Lehrbeauftragte; → Personalvertretungsgesetz § 75 Abs. 1 Nr. 2; → Schwerbehinderten-Verwaltungsvorschrift (Nr. 2).; → Tarifvertrag (Länder)

Haushalt (Sachkostenbeiträge)

§ 2 der der Schullastenverordnung (Zu § 17 Abs.2, § 18a Abs.2 FAG) vom 21. Februar 2000 (GBl. S.181), zuletzt geändert 10. Mai 2010 (GBl. S. 464/2010), (KuU S. 163/2010), gültig ab 1. Januar 2010

Der Sachkostenbeitrag beträgt jährlich *(in Euro)* für jeden Schüler oder für jedes Kind der

1. Hauptschulen 960
2. Realschulen 540
3. a) Gymnasien mit Ausnahme der Progymnasien und der beruflichen Gymnasien 569
   b) Progymnasien 549
4. Schulen besonderer Art 540
5. Berufsschulen sowie Berufsfachschulen und Berufskollegs in Teilzeitunterricht, Sonderberufsschulen sowie Sonderberufsfachschulen in Teilzeitunterricht 381
6. Berufsfachschulen und Berufskollegs sowie Berufsschulen in Vollzeitunterricht, Sonderberufsfachschulen sowie Sonderberufsschulen in Vollzeitunterricht, Berufsoberschulen (Mittel- und Oberstufe), berufliche Gymnasien 918
7. Berufskollegs für Informatik 2517
8. Grundschulförderklassen 375
9. a) Förderschulen und Schulkindergärten für besonders Förderungsbedürftige 1400
   b) Schulen und Schulkindergärten für Geistigbehinderte 3929
   c) Schulen und Schulkindergärten für Blinde und Sehbehinderte 2134
   d) Schulen und Schulkindergärten für Hörgeschädigte 964

e)	Schulen und Schulkindergärten für Sprachbehinderte	1113
f)	Schulen und Schulkindergärten für Körperbehinderte	4075
g)	Schulen für Erziehungshilfe und Schulkindergärten für Verhaltensgestörte	931
h)	Schulen für Kranke in längerer Krankenhausbehandlung	466

Hinweise der Redaktion:
1. Zu den Zuwendungen für die Grundschulen siehe → Haushalt (Kommunaler Finanzausgleich) § 19.
2. Die Sachkostenbeiträge sind pauschale Zuwendungen an die Schulträger; sie sind nicht unmittelbar für den Sachkosten- und Personalbedarf der Schülen zweckgebunden.
3. Die Träger der beruflichen Schulen erhalten für die Werkrealschüler/innen der 10. Klasse den Sachkostenbeitrag für berufliche Teilzeitschüler gemäß Nr. 5 , wenn diese die Berufsfachschule besuchen. Der Sachkostenbeitrag, der dem Träger der jeweiligen Werkrealschule gemäß Nr. 1 für die Schüler/innen zusteht, bleibt hiervon unberührt.

→ Außerunterrichtliche Veranstaltungen; → Elternbeiratsverordnung § 28; → Haushalt (Allgemeines – Budgetierung);
→ Lernmittelfreiheit; → Lernmittelverordnung / Lernmittelverzeichnis; → Schüler-Zusatzversicherung; → Schulgesetz §§ 48, 93 und 94; → Schülermitverantwortung § 20; → Urheberrecht (Kopien – Internet)

Hausrecht

Hinweise der Redaktion

Die Schule (Schulgelände und Schulgebäude) ist kein für jedermann zugänglicher, sondern ein geschützter Raum. Er ist dem Zweck der Schule vorbehalten: der *„Erfüllung der ihr übertragenen unterrichtlichen und erzieherischen Aufgaben"* (§ 23 SchG).

Die Befugnis, über die Benutzung eines geschützten Raums zu verfügen (das *„Hausrecht"*) steht dem Eigentümer zu; dies ist der Schulträger (in der Regel die Stadt oder Gemeinde). Das Bürgerliche Gesetzbuch (BGB) bestimmt hierzu in § 903:

„Der Eigentümer einer Sache kann, soweit nicht das Gesetz oder Rechte Dritter entgegenstehen, mit der Sache nach Belieben verfahren und andere von jeder Einwirkung ausschließen. ...".

In § 1004 BGB ist zu dieser Frage ferner festgelegt:

„(1) Wird das Eigentum in anderer Weise als durch Entziehung oder Vorenthaltung des Besitzes beeinträchtigt, so kann der Eigentümer von dem Störer die Beseitigung der Beeinträchtigung verlangen. Sind weitere Beeinträchtigungen zu besorgen, so kann der Eigentümer auf Unterlassung klagen.

(2) Der Anspruch ist ausgeschlossen, wenn der Eigentümer zur Duldung verpflichtet ist."

Ohne dass es hierzu einer gesonderten Vorschrift bedarf (z.B. Hausordnung oder Schulordnung), ist also das Betreten bzw. die sonstige Benutzung des Schulhofs und erst recht der Schulräume nur *„Befugten"* gestattet. Das sind zweifelsfrei die Schülerinnen und Schüler sowie die Lehrkräfte und die übrigen Schulbediensteten. Das sind auch die Eltern und alle sonstigen Personen, die ein berechtigtes Anliegen verfolgen (z.B. bei einer Lehrkraft oder der Schulleitung vorsprechen wollen, eine Reparatur auszuführen haben usw.). Wer kein solches „berechtigtes Interesse" besitzt, ist „unbefugt". Er hat auf dem Schulhof nichts zu suchen, außer er holt hierfür vorher beim Eigentümer oder dessen Vertreter eine Genehmigung ein.

Vertreter des Eigentümers ist der bzw. die Schulleiter/in. Bei der Entscheidung über die bestimmungsgemäße Benützung von Schulräumen und der entsprechenden *„Ausübung des Hausrechts"* (§ 41 SchG) sind diese an § 51 SchG gebunden:

„Räume und Plätze öffentlicher Schulen dürfen nicht für Zwecke verwendet werden, die den Belangen der Schule widersprechen. Über die Verwendung für andere als schulische Zwecke entscheidet der Schulträger im Benehmen mit dem Schulleiter. Ist der Schulleiter der Auffassung, dass die andere Verwendung schulischen Belangen widerspricht, entscheidet die Rechtsaufsichtsbehörde."

→ Schulgesetz § 41 und 51

Aktivitäten, die *„den Belangen der Schule widersprechen"*, darf die Schulleitung weder dulden noch gestatten. In der Verwaltungsvorschrift *„Werbung, Wettbewerbe und Erhebungen"* steht hierzu u.a.:

„Der Erziehungs- und Bildungsauftrag der Schule verbietet ..., dass in den Schulen Werbung für wirtschaftliche, politische, weltanschauliche oder sonstige Interessen betrieben, Waren vertrieben oder Sammlungen, Wettbewerbe und Erhebungen durchgeführt werden, soweit nachstehend nichts Abweichendes bestimmt ist. Für Einzelentscheidungen ist der Schulleiter zuständig, soweit keine anderweitige Regelung getroffen ist."

→ Werbung, Wettbewerbe und Erhebungen

Den Belangen der Schule widerspricht z.B. auch, wenn erwachsene Besucher auf dem Gelände oder in den Räumen der Schule rauchen oder Alkohol trinken. Auch dies ist zu unterbinden.

Das Hausrecht gibt der Schulleitung als Behördenleitung und Vertretung des Eigentümers die Befugnis, ein *„Hausverbot"* (Platzverweis) auszusprechen: Die öffentlichen Schulen sind berechtigt, die zur Aufrechterhaltung der Ordnung des Schulbetriebs und zur Erfüllung der ihr übertragenen unterrichtlichen und erzieherischen Aufgaben erforderlichen Maßnahmen zu treffen und allgemeine sowie Einzelanordnungen zu erlassen.

→ Schulgesetz § 23

Wer eine solche Anweisung nicht unverzüglich befolgt, macht sich des Hausfriedensbruchs schuldig und kann strafrechtlich belangt werden. Das Strafgesetzbuch bestimmt hierzu in § 123 Abs. 1:

„Wer in die Wohnung, in die Geschäftsräume oder in das befriedete Besitztum eines anderen oder in abgeschlossene Räume, welche zum öffentlichen Dienst oder Verkehr bestimmt sind, widerrechtlich eindringt, oder wer, wenn er ohne Befugnis darin verweilt, auf die Aufforderung des Berechtigten sich nicht entfernt, wird mit Freiheitsstrafe bis zu einem Jahr oder mit Geldstrafe bestraft."

Unmittelbar reicht zur Wirksamkeit eine mündliche Äußerung: „Hiermit erteile ich Ihnen Hausverbot und fordere Sie auf, das Schulgelände zu verlassen".

Hierzu ist nicht nur die Schulleitung berechtigt und ggf. verpflichtet, sondern in ihrer Vertretung auch jede Lehrkraft, z.B. die aufsichtführende Lehrerin, die Autofahrer vom Pausenhof oder Flugblattverteiler vom Schulgrundstück weist, bzw. der Verbindungslehrer, der Fremde zum Verlassen einer SMV-Veranstaltung auffordert.

Kommen diese dem nicht unverzüglich nach, so sollte man keine Selbsthilfemaßnahmen ergreifen, sondern die Polizei rufen und bei dieser Anzeige wegen Hausfriedensbruch erstatten. Die Polizei nimmt die Personalien der Störer auf. Diesen kann die Schule dann förmlich (schriftlich) ein Haus- oder Platzverbot erteilen. Bei Störungen außerhalb des Schulgeländes (z.B. unerwünschte Flugblattverteilung) ist ein Platzverweis durch die Gemeinde (Ordnungsamt) möglich.

Bei außerunterrichtlichen Veranstaltungen außerhalb des Schulgeländes gilt: Werden einer Klasse z.B. von einem Beherbergungsbetrieb (Schullandheim, Jugendherberge usw.) Aufenthalts-, Unterrichts-, Speise- oder Schlafräume oder ein Gelände (Sportplatz usw.) zur Verfügung gestellt, so übt kraft des Beherbergungsvertrags die jeweilige verantwortliche Lehrkraft oder auch Begleitperson im Bedarfsfall, also bei Gefahr im Verzuge, das Hausrecht unmittelbar aus (z.B. Verweis von Fremden vom Gelände). Da man in der Regel die örtlichen Gegebenheiten und Personen nicht kennt, sollte man jedoch stets so schnell wie möglich den Eigentümer bzw. dessen Vertreter, also den Heimleiter, Hausmeister oder sonstiges Personal, hinzuziehen, die dann das Hausrecht wahrnehmen können. Dies gilt in gleicher Weise auch, wenn man regulären Unterricht auf fremdem Gelände hält (z.B. mit seiner Klasse auf einem Vereins-Sportplatz oder in einem öffentlichen Bad Sport- bzw. Schwimmunterricht erteilt).

→ Schulgesetz §§ 23 und 41; → Werbung, Wettbewerbe und Erhebungen in Schulen

Hausunterricht

Auszug aus der Verordnung des KM über den Hausunterricht (HausunterrichtsVO) vom 8.8.1983 (KuU S. 625/1983)

§ 1 Voraussetzungen

(1) Hausunterricht anstelle des Unterrichts in der Schule sollen auf Antrag erhalten:

1. Kinder und Jugendliche, die in Baden-Württemberg wohnen und zum Besuch einer Sonderschule verpflichtet sind (§ 82 Abs. 2 SchG), für die jedoch die Pflicht zum Besuch einer Sonderschule aufgrund einer Entscheidung nach § 82 Abs. 3 SchG ruht.
2. Schulpflichtige Schüler einer öffentlichen Schule oder einer Schule in freier Trägerschaft, die in Baden-Württemberg wohnen und aufgrund einer Krankheit bereits länger als acht Wochen gehindert waren, die Schule zu besuchen. Ist absehbar, dass der Schüler mehr als acht Wochen der Schule fernbleiben muss, kann Hausunterricht schon vor Ablauf dieser Zeitspanne erteilt werden. Ein Schulbesuch an einzelnen Tagen während dieser Frist bleibt außer Betracht.
3. Schulpflichtige, die in Baden-Württemberg wohnen und deren Krankheit bereits länger als acht Wochen dauert, wenn ihr Schulverhältnis durch Zeitablauf während der Krankheit geendet hat und die anschließend in eine andere Schulart bzw. einen anderen Schultyp aufgenommen worden wären. Nr. 2 Satz 2 und 3 gilt entsprechend.
4. Schulpflichtige Schüler einer öffentlichen Schule oder einer Schule in freier Trägerschaft, die in Baden-Württemberg wohnen und die wegen einer langdauernden Erkrankung, z.B. an fortgeschrittener chronischer Niereninsuffizienz (Präurämie bzw. Urämie), Leukämie oder malignen Tumoren, schwerer Hämophilie und schweren Blutungsübeln, den Unterricht an einzelnen Tagen versäumen müssen.

(2) Hausunterricht wird nur erteilt, wenn der Berechtigte aufgrund seines Gesundheitszustandes dazu in der Lage ist und wenn die Gesundheit des Lehrers dadurch nicht gefährdet wird.

(3) Hausunterricht nach dieser Verordnung ist ausgeschlossen, wenn Anspruch auf Hausunterricht nach anderen gesetzlichen oder privatrechtlichen Vorschriften (z.B. gesetzliche Schülerunfallversicherung) besteht. Solange ein solcher Anspruch nicht erfüllt wird, kann der Berechtigte Hausunterricht nach dieser Verordnung erhalten, falls er entsprechende Ersatzleistungen verfolgt und sich verpflichtet, diese an das Land Baden-Württemberg abzuführen, oder falls er Verlangen den Anspruch an das Land Baden-Württemberg abtritt.

§ 2 Ziel und Inhalt

Ziel des Hausunterrichts ist es, eine Erziehung und Ausbildung zu vermitteln, die in angemessenem Umfang an die Stelle des Schulunterrichts tritt.

Der Hausunterricht orientiert sich grundsätzlich an den Lehrplänen der Schule, zu deren Besuch der Berechtigte verpflichtet ist oder die er besucht oder besuchen würde.

§ 3 Umfang

Beim Hausunterricht dürfen entsprechend seinem Ziel die nachfolgenden Wochenstunden nicht überschritten werden:

1. Grundschulen sowie entsprechende Sonderschulen
   - Klassen 1 und 2 — 6 Wochenstunden
   - Klassen 3 und 4 — 8 Wochenstunden
2. Hauptschulen, Realschulen, Gymnasien bis einschließlich Klasse 10 und Berufsfachschulen sowie entsprechende Sonderschulen — 10 Wochenstunden
3. Oberstufe der Gymnasien und Berufskollegs sowie entsprechende Sonderschulen — 12 Wochenstunden
4. Berufsschulen sowie entsprechende Sonderschulen — 6 Wochenstunden.

...

§ 4 Ort

Der Hausunterricht wird nur am Aufenthaltsort des Berechtigten erteilt. Hausunterricht in Krankenhäusern ist nur zulässig, wenn eine Verlegung des Berechtigten in ein Krankenhaus mit einer Schule in längerer Krankenhausbehandlung nicht möglich oder nicht zumutbar ist. Hausunterricht im Krankenhaus kann auch als Gruppenunterricht durchgeführt werden.

§ 5
Genehmigungsverfahren

(1) Die Entscheidung über die Erteilung des Hausunterrichts trifft im Rahmen der zur Verfügung stehenden Deputate und Mittel

1. der Schulleiter bei Schülern von Schulen, für die das Oberschulamt unmittelbar zuständige Schulaufsichtsbehörde ist. Bei Schülern einer Schule in freier Trägerschaft entscheidet anstelle des Schulleiters das Oberschulamt.
2. das Oberschulamt, in dessen Bezirk der Schulpflichtige wohnt, bei Schulpflichtigen, die nur durch eine Krankheit an einem Wechsel an eine der in Nr. 1 genannten Schulen gehindert sind.
3. das Staatliche Schulamt in den übrigen Fällen.

Zusammen mit der Genehmigung sind die Lehrer zu beauftragen, die den Hausunterricht erteilen. Der Hausunterricht wird von beamteten und angestellten Lehrern des öffentlichen Dienstes im Rahmen des Regelstundenmaßes oder als Mehrarbeit und von sonst geeigneten Personen nebenberuflich erteilt.

(2) Die Erteilung von Hausunterricht setzt einen Antrag der Erziehungsberechtigten, bei Volljährigen des Berechtigten selbst, voraus. Dem Antrag sind folgende Unterlagen beizufügen:

1. Name, Vorname und Geburtsdatum, Adresse und ggf. besuchte Schule und Klasse des Schulpflichtigen.
2. Ein ärztliches Zeugnis über Art und voraussichtliche Dauer der Erkrankung, wegen der der Schüler die Schule nicht besuchen kann, sowie mit Aussagen darüber, ob Hausunterricht bei der vorliegenden Erkrankung im Hinblick auf den Berechtigten und den Lehrer möglich ist und bis zu welchem Umfang (§ 1 Abs. 2).
3. Im Falle des § 1 Abs. 1 Nr. 1 die Entscheidung der zuständigen Schulaufsichtsbehörde gemäß § 82 Abs. 2 und 3 SchG.
4. Ggf. die Benennung eines Lehrers, der bereit und geeignet ist, den Hausunterricht zu übernehmen.
5. Im Falle des § 1 Abs. 3 Satz 2 die Verpflichtungserklärung oder auf Verlangen die Abtretungserklärung.

→ Mehrarbeit; → Reisekosten (Gesetz – LRKG); → Schulgesetz § 21

Hitzefrei

Ausfall des Unterrichts an besonders heißen Sommertagen; Bekanntmachung des Kultusministeriums vom 15. Dezember 1975; KuU S. 112/1975

1.1 An Tagen, an denen der Unterrichtserfolg nach den örtlichen Verhältnissen wegen drückender Hitze (Außentemperatur um 10.00 Uhr mindestens 25° Celsius im Schatten) in Frage gestellt ist, kann nach der vierten Stunde, vom allgemeinen Unterrichtsbeginn an gerechnet, der Ausfall des Unterrichts angeordnet werden.

1.2 Die Entscheidung über den Ausfall des Unterrichts trifft der Schulleiter. Die benachbarten Schulen soll über den Ausfall des Unterrichts bei gleichen Bedingungen möglichst gleichmäßig entschieden werden.

2. Schülern, die nicht unmittelbar nach dem vorzeitig abgebrochenen Unterricht nach Hause gelangen können, insbesondere Fahrschülern, sind bis zur nächsten Gelegenheit der Heimfahrt bzw. bis zum Ende ihrer regulären Unterrichtszeit angemessene Aufenthaltsräume zur Verfügung zu stellen; sie sind, solange sie sich auf dem Schulgelände aufhalten, zu beaufsichtigen.

3. Diese Regelung gilt nicht für Klassenstufen 11 bis 13 der allgemeinbildenden und der beruflichen Gymnasien und für die anderen Schularten des beruflichen Schulwesens.

Hitzefrei / Hochbegabung

Anmerkungen der Redaktion zum rechtlichen Charakter von „Hitzefrei"

Die hier abgedruckte „*Bekanntmachung*" ist zwar nicht im amtlichen „*Vorschriftenverzeichnis*" oder im „*Verzeichnis der Bekanntmachungen ohne Vorschriftencharakter*" enthalten, aber inhaltlich weiterhin relevant, da sie vom Kultusministerium nie amtlich aufgehoben wurde. Schulleiter/innen und (nach Verständigung der beteiligten Schulen) auch Geschäftsführende Schulleiter/innen sind nach wie vor befugt, „*Hitzefrei*" anzuordnen, wenn sie dies nach pflichtgemäßem dienstlichen Ermessen für erforderlich halten.

Das Überschreiten des Grenzwerts von 25° C um 10.00 Uhr ist insofern nach wie vor ein Indikator dafür, dass der Unterrichtserfolg wegen drückender Hitze in Frage gestellt ist. Unter Berücksichtigung der inzwischen eingeführten Sommerzeit (Verschiebung um eine Stunde) kann die Schulleitung sogar „*Hitzefrei*" anordnen, wenn dieser Grenzwert um 11 Uhr erreicht wird. Dabei darf jedoch das formale Kriterium „*25°C um 10.00 Uhr*" nicht der allein maßgebende Faktor sein. Ausschlaggebend muss immer das Wohl der Schüler/innen sein (Gesundheit, Unterrichtserfolg ...).

Da „*Hitzefrei*" immer auch die Interessen der Eltern berührt, die sich darauf verlassen können müssen, dass die Schule ihre Kinder bis zum stundenplanmäßigen Ende des Unterrichts in Obhut hat, sollten das Verfahren bei der Anordnung von „*Hitzefrei*" und die flankierenden Maßnahmen der Schule (z.B. Verständigung der Eltern, Beaufsichtigung von Fahrschülern usw.) mit dem Elternbeirat erörtert und ggf. in der Schulkonferenz beraten und beschlossen werden.

Arbeitsstättenverordnung

Zum Schutz der Lehrkräfte vor gesundheitlich unzuträglichen Raumtemperaturen und übermäßiger Sonneneinstrahlung kann zwar auch die – nur für Beschäftigte, aber nicht für Schüler/innen geltende – Arbeitsstättenverordnung vom 12.8.2004 (BGBl. I S. 2179, zuletzt geändert 19. Juli 2010, BGBl. I S. 960) herangezogen werden. In der Regel ist aber der Schutz der Lehrkräfte (insbesondere auch von werdenden oder stillenden Müttern oder schwerbehinderten Kolleg/innen usw.) dadurch ausreichend gewährleistet, dass bei Bedarf für die – noch stärker gefährdeten und deshalb vorrangig zu schützenden – Schülerinnen und Schüler „hitzefrei" angeordnet werden kann.

➜ Aufsichtspflicht ➜ Ermessen; ➜ Grundschule (Verlässliche); ➜ Juristische Terminologie; ➜ Schulgesetz § 47 Abs. 5;
➜ Vorschriften

Hochbegabung

Hinweise der Redaktion

Schülerinnen und Schüler mit besonderer Begabung (Spezial- und/oder Hochbegabung) sollen nach Möglichkeit in den Regelschulen im Rahmen der inneren und äußeren Differenzierung gefördert und bei ihrer Entwicklung unterstützt werden. In den Versetzungsordnungen ist die Möglichkeit vorgesehen, die Regelschulen durch Überspringen von Klassen schneller zu durchlaufen. Neben der vorzeitigen Aufnahme ist in der Grundschule auch das schnellere Absolvieren einer (eigentlich zweijährigen) „Eingangsklasse" aus Klasse 1 und 2 möglich.

Es gibt eine Reihe von Schulen mit besonderer Ausprägung (z.B. Gymnasien und Realschulen mit musischem oder sportlichem Schwerpunkt) sowie an ausgewählten Gymnasien besondere Klassen für Hochbegabte. Ausgewählt wurden Schulen, die sich durch hohe schulische Qualitätsstandards und durch eine gute Anbindung an das öffentliche Verkehrssystem auszeichnen: Karls-Gymnasium Stuttgart, Königin-Katharina-Stift Stuttgart, Robert-Mayer-Gymnasium Heilbronn, Lessing-Gymnasium Mannheim, Friedrich-Schiller-Gymnasium Marbach/N., Albert-Einstein-Gymnasium Ulm, Uhland-Gymnasium Tübingen, Spohn-Gymnasium Ravensburg, Reuchlin-Gymnasium Pforzheim, Kurfürst-Friedrich-Gymnasium Heidelberg, Bismarck-Gymnasium Karlsruhe, Scheffel-Gymnasium Lahr, Hans-Thoma-Gymnasium Lörrach, Heinrich-Suso-Gymnasium Konstanz, Leibniz-Gymnasium Rottweil. Es gilt der übliche Anmeldetermin für die auf der Grundschule aufbauenden Schularten. Näheres ist auf den Internetseiten dieser Gymnasien zu erfahren.

Bei der Diagnostik und der Beratung sowie bei der Schulwahl sind die Beratungslehrer/innen sowie die Schulpsychologen behilflich.

Landesgymnasium für Hochbegabte

In Schwäbisch Gmünd unterhält das Land ein „Landesgymnasium für Hochbegabte" mit Internat und Kompetenzzentrum. Umfangreiche Informationen über diese öffentliche Schule finden sich im Internet unter: http://www.lgh-gmuend.de. Das Landesgymnasium für Hochbegabte nimmt auch externe Schülerinnen und Schüler in den Klassen 7 bis 12 auf. Aktuelle Unterlagen und Informationen zum Auswahlverfahren sind unter der genannten Internet-Adresse zu erhalten.

Diese Schule steht auch für alle Fragen im Zusammenhang mit Hochbegabung zur Verfügung: Universitätspark 21, 73525 Schwäbisch Gmünd, FON: (07171) 10438-100, Dienstag und Donnerstag von 10 bis 12 Uhr.

Ferner ist auf folgende Institutionen und Verbände hinzuweisen:

- Landesweite Beratungsstelle für Hochbegabung (LBFH) an der Universität Ulm, Seminar für Pädagogik, Abteilung Päd. Psychologie, Robert-Koch-Str. 2, 89069 Ulm, FON: (0731) 5031134, lbfh@uni-ulm.de, Adresse im Internet: www.hochbegabungsberatung.de
- Landesverband Hochbegabung e.V., Adresse im Internet abrufbar unter: www.lvh-bw.de
- Deutsche Gesellschaft für das hochbegabte Kind e.V., Landesverband Baden-Württemberg, Susann Hartung (1. Vorstand), Kleiststr. 4, 72074 Tübingen, FON: (0177) 7381720, Mail: susann.hartung@pressworks.org, Adresse im Internet: www.dghk-bw.de.

→ Bildungsberatung; → Schulpsychologische Beratungsstellen

Hochschulreife (Ergänzungsprüfung)

Verordnung des KM über die Ergänzungsprüfung zum Erwerb der allgemeinen Hochschulreife für Inhaber einer fachgebundenen Hochschulreife vom 21.7.1983 (KuU S. 508/1983), zuletzt geändert 4.8.1996 (KuU S. 678/1996)

§ 1
Zweck der Prüfung

Absolventen der beruflichen Gymnasien, der Oberstufe der Berufsoberschulen und der Aufbauzüge an Gymnasien und Gymnasien in Aufbauform mit Heim, die in Baden-Württemberg eine fachgebundene Hochschulreife erworben haben, können durch eine Prüfung in einer zweiten Fremdsprache die allgemeine Hochschulreife, die zum Studium aller Fächer an den Hochschulen in Baden-Württemberg berechtigt, erwerben.

§ 2
Zulassung zur Prüfung

(1) Zur Prüfung können Bewerber zugelassen werden, die in Baden-Württemberg an einer der in § 1 genannten Schulen
1. eine fachgebundene Hochschulreife erworben haben oder
2. im laufenden Schuljahr die Abschlussklasse besuchen.

Über die Zulassung entscheidet das Oberschulamt.

(2) Der Bewerber hat bis zum 1. November beim Oberschulamt einen Antrag auf Zulassung zu stellen. Diesem Antrag sind beizufügen:
1. ein Lebenslauf des Bewerbers,
2. eine beglaubigte Abschrift des Zeugnisses über die fachgebundene Hochschulreife oder eine Bescheinigung der Schule über das Vorliegen der Voraussetzung nach Absatz 1 Satz 1 Nr. 2,
3. die Erklärung, dass sich der Bewerber der Prüfung noch nicht unterzogen hat,
4. die Angabe der Fremdsprache, in der der Bewerber geprüft werden will (§ 4 Abs. 2).

§ 3
Zeitpunkt und Ort der Prüfung

(1) Die Prüfung findet in der Regel einmal jährlich statt. Sie wird vom Oberschulamt abgenommen. Dieses hat den Zeitpunkt und den Ort der Prüfung zu bestimmen.

(2) Falls die Zahl der zugelassenen Bewerber gering ist, können diese zur Ablegung der Prüfung an ein anderes Oberschulamt verwiesen werden.

§ 4
Form der Prüfung

(1) Die Prüfung erstreckt sich auf eine Fremdsprache, die schriftlich und mündlich geprüft wird.

(2) Gegenstand der Prüfung können Englisch, Französisch, Russisch, Latein, Griechisch, Spanisch und Italienisch sein, die nach den Anforderungen einer zweiten Fremdsprache an einem Gymnasium der Normalform geprüft werden. Auf Antrag kann das Oberschulamt auch eine andere Fremdsprache zulassen, wenn der Bewerber weniger als fünf Schuljahre in der Bundesrepublik Deutschland eine Schule in den Sekundarstufen I und II besucht hat und geeignete Prüfer zur Verfügung stehen.

§ 5
Durchführung der Prüfung

(1) Das Oberschulamt bildet einen Prüfungsausschuss. Diesem gehören an:
1. Als Vorsitzender ein Vertreter oder Beauftragter des Oberschulamts,
2. vom Oberschulamt berufene Lehrer, in der Regel von Gymnasien.

Der Prüfungsausschuss ist beschlussfähig, wenn mindestens zwei Drittel der Mitglieder anwesend sind.

(2) Die Leitung der schriftlichen Prüfung obliegt einem Vertreter des Oberschulamtes. Er kann damit den Schulleiter eines Gymnasiums beauftragen.

Die Leitung umfasst die Verantwortung für die ordnungsgemäße Durchführung der Prüfung, insbesondere hinsichtlich der Prüfungsaufsicht. In der schriftlichen Prüfung werden dem Bewerber eine oder zwei Aufgaben gestellt; die Bearbeitungszeit beträgt 120 bis 180 Minuten.

(3) Zur mündlichen Prüfung wird ein Bewerber nicht zugelassen, wenn er im schriftlichen Teil der Prüfung die Note „ungenügend" erhalten hat.

(4) Für die mündliche Prüfung bildet der Vorsitzende des Prüfungsausschusses je nach der Anzahl der Prüfungsteilnehmer einen oder mehrere Fachausschüsse. Jedem Fachausschuss gehören an:

> Hochschulreife (Ergänzungsprüfung) / (Zuerkennung)

1. Der Vorsitzende oder ein von ihm bestimmtes Mitglied des Prüfungsausschusses als Leiter,
2. ein Mitglied des Prüfungsausschusses als Prüfer,
3. ein weiteres Mitglied des Prüfungsausschusses zugleich als Protokollführer.

Die mündliche Prüfung wird als Einzelprüfung durchgeführt und dauert in der Regel 20 Minuten. Der Leiter des Fachausschusses bestimmt den Gang der Prüfung. Er kann selbst prüfen.

(5) Die Bewertung der schriftlichen und mündlichen Leistungen erfolgt nach den für die öffentlichen Schulen getroffenen Bestimmungen mit der Maßgabe, dass die Erteilung von halben Noten zulässig ist; die Endnote ist in einer ganzen Note auszubringen. Für die Bewertung der schriftlichen Arbeiten, die Festsetzung des mündlichen Prüfungsergebnisses, die Protokollführung, die Nichtteilnahme an der Prüfung, den Rücktritt sowie für Täuschungshandlungen und Ordnungsverstöße gelten die Vorschriften der Verordnung ... ➜ Gymnasium (Abitur – NGVO) ... entsprechend.

➜ Gymnasium (Abitur – NGVO); ➜ Hochschulreife (Zuerkennung)

(6) Die Bewerber haben zu Beginn der Prüfung einen mit Lichtbild versehenen amtlichen Ausweis vorzulegen und diesen während der gesamten Prüfung bei sich zu führen und auf Verlangen vorzuzeigen.

§ 6
Prüfungsergebnis,
Zeugnis der allgemeinen Hochschulreife

(1) Nach Abschluss der Prüfung ermittelt der Prüfungsausschuss die Prüfungsnote und stellt fest, wer die Prüfung bestanden hat. Die Prüfung ist bestanden, wenn der Durchschnitt aus dem Ergebnis der schriftlichen und der mündlichen Prüfung mindestens 4,0 beträgt.

(2) Wer die fachgebundene Hochschulreife erworben und die Prüfung bestanden hat, erhält das Zeugnis der allgemeinen Hochschulreife.

§ 7
Wiederholung der Prüfung

Wer die Prüfung nicht bestanden hat, kann sie einmal wiederholen.

Hochschulreife (Zuerkennung)

Zuerkennung von Studienberechtigungen; Verwaltungsvorschrift des KM vom 2. Dezember 1997 (KuU S. 3/1998); zuletzt geändert 14.3.2001 (KuU S. 189/2001); neu erlassen 19.10.2004 (KuU S. 270/2004)

I.
Gleichstellung von Vorbildungen mit der nach dem Schulgesetz erworbenen allgemeinen und fachgebundenen Hochschulreife

Die Qualifikation für ein Hochschulstudium in Baden-Württemberg wird durch eine nach dem Schulgesetz erworbene allgemeine oder fachgebundene Hochschulreife oder durch eine vom Kultusministerium als gleichwertig anerkannte Vorbildung nachgewiesen (...).

1. Allgemeine Hochschulreife

Den Inhabern der nach dem Schulgesetz erworbenen allgemeinen Hochschulreife sind gleichgestellt:

1.1 Studienbewerber, die mit fachgebundener Hochschulreife oder nach Ablegen einer Eignungsprüfung in Baden-Württemberg im Studium an einer Universität oder Pädagogischen Hochschule mit einer akademischen Prüfung oder einem Staatsexamen erfolgreich abgeschlossen haben.

1.2 Studienbewerber mit fachgebundener Hochschulreife oder mit Fachhochschulreife und dem Zeugnis über die bestandene Abschlussprüfung einer staatlichen oder staatlich anerkannten privaten Fachhochschule, einschließlich der Fachhochschulen für den öffentlichen Dienst.

1.3 Studienbewerber, die mit fachgebundener Hochschulreife oder nach Ablegen einer Eignungsprüfung in Baden-Württemberg die dreijährige Ausbildung (Diplomabschluss) an einer Berufsakademie erfolgreich abgeschlossen haben.

1.4 Studienbewerber mit dem Zeugnis über die bestandene Abschlussprüfung der ehemaligen Staatlichen Höheren Verwaltungsfachschulen Kehl und Stuttgart sowie der Staatlichen Höheren Forstfachschule Rottenburg.

1.5 Studienbewerber mit dem Zeugnis über die bestandene Abschlussprüfung an einer ehemaligen öffentlichen oder staatlich anerkannten
  – Ingenieurschule
  – Höheren Wirtschaftsfachschule – Werkkunstschule
  – Höheren Fachschule für Sozialpädagogik und Sozialarbeit sowie an der Staatlichen Höheren Fachschule für Hauswirtschaft und Bekleidungsindustrie Sigmaringen.

Der Nachweis über das Vorliegen der Voraussetzungen nach Nr. 1.5 wird durch eine Bescheinigung des Kultusministeriums geführt.

Hinweis der Redaktion: Absolventen der beruflichen Gymnasien, der Oberstufe der Berufsoberschulen und der Aufbauzüge an Gymnasien und Gymnasien in Aufbauform mit Heim, die in Baden-Württemberg eine fachgebundene Hochschulreife erworben haben, können durch eine (zwanzigminütige) Prüfung in einer zweiten Fremdsprache die allgemeine Hochschulreife in Baden-Württemberg berechtigt, die zum Studium aller Fächer an Hochschulen in Baden-Württemberg berechtigt (VO des KM über die Ergänzungsprüfung vom 21.6.1983; KuU S. 508/1983; zuletzt geändert 4.8.1996, KuU S. 678/1996).

2. Fachgebundene Hochschulreife

2.1 Studienbewerber, die nach Ablegung einer Eignungsprüfung in Baden-Württemberg ein Studium an einer staatlichen oder staatlich anerkannten Fachhochschule erfolgreich abgeschlossen haben, werden den Inhabern einer fachgebundenen Hochschulreife gleichgestellt. Sie erhalten damit die Befähigung zum Studium für Studiengänge mit im wesentlichen gleichem Inhalt.

2.2 Den Inhabern einer fachgebundenen Hochschulreife mit der Befähigung zum Studium des Lehramts an Grund- und Hauptschulen an einer Pädagogischen Hochschule sind Studienbewerber mit dem Zeugnis über die bestandene Laufbahnprüfung für Fachlehrer für musisch-technische Fächer gleichgestellt.

2.3 Den Inhabern einer fachgebundenen Hochschulreife mit der Befähigung zum Studium des Lehramts an Sonderschulen an einer Pädagogischen Hochschule sind Studienbewerber und Studienbewerberinnen mit dem Zeugnis über die bestandene Laufbahnprüfung für Fachlehrer und Fachlehrerinnen an Sonderschulen sowie Technische Lehrer und Technische Lehrerinnen an Sonderschulen nach mindestens einjähriger Bewährung im Amt gleichgestellt.

2.4 Den Inhabern einer fachgebundenen Hochschulreife mit der Befähigung zum Studium der Fächer Haushaltswissenschaft, Lebensmitteltechnologie und Ernährungswissenschaft sowie Agrarbiologie und Agrarökonomie sind Studienbewerber mit dem Zeugnis über die bestandene Abschlussprüfung der ehemaligen Staatlichen Hauswirtschaftlichen Seminare gleichgestellt.

Hinweis zur Reaktion: Im Landeshochschulgesetz (§ 59 Abs. 2) ist 2010 bestimmt worden, dass „Beruflich Qualifizierte",
– die jeweils in einem dem angestrebten Studiengang fachlich entsprechenden Bereich eine mindestens zweijährige Berufsausbildung abgeschlossen haben sowie über eine in der Regel dreijährige Berufserfahrung verfügen,
– die einen schriftlichen Nachweis über ein Beratungsgespräch an einer Hochschule erbringen,
die Qualifikation für ein Hochschulstudium in einem ihrer Berufsausbildung und Berufserfahrung fachlich entsprechenden Studiengang, der zu einem ersten Hochschulabschluss führt, durch das Bestehen einer besonderen Prüfung erwerben können. Damit ist z.B. Fachlehrer/innen und Erzieher/innen die Möglichkeit eines Hochschulstudiums eröffnet worden.
Zur Umsetzung wurde die Berufstätigenhochschulzugangsverordnung erlassen (24. Juni 2010; GBl. S. 489/2010).

II. Anerkennung von Diplom-Vorprüfungen und Zwischenprüfungen zum Zwecke des Weiterstudiums

Wer an einer Hochschule im Geltungsbereich des Hochschulrahmengesetzes eine Diplom-Vorprüfung oder Zwischenprüfung bestanden hat, deren Ablegung Voraussetzung für die Fortsetzung des Studiums ist, erwirbt damit die Berechtigung, sein Studium in demselben Studiengang an einer anderen Hochschule derselben Hochschulart fortzusetzen; die Bestimmungen des Zulassungs- und Immatrikulationsrechts sowie über die Anrechnung von Studien- und Prüfungsleistungen bleiben unberührt. Satz 1 findet keine Anwendung, soweit bundes- oder landesrechtliche Zugangsregelungen die allgemeine Hochschulreife voraussetzen.

→ Abschlüsse (Allgemeines); → Abschlüsse (Berufsausbildung); → Abschlüsse (HS/RS); → Begabten-Eignungsprüfung; → Berufliches Gymnasium; → Berufsaufbau- und Berufsoberschule; → Gymnasium (Abitur); → Fachhochschulreife; → Hochschulreife (Ergänzungsprüfung)

Hort an der Schule

Merkblatt des Kultusministeriums; Stand: Oktober 1997

I. Zielsetzung und Zielgruppe

Der Hort an der Schule bietet eine freiwillige Nachmittagsbetreuung für Schüler im schulpflichtigen Alter an. Er kann schul- und schulartübergreifend geführt werden. Das Angebot richtet sich vorwiegend an Kinder Alleinerziehender oder berufstätiger Eltern.

II. Trägerschaft und Erlaubnispflicht

Kommunen und anerkannte Träger der freien Jugendhilfe können einen Hort an der Schule einrichten. Neue Träger, z.B. Elternvereine, können die Anerkennung als Träger der freien Jugendhilfe nach § 75 des Kinder- und Jugendhilfegesetzes beim zuständigen Jugendamt beantragen. Der Hort an der Schule ist eine Einrichtung der Jugendhilfe. Der Betrieb erfolgt gemäß § 45 des Kinder- und Jugendhilfegesetzes mit Erlaubnis des Landesjugendamts.

→ Jugendhilfe (Bundesrecht); → Jugendhilfe (Landesrecht)

III. Ausgestaltung und Organisation

1. Inhalt

Im Hort beschäftigen sich die Schüler mit altersgemäßen und sinnvollen spielerischen und freizeitbezogenen Aktivitäten. Es sollen außerschulische Angebote wie Sportvereine, Musikvereine, Musikschulen und ähnliches in das Hortangebot einbezogen werden.

Der Träger entscheidet darüber, ob ein Mittagessen angeboten wird.

2. Zeitlicher Umfang

Der Hort ist von Montag bis Freitag ab Unterrichtsschluss bis zum Spätnachmittag geöffnet (z.B. von 12 Uhr bis 17 Uhr). Die Öffnungszeiten richten sich nach den örtlichen Gegebenheiten. Der Hortträger entscheidet über eine Öffnung des Horts an der Schule während der Ferien.

Hinweis der Redaktion: In den Förderrichtlinien des Kultusministeriums über die Gewährung von Zuwendungen an die Träger der Horte an der Schule und der herkömmlichen Horte; Verwaltungsvorschrift vom 18. Dezember 2007 (KuU S. 48/2008) ist u.a. verfügt, dass Zuwendungen des Landes an die Träger nur gewährt werden, wenn die Betreuung an Schultagen von Montag bis Freitag im Anschluss an den Vormittagsunterricht im Umfang von täglich mindestens fünf Stunden gewährleistet ist. Schülerinnen und Schüler, die am Ganztagsbetrieb einer Schule teilnehmen, die hierfür eine zusätzliche Lehrerzuweisung erhält, können nicht während der Öffnungszeiten der Ganztagsschule (z.B. 8.00 bis 15.00 Uhr) im Hort betreut werden.

3. Betreuungskräfte

Jede Gruppe wird in der Regel von mindestens einer geeigneten Betreuungskraft betreut. Geeignet als Betreuungskräfte und Hortleiter im Hort an der Schule sind sozialpädagogische Fachkräfte und Lehrer, die eine Prüfung für ein Lehramt an öffentlichen Schulen abgelegt haben. Gymnasiallehrer, insbesondere wenn sie als Leiter eines Horts an der Schule eingesetzt werden, sollten über außerunterrichtliche pädagogische Erfahrung verfügen. Wird ein Hort an der Schule in der Trägerschaft eines Sportvereins eingerichtet, können auch Diplomsportlehrer als Betreuungskraft und Hortleiter eingesetzt werden. Andere Betreuungskräfte können auf Antrag des Trägers vom Landesjugendamt zugelassen werden. Lehrer, die im öffentlichen Schuldienst beschäftigt sind, können nebenamtlich mitwirken.

Der Träger des Horts an der Schule regelt die Vertretung der Betreuungskräfte und die Aufsicht über die Betreuungskräfte in eigener Zuständigkeit.

Der Hort an der Schule hat eine eigene Leitung. Er arbeitet mit dem Elternhaus und der Schule zusammen.

4. Raumfrage

Der Hort an der Schule kann in einem Schulgebäude oder in räumlicher Nähe zu einer Schule (z.B. Gemeindezentren, Vereinshäusern u.Ä.) eingerichtet werden. Für die Zeit der Betreuung im Hort an der Schule muss ein eigener geeigneter Raum zur Verfügung stehen. Außerhalb der Betreuungszeit kann ein solcher Raum gegebenenfalls auch anderweitig, z.B. als Schulraum, genutzt werden. Einrichtungen der Schule, wie Pausenhöfe, Turnhallen, Sportplätze und sonstige Einrichtungen sollen dem Hort an der Schule nach Absprache zur Verfügung gestellt werden.

Anerkannte Träger der freien Jugendhilfe müssen bezüglich der Nutzung von Schulräumen Absprachen mit dem Schulträger treffen.

Bei der Auswahl und Gestaltung von Räumen sollte bedacht werden, dass davon ganz wesentlich das Wohlbefinden und die Handlungsmöglichkeiten von Kindern und Jugendlichen abhängen.

IV. Aufgaben des Schulleiters

Der Schulleiter ist im Rahmen der gesetzlichen Vorgaben zu beteiligen. Über die Verwendung des Schulgebäudes für die Durchführung des Horts an der Schule entscheidet der Schulträger im Benehmen mit dem Schulleiter (§ 51 SchG). Der Schulleiter stellt die erforderlichen Schulräume zur Verfügung (§ 41 SchG). Der Schulleiter, an dessen Schule ein Hort an der Schule eingerichtet ist, kooperiert mit den Betreuungskräften. Er erhält hierfür eine Anrechnung entsprechend C. Ziffer 1.1 der Verwaltungsvorschrift über die Arbeitszeit der Lehrer ... *(jetzt Buchst. E 1.1).*

➔ Arbeitszeit (Lehrkräfte)

V. Kosten

An der Finanzierung des Horts an der Schule sollen sich die anerkannten Träger der freien Jugendhilfe, die Kommunen und die Eltern beteiligen. Das Land gewährt einen Zuschuss.

Die Träger des Horts an der Schule übernehmen die Personal- und Sachkosten. Sie sollen die Erziehungsberechtigten durch Gebühren an den Hortkosten beteiligen. Um allen Eltern die Inanspruchnahme der Hortbetreuung zu ermöglichen, wird empfohlen, nach Kriterien, die vom Träger vorzugeben sind, in einer sozialen Staffelung Beitragsermäßigungen und einen Beitragserlass vorzusehen.

VII. Einzelfragen

1. Verhältnis zur Kernzeitenbetreuung an der Grundschule

Der Hort an der Schule und die Kernzeitenbetreuung an Grundschulen ergänzen sich und können nebeneinander bestehen. Wird an einer Schule eine Kernzeitbetreuung sowie eine Hortbetreuung eingerichtet, können sich beide Betreuungsformen um 1 Stunde (z.B. von 12 Uhr bis 13 Uhr) überschneiden.

2. Versicherungsschutz

Für die Schüler, die an der Hortbetreuung teilnehmen, besteht Versicherungsschutz aus der für sie zuständigen gesetzlichen oder privaten Familienkrankenversicherung sowie aus etwa abgeschlossenen Unfall- und Haftpflichtversicherungen.

Für die Schüler, die an einer Hortbetreuung in kommunaler Trägerschaft teilnehmen, besteht während ihres Aufenthalts in der Hortbetreuung gesetzlicher Unfallversicherungsschutz. Darüber hinaus können die Eltern eine freiwillige Schülerzusatzversicherung abschließen. Nähere Auskünfte erteilt hier die jeweilige Schule.

➔ Schüler-Zusatzversicherung

Hinweis der Redaktion: Die Verwaltungsvorschrift des KM über die Gewährung von Zuwendungen an die Hort-Träger ist in der Loseblattsammlung KuU unter 6662.52 abgedruckt.

➔ Arbeitszeit (Lehrkräfte); ➔ Grundschule (Verlässliche); ➔ Schüler-Zusatzversicherung; ➔ Schulgesetz §§ 41 und 51; ➔ Unfallversicherung

Infektionsschutzgesetz

Auszug aus Artikel I („Infektionsschutzgesetz") des Seuchenrechtsneuordnungsgesetzes vom 20.7.2000 (BGBl. I S. 1045); zuletzt geändert 31.10.2006 (BGBl. I S. 2407/2006)

§ 33
Gemeinschaftseinrichtungen

Gemeinschaftseinrichtungen im Sinne dieses Gesetzes sind Einrichtungen, in denen überwiegend Säuglinge, Kinder oder Jugendliche betreut werden, insbesondere Kinderkrippen, Kindergärten, Kindertagesstätten, Kinderhorte, Schulen oder sonstige Ausbildungseinrichtungen, Heime, Ferienlager und ähnliche Einrichtungen.

§ 34
Gesundheitliche Anforderungen, Mitwirkungspflichten, Aufgaben des Gesundheitsamtes

(1) Personen, die an
1. Cholera
2. Diphtherie
3. Enteritis durch enterohämorrhagische E. coli (EHEC)
4. virusbedingtem hämorrhagischen Fieber
5. Haemophilus influenzae Typ b-Meningitis
6. Impetigo contagiosa (ansteckende Borkenflechte)
7. Keuchhusten
8. ansteckungsfähiger Lungentuberkulose
9. Masern
10. Meningokokken-Infektion
11. Mumps
12. Paratyphus
13. Pest
14. Poliomyelitis
15. Scabies (Krätze)
16. Scharlach oder sonstigen Streptococcus pyogenes-Infektionen
17. Shigellose
18. Typhus abdominalis
19. Virushepatitis A oder E
20. Windpocken

erkrankt oder dessen verdächtig oder die verlaust sind, dürfen in den in § 33 genannten, Gemeinschaftseinrichtungen keine Lehr-, Erziehungs-, Pflege-, Aufsichts- oder sonstige Tätigkeiten ausüben, bei, denen sie Kontakt zu den dort Betreuten haben, bis nach ärztlichem Urteil eine Weiterverbreitung der Krankheit oder der Verlausung durch sie nicht mehr zu befürchten ist. Satz 1 gilt entsprechend für die in der Gemeinschaftseinrichtung Betreuten mit der Maßgabe, dass sie die dem Betrieb der Gemeinschaftseinrichtung dienenden Räume nicht betreten, Einrichtungen der Gemeinschaftseinrichtung nicht benutzen und an Veranstaltungen der Gemeinschaftseinrichtung nicht teilnehmen dürfen. Satz 2 gilt auch für Kinder, die das 6. Lebensjahr noch nicht vollendet haben und an infektiöser Gastroenteritis erkrankt oder dessen verdächtig sind.

Hinweise der Redaktion:
1. Zum Befall durch Kopfläuse hat das Landesgesundheitsamt ein Eltern-Merkblatt mit Rückantwort-Formular herausgegeben. Zu beziehen unter http://www.gesundheitsamt-bw.de/servlet/PB/show/1234187/merkblatt.eltern-Kopfl%E4use070928.pdf.
2. Zu den Beschäftigungsverboten für Schwangere siehe → Mutterschutz (Verordnung / AzUVO).

(2) Ausscheider von
1. Vibrio cholerae O 1 oder O 139
2. Corynebacterium diphtheriae, Toxin bildend,
3. Salmonella Typhi
4. Salmonella Paratyphi
5. Shigella sp.
6. enterohämorrhagischen E. coli (EHEC)

dürfen nur mit Zustimmung des Gesundheitsamtes und unter Beachtung der gegenüber dem Ausscheider und der Gemeinschaftseinrichtung verfügten Schutzmaßnahmen die dem Betrieb der Gemeinschaftseinrichtung dienenden Räume betreten, Einrichtungen der Gemeinschaftseinrichtung benutzen und an Veranstaltungen der Gemeinschaftseinrichtung teilnehmen.

(3) Absatz 1 Satz 1 und 2 gilt entsprechend für Personen, in deren Wohngemeinschaft nach ärztlichem Urteil eine Erkrankung an oder ein Verdacht auf
1. Cholera
2. Diphtherie
3. Enteritis durch enterohämorrhagische E. coli (EHEC)
4. virusbedingtem hämorrhagischem Fieber
5. Haemophilus influenzae Typ b-Meningitis
6. ansteckungsfähiger Lungentuberkulose
7. Masern
8. Meningokokken-Infektion
9. Mumps
10. Paratyphus
11. Pest
12. Poliomyelitis
13. Shigellose
14. Typhus abdominalis
15. Virushepatitis A oder E

aufgetreten ist.

(4) Wenn die nach den Absätzen 1 bis 3 verpflichteten Personen geschäftsunfähig oder in der Geschäftsfähigkeit beschränkt sind, so hat derjenige für die Einhaltung der diese Personen nach den Absätzen 1 bis 3 treffenden Verrichtungen zu sorgen, dem die Sorge für diese Person zusteht. Die gleiche Verpflichtung trifft den Betreuer einer nach den Absätzen 1 bis 3 verpflichteten Person, soweit die Sorge für die Person des Verpflichteten zu seinem Aufgabenkreis gehört.

(5) Wenn einer der in den Absätzen 1, 2 oder 3 genannten Tatbestände bei den in Absatz 1 genannten Personen auftritt, so haben diese Personen oder in den Fällen des Absatzes 4 der Sorgeinhaber der Gemeinschaftseinrichtung hiervon unverzüglich Mitteilung zu machen. Die Leitung der Gemeinschaftseinrichtung hat jede Person, die in der Gemeinschaftseinrichtung neu betreut, wird, oder deren Sorgeberechtigte über die Pflichten nach Satz 1 zu belehren.

Hinweis der Redaktion: Hierfür gibt es Merkblätter (neben Deutsch auch in Englisch, Französisch, Italienisch, Spanisch, Portugiesisch, Griechisch, Kroatisch, Russisch, Türkisch), die an die Sorgeberechtigten aller neu eintretenden Schüler/innen auszugeben sind (Quelle: Erlass des KM, 17.7.2001; Nr. 41-zu 5421/28). Diese Merkblätter können unter der Adresse www.hygieneinspektoren.de/aktuell/infektionsschutz.html aus dem Internet heruntergeladen werden.

(6) Werden Tatsachen bekannt, die das Vorliegen einer der in den Absätzen 1, 2 oder 3 aufgeführten Tatbestände annehmen lassen, so hat die Leitung der Gemeinschaftseinrichtung das zuständige Gesundheitsamt unverzüglich zu benachrichtigen und krankheits- und personenbezogene Angaben zu machen. Dies gilt auch beim Auftreten von zwei oder mehr gleichartigen, schwerwiegenden Erkrankungen, wenn als deren Ursache Krankheitserreger anzunehmen sind. Eine Benachrichtigungspflicht besteht nicht, wenn der Leitung ein Nachweis darüber vorliegt, dass die Meldung des Sachverhalts durch eine andere in § 8 genannte Person bereits erfolgt ist.

(7) Die zuständige Behörde kann im Einvernehmen mit dem Gesundheitsamt für die in § 33 genannten Einrichtungen Ausnahmen von dem Verbot nach Absatz 1, auch in Verbindung mit Absatz 3, zulassen, wenn Maßnahmen, durchgeführt werden oder wurden, mit denen eine Übertragung der aufgeführten Erkrankungen oder der Verlausung verhütet werden kann.

(8) Das Gesundheitsamt kann gegenüber der Leitung der Gemeinschaftseinrichtung anordnen, dass das Auftreten einer Erkrankung oder eines hierauf gerichteten Verdachtes ohne Hinweis auf die Person in der Gemeinschaftseinrichtung bekanntgegeben wird.

(9) Wenn in Gemeinschaftseinrichtungen betreute Personen Krankheitserreger so in oder an sich tragen, dass im Einzelfall die Gefahr einer Weiterverbreitung besteht, kann die zuständige Behörde die notwendigen Schutzmaßnahmen anordnen.

(10) Die Gesundheitsämter und die in § 33 genannten Gemeinschaftseinrichtungen sollen die betreuten Personen oder deren Sorgeberechtigte gemeinsam über die Bedeutung eines vollständigen, altersgemäßen, nach den Empfehlungen der Ständigen Impfkommission ausreichenden Impfschutzes und über die Prävention, übertragbarer Krankheiten aufklären.

(11) Bei Erstaufnahme in die erste Klasse einer allgemeinbildenden Schule hat das Gesundheitsamt oder der von ihm beauftragte Arzt den Impfstatus zu erheben und die hierbei gewonnenen aggregierten und anonymisierten Daten über die oberste Landesgesundheitsbehörde dem Robert-Koch-Institut zu übermitteln.

→ Schulärztliche Untersuchung

§ 35
Belehrung für Personen in der Betreuung von Kindern und Jugendlichen

Personen, die in den in § 33 genannten Gemeinschaftseinrichtungen Lehr-, Erziehungs-, Pflege-, Aufsichts- oder sonstige regelmäßige Tätigkeiten ausüben und Kontakt mit den dort Betreuten haben, sind vor erstmaliger Aufnahme ihrer Tätigkeit und im Weiteren mindestens im Abstand von zwei Jahren von ihrem Arbeitgeber über die gesundheitlichen Anforderungen und Mitwirkungsverpflichtungen nach § 34 zu belehren. Über die Belehrung ist ein Protokoll zu erstellen, das beim Arbeitgeber für die Dauer von drei Jahren aufzubewahren ist. ... .

Hinweis der Redaktion: Für die Belehrung und deren Protokollierung sind die Schulleitungen zuständig. Das KM hat in KuU S. 62/2001 einen Hinweis zur Belehrung sowie ein Merkblatt für die Beschäftigten an Schulen veröffentlicht. Das Protokoll der Belehrung wird als „Teilakte" im Sinne des § 113 Abs. 2 Satz 2 LBG an der Schule geführt (Quelle: KM vom 23.2.2001; AZ: 15-zu 5421/28).

→ Beamtengesetz §§ 83 ff.; → Personalakten

§ 36
Einhaltung der Infektionshygiene

(1) Die in § 33 genannten Gemeinschaftseinrichtungen ... legen in Hygieneplänen innerbetriebliche Verfahrensweisen zur Infektionshygiene fest. Die genannten Einrichtungen unterliegen der infektionshygienischen Überwachung durch das Gesundheitsamt. ...

Hinweis der Redaktion: Das Landesgesundheitsamt Baden-Württemberg hat einen Musterhygieneplan für Schulen und ähnliche Gemeinschaftseinrichtungen erarbeitet. Die aktuelle Auflage wird im Internet unter www.gesundheitsamt-bw.de zur Verfügung gestellt (Suchwort „Hygieneplan" eingeben).

(5) Das Grundrecht der Unverletzlichkeit der Wohnung ... sowie der körperlichen Unversehrtheit ... wird insoweit eingeschränkt.

Hinweise der Redaktion zu ansteckenden Krankheiten

Wir raten grundsätzlich, bei jeder „Ersten Hilfe" in der Schule Schutzhandschuhe zu tragen (sind in jedem Verbandskasten enthalten).

→ Erste Hilfe

Die Schulen müssen beim Auftreten von ansteckenden Krankheiten einerseits die notwendigen Maßnahmen ergreifen (z.B. Meldung an das Gesundheitsamt; Schulbesuchsverbot für Erkrankte), andererseits müssen sie die Persönlichkeitsrechte der Betroffenen wahren (Datenschutz; Pflicht zur Diskretion; Schutz vor Bloßstellung) und jede „Panikmache" vermeiden. Das Lehrerkollegium ist jeweils durch die Schulleitung in geeigneter Weise zu informieren. Hierfür zwei Beispiele:

1. Hepatitis-B

Das KM vertritt die Auffassung, bei in Schulen

üblichen sozialen Kontakten und unter Beachtung der allgemeinen Hygienevorschriften gehe keine erhöhte Ansteckungsgefahr durch Schüler aus, die Träger nach Hepatitis B-Erkrankung seien. Es sei jedoch je nach den Umständen des Einzelfalls eine Information der *„unterrichtenden Lehrer"* erforderlich. Wenn – insbesondere an kleinen Schulen – jede Lehrkraft damit rechnen müsse, dem betreffenden Schüler als Unterrichtender oder Erzieher gegenüberzutreten, könne auch eine Information aller Lehrkräfte der Schule erfolgen.

Quelle: KM; 2.7.1999; VI/4-6520.1-080/892

Das Land übernimmt die Kosten einer Schutzimpfung gegen Hepatitis A und B für Lehrkräfte an den Schulen für Geistigbehinderte einschließlich der entsprechenden Abteilungen an anderen Sonderschultypen, Körperbehinderte und Kranke. Lehrkräfte an anderen Schularten, die einer Gefährdung ausgesetzt sind, können jedoch einen entsprechend begründeten Antrag stellen.

2. AIDS

Die Immunschwächekrankheit HIV (AIDS) ist keine ansteckende Krankheit im Sinne des Infektionsschutzgesetzes und deshalb nicht meldepflichtig. Die Schulen erfahren hiervon in der Regel nur, wenn die Erziehungsberechtigten sie informieren.

Auch bei einer AIDS-Erkrankung haben die Persönlichkeitsrechte der Betroffenen Vorrang. Das KM hat darauf hingewiesen (10.11.1993; AZ: IV/ 6-6520.1-080), *„nachdem von einem solchen Schüler keine Ansteckungsgefahr ausgeht, solange die üblichen hygienischen Regeln beachtet werden und soweit das Zusammenleben auf normale soziale Kontakte beschränkt bleibt, wird eine Information der Eltern weiterhin nicht für notwendig gehalten, wohl aber der unterrichtenden Lehrer."*

Beschäftigungsverbote für Schwangere

Zu Beschäftigungsverboten für Schwangere beim Auftreten von „Kinderkrankheiten" in Schulen usw. siehe ➔ Mutterschutz (Verordnung / AzUVO).

➔ Amtsärztliche Untersuchung; ➔ Beamtengesetz §§ 83 ff.; ➔ Beihilfeverordnung § 10 (Hinweis); ➔ Betriebspraktika Nr. II.7; ➔ Lehrbeauftragte; ➔ Mutterschutz (Verordnung / AzUVO) ; ➔ Schulärztl. Untersuchung; ➔ Schulgesetz § 117

Internet und Schule

Hinweise der Redaktion auf rechtliche Aspekte bei der Nutzung des Internets

1.

Schulen sollten vorsorglich immer davon ausgehen, dass alle herkömmlichen Publikationen (einschließlich Schulbüchern) sowie Internetangebote urheberrechtlichen Schutz genießen und der Urheber vor der Nutzung seine Zustimmung erteilen muss. Zum Urheberrecht siehe den Beitrag
➔ Urheberrecht (Kopien – Internet)
Für die Verwendung von Bildern auf Internetseiten hat das Landesarchiv für Internetredaktionen in Behörden Informationen in einer Handreichung zusammengestellt, die auf der Intranetseite der Kultusverwaltung http://kvintra.kultus.bwl.de/kvrw/ veröffentlicht ist und wichtige Hinweise zu Vorgaben sowie Ausnahmen des Urheberrechts gibt. Ferner sei auf folgende Internetseite verwiesen (vgl. insbesondere die Checkliste im Hauptmenü): http://lehrerfortbildung-bw.de/sueb/recht/urh/.
Bei der Nutzung des Internets durch Schulen sind daneben die strafrechtlichen Regelungen zu beachten. Das Strafgesetzbuch enthält Straftatbestände, die die Verbreitung bestimmter Inhalte jedermann untersagen (beispielsweise Verbreiten von Propagandamitteln oder Verwenden von verfassungswidriger Organisationen, §§ 86, 86a StGB; Billigen von oder Aufrufung zu Straftaten, § 130a StGB; Anleitung zu Straftaten, §§ 111, 140 StGB; Gewaltdarstellung, § 131 StGB; Gewalt-, Tier- und Kinderpornografie, § 184a, b StGB).

➔ Jugendschutzgesetz; ➔ Urheberrecht (Kopien – Internet)

Bei der Nutzung der elektronischen Post ist auf die Einhaltung des Postgeheimnisses zu achten.

2.

Schulen, die eigene Angebote ins Internet stellen, sind formal „Teledienste". Sie müssen die journalistische Sorgfaltspflicht, das Gegendarstellungsrecht und die Impressumspflicht beachten: Name, Adresse und der/die Verantwortliche (die Schulleitung und ggf. Webmaster) sind anzugeben.

Für die Inhalte des Internetangebots einer Schule ist die Schulleitung verantwortlich (ggf. auch der von ihr beauftragte Webmaster). Eigene Inhalte sind nicht nur die selbst erstellten, sondern auch fremde Daten, wenn sie in Kenntnis ihres Inhalts ausgewählt und übernommen werden oder wenn man sich mit dem Inhalt fremder Daten identifiziert. Fremde Inhalte sollten daher als solche gekennzeichnet und unverfälscht dargestellt, Hyperlinks nicht ungeprüft gesetzt werden.
Beim Setzen von Links auf Schul-Homepages sollte ein Haftungsausschluss vermerkt werden (unter http://www.disclaimer.de/disclaimer.htm wird hierfür eine praktikable Hilfsfunktion angeboten).

3.

Schulen sind im Rahmen ihrer Aufsichtspflicht gehalten, Gefahren zu vermeiden und die Fürsorgepflicht gegenüber Schüler/innen wahrzunehmen:
– Schulleitung und Lehrkräfte haben die Schüler/innen auf Gefahren und den verantwortungs-

vollen Umgang mit dem Internet hinzuweisen, eine ausreichende Aufsicht sicherzustellen und bei Missbrauch angemessen zu reagieren.
- Die Schule hat Sicherheitsvorkehrungen zu treffen, z.B. Nutzung eines wirksamen Jugendschutzfilters, wie ihn „BelWü" (Netz der wissenschaftlichen Einrichtungen in Baden-Württemberg) für Schulen anbietet (www.belwue.de, Stichwort: Schulen im BelWü).

4.
Schulen, die personenbezogene Daten (Texte, Fotos usw.) in ihr Internetangebot einstellen, haben grundsätzlich zuvor die Einwilligung der Betroffenen (bzw. bei fehlender Einsichtsfähigkeit von den Erziehungsberechtigen eine schriftliche Einwilligung) einzuholen. Dies gilt auch für Schüler- und Lehrer/innenlisten oder Vertretungspläne. Näheres dazu finden Sie im Beitrag
→ Datenschutz (Schulen)

5.
Beleidigende oder verleumderische Äußerungen sind zu unterlassen. Dies gilt auch für die Verbreitung von Äußerungen über Lehrkräfte (z.B. Beurteilung von deren Leistung oder Verhalten auf der Homepage www.spickmich.de). Die Gerichte haben entschieden, eine an sich noch zulässige –

Anprangerung einer Lehrkraft könne sich im Internet wegen dessen Besonderheiten zwar als unzulässige Schmähung darstellen; aus der Verbreitung im Internet könne eine Potenzierung der Gefahr für Leib und Leben der/des Angeprangerten erfolgen, welche dieser nicht hinzunehmen verpflichtet sei. Im Einzelfall könne aber auch eine zugespitzte, polemisch formulierte Kritik an der Lehrkraft z.B. auf der Spickmich-Homepage noch vom Recht auf freie Meinungsäußerung umfasst sein. Eine solche Veröffentlichung sei trotz der fehlenden Einwilligung der betroffenen Lehrerin zulässig. Der Bundesgerichtshof hat diese Rechtsauffassung am 23.6.2009 (VI ZR 196/08) bestätigt.

Mögliche Maßnahmen bei Persönlichkeitsverletzungen sind die Einschaltung der Strafverfolgungsbehörden, das Recht auf Gegendarstellung und Unterlassung sowie die Geltendmachung von Schadensersatzansprüchen.

→ Mobbing

Im schulischen Bereich sind Erziehungs- und Ordnungsmaßnahmen möglich (§ 90 SchG). § 23 Abs. 2 SchG berechtigt die Schule (Schulleitung), die zur Aufrechterhaltung der Ordnung des Schulbetriebes erforderlichen Maßnahmen zu treffen (z.B. Anordnungen und Verbote im Einzelfall).

→ Datenschutz (Dienstvereinbarung – Lernplattformen); → Datenschutz (Schulen) Anlage 1; → Haushalt; → Jugendschutzgesetz; → Schulgesetz §§ 23, 90, 93, 94; → Urheberrecht (GEMA / Musik); → Urheberrecht (Kopien – Internet)

Jugendarbeit und Schule

Hinweise der Redaktion

Zur Verbesserung der Kooperation zwischen der Jugendarbeit und den Schulen wurde die Landesarbeitsstelle Kooperation (LAK) eingerichtet. Gemeinsam mit den Regionalen Arbeitsstellen Kooperation bei den Staatlichen Schulämtern sorgt sie für eine landesweite Förderung und Weiterentwicklung der Kooperation von allgemeinen Schulen und Sonderschulen sowie von Schulen und den Trägern der verbandlichen und offenen Jugendarbeit. Ziel ist, die schulische Förderung und soziale Teilhabe von Kindern und Jugendlichen mit einer Behinderung, einer Erkrankung oder mit sozialen Problemen sicherzustellen und zu verbessern.

Die LAK bietet Beteiligten und Interessierten Informationsmaterialien, Beratung, Vermittlung von Ansprechpartnern vor Ort und Fortbildung. Informationen unter: http://www.kooperation-bw.de
Das Land finanziert Projekte der außerschulischen Jugendbildungsträger zum Thema Kooperation. Hinzuweisen ist auf die Broschüre „Jugendbildung in Baden-Württemberg – Sonderausgabe Kooperation Jugendarbeit-Schule, im Internet abrufbar unter http://www.kultusportal-bw.de/servlet/PB/menu/1251527. Weitere Informationen finden sich unter www.jugend-bw.de

Landesjugendplan

In den Richtlinien des Kultusministeriums zur Förderung der außerschulischen Jugendbildung (Verwaltungsvorschrift vom 30. Juli 2002; K.u.U. S. 267/2002) sind vielfältige Fördermöglichkeiten der außerschulischen Jugendarbeit beschrieben. Die Richtlinien für Internationale Schülerbegegnungen mit Staaten Mittel- und Osteuropas sowie für Gedenkstättenfahrten sind abgedruckt unter
→ Außerschulischen Jugendbildung

Landesjugendring

Der Landesjugendring (LJR) hat die Aufgabe einer landesweiten Kooperationsfachstelle für die Weiterentwicklung der Kooperationen von Jugendarbeit und Schule und die Beteiligung der Jugendarbeit am Ausbau der Ganztagesbildung übernommen. Internet: www.ljrbw.de, Projekte/Kooperationsfachstelle.

Weitere Informationen und Angebote zu Klärungsprozessen und Beratung in der Kooperationspraxis findet man auf den Internet-Seiten des Projektes „Praxisberatung Jugendarbeit-Schule" unter www.ljrbw.de.

Der Landesjugendring bietet darüber hinaus vielfältige Informationen zur Jugendarbeit, die für Lehrkräfte kostenlos erhältlich sind. Hinzuweisen ist z.B. auf die Publikationen „*Jugendarbeit trifft Schule*" und „*Schule trifft Jugendarbeit*" sowie „*Hier wird gebildet*" zur Kooperation von Schule und Jugendarbeit.

Kontakt: Landesjugendring Baden-Württemberg e.V., Siemensstraße 11, 70469 Stuttgart, FON: (0711) 16447-0, FAX: (0711) 16447-77, E-Mail: info@ljrbw.de, Internet: www.ljrbw.de

➜ Außerschulischen Jugendbildung; ➜ Außerunterrichtliche Veranstaltungen; ➜ Jugendhilfe

Jugendarbeitsschutz (Kinderarbeit)

Hinweise der Redaktion

Vorbemerkung der Redaktion

Nach § 5 des Jugendarbeitsschutzgesetzes ist die Beschäftigung von Kindern verboten. Kind im Sinne dieses Gesetzes ist, wer noch nicht 15 Jahre alt ist.

Das Verbot gilt nicht für die Beschäftigung von Kindern

1. zum Zwecke der Beschäftigungs- und Arbeitstherapie,
2. im Rahmen des Betriebspraktikums während der Vollzeitschulpflicht,
   ➜ Betriebspraktika
3. in Erfüllung einer richterlichen Weisung.

Das generelle Verbot gilt ferner nicht für die Beschäftigung von Kindern über 13 Jahren, wenn der oder die Personensorgeberechtigten einwilligen, soweit die Beschäftigung leicht und für Kinder geeignet ist.

Die Beschäftigung ist „leicht", wenn sie aufgrund ihrer Beschaffenheit und der besonderen Bedingungen, unter denen sie ausgeführt wird,

1. die Sicherheit, Gesundheit und Entwicklung der Kinder,
2. ihren Schulbesuch, ihre Beteiligung an Maßnahmen zur Berufswahlvorbereitung oder Berufsausbildung, die von der zuständigen Stelle anerkannt sind, und
3. ihre Fähigkeit, dem Unterricht mit Nutzen zu folgen,

nicht nachteilig beeinflusst. Die Kinder dürfen nicht mehr als zwei Stunden täglich, in landwirtschaftlichen Familienbetrieben nicht mehr als drei Stunden täglich, nicht zwischen 18 und 8 Uhr, nicht vor dem Schulunterricht und nicht während des Schulunterrichts beschäftigt werden.

Das Verbot gilt ferner nicht für die Beschäftigung von Jugendlichen (das sind 15, aber noch nicht 18 Jahre alte Personen) während der Schulferien für höchstens vier Wochen im Kalenderjahr.

Zur Ausführung des Gesetzes hat die Bundesregierung die folgende Verordnung erlassen.

Kinderarbeitsschutzverordnung

Verordnung der Bundesregierung über den Kinderarbeitsschutz (Kinderarbeitsschutzverordnung – KindArbSchV) vom 23. Juni 1998 (BGBl. I S. 1508/1998)

§ 1
Beschäftigungsverbot

Kinder über 13 Jahre und vollzeitschulpflichtige Jugendliche dürfen nicht beschäftigt werden, soweit nicht das Jugendarbeitsschutzgesetz und § 2 dieser Verordnung Ausnahmen vorsehen.

§ 2
Zulässige Beschäftigungen

(1) Kinder über 13 Jahre und vollzeitschulpflichtige Jugendliche dürfen nur beschäftigt werden

1. mit dem Austragen von Zeitungen, Zeitschriften, Anzeigenblättern und Werbeprospekten,
2. in privaten und landwirtschaftlichen Haushalten mit
   a) Tätigkeiten im Haushalt und Garten,
   b) Botengängen,
   c) der Betreuung von Kindern und anderen zum Haushalt gehörenden Personen,
   d) Nachhilfeunterricht,
   e) der Betreuung von Haustieren,
   f) Einkaufstätigkeiten mit Ausnahme des Einkaufs von alkoholischen Getränken und Tabakwaren,
3. in landwirtschaftlichen Betrieben mit Tätigkeiten bei
   a) der Ernte und der Feldbestellung,
   b) der Selbstvermarktung landwirtschaftlicher Erzeugnisse,
   c) der Versorgung von Tieren,
4. mit Handreichungen beim Sport,
5. mit Tätigkeiten bei nichtgewerblichen Aktionen und Veranstaltungen der Kirchen, Religionsgemeinschaften, Verbände, Vereine und Parteien,

wenn die Beschäftigung nach § 5 Abs. 3 des Jugendarbeitsschutzgesetzes leicht und für sie geeignet ist.

(2) Eine Beschäftigung mit Arbeiten nach Absatz 1 ist nicht leicht und für Kinder über 13 Jahre und vollzeitschulpflichtige Jugendliche nicht geeignet, wenn sie insbesondere

1. mit einer manuellen Handhabung von Lasten verbunden ist, die regelmäßig das maximale

Lastgewicht von 7,5 kg oder gelegentlich das maximale Lastgewicht von 10 kg überschreiten; manuelle Handhabung in diesem Sinne ist jedes Befördern oder Abstützen einer Last durch menschliche Kraft, unter anderem das Heben, Absetzen, Schieben, Ziehen, Tragen und Bewegen einer Last,
2. infolge einer ungünstigen Körperhaltung physisch belastend ist oder
3. mit Unfallgefahren, insbesondere bei Arbeiten an Maschinen und bei der Betreuung von Tieren, verbunden ist, von denen anzunehmen ist, dass Kinder über 13 Jahre und vollzeitschulpflichtige Jugendliche sie wegen mangelnden Sicherheitsbewusstseins oder mangelnder Erfahrung nicht erkennen oder nicht abwenden können.

Satz 1 Nr. 1 gilt nicht für vollzeitschulpflichtige Jugendliche.

(3) Die zulässigen Beschäftigungen müssen im Übrigen den Schutzvorschriften des Jugendarbeitsschutzgesetzes entsprechen.

§ 3 Behördliche Befugnisse

Die Aufsichtsbehörde kann im Einzelfall feststellen, ob die Beschäftigung nach § 2 zulässig ist.

Hinweis der Redaktion: Die Landesregierung hat eine Verwaltungsvorschrift zur Vermeidung des Erwerbs von Produkten aus ausbeuterischer Kinderarbeit bei der Vergabe öffentlicher Aufträge (VwV Kinderarbeit öA) vom 20.8.2008 (GABl. S. 325/2008) erlassen. Dies betrifft im schulischen Bereich z.b. Sportartikel (insbesondere Bälle), Trikots, Spielgeräte usw. Soweit die Schulen im Rahmen der Budgetierung über die Beschaffung von Lehrmitteln und Einrichtungsgegenständen selbst entscheiden, müssen sie diese Vorschrift beachten.

→ Betriebspraktika; → Jugendhilfe (Bundesrecht); → Jugendhilfe (Landesrecht); → Lehrmittel und Schuleinrichtung

Jugendbegleiter/innen

Hinweise der Redaktion (Quellen. Rundbrief des KM vom 9.3.2006 (A z.: 53-6977/96) und Internet-Recherche

Aufgabengebiete

Im Rahmen des „Jugendbegleiter-Programms" (JB-Programm) werden Jugendbegleiterinnen und Jugendbegleiter an offenen Ganztagsschulen „*im Sinne offener, von den Schülern freiwillig wahrgenommener Angebote*" für unterrichtsergänzende Bildungs- und Betreuungsaufgaben tätig.

→ Ganztagsschulen

Sie geben Hilfestellung bei der Verwirklichung von Eigeninitiativen der Schüler/innen (z.B. Schulsportinitiativen, Schülerbands, Bibelkreise, Theaterspiel etc.) und werden in der Regel von der Schule in Kooperation mit dem Schulträger sowie mit Organisationen (Vereinen, Kirchengemeinden, Schulfördervereinen, Weiterbildungsorganisationen usw.) eingesetzt.

Es können unterschiedliche inhaltliche Themenbereiche für die Jugend erschlossen werden: z.B. Sport, Musik (Gesang, Chor, Instrumentalmusik, Orchester), kulturelle Aktivitäten (Kunst, Medien, Theater, Tanz, Literatur, Heimat und Geschichte), Wirtschaft, Umwelt, Naturwissenschaften. Die Jugendbegleiter/innen können auch wertebezogene Angebote machen, sich hinsichtlich sozialer Tätigkeiten in die Schule einbringen, klassische Betreuungsaufgaben übernehmen sowie Themen aus der Arbeitswelt oder aus Umwelt- und Naturschutz zu ihrem Wirkungsfeld erklären. Beispiele sind: kirchliche Jugendarbeit, Streitschlichterschulung, Erste-Hilfe-Kurse, direktes soziales Engagement, interkulturelle Arbeit mit Kindern mit Migrationshintergrund, Hausaufgabenbetreuung, Betreuung während der Mittagspause/des Mittagessens usw. Auch „gebundene Ganztagsschulen" können am Programm teilnehmen.

Status und Fortbildung

Jugendbegleiter/in kann jeder werden, der sich für Schüler/innen engagieren möchte, insbesondere sind dies pädagogisch bereits qualifizierte Personen wie ausgebildete Übungsleiter/innen, Jugendgruppenleiter/innen, Schülermentor/innen und Bürgermentor/innen, Musikschulpädagog/innen, aber auch Fachleute aus der Wirtschaft und qualifizierte Einzelpersonen wie Eltern, Senioren oder Geschäftsleute aus dem schulischen Umfeld. Auch Schüler/innen können als „Junior-Jugendbegleiter" an der eigenen oder an anderen Schulen tätig werden, z.B. können Gymnasiasten Erfahrungen an Sonder- und Förderschulen sammeln, die sie zur eigenen Berufsorientierung verwenden können.

Die Tätigkeit als Jugendbegleiter/in erfordert eine Grundqualifikation, die neben pädagogischen Grundkenntnissen auch organisatorische und administrative Kompetenz umfasst. Jugendbegleiter/innen sollen kooperationsbereit und konfliktfähig sein. Die Jugendbegleiter/innen sind ehrenamtlich tätig. Eine ehrenamtliche Vergütung kann vereinbart werden. Für jede teilnehmende Schule wird bei ihrem Schulträger ein Schulbudget eingerichtet und verwaltet, über das die Schulleitung letztverantwortlich entscheidet. In dieses Schulbudget fließen der Landeszuschuss, ggf. Mittel des Schulträgers, eventuell Elternbeiträge sowie mögliche Sponsorengelder. Eine vereinbarte Vergütung wird von den Schulträgern an die Jugendbegleiter/innen ausgezahlt und von der Schulleitung dokumentiert.

Hinweis der Redaktion: Zur Vergütung der ehrenamtlich tätigen Jugendbegleiter/innen („Übungsleiterpauschale") siehe → Grundschule (Verlässliche) Nr. 3.7.

Jugendbegleiter/innen sind, falls kein anderer Unfallversicherungs- oder Haftpflichtversiche-

Einsatz an der Schule

Die Jugendbegleiter sollen keine Lehrkräfte ersetzen, sondern nur außerhalb des Unterrichts zur Betreuung eingesetzt werden, sie machen ein über den klassischen Unterricht hinausgehendes Angebot. Die Jugendbegleitung soll nicht vorrangig auf den Erwerb rein inhaltlichen Wissens abzielen, sondern durch vielfältige, teilweise ganzheitliche oder erlebnisorientierte Lernformen die gesunde Entwicklung von Kindern und Jugendlichen unterstützen. Das Angebot darf auch Freizeitcharakter haben, Spaß machen und entspannen.

Es wird den Schulen empfohlen, eine kleine Planungs- und Koordinierungsgruppe zu bilden, in die Vertreter/innen der Schule, der Elternschaft, der außerschulischen Partner und des Schulträgers einbezogen werden. Diese Gruppe sollte möglichst dem Schulprofil entsprechende Vorschläge für Angebote, personelle Besetzung sowie Nutzung von Räumen und anderen Lernorten innerhalb und außerhalb der Schule erarbeiten. Handlungsgrundlage für die Koordinierungsgruppe ist die landesweite Rahmenvereinbarung. Die letzte Verantwortung für den Einsatz der Jugendbegleiter/innen wie auch die pädagogische, fachliche und organisatorische Aufsicht liegt bei der Schulleitung; diese trifft die Absprachen mit dem Jugendbegleiter/innen (eine Muster-Vereinbarung steht unter www.jugendbegleiter.jugendnetz.de im Internet). Die Schule erstellt einen Wochenplan, aus dem die betreuten Gruppen, die Stunden, die Themenbereiche und die Betreuungspersonen ersichtlich sind. In der Aufbauphase umfasst die Planung mindestens einen ganzen Schultag.

Die Jugendbegleiter/innen garantieren zusammen mit der entsendenden lokalen Institution, dass das Betreuungsangebot zuverlässig über ein Schulhalbjahr stattfinden wird. Dies kann auch durch Team- oder durch Vertretungslösungen sichergestellt werden. Es ist auch möglich, dass sich mehrere Jugendbegleiter/innen für ein Angebot in diesem Zeitraum absprechen. Die wöchentliche Einsatzzeit richtet sich nach dem vereinbarten Wochenplan. Um ein zuverlässiges Angebot sicherzustellen, verpflichten sich Jugendbegleiter/innen für mindestens ein Schulhalbjahr.

Die Eltern werden an den Elternabenden über die JB-Betreuung informiert. Sie wählen mit ihrem Kind Betreuungsangebote aus, an denen das Kind dann konsequent mindestens ein Schulhalbjahr lang teilnimmt.

Wie die Lehrkräfte können die Jugendbegleiter/innen ein Kurstagebuch führen, in dem sie Themen und Teilnehmende aufführen und das von der Schulleitung abgezeichnet wird. Bei Nichtteilnahme von Schülerinnen und Schüler sollte eine schriftliche Entschuldigung erfolgen.

Das Kultusministerium empfiehlt, dass die Jugendbegleiterinnen und Jugendbegleiter an einigen Konferenzen zusammen mit den Lehrkräften teilnehmen dürfen: *„Sie sollten keinen Exotenstatus haben, sondern so weit wie möglich in das Schulleben integriert werden."* Das KM betont ferner die Notwendigkeit *„einer deutlichen Wertschätzung der Jugendbegleiterinnen und Jugendbegleiter, die sich in Dank und in der Präsentation der Betreuungsarbeit nach außen und gegenüber den Eltern zeigen sollte".*

Schulen können neben Jugendbegleiter/innen auch Lehrbeauftragte für Betreuungsaufgaben einsetzen und die flexible Nachmittagsbetreuung fortführen sowie bereits bestehende Kooperationen in das JB-Programm übertragen, wenn die Kriterien des Jugendbegleiter-Programms gewährleistet sind.
→ Lehrbeauftragte

Weiterführende Informationen

Im Internet sind zu diesem Programm unter http://www.jugendbegleiter.jugendnetz.de die „Eckpunkte", die Rahmenvereinbarung sowie Anregungen und praktische Arbeits- und Planungshilfen zur Umsetzung des Programms abrufbar.

→ Ganztagsschulen; → Haushalt; → Lehrbeauftragte; → Pädagogische Assistent/innen

Jugendhilfe (Bundesrecht – SGB VIII)

Auszug aus dem Sozialgesetzbuch (SGB) VIII; Neufassung vom 8. Dezember 1998 (BGBl. I S. 3546/1998); zuletzt geändert am 6. Juli 2009 (BGBl. I S. 1696/2009)

§ 1
Recht auf Erziehung, Elternverantwortung, Jugendhilfe

(1) Jeder junge Mensch hat ein Recht auf Förderung seiner Entwicklung und auf Erziehung zu einer eigenverantwortlichen und gemeinschaftsfähigen Persönlichkeit.

(2) Pflege und Erziehung der Kinder sind das natürliche Recht der Eltern und die zuvörderst ihnen obliegende Pflicht. Über ihre Betätigung wacht die staatliche Gemeinschaft.
→ Grundgesetz Art. 6

(3) Jugendhilfe soll zur Verwirklichung des Rechts nach Absatz 1 insbesondere
1. junge Menschen in ihrer individuellen und sozialen Entwicklung fördern und dazu beitragen, Benachteiligungen zu vermeiden oder abzubauen,

2. Eltern und andere Erziehungsberechtigte bei der Erziehung beraten und unterstützen,
3. Kinder und Jugendliche vor Gefahren für ihr Wohl schützen,
4. dazu beitragen, positive Lebensbedingungen für junge Menschen und ihre Familien sowie eine kinder- und familienfreundliche Umwelt zu erhalten oder zu schaffen.

→ Behinderungen (Kinder und Jugendliche)

§ 2
Aufgaben der Jugendhilfe

(1) Die Jugendhilfe umfasst Leistungen und andere Aufgaben zugunsten junger Menschen und Familien.

(2) Leistungen der Jugendhilfe sind:
1. Angebote der Jugendarbeit, der Jugendsozialarbeit und des erzieherischen Kinder- und Jugendschutzes (§§ 11 bis 14),
2. Angebote zur Förderung der Erziehung in der Familie (§§ 16 bis 21),
3. Angebote zur Förderung von Kindern in Tageseinrichtungen und in Tagespflege (§§ 22 bis 25),
4. Hilfe zur Erziehung und ergänzende Leistungen (§§ 27 bis 35, 36, 37, 39, 40),
5. Hilfe für seelisch behinderte Kinder und Jugendliche und ergänzende Leistungen (§§ 35a bis 37, 39, 40),
6. Hilfe für junge Volljährige und Nachbetreuung (§ 41). ...

§ 4
Zusammenarbeit der öffentlichen Jugendhilfe mit der freien Jugendhilfe

(1) Die öffentliche Jugendhilfe soll mit der freien Jugendhilfe zum Wohl junger Menschen und ihrer Familien partnerschaftlich zusammenarbeiten. Sie hat dabei die Selbstständigkeit der freien Jugendhilfe in Zielsetzung und Durchführung ihrer Aufgaben sowie in der Gestaltung ihrer Organisationsstruktur zu achten.

(2) Soweit geeignete Einrichtungen, Dienste und Veranstaltungen von anerkannten Trägern der freien Jugendhilfe betrieben werden oder rechtzeitig geschaffen werden können, soll die öffentliche Jugendhilfe von eigenen Maßnahmen absehen. ...

§ 5 Wunsch- und Wahlrecht

(1) Die Leistungsberechtigten haben das Recht, zwischen Einrichtungen und Diensten verschiedener Träger zu wählen und Wünsche hinsichtlich der Gestaltung der Hilfe zu äußern. Sie sind auf dieses Recht hinzuweisen.

(2) Der Wahl und den Wünschen soll entsprochen werden, sofern dies nicht mit unverhältnismäßigen Mehrkosten verbunden ist. Wünscht der Leistungsberechtigte die Erbringung einer in § 78a genannten Leistung in einer Einrichtung, mit deren Träger keine Vereinbarungen nach § 78b bestehen, so soll der Wahl nur entsprochen werden, wenn die Erbringung der Leistung in dieser Einrichtung im Einzelfall oder nach Maßgabe des Hilfeplanes (§ 36) geboten ist.

§ 6
Geltungsbereich

(1) Leistungen nach diesem Buch werden jungen Menschen, Müttern, Vätern und Personensorgeberechtigten von Kindern und Jugendlichen gewährt, die ihren tatsächlichen Aufenthalt im Inland haben. Für die Erfüllung anderer Aufgaben gilt Satz 1 entsprechend.

(2) Ausländer können Leistungen nach diesem Buch nur beanspruchen, wenn sie rechtmäßig oder aufgrund einer ausländerrechtlichen Duldung ihren gewöhnlichen Aufenthalt im Inland haben.

(3) Deutschen können Leistungen nach diesem Buch auch gewährt werden, wenn sie ihren Aufenthalt im Ausland haben und soweit sie nicht Hilfe vom Aufenthaltsland erhalten.

(4) Regelungen des über- und zwischenstaatlichen Rechts bleiben unberührt.

§ 7
Begriffsbestimmungen

(1) Im Sinne dieses Buches ist
1. Kind, wer noch nicht 14 Jahre alt ist, soweit nicht die Absätze 2 bis 4 etwas anderes bestimmen,
2. Jugendlicher, wer 14, aber noch nicht 18 Jahre alt ist,
3. junger Volljähriger, wer 18, aber noch nicht 27 Jahre alt ist,
4. junger Mensch, wer noch nicht 27 Jahre alt ist,
5. Personensorgeberechtigter, wem allein oder gemeinsam mit einer anderen Person nach den Vorschriften des Bürgerlichen Gesetzbuchs die Personensorge zusteht,
6. Erziehungsberechtigter, der Personensorgeberechtigte und jede sonstige Person über 18 Jahre, soweit sie aufgrund einer Vereinbarung mit dem Personensorgeberechtigten nicht nur vorübergehend und nicht nur für einzelne Verrichtungen Aufgaben der Personensorge wahrnimmt.

(2) Kind im Sinne des § 1 Abs. 2 ist, wer noch nicht 18 Jahre alt ist.

(3) *(weggefallen)*

(4) Die Bestimmungen dieses Buches, die sich auf die Annahme als Kind beziehen, gelten nur für Personen, die das 18. Lebensjahr noch nicht vollendet haben.

§ 8
Beteiligung von Kindern und Jugendlichen

(1) Kinder und Jugendliche sind entsprechend ihrem Entwicklungsstand an allen sie betreffenden Entscheidungen der öffentlichen Jugendhilfe zu beteiligen. Sie sind in geeigneter Weise auf ihre Rechte im Verwaltungsverfahren sowie im Verfahren vor dem Familiengericht, dem Vormundschaftsgericht und dem Verwaltungsgericht hinzuweisen.

(2) Kinder und Jugendliche haben das Recht, sich in allen Angelegenheiten der Erziehung und Entwicklung an das Jugendamt zu wenden.

(3) Kinder und Jugendliche können ohne Kenntnis des Personensorgeberechtigten beraten werden, wenn die Beratung aufgrund einer Not- und Konfliktlage erforderlich ist und solange durch die Mitteilung an den Personensorgeberechtigten der Beratungszweck vereitelt würde.

§ 8a
Schutzauftrag bei Kindeswohlgefährdung

(1) Werden dem Jugendamt gewichtige Anhaltspunkte für die Gefährdung des Wohls eines Kindes oder Jugendlichen bekannt, so hat es das Gefährdungsrisiko im Zusammenwirken mehrerer Fachkräfte abzuschätzen. Dabei sind die Personensorgeberechtigten sowie das Kind oder der Jugendliche einzubeziehen, soweit hierdurch der wirksame Schutz des Kindes oder des Jugendlichen nicht in Frage gestellt wird. Hält das Jugendamt zur Abwendung der Gefährdung die Gewährung von Hilfen für geeignet und notwendig, so hat es diese den Personensorgeberechtigten oder den Erziehungsberechtigten anzubieten.

(2) In Vereinbarungen mit den Trägern von Einrichtungen und Diensten, die Leistungen nach diesem Buch erbringen, ist sicherzustellen, dass deren Fachkräfte den Schutzauftrag nach Absatz 1 in entsprechender Weise wahrnehmen und bei der Abschätzung des Gefährdungsrisikos eine insoweit erfahrene Fachkraft hinzuziehen. Insbesondere ist die Verpflichtung aufzunehmen, dass die Fachkräfte bei den Personensorgeberechtigten oder den Erziehungsberechtigten auf die Inanspruchnahme von Hilfen hinwirken, wenn sie diese für erforderlich halten, und das Jugendamt informieren, falls die angenommenen Hilfen nicht ausreichend erscheinen, um die Gefährdung abzuwenden.

(3) Hält das Jugendamt das Tätigwerden des Familiengerichts für erforderlich, so hat es das Gericht anzurufen; dies gilt auch, wenn die Personensorgeberechtigten oder die Erziehungsberechtigten nicht bereit oder in der Lage sind, bei der Abschätzung des Gefährdungsrisikos mitzuwirken. Besteht eine dringende Gefahr und kann die Entscheidung des Gerichts nicht abgewartet werden, so ist das Jugendamt verpflichtet, das Kind oder den Jugendlichen in Obhut zu nehmen.

(4) Soweit zur Abwendung der Gefährdung das Tätigwerden anderer Leistungsträger, der Einrichtungen der Gesundheitshilfe oder der Polizei notwendig ist, hat das Jugendamt auf die Inanspruchnahme durch die Personensorgeberechtigten oder die Erziehungsberechtigten hinzuwirken. Ist ein sofortiges Tätigwerden erforderlich und wirken die Personensorgeberechtigten oder die Erziehungsberechtigten nicht mit, so schaltet das Jugendamt die anderen zur Abwendung der Gefährdung zuständigen Stellen selbst ein.

→ Schulgesetz § 85-86, 90

§ 9
Grundrichtung der Erziehung, Gleichberechtigung von Mädchen und Jungen

Bei der Ausgestaltung der Leistungen und der Erfüllung der Aufgaben sind

1. die von den Personensorgeberechtigten bestimmte Grundrichtung der Erziehung sowie die Rechte der Personensorgeberechtigten und des Kindes oder des Jugendlichen bei der Bestimmung der religiösen Erziehung zu beachten,
2. die wachsende Fähigkeit und das wachsende Bedürfnis des Kindes oder des Jugendlichen zu selbstständigem, verantwortungsbewusstem Handeln sowie die jeweiligen besonderen sozialen und kulturellen Bedürfnisse und Eigenarten junger Menschen und ihrer Familien zu berücksichtigen,
3. die unterschiedlichen Lebenslagen von Mädchen und Jungen zu berücksichtigen, Benachteiligungen abzubauen und die Gleichberechtigung von Mädchen und Jungen zu fördern.

§ 13 Jugendsozialarbeit

(1) Jungen Menschen, die zum Ausgleich sozialer Benachteiligungen oder zur Überwindung individueller Beeinträchtigungen in erhöhtem Maße auf Unterstützung angewiesen sind, sollen im Rahmen der Jugendhilfe sozialpädagogische Hilfen angeboten werden, die ihre schulische und berufliche Ausbildung, Eingliederung in die Arbeitswelt und ihre soziale Integration fördern.

(2) Soweit die Ausbildung dieser jungen Menschen nicht durch Maßnahmen und Programme anderer Träger und Organisationen sichergestellt wird, können geeignete sozialpädagogisch begleitete Ausbildungs- und Beschäftigungsmaßnahmen angeboten werden, die den Fähigkeiten und dem Entwicklungsstand dieser jungen Menschen Rechnung tragen.

(3) Jungen Menschen kann während der Teilnahme an schulischen oder beruflichen Bildungsmaßnahmen oder bei der beruflichen Eingliederung Unterkunft in sozialpädagogisch begleiteten Wohnformen angeboten werden. In diesen Fällen sollen auch der notwendige Unterhalt des jungen Menschen sichergestellt und Krankenhilfe nach Maßgabe des § 40 geleistet werden.

(4) Die Angebote sollen mit den Maßnahmen der Schulverwaltung, der Bundesagentur für Arbeit, der Träger betrieblicher und außerbetrieblicher Ausbildung sowie der Träger von Beschäftigungsangeboten abgestimmt werden.

§ 14
Erzieherischer Kinder- und Jugendschutz

(1) Jungen Menschen und Erziehungsberechtigten sollen Angebote des erzieherischen Kinder- und Jugendschutzes gemacht werden.

(2) Die Maßnahmen sollen

1. junge Menschen befähigen, sich vor gefährdenden Einflüssen zu schützen und sie zu Kritikfähigkeit, Entscheidungsfähigkeit und Eigenverantwortlichkeit sowie zur Verantwortung gegenüber ihren Mitmenschen führen,
2. Eltern und andere Erziehungsberechtigte besser befähigen, Kinder und Jugendliche vor gefährdenden Einflüssen zu schützen.

| Jugendhilfe (Bundesrecht – SGB VIII) / Jugendhilfe (Landesrecht – LKJHG) |

§ 15 Landesrechtsvorbehalt
Das Nähere über Inhalt und Umfang der in diesem Abschnitt geregelten Aufgaben und Leistungen regelt das Landesrecht.
→ Jugendhilfe (Landesrecht)

**§ 36
Mitwirkung, Hilfeplan**
Hinweis der Redaktion: § 36 des Sozialgesetzbuchs VIII ist abgedruckt bei:
→ Behinderungen (Kinder und Jugendliche)

→ Behinderungen (Kinder und Jugendliche); → Behinderungen und Förderbedarf; → Grundgesetz Art. 6; → Jugendarbeitsschutz (Kinderarbeit); → Jugendhilfe (Landesrecht); → Jugendschutz (Aktion Jugendschutz – ajs); → Jugendschutzgesetz; → Polizei und Schule; → Schulgesetz § 85-86, 90; → Schulpflicht (Durchsetzung)

Jugendhilfe (Landesrecht – LKJHG)

Auszug aus dem Kinder- und Jugendhilfegesetz für Baden-Württemberg (LKJHG) in der Fassung vom 14.4.2005 (GBl. S. 376/2005); zuletzt geändert 27.10.2010 (GBl. S. 793/2010)

**§ 1
Örtliche Träger der öffentlichen Jugendhilfe**
(1) Örtliche Träger der öffentlichen Jugendhilfe sind die Landkreise, die Stadtkreise und die nach § 5 zu örtlichen Trägern bestimmten kreisangehörigen Gemeinden.
(2) Die örtlichen Träger der öffentlichen Jugendhilfe regeln durch Satzung insbesondere
1. den Umfang des Beschlussrechts des Jugendhilfeausschusses, ...
3. die Zugehörigkeit von beratenden Mitgliedern (insbesondere von Vertreterinnen oder Vertretern der Kirchen und der jüdischen Kultusgemeinde, der Schule, des Gesundheitswesens und der Rechtspflege) zum Jugendhilfeausschuss sowie deren Benennung und Bestellung,
4. die Anhörung des Jugendhilfeausschusses vor der Beschlussfassung der Vertretungskörperschaft in Fragen der Jugendhilfe,
5. die Beteiligung freier Träger an Arbeitsgruppen zur Jugendhilfeplanung. ...

**§ 12
Vorrangige Ziele der Jugendhilfe**
(1) Jugendhilfe dient der Verwirklichung des Rechts der jungen Menschen auf Förderung ihrer Entwicklung und auf Erziehung zu einer eigenverantwortlichen und gemeinschaftsfähigen Persönlichkeit. Sie erbringt die Leistungen und erfüllt die anderen Aufgaben zugunsten von jungen Menschen und Familien nach § 2 SGB VIII.
(2) Jugendhilfe ist berechtigt und verpflichtet, sich für die Gestaltung einer positiven Lebenswelt für junge Menschen und ihre Familien, insbesondere für ein familien-, jugend- und kinderfreundliches Gemeinwesen, einzusetzen; Beeinträchtigungen und Gefahren für das Wohl junger Menschen und Familien wirkt Jugendhilfe entgegen.
(3) Die Träger der öffentlichen Jugendhilfe sollen als Träger öffentlicher Belange oder als Beteiligte bei Planungen und sonstigen Vorhaben anderer Träger die Belange von Kindern und Jugendlichen geltend machen.
(4) Unbeschadet der Rechtsstellung der Eltern achtet und stärkt Jugendhilfe das Recht auf Selbstbestimmung der jungen Menschen und beteiligt sie entsprechend ihrem Entwicklungsstand an allen sie betreffenden Entscheidungen.
(5) Jugendhilfe fördert Entwicklung und Integration behinderter, individuell beeinträchtigter oder sozial benachteiligter junger Menschen.
(6) Jugendhilfe trägt dazu bei, dass die besonderen sozialen und kulturellen Bedürfnisse ausländischer junger Menschen und ihrer Familien berücksichtigt werden.
(7) Jugendhilfe fördert die Gleichberechtigung von Mädchen und Jungen sowie von jungen Frauen und jungen Männern. Leistungen der Jugendhilfe berücksichtigen unterschiedliche Lebenszusammenhänge und bauen Benachteiligungen zwischen den Geschlechtern ab. Jugendhilfe stellt spezifische Angebote für Mädchen und Jungen bereit, unterstützt die jungen Menschen bei der ganzheitlichen Entfaltung ihrer Persönlichkeit und bereitet sie auf die partnerschaftliche Lösung der Aufgaben im Erwachsenenleben vor. Dazu gehören mädchen- und jungenbezogene Angebote zu einer Berufs- und Lebensplanung, die für beide Geschlechter grundsätzlich Erwerbstätigkeit und Familienaufgaben umfasst. Jugendhilfe trägt dazu bei, Gefährdungen und Schädigungen durch Misshandlung und sexuelle Gewalt mit differenzierten Hilfen für die betroffenen Mädchen und Jungen abzuwenden.
(8) Jugendhilfe wirkt darauf hin, dass Hemmschwellen abgebaut werden, die der Inanspruchnahme der Leistungen durch Kinder und Jugendliche sowie ihre Familien entgegenstehen, und setzt sich dafür ein, dass Kinder und Jugendliche sich an allen sie betreffenden Planungen und Entscheidungen beteiligen und sich in ihren Angelegenheiten an das Jugendamt oder an Jugendhilfedienste wenden können.
(9) Ziel der Jugendhilfe ist es, durch Stärkung des differenzierten außerstationären Hilfeangebots, wie Erziehungsberatung, sozialpädagogische Familienhilfe, Tagesgruppen, Vollzeitpflege und Maßnahmen der Suchtprophylaxe, stationäre Unter-

bringung auf das fachlich Erforderliche zu begrenzen. Im Verfahren nach dem Jugendgerichtsgesetz sorgt sie dafür, dass Leistungen, die ein Absehen von der Verfolgung oder eine Einstellung des Verfahrens ermöglichen (§§ 45 und 47 des Jugendgerichtsgesetzes ...), rechtzeitig gewährt werden.

→ Behinderungen (Kinder und Jugendliche)

§ 13 Vernetzung und Gemeinwesenbezug von Diensten und Einrichtungen

(1) Die örtlichen Träger der öffentlichen Jugendhilfe sollen im Zusammenwirken mit anderen öffentlichen und freien Trägern der Jugendhilfe, insbesondere in Arbeitsgemeinschaften, anstreben, dass Leistungen und sonstige Angebote aufeinander abgestimmt werden und sich gegenseitig ergänzen.

(2) Jugendhilfe soll darauf hinwirken, dass die Hilfen nach dem Bedarf im Einzelfall umfassend ganzheitlich geleistet werden und das Lebensumfeld der jungen Menschen und ihrer Familien während und auch nach Beendigung der Hilfegewährung einbezogen bleibt.

(3) Dem Auftrag der Jugendhilfe dient der möglichst enge Bezug zum Gemeinwesen. Insbesondere Aktivitäten und Angebote zur Familienbildung, zum erzieherischen Kinder- und Jugendschutz, zur Begegnung junger Menschen untereinander und zur Förderung benachteiligter junger Menschen sollen möglichst aus dem Gemeinwesen heraus und in ihm verwurzelt entwickelt werden. Selbsthilfeaktivitäten sollen angeregt und gefördert werden.

(4) Jugendhilfe soll ihre Veranstaltungen, Dienste und Einrichtungen auf das Gemeinwesen hin vernetzen, für eine enge Zusammenarbeit untereinander sorgen und berühte Partner, insbesondere die Schulen, einbeziehen, um die Integration der jungen Menschen zu erleichtern und ihre Selbsthilfekräfte zu stärken.

(5) Zur Bereitstellung von ganzheitlichen, ins Gemeinwesen integrierten Projekten der Jugendhilfe können Leistungen für Hilfen im Einzelfall zusammengefasst werden.

§ 14 Jugendarbeit

(1) Die Jugendarbeit soll junge Menschen zu eigenverantwortlichem, gesellschaftlichem und politischem Handeln befähigen sowie jugendspezifische Formen von Lebens- und Freizeitgestaltung ermöglichen. Sie soll dazu beitragen, dass die Jugendlichen ihre persönlichen Lebensbedingungen und die ihnen zugrunde liegenden sozialen, ökonomischen und ökologischen Zusammenhänge erkennen und mitgestalten sowie kulturelle, soziale und politische Erfahrungen, Kenntnisse und Vorstellungen kritisch verarbeiten und einbringen.

(2) Die Jugendarbeit wendet sich als gleichrangiger Bildungs- und Erziehungsbereich in der Jugendhilfe mit ihren Angeboten in der Regel an alle jungen Menschen bis zum 27. Lebensjahr. Sie ist neben Familie, Schule und Beruf ein eigenständiges Sozialisationsfeld.

(3) Jugendarbeit ist durch Freiwilligkeit, Selbstorganisation, Ganzheitlichkeit, Wertorientierung und Ehrenamtlichkeit, durch demokratische Gliederung ihrer Verbände, Pluralität ihrer Träger und deren Eigenverantwortlichkeit gekennzeichnet.

(4) Jugendarbeit findet statt in Veranstaltungen, Diensten, Einrichtungen und Aktivitäten freier und öffentlicher Träger, insbesondere in örtlichen, regionalen und überregionalen Gruppen, Initiativen und Verbänden der Jugend und ihren Zusammenschlüssen.

(5) Eine wesentliche Verpflichtung der Jugendarbeit ist die Unterstützung und Förderung ehrenamtlicher Tätigkeiten, insbesondere bei den freien Trägern. Berufliche und ehrenamtliche Tätigkeiten der Jugendarbeit sind unverzichtbar und ergänzen einander.

(6) Die Träger der Jugendarbeit vertreten Bedürfnisse und Interessen der jungen Menschen in der Öffentlichkeit, wirken bei der Schaffung jugendfreundlicher Lebensbedingungen mit und wirken auf den Abbau von Benachteiligungen hin.

§ 15 Jugendsozialarbeit

(1) Jugendsozialarbeit wendet sich an sozial benachteiligte oder in ihrer individuellen Entwicklung beeinträchtigte junge Menschen, unabhängig davon, ob die Voraussetzungen für eine Hilfe zur Erziehung nach § 27 SGB VIII vorliegen. Aufgabe ist die Unterstützung des Übergangs von der Schule zum Beruf und die soziale Integration durch möglichst ortsnahe und lebensweltbezogene sozialpädagogische Hilfen, die dort ansetzen, wo sich die jungen Menschen aufhalten. Dazu gehört die Förderung ihrer schulischen und beruflichen Ausbildung und ihre Eingliederung in die Arbeitswelt.

(2) Über die Abstimmung mit der Schulverwaltung, der Bundesanstalt für Arbeit und den Trägern betrieblicher und außerbetrieblicher Ausbildung sowie mit Beschäftigungsangeboten hinaus sollen Angebote im Verbund angestrebt werden.

(3) Unbeschadet der Gesamtverantwortung der Träger der öffentlichen Jugendhilfe kann das Land im Rahmen seiner Aufgaben nach § 82 SGB VIII nach Maßgabe des Staatshaushaltsplans

1. Zuschüsse zu den Kosten von Vorhaben der Jugendsozialarbeit, insbesondere der gemeinwesenbezogenen Jugendsozialarbeit, von Maßnahmen gegen Arbeitslosigkeit junger Menschen und von pädagogischen Hilfen für junge Menschen in Jugendwohnheimen,
2. Zuschüsse zu den Kosten von Modellvorhaben der Jugendhilfe sowie
3. Zuschüsse zu Investitionskosten von Jugendwohnheimen gewähren.

§ 16
Erzieherischer Kinder- und Jugendschutz

(1) Jungen Menschen und Erziehungsberechtigten sollen die erforderlichen und geeigneten Angebote des erzieherischen Kinder- und Jugend-

schutzes gemacht werden. Angebote sollen unter Berücksichtigung der unterschiedlichen Lebenslagen und Bedürfnisse von Mädchen und Jungen

1. junge Menschen befähigen, sich vor gefährdenden Einflüssen zu schützen und sie zur Kritikfähigkeit, Entscheidungsfähigkeit und Eigenverantwortlichkeit sowie zur Verantwortung gegenüber ihren Mitmenschen führen,
2. die Abwehrkräfte der jungen Menschen stärken gegen extremistische und rassistische Ideologien, destruktive Kulte, süchtiges Verhalten und gefährdende Anreize durch Werbung und Medien,
3. Eltern und andere Erziehungsberechtigte besser befähigen, Kinder und Jugendliche vor gefährdenden Einflüssen zu schützen und
4. zur Beseitigung gefährdender Einflüsse beitragen.

(2) Unbeschadet der Gesamtverantwortung der Träger der öffentlichen Jugendhilfe kann das Land im Rahmen seiner Aufgaben nach § 82 SGB VIII Trägern und Zusammenschlüssen von Trägern des Kinder- und Jugendschutzes sowie Elterninitiativen nach Maßgabe des Staatshaushaltsplans Zuschüsse zu den Personal- und Sachkosten gewähren.

§ 17
Förderung von Kindern in Tageseinrichtungen

Jugendhilfe fördert die Entwicklung des Kindes zu einer eigenverantwortlichen und gemeinschaftsfähigen Persönlichkeit in Tageseinrichtungen, auf deren gleichmäßigen Ausbau das Land hinwirkt. ...

§ 26 Zusammenarbeit von Jugendamt und Polizei

(1) Das Jugendamt berät und unterstützt die Polizeibehörden und den Polizeivollzugsdienst (Polizei) bei der Wahrnehmung von Aufgaben zum Schutze Minderjähriger und bei der vorbeugenden Bekämpfung der Suchtmittelabhängigkeit und der Jugendkriminalität. Die Polizei unterrichtet das Jugendamt in allen Fällen, in denen Maßnahmen zum Schutze Minderjähriger erforderlich erscheinen. Jugendamt und Polizei sollen dabei partnerschaftlich zusammenarbeiten.

(2) Die Polizei leistet in den Fällen der §§ 42 und 43 SGB VIII Vollzugshilfe auf Ersuchen des Jugendamts.

Hinweis der Redaktion: In diesen Bestimmungen sind die Inobhutnahme von Kindern und Jugendlichen sowie die Herausnahme des Kindes oder des Jugendlichen ohne Zustimmung des Personensorgeberechtigten geregelt.

→ Polizei und Schule; → Schulpflicht (Durchsetzung)

§ 27
Überwachung der Vorschriften zum Schutze der Jugend

(1) Die zuständigen Behörden und der Polizeivollzugsdienst haben die Einhaltung der Vorschriften des Jugendschutzgesetzes zu überwachen. Die Bediensteten dieser Stellen sind befugt, die Räume in Absatz 3 näher bezeichneten Betriebe während der Arbeits-, Betriebs- oder Geschäftszeit zu betreten, dort Prüfungen und Besichtigungen vorzunehmen und in die geschäftlichen Unterlagen Einsicht zu nehmen. Das Grundrecht der Unverletzlichkeit der Wohnung (Artikel 13 Abs. 1 des Grundgesetzes) wird insoweit eingeschränkt. ...

(3) Der Überwachung nach den Absätzen 1 und 2 unterliegen Betriebe, die geschäftsmäßig Trägermedien

1. verbreiten,
2. öffentlich ausstellen, anschlagen, vorführen oder sonst zugänglich machen oder
3. herstellen, beziehen, liefern, vorrätig halten, anbieten, ankündigen oder anpreisen.

→ Jugendarbeitsschutz (Kinderarbeit); → Jugendhilfe (Bundesrecht); → Jugendschutz (Aktion Jugendschutz – ajs); → Jugendschutzgesetz; → Schulgesetz §§ 85-86, 90; → Schulpflicht (Durchsetzung)

Jugendschutz (Aktion Jugendschutz – ajs)

Hinweis der Redaktion

Die Aktion Jugendschutz (ajs) ist ein Zusammenschluss von achtzehn Spitzenverbänden (Kirchen, Wohlfahrtsverbände, Kommunale Spitzenverbände, GEW usw.) Baden-Württembergs. Die ajs setzt sich für die Stärkung, den Schutz und die Rechte von Kindern und Jugendlichen ein. Schwerpunktmäßig engagiert sich die ajs in den Fachgebieten Suchtprävention, Jugendmedienschutz und Medienpädagogik, Sexualerziehung, Gewaltprävention, Gesetzliche Regelungen zum Schutz von Kindern und Jugendlichen, Rechte von Kindern und Jugendlichen.

Mit Informationsbroschüren, Arbeitsmaterialien und Fachliteratur sowie Fortbildungen, Tagungen und Projekten zu den genannten Themen unterstützt die ajs pädagogische Fachkräfte. Mit ihrer Fachzeitschrift ajs-informationen greift die ajs vierteljährlich aktuelle Themen auf und gibt in einem Serviceteil Literaturtipps, Nachrichten und Veranstaltungshinweise weiter.

Für Multiplikator/innen und Pädagog/innen entwickelt und vermittelt die ajs pädagogische Konzepte und führt Fortbildungen, Tagungen und andere Fachveranstaltungen durch.

Die ajs beantwortet thematische Anfragen aus unterschiedlichsten Bereichen bzw. Berufsfeldern und nimmt Stellung zu wichtigen Themen.

Kontakt: Aktion Jugendschutz Landesarbeitsstelle Baden-Württemberg, Jahnstr. 12, 70597 Stuttgart, FON: (0711) 23737-0, FAX: -30, E-Mail: info@ajs-bw.de, Internet: www.ajs-bw.de

Jugendschutzgesetz

Auszug aus dem Jugendschutzgesetz (JuSchG) vom 23. Juli 2002 (BGBl. I S. 2730), zuletzt geändert 31. Oktober 2008 (BGBl. I S. 2149/2009)

Abschnitt 1 Allgemeines

§ 1
Begriffsbestimmungen

(1) Im Sinne dieses Gesetzes
1. sind Kinder Personen, die noch nicht 14 Jahre alt sind,
2. sind Jugendliche Personen, die 14, aber noch nicht 18 Jahre alt sind,
3. ist personensorgeberechtigte Person, wem allein oder gemeinsam mit einer anderen Person nach den Vorschriften des Bürgerlichen Gesetzbuchs die Personensorge zusteht,
4. ist erziehungsbeauftragte Person, jede Person über 18 Jahren, soweit sie auf Dauer oder zeitweise aufgrund einer Vereinbarung mit der personensorgeberechtigten Person Erziehungsaufgaben wahrnimmt oder soweit sie ein Kind oder eine jugendliche Person im Rahmen der Ausbildung oder der Jugendhilfe betreut.

→ Aufsichtspflicht

(2) Trägermedien im Sinne dieses Gesetzes sind Medien mit Texten, Bildern oder Tönen auf gegenständlichen Trägern, die zur Weitergabe geeignet, zur unmittelbaren Wahrnehmung bestimmt oder in einem Vorführ- oder Spielgerät eingebaut sind. Dem gegenständlichen Verbreiten, Überlassen, Anbieten oder Zugänglichmachen von Trägermedien steht das elektronische Verbreiten, Überlassen, Anbieten oder Zugänglichmachen gleich, soweit es sich nicht um Rundfunk im Sinne des § 2 des Rundfunkstaatsvertrages handelt.

(3) Telemedien im Sinne dieses Gesetzes sind Medien, die nach dem Telemediengesetz übermittelt oder zugänglich gemacht werden. Als Übermitteln oder Zugänglichmachen im Sinne von Satz 1 gilt das Bereithalten eigener oder fremder Inhalte.

(4) Versandhandel im Sinne dieses Gesetzes ist jedes entgeltliche Geschäft, das im Wege der Bestellung und Übersendung einer Ware durch Postversand oder elektronischen Versand ohne persönlichen Kontakt zwischen Lieferant und Besteller oder ohne dass durch technische oder sonstige Vorkehrungen sichergestellt ist, dass kein Versand an Kinder und Jugendliche erfolgt, vollzogen wird.

(5) Die Vorschriften der §§ 2 bis 14 dieses Gesetzes gelten nicht für verheiratete Jugendliche.

§ 2
Prüfungs- und Nachweispflicht

(1) Soweit es nach diesem Gesetz auf die Begleitung durch eine erziehungsbeauftragte Person ankommt, haben die in § 1 Abs. 1 Nr. 4 genannten Personen ihre Berechtigung auf Verlangen darzulegen. Veranstalter und Gewerbetreibende haben in Zweifelsfällen die Berechtigung zu überprüfen.

(2) Personen, bei denen nach diesem Gesetz Altersgrenzen zu beachten sind, haben ihr Lebensalter auf Verlangen in geeigneter Weise nachzuweisen. Veranstalter und Gewerbetreibende haben in Zweifelsfällen das Lebensalter zu überprüfen.

§ 3 Bekanntmachung der Vorschriften

(1) Veranstalter und Gewerbetreibende haben die nach den §§ 4 bis 13 für ihre Betriebseinrichtungen und Veranstaltungen geltenden Vorschriften sowie bei öffentlichen Filmveranstaltungen die Alterseinstufung von Filmen oder die Anbieterkennzeichnung nach § 14 Abs. 7 durch deutlich sichtbaren und gut lesbaren Aushang bekanntzumachen.

(2) Zur Bekanntmachung der Alterseinstufung von Filmen und von Film- und Spielprogrammen dürfen Veranstalter und Gewerbetreibende nur die in § 14 Abs. 2 genannten Kennzeichnungen verwenden. Wer einen Film für öffentliche Filmveranstaltungen weitergibt, ist verpflichtet, den Veranstalter bei der Weitergabe auf die Alterseinstufung oder die Anbieterkennzeichnung nach § 14 Abs. 7 hinzuweisen. Für Filme, Film- und Spielprogramme, die nach § 14 Abs. 2 von der obersten Landesbehörde oder einer Organisation der freiwilligen Selbstkontrolle im Rahmen des Verfahrens nach § 14 Abs. 6 gekennzeichnet sind, darf bei der Ankündigung oder Werbung weder auf jugendbeeinträchtigende Inhalte hingewiesen werden noch darf die Ankündigung oder Werbung in jugendbeeinträchtigender Weise erfolgen.

Abschnitt 2
Jugendschutz in der Öffentlichkeit

§ 4 Gaststätten

(1) Der Aufenthalt in Gaststätten darf Kindern und Jugendlichen unter 16 Jahren nur gestattet werden, wenn eine personensorgeberechtigte oder erziehungsbeauftragte Person sie begleitet oder wenn sie in der Zeit zwischen 5 Uhr und 23 Uhr eine Mahlzeit oder ein Getränk einnehmen. Jugendlichen ab 16 Jahren darf der Aufenthalt in Gaststätten ohne Begleitung einer personensorgeberechtigten oder erziehungsbeauftragten Person in der Zeit von 24 Uhr und 5 Uhr morgens nicht gestattet werden.

(2) Absatz 1 gilt nicht, wenn Kinder oder Jugendliche an einer Veranstaltung eines anerkannten Trägers der Jugendhilfe teilnehmen oder sich auf Reisen befinden.

(3) Der Aufenthalt in Gaststätten, die als Nachtbar oder Nachtclub geführt werden, und in vergleichbaren Vergnügungsbetrieben darf Kindern und Jugendlichen nicht gestattet werden.

(4) Die zuständige Behörde kann Ausnahmen von Absatz 1 genehmigen.

Jugendschutzgesetz

§ 5
Tanzveranstaltungen

(1) Die Anwesenheit bei öffentlichen Tanzveranstaltungen ohne Begleitung einer personensorgeberechtigten oder erziehungsbeauftragten Person darf Kindern und Jugendlichen unter 16 Jahren nicht und Jugendlichen ab 16 Jahren längstens bis 24 Uhr gestattet werden.

(2) Abweichend von Absatz 1 darf die Anwesenheit bis 22 Uhr und Jugendlichen unter 16 Jahren bis 24 Uhr gestattet werden, wenn die Tanzveranstaltung von einem anerkannten Träger der Jugendhilfe durchgeführt wird oder der künstlerischen Betätigung oder der Brauchtumspflege dient.

(3) Die zuständige Behörde kann Ausnahmen genehmigen.

§ 6
Spielhallen, Glücksspiele

(1) Die Anwesenheit in öffentlichen Spielhallen oder ähnlichen vorwiegend dem Spielbetrieb dienenden Räumen darf Kindern und Jugendlichen nicht gestattet werden.

(2) Die Teilnahme an Spielen mit Gewinnmöglichkeit in der Öffentlichkeit darf Kindern und Jugendlichen nur auf Volksfesten, Schützenfesten, Jahrmärkten, Spezialmärkten oder ähnlichen Veranstaltungen und nur unter der Voraussetzung gestattet werden, dass der Gewinn in Waren von geringem Wert besteht.

§ 7
Jugendgefährdende Veranstaltungen und Betriebe

Geht von einer öffentlichen Veranstaltung oder einem Gewerbebetrieb eine Gefährdung für das körperliche, geistige oder seelische Wohl von Kindern oder Jugendlichen aus, so kann die zuständige Behörde anordnen, dass der Veranstalter oder Gewerbetreibende Kindern und Jugendlichen die Anwesenheit nicht gestatten darf. Die Anordnung kann Altersbegrenzungen, Zeitbegrenzungen oder andere Auflagen enthalten, wenn dadurch die Gefährdung ausgeschlossen oder wesentlich gemindert wird.

§ 8
Jugendgefährdende Orte

Hält sich ein Kind oder eine jugendliche Person an einem Ort auf, an dem ihm oder ihr eine unmittelbare Gefahr für das körperliche, geistige oder seelische Wohl droht, so hat die zuständige Behörde oder Stelle die zur Abwendung der Gefahr erforderlichen Maßnahmen zu treffen. Wenn nötig, hat sie das Kind oder die jugendliche Person
1. zum Verlassen des Ortes anzuhalten,
2. der erziehungsberechtigten Person im Sinne des § 7 Abs. 1 Nr. 6 des Achten Buches Sozialgesetzbuch zuzuführen oder, wenn keine erziehungsberechtigte Person erreichbar ist, in die Obhut des Jugendamtes zu bringen.

In schwierigen Fällen hat die zuständige Behörde oder Stelle das Jugendamt über den jugendgefährdenden Ort zu unterrichten.

§ 9
Alkoholische Getränke

(1) In Gaststätten, Verkaufsstellen oder sonst in der Öffentlichkeit dürfen
1. Branntwein, branntweinhaltige Getränke oder Lebensmittel, die Branntwein in nicht nur geringfügiger Menge enthalten, an Kinder und Jugendliche,
2. andere alkoholische Getränke an Kinder und Jugendliche unter 16 Jahren

weder abgegeben noch darf ihnen der Verzehr gestattet werden.

(2) Absatz 1 Nr. 2 gilt nicht, wenn Jugendliche von einer personensorgeberechtigten Person begleitet werden.

(3) In der Öffentlichkeit dürfen alkoholische Getränke nicht in Automaten angeboten werden. Dies gilt nicht, wenn ein Automat
1. an einem für Kinder und Jugendliche unzugänglichen Ort aufgestellt ist oder
2. in einem gewerblich genutzten Raum aufgestellt und durch technische Vorrichtungen oder durch ständige Aufsicht sichergestellt ist, dass Kinder und Jugendliche alkoholische Getränke nicht entnehmen können.

§ 20 Nr. 1 des Gaststättengesetzes bleibt unberührt.

(4) Alkoholhaltige Süßgetränke im Sinne des § 1 Abs. 2 und 3 des Alkopopsteuergesetzes dürfen gewerbsmäßig nur mit dem Hinweis „Abgabe an Personen unter 18 Jahren verboten, § 9 Jugendschutzgesetz" in den Verkehr gebracht werden. Dieser Hinweis ist auf der Fertigpackung in der gleichen Schriftart und in der gleichen Größe und Farbe wie die Marken- oder Phantasienamen oder, soweit nicht vorhanden, wie die Verkehrsbezeichnung zu halten und bei Flaschen auf dem Frontetikett anzubringen.

→ Suchtprävantion

§ 10
Rauchen in der Öffentlichkeit, Tabakwaren

(1) In Gaststätten, Verkaufsstellen oder sonst in der Öffentlichkeit dürfen Tabakwaren an Kinder oder Jugendliche weder abgegeben werden noch darf ihnen das Rauchen gestattet werden.

(2) In der Öffentlichkeit dürfen Tabakwaren nicht in Automaten angeboten werden. Dies gilt nicht, wenn ein Automat
1. an einem Kindern und Jugendlichen unzugänglichen Ort aufgestellt ist oder
2. durch technische Vorrichtungen oder durch ständige Aufsicht sichergestellt ist, dass Kinder und Jugendliche Tabakwaren nicht entnehmen können.

→ Rauchen in der Schule

Abschnitt 3
Jugendschutz im Bereich der Medien
Unterabschnitt 1 Trägermedien

§ 11
Filmveranstaltungen

(1) Die Anwesenheit bei öffentlichen Filmveranstaltungen darf Kindern und Jugendlichen nur gestattet werden, wenn die Filme von der obersten Landesbehörde oder einer Organisation der freiwilligen Selbstkontrolle im Rahmen des Verfahrens nach § 14 Abs. 6 zur Vorführung vor ihnen freigegeben worden sind oder wenn es sich um Informations-, Instruktions- und Lehrfilme handelt, die vom Anbieter mit „Infoprogramm" oder „Lehrprogramm" gekennzeichnet sind.

(2) Abweichend von Absatz 1 darf die Anwesenheit bei öffentlichen Filmveranstaltungen mit Filmen, die für Kinder und Jugendliche ab zwölf Jahren freigegeben und gekennzeichnet sind, auch Kindern ab sechs Jahren gestattet werden, wenn sie von einer personensorgeberechtigten Person begleitet sind.

(3) Unbeschadet der Voraussetzungen des Absatzes 1 darf die Anwesenheit bei öffentlichen Filmveranstaltungen nur mit Begleitung einer personensorgeberechtigten oder erziehungsbeauftragten Person gestattet werden
1. Kindern unter sechs Jahren,
2. Kindern ab sechs Jahren, wenn die Vorführung nach 20 Uhr beendet ist,
3. Jugendlichen unter 16 Jahren, wenn die Vorführung nach 22 Uhr beendet ist,
4. Jugendlichen ab 16 Jahren, wenn die Vorführung nach 24 Uhr beendet ist.

(4) Die Absätze 1 bis 3 gelten für die öffentliche Vorführung von Filmen unabhängig von der Art der Aufzeichnung und Wiedergabe. Sie gelten auch für Werbevorspanne und Beiprogramme. Sie gelten nicht für Filme, die zu nichtgewerblichen Zwecken hergestellt werden, solange die Filme nicht gewerblich genutzt werden.

(5) Werbefilme oder Werbeprogramme, die für Tabakwaren oder alkoholische Getränke werben, dürfen unbeschadet der Voraussetzungen der Absätze 1 bis 4 nur nach 18 Uhr vorgeführt werden.

§ 12
Bildträger mit Filmen oder Spielen

(1) Bespielte Videokassetten und andere zur Weitergabe geeignete, für die Wiedergabe auf oder das Spiel an Bildschirmgeräten mit Filmen oder Spielen programmierte Datenträger (Bildträger) dürfen einem Kind oder einer jugendlichen Person in der Öffentlichkeit nur zugänglich gemacht werden, wenn die Programme von der obersten Landesbehörde oder einer Organisation der freiwilligen Selbstkontrolle im Rahmen des Verfahrens nach § 14 Abs. 6 für ihre Altersstufe freigegeben und gekennzeichnet worden sind oder wenn es sich um Informations-, Instruktions- und Lehrprogramme handelt, die vom Anbieter mit „Infoprogramm" oder „Lehrprogramm" gekennzeichnet sind.

(2) Auf die Kennzeichnungen nach Absatz 1 ist auf dem Bildträger und der Hülle mit einem deutlich sichtbaren Zeichen hinzuweisen. Die oberste Landesbehörde kann
1. Näheres über Inhalt, Größe, Form, Farbe und Anbringung der Zeichen anordnen und
2. Ausnahmen für die Anbringung auf dem Bildträger oder der Hülle genehmigen.

Anbieter von Telemedien, die Filme, Film- und Spielprogramme verbreiten, müssen auf eine vorhandene Kennzeichnung in ihrem Angebot deutlich hinweisen.

(3) Bildträger, die nicht oder mit „Keine Jugendfreigabe" nach § 14 Abs. 2 von der obersten Landesbehörde oder einer Organisation der freiwilligen Selbstkontrolle im Rahmen des Verfahrens nach § 14 Abs. 6 oder nach § 14 Abs. 7 vom Anbieter gekennzeichnet sind, dürfen
1. einem Kind oder einer jugendlichen Person nicht angeboten, überlassen oder sonst zugänglich gemacht werden,
2. nicht im Einzelhandel außerhalb von Geschäftsräumen, in Kiosken oder anderen Verkaufsstellen, die Kunden nicht zu betreten pflegen, oder im Versandhandel angeboten oder überlassen werden.

(4) Automaten zur Abgabe bespielter Bildträger dürfen
1. auf Kindern oder Jugendlichen zugänglichen öffentlichen Verkehrsflächen,
2. außerhalb von gewerblich oder in sonstiger Weise beruflich oder geschäftlich genutzten Räumen oder
3. in deren unbeaufsichtigten Zugängen, Vorräumen oder Fluren

nur aufgestellt werden, wenn ausschließlich nach § 14 Abs. 2 Nr. 1 bis 4 gekennzeichnete Bildträger angeboten werden und durch technische Vorkehrungen gesichert ist, dass sie von Kindern und Jugendlichen, für deren Altersgruppe ihre Programme nicht nach § 14 Abs. 2 Nr. 1 bis 4 freigegeben sind, nicht bedient werden können.

(5) Bildträger, die Auszüge von Film- und Spielprogrammen enthalten, dürfen abweichend von den Absätzen 1 und 3 im Verbund mit periodischen Druckschriften nur vertrieben werden, wenn sie mit einem Hinweis des Anbieters versehen sind, der deutlich macht, dass eine Organisation der freiwilligen Selbstkontrolle festgestellt hat, dass diese Auszüge keine Jugendbeeinträchtigungen enthalten. Der Hinweis ist sowohl auf der periodischen Druckschrift als auch auf dem Bildträger vor dem Vertrieb mit einem deutlich sichtbaren Zeichen anzubringen. § 12 Abs. 2 Satz 1 und 2 gilt entsprechend. Die Berechtigung nach Satz 1 kann die oberste Landesbehörde für einzelne Anbieter ausschließen.

§ 13
Bildschirmspielgeräte

(1) Das Spielen an elektronischen Bildschirmspielgeräten ohne Gewinnmöglichkeit, die öffentlich aufgestellt sind, darf Kindern und Jugendlichen ohne Begleitung einer personensorgeberechtigten oder erziehungsbeauftragten Person nur gestattet werden, wenn die Programme von der obersten Landesbehörde oder einer Organisation der freiwilligen Selbstkontrolle im Rahmen des Verfahrens nach § 14 Abs. 6 für ihre Altersstufe freigegeben und gekennzeichnet worden sind oder wenn es sich um Informations-, Instruktions- oder Lehrprogramme handelt, die vom Anbieter mit „Infoprogramm" oder „Lehrprogramm" gekennzeichnet sind.

(2) Elektronische Bildschirmspielgeräte dürfen
1. auf Kindern oder Jugendlichen zugänglichen öffentlichen Verkehrsflächen,
2. außerhalb von gewerblich oder in sonstiger Weise beruflich oder geschäftlich genutzten Räumen oder
3. in deren unbeaufsichtigten Zugängen, Vorräumen oder Fluren

nur aufgestellt werden, wenn ihre Programme für Kinder ab sechs Jahren freigegeben und gekennzeichnet oder nach § 14 Abs. 7 mit „Infoprogramm" oder „Lehrprogramm" gekennzeichnet sind.

(3) Auf das Anbringen der Kennzeichnungen auf Bildschirmspielgeräten findet § 12 Abs. 2 Satz 1 und 2 entsprechende Anwendung.

§ 14
Kennzeichnung von Filmen und Film- und Spielprogrammen

(1) Filme sowie Film- und Spielprogramme, die geeignet sind, die Entwicklung von Kindern und Jugendlichen oder ihre Erziehung zu einer eigenverantwortlichen und gemeinschaftsfähigen Persönlichkeit zu beeinträchtigen, dürfen nicht für ihre Altersstufe freigegeben werden.

(2) Die oberste Landesbehörde oder eine Organisation der freiwilligen Selbstkontrolle im Rahmen des Verfahrens nach Absatz 6 kennzeichnet die Filme und die Film- und Spielprogramme mit
1. „Freigegeben ohne Altersbeschränkung",
2. „Freigegeben ab sechs Jahren",
3. „Freigegeben ab zwölf Jahren",
4. „Freigegeben ab sechzehn Jahren",
5. „Keine Jugendfreigabe".

(3) Hat ein Trägermedium nach Einschätzung der obersten Landesbehörde oder einer Organisation der freiwilligen Selbstkontrolle im Rahmen des Verfahrens nach Absatz 6 einen der in § 15 Abs. 2 Nr. 1 bis 5 bezeichneten Inhalte oder ist es in die Liste nach § 18 aufgenommen, wird es nicht gekennzeichnet. Die oberste Landesbehörde hat Tatsachen, die auf einen Verstoß gegen § 15 Abs. 1 schließen lassen, der zuständigen Strafverfolgungsbehörde mitzuteilen.

(4) Ist ein Programm für Bildträger oder Bildschirmspielgeräte mit einem in die Liste nach § 18 aufgenommenen Trägermedium ganz oder im Wesentlichen inhaltsgleich, wird es nicht gekennzeichnet. Das Gleiche gilt, wenn die Voraussetzungen für eine Aufnahme in die Liste vorliegen. In Zweifelsfällen führt die oberste Landesbehörde oder eine Organisation der freiwilligen Selbstkontrolle im Rahmen des Verfahrens nach Absatz 6 eine Entscheidung der Bundesprüfstelle für jugendgefährdende Medien herbei.

(5) Die Kennzeichnungen von Filmprogrammen für Bildträger und Bildschirmspielgeräte gelten auch für die Vorführung in öffentlichen Filmveranstaltungen und für die dafür bestimmten, inhaltsgleichen Filme. Die Kennzeichnungen von Filmen für öffentliche Filmveranstaltungen können auf inhaltsgleiche Filmprogramme für Bildträger und Bildschirmspielgeräte übertragen werden; Absatz 4 gilt entsprechend.

(6) Die obersten Landesbehörden können ein gemeinsames Verfahren für die Freigabe und Kennzeichnung der Filme sowie Film- und Spielprogramme auf der Grundlage der Ergebnisse der Prüfung durch von Verbänden der Wirtschaft getragene oder unterstützte Organisationen freiwilliger Selbstkontrolle vereinbaren. Im Rahmen dieser Vereinbarung kann bestimmt werden, dass die Freigaben und Kennzeichnungen durch eine Organisation der freiwilligen Selbstkontrolle Freigaben und Kennzeichnungen der obersten Landesbehörden aller Länder sind, soweit nicht eine oberste Landesbehörde für ihren Bereich eine abweichende Entscheidung trifft.

(7) Filme, Film- und Spielprogramme zu Informations-, Instruktions- oder Lehrzwecken dürfen vom Anbieter mit „Infoprogramm" oder „Lehrprogramm" nur gekennzeichnet werden, wenn sie offensichtlich nicht die Entwicklung oder Erziehung von Kindern und Jugendlichen beeinträchtigen. Die Absätze 1 bis 5 finden keine Anwendung. Die oberste Landesbehörde kann das Recht zur Anbieterkennzeichnung für einzelne Anbieter und für besondere Film- und Spielprogramme ausschließen und durch den Anbieter vorgenommene Kennzeichnungen aufheben.

(8) Enthalten Filme, Bildträger oder Bildschirmspielgeräte neben den zu kennzeichnenden Film- oder Spielprogrammen Titel, Zusätze oder weitere Darstellungen in Texten, Bildern oder Tönen, bei denen in Betracht kommt, dass sie die Entwicklung oder Erziehung von Kindern oder Jugendlichen beeinträchtigen, so sind diese bei der Entscheidung über die Kennzeichnung mit zu berücksichtigen.

§ 15
Jugendgefährdende Trägermedien

(1) Trägermedien, deren Aufnahme in die Liste jugendgefährdender Medien nach § 24 Abs. 3 Satz 1 bekanntgemacht ist, dürfen nicht
1. einem Kind oder einer jugendlichen Person angeboten, überlassen oder sonst zugänglich gemacht werden,

2. an einem Ort, der Kindern oder Jugendlichen zugänglich ist oder von ihnen eingesehen werden kann, ausgestellt, angeschlagen, vorgeführt oder sonst zugänglich gemacht werden,
3. im Einzelhandel außerhalb von Geschäftsräumen, in Kiosken oder anderen Verkaufsstellen, die Kunden nicht zu betreten pflegen, im Versandhandel oder in gewerblichen Leihbüchereien oder Lesezirkeln einer anderen Person angeboten oder überlassen werden,
4. im Wege gewerblicher Vermietung oder vergleichbarer gewerblicher Gewährung des Gebrauchs, ausgenommen in Ladengeschäften, die Kindern und Jugendlichen nicht zugänglich sind und von ihnen nicht eingesehen werden können, einer anderen Person angeboten oder überlassen werden,
5. im Wege des Versandhandels eingeführt werden,
6. öffentlich an einem Ort, der Kindern oder Jugendlichen zugänglich ist oder von ihnen eingesehen werden kann, oder durch Verbreiten von Träger- oder Telemedien außerhalb des Geschäftsverkehrs mit dem einschlägigen Handel angeboten, angekündigt oder angepriesen werden,
7. hergestellt, bezogen, geliefert, vorrätig gehalten oder eingeführt werden, um sie oder aus ihnen gewonnene Stücke im Sinne der Nummern 1 bis 6 zu verwenden oder einer anderen Person eine solche Verwendung zu ermöglichen.

(2) Den Beschränkungen des Absatzes 1 unterliegen, ohne dass es einer Aufnahme in die Liste und einer Bekanntmachung bedarf, schwer jugendgefährdende Trägermedien, die
1. einen der in § 86, § 130, § 130a, § 131, § 184, § 184a oder § 184b des Strafgesetzbuches bezeichneten Inhalte haben,
2. den Krieg verherrlichen,
3. Menschen, die sterben oder schweren körperlichen oder seelischen Leiden ausgesetzt sind oder waren, in einer die Menschenwürde verletzenden Weise darstellen und ein tatsächliches Geschehen wiedergeben, ohne dass ein überwiegendes berechtigtes Interesse gerade an dieser Form der Berichterstattung vorliegt,
4. Kinder oder Jugendliche in unnatürlicher, geschlechtsbetonter Körperhaltung darstellen oder
5. offensichtlich geeignet sind, die Entwicklung von Kindern oder Jugendlichen oder ihre Erziehung zu einer eigenverantwortlichen und gemeinschaftsfähigen Persönlichkeit schwer zu gefährden.

(3) Den Beschränkungen des Absatzes 1 unterliegen auch, ohne dass es einer Aufnahme in die Liste und einer Bekanntmachung bedarf, Trägermedien, die mit einem Trägermedium, dessen Aufnahme in die Liste bekanntgemacht ist, ganz oder im Wesentlichen inhaltsgleich sind.

(4) Die Liste der jugendgefährdenden Medien darf nicht zum Zweck der geschäftlichen Werbung abgedruckt oder veröffentlicht werden.

(5) Bei geschäftlicher Werbung darf nicht darauf hingewiesen werden, dass ein Verfahren zur Aufnahme des Trägermediums oder eines inhaltsgleichen Telemediums in die Liste anhängig ist oder gewesen ist.

(6) Soweit die Lieferung erfolgen darf, haben Gewerbetreibende vor Abgabe an den Handel die Händler auf die Vertriebsbeschränkungen des Absatzes 1 Nr. 1 bis 6 hinzuweisen.

Unterabschnitt 2
Telemedien
§ 16
Sonderregelung für Telemedien

Regelungen zu Telemedien, die in die Liste jugendgefährdender Medien nach § 18 aufgenommen sind, bleiben Landesrecht vorbehalten.

Die Abschnitte 4 (Bundesprüfstelle für jugendgefährdende Medien), 5 (Verordnungsermächtigung), 6 (Ahndung von Verstößen) und 7 (Schlussvorschriften) sind hier nicht abgedruckt

Hinweise der Redaktion:
1. Bei Verstößen gegen das Jugendschutzgesetz können gem. §§ 27 und 28 Freiheitsstrafen bis zu einem Jahr oder Geldstrafen bzw. Geldbußen bis zu 50.000 EUR verhängt werden. Den umfangreichen Katalog der Straf- und Bußgeldvorschriften haben wir hier nicht abgedruckt.
2. Bei Verstößen gegen das Jugendschutzgesetz können gem. §§ 27 und 28 Freiheitsstrafen bis zu einem Jahr oder Geldstrafen bzw. -bußen bis zu 50.000 EUR verhängt werden. Nach § 28 Abs. 3 Nr. 4 handelt ordnungswidrig, „wer als Person über 18 Jahren ein Verhalten eines Kindes oder einer jugendlichen Person herbeiführt oder fördert, das durch ein in Absatz 1 Nr. 5 bis 8, 10, 12, 14 bis 16 oder 19 oder in § 27 Abs. 1 Nr. 1 oder 2 bezeichnetes oder in § 12 Abs. 3 Nr. 1 enthaltenes Verbot oder durch eine vollziehbare Anordnung nach § 7 Satz 1 verhindert werden soll. Hinsichtlich des Verbots in § 12 Abs. 3 Nr. 1 gilt dies nicht für die personensorgeberechtigte Person oder für eine Person, die im Einverständnis mit der personensorgeberechtigten Person handelt." Dies betrifft z.B. das Verhalten von Lehrkräften anlässlich von außerunterrichtlichen Veranstaltungen. Die Ordnungswidrigkeit kann mit einer Geldbuße bis zu fünfzigtausend Euro geahndet werden.
3. Das Strafgesetzbuch (StGB) stellt u.a. unter Strafe:
    § 86   Verbreiten von Propagandamitteln verfassungswidriger Organisationen
    § 126   Störung des öffentlichen Friedens durch Androhung von Straftaten
    § 130   Volksverhetzung
    § 130a Anleitung zu Straftaten
    § 131   Gewaltdarstellung
    § 184   Verbreitung pornografischer Schriften
    § 184a Verbreitung gewalt- oder tierpornografischer Schriften
    § 184b Verbreitung, Erwerb und Besitz kinderpornographischer Schriften
4. Zur Überwachung der Vorschriften des Jugendschutzgesetzes siehe den Beitrag → Jugendhilfe (Landesrecht).

→ Jugendhilfe (LKJHG) § 27; → Jugendschutz (Aktion Jugendschutz); → Rauchen in der Schule; → Suchtprävention

Jugendzahnpflege

Auszug aus der Verordnung des Sozialmisteriums zur Durchführung der Jugendzahnpflege vom 15. Dezember 1995 (GBl. S. 61/1996; KuU S. 692/1996)

§ 2
Zweck, Umfang, Durchführung und Häufigkeit der Jugendzahnpflege

(1) Die Jugendzahnpflege dient der Förderung der Zahngesundheit sowie der Vorbeugung und Erkennung von Zahnerkrankungen.

(2) Die Maßnahmen zur Jugendzahnpflege werden bei Kindern und Jugendlichen im Altervon drei bis achtzehn Jahren durchgeführt und erfolgen vorrangig in Gruppen (Gruppenprophylaxe). Sie erstrecken sich insbesondere auf die Untersuchung der Mundhöhle, Erhebung des Zahnstatus, Zahnschmelzhärtung, Ernährungsberatung und Mundhygiene.

(3) Die Erziehungs- und Lehrkräfte, Eltern und andere Sorgeberechtigte sollen in die Maßnahmen zur Jugendzahnpflege einbezogen, informiert und beraten werden.

(4) Maßnahmen zur Jugendzahnpflege sind mindestens einmal jährlich durchzuführen, Soweit dies nicht möglich ist, wird den Kindern und Jugendlichen eine zahnärztliche Vorsorgeuntersuchung bei einem niedergelassenen Zahnarzt oder einer niedergelassenen Zahnärztin empfohlen (Verweisungsverfahren).

→ Schulärztliche Untersuchung

(5) Für Kinder und Jugendliche mit besonders hohem Kariesrisiko können Programme mit intensiverer Betreuung durchgeführt werden. ...

Hinweis d.Red.: Zur Durchführung gibt es Richtlinien des Sozialministeriums (15.11.2004; GABl. S. 829/2004).

(7) Die Leistungen sind unentgeltlich.

§ 3
Mitwirkung der Kindertagesstätten und Schulen

(1) Die Kindertagesstätten und Schulen übermitteln den Sorgeberechtigten der Kinder und Jugendlichen im Alter von drei bis achtzehn Jahren, die ihre Einrichtungen besuchen, die ihnen vom Gesundheitsamt oder von den in § 1 genannten anderen Stellen zur Verfügung gestellten Vordrucke. Sie wirken auf eine rechtzeitige Rückgabe hin und leiten die Vordrucke zu den festgesetzten Terminen an das Gesundheitsamt zurück. Die Inhalte der Vordrucke werden durch Verwaltungsvorschrift des Sozialministeriums festgelegt.

(2) Die Kindertagesstätten und Schulen geben die zur ordnungsgemäßen Durchführung der Jugendzahnpflege notwendigen Auskünfte und Informationen; sie stellen die erforderlichen Räumlichkeiten zur Verfügung.

Juristische Terminologie

Hinweise der Redaktion

1.
„Grundsätzlich"

Der allgemeine und der juristische Sprachgebrauch unterscheiden sich häufig sehr stark. So bedeutet z.B. im allgemeinen Sprachgebrauch: *„Ich wünsche <u>grundsätzlich</u> nicht, dass jemand seinen Schulranzen auf den Gang stellt!"* ein abschließendes, endgültiges Verbot. Wer dagegen verstößt, muss mit Sanktionen rechnen. Im juristischen Sprachgebrauch bedeutet „<u>grundsätzlich</u>" hingegen: Im Normalfall ist so zu verfahren. Wenn jedoch besondere Umstände vorliegen, die ein Abweichen rechtfertigen, kann nach pflichtgemäßem dienstlichen Ermessen auch anders gehandelt werden.

2.
Offene und enumerative Aufzählung

Beim Erlass von Vorschriften ist zwischen „offenen" und „enumerativen" Aufzählungen zu unterscheiden. Hierfür zwei Beispiele:

a)
„Enumerative" Aufzählung
(Notenbildungsverordnung § 4 Abs. 4):

(4) Die Zeugnisse sind in der Regel auszugeben:

1. das Halbjahreszeugnis in der Zeit vom 1. bis 10. Februar,

2. das Jahreszeugnis an einem der letzten sieben Unterrichtstage.

Diese Punkte sind vollständig und abschließend. Die Zeugnisse müssen an einem dieser Tage, weder vorher noch nachher, ausgegeben werden.

b)
„Offene" Aufzählung
(Elternbeiratsverordnung § 9):

Die Schulkonferenz kann für die Klassenpflegschaften eine Geschäftsordnung erlassen, die insbesondere das Nähere regelt über:

1. Die Form und die Frist für die Einladungen; dabei kann bestimmt werden, dass die Einladung der Eltern über die Schüler erfolgen kann;

2. das *Verfahren bei Abstimmungen, insbesondere darüber, ob geheim abzustimmen ist;*
3. *die Wahl des Schriftführers.*

Die hier aufgeführten Punkte sind unvollständig und beispielhaft. Man kann zwar nicht völlig beliebig weitere Punkte hinzufügen, weil die hier erwähnten in ihrer Gesamtheit so etwas wie ein Rahmen sind. Aber „passende" weitere Punkte sind nicht nur denkbar, sondern durch das einleitende Wörtchen „*insbesondere*" ausdrücklich vorgesehen.

3.
Soll, muss und bitte

Schwierigkeiten haben Menschen mit normalem Sprachgefühl häufig auch bei der Verwendung der juristischen Formelsprache. So bedeutet
- „*ist*", „*muss*", „*darf nicht*", dass ausnahmslos so zu verfahren ist,
- „*kann*", „*braucht nicht*", dass ein Ermessensspielraum sachgerecht auszufüllen ist,
- „*sollen*", dass, falls irgend möglich, so zu verfahren ist.

Wenn es heißt: „*Es wird gebeten, künftig so zu verfahren*", dann ist dies keine unverbindliche Äußerung, sondern dies bedeutet, es **muss** so verfahren werden.

➜ Ermessen; ➜ Verwaltungsrecht; ➜ Vorschriften

Häufig wird den Handelnden eine Ermessensentscheidung zugewiesen. Hierfür wird in den Gesetzen eine Vielzahl von Formulierungen benutzt. Diese unterscheiden sich vor allem durch die Intensität der Bindung an eine Regel.
- „*Soll*" und „*grundsätzlich*"bedeuten, dass Ausnahmen von einer Regel nur in wenigen, eng begrenzten, untypischen Situationen zulässig sind.
- „*In der Regel*" bedeutet, dass Ausnahmen schon unter weniger strengen Voraussetzungen zulässig sein können. Auch „*sollte*" kann in diesem Sinne verstanden werden.
- „*Kann*", „*darf*", „*ist befugt*" oder „*braucht nicht*" werden verwendet, wenn es keine Regel im eigentlichen Sinne gibt, sondern eine mehr oder weniger verbindliche Leitlinie oder eine Palette von Entscheidungsmöglichkeiten, aus denen die passende Alternative ausgewählt werden muss.

Teilweise gibt es nur eine einzige ermessensfehlerfreie Entscheidung. Ist dies nicht der Fall, dann entscheidet die Verwaltung abschließend darüber, welche von mehreren rechtlich zulässigen Möglichkeiten dem vom Gesetz- oder Verordnungsgeber verfolgten Zweck am besten entspricht. Mehr hierzu unter ➜ Ermessen.

Die Ermessensausübung kann von den Gerichten umfassend überprüft werden.

Kindergeld

Hinweise der Redaktion auf die Bestimmungen des Bundeskindergeldgesetzes

1. Grundsatz

Nach dem Kindergeldgesetz (§ 1) ist kindergeldberechtigt, wer
- in Deutschland einen Wohnsitz oder seinen gewöhnlichen Aufenthalt hat, oder
- im Ausland wohnt, aber in Deutschland entweder unbeschränkt einkommensteuerpflichtig ist oder entsprechend behandelt wird.

Ausländer können Kindergeld erhalten, wenn sie eine gültige Aufenthaltsberechtigung oder Aufenthaltserlaubnis besitzen. Dies gilt jedoch nicht für Ausländer, die von ihrem Arbeitgeber zur vorübergehenden Dienstleistung nach Deutschland entsandt worden sind.

Kindergeld wird für Kinder gezahlt, die in Deutschland einen Wohnsitz haben oder sich hier gewöhnlich aufhalten. Dasselbe gilt, wenn die Kinder in einem anderen Mitgliedstaat der Europäischen Union oder in einem Staat leben, der dem Abkommen über den Europäischen Wirtschaftsraum beigetreten ist (Island, Liechtenstein, Norwegen). Als Kinder werden berücksichtigt

- eheliche, für ehelich erklärte, nichteheliche und adoptierte Kinder
- Kinder des Ehegatten (Stiefkinder) und Enkelkinder, die der Antragsteller in seinen Haushalt aufgenommen hat
- Pflegekinder, mit denen der Antragsteller durch ein familienähnliches auf längere Dauer berechnetes Band verbunden ist, sofern er sie in seinen Haushalt aufgenommen hat und zu einem nicht unwesentlichen Teil auf seine Kosten unterhält. Die Pflegekinder müssen wie eigene Kinder zur Familie gehören.

Bis zur Vollendung des 18. Lebensjahres wird Kindergeld für alle Kinder gezahlt; darüber hinaus nur unter bestimmten zusätzlichen Voraussetzungen.

2. Kinder über 18 Jahren
Schul- oder Berufsausbildung / Studium

Für ein 18 Jahre altes Kind kann bis zur Vollendung des 25. Lebensjahres Kindergeld weiter gezahlt werden, sofern es eine Schul- oder Berufsausbildung oder ein Studium durchläuft. Zur Berufsausbildung gehört neben der allgemeinbilden-

Kindergeld

den Schulausbildung oder einem Studium auch eine weiterführende Ausbildung oder die Ausbildung für einen künftigen Beruf. Ein Praktikum zählt zur Berufsausbildung, wenn es nach der Ausbildungs- und Prüfungsordnung vorgeschrieben ist oder als Zugangsvoraussetzung für die Ausbildung vorgesehen bzw. empfohlen wird oder in einem erkennbaren Zusammenhang mit dem angestrebten Berufsziel steht. Sprachaufenthalte im Ausland zählen zur Berufsausbildung, wenn der Erwerb der Fremdsprachenkenntnisse nicht dem Kind allein überlassen bleibt, sondern Ausbildungsinhalt und Ausbildungsziel von einer fachlich autorisierten Stelle vorgegeben wird (z.B. Besuch einer allgemeinbildenden Schule, eines Colleges, einer Universität). In allen anderen Fällen – insbesondere bei Auslandsaufenthalten im Rahmen eines Aupair-Verhältnisses – ist die Anerkennung nur möglich, wenn das Kind an einem theoretisch systematischen Sprachunterricht (mindestens 10 Wochenstunden) teilnimmt. Die Zahlung endet mit Ende eines Schuljahres bzw. mit dem Prüfungsmonat, auch wenn der Ausbildungsvertrag für längere Zeit abgeschlossen war, oder das Kind nach der Abschlussprüfung noch immatrikuliert bleibt.

Wird die Ausbildung wegen Erkrankung oder Mutterschaft vorübergehend unterbrochen, wird das Kindergeld grundsätzlich weitergezahlt, nicht jedoch während des Bezuges von Erziehungs-/Elterngeld bzw. während der Elternzeit. Kindergeld wird auch für die Übergangszeit zwischen zwei Ausbildungsabschnitten gezahlt (z.B. zwischen Schulabschluss und Beginn der Berufsausbildung). Der nächste Ausbildungsabschnitt muss aber spätestens einen Tag nach Ablauf des vierten Kalendermonats nach dem Ende der vorangegangenen Ausbildung beginnen. Zwangspausen bis zu vier Monaten vor oder nach dem Wehr- bzw. Zivildienst gelten ebenfalls als Übergangszeiten.

Wehr- bzw. Zivildienst / Freiwilliges soziales Jahr

Über das 25. Lebensjahr hinaus wird für Kinder in Schul- oder Berufsausbildung oder im Studium Kindergeld gezahlt, wenn sie Grundwehrdienst oder Zivildienst geleistet haben, und zwar für die Dauer des geleisteten Dienstes. Für die Zeit der Ableistung selbst steht den Eltern kein Kindergeld zu. Kindergeld wird, längstens für 12 Monte, gewährt, wenn das Kind

- ein „freiwilliges soziales Jahr" oder ein „freiwilliges ökologisches Jahr" ableistet; dieses Jahr kann auch im Ausland abgeleistet werden, wenn der Träger seinen Hauptsitz in Deutschland hat,
- einen *„Europäischen Freiwilligendienst für junge Menschen"* (Beschluss 1031/2000/EG) leistet,
- als anerkannter Kriegsdienstverweigerer anstelle des Zivildienstes den anderen Dienst im Ausland nach § 14 b ZDG leistet.

Kinder ohne Arbeitsplatz

Für ein Kind steht bis zum 21. Lebensjahr auch dann Kindergeld zu, wenn es nicht in einem Beschäftigungsverhältnis steht und bei einer Agentur für Arbeit im Inland als Arbeitsuchender gemeldet ist.

Unter Beschäftigungsverhältnis ist eine versicherungspflichtige Beschäftigung zu verstehen.

Unschädlich sind dagegen

- geringfügige Beschäftigungen, d.h. regelmäßig nicht mehr als 400 Euro monatlich oder innerhalb eines Jahres nicht mehr als zwei Monate oder auf 50 Arbeitstage begrenzt,
- „Arbeitsgelegenheiten" (Beschäftigungsverpflichtung durch das Sozialamt)
- Ausübung ehrenamtlicher Tätigkeiten, wenn nur eine Aufwandsentschädigung gezahlt wird und
- selbstständige Tätigkeiten.

Das Arbeitsgesuch muss alle drei Monate erneuert werden.

Kinder ohne Ausbildungsplatz

Für ein über 18 Jahre altes Kind steht bis zur Vollendung des 25. Lebensjahres Kindergeld zu, wenn es eine Berufsausbildung wegen fehlenden Ausbildungsplatzes nicht beginnen oder fortsetzen kann. Ausbildungsplätze sind neben betrieblichen oder überbetrieblichen auch solche an Fach- und Hochschulen. Der angestrebte Ausbildungsplatz kann sich auch im Ausland befinden. Die Berücksichtigung als ausbildungswilliges Kind setzt voraus, dass trotz ernsthafter Bemühungen die Suche nach einem Ausbildungsplatz zum frühestmöglichen Zeitpunkt bisher erfolglos verlaufen ist.

Behinderte Kinder

Für ein über 18 Jahre altes Kind wird Kindergeld gezahlt, wenn es wegen einer körperlichen, geistigen oder seelischen Behinderung nicht in der Lage ist, durch eine eigene Erwerbstätigkeit oder durch andere Einkünfte und Bezüge seinen Lebensunterhalt zu bestreiten. Auch Suchtkrankheiten (z.B. Drogenabhängigkeit, Alkoholismus) können eine Behinderung darstellen, nicht jedoch Krankheiten von abschätzbarer Dauer. Kindergeld wird für diese behinderten Kinder über das 25. Lebensjahr hinaus ohne altersmäßige Begrenzung gezahlt, sofern die Behinderung vor Vollendung des 25. Lebensjahres eingetreten ist.

3.
Wegfall des Kindergeldes

Der Anspruch auf Kindergeld entfällt, wenn ein über 18 Jahre altes Kind Einkünfte und Bezüge von mehr als 8.004 Euro im Kalenderjahr bezieht, mit denen es Unterhalt oder Berufsausbildung bestreiten kann.

Beispielsweise können folgende Einkünfte und Bezüge das Kindergeld gefährden:

- Ausbildungsvergütungen (hinzu kommt für Auszubildende eine Arbeitnehmer-Werbungskostenpauschale von 920 Euro; bei Auszubildenden darf das Einkommen demnach maximal 8.600 Euro im Jahr betragen; höhere Einkünfte sind nur dann unschädlich, wenn die nachgewiese-

nen Werbungskosten 920 Euro übersteigen),
- Fahrtkostenzuschüsse des Arbeitgebers,
- Zinsen und sonstige Kapitaleinkünfte,
- gesetzliche Renten und Unfallrenten,
- Arbeitslosengeld und Arbeitslosenhilfe,
- Krankengeld,
- Mutterschaftsgeld,
- Hilfe zum Lebensunterhalt vom Sozialamt,
- Geld- und Sachbezüge aus Wehr-/Zivildienst,
- Bafög, soweit als Zuschuss (Darlehen) gezahlt.

Dies hat gravierende Auswirkungen: Sobald die Gesamteinkünfte die Jahresgrenze auch nur um einen Euro übersteigen, wird das Kindergeld für das gesamte Jahr zurückgefordert. Dies führt – je nach Kinderzahl – zum Verlust von 1.848 oder gar 2.148 Euro. Man sollte das Einkommen der Kinder (einschließlich deren Sparbücher und Zinseinkünfte usw.!) im Jahresverlauf im Auge behalten. Maßgebend sind die Einkünfte im Kalenderjahr. Eine kurzfristige Überschreitung während einiger Monate ist unschädlich, solange der Jahresgrenzbetrag nicht überschritten wird.

Besteht nur für einen Teil des Jahres Anspruch auf Kindergeld, z.B. weil ein Kind die Ausbildung beendet, so kommt es nur auf das Einkommen in den Ausbildungsmonaten an: Das Arbeitsentgelt aus einem nachfolgenden Arbeitsverhältnis beeinflusst das Kindergeld nicht negativ, sofern es nicht bereits für den (Rest-)Monat gezahlt wird, in dem die Ausbildung beendet wurde. Es kann deshalb sinnvoll sein, ein reguläres Arbeitsverhältnis erst im nächsten Kalendermonat zu beginnen.

Von den genannten Höchstgrenzen werden die Sozialversicherungsbeiträge für Kinder, die sich in einer Berufsausbildung befinden oder sonst sozialversicherungspflichtig arbeiten, abgezogen. **Beispiel:** Eine Auszubildende erhält monatlich 800 Euro Ausbildungsvergütung sowie ein 13. Monatsgehalt. Damit ergeben sich im Kalenderjahr:

Ausbildungsvergütung (13 x 800)   10.400 Euro
Arbeitnehmerpauschbetrag   – 920 Euro
Gesamteinkünfte brutto   9.480 Euro

Damit wird die Einkommensgrenze von 8.004 Euro brutto überschritten und das Kindergeld entfällt.

Diese Brutto-Regelung ist nach einem Urteil des Bundesverfassungsgerichts (BVerfG) verfassungswidrig: Da die Sozialversicherungsbeiträge vom Arbeitgeber direkt abgeführt werden und dem Kind und damit seinen Eltern nicht zur Verfügung stehen, dürften sie nicht angerechnet werden. Würden, wie vom BVerfG verlangt, die Sozialversicherungsbeiträge (derzeit ca. 21% = 2.184 Euro) angerechnet, würde im obigen Beispiel der Grenzbetrag netto unterschritten und es bestünde ein Kindergeldanspruch. Dieser muss von den Betroffenen jedoch im Einzelfall eingeklagt werden.

4.
Höhe des Kindergeldes

Das Kindergeld beträgt ab dem Kalenderjahr 2010
- für das erste und zweite Kind jeweils 184 EUR
- für das dritte Kind   190 EUR
- für jedes weitere Kind   215 EUR

Welches Kind bei einem Elternteil erstes, zweites, drittes oder weiteres Kind ist, richtet sich nach der Reihenfolge der Geburten. Das älteste Kind ist stets das erste Kind. In der Reihenfolge der Kinder zählen als „Zählkinder" auch die Kinder mit, für die der Berechtigte kein Kindergeld erhalten

Hinweise auf die Krankenversicherung studierender Kinder

Der Wegfall des Kindergeldes ab Vollendung des 25. Lebensjahres hat weitreichende Auswirkungen auf die Krankenversicherung der studierenden Kinder und auf die Beihilfe der Eltern:
- Eltern im Beamtenverhältnis erhalten den kinderbezogenen Familienzuschlags-Bestandteil nur für kindergeldberechtigte Kinder.
- Bei zwei und mehr beihilfeberechtigten Kindern erhalten beihilfeberechtigte Eltern selbst 70% Beihilfe. Fällt von zwei beihilfeberechtigten Kindern eins weg, müssen sich die Eltern wieder zu 50% privat versichern.

Das beihilfeberechtigte Kind muss sich bei Aufnahme des Studiums entscheiden: Versicherung in der gesetzlichen studentischen Krankenversicherung oder Verbleib im Rahmen des Beihilfesystems. Diese Entscheidung ist nach § 8 SGB V unwiderruflich. Drei Varianten sind denkbar:
- Private Krankenversicherung zu 20% (die übrigen 80% werden über die Beihilfe abgedeckt). Nachteil: Ab dem 25. Lebensjahr (zuzüglich der Zeiten des Wehr- und Ersatzdienstes) reicht diese 20%-Teilversicherung nicht mehr aus; sie muss dann zur Vollversicherung aufgestockt werden, was zu einer mehrfach höheren Beitragsbelastung führt.
- Bei gesetzlich krankenversicherten Beihilfeberechtigten ist die Mitversicherung in der kostenfreien Familienversicherung bis zum 25. Lebensjahr (zuzüglich der Zeiten von Grundwehr- und Ersatzdienst) möglich, sofern das studierende Kind keine Einkünfte über 400 Euro monatlich hat. Vorteil: Ab 25 ist eine freiwillige Weiterversicherung in der gesetzlichen Krankenversicherung möglich.
- Eigenständige Mitgliedschaft in der gesetzlichen studentischen Krankenversicherung bis zum 30. Lebensjahr oder dem 14. Fachsemester.

Da ein Studium in der Regel länger dauert als bis zur Vollendung des 25. Lebensjahrs, sollten beihilfeberechtigte Kinder überlegen, ob sie nicht vom Studienbeginn an die Möglichkeit der gesetzlichen studentischen Pflichtversicherung (Variante 3) in Anspruch nehmen.

Kindergeld

kann, weil es einem anderen Elternteil vorrangig zusteht. Kinder, für die kein Kindergeldanspruch mehr besteht, zählen in der Reihenfolge nicht mit.

Beispiel: Ein Berechtigter erhält für seine vier Kinder monatlich 2 x 184 plus 1 x 190 plus 1 x 215 Euro = 773 Euro Kindergeld. Wenn das älteste Kind wegfällt, rücken die drei jüngeren um einen Platz vor. Für sie werden nun 2 x 184 plus 1 x 190 Euro = 558 Euro monatlich gezahlt. Durch den Wegfall des ältesten Kindes verringert sich also das Kindergeld um 215 Euro.

Mehrere anspruchsberechtigte Personen

1. Für ein und dasselbe Kind kann immer nur eine Person Kindergeld erhalten. Es wird dem Elternteil gezahlt, der das Kind in seinem Haushalt aufgenommen hat. Lebt das Kind nicht im Haushalt eines Elternteils, erhält das Kindergeld derjenige Elternteil, der dem Kind laufend den höheren Barunterhalt zahlt; andersartige Unterhaltsleistungen bleiben außer Betracht. Eltern, die nicht dauernd getrennt leben, können untereinander durch eine Berechtigtenbestimmung festlegen, wer von ihnen das Kindergeld für ihre gemeinsam im Haushalt lebenden Kinder erhalten soll. Auf diese Weise können Eltern denjenigen zum Kindergeldberechtigten bestimmen, bei dem sich eventuell ein höherer Kindergeldanspruch ergibt.

2. Ein Kind, für das an den vorrangig berechtigten Elternteil Kindergeld gezahlt wird, wird gleichwohl auch bei dem anderen Elternteil berücksichtigt. Als „Zählkind" an erster, zweiter oder dritter Stelle bewirkt es, dass an die jüngeren „Zahlkinder" jeweils die nächsthöheren Kindergeldsätze gezahlt werden.

Beispiel: Ein Ehepaar hat drei gemeinsame Kinder. Ein älteres, nichteheliches Kind des Ehemannes lebt bei der leiblichen Mutter, an die auch als vorrangig Berechtigte das Kindergeld für dieses Kind gezahlt wird:

– Bei der Ehefrau zählen nur die drei gemeinsamen Kinder. Sie könnte Kindergeld von insgesamt 558 Euro monatlich erhalten.

– Beim Ehemann zählt das nichteheliche Kind als erstes (Zähl-)Kind, die drei gemeinsamen, jüngeren Kinder zählen als zweites, drittes und viertes Kind. Als vorrangig Berechtigter kann er für die gemeinsamen Kinder 184 + 190 + 215 = 489 Euro monatlich erhalten, also 31 Euro mehr.

Es empfiehlt sich in einem solchen Fall, dass die Ehefrau den Ehemann zum Berechtigten bestimmt und dies dem Landesamt mitteilt.

5. Beginn und Ende des Anspruchs

Anspruch auf Kindergeld besteht grundsätzlich für jeden Monat, in dem wenigstens an einem Tag die Anspruchsvoraussetzungen vorgelegen haben. Rückwirkend kann das Kindergeld nur längstens für vier Monate vor dem Monat gezahlt werden, in dem der schriftliche Antrag gestellt wurde. Dies ist eine gesetzliche Ausschlussfrist, von der keine Ausnahme gemacht werden kann. Nach der Geburt oder der Haushaltsaufnahme eines Kindes sollte deshalb die Antragstellung unmittelbar erfolgen. Der Anspruch auf Kindergeld endet zunächst mit Ablauf des Monats, in dem das Kind das 18. Lebensjahr vollendet. Hat ein Kind seinen 18. Geburtstag am ersten Tag eines Monats, endet der Anspruch auf Kindergeld bereits mit dem Vormonat. Eine Weiterzahlung bis zum 25. Lebensjahr erfolgt nur, wenn es sich z.B. noch in Schul- oder Berufsausbildung oder im Studium befindet (hierzu bitte auch die Anmerkung der Redaktion zur → Beihilfeverordnung § 2 Abs. 1 beachten).

6. Antragstellung und Zahlung

Der Antrag auf Kindergeld muss schriftlich gestellt und unterschrieben werden; er kann auch durch einen Bevollmächtigten gestellt werden.

Beschäftigte außerhalb des öffentlichen Dienstes beantragen das Kindergeld bei der Bundesagentur für Arbeit – Familienkasse –. Vordrucke sind dort erhältlich. Im öffentlichen Dienst ist zuständige Familienkasse die mit der Bezügefestsetzung befasste Stelle des jeweils öffentlich-rechtlichen Arbeitgebers bzw. Dienstherrn (im Schulbereich ist dies das → Landesamt für Besoldung und Versorgung).

Bestimmte Angaben im Antrag müssen durch Urkunden oder Bescheinigungen nachgewiesen werden. Kopien müssen in einwandfreiem Zustand sein und dürfen keine Zweifel an der Übereinstimmung mit dem Original aufkommen lassen. Geburtsurkunden sind im Original oder als amtlich beglaubigte Ablichtung vorzulegen.

Für über 18 Jahre alte Kinder sind zusätzliche Unterlagen notwendig:

– Für ein Kind in Schul- oder Berufsausbildung oder im Studium eine Bescheinigung der Schule, Hochschule oder Ausbildungsbetriebes, aus der Art und Dauer der Ausbildung hervorgehen.

– Für ein 25 Jahre altes Kind ist die Dauer des Wehr- oder Zivildienstes durch Dienstbescheinigungen zu belegen.

Die Fortdauer eines Studiums ist jedes Jahr, und zwar spätestens im Oktober, erneut nachzuweisen. Ergibt sich aus der Immatrikulationsbescheinigung für das laufende Semester, dass auch das vorangegangene Semester belegt war (ersichtlich aus der Anzahl der Fachsemester), ist für dieses kein gesonderter Nachweis erforderlich. Auch der Tag, an dem die Ausbildung endet, ist nachzuweisen.

7. Auszahlung, Abtretung, Pfändung und Zurückzahlung des Kindergeldes

a) **Private Arbeitgeber** sind gesetzlich verpflichtet, ihren Arbeitnehmerinnen und Arbeitnehmern soweit diese länger als sechs Monate beschäftigt sind, das Kindergeld kostenfrei zusammen mit dem Gehalt monatlich auszuzahlen.

Von dieser Verpflichtung können sich bestimmte Arbeitgeber auf Antrag vom Arbeitsamt befreien lassen. Wird der Arbeitgeber von seiner Auszahlungspflicht befreit oder erfüllt er seine Auszahlungspflicht nicht, zahlt die Bundesagentur für Arbeit – Familienkasse – das Kindergeld aus.

b) **Öffentlicher Dienst:** Hier wird das Kindergeld vom Dienstherrn oder Arbeitgeber in ihrer Eigenschaft als Familienkasse festgesetzt und monatlich ausgezahlt.

Das Kindergeld kann nur wegen gesetzlichen Unterhaltsansprüchen an Dritte abgetreten oder bei ihnen gepfändet werden. Abtretungen und Pfändungen aus anderen Gründen sind unzulässig.

Sofern Kindergeld zu Unrecht erhalten wurde, muss es unabhängig von der Verschuldensfrage zurückgezahlt werden. Der Rückforderungsbetrag wird im Allgemeinen von der laufenden Kindergeldzahlung einbehalten, jedoch nur bis zur Hälfte des laufenden Anspruchs. Arbeitnehmer/innen, denen Kindergeld weiterhin durch ihren Arbeitgeber auszuzahlen ist, erhalten in diesem Fall eine neue Kindergeldbescheinigung, damit der Arbeitgeber den Rückforderungsbetrag einbehalten kann. Bei Angehörigen des öffentlichen Dienstes kommt hingegen eine Aufrechnung von überzahltem Kindergeld mit Besoldungs-, Versorgungs-, Vergütungs- oder Lohnansprüchen in Betracht.

→ Beihilfeverordnung; → Besoldung (Gehälter); → Landesamt für Besoldung

Klassenlehrer/in

Hinweise der Redaktion

1. Begriffsbestimmung

Weder der Status noch die Aufgaben der Klassenlehrerin bzw. des Klassenlehrer sind schulrechtlich definiert. Auch eine Dienstanweisung o.ä. für Klassenlehrer/innen gibt es nicht. Insbesondere ist nirgends bestimmt,
– **dass** überhaupt jede Klasse eine Klassenlehrerin bzw. einen Klassenlehrer haben muss;
– **wie** diese bestellt bzw. beauftragt werden;
– **wer** Klassenlehrerin bzw. Klassenlehrer sein darf;
– **welche Rechte und Pflichten** eine Klassenlehrerin bzw. ein Klassenlehrer besitzt.

In den seit Sommer 2005 geltenden Bildungsplänen kommt der Begriff „Klassenlehrerin" bzw. „Klassenlehrer" – im Gegensatz zu den alten Bildungsplänen, wonach z.B. eine Lehrkraft in der Grundschule nach dem „Klassenlehrerprinzip" wesentliche Teile des Unterrichts in der Klasse selbst erteilen sollte, nicht vor.

→ Lehrbefähigung und fachfremder Unterricht

In den Versetzungsordnungen, der Konferenzordnung, der Elternbeiratsverordnung, der Schulbesuchsverordnung usw. sowie einzelnen Verwaltungsvorschriften des KM werden jedoch Klassenlehrerinnen bzw. -lehrer erwähnt; ihnen werden dabei regelmäßig Betreuungs- und Koordinierungsfunktionen gegenüber den Schülerinnen und Schülern der Klasse sowie den in den Klassen unterrichtenden Lehrkräften zugeordnet.

Es ist deshalb allgemeine Praxis der Schulen, dass für jede Klasse eine „Klassenlehrerin" bzw. ein „Klassenlehrer" bestellt und dies den Schüler/innen bzw. den Eltern mitgeteilt wird. An Schulen mit viel Fachunterricht und/oder Doppelstunden werden teilweise auch zwei Lehrkräfte als Team mit dieser Aufgabe betraut, damit die Klasse nicht längere Zeit ohne Klassenlehrer/in bleibt. Gemäß § 41 Schulgesetz erfolgt die Bestellung durch die Schulleitung anlässlich der jährlichen Verteilung der Lehraufträge; dabei besitzt die Gesamtlehrerkonferenz ein allgemeines Empfehlungsrecht.

→ Konferenzordnung § 2 Abs. 1 Ziff. 9

Üblicherweise werden mit dieser Funktion „wissenschaftliche" Lehrkräfte beauftragt, auch HHT-Lehrerinnen hingegen können diese Funktion wahrnehmen. An den Schulen für Geistig- und Körperbehinderte sind in der Regel die Fachlehrer/innen G bzw. K als Klassenlehrer/innen eingesetzt. Zunehmend werden auch an anderen Schulen musisch-technische Fachlehrer/innen oder Technische Lehrer/innen mit der Klassenlehreraufgabe betraut.

2. Aufgaben von Klassenlehrer/innen

Wir haben im Folgenden die wesentlichen amtlichen Bestimmungen aufgeführt, in denen die Funktion der „Klassenlehrerin" bzw. des „Klassenlehrers" ausdrücklich genannt wird:

1. Sie bzw. er ist *Vorsitzende/r der Klassenkonferenz* (außer bei Zeugnis- und Versetzungsentscheidungen, bei der Beschlussfassung über den Schulbericht, die Halbjahresinformation und die Grundschulempfehlung, bei der Entscheidung über LRS-Förderbedürftigkeit sowie bei bestimmten Erziehungs- und Ordnungsmaßnahmen – hier führt die Schulleitung den Vorsitz) und insofern auch verantwortlich für die Umsetzung der Beschlüsse dieser Konferenz.

2. Unbeschadet der Verantwortung der Schulleitung für die Einhaltung der für die Notengebung allgemein geltenden Grundsätze (Schulgesetz § 41 Abs. 2) obliegt der Klassenlehrerin bzw. dem Klassenlehrer die Koordination der Lehrkräfte einer Klasse bei der Zeugnis- und

Notengebung. So haben sie z.B. den Kontakt mit den Erziehungsberechtigten im Falle einer drohenden Nichtversetzung zu halten. Hierzu den Beitrag ➔ Verwaltungsrecht Nr. II beachten.

Die Klassenlehrerin bzw. der Klassenlehrer macht den Vorschlag für die „*Allgemeine Beurteilung*" in den Klassen 3-6 und kann beauftragt werden, einen Entwurf für den Schulbericht zu fertigen.

➔ Aufnahmeverordnung § 4,5; ➔ Behinderungen und Förderbedarf 2.3.2; ➔ Grundschule (Schulbericht); ➔ Konferenzordnung § 12,2; ➔ Notenbildungsverordnung; ➔ Schulgesetz § 41 Abs. 2

3. Der Klassenlehrerin bzw. dem Klassenlehrer „*obliegen ... besonders wichtige Aufgaben*" in der Orientierungsstufe; sie bzw. er soll dort wenigstens vier Stunden in der eigenen Klasse unterrichten.

➔ Aufnahmeverfahren Ziff. III.1

4. Die Klassenlehrerin bzw. der Klassenlehrer hat für „*eine zeitliche Abstimmung der Hausaufgaben der einzelnen Fachlehrer zu sorgen und auf die Einhaltung der bestehenden Regelungen zu achten*".

➔ Notenbildungsverordnung § 10, 4

5. Die Klassenlehrerin bzw. der Klassenlehrer ist „*verantwortlich*" für die Vorbereitung der Betriebs- und Sozialpraktika.

➔ Betriebspraktika Ziff. II.2

6. Die Klassenlehrerin bzw. der Klassenlehrer kann bis zu zwei Stunden Nachsitzen als Ordnungsmaßnahme verhängen. Sie muss vor bestimmten Erziehungs- und Ordnungsmaßnahmen gehört werden.

➔ Schulgesetz § 90

7. Die Klassenlehrerin bzw. der Klassenlehrer ist zuständig für die Beurlaubung von Schüler/innen bis zu zwei Unterrichtstagen.

➔ Schulbesuchsverordnung § 4 Abs. 5

8. Die Klassenlehrerin bzw. der Klassenlehrer unterstützt die Klassenschülervertretung.

➔ Schülermitverantwortung § 6

9. Der Klassenlehrerin bzw. dem Klassenlehrer obliegt der stellvertretende Vorsitz der Klassenpflegschaft; sie sind insofern (mit-)verantwortlich für die Vorbereitung (z.B. Einladung der Fachlehrer/innen zu den Sitzungen oder für die erstmalige Einberufung) sowie für die Umsetzung der Beschlüsse dieses Gremiums.

➔ Elternbeiratsverordnung § 8 Abs. 4 und § 17 Abs. 2; ➔ Schulgesetz § 56 Abs. 4

3.
Arbeitszeit

Arbeitszeitregelungen für Klassenlehrerinnen bzw. Klassenlehrer gibt es nicht; insbesondere gibt es bislang weder eine „Verfügungsstunde" noch eine besondere Anrechnung auf das Regelstundenmaß.

Eine Berücksichtigung der Klassenlehrertätigkeit ist jedoch nach Teil I der VwV ➔ Arbeitszeit (Lehrkräfte) möglich. Auch aus dem *Allgemeinen Entlastungskontingent (Stundenpool)* " nach Teil E.2 dieser Vorschrift ist eine Deputatsanrechnung für besonders belastende Klassenlehrertätigkeiten möglich; dies wird z.B. in den Fällen praktiziert, in welchen eine Klassenlehrerin die Leitungsfunktion für mehrere Klassen an einer Schule übernehmen muss (sogenanntes „Doppelordinariat"); es besteht aber kein Rechtsanspruch hierauf.

➔ Arbeitszeit (Lehrkräfte) Teil E 2; ➔ Aufnahmeverfahren (Orientierungsstufe); ➔ Elternbeiratsverordnung (§ 8 Abs. 4 und § 17 Abs. 2); ➔ Lehrbefähigung und fachfremder Unterricht; ➔ Grundschule (Schulbericht); ➔ Konferenzordnung (§§ 2 und 12); ➔ Notenbildungsverordnung; ➔ SchulbesuchsVO; ➔ Schulgesetz (§§ 41, 56, 90); ➔ SMV-Verordnung (§ 8); ➔ Ver-setzungsordnungen (bei den Schularten);

Klassentagebücher

Führen von Klassen- und Kurstagebüchern; Verwaltungsvorschrift des KM vom 10. Februar 1999 (KuU S. 19/1999); zuletzt geändert 14.6.2001 (KuU S. 273/2001)

1. Für jede Klasse der Grund-, Haupt-, Real- und Sonderschulen sowie der beruflichen Schulen sowie für die Klassen 5 bis 11 der Gymnasien ist ein Klassenbuch zu führen. In den Jahrgangsstufen 12 und 13 der Gymnasien ist für jeden Grund- und Leistungskurs ein Kurstagebuch zu führen.

2. In das Klassenbuch sind nach dem als <u>Anlage</u> *(hier nicht abgedruckt)* beigefügten Muster für jeden Unterrichtstag einzutragen
   2.1 das Unterrichtsfach (Abkürzung)
   2.2 der Name des unterrichtenden Lehrers (Kurzzeichen)
   2.3 der Unterrichtsgegenstand
   2.4 die Hausaufgaben
   2.5 Unterrichtsversäumnisse der Schüler
   2.6 etwaige Bemerkungen.

   Abweichend von Satz 1 können in den Förderschulen und den Schulen für Geistigbehinderte auch Klassenbücher verwendet werden, in die die Eintragungen wochenweise erfolgen.

3. In das Kurstagebuch sind einzutragen
   3.1 der Name des unterrichtenden Lehrers und die Namen der Schüler, die den Kurs besuchen
   3.2 der Unterrichtsgegenstand
   3.3 Unterrichtsversäumnisse der Schüler
   3.4 etwaige Bemerkungen.

Klassentagebücher / Kompetenzanalyse

4. Die Schulen können weitere Angaben aufnehmen. Falls in das Klassen- oder Kurstagebuch Schülerlisten aufgenommen werden, dürfen sie nur Name, Vorname, Geburtsdatum und Konfession des Schülers sowie bei beruflichen Schulen die Anschrift des Ausbildungs- oder Beschäftigungsbetriebes bzw. der Praxisstelle enthalten.
   → Grundgesetz (Art. 136 Abs. 3 WRV)
5. Die Schulleitung hat durch geeignete Maßnahmen sicherzustellen, dass Unbefugte keinen Zugriff auf die Klassen- und Kurstagebücher erhalten.
6. Klassen- und Kurstagebücher werden nach Ablauf der folgenden fünf Schuljahre vernichtet.

Hinweise der Redaktion:
1. Es dürfen keine schriftlichen Entschuldigungen im Klassentagebuch aufbewahrt werden. Sie gehören wegen der darin enthaltenen Angaben über die Art der Erkrankung oder über ärztliche Diagnosen unter Verschluss.
2. Unter Ziff. 2.6 „Bemerkungen" sind auch sogenannte „Einträge" zu verstehen. Ein „Eintrag" ist die schriftliche Fixierung (Dokumentation) eines schulisch relevanten Vorgangs, z.B. des Fehlverhaltens eines Schülers bzw. einer Schülerin. Rechtlich ist ein „Eintrag" – obwohl er eine ähnliche Wirkung entfaltet – in diesem Fall keine „Erziehungs- und Ordnungsmaßnahme" im Sinne des § 90 Schulgesetz, sondern eine davor liegende „pädagogische Erziehungsmaßnahme" (→ Schulgesetz § 90 Abs. 2).

→ Archivierung/Aufbewahrungsfristen; → Datenschutz (Schulen); → Grundgesetz (Art. 136 Abs. 3 WRV);
→ Schulgesetz § 90

Kompetenzanalyse

Hinweise der Redaktion

In den Klassenstufen 7 der Hauptschulen, der Förderschulen mit Bildungsgang Hauptschule und der Sonderschulen mit Bildungsgang Hauptschule des Landes wird mithilfe einer „Kompetenzanalyse" ein individuelles Leistungsprofil insbesondere überfachlicher, für das Überwechseln der Jugendlichen in Ausbildung und Beruf wichtiger Anforderungen erstellt. Damit sollen die Voraussetzungen für eine individuelle zielgerichtete Förderung der Schüler/innen geschaffen und der Übergang in den Ausbildungs- bzw. Arbeitsmarkt unterstützt werden.

Eingesetzt wird die vom Christlichen Jugenddorfwerk Deutschlands im Auftrag des Kultusministeriums entwickelte „Kompetenzanalyse Profil AC". Die Abkürzung „AC" bezieht sich auf die in der Wirtschaft seit Jahrzehnten zur Personalauswahl und -führung eingesetzten „Assessment-Center" (das sind „systematische und flexible Verfahren zur kontrollierten und qualifizierten Feststellung von Verhaltensleistungen und Verhaltensdefiziten"). Im Mittelpunkt des Verfahrens steht die Analyse von Kompetenzen der Schüler/innen durch eine systematische, gleichzeitige Beobachtung durch mehrere Beobachter in vorher festgelegten Aufgaben bzw. Beobachtungssituationen in Bezug auf bestimmte Anforderungen.

Die Kompetenzanalyse Profil AC ist seit dem Schuljahr 2009/2010 in allen 7. Klassen der Hauptschule/Werkrealschule von jeder Schule verpflichtend durchzuführen. Der Einsatz dauert jeweils ein bis drei Wochen. Während der Durchführung können die beteiligten Lehrkräfte (Anwender) analog der Verwaltungsvorschrift „Praktika zur Berufs- und Studienorientierung" vom Unterricht in anderen Klassen freigestellt werden.

→ Betriebs- und Sozialpraktika Nr. 10

Um den Hauptschulen die erforderliche Zeit zur Durchführung der Kompetenzanalyse zur Verfügung zu stellen, hat das KM ab Schuljahr 2009/10 die Kontingentstundentafel um eine Wochenstunde erweitert; eine zweite Stunde sollen die Schulen „frei erwirtschaften", z.B. indem sie auf an sich fällige Klassenteilungen verzichten. Diese Stunde kann z.B. im Rahmen der Durchführung der Kompetenzanalyse innerhalb einer Woche bzw. mehrerer Wochen zusammengefasst werden.
(Quelle: KM, 7.10.2009; AZ: 34-6504.11-ESF/27)

An den Sonderschulen sieht das KM keine besondere Regelung vor, da es sich um eine berufsvorbereitende Maßnahme handle, die in hohem Maße der sonderpädagogischen Förderung entspreche.

Für die Sachkosten im Rahmen der Analyse steht den Schulen ein besonderes Budget zur Verfügung.
(Quelle: KM, 5.2.2010, AZ: 34-6504.11-ESF-Haushalt/50)

Bei der Kompetenzanalyse werden personenbezogene Daten der Schüler/innen in einem automatisierten Verfahren verarbeitet. Der Landesdatenschutzbeauftragte führt bei den beteiligten Schulen stichprobenartige Kontrollen durch und verlangt von den Schulleitungen den Nachweis, dass sie das Verfahrensverzeichnis gem. § 11 LDSG führen (in § 11 Abs. 2 Nr. 9 wird u.a. verlangt, die Erfüllung der technischen und organisatorischen Maßnahmen nach § 9 LDSG nachzuweisen).

→ Datenschutz (Schulen) Teil I, insbesondere Nr. 10

Für die Schulen ist ein elektronisches Verfahrensverzeichnis mit Ausfüllhilfen im Intranet auf folgendem Pfad abrufbar: intranet.kv.bwl.net –> service –> servicecenter –> KISS-PC –> SVN-Wissensdatenbank –> (nach Doppelklick) Vorschriften und Bestimmungen –> Verfahrensverzeichnis.

→ Betriebs- und Sozialpraktika Nr. 10; → Datenschutz (Schulen); → Werkrealschule (Stundentafel)

Konferenzen (Allgemeines)

Hinweise der Redaktion

1. Die Rechte der Konferenzen

Anders als bei den stärker hierarchisch strukturierten Verwaltungsbehörden gibt es in der (öffentlichen) Schule ein System von Konferenzen, in denen die Angehörigen der Behörde „Schule" (in der Schulkonferenz auch sonstige Beteiligte) bestimmte Beteiligungsrechte wahrnehmen. Teilweise sind Konferenzbeschlüsse für alle Beteiligten bindend und steht der Schulleitung insofern nur das Recht zur Prüfung der Rechtmäßigkeit zu.

Unbeschadet sonstiger – direktorialer – Befugnisse des Schulleiters (z.B. und Anweisungs- und Beurteilungsrechte gemäß §§ 23 und 41 Schulgesetz) sind damit im Bereich der (öffentlichen) Schulen kollegiale Leitungsstrukturen konstituiert.

Die Beteiligungsrechte der Lehrerkonferenzen und der Schulkonferenz sind im Schulgesetz (§§ 44-47) sowie der Konferenzordnung – KonfVO – und der Schulkonferenzordnung festgelegt. Diese Vorschriften gelten (nur) dann auch in privaten (Ersatz-)Schulen, wenn dues durch Betriebs- oder Dienstvereinbarung oder eine entsprechende andere verlässliche Regelung vereinbart wurde.

→ Konferenzordnung; → Schulgesetz §§ 23, 41, 44-47; → Schulkonferenzordnung

Dabei kommt der Gesamtlehrerkonferenz (GLK) eine besondere Bedeutung zu: § 41 Abs. 1 Schulgesetz bezeichnet als „Aufgaben des Schulleiters": *„Der Schulleiter ist Vorsitzender der Gesamtlehrerkonferenz. Er leitet und verwaltet die Schule und ist, **unterstützt von der Gesamtlehrerkonferenz**, verantwortlich für die Besorgung aller Angelegenheiten der Schule ..."* (Hervorhebung durch die Redaktion).

Dies ist eine wechselseitige Verpflichtung: Einerseits muss die GLK den Schulleiter bzw. die Schulleiterin bei ihrer Arbeit unterstützen – diese Pflicht zur Mithilfe ergibt sich für die einzelnen Lehrkräfte unmittelbar auch aus dem Beamtenrecht (§ 74 LBG: *„Der Beamte hat seine Vorgesetzten zu beraten und zu unterstützen"*, wobei die Beratungspflicht auch einschließt, die Vorgesetzten vor falschen oder schädlichen Entscheidungen zu warnen; unrechtmäßigen Anordnungen muss der Beamte sogar widersprechen (*„Remonstrationspflicht"*).

→ Beamtengesetz §§ 35 und 36

Auf der anderen Seite sind Vorgesetzte nicht nur verpflichtet, sich von der GLK unterstützen zu lassen, sondern sie müssen sich dieser Unterstützung durch aktives Handeln immer wieder neu versichern. Dies will der Verordnungsgeber (Kultusministerium) u.a. dadurch sicherstellen, dass er

– eine Mindest-Sitzungsfrequenz vorschreibt (Sollvorschrift: mindestens viermal jährlich):

→ Konferenzordnung § 12 Abs. 1

– eine Fülle von Sachverhalten festgelegt hat, zu denen die GLK Beratungs-, Anhörungs-, Mitwirkungs- oder Mitbestimmungsrechte besitzt.

Diese Sachverhalte sind in der Konferenzordnung in Form einer „offenen Aufzählung" aufgeführt.

→ Konferenzordnung § 2

Hinweis der Redaktion: Zur „offenen" und der „enumerativen" Aufzählung siehe → Juristische Terminologie.

Darüber hinaus hat die KM den Konferenzen in zahlreichen Einzelanordnungen Beteiligungsrechte verliehen. Dies betrifft vor allem die Schulkonferenz (eine Liste dieser Sachverhalte findet sich unter → Schulkonferenz – Zuständigkeiten). Da die GLK alle *„Angelegenheiten, über die die Schulkonferenz entscheidet, beraten und der Schulkonferenz Anregungen und Empfehlungen geben"* kann, fallen auch diese Sachverhalte in das Beratungs-, Beschluss- und Initiativrecht der Gesamtlehrerkonferenz.

→ Konferenzordnung § 2 Abs. 2

Von zentraler Bedeutung ist jedoch, dass diesen Beteiligungs-Sachverhalten eine Generalklausel vorangestellt ist, auf die in § 2 Abs. 1 der Konferenzordnung ausdrücklich noch einmal Bezug genommen wird. Das Schulgesetz bestimmt in § 45:

„Es berät und beschließt, unbeschadet der Zuständigkeit der Schulkonferenz, die Gesamtlehrerkonferenz über <u>Angelegenheiten, die für die Schule von wesentlicher Bedeutung sind</u>" (Hervorhebung von der Redaktion).

→ Schulgesetz § 44

2. Die Informationspflichten der Schulleitung

Da der Schulleiter bzw. die Schulleiterin Vorsitzender der GLK ist und die Tagesordnung festsetzt, obliegt es ihm/ihr, spätestens sobald ein in den Vorschriften ausdrücklich benannter oder ein im Sinne von § 45 SchG *„wesentlicher"* Sachverhalt zur Entscheidung ansteht, die Beratung und ggf. Beschlussfassung in der GLK einzuleiten oder zumindest zu ermöglichen (bei langfristig absehbaren Angelegenheiten zweckmäßigerweise auch früher). Das kann geschehen, indem die Schulleitung

– entweder die GLK über den Sachverhalt unterrichtet (z.B. unter dem Tagesordnungspunkt „Bericht der Schulleitung") und die Beratung ermöglicht; allerdings sollten Beschlüsse hierzu in analoger Anwendung von § 12 Abs. 8 KonfVO erst in der nächsten Sitzung gefasst werden,

– oder das Thema förmlich auf die Tagesordnung der nächsten GLK setzt.

Darüber hinaus haben die Lehrkräfte der Schule das Recht, die Einberufung einer GLK von sich aus durchzusetzen: *„Die Lehrerkonferenz ist innerhalb von sieben Unterrichtstagen einzuberufen, wenn ein Viertel der Stimmberechtigten dies unter Angabe der Verhandlungsgegenstände schriftlich verlangt".*

→ Konferenzordnung § 12 Abs. 5

Es ist Pflicht der Schulleitung, der GLK (entsprechend auch der Schulkonferenz) alle für die Meinungsbildung und die Beschlussfassung erforderlichen Informationen zu geben, damit die Konferenzen sachgerechte Empfehlungen abgeben können. Dies sei am Beispiel der – häufig strittigen und für die Berufszufriedenheit der Lehrkräfte besonders wichtigen – Frage des Lehrereinsatzes dargestellt:

Zwar liegt das Letzt-Entscheidungsrecht über diese *„Angelegenheiten"* bei der Schulleitung (§ 41 Abs. 1 SchG), sie sind aber zweifellos *„von wesentlicher Bedeutung für die Schule"* (§ 45 SchG). Die GLK besitzt deshalb ein Beratungs- und Beschlussrecht. Das KM hat das Beschlussrecht der GLK in dieser Frage jedoch insofern eingegrenzt, als sie nur *„allgemeine Empfehlungen für die Verteilung der Lehraufträge und sonstiger dienstlicher Aufgaben, für die Aufstellung der Stunden- und Aufsichtspläne sowie für die Anordnung von Vertretungen, unbeschadet § 41 Abs. 1 Schulgesetz"*, abgeben darf.

→ Konferenzordnung § 2 Abs. 1 Nr. 9

Ferner hat das KM angeordnet: *„Innerhalb der Schule zugewiesenen Stundenbudgets sind die Zahl der Klassen, die Klassenfrequenz sowie ... die in den Stundentafeln ausgewiesenen Unterrichtsstunden variabel. ... Die aufgrund der flexiblen Unterrichtsorganisation erwirtschafteten Stunden verbleiben an der Schule .... Gesamtlehrerkonferenz, Schulkonferenz und Fachkonferenz können hierzu Empfehlungen abgeben".*

→ Organisationserlass Nr. 1.1, zweiter Absatz

Die Lehrkräfte besitzen demnach ein Recht auf Information, welche Anrechnungen auf das Regelstundenmaß (und mit welcher Begründung) an der Schule gewährt werden (sollen) und wie viele „erwirtschaftete" Unterrichtsstunden nach Abdeckung der „Pflichtstunden" verfügbar sind sowie für welche Zwecke sie verwandt werden (sollen). Zum Beschlussrecht der Gesamtlehrerkonferenz in Arbeitszeitfragen bitte auch den Beitrag → Arbeitszeit (Allgemeines) beachten.

3.
Das Verhältnis von Dienstbesprechungen zu Konferenzen

Die Konferenzordnung bestimmt: *„Die Abhaltung von Dienstbesprechungen wird durch diese Konferenzordnung nicht berührt"* (§ 1 Abs. 3).

Unter „Dienstbesprechung" versteht man die Besprechung von Vorgesetzten mit Mitarbeiter/innen: Sie unterrichten diese dabei über Sachverhalte, ziehen Erkundigungen ein, nehmen Informationen entgegen, erteilen Anweisungen und holen deren Rat ein. Eine Dienstbesprechung besitzt – anders als schulische Konferenzen, für die es detaillierte Regelungen gibt – keinen institutionell vorgegebenen Charakter; so hängt z.B. von den Vorgesetzten ab, ob sie Abstimmungen zulassen und welche Konsequenzen sie hieraus ziehen.

Diese Form der dienstlichen Kommunikation dominiert in den übrigen Bereichen der staatlichen Verwaltung; im Schulbereich ist die „Dienstbesprechung" hingegen von untergeordneter Bedeutung. Dies folgt daraus, dass den Konferenzen im Schulgesetz, der Schulkonferenzordnung und der Konferenzordnung bestimmte Aufgaben und Beteiligungsrechte verbindlich zugeordnet sind. Diese Rechtsstruktur lässt nicht zu, anstelle der Beratung oder Beschlussfassung über einen Sachverhalt, die einer Konferenz obliegen, eine Dienstbesprechung abzuhalten. Dienstbesprechungen sind demnach lediglich **zusätzlich** zu den Konferenzen bzw. nur zu solchen Sachverhalten zulässig, die nicht ausdrücklich einer Konferenz vorbehalten sind.

Hierfür zwei typische Beispiele:
Beispiel 1: Schullandheimaufenthalt

Fall A: Gesamtlehrerkonferenz sowie Schulkonferenz beschließen, dass in diesem Schuljahr die siebenten Klassen ins Schullandheim gehen sollen; die Haushaltsmittel, die der Schule pauschal zugewiesen werden, sollen vorrangig diesen Veranstaltungen zukommen.

Hierfür sind ausschließlich diese Konferenzen zuständig (§ 47 Abs. 6 Ziff. 5 SchG i.V.m. § 2 Abs. 1 Ziff. 11 KonfVO).

Fall B: Ein Schulleiter ruft die am Schullandheimaufenthalt beteiligten Lehrkräfte zusammen. Er informiert sie über versicherungsrechtliche Probleme, unterrichtet sie über die Absprachen mit dem Omnibusbetrieb, erkundigt sich nach den vorgesehenen Maßnahmen für erste Hilfe bei Unfällen und erteilt Anweisungen, wie die Benachrichtigung der Schule bzw. der Erziehungsberechtigten im Fall von Komplikationen erfolgen soll.

Dies ist eine typische Dienstbesprechung.

Beispiel Nr. 2: Haushaltsmittel

Eine Schulleiterin ruft die Vorsitzenden der Fachkonferenzen zusammen und teilt ihnen mit, welche Haushaltsmittel ihnen im neuen Schuljahr zur Verfügung stehen. In der Konferenz behandelt sie diese Frage nicht und stellt sie vor allem auch nicht zur Abstimmung.

Dies ist nicht zulässig, denn die Verwendung von Haushaltsmitteln im Rahmen der Zweckbestimmung fällt in die Zuständigkeit der GLK (§ 2 Abs. 1 Ziff. 7 Konferenzordnung); hierzu ist ferner die Schulkonferenz anzuhören (§ 47 Abs. 3 Ziff. 7 Schulgesetz). Im Einzelnen ist dies im Beitrag → Haushalt (Allgemeines – Budgetierung) Nr. 3 dargestellt. Das KM hat auf Anfrage (Landtagsdrucksache 10/5777) ausdrücklich bestätigt, dass es Dienstpflicht der Schulleitung ist, die Verwendung der der Schule zur Verfügung gestellten Haushaltsmittel unaufgefordert auf die Tagesordnung der GLK zu setzen, damit diese hierüber beraten und beschließen kann.

→ Konferenzordnung § 2 Abs. 1 Nr. 7

→ Außerunterrichtliche Veranstaltungen; → Haushalt (Allgemeines – Budgetierung) Nr. 3; → Konferenzordnung; → Landesbeamtengesetz §§ 74 und 75; → Organisationserlass; → Schulgesetz §§ 41, 44 ff.; → Schulkonferenzordnung

Konferenzen (Allgemeines)

Konferenzen und Gremien (Übersicht)

Aus Platzgründen alle Personenbezeichnungen in weiblicher Form

Art des Gremiums Fundstelle (dort auch Zuständigkeiten)	Schulkonferenz Schulgesetz §§ 45,2 + 47 Schaubild bei SchulkonfVO beachten!	Gesamtlehrerkonferenz Schulgesetz §§ 45,2 + 47, KonferenzVO §§ 2 + 10-17	Schulart-/ Stufen-/ Abteilungskonferenz Schulgesetz §§ 45,2, KonferenzVO §§ 3+6+10-17	Klassen-/ Jahrgangsstufenkonferenz Schulgesetz §§ 45,2, KonferenzVO §§ 3+4+10-17	Fachkonferenz Schulgesetz §§ 45,2, KonferenzVO §§ 3+5+10-17	Klassenpflegschaft Schulgesetz § 56, EltBVO §§ 21-25	Elternbeirat Schulgesetz § 57, EltBVO §§ 21-25
Wer gehört dem Gremium als Mitglied mit Stimmrecht an?	*Regelfall* (mind. 14 Lehrerstellen): Schulleiterin, Elternbeiratsvorsitzende, 6 Lehrkräfte, 2 Eltern, 3 Schüler/ innen (ab Klasse 7)	Schulleiterin Lehrkräfte Erziehungskräfte Referendar-/ bzw. Anwärterinnen	Lehrkräfte Erziehungskräfte Referendar-/ bzw. Anwärterinnen der Schulart/ Stufe/ Abteilung	Lehrkräfte Erziehungskräfte Referendar-/ bzw. Anwärterinnen der Klasse / Jahrgangsstufe	Lehrkräfte, Referendar-/ bzw. Anwärterinnen, die das Fach unterrichten bzw. die Lehrbefähigung hierfür besitzen	Eltern der Schülerinnen Lehrkräfte, Referendarinnen bzw. Anwärterinnen, die an der Klasse unterrichten	Klassenelternvertreterinnen und ihre Stellvertreterinnen
			Anwärterinnen und Referendarinnen, sofern sie selbstständig Unterricht erteilen				
Ist die Schulleiterin teilnahmepflichtig?	ja	ja	ja, falls sie an der Schulart / Stufe / Abteilung unterrichtet	ja bei Entscheidung über Versetzung oder Grundschulempfehlung	ja, falls Unterricht im Fach oder Besitz der Lehrbefähigung	ja, falls als Klassen- oder Fachlehrerin in der Klasse tätig	ja, sofern Einladung fristgerecht erfolgt ist
Wer ist sonst teilnahmepflichtig?**	alle Mitglieder (s.o.)	alle Mitglieder (s.o.)	alle Mitglieder (s.o.)	alle Mitglieder (s.o.)	Nebenamtl. / nebenberufl. Lehrkräfte, wenn Tagesordnung Teilnahme erfordert	Klassenlehrerin Fachlehrer/ innen (falls Tagesordnung Teilnahme erfordert)	niemand
Wer ist außerdem (ohne Stimme) teilnahmeberechtigt?	Verbindungslehrerin SMV (beratende Stimme) bei allg. Angelegenheiten der SMV	Schulaufsicht „Elterngruppe" KonferenzVO § 11,4	Schulleiterin Vertreterin der Schulaufsicht	Schulleiterin Schulaufsicht „Elterngruppe" KonfVO § 11,3	Schulleiterin Vertreterin der Schulaufsicht	Schulleiterin Elternbeiratsvorsitzende Klassensprecherin (bei geeigneter TO)	niemand
Wer kann zusätzlich (ohne Stimmrecht) eingeladen werden?	Schulträger (beratend) Gäste SchulkonfVO § 9 Nr. 2	Sachverständige, Elternvertreterinnen, Schülerinnen, Schulträger	alle Lehrkräfte der Schule	Klassensprecherin, in 1. Klasse Grundschule auch Kindergärten	alle Lehrkräfte der Schule, SMV, in 1. Kl. Grundschule auch KiGä	Absprache zwischen Elternvertreterin und Klassenlehrerin	liegt im Ermessen der Elternbeiratsvorsitzenden
Wer führt den Vorsitz? (Stellvertreter in Klammern)	Schulleiterin (Elternbeiratsvorsitzende; vgl. SchG § 47,9,2)	Schulleiterin (Stellvertretende Schulleiterin)	Schulart- / Stufen-/ Abteilungssprecherin KonfVO § 12, 2	Klassenlehrerin KonfVO § 12 und SchG § 90 beachten!	Fachvertreterin von der Fachkonferenz gewählt; vgl. § 12, 2 KonferenzVO	Klassenelernvertreterin (Klassenlehrerin)	Elternbeiratsvorsitzende (Stv. Elternbeiratsvorsitzende)
Tagt das Gremium öffentlich?	Nicht öffentlich und vertraulich § 47, 11 SchG	Nicht öffentlich und vertraulich KonfVO § 14	Nicht öffentlich und vertraulich KonfVO § 14	Nicht öffentlich und vertraulich KonfVO § 14	Nicht öffentlich und vertraulich KonfVO § 14	Nicht öffentlich EltBVO § 8, 3	Keine Vorschrift
Wie häufig tagt das Gremium?	Mindestens einmal im Schulhalbjahr	Mindestens viermal im Schuljahr	Nach Bedarf	Mindestens einmal im Schulhalbjahr	Nach Bedarf	Mindestens einmal im Schulhalbjahr	Mindestens einmal im Schulhalbjahr

* bei mindestens 14 Lehrerstellen (das sind gem. § 2 Abs. 2 SchulkonfVO die Schulleiterin + wenigstens 13 Lehrkräfte mit je mindestens einem halben Lehrauftrag); zur Zusammensetzung der Schulkonferenz bei kleineren Schulen siehe Schulgesetz § 47 und SchulkonfVO § 2 Abs. 3-5.

** Teilnahmepflicht für Erziehungskräfte der Grundschulförderklasse bzw. des Schulkindergartens je nach Tagesordnung

Konferenzordnung

Konferenzordnung des Kultusministeriums; Verordnung vom 5. Juni 1984 (KuU S. 375/1984); zuletzt geändert 11.11.2009 (KuU S. 205/2009)

I. Abschnitt – Allgemeines
§ 1
Grundsätze

(1) Die Lehrerkonferenzen erfüllen ihre Aufgaben als Organe der Schule im Rahmen der dieser übertragenen Eigenverantwortung.

(2) Personale und soziale Angelegenheiten der Lehrer im Sinne des Landesbeamtengesetzes und des Landespersonalvertretungsgesetzes dürfen von den Lehrerkonferenzen nicht erörtert werden.

(3) Die Abhaltung von Dienstbesprechungen wird durch diese Konferenzordnung nicht berührt.

→ Beamtengesetz; → Konferenzen (Allgemeines); → Personalvertretungsgesetz; → Schulgesetz §§ 44, 46, 47

II. Abschnitt
1. Bildung und Aufgaben der Lehrerkonferenzen
§ 2
Aufgaben

(1) Zu den Angelegenheiten von wesentlicher Bedeutung für die Schule, über die gemäß § 45 Abs. 2 des Schulgesetzes die Gesamtlehrerkonferenz unbeschadet der Zuständigkeit der Schulkonferenz berät und beschließt, gehören insbesondere

1. *allgemeine Fragen der Erziehung und des Unterrichts an der Schule;*
1a. die Festlegung der schuleigenen Stundentafel im Rahmen der Kontingentstundentafel und die Entwicklung schuleigener Curricula im Rahmen der jeweiligen Bildungspläne nach Anhörung des Elternbeirates und nach Zustimmung der Schulkonferenz,
2. Fragen der Fortbildung der Lehrer sowie Maßnahmen, die ihre Zusammenarbeit fördern und der gegenseitigen Unterstützung der Lehrer dienen; → Fortbildung (Allgemeines)
3. Erlass der Schul- und Hausordnung sowie der Pausenordnung;
   → Rauchen in der Schule; → Waffen in der Schule
4. allgemeine Fragen der Klassenarbeiten und Hausaufgaben;
   → Notenbildungsverordnung § 2 und § 10
5. Empfehlungen für einheitliche Maßstäbe bei Notengebung und Versetzung;
   → Notenbildungsverordnung § 2
6. einheitliche Durchführung der Rechts- und Verwaltungsvorschriften an der Schule;
7. *Verwendung der der Schule zur Verfügung gestellten Haushaltsmittel im Rahmen ihrer Zweckbestimmung;*
   → Haushalt (Allgemeines – Budgetierung) Nr. 3
   → Haushalt (Kassenführung); → Haushalt (Personalausgabenbudgetierung); → Lernmittelfreiheit;
   → Lernmittel (Zulassung); → Schulgesetz § 48;
   → Sponsoring
   Hinweis der Redaktion: Es ist Dienstpflicht der Schulleitung, dieses Thema in der Gesamtlehrerkonferenz zu behandeln (Quelle: KM auf LT-Drucksache 10/5777).
8. Stellungnahmen zur
   a) *Ausstattung und Einrichtung der Schule sowie zu Baumaßnahmen gegenüber dem Schulträger,*
   b) *Einrichtung oder Beendigung eines Schulversuchs,*
   Hinw. d. Redaktion: Die Einrichtung einer Ganztagsschule zählt als Schulversuch gem. § 22 SchG
   c) *Änderung der Schulart, der Schulform oder des Schultyps sowie der dauernden Teilung oder Zusammenlegung und der Erweiterung der Schule;*
   Hinweis der Redaktion: Die Schließung einer Schule unterliegt der Mitwirkung des zuständigen Personalrats (Bundesverwaltungsgericht, 24.2.2006; BVerG 6 P 4.05)
   → Ganztagsschulen; → Schulgesetz § 22, § 30
   (dort weitere Hinweise der Redaktion)
9. allgemeine Empfehlungen für die Verteilung der Lehraufträge und sonstiger dienstlicher Aufgaben, für die Aufstellung der Stunden- und Aufsichtspläne sowie für die Anordnung von Vertretungen, unbeschadet § 41 Abs. 1 Schulgesetz;
   → Aufsicht; → Klassenlehrer/in; → Stundenpläne
10. <u>Aufstellung der Grundsätze über die Durchführung von besonderen Schulveranstaltungen, die die gesamte Schule berühren (z.B. Schulfeste);</u>
11. <u>Aufstellung der Grundsätze über die Durchführung von außerunterrichtlichen Veranstaltungen (z.B. Klassenfahrten, Schullandheimaufenthalte);</u>
    → Außerunt. Veranstaltungen; → Schulpartnerschaften
12. Zusammenarbeit mit den Erziehungsberechtigten und den für die Berufserziehung der Schüler Mitverantwortlichen im Rahmen der Schule;
    → Elternbeiratsverordnung (insbesondere § 3)
13. Beratung des Schulleiters bei der Zusammenarbeit mit dem Schulträger, den Religionsgemeinschaften, den Berufsausbildungsstätten sowie sonstigen außerschulischen Institutionen mit Erziehungsauftrag;
14. Geschäftsordnungen für die Lehrerkonferenzen der Schulen

Sachverhalte, zu denen die Schulkonferenz anzuhören ist, sind in *kursiver Schrift* gedruckt.
→ Schulgesetz § 47 Abs. 4

Sachverhalte, die des **Einverständnisses** der Schulkonferenz bedürfen, sind <u>unterstrichen</u>.
→ Schulgesetz § 47 Abs. 5

15. Wahl der Vertreter der Lehrer in der Schulkonferenz; dabei sind wählbar alle in der Gesamtlehrerkonferenz stimmberechtigten Lehrer;
    → Schulgesetz § 47; → Schulkonferenzordnung
16. Vorschläge für die Festsetzung der beweglichen Ferientage
17. sonstige Angelegenheiten, die der Gesamtlehrerkonferenz aufgrund von Rechts- oder Verwaltungsvorschriften übertragen sind.

(2) Die Gesamtlehrerkonferenz kann Angelegenheiten, über die die Schulkonferenz entscheidet, beraten und der Schulkonferenz Anregungen und Empfehlungen geben.

(3) Die Gesamtlehrerkonferenz ist ferner zuständig für Aufgaben der Teilkonferenzen, sofern diese nicht eingerichtet sind, und für die Bildung der in § 3 Abs. 3 bis 7 genannten Teilkonferenzen, soweit diese nicht bindend vorgeschrieben sind. Sie kann mit Zustimmung der Schulaufsichtsbehörde bei Bedarf andere als die in § 3 Abs. 1 genannten Teilkonferenzen einsetzen und diesen im Rahmen ihrer Zuständigkeiten Aufgaben übertragen sowie die Zusammensetzung und den Vorsitz regeln.

(4) Die Gesamtlehrerkonferenz kann über Angelegenheiten bestehender Teilkonferenzen von sich aus oder auf deren Antrag entscheiden und auch deren Beschlüsse aufheben, wenn die Belange der Schule dies erfordern; dies gilt nicht für Zeugnis-, Versetzungs- und sonstige Entscheidungen, für die durch Rechts- oder Verwaltungsvorschriften ausdrücklich der Teilkonferenz die Zuständigkeit zugewiesen ist.

2. Teilkonferenzen

§ 3 Bildung von Teilkonferenzen

(1) Teilkonferenzen sind insbesondere die Klassenkonferenz, die Fachkonferenz, die Abteilungskonferenz, die Berufsgruppenkonferenz, die Schulartkonferenz und die Stufenkonferenz.

(2) An allen Schulen besteht für jede Klasse eine Klassenkonferenz. Für die Jahrgangsstufen 12 und 13 der Gymnasien wird jeweils eine Jahrgangsstufenkonferenz gebildet.

(3) Fachkonferenzen sind an allen Schulen zu bilden, mit Ausnahme der Grund- und Sonderschulen, für die der Gesamtlehrerkonferenz die Entscheidung überlassen bleibt, ob sie zu bilden sind.

(4) Abteilungskonferenzen können für Schulen gebildet werden, die in Abteilungen gegliedert sind.

Hinweis der Redaktion: Ein Beschluss der Fachkonferenz über die Verwendung eines bestimmten Schulbuches verpflichtet alle hiervon betroffenen Lehrkräfte, dieses im Fachunterricht als „hauptsächliches Arbeitsmittel" einzusetzen. Daneben kann die einzelne Lehrkraft ergänzend weitere Lernmittel (z.B. selbst gefertigte Arbeitsblätter usw.) einsetzen; allerdings ohne Anspruch darauf, diese zusätzlich zum Schulbuch aus dem Schuletat finanziert zu bekommen. Vgl. Beschluss des Bundesverwaltungsgerichts vom 28.1.1994 (AZ: 6 B 24/93)

(5) Berufsgruppenkonferenzen können für Berufsschulen gebildet werden, an denen Berufsgruppen bestehen.

(6) Schulartkonferenzen können für Schulen gebildet werden, in denen gemäß § 16 des Schulgesetzes mehrere Schularten organisatorisch verbunden sind, für die nicht bereits gemäß Abs. 4 Abteilungskonferenzen gebildet werden können.

(7) Stufenkonferenzen können für Schulen gebildet werden, die mehrere Schulstufen, für die nicht bereits gemäß Abs. 4 Abteilungskonferenzen oder gemäß Abs. 6 Schulartkonferenzen gebildet werden können, umfassen.

(8) An Schulen mit weniger als drei hauptamtlichen Lehrern können Teilkonferenzen bei Bedarf eingerichtet werden.

§ 4
Klassenkonferenzen, Jahrgangsstufenkonferenzen

(1) Zu den Fragen von allgemeiner Bedeutung für die Erziehungs- und Unterrichtsarbeit der Klasse, über die gemäß § 45 Abs. 2 des Schulgesetzes die Klassenkonferenz berät und beschließt, gehören insbesondere

1. das Zusammenwirken der Lehrer der Klasse;
2. Koordinierung der Hausaufgaben und Klassenarbeiten im Rahmen der Grundsätze der Gesamtlehrerkonferenz;
3. gegenseitige Information über den Leistungsstand der Schüler;
4. Zeugnis- und Versetzungsentscheidungen;
5. Erziehungs- und Ordnungsmaßnahmen, soweit die Klassenkonferenz dafür zuständig ist;
6. Zuweisung von Schülern zu differenziert angebotenen Unterrichtsveranstaltungen unbeschadet eines Entscheidungsrechts der Erziehungsberechtigten oder der Schüler;
7. Durchführung von Studienfahrten, Schullandheimaufenthalten, Schulausflügen, Wandertagen, Betriebsbesichtigungen u.a. im Rahmen der Grundsätze der Gesamtlehrerkonferenz sowie sonstiger Veranstaltungen für die Klasse;
8. Förderung der Schülermitverantwortung der Klasse;
9. Zusammenarbeit mit den Erziehungsberechtigten und den für die Berufserziehung der Schüler Mitverantwortlichen im Rahmen der Klassenpflegschaft;
10. sonstige Angelegenheiten, die der Klassenkonferenz aufgrund von Rechts- und Verwaltungsvorschriften übertragen sind.

(2) Für Jahrgangsstufenkonferenzen gilt Abs. 1 Nr. 1 bis 5 und Nr. 7 bis 10 entsprechend.

→ Aufnahmeverfahren Ziff. III.6; → Elternbeiratsverordnung § 5 ff.; → Klassenlehrer/in; → Schulgesetz § 56,1

§ 5
Fachkonferenzen

(1) Die Gesamtlehrerkonferenz legt fest, für welche Fächer und Fächergruppen jeweils die Fachkonferenzen zuständig sind.

(2) Zu den besonderen Angelegenheiten, die ein Fach oder eine Fächergruppe betreffen, über die gemäß § 45 Abs. 2 des Schulgesetzes die Fachkonferenz berät und beschließt, gehören insbesondere

1. methodische und didaktische Fragen;

2. Verwendung von neuen Lehr- und Lernmitteln;
3. Beratung über die Verwirklichung der Lehr- und Bildungspläne, die Abstimmung der Stoffverteilungspläne sowie die Zusammenarbeit sich ergänzender Fächer;
4. Vorschläge für die Einrichtung von Arbeitsgemeinschaften und sonstigen freiwilligen Unterrichtsveranstaltungen;
5. Vorschläge für die Fortbildung der Lehrer;
→ Fortbildung und Personalentwicklung
6. Beratung des Schulleiters und der Gesamtlehrerkonferenz für die Anforderung und Verteilung der Haushaltsmittel sowie für die Ausstattung und Einrichtung der Schule, insbesondere für Sammlungen, Büchereien, Fach-, Übungs- und Werkräume;
7. fachspezifische Fragen der Notengebung;
8. sonstige Angelegenheiten, die der Fachkonferenz aufgrund von Rechts- oder Verwaltungsvorschriften übertragen sind.
→ Lernmittelverordnung / Lernmittelverzeichnis

§ 6
Abteilungskonferenzen

(1) Zu den Fragen von allgemeiner Bedeutung für die Abteilung, über die gemäß § 45 Abs. 2 des Schulgesetzes die Abteilungskonferenz berät und beschließt, gehören insbesondere
1. die Koordinierung der pädagogischen Arbeit der Abteilung;
2. organisatorische Angelegenheiten der Abteilung;
3. sonstige Angelegenheiten, die der Abteilungskonferenz aufgrund von Rechts- und Verwaltungsvorschriften übertragen sind.

(2) Bei den Beratungen und Beschlüssen der Abteilungskonferenzen sind die Belange der gesamten Schule zu wahren. Beschlüsse über Angelegenheiten, die über die Abteilung hinauswirken, sind der Gesamtlehrerkonferenz zur weiteren Veranlassung vorzulegen.

(3) Das Nähere regelt die Gesamtlehrerkonferenz.

§ 7
Berufsgruppen-, Schulart- und Stufenkonferenzen

Für Berufsgruppen-, Schulart- und Stufenkonferenzen gilt § 6 entsprechend.

§ 8 Gesamtkonferenz

(1) Für jedes Bildungszentrum kann mit Zustimmung aller Gesamtlehrerkonferenzen der in ihm zusammengefassten Schulen eine Gesamtkonferenz gebildet werden.

(2) Die Gesamtkonferenz berät und beschließt über die gemeinsame Erledigung von Verwaltungsangelegenheiten, die gemeinsame Nutzung von schulischen Einrichtungen sowie sonstige Angelegenheiten der äußeren Schulorganisation, die zur Zuständigkeit der Gesamtlehrerkonferenzen gehören und für die eine gegenseitige Abstimmung angezeigt erscheint, insbesondere über

1. einheitliche Bestimmungen in den Schul-, Haus- und Pausenordnungen;
2. einheitliche Grundsätze für die Aufstellung der Aufsichtspläne;
3. grundsätzliche Fragen der Schülerbeförderung.

Die Zuständigkeit der Organe der in dem Bildungszentrum zusammengefassten Schulen bleibt unberührt.

(3) Mitglieder der Gesamtkonferenz sind die Schulleiter der in dem Bildungszentrum zusammengefassten Schulen sowie die Lehrer, die jeweils Mitglieder der Schulkonferenz ihrer Schule sind.
→ Schulgesetz § 17

§ 9
Sonstige Konferenzen

(1) Die Vorsitzenden der sich jeweils entsprechenden Fachkonferenzen der in Bildungszentren zusammengefassten Schulen informieren sich gegenseitig und erörtern regelmäßig – wenigstens einmal im Schulhalbjahr – insbesondere folgende fachliche Fragen des Unterrichts an ihren Schulen:
1. Auswahl von Lehr- und Lernmitteln;
    → Lernmittel (Zulassung)
2. gemeinsame Nutzung von Fachräumen;
3. Ausstattung von Fachräumen.

Die Schulleiter und die betreffenden Fachkonferenzen der im Bildungszentrum zugesammengefassten Schulen werden über Gegenstand und Ergebnis der Besprechungen in geeigneter Weise unterrichtet.

(2) Bei Entscheidungen einer Klassenkonferenz über den Schulartwechsel eines Schülers durch Übergang in eine der anderen im Bildungszentrum zusammengefassten Schulen nehmen wenigstens zwei Lehrer der Schule beratend teil, die für die Aufnahme des Schülers in Betracht kommt. Sie werden hierzu vom ihrem Schulleiter beauftragt. Dieser wird vom Vorsitzenden der Klassenkonferenz, von der die Entscheidung zu treffen ist, rechtzeitig über Gegenstand und Zeitpunkt der Beratung unterrichtet.

III. Abschnitt
Zusammensetzung, Verfahren

§ 10
Teilnahmepflicht

(1) Zur Teilnahme an den Gesamtlehrerkonferenzen, Klassenkonferenzen, Jahrgangsstufenkonferenzen, Abteilungskonferenzen, Berufsgruppenkonferenzen, Schulartkonferenzen und Stufenkonferenzen sind alle Lehrer, Erziehungskräfte mit überwiegender Lehrtätigkeit und der Schule zur Ausbildung für eine Lehrtätigkeit zugewiesenen Personen verpflichtet, die jeweils an der Schule, Klasse, Jahrgangsstufe bzw. innerhalb der betreffenden Abteilung, Berufsgruppe, Schulart oder Schulstufe selbstständig unterrichten. Zur Teilnahme an Fachkonferenzen sind sie verpflichtet, wenn sie die Lehrbefähigung in den betreffenden Fächern besitzen oder in ihnen unterrichten. Dies gilt auch grundsätzlich für Lehrer, die schulartüber-

greifend an einer anderen Schule nur in begrenztem Umfang unterrichten. Jedoch besteht die Teilnahmepflicht für die nebenamtlichen und nebenberuflichen Lehrer sowie für die der Schule zur Ausbildung für eine Lehrtätigkeit zugewiesenen Personen nur insoweit, als der Verhandlungsgegenstand ihre Teilnahme erfordert. In Zweifelsfällen entscheidet darüber der Vorsitzende der Lehrerkonferenz.

(2) Fachlich vorgebildete Erziehungskräfte einer Grundschulförderklasse sind zur Teilnahme an den Lehrerkonferenzen der Grundschule, an der die Grundschulförderklasse geführt wird, bei Verhandlungsgegenständen verpflichtet, die die Arbeit der Grundschulförderklasse berühren; in Zweifelsfällen entscheidet darüber der Schulleiter. Fachlich vorgebildete Erziehungskräfte eines öffentlichen Schulkindergartens sind zur Teilnahme an den Lehrerkonferenzen der in ihrem Bezirk liegenden Sonderschulen bei Verhandlungsgegenständen verpflichtet, die die Arbeit des Schulkindergartens berühren; Satz 1 Halbsatz 2 gilt entsprechend. Der Schulleiter kann Erziehungskräfte, die an der Schule oder an einem mit der Schule verbundenen Heim beschäftigt sind, zur Teilnahme an der Beratung einzelner Verhandlungsgegenstände der Lehrerkonferenz verpflichten.

(3) Zur Teilnahme an den Gesamtkonferenzen verpflichtet sind ihre Mitglieder.

(4) Über die vorstehenden Bestimmungen hinausgehende Verpflichtungen zur Teilnahme an Lehrerkonferenzen aufgrund von Ausbildungs- oder Verwaltungsvorschriften bleiben unberührt.

Hinweis der Redaktion: Pädagogische Assistent/innen sind nicht generell zur Teilnahme an Lehrerkonferenzen verpflichtet. Die/Der Schulleiter/in kann sie aber nach pflichtgemäßem Ermessen zur Teilnahme einzelner Verhandlungsgegenstände verpflichten. Im Übrigen können alle Lehrerkonferenzen sie im Einzelfall zur Beratung hinzuziehen; sie sind daraufhin zur Teilnahme berechtigt, aber nicht verpflichtet (§ 11 Abs. 5). Stimmberechtigt sind sie in keinem Fall (§ 13 Abs. 1). Sie können auch nicht Mitglied der Schulkonferenz sein und auch nicht zu Verbindungslehrer/innen gewählt werden. (Quelle: KM, November 2007).

→ Pädagogischen Assistent/innen

§ 11
Teilnahmerecht

(1) Der Schulleiter sowie die Vertreter der Schulaufsichtsbehörden haben das Recht, an allen Lehrerkonferenzen teilzunehmen. Die in § 10 Abs. 1 Satz 4 genannten Personen sind berechtigt, an der betreffenden Lehrerkonferenz auch bei den Verhandlungsgegenständen teilzunehmen, bei denen sie dazu nicht verpflichtet sind. Im Übrigen steht allen in § 10 Abs. 1 genannten Personen ein Recht zur Teilnahme an sämtlichen Teilkonferenzen mit Ausnahme der Klassenkonferenz und der Jahrgangsstufenkonferenz auch dann zu, wenn sie nicht zum Kreis der dazu Verpflichteten gehören. Das Gleiche gilt für die der Schule zur Ausbildung für eine Lehrtätigkeit zugewiesenen Personen, die dort nicht selbständig unterrichten.

→ Schulkindergärten

(2) Fachkonferenzen sollen bei der Beratung von Verhandlungsgegenständen, die zum Aufgabengebiet der Schülermitverantwortung gemäß § 7 der Verordnung über die Einrichtung und Aufgaben der Schülermitverantwortung gehören, den danach zuständigen Schülervertretern Gelegenheit zur Teilnahme geben.

(3) Die Elterngruppe in der Klassenpflegschaft kann in den Angelegenheiten des § 56 Abs. 1 Nr. 1 bis 8 des Schulgesetzes der Klassenkonferenz Vorschläge zur Beratung und Beschlussfassung vorlegen, die auf die Tagesordnung der Klassenkonferenz zu setzen sind. Der Klassenelternvertreter und sein Stellvertreter haben das Recht, an der Beratung dieser Vorschläge in der Klassenkonferenz mitzuwirken. Entsprechendes gilt für Jahrgangsstufen.

→ Schulgesetz § 56 Abs. 6

(4) Die Elterngruppe in der Schulkonferenz kann in den Angelegenheiten des § 47 Abs. 5 des Schulgesetzes der Gesamtlehrerkonferenz Vorschläge zur Beratung und Beschlussfassung vorlegen, die auf die Tagesordnung der Gesamtlehrerkonferenz zu setzen sind. Die Elterngruppe hat das Recht, an der Beratung dieser Vorschläge in der Gesamtlehrerkonferenz mitzuwirken.

→ Schulgesetz § 47 Abs. 5

(5) Im Übrigen können alle Lehrerkonferenzen im Einzelfall andere als die in den vorstehenden Bestimmungen genannten Personen (z.B. Sachverständige, Vertreter der Eltern, Schüler, Vertreter der für die Berufserziehung der Schüler Mitverantwortlichen oder des Schulträgers) zur Beratung hinzuziehen.

§ 12
Leitung, Einberufung, Tagesordnung

(1) Die Lehrerkonferenzen treten nach Bedarf zusammen; die Gesamtlehrerkonferenz soll mindestens viermal – bei Schulen mit Abteilungs-, Schulart- oder Stufenkonferenz mindestens zweimal – im Schuljahr, die Klassenkonferenz und die Jahrgangsstufenkonferenz mindestens einmal im Schulhalbjahr zusammentreten. Die Sitzungen finden zu Zeiten statt, in denen keine für Schüler verbindliche Veranstaltungen der Schule angesetzt sind, wenn nicht zwingende Gründe dem entgegenstehen.

(2) Vorsitzender der Gesamtlehrerkonferenz und der Jahrgangsstufenkonferenz ist der Schulleiter, Vorsitzender der Klassenkonferenz der Klassenlehrer. Bei anderen Teilkonferenzen obliegt der Vorsitz dem Lehrer, der durch Verwaltungsvorschriften dazu bestimmt ist; ist kein solcher Lehrer vorhanden, wählt die Teilkonferenz durch Abstimmung den Vorsitzenden aus dem Kreis der zur ständigen Teilnahme Verpflichteten. Der Schulleiter kann im Einzelfall in den Teilkonferenzen den Vorsitz übernehmen, wenn Bedarf für eine Sitzung einer Teilkonferenz besteht und kein Vorsitzender und kein stellvertretender Vorsitzender zur Verfügung steht. Abweichend von Satz 1 ist bei Zeugnis- und Versetzungsentscheidungen, bei der Be-

schlussfassung über die freiwillige Wiederholung der Klasse 4 der Grundschule, über die Bildungsempfehlung zum Besuch der Klasse 10 der Werkrealschule, über den Schulbericht, über die Empfehlung zum Schulartwechsel zum Ende des zweiten Schulhalbjahres der Klassen 5 und 6, über die Empfehlung zur Teilnahme am Zusatzunterricht in den Klassen 8 und 9 der Hauptschule sowie bei der Beratung der Halbjahresinformation der Schulleiter Vorsitzender der Klassenkonferenz; er ist stimmberechtigt, bei Stimmengleichheit gibt seine Stimme den Ausschlag. In Konferenzen gemäß § 90 Abs. 3 des Schulgesetzes für Baden-Württemberg ist der Schulleiter Vorsitzender mit Stimmrecht.

→ Versetzungsordnungen (bei den Schularten)

(3) Der Vorsitzende der Lehrerkonferenz bereitet ihre Sitzungen vor, beruft dazu – wenn er nicht Schulleiter ist, im Benehmen mit diesem – ein und leitet sie nach den in öffentlichen Angelegenheiten üblichen Grundsätzen.

Hinweis der Redaktion: Damit sind die Verhandlungsgrundsätze angesprochen, die auch in anderen Gremien mit öffentlichen Aufgaben üblich sind und die dort in der Regel in der jeweiligen Geschäftsordnung konkretisiert werden. Hierzu zählen etwa: Eröffnung der Beratung durch den Vorsitzenden gemäß der Tagesordnung, Aufstellung einer Rednerliste entsprechend den Wortmeldungen, Vorziehen von Anträgen zur Geschäftsordnung, Zurückweisung eines ungebührlichen, z.B. beleidigenden Wortbeitrages, bei alternativen Anträgen zunächst Abstimmung über den weitergehenden Antrag.
(Quelle: KM, 10.1.2000; AZ: 43-6453.0/13)

(4) Ist für die in einem Bildungszentrum zusammengefassten Schulen ein Schulleiter mit Koordinierungsaufgaben betraut, führt dieser den Vorsitz in der Gesamtkonferenz. Sonst wählt die Gesamtkonferenz aus der Mitte der ihr angehörenden Schulleiter den Vorsitzenden; die Amtszeit dauert in diesem Fall zwei Jahre, Wiederwahl ist zulässig.

(5) Die Lehrerkonferenz ist innerhalb von sieben Unterrichtstagen einzuberufen, wenn ein Viertel der Stimmberechtigten dies unter Angabe der Verhandlungsgegenstände schriftlich verlangt. Außerdem sind Teilkonferenzen auf Verlangen der Gesamtlehrerkonferenz oder des Schulleiters und alle Lehrerkonferenzen auf Verlangen der Schulaufsichtsbehörde einzuberufen.

(6) Die Einberufung ist in der für die Schule üblichen Weise unter Angabe von Zeit, Ort und Tagesordnung allen zur Teilnahme Verpflichteten und Berechtigten mindestens sechs Unterrichtstage vor dem Sitzungstermin bekanntzumachen. In dringenden Fällen, die der jeweilige Vorsitzende den Mitgliedern der Lehrerkonferenz gegenüber begründen muss, kann diese Frist verkürzt werden oder entfallen. Unterlagen für die Beratung sollen den Teilnehmern an der Lehrerkonferenz so rechtzeitig bekanntgegeben werden, dass sie sich mit ihnen vertraut machen können.

(7) Der Vorsitzende der Lehrerkonferenz setzt die Tagesordnung fest. Er ist verpflichtet, Anträge, die von einem Stimmberechtigten oder den Teilnahmeberechtigten nach § 11 Abs. 3 und 4 mindestens drei Unterrichtstage vor dem Sitzungstermin schriftlich bei ihm eingereicht werden, auf die Tagesordnung zu setzen und zu Beginn der Sitzung bekanntzugeben. Für später eingehende Anträge gilt Absatz 8 Satz 2 entsprechend.

(8) Jeder Teilnehmer an der Sitzung kann sich an der Beratung der Tagesordnungspunkte, für die ihm das Teilnahmerecht zusteht, beteiligen und nach Erledigen der Tagesordnung Angelegenheiten zur Sprache bringen, die zum Aufgabenbereich der Lehrerkonferenz gehören. Beschlüsse darüber sind in dieser Sitzung nicht zulässig, die Beratung muss unterbleiben, wenn die Mehrheit der anwesenden Stimmberechtigten widerspricht.

§ 13
Abstimmungen

(1) In der Lehrerkonferenz ist stimmberechtigt, wer zur Teilnahme an dem betreffenden Verhandlungsgegenstand gemäß § 10 Abs. 1 und Abs. 2 Satz 1 verpflichtet ist; bei Zeugnis- und Versetzungsentscheidungen, bei der Beschlussfassung über die freiwillige Wiederholung der Klasse 4 der Grundschule, über die Bildungsempfehlung zum Besuch der Klasse 10 der Werkrealschule, über den Schulbericht, über die Empfehlung zum Schulartwechsel zum Ende des zweiten Schulhalbjahres der Klassen 5 und 6 sowie bei der Beratung über die Halbjahresinformation sind nur die Mitglieder der Klassenkonferenz stimmberechtigt, die den Schüler unterrichten.

(2) Eine Übertragung des Stimmrechts ist nicht zulässig. Die Lehrerkonferenz ist beschlussfähig, wenn mehr als die Hälfte der Stimmberechtigten anwesend ist.

(3) Bei Abstimmungen entscheidet die einfache Mehrheit der abgegebenen gültigen Stimmen, sofern im Einzelfall nicht andere Vorschriften ein hiervon abweichendes Mehrheitsverhältnis vorschreiben. Stimmenthaltungen und ungültige Stimmen zählen bei der Berechnung der Mehrheit nicht mit. Bei Stimmengleichheit gilt der Antrag als abgelehnt.

(4) Auf Verlangen von mindestens einem Fünftel der anwesenden Stimmberechtigten ist geheim abzustimmen.

Hinweis der Redaktion: Es ist bei Wahlen „angezeigt, auf Antrag **eines** stimmberechtigten Konferenzmitglieds geheim zu wählen" (Quelle: KM, 18.7.1995 Nr. II/1-6452.0/8).

→ Befangenheit

§ 14
Nichtöffentlichkeit

Die Verhandlungen der Lehrerkonferenzen sind nicht öffentlich. Sie unterliegen grundsätzlich der Pflicht zur Verschwiegenheit, insbesondere in Angelegenheiten, die einzelne Lehrer, Erziehungsberechtigte, Schüler oder sonstige an der Schule beschäftigte Bedienstete unmittelbar betreffen. Dies gilt nicht für den dienstlichen Verkehr und die Mitteilung von Tatsachen, die offenkundig sind oder ihrer Bedeutung nach keiner Geheimhaltung bedürfen.

→ Beamtengesetz § 57; → Tarifvertrag (Länder) § 3 Abs. 2; → Verschwiegenheitspflicht

Konferenzordnung

§ 15
Niederschrift

(1) Über jede Sitzung einer Lehrerkonferenz fertigt der Schriftführer eine Niederschrift. Er wird von der Lehrerkonferenz bestimmt. Seine Aufgabe soll in angemessenem Wechsel mit Ausnahme des Vorsitzenden von allen zu ständiger Teilnahme an der Lehrerkonferenz Verpflichteten übernommen werden.

(2) Aus der Niederschrift müssen sich mindestens Zeit und Ort der Sitzung, die Teilnehmer, die Verhandlungsgegenstände sowie die Beschlüsse in ihrem Wortlaut ergeben. Bei Beschlüssen soll ferner die Beschlussfähigkeit und das Abstimmungsergebnis festgehalten werden.

(3) Jeder Stimmberechtigte kann nach offenen Abstimmungen dem Schriftführer eine Begründung seiner Stimmabgabe oder seiner abweichenden Meinung schriftlich zur Beifügung an die Niederschrift übergeben.

(4) Die Niederschrift ist vom Schriftführer und vom Vorsitzenden zu unterzeichnen. Der Schulleiter bestätigt durch Unterschrift die Kenntnisnahme der Niederschrift der Lehrerkonferenzen, an denen er nicht teilgenommen hat.

(5) Die Niederschrift ist in geeigneter Weise jedem insoweit zugänglich zu machen, als er an den Verhandlungsgegenständen teilzunehmen berechtigt war. Einwendungen sind dem Schriftführer schriftlich vorzulegen, der darüber im Einvernehmen mit dem Vorsitzenden entscheidet. Wird der Einwendung nicht stattgegeben, entscheidet die Lehrerkonferenz bei ihrer nächsten Sitzung.

(6) Die Niederschrift ist bei den Akten der Schule aufzubewahren.
→ Archivierung; → Datenschutz (Schulen)

(7) Eine Sammlung der gültigen Konferenzbeschlüsse ist in der für die Schule üblichen Weise zur Einsichtnahme für alle zur Teilnahme an der Gesamtlehrerkonferenz Berechtigten auszulegen. Dies gilt nicht für Beschlüsse der Klassenkonferenzen gemäß § 4 Nr. 4 und 6.

§ 16
Ausführung der Beschlüsse

(1) Beschlüsse, mit denen eine Lehrerkonferenz im Rahmen ihrer Zuständigkeit Entscheidungen trifft, sind bindend für den Schulleiter, die Lehrer und alle anderen zur Teilnahme an der Lehrerkonferenz Verpflichteten unbeschadet ihrer Rechtswirkung für weitere Personen. Für die Ausführung der Beschlüsse der Lehrerkonferenzen ist der Schulleiter, für die Ausführung der Beschlüsse einer Teilkonferenz auch deren Vorsitzender verantwortlich.

(2) Ist der Schulleiter der Auffassung, dass ein Beschluss der Gesamtlehrerkonferenz gegen eine Rechtsvorschrift oder eine Verwaltungsanordnung verstößt oder dass er für die Ausführung des Beschlusses nicht die Verantwortung übernehmen kann (§ 44 Abs. 3 Satz 2 des Schulgesetzes), hat er die Gesamtlehrerkonferenz innerhalb von sieben Unterrichtstagen erneut einzuberufen. Für die Einberufung gilt § 12 Abs. 6 entsprechend mit der Maßgabe, dass die zweite Sitzung frühestens an dem auf die erste Sitzung folgenden Tag stattfinden darf. Hält die Gesamtlehrerkonferenz in der zweiten Sitzung den Beschluss nach nochmaliger Beratung aufrecht und bleibt der Schulleiter bei seiner Auffassung, hat er unverzüglich die Entscheidung der Schulaufsichtsbehörde einzuholen. Über deren Entscheidung, bis zu deren Ergehen der Beschluss nicht ausgeführt werden darf (§ 44 Abs. 3 letzter Satz des Schulgesetzes), sind die zur Teilnahme an der Gesamtlehrerkonferenz Berechtigten unverzüglich zu unterrichten.

(3) Für Beschlüsse der Teilkonferenz gilt Abs. 2 Satz 1 und 2 entsprechend mit der Maßgabe, dass an die Stelle des Schulleiters der Vorsitzende der Teilkonferenz tritt und dass es daneben dem Schulleiter obliegt, die erneute Einberufung binnen einer Woche nach Kenntnisnahme zu verlangen. Hält die Teilkonferenz in der zweiten Sitzung den Beschluss nach nochmaliger Beratung aufrecht und bleiben der Vorsitzende oder der Schulleiter bei ihrer Auffassung, ist der Beschluss unverzüglich der Gesamtlehrerkonferenz, sofern diese für seine Aufhebung zuständig ist, sonst der Schulaufsichtsbehörde zur Entscheidung vorzulegen. Abs. 2 Satz 4 gilt entsprechend.

§ 17
Ausschüsse

Jede Lehrerkonferenz kann zur Beratung bestimmter Fragen aus ihrem Aufgabenbereich ständige und nichtständige Ausschüsse einsetzen. Diese sind der betreffenden Lehrerkonferenz gegenüber zur Berichterstattung verpflichtet.

IV. Abschnitt

§ 18
Schlussbestimmungen

(1) Von dieser Konferenzordnung abweichende Bestimmungen über Versetzungen, Prüfungen sowie Erziehungs- und Ordnungsmaßnahmen bleiben unberührt. Dazu gehören auch die Vorschriften, die den Vorsitz in den entsprechenden Konferenzen regeln. ...

→ Archivierung; → Aufnahmeverfahren Ziff. III.6; → Aufsicht; → Außerunterrichtliche Veranstaltungen; → Beamtengesetz § 57; → Beamtenstatusgesetz § 37; → Datenschutz; → Elternbeiratsverordnung; → Fachberater/innen; → Fortbildung (Allgemeines); → Fortbildung und Personalentwicklung; → Ganztagsschulen; → Haushalt (Allgemeines – Budgetierung); → Haushalt (Kassenführung); → Klassenlehrer/in; → Konferenzen (Allgemeines); → Lernmittelfreiheit; → Lernmittel (Zulassung); → Personalvertretungsgesetz; → Schulgesetz; → Schulkonferenzordnung; → Schulleitung (Abteilungsleiter/innen); → Schulpartnerschaften; → Sponsoring; → Stundenpläne; → Verschwiegenheitspflicht; → Versetzungsordnungen (bei den Schularten)

Mitglieder werben – Mitglied werden. Eine Beitrittserklärung finden Sie am Ende des Buches.

Kooperation Hauptschule/WRS – Realschule

Hinweise der Redaktion

Seit dem Schuljahr 2009/10 wird im Rahmen eines Schulversuchs eine „intensivere Kooperation" zwischen Hauptschulen und Realschulen (Klassen 5 und 6) erprobt. In zwei Modellen sollen Möglichkeiten zur individuellen Förderung der Schülerinnen und Schüler und eine höhere Durchlässigkeit des Schulsystems erreicht werden. Ziel ist *„die optimale Förderung der Schüler im gegliederten Schulsystem, eine große Durchlässigkeit zwischen den Schularten und das Erreichen eines hochwertigen Schulabschlusses".*

Voraussetzung für die Teilnahme ist ein Antrag der der zuständigen Schulträger nach Zustimmung der Gesamtlehrerkonferenz sowie der Schulkonferenz der betreffenden Haupt- bzw. Realschulen.

1. Niveaukursmodell

Modell 1 (Niveaukursmodell) kann an Schulverbünden sowie an Schulen in unmittelbarer Nachbarschaft umgesetzt werden.

Es werden auf Basis der Grundschulempfehlung getrennte Hauptschul- und Realschulklassen gebildet. Zunächst findet der Unterricht in allen Fächern getrennt nach Schularten statt. Am Ende des ersten Schulhalbjahres der Klasse 5 werden die Klassenverbände in den Fächern Deutsch, Mathematik und Englisch aufgelöst und Niveaukurse Hauptschule (H) und Realschule (R) gebildet. In diesen Kursen gilt der Bildungsplan der jeweiligen Schulart. In den Stundenplänen der kooperierenden Klassen müssen die Fächer Deutsch, Mathematik und Englisch jeweils parallel liegen.

Es handelt sich um ein „Aufsteigermodell":

- Die Schüler/innen der Realschulklassen werden in den drei Fächern stets den Niveaukursen R zugewiesen; in den anderen Fächern bleiben sie in der Realschulklasse.
- Die Schüler der Hauptschulklassen werden in den drei Fächern entweder dem Niveaukurs H oder - mit Einverständnis der Eltern - dem Niveaukurs R zugewiesen (Entscheidung der HS-Klassenkonferenz unter Vorsitz des Schulleiters); in den anderen Fächern bzw. Fächerverbünden bleiben sie in der Hauptschulklasse.

Voraussetzung für den Aufstieg in die Niveaukurse R sind

- ein Notenschnitt von mindestens 2,5 im jeweiligen Fach (D, M, E) und
- ein Lern- und Arbeitsverhalten, das erwarten lässt, dass der Schüler / die Schülerin den Anforderungen genügen wird.

Die Niveaukurse können in der Regel bis zu 24 Schüler aufnehmen. Es werden jeweils bis zu 10 Hauptschüler, in einem Niveaukurs R zusammengefasst, der von Haupt- und Realschülern besucht wird. Bei mehr als 10 Hauptschülern werden diese auf zwei Niveaukurse (R) des jeweiligen Faches verteilt.

Ein Niveaukurswechsel ist für Hauptschüler sowohl in (R)-Kurse als auch zurück in (H)-Kurse im jeweiligen Schulhalbjahr der Klasse 6 möglich; dabei gelten für den Aufstieg die o.g. Kriterien, für den Abstieg aus dem Niveau R ins Niveau H sind Maßstab eine schlechtere Note als „ausreichend" und ein nicht genügendes Lern- und Arbeitsverhalten im Niveaukurs R.

Im Zeugnis der Hauptschüler der Klasse 5 sind auch halbe Noten zulässig. In den beteiligten Klassen findet zwischen Klasse 5 und Klasse 6 keine Versetzung statt, sondern hierüber entscheidet die zuständige Klassenkonferenz der Hauptschule bzw. der Realschule erst am Ende der Klasse 6, wobei auch für Hauptschüler die Noten der besuchten Niveaukurse R übernommen werden.

Für Hauptschüler/innen gilt für den Übergang in Klasse 7 der Realschule § 4 Abs. 1 Multilaterale Versetzungsordnung mit der Maßgabe, dass die Hauptschule im Benehmen mit der Realschule eine Bildungsempfehlung ausspricht, wenn der Schüler im zweiten Schulhalbjahr der Klasse 6 mindestens zwei Niveaukurse R besucht hat und hierin mindestens ausreichende Leistungen erzielt sowie in allen anderen für die Versetzung an der Hauptschule maßgeblichen Fächern/Fächerverbünden mindestens einen Durchschnitt von 3,0 erreicht hat. § 5 Abs. 1 Multilaterale Versetzungsordnung bleibt unberührt.

→ Multilaterale Versetzungsordnung

Zur individuellen Förderung (Zusatzunterricht) erhalten die Kooperationsverbünde in der Regel zusätzlich je eine Lehrerwochenstunde pro Fach in Deutsch, Mathematik und Englisch; hieran können sowohl Hauptschüler als auch Realschüler freiwillig teilnehmen.

Kooperationsverbünde erhalten bis zu 4 Entlastungsstunden je Schuljahr für den Mehraufwand der Schulorganisation, für die Dokumentation der Erfahrungen, für die schulinterne Multiplikation und für die Mitwirkung an der Begleiterhebung. Der Umfang variiert gemäß der Zahl der teilnehmenden Klassen.

Für die notwendigen Gruppenteilungen, Förderstunden und die organisatorische Umsetzung des Modells werden (abhängig von der Zahl der beteiligten Klassen sowie dem Teilungsbedarf) insgesamt maximal 0,8 Deputate für die Dauer des Schulversuchs pro Schulverbund und pro Schuljahr zur Verfügung gestellt

2.
Modell mit gemeinsamem Kernunterricht

Das Modell 2 (20 Standorte) kann auch an weiter entfernt liegenden Kooperationsschulen durchgeführt werden. Hier werden zu Beginn der Klasse 5 an den beteiligten Schulen „kooperierende Klassen" gebildet; in diese werden die Schüler mit Hauptschulempfehlung aus dem Schulbezirk der kooperierenden Hauptschulen und die Schüler der kooperierenden Realschule aufgenommen.

In Klasse 5 und 6 gibt es mindestens in den Fächern Deutsch, Mathematik und Englisch einen gemeinsamen Kernunterricht sowie leistungsdifferenzierte Profilgruppen (Gruppe A: Realschulniveau, Gruppe B: Hauptschulniveau). Die Zuordnung in die Profilgruppen erfolgt auf Grundlage der jeweiligen Hauptschul- bzw. Realschulempfehlung. Der Kernunterricht umfasst die gemeinsamen Kompetenzen und Inhalte der beiden Bildungspläne. Im Profilunterricht A und B werden jeweils die schulartspezifischen Kompetenzen und Inhalte ergänzt. Es können weitere Fächer/Fächerverbünde in dieses Modell einbezogen werden.

Die maximale Gruppengröße (A/B-Profilunterricht und weiterer schulartspezifischer Unterricht) sollte in der Regel bei 28 liegen. Einer Klasse werden bis zu 10 Schüler mit Hauptschulempfehlung zugeteilt.

Die Klassenbildung und Stundenplangestaltung hat so zu erfolgen, dass die Profilkurse von Parallelklassen zusammengelegt werden können.

Zum Schulhalbjahr und am Ende von Klasse 5 sowie nach dem ersten Schulhalbjahr der Klasse 6 können die Schüler mit Hauptschulempfehlung einer anderen Profilgruppe zugeteilt werden (Entscheidung durch den Schulleiter im Einvernehmen mit den Eltern auf Vorschlag des Fachlehrers). Ein Wechsel erfolgt in der Regel insbesondere

- von der Profilgruppe B in die Profilgruppe A, wenn der Schüler / die Schülerin in der Halbjahresinformation der Klasse 5, im Zeugnis der Klasse 5 oder in der Halbjahresinformation der Klasse 6 im jeweiligen Fach oder ggf. Fächerverbund mindestens die Note „gut bis befriedigend" erhält;
- von der Profilgruppe A in Profilgruppe B, wenn der Schüler in der Halbjahresinformation der Klasse 5, im Zeugnis der Klasse 5 oder in der Halbjahresinformation der Klasse 6 im jeweiligen Fach oder ggf. Fächerverbund nicht mindestens die Note „ausreichend" erhält.

Klassenarbeiten haben einen gemeinsamen Teil, der sich auf den Kernunterricht bezieht, sowie einen A/B-Teil. Die Zeugnisnote im jeweiligen Fach bzw. Fächerverbund wird aus den Leistungen aus dem gemeinsamen Kernunterricht und dem Unterricht in der Profilgruppe gebildet; auch am Ende von Klasse 5 sind halbe Noten zulässig.

In den an der Kooperation beteiligten Klassen findet zwischen Klasse 5 und Klasse 6 keine Versetzung statt, sondern hierüber entscheidet die zuständige Klassenkonferenz der Kooperationsklasse am Ende der Klasse 6. Für die Schüler mit Hauptschulempfehlung gilt für den Übergangs in Klasse 7 der Realschule § 4 Abs. 1 Multilaterale Versetzungsordnung mit der Maßgabe, dass die Schule eine entsprechende Bildungsempfehlung ausspricht. Eine Bildungsempfehlung für die Realschule setzt in der Regel voraus, dass der Schüler mit Hauptschulempfehlung im zweiten Schulhalbjahr der Klasse 6 mindestens in zwei der Fächer Deutsch, Mathematik und Englisch den Unterricht der Profilgruppe A besucht hat und in diesen Fächern mindestens ausreichende Leistungen erzielt sowie in allen anderen für die Versetzung an der Hauptschule maßgeblichen Fächern und Fächerverbünden mindestens einen Durchschnitt von 3,0 erreicht hat. § 5 Abs. 1 Multilaterale Versetzungsordnung bleibt unberührt.

→ Multilaterale Versetzungsordnung

Zur individuellen Förderung (Zusatzunterricht) erhalten die Schulverbünde in der Regel zusätzlich je 1 Lehrerwochenstunde pro Fach in Deutsch, Mathematik und Englisch. Hieran können Haupt- und Realschüler/innen freiwillig teilnehmen.

Kooperationsverbünde erhalten bis zu 4 Entlastungsstunden je Schuljahr für den Mehraufwand der Schulorganisation, für die Dokumentation der Erfahrungen, für die schulinterne Multiplikation und für die Mitwirkung an der Begleiterhebung. Der Umfang variiert gemäß der Zahl der Kooperationsfächer und der Zahl der teilnehmenden Klassen. Zusätzlich erhalten die Kooperationsverbünde 1 - 2 Anrechnungsstunden pro in den Versuch einbezogene Klasse als Pool.

Für die notwendigen Gruppenteilungen, Förderstunden und die organisatorische Umsetzung des Modells werden (abhängig von der Zahl der beteiligten Schulen, der beteiligten Klassen sowie dem Teilungsbedarf) insgesamt maximal 2 Deputate für die Dauer des Schulversuchs pro Kooperationsverbund und pro Schuljahr zur Verfügung gestellt.

Für beide Modelle gilt:

Der Lehrereinsatz in den Kooperationsverbünden erfolgt schulartübergreifend. Für die Lehrkräfte in den betreffenden Fächern werden keine Anrechnungsstunden vorgesehen.

...

Die Schulträger tragen etwaige Mehrkosten für die Schülerbeförderung und die Sachkosten.

Ein Schulwechsel mit dem Ziel der Teilnahme am Schulversuch kann nicht erfolgen. Schüler, die in den Versuch nicht einbezogen werden wollen, können an eine andere Schule gehen bzw. werden einer anderen Schule zugewiesen.

→ Multilaterale Versetzungsordnung

Kooperation Kindertageseinrichtungen – Grundschulen

Gemeinsame VwV des KM und des Sozialministeriums über die Kooperation zwischen Tageseinrichtungen für Kinder und Grundschulen vom 8. April 2002 (KuU S. 177/2002); berichtigt GABl. S. 182/2003

Jedes Kind durchläuft individuelle Entwicklungs- und Lernprozesse, die in der Familie beginnen und durch die Tageseinrichtungen für Kinder (Tageseinrichtungen) und die Schule (Grundschule, Sonderschule) unterstützt und gefördert werden.

Zusammen mit den Eltern tragen Tageseinrichtung und Schule gemeinsam die Verantwortung, beim Übergang vom Kindergarten in die Schule für die Kinder eine weitest gehende Kontinuität ihrer Entwicklungs- und Lernprozesse zu gewährleisten.

Daraus ergibt sich die Verpflichtung zu einer kontinuierlichen Zusammenarbeit von Tageseinrichtungen und Grundschulen.

Tageseinrichtungen, insbesondere Kindergärten, und Schulen haben gemeinsame pädagogische Grundlagen, die in der Förderung der Gesamtpersönlichkeit des Kindes, seiner Selbsttätigkeit und Selbstständigkeit sowie im Aufbau tragfähiger sozialer Beziehungen liegen. Die Aufgaben der Tageseinrichtung und der Schule unterscheiden sich dadurch, dass sie die Kinder in verschiedenen Entwicklungsphasen begleiten und unterstützen. Die gemeinsamen pädagogischen Grundlagen sind wesentliche Voraussetzungen für die Entwicklungs- und Bildungskontinuität. Um diese zu garantieren, ist die konzeptionelle Abstimmung zwischen den pädagogischen Fachkräften in Tageseinrichtungen und Grundschulen unverzichtbar. Die Trägerverbände der Tageseinrichtungen haben dieser Verwaltungsvorschrift zugestimmt.

I. Ziele und Formen der Kooperation

Übergeordnetes Ziel der Kooperation ist es, dass der Übergang von der Tageseinrichtung in die Schule für jedes Kind gelingt. Dazu gehört es,
- den individuellen Entwicklungsstand und Förderbedarf des Kindes,
- pädagogische Konzepte, Methoden und Arbeitsweisen der Tageseinrichtungen und der Schulen,
- Wünsche und Erwartungen der Eltern im Hinblick auf das Kind,
- mögliche schulische Lernorte im Grund- und Sonderschulbereich und deren Fördermöglichkeiten

zu kennen und zu berücksichtigen.

Daraus ergeben sich unterschiedliche Felder der Zusammenarbeit, z.B.
- Austausch in Arbeitsgemeinschaften (Abschnitt II Nr. 1.2 bis 1.6) zu den pädagogischen Grundlagen der Arbeit in Tageseinrichtungen und Schulen,
- Beobachtung von Kindern hinsichtlich ihrer Lern- und Entwicklungsvoraussetzungen, pädagogische Maßnahmen und Hilfen, ggf. unter Einbeziehung anderer Fachstellen,
- Beratung mit Eltern.

Die Kooperation wird inhaltlich und organisatorisch in einem auf die örtlichen Verhältnisse abgestimmten Jahresplan ausgestaltet, der gemeinsam von Lehrkräften und Erzieherinnen/Erziehern erstellt wird. Die Schulleitung trägt Verantwortung für die Gestaltung und Durchführung der Kooperation auf schulischer Seite. Die Mitwirkung der Leitung der Tageseinrichtung obliegt dem Träger.

Das Staatliche Schulamt klärt mit den Beteiligten Lernortfragen, die innerhalb der Kooperation Tageseinrichtung – Grundschule nicht erfolgen können, und trägt Verantwortung für deren Umsetzung.

Voraussetzung für die Kooperation ist das Einverständnis der örtlichen Träger, die für jeweils ihren Bereich eigenverantwortlich mit den örtlichen Grundschulen zusammenarbeiten.

Zu diesem Zweck können sich Träger der Tageseinrichtungen zusammenschließen. Die Eltern sind über die Ziele, Inhalte und Maßnahmen der Kooperation zu informieren. Sofern sich die Kooperation auf einzelne Kinder bezieht, ist dazu eine schriftliche Einwilligung ihrer Eltern einzuholen. Dies gilt auch für die Beteiligung anderer schulischer und außerschulischer Dienste und Institutionen (z.B. Frühförderung).

Kindergarten- und Schulkinder genießen bei der Teilnahme an den Kooperationsvorhaben Unfallversicherungsschutz. Beamtete Lehrkräfte erhalten im Rahmen der vorgesehenen Hospitation und Mitarbeit nach Maßgabe des Beamtenrechts Unfallfürsorgeschutz, Lehrkräfte und Erzieherinnen / Erzieher als Angestellte Unfallversicherungsschutz. → Beamtenversorgung (Unfallfürsorge)

II. Beauftragte für die Kooperation zwischen Tageseinrichtungen für Kinder und Grundschulen

Zur Förderung der Kooperation zwischen Tageseinrichtungen für Kinder und Grundschulen sowie zur Beratung der Grundschulförderklassen bestellen die Oberschulämter Beauftragte bei den Staatlichen Schulämtern.

1. Aufgaben

Zu ihren Aufgaben gehören insbesondere:

1.1 Beratung mit Grundschulen im Rahmen der Kooperation mit den Tageseinrichtungen.

Die Beratung erstreckt sich vor allem auf die
- Klärung der besonderen Zielsetzungen für die Kooperation,
- Entwicklung und Vertiefung der Kooperationsvorhaben, für deren Verwirklichung Tageseinrichtung und Grundschule verantwortlich sind (z.B. flexible Einschulung, Förderbedarf für Kinder mit Behinderungen und zu erwartenden Lernproblemen

und für hoch begabte Kinder, Sprachförderung, frühes Fremdsprachenlernen, Zusammenarbeit mit Eltern, Formen der Zusammenarbeit, gemeinsame Projekte mit Kindern, Beteiligung von schulischen und außerschulischen Beratungsdiensten),
– Entwicklung geeigneter Handlungsformen.
1.2 Mitwirkung bei Fortbildungsveranstaltungen für Lehrkräfte an Grundschulen und für die in Grundschulförderklassen Tätigen. – Mit Zustimmung des Einrichtungsträgers können auch Erzieherinnen / Erzieher aus Tageseinrichtungen an den Fortbildungsveranstaltungen und Arbeitsgemeinschaften teilnehmen.
1.3 Kooperation mit den von den kommunalen, kirchlichen und freien Trägern bestellten sowie mit den für die Jugendämter tätigen Fachberaterinnen / Fachberatern. Sie dient insbesondere der gegenseitigen Unterrichtung und Beratung und der gemeinsamen Planung von Fortbildungsveranstaltungen.
1.4 Zusammenarbeit mit dem Staatlichen Schulamt, den Pädagogischen Beraterinnen / Beratern und den regionalen Arbeitsstellen Kooperation der Staatlichen Schulämter, welche die Kooperation zwischen Sonderschulen und allgemeinen Schulen koordinieren.
1.5 Mitarbeit in regionalen Arbeitskreisen mit Institutionen bzw. Personen, die an der Kooperation Tageseinrichtung-Schule und der Förderortklärung für Kinder beteiligt sind. Die Staatlichen Schulämter tragen Sorge dafür, dass diese Arbeitskreise eingerichtet werden.
1.6 Erstellen einer Jahresplanung in Abstimmung mit dem Staatlichen Schulamt und eines Jahresberichts an das Oberschulamt.

2. Unterstützung durch die Oberschulämter

2.1 Die Oberschulämter führen jährlich mindestens eine Dienstbesprechung mit den Beauftragten und den Staatlichen Schulämtern durch. An ihnen können die Landesjugendämter und mit Einverständnis des Trägers auch Vertreter der Tageseinrichtungen teilnehmen.
2.2 Den Beauftragten wird ihre Tätigkeit je nach deren Umfang auf ihre Unterrichtsverpflichtung (Regelstundenmaß) durch die Oberschulämter angerechnet.

III.
Mitwirkung der Tageseinrichtungen

1. Das Land, die Landesjugendämter und die Trägerverbände der Tageseinrichtungen empfehlen den örtlichen Einrichtungsträgern, diese Verwaltungsvorschrift für ihren Bereich anzuwenden.
2. Die Tageseinrichtungen sollen die Aufgaben nach den Abschnitten I und II grundsätzlich durch die Einrichtungsleitung oder Fachberaterinnen / Fachberater der Jugendämter oder freien Träger wahrnehmen lassen. Auf Abschnitt II Nr. 1.3 wird besonders hingewiesen.

→ Beamtenversorgung (Unfallfürsorge); → Einschulung; → Grundschule (Verlässliche); → Grundschulförderklassen; → Hort an der Schule; → Organisationserlass; → Schulgesetz § 74; → Unfallversicherung

Kooperation Schule – Verein

Hinweis der Redaktion

Das Land fördert die Kooperation von Schulen mit Vereinen (z.B. in den Bereichen Sport und Musik). Es werden neben Einzelprojekten auch musikalische „Dauer-Kooperationen" mit jährlich zwischen 250 und 2000 Euro gefördert (maximale Laufzeit fünf aufeinander folgende Jahre).

Das Kooperationsprogramm Schule/Sportverein fördert langfristig angelegte Spiel-, Übungs- und Trainingsgruppen, die gemeinsam von Schule und Sportverein durchgeführt werden. Es können Maßnahmen mit allen Schularten sowie mit Kindergärten bezuschusst werden. Zuschüsse werden zu breitensport- und zu leistungssportorientierten Maßnahmen (Talentförderung) geleistet.

Über die Möglichkeiten einer Förderung von Sport-Kooperationsgruppen informiert ein Merkblatt der Landessportbünde: http://www.wlsb.de/cms/docs/doc5861.pdf. Die Zuschüsse lagen 2009/10 bei 360 Euro (Berufliche und Sonderschulen: 460 Euro). Alle gemeldeten grundsätzlich zuschussfähigen Kooperationsmaßnahmen erhalten Versicherungsschutz (auch Maßnahmen, die keinen Zuschuss erhalten). Träger und Zuschussempfänger ist jeweils der Sportverein. Antragsteller sind Schule und Verein gemeinsam. Anträge auf Förderung sind jährlich spätestens bis zum 1. Mai an den Sportbund zu richten.

Bei jeder Schulaufsichtsbehörde ist ein „Sportschulrat" zuständig; außerdem gibt es Betreuungslehrkräfte (Regionalbetreuer), die hierfür eine Deputatsanrechnung erhalten.

Aktivitäten im Rahmen der Kooperation fallen nicht unter die Schulgeldfreiheit; hierfür werden teilweise Eigenbeiträge erhoben. Wie bei außerunterrichtlichen Veranstaltungen ist die Schule gehalten, die finanzielle Belastung der Schüler bzw. ihrer Eltern so niedrig wie möglich zu halten.
→ Außerunterrichtliche Veranstaltungen Nr. II.6

Das sollte vor der Einleitung von Kooperationen in der Gesamtlehrerkonferenz besprochen werden.
→ Konferenzordnung § 2 Abs. 1 Nr. 11

Kooperationsklassen HS / WRS – Berufliche Schule

VO des KM über die Ausbildung und Prüfung in Kooperationsklassen Werkrealschule und Hauptschule – Berufliche Schule (KooperationsklassenVO) vom 28.5.2008 (KuU S. 106/2008); zul. geändert 11.11.2009 (KuU S. 205/2009)

1. ABSCHNITT – Allgemeines

§ 1
Zweck der Ausbildung, Bezeichnungen

(1) Schülerinnen und Schüler der Werkrealschule oder Hauptschule, deren Schulabschluss gefährdet ist, können im Anschluss an Klasse 8 eine Kooperationsklasse besuchen, die an der Hauptschule und an einer beruflichen Schule eingerichtet ist. Dort sollen in enger Zusammenarbeit der beteiligten Schulen sowie unter Einbindung von Betrieben die Ausbildungsfähigkeit der Schülerinnen und Schüler verbessert und die Möglichkeiten für ihre erfolgreiche berufliche Eingliederung erweitert werden, indem durch individuelle Förderung sowie die vertiefte Vermittlung von praxis- und berufsbezogenen Inhalten in bis zu drei Berufsfeldern neue Lern- und Leistungsanreize geschaffen werden.

(2) Soweit die nachfolgenden Bestimmungen Personalbegriffe wie Leiter, Vorsitzender, Prüfer oder Schüler enthalten, sind dies funktions- oder statusbezogene Bezeichnungen, die gleichermaßen auf Frauen und Männer zutreffen.

§ 2
Dauer und Gliederung der Ausbildung, Zeugnis

(1) Die Ausbildung dauert zwei Schuljahre.

(2) Im ersten Schuljahr sind die Schüler der Werkrealschule oder Hauptschule zugeordnet, im zweiten Schuljahr der beruflichen Schule (Berufsvorbereitungsjahr). Der Unterricht kann in beiden Jahren auch von Lehrkräften der jeweils anderen Schulart erteilt werden.

(3) Im ersten Schuljahr wird keine Halbjahresinformation erteilt. Am Ende des ersten Schuljahres erstellt die Werkrealschule oder Hauptschule einen Jahresbericht zum Entwicklungsstand jedes Schülers. Auf Antrag des Schülers erteilt die Schule ein Halbjahreszeugnis oder ein Jahreszeugnis. Eine Entscheidung über die Versetzung des Schülers ins nächste Schuljahr wird nicht getroffen.

(4) Schulisch begleitete Praktika, die entsprechend der örtlichen Situation organisiert und zeitlich strukturiert durchgeführt werden sollen, finden in beiden Schuljahren statt. Sie können in der Regel bis zu zwei Praktikumstage pro Unterrichtswoche umfassen und auch als Block angeboten werden.

(5) Im zweiten Schuljahr wird ein Halbjahreszeugnis erteilt. Am Ende des zweiten Schuljahres nehmen die Schüler an der Abschlussprüfung teil. Mit bestandener Prüfung erwerben sie einen dem Hauptschulabschluss gleichwertigen Bildungsstand.

§ 3
Bildungsplan, Stundentafel, maßgebende Fächer

(1) Der Unterricht richtet sich nach den vom Kultusministerium erlassenen Bildungs- und Lehrplänen der Werkrealschule und des Berufsvorbereitungsjahres. Sie dienen als Rahmen und sind angepasst an den Förderbedarf der Schüler umzusetzen. Die Schulen stimmen sich über die Ziele und Inhalte der Ausbildung ab.

→ Berufsvorbereitungsjahr

(2) Der Unterricht richtet sich nach der als Anlage beigefügten Stundentafel. Die Fächerverbindungen und die Stundenverteilung sollen von den beteiligten Schulen entsprechend dem Förderbedarf der Schüler ausgewählt und erforderlichenfalls auch während der Schuljahre bedarfsgerecht angepasst werden.

→ Kooperationsklassen HS – BS (Stundentafel)

(3) Mit den in der Stundentafel bei Individuelle Förderung ausgewiesenen Stunden sollen die Schulen den zusätzlichen Zeitbedarf für entsprechende Maßnahmen (unter anderem zur Kompetenzfeststellung, für Zielvereinbarungsgespräche, für zusätzliche Angebote für einzelne Lerngruppen) abdecken. Für Schüler, die im Fach Englisch an der Abschlussprüfung teilnehmen wollen, ist Englischunterricht in beiden Schuljahren im jeweiligen Umfang von mindestens 3 Wochenstunden vorzusehen.

(4) Maßgebende Fächer sind alle Fächer und Fächerverbünde des Pflichtbereichs sowie das Fach Englisch, soweit sie im Umfang von mindestens durchschnittlich einer Wochenstunde im Schuljahr unterrichtet werden. Der nicht benotete Bereich Individuelle Förderung und das im zweiten Jahr an der beruflichen Schule erteilte Fach Religionslehre gehören nicht zu den maßgebenden Fächern.

§ 4 Aufnahme

(1) In die Kooperationsklasse können Schüler der Werkrealschule oder Hauptschule auf Antrag aufgenommen werden, bei denen unklar ist, ob sie den Hauptschulabschluss erreichen. Die Motivation und Arbeitshaltung der Schüler muss außerdem erwarten lassen, dass sie das Ausbildungsziel der Kooperationsklasse voraussichtlich erreichen können. Sofern die Voraussetzungen nach Satz 2 erfüllt sind, können im Einzelfall auch Schüler, die nach Besuch der Klasse 9 der Werkrealschule oder Hauptschule die Hauptschulabschlussprüfung nicht bestanden haben, in das zweite Jahr der Kooperationsklasse aufgenommen werden.

(2) Über die Aufnahme in die Kooperationsklasse entscheidet auf Vorschlag der Klassenkonferenz der abgebenden Schule der Leiter der Werkrealschule oder der Hauptschule, an der die Kooperationsklasse eingerichtet ist im Einvernehmen mit dem Leiter der beruflichen Schule und den Erziehungsberechtigten des Schülers. Über eine Aufnahme gemäß Absatz 1 Satz 3 entscheidet der Leiter der beruflichen Schule auf Vorschlag der abgebenden Hauptschule.

2. ABSCHNITT – Abschlussprüfung

§ 5
Zweck der Prüfung

(1) In der Abschlussprüfung soll der Schüler nachweisen, dass er die geforderten Kenntnisse und fachpraktischen Kompetenzen erlangt und damit das Ausbildungsziel erreicht hat.

§ 6 Teile der Prüfung

(1) Die Abschlussprüfung besteht aus der schriftlichen, der praktischen und gegebenenfalls der mündlichen Prüfung.

(2) Anstelle der Prüfungen in Berufsfachlicher Kompetenz und Berufspraktischer Kompetenz kann eine Projektprüfung durchgeführt werden.

§ 7
Ort und Zeitpunkt der Prüfung

(1) Die Abschlussprüfung wird an der beruflichen Schule abgenommen.

(2) Außer für das Fach Berufsfachliche Kompetenz wird der Zeitpunkt der schriftlichen Prüfung vom Kultusministerium festgelegt. Die Zeitpunkte der schriftlichen Prüfung im Fach Berufsfachliche Kompetenz und der praktischen Prüfung im Fach Berufspraktische Kompetenz werden vom Schulleiter bestimmt. Der Vorsitzende des Prüfungsausschusses bestimmt den Zeitpunkt der mündlichen Prüfung.

(3) Den Zeitpunkt der Projektprüfung legt der Vorsitzende des Prüfungsausschusses, gegebenenfalls in Abstimmung mit dem Schulleiter, fest.

§ 8
Anmeldenoten, Zulassung zur Prüfung

(1) Für die Prüfung werden in allen Fächern des allgemeinen und des fachlichen Bereichs sowie in den Wahlpflichtfächern aus den im zweiten Jahr erbrachten Einzelleistungen Anmeldenoten in Form ganzer Noten gebildet. Diese Noten werden dem Schüler für die Fächer der schriftlichen und der praktischen Prüfung sowie, sofern eine Projektprüfung stattfindet, für das Fach Projektkompetenz mit Sozialkompetenz jeweils fünf bis sieben Schultage vor Beginn des betreffenden Prüfungsteils und für die übrigen Fächer fünf bis sieben Schultage vor Beginn der mündlichen Prüfung zusammen mit den Noten der schriftlichen und der praktischen Prüfung oder gegebenenfalls der Projektprüfung bekanntgegeben.

(2) Zur Abschlussprüfung ist zugelassen, wer im zweiten Schuljahr die zur Bildung von Anmeldenoten erforderlichen Einzelleistungen erbracht hat. Liegt diese Voraussetzung aus vom Schüler zu vertretenden Gründen nicht vor, ist die Nichtzulassung vom Schulleiter festzustellen und dem Schüler unter Angabe der Gründe unverzüglich mitzuteilen. Sie gilt als Nichtbestehen der Abschlussprüfung.

§ 9
Prüfungsausschuss, Fachausschüsse

(1) Für die Abschlussprüfung wird für jede Kooperationsklasse ein Prüfungsausschuss gebildet, der für die ordnungsgemäße Durchführung der Prüfung verantwortlich ist. Diesem gehören an:
1. als Vorsitzender der Schulleiter oder eine von ihm beauftragte Lehrkraft,
2. als stellvertretender Vorsitzender eine vom Schulleiter beauftragte Lehrkraft,
3. sämtliche Lehrkräfte, die in den maßgebenden Fächern unterrichten.

Der Vorsitzende des Prüfungsausschusses kann weitere Mitglieder berufen, soweit dies für die Durchführung der Prüfung erforderlich ist.

(2) Die Mitglieder des Prüfungsausschusses sind bei ihrer Tätigkeit als Prüfer unabhängig. Sie sind zur Amtsverschwiegenheit über alle Prüfungsangelegenheiten verpflichtet. Der Vorsitzende des Prüfungsausschusses hat sie vor Beginn darüber zu belehren.

(3) Der Prüfungsausschuss ist beschlussfähig, wenn mindestens zwei Drittel der Mitglieder anwesend sind. Er entscheidet mit einfacher Mehrheit; bei Stimmengleichheit gibt die Stimme des Vorsitzenden den Ausschlag.

(4) Für die mündliche Prüfung sowie die praktische Prüfung oder gegebenenfalls die Projektprüfung bildet der Vorsitzende des Prüfungsausschusses Fachausschüsse. Jedem Fachausschuss gehören an:
1. als Leiter der Vorsitzende oder ein von ihm bestelltes Mitglied des Prüfungsausschusses, zugleich mit der Aufgabe, die Prüfung zu protokollieren,
2. die Fachlehrkraft der Klasse als Prüfer, im Falle der Projektprüfung die Fachlehrkraft der Klasse im Fach Projektkompetenz mit Sozialkompetenz oder eine Lehrkraft, die in dem von der Projektprüfung betroffenen Fachbereich erfahren ist.

In Fächern, in denen die Klasse von verschiedenen Fachlehrkräften für Teilbereiche unterrichtet wird, gehören alle Fachlehrkräfte dem Fachausschuss als Mitglieder an. Sie sind jeweils für ihren Teilbereich Prüfer.

§ 10
Schriftliche Prüfung

(1) Die Leitung der schriftlichen Prüfung obliegt dem Schulleiter.

(2) Die Prüfungsaufgaben für die schriftlichen Prüfungen werden im Rahmen der Bildungs- und Lehrpläne vom Kultusministerium landeseinheitlich gestellt. Die Aufgaben für die schriftliche Prüfung im Fach Berufsfachliche Kompetenz werden von der Schule gestellt.

(3) Schriftliche Prüfungsarbeiten sind in folgenden Fächern zu fertigen:

Fach	Bearbeitungszeit
Deutsch	150 Minuten
Mathematik und Fachrechnen	135 Minuten
Berufsfachliche Kompetenz	60 Minuten
sowie, auf Antrag des Schülers, Englisch	120 Minuten.

(4) Über die schriftliche Prüfung ist eine Niederschrift zu fertigen, die vom Vorsitzenden des Prü-

fungsausschusses und den aufsichtführenden Lehrkräften unterschrieben wird.

(5) Die schriftliche Arbeit wird von der Fachlehrkraft der Klasse und einer weiteren Fachlehrkraft, die der Vorsitzende des Prüfungsausschusses bestimmt, korrigiert und bewertet; dabei sind auch Noten mit einer Dezimale zulässig. Als Note der schriftlichen Prüfung gilt der auf die erste Dezimale errechnete Durchschnitt der beiden Bewertungen, der auf eine ganze oder halbe Note zu runden ist; Dezimalen von 0,3 bis 0,7 sind hierbei auf eine halbe Note, die übrigen Dezimalen auf eine ganze Note zu runden. Weichen die Bewertungen um mehr als eine ganze Note voneinander ab und können sich die beiden Korrektoren nicht einigen, hat der Vorsitzende des Prüfungsausschusses die endgültige Note für die schriftliche Prüfung festzusetzen; dabei gelten die Bewertungen der beiden Korrektoren als Grenzwerte, die nicht über- oder unterschritten werden dürfen.

§ 11
Praktische Prüfung

(1) Die praktische Prüfung wird im Fach Berufspraktische Kompetenz durchgeführt. Wird das Fach Computeranwendung mit mindestens durchschnittlich vier Wochenstunden unterrichtet, kann es anstelle des Fachs Berufspraktische Kompetenz als Fach der praktischen Prüfung gewählt werden. Die Wahl des Berufsfeldes, das Gegenstand der praktischen Prüfung sein soll, oder des Faches Computeranwendung ist dem Vorsitzenden des Prüfungsausschusses bis zu einem von diesem festgesetzten Termin schriftlich mitzuteilen. Die Arbeitszeit beträgt je nach Art und Umfang der Arbeit zwei bis sechs Zeitstunden und wird vom Leiter des Fachausschusses festgelegt.

(2) Die Prüfungsaufgaben werden im Rahmen der Bildungs- und Lehrpläne vom Leiter des Fachausschusses aufgrund von Vorschlägen der Fachlehrkraft gestellt.

(3) Die praktische Prüfung wird vom Fachausschuss abgenommen und bewertet. Kann sich der Fachausschuss auf keine bestimmte Note einigen, so wird die Note aus dem auf die erste Dezimale errechneten Durchschnitt der beiden Bewertungen gebildet, der auf eine ganze oder halbe Note zu runden ist. Dabei wird eine Dezimale bis 0,4 auf eine ganze Note abgerundet und eine Dezimale von 0,5 und schlechter auf eine ganze Note aufgerundet.

(4) Über die praktische Prüfung ist eine Niederschrift zu fertigen, die von den Mitgliedern des Fachausschusses unterschrieben wird.

(5) Die Note der praktischen Prüfung wird dem Schüler fünf bis sieben Tage vor der mündlichen Prüfung bekanntgegeben.

§ 12 Projektprüfung

(1) Die Projektprüfung findet im Fach Projektkompetenz mit Sozialkompetenz statt. Dabei wird die Ausprägung der vom Prüfling erworbenen überfachlichen sowie der berufsfachlichen und berufspraktischen Kompetenzen festgestellt. Die Projektprüfung besteht aus der Planung, der Durchführung, der Dokumentation und der Präsentation eines Projekts in einem der unterrichteten Berufsfelder.

(2) Das Thema wird im Rahmen der Bildungs- und Lehrpläne auf Vorschlag der jeweiligen Fachlehrkraft vom Vorsitzenden des Prüfungsausschusses festgelegt. Bei der Themenfindung sind die Schüler in geeigneter Form zu beteiligen.

(3) Die Projektprüfung wird als Gruppenprüfung durchgeführt; dabei erhält jeder Schüler eine individuelle Leistungsbewertung. In begründeten Ausnahmefällen kann die Projektprüfung mit Genehmigung des Vorsitzenden des Prüfungsausschusses als Einzelprüfung durchgeführt werden.

(4) Die Planung und Durchführung des Projekts einschließlich der Dokumentation umfasst 10 bis 20 Zeitstunden; die im Rahmen der Gruppenprüfung erfolgende Präsentation mit Prüfungsgespräch soll innerhalb eines Zeitrahmens von 30 bis 60 Minuten stattfinden.

(5) Die Projektprüfung wird vom Fachausschuss mit einer ganzen oder halben Note bewertet und ergänzend verbal beschrieben. Kann sich der Fachausschuss auf keine Note einigen, so wird die Note aus dem auf die erste Dezimale errechneten Durchschnitt der Bewertungen beider Mitglieder gebildet, der auf eine ganze oder halbe Note in der in § 11 Abs. 3 Satz 3 genannten Weise zu runden ist.

(6) Über die Projektprüfung ist eine Niederschrift zu fertigen, die von den Mitgliedern des Fachausschusses unterschrieben wird.

§ 13
Mündliche Prüfung

(1) Die mündliche Prüfung kann sich auf alle maßgebenden Fächer mit Ausnahme der Fächer Berufspraktische Kompetenz und Projektkompetenz mit Sozialkompetenz erstrecken. Im Fach Computeranwendung kann eine mündliche Prüfung stattfinden, wenn dieses Fach nicht in der praktischen Prüfung geprüft wurde.

(2) Die mündliche Prüfung dauert in der Regel zehn Minuten pro Schüler und Fach. Sie kann als Einzel- oder Gruppenprüfung durchgeführt werden. Bei Gruppenprüfung können bis zu drei Schüler zusammen geprüft werden. Die Entscheidung trifft der Vorsitzende des Prüfungsausschusses.

(3) Aufgrund der Anmeldenoten und der Noten der schriftlichen Prüfung bestimmt der Vorsitzende des Prüfungsausschusses, ob und in welchen Fächern der Schüler zu prüfen ist. Die zu prüfenden Fächer sind dem Schüler fünf bis sieben Schultage vor der mündlichen Prüfung bekanntzugeben. Zusätzlich kann der Schüler bis zum nächsten auf die Bekanntgabe folgenden Schultag dem Schulleiter schriftlich bis zu zwei Fächer benennen, in denen er mündlich geprüft wird.

(4) Im Anschluss an die einzelne mündliche Prüfung setzt der Fachausschuss das Ergebnis der mündlichen Prüfung auf Vorschlag des Prüfers fest;

dabei sind ganze und halbe Noten zu verwenden.

(5) Über jede mündliche Prüfung ist eine Niederschrift zu fertigen, die von den Mitgliedern des Fachausschusses unterschrieben wird.

§ 14
Ermittlung des Prüfungsergebnisses

(1) Die Endnoten in den einzelnen Fächern werden vom Vorsitzenden des Prüfungsausschusses aufgrund der Anmeldenoten und der Prüfungsleistungen ermittelt. Dabei wird der Durchschnitt aus Anmeldenote und Prüfungsleistung auf die erste Dezimale errechnet; eine Dezimale bis 0,4 ist auf eine ganze Note abzurunden, eine Dezimale von 0,5 oder schlechter auf eine ganze Note aufzurunden.

(2) Wird ein Fach schriftlich und mündlich geprüft, ergibt sich die Note für die Prüfungsleistung aus dem auf eine Dezimale errechneten Durchschnitt der Note der schriftlichen und der mündlichen Prüfungsnote.

(3) In Fächern, in denen nicht geprüft wurde, werden die Anmeldenoten als Endnoten in das Zeugnis übernommen.

(4) Der Vorsitzende des Prüfungsausschusses stellt fest, ob der Schüler die Abschlussprüfung bestanden hat und teilt ihm das Ergebnis mit.

(5) Die Abschlussprüfung ist bestanden, wenn
1. der Durchschnitt aus den Noten aller maßgebenden Fächer 4,0 oder besser ist und
2. die Leistungen in nicht mehr als einem maßgebenden Fach geringer als mit der Note »ausreichend« bewertet sind; sind die Leistungen in zwei maßgebenden Fächern geringer als mit der Note »ausreichend« bewertet, so ist die Prüfung bestanden, wenn für beide Fächer ein Ausgleich gegeben ist. Ausgeglichen werden können
   a) die Note »ungenügend« in einem maßgebenden Fach durch die Note »sehr gut« in einem anderen maßgebenden Fach oder durch die Note »gut« in zwei anderen maßgebenden Fächern,
   b) die Note »mangelhaft« in einem maßgebenden Fach durch die Note »gut« in einem anderen maßgebenden Fach oder durch die Note »befriedigend« in zwei anderen maßgebenden Fächern. Sind diese Voraussetzungen aufgrund der im Fach Englisch erbrachten Leistungen nicht gegeben, so bleibt die Englisch-Note unberücksichtigt. Von den im Fächerverbund Musik – Sport – Gestalten zusammengefassten Fächern Sport, Musik und Bildende Kunst findet nur das Fach mit der besten Note als maßgebendes Fach Berücksichtigung. Die Note im Fächerverbund Musik – Sport – Gestalten wird ausgewiesen, ohne für das Bestehen der Prüfung maßgebend zu sein. Bei Notengleichheit in den Fächern Sport, Musik und Bildende Kunst entscheidet der Schüler, welches dieser Fächer als maßgebendes Fach ausgewiesen wird.
3. die Leistungen in Deutsch, Mathematik und Fachrechnen sowie ggf. Englisch nicht geringer als mit der Note „ausreichend" bewertet sind. Sind die Leistungen in einem Fach mit der Note „mangelhaft" bewertet, so ist die Prüfung bestanden, wenn
   a) in einem anderen der genannten Fächer oder,
   b) sofern eine Projektprüfung durchgeführt wurde, im Fach Projektkompetenz mit Sozialkompetenz oder im Fach Berufspraktische Kompetenz oder,
   c) sofern eine Projektprüfung nicht durchgeführt wurde, im Fach Berufsfachliche Kompetenz oder im Fach der praktischen Prüfung

   mindestens die Note „befriedigend" erreicht wurde.

§ 15 Zeugnis

(1) Wer die Abschlussprüfung bestanden hat, erhält ein Abschlusszeugnis mit den nach § 14 Abs. 1 bis 3 ermittelten Endnoten. In dem Zeugnis ist dem Schüler ein dem Hauptschulabschluss gleichwertiger Bildungsstand zu bescheinigen und gegebenenfalls das Thema der Projektprüfung aufzuführen.

(2) Wer die Abschlussprüfung nicht bestanden hat, erhält ein Abgangszeugnis. Sofern festgestellt werden kann, dass die vom Schüler insgesamt erbrachten Leistungen zum Bestehen der Abschlussprüfung des Berufsvorbereitungsjahres gemäß § 12 Abs. 4 BVJVO ausgereicht hätten, ist im Abgangszeugnis unter Bemerkungen aufzuführen: »Der Schüler /Die Schülerin hat einen dem Abschluss des Berufsvorbereitungsjahres gleichwertigen Bildungsstand erreicht.«

(3) Wer an der Abschlussprüfung nicht oder nur teilweise teilgenommen hat, erhält ein Zeugnis über die bis zum Ausscheiden erbrachten Leistungen oder, sofern sie bereits vorliegen, mit den Anmeldenoten nach § 8 Abs. 1; Prüfungsleistungen bleiben unberücksichtigt.

(4) Wer die Abschlussprüfung nicht bestanden hat und das Schuljahr wiederholt, erhält ein Jahreszeugnis mit den nach § 14 Abs. 1 bis 3 ermittelten Endnoten.

(5) In den Zeugnissen nach den Absätzen 2 bis 4 ist zu vermerken, dass das Ausbildungsziel der Kooperationsklasse nicht erreicht ist. Ein solcher Vermerk erfolgt nicht im Falle der nach Absatz 2 Satz 2 getroffenen Feststellung. In den Zeugnissen nach den Absätzen 1 bis 4 ist unter Bemerkungen aufzuführen, dass die Berufsschulpflicht erfüllt ist, sofern kein Ausbildungsverhältnis eingegangen wird.

→ Zeugnisse (Allgemeinbildende Schulen)

§ 16
Wiederholung der Prüfung, Entlassung

(1) Bei bestandener Abschlussprüfung ist weder ein weiterer Besuch der Kooperationsklasse noch eine Wiederholung der Abschlussprüfung möglich.

Wer die Abschlussprüfung nicht bestanden hat, kann sie nach erneutem Besuch des zweiten Schuljahres einmal wiederholen.

(2) Wird die Kooperationsklasse während der Wiederholung verlassen, gilt die Abschlussprüfung als nicht bestanden.

§ 17
Nichtteilnahme, Rücktritt

(1) Wer ohne wichtigen Grund an der Prüfung nicht oder nur teilweise teilnimmt, hat die Abschlussprüfung nicht bestanden. Der wichtige Grund ist der Schule unverzüglich mitzuteilen. Über das Vorliegen eines wichtigen Grundes entscheidet bei der schriftlichen Prüfung der Schulleiter, bei der mündlichen Prüfung und der Projektprüfung der Vorsitzende des Prüfungsausschusses.

(2) Als wichtiger Grund gilt insbesondere Krankheit. Auf Verlangen ist ein ärztliches oder amtsärztliches Zeugnis vorzulegen. Wer sich in Kenntnis einer gesundheitlichen Beeinträchtigung oder eines anderen wichtigen Grundes der Prüfung unterzogen hat, kann diesen Grund nachträglich nicht mehr geltend machen. Der Kenntnis steht die fahrlässige Unkenntnis gleich; fahrlässige Unkenntnis liegt insbesondere dann vor, wenn beim Vorliegen einer gesundheitlichen Beeinträchtigung nicht unverzüglich eine Klärung herbeigeführt wurde.

(3) Soweit ein wichtiger Grund vorliegt, gilt die Prüfung als nicht unternommen; die Teilnahme an einer Nachprüfung ist zu ermöglichen. In die-

Kooperationsklassen HS / WRS – Berufliche Schule (Stundentafel)

(durchschnittliche Zahl der Wochenstunden)

		1. Schuljahr	2. Schuljahr
1	**Pflichtbereich**		
1.1	_Allgemeiner Bereich_	6–12	6–12
	Religionslehre/Ethik	1	1
	Deutsch[1]		
	Welt – Zeit – Gesellschaft[2]		
	Materie – Natur – Technik[2]		
	Wirtschaft – Arbeit – Gesundheit[2]		
	Musik – Sport – Gestalten[3]		
1.2	_Fachlicher Bereich_	8–24	8–24
	– Theoretischer Bereich	4–10	4–10
	Berufsfachliche Kompetenz[3]		
	Mathematik und Fachrechnen[1]		
	Computeranwendungen		
	– Berufspraktische Kompetenz[4]	4–16	4–16
1.3	Themenorientierte Projektarbeit/ Projektkompetenz mit Sozialkompetenz[5]	3–5	3–5
1.4	Individuelle Förderung	2–4	2–4
2	**Wahlpflichtbereich**	3–8	3–8
	Englisch[1] und/oder stützende und ergänzende Angebote		
		30–31	30–31
3	**Wahlbereich**		
	(ergänzende Angebote, Projekte, etc.)	4	4

1) Im ersten Jahr mindestens die in der Regelklasse der der Werkrealschule und der Hauptschule unterrichtete Stundenzahl, im zweiten Jahr mindestens 3 Wochenstunden (für das Fach Englisch nur im Falle der Teilnahme an der Abschlussprüfung im Fach Englisch).

2) Für die Fächerverbünde gelten die Bildungsstandards des Bildungsplans für die der Werkrealschule und der Hauptschule. Die Themen sind in der Kooperationsklasse mit den angebotenen Berufsfeldern abzustimmen. Die Themen des Fachs Gemeinschafts-/Wirtschaftskunde gemäß dem Lehrplan des BVJ sind im 2. Schuljahr entsprechend dem Förderbedarf der Schülergruppe in die Fächerverbünde zu integrieren.

3) Mindestens 1 Wochenstunde, kann auch Fachzeichnen beinhalten.

4) 1-3 Berufsfelder, ggf. unter Einschluss von bis zu zwei Praktikumstagen pro Woche. Zur Betreuung des Praktikums durch die Lehrkräfte können bei einem Praktikumstag 3 Wochenstunden pro Klasse und Schuljahr und bei zwei Praktikumstagen 5 Wochenstunden pro Klasse und Schuljahr verwendet werden.

5) Im zweiten Jahr ausschließlich Projektkompetenz mit Sozialkompetenz.

sem Fall bleiben die bereits erbrachten Prüfungsleistungen bestehen.
(4) Vor Beginn der Prüfung ist auf diese Bestimmungen hinzuweisen.

§ 18
Täuschungshandlungen, Ordnungsverstöße

(1) Wer es unternimmt, das Prüfungsergebnis durch Täuschung oder Benutzung nicht zugelassener Hilfsmittel zu beeinflussen, oder wer nicht zugelassene Hilfsmittel nach Bekanntgabe der Prüfungsaufgaben mit sich führt oder Beihilfe zu einer Täuschung oder einem Täuschungsversuch leistet, begeht eine Täuschungshandlung.

(2) Wird während der Prüfung eine Täuschungshandlung festgestellt oder entsteht ein entsprechender Verdacht, ist der Sachverhalt von einer aufsichtführenden Lehrkraft festzustellen und zu protokollieren. Der Schüler setzt die Prüfung bis zur Entscheidung über die Täuschungshandlung fort.

(3) Liegt eine Täuschungshandlung vor, wird der Schüler von der weiteren Teilnahme an der Prüfung ausgeschlossen; dies gilt als Nichtbestehen der Abschlussprüfung. In leichten Fällen kann stattdessen die Prüfungsleistung mit der Note »ungenügend« bewertet werden. Die Entscheidung trifft bei der schriftlichen Prüfung der Schulleiter, bei der mündlichen und der praktischen Prüfung der Vorsitzende des Prüfungsausschusses.

(4) Stellt sich eine Täuschungshandlung erst nach der Aushändigung des Zeugnisses heraus, kann die obere Schulaufsichtsbehörde die ergangene Prüfungsentscheidung zurücknehmen, das Zeugnis einziehen und entweder ein anderes Abschlusszeugnis erteilen oder die Abschlussprüfung für nicht bestanden erklären, wenn seit der Ausstellung des Zeugnisses nicht mehr als zwei Jahre vergangen sind.

(5) Wer durch eigenes Verhalten die Prüfung so schwer stört, dass es nicht möglich ist, seine Prüfung oder die Prüfung anderer Schüler ordnungsgemäß durchzuführen, wird von der Prüfung ausgeschlossen; dies gilt als Nichtbestehen der Abschlussprüfung.

(6) Vor Beginn der Prüfung ist auf diese Bestimmungen hinzuweisen. → Handy-Nutzung

→ Berufsvorbereitungsjahr; → Handy-Nutzung; → Korrekturtage; → Zeugnisse (Allgemeinbildende Schulen)

Korrekturtag

Hinweise der Redaktion

A.
Abschlussprüfungen (außer Abitur)

Das KM hat am 1.8.1983 (Nr. IV-2-2231/761) „Vorgaben" für eine einheitliche Regelung der Korrekturtage bei Abschlussprüfungen (Schulprüfungen) an allgemeinbildenden Schulen erlassen:

1. *Für Erstkorrekturen gibt es grundsätzlich keine Anrechnung.*
2. *Bei Zweitkorrekturen kann eine Freistellung vom Unterricht bis zu einem Tag erfolgen.*
3. *Bei extremen Belastungen z.B. durch eine besonders große Anzahl von zu korrigierenden Prüfungsarbeiten oder durch sehr knappe Zeitspannen für die Korrektur kann ausnahmsweise bei Erstkorrekturen bis zu einem Tag, bei Zweitkorrekturen bis zu zwei Tagen eine Freistellung gegeben werden.*

Diese Maßgabe gilt in gleicher Weise für berufliche Vollzeitschulen (Quelle: KM, 30.7.1985, AZ: V 2300-3/55) und auch für Teilzeitbeschäftigte (Quelle: KM, 22.2.2006, AZ: 31-6610.0/26).

B.
Abitur (Gymnasien und berufliche Gymnasien)

Für den Bereich der Gymnasien hat das KM am 29.5.1995 bekanntgegeben (LT-Drucks. 11/5497):
Die Schulleitungen haben die Möglichkeit, folgende Entlastungen für Korrekturen zu gewähren:

- *Erstkorrektur:* *bis zu zwei Tagen,*
- *Zweitkorrektur:* *bis zu drei Tagen,*
- *Endbeurteilung:* *bis zu zwei Tagen.*

Das KM hat den beruflichen Gymnasien identische Entlastungsmöglichkeiten für die Korrekturen der Abiturarbeiten eingeräumt. (Quelle: KM, 4.3.2010, AZ: 45-0301.626/204)

Sonderregelung im Schuljahr 2011/12

Für das Schuljahr 2011/12 (Doppel-Abiturjahrgang G8 und G9) hat das Kultusministerium an den Gymnasien folgende Sonderregelung getroffen:
Zur Entlastung der Erstkorrektoren sind die drei Tage nach Abschluss der schriftlichen Abiturprüfung bis zum Beginn der Osterferien, also der 28., 29. und 30. März 2012, für die Abiturienten unterrichtsfrei. Die Organisation der Korrekturtage wird dem Management der Schulen überlassen. Es bietet sich aber an, in diesen für die Abiturienten unterrichtsfreien Zeitraum die Korrekturtage zu legen. Für die Zweitkorrektur sind bis zu drei Korrekturtage vorgesehen. Den Schulen wird empfohlen, in eigener Verantwortung im Abitur 2012 ausnahmsweise zwei verbindliche Termine für Korrekturtage festzulegen; in Einzelfällen kommt bei besonders belasteten Lehrkräften ein individuell in Absprache mit der Schulleitung festgelegter Korrekturtag dazu. Die Schulen gewinnen durch die beiden verbindlichen Korrekturtage Planungssicherheit. Ein längerer Zeitraum mit Unterrichtsausfall aufgrund von Korrekturtagen wird vermieden. Eine solche Lösung vor Ort setzt eine

regionale Abstimmung der Gymnasien und die Einbeziehung der Gremien, insbesondere des Elternbeirats, voraus. Die Gestaltung des Unterrichts während der beiden verbindlichen Korrekturtage liegt in der Verantwortung der Schule. Bei der Drittkorrektur wird die eingeführte Regelung beibehalten; der Drittkorrektor erhält in Absprache mit der Schulleitung bis zu zwei Korrekturtage. Die Schulen werden gebeten, sich bei der Planung des Unterrichts im gesamten Abiturzeitraum 2012 eng mit den Eltern abzustimmen.

(Quelle: Infodienst Schule 44 September/Oktober 2009)

→ Ermessen; → Juristische Terminologie; → Konferenzordnung § 2 Abs. 1 Ziff. 9; → Schulgesetz § 41

Krankenversicherung

Hinweise der Redaktion

A.
Arbeitnehmer/innen

1.
Pflichtversicherte

Versicherungspflichtig in der gesetzlichen Krankenversicherung (GKV) sind alle Arbeitnehmer/innen, deren Monatsdurchschnittsverdienst die „Beitragsbemessungsgrenze" nicht überschreitet. Dabei steht ihnen die Wahl der Krankenkasse (AOK, Ersatzkassen, Betriebskrankenkassen usw.) frei.

→ Sozialversicherungsbeiträge

Unter bestimmten Umständen können sie Beihilfe in Anspruch nehmen, sofern das Beschäftigungsverhältnis vor dem 1.10.1997 begründet wurde.

→ Beihilfe (Arbeitnehmer)

2.
Freiwillig Versicherte

Oberhalb der Krankenversicherungspflichtgrenze können sich Arbeitnehmer freiwillig in einer privaten Krankenversicherung (PKV) oder einer gesetzlichen Krankenkasse (GKV) versichern.

Freiwillig in der gesetzlichen Krankenversicherung versicherte Beschäftigte, die nur wegen Überschreitens der Jahresarbeitsentgeltgrenze versicherungsfrei sind, erhalten von ihrem Arbeitgeber als Beitragszuschuss die Hälfte des Beitrags, der für einen versicherungspflichtig Beschäftigten bei der Krankenkasse, bei der die Mitgliedschaft besteht, vom Arbeitgeber zu tragen wäre, höchstens jedoch die Hälfte des Betrages, den sie bei der Anwendung des allgemeinen Beitragssatzes tatsächlich zu zahlen haben (SGB V § 257). Sie haben die Wahl,
– ob sie sich und ihre mitversicherungsfähigen Angehörigen (z.B. ihre Kinder) privat krankenversichern; dann zahlt der Arbeitgeber auf Antrag die Hälfte ihres Beitrags als Zuschuss (hierauf besteht ein Rechtsanspruch; der Zuschuss beträgt ab 1. Januar 2011 monatlich 271,01 Euro für die Kranken- und 36,20 Euro für die Pflegeversicherung),
– oder ob sie als freiwilliges Mitglied in der gesetzlichen Krankenkasse bleiben.

Bei der Wahl der Versicherung ist zu beachten, dass Arbeitnehmer/innen bzw. ihre mitversicherten Angehörigen beim Übergang des Versicherten in die Rente den Anspruch auf Zuschuss vom Arbeitgeber automatisch verlieren. Sie erhalten dann nur noch den gesetzlichen Zuschuss aus der Rente, der wesentlich niedriger ist als die Kosten in der privaten Krankenversicherung. Aus diesem Grund sollten vor 1997 eingestellte Arbeitnehmer/innen, die noch einen Anspruch auf Beihilfe haben, rechtzeitig dafür sorgen, dass ab dem Übergang in die Rente eine Vollversicherung (100%) besteht. Wer wegen der Beihilfeberechtigung in der aktiven Dienstzeit nur eine Restkostenversicherung abgeschlossen hatte, muss dann ggf. mit ungünstigeren Tarifen rechnen.

Krankenversicherung im Urlaub

Zur Krankenversicherung in einem Urlaub ohne Entgeltfortzahlung siehe

→ TV-L § 28; → Teilzeit / Urlaub (Arbeitnehmer/innen)

Beamtete Ehepartner von gesetzlich Krankenversicherten, deren Arbeitseinkommen (z.B. wegen einer Beurlaubung ohne Bezüge) unter 400 Euro und deren Einkünfte aus Renten, Zinserträgen, Mieteinnahmen usw. unter 350 Euro liegen, können in der Familienversicherung des Ehepartners mitversichert werden, außer wenn der bzw. die Beurlaubte älter als 55 ist (dann ist das Sabbatjahr – mit Beihilfe! – einem Urlaub vor dem Ruhestand vorzuziehen). → Teilzeit/Urlaub (Freistellungsjahr)

B.
Beamtinnen und Beamte

Beschäftigte im Beamtenverhältnis erhalten eine Beihilfe zu den Kosten bei Krankheit, in Geburts- und Todesfällen sowie im Pflegefall. Diese deckt zwischen 50 und 80% der Kosten ab. Das „Restrisiko" <u>muss</u> privat abgesichert werden, sonst entfällt der Beihilfeanspruch (Beihilfeverordnung § 1 Abs. 5) . Der Verwaltungsgerichtshof Baden-Württemberg hat jedoch entschieden, dass der Ausschluss der Beihilfe für Beamt/innen und Versorgungsempfänger/innen, die dieser Verpflichtung, eine ergänzende (private) Krankenversicherung abzuschließen, nicht nachkommen, rechtswidrig ist (AZ:10 S 2821/09)

→ Beihilfeverordnung §§ 5 und 14

In der Regel erfolgt diese Restkostenversicherung durch die Mitgliedschaft bei einer privaten Krankenversicherung (PKV). Unter bestimmten Bedingungen besteht auch die Möglichkeit zur Mitgliedschaft in einer gesetzlichen Krankenkasse (GKV).

Die private Krankenversicherung sollte auf die Beihilfevorschriften Baden-Württemberg abgestimmt sein („beihilfekonform"), damit bei Änderung der Beihilfeverordnung keine Lücken entstehen, und eine Anpassungsklausel (automatische Erhöhung durch Mitteilung der Änderung an die Krankenkasse) für den Fall der Veränderung des persönlichen Bemessungssatzes ohne Änderung des Eintrittsalters und ohne erneute Gesundheitsprüfung enthalten. Aufgrund von Ausschlussfristen können sonst erhebliche Prämienerhöhungen die Folge sein. Ein Beispiel: Sobald (z.B. wegen Beendigung der Ausbildung oder Wehr- oder Zivildienst) nur noch eins von zwei berücksichtigungsfähigen Kindern beihilfeberechtigt ist, sinkt der eigene Beihilfeanspruch (außer bei drei und mehr berücksichtigungsfähigen Kindern). Es ist bei jeder solchen Änderung notwendig, rechtzeitig die Krankenkasse zu verständigen, um die Versicherung entsprechend zu erhöhen. Da ein Berufsleben mehrere Jahrzehnte dauert, kann es sinnvoll sein, Sanatoriums- und Heilkuren mitzuversichern.

Ähnlich wie eine private Zusatzversicherung wirkt die in Zuzahlung von 13 Euro monatlich (BVO § 6a Abs. 2) für die Inanspruchnahme von Wahlleistungen (Chefarztbehandlung, Zweibettzimmer). Dienstanfänger/innen müssen bei der Einstellung die Ausschlussfrist von fünf Monaten beachten.

→ Beihilfe (Allgemeines) Nr. 1; → Beihilfe (Urlaub ohne Bezüge); → Beihilfeverordnung § 6a

C.
Studentische Krankenversicherung

Für alle Studierenden besteht Versicherungspflicht in der „studentischen Krankenversicherung". Sie können dabei zwischen den gesetzlichen Krankenkassen wählen. Der Studierendenbeitrag (GKV 64,77 Euro; PV 11,64 Euro, Kinderlose 13,13 Euro; Stand: Nov. 2010) kann bis zum 14. Fachsemester, längstens bis zum vollendeten 30. Lebensjahr in Anspruch genommen werden. Das Leistungsspektrum entspricht demjenigen aller gesetzlich Krankenversicherten. Hiervon gibt es zwei Ausnahmen:

- Sind beide Eltern in der GKV versichert, sind studierende Kinder, deren Einkommen 365 Euro im Monat nicht übersteigt, bis zum vollendeten 25. Lebensjahr beitragsfrei mitversichert und von der Versicherungspflicht in der studentischen Krankenversicherung befreit. Die Altersgrenze verlängert sich um Wehr- oder Ersatzdienstzeiten, wenn das Studium direkt an das Abitur und diesen Dienst anschließt. Danach müssen Studierende sich selbst in der studentischen Krankenversicherung krankenversichern.

- Kinder von Beamt/innen sind, solange die Eltern kindergeldberechtigt sind, beihilfeberechtigt (80%). Wer die Beihilfe der Eltern in Anspruch nehmen will, muss innerhalb von drei Monaten nach Studienbeginn bei einer gesetzlichen Krankenkasse den Antrag auf Befreiung von der studentischen Krankenversicherungspflicht stellen (bindend für den Rest des Studiums; nur wer durch eigene Berufstätigkeit pflichtversichert wird, kann in die GKV wechseln).

Privat krankenversicherte (PKV) Studenten zahlen durchschnittlich bis zum Alter von 24 Jahren 88 Euro im Monat, vom 25. Geburtstag an 110,80 Euro, ab 30 bis 34 Jahren 133 Euro (Stand: Nov. 2010). Der Pflegeversicherungsbeitrag beträgt bundeseinheitlich 16,80 Euro pro Monat. Da Studierende nach Ende des Kindergeldanspruchs die volle private Krankenversicherung bezahlen müssen, sind jene, die absehen können, das Studium nicht bis zum 25. Lebensjahr abzuschließen, in der GKV meist besser aufgehoben. → Kindergeld

D.
Hinweise für Arbeitnehmer/innen und Beamt/innen

1.
Wahl der Krankenkasse

Sowohl beihilfeberechtigte Dienstanfänger/innen als auch bisher pflichtversicherte Arbeitnehmer, die durch Überschreiten der Beitragsbemessungsgrenze in eine private Krankenversicherung wechseln können, müssen die Wahl der Krankenkasse sowie des Versicherungsumfangs sorgfältig überlegen: Der Wechsel von der PKV zur GKV und umgekehrt ist überwiegend unumkehrbar und die Leistungen können sich erheblich unterscheiden. Bereits geringe Leistungs- und Prämienunterschiede summieren sich im Laufe des Berufslebens zu sehr beträchtlichen Beträgen. Es empfehlen sich ein genauer Vergleich der Versicherungen und die relativ geringe Investition in eine (kostenpflichtige) Individualberatung z.B. durch die Stiftung Warentest („Finanztest") oder durch <u>unabhängige</u> Versicherungsmakler.

2.
Beihilfekonformer Standardtarif

Freiwillig bei der GKV Versicherte können zur PKV wechseln und sich dort in einem „beihilfekonformen Prozenttarif" oder einem „beihilfekonformen Standardtarif" versichern. Bereits privat versicherte Beihilfeberechtigte können in den „beihilfekonformen Standardtarif" wechseln. Hierfür gilt:

1. *Versichert werden auch Personen, die sonst aus Risikogründen nicht versichert werden könnten. Leistungsausschlüsse werden nicht vorgenommen.*

2. *Ein aufgrund etwaiger Vorerkrankungen erforderlicher Risikozuschlag darf bei Neuzugang künftig höchstens 30 v.H. des Beitrags betragen.*

3. *Die erleichterten Bedingungen gelten für Personen, die erstmals in ein Beamtenverhältnis auf Probe (falls ein solches nicht vorausgegangen ist auf Zeit oder Lebenszeit) berufen werden. Sie gelten nicht für Beamte auf Widerruf in Ausbildung (für diesen Perso-*

nenkreis gibt es beitragsgünstige Ausbildungstarife).
4. Die erleichterten Bedingungen gelten auch für die bei der Beihilfe berücksichtigungsfähigen Angehörigen, die bei der erstmaligen Berufung in das Beamtenverhältnis auf Probe vorhanden sind oder später berücksichtigungsfähig werden.
5. Die erleichterten Bedingungen gelten – nun unbefristet – auch für freiwillig in der GKV Versicherte, die am 31. Dezember 2004 beihilfeberechtigt waren, sowie deren Angehörige, ohne Altersgrenze.
6. Die erleichterten Bedingungen gelten auch für eine beihilfekonforme private Pflegepflichtversicherung.
7. Die Versicherungsanträge der Personen Ziff. 3 und 4 müssen innerhalb einer Frist von längstens sechs Monaten nach Eintritt der jeweiligen Voraussetzungen gestellt werden.

Quelle: KuU S. 75/2005; Weitere Informationen beim PKV-Verband, Postfach 511040, 50946 Köln (www.pkv.de).

3.
Auslands-Krankenversicherung

Im Ausland – z.B während des Urlaubs – entstehende Krankheitskosten sind nur soweit beihilfefähig, wie sie bei Entstehen im Inland beihilfefähig wären; z.b. sind die Kosten einer Rückbeförderung nicht beihilfefähig.
Wegen der hohen Kostenrisiken, insbesondere für Rettungsflüge, kann der Abschluss einer privaten Reisekrankenversicherung sinnvoll sein.

→ Beihilfe (Urlaub ohne Bezüge); → Beihilfe § 14 Abs. 1; → Beihilfe (Arbeitnehmer); → Kindergeld; → Krankenversicherung; → Pflegeversicherung

Kranzspenden und Nachrufe

Hinweis der Redaktion

Kosten für Kranzspenden und Nachrufe haben sich unter Berücksichtigung der dienstlichen Stellung der verstorbenen Person und unter Anpassung an die örtlichen Verhältnisse in einem engen Rahmen zu halten. Beim Ableben von Beamten und Richtern im Ruhestand sowie von aus dem Arbeitsverhältnis zum Land ausgeschiedenen Angestellten und Arbeitern sind Nachrufe grundsätzlich nicht vorzusehen. In der Regel sind für eine Kranzspende ein Betrag von 100 Euro und für einen Nachruf eine Größe von 96 x 80 mm als angemessen anzusehen.

(Quelle: VwV-Haushaltsvollzug 2006; GABl. S. 132/2006)

Kultus und Unterricht (Amtsblatt)

Amtsblatt „Kultus und Unterricht"; Ziff. I der Verwaltungsvorschrift des KM vom 22. Mai 2008 (KuU S. 141/2008)

1.

Das Amtsblatt „Kultus und Unterricht" erscheint in drei Ausgaben:

Ausgabe A: Bei dieser Ausgabe handelt es sich um das regelmäßig erscheinende Amtsblatt.

Ausgabe B: Diese Ausgabe erscheint als Loseblattausgabe. Sie enthält das Vorschriften- und das Bekanntmachungsverzeichnis des Kultusressorts sowie eine Textsammlung der Rechts- und Verwaltungsvorschriften des Kultusministeriums. Diese Ausgabe wird durch Ergänzungslieferungen laufend aktualisiert.

Ausgabe C: In dieser Ausgabe werden Bildungs- und Lehrpläne veröffentlicht. Die Lieferung erfolgt nach einem gesonderten Verteiler.

2.

Die Erfüllung des Bildungs- und Erziehungsauftrags durch die Schulen und eine ordnungsgemäße Verwaltungsführung setzen voraus, dass sich alle daran Beteiligten unverzüglich über die Rechts- und Verwaltungsvorschriften sowie die sonstigen Bekanntmachungen des Kultusministeriums informieren. Die nachgeordneten Behörden und Anstalten sowie die Schulen sind gehalten, sowohl die Ausgabe A als auch die Ausgabe B des Amtsblatts zu beziehen. Der Bezug der Ausgabe B kann auch in elektronischer Form, z.B. über den Rechtsinformationsdienst „Landesrecht BW" der juris GmbH, erfolgen. Der Bezug der Ausgabe C ist dann verpflichtend, wenn die betreffende Schule im Verteiler vorgesehen ist.

3.

Den Erziehungsberechtigten und den Schülern ist auf Nachfrage die Möglichkeit zu geben, alle Ausgaben des Amtsblattes einzusehen.

Hinweise der Redaktion:
1. Das Amtsblatt erscheint im Neckar-Verlag, Postfach 1820, 78008 Villingen-Schwenningen. Dort ist der Volltext der Ausgabe B (mit Bekanntmachungen) als CD erhältlich.
2. Ausgabe B enthält auch das „Bekanntmachungsverzeichnis", die vom KM erlassenen und nach wie vor als relevant betrachteten „Bekanntmachungen".
3. Die Bildungspläne aller Schularten können auf einer CD kostenlos beim KM bezogen werden. FAX 0711/279-2838, E-Mail: oeffentlichkeitsarbeit@km.kv.bwl.de

→ Vorschriften

Ländertausch (Lehrkräfte)

Hinweise der Redaktion auf die rechtlichen Bestimmungen

A.
Einführung der Redaktion

Beamtete und tarifbeschäftigte Lehrkräfte können
1. über das Bewerbungs- und Auswahlverfahren
2. oder über das Einigungs- / Tauschverfahren

in den Schuldienst eines anderen Bundeslandes wechseln. Es ist zulässig (und kann sinnvoll sein), sich parallel auf beiden Wegen hierum zu bemühen.

Die Bewerbungs- und Einstellungsbedingungen (Altersgrenzen, ggf. erneute Gesundheitsprüfung, Probezeit, Beamten- oder Arbeitnehmerstatus, Teilzeit, Vollzeit), die Anerkennung der Lehrbefähigung sowie die Termine sind zuverlässig nur bei der Schulverwaltung (Einstellungsbehörde) des Ziel-Bundeslandes zu erfahren.

Bei einem Wechsel sind finanzielle und statusrechtliche Einbußen nicht auszuschließen. So werden tarifbeschäftigte Lehrkräfte beim Wechsel in ein anderes Bundesland nicht versetzt, sondern sie erhalten einen neuen Arbeitsvertrag. Bisherige „Berufserfahrungszeiten" können (müssen aber nicht) anerkannt werden. In Baden-Württemberg z.B. werden einschlägige Berufserfahrung bei einem anderen Arbeitgeber und förderliche Zeiten nur im Einzelfall – z.B. wegen eines besonderen Personalbedarfs in Mangelfächern – und nur bis einschließlich Stufe 4 angerechnet, da der Wechsel in ein anderes Bundesland in der Regel nicht aus Bedarfs, sondern aus persönlichen Gründen erfolgt.
→ Tarifvertrag (Länder) § 16

Baden-württembergische Lehrkräfte müssen Tauschanträge online auf www.lehrerversetzung-bw.de stellen. Für einen Wechsel zum Schuljahresbeginn muss dieser Antrag bis zum Meldetermin der stellenwirksamen Änderungen online gestellt und unterschrieben der Schulleitung vorliegen. Eventuelle Anlagen müssen mit der Antragsnummer versehen 5-fach dem Belegausdruck beigefügt werden. Ein Online-Belegausdruck verbleibt in der Personalhilfsakte der Schule. Für einen Tausch zum Beginn des Schulhalbjahres (nicht möglich bei Bayern, Berlin, Brandenburg, Hamburg, Hessen, Saarland, Sachsen, Sachsen-Anhalt und Schleswig-Holstein) ist der 31. Juli spätester Abgabetermin.
→ Personalakten; → Stellenwirksame Änderungsanträge

Nach der Antragstellung können sich die Lehrkräfte unter www.lehrerversetzung-bw.de durch eine Status-Abfrage über den Bearbeitungsstand informieren. Dort sind auch Informationen zum Lehrertauschverfahren abrufbar.

Wir empfehlen dringend, dem zuständigen Personalrat des aufnehmenden und des abgebenden Landes eine Kopie des Versetzungsantrags mit der Bitte um Unterstützung zukommen zu lassen. In Baden-Württemberg ist der jeweilige Hauptpersonalrat beim KM hierfür zuständig; er wird jedoch nur auf Antrag des Beschäftigten beteiligt und kann Anträge nur dann unterstützend begleiten (Anschriften im Adressenteil des Jahrbuchs).

Zu 1
Bewerbungs- und Auswahlverfahren
a)
Bewerbung in ein anderes Bundesland

Beschäftigte im öffentlichen Schuldienst können sich im Rahmen der allgemeinen Lehrereinstellung in einem anderen Bundesland bewerben.

Lehrkräfte im Beamtenverhältnis müssen dieser Bewerbung eine schriftliche Freigabeerklärung des Regierungspräsidiums beifügen; tarifbeschäftigte Lehrkräfte benötigen eine schriftliche Zustimmungserklärung des Regierungspräsidiums zur Auflösung des Arbeitsvertrags (diese ist jeweils vorher beim RP formlos zu beantragen).

b)
Bewerbung nach Baden-Württemberg

Für Lehrkräfte gilt als Altersgrenze für die Verbeamtung das 40. Lebensjahr. In zu begründenden Ausnahmefällen kann diese Grenze bis zum 45. Lebensjahr erweitert werden. Für Lehrkräfte, die länger als fünf Jahre im abgebenden Bundesland verbeamtet waren, erweitern sich diese Altersgrenzen um drei Jahre.

Zu 2
Einigungsverfahren (Tauschverfahren)

Dieses von den Ländern vereinbarte Verfahren (s.u. Teil B) soll einen Wechsel insbesondere aus sozialen Gründen (Familienzusammenführung) ermöglichen. Die Auswahl erfolgt nach Bedarf, Eignung, persönlicher Härte und Wartezeit.

Häufig kommt eine Versetzung erst nach mehrfacher Antragstellung zustande. Der Antrag muss zu jedem Versetzungstermin neu gestellt werden.

Im Einigungsverfahren ist die Altersgrenze für die Übernahme im Beamtenverhältnis nach Baden-Württemberg das 55. bzw. das 58. Lebensjahr.

Eine Übernahme unter gleichzeitiger Inanspruchnahme von Elternzeit erfolgt in der Regel nur, wenn die Lehrkraft mit mindestens einem Viertel des Regelstundenmaßes beschäftigt wird (gilt für Tauschanträge nach Baden-Württemberg).

Eine Besonderheit stellt der Wechsel von und nach Bayern dar. In vielen bayerischen Großstädten werden Lehrer als Kommunalbeamte geführt. Ein Wechsel muss in diesen Fällen unmittelbar bei der jeweils zuständigen Schulverwaltung in Bayern beantragt werden bzw. eine Übernahme nach Bayern kann nur im Bewerbungsverfahren erfolgen.

B.
Vereinbarung der KMK „Ländertauschverfahren"

Vereinbarung „Übernahme von Lehrkräften aus anderen Ländern"; Beschluss der Kultusministerkonferenz vom 10. Mai 2001; Bekanntmachung des KM vom 11. Juni 2001 (KuU S. 285/2001)

Jede Lehrkraft kann sich nach Abschluss der Lehrerausbildung bundesweit bewerben und dort in den Schuldienst eingestellt werden, wo sie nach erfolgter Auswahl ein Angebot erhalten hat.

Lehrkräfte, die bereits im Schuldienst eines Landes beschäftigt sind und das Land wechseln wollen, können unter Beachtung des Anspruchs der Schülerinnen und Schüler auf Unterrichtskontinuität von einem anderen Land nach folgendem Verfahren übernommen werden:

1.
Übernahme von im Schuldienst stehenden Lehrkräften über das Bewerbungs- und Auswahlverfahren

1.1 Lehrkräfte können jederzeit an Bewerbungsverfahren in einem anderen Land teilnehmen. Sie sind verpflichtet, ihrer Bewerbung eine Erklärung über die Freigabe seitens ihrer Dienststelle beizufügen.

1.2 Die Länder verpflichten sich, Freigabeerklärungen so großzügig wie möglich unter Beachtung dienstlicher Interessen zu erteilen; sie kommen überein, eine Freigabeerklärung in der Regel nicht später als zwei Jahre nach der Erstantragsstellung auf Freigabe zu erteilen (z.B. beim Einsatz in abiturvorbereitenden Kursen oder bei schulspezifischen Mangelsituationen).

1.3 Die Familienzusammenführung steht für die Kultusministerkonferenz im Mittelpunkt der Bemühungen. Die Kultusministerkonferenz strebt an, in allen Ländern Freigabeerklärungen zur Familienzusammenführung zu erreichen. Sie appellieren an die Finanzminister, über die Regelung des § 107b BeamtVG hinaus Versorgungsbezüge in diesen Fällen anteilig zu übernehmen. Eine entsprechende gesetzliche Festschreibung ist anzustreben.

1.4 Das aufnehmende Land verpflichtet sich, das abgebende Land zum frühestmöglichen Zeitpunkt über eine vorgesehene Einstellung bzw. Stellenbesetzung zu informieren.

2. Übernahme von im Schuldienst stehenden Lehrkräften im Einigungsverfahren zwischen den Ländern (Tauschverfahren)

2.1 Lehrkräfte können auch einen Antrag für das Einigungsverfahren stellen. Über das Einigungsverfahren soll Lehrkräften insbesondere aus sozialen Gründen, z.B. zur Familienzusammenführung, eine zusätzliche Möglichkeit eines Länderwechsels eröffnet werden.

2.2 Um möglichst vielen Lehrkräften einen Länderwechsel zu ermöglichen, wird das Ländertauschverfahren flexibilisiert, z.B. durch fächer- und lehramtsübergreifende Handhabung.

2.3 Die Länder werden die Anerkennung einer Lehrbefähigung von im Schuldienst befindlichen Lehrkräften ... großzügig handhaben. ...

3. Allgemeine Verfahrensgrundsätze

Die Übernahme im Verfahren zu 1. und 2. erfolgt grundsätzlich zum Schuljahresbeginn, in Ausnahmefällen auch zum Beginn des Schulhalbjahres.

Die Vorschläge sollen auch Anwendung finden für Lehrkräfte an Privatschulen und für an deutschen Schulen im Ausland tätige Bundesprogrammlehrkräfte. → Auslandsschuldienst

C. Verfahrensabsprache der KMK zum „Ländertauschverfahren"

„Verfahrensabsprache zur Durchführung der Vereinbarung der KMK ‚Übernahme von Lehrkräften aus anderen Ländern' vom 10. Mai 2001"; Beschluss der KMK vom 7. November 2002

1. Übernahme von im Schuldienst stehenden Lehrkräften über das Bewerbungs- und Auswahlverfahren

Grundsätze

Die Freigabeerklärung des abgebenden Landes ist Grundvoraussetzung für eine einvernehmliche Übernahme. Freigabeerklärungen sind auf der Grundlage des KMK-Beschlusses vom 10. Mai 2001 großzügig zu erteilen.

Verfahrensweisen

1.1. Die Freigabeerklärungen sind von der Schulbehörde schriftlich zu erteilen. Sie sollen die Übernahmetermine nennen, für die die Freigabeerklärung gilt.

Die Freigabeerklärung soll einen Zeitpunkt nennen, bis zu dem die Übernahmeabsicht der aufnehmenden Schulbehörde bei der abgebenden Schulbehörde vorliegen muss.

1.2. Unmittelbar nach der Auswahlentscheidung informiert die für die Einstellung zuständige Schulbehörde die Schulbehörde des abgebenden Landes, die die Freigabeerklärung erteilt hat, über die beabsichtigte Übernahme. Die Übernahmeerklärung soll spätestens einen Monat vor dem Übernahmetermin bei der Schulbehörde des abgebenden Landes eingegangen sein. Geht die Erklärung später ein, so kann die Schulbehörde des abgebenden Landes den Übernahmetermin in Verhandlungen mit dem aufnehmenden Land hinausschieben.

2. Übernahme von im Schuldienst stehenden Lehrkräften im Einigungsverfahren zwischen den Ländern (Tauschverfahren)

Grundsätze

Im Tauschverfahren ist jedes Land grundsätzlich bereit, mindestens ebenso viele Lehrkräfte aus anderen Ländern zu übernehmen, wie Lehrkräfte in andere Länder abgegeben werden. Unbeschadet dessen kann im Einzelfall eine Übernahme aus triftigen Gründen (insbesondere mangelnder fächerspezifischer Bedarf, mangelnde persönliche oder fachliche Eignung) abgelehnt werden. Darüber hinaus können zur Flexibilisierung des Verfahrens mit Zustimmung des abgebenden Landes zusätzliche Lehrkräfte übernommen werden.

Zieht eine Lehrkraft, deren Wechsel bereits vereinbart wurde, ihren Antrag zurück, so sollen die übrigen vereinbarten Übernahmen durchgeführt werden.

Verfahrensweisen

2.1 Das Tauschverfahren aller Länder wird einmal jährlich zum Schuljahresbeginn durchgeführt. Ein zusätzliches Tauschverfahren ist zum Schulhalbjahresbeginn für die Länder möglich, die hierfür im Sinne der Vereinbarung einen besonderen Bedarf haben.
2.2 Es sollen nur Anträge bearbeitet werden, die zum jeweiligen Termin gestellt worden sind. Lehrkräfte, die bisher nicht zum Zuge gekommen sind, müssen zum jeweiligen Termin erneut Anträge stellen.
2.3 Für Übernahmen im Tauschverfahren wird in allen Ländern ein einheitliches Antragsformular verwendet (Anlage 1 – *nicht abgedruckt*).
2.4 Dieses Formblatt ist von der Lehrkraft auf dem Dienstweg in vier Ausfertigungen bis spätestens 6 Monate vor dem beantragten Termin bei der für die Versetzung zuständigen Schulbehörde des eigenen (abgebenden) Landes einzureichen. ...
2.5 Der Austausch wird Ende März/Anfang April bzw. Ende September/Anfang Oktober in einer Sitzung der zuständigen Referentinnen und Referenten abgeschlossen.
Ein Ringtausch zwischen den Ländern ist durchzuführen, wenn dadurch die Übernahme von Lehrkräften erhöht wird.
2.6 Die Lehrkräfte werden über den Ausgang des Verfahrens durch die abgebende Schulbehörde informiert.

3. Allgemeine Verfahrensgrundsätze

3.1 Der Übernahmetermin zum Schuljahresbeginn ist der 01. August, zum Beginn des Schulhalbjahres der 01. Februar. Im gegenseitigen Einvernehmen können auch andere Termine vereinbart werden.
3.2 Die Vereinbarung gilt sowohl für beamtete als auch für unbefristet angestellte Lehrkräfte. Bei beamteten Lehrkräften erfolgt die Übernahme durch Versetzung, bei angestellten Lehrkräften durch Auflösungsvertrag und Neueinstellung.

→ Amtsärztliche Untersuchung; → Auslandsschuldienst; → Beamtengesetz § 24; → Beamtenstatusgesetz § 15;
→ Stellenwirksame Änderungsanträge; → Versetzungen / Abordnungen

Landesamt für Besoldung und Versorgung

Hinweise der Redaktion

Das Landesamt für Besoldung und Versorgung ist zuständig für die Gehalts- und Beihilfeleistungen an die Beschäftigten sowie die Versorgungsempfänger/innen des Landes.
Postanschrift (Briefsendungen):
Landesamt für Besoldung und Versorgung
70730 Fellbach (ohne Straße oder Postfach!)
Postanschrift (Paketsendungen):
Landesamt für Besoldung und Versorgung
Philipp-Reis-Str. 2, **70736 Fellbach**
In Schreiben oder bei telefonischen Rückfragen, die „Bezügeangelegenheiten" (Gehalt, Versorgung und Entgelt), soll stets die Personalnummer angegeben werden (sie befindet sich auf der letzten Gehaltsmitteilung; dort auch die Telefonnummer der zuständigen Sachbearbeiter/innen). Für Anrufe (0711) 3426-0 und Besuche gilt die Sprechzeit:
- Montag bis Donnerstag 13.00 bis 15.00 Uhr
- Freitag 9.00 bis 11.00 Uhr
oder nach Vereinbarung. Das Landesamt bittet bei persönlicher Vorsprache um vorherige telefonische Anmeldung (ebenfalls mit Personalnummer).
Sprechzeiten in Beihilfeangelegenheiten für Beamtinnen und Beamte sowie Versorgungsempfänger/innen wie oben, für Arbeitnehmer/innen Montag bis Freitag von 9.00 Uhr bis 11.00 Uhr.
Beihilfeunterlagen werden getrennt von den übrigen Personalakten geführt. Deshalb gibt es für Beihilfe- und sonstige Angelegenheiten (z.B. Besoldung/Kindergeld) unterschiedliche Personalnummern (letzte drei Ziffern sowie Kennbuchstabe).
→ Personalakten

Beschäftigte und Versorgungsempfänger/innen sind verpflichtet, dem Landesamt jährlich die Lohnsteuerkarte vorzulegen (auf der Karte die Personalnummer vermerken). Das Landesamt stellt bei Nicht-Vorliegen der Lohnsteuerkarte ggf. die Zahlung der Bezüge ein.

Das Landesamt stellt im Internet zahlreiche Informationen sowie viele Vordrucke zur Verfügung, darunter auch den Beihilfeantrag, der am Bildschirm ausgefüllt werden kann (www.lbv.bwl.de). Über das Kundenportal des Landesamts kann man seine Post auch elektronisch beziehen.
Auf der Homepage des Landesamts ist auch eine überschlägige Berechnung der voraussichtlichen Pension möglich.

→ Beamtenversorgung (Berechnung)

→ Beihilfeverordnung

Landtagsbesuche

Auszug aus den Richtlinien des Landtags über die Einführung von Schülern und anderen Jugendgruppen in die Parlamentsarbeit; Bekanntmachung des KM vom 22. November 2001 (KuU S. 66/2002)

1
Gestaltung der Besuchsprogramme

Das Besuchsprogramm sieht eine Einführung in die Aufgaben und die Arbeitsweise des Landesparlaments vor; dabei werden audio-visuelle Medien – Diareihe, Tonbildschau und Filme – eingesetzt. Außerdem findet nach Möglichkeit ein Gespräch mit Abgeordneten oder mit Vertretern der Fraktionen statt. An Plenarsitzungstagen ist der Besuch der Landtagssitzung vorgesehen. – Das Besuchsprogramm im Landtag dauert etwa 2 Stunden.

Die Besuchergruppen melden sich bei ihrem Eintreffen im Landtag an der Pforte. Die Gruppen kommen und gehen gemeinsam unter Führung der Begleitperson; sie bleiben auch während ihres Aufenthalts im Landtagsgebäude unter der Leitung der Aufsichtsperson beieinander. – Informationsmaterial ... wird an der Pforte ausgegeben.

2 Zuschussempfänger

a) Haupt- und Sonderschulen (ab dem zweiten Schulhalbjahr der 8. Klasse);
Realschulen (Klassen 9 und 10);
Gymnasien (ab Klasse 10);
ferner Schüler an beruflichen Schulen;
b) Studierende an Universitäten, an Pädagogischen Hochschulen, an Kunst- und Musikhochschulen, an Fachhochschulen, an Berufsakademien sowie Studierende an Einrichtungen für die Ausbildung der Lehrer;
c) Auszubildende und Anwärter;
d) sonstige Jugendgruppen. ...

Ein Zuschuss wird für die genannten Gruppen gewährt, soweit das Einkommen der Teilnehmer regelmäßig den Betrag von 511 Euro monatlich (brutto) nicht überschreitet.

3
Fahrtkostenzuschuss

Die unter Ziffer 2 genannten Besuchergruppen einschließlich der Begleitpersonen erhalten als Zuschuss die Fahrtkosten der Eisenbahn 2. Klasse nach Stuttgart und zurück ersetzt unter Berücksichtigung der von der Bundesbahn zugestandenen Fahrpreisermäßigungen für Schul- und Gesellschaftsfahrten. Die Teilnehmer (mit Ausnahme der Begleitpersonen) sind an den Fahrtkosten mit 3 Euro je Besucher zu beteiligen; Besucher, deren Fahrtkosten unter 3 Euro liegen, erhalten keinen Fahrtkostenzuschuss. – Bei Benutzung von Omnibussen können als Zuschuss nur die tatsächlichen Kosten erstattet werden, in der Regel höchstens jedoch in Höhe der Eisenbahnfahrtkosten.

Bezuschusst werden nur die aufgrund des Landtagsbesuchs anfallenden Kosten, im Falle eines Schullandheimaufenthalts also die Fahrtkosten ab dem Schullandheim.

Soweit für den Besuch des Landtags gegebenenfalls noch andere Zuwendungen aus Mitteln des Landes in Anspruch genommen werden (z.b. aus dem Jugendplan), wird der Zuschuss des Landtags entsprechend gekürzt. – Bei Vorliegen berechtigter Gründe kann von einer Kürzung Abstand genommen werden. Es wird empfohlen, den Zuschussantrag am Besuchstag persönlich beim Besucherdienst des Landtags unter Vorlage eines Nachweises über die entstandenen Fahrtkosten zu stellen.

4 Anmeldung eines Landtagsbesuchs

Der Besuch des Landtags sollte möglichst frühzeitig beim Landtag, Konrad-Adenauer-Str. 3, 70173 Stuttgart, angemeldet werden.

Für Schulklassen ist die Anmeldung in den ersten vier Wochen des laufenden Schuljahres vorzunehmen. Der Anmeldung sollte zu entnehmen sein, ob der Besuch an einem Plenarsitzungstag oder an einem anderen Tag gewünscht wird; die Entscheidung (Plenarsitzungstag, sonstiger Sitzungstag oder sitzungsfreier Tag) kann auch in das Ermessen der Landtagsverwaltung gestellt werden.

Bei der Anmeldung ist die Besuchergruppe näher zu bezeichnen und die voraussichtliche Besucherzahl sowie Name und Beruf des Leiters der Besuchergruppe anzugeben. Die politischen Arbeitskreise der Schüler haben ihrer Anmeldung ferner eine Bestätigung des Schulleiters beizufügen, aus der sich ergibt, dass an der Schule ein politischer Arbeitskreis besteht und wer den Vorsitz führt. Wenn die Besuchergruppe nicht von einem Lehrer begleitet wird, soll sie unter der Führung einer anderen geeigneten Person – möglichst eines Erwachsenen – stehen, die die Verantwortung für die gründliche Vor- und Nachbereitung des Besuchs trägt. Die schriftliche Zusage für den Besuch des Landtags ist in jedem Fall abzuwarten.

Wenn die tatsächliche Besucherzahl um voraussichtlich 5 Personen oder mehr von der angemeldeten Personenzahl abweicht, muss dies der Landtagsverwaltung spätestens eine Woche vor dem Besuchstermin mitgeteilt werden.

5
Vor- und Nachbereitung des Landtagsbesuchs

Der Besuch des Landtags ist nur sinnvoll, wenn er vom Lehrer oder dem Leiter der Besuchergruppe gründlich vorbereitet wird. Insbesondere sollte hierbei die Bedeutung der Arbeit der Volksvertretung im Vordergrund stehen. Es wird erwartet, dass die Gruppen vor der Einführung in die Parlamentsarbeit mit den Grundbegriffen des Abschnittes I des Zweiten Hauptteils der Landesverfassung (Die Grundlagen des Staates) vertraut gemacht worden sind.

Nach dem Besuch des Landtags sollte das Erlebte im Unterricht oder in sonstigen Veranstaltungen besprochen und ausgewertet werden. ...

Bundestag und Bundesrat

Auch der Bundesrat gewährt Schüler- und Jugendgruppen, die den Bundesrat im Rahmen der politischen Bildung besuchen, Zuschüsse zu den Fahrkosten. Die Verteilung richtet sich nach festgelegten Länderquoten. Gehen mehr Anmeldungen ein, als dem Land nach der Quote Plätze zustehen, entscheidet ein Zufallsgenerator. Infos unter: www.bundesrat.de/cln_179/nn_8502/DE/service/besuch/schueler/fkz/fkz-node.html?__nnn=true. Verschiedene Reiseveranstalter (z.B. die Bahn AG) bieten bezuschusste Schüler-Pauschalreisen an.

→ Außerunterrichtliche Veranstaltungen; → Reisekosten (Gesetz – LRKG)

Lehrbeauftragte an Schulen

Auszug aus den Handreichungen des KM für Schulleitungen zur Vergabe von Lehraufträgen an Lehrbeauftragte an Schulen (Stand: Oktober 2007); Schreiben des KM 22.11.2007 (Aktenzeichen: 22-6740.10/630)

A. Allgemeines

1. Grundsätze und Gegenstand von Lehraufträgen

Lehraufträge dienen der Bereicherung des über den Pflichtbereich nach der jeweiligen Stundentafel hinausgehenden Unterrichtsangebots. Der Unterricht im Pflichtbereich bleibt den hauptamtlichen Lehrkräften im öffentlichen Schuldienst vorbehalten.

Die Vergabe von Lehraufträgen in Eigenverantwortung der Schulen gibt diesen vielfältige Chancen zur Ausformung eines individuellen pädagogischen Leistungs- und Angebotsprofils und neue Perspektiven zur Öffnung der Schule gegenüber der gesellschaftlichen Wirklichkeit. Auf diesem Weg können Erfahrungen sowie Kompetenzen, die außerhalb der Schule vorhanden sind, für die schulische Erziehung nutzbar gemacht werden.

Lehraufträge kommen insbesondere für folgende freiwillige Unterrichtsangebote in Betracht:
- Arbeitsgemeinschaften (z.B. Schultheater, Sport, Computer, Sprachen)
- Chor, Orchester und Instrumentalgruppen
- Stütz- und Förderkurse
- Förderkurse im Rahmen der Fördermaßnahmen zur Eingliederung von ausländischen und ausgesiedelten Schülern, wenn eine gezielte Abstimmung mit dem Regelunterricht gewährleistet ist
- Erweitertes Bildungsangebot
- Einzelprojekte wie etwa Workshop „Ballett", Kurse über Grafik, Design, PC-Software und Sport.

Eine Integration dieser Unterrichtsangebote in den Pflichtbereich ist ebenso unzulässig wie eine ergänzende Unterrichtserteilung anderer Lehrkräfte in diesen Veranstaltungen. Im Sonderschulbereich ist aufgrund der besonderen strukturellen Verhältnisse auch der Einsatz eines Lehrbeauftragten neben einer Lehrkraft zulässig. Ein Lehrbeauftragter darf keinesfalls – auch nicht für kurze Vertretungen – im Pflichtunterricht eingesetzt werden. Die Eingrenzung auf freiwillige Unterrichtsangebote schließt sonstige schulische Tätigkeiten wie etwa die Verwaltung von Lehr- und Lernmitteln, Beratungsaufgaben sowie reine Betreuungsfunktionen, die Begleitung im Rahmen von Schullandheimaufenthalten, Hausaufgabenbetreuung, Betreuung von Theaterfahrten etc. aus.

2. Rechtliche Rahmenbedingungen der Lehraufträge

Lehraufträge können zum einen an ehrenamtlich tätige Lehrbeauftragte, die eine Aufwandsentschädigung erhalten können, vergeben werden. Zum anderen können mit Lehrbeauftragten befristete TV-L-Verträge verbunden mit einer Pauschalvergütung je Unterrichtsstunde geschlossen werden. Die Erteilung eines Lehrauftrages an ehrenamtlich tätige Lehrbeauftragte ist mit einem geringen Aufwand verbunden und kann durch die Schulleitungen erfolgen, während dagegen der Abschluss eines befristeten TV-L-Arbeitsvertrages den Regierungspräsidien vorbehalten bleibt.

→ Tarifvertrag (Länder)

Im Falle der Aufwandsentschädigung bzw. eines Entgelts nach TV-L muss die Schulleitung zuvor mit der zuständigen Schulverwaltung (für Grund-, Haupt-, Real- und Sonderschulen die untere Schulaufsichtsbehörde; für Gymnasien und berufliche Schulen das Regierungspräsidium) klären, ob und in welcher Höhe Mittel im Verfügungsfonds vorhanden sind.

Für gleiche Zeiträume und gleiche Personen dürfen nicht Mittel aus dem Lehrbeauftragtenprogramm und gleichzeitig anderen Programmen wie z.B. der flexiblen Nachmittagsbetreuung oder dem Jugendbegleiterprogramm in Anspruch genommen werden.

a)
Ehrenamtlich tätige Lehrbeauftragte

Lehraufträge können durch die Schulleitung in eigener Verantwortung an ehrenamtlich tätige Lehrbeauftragte vergeben werden. Dies schließt – sofern der Wunsch beim Lehrbeauftragten besteht – eine Aufwandsentschädigung in Höhe von 7 Euro ein.

b)
Vergabe von Lehraufträgen
auf der Basis befristeter TV-L- Arbeitsverträge

Soweit die Schulleitung nicht auf ehrenamtliche Mitarbeiterinnen und Mitarbeiter zurückgreifen kann und die Bewerberin bzw. der Bewerber ein Entgelt erwartet, muss zwingend ein befristeter Arbeitsvertrag abgeschlossen werden; ein Dauerarbeitsverhältnis muss unter allen Umständen vermieden werden. Die Rechtsprechung geht bei einer Beschäftigung im Schuldienst als Lehrkraft regelmäßig von einer Dauerbeschäftigung aus. Deshalb bedarf es einer gesonderten rechtlichen Grundlage für eine wirksame Befristung eines Arbeitsvertrages im Schuldienst.

Gemäß § 14 Abs. 2 TzBfG (Gesetz über Teilzeitarbeit und befristete Arbeitsverträge) können Arbeitsverträge bei Neueinstellungen ohne Vorliegen eines sachlichen Grundes bis zur Dauer von zwei Jahren geschlossen werden; die Mindestdauer muss jedoch sechs Monate betragen, vgl. § 30 Abs. 3 Satz 1 TV-L. Innerhalb des Zweijahreszeitraums kann der Vertrag höchstens dreimal verlängert werden. Die sachgrundlose Befristung setzt eine Neueinstellung voraus. Eine Neueinstellung liegt nicht vor, wenn zwischen dem Lehrbeauftragten und dem Land irgendwann zuvor ein unbefristetes oder befristetes Arbeitsverhältnis bestanden hat. Dieser Sachverhalt sollte zuvor zwischen Schulleitung und künftigen Lehrbeauftragten klargestellt werden, um Enttäuschungen zu vermeiden ... .

Lehrbeauftragte, mit denen ein befristeter TV-L-Arbeitsvertrag geschlossen wurde, erhalten an Grund- und Hauptschulen eine Vergütung in Höhe von 18 Euro pro Unterrichtsstunde, an Real- und Sonderschulen eine Vergütung in Höhe von 21 Euro und an Gymnasien und beruflichen Schulen eine Vergütung in Höhe von 25 Euro. Die Pauschalierung der Vergütung wird durch eine Nebenabrede im Arbeitsvertrag vereinbart.

In den Fällen, in denen die Schulleitung ein herausragendes Interesse an diesem Unterrichtsangebot hat und der Lehrbeauftragte auf eine Eingruppierung nach TV-L besteht, erfolgt die Vergütung nach TV-L entsprechend der jeweiligen Entgeltgruppe. – Auch Lehrbeauftragte, die bei unterrichtsnahen Angeboten (z.B. Stütz- und Förderkurse) eingesetzt werden, werden grundsätzlich nach TV-L eingestuft.

Für den Abschluss bzw. für die Verlängerung des Beschäftigungsverhältnisses mit dem Lehrbeauftragten ist ausschließlich das Regierungspräsidium zuständig[1].

[1] Die vom zuständigen RP abzuschließenden Arbeitsverträge unterliegen der Mitbestimmung des Bezirkspersonalrats.

3.
Auswahl der Lehrbeauftragten

Die Auswahl geeigneter Bewerberinnen und Bewerber erfolgt in eigener Verantwortung der Schulleitung. Sie muss dafür sorgen, dass die Lehrbeauftragten, denen die Schülerinnen und Schüler anvertraut werden sollen, pädagogisch und nach ihrer Persönlichkeit qualifiziert sind. Soweit mehrere Bewerberinnen bzw. Bewerber an der Übernahme eines Lehrauftrages Interesse zeigen, ist der Grundsatz der Bestenauslese zu beachten. Bei unterrichtsnahen Angeboten werden vorzugsweise Bewerberinnen und Bewerber mit abgeschlossener Lehramtsausbildung berücksichtigt. Die Auswahl anderer Bewerberinnen und Bewerber ist zu begründen. Die Schulleitung informiert und beteiligt rechtzeitig die schulischen Gremien, auch bei der Entscheidung, das Lehrbeauftragtenprogramm in Anspruch zu nehmen.

→ Konferenzordnung; → Schulkonferenzordnung

Für aktiv im Schuldienst stehende Lehrkräfte sollten keine Lehraufträge gegen Aufwandsentschädigung oder Vergütung vergeben werden. Für Lehramtsanwärter und Referendare ist dieses Programm nicht vorgesehen.

4.
Persönliche Voraussetzungen

Eine Einschränkung des Personenkreises bezüglich eines Qualifikationsnachweises – wie etwa eine abgeschlossene Lehramtsausbildung – wurde bewusst nicht vorgenommen. Die Qualifikation muss dem spezifischen Anforderungsprofil des Lehrauftrages entsprechen.

So kann ein Choreograph einen Workshop „Ballett" für eine Schulfestaufführung leiten, ein Grafiker einen Kurs über neue Designtechniken anbieten, eine anerkannte Trainerin bzw. Sportlerin eine besondere Übungseinheit „Volleyball" abhalten oder z.B. ein Dirigent eines Orchesters mit dem Schulorchester arbeiten.

Nach dem Infektionsschutzgesetz müssen Lehrbeauftragte von der Schulleitung über die gesundheitlichen Anforderungen und Mitwirkungspflichten belehrt werden. Über die Belehrung ist ein Protokoll zu erstellen, das bei der Schulleitung für die Dauer von drei Jahren aufzubewahren ist. Dieses Protokoll kann als Teilakte an der jeweiligen Schule geführt werden. Die Informationen zu den einzelnen Erkrankungen können im Intranet unter Intranet der Kultusverwaltung – Merkblätter (–> Merkblätter) heruntergeladen werden.

→ Infektionsschutzgesetz

5.
Umfang des Lehrauftrages

Lehraufträge dürfen nicht mehr als acht Wochenstunden umfassen und sind pro Jahr auf maximal 300 Stunden begrenzt.

Bei ehrenamtlich gegen Aufwandsentschädigung übernommenen Lehraufträgen können bei Einhaltung dieser Stundenvorgaben nach § 3 Nr. 26 Einkommensteuergesetz (EStG) maximal 2.100,00 Euro im Jahr steuerfrei an die Lehrbeauftragten ausbezahlt werden. Bei Übersteigen des Betrags infolge der Nichteinhaltung der Stundenvorgaben behandelt das Landesamt für Besoldung und Versorgung die Lehrbeauftragten nicht mehr als ehrenamtlich und wird deshalb Steuern und – vorbehaltlich einer Überprüfung der Sozialversicherungspflicht im Einzelfall – auch Sozialversicherungsbeiträge einbehalten. Die Hälfte dieser evtl. abzuführenden Sozialversicherungsbeiträge (rund 20% des Stundensatzes) ist – neben der Steuer – vom Lehrbeauftragten selbst zu zahlen, die andere Hälfte geht zulasten der vom Land für das Lehrbeauftragtenprogramm bereitgestellten Haushaltsmittel. Ebenfall zulasten dieser Haushaltsmittel gehen nach ggf. erfolgter Beurteilung als geringfügig entlohnter Beschäftigung zu entrichtende Pauschalbeträge zur Kranken- und Rentenversicherung. Nur die strikte Einhaltung der vorgegebenen Jahresstunden verhindert eine zweckentfremdete Verwendung dieser Haushaltsmittel.

Dies bedeutet, dass die Schulleitung einen ehrenamtlich tätigen Lehrbeauftragten mit Aufwandsentschädigung nur mit einem Umfang von maximal bis zu 300 Unterrichtsstunden im Kalenderjahr bestellen darf bzw. dass diesem im Kalenderjahr nicht mehr als 2.100,00 Euro zufließen dürfen. Aus gegebenem Anlass wird darum gebeten, darauf bei der Veranlassung der Aufwandsentschädigung (vgl. B.2.) zu achten. So wird das Landesamt für Besoldung und Versorgung aufgrund einer zu spät veranlassten Auszahlung und daher einem Zugang der Zahlung im nächsten Kalenderjahr diese in diesem Kalenderjahr veranschlagen. Wird der Lehrauftrag auch im nächsten Jahr fortgeführt, besteht dadurch konkret die Gefahr, dass der o.g. Freibetrag überschritten wird, mit den bekannten Folgen.

<u>Bei der Ausschöpfung des Freibetrages sind auch alle anderen Einnahmen aus sonstigen begünstigten Tätigkeiten im Sinne des § 3 Nr. 26 EStG, z.B. als Lehrbeauftragte an anderen Schulen, als Jugendbegleiter, als Übungsleiter in einem Sportverein oder als Vertretungskraft im Rahmen der Verlässlichen Grundschule, zu berücksichtigen.</u>

6.
Stellung der Lehrbeauftragten

Für die bestellungsgemäße Erfüllung des Lehrauftrages trägt die Schulleitung die Verantwortung. Sie hat das gleiche Weisungsrecht gegenüber den Lehrbeauftragten wie gegenüber den hauptamtlichen Lehrkräften. Ob und in welchem Umfang sich aus der Natur des übernommenen Lehrauftrages eine Beteiligung an den Veranstaltungen der Schule (insbes. Lehrerkonferenz, Schulkonferenz, Klassenpflegschaft, Elternsprechtage) ergibt, entscheidet die Schulleitung.

→ Elternbeiratsverordnung; → Konferenzordnung;
→ Schulgesetz § 41

Lehrbeauftragte sind für Personenschäden, die sie im Rahmen ihrer Tätigkeit erleiden, versichert; für Sachschäden gelten die gesetzlichen Bestimmungen.

→ Grundgesetz Art. 34; → Haftung

B.
Bestellung und Auszahlung der Aufwandsentschädigung bei Erteilung eines ehrenamtlichen Lehrauftrages
1. Bestellung

Für die Bestellung eines ehrenamtlich tätigen Lehrbeauftragten genügt es, wenn die Schulleitung das ... Formschreiben **Erteilung eines ehrenamtlichen Lehrauftrages** ... *(hier nicht abgedruckt)* dem Lehrbeauftragten aushändigt. Eine Kopie verbleibt bei der Schulleitung.

Wünscht hingegen der Lehrbeauftragte eine Aufwandsentschädigung, muss zuvor mit der zuständigen Schulverwaltung formlos geklärt werden, ob für das jeweilige Kalenderjahr noch genügend Mittel vorhanden sind. Für die Grund-, Haupt-, Real- und Sonderschulen werden diese Mittel von den unteren Schulaufsichtsbehörden verwaltet, für die Gymnasien und die berufliche Schulen bei den Regierungspräsidien. Die Mittel im Staatshaushaltsplan sind für das Lehrbeauftragtenprogramm je Kalenderjahr (nicht Schuljahr) ausgebracht.

Sind die Mittel vorhanden, so wird der Lehrauftrag mit Aushändigung des ... Formschreibens **Erteilung eines ehrenamtlichen Lehrauftrages mit Aufwandsentschädigung** ... *(hier nicht abgedruckt)* wirksam. Zusätzlich muss der Lehrbeauftragte die ... **Erklärung des ehrenamtlich tätigen Lehrbeauftragten bezüglich der Steuerbefreiung der Aufwandsentschädigung** unterzeichnen *(hier nicht abgedruckt)*. Die Erklärung verbleibt bei der Schule, sie ist rechtliche Voraussetzung für die abzugsfreie Auszahlung der Aufwandsentschädigung durch das Landesamt für Besoldung und Versorgung.

Hinweis der Redaktion: Zur Steuerpflicht siehe den Hinweis der Redaktion bei → Grundschule (Verlässliche) Nr. 3.

2.
Veranlassung
der Auszahlung der Aufwandsentschädigung

Die Auszahlung der Aufwandsentschädigung für tatsächlich erteilte Unterrichtsstunden ist von der Schulleitung ... direkt beim Landesamt für Besoldung und Versorgung zu veranlassen. ...

Die Verantwortung für die sachliche Richtigkeit der Höhe der Aufwandsentschädigung liegt allein bei der Schulleitung, eine Prüfung durch das Landesamt für Besoldung und Versorgung oder von der zuständigen Schulverwaltung erfolgt aus Gründen der Verfahrensvereinfachung nicht. Aufwandsentschädigung kann nur für jede tatsächlich erteilte Unterrichtsstunde gewährt werden, nicht erteilte Stunden etwa wegen Krankheit, Ferien, Feiertagen oder sonstige Schulveranstaltungen dürfen nicht entschädigt werden.

Die Schulleitung muss daher im Bedarfsfalle in der Lage sein, die tatsächlich im Rahmen des Lehrauftrages erteilten Unterrichtsstunden belegen zu können (z.B. Eintrag im Klassentagebuch). ...

C. Abschluss des Arbeitsvertrages durch das Regierungspräsidium
D. Weitere Informationen
(nicht abgdruckt)

Hinweis der Redaktion: Der volle Text dieser Handreichungen sowie die Formulare und Ausfüllhilfen usw. sind im Intranet des KM (Service −> Infodienste −> Infodienst Schulleitung) zum Herunterladen hinterlegt.

→ Einstellungserlass Ziff. 27; → Elternbeiratsverordnung; → Grundgesetz Art. 34; → Haftung; → Infektionsschutzgesetz; → Konferenzordnung; → Organisationserlass; → Personalvertretungsgesetz § 7; → Tarifvertrag (Länder) § 30

Lehrbefähigung und fachfremder Unterricht
Hinweise der Redaktion

1. Rechtslage

Die „wissenschaftlichen" Lehrkräfte an Schulen des Landes Baden-Württemberg werden
- im Bereich der Grund-, Haupt- und Werkrealschulen nach Stufenschwerpunkt (Grundschule bzw. HS/WRS), in Deutsch und Mathematik (obligatorisch) sowie in weiteren Schulfächern und Fächerverbünden ausgebildet; sie erwerben damit eine allgemeine Lehrbefähigung für alle Fächer in Grund,- Haupt- und Werkrealschule,
- in den anderen Schularten nach (Schul-)Fächern ausgebildet und erwerben damit eine spezifische Lehrbefähigung für diese Fächer an der jeweiligen Schulart (im höheren Dienst übergreifend für berufliche Schulen und Gymnasien).

Im Fach Religionslehre ist zusätzlich die Anerkennung durch die jeweilige Religionsgemeinschaft erforderlich (Missio bzw. Vocatio).
→ Religionsunterricht (Allgemeines)

Die „wissenschaftlichen" Lehrkräfte werden in der Regel auch als Klassenlehrer/innen eingesetzt und können in Leitungsfunktionen befördert werden.
→ Funktionsstellen (Besetzung); → Klassenlehrer/innen

Die Lehrbefähigung als „wissenschaftliche" Lehrkraft kann auch nachträglich erworben werden: Bewerber/innen, die in Baden-Württemberg in einer Ersten Lehramtsprüfung eine nicht vorgeschriebene Erweiterungsprüfung in einem Fach/Unterrichtsbereich oder einer sonderpädagogischen Fachrichtung abgelegt haben oder bei denen eine andere Prüfung entsprechend anerkannt wurde, können zu einer Ausbildung in ihrem weiteren Fach zugelassen werden. Voraussetzung ist ferner, dass sie zum Vorbereitungsdienst für die Laufbahn eines Lehramts zugelassen sind oder mit mindestens halbem Deputat an einer öffentlichen Schule des Landes tätig sind. Eine Beurlaubung zur Absolvierung dieser Zusatzausbildung ist möglich.
Quelle: Erwerb der Lehrbefähigung in einem weiteren Fach; VwV des KM vom 20.12.1997 (K.u.U. S. 11/1998).
→ Urlaub (Verordnung / AzUVO) § 31 Abs. 2, Hinw. 3

Neben den „wissenschaftlichen" Lehrkräften unterrichten an den Schulen auch Fachlehrerinnen und Fachlehrer, Technische Lehrer/innen, Ein-Fach-Lehrkräfte (z.B. im Fach Sport) sowie sonstige Lehrkräfte mit Spezialqualifikationen (z.B. HHT-Lehrerinnen). Diese Lehrkräfte werden in der Regel nicht als Klassenlehrer/innen eingesetzt und können (mit Ausnahme der HHT-Lehrer/innen) keine Leitungsfunktionen übernehmen; ihnen stehen aber in bestimmtem Umfang Beförderungsposten mit eingeschränkten Führungsaufgaben (z.B. Fachoberlehrer/innen als Fachberater) offen.

2. Äußerungen des Kultusministeriums zum fachfremden Einsatz von Lehrkräften

1.
Das KM hat am 5.8.1994 (AZ: IV/1-6748-02/11) zum fachfremden Unterricht u.a. ausgeführt:
Die Anordnung von fachfremdem Unterricht, d.h. Unterricht in Fächern, für die der Lehrer keine Lehrbefähigung erworben hat, ist im Rahmen der dienstlichen Erfordernisse und des für den Lehrer unter Berücksichtigung seiner Ausbildung und Lehrbefähigungen Zumutbaren möglich.
Zuständig für die Entscheidung ist der Schulleiter. ... Er ist dabei weisungsberechtigt gegenüber den Lehrern seiner Schule. Der Lehrer ist verpflichtet, den ihm vom Schulleiter erteilten Lehrauftrag zu übernehmen.
→ Schulgesetz § 41
Der Schulleiter wird nur dann von der Möglichkeit der Anordnung fachfremden Unterrichts Gebrauch machen, wenn es ihm nicht möglich ist, auf Lehrer mit den entsprechenden Lehrbefähigungen zurückzugreifen. Es werden nur Lehrkräfte für die Erteilung fachfremden Unterrichts eingesetzt, die die Gewähr dafür bieten, dass sie den Unterrichtsauftrag erfüllen können. Bevorzugt werden diejenigen Lehrer zur Erteilung fachfremden Unterrichts eingesetzt, die ihre Bereitschaft hierzu ausdrücklich erklärt haben. ...
→ Aufsichtspflicht (Schwimmunterricht)

Für den Bereich der ... Grund- und Hauptschulen wie auch an Sonderschulen gilt, dass diese Lehrer als Klassenlehrer ausgebildet und auch eingesetzt werden. Hinsichtlich des Einsatzes der Lehrer in diesen Schularten kann also nicht von fachfremd unterrichtenden Lehrern gesprochen werden.
Im beruflichen Schulwesen können über fachfremden Unterrichtseinsatz der Spitzenbedarf in einzelnen Fächern abgedeckt und Schwankungen bei den Klassen- und Schülerzahlen einzelner Berufsfelder/Berufsgruppen/Ausbildungsberufe ausgeglichen werden. Fachfremder Unterricht erhöht die Flexibilität der Unterrichtsgestaltung vor Ort und trägt dazu bei, Abordnungen und Versetzungen in einem erträglichen Rahmen zu halten. Darüber hinaus ist im beruflichen Schulwesen zu berücksichtigen, dass es zahlreiche Unterrichtsbereiche und -fächer gibt, für die es wegen des relativ geringen Bedarfs keine Lehramtsausbildungen gibt. Hier kann auf fachfremd unterrichtende Lehrer, die sich auch mithilfe von Fortbildungsmaßnahmen einarbeiten, nicht verzichtet werden. Diese Lehrer werden nach einigen Jahren im Hinblick auf die zwischenzeitlich erfolgte Spezialisierung nicht mehr als fachfremd eingesetzt angesehen.
Grundsätzlich ist davon auszugehen, dass kein Fach von der Erteilung fachfremden Unterrichts ausgenommen ist. ...

Fachlehrer werden an Grund- und Hauptschulen nicht als Klassenlehrer eingesetzt, sondern ausschließlich in den Fächern, in denen sie ausgebildet wurden. Bei Fachlehrern wie auch bei Technischen Lehrern im beruflichen Schulwesen müssen die Laufbahn und die Besoldungsgruppe berücksichtigt werden. Ein für den fachpraktischen Unterricht ausgebildeter Technischer Lehrer kann nicht im fachtheoretischen oder im allgemeinbildenden Unterricht, für den die wissenschaftlichen Lehrer mit Studium und Vorbereitungsdienst ausgebildet werden, eingesetzt werden. ...

2.
Am 12.10.2004 (AZ. 33–6715.0/133/1) hat das KM zur Lehrbefähigung und zum Einsatz der Fachlehrer/innen in Fächerverbünden u.a. ausgeführt:
Fachlehrerinnen und Fachlehrer werden in drei verschiedenen Fächern ausgebildet. Sie werden in der aktuellen Ausbildung an den Päd. Fachseminaren bereits für den Unterricht in den Fächerverbünden qualifiziert. Damit ist der Unterrichtseinsatz je nach Fächerkombination in drei Fächerverbünden möglich. Ein Einsatz auch in anderen Fächern erscheint rechtlich möglich, sofern Fachlehrerinnen und Fachlehrer über die erforderlichen fachlichen und didaktischen Kompetenzen der anderen Fächer des Fächerverbundes verfügen. Die erforderliche Entscheidung wird vom Schulleiter getroffen; dieser bestimmt auch das Zusammenwirken der Fachlehrer mit anderen Lehrkräften an den Schulen. Der Unterricht in Hauptschulen und Werkrealschulen kann sowohl in Verantwortung einer oder mehrerer Lehrkräfte liegen. Entscheidend ist die Unterrichtsqualität, garantiert wird diese durch die Schulleiterin bzw. den Schulleiter.

Hinweis der Redaktion: Unter „fachfremdem Unterricht" ist der stundenplanmäßige, reguläre Einsatz einer Lehrkraft zu verstehen, nicht jedoch (vorübergehender) Vertretungsunterricht usw. → Mehrarbeit

→ Aufsichtspflicht (Schwimmunterricht); → Fortbildung (Allgemeines); → Fortbildung und Personalentwicklung Nr. IV Abs. 4; → Funktionsstellen (Besetzung); → Klassenlehrer/innen; → Mehrarbeit; → Religionsunterricht (Allgemeines); → Schulgesetz § 41

Lehrmittel und Schuleinrichtung

Hinweise der Redaktion

Von den „**Lern**mitteln" (siehe → Lernmittelfreiheit – Allgemeine Informationen) sind die „**Lehr**mittel" zu unterscheiden. Während die „**Lern**mittel" den Schülerinnen und Schülern im Rahmen der Lernmittelfreiheit unentgeltlich zur Verfügung gestellt werden müssen, gehören die „**Lehr**mittel" (z.B. Landkarten, Schautafeln, Foliensätze und sonstige Medien, Spiele, Computer-Software) zur Ausstattung der Schule und fallen unter die Schulgeldfreiheit. Im Gegensatz zu den „**Lern**mitteln" bedürfen **Lehr**mittel keiner Zulassung.

→ Verfassung Art. 14 Abs. 2

Nicht als Lernmittel zählen ferner alle Gegenstände, die zur Einrichtung der Schule gehören, insbesondere der Fachräume, Werkräume, Werkstätten und Schulküchen (z.B. Kopiergeräte, EDV-Hardware, Musikinstrumente, naturwissenschaftliche Geräte und Versuchseinrichtungen, Werkzeuge, Maschinen, Bügeleisen, Scheren u.a.). Auch sie sind aufgrund der Schulgeldfreiheit vom Schulträger zu beschaffen. Eine Beteiligung der Schüler/innen bzw. der Eltern an den Kosten für Beschaffung oder Unterhaltung ist unzulässig.

In § 48 Abs. 2 und 3 Schulgesetz ist vorgeschrieben, dass der Schulträger die für die Schule erforderlichen Einrichtungen und Gegenstände zur Verfügung stellt, die Lehrmittel beschafft und dem Schulleiter zur Deckung des laufenden Lehrmittelbedarfs erforderlichen Mittel zur selbstständigen Bewirtschaftung überlassen soll. Ferner ist bestimmt, dass das KM Richtlinien über die Ausstattung der Schule mit Lehrmitteln erlässt.

→ Schulgesetz § 48

Das KM hat keine Richtlinien hierfür erlassen, sondern lediglich eine „*Liste besonders kostspieliger Lehrmittel in den Fächern Biologie, Chemie und Physik*" herausgegeben (KuU S. 17/1989). Darin wird z.B. die Mindestausstattung auch kleinerer Schulen mit Medien definiert. Ferner hat das KM „*Empfehlungen zur Ausstattung der Hauptschulen, Realschulen, Sonderschulen und allgemeinbildenden Gymnasien mit Computern und Programmen für den Einsatz im Unterricht*" veröffentlicht (Bekanntmachung vom 20.3.1991 (KuU S. 43/1991). Beide Listen sind im Bekanntmachungsverzeichnis des KM aufgeführt.

Über die „Verwendung" von neuen Lehr- und Lernmitteln entscheidet die Fachkonferenz (→ Konferenzordnung § 5 Abs. 2). Die Entscheidung über die Anschaffung wird von der Gesamtlehrerkonferenz getroffen (→ Konferenzordnung § 2 Abs. 1 Nr. 7).

Soweit die Schulen im Rahmen der Budgetierung über die Beschaffung von Lehrmitteln und Einrichtungsgegenständen selbst entscheiden, müssen sie die Verwaltungsvorschrift zur Vermeidung des Erwerbs von Produkten aus ausbeuterischer Kinderarbeit bei der Vergabe öffentlicher Aufträge (VwV Kinderarbeit öA) vom 20.8.2008 (GABl. S. 325/2008) beachten. Dies betrifft z.B. Sportartikel (insbesondere Bälle), Trikots, Spielgeräte usw.

→ Haushalt (Allgemeines – Budgetierung)

→ Gebühren; → Haushalt (Allgemeines – Budgetierung); → Konferenzordnung; → Lernmittelfreiheit; → Schulgesetz §§ 48 und 93; → Verfassung Art. 14 Abs. 2

Lernbegleiter

Programm individuelle Lernbegleitung für Jugendliche beim Übergang zwischen Schule und Beruf (Lernbegleiter)

Das Projekt „Lernbegleiter" unterstützt Schüler/innen der Haupt-, Förder- und beruflichen Schulen, die aufgrund von Sprachproblemen oder anderen Leistungsdefiziten erschwerte Bedingungen beim Übergang zwischen Schule und Beruf haben.

Im Blickpunkt der Förderung stehen Schülerinnen und Schüler
- der 8. und 9. Klassen der Haupt- oder Förderschulen und der Schulen für Erziehungshilfe
- des Berufsvorbereitungsjahres (BVJ), des Berufseinstiegsjahres und der Kooperationsklassen HS / WRS – BVJ bzw. Förderschule – BVJ
- von weiteren beruflichen Bildungsgängen (z.B. einjährige Berufs- und Sonderberufsschule, Berufsfachschule für Büro und Handel, Berufsschule und Sonderberufsschule.

Ausgerichtet an ihren individuellen Bedürfnissen erhalten die Jugendlichen eine direkte persönliche Lernunterstützung durch den Einsatz bürgerschaftlich engagierter Personen als ehrenamtlich tätige Lernbegleiter/innen. Diese üben mit den Jugendlichen z.b. Mathematik und Deutsch, schaffen Impulse zur Verbesserung der Kommunikation und der Vergrößerung des Wortschatzes, zeigen Lernstrategien auf oder erläutern Zusammenhänge und unterstützen die Jugendlichen bei der allgemeinen Lebensbewältigung mit ihrem Wissen und ihrer Lebenserfahrung. Eine erfahrene Fachkraft gewinnt, begleitet, schult und unterstützt die ehrenamtlich tätigen Lernbegleiter/innen vor Ort.

Für die am Projekt teilnehmenden Stadt- bzw. Landkreise bzw. Jugendagenturen stellt die Landesregierung Projektmittel zur Verfügung. Das ursprünglich auf vier Jahre angelegte Projekt war bis 2010 bzw. Anfang 2011 befristet. Bei Redaktionsschluss des Jahrbuchs 2011 stand noch nicht fest, ob die Anschlussfinanzierung gesichert ist.

→ Sprachförderung (Integration)

Lernmittel (Zulassung)

Auszug aus der Verordnung des Kultusministeriums über die Zulassung von Schulbüchern (Schulbuchzulassungsverordnung) vom 11. Januar 2007 (KuuU S. 41/2007); zuletzt geändert 11.11.2009 (KuU S. 205/2009)

§ 1
Zulassung von Schulbüchern

(1) Schulbücher und ihnen gleichgestellte Druckwerke (§ 2 Abs. 2), die in der Lernmittelverordnung … vorgesehen sind, dürfen an öffentlichen Schulen nur verwendet werden, wenn sie zum Gebrauch zugelassen wurden und soweit in dieser Verordnung nichts anderes bestimmt ist.

→ Lernmittelverordnung / Lernmittelverzeichnis

(2) Zuständige Stelle für das Zulassungsverfahren und die Zulassung ist das Landesinstitut für Schulentwicklung.

(3) Diese Verordnung gilt nicht für die Zulassung von Schulbüchern für die Fächer Religionslehre. Diese werden von den zuständigen Kirchenbehörden zugelassen.

§ 2
Schulbuch

(1) Schulbücher sind Druckwerke für die Hand der Schülerin oder des Schülers, die dazu dienen, die Bildungsstandards oder den Lehrplan eines Faches oder eines Fächerverbundes einer bestimmten Schulart oder eines bestimmten Schultyps nach den benannten Zielen, Kompetenzen und Inhalten zu erfüllen. Schulbücher müssen in der Regel gebunden sein.

(2) Folgende Druckwerke sind den Schulbüchern gleichgestellt:
1. Textsammlungen,
2. für die Hand der Schülerinnen und Schüler bestimmte Materialien, die Schulbücher begleiten, ergänzen oder ersetzen,
3. Atlanten.

(3) Digitale Medien sind Druckwerken nicht gleichgestellt. Sie unterliegen nicht dem Zulassungsverfahren.

§ 3
Zulassungsfreiheit

(1) Der Zulassung bedürfen nicht
1. Schulbücher für die Schulen für Blinde, für Sehbehinderte, für Hörgeschädigte und für Geistigbehinderte;
2. Schulbücher für berufliche Schulen
    a) für den fachtheoretischen und fachpraktischen Unterricht an den beruflichen Schulen; ausgenommen die Fächer Pädagogik einschließlich Erziehungslehre, Psychologie, Soziologie sowie Didaktik und Methodik der Kinder- und Jugenderziehung (erziehungskundliche Fächer),
    b) für die Fremdsprachen,

c) für die Fächer Mathematik, Physik, Chemie, Biologie, Datenverarbeitung, Musik, Bildende Kunst, Sport,
d) für die wirtschaftskundlichen Fächer,
e) für das Fach Deutsch in Bildungsgängen, deren Besuch einen mittleren Bildungsabschluss voraussetzt oder, falls dies nicht der Fall ist, insoweit, als dort die Fachhochschulreife vermittelt wird;

3. Schulbücher für die Oberstufe des 9-jährigen Bildungsgangs und der Jahrgangsstufen 11 und 12 des 8-jährigen Bildungsgangs der allgemeinbildenden Gymnasien für die Fächer Deutsch, Fremdsprachen, Mathematik, Biologie, Chemie, Physik, Musik, Bildende Kunst und Sport sowie für die Fächer im Wahlbereich gemäß § 8 Abs. 3 der Abiturverordnung der Gymnasien der Normalform;
4. Arbeitshefte, soweit sie ein Lehrbuch begleiten;
5. Ganzschriften und für den Schulbereich aufbereitete (gekürzte oder kommentierte) Ganzschriften;
6. Textsammlungen mit literarischen Texten für das Fach Deutsch und die Fremdsprachen, sofern es sich nicht um Lesebücher handelt, die bestimmten Bildungsstandards, Klassenstufen oder Jahrgangsstufen zugeordnet sind;
7. Lernmittel, die im Lernmittelverzeichnis als Klassensätze ausgewiesen sind, mit Ausnahme von Lesebüchern oder Leseheften, Atlanten, nichtliterarischen Textsammlungen, literaturgeschichtlichen Werken und Arbeitsbüchern für das Fach Geschichte;
8. themenorientierte Hefte für die Förderschule;
9. ein- und zweisprachige Wörterbücher;
10. Aufgabensammlungen, Gesetzessammlungen, Formelsammlungen, Tafelwerke.

(2) Bei einzelnen Schularten oder Schultypen kann widerruflich aufgrund geringer Schülerzahlen auf ein Zulassungsverfahren verzichtet werden.

(3) Sofern Schulbücher oder Arbeitshefte, die nach den Absätzen 1 und 2 dem Zulassungsverfahren nicht unterworfen sind, oder Arbeitsmaterialien, die in der Lernmittelverordnung nicht enthalten sind (wie Unterrichtswerke für das schulische Curriculum), im Unterricht verwendet werden, müssen sie den in § 5 Abs. 1 genannten Voraussetzungen entsprechen; hierfür ist neben der Fachkonferenz auch die Schulleitung verantwortlich. Die in § 5 Abs. 1 genannten Voraussetzungen gelten auch, soweit die Lehrkraft weitere, darunter auch selbst entwickelte Unterrichtsmaterialien verwendet.

§ 4
Zulassungspflicht

(1) Schulbücher nach § 2, die nicht nach § 3 zulassungsfrei sind, bedürfen der Zulassung. Die Zulassung erfolgt, soweit nicht in Absatz 2 abweichend geregelt, in vereinfachten Verfahren aufgrund einer Erklärung des Verlages, mit der versichert wird, dass

1. das Schulbuch den Anforderungen des Bildungsplans für den jeweiligen Bildungsstandard, für die jeweilige Klasse oder für die jeweilige Jahrgangsstufe entspricht,
2. das Schulbuch vom Verlag sorgfältig geprüft worden ist und alle Zulassungsvoraussetzungen nach § 5 erfüllt und
3. die Regelungen zur Zulassung nach § 6 beachtet sind.

(2) Nachfolgende Schulbücher werden nach Begutachtung zugelassen:
1. Schulbücher der Werkrealschule und Hauptschule im Fächerverbund Welt – Zeit – Gesellschaft sowie im Fach Ethik;
2. Schulbücher der Realschule im Fächerverbund Erdkunde – Wirtschaftskunde – Gemeinschaftskunde sowie in den Fächern Geschichte und Ethik;
3. Schulbücher der Förderschule im Fach Geschichte/Gemeinschaftskunde;
4. Schulbücher der Schule für Sprachbehinderte in den Fächern Geschichte / Gemeinschaftskunde und Ethik;
5. Schulbücher der Schule für Erziehungshilfe in den Fächern Geschichte/Gemeinschaftskunde und Ethik;
6. Schulbücher des Gymnasiums im Fächerverbund Geographie – Wirtschaft – Gemeinschaftskunde sowie in den Fächern Geschichte und Ethik;
7. Schulbücher an beruflichen Schulen in den Fächern Geschichte, Gemeinschaftskunde, Ethik, Pädagogik einschließlich Erziehungslehre, Psychologie, Soziologie sowie Didaktik und Methodik der Kinder- und Jugenderziehung (erziehungskundliche Fächer).

(3) Für Schulbücher in einem die Fächer Gemeinschaftskunde oder Geschichte beinhaltenden Fächerverbund gilt, dass der Verlag für das Schulbuch insgesamt eine Zusage nach Absatz 1 abgibt. Zusätzlich wird bezogen auf das Fach Gemeinschaftskunde oder Geschichte eine Begutachtung nach Absatz 2 durchgeführt.

(4) Das Kultusministerium kann bestimmen, dass über Absatz 2 hinaus in weiteren Fällen, insbesondere bei Einführung neuer Fächer oder Fächerverbünde die Zulassung erst nach Begutachtung erfolgt. Dies wird nach entsprechendem Hinweis im Amtsblatt des Kultusministeriums über den Landesbildungsserver bekanntgemacht.

§ 5
Zulassungsvoraussetzungen

(1) Zulassungsvoraussetzungen sind:
1. Übereinstimmung mit den durch Grundgesetz, Landesverfassung und Schulgesetz vorgegebenen Erziehungszielen;
2. Übereinstimmung mit den Zielen, Kompetenzen und Inhalten der jeweiligen Bildungsstandards oder Lehrplans sowie angemessene didaktische Aufbereitung der Stoffe;

| Lernmittel (Zulassung) / Lernmittelfreiheit (Allgemeines) |

3. altersgemäße und dem Prinzip des Gender Mainstreaming Rechnung tragende Aufbereitung der Inhalte sowie Gestaltung der äußeren Form;
4. Einbindung von Druckbild, graphischer Gestaltung und Ausstattung in die jeweilige didaktische Zielsetzung;
5. Orientierung an gesicherten Erkenntnissen der Fachwissenschaft.

(2) Schulbücher müssen den Bildungsstandards oder dem Lehrplan eines Faches oder Fächerverbundes entsprechen und sollen sich im Wesentlichen auf die dort ausgewiesenen verbindlichen Vorgaben (Kerncurriculum) beschränken. Inhalte des Schulbuches, die wesentlich über diese verbindlichen Vorgaben hinausgehen, sind kenntlich zu machen. Ist ein Lehrbuch für einen Bildungsstandard oder einen Lehrplan zu umfangreich, können mehrere Teilbände hergestellt werden, sofern ein verbindliches Konzept nach § 6 Abs. 2 Nr. 3 vorliegt. Soweit im Lernmittelverzeichnis vorgesehen, können anstatt eines Lehrbuches auch Themenhefte zugelassen werden, die zusammen genommen den Anforderungen des betreffenden Bildungsstandards oder Lehrplans genügen müssen. Im Bereich der beruflichen Schulen, mit Ausnahme der beruflichen Gymnasien, sollen Schulbücher dem Lehrplan eines Faches oder eines Bildungsgangs für alle Klassenstufen entsprechen.

(3) Schulbücher müssen nach ihrer äußeren Beschaffenheit für einen mehrjährigen, in der Regel fünfjährigen Gebrauch geeignet sein.

§ 6
Zulassungsverfahren
(Abs: 1 bis 4 nicht abgedruckt)

(5) Der Landeselternbeirat kann durch Stellungnahme an der Zulassung von Schulbüchern mitwirken.

(6) Für die Zulassung im Bereich der beruflichen Schulen gilt:
1. In den Fächern, in denen gleiche Lehrpläne für verschiedene Bildungsgänge zugrunde liegen, wird nur ein Zulassungsverfahren durchgeführt.
2. In den allgemeinbildenden Fächern dürfen Schulbücher, die
   a) für eine der drei Schularten Berufsschule, Berufsfachschule oder Berufsoberschule (Mittelstufe) zugelassen sind, auch in den beiden anderen Schularten,
   b) für das berufliche Gymnasium oder für das Berufskolleg oder für die Berufsoberschule (Oberstufe) oder für die Fachschule zugelassen sind, auch in den anderen hier genannten Schularten verwendet werden.
3. In erziehungskundlichen Fächern dürfen Schulbücher, die für eine berufliche Schulart zugelassen sind, auch in den übrigen Schularten des beruflichen Bereichs verwendet werden.
4. Die unter den Nummern 2 und 3 fallenden Bücher dürfen in allen Zusatz-, Erweiterungs- und Stützprogrammen verwendet werden, unabhängig von der Schulart, an dieser Programme angeboten werden. Bei diesen Programmen ist das jeweilige Bildungsziel (zum Beispiel Fachhochschulreife) maßgebend.

(7) *nicht abgedruckt*

(8) Zugelassene Schulbücher werden nach entsprechendem Hinweis im Amtsblatt des Kultusministeriums über den Landesbildungsserver bekanntgemacht.

Hinweis der Redaktion: Die Schulbuchlisten für die einzelnen Schularten stehen online als pdf-Dateien zum Herunterladen zur Verfügung: http://www.schulbuchlisten-bw.de/

§§ 8 (Sonderbestimmungen) und 9 (Gebühr)
nicht abgedruckt

→ Konferenzordnung § 5 Abs. 2 Ziff. 2; → Lehrmittel und Schuleinrichtung; → Lernmittelfreiheit (Allgemeines);
→ Lernmittelverordnung / Lernmittelverzeichnis; → Schulgesetz §§ 35 a, 56 Abs. 1 Ziff. 5, 60, 94 und 98

Lernmittelfreiheit (Allgemeines)

Hinweise der Redaktion

A.
Unentgeltlichkeit des Unterrichts und der Lernmittel

In Baden-Württemberg besitzt die Lernmittelfreiheit Verfassungsrang: *„Unterricht und Lernmittel an den öffentlichen Schulen sind unentgeltlich".*
→ Verfassung Art. 14 Abs. 2

Dadurch ist aber nur die Unentgeltlichkeit des Unterrichts im engeren Sinne garantiert. Hingegen sind z.B. die Kosten für außerunterrichtliche Veranstaltungen (Unterkunft, Verpflegung, Eintrittsgebühren usw.) von den Erziehungsberechtigten zu tragen; dazu gehören auch die Beförderungskosten zu solchen Veranstaltungen. Die Beförderungskosten zur Schule werden hingegen von den Schulträgern – unter Anrechnung von Eigenanteilen oder bis zu bestimmten Höchstgrenzen – mitfinanziert.

→ Schülerbeförderung

Näher konkretisiert wird die Lernmittelfreiheit in § 94 Abs. 1 Schulgesetz:

„In den öffentlichen Grundschulen, Hauptschulen, Realschulen, Gymnasien, Kollegs, Berufsschulen, Berufsfachschulen, Berufskollegs, Berufsoberschulen und Sonderschulen hat der Schulträger den Schülern alle notwen-

digen Lernmittel mit Ausnahme von Gegenständen geringen Wertes leihweise zu überlassen, sofern die Lernmittel nicht von den Erziehungsberechtigten oder den Schülern selbst beschafft werden; ausnahmsweise werden sie zum Verbrauch überlassen, wenn Art oder Zweckbestimmung des Lernmittels eine Leihe ausschließen. Gegenstände, die auch außerhalb des Unterrichts gebräuchlich sind, gelten nicht als Lernmittel."

→ Schulgesetz §§ 93, 94

Um die verfassungsrechtlich garantierte Unentgeltlichkeit des Unterrichts landesweit ohne Rücksicht auf die Finanzlage der Schulträger (Städte und Gemeinden) sicherzustellen, erhalten diese vom Land pauschale Zuweisungen je Schüler/in (mit Ausnahme der Grundschulen).

→ Haushalt (Kommunaler Finanzausgleich) / (Sachkosten)

Die Grundsätze für die unentgeltliche Bereitstellung der Lernmittel sind in der Lernmittelverordnung ausgeführt. Was im Einzelnen „notwendige Lernmittel" sind, ergibt sich aus dem Lernmittelverzeichnis (Anlage zur Lernmittelverordnung).

→ Lernmittelverordnung / Lernmittelverzeichnis

Nicht als unentgeltliche „Lernmittel" zählen Gegenstände, die der „gewöhnlichen Eigenausstattung der Schüler" zuzuordnen und demnach von ihnen selbst bzw. den Eltern zu beschaffen sind (das sind alle Gegenstände, deren Verwendung die Schule den Schülern freistellt oder die sie ohnehin besitzen, z.B. Schulranzen, Mäppchen, Sport- oder Schwimmbekleidung). Hingegen zählen z.B. Zirkel und Taschenrechner oder auch Wörterbücher zu den unentgeltlich zu stellenden „Lernmitteln".

→ Lernmittelverordnung / Lernmittelverzeichnis Nr. A.4

Dem Schulträger steht kein Recht zu, über die Notwendigkeit einzelner Lernmittel zu bestimmen oder mitzubestimmen. Er kann jedoch durch Auslegung des Begriffs „Gegenstände geringen Werts" (Schulgesetz § 94 Abs. 1) bestimmte Gegenstände von der Lernmittelfreiheit ausnehmen. Der Städtetag hat empfohlen, als Wertgrenze für „Gegenstände geringen Werts" den Betrag von 1 Euro anzusetzen. Das KM zählt hierzu „insbesondere Papier, Hefte, Ordner, Schreib- und Malgeräte, also auch Blei- und Buntstifte sowie Farbkasten".

Verbrauchs- und Arbeitsmaterialien (Arbeitshefte, die durch Einträge der Schüler/innen verbraucht werden, usw.) sind im Rahmen von Pauschalbeträgen unentgeltlich zu überlassen. Die Lernmittelfreiheit wird in diesem Bereich zunehmend dadurch unterlaufen, dass die Schulen von den Eltern „freiwillige" Kostenanteile einziehen oder ihnen die Beschaffung ganz überlassen. Diese Entwicklung wird dadurch verstärkt, dass die Schulträger verstärkt von der Möglichkeit der Budgetierung Gebrauch machen – und damit den Einsparungsdruck an die Schulen weitergeben.

→ Haushalt (Allgemeines – Budgetierung)

Im Regelfall wird die Lernmittelfreiheit in Form der Leihe verwirklicht. Die Bücher haben deshalb eine mehrjährige Nutzungsdauer. In der Schulbuchzulassungsverordnung hat das Kultusministerium hierzu verfügt: „Schulbücher müssen nach ihrer äußeren Beschaffenheit für einen mehrjährigen, in aller Regel fünfjährigen, Gebrauch geeignet sein".

→ Lernmittel (Zulassung) § 4

Daneben wird teilweise ein „Bonus-System" praktiziert: Dabei übernimmt der Schulträger einen Teil der Kosten, wenn die Eltern die Schulbücher selbst anschaffen. Da diese Schulbücher nach Gebrauch an nachfolgende Schüler-Generationen verkauft werden können, wird dem Grundsatz der Lernmittelfreiheit im Ergebnis Rechnung getragen. Allerdings tragen die Schüler bzw. ihre Eltern die volle Haftung bei Beschädigungen und Verlust. Zudem müssen sie in Vorleistung gehen und können – selbst bei Sammelbestellungen! – keine Rabatte in Anspruch nehmen (siehe Teil B).

Das Kultusministerium hat zum Bonus-System u.a. mitgeteilt (13.12.2001; AZ: 32-6434.0/122):

„Es bestehen seitens des Kultusministeriums ... keine Bedenken, dass Lernmittel freiwillig – ggf. unter finanzieller Beteiligung des Schulträgers (Bonussystem) – selbst beschafft werden, um sie in das Eigentum der Schüler zu überführen. Sind nicht alle Eltern bereit, im Zuge einer freiwilligen Beschaffung diese Lernmittel anzuschaffen bzw. die Kosten, zu tragen, ist ... entweder eine Verwendung im Unterricht nicht möglich oder die Schule muss denjenigen, die die Eltern bestehen, diese Lernmittel unentgeltlich zur Verfügung stellen. Schüler, die die gesetzliche Leihe in Anspruch nehmen, dürfen nicht benachteiligt werden. – Freiwilligkeit erfordert, dass über die Beschaffung bzw. Kostentragung der Eltern vor der Beschaffung bzw. vor Einzug des Kaufpreises/der Elternbeteiligung Einvernehmen hergestellt wird."

Das Regierungspräsidium Stuttgart hat ergänzend u.a. mitgeteilt (14.5. 2008; AZ: 7-6434.0/18-1):

Diese Kostenbeteiligung (auch „Bonus-System" genannt) erfordert aber als unabdingbare Voraussetzung, dass die Kostenbeteiligung freiwillig erfolgt. Darauf sind die Eltern und Schüler hinzuweisen. Insoweit ist auch sicherzustellen, dass weder von Seiten der Schule insgesamt noch von einzelnen Lehrkräften der Eindruck erweckt wird, dass ohne die Kostenbeteiligung der Eltern bzw. Schüler ein sachgerechter Unterricht nicht möglich sei. ... In diesem Zusammenhang wird auch auf § 47 Abs. 4 Nr. 1 b) Schulgesetz hingewiesen. Danach ist die Schulkonferenz anzuhören „zu Beschlüssen der Gesamtlehrerkonferenz über die Verwendung der Schule zur Verfügung gestellten Haushaltsmittel im Rahmen ihrer Zweckbestimmung".

→ KonferenzVO § 2 Abs. 1 Nr. 7; → Schulgesetz § 47

Im Rahmen des Lernmittelverzeichnisses entscheidet die Fachkonferenz über die Einführung neuer Lernmittel (besteht keine Fachkonferenz, entscheidet die Schulleitung nach Anhörung der Fachlehrer). Diese Entscheidung muss für mindestens fünf Jahre gelten. Es dürfen nur zugelassene Lernmittel angeschafft werden, es sei denn, dass bestimmte Lernmittel keiner Zulassung bedürfen (siehe unten Buchst. E). Der Klassenpflegschaft steht ein Recht auf Unterrichtung und Aussprache über die in der Klasse verwendeten Lernmittel zu.

→ Konferenzordnung § 5; → Schulgesetz § 56 Abs. 1

B. Beschaffung von Schulbüchern und Preisbindung

Die Beschaffung der lernmittelfrei zur Verfügung gestellten Lernmittel ist grundsätzlich Sache des Schulträgers. Im Rahmen der Budgetierung übernimmt dies teilweise – insbesondere in kleineren Kommunen – auch die einzelne Schule. In größeren Städten müssen wegen des finanziellen Volumens die Bestellungen vom Schulträger ggf. europaweit ausgeschrieben werden; insofern ist eine „stille Subventionierung" des örtlichen Fachhandels nicht möglich.

Seit dem Buchpreisbindungsgesetz von 2002 müssen die Verlage verbindliche Ladenpreise für Schulbücher (auch für Musikalien, kartografische Produkte wie Atlanten oder Wandkarten und für elektronische Verlagserzeugnisse, soweit sie überwiegend textorientiert sind) festlegen. Auch Arbeitshefte (z.B. für Fremdsprachen), in welche Einträge vorgenommen werden, sind „Bücher".

Bei der Sammelbestellung von Büchern für den Schulunterricht, die zu Eigentum der öffentlichen Hand angeschafft werden, gewähren die Verkäufer folgende Nachlässe:

a) bei einem Auftrag im Gesamtwert bis zu 25.000 Euro für Titel mit
 - mehr als 10 Stück   8 Prozent,
 - mehr als 25 Stück   10 Prozent,
 - mehr als 100 Stück   12 Prozent,
 - mehr als 500 Stück   13 Prozent,

b) bei einem Auftrag im Gesamtwert von mehr als
 - 25.000 Euro   13 Prozent,
 - 38.000 Euro   14 Prozent,
 - 50 000 Euro   15 Prozent.

Soweit Schulbücher von den Schulen im Rahmen eigener Budgets angeschafft werden, ist stattdessen ein genereller Nachlass von 12 Prozent für alle Sammelbestellungen zu gewähren (jeweils mindestens 11 Exemplare eines Titels). Dies gilt nur für Bücher, die unmittelbar im Schulunterricht Verwendung finden sollen (auch für Ganzschriften).

Schulbuchnachlässe dürfen nur bei echten Sammelbestellungen eingeräumt bzw. gefordert werden, bei Bestellungen also, die der Buchhändler durch eine Lieferung – wenn auch an verschiedene Lieferstellen – ausführen kann. Nachbestellungen können noch als zur Schulbuchsammelbestellung gehörend angesehen werden, wenn sie innerhalb von sechs Wochen nach Schuljahresbeginn erfolgen. Bei Rahmenverträgen, bei denen der Buchhändler die Bücher nach und nach auf Abruf liefern soll, wird die Staffel nicht angewandt.

Diese Nachlässe sind vom Gesetz verbindlich vorgeschrieben; es darf weder nach oben noch nach unten hiervon abgewichen werden. Es sind über die genannten Nachlässe hinaus weder Zugaben noch Prämien zulässig (nur *„Waren von geringem Wert oder Waren, die im Hinblick auf den Wert des gekauften Buches wirtschaftlich nicht ins Gewicht fallen"*, oder handelsübliche Serviceleistungen wie z.B. die kostenlose Anlieferung der Bücher oder die Rücknahme von Verpackung).

Voraussetzung ist, dass die öffentliche Hand Eigentum erwirbt. Deshalb dürfen z.B. Kaufexemplare im Rahmen eines Bonus-Systems oder Arbeitsmaterialien, die von den Schülern oder Eltern erworben werden, nicht mit Nachlässen geliefert werden. Ein Nachlass darf auch nicht gewährt werden, wenn ein Förderverein Schulbücher bei einer Buchhandlung kauft und sie anschließend der Schule schenkt, denn hierbei erfolgt rechtlich gesehen zunächst ein Eigentumserwerb seitens des Fördervereins. Das KM hat folgende Alternative aufgezeigt (Infodienst Eltern Nr. 29, März/April 2007): *„Möglich ist aber, dass der Förderverein dem Schulträger (bzw. der selbstständigen Schule) die für die Anschaffung erforderlichen finanziellen Mittel zur Verfügung stellt und dieser damit die Bücher zu Eigentum der Schule anschafft."*

Schülerbüchereien dürfen mit einem Nachlass von 10 Prozent beliefert werden (Kann-Vorschrift), nicht jedoch Lehrerbüchereien, außer sie sind Teil einer *„jedermann zugänglichen kommunalen Bücherei"*.

Das KM hat ausdrücklich zugelassen, dass Lernmittel, die nicht kostenfrei zur Verfügung gestellt werden, von der Schule über Sammelbestellungen beschafft werden dürfen. Dies (und das damit verbundene Inkasso bei den Schüler/innen bzw. deren Eltern) ist zulässig, soweit es von der Natur der Sache her notwendig ist (z.B. wenn der Kauf bestimmter Arbeitsmittel beim örtlichen Handel nicht möglich ist). Soweit es sich hierbei um Schulbücher handelt, verbietet die Buchpreisbindung auch hier die Einräumung von Nachlässen.

→ Werbung Ziff. 5.2

Die Vorschriften über die Buchpreisbindung gelten nicht für gebrauchte Bücher. Ein Bücher-Flohmarkt ist also problemlos möglich.

C. Freistücke für Lehrkräfte

Bis vor einigen Jahren haben die Verlage den Schulen regelmäßig Freiexemplare der Schulbücher zur Verfügung gestellt, die dann von den Lehrkräften zur Vorbereitung für den Unterricht genutzt wurden. Seit der Neuregelung der Buchpreisbindung im Jahr 2002 ist dies nicht mehr zulässig. Die Verlage geben jetzt nur noch „Prüfstücke" zu etwas günstigeren Konditionen ab (in engem Rahmen und in der Regel direkt an Fach-Lehrkräfte, die sich als solche ausweisen müssen).

In vielen Schulen schaffen die Schulträger bzw. die Schulen seitdem die erforderlichen Handexemplare für die Lehrkräfte selbst an. Dies geschieht in der Regel im Rahmen der Sammelbestellung von lernmittelfreien Schulbüchern für die Schüler/innen. Formal ist die Inanspruchnahme der Rabatte nach dem Buchpreisbindungsgesetz für die Anschaffung von Lehrerexemplaren jedoch unzulässig (erlaubt ist ein Rabatt von 10 Prozent jedoch bei der Beschaffung von Lehrer-Büchern für die Lehrerbibliothek, wenn sie Teil einer *„jedermann zugänglichen kommunalen Bücherei"* ist; wo dies nicht gegeben ist, muss die Beschaffung der Lehrerexemplare zum Normalpreis ohne Nachlass erfolgen). Teilweise wird die Beschaffung der Schulbücher für die Schülerinnen und Schüler aber nicht mehr bzw. nicht mehr allein oder vorrangig von den Schulträgern finanziert, sondern auch von den Eltern durch Büchergelder oder von Schulfördervereinen über Spenden. Dies führt dazu, dass die Eltern und damit auch die Gremien, in denen die Eltern mitentscheiden, darauf achten, dass sparsam mit „ihren" Geldern umgegangen wird. Eltern können auch Anstoß nehmen, wenn sie auf eigene Kosten eine Ganzschrift anschaffen sollen und dabei ein Freistück für die Lehrkraft mit finanzieren.

Es kann deshalb vorkommen (so ein gerichtlich überprüfter Fall im Bundesland Nordrhein-Westfalen), dass die Schulkonferenz ablehnt, den Lehrkräften die an der Schule vorhandenen Überexemplare zur Verfügung zu stellen, sondern verlangt, dass diese – zum Teil auf Kosten der Eltern bezahlten – Bücher ausschließlich den Schüler/innen zugute kommen. Mehrere Oberverwaltungsgerichte (OVG Münster, 31.10.2006; AZ: 6 B 1880/06, OVG Koblenz, 26.2.2008; AZ: A 11 288/07.OVG) haben festgestellt, dass eine Lehrkraft die Schulbücher, die für ihre Tätigkeit erforderlich sind, nicht aus eigener Tasche finanzieren muss. Vielmehr sei es Sache des Dienstherrn, seine Beamten mit den erforderlichen Arbeitsmaterialien auszustatten.

Wir halten es für geboten, dass die Schule bzw. der Schulträger die erforderlichen Handstücke für die Lehrkräfte beschafft. Um Missverständnisse zu vermeiden, sollten die Schulen unter dem Gesichtspunkt von „Haushaltswahrheit und -klarheit" im Rahmen der Budgetierung in ihrem internen Haushaltsplan die erforderlichen Mittel unter „Lehrerbücherei" ausbringen (der Schuletat ist von der Gesamtlehrerkonferenz zu beschließen, die Schulkonferenz ist anzuhören; vgl. SchG § 47 Abs. 4 Nr. 1 b). Dann erfolgt formal keine „Vermischung" mit Geldern, die der Schule von den Eltern oder auch einem Schulförderverein für die Beschaffung der Lernmittel zur Verfügung gestellt werden.

D. „Kopiergeld"

Vervielfältigungen für Unterrichts- oder Prüfungszwecke (z.B. „Arbeitsblätter", Testblätter) sowie für Verwaltungszwecke (z.B. Schülerlisten, Prüfungsaufgaben) fallen nicht unter die Lernmittel-, sondern unter die Schulgeldfreiheit. Auch sie müssen also unentgeltlich, jedoch aus einem anderen rechtlichen Grund zur Verfügung gestellt werden.

Das Kultusministerium hat mit Schreiben vom 16.12. 1988 Nr. III/2-6433.0/7 zum sogenannten „Kopiergeld" u.a. ausgeführt: *"Hierzu wird ausdrücklich festgestellt, dass die Erhebung eines Unkostenbeitrags für Kopien von den Schülern bzw. Eltern allenfalls auf rein freiwilliger Basis möglich ist. Auf die Entscheidung der Schüler und Eltern darf kein Druck oder Zwang ausgeübt werden ... auch nicht in der Weise, dass Schüler, die nicht bereit sind, einen solchen Beitrag zu leisten, im Unterricht benachteiligt werden (zum Beispiel keine fotokopierten Arbeitsblätter, Skripten und Ähnliches erhalten). Eine solche Verfahrensweise wäre ein Verstoß gegen die Bestimmungen der Schulgeld- und Lernmittelfreiheit ... ."*

→ Urheberrecht (Kopien)

Trotzdem empfiehlt sich flexibles Handeln: Wenn die Schule beispielsweise kopierte Arbeitsblätter für Klassenarbeiten, Tests usw. kostenlos zur Verfügung stellt und dafür den Kauf (teurerer!) Klassenarbeitshefte erspart, ist ein finanzieller Eigenbeitrag für diese Kopien vertretbar.

E. Sozialhilfe für Lernmittel

Bedürftige Familien mit schulpflichtigen Kindern (auch Alleinerziehende) erhalten seit 2005 im Regelfall keine Sozialhilfe mehr, sondern die „Grundsicherung für Arbeitssuchende" (Arbeitslosengeld II) sowie für Kinder das „Sozialgeld". Zugleich fielen die früheren „einmaligen Leistungen" der Sozialhilfe (monatliche Pauschale für den laufenden Bedarf an Schulartikeln sowie Sonderbedarf bei Einschulung oder Schulwechsel) weg; von den Betroffenen wurde erwartet, dass sie hierfür Rücklagen aus den laufenden Regelleistungen bzw. dem Sozialgeld bilden.

2009 wurde dies durch eine Änderung des Sozialgesetzbuchs II (§ 24a) im Jahr 2009 teilweise revidiert: Schüler/innen, die das 25. Lebensjahr noch nicht vollendet haben und die eine allgemein- oder berufsbildende Schule besuchen, erhalten jetzt jährlich zum Schuljahresbeginn eine zusätzliche Leistung für die Schule in Höhe von 100 Euro, wenn sie oder mindestens ein im Haushalt lebender Elternteil am 1. August des jeweiligen Jahres Anspruch auf Leistungen zur Sicherung des Lebensunterhalts haben, es sei denn, dass sie einen Anspruch auf Ausbildungsvergütung besitzen.

Im begründeten Einzelfall kann ein Nachweis über eine zwecksprechende Verwendung der Leistung verlangt werden.

Für Sozialhilfeempfänger wurde eine gleichlautende Regelung getroffen (§ 28a SGB XII).

Gute Hinweise, was man für Kinder von Hartz IV-Empfängern tun kann, finden sich auf der von allen Gewerkschaften unterstützten Homepage www.erwerbslos.de.

→ Gebühren; → Haushalt (Allgemeines – Budgetierung); → Haushalt (Kommunaler Finanzausgleich); → Haushalt (Sachkostenbeiträge); → Konferenzordnung § 5; → Lehrmittel und Schuleinrichtung; → Lernmittel (Zulassung); → Lernmittelverordnung / Lernmittelverzeichnis; → Schulentwicklung; → Schulgesetz § 35 a, § 56 Abs. 1 Ziff. 5, § 60, § 94, § 98; → Urheberrecht (Kopien); → Verfassung Art. 14

Lernmittelverordnung

Auszug aus der Verordnung des Kultusministeriums über die notwendigen Lernmittel (Lernmittelverordnung - LMVO) vom 19. April 2004 (GBl. S. 368/2004; KuU S. 152/2004))

§ 1
Notwendige Lernmittel

(1) Die notwendigen Lernmittel, die der Schulträger gemäß § 94 Abs. 1 SchG den Schülern zu überlassen hat, ergeben sich aus dem als Anlage angeschlossenen Lernmittelverzeichnis.

(2) Die im Lernmittelverzeichnis nicht einzeln genannten, jedoch durch Pauschbeträge erfassten Lernmittel, zum Beispiel Lern- und Arbeitsmaterialien, Ganzschriften und Arbeitshefte, sind im Rahmen dieser Pauschbeträge vom Schulträger zur Verfügung zu stellen, soweit es sich im Einzelfall nicht um Gegenstände geringen Werts handelt.

(3) Die Fachkonferenz bestimmt, ob und gegebenenfalls welche notwendigen Lernmittel für das jeweilige Unterrichtsfach verwendet werden. Besteht keine Fachkonferenz, entscheidet der Schulleiter nach Anhörung der Fachlehrer. Die Entscheidung gilt bei den Lehrbüchern grundsätzlich für mindestens fünf Jahre.

Hinweis der Redaktion: Ein Beschluss der Fachkonferenz über die Verwendung eines bestimmten Schulbuches bindet alle hiervon betroffenen Lehrkräfte; sie sind verpflichtet, dieses Buch im Fachunterricht als „hauptsächliches Arbeitsmittel" einzusetzen. Die einzelne Lehrkraft hat das Recht, ergänzend hierzu weitere Lernmittel (z.B. selbst gefertigte Arbeitsblätter usw.) einzusetzen. Allerdings besteht dann kein Anspruch darauf, diese zusätzlich aus dem Schuletat finanziert zu bekommen. Vgl. Bundesverwaltungsgericht 28.1.1994 (AZ: 6 B 24/93)

(4) Die Fachkonferenz und der Schulleiter haben bei ihrer Entscheidung Lernmethode, Bedürfnisse des Unterrichts im jeweiligen Fach, Art und Zweckbestimmung des Lernmittels sowie den Grundsatz der Wirtschaftlichkeit und Sparsamkeit zu berücksichtigen.

(5) Lernmittel, bei denen die Möglichkeit des nicht zweckentsprechenden Gebrauchs besteht oder deren Beschaffung oder Kostenerstattung einen Verwaltungsaufwand verursacht, der in keinem Verhältnis zu dem Zweck der Lernmittelfreiheit steht, können vom Schulträger von der Lernmittelfreiheit ausgenommen werden.

(6) Gewöhnliche Eigenausstattungsgegenstände der Schüler sind keine Lernmittel.

§ 2 Inkrafttreten

(3) Die im Lernmittelverzeichnis (Anlage) enthaltenen Bestimmungen über grafikfähige Taschenrechner treten in Kraft.

1. am Tage nach ihrer Verkündung für die Klasse 11 und die Jahrgangsstufen 1 und 2 der allgemeinbildenden Gymnasien, für die Eingangsklasse und die Jahrgangsstufen 1 und 2 der beruflichen Gymnasien sowie für die Berufsoberschulen – Oberstufe – und die zur Fachhochschulreife führenden Bildungsgänge der beruflichen Schulen,
2. am 1. August 2007 für Schüler der Klasse 8 der allgemeinbildenden Gymnasien,
3. am 1. August 2008 für Schüler der Klasse 9 der allgemeinbildenden Gymnasien,
4. am 1. August 2009 für Schüler der Klasse 10 der allgemeinbildenden Gymnasien.

Bis zum Zeitpunkt des Inkrafttretens der Bestimmungen über grafikfähige Taschenrechner ist für alle Schüler der Klassen 7 bis 10 im neunjährigen Bildungsgang sowie für alle Schüler der Klassen 7 bis 9 im achtjährigen Bildungsgang ein nicht grafikfähiger Taschenrechner notwendiges Lernmittel.

Hinweis der Redaktion: Im Lernmittelverzeichnis ist – anders als in Haupt- und Realschulen – der „normale" Taschenrechner an den Gymnasien nicht aufgeführt. Im Bildungsplan für das Gymnasium ist im Fach Mathematik Klasse 6 jedoch die Verwendung eines geeigneten Taschenrechners vorgeschrieben. Daher ist an jedem Gymnasium zumindest die klassensatzweise Vorhaltung von Taschenrechnern notwendig.
(Quelle: Landesinstitut für Schulentwicklung, 26.09.2007)
→ Lehrmittel und Schuleinrichtung

Anlage (zu § 1 Abs. 1)

Lernmittelverzeichnis

A. Erläuterungen

1. Die notwendigen Lernmittel sind im Lernmittelverzeichnis, soweit dies geboten ist, nach Schulart, Schultyp, Unterrichtsfach, Klasse/Jahrgangsstufe und Art näher bezeichnet. Die zum ständigen Gebrauch notwendigen Lernmittel sind in der Regel mindestens fünf Jahre zu verwenden. Dies gilt vor allem für Schulbücher und sonstige Druckwerke. Atlanten sind hiervon ausgenommen; sie sind regelmäßig länger (während der gesamten Schulzeit) zu verwenden.

2. Im Lernmittelverzeichnis sind die zur Umsetzung des Kerncurriculums, bei den beruflichen Schulen der Lehr- und Bildungspläne notwendigen Lernmittel enthalten. Die darüber hinaus bei den allgemeinbildenden Schulen zur Vertiefung und Erweiterung im Rahmen des Schulcurriculums weiter erforderlichen Lernmittel sind in angemessenem Umfang zur Verfügung zu stellen, soweit die Inhalte nicht aus den im Lernmittelverzeichnis aufgeführten Lernmitteln vermittelt werden können.

Die Schulträger sollen den Schulen ferner für die Beschaffung von nicht einzeln im Lernmittelverzeichnis aufgeführten Lernmitteln und anderen Gegenständen je Schüler einen Pauschbetrag aus der bei der/dem jeweiligen Schulart/Schultyp genannten Bandbreite zur selbstständigen Bewirtschaftung gemäß § 48 Abs. 2 SchG zur Verfügung stellen.

Lernmittelverordnung / Lernmittelverzeichnis

Die finanzielle Ausstattung der Schulen hinsichtlich der Zweckbestimmung der zugewiesenen Mittel (z.T. verbunden mit anderen Schulkosten) sowie pädagogische Entscheidungen über den Einsatz von Lernmitteln unterscheiden sich erheblich. Deshalb ist bei den Pauschbeträgen teilweise eine Bandbreite vorgesehen, die diese Unterschiede berücksichtigt. Die Schulen entscheiden nach pflichtgemäßem Ermessen selbstständig über die Verwendung des ihnen zur Verfügung stehenden Betrags.

3. Zur Gewährleistung eines zweckentsprechenden Gesetzesvollzugs können solche Lernmittel, bei denen die Möglichkeit des nicht zweckentsprechenden Gebrauchs besteht, sowie Gegenstände, deren Beschaffung bzw. Kostenerstattung einen Verwaltungsaufwand verursacht, der in keinem Verhältnis zu dem Zweck der Lernmittelfreiheit steht, im Rahmen der Auslegung des Begriffs »Gegenstände geringen Werts« vom Schulträger von der Lernmittelfreiheit ausgenommen werden. Hierzu gehören insbesondere Papier, Hefte, Ordner, Schreib- und Malgeräte, also auch Blei- und Buntstifte sowie Farbkasten.

4. Keine Lernmittel sind Gegenstände, die zur Einrichtung der Schule, insbesondere der Fachräume, Werkräume, Werkstätten und Schulküchen gehören (z.B. Kopier- und andere Geräte, Musikinstrumente, Werkzeuge, Maschinen, Bügeleisen, Scheren u.a.). Keine Lernmittel sind ferner Gegenstände, die der gewöhnlichen Eigenausstattung der Schüler zuzuordnen sind. Danach sind keine Lernmittel solche Gegenstände, deren Verwendung die Schule den Schülern freistellt oder die sie ohnehin besitzen, z.B. Schulranzen, Mäppchen, Sport- oder Schwimmbekleidung. Auf die Ausstattungspflicht der Eltern nach § 85 Abs. 1 Satz 2 SchG wird ergänzend hingewiesen.

Hinweis der Redaktion: Teilweise werden Lernmittel, die den Schüler/innen nicht lernmittelfrei zur Verfügung gestellt werden, von der Schule über eine Sammelbestellung beschafft. Dies (und das damit verbundene Inkasso) ist zulässig, soweit es von der Natur der Sache her notwendig ist (z.B. wenn ein Lernmittel beim örtlichen Fachhandel nicht ohne weiteres verfügbar ist oder durch die Sammelbestellung ein wesentlicher Kostenvorteil entsteht).
→ Werbung, Wettbewerbe, Erhebungen Ziff. 5.2

5. Lehr- und andere Bücher, die in Fächern und Fächerverbünden über mehrere Klassen notwendiges Lernmittel sind, können in mehreren Teilbänden beschafft werden.

6. In die für die einzelnen Klassen/Jahrgangsstufen vorgesehenen Spalten sind einfache Kreuze, doppelte Kreuze oder Zahlen eingetragen. Dabei bedeuten:
   a) das einfache Kreuz (x): In dieser Klasse/Jahrgangsstufe ist das angegebene Lernmittel für jeden Schüler während des gesamten Schuljahres zum ständigen Gebrauch notwendig;
   b) das doppelte Kreuz (xx): In dieser Klasse/Jahrgangsstufe ist das angegebene Lernmittel für den Schüler während des Schuljahres in der Regel nur zum vorübergehenden Gebrauch (Klassensätze) bestimmt. Bei der Zahl der an der Schule vorzuhaltenden Klassensätze sind die Zahl der Klassen (Parallelklassen/Züge bzw. Klassenstufen, in denen das Lernmittel benötigt wird) sowie die organisatorischen Möglichkeiten der Mehrfachnutzung zu berücksichtigen;
   c) eine Zahl: notwendige Anzahl des angegebenen Lernmittels in der betreffenden Klasse/Jahrgangsstufe je Schüler. Eine Zahl in Klammern gesetzt bezieht sich auf die Anzahl der Klassensätze.

Weiter bedeuten:
2-st. = zweistündiger Kurs,
4-st. = vierstündiger Kurs.

7. Es bedeuten
   a) Themenhefte: Schriften, die sich mit einzelnen, im Lehrplan vorgesehenen Themen schwerpunktmäßig befassen und wie Lehrbücher verwendet werden, also nicht zum Verbrauch bestimmt sind.
   b) Arbeitshefte: Druckwerke, die Aufgaben oder sonstige Arbeitsaufforderungen enthalten und vom Schüler bearbeitet werden. In der Regel sind Arbeitshefte nach Verwendung durch den Schüler verbraucht.
   c) Arbeitsbücher: Druckwerke, die Aufgabenstellungen und Übungen enthalten, die jedoch nicht im Arbeitsbuch selbst gelöst werden; Arbeitsbücher können mehrfach verwendet werden.
   d) Arbeitsmittel: Unterrichtsmaterialien, die Aufgaben oder sonstige Arbeitsaufforderungen enthalten und für die Hand der Schüler bestimmt sind.
   e) Materialien/Materialsätze: Bei den im Lernmittelverzeichnis genannten Materialien und Materialsätzen handelt es sich nur um solche Gegenstände, die die Schüler im Unterricht verwenden und die nicht zum Verbrauch bestimmt sind (z.B. Thermometer). Materialien und Materialsätze, die zum Verbrauch bestimmt sind, fallen unter § 1 Abs. 2; sie sind im Pauschbetrag berücksichtigt.
   f) Grafikfähige Taschenrechner: Das Kultusministerium kann in Abstimmung mit den kommunalen Landesverbänden Empfehlungen zur Beschaffenheit der grafikfähigen Taschenrechner herausgeben.

Bei einer Änderung der Bezeichnung eines Unterrichtsfachs sowie für Schulversuche gilt das Lernmittelverzeichnis entsprechend. Fächerübergreifende Themen oder Bezeichnungen gelten als Unterrichtsfach.

Hinweis der Redaktion: Zu den Kosten (Lernmittel- und Schulgeldfreiheit) bitte den Beitrag → Lernmittelfreiheit (Allgemeines) beachten.

B. Inhaltsverzeichnis (hier nicht abgedruckt)

C. Lernmittelverzeichnis

Sonderschule (Förderschule)

Unterrichtsfach und Art des Lernmittels	1	2	3	4	5	6	7	8	9
	(Unterst.)			(Mittels.)			(Oberst.)		
Evangel. und kathol. Religionslehre									
Bibel	xx	xx	xx	xx	xx	xx	xx	xx	xx
Arbeitsbuch	x	x	x	x	x	x	x	x	x
Gebets- und Liedersammlung	xx	xx	xx	xx	xx	xx	xx	xx	xx
Themenhefte	2	2	2	2	2	2	2	2	2
Materialsätze	xx	xx	xx	xx	xx	xx	xx	xx	xx
Deutsch									
Fibel/Lesebuch	x	x	x	x	x	x	x	x	x
Sprachkunde				x	x	x	x	x	x
Mathematik									
Lehrbuch	x	x	x	x	x	x	x	x	x
Zirkel				x	x	x	x	x	x
Taschenrechner				x	x	x	x	x	x
Musik									
Liederbuch	x	x	x	x	x	x	x	x	x

Der Pauschbetrag für die im Verzeichnis nicht einzeln aufgeführten Lernmittel beträgt je Schüler und Schuljahr 26 Euro bis 77 Euro.

Hinweis der Redaktion: Nach dem neuen Bildungsplan der Förderschule sind keine Lehrwerke mehr erforderlich für die Fächer Vorbereitung auf Beruf und Leben / Sachunterricht/ Erdkunde / Geschichte / Gemeinschaftskunde/Wirtschaftslehre / Physik/Chemie / Biologie / Werken/Technik / Textiles Werken / Hauswirtschaft und Verkehrserziehung. Stattdessen werden für die nachfolgend aufgeführten Fächerbünde beziehungsweise Englisch spezifische eigene Lehrwerke benötigt. Diese Fächer sind in der oben wiedergegebenen Tabelle deshalb gestrichen.

- Mensch – Natur – Kultur (Grundstufe, Klassen 1 bis 4)
- Natur – Technik (Hauptstufe, Klassen 5 bis 9)
- Welt – Zeit – Gesellschaft (Hauptstufe, Klassen 5 bis 9)
- Wirtschaft – Arbeit – Gesundheit (Hauptstufe, Klassen 5 bis 9)
- Englisch (Grund- und Hauptstufe, Klassen 1 bis 4 und 5 bis 9). Das Fach Englisch bildet eine Ausnahme, da es hier kein Fach gibt, das durch Englisch ersetzt wird. Für den Fächerverbund „Musik – Sport – Gestalten" kann das im Lernmittelverzeichnis für Musik vorgesehene Liederbuch eingesetzt werden.

Die kommunalen Landesverbände haben den Schulträgern empfohlen, bis zu einer etwaigen Änderung der Lernmittelverordnung auch ohne formale Regelung die Beschaffung und Verwendung eines Lehrbuchs für die vorgenannten Fächerverbünde/ Themen zu ermöglichen, sodass die Schulen das Lehrbuch innerhalb ihres Budgets beschaffen können.
(Quelle: Infodienst Schulleitung vom Juni 2009 / Nr. 130)

> Auf dieser und den folgenden Seiten geben wir das Lernmittelverzeichnis der Grundschulen, der Förderschulen, der Hauptschulen, der Realschulen sowie der Gymnasien (Normalform) wieder. Das vollständige Verzeichnis mit allen Schularten ist in der Loseblattsammlung von KuU unter Nr. 6434-21 abgedruckt.

Grundschule

Unterrichtsfach und Art des Lernmittels	1	2	3	4
Evangelische und Katholische Religionslehre				
Bibel		xx		xx
Gebets- und Liedersammlung	xx		xx	
Lehrbuch	x			x
Themenhefte	2			4
Materialsatz	xx			xx
Deutsch				
Fibel oder Leselehrgang	x			
Arbeitsmittel für Schreiben und Gestalten von Texten	2			2
Lesebuch oder Lesehefte			x	2
Gedichtband				xx
Sprachlehrbuch oder Lese-/Sprachbuch			x	2
Rechtschreibwörterbuch			xx	xx
Arbeitsmittel für Rechtschreib.			x	2
Kinderbücher/Sachbücher			xx	(2)
Fremdsprache				
Lehrbuch			2	2
Arbeitsmittel für Fremdsprachenangebote			(2)	(2)
Mensch, Natur und Kultur				
Lehrbuch oder Themenhefte	x			x
Heimatkundliche Materialsätze			2	2
Naturkundlich-techn. Materialsätze oder Experimentierhefte			2	2
Lehrbuch für Musik	x			x
Liederbuch	xx			xx
Mathematik				
Lehrbuch			2	2
Zirkel				xx
Arbeitsmittel z. Mathematisieren	x			x

Der Pauschbetrag für die im Verzeichnis nicht einzeln aufgeführten Lernmittel beträgt je Schüler und Schuljahr 6 Euro bis 10 Euro.

Hauptschule

Unterrichtsfach und Art des Lernmittels	5	6	7	8	9	10
Evangelische und Katholische Religionslehre						
Bibel		xx				
Gebets- und Liedersammlung	xx			xx		
Lehrbuch	x			x		x
Themenhefte	4			6		2
Materialsätze	xx			xx		xx
Ethik						
Lehrbuch				x		x
Materialsätze				xx		x
Deutsch						
Lesebuch oder Lesehefte				xx		
Gedichtband				xx		
Sprachlehrbuch	x			x		x
Wörterbuch	x			x		x
Arbeitsmittel zur Rechtschreibförderung						
Rechtschreibwörterbuch	xx			xx		xx
Jugendbücher/Sachbücher	(4)			(10)		(4)

Lernmittelverordnung / Lernmittelverzeichnis

Unterrichtsfach und Art des Lernmittels	5	6	7	8	9	10
Welt - Zeit - Gesellschaft						
Lehrbuch oder Themenhefte	x		x		x	
Weltatlas mit Landesteil oder Universalatlas			x			
Geschichts- (o. Weltatlas mit Landes- u. Geschichtsteil)					xx	
Grundgesetz u. Landesverf.					xx	
Englisch						
Lehrbuch oder Themenhefte	x		x		x	
Grammatik				x		x
Wörterbuch E- D/D-E			xx			
Liederhefte	x		x		x	
Französisch[1]						
Lehrbuch			x		x	x
Liederhefte			x		x	x
Mathematik						
Lehrbuch	x		x		x	
Formelsammlung				x		
Zirkel		x				
Taschenrechner			xx		x	
Arbeitsmitt. z. Mathematis.	x		x		x	
Materie - Natur - Technik						
Lehrbuch oder Themenhefte	x		x		x	
Bestimmungsbuch f. Pflanzen	xx			xx		
Bestimmungsbuch für Tiere	xx			xx		
Musik - Sport - Gestalten						
Lehrbuch Musik	xx		xx			
Liederbuch	xx		xx			
Instrumentalsätze	xx		xx		xx	
Linolbesteck			xx			
Wirtschaft - Arbeit - Gesundheit						
Lehrbuch oder Themenhefte	x		x		x	
Zeichenplatte			xx	xx	xx	
Lehrbuch Hauswirtschaft			xx	xx	xx	
Lehrbuch Textiles Werken			xx	xx	xx	
Berufskundliches Lehrwerk o. berufskundliche Materialien					xx	
Verkehrserziehung						
Lehrbuch oder Themenheft	x		x		x	
Chor/Orchester (AG)						
Chor- und Instrumentalsätze				xx		
Informationstechn. Grundbildung						
Lehrbuch oder Themenhefte					x	

[1] Für Schulen, die im Anschluss an die Grundschulpflichtfremd-sprache Französisch Arbeitsgemeinschaften anbieten

Der Pauschbetrag für die im Verzeichnis nicht einzeln aufgeführten Lernmittel beträgt je Schüler und Schuljahr 21 Euro bis 36 Euro.

Realschule

Unterrichtsfach und Art des Lernmittels	5	6	7	8	9	10
Ev. und Kath. Religionslehre						
Bibel				xx		
Gebets- und Liedersammlung	xx		xx		xx	
Lehrbuch			x		x	x
Themenhefte	4		4			4
Materialsätze	(4)		(4)			(4)
Ethik						
Lehrbuch oder Themenhefte					x	
Materialsätze					(6)	

Unterrichtsfach und Art des Lernmittels	5	6	7	8	9	10
Deutsch						
Lesebuch	x		x		x	
Sprachlehrbuch	x		x		x	
Rechtschreibwörterbuch			xx			
Gedichtband/Ganzschriften						xx
Literaturgeschichte						xx
Geschichte						
Lehrbuch		x	x		x	
Geschichtsatlas			xx			
Erdkunde - Wirtschaftskunde - Gemeinschaftskunde						
Lehrbuch	x		x		x	x
Berufskundl. Lehrbuch oder berufskundl. Materialien				xx		
Weltatlas mit Landesteil oder Universalatlas			x			
Grundgesetz u. Landesverf.						xx
Englisch und Französisch als Pflichtfremdsprache						
Lehrbuch oder Themenhefte	x		x		x	
Grammatik				x		x
Wörterbuch Fremdspr.-D/D-F			xx			
Liederheft			xx			
Englisch und Französisch als Wahlpflichtfremdsprache						
Lehrbuch oder Themenhefte	x		x		x	
Grammatik				x		x
Wörterbuch Fremdspr.-D/D-F			xx			
Liederheft			xx			
Mathematik						
Lehrbuch	x		x		x	
Formelsammlung						x
Zirkel	x					
Taschenrechner				x		
Informationstechn. Grundbildung						
Lehrbuch oder Themenhefte			x			
Naturwissenschaftliches Arbeiten						
Lehrbuch oder Themenhefte	x					x
Lehrbuch Physik					x	
Lehrbuch Chemie					x	
Lehrbuch Biologie					x	
Experimentierbuch				xx		xx
Bestimmungsbuch f. Pflanzen				xx		
Bestimmungsbuch für Tiere				xx		
Musik						
Lehrbuch	x		x		x	
Liederbuch	x				x	
Instrumentalsätze	xx		xx		xx	
Bildende Kunst						
Lehrbuch Stil- u. Kunstgesch.					xx	xx
Linolbesteck				xx		
Mensch und Umwelt						
Lehrbuch	x		x			
Technik						
Lehrbuch					x	x
Zeichenplatte, Reißzeug, Schablonen					xx	xx
Orchester bzw. Instrum.-Gr. (AG)						
Instrumentalsätze			xx			
Chor (AG) Chorsätze			xx			

Der Pauschbetrag für die im Verzeichnis nicht einzeln aufgeführten Lernmittel beträgt je Schüler und Schuljahr 20 Euro bis 33 Euro.

Lernmittelverordnung / Lernmittelverzeichnis

Gymnasium
I. Normalform neunjährig

Unterrichtsfach und Art des Lernmittels	Klasse 5	6	7	8	9	10	11	Jg.St. 1	2
Ev. und Kath. Religionslehre									
Bibel	xx	xx	xx	xx	xx	xx	xx	xx	xx
Gebets- u. Liedersamml.	xx	xx	xx	xx	xx	xx	xx	xx	xx
Lehrbuch	x	x	x	x	x	x	x	x	x
Themenhefte	2	2	2	2	2	2	2	2	2
Materialsätze	(2)	(2)	(2)	(2)	(2)	(2)	(2)	(2)	(2)
Ethik									
Lehrbuch			x	x	x	x	x	x	x
Materialsätze			(2)	(2)	(2)	(2)	(2)	(2)	
Deutsch									
Lesebuch	x	x	x	x	x	x	x		
Sprachlehrbuch	x	x	x	x	x				
Themenhefte						(1)	(1)	(4)	4	4
Grammatik	x	x	x	x	x	x	x		
Sprach- u. Stilbuch/ Grammatik								x	x	x
Rechtschreibwörterbuch	xx	xx	xx	xx	xx	xx	xx	xx	xx
Literaturgeschichte								x	x	x
Textsammlung								xx	xx	xx
Gedichtband								xx	xx	xx
Literaturlexikon								xx	xx	xx
Erdkunde									
Lehrbuch	x	x	x	x			x	x	x
Themenhefte					(3)	(3)	(3)		
					(2-st.)				
					(10)(10)				
					(4-st.)				
Weltatlas mit Landesteil	x	x	x	x			x	x	x
Spezialkarte					(2)	(2)			
					(4-st.)				
Geschichte									
Lehrbuch		x	x	x	x	x	x		
Geschichtsatlas		x	x	x	x	x	x		
Arbeitsbuch (Quellenwerk)		xx	xx	xx	xx	xx	xx		
Themenhefte						3	(4)	(4)	
						(2-st.)			
						(8)	(8)		
						(4-st.)			
Geschichtslexikon								x	x
Gemeinschaftskunde									
Lehrbuch				x	x	x	x		
Grundgesetz u. Landesverf.				xx	xx	xx	xx		
Themenhefte						6	(3)	(3)	
						(2-st.)			
						(8)	(8)		
						(4-st.)			
Englisch als 1. Fremdsprache									
Lehrbuch	x	x	x	x	x	x	x	x	x
Grammatik	x	x	x	x	x	x	x	x	x
Wörterbuch E-D/D-E				xx	xx	xx	xx	xx	xx
Wörterbuch einsprachig							x	x	x
Lehrbuch Wortkunde							x	x	x
Lehrbuch Grammatik							x	x	x

Hinweis der Redaktion: Für die Gymnasien sollten für die folgenden Fächer/ Themen Schulbücher zur Verfügung stehen; derzeit sind hierfür im Lernmittelverzeichnis keine Lehrwerke enthalten.
- Naturphänomene (Bildungsstandard Klasse 6)
- Naturwissenschaft und Technik (Bildungsstandard Kl. 10).
Die kommunalen Landesverbände haben den Schulträgern empfohlen, bis zu einer etwaigen Änderung der Lernmittelverordnung, ohne formale Regelung die Beschaffung und Verwendung eines Lehrbuchs für die vorgenannten Fächerverbünde/ Themen zu ermöglichen, sodass die Schulen das Lehrbuch innerhalb ihres Budgets beschaffen können.
(Quelle: Infodienst Schulleitung, Juni 2009 / Nummer 130)

Unterrichtsfach und Art des Lernmittels	Klasse 5	6	7	8	9	10	11	Jg.St. 1	2
Englisch als 2. Fremdsprache									
Lehrbuch			x	x	x	x	x	x	x
Grammatik				x	x	x	x	x	
Wörterbuch E-D/D-E				xx	xx	xx	xx	xx	xx
Wörterbuch einsprachig							x	x	x
Lehrbuch Wortkunde							x	x	x
Lehrbuch Grammatik							x	x	x
Französisch als 1. Fremdsprache									
Lehrbuch	x	x	x	x	x	x	x	x	x
Grammatik	x	x	x	x	x	x	x	x	x
Wörterbuch F-D/D-F				xx	xx	xx	xx	xx	xx
Wörterbuch einsprachig							x	x	x
Lehrbuch Wortkunde							x	x	x
Lehrbuch Grammatik							x	x	x
Französisch als 2. Fremdsprache									
Lehrbuch			x	x	x	x	x	x	x
Grammatik				x	x	x	x	x	x
Wörterbuch F-D/D-F				xx	xx	xx	xx	xx	
Wörterbuch einsprachig							x	x	x
Lehrbuch Wortkunde							x	x	x
Lehrbuch Grammatik							x	x	x
Französisch als 3. Fremdsprache									
Lehrbuch					x	x	x	x	
Grammatik						x	x	x	x
Wörterbuch F-D/D-F					xx	xx	xx	xx	
Wörterbuch einsprachig							x	x	
Wortkunde							x	x	x
Grammatik							x	x	x
Latein als 1. Fremdsprache									
Lehrbuch	x	x	x	x					
Grammatik	x	x	x	x	x	x	x	x	x
Wörterbuch Lat.-Deutsch					x	x	x	x	x
Wortkunde					x	x	x	x	x
Begleitb. z. antik. Kultur	x	x	x	x	x	x	x	x	x
Latein als 2. Fremdsprache									
Lehrbuch			x	x	x				
Grammatik				x	x	x	x	x	x
Wörterbuch Lat.-Deutsch					x	x	x	x	x
Wortkunde					x	x	x	x	x
Begleitb. z. antiken Kultur			x	x	x	x	x	x	x
Latein als 3. Fremdsprache									
Lehrbuch					x	x	x	x	
Grammatik					x	x	x	x	x
Wörterbuch Lat.-Deutsch						x	x	x	x
Wortkunde						x	x	x	x
Begleitb. z. antik. Kultur					x	x	x	x	x
Griechisch als 3. Fremdsprache									
Lehrbuch					x	x			
Grammatik					x	x	x	x	x
Wörterbuch Griech.-D.						x	x	x	x
Wortkunde						x	x	x	x
Begleitb. z. antik. Kultur					x	x	x	x	x
Russisch als 2. Fremdsprache									
Lehrbuch			x	x	x	x	x	x	x
Grammatik			x	x	x	x	x	x	x
Wörterbuch R-D/D-R				xx	xx	xx	xx	xx	
Wörterbuch einsprachig							x	x	x
Wortkunde							x	x	x
Lehrbuch Gramm. u. Stilistik							x	x	x
Russisch als 3. Fremdsprache									
Lehrbuch					x	x	x	x	
Grammatik					x	x	x	x	x
Wörterbuch R-D/D-R					xx	xx	xx	xx	
Wörterbuch einsprachig							x	x	x
Wortkunde							x	x	x
Lehrbuch Gramm. u. Stilistik							x	x	x
Italienisch und Spanisch als 3. Fremdsprache									
Lehrbuch							x	x	x
Grammatik							x	x	x	x

Lernmittelverordnung / Lernmittelverzeichnis

Unterrichtsfach und Art des Lernmittels	5	6	7	Klasse 8	9	10	11	JgSt. 1	2
Wörterb. Fremdspr.-D/D-Fr.					xx	xx	xx	xx	
Wörterbuch einsprachig							x	x	x
Wortkunde							x	x	x
Lehrbuch Grammatik							x	x	x
Fremdsprachen ab Klasse 11									
(spät beginnende Fremdsprachen)									
Lehrbuch							x	x	x
Grammatik							x	x	x
Wörterbuch Fremdsprache-D/D-Fr.-spr.									
(nicht für Latein und Griechisch)							xx	xx	xx
Wörterbuch Fremdsprache-D/D-Fr.-spr.									
(nur für Latein und Griechisch)							x	x	x
Wörterbuch einsprachig									
(nicht für Latein und Griechisch)								x	x
Wortkunde								x	x
Mathematik									
Lehrbuch Mathematik	x	x	x	x	x	x	x		
Lehrbuch Algebra			x	x	x	x			
Lehrbuch Geometrie			x	x	x	x			
Themenhefte					xx	xx	xx	xx	
Lehrbuch Analysis							x	x	x
Lehrbuch Analyt. Geometrie								x	x
Funktionentafel						xx	xx	xx	xx	xx
Formelsammlung					x	x	x	x	x
Zirkel	x	x	x	x	x	x	x	x	x
Physik									
Lehrbuch (in Jahrgangsstufe 12 und 13 wahlweise Themenbände)			x	x	x	x	x	x	x
Experimentierbuch								xx	xx
Chemie									
Lehrbuch			x	x	x	x	x		
Tabellenbuch								xx	xx
Experimentierbuch								xx	xx
Themenhefte								(2)	(2)
Biologie									
Lehrbuch	x	x	x	x			x	x	x
Themenhefte							(2)	(2)	(2)
Bestimmungsb. für Pfl.	xx	xx							
Bestimmungsb. f. Tiere		xx	xx						
Experimentierbuch							xx	xx	xx
								(4-st.)	
Darstellende Geometrie									
Lehrbuch								x	x
Zeichenplatte (DIN A3)								x	x
Reißzeug								x	x
Informatik									
Lehrbuch								x	x
Themenheft								xx	xx
Astronomie									
Lehrbuch								x	x
Themenheft								xx	xx
Drehbare Sternkarte								x	x
Geologie									
Lehrbuch								x	x
Spezialkarte								2	2
Themenheft								xx	xx
Bildende Kunst									
Lehrbuch Kunstgeschichte	x	x	x	x	x	x	x		
Textsammlung								xx	xx	xx
Linolbesteck	xx	xx	xx		xx	xx	xx		
Musik									
Lehrbuch	x	x	x	x	x		x	x	x
Liederbuch	xx	xx	xx	xx	xx		xx	xx	xx
Instrumentalsätze	xx	xx	xx	xx	xx		xx	xx	xx
Partituren oder Klavierauszüge					xx	xx	xx	xx	
Philosophie									
Lehrbuch								x	x
Themenhefte oder Textsamml.								(2)	(2)

Unterrichtsfach und Art des Lernmittels	5	6	7	Klasse 8	9	10	11	JgSt. 1	2
Psychologie – Lehrbuch								x	x
Themenhefte oder Textsamml.								(2)	(2)
Sport									
Lehrbuch								x	x
Themenhefte								(2)	(2)
Verkehrserziehung									
Lehrbuch	x	x	x	x	x	x			

2. Normalform achtjährig

	5	6	7	8	9	10	11	1	2
Ev. und Kath. Religionslehre									
Bibel	xx	xx	xx	xx	xx	xx	xx	xx	xx
Gebets- und Liedersamml.	xx	xx	xx	xx	xx	xx	xx	xx	xx
Lehrbuch	x	x	x	x	x	x	x	x	x
Themenhefte	2	2	2	2	2	2	2	2	2
Materialsätze	(2)	(2)	(2)	(2)	(2)	(2)	(2)	(2)	(2)
Ethik									
Lehrbuch		x	x	x	x	x	x	x	x
Materialsätze		(2)	(2)	(2)	(2)	(2)	(2)		
Deutsch									
Lesebuch	x	x	x	x	x	x			
Sprachlehrbuch	x	x	x	x	x				
Themenhefte					(1)	(1)	(4)	4	4
Grammatik	x	x	x	x	x				
Sprach- u. Stilbuch/Gramm.							x	x	x
Rechtschreibwörterbuch	xx	xx	xx	xx	xx	xx	xx	xx	xx
Literaturgeschichte							x	x	x
Textsammlung							xx	xx	xx
Gedichtband							xx	xx	xx
Literaturlexikon							xx	xx	xx
Geschichte									
Lehrbuch		x	x	x	x	x	x	x	x
Geschichtsatlas		x	x	x	x	x	x	x	x
Arbeitsbuch (Quellenwerk)		xx	xx	xx	xx	xx	xx	xx	xx
Themenhefte							(2)	(4)	(4)
								(2-st.)	
								(8)	(8)
								(4-st.)	
Geschichtslexikon							x	x	x
Erdkunde (Fächerverbund Geographie und Gemeinschaftskunde mit Wirtschaft)									
Lehrbuch	x	x	x	x	x	x	x		
Themenhefte							(3)	(3)	(3)
Weltatlas mit Landesteil	x	x	x	x	x	x	x	x	x
Spezialkarte							1	2	2
Gemeinschaftskunde (Fächerverbund Geographie und Gemeinschaftskunde mit Wirtschaft)									
Lehrbuch			x	x	x	x	x		
Grundgesetz und Landesverfassg.			xx	xx	xx	xx	xx		
Themenhefte							6	(3)	(3)
Englisch als 1. Fremdsprache									
Lehrbuch	x	x	x	x	x	x	x		
Grammatik	x	x	x	x	x	x	x		
Wörterbuch E_D/D-E	xx	xx	xx	xx	xx	xx	xx	xx	xx
Wörterbuch einsprachig							x	x	x
Lehrbuch Wortkunde							x	x	x
Lehrbuch Grammatik							x	x	x
Englisch als 2. Fremdsprache									
Lehrbuch			x	x	x	x	x		
Grammatik			x	x	x	x	x		
Wörterbuch E-D/D-E			xx	xx	xx	xx	xx	xx	xx
Wörterbuch einsprachig								x	x
Lehrbuch Wortkunde								x	x
Lehrbuch Grammatik								x	x
Französisch als 1. Fremdsprache									
Lehrbuch	x	x	x	x	x	x	x		
Grammatik	x	x	x	x	x	x	x		
Wörterbuch F-D/D-F	xx	xx	xx	xx	xx	xx	xx	xx	xx
Wörterbuch einsprachig							x	x	x

Lernmittelverordnung / Lernmittelverzeichnis

Unterrichtsfach und Art des Lernmittels	\	\	Klasse	\	\	\	Jg.St.	
	5	6	7	8	9	10	1	2
Lehrbuch Wortkunde				x	x	x		
Lehrbuch Grammatik				x	x	x		
Französisch als 2. Fremdsprache								
Lehrbuch	x	x	x	x	x	x		
Grammatik	x	x	x	x	x	x		
Wörterbuch F-D/D-F	xx	xx	xx	xx	xx	xx		
Wörterbuch einsprachig				x	x	x		
Lehrbuch Wortkunde				x	x	x		
Lehrbuch Grammatik				x	x	x		
Französisch als 3. Fremdsprache								
Lehrbuch			x	x	x	x	x	
Grammatik			x	x	x	x	x	
Wörterbuch F-D/D-F			xx	xx	xx	xx		
Wörterbuch einsprachig					x	x	x	
Wortkunde					x	x	x	
Grammatik					x	x	x	
Latein als 1. Fremdsprache								
Lehrbuch	x	x	x	x				
Grammatik	x	x	x	x	x	x	x	
Wörterbuch Lat.-Deutsch				x	x	x	x	
Wortkunde				x	x	x	x	
Begleitbuch z. antik. Kultur	x	x	x	x	x	x	x	
Latein als 2. Fremdsprache								
Lehrbuch		x	x	x	x	x		
Grammatik		x	x	x	x	x	x	
Wörterbuch Lat.-Deutsch				x	x	x	x	
Wortkunde				x	x	x	x	
Begleitbuch z. antik. Kultur	x	x	x	x	x	x	x	
Latein als 3. Fremdsprache								
Lehrbuch			x	x	x			
Grammatik			x	x	x	x	x	
Wörterbuch Lat.-Deutsch				x	x	x	x	
Wortkunde				x	x	x	x	
Begleitbuch zur antiken Kultur			x	x	x	x	x	
Griechisch als 3. Fremdsprache								
Lehrbuch			x	x	x			
Grammatik			x	x	x	x	x	
Wörterbuch Griechisch - Deutsch				x	x	x	x	
Wortkunde				x	x	x	x	
Begleitbuch zur antiken Kultur			x	x	x	x	x	
Russisch als 2. Fremdsprache								
Lehrbuch		x	x	x	x	x		
Grammatik		x	x	x	x	x		
Wörterbuch R-D/D-R			xx	xx	xx	xx	xx	
Wörterbuch einsprachig					x	x	x	
Wortkunde					x	x	x	
Lehrbuch Grammatik u. Stilistik					x	x	x	
Russisch als 3. Fremdsprache								
Lehrbuch			x	x	x	x		
Grammatik			x	x	x	x		
Wörterbuch R-D/D-R			xx	xx	xx	xx		
Wörterbuch einsprachig					x	x	x	
Wortkunde					x	x	x	
Lehrbuch Grammatik u. Stilistik					x	x	x	
Italienisch und Spanisch als 3. Fremdsprache								
Lehrbuch			x	x	x	x	x	
Grammatik			x	x	x	x	x	
Wörterbuch Fremdspr.-D/D-Fr.			xx	xx	xx	xx		
Wörterbuch einsprachig					x	x	x	
Wortkunde					x	x	x	
Lehrbuch Grammatik					x	x	x	
Fremdsprachen ab Klasse 10 (spät beginnende Fremdsprachen)								
Lehrbuch						x	x	x
Grammatik						x	x	x
Wörterbuch Fremdspr.-D/D-Fr. (nicht für Latein und Griechisch)						xx	xx	xx
Wörterbuch Fremdspr.-D/D-Fr. (nur für Latein und Griechisch)						x	x	x

Unterrichtsfach und Art des Lernmittels	\	\	Klasse	\	\	\	Jg.St.	
	5	6	7	8	9	10	1	2
Wörterbuch einsprachig (nicht f. Latein und Griechisch)							x	x
Wortkunde							x	x
Mathematik								
Lehrbuch Mathematik	x	x	x	x	x	x	x	x
Lehrbuch Algebra		x	x	x	x	x		
Lehrbuch Geometrie	x	x	x	x	x	x		
Themenhefte		xx	xx	xx	xx	xx	xx	
Lehrbuch Analysis							x	x
Lehrbuch Analyt. Geometrie							x	x
Funktionentafel					xx	xx	xx	xx
Formelsammlung					x	x	x	x
Zirkel	x	x	x	x	x	x	x	x
Physik								
Lehrbuch (in Jahrgangsstufe 11 und 12 wahlweise Themenbände)		x	x	x	x	x	x	x
Experimentierbuch							xx	
Chemie								
Lehrbuch			x	x	x	x	x	
Tabellenbuch							xx	xx
Experimentierbuch							xx	xx
Themenhefte							(2)	(2)
Biologie								
Lehrbuch	x		x			x	x	x
Themenhefte						(2)	(2)	(2)
Bestimmungsb. f. Pflanzen				xx	xx			
Bestimmungsb. für Tiere				xx	xx			
Experimentierbuch							xx	xx
							(4-st)	
Darstellende Geometrie								
Lehrbuch								x
Zeichenplatte (DIN A3)								x
Reißzeug								x
Informatik								
Lehrbuch						x	x	x
Themenheft						x	xx	xx
Astronomie								
Lehrbuch							x	x
Themenheft							xx	xx
Drehbare Sternkarte							x	x
Geologie								
Lehrbuch							x	x
Spezialkarte							2	2
Themenheft							xx	xx
Bildende Kunst								
Lehrbuch Kunstgeschichte	x	x	x	x	x	x	x	x
Textsammlung						xx	xx	xx
Linolbesteck	xx	xx			xx	xx	xx	xx
Musik								
Lehrbuch	x	x	x	x			x	x
Liederbuch	xx	xx	xx	xx			xx	xx
Instrumentalsätze	xx	xx	xx	xx			xx	xx
Partituren oder Klavierauszüge							xx	xx
Philosophie								
Lehrbuch							x	x
Themenhefte oder Textsammlg.							(2)	(2)
Psychologie								
Lehrbuch							x	x
Themenhefte oder Textsammlg.							(2)	(2)
Sport								
Lehrbuch							x	x
Themenhefte							(2)	(2)
Verkehrserziehung								
Lehrbuch	x	x	x	x	x	x		

Der Pauschbetrag für die im Verzeichnis nicht einzeln aufgeführten Lernmittel beträgt je Schüler und Schuljahr 8 Euro bis 18 Euro.

Mehrarbeit (MAU) und Unterrichtsversorgung
Hinweise der Redaktion auf die Rechtslage

I.
„Soll" und „Ist" bei der Unterrichtsversorgung

Bei der Unterrichtsversorgung ist zwischen dem „Unterrichts-Soll" und dem „Unterrichts-Ist" zu unterscheiden:

1.1.
Das „Unterrichts-Ist"

Das Kultusministerium bzw. in dessen Auftrag die Schulverwaltung verteilt zu Beginn jedes Schuljahrs das – in Form von Lehrpersonen – insgesamt vorhandene Volumen an Unterrichtsstunden auf die Schulen. Dieses *Unterrichts-Ist* ergibt sich aus folgenden Komponenten:

- Der Landtag beschließt im Staatshaushaltsplan über die Zahl der besetzbaren Haushaltsstellen für Lehrkräfte (nach Schularten getrennt); in entsprechendem Umfang werden (voll- und teilzeitbeschäftigte) Lehrkräfte beschäftigt.
- Im Staatshaushaltsplan sind darüber hinaus „Mittel" für die befristetete Beschäftigung von Vertretungslehrkräften eingestellt. Auf diese Weise wird den Schulen über die Planstellen hinaus ein außerordentliches Unterrichtsvolumen zur Verfügung gestellt. Ferner kann das KM nicht verbrauchte Mittel aus den Planstellen von Lehrkräften, die während des Schuljahres z.B. wegen Tod, Elternzeit, Urlaub ohne Bezüge, Zurruhesetzung usw. ausscheiden (sogenannte „*Schöpfmittel*"), für die befristete Einstellung von Ersatzlehrkräften verwenden.
- Außerdem werden dem Land von den Religionsgemeinschaften für die Erteilung des ordentlichen Lehrfachs Religionsunterricht kirchliche Lehrkräfte zur Verfügung gestellt (hierfür leistet das Land den Kirchen finanziellen Ersatz).

→ Lehrbeauftragte; → Religionsunterricht (Kirchl. Lehrkräfte); → Nebenamtlicher/nebenberuflicher Unterricht

In der Verwaltungsvorschrift „Arbeitszeit der Lehrer" ist die wöchentliche Unterrichtsverpflichtung der Lehrkräfte geregelt („*Deputat*" oder „*Regelstundenmaß*", nach Schularten und Lehrämtern gestaffelt). Die rechnerische Summe von Unterrichtsstunden, die von allen Lehrpersonen an den öffentlichen Schulen insgesamt erteilt werden können, steht jedoch nicht vollständig für den Unterricht zur Verfügung: Ein Teil der Lehrerdeputate wird für für nicht unterrichtliche Zwecke verwandt („*Leitungszeiten*" für die Schulleitung, Alters- oder Schwerbehinderten-„*Ermäßigungen*", „*Anrechnungen*" für besondere Belastungen oder Aufgaben (z.B. Fortbildung), „*Freistellungen*" für Personalräte und „*Arbeitsbefreiungen*" für die Schwerbehindertenvertretung).

→ Arbeitszeit (Lehrkräfte)

Nur die verbleibende Menge von Unterrichtsstunden steht für die Erteilung von Unterricht tatsächlich netto zur Verfügung (Unterrichts-Ist).

1.2
Das „Unterrichts-Soll"

Diesem „Ist" steht der Bedarf an Unterricht gegenüber. Dieses „Soll" wird auf der Grundlage politischer (parlamentarisch kontrollierbarer) Vorgaben vom Kultusministerium festgesetzt:

- In den <u>Stundentafeln</u> für die einzelnen Schularten wird die Menge der wöchentlichen Unterrichtsstunden festgelegt, welche eine Klasse bzw. Lerngruppe in den verschiedenen Fächern bzw. Fächergruppen sowie in den Jahrgangsbzw. Klassenstufen erhalten soll.

→ Stundentafeln (bei den einzelnen Schularten)

- Im jährlichen „Organisationserlass" werden als Berechnungsgrundlage zur Klassen- und Gruppenbildung zwar bei jeder Schulart „*Parameter*" zur Mindestzahl von Schülerinnen und Schülern je Klasse bzw. Gruppe und auch ein „*Klassen-/Gruppenteiler*" definiert; dieser Teiler ist jedoch „*nicht mehr streng verbindlich*" vorgegeben, die Schulen können also hiervon – wegen Lehrermangels in der Regel nach oben – abweichen.

→ Organisationserlass; → Konferenzordnung

1.3
Die Zuweisung an die Schulen

Die Verteilung des für Unterrichtszwecke vorhandenen Stundenvolumens erfolgt in drei Tranchen:

- Vor der „Zuweisung" von Lehrerstunden an die einzelne Schule wird aus der Gesamtmenge der im Land verfügbaren Lehrerstunden ein Kontingent im Volumen von etwa 1,5 Prozent der Planstellen für die „*Lehrerreserve*" reserviert, aus dem die Schulverwaltung den Schulen im Bedarfsfall zur Vertretung bei längerfristigen Abwesenheiten von Lehrkräften wegen Krankheit usw. Lehrerdeputate zuweisen kann.
- Ferner wird ein Kontingent (eine Lehrerwochenstunde je 28 Schüler an Gymnasien, bis zu zwei LWS je 28 Schüler an Realschulen, zwei LWS je 23 Schüler/innen an Grund- und Hauptschulen) reserviert. Aus diesem „*Stundenpool*" kann die Schulverwaltung den einzelnen Schulen gezielt Lehrerstunden aufgrund örtlicher Besonderheiten, für zusätzliche Unterrichtsangebote und für die Lehrerreserve zuweisen; hieraus ist auch der besondere Bedarf für ausländische Schüler/innen, für „*Ergänzungsbereich*", für kombinierte Klassen usw. zu decken.
- Danach erfolgt die Direktzuweisung des netto vorhandenen Volumens an Lehrerstunden auf die einzelne Schule in Form eines „*Budgets*". Innerhalb dieses Stundenbudgets kann die Schule die Zahl der Klassen, die Klassenfrequenz (Zahl der Schüler/innen je Klasse) sowie – nach

Maßgabe des Organisationserlasses – die in den Stundentafeln ausgewiesenen Unterrichtsstunden variabel gestalten. Die Einzelschule hat über die alternativen Verwendungsmöglichkeiten dieser Ressourcen unter den jeweiligen pädagogischen Bedingungen zu entscheiden. Dabei ist auch die Stundentafel-Öffnungsverordnung zu beachten. Die Entscheidung über die konkrete Verwendung der Lehrerstunden trifft gemäß § 41 SchG der Schulleiter bzw. die Schulleiterin; diese müssen den Elternbeirat hierüber informieren. Die Gesamtlehrerkonferenz besitzt hierzu ein allgemeines Empfehlungsrecht.

➜ Konferenzordnung § 2 Abs. 1 Nr. 9; ➜ Schulgesetz § 57 Abs. Abs. 2; ➜ Stundentafel-Öffnungsverordnung

Die Schulaufsichtsbehörden können nur für eine möglichst gleichmäßige Verteilung des verfügbaren Unterrichtsvolumens auf alle Schulen sorgen (dies erfolgt ggf. auch durch die Versetzung bzw. Abordnung von Lehrkräften). Diese „pädagogisch begründete" Verteilung kann z.B. dazu führen, dass Schulen, die unter erschwerten Umständen arbeiten müssen, entweder kleinere Klassen bilden dürfen oder eine höhere Versorgung mit Unterrichtsstunden erhalten (oder beides). Auf die Erteilung einer bestimmten Wochenstundenzahl an eine bestimmte Gruppe von Schülerinnen und Schülern besteht kein (einklagbarer) Rechtsanspruch; ferner ist die Erfüllung der vorgesehenen Stundenzahlen bzw. Klassengrößen stets an politische Vorgaben (Stellenzahl bzw. Unterrichtsverpflichtung der Lehrkräfte) gebunden.

Da in Baden-Württemberg seit Jahrzehnten Lehrermangel herrscht, reicht die Menge der zugeteilten Unterrichtsstunden jedoch nicht aus, um den Bedarf der Schulen zu decken; deshalb liegt an der einzelnen Schule in aller Regel von Beginn des Schuljahres an eine Unterversorgung mit Unterricht vor. Die Folge ist, dass

– entweder (zu) große Klassen gebildet werden (als pädagogisch vertretbar gelten im Bereich der allgemeinbildenden Schulen höchstens 25 Schüler/innen je Klasse) bzw. eigentlich notwendige Gruppenteilungen – z.B. in den technischen oder naturwissenschaftlichen Fächern, im Sport und dem musischen Bereich – unterbleiben
– oder ein Teil des in den amtlichen Stundentafeln vorgesehenen Unterrichts nicht erteilt wird (auf Weisung des KM müssen die Schulleitungen der Erteilung des „*Pflichtbereichs der Stundentafel*" Vorrang geben; zum „*Pflichtbereich*" gehören z.B. nicht die Stunden für Stütz- und Fördermaßnahmen oder Arbeitsgemeinschaften; diese können nur im Rahmen der danach noch verfügbaren Ressourcen angeboten werden).

Zusätzlich treten im Lauf des Schuljahres ständig Ausfälle auf (in über 50% wegen der Erkrankung von Lehrkräften, außerdem z.B. wegen Lehrerfortbildung, Teilnahme an dienstlichen Veranstaltungen oder Prüfungen, außerunterrichtlichen Veranstaltungen, Mutterschutz, Übergang in Teilzeit, Elternzeit oder Urlaub nach der Geburt von Kindern, Ausschreiben während des Schuljahres aus sonstigen Gründen, Todesfälle usw.).

Beim Ausfall von Lehrkräften müssen von dem Schulleiter bzw. der Schulleiterin, denen die Verteilung der Lehraufträge, die Aufstellung der Stunden- und Aufsichtspläne sowie die Anordnung von Vertretungen obliegen, Ausgleichsmaßnahmen getroffen werden.

➜ Schulgesetz § 41 Abs. 1

So wie keine Rechtspflicht des Staates besteht, den in den Stundentafeln vorgesehenen Unterricht zu erteilen, so ist der Staat (vertreten durch die Schulleitung) auch beim Ausfall von Lehrkräften im Laufe des Schuljahres nicht verpflichtet, das ursprüngliche Unterrichtsangebot ungeschmälert zu gewährleisten. Die Schulleitung muss sich zwar beim Ausfall von „Stammpersonal" bemühen,

– entweder zusätzliches Unterrichtsvolumen einzuwerben (z.B. durch Anforderung von Ersatz-Lehrkräften bei der Schulverwaltung oder durch Mehrarbeit des vorhandenen Personals; pädagogische Assistent/innen und Lehrbeauftragte dürfen hierfür nicht eingesetzt werden)
– und/oder durch das „*variable Deputat*" bzw. durch die Aufstockung von Teilzeit-Lehraufträgen mittelfristig einen Ausgleich zu schaffen

➜ Arbeitszeit (Lehrkräfte) A.IV

– oder den Schulbetrieb durch – allenfalls kurzfristige – Überbrückungsmaßnahmen notdürftig aufrechtzuerhalten (z.B. „*Mitversehung*" von verwaisten Klassen durch benachbarte Lehrkräfte, „*selbst organisiertes Lernen*" usw.).

Sie kann jedoch auch das durch den Ausfall geschmälerte „*Unterrichts-Ist*" neu auf die Klassen/Gruppen verteilen. Hierdurch und auch, wenn keine der genannten Maßnahmen greift, fällt stundenplanmäßiger Unterricht aus.

II.
Rechtsgrundlagen für „Mehrarbeit" im Schulbereich

Rechtsgrundlage für die Anordnung oder Genehmigung von Mehrarbeit – abgekürzt „*MAU*", landläufig „*Überstunden*" – ist § 67 Abs. 3 Landesbeamtengesetz. Demnach gilt allgemein:

„*Beamtinnen und Beamte sind verpflichtet, ohne Vergütung über die regelmäßige Arbeitszeit hinaus Dienst zu tun, wenn zwingende dienstliche Verhältnisse dies erfordert. Werden sie durch dienstlich angeordnete oder genehmigte Mehrarbeit mehr als fünf Stunden im Monat über die regelmäßige Arbeitszeit hinaus beansprucht, ist ihnen innerhalb eines Jahres für die über die regelmäßige Arbeitszeit hinaus geleistete Mehrarbeit entsprechende Dienstbefreiung zu gewähren; bei Teilzeitbeschäftigung vermindern sich die fünf Stunden entsprechend der Verringerung der Arbeitszeit. Ist Dienstbefreiung aus zwingenden dienstlichen Gründen nicht möglich, kann nach den Voraussetzungen des § 65 LBesGBW Mehrarbeitsvergütung gewährt werden.*"

➜ Beamtengesetz § 67 Abs. 3; ➜ Besoldung (Gesetz) § 65; ➜ Mehrarbeit (Vergütung)

Die Einzelheiten der Vergütung sind im Besoldungsgesetz geregelt (§ 65 Mehrarbeitsvergütung).
→ Besoldung (Gesetz) § 65
Demnach kann eine Vergütung erhalten, wer im *„im Schuldienst als Lehrkraft"* Mehrarbeit leistet. Voraussetzung ist ferner, dass diese Mehrarbeit schriftlich angeordnet oder genehmigt wurde und dass sie aus zwingenden dienstlichen Gründen nicht durch Dienstbefreiung innerhalb von mindestens einem Jahr ausgeglichen werden kann. Als Mehrarbeitsstunde gilt im Schuldienst die Unterrichtsstunde. ... Die im Laufe eines Monats abgeleisteten Mehrarbeitszeiten werden zusammengerechnet. Die Vergütung wird im Schuldienst höchstens für 288 Unterrichtsstunden im Kalenderjahr gewährt. Sie wird nicht vergütet, sofern sie im Schuldienst drei Unterrichtsstunden im Kalendermonat nicht übersteigt. Bei Teilzeitbeschäftigung vermindert sich diese Grenze entsprechend der Verringerung der Arbeitszeit (*„Bagatellgrenze"*).
Die Höhe der Vergütung pro Mehrarbeitsstunde ist unter → Mehrarbeit – Vergütung aufgeführt.
Teilzeitbeschäftigte Beamt/innen (Ausnahme Altersteilzeit) erhalten bei Überschreiten der „Bagatellgrenze" bis zum Erreichen der regelmäßigen Arbeitszeit Vollzeitbeschäftigter je Stunde vergütungsfähiger Mehrarbeit eine Vergütung in Höhe des auf eine Stunde entfallenden Besoldungsanteils entsprechender Vollzeitbeschäftigter. Zur Ermittlung der auf eine Stunde entfallenden anteiligen Besoldung werden die monatlichen Bezüge entsprechender Vollzeitbeschäftigter durch das 4,348-Fache ihrer regelmäßigen wöchentlichen Arbeitszeit geteilt. Mehrarbeit über die Arbeitszeit Vollzeitbeschäftigter hinaus wird nach den Vergütungssätzen für Mehrarbeitsstunden vergütet.

Im Vorbereitungsdienst/Referendariat ist die Anordnung von Mehrarbeit unzulässig. Anwärter/innen an Realschulen sowie Referendar/innen an beruflichen Schulen und Gymnasien erhalten für freiwillig (!) gehaltene Unterrichtsstunden, die über die Stunden hinausgehen, die im Rahmen der Ausbildungsverordnung eigenständig zu halten sind, 75% der Mehrarbeitsvergütung ihres Eingangsamtes (Bes.-Gr. A 13 bzw. A 13 + Zulage).
→ Arbeitszeit (Lehramtsanwärter- und Referendar/innen); → Besoldung (Anwärter-Unterrichtsvergütung); → Mehrarbeit (Vergütung); → Nebenamtlicher/nebenberuflicher Unterricht Nr. 3

III.
Erläuterungen zur Rechtslage

1.
Geltungsbereich

Diese Arbeitszeitregelung gilt nicht nur für die Überstunden von Lehrkräften im Beamten-, sondern auch im Arbeitnehmerverhältnis.
→ Tarifvertrag (Länder) § 44 i.V.m. § 6

2.
Vergütung und Zeitausgleich

Gesetzlich ist zwar eine klare Rangfolge für die Abgeltung von Mehrarbeit vorgegeben:
1. Bis zum Erreichen des Grenzwerts – im Schulbereich drei Unterrichtsstunden im (Kalender-)Monat, bei Teilzeitbeschäftigten anteilig weniger – erfolgt kein Ausgleich der Mehrarbeit.
2. Sobald der Grenzwert im (Kalender-)Monat überschritten wird, erfolgt vorrangig ein Freizeitausgleich und zwar für alle in diesem (Kalender-)Monat geleisteten Mehrarbeitsstunden.
3. Nur wenn aus zwingenden dienstlichen Gründen innerhalb von mindestens einem Jahr keine Dienstbefreiung möglich ist, gibt es eine Vergütung und zwar für alle in diesem (Kalender-)Monat geleisteten Mehrarbeitsstunden.

Im Schulbereich wird dies jedoch anders gehandhabt: Da wegen des Lehrermangels ein Zeitausgleich problematisch ist und an Schulen bisher keine Arbeitszeitkonten geführt werden dürfen (die Einführung bedürfte der Zustimmung der Hauptpersonalräte), hat hier die Bezahlung der Mehrarbeit Vorrang vor dem Freizeitausgleich.

3.
Was ist „Mehrarbeit" im Schulbereich?

Da die Arbeitszeit der Lehrkräfte in Unterrichtsstunden gemessen wird (*„Deputat"* oder *„Regelstundenmaß"*), bezieht sich die Anordnung oder Genehmigung von *„Mehrarbeit"* im Schulbereich nur auf *„Unterricht"*, deshalb sind Dienstbefreiung oder Vergütung nur für zusätzlich geleistete Unterrichtsstunden zulässig. Durch die Vergütung werden alle mit der Lehrtätigkeit verbundenen Aufgaben einer Lehrkraft abgegolten, die sich aus § 38 Abs. 2 Schulgesetz ergeben, insbesondere die Vor- und Nachbereitung des Unterrichts, die Teilnahme an Konferenzen und sonstigen schulischen Veranstaltungen sowie die Ausarbeitung, Abnahme und Bewertung von Leistungsnachweisen und Prüfungen. Zu den Aufgaben aller Lehrkräfte gehören auch die Beaufsichtigung der Schüler/innen sowie die Durchführung von außerunterrichtlichen Veranstaltungen aller Art (Wandertage, Schullandheimaufenthalte, Theaterbesuche usw.). Entsteht hierdurch die Lehrkraft eine zusätzliche (zeitliche) Belastung, so ist dies keine *„Mehrarbeit"* im Sinne des Beamtenrechts. Dies gilt auch für vollbeschäftigte Lehrkräfte im Arbeitnehmerverhältnis; teilzeitbeschäftigte Angestellte haben hingegen für ganztägige außerunterrichtliche Veranstaltungen außerhalb der Schule und mehrtägige Klassenfahrten/Schullandheimaufenthalte (Dauer jeweils mindestens 8 Stunden) Anspruch auf Vergütung wie vergleichbare Vollzeitbeschäftigte. Zu den Einzelheiten siehe: → Teilzeit (Pflichten und Rechte) Teil E.

4.
Was heißt „zwingende dienstliche Verhältnisse"?

Die Vorschrift des Gesetzgebers, dass eine Anordnung nur zulässig ist, *„wenn zwingende dienstliche Verhältnisse dies erfordern"*, spricht unmittelbar für sich: Wenn die Schulleitung das aufgetretene Problem durch andere Maßnahmen lösen kann, die weniger gravierend sind, dann muss sie die anderen Maßnahmen nutzen. Das Oberverwaltungsgericht Münster hat hierzu entschieden (14.12.1981; AZ: 12 A 2733/79; rechtskräftig): (Zwingende dienstliche Verhältnisse) *„ist ein unbestimmter Rechtsbegriff, der der vollen gerichtlichen Überprüfung unterliegt. Der Begriff ist dahin zu verstehen, dass Mehrarbeit nur angeordnet werden kann, wenn und insoweit dies zur Erledigung wichtiger, unaufschiebbarer Aufgaben unvermeidbar notwendig ist, und wenn die Umstände, welche die Mehrarbeit zwingend erfordern, vorübergehender Natur sind und eine Ausnahme gegenüber den sonst üblichen Verhältnissen darstellen. Bildet die Mehrarbeit die Regel, so liegt eine unzulässige Verlängerung der regelmäßigen Arbeitszeit vor."*

5.
Die „Bagatellgrenze"

Es handelt sich nicht erst beim Überschreiten der Drei-Stunden-Grenze um *„Mehrarbeit"*, sondern **jede** Unterrichtsstunde, die eine Schulleitung einer Lehrkraft **zusätzlich** zum normalen Deputat auferlegt, ist *„Mehrarbeit"* im Sinne von § 68 Abs. 2 LBG. Bei **jeder** dieser Stunden, also nicht nur bei durch Dienstbefreiung oder Bezahlung ausgeglichener Mehrarbeit, muss die Schulleitung demnach sorgfältig prüfen, ob tatsächlich ein *„zwingender dienstlicher Grund"* vorliegt, der die Anordnung *„erforderlich"* macht.

Die Anordnung von Mehrarbeit (Überstunden) ist also nur zur Abdeckung eines vorübergehenden, auf andere Weise nicht behebbaren, kurzfristigen Bedarfs legal, eben wenn *„zwingende"* dienstliche Umstände vorliegen, also z.B. die Kinder auf dem Schulhof stehen und man sie nicht einfach nach Hause schicken kann, weil sich dies vom Alter der Schüler/innen her verbietet oder weil die Schule an einen Schulbusverkehr angeschlossen ist.
→ Aufsichtspflicht

Die Anordnung von Dauer-Überstunden zum Ausgleich eines Mangels an Planstellen ist hingegen nicht statthaft. Es darf sie nur in besonderen Ausnahmefällen geben (z.B. wenn in einem Unterrichtsfach, in dem spezifische Fachkenntnisse Voraussetzung sind, landesweit die Zahl der Lehrkräfte mit dieser Befähigung nicht ausreicht, um den stundenplanmäßigen Unterricht zu erfüllen).

Die Genehmigung von Dauer-Mehrarbeit mit Einwilligung oder auf Antrag der betroffenen Lehrkraft (z.B. weil diese an einem Zusatzverdienst interessiert ist oder ihrer Schulklasse helfen will) ist jedoch trotz der innewohnenden Problematik (Verringerung der Einstellungschancen) zulässig.

6.
Wer darf/muss Mehrarbeit leisten?

Wie bei jeder Übertragung dienstlicher Aufgaben muss der/die Vorgesetzte (der Schulleiter bzw. die Schulleiterin) auch bei Mehrarbeit oder sonstigen zusätzlichen Belastungen im Rahmen des pflichtgemäßen dienstlichen Ermessens prüfen,
- welche der Beschäftigten hierfür überhaupt in Frage kommen; bei bestimmten Personengruppen ist Mehrarbeit nicht oder nur unter Einschränkungen zulässig; zu den Beschäftigungsverboten für Kolleginnen vor und nach einer Geburt sowie zu Schwerbehinderten siehe
→ Mutterschutz (Verordnung / AzUVO) ; → Mutterschutz (Stillzeiten); → Schwerbehinderung
- welchen der Beschäftigten diese Aufgabe am ehesten zugemutet werden kann (z.B. individuelle Belastungsgesichtspunkte oder das Diskriminierungsverbot bei Teilzeitbeschäftigung),
- ob die Gleichbehandlung und der Grundsatz von *„Schutz und Fürsorge"* des Beamtenrechts gewahrt werden (so verbietet sich z.B., einzelne Beschäftigte ohne sachlichen Grund entweder übermäßig oder überhaupt nicht heranzuziehen oder die Honorierung von Mehrarbeit planmäßig zu verhindern).

→ Beamtenstatusgesetz § 45; → Ermessen; → Teilzeitbeschäftigung (Pflichten und Rechte)

7. Sonderfall Teilzeitbeschäftigung

Grundsätzlich sind auch teilzeitbeschäftigte Lehrkräfte verpflichtet, bei *„zwingenden dienstlichen Verhältnissen"* Mehrarbeit zu leisten (§ 68 LBG). Nach § 44 des Tarifvertrags (Länder) gilt dies entsprechend für Lehrkräfte im Arbeitnehmerverhältnis.
→ Beamtengesetz § 68; → Tarifvertrag (Länder) § 44

Nach dem Chancengleichheitsgesetz sowie den Chancengleichheitsplänen sollen Teilzeitbeschäftigte bei der Zumessung von *„teilbaren"* Dienstaufgaben (hierzu gehören ausdrücklich Überstunden und Vertretungen) nur anteilig – also entsprechend dem Umfang ihrer reduzierten Unterrichtsverpflichtung – herangezogen werden. Überstunden von teilzeitbeschäftigten Lehrkräften sind demnach nur in geringerem Maße zulässig. Keinesfalls dürfen Teilzeitbeschäftigte nur deshalb, weil leichter verfügbar sind, gegen ihren Willen in gleichem Maße wie Vollzeit-Lehrkräfte oder gar überproportional zu Mehrarbeit herangezogen werden.
→ Teilzeit (Pflichten und Rechte)

8. Anspruch auf Entgelt/Vergütung
a) Beamtinnen und Beamte

Die Mehrarbeit teilzeitbeschäftigter Beamt/innen wird zeitanteilig vergütet. Der Vergütungssatz wird individuell berechnet. Dabei wird auf das Regelstundenmaß der Faktor 4,348 angewandt (dies ist die durchschnittliche Zahl der Wochen je Kalendermonat). Es werden alle Bezügebestandteile, die bei Teilzeitbeschäftigung gekürzt werden (z.B. Stellenzulagen, Familienzuschlag), in die Berechnung einbezogen. **Beispiel:** Eine teilzeitbeschäftigte ledige Oberstudienrätin (Regelstundenmaß: 25 Wochenstunden) hat das Endgrundgehalt der Besoldungsgruppe A 14 erreicht (4.899,15 Euro/Monat). Ihr Vergütungssatz beträgt demnach:

4.899,15 Euro : (4,384 x 25) = 44,70 Euro.

Da dieser Stundensatz höher liegt als die entsprechende MAU-Vergütung (27,71 Euro), erhält sie für jede zu vergütende Überstunde 44,70 Euro.

→ Besoldung (Gesetz) § 65; → Mehrarbeit (Vergütung)

Dabei gilt eine Mindeststundenzahl (*„Bagatellgrenze"*) entsprechend dem Verhältnis der ermäßigten

Mehrarbeit (MAU)

zur regelmäßigen Arbeitszeit. **Beispiele:**

Deputat	Berechnung	Grenze
A. Deputat 14/28	3 Std. x 14/28 =	1,50 Std.
B. Deputat 19/25	3 Std. x 19/25 =	2,28 Std.
C. Deputat 27/28	3 Std. x 27/28 =	2,89 Std.
D. Deputat 8,5/28	3 Std. x 8,5/28 =	0,9 Std
E: Deputat 9/26	3 Std. x 9/26 =	1,03 Std

Wird die individuelle Grenze überschritten, so ist bereits die erste Stunde Mehrarbeit zu vergüten. In den Fällen A und E sind also ab der zweiten Überstunde alle im Kalendermonat erteilten MAU-Stunden zu vergüten, in den Fällen B und C alle ab der dritten, in Fall D alle ab der ersten Stunde. (Quelle: KM, 8. Januar 2009; AZ: 14-0311.41/315)

Sobald die Summe von regulärem Unterricht plus Mehrarbeit das volle Deputat überschreitet, wird jede weitere MAU-Stunde wie Mehrarbeit von Vollzeitbeschäftigten behandelt. **Beispiel:** Eine Kollegin mit 27/28 Wochenstunden (Fall C) erteil vier Überstunden im Kalendermonat. Alle vier Stunden werden zeitanteilig vergütet. Damit hat sie in diesem Kalendermonat das volle Deputat (28 WStd.) erreicht. Erteilt sie weitere Überstunden, werden die ersten drei, die das volle Deputat übersteigen, also die 5., 6. oder 7. Überstunde im Kalendermonat, nicht vergütet. Mit der 8. Überstunde überschreitet sie die Mindestzahl an Überstunden für Vollzeitbeschäftigte (3 WStd. im Kalendermonat). Dann werden die ersten vier Stunden zeitanteilig und die folgenden vier Überstunden wie „reguläre" Überstunden vergütet.

Da diese „Bagatellgrenze" möglicherweise der gerichtlichen Überprüfung nicht standhält, sollten teilzeitbeschäftigte Beamt/innen die Anordnung bzw. Genehmigung jeder Überstunde schriftlich dokumentieren und die Vergütung stets ab der ersten Stunde durch Abrechnung geltend machen.

b) Lehrkräfte im Arbeitnehmerverhältnis
Teilzeitbeschäftigte Lehrkräfte im Arbeitnehmerverhältnis haben für jede nicht durch Freizeit ausgeglichene Zusatzstunde, die sie über die vertraglich vereinbarte Stundenzahl hinaus erbringen, Anspruch auf anteiliges Entgelt, solange sie die Pflichtstundenzahl einer vollbeschäftigten Lehrkraft nicht erreichen. Das Entgelt steht ab der ersten Unterrichtsstunde zu, die über die individuelle Unterrichtsverpflichtung hinaus geleistet wird. Für Schulleitungen ist hier besondere Sorgfalt geboten: Die Überstunden von teilzeitbeschäftigten Arbeitnehmern müssen sachgerecht angeordnet werden und es ist sicherzustellen, dass sie vollständig vergütet werden. Da der Anspruch ggf. nachzuweisen ist, sollte jede Anordnung von Überstunden schriftlich erfolgen (die betroffenen Lehrkräfte können dies von der Schulleitung verlangen); der schriftliche Vertretungsplan reicht als Beleg aus. Der Anspruch muss stets innerhalb von 6 Monaten geltend gemacht werden (Ausschlussfrist).
→ Tarifvertrag (Länder) § 37

Angestellte Lehrkräfte, die sich in der Arbeitsphase der Altersteilzeit befinden, dürfen keine bezahlte Mehrarbeit leisten, sonst verfällt der Gehaltszuschuss der Bundesagentur für Arbeit!

IV. Zur Praxis der „Mehrarbeit" im Schulbereich

Bei mittel- oder langfristigen Ausfällen sollte die Schulleitung stets zunächst (schriftlich!) Ersatzlehrkräfte bei der Schulverwaltung anfordern. Diese kann länger- oder mittelfristige Ausfälle durch die (befristete) Einstellung von Vertretungslehrkräften ausgleichen; durch die „*Lehrerreserve*" ist auch ein kurzfristiger Ausgleich möglich. Die Schulverwaltung tut dies aber nur, wenn sie auf dem Dienstweg und nachdrücklich hiervon erfährt.
→ Einstellungserlass Nr. 15; → Organisationserlass 1.3

Solche Anträge an die Schulverwaltung dienen sowohl der Legitimation der Schulleitung gegenüber der Lehrerschaft (solange die Schulbehörde nicht dringlich aufgefordert wurde, Ersatz zu schicken, besteht für Anordnungen zur Erteilung von mittel- oder längerfristiger Mehrarbeit keine sachliche Rechtfertigung) als auch gegenüber der Elternschaft: Der Ausfall von Lehrkräften sowie die Maßnahmen, die zur Abwendung von Nachteilen für die Schule ergriffen werden, sind „*Angelegenheiten, die für die Schule von allgemeiner Bedeutung sind*". Hierüber muss die Schulleitung den Elternbeirat pflichtgemäß unterrichten (§ 57 Abs. 2 SchG); im Organisationserlass ist ferner verfügt, dass die Schulleitung den Elternbeirat über die (zu Beginn des Schuljahres) im Rahmen des „*Budgets*" getroffenen Maßnahmen der Klassenbildung und Lehrauftragsverteilung informieren muss.

Die umfassende Information des Elternbeirats kann für die Schule hilfreich sein, weil die Elternvertretung in solchen Fällen das Recht besitzt, „*für die Belange der Schule ... bei der Schulaufsichtsbehörde und in der Öffentlichkeit einzutreten*".
→ Schulgesetz § 57 Abs. 1 Nr. 4 und Abs. 2

Grundsätze und Empfehlungen der Redaktion

Mehrarbeit (ob durch Freizeit ausgeglichen oder in bezahlter bzw. unbezahlter Form) ist nicht nur nach dem Willen des Gesetzgebers der letzte Ausweg, sondern sollte auch aus politischen bzw. sozialen Gründen vermieden werden: Jede Überstunde von bereits vorhandenen Lehrkräften verschleiert, dass es zu wenige Planstellen gibt, die Einstellungschancen von arbeitslosen Lehramtsbewerber/innen verringert und Arbeitsplätze vernichtet. Mehrarbeit sollte deshalb stets mit äußerster Zurückhaltung angeordnet oder genehmigt werden. Stattdessen sollten andere Maßnahmen zur Abdeckung von Ausfällen ergriffen werden. Schon aus Rechtsgründen muss die Schulleitung, bevor sie

---

Jede Überstunde verringert die Einstellungschancen unserer jungen Kolleginnen und Kollegen.

eine Überstunde anordnet, in jedem Einzelfall abwägen, ob andere Möglichkeiten der Abhilfe gegeben sind. Dazu kann z.b. gehören, dass
- mangels entsprechenden Personals eine bestimmte staatliche Dienstleistung nicht erfüllt werden kann, also Unterricht ausfällt, oder
- der Mangel durch andere Maßnahmen (z.B. Verlegung, Beaufsichtigung der Klasse durch eine benachbarte Lehrkraft, variables Deputat, Aufstockung von Teilzeit-Lehraufträgen usw.) behoben wird oder
- bei längeren Ausfällen durch eine Änderung der Lehrauftragsverteilung und der Stundenpläne das durch Ausfälle geminderte Unterricht-Ist der Schule neu verteilt wird.

Entscheidet sich die Schulleitung für eine dieser Maßnahmen, gibt es keine *„zwingende dienstliche Notwendigkeit"* für MAU-Stunden mehr.
→ Ermessen

Tatsächlich spielt sich im Schulbereich deshalb regelmäßig ein anderer Vorgang ab als *„Mehrarbeit mit Freizeitausgleich"* oder gegen Bezahlung: Wenn eine Kollegin mittel- oder langfristig ausfällt und ihre Klasse deshalb unversorgt bliebe, weist die Schulleitung andere Lehrkräfte an, in der verwaisten Klasse einen Teil des dort fälligen Unterrichts zu übernehmen. In anderen Klassen wird der Unterricht, der dort lehrauftrags- und stundenplanmäßig zu erteilen wäre, entsprechend gekürzt.

Die Schulleitung sollte hierbei sorgfältig auf eine rechtlich einwandfreie Formulierung achten. Die Anweisung an die betreffende Lehrkraft sollte lauten: *„Der Stundenplan für Klasse 4a und 4b wird heute und morgen wie folgt geändert: ..."*. Dann handelt es sich um eine zeitweilige oder dauerhafte Neuregelung der Arbeits- bzw. Geschäftsverteilung innerhalb der unveränderten Arbeits-/Unterrichtsverpflichtung der beteiligten Lehrkräfte, also um eine Umverteilung des vorhandenen Stundenvolumens und nicht um Mehrarbeit.

Lautet die Anweisung jedoch: *„Bitte halten Sie heute in Klasse 4a in der 5. Stunde zusätzlich eine Stunde Unterricht"*, ohne dass zugleich eine Änderung des Stundenplans bzw. der Lehrauftragsverteilung an anderer Stelle erfolgt, so ist dies rechtlich die Anordnung von Mehrarbeit, denn das vorhandene Unterrichtsvolumen wird um eine Stunde erhöht.

Variables Deputat, „Bugwelle" und Aufstockung
Angeordnete Mehrarbeit lässt sich auch durch den den *„variablen Einsatz des Regelstundenmaßes"* vermeiden. Das KM weist im Organisationserlass ausdrücklich auf das flexible Deputat *„zur Gewinnung von Vertretungsstunden bei Lehrerausfällen"* hin.
→ Organisationserlass (Teil A Nr. 4)

Beim *„variablen Deputat"* kann die Unterrichtsverpflichtung einer Lehrkraft um eine oder mehrere Stunden unter- oder überschritten werden; der Ausgleich durch eine entsprechende Deputatsänderung erfolgt spätestens im nächsten Schuljahr.
→ Arbeitszeit (Lehrkräfte)Teil A IV.

Dies ist rechtlich keine *„Mehrarbeit"*, sondern eine zeitweilige Deputatsänderung. Insbesondere an Gymnasien und beruflichen Schulen entstehen durch das flexible Deputat sogenannte *„Bugwellen"* (im Sommer 2010 entsprach diese *„Bugwelle"* allein im beruflichen Bereich über 1400 Deputaten). Das KM hat darauf hingewiesen, dass diese angesammelten Stunden nicht verfallen und nicht verjähren, sie aber vor Eintritt in den Ruhestand oder in den Altersurlaub ausgeglichen sein müssen. Andernfalls erfolgt bei Teilzeitbeschäftigten ein Ausgleich in Geld durch rückwirkende Erhöhung des Teilzeitfaktors, Vollbeschäftigte erhalten ggf. eine Nachzahlung in Form von MAU-Vergütung. Die „Bugwellenstunden" könnten, so das KM, *„keineswegs als Instrument einer flexiblen Arbeitszeitgestaltung dienen"*. Diese Regelung sei restriktiv auszulegen. Sie ziele insbesondere auf Fälle ab, in denen Schulen über kurzfristige Mehrarbeit einzelner Lehrkräfte Probleme bei der Unterrichtsversorgung in Mangelfächern überbrücken.
(Quelle: Erlasse des KM vom 18.8.2000 Nr. 14-0321.6/51 und vom 6.2.2008; AZ: 14-0301.620/1348)

Daneben gibt es bei teilzeitbeschäftigten Beamt/innen und Angestellten die Möglichkeit, den Lehrauftrag befristet aufzustocken. Dies erfolgt – im Einvernehmen mit der betreffenden Lehrkraft – auf Antrag durch die Schulaufsichtsbehörde.

Empfehlungen für angeordnete Mehrarbeit

Falls *„Mehrarbeit"* im rechtlichen Sinne in der schulischen Realität dennoch unvermeidbar ist, sollten die Schulleitungen folgende Grundsätze beachten (und mit dem Kollegium besprechen):

1. Vergütung hat Vorrang

Es gibt keine Vorschrift (auch keine Erwartung des KM an die Schulleitungen) mehr, vor der Anordnung von Überstunden gegen Vergütung zunächst im Kollegium reihum „kostenlose" MAU-Stunden einzufordern. Das KM hat im Gegenteil die Mittel für die Beschäftigung von zusätzlichen nebenberuflichen Lehrkräften und für die Genehmigung bzw. Anordnung von bezahlten Überstunden aufgestockt sowie empfohlen, *„von der Möglichkeit der bezahlten Mehrarbeit verstärkt Gebrauch zu machen"* (16.3.2000 Nr. 32-6662.01/366) und damit klargestellt, dass es keinen Druck auf die Schulleitungen ausüben will, unbezahlte Mehrarbeit zu forcieren; vielmehr soll Mehrarbeit, wo sie dienstlich zwingend notwendig (und damit auch zulässig) ist, vergütet werden, sofern kein Zeitausgleich möglich ist. Daran hat sich seit 2000 nichts geändert. Vor diesem Hintergrund sollten Schulleitungen, wenn sie aus zwingenden dienstlichen Gründen Mehrarbeit anordnen müssen, dafür sorgen, dass die betroffenen Lehrkräfte – deren Einverständnis vorausgesetzt – dann jeweils (mindestens) so viele Mehrarbeitsstunden im Kalendermonat erteilen, dass damit ein Anspruch auf Vergütung bzw. Freizeitausgleich entsteht.

2. Sorgfältig dokumentieren

Jede Anordnung einer MAU-Stunde ist gem. § 65 Besoldungsgesetz schriftlich zu erteilen (der schriftliche Vertretungsplan reicht als Beleg aus). Anordnungen zur Arbeitszeit (Stundenplanänderungen usw.) sollten dokumentiert und bei den Akten der Schule aufbewahrt werden. Dies dient im Konfliktfall sowie bei der Überprüfung durch die Schulverwaltung dem Schutz der Lehrkräfte und der Schulleitung (ein unkorrekter Umgang mit Personal-Ressourcen kann den Vorwurf eines Dienstvergehens nach sich ziehen). Die Schriftform sichert auch die Ansprüche der Lehrkräfte für den Fall, dass im laufenden Kalendermonat noch weitere Überstunden anfallen. Wo dies von der Schulleitung nicht so gehandhabt wird, sind die Dokumentation im Klassentagebuch oder ein ➔ Aktenvermerk (mit Kopie an die Schulleitung) sinnvoll.

3. Verantwortung bei der Schulleitung

Keinesfalls sollten Schulleitungen ihre Lehrkräfte zu Vertretungs- oder Überstunden heranziehen und diesen dann überlassen, die zusätzlichen Stunden auf eigene Faust „abzuhängen" (also an anderer Stelle Unterricht einfach ausfallen zu lassen). Da die Regelung dieser Angelegenheit immer und in vollem Umfang Sache der Schulleitung ist, besteht angesichts der verstärkten Aufmerksamkeit der Öffentlichkeit, der Elternvertretungen und der Schulaufsicht die Gefahr, dass der einzelnen Lehrkraft eigenmächtiges und unzulässiges Handeln vorgeworfen wird und sie danach „im Regen steht".

4. Haushaltsvorgaben beachten

Die Genehmigung oder Anordnung von längerfristiger Mehrarbeit gegen Vergütung durch die Schulleitung (z.B. für den ganzen noch folgenden Rest des Schuljahrs) bedarf aus haushaltrechtlichen Gründen der vorhergehenden Genehmigung durch die Stelle, die die entsprechenden Mittel verwaltet (bei GWHRS-Schulen die untere, bei Gymnasien und beruflichen Schulen das RP); bei kurzfristiger, nur wenige Stunden umfassende Mehrarbeit verzichten die Schulbehörden aber auch hierauf. Die Abrechnung erfolgt direkt mit dem Landesamt für Besoldung und Versorgung.

5. Nicht zulasten der Kolleg/innen

Bisweilen wird behauptet, Lehrkräfte müssten als Ausgleich für jene „*Freizeit*", die sich aus dem Schulbetrieb unbeabsichtigt ergibt (z.B. weil die Klasse im Schullandheim ist), Mehrarbeit leisten. Dazu hat das Bundesverwaltungsgericht festgestellt:

„Die Anordnung von Mehrarbeit ist ... nur zulässig, wenn zwingende dienstliche Verhältnisse dies erfordern. Dies bedeutet, dass die Mehrarbeit dazu dienen muss, wichtige und unaufschiebbare dienstliche Aufgaben zu erledigen, die innerhalb der regelmäßigen Arbeitszeit nicht zu bewältigen sind. Diese Voraussetzung fehlt, wenn die Mehrarbeit des Beamten dazu dienen soll, in der Vergangenheit von ihm schuldlos nicht abgeleistete Arbeit nachzuholen, damit dem Besoldungsanspruch auch eine entsprechende Dienstleistung gegenübersteht."
(30.3.1992; BVerwG 2 B 27.92)

Demnach muss eine Lehrkraft in der konkreten Situation die dem Dienstherrn/Arbeitgeber geschuldete Leistung zur Verfügung stellen. Wenn also z.B. die Klasse im Schullandheim ist und eine Fach-Lehrkraft deshalb „frei" ist, kann die Schulleitung ihr in dieser Zeit Unterricht in einer anderen Klasse zuteilen. Dies ist jedoch keine „*Mehrarbeit*", sondern dies ist ein geänderter Einsatz während der regelmäßigen Arbeitszeit. Es ist jedoch unzulässig, dieser Lehrkraft irgendwann später zusätzliche Unterrichtsstunden mit der Begründung aufzuerlegen, sie habe ja im letzten Monat nicht die für das Gehalt bzw. die Vergütung geschuldete Leistung erbracht, und damit diese vom Arbeitgeber „*nicht abgenommene Dienstleistung*" sozusagen „*nacharbeiten*" zu lassen.

6. Auch Aufsicht ist reguläre Arbeit

Bei der Notversorgung verwaister Klassen wird häufig von „*Vertretungen*", „*Mitversehungen*" oder „*Aufsichtsstunden*" gesprochen. Hierzu ist anzumerken:

– Die Arbeit der Lehrkräfte erschöpft sich nicht im Halten von (regulärem) Unterricht, sondern es gehören zu ihrer Tätigkeit auch vielfältige, zeitlich nicht exakt definierte Aufgaben, die sich entweder aus der Sache ergeben und ohne besonderen Auftrag zu erledigen sind (Beispiel: In der Klasse ist ein Streit entstanden; zur Schlichtung bleibt die Lehrkraft länger in der Schule) oder die ihnen von der Schulleitung aufgetragen werden (Beispiel: In der Parallelklasse ist kurzfristig die Lehrkraft ausgefallen und die Schulleitung bittet, diese Klasse eine Stunde lang bei geöffneten Zimmertüren „mitzuversehen"). In beiden Fällen ist dies „*Dienst*", aber ein Zeit-Ausgleich in Form des Wegfalls von anderen Unterrichtsstunden ist nicht möglich.

– Zum anderen gibt es die Praxis, Lehrkräfte zu sogenannten „*Aufsichtsstunden*" in verwaiste Klassen zu schicken und ihnen mit der Begründung, sie hätten ja keinen regulären Unterricht zu halten, hierfür keinen Ausgleich zu gewähren. Dies sind unbezahlte Übertsunden mit dem Ziel, den Freizeitausgleich oder die Bezahlung von Mehrarbeit zu unterlaufen: Wird nämlich eine Lehrkraft in eine Klasse mit dem Auftrag geschickt, dort bestimmte, von der abwesenden Lehrkraft vorbereitete Tätigkeiten der Schüler zu beaufsichtigen, so ist dies eine voll gültige dienstliche (Unterrichts-)Tätigkeit, und diese Lehrkraft muss auch bei der Beaufsichtigung professionell handeln. Übrigens ist selbst eine unvorbereitete Übungsstunde durch die Vertretungslehrerin sinnvoller als bloße „Aufsicht".

In diesem Zusammenhang ist an die Begrifflichkeit von „*Aufsicht*" zu erinnern: Aufsicht ist etwas anderes als Unterricht: Für die Intensität und den Umfang der jeweils erforderlich Aufsicht sind das Alter und die Reife der Schüler/innen maßgebend. In der Grundschule ist eine reine „*Aufsichtsstunde*" kaum möglich, da die Schüler/innen zumindest in dieser Altersstufe die (körperliche und geistige) Präsenz der Lehrkraft verlangen. Das ist dann aber „*Unterricht*" und nicht „*Aufsicht*". Bei Schüler/innen oberhalb der Grundschulstufe muss die Schule bzw. die einzelne Lehrkraft bei „*Auf-*

sicht" (nur) dafür sorgen, dass sich die Schüler/innen stets beaufsichtigt fühlen – gegebenenfalls durch Stichproben. Wenn die zu einer „*Aufsichtsstunde"* herangezogene Lehrkraft mehr tun muss, als gelegentlich aus dem Lehrerzimmer herüberzuschauen, ob kein Unfug getrieben wird, ist auch das nicht mehr „*Aufsicht"*, sondern „*Unterricht"*.

7. Keine Hohlstundenpläne

Bisweilen werden auch gezielt „*Hohlstundenpläne"* konstruiert: In den individuellen Stundenplänen der Lehrkräfte wird einmal oder gar mehrmals in der Woche absichtlich eine Stunde unterrichtsfrei gehalten, damit diese bei Ausfall anderer Lehrkräfte zur Vertretung in einer verwaisten Klasse eingesetzt werden können. Ähnlich ist die Lage an jenen Schulen, wo spezielle Lehrerarbeitsplätze eingerichtet werden (z.B. an Ganztagsschulen) und die Lehrkräfte einen Teil ihrer nicht gebundenen Arbeitszeit in der Schule verbringen, um dort Unterricht vor- oder nachzubereiten, Korrekturen zu erledigen, Fachgespräche mit Kolleg/innen oder Elterngespräche zu führen usw. Auch in diesem Fall stehen diese Lehrkräfte der Schulleitung relativ günstig als Ersatz zur Verfügung – allerdings nur dann, wenn dies nicht gerade mit einer anderen dienstlichen Verpflichtung kollidiert (z.B. fest verabredete Elternsprechstunde).

Erfolgt in dieser Zeit ein Vertretungseinsatz, muss dieser als Mehrarbeitsunterrichtsstunde gezählt werden. Damit hier keine unangemessene Belastung einzelner Kolleg/innen erfolgt oder gar „*Aufsichten"* statt bezahlbarer MAU-Stunden angeordnet werden, sollte die Gesamtlehrerkonferenz eindeutige Empfehlungen an die Schulleitung zur Stundenplangestaltung und zum Einsatz solcher Lehrkräfte beschließen. Hierzu bitte das Kapitel „Beteiligungsrechte des Kollegiums" beachten.

9. Problemfall Grundschule

Mit der „verlässlichen Grundschule" hat der Druck auf die Schulen zugenommen, den einmal bekanntgegebenen Stundenplan unter allen Umständen einzuhalten. Die Belastung der Grundschullehrkräfte hat dadurch deutlich zugenommen.

Zur Sicherstellung der „Verlässlichkeit" hat das KM den Schulen (Schulleitungen) mehr Handlungsspielraum eingeräumt bis hin zur „*freihändigen"* Einstellung von Ersatzlehrkräften durch mündliche Vereinbarung. Sie können z.B. im Stundenplan eine Doppelbelegung von Unterrichtsstunden vornehmen (parallele Ansetzung von Regelunterricht und Unterricht in kleineren Gruppen), damit beim Ausfall einer Lehrkraft Ersatz vorhanden ist.

Keinesfalls sollte der zunehmende Druck auf die Schule aber in Form einer Arbeitsverdichtung oder vermehrter Überstunden an das Kollegium weitergegeben werden. Hier sollte das Kollegium nach verträglichen Lösungen suchen (siehe Nr. V.).

→ Grundschule (Verlässliche)

10. Keine Stundenkonten führen

Im Regelstundenmaßerlass (Teil H) ist verfügt:
„*Der Schulleiter ist gehalten, Lehrer, deren Regelstundenmaß zum 1. August 1997 nicht erhöht worden ist, für kurzfristige Krankheitsvertretungen oder Tätigkeiten, für die im Allgemeinen Entlastungskontingent keine Anrechnungen mehr verfügbar sind, heranzuziehen."*

→ Arbeitszeit (Lehrkräfte) Teil H (Unterrichtsfreie Tage)

Nicht zu solchen Aufgaben heranzuziehen sind demnach die wissenschaftlichen Lehrkräfte an den beruflichen Schulen und Gymnasien, denn zum 1.8.1997 wurde ihre Arbeitszeit erhöht.

Alle anderen Lehrkräfte können jedoch bei dienstlichem Bedarf zu den oben aufgeführten Tätigkeiten herangezogen werden. Dafür müssen jedoch keine „neuen" Aufgaben erfunden werden, sondern zahlreiche Lehrkräfte verrichten bereits Zusatz-Tätigkeiten, „*für die im Allgemeinen Entlastungskontingent keine Anrechnungen mehr verfügbar sind"*.

Das KM hat am 23.3.1994 (zu der insoweit identischen Erstfassung dieser Regelung) ausgeführt:
„*Es liegt somit in der Verantwortung des Schulleiters, sachangemessen unter Berücksichtigung der speziellen Situation der Schule diese Vorschrift auszufüllen. Ein Stundenkonto soll nicht geführt werden."*

V. Beteiligungsrechte des Kollegiums

Nach der Konferenzordnung (§ 2) gehören zu den „*Angelegenheiten von wesentlicher Bedeutung für die Schule, über die gemäß § 45 Abs. 2 des Schulgesetzes die Gesamtlehrerkonferenz unbeschadet der Zuständigkeit der Schulkonferenz berät und beschließt, ... insbesondere ...*

6. *einheitliche Durchführung der Rechts- und Verwaltungsvorschriften an der Schule ...*

9. *allgemeine Empfehlungen für die Verteilung der Lehraufträge und sonstiger dienstlicher Aufgaben, für die Aufstellung der Stunden- und Aufsichtspläne sowie für die Anordnung von Vertretungen, unbeschadet § 41 Abs. 1 Schulgesetz."*

→ Konferenzordnung § 2 Abs. 1

Das Kollegium ist also zur Mitsprache und Mitverantwortung bei allen Fragen von Mehrarbeit und Vertretungen aufgerufen.

Die GLK kann der Schulleitung z.B. empfehlen,

– alles zu tun, damit eine Arbeitsverdichtung (also eine über das reguläre Deputat hinausgehende Belastung der Lehrkräfte) vermieden wird, und deshalb weder „*Hohlstundenpläne"* noch sonstige Präsenzzeiten für Lehrkräfte einzuplanen und auch keine sonstigen Umgehungsstrategien zugunsten der Staatskasse – also zulasten der Kolleg/innen – anzuwenden (z.B. keine „*Aufsichtsstunden"* anzuordnen, sondern stattdessen eine reguläre Unterrichts-Vertretung vorzusehen),

– die gesetzlichen Grenzen für Mehrarbeit strikt zu beachten, also vor jeder Anordnung oder Genehmigung von Überstunden die „*zwingende dienstliche Notwendigkeit"* genau zu prüfen,

- darauf zu achten, dass bei Anordnung von MAU die Mindestgrenze im Kalendermonat überschritten wird, damit die Betroffenen entweder Zeitausgleich oder Bezahlung erhalten,
- bei mittel- oder langfristigem Lehrerausfall stets
  - dem *„variablen Deputat"* bzw. der Aufstockung von Teil-Lehraufträgen oder
  - der Neu-Festlegung der Lehraufträge und Stundenpläne im Rahmen des an der Schule noch vorhandenen Stundenvolumens

  den Vorrang vor „Mehrarbeit" zu geben,
- bei *„selbst organisiertem Lernen"*, *„Stillbeschäftigung"* oder ähnlichen Überbrückungsmaßnahmen eindeutig zu deklarieren, ob dies der Anwesenheit einer Lehrkraft bzw. einer Einweisung durch diese bedarf (also *„Unterricht" = „Mehrarbeit"* ist) oder ob es sich um die tatsächliche Selbstbeschäftigung der Schülerinnen und Schüler ohne Präsenz einer Lehrkraft handelt,
- die Elternschaft, insbesondere die gewählte Elternvertretung, über die an der Schule (in der Regel von Anfang an bestehende und nicht erst durch den Ausfall von Lehrkräften verursachte) Unterversorgung sachgerecht zu informieren, damit diese bei der Schulverwaltung und in der Öffentlichkeit für die Belange der Schule eintreten kann (vgl. → Schulgesetz § 57).

Je einmütiger solche *„allgemeinen Empfehlungen"* beschlossen werden, desto weniger kann sich die Schulleitung trotz ihres Letzt-Entscheidungsrechts nach § 41 SchG einem solchen Votum entziehen. Denn sie ist vielfältig auf den guten Willen und die Einsatzbereitschaft des Kollegiums angewiesen – Zusammenarbeit ist keine Einbahnstraße! Keinesfalls sollte das Lehrerkollegium in solchen Beschlüssen ausbeuterische Strategien selbst festlegen: Wenn die GLK z.b. beschließt, dass für jede Lehrkraft nicht mehr als eine Hohlstunde pro Woche fest eingeplant werden soll, billigt sie damit implizite diese Form der Arbeitsverdichtung! Es ist auch davon abzuraten, sich durch Beschluss der GLK auf Verrechnungsmodalitäten bei verschiedenen Formen von *„Vertretungen"* einzulassen (also z.B. *„selbst organisiertes Lernen unter Aufsicht"* nur als halbe Unterrichtsstunde zu werten), da dies dem Zweck dient, die Zusatzarbeit niedriger zu honorieren als regulären Unterricht. Eine Unterrichtsstunde lang nominell nur *„Aufsicht"* zu führen, damit auf diese Weise Geld gespart wird, sollte selbstbewusst als Verstoß gegen den pädagogischen Selbstwert zurückgewiesen werden: *„Wenn ich in eine Klasse gehe, dann bin ich voll da, denn da werde ich auch voll gefordert!"*

→ Arbeitszeit (Lehrkräfte); → Beamtengesetz § 67; → Besoldung (Gesetz) § 65; → Ermessen; → Fachfremder Unterricht; → Grundschule (Verlässliche); → Chancengleichheitsgesetz § 13; → Konferenzordnung § 2 Abs. 1 Ziff. 9; → Mehrarbeit (Vergütung); → Mutterschutz (Verordnung); → Organisationserlass; → Schwerbehinderung; → Teilzeit (Pflichten und Rechte); → Tarifvertrag (Länder)

Mehrarbeit (Vergütung)

Hinweise der Redaktion auf die Vergütungssätze nach dem Besoldung (Gesetz – LBesGBW); gültig für Lehrkräfte im Beamten- und im Arbeitnehmerverhältnis nach dem Dienstrechtsreformgesetz vom 27.10.2010 (GBl. S. 793/2010)

Bei Mehrarbeit (Überstunden) im Schuldienst beträgt die Vergütung in Euro für Beamte des

1. gehobenen Dienstes, deren Eingangsamt unterhalb der Bes.-Gr. A12 liegt (z.B. Fachlehrer/innen) 16,12
2. gehobenen Dienstes, mit Eingangsamt A 12 (z.B. Lehrkräfte an Grund- und Hauptschulen) 19,97
3. gehobenen Dienstes, mit Eingangsamt A 13 (z.B. Lehrkräfte an Real- und Sonderschulen, Gymnasial-/Handelsschulräte) 23,71
4. höheren Dienstes (z.B. Studien-/Oberstudienräte) 27,71

je Unterrichtsstunde (mind. 45 Minuten Dauer).

Diese Stundensätze sind Beispiele für die verbreitetsten Lehrergruppen. Sie gelten im Beamten- und im Arbeitnehmerbereich und auch für nebenamtlichem und nebenberuflichem Unterricht. Zur Vergütung teilzeitbeschäftigter Lehrkräfte siehe:

→ Mehrarbeit Nr. III

Durch die Vergütung sind alle mit der Lehrtätigkeit verbundenen Aufgaben einer Lehrkraft abgegolten, die sich aus § 38 Abs. 2 SchG ergeben, insbesondere die Vor- und Nachbereitung des Unterrichts, die Teilnahme an Konferenzen und sonstigen schulischen Veranstaltungen sowie die Ausarbeitung, Abnahme und Bewertung von Leistungsnachweisen.

Gegebenenfalls besteht auch Anspruch auf die Erstattung zusätzlich anfallender Reisekosten.

→ Reisekosten (Nebenamtlicher/-beruflicher Unterricht)

Zum selbstständigen – vergüteten – Unterricht von Anwärter-/Referendar/innen siehe:

→ Arbeitszeit (Lehramtsanwärter/innen); → Besoldung (Anwärter-Unterrichtsvergütung)

→ Arbeitszeit (Lehramtsanwärter); → Besoldung (Anwärter-Unterrichtsvergütung); → Besoldung (Gehälter); → Lehrbeauftragte; → Mehrarbeit; → Reisekosten (Nebenamtlicher Unterricht); → Schulgesetz § 38 Abs. 2; → Teilzeit (Pflichten)

Menschenrechte

Hinweise der Redaktion

A
Auszüge aus der Allgemeinen Erklärung der Menschenrechte vom 10.12.1948

Artikel 1
Alle Menschen sind frei und gleich an Würde und Rechten geboren.

Artikel 2
Jeder Mensch hat Anspruch auf die in dieser Erklärung proklamierten Rechte und Freiheiten ohne irgendeine Unterscheidung, wie etwa nach Rasse, Farbe, Geschlecht, Sprache, Religion, politischer oder sonstiger Überzeugung, nationaler oder sozialer Herkunft, nach Vermögen, Geburt oder sonstigem Status.

Artikel 3
Jeder Mensch hat ein Recht auf Leben, Freiheit und Sicherheit der Person.

Artikel 4
Niemand darf in Sklaverei oder Leibeigenschaft gehalten werden.

Artikel 5
Niemand darf der Folter oder grausamer, unmenschlicher oder oder erniedrigender Behandlung oder Strafe unterworfen werden.

Artikel 9
Niemand darf willkürlich festgenommen, in Haft gehalten oder des Landes verwiesen werden.

Artikel 18
Jeder Mensch hat das Recht auf Gedanken-, Gewissens- und Religionsfreiheit.

Artikel 19
Jeder Mensch hat das Recht auf Freiheit der Meinung und der Meinungsäußerung.

Artikel 26
1. Jeder hat das Recht auf Bildung. Die Bildung ist unentgeltlich, zum mindesten der Grundschulunterricht und die grundlegende Bildung. Der Grundschulunterricht ist obligatorisch. Fach- und Berufsschulunterricht müssen allgemein verfügbar gemacht werden, und der Hochschulunterricht muss allen gleichermaßen entsprechend ihren Fähigkeiten offenstehen.

2. Die Bildung muss auf die volle Entfaltung der menschlichen Persönlichkeit und auf die Stärkung der Achtung vor den Menschenrechten und Grundfreiheiten gerichtet sein. Sie muss zu Verständnis, Toleranz und Freundschaft zwischen allen Nationen und allen rassischen oder religiösen Gruppen beitragen und der Tätigkeit der Vereinten Nationen für die Wahrung des Friedens förderlich sein.

3. Die Eltern haben ein vorrangiges Recht, die Art der Bildung zu wählen, die ihren Kindern zuteil werden soll.

→ Grundgesetz; → Verfassung

Hinweis der Redaktion: In Erinnerung an die Verabschiedung der „Allgemeinen Erklärung der Menschenrechte" am 10.12.1948 durch die Vollversammlung der Vereinten Nationen (UN) wird der 10. Dezember alljährlich als Tag der Menschenrechte begangen.

B
Menschenrechtserziehung in der Schule

Die Kultusministerkonferenz hat 1980 eine Empfehlung zur Förderung der Menschenrechtserziehung in der Schule abgegeben (Beschluss der KMK vom 4.12.1980). Darin heißt es u.a.:

2.
Ziele und Inhalte des Unterrichts

Aus der Aufgabe, die Menschenrechte zu verwirklichen, ergibt sich die Verpflichtung der Schule, ihren hohen Rang bewusst zu machen. Die Kultusministerkonferenz hat die Menschenrechte in ihren Empfehlungen zur Deutschen Frage und zu Europa im Unterricht angesprochen. Über die dort gegebenen Hinweise hinaus ist eine intensive Durchdringung ihrer geschichtlichen Entwicklung und gegenwärtigen Bedeutung und Problematik erforderlich.

Eine Behandlung der Menschenrechtsthematik soll insbesondere Kenntnisse und Einsichten vermitteln über

– die Bedeutung der Grund- und Menschenrechte, sowohl für die Rechte des Einzelnen als auch für die objektiven Gestaltungsprinzipien des Gemeinwesens;

– das Verhältnis von persönlichen Freiheitsrechten und sozialen Grundrechten im Grundgesetz und in internationalen Konventionen;

– die unterschiedliche Auffassung und Gewährleistung der Menschenrechte in verschiedenen politischen Systemen und Kulturen;

– die grundlegende Bedeutung der Menschenrechte für das Entstehen des modernen Verfassungsstaates;

– die Notwendigkeit der Berücksichtigung eines individuellen Menschenrechtsschutzes im Völkerrecht;

– die Bedeutung internationaler Zusammenarbeit für die Verwirklichung der Menschenrechte und die Sicherung des Friedens;

– die Bedeutung der Menschenrechte für Entspannung und Frieden im Ost-West-Verhältnis;

– die Bedeutung der Menschenrechte für einen

Interessenausgleich in den Nord-Süd-Beziehungen;
- das Ausmaß und die sozialen, ökonomischen und politischen Gründe der weltweit festzustellenden Menschenrechtsverletzungen.

Die Beschäftigung mit den Menschenrechten soll im Schüler die Bereitschaft wecken und stärken, für ihre Verwirklichung einzutreten und sich ihrer Missachtung und Verletzung zu widersetzen. Er muss dabei das Verhältnis von universeller Geltung und jeweiliger nationaler Entfaltung der Menschenrechte beurteilen lernen. Eine Erziehung im Hinblick auf die Menschenrechte soll den Schüler befähigen, sich in seinem persönlichen und politischen Lebensumkreis für ihre Realisierung einzusetzen. Er soll bereit sein, die Frage nach der Verwirklichung der Menschenrechte als wichtigen Maßstab zur Beurteilung der politischen Verhältnisse im eigenen wie in anderen Ländern zu nutzen. Eingeschlossen ist damit die Bereitschaft, für die Rechte anderer einzutreten.

3.
Beitrag der Fächer

Grundsätzlich kann im gesamten Unterricht darauf hingewirkt werden, das Bewusstsein von der Würde des Menschen und von den ihm zukommenden natürlichen Rechten auszubilden. Es handelt sich dabei um eine grundsätzliche Aufgabe der Erziehung, die die ständige Aufmerksamkeit aller Erzieher fordert. Darüber hinaus ist jedoch vor allem von den Fächern im historisch-politischen Lernfeld ein besonderer Beitrag zu leisten, der seinen Niederschlag in den Lehrplänen dieser Fächer finden soll. ...

➔ Außerschulische Jugendbildung; ➔ Fachleute; ➔ Fortbildung (Allgemeines); ➔ Grundgesetz; ➔ Gedenktag (NS-Zeit); ➔ Verfassung

Mobbing

Hinweise der Redaktion

Einführung

Der Begriff „*Mobbing*" (Englisch: to mob = anpöbeln, angreifen) umfasst vielfältige Formen der Schikane bis hin zum Psychoterror insbesondere am Arbeitsplatz und in Schulen. Von „Mobbing" spricht man nicht bei gelegentlichen, einzelnen Handlungen, sondern bei andauernden und systematischen Aktionen gegen Einzelne innerhalb einer Organisation oder Institution.

Das Allgemeine Gleichbehandlungsgesetz spricht in § 3 von „*Belästigung*" und führt eine Vielzahl von „*unerwünschten Verhaltensweisen*" auf, die unter „Mobbing" subsummiert werden können: Diese bezwecken oder bewirken, dass die Würde der betreffenden Person verletzt und ein von Einschüchterungen, Anfeindungen, Erniedrigungen, Entwürdigungen oder Beleidigungen gekennzeichnetes Umfeld geschaffen wird. Eine bedeutende Rolle spielt dabei die „*sexuelle Belästigung*", wozu auch unerwünschte sexuelle Handlungen und Aufforderungen zu diesen, sexuell bestimmte körperliche Berührungen, Bemerkungen sexuellen Inhalts sowie unerwünschtes Zeigen und sichtbares Anbringen von pornographischen Darstellungen zählen, mit denen bezweckt oder bewirkt wird, dass die Würde der betreffenden Person verletzt wird.

➔ Gleichbehandlungsgesetz

Mobben kann sich sowohl horizontal, also unter rechtlich bzw. hierarchisch Gleichgestellten (im Schulbereich z.B. Schüler gegen Schüler oder Lehrer gegen Lehrer oder Eltern gegen Lehrer) vollziehen als auch vertikal, also unter rechtlich bzw. hierarchisch Über- oder Untergeordneten (im Schulbereich z.B. Lehrer gegen Schüler, Schulleiter gegen Lehrer). Dabei kann das Verhältnis auch umgekehrt sein, im Schulbereich z.B. Schüler gegen Lehrer oder Lehrkräfte gegen Schulleiter. Insofern kann jede/r ein Mobbing-Opfer werden.

„Täter" und „Opfer" können beim Mobbing sowohl Einzelne als auch Gruppen sein. Bei den Objekten von Mobbing wird durch die Erfahrung der Unterlegenheit und Hilflosigkeit häufig eine Spirale der wiederholten Opferseins in Gang gesetzt oder verstärkt.

Mobbing ist häufig schwer greif- bzw. beweisbar, da in der Regel Zeugen fehlen und/oder die Opfer bzw. Zeugen von den Tätern abhängig und/oder eingeschüchtert und deshalb nicht aussagebereit sind. Mögliche Zeugen sind nicht selten durch vorheriges Wegsehen und Hinnehmen selbst indirekt an der Tat beteiligt. Zudem erscheinen die einzelnen Mobbing-Aktionen oft zunächst als relativ geringfügig; erst in der Summierung oder in der Kombination verschiedener Aktionen entsteht der für die Opfer unerträgliche Druck.

Mobbing kommt vor allem in hierarchisch organisierten Gruppen mit schwach ausgeprägten Kontrollmechanismen vor. Kleinbetriebe mit hoher Abhängigkeit der einzelnen Mitarbeiter von der Betriebsleitung und häufig ohne Betriebsrat sind deswegen besonders anfällig für Mobbing. Dies gilt auch für den Betrieb „Schule".

Auch in Schulklassen bzw. gegenüber einzelnen Schüler/innen kommt Mobbing häufig vor, da auch hier aufsichtsfreie Räume bestehen bzw. Instanzen fehlen, die angerufen werden können oder

Mobbing

durch ihre bloße Existenz bzw. durch konkretes Eingreifen Abhilfe schaffen können.

„Gemobbte" Personen fühlen sich einem – oft als unerträglich empfundenen – Leidensdruck ausgesetzt, dem sie häufig nicht allein, sondern nur durch persönliche Hilfe von Dritten oder durch institutionelle Maßnahmen entgehen oder begegnen können. Dieser Druck kann bei den „Gemobbten" zu Flucht- oder Ausweichverhalten, aber auch zu einer (Gegen-)Aggression führen. Der folgende Beitrag befasst sich mit den institutionellen und rechtlichen Bedingungen und Maßnahmen, nicht jedoch mit den pädagogischen und zwischenmenschlichen Bedingungen im System „Schule". Es sei hier nur angemerkt, dass ein von gegenseitiger Wertschätzung geprägtes, pädagogisch orientiertes Klima, in dem alle beteiligten Personen (Schülerinnen und Schüler, Lehrkräfte, Eltern, Schulleitung, nicht-pädagogisches Personal ...) einander respektieren und wo man sich um jeden einzelnen Schüler und jede Schülerin kümmert, die beste Mobbing-Prävention darstellt.

Mobbing am Arbeitsplatz Schule

Mobbing kommt auch am Arbeitsplatz Schule, also horizontal unter Lehrkräften oder vertikal in der Beziehung Schulleitung-Lehrkraft bzw. umgekehrt, vor. Nicht selten herrscht hierbei Gegenseitigkeit: Einerseits wirft ein „Opfer" einem „Täter" Mobbing vor, andererseits sieht dieser im „Opfer" einen Querulanten, der den Betrieb stört oder gut gemeinte Initiativen negiert, und fühlt sich seinerseits hierdurch „gemobbt".

Auch hier gilt, dass der Begriff „Mobbing" nur ein Syndrom bzw. eine Vielzahl, oft unterschiedlicher Handlungen umschreibt.

1. Nur ein Teil der möglichen Handlungen ist rechtlich relevant (hiergegen kann – mithilfe des GEW-Rechtsschutzes – auch rechtlich vorgegangen werden). Dabei ist zu unterscheiden zwischen dienst- bzw. arbeitsrechtlichen Vorfällen (z.B. Abmahnung oder Kündigung von Arbeitnehmern, Versetzung oder Abordnung an eine andere Schule) und strafbewehrten Handlungen wie Tätlichkeiten, sexuelle Belästigung, üble Nachrede (§ 186 StGB) oder Beleidigung (§ 185 StGB), die übrigens nicht nur strafrechtlich, sondern ggf. auch disziplinarrechtlich geahndet werden können.

2. Der größere Teil der Mobbing-Handlungen, wie sie im Betrieb Schule vorkommen, ist rechtlich nicht oder kaum fassbar. Beispiele: die soziale Isolation einzelner Beschäftigter (oder des Chefs durch das Kollegium), das Vorenthalten von Informationen oder die Überschüttung damit, eine unangemessen intensive Kontrolle, kleinliche Kritik, ein ungünstiger individueller Stundenplan, vermehrte Aufsichten oder Überstunden, Tätigkeit in schwierigen Klassen, Häufung von Korrekturfächern, Nicht-Beachtung von Einsatzwünschen (Klassen, Fächer), passiver Widerstand in allen Formen, Benachteiligung bei der Vergabe von Leistungsprämien ...

Nur wenn die Mobbing-Aktionen je einzeln benannt und beschrieben werden können, ergibt sich in der Regel die Möglichkeit zum Eingreifen bzw. zur – ggf. disziplinar- oder sogar strafrechtlichen – Ahndung. Wer sich wegen „Mobbing" beschweren bzw. hiergegen vorgehen will, muss also konkrete Tatbestände vorbringen und belegen können. Hierzu kann ein „Mobbingtagebuch" dienen, in dem das Opfer den Verlauf der Mobbingsituation so genau wie möglich festhält (wann, wer, was, wie wurde gehandelt und wer kann dies bestätigen?).

Zum Mobbing am Arbeitsplatz Schule zählt auch die Anprangerung von Lehrkräften im Internet. Der Bundesgerichtshof hat am 23.6.2009 (VI ZR 196/08) über die Zulässigkeit einer Lehrerbewertung auf der Homepage www.spickmich.de entschieden. Eine Lehrerin hatte keinen Anspruch auf Löschung bzw. Unterlassung der Veröffentlichung ihres Namens, des Namens der Schule, der unterrichteten Fächer im Zusammenhang mit einer Gesamt- und Einzelbewertung und der Zitat- und Zeugnisseite durchsetzen wollen.

Der BGH hat dies trotz der fehlenden Einwilligung der Klägerin für zulässig gehalten. Die Bewertungen stellten Meinungsäußerungen dar, die die berufliche Tätigkeit der Klägerin betreffen, bei der der Einzelne grundsätzlich nicht den gleichen Schutz wie in der Privatsphäre genieße. Die Äußerungen seien weder schmähend noch der Form nach beleidigend. Dass die Bewertungen anonym abgegeben worden, mache sie nicht unzulässig, weil das Recht auf Meinungsfreiheit nicht die Zuordnung der Äußerung an ein bestimmtes Individuum gebunden sei. Die Meinungsfreiheit umfasse grundsätzlich das Recht, das Verbreitungsmedium frei zu bestimmen. Der Rechtsstreit wird vor dem Bundesverfassungsgericht fortgesetzt.

Anspruch auf Unterstützung durch den Dienstherrn und Pflichten von Vorgesetzten

Aus dem Grundgesetz (Würde des Menschen und Unverletzlichkeit der Person; Art. 1 und 2 Grundgesetz) ergibt sich allgemein für jeden Arbeitgeber der. Vorgesetzten die Pflicht, das Persönlichkeitsrecht, die Gesundheit und die Ehre der Beschäftigten zu schützen und sie vor psychischer Belastung zu bewahren. → Grundgesetz

Der für das Beamtenrecht grundlegende Begriff „Schutz und Fürsorge", wonach Vorgesetzte den Beamten bei Ermessensentscheidungen *„gerecht und wohlwollend"* und unter *„gebührender Berücksichtigung der wohlverstandenen Interessen des Beschäftigten"* begegnen müssen (BVerwGE 15,7; 19,54), verpflichtet alle Vorgesetzten (Schulleitung bzw. Schulaufsicht), jedes Mobbing zu verhindern, also auch alle Maßnahmen zu ergreifen, damit es gar nicht erst hierzu kommt. Einschlägig ist § 45 des Beamtenstatusgesetzes:

„Der Dienstherr hat im Rahmen des Dienst- und Treue-

verhältnisses für das Wohl der Beamtinnen und Beamten und ihrer Familien, auch für die Zeit nach Beendigung des Beamtenverhältnisses, zu sorgen. Er schützt die Beamtinnen und Beamten bei ihrer amtlichen Tätigkeit und in ihrer Stellung."

→ Beamtenstatusgesetz § 45

Das Allgemeine Gleichbehandlungsgesetz (AGG), das ausdrücklich auch für den Beamtenbereich gilt (§ 24) hat die Pflichten der Vorgesetzten noch einmal konkretisiert. Durch die darin definierten Beschwerdemöglichkeiten und die Einrichtung der Antidiskriminierungsstelle des Bundes (§ 25) sind auch die Abwehrmöglichkeiten gegen die vielfältigen Formen des Mobbings verbessert worden. Sobald Arbeitgeber bzw. Vorgesetzte von Mobbing in ihrem Betrieb erfahren, müssen sie ihrer Fürsorgepflicht nachkommen und wirksam eingreifen (z.B. Mitarbeitergespräch, Wahrnehmung des Weisungsrechts, Abmahnung, Kündigung, Versetzung). Auch diese Pflichten haben im AGG ihren Niederschlag gefunden.

→ Gleichbehandlungsgesetz §§ 12 und 24

Das Kultusministerium hat die Regierungspräsidien beauftragt, vom Mobbing durch Schüler/innen – vor allem im Internet – betroffene Lehrkräfte *„rechtlich zu beraten und, soweit die Angriffe Dritter strafbare Handlungen darstellen, von ihrem Recht Gebrauch zu machen, auf Wunsch der betroffenen Lehrkraft selbstständig Strafantrag zu stellen. – Unterstützung in zivilrechtlichen Verfahren kann von Seiten der Schulverwaltung nicht gewährt werden. ..."*

Hinweis der Redaktion: Rechtsschutz durch Übernahme der notwendigen Kosten ist nach den Grundsätzen der VwV zu § 98 LBG (alt) möglich. Siehe → Rechtsschutz Nr. 2.

Die Regierungspräsidien sollen die Schulen ferner bei der Durchführung von entsprechenden Verfahren nach § 90 SchG (Erziehungs- und Ordnungsmaßnahmen) beraten und unterstützen.

(Quelle: KM, 16. Juli 2007; AZ: 31-0302.9/20)

Das KM hat im Mai 2009 eine Handreichung „Handlungsmöglichkeiten bei Mobbing zum Nachteil von Lehrkräften im Internet" herausgeben (sogenanntes „Cyber-Mobbing"). Darin wird über Möglichkeiten der Prävention im schulischen Bereich sowie über die rechtlichen Rahmenbedingungen von Cyber-Mobbing informiert und wereden Handlungsmöglichkeiten im Umgang mit Mobbing von Lehrkräften im Internet aufgezeigt. Im Kultusportal ist die Handreichung zu dem Thema eingestellt unter: www.kultusportal-bw.de/servlet/PB/menu/1248750/

Diese Handreichung stellt umfassend die Vielzahl von Möglichkeiten dar, wie die Schule auf Fehlverhalten von Schülerinnen und Schülern je nach Schwere der Rechtsverletzung pädagogisch angemessen reagieren kann. dabei sind die „alltäglichen pädagogischen Erziehungsmaßnahmen" auf der Basis von § 23 Abs. 2 Schulgesetz von den in § 90 Schulgesetz aufgeführten förmlichen Erziehungs- und Ordnungsmaßnahmen zu unterscheiden, da diese in die individuelle Rechtssphäre der Schüler/innen eingreifen und aus rechtsstaatlichen Gründen an bestimmte Voraussetzungen und an ein förmliches Verfahren gebunden sind.

→ Schulgesetz §§ 23 und 90

Bei der Anwendung von § 90 Schulgesetz muss es sich um schulbezogenes Fehlverhalten handeln. „Schulbezogen" ist jedes Fehlverhalten von Schüler/innen, das in den Schulbetrieb konkret feststellbar störend hineinwirkt; es ist daher nicht ausschließlich räumlich und zeitlich, sondern auch inhaltlich bestimmt. Damit fallen z.B. auch Internet-Mobbing oder Drohanrufe gegen einzelne Schüler oder Lehrkräfte unter § 90 Schulgesetz.

Nach dem Grundsatz der Verhältnismäßigkeit muss eine Erziehungs- und Ordnungsmaßnahme in einem angemessenen Verhältnis zum Gewicht des Fehlverhaltens stehen. In Fällen der Beleidigung einer Lehrkraft durch einen Schüler hat die Rechtsprechung deshalb auch schon „Überreaktionen" von Schulen in Form eines endgültigen Schulausschlusses als unverhältnismäßig korrigiert: *„Wenn Flegeleien die ein Ausrasten von Schülern pubertätsbedingt sind, wenn der Schüler kurz vor der Abschlussprüfung steht oder wenn seine Ausbildung gefährdet wird, kann ein Schulausschluss unverhältnismäßig sein, solange es sich nicht um einen Wiederholungsfall handelt."* Dieser Grundsatz ist auch bei Reaktionen auf minderschwere Persönlichkeitsrechtsverletzungen im Internet zu beachten.

Weitere Informationen sind im Internet zu finden, z.B. unter: www.kultusportal-bw.de / www.mediaculture-online.de / www.lmz-bw.de / www.klicksafe.de / www.jugendnetz.de / www.ajs-bw.de / www.handysektor.de / www.polizei-bw.de. Kontaktmöglichkeiten für den Fall von Mobbing am Arbeitsplatz: http://www.dgb.de/themen/mobbing/kontakte/kontakte_bawue.htm

Weitere Handlungsmöglichkeiten

Zur Vermeidung bzw. Behebung einer Opfer-Täter-Situationen ist es bedeutsam, dass potenzielle Opfer den möglichen Tätern von Anfang an Grenzen setzen, soweit es ihnen möglich ist und sie sich in der dazu notwendigen seelischen Verfassung befinden. Ansonsten können sich Täter bestätigt fühlen, weiter mobben zu können.

Eine der wichtigsten Abwehrmöglichkeiten ist die Zusammenarbeit mit anderen, seien sie selbst vom Mobbing betroffen oder „neutral". Wo immer innerhalb einer Organisation oder Institution die Kooperation – in der ganzen Breite der Einrichtung oder innerhalb von Untergruppen – gepflegt wird, haben es „Mobber" schwer. Rat und Hilfe bieten z.B. die örtliche Gliederung der GEW (Ort-/Kreisverband, Fachgruppe, Bezirksgeschäftsstelle, Rechtsschutzstelle oder die Schulgruppe der GEW.

Zu den Abwehrmaßnahmen gehört die Beschwerde bei übergeordneten oder „neutralen" Instanzen.

Dienstliche Beschwerde

Alle Beschäftigten besitzen ein Beschwerderecht bei ihren Vorgesetzten bzw. auch über diese:

„(1) Beamtinnen und Beamte können Anträge stellen und Beschwerden vorbringen; hierbei ist der Dienstweg einzuhalten. Richten sich Beschwerden gegen unmittelbare Vorgesetzte, so können sie bei den nächsthöheren Vorgesetzten unmittelbar eingereicht werden. Der Beschwerdeweg bis zur obersten Dienstbehörde steht offen.

(2) Beamtinnen und Beamte können die für sie zuständigen Gewerkschaften oder Berufsverbände mit ihrer Vertretung beauftragen, soweit gesetzlich nichts anderes bestimmt ist."

➔ Beamtengesetz § 49; ➔ Dienstweg

Beschwerde bei der Personalvertretung

Den Personalräten obliegt gemäß § 67 Landespersonalvertretungsgesetz darüber zu wachen, *„dass alle Angehörigen der Dienststelle nach Recht und Billigkeit behandelt werden, insbesondere, dass jede unterschiedliche Behandlung von Personen wegen ihrer Abstammung, Religion, Nationalität, Herkunft, politischen oder gewerkschaftlichen Betätigung oder Einstellung oder wegen ihres Geschlechtes unterbleibt."*

Gemäß § 68 LPVG hat die Personalvertretung u.a. *„darüber zu wachen, dass die zugunsten der Beschäftigten geltenden Gesetze, Verordnungen, Tarifverträge, Dienstvereinbarungen und Verwaltungsanordnungen, Unfallverhütungsvorschriften und sonstigen Arbeitsschutzvorschriften durchgeführt werden,"* sowie Anregungen und Beschwerden von Beschäftigten entgegenzunehmen und, falls sie berechtigt erscheinen, durch Verhandlung mit dem Leiter der Dienststelle auf ihre Erledigung hinzuwirken. Zu diesen Gesetzen gehören u.a. das Chancengleichheitsgesetz und das Allgemeine Gleichbehandlungsgesetz.

➔ Chancengleichheitsgesetz; ➔ Gleichbehandlungsgesetz

Bei der Anrufung des Personalrats ist zu beachten, dass dieser alle Beschäftigten der Dienststelle vertritt, also ggf. sowohl Täter und Opfer. Dies kann von Vorteil sein, weil bei manchen Mobbingfällen das Prinzip der Gegenseitigkeit herrscht, also beide Parteien einander mit Vorwürfen überziehen. Bisweilen muss der Personalrat beide Parteien zugleich vertreten, da alle Beschäftigten das Recht haben, sich mit der Bitte um Rat und Unterstützung an die Personalvertretung zu wenden; in diesem Fall kann der Personalrat eine vermittelnde Funktion im Sinne einer Mediation wahrnehmen.

Beratungsstellen

Die Rehaklinik Glotterbad bietet unter (0180) 26622464 (Mo-Fr 8-22 Uhr) eine landesweite Mobbing-Hotline unter der Trägerschaft der Deutschen Rentenversicherung sowie des Landes Baden-Württemberg an. Personen, die in Arbeitsplatzkonflikte verwickelt sind (auch Lehrkräfte), können hier eine kostenlose und unverbindliche Erstberatung erhalten. Es fallen lediglich die normalen Telefonverbindungskosten an.

Auch die Schulpsychologischen Beratungsstellen sind beauftragt, den Schulen bzw. einzelnen Lehrkräften (auch betroffenen Schüler/innen bzw. deren Eltern) in Mobbingfällen beizustehen.

➔ Schulpsychologische Beratungsstellen

Literaturhinweis Das Buch von Horst Kasper: *Wer mobbt, braucht Gewalt* zeigt auf, wie man den Teufelskreis des Mobbing an der Schule durch rechtzeitige Intervention stoppen und was man zur Vorbeugung unternehmen kann (erschienen im Südd. Päd. Verlag; Bestellung unter www.spv-s.de).

➔ Beamtenstatusgesetz § 45; ➔ Chancengleichheitsgesetz; ➔ Gleichbehandlungsgesetz; ➔ Grundgesetz; ➔ Internet und Schule; ➔ Personalvertretungsgesetz; ➔ Schulpsychologische Beratungsstellen; ➔ Verwaltungsrecht

Multilaterale Versetzungsordnung (Entwurf)

Verordnung des Kultusministeriums über den Übergang zwischen Hauptschulen, Werkrealschulen, Realschulen und Gymnasien der Normalform (Multilaterale Versetzungsordnung) – Anhörungsfassung vom September 2010

Hinweise der Redaktion:
1. Diese Verordnung bezieht sich auf den Wechsel innerhalb des baden-württembergischen Regelschulwesens. Bei anerkannten Ersatzschulen und Regelschulen anderer Bundesländer wird das jeweilige Versetzungszeugnis anerkannt. Beim Wechsel aus anderen Bildungssystemen – z.B. Ausland oder auch Waldorfschulen (!) – muss eine individuelle Leistungsbesichtigung bzw. -überprüfung durch die aufnehmende Schule erfolgen.
2. Der Text der Vorläufer-Fassung dieser Verordnung ist im Jahrbuch 2010 abgedruckt.

Allgemeine Ziele und Grundsätze

Der Erziehungs- und Bildungsauftrag der Schule bestimmt sich insbesondere daraus, dass jeder junge Mensch ohne Rücksicht auf Herkunft und wirtschaftliche Lage das Recht auf eine seiner Begabung entsprechende Erziehung und Ausbildung hat. Um diesem Anspruch gerecht zu werden, sind Möglichkeiten des Schulartenwechsels und damit gelingende Übergänge innerhalb der bestehenden Schulstruktur möglich.

Die Multilaterale Versetzungsordnung gibt hierfür den rechtlichen Rahmen und nennt Bedingungen für einen Wechsel innerhalb der Sekundarstufe. Ziel der Multilateralen Versetzungsordnung ist es, für die mannigfachen Begabungen der heranwachsenden jungen Menschen den richtigen Bildungsweg zu sichern.

Mit der Möglichkeit des Wechsels zwischen Schularten trägt die Multilaterale Versetzungsordnung der Unterschiedlichkeit der Entwicklung eines jeden Kindes und Jugendlichen Rechnung. Die Vorschrift unterstützt Lehrkräfte und Schulleitungen bei der Entscheidung und Durchführung und gibt Erziehungsberechtigten die Gewähr, dass Schullaufbahnkorrekturen zum Wohl des Kindes möglich sind.

Beratung ist hierbei ein wesentlicher Bestandteil des Erziehungs und Bildungsauftrags der Schule und damit zunächst Aufgabe jeder Lehrerin und jeden Lehrers.

Ein schulisches Konzept zur individuellen Beratung der Schülerinnen und Schüler soll den Übergang in eine andere Schulart unterstützen. Diese Phasen sollen von der Schule im Sinne gelingender Durchlässigkeit sorgfältig begleitet werden.

Durch ein für alle Beteiligten transparentes und praktisches Verfahren leistet die Multilaterale Versetzungsordnung ihren Beitrag, damit Bildungsbiographien gelingen.

1. Abschnitt
Übergang von der Werkrealschule oder der Hauptschule in die Realschule

§ 1
Zeitpunkt und Klassenstufen

Der Übergang von der Werkrealschule oder der Hauptschule in die Realschule ist nach Maßgabe von § 2 möglich

a) in den Klassen 6 bis 8 zum Schulhalbjahr in die entsprechende oder in die nächstniedrigere Klasse,

b) in den Klassen 5 bis 9 zum Schuljahresende in die entsprechende oder in die nächsthöhere Klasse.

Der Übergang in die nächstniedrigere Klasse zum Schulhalbjahr oder in die entsprechende Klasse zum Schuljahresende gilt als Nichtversetzung nach der Realschulversetzungsordnung.

§ 2
Voraussetzungen

(1) In den Klassen 5 und 6 ist der Übergang in die Realschule möglich, wenn der Schüler in zwei der Fächer Deutsch, Mathematik und in der Pflichtfremdsprache mindestens die Note „gut" und im dritten dieser Fächer mindestens die Note „befriedigend" erhalten sowie in allen für die Versetzung maßgebenden Fächern und Fächerverbünden mindestens den Durchschnitt von 3,0 erreicht hat. Sind die Notenvoraussetzungen nach Satz 1 nicht erreicht, kann die Klassenkonferenz der abgebenden Schule ausnahmsweise mit Zweidrittelmehrheit eine Bildungsempfehlung für die Aufnahme auf Probe in die Realschule aussprechen, wenn das Lern und Arbeitsverhalten des Schülers sowie die Art und Ausprägung seiner Leistungen in den übrigen Fächern und Fächerverbünden erwarten lassen, dass er den Anforderungen der Realschule gewachsen sein wird.

(2) In den Klassen 7 bis 9 ist der Übergang möglich, wenn in den Fächern Deutsch, Mathematik und in der Pflichtfremdsprache mindestens jeweils die Note „gut" sowie in allen für die Versetzung maßgebenden Fächern und Fächerverbünden mindestens ein Durchschnitt von 3,0 erreicht sind.

(3) Der Übergang ist zudem nach Bestehen einer Aufnahmeprüfung möglich, die in den Klassen 5 und 6 nur zum Ende des Schuljahres an zentralen, von der unteren Schulaufsichtsbehörde bestimmten Realschulen, im Übrigen an der aufnehmenden Realschule abgelegt wird. Die Prüfung umfasst eine schriftliche Prüfung in Deutsch, Mathematik und der Pflichtfremdsprache. Ab Klasse 7 kann die aufnehmende Realschule zusätzlich mündlich prüfen. Für das Bestehen sind die nach der Realschulversetzungsordnung für die Kernfächer geltenden Anforderungen maßgebend.

2. Abschnitt
Übergang von der Werkrealschule oder der Hauptschule in das Gymnasium

§ 3
Zeitpunkt und Klassenstufen

Der Übergang von der Werkrealschule oder der Hauptschule in das Gymnasium ist nach Maßgabe von § 4 möglich

a) in den Klassen 6 bis 8 zum Schulhalbjahr in die entsprechende oder in die nächstniedrigere Klasse,

b) in den Klassen 5 bis 9 zum Schuljahresende in die entsprechende oder in die nächsthöhere Klasse.

Der Übergang in die nächstniedrigere Klasse zum Schulhalbjahr oder in die entsprechende Klasse zum Schuljahresende gilt als Nichtversetzung nach der Versetzungsordnung Gymnasien.

§ 4
Voraussetzungen

(1) In den Klassen 5 und 6 ist der Übergang in das Gymnasium möglich, wenn der Schüler in den Fächern Deutsch, Mathematik und in der Pflichtfremdsprache mindestens die Note „gut" erhalten sowie in allen für die Versetzung maßgebenden Fächern und Fächerverbünden mindestens den Durchschnitt von 2,5 erreicht hat. Sind die Notenvoraussetzungen nach Satz 1 nicht erreicht, kann die Klassenkonferenz der abgebenden Schule ausnahmsweise mit Zweidrittelmehrheit eine Bildungsempfehlung für die Aufnahme auf Probe in das Gymnasium aussprechen, wenn das Lern und Arbeitsverhalten des Schülers sowie die Art und Ausprägung seiner Leistungen in den übrigen Fächern und Fächerverbünden erwarten lassen, dass er den Anforderungen des Gymnasiums gewachsen sein wird.

(2) Der Übergang ist zudem nach Bestehen einer Aufnahmeprüfung möglich, die in den Klassen 5 und 6 nur zum Ende des Schuljahres an zentralen, vom Regierungspräsidium bestimmten Gymnasien, im Übrigen am aufnehmenden Gymnasium abgelegt wird. Die Prüfung umfasst eine schriftliche Prüfung in Deutsch, Mathematik und einer Pflichtfremdsprache, die im aufnehmenden Gymnasium zum Zeitpunkt des Überganges verset-

zungserheblich ist. Ab Klasse 7 erstreckt sich die Prüfung auf eine zweite im Gymnasium versetzungserhebliche Fremdsprache; das aufnehmende Gymnasium kann zusätzlich mündlich prüfen. Für das Bestehen sind die nach der Versetzungsordnung Gymnasien für die Kernfächer geltenden Anforderungen maßgebend.

3. Abschnitt – Übergang von der Realschule in das Gymnasium

§ 5
Zeitpunkt und Klassenstufen

Der Übergang von der Realschule in das Gymnasium ist nach Maßgabe von § 6 möglich
a) in den Klassen 6 bis 9 zum Schulhalbjahr in die entsprechende oder in die nächstniedrigere Klasse,
b) in den Klassen 5 bis 10 zum Schuljahresende in die entsprechende oder in die nächsthöhere Klasse, zum Schuljahresende der Klasse 10 in die Einführungsphase (Klasse 10) der gymnasialen Oberstufe.

Der Übergang in die nächstniedrigere Klasse zum Schulhalbjahr oder in die entsprechende Klasse zum Schuljahresende gilt als Nichtversetzung nach der Versetzungsordnung Gymnasien; dies gilt nicht für den Übergang zum Schuljahresende von Klasse 10 in die Einführungsphase der gymnasialen Oberstufe.

§ 6
Voraussetzungen

(1) In den Klassen 5 und 6 ist der Übergang in das Gymnasium möglich, wenn der Schüler in den Fächern Deutsch, Mathematik und in einer Pflichtfremdsprache mindestens die Note „befriedigend" erhalten hat sowie in allen für die Versetzung maßgebenden Fächern und Fächerverbünden mindestens den Durchschnitt von 3,0 erreicht hat. Sind die Notenvoraussetzungen nach Satz 1 nicht erreicht, kann die Klassenkonferenz der abgebenden Schule ausnahmsweise mit Zweidrittelmehrheit eine Bildungsempfehlung für die Aufnahme auf Probe in das Gymnasium aussprechen, wenn das Lern und Arbeitsverhalten des Schülers sowie die Art und Ausprägung seiner Leistungen in den übrigen Fächern und Fächerverbünden erwarten lassen, dass er den Anforderungen des Gymnasiums gewachsen sein wird.
(2) In den Klassen 7 bis 10 ist der Übergang möglich, wenn
a) in zwei der Fächer Deutsch, Mathematik und in einer Pflichtfremdsprache mindestens die Note „gut" und im dritten dieser Fächer mindestens die Note „befriedigend" sowie in allen für die Versetzung maßgebenden Fächern und Fächerverbünden mindestens ein Durchschnitt von 3,0 erreicht sind und
b) mindestens die Note „befriedigend" in jeder Fremdsprache erreicht ist, die in der Klasse des aufnehmenden Gymnasiums ein für die Versetzung maßgebendes Fach ist.

(3) Der Übergang ist zudem nach Bestehen einer Aufnahmeprüfung möglich, die in den Klassen 5 und 6 nur zum Ende des Schuljahres an zentralen, vom Regierungspräsidium bestimmten Gymnasien, im Übrigen an dem aufnehmenden Gymnasium abgelegt wird. Die Prüfung umfasst eine schriftliche Prüfung in Deutsch, Mathematik und einer Pflichtfremdsprache, die im aufnehmenden Gymnasium zum Zeitpunkt des Übergangs versetzungserheblich ist. Ab Klasse 7 erstreckt sich die Prüfung auf eine zweite im Gymnasium versetzungserhebliche Fremdsprache; das aufnehmende Gymnasium kann zusätzlich mündlich prüfen. Für das Bestehen sind die nach der Versetzungsordnung Gymnasien für die Kernfächer geltenden Anforderungen maßgebend.

4. Abschnitt – Übergang vom Gymnasium in die Realschule

§ 7
Zeitpunkt und Klassenstufen

Der Übergang vom Gymnasium in die Realschule ist nach Maßgabe von § 8 möglich in den Klassen 5 bis 8
a) zum Schulhalbjahr in die entsprechende oder in die nächstniedrigere Klasse,
b) zum Schuljahresende in die entsprechende oder in die nächsthöhere Klasse.

In den Fällen von § 8 Abs. 4 ist zum Schulhalbjahr oder Schuljahresende auch ein Übergang in der Klasse 9 möglich, in den Fällen von § 8 Abs. 5 auch in der Klasse 10. Der Übergang in die nächstniedrigere Klasse zum Schulhalbjahr oder in die entsprechende Klasse zum Schuljahresende gilt als Nichtversetzung nach der Realschulversetzungsordnung.

§ 8
Voraussetzungen

(1) In den Klassen 5 bis 8 ist der Übergang möglich, wenn die Anforderungen nach der Realschulversetzungsordnung erfüllt sind; zum Schulhalbjahr kann der Schüler in die entsprechende Klasse, zum Schuljahresende in die nächsthöhere Klasse überwechseln, wenn er nach der Realschulversetzungsordnung hätte versetzt werden können.
(2) Zudem ist in den Klassen 5 und 6 der Übergang aufgrund einer entsprechenden Bildungsempfehlung des bisher besuchten Gymnasiums möglich, in den Klassen 7 und 8, wenn die aufnehmende Realschule nach Beratung mit dem bisher besuchten Gymnasium zu der Annahme gelangt, dass der Schüler den Anforderungen der Realschule voraussichtlich gewachsen sein wird.
(3) Der Übergang ist zudem nach Bestehen einer Aufnahmeprüfung möglich, die in den Klassen 5 und 6 nur zum Ende des Schuljahres an zentral gelegenen, von der unteren Schulaufsichtsbehörde bestimmten Realschulen, im Übrigen an der aufnehmenden Schule abgenommen wird. Die Prüfung umfasst eine schriftliche Prüfung in Deutsch, Mathematik und einer Pflichtfremdspra-

che. Ab Klasse 7 kann die aufnehmende Realschule zusätzlich mündlich prüfen. Für das Bestehen sind die in der Realschulversetzungsordnung für die Kernfächer geltenden Anforderungen maßgebend.

(4) In den Klassen 5 bis 9 ist weiterhin der Übergang möglich, wenn die Anforderungen der Versetzungsordnung Gymnasien erfüllt sind.

(5) Wenn nach einer Nichtversetzung die Wiederholung der Klasse am Gymnasium möglich ist, kann die entsprechende Klasse auch an der Realschule wiederholt werden.

(6) Ein Übergang ist nicht dadurch ausgeschlossen, dass die Klasse am Gymnasium nicht wiederholt werden kann. Nichtversetzungen nach der Versetzungsordnung Gymnasien werden im Rahmen der Regelung für die mehrmalige Nichtversetzung nach § 6 Realschulversetzungsordnung nicht berücksichtigt.

5. Abschnitt
Übergang vom Gymnasium in die Werkrealschule oder die Hauptschule

§ 9
Zeitpunkt und Klassenstufen

Der Übergang vom Gymnasium in die Werkrealschule oder in die Hauptschule ist nach Maßgabe von § 10 möglich in den Klassen 5 bis 7 während des Schuljahres oder zum Schuljahresende in die entsprechende oder in die nächsthöhere Klasse. In den Fällen von § 10 Abs. 4 ist auch ein Übergang in der Klasse 8, in den Fällen von § 10 Abs. 5 auch in der Klasse 9 möglich. Der Übergang in die entsprechende Klasse zum Schuljahresende gilt als freiwillige Wiederholung nach der Werkrealschulverordnung.

§ 10
Voraussetzungen

(1) In den Klassen 5 bis 7 ist ein Übergang in die nächsthöhere Klasse möglich, wenn die Anforderungen der Werkrealschulverordnung erfüllt sind; der Schüler kann in die nächsthöhere Klasse überwechseln

a) zum Schuljahresende, wenn er nach der Werkrealschulverordnung hätte versetzt werden können,

b) während des Schuljahres, wenn er am Ende des vorhergehenden Schuljahres nicht versetzt wurde, aber nach der Werkrealschulverordnung hätte versetzt werden können.

(2) Zum Schuljahresende ist zudem der Übergang in die nächsthöhere Klasse möglich

a) in den Klassen 5 und 6 aufgrund einer entsprechenden Bildungsempfehlung des bisher besuchten Gymnasiums,

b) in der Klasse 7, wenn die aufnehmende Werkrealschule oder Hauptschule nach Beratung mit dem bisher besuchten Gymnasium zu der Annahme gelangt, dass der Schüler den Anforderungen der Werkrealschule oder Hauptschule voraussichtlich gewachsen sein wird.

(3) In den Klassen 5 bis 7 ist weiterhin ein Übergang in die nächsthöhere Klasse möglich, wenn aufgrund einer von der Werkrealschule oder Hauptschule vorgenommenen Prüfung erwartet werden kann, dass die Anforderungen der Werkrealschule oder Hauptschule erfüllt werden.

In den Fächern Deutsch, Mathematik und Fremdsprache wird schriftlich und mündlich geprüft; in anderen für die Versetzung maßgebenden Fächern kann zusätzlich mündlich geprüft werden.

(4) In den Klassen 5 bis 8 ist zudem der Übergang in die nächst höhere Klasse möglich, wenn der Schüler am Gymnasium versetzt werden kann.

(5) Wenn nach einer Nichtversetzung die Wiederholung am Gymnasium möglich ist kann die entsprechende Klasse auch an der Werkrealschule oder Hauptschule wiederholt werden.

(6) Ein Schüler der Klassen 5 bis 8, der nicht in die nächsthöhere Klasse der Werkrealschule oder Hauptschule überwechseln kann, wird in die Klasse der Werkrealschule oder Hauptschule aufgenommen, die der bisher besuchten entspricht. Ein Überwechseln eines Schülers der Klasse 9 in die Klasse 9 der Werkrealschule oder Hauptschule setzt das Einvernehmen mit der aufnehmenden Schule voraus.

6. Abschnitt – Übergang von der Realschule in die Hauptschule

§ 11
Zeitpunkt, Klassenstufen

Der Übergang von der Realschule in die Werkrealschule oder Hauptschule ist nach Maßgabe von § 12 möglich in den Klassen 5 bis 7 während des Schuljahres oder zum Schuljahresende in die entsprechende oder in die nächst höhere Klasse. In den Fällen von § 12 Abs. 4 ist auch ein Übergang in der Klasse 8, in den Fällen von § 12 Abs. 5 auch in der Klasse der 9 möglich. Der Übergang in die entsprechende Klasse zum Schuljahresende gilt als freiwillige Wiederholung nach der Werkrealschulverordnung.

§ 12
Voraussetzungen

(1) In den Klassen 5 bis 7 ist ein Übergang in die nächsthöhere Klasse möglich, wenn die Anforderungen der Werkrealschulverordnung erfüllt sind. Der Schüler kann in die nächsthöhere Klasse überwechseln

a) zum Schuljahresende, wenn er nach der Werkrealschulverordnung hätte versetzt werden können,

b) während des Schuljahres, wenn er am Ende des vorhergehenden Schuljahres nicht versetzt wurde, aber nach der Werkrealschulverordnung hätte versetzt werden können.

(2) Zum Schuljahresende ist zudem der Übergang in die nächsthöhere Klasse möglich

a) in den Klassen 5 und 6 aufgrund einer entsprechenden Bildungsempfehlung der bisher besuchten Realschule,

b) in den Klassen 7 und 8, wenn die aufnehmende Werkrealschule oder Hauptschule nach Beratung mit der bisher besuchten Realschule zu der Annahme gelangt, dass der Schüler den Anforderungen der Werkrealschule oder Hauptschule voraussichtlich gewachsen sein wird.

(3) In den Klassen 5 bis 7 ist weiterhin ein Übergang in die nächsthöhere Klasse möglich, wenn aufgrund einer von der Werkrealschule oder Hauptschule vorgenommenen Prüfung erwartet werden kann, dass die Anforderungen der Werkrealschule oder Hauptschule erfüllt werden. In den Fächern Deutsch, Mathematik und Fremdsprache wird schriftlich und mündlich geprüft; in anderen für die Versetzung maßgebenden Fächern kann zusätzlich mündlich geprüft werden.

(4) In den Klassen 5 bis 8 ist zudem der Übergang in die nächsthöhere Klasse möglich, wenn der Schüler an der Realschule versetzt werden kann.

(5) Wenn nach einer Nichtversetzung die Wiederholung an der Realschule möglich ist, kann die entsprechende Klasse auch an der Werkrealschule oder Hauptschule wiederholt werden. .

(6) Ein Schüler der Klassen 5 bis 8, der nicht in die nächsthöhere Klasse der Werkrealschule oder Hauptschule überwechseln kann, wird in die Klasse der Werkrealschule oder Hauptschule aufgenommen, die der bisher besuchten entspricht. Ein Überwechseln eines Schülers der Klasse 9 in die Klasse 9 der Werkrealschule oder Hauptschule setzt das Einvernehmen mit der aufnehmenden Schule voraus.

7. Abschnitt – Allgemeines
§ 13
Elternberatung und Kooperation

Der Übergang zwischen den Schularten erfordert eine Beratung der Eltern und ein rechtzeitiges Zusammenwirken der abgebenden und der aufnehmenden Schule.

§ 14
Ergänzende Regelungen

(1) Die in den §§ 1 bis 12 beschriebenen Übergangsmöglichkeiten beinhalten jeweils ein entsprechendes Recht des Schülers.

(2) Für die Entscheidung, ob die Anforderungen der jeweiligen Versetzungsordnung erfüllt sind, sind die Noten in der zuletzt besuchten Schuljahr maßgebend. Eine Prüfung richtet sich für Schüler der Klassen 5 und 6 hinsichtlich der Anforderungen nach der nächsthöheren Klasse der gewünschten Schulart, für Schüler ab Klasse 7 nach der Klasse, in der Schüler überwechseln will.

(3) Bildungsempfehlungen werden von der Klassenkonferenz unter Vorsitz und mit gegebenenfalls ausschlaggebender Stimmberechtigung des Schulleiters ausgesprochen.

(4) Bei einer Bildungsempfehlung für eine Aufnahme auf Probe (§ 2 Abs. 1 Satz 2, § 4 Abs. 1 Satz 2 und § 6 Abs. 1 Satz 2) dauert die Probezeit höchstens ein Schulhalbjahr. Über das Bestehen der Probezeit entscheidet die Klassenkonferenz der aufnehmenden Schule nach Maßgabe der jeweiligen Versetzungsregelung und in entsprechender Anwendung von Absatz 5 Satz 2; dabei bleibt eine Fremdsprache, in der der Schüler in der abgebenden Schule nicht oder erst beginnend in einer späteren Klassenstufe unterrichtet worden ist, außer Betracht.

(5) Wenn die Pflichtfremdsprache der abgebenden Schule nicht mit derjenigen der aufnehmenden Schule übereinstimmt oder erst beginnend in einer späteren Klassenstufe unterrichtet worden ist, legt der Fachlehrer der aufnehmenden Schule im Benehmen mit dem Klassenlehrer in diesem Fach eine Nachlernfrist fest, innerhalb deren der Schüler an der Leistungsmessung (mündliche Prüfungen, schriftliche Arbeiten) nur zur Probe teilnimmt. Die Länge dieser Frist trägt den schulartspezifischen Unterschieden Rechnung und dauert bis zu einem Jahr. Während der Nachlernfrist ist die Versetzungserheblichkeit des Faches ausgesetzt.

(6) Beim Überwechseln zum Schuljahresende sind die Noten des Jahreszeugnisses maßgebend. Beim Überwechseln zum Schulhalbjahr wird für den Übergang ein Zeugnis mit ganzen Noten gebildet, das maßgebend ist.

(7) Beim Wechsel einer Schulart zum Schulhalbjahr werden die Noten des Jahreszeugnisses nur aus den Leistungen im zweiten Schulhalbjahr gebildet.

§ 15 *Empfehlung für den Übergang*

Wird ein Schüler der Klassen 7 bis 10 der Realschule oder des Gymnasiums nicht versetzt und gelangt die Klassenkonferenz zu der Überzeugung, dass er auch bei einer Wiederholung der Klasse voraussichtlich nicht zu versetzen wäre, kann sie im Rahmen der §§ 7 bis 12 die schriftliche Empfehlung aussprechen, in die Hauptschule bzw. die Realschule überzuwechseln.

8. Abschnitt
Schlussbestimmungen
§ 16
Übergangsvorschriften

Für Schüler, die im Schuljahr 2010/11 in die Klasse 9 der Hauptschule eintreten, findet die Verordnung des Kultusministeriums über die Versetzung an Hauptschulen vom 30. Januar 1984 (GBl. S. 146; K.u.U. S. 60), zuletzt geändert durch Verordnung vom vom 27. März 2006 (GBl. S. 112, K.u.U. S. 97) Anwendung.

Hinweis der Redaktion: Abgedruckt im Jahrbuch 2009

§ 17
Inkrafttreten, Außerkrafttreten (nicht abgedruckt)

→ Abschlüsse (Allgemeines); → Aufnahmeverordnung; → Aufnahmeverfahren; → Befangenheit; → Behinderungen und Förderbedarf 2.3.2; → Gymnasium (Aufbaugymnasium); → Notenbildungsverordnung; → Versetzungsordnungen (bei den Schularten)

Musisch-kulturelle Bildung

Hinweise der Redaktion

Das Kultusministerium hat 1981 ein Programm zur Förderung der musisch-kulturellen Bildung in der Schule „Kunst – Geschichte – Schule" aufgelegt (die letzte Bekanntmachung des KM hierzu wurde am 27.10.1998 veröffentlicht (KuU S. 316/1998); sie ist im Bekanntmachungsverzeichnis des KM enthalten, also nach wie vor gültig.

Das Programm soll vor allem den Kontakt zwischen Schule und künstlerisch Schaffenden sowie kulturellen Institutionen beleben und zu einer Erweiterung und Vertiefung der musisch-kulturellen Bildung innerhalb und insbesondere auch außerhalb des lehrplanmäßigen Unterrichts führen.

Angesprochen werden folgende Bereiche:
1. *Der schulische Musikunterricht und die musizierenden Schüler-Arbeitsgemeinschaften*
2. *Bildende Kunst*
3. *Theater – Darstellendes Spiel – Tanz*
4. *Sprache und Literatur*
   Für die Vorbereitung und Gestaltung von Autorenlesungen in Schulen gibt es Informationen beim F.-Bödecker-Kreis e.V., Heugasse 13, 73728 Esslingen, FON: (0711) 6990700. E-Mail: Friedrich-Boedecker-Kreis-BW@t-online.de, Internet: www.fbk-bw.de
5. *Museum und Geschichte*

Organisation und Honorare

Das KM hat folgende Hinweise gegeben:
1. Veranstaltungen im Sinne dieses Programms sind schulische Veranstaltungen und bedürfen der Genehmigung durch die Schulleitung.
   → Außerunterrichtliche Veranstaltungen
2. Am Kunstschaffen beteiligte Personen und Kunsthandwerker, die zu Veranstaltungen im Rahmen des Programms zur Förderung der musisch-kulturellen Bildung in der Schule zugezogen werden, erhalten auf Antrag Honorare. Die Höhe der Honorare richtet sich nach der Dauer der Mitwirkung, der Dauer und Schwierigkeit der Vorbereitung sowie der Qualifikation der Mitwirkenden. Unter Berücksichtigung dieser Grundsätze können im Rahmen der zugewiesenen Mittel Honorare zwischen 100,– DM und 150,– DM je Unterrichtseinheit, in begründeten Fällen bis 250,– DM je Unterrichtseinheit, vereinbart werden.
   Das Honorar darf bei mehreren Unterrichtseinheiten pro Tag den Betrag von 450,– DM täglich grundsätzlich nicht überschreiten. Die Notwendigkeit mehrtägiger Veranstaltungen ist bei der Antragstellung zu begründen.
   Die Künstlerinnen und Künstler erhalten eine Reisekostenentschädigung in sinngemäßer Anwendung des Landesreisekostengesetzes.
3. Soweit für die außerschulischen Fachleute Honorar- und/oder Reisekosten anfallen, ist zuvor die Genehmigung des Oberschulamts oder bei Maßnahmen nach Nr. 4 des Bödecker-Kreises einzuholen. ...
4. Soweit sächliche Kosten anfallen, ist vor Beginn der Veranstaltung die Zusage des Schulträgers auf ihre Übernahme einzuholen. Der Schulträger ist jedoch nur verpflichtet, die Kosten der für die Veranstaltung benötigten Lern- und Lehrmittel zu übernehmen, nicht dagegen die sonstigen Kosten, z.B. Fahrkosten und Eintrittsgelder. Die Übernahme dieser Kosten durch den Schulträger ist nur auf freiwilliger Basis möglich.
5. Es wird davon ausgegangen, dass die Künstlerinnen und Künstler eine private Haftpflichtversicherung abgeschlossen haben.

→ Außerunterrichtliche Veranstaltungen; → Reisekosten (Gesetz – LRKG); → Schüler-Zusatzversicherung; → Unfallversicherung; → Urheberrecht (GEMA / Musik)

Mutterschutz (Verordnung / AzUVO)

Hinweise der Redaktion

Vorbemerkungen der Redaktion

Werdende Mütter stehen unter besonderem rechtlichen Schutz. Für **Beamtinnen** ist dies in der auf der folgenden Seite wiedergegebenen **Verordnung** festgelegt; für **Arbeitnehmerinnen** gelten das Mutterschutz**gesetz** sowie das Arbeitszeitrechtsgesetz. Die Schutzfristen sind für beide Gruppen gleich. Zur Einstellung von Schwangeren in den Schuldienst bzw. zur Zusage auf eine spätere Einstellung bei Bewerber/innen mit minderjährigen Kindern siehe: → Einstellungserlass.

Fragen nach der Familienplanung und danach, wie die Betreuung von Kindern neben der Berufstätigkeit gewährleistet werden kann, sind bei Einstellungs- und Vorstellungsgesprächen unzulässig.
→ Chancengleichheitsgesetz § 9

Schwangere Kolleginnen sollten das Bestehen einer Schwangerschaft der Schulleitung unverzüglich – mündlich oder schriftlich – mitteilen, damit die Maßnahmen zum Schutz der werdenden Mutter (s. § 36 der VO) getroffen und die Vertretung während der Schutzfristen vorbereitet werden können. Unter http://www.rp.baden-wuerttemberg.de/servlet/PB/show/1157479/rps-ref543-muskinderg.pdf geben die Regierungspräsidien wertvolle Hinweise für werdende Mütter.

Damit der Personalrat die Einhaltung der Schutzvorschriften überwachen kann, ist er über die Schwangerschaft zu informieren, sofern diese Information von der Lehrerin gewünscht wird.

Die Schulleitungen übergibt die Meldung einer Kollegin über das Bestehen einer Schwangerschaft der Schulaufsichtsbehörde zur weiteren Veranlassung. Diese sorgt dann dafür, dass die vorgeschriebenen Meldungen an andere Behören (z.B. Landesamt, Arbeitsagentur) erfolgen und die Lehrkraft die vorgeschriebenen Merkblätter bzw. Vordrucke erhält. Nach der Geburt muss die Lehrerin die einschlägigen Formulare mit Geburtsurkunde/n einreichen.

Während der Mutterschutzfrist bleibt der Arbeitsplatz an der Schule reserviert. Bei anschließender Elternzeit oder Beurlaubung (§ 153 – jetzt: § 72 – LBG) besteht auf Rückkehr an die gleiche Schule kein Anspruch, die Schulverwaltung bemüht sich jedoch um Einsatz an der früheren Schule oder in der Nähe. Erfolgt dennoch ein Wechsel der Schule, so ist dies eine Versetzung bzw. Abordnung (vorhergehende Anhörung ist vorgeschrieben).

➜ Personalvertretungsgesetz § 75 Abs. 1 Nr. 8-10 i.V.m. § 92; ➜ Versetzungen und Abordnungen

Für Schwangere besteht bei – ärztlich festgestellter – nicht ausreichender persönlicher Immunität ein Beschäftigungsverbot in Schulen beim Auftreten von

- Cytomegalie, Masern und Ringelröteln während der gesamten Schwangerschaft,
- Mumps in den ersten 12 Schwangerschaftswochen,
- Röteln bis zur 20. Schwangerschaftswoche,
- Windpocken bis zur 22. Schwangerschaftswoche.

➜ Infektionsschutzgesetz

Auszug aus der Arbeitszeit- und Urlaubsverordnung (AzUVO)

Auszug aus der Verordnung der Landesregierung über die Arbeitszeit, den Urlaub, den Mutterschutz, die Elternzeit ... (Arbeitszeit- und Urlaubsverordnung – AzUVO) vom 29. November 2005 (GBl. S. 716/2005); zuletzt geändert 27.10.2010 (GBl. S. 793/2010)

4. Abschnitt – Mutterschutz

§ 32
Beschäftigungsverbote vor der Entbindung

(1) Eine Beamtin darf während ihrer Schwangerschaft nicht beschäftigt werden, wenn nach ärztlichem Zeugnis Leben oder Gesundheit von Mutter oder Kind bei Fortdauer der Dienstleistung gefährdet sind.

(2) In den letzten sechs Wochen vor der Entbindung darf die Beamtin nicht beschäftigt werden, es sei denn, dass sie sich zur Dienstleistung ausdrücklich bereiterklärt; die Erklärung kann jederzeit widerrufen werden. Entbindet die Beamtin früher oder später als an dem mutmaßlichen Tag der Entbindung, so verkürzt oder verlängert sich die Frist nach Satz 1 entsprechend.

➜ Abwesenheit und Krankmeldung (Lehrkräfte)

(3) Während ihrer Schwangerschaft darf eine Beamtin nicht mit Tätigkeiten nach § 4 Abs. 1 bis 3 Satz 1 des Mutterschutzgesetzes (MuSchG) und §§ 4 und 5 der Verordnung zum Schutz der Mütter am Arbeitsplatz vom 15. April 1997 (BGBl. I S. 782) ... beschäftigt werden.

Hinweis der Redaktion: Hierzu § 36 dieser VO beachten.
➜ Aufsicht (Schwimmunterricht); ➜ Chancengleichheitsgesetz; ➜ Mehrarbeit

§ 33
Mitteilungspflicht, ärztliches Zeugnis, Freistellung für Untersuchungen

(1) Sobald einer Beamtin bekannt ist, dass sie schwanger ist, soll sie dies dem Dienstvorgesetzten mitteilen und dabei den mutmaßlichen Tag der Entbindung angeben. Auf Verlangen des Dienstvorgesetzten ist das Zeugnis eines Arztes oder einer Hebamme vorzulegen; das Zeugnis soll den mutmaßlichen Tag der Entbindung angeben. Die Kosten für das Zeugnis trägt die Dienststelle der Beamtin.

(2) Die Beamtin ist vom Dienst freizustellen, soweit dies zur Durchführung von Untersuchungen im Rahmen der Schwangerschaftsüberwachung erforderlich ist und diese Untersuchungen während der Arbeitszeit stattfinden müssen.

§ 34
Beschäftigungsverbote nach der Entbindung

(1) In den ersten acht Wochen, bei Früh- oder Mehrlingsgeburten zwölf Wochen nach der Entbindung darf eine Beamtin nicht beschäftigt werden. Bei Frühgeburten und sonstigen vorzeitigen Entbindungen verlängert sich die Frist um den Zeitraum, der nach § 32 Abs. 2 nicht in Anspruch genommen werden konnte. Beim Tod ihres Kindes oder in sonstigen besonders begründeten Fällen kann die Mutter auf ihr ausdrückliches Verlangen schon vor Ablauf dieser Frist, aber nicht in den ersten zwei Wochen nach der Entbindung, wieder beschäftigt werden, wenn nach ärztlichem Zeugnis nichts dagegen spricht; sie kann ihre Erklärung jederzeit widerrufen.

Hinweis der Redaktion: Unter einer „Frühgeburt" ist eine Entbindung zu verstehen, bei der das Kind ein Geburtsgewicht unter 2500 g hat oder bei der das Kind wegen noch nicht voll ausgebildeter Reifezeichen oder wegen verfrühter Beendigung der Schwangerschaft einer wesentlich erweiterten Pflege bedarf. Voraussetzung für die Fristverlängerung ist die ärztliche Bescheinigung der Frühgeburt.

(2) Eine Beamtin, die in den ersten Monaten nach der Entbindung nach ärztlichem Zeugnis nicht voll dienstfähig ist, darf nicht mit Tätigkeiten beschäftigt werden, die ihre Leistungsfähigkeit übersteigen.

Mutterschutz (Verordnung / AzUVO)

(3) Solange eine Beamtin stillt, darf sie nicht mit Tätigkeiten nach § 32 Abs. 3 beschäftigt werden.

→ Mutterschutz (Stillzeiten)

§ 35
Mehrarbeit, Nacht- und Sonntagsarbeit

(1) Eine Beamtin darf während ihrer Schwangerschaft und solange sie stillt nicht zur Mehrarbeit herangezogen und nicht in der Nacht zwischen 20.00 und 6.00 Uhr sowie nicht an Sonn- und Feiertagen beschäftigt werden.

→ Mehrarbeit

(2) Mehrarbeit im Sinne des Absatzes 1 ist jede Dienstleistung, die ...

2. von sonstigen Beamtinnen über acht Stunden 30 Minuten täglich oder über die regelmäßige wöchentliche Arbeitszeit

hinaus geleistet wird. ...

Hinweis der Redaktion: Nach dem gebräuchlichen Umrechnungsschlüssel entsprechen 8,5 (Zeit-)Stunden in der öffentlichen Verwaltung einem Unterrichtsumfang von 5 Wochenstunden (Lehrkräfte des höheren Dienstes und Sonderschulen) bzw. 6 Stunden (an Grund-, Haupt- und Realschulen sowie Fachlehrer/innen und Techn. Lehrer/innen). Demnach ist die Anordnung oder Genehmigung von Mehrarbeit dann unzulässig, wenn die betroffene schwangere oder stillende Kollegin damit am jeweiligen Tag darüber hinaus Unterricht halten müsste. Unterhalb dieser Schwelle ist die Anordnung oder Genehmigung von Mehrarbeit grundsätzlich möglich.
Beispiel: Eine Kollegin hat an einem Vormittag in der 1. bis 3. Stunde stundenplanmäßig Unterricht. In der 4. Stunde wäre in ihrer Klasse Englisch durch eine andere Kollegin zu erteilen; diese Kollegin fällt kurzfristig wegen Krankheit aus. In diesem Fall kann die Anordnung einer Überstunde durch die Schulleitung zulässig sein, weil durch diese vierte Unterrichtsstunde der Schwellenwert noch nicht überschritten wäre.
In jedem Einzelfall muss die Schulleitung jedoch unter allen für diese Überstunde in Frage kommenden Kolleg/innen eine Abwägung treffen, wem die Erteilung dieser Überstunde am ehesten aus dienstlichen und persönlichen Gründen zugemutet werden kann. Hierbei ist die Tatsache der Schwangerschaft bzw. des Stillens (in letzterem Fall insbesondere auch die persönliche Tagesplanung der betreffenden Kollegin) angemessen zu berücksichtigen. Nach unserer Erfahrung kommt deshalb im Schulbereich die Anordnung von Überstunden an schwangere oder stillende Kolleginnen praktisch nicht vor. Wir empfehlen betroffenen Kolleginnen, sich gegebenenfalls an den Personalrat zu wenden.

(4) Liegt eine ärztliche Unbedenklichkeitsbescheinigung vor, kann der Dienstvorgesetzte Ausnahmen von Absatz 1 bis 3 zulassen. Dies gilt nicht für jugendliche Beamtinnen.

§ 36
Arbeitsbedingungen, Stillzeit

§ 2 Abs. 1 bis 3 und § 7 Abs. 1 und 2 MuSchG sowie §§ 1 bis 3 der Verordnung zum Schutze der Mütter am Arbeitsplatz gelten entsprechend.

Hinweis der Redaktion: Den Schulleitungen obliegt gegenüber Schwangeren und Stillenden eine besondere Fürsorgepflicht. Nach den in § 32 Abs. 3 und 36 dieser Verordnung genannten Bestimmungen des Mutterschutzgesetzes bzw. der Verordnung zum Schutze der Mütter am Arbeitsplatz dürfen Schwangere nicht mit Aufgaben betraut werden, die zu einer Gesundheitsgefährdung führen oder die eine erhöhte Unfallgefahr mit sich bringen können. Vom Arbeitgeber sind die erforderlichen Vorkehrungen und Maßnahmen zum Schutze von Leben und Gesundheit der werdenden oder stillenden Mutter zu treffen. Ggf. sind die Arbeitsbedingungen und die Arbeitszeit entsprechend zu verändern.
Es ist deshalb in jedem Einzelfall abzuwägen, ob schwangere Lehrerinnen mit bestimmten Aufgaben (z.B. Pausenaufsicht, kurzfristige Vertretungsstunden, Sport und Schwimmunterricht) betraut werden können (wenn sich die Schwangere dies jedoch zumuten will, kann sie auch solche Dienstaufgaben in vollem Umfang wahrnehmen). Schwangeren Lehrerinnen dürfen Pausenaufsichten gegen ihren Willen nicht mehr übertragen werden. Der Sportunterricht ist so zu organisieren, dass ein körperliches Eingreifen nicht erforderlich werden muss. Beim Schwimmunterricht muss eine zweite rettungskundige Lehrkraft zugegen sein, die notfalls unter körperlichem Einsatz Hilfe leistet. Die Schutzvorschriften sind im Schulbereich vor allem in den technischen und naturwissenschaftlichen Fächern besonders relevant (Gefahrstoffe, gefährliche Arbeiten wie chemische Versuche usw., Tragen von Lasten und Bedienen von Maschinen).
Zur Stillzeit siehe den Beitrag: → Mutterschutz (Stillzeiten)
→ Aufsicht (Schwimmunterricht); → Chancengleichheitsgesetz; → Mehrarbeit

§ 37
Entlassung

(1) Während der Schwangerschaft und innerhalb von vier Monaten nach der Entbindung darf die Entlassung nach § 23 Abs. 3 oder 4 oder § 30 Abs. 2 BeamtStG gegen den Willen der Beamtin nicht ausgesprochen werden, wenn der für die Entlassung zuständigen Behörde die Schwangerschaft oder die Entbindung bekannt war. Eine ohne diese Kenntnis ergangene Entlassungsverfügung ist zurückzunehmen, wenn die Schwangerschaft oder die Entbindung der nach Satz 1 zuständigen Behörde innerhalb von zwei Wochen nach der Zustellung mitgeteilt wird; das Überschreiten dieser Frist ist unschädlich, wenn die Beamtin oder frühere Beamtin dies nicht zu vertreten hat und die Mitteilung unverzüglich nachgeholt wird.

(2) Abweichend von Absatz 1 kann die Entlassung einer Beamtin auf Probe oder auf Widerruf ausgesprochen werden, wenn ein Sachverhalt vorliegt, bei dem eine Beamtin auf Lebenszeit durch ein Disziplinarverfahren aus dem Beamtenverhältnis zu entfernen ist.

§ 38
Fortzahlung der Bezüge

(1) Durch die Beschäftigungsverbote nach §§ 32 und 34, die Freistellung nach § 33 Abs. 2 und die Inanspruchnahme der Stillzeit nach § 36 wird die Fortzahlung der Bezüge nicht berührt. ...

Hinweis der Redaktion: Bezüge im Sinne dieser Verordnung sind die Dienstbezüge nach § 1 Abs. 2, die sonstigen Bezüge nach § 1 Abs. 3 sowie die Unterhaltsbeihilfen nach § 88des → Besoldungsgesetzes, soweit nichts anderes bestimmt ist. (§ 2 Abs. 4 der Arbeitszeit- und UrlaubsVO)

§ 39
Mutterschaftsgeld

Soweit die Zeiten nach § 32 Abs. 2 und § 34 Abs. 1 sowie der Entbindungstag in eine Elternzeit fallen, erhält die Beamtin ein Mutterschaftsgeld in Höhe von 13 Euro je Kalendertag, wenn sie während der Elternzeit nicht teilzeitbeschäftigt ist. Bei einer Beamtin, deren maßgebliche Bezüge vor Beginn der Elternzeit die Versicherungspflichtgrenze in der gesetzlichen Krankenversicherung (§ 6 Abs. 6 des Fünften Buches Sozialgesetzbuch) überschreiten, ist das Mutterschaftsgeld auf insgesamt 210 Euro begrenzt. Maßgebliche Bezüge sind die laufenden monatlichen Dienstbezüge nach § 1 Abs. 2 LBesGBW ohne Familienzuschlag und ohne Auslandsbesoldung sowie die Anwärterbezüge nach § 1 Abs. 3 Nr. 1 LBesGBW und die Unterhaltsbeihilfen nach § 88 LBesGBW. Befand sich die Beamtin vor Beginn der Elternzeit in Elternzeit für ein anderes Kind oder war sie ohne Dienstbezüge beurlaubt, so sind die zuletzt gezahlten Bezüge im Sinne des Satzes 3 sowie die zu diesem Zeitpunkt geltende Versicherungspflichtgrenze in der gesetzlichen Krankenversicherung maßgebend.

→ Amtsärztliche Untersuchung; → Aufsicht (Schwimmunterricht;); → Beamtenstatusgesetz; → Besoldung (Gesetz); → Einstellungserlass; → Chancengleichheitsgesetz; → Infektionsschutzgesetz; → Mehrarbeit; → Mutterschutz (Stillzeiten); → Personalvertretungsgesetz § 75 Abs. 1 Nr. 8-10 i.V.m. § 92; → Versetzung und Abordnung

Mutterschutz (Stillzeiten)

Hinweise der Redaktion

Nach § 7 Mutterschutzgesetz (Stillzeit) ist stillenden Müttern auf ihr Verlangen die zum Stillen erforderliche Zeit, mindestens aber zweimal täglich eine halbe Stunde oder einmal täglich eine Stunde freizugeben. ... Die ausfallende Arbeitszeit darf nicht vor- oder nachgearbeitet werden. Dies gilt auch für beamtete Lehrkräfte; siehe:
→ Mutterschutz (Verordnung / AzUVO) § 36
Es ist nicht festgelegt, wie lange Anspruch auf bezahlte Freistellung zum Stillen besteht, es gibt aber gerichtliche Entscheidungen, dass sich der Schutz nach dem Willen des Gesetzgebers auf das erste Lebensjahr des Kindes beschränke.
Im Schulbereich muss dies sachgerecht umgesetzt werden. Dabei sind die Interessen der Lehrerin an der Betreuung ihres Kindes und die dienstlichen Belange gegeneinander abzuwägen; es muss also immer ein Kompromiss gefunden werden:
– Einerseits obliegt dem Arbeitgeber gegenüber einer stillenden Mutter eine besondere Fürsorgepflicht: Er kann die für das Stillen erforderliche Zeit nicht durch beliebiges Ermessen bestimmen, sondern muss sein Ermessen zugunsten der Lehrerin anwenden. → Ermessen
– Andererseits ist eine pauschalierte, abstrakte, vom Vorgang des Stillens losgelöste Pflichtstundenreduzierung rechtlich nicht durchsetzbar, da ein Anspruch auf Dienstbefreiung nur für die zum Stillen erforderliche Zeit besteht. Außerhalb der vorgesehenen Arbeitszeit (Unterrichtsstunden und andere dienstlich festgelegte Termine, z.B. eine Lehrerkonferenz) liegende Stillzeiten begründen keinen Anspruch auf entsprechende Verminderung der täglichen Arbeitszeit.
– Zwar entscheidet die Kollegin, wann sie das Kind stillen will; sie kann ihr Wahlrecht jedoch nur so ausüben, dass sie die tägliche Stillzeit einheitlich und für einen längeren Zeitraum festlegt, weil sonst keine ordnungsgemäße Stundenplanung möglich ist.

Sachgerecht und dem Grundsatz von Schutz und Fürsorge entsprechend ist es demnach, den Stundenplan erst **nach** der Entscheidung der Lehrerin aufzustellen.

Hierfür zwei konkrete Beispiele:

a) Vollbeschäftigte Lehrerin

Eine vollzeitbeschäftigte Kollegin (Deputat: 27 Wochenstunden) geht an jedem Tag nach der zweiten Unterrichtsstunde zum Stillen heim. In dieser Stunde erhält ihre Klasse Fachunterricht durch eine andere Lehrkraft bzw. es erfolgen Aufsicht oder Vertretungsunterricht. Ihr Stundenplan sieht so aus:

	Mo	Di	Mi	Do	Fr
1	Unterricht	Unterricht	Unterricht	Unterricht	Unterricht
2	Unterricht	Unterricht	Unterricht	Unterricht	Unterricht
3	Stillzeit	Stillzeit	Stillzeit	Stillzeit	Stillzeit
4	Unterricht	Unterricht	Unterricht	Unterricht	Unterricht
5	Unterricht	Unterricht	Unterricht	Unterricht	Unterricht
6	Unterricht			Unterricht	

b) Teilzeitbeschäftigte Lehrerin

Bei einer teilzeitbeschäftigten Lehrerin kann es sich hingegen ergeben, dass sie an einem Unterrichtstag nur zwei oder drei Unterrichtsstunden halten muss oder sogar einen Tag ganz frei hat. An diesen Tagen ist eine „Freistellung" zum Stillen nicht erforderlich, weil die Kollegin dies außerhalb der Unterrichtszeit erledigen kann.

Entsprechendes gilt für den Nachmittagsunterricht von vollzeit- oder teilzeitbeschäftigten Lehrkräften: Ein Anspruch auf Freistellung – wie am Vormittag – entsteht erst dann, wenn die vorgesehene Unterrichtszeit zum Stillen unterbrochen werden muss.

→ Ermessen; → Chancengleichheitsgesetz § 13; → Mutterschutz (Verordnung / AzUVO) § 36

Nutzen Sie das Schlagwortverzeichnis am Ende des Jahrbuchs.

Nebenamtlicher/nebenberuflicher Unterricht

Hinweise der Redaktion

Nebenberuflicher Unterricht

Die Tätigkeit von Lehrkräften im Arbeitnehmerbereich mit weniger als der Hälfte der regelmäßigen Arbeitszeit sowie von befristet eingestellten Vertretungslehrkräften und von Lehrbeauftragten (soweit nicht „ehrenamtlich") wird als „nebenberuflicher Unterricht" (NBU) bezeichnet. Diese Beschäftigten haben nach dem TV-L Anspruch auf anteiliges Entgelt und auf weitere tarifvertragliche Leistungen, z.B. Erholungsurlaub oder Krankenbezüge von mehr als sechs Wochen bei entsprechend langer Beschäftigungsdauer (vorherige Teilzeit-beschäftigungen werden anteilig einbezogen).
→ Lehrbeauftragte; → Organisationserlass 1.3;
→ Tarifvertrag (Länder)

Vor allem für einmalig befristete, „geringfügig" beschäftigte Arbeitnehmer kann in einer Nebenabrede des Arbeitsvertrages eine Pauschalierung des tariflichen Entgelts vereinbart werden. Zu den versicherungsrechtlichen Folgen von „Minijobs", „Ein-Euro-Jobs" und für „selbstständige" Lehrkräfte siehe den Beitrag → Sozialversicherungsbeiträge.

Urlaubsansprüche bei Fristverträgen

Zur Gestaltung der Arbeitsverträge bei Krankheitsvertretung und zur Abgeltung von Urlaubsansprüchen hat das KM verfügt:

(Es) *sollen vorrangig solche Verträge zur Krankheitsvertretung abgeschlossen werden, die mindestens einen (längeren) Ferienabschnitt beinhalten, sodass der zustehende Urlaubsanspruch bereits durch die freien Tage in den Ferien abgegolten ist. ... Je nach Lage und Dauer des befristeten Beschäftigungsverhältnisses innerhalb eines Schuljahres kann die Anzahl der (beweglichen) Ferientage den individuellen Urlaubsanspruch in Ausnahmefällen jedoch unterschreiten. In diesen Fällen sollen die noch nicht realisierten Urlaubstage finanziell abgegolten werden. Zur Ermittlung der konkreten Höhe des abzugeltenden Urlaubsanspruchs ist es notwendig, dass die Regierungspräsidien sich bei den Schulen bzw. Schulämtern nach der Lage der beweglichen Ferientage erkundigen und diese entsprechend berücksichtigen. Anhand des Lebensalters ist der im Kalenderjahr zustehende Erholungsurlaub zu ermitteln und im Anschluss in Relation zu dem Beschäftigungszeitraum zu setzen. Durch Schulferien gewährte Urlaubstage sind davon abzuziehen. Gesetzliche Feiertage, an denen folglich unterrichtsfrei ist, gelten bei der Berechnung nicht als bereits gewährte Urlaubstage. Verbleiben bei dieser individuellen Berechnung noch nicht realisierte Urlaubstage sind diese dem LBV mitzuteilen, das dann eine entsprechende Auszahlung veranlassen wird.*

(Quelle: KM, 8. Juli 2009; AZ: 14-0381.1-39/4)

Unabhängig hiervon empfehlen wir, den Urlaubsanspruch stets schriftlich geltend zu machen.

Gemäß 26 TV-L beträgt der Urlaubsanspruch bei einer Verteilung der wöchentlichen Arbeitszeit auf fünf Tage in der Kalenderwoche in jedem Kalenderjahr je nach Lebensalter 26, 29 bzw. 30 Arbeitstage. Beginnt oder endet das Arbeitsverhältnis im Laufe eines Jahres, steht als Erholungsurlaub für jeden vollen Monat des Arbeitsverhältnisses ein Zwölftel des jährlichen Urlaubsanspruchs zu. Dies ist vor allem bei der Festlegung von Beschäftigungszeiträumen zu beachten, in die nur wenige Ferientage fallen.

(Quelle: KM, 30.12.2008, AZ: 14-5247/92/1)

Beispielsberechnung des KM für eine Berechnung des Urlaubs bei Kurzfristverträgen:

Eine über 40-jährige Lehrkraft erhält für die Zeit vom 23.9.2009 bis 23.12.2009 einen Vertretungsvertrag. Die in diesen Zeitraum fallenden Herbstferien führen zu 5 freien Arbeitstagen. Aufgrund ihres Lebensalters hat die Lehrkraft einen anteiligen Urlaubsanspruch von 7,5 (30 Urlaubstage/Jahr : 12 Monate x 3 Monate) aufgerundet 8 Urlaubstagen für den o.g. Beschäftigungszeitraum. Durch die Herbstferien sind bereits 5 Urlaubstage verbraucht, sodass nur noch 3 verbleibende Urlaubstage finanziell abgegolten werden müssten. Würde Allerheiligen noch in die Herbstferien und z.B. auf einen Dienstag fallen, dann wären durch die Ferien nur 4 Urlaubstage verbraucht, es müssten dann noch 4 Tage abgegolten werden.

(Quelle: KM, 28.5.2009; AZ: 14-0381.1-39)

Trotz aller Proteste hält das KM an der unwürdigen Praxis fest, die Tätigkeit von Vertretungslehrkräften selbst dann bis zum letzten Unterrichtstag vor den Sommerferien zu befristen, wenn absehbar ist, dass sie unmittelbar nach den Ferien wieder benötigt und einen neuen Arbeitsvertrag erhalten werden. Die betroffenen Lehrkräfte werden auf diese Weise in den Ferien arbeitslos.

„Selbstständige" (Honorar-)Lehrkräfte

Insbesondere im Bereich der beruflichen Schulen sowie in der Erwachsenenbildung sind daneben auch „selbstständige" Lehrkräfte und Erzieher/innen tätig (z.B. als Dozenten; sogenannte „Honorarlehrkräfte"). Für die Abgrenzung der „selbstständigen" Tätigkeit von den tarifvertraglich beschäftigten „Nebenlehrer/innen" ist entscheidend, wie intensiv die jeweilige Lehrkraft in den Unterrichtsbetrieb eingebunden ist und in welchem Umfang sie den Unterrichtsinhalt, die Art und Weise seiner Erteilung, ihre Arbeitszeit und die sonstigen Umstände der Dienstleistung mitgestalten kann: Lehrkräfte, die insbesondere durch die Übernahme weiterer Nebenpflichten in den Schulbetrieb eingegliedert werden und nicht nur stundenweise Unterricht erteilen (z.B. Abnahme von Prüfungen, Erstellung von Beurteilungen, Führen von Klassenbüchern, Mitwirkung an schulischen Veranstaltungen und Konferenzen), stehen in einem abhängigen Beschäftigungsverhältnis.

Nebenamtlicher Unterricht

Vom nebenberuflichen ist der nebenamtliche Unterricht zu unterscheiden. Hierbei üben Beschäftigte des öffentlichen Dienstes neben dem Hauptamt – z.B. als Lehrkraft an einer öffentlichen Schule – noch ein weiteres Amt aus, z.B. als Dozent an einer Volkshochschule. Sie gelten insofern aus dem Hauptamt bereits „versorgt" und erhalten für das Nebenamt nur einer Zusatz-Honorierung. Formal handelt es sich dabei um ➔ Nebentätigkeiten.

Auch Lehramtsanwärter- und Referendar/innen können (zusätzlich zu ihrer Unterrichtsverpflichtung im Rahmen ihrer Ausbildung) nebenamtlichen Unterricht z.B. als Krankheitsvertretung erteilen. Diese Nebentätigkeit bedarf der vorherigen Genehmigung durch die Seminarleitung (nicht der Schulleitung!). Die Bezahlung von Mehrarbeit („Überstunden") ist bei dieser Personengruppe unzulässig.

Anwärter/innen auf ein wissenschaftliches Lehramt an Realschulen sowie Studienreferendar/innen an öffentlichen Schulen erhalten für den zusätzlich selbstständig erteilten Unterricht, der über den im Rahmen der Ausbildung selbstständig zu erbringenden Unterricht hinausgeht, eine Unterrichtsvergütung.

➔ Besoldung (Anwärter-Unterrichtsvergütung)

Für die übrigen Anwärter/innen bleibt auch nach Erlass dieser Vorschrift eine Bezahlung von zusätzlichem Unterricht als „Mehrarbeit" unzulässig.

Vergütung für nebenamtlichen und nebenberuflichen Unterricht (Schulbereich)

Auszug aus der Verwaltungsvorschrift des Finanzministeriums über die Vergütung von nebenamtlichem/nebenberuflichem Unterricht (UVergVwV) vom 19.10.2007 (GABl. S. 536/2007)

1 Geltungsbereich

Vergütungen für die Erteilung von Unterricht (Lehraufträgen) im Landesbereich im Rahmen einer Nebentätigkeit (...) oder eines Nebenberufs (von nicht hauptamtlich/hauptberuflich im öffentlichen Dienst beschäftigten Personen) werden nach Maßgabe der Rahmenregelungen dieser Verwaltungsvorschrift gewährt, soweit aufgrund anderer Bestimmungen kein abweichender Vergütungsanspruch besteht. ...

2 Allgemeines

2.1 Ob die Unterrichtstätigkeiten Nebentätigkeiten im öffentlichen Dienst darstellen oder von den Bediensteten im Rahmen ihrer Dienstaufgaben wahrzunehmen sind, ohne dass hierfür eine besondere Vergütung gewährt werden kann, ist jeweils im konkreten Einzelfall zu prüfen. Dabei ist ein strenger Maßstab anzulegen. – Unterrichtsvergütungen dürfen auch insoweit nicht gewährt werden, als für die Erteilung von Unterricht im Rahmen einer Nebentätigkeit ... eine angemessene Entlastung im Hauptamt/Hauptberuf gewährt wird.

2.2 Die Vergütungssätze ... beziehen sich auf eine Unterrichtsstunde, wobei als Unterrichtsstunde die nach der Schulordnung, dem Lehrplan o.ä. dafür vorgesehene Zeit gilt, mindestens aber ein Zeitraum von 45 Minuten. ...

2.3 Durch die Unterrichtsvergütung sind alle mit der Lehrtätigkeit verbundenen Aufgaben abgegolten, insbesondere die Vor- und Nachbereitung des Unterrichts, individuelle Anleitungen, die Teilnahme an Konferenzen und sonstigen zum Unterricht gehörenden Veranstaltungen sowie die Ausarbeitung, Abnahme und Bewertung von Leistungsnachweisen, die nicht Bestandteil einer Prüfung im Sinne der VwV des FM über die Vergütung von nebenamtlichen/nebenberuflichen Prüfungstätigkeiten (PrüfVergVwV) sind.

3 Vergütungssätze

3.2 Vergütung für Unterricht an Schulen im Sinne von § 4 Absatz 1 Schulgesetz (SchG) und diesen entsprechenden Einrichtungen sowie für Unterricht an Vorbereitungskursen für den Erwerb der Fachhochschulreife:

Soweit kein Anspruch auf Entgelt als Arbeitnehmer/in besteht, können Vergütungen bis zur Höhe der Vergütungssätze für Mehrarbeit im Schulbereich ... gewährt werden. ...

➔ Mehrarbeit (Vergütung)

Hinweise der Redaktion:

1 Zur Steuerpflicht dieser Einkünfte und zur Befreiung von der Sozialversicherungspflicht siehe Hinweis bei ➔ Grundschule (Verlässliche) Nr. 3 Ziff. 7.
2. Zur Reisekostenerstattung bei Nebentätigkeiten siehe:
➔ Reisekosten (Nebenamtliche/-berufliche Lehrkräfte)

➔ Beamtengesetz; ➔ Besoldung (Anwärter-Unterrichtsvergütung); ➔ Elterngeld/Elternzeit; ➔ Lehrbeauftragte; ➔ Mehrarbeit (MAU) und Unterrichtsversorgung, Teil 1; ➔ Mehrarbeit (Vergütung); ➔ Organisationserlass Teil 1.3; ➔ Reisekosten (Nebenamtlicher/-beruflicher Unter-richt); ➔ Sozialversicherungsbeiträge; ➔ Teilzeit / Urlaub; ➔ Tarifvertrag (Länder)

Hätten Sie`s gewusst?
Begleitpersonen bei außerunterrichtlichen Veranstaltungen

Das KM hat empfohlen, dass an außerunterrichtlichen Veranstaltungen mit mehr als 20 Schüler/innen (Grundschulen: bei jeder Klassengröße) außer der verantwortlichen Lehrkraft eine Begleitperson teilnimmt. Wir raten: Wenn das mangels geeigneter Personen oder wegen fehlender Mittel nicht möglich ist, sollte man zur Vermeidung von Risiken auf die Veranstaltung verzichten.
➔ Außerunterrichtliche Veranstaltungen Ziff. II.5

Nebentätigkeiten

Entscheidung über die Genehmigung von Nebentätigkeiten; Handreichung des Kultusministeriums für die Schulleitungen (Stand: Oktober 2007)

Das Recht der Nebentätigkeit ist für die Beamtinnen und Beamten im Landesbeamtengesetz (LBG) §§ 82 ff. ... sowie in der „Landesnebentätigkeitsverordnung" (LNTVO ...) geregelt. Für Lehrkräfte im Arbeitnehmerverhältnis gilt § 3 Abs. 4 des Tarifvertrags für den öffentlichen Dienst der Länder (TVL).

Hinweise der Redaktion:
1. Diese Handreichung bezieht sich auf Nebentätigkeiten von **Lehrkräften**. Für Entscheidungen hierüber sind die Schulleiter/innen zuständig. Über Nebentätigkeiten von **Schulleiter/innen** entscheidet die Schulaufsichtsbehörde.
2. Die Ziff. 1-4 gelten nur für beamtete Lehrkräfte; für Lehrkräfte im Arbeitnehmerverhältnis gilt Nr. 5.
3. Die Formulare und Anlagen sind hier nicht abgedruckt.
4. Mit dem Dienstrechtsreformgesetz verändern sich ab 1.1. 2011 die Nebentätigkeitsbestimmungen im Beamtengesetz (LBG). Bis zu einer Neufassung sind die hier abgedruckten Ausführungen des KM weiterhin zu beachten.
→ Beamtengesetz §§ 60 ff.; → Tarifvertrag (Länder) § 3 Abs. 4

1.
Was ist eine Nebentätigkeit?
(§ 82 LBG i.V.m. § 1 LNTVO)

Nebentätigkeit ist jede nicht zum Hauptamt gehörende Tätigkeit. Sie kann aufgrund eines „öffentlich-rechtlichen Dienstverhältnisses" (Nebenamt) oder auch außerhalb eines solchen Rechtsverhältnisses wahrgenommen werden (Nebenbeschäftigung).

Die Wahrnehmung öffentlicher Ehrenämter gilt nicht als Nebentätigkeit. Die Übernahme solcher Tätigkeiten (z.B. Gemeinderat, Schöffe) ist der Schulleitung jedoch schriftlich anzuzeigen.

Die Ausübung ehrenamtlicher Tätigkeiten z.B. in Vereinen, Gewerkschaften, politischen Parteien oder Kirchengemeinden ist weder genehmigungsnoch anzeigepflichtig. Soweit für die Ausübung der ehrenamtlichen Tätigkeit eine Aufwandsentschädigung bezahlt wird, ist im Einzelfall zu prüfen, ob die Tätigkeit nach Inhalt, Art, ihrem Umfang und der Höhe der Aufwandsentschädigung als eine auf Erwerb ausgerichtete Tätigkeit anzusehen und damit als Nebentätigkeit zu qualifizieren ist. Bei der Beurteilung dieser Frage kann die in der LNTVO geregelte Geringfügigkeitsgrenze von 1.200 Euro im Kalenderjahr als Hilfskriterium herangezogen werden.

Hinweis der Redaktion: Für Lehramtsanwärter/innen und Referendar/innen gilt: Erhalten sie ein Entgelt für eine Nebentätigkeit innerhalb oder für eine genehmigungspflichtige Nebentätigkeit außerhalb des öffentlichen Dienstes, so wird das Entgelt auf die Anwärterbezüge angerechnet, soweit es diese übersteigt. Als Anwärtergrundbetrag werden jedoch mindestens 30 v.H. des Anfangsgrundgehalts der Eingangsbesoldungsgruppe für die Laufbahn gewährt. Der Umfang einer oder mehrerer Nebenbeschäftigungen gegen Vergütung ist bei ihnen als gering anzusehen, wenn die Vergütung hierfür insgesamt 1.227,10 Euro im Kalenderjahr nicht übersteigt.

Die Wahrnehmung einer unentgeltlichen Vormundschaft, Betreuung oder Pflegschaft eines Angehörigen gilt ebenfalls nicht als Nebentätigkeit, ist aber der Schulleitung vor der Aufnahme schriftlich anzuzeigen (§ 83 Abs. 1 LBG).

2.
Welche Nebentätigkeiten sind genehmigungspflichtig?

Die Übernahme einer Nebentätigkeit bedarf grundsätzlich der vorherigen schriftlichen Genehmigung. Die Lehrkraft hat vor Aufnahme der Nebentätigkeit bei der Schulleitung einen schriftlichen Antrag zu stellen und Angaben über Art und Umfang der Nebentätigkeit sowie über den Auftrag- bzw. Arbeitgeber zu machen (Formular 1).

Von dieser Regelung gibt es jedoch einige Ausnahmen: So sind manche Nebentätigkeiten „genehmigungsfrei" (2.1) oder gelten als „allgemein genehmigt" (2.2).

2.1 Genehmigungsfreie Nebentätigkeiten
(§ 84 LBG i.V.m. § 4 LNTVO)

Bestimmte Nebentätigkeiten sind in der Weise privilegiert, dass sie keiner Genehmigung bedürfen. Der Katalog der genehmigungsfreien Nebentätigkeiten ist in § 84 Abs. 1 LBG abschließend geregelt.
(jetzt): → Beamtengesetz § 63

Diese genehmigungsfreien Nebentätigkeiten müssen jedoch teilweise der Schulleitung vor ihrer Aufnahme „angezeigt" werden (Formular 2):
- Genehmigungsfreie, aber anzeigepflichtige Nebentätigkeit
- Vortragstätigkeit
  Die Mitarbeit der Lehrkraft in der Weiterbildung (Erwachsenenbildung) z.B. ist genehmigungsfrei, wenn es sich um eine reine Vortragstätigkeit handelt. Dagegen bedarf die entgeltliche Lehr- und Unterrichtstätigkeit (etwa an Volkshochschulen) der Genehmigung. Lehr- und Unterrichtstätigkeit unterscheidet sich von der Vortragstätigkeit dadurch, dass von den Hörern ein Mitarbeiten verlangt wird, das in Fragen, im Unterrichtsgespräch, in schriftlichen Ausarbeitungen usw. seinen Ausdruck findet.
- schriftstellerische, wissenschaftliche und künstlerische Tätigkeit
- Tätigkeiten zur Wahrung der Berufsinteressen in Selbsthilfeeinrichtungen

Die Anzeigepflicht besteht jedoch nicht, sofern die Vergütung insgesamt unter 1.200 Euro im Kalenderjahr bleibt und die zeitliche Beanspruchung nicht mehr als ein Fünftel der regelmäßigen wöchentlichen Arbeitszeit beträgt

Bei der Anzeige sind Art und Umfang der Nebentätigkeit, die Person des Auftrag- oder Arbeitgebers sowie die voraussichtliche Höhe der Vergütung anzugeben. Bei regelmäßig wiederkehrenden gleichartigen Nebentätigkeiten genügt eine mindestens einmal jährlich zu erstattende Anzeige.

- Genehmigungsfreie und nicht anzeigepflichtige Nebentätigkeit
  - Tätigkeiten zur Wahrung der Berufsinteressen in Gewerkschaften, Berufsverbänden
  - Unentgeltliche Tätigkeiten, es sei denn, es wird beispielsweise eine gewerbliche Tätigkeit übernommen.
  - Verwaltung des eigenen Vermögens.

2.2 Allgemein genehmigte Nebentätigkeit (§ 83 LBG i.V.m. § 4 LNTVO)

Die zur Übernahme einer oder mehrerer Nebentätigkeiten erforderliche Genehmigung gilt nach § 4 Abs. 1 LNTVO allgemein als erteilt, wenn
- die Vergütung für die Nebentätigkeit(en) 1.200 Euro im Kalenderjahr nicht übersteigt, und
- die Nebentätigkeiten ein Fünftel der regelmäßigen wöchentlichen Arbeitszeit nicht überschreiten, und
- die Nebentätigkeiten außerhalb der Dienstzeit ausgeübt werden und
- kein gesetzlicher Versagungsgrund (§ 83 Abs. 2 LBG) vorliegt.

Eine allgemein genehmigte Nebentätigkeit ist der Schulleitung vor Aufnahme der Nebentätigkeit

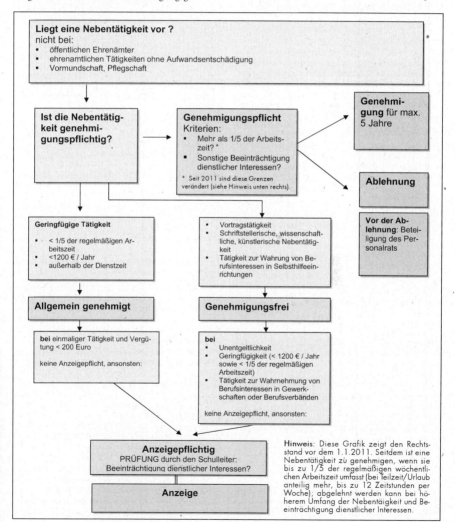

schriftlich anzuzeigen, es sei denn, dass es sich um eine einmalige Nebentätigkeit im Kalenderjahr handelt und die Vergütung hierfür 200 Euro nicht überschreitet.

Bei der Anzeige ist die Art, die zeitliche Inanspruchnahme, die voraussichtliche Dauer der Nebentätigkeit sowie die Person des Auftrag- oder Arbeitgebers und die voraussichtliche Höhe der Vergütung mitzuteilen; auf Verlangen sind die erforderlichen Nachweise zu führen.

3.
Welche Kriterien sind für die Entscheidung über die Genehmigung oder Versagung einer Nebentätigkeitsgenehmigung maßgeblich?

3.1
Der Vorrang des Hauptamtes bei genehmigungspflichtigen, genehmigungsfreien und anzeigepflichtigen Nebentätigkeiten

Jeder Bedienstete hat sich mit seiner vollen Arbeitskraft seinem Hauptamt zu widmen. Eine genehmigungspflichtige, genehmigungsfreie oder anzeigepflichtige Nebentätigkeit darf von einer Lehrkraft daher nur dann übernommen werden, wenn die Erfüllung der Dienstpflichten dadurch nicht gefährdet wird. Das Hauptamt hat insoweit Vorrang. Die Schulleitung hat dies im Einzelfall zu prüfen. Sofern nicht ein Versagungsgrund (vgl. Ziff. 3.2) gegeben ist, hat die Lehrkraft einen Rechtsanspruch auf Erteilung der Genehmigung.

3.2 *In welchen Fällen muss die Nebentätigkeitsgenehmigung abgelehnt werden (§ 83 Abs. 2 LBG)?*

Die Genehmigung ist nach § 83 Abs. 2 LBG zu versagen, wenn zu besorgen ist, dass durch die Nebentätigkeit dienstliche Interessen beeinträchtigt werden. Eine bereits erteilte Genehmigung ist zu widerrufen. Auch genehmigungsfreie Nebentätigkeiten sind ganz oder teilweise zu untersagen, wenn die Lehrkraft durch ihre Ausübung ihre dienstlichen Pflichten verletzt.

Beanspruchung der Arbeitskraft

Eine Beeinträchtigung dienstlicher Interessen liegt z.B. dann vor, wenn die Nebentätigkeit die Arbeitskraft der Lehrerin oder des Lehrers so stark in Anspruch nimmt, dass die ordnungsgemäße Erfüllung der dienstlichen Pflichten behindert werden kann.

Das Gesetz stellt hier die Vermutung auf, dass das Hauptamt durch eine Nebentätigkeit dann beeinträchtigt wird, wenn die zeitliche Beanspruchung durch eine oder mehrere Nebentätigkeiten in der Woche ein Fünftel der regelmäßigen wöchentlichen Arbeitszeit überschreitet. Hat eine Lehrkraft z.B. Schwierigkeiten, ihre Dienstpflichten zu erfüllen, sind Defizite im unterrichtlichen Bereich bekannt, ist hier ein strenger Maßstab anzulegen und die Ausübung der Nebentätigkeit gegebenenfalls zu versagen oder zu widerrufen.

Eine Lehrkraft, die für die Schulleitung erkennbar bereits mit ihren hauptamtlichen Belastungen im Grenzbereich angelangt ist, hat auch dann keinen Anspruch auf Genehmigung einer Nebentätigkeit, wenn sie mit dieser unterhalb der „Fünftelvermutung" bleiben würde.

– Handelt es sich bei der Nebentätigkeit um eine unterrichtliche Nebentätigkeit (z.B. an Volkshochschulen), ist für die „Fünftelvermutung" als Bezugsgröße die Unterrichtsverpflichtung des vollen Lehrauftrags zugrunde zu legen (die Grenze ist bei einer Unterrichtsverpflichtung von 27 Wochenstunden durch 6 Std./ Woche Nebentätigkeit überschritten).

– Handelt es sich hingegen um eine nicht unterrichtliche Nebentätigkeit, ist bei Beamten die 41-Stunden-Woche maßgeblich (die Grenze ist bei einer Unterrichtsverpflichtung von 27 Wochenstunden also durch 9 Std./ Woche Nebentätigkeit überschritten).

– Ist mit der Nebentätigkeit nur vorübergehend eine stärkere zeitliche Inanspruchnahme verbunden, wie z.B. bei Prüfungen oder Veranstaltungen im Rahmen der Fortbildung, kann ausnahmsweise von der durchschnittlichen zeitlichen Belastung im Monat oder im Kalendervierteljahr ausgegangen werden.

Konflikt mit der dienstlichen Tätigkeit

Auch wenn die Lehrkraft durch die Nebentätigkeit in einen Widerstreit mit ihren dienstlichen Pflichten gebracht werden kann, ist die Genehmigung der Nebentätigkeit zu versagen.

Beispiel: Die Lehrkraft erteilt eigenen Schülern Nachhilfeunterricht oder vertreibt bei den Eltern der Schüler Versicherungen.

Schaden für das
Ansehen der öffentlichen Verwaltung

Der Beamte muss auch außerhalb des Dienstes der Achtung und dem Vertrauen gerecht werden, die sein Beruf erfordert. Mit diesem Gebot darf er auch durch die Nebentätigkeit nicht in Konflikt geraten.

Beispiele:
Die Lehrkraft betreibt als Geschäftsführer ein Reisebüro. Dadurch kann der Eindruck entstehen, dass die berufliche Belastung der Lehrkräfte so gering ist, dass sie noch einen „Zweitberuf" wahrnehmen können, der üblicherweise als Hauptberuf ausgeübt wird.

Die Lehrkraft betreibt eine Videothek, in der auch gewaltverherrlichende Videos entliehen werden können.

Die Übernahme einer Nebentätigkeit darf nicht zu einer wesentlichen Einschränkung der künftigen dienstlichen Verwendbarkeit der Lehrkraft führen. Dies ist insbesondere der Fall, wenn die Nebentätigkeit in Zusammenhang mit einer Schule steht, an welche die Lehrkraft in absehbarer Zeit mit einiger Wahrscheinlichkeit versetzt oder abgeordnet werden soll.

3.3.
Die Nebentätigkeit neben einer Teilzeitbeschäftigung oder Beurlaubung

Während einer Teilzeitbeschäftigung sowie während einer Beurlaubung dürfen nur solche Nebentätigkeiten ausgeübt werden, die dem Zweck der Teilzeitbeschäftigung bzw. der Beurlaubung nicht zuwider laufen.

Ansonsten gelten die gleichen Grenzen (z.b. die 1/5 Grenze), d.h. die Nebentätigkeit kann nicht großzügiger bewilligt werden.

Hinweis der Redaktion: Seit dem 1.1.2011 gelten für teilzeitbeschäftigte, beurlaubte und teildienstfähige Beamt/innen neue Grenzen: Bei begrenzter Dienstfähigkeit verringert sich die Grenze in dem Verhältnis, in dem die Arbeitszeit nach § 27 Abs. 2 Satz 1 BeamtStG herabgesetzt ist. Bei beurlaubten oder teilzeitbeschäftigten Beamtinnen und Beamten erhöht sich die Grenze in dem Verhältnis, in dem die regelmäßige Arbeitszeit ermäßigt ist, höchstens jedoch auf zwölf Stunden in der Woche; die Nebentätigkeit darf dem Zweck der Bewilligung des Urlaubs oder der Teilzeitbeschäftigung nicht zuwiderlaufen. → Beamtenstatusgesetz § 27

4.
Welche Formalia sind bei der Entscheidung zu beachten?

Die Entscheidung über die Genehmigung bzw. Versagung einer Nebentätigkeit ist ein Verwaltungsakt. Eine Versagung ist deshalb entsprechend zu begründen.

Gegen die Ablehnung der Nebentätigkeitsgenehmigung kann die Lehrkraft Widerspruch einlegen. Der Schulleiter muss dann zunächst entscheiden, ob er dem Widerspruch abhelfen kann, also die gewünschte Nebentätigkeitsgenehmigung erteilt. Hilft er dem Widerspruch nicht ab, muss er die Angelegenheit dem Regierungspräsidium als der zuständigen Widerspruchsbehörde vorlegen.

→ Verwaltungsrecht

4.1
Die Genehmigung der Nebentätigkeit

Die Genehmigung darf auf längstens 5 Jahre befristet werden und kann mit Auflagen oder Bedingungen versehen werden. Auflagen und Bedingungen schränken die Genehmigung ein.

Beispiel: Einem Sonderschullehrer, der als Nebentätigkeit Sprachförderung anbietet, wird bei der Genehmigung zur Auflage gemacht, keine eigenen Schüler im Rahmen dieser Nebentätigkeit zu fördern.

Ergibt sich nach Erteilung der Genehmigung eine Beeinträchtigung dienstlicher Interessen, ist die Genehmigung zu widerrufen.

4.2. *Ablehnung der Nebentätigkeitsgenehmigung*

Versagt oder widerruft die Schulleitung die Wahrnehmung einer Nebentätigkeit, so hat der Personalrat ein Mitbestimmungsrecht (§§ 75 Abs. 1 Nr. 9, 76 Abs. 1 Nr. 9 LPVG).

→ Personalvertretungsgesetz (jetzt:) § 75 Abs. 1 Nr. 13.

Hinweis der Redaktion: Bei Lehrkräften an GWHRS-Schulen ist der Personalrat für GWHRS-Schulen beim Staatlichen Schulamt zu beteiligen.

Die Entscheidung darf also erst nach Durchführung des Beteiligungsverfahrens getroffen werden. (Beteiligung der Personalvertretung, Formular 4) Wird der Lehrkraft eine Genehmigung widerrufen oder eine nicht genehmigungspflichtige Nebentätigkeit untersagt, soll ihr eine angemessene Frist zur Abwicklung der Nebentätigkeit eingeräumt werden, soweit die dienstlichen Interessen dies gestatten.

5. Sonderregelungen für Lehrkräfte im Arbeitnehmerverhältnis

Lehrkräfte im Arbeitnehmerverhältnis müssen nach § 3 Abs. 4 des TVL Nebentätigkeiten gegen Entgelt rechtzeitig vorher schriftlich anzeigen.

→ Tarifvertrag (Länder)

Anders als bei den Lehrkräften im Beamtenverhältnis ist eine Genehmigung der Nebentätigkeit nicht vorgesehen.

Die Nebentätigkeit kann untersagt oder mit Auflagen versehen werden, wenn diese geeignet ist, die Erfüllung der arbeitsvertraglichen Pflichten der Beschäftigten oder berechtigte Interessen des Arbeitgebers zu beeinträchtigen.

Insbesondere dürfen die Arbeitszeiten weder einzeln noch zusammen genommen die nach § 3 Arbeitszeitgesetz zulässige Höchstarbeitszeit, das sind werktäglich 8 Stunden, nicht überschreiten. Die Arbeitszeit kann nach dieser Bestimmung auf bis zu zehn Stunden verlängert werden, wenn innerhalb von sechs Kalendermonaten oder innerhalb von 24 Wochen im Durchschnitt acht Stunden werktäglich nicht überschritten werden. Diese Regelung gilt aber nur für die Tätigkeit aufgrund eines Arbeitsvertrages, also z.B. nicht für die „selbstständige Tätigkeit" als Autor eines Lehrbuches.

Zu untersagen ist eine Nebentätigkeit darüber hinaus auch dann, wenn die Haupttätigkeit als Lehrkraft darunter leiden würde, z.B. weil sie durch die Arbeitsbelastung überfordert wäre oder die Haupttätigkeit aus anderen Gründen beeinträchtigt würde.

Für Lehrkräfte im Arbeitnehmerverhältnis ist eine Ablieferungspflicht entsprechend der für die Beamten des Landes geltenden Bestimmungen zur Auflage zu machen.

Das Formular zur Ablieferungspflicht („Erklärung und Abrechnung nach § 8 LNTVO für das Jahr ...") ist vom Schulleiter der Lehrkraft auszuhändigen. Einzelheiten zur ablieferungspflichtigen Vergütung siehe unter Punkt 7.

6.
Aufstellung der ausgeübten Nebentätigkeiten (§ 8 LNTVO)

Lehrkräfte haben jede Änderung (auch eine Abweichung von noch vorläufigen, ungefähren Angaben) unverzüglich unaufgefordert schriftlich der Schulleitung anzuzeigen.

Für alle nicht genehmigungspflichtigen Nebentätigkeiten gilt, dass die Schulleitung aus begründetem Anlass jederzeit nähere Auskünfte und ggf. entsprechende Nachweise über die Nebentätigkeit verlangen kann.

Die Schulleitung hat die Lehrkräfte jährlich aufzufordern, jeweils bis spätestens 1. Juli eines Jahres eine schriftliche Aufstellung von Nebentätigkeiten vorzulegen (Formular 5), die sich ggf. aus folgenden drei Teilen zusammensetzt:

der Erklärung über alle im Vorjahr ausgeübten genehmigungs- und anzeigepflichtigen Nebentätigkeiten (Angabe über Art, zeitliche Inanspruchnahme sowie Dauer der Nebentätigkeit, über die Person des Auftrag- oder Arbeitgebers und die Höhe der Vergütung),
- der Mitteilung von bei den genehmigungsfreien, aber anzeigepflichtigen Nebentätigkeiten nach § 84 Abs. 2 LBG eingetretenen Änderungen sowie
- der Abrechnung von ablieferungspflichtigen Nebentätigkeitsvergütungen i.S.v. § 5 Abs. 3 LNTVO (z.B. im öffentlichen oder diesem gleichstehenden Dienst ausgeübte oder auf Verlangen des Dienstvorgesetzten übernommene Nebentätigkeiten), wenn die Vergütungen hierfür insgesamt 1200 Euro im Jahr übersteigen und keine Ausnahme von der Ablieferungspflicht nach § 6 LNTVO besteht (z.B. Ausübung von Lehr- und Vortragstätigkeit, Prüfungstätigkeiten).

Die Erklärung wird in die Teilakte der Lehrkraft, welche sich an der Schule befindet, aufgenommen. Die Vorlage an die Schulaufsichtsbehörde ist im Regelfall nicht erforderlich. → Personalakten

7. Abrechnung von ablieferungspflichtigen Nebentätigkeitsvergütungen

Der Schulleiter hat aufgrund der von der Lehrkraft ausgefüllten Erklärung zu prüfen, ob Ablieferungspflicht besteht.

Ablieferungspflicht besteht bei Vergütungen
- für im öffentlichen oder diesen gleichgestellten Dienst ausgeübte oder
- auf Verlangen, Vorschlag oder Veranlassung des Dienstherrn übernommene oder
- der Lehrkraft mit Rücksicht auf seine dienstliche Stellung übertragene

Nebentätigkeit, sofern die Vergütungen für die in einem Kalenderjahr ausgeübten Nebentätigkeiten bei Beamten entsprechend den Besoldungsgruppen folgende Bruttobeträge übersteigen:

Besoldungsgruppe	Euro (Bruttobeträge)
A 1 bis A 8	3 700,00 Euro
A 9 bis A 12	4 300,00 Euro
{Gilt analog für Arbeitnehmer}	
A 13 bis A 16	4 900,00 Euro

Ablieferungspflicht besteht nicht bei folgenden Tätigkeiten:
- Lehr- und Vortragstätigkeiten,
- Prüfungstätigkeiten,
- Tätigkeiten auf dem Gebiet der wissenschaftlichen Forschung,
- schriftstellerische Tätigkeiten und diesen vergleichbaren Tätigkeiten mit Mitteln des Films und Fernsehens,
- künstlerische Tätigkeiten einschließlich künstlerische Darbietungen,
- Tätigkeiten als gerichtlicher oder staatsanwaltschaftlicher Sachverständiger,
- Tätigkeiten als Gutachter für juristische Personen des öffentlichen Rechts,
- Tätigkeiten, die während eines unter Fortfall der Dienstbezüge gewährten Urlaubs ausgeübt werden,
- Tätigkeiten von Beamten auf Widerruf, die einen Vorbereitungsdienst ableisten oder die nur nebenbei verwendet werden, sowie von Ehrenbeamten

Sofern Ablieferungspflicht besteht, hat der Schulleiter die von der Lehrkraft ausgefüllte Erklärung ... an das Landesamt für Besoldung und Versorgung ... zur Abrechnung zu senden.

→ Beamtengesetz §§ 60 ff.; → Personalakten; → Personalvertretungsgesetz §§ 75 Abs. 1 Nr. 9 und 76 Abs. 1 Nr. 9;
→ Tarifvertrag (Länder) § 3 Abs. 4

Notenbildungsverordnung

Verordnung des Kultusministeriums über die Notenbildung (Notenbildungsverordnung, NVO) vom 5. Mai 1983 (KuU S. 449/1983); zuletzt geändert 11.11.2009 (KuU S. 205/2009)

Vorbemerkungen

Der Erziehungs- und Bildungsauftrag der Schule erfordert neben der Vermittlung von Kenntnissen, Fähigkeiten und Fertigkeiten auch die Vermittlung von Werten und Wertvorstellungen, wie sie im Grundgesetz, in der Landesverfassung und in § 1 des Schulgesetzes niedergelegt sind. Der Lehrer als Erzieher benötigt zur Verwirklichung seiner Aufgaben einen pädagogischen Freiraum, bei der Leistungsbeurteilung einen pädagogischen Beurteilungsspielraum. Dem tragen die nachfolgenden Regelungen zur Notenbildung dadurch Rechnung,

dass sie sich auf ein Mindestmaß beschränken und insbesondere regeln, worauf im Interesse der Chancengerechtigkeit der Schüler nicht verzichtet werden kann. Dies erfordert andererseits, dass der Lehrer seinen pädagogischen Beurteilungsspielraum, den er im Interesse des Schülers hat, verantwortungsvoll nutzt.

Der gemeinsame Erziehungsauftrag von Elternhaus und Schule gebietet, dass Fragen der Leistungserhebung und -beurteilung zwischen den beiden Erziehungsträgern beraten werden. Soweit

| Notenbildungsverordnung (Noten / Zeugnisse / Klassenarbeiten / Hausaufgaben) |

derartige Fragen die Schule insgesamt betreffen, sind sie in der Schulkonferenz (§ 47 SchG), soweit sie einzelne Klassen betreffen, in der Klassenpflegschaft (§ 56 SchG) zu behandeln. Falls die Gesamtlehrerkonferenz ergänzende Regelungen trifft, bedürfen sie der Zustimmung der Schulkonferenz.

Der gemeinsame Erziehungsauftrag von Elternhaus und Schule erfordert auch eine möglichst umfassende Information der Eltern über die schulische Entwicklung ihrer Kinder. Neben dem Gespräch zwischen Lehrern und Eltern dient dem insbesondere die Information der Eltern über die Leistungen ihrer Kinder im ersten Schulhalbjahr. Durch die Möglichkeit, die Notentendenz anzugeben und die Beurteilung durch zusätzliche Ausführungen zu erläutern, kann diese Information den Eltern wertvolle Hinweise für ihre Erziehungsarbeit geben. Entsprechendes gilt für die Möglichkeit, die Noten für Verhalten und Mitarbeit zu erläutern.

Hinweis der Redaktion: Hierzu bitte auch den Hinweis nach § 4 Abs. 2 beachten.

1. Abschnitt – Grundsätze

§ 1
Allgemeines

Der Erziehungs- und Bildungsauftrag der Schule erfordert neben der Vermittlung von Kenntnissen, Fähigkeiten und Fertigkeiten auch deren Feststellung zur Kontrolle des Lernfortschritts zum Leistungsnachweis. Als Kontrolle des Lernfortschritts soll sie Lehrern, Schülern, Erziehungsberechtigten und ggf. den für die Berufserziehung der Schüler Mitverantwortlichen den erzielten Erfolg bestätigen, ihnen Hinweise für den weiteren Lernfortgang geben und damit die Motivation des Schülers fördern. Als Leistungsnachweis stellt sie eine Entscheidungsgrundlage für den weiteren Bildungsgang des Schülers dar.

§ 2
Konferenzen, Klassenpflegschaft

(1) Die nachfolgenden Regelungen stellen einen Rahmen dar, innerhalb dessen die Gesamtlehrerkonferenz mit Zustimmung der Schulkonferenz ergänzende Regelungen treffen kann (§ 45 Abs. 2 SchG i.V.m. § 2 Abs. 1 Konferenzordnung und § 47 Abs. 5 SchG). Darüber hinaus kann die Schulkonferenz zu allgemeinen Fragen der Leistungserhebung und -beurteilung Vorschläge gegenüber dem Schulleiter und den Lehrerkonferenzen machen (§ 47 Abs. 2 SchG).

Hinweise der Redaktion: Die Notenbildungsverordnung bildet für die Leistungserhebung und -beurteilung einen verbindlichen Rahmen, dessen Ausfüllung der Gesamtlehrerkonferenz mit Zustimmung der Schulkonferenz obliegt (über die Schulkonferenz ist auch die Elternschaft hieran beteiligt).

Die in § 2 Abs. 1 erwähnten „ergänzenden Regelungen" können z.B. folgende Fragen der Leistungserhebung betreffen:
– Darf an einem Tag neben einer Klassenarbeit auch eine schriftliche Wiederholungsarbeit geschrieben werden?
– Wie viele Klassenarbeiten dürfen in einer Woche geschrieben werden?
– Wie viele Klassenarbeiten dürfen je Fach in einem Schuljahr höchstens geschrieben werden?
– Muss eine Klassenarbeit wegen eines schlechten Ergebnisses (Gesamtdurchschnitt oder überproportionaler Anteil von mangelhaften und ungenügenden Ergebnissen) der Schulleitung vorgelegt werden?
– Muss bei Klassenarbeiten bzw. schriftliche Wiederholungsarbeiten neben der Note auch der Klassendurchschnitt oder ein Notenspiegel mitgeteilt werden?

Dies gilt auch für die Regelung von „näheren Einzelheiten" bei den Hausaufgaben, „insbesondere deren zeitlichen Umfang sowie die Anfertigung von Hausaufgaben übers Wochenende und über Feiertage" oder auch für die Frage, ob Hausaufgaben über die Ferien aufgegeben werden dürfen.
→ siehe unten § 10 Abs. 3

Nach dem Beschluss der GLK und der Zustimmung der Schulkonferenz sind solche „ergänzenden Regelungen" für alle Lehrkräfte der Schule verbindlich. Soweit die Notenbildungsverordnung in solchen Fragen keine Festlegungen trifft und von der Gesamtlehrerkonferenz der Schule hierzu kein Beschluss gefasst wurde, können die einzelnen Lehrkräfte im Rahmen ihres pflichtgemäßen dienstlichen Ermessens und unter Beachtung der übrigen für sie geltenden Bestimmungen (§ 38 Schulgesetz) frei entscheiden.

In der Frage der Leistungsbewertung selbst kann die Gesamtlehrerkonferenz hingegen lediglich (nicht verbindliche) „Empfehlungen für einheitliche Maßstäbe bei Notengebung und Versetzung" geben (→ Konferenzordnung § 2 Abs. 1 Nr. 5).

(2) Die Klassenpflegschaft soll ihrer Aufgabe, der Unterrichtung der Eltern über den Entwicklungsstand der Klasse und die Grundsätze für Klassenarbeiten und Hausaufgaben sowie der Aussprache darüber, besondere Beachtung schenken (§ 56 Abs. 1 SchG).
→ Elternbeiratsverordnung; → Konferenzordnung

2. Abschnitt
Zeugnisse, Halbjahresinformation, Noten

§ 3
Zeugnisse

(1) Für jedes Schuljahr erhalten die Schüler, soweit nichts Abweichendes bestimmt ist, ein Zeugnis über ihre Leistungen in den einzelnen Unterrichtsfächern während des ganzen Schuljahres (Jahreszeugnis).

Zusätzlich enthalten

a) das Jahreszeugnis der Klasse 3 der Grundschule, die Jahreszeugnisse der Klassen 5 und 6 der Werkrealschule und Hauptschule, der Realschule und des Gymnasiums, das Abschlusszeugnis der Grundschule sowie die Zeugnisse der entsprechenden Klassen der allgemeinbildenden Sonderschulen mit Ausnahme der Schulen für Geistigbehinderte eine allgemeine Beurteilung,

b) die übrigen Jahreszeugnisse Noten für Verhalten und Mitarbeit; abweichend davon werden in den Kollegs, den einjährigen zur Fachhochschulreife führenden Berufskollegs, in der Mittel- und Oberstufe der Berufsoberschulen und in den Fachschulen mit Ausnahme der Fachschulen für Sozialpädagogik sowie in den Abgangs-, Abschluss- und Prüfungszeugnissen keine Noten für Verhalten und Mitarbeit erteilt.

(2) In den Abschlussklassen erhalten die Schüler, soweit nichts Abweichendes bestimmt ist, außerdem ein Zeugnis über ihre Leistungen in den einzelnen Unterrichtsfächern im ersten Schulhalbjahr (Halbjahreszeugnis). Die Schüler der Klasse 4 der

Grundschulen erhalten für das erste Schulhalbjahr eine Halbjahresinformation.

(3) Das erste Schulhalbjahr dauert bis zum 31. Januar, das zweite Schulhalbjahr bis zum 31. Juli.

(4) Die Zeugnisse sind in der Regel auszugeben:
1. das Halbjahreszeugnis in der Zeit vom 1. bis 10. Februar,
2. das Jahreszeugnis an einem der letzten sieben Unterrichtstage.

Die für die Ausgabe der Abgangs-, Abschluss- und Prüfungszeugnisse geltenden Bestimmungen bleiben unberührt. Dasselbe gilt, wenn in Prüfungsanforderungen Sonderbestimmungen für das Halbjahreszeugnis getroffen sind.

(5) Die für einzelne Schularten oder -typen der beruflichen Schulen aufgrund des § 26 Schulgesetz getroffenen abweichenden Regelungen über Beginn und Ende des Schuljahres und der Schulhalbjahre bleiben unberührt; die Zeugnisse sind an solchen Schulen abweichend von Absatz 4 in der Regel an einem der letzten sieben Unterrichtstage des Schulhalbjahres auszugeben. Bei beruflichen Schulen mit Teilzeitunterricht sind die Halbjahreszeugnisse abweichend von Absatz 4 Nr. 1 in der Regel am letzten Unterrichtstag des ersten Schulhalbjahres oder am ersten Unterrichtstag des zweiten Schulhalbjahres auszugeben.

→ Zeugnisse

(6) In den Klassen 7 und 8 der Werkrealschule und Hauptschule werden im Jahreszeugnis die Noten durch eine verbale Leistungsbeschreibung ergänzt, wenn dies insbesondere im Hinblick auf den späteren Übergang des Schülers in weitere Bildungs- oder Ausbildungsgänge notwendig ist.

§ 4
Halbjahresinformation

(1) Für das erste Schulhalbjahr erhalten die Schüler, soweit nichts Abweichendes bestimmt ist, eine schriftliche Information über ihre Leistungen in den einzelnen Unterrichtsfächern, wobei ganze Noten, ganze Noten mit Notentendenz (Plus oder Minus) und halbe Noten zulässig sind.

(2) Bei wesentlichen Veränderungen des Leistungsbildes und besonderen Vorkommnissen können ergänzende Aussagen gemacht werden. Falls ein Gespräch zwischen einzelnen Lehrern und den Erziehungsberechtigten angebracht erscheint, ist ein entsprechender Hinweis in die Halbjahresinformation aufzunehmen.

Hinweis der Redaktion: Ist die Versetzung eines Schülers nach Auffassung der Klassenkonferenz gefährdet, hat die Schule die Eltern bzw. den volljährigen Schüler selbst durch einen Vermerk im Halbjahreszeugnis zu benachrichtigen, bei späterem Leistungsabfall unverzüglich durch schriftliche Mitteilung („blauer Brief"). Die Nichtbeachtung dieser Formvorschriften hat jedoch keinen Anspruch auf Versetzung zur Folge, jedenfalls dann nicht, wenn die Schule auf andere geeignete Weise, z.B. durch mündliche Unterrichtung der Eltern, ihrer Informationspflicht nachgekommen ist.

→ Elternbeiratsverordnung § 3; → Volljährigkeit

(3) Die Halbjahresinformation ist vom Klassenlehrer, erforderlichenfalls nach Beratung in der Klassenkonferenz, zu fertigen. Für die Ausgabe gilt § 3 Abs. 4 Satz 1 Nr. 1, Satz 2 und 3 sowie Abs. 5 entsprechend.

→ Zeugnisse

§ 5
Leistungsnoten

(1) Die Leistungen der Schüler werden mit folgenden Noten bewertet:

sehr gut	(1)	gut	(2)
befriedigend	(3)	ausreichend	(4)
mangelhaft	(5)	ungenügend	(6)

(2) Die Noten haben folgende Bedeutung:
1. Die Note „sehr gut" soll erteilt werden, wenn die Leistung den Anforderungen im besonderen Maße entspricht.
2. Die Note „gut" soll erteilt werden, wenn die Leistung den Anforderungen voll entspricht.
3. Die Note „befriedigend" soll erteilt werden, wenn die Leistung im Allgemeinen den Anforderungen entspricht.
4. Die Note „ausreichend" soll erteilt werden, wenn die Leistung zwar Mängel aufweist, aber im Ganzen den Anforderungen noch entspricht.
5. Die Note „mangelhaft" soll erteilt werden, wenn die Leistung den Anforderungen nicht entspricht, jedoch erkennen lässt, dass die notwendigen Grundkenntnisse vorhanden sind und die Mängel in absehbarer Zeit behoben werden können.
6. Die Note „ungenügend" soll erteilt werden, wenn die Leistung den Anforderungen nicht entspricht und selbst die Grundkenntnisse so lückenhaft sind, dass die Mängel in absehbarer Zeit nicht behoben werden können.

(3) Bei der Bewertung von Schülerleistungen ist der Eigenart der verschiedenen Schularten und Schultypen sowie der Altersstufe des Schülers Rechnung zu tragen. Der Begriff „Anforderungen" in Absatz 2 bezieht sich auf die im Bildungsplan oder Lehrplan festgelegten Leitgedanken, Kompetenzen, Ziele und Inhalte, insbesondere auf den Umfang, die selbstständige, richtige und prozessorientierte Anwendung der geforderten Kenntnisse, Fähigkeiten und Fertigkeiten sowie auf die Art der Darstellung.

→ Behinderungen und Förderbedarf 2.3.2;
→ Sprachförderung (Integration)

Hinweis der Redaktion: Hierzu auch die Hinweise unter § 7 Abs. 2 beachten.

(4) In den Halbjahres- und Jahreszeugnissen sowie in den Abgangs-, Abschluss- und Prüfungszeugnissen sind nur ganze Noten zulässig.

(5) Die Absätze 1 bis 4 gelten entsprechend für schulfremde Teilnehmer an Prüfungen.

§ 6
Allgemeine Beurteilung,
Noten für Verhalten und Mitarbeit, Bemerkungen

(1) Die allgemeine Beurteilung beinhaltet Aussagen zur Arbeitshaltung (z.B. Fleiß, Sorgfalt), zur

Selbstständigkeit (z.B. Eigeninitiative, Verantwortungsbereitschaft) und zur Zusammenarbeit (z.B. Hilfsbereitschaft, Fairness) in der Klassen- und Schulgemeinschaft.

(2) Das Verhalten und die Mitarbeit der Schüler werden mit folgenden Noten bewertet:

sehr gut
gut
befriedigend
unbefriedigend.

Die Noten haben folgende Bedeutung:
1. Die Note „sehr gut" soll erteilt werden, wenn das Verhalten bzw. die Mitarbeit des Schülers besondere Anerkennung verdienen.
2. Die Note „gut" soll erteilt werden, wenn das Verhalten bzw. die Mitarbeit des Schülers den an ihn zu stellenden Erwartungen entspricht.
3. Die Note „befriedigend" soll erteilt werden, wenn das Verhalten bzw. die Mitarbeit des Schülers den an ihn zu stellenden Erwartungen im Ganzen ohne wesentliche Einschränkung entspricht.
4. Die Note „unbefriedigend" soll erteilt werden, wenn das Verhalten bzw. die Mitarbeit des Schülers den an ihn zu stellenden Erwartungen nicht entspricht.

Verhalten bezeichnet sowohl das Betragen im Allgemeinen als auch die Fähigkeit und tätige Bereitschaft zur Zusammenarbeit.

Mitarbeit bezieht sich vor allem auf den Arbeitswillen, der sich in Beiträgen zu den selbstständig oder gemeinsam mit anderen zu lösenden Aufgaben äußert.

(3) Die Noten für Verhalten und Mitarbeit sollen durch Bemerkungen zum Lern-, Arbeits- und Sozialverhalten des Schülers ergänzt werden, falls dies aus pädagogischen Gründen erforderlich ist.

(4) Unter Bemerkungen können Aussagen zu häufigen Fehlzeiten gemacht werden. Dies gilt nicht für Abgangs-, Abschluss- und Prüfungszeugnisse.

(5) Die allgemeine Beurteilung, die Noten für Verhalten und Mitarbeit und die Bemerkungen werden als Teil des Zeugnisses gemäß § 4 Abs. 1 Nr. 4 Konferenzordnung von der Klassenkonferenz bzw. der Jahrgangsstufenkonferenz beraten und beschlossen; der Klassenlehrer hat für die allgemeine Beurteilung einen Vorschlag zu machen.

3. Abschnitt
Feststellung von Schülerleistungen

§ 7
Allgemeines

(1) Grundlage der Leistungsbewertung in einem Unterrichtsfach sind alle vom Schüler im Zusammenhang mit dem Unterricht erbrachten Leistungen (schriftliche, mündliche und praktische Leistungen). Schriftliche Leistungen sind insbesondere die schriftlichen Arbeiten (Klassenarbeiten und schriftliche Wiederholungsarbeiten). Der Fachlehrer hat zum Beginn seines Unterrichts bekanntzugeben, wie er in der Regel die verschiedenen Leistungen bei der Notenbildung gewichten wird.

(2) Die Bildung der Note in einem Unterrichtsfach ist eine pädagogisch-fachliche Gesamtwertung der vom Schüler im Beurteilungszeitraum erbrachten Leistungen.

Hinweise der Redaktion:
1. Die Bildung der Jahresnote ist „nicht das Ergebnis einer rein arithmetischen Rechnung, sondern eine ganzheitliche, pädagogisch-fachliche Gesamtwertung" (Quelle: Schreiben des KM vom 5.7.1996; IV/5-6615.21-96/7).
2. Bei der Notengebung dürfen auch Entwicklungstendenzen der Schülerleistungen im Laufe des Schuljahres berücksichtigt werden. (Quelle: VGH Mannheim, 10.10.1991)
3. Analog zu den Versetzungsvorschriften, wo eine Klasse nur dann als „besucht" gilt, wenn der Schüler / die Schülerin ihr mindestens acht Wochen lang angehört hat, kann auf die Erteilung von Zeugnisnoten bei einer Unterrichtsteilnahme bzw. -dauer unterhalb dieser Mindestfrist verzichtet werden (z.B. nicht ersetzter Lehrerausfall oder längerfristige Krankheit / Beurlaubung von Schüler/innen).
4. Zum „Nachteilsausgleich" bei Behinderungen siehe:
→ Behinderungen und Förderbedarf 2.3.2; → Sprachförderung (Integration)

(3) Die allgemeinen für die Bewertung der Leistungen in den einzelnen Fächern oder Fächerverbünden maßgebenden Kriterien hat der Fachlehrer den Schülern und auf Befragen auch ihren Erziehungsberechtigten sowie den für die Berufserziehung der Schüler Mitverantwortlichen darzulegen.

(4) Der Fachlehrer hat dem Schüler auf Befragen den Stand seiner mündlichen und praktischen Leistungen anzugeben. Nimmt er eine besondere Prüfung vor, die er gesondert bewertet, hat er dem Schüler die Note bekanntzugeben.
→ Befangenheit; → Ermessen; → Rechtschreibung

§ 8
Klassenarbeiten, schriftliche Wiederholungsarbeiten

Hinweis der Redaktion: § 8 gilt nicht für Grund- und Sonderschulen. Zu den „schriftlichen Arbeiten" an diesen Schularten siehe: → Grundschule (Schulbericht).

(1) Klassenarbeiten geben Aufschluss über Unterrichtserfolg und Kenntnisstand einer Klasse und einzelner Schüler und weisen auf notwendige Fördermaßnahmen hin. Sie werden daher in der Regel nach den Phasen der Erarbeitung, Vertiefung, Übung und Anwendung angesetzt. Klassenarbeiten sind in der Regel anzukündigen.

(2) Schriftliche Wiederholungsarbeiten geben Aufschluss über den erreichten Unterrichtserfolg der unmittelbar vorangegangenen Unterrichtsstunden einer Klasse und einzelner Schüler und weisen auf notwendige Fördermaßnahmen hin. Sie können auch als Nachweis dafür dienen, mit welchem Erfolg die Hausaufgaben bewältigt wurden. Für die Anfertigung einer schriftlichen Wiederholungsarbeit sind in der Regel bis zu 20 Minuten vorzusehen.

(3) Klassenarbeiten und schriftliche Wiederholungsarbeiten sind gleichmäßig auf das ganze Schuljahr zu verteilen. An einem Tag soll nicht mehr als eine Klassenarbeit geschrieben werden. Vor der Rückgabe und Besprechung einer schriftli-

chen Arbeit oder am Tag der Rückgabe darf im gleichen Fach keine neue schriftliche Arbeit angesetzt werden.

(4) Versäumt ein Schüler entschuldigt die Anfertigung einer schriftlichen Arbeit, entscheidet der Fachlehrer, ob der Schüler eine entsprechende Arbeit nachträglich anzufertigen hat.

(5) Weigert sich ein Schüler, eine schriftliche Arbeit anzufertigen, oder versäumt er unentschuldigt die Anfertigung einer solchen Arbeit, wird die Note „ungenügend" erteilt.

(6) Begeht ein Schüler bei einer schriftlichen Arbeit eine Täuschungshandlung oder einen Täuschungsversuch, entscheidet der Fachlehrer, ob die Arbeit wie üblich zur Leistungsbewertung herangezogen werden kann. Ist dies nicht möglich, nimmt der Fachlehrer einen Notenabzug vor oder ordnet an, dass der Schüler eine entsprechende Arbeit nochmals anzufertigen hat. In Fällen, in denen eine schwere oder wiederholte Täuschung vorliegt, kann die Arbeit mit der Note „ungenügend" bewertet werden.

(7) Die Absätze 4 bis 6 gelten entsprechend für mündliche und praktische Leistungen.

→ Handy-Nutzung; → Notenbildungsverordnung § 9; → Rechtschreibung; → Schulgesetz § 47 Abs. 5 Nr. 2

§ 9
Zahl der Klassenarbeiten und schriftlichen Wiederholungsarbeiten, gleichwertige Leistungen

Hinweis der Redaktion: § 9 gilt nicht für Grund- und Sonderschulen sowie für die Jahrgangsklasse 12-13 der Gymnasien; zur Zahl der „schriftlichen Arbeiten" an Grund- und Sonderschulen vgl. → Grundschule (Schulbericht) § 2.

(1) In der Werkrealschule und Hauptschule werden in den Klassen 5 bis 9 im Fach Deutsch im Schuljahr mindestens vier Klassenarbeiten gefertigt, darunter eine Nachschrift; in den Fächern Mathematik und Englisch sollen häufiger verschiedenartige, aber weniger umfangreiche schriftliche Arbeiten angefertigt werden. In den Klassen 8 und 9 werden im Wahlpflichtfach mindestens je zwei Klassenarbeiten gefertigt; in Klasse 9 muss davon mindestens eine im ersten Halbjahr gefertigt werden. In der Klasse 10 sind in den Fächern Deutsch und Englisch jeweils mindestens vier Klassenarbeiten anzufertigen, im Fach Deutsch müssen darunter mindestens zwei Aufsätze sein. Im Fach Mathematik sind mindestens drei Klassenarbeiten anzufertigen.

Hinweis der Redaktion: Zur Begrifflichkeit „Klassenarbeit" und „Klassenaufsatz" hat das RP Stuttgart in Abstimmung mit dem KM den Gymnasien am 4.9.2008 (AZ: 75-6631.3/5) u.a. mitgeteilt, dass „aus fachlicher Sicht der ganzheitliche Klassenaufsatz nach wie vor die hauptsächliche Form der Klassenarbeit darstellen sollte. Dies ist in angemessener Weise zu berücksichtigen. – Im Bildungsplan 2004 ist für das Fach Deutsch verankert, über welche Schreibkompetenzen Schülerinnen und Schüler verfügen sollen. Insbesondere im Kompetenzbereichen 2 (Schreiben) und 3 (Lesen / Umgang mit Texten und Medien) wird eine Reihe von Schreibformen benannt, welche Schülerinnen und Schüler aktiv beherrschen sollen. Aus diesen Benennungen lassen sich eine große Anzahl von ganzheitlichen Aufsatzformen ableiten, welche selbstverständlich auch als Aufsatz in einer Klassenarbeit eingesetzt und abgeprüft werden können. – Die erworbenen Schreibkompetenzen stellen die unabdingbare Basis für den Besuch der Kursstufe und für die schriftliche Abiturprüfung dar. – Zur Stärkung der Textanalysefähigkeit von lyrischen Texten wird empfohlen, dass Schülerinnen und Schüler auch vollständige Gedichtinterpretationen als Klassenarbeit abfassen, ohne auf andere Aufgabenstellungen ausweichen zu können."

(2) In den Realschulen sowie in den Gymnasien der Normalform und den Gymnasien in Aufbauform mit Heim werden in den Kernfächern im Schuljahr mindestens vier Klassenarbeiten gefertigt, darunter im Fach Deutsch in den Klassen 5 bis 7 der Gymnasien und den Klassen 5 bis 9 der Realschulen eine Nachschrift. In den Fächern Technik sowie Mensch und Umwelt und im Fächerverbund Naturwissenschaftliches Arbeiten der Realschule können jeweils bis zu zwei Klassenarbeiten durch fachpraktische Arbeiten, darunter auch Jahresarbeiten ersetzt werden; das gleiche gilt im Fach Naturwissenschaft und Technik des Gymnasiums mit der Maßgabe, dass eine Klassenarbeit ersetzt werden kann. Abweichend von Satz 1 werden in den Gymnasien der Normalform und der Aufbauform mit Heim in den Kernfach Sport im Schuljahr mindestens drei Klassenarbeiten angefertigt.

(3) In den beruflichen Schulen sind in den Kernfächern, in der als Wahlpflichtfach oder Wahlfach in der Eingangsklasse der beruflichen Gymnasien der dreijährigen Aufbauform oder in den Klassen 1 und 2 der Oberstufe der Berufsoberschulen belegten Fremdsprache sowie, mit Ausnahme der beruflichen Gymnasien, in den sonstigen Fächern mit einer schriftlichen Abschluss- oder Zusatzprüfung im jeweiligen Schuljahr Klassenarbeiten nach folgenden Maßgaben anzufertigen:

1. bei Unterricht im Umfang von bis zu zwei Wochenstunden mindestens zwei Klassenarbeiten,
2. bei Unterricht im Umfang von drei bis fünf Wochenstunden mindestens vier Klassenarbeiten,
3. bei Unterricht im Umfang von sechs Wochenstunden mindestens fünf Klassenarbeiten,
4. bei Unterricht im Umfang von sieben oder mehr Wochenstunden mindestens sechs Klassenarbeiten.

In den Abschlussklassen sind in den genannten Fächern bei

1. bis zu zwei Wochenstunden mindestens zwei Klassenarbeiten,
2. bei drei bis fünf Wochenstunden mindestens drei Klassenarbeiten,
3. bei sechs Wochenstunden mindestens vier Klassenarbeiten,
4. bei sieben und mehr Unterrichtsstunden mindestens fünf Klassenarbeiten anzufertigen.

Maßgebend ist die Zahl der Wochenstunden, die in dem betreffenden Fach nach dem Stundenplan vorgesehen ist. Für Bildungsgänge, in denen der Unterricht in Gestalt von Handlungs- oder Lernfeldern erteilt wird, gelten die Sätze 1 bis 3 entsprechend. Abweichende Sonderregelungen einzelner Ausbildungs- und Prüfungsordnungen bleiben unberührt.

(4) In den übrigen Fächern, in denen keine Klas-

senarbeiten vorgeschrieben sind, dürfen höchstens vier schriftliche Arbeiten im Schuljahr angefertigt werden. In den Fächern, in denen der Unterricht in dafür eingerichteten Abteilungen der Schule in bilingualer Form erteilt wird, gilt diese Höchstzahl nicht für schriftliche Wiederholungsarbeiten zur Prüfung sprachlicher Fertigkeiten; diese Höchstzahl gilt auch dann nicht, wenn in Klasse 5 des Gymnasiums die 2. Fremdsprache kein Kernfach ist.

(5) Von den nach Absatz 3 vorgeschriebenen Klassenarbeiten können nach Entscheidung des Fachlehrers jeweils eine Klassenarbeit, bei mindestens sechs vorgeschriebenen Klassenarbeiten bis zu zwei Klassenarbeiten und in Bildungsgängen, in denen der Unterricht in Gestalt von Handlungs- oder Lernfeldern erteilt wird, bis zu drei, höchstens aber die Hälfte der vorgeschriebenen Klassenarbeiten durch jeweils eine gleichwertige Feststellung von Leistungen der Schüler der Klasse ersetzt werden; abweichend hiervon bleibt in den beruflichen Gymnasien die Zahl der vorgeschriebenen Klassenarbeiten von den gleichwertigen Leistungen unberührt. Diese Leistungsfeststellung bezieht sich insbesondere auf schriftliche Hausarbeiten, Jahresarbeiten, Projekte, darunter auch experimentelle Arbeiten im naturwissenschaftlichen Bereich, Freiarbeit, Referate, mündliche, gegebenenfalls auch außerhalb der stundenplanmäßigen Unterrichtszeit terminierte Prüfungen oder andere Präsentationen.

Der Klassenlehrer sorgt, unterstützt von der Klassenkonferenz, für eine Koordinierung dieser Leistungsfeststellungen der einzelnen Fachlehrer.

In der Realschule bleibt die für die Fächer Natur und Technik sowie Mensch und Umwelt nach Absatz 2 Satz 2 Halbsatz 2 vorgesehene Mindestzahl von Klassenarbeiten erhalten.

In den Werkrealschulen und Hauptschulen, Realschulen und Gymnasien gelten die Sätze 1 bis 3 entsprechend mit der Maßgabe, dass die vom Fachlehrer den Schülern der Klasse aufgegebenen gleichwertigen Leistungen die Zahl der vorgeschriebenen Klassenarbeiten unberührt lässt; abweichend hiervon kann in der Klasse 8 der Werkrealschulen und Hauptschulen im Wahlpflichtfach eine der vorgeschriebenen Klassenarbeiten durch eine gleichwertige Feststellung von Leistungen ersetzt werden. Unbeschadet der Entscheidung des Fachlehrers nach Satz 1 ist jeder Schüler in den Realschulen in den Klassen 8 und 9, in den Gymnasien der Normalform ab Klasse 7, in den beruflichen Gymnasien, in den Gymnasien der Aufbauform mit Heim ab Klasse 8 pro Schuljahr zu einer solchen Leistung in einem Fach seiner Wahl verpflichtet. In den Werkrealschulen und Hauptschulen werden den Schülern aufgegeben

1. in den Klassen 5 bis 8 insgesamt zwei gleichwertige Leistungen nach Satz 2 in Form von Projektpräsentationen, darunter eine aus dem naturwissenschaftlichen Bereich,

2. in allen Klassen im Fach Mathematik pro Schuljahr eine gleichwertige Leistung nach Satz 2 in Form eines erweiterten Kompetenznachweises und

3. in den Klassen 8 oder 9 im Fach Deutsch eine gleichwertige Leistung nach Satz 2 in Form eines literarischen Projekts als Facharbeit.

In Klasse 10 der Realschule wird in den Wahlpflichtfächern und im Fächerverbund Naturwissenschaftliches Arbeiten während der stundenplanmäßigen Unterrichtszeit eine Prüfung durchgeführt, die gegenüber den übrigen Leistungen zu einem Drittel gewichtet wird (fachinterne Überprüfung). Besondere Regelungen in Ausbildungs- und Prüfungsordnungen des beruflichen Schulwesens bleiben unberührt.

→ Vergleichsarbeiten

§ 10
Hausaufgaben

(1) Hausaufgaben sind zur Festigung der im Unterricht vermittelten Kenntnisse, zur Übung, Vertiefung und Anwendung der vom Schüler erworbenen Fähigkeiten und Fertigkeiten sowie zur Förderung des selbstständigen und eigenverantwortlichen Arbeitens erforderlich.

(2) Die Hausaufgaben müssen in innerem Zusammenhang mit dem Unterricht stehen und sind so zu stellen, dass sie der Schüler ohne fremde Hilfe in angemessener Zeit erledigen kann.

Hinweis der Redaktion: Das KM hat vorgeschrieben: „Bei der Erteilung von Hausaufgaben berücksichtigen die Schulen die besonderen Bedürfnisse der Schülerinnen und Schüler mit nichtdeutscher Herkunftssprache und zusätzlichem Sprachförderbedarf." → Sprachförderung (Integration), Nr. 3.4

(3) Die näheren Einzelheiten hat die Gesamtlehrerkonferenz mit Zustimmung der Schulkonferenz zu regeln, insbesondere den zeitlichen Umfang sowie die Anfertigung von Hausaufgaben übers Wochenende, über Feiertage und an Tagen mit Nachmittagsunterricht; an Tagen mit verpflichtendem Nachmittagsunterricht darf es in den Klassen 5 bis 10 keine schriftlichen Hausaufgaben von diesem auf den nächsten Tag geben.

→ Schulgesetz § 47 Abs. 5 Nr. 2

(4) Der Klassenlehrer bzw. Tutor hat für eine zeitliche Abstimmung der Hausaufgaben der einzelnen Fachlehrer zu sorgen und auf die Einhaltung der bestehenden Regelungen zu achten.

4. Abschnitt – Sonderbestimmungen

§ 11
Sonderbestimmungen

(1) §§ 8 und 9 finden auf die Grund- und Sonderschulen keine Anwendung.

(2) § 9 findet in den beiden Jahrgangsstufen des Kurssystems der Gymnasien und Kollegs keine Anwendung.

→ Befangenheit; → Behinderungen und Förderbedarf 2.3.2; → Ermessen; → Grundschule (Schulbericht); → Gymnasium (Abitur); → Handy-Nutzung; → Rechtschreibung; → Schulgesetz §§ 47, 56; → Sprachförderung (Integration); → Vergleichsarbeiten; → Verwaltungsrecht; → Zeugnisse

NotenbildungsVO (Arbeitshilfe allgemeine Beurteilung)

Auszug aus der Arbeitshilfe für die allgemeine Beurteilung nach der Verordnung über die Notenbildung; Bekanntmachung des KM vom 7.7.1995 (KuU S. 427/1995); dieser Text ist im Bekanntmachungsverzeichnis des KM enthalten.

B
Ziele der allgemeinen Beurteilung

Die neue allgemeine Beurteilung, die die Schüler der Klassenstufen 3 bis 6 erhalten, bezieht sich in (knapper) verbalisierter Form auf
- die Arbeitshaltung,
- die Selbstständigkeit,
- die Zusammenarbeit in der Klassen- und Schulgemeinschaft.

Merkmale der „Arbeitshaltung" sind insbesondere:
- ❏ Fleiß
- ❏ Sorgfalt
- ❏ Lernbereitschaft
- ❏ Ausdauer
- ❏ Pünktlichkeit
- ❏ Aufmerksamkeit.

Kennzeichen der „Selbstständigkeit" sind unter anderem:
- ❏ Eigeninitiative
- ❏ Verantwortungsbereitschaft
- ❏ Entschlussfreudigkeit
- ❏ Informationen einholen und verarbeiten.

Kriterien für die Bestimmung der „Zusammenarbeit in der Klassen- und Schulgemeinschaft" sind unter anderem:
- ❏ Hilfsbereitschaft
- ❏ Fairness
- ❏ Arbeitsverhalten in der Gruppe
- ❏ soziales Verhalten in der Klassen- und Schulgemeinschaft
- ❏ Übernahme von Aufgaben und Pflichten für die Gemeinschaft
- ❏ Kooperation mit dem Lehrer
- ❏ Bereitschaft zum Gespräch
- ❏ Rücksichtnahme und Toleranz
- ❏ Einhaltung von Absprachen und Regeln
- ❏ partnerschaftlicher Umgang
- ❏ Lösung von Konflikten
- ❏ Kompromissbereitschaft.

C
Praktische Umsetzung

Die allgemeine Beurteilung wird als Teil des Zeugnisses von der Klassenkonferenz unter Vorsitz des Schulleiters beraten und beschlossen. Die Klassenlehrerin/der Klassenlehrer erstellt dazu für jede Schülerin/jeden Schüler einen Entwurf.

Wie ... in der VwV → Aufnahmeverfahren ausgeführt ..., ist der personale Bezug, der die Grundschularbeit weitgehend prägt, in den Klassenstufen 5 und 6 nach Möglichkeit fortzuführen. Der Klassenlehrer beobachtet in Zusammenarbeit mit den in der Klasse unterrichtenden Fachlehrern und dem Schulleiter die Persönlichkeits- und Leistungsentwicklung der Schüler seiner Klasse und stellt, falls dies erforderlich ist, Kontakte mit den Eltern her.

Die Klassenkonferenz soll die sich aus der laufenden Unterrichtsarbeit ergebenden Fragen in regelmäßigen Abständen beraten. In den Klassenstufen 5 und 6 ist pro Schulhalbjahr neben den Zeugnis- und Versetzungskonferenzen wenigstens eine Klassenkonferenz durchzuführen. Hierbei sollten insbesondere erörtert werden:
Arbeitsverhalten und Motivation
  (vgl. „Arbeitshaltung"),
Einübung von Lern- und Arbeitstechniken
  (vgl. „Selbstständigkeit"),
Entwicklung sozialer Aktivitäten
  (vgl. „Zusammenarbeit in der Klassen- und Schulgemeinschaft").

Bei der Vorbereitung der allgemeinen Beurteilung ist hierdurch ein Weg vorgezeichnet, auf dem diese für den einzelnen Schüler vorbereitet werden kann.

Zeugnisnoten und die allgemeine Beurteilung haben sowohl eine pädagogische als auch eine rechtliche Außenwirkung. Die allgemeine Beurteilung soll der Person des Schülers gerecht werden; deshalb sind alle ihn unterrichtenden Lehrer dabei zu beteiligen. Besonders erstrebenswert es, durch die Intensivierung des pädagogischen Dialogs eine erzieherische Gemeinschaft, einen pädagogischen Grundkonsens, zu bilden. Die allgemeine Beurteilung soll im Sinne dieses pädagogischen Austauschs förderlich sein.

Die Aussagen in der allgemeinen Beurteilung müssen sachlich und zutreffend sein. Sie sollten verständlich und informativ, insbesondere für die einzelne Schülerin/den einzelnen Schüler hilfreich und ermutigend sowie im Hinblick auf den anfallenden Arbeitsaufwand für die Lehrer praktikabel sein. Ermahnungen können ausgesprochen werden. Insgesamt ist darauf zu achten, dass die Formulierungen im Hinblick auf die Schülerpersönlichkeit nicht diskriminierend oder diffamierend sind.

In der allgemeinen Beurteilung sollen zu allen drei

Hätten Sie's gewusst?
Tarifbeschäftigte müssen Krankheit und Dienstantritt melden

Lehrkräfte im Arbeitnehmerverhältnis müssen jede Dienstverhinderung unverzüglich melden (auch eine Krankheit in den Schulferien und vor allem auch aus einem Auslandsurlaub heraus), weil sonst ihr Anspruch auf Entgeltfortzahlung gefährdet wird. Außerdem müssen sie die Wiederherstellung ihrer Arbeitsfähigkeit anzeigen.
→ Abwesenheit und Krankmeldung (Lehrkräfte)

| Notenbildungsverordnung (Allgemeine Beurteilung) |

Kategorien Aussagen gemacht werden, die jedoch nicht zu einer allgemeinen Charakterbeschreibung führen dürfen. Die Beurteilung bezieht sich auf den zurückliegenden Unterrichtsabschnitt bzw. das zurückliegende schulische Geschehen. Daher ist die Vergangenheitsform zu wählen. Die Sprache muss verständlich und klar sein. Da sich die Beurteilung auf eine in der Entwicklung befindliche Schülerpersönlichkeit bezieht, darf keine endgültige Festschreibung von Verhaltensweisen, Arbeitshaltungen oder Persönlichkeitsmerkmalen stattfinden. Eine Anlehnung an die bisherige Notenskala ist bei der allgemeinen Beurteilung als eine neue Bewertungsform nicht angemessen.

D
Beispiele für die allgemeine Beurteilung

P. war jederzeit bereit, mit seinen Mitschülern und seinen Lehrern in der Gruppe zusammenzuarbeiten. Er fehlte nie unentschuldigt und erschien in der Regel pünktlich zum Unterricht. Auch bei schwierigen Aufgaben arbeitete er ausdauernd und sorgfältig mit. Dabei zeigte er sich stets verantwortungsbewusst gegenüber Personen und Sachen.

D. arbeitete im Unterricht interessiert mit und konnte ihn oft durch ihr Wissen und ihre Ideen bereichern. Schriftliche Arbeiten führte sie umsichtig und sachgerecht aus.

Sie arbeitete konzentriert und selbstständig. Neue Sachverhalte fasste D. schnell auf und übertrug ihre Kenntnisse auch auf neue Fragestellungen. Vereinbarungen hielt sie zuverlässig ein.

A. beteiligte sich nicht regelmäßig am Unterricht, manchmal wirkte er sehr desinteressiert. Schriftliche Arbeiten erledigte er oft sehr langsam und noch nicht mit der nötigen Sorgfalt. Er arbeitete immer selbstständig und konnte seine Kenntnis auf neue Aufgabenstellungen übertragen. Bei Auseinandersetzungen konnte er seine Meinung und sein Verhalten begründen.

Die Beteiligung am Unterricht von S. war schwankend. Es fiel ihr schwer, sich über einen längeren Zeitraum zu konzentrieren. Schriftliche Arbeiten führte sie meist selbstständig aus. An gemeinsamen Planungen beteiligte S. sich interessiert. Vereinbarungen und Regeln hielt sie zuverlässig ein. Sie brauchte längere Zeit und zusätzliche Hilfestellungen, um sich auf neue Sachverhalte einzustellen.

R. zeigte sich als ein aufgeschlossener und ansprechbarer Schüler, der sich recht gut in die Klassengemeinschaft eingelebt hat und seine schulischen Aufgaben Ernst nimmt. Äußerst rege und unermüdlich beteiligte er sich am unterrichtlichen Geschehen. Seine anfängliche Unruhe und Unsicherheit hat er stark abgebaut, und er ist auch im Umgang mit seinen Klassenkameraden viel sicherer und duldsamer geworden. In seinen schriftlichen Arbeiten bemühte er sich stets um eine ansprechende äußere Form. Die Hausaufgaben erledigte er zuverlässig und sauber. Zum Unterricht erschien er immer pünktlich.

J. verfolgte lebhaft und aufgeweckt das Unterrichtsgeschehen. Sie arbeitete interessiert und aktiv mit. Schriftliche Arbeiten begann sie oft erst nach Ermunterung und erledigte sie sehr langsam, sodass diese in der Schule häufig nicht fertig wurden. J. fand in der Gemeinschaft leicht Anschluss und wirkte häufig ausgleichend.

T. zeigte sich als ein aufgeschlossener Junge, der sich nach anfänglicher Scheu und Zurückhaltung gut in die Klassengemeinschaft eingewöhnt hat. Insbesondere im mündlichen Unterrichtsgeschehen arbeitete T. eifrig mit und zeigte große Ausdauer bei der Lösung von Aufgaben.

C. hat sich in der kurzen Zeit, die er unsere Schule besucht, gut in die neue Klasse eingelebt. Er zeigte insbesondere Kontaktfreude und Hilfsbereitschaft. Im Unterricht arbeitete er bereitwillig und engagiert mit; bei Gruppenarbeiten fiel er durch eigene Ideen und Vorschläge auf. Seine Ausdauer und Anstrengungsbereitschaft hingen vor allem mit seinen besonderen Interessen zusammen.

M. arbeitete sehr selbstständig und brauchte nur selten Hilfe. Ihre Konzentrationsfähigkeit zeigte jedoch erhebliche Schwankungen. Mit den Arbeitsmitteln und ihrem persönlichen Eigentum ging sie ordentlich und pfleglich um. In der Gemeinschaft verhielt sich M. sehr kameradschaftlich.

B. zeigte viel Verständnis für die Belange ihrer Mitschüler und nahm sich oft deren Probleme an. Sie beteiligte sich eifrig und interessiert am Unterricht. Ihre Hausaufgaben führte sie stets besonders gewissenhaft aus.

→ Aufnahmeverordnung; → Grundschule (Schulbericht); → Grundschule (Schulbericht – Hinweise); → Klassenlehrerin; → Notenbildungsverordnung;

1Plus und 5Plus
Zeugnisschreiben leicht gemacht

Im Süddeutschen Pädagogischen Verlag erscheint nicht nur das GEW-Jahrbuch. Mit den Zeugnis- und Notenverwaltungsprogrammen **1Plus** (für die Grundschule) und **5Plus** (für die Klassen 5 bis 11 der weiterführenden Schulen) bieten wir noch zwei weitere, unentbehrliche Hilfen für die Schulen und die einzelnen Lehrkräfte.

Detaillierte Informationen sowie Bestellformulare (auch für unsere anderen Angebote) finden Sie im Online-Shop des Süddeutschen Pädagogischen Verlags: **www.spv-s.de**

Organisationserlass

Eigenständigkeit der Schulen und Unterrichtsorganisation im Schuljahr 2010/11; Verwaltungsvorschrift des KM vom 20. Januar 2010 (KuU S. 125/2010); zuletzt geändert 24.3.2010 (KuU S. 155/2010)

> **Erläuterungen des KM**
> Das KM hat im Infodienst Schulleitung (März 2010 / Nummer 151) Erläuterungen zu dieser Verwaltungsvorschrift gegeben. Sie sind – soweit erforderlich – in den Text des Organisationserlasses eingearbeitet.

1. Allgemeines

Erläuterungen des KM

Aufgabe des Organisationserlasses ist es, die vom Landtag zur Verfügung gestellten Lehrerressourcen nach einheitlichen Kriterien bedarfsgerecht auf die einzelnen Schulen zu verteilen, um damit eine weitgehend vergleichbare Unterrichtsversorgung zu erreichen.

Zentrales inhaltliches Element der ... Verwaltungsvorschrift ist das Gesamtbudget von Lehrerwochenstunden, das die Schule nach eigenen Zielen und Schwerpunkten für den Unterricht einsetzt. Die Schulen erhalten aus der Direktzuweisung und im Bereich der allgemeinbildenden Schulen aus den Pools/Differenzierungskontingenten der Schulaufsichtsbehörden das ihnen insgesamt zur Verfügung stehende Budget. Dieses Budget ist das Ergebnis aus den Vorgaben der vorliegenden Verwaltungsvorschrift und den Abstimmungsgesprächen zwischen Schulaufsicht und Schulleitung. Auf diese Weise können regionale und schulspezifische Besonderheiten angemessen berücksichtigt werden.

... Im Schuljahr 2010/2011 werden die Klassenteiler an Grundschulen auf 28 beziehungsweise 25 sowie an den weiterführenden Schulen wie vorgesehen weiter auf 31 gesenkt und bei der Berechnung der Direktzuweisung zugrunde gelegt. Die hieraus resultierenden zusätzlichen Lehrerressourcen werden über eine erweiterte Direktzuweisung zugewiesen und fließen in das Budget der Schule ein. Der Budgetgedanke bleibt erhalten: Die Schulen setzen das zugewiesene Budget nach eigenen Zielen und Schwerpunktbildungen um und verantworten die so gestaltete Unterrichtsversorgung. Aufgrund der erweiterten Direktzuweisung muss keine Grundschulklasse mit mehr als 28 beziehungsweise 25 und keine Klasse an weiterführenden Schulen mit mehr als 31 Schülerinnen und Schülern gebildet werden.

1.1 Budget der Schulen

Die Stärkung der Eigenständigkeit der Schulen dient der nachhaltigen Qualitätsentwicklung. Dazu wurden die Gestaltungsspielräume der einzelnen Schulen bei der Unterrichtsorganisation erweitert. Wesentlicher Teil dieser erweiterten Gestaltungsspielräume ist in allen Schularten die Zuweisung der Unterrichtsstunden als Budget. Für die allgemeinbildenden Schulen setzt sich dieses Budget zusammen aus der Direktzuweisung an die Schule und den Zuweisungen aus dem Stundenpool/ Differenzierungskontingent der unteren Schulaufsichtsbehörde bzw. der oberen Schulaufsichtsbehörde. Die aufgrund der nachstehenden Faktoren in den einzelnen Schularten ermittelten Lehrerwochenstundenzahlen (rechnerisches Soll) sind Grundlage für die Verteilung der vorhandenen Ressourcen an die Schulen (Stundenbudget). Ziel ist es, eine vergleichbare, bedarfsgerechte Zuweisung der Lehrkräfte auf die Schulen zu gewährleisten.

Innerhalb des der Schule zugewiesenen Stundenbudgets sind die Zahl der Klassen, die Klassenfrequenz sowie gemäß der Stundentafel-Öffnungsverordnung ... die in den Stundentafeln ausgewiesenen Unterrichtsstunden variabel. Soweit das Fach Religionslehre betroffen ist, sind die zuständigen kirchlichen Beauftragten zu beteiligen. Veränderungen der Variablen dürfen keinen Deputatsmehrbedarf auslösen. Die aufgrund der flexiblen Unterrichtsorganisation erwirtschafteten Stunden verbleiben an der Schule und dürfen auch in angemessenem Umfang für Schulentwicklungsprojekte eingesetzt werden. Die hierfür erforderlichen Entscheidungen trifft der Schulleiter; die Gesamtlehrerkonferenz, Schulkonferenz und der Elternbeirat können ihm hierzu unbeschadet des § 41 Abs. 1 SchG allgemeine Empfehlungen abgeben. Diese Stunden sind in den Lehrerstundenplänen nachzuweisen.

→ Stundentafel-Öffnungsverordnung

Die einzelnen Schulleiterinnen und Schulleiter sind für das Budget verantwortlich und tragen Sorge dafür, dass der Erziehungs- und Bildungsauftrag der Schule erfüllt und das Ziel der an der Schule bestehenden Bildungsgänge erreicht wird. Ergänzend wird auf die Konferenzordnungen hingewiesen.

→ Konferenzordnung § 2 Abs.1 Nr.1a; → Stundentafel-Öffnungsverordnung

1.2 Direktzuweisung und Pool der Schulaufsichtsbehörden

Die Direktzuweisung an die Grund-, Haupt- und Realschulen sowie Gymnasien umfasst die zur Erfüllung des Pflichtbereichs der Stundentafel (Pflicht- und Wahlpflichtunterricht) erforderlichen Lehrerwochenstunden und die durch Einzelentscheidungen der obersten Schulaufsichtsbehörde verfügten Lehrerwochenstunden insbesondere für Schulversuche und Ganztagsschulen. Die Direktzuweisung umfasst zusätzlich die von der oberen Schulaufsichtsbehörde verfügten Lehrerwochenstunden für Ganztagsschulen in offener Angebotsform.

Für die Schulen besonderer Art und für die integrierte Orientierungsstufe gilt die Direktzuweisung entsprechend. Von den danach berechneten Lehrerwochenstunden werden über die oberen Schulaufsichtsbehörden bereitgestellt aus dem Bereich

- Grund- und Hauptschulen: die Grundschulstufe und ein Drittel für die Klassenstufen 5-10,
- Realschulen: ein Drittel für die Klassenstufen 5-10,

Bitte zum Verständnis der im „Organisationserlass" getroffenen Regelungen auch den Beitrag
→ Mehrarbeit und Unterrichtsversorgung beachten.

- Gymnasien: ein Drittel für die Klassenstufen 5-10 und die gymnasiale Oberstufe.

Die über die Direktzuweisung hinausgehenden Stunden bilden den Pool der Schulaufsichtsbehörden. Aus diesem Pool weisen die Schulaufsichtsbehörden den Schulen gezielt aufgrund örtlicher schulischer Besonderheiten, für die Lehrerreserve und zur Einrichtung zusätzlicher Unterrichtsangebote Lehrerwochenstunden zu. Die zusätzlichen Unterrichtsangebote sind vor der Schule im Rahmen des zugewiesenen Budgets auszugestalten, wobei „Chor/ Orchester" in der Regel Vorrang vor anderen Angeboten haben. Dafür sind Organisationsformen zu wählen, die einen effizienten Ressourceneinsatz durch Schwerpunktbildung ermöglichen.

1.3 Vorrang des Pflichtunterrichts der Stundentafel

Bei der Planung der Klassenbildung und der Lehraufträge auf der Grundlage der Lehrerzuweisung ist unter Berücksichtigung der Profilbildung vorrangig der Pflichtbereich zu gewährleisten. Dies ist ggf. auch durch klassen- und/oder jahrgangsübergreifenden Unterricht sicherzustellen. Der Pflichtbereich umfasst die Erfüllung des Pflicht- und Wahlpflichtunterrichts der jeweiligen Stundentafel einschließlich der dafür notwendigen Teilungen. Die über den Pflichtbereich hinausgehenden Stunden bilden den Ergänzungsbereich, der nicht dem Stundensoll zugerechnet werden kann.

→ Stundentafeln (bei den einzelnen Schularten); → Stundentafel-Öffnungsverordnung

Hinweis der Redaktion:
1. Grundsätzlich sollen an Schulen mit Schülerinnen und Schülern mit nichtdeutscher Herkunftssprache bzw. Förderbedarf in Deutsch gemischte Klassen gebildet werden. Werden auf der jeweiligen Klassenstufe Parallelklassen eingerichtet, so ist anzustreben, dass die Gruppe Schülerinnen und Schüler mit ausreichenden deutschen Sprachkenntnissen in den Klassen ausgewogen vertreten ist.

→ Sprachförderung (Integration) Nr. 3.2

2. Die Bildung von Konfessionsklassen (also von Klassen mit Schüler/innen nur einer Religionszugehörigkeit, z.B. zur Erleichterung der Stundenplangestaltung beim Religionsunterricht) ist unzulässig.

1.4 Klassenausgleich (vgl. § 76 Abs. 2 und § 88 Abs. 4 SchG)

Eingangsklassen dürfen nur im Rahmen der auf Dauer verfügbaren Aufnahmekapazität an der Schule gebildet werden. Vor der Bildung von Parallelklassen ist zu prüfen, ob an benachbarten Schulen in zumutbarer Entfernung die entsprechenden Schülerplätze zur Verfügung stehen. Ausnahmen hiervon kann die Schulaufsichtsbehörde zulassen. Auf die zusätzlichen Regelungen für die beruflichen Schulen (Nr. 6.2.3.) wird verwiesen.

→ Schulgesetz § 76 Abs. 2 und § 88 Abs. 4

1.5 Vertretungsregelungen, Lehrerreserve
Erläuterungen des KM

Die fest installierte Lehrerreserve muss für den Vertretungsunterricht einsetzbar sein und nachgewiesen werden. Deshalb erfolgt hierfür eine gesonderte Zuweisung durch die zuständige Schulaufsichtsbehörde. Die Schulleitungen sind gehalten, den Einsatz der Lehrerwochenstunden für die Vertretungsreserve gesondert aus- und nachzuweisen. Die Auswahl und der Einsatz der Vertretungskräfte wird in Abstimmung mit der Schulverwaltung aufgrund des tatsächlichen Vertretungsbedarfs getroffen.

... Die Schulleitungen haben alle nötigen Maßnahmen zu treffen, damit der beeinflussbare Vertretungsbedarf reduziert wird und vorhersehbare Ausfälle wie etwa Mutterschutz- beziehungsweise Elternzeitfälle rechtzeitig für alle Beteiligten (insbesondere Eltern) geregelt sowie für unvorhersehbare Fälle schul- beziehungsweise schulübergreifende Vertretungskonzepte (Vertretungsplan, Unterrichtsmaterialien und so weiter) vorhanden sind.

Selbstverständlich gilt für alle Fälle, dass die Schulen zunächst alle schulorganisatorischen Vertretungsmöglichkeiten ausschöpfen. Zusätzlich steht die fest installierte Lehrerreserve zur Verfügung. Erst wenn diese Maßnahmen ausgeschöpft sind, können Verträge für Vertretungslehrkräfte im Rahmen der verfügbaren Mittel abgeschlossen werden.

Bei Ausfällen von Lehrkräften während des Schuljahres muss vorrangig der Pflichtunterricht erfüllt werden. Erforderlichenfalls sind dazu die über den Pflichtbereich hinausgehenden Unterrichtsangebote zu kürzen.

Besondere Verantwortung tragen die Schulen für Maßnahmen bei kurzfristigen Ausfällen. Dabei ist vor allem die Einhaltung der Unterrichtszeiten im Rahmen der Verlässlichen Grundschule und in der Grundschulstufe der Sonderschulen zu berücksichtigen.

Zur Gewinnung von Vertretungsstunden bei Lehrerausfällen, insbesondere im kurzfristigen Bereich, wird auf die Möglichkeit des Deputatsausgleichs nach Abschnitt A Nr. IV der Verwaltungsvorschrift „Arbeitszeit der Lehrer ..." hingewiesen. Für kurzfristige Vertretungen in der Grundschule bzw. der Grundschulstufe der Sonderschulen können Schulleitungen im Rahmen des „70-Stunden-Budgets" direkt Verträge abschließen.

→ Arbeitszeit (Lehrkräfte) A IV; → Einstellungserlass Nr. 15; → Grundschule (Verlässliche)

Mit der Lehrerzuweisung erhalten die oberen Schulaufsichtsbehörden bzw. die unteren Schulaufsichtsbehörden Lehrerdeputate für Vertretungsfälle (Lehrerreserve), die gezielt bei längerfristigen Abwesenheitszeiten wegen Krankheit (d.h. Dauer von mehr als zwei Wochen) u.ä. ggf. auch zur Vermeidung kurzfristiger Ausfälle in der Verlässlichen Grundschule einzusetzen sind. An den einzelnen Schularten sind mindestens in folgendem Umfang Deputate für die Lehrerreserve einzusetzen:

- Grund-, Werkreal- und
  Hauptschulen   500 Deputate
- Realschulen   186 Deputate
- Sonderschulen   100 Deputate
- Gymnasien   250 Deputate
- Berufliche Schulen   230 Deputate

Darüber hinaus können die oberen Schulaufsichtsbehörden bzw. die unteren Schulaufsichtsbehörden, unter Berücksichtigung der gesamten Unterrichtssituation, weitere Deputate aus der Gesamtzuweisung der Lehrerreserve zuordnen.

Die Lehrerreserve wird zum Beginn des Schuljahres „Stammschulen" zugewiesen. Die Stammschule hat diese Lehrerwochenstunden im Unterricht so einzuplanen, dass jederzeit in entsprechendem Umfang geeignete Vertretungslehrkräfte zur Verfügung gestellt werden können, die ggf. an andere Schulen abgeordnet werden. Die Abordnungen sollen nicht unter drei Wochen liegen.

Hinweis der Redaktion: Beim überwiegenden Einsatz an einer anderen Schulart gilt das dortige Deputat (➜ Arbeitszeit – Mischdeputat). GHS-Lehrkräfte, die als „Vertretungslehrer/innen mit wechselndem Einsatz" tätig sind, gelten als „Hauptschullehrer" (➜ Arbeitszeit – Lehrkräfte A.I.1., Fn. 1)
➜ Versetzungen und Abordnungen

Weiterhin können nach Maßgabe der vorhandenen Mittel Verträge für Vertretungslehrkräfte durch die oberen Schulaufsichtsbehörden abgeschlossen werden. Im Rahmen der verfügbaren Mittel können auch MAU-Stunden vereinbart werden.

➜ Ein-Euro-Jobs; ➜ Lehrbeauftragte; ➜ Mehrarbeit; ➜ Nebenamtlicher/nebenberuflicher Unterricht

Außerdem können zur Gewinnung von längerfristig unabdingbar erforderlichen Vertretungsstunden auf Antrag im Rahmen freier Stellen Teilzeitbeschäftigungen erhöht und Beurlaubungen unterbrochen oder vorzeitig aufgehoben werden (vgl. §§ 153 ff. Landesbeamtengesetz).

➜ (jetzt:) Beamtengesetz § 69 f ; ➜ Teilzeit / Urlaub

Die Organisation der Lehrerreserve obliegt der oberen Schulaufsichtsbehörde bzw. der unteren Schulaufsichtsbehörde; d.h. Anforderungen für längerfristige Ausfälle sind von der vom Ausfall betroffenen Schule dorthin zu richten.

1.6 Lehrereinsatz

Lehrkräfte mit Ausbildung in Engpassfächern oder mit Stufenschwerpunkt Hauptschule sind überwiegend in diesen Fächern bzw. in der Hauptschule einzusetzen. Auf die besondere Bedeutung des Faches Religionslehre wird hingewiesen.

1.7 Unterrichtsbeginn

Die Schulleiterin bzw. der Schulleiter trägt die Verantwortung für den Unterrichtsbeginn zum 1. Schultag des neuen Schuljahres nach Stundenplan. ➜ Stundenplan und Unterrichtsbeginn

Erläuterungen des KM
Erläuterung des Begriffs „Mindestschülerzahl"
Die Mindestschülerzahl gibt vor, wie viele Schülerinnen und Schüler auf einer Klassenstufe eines Bildungsgangs grundsätzlich zur Einrichtung einer Klasse vorhanden sein müssen. Die Mindestschülerzahl bezieht sich nicht auf die Teilung von Klassen.

2.
Grundschulen,
Werkrealschulen und Hauptschulen

Erläuterungen des KM
Erhalt der Grundschulklassen beim Übergang von Klassenstufe 1 nach 2 und Klassenstufe 3 nach 4
Beim Übergang von Klassenstufe 1 nach 2 und Klassenstufe 3 nach 4 sollen im Sinne einer pädagogischen Kontinuität die Klassengemeinschaften erhalten bleiben – auch dann, wenn die Schülerzahl zurückgeht und dadurch der rechnerische Klassenteiler unterschritten wird. Die für die Fortführung einer solchen zusätzlichen Klasse notwendigen Lehrerwochenstunden werden im Verfahrensteil „Prognose" als Direktzuweisung angefordert.

Daher muss künftig seitens der Schulleitung und seitens der zuständigen Schulverwaltung bei der Bildung von Grundschulklassen darauf geachtet werden, dass hinreichend stabile Schülerzahlen für die Klassenbildung über einen Zeitraum von zwei Jahren zugrunde gelegt werden. Beabsichtigt die Schulleitung über die Vorgaben des Organisationserlasses hinaus zusätzliche Klassen zu bilden, so ist gemeinsam mit dem zuständigen Schulamt darauf Sorge zu tragen, dass auch über zwei Jahre hinweg ein ausreichendes Budget vorhanden sein wird. Andernfalls ist die Einrichtung zusätzlicher Klassen zu untersagen.

Jahrgangsübergreifende Klassen in der Grundschule

Im Bildungsplan der Grundschulen sind die pädagogischen und didaktisch-methodischen Grundgedanken und Zielsetzungen der jahrgangsübergreifenden Eingangsstufe verankert. Diese Organisationsform hilft besonders, die individuellen Lernvoraussetzungen von Kindern zu berücksichtigen und eine frühe Einschulung zu unterstützen. Auch für Grundschulen, die bereits erfolgreich jahrgangsübergreifende Klassen führen und diese in den Klassenstufen 3/4 fortführen wollen, wurden eindeutige Regelungen geschaffen. Daher sieht der Organisationserlass gesonderte Regelungen für diese Organisationsform als freiwilliges Angebot vor:

– Klassenteiler 25 für jahrgangsübergreifende Klassen (Klassenteiler 25 wird angesetzt auf die Zahl der Schüler in Jahrgangsstufe 1 und Jahrgangsstufe 2 beziehungsweise Jahrgangsstufe 3 und Jahrgangsstufe 4)
Beispiel: Jahrgangsstufe 1: 36 Schüler + Jahrgangsstufe 2: 31 Schüler sind 67 Schüler, geteilt durch 25 ergibt 2,7. Der Schule werden die Lehrerwochenstunden für 3 Klassen berechnet.

– jahrgangsübergreifende Klassen erhalten eine zusätzliche Stundenzuweisung in Abhängigkeit von der Klassengröße:
bis 20 Schüler zwei Stunden,
von 21 bis 24 Schülern drei Stunden,
ab 25 Schüler vier Stunden.

Jahrgangsübergreifende Klassen wegen zu geringer Schülerzahl erhalten dieselbe Stundenzuweisung wie freiwillig gebildete jahrgangsübergreifende Klassen. Diese Klassen sind dann zu bilden, wenn die Mindestschülerzahl 16 für die Klassenbildung in zwei aufeinander folgenden Klassenstufen unter Berücksichtigung des Klassenteilers 25 unterschritten wird.

Vorbereitungsklassen

… Schülerinnen und Schüler, bei denen anhand von altersstufengemäßen Sprachstanderhebungsverfahren ein Sprachförderbedarf festgestellt wurde, können an Grund-, Werkreal- und Hauptschulen unter anderem in einer „Vorbereitungsklasse" entsprechend gefördert werden. Voraussetzung für die Einrichtung einer Vorbereitungsklasse ist der festgestellte Sprachförderbedarf und das Vorhandensein eines Sprachförderkonzepts.

➜ Sprachförderung (Integration)

Kombinationsklassen an Werkrealschulen und Hauptschulen

Kombinationsklassen an Werkrealschulen und Hauptschulen sind dann einzurichten, wenn die Mindestschülerzahl 16 für die Klassenbildung in zwei aufeinander folgenden Klassenstufen unter Berücksichtigung des Klassenteilers 28 unterschritten wird. Bei begründetem Bedarf werden für diese Klassen in Abstimmung mit der zuständigen Schulaufsichtsbehörde aufgrund der „Vor-Ort-Bedingungen" (beispielsweise Klassengröße) über den Anteil an der Kontingentstundentafel, dem Anteil am globalen Teilungsstundenpool sowie dem Anteil am Differenzierungs- und Förderpool zusätzliche Lehrerwochenstunden zur Erfüllung des Pflichtunterrichts als Direktzuweisung ausgebracht.

Direktzuweisung für die Grund-, Werkreal-, Haupt- und Realschulen (Verteilungswert)

Die Direktzuweisung orientiert sich weiterhin an den vergleichbaren Kriterien „Klassenbildung nach Organisationserlass", „Zügigkeit" und „Kontingentstundentafel". Der Verteilungswert für die Direktzuweisung wird auf der Basis der Stunden der Kontingentstundentafel und der teilnehmerbezogenen Teilungen (beispielsweise. evangelischer Religionsunterricht, römisch-katholischer Religionsunterricht, Ethik, Sport ab Klassenstufe 5) berechnet. Die Werkreal-, Haupt- und Realschulen erhalten zusätzlich einen globalen Teilungsstundenpool je Zug im bisherigen Umfang. Darüber hinaus wird den Werkreal- und den Hauptschulen ein Differenzierungs- und Förderpool je Zug zugewiesen. Außerdem werden zur Fortführung der Förderung im Praxiszug beziehungsweise des Zusatzunterrichts im Werkrealschulzug in Klassenstufe 9 für dieses Übergangsjahr Teilungsstunden ausgebracht. Die Klassenstufe 10 an Werkreal- und Hauptschulen, die „anderen Klassen" und Besonderheiten aufgrund von Erlassen, jahrgangsübergreifendem Unterricht und so weiter. werden separat betrachtet.

Für die einzelnen Schularten kommen folgende Parameter zur Anwendung:

Grundschulen:
- Stunden der Kontingentstundentafel je Zug
- + teilnehmerbezogene Teilungen für Religionslehre
- + ggf. Differenzierungsstunden für jahrgangsübergreifenden Unterricht
- + ggf. Stunden aufgrund von Erlassen (Schulversuche, Ganztagsbetrieb)
- + ggf. Stunden für die Fortführung der Klassen von 1 nach 2 und 3 nach 4

Werkrealschulen und Hauptschulen (Klassenstufe 5 bis 9):
- Stunden der Kontingentstundentafel je Zug
- + teilnehmerbezogene Teilungen für Religionslehre/Ethik, Sport
- + ggf. teilnehmerbezogene Teilungen für Wahlpflichtunterricht
- + teilnehmerbezogene Teilungen für Förderunterricht und Zusatzunterricht in der Klassenstufe 9 (Übergangsregelung)
- + globaler Teilungsstundenpool: 18 Stunden/Zug
- + Differenzierungs- und Förderpool: 10 Stunden/Zug
- + ggf. zusätzliche Stunden für kombinierte Klassen
- + ggf. Stunden aufgrund von Erlassen (Schulversuche, Ganztagsbetrieb)

Werkrealschulen und Hauptschulen (Klassenstufe 10):
- Stunden der Kontingentstundentafel je Klasse nach Organisationserlass
- + globaler Teilungsstundenpool in Abhängigkeit der Klassengröße (bis 16 Schüler 4 Stunden, 16 bis 25 Schüler 8 Stunden, über 26 Schüler 10 Stunden)

2.1 Direktzuweisung

Die Schulen erhalten die Direktzuweisung nach Nr. 1.2 für die errechneten Klassen und Gruppen. Für die Vorbereitungsklassen erhalten Grundschulen bis zu 18 und Hauptschulen bis zu 25 Lehrerwochenstunden. Muttersprachliche Klassen erhalten die von deutschen Lehrkräften erteilten Lehrerwochenstunden. Für örtlich getrennte Außenstellen von Schulen sind die Lehrerwochenstunden wie für selbstständige Schulen zu berechnen.

→ Sprachförderung (Integration)

Berechnungsgrundlage sind die folgenden Parameter zur Klassen- und Gruppenbildung :

(Tabellen siehe rechte Spalte)

Neben der Zuweisung auf der Grundlage der Kontingentstundentafel und der oben aufgeführten Parameter erhalten die Werkrealschulen und die Hauptschulen – jeweils Klassenstufen 5 bis 9 – für die unter Berücksichtigung ihrer pädagogischen Schwerpunkte und der örtlichen Gegebenheiten gebildeten Gruppen in den Fächerverbünden, im Wahlpflichtbereich sowie im Anwendungsbereich informationstechnische Grundbildung einen Teilungsstundenpool von 18 Lehrerwochenstunden je Zug und einen Pool von 10 Lehrerwochenstunden für Maßnahmen zur Differenzierung und Förderung je Zug. In diesem Pool ist der im Schuljahr 2010/11 in Klassenstufe 9 auslaufende Praxiszug bzw. der auslaufende Werkrealschulzug berücksichtigt.

Die Schulaufsichtsbehörden können unter Berücksichtigung der örtlichen Bedingungen (z.B. Klassengrößen) von den errechneten Werten für die Direktzuweisung abweichen.

2.2 Pool der unteren Schulaufsichtsbehörden

Den unteren Schulaufsichtsbehörden werden jeweils für 23 Schüler im Schulaufsichtsbezirk bis zu zwei Lehrerwochenstunden für den Pool zur Verwendung gemäß Nr. 1.2 zugewiesen (z.B. für große Klassen, Vorbereitungskurse Sprachförderung).

—— zu Ziff. 2.1 ——

Grundschulen:

Klassenart	Mindestschülerzahl	Klassen-/Gruppenteiler
Jahrgangsübergreifende Klassen (jahrgangsübergreifende Klassenstufen zusammen)[1]	16	25
Jahrgangsbezogene Klassen	16	28
Vorbereitungsklassen (Sprachförderung)	10	24
Muttersprachliche Klassen	12	25
Religionslehre, Ethik, Sport	8	25 bzw. 28

1) Jahrgangsübergreifende Klassen erhalten je nach Klassengröße zusätzlich 2 bis 4 Lehrerwochenstunden für Differenzierungsmaßnahmen (bis 20 Schüler 2 Stunden, 21 bis 24 Schüler 3 Stunden, ab 25 Schüler 4 Stunden).

Werkrealschulen und Hauptschulen:

Klassenart	Mindestschülerzahl	Klassen-/Gruppenteiler
Regelklasse	16	31[1]
Vorbereitungsklassen (Sprachförderung)	10	24
Muttersprachliche Klassen	12	25
Kooperationsklassen WRS und HS-BS	10	16
Religionslehre, Ethik, Sport	8	31[1]
Wahlpflichtbereich Natur und Technik, Wirtschaft und Informationstechnik, Gesundheit und Soziales[2]	12	31

1) Bei kombinierten Klassen 28
2) nur Klassenstufe 8: Zwei- und mehrzügigen Schulen werden mindestens sechs Lehrerwochenstunden zugewiesen, sofern für alle drei Wahlpflichtangebote Teilnehmer gemeldet sind.

3. Realschulen

3.1 Direktzuweisung

Die Schulen erhalten die Direktzuweisung nach Nr. 1.2 für die errechneten Klassen und Gruppen. Für örtlich getrennte Außenstellen von Schulen sind die Lehrerwochenstunden wie für selbstständige Schulen zu berechnen.

Berechnungsgrundlage sind dabei die folgenden Parameter zur Klassen- und Gruppenbildung:

Klassenart	Mindestschülerzahl	Klassen-/Gruppenteiler
Regelklasse	16	31
Religionslehre, Ethik, Sport	8	31

Neben der Zuweisung auf der Grundlage der Kontingentstundentafel und der oben aufgeführten Parameter erhalten die Realschulen für die unter Berücksichtigung ihrer pädagogischen Schwerpunkte und der örtlichen Gegebenheiten gebildeten Gruppen im Wahlpflichtbereich, im Fächerverbund Naturwissenschaftliches Arbeiten und für die informationstechnische Grundbildung einen Teilungsstundenpool von 22 Lehrerwochenstunden je Zug.

Erläuterungen des KM
- Stunden der Kontingentstundentafel je Zug
- + teilnehmerbezogene Teilungen für Religionslehre/Ethik, Sport
- + globaler Teilungsstundenpool: 22 Stunden/je Zug
- + ggf. Stunden aufgrund von Erlassen (beispielsweise Schulversuche, Ganztagsbetrieb)

Zur Erstellung der Lehrerberichte (Prognose) müssen lediglich die für das kommende Schuljahr prognostizierten Klassen sowie Schülerzahlen samt ihren zugehörigen Merkmalen gemeldet werden. Diese Grundinformationen und eventuelle Anforderungen von sogenannten Erlassstunden oder zusätzlichen Stunden für Kombinationsklassen müssen von der zuständigen Schulaufsichtsbehörde geprüft werden. .... Die Zuweisung der Lehrkräfte sollte auch weiterhin mit Augenmaß erfolgen.

Unter „Zug" wird der vollständige Bildungsgang in aufeinander folgenden Jahrgangsklassen verstanden. Beispiel:

Wenn an einer Schule aufgrund der Schülerzahlen auf jeder Klassenstufe zwei Klassen nach Organisationserlass ermittelt werden, so ist dies eine „zweizügige" Schule. Bei der Berechnung der Direktzuweisung wird in diesem Fall mit dem Faktor 2 gerechnet. Sofern eine Schule keine ganzzahligen „Züge" hat, wird mit „Komma-Zügen" gerechnet (z.B. 2,5 Züge oder 3,2 Züge). Auf diese Weise wird weitestgehend die konkrete Schulsituation berücksichtigt.

3.2 Pool der unteren Schulaufsichtsbehörden

Den unteren Schulaufsichtsbehörden werden jeweils für 28 Schüler im Schulaufsichtsbezirk bis zu zwei Lehrerwochenstunden für den Pool zur Verwendung gemäß Nr. 1.2 zugewiesen.

4. Gymnasien

4.1 Direktzuweisung

Die Gymnasien erhalten für die Klassenstufen 5-10 die Direktzuweisung nach Nr. 1.2 für die errechneten Klassen und Gruppen und für die Jahrgangsstufen die Lehrerwochenstunden gemäß der nachstehenden Tabelle für die Berechnung der Höchstwerte.

Berechnungsgrundlage sind dabei die folgenden Parameter zur Klassen- und Gruppenbildung:

Klassenart	Mindestschülerzahl	Klassen-/Gruppenteiler
Regelklassen (5-11)	16	31
Religionslehre, Ethik, Sport	8	31
1. und 2. Fremdsprache	16	31
Profilfächer		
– 3. Fremdsprache:		
– Latein, Russisch, Griechisch	8	31
– andere Sprachen	12	31
– NWT[1]	12	31
Naturphänomene in Klasse 5 und 6[1], ITG[1]		

[1] Der Teilungsstundenpool der Schule errechnet sich aus der Zahl der Gruppen bei Teiler 20, die über die Klassenzahl hinausgeht × 1 Lehrerwochenstunde. Für ITG ist die Klassenstufe 8 zugrunde zu legen.

Zu Nr. 4.1 und 6.1 *Höchstwerte für Lehrerwochenstunden in den Jahrgangsstufen 12 und 13 der Gymnasien getrennt nach G8- und G9-Schülern*

Zahl der Schüler je Jahrgangsstufe	Höchstwerte für die Zahl an Lehrerwochenstunden je Jahrgangsstufe[1] getrennt nach G8- und G9-Schülern		
bis 20	62 Lehrerwochenstunden		
21 - 75	für die ersten 20 Schüler	62	Lehrerwochenstunden
	und für jeden weiteren Schüler	1,3	Lehrerwochenstunden
	Formel[2]: $L = 62 + (S - 20) \times 1{,}3$		
76-110	für die ersten 75 Schüler	133	Lehrerwochenstunden
	und für jeden weiteren Schüler	1,2	Lehrerwochenstunden
	Formel[2]: $L = 133 + (S - 75) \times 1{,}2$		
ab 111	für jeden Schüler	1,6	Lehrerwochenstunden
	Formel[2]: $L = S \times 1{,}6$		

1) Dezimalen können aufgerundet werden / 2) L = Lehrerwochenstunden / S = Gesamtschülerzahl in der Jahrgangsstufe

Organisationserlass

In den Jahrgangsstufen kann im Rahmen des Budgets bei der Bildung von Kursen von der Höchstschülerzahl 23 ausgegangen werden.

4.2 Pool der oberen Schulaufsichtsbehörden

Den oberen Schulaufsichtsbehörden werden jeweils für 28 Schüler im Schulaufsichtsbezirk bis zu einer Lehrerwochenstunde für den Pool zur Verwendung gemäß Nr. 1.2 zugewiesen

4.3 Aufbaugymnasien mit Heim

Die bisherigen Regelungen für die Gymnasien in Aufbauform mit Heim bleiben erhalten.

5. Sonderschulen

Erläuterungen des KM
Förderschulen

Die Lehrerzuweisung an die Förderschulen orientiert sich an einer Bevölkerungskomponente. Ausgangspunkt ist dabei der im Gutachten des Deutschen Bildungsrats genannte durchschnittliche Anteil von 4,2 Prozent der mit Schwerpunkt Lernen förderbedürftigen vollzeitschulpflichtigen Kinder. Hilfsweise wird hierzu auf die Grundschüler im Schulbezirk der Förderschule zurückgegriffen. Auf der Grundlage dieser Bezugsgröße erfolgt die Lehrerzuweisung bis auf die Ebene der Schulaufsichtsbehörden. Da auf der Ebene der Kreise nicht immer (der) Schulbezirk von Grundschule und Förderschule identisch ist, hat die untere Schulaufsichtsbehörde einen Ausgleich herbeizuführen. Die unteren Schulaufsichtsbehörden sind gehalten, unter Berücksichtigung der besonderen Situation der einzelnen Förderschule das jeweilige Stundenbudget zu bestimmen. Grundlage für die Berechnungen sind die Schülerzahl der amtlichen Schulstatistik vom Vorjahr beziehungsweise die letzte veröffentlichte Ist-Zahl der amtlichen Bevölkerungsstatistik nach Altersjahrgängen und Kreisen (Internet: www.statistik-bw.de). Dadurch wird die Zuweisung für Planungen und Projekte verlässlicher.

Gruppenbildung für Religionslehre, Ethik und Sport

Mit dem Organisationserlass zum Schuljahr 2003/2004 wurden die Fächer Religionslehre, Ethik und Sport hinsichtlich der Gruppenbildung den anderen Fächern gleichgestellt. Deshalb enthält auch der Organisationserlass zum Schuljahr 2010/2011 für Religionslehre, Ethik und Sport keine besonderen Teiler und keine besonderen Gruppengrößen. Auf die Beachtung der Mindestschülerzahl für den Religionsunterricht von acht Schülern je Schule (§ 96 Abs. 3 SchG) wird hingewiesen.

Jahrgangsübergreifende Gruppen sind in diesem Bereich über drei Jahrgänge hinweg nur zu bilden, wenn weniger als 16 Schülerinnen und Schüler in den ersten beiden Jahrgängen gegeben sind. In den Anforderungen für die Direktzuweisung wird dies über die entsprechende Klassenstundentafel berücksichtigt. Bei jahrgangsübergreifenden Gruppen gilt die Gruppengröße 25 an Grundschulen und 28 an weiterführenden Schulen (auch bei Realschulen und Gymnasien).

Zu Nr. 5.1 Sonderschultyp	für bis zu ... Schüler	Lehrerwochenstunden	
		Direktzuweisung	Differenzierungskontingente
Förderschule[1)]		8% der Grundschüler x 1,4 LWS	4,2% Bev. (6 – unter 15 J.) x 1,55 LWS – Direktzuweisung
Erziehungshilfe	12	46 LWS (Ganztag) 35 LWS (Halbtag)	5 LWS (Ganztag) 7 LWS (Halbtag)
Blinde[2)]	8	38 LWS	7 LWS
Sehbehinderte[2)]	10	38 LWS	7 LWS
Hörgeschädigte[2)]	10	38 LWS	7 LWS
Sprachbehinderte	12	30 LWS/Gr./Wo. (Halbtag) + 2 LWS/Gr. und Tag (Ganztag)	7 LWS
Geistigbehinderte[3)]		$\dfrac{\text{Anzahl der Schüler}}{6} \times {}^{4)}$ 26 FL-/TL-Std. + 8 SL-Std.	33% FL-Std. (G/K) aus 34 LWS je rechnerische Gruppe
		zusätzlich Schwerstbehindertenzuschlag	Bev. = Bevölkerung nach amtlicher Statistik FL = Fachlehrer/innen G = Geistigbehinderte
Körperbehinderte[2) 3)]		$\dfrac{\text{Anzahl der Schüler im Bildungsgang}}{6} \times {}^{4)}$ 34 SL-Std.	K = Körperbehinderte LWS = Lehrerwochenstunden SL = Sonderschullehrer/-innen
		zusätzlich für Bewegungsförderung: x 19 FL(K)-Std. Anzahl der errechneten Klassen (einschließlich Bildungsgang G)	TL = Technische Lehrerinnen / Technische Lehrer Gr = Gruppe

1) Grundschüler-Ist der Amtlichen Schulstatistik im Schulbezirk der Förderschule und Ist-Zahl der amtlichen Bevölkerungsstatistik
2) Im Bildungsgang „Schule für Geistigbehinderte" gilt die Zuweisung der Schule für Geistigbehinderte zuzüglich Bewegungsförderung der Schule für Körperbehinderte
3) Mittagessen und Freizeitangebot, das an Schulen mit Heim durch Personal des Heimbereichs erbracht werden, sind entsprechend den anderweitig notwendigen Lehrerwochenstunden vom Soll der Schule abzusetzen
4) = Anzahl der rechnerischen Gruppen, ab einschließlich .5 aufrunden

Gewerkschaft Erziehung und Wissenschaft B-W   559   Jahrbuch für Lehrerinnen und Lehrer 2011

Religionsunterricht

Im Religionsunterricht sind die Schülerinnen und Schüler nach Konfessionen getrennt zu unterrichten. Durch den Einsatz staatlicher Lehrkräfte mit kirchlicher Lehrerlaubnis ist auf die entsprechende Versorgung des Faches Religionslehre zu achten. Dieser Einsatz ist rechtzeitig mit den Beauftragten der Kirchen abzustimmen.

Schülerinnen und Schüler, die keiner oder einer anderen Religionsgemeinschaft angehören, aber am Religionsunterricht teilnehmen, werden bei der Teilnehmerzahl für den Religionsunterricht berücksichtigt.

Flexible Unterrichtsprojekte müssen – sofern das Fach Religionslehre betroffen ist – rechtzeitig mit den Beauftragten der Kirchen abgestimmt werden.

Einzelentscheidungen der obersten Schulaufsichtsbehörde (Kultusministerium)

Zu verstehen sind darunter insbesondere genehmigte Schulversuche. Die dafür verfügten Unterrichtsstunden sind Bestandteil der Direktzuweisung (beispielsweise Zuschläge für Ganztagsschulen in gebundener Form), ebenso die von der oberen Schulaufsichtsbehörde (Regierungspräsidium) verfügten Unterrichtsstunden für Ganztagsschulen in offener Form.

Einzelentscheidungen zu Entlastungsstunden (Anrechnungen) beziehungsweise zur Leitungszeit werden in der Lehrkapazität dargestellt.

Pool beziehungsweise das Differenzierungskontingent der Schulverwaltung

Die über die Direktzuweisung hinausgehenden Lehrerwochenstunden bilden den Pool beziehungsweise das Differenzierungskontingent (Sonderschulen) der Schulverwaltung.

Der Pool/das Differenzierungskontingent dient zum Ausgleich von eventuellen Ungleichgewichten bei der Berechnung der Direktzuweisung an einzelnen Schulen, zur Berücksichtigung der Lehrerreserve und der pädagogischen Profile. Mit dem Poolstunden können beispielsweise Schulen mit vergleichsweise großen Klassen, Vorbereitungskurse für Schülerinnen und Schüler mit festgestelltem Sprachförderbedarf u. ä. unterstützt werden. Die Poolstunden können auch im Bereich des Religionsunterrichtes zur Bildung zusätzlicher Religionsgruppen eingesetzt werden. In ihren Zuweisungen aus dem Pool/Differenzierungskontingent kann die jeweilige Schulaufsichtsbehörde Schwerpunkte bilden.

Zur vollständigen Umsetzung der nachfolgenden Regelungen wird den öffentlichen Sonderschulen in Abstimmung mit der zuständigen unteren Schulaufsichtsbehörde eine Übergangszeit bis Beginn des Schuljahres 2012/13 eingeräumt. Bis dahin gelten für die privaten Sonderschulen die Regelungen der Verwaltungsvorschrift „Eigenständigkeit der Schulen und Unterrichtsorganisation im Schuljahr 2003/04" vom 10. Januar 2003 (K.u.U. 2003, S. 5) weiter *(abgedruckt im Jahrbuch 2004)*.

5.1 Berechnungsgrundlage zur Ermittlung des Stundenbudgets

Das rechnerische SOLL ist die Grundlage für die Verteilung der IST-Stunden zwischen den Sonderschultypen. Die Sonderschulen melden die voraussichtlichen Schülerzahlen zur Berechnung der SOLL-Stunden nach den u.g. Parametern sowie die durch Einzelentscheidung der obersten Schulaufsichtsbehörde verfügten Lehrerwochenstunden.

Für die Berechnung des Solls der Schulen für Kranke in längerer Krankenhausbehandlung gilt die Verwaltungsvorschrift über den organisatorischen Aufbau ... .

➜ Sonderschulen (Krankenhausschule)

Für Schwerstbehinderte Schülerinnen und Schüler erhalten Schulen für Geistigbehinderte und entsprechende Abteilungen anderer Sonderschulen einen Zuschlag von je zwei Lehrerwochenstunden Fachlehrerin bzw. Fachlehrer (G oder K) und 0,5 Lehrerwochenstunden Sonderschullehrer.

Die Zahl der Schwerstbehinderten Schülerinnen und Schüler ist im Einzelfall auf Vorschlag der Schule unter Anlegung eines strengen Maßstabes von der unteren Schulaufsichtsbehörde festzustellen.

Die Lehrerwochenstunden für die sonderpädagogische Individualhilfe (Kooperation), für die Frühförderung durch Beratungsstellen an Sonderschulen und für die Mitwirkung in Schulkindergärten werden nach den Nummern 5.4. bis 5.6 ermittelt.

Bitte Tabelle auf der vorherigen Seite beachten

5.2 Direktzuweisung

Die Werte der Direktzuweisung aller Sonderschulen bilden den Ausgangswert für die Verteilung der Ressourcen durch die unteren Schulaufsichtsbehörden. Bei seinen Zuweisungen berücksichtigt die untere Schulaufsichtsbehörde insbesondere auch die Versorgungssituation und die pädagogische Situation der jeweiligen Schule. Zur Sicherstellung einer bedarfsgerechten Unterrichtsversorgung können die unteren Schulaufsichtsbehörden weitere Maßnahmen ergreifen.

Die Direktzuweisung der einzelnen Schule eines Sonderschultyps umfasst die nach vorstehender Tabelle 5.1 errechneten Lehrerwochenstunden und die durch Einzelentscheidung der obersten bzw. oberen Schulaufsichtsbehörde sowie der oberen Schulaufsichtsbehörde gemäß Nr. 1.2 verfügten Lehrerwochenstunden.

Die Direktzuweisung und die Zuweisung aus dem Differenzierungskontingent der unteren Schulaufsichtsbehörde ergeben das Gesamtbudget der Schule. Dieses umfasst die zur Erfüllung des Bildungs- und Erziehungsauftrags der einzelnen Sonderschule erforderlichen Lehrerwochenstunden unter Berücksichtigung des jeweiligen Organisationsrahmens und die durch Einzelentscheidung der obersten Schulaufsichtsbehörde verfügten Lehrerwochenstunden.

Ungleichgewichte in der Direktzuweisung gegenüber den bestehenden Strukturen werden von den unteren Schulaufsichtsbehörden bei Bedarf über die Zuweisungen aus dem Differenzierungskontingent ausgeglichen. Im Einzelfall kann eine geringere Zuweisung als die errechnete Direktzuweisung erfolgen (z.B. bei nicht vollständig ausgebauten Schulen).

5.3 Differenzierungskontingent der unteren Schulaufsichtsbehörden

Aus den über die Direktzuweisung hinausgehenden Stunden bilden die unteren Schulaufsichtsbehörden das Differenzierungskontingent. Daraus weisen sie den Schulen gezielt zum Ausgleich pädagogischer, organisatorischer oder örtlicher schulischer Besonderheiten oder zur Einrichtung zusätzlicher Angebote im sonderpädagogischer Dienst und für die Lehrerreserve Lehrerwochenstunden zu. Für einen effizienten Ressourceneinsatz ist dabei Sorge zu tragen. Die für die einzelnen Sonderschultypen errechneten Stunden des Differenzierungskontingents können bei Bedarf auch an anderen Sonderschultypen eingesetzt werden (mit Ausnahme des Differenzierungskontingents Fachlehrer G/K).

5.4 Sonderpädagogische Individualhilfe (Kooperation)

Die Mindestzahl der Lehrerwochenstunden für die sonderpädagogische Individualhilfe wird vom Kultusministerium für jede obere Schulaufsichtsbehörde festgelegt. Ambulante Sprachheilkurse sind im Rahmen dieses Gesamtkontingents einzurichten, sofern sie nicht über Mittel für Mehrarbeit oder nebenberuflichen Unterricht finanziert werden. Die oberen Schulaufsichtsbehörden weisen die Lehrerwochenstunden für die sonderpädagogische Individualhilfe der jeweiligen unteren Schulaufsichtsbehörde gesondert und zweckgebunden zu. Über die weitere Verteilung auf die Förderschulen, Schulen für Erziehungshilfe und Schulen für Sprachbehinderte entscheidet die untere Schulaufsichtsbehörde im Zusammenwirken mit den entsprechenden Schulen.

Für die Kooperation zwischen allgemeinen Schulen und Sonderschulen sind die über die vorgenannte Mindestzahl hinausgehenden Lehrerwochenstunden in den einzelnen Schularten je nach den örtlichen Verhältnissen bereitzustellen, wobei ein Ausgleich zwischen den beteiligten Schularten anzustreben ist.

Darüber hinaus können die unteren Schulaufsichtsbehörden für die Betreuung blinder, seh-, hör- oder körperbehinderter Schülerinnen und Schüler in allgemeinen Schulen für je vier Fördereinheiten pro Woche vier Lehrerwochenstunden erhalten.

5.5 Frühförderung durch Beratungsstellen an Sonderschulen

Ist einer Sonderschule eine sonderpädagogische Beratungsstelle für die Frühförderung behinderter Kinder angeschlossen, so werden in einer Beratungsstelle für sprachbehinderte Kinder für je fünf Fördereinheiten (Förderung, Beratung und sonstige Aufgaben), in den übrigen Beratungsstellen für je vier Fördereinheiten pro Woche vier Lehrerwochenstunden eingesetzt.

Die Gesamtzahl der Lehrerwochenstunden für die sonderpädagogische Frühförderung wird vom Kultusministerium festgelegt und der jeweiligen unteren Schulaufsichtsbehörde bzw. der jeweiligen Heimsonderschule gesondert zugewiesen. Die untere Schulaufsichtsbehörde legt im Zusammenwirken mit den verschiedenen Beratungsstellen die Zahl der Lehrerwochenstunden für die einzelne Beratungsstelle fest. Für eine getrennte Verwaltung der Ressourcen für die sonderpädagogische Frühförderung ist Sorge zu tragen.

5.6 Mitwirkung in Schulkindergärten

Die Sonderschule der Lehrkräfte, die die notwendigen sonderpädagogischen Maßnahmen in Schulkindergärten durchführen, erhält acht Lehrerwochenstunden je Gruppe in Schulkindergärten für Sprachbehinderte und für Gehörlose bzw. Schwerhörige und sechs Lehrerwochenstunden je Gruppe in den übrigen Schulkindergärten zugewiesen.

Für die Mitwirkung von Fachlehrern-K (Physiotherapeuten) sind in Schulkindergärten für körperbehinderte Kinder 2,12 Lehrerwochenstunden je Kind vorzusehen. Diese Lehrerwochenstunden sind stellenmäßig dem Bereich der Schulkindergärten zuzuordnen.

→ Behinderungen und Förderbedarf

6.
Berufliche Schulen

Allen öffentlichen beruflichen Schulen steht ein Stundenbudget zur Unterrichtsorganisation zur Verfügung. Zur Planung ihrer Unterrichtsorganisation erhalten sie zunächst ein vorläufiges Stundenbudget, das die obere Schulaufsichtsbehörde auf der Grundlage der in der Statistik des Schuljahres 2009/10 ausgewiesenen Ist-Stunden in Absprache mit der Schule spätestens zum 1. Februar 2010 festgelegt hat.

Das endgültige Stundenbudget wird durch die obere Schulaufsichtsbehörde auf der Basis der nachfolgenden Regelungen (siehe Nr. 6.1) ermittelt. Die Berechnungsgrundlagen aller Schulen bilden den Ausgangswert für die Verteilung der vorhandenen Ressourcen durch die oberen Schulaufsichtsbehörden. Den Schulen wird der entsprechende Anteil an den verfügbaren Ressourcen zugewiesen. Dabei berücksichtigt die obere Schulaufsichtsbehörde insbesondere auch die Versorgungssituation der jeweiligen Schule.

Zur Sicherstellung einer bedarfsgerechten Unterrichtsversorgung können die oberen Schulaufsichtsbehörden weitere Maßnahmen (z.B. Zielvereinbarungen mit Schulen) ergreifen.

Erläuterungen des KM

Es wird darauf hingewiesen, dass die Schulleitung die Auswirkungen der durch Flexibilisierungsmaßnahmen erwirtschafteten Stunden auf die Gesamtbelastung der betroffenen Lehrkräfte im Rahmen von § 67 Abs. 1 LPVG mit dem örtlichen Personalrat erörtern soll – sofern das Fach Religionslehre betroffen ist, auch mit den Beauftragten der Kirchen (siehe Schreiben des Kultusministeriums vom 1. März 2005, AZ 22-zu 6740.3/1149).

→ Personalvertretungsgesetz § 67

6.1 Berechnungsgrundlage zur Ermittlung des Stundenbudgets

Die Berechnungsgrundlage umfasst für alle Bildungsgänge die zur Erfüllung des Pflichtbereichs der Stundentafeln (Pflicht- und Wahlpflichtunterricht) erforderlichen Lehrerwochenstunden unter Berücksichtigung der nachstehenden Parameter zur Klassen- und Gruppenbildung sowie für die Jahrgangsstufen der beruflichen Gymnasien die Lehrerwochenstunden gemäß der nachstehenden Tabelle für die Berechnung der Höchstwerte und die durch Einzelentscheidung der obersten Schulaufsichtsbehörde verfügten Lehrerwochenstunden.

Schulart Fächer/Fächergruppen	Mindest- schüler- zahl	Klassen-/ Gruppen- teiler
Sonderberufs- und -berufs- fachschulen	8	16
Kooperationsklassen WRS und HS-BS	10	16
Berufsvorbereitungsjahr, Berufs- einstiegsjahr undBerufsschul- klassen für Teilnehmer an Förderlehrgängen außer- schulischer Maßnahmeträger	11	19
Berufsschulklassen mit Jugend- lichen ohne Ausbildungsvertrag und Berufsschulklassen sowie Berufsfachschulklassen mit überwiegend Ausländern und Aussiedlern	12	24
Alle anderen Schularten	16	31
Praktische Fachkunde, Technologie- praktikum, Laborübungen, fach- praktischer Unterricht, Projekt- kompetenz mit Sozialkompe- tenz, individuelle Förderung	8[3]	[1]
Informatik, Datenverarbeitung, Computertechnik, Textverarbei- tung, soweit der Unterricht in die- sen Fächergruppen den Einsatz von Rechnern erforderlich macht	8	[1]
Wahlpflichtfächer in Vollzeit- klassen	8	31[1]
Fachpraxis im landwirtschaft- lichen Betrieb	–	4,5[2]
Religionslehre, Ethik, Sport	8	32
Zusatzunterricht zum Erwerb der Fachhochschulreife	16	31

[1] Pro Klasse sind maximal zwei Gruppen mit je einer Lehrkraft zulässig; dies gilt auch dann, wenn in einem Fach eine wissenschaftliche Lehrkraft und eine technische Lehrkraft unterrichten.

[2] Durchschnittliche Gruppengröße

[3] Für die Gruppenbildung in den grundsätzlich teilungsfähigen Fächern im BVJ, im BEJ, in der SBS und in der SBFS wird keine Mindestschülerzahl zugrunde gelegt.

Höchstwerte für Lehrerwochenstunden in den Jahrgangsstufen der beruflichen Gymnasien
(Werte identisch mit der entsprechenden Tabelle für die allgemeinbildenden Gymnasien unter Ziff. 4.1)

6.2 Verwendung der Lehrerwochenstunden

6.2.1 Die oberen Schulaufsichtsbehörden sowie die Schulleitungen haben darauf zu achten, dass bei der Verwendung der zur Verfügung stehenden Lehrerwochenstunden die dualen Ausbildungsgänge sowie die das erste Lehrjahr ersetzenden Bildungsgänge vorrangig versorgt werden, im Übrigen für alle Schularten des beruflichen Schulwesens eine angemessene Unterrichtsversorgung gewährleistet wird. An den Berufsschulen sind langfristig 13 Wochenstunden je Klasse (einschließlich Religionslehre und Praktische Fachkunde bzw. Technologiepraktikum) anzustreben unter Ausgleich bei den einzelnen Schultypen und Schulen. Der in den Stundentafeln festgelegte Berufsschulunterricht ist so zu organisieren, dass innerhalb der Gesamtarbeitszeit der Auszubildenden eine möglichst hohe Anwesenheitszeit in der Ausbildungsstätte erreicht wird.

6.2.2 Die Stundentafeln der Vollzeitschulen und ihrer entsprechenden Teilzeitformen sind in angemessenem Umfang variabel (siehe Nr. 1.). Nach Festlegung durch die Schulleitung können in diesem Rahmen Selbstlernsequenzen oder Unterricht ersetzende oder ergänzende betriebliche Praktika angeboten werden. Durch den Unterricht ersetzende oder ergänzende Maßnahmen oder durch Flexibilisierungen der Stundentafel dürfen mögliche Anrechnungen von Schulzeit auf die Ausbildungszeit nicht gefährdet werden.

6.2.3 Bei der Bildung von Eingangsklassen sind die Kooperationsmöglichkeiten, insbesondere an Berufsschulzentren und benachbarten Schulen, auszuschöpfen (siehe Nr.1.2). Jede Erweiterung der Eingangsklassen bedarf der Zustimmung der oberen Schulaufsichtsbehörde. In den Jahrgangsstufen des beruflichen Gymnasiums kann im Rahmen des Budgets bei der Bildung von Kursen von der Höchstschülerzahl 23 ausgegangen werden. Kommt aufgrund zu geringer Schülerzahl keine Klasse bzw. Gruppe zustande, sind die Schülerinnen und Schüler einer benachbarten Schule zuzuweisen.

Erläuterungen des KM

Der Hinweis, dass jede Erweiterung der Eingangsklassenzahl an beruflichen Schulen der Zustimmung der oberen Schulaufsichtsbehörden bedarf (Nr. 6.2.3), bezieht sich nur auf Wahlschulen und nicht auf Klassen von sog. „Pflichtschulen" wie Berufsschule, Berufsvorbereitungsjahr (BVJ) oder Berufseinstiegsjahr (BEJ). Es ist vorgesehen, die Wirksamkeit dieser Maßnahme zu prüfen.

In besonders gelagerten Einzelfällen, insbesondere
- zur Erhaltung des Bildungsangebots, vor allem im ländlichen Raum,
- für sonderpädagogische Maßnahmen in Klassen mit überwiegend lern- und leistungsschwachen Schülerinnen und Schülern oder aus anderen zwingenden pädagogischen Gründen,
- aus zwingenden Gründen der örtlichen Raumsituation,

sind Ausnahmen von den Mindestschülerzahlen möglich. Die Ausnahmen führen jedoch zu keiner Erhöhung des durch die obere Schulaufsichtsbehörde zugewiesenen Budgets. Wurde die Mindestschülerzahl bereits im Schuljahr 2009/2010 unterschritten, ist ein besonders strenger Maßstab anzulegen.

Der Unterricht in abweichend von der Mindestschülerzahl gebildeten Klassen ist so zu organisieren, dass die Schülerinnen und Schüler möglichst in allen Fächern, in denen es nach Stundentafel und Lehrplan vertretbar ist, klassenübergreifend zusammengefasst werden können. Dabei sind auch andere Schulen, insbesondere solche an Berufsschulzentren, einzubeziehen.

Wenn in drei aufeinander folgenden Jahren ein Bildungsgang ruht, entscheidet über die Wiederaufnahme des Unterrichts die obere Schulaufsichtsbehörde. § 1 Abs. 2 der Verordnung des Kultusministeriums über die Zuständigkeit für schulorganisatorische Maßnahmen (K. u. U. 2001 S. 9) gilt entsprechend.

7. Lehrerbericht
8. Ausblick: Personalausgabenbudgetierung
(nicht abgedruckt)

→ Haushalt (Personalausgabenbudgetierung)

→ Arbeitszeit (Lehrkräfte); → Ein-Euro-Jobs; → Ethik; → Haushalt (Personalausgabenbudgetierung); → Mehrarbeit; → Religionsunterricht (Teilnahme); → Schulgesetz §§ 76 und 88; → Sprachförderung (Integration); → Versetzungen und Abordnungen

Ozon (Sportliche Aktivitäten)

Auszug aus den Hinweisen des KM auf sportliche Aktivitäten bei hohen Ozonwerten im nichtamtlichen Teil des Amtsblatts vom 1.10.1993 (K.u.U. S. N 71/1993); geändert lt. KM vom 2.9.1998; AZ: VI/3

2. Ozonbelastung und Schulsport

Bei Ozonwerten bis 180 Mikrogramm/m³ sind im Allgemeinen keine besondere Verhaltensempfehlungen erforderlich.

Bei Ozonwerten über 180 Mikrogramm/m³ wird auf der Grundlage einer entsprechenden EG-Richtlinie (...) folgende Empfehlung gegeben: „Personen, die besonders empfindlich auf Ozon reagieren, wird vorsorglich empfohlen, ungewohnte, körperlich anstrengende Tätigkeiten im Freien zu vermeiden. Von besonderen sportlichen Ausdauerleistungen wird abgeraten."

Werden Ozonwerte von 360 Mikrogramm/m³ überschritten, wird der gesamten Bevölkerung empfohlen, ungewohnte körperliche Anstrengungen im Freien zu vermeiden.

Expositionsstudien haben wiederholt gezeigt, dass große individuelle Unterschiede in der Empfindlichkeit gegenüber Ozon bestehen. Etwa 10 % der Bevölkerung reagieren empfindlich auf Ozon. – Asthmatiker und Herz-Kreislauf-Kranke stellen eine besondere Risikogruppe dar. – Als Symptome können bei erhöhten Ozonbelastungen auftreten: Reizung der oberen Atemwege und der Augen, Schmerzen beim tiefen Einatmen, Hustenreiz, trockener Hals, Mattigkeit, Kopfschmerzen und Schwindelgefühle. Schwerwiegende Gesundheitsbeeinträchtigungen sind bei den hierzulande auftretenden Ozonbelastungen nicht zu erwarten.

Für den Schulsport ergeben sich daraus ... folgende Empfehlungen:

Eine Verhaltensanpassung im Sportunterricht, die der erhöhten Kreislaufbelastung an heißen Tagen Rechnung trägt, ist grundsätzlich auch zur Reduktion der Ozonbelastung angezeigt.

Angemessen ist daher, bei erhöhten Ozonkonzentrationen im Sportunterricht

- auf die Ausübung von Ausdauersportarten wie Langlauf oder Ausdauertraining zu verzichten;
- keine Höchstleistung an solchen Tagen zu erwarten;
- in den Anforderungen an die Schüler Rücksicht auf besonders empfindliche Personen zu nehmen,
- den Unterricht gegebenenfalls in die Sporthalle zu verlegen.

Auszufallen braucht der Sportunterricht bei erhöhten Ozonbelastungen allerdings nicht. Gegen kurzzeitige Anstrengungen, z.B. Weitsprung oder 100 m-Lauf, ist aus gesundheitlicher Sicht nichts einzuwenden, da dadurch die aufgenommene Ozondosis nur geringfügig ansteigt.

Den Lehrkräften gibt der Lehrplan den nötigen Freiraum, durch organisatorische und gestalterische Maßnahmen in der Unterrichtsplanung die Intensität der körperlichen Anstrengung zu steuern.

3. Schulsportfeste und Ausflüge

Im Rahmen von Schulsportfesten ist zudem bei langandauernden körperlichen Belastungen bei hohen Ozonwerten, z.T. mit gewissen Leistungseinbußen zu rechnen. Deswegen muss ein Sportfest trotz erhöhter Ozonkonzentration nicht ausfallen. Bei der Planung sollte jedoch bereits berücksichtigt werden, dass Ausdauerbelastungen möglichst nicht in die Zeit der höchsten Außentemperaturen und Ozonkonzentrationen gelegt werden.

Dem entsprechend können auch Ausflüge an Tagen mit erhöhten Ozonkonzentrationen unternommen werden, sofern damit keine körperlichen Belastungen verbunden sind, die der Ausübung von Ausdauersportarten oder Ausdauertraining entsprechen. Auf temperaturbedingte Kreislaufbelastungen ist Rücksicht zu nehmen.

→ Außerunterrichtliche Veranstaltungen; → Gewaltvorfälle; → Hitzefrei; → Schulbesuchsverordnung (dort Hinweise auf Freistellung vom Sportunterricht); → Unfallversicherung und Unfallverhütung

Nutzen Sie das Schlagwortverzeichnis am Ende des Jahrbuchs.

Pädagogische Assistent/innen

Hinweise der Redaktion

A Einstellung von Pädagogischen Assistentinnen und Assistenten

Verwaltungsvorschrift des Kultusministeriums vom 23. Juni 2010 (KuU S. 161/2010)

1. Zur Unterstützung und Entlastung von Lehrkräften im Unterricht können Pädagogische Assistentinnen und Assistenten *(im Folgenden: PA; Anm.d.Red.)* in den Dienst des Landes eingestellt werden.
PA sind keine eigenverantwortlich im Unterricht tätigen Lehrpersonen.

Einstellungsvoraussetzungen

2. Voraussetzungen für die Einstellung als PA sind:
   - Pädagogische Kompetenz, i.d.R. nachgewiesen durch einen entsprechenden Ausbildungsabschluss
   - Volljährigkeit
   - Bereitschaft zum flexiblen Einsatz an der Schule
   - Kooperationsfähigkeit und Kontaktfähigkeit.

   Die pädagogische Kompetenz erfüllen z.B. Personen mit Lehramtsausbildung, Sozialpädagoginnen und Sozialpädagogen, Erzieherinnen und Erzieher sowie Ausbilderinnen und Ausbilder in Betrieben.

   Hinweise der Redaktion:
   1. In den Handreichungen (Teil B) führt das KM u.a. beispielhaft auf: nicht eingestellte Lehrkräfte, Pensionäre, Lehrkräfte in Elternzeit und Beurlaubungen, Absolvent/innen der Studiengänge Elementarpädagogik oder Pädagogik der Kindheit, Erzieher/innen, Personen ohne abgeschlossene oder anerkannte Lehramtsausbildung, Personen mit Erfahrung als Lehrbeauftragte.
   2. Im Rahmen von „Teach First" werden auch „persönlich und fachlich herausragende Hochschulabsolvent/innen aller Fachrichtungen" (Fellows) vor ihrer beruflichen Tätigkeit für zwei Jahre als PA eingestellt.
   3. Bei Bewerber/innen mit 1. oder 2. Staatsexamen oder vergleichbaren Abschlüssen hält das KM keine Eingangsqualifizierung für notwendig. Den anderen Bewerber/innen wird zu Beginn des Beschäftigungsverhältnisses eine – fakultative – fünftägige Grundqualifizierung an den Staatlichen Seminaren für Didaktik und Lehrerbildung (GHS) angeboten. Ab dem zweiten Einsatzjahr sind drei zusätzliche berufsbegleitende, bedarfsorientierte Tagesveranstaltungen vorgesehen.

Ausschreibung/Auswahlverfahren

Schulen können jederzeit Stellen für PA ausschreiben. Die PA werden in Anlehnung an das Verfahren der schulbezogenen Stellenausschreibung ausgewählt. → Einstellungserlass Ziffer 26.3

3.1 Die zu besetzenden Stellen werden über die Internetseite www.paedagogische-assistenten.de ausgeschrieben. Die Entscheidungen, ob und in welchem Umfang eine Schule eine Stelle ausschreiben darf, treffen die zuständigen Schulaufsichtsbehörden.

3.2 Der Schulleiter bzw. die Schulleiterin informiert vor einer Ausschreibung die zuständige Lehrerkonferenz. Diese berät hierüber und kann ihm/ihr unbeschadet seiner/ihrer Zuständigkeit nach § 41 Abs. 1 Schulgesetz Empfehlungen, z. B. zur Zuordnung zu bestimmten Lehrkräften oder Klassen geben.
→ KonferenzVO § 2 Abs.1 Nr. 9; → SchulG § 41

3.3 Die Stellenausschreibungen werden durch die oberen Schulaufsichtsbehörden für das Internet – www.paedagogische-assistenten.de – freigegeben. Der Ausschreibungszeitraum beträgt mindestens 10 Kalendertage.

3.4 Die vollständigen Bewerbungsunterlagen müssen zum Ende der jeweiligen Bewerbungsfrist direkt bei der Schule vorliegen. Zusätzlich ist die Bewerbung online über die Internetseite www.paedagogische-assistenten.de anzuzeigen.

3.5 Die Schulleitung der ausschreibenden Schule führt mit den Bewerberinnen und Bewerbern ein Bewerbergespräch. Bewerbergespräche werden nur mit Bewerberinnen und Bewerbern geführt, die in ihrer Bewerbung die in der Stellenausschreibung genannten besonderen Anforderungen nachweisen. Dabei kann unter Zugrundelegung des in der Stellenausschreibung enthaltenen Anforderungsprofils und der für eine Tätigkeit als PA förderlichen Qualifikationen eine Vorauswahl von Bewerberinnen und Bewerbern getroffen werden.

3.6 Bei den Gesprächen soll die Schulleitung ein von der Gesamtlehrerkonferenz gewähltes Mitglied hinzuziehen.

3.7 Die Beauftragte für Chancengleichheit[1] kann gemäß § 9 Abs. 3 → Chancengleichheitsgesetz an Bewerbergesprächen in Bereichen geringerer Repräsentanz von Frauen teilnehmen, soweit nicht nur Frauen oder nur Männer die vorgesehenen Voraussetzungen für die Besetzung der Stelle erfüllen. Sofern an der Schule keine Beauftragte für Chancengleichheit, sondern eine Ansprechpartnerin bestellt ist, kann die zuständige Beauftragte für Chancengleichheit diese Aufgabe auf die Ansprechpartnerin der Schule delegieren.

[1] In den oberen Schulaufsichtsbehörden nimmt die fachliche Beraterin für den Bereich Schule in Abstimmung mit der Beauftragten für Chancengleichheit deren Aufgaben und Rechte gemäß § 16 Abs. 4 S. 3 → Chancengleichheitsgesetz wahr.

3.8 An allen Gesprächen, die mit schwerbehinderten bzw. gleichgestellten und nicht schwerbehinderten Bewerberinnen und Bewerbern geführt werden, kann die jeweilige Schwerbehindertenvertretung teilnehmen, wenn unter den Bewerberinnen und Bewerbern Schwerbehinderte sind; es sei denn, die einzelnen schwerbehinderten Bewerberinnen und Bewerber widersprechen ausdrücklich der Teilnahme der Schwerbehindertenvertretung. Die Bewerberinnen und Bewerber sind darauf hinzuweisen.

Die Schwerbehindertenvertretung ist immer dann zu unterrichten, wenn unter den Bewerberinnen und Bewerbern Schwerbehinderte sind; ihr sind auf Wunsch die entscheidungsrelevanten Teile der Bewerbungsunterlagen aller Bewerberinnen und Bewerber zur Einsicht vorzulegen.

3.9 Bewerberinnen und Bewerber, die nicht zu einem Bewerbergespräch eingeladen werden, erhalten baldmöglichst von der Schulleiterin bzw. vom Schulleiter eine Absage und die Bewerbungsunterlagen zurück.

3.10 Die Schulleiterin bzw. der Schulleiter teilt der oberen Schulaufsichtsbehörde nach Abschluss des Auswahlverfahrens die Bewerberinnen und Bewerber mit, die für eine Tätigkeit an dieser Schule in Frage kommen. Kommen mehrere Bewerberinnen oder Bewerber in Frage, ist eine schriftlich begründete Rangfolge zu bilden. Für diese Entscheidungen sind ausschließlich die in der Stellenausschreibung genannten besonderen Anforderungen maßgebend. Die Unterlagen der von der Schulleitung priorisierten Bewerberinnen und Bewerber sind der oberen Schulaufsichtsbehörde zu übersenden. Diese entscheidet abschließend auf der Grundlage der von der Schulleiterin oder vom Schulleiter genannten Rangfolge über die konkrete Besetzung der ausgeschriebenen Stelle und unterbreitet der Bewerberin bzw. dem Bewerber ein Einstellungsangebot. Nimmt die Bewerberin bzw. der Bewerber innerhalb einer angemessenen Frist das Einstellungsangebot nicht an, so ist die obere Schulaufsichtsbehörde nicht mehr an das Angebot gebunden. Erreicht eine Bewerberin bzw. ein Bewerber bei mehreren ausgeschriebenen Stellen den ersten Rangplatz, kann sie oder er im Rahmen einer von der oberen Schulaufsichtsbehörde festgelegten Erklärungsfrist entscheiden, welches Angebot sie oder er annimmt. Mit der Annahme des Einstellungsangebots nimmt die Bewerberin oder der Bewerber am weiteren Verfahren nicht mehr teil. Nach der Entscheidung über die Einstellungsmaßnahme benachrichtigt die obere Schulaufsichtsbehörde die nicht berücksichtigten Bewerberinnen bzw. Bewerber, deren Bewerbungsunterlagen von den Schulleitungen übersandt worden sind. Die Schulleiterin bzw. der Schulleiter benachrichtigt zeitnah die weiteren Bewerberinnen und Bewerber.

Hinweis der Redaktion: Bei der Einstellung bestimmt der Bezirkspersonalrat GWHRS mit.
→ Personalvertretungsgesetz § 75 Abs. 1 Nr. 2

3.11 Für die Bewerbergespräche an den Schulen wird keine Reisekostenvergütung gewährt.

B Handreichung des KM zu den Pädagogischen Assistentinnen und Assistenten

Auszug aus den Handreichungen des KM für öffentliche Schulen zu Pädagogischen Assisten/tinnen (Stand: Juni 2010) – abgedruckt werden nur die Passagen, die nicht auch in der VwV (Teil A) enthalten sind.

I.
Einsatz an der Schule und im Unterricht

Pädagogische Assistentinnen und Assistenten *(im Folgenden: PA; Anm.d.Red.)* werden an Werkreal- und Hauptschulen tätig sowie an Grundschulen mit hohem Migrantenanteil und sozialen Brennpunktschulen. Ihre **Hauptaufgabe ist es, Lehrkräfte im Unterricht zu unterstützen und zu entlasten.** Sie sind keine eigenverantwortlich im Unterricht tätigen Lehrpersonen, sondern arbeiten **im Auftrag** von Schulleitungen und Lehrkräften, denen sie zugeordnet sind. Die zentrale konzeptionelle Planung des Unterrichts sowie die Diagnose des Lern- und Leistungsstands der Schülerinnen und Schüler werden von den Lehrkräften erbracht.

Die PA unterstützen die Lehrkräfte bei ihren Tätigkeiten. Sie setzen z.B. im Unterricht Maßnahmen der Lehrkräfte im Rahmen der inneren und äußeren Differenzierung um. Hier helfen sie Lehrkräften, indem sie Einzelne oder Schülergruppen betreuen und mit ihnen arbeiten. Damit tragen sie dazu bei, den Lernerfolg der Schülerinnen und Schüler zu erhöhen.

Einsatzmöglichkeiten:

Die Assistenz erfolgt insbesondere in den folgenden Bereichen:

- Unterstützung der Lehrkräfte bei der gezielten Förderung von Schülerinnen / Schülern insbesondere in den beiden Kernfächern Deutsch und Mathematik. Beispiele: Betreuung und Beaufsichtigung von Schülerinnen / Schülern bei Gruppenarbeit, Unterstützung und Hilfestellung für Einzelne bei der Bearbeitung von unterrichtlichen Aufgabenstellungen, individuelle Hilfestellung für Schülerinnen und Schüler zur Aufarbeitung von Lernrückständen, Unterstützung von Schülerinnen und Schülern mit Migrationshintergrund
- Unterstützung von Lehrkräften im Unterricht bei Projekten und in Arbeitsgemeinschaften.
- Mithilfe bei der Durchführung von Fördermodulen in Absprache mit Klassenlehrerin / Klassenlehrer oder Fachlehrkraft. Beispiele: Hilfestellung beim Erstellen und Einsatz gezielter Lernmaterialien, Unterstützung von Schülerinnen und Schülern mit besonderen Förderbedürfnissen bei der Umsetzung des von der Lehrkraft erstellten Förderplans und beim Einsatz gezielter Lernmaterialien insbesondere die Begleitung von Maßnahmen für die Lese-Rechtschreib-Förderung und Mathematikförderung, Begleitung von Schülerinnen und Schülern mit Deutsch als Zweitsprache und besonderem Sprachförderbedarf, Unterstützung auch in der Herkunftssprache der Schülerinnen und Schüler (je nach individuellen Voraussetzungen),
- Mitarbeit in kombinierten / jahrgangsübergrei-

fenden Klassen. Beispiele: Unterstützung einzelner Schülerinnen / Schüler, Arbeit mit einzelnen Schülerinnen und Schülern oder Gruppen, Mitarbeit bei offenen Unterrichtsformen (Freiarbeit, Arbeit nach Wochenplan oder Lernstationen), Aufsicht und Präsenz an Lernstationen, Erklärung von Aufgabenstellungen, Kontrolle von Lernergebnissen,

- Unterstützung im Rahmen des gemeinsamen Unterrichts von Kindern mit und ohne Behinderung
- Assistenz der Lehrkraft im Unterricht insbesondere in großen Klassen
- Unterstützung von Lehrkräften bei schwierigen Unterrichtssituationen.
- Hilfestellung bei Verhaltensauffälligkeiten im Unterricht und bei der Lösung von Konflikten, auch in der Zusammenarbeit mit Erziehungsberechtigten und Institutionen,

Hinweis der Redaktion: Päd. Assistenten können von den Schulen auch für eine Hausaufgabenbetreuung eingesetzt werden. (KM, 11.9.2008; AZ: 14-0301.620/1371/3)

Außerunterrichtliche Tätigkeiten:

PA können ggf. zusätzlich zu Lehrkräfte auch bei außerunterrichtlichen Tätigkeiten im Verantwortungsbereich der Schule unterstützen wie z.B. Aufsicht, Begleitung beim Besuch von außerschulischen Lernorten, Teilnahme an Lerngängen, Mitwirkung bei Schulfesten, Erstellung von Unterrichtsmaterialien, Teilnahme an Sportfesten und Bundesjugendspielen.

Nicht vorgesehen ist die Teilnahme von PA an mehrtägigen außerunterrichtlichen Veranstaltungen (z.B. Schullandheimaufenthalte).

Konferenzen:

Die PA sind nicht generell zur Teilnahme an Lehrerkonferenzen verpflichtet (§ 10 Abs. 1 Konferenzordnung). Die Schulleiterin / der Schulleiter kann sie aber nach pflichtgemäßem Ermessen zur Teilnahme an der Beratung einzelner Verhandlungsgegenstände verpflichten (§ 10 Abs. 2 Satz 3 Konferenzordnung). Im Übrigen können alle Lehrerkonferenzen im Einzelfall PA zur Beratung hinzuziehen; diese sind daraufhin zur Teilnahme berechtigt, aber nicht verpflichtet (§ 11 Abs. 5 Konferenzordnung). Stimmberechtigt sind die PA in keinem Fall (§ 13 Abs. 1 Konferenzordnung). Sie können auch nicht Mitglied der Schulkonferenz sein und auch nicht zur Verbindungslehrerin / zum Verbindungslehrer gewählt werden.

→ Konferenzordnung §§ 10-11

Hinweis der Redaktion: Die PA besitzen das Wahlrecht zum Personalrat. → Personalvertretungsgesetz §§ 11, 12

Besonders zu beachten!

PA dürfen nicht als eigenständige Lehrkräfte für Vertretungsunterricht eingesetzt werden, auch dann nicht, wenn sie eine anerkannte Lehramtsausbildung besitzen. Sie können daher schon wegen der unterschiedlichen Arbeitszeitregelungen (Zeit- statt Deputatsstunden) keinesfalls kurzfristig als Krankheitsstellvertretung eingesetzt werden.

Dies gilt ebenfalls für selbstständigen Förderunterricht und Arbeitsgemeinschaften.

PA dürfen außerdem keine Aufgaben wahrnehmen, die zum kommunalen Aufgabenbereich zählen (z.B. Jugendsozialarbeit an Schulen).

II. Beschäftigungskonditionen

Die Tätigkeit der PA wird in Zeitstunden berechnet. Bei einer Vollzeitbeschäftigung haben sie eine regelmäßige wöchentliche Arbeitszeit nach Maßgabe des TV-L von derzeit 39,5 Stunden, d.h. sie haben kein Deputat, das z.B. Vor- und Nachbereitszeiten oder die Teilnahme an Konferenzen u.a. abdeckt. Alle Tätigkeiten der PA, die im Rahmen der schulischen Aufgaben ausgeübt werden, sind daher auf die regelmäßige wöchentliche Arbeitszeit anzurechnen. Auch Zeiten einer dienstlich veranlassten Schulung und Fortbildung gelten als Arbeitszeit. Es ist deshalb empfehlenswert, dass die PA ein Arbeitszeitblatt führen. Wie sich die Arbeitszeit auf die einzelnen Wochentage verteilt, legt die Schulleitung zusammen mit der Bewerberin bzw. dem Bewerber fest. Teilzeitbeschäftigung ist möglich, sie sollte allerdings mindestens 10 Zeitstunden umfassen. Der Beschäftigungsumfang an der Schule darf das von der unteren Schulaufsichtsbehörde zugewiesene Volumen nicht übersteigen.

Bei einer Teilzeitbeschäftigung werden die Schulen gebeten – unter Berücksichtigung der pädagogischen Erfordernisse – die Bedürfnisse der Bewerberinnen und Bewerber bei der Verteilung der Arbeitszeit an den bzw. auf die Wochentage einzubeziehen. Die Festlegung des Beschäftigungsumfangs und der Verteilung der Arbeitszeit auf die Wochentage muss vor Abschluss des Arbeitsvertrags erfolgen.

Ggf. können auch Abordnungen an andere Schulen von einer Stammschule aus vorgenommen werden. In diesen Fällen ist auch die Fahrzeit zwischen den Dienststellen Arbeitszeit. Soweit sich die Wegezeit durch den Einsatz an einer weiteren Schule im Vergleich zum üblichen Aufwand für das Erreichen der Stammschule erhöht, ist auch das Arbeitzeit.

Die PA werden als Arbeitnehmerin / Arbeitnehmer auf Basis des Tarifvertrags für den öffentlichen Dienst der Länder (TV-L) eingestellt und werden – unabhängig von ihrer Vorbildung – in die Entgeltgruppe 6 des TV-L eingruppiert. Bei einer Teilzeitbeschäftigung erhalten sie die entsprechende anteilige Vergütung. Der Arbeitsvertrag von PA an Werkreal- und Hauptschulen wird gemäß § 14 Abs. 1 Nr. 7 TzBfG (Gesetz über Teilzeitarbeit und befristete Arbeitsverträge) bis längstens 31.01.2012 befristet. Bei PA an Grundschulen werden die Arbeitsverträge entsprechend bis längstens 31.01.2013 befristet.   → Tarifvertrag (Länder) § 30

PA haben unter Zugrundelegung einer 5-Tage-Woche in jedem Kalenderjahr bis zum vollendeten 30. Lebensjahr Anspruch auf 26 Arbeitstage, bis zum vollendeten 40. Lebensjahr auf 29 Arbeitstage und nach dem vollendeten 40. Lebensjahr auf 30 Arbeitstage Urlaub.

Bei weniger als fünf Arbeitstagen pro Woche vermindert sich der Urlaubsanspruch entsprechend.

In dem Umfang, in dem die tatsächliche Arbeitsbefreiung während der Schulferien und unterrichtsfreien Tage diesen Urlaubsanspruch übersteigt (Ferienüberhang), muss dies durch eine entsprechend höhere tatsächliche Arbeitszeit innerhalb eines Jahres ausgeglichen werden.

Hinweis der Redaktion: Während dies bei schwerbehinderten Lehrkräften durch die Ferien bzw. die Schwerbehindertenermäßigung abgegolten ist, haben schwerbehinderte PA nach § 125 SGB IX Anspruch auf Zusatzurlaub: Bei 5 Arbeitstagen/Woche 5 bezahlte zusätzliche Tage im Urlaubsjahr, bei weniger Arbeitstagen/Woche entsprechend weniger; bei einem GdB zwischen 30 und 50 gibt es 3 Urlaubstage). Der (in den Ferien) durch Krankheit nicht genommene Urlaub ist daher in Freizeit nachzugewähren. Dies sollte ... durch die Gewährung ganzer freier Urlaubstage bzw. -wochen während der Unterrichtszeit ermöglicht werden, da sie grundlegend andere Arbeitszeitregelungen als Lehrkräfte haben und anders als diese auch keinen eigenverantwortlichen Unterricht erteilen, der bei einem Fehlen während der Unterrichtszeit ausfallen würde. ... In den Fällen, in denen der verbliebene Urlaubsanspruch bis zum Ende des Beschäftigungsverhältnisses nicht mehr in Freizeit gewährt werden kann, ist eine finanzielle Abgeltung möglich. (Quelle: KM, 1.12.2009, AZ: 14-0381.1-06/1/1)

III. Auswahl/Einstellung

Auswahlverfahren / Einstellungsvoraussetzungen
(hier nicht abgedruckt; siehe Teil A Nr. 1 und 2)

Auflösung bzw. Kündigung von Verträgen:

Lehramtsbewerberinnen / Lehramtsbewerber, die als PA tätig sind, können bei einem Einstellungsangebot für den öffentlichen Schuldienst den befristeten Vertrag auflösen und das Einstellungsangebot annehmen. Ihnen steht es ebenso frei, ohne Einhaltung der tariflichen Fristen das Arbeitsverhältnis aus diesem Grund zu kündigen. Für die anderen Beschäftigten gelten die tariflichen bzw. gesetzlichen Bestimmungen.

Hinweis der Red.: PA können zum allgemeinen Einstellungstermin (➔ Einstellungserlass Nr. 28) eingestellt werden.

Gesundheitliche Voraussetzungen:

Nach dem Infektionsschutzgesetz müssen PA von der Schulleitung über die gesundheitlichen Anforderungen und Mitwirkungspflichten belehrt werden. ...

➔ Infektionsschutzgesetz § 35

Probezeit:

Die Probezeit beträgt sechs Wochen. Sollten Bedenken an der Eignung einer eingestellten PA bestehen, so ist deshalb vor Ablauf dieser Frist umgehend das Regierungspräsidium hierüber zu informieren.

IV. Schulbezogene Stellenausschreibungen

(nicht abgedruckt; siehe Teil A)

➔ Chancengleichheitsgesetz; ➔ Einstellungserlass; ➔ Grundschule (Verlässliche); ➔ Konferenzordnung § 2 Abs. 1 Nr. 9 sowie 10-11; ➔ Lehrbeauftragte; ➔ Mehrarbeit; ➔ Nebenamtlicher/nebenberuflicher Unterricht; ➔ Schulgesetz § 41; ➔ Tarifvertrag (Länder)

Personalakten

Hinweis der Redaktion

1. Allgemeines

Für jede Beamtin und jeden Beamten ist eine Personalakte zu führen. Zur Personalakte gehören alle Unterlagen, die die Beamtin oder den Beamten betreffen, soweit sie mit dem Dienstverhältnis in einem unmittelbaren inneren Zusammenhang stehen (Personalaktendaten). Die Personalakte ist vertraulich zu behandeln. Personalaktendaten dürfen nur für Zwecke der Personalverwaltung oder -wirtschaft verwendet werden, außer der/die Beschäftigte willigt in die anderweitige Verwendung ein.
➔ Beamtenstatusgesetz § 50

Die Detailvorschriften zu dieser grundlegenden Bestimmung des Beamtenstatusgesetzes finden sich im Landesbeamtengesetz (LBG).
➔ Beamtengesetz §§ 83 ff.

Diese Bestimmungen sind auf Personalaktendaten von Arbeitnehmer/innen entsprechend anzuwenden, es sei denn, dass besondere Rechtsvorschriften oder tarifliche Vereinbarungen vorgeben.
➔ Datenschutz (LDSG) § 36; ➔ Tarifvertrag (L) § 3 Abs. 6

Der Dienstherr bzw. der öffentliche Arbeitgeber darf Personalaktendaten nur erheben, soweit dies zur Begründung, Durchführung, Beendigung oder Abwicklung des Dienstverhältnisses oder zur Durchführung innerdienstlich planerischer, organisatorischer, personeller, sozialer oder haushalts- und kostenerischer Maßnahmen, insbesondere auch zu Zwecken der Personalplanung oder des Personaleinsatzes erforderlich ist oder eine Rechtsvorschrift dies erlaubt. Datensammlung auf Vorrat oder gar die Einsatz der Personalakte als Instrument der Disziplinierung sind unzulässig.

Die Personalakte soll ein möglichst vollständiges Bild über den beruflichen Werdegang und insoweit über die Persönlichkeit des Beschäftigten geben. Sie ist eine Sammlung von

- Personalunterlagen und dienstlichen Beurteilungen,
- Vorgängen, die den Inhalt des Dienstverhältnisses insgesamt oder einzelner aus ihm fließender Rechte und Pflichten bestimmen oder verändern, und
- Unterlagen, aus denen die Art und Weise zu ersehen ist, in der die jeweilige Entscheidung vorbereitet worden ist, oder die Aufschluss über die Gesichtspunkte und Erwägungen geben, die für

Personalakten

die einzelne das Dienstverhältnis berührende Maßnahme oder dafür, dass sie unterblieben ist, maßgebend waren (BVerwGE 67, 300).

Es kommt nicht darauf an, wie die Registrierung und Aufbewahrung erfolgen oder in welcher physischen Form Unterlagen vorliegen. Auch in Dateien gespeicherte Personalaktendaten sind Bestandteil der Personalakte.

Vorgänge, die allein die persönlichkeitsrechtlich geschützte Privatsphäre der Beschäftigten berühren, dürfen nicht zur Personalakte genommen werden. Hierzu gehören insbesondere Vorgänge über die politische und weltanschauliche Überzeugung der Beschäftigten und über die Mitgliedschaft in Gewerkschaften und Berufsverbänden.

Sind Vorgänge schwerpunktmäßig zu anderen als Personalzwecken eines bestimmten Beschätigten angelegt und liegt somit der Zweck außerhalb des durch das konkrete Dienst- oder Arbeitsverhältnis begründeten Rechte- und Pflichtenkreises, so sind sie keine Personal- sondern Sachakten.

Nicht zu den Personalakten gehören auch Vermerke und sonstige Aufzeichnungen, die lediglich führungsunterstützenden Charakter haben (Zielvereinbarungen, Maßnahmen zur Zielerreichung, Empfehlungen zur beruflichen Entwicklung u.ä.) und die ihrer Natur nach nur vorübergehend gelten.

Beschwerden, die sich ausschließlich gegen die sachliche Entscheidung eines Beschäftigten richten, sind nur zu den Sachakten zu nehmen, richten sie sich ausschließlich gegen das persönliche Verhalten und erweisen sich als ganz oder teilweise begründet, sind sie hingegen zur Personalakte zu nehmen. Auch wenn eine Lehrkraft gegen eine dienstliche Anordnung rechtliche Bedenken anmeldet (Remonstration gemäß → Beamtenstatusgesetz § 36) und dies aktenkundig wird, erfolgt die Ablage üblicherweise in der (Sach-)Akte des Vorgangs, zu dem remonstriert wurde.

Speicherung, Veränderung, Nutzung, Übermittlung und Löschung von Personalaktendaten

Die Einzelheiten für die Speicherung, Veränderung, Nutzung und Übermittlung von Personalaktendaten sind in den §§ 84 bis 85 LBG geregelt. Nach § 86 LBG sind Personalaktendaten zu löschen, wenn ihre Speicherung unzulässig ist oder wenn sie für die speichernde Stelle zur Erfüllung ihrer Aufgaben nicht mehr erforderlich sind, spätestens jedoch nach Ablauf von fünf Jahren.

Personalaktendaten über Beschwerden, Behauptungen und Bewertungen, auf welche die Tilgungsvorschriften des Disziplinarrechts keine Anwendung finden, sind,

1. falls sie sich als unbegründet oder falsch erwiesen haben, mit Zustimmung der Beamtin oder des Beamten unverzüglich zu löschen,
2. falls sie für die Beamtin oder den Beamten ungünstig sind oder der Beamtin oder dem Beamten nachteilig werden können, nach zwei Jahren zu löschen; dies gilt nicht für dienstliche Beurteilungen.

Personalaktendaten über strafgerichtliche Verurteilungen und über andere Entscheidungen in Straf-, Bußgeld-, sonstigen Ermittlungs- und berufsgerichtlichen Verfahren, die keinen Anlass zu disziplinarrechtlichen Ermittlungen gegeben haben, sind mit Zustimmung der Betroffenen nach zwei Jahren zu löschen. Personalaktendaten über Beihilfen, Heilfürsorgen, Heilverfahren, Unterstützungen, Urlaub, Erkrankungen, Umzugs- und Reisekosten sind drei Jahre nach Ablauf des Jahres zu löschen, in dem die Bearbeitung des einzelnen Vorgangs abgeschlossen wurde.

Nach ihrer Löschung dürfen Personalaktendaten bei Personalmaßnahmen nicht mehr berücksichtigt werden (Verwertungsverbot).

Einsichtsrecht, Anhörung und Mitteilung über gespeicherte Daten

Gemäß § 87 LBG haben die Beschäftigten, auch nach Beendigung des Dienst- oder Arbeitsverhältnisses, grundsätzlich ein Einsichtsrecht in alle über sie gespeicherten Personalaktendaten. Bevollmächtigten – z.B. Gewerkschafts-, Personal- oder Schwerbehindertenvertreter/innen – ist Einsicht zu gewähren, soweit dienstliche Gründe nicht entgegenstehen. Das Begehren auf Einsicht in die Personalakte muss nicht begründet werden; es ist an die Behörde zu richten, bei der sie geführt wird. Hinterbliebene müssen ein berechtigtes Interesse glaubhaft machen. Die Akte ist ist in Anwesenheit eines mit der Bearbeitung von Personalangelegenheiten betrauten Beschäftigten bei dieser Behörde oder bei der von ihr bestimmten Stelle einzusehen.

→ Chancengleichheitsgesetz §§ 10 Abs. 4 und 19 Abs. 6; → Personalvertretungsgesetz § 68 Abs. 2

Soweit dienstliche Gründe nicht entgegenstehen, können Abschriften, Kopien oder Ausdrucke gefertigt werden (auf eigene Kosten; auch Reisekosten werden nicht erstattet). Werden Daten automatisiert gespeichert, ist den Beschäftigten auf Verlangen ein Ausdruck der in dem Personal automatisiert gespeicherten Personalaktendaten sowie ein Verzeichnis über die zum Zugriff auf ihre Personalaktendaten berechtigten Stellen zu überlassen.

Die Beschäftigten sind zu Beschwerden, Behauptungen und Bewertungen, die für sie ungünstig sind oder ihnen nachteilig werden können, vor deren Speicherung als Personalaktendaten zu hören. Soweit eine Speicherung erfolgt, ist hierzu die Äußerung der Beschäftigten ebenfalls zu den Personalaktendaten zu speichern.

→ Verwaltungsrecht (dort Informationen zur Anhörung)

Bei erstmaliger Speicherung von Personalaktendaten in automatisierten Dateien ist den Beschäftigten die Art der zu ihrer Person gespeicherten Daten mitzuteilen, bei wesentlichen Änderungen sind sie zu benachrichtigen.

Bei der elektronischen Verarbeitung von Personaldaten besitzt der Personalrat Mitbestimmungsrechte.

→ Datenschutz (Dienstvereinbarung Personaldaten)

Zur Verarbeitung von Personaldaten der Lehrkräfte an Schulen hat das KM eine Verwaltungsvor-

Personalakten

schrift erlassen, in der auch die Bestimmungen des Landesdatenschutzgesetzes erläutert werden.

→ Datenschutz (Schulen)

Gliederung und Zugriff

Personalaktendaten können in einen Grunddatenbestand und Teildatenbestände gegliedert werden. So sind Personalaktendaten über Beihilfe, Heilfürsorge und Heilverfahren als „Teildatenbestände" beim Landesamt für Besoldung und Versorgung zu führen. Diese „Beihilfeakten" sind von den Besoldungs- und Versorgungsakten getrennt. Deshalb haben die Beschäftigten zwei getrennte Personalnummern. Nicht Bestandteil der Personalakte sind Unterlagen, die besonderen, von der Person und dem Dienstverhältnis sachlich zu trennenden Zwecken dienen, insbesondere Prüfungs-, Sicherheits- und Kindergeldakten. Letztere sind mit den Besoldungs- und Versorgungsakten verbunden und werden – von der übrigen Personalakte getrennt – vom Landesamt für Besoldung geführt.

→ Landesamt für Besoldung und Versorgung

Auch Personalaktendaten über Disziplinarverfahren sind getrennt von anderen Akten zu führen.

2. Zum Umgang mit Personalakten an der Schule

1. Teil- und Nebenpersonalakten der Lehrkräfte

Die Personalakten der Lehrkräfte bestehen stets aus mehreren Teilen: aus dem „Grunddatenbestand", aus „Teildatenbeständen" und aus „Nebendatenbeständen".

- Der Grunddatenbestand wird vom Regierungspräsidium geführt.
- An der Schule werden Teildatenbestände geführt, z.b. das „Abwesenheitsblatt" und die dazu gehörenden Unterlagen (Krankmeldungen, Urlaubsgesuche, Freistellungen zur Fortbildung) sowie das Protokoll der Belehrung nach dem Infektionsschutzgesetz oder die Genehmigung einer Schwerbehindertenermäßigung bis zu 4 Stunden. Sie bestehen nur an der Schule (nicht bei der Schulaufsichtsbehörde); insofern ist dies ein „ausgelagerter Teil" der Personalakte.

→ Infektionsschutzgesetz (§ 35); → Urlaub (Lehrkräfte) / Krankmeldung Teil B

- An der Schule werden darüber hinaus noch weitere Personalunterlagen der Lehrkräfte als „Nebendatenbestände" aufbewahrt, z.B. Kopien der Dienstantrittsmeldung, des Personalbogens, von dienstlichen Beurteilungen durch die Schulleitung usw.; im Bereich der GWHRS-Schulen werden auch vom Staatlichen Schulamt „Nebendatenbestände" über die Lehrkräfte geführt.

Das KM hat u.a. mitgeteilt (3.1.1997; AZ: I/5-0301.91/8), *„dass im Falle einer Versetzung der Lehrkraft die Nebenakte nicht ... an die aufnehmende Schule gesandt wird; die Nebenakte ist vielmehr von der abgebenden Schule aufzubewahren und zu vernichten ... Der Schulleiter der aufnehmenden Schule kann sich die notwendigen Informationen über die neue Lehrkraft verschaffen, indem er sich von dieser Lehrkraft einen ausgefüllten Personalbogen (...) übergeben lässt. – Auf dem Abwesenheitsblatt darf keinesfalls die Art der Erkrankung vermerkt werden".*

Gemäß § 86 Abs. 5 LBG erfolgt die Vernichtung der an der Schule geführten Nebendatenbestände ein Jahr nach dem Wegfall des Grundes für die mehrfache Speicherung (z.B. Ausscheiden des Betreffenden aus der Schule). Die an der Schule geführte Teildatenbestände hingegen sind der neuen Schule zu übersenden.

Unterhalb der mildesten Disziplinarmaßnahme („Verweis") sind missbilligende Äußerungen von Vorgesetzten gegenüber Beschäftigten möglich (schriftliche Beanstandung eines konkreten dienstpflichtwidrigen Verhaltens). Hierbei anfallende Vorgänge sind an der Schule als Teildatenbestände – getrennt von den Nebenbeständen – zu führen und spätestens nach zwei Jahren zu vernichten.

→ Disziplinargesetz (LDG) § 27 (Hinweis), § 42

2. Aufschriebe und Notizen der Schulleitung

An jeder Schule entstehen Unterlagen über Lehrkräfte, die gar nicht oder noch nicht an die Schulaufsicht geschickt werden sollen. Drei Beispiele:

- Der Schulleiter bereitet einen Dienstbericht vor. Er macht sich hierzu Notizen, fertigt einen Entwurf, bespricht diesen mit der Lehrkraft und vernichtet nach Erstellung der Endfertigung pflichtgemäß die Notizen und Entwürfe.
- Die Schulleiterin führt mit einer Lehrkraft ein „Beratungsgespräch" mit einer Lehrkraft. Hierfür (und für eine mögliche „Zielvereinbarung") gibt es zwar keine Formvorschriften, sie fertigt jedoch eine Aktennotiz, um den Zeitpunkt sowie ggf. wichtige Inhalte des Gesprächs festzuhalten, und gibt der Lehrkraft eine Mehrfertigung.

→ Dienstl. Beurteilung (Lehrkräfte) Nr. III.11 und II

- Eine Schulleiterin oder ein Schulleiter ermahnt die Lehrkraft schriftlich wegen häufiger Verletzungen der Dienstpflichten; die Lehrkraft muss eine Mehrfertigung abzeichnen.
- Ein Schulleiter führt das erste dienstliche Gespräch mit einer suchtkranken Kollegin. Hierüber erstellt er eine Notiz (Anlass, Ort, Zeit und Dauer sowie teilnehmende Personen).

→ Sucht (Dienstvereinbarung)

Solche personenbezogenen Notizen und Entwürfe sind materiell (noch) keine „Personalakten" (auch keine „Nebenakten", denn in die darf nur hinein, was sich zugleich in der Grund- oder einer Teilakte befindet); sie müssen aber aufbewahrt werden, bis der Vorgang abgeschlossen ist.

Wir empfehlen, solche schriftlichen Unterlagen *vorübergehend* bei der Nebenakte der betreffenden Lehrkraft abzulegen und nach angemessener Zeit wieder zu entfernen sowie zuverlässig zu vernichten (Reißwolf). Aus ihnen ist nämlich inzwischen entweder ein „Vorgang" geworden, der an die Schulaufsichtsbehörde geschickt werden muss und

dort in den „Grunddatenbestand" aufgenommen wird (z.b. als Bericht oder Beschwerde über Pflichtwidrigkeiten einer Lehrkraft), oder die Sache hat sich erledigt. Angemessen sind maximal zwei Jahre (vgl. § 86 LBG); beim „Sucht"-Gespräch ist die Vernichtung nach 12 Monaten vorgeschrieben.
→ Beamtengesetz § 86 Abs. 5

Die Schulleitung sollte den Lehrkräften dieses Verfahren bekanntgeben sowie darauf hinweisen, dass „erledigte" Vorgänge entfernt werden und Betroffene jederzeit Einsicht in diese Unterlagen nehmen können.

3.
Umgang mit Elternbeschwerden

Ein Beispiel: Über eine Lehrerin läuft eine Elternbeschwerde ein. Sie gibt hierzu eine Stellungnahme ab. Schulleitung und Lehrerin sprechen mit den Eltern; hierüber wird ein Protokoll angefertigt, anschließend werden die Vorwürfe in einem Brief an die Eltern teilweise zurückgewiesen, teilweise wird den Eltern Abhilfe angekündigt.

Diese Unterlagen gehören nicht zur „Personalakte", sondern sie werden (z.b. unter dem Stichwort „Elternbeschwerden") in den Sachakten abgelegt.

Aus diesem Sachvorgang kann jedoch ein Personalvorgang werden, wenn die Schulleitung zur Einschätzung kommt, dass die Lehrkraft sich grob pflichtwidrig verhalten hat und dass dies vor Ort nicht ausreichend erledigt werden kann. Dann hat sie – unter den Gesichtspunkten der Fürsorge für den/die Beschäftigte, des kooperativen Führungsstils und der geordneten Arbeit an der Schule – zu prüfen, ob der Sachverhalt dem Regierungspräsidium (bei Lehrkräften an GWHRS-Schulen auf dem Dienstweg über das Schulamt) zu übermitteln ist oder ob dies unterbleiben kann. Eine Übermittlung ist z.b. dann geboten, wenn ein Sachverhalt geeignet ist, disziplinarische Ermittlungen gegen eine Lehrkraft einzuleiten. In letzterem Fall ist im Regierungspräsidium neben dem Grunddatenbestand des/der Beschäftigten ein gesonderter Teildatenbestand („Disziplinarakte") anzulegen.

→ Aktenvermerk; → Beamtengesetz §§ 83 ff.; → Beamtenstatusgesetz § 50; → Chancengleichheitsgesetz §§ 10 Abs. 4 und 19 Abs. 6; → Datenschutz (Dienstvereinbarung Personaldaten); → Datenschutz (LDSG) § 36; → Datenschutz (Schulen); → Dienstliche Beurteilung (Lehrkräfte) Nr. III.11 und II; → Disziplinargesetz (Allgemeines); → Infektionsschutzgesetz (§ 35); → Landesamt; → Personalvertretungsgesetz § 68 Abs. 2; → Sucht (Dienstvereinbarung) → Urlaub (Lehrkräfte) / Krankmeldung Teil B; → Verwaltungsrecht (dort Informationen zur Anhörung)

Personalversammlungen

Personalversammlungen im Bereich Grund-, Werkreal-, Haupt-, Real- und Sonderschulen; Ziffer 1 der VwV des KM vom 26.10.1981 (KuU S. 1359/1981); zuletzt geändert 11.11.2009 (KuU S. 223/2009)

Personalversammlungen können grundsätzlich nicht in die Hauptunterrichtszeit am Vormittag gelegt werden.

Weil eine Personalversammlung im Bereich der Grund-, Werkreal-, Haupt-, Real- und Sonderschulen wegen längerer Anfahrtsstrecken für die Teilnehmerinnen und Teilnehmer zeitaufwendiger ist als in anderen Bereichen, kann hiervon wie folgt

→ Personalvertretungsgesetz § 49 ff.

abgewichen werden: Personalversammlungen können in jedem zweiten Kalenderjahr einmal frühestens um 11.00 Uhr beginnen, sofern in dem Kalenderjahr nur eine Personalversammlung gemäß § 50 Abs. 1 LPVG stattfindet.

Im Übrigen beginnen Personalversammlungen frühestens um 13.00 Uhr.

Personalvertretung (Sonderfälle / Gesamtschulen)

Personalvertretung bei Schulen besonderer Art, Schulverbünden und Orientierungsstufen; VwV des KM vom 31. Oktober 1988 (KuU S. 778/1988); zuletzt geändert 11.11.2009 (KuU S. 223/2009)

1. An Schulen besonderer Art im Sinne von § 107 des Schulgesetzes sowie an Schulen, die in einen Verbund von Schularten einbezogen sind und eine gymnasiale Abteilung umfassen, wird ein gemeinsamer örtlicher Personalrat für alle dort unterrichtenden Lehrer gebildet.
2. Die Lehrer an den unter Nr. 1 bezeichneten Schulen wählen zu den Stufenvertretungen der Lehrer an Gymnasien, sofern sie eine Prüfung für das Lehramt an Gymnasien, für das Lehramt an Unter- und Mittelstufen der Gymnasi-

en oder für das höhere Lehramt an beruflichen Schulen abgelegt haben oder die Amtsbezeichnung „Gymnasialrat" führen. Die übrigen Lehrer wählen zu den Stufenvertretungen der Lehrer an Grund-, Werkreal-, Haupt-, Real- und Sonderschulen.

3. Auf Orientierungsstufen als selbstständige Schulen mit einer gymnasialen Niveaugruppe und die dort unterrichtenden Lehrkräfte finden Nr. 1 und 2 entsprechende Anwendung.

→ Gesamtschulen; → Personalvertretungsgesetz § 93; → Schulgesetz § 107

Personalvertretungsgesetz (LPVG)

Landespersonalvertretungsgesetz für Baden-Württemberg in der Fassung vom 1. Februar 1996 (GBl. S. 205), zuletzt geändert 27.10.2010 (GBl. S. 793/2010)2010*

Erster Teil – Allgemeine Vorschriften

§ 1
Allgemeiner Grundsatz

In den Verwaltungen und Betrieben des Landes, der Gemeinden, der Landkreise und der sonstigen Körperschaften, Anstalten und Stiftungen des öffentlichen Rechts, die der Aufsicht des Landes unterstehen, sowie in den Gerichten des Landes werden Personalvertretungen gebildet.

➜ Beamtenstatusgesetz § 51; ➜ § 93 beachten

§ 2
Aufgaben der Dienststelle, der Personalvertretung, der Gewerkschaften und der Arbeitgebervereinigungen

(1) Dienststelle und Personalvertretung arbeiten unter Beachtung der Gesetze und Tarifverträge vertrauensvoll und im Zusammenwirken mit den in der Dienststelle vertretenen Gewerkschaften und Arbeitgebervereinigungen zum Wohle der Beschäftigten und zur Erfüllung der der Dienststelle obliegenden Aufgaben zusammen.

(2) Zur Wahrnehmung der in diesem Gesetz genannten Aufgaben und Befugnisse der in der Dienststelle vertretenen Gewerkschaften ist deren Beauftragten nach Unterrichtung des Leiters der Dienststelle oder seines Vertreters Zugang zu der Dienststelle zu gewähren, soweit dem nicht unumgängliche Notwendigkeiten des Dienstablaufs, zwingende Sicherheitsvorschriften oder der Schutz von Dienstgeheimnissen entgegenstehen.

(3) Die Aufgaben der Gewerkschaften und der Vereinigungen der Arbeitgeber, insbesondere die Wahrnehmung der Interessen ihrer Mitglieder, werden durch dieses Gesetz nicht berührt.

§ 3 Tarifverträge

Durch Tarifvertrag kann das Personalvertretungsrecht nicht abweichend von diesem Gesetz geregelt werden.

§ 4 Beschäftigte

(1) Beschäftigte im Sinne dieses Gesetzes sind
1. die Beamten mit Ausnahme der Staatsanwälte.
2. die Arbeitnehmer einschließlich der zu ihrer Berufsausbildung Beschäftigten, ...

(2) Beschäftigte im Sinne dieses Gesetzes sind auch Personen, die als
1. Krankenpfleger, Krankenschwestern oder Kinderkrankenschwestern,
2. Religionslehrer an Schulen
➜ Religionsunterricht und kirchliche Lehrkräfte

in der Dienststelle weisungsgebunden beschäftigt sind, ohne dass zwischen ihnen und einer Körperschaft im Sinne des § 1 ein unmittelbares Dienstverhältnis besteht.

(3) Als Beschäftigte im Sinne dieses Gesetzes gelten nicht Personen, die vorwiegend zu ihrer Heilung, Wiedereingewöhnung, sittlichen Besserung oder Erziehung beschäftigt werden.

§ 5
Gruppen der Beschäftigten

Unter den Beschäftigten bilden je eine Gruppe
1. die Beamten,
2. die Arbeitnehmer.

§ 6 Beamte

(1) Wer Beamter ist, bestimmen die Beamtengesetze.

(2) Als Beamte im Sinne dieses Gesetzes gelten auch die in § 4 Abs. 1 Satz 1 genannten Richter und Staatsanwälte sowie die Beschäftigten, die sich, ohne in ein Beamtenverhältnis berufen zu sein, in der Ausbildung für eine Beamtenlaufbahn befinden und nicht Arbeitnehmer sind.

§ 7
Arbeitnehmer

Arbeitnehmer im Sinne dieses Gesetzes sind Beschäftigte, die nach dem für die Dienststelle maßgebenden Tarifvertrag, nach der Dienstordnung oder aufgrund eines außertariflichen Arbeitsvertrags Arbeitnehmer sind. Als Arbeitnehmer gelten auch Beschäftigte, die sich in einer beruflichen Ausbildung für eine Arbeitnehmertätigkeit befinden, und die in § 4 Abs. 2 genannten Beschäftigten.

➜ Tarifvertrag – Länder (Hinweis zu § 1 Abs. 4)

§ 8 Arbeiter (aufgehoben)

§ 9
Dienststellen

(1) Dienststellen im Sinne dieses Gesetzes sind die einzelnen Behörden, Verwaltungsstellen und Betriebe der in § 1 genannten Körperschaften sowie die Gerichte, die Hochschulen, die Universitätsklinika, die Materialprüfungsanstalten und die Schulen, soweit in diesem Gesetz nichts anderes bestimmt ist. ➜ § 93 beachten

Hinweise der Redaktion: Zur Struktur der Schulverwaltung und der Personalvertretung im Schulbereich bitte die Informationen am Ende des Adressenteils am Anfang des Jahrbuchs beachten.

(2) Außenstellen, Nebenstellen und Teile einer Dienststelle können auf Antrag der Mehrheit der betroffenen wahlberechtigten Beschäftigten oder von Amts wegen vom Leiter der Hauptdienststelle unter Berücksichtigung dienstlicher Belange und der Belange der Beschäftigten zu selbstständigen Dienststellen erklärt oder zu solchen zusammengefasst werden. Der Personalrat ist vor der Ent-

---

* Dieses Gesetz dient auch der Umsetzung der Richtlinie 2002/14/EG des Europäischen Parlaments und des Rates vom 11. März 2002 zur Festlegung eines allgemeinen Rahmens für die Unterrichtung und Anhörung der Arbeitnehmer in der Europäischen Gemeinschaft (ABl. 80 S. 29) in der jeweils geltenden Fassung.

scheidung anzuhören. Für die Aufhebung der Verselbstständigung gilt Satz 1 entsprechend. Vor der Aufhebung sind der Personalrat der Dienststelle nach Satz 1, der Personalrat der Hauptdienststelle und der Gesamtpersonalrat anzuhören. Die Verselbstständigung und ihre Aufhebung sind jeweils ab der folgenden Wahl wirksam.

(3) Mehrere Dienststellen eines Verwaltungszweigs können von der obersten Dienstbehörde zu einer Dienststelle im Sinne dieses Gesetzes zusammengefasst werden, wenn die Mehrheit ihrer wahlberechtigten Beschäftigten in geheimer Abstimmung zustimmt. Für die Aufhebung gilt Satz 1 entsprechend. Die Zusammenfassung oder Aufhebung ist ab der folgenden Wahl (§ 19) wirksam.

(4) Bei gemeinsamen Dienststellen verschiedener Körperschaften gelten die Beschäftigten jeder Körperschaft als Beschäftigte einer besonderen Dienststelle. Bei den Landratsämtern ist ein besonderer Personalrat der Beschäftigten des Landes für die Beteiligung in Angelegenheiten zu bilden, in denen eine übergeordnete Dienststelle entscheidet. Im Übrigen gilt das Landratsamt als einheitliche Dienststelle.

→ § 93 beachten

§ 9a
Verbot der Behinderung, Benachteiligung und Begünstigung

Personen, die Aufgaben oder Befugnisse nach diesem Gesetz wahrnehmen, dürfen darin nicht behindert und wegen ihrer Tätigkeit nicht benachteiligt oder begünstigt werden; dies gilt auch für ihre berufliche Entwicklung.

§ 10 Schweigepflicht

(1) Personen, die Aufgaben oder Befugnisse nach diesem Gesetz wahrnehmen oder wahrgenommen haben, haben über die ihnen dabei bekanntgewordenen Angelegenheiten und Tatsachen Stillschweigen zu bewahren. Abgesehen von den Fällen des § 68 Abs. 2 Satz 3 und des § 88 gilt die Schweigepflicht nicht für Mitglieder der Personalvertretung und der Jugend- und Auszubildendenvertretung gegenüber den übrigen Mitgliedern der Vertretung und für die in Satz 1 bezeichneten Personen gegenüber der zuständigen Personalvertretung; sie entfällt ferner gegenüber der vorgesetzten Dienststelle, der bei ihr gebildeten Stufenvertretung und gegenüber dem Gesamtpersonalrat. Satz 2 gilt auch für die Anrufung der Einigungsstelle.

(2) Die Schweigepflicht besteht nicht für Angelegenheiten oder Tatsachen, die offenkundig sind oder ihrer Bedeutung nach keiner Geheimhaltung bedürfen.

→ Verschwiegenheitspflicht

Zweiter Teil – Der Personalrat
1. Abschnitt – Wahl und Zusammensetzung

§ 11
Wahlberechtigung

(1) Wahlberechtigt sind alle Beschäftigten, es sei denn, dass sie infolge Richterspruchs das Recht, in öffentlichen Angelegenheiten zu wählen oder zu stimmen, nicht besitzen. Beschäftigte, die am Wahltag seit mehr als sechs Monaten unter Wegfall der Bezüge beurlaubt sind oder die sich in der Freistellungsphase der Altersteilzeit befinden, sind nicht wahlberechtigt.

(2) Wer zu einer Dienststelle abgeordnet ist, wird in ihr wahlberechtigt, sobald die Abordnung länger als drei Monate gedauert hat; im gleichen Zeitpunkt verliert er das Wahlrecht bei der alten Dienststelle. Dies gilt nicht bei Abordnungen zur Teilnahme an Lehrgängen und für Beschäftigte, die als Mitglieder einer Stufenvertretung oder des Gesamtpersonalrats freigestellt sind. Satz 1 gilt ferner nicht, wenn feststeht, dass der Beschäftigte binnen weiterer sechs Monate in die alte Dienststelle zurückkehren wird. Hinsichtlich des Verlustes des Wahlrechts bei der alten Dienststelle gelten die Sätze 1 und 3 entsprechend in Fällen einer Zuweisung.

(3) Auszubildende in öffentlich-rechtlichen Ausbildungsverhältnissen, Beamte im Vorbereitungsdienst und Beschäftigte in entsprechender Berufsausbildung sind nur bei ihrer Stammbehörde wahlberechtigt, soweit sich aus § 56 nichts anderes ergibt. Die oberste Dienstbehörde bestimmt, welche Behörde Stammbehörde im Sinne dieses Gesetzes ist.

Hinweis der Redaktion: Für die Wahlberechtigung an öffentlichen Schulen bedeutet dies i.V.m. § 93 LPVG:

1. Pädagogisch tätige Beschäftigte, die am Wahltag einer entsprechenden Stammschule zugeordnet sind, besitzen das Wahlrecht, wenn sie mit einem Arbeitsvertrag nach TV-L beschäftigt werden (vgl. §§ 4, 5 und 7 LPVG). Dies gilt auch für Pädagogische Assistent/innen. Lehrbeauftragte mit befristetem TV-L-Vertrag sind wahlberechtigt, wenn ihre Tätigkeit mehr als zwei Monate ausgeübt wird (und damit nicht bloß vorübergehend und geringfügig ist). Ehrenamtlich bzw. nur gegen eine geringfügige Aufwandsentschädigung tätige Lehrbeauftragte, Jugend-, Lern- und Hausaufgabenbetreuer/innen sind daher weder aktiv noch passiv wahlberechtigt. Lehrkräfte und Erzieher/innen an Schulkindergärten und Grundschulförderklassen sind den Lehrkräften gleichgestellt. Wahlberechtigt sind gem. § 4 Abs. 2 Nr. 2 auch Religionslehrkräfte im kirchlichen Dienst (Geistliche, Religionspädagog/innen, Katechet/innen).
→ Jugendbegleiter; → Kirchl. Lehrkräfte; → Lehrbeauftragte; → Päd. Assistent/innen; → Tarifvertrag (Länder)
2. Wahlberechtigt sind auch Beschäftigte, die nicht Deutsche im Sinne des Artikels 116 GG sind (Ausländer oder Staatenlose).
3. Wahlberechtigt sind ferner kranke sowie in Mutterschutz befindliche Beschäftigte. Beurlaubte und in Elternzeit befindliche Beschäftigte sind nur wahlberechtigt, sofern sie am Wahltag seit weniger als 6 Monaten unter Wegfall der Bezüge beurlaubt sind.
Aus dem Beamtenverhältnis beurlaubten Lehrkräfte, die einen Teillehrauftrag als Arbeitnehmer/in an einer öffentlichen Schule übernommen haben, sind bei der Gruppe der Arbeitnehmer wahlberechtigt.
4. Lehrkräfte im Freistellungsjahr (Sabbatjahr) sind teilzeitbeschäftigt und deshalb wahlberechtigt bzw. wählbar. Beschäftigte in der Freistellungsphase der Altersteilzeit sind hingegen nicht wahlberechtigt.
5. Nach Nr. 2 der VwV zur Bestimmung der Stammbehörden für die Wahl der Personalvertretungen vom 27.10.2005 (GABl. S. 781/2005) gelten als „Stammbehörde" für Lehramtsanwärter/innen für Grund- und Hauptschulen sowie für Realschulen an den Staatlichen Seminaren für

Didaktik und Lehrerbildung die Schulen, denen diese zugewiesen sind. Für diese Anwärter/innen gibt es demnach keinen Ausbildungspersonalrat am Seminar; sie sind aber an ihrer „Stammschule" wahlberechtigt für die Personalvertretung an GWHRS-Schulen (örtlicher Personalrat, Bezirks- und Hauptpersonalrat) sowie teilnahmeberechtigt an den Personalversammlungen im GWHRS-Bereich.

6. An den Pädagogischen Fachseminaren, am Fachseminar für Sonderpädagogik sowie an den Staatlichen Seminaren für Didaktik und Lehrerbildung für die wissenschaftlichen Lehrämter an Sonderschulen, Gymnasien und beruflichen Schulen bestehen Ausbildungspersonalräte. Nach § 56, Abs. 4 LPVG besitzen die dortigen Anwärter/innen bzw. Referendar/innen weder die aktive noch das passive Wahlrecht zu den Personalräten der Lehrer (weder OPR noch Stufenvertretungen).

→ Ausbildungspersonalräte

7. Nicht wahlberechtigt sind sonstige Beschäftigte an den Schulen (Schulsozialarbeiter/innen, Hausmeister, Putzkräfte usw.), deren Dienstherr die Schulträger (Gemeinden oder Landkreise) sind. Sie gelten als Beschäftigte einer besonderen Dienststelle (§ 9 Abs. 4 LPVG) und sind bei den PR-Wahlen im Kultusbereich nicht wahlberechtigt.

§ 12
Wählbarkeit

(1) Wählbar sind alle Wahlberechtigten, die am Wahltag
1. seit sechs Monaten dem Geschäftsbereich ihrer obersten Dienstbehörde angehören,
2. seit einem Jahr in öffentlichen Verwaltungen oder von diesen geführten Betrieben beschäftigt sind,
3. das 18. Lebensjahr vollendet haben.

(2) Nicht wählbar sind Beschäftigte, die infolge Richterspruchs die Fähigkeit, Rechte aus öffentlichen Wahlen zu erlangen, nicht besitzen.

(3) Nicht wählbar sind der Leiter der Dienststelle, sein ständiger Vertreter sowie Beschäftigte, die zu selbstständigen Entscheidungen in Personalangelegenheiten der Dienststelle befugt sind. Das Gleiche gilt für die unmittelbaren Mitarbeiter der letztgenannten Beschäftigten, die als Personalsachbearbeiter die Entscheidungen vorbereiten.

Hinweise der Redaktion:
1. (Die) Zuständigkeit, Urlaub oder Dienstbefreiung zu gewähren und dienstliche Beurteilungen abzugeben, stellt ... keine Befugnis zu selbstständigen Entscheidungen in Personalangelegenheiten dar. Die Wählbarkeit der jeweils entscheidungsbefugten Schulleiterinnen und Schulleiter an Grund-, Haupt-, Real- und Sonderschulen (in den örtlichen Personalrat) wird dadurch nicht ausgeschlossen.
(Quelle: Innenministerium, 25.10.00; AZ: 1-0307.1/75)
2. Hingegen sind Schulleiter/innen, die einer „Dienststelle" im Sinne von § 9 i.V.m. § 93 vorstehen (z.B. Gymnasien, beruflichen Schulen) für den örtlichen Personalrat ihrer Schule nicht wählbar, jedoch wahlberechtigt.
3. Für die Stufenvertretungen (Bezirks- bzw. Hauptpersonalrat) sind die Leiter/innen aller Schularten wählbar.
4. Diese Hinweise gelten auch für stellvertretende Schulleiter.

§ 13
Erleichterte Voraussetzungen für die Wählbarkeit

(1) Die Voraussetzung des § 12 Abs. 1 Nr. 1 entfällt, wenn die oberste Dienstbehörde oder die Dienststelle weniger als ein Jahr besteht oder der Beschäftigte infolge der Auflösung oder Umbildung seiner Dienststelle oder infolge anderer Organisationsmaßnahmen in den Geschäftsbereich einer anderen obersten Dienstbehörde übergetreten ist.

(2) Die Voraussetzung des § 12 Abs. 1 Nr. 2 entfällt, wenn nicht mindestens fünfmal soviel wählbare Beschäftigte jeder Gruppe vorhanden wären, als nach den §§ 14 und 15 zu wählen sind.

§ 14
Bildung von Personalräten, Zahl der Mitglieder

(1) In allen Dienststellen, die in der Regel mindestens fünf Wahlberechtigte beschäftigen, von denen drei wählbar sind, werden Personalräte gebildet.

(2) Dienststellen, bei denen die Voraussetzungen des Absatzes 1 nicht vorliegen, werden von der übergeordneten Dienststelle im Einvernehmen mit der Stufenvertretung einer benachbarten Dienststelle zugeteilt.

(3) Der Personalrat besteht in Dienststellen mit in der Regel

5 bis 20 wahlberechtigten Beschäftigten	aus einer Person,
21 Wahlberechtigten bis 50 Beschäftigten	aus drei Mitgliedern,
51 bis 150 Beschäftigten	aus fünf Mitgliedern,
151 bis 300 Beschäftigten	aus sieben Mitgliedern,
301 bis 600 Beschäftigten	aus neun Mitgliedern,
601 bis 1000 Beschäftigten	aus elf Mitgliedern.

Die Zahl der Mitglieder erhöht sich in Dienststellen mit 1001 bis 5000 Beschäftigten um je zwei für je weitere angefangene 1000, mit 5001 und mehr Beschäftigten um je zwei für je weitere angefangene 2000.

(4) Die Höchstzahl der Mitglieder beträgt 25.

(5) Maßgebend für die Ermittlung der Zahl der Mitglieder des Personalrats ist der zehnte Arbeitstag vor Erlass des Wahlausschreibens.

→ § 93 beachten

§ 15
Vertretung nach Gruppen und Geschlechtern

(1) Männer und Frauen sollen im Personalrat entsprechend ihrem Anteil an den wahlberechtigten Beschäftigten der Dienststelle vertreten sein. Sind in der Dienststelle Angehörige verschiedener Gruppen beschäftigt, so muss jede Gruppe entsprechend ihrer Stärke im Personalrat vertreten sein, wenn dieser aus mindestens drei Mitgliedern besteht. Bei gleicher Stärke der Gruppen entscheidet das Los. Frauen sollen in jeder Gruppe mindestens entsprechend ihrer Stärke im Personalrat vertreten sein. Macht eine Gruppe von ihrem Recht, im Personalrat vertreten zu sein, keinen Gebrauch, so verliert sie ihren Anspruch auf Vertretung für die Dauer der Amtszeit des Personalrats.

(2) Der Wahlvorstand errechnet die Verteilung der Sitze auf die Gruppen nach den Grundsätzen der Verhältniswahl.

(3) Eine Gruppe erhält mindestens bei weniger als 51 Gruppenangehörigen einen Vertreter,

bei 51 bis 200 Gruppenangehörigen
zwei Vertreter,
bei 201 bis 600 Gruppenangehörigen
drei Vertreter,
bei 601 bis 1000 Gruppenangehörigen
vier Vertreter,
bei 1001 bis 3000 Gruppenangehörigen
fünf Vertreter,
bei 3001 und mehr Gruppenangehörigen
sechs Vertreter.

Abs. 4 – alt – aufgehoben

(4) Eine Gruppe, der in der Regel nicht mehr als fünf Beschäftigte angehören, erhält nur dann eine Vertretung, wenn sie mindestens ein Zwanzigstel der Beschäftigten der Dienststelle umfasst. *(Satz 2 aufgehoben)*

§ 16
Andere Gruppeneinteilung

(1) Die Verteilung der Mitglieder des Personalrats auf die Gruppen kann abweichend von § 15 geordnet werden, wenn jede Gruppe dies vor der Neuwahl in getrennter geheimer Abstimmung beschließt.

(2) Für jede Gruppe können auch Angehörige der anderen Gruppe vorgeschlagen werden. Die Gewählten gelten als Vertreter derjenigen Gruppe, für die sie vorgeschlagen worden sind. Satz 2 gilt auch für Ersatzmitglieder.

§ 17
Wahl des Personalrats

(1) Der Personalrat wird in geheimer und unmittelbarer Wahl gewählt.

(2) Besteht der Personalrat aus mehr als einer Person, so wählen die Beamten und Arbeitnehmer ihre Vertreter (§ 15) je in getrennten Wahlgängen, es sei denn, dass eine Gruppe nach § 15 Abs. 4 keine Vertretung erhält oder die wahlberechtigten Angehörigen jeder Gruppe vor der Neuwahl in getrennten geheimen Abstimmungen die gemeinsame Wahl beschließen. Der Beschluss bedarf der Mehrheit der Stimmen aller Wahlberechtigten jeder Gruppe.

(3) Die Wahl wird nach den Grundsätzen der Verhältniswahl durchgeführt. Wird nur ein Wahlvorschlag eingereicht, so findet Mehrheitswahl statt. In Dienststellen, deren Personalrat aus einer Person besteht, wird dieser mit einfacher Stimmenmehrheit gewählt. Das Gleiche gilt für Gruppen, denen nur ein Vertreter im Personalrat zusteht.

(4) Zur Wahl des Personalrats können die wahlberechtigten Beschäftigten und die in der Dienststelle vertretenen Gewerkschaften Wahlvorschläge machen. Jeder Wahlvorschlag der Beschäftigten muss von mindestens einem Zwanzigstel der wahlberechtigten Gruppenangehörigen unterzeichnet sein. In jedem Fall genügt die Unterzeichnung durch 50 wahlberechtigte Gruppenangehörige. Die nach § 12 Abs. 3 nicht wählbaren Beschäftigten dürfen keine Wahlvorschläge machen oder unterzeichnen.

(5) Ist gemeinsame Wahl beschlossen worden, so muss jeder Wahlvorschlag der Beschäftigten von mindestens einem Zwanzigstel der wahlberechtigten Beschäftigten unterzeichnet sein; Absatz 4 Satz 3 und 4 gilt entsprechend.

(6) Werden bei gemeinsamer Wahl für eine Gruppe gruppenfremde Bewerber vorgeschlagen, muss der Wahlvorschlag der Beschäftigten von mindestens einem Zwanzigstel der wahlberechtigten Gruppenangehörigen unterzeichnet sein, für die sie vorgeschlagen werden. Absatz 4 Satz 3 und 4 gilt entsprechend.

(7) Jeder Beschäftigte kann nur auf einem Wahlvorschlag benannt werden.

§ 18
Zusammensetzung
des Personalrats nach Beschäftigungsarten

Der Personalrat soll sich aus Vertretern der verschiedenen Beschäftigungsarten zusammensetzen.

§ 19
Zeitpunkt der Personalratswahlen

(1) Die regelmäßigen Personalratswahlen finden alle vier Jahre in der Zeit vom 1. März bis 31. Mai statt.

Hinweis der Redaktion:
1. Im Schulbereich finden die Personalratswahlen vom 1. April bis 31. Juli statt; vgl. § 93 Abs. 2.
2. Die letzte Wahl fand 2010 statt.

(2) Außerhalb dieser Zeit ist der Personalrat neu zu wählen, wenn

1. mit Ablauf von zwei Jahren, vom Tag der Wahl gerechnet, die Zahl der regelmäßigen Beschäftigten um die Hälfte, mindestens aber um 50 gestiegen oder gesunken ist oder

2. die Gesamtzahl der Mitglieder des Personalrats auch nach Eintreten sämtlicher Ersatzmitglieder um mehr als ein Viertel der vorgeschriebenen Zahl gesunken ist oder

3. der Personalrat mit der Mehrheit seiner Mitglieder seinen Rücktritt beschlossen hat oder

4. der Personalrat durch gerichtliche Entscheidung aufgelöst ist oder

5. die Wahl des Personalrats mit Erfolg angefochten worden ist oder

6. in der Dienststelle kein Personalrat besteht.

(3) Hat außerhalb des für die regelmäßigen Personalratswahlen festgelegten Zeitraums eine Personalratswahl stattgefunden, so ist der Personalrat in dem auf die Wahl folgenden nächsten Zeitraum der regelmäßigen Personalratswahlen neu zu wählen. Hat die Amtszeit des Personalrats zu Beginn des für die regelmäßigen Personalratswahlen festgelegten Zeitraums noch nicht ein Jahr betragen, so ist der Personalrat in dem übernächsten Zeitraum der regelmäßigen Personalratswahlen neu zu wählen.

§ 20
Bestellung des Wahlvorstands durch den Personalrat

(1) Spätestens acht Wochen vor Ablauf seiner Amtszeit bestellt der Personalrat drei Wahlberech-

tigte als Wahlvorstand und einen von ihnen als Vorsitzenden. Sind in der Dienststelle Angehörige verschiedener Gruppen beschäftigt, so muss jede Gruppe im Wahlvorstand vertreten sein. Beide Geschlechter sollen im Wahlvorstand vertreten sein.

(2) Besteht sechs Wochen vor Ablauf der Amtszeit des Personalrats kein Wahlvorstand, so beruft der Leiter der Dienststelle auf Antrag von mindestens drei Wahlberechtigten oder einer in der Dienststelle vertretenen Gewerkschaft eine Personalversammlung zur Wahl des Wahlvorstands ein. Absatz 1 gilt entsprechend. Die Personalversammlung wählt sich einen Versammlungsleiter.

§ 21
Personalversammlung zur Wahl des Wahlvorstands

Besteht in einer Dienststelle, die die Voraussetzungen des § 14 Abs. 1 erfüllt, kein Personalrat, so beruft der Leiter der Dienststelle auf Antrag von mindestens drei Wahlberechtigten oder einer in der Dienststelle vertretenen Gewerkschaft eine Personalversammlung zur Wahl des Wahlvorstands ein. § 20 Abs. 2 Satz 3 gilt entsprechend.

§ 22
Bestellung des Wahlvorstands durch den Dienststellenleiter

Findet eine Personalversammlung (§ 20 Abs. 2, § 21) nicht statt oder wählt die Personalversammlung keinen Wahlvorstand, so bestellt ihn der Leiter der Dienststelle auf Antrag von mindestens drei Wahlberechtigten oder einer in der Dienststelle vertretenen Gewerkschaft.

§ 23
Einleitung der Wahl

(1) Der Wahlvorstand hat die Wahl spätestens sechs Wochen vor dem vorgesehenen Wahltag einzuleiten; die Wahl soll rechtzeitig vor dem Ablauf der Amtszeit des Personalrats, in den Fällen des § 19 Abs. 2, des § 20 Abs. 2 und des § 21 spätestens zwei Monate nach der Wahl des Wahlvorstands stattfinden. Kommt der Wahlvorstand dieser Verpflichtung nicht nach, so beruft der Leiter der Dienststelle eine Personalversammlung zur Wahl eines neuen Wahlvorstands ein. § 20 Abs. 2 Satz 3 und § 22 gelten entsprechend.

(2) Unverzüglich nach Abschluss der Wahl nimmt der Wahlvorstand öffentlich die Auszählung der Stimmen vor, stellt deren Ergebnis in einer Niederschrift fest und gibt es den Angehörigen der Dienststelle durch Aushang bekannt. Dem Leiter der Dienststelle, den in der Dienststelle vertretenen Gewerkschaften und den Vertretern der sonstigen gültigen Wahlvorschläge ist eine Abschrift der Niederschrift zu übersenden.

§ 24
Freiheit der Wahl, Kosten

(1) Niemand darf die Wahl des Personalrats behindern oder in einer gegen die guten Sitten verstoßenden Weise beeinflussen. Insbesondere darf kein Wahlberechtigter in der Ausübung des aktiven und passiven Wahlrechts beschränkt werden. § 48 Abs. 1 Satz 1 und 2 sowie Abs. 3 gilt für die Mitglieder des Wahlvorstands und für Wahlbewerber entsprechend.

(2) Die Kosten der Wahl trägt die Dienststelle. Notwendiges Versäumnis von Arbeitszeit infolge der Ausübung des Wahlrechts, der Teilnahme an den in den §§ 20 bis 23 genannten Personalversammlungen oder der Betätigung im Wahlvorstand hat keine Minderung der Dienstbezüge oder des Arbeitsentgelts zur Folge. § 45 Abs. 1 Satz 2 und § 47 Abs. 2 Satz 2 gelten für die Mitglieder des Wahlvorstands entsprechend.

§ 25
Anfechtung der Wahl

(1) Mindestens drei Wahlberechtigte, jede in der Dienststelle vertretene Gewerkschaft oder der Leiter der Dienststelle können binnen einer Frist von zwölf Arbeitstagen, vom Tag der Bekanntgabe des Wahlergebnisses an gerechnet, die Wahl beim Verwaltungsgericht anfechten, wenn gegen wesentliche Vorschriften über das Wahlrecht, die Wählbarkeit oder das Wahlverfahren verstoßen worden und eine Berichtigung nicht erfolgt ist, es sei denn, dass durch den Verstoß das Wahlergebnis nicht geändert oder beeinflusst werden konnte.

(2) Ist die Wahl für ungültig erklärt, setzt der Vorsitzende der Fachkammer des Verwaltungsgerichts einen Wahlvorstand ein. Dieser hat unverzüglich die Wiederholungswahl einzuleiten, durchzuführen und das Ergebnis festzustellen. Der Wahlvorstand nimmt die dem Personalrat nach diesem Gesetz zustehenden Befugnisse und Pflichten bis zur Wiederholungswahl wahr.

2. Abschnitt – Amtszeit

§ 26
Amtszeit

(1) Die regelmäßige Amtszeit des Personalrats beträgt vier Jahre. Sie beginnt mit dem Tag der Wahl oder, wenn zu diesem Zeitpunkt noch ein Personalrat besteht, mit dem Ablauf der Amtszeit dieses Personalrats. Die Amtszeit endet spätestens am 31. Mai des Jahres, in dem die regelmäßigen Personalratswahlen stattfinden.

Hinweis der Redaktion: Im Schulbereich endet die Amtszeit am 31. Juli; vgl. → § 93 Abs. 2

(2) In den Fällen des § 19 Abs. 2 Nr. 1 bis 3 führt der Personalrat die Geschäfte weiter, bis der neue Personalrat gewählt ist.

§ 27
Vorzeitige Neuwahl von Gruppenvertretern

Ist eine in der Dienststelle vorhandene Gruppe, die bisher im Personalrat vertreten war, durch kein Mitglied des Personalrats mehr vertreten, so wählt diese Gruppe für den Rest der Amtszeit des Personalrats neue Vertreter. Die §§ 20 bis 25 finden mit folgenden Maßgaben entsprechende Anwendung:

1. Eine Personalversammlung oder eine Gruppenversammlung zur Wahl eines Wahlvorstands findet nicht statt.

2. Die Bestellung des Wahlvorstands durch den Dienststellenleiter ist nur auf Antrag von drei wahlberechtigten Beschäftigten der Gruppe, für die die Neuwahl stattfinden soll, möglich. Das Antragsrecht einer in der Dienststelle vertretenen Gewerkschaft bleibt unberührt.

§ 28
Ausschluss
einzelner Mitglieder und Auflösung des Personalrats

(1) Auf Antrag eines Viertels der Wahlberechtigten oder einer in der Dienststelle vertretenen Gewerkschaft kann das Verwaltungsgericht den Ausschluss eines Mitglieds aus dem Personalrat oder die Auflösung des Personalrats wegen grober Vernachlässigung seiner gesetzlichen Befugnisse oder wegen grober Verletzung seiner gesetzlichen Pflichten beschließen. Der Personalrat kann aus den gleichen Gründen den Ausschluss eines Mitglieds beantragen. Der Leiter der Dienststelle kann den Ausschluss eines Mitglieds aus dem Personalrat oder die Auflösung des Personalrats wegen grober Verletzung seiner gesetzlichen Pflichten beantragen.

(2) Ist über den Antrag auf Ausschluss eines Mitglieds bis zum Ablauf der Amtszeit noch nicht rechtskräftig entschieden, so ist das Verfahren mit der Wirkung für die folgende Amtszeit fortzusetzen, wenn das Mitglied für die folgende Amtszeit wieder gewählt worden ist.

(3) Ist der Personalrat aufgelöst, so setzt der Vorsitzende der Fachkammer des Verwaltungsgerichts einen Wahlvorstand ein. Dieser hat unverzüglich eine Neuwahl einzuleiten, durchzuführen und das Ergebnis festzustellen. Der Wahlvorstand nimmt bis zur Neuwahl die dem Personalrat nach diesem Gesetz zustehenden Befugnisse und Pflichten wahr.

§ 29
Erlöschen der Mitgliedschaft im Personalrat

(1) Die Mitgliedschaft im Personalrat erlischt durch
1. Ablauf der Amtszeit,
2. Niederlegung des Amts,
3. Beendigung des Dienstverhältnisses,
4. Ausscheiden aus der Dienststelle,
5. Verlust der Wählbarkeit,
6. gerichtliche Entscheidung nach § 28 Abs. 1 Satz 1,
7. Feststellung nach Ablauf der in § 25 Abs. 1 bezeichneten Frist, dass der Gewählte nicht wählbar war.

(2) Die Mitgliedschaft im Personalrat wird durch einen Wechsel der Gruppenzugehörigkeit eines Mitglieds nicht berührt; dieses bleibt Vertreter der Gruppe, die es gewählt hat.

§ 30
Ruhen der Mitgliedschaft im Personalrat

Die Mitgliedschaft eines Beamten im Personalrat ruht, solange ihm die Führung der Dienstgeschäfte verboten oder er wegen eines gegen ihn schwebenden Disziplinarverfahrens vorläufig des Dienstes enthoben ist. Das Gleiche gilt sinngemäß für Arbeitnehmer.

§ 31
Ersatzmitglieder

(1) Scheidet ein Mitglied aus dem Personalrat aus, so tritt ein Ersatzmitglied ein. Das Gleiche gilt, wenn ein Mitglied des Personalrats zeitweilig verhindert ist.

(2) Die Ersatzmitglieder werden der Reihe nach aus den nicht gewählten Beschäftigten derjenigen Vorschlagslisten entnommen, denen die zu ersetzenden Mitglieder angehören. Ist das ausgeschiedene oder verhinderte Mitglied mit einfacher Stimmenmehrheit gewählt, so tritt der nicht gewählte Beschäftigte mit der nächsthöheren Stimmenzahl als Ersatzmitglied ein.

(3) § 29 Abs. 2 gilt entsprechend bei einem Wechsel der Gruppenzugehörigkeit vor dem Eintritt des Ersatzmitglieds in den Personalrat.

(4) Im Fall des § 19 Abs. 2 Nr. 4 treten Ersatzmitglieder nicht ein.

3. Abschnitt – Geschäftsführung
§ 32
Vorstand

(1) Der Personalrat bildet aus seiner Mitte den Vorstand. Diesem muss ein Mitglied jeder im Personalrat vertretenen Gruppe angehören. Die Vertreter jeder Gruppe wählen das auf sie entfallende Vorstandsmitglied. Beide Geschlechter sollen im Vorstand vertreten sein. Der Vorstand führt die laufenden Geschäfte.

(2) Der Personalrat bestimmt, welches Vorstandsmitglied den Vorsitz übernimmt. Das Vorstandsmitglied der anderen Gruppe ist stellvertretender Vorsitzender, es sei denn, der Personalrat bestimmt dazu mit Zustimmung der Vertreter dieser Gruppe ein anderes Mitglied aus seiner Mitte. Ist nur eine Gruppe im Vorstand vertreten, bestimmt der Personalrat aus seiner Mitte ein Mitglied, das den stellvertretenden Vorsitz übernimmt.

(3) Der Vorsitzende vertritt den Personalrat im Rahmen der von diesem gefassten Beschlüsse. In Angelegenheiten, die nur eine Gruppe betreffen, vertritt der Vorsitzende, wenn er nicht selbst dieser Gruppe angehört, gemeinsam mit dem der Gruppe angehörenden Vorstandsmitglied den Personalrat.

§ 33
Zuwahl von Mitgliedern in den Vorstand

Hat der Personalrat elf oder mehr Mitglieder, so wählt er aus seiner Mitte mit einfacher Stimmenmehrheit zwei weitere Mitglieder in den Vorstand. Sind Mitglieder des Personalrats aus Wahlvorschlägen mit verschiedenen Bezeichnungen gewählt worden und sind im Vorstand Mitglieder aus dem Wahlvorschlag nicht vertreten, der die zweitgrößte Zahl aller von den Angehörigen der Dienststelle abgegebenen Stimmen erhalten hat, so ist eines der weiteren Vorstandsmitglieder aus diesem Wahlvorschlag zu wählen.

Hinweis der Redaktion: Aus den §§ 32-33 ergibt sich im Schulbereich, wo in der Regel zwei „Gruppen" (Beamte und Arbeitnehmer) in der Dienststelle und damit ein Personalrat vertreten sind, folgendes Verfahren in 5 Schritten:
1. Eine Gruppe (z.B. die Beamten) wählt das auf sie entfallende Vorstandsmitglied.
2. Die andere Gruppe (z.B. die Arbeitnehmer) wählt das auf sie entfallende Vorstandsmitglied.
Bei den Schritten 1 und 2 sollen beide Geschlechter berücksichtigt werden.
3. Der gesamte Personalrat (Beamte und Arbeitnehmer) bestimmt eines dieser beiden Vorstandsmitglieder zum / zur Vorsitzenden des Personalrats.
4. Der gesamte Personalrat bestimmt danach das andere Vorstandsmitglied zum bzw. zur stellvertretenden Vorsitzenden; bei Zustimmung aller Mitglieder der Gruppen, denen der Vorsitzende nicht angehört, kann auch ein anderes Mitglied des PR zum/zur Stellvertreter/in gewählt werden; dieses Vorstandsmitglied muss einer anderen Gruppe angehören als der/die Vorsitzende. Nur wenn alle Vertreter einer Gruppe auf das ihnen zustehende Vorstandsamt verzichten, kann der/die stellvertretende Vorsitzende der gleichen Gruppe angehören wie der/die Vorsitzende.
5. Der gesamte Personalrat (Beamte und Arbeitnehmer) wählt zwei weitere Mitglieder in den Vorstand. Dabei muss der zahlenmäßig zweitstärkste Wahlvorschlag und **soll** das andere Geschlecht berücksichtigt werden, sofern diese jeweils nicht bereits im Vorstand vertreten sind (zur Begrifflichkeit siehe → Juristische Terminologie).

§ 34
Anberaumung der Sitzungen

(1) Spätestens sechs Arbeitstage nach dem Wahltag hat der Wahlvorstand die Mitglieder des Personalrats zur Vornahme der vorgeschriebenen Wahlen einzuberufen und die Sitzung zu leiten, bis der Personalrat aus seiner Mitte einen Wahlleiter bestellt hat.

(2) Die weiteren Sitzungen beraumt der Vorsitzende des Personalrats an. Er setzt die Tagesordnung fest und leitet die Verhandlung. Der Vorsitzende hat die Mitglieder des Personalrats zu den Sitzungen rechtzeitig unter Mitteilung der Tagesordnung zu laden. Satz 3 gilt auch für die Ladung der Schwerbehindertenvertretung, der Mitglieder der Jugend- und Auszubildendenvertretung, der Beauftragten für Chancengleichheit und des Vertrauensmannes der Zivildienstleistenden, soweit sie ein Recht auf Teilnahme an der Sitzung haben (§ 41).

(3) Auf Antrag eines Viertels der Mitglieder des Personalrats, der Mehrheit der Vertreter einer Gruppe, der Frauenvertreterin oder des Leiters der Dienststelle hat der Vorsitzende eine Sitzung anzuberaumen und den Gegenstand, dessen Beratung beantragt wird, auf die Tagesordnung zu setzen. Entsprechendes gilt in Angelegenheiten, die
1. besonders Beschäftigte im Sinne von § 57 betreffen, für die Mehrheit der Mitglieder der Jugend- und Auszubildendenvertretung;
2. schwerbehinderte Beschäftigte betreffen, für die Schwerbehindertenvertretung;
3. besonders Zivildienstleistende betreffen, für den Vertrauensmann der Zivildienstleistenden.

(4) Der Leiter der Dienststelle oder im Verhinderungsfall sein Beauftragter nimmt an den Sitzungen, die auf sein Verlangen anberaumt sind, und an den Sitzungen, zu denen er ausdrücklich eingeladen ist, teil.

(5) Der Personalrat kann von Fall zu Fall beschließen, dass Beauftragte von Stufenvertretungen berechtigt sind, mit beratender Stimme an einer Sitzung teilzunehmen.

§ 35
Gemeinsame Aufgaben von Personalrat, Richterrat und Staatsanwaltsrat (nicht abgedruckt)

§ 36
Durchführung der Sitzungen

(1) Die Sitzungen des Personalrats sind nicht öffentlich; sie finden in der Regel während der Arbeitszeit statt. Der Personalrat hat bei der Anberaumung seiner Sitzungen auf die dienstlichen Erfordernisse Rücksicht zu nehmen. Der Leiter der Dienststelle ist vom Zeitpunkt der Sitzung unter Mitteilung der Tagesordnung rechtzeitig zu verständigen.

(2) Ein Mitglied des Personalrats darf weder beratend noch entscheidend mitwirken, wenn die Entscheidung einer Angelegenheit ihm selbst oder folgenden Personen einen unmittelbaren Vorteil oder Nachteil bringen kann:
1. dem Ehegatten oder dem Lebenspartner nach § 1 des Lebenspartnerschaftsgesetzes,
2. einem in gerader Linie oder in der Seitenlinie bis zum dritten Grad Verwandten,
3. einem in gerader Linie oder in der Seitenlinie bis zum zweiten Grad Verschwägerten oder als verschwägert Geltenden, solange die die Schwägerschaft begründende Ehe oder Lebenspartnerschaft nach § 1 des Lebenspartnerschaftsgesetzes besteht, oder
4. einer von ihm kraft Gesetzes oder Vollmacht vertretenen Person.

Diese Vorschriften gelten nicht, wenn die Entscheidung nur die gemeinsamen Interessen einer Berufs- oder Beschäftigtengruppe berührt. Sie gelten nicht für Wahlen, die vom Personalrat aus seiner Mitte vorgenommen werden müssen; das Gleiche gilt für Wahlen, die von den Gruppen aus ihrer Mitte vorgenommen werden müssen. Das Mitglied des Personalrats, bei dem ein Tatbestand vorliegt, der Befangenheit zur Folge haben kann, hat dies vor Beginn der Beratung über diesen Gegenstand dem Vorsitzenden mitzuteilen. Ob ein Ausschließungsgrund vorliegt, entscheidet in Zweifelsfällen in Abwesenheit des Betroffenen der Personalrat. Wer an der Beratung und Entscheidung nicht mitwirken darf, muss die Sitzung verlassen. Ein Beschluss ist rechtswidrig, wenn bei der Beratung oder Beschlussfassung der Vorsitzende oder ein Mitglied trotz Befangenheit mitgewirkt hat.

→ Befangenheit

§ 37
Teilnahme der Gewerkschaften

Auf Antrag von einem Viertel der Mitglieder oder der Mehrheit einer Gruppe des Personalrats kann von Fall zu Fall je ein Beauftragter der im Personalrat vertretenen Gewerkschaften an den Sitzungen beratend teilnehmen. In diesem Fall sind der Zeitpunkt der Sitzung und die Tagesordnung dem Leiter der Dienststelle und den im Personalrat vertretenen Gewerkschaften rechtzeitig mitzuteilen. Der Leiter der Dienststelle kann einen Vertreter der Arbeitgebervereinigung, der die Dienststelle angehört, hinzuziehen.

§ 38
Beschlussfassung

(1) Die Beschlüsse des Personalrats werden mit einfacher Stimmenmehrheit der anwesenden Mitglieder gefasst. Bei Stimmengleichheit ist ein Antrag abgelehnt.

(2) Der Personalrat ist nur beschlussfähig, wenn mindestens die Hälfte seiner Mitglieder anwesend ist; Stellvertretung durch Ersatzmitglieder (§ 31) ist zulässig.

§ 39
Grundsatz der gemeinsamen Beratung und getrennten Beschlussfassung

(1) Über die gemeinsamen Angelegenheiten der Beamten und Arbeitnehmer wird vom Personalrat gemeinsam beraten und beschlossen.

(2) In Angelegenheiten, die lediglich die Angehörigen einer Gruppe betreffen, sind nach gemeinsamer Beratung im Personalrat nur die Vertreter dieser Gruppe zur Beschlussfassung berufen. Dies gilt nicht für eine Gruppe, die im Personalrat nicht vertreten ist.

§ 40
Einspruch der Vertreter einer Gruppe, der Beschäftigten im Sinne von § 57 oder der Schwerbehinderten

(1) Erachtet die Mehrheit der Vertreter einer Gruppe einen Beschluss des Personalrats als eine erhebliche Beeinträchtigung wichtiger Interessen der durch sie vertretenen Beschäftigten, so ist auf ihren Antrag der Beschluss auf die Dauer von sechs Arbeitstagen vom Zeitpunkt der Beschlussfassung an auszusetzen. In dieser Frist soll, gegebenenfalls mithilfe der unter den Mitgliedern des Personalrats vertretenen Gewerkschaften, eine Verständigung versucht werden. Bei Aussetzung eines Beschlusses nach Satz 1 verlängern sich die Fristen nach diesem Gesetz um die Dauer der Aussetzung.

(2) Nach Ablauf der Frist ist über die Angelegenheit erneut zu beschließen. Wird der erste Beschluss bestätigt, so kann der Antrag auf Aussetzung nicht wiederholt werden.

(3) Die Absätze 1 und 2 gelten entsprechend, wenn
1. die Schwerbehindertenvertretung einen Beschluss des Personalrats als erhebliche Beeinträchtigung wichtiger Interessen der Schwerbehinderten erachtet,
2. die Vertretung der Jugend- und Auszubildendenvertretung einen Beschluss des Personalrats als eine erhebliche Beeinträchtigung wichtiger Interessen der Beschäftigten im Sinne von § 57 erachtet.

→ Schwerbehinderung

§ 41
Teilnahme der Vertreter der Beschäftigten im Sinne von § 57 und der Schwerbehinderten, des Vertrauensmannes der Zivildienstleistenden und der Beauftragten für Chancengleichheit

(1) Ein Vertreter der Jugend- und Auszubildendenvertretung, der von dieser benannt wird, kann an allen Sitzungen des Personalrats beratend teilnehmen. An der Behandlung von Angelegenheiten, die besonders Beschäftigte im Sinne von § 57 betreffen, kann die gesamte Jugend- und Auszubildendenvertretung teilnehmen: die Jugend- und Auszubildendenvertreter haben bei Beschlüssen des Personalrats in diesen Angelegenheiten Stimmrecht. Der Personalrat soll Angelegenheiten, die besonders Beschäftigte im Sinne von § 57 betreffen, der Jugend- und Auszubildendenvertretung zur Beratung zuleiten.

(2) Absatz 1 Satz 1 gilt für die Schwerbehindertenvertretung entsprechend.

(3) An der Behandlung von Angelegenheiten, die auch Zivildienstleistende betreffen (§§ 19 bis 22 des Gesetzes über den Vertrauensmann der Zivildienstleistenden vom 16. Januar 1991, BGBl. I S. 47, in der jeweils geltenden Fassung), kann der Vertrauensmann der Zivildienstleistenden mit beratender Stimme teilnehmen.

(4) Die Beauftragte für Chancengleichheit kann an den Sitzungen des Personalrats teilnehmen, wenn der Personalrat dies im Einzelfall beschließt. Sie kann Anregungen zur Behandlung von Angelegenheiten geben, die besonders die Gleichstellung von Frau und Mann betreffen.

→ Chancengleichheitsgesetz

§ 42 Niederschrift

(1) Über jede Verhandlung des Personalrats ist eine Niederschrift aufzunehmen, die mindestens den Wortlaut der Beschlüsse und die Stimmenmehrheit, mit der sie gefasst sind, enthält. Die Niederschrift ist vom Vorsitzenden und einem weiteren Mitglied zu unterzeichnen. Der Niederschrift ist eine Anwesenheitsliste beizufügen, in die sich jeder Teilnehmer eigenhändig einzutragen hat.

(2) Haben der Leiter der Dienststelle, sein Beauftragter oder Beauftragte von Gewerkschaften an der Sitzung teilgenommen, so ist ihnen der entsprechende Teil der Niederschrift abschriftlich zuzuleiten. Einwendungen gegen die Niederschrift sind unverzüglich schriftlich zu erheben und der Niederschrift beizufügen.

§ 43
Geschäftsordnung

Sonstige Bestimmungen über die Geschäftsführung können in einer Geschäftsordnung getroffen werden, die der Personalrat mit der Mehrheit der Stimmen seiner Mitglieder beschließt.

§ 44 Sprechstunden

Der Personalrat kann Sprechstunden während der Arbeitszeit einrichten. Zeit und Ort bestimmt er im Einvernehmen mit dem Leiter der Dienststelle.

§ 45
Kosten

(1) Die durch die Tätigkeit des Personalrats entstehenden notwendigen Kosten trägt die Dienststelle. Mitglieder des Personalrats erhalten bei Reisen, die zur Erfüllung ihrer Aufgaben notwendig sind, Reisekostenvergütungen nach dem Landesreisekostengesetz.

→ Reisekosten (Personalvertretung); → Reisekosten (Gesetz)

(2) Für die Sitzungen, die Sprechstunden und die laufende Geschäftsführung hat die Dienststelle in erforderlichem Umfang Räume, Geschäftsbedarf und Schreibkräfte zur Verfügung zu stellen.

(3) Dem Personalrat werden in allen Dienststellen geeignete Plätze für Bekanntmachungen und Anschläge zur Verfügung gestellt. Die Kosten für erforderliche Informationsschriften des Personalrats trägt die Dienststelle.

§ 46
Verbot der Beitragserhebung

Der Personalrat darf für seine Zwecke von den Beschäftigten keine Beiträge erheben oder annehmen.

4. Abschnitt – Rechtsstellung der Personalratsmitglieder

§ 47
Allgemeines

(1) Die Mitglieder des Personalrats führen ihr Amt unentgeltlich als Ehrenamt.

(2) Versäumnis von Arbeitszeit, die zur ordnungsmäßigen Durchführung der Aufgaben des Personalrats erforderlich ist, hat keine Minderung der Dienstbezüge oder des Arbeitsentgelts zur Folge. Werden Mitglieder des Personalrats durch die Erfüllung ihrer Aufgaben über die regelmäßige Arbeitszeit hinaus beansprucht, so ist ihnen Dienstbefreiung in entsprechendem Umfang zu gewähren.

(3) Mitglieder des Personalrats sind auf Antrag des Personalrats von ihrer dienstlichen Tätigkeit freizustellen, wenn und soweit es nach Umfang und Art der Dienststelle zur ordnungsgemäßen Durchführung ihrer Aufgaben erforderlich ist. Bei der Freistellung sind zunächst die nach § 32 Abs. 2 bestimmten Vorstandsmitglieder, sodann die übrigen Vorstandsmitglieder zu berücksichtigen. Bei weiteren Freistellungen sind die im Personalrat vertretenen Wahlvorschläge nach den Grundsätzen der Verhältniswahl zu berücksichtigen; dabei sind die nach Satz 2 freigestellten Vorstandsmitglieder anzurechnen. Die Freistellung darf nicht zur Beeinträchtigung des beruflichen Werdegangs führen.

Hinweis der Redaktion:
1. „Bezugspunkt" für die Bestimmung der Höhe der Freistellungen ist die im Wahlausschreiben angegebene Anzahl der „in der Regel Beschäftigten". Diese Freistellungen werden den Personalvertretungen ab Beginn des auf die Wahl folgenden Schuljahrs gewährt. Sie werden grundsätzlich für die Dauer der Amtszeit der Personalvertretung durchgehend in unverändertem Höhe gewährt. Veränderungen der Beschäftigtenzahl haben grundsätzlich keine Auswirkungen auf die Freistellungen.
(Quelle: KM, 25.2.2010; AZ: 14-0301.624/112)

2. Die Freistellung der Mitglieder der örtlichen Personalräte an den Gymnasien und beruflichen Schulen sowie der Haupt- und Bezirkspersonalräte im Schulbereich ist in der VwV → Arbeitszeit (Lehrkräfte) Teil F geregelt.
3. Die Freistellung der örtlichen Personalräte im Bereich der GWHRS-Schulen (an den unteren Schulaufsichtsbehörden) richtet sich nach dem folgenden Absatz 4.

(4) Auf Antrag des Personalrats sind von ihrer dienstlichen Tätigkeit freizustellen in Dienststellen mit in der Regel

100 bis 300 Beschäftigten ein Mitglied für 12 Arbeitsstunden in der Woche,
301 bis 600 Beschäftigten ein Mitglied für 24 Arbeitsstunden in der Woche,
601 bis 1000 Beschäftigten ein Mitglied
und für je weitere angefangene
1500 Beschäftigte je ein weiteres Mitglied.

Eine entsprechende Teilfreistellung mehrerer Mitglieder ist zulässig.

(5) Die Mitglieder des Personalrats sind unter Fortzahlung der Bezüge für die Teilnahme an Schulungs- und Bildungsveranstaltungen vom Dienst freizustellen, soweit diese Kenntnisse vermitteln, die für die Tätigkeit im Personalrat erforderlich sind; dabei sind die dienstlichen Interessen angemessen zu berücksichtigen.

(6) Der Vorsitzende des Personalrats sowie sein Stellvertreter haben einmal im Vierteljahr Anspruch auf Lohn- und Gehaltsfortzahlung anlässlich der Teilnahme an einer von der zuständigen Gewerkschaft einberufenen Konferenz der Vorsitzenden der Personalräte. Denselben Anspruch haben alle Mitglieder der Personalvertretung zweimal im Jahr zur Teilnahme an einer gleichen Konferenz. Die persönliche Teilnahme an einer dieser Konferenzen ist durch eine Bescheinigung der zuständigen gewerkschaftlichen Konferenzleitung nachzuweisen. Absatz 5 bleibt unberührt.

(7) Von ihrer dienstlichen Tätigkeit freigestellte Mitglieder des Personalrats dürfen von Maßnahmen der Berufsbildung innerhalb und außerhalb der Verwaltung nicht ausgeschlossen werden. Innerhalb eines Jahres nach Beendigung der Freistellung eines Personalratsmitglieds ist diesem im Rahmen der Möglichkeiten der Dienststelle Gelegenheit zu geben, eine wegen der Freistellung unterbliebene verwaltungsübliche Entwicklung nachzuholen. Für Mitglieder des Personalrats, die drei volle aufeinander folgende Amtszeiten von ihrer dienstlichen Tätigkeit freigestellt waren, erhöht sich der Zeitraum nach Satz 2 auf zwei Jahre.

§ 47a
Unfälle und Sachschaden

Erleidet ein Beamter anlässlich der Wahrnehmung von Rechten oder Erfüllung von Pflichten nach diesem Gesetz einen Unfall, der im Sinne der beamtenrechtlichen Unfallfürsorgevorschriften ein Dienstunfall wäre, oder einen Sachschaden, der nach § 80 des Landesbeamtengesetzes zu ersetzen wäre, so finden diese Vorschriften entsprechende Anwendung. → Beamtengesetz § 80

§ 48
Schutz des Arbeitsplatzes, Übernahme eines Auszubildenden

(1) Mitglieder des Personalrats dürfen gegen ihren Willen nur versetzt oder abgeordnet werden, wenn dies auch unter Berücksichtigung der Mitgliedschaft im Personalrat aus wichtigen dienstlichen Gründen unvermeidbar ist. Als Versetzung im Sinne des Satzes 1 gilt auch die mit einem Wechsel des Dienstorts verbundene Umsetzung in derselben Dienststelle. Die Versetzung oder Abordnung von Mitgliedern des Personalrats bedarf der Zustimmung des Personalrats. Verweigert der Personalrat seine Zustimmung oder äußert er sich nicht innerhalb von drei Arbeitstagen nach Eingang des Antrags, so kann das Verwaltungsgericht sie auf Antrag des Leiters der Dienststelle ersetzen, wenn die Voraussetzungen des Satzes 1 vorliegen. In dem Verfahren vor dem Verwaltungsgericht ist das Mitglied des Personalrats Beteiligter.

(2) Für Dienstanfänger, Beamte im Vorbereitungsdienst und Beschäftigte in entsprechender Berufsausbildung gelten Absatz 1 und die §§ 15, 16 des Kündigungsschutzgesetzes nicht. Absatz 1 gilt ferner nicht bei der Versetzung oder Abordnung dieser Beschäftigten zu einer anderen Dienststelle im Anschluss an das Ausbildungsverhältnis. Die Mitgliedschaft der in Satz 1 bezeichneten Beschäftigten im Personalrat ruht unbeschadet des § 29, solange sie entsprechend den Erfordernissen ihrer Ausbildung zu einer anderen Dienststelle versetzt oder abgeordnet sind.

(3) Die außerordentliche Kündigung von Mitgliedern des Personalrats, die in einem Arbeitsverhältnis stehen, bedarf der Zustimmung des Personalrats. Verweigert der Personalrat seine Zustimmung oder äußert er sich nicht innerhalb von drei Arbeitstagen nach Eingang des Antrags, so kann das Verwaltungsgericht sie auf Antrag des Leiters der Dienststelle ersetzen, wenn die außerordentliche Kündigung unter Berücksichtigung aller Umstände gerechtfertigt ist. In dem Verfahren vor dem Verwaltungsgericht ist der betroffene Arbeitnehmer Beteiligter. ...

Dritter Teil – Die Personalversammlung

§ 49
Allgemeines

(1) Die Personalversammlung besteht aus den Beschäftigten der Dienststelle. Sie wird vom Vorsitzenden des Personalrats geleitet. Sie ist nicht öffentlich.

Hinweis der Redaktion: Die Lehreranwärter/innen an Grund- und Hauptschulen sowie an Realschulen sind teilnahmeberechtigt an der „allgemeinen" Personalversammlung wie die Lehrkräfte ihrer „Stammschule" (vgl. § 11 LPVG).

(2) Kann nach den dienstlichen Verhältnissen, der Eigenart der Dienststelle oder anderen sachlichen Gegebenheiten eine gemeinsame Versammlung aller Beschäftigten nicht stattfinden, so sind Teilversammlungen abzuhalten.

(3) Der Personalrat kann ferner getrennte Versammlungen in bestimmten Verwaltungseinheiten der Dienststelle oder Versammlungen eines bestimmten Personenkreises durchführen.

Hinweis der Redaktion: Auch eine einzelne Schule ist eine „bestimmte Verwaltungseinheit"; der Personalrat GWHRS bei der unteren Schulaufsicht kann also z.B. auch an einer einzelnen Grundschule eine Teilpersonalversammlung für die dort tätigen Lehrkräfte (einschließlich der Schulleitung) außerhalb der Unterrichtszeit durchführen. (Quelle: Verwaltungsgericht Stuttgart vom 15.3.1999 AZ: PL 21 K 5/99).

§ 50
Tätigkeitsbericht des Personalrats

(1) Der Personalrat soll einmal in jedem Kalenderhalbjahr, muss jedoch einmal in jedem Kalenderjahr in einer Personalversammlung einen Tätigkeitsbericht erstatten.

(2) Der Personalrat ist berechtigt und auf Wunsch des Leiters der Dienststelle oder eines Viertels der wahlberechtigten Beschäftigten verpflichtet, eine Personalversammlung einzuberufen und den Gegenstand, dessen Beratung beantragt ist, auf die Tagesordnung zu setzen.

(3) Auf Antrag einer in der Dienststelle vertretenen Gewerkschaft muss der Personalrat vor Ablauf von zwölf Arbeitstagen nach Eingang des Antrags eine Personalversammlung nach Absatz 1 einberufen, wenn im vorhergegangenen Kalenderjahr keine Personalversammlung und keine Teilversammlung durchgeführt worden sind.

§ 51
Durchführung der Personalversammlungen

(1) Die in § 50 Abs. 1 bezeichneten und die auf Wunsch des Leiters der Dienststelle einberufenen Personalversammlungen finden während der Arbeitszeit statt, soweit nicht die dienstlichen Verhältnisse eine andere Regelung erfordern. Die Teilnahme an der Personalversammlung hat keine Minderung der Dienstbezüge oder des Arbeitsentgelts zur Folge. Soweit in den Fällen des Satzes 1 Personalversammlungen aus dienstlichen Gründen außerhalb der Arbeitszeit stattfinden müssen, ist den Teilnehmern Dienstbefreiung in entsprechendem Umfang zu gewähren. Die Kosten, die durch die Teilnahme an Personalversammlungen nach Satz 1 entstehen, werden in entsprechender Anwendung des Landesreisekostengesetzes erstattet.

(2) Andere Personalversammlungen finden außerhalb der Arbeitszeit statt. Hiervon kann im Einvernehmen mit dem Leiter der Dienststelle abgewichen werden.

§ 52
Aufgaben der Personalversammlung

Die Personalversammlung kann dem Personalrat Anträge unterbreiten und zu seinen Beschlüssen Stellung nehmen. Sie darf alle Angelegenheiten behandeln, die die Dienststelle oder ihre Beschäftigten unmittelbar betreffen, insbesondere Tarif-, Besoldungs- und Sozialangelegenheiten sowie Fragen der Gleichstellung von Frau und Mann. § 66 Abs. 2 und § 67 Abs. 1 Satz 3 gelten für die Personalversammlung entsprechend.

→ Chancengleichheitsgesetz

§ 53
Teilnahme der Gewerkschaften, der Arbeitgebervereinigungen, der Dienststelle, der Schwerbehindertenvertretung und der Jugend- und Auszubildendenvertretung.

(1) Je ein Beauftragter der in der Dienststelle vertretenen Gewerkschaften und ein Beauftragter der Arbeitgebervereinigung, der die Dienststelle angehört, sind berechtigt, mit beratender Stimme an der Personalversammlung teilzunehmen, es sei denn, dass der Personalrat widerspricht; die Personalversammlung kann mit der Mehrheit der Stimmen der anwesenden Beschäftigten den Widerspruch des Personalrats aufheben. Die Teilnahmeberechtigten können Änderungen oder Ergänzungen der Tagesordnung beantragen. Der Personalrat hat gegebenenfalls die Einberufung der Personalversammlung den in Satz 1 genannten Gewerkschaften und den Arbeitgebervereinigungen mitzuteilen. Ein beauftragtes Mitglied der Stufenvertretung oder des Gesamtpersonalrats sowie ein Beauftragter der Dienststelle, bei der die Stufenvertretung besteht, können an der Personalversammlung teilnehmen.

(2) Der Leiter der Dienststelle kann an den Personalversammlungen teilnehmen. An den Personalversammlungen, die auf seinen Wunsch einberufen worden sind oder zu denen er ausdrücklich eingeladen worden ist, hat er teilzunehmen. Er kann einen Vertreter der Arbeitgebervereinigung, der die Dienststelle angehört, hinzuziehen; in diesem Fall kann auch je ein Beauftragter der in der Dienststelle vertretenen Gewerkschaften an der Personalversammlung teilnehmen. Der Leiter der Dienststelle kann sich durch einen Beauftragten in der Personalversammlung vertreten lassen, sofern die Personalversammlung nicht auf seinen Wunsch einberufen worden ist.

(3) Die Schwerbehindertenvertretung und Beauftragte der Jugend- und Auszubildendenvertretung können mit beratender Stimme an den Personalversammlungen teilnehmen.

Vierter Teil
Gesamtpersonalrat und Stufenvertretungen

§ 54 Gesamtpersonalrat (hier nicht abgedruckt)

§ 55
Bezirkspersonalrat und Hauptpersonalrat (Stufenvertretungen)

(1) Für den Geschäftsbereich mehrstufiger Verwaltungen werden Stufenvertretungen gebildet, und zwar bei den Mittelbehörden Bezirkspersonalräte, bei den obersten Dienstbehörden Hauptpersonalräte. Mittelbehörde im Sinne dieses Gesetzes ist die einer obersten Dienstbehörde unmittelbar nachgeordnete Behörde, der andere Dienststellen nachgeordnet sind.

(2) Die Mitglieder des Bezirkspersonalrats werden von den zum Geschäftsbereich der Mittelbehörde, die Mitglieder des Hauptpersonalrats von den zum Geschäftsbereich der obersten Dienstbehörde gehörenden Beschäftigten gewählt. Die Stufenvertretung besteht

bis zu 3000 in der Regel Beschäftigten aus sieben Mitgliedern,
bei 3001 bis 5000 in der Regel Beschäftigten aus neun Mitgliedern,
bei 5001 und mehr in der Regel Beschäftigten aus elf Mitgliedern.

Hinweis der Redaktion: Die Freistellung der Mitglieder der Haupt- und Bezirkspersonalräte im Schulbereich ist in der VwV → Arbeitszeit (Lehrkräfte) Teil F geregelt.

(3) Für die Wahl, die Amtszeit und die Geschäftsführung der Stufenvertretungen gelten die §§ 11 bis 13, 14 Abs. 2 und 5, § 15 Abs. 1 und 2, §§ 16 bis 21, 23 bis 33, 34 Abs.1 bis 4, §§ 36 bis 39, 40 Abs. 1, 2 und 3 Nr. 1, §§ 42 bis 46, 47 Abs. 1 bis 3 und 5 bis 7, §§ 47a, 48 und 54 Abs. 3 Satz 2 und 3 sowie Abs. 4 mit folgenden Maßgaben entsprechend:

1. § 12 Abs. 3 gilt nur für die leitenden Beschäftigten der Dienststelle, bei der die Stufenvertretung errichtet ist, sowie für die unmittelbaren Mitarbeiter dieser Beschäftigten, die als Personalsachbearbeiter Entscheidungen vorbereiten.

2. Die in § 12 Abs. 3 genannten Personen, die Beschäftigte einer nachgeordneten Dienststelle sind, dürfen als Mitglieder der Stufenvertretung an Personalangelegenheiten der eigenen Dienststelle weder beratend noch entscheidend mitwirken.

3. Bei der entsprechenden Anwendung des § 34 Abs. 1 tritt an die Stelle der Frist von sechs Arbeitstagen die Frist von zwölf Arbeitstagen.

4. § 41 Abs. 2 gilt mit der Maßgabe, dass beim Bezirkspersonalrat die Bezirksschwerbehindertenvertretung, die für die Dienststelle, bei der der Bezirkspersonalrat gebildet ist, zuständig ist, zu beteiligen ist; dies gilt entsprechend für die Beteiligung der Hauptschwerbehindertenvertretung beim Hauptpersonalrat.

5. Der für die Reisekostenvergütungen nach § 45 Abs. 1 Satz 2 maßgebende Dienstort ist der Sitz der Dienststelle, der das Mitglied der Stufenvertretung angehört.

6. Der Vorsitzende kann im schriftlichen Verfahren beschließen lassen. Die Beschlussfassung muss in einer Sitzung der Stufenvertretung erfolgen, wenn im Einzelfall ein Drittel der Mitglieder dem schriftlichen Verfahren widerspricht.

(4) Die Personalräte oder, wenn solche nicht bestehen, die Leiter der Dienststellen bestellen auf Ersuchen des Bezirks- oder Hauptwahlvorstands die örtlichen Wahlvorstände für die Wahl der Stufenvertretungen. Werden in einer Verwaltung die Personalräte und Stufenvertretungen gleichzeitig gewählt, so führen die die den Dienststellen bestehenden Wahlvorstände die Wahlen der Stufenvertretungen im Auftrag des Bezirks- oder Hauptwahlvorstands durch.

Fünfter Teil – Ausbildungspersonalrat

§ 56

(1) *(Ermächtigung; nicht abgedruckt)*
(2) Wahlberechtigt und wählbar zum Ausbildungspersonalrat sind die Auszubildende in öffentlich-rechtlichen Ausbildungsverhältnissen, die Beamten im Vorbereitungsdienst und die Beschäftigten in entsprechender Berufsausbildung der Dienststellen oder des Ausbildungsbereichs, für die der Ausbildungspersonalrat gebildet wird.

(3) Für die Wahl, die Amtszeit, die Geschäftsführung, die Rechte, Pflichten und Aufgaben des Ausbildungspersonalrats und seiner Mitglieder gelten § 11 Abs. 1 und 2, § 12 Abs. 2, § 14 Abs. 1, 3 bis 5, §§ 15 bis 18, 19 Abs. 1 und 2 Nr. 2 bis 6 und Abs. 3, §§ 20, 21, 23 bis 26, 28 bis 34, 36 bis 39, 42 bis 46, 47 Abs. 1, 2, 5 und 6, §§ 47a, 48 Abs. 1, §§ 49 bis 53 und 66 bis 84 entsprechend. Eine Personalversammlung zur Bestellung des Wahlvorstands findet nicht statt. An ihrer Stelle übt der Leiter der Dienststelle, bei der der Ausbildungspersonalrat gebildet ist, die Befugnis zur Bestellung des Wahlvorstands nach § 20 Abs. 2, §§ 21 und 23 aus.

(4) Beschäftigte, die zu einem Ausbildungspersonalrat wahlberechtigt sind, besitzen nicht die Wahlberechtigung und die Wählbarkeit zum Personalrat, zum Gesamtpersonalrat, zu den Stufenvertretungen und zur Jugend- und Auszubildendenvertretung.

(5) § 35 findet mit der Maßgabe Anwendung, dass für die Beratung sozialer Angelegenheiten gemeinsame Sitzungen mit dem Personalrat und dem Richterrat und Staatsanwaltschaftsrat der Dienststelle, deren Leiter auch der Leiter der Dienststelle ist, bei der der Ausbildungspersonalrat gebildet ist, stattfinden können.

(6) Eine Beteiligung bei der Gestaltung von Lehrveranstaltungen sowie bei der Auswahl der Lehrpersonen findet nicht statt.

Hinweis der Redaktion: Für die Lehreranwärter/innen an den Grund- und Hauptschulen sowie den Realschulen wird kein Ausbildungspersonalrat am Seminar für die schulpraktische Ausbildung gebildet; sie sind deshalb für die Personalvertretung an GWHRS-Schulen wahlberechtigt (hierzu bitte § 11 dieses Gesetzes beachten).
→ Ausbildungspersonalräte

Sechster Teil – Jugend- und Auszubildendenvertretung und Jugend- und Auszubildendenversammlung
(hier nicht abgedruckt)

Siebenter Teil – Datenschutz

§ 65
Datenschutz

(1) Die Personalvertretungen haben bei der Verarbeitung personenbezogener Daten die datenschutzrechtlichen Vorschriften zu beachten und treffen die zu deren Einhaltung erforderlichen ergänzenden Regelungen für die Geschäftsführung in eigener Verantwortung.

(2) Die Personalvertretungen dürfen personenbezogene Daten speichern, soweit und solange dies zur Erfüllung ihrer Aufgaben erforderlich ist. Nach Abschluss der Maßnahme, an der die Personalvertretung beteiligt war, sind die ihr in diesem Zusammenhang zur Verfügung gestellten personenbezogenen Daten zu löschen und Unterlagen mit personenbezogenen Daten der Dienststelle zurückzugeben.

(3) Auf Dauer dürfen Personalvertretungen Grunddaten der Beschäftigten speichern; bei Beschäftigten nach § 4 Abs. 1 zählen dazu Name, Funktion sowie ihre Bewertung, Besoldungs-, oder Entgeltgruppe, Geburts-, Einstellungs- und Ernennungsdatum, Rechtsgrundlage und Dauer der Befristung des Arbeitsverhältnisses sowie Datum der letzten Beförderung, Höher- oder Rückgruppierung.

(4) Personenbezogene Daten in Niederschriften (§ 42) sind spätestens am Ende des achten Jahres ab der Speicherung zu löschen.
→ Datenschutz (Schulen)

Achter Teil – Beteiligung des Personalrats
1. Abschnitt – Allgemeines

§ 66
Zusammenarbeit zwischen Dienststelle und Personalvertretung

(1) Der Leiter der Dienststelle oder sein Beauftragter und die Personalvertretung treten mindestens einmal im Vierteljahr zu gemeinschaftlichen Besprechungen zusammen. In ihnen soll auch die Gestaltung des Dienstbetriebs behandelt werden, insbesondere alle Vorgänge, die die Beschäftigten wesentlich berühren. Sie haben über strittige Fragen mit dem ernsten Willen zur Einigung zu verhandeln und Vorschläge für die Beilegung von Meinungsverschiedenheiten zu machen. Die Schwerbehindertenvertretung ist zu den gemeinschaftlichen Besprechungen beratend hinzuzuziehen.

(2) Dienststelle und Personalvertretung haben alles zu unterlassen, was geeignet ist, die Arbeit und den Frieden der Dienststelle zu beeinträchtigen. Insbesondere dürfen Dienststelle und Personalvertretung keine Maßnahmen des Arbeitskampfs gegeneinander durchführen. Arbeitskämpfe tariffähiger Parteien werden hierdurch nicht berührt.

(3) Außenstehende Stellen dürfen erst angerufen werden, wenn eine Einigung in der Dienststelle nicht erzielt worden ist.

§ 67
Allgemeine Grundsätze für die Behandlung der Beschäftigten

(1) Dienststelle und Personalvertretung haben darüber zu wachen, dass alle Angehörigen der Dienststelle nach Recht und Billigkeit behandelt werden, insbesondere, dass jede Benachteiligung von Personen aus rassistischen Gründen oder wegen ihrer ethnischen Herkunft, ihrer Abstammung oder sonstigen Herkunft, ihrer Nationalität, ihrer Religion oder Weltanschauung, ihrer Behinderung, ihres Alters, ihrer politischen oder gewerkschaftlichen Betätigung oder Einstellung oder wegen ihres Geschlechts oder ihrer sexuellen Identität unterbleibt. Dabei müssen sie sich so verhalten, dass

das Vertrauen der Beschäftigten in die Objektivität und Neutralität ihrer Amtsführung nicht beeinträchtigt wird. Der Leiter der Dienststelle und die Personalvertretung haben jede parteipolitische Betätigung in der Dienststelle zu unterlassen; die Behandlung von Tarif-, Besoldungs- und Sozialangelegenheiten wird hierdurch nicht berührt.

(2) Soweit sich Beschäftigte, die Aufgaben nach diesem Gesetz wahrnehmen, auch in der Dienststelle für ihre Gewerkschaft betätigen, gilt Absatz 1 Satz 2 und 3 entsprechend.

(3) Die Personalvertretung hat sich für die Wahrung der Vereinigungsfreiheit der Beschäftigten einzusetzen.

§ 68
Allgemeine Aufgaben der Personalvertretung

(1) Die Personalvertretung hat folgende allgemeine Aufgaben:

1. Maßnahmen, die den innerdienstlichen sozialen oder persönlichen Belangen der Angehörigen der Dienststelle dienen, zu beantragen,
2. darüber zu wachen, dass die zugunsten der Beschäftigten geltenden Gesetze, Verordnungen, Tarifverträge, Dienstvereinbarungen und Verwaltungsanordnungen, Unfallverhütungsvorschriften und sonstigen Arbeitsschutzvorschriften durchgeführt werden,
3. Anregungen und Beschwerden von Beschäftigten und der Jugend- und Auszubildendenvertretung entgegenzunehmen und, falls sie berechtigt erscheinen, durch Verhandlung mit dem Leiter der Dienststelle auf ihre Erledigung hinzuwirken; der Personalrat hat die betroffenen Beteiligten über das Ergebnis der Verhandlungen zu unterrichten.
4. im Zusammenwirken mit der Schwerbehindertenvertretung die Eingliederung und berufliche Entwicklung Schwerbehinderter und sonstiger Hilfsbedürftiger, insbesondere älterer Personen, in die Dienststelle zu fördern und für eine ihren Fähigkeiten und Kenntnissen entsprechenden Beschäftigung zu sorgen,
5. im Zusammenwirken mit der Schwerbehindertenvertretung Maßnahmen zur beruflichen Förderung Schwerbehinderter zu beantragen,
6. die Eingliederung ausländischer Beschäftigter in die Dienststelle und das Verständnis zwischen ihnen und den deutschen Beschäftigten zu fördern,
7. mit der Jugend- und Auszubildendenvertretung zur Förderung der Belange der Beschäftigten im Sinne von § 57 eng zusammenzuarbeiten,
8. Kinderbetreuungseinrichtungen der Dienststelle,
9. Wahrung der Interessen der Fernarbeitnehmer,
10. Maßnahmen zu beantragen, die der Gleichstellung von Frau und Mann dienen.

→ Chancengleichheitsgesetz; → Beschäftigtenschutzgesetz; → Mobbing; → Teilzeit (Pflichten und Rechte)

(2) Die Personalvertretung ist zur Durchführung ihrer Aufgaben rechtzeitig und umfassend zu unterrichten. Ihr sind die hierfür erforderlichen Unterlagen vorzulegen. Personalakten dürfen nur mit Zustimmung des Beschäftigten und nur von den von ihm bestimmten Mitgliedern der Personalvertretung eingesehen werden.

→ Beamtengesetz §§ 83 ff.; → Personalakten; → Verwaltungsrecht

(3) Ein Mitglied der Personalvertretung ist auf Verlangen des zu beurteilenden Beschäftigten an Beurteilungsgesprächen im Sinne von § 51 Abs. 2 Satz 1 des Landesbeamtengesetzes zu beteiligen.

(4) Der Vorsitzende oder ein beauftragtes Mitglied der Personalvertretung hat jederzeit das Recht, nach vorheriger Unterrichtung des Leiters der Dienststelle, die Dienststelle zu begehen und, sofern die Beschäftigten zustimmen, diese an ihrem Arbeitsplatz aufzusuchen, wenn zwingende dienstliche Gründe nicht entgegenstehen.

2. Abschnitt – Formen und Verfahren der Mitbestimmung und Mitwirkung

§ 69
Verfahren der Mitbestimmung

(1) Soweit eine Maßnahme der Mitbestimmung des Personalrats unterliegt, kann sie nur mit seiner Zustimmung getroffen werden.

(2) Die Dienststelle unterrichtet den Personalrat von der beabsichtigten Maßnahme und beantragt seine Zustimmung. Der Personalrat kann verlangen, dass die Dienststelle die beabsichtigte Maßnahme begründet. Der Beschluss des Personalrats über die beantragte Zustimmung ist der Dienststelle innerhalb von achtzehn Arbeitstagen mitzuteilen. In dringenden Fällen kann die Dienststelle diese Frist auf sechs Arbeitstage abkürzen. Die Maßnahme gilt als gebilligt, wenn nicht der Personalrat innerhalb der genannten Frist die Zustimmung unter Angabe der Gründe schriftlich verweigert. Soweit dabei Beschwerden oder Behauptungen tatsächlicher Art vorgetragen werden, die für einen Beschäftigten ungünstig sind oder ihm nachteilig werden können, hat die Dienststelle dem Beschäftigten Gelegenheit zur Äußerung zu geben; die Äußerung ist aktenkundig zu machen.

(3) Kommt eine Einigung nicht zustande, so kann die Dienststelle oder der Personalrat die Angelegenheit binnen zwölf Arbeitstagen auf dem Dienstweg der übergeordneten Dienststelle, bei der eine Stufenvertretung besteht, vorlegen. Die übergeordnete Dienststelle hat die Angelegenheit der bei ihr gebildeten Stufenvertretung innerhalb von 24 Arbeitstagen vorzulegen. Können sich die übergeordnete Dienststelle und die Stufenvertretung nicht einigen, so kann die übergeordnete Dienststelle oder die Stufenvertretung die Angelegenheit binnen zwölf Arbeitstagen der obersten Dienstbehörde vorlegen. In Gemeinden, Landkreisen und sonstigen Körperschaften, Anstalten und Stiftungen des öffentlichen Rechts ist das in ihrer Verfassung vorgesehene oberste Organ oder ein Ausschuss dieses Organs oder, wenn ein solches nicht vorhanden ist, die Aufsichtsbehörde anzurufen; in Zwei-

felsfällen bestimmt die zuständige oberste Landesbehörde die anzurufende Stelle. Absatz 2 gilt entsprechend. Legt die Dienststelle oder die übergeordnete Dienststelle die Angelegenheit nach Satz 1 oder Satz 3 der übergeordneten Dienststelle oder der obersten Dienstbehörde vor, so teilt sie dies dem Personalrat oder der Stufenvertretung unter Angabe der Gründe mit.

(4) Ergibt sich zwischen der obersten Dienstbehörde und der bei ihr bestehenden zuständigen Personalvertretung oder zwischen dem nach Absatz 3 Satz 4 zuständigen Organ oder seinem Ausschuss und dem Personalrat keine Einigung, so entscheidet eine Einigungsstelle (§ 71). Die Einigungsstelle soll binnen zwei Monaten nach der Erklärung eines Beteiligten, die Entscheidung der Einigungsstelle herbeiführen zu wollen, entscheiden. In den Fällen der §§ 75 und 79 Abs. 3 beschließt die Einigungsstelle, wenn sie sich nicht der Auffassung der obersten Dienstbehörde oder des nach Absatz 3 Satz 4 zuständigen Organs oder seines Ausschusses anschließt, eine Empfehlung an diese. Die oberste Dienstbehörde oder das nach Absatz 3 Satz 4 zuständige Organ oder sein Ausschuss kann einen Beschluss der Einigungsstelle, der im Einzelfall wegen seiner Auswirkungen auf das Gemeinwesen wesentlicher Bestandteil der Regierungsgewalt ist, innerhalb eines Monats nach seiner Zustellung ganz oder teilweise aufheben und endgültig entscheiden. Die Entscheidung ist zu begründen und den Beteiligten unverzüglich bekanntzugeben. Die oberste Dienstbehörde oder das nach Absatz 3 Satz 4 zuständige Organ oder sein Ausschuss entscheidet sodann endgültig.

(5) Die Dienststelle kann bei Maßnahmen, die der Natur der Sache nach keinen Aufschub dulden, bis zur endgültigen Entscheidung vorläufige Regelungen treffen. Sie hat dem Personalrat die vorläufige Regelung mitzuteilen und zu begründen und unverzüglich das Verfahren nach den Absätzen 2, 3 und 4 einzuleiten oder fortzusetzen.

§ 70
Antrag des Personalrats

(1) Beantragt der Personalrat eine Maßnahme, die nach § 79 Abs. 1 Nr. 1 bis 3, 5, 8, 11 und 13 seiner Mitbestimmung unterliegt, so hat er sie schriftlich dem Leiter der Dienststelle vorzuschlagen. Entspricht dieser dem Antrag nicht, so bestimmt sich das weitere Verfahren nach § 69 Abs. 3 und 4.

(2) Beantragt der Personalrat eine Maßnahme, die nach § 78 Abs. 1 Satz 1 Nr. 1 bis 3, § 79 Abs. 1 Nr. 6 und 12 und Abs. 3 Nr. 4 bis 6 und 8 bis 10, mit Ausnahme der Bestellung und Abberufung der Ausbilder und Ausbildungsleiter, und Nr. 11 bis 16 seiner Mitbestimmung unterliegt, so hat er sie schriftlich dem Leiter der Dienststelle vorzuschlagen. Entspricht dieser dem Antrag nicht, so bestimmt sich das weitere Verfahren nach § 69 Abs. 3; die oberste Dienstbehörde oder das nach § 69 Abs. 3 Satz 4 zuständige Organ entscheidet endgültig. Satz 1 und 2 gilt nicht, wenn der Personalrat nur auf Antrag des Beschäftigten beteiligt wird.

§ 71
Einigungsstelle

(1) Die Einigungsstelle wird, soweit sich aus Absatz 2 nichts Abweichendes ergibt, von Fall zu Fall bei der obersten Dienstbehörde gebildet. Sie besteht aus je drei Beisitzern, die von der obersten Dienstbehörde ... und der bei ihr bestehenden zuständigen Personalvertretung innerhalb von zehn Arbeitstagen nach der Erklärung eines Beteiligten, die Entscheidung der Einigungsstelle herbeiführen zu wollen, bestellt werden, und einer unparteiischen Person für den Vorsitz, auf die sich beide Seiten einigen. Die Person für den Vorsitz ist innerhalb von zehn Arbeitstagen nach Bestellung der Beisitzer zu bestellen. Sie muss die Befähigung zum Richteramt besitzen oder die Voraussetzungen des § 110 Satz 1 des Deutschen Richtergesetzes erfüllen. Kommt die Einigung über die Person für den Vorsitz nicht zustande, so bestellt sie der Präsident des Verwaltungsgerichtshofs. Unter den Beisitzern, die von der Personalvertretung bestellt werden, muss sich je ein Beamter und ein Arbeitnehmer befinden, es sei denn, die Angelegenheit betrifft lediglich die Beamten oder die Arbeitnehmer.

(2) Aufgrund einer Dienstvereinbarung kann die Einigungsstelle auf Dauer, längstens bis zum Ablauf der Amtszeit der zuständigen Personalvertretung gebildet werden. Absatz 1 gilt mit der Maßgabe entsprechend, dass zwischen der obersten Dienstbehörde und der zuständigen Personalvertretung Einigung über die unparteiische Person für den Vorsitz für die vereinbarte Amtszeit erzielt wird.

(3) Die Verhandlung ist nicht öffentlich. Der obersten Dienstbehörde oder dem in § 69 Abs. 3 Satz 4 genannten Organ und der zuständigen Personalvertretung ist Gelegenheit zur mündlichen Äußerung zu geben. Im Einvernehmen mit den Beteiligten kann die Äußerung schriftlich erfolgen.

(4) Die Einigungsstelle entscheidet durch Beschluss. Sie kann den Anträgen der Beteiligten auch teilweise entsprechen. Der Beschluss wird mit Stimmenmehrheit gefasst. Er muss sich im Rahmen der geltenden Rechtsvorschriften, insbesondere des Haushaltsgesetzes, halten.

(5) Der Beschluss ist den Beteiligten zuzustellen. Er bindet, abgesehen von den Fällen des § 69 Abs. 4 Satz 3 und 5, die Beteiligten, soweit er eine Entscheidung im Sinne des Absatzes 4 enthält.

§ 72
Verfahren der Mitwirkung

(1) Soweit der Personalrat an Entscheidungen mitwirkt, ist ihm die beabsichtigte Maßnahme rechtzeitig bekanntzugeben und auf Verlangen mit ihm zu erörtern.

(2) Äußert sich der Personalrat nicht innerhalb von 18 Arbeitstagen oder hält er bei Erörterung seine Einwendungen oder Vorschläge nicht auf-

Kursiv gesetzte Passagen sind dienstvereinbarungsfähig (vgl. § 73)

recht, so gilt die beabsichtigte Maßnahme als gebilligt. In dringenden Fällen kann die Dienststelle diese Frist auf sechs Arbeitstage abkürzen. Erhebt der Personalrat Einwendungen, so hat er der Dienststelle die Gründe mitzuteilen. § 69 Abs. 2 Satz 6 gilt entsprechend.

(3) Entspricht die Dienststelle den Einwendungen des Personalrats nicht oder nicht in vollem Umfang, so teilt sie dem Personalrat ihre Entscheidung unter Angabe der Gründe schriftlich mit.

(4) Der Personalrat einer nachgeordneten Dienststelle kann die Angelegenheit binnen zwölf Arbeitstagen nach Zugang der Mitteilung auf dem Dienstweg der übergeordneten Dienststelle, bei der eine Stufenvertretung besteht, mit dem Antrag auf Entscheidung vorlegen. Diese hat die Angelegenheit der Stufenvertretung innerhalb von 24 Arbeitstagen vorzulegen. Die übergeordnete Dienststelle entscheidet nach Verhandlung mit der Stufenvertretung; Absatz 2 gilt entsprechend. Die Stufenvertretung kann die Angelegenheit binnen zwölf Arbeitstagen der obersten Dienstbehörde vorlegen; Satz 3 gilt entsprechend. Abschriften der Anträge leiten der Personalrat und die Stufenvertretung ihren Dienststellen zu.

(5) Bei Gemeinden und Landkreisen kann der Personalrat binnen zwölf Arbeitstagen die Entscheidung des Hauptorgans (Gemeinderat, Kreistag) oder im Rahmen seiner Zuständigkeit eines Ausschusses des Hauptorgans beantragen. Besteht ein Gesamtpersonalrat, ist dieser vor der Entscheidung zu hören. Bei den übrigen Körperschaften, Anstalten und Stiftungen des öffentlichen Rechts, die der Aufsicht des Landes unterstehen, gelten die Sätze 1 und 2 entsprechend. Ist ein entsprechendes Beschlussorgan nicht vorhanden, entscheidet die Aufsichtsbehörde nach Anhörung der Dienststelle und des Personalrats.

(6) Ist ein Antrag gemäß Absatz 4 oder 5 gestellt, so ist die beabsichtigte Maßnahme bis zur Entscheidung der angerufenen Dienststelle auszusetzen.

(7) § 69 Abs. 5 gilt entsprechend.

(8) Der Personalrat kann seine Befugnisse in Mitwirkungsangelegenheiten auf den Vorstand übertragen, wenn die im Personalrat vertretenen Gruppen mit einfacher Mehrheit zustimmen. In welchem Umfang er die Ausübung seiner Befugnisse auf den Vorstand übertragen will, ist im Voraus zu bestimmen. Für die Beratung und Beschlussfassung gelten die §§ 38 und 39 entsprechend.

(9) Will der Vorstand gegen die beabsichtigte Maßnahme Einwendungen erheben oder erachtet ein Vorstandsmitglied den Beschluss des Vorstands als eine Beeinträchtigung der Interessen der durch ihn vertretenen Gruppe, so ist die Angelegenheit dem Personalrat zur Beratung und Beschlussfassung vorzulegen. Die Vorlage an den Personalrat ist der Dienststelle schriftlich mitzuteilen. In diesen Fällen beginnt die Frist des Absatzes 2 mit dem Tag des Zugangs der Mitteilung an die Dienststelle.

§ 73
Dienstvereinbarungen

(1) Dienstvereinbarungen sind, soweit eine gesetzliche oder tarifliche Regelung nicht besteht, zulässig bei Maßnahmen nach § 71 Abs. 2, § 78 Abs. 1 Satz 1 Nr. 2 und 3 zur Festsetzung der allgemeinen Nutzungsbedingungen und § 79 Abs. 1 Nr. 1 bis 3, 5, 6, 8, 11 bis 13 und Abs. 3 Nr. 4 bis 8 und Nr. 9 und 10 in allgemeinen Fragen zur Durchführung der Berufsausbildung sowie Nr. 11 bis 16. Sie sind ferner zulässig für Regelungen nach §§ 7 und 12 des Arbeitszeitgesetzes, soweit ein Tarifvertrag dies vorsieht. Sie werden durch Dienststelle und Personalrat gemeinsam beschlossen, sind schriftlich niederzulegen, von beiden Seiten zu unterzeichnen und in geeigneter Weise bekanntzumachen.

(2) Dienstvereinbarungen, die für einen größeren Bereich gelten, gehen Dienstvereinbarungen für einen kleineren Bereich vor.

(3) Die Dienststelle kann eine Dienstvereinbarung jederzeit ohne Einhaltung einer Frist ganz oder teilweise kündigen, soweit Regelungen wegen ihrer Auswirkungen auf das Gemeinwesen die Regierungsverantwortung wesentlich berühren. Die gekündigten Regelungen sind mit der Kündigung unwirksam. Die Kündigung ist gegenüber dem Personalrat schriftlich zu erklären und zu begründen.

→ Datenschutz (Schulen); → Datenschutz (Dienstvereinbarung Personaldaten); → Sucht (Dienstvereinbarung)

§ 74
Durchführung von Entscheidungen

(1) Entscheidungen, an denen der Personalrat beteiligt war, führt die Dienststelle durch, es sei denn, dass im Einzelfall etwas anderes vereinbart ist.

(2) Der Personalrat darf nicht durch einseitige Handlungen in den Dienstbetrieb eingreifen.

3. Abschnitt
Angelegenheiten, in denen der Personalrat zu beteiligen ist.

§ 75
Mitbestimmung in Personalangelegenheiten

(1) Der Personalrat hat mitzubestimmen in Personalangelegenheiten der Beschäftigten bei

1. Begründung des Beamtenverhältnisses, mit Ausnahme der Fälle, in denen das Beamtenverhältnis auf Widerruf nach Ablegung oder dem endgültigen Nichtbestehen der für die Laufbahn vorgeschriebenen Prüfung aufgrund von Rechtsvorschriften endet,
2. Einstellung von Arbeitnehmern, deren Arbeitsverhältnis voraussichtlich länger als drei Monate bestehen wird, Übertragung der auszuübenden Tätigkeiten bei der Einstellung, Zeit- oder Zweckbefristung des Arbeitsverhältnisses,
3. Ein-, Höher- oder Rückgruppierung, soweit jeweils tarifvertraglich nichts anderes bestimmt ist, übertariflicher Eingruppierung,

4. Beförderung einschließlich der Übertragung eines Amtes, das mit einer Zulage ausgestattet ist, Verleihung eines Amtes mit anderer Amtsbezeichnung beim Wechsel der Laufbahngruppe, horizontaler Laufbahnwechsel,
5. nicht nur vorübergehender Übertragung von Dienstaufgaben eines Amtes mit höherem oder niedrigerem Grundgehalt,
6. nicht nur vorübergehender Übertragung einer Tätigkeit, die den Tätigkeitsmerkmalen einer höheren oder niedrigeren Entgeltgruppe entspricht als die bisherige Tätigkeit,
7. Änderung der arbeitsvertraglich vereinbarten Arbeitszeit,
8. Umsetzung innerhalb der Dienststelle, wenn sie mit einem Wechsel des Dienstorts verbunden ist,
9. Versetzung zu einer anderen Dienststelle,
10. Abordnung für die Dauer von mehr als zwei Monaten,

Hinweis der Redaktion: Tabelle auf der nächsten Seite

11. Zuweisung für die Dauer von mehr als zwei Monaten,
12. Anordnungen, welche die Freiheit in der Wahl der Wohnung beschränken,
13. Versagung oder Widerruf der Genehmigung einer Nebentätigkeit, Untersagung einer Nebentätigkeit,

Hinweis der Redaktion: Für Nebentätigkeiten ist bei Lehrkräften die Schulleitung zuständig.
→ Beamtengesetz § 3 (siehe Kasten) und § 60 ff.;
→ Nebentätigkeiten; → Tarifvertrag (Länder)§ 3 Abs. 4

14. Ablehnung eines Antrags auf Teilzeitbeschäftigung oder Urlaub ohne Fortzahlung der Bezüge oder des Arbeitsentgelts nach §§ 69, 70, und 72 des Landesbeamtengesetzes oder entsprechender tariflicher Vorschriften,
15. Ablehnung des Antrags auf Hinausschiebung des Eintritts in den Ruhestand wegen Erreichens der Altersgrenze.

(2) In den Fällen des Absatzes 1 Nr. 9 und 10 bestimmen sowohl der Personalrat der aufnehmenden als auch der Personalrat der abgebenden Dienststelle mit, im Falle des Absatzes 1 Nr. 11 bestimmt nur der Personalrat der abgebenden Dienststelle mit; in diesen Fällen bestimmt der Personalrat der abgebenden Dienststelle und im Falle des Absatzes 1 Nr. 15 der Personalrat nur mit, wenn der Beschäftigte dies beantragt. Dieser ist von der beabsichtigten Maßnahme rechtzeitig vorher in Kenntnis zu setzen; gleichzeitig ist er auf sein Antragsrecht hinzuweisen. Absatz 1 Nr. 10 findet nur Anwendung, soweit die Beschäftigte für die Erfüllung von Aufgaben nach dem Landesdisziplinargesetz abgeordnet wird.

→ §§ 81, 82, 92 und 93; → Ernennungsgesetz

§ 76 (aufgehoben)

§ 77
Kündigung*

(1) Der Personalrat wirkt bei der ordentlichen Kündigung durch den Arbeitgeber mit. § 81 Satz 2 gilt entsprechend. Der Personalrat kann gegen die Kündigung Einwendungen erheben, wenn nach seiner Ansicht
1. bei der Auswahl des zu kündigenden Arbeitnehmers soziale Gesichtspunkte nicht oder nicht ausreichend berücksichtigt worden sind,
2. die Kündigungen gegen eine Richtlinie im Sinne des § 79 Abs. 3 Nr. 7 verstößt,
3. der zu kündigende Arbeitnehmer an einem anderen Arbeitsplatz in derselben Dienststelle oder in einer anderen Dienststelle desselben Verwaltungszweiges an demselben Dienstort einschließlich seines Einzugsgebiets weiterbeschäftigt werden kann,
4. die Weiterbeschäftigung des Arbeitnehmers nach zumutbaren Umschulungs- und Fortbildungsmaßnahmen möglich ist oder
5. die Weiterbeschäftigung des Arbeitnehmers unter geänderten Vertragsbedingungen möglich ist und der Arbeitnehmer sein Einverständnis hiermit erklärt.

Wird dem Arbeitnehmer gekündigt, obwohl der Personalrat nach Satz 3 Einwendungen gegen die Kündigung erhoben hat, so ist dem Arbeitnehmer mit der Kündigung eine Abschrift der Stellungnahme des Personalrats zuzuleiten, es sei denn, dass die Stufenvertretung nach Verhandlung nach § 72 Abs. 4 Satz 3 und 4 die Einwendungen nicht aufrechterhalten hat. Bis zur endgültigen Entscheidung der übergeordneten Dienststelle oder der obersten Dienstbehörde nach § 72 Abs. 4 Satz 3 und 4 oder des nach § 72 Abs. 5 zuständigen Organs kann die Kündigung nicht ausgesprochen werden.

(2) Hat der Arbeitnehmer im Falle des Absatzes 1 Satz 4 nach dem Kündigungsschutzgesetz Klage auf Feststellung erhoben, dass das Arbeitsverhältnis durch die Kündigung nicht aufgelöst ist, so muss der Arbeitgeber auf Verlangen des Arbeitnehmers diesen nach Ablauf der Kündigungsfrist bis zum rechtskräftigen Abschluss des Rechtsstreits bei unveränderten Arbeitsbedingungen weiterbeschäftigen. Auf Antrag des Arbeitgebers kann das Arbeitsgericht ihn durch einstweilige Verfügung von der Verpflichtung zur Weiterbeschäftigung nach Satz 1 entbinden, wenn
1. die Klage des Arbeitnehmers keine hinreichende Aussicht auf Erfolg bietet oder mutwillig erscheint oder
2. die Weiterbeschäftigung des Arbeitnehmers zu einer unzumutbaren wirtschaftlichen Belastung des Arbeitgebers führen würde oder

Unterstrichene Passagen gelten nicht im Schulbereich (vgl. § 92)
Mit Raster unterlegte Passagen gelten nur für bestimmte Lehrkräfte (vgl. § 92)

Personalvertretungsgesetz (Versetzung, Abordnung und Umsetzung)
Hinweise der Redaktion auf die Beteiligung des Personalrats

Einer Lehrerin bzw. einem Lehrer wird der Auftrag erteilt, mit einem Teillehrauftrag oder dem vollen Deputat an einer anderen Schule zu unterrichten. Das Schaubild zeigt, in welchen Fällen der Personalrat mitbestimmt. Bitte hierzu auch den Beitrag → Versetzungen und Abordnungen beachten.

Achtung: Dieses Schaubild zeigt nur die personalvertretungsrechtlichen Aspekte! Im Beamten- und Tarifrecht gelten unterschiedliche Begrifflichkeiten. Im Zweifel den GEW-Rechtsschutz fragen!

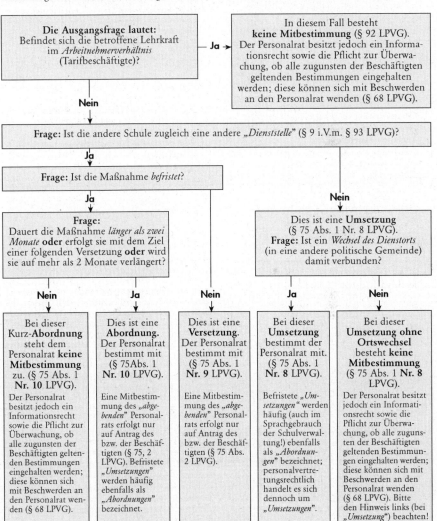

→ Arbeitszeit (Lehrkräfte) Teil E, Ziff. 2.7; → Beamtengesetz §§ 24-25; → Organisationserlass 1.3;
→ Reisekosten (Auswärtiger Unterricht); → Tarifvertrag (Länder) § 4; → Versetzungen und Abordnungen

3. der Widerspruch des Personalrats offensichtlich unbegründet war.

(3) Vor der Beendigung des Arbeitsverhältnisses während der Probezeit, fristlosen Entlassungen und außerordentlichen Kündigungen ist der Personalrat anzuhören. Die Dienststelle hat die beabsichtigte Maßnahme zu begründen. Hat der Personalrat Bedenken, so hat er sie unter Angabe der Gründe der Dienststelle unverzüglich, spätestens jedoch innerhalb von drei Arbeitstagen schriftlich mitzuteilen. § 81 Satz 2 gilt entsprechend.

➜ § 93 beachten

* Hierzu aus dem Bundespersonalvertretungsgesetz (BPersVG) vom 15. März 1974 (BGBl. I S. 693) folgende unmittelbar für die Länder geltende Vorschrift:

§ 108

(2) Eine durch den Arbeitgeber ausgesprochene Kündigung des Arbeitsverhältnisses eines Beschäftigten ist unwirksam, wenn die Personalvertretung nicht beteiligt worden ist.

§ 78
Mitbestimmung in sozialen Angelegenheiten

(1) Der Personalrat hat mitzubestimmen in sozialen Angelegenheiten bei

1. Gewährung von Unterstützungen, Vorschüssen, Darlehen und entsprechenden sozialen Zuwendungen, sofern der Beschäftigte der Beteiligung des Personalrats nicht widerspricht; er ist auf dieses Recht hinzuweisen,
2. *Zuweisung von Dienstwohnungen, über die die Beschäftigungsdienststelle verfügt oder für die die Beschäftigungsdienststelle ein Vorschlagsrecht hat, sowie der allgemeinen Festsetzung der Nutzungsbedingungen,*
3. *Zuweisung von Dienst- und Pachtland und Festsetzung der Nutzungsbedingungen.*

Bei der Kündigung von Wohnungen im Sinne von Satz 1 Nr. 2 wird der Personalrat nur auf Antrag des Beschäftigten beteiligt; dieser ist von der beabsichtigten Maßnahme rechtzeitig vorher in Kenntnis zu setzen. In den Fällen des Satzes 1 Nr. 1 und bei der Kündigung von Wohnungen nach Satz 1 Nr. 2 bestimmt auf Verlangen des Antragstellers nur der Vorstand mit.

(2) Die Dienststelle hat dem Personalrat nach Abschluss jedes Kalendervierteljahrs einen Überblick über die Unterstützungen und entsprechenden sozialen Zuwendungen zu geben. Dabei sind die Anträge und die Leistungen gegenüberzustellen. Auskunft über die Person des Antragstellers, die von ihm angeführten Gründe und die Entscheidungsgründe werden hierbei nicht erteilt.

§ 79
Mitbestimmungen in sonstigen Angelegenheiten

(1) Der Personalrat hat, soweit eine gesetzliche oder tarifliche Regelung nicht besteht, mitzubestimmen über

1. *Beginn und Ende der täglichen Arbeitszeit und der Pausen sowie die Verteilung der Arbeitszeit auf die einzelnen Wochentage,*

2. *Zeit, Ort und Art der Auszahlung der Dienstbezüge und Arbeitsentgelte,*
3. *Aufstellung des Urlaubsplans,*
4. *Festsetzung der zeitlichen Lage des Erholungsurlaubs für einzelne Beschäftigte, wenn zwischen dem Leiter der Dienststelle und den beteiligten Beschäftigten kein Einverständnis erzielt wird,*
5. *Fragen der Lohngestaltung innerhalb der Dienststelle, insbesondere durch Aufstellung von Entlohnungsgrundsätzen, die Einführung und Anwendung von neuen Entlohnungsmethoden und deren Änderung sowie die Festsetzung der Akkord- und Prämiensätze und vergleichbarer leistungsbezogener Entgelte einschließlich der Geldfaktoren,*
6. *Errichtung, Verwaltung und Auflösung von Wohlfahrtseinrichtungen ohne Rücksicht auf ihre Rechtsform,*
7. (gestrichen)
8. *Maßnahmen zur Verhütung von Dienst- und Arbeitsunfällen, Berufskrankheiten und sonstigen Gesundheitsschädigungen,*

➜ Arbeitsschutzgesetz; ➜ Unfallversicherung

9. (gestrichen)
10. (gestrichen)
11. *Aufstellung von Sozialplänen einschließlich Plänen für Umschulungen zum Ausgleich oder zur Milderung von wirtschaftlichen Nachteilen, die dem Beschäftigten infolge von Rationalisierungsmaßnahmen entstehen,*
12. *Regelung der Ordnung in der Dienststelle und des Verhaltens der Beschäftigten,*
13. *Grundsätze über die Bewertung von anerkannten Vorschlägen im Rahmen des behördlichen Vorschlagswesens.*

Muss für Gruppen von Beschäftigten die tägliche Arbeitszeit (Satz 1 Nr. 1) nach Erfordernissen, die die Dienststelle nicht voraussehen kann, unregelmäßig und kurzfristig festgesetzt werden, so beschränkt sich die Mitbestimmung auf die Grundsätze für die Aufstellung der Dienstpläne, insbesondere für die Anordnung von Dienstbereitschaft, Mehrarbeit und Überstunden.

(2) Arbeitsentgelte und sonstige Arbeitsbedingungen, die durch Tarif geregelt sind oder üblicherweise geregelt werden, können nicht Gegenstand einer Dienstvereinbarung (§ 73) ein. Dies gilt nicht, wenn ein Tarifvertrag den Abschluss ergänzender Dienstvereinbarungen ausdrücklich zulässt.

(3) Der Personalrat hat, soweit eine gesetzliche oder tarifliche Regelung nicht besteht, ferner mitzubestimmen über

1. Bestellung und Abberufung von Vertrauens- und Betriebsärzten,
2. Bestellung und Abberufung von Beauftragten für den Datenschutz, Fachkräften für Arbeits-

---

Kursiv gesetzte Passagen sind dienstvereinbarungsfähig (vgl. § 73)

sicherheit, Sicherheitsbeauftragten, Beauftragten für biologische Sicherheit und Fachkräften sowie Beauftragten für den Strahlenschutz,
3. Geltendmachung von Ersatzansprüchen gegen einen Beschäftigten,
4. *Inhalt von Personalfragebogen mit Ausnahme von solchen im Rahmen der Rechnungsprüfung,*
5. *Beurteilungsrichtlinien,*

   Hinweis der Redaktion: Für die Frage, ob Beteiligungsrechte des örtlichen Personalrats bei der Durchführung von Beratungs- bzw. Mitarbeitergesprächen gegeben sind, kommt es maßgeblich auf die Inhalte und die konkrete Ausgestaltung des Gesprächs an. Die Bezeichnung des Gesprächs als „Mitarbeitergespräch" bzw. als „Beratungsgespräch" (ist) im Hinblick auf eventuelle Beteiligungsrechte unerheblich. Zwar sollten zur Vermeidung von Missverständnissen Begrifflichkeiten einheitlich verwendet werden, eine falsche Bezeichnung ist jedoch rechtlich gesehen unschädlich.

   Solange der Schulleiter sich im Rahmen der VwV → Dienstliche Beurteilung (Lehrkräfte) bewegt, ... kommt eine ... Beteiligung des OPR nicht in Betracht. Weicht der Schulleiter von den vorgegebenen Regelungen des Kultusministeriums jedoch ab und erlässt eigene Vorgaben, so bedürfen diese der Mitbestimmung des OPR. Gibt er also beispielsweise einen von ihm erstellten Fragekatalog mit der Maßgabe nach außen, dass dieser bei jedem Gespräch verwendet werden soll, muss vorher eine Beteiligung des OPR erfolgen.

   Konkretisiert er hingegen durch schlichtes Handeln im Einzelfall die o.g. VwV kann darin keine mitbestimmungspflichtige Maßnahme gesehen werden. Bereitet sich der Schulleiter also beispielsweise auf ein einzelnes Gespräch vor, indem er sich hierfür Fragen und Themen überlegt, so löst dies ebenfalls keine Beteiligungsrechte der örtlichen Personalvertretung aus.

   (Quelle: KM, 2.1.2009; AZ: 14-0307.5/554)

6. *Inhalt und Verwendung von Formulararbeitsverträgen,*
7. *Erlass von Richtlinien über die personelle Auswahl bei Einstellungen, Versetzungen, Umgruppierungen und Kündigungen,*
8. *Erlass von Richtlinien über Ausnahmen von der Ausschreibung von Dienstposten für Beamte und Aufstellung von allgemeinen Grundsätzen über die Durchführung von Stellenausschreibungen für Arbeitnehmer einschließlich Inhalt, Ort und Dauer,*
9. *Durchführung der Berufsausbildung bei Arbeitnehmern einschließlich der Bestellung und Abberufung der Ausbilder und Ausbildungsleiter bei Ausbildungen im Sinne des Berufsbildungsgesetzes, des Krankenpflegegesetzes und des Hebammengesetzes, mit Ausnahme der Gestaltung der Lehrveranstaltungen,*
10. *allgemeine Fragen zur Durchführung der Berufsausbildung der Beamten einschließlich der Bestellung und Abberufung der Ausbilder und Ausbildungsleiter,*
11. *allgemeine Fragen der beruflichen Fortbildung, Weiterbildung, Umschulung und Einführung in die Aufgaben in einer anderen Laufbahn,*

    Hinweis der Redaktion: Durch die Beschränkung der Mitbestimmung auf allgemeine Fragen sollen lediglich Einzelheiten bei der Gestaltung und Durchführung von Fortbildungsveranstaltungen der Mitbestimmung entzogen werden. Im Übrigen ist der Begriff der allgemeinen Fragen nicht eng auszulegen. Der Mitbestimmung sollen alle Regelungen unterworfen sein, die die Fortbildung grundlegend betreffen. Hierunter fallen insbesondere die allgemeine Festlegung des Teilnehmerkreises und der Auswahl-

grundsätze, der zeitliche Umfang der Fortbildung, die Regelung der Zuständigkeit für Organisation und Auswahl und die Regelung der Teilnehmerbedingungen ... .
Quelle: VGH BW, 31.3.1992 - 15 S 551/91 (rechtskräftig)

12. *Einführung und Anwendung technischer Einrichtungen, die dazu bestimmt sind, das Verhalten und die Leistung der Beschäftigten zu überwachen,*
    → Datenschutz (Dienstvereinbarungen)
13. *Gestaltung der Arbeitsplätze,*
    → Arbeitsschutzgesetz; → Unfallversicherung
14. *Einführung, Anwendung oder wesentliche Änderung oder wesentliche Erweiterung technischer Einrichtungen und Verfahren der automatisierten Verarbeitung personenbezogener Daten der Beschäftigten,*
    → Datenschutz (Dienstvereinbarungen / Mitbestimmung); → Datenschutz (Schulen)
15. Maßnahmen zur Hebung der Arbeitsleistung und Erleichterung des Arbeitsablaufs,
16. Einführung grundsätzlich neuer Arbeitsmethoden,
17. Personalangelegenheiten der Arbeitnehmer bei
    a) Übertragung der auszuübenden Tätigkeiten bei der Einstellung,
    b) Zeit- oder Zweckbefristung des Arbeitsverhältnisses,
    c) Höher- oder Rückgruppierung,
    d) Änderung der vertraglich vereinbarten Arbeitszeit,
    e) Ablehnung eines Antrags auf Teilzeitbeschäftigung oder Urlaub ohne Fortzahlung des Arbeitsentgelts,
    f) Abordnung für die Dauer von mehr als zwei Monaten,
    g) Zuweisung entsprechend § 123 a des Beamtenrechtsrahmengesetzes für eine Dauer von mehr als zwei Monaten,
18. Erstellung und Anpassung des Chancengleichheitsplans,
    → Chancengleichheitsgesetz § 5 ff.
19. Abberufung der Beauftragten für Chancengleichheit.
    → Chancengleichheitsgesetz § 18

(4) In den Fällen des Absatzes 3 Nr. 3 bestimmt der Personalrat nur mit, wenn der Beschäftigte dies beantragt; § 75 Abs. 2 Satz 2 gilt entsprechend.

§ 80
Mitwirkung und Anhörung

(1) Der Personalrat wirkt mit bei
1. Vorbereitung von Verwaltungsanordnungen einer Dienststelle für die innerdienstlichen, so-

---

Kursiv gesetzte Passagen sind dienstvereinbarungsfähig (vgl. § 73)

<u>Unterstrichene Passagen</u> gelten nicht im Schulbereich (vgl. § 92)

Mit Raster unterlegte Passagen gelten nur für bestimmte Lehrkräfte (vgl. § 92)

zialen oder persönlichen Angelegenheiten der Beschäftigten ihres Geschäftsbereichs,

Hinweise der Redaktion:
1. Verwaltungsanordnungen im Sinne des LPVG (§ 80) sind alle aus dem Direktionsrecht der Dienststellenleitung entspringenden Weisungen, bei denen ein Tun oder Unterlassen verlangt wird oder Befugnisse eingeräumt oder entzogen werden. Davon ausgenommen sind Weisungen, die sich nur auf die Aufgaben und Befugnisse von bestimmten, einzelnen Beschäftigten beziehen, sowie Weisungen, die die Aufgabenerfüllung der Dienststelle im Verhältnis zu Außenstehenden betrifft: Der Gesetzgeber wollte der Personalvertretung keine Einwirkungsmöglichkeiten auf die Erfüllung der der Dienststelle vom Gesetz oder auf gesetzlicher Grundlage übertragenen Aufgaben einräumen (vgl. BVerwG, Beschluss vom 6.2.1987; BVerwGE 71,1)
2. Bitte Hinweis bei § 92 beachten

2. Auflösung, Einschränkung, Verlegung oder Zusammenlegung von Dienststellen oder wesentlichen Teilen von ihnen,
3. Verlängerung der Probezeit bei Beamten,
4. Zulassung zum Aufstieg einschließlich der Zulassung zur Eignungsfeststellung bei Beamten.
5. Erlass von Disziplinarverfügungen oder schriftlichen Mißbilligungen gegen Beamte,
   Hinweis der Redaktion: Mißbilligende Äußerungen eines Vorgesetzten (Zurechtweisungen, Ermahnungen, Rügen und dergl.), die nicht ausdrücklich als Verweis bezeichnet werden, sind keine Disziplinarmaßnahmen. Vor dem Ausspruch <u>schriftlicher</u> Missbilligungen (schriftliche Beanstandung eines konkreten dienstpflichtwidrigen Verhaltens) ist der/die Betroffene zu hören und auf das Beteiligungsrecht des Personalrats hinzuweisen. Dieser (und ggf. die Schwerbehindertenvertretung) ist auf Antrag des Betroffenen zu beteiligen. Die Missbilligung ist mit einer Rechtsmittelbelehrung zu versehen. Hierbei anfallende Vorgänge sind an der Schule als Teilakten – getrennt von den Nebenakten – zu führen. → Personalakten
6. Entlassung von Beamten auf Probe oder auf Widerruf, wenn sie die Entlassung nicht selbst beantragt haben,
7. Ablehnung des Antrags von Beamten auf vorzeitige Versetzung in den Ruhestand, vorzeitiger Versetzung in den Ruhestand, wenn der Beamte die Versetzung nicht selbst beantragt hat.
   Hinweis der Redaktion: Auch die Feststellung der begrenzten Dienstfähigkeit (§ 27 → Beamtenstatusgesetz) unterliegt der Mitwirkung des Personalrats gem. § 80 Abs. 1 Nr. 7 (Quelle: KM, 31.5.2000; 14-0310.31/116).
8. Personalangelegenheiten der Arbeitnehmer bei
   a) vorübergehender, zwei Monate überschreitender Übertragung einer anderen Tätigkeit,
   b) dauernder oder vorübergehender, zwei Monate überschreitender Übertragung einer Tätigkeit, die einen Anspruch auf Zahlung einer Zulage auslöst, sowie Widerruf einer solchen Übertragung,
   c) Erteilung schriftlicher Abmahnungen, wenn der Beschäftigte dies beantragt. Er ist von der beabsichtigten Abmahnung in Kenntnis zu setzen und auf sein Antragsrecht hinzuweisen,
9. Auswahl der Teilnehmer an Maßnahmen der Berufsausbildung und an Fortbildungs- sowie Weiterbildungsveranstaltungen,
10. Erlass von Richtlinien über die personelle Auswahl
    a) bei Beförderungen und vergleichbaren Maßnahmen im Sinne von § 75 Abs. 1 Nr. 4,
    b) für die Zulassung zum Aufstieg einschließlich Zulassung zur Eignungsfeststellung nach Nummer 4,
11. <u>Arbeitsorganisation einschließlich der Planungs- und Gestaltungsmittel und der Zahl der einzusetzenden Beschäftigten,</u>
    → § 92 Abs. 2 beachten (Stundenpläne sind hiervon ausgenommen!)
12. Grundsätzen der Arbeitsplatz- oder Dienstpostenbewertung.

(2) In den Fällen des Absatzes 1 Nr. 5 bis 7 gilt für die Mitwirkung des Personalrats § 81 entsprechend. In den Fällen des Absatzes 1 Nr. 5 bis 7 wird der Personalrat bei Beschäftigten, für die Satz 1 nicht gilt, nur auf Antrag des Beschäftigten beteiligt. § 75 Abs. 2 Satz 2 gilt entsprechend. Der Personalrat kann bei der Mitwirkung nach Absatz 1 Nr. 5 Einwendungen nur auf die in § 82 Nr. 1 und 2 bezeichneten Gründe stützen; § 72 Abs. 4, 5 und 8 findet keine Anwendung.

(3) Der Personalrat ist anzuhören bei
1. Zuordnung einer anderen Fallgruppe innerhalb derselben Lohn- oder Vergütungsgruppe,
2. Personalplanungen,
3. Personalanforderungen zum Haushaltsvoranschlag vor der Weiterleitung. Gibt der Personalrat einer nachgeordneten Dienststelle zu den Personalanforderungen eine Stellungnahme ab, so ist diese mit den Personalanforderungen der übergeordneten Dienststelle vorzulegen,
4. Raumbedarfsanforderungen für Neu-, Um- und Erweiterungsbauten von Diensträumen vor der Weiterleitung; Nummer 3 Satz 2 gilt entsprechend,
5. Erweiterung von Dienststellen,
6. Vergabe oder Privatisierung von Arbeiten oder Aufgaben, die bisher durch Beschäftigte der Dienststelle wahrgenommen werden,
7. räumlicher Auslagerung von Arbeit aus der Dienststelle,
8. Festlegung von Verfahren und Methoden von Wirtschaftlichkeits- und Organisationsuntersuchungen, mit Ausnahme von solchen im Rahmen der Rechnungsprüfung,
9. Auswahl und Beauftragung von Gutachten für Wirtschaftlichkeits- und Organisationsuntersuchungen nach Nummer 8,
10. Abschluss von Arbeitnehmerüberlassungs- oder Arbeitnehmergestellungsverträgen,

(4) Bei Prüfungen, die eine Dienststelle für Arbeitnehmer ihres Bereichs abnimmt, ist einem Mitglied des für diesen Bereich zuständigen Personalrats, das von diesem benannt ist, die Anwesenheit zu gestatten. Dies gilt auch für die Beratung.

§ 81
Besondere Gruppen von Beschäftigten

In den Personalangelegenheiten der in § 12 Abs. 3 Satz 1 bezeichneten Beschäftigten, der Beamten auf Zeit sowie der Beschäftigten mit überwiegend wissenschaftlicher oder künstlerischer Tätigkeit bestimmt der Personalrat, soweit in Satz 2 und 3 nichts anderes bestimmt ist, nach §§ 75 und 80 Abs. 1 Nr. 3, 4 und 8 Buchst. a und b nur mit, wenn sie es beantragen; § 75 Abs. 2 Satz 2 gilt entsprechend. §§ 75 und 80 Abs. 1 Nr. 3 bis 8 und Abs. 3 Nr. 1 gelten nicht für Beamtenstellen und Beamte der Besoldungsgruppe A 16 und höher sowie für entsprechende Arbeitnehmerstellen und Arbeitnehmer, ... Bei Leitern von Dienststellen im Sinne dieses Gesetzes, bei Rektoren an Grund-, Haupt-, Werkreal-, Real- und entsprechenden Sonderschulen ... tritt, soweit in Satz 2 nichts anderes bestimmt ist, in den Fällen der des § 75 an die Stelle der Mitbestimmung die Mitwirkung.

→ Funktionsstellen (Besetzung und Überprüfung)

§ 82
Verweigerung der Zustimmung des Personalrats

Der Personalrat kann in den Fällen des § 75 seine Zustimmung verweigern, wenn

1. die Maßnahme gegen ein Gesetz, eine Verordnung, eine Bestimmung in einem Tarifvertrag, eine gerichtliche Entscheidung oder eine Verwaltungsanordnung oder gegen eine Richtlinie im Sinne des § 79 Abs. 3 Nr. 7 verstößt oder

2. die durch Tatsachen begründete Besorgnis besteht, dass durch die Maßnahme der betroffene Beschäftigte oder andere Beschäftigte benachteiligt werden, ohne dass dies aus dienstlichen oder persönlichen Gründen gerechtfertigt ist, oder

3. die durch Tatsachen begründete Besorgnis besteht, dass der Beschäftigte oder Bewerber den Frieden in der Dienststelle durch unsoziales oder gesetzwidriges Verhalten stören werde.

§ 83
Arbeitsplatzschutzangelegenheiten

(1) Der Personalrat hat bei der Bekämpfung von Unfall- und Gesundheitsgefahren die für den Arbeitsschutz zuständigen Behörden, die Träger der gesetzlichen Unfallversicherung und die übrigen in Betracht kommenden Stellen durch Anregung, Beratung und Auskunft zu unterstützen und sich für die Durchführung der Vorschriften über den Arbeitsschutz und die Unfallverhütung in der Dienststelle einzusetzen.

→ Arbeitsschutzgesetz; → Unfallversicherung

(2) Die Dienststelle und die in Absatz 1 genannten Stellen sind verpflichtet, bei allen im Zusammenhang mit dem Arbeitsschutz oder der Unfallverhütung stehenden Besichtigungen und Fragen und bei Unfalluntersuchungen den Personalrat oder die von ihm bestimmten Personalratsmitglieder derjenigen Dienststelle hinzuzuziehen, in der die Besichtigung oder Untersuchung stattfindet. Die Dienststelle hat dem Personalrat unverzüglich die den Arbeitsschutz oder die Unfallverhütung betreffenden Auflagen und Anordnungen der in Absatz 1 genannten Stellen mitzuteilen.

(3) An den Besprechungen der Dienststelle mit den Sicherheitsbeauftragen nach § 22 Abs. 2 des Siebten Buches Sozialgesetzbuch nehmen vom Personalrat beauftragte Personalratsmitglieder teil.

(4) Der Personalrat erhält die Niederschriften über die Untersuchungen, Besichtigungen und Besprechungen, zu denen er nach den Absätzen 2 und 3 hinzuzuziehen ist.

(5) Die Dienststelle hat dem Personalrat eine Durchschrift der nach § 193 Abs. 5 Satz 1 des Siebten Buches Sozialgesetzbuch vom Personalrat mitzuunterschreibenden Unfallanzeige oder des nach beamtenrechtlichen Vorschriften zu erstattenden Berichts auszuhändigen.

→ Arbeitsschutzgesetz § 14 Abs. 2

§ 83a *(hier nicht abgedruckt)*

§ 84 *Verhältnis zu anderen Beteiligungsrechten*

Die Personalvertretungen werden bei Maßnahmen, bei deren Vorbereitung nach § 53 des Beamtenstatusgesetzes und § 89 des Landesbeamtengesetzes die Spitzenorganisationen der zuständigen Gewerkschaften zu beteiligen sind, nicht beteiligt.

→ Beamtengesetz § 89; → Beamtenstatusgesetz § 53

Neunter Teil – Zuständigkeit des Personalrats, des Gesamtpersonalrats und der Stufenvertretungen

§ 85

(1) Der Personalrat wird an den Maßnahmen beteiligt, die die Dienststelle, bei der er gebildet ist, für ihre Beschäftigten trifft.

(2) In Angelegenheiten, in denen die Dienststelle nicht zur Entscheidung befugt ist, ist anstelle des Personalrats die bei der zuständigen Dienststelle gebildete Stufenvertretung zu beteiligen.

(3) Vor einem Beschluss in Angelegenheiten, die einzelne Beschäftigte oder Dienststellen betreffen, gibt die Stufenvertretung dem Personalrat Gelegenheit zur Äußerung; in diesem Fall erhöhen sich die Fristen der §§ 69 und 72 auf das Eineinhalbfache, Bruchteile von Tagen werden zu ganzen Tagen aufgerundet.

(4) Werden im Geschäftsbereich mehrstufiger Verwaltungen personelle oder soziale Maßnahmen von einer Dienststelle getroffen, bei der keine für eine Beteiligung zu diesen Maßnahmen zuständige Personalvertretung vorgesehen ist, so ist die Stufenvertretung bei der nächsthöheren Dienststelle, zu deren Geschäftsbereich die entscheidende Dienststelle und die von der Entscheidung Betroffenen gehören, zu beteiligen.

(5) Soweit der Ministerpräsident Maßnahmen für Beschäftigte des Geschäftsbereichs einer anderen obersten Dienstbehörde als des Staatsministeriums trifft, die der Beteiligung der Personalvertretung unterliegen, wird die zuständige Personalvertretung beim Vorschlag der obersten Dienstbehörde an den Ministerpräsidenten beteiligt.

(6) Bei Einzelmaßnahmen, in denen die Entscheidung von einer Dienststelle getroffen wird, die zum Geschäftsbereich einer anderen obersten Dienstbehörde gehört als die, auf die sich die Maßnahme erstreckt, ist der Personalrat der Dienststelle, auf deren Beschäftigte sich die Maßnahme erstreckt, zu beteiligen. Erstreckt sich die Einzelmaßnahme auf mehrere Dienststellen, ist der Personalrat jeder dieser Dienststellen zu beteiligen.

(7) Ist eine Dienststelle neu errichtet und ist bei ihr ein Personalrat noch nicht gebildet worden, ist auf die Dauer von längstens sechs Monaten die bei der übergeordneten Dienststelle gebildete Stufenvertretung zu beteiligen.

(8) Besteht ein Gesamtpersonalrat, so ist dieser zu beteiligen, wenn die Maßnahme über den Bereich einer Dienststelle hinausgeht. Vor einem Beschluss in Angelegenheiten, die einzelne Beschäftigte oder Dienststellen betreffen, gibt der Gesamtpersonalrat dem Personalrat Gelegenheit zur Äußerung; in diesem Fall erhöhen sich die Fristen der §§ 69 und 72 auf das Eineinhalbfache, Bruchteile von Tagen werden zu ganzen Tagen aufgerundet.

(9) Für die Befugnisse und Pflichten der Stufenvertretungen und des Gesamtpersonalrats gelten die Vorschriften des Achten Teils entsprechend. In den Fällen des Absatzes 6 wird bei einer Maßnahme, die sich auf Dienststellen mehrerer oberster Landesbehörden erstreckt, bei der obersten Dienstbehörde, zu der die hauptnutzende Dienststelle gehört, eine gemeinsame Einigungsstelle (§ 71) gebildet.

Zehnter Teil
Gerichtliche Entscheidungen

§ 86

(1) Die Verwaltungsgerichte entscheiden außer in den Fällen der §§ 25, 28, § 48 Abs. 1, 3 und 7 sowie § 62 Satz 2 über
1. Wahlberechtigung und Wählbarkeit,
2. Wahl, Amtszeit und Zusammensetzung der Personalvertretungen und der in § 57 genannten Vertretungen,
3. Zuständigkeit und Geschäftsführung der Personalvertretungen,
4. Bestehen oder Nichtbestehen von Dienstvereinbarungen.

(2) Die Vorschriften des Arbeitsgerichtsgesetzes über das Beschlussverfahren gelten entsprechend.

§ 87

(1) Für die nach diesem Gesetz zu treffenden Entscheidungen sind bei den Verwaltungsgerichten Fachkammern und beim Verwaltungsgerichtshof ein Fachsenat zu bilden.

(2) Die Fachkammer besteht aus einem Vorsitzenden und ehrenamtlichen Richtern, der Fachsenat aus dem Vorsitzenden, Richtern und ehrenamtlichen Richtern. Die ehrenamtlichen Richter müssen Beschäftigte des Landes oder einer der Aufsicht des Landes unterstehenden Körperschaft, Anstalt oder Stiftung des öffentlichen Rechts sein. Sie werden je zur Hälfte von

1. den unter den Beschäftigten vertretenen Gewerkschaften und
2. den obersten Landesbehörden oder den von diesen benannten Stellen und den kommunalen Landesverbänden

vorgeschlagen und vom Justizministerium berufen. Für die Berufung und Stellung der Beisitzer und ihre Heranziehung zu den Sitzungen gelten die Vorschriften des Arbeitsgerichtsgesetzes über Arbeitsrichter und Landesarbeitsrichter entsprechend.

(3) Die Fachkammer wird tätig in der Besetzung mit einem Vorsitzenden und je zwei nach Absatz 2 Satz 3 Nr. 1 und 2 vorgeschlagenen und berufenen ehrenamtlichen Richtern. Unter den in Absatz 2 Satz 3 Nr. 1 bezeichneten ehrenamtlichen Richtern muss sich je ein Beamter und ein Arbeitnehmer befinden.

(4) Der Fachsenat wird tätig in der Besetzung mit einem Vorsitzenden, zwei Richtern und je einem nach Absatz 2 Satz 3 Nr. 1 und 2 vorgeschlagenen und berufenen ehrenamtlichen Richter. Einer der ehrenamtlichen Richter muss Beamter und einer Arbeitnehmer sein.

Die Teile 11, 12 und 13 (Vorschriften für die Behandlung von Verschlusssachen (§ 88) / Besondere Vorschriften für die Justizverwaltung (§ 89) / Besondere Vorschriften für die Polizei und für das Landesamt für Verfassungsschutz (§§ 90 bis 91) sind hier nicht abgedruckt;
§ 90 Abs. 2 Satz 2 ist bei § 93 Abs. 2 wiedergegeben.

14. Teil
Besondere Vorschriften für Dienststellen, die bildenden, wissenschaftlichen und künstlerischen Zwecken dienen

§ 92
Besondere Vorschriften für Lehrer an allgemeinbildenden und beruflichen Schulen

(1) Bei Lehrern an allgemeinbildenden und beruflichen Schulen finden § 75 Abs. 1 Nr. 1 und bei nicht beamteten Lehrern § 75 Abs. 1 Nr. 8 bis 10 keine Anwendung.

(2) Bei der Erstellung von Stundenplänen an allgemeinbildenden und beruflichen Schulen findet § 80 Abs. 1 Nr. 11 keine Anwendung.

Hinweis der Redaktion: Sofern und soweit an Schulen Organisations- und Geschäftsverteilungspläne erstellt werden, unterliegen diese der Mitwirkung der örtlichen Personalvertretungen gem. § 80 Abs. 1 Nr. 11 LPVG. Arbeitsorganisation in diesem Sinne stellt die auf Dauer angelegte planmäßige Regelung der Arbeitsverfahren und/oder Arbeitsabläufe dar. Die Übertragung von dienstlichen Aufgaben im Einzelfall oder nur von begrenzter Dauer fällt nicht unter diesen Begriff. ... Auch wenn Aufsichtsregelungen nicht im Einzelfall oder kurzfristig getroffen werden, sondern auf Dauer z.B. mit Aufsichtsplänen zum Beispiel im Schuljahresrhythmus erfolgt, ist eine Beteiligung nicht erforderlich, weil wegen des sachlichen und zeitlichen Zusammenhangs als Teil der Stundenpläne (§ 92 Abs. 2 LPVG) zu betrachten sind.
(Quelle: KM, 29.10.1996; AZ: I/5-0307.0/93)

§ 93
Personalvertretungen im Schulbereich

(1) Für Grund-, Haupt-, *Werkreal-*, Real- und entsprechende Sonderschulen sowie Schulkindergärten mit Ausnahme der Heimsonderschulen und der diesen angegliederten Schulkindergärten werden besondere Personalräte bei den unteren Schulaufsichtsbehörden gebildet. Für Lehrer an Schulen besonderer Art sowie an Schulen, die in einen Verbund von Schularten oder einen Schulversuch einbezogen sind, kann das Kultusministerium eine hiervon abweichende Regelung treffen, sofern an der Schule auch Lehrer der in Absatz 2 Satz 1 Nr. 2 oder 3 aufgeführten Schularten unterrichten. § 9 Abs. 2 findet keine Anwendung.

→ Personalvertretung (Sonderfälle)

(2) Die beamteten und nichtbeamteten Lehrer der
1. Grund-, Haupt-, *Werkreal-*, Real- und entsprechenden Sonderschulen sowie Schulkindergärten,
2. Gymnasien und Kollegs,
3. beruflichen Schulen einschließlich der beruflichen Gymnasien

wählen je besondere Stufenvertretungen bei den oberen Schulaufsichtsbehörden und beim Kultusministerium. Absatz 1 Satz 2 und § 90 Abs. 2 Satz 2 gelten entsprechend.

Hinweis der Redaktion:
1. § 90 Abs. 2 Satz 2 LPVG lautet: Die besonderen Stufenvertretungen können gemeinsam und zusammen mit der bei der Dienststelle gebildeten allgemeinen Stufenvertretung beraten, soweit alle jeweils beratenden Stufenvertretungen zu beteiligen sind; eine gemeinsame Beschlussfassung mehrerer Stufenvertretungen findet jedoch nicht statt.
2. Zur Wahlberechtigung an öffentlichen Schulen siehe den Hinweis der Redaktion nach § 11 LPVG.

(3) Die regelmäßigen Personalratswahlen (§ 19) im Bereich der in Absatz 1 und 2 genannten Schulen und Schulkindergärten sowie der in Absatz 2 genannten Stufenvertretungen finden alle vier Jahre in der Zeit vom 1. April bis 31. Juli statt. Die Amtszeit der Personalvertretungen endet spätestens am 31. Juli des Jahres, in dem die regelmäßigen Personalratswahlen stattfinden. Im Übrigen finden §§ 19 und 26 entsprechende Anwendung.

(4) In Angelegenheiten der in Ausbildung zu einem Lehrerberuf stehenden Beschäftigten, in denen die Dienststelle nicht zur Entscheidung befugt ist, werden die entsprechenden Lehrerstufenvertretungen beteiligt.

(5) Das sonstige pädagogisch tätige Personal ist Lehrern im Sinne dieser Vorschrift gleichgestellt.

(6) *aufgehoben*

§ 94
Besondere Vorschriften für Lehre und Forschung

(1) Dieses Gesetz gilt nicht für
1. Professoren, Hochschuldozenten, Gastprofessoren, Oberassistenten, Oberingenieure, wissenschaftliche und künstlerische Assistenten und Lehrbeauftragte an Hochschulen,
2. die in Lehre und Forschung tätigen habilitierten Personen an Forschungsstätten, die nicht wissenschaftliche Hochschulen sind.

(2) Die §§ 75, 77 und 80 Abs. 1 Nr. 3 bis 8 und Abs. 3 Nr. 1 finden auf die
1. wissenschaftlichen und künstlerischen Mitarbeiter sowie Lehrkräfte für besondere Aufgaben an Hochschulen,
2. nichthabilitierten wissenschaftlichen Mitarbeiter an Forschungsstätten, die nicht wissenschaftliche Hochschulen sind,

keine Anwendung.

(3) Bei wissenschaftlichen Hilfskräften an Hochschulen tritt an die Stelle der Mitbestimmung die Mitwirkung, in den Personalangelegenheiten nach § 75 jedoch nur, wenn sie die Beteiligung des Personalrats beantragen. Bei Personalangelegenheiten dieser Beschäftigten nach § 80 Abs. 1 Nr. 3, 4, 8 Buchst. a und b und Abs. 3 Nr. 1 ist der Personalrat nur zu beteiligen, wenn sie es beantragen.

(4) Bei Tutoren an Hochschulen gilt für Maßnahmen, die der Mitbestimmung unterliegen, § 69 Abs. 4 Satz 3 entsprechend.

(§§ 94b bis 105 sind hier nicht abgedruckt)

17. Teil – Schlussvorschriften
§ 106
Übergangspersonalrat,
Regelungen für Umbildungen von Dienststellen

(1) Werden Dienststellen im Sinne von § 9 Abs. 1 vollständig in eine andere Dienststelle eingegliedert oder zu einer neuen Dienststelle zusammengeschlossen, wird ein Übergangspersonalrat gebildet. Ihm gehören an:
1. bei einer Eingliederung
der Personalrat der aufnehmenden Dienststelle und die Vorstände und die nicht einem Vorstand angehörenden stellvertretenden Vorsitzenden der Personalräte der eingegliederten Dienststellen,
2. bei einem Zusammenschluss
die Vorstände und die nicht einem Vorstand angehörenden stellvertretenden Vorsitzenden der Personalräte der zusammengeschlossenen Dienststellen.

Besteht ein Gesamtpersonalrat, treten in den Übergangspersonalrat statt der Mitglieder des Personalrats die entsprechenden Mitglieder des Gesamtpersonalrats ein. Das lebensälteste Mitglied des Übergangspersonalrats nimmt die Aufgaben nach § 34 Abs. 1 wahr. Ersatzmitglieder sind die nicht eingetretenen Mitglieder und Ersatzmitglieder jeweils für die Mitglieder aus ihrem bisherigen Personalrat. Bei einer Eingliederung tritt der Übergangspersonalrat an die Stelle des Personalrats oder, wenn ein solcher besteht, des Gesamtpersonalrats der aufnehmenden Dienststelle.

(2) Die Amtszeit des Übergangspersonalrats endet mit der Neuwahl eines Personalrats, spätestens mit Ablauf eines Jahres von dem Tag an gerechnet, an dem er gebildet worden ist. Die Amtszeit

wird über ein Jahr hinaus verlängert, wenn binnen weiterer fünf Monate regelmäßige Personalratswahlen stattfinden. § 19 Abs. 2 Nr. 1 findet keine Anwendung. ...

Hinweis der Redaktion: Hierzu den Hinweiskasten am Anfang des Gesetzes beachten.

§ 107 Wahlordnung, Verwaltungsvorschriften
(nicht abgedruckt)

§ 107 a Religionsgemeinschaften

Dieses Gesetz findet keine Anwendung auf Religionsgemeinschaften und ihre karitativen und erzieherischen Einrichtungen, die kraft Satzung Teil einer Religionsgemeinschaft sind, ohne Rücksicht auf ihre Rechtsform; ihnen bleibt die selbstständige Ordnung eines Personalvertretungsrechts überlassen.

→ Beamtenstatusgesetz § 51; → Chancengleichheitsgesetz; → Datenschutz (Dienstvereinbarung Personaldaten);
→ Grundgesetz Art. 9; → Mobbing; → Personalakten; → Personalversammlungen; → Personalvertretung (Sonderfälle);
→ Schwerbehinderung; → Ver-schwiegenheitspflicht; → Versetzungen und Abordnungen

Pflegeversicherung

Hinweise der Redaktion auf das Elfte Buch Sozialgesetzbuch – Soziale Pflegeversicherung – (SGB XI) vom 26. Mai 1994 (BGBl. I S. 1014), zuletzt geändert 28. Mai 2008 (BGBl. I S. 874)

A.
Beamtinnen und Beamte sowie Versorgungsempfänger/innen

Wer nach beamtenrechtlichen Vorschriften bei Pflegebedürftigkeit Anspruch auf Beihilfe hat, ist verpflichtet, eine ergänzende, beihilfekonforme Pflegeversicherung abzuschließen. Die privaten Krankenversicherungen unterbreiten ihren Versicherten entsprechende Angebote.

Den Beamtinnen und Beamten werden die Leistungen aus der Pflegeversicherung nur zur Hälfte gewährt, da der restliche Leistungsumfang durch die Beihilfe abgedeckt ist. Die Träger der Pflege rechnen mit der privaten Krankenversicherung ab, die sich den Beihilfeanteil vom Landesamt für Besoldung und Versorgung zurückholt.

Der monatliche Beitrag in der privaten Pflegeversicherung ist altersabhängig, darf aber den Höchstsatz der sozialen Pflegeversicherung (vgl. B. 1) nicht überschreiten. Kinder sowie Ehegatte bzw. Ehegattin des/der Beihilfeberechtigten werden in der privaten Pflegeversicherung mitversichert; für die Mitversicherung des Ehegatten bzw. der Ehegattin wird allerdings der Beitrag um die Hälfte des Höchstbetrags nochmals erhöht.

Die in der privaten Krankenversicherung (PKV) versicherten versicherten Beamt/innen sind von dem Grundsatz ausgenommen, dass der Arbeitgeber die Hälfte des Beitrages (der Prämie) trägt; an die Stelle dieses Beitragszuschusses tritt bei ihnen die Beihilfe. Die Pflegeleistungen für Beamt/innen sind in der Beihilfeverordnung geregelt.

→ Beihilfeverordnung § 7

B.
Arbeitnehmerinnen und Arbeitnehmer

Für die Pflegeversicherung gilt der Grundsatz: „Pflegeversicherung folgt der Krankenversicherung". Die Art der Beitragszahlung hängt davon ab, ob die/der Arbeitnehmer/in
- **pflichtversichert** ist (gesetzliche Krankenversicherung – GKV) oder
- **freiwillig versichert** ist (in der gesetzlichen Krankenversicherung – GKV – bzw. bei einer privaten Krankenversicherung – PKV).

→ Krankenversicherung

1.
Krankenversicherungspflichtige Arbeitnehmer

Versicherungspflichtig sind alle Arbeitnehmer/innen, deren Monatsdurchschnittsverdienst die „Beitragsbemessungsgrenze" zur Krankenversicherung nicht überschreitet. Dieser Höchstbetrag setzt

---

Hätten Sie's gewusst?
Ombudsmann für die Kranken- und Pflegeversicherung

Wenn Sie Ärger mit Ihrer privaten Krankenversicherung haben (z.B. weil die Ihre Arzt- oder Krankenhausrechnungen nicht vollständig erstatten will), dann können Sie sich an den „Ombudsmann Private Kranken- und Pflegeversicherung" wenden. Der Ombudsmann ist der außergerichtliche Streitschlichter für die private Kranken- und Pflegeversicherung. Er nimmt zu Meinungsverschiedenheiten zwischen Versicherten und ihren Versicherungsunternehmen neutral und unabhängig Stellung. Zwar sind seine Empfehlungen nicht bindend, aber sie können hilfreich sein.

http://www.pkv-ombudsmann.de/

Es gibt auch einen Ombudsmann für **alle** Versicherungsunternehmen:
http://www.versicherungsombudsmann.de/home.html

sich so zusammen: Tabellenentgelt + persönliche Zulage + Leistungsentgelt + 1/12 der Jahressonderzahlung + 1/12 einer eventuellen Einmalzahlung + Umlage zur VBL (Betriebsrente).

→ Sozialversicherungsbeiträge

Für diese Pflichtversicherten gibt es keine Wahl- oder Befreiungsmöglichkeit; sie sind Mitglieder der sozialen Pflegeversicherung bei ihrer Krankenkasse (Pflegekasse). Sie nehmen die Leistungen der Pflegeversicherung in analoger Weise wie die Leistungen ihrer Krankenkasse entgegen: „auf Krankenschein". Kinder sowie Ehegatten, die nicht selbst versicherungspflichtig sind, werden in der Pflegeversicherung für die Dauer der Familienversicherung beitragsfrei mitversichert.

Der Beitrag zur Pflegeversicherung wird hälftig von Arbeitgeber und Arbeitnehmer getragen. Er ist einkommensabhängig, darf aber den Höchstsatz der sozialen Pflegeversicherung nicht übersteigen. Der Regel-Beitrag beträgt 1,95% des Bruttoentgelts, der Höchstsatz (Stand 31.12.2010) 1,95% von 3.750 = 73,125 Euro; davon hat der/die Versicherte die Hälfte (= 36,56 Euro) zu tragen. Für Kinderlose gilt ein Beitragszuschlag von 0,25%, der von den Arbeitnehmern allein zu zahlen ist; ausgenommen sind Kinderlose, die vor dem 1. Januar 1940 geboren sind, Versicherte bis zur Vollendung des 23. Lebensjahres sowie Bezieher/innen von Arbeitslosengeld II und Wehr- und Zivildienstleistende.

Der Beitrag wird vom Landesamt für Besoldung bei der Gehaltszahlung einbehalten.

2.
Privat Versicherte bzw. freiwillige Mitglieder der gesetzlichen Krankenkassen

Arbeitnehmer/innen, die die „Beitragsbemessungsgrenze" (s.o.) überschreiten, können bei der Pflegeversicherung frei wählen, ob sie sich

– als freiwillige Mitglieder in der GKV oder
– privat in der PKV

versichern wollen. Nicht selbst versicherungspflichtige Kinder und Ehegatten sind in beiden Varianten automatisch beitragsfrei mitversichert.

Freiwillig Versicherte in der GKV nehmen die Pflegeversicherung wie die Leistungen der Krankenkasse in Anspruch: „auf Krankenschein". Ihr Beitrag orientiert sich an dem der Pflichtversicherten.

Sie können auf Antrag von der Versicherungspflicht befreit werden, wenn sie nachweisen, dass sie bei einem privaten Versicherungsunternehmen gegen Pflegebedürftigkeit versichert sind und die Leistungen der Versicherung denen der sozialen Pflegeversicherung entsprechen. Der Antrag ist bei der zuständigen Pflegekasse innerhalb von drei Monaten nach Beginn der Versicherungspflicht zu stellen. Die Befreiung wirkt vom Beginn der Versicherungspflicht an und ist unwiderruflich.

Versicherte in der PKV sind verpflichtet, sich bei ihrer privaten Krankenversicherung oder einem anderen PKV-Unternehmen gegen Pflegebedürftigkeit zu versichern; das Wahlrecht muss innerhalb von sechs Monaten nach Eintritt der individuellen Versicherungspflicht ausgeübt werden. Der Vertrag muss Leistungen vorsehen, die denen der sozialen Pflegeversicherung entsprechen. Die Leistungen werden dem Versicherten vom jeweiligen Leistungsträger in Rechnung gestellt; dieser rechnet hierüber mit der PKV ab. Das Recht, einen privaten Versicherungsvertrag zu kündigen und bei einem anderen Unternehmen abzuschließen, bleibt unberührt. Die Beiträge dürfen den Höchstsatz der sozialen Pflegeversicherung nicht überschreiten (vgl. B.1).

C. Kontrahierungszwang

Personen, die aus der Versicherungspflicht ausscheiden und keine andere Versicherungspflicht begründen oder deren Familienversicherung erlischt, können sich bei Erfüllung bestimmter Vorversicherungszeiten in der sozialen Pflegeversicherung freiwillig weiterversichern. Der Antrag muss innerhalb von drei Monaten nach Beendigung der Versicherungspflicht bei der Pflegekasse gestellt werden.

Leistungen der Pflegeversicherung
(Stand: 1.1.2010)

Ambulante Sachleistungen (Pflegehilfe) (Euro/Monat)

Pflegestufe	2010	2012
Stufe I	440	450
Stufe II	1.040	1.100
Stufe III	1.510	1.550
Härtefälle	1.918	1.918

Pflegegeld – (Euro/Monat)

Pflegestufe	2010	2012
Stufe I	225	235
Stufe II	430	440
Stufe III	685	700

Vollstationäre Versorgung (Euro/Monat)

Pflegestufe	2010	2012
Stufe I	1.023	1.023
Stufe II	1.279	1.279
Stufe III	1.510	1.550
Härtefall	1.825	1.918

Kurzzeitpflege – (Euro/Jahr)

	2010	2012
Maximal	1.510	1.550

„Pflegestufe Null"

Menschen mit erheblich eingeschränkter Alltagskompetenz im ambulanten Bereich (z.B. demenziell oder psychisch erkrankte und geistig behinderte Menschen) können bis zu 100 Euro (Grundbetrag) oder bis zu 200 Euro (erhöhter Betrag) monatlich erhalten.

→ Beamtengesetz § 75; → Beihilfeverordnung § 9; → Krankenversicherung; → Renten (Allgemeines); → Sozialversicherungsbeiträge; → Urlaub (Pflegezeitgesetz)

Politische Bildung

Hinweise der Redaktion

I.
Allgemeines

Art. 12 der Landesverfassung (LV) verpflichtet die Schulen zur politischen Bildung in allen Unterrichtsfächern. Als schulisches Leitfach besitzt die Gemeinschaftskunde Verfassungsrang. In Art. 21 LV ist festgelegt:

(1) Die Jugend ist in den Schulen zu freien und verantwortungsfreudigen Bürgern zu erziehen und an der Gestaltung des Schullebens zu beteiligen.

(2) In allen Schulen ist Gemeinschaftskunde ordentliches Lehrfach.

In § 1 des Schulgesetzes ist dieser Erziehungsauftrag im Einzelnen ausgeführt.

→ Schulgesetz § 1; → Verfassung Art. 12, 17, 21

Gemeinschaftskunde ist Unterrichtsfach in allen auf der Grundschule aufbauenden Schularten. Die politische Bildung hat ihren Ort auch im Bereich der außerunterrichtlichen Veranstaltungen.

→ Außerunterrichtliche Veranstaltungen; → Fachleute aus der Praxis; → Wahlkampf und Schule

II.
Landeszentrale für politische Bildung

Die *„Landeszentrale für politische Bildung"* hat die Aufgabe, *„die politische Bildung in Baden-Württemberg auf überparteilicher Grundlage zu fördern und zu vertiefen. Sie dient hierbei der Festigung und Verbreitung des Gedankengutes der freiheitlich-demokratischen Ordnung".* Der Überparteilichkeit dient ein Kuratorium, in dem auch die GEW vertreten ist.

Die Landeszentrale hat insbesondere auf die Zusammenarbeit der mit der Förderung der politischen Bildung befassten staatlichen Stellen hinzuwirken, die Zusammenarbeit der gesellschaftlichen Träger der politischen Bildung zu fördern, Tagungen, Lehrgänge und Seminare zu veranstalten, auf denen Themen der politischen Bildung unter Mitwirkung von Politikern und Wissenschaftlern erörtert werden, die Arbeit der staatlichen und gesellschaftlichen Träger der politischen Bildung durch periodische Publikationen, Bücher und Filme zu unterstützen, innerhalb ihres Aufgabenbereichs praktische Erfahrungen und wissenschaftliche Erkenntnisse zu sammeln und für die politische Bildung bereitzustellen.

Die Außenstellen in Freiburg, Heidelberg, Stuttgart und Tübingen arbeiten mit den Kreisen und Gemeinden sowie mit örtlichen Trägern der politischen Bildung zusammen. Eine eigene Tagungsstätte in Bad Urach („Haus auf der Alb") dient der fachlichen und pädagogischen Fortbildung der in der politischen Bildung tätigen Personen.

Die Landeszentrale bietet Lehrkräften neben Seminaren auch vielfältige schriftliche Informationen an. Auch Einzelanfragen von Schulen und Lehrkräften werden beantwortet.

Bei der LpB sind Grundgesetz und Landesverfassung als kostenlose Broschüre für Schulklassen erhältlich. Sammelbestellungen unter: http://www.lpb-bw.de/index.php?id=993. Ab 1 kg Sendungsgewicht gehen die Versandkosten zulasten der Besteller.

Anschrift: Landeszentrale für politische Bildung, Stafflenbergstr. 38, 70184 Stuttgart, FON: (0711) 164099-0, FAX –2371496, www.lpb.bwue.de.

III.
Bundeszentrale für politische Bildung

Die Bundeszentrale für politische Bildung (BpB) hat die Aufgabe, *„den demokratischen und europäischen Gedanken im deutschen Volk zu festigen und zu verbreiten"* (Gründungserlass). Auch sie berät und informiert insbesondere Lehrkräfte für das Fach Gemeinschaftskunde.

Anschrift: Berliner Freiheit 7, 53111 Bonn, FON: (0228) 515-0, FAX: (0228) 515-113, E-E-Mail: info@bpb.de; Beratung zum Publikationsangebot: FON: (0228) 515-115.

→ Außerschulische Jugendbildung; → Außerunterrichtliche Veranstaltungen Nr. I.4; → Fachleute aus der Praxis; → Gedenktag (NS-Zeit); → Landtagsbesuche; → Menschenrechte; → Schülermitverantwortung; → Schulgesetz § 1; → Stundentafeln (bei den einzelnen Schularten); → Verfassung Art. 12, 17 und 21; → Wahlkampf und Schule

---

Hätten Sie's gewusst?
Jeder (!) Unfall muss dokumentiert werden

Schulunfälle, bei denen ärztliche Behandlung notwendig war, sind dem Unfallversicherungsträger mit Formular anzuzeigen. Aber auch alle anderen Unfälle müssen dokumentiert werden, z.B. in dem dafür vorgesehenen „Verbandbuch" oder in einer PC-Datei, damit bei Spätfolgen der schulische Zusammenhang nachgewiesen werden kann. Diese Aufzeichnungen müssen Angaben enthalten über Zeit, Ort (Gebäudeteil), Hergang, Unfallfolgen, Erste-Hilfe-Maßnahmen, Namen der/des Verletzten, der Zeugen und der Personen, die Erste Hilfe leisteten. Sie müssen fünf Jahre nach der letzten Eintragung aufbewahrt werden. Dieses „Verbandbuch" ist bei der Unfallkasse Baden-Württemberg kostenlos erhältlich (Bestellnummer GUV-I 511-1). → Unfallversicherung

Polizei und Schule

Hinweise der Redaktion

Vorbemerkung

Bei jeder Zusammenarbeit der Schule mit Dritten (auch mit anderen Behörden) muss als oberster Grundsatz gelten, dass sie gegenüber den Schülerinnen und Schülern einen Bildungs- und Erziehungsauftrag zu erfüllen hat und hierbei in erster Linie ihnen bzw. den Eltern verpflichtet ist. Alle Aktivitäten der einzelnen Lehrkräfte sowie der Schule haben deshalb in Kooperation mit den Erziehungsberechtigten zu erfolgen. Dies gilt um so mehr, je jünger die Schüler/innen sind (insbesondere vor Eintritt der Strafmündigkeit – 14 Jahre).

Dies hat auch Maßstab für die Zusammenarbeit mit der Polizei zu sein, von der Verkehrserziehung über die Verhinderung von Schulpflichtverletzungen, über Gewalt- und Suchtprävention bis hin zur Verfolgung von Straftaten. Den Schulen ist grundsätzlich anzuraten, sich z.B. bei Gewalt- und Suchtproblemen neben der Hilfe durch die Schulaufsichtsbehörden auch der Beratung durch die Polizei und das Jugendamt zu bedienen. Bei den Polizeidienststellen gibt es spezielle Jugendsachbearbeiter/innen sowie – teilweise überregional – auch Spezialist/innen für die Suchtprävention. Es ist zu empfehlen, die Fachleute der Polizei und des Jugendamts schon im Vorfeld z.B. in Gesamtlehrerkonferenzen oder zu Pädagogischen Tagen einzuladen. Das hilft nicht nur bei der Kontaktaufnahme, sondern hier können auch Maßnahmen der Prävention erörtert und geplant werden.

Dabei sollte als Basis jeder Kooperation von Schule und Polizei gelten: So wie alle Maßnahmen der Schule ihrem Erziehungsauftrag dienen müssen, so haben das Jugendstrafrecht und damit alle in diesem Zusammenhang ergriffenen polizeilichen Maßnahmen – dem Ziel der Erziehung der delinquenten oder gefährdeten Jugendlichen zu dienen. So betrachtet, ziehen die Organisationen der Strafrechtspflege und die Institutionen mit einem Bildungs- bzw. Erziehungsauftrag am selben Strang.

Wenn Kinder und Jugendliche im Verdacht stehen, Straftaten begangen zu haben und diese im schulischen Zusammenhang stehen oder sonst ein Tätigwerden des Polizeivollzugsdienstes in der Schule erforderlich wird, so richtet sich das Vorgehen der Polizeibeamtinnen und -beamten an der Schule nach den Bestimmungen der Polizeidienstvorschrift über die Bearbeitung von Jugendsachen (PDV 382) – siehe unten.

→ Amtshilfe; → Jugendhilfe (Landesrecht) / (Bundesrecht); → Schulpflicht (Durchsetzung); → Verschwiegenheit

Gewaltprävention, Suchtgefahren und Straftaten

Das KM hat sich in der VwV „Suchtprävention in der Schule" zur Zusammenarbeit von Schule und Polizei grundlegend geäußert: Aus dem pädagogischen Auftrag der Schule folge, dass ihr andere Aufgaben als Gerichten und Strafverfolgungsbehörden gestellt seien. Wie bei Drogenfällen sei auch bei anderen mutmaßlichen Straftaten die Verständigung der Kriminalpolizei aufgrund der pädagogischen Verantwortung in der Regel nur dann geboten, wenn es sich um schwere oder mehrfache Verstöße handle, die zum Schutz der anderen Schüler eine Anzeige dringend gebieten. Es liege demnach im Ermessen der Schulleitungen, im Einzelfall zu entscheiden, ob dem schulischen Erziehungs- und Bildungsauftrag – möglicherweise auch nur im Hinblick auf den mutmaßlich straffällig gewordenen Schüler – ein Einschalten der Strafverfolgungsbehörden als angemessen erscheinen lasse.

→ Suchtprävention

Dies gilt allerdings nur im Fall von Delikten, bei denen die Schule in der Rolle des Geschädigten ist wie beispielsweise Sachbeschädigungen (Farbschmierereien, Vandalismus) oder Diebstahl zum Nachteil der Schule. Handelt es sich jedoch um Eigentums- oder Gewaltdelikte gegen Mitschüler/innen oder Lehrkräfte (Diebstahl, Sachbeschädigung, Körperverletzung, Raub), liegt es beim Geschädigten zu entscheiden, ob er Anzeige erstattet, und nicht bei der Schule. Zudem ist das Ziel des strafrechtlichen Verfahrens zu beachten, das ggf. in ein pädagogisches Gesamtkonzept eingebunden ist (Erziehungsstrafrecht).

Eine gesetzlich begründete Pflicht, Straftaten anzuzeigen, gibt es für Lehrkräfte und Schulleitungen nur dann, falls sie von dem Vorhaben oder der Ausführung einer der in § 138 Strafgesetzbuch genannten Straftaten* glaubhaft erfahren. Eine rechtliche Verpflichtung zur Anzeige von „Drogendelikten" (Straftaten nach dem Betäubungsmittelgesetz) besteht nur, wenn sich gleichzeitig der Verdacht auf eine der in § 138 StGB aufgeführten Straftaten aufdrängt. Auch aus der rechtlichen Stellung als Beamter folgt keine weitergehende rechtliche Pflicht, Straftaten anzuzeigen.

* Hierbei handelt es sich um „Kapitalverbrechen" wie Mord, Totschlag, schwerer Menschenhandel, Menschenraub, Verschleppung, erpresserischer Menschenraub, Geiselnahme, Raub, räuberische Erpressung, Brandstiftung, Herbeiführen einer Sprengstoffexplosion, gefährliche Eingriffe in den Bahn- oder Straßenverkehr in der Absicht, einen Unglücksfall herbeizuführen, räuberischer Angriff auf Kraftfahrer, gemeingefährliche Vergiftung, Geld- oder Wertpapierfälschung, Fälschung von Euroschecksvordrucken oder Euroschecksckarten.

→ Waffen in der Schule

Dabei ist im Schulbereich stets zu beachten, dass die Schule nach innen und außen von der Schulleitung vertreten wird; eine Anzeige kann namens der Schule nur von dieser erstattet werden.

→ Gewaltvorfälle; → Schulgesetz § 41

Mit dem schulartübergreifenden „Netzwerk gegen Gewalt an Schulen" soll eine enge Zusammenar-

Polizei und Schule

beit von Schule, Polizei, Jugendämtern, Kommune, Eltern- und Schülervertretern etc. erreicht werden, um bei jungen Menschen soziale Kompetenzen zu entwickeln, destruktives Verhalten abzubauen und einem Abgleiten in die Kriminalität entgegenzuwirken. Dazu gehören auch die gemeinsame Verständigung über Normen, Normverdeutlichung und Grenzziehung und die Erarbeitung von Konzepten gegen Gewalt im Rahmen des Schulalltags. Der Schwerpunkt liegt bei der Einzelschule, die Schrittmacher- und Koordinationsfunktion auf lokaler und regionaler Ebene erfolgt durch „Runde Tische" zur Gewaltprävention in allen Schulorten unter Vorsitz der geschäftsführenden Schulleiter und unter aktiver Beteiligung von Eltern, Schülervertretern, Kommune und Polizei.

Die Polizeidirektionen haben Präventionsprogramm aufgelegt. Informationen gibt es bei den Jugendsachbearbeitern der Polizei.

Zur Beratung und Unterstützung von Schulen wurde beim KM ein Kontaktbüro Gewaltprävention eingerichtet (www.gewaltpraevention-bw.de). Unter http://www.schule-bw.de/unterricht/paedagogik/gewaltpraevention bietet der Landesbildungsserver zahlreiche Informationen zur Gewaltprävention, z.B. zu den Bereichen: Netzwerk gegen Gewalt an Schulen / Reader „Aktiv gegen Gewalt" / Modellvorhaben FAUSTLOS / Hinweise und Links / Gewaltpräventionsberater / Erprobte Modelle zur Gewaltprävention an Schulen / Reader „Aktiv gegen Schulschwänzen" / Reader „Aktiv für soziales Lernen".

Polizeiliche Vernehmungen in der Schule

Im Interesse eines ungestörten Schulbetriebes wie auch im Interesse der betroffenen Schüler im Blick auf ihre Stellung in der Schule und zu ihren Mitschülern sollen polizeiliche Vernehmungen in der Schule nur durchgeführt werden, wenn dies für die polizeiliche Ermittlungstätigkeit unerlässlich ist.

Die im Jahr 1995 letztmalig novellierte, bundesweit geltende Polizeidienstvorschrift „Bearbeitung von Jugendsachen" (PDV) 382 regelt für den Polizeibereich abschließend die polizeilichen Ermittlungshandlungen in Schulen. Danach sind polizeiliche Vernehmungen von Schülerinnen und Schülern in den Schulen nur in bestimmten Ausnahmefällen zulässig (Ziffer 3.6.19): wenn eine richterliche Anordnung vorliegt, wenn wegen der besonderen Tatumstände dort ermittelt werden muss, wenn die Ermittlungen sonst erheblich erschwert würden oder der Ermittlungserfolg gefährdet wäre.

Soll die polizeiliche Vernehmung in der Schule stattfinden, ist ferner zu unterscheiden, ob der Schüler bzw. die Schülerin als Zeuge oder als Beschuldigter vernommen wird:

1. Gegen die Vernehmung eines Schülers als Zeugen bestehen keine Bedenken, wenn ihm ein Zeugnis- oder Auskunftsverweigerungsrecht nach den §§ 52 Abs. 1 bzw. §§ 55 Abs. 1 StPO nicht zusteht. Hat der als Zeuge zu vernehmende Schüler ein Zeugnis- oder Auskunftsverweigerungsrecht, so ist er darüber von der Polizei zu belehren (§§ 52 Abs. 3, 55 Abs. 2 StPO). Fehlt einem minderjährigen Schüler nach der pflichtgemäßen Feststellung des vernehmenden Polizeibeamten die zum Verständnis seines Zeugnis- oder Auskunftsverweigerungsrechts erforderliche geistige Reife, so darf er – vorausgesetzt, dass er selbst zur Aussage bereit ist – nur mit Zustimmung seines gesetzlichen Vertreters vernommen werden. Schulleiter oder Lehrkräfte können diese Zustimmung nicht ersetzen.

2. Ist der Schüler Beschuldigter, so muss er von dem Polizeibeamten nach § 136 Abs. 1 StPO belehrt werden. Bei einem Schüler, der die für die Entschließung zur Aussage vor der Polizei oder zur Befragung eines Verteidigers nötige Verstandesreife nicht besitzt, muss das Einverständnis des gesetzlichen Vertreters eingeholt werden. Schulleiter oder Lehrer können dieses Einverständnis nicht ersetzen.

Es besteht keine Pflicht zur Aussage gegenüber der Polizei. Nur die Staatsanwaltschaft kann ggf. Zwang ausüben!

Auszug aus der Polizeidienstvorschrift (PDV) 382 „Bearbeitung von Jugendsachen"

3.5.3 Ein Minderjähriger, der die Bedeutung seines Zeugnisverweigerungsrechts nicht versteht, darf nur vernommen werden, wenn er zur Aussage bereit ist und der gesetzliche Vertreter zustimmt. Er ist darüber zu belehren, dass er trotz Zustimmung seines gesetzlichen Vertreters nicht auszusagen braucht.

In einem Vermerk ist darzulegen, aus welchen Umständen geschlossen werden kann, dass der minderjährige Zeuge nicht in der Lage war, die Belehrung zu verstehen und sich eine genügende Vorstellung vom Zeugnis- und Auskunftsverweigerungsrecht zu machen.

3.5.4 Bestehen Zweifel, ob der Minderjährige die Belehrung versteht oder ob er sich eine genügende Vorstellung vom Zeugnisverweigerungsrecht machen kann, darf er nur vernommen werden, wenn er zur Aussage bereit ist und der gesetzliche Vertreter zustimmt.

Ist der gesetzliche Vertreter nicht zu erreichen, so darf der minderjährige Zeuge nur dann vernommen werden, wenn durch eine Aufschiebung der Vernehmung der Erfolg weiterer Ermittlungen gefährdet ist. Die Zustimmung ist nachträglich einzuholen. Das Ergebnis ist aktenkundig zu machen.

3.5.5 Ist ein gesetzlicher Vertreter Beschuldigter, tritt an seine Stelle ein vom Vormundschaftsgericht bestellter Pfleger (§ 1909 BGB). Dies gilt auch für den nicht beschuldigten Elternteil, wenn die gesetzliche Vertretung beiden Elternteilen zusteht. Das Ersuchen auf Bestellung eines Pflegers stellt der Richter, der Staatsanwalt oder das Jugendamt, im Falle einer Gefährdung des Ermittlungserfolges auch die Polizei.

Die PDV ist in Baden-Württemberg mit folgender landesspezifischer Änderung/Ergänzung in Kraft gesetzt worden:

Vor der Einleitung von Maßnahmen zur Bestellung eines Pflegers ist zu klären, ob der Minderjährige aussagebereit ist. Ist dies nicht der Fall, so ist von der Bestellung eines Pflegers abzusehen.

3.5.6 Ist der minderjährige Zeuge **zugleich Verletzter**, sind er und der Erziehungsberechtigte bzw. der gesetzliche Vertreter nach § 406h StPO darauf hinzuweisen, dass

- er sich nach § 406 f Abs. 1 StPO im Strafverfahren des Beistandes eines Rechtsanwaltes bedienen oder sich durch einen solchen vertreten lassen kann
- ihm, wenn er dies beantragt, die Anwesenheit einer Person seines Vertrauens gemäß § 406f Abs. 3 StPO gestattet werden kann
- er sich nach § 406g Abs. 1 StPO als Nebenkläger (§ 395 StPO) des Beistandes eines Rechtsanwaltes bedienen oder sich durch einen solchen vertreten lassen kann.

Die Entscheidung über die Anwesenheit trifft in allen Fällen derjenige, der die Vernehmung leitet.

Die Hinweise sind aktenkundig zu machen.

3.6 Vernehmung

3.6.1 Die Vernehmung des Minderjährigen ist besonders sorgfältig vorzubereiten.

Es sollte möglichst nur eine umfassende Vernehmung stattfinden. Mehrfache Vernehmungen bewirken, insbesondere bei Kindern, nicht zumutbare Belastungen und unter Umständen Aussageverfälschungen.

Vor der Vernehmung minderjähriger Opfer von Sexualdelikten sollte zum Zwecke der Koordinierung des Vernehmungstermins mit einem Sachverständigen für die Glaubwürdigkeitsbeurteilung des Opfers frühzeitig mit der Staatsanwaltschaft Kontakt aufgenommen werden.

3.6.2 Minderjährige sind von anderen Beschuldigten und Zeugen zu trennen. Kinder sollen – auch kurzfristig – nicht mit Beschuldigten und Zeugen zusammen in einem Raum warten.

Die Wartezeit vor der Vernehmung ist insbesondere bei Kindern kurz zu halten.

3.6.3 Erziehungsberechtigten und gesetzlichen Vertretern ist vor der Vernehmung eines Minderjährigen der Grund mitzuteilen, sofern kriminaltaktische Erwägungen nicht entgegenstehen. Sind Erziehungsberechtigte und gesetzliche Vertreter nicht erreichbar, ist der Grund der Vernehmung nachträglich mitzuteilen.

3.6.4 Bei der Vernehmung Minderjähriger haben Erziehungsberechtigte und gesetzliche Vertreter ein Anwesenheitsrecht. Zur Vermeidung jeglicher Beeinflussung kann es geboten sein, in Absprache mit den Erziehungsberechtigten und gesetzlichen Vertretern, Minderjährige auch allein zu vernehmen.

Die Anwesenheit anderer Personen kann zur Aufklärung des Sachverhaltes geboten erscheinen, insbesondere bei der Vernehmung von Kindern im Vorschulalter oder geistig behinderten Minderjährigen in den Fällen der Nr. 3.5.6.

3.6.5 Sollen Jugendliche als Beschuldigte vernommen werden, haben Erziehungsberechtigte und gesetzliche Vertreter ein Recht auf Anwesenheit und Mitwirkung (§ 67 JGG).

Über dieses Recht sind sie – soweit möglich – vor der Vernehmung zu unterrichten.

Hinweis der Redaktion: Die Schulleitung sollte ggf. die Erziehungsberechtigten unverzüglich telefonisch verständigen.

3.6.6 Bestehen Erziehungsberechtigte oder gesetzliche Vertreter von Minderjährigen, die nicht Beschuldigte sind, auf Anwesenheit, erscheint diese aber nicht zweckmäßig, weil z.B.

- sie verdächtig sind, an der Tat beteiligt zu sein
- sie als Zeuge in Betracht kommen und ihre Vernehmung vor der des Minderjährigen nicht angezeigt ist
- zu befürchten ist, dass der Minderjährige durch ihre Anwesenheit im Aussageverhalten beeinflusst wird die Erörterung der familiären Verhältnisse des Minderjährigen auf sie verletzend wirken würde
- Nachteile für die Erziehung entstehen können,

so ist die Vernehmung nur dann durchzuführen, wenn sie für die Ermittlungen unbedingt erforderlich ist und ein verwertbares Ergebnis erwartet werden kann. ...

3.6.7 Anderen Personen, die das Vertrauen des Minderjährigen genießen, kann die Anwesenheit gestattet werden. Erscheint ihre Anwesenheit nicht zweckmäßig, sollen ihnen die Gründe dargelegt werden.

3.6.8 Die Vernehmung soll in einer vertrauensvollen Atmosphäre stattfinden.

Sie ist mit einem Gespräch über die persönlichen Verhältnisse und Interessen des Minderjährigen bzw. Heranwachsenden vorzubereiten. Bei minderjährigen Tatverdächtigen ist hierbei insbesondere auf das persönliche und soziale Umfeld vor der Tat einzugehen.

3.6.9 Die Vernehmung beginnt mit Fragen zur Person und Ermittlung der persönlichen Verhältnisse. Dazu gehören neben den Personalien auch Angaben über die Erziehungsberechtigten bzw. gesetzlichen Vertreter, die Schule, den Ausbildungsplatz oder die Arbeitsstelle. Bei minderjährigen Tatverdächtigen sind eingeleitete oder bereits durchgeführte erzieherische Maßnahmen zu erfragen und aktenkundig zu machen.

3.6.10 Bei der Vernehmung zur Sache ist zunächst ausführlich Gelegenheit zu einer zusammenhängenden Schilderung zu geben. Fällt dem Minderjährigen oder Heranwachsenden eine Äußerung besonders schwer, ist ihm während der Vernehmung die schriftliche Darstellung zu ermöglichen. Die Richtigkeit der verwendeten Begriffe ist insbesondere bei Kindern nachzuprüfen. Im Hinblick auf mögliche Leistungen der Jugendhilfe ist die Nr. 3.2.7 zu beachten.

3.6.11 Bei der Vernehmung Minderjähriger sind angemessene Pausen einzulegen. Beginn, Unterbrechungen und Ende der Vernehmung sind unter Angabe der Uhrzeit aktenkundig zu machen.
3.6.12 Alle Aussagen sind möglichst wortgetreu zu protokollieren. Bei schwerwiegenden Vernehmungsinhalten oder kindlicher Ausdrucksweise ist die Vernehmung in Frage und Antwort niederzuschreiben.
3.6.13 Die Niederschrift der Vernehmung von Kindern erfolgt formlos. Kinder unterschreiben nicht. Die Authentizität ihrer Aussagen hat der Vernehmende zu bestätigen. ...
3.6.15 Im Einzelfall ist zu prüfen, ob die Vernehmung zur Dokumentation einer besonderen Vernehmungssituation zusätzlich durch Ton- und/oder Bildaufzeichnung festgehalten werden soll; hierzu ist die vorherige Einwilligung des Minderjährigen bzw. Heranwachsenden einzuholen.

Erscheint ein Minderjähriger nach seiner sittlichen und geistigen Entwicklung nicht reif genug, die Folgen seiner Entscheidung zu verstehen, ist die Einwilligung der Erziehungsberechtigten bzw. des gesetzlichen Vertreters einzuholen. ...
3.6.18 Im Hinblick auf die erzieherischen Zwecke des Jugendstrafverfahrens und den besonderen Umfang der Ermittlungen in Jugendsachen sind von Jugendlichen keine, von Heranwachsenden grundsätzlich keine schriftlichen Äußerungen anstelle einer Vernehmung einzuholen.
3.6.19 Vernehmungen von Minderjährigen und Heranwachsenden in Schulen, an Ausbildungsplätzen oder an Arbeitsstellen sind mit Rücksicht auf die schutzwürdigen Interessen der Betroffenen nur in Ausnahmefällen zulässig, z.B. wenn
– eine richterliche Anordnung vorliegt
– wegen der besonderen Tatumstände dort ermittelt werden muss
– die Ermittlungen sonst erheblich erschwert würden oder der Ermittlungserfolg gefährdet wäre.

Auf die Belange der Schule, der Ausbildungseinrichtung oder des Arbeitgebers ist Rücksicht zu nehmen; ein Vertretungsberechtigter dieser Institutionen ist zu verständigen.

Landesspezifische Änderung/Ergänzung:
Vertretungsberechtigte der genannten Institutionen sind nur darüber zu verständigen, dass sie Polizei den Minderjährigen sprechen möchte, nicht aber über den Grund oder den Gegenstand des Ermittlungsverfahrens.
Grundsätzlich sind Polizeibeamte in ziviler Bekleidung und Zivilfahrzeuge einzusetzen.
3.6.20 Die Einholung von Schulauskünften zur Beurteilung der Glaubwürdigkeit von minderjährigen Zeugen ist zulässig, soweit besondere Datenverwendungsregelungen der Länder, z.B. Schulgesetze, Datenschutzgesetze, nicht entgegenstehen.

Landesspezifische Änderung/Ergänzung:
Die Einholung von Schulauskünften zur Beurteilung der Glaubwürdigkeit von minderjährigen Zeugen stellt eine Datenerhebung dar, deren Zulässigkeit sich nach § 161 StPO richtet. Die Beantwortung dieses Auskunftsverlangens durch die Schule stellt eine Datenübermittlung dar, deren Zulässigkeit sich nach den Bestimmungen des Landesdatenschutzgesetzes richtet.
→ Amtshilfe; → Datenschutz (LDSG) / (Schulen)

3.7 Gegenüberstellung

3.7.1 Gegenüberstellungen sollen in der Regel nur zur Täteridentifizierung durchgeführt werden. Dabei ist zu gewährleisten, dass Tatverdächtige den minderjährigen Zeugen nicht sehen können.
3.7.2 Gegenüberstellungen sollen grundsätzlich in Form von Wahlgegenüberstellungen erfolgen.
3.7.3 Einzelgegenüberstellungen zur Klärung von Widersprüchen sollen nur in Ausnahmefällen erfolgen.
3.7.4 In Ermittlungsverfahren aufgrund von Sexualdelikten sollen Gegenüberstellungen von Kindern mit Tatverdächtigen grundsätzlich nicht erfolgen. Ist eine Gegenüberstellung dennoch erforderlich, ist das Kind sorgsam durch besonders qualifizierte Personen darauf vorzubereiten.
Bei der Gegenüberstellung soll der Polizeibeamte anwesend sein, der die Zeugenvernehmung durchgeführt hat.
3.7.6 Die gleichen Grundsätze gelten, wenn rechtswidrige Taten von Kindern aufzuklären sind. Tatverdächtige Kinder sind in diesen Fällen wie Zeugen zu behandeln.

→ Amtshilfe; → Datenschutz (LDSG); → Datenschutz (Schulen); → Gewaltvorfälle; → Jugendhilfe (Landesrecht); → Jugendhilfe (Bundesrecht); → Schulgesetz §§ 23, 41, 90; → Schulpflicht (Durchsetzung); → Suchtprävention; → Verschwiegenheitspflicht; → Waffen

Presserecht

Hinweise der Redaktion auf das Pressegesetz

Die Presse (Zeitungen, Zeitschriften, Funk und Fernsehen; rechtlich sind auch Schülerzeitungen „Presse") besitzt gegenüber Behörden besondere Informationsrechte (§ 4 Landespressegesetz):
(1) Die Behörden sind verpflichtet den Vertretern der Presse die der Erfüllung ihrer öffentlichen Aufgabe dienenden Auskünfte zu erteilen.

(2) Auskünfte können verweigert werden, soweit
1. *hierdurch die sachgemäße Durchführung eines schwebenden Verfahrens vereitelt, erschwert, verzögert oder gefährdet werden könnte oder*
2. *Vorschriften über die Geheimhaltung entgegenstehen oder*

3. ein überwiegendes öffentliches oder schutzwürdiges privates Interesse verletzt würde oder
4. ihr Umfang ein zumutbares Maß überschreitet.

(3) Anordnungen, die einer Behörde Auskünfte an die Presse allgemein verbieten, sind unzulässig.

Schulen sind „Behörden" (vgl. Schulgesetz § 23). Zwar ermöglicht das Landespressegesetz (§ 4 Abs. 2 Nr. 3 und 4) einer Behörde, Auskunftsbegehren teilweise abzuwehren. Jedoch dürfen Behörden – anders als ein privates Wirtschaftsunternehmen – den Presseorganen Informationen nicht grundsätzlich vorenthalten. Sie dürfen dabei jedoch nicht die Amtsverschwiegenheit verletzten.

→ Verschwiegenheitspflicht

Für die „Presse- und Öffentlichkeitsarbeit" an der Schule sind die Schulleiter/innen verantwortlich: Nach § 41 Schulgesetz obliegt ihnen „insbesondere ... die Vertretung der Schule nach außen und die Pflege ihrer Beziehungen zu(r) ... Öffentlichkeit." Die Leitung einer einzelnen Schule ist deshalb berechtigt und **verpflichtet**, für ihren Bereich (und nur hierüber!) gegenüber der Presse Auskunft zu geben. Nach der VwV → Gewaltvorfälle und Schadensereignisse sind die einzelnen Schulen bei ihrer Pressearbeit jedoch Einschränkungen unterworfen.

Lehrkräfte dürfen hingegen der Presse und der Öffentlichkeit namens der Schule nur dann Auskünfte erteilen, wenn sie von der Schulleitung beauftragt oder ermächtigt wurden. Innerhalb ihre Aufgabenbereichs sind Lehrkräfte jedoch zur Erteilung von Auskünften befugt bzw. sogar verpflichtet (z.B. Unterrichtung der Eltern der Klasse über die Stundentafel und die Unterrichtsversorgung der Klasse oder über grundsätzliche Beschlüsse der Gesamtlehrerkonferenz). → Schulgesetz § 56 Abs. 1

Nach § 57 Schulgesetz obliegt dem Elternbeirat u.a., *„an der Verbesserung der inneren und äußeren Schulverhältnisse mitzuarbeiten und das Verständnis der Öffentlichkeit für die Erziehungs- und Bildungsarbeit der Schule zu stärken".* Die Elternvertretung der Schule besitzt deshalb das Recht, sich im Interesse der Schule (jedoch nicht namens der Schule als Institution!) auch über die Presse (örtliche Tageszeitung, „Amtsblatt" der Stadt oder Gemeinde usw.) an die Öffentlichkeit zu wenden.

→ Beamtenstatusgesetz §§ 37; → Gewaltvorfälle und Schadensereignisse; → Schulgesetz § 1 und 57; → Tarifvertrag (Länder) § 3 Abs. 2; → Verschwiegenheitspflicht; → Verwaltungsrecht

Privatschulgesetz

Auszug aus dem Gesetz für die Schulen in freier Trägerschaft in der Fassung vom 1. Januar 1990 (KuU S. 105/1990); zuletzt geändert 29.7.2010 (GBl. S. 525/2010)

§ 1

Schulen in freier Trägerschaft dienen nach Maßgabe des Grundgesetzes der Bundesrepublik Deutschland und der Verfassung des Landes Baden-Württemberg der öffentlichen Aufgabe, als Ersatz- oder Ergänzungsschulen das Schulwesen des Landes zu bereichern. Sie ergänzen das Angebot freier Schulwahl und fördern das Schulwesen durch besondere Inhalte und Formen der Erziehung und des Unterrichts.

→ Grundgesetz Art. 7; → Verfassung; → Schulgesetz

§ 2

(1) Schulen in freier Trägerschaft können von natürlichen Personen und juristischen Personen des privaten oder des öffentlichen Rechts errichtet und betrieben werden.

(2) Sie müssen eine Bezeichnung führen, die eine Verwechslung mit öffentlichen Schulen ausschließt.

§ 3

(1) Eine Schule in freier Trägerschaft ist Ersatzschule, wenn im Lande entsprechende öffentliche Schulen bestehen.

(2) Die Freien Waldorfschulen als Schulen besonderer pädagogischer Prägung, die in einem einheitlichen Bildungsgang von Klasse 1 bis Klasse 12 Schüler unterschiedlicher Begabungsrichtungen nach dem Waldorflehrplan (Pädagogik Rudolf Steiner) zu den dort festgelegten Bildungszielen führen und die in ihrer Klasse 13 auf der Klasse 12 der Waldorfschule aufbauend auf die Hochschulreife vorbereiten, sind Ersatzschulen. Darüber hinaus kann die Landesregierung, insbesondere für den Bereich der Sonderschulen und der Schulen zur Ausbildung für soziale und sozialpädagogische Berufe, durch Rechtsverordnung weitere Schulen in freier Trägerschaft zu Ersatzschulen erklären, wenn ein wichtiges öffentliches Interesse besteht.

§ 4

(1) Ersatzschulen dürfen nur mit Genehmigung der Schulaufsichtsbehörde errichtet und betrieben werden.

(2) Mit der Genehmigung erhält die Schule das Recht, Kinder und Jugendliche zur Erfüllung ihrer Schulpflicht aufzunehmen; die für die Schulpflicht geltenden Bestimmungen sind zu beachten.

→ Schulgesetz §§ 72 ff.

Aus der Vollzugsverordnung zum Privatschulgesetz – VVPSchG, zuletzt geändert am 1. Februar 2005:

4.
Genehmigung

(1) Die Genehmigung einer Privatschule als Ersatzschule gemäß § 3 Absatz 1 PSchG setzt insbesondere voraus, dass

1. Lehrgegenstände, Lehrziel, Aufbau und Ausbildungsdauer mit denen einer im Land bestehenden entsprechenden öffentlichen Schule im Wesentlichen übereinstimmen;
2. Lehr- und Anschauungsmittel, Unterrichtsräume und Laboratorien für Versuche und praktische Übungen gegenüber denjenigen an entsprechenden öffentlichen Schulen im Wesentlichen gleichwertig sind.

(2) Bei Ersatzschulen gemäß § 3 Absatz 2 PSchG richten sich die Voraussetzungen des Absatzes 1 Ziffer 1 nach der für sie maßgeblichen Verordnung der Landesregierung, die Voraussetzungen des Absatzes 1 Ziffer 2 nach dem Erfordernis des Lehr- und Ausbildungsziels.

§ 5

(1) Die Genehmigung ist zu erteilen
a) für Schulen nach § 3 Abs. 1, wenn die Schule in ihren Lehrzielen und Einrichtungen sowie in der wissenschaftlichen Ausbildung ihrer Lehrkräfte nicht hinter den bestehenden öffentlichen Schulen zurücksteht,
b) für Schulen nach § 3 Abs. 2 Satz 1, wenn die Schule die Bildungsziele nach dem Waldorflehrplan erfüllt sowie der Unterricht grundsätzlich von Lehrkräften mit einer abgeschlossenen fachlichen und pädagogischen Ausbildung erteilt wird; dabei kann auf den Nachweis entsprechender Prüfungen verzichtet werden, wenn eine gleichwertige fachliche Ausbildung und pädagogische Eignung anderweitig nachgewiesen wird,
c) für Schulen nach § 3 Abs. 2 Satz 2, wenn die Schule die in der Rechtsverordnung geforderten Voraussetzungen erfüllt,
und eine Sonderung der Schüler nach den Besitzverhältnissen der Eltern nicht gefördert wird.

(2) Abweichungen in der inneren und äußeren Gestaltung der Schule, in der Lehr- und Erziehungsmethode sowie im Lehrstoff stehen der Genehmigung nicht entgegen, sofern die Schule gegenüber den entsprechenden öffentlichen Schulen als gleichwertig betrachtet werden kann.

(3) Die Anforderungen an die wissenschaftliche Ausbildung der Lehrer sind erfüllt, wenn eine fachliche und pädagogische Ausbildung sowie Prüfungen nachgewiesen werden, die der Ausbildung und den Prüfungen der Lehrer an entsprechenden öffentlichen Schulen im Werte gleichkommen. Auf diesen Nachweis kann verzichtet werden, wenn die wissenschaftliche, künstlerische oder technische Ausbildung und die pädagogische Eignung des Lehrers anderweitig nachgewiesen wird.

Aus der Vollzugsverordnung zum Privatschulgesetz – VVPSchG; zuletzt geändert am 1. Februar 2005:

6. Ausbildung der Lehrer

(1) Die obere Schulaufsichtsbehörde entscheidet im Einzelfall, ob die Voraussetzungen des § 5 Absatz 3 PSchG erfüllt sind.
(2) Die wissenschaftliche, künstlerische oder technische Ausbildung im Sinne des § 5 Absatz 3 Satz 2 PSchG darf im Werte nicht hinter der in § 5 Absatz 3 Satz 1 PSchG geforderten Ausbildung zurückstehen.
(3) Der Nachweis der pädagogischen Eignung im Sinne von § 5 Absatz 3 Satz 2 PSchG kann auch im Rahmen der Tätigkeit an der Privatschule innerhalb einer von der oberen Schulaufsichtsbehörde zu bestimmenden Frist erbracht werden.

7. Wirtschaftliche und rechtliche Stellung der Lehrer

(1) Die wirtschaftliche und rechtliche Stellung der Lehrer ist als genügend gesichert anzusehen, wenn
1. ein schriftlicher Anstellungsvertrag abgeschlossen und darin der Gesamtumfang der dienstlichen Verpflichtungen und der Anspruch auf Urlaub festgelegt ist;
2. die Bezüge nicht wesentlich hinter denen vergleichbarer Lehrer an öffentlichen Schulen zurückstehen;
3. die Zahlung der Bezüge in regelmäßigen Zeitabständen erfolgt.

(2) Bei Ordenslehrkräften, entsprechend gesicherten Lehrkräften der Herrnhuter Brüdergemeine und ähnlichen Gemeinschaften sowie bei nebenamtlichen und nebenberuflichen Lehrkräften bedarf die Sicherheit der wirtschaftlichen und rechtlichen Stellung keines Nachweises.

§ 6

(1) Die Genehmigung zur Errichtung einer Ersatzschule darf einem Unternehmer nur erteilt werden, wenn er oder, falls der Unternehmer keine natürliche Person ist, seine Vertretungsberechtigten die für die verantwortliche Führung einer Schule erforderliche persönliche Zuverlässigkeit besitzen.

(2) Die Genehmigung ist zu versagen, wenn die wirtschaftliche und rechtliche Stellung der Lehrkräfte nicht genügend gesichert ist. ...

(3) Der nicht genehmigte Betrieb einer Ersatzschule kann von der oberen Schulaufsichtsbehörde untersagt werden.

§ 8

Die Schulaufsichtsbehörde kann Personen eine Tätigkeit als Schulleiter oder Lehrer an einer Ersatzschule untersagen, wenn Tatsachen vorliegen, die sie für die Ausübung einer solchen Tätigkeit ungeeignet erscheinen lassen.

§ 9

Die Bezeichnung der Ersatzschule muss unter Beachtung der für öffentliche Schulen geltenden Grundsätze eine Angabe über die Schulart enthalten; bei Sonderschulen kann anstelle der Schulart der Schultyp treten.

§ 10

(1) Das zuständige Ministerium, im Geschäftsbereich des Kultusministeriums das zuständige Oberschulamt, verleiht einer Ersatzschule, welche die Gewähr dafür bietet, dass sie dauernd die aufgrund des Gesetzes an entsprechende öffentliche Schulen beziehungsweise an Schulen im Sinne des § 3 Abs. 2 gestellten Anforderungen erfüllt, die Eigenschaft einer anerkannten Ersatzschule.

(2) Mit der Anerkennung erhält die Ersatzschule das Recht, nach den allgemein für öffentliche Schulen beziehungsweise für Schulen im Sinne des § 3 Abs. 2 geltenden Vorschriften Prüfungen abzuhalten und Zeugnisse zu erteilen. Die Schulaufsichtsbehörde bestimmt die Zusammensetzung der Prüfungsausschüsse.

→ Abschlüsse (Allgemeines)

§ 11

Lehrer an öffentlichen Schulen können für eine Gesamtdauer bis zu fünfzehn Jahren zur Dienstleistung an Ersatzschulen und an Freien Waldorfschulen (Einheitliche Volks- und Höhere Schulen) im Lande beurlaubt werden. Die Beurlaubung kann auf Antrag verlängert werden. Die Zeit, während der ein beurlaubter Lehrer an einer Ersatzschule im Lande tätig ist, ist bezüglich der Ruhegehaltsfähigkeit einer Tätigkeit im Landesdienst gleichzuachten.

→ Urlaub (Privatschuldienst)

Aus der Vollzugsverordnung zum Privatschulgesetz – VVPSchG; zuletzt geändert am 1. Februar 2005:

13. Beurlaubung staatlicher Lehrer
(1) Über den Antrag auf Beurlaubung (§ 11 PSchG) entscheidet die zum Zeitpunkt der Beurlaubung für den Lehrer zuständige obere Schulaufsichtsbehörde.
(2) Für die Beurlaubung an andere, als die in § 11 PSchG genannten Privatschulen gelten die allgemeinen Urlaubsbestimmungen.

14. Anrechnung der Dienstzeiten (§§ 11 und 12 PSchG)
Bei der Festsetzung des Besoldungsdienstalters und der ruhegehaltsfähigen Dienstzeit sind die an Ersatzschulen innerhalb des Landes verbrachten Dienstzeiten wie bei einer Verwendung als Beamter im Landesdienst zu berücksichtigen. Die besoldungsrechtliche Bewertung der Tätigkeit richtet sich nach der Art der Tätigkeit und danach, ob der Beamte die Anstellungsfähigkeit für das seiner Tätigkeit entsprechende Lehramt an öffentlichen Schulen hatte. Bestehen Zweifel über die besoldungsrechtliche Bewertung der Tätigkeit, so entscheidet die oberste Dienstbehörde.

Hinweis der Redaktion: Tarifbeschäftigten Lehrkräfte werden für die Stufenzuordnung Zeiten einer Tätigkeit an einer Privatschule angerechnet. → Tarifvertrag (Länder) § 16, 17; bei der Einstellung in das Beamtenverhältnis werden maximal 10 Jahre Angestelltenverhältnis an einer privaten Ersatzschule für die Stufenzuordnung im Beamtenverhältnis angerechnet. → Beamtenbesoldungsgesetz § 32.

§ 12

Die an Ersatzschulen verbrachten Dienstzeiten werden bei Einstellung eines Lehrers, eines Schulleiters und eines Heimleiters in den Landesdienst auf die ruhegehaltfähige Dienstzeit wie bei einer Verwendung als Beamter im Landesdienst angerechnet.

Hinweis der Redaktion: Ab 1.1.2011 werden maximal fünf Jahre als ruhegehaltfähige Dienstzeit angerechnet. Zeiten, für die Beiträge in die Rentenversicherung einbezahlt wurden und für die ein Rentenanspruch besteht, werden nicht angerechnet. → Beamtenversorgungsgesetz § 23

§ 13

(1) Schulen in freier Trägerschaft, die nicht Ersatzschulen sind, sind Ergänzungsschulen. Sie dürfen keine Bezeichnung führen, die eine Verwechslung mit Ersatzschulen hervorrufen kann.
(2) Die Eröffnung einer Ergänzungsschule ist vor Aufnahme des Unterrichts der Schulaufsichtsbehörde anzuzeigen. ...

§ 14

(1) Die Schulaufsichtsbehörde kann die Fortführung einer Ergänzungsschule untersagen, wenn die Schule nicht den Anforderungen entspricht, die zum Schutz der Allgemeinheit vor Schäden und Gefahren zu stellen sind oder wenn der Unternehmer oder sein Vertretungsberechtigter im Sinne des § 6 Abs. 1 nicht die erforderliche Zuverlässigkeit besitzt.

(2) Die Schulaufsichtsbehörde kann Personen eine Tätigkeit als Schulleiter oder Lehrer an einer Ergänzungsschule untersagen, wenn Tatsachen vorliegen, die sie für die Ausübung einer solchen Tätigkeit ungeeignet erscheinen lassen.

§ 15

(1) Das zuständige Ministerium kann einer bewährten Ergänzungsschule, an der ein besonderes pädagogisches oder sonstiges staatliches Interesse besteht, die Eigenschaft einer anerkannten Ergänzungsschule verleihen, wenn sie den Unterricht nach einem von der Schulaufsichtsbehörde genehmigten Lehrplan erteilt.

(2) Mit der Anerkennung erhält die Ergänzungsschule das Recht, nach den vom zuständigen Ministerium, bei Ergänzungsschulen im Geschäftsbereich des Kultusministeriums nach den vom zuständigen Oberschulamt genehmigten Prüfungsvorschriften Prüfungen abzuhalten. Für die Anforderungen der Prüfungsvorschriften gilt § 89 Abs. 3 des Schulgesetzes entsprechend. Die Schulaufsichtsbehörde bestimmt die Zusammensetzung der Prüfungsausschüsse. ...

§ 17

(1) Die als Ersatzschulen genehmigten Grundschulen, Hauptschulen, Werkrealschulen, Realschulen, Gymnasien, Sonderschulen, Berufsschulen, Berufskollegs, Fachschulen, Freien Waldorfschulen (Einheitliche Volks- und Höhere Schulen), Abendrealschulen, Abendgymnasien, Kollegs, Schulen für Haus- und Familienpflege, Schulen für Erzieher (Fachrichtung Jugend- und Heimerziehung), Schulen für Heilerziehungspflege, Schulen für Arbeitserziehung, Schulen für Heilerziehungshilfe und Schulen für Heilpädagogik erhalten auf Antrag Zuschüsse des Landes. Dies gilt nicht für Schulen für Berufe des Gesundheitswesens, deren Kosten nach § 17 Abs. 4a des Krankenhausfinanzierungsgesetzes im Pflegesatz berücksichtigt werden können.

(2) In den Zuschüssen nach Absatz 1 ist der Ersatz des den Schulen entstehenden Ausfalls an Schulgeld und des Aufwands für Lernmittelfreiheit nach Artikel 14 Abs. 2 der Verfassung des Landes Baden-Württemberg enthalten. ...

§ 20

Die Lehrer an den in § 17 Abs. 1 und 3 genannten Ersatzschulen, welche die beamtenrechtlichen Voraussetzungen für die lebenslängliche Anstellung an öffentlichen Schulen erfüllen, können vom zuständigen Ministerium oder der von diesem durch Rechtsverordnung bestimmten Behörde das Recht erhalten, die der Amtsbezeichnung eines vergleichbaren Lehrers im öffentlichen Dienst entsprechende Bezeichnung zu führen. Die Bezeichnung kann frühestens den Zeitpunkt verliehen werden, in dem der Lehrer im öffentlichen Schuldienst zur Anstellung als Beamter auf Lebenszeit heranstehen würde. Das Recht zur Führung der Bezeichnung kann widerrufen werden, wenn die Voraussetzungen vorliegen, unter denen

a) dem Lehrer die Ausübung seiner Tätigkeit untersagt werden kann (§ 8),
b) nach Eintritt des Versorgungsfalles ein Ruhestandsbeamter die Versorgungsbezüge kraft Gesetzes verlieren würde oder diese ihm aberkannt wurden.

Aus der Vollzugsverordnung zum Privatschulgesetz – VVPSchG; zuletzt geändert am 1. Februar 2005
27. Verleihung der Bezeichnung der Lehrer
(1) Die Verleihung des Rechts zur Führung der Bezeichnung gemäß § 20 Privatschulgesetz obliegt bei Lehrern von Privatschulen, die fachlich dem Kultusministerium unterstehen, der oberen Schulaufsichtsbehörde, soweit dieses für die Ernennung zuständig wäre, im Übrigen dem Kultusministerium.
(2) Der Antrag kann von der Schule oder vom Lehrer selbst gestellt werden. Er ist bei der oberen Schulaufsichtsbehörde einzureichen, die ihn an die für die Verleihung zuständige Behörde weiterleitet, soweit sie nicht selbst zuständig ist.

Hinweise der Redaktion:
1. Zur Beurlaubung von staatlichen Lehrkräften in den Privatschuldienst siehe → Einstellungserlass (Nr. 16) und → Urlaub (Privatschuldienst).
2. *Fundstelle:* Vollzugsverordnung zum Privatschulgesetz – VVPSchG in der Fassung vom 20. Juli 1971 (GBl. S. 347), zuletzt geändert 1. Juli 2004 (K.u.U.S. 13/2005)

→ Abschlüsse (Allgemeines); → Grundgesetz Art. 7; → Schulgesetz §§ 103 ff.; → Urlaub (Privatschuldienst);
→ Verfassung Art. 14

Probezeit (Arbeitnehmerverhältnis)

Hinweise der Redaktion

Bei Tarifbeschäftigten gelten die ersten sechs Monate der Beschäftigung als Probezeit, es sei denn, dass im Arbeitsvertrag auf hierauf verzichtet oder eine kürzere Probezeit vereinbart worden ist.
→ Tarifvertrag (Länder) § 2 Abs. 4

In der Regel wird nach vier Monaten eine Beurteilung erstellt. Die Vorschriften über die dienstliche Beurteilung für Beamte gelten entsprechend.
→ Dienstliche Beurteilung (Lehrkräfte)

Wird dabei mindestens die Note ausreichend erreicht, ist die Bewährung erbracht. Anders als im Beamtenrecht muss in der Probezeit nicht die Eignung unter Beweis gestellt werden, sondern zur erfolgreichen Beendigung der Probezeit ist die definitive Feststellung der Nicht-Eignung erforderlich. Eine weitere Probezeitbeurteilung findet während des Arbeitnehmerverhältnisses nicht mehr statt.

Befristete Verträge

Befristete Verträge (z.B. Krankheits- oder Elternzeitvertretung) enden mit Ablauf der Zeit, für die sie geschlossen wurden, oder beim Wegfall des Befristungsgrundes (bei der Elternzeitvertretung z.B. in der Regel mit der Rückkehr der vertretenen Person, spätestens mit Ablauf des letzten Schultages vor den Sommerferien). Bei ohne sachlichen Grund befristeten Verträgen gelten die ersten sechs Wochen, bei mit sachlichem Grund befristeten Verträgen die ersten sechs Monate als Probezeit.
→ Tarifvertrag (Länder) § 30

Teilweise werden „Probearbeitsverhältnisse" (zur Erprobung der Eignung z.B. nach längerer Wartezeit auf Übernahme in den Schuldienst) vereinbart; sie können gem. § 14 Abs. 1 Nr. 5 des Teilzeit- und Befristungsgesetzes auf ein Jahr bzw. ein Schuljahr befristet werden, da innerhalb der tariflichen Probezeit von 6 Monaten zuverlässige Aussagen über die Eignung für den Schuldienst kaum möglich sind. Die gesamte Dauer dieses Beschäftigungsverhältnisses gilt als „Probezeit", es sind hierauf also weder § 2 noch § 30 TV-L anzuwenden. Auch ein „Probearbeitsverhältnis" endet mit Ablauf der Zeit, für die es geschlossen wurde. Eine dauerhafte Übernahme in den Schuldienst des Landes setzt einen erneuten Arbeitsvertrag oder die Übernahme ins Beamtenverhältnis voraus.

Bei „Direkteinsteigern" an beruflichen Schulen (z.B. Diplom-Ingenieure) folgt bei Bewährung auf eine einjährige Probezeit ein unbefristetes Arbeitsverhältnis (mit obligatorischer unterrichtsbegleitender pädagogisch-didaktischer Schulung).
→ Einstellungserlass Nr. 12 (Hinweis); → TV-L §§ 2, 30

Rechtsschutz

Arbeitnehmer/innen können gegen dienstliche Beurteilungen Klage beim Arbeitsgericht erheben.

Bei Problemen mit der Probezeit sollten sich die Betroffenen direkt an den für ihre Schulart zuständigen Bezirkspersonalrat wenden. Ferner ist eine Information des Personalrats an der Schule bzw. – bei GWHRS-Schulen – beim Schulamt zu empfehlen. GEW-Mitglieder sollten sich ferner – nicht zuletzt wegen der Fristwahrung – zum frühestmöglichen Zeitpunkt an die GEW-Rechtsschutzstellen wenden.

→ Dienstliche Beurteilung (Lehrkräfte); → Rechtsschutz; → Tarifvertrag (Länder) §§ 2 und 30

Mit dem Jahrbuchservice up to date

In unregelmäßiger Folge veröffentlichen wir den „Jahrbuchservice" mit Änderungen und Verbesserungen des laufenden Jahrbuches. Unter der Adresse http://spv-s.de/Jahrbuch-Update-Service.html kann man sich in eine Mailing-Liste eintragen und erhält dann alle Ausgaben im Abonnement.

Probezeit (Beamtenrecht)

Hinweise der Redaktion zum Beamtenverhältnis auf Probe nach der Dienstrechtsreform

Allgemeines

1. Vorbemerkung

Vor der Übernahme in das Beamtenverhältnis auf Lebenszeit muss die (fachliche und gesundheitliche) Bewährung des Beamten bzw. der Beamtin in der Probezeit festgestellt werden.

Rechtsgrundlagen für die vor dem Inkrafttreten der Dienstrechtsreform (1.1.2011) begründeten Beamtenverhältnisse sind das (alte) Landesbeamtengesetz (LBG) §§ 7-17, 29, 32-33 und die VwV zur Durchführung des LBG (siehe LBG § 8 – alt) sowie die Landeslaufbahnverordnung (LVO) §§ 14, 24 und 29. Diese Vorschriften gelten für die Betroffenen bis zur Beendigung der Probezeit weiter. Sie sind im Jahrbuch 2010 abgedruckt.

Für die ab dem 1.1.2011 begründeten Beamtenverhältnisse gilt das neue Landesbeamtengesetz (besonders §§ 6-13, 19).

→ Beamtengesetz §§ 6-13, 19

Solange keine neue, an die Dienstrechtsreform angepasste Laufbahnverordnung erlassen ist, ist auf diesen Personenkreis die bisherige LaufbahnVO (§§ 14, 24 und 29) anzuwenden.

Es ist dringend zu empfehlen, zu Beginn der Probezeit auch folgende Beiträge zu beachten:
→ Beihilfe (Allgemeines); → BeihilfeVO § 6a; → Krankenversicherung; → Renten / Beamtenversorgung (Zusatzversicherungen)

2. Dauer der Probezeit

Die Probezeit (§ 19 LBG) rechnet ab der Berufung in das Beamtenverhältnis auf Probe und dauert drei Jahre. Sie kann bis auf maximal fünf Jahre verlängert werden.

Auf die Probezeit angerechnet werden Verzögerungen im beruflichen Werdegang (LBG § 19 Abs. 3)
1. aufgrund von Wehr- oder Zivildienst, wenn die Verzögerungen nach § 9 Abs. 8 Satz 4 des Arbeitsplatzschutzgesetzes, auch in Verbindung mit § 9 Abs. 10 Satz 2, § 12 Abs. 3 und 4, § 13 Abs. 2 und 3 oder § 16a Abs. 1 und 5 des Arbeitsplatzschutzgesetzes, mit § 8a Abs. 1, 3 und 4 des Soldatenversorgungsgesetzes oder mit § 78 Abs. 1 Nr. 1 des Zivildienstgesetzes, angemessen auszugleichen sind, oder
2. aufgrund einer Tätigkeit als Entwicklungshelfer in den Fällen des § 17 des Entwicklungshelfer-Gesetzes.

Hat sich die Einstellung der Beamtin oder des Beamten in das Beamtenverhältnis auf Widerruf oder auf Probe wegen Betreuung oder Pflege eines Angehörigen verzögert oder wurden Elternzeit, Pflegezeit oder Urlaub nach § 72 Abs. 1 in Anspruch genommen, können Verzögerungen im beruflichen Werdegang auf die Probezeit angerechnet werden. Verzögerungen nach Satz 1 und 2 sind im tatsächlichen Umfang, höchstens bis zu zwei Jahren, anrechenbar.

Der Umfang der regelmäßigen Arbeitszeit ist grundsätzlich unerheblich: Auch ein Jahr mit halbem Lehrauftrag zählt für die Dauer der Probezeit voll. Eine unterhälftige Teilzeitbeschäftigung im Hauptberuf wird dagegen nur anteilig zum halben Lehrauftrag auf die Dauer der beamtenrechtlichen Probezeit angerechnet. Beispiel: Eine Hauptschullehrerin in der Elternzeit übt eine unterhälftige Teilzeitarbeit von 7 Stunden aus. Ihr halber Lehrauftrag beträgt 13,5 Wochenstunden. Die Zeit, in der diese unterhälftige Teilzeitbeschäftigung ausgeübt wird, ist im Verhältnis 7:13,5 auf die Dauer der Probezeit anzurechnen.

Eine Beurlaubung ohne Dienstbezüge verlängert die Probezeit um die Dauer der Beurlaubung. Mutterschutzfristen führen dagegen zu keiner Verlängerung der Probezeit, sondern werden voll auf diese angerechnet.

Zeiten als Lehrkraft im Arbeitnehmerverhältnis sollen auf die Probezeit angerechnet werden (§ 19 Abs. 4 LBG). Voraussetzung ist, dass diese Tätigkeit nach Art und Bedeutung mindestens der Tätigkeit in einem Amt der betreffenden Laufbahn entsprochen hat.

Auch bei Abkürzungen ist eine Mindestprobezeit von sechs Monaten zu leisten. Die Ministerien können durch Rechtsverordnung eine Mindestprobezeit von bis zu einem Jahr festlegen, wenn dies die Besonderheit der Laufbahn und der wahrzunehmenden Tätigkeit erfordert. Zum Zeitpunkt der Drucklegung lag seitens des KM noch keine entsprechende Rechtsverordnung vor.

Bei Anrechnung von beim selben Dienstherrn zurückgelegten Zeiten kann die Mindestprobezeit unterschritten oder auf sie verzichtet werden, wenn nach dem Erwerb der Laufbahnbefähigung Tätigkeiten ausgeübt wurden, die in der Regel von Beamtinnen und Beamten derselben Laufbahn im Beamtenverhältnis wahrgenommen werden.

Für **Ersatzschulen** gilt: Zeiten, die an staatlich anerkannten Ersatzschulen in Baden-Württemberg abgeleistet werden, können voll auf die Probezeit angerechnet werden (§ 49 Abs. 2 LVO).

Grundsätzlich ist die Probezeit an der Schulart abzuleisten, für die die Lehramtsbefähigung erworben wurde. In Ausnahmefällen (wenn keine geeigneten Lehrkräfte mit der passenden Lehramtsbefähigung zur Verfügung stehen) kann die Probezeit auch an allen anderen Schularten abgeleistet werden. Dies gilt auch für Lehrkräfte, die im Privatschuldienst beurlaubt sind.

→ Dienstliche Beurteilung (Lehrkräfte) Nr. III.2

Probezeit (Beamtenrecht)

Sollten bereits nach der ersten Probezeitbeurteilung Probleme entstehen, ist die Lehrkraft an der Schulart einzusetzen, für die sie die Lehramtsbefähigung besitzt.

Soweit Lehrerinnen und Lehrer vom Privatschuldienst in den öffentlichen Schuldienst wechseln, kann eine Mindestprobezeit an der öffentlichen Schule von einem halben Jahr festgelegt werden.
(Quelle: KM vom 10.6.2003, AZ: 14-0301.620/-)

Zur Probezeit im Arbeitnehmerverhältnis siehe:
→ Probezeit (Arbeitnehmerverhältnis)

3. Verkürzung der Probezeit

Die Probezeit kann für Beamt/innen, die sich in der bisher zurückgelegten Probezeit bewährt haben,
1. bei weit überdurchschnittlicher Bewährung,
2. bei Erwerb der Laufbahnbefähigung mit hervorragendem Ergebnis

um bis zu jeweils einem Jahr abgekürzt werden.

Die Ernennung zum Beamten bzw. zur Beamtin auf Lebenszeit erfolgt, wenn in der zweiten Probezeitbeurteilung die Note von mindestens 2,0 der ersten Beurteilung bestätigt wird. Beide Voraussetzungen müssen zur Verkürzung der Probezeit zwingend zugleich erfüllt sein.

Voraussetzung für die vorzeitige Übernahme in das Beamtenverhältnis auf Lebenszeit ist, dass freie Planstellen vorhanden sind.

Feststellung der Bewährung

Zur Feststellung der Bewährung erfolgt in der Regel nach neun Monaten die erste dienstliche Beurteilung (ohne „Befähigungsbeurteilung") durch die Schulleitung.
→ Dienstliche Beurteilung (Lehrkräfte), Formular Nr. 1

Spätestens in den letzten drei Monaten vor Ablauf der Probezeit erfolgt die zweite dienstliche Beurteilung. Auch sie ist „einstufig", wird also von dem/der Schulleiter/in vorgenommen, die Schulaufsichtsbehörde kann sich jedoch die Bildung des maßgebenden Gesamturteils im Einzelfall vorbehalten, wenn hierfür ein besonderes dienstliches Bedürfnis besteht. Soweit beamtete Lehrkräfte an Privatschulen beurlaubt sind, wird das maßgebliche Gesamturteil grundsätzlich durch die Schulaufsicht festgesetzt. Die Schulaufsichtsbehörde bildet ihr Gesamturteil aufgrund der Beurteilung des Schulleiters und ihrer eigenen Erkenntnisse, insbesondere aufgrund von Unterrichtsbesuchen.

Die Schulleiter/innen sind in ihrem Ermessen frei, ob sie ihre Unterrichtsbesuche ankündigen (die einschlägige VwV gilt nur für die Schulaufsicht).
→ Unterrichtsbesuche

Die drei Faktoren der „Bewährung" (Eignung, Befähigung, fachliche Leistung) überschneiden sich:
– „*Eignungs*"-relevant sind vor allem die allgemeine geistige Veranlagung, der Charakter, der Bildungsstand, die Belastbarkeit und das Sozialverhalten.
– „*Befähigung*" umfasst die wesentlichen Fähigkeiten, Kenntnisse, und Fertigkeiten (gemeint ist die fachliche Eignung).
– Für Art und Ausmaß der „*fachlichen Leistung*" ist das dienstliche Verhalten relevant.

Die Bewährung muss in allen drei Bereichen erbracht werden. Mängel in einem können also nicht durch gute oder besonders gute Leistungen in einem anderen Bereich kompensiert werden.

Die Bewährungsbeurteilung muss sich auf die gesamte Probezeit beziehen; den in einer Verlängerung der Probezeit erbrachten Leistungen kann ausschlaggebende Bedeutung beigemessen werden.

Probezeit bei Laufbahnwechsel

Wird die Befähigung für eine weitere Laufbahn nach § 16 Abs. 1 Nr. 1, 2 oder 5 erworben, können Zeiten, die im Beamtenverhältnis auf Zeit oder in der bisherigen Laufbahn im Beamtenverhältnis auf Probe oder auf Lebenszeit zurückgelegt wurden, auf die Probezeit in der neuen Laufbahn angerechnet werden, wenn die ausgeübten Tätigkeiten für die Aufgaben der neuen Laufbahn förderlich waren. Befindet sich die Beamtin oder der Beamte bereits in einem Beamtenverhältnis auf Lebenszeit, sollen Zeiten nach Satz 1 angerechnet werden. Bei einem Laufbahnwechsel nach § 21 oder einem Aufstieg nach § 22 ist eine Probezeit in der neuen Laufbahn nicht mehr abzuleisten.

Verlängerung der Probezeit

Nach § 19 Abs. 6 LBG kann die Probezeit verlängert werden, sofern Bedenken gegen die Übernahme ins Beamtenverhältnis auf Lebenszeit bestehen. Hierüber entscheidet der Dienstherr nach pflichtgemäßem Ermessen.

Es kommt dabei nicht (mehr) nur darauf an, ob die Noten der dienstlichen Beurteilung „ausreichend" sind, sondern darauf, „ob die Leistungen zur Feststellung der Bewährung ausreichen" (Bundesverwaltungsgericht, 24.11.1988). Die Schulaufsichtsbehörde muss also die in der dienstlichen Beurteilung gegebene Ziffern-Note „ausreichend" nicht als ausschlaggebend für die von ihm zu treffende Feststellung der Bewährung ansehen. Es kommt auch auf die verbale Formulierung der dienstlichen Beurteilung an. In der Regel erfolgt eine Verlängerung zunächst um ein Jahr. Insgesamt darf höchstens zwei Jahre verlängert werden.

Die Verlängerung der Probezeit muss schriftlich unter Angabe der Gründe ausgesprochen werden. Maßgeblich für die Feststellung der fachlichen Bewährung ist die dienstliche Beurteilung in den letzten drei Monaten der Probezeit. Sofern die Schulverwaltung innerhalb der fünf Jahre (§ 8 LBG) versäumt, entweder die Bewährung während der Probezeit festzustellen oder die Entlassung zu verfügen, bleibt der Beamte im Landesdienst.
→ Personalvertretungsgesetz § 80 Abs. 1 Nr. 3

Entlassung aus dem Beamtenverhältnis auf Probe

Die folgenden Grundsätze gelten für Beamte und Beamtinnen auf Probe während der regulären Probezeit sowie in der verlängerten Probezeit.

a) Gesundheitliche Eignung

Der Beamte ist zu entlassen, wenn er dienstunfähig ist und das Beamtenverhältnis nicht durch Versetzung in den Ruhestand endet. Die Versetzung eines Beamten auf Probe in den Ruhestand ist jedoch nur dann möglich, *„wenn er infolge Krankheit, Verwundung oder sonstiger Beschädigung, die er sich ohne grobes Verschulden bei Ausübung oder aus Veranlassung des Dienstes zugezogen hat, dienstunfähig geworden ist"*, denn die gesundheitliche Eignung (Dienstfähigkeit) wird bereits bei der Übernahme in das Beamtenverhältnis auf Probe festgestellt. Die Probezeit kann nur dazu dienen, verbleibende Zweifel hieran auszuräumen. Tauchen in der Probezeit keine neuen Erkenntnisse auf, der gesundheitlichen Eignung entgegenstehen (z.B. Krankheitsfehlzeiten), können bereits bei der Übernahme in das Beamtenverhältnis auf Probe bestehende gesundheitliche Probleme (z.B. auch ein Übergewicht) keine Entlassung mehr rechtfertigen.

→ Beamtenstatusgesetz § 23; → Renten / Beamtenversorgung (Zusatzversicherungen)

b) Weitere Entlassungsgründe

Der Beamte auf Probe *ist* zu entlassen, wenn er sich weigert, den gesetzlich vorgeschriebenen Diensteid zu leisten (BeamtStG § 23), er <u>kann</u> entlassen werden, wenn eine Handlung vorliegt, die bei einem Beamtenverhältnis auf Lebenszeit eine Disziplinarmaßnahme zur Folge hätte, die nur im förmlichen Disziplinarverfahren verhängt werden kann (BeamtStG § 23), mindestens also eine Gehaltskürzung z.B. nach einem Ladendiebstahl, nicht dagegen Verweis oder Geldbuße. Ferner <u>kann</u> der Beamte auf Probe entlassen werden, wenn er sich in der Probezeit wegen mangelnder Eignung, Befähigung oder fachlicher Leistung nicht bewährt hat. Da sich die Bewährung aus einer Vielzahl von Aspekten ergibt, lässt sich kein starrer Notenrahmen angeben, eine schlechtere Beurteilung als *„ausreichend"* bedeutet aber stets Nichtbewährung.

c) Verfahren

Die Rechtsprechung räumt dem Dienstherrn zum kritischen Termin am Ende der Probezeit eine Überlegungsfrist (etwa drei Monate) ein, die sich an den einzelnen Tatbeständen (Dienstunfähigkeit / Dienstvergehen / mangelnde Eignung, Befähigung oder fachliche Leistung) zu orientieren hat.

→ Disziplinargesetz (Allgemeines)

Vor der Entlassung ist der Probezeitbeamte zu hören (§ 28 Verwaltungsverfahrensgesetz); diese Anhörung kann sowohl mündlich wie schriftlich erfolgen (in der Regel schriftlich). Da der Beamte durch die Anhörung auf die Willensbildung der Behörde Einfluss nehmen können soll, muss sie vor Erlass der Entlassungsverfügung erfolgen.

→ Verwaltungsrecht

Beteiligung der Personalvertretung und Rechtsschutz

Wir empfehlen, sich bei Problemen mit der Probezeit unverzüglich, spätestens sofort nach der ersten Probezeitverlängerung, an die GEW-Bezirksrechtsschutzstelle sowie an den Personalrat zu wenden. Der Bezirkspersonalrat besitzt Beteiligungsrechte insbesondere bei der Verlängerung der Probezeit und der Entlassung. Da der Personalrat bei der Entlassung von Beamten auf Probe oder auf Widerruf jedoch <u>nur auf Antrag</u> mitwirkt, sollten Betroffene nach Mitteilung der Entlassungsabsicht auf jeden Fall formlos bei der oberen Schulaufsichtsbehörde die Beteiligung des Personalrats beantragen. Der Dienstherr muss dann die Entlassung rechtzeitig und eingehend mit dem Personalrat – mit dem Ziel einer Verständigung – erörtern.

Erfolgt keine Beteiligung der Personalvertretung, obwohl vom Betroffenen ein Beteiligungsantrag gestellt wurde, ist die Entlassung fehlerhaft, jedoch nicht unwirksam, da dieser Mangel im Widerspruchsverfahren geheilt werden kann.

→ Personalvertretungsgesetz § 80

Die Entlassung stellt einen Verwaltungsakt dar und ist zu begründen (der Dienstherr hat die wesentlichen, tatsächlichen und rechtlichen Gründe mitzuteilen, die ihn zur Entlassung bewogen haben). Zuständig für Rechtsstreitigkeiten im Zusammenhang mit der Übernahme in das Beamtenverhältnis auf Lebenszeit sind die Verwaltungsgerichte. Betroffene müssen gegen die beabsichtigte Entlassung Widerspruch einlegen, erst nach Vorlage des Widerspruchsbescheides kann Klage erhoben werden. Widerspruch und Anfechtungsklage gegen eine Entlassungsverfügung haben aufschiebende Wirkung, die Maßnahmen sind also erst wirksam, wenn über Widerspruch und Klage endgültig entschieden ist. Die aufschiebende Wirkung entfällt, wenn der Dienstherr im öffentlichen Interesse die sofortige Vollziehung anordnet (bei Entlassung mangels Bewährung ist dies die Regel).

Hinweise der Redaktion:

1. Die Vorschriften über die dienstliche Beurteilung gelten auch für angestellte Lehrkräfte.
2. Unter bestimmten Umständen (z.B. nach längerer vorhergehender Tätigkeit in einem Arbeitnehmerverhältnis) kann es sinnvoller sein, nicht das Beamtenverhältnis, sondern stattdessen das Arbeitnehmerverhältnis zu wählen. Es empfiehlt sich die Beratung durch die GEW und die Deutsche Rentenversicherung Bund – DRV – (früher: Bundesversicherungsanstalt für Angestellte); Kontaktadressen unter → Renten.

→ Amtsärztliche Untersuchung; → Dienstliche Beurteilung; → Disziplinargesetz (Allgemeines); → Disziplinargesetz (LDG); → Landesbeamtengesetz § 6; → Landeslaufbahnverordnung; → Mutterschutz (Verordnung / AzUVO) ; → Personalvertretungsgesetz § 80; → Probezeit (Arbeitnehmerverhältnis); → Rechtsschutz; → Verschwiegenheitspflicht

Prüfungsakten (Einsichtnahme)

Hinweis der Redaktion

Lehramtsbewerber/innen haben das Recht zur Einsicht in ihre Prüfungsakten.
Wir zitieren hier als Beispiel für alle anderen Prüfungsordnungen aus der Verwaltungsvorschrift des KM zu § 24 der Grund- und Hauptschullehrerprüfungsordnung vom 19.7.2001 (KuU S. 331/2001; Loseblattsammlung KuU Nr. 6712-51):
„Die Prüfungsakten können innerhalb eines Jahres nach Abschluss der Laufbahnprüfung eingesehen werden."

→ Archivierung/Aufbewahrungsfristen; → Datenschutz (Schulen)

Rauchen in der Schule

Auszug aus dem Landesnichtraucherschutzgesetz (LNRSchG) vom 25. Juli 2007 (GBl. S. 337/2007); zuletzt geändert 3.3.2009 (GBl. S. 81/2009)

§ 1
Zweckbestimmung

(1) Dieses Gesetz hat zum Ziel, dass in Schulen sowie bei schulischen Veranstaltungen, in Jugendhäusern, in Tageseinrichtungen für Kinder, in Behörden, Dienststellen und sonstigen Einrichtungen des Landes und der Kommunen sowie in Krankenhäusern, Pflegeeinrichtungen und Gaststätten nicht geraucht wird. Die Regelungen dienen, insbesondere bei Kindern und Jugendlichen, dem Schutz vor den Gefahren des Passivrauchens. ...

§ 2
Rauchfreiheit in Schulen

(1) In Schulgebäuden und auf Schulgeländen sowie bei Schulveranstaltungen ist das Rauchen untersagt. Auf Schulgeländen befindliche Wohnungen sind vom Rauchverbot nach Satz 1 ausgenommen.

(2) Abweichend von Absatz 1 kann die Gesamtlehrerkonferenz mit Zustimmung der Schulkonferenz und nach Anhörung des Elternbeirats und der Schülermitverantwortung für volljährige Schüler ab Klasse 11 oder der entsprechenden Klassen der beruflichen Schulen sowie für dort tätige Lehrkräfte Raucherzonen außerhalb von Schulgebäuden im Außenbereich des Schulgeländes jeweils für ein Schuljahr zulassen, wenn und soweit die Belange des Nichtraucherschutzes dadurch nicht beeinträchtigt werden. → Jugendschutzgesetz § 10

(3) Die Bestimmungen der Absätze 1 und 2 gelten auch für Schulen in freier Trägerschaft.

§ 3 Rauchfreiheit in Jugendhäusern
In Jugendhäusern ist das Rauchen untersagt.

§ 4
Rauchfreiheit in Tageseinrichtungen für Kinder

In den Gebäuden und auf den Grundstücken der Tageseinrichtungen für Kinder ist das Rauchen untersagt. § 2 Abs.1 Satz 2 gilt entsprechend.

§ 5
Rauchfreiheit in Behörden, Dienststellen und sonstigen Einrichtungen des Landes und der Kommunen

(1) In den Behörden und Dienststellen des Landes oder der Kommunen sowie in sonstigen vom Land oder den Kommunen getragenen Einrichtungen ist das Rauchen untersagt. § 2 Abs. 1 Satz 2 gilt entsprechend. Das Rauchverbot nach Satz 1 gilt auch in Dienstfahrzeugen. ...

(2) Abweichend von Absatz 1 kann die Leitung der in Absatz 1 Satz 1 genannten Einrichtungen Ausnahmen vom Rauchverbot bei besonderen Veranstaltungen zulassen. Sie kann zudem das Rauchen in bestimmten abgeschlossenen Räumen gestatten, wenn und soweit die Belange des Nichtraucherschutzes dadurch nicht beeinträchtigt werden.

Hinweis der Redaktion: In der Begründung zu ihrem Gesetzentwurf hat die Landesregierung zu § 5 u.a. ausgeführt (LT-Drucksache 14 / 1359: „Anders als bei Schulen, Jugendhäusern und Kindertagesstätten, wo vorrangig Kinder und Jugendliche geschützt werden sollen und daher wegen der Vorbildfunktion der dort Verantwortlichen ein möglichst ausnahmsloses Rauchverbot anzustreben ist, wird mit der Ausnahmeregelung nach Absatz 2 ein vertretbarer Handlungsspielraum für die Behörden, Diensteilen und sonstigen Einrichtungen des Landes und der Kommunen offen gehalten."
Es ist demnach Wille des Gesetzgebers, dass Ausnahmen nur an den sonstigen Dienststellen möglich sind und dass an Schulen keine separaten Raucherzimmer für Lehrkräfte (mehr) existieren. Das Gesetz ist in diesem Sinne von den verantwortlichen (Schul-)Leitungen auszulegen und anzuwenden.

Amtliche Hinweise des Kultusministeriums zum Landesnichtraucherschutzgesetz

Quelle: Infodienst Schulleitung vom Juli 2007 (Nummer 98)

Durch § 2 wird das Rauchverbot an öffentlichen Schulen (Absatz 1) und an privaten Ersatzschulen sowie privaten Ergänzungsschulen (Absatz 3) eingeführt. Private Ersatz- und Ergänzungsschulen werden von Schulpflichtigen besucht bzw. können von diesen besucht werden und haben damit eine mit öffentlichen Schulen vergleichbare Funktion. Der Erziehungsauftrag der Schule und die Sorge um die Einhaltung dieses Auftrages erstrecken sich auf die gesamte Zeit, in der die Schüler und Schülerinnen unter der Obhut der Schule stehen. D.h. auch die Pausen zwischen den einzelnen Unterrichtseinheiten und alle schulischen Veranstaltungen unterliegen der Verantwortung der Schule. Schulische Veranstaltungen im Sinne des Gesetzes sind solche Veranstaltungen, die im Rahmen des Erziehungs- und Bildungsauftrages der Schule durchgeführt werden und bezüglich derer die Schule ein gewisses Mindestmaß an Aufsicht übernimmt. Nicht erforderlich ist, dass die Veranstaltung in Räumen der Schule oder an Schultagen stattfindet. So sind auch Projektwochen oder Schulfeste an schulfreien Tagen schulische Veranstaltungen.

Die derzeit bestehende Rechtslage wird insoweit fortgeschrieben, als für volljährige Schüler sowie für Lehrkräfte, die an Schulen mit volljährigen Schülern tätig sind, Raucherzonen im Außenbereich des Schulgeländes, also nur im Freien, durch Beschluss der Gesamtlehrerkonferenz und nach vorheriger Beteiligung der in Absatz 2 genannten Gremien jeweils für ein Jahr zugelassen werden können. Diese Ausnahmemöglichkeit trägt insbesondere dazu bei, dass Belästigungen in der unmittelbaren Nachbarschaft der Schule vermieden werden.

Bisher waren Raucherecken bereits für Schüler ab der 11. Klasse möglich. Die Anhebung der Altersgrenze auf volljährige Schülerinnen und Schüler berücksichtigt die vorgesehene bundesrechtliche Initiative, wonach das Rauchen in der Öffentlichkeit generell erst ab dem vollendeten 18. Lebensjahr erlaubt sein soll. Im Übrigen ist es sachgerecht, Lehrer und volljährige Schüler insofern gleich zu behandeln. Im Umkehrschluss bedeutet dies, dass an Schulen, die von keinen volljährigen Schülern besucht werden, auch keine Raucherzonen für Lehrkräfte zugelassen werden dürfen. Die Raucherzonen auf dem Schulgelände sollten nach Möglichkeit so platziert und beschaffen sein, dass sie nur schwer einsehbar sind und damit ein negatives Vorbildverhalten, insbesondere für jüngere Schüler, vermieden wird.

Das Rauchverbot erstreckt sich auf das Schulgelände und auch auf Schulveranstaltungen außerhalb des Geländes. Die Schulveranstaltungen (z.B. Klassenfahrten) sind wesentlicher Bestandteil des Schulauftrages. Bei der Ausnahmebestimmung nach Absatz 1 Satz 2 ist insbesondere an Hausmeisterwohnungen gedacht. Die verfassungsrechtlich geschützte Sphäre einer privat genutzten Wohnung (Artikel 13 GG) gestattet es nicht, ein Rauchverbot auch für diesen Bereich vorzusehen.

→ Jugendschutzgesetz § 10; → Konferenzordnung § 2; → Schulgesetz § 47; → Sucht (Prävention)

Realschule (Abschlussprüfung)

Verordnung des KM über die Abschlussprüfung an Realschulen (Realschulabschlussprüfungsordnung) vom 4.8.1994 (KuU S. 460/1994); zuletzt geändert am 8.9.2007 (KuU S. 155/2007)

ERSTER ABSCHNITT – Ordentliche Abschlussprüfung

§ 1
Zweck der Prüfung

In der Abschlussprüfung soll nachgewiesen werden, dass das Ziel der Realschule erreicht ist.

Hinweis der Redaktion: Zur Benotung und Zeugnisgebung, zu Fremdsprachen und Prüfungen sowie Fördermaßnahmen bei ausgesiedelten und ausländischen Schüler/innen siehe → Sprachförderung (Integration).

§ 2
Ort und Zeit der Prüfung

(1) Die Abschlussprüfung wird an den öffentlichen und an den staatlich anerkannten Realschulen abgehalten.

(2) Die Abschlussprüfung findet einmal jährlich statt.

(3) Die Termine der schriftlichen Prüfung sowie der Zeitraum der mündlichen Prüfung und der Kompetenzprüfung werden vom Kultusministerium festgesetzt.

(4) Die mündliche Prüfung und die Kompetenzprüfung finden nach der schriftlichen Prüfung statt; die untere Schulaufsichtsbehörde bestimmt den Zeitpunkt an den einzelnen Realschulen.

§ 3
Teilnahme an der Prüfung

(1) An der Abschlussprüfung nehmen alle Schüler der Klasse 10 der Realschule teil.

(2) Die Noten für die Jahresleistungen in den Fächern der schriftlichen Prüfung sind etwa eine Woche vor Beginn der schriftlichen Prüfung dem Schulleiter vorzulegen und dem Schüler mitzuteilen, in den übrigen Fächern etwa drei Wochen vor Beginn der mündlichen Prüfung und der Kompetenzprüfung.

§ 4
Schriftliche Prüfung

(1) Die Leitung der schriftlichen Prüfung obliegt dem Schulleiter.

(2) Die schriftliche Prüfung erstreckt sich auf die Fächer Deutsch, Mathematik und die Pflichtfremdsprache.

Hinweis d.Red.: Für Schüler/innen, die erst in Klasse 7 und 8 in die Realschule eintreten, kann die Pflichtfremdsprache durch die Wahlpflichtfremdsprache, für Schüler/innen, die erst in Klasse 9 und 10 eintreten, durch die Wahlpflichtfremdsprache oder die Sprache des Herkunftslandes ersetzt werden, wenn es personell und organisatorisch möglich ist, den Kenntnisstand mündlich und schriftlich zu überprüfen.

(3) Die Prüfungsaufgaben werden überwiegend dem Stoffgebiet der Klassen 9 und 10 der Realschule entnommen und vom Kultusministerium landeseinheitlich gestellt.

(4) Als Prüfungsaufgaben sind eine oder mehrere Aufgaben aus verschiedenen Stoffgebieten zu fertigen. Die Bearbeitungszeit beträgt in Deutsch mindestens 180 Minuten und höchstens 240 Minuten, in Mathematik und in der Pflichtfremdsprache jeweils mindestens 120 Minuten und höchstens 180 Minuten.

(5) Jede Prüfungsarbeit wird vom Fachlehrer der Klasse und anschließend von einem von der unteren Schulaufsichtsbehörde bestellten Fachlehrer einer anderen Schule (Zweitkorrektor) beurteilt und bewertet; hierbei kennt der Zweitkorrektor die vorangegangene Beurteilung und Bewertung. Weichen die Bewertungen bis zu zwei Noten voneinander ab, gilt der Durchschnitt. Weichen die Bewertungen um mehr als zwei Noten voneinander ab und können sich die Prüfer nicht einigen, wird die Note vom Vorsitzenden des Prüfungsausschusses im Rahmen der Bewertungen festgelegt.

(6) Über den Verlauf der schriftlichen Prüfung ist vom aufsichtsführenden Lehrer eine kurze Niederschrift zu fertigen.

(7) Die Noten der schriftlichen Prüfung in den einzelnen Fächern werden den Schülern etwa zwei Wochen vor der mündlichen Prüfung bekanntgegeben.

§ 5
Mündliche Prüfung, Kompetenzprüfung

(1) Die mündliche Prüfung und die Kompetenzprüfung werden von einem Prüfungsausschuss abgenommen, dem angehören
1. als Vorsitzender ein von der unteren Schulaufsichtsbehörde beauftragter Schulaufsichtsbeamter oder Schulleiter einer anderen Schule,
2. als stellvertretender Vorsitzender der Leiter der Schule,
3. die Fachlehrer der Prüfungsklassen,
4. weitere von der unteren Schulaufsichtsbehörde oder vom Vorsitzenden des Prüfungsausschusses bestellte Mitglieder.

(2) Für die mündliche Prüfung in den einzelnen Fächern und für die Kompetenzprüfung bildet der Vorsitzende aus den Mitgliedern des Prüfungsausschusses Fachausschüsse. In der mündlichen Prüfung gehören jedem Fachausschuss an
1. der Vorsitzende oder ein vom ihm bestelltes Mitglied des Prüfungsausschusses als Leiter,
2. der Fachlehrer der Klasse als Prüfer,
3. ein weiteres Mitglied des Prüfungsausschusses, zugleich als Protokollführer.

In der Kompetenzprüfung gehören jedem Fachausschuss an
1. der Vorsitzende oder ein vom ihm bestelltes Mitglied des Prüfungsausschusses, das an einer anderen Schule tätig ist, als Leiter,
2. die beiden vom Schulleiter nach Absatz 7 zugewiesenen Lehrer, von denen einer zugleich Protokollführer ist.

(3) Die mündliche Prüfung erstreckt sich auf Wunsch des Schülers auf die Fächer der schriftlichen Prüfung. Die Fächer sind spätestens am zweiten Unterrichtstag nach der Bekanntgabe der Noten der schriftlichen Prüfung gegenüber dem Schulleiter zu benennen. Ob sich die Prüfung zusätzlich auf weitere Fächer erstreckt, die Gegenstand der schriftlichen Prüfung waren, entscheidet der Vorsitzende des Prüfungsausschusses. Diese Prüfungsfächer werden dem Schüler etwa zwei Wochen vor der mündlichen Prüfung bekanntgegeben.

(4) Die Aufgaben der mündlichen Prüfung werden überwiegend dem Stoffgebiet der Klassen 9 und 10 der Realschule entnommen. Sie werden vom Fachlehrer gestellt; der Leiter des Fachausschusses kann die Aufgaben erweitern oder einschränken.

(5) Die mündliche Prüfung kann als Einzel- oder Gruppenprüfung durchgeführt werden. Die Entscheidung trifft der Vorsitzende des Prüfungsausschusses. Dem Schüler wird vor Beginn der Prüfung die Möglichkeit gegeben, ein Schwerpunktthema zu benennen. Das Schwerpunktthema wird in die mündliche Prüfung des jeweiligen Faches einbezogen. Jeder Schüler wird je Fach etwa zehn Minuten geprüft.

(6) Die Kompetenzprüfung besteht aus einer Präsentation zu einem bestimmten Thema und einem daran anknüpfenden Prüfungsgespräch. Das Thema bezieht sich auf die Bildungsstandards mindestens zweier Fächer oder Fächerverbünde. Die Präsentation kann schriftliche, mündliche und praktische Leistungen enthalten. Das Prüfungsgespräch bezieht sich über das Thema hinaus auf weitere, vorwiegend aus den Klassen 9 und 10 stammende Inhalte der betroffenen Fächer oder Fächerverbünde.

(7) Die Schüler wählen in Klasse 10 innerhalb von etwa sechs Wochen nach Beginn des Unterrichts das Thema der Kompetenzprüfung, das der Schulleiter in der Regel nach Beratung in der Stufenkonferenz genehmigt. Der Schulleiter weist den Schülern zwei Lehrer zur Begleitung und Beratung zu.

(8) Die Kompetenzprüfung wird als Gruppenprüfung durchgeführt, wobei jeder Schüler eine individuelle Note erhält. Eine Schülergruppe umfasst drei bis fünf Schüler. In begründeten Ausnahmefällen kann mit Genehmigung des Schulleiters die Kompetenzprüfung auch in einer kleineren Gruppe oder als Einzelprüfung abgenommen werden.

(9) Die Prüfungszeit der Kompetenzprüfung be-

trägt für jeden Prüfling etwa 15 Minuten, wobei die zeitlichen Anteile von Präsentation und Prüfungsgespräch annähernd gleich sind.

(10) Im Anschluss an die Prüfung setzt der Fachausschuss das Ergebnis der mündlichen Prüfung oder der Kompetenzprüfung fest und teilt es dem Schüler auf Wunsch mit. Der Fachausschuss entscheidet mit Stimmenmehrheit.

(11) Über jede mündliche Prüfung und Kompetenzprüfung wird eine Niederschrift gefertigt und von den Mitgliedern des Fachausschusses unterschrieben.

§ 5a
EuroKomPrüfung

(1) Im ersten Schulhalbjahr der Klasse 10 der Realschule wird in der ersten Fremdsprache eine mündliche Prüfung durchgeführt, für die das Kultusministerium zentrale Prüfungsmaßstäbe vorgibt (EuroKom-Prüfung).

(2) Die EuroKomPrüfung wird vom Fachlehrer der Klasse und einem weiteren vom Schulleiter bestimmten Fachlehrer abgenommen. Die Schüler werden in der Regel einzeln oder zu zweit geprüft. Die Euro-KomPrüfung dauert etwa 15 Minuten je Schüler.

(3) Im Anschluss an die EuroKomPrüfung setzen die beiden beteiligten Fachlehrer die Note fest und teilen sie dem Schüler auf Wunsch mit.

(4) Über die EurokomPrüfung wird eine Niederschrift gefertigt und von den beiden beteiligten Lehrern unterschrieben.

§ 6
Notengebung und Ergebnis der Prüfung

(1) Bei der Bewertung der Jahresleistungen in den Prüfungsfächern sowie bei der Bewertung der schriftlichen Prüfungsarbeiten, der Leistungen in der mündlichen Prüfung, und der Leistungen in der EuroKom-Prüfung werden Zehntelnoten erteilt. Der Durchschnitt der Prüfungsergebnisse aus den schriftlichen und mündlichen Prüfungsleistungen sowie der Durchschnitt der Prüfungsergebnisse aus den Leistungen der EuroKomPrüfung und dem übrigen Teil der Prüfung in der ersten Fremdsprache (Absatz 2 Satz 2) wird bis zu einem Zehntel berechnet. Im Übrigen werden nur ganze Noten erteilt.

(2) Die Endergebnisse in den einzelnen Prüfungsfächern ermittelt der Vorsitzende des Prüfungsausschusses. Die Endergebnisse errechnen sich jeweils aus dem Durchschnitt der Jahres- und der Prüfungsleistung, wobei die Leistungen der schriftlichen und der mündlichen Prüfung gleich zählen; in der ersten Fremdsprache gilt die EuroKomPrüfung als Teil der Prüfungsleistung und zählt dabei gegenüber dem übrigen Teil der Prüfung zur Hälfte. Der Durchschnitt wird bis zu einem Zehntel berechnet, wobei in der üblichen Weise gerundet wird (Beispiel: 2,5 bis 3,4 befriedigend). In den Fächern, in denen nicht geprüft wurde, gelten die Jahresleistungen als Endergebnisse. In der Kompetenzprüfung gilt die Prüfungsleistung als eigenständiges Endergebnis, das die Endergebnisse der hierbei einbezogenen Fächer oder Fächerverbünde (§ 5 Abs. 6 Satz 2) unberührt lässt.

(3) Der Vorsitzende des Prüfungsausschusses stellt fest, wer die Prüfung bestanden hat. Maßgebend für diese Feststellung ist die Realschulversetzungsordnung mit folgenden Maßgaben:
1. § 1 Abs. 3 findet keine Anwendung;
2. in die Berechnung des Durchschnitts aus den Noten der maßgebenden Fächer nach § 1 Abs. 2 Nr. 1 und der Kernfächer nach § 1 Abs. 2 Nr. 2 wird die Prüfungsleistung der Kompetenzprüfung einbezogen. In die übrigen Bestehens- und Ausgleichsregelungen nach § 1 Abs. 2 wird die Kompetenzprüfung nicht einbezogen.

(4) Der Vorsitzende des Prüfungsausschusses fertigt über die Feststellung der Ergebnisse der Prüfung eine Niederschrift.

§ 7
Wiederholung der Prüfung

Wer die Prüfung nicht bestanden hat, kann sie nach erneutem Besuch der Klasse 10 einer Realschule einmal wiederholen.

§ 8
Nichtteilnahme, Rücktritt

(1) Die Teile der Prüfung, an denen der Schüler ohne wichtigen Grund nicht teilnimmt, werden jeweils mit »ungenügend« bewertet. Über das Vorliegen eines wichtigen Grundes entscheidet bei der schriftlichen Prüfung der Leiter, bei der mündlichen Prüfung und der Kompetenzprüfung der Vorsitzende des Prüfungsausschusses. Der wichtige Grund ist der Schule unverzüglich mitzuteilen.

(2) Als wichtiger Grund gilt insbesondere Krankheit. Auf Verlangen ist ein ärztliches oder amtsärztliches Zeugnis vorzulegen. Wer sich in Kenntnis einer gesundheitlichen Beeinträchtigung oder eines anderen wichtigen Grundes der Prüfung unterzogen hat, kann diese Gründe nachträglich nicht mehr geltend machen. Der Kenntnis steht die fahrlässige Unkenntnis gleich; fahrlässige Unkenntnis liegt insbesondere dann vor, wenn bei Vorliegen einer gesundheitlichen Beeinträchtigung nicht unverzüglich eine Klärung herbeigeführt wurde.

(3) Sofern und soweit ein wichtiger Grund vorliegt, gilt die Prüfung als nicht unternommen. Die nicht abgelegten Prüfungsteile können in einem Nachtermin nachgeholt werden. Kann an der Nachprüfung aus wichtigem Grund ganz oder teilweise nicht teilgenommen werden, gilt die Prüfung als nicht unternommen; Absatz 1 Sätze 2und 3 sowie Absatz 2 gelten entsprechend.

(4) Vor Beginn der Abschlussprüfung ist auf diese Bestimmungen hinzuweisen.

§ 9
Täuschungshandlungen, Ordnungsverstöße

(1) Wer es unternimmt, das Prüfungsergebnis durch Täuschung oder Benutzung nicht zugelassener Hilfsmittel zu beeinflussen, oder wer nicht zugelassene Hilfsmittel nach Bekanntgabe der Prü-

fungsaufgaben mit sich führt oder Beihilfe zu einer Täuschung oder einem Täuschungsversuch leistet, begeht eine Täuschungshandlung.

(2) Wird während der Prüfung festgestellt, dass eine Täuschungshandlung vorliegt, oder entsteht ein entsprechender Verdacht, ist der Sachverhalt von einem aufsichtsführenden Lehrer festzustellen und zu protokollieren. Der Schüler setzt die Prüfung bis zur Entscheidung über die Täuschungshandlung vorläufig fort.

(3) Wer eine Täuschungshandlung begeht, wird von der weiteren Teilnahme an der Prüfung ausgeschlossen; dies gilt als Nichtbestehen der Abschlussprüfung. In leichten Fällen kann stattdessen die Prüfungsleistung mit der Note »ungenügend« bewertet werden. Die Entscheidung trifft bei der schriftlichen Prüfung der Leiter, bei der mündlichen Prüfung und der Kompetenzprüfung der Vorsitzende des Prüfungsausschusses.

(4) Stellt sich eine Täuschungshandlung erst nach Aushändigung des Zeugnisses heraus, kann die untere Schulaufsichtsbehörde das Zeugnis einziehen und entweder ein anderes Zeugnis erteilen oder die Prüfung für nicht bestanden erklären, wenn seit der Ausstellung des Zeugnisses nicht mehr als zwei Jahre vergangen sind.

(5) Wer durch sein Verhalten die Prüfung so schwer stört, dass es nicht möglich ist, die Prüfung ordnungsgemäß durchzuführen, wird von der Prüfung ausgeschlossen; dies gilt als Nichtbestehen der Abschlussprüfung. Absatz 3 Satz 3 gilt entsprechend.

(6) Vor Beginn der Abschlussprüfung ist auf diese Bestimmungen hinzuweisen.

→ Handy-Nutzung

ZWEITER ABSCHNITT
Abschlussprüfung für Schulfremde

§ 10
Zweck der Prüfung

(1) Die Prüfung dient dem Erwerb des Abschlusszeugnisses der Realschule für Bewerber, die keine öffentliche oder staatlich anerkannte Hauptschule, Realschule oder kein öffentliches oder staatlich anerkanntes Gymnasium besuchen (Schulfremde).

(2) Die zugelassenen Bewerber werden einer öffentlichen Realschule zur Ablegung der Prüfung zugewiesen.

§ 11
Zeitpunkt der Prüfung

Die Abschlussprüfung findet in der Regel einmal jährlich zusammen mit der ordentlichen Abschlussprüfung statt.

§ 12
Meldung zur Prüfung

(1) Die Meldung zur Abschlussprüfung ist bis zum 1. März jeden Jahres an an die für den Wohnsitz des Bewerbers zuständige untere Schulaufsichtsbehörde zu richten; diese kann eine öffentliche Realschule mit der Durchführung der Abschlussprüfung beauftragen.

(2) Zur Prüfung wird zugelassen, wer
1. die Abschlussprüfung nicht eher ablegt, als es bei normalem Schulbesuch möglich wäre und
2. nicht bereits die ordentliche Abschlussprüfung oder die Abschlussprüfung für Schulfremde nach dieser Prüfungsordnung mit Erfolg abgelegt hat und
3. nicht mehr als einmal erfolglos an der ordentlichen Abschlussprüfung oder der Abschlussprüfung für Schulfremde nach dieser Prüfungsordnung teilgenommen hat und
4. keine Hauptschule, Realschule oder kein Gymnasium besucht. Abweichend hiervon werden Schüler der Klasse 10 des Gymnasiums zugelassen, wenn ihre Versetzung gefährdet ist und sie im Falle einer Nichtversetzung ihre bisherige Schule verlassen müssten.

(3) Der Meldung sind beizufügen
1. ein handgeschriebener Lebenslauf mit Angaben über den bisherigen Bildungsgang und gegebenenfalls über die ausgeübte Berufstätigkeit,
2. die Geburtsurkunde,
3. die Abgangs- bzw. Abschlusszeugnisse der besuchten Schulen (beglaubigte Abschriften),
4. eine Erklärung darüber, ob und gegebenenfalls mit welchem Erfolg schon einmal an der Abschlussprüfung an Realschulen teilgenommen wurde,
5. eine Erklärung darüber, welche Wahlfächer mündliche Prüfungsfächer sein sollen (§ 14 Abs. 2 Satz 1, Abs. 3),
6. Angaben über die Art der Vorbereitung auf die Prüfung.

§ 13
Zulassung zur Prüfung

(1) Die untere Schulaufsichtsbehörde oder die von ihr mit der Durchführung der Abschlussprüfung beauftragte Realschule entscheidet über die Zulassung zur Prüfung und unterrichtet den Bewerber über die getroffene Entscheidung. Die Versagung der Zulassung ist schriftlich zu begründen.

(2) Die zugelassenen Bewerber werden einer öffentlichen Realschule zur Ablegung der Prüfung zugewiesen.

§ 14
Prüfungsgegenstände

(1) Die schriftliche Prüfung erstreckt sich auf die Fächer Deutsch, Mathematik und die Pflichtfremdsprache (schriftliche Prüfungsfächer).

(2) Die mündliche Prüfung erstreckt sich auf den Fächerverbund Naturwissenschaftliches Arbeiten sowie auf zwei der in Absatz 3 genannten Wahlfächer (mündliche Prüfungsfächer). Die mündliche Prüfung erstreckt sich daneben auf die Pflichtfremdsprache in Form der EuroKomPrüfung und auf ein weiteres vom Prüfungsteilnehmer zu benennendes schriftliches Prüfungsfach sowie auf Wunsch oder nach Entscheidung des Vorsitzenden auch auf das übrige schriftliche Prüfungsfach. Der Prüfungsteilnehmer benennt die Fächer nach Satz

2 spätestens am zweiten Unterrichtstag nach Bekanntgabe der Noten der schriftlichen Prüfung schriftlich gegenüber dem Schulleiter der beauftragten Realschule.

(3) Als Wahlfächer gelten der Fächerverbund Erdkunde, Wirtschaftskunde, Gemeinschaftskunde sowie die Fächer Geschichte und Religion oder Ethik.

(4) Der Bewerber kann dem Prüfungsausschuss selbst angefertigte Arbeiten, insbesondere schriftliche Arbeiten, Zeichnungen, Modelle und Werkstücke vorlegen, deren Thema in die mündliche Prüfung des jeweiligen Faches oder Fächerverbundes einbezogen wird.

§ 15
Durchführung der Prüfung
(1) Für die Prüfung gelten im Übrigen § 4 Abs. 1, 3 bis 7, § 5 Abs. 1, 2, 4, 5, 10 und 11 sowie §§ 6, 8 und 9 entsprechend mit folgenden Maßgaben:
1. Fachlehrer im Sinne von § 4 Abs. 5 Satz 1 sind die von der unteren Schulaufsichtsbehörde, im Sinne von § 5 Abs. 1 Nr. 3, Abs. 2 Satz 2 Nr. 2 die vom Vorsitzenden des Prüfungsausschusses bestimmten Fachlehrer einer öffentlichen Realschule, in der Regel der Realschule, der der Bewerber zur Ablegung der Prüfung zugewiesen ist;
2. bei der Festlegung des Prüfungsergebnisses zählen allein die Prüfungsleistungen,
3. das Ergebnis in den Prüfungsfächern, in denen schriftlich und mündlich geprüft wurde, errechnet sich aus dem Durchschnitt der Noten für die schriftlichen und mündlichen Prüfungsleistungen;
4. alle Prüfungsfächer sind maßgebende Fächer, die schriftlichen Prüfungsfächer und der Fächerverbund Naturwissenschaftliches Arbeiten Kernfächer im Sinne der Realschulversetzungsordnung;
5. eine Kompetenzprüfung findet nicht statt

(2) Wer die Prüfung nicht bestanden hat, kann sie einmal, frühestens nach einem Jahr, wiederholen.

→ Abschlüsse (Berufsausbildung); → Abschlüsse (Allgemeines); → Korrekturtage; → Realschule (Stundentafel);
→ Realschule (Versetzungsordnung); → Multilaterale Versetzungsordnung

Realschule (Abschlussprüfung – Terminplan 2011)

Auszug aus der Bekanntmachung des KM vom 3. Mai 2009 (KuU S. 73/2009), Nr. 5

5.1
*Ordentliche Abschlussprüfung
und Prüfungstermine für Schulfremde*

5.1.1 Schriftliche Prüfung
Haupttermin
Deutsch: Mittwoch, 4. Mai 2011
Französisch (Pflichtfremdsprache):
Donnerstag, 5. Mai 2011
Englisch (Pflichtfremdsprache):
Freitag, 6. Mai 2011
Mathematik: Dienstag, 10. Mai 2011
Sonderfremdsprache: Donnerstag, 12. Mai 2011
Nachtermin
Deutsch: Montag, 23. Mai 2011
Französisch (Pflichtfremdsprache):
Dienstag, 24. Mai 2011
Englisch (Pflichtfremdsprache):
Mittwoch, 25. Mai 2011
Sonderfremdsprache: Donnerstag, 26. Mai 2011
Mathematik: Freitag, 27. Mai 2011

5.1.2 Mündliche Prüfung
Die mündliche Prüfung und die fächerübergreifende Kompetenzprüfung sollen frühestens am Mittwoch, 29. Juni 2011 beginnen und spätestens am Dienstag, 19. Juli 2011 beendet sein.

Der Beginn der mündlichen Prüfung für Abendrealschulen kann auf Montag, 27. Juni 2011 vorgezogen werden.

5.2 *Unterrichtsfreistellung
und Entlassung der Schülerinnen und Schüler*

5.2.1 Im Anschluss an die Information der Schülerinnen und Schüler über die Noten der Jahresleistung und der Noten der schriftlichen Prüfung wird den Schülerinnen und Schülern der Klasse 10 die Teilnahme am Unterricht etwa zwei Unterrichtswochen vor Beginn der mündlichen Prüfung freigestellt; jedoch muss ein auf alle Prüfungsfächer ausgerichtetes Unterrichtsangebot gewährleistet bleiben.

Etwa drei Wochen vor Beginn der fächerübergreifenden Kompetenzprüfung endet der Unterricht in den nicht schriftlich geprüften Fächern. Zur Begleitung und Betreuung der Schülergruppen muss zur Vorbereitung der fächerübergreifenden Kompetenzprüfung ein entsprechendes Unterrichtsangebot gewährleistet bleiben.

Mit Beginn der mündlichen Prüfung sowie der fächerübergreifenden Kompetenzprüfung endet für alle Schülerinnen und Schüler der Klasse 10 der planmäßige Unterricht.

5.2.2 Schülerinnen und Schüler der Klasse 10 werden in der Regel am Freitag, 22. Juli 2011 entlassen.

→ Realschule (Abschlussprüfung)

Realschule (Abschlussprüfung – Terminplan 2012)

Terminübersicht im Schuljahr 2011/2012; Bekanntmachung des KM vom 7. April 2010 (KuU S. 151/2010)

5.1 Ordentliche Abschlussprüfung und Prüfungstermine für Schulfremde

5.1.1 Schriftliche Prüfung

Haupttermin

Deutsch:	Mittwoch, 25. April 2012
Französisch (Pflichtfremdsprache):	Donnerstag, 26. April 2012
Englisch (Pflichtfremdsprache):	Freitag, 27. April 2012
Mathematik:	Donnerstag, 03. Mai 2012
Sonderfremdsprache:	Freitag, 04. Mai 2012

Nachtermin

Deutsch:	Montag, 21. Mai 2012
Französisch (Pflichtfremdsprache):	Dienstag, 22. Mai 2012
Englisch (Pflichtfremdsprache):	Mittwoch, 23. Mai 2012
Sonderfremdsprache:	Donnerstag, 24. Mai 2012
Mathematik:	Freitag, 25. Mai 2012

5.1.2 Mündliche Prüfung

Die mündliche Prüfung und die fächerübergreifende Kompetenzprüfung sollen frühestens am Montag, 25. Juni 2012, beginnen und spätestens am Donnerstag, 12. Juli 2012, beendet sein.

→ Realschule (Abschlussprüfung)

Der Beginn der mündlichen Prüfung für Abendrealschulen kann auf Mittwoch, 20. Juni 2012, vorgezogen werden.

5.2 Unterrichtsfreistellung und Entlassung der Schülerinnen und Schüler

5.2.1 Im Anschluss an die Informationen der Schülerinnen und Schüler über die Noten der Jahresleistung und die Noten der schriftlichen Prüfung wird den Schülerinnen und Schülern der Klasse 10 die Teilnahme am Unterricht etwa zwei Unterrichtswochen vor Beginn der mündlichen Prüfung freigestellt; jedoch muss ein auf alle Prüfungsfächer ausgerichtetes Unterrichtsangebot gewährleistet bleiben. – Etwa drei Wochen vor Beginn der fächerübergreifenden Kompetenzprüfung endet der Unterricht in den nicht schriftlich geprüften Fächern. Zur Begleitung und Betreuung der Schülergruppen muss zur Vorbereitung der fächerübergreifenden Kompetenzprüfung ein entsprechendes Unterrichtsangebot gewährleistet bleiben. – Mit Beginn der mündlichen Prüfung sowie der fächerübergreifenden Kompetenzprüfung endet für alle Schülerinnen und Schüler der Klasse 10 der planmäßige Unterricht.

5.2.2 Die Schülerinnen und Schüler der Klasse 10 werden in der Regel am Freitag, 20. Juli 2012 entlassen.

Realschule (Stundentafel)

Verordnung des Kultusministeriums über die Stundentafel der Realschule vom 28. April 1994 (GBl. S. 286; KuU S. 412/1994); zuletzt geändert 8.10.2006 (KuU S. 331/2006)

§ 1 Stundentafel

(1) Für die Realschule gilt die als Anlage beigefügte Stundentafel.

(2) Im Pflichtbereich der Klassen 9 und 10 wählt der Schüler eines der Fächer Musik oder Bildende Kunst.

§ 2 Wahlpflichtbereich

(1) Der Schüler wählt aus den Fächern des Wahlpflichtbereichs ein Fach, das grundsätzlich bis Ende der Klasse 10 zu besuchen ist.

(2) Abweichend von Absatz 1 kann ein Schüler der Klasse 7 zum Ende des ersten oder zweiten

Kontingentstundentafel für die Klassen 5 bis 10 der Realschule

I. Pflichtbereich	
Religionslehre/Ethik[1]	11
Deutsch	26
Englisch /Französisch	23
Mathematik	24
Geschichte	8
Erdkunde, Wirtschaftskunde, Gemeinschaftskunde (EWG)	15
Naturwissenschaftliches Arbeiten (NWA)	24

Künstlerischer Bereich: Musik, Bildende Kunst	19
Sport	17
II. Wahlpflichtbereich ab Klasse 7	
Technik	12
Mensch und Umwelt	12
Französisch/Englisch[2]	12 (18)
III. Integrierter Bereich	
Themenorientierte Projekte[3]	(8)
Informationstechn. Grundbildung[4]	(12)
IV. Pädagogische Schwerpunkte (Klassen 5 und 6)[5]	4

Fußnoten auf der nächsten Seite

Schulhalbjahres anstelle des Wahlpflichtfaches Fremdsprache eines der beiden anderen Wahlpflichtfächer wählen.

§ 3
Themenorientierte Projekte

In den Klassen 5 bis 10 werden in einem Umfang von mindestens jeweils zwei Jahreswochenstunden, die aus dem Stundenvolumen der beteiligten Fächer entnommen werden, die fächerübergreifenden Projekte Technisches Arbeiten, Soziales Engagement, Berufsorientierung an Realschulen sowie Wirtschaften-Verwalten-Recht durchgeführt; das Projekt Technisches Arbeiten wird spätestens in Klasse 6 abgeschlossen. Die Gesamtlehrerkonferenz entscheidet im Rahmen von Satz 1 über die Durchführung der Projekte in der jeweiligen Klassenstufe, über den zeitlichen Umfang und über die beteiligten Fächer.

1 In den Klassen 8 bis 10 werden für Schüler, die nicht am Religionsunterricht teilnehmen, fünf Jahreswochenstunden Ethik vorgesehen. Die Wochenstundenzahl im Fach Religionsunterricht wird unter Beteiligung der zuständigen kirchlichen Beauftragten festgelegt.
2 Für Schüler, die ab Klasse 5 Französisch als Pflichtfremdsprache haben, ist ab Klasse 7 auch Englisch Pflichtfremdsprache. In Realschulen in Grenznähe zu Frankreich werden in den Klassenstufen 5 und 6 Arbeitsgemeinschaften Französisch eingerichtet.
3 Siehe § 3
4 Integrativ innerhalb der Fächer und Fächerverbünde
5 Zuweisung durch das Staatliche Schulamt im Rahmen der insgesamt zur Verfügung stehenden Ressourcen.

→ Realschule (Versetzungsordnung)

Realschule (Versetzungsordnung)

VO des KM über die Versetzung an Realschulen (Realschulversetzungsordnung) vom 30. Januar 1984 (KuU S. 61); zuletzt geändert 5.2.2004 (KuU S. 43/2004)

§ 1
Versetzungsanforderungen

(1) In die nächsthöhere Klasse werden nur diejenigen Schüler versetzt, die aufgrund ihrer Leistungen in den für die Versetzung maßgebenden Fächern den Anforderungen im laufenden Schuljahr im Ganzen entsprochen haben und die deshalb erwarten lassen, dass sie den Anforderungen der nächsthöheren Klasse gewachsen sind. Die Fächerverbünde Erdkunde, Wirtschaftskunde, Gemeinschaftskunde (EWG) und Naturwissenschaftliches Arbeiten (NWA) gelten insoweit als Fächer.

(2) Die Voraussetzungen nach Absatz 1 liegen vor, wenn im Jahreszeugnis
1. der Durchschnitt aus den Noten aller für die Versetzung maßgebenden Fächer 4,0 oder besser ist und
2. der Durchschnitt aus den Noten der Kernfächer 4,0 oder besser ist und
3. die Leistungen in keinem Kernfach mit der Note „ungenügend" bewertet sind und
4. die Leistungen in nicht mehr als einem für die Versetzung maßgebenden Fach geringer als mit der Note „ausreichend" bewertet sind; trifft dies in höchstens drei Fächern zu, so ist der Schüler zu versetzen, wenn für jedes dieser drei Fächer ein sinnvoller Ausgleich gegeben ist. Ausgeglichen werden können
   a) die Note „ungenügend" in einem Fach, das nicht Kernfach ist, durch die Note „sehr gut" in einem anderen maßgebenden Fach oder die Note „gut" in zwei anderen maßgebenden Fächern,
   b) die Note „mangelhaft" in einem Kernfach durch mindestens die Note „gut" in einem anderen Kernfach,
   c) die Note „mangelhaft" in einem Fach, das nicht Kernfach ist, durch mindestens die Note „gut" in einem anderen maßgebenden Fach oder die Note „befriedigend" in zwei anderen maßgebenden Fächern.

(3) Ausnahmsweise kann die Klassenkonferenz einen Schüler, der nach Absatz 2 nicht zu versetzen wäre, mit Zweidrittelmehrheit versetzen, wenn sie zu der Auffassung gelangt, dass seine Leistungen nur vorübergehend nicht für die Versetzung ausreichen und dass er nach einer Übergangszeit den Anforderungen der nächsthöheren Klasse voraussichtlich gewachsen sein wird. Diese Bestimmung darf nicht zwei Schuljahre hintereinander angewendet werden.

(4) Die Versetzung oder Nichtversetzung eines Schülers ist im Zeugnis mit „versetzt" oder „nicht versetzt" zu vermerken. Bei einer Versetzung nach Absatz 3 ist folgender Vermerk anzubringen: „Versetzt nach § 1 Abs. 3 der Versetzungsordnung".

(5) Wird ein Schüler am Ende der Klasse 5 oder 6 nicht versetzt, hat die Klassenkonferenz die Empfehlung auszusprechen, dass der Schüler in die Hauptschule überwechseln soll, es sei denn, sie gelangt zu der Auffassung, dass der Schüler nach der Wiederholung der Klasse voraussichtlich den Anforderungen der Realschule gewachsen sein wird. Die Empfehlung ist im Jahreszeugnis zu vermerken. Für das Überwechseln gelten die Bestimmungen der multilateralen Versetzungsordnung.

→ Multilaterale Versetzungsordnung

(6) Die Klassenkonferenz kann im Einvernehmen mit dem Schulleiter nicht versetzten Schülern, welche die Klasse wiederholen können, für einen Zeitraum von etwa vier Wochen die Aufnahme auf Probe in die nächsthöhere Klasse gestatten, wenn sie zu der Auffassung gelangt, dass die Schüler die Mängel in den unter „ausreichend" bewerteten Fächern oder Fächerverbünden in absehbarer Zeit beheben werden. Die Aufnahme setzt eine Zielvereinbarung voraus. Zum Ende der Probezeit

werden die Schüler in den für die Versetzung maßgebenden Fächern, in denen die Leistungen im vorausgegangenen Schuljahr geringer als mit der Note „ausreichend" bewertet worden sind, jeweils von einem vom Schulleiter beauftragten Lehrer schriftlich und mündlich geprüft. Die Prüfung erstreckt sich auf Unterrichtsinhalte der Probezeit und des vorangegangenen Schuljahres. Das Ergebnis ersetzt in dem entsprechenden Fach die Note des vorangegangenen Jahreszeugnisses. Wenn dieses Zeugnis unter Berücksichtigung der neuen Noten den Anforderungen nach Absatz 2 entspricht, ist der Schüler versetzt und die am Ende des vorangegangenen Schuljahres ausgesprochene Nichtversetzung gilt rückwirkend als nicht getroffen.

§ 2
Maßgebende Fächer
(1) Als maßgebende Fächer für die Versetzung in die nächsthöhere Klasse gelten
1. im Pflichtbereich, sofern sie in der schuleigenen Stundentafel für die jeweilige Klasse ausgewiesen sind, Religionslehre oder Ethik, Deutsch, Geschichte, Erdkunde-Wirtschaftskunde-Gemeinschaftskunde, Pflichtfremdsprache, Mathematik, Naturwissenschaftliches Arbeiten, Sport, Musik und Bildende Kunst,
2. im Wahlpflichtbereich entsprechend den Bestimmungen der Kontingentstundentafel Technik oder Mensch und Umwelt oder die Wahlpflichtfremdsprache nach Maßgabe von Absatz 3.

Wäre eine Versetzung wegen der Versetzungserheblichkeit der Fächer Sport, Musik und Bildende Kunst nicht möglich, ist von diesen Fächern nur das mit der besten Note für die Versetzung maßgebend. Für Schüler, die während der Klasse 4 der Grundschule keinen Fremdsprachenunterricht in der in Klasse 5 fortgeführten Fremdsprache hatten, wird die Versetzungserheblichkeit dieses Faches in dieser Klassenstufe ausgesetzt, wenn andernfalls eine Versetzung nicht möglich wäre.

(2) Als Kernfächer gelten Deutsch, die Pflichtfremdsprache, Mathematik, das gewählte Fach des Wahlpflichtbereichs sowie Naturwissenschaftliches Arbeiten.

(3) Ist die Versetzung eines Schülers am Ende der Klasse 7 nur wegen der Leistungen in der Wahlpflichtfremdsprache nicht möglich, kann er trotzdem versetzt werden, wenn die Erziehungsberechtigten für die Klasse 8 für ihn ein anderes Fach des Wahlpflichtbereichs wählen.

(3) Ist die Versetzung eines Schülers am Ende der Klasse 7 nur wegen der Leistungen in der Wahlpflichtfremdsprache nicht möglich, kann er trotzdem versetzt werden, wenn die Erziehungsberechtigten für die Klasse 8 für ihn ein anderes Fach des Wahlpflichtbereichs wählen.

§ 3
Aussetzung der Versetzungsentscheidung
Die Klassenkonferenz kann die Versetzung längstens bis zum Ende des nächsten Schulhalbjahres aussetzen und von der Erteilung eines Zeugnisses absehen, wenn hinreichende Entscheidungsgrundlagen fehlen, weil die Leistungen des Schülers dadurch abgesunken sind, dass er im zweiten Schulhalbjahr
1. aus von ihm nicht zu vertretenden Umständen die Schule wechseln musste oder
2. wegen Krankheit länger als acht Wochen den Unterricht nicht besuchen konnte oder
3. durch sonstige besonders schwerwiegende von ihm nicht zu vertretende Gründe in seinem Leistungsvermögen erheblich beeinträchtigt war.

Auf dem Zeugnisformular ist anstelle der Noten der Vermerk anzubringen: *„Versetzung ausgesetzt gemäß § 3 der Versetzungsordnung".* Bis zur endgültigen Entscheidung über die Versetzung nimmt der Schüler am Unterricht der nächsthöheren Klasse teil.

§ 4
Versetzungsentscheidung bei Schulwechsel
Verlässt ein Schüler innerhalb von acht Wochen vor Beginn der Sommerferien die Schule und geht er auf eine andere Realschule über, sind der Versetzungsentscheidung die in der früher besuchten Schule erzielten Noten zugrunde zu legen.

§ 5
Überspringen einer Klasse
(1) In Ausnahmefällen kann ein Schüler der Klassen 5 bis 8, dessen Gesamtleistungen so überdurchschnittlich sind, dass sein Verbleiben in der bisherigen Klasse pädagogisch nicht sinnvoll erscheint, auf Beschluss der Klassenkonferenz und mit Einverständnis der Erziehungsberechtigten bis zum Ende des ersten Schulhalbjahres in die nächsthöhere Klasse überwechseln oder zum Schuljahresende eine Klasse überspringen. An der Klassenkonferenz nehmen die Lehrer der Kernfächer der Klasse, in die der Schüler übertreten soll, mit beratender Stimme teil.

(2) Wird der Schüler aus der neuen Klasse nicht versetzt oder wiederholt er freiwillig eine Klasse innerhalb eines Jahres nach dem Überwechseln in die nächsthöhere Klasse bzw. dem Überspringen, bleibt dies bei einer Entscheidung nach § 6 Abs. 1 außer Betracht.

§ 6
Mehrmalige Nichtversetzung
(1) Ein Schüler muss die Realschule verlassen, wenn er
1. aus einer Klasse der Realschule, die er wiederholt hat, nicht versetzt wird,
2. nach Wiederholung einer Klasse der Realschule auch aus der nachfolgenden nicht versetzt wird,
3. bereits zweimal eine Klasse der Realschule wiederholt hat und wiederum nicht versetzt wird.

Abweichend davon kann die Klasse 10 bei Nichtbestehen der Abschlussprüfung zweimal besucht werden.

(2) Ein Schüler, der
1. mindestens 12 Unterrichtswochen beim ersten bzw. zweiten Besuch der Klasse wegen Krankheit den Unterricht nicht besuchen konnte oder
2. mindestens 80% schwerbeschädigt und dadurch hinsichtlich seiner schulischen Lern- oder Leistungsfähigkeit erheblich beeinträchtigt ist oder

3. bei der endgültigen Entscheidung gemäß § 3 nicht versetzt wurde und deshalb die Klasse wiederholt,

kann die Klasse ausnahmsweise ein weiteres Mal besuchen, wenn die Klassenkonferenz mit Zweidrittelmehrheit zu der Auffassung gelangt, dass er nach einem weiteren Besuch der Klasse voraussichtlich versetzt werden kann.

(3) Eine Klasse gilt als besucht, wenn der Schüler ihr länger als acht Wochen angehörte. Dies gilt nicht
1. für den Besuch der nächsthöheren Klasse, wenn er diese verlassen musste, weil er bei der endgültigen Entscheidung gemäß § 3 nicht versetzt wurde,
2. für den Besuch der Klasse, die der Schüler bei einer freiwilligen Wiederholung während eines Schuljahres verlassen hat.

§ 7
Freiwillige Wiederholung einer Klasse

Die freiwillige Wiederholung einer Klasse ist grundsätzlich nur zu Beginn eines Schulhalbjahres zulässig; über Ausnahmen entscheidet der Schulleiter. Sie gilt als Wiederholung wegen Nichtversetzung der Klasse, die bereits zuvor erfolgreich besucht worden war, mit der Folge, dass die am Ende dieser Klasse ausgesprochene Versetzung rückwirkend als nicht mehr getroffen gilt. Die freiwillige Wiederholung ist im Zeugnis mit „wiederholt freiwillig" zu vermerken.

→ Abschlüsse (Allgemeines); → Konferenzordnung § 12 Abs. 1; → Behinderungen und Förderbedarf 2.3.2; → Notenbildungsverordnung; → Multilaterale Versetzungsverordnung; → Sprachförderung; → Zeugnisse

Rechtschreibung

Hinweise der Redaktion

1.
Bewertung von Rechtschreibfehlern

Nach der früheren Verwaltungsvorschrift des KM zur Bewertung von Rechtschreibfehlern vom 19.10.1995 (K.u.U. S 554/1995) hatten die Lehrkräfte u.a. folgende Regelungen zu beachten:

2.
Unterrichtsfach Deutsch

2.1 Die Bewertung von Diktaten ist nach einer Bewertungsskala vorzunehmen, die sich an der Schulart bzw. dem Schultyp, der Klassenstufe, der Übungsdauer sowie dem Umfang und dem Schwierigkeitsgrad des Diktats orientiert.

2.2 Bei der Bewertung von Aufsätzen ist eine Beurteilung der Gesamtleistung vorzunehmen. Außer bei den Grundschulen und Sonderschulen ist bei schweren oder zahlreichen Verstößen gegen die Regeln der Rechtschreibung und Zeichensetzung ein Notenabzug bis zu einer Note vorzunehmen. In allen Schularten sind Verstöße gegen die Regeln der Rechtschreibung und Zeichensetzung im Aufsatz zu kennzeichnen.

2.3 Bei anderen Formen von Klassenarbeiten sind Verstöße gegen die Regeln der Rechtschreibung und Zeichensetzung entsprechend dem Schwerpunkt der Aufgabe bei der Bewertung der Arbeit zu berücksichtigen.

3. Übrige Unterrichtsfächer
Außer bei Grundschulen und Sonderschulen kann bei den Klassenarbeiten und schriftlichen Wiederholungsarbeiten in den übrigen Fächern bei schweren oder zahlreichen Verstößen gegen die Regeln der Rechtschreibung und Zeichensetzung ein Notenabzug bis zu einer Note vorgenommen werden; bei den Fremdsprachen gilt dies nur für die Herübersetzung. In allen Schularten sind Verstöße gegen die Regeln der Rechtschreibung und Zeichensetzung in der Arbeit zu kennzeichnen.

Diese Vorschrift des Kultusministeriums ist Ende 2002 durch Zeitablauf außer Kraft getreten. Seitdem entscheiden die Lehrkräfte im Rahmen ihres pädagogischen Ermessens, wie sie Rechtschreibfehler bewerten; sie können sich dabei an den früheren Maßgaben des KM orientieren.

Die Gesamtlehrerkonferenz kann (unverbindliche) Empfehlungen für einheitliche Maßstäbe bei der Notengebung beschließen.

Die Lehrkräfte müssen ihre Bewertungskriterien unaufgefordert den Schüler/innen bzw. auf Befragen den Eltern bekanntgeben.

→ Konferenzordnung § 2 Abs. 1 Nr. 5; → Notenbildungsverordnung § 7 Abs. 3

2. Neuregelung der Rechtschreibung ab Schuljahr 2006/07

Auszug aus dem Vorwort des Kultusministeriums zur Neuregelung der deutschen Rechtschreibung (KuU S. 111/2006)

Für den Umgang mit der deutschen Rechtschreibung gelten ... mit Beginn des Schuljahres 2006/2007 die folgenden Bestimmungen:
1. Die Amtliche Regelung der deutschen Rechtschreibung in der Fassung von 2006 ist die verbindliche Grundlage des Unterrichts an allen Schulen. ...

Die gültige Fassung von Regeln und Wörterverzeichnis (Stand 2006) ist im Internet zugänglich. Schulbücher können weiter benutzt werden; sie werden im üblichen Erneuerungsturnus ausgetauscht.

Hinweis der Redaktion: Das aktualisierte Regelwerk und das Wörterverzeichnis können beim Rechtschreibrat (www.rechtschreibrat.com) abgerufen werden.

→ Konferenzordnung § 2 Abs. 1 Nr. 5; → Lernmittelverordnung / Lernmittelverzeichnis; → Lernmittelliste; → Notenbildungsverordnung § 7 Abs. 3

Rechtsschutz

Hinweise GEW-Landesrechtsschutzstelle und der Redaktion

1. Rechtsschutz der GEW

Beratung

Grundsätzlich findet die Betreuung und Beratung der Mitglieder in den jeweiligen Bezirken statt.
→ Anschriften am Anfang des Adressenteils

Rechtsschutz

Nach § 7 Rechtsdienstleistungsgesetz darf die Gewerkschaft Erziehung und Wissenschaft (GEW) als Gewerkschaft ausschließlich Mitglieder und diese nur in rechtlichen Fragen, die direkt aus der beruflichen Tätigkeit im Satzungsbereich resultieren, beraten und ggf. vertreten. Eine Beratung oder gar Vertretung von Nichtmitgliedern ist nach dem Rechtsdienstleistungsgesetz nicht zulässig.

Die GEW finanziert ihre Arbeit und die Serviceleistungen ausschließlich aus den Beiträgen der Mitglieder. Rechtsberatung und Rechtsschutz werden deshalb auch nur Mitgliedern angeboten.

Sie haben ein Rechtsproblem

- Sammeln Sie Unterlagen, die Sie zu der strittigen Sache haben, z.B. das auslösende Schreiben Ihrer Behörde, den Brief eines aufgebrachten Schülervaters, Ihre Eingruppierungsunterlagen usw.
- Notieren Sie den Inhalt wichtiger Gespräche oder Telefonate, in denen Sie etwas rechtlich für Sie Beunruhigendes erfahren haben (Gedächtnisprotokoll)
- Kopieren Sie die Schriftstücke, bewahren Sie die Originale sorgfältig auf und verschicken Sie nur Kopien.
- Achten Sie besonders auf einzuhaltende Fristen!

Hinweise zum Verhalten in Disziplinarfällen sind unter → Disziplinargesetz (Allgemeines) abgedruckt.

Zur GEW-Rechtsschutzstelle

Melden Sie sich frühzeitig und vor der Einschaltung eines Rechtsanwaltes bei Ihrer GEW-Rechtsschutzstelle. Tragen Sie Ihr Anliegen und Ihre Sorgen vor.
→ Anschriften am Anfang des Adressenteils

Wenn Sie vor der Beratung durch die zuständige GEW-Rechtsschutzstelle einen Anwalt aufsuchen, darf Rechtsschutz nicht mehr gewährt werden!

Ihre GEW-Rechtsschutzstelle wird
- eine erste Einschätzung der Möglichkeiten vornehmen und Sie beraten,
- möglicherweise von weiterer rechtlicher Verfolgung abraten oder
- Ihnen das weitere Vorgehen erläutern,
- Ihnen rechtliche Schritte vorschlagen und erläutern, die Sie selbst unternehmen können (z.B. die Formulierung eines Widerspruches),
- Sie bei der Behörde oder bei Gericht vertreten oder Ihnen eine in Ihrer Sache erfahrene Rechtsvertretung (DGB-Rechtsstelle oder Rechtsanwaltsbüro) benennen.

Recht haben und Recht bekommen

Leider lässt sich dies nicht immer zur Deckung bringen. Die Auslegung rechtlicher Vorschriften und Gesetze kann zwischen Betroffenen und Behörden und auch zwischen Gerichten verschiedener Instanzen erheblich voneinander abweichen. In Rechtsfragen, bei denen sich die Rechtsprechung, das heißt, die Auffassung vor allem der Obergerichte, in einer bestimmten Richtung verfestigt hat, kann man dies, auch durch immer neue Klagen vor Gericht, nicht mehr ändern. Es wäre Verschwendung von Mitgliedsbeiträgen, wenn wir unsere Mitglieder ohne völlig neue Argumente in solchen Sachen weiter prozessieren lassen würden.

2. Rechtsschutz für Landesbedienstete

Nach § 45 Beamtenstatusgesetz bzw. der zur entsprechenden Bestimmung des früheren LBG (§ 98) erlassenen VwV können Beamte, gegen die wegen einer dienstlichen Verrichtung oder eines Verhaltens, das mit einer dienstlichen Tätigkeit im Zusammenhang steht, ein Ermittlungsverfahren eingeleitet, die öffentliche Klage oder Privatklage erhoben, der Erlass eines Strafbefehls beantragt oder ein Bußgeldbescheid erlassen worden ist, zur Bestreitung der notwendigen Auslagen ihrer Rechtsverteidigung einen Vorschuss erhalten. Voraussetzung ist, dass ein dienstliches Interesse an einer zweckentsprechenden Rechtsverteidigung besteht. Auch hierbei berät die GEW-Rechtsschutzstelle.

→ Anschriften der GEW-Rechtsschutzstellen am Anfang des Adressenteils; → Beamtenstatusgesetz § 45; → Disziplinargesetz (LDG); → Verschwiegenheitspflicht; → Verwaltungsrecht

---

Mitglieder werben – Mitglied werden. Eine Beitrittserklärung finden Sie am Ende des Buches.

Reisekosten (Aus- und Fortbildung)

Hinweise der Redaktion auf die Rechtslage

1. Fortbildungsreisen

Reisen zu Fortbildungsveranstaltungen der allgemeinen dienstlichen Fortbildung sind Dienstreisen im Sinne von § 2 Abs. 2 LRKG. Damit besteht ein Anspruch der Teilnehmer auf volle Erstattung der Reisekostenvergütung. Deshalb können nicht im Rahmen der allgemeinen dienstlichen Fortbildung keine Fortbildungsveranstaltungen ohne Reisekostenvergütung ausgeschrieben werden. Die Teilnehmer an Fortbildungsveranstaltungen können von sich aus auf den Ersatz von Reisekostenvergütung verzichten. Möglich ist, dass sich Arbeitskreise oder -gruppen selbst organisieren. Die Dienstreisegenehmigung für die Teilnahme an einer selbst organisierten Fortbildung erfolgt auf Antrag auf der Grundlage des § 23 Abs. 2 LRKG als Fortbildungsveranstaltung, die nur teilweise im dienstlichen Interesse liegt mit der Folge, dass Auslagen nach Abschnitt III des LRKG nur teilweise im Rahmen der verfügbaren Mittel ersetzt werden können.

→ Reisekosten (Gesetz – LRKG) Teil III
(Quelle: KM, 14.10.1998 Az. II/4-zu 0371.20169)

Das Staatshaushaltsgesetz bestimmt regelmäßig, dass bei Reisen zum Zwecke der Fortbildung, die teilweise im dienstlichen Interesse liegen, die entstandenen notwendigen Fahrkosten bei Benutzung regelmäßig verkehrender Beförderungsmittel nur bis zuden Kosten der billigsten Fahrkarte der allgemein niedrigstenKlasse erstattet werden und dass für Strecken, die mit einem Kraftfahrzeug zurückgelegt werden, nur eine Wegstreckenentschädigungbis zu 16 Cent je Kilometer gewährt wird.

Das KM hat jedoch klargestellt, dass bei der amtlichen Lehrerfortbildung eine derartige Kürzung der Reisekosten nicht vorgenommen wird: *„Die Einschränkung gilt nicht für Veranstaltungen, die im Rahmen der allgemeinen dienstlichen Fortbildung angeboten werden. Reisen zu Fortbildungsveranstaltungen der allgemeinen dienstlichen Fortbildung sind reisekostenrechtlich Dienstreisen. ..."*.
(Quelle: KM, 25.3.1998 Nr. I/5-0371.4/11
→ Reisekosten (Gesetz – LRKG) §§ 6, 23

Sonderfall: Fortbildung am Dienstort

Findet eine Fortbildungsveranstaltung jedoch am Dienstort (= Schulort) der Teilnehmenden statt, handelt es sich begrifflich nicht um eine Dienstreise, sondern um einen Dienstgang (LRKG § 2).

Da bei Fortbildungsveranstaltungen die – ohnehin gekürzten – Reisekosten nur für Dienstreisen erstattungsfähig sind, bedeutet dies für Lehrkräfte in flächenmäßig großen Dienstorten (z.B. in den Stadtkreisen), dass sie keine Reisekosten erhalten, selbst wenn sie von ihrer Dienststelle (Schule) zum Tagungslokal große Strecken zurücklegen müssen.
Reisekosten (Gesetz – LRKG) §§ 2 und 23

2. Dienstunfallschutz bei Fortbildung zur Wiedereingliederung nach Teilzeit / Urlaub

Die Teilnahme der aus familiären und sonstigen Gründen beurlaubten Beamt/innen an Fortbildungsveranstaltungen kann als „Teilnahme an dienstlichen Veranstaltungen" im Sinne von § 31 Abs. 1 Satz 2 Nr. 2 BeamtVG *(jetzt: § 45 Abs. 1 Nr. 2 LBeamtVGBW)* angesehen werden. Dieser Dienstunfallschutz bei der Teilnahme an Informationsdiensten gilt in der Regel auch für aus anderen Gründen Beurlaubte (z.B. Elternzeit).
(Quelle: Finanzministerium 23.4.1999; AZ: 1-0331.4/2)
→ Beamtenversorgung (Unfallfürsorge) § 45

Diese Beamt/innen erhalten jedoch keinen Reisekostenersatz.

→ Beamtenversorgung (Unfallfürsorge); → Chancengleichheitsgesetz § 11; → Fortbildung (Allgemeines); → Fortbildung (Meldeverfahren Akademien); → Reisekosten (Gesetz – LRKG) §§ 6, 23 (dort auch Nr. 1 und 3 der VwV des FM)

Hätten Sie's gewusst?

Von Arzt- und Klinikrechnungen immer zwei Kopien machen (lassen)

Wer bei seiner Krankenkasse oder der privaten Krankenversicherung und der Beihilfe (Landesamt) den Ersatz von Arzt- oder Krankenhauskosten oder von ärztlich verordneten Hilfsmittel beantragt, muss Belege einreichen (Original oder Kopie des quittierten Rezepts oder der Rechnung) – und bekommt sie nicht mehr zurück. Wenn es dann zu Problemen kommt (z.B. weil das Landesamt oder die Versicherung bestimmte Kosten nicht übernimmt), steht man mit leeren Händen da und kann sein Recht nur noch mit Mühe beweisen. Es ist deshalb dringend zu empfehlen, dass man sich vom Rechnungssteller zwei Kopien geben lässt (oder sie selbst anfertigt). Dann kann man im Streitfall nachschauen und belegen, was Sache ist. Nach Abschluss des Erstattungsverfahrens kann man diese Extra-Kopie vernichten, denn dann wird sie nicht mehr benötigt.

Das Landesamt für Besoldung und Versorgung lässt auch die Online-Antragstellung bei der Beihilfe zu. Dann muss man die Belege einscannen und besitzt auf diese Weise noch eine Kopie.

→ Unfallversicherung

Reisekosten (Außerunterrichtliche Veranstaltungen)
Hinweise der Redaktion

Lehrkräfte und Begleitpersonen, die an genehmigten außerunterrichtlichen Veranstaltungen teilnehmen, haben Anspruch auf Reisekostenvergütung nach dem Landesreisekostengesetz (LRKG).
→ Außerunterrichtliche Veranstaltungen Teil III; → Reisekosten (Gesetz – LRKG) Abschnitt II
Das Kultusministerium geht – entgegen der Realität – von der Fiktion aus, dass bei solchen Veranstaltungen „*erfahrungsgemäß geringere Aufwendungen für Verpflegung oder Unterkunft als allgemein entstehen*"; die Lehrkräfte und Begleitpersonen werden deshalb gem. § 17 LRKG „*mit einer Aufwandsvergütung abgefunden*". Die Höchstbeträge der hiernach zustehenden, pauschalisierten Aufwandsvergütung sind im Beitrag → Außerunterrichtliche Veranstaltungen (Reisekosten) abgedruckt.

Eine weitere Einschränkung ergibt sich daraus, dass die Mittel für außerunterrichtliche Veranstaltungen begrenzt sind und den Schulen nach einem bestimmten Schlüssel pauschal zugewiesen werden. Die Gesamtlehrerkonferenz hat über die Grundsätze der im jeweiligen Schuljahr beabsichtigten außerunterrichtlichen Veranstaltungen zu beraten und zu beschließen. Dieser Beschluss bedarf gem. § 47 Abs. 5 SchG des Einverständnisses der Schulkonferenz. Damit besitzen die Lehrerkonferenzen ein Mitentscheidungsrecht auch über die Verwendung der Reisekostenmittel.
Zur Verteilung dieser Mittel und zum Verzicht auf Reisekosten den folgenden Beitrag beachten:
→ Außerunterrichtliche Veranstaltungen (Reisekosten).

→ Außerunterrichtliche Veranstaltungen Teil III; → Außerunterrichtliche Veranstaltungen (Reisekosten); → Reisekosten (Gesetz – LRKG) Abschnitt II

Reisekosten (Auswärtiger Unterricht / Vertretungen)
Hinweise der Redaktion zum auswärtigen Unterricht und bei Krankheitsvertretungen

Unterrichten Lehrkräfte nicht nur an einer Schule (in einem Schulgebäude), sondern in räumlich entfernten Schulgebäuden, an mehreren Schulen oder in verschiedenen Orten bzw. nehmen sie Schulleitungs- oder sonstige dienstliche Aufgaben in räumlich getrennten Teilen einer Schule wahr (z.B. tägliche Fahrten zu einer Außenstelle), so ist zu unterscheiden zwischen einer Tätigkeit
1. in getrennten Gebäuden/Abteilungen/ausgelagerten Teilen **einer** Schule oder
2. an **verschiedenen** Schulen.

Dabei handelt es sich reisekostenrechtlich um
- einen „Dienst<u>gang</u>", wenn sich die Gebäude im Gebiet **einer** politischen Gemeinde befinden,
- eine „Dienst<u>reise</u>", wenn die Gemeindegrenze überschritten wird.

Lehrkräfte, die „auswärtigen Unterricht" erteilen, erhalten, sofern es sich um eine Dienstreise oder einen Dienstgang handelt (§ 2 LRKG), Wegstrecken- und Mitnahmeentschädigung (§ 6 LRKG) und ggf. auch ein Tagegeld (§ 9 LRKG).
→ Reisekosten (Gesetz – LRKG)

Für alle diese Dienstreisen bzw. Dienstgänge wird keine gesonderte Genehmigung benötigt, weil diese „nach dem Wesen des Dienstgeschäfts nicht in Betracht kommt".
→ Reisekosten (Genehmigung)

Die Zulassung des privaten Pkw für den Dienstreiseverkehr ist bei einer entsprechenden Länge der Dienstreisestrecken bzw. bei ungünstigen öffentlichen Verkehrsverbindungen möglich.

Fallgruppe 1:
Unterricht in getrennten Schulgebäuden

Die Lehrkraft hat, wenn sie zum Zurücklegen des Weges öffentliche Verkehrsmittel oder den privateigenen Pkw benutzen muss, Anspruch auf Erstattung der notwendigen Reisekosten. Dabei steht es ihr frei, ob sie öffentliche Verkehrsmittel oder z.B. den privateigenen Pkw benutzt. Bei Fahrt mit dem Pkw ohne triftigen Grund beträgt die Wegstreckenentschädigung je km 0,16 Euro. Ist die Lehrkraft dagegen auf die Benutzung des Pkw angewiesen (z.B. weil das andere Schulgebäude in der Pause zwischen zwei Unterrichtsstunden nur so erreicht werden kann oder wenn sperrige oder schwere Unterrichtsmaterialien transportiert werden müssen), so liegt ein triftiger Grund vor, bei dem die Wegstreckenentschädigung 0,22 Euro beträgt. Wird der Weg mit dem Fahrrad zurückgelegt, sind es in beiden Fällen 0,02 Euro.
→ Reisekosten (Gesetz – LRKG) § 6

Fallgruppe 2:
Unterricht an einer anderen Schule

Wird das Deputat einer Lehrkraft auf verschiedene Schulen verteilt, so gilt eine davon als „*Stammschule*"; der Unterricht an den anderen Schulen wird als „*auswärtiger Unterricht*" bezeichnet. Dabei treten in der Regel zwei Varianten auf:

Variante a:
Verschiedene politische Gemeinden

Liegt die andere Schule in einer anderen politischen Gemeinde und wird an dieser auswärtigen Schule mehr als die Hälfte der Arbeitsleistung erbracht, handelt es sich dienstrechtlich um eine Abordnung. Bei planmäßigen Beamten und einer Dauer von über zwei Monaten ist hierbei ein Mitbestimmungsrecht des zuständigen Personalrats gegeben.

→ Organisationserlass 1.3; → Personalvertretungsgesetz § 75; → Versetzung und Abordnung

In den ersten drei Monaten einer solchen Abordnung besteht, sofern die andere Schule im Einzugsgebiet des Stamm-Dienstorts liegt, Anspruch auf Fahrkostenerstattung nach der Trennungsgeldverordnung (im „*Einzugsgebiet*" liegt eine Wohnung bzw. Dienststelle, wenn sie auf einer üblicherweise befahrenen Strecke weniger als 30 Kilometer von der anderen Dienststätte entfernt ist).

→ Organisationserlass 1.3; → Trennungsgeld;
→ Umzugskostengesetz § 3 Abs. 1 Nr. 1 Buchst. b

Variante b:
Gleiche politischen Gemeinde

Auch bei „auswärtigem Unterricht" in der gleichen politischen Gemeinde gilt die unter Ziff. 1 dargestellte Reisekostenerstattung.

Bei Dienstgängen – also bei Reisen innerhalb der politischen Gemeinde – werden nur die durch diesen dienstlich veranlassten Einsatz entstehenden Mehraufwendungen ersetzt. Wer also von seinem Wohnort aus normalerweise 5 km zu seiner Stammschule zurücklegen müsste, stattdessen aber an die auswärtige Schule fährt und dafür 12 km zurücklegen muss, erhält die Differenz von 7 km ersetzt.

Da es sich bei auswärtigem Unterricht (z.B. auch bei Abordnungen zur Krankheitsvertretung) um einen regelmäßig gleichen Mehraufwand handelt, kann statt der Einzelabrechnung eine Pauschvergütung gemäß § 18 LRKG gewährt werden, die nach dem Durchschnitt der in einem bestimmten Zeitraum ansonsten anfallenden Einzelvergütungen festzusetzen ist. Bei Benutzung des privaten Pkw werden in diesen Fällen triftige Gründe gemäß § 6 Abs. 1 S. 3 LRKG anerkannt.

→ Arbeitszeit (Lehrkräfte) Teil E Ziff. 2.7; → Beamtengesetz § 25; → Organisationserlass 1.3; → Personalvertretungsgesetz §§ 75 Abs. 1 Ziff 6 und 79 Abs. 3 Ziff. 15 f;. → Reisekosten (Gesetz – LRKG; insbesondere § 6); → Reisekosten (Genehmigung); → Trennungsgeld; → Versetzungen und Abordnungen

Hinweise der Redaktion:

1. Das Finanzministerium hat zu den „Teilabordnungen" mitgeteilt (16.9.1985; AZ: P 1735/6-2/85):
 „Das Landesbeamtengesetz kennt den Begriff der ‚*Teilabordnung*' nicht. Dies schließt jedoch grundsätzlich nicht aus, bei Vorliegen eines dienstlichen Bedürfnisses einen Beamten

 1. mit einem Teil seiner Arbeitskraft zu einer anderen Dienststelle ‚abzuordnen',
 2. unter gleichzeitiger teilweiser Rückabordnung (an die bisherige Dienststelle) an eine andere Dienststelle abzuordnen oder zu versetzen, wobei die dienstliche Tätigkeit entweder bei der bisherigen oder der neuen Dienststelle überwiegt. ...

 Bewirkt die ‚Teilabordnung' keinen Wechsel des Schwerpunkts der dienstlichen Tätigkeit (der Bedienstete bleibt zu 50 v.H. oder zu mehr als 50 v.H. seiner Arbeitskraft bei der seitherigen Dienststelle tätig), so kann im Regelfall nicht von einer Abordnung im trennungsgeldrechtlichen Sinn gesprochen werden; für die Reisen zu der Dienststelle, zu der der Bedienstete ‚teilabgeordnet' ist, wird Reisekostenvergütung gewährt.

 Wenn die ‚Teilabordnung' den Wechsel des Schwerpunkts der dienstlichen Tätigkeit bewirkt (der Bedienstete wird zu mehr als 50 v.H. seiner Arbeitskraft bei der neuen Dienststelle tätig), so ist im Regelfall von einer Abordnung auszugehen; Trennungsgeldrecht ist anzuwenden. Für die Reisen zur seitherigen Dienststelle, bei der geringere Umfang der Tätigkeit liegt, ist Reisekostenvergütung zu gewähren.

 Damit wird bei einer ‚Teilabordnung' die Abfindung gewährt, die sich nach dem tatsächlichen Inhalt, dem Sinn und Zweck dieser dienstrechtlichen Maßnahme ergibt. Nr. 2 Abs. 2 der VV zu § 2 LRKG ist hier nicht einschlägig. Soweit Anspruch auf Reisekostenvergütung besteht, ist in der dienstrechtlichen Maßnahme der ‚Teilabordnung' die reisekostenrechtliche Anordnung oder Genehmigung von Dienstreisen oder Dienstgängen zu sehen.)

2. Eine ‚Teilabordung' ist personalvertretungsrechtlich einer vollständigen Abordnung gleichgestellt.

3. Nach Buchstabe E Ziffer 2.7 der VwV → Arbeitszeit (Lehrkräfte) ist bei erhöhter zeitlicher Beanspruchung eine Stunden-Anrechnung auf das Deputat möglich. Anders ist dies bei der vollständigen Abordnung: Liegt die andere Schule im Einzugsbereich der Stammschule (s.o.), so entsteht nur für 3 Monate ein Reisekostenanspruch nach der Trennungsgeldverordnung; danach gibt es gemäß § 1 letzter Satz dieser Verordnung – auch bei längeren, dienstlich veranlassten Mehr-Fahrten – keinen Reisekostenersatz!

Reisekosten (Genehmigung)

Durchführung des Landesreisekostengesetzes; hier: Dienstreisen und Dienstgänge, für die nach dem Amt des Dienstreisenden oder dem Wesen des Dienstgeschäfts eine Anordnung oder Genehmigung nicht in Betracht kommt (§ 2 Abs. 2 und 3 LRKG). Auszug aus VwV des KM vom 4.5.1981 (KuU S. 576)

Hinweis der Redaktion: Diese VwV ist durch Zeitablauf zum Ende des Jahres 1991 automatisch außer Kraft getreten, es wird aber in der Verwaltungspraxis weiterhin so verfahren.

1.

Nach § 2 Abs. 2 LRKG müssen Dienstreisen vom zuständigen Vorgesetzten schriftlich angeordnet oder genehmigt werden. Eine Anordnung oder Genehmigung kann nur dann unterbleiben, wenn sie nach dem Amt des Dienstreisenden oder dem Wesen des Dienstgeschäfts nicht in Betracht kommt. Das Gleiche gilt auch für Dienstgänge nach § 2 Abs. 3 LRKG, die allerdings im Gegensatz zu den Dienstreisen nicht schriftlich angeordnet oder genehmigt werden müssen. Nachfolgend wird daher

Reisekosten (Genehmigung)

bestimmt, bei welchen Bediensteten bei der Wahrnehmung der genannten Dienstgeschäfte gem. § 2 Abs. 2 bzw. Abs. 3 LRKG eine Anordnung oder Genehmigung von Dienstreisen oder Dienstgängen im Inland nicht in Betracht kommt. ...

2.

2.3 Im Bereich der Seminare für schulpraktische Ausbildung für das Lehramt an Grund- und Hauptschulen
   a) die Leiter für Fahrten zum Kultusministerium, zu den Oberschulämtern und für solche, die im Rahmen der Leitung des Seminars (einschließlich der Verantwortung für die Ausbildung) notwendig sind.
   b) Lehrbeauftragte für erforderliche Unterrichtsbesuche und Unterrichtsbesprechungen sowie Dienstreisen und Dienstgänge zum Vorbereiten und Abhalten von Seminarveranstaltungen.
   c) Mentoren für notwendige Dienstreisen und Dienstgänge zur Teilnahme an Lehrveranstaltungen und zur Teilnahme an Dienstbesprechungen, zu denen der Leiter des Seminars schriftlich eingeladen hat.
   d) Schulleiter der Ausbildungsschulen für Dienstreisen und Dienstgänge zu Besprechungen, die zur Klärung inhaltlicher und organisatorischer Fragen hinsichtlich der Durchführung des Vorbereitungsdienstes notwendig werden.

3. Im Bereich der allgemeinbildenden und beruflichen Schulen

3.1 Schulleiter für Dienstreisen und Dienstgänge zu Teilen von Schulen oder ausgelagerten Klassen sowie zu anderen Schulen im Rahmen der notwendigen Zusammenarbeit.

3.2 Schulleiter für notwendige Dienstreisen oder -gänge zum Schulträger, zu den zuständigen Ausbildungsbetrieben, Innungen, Kammern und Fachverbänden sowie zu Erziehungs-, Beratungs- und Drogenberatungsstellen und Jugendämtern, soweit sie der Schulbetrieb erfordert.

3.3 Schulleiter, die keiner unteren Schulaufsichtsbehörde unterstehen, für dienstlich notwendige Fahrten zu ihrem zuständigen Oberschulamt.

3.4 Schulleiter und Lehrer als ständige Vorsitzende von Prüfungskommissionen für notwendige Reisen in dieser Eigenschaft.

3.5 Schulleiter, die einer unteren Schulaufsichtsbehörde unterstehen, für dienstlich notwendige Fahrten zu ihrem zuständigen Schulamt.

3.6 Leiter von Arbeitsgemeinschaften für Dienstreisen und Dienstgänge zum jeweiligen Seminar- bzw. Tagungsort und zum zuständigen Staatl. Schulamt.

3.7 Leiter von Fortbildungsveranstaltungen für Dienstreisen und Dienstgänge zum jeweiligen Veranstaltungsort.

3.8 Beratungslehrer für Dienstgänge innerhalb ihres Bereiches.

3.9 Teilnehmer an Fortbildungsveranstaltungen für Reisen, wenn die Teilnahme schriftlich genehmigt bzw. angeordnet ist.

3.10 Lehrkräfte, die in mehreren Gemeinden oder an mehreren Schulen des gleichen Ortes unterrichten, für notwendige Dienstreisen und Dienstgänge. ...
➜ Reisekosten (Auswärtiger Unterricht)

3.12 Schulleiter von Sonderschulen und Sonderschullehrer für notwendige Fahrten zur Überprüfung von Kindern auf Sonderschulbedürftigkeit sowie zur Wahrnehmung der Aufgaben in Sonderschulkindergärten.

3.13 Lehrkräfte von Sonderschulen und Sonderschulkindergärten für Hausbesuche, die im Bildungsplan verbindlich vorgeschrieben sind. ➜ Hausbesuche

3.14 Lehrkräfte, die beauftragt wurden, Schulprüfungen vorzubereiten bzw. Aufgaben hierfür zu erstellen, für die Teilnahme an Sitzungen, zu denen sie schriftlich eingeladen wurden.

3.15 Lehrkräfte, die mit der Ausbildung der Technischen Lehrer an beruflichen Schulen beauftragt sind, für erforderliche Unterrichtsbesuche und Unterrichtsbesprechungen sowie für Dienstreisen und Dienstgänge zum Vorbereiten und Abhalten von Lehrveranstaltungen.

3.16 Schulleiter und Lehrkräfte für notwendige Dienstreisen und Dienstgänge zu Informationsabenden für Eltern der Klasse 4 (Grundschule), bei denen sie im Rahmen des Aufnahmeverfahrens als Referenten mitwirken.

3.17 Lehrkräfte für Dienstreisen und Dienstgänge, die im Rahmen der „Orientierung in Berufsfeldern" notwendig werden.

4. Im Bereich der Seminare für Erziehung und Didaktik in der Schule

4.2 Fachberater, Fachleiter und Lehrbeauftragte für erforderliche Unterrichtsbesuche und Unterrichtsbesprechungen, Dienstreisen und Dienstgänge zum Vorbereiten und Abhalten von Lehrveranstaltungen sowie zum Abhalten des geforderten Unterrichts. ...

Hinweise der Redaktion:
1. Wer über die hier aufgeführten Fälle hinaus dienstliche Wege (z.B. Fahrt zur Kreisbildstelle, Vorbereitung des Wandertags usw.), sollte diese Dienstgänge oder -reisen von der Schulleitung vorher und schriftlich (!) genehmigen oder anordnen lassen. Zu den Haftungsfragen auch den Beitrag ➜ Reisekosten – Schulträger beachten.
2. Zu den Reisen von Personalräten siehe ➜ Reisekosten (Personal- und Schwerbehindertenvertretung).

➜ Hausbesuche; ➜ Reisekosten (Gesetz – LRKG; insbesondere § 6); ➜ Reisekosten (Schulträger); ➜ Reisekosten (Auswärtiger Unterricht); ➜ Reisekosten (Personal- und Schwerbehindertenvertretung)

Reisekosten (Gesetz – LRKG)

Auszug aus dem Landesreisekostengesetz (LRKG) in der Fassung vom 20.5.1996 (GBl. S. 466/1996; KuU S. 697/1996); zuletzt geändert 27.10.2010 (GBl. S. 793/2010)

> **Vorbemerkung der Redaktion:**
> Die Verwaltungsvorschrift des Finanzministeriums zum Landesreisekostengesetz (LRKGVwV) vom 30. November 2009 (GABl. S. 307/2010) ist auszugsweise in den folgenden Text des LRKG eingearbeitet.

Auszug aus der LRKGVwV – zu § 1

3 Für die Beschäftigten im öffentlichen Dienst ist das LRKG sinngemäß nach Maßgabe der jeweiligen tariflichen Vorschriften anzuwenden, soweit nicht eigenständige Regelungen gelten. ➜ Tarifvertrag (Länder)

7.1 Bei Vorstellungsreisen von Bewerbern aus dem In- bzw. Ausland für eine Beschäftigung oder Ausbildung im öffentlichen Dienst, die von einer Behörde des Landes zur Vorstellung aufgefordert werden, kann eine Auslagenerstattung in sinngemäßer Anwendung des LRKG bis zur Höhe des sich bei einer entsprechenden Dienstreise ergebenden Erstattungsbetrags gewährt werden, wenn an der Gewinnung dieser Bewerber ein besonderes dienstliches Interesse besteht und die erforderlichen Haushaltsmittel verfügbar sind. Dem Bewerber ist in der Aufforderung zur Vorstellung stets mitzuteilen, ob und ggf. in welcher Höhe ihm ein solcher Auslagenersatz gewährt wird.

7.2 Diese Regelung gilt nicht für angeordnete Vorstellungsreisen von Bewerbern aus dem eigenen Geschäftsbereich der jeweiligen obersten Landesbehörde. Insoweit liegen Dienstreisen vor.

Abschnitt II – Reisekostenvergütung
§ 2
Begriffsbestimmungen

(2) Dienstreisen im Sinne dieses Gesetzes sind Reisen zur Erledigung von Dienstgeschäften außerhalb des Dienstortes, die von dem zuständigen Vorgesetzten schriftlich oder elektronisch angeordnet oder genehmigt worden sind, es sei denn, dass eine Anordnung oder Genehmigung nach dem Amt des Dienstreisenden oder dem Wesen des Dienstgeschäfts nicht in Betracht kommt. Dienstreisen sind auch Reisen aus Anlass der Einstellung (§ 16 Abs. 1 und 2) und Reisen von einem vorübergehenden Aufenthalt dienenden Ort zum Dienstort, wenn im Übrigen die Voraussetzungen des Satzes 1 erfüllt sind.

(3) Dienstgänge im Sinne dieses Gesetzes sind Gänge oder Fahrten zur Erledigung von Dienstgeschäften am Dienst- oder Wohnort außerhalb der Dienststätte, die von dem zuständigen Vorgesetzten angeordnet oder genehmigt worden sind, es sei denn, dass eine Anordnung oder Genehmigung nach dem Amt des Dienstreisenden oder dem Wesen des Dienstgeschäfts nicht in Betracht kommt. Dem Wohnort steht ein dem vorübergehenden Aufenthalt dienender Ort gleich.

➜ Reisekosten (Genehmigung)

Auszug aus der LRKGVwV – zu § 2

1. Dienstreisen und Dienstgänge umfassen sowohl das Dienstgeschäft als auch die zu seiner Erledigung notwendigen Fahrten und Gänge.
2. Dienstort ist die politische Gemeinde, in die die Dienststelle des Dienstreisenden liegt. Bei einer Abordnung ist Dienstort die politische Gemeinde, in die die Beschäftigungsbehörde ihren Sitz hat, zu der die Bedienstete abgeordnet ist. Befinden sich Teile oder Nebenstellen der Behörde oder Dienststelle in einer anderen Gemeinde, so ist als Dienstort des Bediensteten der Ort anzusehen, in dem er – längere Zeit hindurch – ständig oder überwiegend Dienst leisten muss.
3. Wohnort ist die politische Gemeinde, in welcher der Dienstreisende tatsächlich wohnt. Wohnort ist auch ein Ort, an dem der Dienstreisende einen zweiten oder weiteren Wohnsitz hat.
4. Ein am vorübergehenden Aufenthalt dienender Ort ist ein außerhalb des Wohnorts liegender Ort, an dem sich der Dienstreisende aus persönlichen Gründen vorübergehend aufhält (z.B. der Urlaubsort).
5. Geschäftsort ist die politische Gemeinde, in der das Dienstgeschäft erledigt wird.
6. Dienstreisen und Dienstgänge müssen grundsätzlich vor dem Antritt angeordnet oder genehmigt werden; Dienstreisen stets in schriftlicher oder elektronischer Form. Ausnahmen vgl. § 2 Abs. 2 Satz 1 letzter Halbsatz und Abs. 3 Satz 1 letzter Halbsatz und § 21 Abs. 1 und 3. Unter Berücksichtigung der Fürsorgepflicht soll nach dem allgemeinen Grundsatz der Wirtschaftlichkeit und Sparsamkeit der Umfang der Reisekostenvergütung vorgegeben werden, indem die voraussichtlich notwendige Dauer der Dienstreise, deren Ausgangs- und Endpunkt (vgl. Ziffer 2 zu § 7) sowie das Beförderungsmittel festgelegt werden; die Benutzung eines privateigenen Kraftfahrzeuges ist, wenn dies beantragt oder eine Anerkennung nach § 6 Abs. 2 besteht, grundsätzlich vorrangig gegenüber dem Einsatz eines Dienstkraftfahrzeuges.

➜ Reisekosten (Genehmigung)

7. Für Dienstreisende, die Dienstgeschäfte bestimmter Art an demselben Geschäftsort oder in demselben Bezirk in einem bestimmbaren Zeitraum zu erledigen haben, kann für die dafür notwendigen Dienstreisen und Dienstgänge eine allgemeine Genehmigung erteilt werden.

§ 3
Anspruch auf Reisekostenvergütung

(1) Der Dienstreisende hat Anspruch auf Reisekostenvergütung zur Abgeltung der dienstlich veranlassten Mehraufwendungen. Bei einer Dienstreise, die entsprechend ihrer Anordnung oder Genehmigung an der Wohnung angetreten oder beendet wird, besteht der dienstlich veranlasste Mehraufwand für die Fahrkostenerstattung (§ 5) oder die Wegstreckenentschädigung (§ 6) in der Entfernung von oder bis zur Wohnung. Im Übrigen bestimmt Art und Umfang der Reisekostenvergütung ausschließlich dieses Gesetz.

(2) Reisekostenvergütung wird nur insoweit gewährt, als die Aufwendungen des Dienstreisenden und die Dauer der Dienstreise oder des Dienstgangs zur Erledigung des Dienstgeschäfts notwendig waren.

(3) Zuwendungen, die dem Dienstreisenden von dritter Seite seines Amtes wegen für dieselbe Dienstreise oder denselben Dienstgang gewährt wurden, sind auf die Reisekostenvergütung anzurechnen. § 12 bleibt unberührt.

(4) Bei Dienstreisen und Dienstgängen für eine auf Verlangen der zuständigen Behörde wahrge-

nommene Nebentätigkeit hat der Dienstreisende nach diesem Gesetz nur soweit Anspruch auf Reisekostenvergütung, wie nicht die Stelle, bei der die Nebentätigkeit ausgeübt wird, Auslagenerstattung für dieselbe Dienstreise oder denselben Dienstgang zu gewähren hat; das gilt auch dann, wenn der Dienstreisende auf seinen Anspruch gegen die Stelle verzichtet hat.

(5) Die Reisekostenvergütung ist innerhalb einer Ausschlussfrist von sechs Monaten bei der zuständigen Abrechnungsstelle schriftlich oder elektronisch zu beantragen. Die Frist beginnt mit dem Tag nach Beendigung der Dienstreise oder des Dienstgangs, in den Fällen des § 19 mit Ablauf des Tages, an dem dem Berechtigten bekannt wird, dass die Dienstreise oder der Dienstgang nicht ausgeführt wird. Erstattungsanträge können zurückgewiesen werden, wenn der Gesamtbetrag der Erstattung unter 50 Euro liegt. Dies gilt jedoch nicht, wenn bei einem der Erstattungsanträge die Ausschlussfrist nach Satz 1 innerhalb eines Monats abläuft.

Hinweis der Redaktion: Das KM hat hierzu mitgeteilt: „... Um die Frist zu wahren, genügt es, dass die Anträge rechtzeitig an die Stelle gelangen, bei der die Reisekostenantrage zu stellen sind bzw. bei der die inhaltliche Prüfung auf Richtigkeit erfolgt. Es ist daher ausreichend, wenn die Anträge innerhalb der 6-Monats-Frist bereits im Verfügungsbereich der Schule sind (d.h. wenn sie bei der Schulleitung eingegangen sind)." (Quelle: Hauptpersonalrat Berufliche Schulen beim KM, Info Nr. Nr. X/27 (Juni 2010)
→ Formulare – am Ende des Adressenteils

(6) Die zuständigen Abrechnungsstellen können bis zum Ablauf von sechs Monaten nach Antragstellung die Vorlage der maßgeblichen Kostenbelege verlangen. Werden diese Belege auf Anforderung nicht innerhalb eines Monats vorgelegt, kann der Erstattungsantrag insoweit abgelehnt werden. Der Dienstreisende ist verpflichtet, die Kostenbelege nach Erstattung der Reisekostenvergütung bis zum Ablauf eines Jahres für Zwecke der Rechnungsprüfung aufzubewahren und auf Verlangen vorzulegen.

Auszug aus der LRKGVwV – zu § 3

4. Für den Nachweis der Auslagen genügt grundsätzlich die pflichtgemäße Versicherung des Dienstreisenden im Erstattungsantrag. Auf die Vorlage von Kostenbelegen soll in der Regel verzichtet werden. Soweit von den zuständigen Abrechnungsstellen verlangt, sind die maßgeblichen Kostenbelege grundsätzlich im Original vorzulegen. Maßgebliche Kostenbelege sind die Nachweise der dienstreisebedingten Auslagen, für die eine Erstattung beantragt wird. ...
5. Zuwendungen i.S. des § 3 Abs. 3 sind Geldbeträge oder geldwerte Leistungen (Nutzungen, Sachleistungen), die dem Dienstreisenden seines Amtes oder seiner dienstlichen Stellung wegen gewährt werden, nicht jedoch Zuwendungen von dritter Seite, die ausschließlich aufgrund persönlicher Beziehungen gewährt werden (z.B. Verpflegung, Unterkunft usw. durch Verwandte oder Bekannte).
6.1 Der Anspruch auf Reisekostenvergütung erlischt nach Ablauf der in § 3 Abs. 5 genannten Ausschlussfrist von sechs Monaten (§§ 187 ff. BGB). Der Lauf dieser Frist wird durch eine Abschlagsauszahlung nicht unterbrochen.
7.2 Dienstreisende können auf Antrag einen Abschlag auf die zu erwartende Reisekostenvergütung erhalten. Der Abschlag sollte grundsätzlich 80 v.H. der zu erwartenden Reisekostenvergütung nicht übersteigen; Abschlagsauszahlungen von weniger als 50 Euro sollten unterbleiben.
7.3 ... Die Erstattung der Reisekosten erfolgt grundsätzlich auf das Bezügekonto.

§ 4 Art der Reisekostenvergütung

Die Reisekostenvergütung umfasst
1. Fahrkostenerstattung (§ 5),
2. Wegstrecken- und Mitnahmeentschädigung (§ 6),
3. Tagegeld (§ 9),
4. Übernachtungsgeld (§ 10),
5. Erstattung der Auslagen bei längerem Aufenthalt am Geschäftsort (§ 11),
6. Erstattung der Nebenkosten (§ 14),
7. Erstattung der Auslagen bei Dienstgängen (§ 15),
8. Aufwandsvergütung (§ 17),
9. Pauschvergütung (§ 18),
10. Erstattung der Auslagen für Reisevorbereitungen (§ 19).

§ 5 Fahrkostenerstattung

(1) Für Strecken, die mit regelmäßig verkehrenden Beförderungsmitteln zurückgelegt worden sind, werden die entstandenen notwendigen Fahrkosten erstattet. Bei einer einfachen Entfernung von nicht mehr als 100 Kilometern werden nur die notwendigen Fahrkosten der niedrigsten Klasse eines regelmäßig verkehrenden Beförderungsmittels erstattet. Die Kosten der ersten Klasse sind erstattungsfähig, wenn die einfache Entfernung mehr als 100 km beträgt. Wurde aus besonderen dienstlichen oder wirtschaftlichen Gründen ein Flugzeug benutzt, sind die entstandenen notwendigen Flugkosten bis zur Höhe der Kosten der niedrigsten Flugklasse erstattungsfähig.

(2) Die Kosten einer höheren Klasse werden erstattet, wenn der Dienstreisende ein regelmäßig verkehrendes Beförderungsmittel benutzen musste, das nur diese Klasse führte. Das gleiche gilt, wenn er aus dienstlichem Grund eine höhere Klasse benutzen musste.

(3) Dienstreisenden, denen nach Absatz 1 die Fahrkosten der niedrigsten Klasse zu erstatten wären, werden bei einer amtlich festgestellten Erwerbsminderung von mindestens 50 vom Hundert die Auslagen für die nächsthöhere Klasse erstattet. Dieselbe Vergünstigung kann anderen Dienstreisenden gewährt werden, wenn ihr körperlicher oder gesundheitlicher Zustand das Benutzen dieser Klasse rechtfertigt.

(4) Für Strecken, die aus triftigem Grund mit anderen als den in § 6 genannten regelmäßig verkehrenden Beförderungsmitteln zurückgelegt worden sind, werden die entstandenen notwendigen Fahrkosten erstattet. Liegt kein triftiger Grund vor, so darf keine höhere Reisekostenvergütung gewährt werden als beim Benutzen eines regelmäßig verkehrenden Beförderungsmittels.

Auszug aus der LRKGVwV – zu § 5

1.1 Zu den Fahrkosten gehören auch notwendige Auslagen für
a) Fahrten am Geschäftsort einschließlich der Fahrten von und zu der Unterkunft und zur Einnahme von Mahlzeiten sowie Fahrten vom Geschäftsort zur nächstgelegenen Gaststätte oder Unterkunft, sofern

Reisekostengesetz

eine solche am Geschäftsort nicht vorhanden ist oder aus triftigem Grund nicht benutzt werden kann;
b) Aufpreise und Zuschläge für Züge;
c) Reservierungsentgelte;
d) Bettkarten und Liegeplatzzuschläge;
e) Beförderung des notwendigen dienstlichen und persönlichen Gepäcks.

1.2 Die Kosten für die Benutzung von ICE-Zügen sind grundsätzlich als notwendig anzusehen, da der ICE inzwischen ein Standardprodukt der DB darstellt.

1.3 *(Flugkosten, hier nicht abgedruckt)*

2.1 Benützen Dienstreisende ein regelmäßig verkehrendes Beförderungsmittel und besitzen sie für die Reisestrecke oder eine Teilstrecke einen privaten Fahrausweis (z.B. Zeit- oder Netzkarte bzw. BahnCard), können sie insoweit keine Fahrkostenerstattung erhalten. Dienstreisende haben keinen Anspruch auf anteilige Erstattung ihrer dienstlich genutzten privaten Fahrausweise.

2.2 Möglichkeiten zur Erlangung von Fahrpreisermäßigungen (z.B. Zeitkarten oder Sonderrückfahrkarten bzw. Ermäßigungen aufgrund persönlicher Ermäßigungstatbestände wie z.B. Fahrausweise für schwerbehinderte Menschen) sind auszunutzen. Entsprechendes gilt für die Inanspruchnahme von Rabatten, Boni und Gutschriften (z.B. bei Vielfliegerprogrammen oder entsprechenden Angeboten der Bahn).

2.3 Lehnen Dienstreisende ein zulasten öffentlicher Kassen unentgeltlich angebotenes nicht regelmäßig verkehrendes Beförderungsmittel (z.B. Dienstkraftfahrzeug) ohne ausreichenden Grund ab, werden ihnen für die Strecke, die sie unentgeltlich hätten fahren können, keine Fahrkosten erstattet. Dasselbe gilt, wenn eine Zeit- oder Netzkarte für ein regelmäßig verkehrendes Beförderungsmittel unentgeltlich zur Verfügung gestellt wird.

2.4 Vergünstigungen aus Bonusprogrammen, die auf einer dienstlichen Inanspruchnahme regelmäßig verkehrender Beförderungsmittel beruhen, sind ausschließlich für dienstliche Zwecke zu nutzen. Für private Zwecke dürfen sie nicht verwendet werden.

3. Die Anschaffungskosten einer BahnCard sind in vollem Umfang erstattungsfähig, wenn die BahnCard unter Berücksichtigung ihrer Anschaffungskosten sowie dem ermäßigten Fahrpreis beim Lösen von Einzelfahrkarten zu einer kostengünstigeren Abwicklung der Dienstreisen führt.

4. Bei Dienstgängen am Dienstort, die an der Wohnung angetreten oder beendet werden, dürfen höchstens die Fahrkosten für die Strecke von der Dienststelle bis zur Stelle des Dienstgeschäfts erstattet werden, es sei denn, der Dienstgang wird zusätzlich an Sonn- und Feiertagen oder dienstfreien Werktagen durchgeführt, an denen kein Dienst zu leisten gewesen wäre.

5. Ein triftiger Grund i. S. des § 5 Abs. 4 liegt vor, wenn regelmäßig verkehrende Beförderungsmittel nicht benutzt werden können oder wenn im Einzelfall ein dienstlicher oder zwingender persönlicher Grund (z.B. Gesundheitszustand) das Benutzen eines anderen Beförderungsmittels (z.B. Taxi, Mietwagen usw.) notwendig macht.

§ 6
Wegstrecken- und Mitnahmeentschädigung

(1) Für Strecken, die der Dienstreisende aus triftigem Grund mit einem ihm gehörenden Kraftfahrzeug zurückgelegt hat, wird als Auslagenersatz eine Wegstreckenentschädigung gewährt, und zwar je Kilometer für

1. Kraftfahrzeuge mit einem Hubraum
bis 600 cm³   16 Cent,
2. Kraftfahrzeuge mit einem Hubraum
von mehr als 600 cm³   25 Cent.

Dem Kraftfahrzeug im Sinne des Satzes 1 steht das unentgeltlich zur Verfügung gestellte Kraftfahrzeug des Ehegatten oder eines mit dem Dienstreisenden in häuslicher Gemeinschaft lebenden Verwandten oder Verschwägerten gleich.

(2) Ist ein in Absatz 1 bezeichnetes Kraftfahrzeug aus triftigem Grund benutzt worden, das mit schriftlicher Anerkennung der obersten Dienstbehörde oder der von ihr ermächtigten nachgeordneten Behörde im überwiegenden dienstlichen Interesse gehalten wird, so wird abweichend von Absatz 1 eine Wegstreckenentschädigung gewährt, und zwar je Kilometer für

1. Kraftfahrzeuge mit einem Hubraum
bis 600 cm³   25 Cent,
2. Kraftfahrzeuge mit einem Hubraum
von mehr als 600 cm³   35 Cent,
...

(3) Ist ein Kraftfahrzeug der in Absatz 1 oder Absatz 2 bezeichneten Art ohne Vorliegen eines triftigen Grundes benutzt worden, so beträgt die Wegstreckenentschädigung je Kilometer 16 Cent.

(4) Ein Dienstreisender, der in einem Kraftfahrzeug der in Absatz 1 oder Absatz 2 bezeichneten Art Personen mitgenommen hat, die nach diesem Gesetz oder anderen Vorschriften des Landes Anspruch auf Fahrkostenerstattung haben, erhält Mitnahmeentschädigung in Höhe von 2 Cent je Person und Kilometer.

(5) Ist ein Dienstreisender von einer im öffentlichen Dienst stehenden Person mitgenommen worden, die nach den Vorschriften eines anderen Dienstherrn als des Landes Anspruch auf Fahrkostenerstattung hat, so erhält er Mitnahmeentschädigung nach Absatz 4, soweit ihm Auslagen für die Mitnahme entstanden sind.

(5) Für Strecken, die der Dienstreisende mit einem ihm gehörenden Fahrrad zurückgelegt hat, wird eine Wegstreckenentschädigung von 2 Cent je Kilometer gewährt. Absatz 1 Satz 2 gilt entsprechend.

Auszug aus der LRKGVwV – zu § 6

1. Dem Dienstreisenden steht es frei, bei der Durchführung einer Dienstreise sein eigenes Kraftfahrzeug zu benutzen, sofern der zuständige Vorgesetzte nicht aus dienstrechtlichen Gründen die Benutzung untersagt (z.B. aus Fürsorgegründen bei ungünstigen Straßenverhältnissen, sehr weiten Entfernungen) oder eines anderen bestimmten Beförderungsmittels ausdrücklich anordnet (z.B. wenn der Geschäftsort mit regelmäßig verkehrenden Beförderungsmitteln in kürzerer Zeit als mit dem Kraftfahrzeug erreicht werden kann).

2. Wegstrecken- und ggf. Mitnahmeentschädigung wird auch für die aus dienstlichem Grund am Dienst- oder Wohnort und am Geschäftsort zurückgelegten Strecken gewährt; das Gleiche gilt für Strecken von und zu der Unterkunft und zur Einnahme von Mahlzeiten am Geschäftsort sowie vom Geschäftsort zur nächstgelegenen Gaststätte oder Unterkunft, wenn eine solche am Geschäftsort nicht vorhanden ist oder aus triftigem Grund nicht benutzt werden kann.

3. Für die Berechnung der Wegstreckenentschädigung ist grundsätzlich die kürzeste, verkehrsübliche Verbindung maßgeblich. Ausnahmsweise kann auch ein längerer Verkehrsweg maßgeblich sein, wenn dieser ausdrücklich an-

geordnet oder genehmigt ist oder eine erhebliche Zeitersparnis ermöglicht.
4. Bei Dienstgängen am Dienstort, die an der Wohnung angetreten oder beendet werden, gilt Ziffer 4 zu § 5.
5. Ein triftiger Grund i.S. des § 6 Abs. 1 und 2 liegt vor, wenn
   a) die Dienstreise nach Orten führt, die mit regelmäßig verkehrenden Beförderungsmitteln nicht oder nur schwer erreichbar sind;
   b) mindestens eine Person aus dienstlichen Gründen mitgenommen wird, die gegen denselben Dienstherrn Anspruch auf Reisekostenvergütung hat,
   c) durch die Benutzung des Kraftfahrzeuges voraussichtlich eine erhebliche Zeitersparnis eintritt, sodass z.B. noch weitere, insbesondere termingebundene oder andere dringende Dienstgeschäfte wahrgenommen werden können;
   d) auf einer Dienstreise umfangreiches Aktenmaterial, Gegenstände mit größerem Gewicht oder sperrige Gegenstände mitzuführen sind:
   e) die Benutzung regelmäßig verkehrender Beförderungsmittel aus einem Grund nicht zugemutet werden kann, der in der Person des Dienstreisenden liegt (z.B. wegen Körperbehinderung);
   f) ein sonstiger dienstlicher oder persönlicher Grund die Benutzung des privateigenen Kraftfahrzeuges erfordert.
6.1 Ein überwiegendes dienstliches Interesse des Dienstherrn an der Haltung eines privateigenen Kraftfahrzeuges kann auf schriftlichen Antrag nur anerkannt werden, wenn
   a) das Kraftfahrzeug häufig zur ordnungsgemäßen Wahrnehmung der dem Bediensteten obliegenden Dienstaufgaben unabweisbar notwendig eingesetzt werden muss und
   b) dadurch der Dienstreiseverkehr für den Dienstherrn insgesamt wirtschaftlicher abgewickelt werden kann als mit anderen Beförderungsmitteln (insbesondere Dienstkraftfahrzeugen); dies ist durch eine Wirtschaftlichkeitsberechnung nachzuweisen.
Von einer Wirtschaftlichkeitsberechnung kann abgesehen werden, wenn zu erwarten ist, dass das privateigene Kraftfahrzeug zu Dienstfahrten aus triftigem Grund i.S. des § 6 von mindestens 3000 km jährlich benutzt wird. Bei einer dienstlichen Jahresfahrleistung aus triftigem Grund unter 1500 km sind die Voraussetzungen für eine Anerkennung grundsätzlich nicht gegeben. In Ausnahmefällen, wenn aufgrund der Art der Dienstgeschäfte ein unabweisbares dienstliches Bedürfnis für die ständige Benutzung eines privateigenen Kraftfahrzeuges besteht, kann eine Anerkennung erteilt werden, wenn bei einem regelmäßigen Einsatz des Kraftfahrzeuges mindestens 40 Dienstfahrten im Kalenderjahr aus triftigem Grund durchgeführt werden.
Bei einer voraussichtlich hohen dienstlichen Jahresfahrleistung aus triftigem Grund (von ca. mehr als 12000 km) ist stets zu prüfen, ob der Einsatz eines Selbstfahrer-Dienstkraftfahrzeuges wirtschaftlicher ist.
6.2 Im Antrag hat sich der Bedienstete sich zu verpflichten,
   a) das privateigene Kraftfahrzeug uneingeschränkt zu Dienstfahrten aus triftigem Grund i. S. des § 6 einzusetzen,
   b) bei Dienstfahrten andere Dienstreisende sowie in zumutbarem Umfang dienstliche Gegenstände mitzunehmen.
6.3 Auf die Anerkennung besteht kein Rechtsanspruch; sie ist schriftlich, jederzeit widerruflich und auflösend bedingt für den Fall des Dienststellenwechsels zu erteilen. Im Anerkennungsbescheid ist klarzustellen, dass
   a) ein Wechsel des Kraftfahrzeuges anzuzeigen ist,
   b) der Bedienstete von allen Schadenersatzansprüchen und Rechtsfolgen, die aus der Mitnahme anderer Dienstreisender oder dienstlicher Gegenstände entstehen können, insoweit freigestellt wird, als die Ansprüche nicht aus der Kraftfahrzeughaftpflichtversicherung befriedigt werden.

6.4 Die Anerkennung ist zu widerrufen, wenn die Voraussetzungen nach Ziffer 6.1 und 6.2 nicht mehr vorliegen.
6.5 Die mit einem anerkannten Kraftfahrzeug aus triftigem Grund zurückgelegten Wegstrecken sind in einfachster An und Weise nachzuweisen; der Nachweis entfällt, wenn anstelle der Wegstreckenentschädigung eine Pauschalvergütung gewährt wird. Ein Fahrtenbuch ist nicht zu führen; beim Wechsel des Kraftfahrzeuges bedarf es keiner neuen Anerkennung.

§ 7
Dauer der Dienstreise

Die Dauer der Dienstreise richtet sich nach der Abreise und Ankunft an der Wohnung. Wird die Dienstreise an der Dienststelle oder einer anderen Stelle angetreten oder beendet, so tritt diese an die Stelle der Wohnung.

Auszug aus der LRKGVwV – zu § 7

1 Wohnung i. S. des § 7 ist die Wohnung, von der aus der Bedienstete regelmäßig seiner dienstlichen Tätigkeit nachgeht. Ein zweiter oder weiterer Wohnsitz, insbesondere der Familienwohnsitz eines Trennungsgeldempfängers, der nicht täglich an seinen Familienwohnort zurückkehrt, bleibt unberücksichtigt. In diesen Fällen ist § 2 Abs. 1 der VO zu § 16Abs. 6 anzuwenden.
2 Den Antritt oder die Beendigung der Dienstreise an der Wohnung oder der Dienststelle hat die Dienstreisende grundsätzlich unter Beachtung des Grundsatzes der Wirtschaftlichkeit und Sparsamkeit selbst zu bestimmen, sofern ihm insoweit keine Weisungen erteilt worden sind. An der Wohnung können Dienstreisen danach im allgemeinen angetreten oder beendet werden, wenn
   a) die Wohnung näher zum auswärtigen Geschäftsort gelegen ist als die Dienststelle;
   b) der auswärtige Geschäftsort von der Wohnung aufgrund günstiger Verkehrsverbindungen in erheblich kürzerer Zeit erreicht wird;
   c) der Antritt oder die Beendigung der Dienstreise an der Dienststelle für den Dienstreisenden mit einem erheblichen zusätzlichen Umweg verbunden ist;
   d) ein sonstiger triftiger Grund für den Antritt oder die Beendigung der Dienstreise an der Wohnung vorliegt.
Hat der für die Anordnung oder Genehmigung der Dienstreise zuständige Vorgesetzte nach Lage des Einzelfalles unter Berücksichtigung der Fürsorgepflicht und des Grundsatzes der Wirtschaftlichkeit und Sparsamkeit den Antritt oder die Beendigung der Dienstreise an der Dienststelle im Dienstreiseantrag angeordnet, so werden die Reisekosten, die ab oder bis zur Wohnung entstanden sind, nur bis zu der Höhe erstattet, in der sie bei Antritt oder Beendigung der Dienstreise entsprechend der getroffenen Anordnung angefallen wären. ...
3.1 An der Dienststelle wird eine Dienstreise angetreten oder beendet, wenn diese vor oder nach der Erledigung des (auswärtigen) Dienstgeschäfts – wenn auch nur kurz – aufgesucht wird (z.B. um dort Unterlagen einzusehen oder abzuholen).
3.2 Die Dienstreise wird im Allgemeinen auch dann an der Dienststelle angetreten oder beendet, wenn der Dienstreisende an der Dienststelle weitere Dienstreisende in seinem privateigenen Kraftfahrzeug aufnimmt, in den Dienstwagen umsteigt oder diesen abstellt.
4 An anderer Stelle wird eine Dienstreise angetreten oder beendet, wenn dieser unmittelbar ein Dienstgang vorausgeht oder sich ein solcher an eine Dienstreise unmittelbar anschließt, ansonsten findet § 2 der VO zu § 16 Abs. 6 Anwendung.

§ 9 Tagegeld

Die Höhe des Tagegeldes zur Abgeltung der Mehraufwendungen für Verpflegung bei Dienstreisen bestimmt sich nach § 4 Abs. 5 Satz 1 Nr. 5 Satz 2 des Einkommensteuergesetzes.

Reisekostengesetz

Auszug aus der LRKGVwV – zu § 9

1 Bei Durchführung mehrerer Dienstreisen an einem Kalendertag wird für die Bemessung des Tagegeldes die Dauer der einzelnen Dienstreisen an diesem Tag zusammengerechnet. ...

2 Bei einer mehrtägigen Dienstreise ist das Tagegeld – soweit nicht die Voraussetzungen der Ziffer 3 vorliegen – für den Tag der Abfahrt vom Beginn der Dienstreise bis 24 Uhr und für den Tag der Rückkehr von 0.00 Uhr bis zum Ende der Dienstreise zu berechnen.

3 Eine mehrtägige Dienstreise, die nach 16 Uhr begonnen und vor 8 Uhr des nachfolgenden Kalendertages beendet wird, ohne dass eine Übernachtung stattfindet, ist mit der gesamten Dienstreisedauer dem Kalendertag der überwiegenden Abwesenheit zuzurechnen.

4 Die Dauer einer Dienstreise kann für die Bemessung des Tagegeldes nicht mit der Dauer eines Dienstganges zusammengerechnet werden, da für Dienstgänge kein pauschales Tagegeld zusteht.

Hinweis der Redaktion: § 4 Abs. 5 Satz 1 Nr. 5 Satz 2 EStG lautet (VwV des FM vom 4.4.2001; GABl. S. 654/2001):
Wird der Steuerpflichtige vorübergehend von seiner Wohnung und dem Mittelpunkt seiner dauerhaft angelegten betrieblichen Tätigkeit entfernt betrieblich tätig, ist für jeden Kalendertag, an dem der Steuerpflichtige wegen dieser vorübergehenden Tätigkeit von seiner Wohnung und seinem Tätigkeitsmittelpunkt

a) 24 Stunden abwesend ist, ein Pauschbetrag von 24 Euro
b) weniger als 24 Stunden, aber mindestens 14 Stunden abwesend ist, ein Pauschbetrag von 12 Euro
c) weniger als 14 Stunden, aber mindestens 8 Stunden abwesend ist, ein Pauschbetrag von 6 Euro

abzuziehen; eine Tätigkeit, die nach 16 Uhr begonnen und vor 8 Uhr des nachfolgenden Kalendertags beendet wird, ohne dass eine Übernachtung stattfindet, ist mit der gesamten Abwesenheitsdauer dem Kalendertag der überwiegenden Abwesenheit zuzurechnen.

§ 10
Übernachtungsgeld

(1) Übernachtungsgeld wird bei einer mindestens zwölfstündigen Dienstreise gewährt, wenn diese sich über mehrere Kalendertage erstreckt oder bis 3 Uhr angetreten worden ist. Übernachtungsgeld wird nicht für eine Nacht gewährt, in der die Dienstreise nach 3 Uhr angetreten oder vor 3 Uhr beendet worden ist.

(2) Für eine notwendige Übernachtung erhalten Dienstreisende pauschal 20 Euro. Höhere Übernachtungskosten werden im notwendigen Umfang erstattet. Durch Verwaltungsvorschrift wird bestimmt, bis zu welcher Höhe Übernachtungskosten notwendig sind.

(3) Übernachtungskosten, welche die Kosten des Frühstücks einschließen, sind vorab bei Übernachtungen im Inland um 20 vom Hundert des Inlandstagegeldes für einen vollen Kalendertag und bei Übernachtungen im Ausland um 20 vom Hundert des für den Übernachtungsort maßgebenden Auslandstagegeldes für einen vollen Kalendertag zu kürzen. Das gleiche gilt bei Voll- oder Halbpensionspreisen mit der Maßgabe, dass die Kürzungssätze für das Frühstück 20 vom Hundert, für das Mittagessen 50 vom Hundert und für das Abendessen 30 vom Hundert betragen.

(4) Ein Übernachtungsgeld wird nicht gewährt, wenn wegen der Benutzung von Beförderungsmitteln keine Übernachtungskosten anfallen. Sind Auslagen für das Benutzen von Schlafwagen oder Schiffskabinen zu erstatten, so wird für dieselbe Nacht ein Übernachtungsgeld nur gewährt, wenn der Dienstreisende wegen der frühen Ankunft oder späten Abfahrt des Beförderungsmittels eine Unterkunft in Anspruch nehmen oder beibehalten musste. ...

Auszug aus der LRKGVwV – zu § 10

1. Für die Gewährung eines Übernachtungsgeldes ist es unerheblich, ob ein Tagegeld zu zahlen ist.

2. Zu den Übernachtungskosten gehören alle mit der Übernachtung in unmittelbaren Zusammenhang stehenden notwendigen Kosten, nicht jedoch Kosten der Verpflegung, Trinkgelder oder Kurtaxe usw.

3. Als Übernachtungskosten werden die Kosten für ein Einzelzimmer nach Abzug der enthaltenen Verpflegungskosten (§ 10 Abs. 3) als notwendig anerkannt, wenn pro Übernachtung ein Betrag von 60 Euro im Inland bzw. 90 Euro im Ausland nicht überschritten wird. Bei Übernachtungen in Großstädten mit mehr als 100000 Einwohnern und anderen Orten mit erfahrungsgemäß allgemein oder saisonbedingt hohen Zimmerpreisen sind bis zu 80 Euro im Inland bzw. 120 Euro im Ausland erstattungsfähig. Höhere Übernachtungskosten können in begründeten Fällen erstattet werden.

4. Zur Ermittlung der erstattungsfähigen Übernachtungskosten ist stets der für die Dienstreise zustehende Gesamtbetrag des pauschalen Übernachtungsgeldes den insgesamt nachweisbaren Übernachtungskosten gegenüberzustellen.

5. Die pauschale Kürzung nach § 10 Abs. 3 erfolgt stets dann, wenn in der Unterkunftsrechnung der Anteil für die enthaltene Verpflegung nicht gesondert ausgewiesen ist (Inklusivpreis).

6. Bei gemeinsamer Übernachtung mehrerer Dienstreisender in einem Mehrbettzimmer sind die Übernachtungskosten gleichmäßig aufzuteilen. Übernachten Dienstreisende mit nicht erstattungsberechtigten Personen (z.B. Ehegatte) in einem Zimmer, sind die Kosten bis zu dem Preis erstattungsfähig, der bei alleiniger Nutzung eines Einzelzimmers zu zahlen wäre; ohne einen entsprechenden Nachweis sind die Übernachtungskosten gleichmäßig nach Personen aufzuteilen.

§ 11
Auslagen bei längerem Aufenthalt am Geschäftsort

(1) Dauert der Aufenthalt an demselben auswärtigen Geschäftsort länger als sieben Tage, so wird vom achten Tag an die gleiche Vergütung gewährt, die von diesem Tag an bei einer Abordnung zu gewähren wäre; die §§ 9 und 10 werden insoweit nicht angewandt. Zu den Aufenthaltstagen rechnen alle Tage zwischen dem Hinreisetag und dem Rückreisetag. ...

Auszug aus der LRKGVwV – zu § 11

2.1 Zu den Aufenthaltstagen rechnen alle Tage einschließlich der Sonn- und Feiertage, der allgemein dienstfreien Tage und der Urlaubs- und Krankheitstage, die zwischen dem Tag der Hinreise zur Aufnahme des auswärtigen Dienstgeschäfts und dem Tag der Rückreise nach Beendigung des Dienstgeschäfts am demselben Geschäftsort liegen (§ 11 Abs. 1 Satz 2), soweit der Aufenthalt nicht als beendet oder unterbrochen anzusehen ist ... .

§ 12
Einbehaltung bzw. Kürzung des Tage- und Übernachtungsgeldes und der Vergütung nach § 11 Abs. 1

(1) Erhält der Dienstreisende seines Amtes wegen unentgeltlich Verpflegung, ist

1. von dem Tagegeld (§ 9) für das Frühstück 20 vom Hundert, für das Mittagessen 50 vom Hundert und für das Abendessen 30 vom Hundert,
2. von der Vergütung nach § 11 Abs. 1 für das Frühstück 15 vom Hundert, für das Mittagessen 30 vom Hundert und für das Abendessen 20 vom Hundert,

mindestens jedoch für jede Mahlzeit ein Betrag in Höhe des maßgebenden Sachbezugswertes nach der Sachbezugsverordnung einzubehalten. Das gleiche gilt, wenn von dritter Seite Verpflegung bereitgestellt wird und das Entgelt für sie in den erstattbaren Fahr- oder Nebenkosten enthalten ist.

Hinweis der Redaktion: Die Sachbezugswerte sind in der SozialversicherungsentgeltVO geregelt (15.7.2009; BGBl I S. 1939/2009). Sie betragen ab 1.1.2011 voraussichtlich
a) für ein Frühstück 1,60 Euro,
b) für ein Mittag- oder Abendessen 2,83 Euro

(2) Erhält der Dienstreisende seines Amtes wegen unentgeltlich Unterkunft oder werden die Auslagen für das Benutzen von Schlafwagen oder Schiffskabinen erstattet, wird Übernachtungsgeld (§ 10) nicht gewährt, die Vergütung nach § 11 Abs. 1 wird um 35 vom Hundert gekürzt. Das gleiche gilt, wenn von dritter Seite Unterkunft bereitgestellt wird und das Entgelt für sie in den erstattbaren Nebenkosten enthalten ist.

(3) Die Absätze 1 und 2 sind auch dann anzuwenden, wenn der Dienstreisende seines Amtes wegen unentgeltlich bereitgestellte Verpflegung oder Unterkunft ohne triftigen Grund nicht in Anspruch nimmt. ...

Auszug aus der LRKGVwV - zu § 12
1. Die Verpflegung (Frühstück, Mittag- und Abendessen) ist des Amtes wegen unentgeltlich bereitgestellt, wenn sie nicht wegen persönlicher Beziehungen durch Verwandte oder Bekannte zur Verfügung gestellt wird.
2. Die in § 12 Abs. I Nr.1 genannten Vomhundertsätze beziehen sich auf das nach der jeweiligen Dienstreisedauer zustehende Tagegeld. Der einzubehaltende Betrag ist für jede Mahlzeit und für jeden Kalendertag gesondert zu ermitteln.
3. Ein triftiger Grund i.S. des § 12 Abs. 3 kann dienstlicher oder privater (z.B. gesundheitlicher) Art sein. Hierunter fallen jedoch nicht unangemessene Ansprüche an die Verpflegung (Unterkunft).

§ 14
Nebenkosten

Zur Erledigung des Dienstgeschäfts notwendige Auslagen, die nicht nach den §§ 5 bis 12 zu erstatten sind, werden als Nebenkosten erstattet.

Auszug aus der LRKGVwV - zu § 14
1. Nebenkosten i.S. der Vorschrift sind Auslagen, die in unmittelbarem Zusammenhang mit dem zu erledigenden Dienstgeschäft stehen und notwendig sind, um den dienstlichen Auftrag überhaupt oder unter zumutbaren Bedingungen ausführen zu können.
2. Notwendige Auslagen eines schwerbehinderten Dienstreisenden für eine Begleitperson sind als Nebenkosten zu erstatten, wenn die Dienstreise nur mithilfe dieser Begleitperson ausgeführt werden kann. ...
3. Nebenkosten sind notwendige Auslagen des Dienstreisenden u.a. für
   a) das gesonderte Befördern oder Versenden des notwendigen dienstlichen oder persönlichen Gepäcks, soweit das Mitführen nicht möglich oder nicht zumutbar ist;
   b) die Mitnahme des notwendigen dienstlichen oder persönlichen Gepäcks mit einem Gewicht von mindestens 50 kg bei Benutzung des privateigenen Kraftfahrzeuges; je volle 50 kg werden 2 Cent/km gewährt;
   c) die Gepäckaufbewahrung und bei Vorliegen besonderer Umstände auch die Gepäckversicherung;
   d) das Bestellen von Zimmern;
   e) das Eintrittsgeld zum Besuch von Ausstellungen, Museen und dergleichen sowie das Entgelt für Teilnehmerkarten für Tagungen oder Versammlungen, sofern der Besuch oder die Teilnahme dienstlich angeordnet ist;
   f) Post-, Telegramm- und Fernsprechgebühren, die durch die Ausführung des Dienstgeschäfts entstanden sind;
   g) Parkgebühren, wenn das Kraftfahrzeug aus triftigem Grund benutzt wird;
   h) die Kurtaxe.
4. Keine Nebenkosten sind insbesondere Auslagen für:
   a) Reiseausstattung (Koffer; Taschen etc.);
   b) Trinkgelder, Geschenke;
   c) Ersatzbeschaffung oder Reparatur mitgeführter Kleidungs- und Reiseausstattungsstücke;
   d) zusätzliche Reiseversicherungen (z.B. Flugunfallversicherung).

§ 15
Auslagen bei Dienstgängen

Bei Dienstgängen stehen dem Dienstreisenden Fahrkostenerstattung (§ 5), Wegstrecken- und Mitnahmeentschädigung (§ 6) und Nebenkostenerstattung (§ 14) zu. Daneben werden die nachgewiesenen notwendigen Auslagen für Unterkunft und bei Dienstgängen von mindestens acht Stunden Dauer die nachgewiesenen notwendigen Auslagen für Verpflegung unter Berücksichtigung der häuslichen Ersparnis bis zur Höhe des Tagegeldes bei einer Dienstreise von gleicher Dauer erstattet. Als häusliche Ersparnis sind für das Frühstück 20 vom Hundert, für das Mittagessen 50 vom Hundert und für das Abendessen 30 vom Hundert des Tagegeldes bei Dienstreisen mit einer Abwesenheitsdauer von acht Stunden am Kalendertag zu berücksichtigen.

Auszug aus der LRKGVwV - zu § 15
1. Notwendige Auslagen für Verpflegung (Zehrkosten) liegen nur dann vor, wenn der Dienstreisende während eines Dienstganges von mindestens acht Stunden Dauer eine oder mehrere Hauptmahlzeiten (Frühstück, Mittag- und Abendessen) außerhalb der Wohnung, der Dienststelle oder der regelmäßigen Verpflegungsstätte einnehmen muss.
2. Die Dauer von mehreren Dienstgängen an einem Kalendertag kann nicht zusammengerechnet werden.
3. Die Erstattung der Zehrkosten neben Trennungstagegeld ist zulässig; sie ist nicht zulässig, wenn der Dienstreisende für denselben Aufwand eine anderweitige Entschädigung zur Abgeltung von Verpflegungskosten erhält (z.B. Trennungsreisegeld).

§ 16
Reisekostenvergütung in besonderen Fällen

(1) Bei Dienstreisen aus Anlass der Einstellung, Versetzung, Abordnung oder Aufhebung einer Abordnung wird das Tagegeld für die Zeit bis zur Ankunft am neuen Dienstort gewährt; im Übrigen gilt § 7. Das Tagegeld wird für die Zeit bis zum Ablauf des Ankunftstages gewährt, wenn der Dienstreisende vom nächsten Tag an Trennungsreise- oder Trennungstagegeld erhält; daneben wird Übernachtungsgeld gewährt. Bei Dienstreisen aus An-

lass der Versetzung, Abordnung oder Aufhebung einer Abordnung wird das Tagegeld vom Beginn des Abfahrtstages an gewährt, wenn für den vorhergehenden Tag Trennungsreise- oder Trennungstagegeld gewährt wird. § 12 bleibt unberührt.

(2) Bei einer Dienstreise aus Anlass der Einstellung wird dem Dienstreisenden höchstens die Reisekostenvergütung gewährt, die ihm bei einer Dienstreise vom Wohnort zum Dienstort zustünde.

(3) Bei einer Dienstreise nach dem Wohn- oder Dienstort wird für die Dauer des Aufenthalts an diesem Ort kein Tage- und Übernachtungsgeld gewährt; notwendige Auslagen werden wie bei einem Dienstgang (§ 15) erstattet.

(4) Übernachtet der Dienstreisende in seiner außerhalb des Geschäftsortes gelegenen Wohnung, so wird kein Übernachtungsgeld gewährt, die Vergütung nach § 11 Abs. 1 wird um 35 vom Hundert gekürzt. Die notwendigen Auslagen für die Fahrten (§§ 5, 6) zwischen dem Geschäftsort und dem Wohnort werden bis zur Höhe des Übernachtungsgeldes oder 35 vom Hundert der Vergütung nach § 11 Abs. 1 erstattet. Für die Dauer des Aufenthalts am Wohnort wird kein Tagegeld, für volle Kalendertage keine Vergütung nach § 11 Abs. 1 gewährt. ...

Auszug aus der LRKGVwV – zu § 16

1. Eine Dienstreise aus Anlass der Einstellung liegt nur dann vor, wenn die Ernennung zum Beamten oder Richter vor Antritt der Reise wirksam geworden ist und die Reise dem Dienstantritt dient. ...

Verordnung des Finanzministeriums über die Reisekostenvergütung in besonderen Fällen vom 4.3.1975 (GBl. S. 200/1975), zuletzt geändert 12.12.1985 (GBl. S. 409/1985)

§ 1
Erkrankung während einer Dienstreise

Erkrankt der Dienstreisende und kann er nicht an seinen Wohnort zurückkehren, so wird ihm die Reisekostenvergütung weitergewährt. Wird er in ein nicht am Wohnort oder in dessen Nähe gelegenes Krankenhaus aufgenommen, so erhält er für jeden vollen Kalendertag des Krankenhausaufenthalts anstelle des Tage- und Übernachtungsgeldes (§§ 9,10,12,17 und 18 LRKG) und der Vergütung nach § 11 Abs. 1 LRKG Ersatz der notwendigen Auslagen für die Unterkunft am Geschäftsort.

Für eine Besuchsreise eines Angehörigen aus Anlass einer durch ärztliche Bescheinigung nachgewiesenen lebensgefährlichen Erkrankung des Beamten kann ihm eine Reisebeihilfe in sinngemäßer Anwendung des § 5 Abs. 3 der Landestrennungsgeldverordnung gewährt werden. Die Kosten einer ärztlichen Behandlung, Krankenhauskosten, Auslagen für Arzneimittel und ähnliche Aufwendungen gehören nicht zu den Reisekosten.

§ 2
Verbindung von Dienstreisen mit privaten Reisen

(1) Wird die Dienstreise mit einer Urlaubsreise oder einer anderen privaten Reise zeitlich verbunden, so wird die Reisekostenvergütung so bemessen, wie wenn der Dienstreisende unmittelbar vor dem Dienstgeschäft vom Dienstort zum Geschäftsort und unmittelbar nach dem Dienstgeschäft vom Geschäftsort zum Dienstort gereist wäre. § 7 LRKG findet Anwendung.

(2) Hat die zuständige Behörde angeordnet oder genehmigt, dass eine Dienstreise vom Urlaubsort aus angetreten wird, so wird abweichend von Absatz 1 die Reisekostenvergütung so bemessen, wie wenn der Dienstreisende unmittelbar vor dem Dienstgeschäft vom Urlaubsort zum Geschäftsort und unmittelbar danach von diesem zu demselben Urlaubsort gereist wäre. Ist die Dienstreise erst nach dem Ende des Urlaubs anzutreten, so wird die Reisekostenvergütung so bemessen, wie wenn der Dienstreisende im Anschluss an den Urlaub vom Urlaubsort zum Geschäftsort und unmittelbar nach dem Dienstgeschäft vom Geschäftsort zum Dienstort gereist wäre; auf den danach zu gewährenden Fahrkostenersatz werden die Fahrkosten für die kürzeste Reisestrecke vom letzten Urlaubsort zum Dienstort angerechnet. Muss der Urlaub wegen der Dienstreise vorzeitig beendet werden, so gilt Absatz 5.

(3) Hat die zuständige Behörde einen Dienstgang am Urlaubsort angeordnet oder genehmigt (§ 2 Abs. 3 Satz 2 LRKG), so wird Reisekostenvergütung nach § 15 LRKG gewährt. Ist der Dienstgang erst nach dem Ende des Urlaubs anzutreten, so wird die Reisekostenvergütung so bemessen, wie wenn der Dienstreisende den Dienstgang im Anschluss an den Urlaub angetreten hätte und unmittelbar nach dem Dienstgeschäft an den Dienstort zurückgekehrt wäre; auf den danach zu gewährenden Fahrkostenersatz werden die Fahrkosten für die kürzeste Reisestrecke vom letzten Urlaubsort zum Dienstort angerechnet. Muss der Urlaub wegen des Dienstgangs vorzeitig beendet werden, so gilt Absatz 5.

(4) Die Reisekostenvergütung nach Absatz 1 und Absatz 2 Satz 1 darf die nach dem tatsächlichen Reiseverlauf bemessene Reisekostenvergütung nicht übersteigen. Für die Dauer der Unterbrechung einer Dienstreise durch einen Urlaub wird keine Reisekostenvergütung gewährt.

(5) Wird aus dienstlichen Gründen die vorzeitige Beendigung eines Urlaubs oder einer anderen privaten Reise angeordnet, so werden die Fahrkosten für die kürzeste Reisestrecke vom Dienstort zu dem Urlaubs- oder Aufenthaltsort, an dem die Anordnung den Bediensteten erreicht, im Verhältnis des nicht ausgenutzten Teils des Urlaubs oder der anderen privaten Reise zur vorgesehenen Urlaubs- oder Aufenthaltsdauer erstattet. Für die Rückreise vom letzten Urlaubs- oder Aufenthaltsort zum Dienstort – gegebenenfalls über den Geschäftsort – wird Reisekostenvergütung gewährt (§ 2 Abs. 2 Satz 2 LRKG).

(6) Aufwendungen des Bediensteten für ihn und ihn begleitende Personen, die durch die Unterbrechung oder vorzeitige Beendigung eines Urlaubs oder einer anderen privaten Reise verursacht worden sind, werden in angemessenem Umfang erstattet. Das gilt auch für Aufwendungen, die aus diesen Gründen nicht ausgenutzt werden konnten; dabei gilt für die Erstattung von Aufwendungen für die Hin- und Rückfahrt Absatz 5 Satz 1 sinngemäß.

(7) Will der Bedienstete die Dienstreise mit einem Urlaub verbinden, so hat er dies der Behörde, die für die Anordnung oder Genehmigung der Dienstreise zuständig ist, mitzuteilen.

§ 17 *Aufwandsvergütung*

(1) Dienstreisende, denen erfahrungsgemäß geringere Aufwendungen für Verpflegung oder Unterkunft als allgemein entstehen, können nach näherer Bestimmung der obersten Dienstbehörde oder der von ihr ermächtigten nachgeordneten Behörde anstelle der Reisekostenvergütung im Sinne des § 4 Nr. 3 bis 5 und 7 entsprechend den notwendigen Mehrauslagen mit einer Aufwandsvergütung abgefunden werden. Die Aufwandsvergütung kann auch nach Stundensätzen gewährt werden.

→ Außerunterrichtliche Veranstaltungen (Teil III);
→ Außerunterrichtliche Veranstaltungen (Reisekosten);
→ Reisekosten (Außerunterrichtliche Veranstaltungen)

§ 19
Auslagen für Reisevorbereitungen

Wird eine Dienstreise oder ein Dienstgang aus einem Grund, den der Dienstreisende nicht zu vertreten hat, nicht ausgeführt, so werden die durch die Vorbereitung entstandenen notwendigen, nach diesem Gesetz erstattbaren Auslagen erstattet.

Abschnitt III – Trennungsgeld und Auslagen bei Reisen aus besonderem Anlass

§ 22
Trennungsgeld

(1) Beamte und Richter, die an einen Ort außerhalb des Dienst- oder Wohnortes ohne Zusage der Umzugskostenvergütung abgeordnet werden, erhalten für die ihnen dadurch entstehenden notwendigen Auslagen unter Berücksichtigung der häuslichen Ersparnis ein Trennungsgeld nach einer Rechtsverordnung, die das Finanzministerium erlässt. Dasselbe gilt für die vorübergehende Zuteilung aus dienstlichen Gründen zu einem anderen Teil der Beschäftigungsbehörde und der vorübergehenden dienstlichen Tätigkeit bei einer anderen Stelle als einer Dienststelle. Der Abordnung steht die Zuweisung nach § 20 des Beamtenstatusgesetzes gleich.

(2) Beamten auf Widerruf im Vorbereitungsdienst steht bei Abordnungen im Rahmen der Ausbildung 50 vom Hundert der nach Absatz 1 zu gewährenden Entschädigung zu. Der für die Ausbildung maßgebliche Dienstort wird von der obersten Dienstbehörde oder der von ihr ermächtigten nachgeordneten Behörde bestimmt. Satz 1 gilt auch bei Abordnungen von Beamten im Rahmen des Ausbildungs- oder Einführungsdienstes, einer Ausbildungs- oder Einführungszeit, die zum Erwerb einer Laufbahnbefähigung führen, mit Ausnahme der Reisebeihilfen für Familienheimfahrten bei Verheirateten oder diesen gleichgestellten Beamten.

→ TrennungsgeldVO; → Umzugskostengesetz § 15

§ 23
Auslagen bei Reisen aus besonderem Anlass

(1) Eine Einstellungsreise vor dem Wirksamwerden der Ernennung zum Beamten oder Richter gilt als Dienstreise zur Einstellung. ...

Hinweis der Redaktion: Zu Vorstellungsreisen siehe Hinweis bei § 1 dieses Gesetzes.

(2) Bei Reisen zum Zweck der Ausbildung oder Fortbildung, die teilweise in dienstlichem Interesse liegen, können mit Zustimmung der obersten Dienstbehörde oder der von ihr ermächtigten nachgeordneten Behörde d

ie Auslagen bis zur Höhe des bei Dienstreisen zustehenden Tage- und Übernachtungsgeldes und bis zur Höhe der notwendigen Fahr- und Nebenkosten erstattet werden. ...

→ Reisekosten (Aus- und Fortbildung); → Reisekosten (Personal-/Schwerbehindertenvertretung)

Auszug aus der LRKGVwV – zu § 23

1. § 23 Abs. 2 gilt nicht für Aus- oder Fortbildungsreisen, die ausschließlich im persönlichen Interesse des Beamten liegen. Ist ein überwiegendes dienstliches Interesse an der Reise gegeben, so wird im Allgemeinen für die Teilnahme an der Aus- oder Fortbildungsveranstaltung eine Dienstreise anzuordnen sein.

2.1 Ausbildungsreisen sind insbesondere Reisen eines in Ausbildung befindlichen Beamten zur Teilnahme am dienstzeitbegleitenden Unterricht oder sonstigen zum Ausbildungsgang gehörenden Unterweisungen, Reisen aus Anlass einer Ausbildungsabordnung und Reisen zur Ablegung von Prüfungen (Laufbahnprüfungen aller Art einschließlich der Abschluss-, Eignungs- und Auswahlprüfungen).

2.2 Die Reise eines Beamten in Ausbildung, die der Wahrnehmung dienstlicher Funktionen dient, ist keine Ausbildungsreise im Sinne des § 23 Abs.2, sondern eine Dienstreise, auch wenn mit der Reise zusätzlich Ausbildungszwecke erreicht werden sollen.

3.1 Fortbildungsreisen sind Reisen, die der Beamte nach Abschluss seiner Ausbildung zur Erweiterung seiner beruflichen Kenntnisse unternimmt, insbesondere Reisen zur Teilnahme an Fachtagungen, an Fachseminaren, Vorträgen, Besichtigungs- und Studienreisen und sonstigen Veranstaltungen. Ein teilweise dienstliches Interesse an der Fortbildung ist dann anzunehmen, wenn eine unmittelbare Beziehung zu dem vom Beamten wahrzunehmenden Aufgabengebiet besteht.

3.2 Die Höhe der zu gewährenden Entschädigung richtet sich danach, in welchem Umfang neben dem persönlichen ein besonderes dienstliches Interesse an der Teilnahme des Beamten an der Fortbildung besteht. Die Höhe der Entschädigung ist zugleich mit der Teilnahmegenehmigung festzulegen.

→ Außerunterrichtliche Veranstaltungen; → Außerunterrichtliche Veranstaltungen (Reisekosten); → Beamtenstatusgesetz; → Reisekosten (Aus- und Fortbildung); → Reisekosten (Außerunterrichtliche Veranstaltungen); → Reisekosten (Auswärtiger Unterricht); → Reisekosten (Genehmigung); → Reisekosten (Nebenlehrer/innen); → Reisekosten (Personal- und Schwerbehindertenvertretung); → Reisekosten (Schulträger); → Trennungsgeldverordnung

Reisekosten (Nebenamtlicher/nebenberuflicher Unterricht)

Auszug aus der Verwaltungsvorschrift des Finanzministeriums über die Vergütung von nebenamtlichem/nebenberuflichem Unterricht (UVergVwV) vom 19.10.2007 (GABl. S. 536/2007)

2.5.1 Bei Unterrichtserteilung auf Verlangen, Vorschlag oder Veranlassung des Landes im Rahmen einer Nebentätigkeit im Sinne der LNTVO sind Reisekosten nach Maßgabe des § 3 Abs. 1 und 4 LRKG zu erstatten; § 17 LRKG ist zu beachten.
(jetzt:)→ Beamtengesetz §§ 61 ff.; → Reisekosten (Gesetz)

2.5.2 Nebenberuflichen Lehrkräften, die im überwiegenden Interesse des Landes Unterricht erteilen und die regelmäßig im Hauptberuf einer anderen Erwerbstätigkeit nachgehen können, soweit sich ihre Vergütung nach ... Nummer 3 dieser Verwaltungsvorschrift richtet, Reisekosten in entsprechender Anwendung der Vorschriften des LRKG erstattet werden.

Hinweis der Redaktion: Die Nummern 2.4 und 3 betreffen die Vergütung für Unterricht an Schulen.

→ Mehrarbeit (Vergütung); → Nebenamtlicher/nebenberuflicher Unterricht

Reisekosten (NBU) / (Personal-/Schwerbehindertenvertretung / (Schulträger / Versicherungsschutz)

2.5.3 Den von Nummer 2.5.2 nicht erfassten nebenberuflichen Lehrkräften, deren Vergütung sich nach Nummer 3 dieser Verwaltungsvorschrift richtet und die im überwiegenden Interesse des Landes außerhalb ihres Wohnorts Unterricht erteilen, kann nur in besonders gelagerten Fällen (z.B. in Vertretungsfällen während einer Beurlaubung oder Erkrankung oder während des Mutterschutzes einer Lehrkraft) für Fahrten zwischen Wohnort und Unterrichtsort Fahrauslagenersatz in entsprechender Anwendung der §§ 5 und 6 LRKG gewährt werden, wenn am Sitz der Bildungseinrichtung keine geeigneten Kräfte vorhanden sind oder gewonnen werden können. Dabei ist ein strenger Maßstab anzulegen. Andere Arten von Reisekosten dürfen nicht erstattet werden.

Unbeschadet vorstehender Regelung können den von Nummer 2.5.2 nicht erfassten nebenberuflichen Lehrkräften, deren Vergütung sich nach Nummer 3 dieser Verwaltungsvorschrift richtet, bei Reisen, die zur Erledigung von Unterrichtsveranstaltungen außerhalb der Bildungseinrichtung angeordnet oder genehmigt werden, Reisekosten in entsprechender Anwendung der Vorschriften des LRKG erstattet werden.

→ Außerunterrichtliche Verranstaltungen

→ Beamtengesetz §§ 61 ff.; → Beamtenstatusgesetz § 40; → Formulare (Schulverwaltung und LBV) – am Ende des Adressenteils; → Lehrbeauftragte; → Mehrarbeit; → Nebenamtlicher/nebenberuflicher Unterricht; → Reisekosten (Gesetz)

Reisekosten (Personal-/Schwerbehindertenvertretung)

Auszug aus der Verwaltungsvorschrift des Finanzministeriums zum Landesreisekostengesetz (LRKGVwV) vom 30. November 2009 (GABl. S. 307/2010) – zu § 1 LRKG

4.

4.1 Mitglieder der Personalvertretungen erhalten nach § 45 Abs. 1 des Landespersonalvertretungsgesetzes – LPVG – bei Reisen, die zur Erfüllung ihrer Aufgaben notwendig sind, Reisekostenvergütung nach dem LRKG (entsprechende Anwendung des LRKG). In Erfüllung dieser Aufgaben durchgeführte Reisen und Reisen zu Schulungs- und Bildungsveranstaltungen nach § 47 Abs. 5 LPVG sind keine Dienstreisen; sie bedürfen deshalb keiner Anordnung oder Genehmigung durch den zuständigen Vorgesetzten.

4.2 Für Reisen zur Teilnahme an Konferenzen nach § 47 Abs. 6 LPVG steht eine Reisekostenerstattung nicht zu.

4.3 Reisen von Mitgliedern der Personalvertretungen, die im ausdrücklichen Auftrag der Dienststelle (z.B. zur Vorbereitung eines Betriebsausflugs) – nicht im Wege der Vereinbarung nach § 73 Abs. 1 LPVG – durchgeführt werden, sind Dienstreisen.

5.

Die Mitglieder der Schwerbehindertenvertretungen erhalten nach §§ 96 Abs. 3, 97 Abs. 7 SGB IX i.V. mit § 45 LPVG bei Reisen, die der Erfüllung ihrer Aufgaben als Schwerbehindertenvertreter dienen, Reisekostenvergütung in entsprechender Anwendung des LRKG. Ziffer 4 Abs. 1 gilt entsprechend.

Hinweis der Redaktion: In der VwV-Haushaltsvollzug 2009 vom 10.3.2009 (GABl. S. 62) ist u.a. verfügt (Nr. 10.15):
„Die Übernahme der Kosten für Schulungs- und Bildungsveranstaltungen ist nur möglich, soweit die Teilnahme des Personalvertretungsmitgliedes objektiv und subjektiv erforderlich ist und der Veranstaltungsdauer angemessen erscheint. Die Entscheidung der Dienststelle über die Kostenübernahme unterliegt dem allgemein geltenden Gebot der der sparsamen Verwendung öffentlicher Mittel, insbesondere in Bezug auf die Zahl der zu entsendenden Mitglieder und die Dauer der Schulung."

→ Personalvertretungsgesetz § 47 f.; → Reisekosten (Genehmigung); → Reisekosten (Gesetz – LRKG) §§ 1, 5, 6, 14, 15

Reisekosten (Schulträger / Versicherungsschutz)

Hinweise der Redaktion

Das Kultusministerium hat mehrfach darauf hingewiesen, dass die Schulen bzw. dort tätigen Lehrkräfte nicht verpflichtet sind, für die kommunalen Schulträger Reisen durchzuführen bzw. Transportaufgaben zu erledigen und dass das Land hierfür in der Regel auch keine Reisekosten erstattet. Wir zitieren im Folgenden hierfür einschlägige Aussagen des Ministeriums.

Beispiel Nr 1: Fahrten zu Kreismedienzentren (ehemals Kreisbildstellen)

Stellungnahme des Kultusministeriums auf Landtagsdrucksache Nr. 8/4532

Nach § 48 Abs. 2 des Schulgesetzes beschafft der Schulträger die Lehr- und Lernmittel. (Es) ... ist daher auch für den Transport von Filmen und anderen Medien grundsätzlich der Schulträger zuständig. Zulasten des Landes können Dienstreisen von Lehrern daher nicht angeordnet werden, wenn es sich um reine Zubringer- oder Abholdienste handelt. – Soweit sich jedoch aus ganz überwiegend pädagogischen Gründen die Fahrt eines Lehrers zu einer Kreisbildstelle als notwendig erweist (z.B. zur Auswahl von Filmen), kann sie – auch wenn damit gleichzeitig ein Zubringer- und Abholdienst verbunden ist – als Dienstreise genehmigt werden. Damit ist zugleich Dienstunfallschutz ... gewährleistet.

Dienstunfallschutz besteht aber nicht nur für solche Fahrten, die wegen ihrer pädagogischen Notwendigkeit als Dienstreisen genehmigt werden, sondern auch dann, wenn ein Lehrer im Rahmen der dem Schulträger obliegenden Beschaffung von Lehr- und Lernmitteln ausnahmsweise zu reinen Zubringer- und Abholdiensten herangezogen wird.

Beispiel Nr. 2: Sondermüllentsorgung an Schule

Das KM hat mitgeteilt, *„dass die Beförderung von Sondermüll der Schule zu den Schadstoffsammelstellen nicht zu den Dienstaufgaben der Lehrer gehört und somit für eine solche Tätigkeit kein Dienstunfallschutz besteht und daher gegebenenfalls auch kein Sachschadenersatz geleistet werden kann. Lehrkräfte dürfen für die Erledigung dieser Aufgabe nicht herangezogen werden.*

Nach der gesetzlichen Aufgabenverteilung gehört zu den Aufgaben der Schulträger u.a. die Pflicht, den Sachbedarf der Schulen zu decken und die im Zusammenhang mit Betrieb und Verwaltung stehenden (sächlichen) Aufwendungen zu tragen (§ 48 Schulgesetz). Das Beseitigen von (Sonder-)Müll gehört zu den sächlichen Schulkosten, sodass dies in die Zuständigkeit des jeweiligen Schulträgers (Gemeinden, Landkreise) fällt."

(Quelle: KM, 8.2.1996; Nr. I/4-0331.4/75)

Beispiel Nr. 3:
Reisekosten und Versicherungsschutz bei schulischen Veranstaltungen

Schreiben des KM vom 14. Oktober 1998 (AZ: 1/4-0331.4/86)

Zum Dienstunfallschutz im Zusammenhang mit der Durchführung von Schulfesten hat das KM mitgeteilt: *„Schulfeste, die verantwortlich von der Schule durchgeführt werden, sind als schulische Veranstaltungen einzustufen. Daher wird Lehrkräften, die im Zusammenhang mit der Durchführung solcher Veranstaltungen zu Schaden kommen bzw. Sachschäden erleiden, grundsätzlich Dienstunfallschutz gewährt."*

Wenn z.B. Lehrer mit ihrem privaten PKW Spielgeräte, Geschirr und dgl. zum Veranstaltungsort transportieren, ist jedoch wie folgt zu differenzieren: *„Entsprechend der allgemeinen Regelung muss die Benutzung des privaten Kraftfahrzeugs eines Lehrers im dienstlichen Zusammenhang vom Schulleiter genehmigt werden. Die Genehmigung erfolgt bei Vorliegen triftiger Gründe mit der Folge, dass dann die Regeln über die Gewährung von Sachschadensersatz (vgl. § 32 BeamtVG, § 102 LBG und die hierzu ergangenen Verwaltungsvorschriften) zur Anwendung kommen. Allerdings werden im Allgemeinen nur die durch einen Unfall verursachten Schäden ersetzt, nicht jedoch sog. Begleitschäden, die z.B. beim Beladen des Fahrzeugs oder durch die transportierten Gegenstände selbst (Verrutschen der Ladung o.ä.) verursacht werden.*

Zum Unfallschutz für Eltern, die in der gleichen oder ähnlichen Weise bei der Durchführung eines Schulfestes mitwirken, führt das KM aus, „dass diese Versicherungsschutz im Rahmen der gesetzlichen Unfallversicherung erhalten, soweit sie im Auftrag der Schule handeln. Handeln dagegen die Eltern aus reiner Gefälligkeit, kann gesetzlicher Unfallschutz nicht gewährt werden."

→ Reisekosten (Gesetz – LRKG); → Reisekosten (Genehmigung); → Schulgesetz § 48

Religion und Schule

Hinweise der Redaktion auf die Rechtslage

1.
Das öffentliche Schulwesen und die Religion

In Deutschland gibt es keine strikte Trennung zwischen Staat und Kirche. Insbesondere die christlichen Kirchen genießen traditionell und aufgrund von Staatskirchenverträgen (Konkordaten) bestimmte Privilegien. Aber auch andere Religionsgemeinschaften haben teilweise vergleichbare Rechte. Diese Sonderstellung zeigt sich insbesondere an den öffentlichen Schulen, da die Religionsunterricht dort „ordentliches Lehrfach" ist. Dabei trägt der Staat die Kosten, die inhaltliche Verantwortung liegt jedoch bei den Religionsgemeinschaften. In Baden-Württemberg ist diese Zuständigkeit besonders ausgeprägt (siehe Nr. 3).

→ Schulgesetz §§ 96 ff.

Nach der Vollendung des vierzehnten Lebensjahrs steht dem Kind die Entscheidung darüber zu, zu welchem religiösen Bekenntnis es sich halten will. Hat das Kind das zwölfte Lebensjahr vollendet, so kann es nicht gegen seinen Willen in einem anderen Bekenntnis als bisher erzogen werden.

(§ 5 des Gesetzes über die religiöse Kindererziehung vom 15.7.1921, RGBl. 1921, S. 939; zuletzt geändert 12.9.1990, BGBl. I S. 2002)

→ Religionsunterricht (Teilnahme); → Schulgesetz § 100

Religionsfreiheit

Neben Artikel 4 Grundgesetz, in dem die Freiheit des Glaubens, des Gewissens sowie des religiösen und weltanschaulichen Bekenntnisses für unverletzlich erklärt werden, und der die ungestörte Religionsausübung gewährleistet, sind auch die „Kirchenrechtsartikel" der Weimarer Reichsverfassung (Art. 136-139 und Art. 141 WRV) Bestandteil der Verfassung der Bundesrepublik.

→ Grundgesetz Art. 4 und 140

Demnach darf *„niemand ... zu einer kirchlichen Handlung oder Feierlichkeit oder zur Teilnahme an religiösen Übungen oder zur Benutzung einer religiösen Eidesform gezwungen werden"* (Art. 136 WRV).

Art. 4 GG gewährleistet in Verbindung mit Art. 136 WRV nicht nur die *„positive Religionsfreiheit"* (das Recht, eine Religion zu haben, sich zu ihr zu bekennen und sie auszuüben), sondern auch die *„negative"* (das Recht, keine Religion zu haben und auch an keiner religiösen Handlung teilnehmen zu müssen). Hieraus folgt unter anderem:

Es ist an öffentlichen Schulen zwar statthaft, *„Schulgottesdienste"* als schulische Veranstaltungen durchzuführen oder *„Schülergottesdienste"* als Veranstaltungen der Kirchen zu ermöglichen, aber weder Lehrkräfte noch Schüler/innen sind zum Besuch verpflichtet (Lehrkräfte auch nicht zur Aufsichtführung); sie dürfen auch nicht hierzu genötigt werden.

→ Schulgottesdienst und Schülergottesdienst

Nach der Rechtsprechung des Bundesverfassungsgerichts ist den Ländern freigestellt, ob sie in nicht bekenntnisfreien Gemeinschaftsschulen ein *„freiwilliges überkonfessionelles Schulgebet"* außerhalb des Religionsunterrichts zulassen (z.B. zu Beginn oder am Ende des Unterrichts): *„Das Schulgebet ist grundsätzlich auch dann verfassungsrechtlich unbedenklich, wenn ein Schüler oder dessen Eltern der Abhaltung des Gebets widersprechen; deren Grundrecht auf negative Bekenntnisfreiheit wird nicht verletzt, wenn sie frei und ohne Zwänge über die Teilnahme am Gebet entscheiden können."* Die Freiwilligkeit sei nur dann nicht gesichert, wenn der Schüler *„nach den Umständen des Einzelfalls der Teilnahme nicht in zumutbarer Weise ausweichen"* könne (16.10.1979 – 1 BvR 647/70 und 7/74). Demnach muss Schüler/innen, die nicht am gemeinsamen Gebet teilnehmen wollen, lediglich ermöglicht werden, sich diesem z.B. durch Verlassen des Klassenzimmers zu entziehen (was allerdings aus Aufsichtsgründen problematisch ist). Auch Lehrkräfte müssen an einem solchen Gebet nicht teilnehmen. In der Praxis kommen deshalb *„Schulgebete"* in öffentlichen Schulen außerhalb des Religionsunterrichts oder von Schulbzw. Schülergottesdiensten immer weniger vor.

Darüber hinaus ist es jedem Menschen unbenommen, an einer öffentlichen Schule ein Gebet zu sprechen, solange die *„negative Religionsfreiheit"* Dritter dadurch nicht beeinträchtigt wird. Dies gilt insbesondere dann, wenn diese Gebete aufgrund der religiösen Vorschriften der jeweiligen Glaubensgemeinschaft zu bestimmten Tageszeiten gesprochen werden müssen. Allerdings darf und muss dies zu keiner Störung des Unterrichts führen: So sind gläubige Muslime zwar dazu verpflichtet, fünfmal am Tag zu beten. Die Gebetszeiten sind aber nicht auf die Minute genau festgelegt, sodass Schüler gegebenenfalls die Schulpausen nutzen können. Die Schulen können den Schülern für Gebete oder stille Andachten auch einen besonderen Raum zur Verfügung stellen.

Religiöse Symbole in Schulgebäuden

Das Bundesverfassungsgericht hat 1995 für Recht erkannt (amtlicher Leitsatz des Gerichts): *„Die Anbringung eines Kreuzes oder Kruzifixes in den Unterrichtsräumen einer staatlichen Pflichtschule, die keine Bekenntnisschule ist, verstößt gegen Artikel 4, Absatz 1 des Grundgesetzes."* (16.5.95; I BvR 1087/91)

Zwar sind öffentliche Schulen teilweise nach wie vor mit Kreuzen oder Kruzifixen ausgestattet. Es ist seitdem jedoch unstrittig, dass auf Antrag von Erziehungsberechtigten oder volljährigen Schüler/innen ein Anspruch auf Entfernung dieser Symbole aus öffentlichen Unterrichtsräumen besteht.

Religionszugehörigkeit und Schulpflicht

Die Zugehörigkeit zu einer bestimmten Religionsgemeinschaft entbindet nicht von der gesetzlichen Schulpflicht. Es ist jedoch in bestimmten Fällen eine Beurlaubung zur Teilnahme an religiösen Veranstaltungen und auch eine Befreiung von bestimmten Unterrichtsveranstaltungen – beispielsweise bei Mädchen vom Schwimmunterricht – möglich bzw. rechtlich geboten. Die Einzelheiten sind in der Schulbesuchsverordnung geregelt.

→ Schulbesuchsverordnung (Hinweise der Redaktion beachten); → Schul- und Schülergottesdienste Nr. 3

Religiöse Bekleidungsvorschriften

a) Schülerinnen und Schüler

Wenn sich Schüler/innen in der Schule gemäß den Vorschriften ihres Glaubens kleiden wollen, sind die gleichen Grundsätze wie bei der Freistellung vom Sport aus religiösen Gründen anzuwenden.

→ Schulbesuchsverordnung (Hinweise)

Daher muss es z.B. moslemischen Schülerinnen oder jüdischen Schülern in der Regel gestattet werden, die von ihrer Religion vorgeschriebene Kopfbedeckung auch im Unterricht zu tragen (bei einer Muslima das Kopftuch, bei einem Juden das Käppchen – die „Kipa"). Ernsthafte Probleme ergeben sich allenfalls dann, wenn eine moslemische Schülerin z.B. einen Schleier tragen will, der auch ihr Gesicht verhüllt. Hier muss im Einzelfall geklärt werden, ob die Schülerin dem Unterricht dennoch folgen kann und die Interaktion mit den Lehrkräften möglich bleibt.

Bei religionsmündigen Schüler/innen kommt es darauf an, ob ihr Verhalten auf ihrer eigenen Entscheidung beruht. Bei jugendlichen Schülern reicht es daher nicht aus, wenn nur die Eltern bestimmte Sonderrechte geltend machen. Auch wenn sich herausstellen sollte, dass die Schüler/innen lediglich dem Druck durch ihr soziales Umfeld nachgeben, darf ihnen das glaubensgeprägte Verhalten nicht ohne weiteres untersagt werden. Vielmehr ist hier größte Sensibilität gefragt; gegebenenfalls muss ihnen ermöglicht werden, vor ihrer Familie das Gesicht zu wahren.

➜ Religionsunterricht (Teilnahme und Abmeldung) A.I.1.3

Schüler/innen, die sich auch in der Schule den Geboten ihres Glaubens entsprechend verhalten, geraten leicht in Gefahr, wegen dieses Verhaltens von ihren Mitschülern ausgegrenzt zu werden. Solche Konflikte dürfen nicht dadurch gelöst werden, dass man die Betroffenen zur Anpassung zwingt. Vielmehr müssen die Lehrkräfte bei den Mitschüler/innen die Bereitschaft zur Toleranz wecken. Dies ergibt sich insbesondere auch aus Art. 17 Abs. 1 der Landesverfassung: *„In allen Schulen waltet der Geist der Duldsamkeit und der sozialen Ethik"*. Dieser Verfassungsauftrag ist von den Schulen bzw. allen am Schulleben Beteiligten (Schülern / Lehrkräften / Eltern) aktiv zu verwirklichen.

b) Lehrkräfte

Auch Lehrkräfte sind Träger von Grundrechten. Daher kann es nicht ohne weiteres als Zeichen der fehlenden Eignung angesehen werden, wenn sie sich bei ihrer dienstlichen Tätigkeit gemäß den Geboten ihres Glaubens verhalten möchten. Entscheidend ist vielmehr ihr konkretes Verhalten (z.B. ihre Reaktion auf Fragen der Schüler oder bei Konflikten mit Schülern und Eltern).

Wenn sich Lehrkräfte durch ihre Bekleidung oder religiöse Symbole zu einem bestimmten Glauben bekennen, ist dies nur im Religionsunterricht unproblematisch. Im Übrigen ist zu beachten, dass der Staat die Glaubensfreiheit der Bürger nur dadurch gewährleisten kann, dass er selbst sich eine strikte Neutralität in Fragen des Glaubens und der Weltanschauung auferlegt. Es darf deshalb nicht hingenommen werden, wenn Lehrkräfte ihr Amt zur Manipulation oder Indoktrination der ihnen anvertrauten Schüler/innen nutzen.

Dabei wird die Verwendung christlicher Symbole in der Regel als unproblematisch angesehen. Da das Bekenntnis zu einer Minderheit größere Aufmerksamkeit erregt, kommt es hier eher zu Konflikten: So hat die Rechtsprechung z.B. bei Anhängern des Bhagwan Shree Rajneesh das Tragen von Kleidung in Rottönen als Verletzung der Neutralitätspflicht angesehen. Am 24.9.2003 (AZ: 2 BvR 1436/02) hat das Bundesverfassungsgericht festgestellt, das Grundgesetz verbiete einer muslimischen Lehrerin nicht von vornherein das Tragen eines Kopftuches im Unterricht an einer öffentlichen Schule, sondern ein Verbot bedürfe daher einer gesetzlichen Grundlage. Der Landtag von Baden-Württemberg hat daraufhin § 38 des Schulgesetzes um Formulierungen ergänzt, die eine Rechtsgrundlage dafür schaffen sollen, z.B. Lehrerinnen, die im Dienst ein Kopftuch tragen wollen, den Zugang zum Schuldienst zu verwehren. Danach dürfen Lehrkräfte an öffentlichen Schulen in der Schule – außer im Religionsunterricht – keine politischen, religiösen, weltanschaulichen oder ähnlichen äußeren Bekundungen abgeben, die geeignet sind, die Neutralität des Landes gegenüber Schülern und Eltern oder den politischen, religiösen oder weltanschaulichen Schulfrieden zu gefährden oder zu stören.

➜ Grundgesetz Art. 3; ➜ Schulgesetz § 38; ➜ Verfassung Art. 12 Abs.1, 15 Abs.1 und 16 Abs.1

Zwar ist diese Bestimmung in vielerlei Hinsicht juristisch problematisch. Insbesondere ist es angesichts der Verpflichtung, die Kinder an den Schulen zu Toleranz und Duldsamkeit zu erziehen, keineswegs selbstverständlich, dass das Verhalten der Lehrkräfte an den möglicherweise durch Vorurteile geprägten Eindrücken Dritter gemessen wird, und man kann durchaus bezweifeln, ob das Gesetz einen hinreichend bestimmten Maßstab für die Pflichten der Lehrkräfte definiert. Das Bundesverwaltungsgericht hat jedoch mittlerweile entschieden (BVerwG 2 B 46.08, 16.12.2008): *„Das Tragen von Kleidungsstücken durch Lehrer stellt eine in öffentlichen Schulen unzulässige äußere Bekundung im Sinne von § 38 Abs. 2 Satz 1 des Schulgesetzes Baden-Württemberg dar, wenn das Kleidungsstück erkennbar aus dem Rahmen der in der Schule üblichen Bekleidung fällt und der Lehrer Schülern und Eltern die religiöse oder weltanschauliche Motivation für das Tragen des Kleidungsstücks darlegt"*. Derzeit muss man daher davon ausgehen, dass es Lehrerinnen in Baden-Württemberg verboten ist, im Unterricht ein Kopftuch zu tragen. Eine Entscheidung des Bundesverfassungsgerichts zu § 38 SchG steht noch aus. Hingegen kann *„einer Referendarin, die sich aus religiösen Gründen verpflichtet sieht, auch beim Unterrichten ein Kopftuch zu tragen, der Zugang zur Lehrerausbildung im öffentlichen Schulwesen nicht allein deshalb verweigert werden, um einer abstrakten Gefährdung des religiös-weltanschaulichen Schulfriedens vorzubeugen"* (BVerwG 2 C 22.07, 26.6.2008).

2. Christliche Gemeinschaftsschulen in Baden-Württemberg

Die öffentlichen Schulen in Baden-Württemberg sind Gemeinschaftsschulen: Die Schülerinnen und Schüler werden in allen Fächern gemeinsam unterrichtet. Nur im Religionsunterricht wird nach Konfessionen (Religionsgemeinschaften) und im Fach Sport wird teilweise nach Geschlechtern getrennt. Auch wenn die Landesverfassung (nicht nur für alle öffentlichen, sondern auch für die privaten Schulen) als Erziehungsziel u.a. vorschreibt, die Jugend *„in der Ehrfurcht vor Gott, im Geiste der christlichen Nächstenliebe ... zu erziehen"*, besitzen die öffentlichen Schulen grundsätzlich keinen konfessionellen oder religiösen Charakter.

➜ Schulgesetz § 1; ➜ Verfassung Artikel 11, 12, 17, 21

Sonderregelungen für die Grund- und Hauptschulen

In den Grund- und Hauptschulen (früher: „Volksschulen") werden zwar die Schülerinnen und Schüler ebenfalls in allen Fächern – außer Religion und

teilweise – Sport gemeinsam unterrichtet, diese Schulen tragen jedoch die Bezeichnung „*christliche Gemeinschaftsschule*". Das hat historische Gründe: Nach 1945 entstanden auf dem Gebiet des heutigen Baden-Württemberg zunächst drei neue Länder. Diese erklärten die öffentlichen Volksschulen
– in (Süd-)Baden zu „*Simultanschulen mit christlichem Charakter im überlieferten badischen Sinn*",
– in Württemberg-Baden zu „*christlichen Gemeinschaftsschulen*",
– in Württemberg-Hohenzollern zu „*christlichen Schulen*" (teils evangelische bzw. katholische Bekenntnisschulen, ansonsten „*christliche*" Gemeinschaftsschulen).

Nach der Vereinigung zum Land Baden-Württemberg (1952) galten in diesen drei Landesteilen zunächst die bisherigen Bestimmungen weiter. 1967 erhielten die Grund- und Hauptschulen im ganzen Land die Schulform der „*christlichen Gemeinschaftsschule nach den Grundsätzen und Bestimmungen, die am 9.12. 1951 in Baden für die Simultanschule mit christlichem Charakter gegolten haben*".
➔ Verfassung Artikel 15

Zugleich wurde bestimmt, dass die Schüler/innen in den Grund- und Hauptschulen (dazu gehören auch die „Werkrealschulen") „*auf der Grundlage christlicher und abendländischer Bildungs- und Kulturwerte erzogen*" werden.
➔ Verfassung Artikel 16

Zu den in Art. 15 der Landesverfassung genannten *Grundsätzen und Bestimmungen* gehört vor allem: „*Die öffentlichen Schulen sind Simultanschulen mit christlichem Charakter im überlieferten badischen Sinn. An allen Schulen sind beim Unterricht die religiösen Empfindungen aller zu achten. Der Lehrer hat in jedem Fach auf die religiösen und weltanschaulichen Empfindungen aller Schüler Rücksicht zu nehmen und die religiösen und weltanschaulichen Auffassungen sachlich darzulegen*" (Badische Verfassung, Art. 28).

Der Erziehungsauftrag „*auf der Grundlage christlicher und abendländischer Bildungs- und Kulturwerte*" entbindet die „*christliche Gemeinschaftsschule*" nicht von der Verpflichtung, dass sie „*weltanschaulich religiöse Zwänge so weit wie möglich ausschaltet sowie Raum für eine sachliche Auseinandersetzung mit allen religiösen und weltanschaulichen Auffassungen – wenn auch von einer christlich bestimmten Orientierungsbasis her – bietet und dabei das Toleranzgebot beachtet*" (Bundesverfassungsgericht, 17. 12.1975 (AZ: 41, 29).
➔ Schulgesetz § 1; ➔ Verfassung Art. 15, 16, 17, 21

3. Religionsunterricht an öffentlichen Schulen

Grundgesetz und Landesverfassung definieren den Religionsunterricht an den öffentlichen Schulen – mit Ausnahme der (in Baden-Württemberg nicht existierenden) bekenntnisfreien Schulen – als „*ordentliches Lehrfach*". Dies bedeutet, dass er den gleichen Status wie die anderen Unterrichtsfächer besitzt (z.B. Gleichbehandlung bei der Aufstellung des Stundenplans, gleichwertige Ausstattung mit Lehrkräften, Räumen und Lehr- bzw. Lernmitteln, gegebenenfalls Versetzungserheblichkeit).

Er wird gemäß Art. 18 LV nach den Grundsätzen der Religionsgemeinschaften und unbeschadet des allgemeinen Aufsichtsrechts des Staates von deren Beauftragten – kirchliche oder staatliche Lehrkräfte – erteilt und beaufsichtigt; diese müssen die kirchliche Lehrbefugnis besitzen (katholisch: „*Missio canonica*" bzw. evangelisch: „*Vocatio*"). Keine Lehrkraft kann – selbst wenn sie die Lehrbefähigung für dieses Fach besitzt – zur Erteilung des Religionsunterrichts gezwungen werden.

Verfassungsrechtlich ist der Religionsunterricht eine „res mixta" (gemischte Angelegenheit); die Zuständigkeiten des Staates und der Religionsgemeinschaften sind miteinander verknüpft: So sind z.B. auch staatliche Lehrkräfte bei der Erteilung dieses Faches an einer öffentlichen Schule zugleich „Beauftragte" ihrer Religionsgemeinschaft.
➔ Grundgesetz Art. 7; ➔ Schulgesetz §§ 96-100;
➔ Verfassung Art. 18

Aufsicht über den Religionsunterricht

Die Aufsicht des Staates beschränkt sich darauf, „*dass bei der Erteilung des Religionsunterrichts der Stundenplan beachtet, die Unterrichtszeit eingehalten und die Schulordnung gewahrt wird*". Der Schulleitung (und der Schulaufsichtsbehörde) ist ein inhaltlicher Eingriff verwehrt. Die fachliche Aufsicht über diesen Unterricht wird „*durch religionspädagogisch erfahrene Beauftragte der Religionsgemeinschaften wahrgenommen*". Dies sind bei den christlichen Kirchen die Schuldekane bzw. Schuldekaninnen. Im konkreten Fall muss eine Schulleitung, die an der fachlichen Leistung einer Lehrkraft im Religionsunterricht Zweifel hat, dies also im Zusammenwirken mit dem zuständigen Schuldekanat klären.
➔ Schulgesetz §§ 99; ➔ Dienstliche Beurteilung (Religionsunterricht)

Teilnahmepflicht

Die bekenntnisangehörigen Schüler/innen – nur diese! – sind grundsätzlich zum Besuch des an einer öffentlichen Schule eingerichteten Religionsunterrichts verpflichtet. Ihre Teilnahme bleibt jedoch der Entscheidung der Erziehungsberechtigten überlassen. Religionsmündige Jugendliche entscheiden selbst über ihre Teilnahme.
➔ Grundgesetz Art. 7 Abs. 2; ➔ Verfassung Art. 18

„Eingerichtet" wird Religionsunterricht an öffentlichen Schulen vom Land (Kultusministerium). Das geschieht nur, wenn eine anerkannte Religionsgemeinschaft dies verlangt und die erforderlichen Rahmenbedingungen erfüllt sind (z.B. Vorlage eines Lehrplans, Vorhandensein und qualifizierte fachliche Ausbildung von bekenntnisangehörigen Lehrkräften, Stellung des Personals für die Aufsicht über den Religionsunterricht). „Eingerichtet" sind derzeit in Baden-Württemberg deshalb nur altkatholischer, evangelischer, jüdischer, römisch-katholischer sowie syrisch-orthodoxer Religionsunterricht. Bei geringen Schülerzahlen kann "eingerichteter" Religionsunterricht auch außerhalb der Schule erteilt werden (z.B. für jüdische Schüler/innen); in diesem Fall teilt die Religionsgemeinschaft die Noten für das Fach Religionslehre der Schule zum Eintrag in das Zeugnis mit.

➔ Religionsunterricht (Teilnahme und Abmeldung);
➔ Schulgesetz § 96

Für das „Bekenntnis" im Sinne des Schulrechts ist nicht die (allein *kirchenrechtlich*" relevante) Taufe maßgebend, sondern der Eintrag über die *„rechtliche Zugehörigkeit zu einer öffentlich-rechtlichen Religionsgemeinschaft"* im staatlichen Melderegister. Zum Besuch des eingerichteten Religionsunterrichts ist deshalb nur verpflichtet, wessen Konfessionszugehörigkeit der Schule durch eine Mitteilung
– der Meldebehörde (z.B. anlässlich der Einschulung) oder
– der vorher besuchten Schule
amtlich bekanntgemacht worden ist.

➔ Schulpflicht (Meldeverordnung – Datenschutz)

Liegt keine amtliche Angabe vor, so genügt auch, dass die Erziehungsberechtigten die Religion ihres Kindes mitteilen, wenn sie dieses bei der Schule anmelden. Einen Nachweis hierüber müssen sie nicht vorlegen. Eine Beendigung der Teilnahmepflicht ist danach nur durch den Kirchenaustritt oder die Abmeldung (s.u.) möglich.

Dies bedeutet im Umkehrschluss: Wer keiner Konfession angehört, für die Religionsunterricht „eingerichtet" ist, also alle Schüler/innen, die
– einer anderen Religion(-sgemeinschaft) oder
– keinem religiösen Bekenntnis
zugerechnet werden können, ist zum Besuch dieses Unterrichts nicht verpflichtet. Nicht verpflichtet sind auch Kinder, die vom Religionsunterricht abgemeldet wurden, und Jugendliche, die sich selbst von diesem abgemeldet haben (siehe unten).

Diese Schüler/innen kommen, wenn der Religionsunterricht in einer „Eckstunde" liegt, eine Stunde später in die Schule oder gehen eine Stunde früher nach Hause. Wenn der Religionsunterricht mitten im Unterrichtsvormittag liegt, entstehen „Hohlstunden". In diesem Fall – und wenn z.B. bei „Fahrschülern" ein Aufenthalt in der Schule unumgänglich ist – muss die Schule für die Aufsicht sorgen und einen geeigneten Aufenthaltsort zur Verfügung stellen. Gelegentlich werden solche Schüler aus dem Unterricht einer anderen Klasse zugewiesen oder sitzen als „stille Hospitanten" im Religionsunterricht dabei (Letzteres ist allerdings höchst problematisch und muss, wenn Eltern damit nicht einverstanden sind, unterbleiben).

➔ Grundgesetz Art. 4 und 7 Abs. 2 i.V.m. Art. 140
Hierzu auch beachten: ➔ Aufsichtspflicht, Nr. 4

Abmelderecht

Die Abmeldung vom Religionsunterricht ist jeweils innerhalb von zwei Wochen nach Unterrichtsbeginn im Schulhalbjahr möglich. Die an manchen Schulen zu beobachtende Praxis, die Abgabe dieser Erklärung vor dem Ende des vorhergehenden Schuljahres zu verlangen (wenn Eltern und Schüler/innen noch nicht wissen, welche Lehrkraft im Folge-Schuljahr den Religionsunterricht erteilen wird), ist rechtswidrig. Rechtlich höchst problematisch (u.e. verfassungswidrig) ist auch die in Baden-Württemberg geltende Vorschrift, dass religionsmündige Schüler/innen bei der Abmeldung *„Glaubens- und Gewissensgründe"* vorbringen müssen: Grundgesetz und Landesverfassung verlangen lediglich eine „Willenserklärung"; auch nach dem Gesetz über die religiöse Kindererziehung (§ 5 Satz 1) ist keine Angabe von Gründen erforderlich. Diese Bestimmung des KM ist zudem mit dem Erziehungsauftrag der Schule nicht vereinbar, denn sie veranlasst die Betroffenen zum Lügen. Es genügt u.e. jedenfalls die Mitteilung an die Schule, dass *„Glaubens- und Gewissensgründe"* vorliegen; eine nähere Spezifizierung ist nicht erforderlich.

➔ Grundgesetz Art. 7 Abs. 2 und Weimarer Reichsverfassung Art. 137; ➔ Schulgesetz §§ 96-100; ➔ Schul- und Schülergottesdienst; ➔ Verfassung Art. 18

Die Abmeldeformalitäten im Einzelnen sind in der VwV ➔ Religionsunterricht (Teilnahme und Abmeldung) geregelt; dort wird unter Ziff. 1.3 auch das Gesetz über die religiöse Kindererziehung zitiert.

Schülerinnen und Schüler ohne oder mit anderem Bekenntnis können den eingerichteten Religionsunterricht freiwillig besuchen, wenn die Religionsgemeinschaft das duldet.

➔ Religionsunterricht (Teilnahme und Abmeldung) A.1

Wenn die Eltern (oder das religionsmündige Kind) diese freiwillige Teilnahme beenden wollen, so genügt eine einfache Mitteilung an die Schule (keine förmliche „Abmeldung" wie bei bekenntnisangehörigen Kindern). Wie bei anderen schulischen Wahl-Veranstaltungen gilt: Wer sich z.B. zu einer freiwilligen AG angemeldet hat, muss das ganze Schuljahr dabeibleiben; den Religionsunterricht kann man auch zum Schulhalbjahr beenden.

Ethikunterricht

Wer nicht am Religionsunterricht teilnimmt, ist zum Besuch des Faches Ethik verpflichtet, sofern dieses an der betreffenden Schule und in der betreffenden Klassenstufe erteilt wird.

➔ Ethik

Islamischer Religionsunterricht

Beim Islam liegen die Voraussetzungen für die Einrichtung des Religionsunterrichts bislang nicht vor, da es „den Islam" nicht gibt und es an Organisationsstrukturen fehlt, die mit denjenigen der christlichen oder israelitischen Glaubensgemeinschaften vergleichbar sind. Das KM hat jedoch Lehrpläne für einen sunnitischen und den alevitischen Religionsunterricht veröffentlicht (KuU S. 308 ff./ 2006) und führt in Kooperation mit regionalen Elternverbänden bzw. Moscheegemeinden einen Schulversuch *„bekenntnisgebundener islamischer Religionsunterricht"* in einzelnen Schulen durch. Die Eltern müssen ihre Kinder zu diesem Religionsunterricht anmelden; es besteht also für muslimische Schüler/innen an diesen Schulen keine Teilnahmepflicht, auch nicht für „bekenntnisangehörige" Schüler/innen. Dies entspricht der inneren Logik des Islam, dem das Konzept der Religionszugehörigkeit an sich wesensfremd ist.

Ein nicht im Sinne von § 96 Schulgesetz „eingerichteter" Religionsunterricht ist an öffentlichen Schulen unzulässig. Dies gilt für alle religiösen Gruppierungen, insbesondere auch für die sogenannten „Koranschulen" islamischer Gruppen.

Hingegen findet teilweise im Rahmen des muttersprachlichen Unterrichts, der in Verantwortung des türkischen Generalkonsulats – in der Regel in staatlichen Schulgebäuden – erteilt wird, eine religionskundliche *Unterweisung* (kein Religions<u>unterricht</u>!) für moslemische türkische Schüler/innen statt.

➜ Sprachförderung (Integration) Nr. 4

➜ Dienstliche Beurteilung (Religionsunterricht); ➜ Ethik; ➜ Feiertage; ➜ Ferienverordnung; ➜ Grundgesetz Art. 7 Abs. 2 und Weimarer Reichsverfassung Art. 137; ➜ Lernmittel (Zulassung); ➜ Religion und Schule; ➜ Religionsunterricht (Kirchliche Lehrkräfte); ➜ Religionsunterricht (Teilnahme und Abmeldung); ➜ Schulgesetz §§ 72, 85, 92; ➜ Schulgottesdienst und Schülergottesdienst; ➜ Sprachförderung (Integration) Nr. 4; ➜ Verfassung

Religionsunterricht (Kirchliche Lehrkräfte)

Hinweise der Redaktion

An den öffentlichen Schulen sind zur Erteilung des Religionsunterrichts neben staatlichen auch „kirchliche Lehrkräfte" tätig, z.B.
- Pfarrer/innen, Priester oder Ordensleute und Katechet/innen; sie erteilen das Fach neben einem (kirchlichen oder privaten) Hauptamt und besitzen in der Regel nur eine auf diesen Lehrauftrag beschränkte pädagogische Ausbildung,
- hauptberufliche kirchliche Lehrkräfte (teilweise mit staatlichen Lehramtsprüfungen).

Voraussetzung ist die kirchliche Lehrbefugnis (die katholische „Missio canonica" bzw. die evangelische „Vocatio"). Diese Mitwirkung kirchlicher Lehrkräfte ist durch Staatskirchenverträge garantiert.

Für alle kirchlichen Lehrkräfte gilt eine gespaltene dienstliche Zuständigkeit:

1. Arbeitgeber („Dienstgeber") und damit weisungsbefugt ist die Religionsgemeinschaft. Für kirchlich angestellte Religionslehrkräfte ist der Dienstvertrag mit der Kirchenbehörde Rechtsgrundlage. Dienstlich und fachlich zuständige Behörde ist die anstellende Kirche.

2. „Vorgesetzter" im Sinne des Schulgesetzes bei der Ausübung des schulischen Lehrauftrags ist der jeweilige Schulleiter; er besitzt insofern auch ein Weisungsrecht.
➜ Schulgesetz § 41 i.V.m. § 99 Abs. 2

Im Übrigen besitzen die kirchlichen Lehrkräfte an den Schulen alle Rechte und Pflichten von sonstigen Lehrkräften; sie sind also z.B. teilnahmepflichtig an Lehrerkonferenzen (mit vollem Stimmrecht), werden jedoch nicht als Klassenlehrer eingesetzt. Bei der Zumessung von nicht-unterrichtlichen Aufgaben (z.B. Pausenaufsicht) sollten kirchliche Lehr-

Aus der gemeinsamen Zuständigkeit von Staat und Kirche ergibt sich für kirchliche Religionslehrkräfte eine differenzierte Handhabung des „Dienstweges":

Beide Konfessionen: Unmittelbare Zuständigkeit der Schulleitung	**Katholisch:** Über Schulleitung ans Ordinariat	**Evangelisch:** Über Schuldekan an Oberkirchenrat Kopie: Schulleitung	**Katholisch:** Direkt ans Ordinariat	**Evangelisch:** Über Schuldekan an den Oberkirchenrat
Insbesondere gilt dies für – Regelungen gemäß § 41 Schulgesetz – Vertretung und Aufsicht (zumutbar und angemessen) – Freistellung vom Dienst – Entgegennahme der Meldung der Arbeitsunfähigkeit bis 3 Kalendertage* **Hinweis der Redaktion:** In allen arbeitsrechtlichen Fragen berät nicht der (staatliche) Personalrat, sondern die (kirchliche) Mitarbeitervertretung (MAV).	Insbesondere gilt dies für – Vorlage der ärztlichen Arbeitsunfähigkeitsbescheinigung ab dem 4. Krankheitstag* – Kurantrag – Antrag auf Deputatserhöhung – Antrag auf Zurruhesetzung – Versetzung – Kündigung des Dienstverhältnisses – Deputatsmeldungen – Freistellung vom Dienst, sofern nicht dem Schulleiter/der Schulleiterin übertragen		Insbesondere gilt dies für – Vorfragen im Hinblick auf event. Versetzungsabsichten – Stellungnahmen zu Unterrichtsbeurteilung und dienstlicher Beurteilung (DB durch den kirchlichen Beauftragten oder durch den Schulleiter; mit Kopie an den Beurteiler). – Angelegenheiten zu Besoldung, vermögenswirksame Leistungen, Eingruppierung/Höhergruppierung, Beihilfe ... – inhaltliche Fragen zu Religionsunterricht und zum Selbstverständnis des kirchlichen Religionslehrers.	

* bei mehr als einer Woche ist von Lehrkräften an GWHRS-Schulen zusätzlich der/die Schuldekan/in zu informieren.

kräfte, sofern sie nicht einen vollen Lehrauftrag an der jeweiligen Schule wahrnehmen, wie teilzeitbeschäftigte Lehrkräfte behandelt werden.
➜ Konferenzordnung § 10 Abs. 1; ➜ Teilzeit (Pflichten)
Die zuständige Kirchenbehörde fordert die dienstliche Beurteilung von kirchlichen Lehrkräften direkt bei der Schule an. Die obere Schulaufsichtsbehörde erhält eine Mehrfertigung der Beurteilung.
(Quelle: KM vom 19.4.2001; 14-zu 300.41/245)

➜ Dienstliche Beurteilung (Lehrkräfte) Nr. 7.6; ➜ Dienstliche Beurteilung (Religionsunterricht)
Kirchliche Lehrkräfte besitzen als „Beschäftigte" das aktive und passive Wahlrecht zur Personalvertretung und können sich in allen dienstrechtlichen Fragen (nicht in inhaltlichen Angelegenheiten des Religionsunterrichts!) an die Personalräte wenden und an den Personalversammlungen teilnehmen.
➜ Personalvertretungsgesetz § 4 Abs. 2 Nr. 2

➜ Dienstliche Beurteilung (Lehrkräfte) / (Religionslehre); ➜ Dienstweg; ➜ Einstellungserlass Nr. 13; ➜ Ethik; ➜ Grundgesetz Art. 7 Abs. 2 und Weimarer Reichsverfassung Art. 137; ➜ Konferenzordnung; ➜ Personalvertretungsgesetz § 4 Abs. 2 Nr. 2; ➜ Religion und Schule; ➜ Religionsunterricht (Teilnahme); ➜ Schulgesetz §§ 96-100a; ➜ Teilzeit (Pflichten und Rechte); ➜ Urlaub (Allgemeines); ➜ Verfassung Art. 18

Religionsunterricht (Teilnahme und Abmeldung)

Teilnahme am Religionsunterricht; Verwaltungsvorschrift des KM vom 21.12.2000 (KuU S. 16/2001); zuletzt geändert 15. Mai 2009 (KuU S. 77/2009)

Teil A.

1.
Teilnahmepflicht

1.1 Der Religionsunterricht ist gemäß Artikel 7 Abs. 3 Grundgesetz, Artikel 18 Landesverfassung und § 96 Abs. 1 Schulgesetz für Baden-Württemberg (SchG) an allen öffentlichen Schulen des Landes ordentliches Lehrfach. Damit ist jeder Schüler, der in Baden-Württemberg eine öffentliche Schule besucht, grundsätzlich zur Teilnahme am Religionsunterricht seines Bekenntnisses verpflichtet.
➜ Grundgesetz (Art. 136 Abs. 3 WRV); ➜ Klassenbücher; ➜ Religion und Schule Nr. 3

1.2 Ausnahmsweise kann ein Schüler in folgenden Fällen anstelle des Religionsunterrichts der eigenen Religionsgemeinschaft den einer anderen Religionsgemeinschaft mit gleichen Rechten und Pflichten besuchen, und zwar

1.2.1 im Verlauf der Eingangsklasse der gymnasialen Oberstufe sowie der ersten und zweiten Jahrgangsstufen insgesamt höchstens zwei Schulhalbjahre bzw. zwei Kurse mit Zustimmung der eigenen sowie der Religionsgemeinschaft, deren Religionsunterricht besucht werden soll;

1.2.2 wenn an der besuchten Schule überhaupt kein Religionsunterricht der eigenen Religionsgemeinschaft erteilt wird, mit Zustimmung der Religionsgemeinschaft, deren Religionsunterricht besucht werden soll;

1.2.3 wenn an der besuchten Schule in dem betreffenden Schuljahr kein Religionsunterricht der eigenen Religionsgemeinschaft stattfindet, mit Zustimmung der Religionsgemeinschaft, deren Religionsunterricht besucht werden soll;

1.2.4 in einzelnen Härtefällen mit Zustimmung der eigenen sowie der Religionsgemeinschaft, deren Religionsunterricht besucht werden soll;

1.2.5 im Falle eines konfessionell-kooperativen Religionsunterrichts nach Maßgabe der Vereinbarung ... vom 1. März 2005 ... .
Hinweis der Redaktion: Hierzu Teil C beachten.

Schüler, die keiner Religionsgemeinschaft angehören, können mit Zustimmung der Religionsgemeinschaft, deren Religionslehre besucht werden soll, den Religionsunterricht besuchen. Die Zustimmung erteilt die jeweils von der Religionsgemeinschaft dafür bestimmte Stelle.
Hinweis der Redaktion: Hierzu Teil B (Hinweise) beachten.

1.3 Über die Teilnahme am Religionsunterricht bestimmen die Erziehungsberechtigten. Nach Eintritt der Religionsmündigkeit steht das Recht, über die Teilnahme am Religionsunterricht zu bestimmen, aus Glaubens- und Gewissensgründen dem Schüler selbst zu. Gemäß § 5 Satz 1 des Gesetzes über die religiöse Kindererziehung (RKEG) ... ist ein Schüler religionsmündig, wenn er das 14. Lebensjahr vollendet hat. Hat ein Schüler das 12. Lebensjahr vollendet, darf er gemäß § 5 Satz 2 RKEG nicht gegen seinen Willen in einem anderen Bekenntnis erzogen und damit auch nicht von seinen Erziehungsberechtigten gegen seinen Willen vom Religionsunterricht abgemeldet werden.
➜ Grundgesetz Art. 140; ➜ Schulgesetz § 100;
➜ Verfassung § 18

2.
Abmeldung

Das Verfahren über die Abmeldung vom Religionsunterricht richtet sich nach § 100 SchG. Ergänzend gilt Folgendes:

2.1 Die Abmeldeerklärung für einen nicht religionsmündigen Schüler ist von demjenigen zu unterzeichnen, dem das Sorgerecht für den Schüler zusteht. Die Abmeldeerklärung muss daher in der Regel von beiden Elternteilen unterzeichnet sein.

2.2 Von einem Vormund oder einem Pfleger eines nicht religionsmündigen Schülers ist in entsprechender Anwendung von § 3 Abs. 2 RKEG die Genehmigung der Abmeldung durch das Vormundschaftsgericht nachzuweisen.

2.3 Die Abmeldeerklärung eines religionsmündigen Schülers ist nur wirksam, wenn Glaubens- und

Gewissensgründe vorgebracht werden. Eine Überprüfung der angegebenen Glaubens- und Gewissensgründe ist nicht statthaft.
→ Religion und Schule Nr. 3

2.4 Die Abmeldung vom Religionsunterricht muss spätestens zwei Wochen nach Beginn des Unterrichts des Schulhalbjahres erklärt werden, zu dem sie wirksam werden soll.

2.5 Da das Recht auf Abmeldung vom Religionsunterricht ein höchstpersönliches Recht der Erziehungsberechtigten bzw. des religionsmündigen Schülers ist, ist es nicht zulässig, dass die Schule Schüler über eine beabsichtigte Abmeldung befragt oder für die schriftliche Abmeldung der Erziehungsberechtigten und der volljährigen Schüler oder die Ankündigung der persönlichen Erklärung der Abmeldung bei Schülern, die zwar das 14., aber noch nicht das 18. Lebensjahr vollendet haben, Formulare bereithält.

3.
Ethikunterricht

Schüler, die nicht am Religionsunterricht teilnehmen, haben an den Schulen, an denen das Fach Ethik eingeführt ist, den Unterricht in diesem Fach zu besuchen.
→ Ethik

Teil B.
Vereinbarung zwischen den evangelischen und katholischen Kirchen in Baden-Württemberg

Zu Ziffer 1.2 der VwV ... über die Teilnahme am Religionsunterricht wird Folgendes vereinbart:

1. Zu Ziffer 1.2.1
In diesen Fällen wird allgemein zugestimmt, dass evangelische bzw. katholische Schüler zwei Kurse bzw. zwei Schulhalbjahre den Religionsunterricht der anderen Kirchen besuchen können, sofern nicht in besonderen Fällen von den kirchlichen Oberbehörden Einwendungen bestehen.

2. Zu Ziffer 1.2.2
Der Fall, dass an der Schule kein evangelischer bzw. katholischer Religionsunterricht erteilt wird, tritt nicht auf. Für die Erteilung der Zustimmung zur Aufnahme von Schülern anderer Religionsgemeinschaften ist der Religionslehrer im Rahmen der jeweiligen kirchlichen Bestimmungen zuständig.

3. Zu Ziffer 1.2.3
Es besteht Übereinstimmung, dass dieser Fall für den evangelischen und katholischen Religionsunterricht möglichst nicht eintreten sollte. In erster Linie muss versucht werden, den Religionsunterricht jahrgangsübergreifend anzubieten. Wenn die Fortführung des Religionsunterrichts aus organisatorischen oder personellen Gründen nicht möglich erscheint, benachrichtigen die Schulen unmittelbar die zuständigen kirchlichen Oberbehörden. Wenn die Voraussetzungen von Ziffer 1.2.3 eintreten, wird allgemein die Zustimmung erteilt, dass evangelische bzw. katholische Schüler den Religionsunterricht der anderen Kirche besuchen können.

4. Zu Ziffer 1.2.4
Die Zustimmung ist von den zuständigen kirchlichen Oberbehörden zu erteilen.

Hinweis der Redaktion: Das Kultusministerium hat am 10.2.1989 bekanntgegeben (KuU S. 39/1989):

1. Die Evangelisch-methodistische Kirche in Baden und Württemberg hat Folgendes mitgeteilt: „Nachdem zwischen der Evangelisch-methodistischen Kirche und den Evangelischen Landeskirchen in Baden und Württemberg Kanzel- und Abendmahlsgemeinschaft besteht, erklären wir die Lehrpläne für das Fach Evangelische Religionslehre in Baden-Württemberg als mit unseren Glaubensgrundsätzen übereinstimmend und anerkennen den im landeskirchlichen Auftrag erteilten Religionsunterricht als ordentliches Lehrfach für Kinder, die unserer Kirche angehören." Die Evangelischen Oberkirchenräte in Karlsruhe und Stuttgart haben hierzu ihre Zustimmung erteilt.

2. Dies bedeutet, dass der evangelische Religionsunterricht für die Schüler/innen, die der Evangelisch-methodistischen Kirche in Baden und Württemberg angehören, ordentliches Lehrfach ist. Diese Schüler/innen sind somit grundsätzlich zum Besuch des evangelischen Religionsunterrichts verpflichtet, unbeschadet des Abmelderechts nach § 100 Schulgesetz.

C.

Das Kultusministerium verweist ergänzend auf den folgenden Auszug aus der Vereinbarung zum konfessionell-kooperativen Religionsunterricht zwischen der Evangelischen Landeskirche in Baden, der Evangelischen Landeskirche in Württemberg, der Erzdiözese Freiburg und der Diözese Rottenburg-Stuttgart zur konfessionellen Kooperation im Religionsunterricht an allgemeinbildenden Schulen vom 1. März 2005.

»2.2 Der konfessionell-kooperativ erteilte Religionsunterricht

Der konfessionell-kooperativ erteilte Religionsunterricht ist konfessioneller Religionsunterricht im Sinne des Art. 7 Abs. 3 GG, für den die Lehren und Grundsätze der Evangelischen Kirche beziehungsweise der Katholischen Kirche maßgeblich sind.

Dieser Religionsunterricht zielt darauf, ein vertieftes Bewusstsein der eigenen Konfession zu schaffen, die ökumenische Offenheit der Kirchen erfahrbar zu machen und den Schülerinnen und Schülern beider Konfessionen die authentische Begegnung mit der anderen Konfession zu ermöglichen.

Es werden gemischt-konfessionelle Lerngruppen gebildet, die im Wechsel von einer Lehrkraft des Unterrichtsfaches Evangelische Religionslehre und Katholische Religionslehre unterrichtet werden. Dabei wird in qualifizierter Zusammenarbeit das konfessionelle Profil beider Kirchen in den Religionsunterricht eingebracht. Die Kirchen erstellen für diesen Unterricht auf der Basis der geltenden Bildungspläne jeweils einen schulartspezifisch verbindlichen Rahmen, dessen Verbindlichkeit durch übereinstimmende Erklärung der Schulverantwortlichen der Kirchen festgestellt wird.

Der konfessionell-kooperativ erteilte Religionsunterricht bedarf der Genehmigung durch den Evangelischen Oberkirchenrat Karlsruhe und das Erzbischöfliche Ordinariat Freiburg, bzw. durch den Evangelischen Oberkirchenrat Stuttgart und das Bischöfliche Ordinariat Rottenburg. Die Genehmigung kann nur erteilt werden, wenn bestimmte Qualitätserfordernisse erfüllt sind: Die Erarbeitung eines gemeinsamen Unterrichtsplans auf der Basis der Vorgaben der Bildungspläne für Evangelische Religionslehre und für Katholische Religionslehre und die Teilnahme der beteiligten Lehrkräfte an begleitender Fortbildung. Unbeschadet der über die Lehrkräfte durch die Kirchlichen Beauftragten ihrer Konfession wahrgenommenen Fachaufsicht wird die Aufsicht über die vereinbarte Kooperation von den Kirchlichen Beauftragten beider Kirchen gemeinsam wahrgenommen. – Genehmigungen werden nur befristet und für bestimmte Klassenstufen erteilt. – Näheres wird für die einzelnen Schularten in einem verbindlichen Rahmen durch die Schulverantwortlichen der Evangelischen Landeskirchen und der Diözesen geregelt.«

Hinweis der Redaktion: Für Schüler/innen, deren Konfession nicht derjenigen der jeweils unterrichtenden Lehrkraft entspricht, ist bei Teilnahme am kooperativen Religionsunterricht jeweils die elterliche Zustimmung einzuholen; nach Eintritt der Religionsmündigkeit (14. Lebensjahr), bestimmen hierüber die Schüler selbst. – Unterrichten während des Schuljahres Lehrkräfte unterschiedlicher Konfession, einigen sie sich über die gemeinsam zu bildende Zeugnisnote im Jahreszeugnis.

(Quelle: Infodienst Schulleitung, Juli 2009, Nummer 131)

D. Jüdischer Religionsunterricht

Auszug aus dem Erlass des KM vom 1.8.2005 (KuU S. 107/2005)

1. Der jüdische Religionsunterricht wird von jüdischen Religionslehrkräften erteilt, die von ihrer Religionsgemeinschaft angestellt sind oder die in einem Beschäftigungsverhältnis zum Land Baden-Württemberg stehen.
2. Die jüdischen Religionslehrkräfte bedürfen zur Unterrichtserteilung eines staatlichen Unterrichtsauftrags durch Ausweisung des Faches Jüdische Religionslehre im Stundenplan und einer Bevollmächtigung durch ihre Religionsgemeinschaft.
3. Der jüdische Religionsunterricht wird nach Möglichkeit entsprechend den jeweiligen Stundentafeln mit bis zu zwei Wochenstunden durchgeführt. Die Bestimmungen für die gymnasiale Oberstufe bleiben davon unberührt. Einzelabsprachen sind zwischen der Schule und der betreffenden Israelitischen Religionsgemeinschaft vorzunehmen.
4. Die Schülerinnen und Schüler (einzelner, mehrerer oder aller Klassen bzw. Jahrgangsstufen) an einer Schule sollen jeweils zu Gruppen von mindestens acht Schülerinnen oder Schülern zusammengefasst werden. Ausnahmsweise wird jedoch zugelassen, dass mangels Schülerinnen und Schülern auch Gruppen ab zwei Schülerinnen oder Schülern gebildet werden. Die Zusammenfassung von Schülerinnen und Schülern verschiedener Schulen und Schularten zu einer Gruppe wird ebenfalls zugelassen.
5. Der jüdische Religionsunterricht ist regelmäßig im Gebäude der Schule durchzuführen. Ausnahmsweise kann auf begründeten Antrag einer Israelitischen Religionsgemeinschaft der Religionsunterricht auch im Gemeindezentrum einer Jüdischen Gemeinde stattfinden. Dabei muss sichergestellt werden, dass die jeweilige Schulleitung jederzeit Zugang zu den Unterrichtsräumen hat.
6. Bei der Festlegung des jüdischen Religionsunterrichts im Stundenplan ist auf die besonderen Regelungen der Nummern 4 und 5 Rücksicht zu nehmen. Der über den Stundenplan genehmigte staatliche Unterrichtsauftrag kann von der Schulaufsichtsbehörde entzogen werden, wenn sich aus der Person oder der Unterrichtstätigkeit der Lehrkraft schwerwiegende Einwände gegen deren Verwendung ergeben haben. Vor der Entscheidung über die Entziehung des staatlichen Unterrichtsauftrags ist die jeweilige Israelitische Religionsgemeinschaft zu hören. Der Lehrkraft ist vor der Entscheidung über eine Entziehung des staatlichen Unterrichtsauftrags Gelegenheit zur Äußerung zu geben.
7. Die Entscheidung über die Teilnahme von Schülerinnen oder Schülern anderer Bekenntnisse oder ohne Bekenntnis am jüdischen Religionsunterricht trifft die betreffende jüdische Religionslehrkraft.
8. Jüdischer Religionsunterricht wird wie die übrigen Fächer benotet. Die von der jüdischen Religionslehrkraft erteilte Religionsnote ist in das Zeugnis unter dem Fach Religionslehre mit der Konfessionsangabe „jüdisch" auszubringen. Die Note ist nach Maßgabe der jeweiligen Versetzungs- oder Prüfungsordnung versetzungserheblich.
9. Die jüdischen Religionslehrkräfte nehmen nach Maßgabe der Konferenzordnung an den Lehrerkonferenzen der Schule bzw. der Schulen teil, aus denen die Schülerinnen und Schüler kommen.
10. Der jüdische Religionsunterricht wird unbeschadet des allgemeinen Aufsichtsrechts des Staates von religionspädagogisch erfahrenen Beauftragten der Israelitischen Religionsgemeinschaften beaufsichtigt.

→ Dienstl. Beurteilung (Religionsunterricht); → Ethik; → Grundgesetz Art. 7 und 140; → Organisationserlass; → Religion und Schule; → Religionsunterricht und kirchliche Lehrkräfte; → Schulbesuchsverordnung; → Schulgesetz § 100; → Schulgottesdienst; → Verfassung Art. 18

Renten

Hinweise der Redaktion

1. Rentenbeginn und Arbeitsverhältnis

Anders als bei den **Beamten**, wo die Zurruhesetzung und der Beginn der Pensionszahlung zusammenfallen, sind bei den **Tarifbeschäftigten**
- die Beendigung des Arbeitsverhältnisses und
- der Beginn der Rentenzahlung

formal und zeitlich getrennt: Das auf einem Tarifvertrag beruhende **Arbeitsverhältnis** endet
- entweder durch Erreichen einer gesetzlich festgelegten Altersgrenze
- oder im Einvernehmen zwischen Arbeitnehmer und Arbeitgeber
- oder durch Kündigung des Arbeitsvertrags seitens des Arbeitnehmers oder Arbeitgebers

Die gesetzliche **Rente** muss hingegen vom Arbeitnehmer beim Versicherungsträger beantragt werden.

Es ist also nicht automatisch sichergestellt, dass Arbeitsende und Rentenbeginn zum gleichen Zeitpunkt eintreten. Die Arbeitnehmer müssen sich deshalb stets rechtzeitig um beides kümmern, weil sonst der Zustand eintreten kann, dass
- das Arbeitsverhältnis und damit der Anspruch auf Entgelt beendet ist, aber zu diesem Zeitpunkt noch kein Anspruch auf Rente besteht
- oder die Rente bewilligt wurde, aber das Arbeitsverhältnis (und damit die Arbeitsverpflichtung) fortdauern.

Rente und Altersgrenzen

Nach Beendigung des Arbeitslebens haben Arbeitnehmer/innen bei Vorliegen der notwendigen Voraussetzungen (z.B. 60 Beitragsmonate) Anspruch auf eine gesetzliche Rente der Deutschen Rentenversicherung (DRV; früher: Bundesversicherungsanstalt für Angestellte – BfA); zu Anschrift und Kontaktmöglichkeiten der DRV siehe Nr. 8.

Ferner gibt es für Arbeitnehmer im öffentlichen Dienst eine tarifliche Betriebsrente („Betriebliche Altersversorgung") der Versorgungsanstalt des Bundes und der Länder (VBL); siehe Nr. 5; dort auch Anschrift und Kontaktmöglichkeiten der VBL.

In beiden Fällen beginnt die Rentenzahlung nicht automatisch (auch nicht bei Erreichen der allgemeinen Altersgrenze!), sondern dies muss in jedem Fall von dem Rentenberechtigten rechtzeitig (!) bei der Rentenversicherung beantragt werden.

Für den Rentenbeginn gelten folgende Altersgrenzen (die Termine gelten sowohl für den Bezug der gesetzlichen Rente von der DRV als auch der Betriebsrente von der VBL):

a) Allgemeine Altersgrenze

Als allgemeine Altersgrenze in der gesetzlichen Rentenversicherung (Zeitpunkt für einen abschlagsfreien Rentenbeginn) gilt für Beschäftigte bis einschließlich Geburtsjahrgang 1946 die Vollendung des 65. Lebensjahres.

Dieses gesetzliche Renteneintrittsalter erhöht sich für die folgenden Jahrgänge schrittweise auf die Vollendung des 67. Lebensjahres und zwar
- ab 2012 bis 2023 um jährlich einen Monat,
- ab 2024 bis 2029 um zwei Monate pro Jahr.

Der Geburtsjahrgang 1947 darf also erst mit 65 Jahren und einem Monat abschlagsfrei in Rente gehen, der Jahrgang 1948 mit 65 Jahren und zwei Monaten usw. Ab Jahrgang 1959 erfolgt die Anhebung in Zweimonatsschritten. Ab Jahrgang 1964 gilt für alle die Rente mit 67. Von dieser Erhöhung ausgenommen sind Beschäftigte, die spätestens bis 31.12.2006 mit ihrem Arbeitgeber eine Vereinbarung über Altersteilzeit abgeschlossen haben.

Bei Renteneintritt vor der allgemeine Altersgrenze ist ein Abschlag von 0,3% für jeden Monat vor dem gesetzlichen Rentenbeginn zu leisten.

b) Altersgrenze für Frauen

Frauen bis Geburtsjahrgang 1951 können ab dem 60. Lebensjahr vorzeitig (mit Abschlägen) in Rente gehen, wenn sie zwischen dem 40. und dem 60. Lebensjahr mindestens 10 Jahre Pflichtbeiträge geleistet haben. Frauen ab Geburtsjahrgang 1952 werden wie Männer behandelt.

c) Altersgrenze für Langjährig Versicherte

Als langjährig Versicherte (Erfüllung der Wartezeit von 35 Jahren) können Männer und Frauen ab dem 62. bzw. 63. Lebensjahr vorzeitig in Rente gehen. Je nach Geburtsmonat und -jahr sind jedoch Rentenabschläge in Kauf zu nehmen (genaue Auskünfte bei der DRV und der VBL).

d) Altersgrenze für Schwerbehinderte

Schwerbehinderte können nach dem 60. Geburtstag vorzeitig in Rente gehen, auch hier ab Geburtsjahrgang 1940 mit Abschlägen; diese Altersgrenze wird wie die allgemeine Altersgrenze (siehe Buchst. a) schrittweise um zwei Jahre, also auf die Vollendung des 62. Lebensjahrs angehoben.

e) Altersgrenze bei Renten wegen Arbeitslosigkeit und nach Altersteilzeit

Auch die Altersgrenze für den vorzeitigen Bezug der Rente wegen Arbeitslosigkeit oder nach Altersteilzeitarbeit (Vollendung des 60. Lebensjahrs) wird wie die allgemeine Altersgrenze (siehe Buchst. a) schrittweise um zwei Jahre, also auf die Vollendung des 62. Lebensjahrs angehoben.

Nach Altersteilzeit kann jede Rentenart, also auch eine Rente für Frauen, eine Rente für langjährig Versicherte oder eine Rente für Schwerbehinderte oder einfach die Altersrente in Anspruch genommen werden. Rente wegen Altersteilzeit ist eine besondere Rentenart, die in der Regel nicht die günstigste Rentenart ist!

Für die „rentennahen Jahrgänge" gelten Vertrauensschutzregelungen: Für Versicherte, die vor dem 1. Januar 1952 geboren sind und am 1. Januar 2004 arbeitslos waren oder vor dem 1. Januar 2004 Altersteilzeit nach dem Altersteilzeitgesetz vereinbart haben (der Beginn der Altersteilzeit kann in der Zukunft liegen), gelten die 2006 geltenden Bestimmungen weiter, dieser Personenkreis kann mit Vollendung des 60. Lebensjahres ausscheiden, muss aber Rentenabschläge (je Monat = 0,3% bis zum vollendeten 65. Lebensjahr) in Kauf nehmen.

Beendigung des Arbeitsverhältnisses

Für die Beendigung des Arbeitsverhältnisses von Beschäftigten im Landesdienst ist der Tarifvertrag für den öffentlichen Dienst der Länder (TV-L) maßgebend.

Nach dem TV-L endet das Arbeitsverhältnis ohne Kündigung normalerweise mit Ablauf des **Monats**, in dem die bzw. der Beschäftigte das gesetzlich festgelegte Alter zum Erreichen einer abschlagsfreien Rente vollendet hat oder eine Teil- oder Erwerbsunfähigkeitsrente erhält.

Die Beendigung des Arbeitsverhältnisses nach Erreichen der allgemeinen Altersgrenze erfolgt automatisch, es muss also keine Kündigung erfolgen; es genügt die Vorlage des Rentenbescheids beim Arbeitgeber (Regierungspräsidium). In allen Fällen der vorzeitigen Verrentung muss das Arbeitsverhältnis jedoch fristgerecht gekündigt, alternativ mit Auflösungsvertrag beendet werden (s.u.).

Die vorzeitige Beendigung des Arbeitsverhältnisses ist bei Lehrkräften im Arbeitnehmerverhältnis der Regelfall, denn anders als bei den übrigen Arbeitnehmer/innen endet das Arbeitsverhältnis für Lehrkräfte gemäß § 44 TV-L mit Ablauf des **Schulhalbjahres**, also am 31. Januar bzw. am 31. Juli nach Erreichen des gesetzlichen Rentenalters. Dies hat zur Folge, dass das Arbeitsverhältnis von Lehrkräften nur bei einem Geburtstermin im Januar oder Juli automatisch zum Ende des betreffenden Monats endet, bei allen anderen Lehrkräften endet das Arbeitsverhältnis automatisch jedoch erst zum Schulhalbjahr. Das Arbeitsverhältnis der **tarifbeschäftigten** Lehrkräfte endet also (außer im Fall des Geburtstermins im Januar oder Juli) im Gegensatz zu den **beamteten** Lehrkräfte, bei denen die gesetzliche Altersgrenze am Ende das Schuljahres vor Erreichen der gesetzlichen Altersgrenze liegt, erst am Ende des Schulhalbjahres nach Erreichen der gesetzlichen Altersgrenze.

→ Tarifvertrag (Länder) § 33 Abs. 1 b, § 34, § 44

In aller Regel haben Lehrkräfte aber ein Interesse daran, nicht länger zu arbeiten als die übrigen Bediensteten – vor allem, weil ihnen ja ab Erreichen der jeweiligen Altersgrenze bereits eine Rente zusteht. Sie streben deshalb überwiegend an, ihr Arbeitsverhältnis exakt zu dem Zeitpunkt zu beenden, an dem ihr Rentenanspruch beginnt.

Hierfür bieten sich zwei Möglichkeiten an: die Kündigung oder die Auflösung des Arbeitsverhältnisses in gegenseitigen Einvernehmen.

Die Kündigungsfristen des TV-L (§ 34) gelten auch im Schulbereich. Da diese Fristen aber ab dem ersten Beschäftigungsjahr quartalsbezogen sind, kommt für Lehrkräfte statt einer „ordentlichen" Kündigung oft der „Auflösungsvertrag" zum Tragen. Dabei erfolgt die Auflösung des Arbeitsverhältnisses im gegenseitigen Einvernehmen exakt zum Tag von dem Rentenbeginn. Dann entsteht zwischen dem Ende des Arbeitsverhältnisses und dem Beginn der Rentenzahlung keine Lücke.

Es empfiehlt sich, den Auflösungsvertrag mit dem Regierungspräsidium unter dem Vorbehalt des Zugangs des Rentenbescheides zum Ende des Monats zu abzuschließen, der vor dem 1. des Monats liegt, in dem man die Voraussetzungen für den Bezug einer Altersrente erfüllt (die Absicht dem RP ist auf dem Dienstweg spätestens zum Stichtag für

→ Stellenwirksame Änderungsanträge mitzuteilen).

Da der Arbeitgeber (RP) in der Regel von anderen Interessen geleitet wird als die Beschäftigten, ist in jedem Fall eine vorherige Beratung z.B. durch die GEW zu empfehlen.

Grundsätzlich sollte man
- sich rechtzeitig vor dem Rentenantrag durch die DRV beraten und den „Versicherungsverlauf" erstellen lassen sowie
- spätestens vier Monate vor der Beendigung des Arbeitsverhältnisses bei der DRV einen Antrag auf Ausstellung des Rentenbescheides stellen.

Der Antrag auf die Betriebsrente bei der VBL (siehe Nr. 6) muss über den Arbeitgeber (RP) eingereicht werden, die Initiative muss dabei von dem bzw. der Arbeitnehmer/in ausgehen, der Antragstermin ist mit dem Arbeitgeber abzustimmen.

2. Freistellung vor der Rente (Altersteilzeit, Sabbatjahr)

Arbeitnehmer/innen können der Beendigung ihres Arbeitsverhältnisses eine Altersteilzeitphase oder ein Freistellungsjahr (Sabbatjahr) vorschalten (die Alterteilzeitregelung ist am 31.12. 2009 ausgelaufen; Neuanträge sind nicht mehr möglich).

Bei der Altersteilzeit endet das Arbeitsverhältnis zu dem in der Altersteilzeit-Vereinbarung festgelegten Zeitpunkt; dies ist in der Regel der frühest mögliche Rentenbeginn ohne Abschlag.

→ Teilzeit/Urlaub (Arbeitnehmer) Teil D

Beim Sabbatjahr von Arbeitnehmer/innen gelten die gleichen Bedingungen wie für Beamt/innen. Anders als im Beamtenbereich ist das Sabbatjahr für Arbeitnehmer aber in der Regel nicht attraktiv, da diese, sofern sie gesetzlich krankenversichert sind, keine Probleme mit der Krankenversicherung haben, wenn sie sich einfach ohne Entgelt beurlauben lassen wollen.

→ Teilzeit/Urlaub (Beamtenrecht); → Teilzeit/Urlaub (Freistellungsjahr – Sabbatjahr)

3. Hinzuverdienstgrenze

Nach Erreichen der gesetzlichen Altersgrenze können Rentner/innen unbeschränkt hinzuverdienen (z.B. aus Erwerbsarbeit). Beim Bezug von Altersrenten und Renten wegen voller Erwerbsminderung ist vorher ein Hinzuverdienst bis zu 400 Euro rentenunschädlich. Höhere Einkünfte werden angerechnet. Bei Teilrenten gelten höhere Grenzwerte. Zu den Auswirkungen eines gleichzeitigen Bezugs von Rente und Beamtenpension empfehlen wir die Beratung durch die DRV und die GEW.

4. Nachversicherung von Beamten und Altersgeld

Bis zum 31.12.2010 eingestellte Beamt/innen, die vor der Zurruhesetzung aus dem Beamtenverhältnis ausscheiden, werden kraft Gesetzes in der gesetzlichen Rentenversicherung (DRV) – nicht jedoch in der betrieblichen Altersversorgung (s. Nr. 5)! – nachversichert. Das Land trägt dabei die Arbeitnehmer- und die Arbeitgeberbeiträge.

Ab dem 1.1.2011 eingestellte Beamt/innen, die auf eigenen Antrag vor Erreichen der gesetzlichen Altersgrenze aus dem Beamtenverhältnis ausscheiden und eine ruhegehaltfähige Dienstzeit von fünf Jahren erreicht haben, erhalten ein Altersgeld; auf Antrag kann stattdessen die Nachversicherung in der gesetzlichen Rentenversicherung erfolgen.

Auch vor dem 31.12.2010 eingestellte Beamt/innen können das Altersgeld beantragen.

Ein vorzeitiges Ausscheiden aus dem Beamtenverhältnis ist stets problematisch; gegebenenfalls ist deshalb ein (Alters-)Urlaub ohne Bezüge (§ 73 Abs. 2 LBG) vorzuziehen. Vor einem Entlassungsantrag sollte stets geprüft werden, welche Versorgungsansprüche bereits vorhanden sind, welche Rentenleistungen durch die Nachversicherung erworben werden und wie hoch das Altersgeld wäre. Auskünfte erteilen die GEW-Bezirke (Anschriften am Anfang des Jahrbuchs) und die Versicherungsträger (Anschriften am Ende dieses Beitrags).

→ Beamtenversorgung (Altersgeld); → Beamtengesetz § 73

5. Betriebliche Altersversorgung der VBL (früher: „Zusatzversorgung")

Arbeitnehmer/innen des öffentlichen Dienstes, deren Arbeitsverhältnis länger als 12 Monate dauert, sind bei der Versorgungsanstalt des Bundes und der Länder (VBL) pflichtversichert. Sie erhalten bei Erfüllung einer Wartezeit von 60 Beitrags- bzw. Umlage-Monaten und nach Eintritt des „Versorgungsfalls" eine Betriebsrente (früher: „Zusatzversorgung"). Die Prüfung der Versicherungspflicht und die Meldung zur VBL obliegen dem Arbeitgeber (Regierungspräsidium). Der bzw. die Beschäftigte erhält einen Nachweis hierüber. Die Beiträge zahlt der Arbeitgeber, die Beschäftigten tragen einen Eigenanteil (1,41% der Bruttovergütung).

Lehrkräfte im Arbeitnehmerverhältnis, die für nicht mehr als zwölf Monate eingestellt wurden, können grundsätzlich nicht bei der VBL versichert werden. Wird jedoch ein befristetes Arbeitsverhältnis über zwölf Monate hinaus verlängert oder ein befristet fortgesetzt, tritt die Versicherungspflicht rückwirkend ab Beginn des Arbeitsverhältnisses ein und die Eigenbeiträge werden rückwirkend fällig.
(Quelle: KM vom 13.12.2001; AZ: 15-0341.0/16)

Der „Versorgungsfall" tritt in der Regel mit Beginn einer Rente aus der gesetzlichen Rentenversicherung ein. Maßgebend ist der Rentenbescheid der Rentenversicherung.

Analog zur gesetzlichen Rente führen bestimmte soziale Komponenten (z.B. Erwerbsminderung vor dem 60. Lebensjahr, gesetzliche Kindererziehungszeit, Alterszeit) zu einer Erhöhung der Betriebsrente. Bei teilweiser Erwerbsminderung gibt es die Hälfte der Rente, die bei voller Minderung zu zahlen wäre. Bei vorzeitigem Ruhestand gelten Abschläge von 0,3% pro Monat, maximal 10,8%.

Anders als die bis Ende 2001 bestehende „Zusatzversorgung", die den Arbeitnehmer/innen des öffentlichen Dienstes ein an die Beamtenversorgung angelehntes Rentenniveau sicherte, wird durch die seit 2002 geltende „Betriebsrente" die Grundversorgung der gesetzlichen Rentenversicherung nur noch ergänzt. Bei dieser Betriebsrente werden jährlich „Versorgungspunkte" ermittelt, indem das Jahresarbeitsentgelt zu einem Referenzentgelt in Beziehung gesetzt und mit einem Tabellenwert, dem Altersfaktor, gewichtet wird.

Das zum 31. Dezember 2001 erreichte Niveau der Ansprüche und Anwartschaften blieb trotz dieses Systemwechsels erhalten:
- Die vorhandenen „Bestands"-Renten wurden zum 31. Dezember 2001 festgestellt und werden als Besitzstandsrenten fortgezahlt.
- Erworbene Anwartschaften wurden in das neue System überführt: Pflichtversicherte Arbeitnehmer/innen, die am 1.1.2002 das 55. Lebensjahr vollendet hatten, wird grundsätzlich die Betriebsrente in der Höhe garantiert, mit der nach dem alten System zu rechnen war. Die Anwartschaften der übrigen Pflichtversicherten wurden in Versorgungspunkte umgerechnet.

Arbeitnehmern muss zu Beginn des Arbeitsverhältnisses vom Arbeitgeber die Satzung der VBL ausgehändigt werden. Die VBL hat zahlreiche Merkblätter und Broschüren herausgegeben, die kostenlos angefordert werden können (auch als Download aus dem Internet erhältlich: www.vbl.de).

6. Private Zusatzversicherung und Riester-Rente

Die Renten aus der gesetzlichen Rentenversicherung und der Betriebsrente decken in aller Regel nicht in jedem Fall die Lebensbedürfnisse im Alter oder bei verzeitigem Ausscheiden aus dem Arbeitsverhältnis ab. Zur Sicherung einer ausreichenden Altersversorgung ist es sinnvoll, private Zusatzversicherungen abzuschließen. Durch den Systemwechsel zählen die Arbeitnehmer des öffentlichen Dienstes mit betrieblicher Altersversorgung zum Kreis der Begünstigten nach der „Riester-Rente". Für Arbeitnehmer im Landesdienst ist die Entgeltumwandlung zum Aufbau einer individuellen Zusatzversicherung möglich. Informationen (auch über geeignete Anbieter) stehen in den Beiträgen → Tarifvertrag Entgeltumwandlung; und → Renten / Beamtenversorgung (Zusatzversicherungen).

7. Erstattung von Versicherungsbeiträgen und Weiterversicherung

Die Beiträge (nur entrichtete Arbeitnehmeranteile) zur gesetzlichen Rentenversicherung können unter bestimmten Umständen (Beendigung der Versicherungspflicht) zurückgezahlt werden. Dies kann z.b. für Lehrkräfte Bedeutung haben, die vor der Übernahme in das Beamtenverhältnis im Arbeitnehmerverhältnis tätig waren.

Voraussetzung ist, dass nach dem Ausscheiden aus der Versicherungspflicht kein Recht zur freiwilligen Weiterversicherung besteht und dass nicht bereits für mindestens 60 Kalendermonate Beiträge an einen Rentenversicherungsträger entrichtet wurden (wenn in einzelnen Monaten nur für einige Tage Beiträge abgeführt wurden, zählen diese als volle Kalendermonate).

Der Erstattungsanspruch kann frühestens zwei Jahre seit dem Wegfall der Versicherungspflicht geltend gemacht werden; inzwischen darf keine neue versicherungspflichtige Beschäftigung oder Tätigkeit ausgeübt worden sein. Der Erstattungsantrag muss sich auf den gesamten Zeitraum erstrecken, für den Beiträge entrichtet wurden. Er bedarf keiner besonderen Form; ein Antragsvordruck der DRV ist bei den örtlichen Beratungsstellen (Stadt- bzw. Gemeindeverwaltungen) erhältlich.

Die GEW rät den Betroffenen, unabhängig von der Wartezeit den Antrag auf Beitragserstattung erst nach einer Dienstzeit von fünf Jahren zu stellen (diese Frist gilt für Vollzeitbeschäftigung; bei Teilzeit entsprechend länger; auf sie wird die Zeit des Vorbereitungsdienstes als Beamter/Beamtin auf Widerruf voll angerechnet). Auch nach der Ernennung zum Beamten bzw. zur Beamtin auf Lebenszeit kann es nämlich z.B. wegen Dienstunfähigkeit zur Entlassung aus dem Beamtenverhältnis kommen, wenn die fünfjährige Wartefrist noch nicht erfüllt ist. In diesem Fall muss das Land für die bisherige Dienstzeit die Beiträge zur Rentenversicherung nachentrichten (vgl. Nr. 4). Durch diese Nachversicherung (für die Zeiten des Vorbereitungsdienstes sowie im Beamtenverhältnis auf Probe) kann gegebenenfalls zusammen mit den bereits erworbenen Beitragsleistungen ein Anspruch auf Berufs- bzw. Erwerbsunfähigkeitsrente entstehen (Voraussetzung: 60 Kalendermonate).

Personen, die in der gesetzlichen Rentenversicherung versicherungsfrei sind (z.B. Beamte) und die Mindestwartezeit von fünf Beitragsjahren nicht erfüllen, können sich – nur auf Antrag! – seit 1.8.2010 statt der Erstattung ihrer Beiträge auch freiwillig weiterversichern und damit einen Rentenanspruch erwerben. Gleichzeitig wurde eine Sondernachzahlungsmöglichkeit eingeräumt, um die erforderlichen 60 Monatsbeiträge für eine Regelaltersrente zu erreichen. Möglich ist dies nur für Zeiten, die nicht mit anderen Beiträgen belegt sind. Der Mindestbeitrag beträgt 79,60 Euro/Monat, maximal sind 1.074,60 Euro/Monat möglich (Stand: 1.11.2010).

Der Anspruch auf eine gesetzliche Rente kann jedoch zur Kürzung einer anderen Versorgung führen. Deshalb ist eine vorherige Beratung sinnvoll. Auskünfte erteilt die Deutsche Rentenversicherung (kostenloses Servicetelefon 0800/10004800, oder unter www.deutsche-rentenversicherung.de).

Auch für die Beiträge an die VBL (betriebliche Altersversorgung) besteht Anspruch auf Beitragserstattung für beitragsfrei Versicherte, die die Wartezeit von 60 Umlage-/Beitragsmonaten nicht erfüllt haben. Dabei sind die vom Arbeitgeber gezahlten Umlagen nicht erstattungsfähig.

8. Rechtzeitige Information und Beratung

Es ist allen Versicherten dringend zu empfehlen, sich rechtzeitig beraten zu lassen. Es empfiehlt sich ferner, alle Versicherungsunterlagen sorgfältig zu sammeln und aufzubewahren.

a) DRV

Die DRV hat zur Beratung der Versicherten in vielen Städten Beratungsstellen (Regionalzentren, Außenstellen und Beratungsstützpunkte) eingerichtet. Im Telefonbuch sind sie unter „Deutsche Rentenversicherung" zu finden. Zu den Sprechstunden ist eine telefonische Anmeldung (unter Angabe der Versicherungsnummer) und Terminvereinbarung zu empfehlen; ferner sollte man zum Beratungstermin alle Versicherungsunterlagen und den Personalausweis mitbringen.

Für telefonische Auskünfte empfiehlt sich die landesweit geschaltete (kostenlose) Hotline der DRV Baden-Württemberg: (0800) 100 04 80 24 (Mo-Do 7.30 bis 19.30, Fr 7.30-15.30 Uhr). Auch bei telefonischen Anfragen die Versicherungsnummer bereithalten. Die DRV Baden-Württ. im Internet: www.deutsche-rentenversicherung-bw.de

b) VBL

Die Versorgungsanstalt des Bundes und der Länder ist unter folgender Anschrift erreichbar: VBL, 76128 Karlsruhe, FON: (0721) 155-0, FAX: -666, E-Mail: info@vbl.de, Internet: www.vbl.de. Versicherte können bei der VBL eine Rentenvorausberechnung beantragen. Dazu sind die VBL-Versicherungsunterlagen und eine Kopie des DRV-Versicherungsverlaufs einzureichen.

GEW-Mitglieder können die Beratung durch die Bezirksgeschäftsstellen in Anspruch nehmen (Anschriften am Anfang des Jahrbuchs).

→ Renten und Beamtenversorgung; → Schwerbehinderung Nr. 7; → Stellenwirksame Änderungsanträge; → Tarifvertrag (Länder) §§ 34 und 44

Renten und Beamtenversorgung

Hinweise der Redaktion

Nicht selten besitzen beamtete Lehrkräfte zusätzlich zu ihren Versorgungsansprüchen aus dem Beamtenverhältnis einen Anspruch auf eine gesetzliche Rente, z.b. aus der
- gesetzlichen Rentenversicherung (nicht Witwen-/Witwerrente!)
- Zusatzversorgung/Betriebsrente (z.B. VBL)
- gesetzlichen Unfallversicherung (seit 1.1.2002).

Ein Rentenanspruch kann sich nicht nur aus einer Berufstätigkeit ergeben (z.B. „Zwangsteilzeit" als Lehrkraft im Angestelltenverhältnis vor der Übernahme ins Beamtenverhältnis), sondern z.B. auch
- aus der Nachversicherung nach einem früheren Beamten- oder Soldatenverhältnis
- aufgrund von Kindererziehungszeiten, wenn das Kind zu einer Zeit geboren wurde, in dem kein Beamtenverhältnis bestand
- durch Zeiten der Arbeitslosigkeit
- aus dem Versorgungsausgleich nach einer Scheidung (es kann ein Rentenanspruch bestehen, obwohl nie Pflichtbeiträge eingezahlt wurden).

Angesichts der Kompliziertheit des Rentenrechts und der bisweilen lückenhaften Kompetenz der Schulbehörden ist zur Prüfung aller sich hieraus ergebenden Rechtsfolgen auf die Beratungsstellen der Deutschen Rentenversicherung zu verweisen.

→ Renten Nr. 8

Ferner ist die Beratung durch die GEW-Bezirksgeschäftsstellen bzw. die GEW- Angestelltenvertreter/innen in den Personalräten zu empfehlen.

→ Anschriften im Adressenteil des Jahrbuchs

Die Träger der gesetzlichen Rentenversicherung müssen ihren Versicherten zwar jährlich eine „Renteninformation" über die Höhe ihrer Rente zuschicken, bei Versicherten, die jetzt in einem Beamtenverhältnis stehen, wird dies jedoch gelegentlich „vergessen". Eine Renteninformation oder Rentenauskunft kann man aber jederzeit beantragen.

Die in dieser jährlichen Renteninformation genannte Höhe der Rente wird nach der derzeit geltenden Sach- und Rechtslage errechnet. Wie hoch die Rente später tatsächlich sein wird richtet sich nach den zum Auszahlungszeitpunkt geltenden juristischen und vor allem politischen Vorgaben.

Zusammentreffen mit ruhegehaltfähigen Dienstzeiten

Bestimmte Zeiten der Beschäftigung können sowohl als „ruhegehaltfähige Dienstzeit" für die Beamtenversorgung als auch als „Beitragszeit" in der gesetzlichen Rentenversicherung berücksichtigt werden. Dies betrifft Zeiten einer Tätigkeit
- im Beamtenverhältnis, das nachversichert wurde
- als angestellte Lehrkraft im öffentlichen oder privaten Schuldienst
- im öffentlichen Dienst, die zu der Ernennung in das Beamtenverhältnis geführt haben
- einer praktischen Ausbildung oder Berufsausübung, die als Ausbildungsvoraussetzung für die Ernennung in das Beamtenverhältnis gelten.

Sobald Pflichtbeiträge in der gesetzlichen Rentenversicherung vorhanden sind, wird vom Landesamt für Besoldung und Versorgung geprüft, ob der sich daraus (ggf. fiktiv) ergebenden Rentenanspruch ganz oder teilweise auf die Beamtenversorgung angerechnet werden muss. Damit soll erreicht werden, dass die Beamtenversorgung und der Rentenbezug in der Summe zu keinem höheren Anspruch führt, als wenn der Versorgungsempfänger während seiner gesamten Berufstätigkeit im Beamtenverhältnis gestanden hätte.

Die „Korrektur" dieser doppelten Berücksichtigungsmöglichkeit erfolgt automatisch über die gesetzlichen Anrechnungsvorschriften. Entscheiden muss man sich nur, in welchem System die Zeit der Hochschulausbildung berücksichtigt werden soll. In der Regel ist dies im Bereich der Beamtenversorgung günstiger als bei der Rente.

Früher wurde im Rahmen dieser Regelung eine Anrechnung nur im Fall der Zahlung der Rente oder einer Abfindung, nicht aber bei Beitragserstattungen vorgenommen. Seit 1.1.2002 erfolgt eine Anrechnung auch bei Beitragserstattungen. Angerechnet wird der Betrag, auf den ein Anspruch bestanden hätte (fiktive Rente). Diese Rechtsfolge können Betroffene nur verhindern, wenn sie die Zahlung innerhalb von drei Monaten nach dem Zufluss (zuzüglich Zinsen) an den Dienstherrn abführen. Wird die Höchstgrenze (siehe unten) nicht überschritten, ist dies jedoch nicht erforderlich. Dies wird regelmäßig der Fall sein.

Die Höchstgrenze wird aus einem fiktiven Ruhegehalt errechnet. Bei Witwen/Witwern und Waisen ist die Höchstgrenze das sich aus diesem Ruhegehalt ergebende Witwen- bzw. Waisengeld.

Das fiktive Ruhegehalt setzt sich wie folgt zusammen:

1. Ruhegehaltfähige Dienstbezüge aus der letzten Dienstaltersstufe der Besoldungsgruppe
2. Fiktiver Ruhegehaltssatz, ermittelt nach der fiktiven ruhegehaltfähigen Dienstzeit
   - Zeitdifferenz zwischen dem Tag nach Vollendung des 17. Lebensjahres und dem Tag des Ruhestandsbeginns in Jahren
   - zuzüglich möglicher Zurechnungszeiten und Erhöhungszeiten (z.B. Auslandsschuldienst)
   - bei der Rente zu berücksichtigende Zeiten einer sozialversicherungspflichtigen Tätigkeit nach dem Eintritt des Ruhestandes.

In der Regel entspricht die Höchstgrenze der maximal erreichbaren Pension (ggf. abzüglich Versorgungsabschlag bei vorzeitiger Pensionierung). Dies waren bis zur 2002 einsetzenden Absenkung 75% der ruhegehaltfähigen Dienstbezüge; seit dem Versorgungsänderungsgesetz 2001 wird diese Höchstgrenze stufenweise auf 71,75% abgesenkt. Bei Witwen bzw. Witwern verbleiben davon 55% (bei „Altfällen" 60%; vgl. → Ruhegehalt – Hinterbliebenenversorgung).

→ Beamtenversorgung (Allgemeines)

Zusammentreffen von Rente und Beamtenpension

Da es sich bei gesetzlichen Renten um Versicherungsleistungen handelt, werden sie durch Einkünfte aus anderen Altersversorgungen (z.B. private Zusatzversicherungen oder Versorgungsansprüche als Ruhestandsbeamt/in) nicht geschmälert. Umgekehrt werden Renten aber auf die Beamtenversorgung angerechnet. Dies wird durch die ab 1.1.2011 erfolgte Trennung der Altersicherungssysteme abgeschafft.

→ Beamtenversorgung (Altersgeld)

Für die am 1.1.2011 vorhandenen Beamt/innen oder Versorgungsempfänger/innen gilt: Ihnen wird die Pension neben einer Rente nur bis zum Erreichen von bestimmten Höchstgrenzen gezahlt (Beamtenversorgungsgesetz § 108).

Neben Renten aus der gesetzlichen Rentenversicherung betrifft dies u.a. die Betriebsrente für den öffentlichen Dienst, Renten aus der gesetzlichen Unfallversicherung, Leistungen aus berufsständischen Versorgungseinrichtungen oder aus befreienden Lebensversicherungen, zu denen der Arbeitgeber aufgrund eines Beschäftigungsverhältnisses im öffentlichen Dienst mindestens die Hälfte der Beiträge oder Zuschüsse geleistet hat und sonstige Versorgungsleistungen, die aufgrund einer Berufstätigkeit zur Versorgung der Berechtigten für den Fall der Erwerbsminderung oder wegen Alters und der Hinterbliebenen für den Fall des Todes bestimmt sind. Auch anstelle einer Rente zustehende Kapitalleistungen, Beitragserstattungen oder Abfindungen sind zu berücksichtigen. Private Altersvorsorgemaßnahmen, z.B. aus Lebensversicherungen oder Renten bzw. Rentenanteile, die einem Versorgungsausgleich nach Scheidung resultieren, werden nicht auf die Pension angerechnet.

→ Beamtenversorgung (Höchstgrenzen)

Betroffene Kolleg/innen sollten rechtzeitig vor dem Eintritt des Versorgungsfalls die Beratung durch die Deutsche Rentenversicherung (DRV) sowie durch die Bezirksgeschäftsstellen der GEW in Anspruch nehmen. Zu den Beratungsstellen der DRV siehe → Renten (Allgemeines); die Anschriften der GEW-Bezirksgeschäftsstellen stehen im Adressenteil am Anfang des Jahrbuchs.

Rentenanspruch muss geltend gemacht werden!

Wer neben der Beamtenpension einen Anspruch auf eine Rente aus der gesetzlichen Rentenversicherung besitzt, muss diese spätestens beim Erreichen des entsprechenden Lebensalters bzw. beim Eintritt in den Ruhestand beantragen. Auf die Geltendmachung dieses Rentenanspruchs darf selbst dann nicht verzichtet werden, wenn man die individuelle Höchstgrenze für die zulässige Summe aus Ruhegehalt und Rente (maximal ist dies der Ruhegehaltshöchstsatz) überschritten hat, also persönlich gar keine höheren Altersbezüge als die Höchstpension erhalten kann.

Denn nur dann kann das Land (Landesamt für Besoldung und Versorgung) diesen Rentenanspruch mit der Pension „verrechnen". Unterlässt ein Beamtenpensionär den Rentenantrag, so fordert das Land den entgangenen Vermögensvorteil von ihm zurück!

Beitragserstattung

Wenn kein Rentenanspruch besteht, da nicht für 60 Kalendermonate Pflichtbeiträge eingezahlt wurden, werden auf Antrag die durch den Versicherten eingezahlten Beiträge (also nicht auch die Arbeitgeberanteile!) ausgezahlt. Dies erfolgt aber nur dann, wenn die gesetzliche Rentenversicherung davon ausgehen kann, dass voraussichtlich keine Beiträge mehr eingezahlt werden.

Daher erfolgt eine Auszahlung regelmäßig nicht
– vor Ablauf von zwei Jahren nach Begründung des Beamtenverhältnisses
– während einer Beurlaubung
– bei einer vorzeitigen Pensionierung wegen Dienstunfähigkeit, solange das gesetzliche Ruhestandsalter nicht vollendet ist.

Vor einem Erstattungsantrag ist eine Beratung durch die GEW sinnvoll. Zu den Einzelheiten:
→ Renten Nr. 7

Vorzeitige Pensionierung wegen Dienstunfähigkeit

Bei einer vorzeitigen Pensionierung wegen Dienstunfähigkeit wird die neben den Versorgungsbezügen zustehende Altersrente in der Regel erst mit Erreichen der Altersgrenze ausgezahlt. Eine Rente wegen Erwerbsminderung erhält nämlich nur, wer in den letzten fünf Jahren vor dem Rentenantrag mindestens drei Jahre Beiträge eingezahlt hat. Für diese Versorgungslücke gibt es aber einen Ausgleich. Zu den Einzelheiten siehe
→ Beamtenversorgung (Allgemeines) Nr. I.C.

Zuschuss zur Krankenversicherung

Wer eine gesetzliche Rente erhält, besitzt Anspruch auf einen Zuschuss zur Krankenversicherung. Dieser muss bei der DRV beantragt werden.

→ Renten; → Beamtenversorgung (Abschläge); → Beamtenversorgung (Berechnung); → Beamtenversorgung (Hinterbliebene); → Beamtenversorgung (Höchstgrenzen); → Renten / Beamtenversorgung (Zusatzversicherungen); → Ruhestand (Allgemeines)

 Gewerkschaft Erziehung und Wissenschaft B-W   646   Jahrbuch für Lehrerinnen und Lehrer 2011

Renten / Beamtenversorgung (Zusatzversicherungen)

Hinweise der Redaktion

1. Versorgung bei vorzeitigem Ausscheiden (Dienstunfähigkeit)

Im Falle der Dienstunfähigkeit besteht ein Anspruch auf Versorgung nach dem Beamtenversorgungsgesetz (BeamtVG) nur dann, wenn die Wartezeit von fünf aktiven Dienstjahren (= ruhegehaltfähige Dienstzeit) seit der ersten Einstellung in ein Beamtenverhältnis erfüllt ist. Diese Frist gilt für Vollbeschäftigung, bei Teilzeit dauert es entsprechend länger (so kann es vorkommen, dass eine Lehrerin, die nach der Geburt von Kindern Elternzeit und/oder Urlaub aus familiären Gründen in Anspruch genommen hat, die Wartezeit 12 Jahre nach der Verbeamtung auf Lebenszeit immer noch nicht erfüllt hat!). Auf diese Frist wird die Zeit des Vorbereitungsdienstes als Beamter auf Widerruf angerechnet (§ 21 Abs. 1 BeamtVG).

Wird eine Lehrkraft dienstunfähig, ohne die ruhegehaltfähige Dienstzeit von 5 Jahren (Wartezeit) erfüllt zu haben, ist sie zu entlassen; in diesem Fall erhält sie keine Beamtenversorgung („Pension"), sondern wird in der gesetzlichen Rentenversicherung für Arbeitnehmer nachversichert. Dieser Rentenanspruch liegt weit unterhalb der zu erwartenden Beamtenversorgung.

Auch nach Erfüllung der Wartezeit ist die Versorgung im Fall einer Zurruhesetzung wegen Dienstunfähigkeit über längere Zeit sehr niedrig. Zwar wird in diesem Fall ein amtsunabhängiges Mindestruhegehalt gezahlt (im Jahr 2010 waren dies rund 1.350 Euro brutto), wodurch dienstunfähige Beamte im Vergleich zu erwerbsunfähigen Arbeitnehmer/innen relativ besser gestellt sind, aber auch hier entsteht eine Versorgungslücke.

Eine private Absicherung ist dringend angeraten. Viele private Versicherungsträger bieten Dienst- und Berufsunfähigkeitsversicherungen an. Insbesondere auch die an dem unten dargestellten Angebot der geförderten „Riester-Rente" beteiligten Versicherungen machen Vorzugsangebote. Beim Vertragsabschluss sollte darauf geachtet werden, dass eine beamtenrechtliche Dienstunfähigkeit der „Berufsfähigkeit" gleichgestellt wird, sodass bei einer Zurruhesetzung wegen Dienstunfähigkeit das Vorliegen einer Berufsunfähigkeit nicht mehr gesondert geprüft werden muss. Bei der Suche nach einer „passenden" Versicherung ist es sinnvoll, sich eines unabhängigen Versicherungsmaklers zu bedienen und nicht nur auf „Vertreter" zu hören.

Es ist sinnvoll, sich bei der GEW die Höhe der individuell zu erwartenden Versorgungsbezüge ausrechnen zu lassen, um die Versorgungslücke passgenau zu schließen und eine (unnötig teure) Überversicherung zu vermeiden. Ab 2016 sollen Beamte regelmäßig von Amts wegen eine Auskunft über die erreichte Versorgungshöhe erhalten.

2. Zusätzliche private Altersvorsorge („Riester-Rente")

Zusätzlich zu den gesetzlichen bzw. tarifvertraglichen Ruhegehalts- bzw. Rentenzahlungen gibt es mit der „Riester-Rente" eine öffentlich geförderte Absicherung des Lebensunterhalts im Alter.

Diese Förderung erhalten neben den gesetzlich Pflichtversicherten (z.B. Lehrkräfte im Arbeitnehmerverhältnis) auch Personen, die keinen Anspruch haben, aber mit einer Person verheiratet sind, die die Voraussetzungen erfüllt.

Ferner sind die Beamt/innen in die „Riester-Rente" einbezogen. Gefördert werden nur Angebote, die die Voraussetzungen des Altersvorsorgeverträge-Zertifizierungsgesetzes erfüllen.

Die Auswahl der Versicherungsart und des Versicherers ist eine persönliche Entscheidung; dafür bietet die GEW keine Beratung an. Die GEW hat jedoch gemeinsam mit dem DGB einen Rahmenvertrag mit Versicherungen und Finanzdienstleistern abgeschlossen. Die in dem Altersvorsorgepaket „Das RentenPlus" angebotenen Altersvorsorgeverträge, die auf persönliche Veränderungen, wie z.B. Familienzuwachs oder Einkommensveränderungen angepasst werden können, gelten ausschließlich für GEW-Mitglieder; es ist sichergestellt, dass alle wirtschaftlichen Vorteile der angebotenen Produkte den Mitgliedern zugute kommen. Ferner ist eine qualifizierte Beratung vor den Vertragsabschlüssen gewährleistet, denn ohne eine umfassende und miteinander vernetzte Information über Versorgungslücken, Riester-Förderung, Steuervorteile, Finanzaufwand und Ertrag kann eine Geldanlage auf Dauer nicht erfolgreich sein. Vertragspartner der GEW leisten dies, deshalb empfehlen wir den direkten Kontakt (siehe unten).

Die Anbieter erteilen Auskünfte unter: Das RentenPlus, Postfach, 56049 Koblenz, oder direkt (Telefon- und Fax-Kosten: 0,12 EUR/Min):

– Debeka: 0180/5006590-10, Fax: -11
– BHW: 0180/5006590-20, Fax: -21
– DBV Winterthur: 0180/5006590-30, Fax: -31
– DEVK: 0180/5006590-40, Fax: -41
– HUK-Coburg: 0180/5006590-50, Fax: -51
– Nürnberger: 0180/5006590-60, Fax: -61
– DWS TopRente: 0180/5006590-70, Fax: -71

Ferner sind Informationen im Internet erhältlich: www.das-rentenplus.de/.

→ Renten; → Beamtenversorgung (Allgemeines); → Ruhestand (Allgemeines)

Ruhestand (Allgemeines)

Hinweise der Redaktion

A. Formen und Fristen für die Zurruhesetzung von Beamt/innen

1. Gesetzlicher Ruhestand

1. Beamtinnen und Beamte auf Lebenszeit treten, ohne dass es eines Antrags bedarf, mit dem Ablauf des Monats in den Ruhestand, in dem sie das 67. Lebensjahr vollenden.
→ Beamtengesetz § 36
2. Abweichend hiervon treten <u>Lehrkräfte an öffentlichen Schulen</u> kraft Gesetzes zum Ende des Schuljahres in den Ruhestand, in dem sie das **66. Lebensjahr** vollenden (31. Juli). Die Folge: Eine Lehrkraft, die Anfang August das 66. Lebensjahr vollendet, wird wegen dieses festen Stichtags fast ein Jahr später pensioniert als eine Kollegin, die Ende Juli 66 Jahre alt wird.
→ Beamtengesetz § 36 Abs. 2

> **Hinweis der Redaktion:**
> Für die Geburtsjahrgänge 1948-1964:
> → Ruhestand (Übergangsregelungen)

3. Auf Antrag kann der Beginn des Ruhestands auf eigenen Antrag um ein Jahr hinausgeschoben werden. Zu einer eventuellen Weiterbeschäftigung über den Ruhestand hinaus auch Nr. 7 beachten.
→ Beamtengesetz § 39; → Personalvertretungsgesetz § 75 Abs. 1, Ziffer 11

2. Vorzeitiger Ruhestand („Antragsruhestand")

1. Auf eigenen Antrag können Beamtinnen und Beamte auf Lebenszeit ohne Nachweis der Dienstunfähigkeit in den Ruhestand versetzt werden, wenn sie das 63. Lebensjahr vollendet haben („Antragsaltersgrenze"). In diesem Fall wird ein Versorgungsabschlag – je nach Geburtsjahr zwischen 3,6% und 14,4% der Versorgungsbezüge – fällig.
→ Beamtengesetz § 40 Abs. 1 Nr. 1; → Beamtenversorgung (Abschläge)
2. Für Schwerbehinderte (mindestens GdB 50), gilt als Antragsaltersgrenze die Vollendung des 62. Lebensjahrs. Überwiegend wird auch in diesem Fall ein Versorgungsabschlag fällig.
→ Beamtengesetz § 40 Abs. 1 Nr. 2; → Beamtenversorgung (Abschläge)

Diese Zurruhesetzung auf Antrag erfolgt im Regelfall am 31. Juli nach Vollendung des betreffenden Lebensjahres, also zum Schuljahresende nach dem **63. Geburtstag**. Hiervon kann auf Antrag jedoch auch abgewichen werden:

Fall 1: Schwerbehinderung
Schwerbehinderte Lehrkräfte können, sobald sie das **62. Lebensjahr** vollendet haben, auf ihren Antrag in jedem der darauf folgenden Jahre sowohl mit Ablauf des Monats Januar als auch zum 31. Juli in den Ruhestand versetzt werden.
(Quelle: KM, 21. Mai 2001; AZ: 14-0311.41/279)

Hinweis der Redaktion: Zu den Übergangsregelungen für zwischen 1952 und 1968 geborene Schwerbehinderte siehe: → Ruhestand (Übergangsregelungen).

Fall 2: Geburtstag in den Sommerferien
Lehrkräfte, die in den Sommerferien das Stichtags-Alter für den Antrags-Ruhestand erreichen, müssen nicht bis zum 31. Juli des Folgejahres warten, sondern können auf Antrag noch während der Ferien in den Ruhestand treten. Die Versetzung in den Ruhestand erfolgt in diesem Fall „tagesscharf" am Tag vor dem betreffenden Geburtstag.
Ein fälliger Versorgungsabschlag wird dann ebenfalls „tagesscharf" berechnet, also für alle Monate vor Erreichen des gesetzlichen Zurruhesetzungstermins. Dafür sind die Betroffenen aber auch fast ein Jahr früher von der Arbeit befreit und erhalten in dieser Zeit bereits eine Pension.

Fall 3: (Alters-)Urlaub bis zum Ruhestand
Auch bei allen anderen Lehrkräften ist eine „tagesscharfe", vorgezogene Zurruhesetzung möglich, sobald sie das Stichtags-Alter für den Antrags-Ruhestand erreicht haben, wenn sie im neuen Schuljahr keinen Dienst mehr tun, sondern die Zeit zwischen dem ersten Schultag nach den Sommerferien bis zum zum Ablauf des Tages vor der Vollendung des 63. Lebensjahres durch einen Urlaub ohne Bezüge (§ 73 LBG) überbrücken. Dann sind sie nach den Sommerferien von der Dienstleistung frei. Dies ist insbesondere für Lehrkräfte attraktiv, die kurz nach den Sommerferien Geburtstag haben; bei mehr als 31 Kalendertagen entfällt jedoch die Beihilfeberechtigung.
→ Beihilfeverordnung § 2 Abs. 2, letzter Satz

Wer die Höchstdauer
a) von sechs Jahren für Urlaub aus sonstigen Gründen (§ 72 Abs. 2 Nr. 1 LBG) ausgeschöpft und keine familiären Gründe hat oder
b) die nach § 73 Abs. 1 LBG geltende Höchstdauer von 15 Jahren
   - für Urlaub aus familienpolitischen Gründen (§ 72 Abs. 1 LBG) allein oder
   - für die die Kombination von familiärer und sonstiger Beurlaubung oder
   - für unterhältige Teilzeit aus familienpolitischen Gründen (§ 69 Abs. 2 LBG) oder
   - für die unterhältige Teilzeit aus familienpolitischen Gründen in Kombination mit familiärer und sonstiger Beurlaubung

ausgeschöpft und das 55. Lebensjahr vollendet hat, kann die Phase zwischen den Sommerferien und dem 63. Geburtstag auch durch den Altersurlaub (§ 72 Abs. 2 Nr. 2 LBG) überbrücken. Hierfür gilt jedoch eine Einschränkung: Es darf dem Betroffenen „*nicht mehr zuzumuten*" sein, zur Voll- oder Teilzeitbeschäftigung „*zurückzukehren*" (§ 73 Abs. LBG). *Zurückkehren* kann man aber nuraus einem laufenden Urlaub! Wenn die maximal 6 bzw. 15 Jahre ausgeschöpft sind, ist also zwar ein Altersurlaub als unmittelbar anschließende Verlängerung eines laufenden Urlaubs aus familiären Günden (§ 72 Abs. 1 LBG) oder aus sonstigen Gründen (§ 72 Abs. 2 Nr. 1 LBG) möglich, aber kein neuer Altersurlaub. Wir empfehlen, diese Frage rechtzeitig mit dem Regierungspräsidium (unter Mithilfe des Bezirkspersonalrats) abzuklären.

Fall 4: Pensionierung im laufenden Schuljahr
In besonders begründeten Ausnahmefällen können Beamtinnen und Beamte, die – ohne im gesetzlichen Sinne dienstunfähig zu sein – gesundheitlich so beeinträchtigt sind, dass auch eine kurzzeitige Verlängerung der aktiven Dienstzeit nicht zumutbar erscheint, auch im Laufe eines Schuljahres zur Ruhe gesetzt werden.
(Quelle: KM, 13.7.1998 (Nr. 1/5-0311.52/166).
→ Beamtengesetz § 43

3.
Sonstige Formen des „Vorruhestands"

Für Beamtinnen und Beamte gibt es neben dem Antragsruhestand nur eingeschränkte Möglichkeiten, vor Erreichen der gesetzlichen Ruhestandsgrenzen ganz oder zeitweise aus ihrer Tätigkeit auszuscheiden. Zu nennen sind:
1. Urlaub ohne Dienstbezüge (Freistellung),
   → Beamtengesetz § 73
2. Freistellungsjahr („Sabbatjahr"),
   → Beamtengesetz § 70 Abs. 5; → Teilzeit/Urlaub (Freistellungsjahr – Sabbatjahr)
3. „Blockmodell"-Phase in der Altersteilzeit (nur für schwerbehinderte Beamt/innen möglich).
   → Beamtengesetz § 71; → Teilzeit/Urlaub (Beamtenrecht – Altersteilzeit)

In allen Fällen ist eine vorherige Beratung durch die GEW-Bezirksgeschäftsstelle und ggf. die Schwerbehindertenvertretung dringend anzuraten.

Ein Urlaub ohne Dienstbezüge kann in bestimmten Konstellationen attraktiver sein als ein Sabbatjahr, insbesondere wenn sich eine weitere Beurlaubung anschließen soll. Das Sabbatjahr ist nach seinem Antritt praktisch nicht veränderbar. Ferner gibt der/die Beschäftigte durch das jahrelange Ansparen dem Land praktisch ein zinsloses Darlehen. Hingegen kann ein Urlaub sehr flexibel nach dem individuellen Bedürfnis gehandhabt werden und hierfür angespartes Kapital kann Zinsen erbringen. Für die Versorgung „kostet" beides gleich viel (nämlich ein Jahr Dienstzeit). Das Sabbatjahr hat zwar den Vorteil der Beihilfeberechtigung; wer aber – z.B. als Ehepartner einer Beamtin – im Urlaub Beihilfe in Anspruch nehmen kann (Einkommensgrenze beachten: → BeihilfeVO § 5 Abs. 4 Nr. 4), fährt mit einem selbst finanzierten Urlaub ggf. besser als mit dem engen Sabbatjahr.

Beim Freistellungsjahr („Sabbatjahr") sowie bei der „Blockmodell"-Phase in der Altersteilzeit handelt es sich um eine andere Verteilung der Arbeitszeit. Formal ist dies keine vorzeitige Zurruhesetzung, sondern eine Freistellung von der Dienstleistung.
→ Teilzeit / Urlaub (Beamtenrecht)

Es ist in der Regel davon abzuraten, das „*Jahr der vollen Freistellung*" (Sabbatjahr) in das Schuljahr nach dem 63. Geburtstag zu legen, da der in diesem Jahr mögliche Antragsruhestand finanziell wesentlich günstiger ist als das (vom Beschäftigten ganz aus eigener Tasche finanzierte) Sabbatjahr.

Von dem vorzeitigen Ausscheiden durch Entlassung aus dem Beamtenverhältnis ist grundsätzlich abzuraten. → Beamtenversorgung (Altersgeld)

4.
Ruhestand wegen Dienstunfähigkeit
a)
Zurruhesetzung von Amts wegen (§ 43 LBG)
Zum Begriff der Dienstunfähigkeit siehe → Beamtengesetz § 43 und 44. Die Überprüfung der Dienstfähigkeit kann vom Regierungspräsidium eingeleitet werden, wenn Zweifel an der vollen und nachhaltigen Dienstfähigkeit bestehen. Diese sind stets gegeben, wenn der/die Betroffene innerhalb von sechs Monaten mindestens drei Monate dienstunfähig gemeldet ist. Vor einer Zurruhesetzung wird in der Regel überprüft, ob

- alle medizinischen Möglichkeiten ausgeschöpft wurden (z.B. Rehabilitation),
  → Beihilfe (Kuren)
- eine Wiedereingliederung mithilfe der Rekonvaleszenzregelung möglich ist,
  → Arbeitszeit (Rekonvaleszenzregelung)
- eine andere Verwendung möglich ist (vgl. Nr. 6),
- eine Teildienstfähigkeit gegeben ist (vgl. Nr. 5).

Erst wenn alle Möglichkeiten ausgeschöpft sind, erfolgt die Pensionierung wegen Dienstunfähigkeit.

Voraussetzungen und Verfahren:
Das Regierungspräsidium teilt dem/der Betroffenen seine Vermutung der dauernden Dienstunfähigkeit mit und ordnet eine amtsärztliche Untersuchung durch das Gesundheitsamt an. Der Amtsarzt erstellt darauf ein Gutachten (siehe Buchst. B – Hinweise zum Verfahren). Wenn aus diesem zweifelsfrei hervorgeht, dass mit der Wiederherstellung der Dienstfähigkeit innerhalb der nächsten 6 Monate nicht zu rechnen ist, wird in der Regel ein Zurruhesetzungsverfahren eingeleitet. Dies erfolgt durch ein Schreiben des RP an die Lehrkraft mit Begründung sowie dem Hinweis, dass diese die Beteiligung des Personalrats beantragen kann.
→ Amtsärztliche Untersuchung

Für die Geburtsjahrgänge 1948 bis 1964 siehe: → Ruhestand (Übergangsregelung)

Die Einspruchsfrist beträgt in der Regel 1 Monat ab Aushändigung dieses Schreibens (diese Frist gilt auch für den Antrag auf Beteiligung des Bezirkspersonalrats beim Regierungspräsidium). Wird ein Antrag auf Beteiligung des Personalrats gestellt, erfolgt jetzt das Beteiligungsverfahren; bei Lehrkräften, die noch nicht das 55 Lebensjahr vollendet haben, muss das RP zusätzlich das Einvernehmen mit dem Finanzminsterium herstellen. Erst danach kann dem/der Beschäftigten die Zurruhesetzung förmlich mitgeteilt werden; anschließend werden die Bezüge auf das Ruhegehalt umgestellt.

Soweit eine Dienstunfähigkeit nach § 43 LBG in der Zeit des Altersurlaubs eintritt, ist der bzw. die Beschäftigte in den Ruhestand zu versetzen, ohne dass zuvor geprüft werden muss, ob ein besonderer Härtefall vorliegt, der die Rückkehr aus dem Urlaub nicht zulässt, wenn die Fortsetzung des Urlaubs nicht zuzumuten ist. Ein eigener Antrag ist in diesem Falle unbedingt empfehlenswert.

(Quelle: Schreiben des KM 30.10.97; I/5-0311.42/56)

Bei der Zurruhesetzung wegen Dienstunfähigkeit ist bei Beamten, die eine bestimmte Versorgungshöhe (derzeit 70%) noch nicht erreicht haben und Rentenanwartschaften in der gesetzlichen Rentenversicherung haben (z.B. wegen Tätigkeiten vor dem Beamtenverhältnis), gemäß § 28 BeamtVG auf eigenen Antrag eine vorübergehende Erhöhung des Ruhegehalts bis zum Rentenbezug möglich.

→ Beamtenversorgung (Allgemeines)

b)
Zurruhesetzung auf eigenen Antrag (§ 54 LBG)

Das neue LBG sieht diese Möglichkeit formal nicht mehr vor. Beamt/innen können aber in jedem Fall einen Antrag in eigener Sache stellen und auf diesem Weg ein Verfahren zur Zurruhesetzung wegen Dienstunfähigkeit einleiten.

Ein eigener Antrag auf Zurruhesetzung ist auf keinen Fall sinnvoll, wenn man sich zwar dienstunfähig fühlt, aber noch nicht sämtliche Behandlungsmöglichkeiten ausgeschöpft hat.

Voraussetzungen und Verfahren:

Nach dem Antrag auf Zurruhesetzung ordnet das Regierungspräsidium eine amtsärztliche Untersuchung an. Nach Eingang des Gutachtens beim RP läuft das Verfahren analog zu Ziffer 4 a weiter. Wichtig: Wird ein Antrag auf Versetzung in den Ruhestand wegen Dienstunfähigkeit von dem/der Beschäftigten zurückgezogen, weil das Gesundheitsamt keine völlige, sondern nur eine begrenzte Dienstfähigkeit feststellt (s.u.), so kann die Behörde das Ergebnis der amtsärztlichen Untersuchung nicht ignorieren: Das Verfahren auf Herabsetzung der Arbeitszeit wegen begrenzter Dienstfähigkeit wird dann von Amts wegen fortgeführt.

GEW-Mitglieder sollten sich in jedem Fall von der GEW-Rechtsschutzstelle beraten lassen.

5.
Begrenzte Dienstfähigkeit („Teildienstfähigkeit")

Mit der „begrenzten Dienstfähigkeit" soll die Zahl der vorzeitigen Zurruhesetzungen vermindert sowie jenen Beschäftigten, die weiter im Beruf tätig sein wollen, jedoch nicht mehr voll einsatzfähig sind, eine Chance gegeben werden. Zum Begriff der Teildienstfähigkeit bitte § 43 des Beamtengesetzes beachten.

→ Beamtengesetz § 43

Voraussetzungen und Verfahren:

Es muss eine dauerhaft eingeschränkte Dienstfähigkeit vorliegen, bei welcher der verbleibende Dienstfähigkeit mindesten 50% beträgt.

Das RP leitet wie bei Ziff. 4a) zunächst eine amtsärztliche Untersuchung ein. Das Gesundheitsamt erstellt ein Gutachten, in dem im Grundsatz Dienstfähigkeit, aber auch die Tatsache festgestellt wird, dass und in welchem Umfang noch eine begrenzte Dienstfähigkeit vorliegt. Es folgen die Mitteilung an die Lehrkraft und die Begründung der beabsichtigten Maßnahme durch das RP. Die Einspruchsfrist beträgt in der Regel 1 Monat ab Aushändigung dieses Schreibens. In dieser Frist müsste auch die Beteiligung des Personalrates beim Regierungspräsidium schriftlich beantragt werden.

Die Zeit der begrenzten Dienstfähigkeit ist keine Teilzeitbeschäftigung, da die Lehrkraft die ihr mögliche Dienstleistung vollständig erbringt. Insofern kann die begrenzte Dienstfähigkeit vorteilhafter sein als eine Teilzeitbeschäftigung, bei welcher die Beschäftigten die Kosten für die Aufrechterhaltung ihrer Teil-Dienstfähigkeit selber tragen; sie kann je nach Höhe des Deputats aber auch Nachteile mit sich bringen. GEW-Mitglieder sollten sich deshalb von der Rechtsschutzstelle beraten lassen.

Das Fortbestehen einer begrenzten Dienstfähigkeit ist von Amts wegen regelmäßig zu überprüfen.

Ausgestaltung des Dienstverhältnisses:
a) Arbeitszeit

Die wöchentliche Arbeitszeit wird von Amts wegen entsprechend der Minderung der Dienstfähigkeit herabgesetzt (mindestens muss ein halbes Deputat erteilt werden; aus Gründen der Fürsorge sollen teildienstfähige Lehrkräfte vom „variablen Deputat" ausgenommen werden). Die begrenzte Dienstfähigkeit hat keinen Einfluss auf Anrechnungen, Freistellungen oder Arbeitsbefreiungen. Alters- und Schwerbehindertenermäßigung werden nur wie bei Teilzeitbeschäftigten bewilligt (Quelle: KM, 8.8.2000, AZ: 14 0310.31/116). Wenn in amtsärztlichen Zeugnissen bei begrenzter Dienstfähigkeit ein Prozentsatz und nicht eine Wochenstundenzahl angegeben ist, ist der Deputatsfaktor dem prozentualen Teil der Dienstfähigkeit anzupassen. Dabei ist auf halbe Stunden aufzurunden. (Quelle: KM, 11.7.2003; AZ: 14-0301.625/108)

→ Arbeitszeit (Lehrkräfte) Teile A.IV., C, D und E

b) Besoldung

Die Besoldung entspricht dem Deputatsanteil, mindestens wird jedoch ein Gehalt in Höhe der zu diesem Zeitpunkt zustehenden Versorgungsbezüge gezahlt. Die Lehrkraft befindet sich jedoch nicht im Ruhestand (deshalb besteht z.B. ein Beihilfeanspruch wie bei aktiven Kolleginnen und Kollegen). Vermögenswirksame Leistungen werden zur Hälfte gewährt. Begrenzt Dienstfähige erhalten zu den laufenden Dienstbezügen einen nicht ruhegehaltfähigen Zuschlag von 5 Prozent, mindestens jedoch von 220 Euro. Sind die Bezüge aus der Teildienstfähigkeit höher als die zu diesem Zeitpunkt zustehende Versorgung, so wird der Zuschlag um den Unterschiedsbetrag gekürzt. Es kann also auch vorkommen, dass gar kein Zuschlag bezahlt wird.

→ Besoldung (Gesetz – LBesGBW) § 70

c) Ruhegehalt

Die Zeit der begrenzten Dienstfähigkeit ist entsprechend dem Beschäftigungsumfang ruhegehaltfähig (mindestens entsprechend der Zurechnungszeit bei Dienstunfähigkeit). Bei der Zurruhesetzung wird das Ruhegehalt neu berechnet.

→ Beamtenversorgung (Allgemeines)

d) Altersteilzeit

Für begrenzt dienstfähige Schwerbehinderte ist Altersteilzeit – nur in Form des Blockmodells nach § 70 Abs. 2 Nr. 2 LBG – auf der Grundlage der Hälfte der noch mit begrenzter Dienstfähigkeit zu leistenden Arbeitszeit möglich. Zu den Einzelheiten und eventuellen Ausnahmen von diesem Grundsatz sollten sich Betroffene unbedingt von der Schwerbehindertenvertretung beraten lassen.

→ Teilzeit / Urlaub (Beamtenrecht) Nr. V.

e) Rekonvaleszenzregelung

Die Rekonvaleszenzregelung (verringertes Deputat bei schwerer Erkrankung unter Fortzahlung der Bezüge in der Höhe vor der Erkrankung) setzt die positive Prognose der Wiederherstellung der vollen Dienstfähigkeit nach einer Übergangszeit voraus. Fehlt diese positive Prognose, sind die Regelungen über die begrenzte Dienstfähigkeit anzuwenden. Auch in solchen Fällen empfehlen wir Betroffenen, sich unbedingt von der Schwerbehindertenvertretung beraten zu lassen.

→ Arbeitszeit (Rekonvaleszenz)

d) Nebentätigkeiten

Die Regelgrenze für Nebentätigkeiten (die zeitliche Beanspruchung in der Woche darf ein Fünftel der regelmäßigen Arbeitszeit nicht überschreiten) wird bei begrenzter Dienstfähigkeit anteilig angewandt: Sie verringert sich in dem Verhältnis, in dem die Arbeitszeit herabgesetzt ist.

→ Beamtengesetz § 162

1.
Amtsärztliche Untersuchung

Die amtsärztliche Untersuchung von Beamt/innen ist im Beamtengesetz sowie in einer Verwaltungsvorschrift des Sozialministeriums geregelt.

→ Amtsärztliche Untersuchung; → Beamtengesetz § 53

Das Gesundheitsamt muss beim Verdacht auf Dienstunfähigkeit im Auftrag des Regierungspräsidiums folgende Fragen beantworten; Betroffene sollten sich hierauf vorbereiten:

6.
Anderweitige Verwendung / Reaktivierung

Lehrkräfte, die für den Bereich „Unterricht" als dienstunfähig anzusehen sind, können anderweitig eingesetzt werden (Abordnung oder Versetzung); dies erfolgte bisher nur in Einzelfällen – in der Regel an Dienststellen der Schulverwaltung. Achtung: Bei Abordnungen in andere Bereiche ist ein Antrag auf Beteiligung des „abgebenden" Personalrats sinnvoll, da andernfalls nur der „aufnehmende" im fremden Bereich beteiligt wird.

→ Beamtenstatusgesetz § 29; → Personalvertretungsgesetz § 75 Abs. 2

Bis einschließlich des 62. Lebensjahrs können pensionierte Beamt/innen „reaktiviert" werden. Wenn im ersten amtsärztlichen Gutachten nicht zweifelsfrei ausgeführt wurde, dass dies nicht sinnvoll ist, erfolgt üblicherweise erstmals ein Jahr nach der Pensionierung eine Nachuntersuchung.

Die Voraussetzungen für die anderweitige Verwendung und die Reaktivierung sind durch das Beamtenstatusgesetz erleichtert worden. Wir empfehlen Betroffenen dringend, die Schwerbehindertenvertretung und den GEW-Rechtsschutz zu konsultieren.

7.
Weiterbeschäftigung über den Ruhestand hinaus

Für die Weiterbeschäftigung einer Lehrkraft, die das gesetzliche Ruhestandsalter erreicht hat, sind zwei verschiedene Ausgestaltungen denkbar:
- Gemäß § 39 LBG (s.o. Ziff. 1) kann die Pensionierung auf Antrag hinausgeschoben werden.
- Eine gemäß § 36 LBG kraft Gesetzes in den Ruhestand getretene Lehrkraft kann mit dem Land einen Arbeitsvertrag nach TV-L schließen.

→ Tarifvertrag (Länder) § 30

Für gegen Entgelt beschäftigte Ruhestandsbeamt/innen besteht Versicherungsfreiheit in der gesetzlichen Kranken- und Rentenversicherung. Um eine Besserstellung der versicherungsfreien Versorgungsempfänger/innen auf dem Arbeitsmarkt in Grenzen zu halten, muss der Arbeitgeber jedoch die Hälfte des Betrags abführen, der zu zahlen wäre, wenn diese versicherungspflichtig wären.

Wer neben dem Ruhegehalt ein Erwerbseinkommen bezieht, muss bis zur Vollendung des 65. Lebensjahrs Höchstgrenzen beachten.

→ Beamtenversorgung (Höchstgrenzen)

B.
Ergänzende Hinweise zum Verfahren

1.
Liegt derzeit eine Dienstunfähigkeit vor?

Wird diese Frage im Gutachten verneint, erhält der/die Betroffene vom Regierungspräsidium eine Aufforderung zum Dienstantritt.

2.
Ist bei möglichen Behandlungen innerhalb von sechs Monaten wieder mit Dienstfähigkeit zu rechnen?

Wird diese Frage im Gutachten bejaht, erhält der/die Betroffene vom Regierungspräsidium die Auf-

Ruhestand (Allgemeines)

forderung sich diesen Behandlungen – ggf. auch stationär – zu unterziehen. Wird sie verneint, liegt im Grundsatz dauernde Dienstunfähigkeit vor.

3.
Erscheint eine Verwendung in einer anderen Tätigkeit – z.B. in einer Verwaltung – möglich?

Wird diese Frage im Gutachten bejaht, wird das RP versuchen, für den/die Betroffene eine anderweitige Verwendung im Verwaltungsbereich zu finden und leitet ggf. eine Versetzung dorthin ein.

4.
Kann der/die Betroffene im Rahmen einer „begrenzten Dienstfähigkeit" mit wenigstens noch einem halben Deputat weiter verwendet werden?

Wird diese Frage im Gutachten bejaht, ist mit einem Verfahren zur Feststellung der „begrenzten Dienstfähigkeit" und zur Herabsetzung der Arbeitszeit auf die vom Amtsarzt festgestellte Wochenstundenzahl zu rechnen. In diesem Fall sollte man den GEW-Rechtsschutz in Anspruch nehmen.

Wird diese Frage im Gutachten verneint, leitet das Regierungspräsidium das förmliche Zurruhesetzungsverfahren ein bzw. setzt es fort.

Das Gesundheitsamt muss der untersuchten Person eine Kopie des der anfordernden Dienststelle erteilten amtsärztlichen Zeugnisses übermitteln.

→ Amtsärztliche Untersuchung

Durch eine vertrauensvolle Zusammenarbeit mit den behandelnden Ärzten, mit der Personal- und der Schwerbehindertenvertretung ist es möglich, das Ergebnis der amtsärztlichen Untersuchung sowie das Zurruhesetzungsverfahren zu den eigenen Gunsten zu beeinflussen. Die Amtsärzte sind wegen der Bandbreite der „Fälle", in denen sie tätig werden, auf die Befunde der Haus- und Fachärzte angewiesen und deshalb in der Regel dankbar, wenn ihnen diese vor der amtsärztlichen Untersuchung in Kopie zugeleitet werden, damit sie sich auf den Termin vorbereiten können.

Wer wegen gesundheitlicher Probleme mit einer vorzeitigen Zurruhesetzung rechnen muss, sollte sich bewusst sein, dass die Amtsärzte nicht nur den aktuellen Gesundheitszustand in den Blick nehmen, sondern auch den bisherigen Krankheitsverlauf. Die krankheitsbedingten Fehlzeiten, die Frequenz und Intensität der vorhergehenden ärztlichen Bemühungen, Kuraufenthalte und Rehabilitationsmaßnahmen sind in gewissem Umfang Indikatoren für den Schweregrad der Erkrankung. Mit anderen Worten: Wer aus Pflichtbewusstsein in den letzten zehn Jahren nie fehlte und nie zum Arzt ging, wird kaum eine schwere, chronische Erkrankung geltend machen können.

In klaren Fällen (z.B. bei unheilbaren Leiden oder nach schweren Operationen) und bei über 55-Jährigen erfolgt häufig eine Zurruhesetzung innerhalb eines Jahres nach Beginn der Krankheit. Auch bei (teilweise) dienstlichem Interesse an einer Pensionierung (z.B. bei Lehrkräften oder Schulleiter/innen, die in ihren Aufgaben überfordert sind) betreibt die Schulverwaltung diese nicht selten zügiger. Bei Erkrankungen von unter 55-Jährigen erfolgt hingegen eine Zurruhesetzung oftmals erst nach zwei oder mehr Jahren ununterbrochener Krankheitsdauer, wenn alle Rehabilitationsmaßnahmen erfolglos blieben. Beim Zurruhesetzungsverfahren muss die Behörde immer den Grundsatz „Rehabilitation vor Versorgung" beachten.

2.
Schwerbehinderung

Bei einer längerfristigen oder sehr schweren Erkrankung sollte beim Versorgungsamt ein Antrag auf Schwerbehinderung gestellt werden (ggf. bereits aus dem Krankenhaus). Erfahrungsgemäß dauert die Bearbeitung mehrere Monate. Hierbei sollte man sich stets durch die Schwerbehindertenvertretung und/oder die Personalvertretung beraten lassen (beide arbeiten eng zusammen; Anschriften am Anfang des Jahrbuchs).

→ Schwerbehinderung

3.
Rechtsschutz und Rechtsberatung

Die zuständigen Bezirkspersonalräte können auf den Ablauf einer vorzeitiger Zurruhesetzung nur Einfluss nehmen, wenn die Betroffenen beim Regierungspräsidium die Beteiligung des Personalrates beantragen, da dieser ausschließlich auf Antrag des Betroffenen mitwirkt. Man sollte diese Beteiligung des Bezirkspersonalrats stets beantragen.

→ Personalvertretungsgesetz § 80 Abs. 1 Nr. 7

GEW-Mitglieder wenden sich mit nicht zufriedenstellenden Bescheiden des Gesundheitsamts oder des Regierungspräsidiums in jedem Falle sofort an die zuständige GEW-Rechtsschutzstelle.

→ Rechtsschutz

Sie sollten insbesondere in Fällen, die vom Regel-Zurruhesetzungstermin abweichen (z.B. Antragsruhestand, Dienstunfähigkeit, Sabbatjahr, Altersteilzeit) ihr voraussichtliches Ruhegehalt berechnen lassen und die individuelle Beratung durch die GEW-Geschäftsstellen in Anspruch nehmen:

→ Beamtenversorgung (Berechnung)

Wer in den Ruhestand tritt, sollte den Bescheid über die Festsetzung der Versorgungsbezüge, der in der Regel schon einige Zeit vor der Pensionierung zugestellt wird, nicht nur selbst **sofort** genau prüfen, sondern ihn stets – unter Angabe von eventuellen Unstimmigkeiten und mit den entsprechenden Unterlagen – **eiligst** an die Rechtsschutzstelle des zuständigen GEW-Bezirks zur Überprüfung senden. Nur der GEW-Rechtsschutz weiß genau Bescheid, welche Fragen strittig sind und wo es im Hinblick auf laufende Rechtsverfahren im Einzelfall sinnvoll ist, Widerspruch einzulegen.

→ Amtsärztl. Untersuchung; → Besoldung (Gesetz – LBesGBW) § 70; → Beamtengesetz § 36 ff.; → Personalvertretungsgesetz § 80 Abs. 1 Nr. 7; → Rechtsschutz; → Beamtenversorgung (Allgemeines) / (Berechnung) / (Hinterbliebene) / (Höchstgrenze); → Ruhestand (Übergangsregelung); → Schwerbehinderung; → Teilzeit/Urlaub (Freistellungsjahr – Sabbatjahr)

Ruhestand (Übergangsregelungen für Lehrkräfte)

Hinweise der Redaktion

1. Allgemeine Altersgrenze

Ab 1. Januar 2011 erhöht sich die allgemeine Altersgrenze für die Pensionierung der beamteten Lehrkräfte im Land Baden-Württemberg vom Schuljahresende nach der Vollendung des **64. Lebensjahres** stufenweise auf das Schuljahresende nach der Vollendung des **66. Lebensjahres**.

→ Beamtengesetz § 36; → Ruhestand (Allgemeines) A

In vollem Umfang (zwei Jahre) sind alle Lehrkräfte ab dem Geburtsjahr 1965 betroffen. Für die Jahrgänge 1948 bis 1964 gelten Übergangsregelungen: Abweichend von § 36 Abs. 2 LBG erreichen Lehrerinnen und Lehrer an öffentlichen Schulen außer an Hochschulen die Altersgrenze

bei Geburt im Jahr	mit dem Ende des Schuljahres, in dem sie das ... Lebensjahr vollenden	
1947 oder früher	64.	
1948:	64.	+ einen Monat
1949:	64.	+ zwei Monate
1950:	64.	+ drei Monate
1951:	64.	+ vier Monate
1952:	64.	+ fünf Monate
1953:	64.	+ sechs Monate
1954:	64.	+ sieben Monate
1955:	64.	+ acht Monate
1956:	64.	+ neun Monate
1957:	64.	+ zehn Monate
1958:	64.	+ elf Monate
1959:	65.	–
1960:	65.	+ zwei Monate
1961:	65.	+ vier Monate
1962:	65.	+ sechs Monate
1963:	65.	+ acht Monate
1964:	65.	+ zehn Monate

2. Antragsaltersgrenze
a) Normalfall

Die Antragsaltersgrenze (Zurruhesetzung auf eigenen Antrag ohne Vorliegen einer Schwerbehinderung oder Dienstunfähigkeit gem. § 40 LBG Abs. 1 Nr. 1) bleibt unverändert beim Schuljahresende nach Vollendung des 63. Lebensjahres.

→ Beamtengesetz § 40 Abs. 1 Nr. 1

Da sich durch den Anstieg der allgemeinen Altersgrenze der Abstand zur – unveränderten – Antragsaltersgrenze schrittweise vergrößert, können künftig viele Betroffene zwischen mehreren Terminen für ihren vorzeigen Ruhestand wählen (siehe Tabellen auf den nächsten Seiten). Entsprechend müssen sie hierfür auch unterschiedliche Versorgungsabschläge in Kauf nehmen. Die Stichtagsregelung (1. August) kann sogar dazu führen, dass bis zum Geburtsjahrgang 1958 für bestimmte Gruppen von Lehrkräften trotz der Anhebung der Altersgrenze gar kein Versorgungsabschlag anfällt (z.B. für zwischen 2.8. und 1.9.1958 Geborene).

b) Antragsaltersgrenze für Schwerbehinderte

Die Antragsaltersgrenze für Schwerbehinderte (GdB ab 50) wird parallel zur allgemeinen Altersgrenze von der Vollendung des **60. Lebensjahres** stufenweise auf die Vollendung des **62. Lebensjahres** erhöht. Schwerbehinderte können nicht nur zum 1. August, sondern auch zum 1. Februar pensioniert werden (bei schwerer gesundheitlicher Beeinträchtigung auch mitten im Schuljahr).

→ Beamtengesetz § 40 Abs. 1 Nr. 2

Da es Besitzstandsregelungen und lange Übergangsbestimmungen gibt, werden in den nächsten Jahrzehnten vier Gruppen von schwerbehinderten Lehrkräften zu unterscheiden sein:

1. **Bis zum 16. November 1950 geborene Schwerbehinderte** können auf Antrag mit Vollendung des 60. Lebensjahres abschlagsfrei in den Ruhestand treten, wenn sie:
   - seit 16.11.2000 schwerbehindert sind **und**
   - vor dem 1.1.2001 im Landesdienst standen.

2. **Vor dem 1. Januar 1952 geborene Schwerbehinderte** dürfen weiterhin mit Vollendung des 60. Lebensjahres gehen; der Versorgungsabschlag (0,3% pro Monat) wird bis zur Vollendung des 63. Lebensjahrs berechnet, beträgt also maximal 10,8%.

3. **Bei nach dem 31. Dezember 1951 und vor dem 1. Januar 1969 geborenen Schwerbehinderten** wird die Antragsaltersgrenze
   - der Jahrgänge 1952-1963 um einen Monat,
   - ab Jahrgang 1964 in Zwei-Monatsschritten pro Jahrgang angehoben; der Versorgungsabschlag (0,3% /Monat) wird individuell berechnet. Siehe Tabelle auf der übernächsten Seite.

4. **Nach dem 31.12.1968 geborene Schwerbehinderte** müssen mindestens bis zur Vollendung des 62. Lebensjahrs arbeiten; beim Ausscheiden mit 62 gilt ein Abschlag von 10,8%.

Nach Abschluss der schrittweisen Anhebung fällt für schwerbehinderte Lehrkräfte ab der Vollendung des 65. Lebensjahrs kein Versorgungsabschlag an.

3. Zu den Tabellen auf den folgenden Seiten

Wir haben die Auswirkungen dieser Übergangsregelungen auf den folgenden Seiten dargestellt. Dort können die Betroffenen ihren individuellen Pensionierungstermin und die Abschläge ablesen.

Ruhestand (Übergangsregelungen für Lehrkräfte)

Allgemeine Altersgrenze und Antragsaltersgrenze
Übergangsregelung (ohne Schwerbehinderte)

Versorgungsbescheid sofort prüfen!

Wer in den Ruhestand tritt, erhält vom Landesamt für Besoldung (in der Regel schon vor der Pensionierung) einen Bescheid über die Festsetzung der Versorgungsbezüge. Man sollte die im Bescheid genannten Daten/Zeiten **sofort** genau auf Stimmigkeit und Vollständigkeit prüfen und ihn danach stets – unter Angabe von eventuellen Unstimmigkeiten und mit den entsprechenden Unterlagen – **eiligst** dem zuständigen GEW-Bezirk zur Überprüfung senden (Adressen im Adressenteil). Denn bei der Berechnung des Ruhegehalt durch das Landesamt können Fehler vorkommen (z.B. bei Zulagen, Ausbildungszeiten, Versorgungsabschlägen, Vorgriffsstunden usw.). Und nur die GEW weiß, welche Fragen strittig sind und wo es im Einzelfall sinnvoll ist, Widerspruch einzulegen. Nach einem Monat erhält der Bescheid „Bestandskraft"! Beim geringsten Zweifel sollte man deshalb formlos direkt beim Landesamt mit dem Zusatz: „Die Begründung wird nachgereicht" Widerspruch einlegen sowie der GEW Kopien dieses Widerspruchs und aller Unterlagen schicken. Ergeben sich keine Anstände, kann man den Widerspruch problemlos zurückziehen.

1. Geburtsjahrgänge 1948 bis 1958

Wer in diesem Zeitraum geboren wurde, …	… wird am 1. August … ohne Abschlag pensioniert	… kann am 1. August … mit Abschlag vorzeitig pensioniert werden		… kann am 1. August … mit Abschlag vorzeitig pensioniert werden	
		Jahr	Abschlag	Jahr	Abschlag
bis 1.8.1947	2011	2011	0 %	2010	3,6 %
2.8.1947-1.7.1948	2012	2012	0 %	2011	3,6 %
2.7.1948-1.8.1948	2013	2012	0,3 %	2011	3,9 %
2.8.1948 – 1.6.1949	2013	2013	0 %	2012	3,6 %
2.6.1949-1.8.1949	2014	2013	0,6 %	2012	4,2 %
2.8.1949-1.5.1950	2014	2014	0 %	2013	3,6 %
2.5.1950-1.8.1950	2015	2014	0,9 %	2013	4,5 %
2.8.1950-1.4.1951	2015	2015	0 %	2014	3,6 %
2.4.1951-1.8.1951	2016	2015	1,2 %	2014	4,8 %
2.8.1951-1.3.1952	2016	2016	0 %	2015	3,6 %
2.3.1952-1.8.1952	2017	2016	1,5 %	2015	5,1 %
2.8.1952-1.2.1953	2017	2017	0 %	2016	3,6 %
2.2.1953-1.8.1953	2018	2017	1,8 %	2016	5,4 %
2.8.1953-1.1.1954	2018	2018	0 %	2017	3,6 %
2.1.1954-1.8.1954	2019	2018	2,1 %	2017	5,7 %
2.8.1954-31.12.1954	2019	2019	0 %	2018	3,6 %
1.1.1955-1.8.1955	2020	2019	2,4 %	2018	6,0 %
2.8.1955-1.12.1955	2020	2020	0 %	2019	3,6 %
2.12.1955-31.12.1955	2021	2020	2,4 %	2019	6,0 %
1.1.1956-1.8.1956	2021	2020	2,7 %	2019	6,3 %
2.8.1956-1.11.1956	2021	2021	0 %	2020	3,6 %
2.11.1956-31.12.1956	2022	2021	2,7 %	2020	6,3 %
1.1.1957-1.8.1957	2022	2021	3,0 %	2020	6,6 %
2.8.1957-1.10.1957	2022	2022	0 %	2021	3,6 %
2.10.1957-31.12.1957	2023	2022	3,0 %	2021	6,6 %
1.1.1958-1.8.1958	2023	2022	3,3 %	2021	6,9 %
2.8.1958-1.9.1958	2023	2023	0 %	2022	3,6 %
2.9.1958-31.12.1958	2024	2023	3,3 %	2022	6,9 %

Fortsetzung der Tabelle auf der nächsten Seite

Von Fachleuten beraten lassen!

Die Folgen dieser Neu- und Übergangsregelungen sind für Nicht-Fachleute nicht (mehr) überschaubar. Es ist deshalb insbesondere den Schwerbehinderten dringend anzuraten, sich **rechtzeitig** – das bedeutet wegen der möglichen Rechtsfolgen und vor allem wegen der Möglichkeiten einer Altersteilzeit vor dem Ruhestand spätestens bei der Einreichung des Antrags auf Anerkennung als schwerbehinderter Mensch – und **gründlich** von Fachleuten beraten zu lassen. Hierfür kommen neben den Bezirksgeschäftsstellen der GEW vor allem die Vertrauenspersonen der Schwerbehinderten in Frage. Die Anschriften stehen im Adressenteil des Jahrbuchs.

→ Beamtengesetz §§ 36 ff.; → Beamtenversorgung (Abschläge); → Ruhestand (Allgemeines) Teil A

Ruhestand (Übergangsregelungen für Lehrkräfte)

2. Geburtsjahrgänge 1959 bis 1965

Wer in diesem Zeitraum geboren wurde, ...	... wird am 1. August ... ohne Abschlag pensioniert	... kann am 1. August ... mit Abschlag vorzeitig pensioniert werden		... kann am 1. August ... mit Abschlag vorzeitig pensioniert werden		... kann am 1. August ... mit Abschlag vorzeitig pensioniert werden	
		Jahr	Abschlag	Jahr	Abschlag	Jahr	Abschlag
1.1.1959-1.8.1959	2024	-		2023	3,6 %	2022	7,2 %
2.8.1959-31.12.1959	2025	-		2024	3,6 %	2023	7,2 %
1.1.1960-1.6.1960	2025	-		2024	3,6 %	2023	7,2 %
2.6.1960-1.8.1960	2026	2025	0,6 %	2024	4,2 %	2023	7,8 %
2.8.1960-31.12.1960	2026	-		2025	3,6 %	2024	7,2 %
1.1.1961-1.4.1961	2026	-		2025	3,6 %	2024	7,2 %
2.4.1961-1.8.1961	2027	2026	1,2 %	2025	4,8 %	2024	8,4 %
2.8.1961-31.12.1961	2027	-		2026	3,6 %	2025	7,2 %
1.1.1962-1.2.1962	2027	-		2026	3,6 %	2025	7,2 %
2.2.1962-1.8.1962	2028	2027	1,8 %	2026	5,4 %	2025	9,0 %
2.8.1962-31.12.1962	2028	-		2027	3,6 %	2026	7,2 %
1.1.1963-1.8.1963	2029	2028	2,4 %	2027	6,0 %	2026	9,6 %
2.8.1963-1.12.1963	2029	-		2028	3,6 %	2027	7,2 %
2.12.1963-31.12.1963	2030	2029	2,4 %	2028	6,0 %	2027	9,6 %
1.1.1964-1.8.1964	2030	2029	3,0 %	2028	6,6 %	2027	10,2 %
2.8.1964-1.10.1964	2030	-		2029	3,6 %	2028	7,2 %
2.10.1964-1.8.1965	2031	2030	3,6 %	2029	7,2 %	2028	10,8 %

Übergangsregelung für schwerbehinderte Lehrkräfte (Jahrgänge 1952 bis 1968)

Schwerbehinderte Lehrkräfte an öffentlichen Schulen erreichen die Antragsaltersgrenze

bei Geburt im Jahr	mit dem Ende des Schuljahres, in dem sie das ... Lebensjahr vollenden	
1951 oder früher:	60.	
1952:	60.	+ einen Monat
1953:	60.	+ zwei Monate
1954:	60.	+ drei Monate
1955:	60.	+ vier Monate
1956:	60.	+ fünf Monate
1957:	60.	+ sechs Monate
1958:	60.	+ sieben Monate
1959:	60.	+ acht Monate
1960:	60.	+ neun Monate
1961:	60.	+ zehn Monate
1962:	60.	+ elf Monate
1963:	61.	
1964:	61.	+ zwei Monate
1965:	61.	+ vier Monate
1966:	61.	+ sechs Monate
1967:	61.	+ acht Monate
1968:	61.	+ zehn Monate

Vier konkrete Berechnungsbeispiele für den vorzeitigen Ruhestand **mit Abschlag**:

1. Geburtsdatum: 6.11.1952
Vollendung des 60. Lebensjahrs: 6.11.2012
+ ein Monat 6.12.2012
Zurruhesetzung am 1.2.2013 oder am 1.8.2013

2. Geburtsdatum: 12.1.1957
Vollendung des 60. Lebensjahrs: 12.1.2017
+ sechs Monate 12.7.2017
Zurruhesetzung am 1.8.2017

3. Geburtsdatum: 1.3.1957
Vollendung des 60. Lebensjahrs: 1.3.2017
+ sechs Monate 1.9.2017
Zurruhesetzung am 1.2.2018 oder am 1.8.2018

4. Geburtsdatum: 4.5.1964
Vollendung des 60. Lebensjahrs: 4.5.2024
+ ein Jahr und zwei Monate 4.7.2025
Zurruhesetzung am 1.8.2025

Für den Antragsruhestand der Schwerbehinderten gelten zwei unterschiedliche Maßgaben: das Schuljahr und das Geburtsjahr (=Kalenderjahr). Deshalb können der Abschlag sowie der **früheste Zeitpunkt für das abschlagfreie Ausscheiden** (in der Regel drei Jahre nach dem frühesten Termin für den Antragsruhestand) nur individuell ermittelt werden.

Rundfunk- und Fernsehgebühren

Hinweis der Redaktion auf den Rundfunkgebührenstaatsvertrag

Nach dem Rundfunkgebührenstaatsvertrag vom vom 31.8.1991, zuletzt geändert 31.7./10.10.2006, ist jeder *„Rundfunkteilnehmer"* (auch jede Schule) verpflichtet, für jedes Empfangsgerät eine Grundgebühr und gegebenenfalls eine Fernsehgebühr zu entrichten.

Dies gilt grundsätzlich auch für PCs und andere *„neuartige Empfangsgeräte"* (z.B. internetfähige Handys). *„Zweitgeräte"* (z.B. weitere Geräte im eigenen Haushalt oder Auto, auch von Ehegatten und Kindern ohne eigenes Einkommen), sind in der Regel jedoch gebührenfrei (§ 5 Abs. 3; mehr unter www.gez.de).

Auch an Schulen ist jeweils nur ein Gerät gebührenpflichtig. Jede Schule hat eine Teilnehmernummer bei der Gebühreneinzugszentrale; diese fordert alle Schulen im Dreijahresrhythmus zur Meldung auf.

Diese Gebührenfreiheit für Zweitgeräte gilt nicht *„in solchen Räumen oder Kraftfahrzeugen, die zu anderen als privaten Zwecken genutzt werden"*, also zu gewerblichen Zwecken bzw. im Rahmen einer selbstständigen Erwerbstätigkeit.

Hiervon betroffen sind auch selbstständig tätige Lehrkräfte (*„Honorarlehrkräfte"* z.B. in der Erwachsenenbildung), nicht jedoch angestellte oder verbeamtete Lehrkräfte an Schulen, Hochschulen und Weiterbildungseinrichtungen etc., denn diese üben weder ein Gewerbe noch eine selbstständige Erwerbstätigkeit aus.

Damit bleibt der häusliche PC von Lehrkräften, der hin und wieder beruflich, z.B. zur Unterrichtsvorbereitung genutzt wird, gebührenfrei, wenn bereits die Rundfunk- und Fernsehgebühr für ein Erstgerät im Haushalt gezahlt wird.

Befreiung der Schulen von der Rundfunkgebührenpflicht

Auszug aus der Verordnung der Landesregierung über die Voraussetzungen für die Befreiung von der Rundfunkgebührenpflicht vom 21. Juli 1992 (GABl. S. 573), zuletzt geändert durch Verordnung vom 23. April 2002 (GBl. S. 178)

§ 4
Gebührenbefreiung für Rundfunkempfangsgeräte in allgemein- und berufsbildenden Schulen

Für Rundfunkempfangsgeräte, die für ein volles Kalenderjahr in öffentlichen allgemein- oder berufsbildenden Schulen sowie in privaten staatlich anerkannten Ersatz- oder Ergänzungsschulen, soweit sie auf gemeinnütziger Grundlage arbeiten, von dem jeweiligen Rechtsträger der Schule zu Unterrichtszwecken zum Empfang bereitgehalten werden, wird Gebührenbefreiung für die letzten drei Monate des Jahres gewährt. Weitere Empfangsgeräte (Zweitgeräte) sind im Sinne von Satz l sind von der Rundfunkgebührenpflicht befreit.

Hinweis der Redaktion: Beim SWR, Abt. Rundfunkgebühren, 70150 Stuttgart, kann hierzu ein Merkblatt angefordert werden.

→ Schulgesetz § 38; → Urheberrecht (GEMA / Musik); → Urheberrecht (Kopien)

Sachschäden

Hinweise der Redaktion auf die Rechtslage

Bei der Beschädigung oder Zerstörung (nicht beim Verlust!) von privateigenen Gegenständen anlässlich der Dienstausübung gibt es nach dem Beamtenrecht zwei Fallgruppen von Sachschadensersatz:

1. Wenn bei einem Dienstunfall zugleich ein Sachschaden eingetreten ist, greift das Beamtenversorgungsgesetz (§ 47).

2. Wenn zwar kein Körperschaden eingetreten, der Schaden jedoch durch „plötzliche äußere Einwirkung gegen die Person" eingetreten ist, greift das → Beamtengesetz (§ 80).

Daneben ist bei Parkschäden am Pkw Ersatz möglich, ohne dass ein Körperschaden vorliegt oder eine Einwirkung gegen die Person erfolgte.

Zu 1:
Sachschäden bei Dienstunfällen mit Körperschaden (Beamtenversorgungsgesetz)

Auszug aus dem Beamtenversorgungsgesetz vom 27.10.2010 (GBl. S. 793/2010)

§ 47
Erstattung von Sachschäden und besonderen Aufwendungen

Sind bei einem Dienstunfall Kleidungsstücke oder sonstige Gegenstände, die der Beamte mit sich geführt hat, beschädigt oder zerstört worden oder abhanden gekommen, kann dafür Ersatz geleistet werden. Anträge auf Gewährung von Sachschadensersatz nach Satz 1 sind innerhalb einer Ausschlussfrist von drei Monaten zu stellen. Sind durch die erste Hilfeleistung nach dem Unfall besondere Kosten entstanden, ist dem Beamten der nachweisbar notwendige Aufwand zu ersetzen.

→ Beamtenversorgung (Unfallfürsorge)

Zu 2:
Sachschäden bei Dienstunfällen ohne Körperschaden (Landesbeamtengesetz)

Auszug aus dem Landesbeamtengesetz om 27.10.2010 (GBl. S. 793/2010)

§ 80
Ersatz von Sachschaden

(1) Sind durch plötzliche äußere Einwirkung in Ausübung oder infolge des Dienstes Kleidungsstücke oder sonstige Gegenstände, die Beamtinnen oder Beamte mit sich geführt haben, beschädigt oder zerstört worden oder abhanden gekommen, ohne dass ein Körperschaden entstanden ist, kann den Beamtinnen und Beamten dafür Ersatz geleistet werden. § 45 Abs. 1 Satz 2 und Abs. 2 Satz 1 und 2 LBeamtVGBW gilt entsprechend.

Hinweis der Redaktion: Diese Bestimmungen werden auch auf Arbeitnehmer/innen angewandt. → TV-L § 3 Abs. 7

(2) Ersatz kann auch geleistet werden, wenn ein während einer Dienstreise oder eines Dienstganges abgestelltes, aus triftigem Grund benutztes Kraftfahrzeug im Sinne des § 6 Abs. 1 oder 2 Satz 1 des Landesreisekostengesetzes durch plötzliche äußere Einwirkung beschädigt oder zerstört worden oder abhanden gekommen ist und sich der Grund zum Verlassen des Kraftfahrzeuges aus der Ausübung des Dienstes ergeben hat. Satz 1 gilt entsprechend, wenn das Kraftfahrzeug für den Weg nach und von der Dienststelle benutzt wurde und dessen Benutzung wegen der Durchführung einer Dienstreise oder eines Dienstganges mit diesem Kraftfahrzeug am selben Tag erforderlich gewesen ist.

(3) Ersatz wird nur geleistet, soweit Ersatzansprüche gegen Dritte nicht bestehen oder nicht ver-

Schadenersatz an Kraftfahrzeugen

A. Wegeunfall (Unfall auf dem Weg zwischen Wohnung und Dienststelle)

Voraussetzungen	1. Schwerwiegende Gründe für die Benützung eines Kfz; Beispiele: – Schlechte Verkehrsverbindung mit öffentlichen Verkehrsmitteln – Beförderung von schweren oder sperrigen Gegenständen, die für die dienstliche Tätigkeit benötigt werden – Erhebliche Zeitersparnis – Körperbehinderung der/des Beschäftigten 2. Körperverletzung oder körperliche Gefährdung der/des Beschäftigten
Begrenzung der Ersatzleistungen	– Höchstens 300 Euro (Ersatz durch Kaskoversicherung wird angerechnet) – Kürzung bei Mitverschulden (Fahrlässigkeit) – Kein Ersatz bei grober Fahrlässigkeit und Vorsatz
Ersatz für abgestelltes Kfz	Bei **Wege**unfällen kein Ersatz für Parkschäden (Ausnahme: Verbindung mit Dienstreise oder Dienstgang; siehe unten Buchst. B).

B. Unfall bei Dienstreise oder Dienstgang

Voraussetzungen	1. Triftige Gründe für die Benützung eines Kfz (Beispiele: wie bei Wegeunfall) 2. Körperverletzung oder körperliche Gefährdung der/des Beschäftigten (Ausnahme: abgestelltes Kfz)
Ersatz für abgestelltes Kfz	Ersatz ist unter folgenden Voraussetzungen möglich: 1. Kfz wurde während einer Dienstreise oder eines Dienstgangs abgestellt. 2. Es liegen triftige Gründe für die Kfz-Benützung vor. 3. Grund zum Verlassen des Kfz ergibt sich aus der Ausübung des Dienstes. **oder:** Kfz wird wegen einer am selben Tag durchzuführenden Dienstreise / -ganges notwendigerweise für die Fahrt nach und von der Dienststelle benutzt und Benutzung aus triftigem Grund wurde angeordnet/genehmigt. **Die Meldung eines Schadens am abgestellten Kfz muss innerhalb einer Ausschlussfrist von einem Monat erfolgen.**
Begrenzung der Ersatzleistungen	– Grundsätzlich keine Begrenzung der Höhe der Ersatzleistung – Die Kaskoversicherung muss in Anspruch genommen werden, wenn der Schaden durch die Rückstufung in der Versicherung + die Selbstbeteiligung kleiner ist als der entstandene Schaden am Kfz[1] – Kein Ersatz bei grober Fahrlässigkeit und Vorsatz

[1] Beispiel: Ersatz bei bestehender Voll-/Teilkaskoversicherung. Bei einer Selbstbeteiligung von 325 Euro in der Kaskoversicherung und einem Rabattverlust von 100 Euro (Rückstufungsschaden) können maximal 425 Euro erstattet werden, auch wenn der tatsächliche Schaden am Kfz (Reparaturkosten) höher ist.

wirklicht werden können. Ersatz wird nicht geleistet, wenn die Beamtin oder der Beamte
1. den Schaden vorsätzlich herbeigeführt hat oder
2. das Schadensereignis nicht innerhalb einer Ausschlussfrist von drei Monaten, im Fall des Absatzes 2 von einem Monat nach seinem Eintritt beim Dienstvorgesetzten oder bei der für die Festsetzung der Ersatzleistung zuständigen Stelle gemeldet hat.

(4) *(Ermächtigung; nicht abgedruckt)*

Hinweis der Redaktion: Diese Ausschlussfristen sind von Amts wegen zu beachten: Sie bringen den Anspruch zum Erlöschen mit der Folge, dass Leistungen mit Eintritt der Ausschlussfrist nicht mehr zulässig sind und entsprechende Anträge deshalb abgelehnt werden müssen. Der Unfallfürsorgestelle steht hier kein Ermessensspielraum zu. Der Sachverhalt sowie die etwaige Höhe des Sachschadensatzes sollten deshalb stets sofort gemeldet werden, auch wenn noch nicht alle Unterlagen (Rechnungen usw.) vorliegen. Wichtig ist, dass die Meldung rechtzeitig bei der Unfallfürsorgestelle (für Lehrkräfte grundsätzlich das Regierungspräsidium) eingegangen ist. Sie kann in dringenden Fällen auch ohne Einhaltung des Dienstweges unmittelbar beim Regierungspräsidium eingereicht werden.

Für Fallgruppe 2 (LBG § 80) drei Beispiele

- Die Lehrkraft legt ihre Brille auf eine schräge Ablagefläche; die Brille rutscht herunter und wird beschädigt. Es gibt keinen Sachschadenersatz, da keine plötzliche äußere Einwirkung.
- Jemand stößt die Brille vom Tisch herunter (egal ob Absicht oder Versehen). Es gibt keinen Sachschadenersatz, da zwar plötzliche äußere Einwirkung, aber nicht gegen die Person gerichtet.
- Ein Schüler schlägt der Lehrkraft die Brille von der Nase (ohne dass dabei eine Körperverletzung erfolgt). Sachschadenersatz wird gewährt.

Nach übereinstimmender Rechtsprechung besteht ein Anspruch auf Sachschadenersatz nach § 102 LBG nur für Sachen (Kleidung oder sonstige Gegenstände), welche die Lehrkraft in Ausübung des Dienstes üblicherweise im Dienst mitführt.

In Abgrenzung zu den *„üblicherweise mitgeführten"* Sachen besteht ein Sachschadenersatzanspruch bei anderen privaten Gegenständen (z.B. einer privateigenen Gitarre, die für Unterrichtszwecke mitgebracht wird) nur dann, wenn deren Verwendung vorher ausdrücklich angeordnet oder schriftlich genehmigt worden ist. Beim „Abhandenkommen" von privat mitgeführten Gegenständen gibt es grundsätzlich keinen Schadenersatz. Wir raten deshalb, sich die dienstliche Verwendung privater Gegenstände zu Unterrichtszwecken vorher von der Schulleitung schriftlich genehmigen zu lassen und andernfalls auf deren Einsatz zu verzichten.

Auch wenn Schüler/innen Gegenstände in den Unterricht mitbringen (z.B. die wertvolle Briefmarkensammlung des Vaters) und diese zerstört oder beschädigt werden, besteht selbst dann, wenn die Lehrkraft zum Mitbringen aufgefordert hat, kein rechtlich durchsetzbarer Anspruch auf Schadenersatz gegen die Schule (den Schulträger). Nur bei Vorsatz oder grober Fahrlässigkeit der Lehrkraft kann über die obere Schulaufsichtsbehörde Regress gefordert werden. Hiergegen schützt ggf. die Berufshaftpflichtversicherung der GEW (jedoch nicht beim Abhandenkommen von Gegenständen!).

Wir empfehlen GEW-Mitgliedern, im Fall von Sachschäden im Dienst die Beratung bzw. den Rechtsschutz der GEW in Anspruch zu nehmen.

→ Beamtenversorgung (Unfallfürsorge); → Haftung und Versicherung; → Rechtsschutz; → Reisekosten (Gesetz – LRKG); → Unfälle (Arbeits-, Dienst- und Privatunfälle);

Schulärztliche Untersuchung

Auszug aus der Verordnung des Ministeriums für Arbeit und Soziales zur Durchführung schulärztlicher Untersuchungen sowie zielgruppenspezifischer Untersuchungen und Maßnahmen in Tageseinrichtungen für Kinder und Schulen (Schuluntersuchungsverordnung) vom 26. November 2008 (GBl. S. 422/2008)

§ 1
Örtliche Zuständigkeit

Für die Durchführung der Maßnahmen nach § 8 Abs. 1 ÖGDG ist die untere Gesundheitsbehörde (Gesundheitsamt) zuständig, in deren örtlichem Zuständigkeitsbereich das Kind wohnt. Wird eine Tageseinrichtung (z.B. Betriebskindergarten) besucht, die sich außerhalb der wohnortbezogenen Zuständigkeit des Gesundheitsamtes befindet, ist für die Einschulungsuntersuchung (Schritt 1 und Schritt 2) das Gesundheitsamt zuständig, in dessen örtlicher Zuständigkeit sich die Tageseinrichtung befindet; nach Abschluss von Schritt 2 werden die Unterlagen dem wohnortbezogen zuständigen Gesundheitsamt übergeben.

Hinweis der Redaktion: § 8 Abs. 1 des Gesundheitsdienstgesetzes (ÖGDG) vom 12.12.1994 (GBl. S. 663) lautet:
(1) Die Gesundheitsämter untersuchen zur Schule angemeldete Kinder sowie Schülerinnen und Schüler (Einschulungsuntersuchung). Dasselbe gilt für Kinder, die bis zum 30. September des laufenden Kalenderjahres das vierte Lebensjahr vollendet haben. Die Untersuchung hat den Zweck, unter Einbeziehung des Impfausweises (Impfbuch) und des Untersuchungsheftes für Kinder (Früherkennungsheft), gesundheitliche Einschränkungen der Schulfähigkeit oder die Teilnahme am Unterricht betreffende gesundheitliche Einschränkungen festzustellen; die dabei erhobenen personenbezogenen Daten dürfen zu Zwecke der Gesundheitsbericht-

erstattung verarbeitet, insbesondere in anonymisierter Form veröffentlicht werden. Die Gesundheitsämter beraten Kinder sowie Schülerinnen und Schüler, deren Sorgeberechtigte sowie die Kindertagesstätten und die Schulen zu gesundheitlichen Fragen, die den Schulbesuch betreffen. Soweit es im Hinblick auf die besondere gesundheitliche Situation der Kinder sowie der Schülerinnen und Schüler geboten erscheint, können die Gesundheitsämter zielgruppenspezifische Untersuchungen, Angebote und Maßnahmen entwickeln; Angebote und Maßnahmen in Kindertagesstätten und Schulen werden im Einvernehmen mit der Einrichtung durchgeführt.

§ 2
Zweck, Umfang, Häufigkeit und Durchführung der schulärztlichen Untersuchungen

(1) Schulärztliche Untersuchungen dienen
1. der Untersuchung, Feststellung und Beurteilung von gesundheitlichen Einschränkungen und Entwicklungsverzögerungen, die die Schulfähigkeit oder die Teilnahme am Unterricht gefährden können,
2. der präventiven gesundheitlichen Beratung von Kindern und Jugendlichen.

(2) Die Einschulungsuntersuchung ist Pflicht für alle zur Schule angemeldeten Kinder. Dasselbe gilt für die Kinder, die nach Schuljahresbeginn bis zum 30. September des laufenden Kalenderjahres das vierte Lebensjahr vollendet haben; für diese Kinder führt das Gesundheitsamt in begründeten Fällen außerdem eine verpflichtende Sprachstandsdiagnose ... durch. Die Untersuchung erfolgt einzeln bei jedem Kind.   → Einschulung (Nr. 2)

(3) Die Einschulungsuntersuchung wird in zwei Schritten durchgeführt:
1. Schritt 1 erfolgt 24 bis 15 Monate vor der termingerechten Einschulung, um für die Kinder mehr Zeit für eventuell erforderliche Maßnahmen der Prävention und Gesundheitsförderung zu gewinnen. Er umfasst die Anamneseerhebung durch einen freiwillig auszufüllenden Elternfragebogen, die Vorlage des Impfausweises (Impfbuch) und des Untersuchungsheftes für Kinder (Früherkennungsheft) sowie mit Einverständnis der oder des vertretungsberechtigten Sorgeberechtigten den Fragebogen für die Erzieherin oder den Erzieher zur Entwicklungsdokumentation des Kindes. Der Untersuchungsumfang für Schritt 1 besteht bei allen Kindern aus einer Basisuntersuchung ... unter schulärztlicher Verantwortung ... . Im Fall von auffälligen Befunden nach den Arbeitsrichtlinien für die Einschulungsuntersuchung und deren Dokumentation erfolgt nach ärztlichem Ermessen eine weitergehende Nachuntersuchung gegebenenfalls einschließlich der Sprachstandsdiagnose und Beratung durch die Schulärztin oder den Schularzt.
2. In Schritt 2, der in den Monaten vor der Einschulung stattfindet, erfolgt bei jedem Kind die ärztliche Bewertung:
   a) der Untersuchungsergebnisse aus Schritt 1,
   b) der Entwicklungsbeobachtung in ausgewählten Dimensionen durch die Erzieherin oder den Erzieher bei Kindern, die eine Tageseinrichtung für Kinder besuchen mit Einverständnis der oder des vertretungsberechtigten Sorgeberechtigten,
   c) der Beurteilung der Schulfähigkeit des Kindes durch die Kooperationslehrkraft mit Einverständnis der oder des vertretungsberechtigten Sorgeberechtigten.

(4) Im Vorfeld oder im Verlauf der Einschulungsuntersuchung genügt die Unterschrift einer oder eines vertretungsberechtigten Sorgeberechtigten auf den jeweiligen Vordrucken.

(5) An sonderpädagogischen Einrichtungen der Frühförderung beziehungsweise bei Kindern, die behindert oder von Behinderung bedroht sind, können die Einschulungsuntersuchungen den jeweiligen Gegebenheiten angepasst werden.

(6) Während des Schuljahres können weitere schulärztliche Untersuchungen durchgeführt werden.

(7) Die Einschulungsuntersuchung umfasst in der Regel die Feststellung von Vorbefunden aus vorgelegten Dokumenten, den Elternfragebogen und den Fragebogen für die Erzieherin oder den Erzieher sowie die Befunderhebung aus der aktuellen Untersuchung. Umfang und Durchführung weiterer Untersuchungen zur Abklärung gesundheitlicher Einschränkungen und Entwicklungsverzögerungen, die die Teilnahme am Unterricht betreffen, richten sich nach den Umständen des Einzelfalles. Die erhobenen Befunde und eine zusammenfassende ärztliche Beurteilung des gesamten Untersuchungsergebnisses sind zu dokumentieren und bei Auswirkungen auf den Schulbesuch in Schritt 2 mit Zustimmung der oder des vertretungsberechtigten Sorgeberechtigten der Kooperationslehrkraft und der Schulleitung mitzuteilen.

Hätten Sie's gewusst?
Reisekosten verjähren schnell

Wer vom Land die Reisekosten erstattet haben will, muss sich beeilen. Der Dienstreisende muss die Abrechnung innerhalb einer Ausschlussfrist von sechs Monaten bei der zuständigen Abrechnungsstelle (Regierungspräsidium) beantragen. Nach Ablauf dieser Ausschlussfrist erlischt der Anspruch. Fristbeginn ist der Tag nach Beendigung der Dienstreise oder des Dienstgangs.

Da der Dienstweg einzuhalten ist (z.B. damit die Schulleitung die sachliche Richtigkeit bescheinigen kann), sollten Lehrkraft und Schulleitung gemeinsam darauf achten, dass nichts liegenbleibt.
→ Reisekosten (Gesetz) § 3 Abs. 5

Schulärztliche Untersuchung

(8) Mit Zustimmung der oder des vertretungsberechtigten Sorgeberechtigten wird der Befundbogen der Leitung der Tageseinrichtung für Kinder in einem verschlossenen Umschlag übergeben. Mit Zustimmung der oder des vertretungsberechtigten Sorgeberechtigten wird dieser Umschlag an die namentlich zu nennende fördernde Stelle (Tageseinrichtung für Kinder, Schule, Grundschulförderklasse oder private Förderstelle) verschlossen durch die Tageseinrichtung für Kinder übergeben, um in die weitere Planung pädagogischer Fördermaßnahmen einzugehen. Eine Durchschrift des Befundbogens, der zur Weitergabe an die behandelnde Haus- oder Kinderärztin beziehungsweise den Haus- oder Kinderarzt vorgesehen ist, wird dem oder den vertretungsberechtigten Sorgeberechtigten zur Weitergabe ausgehändigt. Darüber hinaus erhalten die Eltern ein Exemplar dieses Befundbogens für die eigene Information. Ein Exemplar verbleibt im Gesundheitsamt.

(9) Die Leistungen sind unentgeltlich.

(10) Einzelheiten zur Durchführung der Einschulungsuntersuchungen werden durch Verwaltungsvorschrift des Ministeriums für Arbeit und Soziales geregelt.

Hinweis der Redaktion: Die „Einschulungsuntersuchungsverwaltungsvorschrift" vom 28.11.2008 (GABl. S. 381/2008) regelt im einzelnen folgende Sachverhalte:
1. Zweck der Einschulungsuntersuchung ...
4. Durchführung der Einschulungsuntersuchung ...
4.5 Mitwirkung der Tageseinrichtungen für Kinder und der Schulen
4.6 Einladung der oder des Sorgeberechtigten, Angaben zur Anamnese
4.7 Räumlichkeiten; hierin ist u.a. verfügt:
„Die Schule, die Tageseinrichtung für Kinder oder gegebenenfalls die Gemeinde stellt im Rahmen ihrer Möglichkeiten die erforderlichen Räumlichkeiten zur Verfügung. – Dies sind am Untersuchungstermin eine Wartezone und ein Untersuchungsraum. Warte- und Untersuchungsräume müssen für die Einschulungsuntersuchung geeignet und in den kalten Jahreszeiten ausreichend beheizt sein."
8 Anwesenheit und Unterschriften der oder des vertretungsberechtigten Sorgeberechtigten; hierin ist u.a. verfügt:
„Die Anwesenheit der oder des vertretungsberechtigten Sorgeberechtigten ist nur bei den ärztlichen Untersuchungselementen Pflicht. Ausnahmen sind in Einzelfällen möglich. Ergebnisse, die sich bei der Untersuchung des Kindes ergeben, werden den, der oder dem Sorgeberechtigten in geeigneter Form mitgeteilt und das weitere Vorgehen vorgeschlagen bzw. abgesprochen."
4.9 Anwesenheit Dritter; hierin ist u.a. verfügt:
„Die Kinder werden einzeln untersucht. Abgesehen von den, der oder dem Sorgeberechtigten ist die Anwesenheit Dritter bei der Untersuchung nur zulässig, soweit es zur ordnungsgemäßen Durchführung der Untersuchung erforderlich ist und von den, der oder dem Sorgeberechtigten erlaubt wird."
4.10 Untersuchungsfrequenz
4.11 Datenschutz ...
6. Konsequenzen aus der Einschulungsuntersuchung
6.1 Befunde und Befundmitteilung
6.2 Information der Tageseinrichtung für Kinder und der fördernden Stelle über erhobene Befunde; hierin ist u.a. verfügt:

„Der Befundbogen zur Weitergabe an die fördernde Stelle (...) wird vom Gesundheitsamt der Leitung der Tageseinrichtung in einem verschlossenen Umschlag übergeben, wenn das Einverständnis der oder des vertretungsberechtigten Sorgeberechtigten (...) hierfür vorliegt. Wenn die Tageseinrichtung nicht selbst fördernde Stelle ist, soll er anschließend der fördernden Stelle (Schule, Grundschulförderklasse oder private Förderstelle) verschlossen durch die Tageseinrichtung übergeben werden, um in die weitere Planung pädagogischer Fördermaßnahmen einzugehen.– Liegt das Einverständnis der oder des vertretungsberechtigten Sorgeberechtigten nicht vor, werden ihr, ihm oder ihnen die Mehrfertigungen zur eigenen Entscheidung über die weitere Verwendung übergeben. – Nur im Ausnahmefall (z.B. bei einer akuten oder chronischen Erkrankung eines Kindes, die einen Handlungsbedarf begründet) kann darüber hinaus von einer schriftlichen Mitteilung an die Schule oder die Tageseinrichtung Gebrauch gemacht werden. Ein gemeinsames Gespräch mit der Schulleitung, den Lehrkräften und Erzieherinnen oder Erziehern sowie den, der oder dem Sorgeberechtigten ist vorzuziehen.– Eine Mitteilung an die Tageseinrichtung oder die Schule ist, abgesehen von einer konkreten, sonst nicht abwendbaren gesundheitlichen Gefährdung, nur mit schriftlicher Zustimmung der oder des vertretungsberechtigten Sorgeberechtigten auf den Einverständniserklärungen (...) möglich. Der hierzu verwendete Vordruck verbleibt bei den Unterlagen des Gesundheitsamtes."

7. Statistik und Dokumentation
7.1 Vordrucke
7.2 Schulgesundheitskarte
7.3 Aufbewahrung der Dokumentationsunterlagen
7.4 Vorgehen im Falle des Umzuges eines Kindes
7.5 Aufbewahrungszeit der Dokumentationsunterlagen
7.6 Verwendung der erhobenen Daten im Rahmen der Epidemiologie und Gesundheitsberichterstattung
7.7 Auswertung mittels elektronischer Datenverarbeitung
7.8 Löschung von Daten, Vernichtung von Unterlagen

§ 3
Zweck, Umfang, Häufigkeit und Durchführung der zielgruppenspezifischen Untersuchungen und Maßnahmen in Tageseinrichtungen für Kinder und Schulen

(1) Zielgruppenspezifische Untersuchungen, Angebote und Maßnahmen dienen der Beratung von Schülern und Schülerinnen, Lehrkräften und der oder des Sorgeberechtigten zu gesundheitlichen Fragen, die den Schulbesuch betreffen. Gleiches gilt für Kinder in Tageseinrichtungen sowie für Erzieherinnen und Erzieher. ...

(2) Die Gesundheitsämter beziehen die oder den Sorgeberechtigten sowie die Erzieherinnen und Erzieher und die Lehrkräfte in die zielgruppenspezifischen Untersuchungen, Angebote und Maßnahmen in Tageseinrichtungen und Schulen ein. Die Teilnahme an den zielgruppenspezifischen Untersuchungen ist freiwillig. Vor Beginn einer Untersuchung ist die Zustimmung der oder des vertretungsberechtigten Sorgeberechtigten einzuholen.

(3) § 2 Abs. 8 und 9 gilt entsprechend.

§ 4
Mitwirkung der Tageseinrichtungen für Kinder und der Schulen

(1) Schulärztliche Untersuchungen, zielgruppenspezifische Untersuchungen und Maßnahmen werden im Einvernehmen mit der jeweiligen Tages-

einrichtung beziehungsweise der Schule durchgeführt.

(2) Die Gesundheitsämter übermitteln den oder dem Sorgeberechtigten der Kinder, die bis zum 30. September des laufenden Kalenderjahres das vierte Lebensjahr vollendet haben oder die zur Schule angemeldet sind beziehungsweise die Schule besuchen, die notwendigen Vordrucke. Sie wirken auf eine Rückgabe anlässlich der schulärztlichen Untersuchung oder der zielgruppenspezifischen Untersuchung oder Maßnahme hin.

(3) Die Tageseinrichtungen und Schulen geben den Gesundheitsämtern die zur ordnungsgemäßen Durchführung der Untersuchung und Maßnahmen notwendigen Auskünfte und Informationen, die zu deren Zweckerfüllung nach § 2 Abs. 1 und § 3 Abs. 1 notwendig sind. Sie teilen insbesondere die Zahl der einzuschulenden Kinder je Einrichtung oder die in § 3 Abs. 1 aufgeführten Kinder sowie die Kinder, die nach Schuljahresbeginn bis zum 30. September des laufenden Kalenderjahres das vierte Lebensjahr vollendet haben, jeweils unter Angabe von Familien- und Vorname (einschließlich der oder des Sorgeberechtigten), Geburtsdatum, Wohnung (Straße, Hausnummer, Postleitzahl, Ort) und Nationalität mit. Diese Daten werden durch das Gesundheitsamt mit den namentlichen Meldungen der Meldebehörde verglichen, um Kinder, die keine Tageseinrichtung für Kinder besuchen, zu erfassen und ebenfalls zur Untersuchung einzuladen. Bei den in § 3 Abs. 1 genannten Lehrkräften beziehungsweise Erzieherinnen und Erziehern und dem oder den dort aufgeführten Sorgeberechtigten genügen die Benennung des Familien- und Vornamens. Die Tageseinrichtungen für Kinder, oder gegebenenfalls die Gemeinde stellen die erforderlichen Räumlichkeiten im Rahmen ihrer Möglichkeiten zur Verfügung.

→ Amtsärztliche Untersuchung; → Einschulung; → Infektionsschutzgesetz; → Jugendzahnpflege; → Koperation Kindergarten – Grundschule; → Schulgesetz §§ 74, 91

Schulbau (Bau und Ausstattung von Schulen)

Hinweise der Redaktion

1. Allgemeines

Der Bau und die Unterhaltung der Schulgebäude fallen in die Zuständigkeit der Schulträger (§ 27 SchG). Zur Ausführung des Gesetzes über die Förderung des Schulhausbaus sind die *Schulbauförderungsrichtlinien* erlassen worden (abgedruckt in der Loseblattsammlung von KuU Nr. 6440-51). Darin sind z.B. auch die Vorgaben für die Zahl und Größe der Schulräume festgelegt. Ferner sind die Allgemeinen Schulbauempfehlungen für Baden-Württemberg zu beachten (Bekanntmachung des KM vom 8. Juli 1983, KuU S. 617/1983; im Bekanntmachungsverzeichnis des KM enthalten, also nach wie vor aktuell).

→ Schulgesetz § 27

Zum Bau und zur Ausstattung von Schulen informiert umfassend die *„Unfallverhütungsvorschrift Schulen"* der der gesetzlichen Unfallversicherung (GUV-V S 1).

Die Broschüre „Richtig sitzen in der Schule" (Best.-Nr. GUV-SI 8011), enthält u.a. auch eine Tabelle, in der Körper- und Mobiliargröße (nach DIN ISO 5970) zugeordnet sind. Diese Richtlinien und viele weitere Informationen – z.B. Checklisten zur Sicherheit im Sportunterricht (GUV-SI 8048) oder Erste Hilfe in Schulen (GUV-SI 8065) – sind bei den Trägern der gesetzlichen Unfallversicherung (Anschriften: → Unfallversicherung) kostenlos erhältlich. Die Unfallverhütungsvorschriften, Regeln und Informationen der gesetzlichen Unfallversicherung (Unfallkassen) sind auch im Internet online abrufbar: http://regelwerk.unfallkassen.de/regelwerk/index.jsp).

Die Gesamtlehrerkonferenz und die Schulkonferenz besitzen zur Ausstattung der Schule, zum Bau neuer und zum Umbau vorhandener Schulgebäude ein Recht auf Stellungnahme gegenüber dem Schulträger.

→ Konferenzordnung § 2 Abs. 1 Ziff. 8a; → Schulgesetz § 30 (dort weitere Hinweise), § 47 Abs. 4 Ziff. 6

Bei Neu-, Um- und Erweiterungsbauten von Diensträumen ist der Personalrat vor Weiterleitung der Raumbedarfsanforderungen zu hören. Bei der Gestaltung der Arbeitsplätze (z.B. Verlegung oder Umbau von Räumen bzw. technische Ausstattung) ist der Personalrat mitbestimmungsberechtigt.

→Personalvertretungsgesetz § 79 Abs. 3 Nr 13, § 80 Abs. 3 Nr. 4

Der Bundesverband der Unfallkassen veröffentlicht in seiner Zeitschrift „Pluspunkt" immer wieder „Checklisten" zur Sicherheit an Schulgebäuden. Diese bieten zur Prüfung, ob die Schulen den wichtigsten Vorschriften entsprechen, eine Handreichung. Wir geben hier wesentliche Auszüge wieder.

2. Checkliste Ergonomie (Auszug)

Raumklima

– Werden die Klassenräume während des Unterrichts ausreichend belüftet?
– Ist gewährleistet, dass an den Plätzen der Schüler in den Klassenräumen keine Zugluft ($< 0,15$ m/s) herrscht?

- Herrscht in den Klassenräumen während des Unterrichts an allen Plätzen eine Raumtemperatur von 20–26° C?
- Herrschen in den anderen Räumlichkeiten die geforderten Temperaturen (Pausenräume > 21° C; Flure, Treppenräume > 18° C)?
- Beträgt die Luftfeuchtigkeit in den Klassenräumen während des Unterrichts zwischen 30 und 65% (relative Luftfeuchte)?
- Können die Fenster gegen direkte Sonneneinstrahlung abgeschirmt werden?

Beleuchtung
- Haben die Klassenräume ausreichend große Fenster, um genügend Tageslicht einzulassen und die Sichtverbindung nach draußen zu gewährleisten?
- Beträgt die Stärke künstlicher Beleuchtungsquellen in den Klassenräumen mindestens 300 Lux (Nennbeleuchtungsstärke)?
- Sind die Lampen in den Klassenräumen mit Blenden versehen, die verhindern, dass die Schüler geblendet werden (frei strahlende Leuchtstofflampen sind nicht zulässig)?
- Besitzen die Lampen die empfohlenen Lichtfarben und Farbwiedergabestufen?
- Sind die Hauptwandtafel in Unterrichtsräumen und etwaige Demonstrationstische mit einer Zusatzbeleuchtung ausgerüstet?
- Besitzen das Mobiliar und die Wandflächen der Unterrichtsräume die empfohlenen Reflexionsgrade, um ein ausgewogenes Beleuchtungsniveau im Raum zu gewährleisten?

Lärmschutz
- Sind die Fenster, Wände und Türen so gut schallisoliert, dass Außengeräusche ausreichend gemindert werden?
- Sind die Wände schallschluckend ausgeführt, sodass im Klassenraum entstehende Geräusche nicht zu stark hallen?
- Liegt der Schallpegel im leeren Klassenzimmer (im Mittel über eine Unterrichtsstunde) zwischen 30 und 40 dB (A) und während des Unterrichts nicht über 55 dB (A)?
- Wird beim Kauf von Geräten und Maschinen (z.B. für den Physik-Unterricht) eine Information über den abgestrahlten Lärm verlangt und dann das leiseste Gerät ausgesucht?
- Werden bei vorhandenen Geräten, die zu starke Lärmemissionen verursachen, schallmindernde Maßnahmen durchgeführt?

Mobiliar
- Sind die Stühle unterschiedlich hoch oder höhenverstellbar?
- Sind die Sitzflächen der Stühle drehbar gelagert, um zu vermeiden, dass die Schüler den Körper verdrehen?
- Sind die Tische unterschiedlich hoch oder höhenverstellbar?
- Haben die Tische eine bis ca. 15° schräg stellbare Tischplatte?
- Ist die Unterseite der Tischplatte frei von Einbauten (z.B. Ablagen für Schultaschen), damit die Schüler die Beine frei bewegen können?
- Wird dafür gesorgt, dass an Zweiertischen in etwa gleich große Schüler sitzen?
- Wird darauf geachtet, dass die Schüler nicht unnötig oft ihren Platz im Klassenraum wechseln (ohne Tisch und Stuhl mitzunehmen) oder dass sie in andere Klassenräume wechseln?
- Ist durch ein entsprechendes Prüf- und Kontrollsystem gewährleistet, dass das Mobiliar in den Klassenräumen nach den Erfordernissen richtig verteilt wird?
- Ist der Lehrerarbeitsplatz richtig eingerichtet?
- Werden die Lehrer über die Zusammenhänge zwischen Körpergröße, Mobiliar und Sitzhaltung informiert?
- Wird auf Elternabenden das Thema „richtig sitzen" behandelt?
- Werden die Schüler über die richtige Nutzung der Tische und Stühle informiert?

3. Richtig sitzen
Wenn schon sitzen, dann so, dass ...
- die Füße im Sitzen den Boden mit der ganzen Sohle berühren,
- die Oberschenkel waagerecht auf der Sitzfläche aufliegen,
- der Winkel zwischen Unter- und Oberschenkel etwa 90° beträgt,

---

Hätten Sie's gewusst?
Datenschutzbeauftragter an der Schule

An öffentlichen Schulen kann – wie an jeder anderen Behörde – ein „behördlicher Datenschutzbeauftragter" bestellt werden (§ 10 LDSG). Dann muss die Schule ihre Datenverarbeitung nicht mehr dem Landesdatenschutzbeauftragten melden, sondern kann das „hausintern" abwickeln. Das allgemeine Kontrollrecht des Landesdatenschutzbeauftragten bleibt davon unberührt.

Dazu können sich auch mehrere Schulen zusammentun (das ist vor allem bei kleinen Schulen oder dann sinnvoll, wenn sich an der Schule keine geeignete Lehrkraft findet). Die bzw. der Datenschutzbeauftragte unterstützt die Schule (Schulleitung) bei der Ausführung der Vorschriften über den Datenschutz und führt das Verfahrensverzeichnis.
➜ Datenschutz (Schulen) Nr. I.12.4

Schulbau

- die Kniekehlen die Vorderkante der Sitzfläche nicht berühren,
- die Oberschenkel sich beim Sitzen frei bewegen können,
- die Lehne den Rücken in Zuhörhaltung unterhalb der Schulterblätter abstützt,
- die Lehne den Rücken in Schreibhaltung am Beckenrand abstützt,
- die Ellbogenspitzen sich in Tischplattenhöhe befinden,
- die Unterarme auf der Tischplatte liegen, die Schultern entspannt sind,
- auch dynamisches Sitzen möglich ist*.

Auf den Zusammenhang zwischen falschem Sitzverhalten und Rückenbeschwerden werden die Schülerinnen und Schüler regelmäßig hingewiesen.

* Das bedeutet auch, dass während des Unterrichts das Sitzen durch Bewegung unterbrochen wird. Auch sollten wechselnde Sitzhaltungen im Unterricht toleriert oder sogar angeregt werden, wie z.B. das „Lümmeln" auf dem Tisch.

4. Checkliste Sporthalle (Auszug)

- Einrichtungen und Geräte für den Schulsport werden vor der ersten Inbetriebnahme und regelmäßig mindestens jährlich durch Sachkundige auf sicheren Zustand und äußerlich erkennbare Mängel geprüft.
- Sportgeräte, die nicht mehr funktionssicher sind, werden sofort für jede weitere Benutzung gesperrt und so verwahrt, dass sie nicht irrtümlicherweise wieder benutzt werden können (Kennzeichnung des defekten Gerätes und Mängelmeldung an Sachkostenträger).
- Der Sporthallenboden ist nachgiebig und trittsicher. Er weist keine schadhaften Stellen auf. Bodenöffnungen sind durch nicht verschiebbare, bündige Abdeckungen gesichert. Der Boden wird mit geeigneten Reinigungs- und Pflegemitteln behandelt (Herstellerhinweise beachten).
- Spielfeldmarkierungen müssen einen hindernisfreien Sicherheitsabstand zur Wand berücksichtigen.
- Die Trittsicherheit des Fußbodens ist auch in den Umkleide-, Wasch- und Duschräumen gewährleistet (rutschhemmender Bodenbelag für nassbelastete Barfußbereiche).
- Die Hallenwände sind ballwurfsicher und bis in zwei Meter Höhe glatt, splitterfrei, geschlossen und frei von vorstehenden Teilen.
- An den Hallenstirnwänden ist bis in zwei Meter Höhe Prallschutz vorhanden.
- Verglasungen und Decken sind ballwurfsicher.
- Kletterwände (Boulder- und Toprope- oder Vorstiegswände) sind gegen unbefugte Benutzung gesichert.
- Tore für Ballspiele sind durch feste Verankerung gegen Kippen gesichert.
- Die Hallenbeleuchtung ist ausreichend, gleichmäßig und blendungsfrei.
- Die Geräteraumtore ragen beim Öffnen und Schließen nicht in die Halle hinein.
- Die Geräte sind übersichtlich im Geräteraum aufbewahrt und gegen Umkippen oder Herunterfallen gesichert.
- Es ist mindestens ein ausreichend bestückter Verbandkasten C nach DIN 13157 an einer zentralen Stelle vorhanden.
- Notruftelefon und Notrufnummernverzeichnis sind vorhanden und ggf. schnell erreichbar.
- Die Notausgangstüren sind gekennzeichnet, freigehalten und jederzeit von innen leicht zu öffnen.

5. Schultaschen

Nach DIN 58124 darf das Gewicht eines Schulranzens nicht mehr als 10% des Gewichts eines Schülers ausmachen. Als Empfehlung für das Tragegewicht des Ranzens inklusive Inhalt nennt die DIN 58124 zehn bis 12,5 Prozent des Körpergewicht des Kindes, wobei das Leergewicht des Ranzens nicht mehr als 1,5 Kilogramm, in den ersten beiden Grundschuljahren sollte nicht mehr als 1,2 Kilogramm betragen sollte. Bei der Unfallkasse gibt es ein Faltblatt „Schulranzen" (GUV-SI 8010).

Ranzen, die der DIN-Norm 58124 entsprechen, müssen unter anderem haltbar, wasserabweisend, leicht, körpergerecht und ausreichend mit Reflektoren versehen sein. Das Leergewicht des Schulranzens sowie Namen oder Zeichen des Herstellers sind auf dem Ranzen anzugeben.

Der Ranzen sollte auf dem Rücken getragen werden, gepolsterte, mindestens vier Zentimeter breite Schultergurte haben und beide Schultern gleich belasten. Er sollte sicher und angenehm sitzen und eng am Rücken anliegen; die Oberkante sollte mit der Schulterhöhe eine Linie bilden.

Lehrkräfte sollten zur Gewichts- (und Kosten-)Reduzierung nicht mehr als ein Heft/Mappe/Ordner je Fach verlangen und darauf achten, dass Bücher und andere Gegenstände, die nicht zur Anfertigung der Hausaufgaben oder zum häuslichen Lernen benötigt werden, in der Schule deponiert werden können.

Zu den Maßnahmen, die eine zu hohe Belastung durch schwere Schulranzen vermeiden helfen, zählen ferner:

- Schließfächer: Können Bücher eventuell in der Schule deponiert werden?
- Zusätzliche Bücher: Gibt es (z.B. vom Förderverein) Unterstützung für einen zweiten Büchersatz, der in der Schule benutzt werden kann?
- Einrichtung eines Trinkbrunnens oder gemeinsame Beschaffung und Deponie von Mineralwasser im Klassenraum, um die Mitnahme von Getränkeflaschen zu vermeiden.

→ Arbeitsschutzgesetz; → Elternbeiratsverordnung; → Erste Hilfe; → Konferenzordnung § 2 Abs. 1 Ziff. 8a; → Personalvertretungsgesetz § 79 Abs. 1 Ziff 8 und Abs. 3 Ziff. 13; → Schulgesetz § 47 Abs. 4 Ziff. 6; → Unfallversicherung (dort unter Ziff. 3.4 Hinweis auf die Sicherheitsbeauftragten)

Schulbesuchsverordnung

VO des KM über die Pflicht zur Teilnahme am Unterricht und an den sonstigen Schulveranstaltungen (Schulbesuchsverordnung) vom 21.3.1982 (KuU S. 387); zuletzt geändert 10.5.2009 (KuU S. 76/2009)

§ 1
Teilnahmepflicht und Schulversäumnis

(1) Jeder Schüler ist verpflichtet, den Unterricht und die übrigen verbindlichen Veranstaltungen der Schule regelmäßig und ordnungsgemäß zu besuchen und die Schulordnung einzuhalten. Bei minderjährigen Schülern haben die Erziehungsberechtigten und diejenigen, denen Erziehung oder Pflege des Kindes anvertraut ist, bei berufsschulpflichtigen Schülern außerdem die für die Berufserziehung der Schüler Mitverantwortlichen (Ausbildende, Dienstherren, Leiter von Betrieben) oder deren Bevollmächtigte dafür zu sorgen, dass die Schüler diesen Verpflichtungen Folge leisten.

(2) Der Schüler ist auch bei freiwilligen Unterrichtsveranstaltungen so lange zur Teilnahme verpflichtet, als er nicht ordnungsgemäß abgemeldet ist. Bei den freiwilligen Unterrichtsveranstaltungen, die sich über einen längeren Zeitraum erstrecken, kann die Schule vor der Anmeldung des Schülers den Zeitpunkt festlegen, vor dem eine Abmeldung nicht zulässig ist; eine Abmeldung zum Schuljahresende ist jedoch uneingeschränkt zulässig.

(3) Ein Schulversäumnis liegt vor, wenn ein Schüler seiner Teilnahmepflicht nicht nachkommt, ohne an der Teilnahme verhindert (§ 2), von der Teilnahmepflicht befreit (§ 3) oder beurlaubt (§§ 4 und 5) zu sein.

(4) Für den Konfirmandenunterricht halten die Schulen in der Klassenstufe 8 den ganzen Mittwochnachmittag unterrichtsfrei; nach örtlicher Absprache kann dieser Nachmittag zusätzlich in Klasse 7 freigehalten werden.

§ 2
Verhinderung der Teilnahme

(1) Ist ein Schüler aus zwingenden Gründen (z.B. Krankheit) am Schulbesuch verhindert, ist dies der Schule unter Angabe des Grundes und der voraussichtlichen Dauer der Verhinderung unverzüglich mitzuteilen (Entschuldigungspflicht). Entschuldigungspflichtig sind für minderjährige Schüler die Erziehungsberechtigten und diejenigen, denen Erziehung oder Pflege eines Kindes anvertraut ist, volljährige Schüler für sich selbst. Die Entschuldigungspflicht ist spätestens am zweiten Tag der Verhinderung mündlich, fernmündlich, elektronisch oder schriftlich zu erfüllen. Im Falle elektronischer oder fernmündlicher Verständigung der Schule ist die schriftliche Mitteilung binnen drei Tagen nachzureichen.

(2) Bei einer Krankheitsdauer von mehr als zehn, bei Teilzeitschulen von mehr als drei Unterrichtstagen kann der Klassenlehrer vom Entschuldigungspflichtigen die Vorlage eines ärztlichen Zeugnisses verlangen. Lassen sich bei auffällig häufigen Erkrankungen Zweifel an der Fähigkeit des Schülers, der Teilnahmepflicht gemäß § 1 nachzukommen, auf andere Weise nicht ausräumen, kann der Schulleiter vom Entschuldigungspflichtigen die Vorlage eines ärztlichen Zeugnisses verlangen. In diesen Fällen und unter den gleichen Voraussetzungen bei langen Erkrankungen kann der Schulleiter auch die Vorlage eines amtsärztlichen Zeugnisses verlangen.

Hinweis der Redaktion: Die Kosten hierfür (Praxisgebühr bzw. Honorierung nach der GOA) sind ggf. von den Schüler/innen bzw. ihren Eltern zu tragen. Das KM hat mitgeteilt: „Wenn Schüler länger als zehn Unterrichtstage erkrankt sind, ist es ohnehin angezeigt, dass sie einen Arzt aufsuchen. Zusätzliche, von den Eltern zu tragenden Kosten für die ärztliche Zeugnisse sind demnach sehr begrenzt. Bei auffallend häufigen Krankheiten kann ein ärztliches Zeugnis nur verlangt werden, wenn zusätzlich ein Glaubwürdigkeitsproblem vorliegt". (Quelle: KM, 1.4.2010; AZ.: 31-5493/36/1)

(3) *gestrichen*

(4) Beim Auftreten übertragbarer Krankheiten bleiben die Vorschriften des Infektionsschutzgesetzes ... in der jeweils geltenden Fassung unberührt.

Hinweis der Redaktion: Dies gilt auch beim Auftreten von Kopfläusen. → Infektionsschutzgesetz

§ 3
Befreiung vom Unterricht in einzelnen Fällen oder von sonstigen einzelnen Schulveranstaltungen

(1) Schüler werden vom Sportunterricht teilweise oder ganz befreit, wenn es ihr Gesundheitszustand erfordert. Von der Teilnahme am Unterricht in einzelnen anderen Fächern oder von sonstigen verbindlichen Schulveranstaltungen können Schüler nur in besonders begründeten Ausnahmefällen vorübergehend oder dauernd ganz oder teilweise befreit werden; für Berufsschulpflichtige gilt dies nur dann, wenn der Gesundheitszustand die Teilnahme nicht zulässt.

(2) Befreiung wird nur auf rechtzeitigen Antrag gewährt. Für minderjährige Schüler können Anträge schriftlich von den Erziehungsberechtigten, für volljährige Schüler von diesen selbst gestellt werden. In dringenden Fällen können auch minderjährige Schüler mündliche Anträge auf Befreiung stellen. Eines schriftlichen Antrags bedarf es ferner nicht, wenn eine Erkrankung oder körperliche Beeinträchtigung des Schülers die Teilnahme am Unterricht oder den sonstigen verbindlichen Schulveranstaltungen offensichtlich nicht zulässt.

(3) Der Antrag auf Befreiung ist zu begründen. Werden gesundheitliche Gründe geltend gemacht, ist für Befreiung bis zu sechs Monaten ein ärztliches Zeugnis vorzulegen. Bei längeren oder auffällig häufigen Erkrankungen gilt § 2 Abs. 2 Satz 3 entsprechend. Im Fall des Abs. 2 Satz 4 ist ein ärztliches Zeugnis nicht vorzulegen. Die Befreiung wird jeweils längstens für die Dauer eines Schuljahres ausgesprochen und kann mit Auflagen verbunden werden.

(4) Über die Befreiung von einer Unterrichtsstun-

de sowie in den Fällen des Abs. 2 Satz 4 entscheidet der Fachlehrer, von einer sonstigen verbindlichen Schulveranstaltung der Klassenlehrer. In den übrigen Fällen entscheidet über Befreiungen der Schulleiter.

Hinweis der Redaktion: Zur Befreiung von der Sexualerziehung Hinweise bei → Geschlechtserziehung beachten.
→ Zeugnisse (Allgemeinbildende Schulen) Nr. 9

§ 4
Beurlaubung

(1) Eine Beurlaubung vom Besuch der Schule ist lediglich in besonders begründeten Ausnahmefällen und nur auf rechtzeitigen schriftlichen Antrag möglich. Der Antrag ist vom Erziehungsberechtigten, bei volljährigen Schülern von diesen selbst zu stellen.

(2) Als Beurlaubungsgründe werden anerkannt:
1. Kirchliche Veranstaltungen nach Nr. I der Anlage *(auf der nächsten Seite abgedruckt)*. – Die Bestimmungen des § 4 Abs. 3 des Gesetzes über die Sonntage und Feiertage ..., nach der Schüler an den kirchlichen Feiertagen ihres Bekenntnisses das Recht haben, zum Besuch des Gottesdienstes dem Unterricht fernzubleiben, bleiben unberührt.
→ Ferien – FerienVO (Anlage Feiertagsgesetz)
2. Gedenktage oder Veranstaltungen von Religions- oder Weltanschauungsgemeinschaften nach Nr. II-VI der Anlage. Dem Antrag muss, soweit die Zugehörigkeit zu der Religions- oder Weltanschauungsgemeinschaft nicht auf andere Weise nachgewiesen ist, eine schriftliche Bestätigung beigefügt sein.

Hinweis der Redaktion: Da im Bereich des Islam keine den Kirchenbehörden vergleichbaren Strukturen vorhanden sind, die Bestätigungen über die Religionszugehörigkeit jederzeit erbringen könnten, wird auch die einfache mündliche Erklärung der Erziehungsberechtigten über die konfessionelle Zugehörigkeit als ausreichend akzeptiert. (Quelle: KM vom 15.10.1997 Nr. IV/1-6601.520/87)

(3) Als Beurlaubungsgründe können außerdem insbesondere anerkannt werden:
1. Heilkuren oder Erholungsaufenthalte, die vom Staatlichen Gesundheitsamt oder vom Vertrauensarzt einer Krankenkasse veranlasst oder befürwortet worden sind;
2. Teilnahme am internationalen Schüleraustausch sowie an Sprachkursen im Ausland;
3. Teilnahme an den von der Landeszentrale für politische Bildung durchgeführten zweitägigen Politischen Tagen für die Klassen 10 bis 13;
4. Teilnahme an wissenschaftlichen oder künstlerischen Wettbewerben;
5. die aktive Teilnahme an sportlichen Wettkämpfen und an Lehrgängen überregionaler oder regionaler Trainingszentren sowie an überregionalen Veranstaltungen von Musik- und Gesangvereinen, anerkannten Jugendverbänden und sozialen Diensten, soweit die Teilnahme vom jeweiligen Verband befürwortet wird;
6. die Ausübung eines Ehrenamts bei Veranstaltungen von Sport-, Musik- und Gesangvereinen, anerkannten Jugendverbänden und sozialen Diensten, sofern dies vom jeweiligen Verband befürwortet wird;
7. Teilnahme an Veranstaltungen der Arbeitskreise der Schüler (§ 69 SchG), soweit es sich um Schulveranstaltungen handelt (§ 18 SMV-Verordnung), sowie an Sitzungen des Landesschulbeirats (§ 70 SchG) und des Landesschülerbeirats (§ 69 Abs. 1 bis 3 SchG);
8. die Vollendung des 18. Lebensjahres während des 1. Schuljahres der Berufsschulpflichtigen, die nicht in einem Berufsausbildungsverhältnis stehen oder eine Stufenausbildung fortsetzen für eine Beurlaubung für das zweite Schuljahr (§ 78 Abs. 1 Satz 2 in Verbindung mit Abs. 2 Satz 1 SchG);
9. wichtiger persönlicher Grund; als wichtiger persönlicher Grund gelten insbesondere Eheschließung der Geschwister, Hochzeitsjubiläen der Erziehungsberechtigten, Todesfall in der Familie, Wohnungswechsel, schwere Erkrankung von zur Hausgemeinschaft gehörenden Familienmitgliedern, sofern der Arzt bescheinigt, dass die Anwesenheit des Schülers zur vorläufigen Sicherung der Pflege erforderlich ist.

Hinweis der Redaktion: Das Kultusministerium empfiehlt, Lehrer und Schüler für die Teilnahme an am Deutschen Evangelischen Kirchentag und am Deutschen Katholikentag jeweils zu beurlauben, sofern keine dienstlichen bzw. pädagogischen Gründe entgegenstehen.
Quelle: Bekanntmachung des KM vom 26. April 1985 (KuU S. 299/1985); im Bekanntmachungsverzeichnis des KM (→ Kultus und Unterricht) enthalten.

(4) Für das Fernbleiben der Schüler vom Unterricht aufgrund einer Beurlaubung tragen die Erziehungsberechtigten, volljährige Schüler für sich selbst die Verantwortung. Die Schulen beraten erforderlichenfalls die Erziehungsberechtigten und den Schüler über die Auswirkungen der beantragten Beurlaubung. Die Beurlaubung kann davon abhängig gemacht werden, dass der versäumte Unterricht ganz oder teilweise nachgeholt wird.

Hinweis der Redaktion: Schülerinnen und Schüler, die von der Teilnahme am Unterricht beurlaubt werden, müssen den versäumten Unterrichtsstoff selbstständig nacharbeiten. (Quelle: Landtagsdrucksache Nr. 12/1077 vom 25.2.1997)

(5) Zuständig für die Entscheidung über Beurlaubungen ist in den Fällen des Absatzes 2 sowie bis zu zwei unmittelbar aufeinander folgenden Unterrichtstagen in den Fällen des Absatzes 3 der Klassenlehrer, in den übrigen Fällen der Schulleiter.

§ 5
Beurlaubung aus betrieblichen Gründen

(1) Bei Berufsschülern können als Beurlaubungsgründe außerdem anerkannt werden:
1. Schulungs- und Bildungsveranstaltungen im Sinne des § 37 Abs. 7 des BetrVerfG für Mitglieder des Betriebsrates oder der Jugendvertretung;
2. berufliche oder überbetriebliche Ausbildungslehrgänge, sofern der ausfallende Unterricht nicht verlegt werden kann und nachgewiesen wird, dass der Lehrgang nicht in den Schulferien stattfinden kann;

3. Zwischenprüfung nach dem Berufsbildungsgesetz und der Ausbildungsverordnung;
4. besondere Zwangs- oder Notlage im Betrieb;
5. betriebliche Gemeinschaftsveranstaltungen, die in angemessenem Umfang auch der beruflichen Ausbildung dienen, bis zur Dauer einer Woche, sofern nachgewiesen wird, dass die Veranstaltung nicht in den Schulferien stattfinden kann.

(2) § 4 Abs. 1 und 4 gilt für die Beurlaubung aus betrieblich bedingten Gründen entsprechend mit folgender Maßgabe:
1. Der Antrag kann auch von einem der für die Berufserziehung der Schüler Mitverantwortlichen gestellt werden.
2. Vor der Abschlussprüfung im letzten Schulhalbjahr der schulischen Ausbildung sowie bei Blockunterricht ist eine Beurlaubung nach Abs. 1 Nr. 1, 2, 4 und 5 nicht zulässig.
3. Die Gesamtdauer der Beurlaubung nach Abs. 1 Nr. 1 und 2 darf vier Wochen während der gesamten Berufsschulzeit nicht überschreiten.

(3) Zur Teilnahme an Austauschmaßnahmen mit dem Ausland und an Auslandspraktika von mehr als drei Wochen und höchstens neun Monaten können Berufsschüler, sofern die Veranstaltung nicht in den Schulferien oder bei Blockunterricht in der blockfreien Zeit erfolgen kann, dann beurlaubt werden, wenn
1. Berufsschule, Ausbildungsbetrieb und zuständige Stelle übereinstimmend festgestellt haben, dass die vorübergehend in das Ausland verlagerte Ausbildung überwiegend den inhaltlichen Anforderungen der Ausbildung entspricht, und
2. sichergestellt ist, dass die im Ausland verbrachten Ausbildungsabschnitte durch die zuständige Stelle auf die Berufsausbildung angerechnet werden.

Im letzten Schulhalbjahr der schulischen Ausbildung ist eine Beurlaubung vor der Abschlussprüfung nicht zulässig. § 4 Abs. 3 Nr. 2 bleibt unberührt.

(4) Zuständig für die Entscheidung über Beurlaubungen ist der Schulleiter. Aus wichtigem Anlass kann er über Absatz 1 hinaus weitere betrieblich bedingte Gründe anerkennen sowie Abweichungen von Absatz 2 zulassen.

(5) Die Absätze 1 bis 4 gelten für die Schüler von Berufskollegs mit Teilzeitunterricht entsprechend.

Anlage zu § 4 Abs. 2 Nr. 1 und 2 der Schulbesuchsverordnung

I. Für folgende kirchliche Veranstaltungen werden die Schüler beurlaubt:
1. Konfirmanden am Montag nach der Konfirmation;
2. Erstkommunikanten am Montag nach der Erstkommunion;
3. Firmlinge am Tag ihrer Firmung; wenn die Firmung an einem schulfreien Tag stattfindet, an unmittelbar danach folgenden Schultag;
4. Schüler der Klasse 9 der Hauptschulen, der Klassen 10 der Realschulen und Gymnasien, der Jahrgangsstufen 13 der Gymnasien, der Abschlussklassen der Berufsfachschulen, der Berufskollegs mit Ausnahme des einjährigen zur Fachhochschulreife führenden Berufskollegs, der Fachschulen für Sozialpädagogik sowie Schüler der entsprechenden Klassen der Sonderschulen für zwei Tage der Besinnung und Orientierung.

   Hinweis der Redaktion: Am Buß- und Bettag sind Schüler/innen, die während der Unterrichtszeit an einem von der örtlichen Kirchengemeinde getragenen Gottesdienst teilnehmen wollen, hierfür vom Unterricht zu beurlauben.

   → Schul- und Schülergottesdienst Nr. 3

II. Schüler der Religionsgemeinschaft Zeugen Jehovas werden einmal im Jahr für die Teilnahme an einer Bezirks- oder Hauptversammlung ihrer Religionsgemeinschaft zeitweise oder für die Dauer der Versammlung beurlaubt.

III. Schüler der Freireligiösen Gemeinde werden am Montag nach ihrer Jugendweihe beurlaubt.

IV. Schüler der jüdischen Religionsgemeinschaft sowie der Gemeinschaft der „Siebenten-Tags-Adventisten" werden an Samstagen ganz oder für die Dauer des Gottesdienstes vom Schulbesuch beurlaubt.

V. Schüler der jüdischen Religionsgemeinschaft werden an Neujahrsfest zwei Tage, am Versöhnungsfest einen Tag, am Laubhüttenfest zwei Tage, am Beschlussfest zwei Tage, am Passahfest die zwei ersten und zwei letzten Tage und am jüdischen Pfingstfest zwei Tage beurlaubt. Die jüdischen Feiertage können datenmäßig nicht festgelegt werden, da sie sich nicht nach dem allgemeinen Kalender richten.
   → Feiertage (Jüdische)

VI. Schüler, die der islamischen Religion angehören, werden am Fest des Fastenbrechens sowie am Opferfest einen Tag beurlaubt. Die Feiertage der islamischen Religion können datenmäßig nicht festgelegt werden, da sie sich nicht nach dem Allgemeinen Kalender richten.
   → Feiertage (Moslemische)

VII. Schüler, die der Bahai Religionsgemeinschaft angehören, werden an folgenden Festtagen ihrer Religionsgemeinschaft vom Schulbesuch beurlaubt: 21. März, 21. und 29. April, 2., 23. und 29. Mai, 9. Juli, 20. Oktober, 12. November

VIII. Schüler, die der griechisch-orthodoxen Religionsgemeinschaft angehören, werden am Karfreitag und Ostermontag des griechisch-orthodoxen Osterfestes beurlaubt.
   → Feiertage (Griechisch-orthodoxe)

Bitte beachten Sie hierzu den Beitrag → Feiertage.

Schulbesuchsverordnung

Hinweis der Redaktion: Das KM hat verfügt: „Aus rechtlichen Gründen sind ... auch die Mitglieder anderer Religions- und Weltanschauungsgemeinschaften, die bisher nicht in der Anlage zu § 4 Abs. 2 Nr. 1 und 2 der Schulbesuchsverordnung aufgeführt sind, an den Festtagen ihrer Religionsgemeinschaft vom Unterricht zu beurlauben. ...."

Serbisch-orthodoxe Schüler/innen sollen danach an folgenden Tagen beurlaubt werden: Weihnachten 7. Januar / Heiliger Sava 27. Januar / Karfreitag* / Ostermontag* / Schutzpatronsfeiertag*.
* Diese Feiertage fallen jährlich auf wechselnde Tage.
(Quelle: KM, 14.4.1998; AZ: IV/1-6610.51).

Hinweise der Redaktion zur Freistellung aus religiösen Gründen

1.

Die oben zitierte Anlage zur Schulbesuchsverordnung enthält keine abschließende Aufzählung der religiösen Veranstaltungen, für die beurlaubt wird. Das KM hat hierzu ausgeführt:
„Aufgrund der gesetzlich bestehenden Schulpflicht sind grundsätzlich alle Schüler zur Teilnahme am verbindlich vorgeschriebenen Unterricht verpflichtet. Allerdings muss es aufgrund des verfassungsrechtlichen Grundsatzes der Verhältnismäßigkeit möglich sein, aus wichtigen Gründen vom Unterricht im Einzelfall befreit zu werden. Ein wichtiger Grund kann im höherrangigen Recht wie z.B. der Religionsfreiheit liegen. Diese Rechte können in Konflikt zum staatlichen Bildungs- und Erziehungsauftrag nach Art. 7 Abs. 1 GG treten. Da beide Rechte einander gleichgeordnet sind, muss nach dem Prinzip der Konkordanz ein möglichst schonender Ausgleich zwischen beiden unter Berücksichtigung des grundgesetzlichen Gebots der Toleranz erfolgen. Dies bedeutet, dass die Beurlaubung genehmigt werden muss, wenn der Schüler glaubhaft geltend macht und darlegt, anderenfalls in einen für ihn unlösbaren Gewissenskonflikt zu geraten."
(Quelle: KM, 30.1.1995 (Nr. IV-6601.520/64)

2.

Der Leitsatz des Bundesverwaltungsgerichts zum Freistellungsanspruch eines moslemischen Mädchens lautet (BVerwG 6 C 8.91):
„Führt ein vom Staat aufgrund seines Erziehungs- und Bildungsauftrags aus Art. 7 Abs. 2 GG im Rahmen der allgemeinen Schulpflicht angebotener koedukativ erteilter Sportunterricht für eine zwölfjährige Schülerin islamischen Glaubens im Hinblick auf die Bekleidungsvorschriften des Koran, die sie als für sich verbindlich ansieht, zu einem Gewissenskonflikt, so folgt für sie aus Art. 4 Abs. 1 und 2 GG ein Anspruch auf Befreiung vom Sportunterricht, solange dieser nicht nach Geschlechtern getrennt angeboten wird".
Nach Mitteilung des KM dürfen die Schulen den Sport- und Schwimmunterricht in der Grundschule, in Klasse 5 und 6 der weiterführenden Schulen sowie in den höheren Klassen (z.B. Neigungskurs des Gymnasiums) koedukativ durchführen.

3.

Zur Freistellung von muslimischer Schülerinnen vom Sportunterricht hat das KM ausgeführt:
„Das Bundesverwaltungsgericht hat in zwei Urteilen vom 25.8.1993 festgestellt, dass Schülerinnen islamischen Glaubens ab dem Beginn der Pubertät, unter folgenden Voraussetzungen einen Anspruch auf Befreiung vom Sportunterricht haben:
1. *An der betreffenden Schule wird kein nach Geschlechtern getrennter Sportunterricht angeboten.*
2. *Die betreffende Schülerin legt konkret, substanziiert und objektiv nachvollziehbar dar, dass sie durch die Teilnahme am koedukativen Sportunterricht ihrer eigenen Glaubensüberzeugung zuwiderhandeln und in einen Gewissenskonflikt geraten würde.*

Bei Anträgen auf Befreiung vom Sportunterricht für Schülerinnen islamischen Glaubens sollten die Schulen zunächst bemüht sein, durch Gespräche mit den Eltern und Schülerinnen um Verständnis für die Aufgabenstellung der Schule zu werben. Sofern danach an dem Antrag festgehalten wird, sind diese Schülerinnen, bei Vorliegen der o.g. Voraussetzungen, vom Sportunterricht zu befreien."
(Quelle: OSA Stuttgart 14.6.1994; 6601/9-1/Ga)
Die Rechtsprechung gesteht auch den Angehörigen bestimmter christlicher Gruppierungen (z.B. Palmarianer) ein Abmelderecht aus religiösen Gründen zu.

4.

Bei der Entscheidung über Anträge auf Freistellung ist grundsätzlich wie bei der Abmeldung vom Religionsunterricht zu verfahren: Der Antrag ist nur wirksam, wenn Glaubens- und Gewissensgründe vorgebracht werden; eine investigative Überprüfung ist jedoch nicht statthaft. Allerdings muss die Erklärung glaubhaft sein (dies ist z.B. daran erkennbar, ob die Antragsteller auch sonst die Regeln ihrer Religion strikt einhalten).
Der Antrag religionsmündiger Schüler/innen (ab 14 Jahren) ist auch ohne das Zutun der Erziehungsberechtigten gültig; für nicht religionsmündige ist er von den Sorgeberechtigten zu stellen.
Hinweis der Redaktion: Zur Religionsmündigkeit siehe:
→ Religionsunterricht (Teilnahme und Abmeldung)A.I.1.3.

5.

Von der Teilnahme an der Sexualerziehung ist keine Befreiung aus religiösen Gründen möglich. Das KM hat aber angeordnet, dass das Fernbleiben bzw. -halten von Schülern oder Schülerinnen geduldet und von der Schule nicht sanktioniert wird.
→ Geschlechtserziehung (Hinweise)

6.

Zur Ermöglichung von „Schulgottesdiensten" und „Schulgebeten" während der Schulzeit siehe:
→ Religion und Schule Nr. 1; → Schul-/Schülergottesdienst

→ Behinderungen und Förderbedarf; → Ermessen; → Feiertage; → Ferienverordnung; → Geschlechtserziehung (Hinweise); → Grundgesetz Art. 3; → Klassentagebücher; → Religion und Schule; → Religionsunterricht und kirchliche Lehrkräfte; → Religionsunterricht (Teilnahme); → Schulgesetz §§ 72, 85, 92; → Schul- und Schülergottesdienst; → Schulpflicht (Berufliche Schulen); → Schulpflicht (Durchsetzung); → Verfassung

Schulentwicklung

Schulentwicklung

Hinweise der Redaktion

1. Fremd- und Selbstevaluation

Alle öffentlichen Schulen sollen sich einem Verfahren der Qualitätsentwicklung unterziehen: *„Um Ansatzpunkte einer qualitätsorientierten Weiterentwicklung von Schule und Unterricht zu erkennen, werden Schulen künftig zur Selbst- und Fremdevaluation verpflichtet, die in regelmäßigen Zeitabständen stattfinden"* (Beschluss der Landesregierung, 2002). Das Schulgesetz ist entsprechend geändert worden.

→ Evaluation; → Schulgesetz § 114

Für die Entwicklung der Konzeption zeichnet das Landesinstitut für Schulentwicklung (s.u.) verantwortlich. Mit dem Schuljahr 2006/7 wurde Selbstevaluation als Pflicht für alle Schulen eingeführt. Zur Unterstützung der Schulen bei der Selbstevaluation werden bis 2011/12 jährlich bis zu 90 Deputate für „Prozessbegleiter für Evaluationsberatung" zur Verfügung gestellt.

Über die Selbstevaluation hinaus wird ab dem Schuljahr 2008/09 Fremdevaluation an vom LIS ausgewählten Schulen eingeführt. Sie baut auf der Selbstevaluation auf und ergänzt sie durch einen „unabhängigen Blick von außen". Informationen im Internet: www.evaluation-bw.de

→ Fortbildung und Personalentwicklung; → Evaluation

2. Landesinstitut für Schulentwicklung

Auszug aus dem Gesetz über das Landesinstitut für Schulentwicklung vom 14.12.2004 (KuU S. 36/2005)

§ 1
Errichtung, Rechtsstellung, Sitz

(1) Das Land Baden-Württemberg errichtet das Landesinstitut für Schulentwicklung (Landesinstitut) als rechtsfähige Anstalt des öffentlichen Rechts. Das Landesinstitut ist zugleich staatliche Einrichtung und hat das Recht der Selbstverwaltung im Rahmen der Gesetze. ...

§ 2
Aufgaben

(1) Das Landesinstitut ist eine zentrale Einrichtung für wissenschaftlich-pädagogische Dienstleistungen im Geschäftsbereich des Kultusministeriums mit den Aufgabenfeldern
1. Schulentwicklung und empirische Bildungsforschung,
2. Bildungsplanarbeit,
3. Qualitätsentwicklung.

Einschlägige Ergebnisse, Daten und Informationen werden vom Landesinstitut in einem Bildungsbericht und nach Auftrag des Kultusministeriums in themengebundenen Berichten dargestellt. Dabei arbeitet das Landesinstitut mit wissenschaftlichen Einrichtungen mit entsprechendem ländergreifenden Auftrag der Ständigen Konferenz der Kultusminister zusammen.

(2) Im Aufgabenfeld »Schulentwicklung und empirische Bildungsforschung« unterstützt das Landesinstitut die inhaltliche, strategische und konzeptionelle Schulentwicklungsarbeit.

(3) Im Aufgabenfeld »Bildungsplanarbeit« konzipiert und entwickelt das Landesinstitut Bildungspläne, Bildungsstandards, Lernfelder und andere curriculare Festlegungen, erstellt Unterstützungspläne und evaluiert die Ergebnisse.

(4) Im Aufgabenfeld »Qualitätsentwicklung« entwickelt das Landesinstitut Evaluationskonzepte und organisiert die Fremdevaluation in den Bildungseinrichtungen im fachlichen Zuständigkeitsbereich des Kultusministeriums. Es führt die Fremdevaluation durch, wertet die Ergebnisse aus und übermittelt diese der evaluierten Einrichtung und den für die Einrichtung fachlich zuständigen Stellen.

(5) Dem Landesinstitut können vom Kultusministerium im Einvernehmen mit dem Aufsichtsrat weitere Aufgabenfelder übertragen werden. ...

Hinweis der Redaktion: Die Satzung des Landesinstituts für Schulentwicklung ist abgedruckt in der Losebalttsammlung KuU S. 6403-51

3. Kontakt und Publikationen

Kontakt: Landesinstitut für Schulentwicklung (LS), Heilbronner Str. 172, 70191 Stuttgart, FON: (0711) 6642-0, FAX: (0711) 6642- 1099, E-Mail: poststelle@ls.kv.bwl.de. Die Publikationen des Landesinstituts (Bestellungen möglichst als Schul-Sammelbestellung) werden auf der Homepage des Landesinstituts vorgestellt: http://www.ls-bw.de. Der Landesbildungsserver (www.lbs.bw.schule.de) wird – vorrangig als Informationsplattform für Lehrer/innen – vom Landesinstitut betreut. Er bietet eine Vielzahl von Informationen aus dem Bildungswesen und für den Unterricht, Materialien zur Lehrerfortbildung und Verweise auf einschlägige Internetangebote. Über die amtliche Lehrerfortbildung wird unter http://lfb.lbs.bw.schule.de/ informiert. Im Online-Forum Medienpädagogik (www.kreidestriche.de) sind beispielhafte Internetangebote zu finden.

→ Datenschutz (Schulen); → Evaluation; → Fortbildung (Allgemeines); → Fortbildung und Personalentwicklung;
→ Schulgesetz § 114; → Vergleichsarbeiten

Schülerbeförderung

Hinweise der Redaktion

Aus der Schulpflicht ergibt sich unmittelbar die Verpflichtung, die jeweilige Schule aufzusuchen. Nach Maßgabe des § 85 Schulgesetz („Verantwortlichkeit für die Erfüllung der Schul- und Teilnahmepflicht") haben die „Erziehungsberechtigten und diejenigen, denen Erziehung oder Pflege eines Kindes anvertraut ist, ... dafür Sorge zu tragen, dass der Schüler am Unterricht und an den übrigen verbindlichen Veranstaltungen der Schule regelmäßig teilnimmt ...".

Der Weg von und zur Schule sowie die Finanzierung eventueller Beförderungskosten fallen demnach grundsätzlich in die Zuständigkeit der Eltern. Dies setzt jedoch voraus, dass sich eine Pflichtschule in „zumutbarer" Entfernung befindet, also zu Fuß oder zumindest ohne einen nennenswerten finanziellen Aufwand erreichbar ist.

Diese Voraussetzung ist in vielen Teilen des Landes nicht (mehr) gegeben: Die früheren „Zwergschulen" sind im Zuge der Schulentwicklungspläne seit 1964 geschlossen worden. Als Folge daraus mussten die Träger der sächlichen Schulkosten jedenfalls dann den größten Teil der Kosten für die Fahrt zur und von der Schule tragen, wenn die Schule nicht ohne weiteres fußläufig erreichbar ist. Das Land hat dies stets anerkannt; im Zuge der Umsetzung der Schulentwicklungspläne wurden nach 1964 deshalb auch Schülerbeförderungskostenrichtlinien des Landes erlassen, die eine kostenlose Beförderung zur Pflichtschule ab einer Entfernung von 3 km sicherstellten.

Das Land hat seitdem – nicht zuletzt zur Kostenreduzierung – Aufgaben und Finanzierungslasten auf die kommunale Ebene verlagert. Die Regelung und Finanzierung der Schülerbeförderung wurde auf die kommunalen Träger (Stadt- und Landkreise) übergegangen. Geregelt ist dies im Finanzausgleichsgesetz (§ 18 – Schülerbeförderungskosten). Seitdem erstatten die Stadt- und Landkreise den Trägern öffentlicher Schulen und privater Ersatzschulen bzw. den betroffenen Schüler/innen die notwendigen Beförderungskosten. Dabei können durch Satzung u.a. Mindestentfernungen und Eigenanteile oder Höchstbeträge für die Kostenerstattung festgesetzt werden. Die Stadt- und Landkreise erhalten für die Kostenerstattung pauschale Zuweisungen vom Land (170 Mio. Euro).

➔ Haushalt (Kommunaler Finanzausgleich) § 18

Diese Zuweisungen wurden 1998 „eingefroren", was zu einer zunehmenden Diskrepanz zwischen den bereit gestellten Mitteln und dem tatsächlichen Bedarf führt. Dies ändert an sich nichts an der Leistungspflicht der Schulträger. Allenfalls ist zu fragen, ob und wie die Kommunen Ansprüche gegen das Land geltend machen können, wenn die Kosten der Schülerbeförderung trotz aller Rationalisierungsbemühungen und einer angemessenen Beteiligung der Schüler bzw. Eltern nicht mehr aus den Landesmitteln finanziert werden können.

Dennoch verlangen Schulträger von den Schülern bzw. ihren Eltern, dass sie sich an den Kosten für die Schülerbeförderung beteiligen bzw. diese ganz übernehmen. Dabei ist zwischen den verschiedenen Anlässen für solche Fahrten zu unterscheiden.

1.
Fahrten zur und von der Schule

Ist für den Besuch einer Pflichtschule zur Erfüllung der gesetzlichen Schulpflicht die Benutzung von Verkehrsmitteln erforderlich, so sind die Kosten von Schulträger zu tragen bzw. hat sich dieser an den Kosten angemessen zu beteiligen. Die Frage, was „angemessen" ist, ist heftig umstritten; die Gerichte halten u.a. eine Differenzierung nach Schularten für zulässig. Die Schulträger handeln hierfür vielfach mit den Verkehrsunternehmen besondere Tarife aus (Schülerfahrkarten). Insbesondere wenn diese Fahrkarten auch über die reinen Schulweg-Fahrten hinaus benutzt werden können, ist eine angemessene Eigenbeteiligung der Schülerinnen und Schüler vertretbar.

2.
Schulische Pflichtveranstaltungen

Aufgrund der Schulgeld- und Lernmittelfreiheit dürfen die Kosten für die Fahrt zu schulischen Pflichtveranstaltungen nicht auf die Eltern oder Schüler abgewälzt werden, denn sie sind notwendige Voraussetzung für die Teilnahme am Unterricht. Die Stadt- und Landkreise schließen jedoch teilweise die *„Beförderungskosten zu außerhalb der Schule gelegenen Unterrichtsstätten (innerer Schulbetrieb)"* von der Erstattung aus. Dies ändert aber nicht ihre Verantwortung, den Transport zu und von den Unterrichtsstätten zu organisieren und zu finanzieren.

Wo dies zu konkreten Problemen führt (z.B. eine Schwimmstätte steht der Schule für den Unterricht nur am Vormittag zur Verfügung, sie ist zu weit entfernt oder oder der Weg ist mit unzumutbaren Gefahren verbunden), ist den Schulen folgendes Verfahren anzuraten: Die Schulleitung beantragt – nach vorheriger Beratung in den schulischen Gremien (Gesamtlehrerkonferenz, Schulkonferenz, Elternbeirat) – beim Schulträger die Einrichtung eines „Schwimmbusses" bzw. bei einer guten Nahverkehrsverbindung die Übernahme der Fahrkosten. Wird diesem Antrag nicht stattgegeben, informiert die Schulleitung über die schulischen Gremien über dieses Ergebnis. Falls die Schule unter diesen Umständen trotzdem Schwimmunterricht durchführt, bleibt den betroffenen Eltern der individuelle Antrag auf Fahrkostenerstattung und ggf. der Klageweg gegen den Schulträger.

3. Außerunterrichtliche Veranstaltungen

Da nur die Unentgeltlichkeit des Unterrichts garantiert ist, obliegt die Finanzierung von außerunterrichtlichen Veranstaltungen (z.B. Schullandheimaufenthalt, Jahresausflug, Museums- oder Theaterbesuch) den Erziehungsberechtigten; dies sind zwar schulische Veranstaltungen, es besteht aber keine Teilnahmepflicht.

→ Lernmittelfreiheit (Allgemeines)

→ Haushalt (Kommunaler Finanzausgleich) § 18, → Schülerbeförderung (Mitwirkung der Schulen)

Schülerbeförderung (Mitwirkung der Schulen)

Mitwirkung der Schulen bei der Schülerbeförderung; Auszug aus der Bekanntmachung des KM vom 23.8.1994 (KuU S. 478/1994); im Bekanntmachungsverzeichnis des KM (→ Kultus und Unterricht) enthalten, also nach wie vor aktuell

Für eine reibungslose, sichere und wirtschaftliche Schülerbeförderung ist ein enges Zusammenwirken aller Beteiligten (Schulträger, Stadt- und Landkreise, Schulen und Verkehrsunternehmen) von besonderer Bedeutung. Die Schülerbeförderung funktioniert dort besonders gut, wo diese enge Zusammenarbeit auf lokaler Ebene tatsächlich erfolgt. ...

Die Schulen unterstützen den Schulträger; sie teilen ihm auf dessen Anforderung insbesondere die Schülerzahlen, die Wohnorte der Schüler, den Unterrichtsbeginn und das Unterrichtsende so früh wie möglich mit. In vielen Fällen empfiehlt es sich darüber hinaus, dass die Beteiligten vor Ort ihre Anliegen gemeinsam erörtern (u.a. sich die Schulen bei der Festlegung der beweglichen Ferientage und der drei unterrichtsfreien Tage aus der Arbeitszeitverkürzung der Lehrer, der Entscheidung über den unterrichtsfreien Samstag sowie bei der Ausgestaltung der Stundenpläne abstimmen).

Außerdem teilen die Schulen kurzfristig eintretende, für die Schülerbeförderung wichtige Änderungen hinsichtlich des Unterrichts (z.B. Stundenplanänderungen, früheres Unterrichtsende, Schulveranstaltungen usw.) möglichst frühzeitig mit.

Für die notwendige optimale Ausnutzung der vorhandenen Beförderungskapazitäten und zur Minimierung von Wartezeiten ist es wichtig, dass die Stundenpläne und Unterrichtszeiten der Schulen sowie die Fahrpläne und Fahrzeiten der Verkehrsunternehmen gut aufeinander abgestimmt werden. Im Rahmen der bestehenden Möglichkeiten sollen die Schulen einen gestaffelten Unterrichtsbeginn einrichten, um Verkehrsspitzen zu vermeiden. ...

→ Haushalt (Kommunaler Finanzausgleich) § 18

Schülerlotsen

Bekanntmachung des KM vom 3. Februar 1984 (KuU S. 81/1984); Diese Bekanntmachung ist im Bekanntmachungsverzeichnis des KM (→ Kultus und Unterricht) enthalten, also nach wie vor aktuell.

Um die Sicherheit der Schüler auf dem Schulweg zu erhöhen, wird ein Schülerlotsendienst für Grund- und Hauptschulen, Realschulen, Sonderschulen und Gymnasien als freiwillige Einrichtung empfohlen.

Die Schülerlotsen haben insbesondere die Aufgabe, ihren Mitschülern beim Überqueren verkehrsgefährdeter Straßen in der Nähe der Schule zu helfen. Die Schülerlotsen wirken bei ihrer Tätigkeit auf die Beachtung der bestehenden Verkehrsregeln hin. Sie haben keine polizeilichen Befugnisse.

Wenn der Schülerlotsendienst durchgeführt wird, ist er eine schulische Angelegenheit des Landes. Er wird organisatorisch von der Landesverkehrswacht Baden-Württemberg e.V. für das Land vorgenommen. Vor Einrichtung des Schülerlotsendienstes sind der Elternbeirat und der Schülerrat der Schule zu hören.

Voraussetzung für die freiwillige Tätigkeit als Schülerlotse ist in der Regel ein Mindestalter von 13 Jahren, persönliche Eignung und schriftliches Einverständnis der Erziehungsberechtigten.

Die Tätigkeit als Schülerlotse unterliegt der gesetzlichen Unfallversicherung ... . Zuständiger Träger des Unfallversicherungsschutzes ist das Land (...). Die Lotsentätigkeit stellt eine Fürsorgeaufgabe dar. Bei Drittschäden kommt die Amtshaftung des Landes nach Art. 34 GG i.V. mit § 839 BGB in Frage.

Die Landesverkehrswacht Baden-Württemberg e.V. unterhält ergänzend eine Unfallversicherung und eine Haftpflichtversicherung. Die Deutsche Verkehrswacht und die Landesverkehrswacht Baden-Württemberg e.V. stellen Ausrüstung der Schülerlotsen sowie Unterrichtsmaterial im Rahmen der gegebenen Möglichkeiten zur Verfügung und übernehmen die örtliche Organisation.

→ Schulgesetz § 57; → Unfallversicherung und Unfallverhütung; → Verkehrserziehung

Schülermitverantwortung (SMV-Verordnung)

Verordnung des KM über Einrichtung und Aufgaben der Schülermitverantwortung (SMV-Verordnung) vom 8. Juni 1976 (KuU S. 1196/1976), zuletzt geändert 11.11.2009 (KuU S. 205/2009)

I. Allgemeines

§ 1
Grundsätze

(1) Der Schwerpunkt der Schülermitverantwortung (SMV) liegt an der einzelnen Schule. Damit sie ihre Aufgaben erfüllen kann, müssen Schulleiter, Lehrer, Eltern und Schüler, die sich in der Schule mit unterschiedlichen Rechten, Pflichten, Aufgaben und Interessen begegnen, zusammenarbeiten (§ 62 des Schulgesetzes).

(2) Die Schülermitverantwortung ist von allen am Schulleben Beteiligten und den Schulaufsichtsbehörden zu unterstützen.

(3) Art und Umfang der Mitwirkung der Schüler am Leben und an der Arbeit der Schule sowie der Grad der Selbstständigkeit und Verantwortlichkeit bei der Wahrnehmung ihrer Aufgaben hängen von ihrer Entwicklung ab.

(4) Schüler der Grundschulen sollen auf die Arbeit und die Aufgaben der Schülermitverantwortung dadurch vorbereitet werden, dass ihre Selbstverantwortung und ihre Selbstständigkeit möglichst früh im Unterricht und durch Übertragung ihnen angemessener Aufgaben entwickelt und gefördert werden.

(5) Die Schüler der Sonderschulen verwirklichen die Schülermitverantwortung, soweit es ihre Eigenart und das Bildungsziel der Schule zulassen.

(6) Schüler dürfen wegen ihrer Tätigkeit in der SMV weder bevorzugt noch benachteiligt werden. Auf Antrag der Schüler ist ihre Tätigkeit in der SMV im Zeugnis oder in anderer geeigneter Form ohne Wertung zu bescheinigen.

(7) Der Schülerrat erlässt im Rahmen des Schulgesetzes und dieser Verordnung eine Satzung, in der außer den in dieser Verordnung ausdrücklich vorgesehenen Vorschriften nähere Bestimmungen über Aufgaben und Arbeit der Schülermitverantwortung der jeweiligen Schule geregelt werden können (SMV-Satzung). Sie bedarf keiner Bestätigung durch ein Organ der Schule; jedoch ist vor ihrer Inkraftsetzung dem Schulleiter und den Verbindungslehrern der Schule sowie der Gesamtlehrerkonferenz und der Schulkonferenz Gelegenheit zur Stellungnahme zu geben.

§ 2
Ergänzende Hinweise

(1) Das Recht der Schüler, außerhalb der Schule Vereinigungen zu bilden oder ihnen beizutreten, bleibt unberührt. Schülervereinigungen (z.B. mit politischen, sportlichen, kulturellen, konfessionellen, gesellschaftlichen oder fachlichen Zielen) sind keine Schülervertretungen im Sinne dieser Verordnung.

(2) Die Rechte der Erziehungsberechtigten werden durch diese Verordnung nicht berührt.

II. Bildung der Organe der SMV

§ 3 Organe

(1) Organe der Schülermitverantwortung sind die Schülervertreter (Klassensprecher, Kurssprecher, Jahrgangsstufensprecher, Schülerrat und Schülersprecher) sowie die Klassenschülerversammlung, in den beiden Jahrgangsstufen am allgemeinbildenden Gymnasium die Kursschülerversammlung im Kernkompetenzfach Deutsch, am beruflichen Gymnasium die Kursschülerversammlung im Profilfach.

(2) Die Klassenschülerversammlung besteht aus allen Schülern der Klasse. Die Kursschülerversammlung besteht aus allen Schülern eines Kurses gemäß Absatz 1.

(3) Die Wahl des Klassensprechers und seines Stellvertreters gemäß § 65 Abs. 1 SchG soll spätestens bis zum Ablauf der dritten Unterrichtswoche im Schuljahr stattfinden, bei Teilzeitunterricht in Blöcken bis zum Ablauf der zweiten Unterrichtswoche des ersten Unterrichtsblocks im Schuljahr.

(4) In den beiden Jahrgangsstufen wählen die Schüler am allgemeinbildenden Gymnasium im Kernkompetenzfach Deutsch, am beruflichen Gymnasium im Profilfach, aus ihrer Mitte zu Beginn des Schuljahres einen Kurssprecher und seinen Stellvertreter; sie treten an die Stelle des Klassensprechers und seines Stellvertreters. Für den Zeitpunkt der Wahl gilt Absatz 3 entsprechend.

(5) Die nach Absatz 4 gewählten Kurssprecher und Stellvertreter sind Mitglied des Schülerrats. Sie haben die gleichen Rechte und Pflichten wie die übrigen Mitglieder bzw. stellvertretenden Mitglieder des Schülerrats.

(6) Der Schülerrat soll binnen zweier Wochen nach der Wahl aller seiner Mitglieder, spätestens jedoch in der fünften Unterrichtswoche im Schuljahr, erstmals zusammentreten; dies gilt auch dann, wenn noch nicht alle Wahlen gemäß Absätze 3 bis 5 durchgeführt sind. Spätestens binnen zweier weiterer Wochen soll die Wahl des Schülersprechers und seines oder seiner Stellvertreter gemäß § 67 Abs. 1 SchG stattfinden. Die Gültigkeit dieser Wahlen wird nicht dadurch beeinträchtigt, dass sie bzw. der erste Zusammentritt des Schülerrats nicht fristgemäß erfolgen.

(7) In Berufsschulklassen können die Klassensprecher, die jeweils an den gleichen Wochentagen Unterricht haben, aus ihrer Mitte ihre Tagessprecher und deren Stellvertreter wählen.

(8) Die SMV-Satzung kann vorsehen, dass der Schülersprecher von allen Schülern der Schule oder vom Schülerrat gewählt wird; sie kann auch regeln, dass ein Stellvertreter von allen Schülern der Schule aus deren Mitte oder aus der Mitte des Schülerrats direkt gewählt wird, weitere Stellver-

treter können nur vom Schülerrat aus seiner Mitte gewählt werden; die Gewählten sind Mitglieder des Schülerrats. Die SMV-Satzung kann weiter vorsehen, dass die Kurssprecher einer Jahrgangsstufe aus ihrer Mitte einen Jahrgangsstufensprecher und seinen Stellvertreter wählen können, dem die Aufgaben der einzelnen Kurssprecher der Jahrgangsstufe übertragen werden, soweit sie die gesamte Jahrgangsstufe betreffen.

§ 4
Wahl, Wählbarkeit

(1) Schülervertreter, deren Amtszeit abgelaufen ist, versehen ihr Amt bis zur Neuwahl geschäftsführend weiter, wenn sie noch wählbar sind. Die Dauer der geschäftsführenden Tätigkeit kann durch die SMV-Satzung begrenzt werden.

(2) Der geschäftsführende Amtsinhaber lädt die Wahlberechtigten zur Neuwahl ein und bereitet die Wahl vor. Ist kein geschäftsführender Amtsinhaber vorhanden oder ist er verhindert, so sorgt dafür sein Stellvertreter. Die SMV-Satzung kann abweichende Bestimmungen treffen; sie soll für den Fall, dass kein Stellvertreter vorhanden oder dass auch dieser verhindert ist, Vorsorge treffen. Steht niemand zur Verfügung, dem die Aufgaben gemäß Satz 1 übertragen sind, veranlasst der Verbindungslehrer für die Wahl der Kurssprecher und des Schülersprechers und der Klassenlehrer für die Wahl des Klassensprechers das Erforderliche; letzteres gilt auch für neugebildete Klassen, sofern in der SMV-Satzung keine anderen Bestimmungen getroffen sind.

Wahlberechtigt und wählbar ist, wer im Zeitpunkt der Wahl die Schule als Schüler besucht. Das Amt eines Schülervertreters erlischt vor Ablauf seiner bis zum Ende des Schuljahres dauernden Amtszeit mit dem Verlust der Wählbarkeit für dieses Amt oder seinem Rücktritt. Für die Einladung zu der in diesen Fällen erforderlichen Neuwahl gilt Abs. 2 entsprechend.

§ 5
Wahlverfahren, Abwahl

(1) Die Wahl ist geheim. Die Aufstellung und Wahl der Kandidaten bedürfen keiner Bestätigung. Im übrigen muss die Wahl aller Schülervertreter den Grundsätzen entsprechen, die für demokratische Wahlen gelten, insbesondere also allgemein, frei, gleich und unmittelbar sein.

(2) Gewählt ist, wer die meisten gültigen Stimmen erhält. Bei Stimmengleichheit ist ein weiterer Wahlgang erforderlich.

(3) Ein Schülervertreter kann aus seinem Amt vor Ablauf seiner Amtszeit nur dadurch abberufen werden, dass von der Mehrheit der Wahlberechtigten ein Nachfolger für den Rest der laufenden Amtszeit gewählt wird. Die wahlberechtigten Schüler müssen zur Wahl eines Nachfolgers eingeladen werden, wenn ein Drittel der Wahlberechtigten schriftlich darum nachsucht. Für die Einladung gilt § 4 Abs. 2 entsprechend mit der Maßgabe, dass der betreffende Amtsinhaber als verhindert gilt.

§ 6
Ergänzende Wahlordnungsvorschriften

Die SMV-Satzung regelt das Nähere über das Verfahren bei der Wahl der Schülervertreter, insbesondere über die Form und Frist für die Einladung und die Leitung der Wahl. Dabei kann die SMV-Satzung für den ersten Wahlgang eine qualifizierte Mehrheit festlegen sowie das Nähere für etwaige weitere Wahlgänge regeln. Sie trifft ferner nähere Bestimmungen

1. für den Fall, dass Tagessprecher gemäß § 3 Abs. 7 gewählt werden, welche Klassensprecher jeweils einen Tagessprecher wählen;
2. für die Wahl der Vertreter der Schüler in der Schulkonferenz.

III. Aufgaben
§ 7
Aufgaben der SMV

(1) Die Schülermitverantwortung ist – unbeschadet der besonderen Aufgabe der Schülervertreter – Sache aller Schüler der gesamten Schule.

(2) Die Schülermitverantwortung und ihre Organe stellen sich ihre Aufgaben selbst, soweit sie nicht durch das Schulgesetz oder sonstige Rechtsvorschriften festgelegt sind. Dazu gehören insbesondere:

1. Gemeinschaftsaufgaben der Schüler. Insbesondere soll die Schülermitverantwortung die fachlichen, sportlichen, kulturellen, sozialen und politischen Interessen der Schüler fördern. Sie kann dafür eigene Veranstaltungen durchführen. Diese müssen allen zugänglich sein und dürfen nicht einseitig den Zielsetzungen bestimmter politischer, konfessioneller oder weltanschaulicher Gruppen dienen;
2. die Aufgabe der Organe der Schülermitverantwortung, sich aus dem Schulleben ergebende Interessen der Schüler zu vertreten.

(3) Der SMV ist Gelegenheit zu geben, in allen dafür geeigneten Aufgabenbereichen der Schule mitzuarbeiten. Dies schließt die Vertretung der Schüler in der Schulkonferenz ein. Außerdem können dazu mit ihrem Einverständnis gehören:

1. Anregungen und Vorschläge für die Gestaltung des Unterrichts im Rahmen der Bildungspläne einschließlich der Erprobung neuer Unterrichtsformen;
2. Beteiligung an Verwaltungs- und Organisationsaufgaben der Schule sowie Aufgaben im Ordnungs- und Aufsichtsdienst. Dabei soll den Schülern nach Möglichkeit Gelegenheit gegeben werden, Eigeninitiative zu entfalten;
3. Teilnahme von Schülervertretern an Teilkonferenzen im Rahmen der Konferenzordnung.

(4) Im Rahmen der SMV haben die Schülervertreter insbesondere folgende Rechte: Das Anhö-

---

Bestimmungen zu Schülerzeitschriften befinden sich in der Verwaltungsvorschrift
→ Werbung, Wettbewerbe und Erhebungen Nr. 5.4

rungs- und Vorschlagsrecht (§ 10 Abs. 1), das Beschwerderecht (§ 10 Abs. 1), das Vermittlungs- und Vertretungsrecht (§ 10 Abs. 2), das Informationsrecht (§ 11 Abs. 2).

Hinweis der Redaktion:

1.
Zum Postversand an und von Schülervertretungen über die Schulen hat das das Kultusministeriums u.a. bekanntgegeben (Schreiben vom 30.4.1983): Post an die SMV wird grundsätzlich weitergegeben. – Ausnahme: Bei Schriften von radikalen politischen Gruppen, Jugendsekten etc. kann der Schulleiter vor der Weitergabe ein Gespräch mit der SMV führen.
... Für die Weitergabe von Schriften oder Flugblättern auf dem Schulgelände ist die Genehmigung des Schulleiters erforderlich (§ 15 SMV-Verordnung). Die Ablehnung ist zu begründen. Bezüglich des Öffnens von SMV-Post durch den Schulleiter oder einen von ihm Beauftragten ist zu unterscheiden, ob die Post an die Schule oder an die SMV direkt adressiert wurde. Falls die Post an die Schule adressiert wurde, wird sie wie üblich vom Schulleiter geöffnet und dann weitergeleitet. Die direkt an die Schülermitverantwortung adressierte Post darf hingegen nicht vom Schulleiter oder einem seiner Mitarbeiter geöffnet werden, falls er nicht im Einzelfall oder generell hierzu ermächtigt wurde.

2.
Die Schule kann als besondere Anerkennung an Schülerinnen und Schüler das „Qualipass-Zertifikat für die Schülermitverantwortung" vergeben. Die Auszeichnung soll die Bedeutung der SMV für die Schule sowie die einzelnen Schülerinnen und Schüler hervorheben und die Kompetenzen honorieren, die diese durch ihre Mitarbeit bei der SMV erwerben, z.B. Teamfähigkeit, Organisationsgeschick, Kommunikations- und Kritikfähigkeit. Das Zertifikat steht unter www.qualipass.info > Erwachsenenbereich/Jugendbereich > Download als pdf-Datei zur Verfügung.

§ 8
Klassenschülerversammlung

(1) Die Schülermitverantwortung baut auf der Arbeit in den einzelnen Klassen auf. Dazu gehört es auch, dass die einzelnen Schüler ihre Anregungen, Vorschläge und Wünsche, die das Schulleben und den Unterricht betreffen, und ihre Einwände, wenn sie sich ungerecht beurteilt fühlen, mit den einzelnen Lehrern besprechen.

(2) Der Klassensprecher beruft, soweit erforderlich mit Unterstützung des Klassenlehrers, die Klassenschülerversammlung ein und leitet sie. Soweit dies im Rahmen eines geordneten Unterrichts möglich ist, soll ihm Gelegenheit gegeben werden, wichtige Angelegenheiten der Schülermitverantwortung auch unter Inanspruchnahme eines Teils einer Unterrichtsstunde in seiner Klasse zu behandeln und insbesondere die Klassenschülerversammlung über Angelegenheiten, die für sie von allgemeiner Bedeutung sind (§ 65 Abs. 2 des Schulgesetzes), zu unterrichten; in diesem Fall bedarf die Abhaltung der Klassenschülerversammlung der Zustimmung des zuständigen Lehrers.

(3) Die Klasse, die eine Besprechung über schulische und unterrichtliche Fragen wünscht, erhält auf Antrag des Klassensprechers beim Klassenlehrer anstelle einer Unterrichtsstunde eine Verfügungsstunde, die im Allgemeinen in Anwesenheit des Klassenlehrers oder eines anderen Lehrers stattfindet. Im Antrag ist das Beratungsthema anzugeben und zu begründen. Im Schulhalbjahr, bei Teilzeitunterricht im Schuljahr, kann eine Klasse bis zu zwei Verfügungsstunden erhalten; dabei darf an einem Schultag nicht mehr als eine Verfügungsstunde gewährt werden.

(4) Der Klassensprecher ist für die Durchführung rechtmäßiger Beschlüsse der Klassenschülerversammlung verantwortlich. Er ist ihr Rechenschaft für seine Tätigkeit in der SMV schuldig. Im Übrigen sorgt der Klassensprecher im Rahmen seiner Möglichkeiten dafür, dass die Klassenschülerversammlung die ihr obliegenden Aufgaben (§ 64 Abs. 1 des Schulgesetzes) erfüllen kann. Die Lehrer der Klasse unterstützen ihn dabei.

(5) Für die beiden Jahrgangsstufen gelten die Absätze 1 bis 4 entsprechend mit der Maßgabe, dass an die Stelle der Klassenschülerversammlung am allgemeinbildenden Gymnasium die Kursschülerversammlung im Kernkompetenzfach Deutsch, am beruflichen Gymnasium die Kursschülerversammlung im Profilfach, an die Stelle des Klassensprechers der Kurssprecher und an die Stelle des Klassenlehrers der Lehrer des betreffenden Kurses tritt.

§ 9
Schülerrat und Schülersprecher

(1) Der Schülersprecher beruft den Schülerrat ein und leitet ihn.

(2) Der Schülersprecher ist für die Durchführung rechtmäßiger Beschlüsse des Schülerrats verantwortlich. Er ist ihm Rechenschaft für seine Tätigkeit in der SMV schuldig. Im Übrigen sorgt er im Rahmen seiner Möglichkeiten dafür, dass der Schülerrat die ihm obliegenden Aufgaben (§ 66 Abs. 2 des Schulgesetzes) erfüllen kann; der Schulleiter sowie der Verbindungslehrer und die übrigen Lehrer der Schule unterstützen ihn dabei.

§ 10 Besondere Rechte

(1) Die Klassensprecher und der Schülersprecher haben das Recht, gegenüber den Lehrern, dem Schulleiter oder den Elternvertretern Anregungen, Vorschläge und Wünsche einzelner Schüler, Klassen oder der Schülerschaft insgesamt zu vertreten sowie Beschwerden allgemeiner Art und solche, die ihr Amt betreffen, vorzubringen.

(2) Die Klassensprecher, die Kurssprecher und der Schülersprecher können einzelne Schüler auf deren Wunsch bei der Wahrnehmung von Rechten, die diese der Schule gegenüber selbst ausüben können, beraten und ihnen darin beistehen. Dazu zählt auch das Recht des Schülers, gehört zu werden, bevor über ihn betreffende Erziehungs- und Ordnungsmaßnahmen entschieden wird.

§ 11
Unterstützung der SMV

(1) Der Schulleiter sorgt im Rahmen des Möglichen dafür, dass für die Veranstaltungen der Schülermitverantwortung geeignete Räume und dass für ihre Arbeit die erforderliche Zeit zur Verfügung stehen. Der Stundenplan der Schule ist, wenn es stundenplantechnisch nicht unmöglich ist, so zu gestalten, dass zur Durchführung von SMV-Veranstaltungen regelmäßig eine Stunde von Unterrichtsveranstaltungen freigehalten wird.

(2) Zu den Angelegenheiten von allgemeiner Bedeutung, über die der Schulleiter den Schülerrat

gemäß § 66 Abs. 2 Satz 3 des Schulgesetzes zu unterrichten hat, gehören sowohl solche der Schule als auch entsprechende Erlasse der Schulaufsichtsbehörde, soweit sie nicht der Amtsverschwiegenheit unterliegen. Der Schulleiter kann dieser Verpflichtung zur Unterrichtung des Schülerrats mündlich in einer dessen Sitzungen, über den Schülersprecher oder in schriftlicher Form nachkommen; er kann damit auch seinen Stellvertreter betrauen. Dem Wunsch des Schülerrats auf Teilnahme des Schulleiters an einer Sitzung soll entsprochen werden, soweit dies im Hinblick auf seine anderen dienstlichen Verpflichtungen möglich ist.

(3) Schulleiter, Verbindungslehrer und Schülersprecher sprechen untereinander Zeitpunkt und Ablauf der regelmäßigen Informationsgespräche gemäß § 67 Abs. 2 des Schulgesetzes ab, die im Allgemeinen monatlich stattfinden sollen. Eine Tagesordnung hierfür ist nicht erforderlich.

§ 12
Freistellung von Berufsschulpflichtigen

Zum Besuch der Berufsschule gehört auch die Wahrnehmung der Aufgaben der Schülermitverantwortung als Schülervertreter. Den gewählten Schülervertretern ist deshalb vom Betrieb über die Teilnahme am Pflichtunterricht hinaus die Möglichkeit zu geben, ihren Verpflichtungen im Rahmen der schulrechtlichen Bestimmungen nachzukommen. Die Schulleitung oder ein von ihr beauftragter Verbindungslehrer hat die Namen der zu Schülervertretern gewählten Berufsschüler unter Angabe ihrer Funktion in der SMV unverzüglich dem jeweiligen Ausbildenden bzw. Arbeitgeber mitzuteilen. Die Einladungen zu SMV-Veranstaltungen sind dem Ausbildenden bzw. Arbeitgeber auf Anforderung durch eine Bestätigung der Schulleitung oder des damit beauftragten Verbindungslehrers nachzuweisen. Die Beanspruchung eines Schülervertreters über den Pflichtunterricht hinaus soll fünf Tage bzw. zehn Halbtage im Schuljahr nicht überschreiten.

§ 13
Ergänzende Geschäftsordnungsvorschriften

Die SMV-Satzung regelt das Nähere über die Arbeitsweise der Schülermitverantwortung. Sie kann dabei insbesondere Bestimmungen treffen

1. über die Geschäftsordnung für die Klassenschülerversammlung, die Kursschülerversammlung am allgemeinbildenden Gymnasium im Kernkompetenzfach Deutsch, am beruflichen Gymnasium die Kursschülerversammlung im Profilfach und den Schülerrat einschließlich deren Einberufung, der Voraussetzungen, unter denen einzuberufen ist, der Tagesordnung, der Beschlussfähigkeit und des Verfahrens bei Abstimmungen sowie Protokollführung;
2. darüber, ob und unter welchen Voraussetzungen Schüler, die keine gewählten Schülervertreter sind, zu Sitzungen des Schülerrats mit beratender Stimme zugezogen werden können;
3. über die Bildung von Ausschüssen; dabei kann auch festgelegt werden, dass die Klassensprecher einzelner Schularten, Abteilungen, Schulstufen oder die Kurssprecher der beiden Jahrgangsstufen des Gymnasiums besondere Ausschüsse bilden; in diesem Fall muss die SMV-Satzung Bestimmungen über die Aufgaben der Ausschüsse und ihre Zusammenarbeit mit dem Schülerrat enthalten;
4. über die Aufgaben der Tagessprecher gemäß § 3 Abs. 5 und ihre Zusammenarbeit mit den Klassensprechern;
5. über die angemessene Berücksichtigung von Schülern verschiedener Schularten bzw. des Vollzeit- und Teilzeitbereichs in den Organen der Schule;
6. über die Wahl des Jahrgangsstufensprechers und seines Stellvertreters.

§ 14
Veranstaltungen

(1) Die Veranstaltungen der SMV, die auf dem Schulgelände stattfinden, sind Schulveranstaltungen. Als solche genießen sie Schutz und Förderung der Schule, unterliegen aber auch ihrer Aufsicht. Das Gleiche gilt für Veranstaltungen der SMV außerhalb des Schulgeländes, die vom Schulleiter ausdrücklich als Schulveranstaltung anerkannt worden sind.

(2) Alle Veranstaltungen der SMV, die als Schulveranstaltungen stattfinden sollen, sind rechtzeitig vorher dem Schulleiter anzuzeigen. Dieser hat bei Veranstaltungen innerhalb des Schulgeländes, die nach Art, Ausmaß oder Zeitpunkt den üblichen Schulbetrieb erheblich überschreiten, den Schulträger zu hören. Der Schulleiter muss der Durchführung der Veranstaltung als Schulveranstaltung unter Angabe von Gründen mit bindender Wirkung widersprechen, wenn

1. Inhalt und Ziel der Veranstaltung gegen die bestehende Rechtsordnung gerichtet sind;
2. die Veranstaltung mit einer besonderen Gefahr für die Schüler verbunden ist;
3. eine schwere Beeinträchtigung der Aufgaben der Schule oder eine unzumutbare Belastung des Schulträgers zu befürchten ist.
4. für hinreichende Aufsicht nicht gesorgt werden kann;
5. eine ordnungsgemäße Finanzierung nicht gesichert erscheint.

(3) Die Ausübung der Aufsicht richtet sich nach der Art der Veranstaltung sowie nach Alter und Reife der Schüler. Soweit nicht die Aufsichtsführung durch einen Lehrer erforderlich ist, kann den Schülern die selbstverantwortliche Durchführung der Veranstaltung übertragen werden. In diesem Fall betraut der Schulleiter auf Vorschlag der für die Veranstaltung verantwortlichen Schüler mit der Aufsicht ihm geeignet erscheinende Schüler, die mindestens 16 Jahre alt sein sollen. Ihre Erziehungsberechtigten müssen sich damit einverstanden erklären.

(4) Die Aufsichtsführung durch einen Lehrer ist erforderlich, wenn es die Art der Veranstaltung – insbesondere im Hinblick auf das Alter der daran teilnehmenden Schüler oder wenn sie erhöhte Gefahren mit sich bringt – gebietet. Die hierfür bestimmten Lehrer können sich bei ihrer Aufsicht der Mithilfe geeigneter Schüler bedienen.

(5) Werden Schüler mit der Führung der Aufsicht betraut oder zur Mithilfe bei der Aufsichtsführung herangezogen, ist ihrer innerhalb ihrer Befugnisse erteilten Anordnungen von den anderen Schülern Folge zu leisten.

→ Aufsichtspflicht; → Jugendschutzgesetz; → Urheberrecht (GEMA / Musik)

§ 15
Bekanntmachungen

(1) Den Organen der SMV und den Arbeitskreisen der Schüler (§ 18) ist in angemessenem Umfang die Möglichkeit für ihre Bekanntmachungen an einem „Schwarzen Brett" zu geben. Soweit möglich, soll der SMV ein eigenes „Schwarzes Brett" zur Verfügung gestellt werden. Sonstige Anschläge der SMV bedürfen der vorherigen Genehmigung des Schulleiters; das Gleiche gilt für die Verteilung von Schriften und Flugblättern auf dem Schulgrundstück. Der Schulleiter muss die Ablehnung der Genehmigung begründen.

(2) Der Schulleiter kann Bekanntmachungen entfernen lassen, wenn er der Auffassung ist, dass der Inhalt oder die Art der Bekanntmachung gegen ein Gesetz, eine Schulordnung oder eine Verwaltungsanordnung verstößt oder die Erfüllung der Aufgaben der Schule ernsthaft gefährdet. Der Schulleiter muss diese Entscheidung begründen.

IV.
Verbindungslehrer
§ 16
Wahl und Tätigkeit

(1) Der Schülerrat wählt für die Dauer eines Schuljahres oder zweier Schuljahre je nach Art und Größe der Schule einen oder mehrere, höchstens jedoch drei Verbindungslehrer (§ 68 des Schulgesetzes). Der Schulleiter und der stellvertretende Schulleiter sowie Lehrer mit weniger als einem halben Lehrauftrag können nicht zum Verbindungslehrer gewählt werden. Das Einverständnis des zur Wahl vorgeschlagenen Lehrers ist vor der Wahl einzuholen. Die Wiederwahl ist zulässig.

(2) Die Übernahme des Amtes des Verbindungslehrers ist freiwillig. Seine Tätigkeit gilt als Dienst. Die Verbindungslehrer sollen von allen am Schulleben Beteiligten tatkräftig unterstützt werden, um ihre Aufgabe gemäß § 68 Abs. 2 des Schulgesetzes wirksam erfüllen zu können; insbesondere obliegt diese Aufgabe dem Schulleiter und den übrigen Lehrern. Mehrere Verbindungslehrer an einer Schule regeln unter sich im Benehmen mit dem Schülerrat die Verteilung der Aufgaben.

(3) Für die Abwahl der Verbindungslehrer gilt § 5 Abs. 3 Satz 1 und 2 entsprechend.

(4) Die Verbindungslehrer sind rechtzeitig zu den Sitzungen der Schülervertreter einzuladen. Der zuständige Verbindungslehrer ist über alle anderen Veranstaltungen der SMV – an denen er gemäß § 68 Abs. 2 des Schulgesetzes beratend teilnehmen kann – rechtzeitig zu unterrichten, ferner ist ihm Gelegenheit zur Beratung zu geben.

§ 17 *Ergänzende Wahl- und Geschäftsordnungsvorschriften*

Die SMV-Satzung regelt das Nähere
1. über die Zahl der Verbindungslehrer;
2. darüber, ob die Amtszeit ein Schuljahr oder zwei Schuljahre dauert;
3. darüber, ob die Wahl am Ende oder am Anfang eines Schuljahres stattfindet;
4. über das Wahlverfahren.

V. Arbeitskreise der Schüler
§ 18
Arbeitskreise

(1) Die Arbeitskreise der Schüler mehrerer Schulen gemäß § 69 Abs. 4 des Schulgesetzes wählen nach den Grundsätzen von § 5 Abs. 1 aus ihrer Mitte jeweils einen Vorsitzenden und seinen Stellvertreter. § 9 Abs. 1 und Abs. 2 Satz 2 gelten entsprechend. Im Übrigen können sich die Arbeitskreise eine Geschäftsordnung geben, die insbesondere das Nähere über die Aufgaben, die Mitgliedschaft und die Wahl von Schülern, denen besondere Aufgaben übertragen werden, regeln kann. Die Geschäftsordnung muss demokratischen Grundsätzen entsprechen.

(2) Die Schülersprecher der am Arbeitskreis beteiligten Schulen teilen ihrem Schulleiter die Teilnahme am Arbeitskreis mit und nennen ihm den Vorsitzenden, seine Stellvertreter und die beteiligten Schulen. Der Vorsitzende des Arbeitskreises teilt dies der zuständigen Schulaufsichtsbehörde mit.

(3) Die Verbindungslehrer der beteiligten Schulen sprechen sich untereinander über die Teilnahme an den Sitzungen ab.

(4) Die Veranstaltungen können als Schulveranstaltungen durchgeführt werden, wenn sie mehrheitlich von den Schülern der beteiligten Schulen sowie gegebenenfalls von dem Schulleiter der Schule, auf deren Schulgelände sie stattfinden sollen, als solche ausdrücklich anerkannt worden sind. Im Übrigen gilt § 14 entsprechend.

(5) Die Befreiung vom Unterricht zur Teilnahme an Sitzungen eines Arbeitskreises der Schüler richtet sich nach § 4 Abs. 3 Nr. 6 der Schulbesuchsverordnung.

VI. Finanzierung und Kassenführung
§ 19
Finanzierung

(1) Die SMV einer Schule kann im Benehmen mit dem Elternbeirat der Schule zur Deckung ihrer notwendigen Kosten freiwillige, einmalige und laufende Beiträge von den Schülern ab Klasse 5 erheben.

(2) Die SMV darf keine Zuwendungen annehmen, deren Zweckbestimmung der Aufgabe und dem Wesen der Schule und der SMV widersprechen. Die Annahme von Zuwendungen des Schulträgers und sonstiger öffentlich-rechtlicher Körperschaften sowie der Elternschaft der Schule ist ohne weiteres zulässig. Vor der Annahme sonstiger Zuwendungen ist der ist der Verbindungslehrer zu hören; hat er Bedenken und können diese nicht ausgeräumt werden, entscheidet der Schulleiter.

§ 20
Kassenführung

(1) Für die Verwaltung und Führung der Kasse wählt der Schülerrat für die Dauer eines Jahres einen Kassenverwalter.

(2) Die Mittel der SMV dürfen nur für deren Zwecke verwendet werden. Sie müssen nach den Grundsätzen einer geordneten Kassenführung verwaltet werden. Die Kassengeschäfte sind über ein Konto bei einem Geldinstitut abzuwickeln; die dafür geltenden Vorschriften sind zu beachten.

(3) Alle Beschlüsse der SMV mit finanziellen Auswirkungen bedürfen, soweit die Schülervertreter nicht voll geschäftsfähig sind, der Zustimmung des Verbindungslehrers. Er kann die Zustimmung nur verweigern, wenn der Beschluss gegen Abs. 2 Satz 1 verstößt oder wenn die finanzielle Deckung nicht gewährleistet ist.

(4) In jedem Schuljahr wird die Kasse des Schülerrats durch zwei Kassenprüfer geprüft, von denen mindestens einer der Erziehungsberechtigte eines Schülers der Schule sein muss. Sie werden vom Schülerrat im Einvernehmen mit dem Elternbeirat bestimmt. Soweit keine Einigung auf Kassenprüfer zustande kommt, die zur Übernahme der Aufgabe bereit sind, obliegt die Bestimmung dem Schulleiter. Die Kassenprüfer haben das Recht, jederzeit weitere Kassenprüfungen vorzunehmen. Sie berichten dem Schulleiter, dem Elternbeirat und dem Schülerrat über das Ergebnis der Kassenprüfung.

→ Haushalt (Kassenführung)

VII. Landesschülerbeirat

§ 21 Aufgaben

Aufgaben und Rechte des Landesschülerbeirats ergeben sich aus § 69 Abs. 1 und 2 SchG.

§ 22 Mitglieder

Der Landesschülerbeirat besteht aus 24 gewählten Mitgliedern, und zwar aus jeweils einem Vertreter für
- die Werkrealschule und Hauptschule,
- die Realschule,
- das Gymnasium,
- die Berufsschule, die Berufsfachschule und die Fachschule,
- das Berufskolleg, die Berufsoberschule und das berufliche Gymnasium,
- die Sonderschule

aus dem Bezirk jeder oberen Schulaufsichtsbehörde.

§ 23
Amtszeit und Fortführung der Geschäfte

(1) Die Amtszeit des Landesschülerbeirats beginnt am 1. April des Jahres, in dem die Amtszeit des bisherigen Landesschülerbeirats abläuft, und dauert zwei Jahre. Er führt die Geschäfte bis zum Zusammentritt des neuen Landesschülerbeirats fort.

(2) Ein Mitglied und sein Stellvertreter scheiden nur vorzeitig aus dem Landesschülerbeirat aus, wenn sie den Wohnsitz in Baden-Württemberg aufgeben und keine Schule in Baden-Württemberg mehr besuchen.

(3) Scheidet ein Mitglied vorzeitig aus dem Landesschülerbeirat aus, rückt als Mitglied sein Stellvertreter nach und an dessen Stelle, wer bei der Wahl des Stellvertreters die nächsthöhere Stimmenzahl erreicht hat. Das Gleiche gilt für das Ausscheiden des jeweils Nachrückenden.

§ 24
Wahl des Vorsitzenden

(1) Der Vorsitzende und dessen Stellvertreter (§ 69 Abs. 3 SchG) werden aus der Mitte des Landesschülerbeirats innerhalb von zwei Monaten nach Beginn der Amtszeit des Landesschülerbeirats gewählt. Eine Übertragung des Stimmrechts ist nicht zulässig.

(2) Die Wahl des Vorsitzenden und dessen Stellvertreters erfolgt in getrennten Wahlgängen und ist geheim.

(3) Als Vorsitzender oder als Stellvertreter ist gewählt, wer im ersten Wahlgang mehr als die Hälfte der Stimmen der Wahlberechtigten erhält. Wird ein zweiter Wahlgang erforderlich, ist gewählt, wer die meisten Stimmen erhält. Bei Stimmengleichheit wird ein dritter Wahlgang erforderlich; Satz 2 gilt entsprechend. Bei erneuter Stimmengleichheit entscheidet das Los.

(4) Der Vorsitzende und dessen Stellvertreter können vor Ablauf der Amtszeit dadurch abberufen werden, dass die Mehrheit der Wahlberechtigten einen Nachfolger für den Rest der laufenden Amtszeit wählt. Die Wahl muss erfolgen, wenn ein Drittel der Wahlberechtigten schriftlich darum nachsucht.

§ 25
Geschäftsordnung

(1) Der Landesschülerbeirat gibt sich im Benehmen mit dem Kultusministerium gemäß § 70 Abs. 1 Nr. 4 SchG eine Geschäftsordnung. Diese regelt insbesondere das Nähere über

1. das Verfahren bei der Wahl des Vorsitzenden und dessen Stellvertreter;
2. die Form und die Frist für die Einladungen;
3. eine Neuwahl für den Fall, dass der Vorsitzende und dessen Stellvertreter vor Ablauf ihrer Amtszeit aus ihren Ämtern ausscheiden;
4. das Verfahren bei Abstimmungen, insbesondere darüber, ob geheim abzustimmen und ob eine Abstimmung im Wege der schriftlichen Umfrage zulässig ist;

5. die Voraussetzungen, unter denen der Vorsitzende verpflichtet ist, den Landesschülerbeirat einzuberufen;
6. die Beschlussfähigkeit des Landesschülerbeirats.

(2) Die Geschäftsordnung gilt fort, bis sie aufgehoben oder abgeändert wird.

§ 26
Wahl und Wählbarkeit der Mitglieder

(1) Die Mitglieder des Landesschülerbeirats und deren Stellvertreter werden in den einzelnen Bezirken der oberen Schulaufsichtsbehörden von Wahlausschüssen spätestens bis zum 31. März des Jahres gewählt, in dem die Amtszeit des bestehenden Landesschülerbeirats abläuft. Gewählt ist, wer die meisten Stimmen erhält, bei Stimmengleichheit erfolgt ein zweiter Wahlgang; bei erneuter Stimmengleichheit entscheidet das Los. Im übrigen gilt § 24 Abs. 1 Satz 2 und Abs. 2 entsprechend.

(2) Wählbar ist, wer zur Zeit der Wahl im Lande Mitglied des Schülerrats einer Schule der Schulart/des Schultyps ist, die der Gewählte im Landesschülerbeirat vertreten soll.

(3) Die Wahl eines Vertreters für mehrere Schularten/Schultypen ist nur zulässig, soweit diese nach § 22 zusammengefasst sind; dabei soll darauf geachtet werden, dass verschiedene Schularten/Schultypen bei der Wahl berücksichtigt werden.

§ 27
Wahlausschüsse

(1) Im Bezirk jeder oberen Schulaufsichtsbehörde werden folgende Wahlausschüsse gebildet:
1. ein Wahlausschuss für die Wahl der Vertreter für die Hauptschule;
2. ein Wahlausschuss für die Wahl der Vertreter für die Realschule;
3. ein Wahlausschuss für die Wahl der Vertreter für das Gymnasium;
4. ein gemeinsamer Wahlausschuss für die Wahl der Vertreter für die Berufsschule, die Berufsfachschule und die Fachschule;
5. ein gemeinsamer Wahlausschuss für die Wahl der Vertreter für das Berufskolleg, die Berufsoberschule und das berufliche Gymnasium;
6. ein Wahlausschuss für die Wahl der Vertreter für die Sonderschule.

(2) Dem Wahlausschuss gemäß Absatz 1 Nr. 1 gehören aus jedem Stadt- und Landkreis zwei gewählte Vertreter für die Hauptschule an. Wählbar sind alle Schülersprecher, die im Stadt- oder Landkreis eine entsprechende Schule besuchen. Die Vertreter und ihre Stellvertreter werden in jedem Stadt- und Landkreis jeweils von den Schülersprechern der Hauptschulen gewählt. Die jeweilige untere Schulaufsichtsbehörde lädt die Schülersprecher zur Wahl ein, informiert über die Wahl zum Landesschülerbeirat und führt die Wahl für die Vertreter in den Wahlausschuss durch. Die Wahl findet bis zum 1. Februar statt. Für die Wahl gelten § 24 Abs. 1 Satz 2 und Abs. 2 sowie § 26 Abs. 1 Satz 2 und Abs. 3 entsprechend.

(3) Den Wahlausschüssen gemäß Absatz 1 Nr. 2 bis 6 gehören die Schülersprecher der Schulen der jeweiligen Schularten/Schultypen an.

§ 28
Durchführung der Wahl

(1) Die oberen Schulaufsichtsbehörden sorgen für die rechtzeitige und ordnungsgemäße Durchführung der Wahlen.

(2) Schülersprecher, die an den Wahlveranstaltungen teilnehmen, erhalten auf Antrag Reisekostenentschädigung in sinngemäßer Anwendung des Landesreisekostengesetzes unter Zugrundelegung der Reisekostenstufe A.

→ Reisekosten (Gesetz – LRKG)

§ 29
Wahlanfechtung

(1) Jeder Wahlberechtigte kann binnen einer Woche nach Bekanntgabe des Wahlergebnisses die Wahl eines Mitglieds des Wahlausschusses nach § 27 Abs. 1 Nr. 1 oder des Landesschülerbeirats beim bisherigen Landesschülerbeirat anfechten, wenn gegen wesentliche Vorschriften über das Wahlrecht, die Wählbarkeit oder das Wahlverfahren verstoßen worden ist, es sei denn, dass durch den Verstoß das Wahlergebnis nicht geändert oder beeinflusst werden konnte. Eine Wahl kann nicht deshalb angefochten werden, weil sie nach dem spätesten Wahltermin durchgeführt wurde.

(2) Über Einsprüche gegen die Wahl eines Mitglieds des Wahlausschusses nach § 27 Abs. 1 Nr. 1 entscheidet der bisherige Landesschülerbeirat nach Beratung durch die jeweilige obere Schulaufsichtsbehörde. Über Einsprüche gegen die Wahl eines Mitglieds des Landesschülerbeirats entscheidet der neugewählte Landesschülerbeirat nach Beratung durch das Kultusministerium. Der Vertreter der Schüler, dessen Wahl angefochten ist, hat bei der Entscheidung kein Stimmrecht. Er sowie der Anfechtende können sich in der Sitzung vor der Entscheidung äußern. Sie sind zu der Sitzung rechtzeitig zu laden.

(3) Der Vorsitzende des Landesschülerbeirats teilt die Entscheidung dem Anfechtenden sowie dem Vertreter der Schüler, dessen Wahl angefochten wurde, unter Angabe der wesentlichen Gründe schriftlich mit.

§ 30
Ehrenamtliche Tätigkeit

(1) Die Tätigkeit des Landesschülerbeirats ist ehrenamtlich.

(2) Die Mitglieder erhalten auf Antrag für die Teilnahme an Sitzungen des Landesschülerbeirats Reisekostenvergütung in sinngemäßer Anwendung des Landesreisekostengesetzes unter Zugrundelegung der Reisekostenstufe C.

→ Haushalt (Kassenführung); → Schulgesetz §§ 62-67; → Volljährigkeit; → Wahlkampf und Schule; → Werbung 5.4

Schüler-Zusatzversicherung

Freiwillige Schüler-Zusatzversicherung; Verwaltungsvorschrift des KM vom 8.10.1998 (KuU S. 310/1998); zuletzt geändert 22. Juli 2005 (KuU S. 85/2005); Anlage geändert KuU S. 120/2009

I.

1. Der Badische Gemeinde-Versicherungs-Verband, Karlsruhe, und die Württembergische Gemeinde-Versicherung a. G., Stuttgart, – Versicherer – bieten den Schülerinnen und Schülern aller Schulen in Baden-Württemberg zu einer geringen Versicherungsprämie eine die gesetzliche Schülerunfallversicherung ergänzende freiwillige Schüler-Zusatzversicherung an. Die Möglichkeit für den Abschluss dieser Zusatzversicherung wird begrüßt. Die freiwillige Schüler-Zusatzversicherung besteht aus einer Unfallversicherung, einer Sachschadenversicherung und einer Haftpflichtversicherung.

Die Unfallversicherung soll ergänzend zu dem gesetzlichen Schülerunfallversicherungsschutz nach dem Sozialgesetzbuch auch Bereiche umfassen, die noch im Zusammenhang mit dem schulischen Bereich stehen, aber vom gesetzlichen Schülerunfallversicherungsschutz nicht gedeckt werden, weil es sich nicht um Unterricht oder sonstige schulische Veranstaltungen und auch nicht um den Schulweg handelt.

Die Sachschadenversicherung ersetzt bestimmte Kosten des bei einem Unfall entstandenen Sachschadens.

Die Haftpflichtversicherung schützt den Versicherten, wenn er in dem angesprochenen Bereich einen Schaden verursacht und dafür in Anspruch genommen wird.

2. Umfang des Versicherungsschutzes, Versicherungsleistungen, Beginn und Ende des Versicherungsschutzes sowie der weitere Inhalt der Versicherung ergeben sich aus der Anlage.

II.

Das Land Baden-Württemberg schließt mit dem Badischen Gemeinde-Versicherungs-Verband Karlsruhe (BGV) und der Württembergischen Gemeinde-Versicherung Stuttgart a. G. (WGV) einen Gruppenversicherungsvertrag über die freiwillige Schüler-Zusatzversicherung ab. Auf der Grundlage des Gruppenversicherungsvertrages können Schülerinnen und Schüler (Versicherte), die eine Schule der Schulart nach § 4 Abs. 1 Schulgesetz oder eine Ersatzschule im Sinne des Privatschulgesetzes besuchen, eine freiwillige Schüler-Zusatzversicherung abschließen. Zur Durchführung der freiwilligen Schüler-Zusatzversicherung wird bestimmt:

1. Die Versicherung kann über die Schulen abgeschlossen werden; der Beitritt ist freiwillig. Die einzelne Schule legt die für die Durchführung zuständige Stelle fest. Nachmeldungen von einzelnen Schülerinnen und Schülern sind nur in begründeten Ausnahmefällen (z.B. Schul- oder Klassenwechsel) möglich.

Die Eltern und Schüler sind von der Schule rechtzeitig und in geeigneter Weise auf die Zusatzversicherung aufmerksam zu machen. Dies gilt besonders bei Schülern, die im Laufe des Schuljahres an einem Betriebs- oder Sozialpraktikum oder am Internationalen Schüleraustausch oder an einer anderen Veranstaltung, die im Zusammenhang mit dem schulischen Bereich steht, teilnehmen.

Unsere Empfehlung:
Alle Schüler/innen der Schule pauschal versichern

Die Schüler-Zusatzversicherung gewährt Unfallversicherungsschutz bei *„eigenwirtschaftlichen Tätigkeiten"*, die durch die gesetzliche Unfallversicherung nicht abgedeckt sind sowie Haftpflichtschutz vor allem bei außerunterrichtlichen Veranstaltungen. Es ist deshalb den Schulen dringend zu empfehlen, für die Teilnahme aller Schüler/innen an der Zusatzversicherung zu sorgen.

Neben dem oben dargestellten Inkasso- und Meldeverfahren (Einzel-Versicherung mit Aushändigung von Versicherungsausweisen) besteht die Möglichkeit, dass Schulen, Schulträger oder sonstige Einrichtungen (z.B. Schulfördervereine), welche die Beiträge für alle Schüler an einer Schule übernehmen, einen gesonderten Jahresversicherungsvertrag mit Verlängerungsklausel außerhalb des Gruppenversicherungsvertrages mit den Kommunalversicherern abschließen.

Hiermit sind alle am Stichtag vorhandenen und die im Laufe des Schuljahres neu eintretenden Schülerinnen und Schüler der Schule von der freiwilligen Schüler-Zusatzversicherung umfasst.

Diesen Jahresversicherungsverträgen werden dieselben Versicherungsbedingungen und besonderen Vereinbarungen zugrunde gelegt, wie sie auch im Gruppenversicherungsvertrag vereinbart sind. Die Aushändigung von Versicherungsausweisen ist in diesen Fällen nicht erforderlich.

Quelle: Schreiben des Kultusministeriums vom 5.10.2005 (AZ: 31-6600.2/58) → Schulfördervereine

In diesem Fall genügt es, dass die Schule oder der Schulförderverein der Versicherung die Gesamtzahl der Schüler/innen mitteilt und jährlich je Person 1 Euro überweist. Dann sind auch während des Schuljahres neu hinzukommende Schüler/innen automatisch mitversichert.

2. Die Versicherung stellt den Schulen jährlich zu Beginn eines Schuljahres die erforderlichen Versicherungsbedingungen, Antragsvordrucke, Anmeldeformulare und Versicherungsausweise zur Verfügung. Die Schulen erheben von den Versicherten die Versicherungsbeiträge und zahlen diese an die Versicherung auf das von ihr angegebene Bankkonto ein. Die Schule bestätigt auf dem Versicherungsausweis die Zahlung des Versicherungsbeitrags und übergibt das Original an den Versicherten. Das Duplikat des Versicherungsausweises wird bei der Schule drei Jahre lang aufbewahrt. Die Schule meldet jährlich die Zahl der Versicherten an die Versicherung. Die Meldung der Versicherten und die Zahlung der Versicherungsbeiträge an die Versicherung hat spätestens bis zum 15. Dezember eines jeden Jahres zu erfolgen. Die Schulen sind berechtigt, Versicherungsanträge auch unterjährig nach dem 15. Dezember eines jeden Jahres anzunehmen. Als Versicherungsbeitrag ist ein Jahresbeitrag als Mindestbeitrag zu erheben. Die Meldung an die Versicherung hat erst mit der nächsten Jahresmeldung zu erfolgen, der Versicherungsbeitrag ist erst mit der nächsten Jahreszahlung an die Versicherung abzuführen. Auf dem Versicherungsausweis ist der Versicherungsbeginn zu vermerken.

3. Aufgrund des mit dem Land Baden-Württemberg abgeschlossenen Gruppenversicherungsvertrages bieten der BGV und die WGV weitere schulbezogene Versicherungen an. Für diese gelten Abschnitt II Nummern 1 und 2 entsprechend.

Für die Schulen in den Regierungsbezirken Karlsruhe und Freiburg ist der Badische Gemeinde-Versicherungs-Verband, Durlacher Allee 56, 76131 Karlsruhe (Postanschrift; Postfach 15 49, 76004 Karlsruhe), FON: (0721) 660-0, und für die Schulen in den Regierungsbezirken Stuttgart und Tübingen ist die Württ. Gemeinde-Versicherung a.G., Tübinger Str. 43, 70178 Stuttgart (Postanschrift: 70164 Stuttgart), FON: (0711) 1695-0, zuständig.

Besondere Bedingungen und Risikobeschreibungen zur Schüler-Zusatzversicherung (BBR Schüler 2009)

1
Vertragsgrundlagen

1.1 Für die Haftpflichtversicherung:

1.1.1 Allgemeine Versicherungsbedingungen für die Haftpflichtversicherung (AHB 2007)

1.2 Für die Unfall- und Sachschadenversicherung:

1.2.1 Allgemeine Unfallversicherungs-Bedingungen (AUB 2007)

1.2.2 Besondere Bedingungen für die Unfallversicherung mit progressiver Invaliditätsstaffel (BB Progression 2007 225 Prozent)

1.2.3 Besondere Bedingungen für die Versicherung der Kosten für kosmetische Operationen in der Unfallversicherung (BB KosmOp 2007)

1.2.4 Besondere Bedingungen für die Versicherung von Serviceleistungen in der Unfallversicherung (BB Unfall-Service 2007)

2
Gegenstand der Versicherung

2.1 Haftpflichtversicherung

Versichert ist die gesetzliche Haftpflicht der Versicherten für Schäden, welche Dritten während einer versicherten Tätigkeit zugefügt werden.

3
Unfallversicherung

Der Versicherer bietet Versicherungsschutz bei Unfällen, die dem Versicherten während einer versicherten Tätigkeit zustoßen.

3.1 Sachschadenversicherung

In Abänderung zu den unter 1.2 aufgeführten Vertragsgrundlagen für die Unfallversicherung sind Sachschäden aus der Beschädigung und dem Zerstören versicherter Sachen aufgrund eines Unfalles oder unfallähnlichen Ereignisses versichert, die bei einer versicherten Tätigkeit entstanden sind.

Ein unfallähnliches Ereignis liegt vor, wenn durch plötzlich äußere Einwirkung auf den Körper der versicherten Person versicherte Sachen, welche der Schüler mit sich geführt hat, beschädigt oder zerstört werden, ohne dass eine Gesundheitsschädigung eintrat.

4
Versicherte Tätigkeit

4.1 Versichert ist die Teilnahme des Versicherten:

4.1.1 am lehrplanmäßigen Unterricht, sowie die Teilnahme an außerunterrichtlichen Veranstaltungen der Schule.

Außerunterrichtliche Veranstaltungen sind solche, die von der Schule, der Schülermitverantwortung, den Elternvertretungen oder den Fördervereinen der Schule organisiert oder angeboten werden.

4.1.2 an Betriebs- und Sozialpraktika sowie an Berufs-, Betriebs- und Arbeitsplatzerkundungen, sofern die Teilnahme von der Schulleitung genehmigt wurde.

4.2 Weiter sind mitversichert nichtschulische private Betätigungen, soweit ein zeitlicher Zusammenhang zur schulischen Veranstaltung besteht (Freistunden, Mittagspause, Schülergottesdienst, Schulausflüge).

4.3 Falls vom Versicherten beantragt, sind bei Internatsschülern Versicherungsfälle versichert, die sich während der Dauer des Internatsaufenthaltes ereignen. Vom Versicherungsschutz ausgeschlossen bleiben jedoch Versicherungsfälle in den Ferien und an Wochenenden sofern der Internatsschüler in dieser Zeit nicht zur Übernachtung im Internat verbleibt.

4.4 Mitversichert sind auch Versicherungsfälle, die sich auf den Wegen zu und von den versicherten Tätigkeiten ereignen. Der Versicherungsschutz umfasst auch geringfügige Abweichungen auf den

Wegen zu und von den versicherten Tätigkeiten. Geringfügig ist eine Abweichung dann, wenn dadurch die Dauer des direkten Weges um nicht mehr als eine Stunde verlängert wird.

5
Umfang des Versicherungsschutzes

5.1 Unfallversicherung

5.1.1 Versicherte Leistungen:

Invaliditätsleistung mit Progression 225 %	bis EUR 112.500
Invaliditätsgrundsumme	EUR 50.000
Übergangsleistung	bis EUR 5.000
Todesfallleistung	EUR 5.000
Serviceleistungen	bis EUR 5.000
Kosten für kosmetische Operationen	bis EUR 5.000

5.1.2 Besondere Vereinbarungen

5.1.2.1 Nicht versichert sind Unfälle, für die gesetzlicher Unfallversicherungsschutz besteht. Dies gilt nicht für die Todesfallleistung.

5.1.2.2 Besteht gesetzlicher Unfallversicherungsschutz und erhält der Verletzte deshalb keine Rente, weil die Erwerbsminderung nicht mindestens 20% beträgt, leistet die Zusatzversicherung bei einer Erwerbsminderung bis zu 19,9 % eine Kapitalentschädigung. Die Bemessung dieser Kapitalleistung erfolgt nach Ziffer 2.1 AUB 2007.

5.2 Sachschadenversicherung

5.2.1 Versicherte Leistungen

Die Versicherungsleistung beträgt je Schüler und Schadenereignis höchstens EUR 300,00.

5.2.2 Versicherte Sachen

5.2.2.1 Versichert sind Brillen, Kontaktlinsen, Zahnspangen, Hörgeräte, Prothesen, Kleidungsstücke und zum Schulgebrauch notwendige Sachen.

5.2.2.2 Foto-, Filmapparate, Videogeräte, Mobiltelefone, elektrische und elektronische Geräte (z.B.: Walkman, Discman, Gameboy u.ä.) und Sportgeräte sind nur versichert, wenn diese Sachen auf Anweisung der Schule für Unterrichtszwecke mitgebracht werden.

5.2.2.3 Schäden an Brillen, Kontaktlinsen, Zahnspangen, Hörgeräten und Prothesen sind auch dann versichert, wenn kein Unfall oder unfallähnliches Ereignis für den Schaden ursächlich war und diese Sachen vom Versicherten beim Sportunterricht getragen wurden.

5.2.2.4 Nicht versichert sind Wertsachen, Bargeld, Urkunden, Uhren, Schmuck, Schlüssel, Fahrräder und Musikinstrumente.

5.2.3 Entschädigungsleistung

Ersetzt werden die Reparaturkosten für die Instandsetzung der Sachen oder bei einem (wirtschaftlichen) Totalschaden der Zeitwert der beschädigten Sache. Schäden aus dem Abhandenkommen dieser Sachen sind nicht versichert.

Eine Entschädigung erfolgt nur insoweit, als die Kosten nicht von einer Krankenversicherung, der gesetzlichen Unfallversicherung oder über die für Beamte geltenden Beihilfevorschriften erstattet werden.

Der Zeitwert am Schadentag wird wie folgt ermittelt:
– Voller Anschaffungswert bei einer Gebrauchsdauer bis zu einem Jahr
– 60% des Anschaffungswertes bei einer Gebrauchsdauer bis zu 2 Jahren
– 40% des Anschaffungswertes bei einer Gebrauchsdauer bis zu 3 Jahren
– 20% des Anschaffungswertes bei einer Gebrauchsdauer bei mehr als 3 Jahren

5.3 Haftpflichtversicherung

5.3.1 Versicherungssummen

EUR 2.000.000 pauschal für Personen- und Sachschäden

EUR 50.000 für Vermögensschäden

Abweichend von Ziff. 6.1 AHB 2007 steht die Versicherungssumme jedem Versicherten je Versicherungsfall zur Verfügung. Eine Begrenzung der Versicherungsleistung nach Ziff. 6.2 AHB 2007 findet nicht statt.

5.3.2 Abweichend von Ziffer 7.4 (3) AHB 2007 sind Haftpflichtansprüche zwischen den versicherten Schülern mitversichert.

5.3.3 Besondere Vereinbarungen

5.3.3.1 Erlangt der Versicherte/Versicherungsnehmer Versicherungsschutz aus einem anderen Haftpflichtversicherungsvertrag, so entfällt insoweit der Versicherungsschutz aus diesem Vertrag.

5.3.3.2 Eingeschlossen ist – abweichend von Ziff. 7.9 AHB 2007 – die gesetzliche Haftpflicht aus im Ausland vorkommenden Schadenereignissen. Die Leistung des Versicherers erfolgt in Euro. Soweit der Zahlungsort außerhalb der Staaten, die der Europäischen Währungsunion angehören, liegt, gelten die Verpflichtungen des Versicherers mit dem Zeitpunkt als erfüllt, in dem der Euro-Betrag bei einem in der Europäischen Währungsunion gelegenen Geldinstitut angewiesen ist.

5.3.3.3 Bei der Teilnahme an Betriebs- und Sozialpraktika sowie an Berufs-, Betriebs- und Arbeitsplatzerkundungen in Betrieben erstreckt sich der Versicherungsschutz in Abweichung von Ziff. 7.7 AHB 2007 auch auf Haftpflichtansprüche wegen Schäden an fremden Sachen, die durch eine berufliche Tätigkeit des Versicherten an oder mit diesen Sachen (bspw. Bearbeitung, Reparatur, Beförderung, Prüfung und dergleichen) entstanden sind und alle sich daraus ergebenden Vermögensschäden.

5.3.3.4 Der Versicherer wird sich nicht auf eine Deliktsunfähigkeit von versicherten Schülern berufen, soweit dies der Versicherte wünscht, kein anderer Versicherer (z.B. Sozialversicherungsträger) leistungspflichtig ist und wenn der Geschädigte nicht selbst aufsichtspflichtig war.

Die Höchstersatzleistung des Versicherers für derartige Schäden beträgt je Schadenereignis und Schuljahr EUR 5.000.

5.3.3.5 Nicht versichert ist die gesetzliche Haftpflicht des Eigentümers, Besitzers, Halters oder Führers eines Kraft-, Luft-, Wasserfahrzeuges oder Kraftfahrzeuganhängers wegen Schäden, die durch den Gebrauch des Fahrzeugs verursacht werden.

Mitversichert ist jedoch die gesetzliche Haftpflicht wegen Schäden, die sich bei der Teilnahme an Betriebs- und Sozialpraktika sowie an Berufs-, Betriebs- und Arbeitsplatzerkundungen in Betrieben auf dem jeweiligen Betriebsgelände ereignen.

Eine bestehende Kraftfahrzeughaftpflichtversicherung geht dieser Versicherung vor.

Mitversichert ist die gesetzliche Haftpflicht wegen Schäden, die verursacht werden durch den Gebrauch von:

- Flugmodellen, unbemannten Ballonen und Drachen, die weder durch Motoren oder Treibsätze angetrieben werden und deren Fluggewicht 5 kg nicht übersteigt und für die keine Versicherungspflicht besteht.
- Wassersportfahrzeugen, ausgenommen eigene Segelboote (auch Windsurfbretter) und eigene oder fremde Wassersportfahrzeuge mit Motoren – auch Hilfs- oder Außenbordmotoren oder Treibsätzen –. Mitversichert ist jedoch der gelegentliche Gebrauch von fremden Wassersportfahrzeugen mit Motoren, soweit für das Führen keine behördliche Erlaubnis erforderlich ist.
- ferngelenkten Land- und Wasser-Modellfahrzeugen.

6
Elektronischer Datenaustausch/Internetnutzung

6.1 Eingeschlossen ist – insoweit abweichend von Ziff. 7.15 AHB 2007 – die gesetzliche Haftpflicht des Versicherungsnehmers wegen Schäden aus dem Austausch, der Übermittlung und der Bereitstellung elektronischer Daten, z.B. im Internet, per E-Mail oder mittels Datenträger, soweit es sich handelt um

(l) Löschung, Unterdrückung, Unbrauchbarmachung oder Veränderung von Daten (Datenveränderung) bei Dritten durch Computer-Viren und/oder andere Schadprogramme;

(2) Datenveränderung aus sonstigen Gründen sowie der Nichterfassung und fehlerhaften Speicherung von Daten bei Dritten und zwar wegen

- sich daraus ergebender Personen- und Sachschäden, nicht jedoch weiterer Datenveränderungen sowie
- der Kosten zur Wiederherstellung der veränderten Daten bzw. Erfassung/korrekter Speicherung nicht oder fehlerhaft erfasster Daten;

(3) Störung des Zugangs Dritter zum elektronischen Datenaustausch.

Für Ziff. 6.1 (1) bis 6.1 (3) gilt:

Dem Versicherungsnehmer obliegt es, dass seine auszutauschenden, zu übermittelnden, bereitgestellten Daten durch Sicherheitsmaßnahmen und/oder -techniken (z.b. Virenscanner, Firewall) gesichert oder geprüft werden bzw. worden sind, die dem Stand der Technik entsprechen. Diese Maßnahmen können auch durch Dritte erfolgen. Verletzt der Versicherungsnehmer diese Obliegenheit, so gilt Ziff. 26.1 AHB 2007.

6.2 Im Rahmen der im Versicherungsschein und seinen Nachträgen ausgewiesenen Versicherungssummen betragen die Versicherungssummen 100.000. EUR für Personen- und Sachschäden sowie 50.000 EUR für Vermögensschäden. Abweichend von Ziff. 6.2 AHB 2007 stellt/stellen diese zugleich die Höchstersatzleistung für alle Versicherungsfälle eines Versicherungsjahres dar.

Mehrere während der Wirksamkeit der Verträge eintretende Versicherungsfälle gelten als ein Versicherungsfall, der im Zeitpunkt des ersten dieser Versicherungsfälle eingetreten ist, wenn diese

- auf derselben Ursache,
- auf gleichen Ursachen mit innerem, insbesondere sachlichem und zeitlichem Zusammenhang oder
- auf dem Austausch, der Übermittlung und Bereitstellung elektronischer Daten mit gleichen Mängeln beruhen.

Ziff. 6.3 AHB 2007 wird gestrichen.

6.3 Versicherungsschutz besteht – insoweit abweichend von Ziff. 7.9 AHB 2007 – für Versicherungsfälle im Ausland.

Dies gilt jedoch nur, soweit die versicherten Haftpflichtansprüche in europäischen Staaten und nach dem Recht europäischer Staaten geltend gemacht werden.

6.4 Nicht versichert sind Ansprüche aus nachfolgend genannten Tätigkeiten und Leistungen:

- Software-Erstellung, -Handel, -Implementierung, -Pflege;
- IT-Beratung, -Analyse, -Organisation, -Einweisung, -Schulung;
- Netzwerkplanung, -installation, -integration, -betrieb, -wartung, -pflege;
- Bereithaltung fremder Inhalte, z.B. Access-, Host-, Full-Service-Providing;
- Betrieb von Datenbanken.

6.5 Ausgeschlossen vom Versicherungsschutz sind Ansprüche

(l) wegen Schäden, die dadurch entstehen, dass der Versicherungsnehmer bewusst

- unbefugt in fremde Datenverarbeitungssysteme/Datennetze eingreift (z.B. Hacker-Attacken, Denial of Service Attacks),
- Software einsetzt, die geeignet ist, die Datenordnung zu zerstören oder zu verändern (z.B. Software-Viren, Trojanische Pferde);

(2) die in engem Zusammenhang stehen mit

Schüler-Zusatzversicherung

- massenhaft versandten, vom Empfänger ungewollten elektronisch übertragenen Informationen (z.B. Spamming),
- Dateien (z.B. Cookies), mit denen widerrechtlich bestimmte Informationen über Internet-Nutzer gesammelt werden sollen;

(3) gegen den Versicherungsnehmer oder jeden Mitversicherten, soweit diese den Schaden durch bewusstes Abweichen von gesetzlichen oder behördlichen Vorschriften (z.B. Teilnahme an rechtswidrigen Online-Tauschbörsen) oder durch sonstige bewusste Pflichtverletzungen herbeigeführt haben.

7
Mitversicherung von Vermögensschäden

7.1 Mitversichert ist im Rahmen des Vertrages die gesetzliche Haftpflicht wegen Vermögensschäden im Sinne der Ziff. 2.1 AHB 2007 wegen Versicherungsfällen, die während der Wirksamkeit der Verträge eingetreten sind.

7.2 Ausgeschlossen sind Ansprüche wegen Schäden
- durch vom Versicherungsnehmer (oder in seinem Auftrag oder für seine Rechnung von Dritten) hergestellte oder gelieferte Sachen, erbrachte Arbeiten oder sonstige Leistungen;
- aus planender, beratender, bau- oder montageleitender, prüfender oder gutachterlicher Tätigkeit;
- aus Ratschlägen, Empfehlungen oder Weisungen an wirtschaftlich verbundene Unternehmen;
- aus Vermittlungsgeschäften aller Art;
- aus Auskunftserteilung, Übersetzung sowie Reiseveranstaltung;
- aus Anlage-, Kredit-, Versicherungs-, Grundstücks-, Leasing- oder ähnlichen wirtschaftlichen Geschäften, aus Zahlungsvorgängen aller Art, aus Kassenführung sowie aus Untreue oder Unterschlagung;
- aus Rationalisierung und Automatisierung;
- aus der Verletzung von gewerblichen Schutzrechten und Urheberrechten sowie des Kartell- oder Wettbewerbsrechts;
- aus der Nichteinhaltung von Fristen, Terminen, Vor- und Kostenanschlägen;
- aus Pflichtverletzungen, die mit der Tätigkeit als ehemalige oder gegenwärtige Mitglieder von Vorstand, Geschäftsführung, Aufsichtsrat, Beirat oder anderer vergleichbarer Leitungs- oder Aufsichtsgremien / Organe im Zusammenhang stehen;
- aus bewusstem Abweichen von gesetzlichen oder behördlichen Vorschriften, von Anweisungen oder Bedingungen des Auftraggebers oder aus sonstiger bewusster Pflichtverletzung;
- aus dem Abhandenkommen von Sachen, auch z.B. von Geld, Wertpapieren und Wertsachen;
- aus Schäden durch ständige Emissionen (z.B. Geräusche, Gerüche, Erschütterungen).

Hinweise der Redaktion:
1. Die Versicherungsbeiträge (2007) belaufen sich je Schüler und Schuljahr einschließlich Versicherungssteuer auf:
   Schüler-Zusatzversicherung   1,00 EUR,
   Schüler-Zusatzversicherung
   mit Einschluss des Internatsrisikos   6,00 EUR.
2. Zugleich können ferner eine Garderoben-, eine Fahrrad- sowie eine Musikinstrumentenversicherung abgeschlossen werden (Garderobenversicherung auch in den württembergischen Landesteilen; in Baden regulieren die Schulträger Schäden und Verlust von Schülerkleidung über die kommunale Haftpflichtversicherung). Beitragssätze 2007:
   Garderobenversicherung   1,00 EUR,
   Fahrradversicherung   7,00 EUR,
   Musikinstrumentenversicherung   6,00 EUR.

→ Aufsichtspflicht; → Aufsichtspflicht (Schwimmunterricht); → Außerunterrichtliche Veranstaltungen; → Betriebspraktika;
→ Erste Hilfe; → Haushalt; → Unfälle (Arbeits- und Dienstunfälle); → Unfallversicherung

---

Hätten Sie's gewusst?
Ene, mene muh und raus bist du

Eine Freiheitsstrafe von mindestens einem Jahr wegen einer vorsätzlichen Tat führt automatisch (!) zur Entlassung aus dem Beamtenverhältnis (→ Beamtenstatusgesetz § 24), ebenso beispielsweise der Besitz (nicht erst die Herstellung oder Weitergabe!) von kinderpornografischem Material.
Der Dienstherr erfährt nicht nur von schweren Delikten, sondern auch von vergleichsweise „einfacheren" Fällen, einer Trunkenheitsfahrt am Steuer, Sachbeschädigung, einer Körperverletzung: Die Gerichte, die Strafverfolgungs- und die Strafvollstreckungsbehörden müssen in Strafverfahren gegen Beamt/innen dem Dienstvorgesetzten den Klageantrag und das Ergebnis (mit Begründung) übermitteln, sobald die öffentliche Klage erhoben wird. Außerdem dürfen sie dem Regierungspräsidium sonstige Tatsachen mitteilen, die in einem Strafverfahren bekannt werden.
→ Beamtenstatusgesetz § 49
Und warum soll's das RP erfahren? Zur „Sicherstellung der erforderlichen dienstrechtlichen Maßnahmen". Denn: Das Verhalten der Beamt/innen muss (innerhalb und außerhalb des Dienstes) „der Achtung und dem Vertrauen gerecht werden, die ihr Beruf erfordert"! → Beamtenstatusgesetz § 34
Eine ähnliche Mitteilungspflicht besteht auch bei Arbeitnehmer/innen im öffentlichen Dienst. Die Behörde weiß auch über dieses Personal gern Bescheid. → Disziplinargesetz (Allgemeines)

Also: Hütet euch, liebe Kolleginnen und Kollegen! Und wendet euch notfalls sofort an die GEW.

Schulfördervereine

Hinweise der Redaktion

Schulfördervereine unterstützen die Schulen bzw. ihre Schüler/innen nicht nur finanziell, sondern spielen eine wichtige Rolle bei der
- „Öffnung der Schule", z.B. bei Tagen der offenen Tür, Schulfesten, Unternehmenskontakten, berufspraktischen Projekten, Klassenfahrten, Auslandskontakten,
- Zusammenarbeit mit anderen Institutionen, wie Sportvereinen, Sozialdiensten, Museen, Theatern, Musikschulen, Universitäten etc.

Ein Schulförderverein ist bzw. kann ein finanzielles und organisatorisches Hilfsmittel sein, Projektträger, Betreiber von Schülercafés und Kantinen, Arbeitgeber für Hilfs- und Honorarkräfte, für Betreuungsdienste, Instrument der Öffentlichkeitsarbeit und „Marketinginstrument" für die Schule insgesamt oder für einzelne Aktivitäten.

Die Organisation als eingetragener Verein bildet durch die körperschaftliche Struktur mit Mitgliederversammlung und Vorstand eine gute organisatorische Basis und erlaubt bei Anerkennung des Vereins als gemeinnützig auch die Möglichkeit, Spenden an den Verein steuerlich abzusetzen.

Das Vereinsrecht ist im Bürgerlichen Gesetzbuch (BGB) in den §§ 21-79 geregelt. Ein Schulförderverein ist ein „Idealverein", mit dem kein wirtschaftlicher Geschäftsbetrieb bezweckt wird (§§ 21 und 22 BGB). Er wird durch Eintragung ins Vereinsregister rechtsfähig („e.V."). Bei einem eingetragenen Verein ist die Haftung grundsätzlich auf das Vereinsvermögen beschränkt.

Die Satzung eines Schulfördervereins sollte stets mit dem örtlich zuständigen Finanzamt abgestimmt werden. Schulen (Schulleitung und Lehrkräfte) sollten bei der Initiierung sowie bei der persönlichen Beteiligung an Schulfördervereinen darauf achten, dass die Unabhängigkeit der Schule von wirtschaftlichen und sonstigen Interessen Dritter gewahrt wird und insbesondere keine Vermischung mit der Kassenführung der Schule bzw. des Schulträgers stattfindet. Es empfiehlt sich deshalb, dass die Leitung sowie vor allem die finanzielle Verantwortung in der Hand von Personen liegt, die nicht Beschäftigte der Schule sind (z.B. Elternvertreter/innen).

Nach Absprache mit dem Schulträger kann die Kassenführung auch über die Schule (Schulsekretariat) erfolgen. Bei allen privatwirtschaftlichen Konten sind die Steuervorschriften zu beachten.

→ Haushalt (Kassenführung); → Sponsoring; → Werbung

Schulfördervereine sollten nicht eingesetzt werden, um Aufgaben, die an sich dem Schulträger obliegen, auf die Eltern oder Dritte zu delegieren. So gehört z.B. die Sanierung baufälliger Schulanlagen nicht zu den Aufgaben eines Fördervereins (dies ist eine Pflichtaufgabe des Schulträgers) – andererseits kann ein Schulförderverein wertvolle Hilfe bei der Organisation schulischer Projekte leisten, in deren Rahmen z.B. eine Schulklasse ihr Klassenzimmer in Eigenarbeit renoviert.

Schulfördervereine können auch bedürftige Schüler/innen unterstützen (wobei staatliche Leistungen wie die Lernmittelfreiheit Vorrang haben müssen). Allerdings darf die Schule dem Verein keine schützenswerten Daten (z.B. Namen von Bedürftigen) überlassen. Da eine sachgerechte Entscheidung Kenntnisse über die individuelle Bedürftigkeit voraussetzt, ist es sinnvoll, dass der Verein der Schule finanzielle Mittel zur Verfügung stellt und dieser deren Verteilung überlässt.

Informationen und Unterstützung

Der Landesverband der Schulfördervereine für Baden-Württemberg (Geschäftsstelle: Kirschenweg 10, 72076 Tübingen, FON: 07071/6878607, FAX: 07071/2570456, E-Mail: info@lsfv-bw.de, Internet: www.lsfv-bw.de) betreut Gründungen von Schulfördervereinen, unterstützt Schulfördervereine bei deren Vereinsarbeit und informiert über Vereinsund Steuerrecht, Haftung und Versicherung, Einnahmequellen und Projektdurchführung und bietet Informations- und Weiterbildungsveranstaltungen an. Der Jahresbeitrag beträgt 40 Euro (Stand 2009). Der Landesverband hat einen Gruppenversicherungsvertrag für angeschlossene Schulfördervereine abgeschlossen. Weitere Informationen gibt es unter www.lsfv-bw.de.

Über die zivilrechtlichen Voraussetzungen an die Satzung eines Schulfördervereins informiert die Broschüre »Rechtswegweiser zum Vereinsrecht«, zu beziehen über das Justizministerium Baden-Württemberg, Schillerplatz 4, 70173 Stuttgart; auch als Download: www.justiz-bw.de. Die steuerlichen Voraussetzungen an die Satzung sind in der Broschüre »Steuertipps für gemeinnützige Vereine« des Finanzministeriums (Neues Schloss, 70173 Stuttgart, www.finanzministerium.badenwuerttemberg.de) dargestellt.

Über den persönlichen Versicherungsschutz für ehrenamtlich in Schulfördervereinen usw. Tätige gibt es Informationen unter www.wgv-online.de.

→ Haushalt (Kassenführung); → Haushalt (Zinsabschläge); → Schulentwicklung; → Sponsoring; → Werbung

---

Nutzen Sie das Schlagwortverzeichnis am Ende des Jahrbuchs.

Schulgesetz

Schulgesetz für Baden-Württemberg (SchG) in der Fassung vom 1.8.1983 (GBl. S. 397); zuletzt geändert 27.10.2010 (GBl. S. 793/2010)

1. Teil:
Das Schulwesen
A. Auftrag der Schule

§ 1
Erziehungs- und Bildungsauftrag der Schule

(1) Der Auftrag der Schule bestimmt sich aus der durch das Grundgesetz der Bundesrepublik Deutschland und die Verfassung des Landes Baden-Württemberg gesetzten Ordnung, insbesondere daraus, dass jeder junge Mensch ohne Rücksicht auf Herkunft oder wirtschaftliche Lage das Recht auf eine seiner Begabung entsprechende Erziehung und Ausbildung hat und dass er zur Wahrnehmung von Verantwortung, Rechten und Pflichten in Staat und Gesellschaft sowie in der ihn umgebenden Gemeinschaft vorbereitet werden muss.

(2) Die Schule hat den in der Landesverfassung verankerten Erziehungs- und Bildungsauftrag zu verwirklichen. Über die Vermittlung von Wissen, Fähigkeiten und Fertigkeiten hinaus ist die Schule insbesondere gehalten, die Schüler

in Verantwortung vor Gott, im Geiste christlicher Nächstenliebe, zur Menschlichkeit und Friedensliebe, in der Liebe zu Volk und Heimat, zur Achtung der Würde und der Überzeugung anderer, zu Leistungswillen und Eigenverantwortung sowie zu sozialer Bewährung zu erziehen und in der Entfaltung ihrer Persönlichkeit und Begabung zu fördern,

zur Anerkennung der Wert- und Ordnungsvorstellungen der freiheitlich-demokratischen Grundordnung zu erziehen, die im Einzelnen eine Auseinandersetzung mit ihnen nicht ausschließt, wobei jedoch die freiheitlich-demokratische Grundordnung, wie in Grundgesetz und Landesverfassung verankert, nicht in Frage gestellt werden darf,

auf die Wahrnehmung ihrer verfassungsmäßigen staatsbürgerlichen Rechte und Pflichten vorzubereiten und die dazu notwendige Urteils- und Entscheidungsfähigkeit zu vermitteln,

auf die Mannigfaltigkeit der Lebensaufgaben und auf die Anforderungen der Berufs- und Arbeitswelt mit ihren unterschiedlichen Aufgaben und Entwicklungen vorzubereiten.

(3) Bei der Erfüllung ihres Auftrages hat die Schule das verfassungsmäßige Recht der Eltern, die Erziehung und Bildung ihrer Kinder mitzubestimmen, zu achten und die Verantwortung der übrigen Träger der Erziehung und Bildung zu berücksichtigen.

→ Elternbeiratsverordnung; → Grundgesetz; → Verfassung Art. 11, 12, 17, 21

(4) Die zur Erfüllung der Aufgaben der Schule erforderlichen Vorschriften und Maßnahmen müssen diesen Grundsätzen entsprechen. Dies gilt insbesondere für die Gestaltung der Bildungs- und Lehrpläne sowie für die Lehrerfortbildung.

B. Geltungsbereich

§ 2
Geltungsbereich des Gesetzes

(1) Das Gesetz gilt für die öffentlichen Schulen. Öffentliche Schulen sind Schulen, die

1. von einer Gemeinde, einem Landkreis, einem Regionalverband oder einem Schulverband gemeinsam mit dem Land oder
2. vom Land allein getragen werden.

(2) Schulen, die nicht unter Absatz 1 fallen, sind Schulen in freier Trägerschaft (Privatschulen). Auf sie findet das Gesetz nur Anwendung, soweit dies ausdrücklich bestimmt ist; im Übrigen gilt für sie das Privatschulgesetz.

→ Privatschulgesetz

(3) Das Gesetz findet keine Anwendung auf Verwaltungsschulen, Schulen für Jugendliche und Heranwachsende im Strafvollzug und Schulen für Berufe des Gesundheitswesens, ausgenommen Schulen für pharmazeutisch-technische Assistenten und Schulen für Altenpflege.

C. Gliederung des Schulwesens (§§ 3-15)

§ 3
Einheit und Gliederung des Schulwesens

(1) Das Schulwesen des Landes gliedert sich, unbeschadet seiner im gemeinsamen Erziehungs- und Bildungsauftrag begründeten Einheit, in verschiedene Schularten; sie sollen in allen Schulstufen jedem jungen Menschen eine seiner Begabung entsprechende Ausbildung ermöglichen.

(2) Bei der Gestaltung, Ordnung und Gliederung des Schulwesens ist sowohl auf die verschiedenartigen Begabungsrichtungen und die Mannigfaltigkeit der Lebens- und Berufsaufgaben als auch auf die Einheit des deutschen Schulwesens, den organischen Aufbau des Schulwesens mit Übergangsmöglichkeiten unter den Schularten und Schulstufen, die Lebens- und Arbeitsfähigkeit der einzelnen Schulen und die Angemessenheit der Schulkosten Bedacht zu nehmen.

§ 4
Schularten, Schulstufen

(1) Die Schularten haben als gleichzuachtende Glieder des Schulwesens im Rahmen des gemeinsamen Erziehungs- und Bildungsauftrags ihre eigenständige Aufgabe. Sie können in Schultypen

---

Gundsätzliche Ausführungen zum Schulrecht und zum Verhältnis des staatlichen zum elterlichen Erziehungsrecht finden sich im Beitrag → Eltern und Schule.

Schulgesetz

gegliedert sein. Das Kultusministerium kann neue Schultypen durch Rechtsverordnung, die der Zustimmung des Landtags bedarf, einrichten.

Schularten sind
- die Grundschule,
- das Gymnasium,
- die Berufsfachschule,
- die Fachschule,
- die Hauptschule und die Werkrealschule,
- das Kolleg,
- das Berufskolleg,
- die Sonderschule,
- die Realschule,
- die Berufsschule.
- die Berufsoberschule.

➜ Gymnasium (Schultypen)

(2) Die Schulstufen entsprechen der Gliederung der Bildungswege in aufeinander bezogene Abschnitte, die sich aus dem organischen Aufbau des Schulwesens und ihrer Anpassung an die altersgemäße Entwicklung der Schüler ergeben; an ihrem Ende ist in der Regel nachzuweisen, dass bestimmte Bildungsziele erreicht worden sind.

Schulstufen sind:
- die Primarstufe,
- die Sekundarstufe I mit Orientierungsstufe,
- die Sekundarstufe II.

(3) Soweit dies der eigenständige Bildungsauftrag der einzelnen Schularten zulässt, sollen besonders innerhalb der Schulstufen, die differenzierten Bildungsgänge sowie ihre Abschlüsse aufeinander abgestimmt und sachgerechte Übergänge unter den Schularten ermöglicht werden.

➜ Abschlüsse (Allgemeines); ➜ Aufnahmeverfahren;
➜ Aufnahmeverordnung; ➜ Multilaterale VersetzungsVO

§ 5
Grundschule

Die Grundschule ist die gemeinsame Grundstufe des Schulwesens. Sie vermittelt Grundkenntnisse und Grundfertigkeiten. Ihr besonderer Auftrag ist gekennzeichnet durch die allmähliche Hinführung der Schüler von den spielerischen Formen zu den schulischen Formen des Lernens und Arbeitens. Dazu gehören die Entfaltung der verschiedenen Begabungen der Schüler in einem gemeinsamen Bildungsgang, die Einübung von Verhaltensweisen für das Zusammenleben sowie die Förderung der Kräfte des eigenen Gestaltens und des schöpferischen Ausdrucks. Die Grundschule umfasst vier Schuljahre.

➜ Abschlüsse (Allgemeines); ➜ Aufnahmeverfahren;
➜ AufnahmeVO; ➜ Einschulung; ➜ Grundschule (Stundentafel) / (Verlässliche) / (Versetzungsordnung)

§ 5a
Grundschulförderklassen

(1) Für Kinder, die vom Schulbesuch zurückgestellt werden, sollen Förderklassen eingerichtet werden. Sie haben die Aufgabe, die zurückgestellten Kinder auf den Besuch der Grundschule vorzubereiten.

(2) Die Förderklassen werden an Grundschulen geführt. Der Schulleiter der Grundschule ist zugleich Leiter der Förderklasse. Für die Einrichtung gilt § 30 entsprechend.

➜ Grundschule (Verlässliche); ➜ Grundschulförderklassen

§ 6
Werkrealschule und Hauptschule

(1) Die Werkrealschule vermittelt eine grundlegende und eine erweiterte allgemeine Bildung, die sich an lebensnahen Sachverhalten und Aufgabenstellungen orientiert. Sie fördert in besonderem Maße praktische Begabungen, Neigungen und Leistungen und stärkt die Schüler in ihrer Persönlichkeitsentwicklung. Sie ermöglicht den Schülern entsprechend ihrer Leistungsfähigkeit und ihren Neigungen eine individuelle Schwerpunktbildung insbesondere bei der beruflichen Orientierung. In enger Abstimmung mit beruflichen Schulen schafft sie die Grundlage für eine Berufsausbildung und für weiterführende, insbesondere berufsbezogene schulische Bildungsgänge.

(2) Die Werkrealschule baut auf der Grundschule auf und umfasst sechs Schuljahre. Sie ist grundsätzlich mindestens zweizügig und kann auf mehrere Standorte verteilt sein. Sie schließt mit einem Abschlussverfahren ab und vermittelt einen dem Realschulabschluss gleichwertigen Bildungsstand (Mittlere Reife). Der Hauptschulabschluss wird mit dem erfolgreichen Abschluss des fünften Schuljahres erworben. Im sechsten Schuljahr werden die Werkrealschüler auch an Berufsfachschulen unterrichtet; sie gelten insoweit zugleich als Schüler der Berufsfachschule.

Hinweis der Redaktion: Die Regelung zur Unterrichtung der Werkrealschüler im sechsten Schuljahr auch an Berufsfachschulen findet erstmals für die Schüler Anwendung, die im Schuljahr 2010/2011 in die Klassen 5 bis 8 eintreten.

(3) Schulen nach Absatz 1, die einzügig sind, führen die Schulartbezeichnung Hauptschule. Sie umfassen in der Regel fünf Schuljahre und führen zum Hauptschulabschluss. In Ausnahmefällen kann das Angebot eines sechsten Schuljahres aufrechterhalten werden; dieses Schuljahr endet mit einem Abschlussverfahren und vermittelt einen dem Realschulabschluss gleichwertigen Bildungsstand. Soweit eine Hauptschule sechs Schuljahre führt, kann dies im Schulnamen durch einen das Bildungsziel bezeichnenden Namen zum Ausdruck gebracht werden. Absatz 2 Satz 5 gilt entsprechend.

(4) Für Schüler, deren Hauptschulabschluss gefährdet ist, wird im Anschluss an Klasse 8 ein zweijähriger Bildungsgang geführt, in dem die Klasse 9 der Werkrealschule oder der Hauptschule und das Berufsvorbereitungsjahr (§ 10 Abs. 5) verbunden sind.

➜ Abschlüsse/Bildungswege; ➜ Kooperation HS/WRS – Realschule; ➜ Kooperationsklassen HS / WRS – Berufliche Schule; ➜ Werkreal-/Hauptschule (Informationsveranstaltungen); ➜ Werkrealschule (Schulbezirk); ➜ Werkrealschule (Ausbildung und Prüfung); ➜ Werkrealschule (Stundentafel)

§ 7
Realschule

(1) Die Realschule vermittelt eine erweiterte allgemeine Bildung, die sich an lebensnahen Sachverhalten orientiert und zu deren theoretischer Durchdringung und Zusammenschau führt. Sie schafft die Grundlage für eine Berufsausbildung und für weiterführende, insbesondere berufsbezogene schulische Bildungsgänge.

(2) Die Realschule baut in der Normalform der Grundschule, in der Aufbauform auf der siebten Klasse der Hauptschule und der Werkrealschule auf, umfasst in der Normalform sechs und in der Aufbauform drei Schuljahre. Sie schließt mit einem Abschlussverfahren (Realschulabschluss) ab.

➜ Kooperation HS/WRS – Realschule; ➜ Realschule (Abschlussprüfung); ➜ Realschule (Stundentafel); ➜ Realschule (Versetzungsordnung)

§ 8
Gymnasium

(1) Das Gymnasium vermittelt Schülern mit entsprechenden Begabungen und Bildungsabsichten eine breite und vertiefte Allgemeinbildung, die zur Studierfähigkeit führt. Es fördert insbesondere die Fähigkeiten, theoretische Erkenntnisse nachzuvollziehen, schwierige Sachverhalte geistig zu durchdringen sowie vielschichtige Zusammenhänge zu durchschauen, zu ordnen und verständlich vortragen und darstellen zu können.

(2) Das Gymnasium in seinen verschiedenen Typen baut
1. in der Normalform auf der Grundschule auf und umfasst acht Schuljahre;
2. in der Aufbauform
   a) auf der 7. Klasse der Hauptschule und der Werkrealschule auf und umfasst sechs Schuljahre,
   b) auf der 10. Klasse der Realschule auf und umfasst drei Schuljahre.

In die Aufbauform nach Buchstabe b) auch Schüler nach Versetzung in die Klasse 10 des Gymnasiums oder der Realschule, in die Aufbauform nach Buchstabe b) auch Schüler einer entsprechenden Klasse des Gymnasiums oder mit Fachschulreife oder einem gleichwertigen Bildungsstand zugelassen werden.

➜ Gymnasium (Schultypen); ➜ Gymnasium (Aufbaugym.)

(3) Das Gymnasium kann auch berufsorientierte Bildungsinhalte vermitteln und zu berufsbezogenen Bildungsgängen führen; die Typen der beruflichen Gymnasien können zusätzlich zu berufsqualifizierenden Abschlüssen hinführen.

➜ Berufliches Gymnasium

(4) Ein nicht ausgebautes Gymnasium führt die Bezeichnung Progymnasium.

(5) Für die Oberstufe des Gymnasiums aller Typen gelten folgende Regelungen:
1. Die Oberstufe umfasst die Klasse 10 als Einführungsphase und die Jahrgangsstufen 11 und 12. Ihr Besuch dauert in der Regel drei Jahre.
2. In den Jahrgangsstufen wird in halbjährigen Kursen unterrichtet. Diese wählt der Schüler aus dem Pflicht- und Wahlbereich aus. Dabei sind bestimmte Kurse verbindlich festgelegt; die Wahlmöglichkeit kann eingeschränkt werden.
3. Der Pflichtbereich umfasst das sprachlich-literarisch-künstlerische Aufgabenfeld, das gesellschaftswissenschaftliche Aufgabenfeld und das mathematisch-naturwissenschaftlich-technische Aufgabenfeld. Hinzu kommen Religionslehre, Ethik und Sport. Religionslehre und Ethik können einem Aufgabenfeld zugeordnet werden.
4. Die Oberstufe schließt mit der Abiturprüfung ab.
5. Die Hochschulreife wird durch eine Gesamtqualifikation erworben. Sie berechtigt zum Studium an einer Hochschule.
6. Das Kultusministerium wird ermächtigt, durch Rechtsverordnung das Nähere zur Ausführung der Nummern 1 bis 5 zu regeln. Dabei kann die Leistungsbewertung durch ein Punktesystem umgesetzt werden, das den herkömmlichen Noten zugeordnet ist. Die Gesamtqualifikation kann neben den Leistungen in bestimmten anrechenbaren Kursen und in der Abiturprüfung auch eine besondere Lernleistung enthalten, die in die Leistungsbewertung der Abiturprüfung einbezogen werden kann; die Kurse können unterschiedlich gewichtet werden. Die Zulassung zur Abiturprüfung kann vom Besuch bestimmter Kurse und von einem bestimmten Leistungsnachweis abhängig gemacht werden.

➜ Berufliches Gymnasium; ➜ Fachhochschulreife; ➜ Gymnasium (Abitur); ➜ Gymnasium (Neuerungen); ➜ Gymnasium (Stundentafel); ➜ Gymnasium (Versetzungsordnung); ➜ Gymnasium (Schultypen); ➜ Hochschulreife (Ergänzungsprüfung); ➜ Hochschulreife (Zuerkennung)

§ 9
Kolleg

Das Kolleg hat als Institut zur Erlangung der Hochschulreife die Aufgabe, nach der Fachschulreife, dem Realschulabschluss oder einem gleichwertigen Bildungsstand und einer abgeschlossenen Berufsausbildung oder einem gleichwertigen beruflichen Werdegang eine auf der Berufserfahrung aufbauende allgemeine Bildung zu vermitteln. Es umfasst mindestens zweieinhalb Schuljahre und führt zur Hochschulreife.

Für das Kurssystem, den Pflicht- und Wahlbereich und für die Abiturprüfung gilt § 8 Abs. 5, ausgenommen Nummer 3 Sätze 2 und 3, entsprechend.

§ 10
Berufsschule

(1) Die Berufsschule hat die Aufgabe, im Rahmen der Berufsausbildung oder Berufsausübung vor allem fachtheoretische Kenntnisse zu vermitteln und die allgemeine Bildung zu vertiefen und zu erweitern. Sie ist hierbei gleichberechtigter Partner und führt über eine Grundbildung und eine darauf auf-

bauende Fachbildung gemeinsam mit Berufsausbildung oder Berufsausübung zu berufsqualifizierenden oder berufsbefähigenden Abschlüssen. Bei Schülern mit Hochschulreife kann anstelle der Vermittlung allgemeiner Bildungsinhalte eine zusätzliche Vermittlung fachtheoretischer Kenntnisse treten. Die Berufsschule kann durch Zusatzprogramme den Erwerb weiterer Berechtigungen ermöglichen.

(2) Die Grundbildung wird in der Grundstufe, die Fachbildung in den Fachstufen vermittelt. Der Unterricht wird als Teilzeitunterricht, auch als Blockunterricht, erteilt. Die Grundstufe kann als Berufsgrundbildungsjahr, und zwar in der Form des Vollzeitunterrichts oder in Kooperation mit betrieblichen oder überbetrieblichen Ausbildungsstätten, durchgeführt werden.

(3) Die Berufsschule wird in den Typen der gewerblichen, kaufmännischen, hauswirtschaftlich-pflegerisch-sozialpädagogischen oder landwirtschaftlichen Berufsschule geführt. In einheitlich geführten Berufsschulen sind für die einzelnen Typen Abteilungen einzurichten.

(4) Fachklassen werden in der Regel in der Grundstufe für Berufsfelder und in den Fachstufen für Berufsgruppen oder für einzelne oder eng verwandte Berufe gebildet.

(5) Die Berufsschule soll für Jugendliche, die zu Beginn der Berufsschulpflicht ein Berufsausbildungsverhältnis nicht nachweisen, als einjährige Vollzeitschule (Berufsvorbereitungsjahr) geführt werden.

→ Berufsschule; → Kooperationsklassen HS / WRS – Berufliche Schule; → Schulpflicht (Berufliche Schulen)

§ 11
Berufsfachschule

Die Berufsfachschule vermittelt je nach Dauer eine berufliche Grundbildung, eine berufliche Vorbereitung oder einen Berufsabschluss und fördert die allgemeine Bildung; in Verbindung mit einer erweiterten allgemeinen Bildung kann sie zur Prüfung der Fachschulreife führen. Die Berufsfachschule kann durch Zusatzprogramme den Erwerb weiterer Berechtigungen ermöglichen. Sie wird in der Regel als Vollzeitschule geführt und umfasst mindestens ein Schuljahr; sie kann im pflegerischen Bereich in Kooperation mit betrieblichen Ausbildungsstätten auch in Teilzeitunterricht geführt werden. Ihr Besuch setzt eine berufliche Vorbildung nicht voraus; im Übrigen richten sich die Voraussetzungen für den Besuch nach Dauer oder Bildungsziel der Berufsfachschule.

→ Berufsfachschulen

§ 12
Berufskolleg

Das Berufskolleg baut auf der Fachschulreife, dem Realschulabschluss, einem gleichwertigem Bildungsstand oder auf der Klasse 9 des Gymnasiums im achtjährigen Bildungsgang auf; einzelne Bildungsgänge können auf die Hochschulreife aufbauen. Es vermittelt in ein bis drei Jahren eine berufliche Qualifikation und kann bei einer mindestens zweijährigen Dauer unter besonderen Voraussetzungen zur Fachhochschulreife führen. Nach abgeschlossener Berufsausbildung oder einer entsprechenden beruflichen Qualifikation kann die Fachhochschulreife auch in einem einjährigen Bildungsgang erworben werden. Das Berufskolleg wird in der Regel als Vollzeitschule geführt; es kann in einzelnen Typen in Kooperation mit betrieblichen Ausbildungsstätten auch in Teilzeitunterricht durchgeführt werden.

→ Berufskolleg → Fachhochschulreife

§ 13
Berufsoberschule

Die Berufsoberschule baut auf der Berufsschule und auf einer praktischen Berufsausbildung oder Berufsausübung auf und vermittelt auf der Grundlage des erworbenen Fachwissens vor allem eine weitergehende allgemeine Bildung. Sie gliedert sich in Mittelstufe (Berufsaufbauschule) und Oberstufe. Die Berufsaufbauschule umfasst mindestens ein Schuljahr und führt zur Fachschulreife. Die Oberstufe umfasst mindestens zwei Schuljahre und führt zur fachgebundenen oder allgemeinen Hochschulreife.

→ Berufsaufbau- und Berufsoberschule

§ 14
Fachschule

Die Fachschule hat die Aufgabe, nach abgeschlossener Berufsausbildung und praktischer Bewährung oder nach einer geeigneten beruflichen Tätigkeit von mindestens fünf Jahren eine weitergehende fachliche Ausbildung im Beruf zu vermitteln. Die Ausbildung kann in aufeinander aufbauenden Ausbildungsabschnitten durchgeführt werden. Der Besuch der Fachschule dauert, wenn sie als Vollzeitschule geführt wird, in der Regel ein Jahr, bei Abend- oder Wochenendunterricht entsprechend länger. Die Fachschule kann auch den Erwerb weiterer Berechtigungen ermöglichen und im Einvernehmen mit den nach dem Berufsbildungsgesetz fachlich zuständigen Stellen Weiterbildungskurse anbieten.

→ Fachschule

§ 15
Sonderpädagogische Förderung in Sonderschulen und allgemeinen Schulen

(1) Die Sonderschule dient der Erziehung, Bildung und Ausbildung von behinderten Schülern mit sonderpädagogischem Förderbedarf, die in den allgemeinen Schulen nicht die ihnen zukommende Erziehung, Bildung und Ausbildung erfahren können. Sie gliedert sich in Schulen oder Klassen, die dem besonderen Förderbedarf der Schüler entsprechen und nach sonderpädagogischen Grundsätzen arbeiten; sie führt je nach Förderungsfähigkeit der Schüler zu den Bildungszielen der übrigen Schularten, soweit der besondere Förderbedarf der Schüler nicht eigene Bildungsgänge erfordert. Sonderschulen werden insbesondere in den Typen
1. Schulen für Blinde,
2. Schulen für Hörgeschädigte,

3. Schulen für Geistigbehinderte,
4. Schulen für Körperbehinderte,
5. Förderschulen,
6. Schulen für Sehbehinderte,
7. Schulen für Sprachbehinderte,
8. Schulen für Erziehungshilfe,
9. Schulen für Kranke in längerer Krankenhausbehandlung

geführt.

(2) Wenn die besondere Aufgabe der Sonderschule für Heimunterbringung der Schüler gebietet oder die Erfüllung der Schulpflicht sonst nicht gesichert ist, ist der Schule ein Heim anzugliedern, in dem die Schüler Unterkunft, Verpflegung und eine familiengemäße Betreuung erhalten (Heimsonderschule).

→ Behinderungen (Kinder und Jugendliche);
→ Behinderungen und Förderbedarf

(3) Wenn die besondere Aufgabe der Sonderschule erfüllt ist, sind die Schüler in die allgemeinen Schulen einzugliedern.

(4) Die Förderung behinderter Schüler ist auch Aufgabe in den anderen Schularten. Behinderte Schüler werden in allgemeinen Schulen unterrichtet, wenn sie aufgrund der gegebenen Verhältnisse dem jeweiligen gemeinsamen Bildungsgang in diesen Schulen folgen können. Die allgemeinen Schulen werden hierbei von den Sonderschulen unterstützt.

(5) Die allgemeinen Schulen sollen mit den Sonderschulen im Schulleben und im Unterricht, soweit es nach den Bildungs- und Erziehungszielen möglich ist, zusammenarbeiten.

(6) Im Rahmen der gegebenen Verhältnisse können an den Grund-, Haupt-, Werkreal- und Realschulen sowie an den Gymnasien Außenklassen von Sonderschulen gebildet werden. Die Entscheidung hierüber trifft die Schulaufsichtsbehörde im Einvernehmen mit den beteiligten Schulträgern.

→ Behinderungen und Förderbedarf; → Behinderungen (Kinder und Jugendliche); → Schulpflicht (MeldeVO);
→ Sonderschulen (Förderschule) / Stundentafel / Versetzungsordnung; → Sonderschulen (Körperbehindertenschule); → Sonderschulen (Schule für Geistigbehinderte)

D.
Schulverbund (§§ 16-18)
§ 16
Verbund von Schularten

Mehrere Schularten können organisatorisch in einer Schule verbunden sein. Schularten nach den §§ 10 bis 14 und Typen der beruflichen Gymnasien sowie die entsprechenden Sonderschulen sollen organisatorisch in einer Schule verbunden sein, soweit dies von der Aufgabenstellung ihrer Typen und ihrem räumlichen Zusammenhang her möglich ist.

§ 17 Bildungszentren

(1) In Bildungszentren arbeiten räumlich zusammengefasste selbstständige Schulen pädagogisch und organisatorisch zusammen.

(2) Die Zusammenarbeit dient im Rahmen der Rechts- und Verwaltungsvorschriften insbesondere der Abstimmung in Lernangebot, Lehrverfahren sowie Lehr- und Lernmittel und fördert die Durchlässigkeit zwischen den beteiligten Schulen; sie erleichtert den schulartübergreifenden Lehrereinsatz, die gemeinsame Erledigung von Verwaltungsangelegenheiten und die gemeinsame Nutzung von schulischen Einrichtungen.

Zur „Gesamtkonferenz" vgl. → Konferenzordnung § 8

(3) Selbstständige Schulen, an denen Schularten nach den §§ 10 bis 14 und Typen der beruflichen Gymnasien geführt werden, sollen in geeigneten Fällen zu Bildungszentren zusammengefasst werden (Berufsschulzentren). Ihnen können überbetriebliche Ausbildungsstätten unter Aufrechterhaltung der bestehenden Trägerschaft angegliedert werden.

(4) *(Verordnungsermächtigung; hier nicht abgedruckt)*

(5) Für die Einrichtung, Änderung und Aufhebung von Bildungszentren gelten die Vorschriften des § 30 entsprechend.

→ Aufnahmeverfahren (Orientierungsstufe)

§ 18
Regionaler Verbund

(1) Benachbarte Schulen, die nicht in einem Bildungszentrum zusammengefasst sind, sollen pädagogisch zusammenarbeiten. Die Zusammenarbeit dient vor allem der Koordinierung pädagogischer Maßnahmen, insbesondere des Unterrichtsangebots, der Lehr- und Lernmittel sowie der Verteilung der Schüler bei der Aufnahme in Schulen desselben Schultyps im Rahmen des § 88 Abs. 4.

(2) Mit Genehmigung der Schulaufsichtsbehörde können Schüler mehrerer Schulen in einzelnen gemeinsamen Unterrichtsveranstaltungen einer dieser Schulen zusammengeführt werden.

E. Ergänzung und
Weiterentwicklung des Schulwesens (§§ 19-22)
§ 19
Bildungsberatung

(1) Die Bildungsberatung soll in allen Schularten gewährleistet und stufenweise ausgebaut werden. Zu ihren Aufgaben gehören insbesondere die Information und Beratung der Schüler und Erziehungsberechtigten über die für die Schüler geeigneten Bildungsgänge (Schullaufbahnberatung) sowie die Beratung bei Schulschwierigkeiten in Einzelfällen. Die Einrichtungen der Bildungsberatung unterstützen die Schulen und Schulaufsichtsbehörden in psychologisch-pädagogischen Fragen und tragen dadurch zur Weiterentwicklung des Schulwesens bei.

(2) Die Aufgaben der Bildungsberatung werden unbeschadet des Erziehungs- und Bildungsauftrags der einzelnen Lehrer durch die überörtlich einzurichtenden schulpsychologische Beratungsstellen und an den Schulen vornehmlich durch Beratungslehrer erfüllt.

(3) Soweit die Bildungsberatung auf Ersuchen von

Schülern oder Erziehungsberechtigten tätig wird, bedarf es für die Untersuchung der Einwilligung der Berechtigten.

(4) Beratungslehrer und schulpsychologische Beratungsstellen arbeiten untereinander und mit anderen Beratungsdiensten, insbesondere mit den für die Berufs- und Studienberatung zuständigen Stellen zusammen.

→ Abschlüsse / Bildungswege; → Bildungsberatung

§ 20
Schulkindergarten

Für Kinder, die unter § 15 Abs. 1 fallen und vom Schulbesuch zurückgestellt werden oder vor Beginn der Schulpflicht förderungsbedürftig erscheinen, sollen Schulkindergärten eingerichtet werden.

→ Schulkindergarten

§ 21
Hausunterricht

Schulpflichtigen Kindern und Jugendlichen
1. deren Pflicht zum Besuch einer Sonderschule gemäß § 82 Abs. 3 ruht oder
2. die infolge einer längerfristigen Erkrankung die Schule nicht besuchen können,

soll Hausunterricht in angemessenem Umfang erteilt werden. Das Kultusministerium wird ermächtigt, durch Rechtsverordnung mit den beteiligten Ministerien Umfang und Inhalt des Hausunterrichts sowie die Voraussetzungen für seine Erteilung und für die Unterrichtspersonen zu bestimmen.

→ Hausunterricht

§ 22
Weiterentwicklung des Schulwesens

(1) Wenn die Entwicklung des Bildungswesens, veränderte Lebens- und Berufsaufgaben oder die Wahrnehmung der Einheit des deutschen Schulwesens es notwendig machen, können Schulversuche eingerichtet werden. Das gilt insbesondere zur Entwicklung und Erprobung neuer pädagogischer und schulorganisatorischer Erkenntnisse, insbesondere
1. neuer Organisationsformen für Unterricht und Erziehung sowie für die Verwaltung der Schulen,
2. wesentlicher inhaltlicher Änderungen,
3. neuer Lehrverfahren und Lehrmittel.

(2) Schulversuche können durchgeführt werden
1. durch Einrichtung von Versuchsschulen,
2. dadurch, dass die oberste Schulaufsichtsbehörde einer bestehenden Schule Eigenschaften und Aufgaben einer Versuchsschule überträgt; falls damit für den Schulträger Mehrbelastungen verbunden sind, bedarf es dessen Zustimmung.

Hinweis der Redaktion: Die Einrichtung einer Ganztagsschule zählt als Schulversuch (Ausnahme: Ganztagsschulen in offener Angebotsform). Auch die Erprobung der „Inklusion" (in 5 Modellregionen) ist schulrechtlich ein Schulversuch. Bei Schulversuchen bestehen Beteiligungsrechte der Schule.
→ Behinderungen und Förderbereich (Vorbemerkung);
→ Ganztagsschulen; → Konferenzordnung § 2 Abs. 1 Nr. 8b; → Schulgesetz § 47 Abs. 4 Nr. 2

2. Teil: Die Schule

§ 23 Rechtsstellung der Schule

(1) Die öffentlichen Schulen sind nicht rechtsfähige öffentliche Anstalten. Sie erfüllen ihre Aufgaben im Rahmen eines öffentlich-rechtlichen Rechtsverhältnisses (Schulverhältnis).

(2) Die Schule ist im Rahmen der Vorschriften dieses Gesetzes berechtigt, die zur Aufrechterhaltung der Ordnung des Schulbetriebs und zur Erfüllung der ihr übertragenen unterrichtlichen und erzieherischen Aufgaben erforderlichen Maßnahmen zu treffen und örtliche Schulordnungen, allgemeine Anordnungen und Einzelanordnungen zu erlassen. Inhalt und Umfang der Regelungen ergeben sich aus Zweck und Aufgabe der Schule.

(3) Soweit die Schule auf dem Gebiet der inneren Schulangelegenheiten einen Verwaltungsakt erlässt, gilt sie als untere Sonderbehörde im Sinne des § 17 Abs. 4 des Landesverwaltungsgesetzes.

→ Verwaltungsrecht

§ 24
Name der Schule

(1) Jeder öffentlichen Schule gibt der Schulträger einen Namen, der die Schulart und den Schulort angibt und die Schule von den anderen am selben Ort bestehenden Schulen unterscheidet; bei Sonderschulen kann an die Stelle der Schulart der Schultyp treten.

Soweit in einer Schule mehrere Schularten verbunden sind, kann anstelle der Schularten eine die Schularten umfassende Bezeichnung aufgenommen werden.

(2) Bei Schulen nach § 2 Abs. 1 Nr. 1 ist die Schulaufsichtsbehörde von der beabsichtigten Namensgebung zu unterrichten. Die obere Schulaufsichtsbehörde kann die Führung des Namens untersagen, wenn pädagogische Gründe oder öffentliche Belange es geboten erscheinen lassen.

→ Konferenzordnung § 2 Abs. 1; → Schulgesetz § 47 Abs. 3 Ziff 6c

§ 25
Schulbezirk

(1) Jede Grundschule, Berufsschule und Sonderschule mit Ausnahme der Heimsonderschulen hat einen Schulbezirk. Die Werkrealschulen und die Hauptschulen sind Wahlschulen. Der Schulträger kann für sie einen Schulbezirk festlegen.

Hinweis der Redaktion: Die Ermächtigung zur Festlegung von Schulbezirken für die Werkrealschulen und die Hauptschulen tritt am 31.7.2016 außer Kraft.

(2) Schulbezirk ist das Gebiet des Schulträgers. Wenn in diesem Gebiet mehrere Schulen derselben Schulart bestehen, bestimmt der Schulträger die Schulbezirke.

(3) Bei Berufsschulen kann der Schulträger auch für einzelne Typen, Berufsfelder und Fachklassen besondere Schulbezirke festlegen. Entsprechendes gilt für die Typen der Sonderschulen.

(4) Das Gebiet einer Körperschaft, die für die Erfüllung der Schulpflicht aller oder eines Teils ihrer Schulpflichtigen durch eine öffentlich-rechtliche

Vereinbarung mit einer anderen Körperschaft sorgt (§ 31), ist in deren Schulbezirk nach Maßgabe der Vereinbarung einzubeziehen.

→ Organisationserlass

§ 26
Schuljahr

Das Schuljahr beginnt am 1. August und endet am 31. Juli des folgenden Kalenderjahres. Das Kultusministerium kann durch Rechtsverordnung für einzelne Schularten oder Schultypen abweichende Regelungen treffen, soweit dies aus schulorganisatorischen Gründen erforderlich ist.

→ Ferienverordnung; → NotenbildungsVO § 3

3. Teil:
Errichtung und Unterhaltung von Schulen

§ 27
Grundsätze

(1) Als Schulträger gilt, wer die sächlichen Kosten der Schule trägt.

(2) Die Schulträger sind berechtigt und verpflichtet, öffentliche Schulen einzurichten und fortzuführen, wenn ein öffentliches Bedürfnis hierfür besteht.

(3) Bei der Einrichtung, Änderung, Aufhebung und bei der Unterhaltung der Schulen nach § 2 Abs. 1 Nr. 1 wirken das Land und der Schulträger nach den Vorschriften dieses Gesetzes zusammen.

§ 28
Gemeinden und Landkreise als Schulträger

(1) Die Gemeinden sind Schulträger der Grund-, Haupt- und Werkrealschulen, der Realschulen, der Gymnasien und der entsprechenden Sonderschulen.

(2) Die Landkreise können unter den Voraussetzungen des § 2 Abs. 1 der Landkreisordnung Schulträger von Realschulen, Gymnasien und Sonderschulen sein.

Sie können auch Schulträger aller Schulen eines Bildungszentrums sein, wenn die Voraussetzungen des Satzes 1 nur auf eine dieser Schulen zutreffen. Wird eine Regelung nach § 31 Abs. 1 nicht getroffen, tritt an die Stelle einer Gemeinde der Landkreis, wenn

1. eine Nachbarschaftsschule für zum Besuch der Hauptschule verpflichtete Schüler aus mehreren Gemeinden einzurichten ist; der Landkreis legt den Aufwand auf die Gemeinden um, deren Gebiet in den Schulbezirk einbezogen ist;
2. nach Feststellung der obersten Schulaufsichtsbehörde eine Realschule, ein Gymnasium oder eine Sonderschule wesentliche überörtliche Bedeutung hat oder die Leistungsfähigkeit einer solchen Schule sonst nicht gewährleistet ist; die Feststellung dieser überörtlichen Bedeutung wird bei bestehenden Schulen nur auf Antrag des Schulträgers getroffen.

In den Fällen der Sätze 1, 2 und 3 Nr. 2 hat der Landkreis Gemeinden, die am Aufwand von Schulen derselben Schulart, an denen Schüler desselben Schultyps, beteiligt sind, auf Antrag einen angemessenen Ausgleich zu gewähren.

(3) Die Landkreise und die Stadtkreise sind Schulträger der Typen der beruflichen Gymnasien, der Berufsschulen, der Berufsfachschulen, der Berufskollegs, der Berufsoberschulen, der Fachschulen und der entsprechenden Sonderschulen.

Hierzu auch → Schulgesetz § 48 beachten

§ 29
Das Land als Schulträger

(1) Das Land ist Schulträger der Gymnasien in Aufbauform mit Heim, der Kollegs und der Heimsonderschulen.

(2) Das Land kann Schulträger von Versuchsschulen und von Schulen besonderer pädagogischer Prägung oder besonderer Bedeutung sein, sowie von Schulen, die zwar diese Voraussetzungen nicht erfüllen, deren Schulträger jedoch bisher das Land allein war.

§ 30
Einrichtung, Errichtung, Änderung und Aufhebung von Schulen

(1) Der Beschluss eines Schulträgers über die Einrichtung einer öffentlichen Schule bedarf der Zustimmung der obersten Schulaufsichtsbehörde. Die Schule ist errichtet, wenn die Schulaufsichtsbehörde feststellt, dass der Schulbetrieb aufgenommen werden kann.

(2) Stellt die oberste Schulaufsichtsbehörde fest, dass ein öffentliches Bedürfnis für die Einrichtung einer öffentlichen Schule besteht und erfüllt der Schulträger die ihm nach § 27 Abs. 2 obliegende Verpflichtung nicht, trifft die Rechtsaufsichtsbehörde die notwendigen Maßnahmen nach den Vorschriften der Gemeindeordnung; der Schulträger ist vorher zu hören.

(3) Absatz 1 gilt entsprechend für die Aufhebung einer öffentlichen Schule. Stellt die oberste Schulaufsichtsbehörde fest, dass das öffentliche Bedürfnis für die Fortführung der Schule oder eines Teils derselben nicht mehr besteht, kann sie die Mitwirkung des Landes an der Unterhaltung der Schule widerrufen; der Schulträger ist vorher zu hören.

(4) Die Vorschriften über die Einrichtung und Aufhebung einer öffentlichen Schule gelten entsprechend für die Änderung einer öffentlichen Schule. Als Änderung einer Schule sind die Änderung der Schulart, der Schulform (Normalform oder Aufbauform) oder des Schultyps sowie die dauernde Teilung oder Zusammenlegung, die Erweiterung bestehender Schulen und die Einrichtung von Außenstellen zu behandeln. Von der Erweiterung einer Schule ist abzusehen, wenn den schulischen Bedürfnissen durch Einrichtung einer neuen Schule besser gedient ist.

Hinweise der Redaktion:

1. Das Kultusministerium überträgt mit Ausnahme der Maßnahmen, die die Weiterentwicklung des Schulwesens nach § 22 SchG zum Ziel haben, die Befugnis für schulorganisatorische Maßnahmen nach § 30 Abs. 1 und 3 Satz I SchG zur Einrichtung und Aufhebung von Grundschulen (§ 5 SchG), Hauptschulen und Werkrealschulen (§ 6 SchG)

auf die Regierungspräsidien. Dies gilt auch für die Befugnisse nach § 30 Abs. 4 SchG für die Änderung bestehender Schulen aller Schularten mit Ausnahme der Änderung der Schulart oder des Schultyps. Soweit für Maßnahmen nach Satz 1 und 2 Entscheidungen zur Einrichtung beziehungsweise Aufhebung von Schulverbünden (§ 16 SchG) und Entscheidungen über eine Änderung der Schulträgerschaft nach § 31 Abs. 1 Satz 1 SchG erforderlich sind, werden die Befugnisse hierzu ebenfalls übertragen. Die allgemeinen aufsichtsrechtlichen Befugnisse des Kultusministeriums bleiben hiervon unberührt. (Quelle: § 1 der Verordnung des KM über die Zuständigkeit für schulorganisatorische Maßnahmen (18.10.2000 (KuU S. 9/2001, zuletzt geändert 11.2.2010; KuU S. 134/2010).

2. Die Gesamtlehrerkonferenz (GLK) besitzt das Recht zur Abgabe einer Stellungnahme zur
a) Ausstattung und Einrichtung der Schule sowie zu Baumaßnahmen gegenüber dem Schulträger,
b) Einrichtung oder Beendigung eines Schulversuchs (z.B. Einrichtung einer Ganztagsschule),
c) Änderung der Schulart, der Schulform oder des Schultyps sowie der dauernden Teilung oder Zusammenlegung und der Erweiterung der Schule.
→ Konferenzordnung § 2 Abs. 1 Nr. 8

Zu einem solchen Beschluss der Gesamtlehrerkonferenz ist die Schulkonferenz anzuhören (SchG § 47 Abs. 4). Diese kann der GLK und der Schulleitung Anregungen und Empfehlungen geben, besitzt also ein eigenes Initiativrecht.
→ Schulgesetz § 47 Abs. 2

Vor der Einleitung der entsprechenden Maßnahme muss die jeweilige Behörde (Schulträger, Schulaufsichtsbehörde) die Schule über ihre Absicht informieren. Die Schulleitung hat dies dann auf die Tagesordnung der Gesamtlehrerkonferenz sowie der Schulkonferenz zu setzen.
Die GLK kann sich sowohl gegenüber dem Schulträger als auch gegenüber der Schulaufsichtsbehörde äußern. Sie besitzt ihrerseits in diesen Fragen auch ein Initiativrecht: Sie kann den Schulträger oder die Schulaufsicht auffordern, entsprechende Maßnahmen einzuleiten (sobald diese ihre Planungen abgeschlossen haben, sind die GLK und die Schulkonferenz nochmals zu einer Stellungnahme berechtigt bzw. erneut anzuhören).
Ferner muss die Schulleitung den Elternbeirat hierüber informieren (nach § 57 Abs. 2 SchG unterrichtet der Schulleiter den Elternbeirat über alle Angelegenheiten, die für die Schule von allgemeiner Bedeutung sind, und erteilt die notwendigen Auskünfte; der Elternbeirat soll gehört werden, bevor der Schulleiter Maßnahmen trifft, die für das Schulleben von allgemeiner Bedeutung sind).
Die Schließung einer Schule unterliegt der Mitwirkung des zuständigen Personalrats (Bundesverwaltungsgericht, 24.2.2006; BVerG 6 P 4.05). Zuständig ist im Bereich des KM grundsätzlich der Hauptpersonalrat; bei der Einrichtung von Werkrealschulen und der damit verbundenen Schließung vorhandener Hauptschulen hat das KM diese Befugnis auf die Regierungspräsidien delegiert, sodass der jeweilige Bezirkspersonalrat GWHRS zu beteiligen ist.
→ Personalvertretungsgesetz § 79 Abs. 3 Nr. 13

§ 31
Schulverband

(1) Gemeinden, Landkreise und Regionalverbände können mit Zustimmung der oberen Schulaufsichtsbehörde zur gemeinsamen Erfüllung der ihnen als Schulträger obliegenden Aufgaben Schulverbände bilden oder öffentlich-rechtliche Vereinbarungen abschließen. Sie sind hierzu verpflichtet, wenn die obere Schulaufsichtsbehörde feststellt, dass ein dringendes öffentliches Bedürfnis hierfür besteht. Erfüllen Gemeinden und Landkreise die ihnen nach Satz 2 obliegende Verpflichtung nicht, trifft die Rechtsaufsichtsbehörde die notwendigen Maßnahmen.

(2) Im Übrigen finden die Vorschriften des Zweckverbandsrechts Anwendung.

4. Teil: Schulaufsicht

§ 32
Grundsätze

Bitte hierzu das Schaubild und die Informationen am Ende des Adressenteils am Anfang des Buches beachten.

(1) Die staatliche Schulaufsicht umfasst
1. die Planung und Leitung, Ordnung und Förderung des gesamten Schulwesens,
2. das Bestimmungsrecht über die Unterrichts- und Erziehungsarbeit der öffentlichen Schulen und alle damit zusammenhängenden Angelegenheiten,
3. die Fachaufsicht über die Schulen, nämlich
   a) die Aufsicht über die schulfachlichen Angelegenheiten und
   b) die Aufsicht über die Rechts- und Verwaltungsangelegenheiten, soweit sie nicht unter Nummer 5 fallen,
4. die Dienstaufsicht über die Schulleiter und Lehrer,
5. die Aufsicht über die Erfüllung der dem Schulträger obliegenden Angelegenheiten nach Maßgabe des § 36,
6. die Aufsicht über die den Gymnasien in Aufbauform und Heimsonderschulen angegliederten Schülerheime.

Die Schulaufsicht schließt die Beratung ein.
→ Schulpsychologische Beratungsstellen

(2) Der Umfang der Schulaufsicht über die Schulen in freier Trägerschaft wird nach Artikel 7 des Grundgesetzes und nach dem Privatschulgesetz bestimmt.

(3) Mit der Ausübung der Schulaufsicht über die schulfachlichen Angelegenheiten sind fachlich vorgebildete, hauptamtlich tätige Beamte zu beauftragen.
→ Evaluation; → Privatschulgesetz; → Schulentwicklung; → Verfassung Art. 17; → Verwaltungsrecht

§ 33
Untere Schulaufsichtsbehörde

(1) Untere Schulaufsichtsbehörde für alle in ihrem Schulaufsichtsbezirk liegenden Grund-, Haupt-, Werkreal- und Realschulen sowie die entsprechenden Sonderschulen mit Ausnahme der Heimsonderschulen ist das Staatliche Schulamt.

(2) Die untere Schulaufsichtsbehörde führt
1. die Fachaufsicht,
2. die Dienstaufsicht über die Schulleiter und Lehrer,
3. die Aufsicht über die Erfüllung der dem Schulträger obliegenden Angelegenheiten, soweit nicht Aufgaben der Schulaufsicht einer anderen Schulaufsichtsbehörde durch Gesetz, Rechts- oder Verwaltungsvorschrift nach § 35 Abs. 3 zugewiesen sind.

§ 34
Obere Schulaufsichtsbehörde

(1) Obere Schulaufsichtsbehörde ist das Regierungspräsidium.

(2) Die obere Schulaufsichtsbehörde führt
1. die Fachaufsicht über die Schulen,
2. die Dienstaufsicht über die Schulleiter und Lehrer,
3. die Aufsicht über die Erfüllung der dem Schulträger obliegenden Angelegenheiten, soweit nicht die untere Schulaufsichtsbehörde zuständig ist,
4. die Dienst- und Fachaufsicht über die unteren Schulaufsichtsbehörden.

soweit nicht Aufgaben der Schulaufsicht einer anderen Schulaufsichtsbehörde durch Rechtsvorschrift zugewiesen sind.

§ 35
Oberste Schulaufsichtsbehörde

(1) Oberste Schulaufsichtsbehörde ist das Kultusministerium.

(2) Die oberste Schulaufsichtsbehörde ist für alle Angelegenheiten der Schulaufsicht zuständig, die nicht durch Gesetz anderen Behörden zugewiesen sind. Sie führt im Rahmen ihres Geschäftsbereichs die Fachaufsicht über die oberen Schulaufsichtsbehörden sowie die Dienstaufsicht über die Bediensteten des schulpsychologischen und schulpädagogischen Dienstes.

(3) Die oberste Schulaufsichtsbehörde regelt insbesondere
die Aufgaben und Ordnungen jeder Schulart,
die Bildungs- und Lehrpläne sowie die Stundentafeln, das Aufnahmeverfahren für die Schulen,
die Versetzungs- und Prüfungsordnungen,
die Anerkennung außerhalb des Landes erworbener schulischer Abschlüsse und Berechtigungen,
die Ausbildung, Prüfung und Fortbildung der Lehrer; für die Lehramtsprüfungen im Fach Theologie (Religionspädagogik) können die jeweiligen Religionsgemeinschaften einen Beauftragten als einen der Prüfer benennen,
die Aufgaben der unteren und oberen Schulaufsichtsbehörden,
die Ferienordnung
und erlässt die hierfür erforderlichen Rechts- und Verwaltungsvorschriften.

(4) Grundlage für Unterricht und Erziehung bilden die Bildungs- und Lehrpläne sowie die Stundentafeln, in denen Art und Umfang des Unterrichtsangebotes einer Schulart festgelegt sind. Bildungs- und Lehrpläne sowie Stundentafeln richten sich nach dem durch Verfassung, § 1 und die jeweilige Schulart vorgegebenen Erziehungs- und Bildungsauftrags; sie haben die erzieherische Aufgabe der Schule und die entsprechend der Schulart angestrebte Vermittlung von Wissen, Fähigkeiten und Fertigkeiten zu berücksichtigen. Die Bildungs- und Lehrpläne werden im Amtsblatt des Kultusministeriums bekanntgemacht. Bei Bildungs- und Lehrplänen, die nur für wenige Schulen gelten, kann ausnahmsweise hiervon abgesehen werden; in diesem Fall sind die Bildungs- und Lehrpläne den Schulen zu übersenden.

(5) Das Kultusministerium wird ermächtigt, durch Rechtsverordnung Zuständigkeiten, die durch dieses Gesetz begründet sind, auf nachgeordnete Schulaufsichtsbehörden zu übertragen, soweit dies zur sachgerechten Erledigung geboten erscheint. Soweit die obere Schulaufsichtsbehörde betroffen ist, bedarf die Rechtsverordnung des Einvernehmens des Innenministeriums.

→ Kultus und Unterricht

§ 35a
Zulassung von Lehr- und Lernmitteln

(1) Das Kultusministerium kann die Verwendung von Lehr- und Lernmitteln, insbesondere die Verwendung der Schulbücher, durch Rechtsverordnung von seiner Zulassung abhängig machen, wenn und soweit dies zur Erfüllung des Erziehungs- und Bildungsauftrags der Schule sowie der eigenständigen Aufgaben der jeweiligen Schulart erforderlich ist. Das Kultusministerium kann die Zuständigkeit für die Zulassung von Schulbüchern unbeschadet seiner Fachaufsicht durch Rechtsverordnung auch einer anderen Stelle übertragen.

(2) Zulassungsvoraussetzungen sind insbesondere:
1. Übereinstimmung mit den durch Grundgesetz, Landesverfassung und Schulgesetz vorgegebenen Erziehungszielen,
2. Übereinstimmung mit den Zielen und Inhalten des entsprechenden Lehrplans sowie angemessene didaktische Aufbereitung der Stoffe.
3. Altersgemäßheit bei der Aufbereitung der Inhalte sowie die sprachliche Form,
4. Einbindung von Druckbild, graphischer Gestaltung und Ausstattung in die jeweilige didaktische Zielsetzung.

→ Lernmittel (Zulassung)

§ 36
Aufsicht über die Erfüllung der dem Schulträger obliegenden Angelegenheiten

Für die Aufsicht über die Erfüllung der dem Schulträger nach diesem Gesetz obliegenden Aufgaben sind, soweit gesetzlich nichts anderes bestimmt ist, die Rechtsaufsichtsbehörde und die Schulaufsichtsbehörde zuständig mit der Maßgabe, dass das Informationsrecht nach § 120 der Gemeindeordnung beiden Behörden zusteht und dass Maßnahmen nach §§ 121 bis 124 der Gemeindeordnung von der Rechtsaufsichtsbehörde im Einvernehmen mit der Schulaufsichtsbehörde getroffen werden.

§ 37
Besondere Schulaufsichtsbeamte

Das Kultusministerium und mit seiner Ermächtigung die oberen Schulaufsichtsbehörden können im öffentlichen Schuldienst stehende Lehrer, welche die Voraussetzungen nach § 32 Abs. 3 erfüllen, für besondere Aufgaben der Schulaufsicht bestellen; soweit für diese Aufgaben eine schulpsychologische Beratung erforderlich ist, können auch Schulpsychologen bestellt werden.

→ Bildungsberatung Teil III; → Fachberater/innen;
→ Schulleitung (Abteilungsleiter/innen); → Schulpsychologische Beratungsstellen

5. Teil:
Lehrkräfte, Schulleitung; Lehrerkonferenzen, Schulkonferenz; örtliche Schulverwaltung
A. Lehrkräfte, Schulleitung (§§ 38-43)

§ 38
Lehrkräfte

(1) Die Lehrkräfte an den öffentlichen Schulen stehen im Dienst des Landes.

(2) Lehrkräfte an öffentlichen Schulen nach § 2 Abs.1 dürfen in der Schule keine politischen, religiösen, weltanschaulichen oder ähnlichen äußeren Bekundungen abgeben, die geeignet sind, die Neutralität des Landes gegenüber Schülern und Eltern oder den politischen, religiösen oder weltanschaulichen Schulfrieden zu gefährden oder zu stören. Insbesondere ist ein äußeres Verhalten unzulässig, welches bei Schülern oder Eltern den Eindruck hervorrufen kann, dass eine Lehrkraft gegen die Menschenwürde, die Gleichberechtigung der Menschen nach Artikel 3 des Grundgesetzes, die Freiheitsgrundrechte oder die freiheitlich-demokratische Grundordnung auftritt. Die Wahrnehmung des Erziehungsauftrags nach Artikel 12 Abs.1, Artikel 15 Abs.1 und Artikel 16 Abs.1 der Verfassung des Landes Baden-Württemberg und die entsprechende Darstellung christlicher und abendländischer Bildungs- und Kulturwerte oder Traditionen widerspricht nicht dem Neutralitätsgebot nach Satz 1. Das religiöse Neutralitätsgebot des Satzes 1 gilt nicht im Religionsunterricht nach Artikel 18 Satz 1 der Verfassung des Landes Baden-Württemberg.

(3) Die Ernennung eines Bewerbers nach § 8 des Beamtenstatusgesetzes für eine Tätigkeit an öffentlichen Schulen nach § 2 Abs.1 setzt als persönliches Eignungsmerkmal voraus, dass er die Gewähr für die Einhaltung des Absatzes 2 in seiner gesamten, voraussichtlichen Dienstzeit bietet. Für die Versetzung einer Lehrkraft eines anderen Dienstherrn in den baden-württembergischen Schuldienst gilt Satz 1 entsprechend.

→ Beamtenstatusgesetz § 8

(4) Für die Ableistung des Vorbereitungsdienstes für ein Lehramt können auf Antrag Ausnahmen von den Absätzen 2 und 3 im Einzelfall vorgesehen werden, soweit die Ausübung der Grundrechte es zwingend erfordert und zwingende öffentliche Interessen an der Wahrung der amtlichen Neutralität und des Schulfriedens nicht entgegenstehen.

(5) Absätze 2 bis 4 gelten entsprechend für Lehrkräfte im Angestelltenverhältnis.

(6) Die Lehrkräfte tragen im Rahmen der in Grundgesetz, Verfassung des Landes Baden-Württemberg und § 1 dieses Gesetzes niedergelegten Erziehungsziele und der Bildungspläne sowie der

übrigen für sie geltenden Vorschriften und Anordnungen die unmittelbare pädagogische Verantwortung für die Erziehung und Bildung der Schüler.

Hinweis der Redaktion: Die VwV des KM zum Stoffverteilungsplan – in früheren Auflagen des Jahrbuchs unter *„Stoffverteilungspläne"* abgedruckt – ist zum 31.12.2004 außer Kraft getreten. Indem das KM auf die Neu-Inkraftsetzung dieser Regelung verzichtete, hat es deutlich gemacht, dass es eine formelle Regelung zum Stoffverteilungsplan für entbehrlich hält. Unabhängig hiervon ist unstrittig, dass die fachliche und pädagogische Vorbereitung des Unterrichts durch die Lehrkräfte (individuell oder in Kooperation mit Kolleg/innen) zu deren Dienstpflichten gehört und dass der pädagogische Freiraum der einzelnen Lehrkraft nicht dem Recht der Schulleitung bzw. der Schulaufsichtsbehörden entgegensteht, im Einzelfall zur Verbesserung des Unterrichts die Vorlage eines Stoffverteilungsplanes zu verlangen.

→ Befangenheit; → Bildungspläne und Bildungsstandards; → Klassenlehrer/in; → Konferenzordnung (siehe auch § 44 SchG); → Religion und Schule; → Sucht (Dienstvereinbarung) § 4 Abs. 4 (Hinweis Nr. 4)

§ 39
Schulleiter

(1) Für jede Schule ist ein Schulleiter zu bestellen, der zugleich Lehrer an der Schule ist.

(2) Zum Schulleiter kann nur bestellt werden, wer die Befähigung zum Lehramt einer Schulart besitzt, die an der Schule besteht, und für die mit der Schulleitung verbundenen Aufgaben geeignet ist.

Hinweise der Redaktion:
1. Diese Voraussetzung wird von Fachlehrer/innen und Technischen Lehrer/innen nicht erfüllt; in Einzelfällen sind HHT-Lehrerinnen zur Schulleiterin ernannt worden.
2. Auch im Arbeitnehmerverhältnis beschäftigte Lehrkräfte des Landes (Tarifbeschäftigte) können, sofern sie die gesetzlichen Voraussetzungen hierfür erfüllen, mit der Leitung oder stellvertretenden Leitung einer Schule beauftragt werden. Tarifbeschäftigte Lehrkräfte, denen eine Funktion übertragen ist, für die die Besoldungsordnung die Einstufung in eine höhere Besoldungsgruppe vorsieht, werden nach der dieser Besoldungsgruppe entsprechende Entgeltgruppe nach TV-L eingruppiert. Nach Ziff. 2.4 der Richtlinien über die Eingruppierung der im Angestelltenverhältnis beschäftigten Lehrkräfte (ERL) kann Schulleitern und deren ständigen Vertretern eine widerrufliche Zulage gewährt werden, wie sie vergleichbaren beamteten Lehrkräften in dieser Funktion zusteht.
Die entsprechenden Amtsbezeichnungen (z.B. „Rektor" bzw. „Konrektor") können für Tarifbeschäftigte nicht verwendet werden. Für diese tarifbeschäftigten Lehrkräfte können die Funktionsbezeichnungen „Schulleiter" bzw. „stellvertretender Schulleiter" verwendet werden.
(Quelle: KM, 2.8.2007; AZ: 14-0321.30/103/1)

→ Besoldung (Lehrkräfte – Eingruppierung) → TV-L

(3) Der Schulleiter wird von der Schulaufsichtsbehörde in sein Amt eingeführt.

(4) Bis zur ordnungsmäßigen Wiederbesetzung einer frei gewordenen Schulleiterstelle kann die Schulaufsichtsbehörde einen beauftragten Schulleiter bestellen. Die Stelle soll innerhalb von sechs Monaten wieder besetzt werden.

→ Funktionsstellen (Besetzung und Überprüfung);
→ Schulleitung (Aufgaben/Arbeitszeit)

§ 40
Mitwirkung der Schulkonferenz und des Schulträgers bei der Besetzung der Schulleiterstelle

(1) Bei der Besetzung der Schulleiterstelle an den Schulen wirken mit:

1. Die Schulkonferenz, mit Ausnahme der minderjährigen Schülervertreter, bei Schulen mit mindestens vier Lehrerstellen. An den Schulen mit Elternbeirat und Schülerrat treten an die Stelle der minderjährigen Schülervertreter volljährige Stellvertreter oder, soweit keine vorhanden sind, in entsprechender Zahl weitere gemäß § 47 Abs. 10 Satz 1 gewählte Vertreter der Eltern;

   Hinw. d.Red.: Als „Lehrerstelle" gilt jede Lehrkraft mit mindestens 1/2 Lehrauftrag (➜ SchulkonferenzVO § 1).

2. der Schulträger.

(2) Vor der Ernennung des Schulleiters unterrichtet die obere Schulaufsichtsbehörde die Schulkonferenz und den Schulträger über alle eingegangenen Bewerbungen. Sie hat über alle Bewerber weitere für die Frage der Eignung sachdienliche Informationen zu erteilen. Unterrichtung und Erklärung können schriftlich erfolgen. Die obere Schulaufsichtsbehörde kann damit die untere Schulaufsichtsbehörde beauftragen.

(3) Die Schulkonferenz und der Schulträger sind berechtigt, Besetzungsvorschläge zu machen. Die Vorschlagsberechtigten sind gehalten, bei sonst gleichen Qualifikationen dem Bewerber dem Vorzug zu geben, der der Schule nicht angehört. Die Besetzungsvorschläge sind von der Schulkonferenz innerhalb von vier Wochen, vom Schulträger innerhalb von sechs Wochen zu machen. Der Vorsitzende der Schulkonferenz unterrichtet den Schulträger über deren Vorschläge.

(4) Die obere Schulaufsichtsbehörde setzt sich mit der Schulkonferenz und dem Schulträger ins Benehmen, falls sie deren Vorschlägen nicht entspricht. Auf Verlangen eines der Beteiligten findet eine mündliche Erörterung statt. Kommt eine Einigung innerhalb von vier Wochen nicht zustande, entscheidet die oberste Schulaufsichtsbehörde. Im Übrigen erfolgt die Besetzung der Schulleiterstellen nach den dienstrechtlichen Bestimmungen.

(5) Absatz 1 Nr. 1 gilt nicht für neu einzurichtende Schulen, solange Gesamtlehrerkonferenz und Elternbeirat nicht bestehen.

(6) Im Übrigen gelten die Vorschriften des § 47 Abs. 9 Satz 2, Abs. 11 und 13 entsprechend.

Hinweis der Redaktion: Wird eine Schulleiterstelle durch Versetzung eines Beamten besetzt, der sich bereits in der entsprechenden Besoldungsgruppe befindet, so können die Ausschreibung der Stelle und die Beteiligung der Gremien entfallen (Quelle: Landtagsdrucksache Nr. 11/7180)

➜ Funktionsstellen (Besetzung und Überprüfung)

§ 41
Aufgaben des Schulleiters

(1) Der Schulleiter ist Vorsitzender der Gesamtlehrerkonferenz. Er leitet und verwaltet die Schule und ist, unterstützt von der Gesamtlehrerkonferenz, verantwortlich für die Besorgung aller Angelegenheiten der Schule und für eine geordnete und sachgemäße Schularbeit, soweit nicht aufgrund dieses Gesetzes etwas anderes bestimmt ist. Insbesondere obliegen ihm

die Aufnahme und die Entlassung der Schüler,
➜ Behinderungen und Förderbedarf

die Sorge für die Erfüllung der Schulpflicht,
➜ Schulpflicht (Durchsetzung)

die Verteilung der Lehraufträge sowie die Aufstellung der Stunden- und Aufsichtspläne,
➜ Lehrbefähigung / fachfremder Unterricht; ➜ Konferenzordnung § 2 Abs. 1 Nr. 9; ➜ Teilzeit (Pflichten und Rechte)

die Anordnung von Vertretungen,
➜ Konferenzordnung § 2 Abs. 1 Nr. 9; ➜ Mehrarbeit

die Vertretung der Schule nach außen und die Pflege ihrer Beziehungen zu Elternhaus, Kirchen, Berufsausbildungsstätte, Einrichtungen der Jugendhilfe und Öffentlichkeit,
➜ Presserecht

die Aufsicht über die Schulanlage und das Schulgebäude,

die Ausübung des Hausrechts und die Verwaltung und Pflege der der Schule überlassenen Gegenstände;
➜ Haushalt; ➜ Hausrecht

dabei sind die Anordnungen des Schulträgers, die nicht in den inneren Schulbetrieb eingreifen dürfen, für den Schulleiter verbindlich.

(2) Der Schulleiter ist in Erfüllung seiner Aufgaben weisungsberechtigt gegenüber den Lehrern seiner Schule. Er ist verantwortlich für die Einhaltung der Bildungs- und Lehrpläne und für die Notengebung allgemein geltenden Grundsätze sowie ermächtigt, Unterrichtsbesuche vorzunehmen und dienstliche Beurteilungen über die Lehrer der Schule für die Schulaufsichtsbehörde abzugeben.
➜ Dienstliche Beurteilung

Hinweise der Redaktion:
1. Er leitet ggf. auch die Grundschulförderklasse (vgl. § 5a).
2. Zu den Obliegenheiten sowie den Weisungsrechten der Schulleitung auch § 23 SchG beachten!
3. Zum Begriff des Vorgesetzten und des Dienstvorgesetzten siehe Kasten bei ➜ Beamtengesetz § 3

(3) Für den Schulträger führt der Schulleiter die unmittelbare Aufsicht über die an der Schule tätigen, nicht im Dienst des Landes stehenden Bediensteten; er hat ihnen gegenüber die aus der Verantwortung für einen geordneten Schulbetrieb sich ergebende Weisungsbefugnis.

(4) Nähere Vorschriften erlässt das Kultusministerium durch Dienstordnung für die Schulleiter.

Hinweis der Redaktion: Eine Dienstordnung für die Schulleiter wurde nicht erlassen.
➜ Dienstordnungen; ➜ Konferenzordnung; ➜ Schulkonferenzordnung; ➜ Schulleitung (Aufgaben)

§ 42
Stellvertretender Schulleiter und weitere Funktionsträger

(1) Der Stellvertretende Schulleiter ist der ständige und allgemeine Vertreter des Schulleiters. Falls ein Stellvertretender Schulleiter nicht vorhanden oder ebenfalls verhindert ist, wird der Schulleiter vom dienstältesten Lehrer der Schule vertreten. Die Schulaufsichtsbehörde kann anstelle des dienstältesten Lehrers einen anderen Vertreter bestimmen.

Schulgesetz

Hinweise der Redaktion:
1. Auch Lehrkräfte im Arbeitnehmerverhältnis (Tarifbeschäftigte) können, sofern sie die gesetzlichen Voraussetzungen hierfür erfüllen, mit der stellvertretenden Leitung einer Schule beauftragt werden; vgl. Hinweis bei § 39.
2. Beamtenrechtlich ist „dienstälteste Lehrkraft", wer das nächsthöhere (Beförderungs-)Amt innehat und die Lehrbefähigung für eine an der Schule bestehende Schulart besitzt, bei mehreren amtsgleichen Lehrkräften entscheidet der Zeitpunkt der Bestellung, danach das Lebensalter.

(2) Der Stellvertretende Schulleiter und die Funktionsträger zur Koordinierung schulfachlicher Aufgaben an Gymnasien und beruflichen Schulen sowie gegebenenfalls die von der Schulaufsichtsbehörde bestellten Lehrer aller Schularten mit vergleichbaren Funktionen unterstützen den Schulleiter bei der Erfüllung seiner Aufgaben. Das Nähere regelt das Kultusministerium durch Dienstordnung.

Hinweise der Redaktion: Eine Dienstordnung für die stellv. Schulleiter wurde nicht erlassen. Für die Aufgaben der Fachleiter- und Fachberater/innen an Gymnasien und beruflichen Schulen gilt die VwV → Schulleitung (Abteilungsleiter/innen).

→ Dienstordnungen; → Funktionsstellen (Besetzung);
→ Schulleitung (Aufgaben und Stellvertretung)

§ 43
Geschäftsführender Schulleiter

(1) Die Schulaufsichtsbehörde kann für die Schulen einer Schulart oder mehrerer Schularten im Gebiet eines Schulträgers aus dem Kreis der Schulleiter einen geschäftsführenden Schulleiter bestellen, der alle Angelegenheiten, die eine einheitliche Behandlung erfordern oder ihm durch besondere Anordnung übertragen werden, zu besorgen hat.

(2) Die geschäftsführenden Schulleiter im Gebiet eines Schulträgers haben bei der Besorgung von Angelegenheiten, die mit Rücksicht auf die Einheit des örtlichen Schulwesens einheitlich geregelt werden müssen, das gegenseitige Einvernehmen herzustellen, bei allen übrigen verschiedene Schularten berührenden Angelegenheiten sich miteinander ins Benehmen zu setzen.

→ Besoldung (Zulagen); → Ferienverordnung; → Hitzefrei; → Schulleitung (Geschäftsführende Schulleiter)

B.
Lehrerkonferenzen, Schulkonferenz (§§ 44-47)

§ 44
Allgemeines

(1) Die Lehrerkonferenzen beraten und beschließen alle wichtigen Maßnahmen, die für die Unterrichts- und Erziehungsarbeit der Schule notwendig sind und ihrer Art nach ein Zusammenwirken der Lehrer erfordern. Sie fördern die Zusammenarbeit und dienen auch der gegenseitigen Unterstützung der Lehrer sowie dem Austausch von Erfahrungen und Anregungen.

(2) Die einzelnen Lehrerkonferenzen beachten bei ihrer Arbeit und ihren Beschlüssen die durch Rechtsvorschriften und Verwaltungsanordnungen gesetzten Rahmen sowie die pädagogische Verantwortung des einzelnen Lehrers, die Verantwortlichkeit des Schulleiters und die Aufgaben der anderen Lehrerkonferenzen, der Schulkonferenz sowie anderweitig begründete Zuständigkeiten.

(3) Die Beschlüsse der Gesamtlehrerkonferenz sind für Schulleiter und Lehrer bindend. Ist der Schulleiter der Auffassung, dass ein Konferenzbeschluss gegen eine Rechtsvorschrift oder eine Verwaltungsanordnung verstößt, oder dass er für die Ausführung des Beschlusses nicht die Verantwortung übernehmen kann, hält aber die Gesamtlehrerkonferenz in einer zweiten Sitzung den Beschluss aufrecht, so hat der Schulleiter die Entscheidung der Schulaufsichtsbehörde einzuholen. Bis zu dieser Entscheidung darf der Beschluss nicht ausgeführt werden.

Hinweis der Redaktion: Beschlüsse der zuständigen Konferenzen können z.B. die Freiheit einzelner Lehrkräfte einschränken, über die Benutzung von Schulbüchern zu entscheiden: Ein rechtmäßig zustande gekommener Beschluss der Fachkonferenz über die Verwendung eines bestimmten Schulbuches im betreffenden Fach bindet die hiervon betroffenen Lehrkräfte; sie sind dann verpflichtet, dieses Schulbuch in der Fachkonferenz als „hauptsächliches Arbeitsmittel" einzusetzen. Daneben kann die einzelne Lehrkraft weitere Lernmittel (z.B. selbst gefertigte Arbeitsblätter usw.) einsetzen. Allerdings besteht dann kein Anspruch darauf, diese zusätzlich aus dem Schuletat finanziert zu bekommen. Vgl. Beschluss des Bundesverwaltungsgerichts vom 28.1.1994 (AZ: 6 B 24/93).

§ 45
Arten, Einrichtungen
und Aufgaben der Lehrerkonferenzen

(1) Lehrerkonferenzen sind die Gesamtlehrer- und Teilkonferenzen. Die Gesamtlehrerkonferenz besteht an jeder Schule. Teilkonferenzen sind insbesondere die Klassenkonferenz, die Fachkonferenz und für Schulen, die in Abteilungen gegliedert sind, die Abteilungskonferenz.

(2) Es berät und beschließt, unbeschadet der Zuständigkeit der Schulkonferenz,

die Gesamtlehrerkonferenz über Angelegenheiten, die für die Schule von wesentlicher Bedeutung sind,

die Klassenkonferenz über Fragen von allgemeiner Bedeutung für die Erziehungs- und Unterrichtsarbeit der Klasse,

die Fachkonferenz über besondere Angelegenheiten, die ein Fach oder eine Fächergruppe betreffen,

die Abteilungskonferenz über Fragen von allgemeiner Bedeutung für die Abteilung.

(3) Für Bildungszentren und für Schulen im Regionalen Verbund können Konferenzen, denen Lehrer der beteiligten Schulen angehören, gebildet werden, die über gemeinsame, der Abstimmung bedürfende Angelegenheiten beraten und beschließen.

→ Konferenzordnung; → Konferenzen (Allgemeines)

§ 46
Konferenzordnungen

(1) Das Kultusministerium wird ermächtigt, durch Konferenzordnungen das Nähere über Bildung von Teilkonferenzen und Konferenzen nach § 45 Abs. 3 Aufgaben, Zusammensetzung einschließlich Vorsitz, Mitgliedschaft sowie Teilnahmerecht und -pflicht, Stimmrecht, Bildung von Ausschüssen sowie Verfahren der Lehrerkonferenzen zu re-

geln. Dabei kann das Kultusministerium auch Bestimmungen darüber erlassen, welche Teilkonferenzen an die Stelle der Klassenkonferenz treten, soweit Klassen nicht im Verband geführt werden, sowie darüber, welche Lehrer dann die Aufgaben der Klassenlehrer wahrnehmen.

(2) Die Übertragung weiterer Aufgaben durch Rechts- und Verwaltungsvorschriften bleibt unberührt.

§ 47 Schulkonferenz

Hinweis der Redaktion: § 47 nennt nur einen Teil der Zuständigkeiten der Schulkonferenz. Bitte ➜ Schulkonferenz (Zuständigkeiten) und ➜ Konferenzordnung § 2 beachten.

(1) Die Schulkonferenz ist das gemeinsame Organ der Schule. Sie hat die Aufgabe, das Zusammenwirken von Schulleitung, Lehrern, Eltern, Schülern und der für die Berufserziehung Mitverantwortlichen zu fördern, bei Meinungsverschiedenheiten zu vermitteln sowie über Angelegenheiten, die für die Schule von wesentlicher Bedeutung sind, zu beraten und nach Maßgabe der Absätze 2 bis 5 zu beschließen.

➜ Schulkonferenz (Zuständigkeiten); ➜ SchulkonferenzVO

(2) Die Schulkonferenz kann gegenüber dem Schulleiter und anderen Konferenzen Anregungen und Empfehlungen geben. Eine Empfehlung muss auf der nächsten Sitzung der zuständigen Konferenz beraten werden.

(3) Die Schulkonferenz entscheidet nach Maßgabe dieses Gesetzes über:
1. Die Vereinbarung von Schulpartnerschaften,
2. die Verteilung des Unterrichts auf fünf oder sechs Wochentage, den Unterrichtsbeginn und den Tag der Einschulung in die Grundschule,
3. allgemeine Angelegenheiten der Schülermitverantwortung,
4. die Stellungnahme der Schule gegenüber dem Schulträger zur
   a) Namensgebung der Schule,
   b) Änderung des Schulbezirks,
5. Stellungnahmen der Schule zur Durchführung der Schülerbeförderung,
6. Grundsätze über die Einrichtung freiwilliger Arbeitsgemeinschaften, die nicht generell vorgesehen sind und die zu keinen Berechtigungen führen,
7. die Anforderung von Haushaltsmitteln gegenüber dem Schulträger.

(4) Die Schulkonferenz ist anzuhören:
1. Zu Beschlüssen der Gesamtlehrerkonferenz
   a) zu allgemeinen Fragen der Erziehung und des Unterrichts in der Schule,
   b) über die Verwendung der der Schule zur Verfügung gestellten Haushaltsmittel im Rahmen ihrer Zweckbestimmung,
2. vor Einrichtung oder Beendigung eines Schulversuchs,

Hinweis der Redaktion: Die Einrichtung einer Ganztagsschule zählt als Schulversuch gem. § 22 SchG.

➜ Ganztagsschulen; ➜ KonferenzVO § 2 Nr. 8b

3. vor Änderung der Schulart, der Schulform oder des Schultyps sowie der dauernden Teilung oder Zusammenlegung und der Erweiterung oder Aufhebung der Schule,
4. vor Genehmigung von wissenschaftlichen Forschungsvorhaben an der Schule,
5. bei Entscheidungen über Erziehungs- und Ordnungsmaßnahmen nach Maßgabe von § 90 Abs. 4,
6. zu Stellungnahmen der Schule gegenüber dem Schulträger für Ausstattung und Einrichtung der Schule sowie Baumaßnahmen.

(5) Folgende Angelegenheiten werden in der Schulkonferenz beraten und bedürfen ihres Einverständnisses:
1. Erlass der Schul- und Hausordnung,
2. Beschlüsse zu allgemeinen Fragen der Klassenarbeiten und Hausaufgaben,
3. Beschlüsse zur einheitlichen Durchführung der Rechts- und Verwaltungsvorschriften an der Schule,
4. Grundsätze über die Durchführung von besonderen Schulveranstaltungen, die die gesamte Schule berühren,
5. Grundsätze über die Durchführung von außerunterrichtlichen Veranstaltungen (z.B. Klassenfahrten, Schullandheimaufenthalte),
6. Festlegung der schuleigenen Stundentafel im Rahmen der Kontingentstundentafel und Entwicklung schuleigener Curricula im Rahmen des Bildungsplanes. Für das Fach Religionslehre bleibt die Beteiligung der Beauftragten der Religionsgemeinschaften unberührt.

(6) Bei Angelegenheiten, die den Schulträger berühren, ist ihm Gelegenheit zu geben, beratend mitzuwirken.

(7) Die Beschlüsse der Schulkonferenz nach Absatz 3 sind für Schulleiter und Lehrer bindend. Ist der Schulleiter der Auffassung, dass ein Beschluss der Schulkonferenz gegen eine Rechtsvorschrift oder eine Verwaltungsanordnung verstößt oder dass er für die Ausführung des Beschlusses nicht die Verantwortung übernehmen kann, hält aber die Schulkonferenz in einer zweiten Sitzung den Beschluss aufrecht, so hat der Schulleiter die Entscheidung der Schulaufsichtsbehörde einzuholen. Bis zu dieser Entscheidung darf der Beschluss nicht ausgeführt werden.

(8) Verweigert die Schulkonferenz in den in Absatz 5 genannten Angelegenheiten ihr Einverständnis und hält die zuständige Lehrerkonferenz nach nochmaliger Beratung an ihrem Beschluss fest, hat der Schulleiter die Entscheidung der Schulaufsichtsbehörde einzuholen.

(9) Der Schulkonferenz gehören bei Schulen mit mindestens 14 Lehrerstellen an
1. der Schulleiter als Vorsitzender,
2. der Elternbeiratsvorsitzende als stellvertretender Vorsitzender,

Hinweis der Redaktion: Bei Verhinderung des Schulleiters nimmt zwar als dessen Vertreter die stellvertretende

Schulgesetz

Schulleiter an der Sitzung teil (bzw. falls dieser gewähltes Mitglied der Schulkonferenz ist, ein gewählter Stellvertreter; vgl. Abs 10), die Leitung der Sitzung erfolgt jedoch durch den/die Elternbeiratsvorsitzende.

→ Schulkonferenzordnung § 6.

3. sechs Vertreter der Lehrer,
4. bei Schulen, für die
   a) kein Schülerrat vorgesehen ist, fünf Vertreter der Eltern,
   b) kein Elternbeirat vorgesehen ist, der Schülersprecher und fünf weitere Vertreter der Schüler,
   c) Elternbeirat und Schülerrat vorgesehen sind, zwei Vertreter der Eltern sowie der Schülersprecher und zwei weitere Vertreter der Schüler; die Schüler müssen mindestens der siebten Klasse angehören,

   Hinweis der Redaktion: Die Elternvertreter in der Schulkonferenz können als *„Elterngruppe"* gesondert beraten und in Angelegenheiten des § 47 Abs. 5 SchulG Anträge an die Gesamtlehrerkonferenz richten; bei der Behandlung in der Konferenz haben diese Elternvertreter beratende Stimme.

   → Konferenzordnung § 11 Abs. 4

5. an Schulen mit Berufsschule, einem sonstigen Bildungsgang, in dem neben der schulischen Ausbildung ein Berufsausbildungsvertrag geschlossen wird, oder entsprechender Sonderschule drei weitere Vertreter aus dem Kreis der für die Berufserziehung der Schüler Mitverantwortlichen sowie drei weitere Vertreter der Lehrer,
6. ein Verbindungslehrer mit beratender Stimme bei allgemeinen Angelegenheiten der Schülermitverantwortung.

Für Schulen mit weniger als 14 Lehrerstellen regelt das Kultusministerium durch Rechtsverordnung die Zahl der Vertreter der einzelnen Gruppen in der Schulkonferenz, wobei das Verhältnis der einzelnen Gruppen zueinander Satz 1 entsprechen muss.

Hinweis der Redaktion: Als „Lehrerstelle" gilt jede Lehrkraft mit mindestens halbem Lehrauftrag (→ Schulkonferenzordnung § 1).

→ Konferenzen (Allgemeines); → Schulkonferenzordnung § 2 Abs. 2-5; → Schulkonferenz (Zusammensetzung)

(10) Die Gesamtlehrerkonferenz, der Elternbeirat, der Schülerrat und die Vertretung der für die Berufserziehung der Schüler Mitverantwortlichen wählen jeweils ihre Vertreter und Stellvertreter. Stellvertreter des Schulleiters ist unbeschadet der Bestimmungen über den Vorsitz sein Vertreter gemäß § 42 Abs. 1; ist dieser gewähltes Mitglied der Schulkonferenz, tritt an seine Stelle insoweit ein gewählter Stellvertreter. Die Mitglieder der Schulkonferenz sind bei der Ausübung ihres Stimmrechts an Weisungen und Aufträge nicht gebunden.

(11) Die Beratungen der Schulkonferenz sind nicht öffentlich. Sie sind vertraulich, soweit es sich um Tatsachen handelt, die ihrer inhaltlichen Bedeutung nach der Vertraulichkeit bedürfen. Tatsachen, deren Bekanntgeben ein schutzwürdiges Interesse von Schülern, Eltern, Lehrern oder anderen Personen verletzen könnten, bedürfen der vertraulichen Behandlung. Die Schulkonferenz kann darüber hinaus die Vertraulichkeit einzelner Beratungsgegenstände feststellen. Für die Verletzung der Verschwiegenheitspflicht der Lehrer gelten die beamten- und tarifrechtlichen Vorschriften. Verletzt ein sonstiger Vertreter die Vertraulichkeit, so kann er durch Beschluss der Schulkonferenz mit zwei Dritteln der Stimmen der anwesenden Mitglieder zeitweilig oder ganz von der weiteren Teilnahme ausgeschlossen werden. An seine Stelle tritt der Stellvertreter.

→ Beamtengesetz § 57; → Beamtenstatusgesetz § 37; → Tarifvertrag (Länder) § 3 Abs. 2

(12) Die Schulkonferenz tritt mindestens einmal im Schulhalbjahr zusammen. Eine Sitzung ist einzuberufen, wenn dies mindestens ein Drittel ihrer Mitglieder, die Elterngruppe oder der Schülergruppe unter Angabe der Verhandlungsgegenstände beantragt.

→ Konferenzordnung § 11 Abs. 4

(13) *(nicht abgedruckt)*

C.
Örtliche Schulverwaltung (§§ 48-54)

§ 48
Örtliche Schulverwaltung

(1) Die Gemeinden, die Landkreise und die Schulverbände verwalten die ihnen als Schulträger obliegenden Angelegenheiten als Pflichtaufgaben.

(2) Der Schulträger errichtet und unterhält die Schulgebäude und Schulräume, stellt die sonstigen für die Schule erforderlichen Einrichtungen und Gegenstände zur Verfügung, beschafft die Lehr- und Lernmittel und bestellt die Bediensteten, die nicht im Dienst des Landes stehen. Der Schulträger soll dem Schulleiter zur Deckung des laufenden Lehrmittelbedarfs erforderlichen Mittel zur selbstständigen Bewirtschaftung überlassen.

→ Haushalt (Allgemeines – Budgetierung)

(3) Das Kultusministerium erlässt im Einvernehmen mit dem Innenministerium und im Benehmen mit den kommunalen Landesverbänden Richtlinien über die Ausstattung der Schule mit Lehrmitteln und Verwaltungskräften.

→ Haushalt (Kommun. Finanzausgleich); → Konferenzordnung § 2 Abs. 1 Ziff. 8a; → Lehrmittel und Schuleinrichtung; → Lernmittelverordnung / Lernmittelverzeichnis; → Reisekosten (Schulträger); → Verwaltungskräfte

§ 49
Schulbeirat

Der Schulträger nach § 2 Abs. 1 Nr. 1 hört in allen wichtigen Schulangelegenheiten Vertreter der Schulleiter, der Lehrer, der Eltern, der Schüler und Vertreter der Religionsgemeinschaften, die an einer seiner Schulen Religionsunterricht erteilen, bei beruflichen Schulen auch Vertreter der für die Berufserziehung der Schüler Mitverantwortlichen. Der Schulträger kann zur Wahrnehmung dieser Aufgabe einen Schulbeirat als beschließenden oder beratenden Ausschuss bilden.

§ 50 (aufgehoben)

§ 51
Benützung von Schulräumen

Räume und Plätze öffentlicher Schulen dürfen nicht für Zwecke verwendet werden, die den Belangen der Schule widersprechen. Über die Verwendung für andere als schulische Zwecke entscheidet der Schulträger im Benehmen mit dem Schulleiter. Ist der Schulleiter der Auffassung, dass die andere Verwendung schulischen Belangen widerspricht, so entscheidet die Rechtsaufsichtsbehörde im Einvernehmen mit der Schulaufsichtsbehörde.

→ Infektionsschutzgesetz

§§ 52 – 54 (aufgehoben)

6. Teil: Mitwirkung der Eltern und der für die Berufserziehung der Schüler Mitverantwortlichen an der Gestaltung des Lebens und der Arbeit der Schule; Schülermitverantwortung; Landesschulbeirat

A. Klassenpflegschaft, Elternbeiräte (§§ 55-61)

§ 55
Eltern und Schule

(1) Die Eltern haben das Recht und die Pflicht, an der schulischen Erziehung mitzuwirken. Die gemeinsame Verantwortung der Eltern und der Schule für die Erziehung und Bildung der Jugend fordert die vertrauensvolle Zusammenarbeit beider Erziehungsträger. Schule und Elternhaus unterstützen sich bei der Erziehung und Bildung der Jugend und pflegen ihre Erziehungsgemeinschaft.

(2) Das Recht und die Aufgabe, die Erziehungsarbeit der Schule zu fördern und mitzugestalten, nehmen die Eltern
1. in der Klassenpflegschaft,
2. in den Elternvertretungen und
3. in der Schulkonferenz wahr.

(3) Unbeschadet der Rechte volljähriger Schüler können deren Eltern die Aufgaben nach Absatz 2 wahrnehmen.

→ Eltern und Schule; → Volljährigkeit

Die Schule kann ihnen auch personenbezogene Auskünfte erteilen oder Mitteilungen machen, wenn kein gegenteiliger Wille des volljährigen Schüler erkennbar ist oder wenn eine Gefahr für wesentlich überwiegende Rechtsgüter wie Leben, Leib, Freiheit oder Eigentum zu befürchten ist und die Auskunft oder Mitteilung angemessen ist, die Gefahr abzuwenden oder zu verringern. Dies gilt auch, wenn der Ausschluss aus der Schule angedroht wird oder ein Schüler die Schule gegen seinen Willen verlassen muss. Volljährige Schüler sind über die Möglichkeit personenbezogener Auskünfte und Mitteilungen an die Eltern, wenn kein gegenteiliger Wille der volljährigen Schüler erkennbar ist, allgemein oder im Einzelfall zu belehren.

→ Volljährigkeit

(4) Angelegenheiten einzelner Schüler können die Elternvertretungen nur mit der Zustimmung von deren Eltern behandeln.

(5) Die Elternvertreter üben ein Ehrenamt aus.

→ Elternbeiratsverordnung; → Grundgesetz Art. 6; → Verfassung Art. 12 und 17

§ 56
Klassenpflegschaft

(1) Die Klassenpflegschaft dient der Pflege enger Verbindungen zwischen Eltern und Schule und hat die Aufgabe, das Zusammenwirken von Eltern und Lehrern in der gemeinsamen Verantwortung für die Erziehung der Jugend zu fördern. Eltern und Lehrer sollen sich in der Klassenpflegschaft gegenseitig beraten sowie Anregungen und Erfahrungen austauschen. Dem dient insbesondere die Unterrichtung und Aussprache über

1. Entwicklungsstand der Klasse (z.B. Leistung, Verhalten, besondere Probleme);
2. Stundentafel und differenziert angebotene Unterrichtsveranstaltungen (z.B. Fächerwahl, Kurse, Arbeitsgemeinschaften);
3. Kriterien und Verfahren zur Leistungsbeurteilung;
4. Grundsätze für Klassenarbeiten und Hausaufgaben sowie Versetzungsordnung und für Abschlussklassen Prüfungsordnung;
5. in der Klasse verwendete Lernmittel einschließlich Arbeitsmittel;
6. Schullandheimaufenthalte, Schulausflüge, Wandertage, Betriebsbesichtigungen u.Ä. im Rahmen der beschlossenen Grundsätze der Gesamtlehrerkonferenz sowie sonstige Veranstaltungen für die Klasse;
7. Förderung der Schülermitverantwortung der Klasse, Durchführung der Schülerbeförderung;
8. grundsätzliche Beschlüsse der Gesamtlehrerkonferenz, der Schulkonferenz, des Elternbeirats und des Schülerrats.

Außerdem sollen die Lehrer im Rahmen des Möglichen auf Fragen zu besonderen methodischen Problemen und Unterrichtsschwerpunkten zur Verfügung stehen.

(2) Bei Meinungsverschiedenheiten über Lernmittel, die nicht dem Zulassungsverfahren des Kultusministeriums unterliegen, kann die Klassenpflegschaft die Schulkonferenz anrufen.

(3) Die Klassenpflegschaft besteht aus den Eltern der Schüler und den Lehrern der Klasse. Der Vorsitzende der Klassenpflegschaft lädt den Klassensprecher und dessen Stellvertreter zu geeigneten Tagesordnungspunkten ein; erweist sich ein Tagesordnungspunkt als nicht geeignet, setzt die Klassenpflegschaft die Behandlung des Tagesordnungspunktes ohne Schülervertreter fort.

(4) Vorsitzender der Klassenpflegschaft ist der Klassenelternvertreter, Stellvertreter der Klassenlehrer.

Gundsätzliche Ausführungen zum Schulrecht und zum Verhältnis des staatlichen zum elterlichen Erziehungsrecht finden sich im Beitrag → Eltern und Schule.

Hinweis der Redaktion: Bei Verhinderung des Vorsitzenden obliegt die Sitzungsvorbereitung und -leitung dem Klassenlehrer als stellvertretendem Vorsitzendem der Klassenpflegschaft (nicht dem stellvertretenden Klassenelternvertreter).

(5) Die Klassenpflegschaft tritt mindestens einmal im Schulhalbjahr zusammen. Eine Sitzung muss stattfinden, wenn ein Viertel der Eltern, der Klassenlehrer, der Schulleiter oder der Elternbeiratsvorsitzende darum nachsuchen.

(6) Die Elterngruppe in der Klassenpflegschaft kann in den Angelegenheiten des Absatzes 1 Nr. 1 bis 8 der Klassenkonferenz Vorschläge zur Beratung und Beschlussfassung vorlegen und an deren Beratung durch ihre gewählten Vertreter mitwirken; entsprechendes gilt für Jahrgangsstufen.

Hinweis der Redaktion: Die Eltern einer Klasse können außerhalb der Klassenpflegschaftssitzung und ohne Anwesenheit der Lehrkräfte zu Sitzungen zusammenkommen; die Schule muss ggf. geeignete Räumlichkeiten zur Verfügung stellen.

→ Elternbeiratsverordnung § 5 ff.; → Konferenzordnung § 4 und § 11, 4; → Konferenzen (Allgemeines)

§ 57
Elternbeirat

(1) Der Elternbeirat ist die Vertretung der Eltern der Schüler einer Schule. Ihm obliegt es, das Interesse und die Verantwortung der Eltern für die Aufgaben der Erziehung zu wahren und pflegen, der Elternschaft Gelegenheit zur Information und Aussprache zu geben, Wünsche, Anregungen und Vorschläge der Eltern zu beraten und der Schule zu unterbreiten, an der Verbesserung der inneren und äußeren Schulverhältnisse mitzuarbeiten und das Verständnis der Öffentlichkeit für die Erziehungs- und Bildungsarbeit der Schule zu stärken. Er wird von Schule und Schulträger beraten und unterstützt. Im Rahmen seiner Aufgabe obliegt es dem Elternbeirat insbesondere

1. die Anteilnahme der Eltern am Leben und an der Arbeit der Schule zu fördern;
2. Wünsche und Anregungen aus Elternkreisen, die über den Einzelfall hinaus von allgemeiner Bedeutung sind, zu beraten und an die Schule weiterzuleiten;
3. das Verständnis der Erziehungsberechtigten für Fragen des Schullebens und der Unterrichtsgestaltung sowie der Erziehungsberatung zu fördern;
4. für die Belange der Schule beim Schulträger, bei der Schulaufsichtsbehörde und in der Öffentlichkeit einzutreten, soweit die Mitverantwortung der Eltern es verlangt;
5. an der Beseitigung von Störungen der Schularbeit durch Mängel der äußeren Schulverhältnisse mitzuwirken;
6. bei Maßnahmen auf dem Gebiet des Jugendschutzes und der Freizeitgestaltung soweit sie das Leben der Schule berühren, mitzuwirken;
7. Maßnahmen, die eine Erweiterung oder Einschränkung der Schule oder eine wesentliche Änderung ihres Lehrbetriebs bewirken, zu beraten; dazu gehört auch die Änderung des Schultyps, die Teilung einer Schule oder ihre Zusammenlegung mit einer anderen Schule sowie die Durchführung von Schulversuchen.
8. die Festlegung der schuleigenen Stundentafel im Rahmen der Kontingentstundentafel und die Entwicklung schuleigener Curricula im Rahmen des Bildungsplanes zu beraten.

(2) Der Schulleiter unterrichtet den Elternbeirat über seine Rechte und Pflichten sowie alle Angelegenheiten, die für die Schule von allgemeiner Bedeutung sind, und erteilt die notwendigen Auskünfte. Der Elternbeirat soll gehört werden, bevor der Schulleiter Maßnahmen trifft, die für das Schulleben von allgemeiner Bedeutung sind.

Hinweis der Redaktion: Anlässlich einer Umfrage der SPD-Fraktion zur Unterrichtsversorgung, die über die Schuladressen an die Elternbeiräte gerichtet wurde, hat das KM am 30.5.2000 (Nr. 41-6680/) ausgeführt:

1. Die Schule muss Briefe an die Elternbeiratsvorsitzenden weiterleiten.
2. Der bzw. die Schulleiter/in unterrichtet den Elternbeirat über alle Angelegenheiten, die für die Schule von allgemeiner Bedeutung sind und erteilt die notwendigen Auskünfte (vgl. § 57 Abs. 2 SchG). Das Kultusministerium hat daher die Schulen gebeten, die zum Unterrichtsausfall erstellten schulischen Statistiken den Elternvertretern zur Kenntnis zu geben. Die Schulleitung ist nicht verpflichtet, zusätzliches Zahlenmaterial statistisch aufzubereiten.

(3) Die Eltern der Schüler einer Klasse wählen aus ihrer Mitte einen Klassenelternvertreter und dessen Stellvertreter. Die Klassenelternvertreter und ihre Stellvertreter bilden den Elternbeirat der Schule.

(4) Der Elternbeirat wählt aus seiner Mitte den Vorsitzenden und dessen Stellvertreter. Er gibt sich eine Geschäftsordnung.

→ Elternbeiratsverordnung § 21 ff.; → Konferenzen (Allgemeines)

§ 58
Gesamtelternbeirat, Arbeitskreise

(1) Die Vorsitzenden und je ein stellvertretender Vorsitzender der Elternbeiräte aller Schulen eines Schulträgers bilden den Gesamtelternbeirat. An ihrer Stelle und auf ihren Wunsch kann der Elternbeirat aus seiner Mitte andere Vertreter entsenden. Im Falle der Verhinderung der Mitglieder im Gesamtelternbeirat kann der Elternbeirat einer Schule Stellvertreter entsenden. Der Gesamtelternbeirat ist im Rahmen der in § 57 Abs. 1 bezeichneten Aufgaben für alle über den Bereich einer Schule hinausgehenden Angelegenheiten zuständig.

(2) Elternvertretungen können sich zu überörtlichen Arbeitskreisen zusammenschließen, um im Rahmen ihrer Zielsetzung Erfahrungen und Meinungen auszutauschen, gemeinsam Veranstaltungen durchzuführen und gemeinsame Stellungnahmen zu erarbeiten. Die Schulaufsichtsbehörden beraten und unterstützen solche Arbeitskreise.

§ 59 Sonderregelungen

(1) Für Berufsschulen und sonstige schulische Bildungsgänge, in denen neben der schulischen Ausbildung ein Berufsausbildungsvertrag geschlossen wird, sowie für die entsprechenden Sonderschulen gelten die Vorschriften der §§ 55 bis 57 mit folgender Maßgabe:

1. anstelle von Klassenpflegschaften können Berufsgruppen- und Abteilungspflegschaften gebildet werden,
2. die für die Berufserziehung der Schüler Mitverantwortlichen gehören den Pflegschaften an, um die Erziehungsgemeinschaft zwischen Schule, Elternhaus und Berufsausbildungsstätte zu fördern.

(2) An den Kollegs, an den einjährigen Berufskollegs zum Erwerb der Fachhochschulreife, an den Berufsoberschulen und an den Fachschulen mit Ausnahme der Fachschulen für Sozialpädagogik nach dem Gesetz zur Ausbildung der Fachkräfte an Kindergärten werden Klassenpflegschaften und Elternvertretungen nicht gebildet.

(3) An den Grundschulförderklassen und den Schulkindergärten werden Vertretungen der Eltern gebildet; § 55 Abs. 1 gilt entsprechend.

§ 60
Landeselternbeirat

(1) Der aus gewählten Vertretern der Eltern bestehende Landeselternbeirat berät das Kultusministerium in allgemeinen Fragen des Erziehungs- und Unterrichtswesens, insbesondere bei der Gestaltung der Bildungs- und Lehrpläne und der Zulassung der Schulbücher.

→ Bildungspläne und Bildungsstandards

(2) Der Landeselternbeirat kann dem Kultusministerium Vorschläge und Anregungen unterbreiten. Das Kultusministerium unterrichtet den Landeselternbeirat über die wichtigen allgemeinen Angelegenheiten und erteilt ihm die notwendigen Auskünfte. Auch soll das Kultusministerium dem Landeselternbeirat allgemeine, die Gestaltung und Ordnung des Schulwesens betreffende Regelungen vor ihrem Inkrafttreten zuleiten.

(3) Der Landeselternbeirat wählt aus seiner Mitte den Vorsitzenden und dessen Stellvertreter und gibt sich eine Geschäfts- und Wahlordnung.

→ Elternbeiratsverordnung § 33 ff.

§ 61 Ausführungsvorschriften (hier nicht abgedruckt)

B.
Schülermitverantwortung (§§ 62-70)
§ 62 Aufgaben

(1) Die Schülermitverantwortung dient der Pflege der Beteiligung der Schüler an der Gestaltung des Schullebens, des Gemeinschaftslebens an der Schule, der Erziehung der Schüler zu Selbstständigkeit und Verantwortungsbewusstsein.

(2) Der Wirkungsbereich der Schülermitverantwortung ergibt sich aus der Aufgabe der Schule. Die Schüler haben in diesem Rahmen die Möglichkeit, ihre Interessen zu vertreten und durch selbstgewählte oder übertragene Aufgaben eigene Verantwortung zu übernehmen.

(3) Die Schülermitverantwortung ist von allen am Schulleben Beteiligten und den Schulaufsichtsbehörden zu unterstützen.

→ Schülermitverantwortung

§ 63
Klassenschülerversammlung, Schülervertreter

(1) Die Schüler wirken in der Schule mit durch:
1. die Klassenschülerversammlung;
2. die Schülervertreter.

Schülervertreter sind die Klassensprecher, der Schülerrat und der Schülersprecher.

(2) An allen Schulen wählen die Schüler ab Klasse 5 nach den Grundsätzen, die für demokratische Wahlen gelten, ihre Schülervertreter.

(3) Klassenschülerversammlung und Schülervertreter haben kein politisches Mandat.

§ 64
Klassenschülerversammlung

(1) Die Klassenschülerversammlung hat die Aufgabe, in allen Fragen der Schülermitverantwortung, die sich bei der Arbeit der Klasse ergeben, zu beraten und zu beschließen. Sie fördert die Zusammenarbeit mit den Lehrern der Klasse.

(2) An Klassen, für die keine Klassenpflegschaft gebildet wird, kann die Klassenschülerversammlung die Befugnisse der Eltern in der Klassenpflegschaft gemäß § 56 Abs. 1 und 2 wahrnehmen.

§ 65
Klassensprecher

(1) Von Klasse 5 an wählen die Schüler jeder Klasse aus ihrer Mitte zu Beginn des Schuljahres einen Klassensprecher und seinen Stellvertreter.

(2) Der Klassensprecher vertritt die Interessen der Schüler der Klasse und unterrichtet die Klassenschülerversammlung über alle Angelegenheiten, die für sie von allgemeiner Bedeutung sind.

§ 66
Schülerrat

(1) Dem Schülerrat gehören an
1. der Schülersprecher und seine Stellvertreter,
2. an Hauptschulen und Werkrealschulen, Realschulen, Gymnasien und Kollegs die Klassensprecher und ihre Stellvertreter,
3. an beruflichen Schulen die Klassensprecher.

(2) Der Schülerrat ist für alle Fragen der Schülermitverantwortung zuständig, welche die Schule in ihrer Gesamtheit angehen. Der Schulleiter unterrichtet den Schülerrat über Angelegenheiten, die für die Schülermitverantwortung von allgemeiner Bedeutung sind.

(3) Der Schülerrat erlässt Regelungen, in denen insbesondere das Nähere über die Arbeitsweise der Schülermitverantwortung an der Schule und das Verfahren für die Wahl ihrer Schülervertreter festgelegt werden (SMV-Satzung).

§ 67
Schülersprecher

(1) Die Klassensprecher und ihre Stellvertreter wählen aus den Schülern ihrer Schule den Schülersprecher und aus ihrer Mitte einen oder mehrere Vertreter. Die SMV-Satzung kann vorsehen, dass

der Schülersprecher und ein Stellvertreter von den Schülern der Schule direkt gewählt werden.

(2) Der Schülersprecher ist Vorsitzender des Schülerrats. Er vertritt die Interessen der Schüler der Schule.

(3) Der Schülersprecher, der Schulleiter und der Verbindungslehrer (§ 68) sollen in regelmäßigen Abständen zusammentreffen, um die Angelegenheiten der Schülermitverantwortung zu besprechen und um sich gegenseitig zu informieren.

§ 68
Verbindungslehrer

(1) Der Schülerrat wählt einen oder mehrere, höchstens jedoch drei Verbindungslehrer mit deren Einverständnis.

(2) Die Verbindungslehrer beraten die Schülermitverantwortung, unterstützen sie bei der Erfüllung ihrer Aufgaben und fördern ihre Verbindung zu den Lehrern, dem Schulleiter und den Eltern. Sie können an allen Veranstaltungen der Schülermitverantwortung, insbesondere auch an den Sitzungen der Schülervertreter beratend teilnehmen.

§ 69
Landesschülerbeirat, Arbeitskreise der Schüler

(1) Der aus gewählten Vertretern der Schüler bestehende Landesschülerbeirat vertritt in allgemeinen Fragen des Erziehungs- und Unterrichtswesens die Anliegen der Schüler gegenüber dem Kultusministerium.

(2) Der Landesschülerbeirat kann dem Kultusministerium Vorschläge und Anregungen unterbreiten. Das Kultusministerium unterrichtet den Landesschülerbeirat über die wichtigen allgemeinen Angelegenheiten und erteilt ihm die notwendigen Auskünfte. Auch soll das Kultusministerium dem Landesschülerbeirat allgemeine, die Gestaltung und Ordnung des Schulwesens betreffende Regelungen vor ihrem Inkrafttreten zuleiten.

(3) Der Landesschülerbeirat wählt aus seiner Mitte den Vorsitzenden und dessen Stellvertreter.

(4) Im Rahmen der Schülermitverantwortung können sich Schüler mehrerer Schulen zu Arbeitskreisen zusammenschließen, um Erfahrungen auszutauschen und gemeinsame Veranstaltungen durchzuführen. Über die Beteiligung an einem solchen Arbeitskreis entscheidet der Schülerrat der einzelnen Schule. An den Sitzungen kann ein Verbindungslehrer der beteiligten Schulen mit beratender Stimme teilnehmen.

§ 70 *Ausführungsvorschriften, Sonderregelungen (nicht abgedruckt)*

C. Landesschulbeirat
§ 71
Landesschulbeirat

(1) Der Landesschulbeirat berät das Kultusministerium bei der Vorbereitung grundsätzlicher Maßnahmen auf dem Gebiet des Schulwesens. Er ist berechtigt, dem Kultusministerium Vorschläge und Anregungen zu unterbreiten.

(2) Dem Landesschulbeirat gehören an Vertreter der Eltern, der Lehrer, der für die Berufserziehung der Schüler Mitverantwortlichen, der Schüler, der kommunalen Landesverbände, der Kirchen und anerkannten Religionsgemeinschaften, der Arbeitgeber- und Arbeitnehmerverbände sowie Personen, die durch ihre Erfahrung in Bildungs- und Erziehungsfragen die Arbeit des Beirats besonders zu fördern vermögen.

(3) Die Mitglieder des Landesschulbeirats werden vom Kultusministerium berufen. Sie wählen aus ihrer Mitte den Vorsitzenden und dessen Stellvertreter. Der Vorsitzende führt die Geschäfte des Landesschulbeirats und vertritt ihn nach außen.

(4) Die Amtszeit des Landesschulbeirats dauert drei Jahre.

(5) Der Landesschulbeirat gibt sich eine Geschäftsordnung.

(6) Das Kultusministerium kann, soweit erforderlich durch Rechtsverordnung, nähere Vorschriften erlassen über Zusammensetzung, Mitgliedschaft, Zuständigkeit, Wahl und Geschäftsordnung des Landesschulbeirats; dabei kann die Dauer der Amtszeit der Schülervertreter abweichend von Absatz 4 festgelegt werden.

Hinweis der Redaktion: Fundstelle für die Landesschulbeiratsverordnung: *KuU Loseblattsammlung AZ 6404-21*

7. Teil: Schüler
A. Schulpflicht
§ 72
Schulpflicht, Pflichten der Schüler

(1) Schulpflicht besteht für alle Kinder und Jugendlichen, die im Land Baden-Württemberg ihren Wohnsitz oder gewöhnlichen Aufenthalt oder ihre Ausbildungs- oder Arbeitsstätte haben. Die Schulaufsichtsbehörde kann ausländische Jugendliche, die mindestens vierzehn Jahre alt sind, auf Antrag in besonderen Härtefällen von der Pflicht zum Besuch einer auf der Grundschule aufbauenden Schule, der Berufsschule und der Sonderschule zeitweilig oder auf Dauer befreien, insbesondere wenn wegen der Kürze der verbleibenden Schulbesuchszeit eine sinnvolle Förderung nicht erwartet werden kann. Schulpflichtig im Sinne des Satzes 1 ist auch, wem aufgrund eines Asylantrags der Aufenthalt in Baden-Württemberg gestattet ist oder wer hier geduldet wird, unabhängig davon, ob er selbst diese Voraussetzungen erfüllt oder ein Elternteil; die Schulpflicht beginnt sechs Monate nach dem Zuzug aus dem Ausland und besteht bis zur Erfüllung der Ausreisepflicht.

Hinweise der Redaktion:

1. Die Befreiung von der Schulpflicht wird nur auf Antrag und nur in Härtefällen angewandt, in denen eine sinnvolle Förderung der betroffenen Schüler nicht erwartet werden kann. Um eine restriktive Anwendung der Befreiungsmöglichkeit sicherzustellen, hat das Gesetz die Entscheidung auch nicht der Schule, sondern der Schulaufsichtsbehörde anvertraut. Ihr Ermessen ist durch die VwV „Unterricht für ausländische Schüler ..." (*jetzt: Sprachförderung – Integration "*) gebunden. Hierin wird die Schulverwaltung einer integrierung der ausländischen Kinder und Jugendlichen verpflichtet. (Quelle: KM, 25.3.1999 Nr. IV/1.6601.0/259)

2. Unabhängig von der Schulpflicht besteht aufgrund der Landesverfassung (Art. 11) ein Recht der Asylbewerberkinder auf Schulbesuch ab ihrer Einreise.
➜ Landesverfassung Art. 11; ➜ Schulpflicht (Ausländer/innen); ➜ Sprachförderung (Integration)

(2) Die Schulpflicht gliedert sich in
1. die Pflicht zum Besuch der Grundschule und einer auf ihr aufbauenden Schule,
2. die Pflicht zum Besuch der Berufsschule,
3. die Pflicht zum Besuch der Sonderschule.

(3) Die Schulpflicht erstreckt sich auf den regelmäßigen Besuch des Unterrichts und der übrigen verbindlichen Veranstaltungen der Schule sowie auf die Einhaltung der Schulordnung. Dasselbe gilt für Schüler, die nicht schulpflichtig sind.

(4) Die Schulpflicht ist durch den Besuch einer deutschen Schule zu erfüllen. Über Ausnahmen entscheidet die Schulaufsichtsbehörde.

(5) Schulpflichtige im Jugendstrafvollzug haben die dort eingerichteten Schulen zu besuchen.

(6) Völkerrechtliche Abkommen und zwischenstaatliche Vereinbarungen bleiben unberührt.
➜ Behinderungen und Förderbedarf; ➜ Diskriminierung; ➜ Schulbesuchsverordnung; ➜ Schulpflicht (Meldeverordnung – Datenschutz); ➜ Schulpflicht (Durchsetzung)

B.
Pflicht zum Besuch der Grundschule und einer auf ihr aufbauenden Schule (§§ 73-76)

§ 73
Beginn der Schulpflicht

(1) Mit dem Beginn des Schuljahres sind alle Kinder, die bis 30. September des laufenden Kalenderjahres das sechste Lebensjahr vollendet haben, verpflichtet, die Grundschule zu besuchen. Dasselbe gilt für die Kinder, die bis zum 30. Juni des folgenden Kalenderjahres das sechste Lebensjahr vollendet haben und von den Erziehungsberechtigten in der Grundschule angemeldet wurden.

(2) Nach Abschluss der Grundschule sind alle Kinder verpflichtet, eine auf ihr aufbauende Schule zu besuchen. ➜ Schulpflicht (Durchsetzung)

§ 74
Vorzeitige Aufnahme und Zurückstellung

(1) Auf Antrag der Erziehungsberechtigten können Kinder, die gemäß § 73 Abs. 1 noch nicht schulpflichtig sind, zu Beginn des Schuljahres in die Schule aufgenommen werden, wenn aufgrund ihres geistigen und körperlichen Entwicklungsstandes zu erwarten ist, dass sie mit Erfolg am Unterricht teilnehmen werden. Die Entscheidung über den Antrag trifft die Schule; bestehen Zweifel am hinreichenden geistigen und körperlichen Entwicklungsstand des Kindes, zieht die Schule ein Gutachten des Gesundheitsamtes bei. Wird dem Antrag stattgegeben, beginnt die Schulpflicht mit der Aufnahme in die Schule.

(2) Kinder, von denen bei Beginn der Schulpflicht aufgrund ihres geistigen oder körperlichen Entwicklungsstandes nicht erwartet werden kann, dass sie mit Erfolg am Unterricht teilnehmen, können um ein Jahr vom Schulbesuch zurückgestellt werden; mit Zustimmung der Erziehungsberechtigten können auch Kinder zurückgestellt werden, bei denen sich dies während des ersten Schulhalbjahres zeigt. Die Entscheidung trifft die Schule unter Beiziehung eines Gutachtens des Gesundheitsamtes. Die Zeit der Zurückstellung wird auf die Dauer der Pflicht zum Besuch der Grundschule nicht angerechnet.

(3) Kinder, die vorzeitig eingeschult oder vom Schulbesuch zurückgestellt werden sollen, sind verpflichtet, sich auf Verlangen der Schule bzw. der Schulaufsichtsbehörde an einer pädagogisch-psychologischen Prüfung (Schuleignungsprüfung und Intelligenztest) zu beteiligen und vom Gesundheitsamt untersuchen zu lassen.
➜ Bildungsberatung; ➜ Einschulung; ➜ Schulärztliche Untersuchung

§ 75
Dauer der Schulpflicht

(1) Die Pflicht zum Besuch der Grundschule dauert mindestens vier Jahre. Der Übergang in eine auf der Grundschule aufbauende Schule ist erst zulässig, wenn das Ziel der Abschlussklasse der Grundschule erreicht ist.

(2) Die Pflicht zum Besuch einer Schule gemäß § 73 Abs. 2 dauert fünf Jahre. Für Kinder, die in dieser Zeit den Hauptschulabschluss nicht erreicht haben, kann die Schule die Schulpflicht um ein Jahr verlängern.

Hinweis der Redaktion: Auf den Fall, dass jemand die Schule freiwillig weiter besuchen will, kann § 75 SchG ... nicht angewandt werden. Der weitere Besuch der Schule nach Erfüllung der Schulpflicht stellt sich nicht als Pflicht, sondern als Begünstigung dar. ... Aufgrund dieser Rechtslage ist die Schulbehörde gehindert, Schülern der Hauptschule, welche ihre Schulpflicht erfüllt haben, jedenfalls bis zur Ablegung der ersten Wiederholungsprüfung (der Hauptschulabschlussprüfung) den weiteren Schulbesuch zu untersagen. Vielmehr haben Schüler der Hauptschule einen Anspruch darauf, die Schule auf Wunsch weiter besuchen zu können und zwar ... ohne besondere Zulassung. Dabei kommt es auch nicht darauf an, ... dass aufgrund einer vorzunehmenden Zukunftsprognose ... keine begründete Aussicht bestünde, einen erfolgreichen Hauptschulabschluss zu erzielen. (Quelle: Verwaltungsgericht Stuttgart vom 14.9.1990; AZ: 10 K 2558/90)

(3) Für Schüler, die nach zehnjährigem Schulbesuch die Schulpflicht nach den Absätzen 1 und 2 noch nicht erfüllt haben, kann die Schule die Beendigung der Schulpflicht feststellen. Die Schulaufsichtsbehörde kann diese Feststellung auf Antrag der Erziehungsberechtigten nach neunjährigem Schulbesuch treffen, insbesondere, wenn von einem weiteren Schulbesuch eine sinnvolle Förderung des Schülers nicht erwartet werden kann.
➜ Schulpflicht (Ausländ. Kinder / Jugendliche);
➜ Behinderungen / Förderbedarf; ➜ Volljährigkeit

§ 76
Erfüllung der Schulpflicht

(1) Zum Besuch der in § 72 Abs. 2 Nr. 1 bezeichneten Schulen sind alle Kinder und Jugendlichen verpflichtet, soweit nicht für ihre Erziehung und Unterrichtung in anderer Weise ausreichend gesorgt ist. Anstelle des Besuchs der Grundschule

darf anderweitiger Unterricht nur ausnahmsweise in besonderen Fällen von der Schulaufsichtsbehörde gestattet werden.

(2) Der Schulpflichtige hat die Schule zu besuchen, in deren Schulbezirk er wohnt. Dies gilt nicht für Schulpflichtige, die eine Schule in freier Trägerschaft besuchen. Schüler, die ihren Wohnsitz oder gewöhnlichen Aufenthalt im Schulbezirk einer Hauptschule nach § 6 Abs. 3 Satz 1 haben, können die Werkrealschule oder eine Hauptschule mit 10 Klassen nach § 6 Abs. 3 Satz 3 besuchen.
Hinweis der Redaktion: Diese Erlaubnis zum Besuch einer Hauptschule bzw. Werkrealschule außerhalb des Schulbezirks tritt am 31.7.2016 außer Kraft.
→ Werkrealschule (Schulbezirk)

Die Schulaufsichtsbehörde kann

1. bis zu einer Regelung nach den §§ 28, 30 und 31 aus Gründen einer im öffentlichen Interesse liegenden Verbesserung der Schulverhältnisse nach Anhören der beteiligten Schulträger oder
2. zur Bildung annähernd gleich großer Klassen oder bei Erschöpfung der Aufnahmekapazität einer Schule oder
3. in sonstigen Fällen, wenn wichtige Gründe vorliegen,

Abweichungen von Satz 1 zulassen oder anordnen. In den Fällen von Nr. 2 hört die Schulaufsichtsbehörde vor der Entscheidung die Eltern der betroffenen Schüler an. Die Schulaufsichtsbehörde kann in den Fällen von Satz 3 Nr. 2 und 3 die Zuständigkeit für die Anhörung und die Entscheidung auf den geschäftsführenden Schulleiter übertragen.

→ Schulbesuchsverordnung; → Schulgesetz § 25

C.
Pflicht zum Besuch der Berufsschule (§§ 77-81)

§ 77
Beginn der Berufsschulpflicht

Die Pflicht zum Besuch der Berufsschule beginnt mit dem Ablauf der Pflicht zum Besuch einer Schule gemäß § 73 Abs. 2.

→ Schulpflicht (Ausländer/innen) / Berufliche Schulen) / (Durchsetzung) / (Meldeverordnung)

§ 78
Dauer der Berufsschulpflicht

(1) Die Berufsschulpflicht dauert drei Jahre. Sie endet mit dem Ablauf des Schuljahres, in dem der Berufsschulpflichtige das 18. Lebensjahr vollendet; auf Antrag können volljährige Berufsschulpflichtige für das zweite Schulhalbjahr beurlaubt werden. Darüber hinaus kann die Berufsschule freiwillig mit den Rechten und Pflichten eines Berufsschulpflichtigen bis zum Ende des Schuljahres besucht werden, in dem das 20. Lebensjahr vollendet wird.

(2) Auszubildende, die vor Beendigung der Berufsschulpflicht nach Absatz 1 ein Berufsausbildungsverhältnis beginnen oder eine Stufenausbildung fortsetzen, sind bis zum Abschluss der Ausbildung berufsschulpflichtig. Beträgt die Ausbildungszeit weniger als drei Jahre, dauert die Berufsschulpflicht mindestens zwei Schuljahre, sofern nach der Stundentafel das Bildungsziel einer Berufsschule von drei Jahren Dauer erreicht wird. Wer nach Beendigung der Berufsschulpflicht nach Absatz 1 ein Berufsausbildungs- oder Umschulungsverhältnis beginnt oder die Stufenausbildung fortsetzt, kann die Berufsschule bis zum Abschluss mit den Rechten und Pflichten eines Berufsschulpflichtigen besuchen.

(3) Wird vor Beendigung der Berufsschulpflicht nach Absatz 1 ein neues Berufsausbildungsverhältnis begonnen oder eine andere Stufe fortgesetzt, kann die Schule bereits abgeleisteten Besuch der Berufsschule teilweise oder ganz auf die Berufsschulpflicht anrechnen.

→ Schulpflicht (Berufliche Schulen / Übergabe)

§ 78a
Berufsvorbereitungsjahr

(1) Die Pflicht zum Besuch des Berufsvorbereitungsjahres (§ 10 Abs. 5) dauert ein Jahr. Danach ist der Schüler von der weiteren Berufsschulpflicht (§ 78 Abs. 1) befreit. Wird während des Berufsvorbereitungsjahres oder danach ein Berufsausbildungsverhältnis begonnen, richtet sich die Berufsschulpflicht nach § 78 Abs. 2 und 3.

(2) Das Kultusministerium stellt bei Vorliegen der personellen und sächlichen Voraussetzungen durch Rechtsverordnung fest, ab welchem Zeitpunkt in den einzelnen Schulbezirken das Berufsvorbereitungsjahr zu besuchen ist. Zuvor sind die betroffenen Schulträger zu hören.

§ 79
Erfüllung der Berufsschulpflicht

(1) Die Berufsschulpflicht wird durch den Besuch derjenigen Berufsschule erfüllt, in deren Schulbezirk der Ausbildungs- oder Beschäftigungsort, bei Berufsschulpflichtigen ohne Berufsausbildungs- oder Beschäftigungsverhältnis sowie bei im Ausland beschäftigten Berufsschulpflichtigen der Wohnort liegt.

(2) Die Schule kann, wenn wichtige Gründe in der Person des Berufsschulpflichtigen vorliegen, den Besuch einer anderen als der zuständigen Berufsschule gestatten.

(3) Die Schulaufsichtsbehörde kann aus Gründen einer im öffentlichen Interesse liegenden Verbesserung der inneren oder äußeren Schulverhältnisse, zur fachgerechten Ausbildung der Berufsschüler oder aus anderen wichtigen Gründen die Schüler eines Berufsfeldes, einer Berufsgruppe oder eines Einzelberufs oder einzelne Schüler ganz oder für einzelne Unterrichtsfächer einer anderen als der örtlich zuständigen Berufsschule oder einer Bundesfachklasse zuweisen. Wenn sich die Maßnahme auf die Bezirke von mehreren oberen Schulaufsichtsbehörden erstreckt, ist für die Zuweisung die Schulaufsichtsbehörde zuständig, in deren Bezirk die zunächst zuständige Berufsschule liegt. Die Schulaufsichtsbehörde hat sich vor der Zuweisung mit den beteiligten Schulträgern und nach dem

Berufsbildungsgesetz für die Berufsbildung der Auszubildenden zuständigen Stellen ins Benehmen zu setzen, soweit es sich nicht um die Zuweisung einzelner Schüler handelt.

§ 80
Ruhen der Berufsschulpflicht

Die Berufsschulpflicht ruht, solange der Berufsschulpflichtige
1. eine öffentliche Schule gemäß § 73 Abs. 2, eine Berufsfachschule, ein Berufskolleg oder eine entsprechende Ersatzschule in freier Trägerschaft besucht;
2. mit mindestens im Umfang des Unterrichts an einer vergleichbaren öffentlichen Schule am Unterricht einer Berufsfachschule oder eines Berufskollegs in freier Trägerschaft teilnimmt, die Ergänzungsschule ist und von der Schulaufsichtsbehörde als ausreichender Ersatz für den Berufsschulunterricht anerkannt ist;
3. eine Berufsakademie oder Hochschule besucht;
4. als Beamter im Vorbereitungsdienst für eine Laufbahn des einfachen, mittleren oder gehobenen Dienstes steht, es sei denn, die oberste Schulaufsichtsbehörde stellt im Benehmen mit dem beteiligten Ministerium fest, dass der Vorbereitungsdienst dem Berufsschulunterricht nicht gleichwertig ist. Das Gleiche gilt für Dienstanfänger im Sinne der beamtenrechtlichen Bestimmungen;
5. das freiwillige soziale oder ökologische Jahr leistet, es sei denn, die oberste Schulaufsichtsbehörde stellt fest, dass die einführende und begleitende Betreuung nicht den Anforderungen der Berufsschule entspricht;
6. Wehrdienst oder Zivildienst leistet.

§ 81
Vorzeitige Beendigung der Berufsschulpflicht

(1) Die oberste Schulaufsichtsbehörde kann feststellen, dass durch den Besuch bestimmter Bildungsgänge die Berufsschulpflicht ganz oder teilweise erfüllt und damit vorzeitig beendet ist. Die gleiche Feststellung kann die Schule für einzelne Berufsschulpflichtige treffen, wenn
1. die bisherige Ausbildung des Berufsschulpflichtigen den Besuch der Berufsschule ganz oder teilweise entbehrlich macht oder
2. im Hinblick auf das Ausbildungsziel und die Ausbildung des Berufsschulpflichtigen der Besuch der Berufsschule nicht sinnvoll erscheint.

(2) Die Berufsschulpflicht einer Schülerin endet vorzeitig, wenn diese nach der Eheschließung oder bei Mutterschaft nach Vollendung des 16. Lebensjahres die Beendigung beantragt.

→ Schulpflicht (Berufliche Schulen)

D. Pflicht zum Besuch der Sonderschule (§§ 82-84)

§ 82 Allgemeines

(1) Die in § 15 Abs. 1 genannten Schüler sind zum Besuch der für sie geeigneten Sonderschule verpflichtet.

(2) Darüber, ob die Pflicht zum Besuch einer Sonderschule im Einzelfall besteht, und darüber, welcher Typ der Sonderschule (§ 15 Abs. 1) für den Sonderschulpflichtigen geeignet ist, entscheidet die Schulaufsichtsbehörde; sie strebt die Einvernehmen mit den Erziehungsberechtigten an. Auf Verlangen der Schulaufsichtsbehörde haben sich Kinder und Jugendliche an einer pädagogisch-psychologischen Prüfung (Schuleignungs- oder Schulleistungsprüfung und Intelligenztest) zu beteiligen und vom Gesundheitsamt untersuchen zu lassen.

(3) Die Pflicht zum Besuch einer Sonderschule ruht,
1. wenn der Schulweg zu weit oder besonders schwierig ist und eine geeignete Heimsonderschule nicht zur Verfügung steht oder
2. wenn Schüler die Sonderschule wegen medizinisch zu diagnostizierender Besonderheiten nicht besuchen können. Zur Prüfung dieser Voraussetzungen sind sie verpflichtet, sich auf Verlangen der Schulaufsichtsbehörde vom Gesundheitsamt untersuchen zu lassen.

Die Entscheidung hierüber trifft die Schulaufsichtsbehörde.

(4) Von der Pflicht zum Besuch einer Sonderschule ist befreit, wer eine von der Schulaufsichtsbehörde als gleichwertig anerkannte Unterweisung erfährt.

→ Behinderungen und Förderbedarf; → Schulpflicht (Durchsetzung); → Sonderschulen G (Schulpflicht)

§ 83
Beginn und Dauer der Pflicht zum Besuch der Sonderschule

Für Beginn und Dauer der Pflicht zum Besuch der Sonderschule gelten die §§ 73, 74, 75, 77 und 78 entsprechend mit folgenden Maßgaben:
1. für Schulpflichtige, die während des Besuchs einer allgemeinen Schule sonderschulbedürftig werden, beginnt die Pflicht zum Besuch der Sonderschule mit der Entscheidung der Schulaufsichtsbehörde nach § 82 Abs. 2;
1a. für blinde, hörgeschädigte und körperbehinderte Sonderschulpflichtige dauert die Schulpflicht gemäß § 75, Abs. 1 mindestens fünf Jahre;
2. für blinde, hörgeschädigte, geistigbehinderte und körperbehinderte Sonderschulpflichtige kann im Einvernehmen mit den Erziehungsberechtigten die Pflicht zum Besuch der Sonderschule über die in § 75 Abs. 2 bestimmte Zeit hinaus bis zur Dauer von insgesamt zwei Jahren verlängert werden, wenn anzunehmen ist, dass sie dadurch dem Ziel der Sonderschule nähergebracht werden können. Aus dem gleichen Grund kann für Sonderschulpflichtige die Pflicht zum Besuch der Sonderschule über die in § 78 Abs. 1 und 2 bestimmte Zeit um ein Jahr verlängert werden;
3. die Pflicht zum Besuch einer Sonderschule endet, wenn festgestellt wird, dass der Sonderschulpflichtige mit Erfolg am Unterricht der allgemeinen Schule teilnehmen kann. Die Feststellung hierüber trifft die Schulaufsichtsbehörde.

§ 84
Erfüllung der Pflicht zum Besuch der Sonderschule

(1) Die Pflicht zum Besuch der Sonderschule wird durch den Besuch derjenigen geeigneten Sonderschule erfüllt, in deren Schulbezirk der Schulpflichtige wohnt. § 76 Abs. 2 Satz 2 gilt entsprechend.

(2) Soweit nicht eine Schule nach Absatz 1 zuständig ist, haben die Erziehungsberechtigten das Recht, unter den für ihre sonderschulpflichtigen Kinder geeigneten Sonderschulen zu wählen. Die Schulaufsichtsbehörde kann aus wichtigen Gründen in Abweichung von Satz 1 Sonderschulpflichtige einer geeigneten Sonderschule zuweisen.

(3) Wenn es zur Erfüllung der Pflicht zum Besuch der Sonderschule erforderlich ist, können die Sonderschulpflichtigen mit Zustimmung der Erziehungsberechtigten in einem Heim oder in Familienpflege untergebracht werden. Die Entscheidung trifft die Schulaufsichtsbehörde im Einvernehmen mit dem zuständigen örtlichen Träger der öffentlichen Jugendhilfe und gegebenenfalls mit dem zuständigen Träger der Sozialhilfe. Verweigern die Erziehungsberechtigten ihre Zustimmung, so kann eine Entscheidung des Familiengerichts nach § 1666 des Bürgerlichen Gesetzbuches herbeigeführt werden.

E.
Sonstige Vorschriften (§§ 85-92)

§ 85
Verantwortlichkeit für die Erfüllung der Schul- und Teilnahmepflicht, Informierung des Jugendamtes, verpflichtendes Elterngespräch

(1) Die Erziehungsberechtigten und diejenigen, denen Erziehung oder Pflege eines Kindes anvertraut ist, haben die Anmeldung zur Schule vorzunehmen und dafür Sorge zu tragen, dass der Schüler am Unterricht und an den übrigen verbindlichen Veranstaltungen der Schule regelmäßig teilnimmt und sich der Schulordnung fügt. Sie sind verpflichtet, den Schüler für den Schulbesuch in gehöriger Weise auszustatten, die zur Durchführung der Schulgesundheitspflege erlassenen Anordnungen zu befolgen und dafür zu sorgen, dass die in diesem Gesetz vorgesehenen pädagogisch-psychologischen Prüfungen und amtsärztlichen Untersuchungen ordnungsgemäß durchgeführt werden können.

(2) Die für die Berufserziehung der Schüler Mitverantwortlichen (Ausbildende, Dienstherren, Leiter von Betrieben) oder deren Bevollmächtigte haben den Berufsschulpflichtigen unverzüglich zur Schule anzumelden, ihm die zur Erfüllung der Pflicht zum Besuch der Berufsschule erforderliche Zeit zu gewähren und ihn zur Erfüllung der Berufsschulpflicht anzuhalten.

→ Schulbesuchsverordnung; → Volljährigkeit

(3) Die Schule soll das Jugendamt unterrichten, wenn gewichtige Anhaltspunkte dafür vorliegen, dass das Wohl eines Schülers ernsthaft gefährdet oder beeinträchtigt ist; in der Regel werden die Eltern vorher angehört. Zur Abwendung einer Kindeswohlgefährdung arbeiten Schule und Jugendamt zusammen.

(4) Nimmt bei einem dringenden Aussprachebedarf kein Elternteil eine Einladung des Klassenlehrers oder Schulleiters zum Gespräch wahr und stellt die Klassenkonferenz unter Vorsitz des Schulleiters gewichtige Anhaltspunkte für die Gefährdung des Wohls des Schülers fest, kann die weitere Einladung zum Gespräch mit dem Hinweis verbunden werden, dass bei Nichtbefolgen das Jugendamt unterrichtet wird.

§ 86
Zwangsgeld, Schulzwang

(1) Kommen die Erziehungsberechtigten oder diejenigen, denen Erziehung und Pflege eines Kindes anvertraut ist, ihrer Pflicht nach § 85 Abs. 1 nicht nach, kann die obere Schulaufsichtsbehörde nach Maßgabe des Landesverwaltungsvollstreckungsgesetzes ein Zwangsgeld festsetzen.

(2) Schulpflichtige, die ihre Schulpflicht nicht erfüllen, können der Schule zwangsweise zugeführt werden. Die Zuführung wird von der für den Wohn- oder Aufenthaltsort der Schulpflichtigen zuständigen Polizeibehörde angeordnet. Wenn die Erziehungsberechtigten oder diejenigen, denen Erziehung und Pflege eines Kindes anvertraut ist, schulpflichtige Kinder trotz Aufforderung nicht vorstellen, kann das Amtsgericht auf Antrag der zuständigen Polizeibehörde eine Durchsuchung von deren Wohnung anordnen.

Hinweis der Redaktion: In der Gesetzesbegründung hat das KM zu den geänderten §§ 85 und 86 u.a. ausgeführt:

Es wird klargestellt, dass die Schule das Wächteramt nach Artikel 6 Abs. 2 Satz 2 GG wahrnimmt, wonach der staatlichen Gemeinschaft über die Betätigung der Erziehungspflicht der Eltern wacht. Daher wird die Schule verpflichtet, das Jugendamt zu unterrichten, wenn gewichtige Anhaltspunkte für eine Gefährdung des Wohls des Schülers gemäß § 8 a SGB VIII vorliegen. In der Regel ist eine Anhörung der Eltern vorgesehen. Für dringende Fälle, etwa bei einer körperlichen Misshandlung eines Kindes, kann die Anhörung unterbleiben. ... Bereits jetzt sind die Eltern zur vertrauensvollen Zusammenarbeit mit der Schule rechtlich verpflichtet (§ 55 Abs. 1 SchG). Es besteht aber auch bei einem dringenden Aussprachebedarf in Fällen, in denen zur Abwendung einer Gefährdung des Wohls des Schülers (vgl. § 8 a SGB VIII) das pädagogische Handeln von Elternhaus und Schule abgestimmt werden sollte, keine Möglichkeit, diese Rechtspflicht durchzusetzen. Hier soll die Schule die Möglichkeit erhalten dazu hinzuweisen, dass bei Nichterscheinen zum Gesprächstermin das Jugendamt informiert werden wird. ...

Das Bußgeldverfahren ist in vielen Fällen auch bei zahlungsfähigen Elternhäusern ein wenig geeignetes juristisches Instrument zur Durchsetzung der Schulpflicht. Vielfach werden die Verfahren von den Amtsgerichten eingestellt. Es ist daher vorgesehen, als juristisches Instrument auf die Möglichkeiten des Landesverwaltungsvollstreckungsgesetzes zurückzugreifen. Danach können die Eltern durch Verwaltungsakt von der Schulaufsichtsbehörde aufgefordert werden, die Kinder zur Schule zu bringen, verbunden mit der Androhung eines Zwangsgeldes bei Nichtbefolgung. ... Die gerichtliche Kontrolle erfolgt dann ... über die Verwaltungsgerichte. Dort ist eine Einstellung nicht möglich.

Jugendhilfe (Bundesrecht – SGB VIII) § 8a; → Schulbesuchsverordnung; → Schulpflicht (Durchsetzung)

§ 87 Ausführungsvorschriften (nicht abgedruckt)

§ 88
Wahl des Bildungswegs

(1) Über alle weiteren Bildungswege nach der Grundschule entscheiden die Erziehungsberechtigten. Volljährige Schüler entscheiden selbst.

(2) In die Hauptschule und Werkrealschule, die Realschule, das Gymnasium, das Kolleg, die Berufsfachschule, das Berufskolleg, die Berufsoberschule und die Fachschule kann nur derjenige Schüler aufgenommen werden, der nach seiner Begabung und Leistung für die gewählte Schulart geeignet erscheint.

(3) Schüler, welche nach Begabung oder Leistung die Voraussetzungen für den erfolgreichen Besuch einer der in Absatz 2 genannten Schulen nicht erfüllen, werden aus der Schule entlassen; sie haben, falls sie noch schulpflichtig sind, eine Schule der ihrer Begabung entsprechenden Schulart zu besuchen.

(4) Die Aufnahme eines Schülers in eine der in Absatz 2 genannten Schulen darf nicht deshalb abgelehnt werden, weil der Schüler nicht am Schulort wohnt. Ein Anspruch auf Aufnahme in eine bestimmte Schule besteht nicht, solange der Besuch einer anderen Schule desselben Schultyps möglich und dem Schüler zumutbar ist; die Schulaufsichtsbehörde kann Schüler einer anderen Schule desselben Schultyps zuweisen, wenn dies zur Bildung annähernd gleich großer Klassen oder bei Erschöpfung der Aufnahmekapazität erforderlich und dem Schüler zumutbar ist. Die Schulaufsichtsbehörde hört vor der Entscheidung die Eltern der betroffenen Schüler an.

→ Abschlüsse (Allgemeines); → Aufnahmeverordnung;
→ Bildungsberatung; → Multilaterale Versetzungsordnung

§ 89 Schul-, Prüfungs- und Heimordnungen
(Verordnungsermächtigung; hier nicht abgedruckt)

§ 90
Erziehungs- und Ordnungsmaßnahmen

(1) Erziehungs- und Ordnungsmaßnahmen dienen der Verwirklichung des Erziehungs- und Bildungsauftrags der Schule, der Erfüllung der Schulbesuchspflicht, der Einhaltung der Schulordnung und dem Schutz von Personen und Sachen innerhalb der Schule.

→ Mobbing; → Schulpflicht (Durchsetzung)

Hinweis der Redaktion: Erziehungs- und Ordnungsmaßnahmen sind nur bei schulbezogenem Fehlverhalten zulässig. „Schulbezogen" ist jedes Verhalten, das in den Schulbetrieb konkret feststellbar störend hineinwirkt; das Fehlverhalten ist also nicht ausschließlich räumlich und zeitlich, sondern auch inhaltlich bestimmt. So bleiben Auseinandersetzungen innerhalb der Klasse (z.B. Mobbing) auch dann „schulbezogen", wenn sie außerhalb der Schule auf dem Schulweg oder am Nachmittag stattfinden beziehungsweise fortgesetzt werden, und fallen unter den Schutzbereich von § 90 SchG.

(2) Erziehungs- und Ordnungsmaßnahmen kommen nur in Betracht, soweit pädagogische Erziehungsmaßnahmen nicht ausreichen; hierzu gehören auch Vereinbarungen über Verhaltensänderungen des Schülers. Bei allen Erziehungs- und Ordnungsmaßnahmen ist der Grundsatz der Verhältnismäßigkeit zu beachten.

Hinweise der Redaktion:
1. Zu den „*pädagogischen Erziehungsmaßnahmen*" unterhalb der Schwelle von „*Erziehungs- und Ordnungsmaßnahmen*" gehören vielfältige Formen der Einwirkung auf die Schüler/innen und deren Eltern (vgl. § 85) – vom Gespräch, der Ermahnung über dem Tadel bis hin zum sogenannten „*Eintrag*" in das Klassentagebuch (schriftlicher Tadel) oder zur sofortigen Wiedergutmachung eines angerichteten Schadens. Ein „*Eintrag*" ist die schriftliche Fixierung (Dokumentation) eines schulisch relevanten Vorgangs, z.B. des Fehlverhaltens eines Schülers bzw. einer Schülerin. Rechtlich ist ein „*Eintrag*" – obwohl er eine ähnliche Wirkung entfaltet und deshalb häufig auch zum Zweck der Disziplinierung eingesetzt wird – keine „*Erziehungs- und Ordnungsmaßnahme*", sondern eine davor liegende „*pädagogische Erziehungsmaßnahme*".
2. „Kollektivstrafen" sind unzulässig. Es ist nicht statthaft, in die Rechte aller Mitschüler einzugreifen, wenn man nur einen treffen will. Eine strafende Maßnahme darf nur gegen jemand ergriffen werden, der schuldhaft (vorsätzlich oder fahrlässig) gehandelt hat.

(3) Folgende Erziehungs- und Ordnungsmaßnahmen können getroffen werden:

1. Durch den Klassenlehrer oder durch den unterrichtenden Lehrer: Nachsitzen bis zu zwei Unterrichtsstunden.
2. durch den Schulleiter:
   a) Nachsitzen bis zu vier Unterrichtsstunden,
   b) Überweisung in eine Parallelklasse desselben Typs innerhalb der Schule,
   c) Androhung des zeitweiligen Ausschlusses vom Unterricht,
   d) Ausschluss vom Unterricht bis zu fünf Unterrichtstagen, bei beruflichen Schulen in Teilzeitform Ausschluss für einen Unterrichtstag,

   nach Anhörung der Klassenkonferenz oder Jahrgangsstufenkonferenz, soweit deren Mitglieder den Schüler selbstständig unterrichten:

   e) einen über den Ausschluss vom Unterricht nach Buchstabe d) hinausgehenden Ausschluss vom Unterricht bis zu vier Unterrichtswochen,
   f) Androhung des Ausschlusses aus der Schule,
   g) Ausschluss aus der Schule.

Hinweis der Redaktion: Erziehungs- und Ordnungsmaßnahmen nach § 90 Abs. 3 Ziffer 2 SchG dürfen – außer bei Verhinderung – nur vom Schulleiter selbst verhängt werden. Eine ständige Übertragung der Zuständigkeit auf stellvertretende Schulleiter oder Abteilungsleiter ist nicht möglich. (Quelle: RP Stuttgart; 4.4.2008; AZ: 7-6602.0/10)

Nachsitzen gemäß Nummer 2 Buchst. a oder die Überweisung in eine Parallelklasse kann mit der Androhung des zeitweiligen Ausschlusses vom Unterricht verbunden werden; der zeitweilige Ausschluss vom Unterricht kann mit der Androhung des Ausschlusses aus der Schule verbunden werden. Die aufschiebende Wirkung von Widerspruch und Anfechtungsklage entfällt. Die körperliche Züchtigung ist ausgeschlossen.

Hinweise der Redaktion:
1. In Konferenzen gemäß § 90 Abs. 3 ist die Schulleiterin bzw. der Schulleiter Vorsitzender mit Stimmrecht (vgl. → Konferenzordnung § 2 Abs. 2].
2. Das Bürgerliche Gesetzbuch (BGB § 1631 Abs. 2) bestimmt: „*Kinder haben ein Recht auf gewaltfreie Erziehung.*

Schulgesetz § 90 (Erziehungs- und Ordnungsmaßnahmen)

Hinweise der Redaktion auf § 90 Schulgesetz

Stets gilt:	Maßnahme	Wer entscheidet?	Anhörung?
„Pädagogische Erziehungsmaßnahmen" oder Vereinbarungen reichen nicht aus. Die Grundsätze des mildesten Mittels und der Verhältnismäßigkeit sind anzuwenden. Widerspruch und Anfechtungsklage haben keine aufschiebende Wirkung.	Nachsitzen bis zu zwei Unterrichtsstunden	Klassenlehrer/in bzw. unterrichtende Lehrkraft	Es genügt die Anhörung des Schülers bzw. der Schülerin.
	Nachsitzen bis zu vier Unterrichtsstunden*)	Schulleiter/in	
	Überweisung in eine Parallelklasse*)	Schulleiter/in	
	Androhung des zeitweiligen Ausschlusses vom Unterricht	Schulleiter/in Die Maßnahme wird den für die Berufserziehung Mitverantwortlichen mitgeteilt.	Der Schulleiter bzw. die Schulleiterin gibt dem Schüler bzw. der Schülerin sowie (bei Minderjährigen) auch den Erziehungsberechtigten Gelegenheit zur Äußerung (Anhörung); diese können einen Beistand hinzuziehen.
Zusätzlich gilt: Die Maßnahme ist nur zulässig, wenn eine Schülerin oder ein Schüler durch schweres oder wiederholtes Fehlverhalten seine bzw. ihre Pflichten verletzt und dadurch die Erfüllung der Aufgabe der Schule oder die Rechte anderer gefährdet.	Ausschluss vom Unterricht bis zu 5 Unterrichtstagen; bei beruflichen Teilzeitschulen für 1 Unterrichtstag**)	Schulleiter/in Die Maßnahme ist dem Jugendamt (teilweise Kann- bzw. Sollvorschrift; vgl. § 90 Abs. 8) bzw. den für die Berufserziehung Mitverantwortlichen mitzuteilen.	
	Ausschluss vom Unterricht bis zu vier Unterrichtswochen**)	Schulleiter/in nach Anhörung von Klassen- / Jahrgangsstufenkonferenz. In dringenden Fällen kann der/die Schulleiter/in den Schulbesuch ohne Beteiligung der Konferenzen untersagen (bis zu 5 Tagen, wenn der zeitweilige Ausschluss, bis zu 2 Wochen, wenn der Ausschluss aus der Schule zu erwarten ist). Zuvor ist die Klassenlehrerin / der Klassenlehrer zu hören. Die Maßnahme ist dem Jugendamt (teilweise Kann- bzw. Sollvorschrift; vgl. § 90 Abs. 8) bzw. den für die Berufserziehung Mitverantwortlichen mitzuteilen. Auf Wunsch des/der Schüler/in bzw. (bei Minderjährigen) der Erziehungsberechtigten ist die Schulkonferenz beim Schulausschluss (nicht beim Unterrichtsausschluss!) zu beteiligen.***)	
	Androhung des Ausschlusses aus der Schule		
Zusätzlich gilt: Das Verbleiben des Schülers oder der Schülerin in der Schule muss eine Gefahr für die Erziehung und Unterrichtung, die sittliche Entwicklung, Gesundheit oder Sicherheit der Mitschüler/innen befürchten lassen.	Ausschluss aus der Schule Hinweis: Die „neue" Schule kann die Aufnahme von einer Vereinbarung über eine Verhaltensänderung abhängig machen und eine Probezeit bis zu 6 Monaten festlegen; vgl. § 90 Abs. 4 Satz 2.		
	Ausweitung des Ausschlusses auf alle Schulen des Schulorts, des Landkreises, des Regierungsbezirks oder des Landes	Obere Schulaufsichtsbehörde (bei Ausschluss aus allen Schulen des Landes: Kultusministerium) Die Maßnahme wird dem Jugendamt und den für die Berufserziehung Mitverantwortlichen mitgeteilt.	Die Anhörung erfolgt durch die zuständige Behörde.

* Diese Maßnahme kann mit der Androhung des Ausschlusses vom Unterricht verbunden werden.
** Diese Maßnahme kann mit der Androhung des Ausschlusses aus der Schule verbunden werden.
*** Auf dieses Recht sind der/die Schüler/in bzw. die Erziehungsberechtigten vor der Entscheidung hinzuweisen. Bei Minderjährigen sind auch die Erziehungsberechtigten zu hören.

→ Ermessen; → Schulgesetz § 90; → Verwaltungsrecht – zum „Schulschwänzen" siehe → Schulpflicht (Durchsetzung)

Körperliche Bestrafungen, seelische Verletzungen und andere entwürdigende Maßnahmen sind unzulässig".

Das BGB regelt zwar nur das elterliche Erziehungsrecht, aufgrund der in Art. 1 GG enthaltenen Verpflichtung des Staates zum Schutz der Menschenwürde sind entwürdigende Erziehungsmaßnahmen jedoch auch in der Schule in jedem Fall verboten, also nicht nur die körperliche Züchtigung. Dieser Grundsatz des 1631 BGB, lässt sich, auch wenn er auf das Schulverhältnis nicht unmittelbar anwendbar ist, zumindest indirekt auf dieses Verhältnis anwenden, da dieser Grundsatz ein Auslegungsmaßstab für die Rechte und Pflichten der Lehrkräfte ist. Diese dürfen nämlich keinesfalls mehr oder härter strafen als die Eltern.

3. Statt der Verhängung von „Erziehungs- und Ordnungsmaßnahmen" im Sinne von § 90 SchG können Schüler/innen auch zu Aufräum- oder Reinigungsarbeiten in der Schule oder zur Arbeit in sozialen Einrichtungen usw. herangezogen werden (sogenannte „soziale Strafen"). Dies ist jedoch nur im Einvernehmen mit den Erziehungsberechtigten möglich. Dabei stehen die Schüler/innen, sofern versichert, unter dem Schutz der → Schüler-Unfallversicherung (Quelle: Württ. Gemeinde-Versicherung, 20.8. 2002). Werden Schüler/innen zur unmittelbaren Wiedergutmachung eines von ihnen angerichteten Schadens herangezogen (z.B. Reinigung einer von ihnen verschmutzten Sache) so liegt ebenfalls keine „Erziehungs- und Ordnungsmaßnahme" im Sinne von § 90 SchG, sondern eine „pädagogische Erziehungsmaßnahme", die keines besonderen (vorherigen) Einverständnisses der Eltern bedarf.

4. Ein kurzzeitiger Unterrichtsausschluss in der Form des „Vor-die-Türe-Stellens" ist nicht als Erziehungs- und Ordnungsmaßnahme, sondern als pädagogische Maßnahme zu werten, die in die Zuständigkeit der unterrichtenden Lehrerin bzw. des unterrichtenden Lehrers fällt. Werden Schüler/innen hingegen heim- oder (bei beruflichen Schulen) in den Betrieb geschickt, stellt dies einen zeitweiligen Unterrichtsausschluss dar, der in die Zuständigkeit der Schulleiterin bzw. des Schulleiters fällt.

(Quelle: KM; 7.12.2005; LT-Drucksache 13/4705)

(4) Vor dem Ausschluss aus der Schule wird auf Wunsch des Schülers, bei Minderjährigkeit auf Wunsch der Erziehungsberechtigten, die Schulkonferenz angehört. Nach dem Ausschluss kann die neu aufnehmende Schule die Aufnahme von einer Vereinbarung über Verhaltensänderungen des Schülers abhängig machen und eine Probezeit von bis zu sechs Monaten festsetzen, über deren Bestehen die Schulleiter entscheidet.

Hinweise der Redaktion:

1. „Nach dem Schulausschluss stellt sich die Frage, in welcher Schule der Schüler Aufnahme finden soll. Hier ist es wichtig, in der neuen Schule schulinterne Widerstände zu relativieren, andererseits dem Schüler aber auch vor Augen zu führen, dass sein Neuanfang an der neuen Schule mit einer Änderung seines bisherigen Verhaltens verbunden sein muss. ... Da der Schulleiter gemäß § 41 SchG über die Aufnahme entscheidet, muss er auch für die Entscheidung über das Bestehen der Probezeit zuständig sein. ... Die Aufnahme des Schülers steht also während der Probezeit unter dem Vorbehalt, dass er sich kein weiteres Fehlverhalten zu Schulden kommen lässt. Bei einem weiteren Fehlverhalten liegt es in der Entscheidung des Schulleiters, die Aufnahme zurückzunehmen; hierzu bedarf es ... nicht der Beteiligung der Klassen-, Jahrgangsstufen- oder Schulkonferenz. Da die Rücknahme der Aufnahme während der Probezeit in der sozialen Wirklichkeit einem Schulausschluss nahe kommt, gelten im Prinzip die Kriterien des Absatzes 6. Allerdings ist die Probezeit zugleich eine Bewährungsfrist. Dem Schüler kann also bei einem neuen Fehlverhalten auch sein früheres Fehlverhalten an der Schule, die er zuvor besucht hat, zugerechnet werden. ... Daher kann der Schulleiter die Probezeit auch wegen eines solchen, neuen Fehlverhaltens nicht bestehen lassen, das für sich allein noch keinen Ausschluss rechtfertigen würde." (Quelle: Begründung zur Änderung des § 90 Absatz 4 Satz 2; LT-Drucksache 13/1424).

2. Stellt die aufnehmende Schule zum Ablauf der Probezeit fest, dass die notwendige Bewährung zum Verbleib nicht erreicht wurde, so muss der Schüler /die Schülerin auch diese Schule verlassen.

3. Für die Auswahl der neuen Schule ist die Schulleitung der jeweils abgebenden Schule zuständig. Es ist grundsätzlich nicht statthaft, den Erziehungsberechtigten die Suche nach einer geeigneten Schule allein zu überlassen. Bleiben die Bemühungen erfolglos, eine aufnahmebereite Schule zu finden, entscheidet die Schulaufsichtsbehörde.

(5) Die obere Schulaufsichtsbehörde kann den Ausschluss aus der Schule auf alle Schulen des Schulorts, des Landkreises oder ihres Bezirks, die oberste Schulaufsichtsbehörde auf alle Schulen des Landes mit Ausnahme der nach § 82 für den Schüler geeigneten Sonderschule ausdehnen. Die Ausdehnung des Ausschlusses wird dem Jugendamt mitgeteilt.

→ Jugendhilfe (Landesrecht – LJKG)

(6) Ein zeitweiliger Ausschluss vom Unterricht, seine Androhung oder eine Androhung des Ausschlusses aus der Schule sind nur zulässig, wenn ein Schüler durch schweres oder wiederholtes Fehlverhalten seine Pflichten verletzt und dadurch die Erfüllung der Aufgabe der Schule oder die Rechte anderer gefährdet. Ein Ausschluss aus der Schule ist nur zulässig, wenn neben den Voraussetzungen des Satzes 1 das Verbleiben des Schülers in der Schule eine Gefahr für die Erziehung und Unterrichtung, die sittliche Entwicklung, Gesundheit oder Sicherheit der Mitschüler befürchten lässt.

(7) Vor der Entscheidung nachzusitzen genügt eine Anhörung des Schülers. Im Übrigen gibt der Schulleiter dem Schüler, bei Minderjährigen auch den Erziehungsberechtigten, Gelegenheit zur Anhörung; Schüler und Erziehungsberechtigte können einen Beistand hinzuziehen.

(8) Ein zeitweiliger Ausschluss vom Unterricht kann, ein wiederholter zeitweiliger Ausschluss vom Unterricht soll dem Jugendamt mitgeteilt werden; ein Ausschluss aus der Schule wird dem Jugendamt mitgeteilt. Ein zeitweiliger Ausschluss vom Unterricht, seine Androhung, ein Ausschluss aus der Schule oder seine Androhung wird den für die Berufserziehung des Schülers Mitverantwortlichen mitgeteilt.

(9) Der Schulleiter kann in dringenden Fällen einem Schüler vorläufig bis zu fünf Tagen den Schulbesuch untersagen, wenn ein zeitweiliger Ausschluss vom Unterricht zu erwarten ist oder kann den Schulbesuch vorläufig bis zu zwei Wochen untersagen, wenn ein Ausschluss aus der Schule zu erwarten ist. Zuvor ist der Klassenlehrer zu hören.

Hinweis der Redaktion: An Schullandheimaufenthalten, Wandertagen, Jahresausflügen usw. sollen nach Ziff. II.10 der VwV → Außerunterrichtliche Veranstaltungen grundsätzlich alle Schüler/innen einer Klasse oder eines Kurses teilnehmen. Wenn Schülerinnen oder Schüler wegen vorhergegangener erheblicher Störungen zu der Sorge Anlass geben, dass sie den Erfolg der Veranstaltung konkret gefährden, können sie hiervon ausgeschlossen und für diese Zeit einer Parallelklasse zugewiesen werden (VG Karlsruhe, 23.6.1992; AZ: 8 K 345/92). Es handelt sich dabei nicht um eine *„Erziehungs- und Ordnungsmaßnahme"* gem. § 90 Abs. 3 Nr. 2 b SchG, also um eine Sanktion für vorausgegangenes Fehlverhalten, sondern um eine präventive Maßnahme: Gem. § 23 Abs. 2 SchG kann die Schule zur Aufrechterhaltung der Ordnung des Schulbetriebs und zur Erfüllung der ihr übertragenen unterrichtlichen und erzieherischen Aufgaben die erforderlichen Maßnahmen treffen und auch Einzelanordnungen erlassen. Die Entscheidung obliegt gem. § 41 SchG der Schulleitung. Es ist geboten, bei solchen präventiven Maßnahmen den/die Schüler/in bzw. die Erziehungsberechtigten sowie die Klassen- bzw. Jahrgangsstufenkonferenz zu hören.

→ Außerunt. Veranstaltungen; → Ermessen; → Jugendhilfe (IJKG); → Klassenlehrer/in; → Konferenzordnung § 4; → Schulgesetz § 47 Abs. 3 Ziff. 5; → Schulkonferenzordnung; → Verwaltungsrecht

§ 91
Schulgesundheitspflege

(1) Die Schüler sind verpflichtet, sich im Rahmen der Schulgesundheitspflege durch das Gesundheitsamt beraten und untersuchen zu lassen.

(2) Die Pflicht zur Untersuchung besteht nach Beginn des Schuljahres auch für Kinder, die bis zum 30. September des laufenden Kalenderjahres das vierte Lebensjahr vollendet haben; für diese Kinder wird in begründeten Fällen eine Sprachstandsdiagnose durchgeführt. ... Darüber hinaus besteht in begründeten Fällen die Pflicht zur Untersuchung für die zur Schule angemeldeten Kinder.

(3) Die Pflicht zur Untersuchung besteht nach Beginn des Schuljahres auch für die Kinder, die bis zum 30. September des laufenden Kalenderjahres das vierte Lebensjahr vollendet haben; für diese Kinder führt das Gesundheitsamt in begründeten Fällen eine Sprachstandsdiagnose durch, für die das Kultusministerium die Kriterien im Einvernehmen mit dem Ministerium für Arbeit und Soziales festlegt. Darüber hinaus besteht in begründeten Fällen die Pflicht zur Untersuchung für die zur Schule angemeldeten Kinder.

→ Einschulung; → Jugendzahnpflege; → Schulärztliche Untersuchung

§ 92 Ordnungswidrigkeiten

(1) Ordnungswidrig handelt, wer vorsätzlich oder fahrlässig
1. den Verpflichtungen nach § 72 Abs. 3 nicht nachkommt oder die ihm nach § 85 obliegenden Pflichten verletzt,
2. die aufgrund des § 87 zur Durchführung der Schulpflicht erlassenen Rechtsvorschriften oder als Erziehungsberechtigter die ihm nach der Schulordnung obliegenden Pflichten verletzt, sofern auf die Bußgeldbestimmung dieses Gesetzes ausdrücklich verwiesen wird.

(2) Die Ordnungswidrigkeit kann mit einer Geldbuße geahndet werden.

(3) Verwaltungsbehörde im Sinne des § 36 Abs. 1 Nr. 1 des Gesetzes über Ordnungswidrigkeiten ist die untere Verwaltungsbehörde.

→ Schulbesuchsverordnung

8. Teil: – Schulgeld- und Lernmittelfreiheit, Erziehungsbeihilfen

§ 93
Schulgeldfreiheit

(1) Der Unterricht an den öffentlichen Grundschulen, Hauptschulen, Werkrealschulen, Realschulen, Gymnasien, Kollegs, Berufsschulen, Berufsfachschulen, Berufskollegs, Berufsoberschulen und Sonderschulen ist unentgeltlich. Dies gilt auch für den Unterricht in den im Lehrplan vorgesehenen wahlfreien Fächern und Kursen.

(2) Für den Besuch sonstigen Unterrichts kann Schulgeld erhoben werden.

(3) Ausländische Schüler stehen den einheimischen gleich.

→ Haushalt; → Lehrmittel; → Lernmittelfreiheit (Allgemeine Informationen; → Urheberrecht (Kopien)

§ 94
Lernmittelfreiheit

(1) In den öffentlichen Grundschulen, Hauptschulen, Werkrealschulen, Realschulen, Gymnasien, Kollegs, Berufsschulen, Berufsfachschulen, Berufskollegs, Berufsoberschulen und Sonderschulen hat der Schulträger den Schülern alle notwendigen Lernmittel mit Ausnahme von Gegenständen geringen Wertes leihweise zu überlassen, sofern die Lernmittel nicht von den Erziehungsberechtigten oder den Schülern selbst beschafft werden; ausnahmsweise werden sie zum Verbrauch überlassen, wenn Art oder Zweckbestimmung des Lernmittels eine Leihe ausschließen. Gegenstände, die auch außerhalb des Unterrichts gebräuchlich sind, gelten nicht als Lernmittel.

(2) Das Kultusministerium bestimmt durch Rechtsverordnung, welche Lernmittel notwendig und welche davon zum Verbrauch zu überlassen sind.

(3) Ausländische Schüler stehen den einheimischen gleich.

→ Haushalt; → Lernmittelfreiheit; → Lernmittel (Zulassung); → Lernmittelverordnung; → Lernmittelverzeichnis; → Schulfunk; → Schulpflicht (Ausländer/innen); → Urheberrecht (GEMA / Kopien)

§ 95
Erziehungsbeihilfen

(1) Schüler in öffentlichen Schulen und Schulen in freier Trägerschaft können Erziehungsbeihilfen im Rahmen der zur Verfügung stehenden Haushaltsmittel erhalten, soweit nicht ein Anspruch auf Förderung nach bundesrechtlichen oder anderen landesrechtlichen Vorschriften besteht oder ausgeschlossen ist.

(2) Ziel der Förderung ist es, Schülern, die nach ihrer Begabung und Leistung eine Erziehungsbeihilfe rechtfertigen, einen Zuschuss zum Lebensunterhalt zu leisten, wenn die hierfür erforderlichen Mittel anderweitig nicht zur Verfügung stehen. ....

9. Teil: Religionsunterricht

§ 96
Grundsätze

(1) Der Religionsunterricht ist ordentliches Lehrfach an allen öffentlichen Schulen.

(2) Der Religionsunterricht wird, nach Bekenntnissen getrennt, in Übereinstimmung mit den Lehren und Grundsätzen der betreffenden Religionsgemeinschaft von deren Beauftragten erteilt und beaufsichtigt.

(3) Für eine religiöse Minderheit von mindestens acht Schülern an einer Schule ist Religionsunterricht einzurichten.

Hinweis der Redaktion: „Einzurichten" bzw. allgemein „eingerichtet" im Sinne von § 96 SchG sind in Baden-Württemberg altkatholischer, evangelischer, jüdischer, römisch-katholischer und syrisch-orthodoxer Religionsunterricht. „Eingerichtet" ist Religionsunterricht auch dann, wenn er (wie z.B. bei jüdischen Schülerinnen und Schülern) außerhalb des Schulgebäudes und der allgemeinen Unterrichtszeiten stattfindet. In letzterem Fall bescheinigt die Religionsgemeinschaft die Teilnahme und teilt der Schule die Noten für das Fach Religionslehre zum Eintrag in das Zeugnis mit.

(4) Wird für eine religiöse Minderheit von weniger als acht Schülern religiöse Unterweisung erteilt, hat der Schulträger den Unterrichtsraum unentgeltlich zur Verfügung zu stellen.

Hinweis der Redaktion: Auch „religiöse Unterweisung" ist lehrplanmäßiger, „eingerichteter" Religionsunterricht, jedoch für eine Gruppe unterhalb der sonst üblichen Mindestgröße.

→ Ethik; → Grundgesetz Art. 7 und 140; → Religion und Schule; → Religionsunterricht (Teilnahme); → Schul- und Schülergottesdienst; → Verfassung Art. 18

§ 97
Religionslehrer

(1) Zur Erteilung des Religionsunterrichts und zur religiösen Unterweisung können neben Geistlichen und staatlich ausgebildeten Lehrern, Diplomtheologen und graduierten Religionspädagogen, die zur Erteilung des Unterrichts bereit und von der Religionsgemeinschaft dazu bevollmächtigt sind, nur solche Personen zugelassen werden, die eine katechetische Ausbildung erhalten haben.

(2) Die Voraussetzungen für die Bevollmächtigung der Lehrer zur Erteilung des Religionsunterrichts und zur religiösen Unterweisung werden von den Religionsgemeinschaften bestimmt. Die Richtlinien für die Ausbildung und den Nachweis der Eignung und Lehrbefähigung der kirchlich ausgebildeten Religionslehrer werden zwischen dem Kultusministerium und den Religionsgemeinschaften vereinbart.

Hinweis der Redaktion: Religionslehrkräfte im Dienst des Landes dürfen an der gleichen Schule nicht gleichzeitig sowohl im Ethik- als auch im Religionsunterricht eingesetzt werden. Über mögliche Folgen des Einsatzes einer Religionslehrkraft in Ethik für die kirchliche Bevollmächtigung informiert ausschließlich die Kirche. (Quelle: KuU S. 201/2008)

(3) Wegen der Übernahme von Geistlichen als Religionslehrer in den Landesdienst und deren Rückruf in den Kirchendienst in besonderen Fällen kann das Kultusministerium im Einvernehmen mit dem Finanzministerium Vereinbarungen mit den Kirchen treffen.

→ Dienstliche Beurteilung (Religionslehre); → Religionsunterricht (Kirchliche Lehrkräfte)

§ 98
Lehrplan und Schulbücher

Die Religionsgemeinschaft stellt den Lehrplan für den Religionsunterricht auf und bestimmt die Religionsbücher für die Schüler; die Bekanntgabe besorgt das Kultusministerium. § 94 Abs. 2 bleibt unberührt.

§ 99
Aufsicht über den Religionsunterricht

(1) Die Aufsicht der Religionsgemeinschaften über den Religionsunterricht wird durch religionspädagogisch erfahrene Beauftragte der Religionsgemeinschaften wahrgenommen.

(2) Die allgemeine Aufsicht des Staates erstreckt sich darauf, dass bei der Erteilung des Religionsunterrichts der Stundenplan beachtet, die Unterrichtszeit eingehalten und die Schulordnung gewahrt wird.

§ 100
Teilnahme am Religionsunterricht

(1) Über die Teilnahme am Religionsunterricht bestimmen die Erziehungsberechtigten. Nach Eintritt der Religionsmündigkeit steht dieses Recht aus Glaubens- und Gewissensgründen dem Schüler zu.

Hinw.d.Red.: Das Gesetz über die religiöse Kindererziehung bindet das Bestimmungsrecht der Erziehungsberechtigten mit Vollendung des 12. Lebensjahres an die Zustimmung des Kindes (negative Religionsmündigkeit); ab dem 14. Lebensjahr entscheidet das Kind selbst (positive Religionsmündigkeit).

(2) Die Erklärung über die Abmeldung vom Religionsunterricht ist gegenüber dem Schulleiter schriftlich, von einem minderjährigen religionsmündigen Schüler persönlich abzugeben. Zum Termin zur Abgabe der persönlichen Erklärung des religionsmündigen Schülers sind die Erziehungsberechtigten einzuladen.

(3) Die Abmeldung vom Religionsunterricht ist nur zu Beginn eines Schulhalbjahres zulässig.

→ Grundgesetz Art. 140; → Religionsunterricht (Teilnahme)

10. Teil:
Ethikunterricht, Geschlechtserziehung

§ 100 a
Ethikunterricht

(1) Für Schüler, die nicht am Religionsunterricht teilnehmen, wird das Fach Ethik als ordentliches Unterrichtsfach eingerichtet.

(2) Ethikunterricht dient der Erziehung der Schüler zu verantwortungs- und wertbewusstem Verhalten. Sein Inhalt orientiert sich an den Wertvorstellungen und den allgemeinen ethischen Grundsätzen, wie sie in Verfassung und im Erziehungs- und Bildungsauftrag des § 1 niedergelegt sind. Der Unterricht soll diese Vorstellungen und Grundsätze vermitteln sowie Zugang zu philosophischen und religionskundlichen Fragestellungen eröffnen.

(3) Das Kultusministerium stellt bei Vorliegen der personellen und sächlichen Voraussetzungen durch Rechtsverordnung fest, ab welchem Zeitpunkt der Unterricht im Fach Ethik in den einzelnen Schularten und Klassen zu besuchen ist.

→ Ethik

§ 100 b
Familien- und Geschlechtserziehung

(1) Unbeschadet des natürlichen Erziehungsrechts der Eltern gehört Familien- und Geschlechtserziehung zum Erziehungs- und Bildungsauftrag der Schule. Sie wird unter Wahrung der Toleranz für

unterschiedliche Wertauffassungen fächerübergreifend durchgeführt.

(2) Ziel der Familien- und Geschlechtserziehung ist es, die Schüler altersgemäß mit den biologischen, ethischen, kulturellen und sozialen Tatsachen und Bezügen der Geschlechtlichkeit des Menschen vertraut zu machen. Die Familien- und Geschlechtserziehung soll das Bewusstsein für eine persönliche Intimsphäre und für partnerschaftliches Verhalten in persönlichen Beziehungen und insbesondere in Ehe und Familie entwickeln und fördern.

(3) Die Erziehungsberechtigten sind zuvor über Ziel, Inhalt und Form der Geschlechtserziehung sowie über die hierbei verwendeten Lehr- und Lernmittel zu informieren.

(4) Das Kultusministerium erlässt Richtlinien über die Familien- und Geschlechtserziehung in den einzelnen Schularten und Klassen.

→ Geschlechtserziehung

11. Teil:
Staatliche Heimsonderschulen und Heimsonderschulen in freier Trägerschaft

§ 101
Heimsonderschulen in freier Trägerschaft

(1) Heimsonderschulen in freier Trägerschaft bedürfen der Genehmigung der oberen Schulaufsichtsbehörde.

(2) Für die Heimsonderschulen in freier Trägerschaft gelten das Privatschulgesetz und die hierzu ergangenen Vollzugsvorschriften mit der Maßgabe, dass die §§ 6, 7 und 8 Privatschulgesetz auch auf Ergänzungsschulen und § 8 Privatschulgesetz auch auf Erziehungskräfte Anwendung finden.

(3) Die vor dem Inkrafttreten dieses Gesetzes erteilten Genehmigungen bleiben in Kraft.

§ 102
Kosten der Heimunterbringung

(1) In den staatlichen Heimsonderschulen erlässt das Land von der im Staatshaushaltsplan für die Unterbringung in Heim festgesetzten Benutzungsgebühr ein Drittel.

(2) Von den Kosten der Unterbringung in einer Heimsonderschule in freier Trägerschaft oder in Familienpflege erstattet das Land denselben Betrag wie nach Absatz 1. Ist für bestimmte Behinderungsarten eine Benutzungsgebühr nicht festgesetzt, wird ein Drittel der Gebühr erstattet, die vom Land für diese Behinderungsart an einer staatlichen Heimsonderschule nach den hierfür maßgebenden Gebührengrundsätzen festgelegt würde; das Nähere wird durch Rechtsverordnung geregelt.

(3) Absatz 1 und 2 gelten auch für Kinder, die in einen mit der Schule verbundenen Schulkindergarten aufgenommen werden.

(4) Ein Anspruch auf Leistungen nach den Absätzen 1 bis 3 besteht nur für Schüler und Kinder, die im Land Baden-Württemberg gelegene Heimsonderschule besuchen und deren Erziehungsberechtigte ihren Wohnsitz oder gewöhnlichen Aufenthalt im Land Baden-Württemberg haben oder die sich bereits vor der Heimunterbringung nicht nur vorübergehend im Land Baden-Württemberg aufgehalten haben.

§ 103
Lehrer an Heimsonderschulen in freier Trägerschaft

(1) Lehrer an öffentlichen Schulen können zur Dienstleistung an Heimsonderschulen in freier Trägerschaft im Lande beurlaubt werden. ...

→ Privatschulgesetz

§ 104
Versorgungsberechtigung

(1) Die ständigen wissenschaftlichen und technischen Lehrer an genehmigten Heimsonderschulen in freier Trägerschaft erhalten, wenn sie die im öffentlichen Schuldienst für die Übernahme ins Beamtenverhältnis auf Lebenszeit gestellten beamtenrechtlichen Voraussetzungen erfüllen, auf Antrag die Versorgungsberechtigung eines entsprechenden Lehrers an öffentlichen Schulen. Über den Antrag entscheidet die für die Ernennung eines entsprechenden Lehrers an öffentlichen Schulen zuständige Behörde. Mit der Versorgungsberechtigung erhalten die Lehrer die Befugnis, die Amtsbezeichnung eines vergleichbaren Lehrers im öffentlichen Beamtenverhältnis entsprechende Bezeichnung zu führen.

Hinweis der Redaktion: Lehrkräfte mit Versorgungsberechtigung nach § 104 SchG besitzen gegenüber dem Land im Versorgungsfall keine Beihilfeberechtigung. Für alle im Jahr 2007 über 45-Jährigen welche nachweislich bereits bisher gegenüber dem Schulträger eine Beihilfeberechtigung hatten und dementsprechend nur bezüglich der Restkosten privat versichert sind, hat das Finanzministerium jedoch die Beihilfeberechtigung im Versorgungsfall zugesichert. Sie müssen jedoch den doppelten Betrag für Wahlleistungen entrichten.

(2) Die Zahl der mit Versorgungsberechtigung an einer Heimsonderschule in freier Trägerschaft verwendeten Lehrer darf nicht höher sein als die Zahl der an einer vergleichbaren öffentlichen Schule planmäßig angestellten Lehrer.

(3) Die Versorgungsberechtigung erlischt
1. mit dem Aufhören der Schule; der Lehrer soll jedoch, wenn nicht in diesem Zeitpunkt die Voraussetzungen für die Versetzung in den Ruhestand vorliegen, in den öffentlichen Schuldienst übernommen werden,
2. mit dem freiwilligen Austritt aus der Schule oder mit dem Aufhören der hauptberuflichen Tätigkeit an ihr,
3. mit der Entlassung aus dem Dienst der Schule,
4. wenn der Lehrer zu einer Strafe rechtskräftig verurteilt wird, die bei einem Beamten den Verlust des Amts zur Folge hätte.

(4) Die Versorgungsberechtigung kann von der nach Absatz 1 für die Ernennung zuständigen Behörde widerrufen werden, wenn Umstände vorliegen, die bei einem Beamten die Entfernung aus dem Beamtenverhältnis rechtfertigen würden.

(5) Nach Eintritt des Versorgungsfalles erlischt der Anspruch auf Versorgung, wenn bei einem Berechtigten die Voraussetzungen vorliegen, unter denen

ein Ruhestandsbeamter oder ein Witwen- oder Waisengeldberechtigter den Anspruch auf Ruhegeld bzw. Witwen- oder Waisengeld kraft Gesetzes verlieren würde. Die Zahlung der Versorgungsbezüge kann eingestellt oder die Versorgungsbezüge können gekürzt werden, wenn Umstände vorliegen, die bei einem Ruhestandsbeamten die Aberkennung oder Kürzung des Ruhegehalts rechtfertigen würden.

(6) Der Schulträger hat die obere Schulaufsichtsbehörde von dem Eintritt der Voraussetzungen der Absätze 3-5 unverzüglich zu benachrichtigen und die Gründe des Austritts oder der Entlassung mitzuteilen.

(7) Für die Berechnung der ruhegehaltfähigen Dienstzeit und der Versorgungsbezüge gelten die Vorschriften des des Landesbeamtenversorgungsgesetzes Baden-Württemberg sinngemäß. Die Versorgungsbezüge dürfen nicht höher sein als die, die ein Lehrer mit entsprechender Tätigkeit im öffentlichen Schuldienst erhält.

(8) Diese Vorschriften gelten entsprechend auch für die Schulleiter sowie für diejenigen Heimleiter, die aus dem Schuldienst hervorgegangen sind; ihr Übertritt von der Schule an das Heim fällt nicht unter Absatz 3 Nr. 2 und 3.
→ Privatschulgesetz

§ 105 Zuschuss zu den Personalkosten der Heimsonderschulen in freier Trägerschaft

(1) Die genehmigten Heimsonderschulen in freier Trägerschaft erhalten die Personalkosten für den Schulleiter und die anerkannten wissenschaftlichen und technischen Lehrer einschließlich der anerkannten Ausbilder vom Land auf Antrag als Zuschuß. Der Zuschuß richtet sich nach der Höhe des tatsächlichen Aufwands, höchstens jedoch nach den Beträgen, die sich bei Anwendung der im öffentlichen Dienst geltenden Bestimmungen ergeben würden, und wird für höchstens so viele Kräfte gewährt, wie an einer entsprechenden staatlichen Einrichtung angestellt wären. ...

*§ 106
Zuschüsse zu den Sachkosten
der Heimsonderschulen in freier Trägerschaft*

Die Schulträger der Heimsonderschulen in freier Trägerschaft erhalten für jeden Schüler, der am 15. Februar des laufenden Schuljahres die Schule besucht hat, einen Zuschuß des Landes bis zur Höhe des Unterhaltsbeitrags an staatlichen Heimsonderschulen.

12. Teil – Schlussvorschriften
*§ 107
Schulen besonderer Art*

(1) Die Staudinger-Gesamtschule Freiburg im Breisgau, die Internationale Gesamtschule Heidelberg und die Integrierte Gesamtschule Mannheim-Herzogenried*) können in den Klassenstufen 5 bis 10 als Schulen besonderer Art ohne Gliederung nach Schularten geführt werden. Der Unterricht kann in Klassen und in Kursen stattfinden, die nach der Leistungsfähigkeit der Schüler gebildet werden. Die Schulen führen nach der Klasse 9 zum Hauptschulabschluss und nach der Klasse 10 zum Realschulabschluss oder zur Berechtigung zum Übergang in die Oberstufe oder in die Jahrgangsstufe 11 des Gymnasiums.

*) Dies sind die drei Gesamtschulen in B-W; Anm. d. Red.
→ Arbeitszeit (Gesamtschulen); → Gesamtschulen

(2) *(Verordnungsermächtigung; hier nicht abgedruckt)*

*§ 108
Fortgeltung der Rechtsstellung*

Schulen, die bisher als öffentliche Schulen behandelt wurden, gelten auch nach Inkrafttreten dieses Gesetzes als öffentliche Schulen im Sinne des Gesetzes. In Zweifelsfällen entscheidet das Kultusministerium.

§ 109 (aufgehoben)

*§ 110
Besondere Schulaufsichtsbehörden*

(1) Für die Fachschulen für Landwirtschaft (Landwirtschaftsschulen) ist obere Schulaufsichtsbehörde das Regierungspräsidium, oberste Schulaufsichtsbehörde das Ministerium für Ernährung, Landwirtschaft, Umwelt und Forsten. Das Gleiche gilt für die Staatlichen Fachschulen in der Staatlichen Lehr- und Versuchsanstalt für Gartenbau Heidelberg, der Staatlichen Lehr- und Versuchsanstalt für Wein- und Obstbau Weinsberg, der Staatlichen Milchwirtschaftlichen Lehr- und Forschungsanstalt – Dr.-Oskar-Farny-Institut – Wangen im Allgäu und die Staatliche Fachschule für ländlich-hauswirtschaftliche Berufe Kupferzell.

(2) *(aufgehoben)*

(3) *(Verordnungsermächtigung; hier nicht abgedruckt)*

*§ 111
Ausbildungsschulen der Pädagogischen Hochschulen*

(1) Zur schulpraktischen Einführung der Studierenden in den lehrerbildenden Studiengängen ordnet das Kultusministerium den Pädagogischen Hochschulen Ausbildungsschulen und Ausbildungsklassen zu.

(2) Für die Ausbildungsschulen und Ausbildungsklassen gelten die Vorschriften dieses Gesetzes, soweit sich nicht aus den besonderen Aufgaben dieser Schulen Abweichungen ergeben.

(3) Die Ausbildungsschulen und Ausbildungsklassen werden vom Land und den Schulträgern nach den Vorschriften dieses Gesetzes unterhalten, soweit nicht nach Absatz 4 besondere Vorschriften erlassen werden.

(4) Das Kultusministerium regelt, soweit erforderlich, im Einvernehmen mit dem Innen- und Finanzministerium, durch Rechtsverordnung

- die Verwaltung der Ausbildungsschulen und Ausbildungsklassen und ihr Verhältnis zu den Schulträgern,
- die Anforderungen an das Schulgebäude, dessen Ausstattung und Einrichtung.

→ Besoldung (Zulagen)

*§ 112 Lehrkräfte an Höheren Mädchenschulen /
§ 113 Aufhebung von Schulstiftungen und
Schulpfründen (hier nicht abgedruckt)*

§ 114
Evaluation

(1) Die Schulen führen zur Bewertung ihrer Schul- und Unterrichtsqualität regelmäßig Selbstevaluationen durch; sie können sich dabei ergänzend der Unterstützung sachkundiger Dritter bedienen. Das Landesinstitut für Schulentwicklung führt in angemessenen zeitlichen Abständen Fremdevaluationen durch, zu deren Vorbereitung die Schulen auf Anforderung die Ergebnisse und Folgerungen der Selbstevaluation übersenden. Die Schulen unterstützen das Landesinstitut für Schulentwicklung in der Durchführung der Fremdevaluation. Das Landesinstitut für Schulentwicklung übersendet die Ergebnisse der Fremdevaluation der Schule, die sie anschließend der Schulaufsicht vorlegt. Bei der Evaluation werden alle am Schulleben Beteiligten, insbesondere die Schüler und Eltern beteiligt. Die Lehrer sind zur Mitwirkung verpflichtet.

(2) Das Kultusministerium kann Schüler und Lehrer verpflichten, an Lernstandserhebungen von internationalen, nationalen oder landesweiten Vergleichsuntersuchungen teilzunehmen, die schulbezogene Tatbestände beinhalten und Zwecken der Schulverwaltung oder der Bildungsplanung dienen; die Erhebung kann sich auch auf außerschulische Bildungsdeterminanten beziehen, soweit es den Schülern und Lehrern zumutbar ist.

(3) Das Kultusministerium wird ermächtigt, durch Rechtsverordnung zu den Themen, den Methoden, dem Verfahren und dem Zeitpunkt der Evaluationen nähere Bestimmungen zu erlassen.

→ Datenschutz (Schulen) Teil IV.; → Evaluation; → Schulentwicklung

§ 115
Datenverarbeitung, Statistik

(1) Das Kultusministerium kann mit Wirkung für die Schulen eine oder mehrere Stellen beauftragen, die zu schulübergreifenden Verwaltungszwecken, insbesondere bei Schulwechsel, Schulkooperationen oder zur Feststellung von Mehrfachbewerbungen erforderlichen personenbezogenen Daten von Schülern, Erziehungsberechtigten und denjenigen, denen Erziehung oder Pflege eines Schülers anvertraut ist, und die zu statistischen Zwecken erforderlichen personenbezogenen Daten von Schülern zu verarbeiten; die Schulen werden von der Auftragserteilung unterrichtet. Die Schulen bleiben für diese Daten verantwortlich; sie sind verpflichtet, sie an die beauftragte Stelle weiterzugeben. Der Auftrag kann vorsehen, dass

1. die für die statistischen Zwecke erforderlichen Daten in pseudonymisierter Form automatisiert an das Kultusministerium übermittelt werden; diese Daten können durch das Kultusministerium, andere Schulaufsichtsbehörden und das Statistische Landesamt zu statistischen Zwecken verarbeitet werden,

2. über Satz 1 hinaus für die Schulen die Möglichkeit besteht, auch weitere zur Aufgabenerfüllung der Schule erforderliche Daten von Schülern, Erziehungsberechtigten und denjenigen, denen Erziehung oder Pflege eines Schülers anvertraut ist, durch die beauftragte Stelle verarbeiten zu lassen.

(2) Das Kultusministerium wird ermächtigt, durch Rechtsverordnung

1. nähere Einzelheiten nach Absatz 1 Satz 1 bis 3 Nr. 1, insbesondere den Auftrag, die beauftragte Stelle und die zu verarbeitenden Daten betreffend, zu regeln,

2. im Benehmen mit dem Finanzministerium statistische Erhebungen an öffentlichen Schulen und Schulen in freier Trägerschaft über schulbezogene Tatbestände zum Zwecke der Schulverwaltung und der Bildungsplanung anzuordnen; die Rechtsverordnung muss den Anforderungen des § 6 Abs. 5 des Landesstatistikgesetzes entsprechen. Auskunftspflichtig sind die Schulträger, die Schulaufsichtsbehörden, Schulleiter, Lehrer, sonstige an der Schule tätige Personen, Schüler, deren Erziehungsberechtigte und diejenigen, denen Erziehung oder Pflege eines Schülers anvertraut ist. Die Befragten sind zur wahrheitsgemäßen, vollständigen und fristgerechten Beantwortung verpflichtet.

(3) Eine Schule ist berechtigt, zu schulübergreifenden Verwaltungszwecken personenbezogene Daten von Schülern, deren Erziehungsberechtigten und denjenigen, denen Erziehung oder Pflege eines Schülers anvertraut ist, bei einer anderen Schule zu erheben.

(4) Im Übrigen gilt für die Verarbeitung von personenbezogenen Daten durch Schulen und Schulaufsichtsbehörden, soweit durch Rechtsvorschrift nichts anderes bestimmt ist, das Landesdatenschutzgesetz.

→ Bildungsberatung; → Datenschutz (LDSG); → Datenschutz (Evaluation); → Datenschutz (Schulen); → Statistik

§ 116
Automatische Datenverarbeitung
(aufgehoben)

§ 117
Einschränkung von Grundrechten

Das Grundrecht der körperlichen Unversehrtheit (Artikel 2 Abs. 2 Satz 1 des Grundgesetzes) wird nach Maßgabe dieses Gesetzes eingeschränkt.

§ 118
Inkrafttreten
(Abs. 1 und 2 hier nicht abgedruckt)

(3) Rechte und Pflichten, die sich aus Verträgen mit der evangelischen und katholischen Kirche ergeben, bleiben von den Vorschriften dieses Gesetzes unberührt.

→ Religion und Schule

Schulgottesdienst und Schülergottesdienst

Schul- und Schülergottesdienst, Buß- und Bettag; VwV des KM vom 31. Juli 2001 (KuU S. 306/2001); zuletzt geändert 11.11.2009 (KuU S. 223/2009)

Schul- und Schülergottesdienste leisten einen wesentlichen Beitrag zur Verwirklichung des Erziehungs- und Bildungsauftrags der Schule. Sie dienen neben dem Religionsunterricht der religiösen Erziehung der Schülerinnen und Schüler. Dies gilt nicht nur für die Grund-, Haupt- und Werkrealschulen, die laut Artikel 15 Landesverfassung christliche Gemeinschaftsschulen sind, sondern entsprechend dem Auftrag von Grundgesetz, Landesverfassung und Schulgesetz für alle Schularten. Dies erfordert, dass Schul- und Schülergottesdienste im Rahmen der Unterrichtszeit am Vormittag möglich sind. Sie können auch im Schulgebäude abgehalten werden.

1. Schulgottesdienste

Den Schulen wird empfohlen, zu Beginn und Ende eines Schuljahres, vor oder nach größeren Ferienabschnitten (Weihnachtsferien, Osterferien) sowie am Buß- und Bettag in Absprache mit den örtlichen Kirchenbehörden Schulgottesdienste anzubieten. Dabei soll der Charakter dieser Gottesdienste als Veranstaltung der Schule deutlich werden. Die Teilnahme für Lehrkräfte, Schülerinnen und Schüler ist freiwillig. Der Schulgottesdienst kann auch ökumenisch gestaltet werden.

2. Schülergottesdienste

Schülergottesdienste liegen in der Verantwortung der jeweiligen Religionsgemeinschaft. Es ist jedoch Aufgabe der Schule, ihre Durchführung zu unterstützen. Auf Antrag einer örtlichen Kirchenbehörde haben die allgemeinbildenden Schulen sowie die beruflichen Vollzeitschulen eine Unterrichtsstunde in der Woche während der Unterrichtszeit am Vormittag für den Schülergottesdienst freizuhalten. Dies gilt, wenn und solange die aufgrund der Anzahl nicht teilnehmender Schülerinnen und Schüler entstehenden organisatorischen Schwierigkeiten in vertretbarem Rahmen bleiben. In strittigen Fällen führen die kirchlichen Oberbehörden im Zusammenwirken mit der zuständigen Schulaufsichtsbehörde eine Entscheidung herbei. Wo kein regelmäßiger Schülergottesdienst eingerichtet wird, sollten verstärkt Schulgottesdienste oder Schülergottesdienste in bestimmten Abständen oder zu besonderen Anlässen abgehalten werden (z.B. katholische Gottesdienste am Aschermittwoch oder Allerseelen).

3. Beurlaubung für die Teilnahme an Gottesdiensten am Buß- und Bettag

Schülerinnen und Schüler, die während der Unterrichtszeit an einem von der örtlichen Kirchengemeinde getragenen Gottesdienst teilnehmen wollen, sind hierfür vom Unterricht zu beurlauben.

Hinweise der Redaktion zu Schulgottesdiensten und Schülergottesdiensten

1. Versicherungsschutz

Schulgottesdienste sind schulische Veranstaltungen und unterfallen deshalb (mit Hin- und Rückweg) der gesetzlichen Unfallversicherung, auch wenn sie in kirchlichen Räumen stattfinden.

Schülergottesdienste sind hingegen Veranstaltungen der Religionsgemeinschaften; diese sind haftungsrechtlich verantwortlich. Es besteht aber gesetzlicher Versicherungsschutz auf dem Weg vom Gottesdienst zur Schule, wenn dieser nicht erheblich länger ist als der normale Schulweg und der Aufenthalt beim Gottesdienst mindestens 30 Minuten beträgt. Voller Versicherungsschutz besteht auch für Schüler/innen, die für die freiwillige Schüler-Zusatzversicherung abgeschlossen haben. Ist der Schülergottesdienst fester Bestandteil des stundenplanmäßigen Religionsunterrichts, so besteht, auch wenn er in kirchlichen Räumen stattfindet, gesetzlicher Versicherungsschutz (auch für direkten Hin- und Rückweg).

→ Unfallversicherung; → Schüler-Zusatzversicherung

2. Aufsicht

Die Aufsichtspflicht beim Schulgottesdienst obliegt der Schule. Da weder Schüler/innen noch Lehrkräfte zur Teilnahme an dieser religiösen Veranstaltung verpflichtet sind („negative Bekenntnisfreiheit"), können Lehrkräfte nur mit ihrer Zustimmung zur Aufsicht eingesetzt werden.

→ Aufsichtspflicht; → Grundgesetz Art. 140 i.V.m Weimarer Reichsverfassung Art. 136 Abs. 4

Beim Schülergottesdienst sind die Religionsgemeinschaften für die Aufsicht verantwortlich.

Für Schülerinnen und Schüler, die nicht am Schul- oder Schülergottesdienst teilnehmen, sich aber (z.B. als Fahrschüler) in der Schule aufhalten, obliegt dieser die Aufsichtspflicht; die Schule muss ferner für eine geeignete Unterbringung sorgen (z.B. Aufenthaltsraum; auch die Zuweisung zu einer anderen Klasse ist möglich, dadurch darf jedoch die negative Bekenntnisfreiheit der Schüler/innen nicht eingeschränkt werden).

→ Aufsichtspflicht; → Grundgesetz Art. 140; → Religion und Schule; → Religionsunterricht (Teilnahme); → Schüler-Zusatzversicherung; → Stundenpläne; → Unfallversicherung; → Verfassung Art. 15 u. 18

Nutzen Sie das Schlagwortverzeichnis am Ende des Jahrbuchs.

Schulkindergärten

Öffentliche Schulkindergärten; Auszug aus der VwV des KM vom 24.7.1984 (KuU S. 479); geändert am 16.8.1991 (KuU S. 399/1991)

A. Allgemeines

I. Begriff des öffentlichen Schulkindergartens

Hinweis der Redaktion: Die *"allgemeinen Schulkindergärten"* heißen seit 1991 *"Grundschulförderklassen"*, die im folgenden Text als *"Sonderschulkindergarten"* ausgewiesenen Einrichtungen tragen die Bezeichnung *"Schulkindergarten"*.
→ Grundschulförderklassen

Öffentliche Schulkindergärten sind – neben den vom Land getragenen Schulkindergärten an Heimsonderschulen – die Schulkindergärten, die von einer Gemeinde, einem Landkreis oder einem Zweckverband unterhalten werden und deren Lehrer und Erzieher im Dienst des Landes stehen (vgl. § 18a des Gesetzes über den Kommunalen Finanzausgleich). – Die übrigen Schulkindergärten sind Schulkindergärten in freier Trägerschaft (private Schulkindergärten). →Haushalt (Komm. Finanzausgleich)

II. Verfahren bei der Einrichtung

Das Land weist Lehrer und Erziehungskräfte nur zu, wenn und solange eine Einrichtung die in diesen Richtlinien genannten Voraussetzungen erfüllt.

Bevor Lehrer und Erziehungskräfte einem Schulkindergarten zugewiesen werden, wird das Ministerium für Kultus und Sport in entsprechender Anwendung des § 30 SchG prüfen, ob die Voraussetzungen hierfür vorliegen. Entsprechende Anträge sind dem Ministerium für Kultus und Sport über die Oberschulämter vorzulegen.

III. Arten der Schulkindergärten

Im Rahmen des § 20 SchG können eingerichtet werden
1. allgemeine Schulkindergärten *(aufgehoben)*
2. Sonderschulkindergärten – entsprechend den in § 15 Abs. 1 Satz 2 Nr. 1 bis 9 SchG genannten Typen der Sonderschulen – für
   a) blinde Kinder
   b) gehörlose Kinder
   c) geistigbehinderte Kinder
   d) körperbehinderte Kinder
   e) besonders förderungsbedürftige (lernbehinderte) Kinder
   f) schwerhörige Kinder
   g) sehbehinderte Kinder
   h) sprachbehinderte Kinder
   i) verhaltensgestörte Kinder

B. Aufgabe und Ausgestaltung der Schulkindergärten

II. Die Sonderschulkindergärten

1. Allgemeines

a) Aufgabe

Die Sonderschulkindergärten betreuen behinderte Kinder, die bei Beginn der Schulpflicht voraussichtlich unter § 15 Abs. 1 SchG fallen und deshalb vor Beginn der Schulpflicht förderungsbedürftig erscheinen. Körperbehinderte Kinder können nach dem vollendeten zweiten Lebensjahr, die übrigen behinderten Kinder nach dem vollendeten dritten Lebensjahr aufgenommen und auch während der Zeit einer etwa erforderlichen Zurückstellung vom Schulbesuch gemäß § 74 Abs. 2 SchG gefördert werden. Soweit erforderlich, ist die Förderung in der Gruppe zu ergänzen, gegebenenfalls durch Einzelförderung. Eine enge Zusammenarbeit mit den Eltern ist unerlässlich. Besuche der Eltern im Sonderschulkindergarten sind ebenso förderlich wie Hausbesuche durch die Erziehungskräfte. Die Kinder werden in den ihrer Behinderung entsprechenden Sonderschulkindergarten aufgrund eines sonderpädagogischen Gutachtens aufgenommen. In der Regel ist eine amtsärztliche Untersuchung zu veranlassen. Für die Zuweisung von Kindern mit mehrfacher Behinderung zu einem Sonderschulkindergarten ist entscheidend, in welchem Typ des Sonderschulkindergartens das Kind am besten gefördert werden kann. Über die Aunahme, die auch während des Schuljahres erfolgen kann, entscheidet das Staatliche Schulamt.

b) Organisation

Der Sonderschulkindergarten steht unter der Leitung einer fachlich vorgebildeten Erziehungskraft, deren Ausbildung vom Ministerium für Kultus und Sport als ausreichend anerkannt worden ist. Der Leiter des Schulkindergartens soll sich in wöchentlichen Besprechungen mit den Erziehungskräften, die die Kinder in den Gruppen betreuen und deren Arbeit er überwacht, nach den Fortschritten und Betreuungsschwierigkeiten einzelner Kinder erkundigen und Anregungen für förderliche Einwirkungen geben. Er muss um die gesundheitliche Überwachung der Kinder besorgt sein und darauf achten, dass ärztliche, sprachpflegerische, gymnastische und sonderpädagogische Ratschläge berücksichtigt werden. Er betreut gleichzeitig eine Gruppe.

Hinweise der Redaktion:
1. Leitungsstellen an öffentlichen Schulkindergärten werden im Rahmen der standortscharfen Stellenausschreibung für die Fachlehrerinnen und Fachlehrer an Schulen für Geistigbehinderte und an Schulen für Körperbehinderte ausgeschrieben und nach Maßgabe des hierfür vorgesehenen Verfahrens besetzt. Eine Auswahlentscheidung erfolgt durch die untere Schulaufsichtsbehörde im Zusammenwirken mit der amtierenden Leitung des Schulkindergartens.
→ Einstellungserlass

Nachrangig können auch Erziehungskräfte mit anderer sonderpädagogischer Zusatzausbildung wie Sozialpädagog/innen mit der Leitung eines Schulkindergartens beauftragt werden. Das Auswahl- und Besetzungsverfahren erfolgt in diesem Fall im Zusammenwirken mit dem RP.

Schulkindergärten

2. Die Leiter/innen von Schulkindergärten dürfen für ihre Mitarbeiter/innen einstufige dienstliche Beurteilungen erstellen. Die Regelungen der ... VwV → Dienstliche Beurteilung (Lehrkräfte) sind entsprechend anzuwenden. Die Erstellung einer zweiten Beurteilungsstufe durch die untere Schulaufsichtsbehörde erfolgt im Einzelfall nur, wenn hierfür ein besonderes dienstliches Interesse gegeben ist. (Quelle: KM, 11.1.2006, AZ: 14-0323.1/18, und RP Stuttgart, 15. Februar 2006, AZ: 74-6007/569)

Der Sonderschulkindergarten wird vom Oberschulamt einer Sonderschule desselben Typs, die in der Regel in dessen Einzugsbereich liegt, in der Weise zugeordnet, dass der Leiter des Sonderschulkindergartens seine Aufgaben in Zusammenarbeit und Abstimmung mit dem Leiter der Sonderschule wahrnimmt. Hierzu gehören insbesondere die Mitwirkung bei der Aufnahme der Kinder und die Organisation der Schülerbeförderung, die Organisation des Betriebs des Sonderschulkindergartens und die Festlegung der Betreuungszeit, die Regelung der Vertretung von Erziehungskräften im Verhinderungsfall und die Ausgestaltung des Sonderschulkindergartens. Die Erziehungskräfte des Sonderschulkindergartens nehmen an der Lehrerkonferenz der Sonderschule, der der Sonderschulkindergarten zugeordnet ist, mit beratender Stimme teil, wenn Fragen besprochen werden, die die Arbeit des Sonderschulkindergartens berühren. Darüber hinaus kann der Leiter des Sonderschulkindergartens auf Einladung an Lehrerkonferenzen der übrigen Sonderschulen im Einzugsbereich des Sonderschulkindergartens teilnehmen.

→ Konferenzordnung

Außerdem arbeitet der Sonderschulkindergarten mit den zuständigen Frühberatungsstellen an Sonderschulen, den umliegenden ... *(jetzt: Grundschulförderklassen)*, Kindergärten sowie gegebenenfalls mit der Grundschule zusammen. Die Kinder werden in Gruppen betreut, die von fachlich vorgebildeten Erziehungskräften geführt werden.

Ergänzend arbeiten Lehrer der Sonderschule, der der Sonderschulkindergarten zugeordnet ist, mit. Die Mitwirkung dieser Sonderschullehrer wird durch den Schulleiter mit Zustimmung des zuständigen Staatlichen Schulamts, bei Sonderschulkindergärten an Heimsonderschulen durch den Schulleiter, geregelt. Sie gehört zu den ordentlichen Dienstaufgaben der Sonderschullehrer und wird auf deren Regelstundenmaß voll angerechnet. Der Umfang dieser Tätigkeit darf einen halben Lehrauftrag nicht übersteigen, damit die Verbindung der Sonderschullehrer zu Schule und Unterricht nicht abreißt.

Hinweis der Redaktion: Der Einsatz der Sonderschullehrer/innen ist keine Abordnung, sondern eine ordentliche Dienstaufgabe. Diese Lehrkräfte nehmen die Aufgaben am Sonderschulkindergarten im Rahmen ihres Stundenplans wahr. Vorgesetzter aller im Schulkindergarten tätigen Bediensteten und für die Dauer der Tätigkeit der Sonderschullehrer/innen am Schulkindergarten weisungsbefugt ist der/die Leiter/in dieser Einrichtung. Dazu gehört auch die Regelung der Vertretung von Erziehungskräften im Verhinderungsfall. Wer für eine Vertretung einer Gruppenleiterin die bestgeeignete Person ist, kann nur im Einzelfall von den dafür zuständigen Personen entschieden werden. Dies kann ggf. auch eine Sonderschullehrer/in im Rahmen der zugewiesenen Dienstaufgaben sein. (Quelle: KM, 11.8.2003, AZ: 14-6742.17/203)

Die Sonderschullehrer geben dem Leiter des Sonderschulkindergartens und den Erziehungskräften Hinweise auf Art und Ursache der Behinderung und besprechen mit ihnen notwendige Maßnahmen, durch die die Auswirkung der jeweils gegebenen Behinderung auf den Erziehungs- und Entwicklungsprozess positiv beeinflusst werden können. Sie sorgen durch ihre praktische Mitarbeit für die Kooperation zwischen dem Sonderschulkindergarten und der Sonderschule, der der Sonderschulkindergarten zugeordnet ist. Die Lehrer haben ferner die Aufgabe, im Sinne einer Langzeitdiagnose Grundlagen für die spätere Entscheidung über die richtige schulische Zuordnung der Kinder zu erarbeiten.

c) Betreuungszeit

Die Sonderschulkindergärten sind in der Regel Ganztagseinrichtungen, deren Betreuungszeit sich nach dem Schulbetrieb der Sonderschule, der der Sonderschulkindergarten zugeordnet ist, richtet. Sofern der Sonderschulkindergarten nicht als Ganztagseinrichtung geführt wird, soll die tägliche Betreuung der Kinder sechs Zeitstunden nicht überschreiten; in der Regel ist die Zeit von 8.00 bis 12.00 und von 14.00 bis 16.00 Uhr als Betreuungszeit anzusetzen. Samstags werden die Kinder nicht betreut.

d) Räumliche Unterbringung

Dem Sonderschulkindergarten sollte neben dem für jede Gruppe erforderlichen Raum ein zusätzlicher größerer Raum zur Verfügung stehen, der bei mehreren Gruppen auch wechselseitig benützt werden kann. Hinzu sollte je ein kleinerer Raum für den Leiter und das übrige Personal, ein Garderobenraum, eine Teeküche und die notwendigen sanitären Einrichtungen kommen, ferner ein Gymnastikraum und ein Spielrasen.

Zusätzlich sollten vorhanden sein:

aa) beim Sonderschulkindergarten für gehörlose bzw. schwerhörige Kinder ein Raum für Einzelförderung.

bb) beim Sonderschulkindergarten für geistigbehinderte Kinder ein Testraum, der zugleich Sprachtherapieraum ist,

cc) beim Sonderschulkindergarten für körperbehinderte Kinder ein Raum für Krankengymnastik und Sprachtherapie, der auch als Mehrzweckraum dient,

dd) beim Sonderschulkindergarten für besonders förderungsbedürftige (lernbehinderte) Kinder ein Testraum, der zugleich Sprachtherapieraum ist,

ee) beim Sonderschulkindergarten für sprachbehinderte Kinder ein Sprachtherapieraum (Einzelförderung) und

ff) beim Sonderschulkindergarten für verhaltensgestörte Kinder ein Testraum, der zugleich als Therapieraum verwendet werden kann.

2.
Die einzelnen Typen der Sonderschulkindergärten

a) Der Sonderschulkindergarten für blinde bzw. sehbehinderte Kinder

Aufgabe und Arbeit

Der Sonderschulkindergarten für blinde bzw. sehbehinderte Kinder hat die Aufgabe, blinde bzw. sehbehinderte Kinder mithilfe der besonderen Methoden der Blinden- und Sehbehindertenpädagogik zu fördern und insbesondere auf die Entwicklung der Funktionen hinzuarbeiten, die zur Bewältigung der Anforderungen der Schule für Blinde bzw. der Schule für Sehbehinderte notwendig sind In geeigneten Fällen sind die Kinder, soweit möglich, auf den Besuch der Grundschule vorzubereiten.

Größe

Ein Sonderschulkindergarten für blinde bzw. sehbehinderte Kinder kann in der Regel eingerichtet werden, wenn zu erwarten ist, dass dauernd mindestens sechs Kinder ihn besuchen werden.

Betreuung in Gruppen

Die Kinder sollen in Gruppen von etwa sechs Kindern betreut werden. Eine Gruppe soll nicht mehr als acht Kinder haben. Gruppen für Kinder mit zusätzlichen Behinderungen sollen aus nicht mehr als fünf Kindern bestehen.

b) Der Sonderschulkindergarten für gehörlose bzw. schwerhörige Kinder

Aufgabe und Arbeit

Der Sonderschulkindergarten für gehörlose bzw. schwerhörige Kinder hat die Aufgabe, gehörlose bzw. schwerhörige Kinder mit den besonderen Methoden der Hörgeschädigtenpädagogik zu fördern und sie auf den Besuch der Schule für Gehörlose bzw. der Schule für Schwerhörige und, soweit möglich, der Grundschule vorzubereiten. Er hat hierbei das sprachlose oder spracharme Kind durch die Entwicklung des passiven und aktiven Sprach- und Wortschatzes zu einem angemessenen Gebrauch der Lautsprache zu führen und ist somit im Rahmen der Frühbetreuung ein integrierender Bestandteil der gesamten Gehörlosen- und Schwerhörigenbildung mit dem Auftrag der Erstsprachanbildung. Diese obliegt in erster Linie den mitwirkenden Sonderschullehrern. Der Sonderschulkindergarten für gehörlose bzw. schwerhörige Kinder betreut gehörlose Kinder, Kinder mit Hörresten, schwerhörige Kinder und hörende Kinder, die trotz Hörfähigkeit die Sprache auf natürlichem Wege nicht zu erlernen vermögen (zentralsprachgeschädigte Kinder).

Größe

Ein Sonderschulkindergarten für gehörlose bzw. schwerhörige Kinder kann in der Regel eingerichtet werden, wenn zu erwarten ist, dass dauernd mindestens zehn Kinder ihn besuchen werden.

Betreuung in Gruppen

Die Kinder sollen in Gruppen von etwa acht Kindern betreut werden. Eine Gruppe soll nicht mehr als zehn Kinder haben. Gruppen für Kinder mit zusätzlichen Behinderungen sollen aus nicht mehr als sechs Kindern bestehen.

c) Der Sonderschulkindergarten für geistigbehinderte Kinder

Aufgabe und Arbeit

Der Sonderschulkindergarten für geistigbehinderte Kinder hat die Aufgabe, bei geistigbehinderten Kindern die Grundlagen in der Regel für die Bildung und Erziehung in der Schule für Geistigbehinderte zu schaffen. Er hat ferner die Aufgabe, die Erziehungsbemühungen der Eltern angesichts der besonderen Schwierigkeiten zu unterstützen und zu ergänzen, die Kinder entsprechend ihrem speziellen Bedarf systematisch in allen Bereichen ihrer Persönlichkeit zu fördern, ihnen eine ihren Möglichkeiten angemessene Spielgemeinschaft zu bieten und sie auf den Übergang in die Schule vorzubereiten. Dazu gehört auch, den Kindern Freiraum zur persönlichen Gestaltung zu geben und einen Raum der Geborgenheit zu schaffen.

Größe

Ein Sonderschulkindergarten für geistigbehinderte Kinder kann in der Regel eingerichtet werden, wenn zu erwarten ist, dass dauernd mindestens zehn Kinder ihn besuchen werden.

Betreuung in Gruppen

Die Kinder sollen in Gruppen von etwa sechs Kindern betreut werden. Eine Gruppe soll nicht mehr als acht Kinder haben. Die stundenweise Mitwirkung eines Krankengymnasten/Gymnastiklehrers ist vorzusehen.

d) Der Sonderschulkindergarten für körperbehinderte Kinder

Aufgabe und Arbeit

Der Sonderschulkindergarten für körperbehinderte Kinder hat die Aufgabe, körperbehinderte Kinder zu fördern und sie insbesondere auf den Besuch der Schule für Körperbehinderte vorzubereiten. In geeigneten Fällen sind die Kinder, soweit möglich, auf den Besuch der Grundschule vorzubereiten. Hierbei hat der Sonderschulkindergarten auf die Förderung der Bewegungsfähigkeit und auf die Funktionsschulung, auf die Erweiterung der Selbstständigkeit, den Aufbau grundlegender Denkstrukturen, auf die Entwicklung der Sinne und des Sprachvermögens sowie auf die Erweiterung der Möglichkeiten zur Eingliederung in die Gruppe hinzuarbeiten. Er betreut körperbehinderte Kinder ohne Rücksicht auf die Ursache der Körperbehinderung, auch körperbehinderte Kinder mit zusätzlichen Behinderungen, insbesondere körperbehinderte und zugleich geistigbehinderte Kinder.

Größe

Ein Sonderschulkindergarten für körperbehinderte Kinder kann in der Regel eingerichtet werden, wenn zu erwarten ist, dass dauernd mindestens acht Kinder ihn besuchen werden.

Betreuung in Gruppen

Die Kinder sollen in Gruppen von sechs bis acht

Schulkindergärten

Kindern betreut werden; bei Kindern mit zusätzlichen Behinderungen, insbesondere bei körperbehinderten und zugleich geistigbehinderten Kindern, soll die Gruppengröße vier bis sechs Kinder betragen. Je Gruppe sind 1,5 Erziehungskräfte erforderlich. Die Mitwirkung von Krankengymnasten ist erforderlich.

e) Der Sonderschulkindergarten für besonders förderungsbedürftige (lernbehinderte) Kinder

Aufgabe und Arbeit

Der Sonderschulkindergarten für besonders förderungsbedürftige (lernbehinderte) Kinder nimmt Kinder auf, bei denen aufgrund ihrer deutlich erkennbaren Entwicklungsverzögerung oder ihrer unzureichenden Lebens- und Erziehungsbedingungen zu erwarten ist, dass sie bei Beginn der Schulpflicht als lernbehindert erscheinen werden. Kinder mit Sprachbehinderungen und Verhaltensstörungen können, sofern regional kein entsprechender Sonderschulkindergarten eingerichtet ist, ebenfalls aufgenommen werden.

Aufgabe des Sonderschulkindergartens für besonders förderungsbedürftige (lernbehinderte) Kinder ist es, die Kinder in allen Bereichen so gut wie möglich zu fördern und die Eltern bei der Erziehung dieser Kinder zu beraten. Ziel der Förderung ist es, einer späteren Lernbehinderung vorzubeugen oder ihren Schweregrad zu mildern. Im Bedarfsfalle ist die Förderung in der Gruppe durch sprachheilpädagogische Maßnahmen und Bewegungsförderung zu ergänzen. Für jedes Kind wird nach Abschluss einer sechswöchigen Beobachtungsphase ein individueller Förderplan erstellt. Die Förderung in der Gruppe erfolgt nach einem Plan, der jeweils den Förderbedürfnissen der Kinder entsprechend erstellt wird.

Kinder, die so weit gefördert werden können, dass ein erfolgreicher Besuch der Grundschule zu erwarten ist, sollen im Laufe des letzten Jahres vor ihrer Einschulung möglichst einem Kindergarten bzw. einem Allgemeinen Schulkindergarten überwiesen werden.

Größe

Ein Sonderschulkindergarten für besonders förderungsbedürftige (lernbehinderte) Kinder kann in der Regel eingerichtet werden, wenn zu erwarten ist, dass dauernd mindestens 20 Kinder ihn besuchen werden.

Betreuung in Gruppen

Die Kinder sollen in Gruppen von etwa zehn Kindern betreut werden. Eine Gruppe soll nicht mehr als 15 Kinder haben.

f) Der Sonderschulkindergarten für sprachbehinderte Kinder

Aufgabe und Arbeit

Der Sonderschulkindergarten für sprachbehinderte Kinder hat die Aufgabe, Kinder mit erheblichen Sprachstörungen mit den besonderen Methoden der Sprachheilpädagogik zu fördern und sie insbesondere auf den Besuch der Schule für Sprachbehinderte vorzubereiten. In geeigneten Fällen sind die Kinder, soweit möglich, auf den Besuch der Grundschule vor zubereiten.

Leichter sprachbehinderte Kinder werden nicht in den Sonderschulkindergarten aufgenommen. Soweit erforderlich, werden für diese Kinder sprachheilpädagogische Maßnahmen durch die Beratungsstellen an Sonderschulen durchgeführt.

Größe

Ein Sonderschulkindergarten für sprachbehinderte Kinder kann in der Regel eingerichtet werden, wenn zu erwarten ist, dass dauernd mindestens zehn Kinder ihn besuchen werden.

Betreuung in Gruppen

Die Kinder sollen in Gruppen von zehn Kindern betreut werden. Eine Gruppe soll nicht mehr als 15 Kinder haben.

g) Der Sonderschulkindergarten für verhaltensgestörte Kinder

Aufgabe und Arbeit

Der Sonderschulkindergarten für verhaltensgestörte Kinder hat die Aufgabe, besonders förderungsbedürftige Kinder zu betreuen und die Eltern bei der Förderung dieser Kinder zu beraten. Ziel der Förderung ist es, einer drohenden späteren Verhaltensstörung vorzubeugen und vorhandene Verhaltensstörungen nach Möglichkeit abzubauen oder ihren Schweregrad zu mildern. Für die Aufnahme in einen Sonderschulkindergarten für verhaltensgestörte Kinder kommen nur solche förderungsbedürftige Kinder in Frage, die aufgrund erheblich von der Norm abweichender Verhaltensweisen sonst nicht hinreichend gefördert werden können. Für jedes Kind wird nach Abschluss einer sechswöchigen Beobachtungsphase ein individueller Förderplan erstellt, nach dem auch die Förderung in der Gruppe erfolgt. Kinder, deren Verhalten so weit stabilisiert werden kann, dass ein erfolgreicher Besuch der Grundschule möglich erscheint, sollen noch im Laufe des letzten Jahres vor ihrer Einschulung an einen allgemeinen Schulkindergarten überwiesen werden.

Größe

Ein Sonderschulkindergarten für verhaltensgestörte Kinder kann in der Regel eingerichtet werden, wenn zu erwarten ist, dass dauernd mindestens zehn Kinder ihn besuchen werden.

Betreuung in Gruppen

Die Kinder sollen in Gruppen von etwa zehn Kindern betreut werden. Eine Gruppe soll nicht mehr als zwölf Kinder haben.

→ Arbeitszeit (Lehrkräfte) Teil E Ziff. 2.2; → Behinderungen und Förderbedarf; → Grundschulförderklassen; → Kooperation Kindergarten – Grundschule; → Schulgesetz §§ 20 und 74; → Sonderschulen (Förderschule); → Sonderschulen (Krankenhausschule); → Sonderschulen (Schule für Geistigbehinderte) / (Schule für G – Schulpflicht)

Schulkonferenz (Zuständigkeiten)

Hinweise der Redaktion

1. Allgemeines

In der Schulkonferenz sind alle Beteiligten (Schülerinnen und Schüler, Eltern, Lehrkräfte und ggf. die für die Berufserziehung Mitverantwortlichen) vertreten. Sie ist das „gemeinsame Organ" der Schule. Ihre Rechte und Zuständigkeiten sind in § 47 Schulgesetz definiert.

→ Schulgesetz § 47

Sie stehen in einem wechselseitigen Beziehungsverhältnis zur Konferenzordnung: Die Schulkonferenz besitzt Anhörungsrechte zu Beschlüssen der Gesamtlehrerkonferenz (GLK), bestimmte Beschlüsse der GLK bedürfen ihres Einverständnisses und teilweise entscheidet die Schulkonferenz auch abschließend (wobei die GLK hierzu ein Vorschlagsrecht besitzt).

→ Konferenzordnung § 2

Eines der wichtigsten Rechte der Schulkonferenz ist das Budgetrecht (Entscheidung über bzw. Mitwirkung an Haushaltsentscheidungen). Dies ist im Beitrag → Haushalt (Allgem. Informationen – Budgetierung) Nr. 2-3 im Einzelnen dargestellt.

2. Weitere Zuständigkeiten der Schulkonferenz

Neben dem Aufgabenkatalog in § 47 SchG ist die Schulkonferenz noch in vielen sonstigen Angelegenheiten zuständig. Hier ein Überblick:

1. Die Schulkonferenz entscheidet über den Vorschlag der Schule bei der Besetzung der Schulleiterstelle.
→ Schulgesetz § 40; → Funktionsstellen (Besetzung)
2. Vor Einrichtung einer „Außenklasse" sind die Schulkonferenzen der betroffenen Schulen von der unteren Schulaufsicht zu beteiligen.
→ Behinderungen und Förderbedarf Nr. 5.2.2
3. Die Schulkonferenz kann für die Klassenpflegschaften eine Geschäftsordnung erlassen.
→ Elternbeiratsverordnung § 9
4. Mit Einverständnis der Schulkonferenz können die Weihnachtsferien an beruflichen Schulen bis zu einer Woche vorverlegt werden.
→ Ferienverordnung § 2 Abs. 3
5. Planung und Durchführung von Pädagogischen Tagen sind in der Schulkonferenz zu beraten und mit ihr abzustimmen.
→ Fortbildung und Personalentwicklung Nr. II Abs. 5
6. Die Gesamtlehrerkonferenz kann mit Zustimmung der Schulkonferenz und nach Anhörung des Elternbeirats beschließen, dass der Schulbericht zum Ende des ersten Schulhalbjahres der Klassenstufe 2 durch ein Gespräch ersetzt wird, das der Klassenlehrer nach Beratung in der Klassenkonferenz mit den Eltern führt.
→ Grundschule (Schulbericht) § 1 Abs. 4
7. Die vom Schülerrat erlassene SMV-Satzung der Schule ist vor ihrer Inkraftsetzung dem Schulleiter und den Verbindungslehrern der Schule sowie der GLK und der Schulkonferenz zuzuleiten (Gelegenheit zur Stellungnahme).
→ Schülermitverantwortung § 1 Abs. 7
8. Vor der endgültigen Entscheidung des Schulleiters über die Untersagung des Vertriebs einer Ausgabe der Schülerzeitschrift auf dem Grundstück der Schule ist eine Beratung in der Schulkonferenz erforderlich.
→ Werbung, Wettbewerbe Nr. 5.4.3
9. Bei Meinungsverschiedenheiten über Lernmittel, die nicht dem Zulassungsverfahren des Kultusministeriums unterliegen, kann die Klassenpflegschaft die Schulkonferenz anrufen.
→ Schulgesetz § 56 Abs. 2
10. Vor dem Ausschluss aus der Schule wird auf Wunsch des Schülers bzw. der Schülerin, bei Minderjährigkeit auf Wunsch der Erziehungsberechtigten, die Schulkonferenz angehört.
→ Schulgesetz § 90 Abs. 4
11. Für volljährige Schülerinnen und Schüler ab Klasse 11 bzw. die entsprechenden Klassen der

---

Hätten Sie's gewusst?
Zum Dienstgespräch nur mit Rat und Beistand

Jede/r Beschäftigte hat das Recht sich im Verwaltungsverfahren durch Bevollmächtigte (GEW-Vorstandsmitglieder oder -vertrauensleute, Personalratsmitglied, Anwalt ...) vertreten zu lassen oder einen Beistand mitzubringen.   → Verwaltungsrecht (Kasten auf der ersten Seite)

Wenn man seinen Vorgesetzten zu einem „Dienstgespräch" geladen wird, sollte man nicht auf einen qualifizierten Beistand verzichten. Denn allein ist man oft gestellt, kann das auch schief gehen (man sagt zuviel, sagt das Falsche, vergisst Wichtiges zu sagen ...).

Das muss nicht unbedingt so sein – bisweilen ist es auch klug, allein zu kommen. Aber dann sollte man sich vorher gründlich beraten lassen. Dafür sind die GEW-Geschäftsstellen und der GEW-Rechtsschutz da.   → Rechtsschutz

Merke: Wer in Disziplinarfällen auf den vorherigen (!) Rat der GEW verzichtet, handelt fahrlässig.

beruflichen Schulen kann eine „Raucherzone" eingerichtet werden, wenn dies die Gesamtlehrerkonferenz mit Zustimmung der Schulkonferenz und nach Anhörung des Elternbeirats und der Schülermitverantwortung beschließt.

→ Rauchen in der Schule

12. Die Schulkonferenz beschließt über den generellen unterrichtsfreien Samstag.

→ Unterrichtsfreier Samstag

13. Die Festlegung der schuleigenen Stundentafel und die Entwicklung schuleigener Curricula bedarf der Zustimmung der Schulkonferenz.

→ Schulgesetz § 114

Auch die Entscheidung über den Beginn der 2. Fremdsprache am Gymnasium bedarf der Zustimmung der Schulkonferenz.

→ Schulgesetz § 47; → Schulkonferenzordnung

14. Die Schulkonferenz kann dem Schulleiter und den Lehrerkonferenzen Vorschläge zu allgemeinen Fragen der Leistungserhebung und -beurteilung machen (§ 47 Abs. 2 SchG); Beschlüsse der Gesamtlehrerkonferenz hierzu sowie zu den Hausaufgaben bedürfen ihrer Zustimmung. → Notenbildungsverordnung §§ 2 und 10.

15. Die Schulkonferenz ist vom Schulleiter über den Brand- und Katastrophenschutz an der Schule zu unterrichten.

→ Gewaltvorfälle und Schadensereignisse Nr. 2.1.1

16. Zu inhaltlichen Entscheidungen der Lehrerkonferenzen bei der Selbstevaluationen und der Fremdevaluationen ist die Schulkonferenz anzuhören.

→ Evaluation § 3 Abs. 2

Schulkonferenzordnung

Verordnung des Kultusministeriums für Schulkonferenzen an öffentlichen Schulen (Schulkonferenzordnung) vom 8. Juni 1976 (KuU S. 1151); zuletzt geändert am 4. Juli 1995 (KuU S. 466/1995)

§ 1
Lehrerstellen

Die Lehrerstellen im Sinne des § 47 Abs. 9 SchG errechnen sich aus der Schulleiterstelle und der Zahl der Lehrer, die zu Beginn des Schuljahres an der Schule mit mindestens einem halben Lehrauftrag unterrichten.

§ 2
Mitglieder der Schulkonferenz

(1) Für Schulen mit vierzehn und mehr Lehrerstellen gilt § 47 Abs. 9 SchG.

(2) An Schulen mit weniger als vierzehn Lehrerstellen gehören der Schulkonferenz an der Schulleiter als Vorsitzender, der Elternbeiratsvorsitzende als stellvertretender Vorsitzender und der Schülersprecher, der mindestens der Klasse 7 angehören muss; bei allgemeinen Angelegenheiten der Schülermitverantwortung tritt ein Verbindungslehrer mit beratender Stimme hinzu. Im übrigen sind die einzelnen Gruppen nach Maßgabe der Absätze 3 bis 5 vertreten.

(3) An Schulen mit mindestens sieben Lehrerstellen gehören der Schulkonferenz zusätzlich an:
1. vier Vertreter der Lehrer;
2. bei Schulen, für die
   a) kein Schülerrat vorgesehen ist, drei Vertreter der Eltern,
   b) kein Elternbeirat vorgesehen ist, drei Vertreter der Schüler,
   c) Elternbeirat und Schülerrat vorgesehen sind, ein Vertreter der Eltern und der Schüler; der Schüler muss mindestens der Klasse 7 angehören;
3. an Schulen mit Berufsschulen oder entsprechenden Sonderschulen zwei Vertreter der für die Berufserziehung der Schüler Mitverantwortlichen und zwei weitere Vertreter der Lehrer.

(4) An Schulen mit mindestens drei Lehrerstellen gehören der Schulkonferenz zusätzlich an:
1. zwei Vertreter der Lehrer;
2. bei Schulen, für die kein Schülerrat vorgesehen ist, ein Vertreter der Eltern.

(5) An Schulen mit weniger als drei Lehrerstellen gehört der Schulkonferenz zusätzlich ein Vertreter der Lehrer an.

§ 3 Wahl

(1) Für die Wahl der Vertreter der Lehrer und ihrer Stellvertreter gilt § 2 Abs. 1 Nr. 15 der Konferenzordnung. Für die Wahl der Vertreter der Eltern und ihrer Stellvertreter gelten die Vorschriften für die Wahl des Vorsitzenden des Elternbeirats entsprechend; gleiches gilt für die Wahl der Vertreter der für die Berufserziehung der Schüler Mitverantwortlichen und ihrer Stellvertreter mit der Maßgabe, dass wahlberechtigt nur die Vertreter der für die Berufserziehung der Schüler Mitverantwortlichen sind. Für die Wahl der Vertreter der Schüler und ihrer Stellvertreter gelten die Vorschriften für die Wahl des Schülersprechers mit der Maßgabe, dass auch Stellvertreter der Klassensprecher wählbar sind. Gewählt ist, wer die meisten Stimmen erhält; bei Stimmengleichheit erfolgt Stichwahl, bei weiterer Stimmengleichheit entscheidet das Los.

(2) Im Verhinderungsfalle werden die Mitglieder von ihren Vertretern in der Reihenfolge der erreichten Stimmenzahl vertreten. Beim Ausscheiden eines Mitglieds aus der Schulkonferenz gilt für das

Nachrücken Satz 1 entsprechend. Ein Mitglied scheidet aus, wenn es die Wählbarkeit für die Schulkonferenz verliert.

Hinweis der Redaktion:
1. Es ist zur Ermittlung der Stellvertreter erforderlich, das Wahlergebnis im Protokoll des wählenden Gremiums (z.B. der Gesamtlehrerkonferenz) festzuhalten; vgl. § 8.
2. Soweit das wählende Gremium (Gesamtlehrerkonferenz, Elternbeirat, Schülerrat) nicht in seiner Geschäftsordnung ein anderes Verfahren festgelegt hat, ist es zweckmäßig, die Wahl – analog zum Wahlverfahren bei Kommunalwahlen – als Blockwahl durchzuführen (ein Wahlgang, jeder Stimmberechtigte hat so viele Stimmen, wie Personen zu wählen sind; bei Stimmengleichheit Stichwahl).

(3) Sind weniger Lehrerstellen vorhanden, als die Zahl der Vertreter und Stellvertreter beträgt, kann die Gesamtlehrerkonferenz die Reihenfolge der Vertreter auch anders als durch Wahl bestimmen.

§ 4 Amtszeit

(1) Die Amtszeit beginnt mit der Annahme der Wahl und dauert bis zum Ende des laufenden Schuljahres. Wiederwahl ist zulässig, solange die Wählbarkeit besteht.

(2) Die Schulkonferenz kann die Amtszeit durch Geschäftsordnung um höchstens ein Schuljahr verlängern.

(3) Die Schulkonferenz führt nach Ablauf der Amtszeit die Geschäfte bis zum Zusammentritt der neuen Schulkonferenz fort.

§ 4a
Mitwirkung bei der Besetzung der Schulleiterstelle

Bei der Besetzung der Schulleiterstelle sind gemäß § 40 Abs. 1 Nr. 1 SchG minderjährige Schülervertreter nicht mitwirkungsberechtigt. An ihre Stelle treten die gemäß § 3 Abs. 1 Satz 3 gewählten volljährigen Stellvertreter oder, soweit solche nicht oder nicht in entsprechender Zahl vorhanden sind, die gemäß § 3 Abs. 1 Satz 2 gewählten Elternstellvertreter.

→ Schulgesetz § 40; → Funktionsstellen (Besetzung)

§ 5
Einberufung der Sitzungen, Teilnahmepflicht

(1) Der Vorsitzende beruft nach Abstimmung mit seinem Stellvertreter die Schulkonferenz unter Angabe von Zeit, Ort und Tagesordnung ein. Die Einladungsfrist beträgt mindestens eine Woche. In dringenden Fällen kann die Frist auf einen Unterrichtstag verkürzt werden. Unterlagen für die Beratung sollen den Mitgliedern der Schulkonferenz

„Lehrerstelle" = Schulleiterstelle + Zahl der Lehrkräfte mit mindestens halbem Lehrauftrag an der Schule	bis zu 2 Lehrerstellen*	3 bis 6 Lehrerstellen*	7 bis 13 Lehrerstellen*	ab 14 Lehrerstellen*	Vorsitz (V) und Stellv. Vorsitz (SV)
Schule mit Elternbeirat und Schülerrat (z.B. Haupt-/Realschule, Gymnasium)	1 SL 1 EBV 1 SP 1 Lehrer	1 SL 1 EBV 1 SP 2 Lehrer	1 SL 1 EBV 1 SP 4 Lehrer 1 Schüler 1 Eltern	1 SL 1 EBV 1 SP 6 Lehrer 2 Schüler 2 Eltern	V: Schulleiter SV: Elternbeiratsvorsitzender
Schule ohne Elternbeirat (Berufsoberschule, Kolleg)	1 SL 1 SP 1 L	1 SL 1 SP 2 Lehrer	1 SL 1 SP 4 Lehrer 3 Schüler	1 SL 1 SP 6 Lehrer 5 Schüler	V: Schulleiter SV: Stellv. Schulleiter
Schule ohne Schülerrat (z.B. Grundschule)	1 SL 1 EBV 1 Lehrer	1 SL 1 EBV 2 Lehrer 1 Eltern	1 SL 1 EBV 4 Lehrer 3 Eltern	1 SL 1 EBV 6 Lehrer 5 Eltern	V: Schulleiter SV: Elternbeiratsvorsitzender
Berufsschulen und entsprechende Sonderschulen		Der Schulkonferenz gehören zusätzlich an:			V: Schulleiter SV: je nach Schulart – EBV oder – Stellv. SL
		Bei 7-13 Lehrerstellen – 2 Vertreter der für die Berufserziehung Mitverantwortlichen – 2 weitere Vertreter der Lehrerschaft		Bei 14 und mehr Stellen – 3 Vertreter der für die Berufserziehung Mitverantwortlichen – 3 weitere Vertreter der Lehrerschaft	

Abkürzungen und weitere Hinweise:
SL = Schulleiter (Mitglied kraft Amtes)
EBV = Elternbeiratsvorsitzender (Mitglied kraft Amtes)
SP = Schülersprecher (Mitglied kraft Amtes)
Die Vertreter der Schüler/innen müssen mindestens der 7. Klasse angehören.
Bei allgemeinen Angelegenheiten der SMV besitzt der Verbindungslehrer beratendes Stimmrecht.

Bei Angelegenheiten, die den Schulträger berühren, kann dieser beratend mitwirken.
Die Schulkonferenz kann weitere Personen zu ihren Sitzungen einladen (Schulkonferenzordnung § 9 Nr. 4).
Zumindest an Schulen, bei denen die stellvertretende Sitzungsleitung beim stellvertretenden Schulleiter liegt, sollte dieser immer als Gast hinzugezogen werden, soweit er nicht der Schulkonferenz bereits als gewählter Vertreter der Lehrerschaft angehört.

so rechtzeitig bekanntgegeben werden, dass sie sich mit ihnen vertraut machen können.

(2) Die Schulkonferenz tritt mindestens einmal im Schulhalbjahr zusammen. Sie ist unverzüglich einzuberufen, wenn es 1/3 aller Mitglieder beantragt; sie soll einberufen werden, wenn dies 1/5 aller Mitglieder beantragt. Der Antrag muss die Angabe des Verhandlungsgegenstandes enthalten; dieser muss zum Aufgabengebiet der Schulkonferenz gehören.

(3) Die Mitglieder sind verpflichtet, an den Sitzungen der Schulkonferenz teilzunehmen. Im Verhinderungsfalle haben sie rechtzeitig den Stellvertreter zu benachrichtigen.

§ 6
Verhandlungsleitung, Geschäftsgang

(1) Der Vorsitzende eröffnet, leitet und schließt die Sitzungen und übt das Sitzungsrecht aus. Bei Ordnungsverstößen kann er ein Mitglied von der weiteren Teilnahme an der Sitzung ausschließen.

Hinweis der Redaktion: Der Vorsitz der Schulkonferenz obliegt dem Schulleiter bzw. der Schulleiterin. Falls diese/r verhindert ist und bei einer Sitzung oder der Abwicklung der Geschäfte des Schulkonferenzvorsitzenden vertreten werden muss, obliegt dies dem bzw. der Vorsitzenden des Elternbeirats. Dies gilt auch bei dauerhafter Verhinderung, es sei denn, die Schulverwaltung bestellt den/die stellv. Schulleiter/in förmlich zum kommissarischen Schulleiter. Bei der Beratung und Beschlussfassung über die Neubesetzung einer Funktionsstelle an der Schule (§ 40 Schulgesetz) kann eine Stellvertretung auch wegen Befangenheit des Schulleiters erforderlich sein.

Beim Ausfall des/der Schulleiter/in, z.B. wegen Krankheit oder wegen Verhinderung durch Befangenheit, gibt deren Stimmrecht in der Schulkonferenz nicht verloren; dieses nimmt dann der bzw. die stellvertretende Schulleiter/in wahr. Diese/r besitzt dann aber nur das <u>Teilnahme</u>- und <u>Stimmrecht</u>.
→ Befangenheit; → Schulgesetz §§ 40, 47 Abs. 9 Nr. 2

(2) Der Vorsitzende der Schulkonferenz setzt die Tagesordnung fest. Er ist verpflichtet, Anträge, die von einem Mitglied mindestens 3 Unterrichtstage vor dem Sitzungstermin schriftlich bei ihm eingereicht werden, auf die Tagesordnung zu setzen und zu Beginn der Sitzung bekanntzugeben.

(3) Jedes Mitglied der Schulkonferenz kann nach Erledigung der Tagesordnung Angelegenheiten zur Sprache bringen, die zum Aufgabenbereich der Schulkonferenz gehören. Beschlüsse darüber sind in dieser Sitzung nicht zulässig; die Beratung muss unterbleiben, wenn die Mehrheit der anwesenden Mitglieder widerspricht.

§ 7
Beschlussfassung

(1) Die Schulkonferenz kann nur in einer ordnungsgemäß einberufenen und geleiteten Sitzung beschließen. Sie ist beschlussfähig, wenn mehr als die Hälfte der Mitglieder anwesend ist. Bei einer wegen Beschlussunfähigkeit erneut einberufenen Sitzung ist die Schulkonferenz auch dann beschlussfähig, wenn weniger als die Hälfte der Mitglieder anwesend ist.

(2) Die Schulkonferenz beschließt durch Abstimmung. Sie stimmt in der Regel offen ab. Auf Antrag von mindestens zwei Mitgliedern ist in geheimer Abstimmung mit Stimmzetteln abzustimmen. Die Beschlüsse werden mit Stimmenmehrheit gefasst; Stimmenthaltungen bleiben hierbei unberücksichtigt. Bei Stimmengleichheit ist der Antrag abgelehnt.

(3) Über Gegenstände einfacher Art kann im Wege der schriftlichen Umfrage beschlossen werden, wenn kein Mitglied widerspricht. Ein hierbei gestellter Antrag ist angenommen, wenn die Mehrheit der Mitglieder schriftlich ihre Zustimmung erteilt.

Hinweis der Redaktion: Die Elternmitglieder in der Schulkonferenz können als *„Elterngruppe"* gesondert zusammentreten und im Rahmen des § 47 Abs. 5 Schulgesetz Anträge an die Gesamtlehrerkonferenz richten; bei deren Behandlung in der Konferenz besitzen sie beratende Stimme.
→ KonferenzVO § 11 Abs. 4; → Schulgesetz § 47 Abs. 5

§ 8 Niederschrift

Über jede Sitzung ist eine Niederschrift zu fertigen. Diese muss den Namen des Vorsitzenden, die Namen der Anwesenden und die Zahl der abwesenden Mitglieder, die Tagesordnung, die Anträge, die Abstimmungsergebnisse und den Wortlaut der Beschlüsse enthalten. Die Niederschrift ist vom Vorsitzenden und vom Schriftführer zu unterzeichnen und allen Mitgliedern zuzusenden.

§ 9 Geschäftsordnung

Die Schulkonferenz kann sich zur Geschäftsordnung weitere Bestimmungen geben und insbesondere regeln:

1. die Bestellung eines Schriftführers,
2. die Bildung von Ausschüssen,
3. Behandlung von Wortmeldungen, Redezeit,
4. Einladung von Nichtmitgliedern zu den Sitzungen,
5. die Verlängerung der Amtszeit gemäß § 4 Abs. 2,
6. die Geschäftsordnung für die Klassenpflegschaft gemäß § 9 der Elternbeiratsverordnung,
7. die Bildung von Berufsgruppen- und Abteilungspflegschaften gemäß § 10 der Elternbeiratsverordnung.

§ 10 Heimschulen

Für die Gymnasien in Aufbauform mit Heim gelten hinsichtlich der Zusammensetzung der Schulkonferenz die Vorschriften des § 47 Abs. 9 SchG und die Vorschriften dieser Verordnung entsprechend. Gleiches gilt für die Heimsonderschulen und Sonderschulen mit folgenden Maßgaben:

1. Die Schüler sind zu beteiligen, soweit es ihre Möglichkeiten und das Bildungsziel der Schule zulassen.
2. In den Heimsonderschulen tritt an die Stelle eines Lehrers ein von den Erziehungskräften des Heims aus ihrer Mitte gewählter Vertreter. Für die Wahl des Vertreters gilt § 3 Abs. 1 Satz 4 und Abs. 2 entsprechend.

→ Funktionsstellen (Besetzung und Überprüfung); dort Hinweise auf die Vertraulichkeit der Beratungen; → Konferenzordnung; → Konferenzen (Allgemeines); → Schulgesetz § 47; → Schulkonferenzordnung (Zuständigkeiten)

Schulleitung (Abteilungsleiter-/Studiendirektor/innen)

Aufgaben und Stellung der Studiendirektoren zur Koordinierung schulfachlicher Aufgaben an allgemeinbildenden Gymnasien und an beruflichen Schulen (Abteilungsleiter); VwV des KM vom 25.5.2005 (KuU S. 84/2005)

I. Geltungsbereich

Diese Verwaltungsvorschrift gilt für die Studiendirektoren zur Koordinierung schulfachlicher Aufgaben an allgemeinbildenden Gymnasien und an beruflichen Schulen (Abteilungsleiter).

II. Stellung und Aufgaben

1. Allgemeines

Der Abteilungsleiter ist Teil des Schulleitungsteams und unterstützt den Schulleiter bei der Erfüllung seiner Aufgaben. Er leitet eine schulische Abteilung. Der Schulleiter ist Vorgesetzter der Abteilungsleiter. Er trägt die Gesamtverantwortung für ihre Arbeit. Die Abteilungsleiter sind dem Schulleiter gegenüber rechenschaftspflichtig. Der Schulleiter legt unter Beachtung eines an der Schule vorhandenen Leitbildes bzw. pädagogischen Programmes die Aufgabenbereiche der Abteilungsleiter und die Formen der Zusammenarbeit fest und bildet die schulischen Abteilungen, deren Zahl grundsätzlich der Zahl der Stellen für Abteilungsleiter entspricht, die der Schule zur Verfügung stehen.

Der Abteilungsleiter ist dafür verantwortlich, dass die seinem Aufgabenbereich zugehörenden Aufgaben erfüllt werden. Er ist berechtigt, die hierfür erforderlichen Weisungen zu geben und ist insoweit Vorgesetzter der Lehrkräfte. Er arbeitet selbstständig und eigenverantwortlich und ist als Führungskraft auf die Grundregeln des kooperativen Führungsstils verpflichtet. Sofern an der Schule ein Leitbild bzw. ein pädagogisches Programm formuliert ist, richtet er seine Arbeit daran aus.

2. Aufgabenbereiche

Den Abteilungsleitern können insbesondere Aufgaben aus den folgenden Bereichen übertragen werden:

- Lehren und Lernen, Organisation und Entwicklung von Lernprozessen;
- Schulorganisation und -verwaltung;
- Kommunikation und Kooperation mit allen am Schulleben Beteiligten, einschließlich Leitung von Konferenzen (Fach- und Abteilungskonferenzen) und Dienstbesprechungen;
- Personalführung und Personalentwicklung, Unterstützung des Schulleiters bei der Lehrereinstellung, der Ausbildung der Lehramtsbewerber und der Beurteilung und Beratung der Lehrerinnen und Lehrer;
- Fortbildungsmanagement;
- Qualitätssicherung und -entwicklung, Evaluation.

→ Evaluation

3. Anforderungsprofil

Von Abteilungsleitern wird erwartet, Führungs- und Leitungsaufgaben zu übernehmen. Hierher gehören vor allem

- Aufgeschlossenheit für Innovationen,
- Eigeninitiative,
- kommunikative Kompetenzen,
- Fähigkeit und Bereitschaft, sich rasch in Fragen der Verwaltung, der Schulentwicklung, der schulischen Evaluation und Lehreraus- und -fortbildung einzuarbeiten,
- besondere Qualifikationen im fachlichen, pädagogisch, didaktisch-methodischen und organisatorischen Bereich sowie in der Personalführung im Sinne des Leitbildes der Landesverwaltung des Landes ... (K.u.U 1996 S. 81) und Bereitschaft zur Fortbildung im Sinne des Aufgabenprofils.

→ Arbeitszeit (Lehrkräfte), E.2.3; → Beförderung; → Beförderung (Oberstudienrat/-rätin); → Besoldung (Zulagen); → Bildungsberatung; → Evaluation; → Fachberater/innen; → Fortbildung (Allgemeines); → Fortbildung und Personalentwicklung Nr. II Abs. 5; → Funktionsstellen; → Schulgesetz § 37; → Schulleitung (Aufgaben und Stellvertretung)

Geben Sie der GEW Ihre Mail-Adresse – Sie bekommen was dafür!

Die GEW-Bezirke und der Landesverband versenden immer wieder Informationen per E-Mail an bestimmte Mitglieder-Zielgruppen: an die Angehörigen der Fachgruppen (Schularten), Arbeitnehmer/innen, Frauen, Schwerbehinderte, Lehrkräfte in der Ausbildung, Schulleiter/innen usw. Wenn Sie auf diese Weise erreichbar sein und vom Informationsangebot der GEW profitieren wollen, teilen Sie uns bitte Ihre Mail-Adresse zusammen mit Ihrer vollständigen Postanschrift (oder Ihrer GEW-Mitgliedsnummer) mit. Dann erhalten Sie auch jene Informationen, die wir nur per E-Mail versenden. Bitte senden Sie diese Mail mit dem Betreff: „Mitgliederservice" an: mitgliederverwaltung@gew-bw.de

Schulleitung (Aufgaben und Stellvertretung)

Hinweise der Redaktion

1. Aufgaben und Arbeitszeit der Schulleitung

Die Schulleitung besitzt in Baden-Württemberg traditionell sowohl eine kollegiale als auch eine direktoriale Komponente: Der / die Schulleiter/in
- muss die Lehrbefähigung für eine an der Schule vorhandenen Schularten besitzen (§ 39 SchG) und ist als Lehrkraft an der Schule Mitglied des Lehrerkollegiums sowie der schulischen Gremien,
- ist von Amts wegen Vorsitzender der Gesamtlehrerkonferenz und der Schulkonferenz sowie der Versetzungskonferenzen,
- ist Behördenleiter sowie Vorgesetzter der Lehrkräfte an der Schule; zu Begriff und Aufgaben des „Vorgesetzten" bzw. „Dienstvorgesetzten" siehe:
  → Beamtengesetz § 3 (Kasten); → Schulgesetz § 41;
  → Verwaltungsrecht (Allgemeine Informationen) Nr. 1

Anders als in der allgemeinen Verwaltung, wo das Direktionsrecht des Behördenleiters in der Regel uneingeschränkt wirkt, sind Schulleiter bzw. Schulleiterinnen an die Beschlüsse der schulischen Gremien gebunden (in bestimmten Bereichen entscheiden die Gesamtlehrerkonferenz und/oder die Schulkonferenz sogar abschließend). Zudem besitzen die Lehrkräfte eine originäre Handlungs- und Entscheidungskompetenz (pädagogische Freiheit bzw. Verantwortung gemäß § 38 SchG).

→ Konferenzen (Allgemeines); → Schulgesetz § 38

Diese Verschränkung der Aufgaben und Zuständigkeiten wird z.B. dadurch ausgedrückt, dass der bzw. die Schulleiter/in, „_unterstützt von der Gesamtlehrerkonferenz, verantwortlich für die Besorgung aller Angelegenheiten der Schule_" ist (§ 41 SchG).

Die Aufgaben der Schulleitung ergeben sich nicht nur aus § 41, sondern auch aus § 23 Abs. 2 Schulgesetz: „_Die Schule ist im Rahmen der Vorschriften dieses Gesetzes berechtigt, die zur Aufrechterhaltung der Ordnung des Schulbetriebs und zur Erfüllung der ihr übertragenen unterrichtlichen und erzieherischen Aufgaben erforderlichen Maßnahmen zu treffen und örtliche Schulordnungen, allgemeine Anordnungen und Einzelanordnungen zu erlassen. …_".

Obwohl im Schulgesetz vorgesehen (§§ 41 Abs. 4 bzw. 42 Abs. 2 SchG), gibt es bisher keine Dienstordnung für die Schulleitung. Dadurch gewinnt diese Raum, im Rahmen ihres Ermessens Entscheidungen in eigener Verantwortung zu treffen.

→ Ermessen; → Verwaltungsrecht

Was der Schulleitung durch Verfassung, Gesetz oder Vorschrift (auch Weisung) zur Erledigung übertragen ist, hat diese selbst – allerdings „_unterstützt von der Gesamtlehrerkonferenz_" (s.o.) – zu tun und zu verantworten. Dies gilt auch für die Vertretung der Schule nach außen (z.B. gegenüber Presse und Öffentlichkeit). Ist die vorgesetzte Behörde mit den Amtshandlungen der Schulleitung nicht einverstanden, so kann sie diese beanstanden, die Angelegenheit zur erneuten Entscheidung an die Schule zurückverweisen und ggf. disziplinarische Maßnahmen einleiten. Sie darf sich aber nicht einfach an deren Stelle setzen: In der öffentlichen Verwaltung verbietet sich in der Regel ein „Selbsteintritt" – eine Ersatzvornahme durch Vorgesetzte ist nur bei Gefahr im Verzuge möglich.

→ Presserecht; → Verwaltungsrecht

Die Arbeitszeit der Schulleiter/innen ist in der Verwaltungsvorschrift → Arbeitszeit (Lehrkräfte) Teile B und C geregelt. Das Kultusministerium hat dort ausdrücklich zwischen ihrer „Leitungszeit" und der Unterrichtsverpflichtung unterschieden.

Die Schulverwaltung kann bei Vorliegen besonderer Umstände (z.B. längerfristige Vakanz bei einer komplizierten Stellenbesetzung, tiefgehendes Zerwürfnis im Lehrerkollegium, absehbare Auflösung einer Schule) eine Person – auf Zeit – mit der kommissarischen Schulleitung beauftragen (dies ist formal zu unterscheiden von der „Verhinderungsstellvertretung" durch den bzw. die stellvertretende Leiter/in einer Schule; siehe unten Nr. 2).

Der bzw. die kommissarische Schulleiter/in nimmt die Aufgaben der seitherigen Leitungsperson in vollem Umfang und mit allen Rechten und Pflichten wahr; er/sie hat deshalb Anspruch auf die vollständige „Leitungszeit" sowie die Aufgabe, die Lehrkräfte der Schule dienstlich zu beurteilen.

2. Aufgaben und Arbeitszeit der weiteren Mitglieder der Schulleitung

Sind der Schulleiter bzw. die Schulleiterin verhindert, so nehmen ein Stellvertreter bzw. eine Stellvertreterin deren _ständige und allgemeine Vertretung_ wahr (davon gibt es nur Ausnahme: die Leitung der Schulkonferenz).

→ Schulgesetz § 42; → Schulkonferenzordnung § 2 Abs. 2

In der Regel ist hierfür an der Schule eine Funktionsstelle ausgebracht (z.B. Konrektor/in, Studiendirektor/in). Ist keine Person mit der Aufgabe der stellvertretenden Schulleitung bestellt oder vorhanden (z.B. an kleineren Schulen) so ist verhindert, ist automatisch die dienstälteste Lehrkraft an der Schule für die Stellvertretung zuständig, soweit nicht die Schulaufsichtsbehörde eine andere Lehrkraft ausdrücklich hiermit beauftragt (hierzu bitte die Hinweise bei § 42 Abs. 2 Schulgesetz beachten).

Bei der **Arbeitszeit-Anrechnung** für diese stellvertretenden Schulleiter/innen ist zu unterscheiden:

Schulleitung (Aufgaben und Stellvertretung) / (Geschäftsführende Schulleiter)

1. Anrechnung für die laufende Wahrnehmung von Leitungsaufgaben

In der Verwaltungsvorschrift ➔ Arbeitszeit (Lehrkräfte) Buchst. B geht das KM von einer ständigen Aufgabenverteilung innerhalb der Schulleitung und einer entsprechenden Zuteilung von Anrechnungsstunden an die stellvertretenden Schulleiter/innen – im Maße ihrer Beanspruchung – aus. Die konkrete Aufteilung ist zu vereinbaren, wobei dem Schulleiter bzw. der Schulleiterin gem. § 41 SchG ein Letzt-Entscheidungsrecht zusteht. Die Aufgabenverteilung sollte an der Schule durch einen Geschäftsverteilungsplan bekanntgemacht werden. Je nach konkretem Bedarf kann der bzw. die Schulleiter/in weitere Lehrkräfte beauftragen, an der Leitung der Schule mitzuwirken. Diese können gemäß der genannten VwV ebenfalls Leitungsstunden – im Maße ihrer Beanspruchung – erhalten. Auch hier sollten Aufgabenverteilung und Zuständigkeiten vereinbart und bekanntgemacht werden. Im Bereich der Gymnasien und beruflichen Schulen ist dies durch Verwaltungsvorschrift geregelt.

➔ Schulleitung (Abteilungsleiter/innen)

2. Anrechnung für Stellvertretung bei Verhinderung

Nach Ausscheiden eines Schulleiters (z.B. nach Tod oder Zurruhesetzung) oder bei dessen Verhinderung durch Krankheit usw. übernimmt die reguläre Stellvertreter/in bzw. die von der Schulverwaltung bestellte kommissarische Schulleiter/in die Leitungsaufgaben mit allen Rechten und Pflichten; hierzu gehört auch die dienstliche Beurteilung der Lehrkräfte. Während der Verhinderungs-Stellvertretung (Wahrnehmung der Leitungsgeschäfte) steht dieser Person ein Arbeitszeitausgleich zu:

a) Bei kürzerer Abwesenheit der Schulleitung (z.B. wegen einer Dienstbesprechung oder kurzfristiger Erkrankung) erfolgt kein zeitweiser Zeitausgleich – allerdings muss die stellvertretende Lehrkraft Unterricht, den sie wegen der Schulleitungstätigkeit nicht halten kann, nicht nachholen, denn sie nimmt statt dieser dienstlichen Verpflichtung eine andere wahr.

b) Bei längerfristigen bzw. umfangreichen Vertretungen besteht für die stellvertretende Leitungsperson Anspruch auf die Schulleiter-Anrechnung nach der VwV ➔ Arbeitszeit (Lehrkräfte) Buchst. C Ziff. 1. In diesem Fall ist
 – entweder die Lehrauftragsverteilung so zu ändern, dass die stellvertretende Lehrkraft im zustehenden Umfang freigestellt wird,
 – oder es ist – z.B. bei mittelfristigen Vakanzen oder an kleineren Schulen – ein Deputatsausgleich („flexibles Deputat") möglich.

➔ Arbeitszeit (Lehrkräfte) Buchst. A Ziff. IV

Beispiel: Die dienstälteste Lehrerin an einer kleineren Schule (Umfang der Schulleitungsanrechnung an dieser Schule: 8 Stunden) nimmt drei Kalendermonate lang (einschließlich der Ferien) die Dienstgeschäfte der Schulleitung tatsächlich wahr. Damit hat sie – auf das Jahr bezogen – Anspruch auf ein Viertel der Schulleiteranrechnung, in diesem Beispiel auf zwei Unterrichtsstunden. Dafür erhält sie eine entsprechende Deputatsreduzierung im nächsten Schulhalbjahr oder Schuljahr.

Es ist auch eine Mehrarbeitsvergütung möglich: Da die stellvertretende Leitungsperson Unterricht erteilt, den sie wegen der ihr zustehenden Anrechnung eigentlich nicht erteilen müsste, erhält sie hierfür Mehrarbeitsvergütung. – falls sie teilzeitbeschäftigt sein sollte – anteilige Bezahlung.

➔ Arbeitszeit (Lehrkräfte), B; ➔ Ermessen; ➔ Mehrarbeit; ➔ Schulgesetz §§ 23 und 41-42; ➔ Schulleitung (Abteilungsleiter/innen); ➔ Verwaltungsrecht

Schulleitung (Geschäftsführende Schulleiter/innen)

Hinweise der Redaktion

Die Schulaufsichtsbehörde kann für die Schulen einer Schulart oder mehrerer Schularten im Gebiet eines Schulträgers aus dem Kreis der Schulleiter einen geschäftsführenden Schulleiter bestellen, der alle Angelegenheiten, die eine einheitliche Behandlung erfordern oder ihm durch besondere Anordnung übertragen werden, zu besorgen hat.

Die geschäftsführenden Schulleiter im Gebiet eines Schulträgers haben bei der Besorgung von Angelegenheiten, die mit Rücksicht auf die Einheit des örtlichen Schulwesens einheitlich geregelt werden müssen, das gegenseitige Einvernehmen herzustellen, bei allen übrigen verschiedene Schularten berührenden Angelegenheiten sich miteinander ins Benehmen zu setzen. ➔ Schulgesetz § 43.

Geschäftsführende Schulleiter/innen werden in der Praxis im Gebiet eines Schulträgers grundsätzlich getrennt bestellt für die

– **Grund-, Haupt-, Real-, und Sonderschulen**
(Voraussetzung: mindestens vier selbstständige Schulen dieser Schularten; bei erhöhtem Koordinierungsbedarf können mehrere geschäftsführende Schulleiter für einzelne Schularten dieses Bereichs bestellt werden, z.B. in Stuttgart, Karlsruhe, Mannheim und Freiburg),

– **Gymnasien**
(Voraussetzung: mindestens drei voll ausgebaute oder – bei nicht ausgebauter Oberstufe – mindestens vier selbstständige Schulen; sofern

dieser Schwellenwert nicht erreicht wird, ein Koordinierungsbedarf aber vorliegt, können diese Schulen durch den geschäftsführenden Schulleiter im GWHRS-Bereich mitbetreut werden),
- **beruflichen Schulen**
(Voraussetzung: mindestens drei selbstständige berufliche Schulen).

Eine allgemeine Aufgabenbeschreibung für die geschäftsführenden Schulleiter/innen durch das KM ist nicht erfolgt. Die in § 43 SchG allgemein beschriebenen Aufgaben ergeben sich im Einzelnen aus dem örtlichen Kooperationsbedarf. Die geschäftsführenden Schulleiter/innen nehmen z.b. regelmäßig Koordinierungsaufgaben (z.b. Leitung der örtlichen Schulleiterbesprechungen, Organisation der Belegung von Sportstätten) wahr, beraten den Schulträger (z.b. Teilnahme an Sitzungen kommunaler Gremien oder an Besprechungen, Abgabe von Stellungnahmen) und übernehmen repräsentative Aufgaben (z.b. Auskünfte an die Presse oder Grußworte bei Veranstaltungen).

In Einzelbereichen sind den geschäftsführenden Schulleitern ausdrücklich Aufgaben zugeschrieben:
- Entscheidung über Abweichung vom Schulbezirk (sofern ihnen die Zuständigkeit hierfür von der Schulaufsichtsbehörde übertragen wurde).
  → Schulgesetz § 76 Abs. 2 Satz 5
- Herbeiführung der Entscheidung über die Festlegung der beweglichen Ferientage.
  → Ferienverordnung § 3 Abs. 3 Satz 5

→ Arbeitszeit (Lehrkräfte) E.2.1; → Besoldung (Gesetz – LBesGBW); → Besoldung (Zulagen) Teil I; → Ferienverordnung § 3 Abs. 3 Satz 5; → Schulgesetz § 43 und § 76 Abs. 2 Satz 5; → Schulpflicht (Berufliche Schulen – Übergabe);
→ Schulpflicht (Meldeverordnung) § 2; → Werbung Nr. 4

- Genehmigung von Erhebungen, die sich auf das Gebiet des Schulträgers beschränken.
  → Werbung Nr. 4
- An beruflichen Schulen Überwachung der Berufsschulpflicht.
  → Schulpflicht (Berufliche Schulen – Übergabe) / (Meldeverordnung) § 2

Geschäftsführende Schulleiter/innen erhalten eine Anrechnung auf das Regelstundenmaß sowie eine Stellenzulage in Höhe von 79,89 Euro. Diese Zulage nimmt nicht an den allgemeinen Besoldungsanpassungen teil und ist nicht ruhegehaltsfähig.

→ Arbeitszeit (Lehrkräfte) E.2 1; → Besoldung (Gesetz – LBesGBW); → Besoldung (Zulagen) Teil I

Bei Besetzung der Position von geschäftsführenden Schulleiter/innen gilt folgendes Verfahren:
- Die Funktion wird (im GWHRS-Bereich vom Staatlichen Schulamt, bei beruflichen Schulen und Gymnasien vom Regierungspräsidium) ausgeschrieben bzw. die in Frage kommenden Interessent/innen werden informiert. Dadurch werden sämtliche Schulleiter/innen der betreffenden Schulart im Gebiet eines Schulträgers aufgefordert, sich zu bewerben.
- Zugleich wird der Schulträger informiert.
- Danach macht sich die Schulaufsichtsbehörde ein Bild von den in Frage kommenden Personen und wählt die/den am besten geeignete aus.
- Der Schulträger wird informiert und gebeten, sich zu der beabsichtigten Entscheidung zu äußern.

Schulpartnerschaften und Schüleraustausch

Hinweise der Redaktion

1. Schulpartnerschaften

Auszug aus den Leitsätzen des KM für Schulpartnerschaften an allgemeinbildenden Schulen (AZ: 43-6492.21/100); überarbeitet lt. Schreiben des RP Stuttgart vom 4.9.2006

1. Eine Schulpartnerschaft setzt eine langfristig und auf Gegenseitigkeit angelegte Kooperation voraus. Sie sollte durch eine klare Absichtserklärung der Schulen (Partnerschaftsabkommen o.ä.) belegt sein. Auf beiden Seiten sollen Partnerschaftsbeauftragte benannt sein, die eine Gewähr für die Kontinuität des Programms bieten.
2. Eine Partnerschaft soll gekennzeichnet sein durch ein Spektrum gemeinsamer Aktivitäten, z.B. Briefkontakte, Austausch von Materialien, Fernwettbewerbe, fachliche Kontakte auf Lehrerebene, gemeinsame Projekte, Eröffnung von Hospitationsaufenthalten.
Eine ausschließlich auf persönliche Beziehungen ausgerichtete Kooperation fällt nicht unter den Begriff Schulpartnerschaft.

Einmalige oder reine Austauschvorhaben (Schüler-, Lehreraustausch) gelten, wenn eine Dauerbindung nicht ersichtlich ist, nicht als Schulpartnerschaften,
3. Nach Maßgabe verfügbarer Mittel können bei Schulpartnerschaften als freiwillige Leistung des Landes bezuschusst werden:
3.1 Aufenthalte ausländischer Schüler und Schülerinnen die sich durch besonders gute Leistungen im Fach Deutsch ausgezeichnet haben, sowie deren Begleitlehrkräfte, können im Einzelfall bezuschusst werden. Die Mindestaufenthaltsdauer von zwei Wochen sollte nicht unterschritten werden.
3.2 Ausländische Lehrkräfte mit guten Deutschkenntnissen können Zuschüsse zu Hospi-

tationsaufenthalten erhalten. Die Förderung ist auf höchstens zwei Monate begrenzt. Die Hospitation muss mindestens drei Wochen dauern. Am Ende der Hospitation ist zusammen mit der Abrechnung ein Bericht in deutscher Sprache vorzulegen.

3.3 Baden-württembergische Lehrkräfte und Angehörige der Schulverwaltung können Zuschüsse zu Initiativen bzw. Veranstaltungen zur Anbahnung bzw. Vorbereitung von Schulpartnerschaften erhalten (z.b. Reisekosten für Schulleiter bzw. Partnerschaftsbeauftragte, vorbereitende Tagungen/Seminare im Einzelfall).

3.4 Hospitationsaufenthalte im Ausland durch baden-württembergische Lehrkräfte, die Deutsch unterrichten, können gefördert werden, wenn sie an der ausländischen Partnerschule Deutschunterricht erteilen. Sie müssen sich verpflichten, dem Regierungspräsidium nach Beendigung des Hospitationsaufenthalts einen Erfahrungsbericht vorzulegen. – Der Hospitationsaufenthalt muss in die Partnerschaftsbeziehung eingebettet sein. – Eine Förderung ist nicht möglich, soweit eine Bezuschussung nach der VwV „Lehrer- und Assistentenaustausch" ... erfolgt oder anderweitige Fördermittel in Anspruch genommen werden, z.B. des Pädagogischen Austauschdienstes, Bonn.
→ Auslandsschuldienst

3.5 Bezuschusst werden kann die Bereitstellung von Informations- bzw. Unterrichtsmaterialien oder methodisch-didaktischer Hilfen in deutscher Sprache zur ergänzenden Ausstattung der ausländischen Partnerschule.

3.6 Projekte, die von den Partnerschulen gemeinsam durchgeführt werden, können bezuschusst werden. Am Ende ist zusammen mit der Abrechnung ein Projektbericht vorzulegen.

3.7 Schüler/innen aus Baden-Württemberg können nach diesen Richtlinien nicht gefördert werden. Auf etwaige Fördermöglichkeiten nach dem Landesjugendplan wird hingewiesen.

4. Für die Förderung von Schulpartnerschaften ist das RP Stuttgart ... zuständig. Zuschussanträge für das Folgejahr müssen bis zum 30. November ... vom Schulleiter der deutschen Schule (... *Formblatt*) an das RP Stuttgart (Abt. 7), Internat. Schüleraustausch, Postfach 103642, 70031 Stuttgart, gestellt werden. Der Termin ist unbedingt einzuhalten. Es können nur Zuschüsse für Maßnahmen, die in den hier vorliegenden Leitsätzen genannt sind, beantragt werden. Pro Schule und Jahr kann nur ein Antrag auf Bezuschussung einer Maßnahme gestellt werden. Ein Rechtsanspruch auf Förderung besteht nicht. Die Entscheidung, ob und ggf. in welcher Höhe eine Förderung gewährt wird, kann erst nach der Mittelzuweisung erfolgen. Zuschüsse können nur im Rahmen des vorgelegten Kostenplans gewährt werden.

2. Internationale Schülerbegegnungen mit Staaten Mittel- und Osteuropas

Nach Nr. 17 der Richtlinien des KM zur Förderung der außerschulischen Jugendbildung (VwV vom 30.7.2002; KuU S. 267/2002) können für internationale Schülerbegegnungen mit Staaten Mittel- und Osteuropas Zuschüsse gewährt werden.
→ Außerschulische Jugendbildung (Landesjugendplan)

3. Schüleraustausch

Hilfestellung beim Schüleraustausch leistet die Vorortstelle für den Internationalen Schüleraustausch (ISA) beim RP Stuttgart (Beratung der Schulen bei der Anbahnung von Schulpartnerschaften und beim Schüleraustausch in Klassen).

Der AFS Interkulturelle Begegnungen e.V. führt in Kooperation mit dem KM individuelle Austauschprogramme durch (dreiwöchige bis dreimonatige Programme, z.B. Australien, Kanada, Italien und Russland). Schülerinnen und Schülern aller Schularten sollen erste Einblicke in andere Kulturkreise erhalten, der Fremdsprachenerwerb soll gefördert werden. Die Programme sind als gegenseitiger Austausch mit Schulbesuch konzipiert. Alle Teilnehmer/innen werden sorgfältig auf ihren Auslandsaufenthalt vorbereitet.

Bewerben können sich Schülerinnen und Schüler aller Schularten aus Baden-Württemberg, die bei Programmstart zwischen 14 und 17 Jahre alt sind. Programmausschreibungen und Bewerbungsunterlagen sowie weitere Informationen im Internet unter www.schueleraustausch-bw.de. Kontakt: AFS Regionalbüro Süd, Hohnerstr. 23, 70469 Stuttgart, FON: (0711) 8060769-15/16, FAX: -19, E-Mail: Silke.Westerholt@afs.org

Die deutsch-französische Schülerbegegnungsstätte Breisach wickelt insbesondere das Austauschprogramm Brigitte Sauzay ab. Dieses Programm beinhaltet auf Gegenseitigkeit einen zwei- bis dreimonatigen Aufenthalt in einer französischen Gastfamilie mit Schulbesuch. Die Bewerbung für den Austausch nach dem Programm Brigitte Sauzay läuft über die Schule. Kontakt: Deutsch-Französische Schülerbegegnungsstätte, Martin-Schongauer-Gymnasium, Leo-Wohleb-Straße 2, 79206 Breisach, E-Mail: brigitte.sauzay@gmx.de.

Ferner ist auf die Aktion Bildungsinformation e.V. (ABI) hinzuweisen, die Informationen für den Schüleraustausch bzw. Gastaufenthalte von Jugendlichen in zahlreichen Ländern bereitstellt und auch die Leistungen gewerblicher Anbieter prüft: ABI e.V., Lange Str. 51, 70174 Stuttgart, 70173 Stuttgart, FON; (0711) 220216-30, FAX: -40, E-Mail: info@abi-ev.de, Internet: www.abi-ev.de.

→ Außerschulische Jugendbildung (Landesjugendplan); → Außerunterrichtliche Veranstaltungen; → Konferenzordnung § 2; → Reisekosten (Gesetz – LRKG)

Schulpflicht (Ausländer/innen)

Hinweise der Redaktion

A. Grundsatz

Maßstab für den Schulbesuch ausländischer Kinder und Jugendlicher sind Art. 11 der Landesverfassung, der für alle Kinder und Jugendlichen „ohne Rücksicht auf Herkunft oder wirtschaftliche Lage" ein uneingeschränktes Recht auf Bildung konstituiert, und das Anti-Diskriminierungs-Abkommen, das in Baden-Württemberg Gesetzesrang besitzt.

→ Diskriminierung; → Verfassung Artikel 11

Ferner sind die Bestimmungen des Schulgesetzes über die allgemeine Schulpflicht zu beachten.

→ Schulgesetz § 72 ff.

B. Dauer der Schulpflicht

Jährlich übermittelt die Meldebehörde (Einwohnermeldeamt) der jeweils zuständigen Grundschule die Daten der erstmals schulpflichtig werdenden Kinder aus dem Melderegister. Außerdem erhält die jeweils zuständige Schule zur Durchsetzung der Schulpflicht die Daten von schulpflichtigen Kindern und Jugendlichen, die aus dem Ausland zugezogen sind. Diese Mitteilung erfolgt
- bei Kindern bis zum vollendeten zehnten Lebensjahr an die Grundschule,
- bei Kindern, die das zehnte, aber noch nicht das 15. Lebensjahr vollendet haben, an die Hauptschule und
- bei Jugendlichen, die das 15., aber noch nicht das 18. Lebensjahr vollendet haben, an den geschäftsführenden Schulleiter für das berufliche Schulwesen bzw. bei männlichen Jugendlichen an die gewerbliche Berufsschule, bei weiblichen Jugendlichen an die hauswirtschaftlich-pflegerisch-sozialpädagogische Berufsschule.

→ Schulpflicht (Meldeverordnung / Datenschutz)

Bei allen derart gemeldeten Kindern und Jugendlichen kann die Schule ohne weitere Prüfung davon ausgehen, dass sie der Schulpflicht unterliegen, sofern sie diese nicht - z.B. wegen Erreichens der Altersgrenze - erfüllt haben. Bei Kindern und Jugendlichen mit ausländischer Staatsangehörigkeit, die ohne eine solche Mitteilung direkt (z.B. von den Erziehungsberechtigten) bei der Schule angemeldet werden, muss von der Schule zunächst geprüft werden, ob sie „zuständig" ist. Dies ergibt sich bei den genannten Schularten, daraus, ob die Betreffenden nachweislich im „Schulbezirk" ansässig und dort auch gemeldet sind (→ Schulgesetz § 25). Falls ja, ist auch hier vom Bestehen der Schulpflicht auszugehen. Aus den Melde- bzw. Ausweispapieren ergibt sich auch der ausländerrechtliche Status des Schülers bzw. der Schülerin.

Die Schulpflicht gliedert sich in drei Phasen:
1. Erfolgreicher Besuch der Grundschule bis zum Abschlusszeugnis (d.h. mindestens vier Jahre; Sitzenbleiben verlängert die Grundschulpflicht; eine Zurückstellung wird nicht angerechnet).
2. Fünfjähriger Besuch einer auf der Grundschule aufbauenden Schule; Sitzenbleiben verlängert diese zweite Etappe der Schulpflicht nicht.
3. Nach dieser (insgesamt also mindestens neunjährigen) allgemeinen Schulpflicht folgt die Berufsschulpflicht bis zum 18. Lebensjahr.

→ Schulgesetz §§ 72 ff.

Auf Kinder und Jugendliche, die aus dem Ausland einreisen (sogenannte „Seiteneinsteiger"), lassen sich diese Bestimmungen häufig nur mit Schwierigkeiten anwenden, da sie teilweise keine oder keine vergleichbaren Zeugnisse vorlegen können und nicht selten einen oder mehrere Teile ihrer Lebenszeit im Ausland absolviert haben. Die Feststellung, ob die Schulpflicht bereits erfüllt wurde, ist dann von der Schulleitung nach pflichtgemäßem Ermessen vorzunehmen: Es ist anzunehmen, dass sie die allgemeine Schulpflicht erfüllt haben, wenn sie mindestens 15 Jahre alt sind. Ihre Berufsschulpflicht endet, falls das Berufsvorbereitungsjahr (BVJ) besucht wurde, ggf. schon vor Vollendung des 18. Lebensjahrs. Die Berufsschule kann im Einzelfall die Berufsschulpflicht auch für beendet erklären. Weibliche verheiratete Jugendliche und junge Mütter können die Berufsschule nach Vollendung des 16. Lebensjahrs verlassen.

Es empfiehlt sich, bei „Seiteneinsteigern", die bereits einen schulischen Abschluss im Ausland erreicht haben könnten, das entsprechende Zeugnis der oberen Schulaufsichtsbehörde zur Prüfung bzw. Feststellung der Gleichwertigkeit vorzulegen.

→ Abschlüsse (Allgemeines); → Berufsvorbereitungsjahr

C. Ausländische Flüchtlinge (Asylbewerber)

Die dem Land zugewiesenen Asylbewerber sind in der Regel in staatlichen Gemeinschaftsunterkünften untergebracht, bis das Asylverfahren abgeschlossen ist. Dies gilt auch für Minderjährige in Begleitung erwachsener Familienangehöriger. Wenn der Asylantrag rechtskräftig abgelehnt oder der Asylantrag zurückgenommen wurde, verbleiben sie in der Regel weitere zwölf Monate in der Gemeinschaftsunterkunft. Diese Kinder und Jugendlichen besitzen eine Aufenthaltsgestattung, sofern sie ein Asylverfahren einbezogen sind. Kinder und Jugendliche, die nicht in Asylverfahren einbezogen sind und im Familienverbund mit Asylsuchenden eingereist sind, sind grundsätzlich ausreisepflichtig. Ihr Aufenthalt wird jedoch für die Dauer des Asylverfahrens von Familienangehörigen, zum Beispiel der Eltern, geduldet.

Für diese Personengruppe besteht seit 2008 nicht

nur ein (vom individuellen Antrag abhängiges) Schulbesuchsrecht: Schulpflichtig ist *"auch, wem aufgrund eines Asylantrags der Aufenthalt in Baden-Württemberg gestattet ist oder wer hier geduldet wird, unabhängig davon, ob er selbst diese Voraussetzungen erfüllt oder nur ein Elternteil; die Schulpflicht beginnt sechs Monate nach dem Zuzug aus dem Ausland und besteht bis zur Erfüllung der Ausreisepflicht".*
→ Schulgesetz §§ 72 Abs. 1

Für hiervon nicht erfasste Kinder und Jugendliche ist auf die frühere Mitteilung des KM zu verweisen: *"... Aufgrund von Artikel 11 der Landesverfassung und dem Übereinkommen gegen Diskriminierung im Unterrichtswesen ..., welches ... Gesetzesrang hat, besteht in jedem Fall für längerfristig hier verweilende Asylbewerberkinder das Recht zum Schulbesuch, und zwar in einer Form, die nicht mit einer Diskriminierung verbunden sein darf. Die betroffenen Schülerinnen und Schüler besuchen daher die Schule mit allen Rechten und Pflichten".* (KM, 17. 11.2005; AZ: 31-6601.0/327)
→ Diskriminierung im Unterrichtswesen

Sie sind z.B. unfallversichert und haben Anspruch auf Lernmittelfreiheit, müssen aber auch alle Pflichten erfüllen und können hierzu ggf. durch Erziehungs- und Ordnungsmaßnahmen angehalten werden. Sie haben auch Anspruch auf den Besuch des Unterrichts in regulären Schulklassen; lediglich für Kinder und Jugendliche mit besonderen Sprachschwierigkeiten (z.B. sogenannte „Seiteneinsteiger") sind besondere Vorbereitungsklassen und -kurse vorgesehen, die jedoch nach bestimmter Frist in den regulären Schulbesuch einmünden.
→ Unfallversicherung; → Sprachförderung (Integration)

D.
Keine Meldepflicht an die Ausländerbehörde

Aus Artikel 11 der Landesverfassung (s. o. Buchst. A) ergibt sich ein unmittelbares Recht zum Schulbesuch auch für Kinder und Jugendliche, die sich illegal in Deutschland aufhalten. Es ist nicht Aufgabe der Schule, diese Schüler/innen bei den Ausländer- oder Polizeibehörden anzuzeigen.

Das Kultusministerium hat hierzu am 13. September 2010 (AZ: 4–1310/94) u.a. ausgeführt:

„Kinder ohne Aufenthaltsstatus können in Baden-Württemberg ... die Schule besuchen, ohne dass eine Übermittlung ihrer Daten an die Ausländerbehörden erfolgt. ... Nach § 87 Abs. 2 des Aufenthaltsgesetzes (AufenthG) in Verbindung mit der Allgemeinen Verwaltungsvorschrift zum Aufenthaltsgesetz besteht eine Über mittlungspflicht für Schulen und andere öffentliche Stellen außerdem nur hinsichtlich der Sachverhalte, die der öffentlichen Stelle zur Erfüllung der ihr obliegenden Aufgaben rechtmäßig zur Kenntnis gelangt sind. Eine Kenntnisnahme bei Gelegenheit der Aufgabenwahrnehmung genügt nicht. Was „zur Erfüllung ihrer Aufgaben" gehört, bestimmt sich nach Landesrecht. Da in Baden-Württemberg der Melde- und Aufenthaltsstatus der Schulkinder amtlich nicht erhoben wird, besteht insofern auch keine Übermittlungspflicht der Schulen."

Nähere Informationen zum Aufenthaltsrecht gibt es unter: www.aufenthaltstitel.de

→ Diskriminierung im Unterrichtswesen; → Ermessen; → Notenbildungsverordnung; → Schulgesetz § 72 ff.; → Schulpflicht (Berufliche Schulen); → Schulpflicht (Durchsetzung); → Schulpflicht (Meldeverordnung); → Sprachförderung; → Unfallversicherung; → Verfassung Art. 11; → Versetzungsordnungen (bei den einzelnen Schularten); → Werkrealschule (Ausbildung und Prüfung); → Zeugnisse

Schulpflicht (Berufliche Schulen)

Dauer und Erfüllung der Berufsschulpflicht; Verwaltungsvorschrift des KM vom 9.11.1994 (KuU S. 534/1994); neu in Kraft gesetzt 14.11.2001 (KuU S. 75/2002)

I.
Allgemeines

Die Pflicht zum Besuch der Berufsschule ist in den §§ 77 ff. des Schulgesetzes (SchG) geregelt. Nachstehende ergänzende Regelungen ergehen zur Klärung von Einzelfragen.

II.
Freiwilliger Besuch der Berufsschule

1. Jugendliche, die nach § 78 Abs. 1 Satz 3 oder Abs. 2 Satz 3 SchG die Berufsschule freiwillig besuchen, haben die gleichen Rechte und Pflichten wie berufsschulpflichtige Schüler. Sie haben insbesondere den nach der Stundentafel vorgesehenen Unterricht grundsätzlich in vollem Umfang zu besuchen.

2. Schüler, die die Hochschulreife oder die Fachhochschulreife besitzen, können zu Beginn des Schuljahres auf Antrag in einzelnen Fächern des allgemeinen Lernbereiches ausnahmsweise vom Unterricht freigestellt werden, sofern dies aus pädagogischen Gründen (z.B. mangels Differenzierungsmöglichkeiten im Unterricht) zweckmäßig ist. Auf Antrag kann der Schüler an der Abschlussprüfung in einem solchen Fach teilnehmen; in diesem Fall zählen für die Feststellung des Prüfungsergebnisses nur die Prüfungsleistungen.

3. Bei einer Zweitausbildung gilt Ziffer 2 entsprechend.

III.
Vorzeitige Beendigung der Berufsschulpflicht

Gemäß § 81 Abs. 1 Satz 1 SchG wird die vorzeitige Beendigung der Berufsschulpflicht festgestellt:
1. bei Schülern mit einem Realschulabschluss oder einem dem Realschulabschluss gleichwertigen Bildungsstand, die die Berufsschule zwei Jahre besucht haben;
2. bei Schülern, die die Klasse 11 eines Gymnasiums durchlaufen und die Berufsschule ein Jahr besucht haben;
3. bei Schülern, die mindestens ein Jahr eine öffentliche berufliche Vollzeitschule oder eine entsprechende Ersatzschule besucht haben; wenn nach den Feststellungen der Schulaufsichtsbehörde die Voraussetzungen nach § 80 Nr. 2 SchG vorliegen, gilt dies auch für Schüler einer Ergänzungsschule mit Vollzeitunterricht.

IV.
Berufsvorbereitungsjahr

1. Jugendliche, die innerhalb der Probezeit gemäß § 13 BBiG das Ausbildungsverhältnis aufgeben, und Jugendliche, die innerhalb der ersten drei Monate nach Schuljahresbeginn eine berufliche Vollzeitschule verlassen, haben das Berufsvorbereitungsjahr zu besuchen.
2. Jugendliche, die nach der Probezeit das Ausbildungsverhältnis aufgeben, und Jugendliche, die später als drei Monate nach Schuljahresbeginn eine berufliche Vollzeitschule verlassen, können nach ihrer Wahl

   ein Berufsvorbereitungsjahr,
   eine geeignete Fachklasse der Berufsschule oder eine Berufsfachschule

   besuchen. Sie sind entsprechend zu beraten und dabei über die in Betracht kommenden Bildungsgänge zu informieren. Danach ist unverzüglich über die Einschulung in einer geeigneten Klasse zu entscheiden. Die Wahl kann bis zum Ende der vierten Unterrichtswoche nach der Einschulung einmal geändert werden.
3. Für Schüler, die das Berufsvorbereitungsjahr freiwillig besuchen wollen, gilt Ziff. 2 entsprechend.

→ Berufsschule; → Berufsvorbereitungsjahr; → Berufsvorbereitungsjahr (Einführung); → Schulpflicht (Meldeverordnung – Datenschutz); → Schulgesetz §§ 41, 72 f., 85-86; → Schulpflicht (Ausländer/innen) / (Berufliche Schulen)

Schulpflicht (Berufliche Schulen – Übergabe)

Übergabe von Berufsschulpflichtigen und Aufnahmeverfahren der beruflichen Vollzeitschulen; VwV des KM vom 7. Dezember 2001 (KuU S. 145/2002)

I.
Übergabe von Berufsschulpflichtigen

Die Übergabe von berufsschulpflichtigen Schülerinnen und Schülern der allgemeinbildenden Schulen an die beruflichen Schulen und von Schülerinnen und Schülern der beruflichen Schulen untereinander erfolgt nach folgenden Grundsätzen:

1 Geltungsbereich

Ein Übergabeverfahren ist für jede Berufsschulpflichtige und jeden Berufsschulpflichtigen durchzuführen. Es findet nicht statt bei Schülerinnen und Schülern, die nicht berufsschulpflichtig sind oder ihre Berufsschulpflicht bereits erfüllt haben oder bei denen die vorzeitige Beendigung der Berufsschulpflicht festgestellt wurde.

2 Übertritt von einer allgemeinbildenden Schule an eine berufliche Schule

2.1 Die abgebende Schule meldet die Abgabe dem Geschäftsführenden Schulleiter oder der Geschäftsführenden Schulleiterin (im Folgenden: Geschäftsführender Schulleiter) für berufliche Schulen mit Formular (vgl. Anlage – *hier nicht abgedruckt*). Die Meldungen sollen spätestens vor Beginn der Sommerferien erfolgt sein.

Bei Schülerinnen und Schülern, die nach § 72 Abs. 1 Satz 2 Schulgesetz (SchG) vom Besuch der abgebenden Schule befreit wurden und bei Schülern, für die eine Beendigung der Schulpflicht nach § 75 Abs. 3 SchG festgestellt wurde, ist die Meldung unverzüglich abzugeben.

2.2 Der Geschäftsführende Schulleiter für berufliche Schulen leitet das Formular an die aufnehmende Schule, wenn diese nicht bekannt ist, an den zuständigen Geschäftsführenden Schulleiter weiter.

3 Wechsel zwischen beruflichen Schulen

Bei einem Wechsel von einer beruflichen Schule an eine andere berufliche Schule gilt Nummer 2 mit der Maßgabe, dass die Meldung über die Abgabe unmittelbar an die für die Aufnahme zuständige Schule, wenn diese der abgebenden Schule bekannt ist, in den übrigen Fällen an den zuständigen Geschäftsführenden Schulleiter erfolgt.

4 Überwachung der Berufsschulpflicht

Der Schulleiter der aufnehmenden Schule überwacht die Erfüllung der Berufsschulpflicht. Eine Rückmeldung an den Geschäftsführenden Schulleiter bzw. an die abgebende berufliche

Schule erfolgt nur, wenn die Schülerin oder der Schüler an der zur Aufnahme vorgesehenen Schule nicht eingeschult worden ist.

5 **Formular**
Für das Übergabeverfahren ist das als Anlage beigefügte Formular zu verwenden. ... Soweit eine elektronische Datenübermittlung technisch und in Ansehung datenschutzrechtlicher Vorschriften möglich ist, kann das Formular entsprechend angepasst werden.

II.
Aufnahme in berufliche Vollzeitschulen

1 **Bewerbung**
Einheitlicher Schlusstermin für die Abgabe der Bewerbung um Aufnahme in eine berufliche Vollzeitschule oder eine nicht der Berufsschule zugeordnete berufliche Teilzeitschule, deren Bildungsgänge spätestens am 1. Oktober beginnen, ist jeweils der 1. März eines Jahres für die Aufnahme zum kommenden Schuljahr.

Nach diesem Termin eingegangene Bewerbungen können nur dann berücksichtigt werden, wenn die Aufnahme weiterer Bewerberinnen und Bewerber unter Berücksichtigung aller termingerechter Bewerbungen noch möglich ist.

Den einzureichenden Bewerbungsunterlagen ist das für die Aufnahme maßgebende Zeugnis beizufügen. Sofern dieses noch nicht vorliegt, ist das letzte Halbjahreszeugnis bzw. die letzte Halbjahresinformation vorzulegen.

2 **Aufnahmeverfahren**
2.1 Benachbarte Schulen klären unverzüglich nach Ablauf des Anmeldetermins für die beruflichen Schulen ihre Aufnahmefähigkeit ab und weisen erforderlichenfalls Bewerberinnen und Bewerber auf noch freie Plätze hin (§ 18 Abs. 1 und § 88 Abs. 4 Schulgesetz).
2.2 Nachdem die Schule die im Rahmen der Festlegung der Verwaltungsvorschrift zur Unterrichtsorganisation geplante Klassenbildung mit dem Oberschulamt abgestimmt hat, erteilt sie den Bewerberinnen und Bewerbern in der Zeit vom 20. bis 25. März des jeweiligen Jahres entweder eine Aufnahmezusage oder – sofern noch keine eindeutigen Aussagen möglich sind – informiert sie über ihre Aufnahmeaussichten.

Dabei ist Folgendes zu beachten:
2.2.1 Eine Aufnahmezusage ist zu erteilen, wenn aufgrund der eingegangenen Bewerbungen kein Auswahlverfahren stattfinden muss und die Aufnahmevoraussetzungen nach der Ausbildungs- und Prüfungsordnung des jeweiligen Bildungsganges erfüllt sind.
2.2.2 Wenn aufgrund der eingegangenen Bewerbungen ein Auswahlverfahren durchgeführt werden muss, ist unter Berücksichtigung der vorhandenen Plätze, der eingegangenen Bewerbungen und der danach voraussichtlich erforderlichen Notendurchschnitte zu ermitteln, ob die Bewerberin oder der Bewerber mit der Aufnahme rechnen kann oder nicht.

Kann mit hoher Wahrscheinlichkeit mit der Aufnahme gerechnet werden, so ist eine Aufnahmezusage zu erteilen. Soweit aufgrund des (Halbjahres-)Zeugnisses bzw. der Halbjahresinformation mit hoher Wahrscheinlichkeit keine Aussicht auf Aufnahme besteht, ist dies der Bewerberin oder dem Bewerber mit dem Hinweis mitzuteilen, dass die Bewerbung für erledigt angesehen wird, wenn binnen zwei Wochen keine gegenteilige Erklärung eingeht.

Die übrigen Bewerberinnen und Bewerber sind über ihre Aufnahmeaussichten zu informieren.
2.3 Aufnahmezusagen sind mit der Bedingung zu erteilen, dass die Aufnahmevoraussetzungen durch Vorlage des nach der Aufnahmeordnung maßgebenden Zeugnisses, auch hinsichtlich des erforderlichen Notendurchschnitts, nachgewiesen werden und – bei bisher einzügig geführten Bildungsgängen – die für die Klassenbildung erforderliche Mindestschülerzahl nach der Verwaltungsvorschrift zur Unterrichtsorganisation erreicht wird.

→ Organisationserlass

Die Wirksamkeit der Zusage kann außerdem davon abhängig gemacht werden, dass die Bewerberin oder der Bewerber die Annahme des Angebots bis zu einem von der Schule festzusetzenden Termin schriftlich erklärt.

→ Berufsschule; → Berufsvorbereitungsjahr; → Schulgesetz § 77 ff.; → Schulpflicht (Ausländer/innen)

Schulpflicht (Durchsetzung)

Gemeinsame VwV des Kultusministeriums und des Innenministeriums zur Durchsetzung der Schulpflicht vom 11.11.1998 (KuU S. 1/1999); zuletzt geändert 24.4.2007 (KuU S. 101/2007)

I. Mitteilungen der Meldebehörden an die Schulen

Nach § 6 Abs. 2 MVO vom 29. Juni 2010 (GBL S. 503) werden den Grundschulen, den Werkrealschulen, den Hauptschulen und den Geschäftsführenden Schulleitern der beruflichen Schulen Daten von schulpflichtigen Kindern und Jugendlichen, die aus dem Ausland zugezogen sind, aus dem Melderegister übermittelt. Für Werkrealschulen und Hauptschulen gilt bezüglich der Übermittlung von

Daten von Kindern, die das 10. aber noch nicht das 15. Lebensjahr vollendet haben, folgende Besonderheit:

- Wenn der Schulträger einen Schulbezirk nach § 25 SchG festgelegt hat, erfolgt die Datenübermittlung durch die Meldebehörde an die Werkrealschule, falls eine solche nicht besteht, an die Hauptschule, in deren Bezirk das zugezogene Kind gemeldet ist;
- besteht kein Schulbezirk und gibt es am Ort nur eine Werkrealschule oder Hauptschule, erfolgt die Meldung an diese Schule;
- besteht kein Schulbezirk und gibt es am Ort mehrere Werkreal- und Hauptschulen, so erfolgt die Datenübermittlung an den Geschäftsführenden Schulleiter für Werkreal- und Hauptschulen nach § 43 SchG. Ist ein solcher nicht bestellt, erfolgt die Meldung an die der gegenwärtigen Anschrift des zugezogenen Kindes nächstgelegene Werkreal- oder Hauptschule.

Zusätzlich übermitteln die Meldebehörden den zuständigen Grundschulen die Daten der Kinder, die in den Schulbezirk zugezogen sind und noch nicht das 10. Lebensjahr vollendet haben.

→ Schulpflicht (Meldeverordnung / Datenschutz) § 6

II.
Verfahren bei den Schulen

1. Die Grundschulen prüfen nach Ablauf der Anmeldefrist für das neue Schuljahr, ob sämtliche in der Mitteilung der Meldebehörde nach § 2 Abs. 1 MVO – *jetzt § 6* – (vgl. Abschn. I Nr. 1) aufgeführten Kinder bei ihnen angemeldet worden sind. Sind Kinder nicht zum Schulbesuch angemeldet oder zurückgestellt worden, fordert die Grundschule die Erziehungsberechtigten unter Hinweis auf die Schulpflicht unverzüglich schriftlich auf, die Anmeldung nachzuholen oder einen Antrag auf Zurückstellung vom Schulbesuch zu stellen. – Wird die Anmeldung nicht spätestens bis zum Schuljahresbeginn nachgeholt und wird auch kein Antrag auf Zurückstellung vom Schulbesuch gestellt, klärt die Grundschule in Zweifelsfällen bei der Meldebehörde, von der sie die Mitteilung nach § 2 Abs. 1 MVO – *jetzt § 6* – erhalten hat, ob das betreffende Kind noch bei ihr gemeldet ist. Bestehen Anhaltspunkte dafür, dass die Schulpflicht verletzt wird, unterrichtet die Grundschule die untere Verwaltungsbehörde, damit diese gegen die Erziehungsberechtigten ein Bußgeldverfahren wegen Verletzung der Schulpflicht nach § 92 Schulgesetz einleiten kann.

2. Die Grundschule informiert alle Erziehungsberechtigten von Kindern, die nach dem 30. September und bis zum 31. Dezember des laufenden Kalenderjahres das sechste Lebensjahr vollendet haben (vgl. Abschnitt I Nr. 2), über die Regelung des § 73 Abs. 1 Satz 2 Schulgesetz. Danach werden auch diese Kinder mit dem Beginn des Schuljahres schulpflichtig, wenn sie von den Erziehungsberechtigten in der Grundschule angemeldet wurden. Die insoweit von der Meldebehörde übermittelten Daten dürfen nur zur Information der Erziehungsberechtigten genutzt werden; wenn die Erziehungsberechtigten von ihrem Recht nach § 73 Abs. 1 Satz 2 SchG keinen Gebrauch machen, sind diese Daten alsbald zu löschen, spätestens zum Beginn des neuen Schuljahres. Wenn die Erziehungsberechtigten oder diejenigen, denen Erziehung und Pflege eines Kindes anvertraut sind, schulpflichtige Kinder trotz Aufforderung der zuständigen Schule nicht vorstellen, wird vor der Anordnung der zwangsweisen Zuführung zur Schule die Durchführung eines Bußgeldverfahrens nicht abgewartet.

3. Erhält eine Schule eine Mitteilung der Meldebehörde über den Zuzug eines Schulpflichtigen nach § 6 Abs. 2 MVO (vgl. Abschnitt I Nr. 3), fordert die Schule die Erziehungsberechtigten, volljährige Schüler selbst, schriftlich auf, für die Erfüllung der Schulpflicht Sorge zu tragen bzw. der Schulpflicht nachzukommen. – Wird dieser Aufforderung nicht Folge geleistet und ist der Schule auch nicht bekannt, dass der Schulpflichtige eine andere Schule besucht oder vom Schulbesuch befreit oder beurlaubt ist, verfährt die Schule entsprechend Nr. 1 Abs. 2. Dasselbe gilt in den Fällen, in denen ein Schulpflichtiger ohne Abmeldung und ohne die nach der Schulbesuchsverordnung anerkannten Beurlaubungs- und Entschuldigungsgründe die Schule nicht mehr besucht.

III.
Maßnahmen der unteren Verwaltungsbehörden und der Ortspolizeibehörden

1. Die untere Verwaltungsbehörde belehrt im Rahmen des Bußgeldverfahrens die Erziehungsberechtigten, volljährige Schüler selbst, über Inhalt und Bedeutung der Schulpflicht und über die Rechtsfolgen bei Verletzung der Schulpflicht. Dabei ist auch auf die Möglichkeit der zwangsweisen Zuführung zur Schule nach § 86 Schulgesetz hinzuweisen. Die untere Verwaltungsbehörde unterrichtet die Schule über den Ausgang des Bußgeldverfahrens.

2. Die zwangsweise Zuführung zur Schule im Wege des Schulzwanges nach § 86 Schulgesetz soll von der Ortspolizeibehörde in der Regel erst angeordnet werden, wenn ein Bußgeldverfahren wegen Verletzung der Schulpflicht durchgeführt worden ist und der Schulpflichtige nach Mitteilung der Schule die Schulpflicht weiterhin nicht oder nicht regelmäßig erfüllt.

IV.
Antreffbericht

Wenn der Polizeivollzugsdienst während der üblichen Schulzeit Kinder oder Jugendliche antrifft, bei denen der Verdacht einer Schulpflichtverletzung besteht, unterrichtet er nach Maßgabe der beigefügten Anlage *(hier nicht abgedruckt)* die Schule und die Eltern.

Schulpflicht (Durchsetzung) / (Meldeverordnung)

Hinweise der Redaktion zum „Schwänzen"

Zu den typischen Verhaltensmustern von „Schulschwänzer/innen" zählen das Fehlen im Unterricht zu bestimmten Zeiten, das häufige Zuspätkommen, das vorzeitige Verlassen des Unterrichts, der Missbrauch von Entschuldigungen, die vorgetäuschte Krankheit, das Fehlen unmittelbar vor und nach Ferienabschnitten sowie in letzter Konsequenz Schulverweigerung und Schulabbruch.

Das Kultusministerium hat eine Handreichung „Aktiv gegen Schulschwänzen" herausgegeben. Die sehr empfehlenswerte Broschüre enthält neben einer Begriffsdefinition für das „Schulschwänzen" Informationen und Hilfen zu folgenden Bereichen:

- Typische Verhaltensmuster von Schulschwänzern,
- Ursachen und mögliche Folgen des Schwänzens,
- Intervention und Prävention der Schule,
- polizeiliche Maßnahmen wie den „Antreffbericht" (Information an Schule und Elternhaus)
- einen Ablaufplan schulischer Maßnahmen, die zwangsweise Zuführung zur Schule und das Bußgeldverfahren sowie die
- Aufgaben und Leistungen der Jugendhilfe und die Einbeziehung von Jugendsozialarbeit und mobiler Jugendarbeit.

Die Broschüre wurde im Juli 2006 allen Schulen, Jugendämtern, Jugendsachbearbeitern der Polizei, schulpsychologischen Beratungsstellen etc. in Baden-Württemberg zur Verfügung gestellt. Die Publikation (Umfang 90 Seiten) enthält auch eine Mustereinladung zum gemeinsamen Gespräch mit Eltern. Die Mustereinladung liegt unter www.kultus-bw.de/schulschwaenzen als Downloadangebot in folgenden Sprachen vor: Deutsch, Türkisch, Russisch, Italienisch, Serbisch, Kroatisch, Albanisch, Spanisch, Griechisch.

Auch ein Formular zur Entbindung der Ärzte, Therapeuten etc. von der gesetzlichen Schweigepflicht gegenüber Lehrkräften der Schule liegt unter dieser Adresse zum Download bereit.

Leider ist diese Broschüre in gedruckter Form nicht mehr verfügbar, sie kann aber unter http://www.schule-bw.de/unterricht/paedagogik/gewaltpraevention/kbuero/schulschwaenzen.html als pdf-Datei heruntergeladen werden.

→ Behinderungen und Förderbedarf; → Berufsschule; → Berufsvorbereitungsjahr; → Schulbesuchsverordnung; → Schulgesetz §§ 41, 72 f., 85-86; → Schulpflicht (Ausländer/innen) / (Berufliche Schulen) / (MeldeVO); → Sonderschulen G (Schulpflicht)

Schulpflicht (Meldeverordnung / Datenschutz)

Verordnung des Innenministeriums zur Durchführung des Meldegesetzes (Meldeverordnung - MVO) vom 28. Januar 2008 (GBl. S. 617/2008); zuletzt geändert 29.6.2010 (GBl. S. 508/2010)

§ 6
Datenübermittlungen an die Schulen

(1) Die Meldebehörde darf der zuständigen Grundschule zur Verwirklichung ihres Erziehungs- und Bildungsauftrags folgende Daten der erstmals schulpflichtig werdenden Kinder aus dem Melderegister übermitteln:
1. Familiennamen,
2. Vornamen, unter Bezeichnung des Rufnamens,
3. Tag und Ort der Geburt,
4. Geschlecht,
5. gesetzliche Vertreter (Vor- und Familiennamen, Doktorgrad, Anschrift, Tag der Geburt),
6. Staatsangehörigkeiten,
7. rechtliche Zugehörigkeit zu einer öffentlich-rechtlichen Religionsgemeinschaft,
8. gegenwärtige Anschrift, gegebenenfalls Anschrift der Hauptwohnung,
9. Übermittlungssperren.

Dasselbe gilt für die Kinder, die bis zum Ende des laufenden Kalenderjahres das sechste Lebensjahr vollendet haben.

(2) Zur Durchsetzung der Schulpflicht darf die Meldebehörde der zuständigen Grundschule die in Absatz 1 genannten Daten von Kindern bis zum vollendeten zehnten Lebensjahr, die nach der Einschulung zugezogen sind, aus dem Melderegister übermitteln. Ferner darf die Meldebehörde die in Absatz 1 genannten Daten von schulpflichtigen Kindern und Jugendlichen, die aus dem Ausland zugezogen sind, aus dem Melderegister übermitteln. Diese Mitteilung ist bei Kindern, die das zehnte, aber noch nicht das 15. Lebensjahr vollendet haben, an den geschäftsführenden Schulleiter für Werkreal- und Hauptschulen zu richten. Ist ein solcher nicht bestellt, ist die die gegenwärtige Anschrift des Kindes nächstgelegene Schule im Sinne von § 6 des Schulgesetzes für Baden-Württemberg zu unterrichten, unabhängig davon, ob es sich eine Werkrealschule oder Hauptschule handelt.

→ Behinderungen und Förderbedarf; → Datenschutz (Schulen); → Schulpflicht (Ausländer/innen); → Schulpflicht (Durchsetzung)

Schulpsychologische Beratungsstellen

Hinweise der Redaktion

A. Allgemeines

Im Schulgesetz ist vorgeschrieben: *„Die Schulaufsicht schließt die Beratung ein"*.
➜ Schulgesetz § 32 Abs. 1, letzter Satz
Eine wichtige Rolle nehmen dabei die Schulpsychologischen Beratungsstellen ein. Ihr Status und ihre Aufgaben sind definiert unter:
➜ Bildungsberatung Teil III
Bei den oberen Schulaufsichtsbehörden (RP) ist jeweils das Referat 77 (*„Qualitätssicherung, Qualitätsentwicklung, Bildungsberatung"*) zuständig für

- die **psychologische Schulberatung** (Lösung von Personal- und Schulkonflikten, Krisenintervention, Coaching von Führungskräften, Supervision der Prozessbegleiter/innen, Mitwirkung bei der Entwicklung präventiver Programme, pädagogisch-psychologische Fortbildung) sowie für
- die **pädagogischen Beratungsfachkräfte** (Beratungslehrer-, Gewaltpräventionsberater-, Prozessbegleiter-, Fachberater-, Suchtpräventionslehrer/innen und Suchtbeauftragte).

B. Regionale Beratungsstellen

Die auf regionaler Ebene bestehenden Schulpsychologische Beratungsstellen sind Teil des jeweiligen Staatlichen Schulamts. Anschriften und Rufnummern unter: http://www.schule-bw.de/lehrkraefte/beratung/beratungslehrer/beratungsstellen.
➜ Bildungsberatung; ➜ Schulverwaltung (bei Adressen)
Aufgaben dieser regionalen Beratungsstellen bzw. der dort tätigen Schulpsycholog/innen sind:

1.
Beratung von Schülern und Eltern bei
- Lern- und Leistungsproblemen,
- Arbeitsstörungen, Konzentrations- und Motivationsproblemen,
- Beziehungsproblemen in der Schule,
  ➜ Mobbing
- Verhaltensauffälligkeiten im schulischen Umfeld
- Prüfungsangst und Schulverweigerung,
- Fragen der Schullaufbahn und des Zweiten Bildungswegs, Studien- und Berufsberatung.

Schulpsychologen verwenden dazu wissenschaftlich erprobte Untersuchungs- und Beratungsmethoden. Sind längerfristige therapeutische Maßnahmen notwendig, können die Berater/innen über therapeutische Hilfen entsprechender Einrichtungen informieren.

2.
Unterstützung und Begleitung
von Schulen und Lehrkräften im Umgang mit
aktuellen Schulproblemen, z.B. bei
- Problemen im Lern- und Arbeitsverhalten,
- der Bewältigung von Lehrer-Schüler-Konflikten,
- dem Umgang mit schwierigem Schülerverhalten,
- der Erstellung von Lernstandsdiagnosen,
- der Auseinandersetzung von Lehrkräften und Schulleitungen mit beruflichen Anforderungen (Rollenklärung, Zielsetzungen und Berufszufriedenheit, Zeitmanagement und Stressbewältigung, Führungs- und Leitungskompetenz),
- der Weiterentwicklung von Schulen, vor allem bei der Vermittlung von Kompetenzen (Offenheit, Bereitschaft zur Innovation, Lernfähigkeit)
- Gesprächsführung und Kooperation,
- dem konstruktiven Umgang mit Konflikten,
  ➜ Mobbing
- der Evaluation von Schulentwicklungsprozessen,
- Besonderheiten in der Beratung ausländischer Schüler und Eltern.

Die regionalen Beratungsstellen unterstützen die Kriseninterventionsteams der Regierungspräsidien bei der Bewältigung schulischer Krisen, insbesondere bei Todesfällen.
➜ Gewaltvorfälle

Diese Aufgaben werden praktisch umgesetzt durch
- Teilnahme und Leitung von schulinternen Veranstaltungen (Teams, Lehrerkonferenzen, Pädagogische Tage) und regionalen Fortbildungsangeboten, überregionalen Seminaren und Akademieveranstaltungen,
- Aus- und Fortbildung von Lehrkräften mit spezifischen Aufgaben (z.B Aus- und Fortbildung sowie Supervision der Beratungslehrkräfte).

Dazu setzen die Schulpsycholog/innen vielfältige Arbeitsmethoden ein (Informationsvermittlung, Moderation, Mediation, Supervision, Coaching, etc.). Sie arbeiten eng mit den an den Schulen tätigen Beratungslehrer/innen zusammen.
➜ Bildungsberatung; ➜ Fortbildung (Allgemeines);
➜ Fortbildung und Personalentwicklung

Die Arbeit der Schulpsychologischen Beratungsstelle ist für die Ratsuchenden kostenlos und es gilt der **Grundsatz der Vertraulichkeit.**

Auf Wunsch und mit Einverständnis der Ratsuchenden kooperieren die Schulpsycholog/innen mit anderen Einrichtungen wie z.B.
- Psychologischen Beratungsstellen,
- Sozialamt und Jugendamt,
- sozialen und therapeutischen Einrichtungen,
- Ärzten und Therapeuten.

➜ Bildungsberatung; ➜ Fachberater/innen; ➜ Fortbildung (Allgemeines); ➜ Fortbildung und Personalentwicklung;
➜ Gewaltvorfälle; ➜ Mobbing; ➜ Suchtprävention; ➜ Schulverwaltung (im Adressenteil)

Schwerbehinderung (Allgemeines)

Hinweise der Redaktion

A. Rechtliche Grundlagen

1. Das Grundgesetz bestimmt: *„Niemand darf wegen seiner Behinderung benachteiligt werden."*
   → Grundgesetz Artikel 3 Absatz 2
   Im Allgemeinen Gleichbehandlungsgesetz wird dieser Grundsatz präzisiert.
   → Gleichbehandlungsgesetz §§ 1 und 2
2. Der Begriff der *„Behinderung"*, die Rechte der behinderten Menschen, ihre Integration und der *„Nachteilsausgleich"* sind im Sozialgesetzbuch IX (SGB IX) definiert.
   → Schwerbehinderung (Gesetz – SGB IX)
3. Die Schwerbehinderten-Verwaltungsvorschrift (SchwbVwV) und die Handreichung des Sozialministeriums zur SchwbVwV vom 15.9.2009 regeln die Anwendung des Schwerbehindertenrechts im Bereich der Landesverwaltung. Link: http://www.sozialministerium.de/de/Menschen_mit_Behinderung/82095.html
   → Schwerbehinderung (Verwaltungsvorschrift)
4. **Zusätzlich** gelten für alle Schwerbehinderten im Landesdienst die Schutzbestimmungen der Verwaltungsvorschrift des des Innenministeriums zum früheren Landesbeamtengesetz. Einschlägig sind insbesondere die Vorschriften zur Bewerberauslese bei der Einstellung, zur Beförderung, zu Versetzung und Abordnung, zur Zurruhesetzung, zur Arbeitszeit (hier ist u.a. geregelt, dass Schwerbehinderte auf Verlangen von Mehrarbeit/Überstunden freizustellen sind), zum Urlaub mit Bezügen sowie zu den Personalakten. Diese Vorschriften sind auch nach dem Dienstrechtsreformgesetz unverändert gültig und sowohl von den Schulaufsichtsbehörden als auch den Schulleitungen zu beachten. Wir haben sie im Kasten auf den folgenden Seiten wiedergegeben und jeweils die Paragrafen der an die Stelle des alten Landesbeamtengesetzes getretenen Vorschriften, nämlich des → Beamtengesetzes und des → Beamtenstatusgesetzes (BeamtStG) genannt.
5. Zu den behinderten Kindern und Jugendlichen siehe → Behinderungen (Kinder und Jugendliche) sowie → Behinderungen und Förderbedarf.
6. Auf allgemeine „Nachteilsausgleiche" für Behinderte – z.B. Steuerfreibetrag, Park-Erleichterungen – sowie auf die Altersteilzeit (→ Beamtengesetz § 70) wird hier nicht eingegangen.

B. Weitere Schutzvorschriften (Nachteilsausgleich)

Neben den „Nachteilsausgleichen", die in der Schwerbehinderten-Verwaltungsvorschrift aufgeführt sind, bestehen zahlreiche sonstige innerdienstliche Schutzvorschriften. Hier ein Überblick:

1. Deputatsermäßigung

Schwerbehinderte Lehrkräfte (GdB ab 50) erhalten auf Antrag (!) eine Deputatsermäßigung zwischen 1 und 4 Wochenstunden (gestaffelt nach GdB und Vollzeit/Teilzeit); auf Antrag kann die Schulaufsichtsbehörde befristet bis zu zwei Zusatzstunden bewilligen, wenn die Behinderung Auswirkungen auf den Schulalltag hat (z.B. beim Gehen, Stehen, Schreiben, Sprechen, Hören).
→ Arbeitszeit (Lehrkräfte) Teil D.2 / (Rekonvaleszenz)
Einzelheiten zum Antragsverfahren und ein Musterschreiben befinden sich im Beitrag:
→ Arbeitszeit (Schwerbehinderung)

2. Altersteilzeit

Die tarifliche Altersteilzeitregelung für Arbeitnehmer/innen ist zum 31.12.2009 ausgelaufen. Im Beamtenbereich ist die – in Baden-Württemberg gemäß nur für anerkannte Schwerbehinderte zulässige – Altersteilzeit auch über diesen ursprünglichen Schlusstermin hinaus möglich.
→ Beamtengesetz § 70

3. Rekonvaleszenzregelung

Nach schweren Erkrankungen ist für alle Beschäftigten (nicht nur für schwerbehinderte Menschen) eine Wiedereingliederung bei vermindertem Deputat unter Fortzahlung der Dienstbezüge möglich. Die einschlägigen Bestimmungen stehen unter → Arbeitszeit (Rekonvaleszenz – Arbeitsversuch).

4. Zurruhesetzung

Für die (vorzeitige) Zurruhesetzung schwerbehinderter Menschen gelten besondere Bestimmungen:
→ Beamtengesetz § 40 ff.; → Renten; → Ruhestand (Allgemeines)

5. Reisekosten

Bei Dienstreisen werden Schwerbehinderten (ab GdB 50), denen die Fahrkosten der niedrigsten Klasse zu erstatten wären, die Auslagen für die nächsthöhere Klasse (also die 1. Klasse) erstattet.
→ Reisekosten (Gesetz – LRKG) § 5 Abs. 3

6. Sonderurlaub

Schwerbehinderte haben nach Maßgabe des § 125 SGB IX Anspruch auf einen jährlichen Zusatzurlaub (ab GdB 30 von 3 Arbeitstagen, ab GdB 50 von 5 Arbeitstagen).
Hinweis der Redaktion: Bei Lehrkräften ist dieser Anspruch durch die Schulferien bzw. die Schwerbehindertenermäßigung abgegolten (→ Arbeitszeit (Lehrkräfte) Teil D Nr. 2; → Urlaub – Verordnung – §§ 21 und 23).

7. Gleichstellung

Leichter Behinderte (GdB 30 oder 40) können den Schwerbehinderten (GdB über 50) „gleichgestellt" werden. Im Beamtenbereich wirkt sich dies nur

Nachteilsausgleich für Schwerbehinderte nach dem Beamtenrecht

Für alle Schwerbehinderten im Landesdienst gelten auch nach der Dienstrechtsreform die Schutzbestimmungen der Verwaltungsvorschrift des IM zum früheren Landesbeamtengesetz weiter. Einschlägig sind insbesondere die Vorschriften des IM zu folgenden Sachverhalten:

Bewerberauslese bei Einstellung
(§ 11 LBG – alt; jetzt ➜ Beamtenstatusgesetz § 9)

Auszug aus der VwV des IM zum LBG

2 Nach § 128 Abs. 1 des Neunten Buches Sozialgesetzbuch (SGB IX) müssen die Einstellung und Beschäftigung von Schwerbehinderten als Beamte gefördert und ein angemessener Anteil von Schwerbehinderten unter den Beamten erreicht werden. Die Erfüllung dieser Verpflichtung soll durch Verringerung der Anforderungen an die gesundheitliche Eignung (vgl. Nummer 3) und durch besondere laufbahnrechtliche Höchstaltersgrenzen für die Einstellung in den Vorbereitungsdienst (...) gefördert werden. ...

3 Liegen Bewerbungen von Schwerbehinderten vor, so soll ihnen bei insgesamt ausreichender Eignung, also auch wenn einzelne Eignungsmerkmale behinderungsbedingt schwächer ausgeprägt sind, der Vorzug vor nicht schwerbehinderten Bewerbern gegeben werden. ...

Schwerbehinderte dürfen auch dann als Beamte eingestellt werden, wenn als Folge ihrer Behinderung eine vorzeitige Dienstunfähigkeit möglich ist. Es muss aber bei der Einstellung und bei der Ernennung zum Beamten auf Lebenszeit davon ausgegangen werden können, dass die schwerbehinderte Person mindestens fünf Jahre dienstfähig bleibt; dies muss im amtsärztlichen Gutachten zum Ausdruck kommen.

4 Die Dienststellen sind verpflichtet zu prüfen, ob freie Stellen mit Schwerbehinderten besetzt werden können. Dabei sind die Schwerbehindertenvertretung zu beteiligen und der Personalrat anzuhören. In Stellenausschreibungen ist darauf hinzuweisen, dass Schwerbehinderte bei entsprechender Eignung bevorzugt eingestellt werden. Über Bewerbungen von Schwerbehinderten sind die Schwerbehindertenvertretung und der Personalrat unmittelbar nach Eingang zu unterrichten. Die Schwerbehindertenvertretung hat bei Bewerbungen Schwerbehinderter das Recht auf Einsicht in die entscheidungsrelevanten Teile der Bewerbungsunterlagen aller Bewerber und auf Teilnahme an allen Vorstellungsgesprächen. Die Schwerbehindertenvertretung ist bei Bewerbungen auch dann zu beteiligen, wenn der schwerbehinderte Bewerber die Beteiligung ausdrücklich ablehnt (§ 81 Abs. 1 SGB IX). ...

Beförderung
(§ 34 LBG – alt; jetzt ➜ Beamtengesetz § 20)

Auszug aus der VwV des IM zum LBG

3 Nach § 10 Abs. 1 LVO darf von schwerbehinderten Beamten bei der Beförderung nur das Mindestmaß gesundheitlicher Eignung für die betreffende Stelle verlangt werden.

Versetzung (§ 36 LBG)
(§ 36 LBG – alt; jetzt ➜ Beamtengesetz § 24)

Auszug aus der VwV des IM zum LBG

5 Für schwerbehinderte Beamte ist es je nach Art und Schwere der Behinderung schwieriger als für andere Beschäftigte, sich auf einen neuen Arbeitsplatz umzustellen. Sie sollen daher gegen ihren Willen nur aus dringenden dienstlichen Gründen versetzt werden, wenn ihnen hierbei mindestens gleichwertige oder bessere Arbeitsbedingungen oder Entwicklungsmöglichkeiten geboten werden. Bei Versetzungen von schwerbehinderten Beamten ist die Schwerbehindertenvertretung zu unterrichten und vor einer Entscheidung anzuhören. Die Entscheidung ist ihr unverzüglich mitzuteilen (§ 95 Abs. 2 Satz 1 SGB IX).

Abordnung
(§ 37 LBG – alt; jetzt ➜ Beamtengesetz § 25)

Auszug aus der VwV des IM zum LBG

Für die Abordnung von schwerbehinderten Beamten gilt Nummer 5 zu § 36 entsprechend.

Zurruhesetzung
(§§ 52-57 LBG – alt; jetzt ➜ Beamtengesetz § 36 ff.)

Auszug aus der VwV des IM zu §§ 52-57 LBG

6 Ein Schwerbehinderter oder Gleichgestellter nach § 2 Abs. 2 und 3 SGB IX, der Beamter ist, soll wegen Dienstunfähigkeit aufgrund seiner Behinderung nur in den Ruhestand versetzt werden, wenn festgestellt ist, dass er auch bei jeder möglichen Rücksichtnahme nicht fähig ist, seine Dienstpflichten zu erfüllen, und auch eine begrenzte Dienstfähigkeit nach § 53 a nicht vorliegt. § 95 Abs. 2 (Information und Anhörung der Schwerbehindertenvertretung) und § 128 Abs. 2 SGB IX *(diese Bestimmung des SGB IX ist aufgehoben; Anm.d.Red.)* ... sind zu beachten; dabei sollen personenbezogene Daten zur gesundheitlichen Situation des schwerbehinderten Beamten nur mit dessen Einwilligung mitgeteilt werden.

Bei schwerbehinderten Personen im Sinne des § 72 SGB IX, die als Beamte in Folge ihrer Behinderung voraussichtlich vorzeitig aus dem Dienst ausscheiden müssen, ist zu prüfen, ob im Rahmen vorhandener Planstellen eine Beförderung angezeigt ist, wenn konkrete Anhaltspunkte dafür bestehen, dass sie ohne ihr vorzeitiges Ausscheiden das nächstfolgende Beförderungsamt ihrer Laufbahn erreicht hätten. § 11 LBG ist zu beachten. ...

Wird das Verfahren zur Feststellung der begrenzten Dienstfähigkeit eines schwerbehinderten Beamten eingeleitet, hat die Dienststelle wegen der Präventionsregelung des § 84 SGB IX möglichst frühzeitig die Schwerbehindertenvertretung, den Personalrat und das Integrationsamt einzuschalten. Das Integrationsamt ist nach § 128 Abs. 2 SGB IX ferner vor der Entscheidung anzuhören, es sei denn, der Beamte hat die Maßnahme selbst beantragt.

Hinweis der Redaktion: Der Personalrat ist nicht nur bei schwerbehinderten, sondern bei <u>allen</u> Beamt/innen einzuschalten; bei Schwerbehinderten ist <u>zusätzlich</u> die Schwerbehindertenvertretung einzuschalten.

➜ Schwerbehinderung (Gesetz – SGB IX) § 84

Arbeitszeit
(§ 90 LBG – alt; jetzt ➜ Beamtengesetz § 67)

Auszug aus der VwV des IM zum LBG

1 Unter Berücksichtigung der Leistungseinschränkungen und der besonderen Situation von schwerbehinderten Beamten können besondere Regelungen für die Arbeitszeit und Arbeitspausen erforderlich sein. Dies gilt insbesondere bei Dialysebehandlungen, Diabetes-Einstellungen, Kontrolluntersuchungen nach Krebs- oder Herzerkrankungen, schwerwiegenden psychischen Erkrankungen. Dabei sind die Vorgesetzten grundsätzlich einzubeziehen. Die Verkehrsverhältnisse können ein Entgegenkommen beim Dienstbeginn und Dienstende rechtfertigen. Dies gilt auch bei gleitender Arbeitszeit.

Auf Verlangen sind schwerbehinderte Beamte von Mehrarbeit/Überstunden freizustellen (vgl. § 124 SGB IX). Zu Mehrarbeit können auch Bereitschaftsdienst und Rufbereitschaft führen.

➤

Nachteilsausgleich für Schwerbehinderte nach dem Beamtenrecht (Fortsetzung)
Urlaub mit Bezügen
(§ 112 LBG – alt; jetzt ➜ Beamtenstatusgesetz § 44)

Auszug aus der VwV des IM zum LBG

9 Urlaub unter Belassung der Bezüge nach § 12 Abs. 1 Nr. 3 UrlVO – ➜ Urlaub (Verordnung / AzUVO) § 29 – kann, soweit eine Teilnahme außerhalb der Dienstzeit nicht möglich ist, aus folgenden Anlässen bewilligt werden:

9.6 Arbeitstagungen der überörtlichen Selbsthilfeorganisationen zur Betreuung behinderter Personen, der Kriegsopferverbände und der überörtlichen Familien- und Frauenorganisationen auf deren Anforderung zur ehrenamtlichen Mitwirkung;

9.7 Übungsveranstaltungen von Versehrtensportgemeinschaften oder sonstigen geeigneten Sportgemeinschaften, in deren Rahmen Versehrtenleibesübungen im Sinne des Bundesversorgungsgesetzes durchgeführt werden, als

– Übungsleiter,

– Schwerbehinderter oder Gleichgestellter im Sinne des Neunten Buches Sozialgesetzbuch;

13 Schwerbehinderte Beamte im Sinne des § 2 Abs. 2 SGB IX haben Anspruch auf einen jährlichen Zusatzurlaub nach Maßgabe des § 125 SGB IX. ...

Hinweis der Redaktion: Bei Lehrkräften ist dieser Anspruch durch die Ferien bzw. die Schwerbehindertenermäßigung abgegolten (➜ Arbeitszeit (Lehrkräfte) Teil D Nr. 2; ➜ Urlaub – Verordnung – § 21).

Personalakten
(§ 113 f. LBG – alt; jetzt ➜ Beamtengesetz § 83 f.)

Auszug aus der VwV des IM zum LBG

5 *Anhörungspflicht, Einsichtsrecht des Beamten (§§ 113b, 113c)*

Ein schwerbehinderter Beamter hat das Recht, bei der Einsicht die Schwerbehindertenvertretung seiner Behörde hinzuzuziehen; soll die Schwerbehindertenvertretung die Personalakte allein einsehen, ist eine schriftliche Vollmacht zu verlangen. ...

Schwerbehinderung (Allgemeines)
Fortsetzung von der vorhergehenden Seite

beim Berufs<u>eintritt</u> sowie zur Vermeidung einer konkret drohenden <u>Pensionierung wegen Dienstunfähigkeit</u> aus sowie bei einer anstehenden <u>Versetzung</u>, die – z.B. wegen längerer Fahrt zur Schule – eine besondere Erschwernis bedeuten würde. Die Gleichstellung wird durch die Agentur für Arbeit verfügt. Besonders wichtig ist sie für schwerbehinderte Berufsanfänger/innen.

Solange bei bis 1997 „Gleichgestellten" nicht die Gleichstellung als solche, sondern nur die Stundenermäßigung widerrufen wurde, bleiben diese im Übrigen den Schwerbehinderten (ab GdB 50) gleichgestellt, für sie gelten also die einschlägigen Schutzvorschriften weiter; nicht jedoch für den Zeitpunkt der früheren Zurruhesetzung wegen einer Schwerbehinderung; auch die Altersteilzeit ist bei beamteten Gleichgestellten nicht anwendbar.

C.
Eingliederungsmanagement

Die Hauptschwerbehindertenvertretung und die Hauptpersonalräte haben ein Umsetzungsmodell des „betrieblichen Eingliederungsmanagements" im Sinne von § 84 SGB IX für den Schulbereich entwickelt. Das Kultusministerium hat dieses ausdrücklich unterstützt (17.7. 2006; AZ: 14-5110/ 128). Das Modell sieht vor:

1. Allen seit mehr als sechs Wochen oder häufiger Erkrankten wird Informationsmaterial über Möglichkeiten der Hilfe übersandt.

2. Der betroffenen Lehrkraft werden Angebote zur Beratung durch die Vertretungen und die Schulverwaltung einschließlich der dazugehörigen Adressen unterbreitet.

3. Wer ein Eingliederungsmanagement benötigt (z.B. bei der Notwendigkeit von technischen Hilfsmitteln und baulichen Maßnahmen an der Schule) sollte sich bei den Vertretungen melden, diese organisieren dann einen „runden Tisch" mit allen beteiligten Kostenträgern.

4. Die Schulverwaltung informiert die Vertretungen über diejenigen Lehrkräfte, bei denen durch die Erkrankung Probleme beim Einsatz an der Schule absehbar sind. Die Vertretungen können dann Kontakt zur Lehrkraft aufnehmen.

Die Materialien zur Prävention können unter www.schwerbehindertenvertretung-schule-bw.de abgerufen werden (Stichwort: „Prävention").

D.
Anerkennungsverfahren, Nachgewährung und Schwerbehindertenausweis

1. Anerkennungsverfahren

Formale Voraussetzung für die Inanspruchnahme eines „Nachteilsausgleichs" gemäß § 1 SGB IX ist die Anerkennung der betreffenden Person als „schwerbehindert" bzw. „gleichgestellt" (§ 2 Abs. 3). Hierzu ist ein „Antrag auf Feststellung einer Behinderung" beim Versorgungsamt zu stellen. Dieses holt bei den im Antrag benannten Ärzten und Kliniken Befunde bzw. Gutachten über die gesundheitliche Situation ein und erlässt einen Bescheid über den „Grad der Behinderung" (GdB). Beträgt dieser mindestens 50, so entspricht dies einer Schwerbehinderung. Die Versorgungsämter sind über die Stadt- bzw. Landkreise erreichbar; sie beraten über die Feststellungsvoraussetzungen und geben Auskunft über den Verfahrensablauf. Dort gibt es auch Formulare und Merkblätter.

Es empfiehlt sich, eine beabsichtigte Antragstellung mit den behandelnden Ärzten sorgfältig vorzubereiten, da deren Gutachten die Entscheidung stark beeinflussen kann. Man sollte im Antrag alle (!) gesundheitlichen Beeinträchtigungen anführen, die behandelnden Ärzte und Kliniken angeben und

Schwerbehinderung (Allgemeines)

die bestehenden Funktionseinschränkungen im alltäglichen Leben stichwortartig anführen!

Die Anerkennung durch das Versorgungsamt erfolgt auf der Basis von „Anhaltspunkten für die ärztliche Gutachtertätigkeit (im Internet abrufbar unter: www.bmas.de/coremedia/generator/22788/property=pdf/200712_11_anhaltspunkte_gutachter.pdf. Die behandelnden Ärzte sollten diese bei der Erstellung von Gutachten berücksichtigen.

Bereits bei der Antragstellung sollten Gutachten aller behandelnden Ärzte eingereicht werden, da die Versorgungsämter teilweise nur bei einem Teil der im Antrag benannten Ärzte ein Gutachten einholen und deshalb gegebenenfalls nicht in voller Kenntnis aller Umstände entscheiden. Deshalb haben Widerspruchsverfahren gegen ablehnende Bescheide oder einen zu niedrigen GdB erfahrungsgemäß recht gute Erfolgsaussichten (GEW-Mitglieder sollten das Widerspruchsverfahren keinesfalls selbst führen, sondern sich sofort nach Eingang des Bescheids an die GEW-Rechtsschutzstelle wenden). Ferner sollte dem Antrag ein Passfoto (für den Schwerbehindertenausweis) beigefügt werden.

Zwischen dem Zeitpunkt, an dem eine Schwerbehinderung
- eintritt (z.B. Unfall, schwere Erkrankung) bzw.
- beim Versorgungsamt geltend gemacht wird,
- und der amtlichen Feststellung der Schwerbehinderteneigenschaft

liegt eine Phase, in welcher die Behinderung zwar besteht, aber noch kein „Nachteilsausgleich" erfolgt (allein die durchschnittliche Bearbeitungszeit des Antrags beträgt 3 Monate; im Falle eines Widerspruchs- oder Klageverfahrens deutlich länger). Maßgebend für den Zeitpunkt, ab dem die „Nachteilsausgleiche" zu gewähren sind, ist deshalb nicht das Datum des Anerkennungsbescheids, sondern der vom Versorgungsamt festgesetzte Gültigkeitstermin des Schwerbehindertenausweises.

Gegebenenfalls ist ein Nachteilsausgleich aus diesem Grund rückwirkend einzuräumen. Dies gilt auch für die Urlaubsregelungen (§ 125 SGB IX) bzw. im Lehrerbereich für die Schwerbehindertenermäßigung. Eine noch nicht gewährte Ermäßigung nach D.2.2 der VwV Arbeitszeit (Lehrkräfte) ist - nur auf Antrag (!) - „nachzugewähren", d.h. bei der zukünftigen Festlegung der Unterrichtsverpflichtung zu berücksichtigen; die zusätzliche Ermäßigung nach D.2.4 der VwV wird nicht rückwirkend gewährt. Wird die Schwerbehinderteneigenschaft rückwirkend festgestellt, erfolgt die Nachgewährung der Deputatsermäßigung ohne Zeitbegrenzung, also auch über mehrere Jahre hinweg. Ein Ausgleich in Geld ist nicht möglich.

Voraussetzung für die Nachgewährung ist ein förmlicher Antrag; es genügt also nicht die bloße Mitteilung an die Schule oder die Schulverwaltung, es sei ein Antrag auf Anerkennung als schwerbehinderter Mensch gestellt (Bundesarbeitsgericht; 28.1.1982, 6 AZR 636/79). Ein Muster steht unter
→ Arbeitszeit (Schwerbehinderung).
(Quelle: KM, 11.11.2009, 20.1.2010 und 16.6.2010; AZ: 14-5110/136, 14-5110/136/2 und 14-5110/136/3)

Diese „Nachgewährung" kann z.B. in Form von „flexiblen Deputats" erfolgen.
→ Arbeitszeit (Lehrkräfte) A.IV. und D 2

2. Schwerbehindertenausweis

Wer als Schwerbehinderter anerkannt wurde, sollte dies umgehend der oberen Schulaufsichtsbehörde anzeigen, damit dieser Tatbestand z.B. im Fall einer Bewerbung oder sonstiger Personalmaßnahmen (Aufstieg an Gymnasien und beruflichen Schulen) berücksichtigt werden kann. Es genügt eine beglaubigte Kopie; der Ausweis enthält keine Diagnose! Diese Meldung sollte auf dem Dienstweg erfolgen, damit auch die Schulleitungen bzw. die Staatlichen Schulämter die Schutzrechte für Behinderte beachten können, z.B. Gewährung der Schwerbehindertenermäßigung oder Rücksichtnahme bei der Anordnung von Aufsichten, Vertretungen oder Mehrarbeit.
→ Beglaubigungen; → Unterrichtsbesuche; → Mehrarbeit

Eine beglaubigte Kopie des Ausweises sollte an das Finanzamt geschickt werden. Mit der Steuererklärung können Freibeträge geltend gemacht werden (gestaffelt nach dem GdB). Die Behinderung wird für das Kalenderjahr berücksichtigt, es sollte ggf. beim Finanzamt auch eine Neufestsetzung des Steuerbescheids für das Vorjahr beantragt werden.

Die Ausweise sind befristet; nach § 6 Abs. 2 der Schwerbehindertenausweisverordnung kann in den Fällen, in denen eine Neufeststellung wegen einer wesentlichen Änderung in den gesundheitlichen Verhältnissen, die für die Feststellung maßgebend gewesen sind, nicht zu erwarten ist, der Schwerbehindertenausweis auch unbefristet ausgestellt werden. Auch die Verlängerung des Ausweises ist der oberen Schulaufsichtsbehörde mitzuteilen.

E. Landes-Behindertengleichstellungsgesetz

Auf Landesebene wird das Sozialgesetzbuch (SGB IX) durch das Landesgesetz zur Gleichstellung von Menschen mit Behinderungen vom 3. Mai 2005 (GBl. S. 327/2005) ergänzt.

Darin ist u.a. für Landeseinrichtungen sowie für entsprechende Einrichtungen der Kommunen (also auch der Schulträger) die Schaffung von Barrierefreiheit vorgeschrieben. In Bereichen bestehender Benachteiligungen von Menschen mit Behinderungen gegenüber nicht Behinderten sind besondere Maßnahmen zum Abbau und zur Beseitigung dieser Benachteiligungen zulässig. Zur Durchsetzung der Gleichberechtigung von Frauen und Männern sind die besonderen Belange von Frauen mit Behinderungen zu berücksichtigen und bestehende Benachteiligungen zu beseitigen.

→ Arbeitszeit (Lehrkräfte) D 2 und G; → Arbeitszeit (Rekonvaleszenz); → Arbeitszeit (Schwerbehinderung); → Beamtengesetz; → Beamtenstatusgesetz; → Dienstliche Beurteilung (Unterrichtsbesuche); → Behinderungen (Kinder und Jugendliche); → Mehr-arbeit; → Personalvertretungsgesetz; → Rechtsschutz; → Schwerbehinderung (Gesetz – SGB IX); → Schwerbehinderung (Verwaltungsvorschrift)

Schwerbehinderung (Gesetz – SGB IX)

Auszug aus dem Sozialgesetzbuch (SGB) Neuntes Buch (IX) - Rehabilitation und Teilhabe behinderter Menschen - (Artikel 1 des Gesetzes v. 19. 6.2001, BGBl. I S. 1046); zuletzt geändert 22.12.2008 BGBl. I S 2959

§ 1
Selbstbestimmung und Teilhabe am Leben in der Gesellschaft

Behinderte oder von Behinderung bedrohte Menschen erhalten Leistungen nach diesem Buch und den für die Rehabilitationsträger geltenden Leistungsgesetzen, um ihre Selbstbestimmung und gleichberechtigte Teilhabe am Leben in der Gesellschaft zu fördern, Benachteiligungen zu vermeiden oder ihnen entgegenzuwirken. Dabei wird den besonderen Bedürfnissen behinderter und von Behinderung bedrohter Frauen und Kinder Rechnung getragen.

Hinweis der Redaktion: Nach dem → Grundgesetz (Art. 3 Abs. 2) gehört zu den unveräußerlichen Grundrechten: „Niemand darf wegen seiner Behinderung benachteiligt werden".

§ 2 Behinderung

(1) Menschen sind behindert, wenn ihre körperliche Funktion, geistige Fähigkeit oder seelische Gesundheit mit hoher Wahrscheinlichkeit länger als sechs Monate von dem für das Lebensalter typischen Zustand abweichen und daher ihre Teilhabe am Leben in der Gesellschaft beeinträchtigt ist. Sie sind von Behinderung bedroht, wenn die Beeinträchtigung zu erwarten ist.

(2) Menschen sind im Sinne des Teils 2 schwerbehindert, wenn bei ihnen ein Grad der Behinderung von wenigstens 50 vorliegt und sie ihren Wohnsitz, ihren gewöhnlichen Aufenthalt oder ihre Beschäftigung auf einem Arbeitsplatz im Sinne des § 73 rechtmäßig im Geltungsbereich dieses Gesetzbuches haben.

(3) Schwerbehinderten Menschen gleichgestellt werden sollen behinderte Menschen mit einem Grad der Behinderung von weniger als 50, aber wenigstens 30, bei denen die übrigen Voraussetzungen des Absatzes 2 vorliegen, wenn sie infolge ihrer Behinderung ohne die Gleichstellung einen geeigneten Arbeitsplatz im Sinne des § 73 nicht erlangen oder nicht behalten können (gleichgestellte behinderte Menschen).

§ 3
Vorrang von Prävention

Die Rehabilitationsträger wirken darauf hin, dass der Eintritt einer Behinderung einschließlich einer chronischen Krankheit vermieden wird.

§ 4 Leistungen zur Teilhabe

(1) Die Leistungen zur Teilhabe umfassen die notwendigen Sozialleistungen, um unabhängig von der Ursache der Behinderung

1. die Behinderung abzuwenden, zu beseitigen, zu mindern, ihre Verschlimmerung zu verhüten oder ihre Folgen zu mildern,
2. Einschränkungen der Erwerbsfähigkeit oder Pflegebedürftigkeit zu vermeiden, zu überwinden, zu mindern oder eine Verschlimmerung zu verhüten sowie den vorzeitigen Bezug anderer Sozialleistungen zu vermeiden oder laufende Sozialleistungen zu mindern,
3. die Teilhabe am Arbeitsleben entsprechend den Neigungen und Fähigkeiten dauerhaft zu sichern oder
4. die persönliche Entwicklung ganzheitlich zu fördern und die Teilhabe am Leben in der Gesellschaft sowie eine möglichst selbstständige und selbstbestimmte Lebensführung zu ermöglichen oder zu erleichtern. ...

→ Behinderungen (Kinder und Jugendliche)

§ 83
Integrationsvereinbarung

(1) Die Arbeitgeber treffen mit der Schwerbehindertenvertretung und den in § 93 genannten Vertretungen in Zusammenarbeit mit dem Beauftragten des Arbeitgebers (§ 98) eine verbindliche Integrationsvereinbarung. Auf Antrag der Schwerbehindertenvertretung wird unter Beteiligung der in § 93 genannten Vertretungen hierüber verhandelt. ...

(2) Die Vereinbarung enthält Regelungen im Zusammenhang mit der Eingliederung schwerbehinderter Menschen, insbesondere zur Personalplanung, Arbeitsplatzgestaltung, Gestaltung des Arbeitsumfelds, Arbeitsorganisation, Arbeitszeit sowie Regelungen über die Durchführung in den Betrieben und Dienststellen. Bei der Personalplanung werden besondere Regelungen zur Beschäftigung eines angemessenen Anteils von schwerbehinderten Frauen vorgesehen.

→ Dienstliche Beurteilung (Lehrkräfte), Nr. II

(2a) In der Vereinbarung können insbesondere auch Regelungen getroffen werden

1. zur angemessenen Berücksichtigung schwerbehinderter Menschen bei der Besetzung freier, frei werdender oder neuer Stellen,
2. zu einer anzustrebenden Beschäftigungsquote, einschließlich eines angemessenen Anteils schwerbehinderter Frauen,
3. zu Teilzeitarbeit,
4. zur Ausbildung behinderter Jugendlicher,
5. zur Durchführung der betrieblichen Prävention (betriebliches Eingliederungsmanagement) und zur Gesundheitsförderung,
6. über die Hinzuziehung des Werks- oder Betriebsarztes auch für Beratungen über Leistungen zur Teilhabe sowie über besondere Hilfen im Arbeitsleben.

Hinweis der Redaktion: Ein Beispiel für eine Eingliederungsvereinbarung ist unter http://www.schulamt-stuttgart.de/Personalrat/Integrationsvereinbarung.htm online auffindbar.

(3) In den Versammlungen schwerbehinderter Menschen berichtet der Arbeitgeber über alle Angelegenheiten im Zusammenhang mit der Eingliederung schwerbehinderter Menschen.

Schwerbehinderung (Gesetz – SGB IX)

§ 84
Prävention

(1) Der Arbeitgeber schaltet bei Eintreten von personen-, verhaltens- oder betriebsbedingten Schwierigkeiten im Arbeits- oder sonstigen Beschäftigungsverhältnis, die zur Gefährdung dieses Verhältnisses führen können, möglichst frühzeitig die Schwerbehindertenvertretung und die in § 93 genannten Vertretungen sowie das Integrationsamt ein, um mit ihnen alle Möglichkeiten und alle zur Verfügung stehenden Hilfen zur Beratung und mögliche finanzielle Leistungen zu erörtern, mit denen die Schwierigkeiten beseitigt werden können und das Arbeits- oder sonstige Beschäftigungsverhältnis möglichst dauerhaft fortgesetzt werden kann.

(2) Sind Beschäftigte innerhalb eines Jahres länger als sechs Wochen ununterbrochen oder wiederholt arbeitsunfähig, klärt der Arbeitgeber mit der zuständigen Interessenvertretung im Sinne des § 93, bei schwerbehinderten Menschen außerdem mit der Schwerbehindertenvertretung, mit Zustimmung und Beteiligung der betroffenen Person die Möglichkeiten, wie die Arbeitsunfähigkeit möglichst überwunden werden und mit welchen Leistungen oder Hilfen erneuter Arbeitsunfähigkeit vorgebeugt und der Arbeitsplatz erhalten werden kann (betriebliches Eingliederungsmanagement). Soweit erforderlich, wird der Werks- oder Betriebsarzt hinzugezogen. Die betroffene Person oder ihr gesetzlicher Vertreter ist zuvor auf die Ziele des betrieblichen Eingliederungsmanagements sowie auf Art und Umfang der hierfür erhobenen und verwendeten Daten hinzuweisen. Kommen Leistungen zur Teilhabe oder begleitende Hilfen im Arbeitsleben in Betracht, werden vom Arbeitgeber die örtlichen gemeinsamen Servicestellen oder bei schwerbehinderten Beschäftigten das Integrationsamt hinzugezogen. Diese wirken darauf hin, dass die erforderlichen Leistungen oder Hilfen unverzüglich beantragt und innerhalb der Frist des § 14 Abs. 2 Satz 2 erbracht werden. Die zuständige Interessenvertretung im Sinne des § 93, bei schwerbehinderten Menschen außerdem die Schwerbehindertenvertretung, können die Klärung verlangen. Sie wachen darüber, dass der Arbeitgeber die ihm nach dieser Vorschrift obliegenden Verpflichtungen erfüllt. ...

Hinweis der Redaktion:
1. Diese Schutzbestimmung gilt für alle Beschäftigten, nicht nur für schwerbehinderten Vertrete Menschen.
2. Hierzu Teil D sowie den Beitrag → Urlaub (Lehrkräfte) / Krankmeldung B Nr. II.2 beachten.

§ 93
Aufgaben des Betriebs-, Personal-, Richter-, Staatsanwalts- und Präsidialrates

Betriebs-, Personal-, Richter-, Staatsanwalts- und Präsidialrat fördern die Eingliederung schwerbehinderter Menschen. Sie achten insbesondere darauf, dass die dem Arbeitgeber nach den §§ 71, 72 und 81 bis 84 obliegenden Verpflichtungen erfüllt werden; sie wirken auf die Wahl der Schwerbehindertenvertretung hin.

§ 94
Wahl und Amtszeit der Schwerbehindertenvertretung

(1) In Betrieben und Dienststellen, in denen wenigstens fünf schwerbehinderte Menschen nicht nur vorübergehend beschäftigt sind, werden eine Vertrauensperson und wenigstens ein stellvertretendes Mitglied gewählt, das die Vertrauensperson im Falle der Verhinderung durch Abwesenheit oder Wahrnehmung anderer Aufgaben vertritt.

(2) Wahlberechtigt sind alle in dem Betrieb oder der Dienststelle beschäftigten schwerbehinderten Menschen.

(3) Wählbar sind alle in dem Betrieb oder der Dienststelle nicht nur vorübergehend Beschäftigten, die am Wahltage das 18. Lebensjahr vollendet haben und dem Betrieb oder der Dienststelle seit sechs Monaten angehören; besteht der Betrieb oder die Dienststelle weniger als ein Jahr, so bedarf es für die Wählbarkeit nicht der sechsmonatigen Zugehörigkeit. Nicht wählbar ist, wer kraft Gesetzes dem ... *(Personalrat)* nicht angehören kann.

(5) Die regelmäßigen Wahlen finden alle vier Jahre in der Zeit vom 1. Oktober bis 30. November statt. ...

(7) Die Amtszeit der Schwerbehindertenvertretung beträgt vier Jahre. ...

Hinweis der Redaktion:
1. Außerdem werden gemäß § 97 SGB IX Bezirks- und Hauptschwerbehindertenvertretungen gewählt (Anschriften im Adressenteil am Anfang des Jahrbuchs).
2. Die letzte Wahl fand 2010 statt.
3. Die Mitglieder der Schwerbehindertenvertretung werden entsprechend der Anzahl der zu betreuenden Schwerbehinderten vom Dienst freigestellt.
→ Arbeitszeit (Lehrkräfte) Teil G

§ 95
Aufgaben der Schwerbehindertenvertretung

(1) Die Schwerbehindertenvertretung fördert die Eingliederung schwerbehinderter Menschen in den Betrieb oder die Dienststelle, vertritt ihre Interessen in dem Betrieb oder der Dienststelle und steht ihnen beratend und helfend zur Seite. Sie erfüllt ihre Aufgaben insbesondere dadurch, dass sie

1. darüber wacht, dass die zugunsten schwerbehinderter Menschen geltenden Gesetze, Verordnungen, Tarifverträge, Betriebs- oder Dienstvereinbarungen und Verwaltungsanordnungen durchgeführt, insbesondere auch die dem Arbeitgeber nach den §§ 71, 72 und 81 bis 84 obliegenden Verpflichtungen erfüllt werden,

   Hinweis der Redaktion: In den §§ 71, 72, 81-82 sind die Pflichten der Arbeitgeber zur Beschäftigung schwerbehinderter Menschen (§ 71), die Beschäftigung besonderer Gruppen schwerbehinderter Menschen (§ 72), die Pflichten des Arbeitgebers und Rechte schwerbehinderter Menschen (§ 81), und die besonderen Pflichten der öffentlichen Arbeitgeber (§ 82) geregelt.

2. Maßnahmen, die den schwerbehinderten Menschen dienen, insbesondere auch präventive Maßnahmen, bei den zuständigen Stellen beantragt,

3. Anregungen und Beschwerden von schwerbehinderten Menschen entgegennimmt und, falls sie berechtigt erscheinen, durch Verhandlung

mit dem Arbeitgeber auf eine Erledigung hinwirkt; sie unterrichtet die schwerbehinderten Menschen über den Stand und das Ergebnis der Verhandlungen.

Die Schwerbehindertenvertretung unterstützt Beschäftigte auch bei Anträgen an die nach § 69 Abs. 1 zuständigen Behörden *(die Versorgungsämter; Anm.d.Red.)* auf Feststellung einer Behinderung, ihres Grades und einer Schwerbehinderung sowie bei Anträgen auf Gleichstellung an die Agentur für Arbeit. ...

(2) Der Arbeitgeber hat die Schwerbehindertenvertretung in allen Angelegenheiten, die einen einzelnen oder die schwerbehinderten Menschen als Gruppe berühren, unverzüglich und umfassend zu unterrichten und vor einer Entscheidung anzuhören; er hat ihr die getroffene Entscheidung unverzüglich mitzuteilen. Die Durchführung oder Vollziehung einer ohne Beteiligung nach Satz 1 getroffenen Entscheidung ist auszusetzen, die Beteiligung ist innerhalb von sieben Tagen nachzuholen; sodann ist endgültig zu entscheiden. Die Schwerbehindertenvertretung hat das Recht auf Beteiligung am Verfahren nach § 81 Abs. 1 und beim Vorliegen von Vermittlungsvorschlägen der Bundesagentur für Arbeit nach § 81 Abs. 1 oder von Bewerbungen schwerbehinderter Menschen das Recht auf Einsicht in die entscheidungsrelevanten Teile der Bewerbungsunterlagen und Teilnahme an Vorstellungsgesprächen.

→ Einstellungserlass 2.7; → Funktionsstellen;
→ Versetzungen und Abordnungen

(3) Der schwerbehinderte Mensch hat das Recht, bei Einsicht in die über ihn geführte Personalakte oder ihn betreffende Daten des Arbeitgebers die Schwerbehindertenvertretung hinzuzuziehen. Die Schwerbehindertenvertretung bewahrt über den Inhalt der Daten Stillschweigen, soweit sie der schwerbehinderte Mensch nicht von dieser Verpflichtung entbunden hat.

(4) Die Schwerbehindertenvertretung hat das Recht, an allen Sitzungen des Personal-...rates und deren Ausschüssen sowie des Arbeitsschutzausschusses beratend teilzunehmen; sie kann beantragen, Angelegenheiten, die einzelne oder die schwerbehinderten Menschen als Gruppe besonders betreffen, auf die Tagesordnung der nächsten Sitzung zu setzen. Erachtet sie einen Beschluss des ... *(Personalrates)* als eine erhebliche Beeinträchtigung wichtiger Interessen schwerbehinderter Menschen oder ist sie entgegen Absatz 2 Satz 1 nicht beteiligt worden, wird auf ihren Antrag der Beschluss für die Dauer von einer Woche vom Zeitpunkt der Beschlussfassung an ausgesetzt; die Vorschriften des ... Personalvertretungsrechtes über die Aussetzung von Beschlüssen gelten entsprechend. Durch die Aussetzung wird eine Frist nicht verlängert.

→ Arbeitsschutzgesetz § 14 (VwV „Arbeitsschutz" Nr. 12); → Personalvertretungsgesetz § 41

(5) Die Schwerbehindertenvertretung wird zu Besprechungen ... zwischen dem Arbeitgeber und den in Absatz 4 genannten Vertretungen hinzugezogen.

→ Personalvertretungsgesetz § 66 Abs. 1

(6) Die Schwerbehindertenvertretung hat das Recht, mindestens einmal im Kalenderjahr eine Versammlung schwerbehinderter Menschen im Betrieb oder in der Dienststelle durchzuführen. Die für Betriebs- und Personalversammlungen geltenden Vorschriften finden entsprechende Anwendung.

(7) Sind in einer Angelegenheit sowohl die Schwerbehindertenvertretung der Richter und Richterinnen als auch die Schwerbehindertenvertretung der übrigen Bediensteten beteiligt, so handeln sie gemeinsam.

(8) Die Schwerbehindertenvertretung kann an ... Personalversammlungen in Betrieben und Dienststellen teilnehmen, für die sie als Schwerbehindertenvertretung zuständig ist, und hat dort ein Rederecht, auch wenn die Mitglieder der Schwerbehindertenvertretung nicht Angehörige des Betriebes oder der Dienststelle sind.

→ Personalvertretungsgesetz §§ 49 ff.

→ Arbeitszeit (Lehrkräfte) D 2 und G; → Arbeitszeit (Rekonvaleszenz); → Arbeitszeit (Schwerbehinderung); → Beamtengesetz; → Behinderungen (Kinder und Jugendliche); → Mehrarbeit; → Personalvertretungsgesetz; → Rechtsschutz; → Schwerbehinderung (Allgemeines); → Schwerbehinderung (Verwaltungsvorschrift); → Unterrichtsbesuche

Schwerbehinderung (Verwaltungsvorschrift)

Gemeinsame Verwaltungsvorschrift aller Ministerien und des Rechnungshofs über die Beschäftigung schwerbehinderter Menschen in der Landesverwaltung (SchwbVwV) vom 27.1.2005 (GABl. S. 324/2005)

1.
Einleitende Vorschriften
1.1
Geltungsbereich
Diese Verwaltungsvorschrift gilt für schwerbehinderte und diesen gleichgestellte behinderte Menschen im Sinne von § 2 Abs. 2 und 3 des Neunten Buches Sozialgesetzbuch (SGB IX).

1.2
Erhöhte Fürsorge- und Förderungsverpflichtung
Der Dienstherr bzw. Arbeitgeber hat gegenüber den schwerbehinderten Menschen eine an ihrer

Schwerbehinderung ausgerichtete erhöhte Fürsorge- und Förderungsverpflichtung. Die zugunsten von schwerbehinderten Menschen getroffenen Bestimmungen sind im Rahmen des rechtlich Möglichen großzügig auszulegen.

1.3 Anwendung von Vorschriften

Hinweis der Redaktion: Nach Nr. 1.3 sind die Schutzbestimmungen für schwerbehinderte Beamte/innen zur Auslese der Bewerber/innen bei der Einstellung, Beförderung bzw. entsprechend die Höhergruppierung von Arbeitnehmer/innen, Versetzung, Abordnung, Arbeitszeit, Urlaub unter Belassung der Dienstbezüge sowie Personalakten entsprechend auf die Arbeitnehmer/innen anzuwenden. Hierzu den Kasten bei → Schwerbehinderung (Allgemeines) beachten.

2. Einzelne Grundsätze und Maßnahmen

2.1 Einstellung

2.1.1 Beteiligung der Schwerbehindertenvertretung
Bei Bewerbungen von schwerbehinderten Menschen hat die Schwerbehindertenvertretung das Recht auf Einsichtnahme in die entscheidungsrelevanten Teile der Bewerbungsunterlagen sowie auf Teilnahme an den Vorstellungsgesprächen der schwerbehinderten und der nicht behinderten Bewerberinnen und Bewerber. Auf Verlangen ist die beabsichtigte Einstellungsentscheidung mit der Schwerbehindertenvertretung in einem Gespräch zu erörtern und im Einzelnen zu begründen.

2.1.2 Barrierefreiheit
In Erfüllung der Beschäftigungspflicht nach §§ 71 und 72 SGB IX ist im Rahmen der jeweiligen Zuständigkeiten der Einstellungsbehörden und der Staatlichen Vermögens- und Hochbauverwaltung dafür Sorge zu tragen, dass die Einstellung behinderter Menschen nicht an baulichen oder technischen Hindernissen scheitert, soweit dies zumutbar und ohne unverhältnismäßig hohen Aufwand möglich ist.

2.2 Arbeitsleistung

Es ist zu berücksichtigen, dass einzelne schwerbehinderte Beschäftigte für die Erledigung der ihnen übertragenen Aufgaben unter Umständen mehr Zeit benötigen.

2.3 Prüfungen

Schwerbehinderte Menschen sind rechtzeitig vor der Prüfung darauf hinzuweisen, dass sie gegebenenfalls Prüfungserleichterungen nach Maßgabe der einschlägigen Prüfungsordnung beantragen und sich hierbei vom Prüfungsamt und von der Schwerbehindertenvertretung beraten lassen können.

2.4 Berufsförderung

2.4.1 Arbeitsplatzwechsel
Anträgen schwerbehinderter Menschen auf ihre Versetzung, Abordnung, Zuweisung oder Umsetzung sowie entsprechenden Verwendungswünschen bei einem Wechsel des Dienstherrn bzw. Arbeitgebers durch Übernahme soll möglichst entsprochen werden.

Ist die weitere Beschäftigung schwerbehinderter Menschen in der bisherigen Dienststelle nicht möglich (zum Beispiel wegen Auflösung oder Umbildung von Dienststellen oder wesentlichen Teilen von ihnen), so ist dem schwerbehinderten Menschen im Rahmen der haushaltsmäßigen und der tariflichen und beamtenrechtlichen Regelungen und sonstiger Vereinbarungen ein anderer, beamten- oder tarifrechtlich möglichst statusgleicher Dienstposten bzw. Arbeitsplatz zu vermitteln. Dabei soll, soweit dies dem Dienstherrn bzw. Arbeitgeber zumutbar und ohne unverhältnismäßig hohen Aufwand möglich ist, für schwerbehinderte Menschen vorrangig eine Unterbringung bei einer Dienststelle am bisherigen Dienstort oder in Wohnortnähe angestrebt werden. Die Anforderungen und Belastungen gegenüber dem bisherigen Dienstposten bzw. Arbeitsplatz für den schwerbehinderten Menschen sollen sich nach Möglichkeit nicht erhöhen.

2.4.2 Berufliche Förderung
Auf die berufliche Fortbildung schwerbehinderter Menschen muss besonderer Wert gelegt werden. Für schwerbehinderte Menschen, die nach Art und Schwere ihrer Behinderung besonders betroffen sind, sollen die Möglichkeiten geeigneter Fördermaßnahmen ausgeschöpft werden.
Bei der Besetzung freier oder neu eingerichteter Dienstposten/Arbeitsplätze, die einem Beförderungsamt zugeordnet sind oder die Übertragung einer höherwertigen Tätigkeit ermöglichen, sind solche schwerbehinderten Bewerberinnen und Bewerber nach Möglichkeit bevorzugt zu berücksichtigen, die bereits in der betreffenden Dienststelle oder in einer Dienststelle des Geschäftsbereichs auf geringer bewerteten Dienstposten oder Arbeitsplätzen mit niederwertigeren Tätigkeiten eingesetzt sind. Der schwerbehinderte Mensch wird in der Regel als gesundheitlich geeignet für eine Beförderung bzw. Höhergruppierung angesehen werden können, wenn er die an das Beförderungsamt bzw. die höherwertige Tätigkeit geknüpften Mindestanforderungen erfüllt.

2.5 Dienstliche Beurteilungen

Vor der Beurteilung hat sich die beurteilende Person über die behinderungsbedingten Auswirkungen auf Leistung, Befähigung und Einsatzmöglichkeit kundig zu machen. Sie führt hierzu mit dem schwerbehinderten Menschen ein Gespräch, an dem auf Wunsch des schwerbehinderten Menschen die Schwerbehindertenvertretung zu beteiligen ist. Eine etwaige Minderung der Arbeits- und Verwendungsfähigkeit durch die Behinderung ist besonders zu berücksichtigen und in der die Beurteilung abschließenden Gesamtwürdigung zu vermerken. Eine quantitative Minderung der Leistungsfähigkeit darf nicht zum Nachteil angerechnet werden. An die Qualität der Bewältigung des Arbeitspensums sind hingegen die allgemeinen Beurteilungsmaßstäbe anzulegen.

→ Dienstl. Beurteilung (Lehrkräfte) II / (Unterrichtsbesuche)

2.6 Integration

Integrationsvereinbarungen nach § 83 SGB IX werden grundsätzlich dienststellenbezogen abgeschlossen. Arbeitgeber im Sinne des § 83 SGB IX sind die Behörden- und Dienststellenleitungen.
→ Schwerbehinderung (Gesetz – SGB IX) § 83

3. Ergänzende und allgemeine Fürsorgemaßnahmen

3.1 Erleichterungen bei extremer Wetterlage

An Tagen mit extremer Wetterlage (zum Beispiel große Hitze, große Kälte, Schnee- oder Eisglätte, hohe Ozonwerte, Inversionswetterlage) können schwerbehinderte Menschen, denen die Wetterlage große Erschwernisse bereitet, in erforderlichem Umfang, vorrangig gegen Vor- und Nacharbeit, angemessene Erleichterungen in der Gestaltung der Arbeitszeit gewährt werden.

3.2 Begleitpersonen bei Dienstreisen

Ein schwerbehinderter Mensch, der eine Dienstreise nur mit fremder Hilfe ausführen kann, darf sich nach vorheriger Genehmigung durch die zuständige vorgesetzte Person auch von einer nicht im Landesdienst stehenden oder dorthin abgeordneten Person (z.B. dem Ehegatten) begleiten lassen. Die dadurch entstehenden Fahrkosten und die notwendigen Auslagen für Unterkunft und Verpflegung sind als Nebenkosten im Rahmen der Nummer 2 zu § 14 der Allgemeinen Verwaltungsvorschriften des Finanzministeriums zum Landesreisekostengesetz erstattungsfähig. Die Voraussetzung ist regelmäßig erfüllt, wenn im Ausweis das Merkzeichen „H" (Hilflosigkeit) oder „B" (Notwendigkeit ständiger Begleitung) eingetragen ist.

3.3 Benutzung von Dienstfahrzeugen

Schwerbehinderten Menschen, die behinderungsbedingt nicht selbst ein Fahrzeug führen können, ist bevorzugt ein Dienstfahrzeug mit Fahrer zur Verfügung zu stellen.

3.4 Parkmöglichkeiten

Soweit bei einer Dienststelle Parkmöglichkeiten vorhanden sind, ist auf schwerbehinderte Menschen, die wegen der Art und Schwere der Behinderung auf den Gebrauch eines Kraftfahrzeugs angewiesen sind, besondere Rücksicht zu nehmen. Hierzu gehört in erster Linie die Bereitstellung von geeigneten Parkplätzen nach Möglichkeit in der Nähe des Arbeitsplatzes.

Können Parkplätze nicht bereitgestellt werden, ist für die in Satz 1 bezeichneten schwerbehinderten Menschen auf deren Wunsch von der Dienststelle eine Ausnahmegenehmigung zum Parken während der Arbeitszeit auf bestimmten Flächen nach § 46 der Straßenverkehrs-Ordnung zu beantragen.

3.5 Wohnungsfürsorge

Bei der Vermietung von landeseigenen Wohnungen oder Zuweisung von Besetzungswohnungen des Landes soll auf die besonderen Bedürfnisse der schwerbehinderten Menschen und die Nähe zum Arbeitsplatz sowie auf Art und Umfang der Behinderung, Familienstand und sonstige persönliche Verhältnisse Rücksicht genommen werden.
Bei gleicher Dringlichkeit sind schwerbehinderte Bewerberinnen und Bewerber gegenüber nicht schwerbehinderten Bewerberinnen und Bewerbern vorrangig zu berücksichtigen.

→ Arbeits- und Gesundheitsschutz (Allgemeines); → Arbeitsschutzgesetz; → Arbeitszeit (Lehrkräfte) Teil E; → Arbeitszeit (Rekonvaleszenzregelung); → Arbeitszeit (Schwerbehinderung); → Beamtengesetz §§ 20, 24, 25, 50, 68; → Beamtenstatusgesetz §§ 44, 83ff.; → Einstellungserlass; → Mehrarbeit; → Personalversammlungen; → Personalvertretungsgesetz §§ 41, 49 und 68; → Reisekosten (Personal-/Schwerbehindertenvertretung); → Ruhestand (Allgemeines); → Schwerbehinderung (Allgemeines); → Schwerbehinderung (Gesetz – SGB IX); → Sucht (Dienstvereinbarung); → Unterrichtsbesuche

Seminare für Didaktik und Lehrerbildung

Auszug aus der Verwaltungsvorschrift des KM „Organisationsstatute im Bereich der Kultusverwaltung" vom 23. April 2007 (KuU S. 93/2007, ber. S. 142); zuletzt geändert 10.1.2009 (KuU S. 46/2009)

I. Organisationsstatut der Staatlichen Seminare für Didaktik und Lehrerbildung

§ 1 Name und Rechtsnatur der Seminare

(1) Die Staatlichen Seminare für Didaktik und Lehrerbildung (Seminare) sind nichtrechtsfähige Anstalten des öffentlichen Rechts. Sie unterstehen der Fachaufsicht des Kultusministeriums und der Dienstaufsicht des Regierungspräsidiums.

(2) Der Sitz der Seminare ist Bestandteil des Namens. In einem Klammerzusatz ist die Bezeichnung der Schulart anzugeben, für die die Seminare ausbilden.

§ 2 Aufgaben

(1) Die Seminare haben die Aufgabe,

- nach Maßgabe der Ausbildungs- und Prüfungsordnungen des Kultusministeriums für die jeweiligen Lehrämter in enger Verbindung mit den Ausbildungsschulen auszubilden und an den Lehramtsprüfungen sowie
- bei der Fort- und Weiterbildung der Lehrkräfte,
- bei der Weiterentwicklung von Schule und Unterricht und
- im Wege der Seminarentwicklung an der Qualitätssicherung

in der Lehrerbildung mitzuwirken.
Das Kultusministerium kann den Seminaren weitere Aufgaben übertragen.

(2) Die Seminare entwickeln und erproben fachdidaktische und pädagogische Konzepte, sie geben Impulse für die Weiterentwicklung des Unterrichtswesens und leisten einen Beitrag zur Verknüpfung der verschiedenen Phasen der Lehrerbildung.

(3) Die Seminare wirken im Rahmen ihrer Aufgaben mit
- an der Entwicklung von Lehr- und Bildungsplänen sowie an der wissenschaftlichen Begleitung von Schulversuchen und
- an der Entwicklung von Konzepten der Fort- und Weiterbildung von Lehrkräften.

Des Weiteren führen sie einzelne Forschungs- oder Entwicklungsvorhaben durch.

(4) Bei der Wahrnehmung ihrer Aufgaben wirken die Seminare auch schulartübergreifend untereinander sowie mit den jeweiligen Hochschulen und mit staatlichen sowie nichtstaatlichen Forschungs- und Bildungseinrichtungen zusammen.

§ 3
Organisation

(1) Jedes Seminar gliedert sich in die Leitung (Leiter/in und Stellvertreter/in),Bereiche und Verwaltung. Wird an einem Seminar für verschiedene Lehrämter ausgebildet, kann das Seminar in Abteilungen gegliedert werden.

(2) Jedes Seminar wird von einer Direktorin / einem Direktor geleitet. Ist es in Abteilungen gegliedert, sind diese zugleich Leiter/in einer Abteilung. Der Direktor / die Direktorin und gegebenenfalls Abteilungsleiter/in sind für die Durchführung der Aufgaben nach § 2 verantwortlich.

(3) Stellvertreter/innen sind ständige und allgemeine Vertreter. Neben den Aufgaben nach § 2 obliegen ihnen nach Weisung unter anderem Geschäfte der Leitung und Verwaltung zur laufenden Bearbeitung.

(4) Die Bereiche werden durch Bereichsleiter/innen geleitet.

(5) Direktor/in, Stellvertreter/in, Bereichsleiter/in und gegebenenfalls Abteilungsleiter/innen sind Vorgesetzte.

(6) An jedem Seminar wird eine Seminarkonferenz gebildet.

Die Seminarkonferenz wirkt beratend mit bei

- Fragen der Umsetzung und Ausgestaltung der Ausbildungsordnungen auf Seminarebene,
- Fragen der Organisation und des Arbeitsablaufs am Seminar,
- Fragen der Zusammenarbeit mit den Ausbildungsschulen,
- Fragen der Ausstattung und Einrichtungen des Seminars.

Die Einzelheiten der Errichtung, der inneren Gliederung, Zusammensetzung und Zuständigkeit der Seminare regelt das Kultusministerium. Einzelheiten der Seminarkonferenz regelt das Kultusministerium durch eine Konferenzordnung (Anlage 1), ebenso die Wahl der Vertreter/innen der Lehreranwärter/innen sowie der Studienreferendar/innen in die Seminarkonferenz durch eine Wahlordnung (Anlage 2).

§ 4
Lehrkörper der Seminare

(1) Der Lehrkörper eines Seminars besteht aus Direktor/in, Stellvertreter/in, gegebenenfalls Abteilungsleiter/innen, Bereichsleiter/innen, Fachleiter/innen und Lehrbeauftragten. Sie sind verpflichtet, die in § 2 genannten Aufgaben wahrzunehmen und bei der Zweiten Staatsprüfung oder entsprechenden Prüfungen für das jeweilige Lehramt mitzuwirken.

(2) Bereichsleiter/innen sind hauptamtlich Beschäftigte des Seminars und übernehmen neben den Aufgaben nach § 2 in der Regel die Koordinierung eines Fach- bzw. Fächerbereichs sowie übergeordnete Aufgaben in Arbeitsfeldern, die sich unter anderem an Schwerpunktsetzungen des jeweiligen Seminars orientieren.

(3) Fachleiter/innen sind in der Regel auf acht Jahre an das Seminar vollständig abgeordnete Lehrkräfte und nehmen neben den ihnen zugewiesenen Aufgaben nach § 2, insbesondere in der Ausbildung, Aufgaben in der Fort- und Weiterbildung der Lehrkräfte sowie in der Weiterentwicklung von Schule und Unterricht in verschiedenen Kooperationsformen wahr.

(4) Bereichsleiter/innen und Fachleiter/innen unterrichten im Rahmen ihres Hauptamtes auch an Schulen.

(5) Lehrbeauftragte sind für die Ausbildung in den Ausbildungsfächern im Umfang ihres Lehrauftrags an das Seminar abgeordnete Lehrkräfte. Sie nehmen ihre Aufgaben am Seminar im Rahmen ihres Hauptamtes wahr.

(6) Alle Lehrkräfte des Seminars müssen nach Vorbildung, Eignung und Befähigung den an ihre Seminartätigkeit zu stellenden Anforderungen genügen.

(7) Bereichsleiter/innen und Fachleiter/innen müssen insbesondere

1. ein ihrem Lehrauftrag entsprechendes Studium in aller Regel mit überdurchschnittlichem Ergebnis abgeschlossen haben,
2. die Befähigung für das Lehramt der jeweiligen

Schulart in aller Regel durch ein überdurchschnittliches Staatsexamen oder eine gleichwertige Prüfung nachgewiesen haben,

3. eine ihren Aufgaben förderliche grundsätzlich mindestens fünfjährige Unterrichtserfahrung als Lehrkraft besitzen.

Bereichsleiter/innen müssen darüber hinaus ihre Qualifikation durch eine grundsätzlich mindestens dreijährige erfolgreiche Tätigkeit an einem Seminar oder durch gleichwertige Leistungen nachweisen.

(8) Lehrbeauftragte müssen

- eine dem Lehrauftrag förderliche grundsätzlich mindestens dreijährige Unterrichtserfahrung nachweisen (ausgenommen besondere Lehraufträge wie für Schul- und Beamtenrecht) und
- für den jeweiligen Lehrauftrag in aller Regel besonders geeignet und befähigt sein.

Anlage 1

Ordnung für die Seminarkonferenz der Staatlichen Seminare für Didaktik und Lehrerbildung

§ 1
Aufgaben

(1) Der Seminarkonferenz obliegen die ihr nach § 3 Abs. 6 Satz 2 des Organisationsstatuts der Staatlichen Seminare für Didaktik und Lehrerbildung (Statut) übertragenen Aufgaben.

(2) Personalangelegenheiten der Seminarangehörigen werden von der Seminarkonferenz nicht erörtert.

§ 2
Zusammensetzung

(1) Der Seminarkonferenz gehören an Direktor/in, Stellvertreter/in, Bereichsleiter/innen, Fachleiter/innen und Lehrbeauftragte, mit Ausnahme der Lehrbeauftragten für Schul- und Beamtenrecht, sowie gewählte Vertreter/innen der Lehreranwärter/innen oder Studienreferendar/innen für jeden Ausbildungskurs. Die Lehrbeauftragten für Schul- und Beamtenrecht sind berechtigt, an der Seminarkonferenz teilzunehmen.

(2) Der Vorsitz der Seminarkonferenz liegt bei der Direktorin / dem Direktor, im Verhinderungsfalle bei der Stellvertreterin / beim Stellvertreter.

(3) Die Amtsmitgliedschaft endet mit dem Ausscheiden aus der Funktion am Seminar. Die Mitgliedschaft der gewählten Vertreter/innen der Lehramtsanwärter/innen und Studienreferendar/innen beginnt mit der Annahme der Wahl und endet mit dem Ablauf des Ausbildungskurses, dem sie angehören.

(4) Die Seminarkonferenz kann andere als die in Absatz 1 genannten Personen für bestimmte Tagesordnungspunkte ohne Stimmrecht als Sachverständige hinzuziehen.

§ 3
Teilnahmepflicht

Die Mitglieder der Seminarkonferenz sind mit Ausnahme der Lehrbeauftragten für Schul- und Beamtenrecht zur Teilnahme an deren Sitzungen verpflichtet. Im Verhinderungsfalle haben sie die den Vorsitz führende Person rechtzeitig unter Angabe der Gründe zu benachrichtigen.

§ 4
Einberufung, Tagesordnung

(1) Die Seminarkonferenz tritt nach Bedarf zusammen. Sie soll mindestens zweimal jährlich einberufen werden.

(2) Der oder die Vorsitzende bereitet die Sitzungen der Seminarkonferenz vor und beruft dazu ein.

(3) Die Seminarkonferenz ist einzuberufen, wenn ein Drittel der Mitglieder dies unter Angabe des Beratungsgegenstandes schriftlich verlangt. Dieser muss zum Aufgabenbereich der Seminarkonferenz gehören.

(4) Die Einberufung ist den Mitgliedern sowie den Lehrbeauftragten für Schul- und Beamtenrecht unter Angabe von Zeit, Ort und Tagesordnung mindestens sechs Unterrichtstage vor dem Sitzungstermin bekanntzumachen. In dringenden Fällen kann diese Frist verkürzt werden oder entfallen. Unterlagen für die Beratung sollen den Mitgliedern so rechtzeitig bekanntgegeben werden, dass sie sich mit ihnen vertraut machen können.

(5) Die den Vorsitz führende Person setzt die Tagesordnung fest. Sie ist verpflichtet, Anträge, die von einem Mitglied mindestens drei Unterrichtstage vor dem Sitzungstermin schriftlich bei ihr eingereicht werden, auf die Tagesordnung zu setzen und zu Beginn der Sitzung bekanntzugeben.

(6) Jedes Mitglied der Seminarkonferenz kann sich an der Beratung der Tagesordnungspunkte beteiligen und nach Erledigung der Tagesordnung Angelegenheiten zur Sprache bringen, die zum Aufgabenbereich der Seminarkonferenz gehören. Die Behandlung dieser Angelegenheiten muss unterbleiben, wenn die Mehrheit der anwesenden Mitglieder widerspricht.

(7) Als Sachverständige hinzugezogene Personen können sich an der Beratung der Tagesordnungspunkte beteiligen, für die ihnen das Teilnahmerecht zusteht.

§ 5
Abstimmungen

(1) Die Seminarkonferenz erarbeitet ihre Empfehlungen aufgrund von Abstimmungen. Alle Mitglieder sind stimmberechtigt.

(2) Eine Übertragung des Stimmrechts ist nicht zulässig. Die Seminarkonferenz ist abstimmungsfähig, wenn mehr als die Hälfte der Stimmberechtigten anwesend sind.

(3) Die Seminarkonferenz stimmt in der Regel offen ab. Es entscheidet die einfache Mehrheit der abgegebenen gültigen Stimmen. Stimmenthaltungen und ungültige Stimmen zählen bei der Berech-

nung der Mehrheit nicht mit. Stimmengleichheit bedeutet Ablehnung.
(4) Auf Verlangen von mindestens einem Fünftel der anwesenden Mitglieder ist geheim abzustimmen.

§ 6
Nichtöffentlichkeit

Die Beratungen der Seminarkonferenz sind nichtöffentlich. Sie unterliegen der Pflicht zur Verschwiegenheit. Dies gilt nicht für den dienstlichen Verkehr und die Mitteilung von Tatsachen, die offenkundig sind oder ihrer Bedeutung nach keiner Geheimhaltung bedürfen.

§ 7
Niederschrift

(1) Über jede Sitzung wird eine Ergebnisniederschrift gefertigt. Wer die Niederschrift fertigt, wird von der Seminarkonferenz bestimmt. Diese Aufgabe soll in angemessenem Wechsel mit Ausnahme der oder des Vorsitzenden von allen Mitgliedern der Seminarkonferenz übernommen werden.
(2) Aus der Niederschrift müssen sich mindestens Zeit und Ort der Sitzung, die Teilnehmer, die Beratungsgegenstände sowie die Abstimmungsergebnisse zu den einzelnen Tagesordnungspunkten ergeben.
(3) Jedes Mitglied kann schriftlich zur Beifügung an die Niederschrift eine Begründung seiner Stimmabgabe oder seiner abweichenden Meinung übergeben.
(4) Die Niederschrift ist von der Person, die die Niederschrift gefertigt hat, und von der oder dem Vorsitzenden zu unterzeichnen.

(5) Die Niederschrift ist bei den Akten des Seminars aufzubewahren.
(6) Die Mitglieder der Seminarkonferenz haben das Recht, die Niederschriften einzusehen, erhalten jedoch keine Mehrfertigung.

§ 8
Ausschüsse

Die Seminarkonferenz kann zur Vorbereitung von Einzelaufgaben Ausschüsse aus ihrer Mitte bilden.

§ 9
Geschäftsordnung

Die Seminarkonferenz kann sich zur Regelung von Verfahrensfragen eine Geschäftsordnung geben.

§ 10
Abteilungskonferenz

Bei Seminaren, die in Abteilungen gegliedert sind, können anstelle der Seminarkonferenz Abteilungskonferenzen gebildet werden. Der Abteilungskonferenz obliegen die Aufgaben nach § 1 Abs. 1, soweit sie die Abteilung betreffen. Der Vorsitz der Abteilungskonferenz liegt beim Direktor / der Direktorin, im Verhinderungsfalle beim Stellvertreter / der Stellvertreterin bzw. dem oder der mit der Leitung der Abteilung Beauftragten. Im Übrigen gelten für die Abteilungskonferenz § 1 Abs. 2 und die §§ 2 bis 9 entsprechend.

Anlage 2
Ordnung für die Wahl der Vertreter/innen der Lehreranwärter/innen sowie der Studienreferendar/innen in die Seminarkonferenz der Staatlichen Seminare für Didaktik und Lehrerbildung – WahlO –

(hier nicht abgedruckt)

Sonderschule (Förderschule)

Organisatorischer Aufbau der Förderschule (Sonderschule); Verwaltungsvorschrift des KM vom 23. Mai 2008 (KuU S. 115/2008)

Bei der Gestaltung der Förderschulen ist nach folgenden Grundsätzen zu verfahren:

I.
Aufbau

1. Die Förderschule umfasst die Klassen 1 bis 9. Sie gliedert sich in zwei Stufen:
   a) die Grundstufe (Klassen 1 bis 4),
   b) die Hauptstufe (Klassen 5 bis 9).
2. In der Förderschule können Schuljahrgänge in einer Klasse zusammengefasst werden; der Unterricht kann auch in Jahrgangsklassen erfolgen. Die Klassenbildung richtet sich nach pädagogischen Kriterien. Basis hierfür ist das Verwaltungsvorschrift des Kultusministeriums über die Eigenständigkeit der Schulen und Unterrichtsorganisation (Organisationserlass) für das jeweilige Schuljahr zur Verfügung stehende Budget.
   → Organisationserlass

II.
Lehrer

Lehrer an der Förderschule sind
1. Sonderschullehrer sowie geeignete Grund- und Hauptschullehrer, solange nicht genügend Sonderschullehrer zur Verfügung stehen;
2. sonstige Lehrer, wie z.B. Lehrer für Textiles Werken, Lehrer für Hauswirtschaft und Sport, Katecheten sowie musisch-technische Fachlehrer; diese sind bei Bedarf auch stundenweise einzusetzen.

→ Behinderungen und Förderbedarf; → Grundschule (Schulbericht); → Organisationserlass; → Schulgesetz § 15;
→ Sonderschule (Förderschule – Stundentafel) / (Förderschule – Versetzungsordnung); → Schulkindergärten

Sonderschule (Förderschule – Stundentafel)

Verordnung des Kultusministeriums über die Stundentafel für die Förderschule (Sonderschule) vom 17. Juli 2008 (KuU S. 143/2008), berichtigt KuU S. 193/2008

§ 1
Stundentafel

Für die Förderschule (Sonderschule) gilt die als Anlage beigefügte Stundentafel.

§ 2
Fremdsprachenunterricht

Mit Einwilligung der Eltern kann die Fremdsprache zu Beginn eines Schulhalbjahres abgewählt werden.

§ 3
Hauptschulabschlussprüfung für Schulfremde

Das Stundenvolumen für die Durchführung der Projektprüfung nach § 16 Abs. 4 der Hauptschulabschlussprüfungsordnung umfasst mindestens 16 Unterrichtsstunden und wird aus dem Stundenvolumen der beteiligten Fächer entnommen.

§ 4 Inkrafttreten (nicht abgedruckt)

→ Sonderschule (Förderschule); → Sonderschule (Förderschule – Versetzungsordnung)

Kontingentstundentafel für die Förderschule

Grundstufe Klasse 1–4		Hauptstufe Klasse 5–9	
Religionslehre*	8	Religionslehre*	10
Sprache – Deutsch/moderne Fremdsprache		Sprache – Deutsch/moderne Fremdsprache	
Mathematik		Mathematik	
Bewegung – Spiel – Sport**	100	Musik – **Sport** – Gestalten***	177
Mensch – Natur – Kultur		Natur – Technik	
		Welt – Zeit – Gesellschaft	
		Wirtschaft – Arbeit – Gesundheit	

Gesamtstundenkontingent 295 zuzüglich 4 Poolstunden (Verwendung nach Entscheidung der Schule in der Grundstufe und Hauptstufe) und 6 Wochenstunden für Arbeitsgemeinschaften (Verwendung nach Entscheidung der Schule in der Hauptstufe)****

* Im Einvernehmen mit den obersten Kirchenbehörden werden unbeschadet der Rechtslage zwei Stunden Religionslehre erteilt.

** Um verlässliche Bewegungs-, Spiel- und Sportzeiten zu garantieren, sind mindestens 12 Wochenstunden aus dem Gesamtstundenkontingent im Fächerverbund Bewegung – Spiel – Sport auszuweisen.

*** Unter Berücksichtigung physiologischer und trainingswissenschaftlicher Erkenntnisse bilden verlässliche Bewegungs- und Sportzeiten in allen Klassenstufen an mehreren Wochentagen einen unverzichtbaren Bestandteil des Fächerverbundes.

**** Grundlage sonderpädagogischen Unterrichts in der Förderschule – einschließlich der spezifischen sonderpädagogischen Fördermaßnahmen – sind die im Erziehungs- und Bildungsauftrag der Schule beschriebenen Zielsetzungen, die in den Bildungsbereichen und den Fächern und Fächerverbünden ausgewiesenen Kompetenzen und die im Rahmen der individuellen Lern- und Entwicklungsbegleitung vereinbarten Förderziele. Das hierfür ausgewiesene Gesamtstundenkontingent ist die Basis für von der Schule für alle Klassen zu erarbeitende Stundentafeln. Hierbei wird davon ausgegangen, dass die Fächer und Fächerverbünde in den Stundentafeln der Klassen in einem ausgewogenen Verhältnis zueinander stehen.

Sonderschulen und Inklusion
(Behinderungen und Förderbedarf)

Die Vorschriften zum Umgang mit Behinderungen und zum Förderbedarf in allen Schularten sowie zum Übergang aus den Regelschulen in die Sonderschulen (und zurück) sind in der Verwaltungsvorschrift des KM „Kinder und Jugendliche mit Behinderungen und besonderem Förderbedarf" zusammengefasst. → Behinderungen und Förderbedarf

Ein Auszug aus dem Erlass des KM „Regelungen des KM zur Umsetzung des Beschlusses des Ministerrats vom 3. Mai 2010 'Schulische Bildung von jungen Menschen mit Behinderung'" ist unter → Behinderungen (Inklusion) abgedruckt.

Sonderschule (Förderschule – Versetzungsordnung) / (Krankenhausschule)

Sonderschule (Förderschule – Versetzungsordnung)

Verordnung des Kultusministeriums über die Versetzung an Förderschulen (Versetzungsordnung Förderschulen) vom 18. Juni 1984 (KuU S. 419, 1984); zuletzt geändert 17. Juli 2008 (KuU S. 143/2008)

Hinweis der Redaktion: Alle Entscheidungen nach dieser Verordnung werden von der Klassenkonferenz unter Vorsitz der Schulleiterin bzw. des Schulleiters getroffen.
→ Konferenzordnung § 4 Abs. 1 Nr. 4, § 12 Abs. 2 Ziff. 1

§ 1 Versetzungsanforderungen

(1) Von Klasse 1 nach Klasse 2 steigt ein Schüler ohne Versetzungsentscheidung auf. Im Übrigen werden nur die Schüler versetzt, die aufgrund ihrer Leistungen den Anforderungen im laufenden Schuljahr im Ganzen entsprochen haben und die deshalb erwarten lassen, dass sie den Anforderungen der nächsthöheren Klasse gewachsen sind. Ein Schüler wird auch dann versetzt, wenn die Klassenkonferenz zu der Auffassung gelangt, dass seine Leistungen nur vorübergehend nicht für die Versetzung ausreichen, dass er aber nach einer Übergangszeit den Anforderungen der nächsthöheren Klasse voraussichtlich gewachsen sein wird.

(2) Die Voraussetzungen für eine Versetzung nach Absatz 1 Satz 2 liegen vor, wenn die Leistungen des Schülers im Jahreszeugnis in keinem der Fächer Deutsch oder Mathematik mit der Note „ungenügend" bewertet sind, oder wenn die ungenügende Leistung in einem dieser Fächer auf einer partiellen Leistungsschwäche bei sonst zufriedenstellenden Leistungen beruht.

(3) Die Versetzung oder Nichtversetzung eines Schülers ist im Zeugnis wie folgt zu vermerken: „Versetzt" oder „Nicht versetzt".
→ Klassenlehrerin (Nr. 2); → Verwaltungsrecht Nr. II

§ 2 Aussetzung der Versetzungsentscheidung

Die Klassenkonferenz kann die Entscheidung über die Versetzung bis zum Ende des nächsten Schulhalbjahres aussetzen und von der Erteilung eines Zeugnisses absehen, wenn hinreichende Entscheidungsgrundlagen fehlen, weil die Leistungen des Schülers dadurch gesunken sind, dass er im zweiten Schulhalbjahr

1. aus von ihm nicht zu vertretenden Umständen die Schule wechseln musste oder
2. wegen Krankheit länger als acht Wochen den Unterricht nicht besuchen konnte, oder
3. durch sonstige besonders schwerwiegende von ihm nicht zu vertretende Gründe in seinem Leistungsvermögen erheblich beeinträchtigt war.

Auf dem Zeugnisformular ist anstelle der Noten der Vermerk anzubringen: „Versetzung ausgesetzt gemäß § 2 Versetzungsordnung". Bis zur endgültigen Entscheidung über die Versetzung nimmt der Schüler am Unterricht der nächsthöheren Klasse teil.

§ 3 Überspringen einer Klasse

In Ausnahmefällen kann ein Schüler auf Beschluss der Klassenkonferenz und mit Einverständnis der Erziehungsberechtigten in eine höhere Klasse überwechseln. Das Überspringen ist nur zum Ausgleich einer oder mehrerer Klassenwiederholungen zulässig. Dabei kann höchstens in die Klasse übergewechselt werden, die der Schüler ohne Wiederholung besuchen würde.

§ 4
Freiwillige Wiederholung der Klasse

Einem Schüler wird auf Antrag der Erziehungsberechtigten gestattet, einmal in der Grundstufe sowie einmal in der Hauptstufe eine Klasse freiwillig zu wiederholen, wenn zu erwarten ist, dass dadurch eine bessere Förderung des Schülers erreicht werden kann. Die freiwillige Wiederholung einer Klasse ist grundsätzlich nur zu Beginn eines Schulhalbjahres zulässig; über Ausnahmen entscheidet der Schulleiter. Die freiwillige Wiederholung einer Klasse hat zur Folge, dass die zuletzt ausgesprochene Versetzung rückwirkend als nicht mehr getroffen gilt. Die freiwillige Wiederholung ist in diesem Zeugnis mit „Wiederholt freiwillig" zu vermerken.

→ Ausländische Schüler/innen; → Befangenheit; → Behinderungen und Förderbedarf; → Grundschule (Schulbericht); → Konferenzordnung § 12 Abs. 2,1; → Multilaterale Versetzungsordnung; → Notenbildungsverordnung; → Sonderschule (Förderschule); → Sonderschule (Förderschule – Stundentafel); → Zeugnisse

Sonderschule (Krankenhausschule)

Organisatorischer Aufbau der Schule für Kranke in längerer Krankenhausbehandlung; Verwaltungsvorschrift des KM vom 28. Juli 1988 (KuU S. 755/1988)

I.
Aufgabe der Schule für Kranke in längerer Krankenhausbehandlung

Die Krankenhausschule hat die Aufgabe, kranken Schülern einer öffentlichen Schule oder einer privaten Ersatzschule, die sich voraussichtlich mindestens vier Wochen im Krankenhaus befinden oder deren Genesungsverlauf voraussichtlich insgesamt sechs Wochen übersteigt und die deshalb ihre Schule nicht besuchen können, so zu unterrichten und zu fördern, dass die Voraussetzungen für eine erfolgreiche leistungsmäßige und soziale Wiedereingliederung nach Möglichkeit in den bisher besuchten Klassen geschaffen werden.

Im Falle schwerer Erkrankungen oder Verletzungen kann der Krankenhausschule die Aufgabe zukommen, die für schulisches Lernen notwendigen Grundlagen wieder zu entwickeln.

II. Organisation

1. Größe und Lehrer-Schüler-Relation

Eine Krankenhausschule kann in der Regel dann eingerichtet werden, wenn auf Dauer mindestens sechs Schüler zu betreuen sind. Die Krankenhausschule wird grundsätzlich als selbstständige Schule eingerichtet. Sofern weniger als zwei Lehrerdeputate benötigt werden, soll die Schule mit einer anderen bestehenden Schule gemäß § 16 SchG verbunden werden.

Der Lehrerstundenbedarf richtet sich nach den Voraussetzungen der zu unterrichtenden Schüler und nach der Klinikstruktur. Für jeweils sechs bis neun Schüler ist in der Regel ein Lehrerdeputat vorzusehen.

2. Eine Krankenhausschule kann ein oder mehrere Krankenhäuser, auch Krankenhäuser in privater Trägerschaft, im Gebiet des Schulträgers betreuen.

III. Unterricht

1. Unterrichtszeit

Als Richtwert ist anzunehmen, dass die durchschnittliche Unterrichtszeit des Schülers einer Krankenhausschule zwölf Stunden pro Woche beträgt. Je nach den Verhältnissen des Einzelfalls ist die Unterrichtszeit jedoch insbesondere vom Alter und von der Schwere der Krankheit des Schülers abhängig. Der Zeitpunkt der Aufnahme und der Umfang des Unterrichts sind im Benehmen mit dem behandelnden Arzt festzulegen.

2. Unterrichtsformen

Der Unterricht wird als Einzelunterricht oder als Gruppen- bzw. Klassenunterricht erteilt.

3. Unterrichtsort

Der Unterricht wird in Räumen des jeweiligen Krankenhauses erteilt.

4. Durchführung des Unterrichts

Der Unterricht orientiert sich an den Bildungsplänen der vom Schüler bisher besuchten bzw. künftig zu besuchenden Schule und berücksichtigt emotionale und soziale Auswirkungen der Krankheit Die Unterrichtsfächer und deren Inhalte sind unter dem Ziel der Wiedereingliederung des Schülers in die von ihm besuchte Schule ggf. unter dem Ziel der Grundlegungen für eine andere schulische Eingliederung im Einzelfall auszuwählen. Auch musische Fächer sollen im Unterricht in angemessenem Umfang vertreten sein. – Überforderung und Leistungsdruck müssen unbedingt vermieden werden.

5. Bildungsgänge

Die Festlegung der angebotenen Bildungsgänge erfolgt, sofern erforderlich, nach den Bedürfnissen des Einzelfalls im Rahmen des Zustimmungsverfahrens nach § 30 Abs. 1 SchG.

6. Zusammenarbeit zwischen der vom Schüler bisher besuchten Schule und der Krankenhausschule

Die Krankenhausschule nimmt den Kontakt zur vom einzelnen Schüler bisher besuchten bzw. künftig zu besuchenden Schule auf und erhält ihn während der Verweildauer des Schülers im Krankenhaus aufrecht.

Die bisher besuchte bzw. künftig zu besuchende Schule stellt alle erforderlichen Unterlagen zur Verfügung. Hierzu gehören insbesondere Informationen über die bisher behandelten bzw. geplanten Lernziele und Unterrichtsinhalte und über die Voraussetzungen des Schülers.

Die während der Verweildauer erarbeiteten Unterrichtsinhalte und die festgestellten Lernergebnisse sind schriftlich festzuhalten. Sie bilden die Grundlage für den Abschlussbericht, der in der Regel der nach der Krankenhausbehandlung zu besuchenden Schule zugeleitet wird.

IV. Lehrer

Im Unterricht an einer Krankenhausschule sind hierfür besonders geeignete Lehrer einzusetzen. Aufgabe und Besonderheiten des Unterrichts erfordern vom Lehrer insbesondere

– die Fähigkeit, in pädagogisch-psychologischer und didaktisch-methodischer Hinsicht den Belangen kranker Schüler Rechnung zu tragen;

– eine flexible, auf die Persönlichkeit des Schülers, seine Krankheit und Therapie sowie auf die Notwendigkeiten des Krankenhausbetriebs eingehende Unterrichtsgestaltung;

– Bereitschaft und Fähigkeit zur schülerbezogenen Zusammenarbeit mit den Erziehungsberechtigten und allen am Heil- und Pflegeprozess und schulischen Eingliederungsprozess Beteiligten.

V. Zusammenarbeit zwischen Krankenhaus und Schule

Die Unterrichtung von kranken Schülern im Krankenhaus erfordert die einvernehmlich organisatorische Abstimmung des Krankenhausbetriebs und des Unterrichtsbetriebs unter Berücksichtigung der Aufgaben und Erfordernisse der beiden Einrichtungen. – Um eine optimale Wirksamkeit von Krankenhausbehandlung und Unterricht zu erreichen, bedarf es der Zusammenarbeit von Lehrern und behandelnden wie betreuenden Fachkräften. Durch gegenseitige Information und entsprechende Koordination zu treffender Maßnahmen sind die notwendigen Voraussetzungen für einen Therapie- und Unterrichtsplan gegeben, der der Situation des Schülers entspricht. Dabei sind auch Informationen über die Besonderheiten des Krankheitsbildes, der geistig-seelischen Situation des Patienten und seiner Umweltprobleme notwendig. – In die Zusammenarbeit sind die Erziehungsberechtigten mit einzubeziehen.

VI. Ferien

Die Ferienverteilung an den Krankenhausschulen richtet sich nach der jeweils geltenden Ferienordnung des Kultusministeriums. Abweichungen hiervon bedürfen der Zustimmung des Ministeriums.

→ Ferien

→ Behinderungen und Förderbedarf; → Ferien; → Ferienverordnung; → Hausunterricht; → Jugendhilfe (Bundesrecht); → Jugendhilfe (Landesrecht); → Schulpflicht (Melderverordnung – Datenschutz); → Schulgesetz § 15

Sonderschulen ((Medikamentenausgabe) / (Schule für G)

Sonderschule (Medikamentenausgabe)

Ausgabe von Medikamenten an Sonderschüler in Ganztagsschulen", VwV des KM vom 14. September 1993 (KuU S. 421/1993)

1. Für Sonderschüler, die Ganztagsschulen besuchen, erfordert es die Obhutspflicht der Schule sowie der besondere Erziehungs- und Bildungsauftrag der Sonderschule nach § 15 SchG, dass notwendige Medikamente durch die Schule verabreicht werden oder die Einnahme der Medikamente von der Schule überwacht wird.
2. Aufgabe der betreuenden Kräfte ist es, den Schülern die notwendigen Medikamente zu verabreichen oder die Einnahme der Medikamente zu überwachen.
3. Die Schule übernimmt die Medikamentierung auf ausdrücklichen Wunsch der Erziehungsberechtigten im Rahmen der Zumutbarkeit nur dann, wenn eine schriftliche Anweisung des behandelnden Arztes hinsichtlich der Dosierung vorliegt.
4. Medikamentierungen, die in der Regel von Ärzten oder von ärztlichem Hilfspersonal vorgenommen werden (z.B. das Verabreichen von Spritzen), dürfen von der Schule nicht durchgeführt werden. Es kann von der Schule auch nicht gefordert werden, dass umfangreiche oder sich nach dem akuten Gesundheitszustand des Schülers richtende Dosierungen vorgenommen werden. Hat die Schule Zweifel, ob sie schwierige Medikamentierungen vornehmen kann, lässt sie sich eine Bestätigung des behandelnden Arztes vorlegen.
5. Der Schulleiter legt fest, wer von den betreuenden Kräften bzw. den Erziehungskräften für die Verabreichung der Medikamente im Einzelfall verantwortlich ist, wobei im Verhinderungsfall die Vertretung zu regeln ist.
6. Die Medikamente sind so aufzubewahren, dass sie für Unbefugte nicht zugänglich sind.
7. Sieht sich die Schule nicht in der Lage, im Einzelfall eine Medikamentierung weiterzuführen oder weiterhin zu überwachen, unterrichtet sie unverzüglich die Erziehungsberechtigten.

Hinweis der Redaktion: Diese VwV bezieht sich ausschließlich auf den Kreis der Sonderschüler/innen an Ganztagsschulen. Sie ist Ende 1999 erloschen; eine Neufassung ist seit Jahren in Vorbereitung, aber wegen fehlender Abstimmung zwischen dem KM und der gesetzlichen Unfallversicherung noch nicht erlassen worden. Bei allen anderen Schüler/innen muss die Schule zwar im Notfall (Unfall usw.) Erste Hilfe leisten und gegenenfalls ärztliche Hilfe veranlassen, die ständige Versorgung mit Medikamenten und die Überwachunmg der Einnahme gehört aber nicht zu ihren Aufgaben.

→ Sonderschule (Schule für Geistigbehinderte); → Sonderschule (Krankenhausschule)

Sonderschule (Schule für Geistigbehinderte)

Organisatorischer Aufbau der Schule für Geistigbehinderte (Sonderschule); Verwaltungsvorschrift des KM vom 3. August 2009; KuU S. 199/2009

Bei der Gestaltung der Schulen für Geistigbehinderte ist nach folgenden Grundsätzen zu verfahren:

I. Größe

Eine Schule für Geistigbehinderte sollte in der Regel mindestens drei Klassen bilden können.

II. Aufbau

Die Schule für Geistigbehinderte gliedert sich in eine Grundstufe, eine Hauptstufe und eine Berufsschulstufe.

Die Klassen werden grundsätzlich nach Stufen getrennt eingerichtet. Sie werden unter Berücksichtigung pädagogisch-psychologischer Kriterien gebildet. Schülerinnen und Schüler (im Folgenden: Schüler) mit intensivem Förderbedarf sollen nicht auf Dauer in eigenen Klassen zusammengefasst werden.

Basis für die Klassenbildung ist das der Schule nach *(dem)* ... → Organisationserlass für das jeweilige Schuljahr zur Verfügung stehende Budget.

III. Dauer des Schulbesuchs

In der Schule für Geistigbehinderte wird die Schulpflicht gemäß § 75 Abs. l und 2 und § 83 SchG in der vierjährigen Grundstufe und der fünfjährigen Hauptstufe erfüllt. Diese Schulpflicht kann im begründeten Einzelfall entsprechend den Regelungen des Schulgesetzes bis zu drei Jahre auf höchstens zwölf Jahre verlängert werden.

Die Pflicht zum Besuch der dreijährigen Berufsschulstufe gemäß § 83 Nr. 2 Satz 2 SchG kann im begründeten Einzelfall um ein Jahr verlängert werden. Darüber hinaus kann die Berufsschulstufe entsprechend den Regelungsgedanken des § 83 Nr. 2 Satz 2 in Verbindung mit § 78 Abs. l Satz 3 SchG freiwillig weitere zwei Jahre besucht werden.

→ Schulgesetz §§ 78, 83

IV. Unterrichtszeit

Die Schule für Geistigbehinderte ist eine Ganztagesschule.

Die Schüler durchlaufen unabhängig von Art und Schwere der Behinderung in der Regel alle Schulstufen. Die im Bildungsplan ausgewiesenen Bildungsbereiche sind unter Beachtung des individuellen Förderbedarfs der einzelnen Schüler gleichwertig auf allen Stufen und in allen Formen des Unterrichts zu berücksichtigen. Schwerpunktbil-

Sonderschulen (Schule für Geistigbehinderte) / Sonderschulen (Sprachheilkurse)

dungen sind im Rahmen der örtlichen Schulkonzeption durch Stufenprofile möglich.

Unabhängig davon sind jedoch zwei Wochenstunden Religion in allen Stufen und die örtlich festgelegten Wochenstunden für den Bildungsbereich Bewegung gesondert auszuweisen. Die Angebote aus dem Bildungsbereich Bewegung sollten regelmäßig an mehreren Wochentagen erfolgen.

Die Unterrichtszeit beträgt insgesamt durchschnittlich 34 Unterrichtsstunden pro Woche. Sie wird entsprechend den örtlichen Gegebenheiten auf fünf Schultage verteilt. Die Entscheidung über die Verteilung trifft die Schulkonferenz im Einvernehmen mit dem Schulträger.

Die Schultage werden in Unterrichtsblöcken gegliedert. Zwischen den einzelnen Unterrichtsblöcken sind Pausen vorzusehen; an Tagen mit acht Unterrichtsstunden insgesamt mindestens 45 Minuten. Das Mittagessen in der Schule ist Unterrichtszeit.

V.
Lehrerinnen und Lehrer

Lehrerinnen und Lehrer (im Folgenden: Lehrer) an den Schulen für Geistigbehinderte sind
– Sonderschullehrer
– Fachlehrer an Schulen für Geistigbehinderte oder bei entsprechendem Bedarf ersatzweise Fachlehrer an Schulen für Körperbehinderte
– Technische Lehrer an Schulen für Geistigbehinderte
– sonstige Lehrkräfte (zum Beispiel Fachlehrer für musisch-technische Fächer, kirchliche Lehrer).

Die Wahrnehmung aller im Bildungsplan der Schule für Geistigbehinderte geforderten Aufgaben ist nur durch eine enge und ständige Zusammenarbeit der Lehrkräfte möglich.

Die Vielschichtigkeit der wahrzunehmenden Aufgaben an einer Schule für Geistigbehinderte verlangt eine sorgfältige Arbeitsteilung zwischen allen Lehrkräften an der Schule. Unbeschadet dieser Feststellung übernehmen Fachlehrer / Technische Lehrer und Sonderschullehrer grundsätzlich in gleicher Weise Unterrichtsaufgaben wie Unterricht in den Klassen, in Leistungs- und Neigungsgruppen oder in der Einzelförderung. Ferner gehören zu den gemeinsam verantworteten Aufgaben die Umsetzung des Bildungsplans, die Zusammenarbeit mit den Eltern und den allgemeinen Schulen sowie den anderen Partnern der Schule. Angebote der Frühförderung sind ebenso Aufgabe der Schule.

Sonderschullehrer nehmen sich in besonderer Weise unter anderem folgenden Aufgaben an:
– Koordinationsaufgaben bei der Umsetzung des Bildungsplans
– Klärung diagnostischer Fragestellungen und Erstellung diagnostischer Gutachten
– Koordination und ggf. Initiierung kollegialer Beratung und Qualifizierung.

VI.
Sonstiges Personal

Die Einstellung des sonstigen Personals, insbesondere der erforderlichen betreuenden Kräfte, obliegt dem Schulträger (§ 48 Abs. 1 und 2 SchG).

→ Arbeitszeit Fachlehrer/innen und Technische Lehrkräfte; → Behinderungen (Kinder und Jugendliche); → Behinderungen und Förderbedarf; → Schulgesetz §§ 15, 20, 27 und 48; → Schulkindergärten

Sonderschulen (Sprachheilkurse)

Sonderpädagogische Dienste; Kurse für sprachbehinderte Kinder und Jugendliche (ambulante Sprachheilkurse); Bekanntmachung des KM vom 18. Oktober 1999 (KuU S. 242/1999)

Ambulante Sprachheilkurse für Kinder und Jugendliche mit Auffälligkeiten im Bereich der Sprache haben sich inhaltlich und von der Organisation her gut bewährt. Durch die für die Kinder und Jugendlichen selbst, ihre Eltern und Lehrkräfte gleichermaßen praktikable und sehr intensive Form der Förderung tragen diese Kurse dazu bei, dass Kinder und Jugendliche mit Auffälligkeiten im Bereich der Sprache rasch die erforderliche Hilfe erhalten. Ambulante Sprachheilkurse leisten damit insgesamt einen wichtigen Beitrag zur erfolgreichen Förderung dieser Kinder und Jugendlichen in ihren Schulen.

Die Staatlichen Schulämter können ambulante Sprachheilkurse an hierfür geeigneten Standorten im Rahmen der Kooperation weiterhin einrichten.

Diese Kurse werden in erster Linie von Lehrerinnen und Lehrern aus Schulen für Sprachbehinderte und Förderschulen geleistet, teilweise aber auch von Lehrerinnen und Lehrern aus anderen Sonderschultypen. Für ambulante Sprachheilkurse können auch Mittel für Mehrarbeit eingesetzt werden. Ambulante Sprachheilkurse stehen Schülerinnen und Schülern aller Schularten offen und können auch schulartübergreifend organisiert werden.

Hinweis der Redaktion: Die Vorläufervorschrift „Organisation der ambulanten Kurse für sprachbehinderte Kinder und Jugendliche ..." (18.12.1993; KuU S. 2/1993) bestimmte, dass ein Sprachheilkurs längstens für die Dauer eines Schuljahres eingerichtet werden kann, wenn mindestens drei Schüler zur ambulanten Behandlung herantreten, und dass die ambulante Behandlung wöchentlich mindestens einmal durchzuführen ist (je Schüler mindestens 20 Minuten).

→ Behinderungen und Förderbedarf Ziff. 3; → Organisationserlass Ziffer 2.2.4; → Schulgesetz § 15 Abs. 4 Satz 2; → Sonderschulen (Förderschule); → Sonderschulen (Krankenhausschule); → Sonderschulen (Schule für Geistigbehinderte)

Sozialversicherungsbeiträge

Hinweise der Redaktion

Beitragsbemessungsgrenzen (Monatsbeträge in Euro)	Jahr 2010	Jahr 2011
– Gesetzliche Renten- und Arbeitslosenversicherung:	5.500,00	voraussichtlich 5.500,00
– Gesetzliche Krankenversicherung/Pflegeversicherung:		
a) Beitragsbemessungsgrenze	3.750,00	voraussichtlich 3.712,50
b) Versicherungspflichtgrenze (allgemein)	4.162,50	voraussichtlich 4.125,00
c) Versicherungspflichtgrenze (für am 31.12.2002 priv. Vers.)	3.750,00	voraussichtlich 3.750,00

Beitragssätze

– Rentenbeitrag 2011	15,5%
– Arbeitslosenversicherung 2011	3,0%
– Pflegeversicherung 2011 (für Kinderlose zusätzlich 0,25%)	1,95%
– Gesetzliche Krankenversicherung	14,9%

Geringfügige Beschäftigung (Minijobs)

Bis zur „*Geringfügigkeitsgrenze*" von 400 Euro bleiben Beschäftigungsverhältnisse versicherungsfrei. Mehrere Geringfügigkeitsverdienste werden addiert. Die Versicherungspflicht tritt ein, wenn dadurch die 400-Euro-Grenze überschritten wird.

Sofern neben der versicherungspflichtigen Hauptbeschäftigung nur ein Mini-Job bis 400 Euro ausgeübt wird, wird dieser nicht angerechnet und bleibt versicherungsfrei; mehrere Mini-Jobs werden jedoch zu einer Hauptbeschäftigung addiert.

Bei Mini-Jobs bis 400 Euro im Schulbereich trägt das RP pauschal 30% für die Beiträge zur Krankenversicherung (13%), Rentenversicherung (15%) und die Abgeltung der Lohnsteuer (2%). Für Mini-Jobs im Haushalt ist die Minijob-Zentrale bei der Bundesknappschaft, 45115 Essen, zuständig (im Internet: minijobzentrale.de).

Geringfügig Beschäftigte können diese Pauschale zum Erwerb des vollen Rentenversicherungsanspruchs mit einem Eigenbeitrag bis zur vollen Höhe (2010: 19,9%) aufstocken. Zwischen 400 und 800 Euro gelten gestaffelte, ab 800 Euro die vollen Sozialversicherungsbeiträge.

→ Ein-Euro-Jobs; → Ganztagsschulen

Selbstständige Lehrkräfte

Selbstständig tätige Lehrkräfte und Erzieher/innen (z.B. sogenannte „Honorarlehrkräfte") sind gemäß § 2 Nr. 1 SGB VI versicherungspflichtig in der gesetzlichen Rentenversicherung, wenn ihr Arbeitsentgelt aus diesem Beschäftigungsverhältnis regelmäßig 400 Euro übersteigt. Sie können sich freiwillig in der Arbeitslosenversicherung versichern, wenn die selbstständige Tätigkeit mindestens 15 Stunden wöchentlich ausgeübt wird, tragen aber den vollen Beitragssatz allein. Dieser Personenkreis unterliegt nicht der Krankenversicherungspflicht; die Betroffenen müssen sich zu 100% selbst als freiwillig Versicherte in der gesetzlichen oder bei einer privaten Krankenversicherung versichern.

→ Krankenversicherung; → Lehrbeauftragte; → Nebenamtlicher/nebenberuflicher Unterricht; → Pflegeversicherung; → Renten

Sponsoring

Gemeinsame Anordnung der Ministerien zur Förderung von Tätigkeiten des Landes durch Leistungen Privater (AnO Sponsoring) vom 6.11.2006; AZ: 1-0200.1131 (KuU S. 36/2007)

A
Vorbemerkung des Kultusministeriums

Die Ministerien des Landes haben unter der Federführung des Innenministeriums die Gemeinsame Anordnung zur Förderung von Tätigkeiten des Landes durch Leistungen Privater (AnO Sponsoring) vom 6. November 2006 erarbeitet. Damit werden für das Land einheitliche Regeln für das an sich erwünschte Sponsoring geschaffen und eine Angleichung an die entsprechende Regelung des Bundes erzielt.

Inhaltlich enthält die AnO Sponsoring vor allem Begriffsbestimmungen sowie Festlegungen über ihren Anwendungsbereich. Sie regelt die bei der Einwerbung und Annahme von Sponsoringleistungen im Interesse der Integrität und Neutralität des Staates zu beachtenden Grundsätze sowie das einzuhaltende Verfahren. Sie stellt klar, dass Sponsoring einerseits restriktiv anzuwenden ist (z.B. Eingriffsverwaltung), andererseits in geeigneten Fällen unterstützend dazu beitragen kann, Verwaltungsziele zu erreichen. In diesem Zusammenhang wird für den Bereich der Kultusverwaltung u.a. klargestellt, dass das Engagement der Eltern im Rahmen schulischer Veranstaltungen als zulässiges „Sponsoring" einzustufen ist (vgl. Anlage zur AnO Sponsoring). Die AnO Sponsoring stellt ferner klar, dass bereichsspezifische Regelungen unberührt bleiben. Das bedeutet, dass die Verwaltungsvorschrift des Kultusministeriums über Werbung, Wettbewerbe und Erhebungen in Schulen ... weiterhin Anwendung findet, die AnO Sponsoring also entsprechend ergänzt.

→ Werbung, Wettbewerbe und Erhebungen

B
Text der „Gemeinsamen Anordnung (AnO Sponsoring)"

1 Anwendungsbereich

(1) Diese Anordnung gilt für die Zuwendung von Geld-, Sach- oder Dienstleistungen durch Wirtschaftsunternehmen oder Privatpersonen an Behörden, einschließlich der Gerichte, Dienststellen und Einrichtungen des Landes (Sponsoring), ausgenommen die Landratsämter als untere Verwaltungsbehörden.

(2) Körperschaften, Anstalten und Stiftungen unter der Aufsicht des Landes, außer denjenigen, auf deren Verwaltung und Wirtschaftsführung die Vorschriften der Gemeindeordnung anzuwenden sind, sowie öffentlichen Unternehmen in einer Rechtsform des Privatrechts mit Sitz in Baden-Württemberg, deren Anteile mehrheitlich dem Land oder zu 25 Prozent dem Land und zusammen mit anderen Gebietskörperschaften die Anteile mehrheitlich gehören, wird empfohlen, diese Anordnung entsprechend anzuwenden.

(3) Die nachfolgenden Regelungen gelten für Werbeverträge mit Behörden des Landes sowie sonstige unentgeltliche Zuwendungen (insbesondere Spenden und sonstige Schenkungen) an die Landesverwaltung, bei denen eine etwaige Werbeabsicht zurücktritt, sinngemäß.

2 Allgemeines

(1) Folgende Kriterien sind bei Sponsoring und Werbung in der öffentlichen Verwaltung zu berücksichtigen:
- Wahrung der Integrität und des Ansehens der öffentlichen Verwaltung,
- Vermeidung eines bösen Anscheins fremder Einflussnahme bei der Wahrnehmung öffentlicher Aufgaben,
- Sicherung des Budgetrechts der Parlamente und der Vertretungen der Körperschaften des öffentlichen Rechts,
- vollständige Transparenz bei der Finanzierung öffentlicher Aufgaben und
- Vorbeugung gegen jede Form von Korruption und unzulässiger Beeinflussung und Flankierung korruptionspräventiver Maßnahmen.

(2) Öffentliche Aufgaben sind grundsätzlich durch öffentliche Mittel über den Haushaltsgesetzgeber zu finanzieren. Sponsoring kommt daher nur ergänzend in Betracht.

3 Begriffe

(1) Unter Sponsoring ist die Zuwendung von Geld-, Sach- oder Dienstleistungen durch Wirtschaftsunternehmen oder Privatpersonen zu verstehen, die neben dem Motiv zur Förderung der öffentlichen Einrichtung auch anderen Interessen verfolgen. Dem Sponsor kommt es auf seine Profilierung in der Öffentlichkeit über das gesponserte Produkt an (Imagegewinn, kommunikative Nutzung). Sponsoring liegt daher nicht vor, wenn der Private und die Behörde aufgrund gleichgerichteter Zielsetzungen eine angemessene Kostenteilung vereinbaren.

(2) Unter Werbung sind Zuwendungen eines Unternehmens oder unternehmerisch orientierter Privatpersonen für die Verbreitung seiner oder ihrer Werbebotschaften durch die öffentliche Verwaltung zu verstehen, wenn es ausschließlich um die Erreichung eigener Kommunikationsziele – Imagegewinn, Verkaufsförderung, Produktinformation – des Unternehmens oder der Privatperson geht. Die Förderung der jeweiligen öffentlichen Einrichtung ist nur Mittel zum Zweck und liegt nicht im unmittelbaren Interesse des Zuwenders.

4 Zulässigkeit von Sponsoring

4.1 Grundsätze

In der Eingriffsverwaltung ist im hoheitlichen Aufgabenbereich Sponsoring grundsätzlich nicht zulässig. In anderen Bereichen ist Sponsoring zulässig, wenn eine Beeinflussung der Verwaltung bei ihrer Aufgabenwahrnehmung auszuschließen ist, kein Anschein einer möglichen Beeinflussung bei der Wahrnehmung des Verwaltungshandelns zu erwarten ist und wenn im Einzelfall keine sonstigen Hinderungsgründe entgegenstehen. Sponsoring ist insbesondere zulässig für Zwecke der Öffentlichkeitsarbeit, der Kultur, des Sports, der Förderung des Umweltschutzes, der gesundheitlichen Prävention und für soziale Zwecke. Bereichsspezifische Regelungen, wie z.B. Regelungen für Drittmitteleinnahmen der Hochschulen, für Schulen und Einrichtungen der Kinder- und Jugendhilfe sowie für das Sponsoring in Verbindung mit der Polizei, bleiben unberührt.

→ Werbung, Wettbewerbe und Erhebungen

4.2 Vom Sponsoring ausgeschlossene Bereiche

4.2.1 Sponsoring ist ausgeschlossen, wenn der Anschein entstehen könnte, Verwaltungshandeln würde durch die Sponsoringleistung beeinflusst werden. Ein solcher Anschein liegt insbesondere bei Sponsoring im unmittelbaren Zusammenhang mit folgenden überwiegend hoheitlichen Kernaufgaben der Behörden des Landes vor:

a) Vornahme ordnungsrechtlicher Maßnahmen oder Erteilung von Genehmigungen sowie Ausübung sonstiger eingriffsverwaltender Tätigkeiten,
b) Ausübung aufsichtsrechtlicher Befugnisse,
c) Vergabe von Fördermitteln,
d) Vergabe öffentlicher Aufträge,
e) Durchführung öffentlicher Planungsaufgaben,
f) Vergabe von Leistungen öffentlicher Träger der Wohlfahrtspflege,
g) Durchführung berufsbezogener Prüfungen oder Eignungsprüfungen und

h) Wahrnehmung der Aufgaben der Verfassungsschutzbehörden.

4.2.2 Die dauerhafte Finanzierung von öffentlichen Bediensteten und die dauerhafte Überlassung von Personal an die öffentliche Verwaltung durch Sponsoren sind ausgeschlossen.

4.2.3 Sponsoring ist ausgeschlossen, wenn der Haushaltsgesetzgeber erkennbar nicht mit der Durchführung der Aufgabe einverstanden ist.

4.2.4 Sponsoring ist nur zulässig, wenn die Finanzierung der Folgekosten gewährleistet ist.

4.3 Prüfung im Einzelfall

4.3.1 Vor der Annahme von Sponsoringleistungen ist stets zu prüfen, ob Aufgaben nach Nummer 4.2.1 beeinflusst werden können oder ob der Anschein einer solchen Beeinflussung entstehen kann. Insbesondere dürfen keine Bindungen entstehen, durch die die Rechtmäßigkeit des Verwaltungshandelns in Zweifel gezogen werden könnte. Bei Sponsoring im Zusammenhang mit sonstigen Verwaltungsaufgaben ist Nummer 4.1 zu beachten.

4.3.2 Die Entscheidung für einen Sponsor muss objektiv und neutral getroffen werden und auf sachgerechten und nachvollziehbaren Erwägungen beruhen. Maßstab für die Entscheidung können die individuelle Zuverlässigkeit, die finanzielle Leistungsfähigkeit, die Geschäftspraktiken und -grundsätze sowie die Kunden- und Medienprofile der Sponsoren sein. Die Wettbewerbs- und Chancengleichheit potenzieller Sponsoren muss gewährleistet werden.

4.3.3 Die Annahme von angebotenen oder eingeworbenen Sponsoringleistungen bedarf der Einwilligung des Behördenleiterin bzw. des Behördenleiters (Behördenleitung). Die Behördenleitung kann die Befugnis innerhalb der Behörde delegieren. – Bei vorgesehener Einwerbung von Sponsoringleistungen ist vor konkreten Absprachen mit möglichen Sponsoren die Entscheidung der Behördenleitung oder der von ihr bestimmten Stelle einzuholen.

5 Offenlegung, Transparenz

Jede Behörde hat am Ende jedes zweiten Kalenderjahres die erhaltenen Geld-, Sach- und Dienstleistungen aus Sponsoring, die im Einzelfall einen nennenswerten Umfang übersteigen, in einer Übersicht zusammenzufassen und auf Verlangen der Dienstaufsichtsbehörde zu übermitteln. Von einem nennenswerten Umfang ist in der Regel ab einem Gegenwert von über 100 Euro auszugehen. Die Übersicht muss mindestens Angaben zum Sponsor, zu Art und Höhe der Sponsoringleistung (ggf. Angabe des Schätzwerts) und zur gesponserten Maßnahme enthalten.

6 Durchführung von Sponsoringmaßnahmen

(1) Sponsoringmaßnahmen sind durch den Sponsoringvertrag oder durch eine Dokumentation der Sponsoringvereinbarungen vollständig und abschließend aktenkundig zu machen.

(2) Bei Sponsoringeinnahmen sind die haushaltsrechtlichen Bestimmungen zu beachten.

7 Schlussbestimmungen

(1) Beispiele für Bereiche, in denen Sponsoring möglich ist, sind in der Anlage zu dieser Anordnung aufgeführt.

(2) Diese Anordnung tritt ... mit Ablauf des 31. Dezember 2013 außer Kraft.

Anlage zur „AnO Sponsoring"

Beispiele für Bereiche, in denen Sponsoring möglich ist
- Veranstaltungen und Maßnahmen im Rahmen der Öffentlichkeitsarbeit und Repräsentation
- Veranstaltungen und Maßnahmen zur Förderung des allgemeinen Umweltbewusstseins
- Veranstaltungen und Maßnahmen zur Förderung des allgemeinen Gesundheitsbewusstseins, der Beschäftigungsfähigkeit, zur Förderung präventiver Hilfen für Kinder, Familien, Frauen, Ältere und Menschen mit Behinderung sowie Bewältigung des demographischen Wandels
- Vollständige oder teilweise Übernahme der Herstellungskosten von Publikationen und Fachinformationen in Form verschiedener Medien. dazu gehören auch webbasierte Anwendungen und multimediale Präsentationen
- Fachveranstaltungen und Fachkongresse
- Theaterproduktionen oder Gastspiele, Ausstellungen in Museen und Kunstankäufe
- Engagement der Eltern im Rahmen schulischer Veranstaltungen
- Maßnahmen im Rahmen der Schulgesundheitspflege.

Hinweise der Redaktion zum Sponsoring

Zuwendungen an die Schule sind als „Stiftungen oder Schenkungen" im Bereich der „äußeren Schulangelegenheiten" anzusehen, die über die Kasse des Schulträgers abzuwickeln sind. Im Rahmen der Budgetierung ist es grundsätzlich möglich, hierfür ein gesondertes (Schul-)Konto einzurichten. Dies sollte – auch wegen der aus haushaltsrechtlichen Gründen notwendigen Kassenprüfung – aber nur im Einvernehmen mit dem Schulträger geschehen.

→ Haushalt (Allgemeines – Budgetierung) / (Kassenführung); → Schulfördervereine; → Werbung (dort die Anmerkung zur Veranstaltung von Tombolas beachten)

Fließen einer Schule Sach- oder Bar-Mittel von Dritten zu (z.B. von einem Schulförderverein), so muss die Schule auf diese – auch wenn sie auf einem gesonderten Konto geführt werden – die Bestimmungen der Konferenzordnung in gleicher Weise wie bei den „regulären" Haushaltsmitteln der Schule anwenden: Über die Verwendung entscheidet die Schule durch Beschluss der Gesamtlehrerkonferenz nach Anhörung der Schulkonferenz. Da jede Schulleitung laut Ziff. 5 der AnO Sponsoring ohnehin alle zwei Jahre eine Auflistung der erhaltenen Spenden erstellen muss, kann sie die Gesamtlehrer- und die Schulkonferenz ohne Mehraufwand hierüber unterrichten. Eines solchen Beschlusses bedarf es auch dann, wenn eine Schule den Spendern (z.B. dem Förderverein) eine „Wunschliste" von Anschaffungen oder Vorhaben übermittelt, die aus den Spendenmitteln finanziert werden sollen. Soweit Spenden der Schule zweckgebunden zugewandt werden sind, ist diese Zweckbindung zu beachten; ist die Zweckbindung mit dem Erziehungsauftrag nicht vereinbar, muss eine Spende ggf. von der Schule abgelehnt werden.

→ KonferenzVO § 2 Abs. 1 Nr. 7; → Schulgesetz § 47

Bei jeder Form von Sponsoring muss darauf geachtet werden, dass keine strafbare Vorteilsannahme entsteht (§ 331 StGB). Damit ist nicht nur die persönliche Bereicherung gemeint, sondern auch der Fall, dass ein Amtsträger (z.B. die Schulleitung oder ein Elternbeirat in Ausübung seiner ehrenamtlichen Funktion) für die Dienstausübung einen Vorteil für sich oder einen Dritten fordert, sich versprechen lässt oder annimmt. Es muss schon der Anschein vermieden werden, eine Spende könne mit dem dienstlichen Handeln in Zusammenhang stehen (z.B. kann eine Sach-Spende eines Schulartikel-Lieferanten für ein Schulfest problematisch sein, wenn die Schule gegenüber diesem Lieferanten als Kunde auftritt, also über die Vergabe von geschäftlichen Aufträgen entscheidet).

Für die Steuerbegünstigung von Spenden an Schulen ist der Verwendungszweck entscheidend: Nach § 3 Abs. 1 b Nr. 3 UStG ist jede unentgeltliche Zuwendung eines Gegenstandes aus unternehmerischen Gründen steuerpflichtig, wenn der Gegenstand zum vollen oder teilweisen Vorsteuerabzug berechtigt hat (außer Geschenke von geringem Wert und Warenmuster). Daher sind Spenden an Schulen unabhängig von der Motivation des Spenders für diesen umsatzsteuerpflichtig. In Zweifelsfällen berät das Finanzamt, Abt. Körperschaften. Sendenbestätigungen („*Zuwendungsbescheinigungen*") müssen nach einem verbindlichen amtlichen Muster ausgestellt werden. Für Geld- und Sachzuwendungen sind gesonderte Formulare vorgesehen (im „*Förderalmanach*" wiedergegeben: www.leu.bw.schule.de/1/113300.htm).

→ Schulfördervereine

Über Sponsoring an der Schule entscheidet, wer in seinem Entscheidungsbereich betroffen ist:
– Bei sächlichen Schulangelegenheiten liegt die Entscheidungsbefugnis beim Schulträger (z.B. Veränderungen in der baulichen Substanz der Schulanlagen, Aufhängen von Plakaten).
– Fällt Sponsoring in den Bereich der inneren (pädagogischen) Schulangelegenheiten, ist das Land (die Schule / Schulleitung) zuständig.

Schulen sind zwar nicht rechtsfähig, sie sind jedoch ermächtigt, im Bereich der inneren Schulangelegenheiten selbst Entscheidungen mit Wirkung für das Land zu treffen (z.B. Förderung eines Unterrichtsprojektes oder einer Schulveranstaltung). Die Schulleitung kann in diesen Fällen eine Spendenbescheinigung ausstellen; es ist dann nicht erforderlich den Schulträger einzuschalten.

Lehr- und Lernmittel haben einen pädagogischen Nutzen; auch das Sponsoring von deren Beschaffung fällt somit in den Kompetenzbereich der Schule, obwohl es sich um Sachmittel handelt. Sachmittel, die nicht direkt für Schüler (z.B. Sporthemden), sondern für die Schule bestimmt sind (z.B. Computer), werden Eigentum des Schulträgers. Bei Sachmitteln, die Folgekosten verursachen und Haftungsfragen aufwerfen, muss vorab dessen Zustimmung eingeholt werden. Die Vertretungsbefugnis des Schulleiters kann vom Schulträger erweitert werden; der Schulträger kann also die Schulleitung ermächtigen, auch im Bereich der sächlichen Schulangelegenheiten für ihn tätig zu werden.

→ Haushalt (Kassenführung); → Konferenzordnung § 2 Abs. 1 Nr. 7; → Schulentwicklung; → Schulgesetz § 47;
→ Schulfördervereine; → Werbung

Sprachförderung (Integration)

Grundsätze zum Unterricht für Kinder und Jugendliche mit Sprachförderbedarf an allgemeinbildenden und beruflichen Schulen; VwV des KM vom 1. August 2008 (KuU S. 57/2008); zuletzt geändert 11.11.2009 (KuU S. 223/2009)

1. Pädagogische Vorbemerkung

Sprache ist das wesentliche Kommunikationsmittel und eine Voraussetzung zur Teilnahme in Gesellschaft und Schule. Die Beherrschung der deutschen Sprache ist die Grundlage für den schulischen Erfolg und damit auch dafür, sich nachhaltig für das Leben in Gesellschaft und Beruf zu qualifizieren. Sie bildet das Fundament zur Integration von Kindern und Jugendlichen mit Migrationshintergrund und geringen Deutschkenntnissen (vgl. hierzu auch die Verwaltungsvorschriften → Behinderungen und Förderbedarf ... und → Kooperation Kindertageseinrichtungen-Grundschule ...).

→ Lernbegleiter

Sprachkenntnisse zu vermitteln ist ein zentrales Aufgabenfeld für die Kindergärten und alle Schularten und Auftrag aller am Erziehungs- und Bildungsprozess Beteiligten. Schon im vorschulischen Bereich wird die sprachliche Entwicklung kontinuierlich beobachtet und vielfältig gefördert. Dies erfordert eine an Alter und sprachlicher Entwicklung orientierte koordinierte Zusammenarbeit zwischen Erziehungsberechtigten, vorschulischen Einrichtungen und Schulen.

Kinder und Jugendliche mit verschiedenen Herkunftssprachen in den Klassen bringen besondere Kompetenzen mit. Diese kulturellen und sprachlichen Erfahrungen sind für die Schule eine Berei-

Sprachförderung (Integration)

cherung, stellen gleichzeitig eine Herausforderung zur Vermittlung der Unterrichtssprache Deutsch dar und erfordern in der Unterrichtspraxis differenzierende Maßnahmen. Über die abgestimmte sprachliche Förderung wird die Möglichkeit eröffnet, die Gesamtpersönlichkeit von Kindern und Jugendlichen in ihrer aktuellen Lebens- und Lernwirklichkeit zu berücksichtigen. Voraussetzung hierfür ist ein schulisches Förderkonzept, das zur Grundlage den Bildungsplan der jeweiligen Schulart hat und sich flexibel an der Bedürfnislage der Schülerinnen und Schüler orientiert.

Die Koordination der Sprachförderung gehört zum Aufgabenbereich der Schulleitung. Eine Lehrkraft kann mit der Koordination der Sprachförderung von der Schulleitung beauftragt werden. Zum Aufgabenfeld gehören u.a. die Erarbeitung und Fortschreibung einer Förderkonzeption für die Schule im Bereich Sprache und Spracherwerb sowie eine differenzierte Sprachstandsermittlung und die Feststellung der individuellen Sprachförderbedarfs von Kindern und Jugendlichen mit nichtdeutscher Herkunftssprache.

Eine Entlastung für die Aufgabenwahrnehmung erfolgt im Rahmen der zugewiesenen Anrechnungsstunden für Schulleitungsaufgaben.

→ Arbeitszeit (Lehrkräfte) Teile B und C

Für die Klassen- bzw. Gruppenbildung im Rahmen der Maßnahmen zur ‚Sprachförderung' (z.B. Vorbereitungsklassen für Kinder oder Jugendliche mit nichtdeutscher Herkunftssprache) gilt die für das jeweilige Schuljahr erlassene Verwaltungsvorschrift

→ Organisationserlass

2.
Geltungsbereich

Diese Verwaltungsvorschrift gilt unbeschadet Ziffer 4 und Ziffer 5 für Schülerinnen und Schüler mit nichtdeutscher Herkunftssprache, darunter insbesondere für Kinder und Jugendliche aus ausländischen und ausgesiedelten Familien ohne den familiären Spracherwerb in Deutsch. Richtschnur ist dabei die volle schulische Integration aller Kinder und Jugendlichen.

Kinder von Asylbewerbern werden bei Bedarf ebenfalls in die Sprachfördermaßnahmen aufgenommen.

3. Allgemeines
3.1
Aufnahme und Schulpflicht

Nach § 72 Abs. l des Schulgesetzes besteht Schulpflicht für Kinder und Jugendliche, die in Baden-Württemberg ihren Wohnsitz oder gewöhnlichen Aufenthalt oder ihre Ausbildungs- oder Arbeitsstätte haben.

→ Einschulung; → Schulgesetz § 72; → Schulpflicht (Ausländer/innen); → Verfassung Art. 11

Kinder und Jugendliche mit nichtdeutscher Herkunftssprache besuchen so weit wie möglich die ihrem Alter und ihrer Leistung entsprechende Klasse der in Betracht kommenden Schulart. Dies gilt insbesondere für Grundschulkinder, die über eine integrative Förderung im Klassenverband in der sprachlichen Entwicklung unterstützt werden. Falls dies nicht möglich ist, nehmen sie an besonderen Fördermaßnahmen teil. Sprachförderung kann dabei stattfinden in eigens gebildeten Klassen (Vorbereitungsklassen), in einem Kurssystem oder durch sonstige organisatorische Maßnahmen (Teilungsstunden, Förderunterricht usw.) der Schule (vgl. Ziffer 3.2).

Bei Schülerinnen und Schülern, die in ihrem Herkunftsland eine der Realschule oder dem Gymnasium vergleichbare schulische Einrichtung besucht haben, ist eine Aufnahme in ein Gymnasium oder eine Realschule auf Probe möglich, wenn die Schule zur Auffassung gelangt, dass die Schülerin oder der Schüler in absehbarer Zeit die Anforderungen des Bildungsgangs in Bezug auf einen ausreichenden Kenntnisstand der deutschen Sprache erfüllen wird. Die Probezeit dauert längstens ein Jahr.

In Fachklassen der Berufsschule werden die Jugendlichen aufgenommen, die ihre im Herkunftsland begonnene Berufsausbildung fortsetzen und über hinreichende Kenntnisse der deutschen Sprache verfügen. Im Übrigen besuchen sie das Berufsvorbereitungsjahr, ggf. zur Förderung in Deutsch in der entsprechenden Sonderform des Berufsvorbereitungsjahres oder das Berufseinstiegsjahr. Bei sonstigen beruflichen Vollzeitschulen ist ein Eintritt nur zu Beginn des Ausbildungsgangs und bei hinreichenden Kenntnissen in der deutschen Sprache möglich.

Vorrangiges Ziel der schulischen Förderung ist, Schülerinnen und Schülern ausreichende deutsche Sprachkenntnisse zu vermitteln, um sie in die Klassen der verschiedenen Schularten einzugliedern und ihnen so die Möglichkeit zu geben, einen schulischen Abschluss zu erreichen.

Die Verbindung zu Sprache und Kultur des Herkunftslandes soll gewahrt werden. Dabei entscheiden die Erziehungsberechtigten in eigener Verantwortung über die Teilnahme ihrer Kinder an den freiwilligen Angeboten zur muttersprachlichen Bildung (vgl. Ziffer 4) in der Herkunftssprache.

3.2
Klassenbildung
und Art der Fördermaßnahmen

An Schulen mit Schülerinnen und Schülern mit nichtdeutscher Herkunftssprache bzw. Förderbedarf in Deutsch sollen grundsätzlich gemischte Klassen gebildet werden. Werden auf der jeweiligen Klassenstufe Parallelklassen eingerichtet, so ist anzustreben, dass die Gruppe der Schülerinnen und Schüler mit ausreichenden deutschen Sprachkenntnissen in den Klassen ausgewogen vertreten sind.

Die Fördermaßnahmen haben folgende Elemente:
– Schulorganisatorische Maßnahmen (vgl. 3.2.1)
– Vorbereitungsklassen (vgl. 3.2.2)
– Vorbereitungskurse (vgl. 3.2.3)
– Sonstige Maßnahmen (vgl. 3.2.4)

→ Organisationserlass

3.2.1
Schulorganisatorische Maßnahmen

Ein integratives Förderkonzept, das Kinder und Jugendliche mit nichtdeutscher Herkunftssprache beim Besuch der Regelklasse in der sprachlichen Entwicklung unterstützt, nutzt die schulischen Gestaltungsmöglichkeiten von Bildungsplan oder Lehrplan, den Stundentafeln und Schulcurriculum. Den Schulen zusätzlich zur Verfügung stehende Lehrerstunden sollen auch für Maßnahmen der Sprachförderung verwendet werden.

Über flexible Organisationsmodelle (zeitweilige zielgruppenspezifische Angebote, Sprachförderangebote im Ganztagesrhythmus, äußere Differenzierungen usw.) kann der Freiraum vor Ort gestaltet werden. Der Wechsel zwischen der Teilnahme am Unterricht der Regelklasse und einer Fördermaßnahme soll dabei organisatorisch flexibel erfolgen und orientiert sich am festgestellten Förderbedarf.

Benachbarte Schulen arbeiten im Rahmen der Sprachförderung bei Bedarf zusammen.

3.2.2 Vorbereitungsklassen

Für Kinder und Jugendliche mit nichtdeutscher Herkunftssprache und ohne ausreichende Kenntnisse in Deutsch ist in den Grund-, Haupt- und Werkrealschulen die Einrichtung einer Vorbereitungsklasse ab 10 Schülerinnen und Schüler möglich. Maßgebend für die Einrichtung und Klassenbildung ist der Organisationserlass. Die Vorbereitungsklasse wird als Jahrgangsklasse oder als jahrgangsgemischte Klasse geführt. Die Einrichtung einer Vorbereitungsklasse für die Klassenstufe 1 für Kinder mit besonderem Sprachförderbedarf (Einstiegsklasse) ist möglich.

Vor der Aufnahme in die Vorbereitungsklasse wird eine Sprachstandserhebung durchgeführt. Zur Feststellung des Sprachförderbedarfs werden von der Schule hierfür altersstufengemäße Sprachstandsfeststellungsverfahren eingesetzt, die u.a. die Bereiche Wortschatz, Satzbau, Ausdrucksfähigkeit und Leseverständnis umfassen.

Die sprachlichen Fortschritte der Schülerinnen und Schüler werden bei den Sprachfördermaßnahmen in geeigneter Form evaluiert und insbesondere für den Wechsel in die Regelklasse dokumentiert. Der Wechsel in die Regelklasse ist an keinen festen Zeitpunkt gebunden und kann gestuft mit sich erhöhenden Stundenanteilen in der Regelklasse nach Zuwachs in der Sprachkompetenz erfolgen.

Zur Koordination der Sprachförder- und Integrationsmaßnahmen erhält die Schule je gebildeter Vorbereitungsklasse eine Entlastungsstunde.

Hinweis der Redaktion: Diese Stunde sollte – wie bei der Vorgänger-Regelung – zur Entlastung der Leiter/innen der Vorbereitungsklassen eingesetzt werden.

Schülerinnen und Schüler mit nichtdeutscher Herkunftssprache, die in Vorbereitungsklassen unterrichtet werden, nehmen vor allem in den Fächern und Fächerverbünden des musisch-technischen Bereichs am Unterricht zusammen mit den Schülerinnen und Schülern der Regelklasse teil. Das schulische Leben wird unabhängig davon so gestaltet, dass gegenseitige Kontakte regelmäßig gepflegt werden können. Die Unterrichtsorganisation soll dabei flexibel und nicht ausschließlich im Klassenverband erfolgen, damit den Schülerinnen und Schülern eine zeitweilige Teilnahme am Unterricht der Regelklasse möglich ist. Der Unterricht dient vorwiegend dem Erlernen der deutschen Sprache, des Fachwortschatzes und schulischer Techniken und Arbeitsweisen. Er bereitet auf den Unterricht und die Integration in die Regelklasse vor.

Der Zeitpunkt der Integration in eine Regelklasse wird von den unterrichtenden Lehrkräften mit Zustimmung der Schulleitung flexibel und individuell festgelegt. Eine unterjährige Integration in eine Regelklasse ist dabei ausdrücklich in den Blick zu nehmen, wenn die Voraussetzungen hierfür gegeben sind. Leistungsstand, Leistungsvermögen und Motivation entscheiden über die Zuweisung in die jeweilige Klassenstufe und Schulart. Dem Wechsel von der Vorbereitungsklasse in die Regelklasse können Probephasen von unterschiedlicher Dauer und in unterschiedlichen Fächern bzw. Fächerverbünden vorgeschaltet werden.

Die Vorbereitungsklassen können mit Zustimmung der unteren Schulaufsichtsbehörde auch für Schülerinnen und Schüler benachbarter Schulbezirke eingerichtet werden. In diesem Fall entscheidet die untere Schulaufsichtsbehörde nach Rücksprache mit den Schulleitungen über die Aufnahme in eine Vorbereitungsklasse.

3.2.3
Vorbereitungskurse

An den Grund-, Haupt- und Werkrealschulen ohne Vorbereitungsklasse kann für mindestens vier Schülerinnen und Schüler mit nichtdeutscher Herkunftssprache ein zeitlich befristeter zusätzlicher Sprachförderunterricht (Vorbereitungskurs) mit bis zu acht Wochenstunden eingerichtet werden, wenn die Schülerinnen und Schüler noch größere Sprachschwierigkeiten bzw. Verständnisschwierigkeiten in einzelnen Fächern oder Fächerverbünden haben, die auf die Deutschkenntnisse zurückzuführen sind. Dieses Kursangebot dient vorrangig dem Erlernen von Deutsch. Daneben wird auch gezielt sachbezogener Unterricht zum Erwerb eines Fachwortschatzes und von Basiskompetenzen erteilt.

Die zeitweilige, zusätzliche Aufnahme von Schülerinnen und Schülern mit der Muttersprache Deutsch, aber mit besonderem Förderbedarf im sprachlichen Bereich ist möglich.

3.2.4
Sonstige Maßnahmen

Für die Festlegung der Pflicht zum Besuch der Sonderschulen gelten die allgemeinen Bestimmungen. Dabei ist zu beachten, dass mangelnde Kenntnisse in der deutschen Sprache kein Kriterium für Sonderschulbedürftigkeit sind. Bei den entsprechenden Überprüfungen kann auf Wunsch der Erziehungsberechtigten ein geeigneter Lehrer der jeweiligen Herkunftssprache hinzugezogen werden; auf diese Möglichkeit sollen die Erziehungsberechtigten durch die meldende Schule hingewiesen werden. Dieser Hinweis wird im Bericht der meldenden Schule vermerkt.

Darüber, welche Formen der sonderpädagogischen Förderung für Schülerinnen und Schüler mit nicht deutscher Herkunftssprache an allgemeinen Schulen durchgeführt werden, entscheidet die jeweilige Sonderschule. Dies geschieht im engen Zusammenwirken mit der entsprechenden allgemeinen Schule, wobei die individuellen Förderbedürfnisse besonders zu berücksichtigen sind. Neben den bei den Grund-, Haupt- und Werkrealschulen vorgesehenen Maßnahmen können je nach der Situation der einzelnen Schule auch andere Fördermöglichkeiten ergriffen werden.

An den Realschulen und Gymnasien können im Rahmen des Ergänzungsbereichs zeitlich befristete Angebote zur Sprachförderung eingerichtet werden.

An Fachklassen der Berufsschule kann erforderlichenfalls im Rahmen des Wahlpflichtunterrichts ein Stützunterricht mit zwei Wochenstunden für Deutsch und Fachkunde angeboten werden. An beruflichen Vollzeitschulen kann zeitlich begrenzter Förderunterricht mit zwei Wochenstunden angeboten werden. Zur sprachlichen Förderung von Jugendlichen mit nichtdeutscher Herkunftssprache können besondere Klassen in Berufsschulen bzw. im Berufsvorbereitungsjahr eingerichtet werden; soweit die Schülerinnen und Schüler ohne Ausbildungsverhältnis sind, erfolgt der Unterricht in den besonderen Klassen nach den hierfür erlassenen Stundentafeln und Lehrplänen. Abweichungen von den Stundentafeln und den Lehrplänen aus pädagogischen Gründen sind zulässig.

3.3
Fremdsprachenregelung

Für Schülerinnen und Schüler mit nichtdeutscher Herkunftssprache, die erstmals als Seiteneinsteiger in eine Grundschule oder weiterführende Schulart aufgenommen werden, gelten im Einzelnen die folgenden Regelungen:

Grundschule

In der Grundschule ist die besondere Situation der mehrsprachig aufgewachsenen Kinder und der noch zu unterstützende Sprachkompetenzerwerb zu würdigen. In den Klassenstufen 3 und 4 wird dies in Englisch bzw. Französisch bei der Notengebung pädagogisch angemessen berücksichtigt. In Einzelfällen kann die Note ausgesetzt und durch eine verbale Beurteilung ersetzt werden.

→ Notenbildungsverordnung § 7

Werkrealschule und Hauptschule

Die Schülerinnen und Schüler sollen durch Förderunterricht in der Pflichtfremdsprache Englisch auf einen Kenntnisstand gebracht werden, der es ihnen ermöglicht, am Unterricht der von ihnen besuchten Klasse teilzunehmen.

Ausländische und ausgesiedelte Schülerinnen und Schüler, die ab Klasse 7 in die Hauptschule eingetreten sind, können in der Hauptschulabschlussprüfung als Ersatz für die Prüfung in der Pflichtfremdsprache eine Sonderfremdsprachenprüfung in ihrer Herkunftssprache ablegen, wenn die organisatorischen und personellen Voraussetzungen gegeben sind.

Die gewählte Sprache wird schriftlich und mündlich geprüft, da im Gegensatz zu der Prüfung in Englisch keine Jahresleistung vorliegt.

Gleichzeitig zur Sonderfremdsprachenprüfung in der Herkunftssprache wird eine Zertifizierung der Herkunftssprache zusätzlich zur Prüfung der Pflichtfremdsprache angeboten. Die Zertifizierung ist in allen Herkunftssprachen möglich, für die auch eine Sonderfremdsprachenprüfung angeboten wird. Bei der Zertifizierung werden die Schülerinnen und Schüler schriftlich sowie auf Wunsch mündlich geprüft.

Realschule

Für Schülerinnen und Schüler, die in die Klasse 7 und 8 aufgenommen werden, kann die Wahlpflichtfremdsprache an die Stelle der ersten Fremdsprache treten.

Für Schülerinnen und Schüler, die erst in den Klassen 9 und 10 in die Realschule eintreten, kann die Pflichtfremdsprache durch die Sprache des Herkunftslandes ersetzt werden, wenn es aus organisatorischen und personellen Gründen möglich ist, den Kenntnisstand am Ende eines Schuljahres schriftlich und mündlich zu überprüfen. Das Ergebnis der Überprüfung ist als versetzungserhebliche Note in das Zeugnis aufzunehmen. Die Schülerinnen und Schüler sind im Hinblick auf die Prüfungsvorbereitung in geeigneter Form über die Prüfungsanforderungen zu informieren.

Gymnasium

Bei Eintritt in die Klassen 6 bis 10 kann die Sprache des Herkunftslandes eine der vorgeschriebenen Pflichtfremdsprachen ersetzen, wenn es aus organisatorischen und personellen Gründen möglich ist, den Kenntnisstand der Schülerinnen und Schüler am Ende eines jeden Schuljahres schriftlich und mündlich zu überprüfen. Das Ergebnis der Überprüfung ist als versetzungserhebliche Note in das Zeugnis aufzunehmen. Die Schülerinnen und Schüler sind im Hinblick auf die Prüfungsvorbereitung in geeigneter Form über die Prüfungsanforderungen zu unterrichten.

Bei Eintritt in die Klasse 6 kann der Besuch des Unterrichts in der zweiten Fremdsprache bis zum Ende des Schuljahres ausgesetzt werden, wenn das fremdsprachliche Angebot an der Schule es zulässt, dass die Schülerin/der Schüler ab Klasse 8 eine dritte Fremdsprache erlernen kann. In diesem Fall tritt die dritte Fremdsprache an die Stelle der zweiten Pflichtfremdsprache.

Berufliche Vollzeitschulen

Bei den beruflichen Vollzeitschulen sind neu zu beginnende Fremdsprachen verbindlich. Bei Eintritt in eine berufliche Vollzeitschule, in der eine Pflichtfremdsprache weitergeführt wird, kann die

Sprache des Herkunftslandes bei ausgesiedelten Schülerinnen und Schülern diese ersetzen, wenn es aus organisatorischen und personellen Gründen möglich ist, den Kenntnisstand der Schülerin/des Schülers am Ende eines jeden Schuljahres schriftlich und mündlich zu überprüfen. Das Ergebnis der Überprüfung ist als versetzungserhebliche Note in das Zeugnis aufzunehmen. Im Hinblick auf die Prüfungsvorbereitung sind die Schülerinnen und Schüler in geeigneter Form über die Prüfungsanforderungen zu informieren. Im Übrigen bleibt die Teilnahme am Unterricht in der Pflichtfremdsprache verpflichtend, ggf. begleitet durch Stützunterricht.

3.4 Zeugnisse und Leistungsbeurteilung, Hausaufgaben

– Bei Besuch der Vorbereitungsklassen und in den besonderen Klassen für Jugendliche mit nichtdeutscher Herkunftssprache in Berufsschulen einschließlich des Berufsvorbereitungsjahres ist in den Zeugnissen die Note für den erteilten Unterricht auszuweisen. Eine Notengebung ist in den genannten Klassen nur vorzunehmen, sofern der Kenntnisstand der Schülerinnen und Schüler dies in Bezug auf die Bildungsziele bzw. erreichten Kompetenzen zulässt. Eine verbale Beurteilung mit Ausführungen zu den erworbenen Kompetenzen u.a. im Sprechen, Schreiben, Lesen usw. kann die Notengebung ergänzen oder ersetzen.

– Bei dem erstmaligen Besuch der Regelklasse nehmen die Schulen in der Leistungsbeurteilung auf die sprachlich bedingten Erschwernisse des Lernens bei Kindern und Jugendlichen mit nichtdeutscher Herkunftssprache Rücksicht. Die Noten können durch eine Verbalbeurteilung ersetzt werden. Halbjahresinformationen und Zeugnissen kann eine Leistungsbeschreibung mit Hinweisen zur Lernentwicklung und einer Aussage (Verbalbeurteilung) über die mündliche und schriftliche Ausdrucks- und Verständigungsfähigkeit beigelegt werden.

– Nicht ausreichende Leistungen im Fach Deutsch können bei der ersten Versetzungsentscheidung außer Betracht bleiben. Auf die jeweiligen schulartspezifischen Regelungen zur Versetzung in Ausnahmefällen wird verwiesen.
  → Notenbildungsverordnung § 7

– Bei der Erteilung von Hausaufgaben berücksichtigen die Schulen die besonderen Bedürfnisse der Schülerinnen und Schüler mit nichtdeutscher Herkunftssprache und zusätzlichem Sprachförderbedarf.
  → Notenbildungsverordnung § 10

3.5 Zusammenarbeit mit den Erziehungsberechtigten

Maßgeblichen Anteil am Gelingen der schulischen Eingliederung von Kindern und Jugendlichen mit nichtdeutscher Herkunftssprache haben die Erziehungsberechtigten. Sie entscheiden über längerfristigen Verbleib oder die Rückkehr ins Herkunftsland, über die Teilnahme an freiwilligen Angeboten der muttersprachlichen Bildung. Sie werden bereits von den Fachkräften der Kindergärten und den Lehrkräften der Schulen im Rahmen der Kooperation Kindergarten-Grundschule über mögliche Bildungsgänge beraten.

Die Schulen übernehmen diese Aufgabe zur Information und Beratung der Erziehungsberechtigten von Kindern und Jugendlichen mit Migrationshintergrund und beziehen Migrantenfamilien in die Zusammenarbeit an der Schule ein. Zu den Aufgaben der Schule kann hierbei auch gehören, bei der Organisation von Deutsch-Sprachkursen für Erziehungsberechtigte unterstützend tätig zu werden.

4. Muttersprachlicher Zusatzunterricht durch die (General-)Konsulate

Zur Förderung der Schülerinnen und Schüler in der Herkunftssprache kann das jeweilige (General-)Konsulat Unterrichtskurse in eigener Verantwortung durchführen (Muttersprache, Geschichte, Landeskunde). Diese Kurse werden von der Schulverwaltung unterstützt, unterliegen aber nicht deren Aufsicht. Eine enge Zusammenarbeit zwischen den deutschen Schulbehörden und Schulen und den Vertretungen und Lehrern der Herkunftsländer ist anzustreben.

Diese muttersprachlichen Unterrichtskurse umfassen in der Regel bis zu 5 Wochenstunden. Vor ihrer Einrichtung sind die Kurse dem Ministerium für Kultus, Jugend und Sport mitzuteilen. Die Teilnahme ist freiwillig.

Die Schulträger werden gebeten, Schulräume für den muttersprachlichen Zusatzunterricht kostenlos zur Verfügung zu stellen. Die Schulen sorgen im Rahmen des Möglichen für eine Abstimmung bei der Stundenplangestaltung mit den Beauftragten der (General-)Konsulate.

Vom Land können im Rahmen der verfügbaren Haushaltsmittel Zuschüsse für die muttersprachlichen Unterrichtskurse an die (General-)Konsulate gewährt werden, sofern mindestens 12 Schüler am Unterricht teilnehmen.

Soweit Schülerinnen und Schüler den von (General-) Konsulaten veranstalteten muttersprachlichen Zusatzunterricht besuchen, besteht die Möglichkeit, im Zeugnis unter „Bemerkungen" oder durch eine Anlage folgenden Hinweis aufzunehmen: „Nach Mitteilung des ... (General-)Konsulats in ..... hat die Schülerin/der Schüler an dem vom (General-)Konsulat veranstalteten muttersprachlichen Zusatzunterricht teilgenommen und dabei in den nachfolgenden Fächern die folgenden Noten/Punktzahlen erzielt: ...".

Auf die Ausbringung der Fächer und Noten kann verzichtet werden; stattdessen kann auch ein Zeugnis/eine Bescheinigung des (General-)Konsulats beigefügt werden. Dieser Hinweis auf den Besuch des muttersprachlichen Zusatzunterrichts bzw. auf die Benotung unterbleibt auf Wunsch der Erziehungsberechtigten.

5. Besondere Fördereinrichtungen

Eine Förderung für ausgesiedelte Schülerinnen und Schüler kann auch an besonderen Fördereinrichtungen erfolgen. Dies sind freie Unterrichtseinrichtungen in privater Trägerschaft oder entsprechende Einrichtungen an Aufbaugymnasien.

Die Dauer des Besuchs soll in der Regel ein Schuljahr nicht überschreiten; sie kann jedoch aus pädagogischen Gründen auf insgesamt zwei Schuljahre ausgedehnt werden. Ausnahmsweise kann eine solche besondere Fördereinrichtung bis zur Beendigung der Schulpflicht besucht werden, wenn eine Umschulung in eine öffentliche Schule wegen des Zeitraums bis zur Abschlussprüfung nicht mehr zumutbar ist.

Während des Besuchs der besonderen Fördereinrichtung ruht die Schulpflicht.

➜ Schulgesetz § 72

➜ Einschulung; ➜ Lernbegleiter; ➜ Notenbildungsverordnung; ➜ Organisationserlass; ➜ Schulbesuchsverordnung; ➜ Schulgesetz § 72; ➜ Schulpflicht (Ausländer/innen); ➜ Schulpflicht (Berufliche Schulen); ➜ Verfassung Art. 11

Statistik

Hinweis der Redaktion

Die Verordnung des KM über die Datenverarbeitung für statistische Erhebungen und schulübergreifende Verwaltungszwecke an Schulen vom 10. Juli 2008 (KuU S. 175/2008) ist in der Loseblattsammlung des Amtsblatts unter Nr. 9530 abgedruckt. Die aufgrund dieser Vorschrift erhobenen Daten werden vom KM und vom Statistischen Landesamt ausgewertet und der Öffentlichkeit zugänglich gemacht.

Jährlich legt das Statistische Landesamt die Ergebnisse der bildungsstatistischen Erhebungen des Vorjahres in einer CD-ROM »Das Bildungswesen« vor. Sie gibt einen umfassenden Überblick über das Bildungswesen. Bezug: Statistisches Landesamt, Postfach 10 60 33, 70049 Stuttgart, E-Mail: vertrieb@stala.bwl.de. Viele dieser bildungsstatistischen Daten sind auch im Internet verfügbar: www.statistik.baden-wuerttemberg.de.

➜ Datenschutz (Schulen); ➜ Schulgesetz § 115

Stellenwirksame Änderungsanträge

Frühzeitige Bekanntgabe von stellenwirksamen Änderungswünschen der Lehrerinnen und Lehrer für Sommer 2011; Ziff. I der Bekanntmachung des KM vom 6. Oktober 2010 (KuU S. 193/2010)

Hinweis der Redaktion: Es kann davon ausgegangen werden, dass bis auf Weiteres der Antragstermin in jedem Jahr der erste Schultag nach den Weihnachtsferien sein wird.

Für die Personalplanung und für die Einstellungsentscheidungen im Jahr 2011, insbesondere im Zusammenhang mit Stellenausschreibungen, ist es wiederum erforderlich, dass die Kultusverwaltung möglichst frühzeitig vor dem Einstellungstermin die Zahl der zur Besetzung frei werdenden Stellen kennt. – Aus diesem Grund werden alle Lehrerinnen und Lehrer gebeten, personelle Veränderungswünsche, soweit diese stellenwirksam werden können, möglichst frühzeitig anzuzeigen. Für das kommende Schuljahr müssen entsprechende Anträge

- bis spätestens **10. Januar 2011**
  den Schulleitungen
- bis spätestens **17. Januar 2011**
  bei Grund-, Haupt-, Werkreal-, Real- und Sonderschulen den Staatlichen Schulämtern
  bei den Gymnasien und beruflichen Schulen den Regierungspräsidien
- bis spätestens **21. Januar 2011**
  bei Grund-, Haupt-, Werkreal-, Real- und Sonderschulen den Regierungspräsidien

vorliegen.

Für die Abwicklung der Versetzungsanträge steht ein Online-Versetzungsverfahren zur Verfügung. Die Versetzungsanträge sind daher online über die Internetseite www.lehrerversetzung-bw.de zu stellen. Der Belegausdruck der Online-Antragsstellung ist bis zu dem genannten Termin bei der Schulleitung abzugeben.

Die Vorlagetermine gelten insbesondere für

- Anträge auf vorzeitige Zurruhesetzung und auf Hinausschiebung der Altersgrenze
- Anträge auf Versetzungen (www.lehrerversetzung-bw.de), einschließlich Lehreraustauschverfahren zwischen den Bundesländern zum Schuljahresbeginn.

Ausgenommen sind Versetzungen im Rahmen des schulbezogenen Stellenausschreibungsverfahrens:

Es wird darauf hingewiesen, dass eine Versetzung auch aufgrund einer erfolgreichen Bewerbung im Rahmen des schulbezogenen Stellenausschreibungsverfahrens erfolgen kann. Voraussetzung für eine Einbeziehung in das jeweilige Auswahlverfahren ist eine Freigabe durch die zu-

Weiter auf der übernächsten Seite

Statistik (Allgemeinbildende Schulen)

Allgemeinbildende Schulen in Baden-Württemberg im Schuljahr 2009/10 nach Schularten; Gesamtüberblick des Statistischen Landesamts 2009 – Stand: Amtliche Schulstatistik vom 21. Oktober 2009

Das Statistische Landesamt veröffentlicht jährlich im Herbst einen Überblick über die allgemeinbildenden Schulen im Vorjahr. Eine vergleichbare Zusammenfassung für die beruflichen Schulen liegt leider nicht vor.

Der Quotient in der letzten Spalte (Lehrerwochenstunden je Schüler) ermöglicht – unabhängig von den „variablen" Parametern Klassenstärke, Unterrichtsverpflichtung und Stundentafeln – einen objektiven Langfrist-Vergleich der Unterrichtsversorgung. Im „bestversorgten" Schuljahr betrug dieser Wert im Land Baden-Württemberg an den

- Grund- und Hauptschulen (1985/86)   1,502
- Realschulen (Schuljahr 1988/89)   1,637
- Gymnasien (Schuljahr 1988/89)   1,702

Lehrerwochenstunden je Schüler. Seitdem ist der Grad der Unterrichtsversorgung stark gesunken.

Die Veränderung seit dem „bestversorgten" Schuljahr bis zum Schuljahr 2008/09 beträgt nach diesem objektiven Maßstab an den

- **Grund- und Hauptschulen**   minus 0,6%
- **Realschulen**   minus 19,1%
- **Gymnasien**   minus 12,7%

Schulart ö = öffentlich p = privat		Schulen[1]	Klassen	Schüler insgesamt	Veränderung in %[2]	Schüler weiblich	Lehrkräfte[3]	Erteilte Lehrerwochenstunden (LWS)	Schüler je Klasse[4]	Schüler je Lehrkraft[3]	LWS/ Schüler
Grund- und Hauptschulen	ö	2.626	26.529	547.099	-3,9	261.382	33.977	816.743	20,6	16,1	**1,493**
	p	92	647	13.612	+4,5	6.389	827	21.762	21,0	16,5	1,599
davon Grundschulen	ö	2.467	18.697	395.724	-3,9	193.719	.	.	21,2	.	.
	p	90	419	8.816	+5,2	4.282	.	.	21,0	.	.
davon Hauptschulen	ö	1.153	7.832	151.375	-4,2	67.663	.	.	19,3	.	.
	p	41	228	4.796	+3,2	2.107	.	.	21,0	.	.
Sonderschulen	ö	427	4.344	38.778	-1,6	15.304	7.710	175.481	8,6	5,0	4,525
	p	154	2.007	14.998	+3,2	4.364	4.099	106.505	6,9	3,7	7,101
davon Förderschulen	ö	268	2.066	20.993	-3,7	8.710	.	.	10,2	.	.
	p	11	54	451	+8,2	199	66	1.665	8,4	6,8	3,692
Realschulen	ö	427	8.647	233.964	-0,2	113.459	13.030	309.982	27,1	18,0	**1,325**
	p	56	512	12.815	+4,0	8.596	727	18.206	25,0	17,6	1,421
Gymnasien	ö	377	9.123	311.040	+0,3	160.257	20.787	461.991	27,3	15,0	**1,485**
	p	68	1.048	33.892	+2,1	20.358	2.393	53.050	25,5	14,2	1,565
Schulen besonderer Art[5]	ö	3	162	4.178	+0,7	2.006	374	8.661	23,7	11,2	2,073
Orientierungsstufen	ö	1	17	445	+9,6	190	15	473	26,2	29,7	1,063
Freie Waldorfschulen	p	56	1.055	23.148	+0,3	11.908	1.638	38.866	21,9	14,1	1,679
Allgemeinbildende Schulen insgesamt	ö	3.786	48.822	1.135.504	-1,9	552.598	75.893	1.773.331	21,9	15,0	1,562
	p	371	5.269	98.465	+2,4	51.615	9.684	238.389	17,1	10,2	2,421
Zusammen (ö+p)		4.157	54.091	1.233.969	–	604183	85.577	2.011.720	22,8	14,4	1,63

1) Organisatorische Einheiten, die mehrere Schularten führen, werden bei jeder Schulart gezählt, jedoch bei »Allgemeinbildenden Schulen« insgesamt nur einfach. / 2) Veränderung gegenüber dem Vorjahr. / 3) Vergütete Wochenstunden der Teilzeit- und sonstigen Beschäftigten (einschließlich der Ermäßigungen und Anrechnungen) sowie die Überstunden der vollzeitbeschäftigten Lehrkräfte wurden in vollbeschäftigte Lehrkräfte umgerechnet.

4) Ohne Berücksichtigung von Schülern und Klassen in den Jahrgangsstufen 12 und 13 der Gymnasien, Schulen besonderer Art, Abendgymnasien und Kollegs, sowie den Schulen für Kranke in längerer Krankenhausbehandlung. / 5) Angaben zu Lehrkräften und Lehrerwochenstunden einschließlich Orientierungsstufen. Quelle: http://www.statistik.baden-wuerttemberg.de/BildungKultur/Landesdaten/abschulen.asp. Berechnung der letzten Zeile durch der Redaktion

Stellenwirksame Änderungsanträge / Stundenpläne und Unterrichtsbeginn

Fortsetzung: Stellenwirksame Änderungsanträge ständige Schulaufsichtsbehörde. Die Ausschreibungen werden auf der Internetseite www.lehrereinstellung-bw.de präsentiert. Lehrkräfte, die eine Versetzung über das schulbezogene Stellenausschreibungsverfahren erreichen wollen, werden gebeten, diesen Versetzungswunsch, soweit möglich, schon über eine Antragsstellung im landesinternen Versetzungsverfahren zum Ausdruck zu bringen. Dies erleichtert die Personalplanung.

Bei den Ausschreibungen für die Einstellung zum Februar und im Rahmen des Nachrückverfahrens im Juli können i.d.R. keine Versetzungsbewerberinnen und -bewerber berücksichtigt werden.

– Beurlaubungsgesuche von längerer Dauer (z.B. Beurlaubüngen aus familiären und anderen Gründen, Aufbaustudien, persönliche Gründe, Auslandsschuldienst, Privatschuldienst, Entwicklungshilfe usw.)
– Anträge auf Verlängerung ablaufender Beurlaubungen bzw. auf vorzeitige Beendigung von Beurlaubungen
– Anträge auf Teilzeitbeschäftigung aus familiären und sonstigen Gründen sowie Freistellungsjahr („Sabbatjahr")
– Anträge auf Verlängerungen, Änderungen und vorzeitige Beendigung von Teilzeitbeschäftigungen
– Entlassungsgesuche, Kündigungen
– Anträge auf Inanspruchnahme von Altersteilzeit von schwerbehinderten beamteten Lehrkräften.

Ausnahmen von diesen Terminen können bei Anträgen auf Teilzeitbeschäftigung und Beurlaubung aus familiären Gründen gemacht werden, wenn die dafür maßgeblichen Umstände nicht vorhersehbar waren. Lehrkräfte, die erst nach dem Vorlagetermin einen Bescheid des Versorgungsamtes mit Anerkennung der Schwerbehinderteneigenschaft erhalten und sich dann für die Altersteilzeit entscheiden, gelten ebenfalls als Ausnahme, sofern sie die Voraussetzungen der Regelungen zur Altersteilzeit erfüllen.

Voraussichtlich wird zum 01.01.2011 das Dienstrechtsreformgesetz in Kraft treten. In dem zum Zeitpunkt dieser Veröffentlichung aktuellen Gesetzentwurf ist die Einführung einer unterhälftigen Teilzeit aus familiären Gründen mit einem Mindestumfang von 30%. der regelmäßigen Arbeitszeit vorgesehen. Zeiten der unterhälftigen Teilzeit werden voraussichtlich auf die Höchstbeurlaubungsdauer angerechnet, die dann allerdings 15 (statt bisher 12) Jahre betragen wird. Entsprechende Anträge sind ebenfalls bis zu dem genannten Termin zu stellen.

Die Schulleiterinnen und Schulleiter werden gebeten, in einer Lehrerkonferenz auf diese Bekanntmachung und die Online-Antragstellung bei den Versetzungsanträgen hinzuweisen. Über Einzelheiten geben die Regierungspräsidien Auskunft.

Hinweise der Redaktion:

1. Das KM hat zusätzlich bekanntgegeben (6.10.2010, AZ: 22-6740.0/641):
   Die schulischen Hauptpersonalräte hatten der Terminverlegung auf den ersten Unterrichtstag nach den Weihnachtsferien (2011: 10.01.2011) zugestimmt. Sie hatten jedoch gebeten, darauf hinzuweisen, dass der vorgezogene Termin nicht als Ausschlusstermin gesehen werden sollte. Auch in Fällen, in denen sich die Situation der Lehrkraft nach dem Termin noch ändert, sollte flexibel und pragmatisch reagiert werden.

   Ebenso hatten die Personalvertretungen gebeten, dafür Sorge zu tragen, dass die Schulen den Abgabetermin nicht intern auf die Zeit vor den Weihnachtsferien vorziehen.

2. Auch für Anträge auf Versetzung im Rahmen des Ländertauschverfahrens zum Schuljahresbeginn gilt der allgemeine Termin für die Meldung von stellenwirksamen Veränderungen. Die Antragstellung für die Versetzungsanträge sollte online über die Internetseite www.lehrerversetzung-bw.de erfolgen.
   → Ländertausch (Lehrkräfte)

3. Bei Anträgen, die nicht stellenwirksam sind (z.B. erfolgt beim Sabbatjahr zunächst keine Änderung der Unterrichtsversorgung) verhält sich die Schulverwaltung bezüglich der o.g. Fristen in der Regel kulant. Ob das Regierungspräsidium einen nach dem Stichtag eingereichten Antrag noch annimmt, kann von der Schulleitung bzw. dem Schulamt nicht beurteilt werden. Diese dürfen Anträge deshalb nicht wegen Fristüberschreitung abweisen, sondern müssen sie dem RP vorlegen. Wir empfehlen bei verspätet vorgelegten Anträgen grundsätzlich, den jeweils zuständigen Bezirkspersonalrat um Unterstützung zu bitten (Anschriften im Adressenteil am Anfang des Jahrbuchs).

→ Beamtengesetz §§ 24-25; → Ländertausch (Lehrkräfte); → Ruhestand (Allgemeines); → Teilzeit / Urlaub (Beamtenrecht) Nr. VII.; → Teilzeit (Freistellungsjahr); → Tarifvertrag (Länder) § 4; → Urlaub (Verordnung / AzUVO) ; → Versetzungen und Abordnungen

---

Hätten Sie's gewusst?
Urlaub aus privaten Anlässen

Die Beschäftigten des öffentlichen Dienstes können nur für einen eng begrenzten Kreis privater Anlässe mit Bezügen beurlaubt werden (z.B. Niederkunft der Ehefrau, Tod des Ehepartners oder eines Kindes). Stirbt ein anderer naher Angehöriger oder ein enger Freund oder wollen sie ihre Mutter am den 90. Geburtstag besuchen, können Verwaltungsbeamte einen Urlaubstag verwenden, um an der Trauerfeier oder de Familientreffen teilzunehmen. Lehrkräfte haben diese Möglichkeit nicht – bei ihnen ist der Urlaub durch die Schulferien abgegolten. Was tun?

Das Kultusministerium hat für solche Fälle die Möglichkeit einer Unterrichtsverlegung (Dienstbefreiung mit Nacharbeit) geschaffen. Mehr dazu steht unter   → Urlaub (Allgemeines) Nr. 4

Stundenpläne und Unterrichtsbeginn

Hinweise der Redaktion

1. „Alte" Rechtslage

Für die Festsetzung der Unterrichtsstunden an Grund- Haupt-, Realschulen und Gymnasien der Normalform sowie entsprechenden Sonderschulen gab es bis 1996 eine Verwaltungsvorschrift des KM (vom 23.7.1993; KuU. S. 3787 1993), welche eine Reihe von Bestimmungen zum Schutz der Schülerinnen und Schüler gegen Überforderung enthielt. Darin hatte das KM u.a. verfügt:

„*Der Unterrichtsbeginn ist in der Zeit zwischen 7.30 Uhr und 8.00 Uhr festzusetzen. Abweichungen bedürfen der Genehmigung der zuständigen Schulaufsichtsbehörde. Für die Klassen l und 2 der Grundschule soll der Unterricht erst mit der zweiten Unterrichtsstunde beginnen und möglichst nur am Vormittag stattfinden; ein Unterrichtsbeginn mit der ersten Unterrichtsstunde ist zulässig, wenn die Erziehungsberechtigten aller Schüler der Klasse zustimmen oder organisatorische Gründe, z.B. die Schülerbeförderung, dies erfordern.*

Soweit es aus schulorganisatorischen Gründen erforderlich ist, können in den Klassen 2 bis 4 der Grundschule höchstens fünf und in den übrigen Schularten höchstens sechs Unterrichtsstunden am Vormittag gehalten werden; in diesem Fall sollte möglichst eine Unterrichtsstunde dem Bereich der musisch-technischen Fächer angehören. Im Übrigen soll der Unterricht am Vormittag in der Grundschule höchstens vier und bei den übrigen Schularten höchstens fünf Unterrichtsstunden umfassen.

Zwischen zwei Unterrichtsstunden müssen mindestens fünf Minuten Pause liegen. Am Vormittag muß außerdem nach der zweiten oder dritten Unterrichtsstunde eine Pause von mindestens 15 Minuten sein."

1996 hat das KM die Entscheidung hierüber an die Schulen verlagert und auf den Erlass von Detail-Vorschriften (mit Ausnahme der Grundschulen, s.u.) verzichtet. Damit hat das KM jedoch nicht seine bisherige Meinung zu diesen Fragen geändert, sondern lediglich den Schulen mehr Freiraum für eigene Entscheidungen eingeräumt. Die früheren Bestimmungen des KM können deshalb von den Schulen auch weiterhin als Entscheidungshilfe herangezogen werden.

2. „Neue" Rechtslage

Seitdem existieren nur noch für Grundschulen („Verlässliche Grundschule"; sinngemäß anwendbar auf entsprechende Klassen der Sonderschulen) zentrale Vorgaben für die tägliche Unterrichtszeit:

1. Der Unterricht der Grundschule soll regelmäßig am Vormittag stattfinden. Nachmittagsunterricht soll weitgehend vermieden werden.
2. Die Grundschule öffnet 15 Minuten vor Unterrichtsbeginn (Aufsicht durch Lehrkräfte). Der Unterricht soll jeden Tag gleichmäßig beginnen (z.B. 8.30 Uhr) und möglichst gleich lange Unterrichtsblöcke umfassen.
3. Die Klassen 1 und 2 beginnen spätestens zur 2. Stunde, die Klassen 3 und 4 zur 1. Stunde. Von diesen Vorgaben darf nur aus zwingenden Gründen abgewichen werden. Dies gilt in besonderem Maße für die Klassen 1 und 2.

(Quelle: KM vom 15.12.1999; III/2-6662.01/325)

Für Ganztagsschulen hat das KM hiervon abweichende Vorgaben gemacht, die dann, wenn nur ein Teil der Schule im Ganztagsbetrieb geführt wird, auch für die übrigen Klassen gelten.
→ Ganztagsschulen Nr. II.3

Für die übrigen Schularten und Klassen gibt es keine Detailvorschriften mehr. → Aufsichtspflicht

In der Ferienverordnung (§ 2 Abs. 5) hat das KM verfügt: Am letzten Unterrichtstag vor den Sommerferien endet der Unterricht nach der vierten Unterrichtsstunde. Am letzten Unterrichtstag vor den Weihnachtsferien kann der Schulleiter den Unterricht nach der vierten Unterrichtsstunde beenden; dies soll er in der Regel nur tun, wenn dies nach einer Weihnachtsfeier oder sonstigen besonderen schulischen Veranstaltungen aus pädagogischen Gründen angezeigt ist.
→ Ferienverordnung

Im → Organisationserlass hat das KM unter Ziff. 1.5 verfügt: „*Die Schulleiterin bzw. der Schulleiter trägt die Verantwortung für den Unterrichtsbeginn zum 1. Schultag des neuen Schuljahres nach Stundenplan*".

3. Zuständigkeiten

Verantwortlich für die Aufstellung der Stundenpläne ist die Schulleitung. Die Gesamtlehrerkonferenz besitzt hierzu ein allgemeines Empfehlungsrecht.
→ KonferenzVO § 2 Abs. 1 Nr. 9 ; → Schulgesetz § 41

Über den (täglichen) Unterrichtsbeginn entscheidet die Schulkonferenz. Die Gesamtlehrerkonferenz besitzt hierzu ein Beratungs- und Antragsrecht.
→ Konferenzordnung; → Schulgesetz § 47

→ Ferienordnung; → Grundschule (Verlässliche); → Konferenzordnung; → Schulgesetz §§ 41 und 47; → Schulkonferenzordnung

Nutzen Sie das Schlagwortverzeichnis am Ende des Jahrbuchs.

Stundentafel-Öffnungsverordnung / Sucht (Dienstvereinbarung)

Stundentafel-Öffnungsverordnung

VO des KM über Öffnungsklauseln zu den Stundentafeln der allgemeinbildenden Schulen und beruflichen Schulen (Stundentafel-Öffnungsverordnung) vom 27.6.1998 (KuU S. 143/1998); zul. geändert 3.8.2004 (KuU S. 221/2004)

§ 1
Öffnungsklauseln

(1) Der in den Stundentafeln der allgemeinbildenden und beruflichen Schulen vorgesehene Unterrichtsumfang in den einzelnen Fächern kann bei der Stundenplanung nach den folgenden Maßgaben über- oder unterschritten werden:

1. Epochenunterricht.
Die Fächer können innerhalb des Schuljahres im Epochenunterricht erteilt werden. Hierzu werden Unterrichtsstunden zur Bildung von Unterrichtsschwerpunkten innerhalb des Schuljahres zusammengezogen. Im Schuljahr insgesamt ist in etwa dem Zeitanteil der Stundentafel entsprechend zu unterrichten.

2. Schuljahrübergreifende Verlegung.
Nach der Stundentafel vorgesehene Unterrichtsstunden können in einzelnen Fächern um ein Jahr vorgezogen oder um ein Jahr verschoben werden.

3. Fächerübergreifende Verlegung.
Die Zahl der nach der Stundentafel vorgesehenen Unterrichtsstunden in einem Fach kann erhöht werden, wenn sie in einem anderen Fach entsprechend vermindert wird.

4. Klassenübergreifende Verlegung.
Die Zahl der nach der Stundentafel vorgesehenen Unterrichtsstunden einer Klasse kann erhöht werden, wenn sie in einer anderen Klasse entsprechend vermindert wird.

(2) Voraussetzung für Maßnahmen nach Absatz 1 ist, dass durch sie aufgrund besonderer Gegebenheiten der Bildungsplan insgesamt oder einzelne Lehrpläne besser erfüllt werden können. Lehrplanziele können hierbei um ein Jahr vorgezogen oder um ein Jahr verschoben werden; Lehrplanziele können nicht von Klassenstufen verschoben werden, in denen ein Bildungsabschluss möglich ist. Bei den beruflichen Schulen darf eine fächer- oder klassenübergreifende Verlegung nicht die nach den jeweiligen Anrechnungsverordnungen mögliche Anrechnung von Schulzeiten auf die Ausbildungszeit gefährden.

(3) Von der Dauer der Unterrichtsstunden von 45 Minuten kann bei der Stundenplanung und Unterrichtsgestaltung abgewichen werden. Im Schuljahr insgesamt hat die Unterrichtszeit jedoch den bei der Lehrauftragsverteilung festgelegten Umfang zu erreichen.

§ 2
Entscheidungszuständigkeit

Die erforderlichen Entscheidungen nach § 1 Abs. 1 und 2 trifft der Schulleiter. Die Gesamtlehrerkonferenz, die Schulkonferenz, der Elternbeirat und die betroffenen Klassenpflegschaften geben ihm hierzu unbeschadet des § 41 Abs. 1 SchG Empfehlungen. Soweit das Fach Religionslehre betroffen ist, sind die zuständigen kirchlichen Beauftragten zu beteiligen.

→ Grundschule (Verlässliche); → Konferenzordnung; → Schulgesetz § 41; → Schulkonferenzordnung; → Stundentafeln (bei den Schularten); → Versetzungsordnungen (bei den Schularten)

Sucht (Dienstvereinbarung)

Rahmendienstvereinbarung über die Gesundheitsvorsorge und -fürsorge für suchtgefährdete und suchtkranke Beschäftigte; Bekanntmachung vom 20.11.2007 (KuU S. 26/2008)

Vorbemerkung:

Das Kultusministerium und die Hauptpersonalräte sowie die Schwerbehindertenvertretung und die Beauftragte für Chancengleichheit sind sich darin einig, dass die Vorbeugung und die Behandlung der Alkoholabhängigkeit und der anderen Suchtkrankheiten im besonderen Maße zur Fürsorgepflicht des Dienstherrn und Arbeitgebers gehören. Vor arbeits- bzw. disziplinarrechtlichen Verfahren sind die anderen Maßnahmen dieser Dienstvereinbarung anzuwenden. Die Vorschriften des Landesbeamtengesetzes und der Landesdisziplinarordnung bleiben unberührt.

Hinweis der Redaktion: Zum Rauchen von Beschäftigten in der Schule siehe → Rauchen in der Schule. Zum Alkoholgenuss siehe auch die Vorbemerkung der Redaktion zum Beitrag → Suchtprävention.

Ziele und Grundsätze der Rahmendienstvereinbarung:

– Dem Suchtmittelmissbrauch, insbesondere dem Alkoholmissbrauch, soll vorgebeugt, ihm entgegengetreten und dadurch die Gesundheit und die Arbeitsfähigkeit der Beschäftigten erhalten werden.

– Alkohol- und anderen Suchtkranken und Suchtgefährdeten soll so früh wie möglich durch Beratung, durch Motivation zur Hilfeannahme und durch Nachsorge ein Hilfsangebot unterbreitet werden.

– Die vereinbarten Maßnahmen sollen

- Kolleginnen, Kollegen und Vorgesetzte zu angemessenem Umgang mit Suchtgefährdeten und Suchtkranken anleiten,
- einen Beitrag zur Arbeitssicherheit leisten und
- die betroffenen Beschäftigten vor sozialem Abstieg bewahren.

§ 1 Geltungsbereich

Die Dienstvereinbarung gilt für alle Behörden, Institute, Anstalten, Seminare, Schulen, Schulkindergärten und Grundschulförderklassen, die zum Zuständigkeitsbereich des Kultusministeriums gehören (nachfolgend Institutionen genannt) sowie deren Mitarbeiterinnen und Mitarbeiter. Die Institutionen mit Beschäftigten des außerschulischen Bereichs sind im Anhang zu dieser Dienstvereinbarung aufgelistet *(hier nicht abgedruckt)*.

§ 2
Alkohol in Einrichtungen und Räumen
sowie bei Veranstaltungen der Institutionen

1. In den Räumen und Einrichtungen der Institutionen ist während der Dienstzeit die Einnahme von Alkohol grundsätzlich unzulässig. Soweit ausnahmsweise während der Dienstzeit bzw. in den Räumen und Einrichtungen der Institutionen bei Veranstaltungen auch aus privatem Anlass (z.B. Geburtstag, Dienstjubiläum, Verabschiedung) alkoholische Getränke konsumiert werden, sind immer auch alkoholfreie Getränke anzubieten.
2. Auf die Verwendung von Alkohol bei der Zubereitung von Speisen soll generell verzichtet werden. Sofern dennoch Alkohol Verwendung findet, ist deutlich darauf hinzuweisen und eine alkoholfreie Alternativspeise anzubieten.
3. Soweit das Kultusministerium und/oder die nachgeordneten Institutionen als Veranstalter unter Beteiligung von Beschäftigten tätig werden, wenden sie diese Bestimmungen entsprechend an.
4. In Institutionen, in denen Beschäftigte beherbergt und verpflegt werden, darf außerhalb der Dienstzeit Alkohol angeboten werden. Absatz 1 Satz 2 gilt entsprechend.
5. In den Dienststellen dürfen weder in den dort befindlichen Verkaufseinrichtungen (incl. Getränkeautomaten), noch durch Verkaufsaktionen, Sammelbestellungen u.ä. alkoholische Getränke angeboten werden.

§ 3
Mitarbeit psychosozialer Dienste

(1) Die Förderung der Krankheitseinsicht und der Therapiebereitschaft Betroffener erfordert die Beteiligung Fachkundiger am Verfahren. Psychosoziale Dienste oder eine andere fachkundige Beratungsstelle/Person (Fachkraft) sind deshalb so früh wie möglich einzuschalten. Für die Betroffenen dürfen insoweit keine Kosten entstehen.

(2) Die Leitung der Institution legt im Einvernehmen mit dem örtlichen Personalrat, der örtlichen Schwerbehindertenvertretung sowie der Beauftragten für Chancengleichheit allgemein fest, welche Einrichtungen oder fachkundige Personen die Aufgabe eines psychosozialen Dienstes für die Institution übernehmen können.

(3) Ohne Mitarbeit einer Fachkraft und/oder der Betriebsärztin/des Betriebsarztes sollen die in § 4 Abs. 2 und 3 beschriebenen Maßnahmen nicht eingeleitet werden. Die Nichtbeteiligung ist schriftlich zu begründen.

§ 4
Verfahren

(1) Erste Stufe – Gesprächsankündigung, erstes Dienstgespräch

Besteht der durch Tatsachen begründete Eindruck, dass eine Beschäftigte/ein Beschäftigter suchtgefährdet oder schon abhängig ist, muss die bzw. der zuständige unmittelbare Vorgesetzte sie/ihn unter Nennung der Thematik unverzüglich zu einem ersten Dienstgespräch einladen und dafür einen festen Termin innerhalb von 2 Wochen ansetzen.

Die Betroffene/der Betroffene kann zum ersten Dienstgespräch ein Mitglied des örtlichen Personalrats oder eine Person ihres/seines Vertrauens in ihrer/seiner Dienststelle hinzuziehen. Auf diese Möglichkeit ist die Betroffene/der Betroffene bei der Einladung zum ersten Dienstgespräch hinzuweisen.

Beim ersten Dienstgespräch händigt die/der Vorgesetzte der/dem Betroffenen ein Exemplar der Dienstvereinbarung Sucht und erstes Informationsmaterial aus, empfiehlt eine Suchtberatungsstelle bzw. einen psychosozialen Dienst aufzusuchen oder mit einem Helferkreis für Suchtkranke (vgl. § 11) Kontakt aufzunehmen, und zeigt - ggf. nach fachlicher Beratung durch eine Fachkraft - Wege zur Hilfe auf.

Die bzw. der Vorgesetzte prüft – soweit notwendig – dabei auch, ob innerbetriebliche Maßnahmen in Betracht kommen, die geeignet sind, der/dem Betroffenen eine positive Verhaltensänderung – insbesondere die Abstinenz – zu erleichtern (z.B. anderes Aufgabenfeld, anderer Lehrauftrag, veränderte Stundenplangestaltung).

Gleichzeitig teilt sie bzw. er der/dem Betroffenen mit, dass bei fortgesetzter Auffälligkeit die bzw. der zuständige nächsthöhere Vorgesetzte und der für das Gespräch vorgesehene Personenkreis eingeschaltet wird und die Familie verständigt werden kann.

Ferner klärt sie bzw. er die/den Betroffene(n) über eventuelle pers- bzw. arbeitsrechtliche Konsequenzen, insbesondere die gem. § 4 Abs. 2 möglichen Maßnahmen auf.

Über dieses Gespräch wird Stillschweigen bewahrt und keine inhaltliche Aktennotiz gefertigt. Es werden lediglich der Grund und der Zeitpunkt des Gesprächs festgehalten. Die bzw. der Betroffene erhält eine Mehrfertigung der Notiz.

Wird kein zweites Gespräch nötig, ist die Aufzeichnung nach einem Jahr zu vernichten. Im Kultusministerium kann das Dienstgespräch von einer

Sucht (Dienstvereinbarung)

Vertreterin/einem Vertreter des Amtschefs geführt werden.

(2) Zweite Stufe – zweites Dienstgespräch – erste Maßnahmen

Ist spätestens nach zwei Monaten im Verhalten der/des Betroffenen keine positive Veränderung festzustellen, so ist mit ihr/ihm umgehend ein weiteres Gespräch zu führen.

An diesem Gespräch nehmen teil:
- die/der unmittelbare Vorgesetzte,
- eine Vertreterin/ein Vertreter der zuständigen nächsthöheren, vorgesetzten Behörde(n), nämlich:
  GHRS je eine Vertreterin / ein Vertreter des Landratsamts bzw. des Staatlichen Schulamts und des Regierungspräsidiums,
  BS eine Vertretung aus dem Regierungspräsidium,
  Gym eine Vertretung aus dem Regierungspräsidium,
  asB eine Vertretung aus dem Regierungspräsidium bzw. dem Ministerium,
- eine Vertreterin/ein Vertreter des örtlichen Personalrats,
- eine Fachkraft (vgl. § 3 Abs.1),
- die zuständige Betriebsärztin/der zuständige Betriebsarzt,
- gegebenenfalls die örtliche Schwerbehindertenvertretung,
- gegebenenfalls die/der zuständige Beauftragte für Chancengleichheit.
  auf Antrag der/des Betroffenen
- eine weitere Person ihres/seines Vertrauens,

Auf das Antragsrecht ist die/der Betroffene hinzuweisen.

Der Teilnahme einer Vertreterin/eines Vertreters des örtlichen Personalrats, der zuständigen Betriebsärztin/des zuständigen Betriebsarztes, einer Vertreterin/eines Vertreters der Schwerbehindertenvertretung sowie der/des zuständigen Beauftragten für Chancengleichheit kann die/der Betroffene jeweils widersprechen.

In diesem Gespräch wird die/der Betroffene nachdrücklich zu einer Behandlung der Suchtkrankheit aufgefordert. Sie/Er erhält Adressen von Suchtberatungsstellen, Selbsthilfegruppen, Fachkliniken sowie Informationsmaterial über Therapiemöglichkeiten und deren Finanzierung.

Die bzw. der Betroffene kann in dem Gespräch eine Person benennen, die ihre bzw. seine Familienangehörigen über die Situation informieren soll.

Ferner ist sie bzw. er über die nächsten Verfahrensschritte (siehe Stufe 3 und die weiteren Maßnahmen des § 4 Abs. 3) sowie über eventuelle dienst- bzw. arbeitsrechtliche Konsequenzen aufzuklären.

Solche Konsequenzen können sein:
1. Verpflichtung zur Vorlage eines ärztlichen Attests bei jeder Fehlzeit;
2. Verpflichtung zur Vorlage eines amtsärztlichen Attests, auch bei kurzen Fehlzeiten;
3. Auflage, sich einer amtsärztlichen Untersuchung zu unterziehen (bzw. alternativ die behandelnden Ärztinnen/Ärzte von der Schweigepflicht gegenüber den dienstlichen Vorgesetzten zu entbinden);
4. amtsärztliche Überwachung;
5. Auflage, in regelmäßigen Abständen ärztlich kommentierte Laborbefunde vorzulegen;
6. Widerruf einer Nebentätigkeitsgenehmigung;
7. Entzug bestimmter dienstlicher Funktionen;
8. Auflage, sich einer stationären Entgiftung sowie einer Therapie zu unterziehen und dies schriftlich gegenüber der Schulaufsichtsbehörde nachzuweisen;
9. Auflage, ambulante Hilfsangebote wahrzunehmen und/oder an Selbsthilfegruppen teilzunehmen, und dies in der Regel schriftlich gegenüber der Schulaufsichtsbehörde nachzuweisen;
10. Missbilligende Äußerungen im Sinne des § 6 der LDO im Beamtenverhältnis oder Abmahnung im Arbeitnehmerinnen- bzw. Arbeitnehmerverhältnis;
11. bei Arbeitnehmerinnen und Arbeitnehmern: Unterbrechung des leistungsorientierten Stufenaufstiegs, Änderungskündigung, Kündigung;
12. bei Beamtinnen und Beamten: Verhängung einer Disziplinarstrafe nach § 5 LDO (z.B. Verweis, Geldbuße, Gehaltskürzung, Versetzung in ein Amt derselben Laufbahn mit geringerem Endgrundgehalt, Entfernung aus dem Dienst) und/oder Feststellung der Dienstunfähigkeit mit der Folge eines Zurruhesetzungsverfahrens.

Hinweis der Redaktion: Der Katalog (jetzt in § 25 ff. LDG) ist eine beispielhafte Aufzählung von Maßnahmen. Weitergehende Maßnahmen können einvernehmlich vereinbart werden. (Quelle: KM 29.8.2003; AZ: LBD-zu 0302.2/89)

→ Disziplinargesetz (LDG) §§ 25 ff.

Im Anschluss an das Gespräch werden Maßnahmen nach den Ziffern 1-5 und 8-9 angeordnet.

Ferner können Konsequenzen nach den Ziffern 6, 7 und 10-12 angedroht werden.

(3) Dritte Stufe – weitere Maßnahmen

Nach weiteren zwei Monaten hat die bzw. der jeweilige unmittelbare Vorgesetzte dem Regierungspräsidium, im außerschulischen Bereich dem Regierungspräsidium bzw. dem Kultusministerium, auf dem Dienstweg über das zwischenzeitliche Verhalten der bzw. des Betroffenen schriftlich zu berichten.

Ist im Verhalten der bzw. des Betroffenen immer noch keine positive Veränderung festzustellen, werden die auf der zweiten Stufe angedrohten Maßnahmen (§ 4 Abs. 2 Ziffer 6, 7, 10-12) umgesetzt.

Die bzw. der Betroffene wird, ggf. erneut, schriftlich die Auflage, ein konkretes Hilfsangebot nach Ziffer 8 bzw. 9 wahrzunehmen und erhält dafür

Sucht (Verfahren nach der Dienstvereinbarung)

Von der Redaktion erstellte Übersicht über das Verfahren nach § 4 der Dienstvereinbarung im Schulbereich

Erste Stufe – Gesprächsankündigung und erstes Dienstgespräch

Der/die zuständige unmittelbare Vorgesetzte (Schulleiter/in) gewinnt den durch Tatsachen begründeten Eindruck, dass die betroffene Person suchtgefährdet oder abhängig ist.

Der/die Schulleiter/in lädt die betroffene Person unter Nennung der Thematik unverzüglich zu einem vertraulichen Gespräch ein (fester Termin innerhalb von 2 Wochen).

Der/die Betroffene kann eine Person des Vertrauens (z.B. Personalrat) hinzuziehen.

Bei diesem Gespräch händigt der bzw. die Schulleiter/in der betroffenen Person die Dienstvereinbarung Sucht sowie erstes Informationsmaterial aus und empfiehlt ihr, eine Suchtberatungsstelle bzw. einen psychosozialen Dienst aufzusuchen oder mit einem Helferkreis für Suchtkranke Kontakt aufzunehmen. Der/die Vorgesetzte zeigt Wege zur Hilfe auf. Grund und Termin des Gesprächs werden protokolliert (Kopie an betroffene Person; folgt kein zweites Gespräch: Tilgung aus der Personalakte nach 12 Monaten).

Zweite Stufe – zweites Dienstgespräch – erste Maßnahmen

Falls spätestens nach zwei Monaten keine positive Veränderung, umgehend weiteres Gespräch mit betroffener Person.

Teilnehmer: Schulleiter/in, Fachkraft, Betriebsarzt/-ärztin, Person des Vertrauens (auf Antrag), je ein Vertreter/in von Schulaufsicht, Personalrat, ggf. Schwerbehindertenvertretung, Beauftragte für Chancengleichheit.

Inhalt: Nachdrückliche Aufforderung zur Behandlung der Suchtkrankheit. Übergabe einschlägiger Adressen und Informationsmaterial über Therapiemöglichkeiten und Finanzierung. Aufklärung über die nächsten Verfahrensschritte und über eventuelle dienst- bzw. arbeitsrechtliche Konsequenzen.

Im Anschluss an das Gespräch werden Maßnahmen nach den Ziffern 1-5 und 8-9 angeordnet (siehe Kasten rechts).

Ferner können Konsequenzen nach den Ziffern 6, 7 und 10-12 angedroht werden (siehe Kasten rechts).

Mögliche dienst- und arbeitsrechtliche Konsequenzen:

1. Ärztliches Attest bei jeder Fehlzeit
2. Amtsärztliches Attest, auch bei kurzen Fehlzeiten
3. Amtsärztliche Untersuchung (alternativ: Entbindung der behandelnden Ärzte bzw. Ärztinnen von der Schweigepflicht)
4. Amtsärztliche Überwachung
5. Auflage zur Vorlage ärztlich kommentierter Laborbefunde
6. Widerruf von Nebentätigkeitsgenehmigung
7. Entzug bestimmter dienstlicher Funktionen
8. Auflage zur stationären Entgiftung und Therapie mit Nachweis an Schulaufsicht
9. Auflage zur Wahrnehmung ambulanter Hilfsmaßnahmen oder Selbsthilfegruppe
10. Missbilligende Äußerung bzw. Abmahnung
11. *Bei Arbeitnehmer/innen:* Unterbrechung des Stufenaufstiegs, Änderungskündigung, Kündigung
12. *Bei Beamtinnen und Beamten:* Disziplinarstrafe nach § 25 ff. LDG (z.B. Verweis, Geldbuße, Gehaltskürzung, Zurückstufung, Entfernung aus dem Dienst) und/oder Zurruhesetzung wegen Dienstunfähigkeit

Dritte Stufe – Weitere Maßnahmen

Nach weiteren zwei Monaten berichtet die/der Schulleiter/in dem Regierungspräsidium schriftlich auf dem Dienstweg über das zwischenzeitliche Verhalten der/des Betroffenen.

Ist keine positive Veränderung festzustellen, erfolgt die Auflage an die betroffene Person, ein konkretes Hilfsangebot anzunehmen: Entgiftung und Therapie sowie ambulante Hilfsmaßnahmen oder Selbsthilfegruppe (siehe Kasten Ziffer 8 und 9) – zwei Wochen Bedenkzeit. Ankündigung, dass andernfalls bei Arbeitnehmer/innen eine Abmahnung, Änderungskündigung oder Kündigung bzw. bei Beamt/innen disziplinarische Ermittlungen oder ein Zurruhesetzungsverfahren wegen Dienstunfähigkeit folgen.

Falls der/die Betroffene nicht binnen 3 Wochen schriftlich mitteilt, wo und wann die Auflage erfüllt wird, werden die angedrohten Maßnahmen umgesetzt (Nr. 6, 7 und 10-12).

zwei Wochen Bedenkzeit. Sie/Er wird darauf hingewiesen, dass bei Ablehnung des Hilfsangebots bei Beschäftigten in einem Arbeitsverhältnis die Abmahnung, Änderungskündigung oder Kündigung, bei Beschäftigten im Beamtenverhältnis disziplinarrechtliche Vorermittlungen oder ein Verfahren zur Überprüfung der Dienstfähigkeit mit den entsprechenden Rechtsfolgen eingeleitet werden. Die für die / den Betroffene(n) bisher zuständige Fachkraft (§ 3 Abs. 1) erhält eine Mehrfertigung dieses Schreibens mit der Bitte, die / den Betroffene(n) zu unterstützen.

Die / der Betroffene hat ihrem/seinem unmittelbaren Vorgesetzten und dem Regierungspräsidium schriftlich mitzuteilen, bei welcher Einrichtung und ab wann die Auflage erfüllt wird. Die Mitteilung muss innerhalb von 3 Wochen beim unmittelbaren Vorgesetzten und beim Regierungspräsidium, im außerschulischen Bereich beim Regierungspräsidium bzw. beim Kultusministerium, eingegangen sein. Liegt diese Mitteilung nicht rechtzeitig vor, wird die arbeits- / dienstrechtliche Konsequenz förmlich eingeleitet, welche der / dem Betroffenen im vorstehend genannten Schreiben mitgeteilt wurde.

§ 5 Ergänzende Regelungen

(1) Das in § 4 geregelte Verfahren ist grundsätzlich in allen Fällen durchzuführen, in denen der Verdacht auf Suchtgefährdung bzw. -abhängigkeit besteht. Sofern sinnvoll und zweckmäßig, können weitere Gespräche zwischen der/dem Vorgesetzten und der/dem Betroffenen stattfinden, wobei beide Seiten initiativ werden können. Die genannten Verfahrenshöchstfristen können sich durch dazwischen liegende Ferien- / Urlaubsabschnitte verlängern.

(2) In begründeten Einzelfällen kann von der personalverwaltenden Stelle bzw. mit deren Zustimmung nach pflichtgemäßem Ermessen von den genannten Verfahrensschritten und -fristen des § 4 aus rechtlichen, medizinischen, persönlichen und sozialen Gründen abgewichen werden. Vor Abweichungen aus medizinischen oder sozialen Gründen ist die Fachkraft anzuhören. Die Gründe für ein Abweichen sind aktenkundig zu machen.

(3) Die Einbindung von Personalratsmitgliedern und/oder Schwerbehindertenvertretern sowie der/ des Beauftragten für Chancengleichheit in das beschriebene Verfahren ersetzt nicht die gesetzlich vorgegebene Beteiligung bei der Umsetzung von Einzelmaßnahmen.

(4) Die Vertrauenspersonen der Schwerbehinderten beraten die Personalvertretung und die Vorgesetzten.

Hinweise der Redaktion:
1. Die obere Schulaufsicht ist nicht an den in § 4 beschriebenen Verfahrensablauf gebunden, da hinsichtlich der Einleitung von disziplinarischen Ermittlungen das Legalitätsprinzip gilt. Danach hat der Dienstvorgesetzte Ermittlungen zu veranlassen, wenn Tatsachen bekannt werden, die den Verdacht eines verfolgbaren Dienstvergehens' rechtfertigen. Das RP kann also je nach Schwere des Falles ggf. auch sofort disziplinarrechtlich tätig werden.

2. Der/die Betroffene ist arbeits- bzw. dienstrechtlich verpflichtet, an den Gesprächen teilzunehmen. Kommt er dieser Verpflichtung nicht nach, ist dies Verhalten so zu bewerten, als wenn er/sie im Verfahren keine positive Verhaltensveränderung zeigt. Dies führt zur Fortsetzung des Verfahrens in der nächsthöheren Stufe. Ein ärztliches Attest ist nur dann als entschuldigtes Nichterscheinen zu bewerten, wenn das Attest die Verhandlungsunfähigkeit des/der Betroffenen bestätigt. Gibt es berechtigte Zweifel an dem Attest, kann die nächsthöhere Stufe eingeleitet oder eine amtsärztliche Untersuchung verlangt werden.

3. Der/die Betroffene kann bereits zu dem Erstgespräch einen Anwalt hinzuziehen, der in dieser Stufe des Verfahrens zur Wahrnehmung der Interessen des/der Betroffenen – allerdings nur schweigend – anwesend sein darf, da ein Vieraugen-Gespräch in dieser Stufe vorgesehen ist. Bei den *(folgenden)* Gesprächen ... kann die oder der Betroffene auf eigenen Wunsch die Teilnahme einer Person seines oder ihres Vertrauens beanspruchen. Dies kann nach der Entscheidung der Lehrkraft auch ein Rechtsanwalt sein. ➔ Verwaltungsrecht (Allg. Inform.) Nr. II und VII

4. Dienstrechtliche Maßnahmen zur Sicherstellung des Unterrichts sind in jeder Stufe des Verfahrens zulässig. Es können ggf. also Auflagen zur Sicherstellung eines ordentlichen Unterrichts erteilt werden (z.B. Vorlage von Unterrichtsvorbereitungen und Stoffverteilungsplänen usw.).
(Quelle zu Ziff. 1-4: KM, 29.9.2003; LBD-zu 0302.2/86)

5. Eine Verkürzung der Fristen ist immer zulässig (insbesondere bei akuten Vorkommnissen); auch eine Verlängerung ist möglich (z.B. bei laufenden Therapiemaßnahmen). Die Entscheidung über eine Abweichung von den Höchstfristen trifft die Schulverwaltung nach pflichtgemäßem Ermessen sowie nach Rücksprache mit der Fachkraft.
(Quelle: KM, 29.8.2003; AZ: LBD-zu 0302.2/89)

§ 6
Nachgehende Hilfe

Nach erfolgter Therapie wird den betroffenen Beschäftigten die regelmäßige Inanspruchnahme von ambulanten Hilfsangeboten und/oder die Teilnahme an Selbsthilfegruppen und deren Nachweis in der Regel schriftlich zur Auflage gemacht, um ihnen eine suchtmittelfreie Lebensweise zu erleichtern und eine Neugestaltung der sozialen Beziehungen zu ermöglichen.

§ 7
Schriftliche Unterlagen

Wenn nach erfolgreicher Therapie kein Rückfall erfolgt, sind unbeschadet der beamtenrechtlichen Personalaktenvorschriften alle schriftlichen Unterlagen über das suchtmittelbedingte Verhalten der/ des Betroffenen spätestens nach Ablauf von 5 Jahren ab dem Zeitpunkt der Dienstaufnahme zu vernichten. ➔ Personalakten

§ 8
Verfahren bei Rückfällen

Bei Rückfällen ist entsprechend § 4 zu verfahren. Das Verfahren beginnt in der Regel mit § 4 (2). Auf die in § 4 (3) genannten Möglichkeiten wird hingewiesen.

Hinweis der Redaktion Eine Liste mit Einrichtungen der Suchthilfe befindet sich unter www.sm.baden-wuerttemberg.de/Sucht/82168.html. Informationsmaterial kann (meist kostenfrei) bei örtlichen Beratungsstellen, Krankenkassen, der Deutschen Hauptstelle gegen die Suchtgefahren e.V. etc. bezogen werden.

| Sucht (Dienstvereinbarung / Suchtprävention) |

§ 9
Wiedereinstellung

Unbefristet beschäftigten Arbeitnehmerinnen und Arbeitnehmern, denen wegen Suchtmittelmissbrauchs gekündigt werden musste, bietet die Dienststelle im Falle eines nachhaltigen Therapieerfolgs (nachgewiesen über mindestens 2 Jahre) im Rahmen entsprechender freier und besetzbarer Stellen eine Wiedereinstellung an.

Beschäftigte im Beamtenverhältnis, die wegen Suchtmittelmissbrauchs zur Ruhe gesetzt werden mussten, werden im Fall der Wiederherstellung der Dienstfähigkeit nach Maßgabe von § 56 LBG reaktiviert.

§ 10
Informations- und Schulungsmaßnahmen

- Die effektive Umsetzung dieser Dienstvereinbarung erfordert eine umfassende und qualifizierte Fortbildung von Vorgesetzten, Personalratsmitgliedern, Schwerbehindertenvertretern und Beauftragten für Chancengleichheit sowie Beschäftigten der Institutionen.
- Das bestehende Fortbildungskonzept wird vom Kultusministerium bei Bedarf unter Einbeziehung der Erfahrungen von Einrichtungen oder Fachkräften der Suchtkrankenhilfe unter Beteiligung der Personalvertretung gemäß § 79 Abs. 3 Nr. 11 LPVG für alle Ebenen weiterentwickelt.
- Die konkreten Fortbildungsmaßnahmen sollen gemeinsam mit den oben aufgeführten Einrichtungen möglichst unter Einbeziehung von Betroffenen bzw. Selbsthilfegruppen gestaltet werden.
- Unabhängig davon informieren die oberen bzw. die unteren Schulaufsichtsbehörden in mehrjährigen Abständen alle Beschäftigten über die Alkohol- und sonstige Suchtproblematik einschließlich Co-Alkoholismus am Arbeitsplatz und über Hilfsmöglichkeiten. Das Kultusministerium stellt zu diesem Zweck schriftliche Informationen zur Verfügung.

§ 11
Regionale Helferkreise

In räumlicher Anlehnung an die Einzugsbereiche der unteren Schulaufsichtsbehörden wird – in Abstimmung bzw. in Kooperation mit anderen Einrichtungen – die Arbeit von „Helferkreisen für Suchtkranke" unterstützt bzw. initiiert.

Zusätzliche Unterstützungsmaßnahmen sind u.a.:

- Ministerium, obere bzw. untere Schulaufsichtsbehörden stellen den ihnen nachgeordneten Institutionen sowie den Personalvertretungen Adressverzeichnisse und Hinweise auf geeignete Hilfemöglichkeiten in ca. jährlichen Abständen (Rundschreiben und/oder Aushang) zur Verfügung.
- Ehemaligen Suchtkranken wird ermöglicht, durch Fortbildung zur Suchtkrankenhelferin/ zum Suchtkrankenhelfer (Helferausbildung) die regionale psychosoziale Betreuung von Kolleginnen und Kollegen zu unterstützen. Für diese Tätigkeit erhalten sie ggf. eine angemessene Freistellung von der Unterrichts- bzw. Dienstverpflichtung.
- Den Angehörigen der Helferkreise obliegen keine Melde- oder Anzeigeverpflichtungen gegenüber den Schulaufsichtsbehörden oder den Vorgesetzten. Sie beraten sie jedoch auf freiwilliger Basis. Bei der Beratung und Betreuung von Suchtkranken bekanntgewordene Angelegenheiten und Tatsachen sind vertraulich zu behandeln.

→ Beamtengesetz § 83 ff.; → Disziplinargesetz (Allgemeines); → Disziplinargesetz (LDG); → Nebentätigkeiten;
→ Rauchen in der Schule; → Suchtprävention; → Verwaltungsrecht Nr. II und VII

Suchtprävention

Suchtprävention in der Schule; Verwaltungsvorschrift des KM vom 13.11.2000 (KuU S. 329/2000)

I.
Erzieherischer Auftrag der Schule

Der erhebliche Mißbrauch von Rauschmitteln und seine weiter steigende Tendenz ist ein alarmierendes Signal. Die sich daraus ergebenden Gefahren liegen ebenso auf der Hand wie die Erkenntnis, dass die Schulen dieses Problem, das die gesamte Gesellschaft angeht, nicht allein bewältigen können.

Hinweis der Redaktion: In dieser VwV verzichtet das KM darauf, den Begriff der „Rauschmittel" zu definieren. Zweifelsfrei fallen alle „illegalen" Drogen darunter (Betäubungsmittelgesetz). Aber auch der Genuss bzw. der Missbrauch „legaler Drogen" (Alkohol, Tabak, Medikamente) berühren den schulischen Erziehungsauftrag, von der „legalen" Volksdroge Alkohol oder vom Medikamentenmissbrauch ist jedoch in dieser VwV unverständlicherweise keine Rede. Wir empfehlen deshalb, die VwV sinngemäß auch auf den Umgang mit Alkohol anzuwenden. Für den Alkoholgenuss in der Schule bzw. bei schulischen Veranstaltungen ist das → Jugendschutzgesetz einschlägig (§ 9). Zum Alkoholgenuss durch Lehrkräfte siehe: → Sucht (Dienstvereinbarung) § 3.

Lebensprobleme sind für junge Menschen heute oft bedeutsamer als Lernprobleme, weshalb Erziehung im Sinne einer Lebenshilfe zunehmend an Bedeutung gewinnt. Während der Schulzeit durchlaufen Kinder und Jugendliche Entwicklungsphasen, die nicht selten auch mit Krisen verknüpft sind. Ein festes persönliches Wertgefüge ist bedeutsam für die Ausbildung der eigenen Identität und die seelische Stabilität. Die Schule hat daher neben der Wissensvermittlung eine wichtige erzieherische Aufgabe, die das Eingehen auf persönliche Sorgen und Nöte erforderlich macht.

Suchtprävention muss deshalb mehr sein als eine Vermittlung bestimmter kognitiver Inhalte. Aufklärung, Information und Bewusstmachung können nur die Basis liefern für den Aufbau von lebensbejahenden Einstellungen und Verhaltensweisen. Diesen emotionalen Zugang zu allem Schönen und Erstrebenswerten dieser Welt Schülerinnen und Schülern zu vermitteln – ohne dabei die Realitäten zu leugnen –, dies ist der eigentliche Kern einer gelungenen suchtvorbeugenden Erziehung. Sinnvolle Freizeitbeschäftigungen in Kunst und Musik, Sport und Spiel, unsere natürliche Umwelt, soziale und gesellschaftliche Aufgaben, um einige Beispiele zu nennen, bieten vielfältige Möglichkeiten, innere Festigkeit und persönliche Stabilität zu erlangen.

Suchtvorbeugung geht also weit über die Wissensvermittlung in den einschlägigen Unterrichtsfächern hinaus. Suchtvorbeugend ist jede Erziehung, die darauf ausgerichtet ist, lebensbejahende, selbstbewusste, selbstständige und belastbare junge Menschen heranzubilden und ihnen über positive Grundeinstellungen den Weg in die Zukunft zu bahnen. – Suchtvorbeugung ist somit eine Aufgabe für jede Lehrerin und jeden Lehrer.

Das Kultusministerium bemüht sich deshalb im Zusammenwirken mit anderen verantwortlichen Stellen, den Schulen für die dringend gebotenen Präventionsaufgaben und insbesondere ihre pädagogischen Möglichkeiten Hilfen zu geben.

II.
Lehrerin und Lehrer
für Informationen zur Suchtprävention

Um schulische Vorbeugungsmaßnahmen zu koordinieren und deren Wirksamkeit zu verbessern, wird an jeder allgemeinbildenden und beruflichen Schule eine „Lehrerin bzw. ein Lehrer für Informationen zur Suchtprävention" benannt. Dieser Lehrkraft sind folgende Aufgaben übertragen:

1. Sammlung von Informationsmaterialien zur Suchtvorbeugung, wie z.B. Bücher, Zeitschriften, audiovisuelle Medien, Erlasse, Anschriften von Beratungs- und Therapieeinrichtungen.
2. Weitergabe von Informationen, die u.a. bei entsprechenden Fortbildungsveranstaltungen und Dienstbesprechungen gesammelt werden, und Koordinierung von Maßnahmen der Suchtprävention im Rahmen der Schule.
3. Bei Bedarf Herstellung von Verbindungen zu Einrichtungen, die gegebenenfalls beratend oder therapeutisch tätig werden, wie z.B. psychosoziale Beratungs- und ambulante Behandlungsstellen, Gesundheitsamt, Jugend- und Sozialamt, Polizei.

Als Lehrerin oder Lehrer für Informationen zur Suchtprävention kommen vornehmlich Lehrkräfte in Betracht, die entweder bereits an entsprechenden Fortbildungsveranstaltungen teilgenommen haben oder die aufgrund ihrer besonderen Vertrauensstellung (Verbindungslehrerin oder Verbindungslehrer, Beratungslehrerin oder Beratungslehrer) oder Fachkompetenz (z.B. Fachlehrkraft für Naturwissenschaften, Gemeinschaftskunde, Religionslehre) dafür geeignet erscheinen. Die Schulleitung benennt unter Berücksichtigung der o.g. Kriterien eine Lehrkraft, weist sie in ihre Aufgaben ein und meldet sie unter Angabe von Name, Vorname und Dienstbezeichnung dem zuständige Staatliche Schulamt bzw. Oberschulamt. Die Schulaufsichtsbehörden stellen sicher, dass diese Lehrkräfte vorzugsweise an einschlägigen Informations- und Fortbildungsveranstaltungen teilnehmen.

III.
Rauchen in der Schule

Hinweise der Redaktion: Dieser Abschnitt sind durch das Landesnichtraucherschutzgesetz überholt. Es ist abgedruckt unter → Rauchen in der Schule.

IV.
Verhalten bei Drogenfällen

Ein Teilproblem im Zusammenhang mit dem Drogenmissbrauch ist, wie sich Schulleitung und Lehrkräfte verhalten sollen, wenn ihnen Einzelfälle von Schülerinnen und Schülern bekannt werden, die Rauschmittel erwerben, zu sich nehmen oder damit handeln.

Dazu werden folgende Hinweise gegeben:

1.

Ausgangspunkt aller Überlegungen ist der pädagogische Auftrag der Schule. Daraus folgt:

1.1 Jede Schülerin und jeder Schüler hat das Recht auf Förderung, Beratung und Hilfe durch die Schule – auch die Gefährdeten. Sie muss deshalb aber auch dafür sorgen, dass nicht einzelne Schülerinnen und Schüler durch ihr Verhalten in der Schule ihre Mitschülerinnen und Mitschüler gefährden und diese dadurch in ihren Rechten gegenüber der Schule verletzen.

Das Kultusministerium verkennt nicht, dass die Abwägung zwischen den Rechten des Einzelnen mit denen aller der Schule anvertrauten Schülerinnen und Schüler gerade in Fällen des Rauschmittelmissbrauchs schwierig ist und in besonders hohem Maß Verantwortungsbewusstsein und Einfühlungsbereitschaft erfordert. Erbarmungslose Strenge gegenüber einem jungen Menschen, der Rat braucht und dem geholfen werden kann, wäre ebenso verfehlt wie alles verstehendes Mitleid, das sich auf ein Einzelschicksal fixiert und den Schutz der Mitschülerinnen und Mitschüler außer Acht lässt.

1.2 Der gemeinsame Erziehungsauftrag von Schule und Elternhaus erfordert eine enge und vertrauensvolle Zusammenarbeit von Lehrkräften und Eltern. Deshalb informiert die Lehrerin oder der Lehrer in geeigneter Weise die Eltern betroffener Schülerinnen und Schüler, wenn bekannt wird, dass diese durch Rauschmittel gefährdet sind.

1.3 Aus dem pädagogischen Auftrag der Schule folgt, dass ihr andere Aufgaben als den Gerichten und den Strafverfolgungsbehörden gestellt sind.

2.

Aus diesen Grundsätzen ergeben sich nachfolgende Hinweise im Einzelnen:

2.1 Jede Schülerin und jeder Schüler können sich an eine Lehrkraft ihres Vertrauens wenden. Es gehört in solchen Fällen zu deren wesentlichen erzieherischen Aufgaben, Schülerin und den Schüler darin zu unterstützen, sich aus einer Abhängigkeit von Rauschmitteln zu befreien oder mit anderen Problemen, die sich im Zusammenhang mit dem Rauschmittelmissbrauch ergeben, fertig zu werden und im Rahmen seiner Möglichkeiten der Gefahr entgegenzuwirken, dass sich Schülerinnen und Schüler wegen eines Verstoßes gegen das Betäubungsmittelgesetz strafbar machen.

Es wird ausdrücklich festgestellt, dass eine solche pädagogische und menschliche Hilfe der Lehrerin oder des Lehrers keinen Verstoß gegen die Dienstpflichten bedeutet und dass insbesondere keine Meldepflicht gegenüber der Schulleitung, den Schulaufsichtsbehörden oder den Strafverfolgungsbehörden besteht, solange nicht eine Gefährdung der anderen Schülerinnen und Schüler anzunehmen ist. Besteht nach der verantwortlichen Entscheidung der Lehrkraft eine solche Gefahr, muss er dafür sorgen, dass die Schule ihren Verpflichtungen den anderen Schülerinnen und Schülern gegenüber nachkommen kann.

→ Verschwiegenheitspflicht

2.2 Muss die Lehrerin oder der Lehrer eine solche Gefährdung annehmen, ist die Schulleitung zu verständigen. Eine solche Gefahr ist immer anzunehmen, wenn die Schülerin oder der Schüler mit hoher Wahrscheinlichkeit andere zum Rauschmittelkonsum verleitet wird oder bereits mehrfach dazu verleitet hat.

Die Schulleitung benachrichtigt die Erziehungsberechtigten der Schülerin oder des Schülers, wenn eine Information nicht bereits vorher durch die Lehrkraft erfolgte. Sie berät zusammen mit der Lehrkraft, der sich die Schülerin bzw. der Schüler anvertraut hat, der Klassenlehrerin oder dem Klassenlehrer sowie der Lehrerin oder dem Lehrer für Informationen zur Suchtprävention, welche Maßnahmen erforderlich sind, vor allem, ob eine Beratung und Entscheidung durch die Klassenkonferenz geboten erscheinen. Entsteht der Eindruck, dass die Schülerin oder der Schüler rauschmittelabhängig ist oder dass in diesem Falle die Schule alleine aus anderen Gründen nicht mehr helfen kann, soll sie sich mit psychosozialen Beratungs- und ambulanten Behandlungsstellen in Verbindung setzen. Bei allen Maßnahmen der Schule ist auf die Intimsphäre der Schülerinnen und des Schülers soweit wie möglich Rücksicht zu nehmen.

2.3 Die Verständigung der Kriminalpolizei ist in der Regel nur dann geboten, wenn es sich um schwere oder mehrfache Verstöße handelt, die zum Schutz der anderen Jugendlichen eine Anzeige dringend gebieten. Ein solcher Fall ist jedenfalls anzunehmen, wenn sich eine Schülerin oder ein Schüler nach den Feststellungen der Schule als Rauschmittelhändler betätigt.

→ Polizei und Schule

2.4 Welche Maßnahmen jeweils im Einzelfall notwendig sind, wenn im Zusammenhang mit Rauschmitteln die sich aus dem Schulverhältnis ergebenden Verpflichtungen verletzt werden, kann generell verbindlich – sozusagen in tabellarischer Form, wie dies gelegentlich gewünscht wird – nicht geregelt werden. Solche notwendigerweise schematisierenden Richtlinien könnten den Gesichtspunkten nicht gerecht werden, die in jedem Einzelfall bei der in der Schule verantwortlich zu treffenden Entscheidung berücksichtigt werden müssen. Dazu gehören vor allem die Persönlichkeit der Schülerin bzw. des Schülers, die Intensität und Häufigkeit des Fehlverhaltens, das Maß der Gefährdung der anderen Schülerinnen und Schüler sowie die Verhältnisse an der Schule.

Das Kultusministerium beschränkt sich deshalb auf folgende Hinweise: In erster Linie muss das Bemühen der Schule dem gefährdeten jungen Menschen gelten, soweit ihr dies möglich ist und solange sie dies den anderen, ihr anvertrauten Schülerinnen und Schülern gegenüber verantworten kann. Dafür kann die Schule im Interesse des Gefährdeten oder zum Schutz der anderen Schülerinnen und Schüler auch zu Erziehungs- und Ordnungsmaßnahmen greifen. Hierbei kann auch auf das äußerste Ordnungsmittel, den Ausschluss aus der Schule, nicht verzichtet werden, wenn es nicht möglich ist, der Gefahr für die Mitschüler anders zu begegnen.

→ Schulgesetz § 90

3.

Folgende Aspekte werden abschließend besonders herausgestellt:

3.1 Lehrkräften und Schulleitung wird empfohlen, sich im Zweifelsfalle der fachlichen und rechtlichen Beratung durch die Schulaufsichtsbehörden zu bedienen. Sie sollten schon im eigenen Interesse von dieser Beratung in allen Fällen Gebrauch machen, in denen sie sich über die Rechtslage (z.B. in schulrechtlicher, disziplinarrechtlicher, strafrechtlicher Hinsicht) einschließlich etwaiger Folgen für sie selbst im Unklaren sind.

3.2 Im Übrigen ergibt sich aus den vorstehenden Hinweisen, dass sich die Lehrkräfte und Schulleitungen, die sich mit solchen Fällen von Drogenmissbrauch befassen, nicht durch die Sorge gehemmt zu fühlen brauchen, ihren Dienstpflichten nicht gerecht zu werden. Das Kultusministerium weist deshalb darauf hin, dass keine Disziplinarmaßnahmen zu befürchten sind, falls trotz verantwortungsbewussten Handelns in schwierigen Fällen Entscheidungen getroffen werden, die sich nachträglich als objektiv falsch herausstellen.

→ Arbeitszeit (Lehrkräfte) Teil E 1; → Beamtengesetz § 83 ff.; → Bildungsberatung; → Jugendschutzgesetz; → Konferenzordnung; → Polizei und Schule; → Rauchen in der Schule; → Schulgesetz § 90; → Schulpsychologische Beratungsstellen; → Sucht (Dienstvereinbarung); → Verschwiegenheitspflicht

Tarifrecht (Zuständigkeiten im Schulbereich)

Hinweise der Redaktion (Quelle: VwV des KM Teilzeitbeschäftigung, Urlaub und Urlaub von längerer Dauer ohne Dienstbezüge, Zuständigkeiten und Pflichten bei Dienst- und Arbeitsunfähigkeit von Lehrkräften sowie Zuständigkeiten für Tarifbeschäftigte im Bereich der Kultusverwaltung; noch nicht veröffentlicht)

Hinweis der Redaktion: Die Zuständigkeit der Dienstvorgesetzten und Vorgesetzten im Schulbereich, insbesondere der Schulleiterinnen und Schulleiter, richten sich nach § 4 der Beamtenrechtszuständigkeitsverordnung (BeamtZuVO) und der Verordnung des Kultusministeriums zur Übertragung von Zuständigkeiten nach dem Landesbeamtengesetz, nach dem Landesreisekostengesetz, der Landestrennungsgeldverordnung und dem Landesdisziplinargesetz im Kultusressort. Diese Regelungen sind in sinngemäßer Anwendung ergänzend zu den Bestimmungen für Tarifbeschäftigte im schulischen und außerschulischen Bereich heranzuziehen, soweit nicht abweichende tarifvertragliche oder gesetzliche Regelungen bestehen.

Wir stellen nachfolgend die für die praktische Tätigkeit der Schulleitungen besonders relevanten Zuständigkeiten in Angelegenheiten der Tarifbeschäftigten in tabellarischer Form dar und verzichten auf den Abdruck der einschlägigen Verwaltungsvorschrift des Kultusministeriums im Wortlaut. Zu den Zuständigkeiten im Beamtenbereich siehe: → Beamtenrecht (Zuständigkeiten im Schulbereich). Die Zuständigkeiten und das Verfahren bei Freistellungen von längerer Dauer, für die Abwesenheit wegen Krankheit sowie für die dienstliche Beurteilung sind gesondert geregelt: → Abwesenheit und Krankmeldung (Lehrkräfte); → Dienstliche Beurteilung (Lehrkräfte); → Urlaub (Allgemeines); → Urlaub (Verordnung / AzUVO)

In folgenden Angelegenheiten ist jeweils entscheidungszuständig: SL = Schulleiter/in SSA = Staatliches Schulamt RP = Regierungspräsidium	Grund,- Haupt-, Werkreal-, Real- und Sonderschulen		Gymnasien und berufliche Schulen	
	Lehrkräfte	Schulleiter/innen	Lehrkräfte	Schulleiter/innen
Arbeitsbefreiung bis zur Dauer von fünf Arbeitstagen → Tarifvertrag (Länder) § 29	SL	SSA	SL	RP
Bewilligung von Sonderurlaub und Arbeitsbefreiung für die Dauer von sechs bis zehn Arbeitstagen → Tarifvertrag (Länder) §§ 28 und 29	SSA	SSA	RP	RP
Sonderurlaub für Jugendleiter/innen – bis zu 5 Arbeitstage – von 6 bis 10 Arbeitstage → Urlaub (Jugendleiter/innen)	SL SSA	SSA SSA	SL RP	RP RP
Befreiung von der Arbeitsleistung zur Beaufsichtigung, Betreuung und Pflege eines erkrankten Kindes abweichend zu § 29 Abs. 1 e) bb) TV-L → Tarifvertrag (Länder) § 29; → Urlaub (Allgemeines) Nr. 5	SL	SSA	SL	RP
Gewährung von Freizeit gegen Vorarbeiten bzw. Nachholen des Unterrichts und sonstiger Dienstpflichten – bis zur Dauer von 3 Tagen – mehr als 3 Tage	SL SSA	SSA SSA	SL RP	RP RP
Elternzeit → Elterngeld §§ 15, 16	SSA	SSA	RP	RP
Festlegung der Mutterschutzfrist → Mutterschutzgesetz §§ 3, 4 und 6	SSA	SSA	RP	RP
Annahme von Belohnungen und Geschenken → Tarifvertrag (Länder) § 3	SL	SSA	SL	SSA
Nebentätigkeiten → Tarifvertrag (Länder) § 3 Abs. 4	SL	SSA	SL	RP
Festlegung der Schwerbehindertenermäßigung nach dem Grad der Behinderung → Arbeitszeit (Lehrkräfte) Teil D 1.1 und 2.2	SL	SSA	SL	RP
Bewilligung einer zusätzlichen Schwerbehindertenermäßigung → Arbeitszeit (Lehrkräfte) Teil D 2.4	SSA	SSA	RP	RP

Tarifvertrag – Länder (TV-L)

Tarifvertrag für den öffentlichen Dienst der Länder (TV-L)

Auszug aus dem Tarifvertrag für den öffentlichen Dienst der Länder (TV-L) vom 1. November 2006; Stand nach dem Änderungstarifvertrag Nr. 2 vom 1. März 2009, in der Fassung für den Schulbereich

---

Vorbemerkungen der Redaktion

1. In den folgenden Text des TV-L sind die Bestimmungen des § 44 (Sonderregelungen für Beschäftigte als Lehrkräfte) eingearbeitet:
   - Nr. 1 bei § 1 (Geltungsbereich)
   - Nr. 2 bei Abschnitt II (Arbeitszeit)
   - Nr. 3 bei Abschnitt IV (Urlaub und Arbeitsbefreiung)
   - Nr. 4 bei Abschnitt V (Befristung und Beendigung des Arbeitsverhältnisses)
   - Bei § 16 Absatz 3 seit dem Tarifabschluss 2009 eine Bestimmung zur Stufenlaufzeit
2. Die Durchführungshinweise des Finanzministeriums Baden-Württemberg vom 1. Januar 2008 sind auszugsweise in den im Folgenden abgedruckten Text des TV-L eingearbeitet.

Abschnitt I
Allgemeine Vorschriften

§ 1
Geltungsbereich

(1) Dieser Tarifvertrag gilt für Arbeitnehmerinnen und Arbeitnehmer (Beschäftigte), die in einem Arbeitsverhältnis zu einem Arbeitgeber stehen, der Mitglied der Tarifgemeinschaft deutscher Länder (TdL) oder eines Mitgliedverbandes der TdL sind.

Hinweis der Redaktion: Das Land Baden-Württemberg ist Mitglied der TdL. Der TV-L gilt für alle Arbeitnehmer/innen, die in einem Arbeitsverhältnis (nicht: Ausbildung oder freie Mitarbeit) zum Land Baden-Württemberg stehen und Mitglied einer Gewerkschaft sind, den den TV-L abgeschlossen hat oder die einer am TV-L beteiligten Spitzenorganisation angehört, also z.B. die Mitglieder der Gewerkschaft ver.di und der Gewerkschaft Erziehung und Wissenschaft.

Die früheren BAT-Angestellten werden seit Inkrafttreten des TV-L amtlich als „Tarifbeschäftigte" (im TV-L selbst als „Beschäftigte") bezeichnet; für die bisherigen „angestellten Lehrkräfte" wird im Bereich des Kultusministeriums Baden-Württemberg seit 2007 amtlich die Bezeichnung „Lehrkraft im Arbeitnehmerverhältnis" (L.i.A.) verwandt. Diese neue Nomenklatur („Arbeitnehmerinnen" bzw. „Arbeitnehmer" statt des bisherigen „Arbeiter" und „Angestellten") wird auch im Personalvertretungsgesetz benutzt.

(2) Dieser Tarifvertrag gilt nicht für ...

i) geringfügig Beschäftigte im Sinne von § 8 Absatz 1 Nr. 2 SGB IV, ...

Auszug aus den Durchführungshinweisen des Finanzministeriums vom 1.1.2008

Bei geringfügigen Beschäftigungsverhältnissen nach § 8 Absatz 1 Nr. 1 SGB IV, also bei Dauerbeschäftigungsverhältnissen, bei denen das Arbeitsentgelt aus dieser Beschäftigung regelmäßig 400 Euro im Monat nicht übersteigt, findet der TV-L hingegen Anwendung.

(3) Dieser Tarifvertrag gilt ferner nicht für
a) Hochschullehrerinnen und Hochschullehrer,
b) wissenschaftliche und künstlerische Hilfskräfte,
c) studentische Hilfskräfte,
d) Lehrbeauftragte an Hochschulen, Akademien und wissenschaftlichen Forschungseinrichtungen sowie künstlerische Lehrkräfte an Kunst- und Musikhochschulen. ...

Protokollerklärung zu § 1 Absatz 3:

Ausgenommen auch wissenschaftliche und künstlerische Assistentinnen/ Assistenten, Oberassistentinnen/Oberassistentinnen, Oberingenieurinnen/-Oberingenieure und Lektoren beziehungsweise die an ihre Stelle tretenden landesrechtlichen Personalkategorien, deren Arbeitsverhältnis am 31. Oktober 2006 bestand, für die Dauer des ununterbrochen fortbestehenden Arbeitsverhältnisses.

(4) Neben den Regelungen des Allgemeinen Teils (§§ 1 bis 39) gelten Sonderregelungen für nachstehende Beschäftigtengruppen:

a. Beschäftigte an Hochschulen und Forschungseinrichtungen (§ 40), ...

e. Beschäftigte als Lehrkräfte (§ 44), ...

Die Sonderregelungen sind Bestandteil des TV-L.

Sonderregelungen für Beschäftigte als Lehrkräfte Nr. 1

Zu § 1 – Geltungsbereich –

Diese Sonderregelungen gelten für Beschäftigte als Lehrkräfte an allgemeinbildenden Schulen und berufsbildenden Schulen (zum Beispiel Berufs-, Berufsfach- und Fachschulen). Sie gelten nicht für Lehrkräfte an Schulen und Einrichtungen der Verwaltung, die der Ausbildung oder Fortbildung von Angehörigen des öffentlichen Dienstes dienen, sowie an Krankenpflegeschulen und ähnlichen der Ausbildung dienenden Einrichtungen.

Protokollerklärung:

Lehrkräfte im Sinne dieser Sonderregelungen sind Personen, bei denen die Vermittlung von Kenntnissen und Fertigkeiten im Rahmen eines Schulbetriebes der Tätigkeit das Gepräge gibt.

§ 2
Arbeitsvertrag, Nebenabreden, Probezeit

(1) Der Arbeitsvertrag wird schriftlich abgeschlossen.

(2) Mehrere Arbeitsverhältnisse zu demselben Arbeitgeber dürfen nur begründet werden, wenn die jeweils übertragenen Tätigkeiten nicht in einem unmittelbaren Sachzusammenhang stehen. Andernfalls gelten sie als ein Arbeitsverhältnis.

(3) Nebenabreden sind nur wirksam, wenn sie schriftlich vereinbart werden. Sie können geson-

dert gekündigt werden, soweit dies einzelvertraglich vereinbart ist.

(4) Die ersten sechs Monate der Beschäftigung gelten als Probezeit, soweit nicht eine kürzere Zeit vereinbart ist. ...

→ Dienstliche Beurteilung (Lehrkräfte), Teil IV. Ziff. 1.2;
→ Probezeit (Arbeitnehmerverhältnis)

§ 3
Allgemeine Arbeitsbedingungen

(1) Die arbeitsvertraglich geschuldete Leistung ist gewissenhaft und ordnungsgemäß auszuführen. Die Beschäftigten müssen sich durch ihr gesamtes Verhalten zur freiheitlich demokratischen Grundordnung im Sinne des Grundgesetzes bekennen.

Auszug aus den Durchführungshinweisen des Finanzministeriums vom 1.1.2008

Die Teilnahme an Bestrebungen, die sich gegen die freiheitliche demokratische Grundordnung richten, ist unvereinbar mit den Pflichten eines Beschäftigten des öffentlichen Dienstes. Dabei ist es ohne Bedeutung, ob diese Bestrebungen im Rahmen einer Organisation oder außerhalb einer solchen verfolgt werden. Bewerber für den öffentlichen Dienst, die an verfassungsfeindlichen Bestrebungen teilnehmen oder sie unterstützen, dürfen nicht eingestellt werden.
Beschäftigte, die gegen diese Grundsätze verstoßen, müssen in diesen Fällen mit arbeitsrechtlichen Sanktionen, von der Abmahnung bis zur außerordentlichen Kündigung, rechnen.

Hinweise der Redaktion:
1. Das Verpflichtungsgesetz (VerpflG) vom 2.3.1974 (BGBl. I S. 469, 547), zuletzt geändert am 15.8.1974 (BGBl. I S. 1942) schreibt in § 1 vor:
   (1) Auf die gewissenhafte Erfüllung seiner Obliegenheiten soll verpflichtet werden, wer als Amtsträger (§ 11 Abs. 1 Nr. 2 des Strafgesetzbuches) zu sein,
   1. bei einer Behörde oder bei einer sonstigen Stelle, die Aufgaben der öffentlichen Verwaltung wahrnimmt, beschäftigt oder für sie tätig ist, ...
   (2) Die Verpflichtung wird mündlich vorgenommen. Dabei ist auf die strafrechtlichen Folgen einer Pflichtverletzung hinzuweisen.
   (3) Über die Verpflichtung wird eine Niederschrift aufgenommen, die der Verpflichtete mit unterzeichnet. Er erhält eine Abschrift der Niederschrift; davon kann abgesehen werden, wenn dies im Interesse der inneren oder äußeren Sicherheit der Bundesrepublik Deutschland geboten ist.
   (2) Wer, ohne Amtsträger zu sein,
   1. als Arbeitnehmer des öffentlichen Dienstes nach einer tarifrechtlichen Regelung ...
   zur gewissenhaften Erfüllung seiner Obliegenheiten verpflichtet worden ist, steht einem nach § 1 Verpflichteten gleich, wenn die Voraussetzungen des § 1 Abs. 2 erfüllt sind.
2. Das Formular „Niederschrift über die förmliche Verpflichtung nicht beamteter Personen ... einschließlich der Verpflichtung zur Wahrung des Datengeheimnisses" steht über den KISS-Rechner der Schulen als (ausfüllbares) PDF-Dokument (http://intranet.lbv.bwl.de/vordrucke/41115.pdf) und als Word-Dokument (http://intranet.lbv.bwl.de/vordrucke/41115.doc) zur Verfügung.

(2) Die Beschäftigten haben über Angelegenheiten, deren Geheimhaltung durch gesetzliche Vorschriften vorgesehen oder vom Arbeitgeber angeordnet ist, Verschwiegenheit zu wahren; dies gilt auch über die Beendigung des Arbeitsverhältnisses hinaus.   → Verschwiegenheitspflicht

(3) Die Beschäftigten dürfen von Dritten Belohnungen, Geschenke, Provisionen oder sonstige Vergünstigungen mit Bezug auf ihre Tätigkeit nicht annehmen. Ausnahmen sind nur mit Zustimmung des Arbeitgebers möglich. Werden den Beschäftigten derartige Vergünstigungen angeboten, haben sie dies dem Arbeitgeber unverzüglich anzuzeigen.

→ Belohnungen und Geschenke

(4) Nebentätigkeiten gegen Entgelt haben die Beschäftigten ihrem Arbeitgeber rechtzeitig vorher schriftlich anzuzeigen. Der Arbeitgeber kann die Nebentätigkeit untersagen oder mit Auflagen versehen, wenn diese geeignet ist, die Erfüllung der arbeitsvertraglichen Pflichten der Beschäftigten oder berechtigte Interessen des Arbeitgebers zu beeinträchtigen. Für Nebentätigkeiten im öffentlichen Dienst kann eine Ablieferungspflicht nach den Bestimmungen, die beim Arbeitgeber gelten, zur Auflage gemacht werden.

Auszug aus den Durchführungshinweisen des Finanzministeriums vom 1.1.2008

Im TV-L wurde für die große Mehrheit der Arbeitnehmer in Bezug auf die Ausübung von Nebentätigkeiten bewusst eine Abkehr vom beamtenrechtlichen Nebentätigkeitsrecht vollzogen. (...) Dass die Ausübung einer Nebentätigkeit nicht mehr unter Genehmigungsvorbehalt steht, ist ein wesentlicher Beitrag zur Verwaltungsvereinfachung.

(5) Der Arbeitgeber ist bei begründeter Veranlassung berechtigt, Beschäftigte zu verpflichten, durch ärztliche Bescheinigung nachzuweisen, dass sie zur Leistung der arbeitsvertraglich geschuldeten Tätigkeit in der Lage sind. Bei dem beauftragten Arzt kann es sich um einen Amtsarzt handeln, soweit sich die Betriebsparteien nicht auf einen anderen Arzt geeinigt haben. Die Kosten dieser Untersuchung trägt der Arbeitgeber.

→ Amtsärztliche Untersuchung; → Infektionsschutzgesetz

(6) Die Beschäftigten haben ein Recht auf Einsicht in ihre vollständigen Personalakten. Sie können das Recht auf Einsicht auch durch eine/n hierzu schriftlich Bevollmächtigte/n ausüben lassen. Sie können Auszüge oder Kopien aus ihren Personalakten erhalten. Die Beschäftigten müssen über Beschwerden und Behauptungen tatsächlicher Art, die für sie ungünstig sind oder ihnen nachteilig werden können, vor Aufnahme in die Personalakten gehört werden. Ihre Äußerung ist zu den Personalakten zu nehmen.

→ Personalakten

(7) Für die Schadenshaftung der Beschäftigten finden die Bestimmungen, die für die Beamten des jeweiligen Landes jeweils gelten, entsprechende Anwendung.

Auszug aus den Durchführungshinweisen des Finanzministeriums vom 1.1.2008

Sofern es sich um eine Amtspflichtverletzung in Ausübung eines dem Beschäftigten anvertrauten öffentlichen Amtes handelt, haftet der Beschäftigte selbst nicht, da nach Art. 34 Satz 1 GG unter den Voraussetzungen des § 839 BGB die Verantwortlichkeit grundsätzlich den Staat oder die Körperschaft trifft, in deren

Dienst der Beschäftigte steht; nach Art. 34 Satz 2 GG i.V.m. § 3 Abs. 7 bleibt bei Vorsatz und grober Fahrlässigkeit der Rückgriff vorbehalten.

Das Finanzministerium ist weiter wie bisher damit einverstanden, dass den Beschäftigten wie den Beamten in den Fällen des *(jetzt:)* § 80 LBG Ersatz von Schäden an Kleidungsstücken oder sonstigen mitgeführten Gegenständen gewährt wird; Entsprechendes gilt für Schadensereignisse, bei denen ein Körperschaden entstanden ist, also bei Arbeitsunfällen (bei Beamten Dienstunfälle ...).

→ Haftung und Versicherung; → Beamtengesetz § 80

§ 4
Versetzung, Abordnung, Zuweisung, Personalgestellung

(1) Beschäftigte können aus dienstlichen oder betrieblichen Gründen versetzt oder abgeordnet werden. Sollen Beschäftigte an eine Dienststelle oder einen Betrieb außerhalb des bisherigen Arbeitsortes versetzt oder voraussichtlich länger als drei Monate abgeordnet werden, so sind sie vorher zu hören. → Personalvertratungsgesetz § 75

Protokollerklärungen zu § 4 Absatz 1:
1. Abordnung ist die vom Arbeitgeber veranlasste vorübergehende Beschäftigung bei einer anderen Dienststelle oder einem anderen Betrieb desselben oder eines anderen Arbeitgebers unter Fortsetzung des bestehenden Arbeitsverhältnisses.
2. Versetzung ist die vom Arbeitgeber veranlasste, auf Dauer bestimmte Beschäftigung bei einer anderen Dienststelle oder einem anderen Betrieb desselben Arbeitgebers unter Fortsetzung des bestehenden Arbeitsverhältnisses.

(2) Beschäftigten kann im dienstlichen/betrieblichen oder öffentlichen Interesse mit ihrer Zustimmung vorübergehend eine mindestens gleich vergütete Tätigkeit bei einem Dritten zugewiesen werden. Die Zustimmung kann nur aus wichtigem Grund verweigert werden. Die Rechtsstellung der Beschäftigten bleibt unberührt. Bezüge aus der Verwendung nach Satz 1 werden auf das Entgelt angerechnet.

Protokollerklärung zu § 4 Absatz 2:
Zuweisung ist – unter Fortsetzung des bestehenden Arbeitsverhältnisses – die vorübergehende Beschäftigung bei einem Dritten im In- und Ausland, bei dem der TV-L nicht zur Anwendung kommt.

(3) Werden Aufgaben der Beschäftigten zu einem Dritten verlagert, ist auf Verlangen des Arbeitgebers die weiter bestehende arbeitsvertraglich geschuldete Arbeitsleistung bei dem Dritten zu erbringen (Personalgestellung). § 613a BGB sowie gesetzliche Kündigungsrechte bleiben unberührt.

Protokollerklärung zu § 4 Absatz 3:
Personalgestellung ist – unter Fortsetzung des bestehenden Arbeitsverhältnisses – die auf Dauer angelegte Beschäftigung bei einem Dritten Die Modalitäten der Personalgestellung werden zwischen dem Arbeitgeber und dem Dritten vertraglich geregelt.

§ 5
Qualifizierung

(1) Ein hohes Qualifikationsniveau und lebenslanges Lernen liegen im gemeinsamen Interesse von Beschäftigten und Arbeitgebern. Qualifizierung dient der Steigerung von Effektivität und Effizienz des öffentlichen Dienstes, der Nachwuchsförderung und der Steigerung von beschäftigungsbezogenen Kompetenzen. Die Tarifvertragsparteien verstehen Qualifizierung auch als Teil der Personalentwicklung.

(2) Vor diesem Hintergrund stellt Qualifizierung nach diesem Tarifvertrag ein Angebot dar. Aus ihm kann für die Beschäftigten kein individueller Anspruch außer nach Absatz 4 abgeleitet werden. Es kann durch freiwillige Betriebsvereinbarung wahrgenommen und näher ausgestaltet werden. Entsprechendes gilt für Dienstvereinbarungen im Rahmen der personalvertretungsrechtlichen Möglichkeiten. Weitergehende Mitbestimmungsrechte werden dadurch nicht berührt.

→ Fortbildung (Allgemeines); → Personalvertretungsgesetz § 79 Abs. 3 Nr. 11

(3) Qualifizierungsmaßnahmen sind
a) die Fortentwicklung der fachlichen, methodischen und sozialen Kompetenzen für die übertragenen Tätigkeiten (Erhaltungsqualifizierung),
b) der Erwerb zusätzlicher Qualifikationen (Fort- und Weiterbildung),
c) die Qualifizierung zur Arbeitsplatzsicherung (Qualifizierung für eine andere Tätigkeit; Umschulung) und
d) die Einarbeitung bei oder nach längerer Abwesenheit (Wiedereinstiegsqualifizierung).

Die Teilnahme an einer Qualifizierungsmaßnahme wird dokumentiert und den Beschäftigten schriftlich bestätigt.

(4) Beschäftigte haben – auch in den Fällen des Absatzes 3 Satz 1 Buchstabe d – Anspruch auf ein regelmäßiges Gespräch mit der jeweiligen Führungskraft. In diesem wird festgestellt, ob und welcher Qualifizierungsbedarf besteht. Dieses Gespräch kann auch als Gruppengespräch geführt werden. Wird nichts anderes geregelt, ist das Gespräch jährlich zu führen.

→ Dienstliche Beurteilung (Lehrkräfte) Nr. II

(5) Zeiten von vereinbarten Qualifizierungsmaßnahmen gelten als Arbeitszeit.

(6) Die Kosten einer vom Arbeitgeber veranlassten Qualifizierungsmaßnahme – einschließlich Reisekosten – werden grundsätzlich vom Arbeitgeber getragen, soweit sie nicht von Dritten übernommen werden. Ein möglicher Eigenbeitrag wird in einer Qualifizierungsvereinbarung geregelt. Die Betriebsparteien sind gehalten, die Grundsätze einer fairen Kostenverteilung unter Berücksichtigung des betrieblichen und individuellen Nutzens zu regeln. Ein Eigenbeitrag der Beschäftigten kann in Geld und/oder Zeit erfolgen.

(7) Für eine Qualifizierungsmaßnahme nach Absatz 3 Buchstabe b oder c kann eine Rückzahlungspflicht der Weiterbildungskosten in Verbindung mit der Bindung des Beschäftigten an den Arbeitgeber vereinbart werden. Dabei kann die/der Beschäftigte verpflichtet werden, dem Arbeitgeber Aufwendungen oder Teile davon für eine Weiter-

bildung zu ersetzen, wenn das Arbeitsverhältnis auf Wunsch der/des Beschäftigten endet. Dies gilt nicht, wenn die/der Beschäftigte nicht innerhalb von sechs Monaten entsprechend der erworbenen Qualifikation durch die Weiterbildungsmaßnahme beschäftigt wird, oder wenn die Beschäftigte wegen Schwangerschaft oder Niederkunft gekündigt oder einen Auflösungsvertrag geschlossen hat. Die Höhe des Rückzahlungsbetrages und die Dauer der Bindung an den Arbeitgeber müssen in einem angemessenen Verhältnis stehen.

(8) Gesetzliche Förderungsmöglichkeiten können in die Qualifizierungsplanung einbezogen werden.

(9) Für Beschäftigte mit individuellen Arbeitszeiten sollen Qualifizierungsmaßnahmen so angeboten werden, dass ihnen eine gleichberechtigte Teilnahme ermöglicht wird.

Abschnitt II – Arbeitszeit

§ 6
Regelmäßige Arbeitszeit

(1) Die durchschnittliche regelmäßige wöchentliche Arbeitszeit ausschließlich der Pausen
a) wird für jedes Bundesland im Tarifgebiet West auf der Grundlage der festgestellten tatsächlichen durchschnittlichen wöchentlichen Arbeitszeit im Februar 2006 ohne Überstunden und Mehrarbeit (tariflich und arbeitsvertraglich vereinbarte Arbeitszeit) von den Tarifvertragsparteien nach den im Anhang zu § 6 festgelegten Grundsätzen berechnet, ...
c) Für die Beschäftigten beziehungsweise Beschäftigtengruppen, welche die Tarifvertragsparteien in Absatz 2 Satz 2 festgelegt haben, beträgt die durchschnittliche regelmäßige wöchentliche Arbeitszeit ausschließlich der Pausen 38,5 Stunden

Hinweise der Redaktion: Nach den Berechnungen entsprechend Absatz 1 Buchstabe b und Buchstabe c Satz 2 beträgt nach den Feststellungen der Tarifvertragsparteien ab 1. November ‚2006 die durchschnittliche regelmäßige wöchentliche Arbeitszeit in Baden-Württemberg

39 Stunden, 30 Minuten

Beschäftigte beziehungsweise Beschäftigtengruppen im Sinne des Absatzes 1 Buchstabe c sind:
e) Beschäftigte in Einrichtungen für schwerbehinderte Menschen (Schulen, Heime) und in heilpädagogischen Einrichtungen.

Auszug aus den Durchführungshinweisen des Finanzministeriums vom 1.1.2008

Beschäftigte in Einrichtungen für schwerbehinderte Menschen und in heilpädagogischen Einrichtungen; als Einrichtungen für schwerbehinderte Menschen kommen nach dem tariflichen Klammerzusatz Schulen und Heime in Betracht. Die Worte „Einrichtungen für ....." verdeutlichen, dass die Einrichtung aufgrund ihrer Aufgabenstellung speziell für die Aufnahme von schwerbehinderten Menschen bestimmt sein muss (zum Beispiel Behindertenwerkstätten, betreutes Wohnen). Den Einrichtungen für schwerbehinderte Menschen tariflich gleichgestellt sind heilpädagogische Einrichtungen. Aufgabe der heilpädagogischen Einrichtungen ist es, Menschen mit Behinderung, Störung und Verhaltensauffälligkeiten heilpädagogisch zu fördern.

Es muss sich dabei nicht immer um schwerbehinderte Menschen im Sinne des SGB IX handeln.

Sonderregelungen für Beschäftigte als Lehrkräfte Nr. 2

Zu Abschnitt II – Arbeitszeit –

Die §§ 6 bis 10 finden keine Anwendung. Es gelten die Bestimmungen für die entsprechenden Beamten in der jeweils geltenden Fassung. Sind entsprechende Beamte nicht vorhanden, so ist die Arbeitszeit im Arbeitsvertrag zu regeln.

→ Arbeitszeit (Lehrkräfte)

§ 11
Teilzeitbeschäftigung

(1) Mit Beschäftigten soll auf Antrag eine geringere als die vertraglich festgelegte Arbeitszeit vereinbart werden, wenn sie
a) mindestens ein Kind unter 18 Jahren oder
b) einen nach ärztlichem Gutachten pflegebedürftigen sonstigen Angehörigen

tatsächlich betreuen oder pflegen und dringende dienstliche beziehungsweise betriebliche Belange nicht entgegenstehen.

Die Teilzeitbeschäftigung nach Satz 1 ist auf Antrag auf bis zu fünf Jahre zu befristen. Sie kann verlängert werden; der Antrag ist spätestens sechs Monate vor Ablauf der vereinbarten Teilzeitbeschäftigung zu stellen. Bei der Gestaltung der Arbeitszeit hat der Arbeitgeber im Rahmen der dienstlichen beziehungsweise betrieblichen Möglichkeiten der besonderen persönlichen Situation der/des Beschäftigten nach Satz 1 Rechnung zu tragen.

→ Teilzeit (Rechte und Pflichten)

(2) Beschäftigte, die in anderen als den in Absatz 1 genannten Fällen eine Teilzeitbeschäftigung vereinbaren wollen, können von ihrem Arbeitgeber verlangen, dass er mit ihnen die Möglichkeit einer Teilzeitbeschäftigung mit dem Ziel erörtert, zu einer entsprechenden Vereinbarung zu gelangen.

(3) Ist ein früher Vollbeschäftigten auf ihren Wunsch eine nicht befristete Teilzeitbeschäftigung vereinbart worden, sollen sie bei späterer Besetzung eines Vollzeitarbeitsplatzes bei gleicher Eignung im Rahmen der dienstlichen beziehungsweise betrieblichen Möglichkeiten bevorzugt berücksichtigt werden.

Hinweise der Redaktion:
1. Die Regelungen für beamtete Lehrkräfte sind entsprechend auch auf Lehrkräfte im Arbeitnehmerverhältnis anzuwenden, soweit nicht Sonderregelungen gelten.
→ Teilzeit / Urlaub (Beamtenrecht – VwV) Ziff. VIII.
2. Aufgrund des Teilzeit- und Befristungsgesetzes gilt unabhängig von § 11 TV-L:
   a) Aus familiaren Gründen teilzeitbeschäftige Lehrkräfte im Arbeitnehmerverhältnis besitzen grundsätzlich einen Anspruch auf eine weitere Reduzierung ihrer Arbeitszeit über den ursprünglich vereinbarten Umfang hinaus.
   b) Bei der Teilzeitbeschäftigung aus sonstigen Gründen muss das Arbeitsverhältnis bereits neun Monate bestanden haben. Der Arbeitgeber muss den Antrag auf jeden Fall mit dem/der Antragsteller/in ernsthaft mit dem Ziel erörtern, zu einer entsprechenden Vereinbarung zu gelangen.

c) Der Arbeitgeber muss eine teil- oder vollzeitbeschäftigte Lehrkraft im Arbeitnehmerverhältnis, die ihm den Wunsch nach einer Verlängerung der vertraglich vereinbarten Arbeitszeit (gemeint ist die Vertragsdauer; Anm.d.Red.) angezeigt hat, bei der Besetzung eines entsprechenden freien Arbeitsplatzes bei gleicher Eignung bevorzugen, soweit nicht dringende betriebliche Gründe oder Arbeitszeitwünsche anderer teilzeitbeschäftigter Lehrkräfte entgegenstehen.
(Quelle: KM vom 13.12.2001; AZ: 15-0341.0/16)

3. Es ist stets zu empfehlen, eine Teilzeitbeschäftigung befristet zu vereinbaren, weil ansonsten das Arbeitsverhältnis dauerhaft als Teilzeitarbeitsverhältnis gilt.

4. Bei Teilzeitbeschäftigung wird ein anteiliges Entgelt gezahlt. Zur Vergütung teilzeitbeschäftigter Arbeitnehmer/innen bei außerunterrichtlichen Veranstaltungen siehe:
→ Außerunterrichtliche Veranstaltungen (Hinweise) Nr. 6

5. Zeiten einer Teilzeitbeschäftigung werden wie bei einer Vollbeschäftigung nach § 34 Abs. 3 Satz 1 voll auf die Beschäftigungszeit angerechnet. Zeiten einer kürzeren als der regelmäßigen wöchentlichen Arbeitszeit werden – wie bei Vollbeschäftigten – voll auf die Stufenlaufzeit angerechnet (§ 17 Abs. 3 Satz 4).

6. Auch teilzeitbeschäftigte Arbeitnehmer erhalten das volle Jubiläumsgeld (§ 23 Abs. 2 Satz 2).

7. Ist die regelmäßige Arbeitszeit im Bemessungszeitraum (i.d.R. Kalendermonate Juli bis September) herabgesetzt, verringert sich die Jahressonderzahlung entsprechend. Im Kalenderjahr der Geburt eines Kindes gilt dies nicht im Falle einer bei demselben Arbeitgeber ausgeübten elterngeldunschädlichen Teilzeitbeschäftigung

→ Renten; → Teilzeit/Urlaub (Angestellte) – dort unter D auch Informationen zur Altersteilzeit

Abschnitt III
Eingruppierung,
Entgelt und sonstige Leistungen

§ 12
Eingruppierung / § 13 Eingruppierung in besonderen Fällen [Derzeit nicht belegt, wird im Zusammenhang mit einer Entgeltordnung geregelt.]

Auszug aus den Durchführungshinweisen des Finanzministeriums vom 1.1.2008

Die §§ 12 und 13 TV-L sind noch nicht ausgefüllt, weil nach § 17 Absatz 1 TVÜ-Länder die bisherigen Regelungen für die Eingruppierungen über den 31. Oktober 2006 überwiegend fortgelten.

Hinweis der Redaktion: Dies sind die §§ 22 und 23 BAT in Verbindung mit den Richtlinien des Finanzministeriums für Lehrkräfte im Angestelltenverhältnis, auf welche der BAT Anwendung findet. Diese finden auch auf Beschäftigte Anwendung, die ab dem 1.11.2006 neu eingestellt werden.

Soweit der an einer Universität erworbene Magisterabschluss den Zugang zum höheren Dienst eröffnet, kann unter Bezugnahme auf die Hinweise der FM zu den Protokollnotizen die in der Protokollnotiz Nr. 1 definierte Anforderung der abgeschlossenen wissenschaftlichen Hochschulbildung über den Tarifwortlaut hinaus als erfüllt angesehen werden. Voraussetzung ist jedoch stets, dass an den wissenschaftlichen Hochschulen für den Hochschulabschluss eine Mindeststudienzeit von mehr als sechs Semestern (ohne etwaige Praxis- oder Prüfungssemester) vorgeschrieben ist und für den Studiengang mindestens die allgemeine oder einschlägige fachgebundene Hochschulreife als Zugangsvoraussetzung gefordert ist. Unter diesen Bedingungen gilt das tarifliche Merkmal „abgeschlossene wissenschaftliche Hochschulbildung" als erfüllt.

Die sonstigen inhaltlichen Beschränkungen im Zusammenhang mit dem Magisterabschluss gelten unter den o. g. Voraussetzungen nicht mehr.

Das hat zur Folge, dass Lehrkräfte, die über einen Magisterabschluss mit Zugang zum höheren Dienst verfügen, künftig nach der Zif. 3.1.1, 3.2.1, 3.4.1 bzw. 3.5.1 eingruppiert

werden können, sofern sie zusätzlich die dort formulierten Anforderungen erfüllen.
(Quelle: Schreiben des KM vom 26.11.2008)
→ Tarifvertrag (Eingruppierung) ; → Tarifvertrag (Entgelttabellen)

§ 14
Vorübergehende Übertragung einer höherwertigen Tätigkeit

(1) Wird Beschäftigten vorübergehend eine andere Tätigkeit übertragen, die den Tätigkeitsmerkmalen einer höheren Entgeltgruppe entspricht, und wurde diese Tätigkeit mindestens einen Monat ausgeübt, erhalten sie für die Dauer der Ausübung eine persönliche Zulage rückwirkend ab dem ersten Tag der Übertragung der Tätigkeit.

(2) Durch landesbezirklichen Tarifvertrag kann für bestimmte Tätigkeiten festgelegt werden, dass die Voraussetzung für die Zahlung einer persönlichen Zulage bereits erfüllt ist, wenn die vorübergehend übertragene Tätigkeit mindestens drei Arbeitstage angedauert hat. Die Beschäftigten müssen dann ab dem ersten Tag der Vertretung in Anspruch genommen worden sein.

(3) Die persönliche Zulage bemisst sich für Beschäftigte in den Entgeltgruppen 9 bis 14 aus dem Unterschiedsbetrag zu dem Tabellenentgelt, das sich für die/den Beschäftigte/n bei dauerhafter Übertragung nach § 17 Absatz 4 Satz 1 und 2 ergeben hätte. Für Beschäftigte, die in eine der Entgeltgruppen 1 bis 8 eingruppiert sind, beträgt die Zulage 4,5 v.H. des individuellen Tabellenentgelts der/des Beschäftigten; bei vorübergehender Übertragung einer höherwertigen Tätigkeit über mehr als eine Entgeltgruppe gilt Satz 1 entsprechend.

§ 15
Tabellenentgelt

(1) Die/Der Beschäftigte erhält monatlich ein Tabellenentgelt. Die Höhe bestimmt sich nach der Entgeltgruppe, in die sie/er eingruppiert ist, und nach der für sie/ihn geltenden Stufe.

Protokollerklärung zu § 15 Absatz 1:
(2) Beschäftigte, für die die Regelungen des Tarifgebiets West Anwendung finden, erhalten Entgelt nach den Anlagen A 1 und A 2. ...

Auszug aus den Durchführungshinweisen des Finanzministeriums vom 1.1.2008

Für Lehrkräfte, die gemäß Nr. 5 der Vorbemerkungen zu allen Vergütungsgruppen unter die Anlage 1a zum BAT fallen, gelten die Entgelttabellen zum TV-L (Anlagen A 1 und B 1) mit der Maßgabe, dass sich die Tabellenwerte um folgende Beträge vermindern:

Entgeltgruppen	Tarifgebiet West
5 bis 8	44,80 (ab 1.3.2010)
9 bis 13	50,40 (ab 1.3.2010)

Die Verminderung gilt nicht
– für Lehrkräfte, welche die fachlichen und pädagogischen Voraussetzungen für die Einstellung als Studienrat nach der Besoldungsgruppe A 13 BBesG erfüllen, und
– für übergeleitete Lehrkräfte, die einen arbeitsvertraglichen Anspruch auf Zahlung einer allgemeinen Zulage wie die unter die Anlage 1 a zum BAT

fallenden Angestellten haben (§ 20 Absatz 1 TVÜ-Länder).

Der Verminderungsbetrag reduziert sich bei künftigen allgemeinen Entgeltanpassungen, erstmals also am 1. Januar 2008 jeweils um ein Zehntel seines Ausgangswertes. Dadurch werden die Lehrkräfte nach zehn Anpassungsschritten an die Tabellenwerte für die übrigen Beschäftigten herangeführt. Es gelten hierfür die Festlegungen in §§ 20 Absatz 2 und 3 TVÜ-Länder.

Niederschriftserklärung zu § 15:
Als Tabellenentgelt gilt auch das Entgelt aus der individuellen Zwischenstufe und der individuellen Endstufe.

→ Tarifvertrag (Entgelttabellen)

§ 16
Stufen der Entgelttabelle

(1) Die Entgeltgruppen 9 bis 15 umfassen fünf Stufen und die Entgeltgruppen 2 bis 8 sechs Stufen. Die Abweichungen von Satz 1 sind im Anhang zu § 16 geregelt.

(2) Bei der Einstellung werden die Beschäftigten der Stufe 1 zugeordnet, sofern keine einschlägige Berufserfahrung vorliegt. Verfügen Beschäftigte über eine einschlägige Berufserfahrung von mindestens einem Jahr aus einem vorherigen befristeten oder unbefristeten Arbeitsverhältnis zum selben Arbeitgeber, erfolgt die Stufenzuordnung unter Anrechnung der Zeiten der einschlägigen Berufserfahrung aus diesem vorherigen Arbeitsverhältnis. Ist die einschlägige Berufserfahrung von mindestens einem Jahr in einem Arbeitsverhältnis zu einem anderen Arbeitgeber erworben worden, erfolgt die Einstellung in die Stufe 2, beziehungsweise – bei Einstellung nach dem 31. Januar 2010 und Vorliegen einer einschlägigen Berufserfahrung von mindestens drei Jahren – in Stufe 3. Unabhängig davon kann der Arbeitgeber bei Neueinstellungen zur Deckung des Personalbedarfs Zeiten einer vorherigen beruflichen Tätigkeit ganz oder teilweise für die Stufenzuordnung berücksichtigen, wenn diese Tätigkeit für die vorgesehene Tätigkeit förderlich ist.

Protokollerklärungen zu § 16 Absatz 2:
1. Einschlägige Berufserfahrung ist eine berufliche Erfahrung in der übertragenen oder einer auf die Aufgabe bezogenen entsprechenden Tätigkeit.
2. Ein Berufspraktikum nach dem Tarifvertrag über die vorläufige Weitergeltung der Regelungen für die Praktikantinnen/Praktikanten gilt grundsätzlich als Erwerb einschlägiger Berufserfahrung.
2a.Der Arbeitgeber kann bei Einstellung von Beschäftigten im unmittelbaren Anschluss an ein Arbeitsverhältnis im öffentlichen Dienst (§ 34 Absatz 3 Satz 3 und 4) die beim vorherigen Arbeitgeber nach den Regelungen des TV-L, des TVÜ-Länder oder eines vergleichbaren Tarifvertrages erworbene Stufe bei der Stufenzuordnung ganz oder teilweise berücksichtigen; Absatz 2 Satz 4 bleibt unberührt.
3. Ein vorheriges Arbeitsverhältnis im Sinne des Satzes 2 besteht, wenn zwischen dem Ende des vorherigen und dem Beginn des neuen Arbeitsverhältnisses ein Zeitraum von längstens sechs Monaten liegt; bei Wissenschaftlerinnen/Wissenschaftlern ab der Entgeltgruppe 13 verlängert sich der Zeitraum auf längstens zwölf Monate.

Auszug aus den Durchführungshinweisen des Finanzministeriums vom 1.1.2008

Auch bei Vorliegen förderlicher Zeiten haben die Beschäftigten keinen tarifvertraglichen Anspruch darauf, dass diese Zeiten bei der Stufenzuordnung zu ihren Gunsten berücksichtigt werden. Die Anerkennung ist vielmehr eine einzelfallbezogene Entscheidung des Arbeitgebers und unterliegt nicht der Mitbestimmung des Personalrates. Dies gilt auch für die Frage, ob förderliche Zeiten in vollem Umfang oder teilweise auf die Stufenlaufzeit angerechnet werden.

Hinweise der Redaktion:
1. Für seit 1.3.2009 neu Eingestellte wird der Vorbereitungsdienst (Referendariat) mit 6 Monaten auf die Laufzeit der Stufe 1 angerechnet
2. Bei Beschäftigten, die vor ihrer Einstellung bereits in einem Arbeitsverhältnis zum selben Arbeitgeber standen, werden die früheren Zeiten berücksichtigt. Voraussetzung für die Anrechnung der früheren Zeiten ist zunächst, dass zwischen der „vorherigen" Beschäftigung und der Neueinstellung allenfalls ein unschädlicher Unterbrechungszeitraum liegt. Eine unschädliche Unterbrechung liegt vor, wenn die Unterbrechung ausschließlich durch die Sommerferien bedingt ist. Einschlägige Berufserfahrung ist ausschließlich eine Lehrtätigkeit nach Abschluss des 2. Staatsexamens
3. Einschlägige Berufserfahrung, die in einem Arbeitsverhältnis zu einem anderen Arbeitgeber erworben wurde, kann unter den Voraussetzungen des § 16 Abs. 2 Satz 3 bei Neueinstellungen bis zum 31. Januar 2010 mit einer Zuordnung sofort zur Stufe 2 und bei Neueinstellungen ab diesem Stichtag mit einer Zuordnung sofort zur Stufe 3 berücksichtigt werden. Eine noch höhere Einstufung schon bei Einstellung ist nur unter der Heranziehung der „Kann-Regelung" des Satzes 4 des § 16 Abs. 2 bei Vorliegen „förderlicher Zeiten" möglich (vgl. Hinw.Nrn. 2.6 ff.). Die Anwendung des Satzes 3 setzt voraus, dass der Beschäftigte bei der Einstellung über eine einschlägige Berufserfahrung von mindestens einem Jahr verfügt, um sofort der Stufe 2 zugeordnet zu werden. Bei der Anwendung der Tarifvorschrift des § 16 Abs. 2 Satz 2 TV-L zur Berücksichtigung einer einschlägigen Berufserfahrung darf vom dem Erfordernis der Mindestbeschäftigungsdauer von einem Jahr abgesehen werden, wenn dazu lediglich nur die Zeit der Sommerferien fehlt. In diesen Fällen kann dem Entgelt aus der Anschlussbeschäftigung nach Erreichen einer tatsächlichen Beschäftigungsdauer von einem Jahr (also unter Ausklammerung der Zeit der Sommerferien) die Stufe 2 zugrunde gelegt werden. (Quelle: Schreiben des FM vom 7. November 2007)
Eine sofortige Zuordnung zur Stufe 3 – bei Einstellung nach dem 31. Januar 2010 – verlangt demgemäß eine einschlägige Berufserfahrung von mindestens 3 Jahren.
4. Zur Deckung des Personalbedarfs kann der Arbeitgeber bei neueingestellten Beschäftigten Zeiten einer vorherigen beruflichen Tätigkeit ganz oder teilweise für die Stufenzuordnung berücksichtigen, wenn diese Tätigkeit für die vorgesehene Tätigkeit förderlich ist (§ 16 Abs. 2 Satz 4). Im Ergebnis können neueingestellte Beschäftigte auf diesem Wege auch der Stufe 3 oder einer höheren Stufe zugeordnet werden. Erfasst sind nur Neueinstellungen; die Möglichkeit, höhere Stufen bei vorhandenen Beschäftigten zuzuerkennen, besteht nur nach Maßgabe des § 16 Abs. 5 und § 17 Abs. 2 Satz 1.
5. Im Einzelfall können Zeiten eines Beamtenverhältnisses als Zeiten im Sinne dieser Tarifvorschrift gleichgestellt werden, wenn die sonstigen Voraussetzungen vorliegen (u.a. im wesentlichen eine unmittelbare Fortsetzung der früheren Tätigkeit innerhalb von 6 Monaten). Zur Gewinnung pensionierter Lehrkräfte als Nebenlehrkräfte, die sich aufgrund des besonderen Engpasses bereit erklärt haben, in Mangelfächern vertretungsweise noch einige Stunden zu unterrichten, jedoch wegen Überschreitung des unschädlichen Unterbrechungszeitraums von 6 Monaten von dieser Ausnahmeregelung nicht erfasst werden, wird zur Sicherung der Unterrichtsversorgung bis auf Weiteres das Einverständnis zur Anerkennung förderlicher Zeiten durch

die Regierungspräsidien bis einschließlich der Stufe 5 erteilt. (Quelle: FM, 11.9.2007, Az.:1-0381.1-23/2)

6. Bei der Neueinstellung von „Seiteneinsteigern" ohne Lehramtsstudium in Mangelfächern an Gymnasien und beruflichen Schulen können die Regierungspräsidien vor dem Vorbereitungsdienst liegende Zeiten der beruflichen Tätigkeit als förderliche Zeiten bis einschließlich Stufe 4 berücksichtigen. Diese Regelung gilt auch für Bewerber, die erst nach Inkrafttreten des TV-L mit dem Vorbereitungsdienst begonnen haben. Sie kann auch Anwendung auf Lehrkräfte mit erster und zweiter Staatsprüfung, d.h. sog. Erfüller im Sinne der Eingruppierungsrichtlinien, finden, soweit diese in einem der Seiteneinstiegsfächer und damit einem Mangelfach eingestellt werden sollen.
(Quelle: KM, 13.12.2007; AZ: 14-0381.1-12/1/2)

7. Die Anrechnung förderlicher Zeiten setzt nach § 16 Abs. 2 Satz 4 TV-L voraus, dass Schwierigkeiten bei der Personalgewinnung bestehen. Der Personalbedarf muss andernfalls quantitativ oder qualitativ nicht hinreichend abgedeckt werden können. Mit der Regelung soll erreicht werden, etwaigen Personalgewinnungsschwierigkeiten flexibel zu begegnen. Diese Voraussetzungen sind bei der Personengruppe der Fachlehrer im Hinblick auf Absolventen- und Einstellungszahlen nicht gegeben. Eine Anrechnung förderlicher Zeiten kommt daher ... grundsätzlich nicht in Betracht. Das gleiche gilt derzeit auch für Technische Lehrkräfte an Sonderschulen. Im Bereich der beruflichen Schulen ... ist ein besonderer Personalbedarf an Technischen Lehrkräften aktuell nur im gewerblichen Bereich gegeben. Deshalb ist in diesen Fällen auch ein sog. Direkteinstieg in den öffentlichen Schuldienst möglich. In den übrigen Bereichen des beruflichen Schulwesens besteht hingegen derzeit kein besonderer Personaldeckungsbedarf an Technischen Lehrkräften.
(Quelle: KM, 14.2.2010; LT-Drucksache 14/5675)

8. Bei Lehrkräften, die ihren Vorbereitungsdienst vor dem 1.11.2006 begonnen haben, werden Zeiten vorheriger beruflicher Tätigkeiten als förderliche Zeiten anerkannt, maximal bis zur Stufe 4. Sofern eine Berücksichtigung früherer beruflicher Tätigkeiten, z.B. wegen einer berufsfremden Beschäftigung ausscheidet, wird ausnahmsweise eine Zulage gewährt. (Quelle: KM, 19.11.2008)

9. Ländertausch: Der Arbeitgeber kann bei Einstellung von Beschäftigten im unmittelbaren Anschluss an ein Arbeitsverhältnis im öffentlichen Dienst (§ 34 Abs. 3 Satz 3 u.4) die beim vorherigen Arbeitgeber nach den Regelungen des TV-L, des TVÜ-Länder oder eines vergleichbaren Tarifvertrages erworbene Stufe bei der Stufenzuordnung ganz oder teilweise berücksichtigen. (Quelle: KM, 2.11.2009)

(3) Die Beschäftigten erreichen die jeweils nächste Stufe – von Stufe 3 an in Abhängigkeit von ihrer Leistung gemäß § 17 Absatz 2 – nach folgenden Zeiten einer ununterbrochenen Tätigkeit innerhalb derselben Entgeltgruppe bei ihrem Arbeitgeber (Stufenlaufzeit):

Stufe 2   nach einem Jahr in Stufe 1,
Stufe 3   nach zwei Jahren in Stufe 2,
Stufe 4   nach drei Jahren in Stufe 3,
Stufe 5   nach vier Jahren in Stufe 4 und
Stufe 6   nach fünf Jahren in Stufe 5 bei den Entgeltgruppen 2 bis 8.

Die Abweichungen von Satz 1 sind im Anhang zu § 16 geregelt.

Hinweis der Redaktion: Für Lehrkräfte, die aus BAT Vb in EG 9 übergeleitet wurden, gilt eine längere Stufenlaufzeit (5 Jahre in Stufe 2, 9 Jahre in Stufe 3 und keine Stufe 5). Bei einer Höhergruppierung werden sie von EG 9 mit verlängerter Stufenlaufzeit nach EG 9 mit normaler Stufenlaufzeit gruppiert.

Auszug aus den Durchführungshinweisen des Finanzministeriums vom 1.1.2008

Die Abweichungen von den regelmäßigen Stufenlaufzeiten des § 16 Absatz 3 Satz 1 sind in Satz 2 des Abschnitts I des Anhangs zu § 16 geregelt; dies betrifft einzelne Beschäftigtengruppen in der Entgeltgruppe 9. Sonderregelungen gelten zudem gemäß Abschnitt II des Anhangs zu § 16 für Pflegekräfte (siehe Ziffer 15.8) sowie gemäß § 16 Absatz 4 für Entgeltgruppe 1 (siehe Ziffer 16.4).

Der Satz 2 des Abschnitts I des Anhangs zu § 16, der sowohl für vorhandene als auch für neu eingestellte Beschäftigte gilt, lautet wie folgt:

„In der Entgeltgruppe 9 wird die Stufe 3 nach fünf Jahren in Stufe 2 und die Stufe 4 nach neun Jahren in Stufe 3 bei Tätigkeiten entsprechend der

– Vergütungsgruppe Va ohne Aufstieg nach IVb BAT / BAT-O,
– Vergütungsgruppe Vb ohne Aufstieg nach IVb BAT / BAT-O (einschließlich in Vergütungsgruppe Vb vorhandene Aufsteiger aus Vergütungsgruppe Vc BAT / BAT-O)

erreicht; bei Tätigkeiten entsprechend der Lohngruppe 9 MTArb wird die Stufe 3 nach zwei Jahren in Stufe 2 und die Stufe 4 nach sieben Jahren in Stufe 3 erreicht."

Sonderregelungen für Beschäftigte als Lehrkräfte

In § 44 TV-L ist zu § 16 (3) bestimmt:

„Für ab 1. März 2009 neu zu begründende Arbeitsverhältnisse von Lehrkräften wird die zur Vorbereitung auf den Lehrerberuf abgeleistete Zeit des Referendariats oder des Vorbereitungsdienstes im Umfang von sechs Monaten auf die Stufenlaufzeit der Stufe 1 angerechnet."

(4) Die Entgeltgruppe 1 umfasst fünf Stufen. Einstellungen erfolgen zwingend in der Stufe 2 (Eingangsstufe). Die jeweils nächste Stufe wird nach vier Jahren in der vorangegangenen Stufe erreicht; § 17 Absatz 2 bleibt unberührt.

(5) Zur regionalen Differenzierung, zur Deckung des Personalbedarfs, zur Bindung von qualifizierten Fachkräften oder zum Ausgleich höherer Lebenshaltungskosten kann Beschäftigten abweichend von der tarifvertraglichen Einstufung ein bis zu zwei Stufen höheres Entgelt ganz oder teilweise vorweg gewährt werden. Beschäftigte mit einem Entgelt der Endstufe können bis zu 20 v.H. der Stufe 2 zusätzlich erhalten. Die Zulage kann befristet werden. Sie ist auch als befristete Zulage widerruflich.

Auszug aus den Durchführungshinweisen des Finanzministeriums vom 16.6.2009

Zur Deckung des Personalbedarfs kann der Arbeitgeber, wenn und soweit dies zwingend erforderlich ist, bei Neueinstellungen Zeiten von vorherigen beruflichen Tätigkeit ganz oder teilweise für die Stufenzuordnung berücksichtigen, wenn diese Tätigkeit für die vorgesehene Tätigkeit förderlich ist. Im Ergebnis können Beschäftigte bei Neueinstellungen auf diesem Wege auch der Stufe 3 oder einer höheren Stufe zugeordnet werden. Erfasst sind nur Neueinstellungen. Auf Hinw.Nr. 2.10 wird in diesem Zusammenhang besonders hingewiesen. ... – Inhaltlich kommen als förderliche Zeiten in erster Linie gleichartige und gleichwertige Tätigkeiten, die von dem Bewerber bei einem anderen öffentlichen oder privaten Arbeitgeber ausgeübt wurden, in Betracht. Sie können insbesondere vorliegen, wenn die frühere Tätigkeit mit der auszuübenden Tätigkeit in sachlichem Zusammenhang steht und Kenntnisse, Fertigkeiten und Erfahrungen für die Erfüllung der auszuübenden Tätigkeit offenkundig von Nutzen sind. In Verbindung mit dem Merkmal der Deckung des Personalbedarfs müssen diese Zeiten letztlich Voraussetzung für die Entscheidung zur Einstellung des Beschäftigten gewesen sein.

Ausbildungszeiten sind keine Zeiten beruflicher Tätigkeit und können deshalb nicht als förderliche Zeiten angerechnet werden.

Die „vorherige berufliche Tätigkeit" muss nicht unmittelbar vor der Einstellung liegen; die Protokollerklärung Nr. 3 zu § 16 Abs. 2 gilt nur für die Anwendung des Satzes 2, nicht aber auch des Satzes 4 des § 16 Abs. 2.

Hinweise der Redaktion:

1. Um angesichts der Konkurrenz mit der Privatwirtschaft den Direkteinstieg für Lehrkräfte an beruflichen Schulen in den Fächern Elektro- und Metalltechnik finanziell attraktiver zu gestalten, soll in diesen Mangelbereichen ein höheres Entgelt in Form einer Zulage gezahlt werden, ohne dass sich damit die Stufenzuordnung der Beschäftigten ändert. Wenn 10 Jahre oder mehr an „förderlichen Zeiten" nachgewiesen werden, sollen diese Beschäftigten anstelle der sonst höchstmöglichen Stufe 4 der Stufe 5 zugeordnet werden; auch in diesen Fällen wird eine zusätzliche Zulage gezahlt. Damit erreichen die Betroffenen im Vergleich zu den sonstigen „Direkteinsteigern" teilweise eine Erhöhung der monatlichen Bruttoentgelte im gehobenen Dienst um bis zu 600 Euro, im höheren Dienst um bis zu 800 Euro.

2. Zur Deckung des Personalbedarfs kann der Arbeitgeber, wenn und soweit dies zwingend erforderlich ist, bei Neueinstellungen Zeiten einer vorherigen beruflichen Tätigkeit ganz oder teilweise bei der Stufenzuordnung berücksichtigen, wenn diese Tätigkeit für die vorgesehene Tätigkeit förderlich ist. Im Ergebnis können Beschäftigte bei Neueinstellungen auf diesem Wege auch der Stufe 3 oder einer höheren Stufe zugeordnet werden. Erfasst sind nur Neueinstellungen. Inhaltlich kommen als förderliche Zeiten in erster Linie gleichartige und gleichwertige Tätigkeiten, die von dem Bewerber bei einem anderen öffentlichen oder privaten Arbeitgeber ausgeübt wurden, in Betracht. Sie können insbesondere vorliegen, wenn die frühere Tätigkeit mit der auszuübenden Tätigkeit in sachlichem Zusammenhang steht und Kenntnisse, Fertigkeiten und Erfahrungen für die Erfüllung der auszuübenden Tätigkeit offenkundig von Nutzen sind. In Verbindung mit dem Merkmal der Deckung des Personalbedarfs müssen diese Zeiten letztlich Voraussetzung für die Entscheidung zur Einstellung des Beschäftigten gewesen sein. Ausbildungszeiten sind keine Zeiten beruflicher Tätigkeit und können deshalb nicht als förderliche Zeiten angerechnet werden. (Quelle: FM, 16.6.2009, AZ 1-0381.1-23/190

3. Das Finanzministerium ist im Interesse einer Verbesserung dieser Situation ab sofort damit einverstanden, dass über die mit Rundschreiben vom 16. Juni 2009 getroffene Regelung hinaus zur Gewinnung von qualifizierten IT-Fachkräften mit einschlägiger Fachhochschul-/Hochschulausbildung bzw. mit gleichwertigen Kenntnissen oder zur Gewinnung von Fachinformatikern der Entgeltgruppen 9 bis 15 TV-L von der tariftvertraglichen „Kann-Regelung" des § 16 Abs. 5 Sätze 2 bis 4 TV-L in eigener Zuständigkeit der personalverwaltenden Dienststellen Gebrauch gemacht werden darf, wenn dies zur Deckung des Personalbedarfs im beispiel Einzelfall notwendig ist. – Danach kann solchen Bewerbern (mit als förderlich anerkannten Zeiten einer vorherigen Tätigkeit in dem für eine Zuordnung zu der Endstufe erforderlichen Umfang) erforderlichenfalls zusätzlich zu dem Entgelt nach der Endstufe eine befristete, widerrufliche Zulage in Höhe von bis zu 20. v.H. der Stufe 2 ihrer Entgeltgruppe geboten werden, längstens jedoch für die Dauer von 5 Jahren. Die Notwendigkeit der Bewilligung einer solchen Zulage zum Zwecke der Gewinnung ist im jeweiligen Einzelfall so zu dokumentieren, dass eine Überprüfung durch die Rechnungsprüfung ohne weitere Recherchen und Nachfragen möglich ist.

Diese Ermächtigung gilt für Einstellungen bis zum 31. August 2011. (...) (FM, 30.8.2009 AZ: 1-0381.1-23/152)

§ 17
Allgemeine Regelungen zu den Stufen

(1) Die Beschäftigten erhalten das Tabellenentgelt nach der neuen Stufe vom Beginn des Monats an, in dem die nächste Stufe erreicht wird.

(2) Bei Leistungen der Beschäftigten, die erheblich über dem Durchschnitt liegen, kann die erforderliche Zeit für das Erreichen der Stufen 4 bis 6 jeweils verkürzt werden. Bei Leistungen, die erheblich unter dem Durchschnitt liegen, kann die erforderliche Zeit für das Erreichen der Stufen 4 bis 6 jeweils verlängert werden. Bei einer Verlängerung der Stufenlaufzeit hat der Arbeitgeber jährlich zu prüfen, ob die Voraussetzungen für die Verlängerung noch vorliegen. Für die Beratung von schriftlich begründeten Beschwerden von Beschäftigten gegen eine Verlängerung nach Satz 2 beziehungsweise 3 ist eine betriebliche Kommission zuständig. Die Mitglieder der betrieblichen Kommission werden je zur Hälfte vom Arbeitgeber und vom Betriebs-/Personalrat benannt; sie müssen dem Betrieb/der Dienststelle angehören. Der Arbeitgeber entscheidet auf Vorschlag der Kommission darüber, ob und in welchem Umfang der Beschwerde abgeholfen werden soll.

Protokollerklärung zu § 17 Absatz 2:
Die Instrumente des § 17 Absatz 2 unterstützen die Anliegen der Personalentwicklung.

Protokollerklärung zu § 17 Absatz 2 Satz 6:
Die Mitwirkung der Kommission erfasst nicht die Entscheidung über die leistungsbezogene Stufenzuordnung.

Auszug aus den Durchführungshinweisen des Finanzministeriums vom 1.1.2008

Das Erreichen der Stufen 4, 5 und 6 ist leistungsabhängig. Für das Aufrücken nach der regelmäßigen Stufenlaufzeit nach § 16 Absatz 3 wird eine als durchschnittlich zu wertende Leistung vorausgesetzt. Bei Leistungen, die erheblich über dem Durchschnitt liegen, kann die reguläre Stufenlaufzeit jeweils verkürzt werden. Bei Leistungen, die erheblich unter dem Durchschnitt liegen, ist eine Verlängerung der in § 16 Absatz 3 vorgesehenen Laufzeiten möglich. Wird die Stufenlaufzeit verlängert, muss der Arbeitgeber jährlich prüfen, ob die Voraussetzungen für die Verlängerung noch vorliegen.

17.2.2 Feststellung erheblich überdurchschnittlicher beziehungsweise erheblich unterdurchschnittlicher Leistung

Ob „erheblich überdurchschnittliche" oder „erheblich unterdurchschnittliche" Leistungen im Sinne des § 17 Absatz 2 vorliegen, kann weder schematisch an der Leistungsbewertung im Rahmen des § 18 noch an dienstlichen (Regel-)Beurteilungen oder an diese Bewertungen anknüpfenden Durchschnittsbetrachtungen festgestellt werden. Erforderlich ist vielmehr eine Gesamtbetrachtung des Einzelfalles, die neben den erbrachten Leistungen und den verschiedenen Leistungsprofilen auch andere Aspekte der beruflichen Entwicklung wie zum Beispiel die Bewährung in unterschiedlichen Aufgabengebieten oder die regelmäßige Übernahme von Sonderaufgaben einbeziehen kann. In diese Feststellung sind allerdings nur die Zeiten seit Beginn der Stufenlaufzeit einzubeziehen. Deshalb wird eine Entscheidung über die Verkürzung der Stufenlaufzeit kaum schon zu Beginn der Stufenlaufzeit getroffen werden können. Im Hinblick auf die mit einem beschleunigten Stufenaufstieg verbundene dauerhafte finanzielle Besserstellung sollte zudem auch die weitere Entwicklungsprognose der/des Beschäftigten positiv sein.

Auch unter Berücksichtigung der Ziffer 16.3.2 bittet das Finanzministerium von § 17 Abs. 2 TV-L bei nach dem 31. Oktober 2006 neu eingestellten Beschäftigten bzw. nach diesem Zeitpunkt höhergruppierten übergeleiteten Beschäftigten (§ 6 Abs. 2 TVÜ-Länder) nicht vor dem 1. Januar 2008 und bei letzteren außerdem nicht vor Ablauf eines Jahres nach der Höhergruppierung Gebrauch zu machen.

Bei der Feststellung „erheblich unterdurchschnittlicher Leistungen" wird es gleichfalls eindeutiger Tatsachen bedürfen, die die finanzielle Schlechterstellung rechtfertigen. Im Hinblick auf mögliche arbeitsgerichtliche Streitigkeiten sollten diese regelmäßig aktenkundig sein und sich über einen längeren Zeitraum abzeichnen. Bezugspunkt der Prüfung ist jeweils die Tätigkeit in der aktuell maßgeblichen Entgeltgruppe. Leistungsminderungen aufgrund eines anerkannten Arbeitsunfalls oder einer Berufskrankheit gemäß §§ 8 und 9 SGB VII sind in geeigneter Weise zu berücksichtigen (vgl. Protokollerklärung zu § 17 Absatz 2 Satz 2).

Eine regelmäßige Überprüfung, ob und für welche Beschäftige Maßnahmen nach § 17 Absatz 2 in Betracht kommen, ist möglich, aber nicht zwingend. Zudem eröffnet § 17 Absatz 2 den Beschäftigten keinen Anspruch auf einen schnelleren Stufenaufstieg. Es handelt sich um ein Personalentwicklungselement, über das die jeweilige Behörde im individuellen Fall in eigener Zuständigkeit entscheidet. Auch wenn Aspekte der Leistungsbewertung oder der dienstlichen Beurteilungen in die Feststellung nach § 17 Absatz 2 einfließen können, ist eine doppelte „Belohnung" derselben Leistung durch Leistungsbezahlung und vorgezogenem Stufenaufstieg zu vermeiden.

Insgesamt werden Verkürzung und Verlängerung der Stufenlaufzeit nicht die Regel sein, sondern in sachlich begründete Einzelfällen zum Tragen kommen. Die/Der „Normalleister/in" wird dadurch der durchschnittlichen Stufenlaufzeit des § 16 Absatz 3 aufrücken. Daraus folgt zugleich, dass das Vorliegen der hierfür erforderlichen durchschnittlichen Leistung nicht von konkreten Bewertungen im Rahmen der Leistungsbewertung, (Regel-)Beurteilung oder entsprechenden Systemen abhängt.

(3) Den Zeiten einer ununterbrochenen Tätigkeit im Sinne des § 16 Absatz 3 Satz 1 stehen gleich:
a) Schutzfristen nach dem Mutterschutzgesetz,
b) Zeiten einer Arbeitsunfähigkeit nach § 22 bis zu 39 Wochen,
c) Zeiten eines bezahlten Urlaubs,
d) Zeiten eines Sonderurlaubs, bei denen der Arbeitgeber vor dem Antritt schriftlich ein dienstliches beziehungsweise betriebliches Interesse anerkannt hat,
e) Zeiten einer sonstigen Unterbrechung von weniger als einem Monat im Kalenderjahr,
f) Zeiten der vorübergehenden Übertragung einer höherwertigen Tätigkeit.

Zeiten der Unterbrechung bis zu einer Dauer von jeweils drei Jahren, die nicht von Satz 1 erfasst werden, und Elternzeit sowie Zeiten einer Unterbrechung bei Beschäftigten, die für eine jahreszeitlich begrenzte regelmäßig wiederkehrende Tätigkeit in einem Beschäftigungsverhältnis stehen (Saisonbeschäftigte), sind unschädlich; sie werden aber nicht auf die Stufenlaufzeit angerechnet.

Bei einer Unterbrechung von mehr als drei Jahren erfolgt eine Zuordnung zu der Stufe, die der vor der Unterbrechung erreichten Stufe vorangeht, jedoch nicht niedriger als bei einer Neueinstellung; die Stufenlaufzeit beginnt mit dem Tag der Arbeitsaufnahme. Zeiten, in denen Beschäftigte mit einer kürzeren als der regelmäßigen wöchentlichen Arbeitszeit eines entsprechenden Vollbeschäftigten beschäftigt waren, werden voll angerechnet.

Auszug aus den Durchführungshinweisen des Finanzministeriums vom 1.1.2008

Das Finanzministerium ist jedoch damit einverstanden, dass ein Sonderurlaub zur Kinderbetreuung von mehr als drei Jahren ebenfalls als unschädlich gilt, wenn die Voraussetzungen für einen Antrag auf Teilzeitbeschäftigung nach § 11 Abs. 1 Satz 1 Buchst. a TV-L gegeben sind und der Sonderurlaub die Höchstdauer eines entsprechenden Sonderurlaubs eines Beamten/einer Beamtin des Landes nach §§ 153 b, 153 d LBG *(jetzt: §§ 69 ff.)* nicht überschreitet.

(4) Bei Eingruppierung in eine höhere Entgeltgruppe werden die Beschäftigten derjenigen Stufe zugeordnet, in der sie mindestens ihr bisheriges Tabellenentgelt erhalten, mindestens jedoch der Stufe 2; bei Eingruppierung über mehr als eine Entgeltgruppe wird die Zuordnung zu den Stufen so vorgenommen, als ob faktisch eine Eingruppierung in jede der einzelnen Entgeltgruppen stattgefunden hätte. Beträgt der Unterschiedsbetrag zwischen dem derzeitigen Tabellenentgelt und dem Tabellenentgelt nach Satz 1 weniger als 25 Euro in den Entgeltgruppen 1 bis 8 beziehungsweise weniger als 50 Euro in den Entgeltgruppen 9 bis 15, so erhält die/der Beschäftigte während der betreffenden Stufenlaufzeit anstelle des Unterschiedsbetrags einen Garantiebetrag von monatlich 25 Euro (Entgeltgruppen 1 bis 8) beziehungsweise 50 Euro (Entgeltgruppen 9 bis 15). Die Stufenlaufzeit in der höheren Entgeltgruppe beginnt mit dem Tag der Höhergruppierung. Bei einer Eingruppierung in eine niedrigere Entgeltgruppe ist die/der Beschäftigte der in der höheren Entgeltgruppe erreichten Stufe zuzuordnen. Die/Der Beschäftigte erhält vom Beginn des Monats an, in dem die Veränderung wirksam wird, das entsprechende Tabellenentgelt aus der in Satz 1 oder Satz 4 festgelegten Stufe der betreffenden Entgeltgruppe, ggf. einschließlich des Garantiebetrags.

*Protokollerklärung
zu § 17 Absatz 4 Satz 1 2. Halbsatz:*

Bis zum Inkrafttreten einer neuen Entgeltordnung gilt für Beschäftigte im Sinne von § 38 Absatz 5 Satz 1 die Höhergruppierung von der Entgeltgruppe 3 in die Entgeltgruppe 5, von der Entgeltgruppe 6 in die Entgeltgruppe 8 und – ausschließlich für Lehrkräften nach Anlage 4 Teil B TVÜ-Länder als „Erfüller" – von der Entgeltgruppe 11 in die Entgeltgruppe 13 nicht als „Eingruppierung über mehr als eine

Entgeltgruppe". Satz 1 gilt entsprechend in den Fällen des § 14 Absatz 3 Satz 2 2. Halbsatz.

Protokollerklärung zu § 17 Absatz 4 Satz 2:
Die Garantiebeträge nehmen an allgemeinen Entgeltanpassungen teil. Sie betragen
a) in den Entgeltgruppen 1 bis 8
  26,82 Euro ab 1. März 2010
b) in den Entgeltgruppen 9 bis 15
  53,63 Euro ab 1. März 2010.

§ 18
Leistungsentgelt

Hinw.d.Red.: § 18 wurde 2009 gestrichen. Das dafür zur Verfügung gestellte Volumen wurde mit 20 Euro in die Gehaltstabelle eingearbeitet. → Tarifvertrag (Entgelttabellen)

§ 20
Jahressonderzahlung

(1) Beschäftigte, die am 1. Dezember im Arbeitsverhältnis stehen, haben Anspruch auf eine Jahressonderzahlung.

(2) Die Jahressonderzahlung beträgt bei Beschäftigten in den Entgeltgruppen,

	Tarifgebiet West	Tarifgebiet Ost
E 1 bis E 8	95v.H.	71,5 v.H.
E 9 bis E 1 1	80v.H.	60 v.H.
E 12 bis E 13	50v.H.	45 v.H.
E 14 bis E 15	35v.H.	30 v.H.

der Bemessungsgrundlage nach Absatz 3. Für die Anwendung des Satzes 1 werden Beschäftigte der Entgeltgruppe 13 Ü bei einem Bezug des Tabellenentgelts aus den Stufen 2 und 3 der Entgeltgruppe 13, im Übrigen der Entgeltgruppe 14 zugeordnet. Beschäftigte der Entgeltgruppe 13 mit einem Anspruch auf die Zulage nach § 17 Absatz 8 TVÜ-Länder werden der Entgeltgruppe 14 zugeordnet.

(3) Bemessungsgrundlage im Sinne des Absatzes 2 Satz 1 ist das monatliche Entgelt, das den Beschäftigten in den Kalendermonaten Juli, August und September durchschnittlich gezahlt wird; unberücksichtigt bleiben hierbei das zusätzlich für Überstunden und Mehrarbeit gezahlte Entgelt (mit Ausnahme der im Dienstplan vorgesehenen Mehrarbeits- oder Überstunden), Leistungszulagen, Leistungs- und Erfolgsprämien. Der Bemessungssatz bestimmt sich nach der Entgeltgruppe am I. September. Bei Beschäftigten, deren Arbeitsverhältnis nach dem 31. August begonnen hat, tritt an die Stelle des Bemessungszeitraums der erste volle Kalendermonat des Arbeitsverhältnisses; anstelle des Bemessungssatzes der Entgeltgruppe am 1. September tritt die Entgeltgruppe des Einstellungstages. In den Fällen, in denen im Kalenderjahr der Geburt des Kindes während des Bemessungszeitraums eine erziehungsgeldunschädliche Teilzeitbeschäftigung ausgeübt wird, bemisst sich die Jahressonderzahlung nach dem Beschäftigungsumfang am Tag vor dem Beginn der Elternzeit.

Protokollerklärung zu § 20 Absatz 3:
Bei der Berechnung des durchschnittlich gezahlten monatlichen Entgelts werden die gezahlten Entgelte der drei Monate addiert und durch drei geteilt; dies gilt auch bei einer Änderung des Beschäftigungsumfangs. Ist im Bemessungszeitraum nicht für alle Kalendertage Entgelt gezahlt worden, werden die gezahlten Entgelte der drei Monate addiert, durch die Zahl der Kalendertage mit Entgelt geteilt und sodann mit 30,67 multipliziert. Zeiträume, für die Krankengeldzuschuss gezahlt worden ist, bleiben hierbei unberücksichtigt. Besteht während des Bemessungszeitraums an weniger als 30 Kalendertagen Anspruch auf Entgelt, ist der letzte Kalendermonat, in dem für alle Kalendertage Anspruch auf Entgelt bestand, maßgeblich.

(4) Der Anspruch nach den Absätzen 1 bis 3 vermindert sich um ein Zwölftel für jeden Kalendermonat, in dem Beschäftigte keinen Anspruch auf Entgelt oder Fortzahlung des Entgelts nach § 21 haben. Die Verminderung unterbleibt für Kalendermonate, für die Beschäftigte kein Tabellenentgelt erhalten haben wegen
a) Ableistung von Grundwehrdienst oder Zivildienst, wenn sie diesen vor dem 1. Dezember beendet und die Beschäftigung unverzüglich wieder aufgenommen haben,
b) Beschäftigungsverboten nach § 3 Absatz 2 und § 6 Absatz 1 Mutterschutzgesetz,
c) Inanspruchnahme der Elternzeit nach dem Bundeserziehungsgeldgesetz bis zum Ende des Kalenderjahres, in dem das Kind geboren ist, wenn am Tag vor Antritt der Elternzeit Anspruch auf Entgelt oder auf Zuschuss zum Mutterschaftsgeld bestanden hat.

Die Verminderung unterbleibt ferner für Kalendermonate, in denen Beschäftigten Krankengeldzuschuss gezahlt wurde oder nur wegen der Höhe des zustehenden Krankengelds oder einer entsprechenden gesetzlichen Leistung kein Krankengeldzuschuss nicht gezahlt worden ist.

Hinweis der Redaktion: Endet ein Beschäftigungsverhältnis als Lehrer mit dem Beginn der Sommerferien und schließt sich nach dem Ende dieser Ferien unmittelbar ein weiteres Beschäftigungsverhältnis als Lehrer zum selben Arbeitgeber an, wird für die Anwendung der Kürzungsbestimmungen des § 20 Abs. 4 TV-L von einem unmittelbaren Anschluss zwischen den beiden Beschäftigungsverhältnissen ausgegangen; die Unterbrechungszeit selbst wird nicht angerechnet.
Quelle: KM, 15. August 2007 (AZ: 1-0381.1-35/3)

(5) Die Jahressonderzahlung wird mit dem Tabellenentgelt für November ausgezahlt. Ein Teilbetrag Teilbetrag der Jahressonderzahlung kann zu einem früheren Zeitpunkt ausgezahlt werden.

(6) Beschäftigte, die bis zum 20. Mai 2006 Altersteilzeitarbeit vereinbart haben, erhalten die Jahressonderzahlung auch dann, wenn das Arbeitsverhältnis wegen Rentenbezugs vor dem 1. Dezember endet. In diesem Falle treten an die Stelle des Bemessungszeitraums gemäß Absatz 3 die letzten drei Kalendermonate vor Beendigung des Arbeitsverhältnisses.

§ 21
Bemessungsgrundlage für die Entgeltfortzahlung

In den Fällen der Entgeltfortzahlung nach § 22 Absatz 1, § 26 und § 27 werden das Tabellenentgelt sowie die sonstigen in Monatsbeträgen festgelegten Entgeltbestandteile weitergezahlt. Nicht in Monatsbeträgen festgelegte Entgeltbestandteile werden als Durchschnitt auf Basis der letzten drei vollen Kalendermonate, die dem maßgebenden Ereignis für die Entgeltfortzahlung vorhergehen (Berechnungszeitraum), gezahlt. Ausgenommen hiervon sind das zusätzlich gezahlte Entgelt für Überstunden und Mehrarbeit (mit Ausnahme der im Dienstplan vorgesehenen Mehrarbeits- oder Überstunden sowie etwaiger Überstundenpauschalen), Leistungsentgelte, Jahressonderzahlungen sowie besondere Zahlungen nach § 23.

Protokollerklärungen zu S 21 Satz 2 und 3:
1. Volle Kalendermonate im Sinne der Durchschnittsberechnung nach Satz 2 sind Kalendermonate, in denen an allen Kalendertagen das Arbeitsverhältnis bestanden hat. Hat das Arbeitsverhältnis weniger als drei Kalendermonate bestanden, sind die vollen Kalendermonate, in denen das Arbeitsverhältnis bestanden hat, zugrunde zu legen. Bei Änderungen der individuellen Arbeitszeit werden die nach der Arbeitszeitänderung liegenden vollen Kalendermonate zugrunde gelegt.
2. Der Tagesdurchschnitt nach Satz 2 beträgt 1/65 aus der Summe der zu berücksichtigenden Entgeltbestandteile, die für den Berechnungszeitraum zugestanden haben, wenn die regelmäßige wöchentliche Arbeitszeit durchschnittlich auf fünf Tage verteilt ist. Maßgeblich ist die Verteilung der Arbeitszeit zu Beginn des Berechnungszeitraums. Bei einer abweichenden Verteilung der Arbeitszeit ist der Tagesdurchschnitt entsprechend Satz 1 und 2 zu ermitteln. Sofern während des Berechnungszeitraums bereits Fortzahlungstatbestände vorlagen, bleiben bei der Ermittlung des Durchschnitts nach Satz 2 diejenigen Beträge unberücksichtigt, die während der Fortzahlungstatbestände auf Basis der Tagesdurchschnitte zustanden.
3. Tritt die Fortzahlung des Entgelts nach einer allgemeinen Entgeltanpassung ein, sind die berücksichtigungsfähigen Entgeltbestandteile, die vor der Entgeltanpassung zustanden, um 90 v.H. des Vomhundertsatzes für die allgemeine Entgeltanpassung zu erhöhen.

§ 22
Entgelt im Krankheitsfall

(1) Werden Beschäftigte durch Arbeitsunfähigkeit infolge Krankheit an der Arbeitsleistung verhindert, ohne dass sie ein Verschulden trifft, erhalten sie bis zur Dauer von sechs Wochen das Entgelt nach § 21. Bei erneuter Arbeitsunfähigkeit infolge derselben Krankheit sowie bei Beendigung des Arbeitsverhältnisses gelten die gesetzlichen Bestimmungen. Als unverschuldete Arbeitsunfähigkeit im Sinne der Sätze 1 und 2 gilt auch die Arbeitsverhinderung im Sinne des § 3 Absatz 2 und des § 9 Entgeltfortzahlungsgesetz.

Protokollerklärung zu § 22 Absatz 1 Satz 1:
Ein Verschulden liegt nur dann vor, wenn die Arbeitsunfähigkeit vorsätzlich oder grob fahrlässig herbeigeführt wurde.

(2) Nach Ablauf des Zeitraums gemäß Absatz 1 erhalten die Beschäftigten für die Zeit, für die ihnen Krankengeld oder entsprechende gesetzliche Leistungen gezahlt werden, einen Krankengeldzuschuss in Höhe des Unterschiedsbetrags zwischen den tatsächlichen Barleistungen des Sozialleistungsträgers und dem Nettoentgelt. Nettoentgelt ist das um die gesetzlichen Abzüge verminderte Entgelt im Sinne des § 21; bei freiwillig in der gesetzlichen Krankenversicherung versicherten Beschäftigten ist dabei deren Gesamtkranken- und Pflegeversicherungsbeitrag abzüglich Arbeitgeberzuschuss zu berücksichtigen. Bei Beschäftigten, die in der gesetzlichen Krankenversicherung versicherungsfrei oder die von der Versicherungspflicht in der gesetzlichen Krankenversicherung befreit sind, sind bei der Berechnung des Krankengeldzuschusses diejenigen Leistungen zugrunde zu legen, die ihnen als Pflichtversicherte in der gesetzlichen Krankenversicherung zustünden.

→ Krankenversicherung

(3) Der Krankengeldzuschuss wird bei einer Beschäftigungszeit (§ 34 Absatz 3)
a) von mehr als einem Jahr längstens bis zum Ende der 13. Woche und
b) von mehr als drei Jahren längstens bis zum Ende der 39. Woche

seit dem Beginn der Arbeitsunfähigkeit infolge derselben Krankheit gezahlt. Maßgeblich für die Berechnung der Fristen nach Satz 1 ist die Beschäftigungszeit, die im Laufe der krankheitsbedingten Arbeitsunfähigkeit vollendet wird. Innerhalb eines Kalenderjahres kann das Entgelt im Krankheitsfall nach Absatz 1 und 2 insgesamt längstens bis zum Ende der in Absatz 3 Satz 1 genannten Fristen bezogen werden; bei jeder neuen Arbeitsunfähigkeit besteht jedoch mindestens der sich aus Absatz 1 ergebende Anspruch.

(4) Entgelt im Krankheitsfall wird nicht über das Ende des Arbeitsverhältnisses hinaus gezahlt; § 8 Entgeltfortzahlungsgesetz bleibt unberührt. Krankengeldzuschuss wird zudem nicht über den Zeitpunkt hinaus gezahlt, von dem an Beschäftigte eine Rente oder eine vergleichbare Leistung aufgrund eigener Versicherung aus der gesetzlichen Rentenversicherung, einer zusätzlichen Alters- und Hinterbliebenenversorgung oder aus einer sonstigen Versorgungseinrichtung erhalten, die nicht allein aus Mitteln der Beschäftigten finanziert ist. Überzahlter Krankengeldzuschuss und sonstige Überzahlungen gelten als Vorschuss auf die in demselben Zeitraum zustehenden Leistungen nach Satz 2; die Ansprüche der Beschäftigten gehen insoweit auf den Arbeitgeber über. Der Arbeitgeber kann von der Rückforderung des Teils des überzahlten Betrags, der nicht durch die für den Zeitraum der Überzahlung zustehenden Bezüge im Sinne des Satzes 2 ausgeglichen worden ist, absehen, es sei denn, die/der Beschäftigte hat dem Arbeitgeber die Zustellung des Rentenbescheids schuldhaft verspätet mitgeteilt.

§ 23
Besondere Zahlungen

(1) Einen Anspruch auf vermögenswirksame Leistungen nach Maßgabe des Vermögensbildungsgesetzes in seiner jeweiligen Fassung haben Beschäftigte, deren Arbeitsverhältnis voraussichtlich mindestens sechs Monate dauert. Für Vollbeschäftigte beträgt die vermögenswirksame Leistung für jeden vollen Kalendermonat 6,65 Euro. Der Anspruch entsteht frühestens für den Kalendermonat, in dem die/der Beschäftigte dem Arbeitgeber die erforderlichen Angaben schriftlich mitteilt, und für die beiden vorangegangenen Monate desselben Kalenderjahres; die Fälligkeit tritt nicht vor acht Wochen nach Zugang der Mitteilung beim Arbeitgeber ein. Die vermögenswirksame Leistung wird nur

für Kalendermonate gewährt, für die den Beschäftigten Tabellenentgelt, Entgeltfortzahlung oder Krankengeldzuschuss zusteht. Für Zeiten, für die Krankengeldzuschuss zusteht, ist die vermögenswirksame Leistung Teil des Krankengeldzuschusses. Die vermögenswirksame Leistung ist kein zusatzversorgungspflichtiges Entgelt.

Hinweis der Redaktion: Anträge auf vermögenswirksame Leistungen können per Formblatt direkt beim Landesamt für Besoldung und Versorgung gestellt werden.

(2) Beschäftigte erhalten ein Jubiläumsgeld bei Vollendung einer Beschäftigungszeit (§ 34 Absatz 3)
a) von 25 Jahren in Höhe von 350 Euro,
b) von 40 Jahren in Höhe von 500 Euro.
Teilzeitbeschäftigte erhalten das Jubiläumsgeld in voller Höhe.
→ Dienstjubiläen

(3) Beim Tod von Beschäftigten, deren Arbeitsverhältnis nicht geruht hat, wird der Ehegattin/dem Ehegatten oder den Kindern ein Sterbegeld gewährt; der Ehegattin/dem Ehegatten steht die Lebenspartnerin/der Lebenspartner im Sinne des Lebenspartnerschaftsgesetzes gleich. Als Sterbegeld wird für die restlichen Tage des Sterbemonats und – in einer Summe – für zwei weitere Monate das Tabellenentgelt der/des Verstorbenen gezahlt. Die Zahlung des Sterbegeldes an einen der Berechtigten bringt den Anspruch der Übrigen gegenüber dem Arbeitgeber zum Erlöschen; die Zahlung auf das Gehaltskonto hat befreiende Wirkung.

(4) Für die Erstattung von Reise- und Umzugskosten sowie Trennungsgeld finden die Bestimmungen, die für die Beamtinnen und Beamten des Arbeitgebers jeweils gelten, entsprechende Anwendung.
→ Reisekosten (Gesetz – LRKG); → Trennungsgeld;
→ Umzugskostengesetz

§ 24
Berechnung und Auszahlung des Entgelts

(1) Bemessungszeitraum für das Tabellenentgelt und die sonstigen Entgeltbestandteile ist der Kalendermonat, soweit tarifvertraglich nicht ausdrücklich etwas Abweichendes geregelt ist. Die Zahlung erfolgt am letzten Tag des Monats (Zahltag) für den laufenden Kalendermonat auf ein von der/dem Beschäftigten benanntes Konto innerhalb eines Mitgliedstaats der Europäischen Union. Fällt der Zahltag auf einen Samstag oder auf einen Wochenfeiertag, gilt der vorhergehende Werktag, fällt er auf einen Sonntag, gilt der zweite vorhergehende Werktag als Zahltag Entgeltbestandteile, die nicht in Monatsbeträgen festgelegt sind, sowie der Tagesdurchschnitt nach § 21 sind am Zahltag des zweiten Kalendermonats, der auf ihre Entstehung folgt, fällig.

Protokollerklärungen zu § 24 Absatz 1:
1. Teilen Beschäftigte ihrem Arbeitgeber die für eine kostenfreie beziehungsweise kostengünstigere Überweisung in einen anderen Mitgliedstaat der Europäischen Union erforderlichen Angaben nicht rechtzeitig mit, so tragen sie die dadurch entstehenden zusätzlichen Überweisungskosten.
2. Soweit Arbeitgeber die Bezüge am 15. eines jeden Monats für den laufenden Monat zahlen, können sie jeweils im Dezember eines Kalenderjahres den Zahltag vom 15. auf den letzten Tag des Monats gemäß Absatz 1 Satz 1 verschieben.

(2) Soweit tarifvertraglich nicht ausdrücklich etwas anderes geregelt ist, erhalten Teilzeitbeschäftigte das Tabellenentgelt (§ 15) und alle sonstigen Entgeltbestandteile in dem Umfang, der dem Anteil ihrer individuell vereinbarten durchschnittlichen Arbeitszeit an der regelmäßigen Arbeitszeit vergleichbarer Vollzeitbeschäftigter entspricht.

(3) Besteht der Anspruch auf das Tabellenentgelt oder die sonstigen Entgeltbestandteile nicht für alle Tage eines Kalendermonats, wird nur der Teil gezahlt, der auf den Anspruchszeitraum entfällt. Besteht nur für einen Teil eines Kalendertags Anspruch auf Entgelt, wird für jede geleistete dienstplanmäßige oder betriebsübliche Arbeitsstunde der auf eine Stunde entfallende Anteil des Tabellenentgelts sowie der sonstigen in Monatsbeträgen festgelegten Entgeltbestandteile gezahlt. Zur Ermittlung des auf eine Stunde entfallenden Anteils sind die in Monatsbeträgen festgelegten Entgeltbestandteile durch das 4,348-fache der regelmäßigen wöchentlichen Arbeitszeit (§ 6 Absatz 1 und entsprechende Sonderregelungen) zu teilen.

(4) Ergibt sich bei der Berechnung von Beträgen ein Bruchteil eines Cents von mindestens 0,5, ist er aufzurunden; ein Bruchteil von weniger als 0,5 ist abzurunden. Zwischenrechnungen werden jeweils auf zwei Dezimalstellen gerundet. Jeder Entgeltbestandteil ist einzeln zu runden.

(5) Entfallen die Voraussetzungen für eine Zulage im Laufe eines Kalendermonats, gilt Absatz 3 entsprechend.

(6) Einzelvertraglich können neben dem Tabellenentgelt zustehende Entgeltbestandteile (z.B. Zeitzuschläge, Erschwerniszuschläge, Überstundenentgelte) pauschaliert werden.

§ 25
Betriebliche Altersversorgung

Die Beschäftigten haben Anspruch auf eine zusätzliche Alters- und Hinterbliebenenversorgung unter Eigenbeteiligung. Einzelheiten bestimmt der ... Tarifvertrag Altersversorgung ... in seiner jeweils geltenden Fassung ... .

Abschnitt IV
Urlaub und Arbeitsbefreiung
Sonderregelungen für Beschäftigte als Lehrkräfte Nr. 3

Zu Abschnitt IV – Urlaub und Arbeitsbefreiung –
(1) Der Urlaub ist in den Schulferien zu nehmen. Wird die Lehrkraft während der Schulferien durch Unfall oder Krankheit arbeitsunfähig, so hat sie dies unverzüglich anzuzeigen. Die Lehrkraft hat sich nach Ende der Schulferien oder, wenn die Krankheit länger dauert, nach Wiederherstellung der Arbeitsfähigkeit zur Arbeitsleistung zur Verfügung zu stellen.
(2) Für eine Inanspruchnahme der Lehrkraft während der den Urlaub in den Schulferien übersteigenden Zeit gelten die Bestimmungen für die entsprechenden Beamten. Sind entsprechende Beamte nicht vorhanden, regeln dies die Betriebsparteien.
→ Tarifrecht (Zuständigkeiten im Schulbereich)

§ 26
Erholungsurlaub

Hinweis der Redaktion: Für beamtete Lehrkräfte und für Beamtinnen und Beamte in Ausbildung während eines Studiums wird der Erholungsurlaub durch die Ferien abgegolten.
→ Urlaub (Verordnung / AzUVO) § 21
Auch Lehrkräfte im Arbeitnehmerverhältnis müssen gemäß § 44 TV-L den Urlaub in den Schulferien nehmen.

(1) Beschäftigte haben in jedem Kalenderjahr Anspruch auf Erholungsurlaub unter Fortzahlung des Entgelts (§ 21). Bei Verteilung der wöchentlichen Arbeitszeit auf fünf Tage in der Kalenderwoche beträgt der Urlaubsanspruch in jedem Kalenderjahr
bis zum vollendeten 30. Lebensjahr
26 Arbeitstage,
bis zum vollendeten 40. Lebensjahr
29 Arbeitstage und
nach dem vollendeten 40. Lebensjahr
30 Arbeitstage.
Arbeitstage sind alle Kalendertage, an denen die Beschäftigten dienstplanmäßig oder betriebsüblich zu arbeiten haben oder zu arbeiten hätten, mit Ausnahme der auf Arbeitstage fallenden gesetzlichen Feiertage, für die kein Freizeitausgleich gewährt wird. Maßgebend für die Berechnung der Urlaubsdauer ist das Lebensjahr, das im Laufe des Kalenderjahres vollendet wird. Bei einer anderen Verteilung der wöchentlichen Arbeitszeit als auf fünf Tage in der Woche erhöht sich oder vermindert sich der Urlaubsanspruch entsprechend. Verbleibt bei der Berechnung des Urlaubs ein Bruchteil, der mindestens einen halben Urlaubstag ergibt, wird er auf einen vollen Urlaubstag aufgerundet; Bruchteile von weniger als einem halben Urlaubstag bleiben unberücksichtigt. Der Erholungsurlaub muss im laufenden Kalenderjahr gewährt werden; er kann auch in Teilen genommen werden.

Protokollerklärung zu § 26 Absatz 1 Satz 7:
Der Urlaub soll grundsätzlich zusammenhängend gewährt werden; dabei soll ein Urlaubsteil von zwei Wochen Dauer angestrebt werden.

(2) Im Übrigen gilt das Bundesurlaubsgesetz mit folgenden Maßgaben:
a) Im Falle der Übertragung muss der Erholungsurlaub in den ersten drei Monaten des folgenden Kalenderjahres angetreten werden. Kann der Erholungsurlaub wegen Arbeitsunfähigkeit oder aus betrieblichen/dienstlichen Gründen nicht bis zum 31. März angetreten werden, ist er bis zum 31. Mai anzutreten.
b) Beginnt oder endet das Arbeitsverhältnis im Laufe eines Jahres, steht als Erholungsurlaub für jeden vollen Monat des Arbeitsverhältnisses ein Zwölftel des Urlaubsanspruchs nach Absatz 1 zu; § 5 Bundesurlaubsgesetz bleibt unberührt.
c) Ruht das Arbeitsverhältnis, so vermindert sich die Dauer des Erholungsurlaubs einschließlich eines etwaigen tariflichen Zusatzurlaubs für jeden vollen Kalendermonat um ein Zwölftel.
d) Das Entgelt nach Absatz 1 Satz 1 wird zu dem in § 24 genannten Zeitpunkt gezahlt.
→ Urlaub (Allgemeines)

Hinweis der Redaktion: Auf Druck der GEW-Personalräte hat das Kultusministerium verfügt, dass Verträge zur Krankheitsvertretung möglichst mindestens einen längeren Ferienabschnitt beinhalten sollen, so dass die Beschäftigten die Möglichkeit haben, den ihnen tarifvertraglich zustehenden Urlaubsanspruch wahrzunehmen. Sofern Beschäftigte den ihnen tariflich zustehenden Urlaub trotz dieser Regelung nicht während der Dauer ihres Vertrages nehmen können, wird der ihnen zustehende Urlaub, der nicht durch Schulferien ausgeglichen werden konnte, finanziell abgegolten.

§ 28
Sonderurlaub

Beschäftigte können bei Vorliegen eines wichtigen Grundes unter Verzicht auf die Fortzahlung des Entgelts Sonderurlaub erhalten.
→ Urlaub (Allgemeines) Nr. 2 und 4

§ 29
Arbeitsbefreiung

(1) Nur die nachstehend aufgeführten Anlässe gelten als Fälle nach § 616 BGB, in denen Beschäftigte unter Fortzahlung des Entgelts in dem angegebenen Ausmaß von der Arbeit freigestellt werden:
a) Niederkunft der Ehefrau/der Lebenspartnerin im Sinne des Lebenspartnerschaftsgesetzes 1 Arbeitstag
b) Tod der Ehegattin/des Ehegatten, der Lebenspartnerin/des Lebenspartners im Sinne des Lebenspartnerschaftsgesetzes, eines Kindes oder Elternteils 2 Arbeitstage
c) Umzug aus dienstlichem oder betrieblichen Grund an einen anderen Ort 1 Arbeitstag
d) 25- und 40-jähriges Arbeitsjubiläum 1 Arbeitstag
e) schwere Erkrankung
 aa) einer/eines Angehörigen, soweit sie/er in demselben Haushalt lebt,
1 Arbeitstag im Kalenderjahr;
 bb) eines Kindes, das das 12. Lebensjahr noch nicht vollendet hat, wenn im laufenden Kalenderjahr kein Anspruch nach § 45 SGB V besteht oder bestanden hat,
bis zu 4 Arbeitstage im Kalenderjahr;
→ Urlaub (Allgemeines) Kasten bei Teil 2
 cc) einer Betreuungsperson, wenn Beschäftigte deshalb die Betreuung ihres Kindes, das das 8. Lebensjahr noch nicht vollendet hat oder wegen körperlicher, geistiger oder seelischer Behinderung dauernd pflegebedürftig ist, übernehmen müssen,
bis zu 4 Arbeitstage im Kalenderjahr.
Eine Freistellung nach Buchstabe e erfolgt nur, soweit eine andere Person zur Pflege oder Betreuung nicht sofort zur Verfügung steht und die Ärztin/der Arzt in den Fällen der Doppelbuchstaben aa und bb die Notwendigkeit der Anwesenheit der/des Beschäftigten zur vorläufigen Pflege bescheinigt. Die Freistellung darf insgesamt fünf Arbeitstage im Kalenderjahr nicht überschreiten.

f) Ärztliche Behandlung von Beschäftigten, wenn diese während der Arbeitszeit erfolgen muss, erforderliche nachgewiesene Abwesenheitszeit einschließlich erforderlicher Wegezeiten.

Hinweis der Redaktion: Die Bestimmungen für Lehrkräfte über die Dienstbefreiung aus persönlichen Gründen stehen unter ➔ Urlaub (Allgemeines) Nr. 2.

(2) Bei Erfüllung allgemeiner staatsbürgerlicher Pflichten nach deutschem Recht besteht der Anspruch auf Fortzahlung des Entgelts, wenn die Arbeitsbefreiung gesetzlich vorgeschrieben ist und soweit die Pflichten nicht außerhalb der Arbeitszeit, gegebenenfalls nach ihrer Verlegung, wahrgenommen werden können; soweit die Beschäftigten Anspruch auf Ersatz des Entgelts geltend machen können, besteht kein Anspruch auf Entgeltfortzahlung.

Hinweis der Redaktion: Nur wenn die allgemeinen staatsbürgerlichen Pflichten in einem Gesetz normiert sind, ist die Voraussetzung der Tarifvorschrift erfüllt. Als solche Pflichten sind z.B. die im Bundeswahlgesetz enthaltene Pflicht zur Beteiligung an Wahlausschüssen und zur Mitarbeit in Wahlvorständen zu sehen. Das Gleiche gilt für die Mitglieder entsprechender Wahlorgane nach dem Landtagswahlgesetz. Für die öffentlichen Ehrenämter des Schöffen oder des ehrenamtlichen Richters ergibt sich ein Freistellungsanspruch unmittelbar aus dem jeweiligen Gesetz. (Quelle: KuU S. 73/1997)

Das fortgezahlte Entgelt gilt in Höhe des Ersatzanspruchs als Vorschuss auf die Leistungen der Kostenträger. Die Beschäftigten haben den Ersatzanspruch geltend zu machen und die erhaltenen Beträge an den Arbeitgeber abzuführen.

(3) Der Arbeitgeber kann in sonstigen dringenden Fällen Arbeitsbefreiung unter Fortzahlung des Entgelts bis zu drei Arbeitstagen gewähren. In begründeten Fällen kann bei Verzicht auf das Entgelt kurzfristige Arbeitsbefreiung gewährt werden, wenn die dienstlichen oder betrieblichen Verhältnisse es gestatten.

➔ Tarifrecht (Zuständigkeiten im Schulbereich)

Protokollerklärung zu § 29 Absatz 3 Satz 2:
Zu den „begründeten Fällen" können auch solche Anlässe gehören, für die kein Anspruch auf Arbeitsbefreiung besteht (z.B. Umzug aus persönlichen Gründen).

(4) Auf Antrag kann den gewählten Vertreterinnen/Vertretern der Bezirksvorstände, der Landesbezirksvorstände, der Landesfachbereichsvorstände, der Bundesfachbereichsvorstände, der Bundesfachgruppenvorstände sowie des Gewerkschaftsrates beziehungsweise entsprechender Gremien anderer vertragsschließender Gewerkschaften zur Teilnahme an Tagungen Arbeitsbefreiung bis zu acht Werktagen im Jahr unter Fortzahlung des Entgelts erteilt werden; dringende dienstliche oder betriebliche Interessen dürfen der Arbeitsbefreiung nicht entgegenstehen. Zur Teilnahme an Tarifverhandlungen mit der TdL oder ihren Mitgliedern kann auf Anfordern einer der vertragsschließenden Gewerkschaften Arbeitsbefreiung unter Fortzahlung des Entgelts ohne zeitliche Begrenzung erteilt werden.

(5) Zur Teilnahme an Sitzungen von Prüfungs- und Berufsbildungsausschüssen nach dem Berufsbildungsgesetz sowie für eine Tätigkeit in Organen von Sozialversicherungsträgern kann den Mitgliedern Arbeitsbefreiung unter Fortzahlung des Entgelts gewährt werden, sofern nicht dringende dienstliche oder betriebliche Interessen entgegenstehen.

(6) In den Fällen der Absätze 1 bis 5 werden das Tabellenentgelt sowie die sonstigen Entgeltbestandteile, die in Monatsbeträgen festgelegt sind, weitergezahlt.

Abschnitt V
Befristung und
Beendigung des Arbeitsverhältnisses

Sonderregelungen für Beschäftigte als Lehrkräfte Nr. 4 – Zu Abschnitt V

Das Arbeitsverhältnis endet, ohne dass es einer Kündigung bedarf, mit Ablauf des Schulhalbjahres (31. Januar beziehungsweise 31. Juli), in dem die Lehrkraft das gesetzlich festgelegte Alter zum Erreichen einer abschlagsfreien Regelaltersrente vollendet hat.

§ 30
Befristete Arbeitsverträge

(1) Befristete Arbeitsverträge sind zulässig auf Grundlage des Teilzeit- und Befristungsgesetzes sowie anderer gesetzlicher Vorschriften über die Befristung von Arbeitsverträgen. Für Beschäftigte, auf welche die Regelungen des Tarifgebiets West Anwendung finden und deren Tätigkeit vor dem 1. Januar 2005 der Rentenversicherung der Angestellten unterlegen hätte, gelten die Besonderheiten in den Absätzen 2 bis 5; dies gilt nicht für Arbeitsverhältnisse, für die die §§ 57a ff. Hochschulrahmengesetz beziehungsweise gesetzliche Nachfolgeregelungen unmittelbar oder entsprechend gelten.

(2) Kalendermäßig befristete Arbeitsverträge mit sachlichem Grund sind nur zulässig, wenn die Dauer des einzelnen Vertrages fünf Jahre nicht übersteigt; weitergehende Regelungen im Sinne von § 23 Teilzeit- und Befristungsgesetz bleiben unberührt. Beschäftigte mit einem Arbeitsvertrag nach Satz 1 sind bei der Besetzung von Dauerarbeitsplätzen bevorzugt zu berücksichtigen, wenn die sachlichen und persönlichen Voraussetzungen erfüllt sind.

(3) Ein befristeter Arbeitsvertrag ohne sachlichen Grund soll in der Regel zwölf Monate nicht unterschreiten; die Vertragsdauer muss mindestens sechs Monate betragen. Vor Ablauf des Arbeitsvertrages hat der Arbeitgeber zu prüfen, ob eine unbefristete oder befristete Weiterbeschäftigung möglich ist.

(4) Bei befristeten Arbeitsverträgen ohne sachlichen Grund gelten die ersten sechs Wochen und bei befristeten Arbeitsverträgen mit sachlichem Grund die ersten sechs Monate als Probezeit. Innerhalb der Probezeit kann der Arbeitsvertrag mit einer Frist von zwei Wochen zum Monatsschluss gekündigt werden.

(5) Eine ordentliche Kündigung nach Ablauf der Probezeit ist nur zulässig, wenn die Vertragsdauer mindestens zwölf Monate beträgt. Nach Ablauf der Probezeit beträgt die Kündigungsfrist in einem

oder mehreren aneinander gereihten Arbeitsverhältnissen bei demselben Arbeitgeber von insgesamt

mehr als sechs Monaten	vier Wochen,
mehr als einem Jahr	sechs Wochen

zum Schluss eines Kalendermonats,

mehr als zwei Jahren	drei Monate,
mehr als drei Jahren	vier Monate

zum Schluss eines Kalendervierteljahres.

Eine Unterbrechung bis zu drei Monaten ist unschädlich, es sei denn, dass das Ausscheiden von der/dem Beschäftigten verschuldet oder veranlasst war. Die Unterbrechungszeit bleibt unberücksichtigt.

Protokollerklärung zu § 30 Absatz 5:
Bei mehreren aneinander gereihten Arbeitsverhältnissen führen weitere vereinbarte Probezeiten nicht zu einer Verkürzung der Kündigungsfrist.

(6) Die §§ 31 und 32 bleiben von den Regelungen der Absätze 3 bis 5 unberührt.

Hinweise der Redaktion:

A. Zulässigkeit und Dauer der Befristung
Eine Befristung ist nur in sehr engem Rahmen zulässig: Es muss ein sachlicher Grund vorliegen, dieser muss im Arbeitsvertrag angegeben sein. Leider hält sich hartnäckig die Legende, dass man nach drei Fristverträgen einen Anspruch auf Festanstellung besitze. Dies trifft nicht zu: Befristete Verträge mit Sachgrund können im Prinzip beliebig oft hintereinander abgeschlossen werden. Bei jedem neuen Vertrag ist – von Fall zu Fall immer strenger – die Erfordernis von § 30 Abs. 3 zu prüfen dass bei der Besetzung von unbefristeten Stellen vorrangig befristet Beschäftigte zu berücksichtigen sind, wenn deren Leistung dem geforderten Profil entspricht.

Zu den „sachlichen Gründen" im Einzelnen:
1. Ein **sachlicher Grund** ist z.B. die Vertretung einer erkrankten Lehrkraft oder die Vertretung in der Elternzeitvertretung. Kein „sachlicher Grund" ist nach Auffassung der GEW die Vertretung einer beurlaubten Lehrkraft oder die Vertretung einer Lehrkraft, die im Aufbaustudium absolviert wird oder als Fachlehrerin zum Pädagogischen Fachseminar zugelassen wurde (in diesen Fällen ist ein Ersatz durch dauerhaft beschäftigte Lehrkräfte geboten).
2. Es ist auch eine „sachgrundlose Befristung" nach § 14 Abs. 2 **Teilzeit- und Befristungsgesetz** (TzBfG) möglich. Dann muss im Arbeitsvertrag das TzBfG als Befristungsgrund angegeben sein. Nach dem TzBfG darf innerhalb von zwei Jahren nur dreimal hintereinander befristet werden. Nach Ablauf der Zwei-Jahres-Frist kann nicht mehr nach dem TzBfG weiter befristet beschäftigt werden – wohl aber mit einem gültigen Sachgrund (s.o.). Wer bereits vorher beim selben Arbeitgeber ein befristetes oder unbefristetes Beschäftigungsverhältnis hatte, kann nicht mehr nach dem TzBfG befristet beschäftigt werden.
3. Befristung aufgrund von **befristet zur Verfügung gestellten Haushaltsmitteln** (§ 14 Abs. 1 Satz 2 Nr. 7 Teilzeit- und Befristungsgesetz). Beispielsweise werden alle Verträge von → Pädagogischen Assistentinnen und Assistenten mit dieser Begründung befristet.
4. Befristung aus persönlichen Gründen / **Probearbeitsverhältnisse.** Bei dieser Variante liegt der Befristungsgrund nicht in der Sache, sondern in der Person begründet. Derartige Verträge, bei denen de facto das ganze Jahr als Probezeit gilt, werden nicht selten mit lebensälteren Bewerberinnen und Bewerbern geschlossen, deren 2. Staatsexamen sehr lange zurückliegt und bei denen in der Zwischenzeit keine Unterrichtstätigkeit nachgewiesen werden kann. Auch bei Einstellungen über die Härtefall- und Schwerbehindertenregelung werden die Verträge zum Teil auf ein Jahr zur Erprobung abgeschlossen. Rein theoretisch kann ein Vertrag zwar auch auf Wunsch des/der Beschäftigten befristet abgeschlossen werden. Dies kommt aber in der Praxis so gut wie nie vor.
→ Einstellungserlass Nrn. 4 und 7

5. Arbeitsverträge mit **Übernahmegarantie.** Dies sind keine befristeten Verträge, sondern unbefristete Arbeitsverhältnisse, deren Besonderheit allein darin liegt, dass den Bewerber/innen zugesichert wird, nach einer bestimmten Frist eine Beamtenstelle zu erhalten. Diese Angestellten können dann im Prinzip frei wählen, ob sie verbeamtet werden oder ihr unbefristetes Beschäftigungsverhältnis behalten wollen. Für die unbefristete Weiterbeschäftigung im Angestelltenverhältnis bedarf es eines Antrags.
→ Einstellungserlass Nr. 15

B. Meldefrist bei drohender Arbeitslosigkeit
Lehrkräfte mit einem befristeten Vertrag müssen sich bei drohender Arbeitslosigkeit spätestens **3 Monate vor Vertragsende** bei der Bundesagentur für Arbeit arbeitslos melden, da andernfalls kein Anspruch auf Leistungen besteht.

§ 31
Führung auf Probe

(1) Führungspositionen können als befristetes Arbeitsverhältnis bis zur Gesamtdauer von zwei Jahren vereinbart werden. Innerhalb dieser Gesamtdauer ist eine höchstens zweimalige Verlängerung des Arbeitsvertrages zulässig. Die beiderseitigen Kündigungsrechte bleiben unberührt.

(2) Führungspositionen sind die ab Entgeltgruppe 10 auszuübenden Tätigkeiten mit Weisungsbefugnis.

(3) Besteht bereits ein Arbeitsverhältnis mit demselben Arbeitgeber, kann der/dem Beschäftigten vorübergehend eine Führungsposition bis zu der in Absatz 1 genannten Gesamtdauer übertragen werden. Der/Dem Beschäftigten wird für die Dauer der Übertragung eine Zulage in Höhe des Unterschiedsbetrags zwischen den Tabellenentgelten nach ihrer bisherigen Entgeltgruppe und dem sich bei Höhergruppierung nach § 17 Absatz 4 Satz 1 und 2 ergebenden Tabellenentgelt gewährt. Nach Fristablauf endet die Erprobung. Bei Bewährung wird die Führungsfunktion auf Dauer übertragen; ansonsten erhält die/der Beschäftigte eine der bisherigen Eingruppierung entsprechende Tätigkeit.

§ 32
Führung auf Zeit

(1) Führungspositionen können als befristetes Arbeitsverhältnis bis zur Dauer von vier Jahren vereinbart werden. Folgende Verlängerungen des Arbeitsvertrages sind zulässig:

a) in den Entgeltgruppen 10 bis 12 eine höchstens zweimalige Verlängerung bis zu einer Gesamtdauer von acht Jahren,

b) ab Entgeltgruppe 13 eine höchstens dreimalige Verlängerung bis zu einer Gesamtdauer von zwölf Jahren.

Zeiten in einer Führungsposition nach Buchstabe a bei demselben Arbeitgeber können auf die Gesamtdauer nach Buchstabe b zur Hälfte angerechnet werden. Die allgemeinen Vorschriften über die Probezeit (§ 2 Absatz 4) und die beiderseitigen Kündigungsrechte bleiben unberührt.

(2) Führungspositionen sind die ab Entgeltgruppe 10 auszuübenden Tätigkeiten mit Weisungsbefugnis.

(3) Besteht bereits ein Arbeitsverhältnis mit demselben Arbeitgeber, kann der/dem Beschäftigten vorübergehend eine Führungsposition bis zu den

in Absatz 1 genannten Fristen übertragen werden. Der/Dem Beschäftigten wird für die Dauer der Übertragung eine Zulage gewährt in Höhe des Unterschiedsbetrags zwischen den Tabellenentgelten nach der bisherigen Entgeltgruppe und dem sich bei Höhergruppierung nach § 17 Absatz 4 Satz 1 und 2 ergebenden Tabellenentgelt, zuzüglich eines Zuschlags von 75 v.H. des Unterschiedsbetrags zwischen den Tabellenentgelten der Entgeltgruppe, die der übertragenen Funktion entspricht, zur nächsthöheren Entgeltgruppe nach § 17 Absatz 4 Satz 1 und 2. Nach Fristablauf erhält die/der Beschäftigte eine der bisherigen Eingruppierung entsprechende Tätigkeit; der Zuschlag und die Zulage entfallen.

§ 33
Beendigung des Arbeitsverhältnisses ohne Kündigung

(1) Das Arbeitsverhältnis endet ohne Kündigung
a) mit Ablauf des Monats, in dem die/der Beschäftigte das gesetzlich festgelegte Alter zum Erreichen einer abschlagsfreien Regelaltersrente vollendet hat,
b) jederzeit im gegenseitigen Einvernehmen (Auflösungsvertrag).

(2) Das Arbeitsverhältnis endet ferner mit Ablauf des Monats, in dem der Bescheid eines Rentenversicherungsträgers (Rentenbescheid) zugestellt wird, wonach die/der Beschäftigte voll oder teilweise erwerbsgemindert ist. Die/Der Beschäftigte hat den Arbeitgeber von der Zustellung des Rentenbescheids unverzüglich zu unterrichten. Beginnt die Rente erst nach der Zustellung des Rentenbescheids, endet das Arbeitsverhältnis mit Ablauf des dem Rentenbeginn vorangehenden Tages. Liegt im Zeitpunkt der Beendigung des Arbeitsverhältnisses eine nach § 92 SGB IX erforderliche Zustimmung des Integrationsamtes noch nicht vor, endet das Arbeitsverhältnis mit Ablauf des Tages der Zustellung des Zustimmungsbescheids des Integrationsamtes. Das Arbeitsverhältnis endet nicht, wenn nach dem Bescheid des Rentenversicherungsträgers eine Rente auf Zeit gewährt wird. In diesem Fall ruht das Arbeitsverhältnis für den Zeitraum, für den eine Rente auf Zeit gewährt wird; beginnt die Rente rückwirkend, ruht das Arbeitsverhältnis ab dem ersten Tag des Monats, der auf den Monat der Zustellung des Rentenbescheids folgt.

(3) Im Falle teilweiser Erwerbsminderung endet beziehungsweise ruht das Arbeitsverhältnis nicht, wenn die/der Beschäftigte nach ihrem/seinem vom Rentenversicherungsträger festgestellten Leistungsvermögen auf ihrem/seinem bisherigen oder einem anderen geeigneten und freien Arbeitsplatz weiterbeschäftigt werden könnte, soweit dringende dienstliche beziehungsweise betriebliche Gründe nicht entgegenstehen und die/der Beschäftigte innerhalb von zwei Wochen nach Zugang des Rentenbescheids ihre/seine Weiterbeschäftigung schriftlich beantragt.

(4) Verzögert die/der Beschäftigte schuldhaft den Rentenantrag oder bezieht sie/er Altersrente nach § 236 oder § 236a SGB VI oder ist sie/er nicht in der gesetzlichen Rentenversicherung versichert, so tritt an die Stelle des Rentenbescheids das Gutachten einer Amtsärztin/eines Amtsarztes oder einer/eines nach § 3 Absatz 5 Satz 2 bestimmten Ärztin/Arztes. Das Arbeitsverhältnis endet in diesem Fall mit Ablauf des Monats, in dem der/dem Beschäftigten das Gutachten bekanntgegeben worden ist.

(5) Soll die/der Beschäftigte, deren/dessen Arbeitsverhältnis nach Absatz 1 Buchstabe a geendet hat, weiterbeschäftigt werden, ist ein neuer schriftlicher Arbeitsvertrag abzuschließen. Das Arbeitsverhältnis kann jederzeit mit einer Frist von vier Wochen zum Monatsende gekündigt werden, wenn im Arbeitsvertrag nichts anderes vereinbart ist.

§ 34
Kündigung des Arbeitsverhältnisses

(1) Die Kündigungsfrist beträgt bis zum Ende des sechsten Monats seit Beginn des Arbeitsverhältnisses zwei Wochen zum Monatsschluss. Im Übrigen beträgt die Kündigungsfrist bei einer Beschäftigungszeit (Absatz 3 Satz 1 und 2)

bis zu einem Jahr ein Monat zum Monatsschluss,	
von mehr als einem Jahr	6 Wochen,
von mindestens 5 Jahren	3 Monate,
von mindestens 8 Jahren	4 Monate,
von mindestens 10 Jahren	5 Monate,
von mindestens 12 Jahren	6 Monate

zum Schluss eines Kalendervierteljahres.

(2) Arbeitsverhältnisse von Beschäftigten, die das 40. Lebensjahr vollendet haben und unter die Regelungen des Tarifgebiets West fallen, können nach einer Beschäftigungszeit (Absatz 3 Satz 1 und 2) von mehr als 15 Jahren durch den Arbeitgeber nur aus einem wichtigen Grund gekündigt werden. Soweit Beschäftigte nach den bis zum 31. Oktober 2006 geltenden Tarifregelungen unkündbar waren, bleiben sie unkündbar.

(3) Beschäftigungszeit ist die Zeit, die bei demselben Arbeitgeber im Arbeitsverhältnis zurückgelegt wurde, auch wenn sie unterbrochen ist. Unberücksichtigt bleibt die Zeit eines Sonderurlaubs gemäß § 28, es sei denn, der Arbeitgeber hat vor Antritt des Sonderurlaubs schriftlich ein dienstliches oder betriebliches Interesse anerkannt. Wechseln Beschäftigte zwischen Arbeitgebern, die vom Geltungsbereich dieses Tarifvertrages erfasst werden, werden die Zeiten bei dem anderen Arbeitgeber als Beschäftigungszeit anerkannt. Satz 3 gilt entsprechend bei einem Wechsel von einem anderen öffentlich-rechtlichen Arbeitgeber.

Hinweise der Redaktion:
1. Eine Kündigungsschutzklage muss innerhalb von drei Wochen beim Arbeitsgericht eingereicht werden (sofort mit dem Rechtsschutz der GEW Kontakt aufnehmen!).
2. Die/der Beschäftigte muss sich unverzüglich (also nicht erst bei der Beendigung des Arbeitsverhältnisses) bei der Agentur für Arbeit als arbeitsuchend melden; eine fernmündliche Meldung reicht aus, wenn die persönliche Meldung nach terminlicher Vereinbarung nachgeholt wird.

→ Personalvertretungsgesetz § 77

§ 35
Zeugnis

(1) Bei Beendigung des Arbeitsverhältnisses haben die Beschäftigten Anspruch auf ein schriftliches Zeugnis über Art und Dauer ihrer Tätigkeit; es muss sich auch auf Führung und Leistung erstrecken (Endzeugnis).

(2) Aus triftigen Gründen können Beschäftigte auch während des Arbeitsverhältnisses ein Zeugnis verlangen (Zwischenzeugnis).

(3) Bei bevorstehender Beendigung des Arbeitsverhältnisses können die Beschäftigten ein Zeugnis über Art und Dauer ihrer Tätigkeit verlangen (vorläufiges Zeugnis).

(4) Die Zeugnisse gemäß den Absätzen 1 bis 3 sind unverzüglich auszustellen.

→ Arbeitszeugnis / Dienstzeugnis

Abschnitt VI
Übergangs- und Schlussvorschriften

§ 37
Ausschlussfrist

(1) Ansprüche aus dem Arbeitsverhältnis verfallen, wenn sie nicht innerhalb einer Ausschlussfrist von sechs Monaten nach Fälligkeit von den Beschäftigten oder vom Arbeitgeber schriftlich geltend gemacht werden. Für denselben Sachverhalt reicht die einmalige Geltendmachung des Anspruchs auch für später fällige Leistungen aus.

(2) Absatz 1 gilt nicht für Ansprüche aus einem Sozialplan.

§ 38 Begriffsbestimmungen

(3) Eine einvernehmliche Dienstvereinbarung liegt nur ohne Entscheidung der Einigungsstelle vor.

(4) Leistungsgeminderte Beschäftigte sind Beschäftigte, die ausweislich einer Bescheinigung des beauftragten Arztes (§ 3 Absatz 5) nicht mehr in der Lage sind, auf Dauer die vertraglich geschuldete Arbeitsleistung in vollem Umfang zu erbringen, ohne deswegen zugleich teilweise oder in vollem Umfang erwerbsgemindert im Sinne des SGB VI zu sein. ...

§ 44
Sonderregelungen für Beschäftigte als Lehrkräfte

Hinweis der Redaktion: Diese Regelungen sind in den vorstehenden Text des TV-L eingearbeitet:
– Nr. 1 bei § 1 (Geltungsbereich)
– Nr. 2 bei Abschnitt II (Arbeitszeit)
– Nr. 3 bei Abschnitt IV (Urlaub und Arbeitsbefreiung)
– Nr. 4 bei Abschnitt V (Befristung und Beendigung des Arbeitsverhältnisses)
– Bei § 16 Absatz 3 seit dem Tarifabschluss 2009 eine Bestimmung zur Stufenlaufzeit.

→ Arbeitszeugnis / Dienstzeugnis; → Tarifvertrag Entgeltumwandlung; → Tarifvertrag (Entgelttabellen); → Krankenversicherung; → Nebenamtlicher/nebenberuflicher Unterricht; → Renten; → Tarifrecht (Zuständigkeiten im Schulbereich); → Tarifvertrag (Eingruppierung); → Teilzeit/Urlaub (Arbeitnehmer); → Teilzeit/Urlaub (Rechte und Pflichten); → Verschwiegenheitspflicht

Tarifvertrag (Eingruppierung)

Hinweis der Redaktion

Mit Wirkung zum 1.11.2006 trat der Tarifvertrag für den öffentlichen Dienst der Länder (TV-L) an die Stelle des BAT. Alle bisherigen BAT-Angestellten des Landes wurden aus ihrer bisherigen Vergütungsgruppe in den TV-L übergeleitet und einer individuellen Entgeltstufe zugeordnet (z.B. 4+). Zum 1.10.2008 stiegen alle in die nächsthöhere Stufe auf (falls ihr individuelles Tabellenentgelt über der höchsten Stufe lag, behielten sie diese bei).

Da es noch keine neue, tarifliche Eingruppierungsordnung gibt, werden die seit dem 1.11.2006 neu eingestellten Lehrkräfte nach den Richtlinien über die Eingruppierung der im Angestelltenverhältnis beschäftigten Lehrkräfte des Landes (ERL) in eine BAT-Vergütungsgruppe eingruppiert und sofort in die entsprechende Entgeltgruppe übergeleitet. Zur Eingruppierung der „Erfüller" in die Entgeltgruppen siehe: Tarifvertrag (Entgelttabellen).

Aufstieg und Eingruppierung

Mit der Überleitung in den TV-L entfallen die bisherigen Bewährungs-, Fallgruppen- und Tätigkeitsaufstiege. Soweit jedoch übergeleitete Beschäftigte mit einem noch ausstehenden Aufstieg bestimmte Voraussetzungen erfüllen, wird der zum 31. Oktober 2006 noch nicht stattgefundene Aufstieg auch noch nach diesem Stichtag entgeltwirksam. Grundsätzlich wird für diesen Aufstieg vorausgesetzt, dass zum späteren individuellen Aufstiegszeitpunkt keine Anhaltspunkte dafür vorliegen, die bei Fortgeltung des bisherigen Rechts einem Aufstieg entgegengestanden hätten und bis zu diesem Termin eine Tätigkeit auszuüben ist, aus der der Aufstieg erfolgt wäre. Das betrifft insbesondere Erzieher/innen, die mit der Vergütungsgruppe VI b angefangen haben, und Beschäftigte, für welche der Anlagen I a und I b der bisherigen allgemeinen Vergütungsordnung Gültigkeit hatten.

Für Lehrkräfte finden die tariflichen Regelungen des bisherigen Rechts über den Bewährungs-, Fallgruppen- und Tätigkeitsaufstieg keine Anwendung. Dennoch werden sie nach dem 31.10.2006 einer höheren Entgeltgruppe oder einer höheren individuellen Zwischen- bzw. Endstufe zugeordnet,

Tarifvertrag (Eingruppierung) / Tarifvertrag (Entgelttabellen)

wenn ihre Höhergruppierung nur vom Ablauf einer Bewährungszeit und von der Bewährung abhängig ist und sie am 1.11.2006 die Hälfte der Mindestdauer für den Aufstieg erfüllt haben.

Betroffen hiervon sind Lehrkräfte, die zur Gruppe der sogenannten „Nichterfüller" gehören. Für die „Erfüller" gibt es nach dem bisherigen Recht keine Regelaufstiege bzw. anderen Aufstiege, die mit den tarifrechtlichen Bewährungs-, Fallgruppen- und Tätigkeitsaufstiegen vergleichbar sind. Soweit „Erfüller" analog dem Beamtenrecht „befördert" werden, handelt es sich um Höhergruppierungen. Für sie gelten für den jeweiligen Entgeltanspruch ab 31. Oktober 2006 die Vorschriften des TV-L. Ein Anspruch auf Höhergruppierung besteht für „Erfüller" jedoch auch nach dem 31. Oktober 2006 nur, wenn eine Beschäftigung im Beamtenverhältnis auch zu einer Beförderung geführt hätte. Diese Aufstiegsmöglichkeiten sind im Beitrag → Beförderung dargestellt.

→ Beförderung; → Tarifvertrag (Entgelttabellen); → Tarifvertrag (Länder)

Tarifvertrag (Entgelttabellen)

Hinweise der Redaktion auf die Monatsentgelte für Arbeitnehmer/innen des Landes („Tarifbeschäftigte")

Seit dem 1.11.2006 gilt für die Arbeitnehmerinnen und Arbeitnehmer des Landes („Tarifbeschäftigte") statt des bisherigen Bundesangestelltentarifvertrags (BAT) der „Tarifvertrag für den öffentlichen Dienst der Länder" (TV-L).

→ Tarifvertrag (Länder)

Für die im Arbeitnehmerverhältnis beschäftigten Lehrkräfte im Landesdienst gelten zwei unterschiedliche Entgelttabellen
1. für Lehrkräfte im Landesdienst allgemein
2. für Lehrkräfte, die die Voraussetzungen zur Berufung zum Studienrat bzw. zur Studienrätin erfüllen;

sie sind auf der nächsten Seite abgedruckt.

Der Aufstieg in den Stufen erfolgt ab Stufe 3 nur bei „festgestellter Leistung". Hierbei kann die Verweildauer in den Stufen 4 bis 6 bei Beschäftigten, deren Leistungen erheblich über dem Durchschnitt liegen, verkürzt, bei festgestellten Leistungsmängeln aber auch verlängert werden. Bei durchschnittlicher Leistung wird das Endgehalt einer Entgeltgruppe in der Regel nach 15 Jahren erreicht.

Eingruppierung der Lehrkräfte

Die Tabelle unten zeigt – vereinfacht – die Zuordnung der Lehrkräfte, die die fachlichen und pädagogischen Voraussetzungen für die Übernahme in das Beamtenverhältnis auf Lebenszeit erfüllen (sogenannte „Erfüller"), zu den Entgeltgruppen; Besoldungsgruppe in diesem Sinne ist die Gruppe, in welche Beamte nach Abschluss der vorgeschriebenen Ausbildung erstmals eingestellt werden.

Sogenannte „Nicht-Erfüller" (Lehrkräfte, die die fachlichen und pädagogischen Voraussetzungen des Landes für die Übernahme in das Beamtenverhältnis auf Lebenszeit nicht erfüllen), werden bis zum Abschluss eines Entgelttarifvertrags nach den Richtlinien des Finanzministeriums Baden-Württemberg über die Eingruppierung der im Angestelltenverhältnis beschäftigten Lehrkräfte des Landes (ERL) in die Fallgruppen 3.1-3.5 der ERL eingruppiert und sogleich einer Entgeltgruppe nach TV-L zugeordnet.

Lehrkräfte im Arbeitnehmerverhältnis, die bei Schulleiterstellen der Bes.Gr. A 16 zum Zuge kommen, werden – in Anlehnung an die Entgelttabelle und Stufenzuordnung für die Entgeltgruppe 15 Ü – außertariflich beschäftigt.

(Quelle: KM, 15.12.2009; AZ: 13-0381.1-12/18)

Für Tarifbeschäftigte, die bereits vor dem 1.11.2006 beschäftigt waren gelten Übergangsregelungen.

Über Einzelheiten geben die GEW-Bezirksgeschäftsstellen sowie die Angestelltenvertreter/innen der GEW in den Personalräten Auskunft.

Die Jahressonderzahlung (das frühere „Weihnachtsgeld") beträgt in den

Vergleichbares Lehramt (Beispiel)	Besoldungsgruppe	Vergütungsgruppe BAT	Entgeltgruppe TV-L
Fachlehrer	A 9	V b	9*
Fachoberlehrer	A 10	IV b	9
Techn. Oberlehrer	A 11	IV a	10
Lehrer GHS	A 12	III	11
Realschullehrer	A 13	II a	13
Oberstudienrat	A 14	I b	14
Studiendirektor	A 15	I a	15
Oberstudiendir.	A 16	I	15 Ü

* abweichende Stufenlaufzeit

- Entgeltgruppen 1 bis 8   95 Prozent
- Entgeltgruppen 9 bis 11   80 Prozent
- Entgeltgruppen 12 und 13   50 Prozent
- Entgeltgruppen 14 und 15   35 Prozent

des Septemberentgelts.

→ Außerunterrichtliche Veranstaltungen (Hinweise) Nr. 6; → Elterngeld; → Kindergeld; → Mehrarbeit; → Tarifvertrag (Eingruppierung); → Tarifvertrag Entgeltumwandlung; → Tarifvertrag (Länder)

Tarifvertrag (Entgelttabellen)

Entgelttabellen für Lehrkräfte ab 1.3.2010

1. Lehrkräfte im Landesdienst allgemein

Diese Tabelle gilt nicht für Lehrkräfte, die auch die Voraussetzungen zur Ernennung zum Studienrat / zur Studienrätin erfüllen oder im Arbeitsvertrag die allgemeine Zulage in Höhe von zuletzt (31.10.2006) 114,60 Euro vereinbart hatten. Diese Lehrkräfte werden nach der allgemeinen Entgelttabelle (s.u. Nr. 2) bezahlt, ebenso Lehrkräfte in den Entgeltgruppen 14 und 15.

Entgelt-gruppe	Grundentgelt		Entwicklungsstufen			
	Stufe 1	Stufe 2	Stufe 3	Stufe 4	Stufe 5	Stufe 6
			Stufenlaufzeit*			
	1 Jahr	2 Jahre	3 Jahre	4 Jahre	5 Jahre	
13	3014,14	3352,91	3535,32	3889,72	4379,63	
12	2696,22	2998,50	3425,87	3801,12	4285,82	
11	2602,41	2889,06	3102,74	3425,87	3894,93	
10	2503,38	2784,82	2998,50	3212,19	3618,71	
9	2206,31	2451,26	2576,35	2920,33	3191,34	
8	2065,98	2295,30	2399,53	2498,S6	2608,01	2675,76
6	1893,99	2102,46	2206,70	2310,93	2378,69	2451,65
5	1810,60	2008,65	2112,89	2211,91	2290,09	2342,20

2. Lehrkräfte, die die Voraussetzungen zur Berufung zum Studienrat/Studienrätin erfüllen

Entgelt-gruppe	Grundentgelt		Entwicklungsstufen			
	Stufe 1	Stufe 2	Stufe 3	Stufe 4	Stufe 5	Stufe 6
			Stufenlaufzeit*			
	1 Jahr	2 Jahre	3 Jahre	4 Jahre	5 Jahre	
15	3.674,32	4.075,63	4.226,77	4.763,59	5.170,11	
14	3.325,13	3.689,95	3.903,64	4.226,77	4.721,89	
13	3.064,54	3.403,31	3.585,72	3.940,12	4.430,03	
12	2.746,62	3.048,90	3.476,27	3.851,52	4.336,22	
11	2.652,81	2.939,46	3.153,14	3.476,27	3.945,33	
10	2.553,78	2.835,22	3.048,90	3.262,59	3.669,11	
9	2.256,71	2.501,66	2.626,75	2.970,73	3.241,74	
8	2.110,78	2.340,10	2.444,33	2.543,36	2.652,81	2.720,56
7	1.975,27	2.188,96	2.329,67	2.433,91	2.517,30	2.590,26
6	1.938,79	2.147,26	2.251,50	2.355,73	2.423,49	2.496,45

* Die Stufenlaufzeit gilt für Beschäftigte mit durchschnittlicher Leistung und bei ununterbrochener Tätigkeit innerhalb derselben Entgeltgruppe beim Arbeitgeber. Über- bzw. unterdurchschnittliche Leistung sowie Unterbrechungen können zu anderen Stufenlaufzeiten führen.

Leseförderung und Hilfe bei der Buchauswahl: www.ajum.de

Wir wollen unsere Kinder, unsere Enkelinnen und Enkel zum Lesen anhalten und ihre Lesefreude fördern. Vor Weihnachten, Ostern, Geburtstagen oder bei Besuchen während des Jahres stehen wir aber immer wieder vor der Frage: Welches Buch eignet sich für die aktuelle Altersstufe?

Auch in diesen Fällen steht uns die GEW hilfreich zur Seite. Die Arbeitsgemeinschaft Jugendliteratur und Medien der GEW stellt Urteile über Kinder- und Jugendbücher ins Internet. Dort kann man sich Rat holen und es lohnt sich hineinzuschauen: www.ajum.de. Wir verdanken diese zusätzliche Hilfe unseren vielen Kolleg/innen, die in ehrenamtlicher Arbeit jahraus jahrein Kinder- und Jugendbücher lesen und beurteilen, wie auch der Unterstützung dieser Tätigkeit durch das Bildungs- und Förderungswerk der GEW.

Tarifvertrag Entgeltumwandlung

Hinweise der Redaktion

Aufgrund des Tarifvertrags zur Entgeltumwandlung (TV-EntgeltU-L) kann der/die einzelne Beschäftigte mit dem Arbeitgeber vereinbaren, dass ein Teil der Bruttobezüge in eine wertgleiche Anwartschaft auf eine Zusatzrente umgewandelt wird, indem dieser als Beitrag in eine betriebliche Altersversorgung eingezahlt wird („Entgeltumwandlungsvereinbarung"). Umgewandelt werden können sowohl Teile des laufenden Gehalts als auch Sonderzahlungen. Die Umwandlung monatlicher Entgeltbestandteile hat mindestens für ein Jahr zu erfolgen, im begründeten Einzelfall auch kürzer. Es kann ein Betrag bis zu einer Höhe von 4% der jeweiligen Beitragsbemessungsgrenze in der gesetzlichen Rentenversicherung umgewandelt werden. Diese umgewandelten Entgelte sind steuerfrei und auch sozialversicherungsfrei.

Die Entgeltumwandlung ist nur im Voraus und nicht im Nachhinein möglich. Sie ist von den Beschäftigten in der Regel mit einer Vorlaufzeit von mindestens zwei Monaten bei der Versorgungsanstalt des Bundes und der Länder (VBL) zu beantragen. Dazu ist das VBL-Antragsformular (FV3 oder FV13) auf dem Dienstweg ausgefüllt an die VBL zu senden (Download der Formulare unter www.vbl.de).

→ Renten (Allgemeines); → Sozialversicherungsbeiträge; → Tarifvertrag (Länder)

Teilzeit / Urlaub (Arbeitnehmerinnen und Arbeitnehmer)

Hinweise der Redaktion

A. Rechtsgrundlagen

1. Teilzeitbeschäftigung

Der Anspruch (!) von Arbeitnehmer/innen auf eine Teilzeitbeschäftigung folgt aus § 11 TV-L sowie aus dem Teilzeit- und Befristungsgesetz (TzBfG).
→ Tarifvertrag (Länder) § 11

Auf teilzeitbeschäftigte Arbeitnehmer/innen ist die Verwaltungsvorschrift des KM über Freistellung vom Dienst von längerer Dauer entsprechend anzuwenden. Zur – im Arbeitnehmerbereich zulässigen – „unterhälftigen" Teilzeitarbeit siehe dort den Hinweis unter Nr. VIII, zum Sabbatjahr siehe Nr. III.
→ Teilzeit / Urlaub (Beamtenrecht), Ziff. II und VIII

Zur Vergütung für Teilzeit-Lehrkräfte i.A. bei außerunterrichtlichen Veranstaltungen siehe
→ Außerunterrichtliche Veranstaltungen (Hinweise) Nr. 4

2. Urlaub

Die Beurlaubung ohne Fortzahlung des Entgelts (Sonderurlaub aus „wichtigen Gründen") richtet sich nach § 28 TV-L. Hierüber entscheidet der Arbeitgeber (obere Schulaufsichtsbehörde). Liegt ein wichtiger Grund vor (z.B. Betreuung von Kindern und pflegebedürftigen Angehörigen) und gestatten die dienstlichen oder betrieblichen Verhältnisse die Beurlaubung, so hat der Arbeitgeber Sonderurlaub nach billigem Ermessen zu erteilen.
Gemäß Hinweis des Finanzministeriums Nr. 4.3 zum früher geltenden § 50 BAT kann Arbeitnehmer/innen Sonderurlaub auch in den Fällen gewährt werden, in denen Beamte ohne Bezüge beurlaubt werden könnten.
→ Beamtengesetz §§ 69 ff.; → Tarifvertrag (Länder) § 28

B. Rechtsfolgen einer Beurlaubung oder Teilzeitbeschäftigung

Sozialversicherung:

a) Urlaub:

Nach § 7 Abs. 3 SGB IV gilt eine Beschäftigung gegen Arbeitsentgelt in allen Zweigen der Sozialversicherung (Kranken-, Pflege, Renten- und Arbeitslosenversicherung) längstens für einen Monat als fortbestehend, sofern das Beschäftigungsverhältnis ohne Anspruch auf Arbeitsentgelt fortdauert und keine Entgeltersatzleistung bezogen oder Erziehungsurlaub/Elternzeit in Anspruch genommen wird. Sofern mehrere unterschiedliche Tatbestände aufeinandertreffen (z.B. unbezahlter Urlaub im Anschluss an Krankengeldbezug oder Erziehungsurlaub/Elternzeit), sind die diesbezüglichen Zeiträume zusammenzurechnen. Die Monatsfrist gilt durch den Bezug der Entgeltersatzleistung (z.B. Krankengeld) oder durch den Erziehungsurlaub/die Elternzeit insoweit als verbraucht.

Arbeitnehmer/innen können sich während der Zeit des unbezahlten Urlaubs in der gesetzlichen Krankenversicherung freiwillig weiterversichern. Dies gilt nur für Personen, die als Mitglieder aus der Versicherungspflicht ausgeschieden sind und in den letzten fünf Jahren vor dem Ausscheiden mindes-

tens 24 Monate oder unmittelbar vor dem Ausscheiden ununterbrochen mindestens zwölf Monate versichert waren (§ 9 Abs. 1 Nr. 1 SGB V). Beginn und Beitrittsmodalitäten richten sich nach § 188 SGB V. Der Arbeitgeber trägt bei einer Versicherung für diese Zeit keinen Arbeitgeberanteil und leistet auch keinen Zuschuss zur freiwilligen und privaten Krankenversicherung (§ 257 SGB V).
In der gesetzlichen Rentenversicherung können sich Arbeitnehmer ebenfalls freiwillig versichern (§ 7 Abs. 1 SGB VI). Die Beiträge haben die Versicherten selbst zu tragen (§ 171 SGB VI). Versicherte haben grundsätzlich nur noch dann einen Anspruch auf Rente wegen teilweiser oder voller Erwerbsminderung, wenn sie neben der Erfüllung der allgemeinen Wartezeit in den letzten fünf Jahren vor Eintritt der Erwerbsminderung drei Jahre Pflichtbeiträge für eine versicherte Beschäftigung oder Tätigkeit entrichtet haben (vgl. § 43 SGB VI). Die Zeit einer Beurlaubung ohne Bezüge könnte daher u.U. zu einem Wegfall der Anspruchsvoraussetzungen zum Bezug der Rente wegen teilweiser oder voller Erwerbsminderung führen. Arbeitnehmer, die an der Aufrechterhaltung ihres Invaliditätsschutzes interessiert sind, sollten sich zur Vermeidung von Nachteilen mit dem zuständigen Rentenversicherungsträger in Verbindung setzen.
→ Renten

b) Teilzeitbeschäftigung:
Arbeitnehmer/innen in einer Teilzeitbeschäftigung sind in allen Zweigen der gesetzlichen Sozialversicherung anteilig beitragspflichtig. Arbeitnehmer/innen in einer Teilzeitbeschäftigung, die die Voraussetzungen einer geringfügigen Beschäftigung im Sinne des § 8 SGB IV erfüllen, sind in allen Versicherungszweigen versicherungsfrei, wenn sie nicht nach anderen Vorschriften versicherungspflichtig sind. Nach § 8 Abs.1 Nr. 3 SGB V können Arbeitnehmer, die dadurch krankenversicherungspflichtig werden, dass ihre Arbeitszeit auf die Hälfte oder weniger als die Hälfte der regelmäßigen Wochenarbeitszeit vergleichbarer vollbeschäftigter Arbeitnehmer herabgesetzt wird, auf Antrag von der gesetzlichen Krankenversicherungspflicht befreit werden, wenn sie seit mindestens 5 Jahren wegen Überschreitens der Jahresarbeitsentgeltgrenze versicherungsfrei waren. Dies gilt auch für Arbeitnehmer, die im Anschluss an ihr bisheriges Arbeitsverhältnis bei einem anderen Arbeitgeber ein Arbeitsverhältnis aufnehmen, das die vorgenannten Voraussetzungen erfüllt.
→ Krankenversicherung

Vermögenswirksame Leistungen:
a) Urlaub:
Für Kalendermonate, für die dem Arbeitnehmer kein Entgelt zusteht, besteht kein Anspruch auf vermögenswirksame Leistungen des Arbeitgebers.

b) Teilzeitbeschäftigung:
Teilzeitbeschäftigte und nicht vom Geltungsbereich des TV-L ausgenommene Arbeitnehmer erhalten von dem Betrag, der ihnen zustehen würde, wenn sie vollbeschäftigt wären, den Teil, der dem Maß der vereinbarten re-gelmäßigen wöchentlichen Arbeitszeit entspricht.

Betriebliche Altersversorgung der VBL (früher: „Zusatzversorgung"):
a) Urlaub:
Während einer Beurlaubung ohne Entgelt bleibt die Pflichtversicherung bei der Versorgungsanstalt des Bundes und der Länder (VBL) bestehen. Da während dieser Zeit kein laufendes zusatzversorgungspflichtiges Entgelt gezahlt wird, ist in dieser Zeit jedoch kein Eigenanteil an die VBL zu entrichten.
→ Renten

Eine Anwartschaft auf Betriebsrente der VBL bleibt auch dann erhalten, wenn eine bis zum Eintritt des Versicherungsfalles dauernde Beurlaubung (sog. Altersurlaub) ausgesprochen wird. ... Der Versicherungsfall tritt am Ersten des Monats ein, von dem an der Anspruch auf gesetzliche Rente wegen Alters als Vollrente bzw. wegen teilweiser oder voller Erwerbsminderung besteht (§ 5 Satz 1 ATV). Erfüllen demnach beurlaubte Arbeitnehmer trotz Eintritts der Erwerbsminderung nicht die Voraussetzungen für den Bezug der Rente wegen teilweiser oder voller Erwerbsminderung, haben sie auch keinen Anspruch auf Betriebsrente der VBL. Da während der Beurlaubung ohne Entgelt kein zusatzversorgungspflichtiges Entgelt anfällt, werden auch keine diesbezüglichen Versorgungspunkte erworben. Allerdings nehmen die bis zur Beurlaubung erreichten Anwartschaften wegen der fortbestehenden Pflichtversicherung an der Verteilung der Bonuspunkte (§ 19 ATV) teil und bleiben somit dynamisch. Arbeitnehmer haben im Übrigen die Möglichkeit, sich mit eigenen Beiträgen bei der VBL im Rahmen der steuerlich geförderten kapitalgedeckten Altersvorsorge (sog. „Riester-Rente") freiwillig zu versichern (§ 26 ATV). Es wird dringend empfohlen, Arbeitnehmer vor Gewährung des Sonderurlaubs darüber zu unterrichten, dass zusatzversorgungsrechtliche Nachteile eintreten können, und eine von ihnen gegengezeichnete Erklärung über die Belehrung zu den Personalakten zu nehmen.

b) Teilzeitbeschäftigung:
Die Pflicht zur VBL-Versicherung besteht bei Vorliegen der übrigen Voraussetzungen auch für teilzeitbeschäftigte Arbeitnehmer. ... Da sich die Höhe des zusatzversorgungspflichtigen Entgelts nach dem Maß der vereinbarten durchschnittlichen regelmäßigen wöchentlichen Arbeitszeit richtet, wirkt sich der Beschäftigungsumfang auch auf die Höhe der Betriebsrente im Punktemodell aus.

→ Beihilfeverordnung; → Beihilfe (Arbeitnehmer); → Krankenversicherung; → Personalvertretungsgesetz (zur Wahlberechtigung im Blockmodell siehe insbesondere Hinweis bei § 29); → Renten; → Sozialversicherungsbeiträge; → Teilzeit (Pflichten und Rechte)

Teilzeit / Urlaub (Beamtenrecht – VwV)

Teilzeitbeschäftigung, Urlaub und Urlaub von längerer Dauer ohne Dienstbezüge, Zuständigkeiten und Pflichten bei Dienst- und Arbeitsunfähigkeit von Lehrkräften sowie Zuständigkeiten für Tarifbeschäftigte im Bereich der Kultusverwaltung; Auszug aus der Verwaltungsvorschrift des KM, Az. 14-0311.40/231 (Entwurf; noch nicht veröffentlicht)

Vorbemerkung der Redaktion zu dieser Sammelvorschrift

Wir veröffentlichen hier die **Anhörungsfassung** des KM (Stand: 20.11.2010). Die Endfassung kann hiervon noch abweichen. Bitte das Amtsblatt KuU und den **Jahrbuchservice** beachten (Informationen hierzu befinden sich im Vorwort ➜ An die Benutzerinnen und Benutzer am Anfang des Jahrbuchs). Die Teile A und B dieser sehr umfangreichen Sammelvorschrift sind hier nicht abgedruckt. Die darin getroffenen Zuständigkeitsregelungen sind in tabellarischer Form unter ➜ Beamtenrecht (Zuständigkeiten im Schulbereich) und ➜ Tarifrecht (Zuständigkeiten im Schulbereich) dargestellt.

Teil C dieser Verwaltungsvorschrift ist unter ➜ Abwesenheit und Krankmeldung (Lehrkräfte) abgedruckt.

Teil D
Teilzeitbeschäftigung und Urlaub von längerer Dauer ohne Dienstbezüge

Auf der Grundlage von §§ 69, 72, 73 Landesbeamtengesetz (LBG) wird folgendes bestimmt:
➜ Beamtengesetz §§ 69 ff.➜ Beihilfe (Urlaub ohne Bezüge)

I.
Urlaub von längerer Dauer ohne Dienstbezüge

1. Die Bewilligung richtet sich nach §§ 72 und 73 LBG.
2. Inhabern von Funktionsstellen kann grundsätzlich nur Urlaub nach § 72 Abs. 2 Nr. 2 LBG (sog. Altersurlaub) bewilligt werden.

II.
Teilzeitbeschäftigung

1. Teilzeitbeschäftigung ist in jeder Zwischenstufe von mindestens einem halben Lehrauftrag bis zu einem um eine Wochenstunde gekürzten vollen Lehrauftrag möglich, soweit in Nr. 4 nichts anderes bestimmt ist. Deputate können auch mit halben Wochenstunden bewilligt werden.
2. Die Bewilligung einer unterhälftigen Teilzeitbeschäftigung von mindestens 30 % eines Lehrauftrags zur Betreuung und Pflege richtet sich nach § 69 Abs. 1 i.V.m. § 69 Abs. 2 LBG. Dienstliche Belange dürfen nicht entgegenstehen. Für die Berechnung des Mindestumfangs der Teilzeitbeschäftigung werden Bruchteile von Wochenstunden auf halbe oder ganze Wochenstunden aufgerundet. Im Übrigen gilt Nr. 1 entsprechend.
   Bei Schulleitern, stellvertretenden Schulleitern, Fachberatern sowie Abteilungsleitern zur Koordinierung schulfachlicher Aufgaben an Gymnasien und beruflichen Schulen stehen einer Teilzeitbeschäftigung nach Satz 1 grundsätzlich dienstliche Belange entgegen.
3. Die Bewilligung einer unterhälftigen Teilzeitbeschäftigung in Elternzeit richtet sich nach § 69 Abs. 3 LBG i. V. m. § 42 Abs. 1 Satz 2 und 3 AzUVO. Eine Bewilligung über das Ende der Elternzeit hinaus ist nur nach Ziff. 2 zulässig. Für die Berechnung des Mindestumfangs der Teilzeitbeschäftigung werden Bruchteile von Wochenstunden auf halbe oder ganze Wochenstunden aufgerundet. Im Übrigen gilt Nr. 1 entsprechend.
   ➜ Elternzeit (Verordnung – AzUVO) § 42
4. Bei Schulleitern an Schulen mit über 360 Schülern (an Sonderschulen mit über 180 Schülern) darf der Umfang der Teilzeitbeschäftigung grundsätzlich nicht unter einem ¾ Lehrauftrag liegen. Schulleiter, stellvertretende Schulleiter, Fachberater sowie Abteilungsleiter zur Koordinierung schulfachlicher Aufgaben an Gymnasien und beruflichen Schulen reduzieren bei einer Teilzeitbeschäftigung ihre Unterrichtsverpflichtung, hingegen nicht die mit der Funktion verbundenen Aufgaben. Die Funktionsaufgaben müssen in vollem Umfang wahrgenommen werden. Schulleiter stellen die für einen geordneten Schulbetrieb erforderliche Präsenz der Schulleitung sicher. Job-Sharing ist bei den in Satz 2 genannten Funktionen grundsätzlich möglich. Bei Schulen mit Teilzeitunterricht werden 2,5 Schüler mit Teilzeitunterricht als ein Schüler gerechnet.

➜ Teilzeitbeschäftigung (Pflichten und Rechte)
Hinweise der Redaktion:
1. Für Funktionsstelleninhaber/innen gilt im „Job-Sharing": Die Stelleninhaber/innen müssen sich zeitlich abstimmen bzw. ergänzen und sich verpflichten, den Unterrichtseinsatz während des „Job-Sharings" beizubehalten. (Quelle: Vorspann zu den Stellenausschreibungen im Amtsblatt Kultus und Unterricht)
2. Am Job-Sharing-Modell können nur Beschäftigte teilnehmen, die auf ein halbes Gehalt verzichten. Als materiellen Puffer lässt das KM zu, dass sie zusätzlich eine Nebentätigkeit im Umfang bis zu 1/5 Lehrauftrag übernehmen. Dies kann auch (zusätzlich bezahlter) Unterricht an der eigenen Schule sein (je nach Schulart 5 bis 6 Wochenstunden). Dabei erfolgt die Eingruppierung in die Entgeltgruppe, die der Besoldungsgruppe einer vergleichbaren beamteten Lehrkraft entspricht. ...
(Quelle: KM, 19.5.2000; 15-zu 0311.41/243)

III.
Dauer der Teilzeitbeschäftigung und Beurlaubung

1. Die beantragte Dauer der Teilzeitbeschäftigung nach Abschnitt II Nr. 2 und 3 oder Beurlaubung nach Abschnitt I muss im Regelfall drei Schuljahre oder mehr umfassen (Mindestbewilligungszeitraum), soweit in § 72 Abs. 2 Nr. 2

Übersichtstabelle der Redaktion zu Teilzeitbeschäftigung und Urlaub im Beamtenrecht (§§ 69 ff. LBG)

Art der Freistellung	Arbeitsumfang	Voraussetzungen	Bewilligung	Nebentätigkeit	Höchstdauer
Teilzeit (§ 69 Abs. 4 LBG)	Mindestens 50% der regelmäßigen Arbeitszeit	keine	**Kann** bewilligt werden, soweit dienstliche Belange nicht entgegenstehen	In der Regel nicht mehr als 1/5 des Deputats	Unbeschränkt
Unterhälftige Teilzeit in der Elternzeit (§ 69 Abs. 3 LBG)	Zwischen 25% und unter 50% der regelmäßigen Arbeitszeit	Bewilligte und angetretene Elternzeit	**Kann** bewilligt werden, wenn es im Interesse des Dienstherrn liegt	Darf in der Regel nicht mehr als 1/5 der regelmäßigen Arbeitszeit (Deputat) betragen und darf dem Zweck der Ermäßigung nicht zuwiderlaufen	Solange die Voraussetzungen (Elternzeit) vorliegen.
Altersteilzeit (§ 70 LBG)	60% der regelmäßigen, maximal 60% der bisherigen Arbeitszeit	Schwerbehindert (mind. GdB 50), Vollendung des 55. Lebensjahres, von den letzten fünf Dienstjahren drei mindestens teilzeitbeschäftigt	**Kann** bewilligt werden, soweit dienstliche Belange nicht entgegenstehen		Bis zum Beginn des Ruhestands
Teilzeit aus familiären Gründen (§ 69 Abs. 1 LBG)	Mindestens 50% der regelmäßigen Arbeitszeit		**Muss** bewilligt werden, wenn zwingende dienstliche Belange nicht entgegenstehen		Solange die Voraussetzungen (Betreuung oder Pflege) vorliegen.
Unterhälftige Teilzeit aus familiären Gründen (§ 69 Abs. 2 LBG)	Zwischen 30% und unter 50% der regelmäßigen Arbeitszeit	Tatsächliche Betreuung oder Pflege eines Kindes unter 18 Jahren oder eines nach ärztlichem Gutachten pflegebedürftigen Angehörigen	**Muss** bewilligt werden, wenn dienstliche Belange nicht entgegenstehen		Zusammen höchstens bis zur Dauer von 15 Jahren
Urlaub aus familiären Gründen (§ 72 Abs. 1 LBG)	entfällt		**Muss** bewilligt werden, wenn dienstliche Belange nicht entgegenstehen		
Urlaub aus anderen Gründen (§ 72 Abs. 2 Nr. 1 LBG)	entfällt	keine	**Kann** bewilligt werden, soweit dienstliche Belange nicht entgegenstehen	Keine Erwerbs- oder vergleichbare Tätigkeit	Maximal sechs Jahre
Altersurlaub (§ 72 Abs. 2 Nr. 2 LBG)	entfällt	Nach Vollendung des 55. Lebensjahrs, bis zum Beginn des Ruhestands			Mehr als 15 Jahre, wenn Rückkehr zur Voll- oder Teilzeit nicht zumutbar

Zum **Freistellungsjahr ("Sabbatjahr")** als Sonderform der Teilzeit bitte → Beamtengesetz § 69 Abs. 5 und → Teilzeit/Urlaub (Freistellungsjahr) beachten.

Zum **Pflegeurlaub** bitte → Beamtengesetz § 74 und → Urlaub (Pflegezeit / AzUVO) beachten.

LBG (sogenannter Altersurlaub) nichts anderes bestimmt ist. Bei einer Teilzeitbeschäftigung oder Beurlaubung aus familiären Gründen, die während des Schuljahres beginnt, verkürzt sich der Drei-Jahres-Zeitraum entsprechend. § 69 Abs. 9 und § 72 Abs. 3 LBG gelten entsprechend.

2. Eine Teilzeitbeschäftigung aus sonstigen Gründen ist im Regelfall „bis auf weiteres" zu beantragen und zu bewilligen.
3. Soweit abweichend von Nr. 1 oder Nr. 2 eine kürzere bzw. zeitlich begrenzte Teilzeitbeschäftigung oder Beurlaubung beantragt wird, ist dies zu begründen.
4. Sofern eine Teilzeitbeschäftigung oder Beurlaubung von mehrjähriger Dauer oder „bis auf weiteres" bewilligt worden ist, kann sie auf Antrag nachträglich jeweils zum Ende eines Schuljahres abgekürzt bzw. in ihrem Umfang verändert werden. § 69 Abs. 10 und § 72 Abs. 4 bleiben unberührt.

    Hinweis der Redaktion: Anträgen auf Abkürzung bzw. Veränderung soll stattgegeben werden, „wenn ein nachvollziehbarer Grund vorliegt". (Quelle: KM, 9.1.1998 Nr. I/5-0311.40/176).

5. Der Beginn einer Teilzeitbeschäftigung oder Beurlaubung nach § 69 Abs. 4 und § 72 Abs. 2 LBG ist grundsätzlich auf den ersten Unterrichtstag nach den Sommerferien und das Ende grundsätzlich auf den Tag vor dem Unterrichtsbeginn nach den Sommerferien festzulegen.

IV.
Freistellungsjahr

1. Lehrkräften wird auf der Grundlage des § 69 Abs. 5 LBG die Möglichkeit einer Teilzeitbeschäftigung in der Weise eröffnet, dass die Teilzeit, um die der regelmäßige Arbeitszeit im Einzelfall ermäßigt ist, zu einem zusammenhängenden Zeitraum von einem Jahr zusammengefasst wird (Freistellungsjahr). Der gesamte Bewilligungszeitraum muss mindestens drei und darf höchstens acht Jahre betragen. Das Freistellungsjahr soll direkt am Ende des Bewilligungszeitraumes in Anspruch genommen werden.

    → Beamtengesetz § 69 Abs. 5; → Teilzeit/Urlaub (Freistellungsjahr – Sabbatjahr)
    Hinweise der Redaktion:
    1. Wenn an das Sabbatjahr die Zurruhesetzung anschließen soll, ist grundsätzlich der Antragsruhestand zu empfehlen; vgl. → Teilzeit/Urlaub (Freistellungsjahr).
    2. Eine Rückkehr an die bisherige Schule kann nicht zugesichert werden. (Quelle: KM, 26. Juni 2006; AZ: 14-0300.41/275)
    3. Auch Arbeitnehmer/innen können eine Freistellung nach dem Sabbatmodell in Anspruch nehmen. Für sie hat das Sabbatjahr allerdings praktisch keine Vorteile. Sie sollten besser die Beurlaubung ohne Bezüge wählen, um sich in der gesetzlichen Krankenversicherung günstig freiwillig versichern können.
    • Falls sie dennoch ein Sabbatjahr machen, gilt für Lehrkräfte im Arbeitnehmerverhältnis: Sie erhalten je nach dem gewählten Teilzeitmodell für den gesamten Zeitraum einschließlich des Jahres der vollen Freistellung ihre im jeweiligen anteiligen Entgelt. Bei zuvor Teilzeitbeschäftigten verringert sich das aus der bisherigen Teilzeitbeschäftigung zu zahlende Entgelt entsprechend. Da das Arbeitsverhältnis während der Freistel-

lungsphase weiter besteht, bleibt die Beschäftigungs- und Dienstzeit unberührt. – Nach dem Grundsatz der Lohn- und Beitragsbezogenheit richtet sich die Höhe der Rente maßgeblich nach der Höhe der während des Versicherungslebens durch Beiträge versicherten Arbeitsentgelte und Arbeitseinkommen. Da eine Teilzeitbeschäftigung zur anteilmäßigen Reduzierung der Vergütung führt, verringern sich die Beiträge zur Rentenversicherung. Dies wirkt sich mindernd auf die Höhe der späteren Rente aus. Entsprechendes gilt für die Zusatzversorgung (VBL).(Quelle: KuU S. 262/1998).
    → Teilzeit (Arbeitnehmer) Teil A

Abschnitt III. Nr. 5 gilt entsprechend.

2. Für teilzeitbeschäftigte Lehrkräfte nach den allgemeinen Regelungen gilt Nr. 1 sinngemäß. Die Hälfte des Regelstundenmaßes darf im Durchschnitt des Bewilligungszeitraumes nicht unterschritten werden.
3. Inhaber von Funktionsstellen sind von dieser Form der Teilzeitbeschäftigung (Freistellungsjahr) grundsätzlich ausgenommen. Eine Ausnahmebewilligung kann insbesondere dann erteilt werden, wenn sich der Eintritt in den Ruhestand an das Freistellungsjahr unmittelbar anschließt (Ruhestand kraft Gesetzes) oder sich die Versetzung in den Ruhestand nach dem erklärten Willen der Lehrkraft unmittelbar anschließen soll (Antragsruhestand).

    → Ruhestand (Allgemeines)
    Hinweise der Redaktion:
    1. Die Inanspruchnahme eines Freistellungsjahres ist – außer im genannten Ausnahmefall – für Fachberater und Fachabteilungsleiter an beruflichen Schulen und Gymnasien, für Fachberater im höheren Dienst in der Schulaufsicht sowie für Fachberater/innen als Fachleiter an den Seminaren nicht möglich. Fachberater/innen an Grund-, Haupt-, Werkreal-, Real-, und Sonderschulen haben jedoch die Möglichkeit, ein Freistellungsjahr in Anspruch zu nehmen.
    2. Es ist nicht zulässig, dass Inhaber von Funktionsstellen mehrere Freistellungsphasen kumulieren und am Ende der Arbeitsphasen zusammenhängend in Anspruch nehmen.
    3. Fachoberlehrern als Fachbetreuer, Technischen Oberlehrern als Fachbetreuer und Fachbetreuern wird die Möglichkeit gegeben, ein Freistellungsjahr in Anspruch zu nehmen.
    (Quelle: KM, 26. Juni 2006; AZ: 14-0300.41/275)
4. Für den Zeitraum, in dem die Lehrkräfte vollbeschäftigt sind, gelten für die Alters- und Schwerbehindertenermäßigung die Regelungen für vollbeschäftigte Lehrkräfte. Bei Lehrkräften, die nach den allgemeinen Regelungen teilzeitbeschäftigt sind, gelten für die Alters- und Schwerbehindertenermäßigung die Regelungen für teilzeitbeschäftigte Lehrkräfte.

    → Arbeitszeit (Lehrkräfte) D 1 und 2

V.
Altersteilzeit

1. Der Beginn einer Altersteilzeit nach § 70 Abs. 2 Nr. 1 LBG (Teilzeitmodell) ist entweder auf den ersten Unterrichtstag nach den Sommerferien oder den 1. Februar und das Ende auf den Tag vor Beginn des Ruhestands in den Sommerferien oder den 31. Januar festzulegen. Sofern mit dem Antritt der Altersteilzeit keine Änderung des tatsächlichen Beschäftigungsum-

fanges verbunden ist, kann der Termin auch abweichend festgelegt werden.
2. Der Beginn einer Altersteilzeit nach § 70 Abs. 2 Nr. 2 LBG (Blockmodell) ist entweder auf den ersten Unterrichtstag nach den Sommerferien oder den 1. Februar festzulegen. Sofern mit dem Antritt der Altersteilzeit keine Änderung des tatsächlichen Beschäftigungsumfanges verbunden ist, kann der Termin auch abweichend festgelegt werden. Der Beginn ist in jedem Fall so festzulegen, dass die Freistellungsphase am 1. Februar oder am ersten Tag eines Monats in den Sommerferien beginnt.
3. Die Altersteilzeit erstreckt sich in jedem Fall bis zum Eintritt in den Ruhestand.
   3.1 Ist dies der Ruhestand auf Antrag nach § 40 Abs. 1 LBG kann im Falle der Altersteilzeit
      3.1.1 im Teilzeitmodell der Eintritt in den Ruhestand zum Ende des Schulhalbjahres oder zum Schuljahresende erfolgen,
      3.1.2 im Blockmodell der Eintritt in den Ruhestand mit dem Abschluss der Freistellungsphase zu einem beliebigen Zeitpunkt erfolgen.
4. Schulleitern sowie stellvertretenden Schulleitern kann Altersteilzeit nur nach § 70 Abs. 2 Nr. 2 LBG (Blockmodell) bewilligt werden.
5. Altersermäßigung und Schwerbehindertenermäßigung richten sich nach dem tatsächlichen Beschäftigungsumfang. Im Fall des Teilzeitmodells und des Blockmodells für Teilzeitbeschäftigte werden sie wie bei Teilzeitbeschäftigten mit einer Reduzierung um mehr als zwei Wochenstunden, im Übrigen wie bei Vollbeschäftigten gewährt.

VI.
Zeitpunkt der Antragstellung

1. Durch Bekanntmachung im Amtsblatt Kultus und Unterricht wird der Zeitpunkt mitgeteilt, wann Anträge auf Teilzeit und Beurlaubung bzw. Abkürzungs- und Änderungsanträge hiervon für das folgende Schuljahr der Schulleitung und den oberen Schulaufsichtsbehörden vorliegen müssen.
2. Dies gilt nicht für Anträge auf Teilzeit und Beurlaubung nach § 69 Abs. 1 bis 3 und § 72 Abs. 1 LBG, sofern die dafür maßgeblichen Umstände nicht vorhersehbar waren. In diesen Fällen ist der Antrag unverzüglich, bei Elternzeit grundsätzlich spätestens sechs Monate vor ihrem Ablauf zu stellen.

Hinweis der Redaktion: Formulare für Teilzeit- und Urlaubsanträge sind bei den Regierungspräsidien online abrufbar.

Die Verfügungen über die Bewilligung von Teilzeitbeschäftigung für beamtete Lehrkräfte werden im Bereich des Regierungspräsidiums Stuttgart per Mail an die Schule gesandt (nur bei Teilzeit im Anschluss an eine Beurlaubung direkt an die Privatanschrift). Die Schule muss die Verfügung in zweifacher Fertigung ausdrucken und der Lehrkraft eine Fertigung (gegen Empfangsbestätigung auf der Zweitfertigung) aushändigen; diese ist zu den Nebenpersonalakten der Schule zu nehmen.

In der Verfügung erfolgt keine Differenzierung nach Erstbewilligung, Verlängerung, Änderung der Teilzeit-Art oder des Deputatsumfangs. Deshalb unbedingt eine Antragskopie aufbewahren!

→ Formulare (Schulverwaltung und LBV) – am Ende des Adressenteils; → Stellenwirksame Änderungsanträge

VII.
Tarifbeschäftigte Lehrkräfte

Die Regelungen dieses Teils *(gemeint ist der hier abgedruckte Teil D dieser Verwaltungsvorschrift; Anm. d.Red.)* sind entsprechend auch auf Lehrkräfte im Beschäftigtenverhältnis anzuwenden, soweit nicht abweichende tarifvertragliche und gesetzliche Regelungen bestehen.

Hinweis der Redaktion: Auch Tarifbeschäftigte können eine „unterhälftige" Teilzeitbeschäftigung ausüben. Über Anträge ist nach § 11 TV-L und dem Teilzeit- und Befristungsgesetz zu entscheiden. Das Tarifrecht enthält zum zeitlichen Umfang keine Vorgaben, es ist deshalb in erster Linie Sache der Lehrkraft, diesen zu bestimmen. Normale, vor allem teilzeittypische Belange reichen nicht aus, um einen Antrag negativ zu bescheiden. Der Arbeitgeber ist nach § 8 Abs. 3 TzBfG stets verpflichtet, die von einer Lehrkraft gewünschte Verringerung der Arbeitszeit mit dem Ziel einer Vereinbarung zu erörtern.

→ Teilzeit / Urlaub (Arbeitnehmer/innen); → Tarifvertrag (Länder) § 11

Hinweise der Redaktion auf die Folgen der Freistellung von Beamt/innen

1.
Laufbahnrechtliche Folgen
von Teilzeitbeschäftigung und Beurlaubung

Eine Teilzeitbeschäftigung hat grundsätzlich keine laufbahnrechtlichen Auswirkungen. Die vorgeschriebenen Wartezeiten für Beförderungen verlängern sich nicht. Auch das *„Jahr der vollen Freistellung"* beim Sabbatjahr wird voll angerechnet.

Die Probezeit und die für eine Beförderung oder den Aufstieg maßgebliche Dienstzeit verlängern sich dagegen grundsätzlich um die Zeit einer **Beurlaubung ohne Dienstbezüge**. Erfolgt diese zur Betreuung eines minderjährigen Kindes, gilt die Zeit der Beurlaubung als Dienstzeit für eine Beförderung oder den Aufstieg; bei Beförderungen gilt jedoch eine Mindestdienstzeit von einem Jahr. Je Kind wird ein Zeitraum von bis zu einem Jahr, insgesamt von höchstens 2 Jahren berücksichtigt.

2.
Rechtliche Einschränkungen
bei Teilzeitbeschäftigung und Beurlaubung

Bei allen Freistellungen im Sinne von § 69 ff. LBG gelten Einschränkungen für die Ausübung von Nebentätigkeiten. Eine Übersicht befindet sich im Schaubild.

Diese Einschränkungen gelten auch für die Phase der vollen Freistellung im Freistellungsjahr.

Zu den Rechten und Pflichten von Teilzeitbeschäftigten: → Teilzeitbeschäftigung (Pflichten und Rechte)

3.
Sonstige Folgen der Teilzeitbeschäftigung

a) Besoldung, Kindergeld, Zuwendungen

Die Dienstbezüge (Grundgehalt, Familienzuschlag, Zulagen) werden grundsätzlich im gleichen Verhältnis wie die Arbeitszeit verringert (§ 6 Bundesbesoldungsgesetz). Im Freistellungsjahr werden die Dienstbezüge während des gesamten Bewilligungszeitraumes anteilig verringert (je nach gewähltem Modell auf 2/3 bis 7/8).

Wenn der Ehegatte des/der Teilzeitbeschäftigten oder ein anderer Kindergeldberechtigter ebenfalls als Beamter oder Beamtin mit Anspruch auf Familienzuschlag mindestens mit der Hälfte der regelmäßigen Arbeitszeit beschäftigt oder Versorgungsempfänger ist, werden der Ehegattenanteil (Stufe 1) und etwaige Kinderanteile (Stufen 2 ff.) so gezahlt, als wenn beide Berechtigte vollbeschäftigt wären (d.h. der Ehegattenanteil je zur Hälfte und ungekürzte Kinderanteile grundsätzlich an denjenigen Berechtigten, der Kindergeld bezieht).

Das Aufsteigen in den Grundgehaltsstufen und das Besoldungsdienstalter werden durch die Teilzeitbeschäftigung nicht berührt. Sofern es im Besoldungsrecht auf Mindestdienstzeiten ankommt (z.B. für die Ruhegehaltfähigkeit bestimmter Stellenzulagen), zählen Zeiten einer Teilzeitbeschäftigung voll.

Die vermögenswirksamen Leistungen werden anteilig gezahlt.

Der Anspruch auf Kindergeld wird durch eine Teilzeitbeschäftigung nicht berührt.

b) Beihilfe

Der Beihilfeanspruch bleiben bei Teilzeitbeschäftigung während des gesamten Bewilligungszeitraumes bestehen, also auch während des Jahres der völligen Freistellung.

c) Versorgung

Die in Teilzeitbeschäftigung verbrachte Dienstzeit ist nur zu dem Teil ruhegehaltfähig, der dem Verhältnis der ermäßigten zur regelmäßigen Arbeitszeit entspricht. Ein Freistellungsjahr führt im Ergebnis zu einer Verringerung der ruhegehaltfähigen Dienstzeit um ein Jahr.

d) Alters- und Schwerbehindertenermäßigung

Beamten- und versorgungsrechtlich handelt es sich bei einer Reduzierung um bis zu zwei Unterrichtsstunden um eine „Ermäßigung der Arbeitszeit" nach §§ 69 ff. LBG. Bezogen auf die Altersermäßigung, wird eine Reduzierung um bis zu 2 Stunden jedoch wie eine Vollbeschäftigung behandelt.

→ Arbeitszeit (Lehrkräfte) Teil D Nr. 1

Das Freistellungs-(Sabbat-)jahr ist rechtlich eine Teilzeitbeschäftigung. In der Arbeitsphase gilt für die Alters- und Schwerbehindertenermäßigung:

– Ist die Lehrkraft tatsächlich vollbeschäftigt, gelten die Regelungen für Vollbeschäftigte.
– Ist die Lehrkraft in dieser Phase nach den allgemeinen Regelungen teilzeitbeschäftigt, gelten die Regelungen für Teilzeitbeschäftigte.

e) Benachteiligungsverbot

Teilzeitbeschäftigung darf das berufliche Fortkommen nicht beeinträchtigen. Eine unterschiedliche Behandlung von Teilzeitbeschäftigten ist nur bei zwingenden sachliche Gründen zulässig.

→ Chancengleichheitsgesetz

4.
Folgen der Beurlaubung

a)
Besoldung, Kindergeld

Beim Urlaub entfallen die Dienstbezüge und die vermögenswirksamen Leistungen. Ferner treten die Rechtsfolgen der Vorschriften über den Mutterschutz und den Erziehungsurlaub nicht ein.

Kindergeld wird in voller Höhe weitergewährt.

Beim Besoldungsdienstalter werden Kindererziehungszeiten bis zu 3 Jahren für jedes Kind voll berücksichtigt. Darüber hinausgehende Zeiten einer Beurlaubung führen bei Beamtinnen und Beamten mit dem Eingangsamt bis Besoldungsgruppe A 12 zur teilweisen Hinausschiebung des Besoldungsdienstalters, soweit diese Zeiten nach Vollendung des 31. Lebensjahres, im übrigen gehobenen Dienst und im höheren Dienst grundsätzlich nach Vollendung des 35. Lebensjahres, liegen.

b) Beihilfe

Während einer Beurlaubung von mehr als 31 Tagen wird keine Beihilfe gewährt (anders im Erziehungsurlaub). Zur Beihilfeberechtigung und zur Krankenversicherung im Urlaub siehe:

→ Beihilfe (Urlaub ohne Bezüge); → Krankenversicherung.

c) Versorgung

Die Zeit einer Beurlaubung ist grundsätzlich nicht ruhegehaltfähig. Das Ruhegehalt erhöht sich bei Geburten ab dem 1. Januar 1992 durch einen Kindererziehungszuschlag. Berücksichtigt werden Kindererziehungszeiten bis zu dem Tag, an dem das Kind 36 Monate alt wird.

d)
Zurruhesetzung

Zur Zurruhesetzung im Altersurlaub siehe → Ruhestand (Allgemeines).

e)
Dienstliche Betätigung im Urlaub

Für beurlaubte Lehrkräfte, die an amtlichen Fortbildungsmaßnahmen zur Wiedereingliederung oder an einer das nächste Schuljahr vorbereitenden Lehrerkonferenz teilnehmen, besteht Dienstunfallschutz.

→ Beamtengesetz §§ 69 ff.; → Beamtenversorgung (Allgemeines); → Beihilfe (Urlaub ohne Bezüge); → Besoldung (Gehälter); → Chancengleichheitsgesetz; → Kindergeld; → Personalvertretungsgesetz § 75 Abs. 1 Ziff. 10; → Reisekosten (Aus- und Fortbildung) Nr. 3; → Schwerbehinderung; → Tarifvertrag (Länder); → Teilzeit / Urlaub (Arbeitnehmer); → Teilzeit/Urlaub (Freistellungsjahr); → Teilzeit (Pflichten und Rechte); → Urlaub (Allgemeines)

Teilzeit/Urlaub (Freistellungsjahr – Sabbatjahr)

Teilzeit/Urlaub (Freistellungsjahr – Sabbatjahr)

Hinweise der Redaktion auf die Rechtslage nach dem Dienstrechtsreformgesetz vom 27.10.2010 (GBl. S. 793/2010)

Das Freistellungsjahr („Sabbatjahr") ist eine besondere Form der Teilzeitbeschäftigung, bei der alle Teilzeitanteile zunächst nicht in Anspruch genommen, sondern angespart und zu einem zusammenhängenden Zeitraum von einem Jahr zusammengefasst werden (*„Jahr der vollen Freistellung"*). In diesem Jahr ist man zwar im Dienst und deshalb auch beihilfeberechtigt, muss aber nicht mehr arbeiten.
→ Beamtengesetz § 70 Abs. 5

Lehrkräfte können alle Varianten zwischen dem 2/3-Modell (zwei Jahre Arbeit, ein Jahr Freistellung) und dem 7/8-Modell (sieben Jahre Arbeit, ein Jahr Freistellung) wählen.

Ein Beispiel: Beim 4/5-Modell erhält man in der Laufzeit von insgesamt fünf Jahren durchgehend 4/5 des Gehalts, muss aber nur in den ersten vier Jahren weiter arbeiten und ist im fünften *„Jahr der vollen Freistellung"* vom Dienst freigestellt.

Das KM hat zwar bekanntgegeben, dass eine Rückkehr an die bisherige Schule nach dem *„Jahr der vollen Freistellung"* nicht zugesichert werden könne. Die Schulverwaltung bemüht sich jedoch darum, dass die Stelle an der bisherigen Schule reserviert bleibt, nicht zuletzt, weil es sich andernfalls formal um eine Versetzung oder Abordnung handelt, für die besondere Schutzbestimmungen gelten (Anhörung, Beteiligung des Personalrats).
→ Versetzungen und Abordnungen

Die rechtlichen Bestimmungen für das Freistellungsjahr befinden sich in LBG § 70 Abs. 5 und in der VwV des KM über Freistellungen von längerer Dauer. Die dort getroffenen Regelungen gelten entsprechend auch für Lehrkräfte im Arbeitnehmerverhältnis (das Sabbatjahr ist für diese in der Regel aber nicht ganz so attraktiv, da sie, sofern gesetzlich krankenversichert, keine Probleme mit der Krankenversicherung haben, wenn sie sich einfach ohne Entgelt beurlauben lassen wollen).
→ Beamtengesetz § 70 Abs. 5; → Teilzeit/Urlaub (Beamtenrecht – VwV) Nr. IV

In der Anspar-(= Arbeits-)phase des Freistellungsjahrs gelten die Regelungen für die Alters- und die Schwerbehindertenermäßigung. Wer das Deputat in der Ansparphase um maximal 2 Stunden reduziert, gilt als vollzeitbeschäftigt.
→ Arbeitszeit (Lehrkräfte) Teil D

Das Sabbatjahr als „Vorruhestand"

Das Jahr der vollen Freistellung kann auch als „Vorruhestand" eingesetzt werden, indem es unmittelbar vor die Zurruhesetzung gelegt wird. Dabei darf an das *„Jahr der vollen Freistellung"* auch ein „Altersurlaub" anschließen, denn er mündet bestimmungsgemäß in den Ruhestand.

Bei einem solchen Sabbatjahr unmittelbar vor der Pensionierung sollte an das *„Jahr der vollen Freistellung"* stets der Antragsruhestand anschließen (Vollendung des 63. Lebensjahres; § 40 LBG), nicht jedoch der gesetzliche Ruhestand (Vollendung des 66. Lebensjahres; § 36 Nr. 2 LBG), denn Beamt/innen besitzen nach Vollendung des 63. Lebensjahres bereits einen Pensionsanspruch, während sie das Freistellungsjahr durch den anteiligen Gehaltsverzicht aus eigener Tasche vorfinanzieren. Wer das *„Jahr der vollen Freistellung"* auf ein Schuljahr legt, in dem bereits ein Antragsruhestand möglich wäre, schenkt dem Staat seine Versorgungsbezüge für ein ganzes Jahr (das sind beim Höchstruhegehaltssatz aus A 13 gut 36.000 Euro brutto!). Ab Geburtsjahrgang 1948 kann man zwischen mehreren Terminen für den Antragsruhestand wählen. Wir empfehlen eine individuelle Vergleichsberechnung: Beim früheren Termin fallen höhere Versorgungsabschläge an, bei späteren Terminen verzichtet man auf bereits „erdiente" Pensionsansprüche.
→ Ruhestand (Allgemeines)

Kumulierung

Im Laufe des Berufslebens kann mehrfach ein Freistellungsjahr bewilligt werden. Im Regelfall muss dabei das *„Jahr der vollen Freistellung"* jeweils am

Beispiel 1: Antrags-Ruhestand mit einem vorgeschalteten Freistellungsjahr

Die folgende Übersicht zeigt ein 4/5-Freistellungsjahr vor dem Antragsruhestand für eine Lehrkraft, die am 1.5.1952 geboren wurde, also am 1.5.2015 das 63. Lebensjahr vollendet. Für sie gilt:
- Ohne ihr Zutun wird sie am 1. August 2017 zur Ruhe gesetzt (§ 36 Abs. 2 LBG).
- Auf Antrag wird sie am 1. August 2015 (mit 5,1% Abschlag) **oder** am 1. August 2016 (mit 1,5% Abschlag) zur Ruhe gesetzt (§ 40 Nr. 1 LBG)*.
  → Ruhestand (Übergangsregelungen 1948-1964)

Dargestellt ist ein 4/5-Freistellungsjahr vor Eintritt in den Ruhestand am 1. August 2016.

* Bei Schwerbehinderung empfehlen wir die individuelle Beratung durch die Schwerbehindertenvertretung.

Schuljahr 2015/16 0,0% Arbeit – 80% Gehalt	Fünftes Jahr („Jahr der vollen Freistellung") eines 4/5-Sabbatjahres	
Schuljahr 2014/15 100% Arbeit – 80% Gehalt	Viertes Jahr eines 4/5-Sabbatjahres	
Schuljahr 2013/14 100% Arbeit – 80% Gehalt	Drittes Jahr eines 4/5-Sabbatjahres	Ansparphase
Schuljahr 2012/13 100% Arbeit – 80% Gehalt	Zweites Jahr eines 4/5-Sabbatjahres	
Schuljahr 2011/12 100% Arbeit – 80% Gehalt	Erstes Jahr eines 4/5-Sabbatjahres	

Teilzeit/Urlaub (Freistellungsjahr – Sabbatjahr)

Ende des Bewilligungszeitraums liegen; die Ansparphase kann also nicht unterbrochen werden. Man kann das Freijahr aber auch erst zu einem späteren Zeitpunkt in Anspruch nehmen. Bislang darf der gesamte Bewilligungszeitraum eines Freistellungsjahres maximal 8 Jahre betragen (künftig wird diese Begrenzung voraussichtlich entfallen). Dadurch ist auch eine Kumulierung mehrer Freijahre (z.B. zweimal das 3/4-Modell oder dreimal das 2/3-Modell oder einmal das 4/5- und einmal das 2/3-Modell) möglich; siehe Beispiele.

Funktionsstelleninhaber/innen

Funktionsstelleninhaber/innen sind vom Freistellungsjahr grundsätzlich ausgenommen. Als „Funktionsstelleninhaber" in diesem Sinne gelten Schulleiter- und stellvertretende Schulleiter/innen, Fachberater- und Fachabteilungsleiter/innen an beruflichen Schulen und Gymnasien, Fachberater/innen im höheren Dienst in der Schulaufsicht sowie Fachberater/innen als Fachleiter an den Seminaren für die Lehrerausbildung.

Ausnahmen von diesem grundsätzlichen Verbot werden Funktionsstelleninhaber/innen insbesondere dann bewilligt, wenn sich an das Freistellungsjahr unmittelbar der Eintritt in den Ruhestand anschließt (Ruhestand kraft Gesetzes) oder der/die Antragsteller/in erklärt, dass unmittelbar an das Sabbatjahr der Antragsruhestand anschließen soll. Eine Kumulierung ist jedoch nicht möglich.

Nicht als „Funktionsstelleninhaber/innen" gelten die Fachberater/innen an den Grund-, Haupt-, Werkreal-, Real-, und Sonderschulen sowie die Fachoberlehrer/innen als Fachbetreuer, Technischen Oberlehrer/innen als Fachbetreuer sowie Fachbetreuer. Ihnen steht das Freistellungsjahr einschließlich der Kumulierungsmöglichkeit offen.

Teilzeitbeschäftigung im Sabbatjahr

Das Sabbatjahr kann, obwohl es selbst eine Teilzeitbeschäftigung ist, mit einer Teilzeitbeschäftigung gekoppelt werden. Wer z.B. ein Teilzeitdeputat von 18/25 hat und zugleich ein Sabbatjahr nach dem 4/5-Modell macht, erhält während der gesamten Laufzeit von fünf Jahren 18/25 x 4/5 = 72/125 (57,6%) der Dienstbezüge. Durchschnittlich darf dabei die Hälfte des Regelstundenmaßes („R-Maß") nicht unterschritten werden (s. Tabelle).

Mindeststundenzahl bei Teilzeitbeschäftigung

R-Maß	Mindeststundenzahl (Wochenstunden)					
	2/3-Modell	3/4-Modell	4/5-Modell	5/6-Modell	6/7-Modell	7/8-Modell
25	19	17	16	15	15	14,5
26	19,5	17,5	16,5	16	15,5	15
27	20,5	18	17	16,5	16	15,5
28	21	19	17,5	17	16,5	16
31	23,5	21	19,5	19	18,5	18

Eine eventuelle Alters- oder Schwerbehinderten-Ermäßigung oder sonstige dienstliche Anrechnun-

Beispiel 2: Antrags-Ruhestand mit zwei vorgeschalteten Freistellungsjahren

Schuljahr 2019/20 0,0% Arbeit – 80% Gehalt	Fünftes Jahr des 4/5-Sabbatjahres („Jahr der vollen Freistellung")	
Schuljahr 2018/19 0,0% Arbeit – 66,66% Gehalt	Drittes Jahr des 2/3-Sabbatjahres („Jahr der vollen Freistellung")	
Schuljahr 2017/18 100% Arbeit – 66,66% Gehalt	Zweites Jahr des 2/3-Sabbatjahres	Zweite Ansparphase
Schuljahr 2016/17 100% Arbeit – 66,66% Gehalt	Erstes Jahr des 2/3-Sabbatjahres	
Schuljahr 2015/16 100% Arbeit – 80% Gehalt	Viertes Jahr des 4/5-Sabbatjahres	Erste Ansparphase
Schuljahr 2014/15 100% Arbeit – 80% Gehalt	Drittes Jahr des 4/5-Sabbatjahres	
Schuljahr 2013/14 100% Arbeit – 80% Gehalt	Zweites Jahr des 4/5-Sabbatjahres	
Schuljahr 2012/13 100% Arbeit – 80% Gehalt	Erstes Jahr des 4/5-Sabbatjahres	

Diese Übersicht zeigt die Kumulation eines 4/5-Sabbatjahrs mit einem 2/3-Sabbatjahr einer Lehrkraft, die am 1.12.1956 geboren ist, also das 63. Lebensjahr am 1.12.2019 vollendet. Gesetzlicher Ruhestand: 1.8.2022; Antragsruhestand: 1.8.2020 (6,6% Abschlag) **oder** 1.8.2021 (3% Abschlag)*.

→ Ruhestand (Übergangsregelungen Jg. 1948-1964)

Dargestellt ist der Fall mit dem frühest möglichen Eintritt in den Ruhestand am 1. August 2020.

* Bei Schwerbehinderung empfehlen wir die individuelle Beratung durch die Schwerbehindertenvertretung.

Die Lehrkraft beginnt im Sommer 2012 mit einem 4/5-Sabbatjahr, nimmt aber nach der Ansparphase das „Jahr der vollen Freistellung" nicht in Anspruch, sondern schließt ein 2/3-Sabbatjahr an. Ergebnis: Die Lehrkraft muss ab dem ersten Schultag nach den Sommerferien 2018 nicht mehr arbeiten. Am 1.8. 2020 wird sie in den Antragsruhestand versetzt.

Alternative: Urlaub bis zum 63. Geburtstag

Alternativ könnte diese Lehrkraft mit dem Ansparen für die zwei Sabbatjahre auch ein Jahr früher beginnen (ab Schuljahr 2011/12). Dann muss sie ab dem ersten Schultag nach den Sommerferien 2017 nicht mehr arbeiten. Nach den zwei Jahren der vollen Freistellung (2017/18 und 2018/19) nimmt sie vom ersten Schultag nach den Sommerferien 2019 bis zum 30.11.2019 Urlaub ohne Bezüge und tritt „tagesscharf" mit Vollendung des 63. Lebensjahres in den Antragsruhestand.

→ Ruhestand (Allgemeines) A.2

Teilzeit/Urlaub (Freistellungsjahr – Sabbatjahr)

gen, Arbeitsbefreiungen oder Freistellungen werden hiervon nicht berührt.

Anders als bei anderen Formen der Teilzeitarbeit kann das einmal gewählte Deputat während der Ansparphase grundsätzlich nicht verändert werden! Abweichungen werden nur bei Störfällen (s.u.) genehmigt.

Eine weitere Entlastung in der letzten Arbeitsphase ist auch durch eine Verschiebung der Vorgriffsstunden-Rückgabe auf die letzten Dienstjahre oder (kumuliert) auf das letzte Jahr vor dem „Jahr der vollen Freistellung" erreichbar. Keinesfalls sollten zurückgegebene Vorgriffsstunden auf das „Jahr der vollen Freistellung" gelegt werden, da sie dann von den Beschäftigten nicht „gespürt" werden, sondern (ersatzlos) verlorengehen. Hierzu bitte auch den Beitrag ➔ Arbeitszeit (Vorgriffsstunde) beachten.

Die Schulverwaltung lässt auf Antrag – insbesondere bei schulischem Bedarf – auch zu, das Deputat in den Ansparjahren zu verändern. Variiert das Regelstundenmaß, richten sich die Bezüge im Jahr der vollen Freistellung nach dem Durchschnitt der Zahlung in den Ansparjahren. Beispiel: Sabbatmodell mit 21 Wochenstunden, Laufzeit 5 Jahre, davon ein Jahr 21/28, zwei Jahre 21/27, ein Jahr 21/25 Wochenstunden. Das Gehalt im Jahr der vollen Freistellung beträgt: 4 x 21 : (28+27+27+25) = 84/107 x 4/5 = 62,8%.

Verfahren und Fristen

Wie jede Teilzeitbeschäftigung wird das Freistellungsjahr stets vom ersten Unterrichtstag nach den Sommerferien bis zum letzten Tag der Sommerferien bewilligt. Der Antrag muss spätestens bis zur Ausschlussfrist für „stellenwirksame Änderungsanträge" bei der Schulleitung eingereicht sein; anders als eine „normale" Teilzeitbeschäftigung ist das Sabbatjahr jedoch (zunächst) nicht „stellenwirksam", denn es führt erst im „Jahr der vollen Freistellung" zu einer Verminderung des Unterrichtsvolumens. Erfahrungsgemäß bewilligen die Regierungspräsidien deshalb auch relativ kurzfristig eingereichte Anträge. Trotzdem sollte man im Interesse einer ordentlichen Abwicklung den Antrag bis zum Ausschlusstermin einreichen.

➔ Formulare (Schulverwaltung und LBV) – am Ende des Adressenteils; ➔ Stellenwirksame Änderungsanträge

Der Bewilligungszeitraum endet auch dann am letzten Tag der Sommerferien, wenn im Anschluss an das „Jahr der vollen Freistellung" der Ruhestand beginnt. Da Pensionierungen normalerweise zum 1. August erfolgen, entstünde ein Überhang an angesparter Arbeitszeit. Deshalb gibt es bei der Beantragung eines Sabbatjahres zwei Varianten:
1. Beginn der Ansparphase (und des anteilig gekürzten Gehaltes) am 1. Schultag nach den Sommerferien. Das Jahr der vollen Freistellung beginnt ebenfalls an einem ersten Schultag nach den Sommerferien, endet aber am 31. Juli. Entweder erfolgt bei dieser Variante die Zurücksetzung eines Jahres. Schultag nach den Ferien oder die Differenz vom 1. August bis zum letzten Ferientag wird finanziell ausgeglichen.
2. Beginn der Ansparphase (und des gekürzten Gehalts) am 1. August. Da das Freistellungsjahr dann am 31. Juli des letzten „Dienstjahres" vor der Pensionierung endet, entspricht der angesparte Teil aus der Ansparphase genau einem Jahr und ist kein Ausgleich notwendig.

„Störfälle" und Rückabwicklung

Das Freistellungsjahr lässt sich nur in Ausnahmefällen verändern bzw. vorzeitig beenden. Die Entscheidung für ein bestimmtes Modell ist grundsätzlich bindend. Auf Antrag der Lehrkraft und aus dienstlichen Gründen kann die Bewilligung jedoch widerrufen werden. Ein rückwirkender Widerruf ist jedoch nur für den gesamten Bewilligungszeitraum zulässig („Rückabwicklung").

Die Bewilligung ist von Amts wegen zu widerrufen bei Beendigung des Beamtenverhältnisses (z.B. durch Tod oder Eintritt in den Ruhestand), bei Dienstherrnwechsel (z.B. Versetzung in ein anderes Bundesland), bei Bewilligung von Altersurlaub. Wenn der Fortsetzung der Teilzeitbeschäftigung einer Lehrkraft nicht mehr zuzumuten ist, ist auf Antrag ein Widerruf möglich. Härtefälle sind z.B.:
– Der Partner der Lehrkraft wird arbeitslos,
– die Ehe der Lehrkraft wird geschieden,
– die Lehrkraft erkrankt schwer,
– Versetzung in ein anderes Bundesland,
– Zusage für den Auslandsschuldienst.

Wenn eine Lehrkraft für begrenzt dienstunfähig erklärt wird (§ 43 LBG i.V.m. § 27 Beamtenstatusgesetz), ist auf Antrag ein Widerruf möglich; die Freistellung kann aber auch fortgesetzt werden. Hierzu hat das KM der Schulverwaltung Detailregelungen mitgeteilt (25.7.2002 (AZ: 14-0311.41/288).

➔ Beamtengesetz § 43; ➔ Beamtenstatusgesetz § 27

Kann das Freistellungsjahr nicht wie vorgesehen abgewickelt, insbesondere die Freistellung am Ende des Bewilligungszeitraumes nicht in Anspruch genommen werden, erfolgt ein Ausgleich der von den Beschäftigten bereits erbrachten finanziellen Vorleistungen („Rückabwicklung"): Die bis zu diesem Zeitpunkt „eingesparten" Bezüge (Unterschiedsbetrag zum vollen Gehalt) werden zinslos nachgezahlt. Die ruhegehaltfähige Dienstzeit wird auf der Basis der tatsächlich gearbeiteten Zeit berechnet. Wird während des Sabbatjahrs z.B. wegen Geburt eines Kindes langfristig Urlaub (Elternzeit oder Urlaub aus familiären Gründen) bewilligt, so verlängert sich der Bewilligungszeitraum entsprechend.

Urlaub kann günstiger sein!

Ein Urlaub ohne Bezüge kann in bestimmten Konstellationen attraktiver sein als ein Sabbatjahr, insbesondere wenn sich eine weitere Beurlaubung anschließen soll (s.u.). Das Sabbatjahr ist nach seinem Antritt kaum veränderbar. Ferner gibt man durch das jahrelange Ansparen dem Land praktisch ein zinsloses Darlehen. Hingegen kann ein Urlaub flexibel nach den individuellen Bedürfnissen gehandhabt werden und hierfür angespartes Kapital kann Zinsen erbringen. Für die Versorgung „kostet" beides gleich viel (ein Jahr weniger Dienstzeit). Das Sabbatjahr hat zwar den Vorteil der Beihilfeberechtigung; wer aber im Urlaub z.b. als Ehepartner beihilfeberechtigt ist (Einkommensgrenze beachten: ➜ Beihilfe – Urlaub), fährt mit einem Urlaub gegebenenfalls besser als mit dem engen Sabbatjahr.

Es ist in manchen Fällen sinnvoll, das Sabbatjahr nicht bis zum Schuljahresende **nach** dem 63. Geburtstag zu befristen, denn dann überlappen sich „angesparte" Zeiten des Sabbatjahres und Dienstzeiten mit Pensionsberechtigung. Das ist verschenktes Geld! Es kann deshalb bisweilen klüger sein, das Sabbatjahr bis zum Schuljahresende **vor** dem 63. Geburtstag zu befristen und bis zu diesem Termin Urlaub zu nehmen.

Übergangsvorschrift

Für Kolleg/innen, die sich am 31.12.2010 in einem Sabbatjahr befanden, gilt folgende Übergangsvorschrift:

„Für Beamtinnen und Beamte auf Lebenszeit oder auf Zeit, deren

1. Urlaub nach §§ 153b und153c des Landesbeamtengesetzes ... bis zum Beginn des Ruhestands,

2. Teilzeitbeschäftigung nach § 153g des Landesbeamtengesetzes mit der Lage des Freistellungsjahres unmittelbar vor dem Beginn des Ruhestandes ...

am Tage vor dem Inkrafttreten dieses Gesetzes bewilligt und angetreten oder aufgenommen war, gelten für den Eintritt in den Ruhestand und die Festsetzung der Versorgungsbezüge die am Tage vor dem Inkrafttreten dieses Gesetzes geltenden Vorschriften. ..."

In Kraft getreten ist das Gesetz am 1.1.2011. Dies bedeutet: Wer – unseren Vorschlägen entsprechend – in den vergangenen Jahren Freistellungsjahre bis zum Beginn des Ruhestands beantragt hat (auch „kumulierte" Sabbatjahre oder solche mit anschließendem „Altersurlaub" bis zum Beginn des Ruhestandes), wem diese bewilligt wurden und wer mindestens die Ansparphase begonnen hat, wird nach „altem Recht" behandelt. Es werden also die Zurruhesetzungstermine nicht angehoben, selbst wenn man zu den von der Dienstrechtsreform betroffenen Geburtsjahrgängen gehört. Betroffene dürfen aber von der Hinausschiebung der Altersgrenze um ein Jahr Gebrauch machen.

➜ Beamtengesetz § 39

➜ Arbeitszeit (Vorgriffsstunde); ➜ Beamtengesetz §§ 43 und 70; ➜ Beamtenstatusgesetz § 27; ➜ Beihilfever-ordnung § 5 Abs. 4 Nr. 4; ➜ Ruhestand (Allgemeines); ➜ Stellenwirksame Änderungsanträge; ➜ Teilzeit/Urlaub (Beamtenrecht – VwV) Nr. IV

Teilzeitbeschäftigung (Pflichten und Rechte)

Hinweise der Redaktion auf die Berücksichtigung der Teilzeitbeschäftigung bei der Verteilung von Dienstaufgaben

1.
Landesbeamtengesetz

Das Landesbeamtengesetz gilt für alle beamteten Lehrkräfte uneingeschränkt. Unabhängig vom Status der Voll- oder Teilzeitbeschäftigung schulden alle Beamt/innen dem Dienstherrn die *„volle Hingabe".* Diese grundsätzliche Verpflichtung darf von den Vorgesetzten jedoch nur unter dem Gesichtspunkt von *„Fürsorge und Schutz"* (Beamtenstatusgesetz § 45) eingefordert werden: Sie müssen dem Beamten bei Ermessensentscheidungen *„gerecht und wohlwollend"* und unter *„gebührender Berücksichtigung der wohlverstandenen Interessen des Beschäftigten"* begegnen. Hieraus folgt: Bei der Verteilung von Dienstaufgaben kann bzw. muss der Status (Voll- oder Teilzeitbeschäftigung) berücksichtigt werden.

Zusätzlich ist dabei das Benachteiligungsverbot des Landesbeamtengesetzes (§ 76) zu beachten:

Teilzeitbeschäftigung darf das berufliche Fortkommen nicht beeinträchtigen; eine unterschiedliche Behandlung von Beamtinnen und Beamten mit ermäßigter Arbeitszeit gegenüber Beamtinnen und Beamten mit regelmäßiger Arbeitszeit ist nur zulässig, wenn zwingende sachliche Gründe dies rechtfertigen.

➜ Beamtengesetz § 72 ff.; ➜ Beamtenstatusgesetz § 45

2.
Tarifvertrag Länder (TV-L)

Im Tarifvertrag (Länder) ist in § 11 zu den Teilzeitbeschäftigten verfügt: *Bei der Gestaltung der Arbeitszeit hat der Arbeitgeber im Rahmen der dienstlichen beziehungsweise betrieblichen Möglichkeiten der besonderen persönlichen Situation der/des Beschäftigten ... Rechnung zu tragen.*

➜ Tarifvertrag (Länder) § 11

Zur Vergütung für Teilzeit-Lehrkräfte i.A. bei außerunterrichtlichen Veranstaltungen siehe

➜ Außerunterrichtliche Veranstaltungen (Hinweise) Nr. 6

3.
Schulgesetz und Konferenzordnung

Nach § 41 Schulgesetz obliegen die Verteilung der Lehraufträge, die Aufstellung der Stundenpläne sowie die Verteilung sonstiger dienstlicher Aufgaben dem bzw. der Schulleiter/in (Weisungsrecht).

➜ Schulgesetz § 41

Die Gesamtlehrerkonferenz besitzt hierzu ein Beratungs- und Beschlussrecht zu allgemeinen Empfehlungen an die Schulleitung; solche Empfehlungen müssen von der Schulleitung im Rahmen des pflichtgemäßen Ermessens berücksichtigt (d.h. geprüft und ggf. umgesetzt) werden, sie entfalten aber keine Bindungswirkung.

→ Ermessen; → Konferenzordnung § 2 Abs. 1 Nr. 9; → Schulgesetz § 44

4.
Chancengleichheitsgesetz

Dabei ist die Schulleitung jedoch immer an die geltenden Vorschriften gebunden. So muss sie z.B. die Bestimmungen über die familiengerechte Arbeitszeit und über die Teilzeitbeschäftigung in
→ Chancengleichheitsgesetz § 13 beachten:

Die Dienststellen können auf Antrag über die gleitende Arbeitszeit hinaus eine familiengerechte Gestaltung der täglichen und wöchentlichen Arbeitszeit einräumen, wenn dies nachweislich zur Betreuung von mindestens einem Kind unter 18 Jahren oder einer nach ärztlichem Zeugnis pflegebedürftigen angehörigen Person erforderlich ist und dienstliche Belange nicht entgegenstehen. Ist beabsichtigt, dem Antrag einer oder eines Beschäftigten nicht zu entsprechen, ist die Beauftragte für Chancengleichheit zu beteiligen. Die Ablehnung des Antrags ist von der Dienststelle schriftlich zu begründen.

Diese Regelung gilt für Vollzeit- und Teilzeitbeschäftigte sowie für Männer und Frauen. Die Schulleitung muss die Beauftragte für Chancengleichheit (BfC) also stets beteiligen, wenn sie einem Antrag nicht entsprechen will.

„Beteiligen" bedeutet, dass sie der BfC die beabsichtigte Begründung für die Ablehnung des Antrags übermitteln und deren Stellungnahme abwarten muss (hierzu ist also kein weiterer Antrag des/der Betroffenen erforderlich). Die Stellungnahme der fC ist von der Schulleitung bei ihrer endgültigen Entscheidung zu berücksichtigen. Falls die Schulleitung trotz eines negativen Votums der BfC bei ihrer Entscheidung bleibt, ist diese der Lehrkraft schriftlich mitzuteilen.

An Schulen ohne BfC (weniger als 50 Beschäftigte) wendet sich die Schulleitung direkt – ohne Dienstweg! – an die BfC bei der nächsthöheren Schulaufsichtsbehörde.

An diesen Schulen ist die Schulleitung zwar nicht ausdrücklich verpflichtet, die dortige Frauen-Ansprechpartnerin zu beteiligen – es ist jedoch zu empfehlen, schon vorher im Gespräch mit dieser an der Schule selbst eine Lösung zu finden, welche die betroffene Lehrkraft zufriedenstellt und die es erübrigt, die Beauftragte für Chancengleichheit bei der Schulaufsichtsbehörde zu beteiligen.

5.
Chancengleichheitspläne

Es gibt im Bereich eines jeden der vier Regierungspräsidien Chancengleichheitspläne für
- die beruflichen Schulen,
- die Grund-, Haupt-, Real- und Sonderschulen,
- sowie die Gymnasien.

→ Chancengleichheitsgesetz § 5; → Chancengleichheitsplan

Wir geben hier als Beispiel aus dem Chancengleichheitsplan des RP Tübingen für den GWHRS-Bereich aus dem Kapitel B. *Maßnahmen zur Vereinbarkeit von Familie und Beruf* den Abschnitt *1. Familienarbeit und Teilzeit* wieder:

Die Berücksichtigung der Belange der Familienarbeit leistenden Frauen bei der Gestaltung des Stundenplans sowie insbesondere die Rücksichtnahme auf Teilzeitbeschäftigte bei der Verteilung außerunterrichtlicher Aufgaben ist schon heute geübte Praxis. Aber auch hier lassen sich noch Teile optimieren.

Da die Bedingungen von Ort zu Ort und Schulart zu Schulart sehr unterschiedliche sind, können familienfreundliche Rahmenbedingungen nicht allgemein gültig festgeschrieben werden. – Die Schule kann im Einvernehmen mit der Beauftragten für Chancengleichheit bei den unteren Schulaufsichtsbehörden bzw. der Ansprechpartnerin an der Schule Rahmenregelungen treffen.

Hilfreich ist die Unterscheidung zwischen unteilbaren Dienstaufgaben (z.B. Konferenzteilnahme, Fortbildung) und teilbaren Dienstaufgaben. Neben dem "geteilten" Lehrauftrag gehören dazu viele außerunterrichtliche Aufgaben und Veranstaltungen wie z.B. Aufsichten, Verwaltungsarbeiten, Klassenfahrten, Schullandheimaufenthalte. Hier ist der Rücksichtnahme auf Teilzeitbeschäftigte ebenso geboten wie bei der Verteilung der Lehraufträge auf die Wochentage. Wo sich eine Konzentration dergestalt anbietet, dass sich ein unterrichtsfreier Tag ergibt, sofern pädagogische und allgemeine dienstliche Belange dem nicht entgegenstehen, sollte so verfahren werden.

Es gehört zu den Aufgaben der Schulleitung sicherzustellen, dass sich die Rahmenbedingungen für Teilzeitbeschäftigte nicht nachteilig auswirken. Dies gilt sowohl im Hinblick auf die zeitliche Lage unteilbarer und die Wahrnehmung teilbarer Dienstaufgaben im Allgemeinen als auch für die Anordnung von Mehrarbeit und Vertretungen im Besonderen. Wünschenswert wäre es, dies auch bei Arbeiten im Zusammenhang mit der Selbstevaluation und bei der Einrichtung von Ganztagsschulen zu berücksichtigen. ...

Bis auf unwesentliche Nuancen sind die entsprechenden Vorgaben in den Chancengleichheitsplänen aller vier Regierungsbezirke und aller Schularten identisch.

6.
Arbeitszeitregelungen

In der VwV „Arbeitszeit (Lehrkräfte)" ist zur Arbeitsverteilung (Bandbreitenmodell) verfügt:

„Bei teilzeitbeschäftigten Lehrkräften ist bei der Abweichung vom Deputat auf deren besondere Belastung durch unteilbare Tätigkeiten Rücksicht zu nehmen."

→ Arbeitszeit (Lehrkräfte) Teil I Nr. 2

Das KM hat hierzu u.a. ausgeführt: *„Insbesondere bei aufsichts- und betreuungsintensiven Schulen und bei Schulen mit hohem Anteil an teilzeitbeschäftigten Lehrkräften ist dafür Sorge zu tragen, dass durch die überproportional stark wahrzunehmenden unteilbaren Aufgaben von Teilzeitlehrkräften (bspw. Gesamtlehrerkonferenzen, Fachkonferenzen) diese Lehrkräfte auch in angemessenem Umfang Aufgaben der Schulentwicklung und Qualitätssicherung wahrnehmen können."*

(Quelle: Begründung des KM zur Änderung der VwV „Arbeitszeit – Lehrkräfte" vom 17.3.2005)

Am 17.10.2000 (14-0311.41/267) hat die Kultus-

| Teilzeitbeschäftigung (Pflichten und Rechte) |

ministerin zur Teilzeitbeschäftigung und außerunterrichtlichen Veranstaltungen u.a. ausgeführt:

Mir liegt sehr daran, dass teilzeitbeschäftigte Lehrerinnen und Lehrer nicht benachteiligt werden. In Bezug auf Studienfahrten und Schullandheimaufenthalte steht es in der pädagogischen Verantwortung jeder Lehrerin und jedes Lehrers, an dieser Veranstaltung teilzunehmen. Ich gehe davon aus, dass die Schulleiterinnen und Schulleiter nicht in erster Linie und ohne Not teilzeitbeschäftigte Lehrerinnen und Lehrer auf die Teilnahme an Studienfahrten und Schullandheimen ansprechen. In Kollegien mit einem hohen Anteil teilzeitbeschäftigter Lehrerinnen und Lehrer kann dieses Prinzip nicht immer aufrechterhalten werden. Nehmen Teilzeitbeschäftigte an Studienfahrten oder Schullandheimaufenthalten teil, sollte im Gespräch mit der Schulleitung nach Möglichkeiten eines innerschulischen Ausgleichs gesucht werden.

Eine Aufstockung des Teildeputats auf ein volles Deputat während der Zeit der Studienfahrt oder des Schullandheims ist aus Gründen der Stellenbewirtschaftung leider nicht möglich. ... Die Dienstzeit im Rahmen einer Studienfahrt oder eines Schullandheimaufenthalts ist aber nicht wie eine Unterrichtstätigkeit messbar.

7. Rahmenregelungen an der Schule

Die in den Chancengleichheitsplänen erwähnten „Rahmenregelungen" können von der einzelnen Schule im Einvernehmen mit der BfC bzw. der Ansprechpartnerin an der Schule durch die Gesamtlehrerkonferenz beschlossen werden. Sie sollen gewährleisten, dass die Arbeitszeitgestaltung dem Sinn der Teilzeitbeschäftigung nicht zuwiderläuft und dass außerunterrichtliche Verpflichtungen proportional zur reduzierten Unterrichtsverpflichtung festgelegt werden. Sie sollten z.B. folgende Fragen regeln:

<u>Teilbare</u> *außerunterrichtliche Aufgaben, die von teilzeitbeschäftigten Lehrkräften nur anteilig oder alternierend wahrgenommen werden:*

- Aufsichten (Pausen- und Busaufsichten)
- Prüfungen (Zweitkorrekturen, Präsenz bzw. Aufsicht bei Prüfungen)
- Klassenleitung (alternierend oder im Team)
- Vertretungen und Mehrarbeit
- Teilnahme an Kooperationen und Teambesprechungen, Mitarbeit an der Schulentwicklung
- Wandertage und Schullandheimaufenthalte
- Präsenz bei schulischen Veranstaltungen (Schulfest, Disco, Projekttage, Bundesjugendspiele etc.)
- Sprechstunden und Elternsprechtage.

<u>Unteilbare</u> *außerunterrichtliche Verpflichtungen, die zu einer im Verhältnis zu Vollzeitbeschäftigten stärkeren Belastung der Teilzeitbeschäftigten führen:*

- Lehrer-, Fach-, und Klassenkonferenzen, soweit diese als Beratungs- und Beschlussgremium für die im Schulgesetz benannten Aufgaben zusammentreten und die Teilzeitkräfte betreffen.

- Schulkonferenzen, soweit die betreffende Lehrkraft Mitglied in diesem Gremium ist.

Beispiele für Maßnahmen zur Verbesserung der Arbeitsbedingungen teilzeitbeschäftigter Lehrkräfte:

- Auf teilzeitbeschäftigte Lehrkräfte mit Kindern unter 18 Jahren und/oder pflegebedürftigen Angehörigen wird bei der Stundenplangestaltung entsprechend ihrem Antrag gemäß § 13 ChancenG vorrangig Rücksicht genommen (anteilige Belastung).
- Bei der Verteilung der Unterrichtsstunden auf die Wochentage wird Teilzeitbeschäftigten mit bis zu 3/4 der regelmäßigen Unterrichtsverpflichtung auf ihren Wunsch ein unterrichtsfreier Tag ermöglicht. Ist dies nicht für alle Teilzeitbeschäftigten möglich, wird für einen Wechsel im nächsten Schulhalbjahr/Schuljahr gesorgt.
- An Wochentagen, an denen Zeitfenster für Kooperation und Teamarbeit festgelegt sind, werden unterrichtsfreie Tage für Teilzeitbeschäftigte nach Möglichkeit vermieden. Ansonsten gilt Satz 2 des letzten Punktes.
- Bei einer Häufung von Konferenzen (z.B. durch die Arbeit am Schulcurriculum) werden Teilzeitbeschäftigte an anderer Stelle von außerunterrichtlichen Aufgaben entlastet.
- Der Einsatz mit weniger als 2 Unterrichtsstunden am Tag sowie der Einsatz am Vor- und Nachmittag desselben Tages wird bei Teilzeitbeschäftigten mit bis zu 3/4 der regelmäßigen Unterrichtsverpflichtung vermieden (Ausnahme: ausdrücklicher anderer Wunsch der Betroffenen).
- Zur Übernahme einer besonderen zusätzlichen Aufgabe (z.B. Fachschaftsleitung, Sammlungen, Lehr- und Lernmittel) ohne Entlastung in der Unterrichtsverpflichtung werden Teilzeitlehrkräfte nicht gegen ihren Willen verpflichtet.
- Vor der Anordnung von Vertretungen oder Mehrarbeit aus zwingenden dienstlichen Gründen oder vor einer Änderung der Stundenzahl nach dem „variablen Deputat" (→ Arbeitszeit – Lehrkräfte, Teil A IV) werden Teilzeitbeschäftigte gefragt bzw. frühzeitig benachrichtigt.
- Bei unvermeidbaren Versetzungen oder Abordnungen aus dienstlichen Gründen wird ein Einsatzort angeboten, der dem Anliegen der Teilzeit nicht zuwiderläuft.

8. Beteiligung der Personalvertretung

Es obliegt dem Personalrat, über die Durchführung der zugunsten der Beschäftigten geltenden Vorschriften zu wachen sowie Beschwerden von Beschäftigten entgegenzunehmen und – soweit sie berechtigt erscheinen – mit der Dienststellenleitung zu klären. Betroffene können sich deshalb direkt an den Personalrat wenden (wichtig insbesondere bei kleinen Schulen ohne eigene BfC).

→ Mehrarbeit; → Personalvertretungsgesetz § 68

→ Außerunterrichtliche Veanstaltungen; → Beamtengesetz § 72 ff.; → Chancengleichheitsgesetz § 13; → Chancengleichheitsplan; → Fortbildung (Allgemeines); → Konferenzordnung § 2 Abs. 1 Nr. 9; → Mehrarbeit; → Reisekosten (Aus-/Fortbildung) Nr. 3; → Tarifvertrag (Länder) § 37

Termin-Checkliste (bitte hierzu das Kalendarium unter dem Schlagwort „Ferien" beachten)

Termin-Checkliste

Diese Übersicht nennt die wichtigsten Termine für Lehrkräfte und Schulleitungen (ggf. den letzten Tag einer Frist). Die Prüfungstermine der allgemeinbildenden Schulen finden Sie bei den Schularten, das Übergangsverfahren auf die weiterführenden Schulen unter → Aufnahmeverfahren.

Termin	Was ist zu erledigen?	Einschlägige Vorschrift
Freitag vor dem ersten Schultag	Einstellung der Dienstanfänger/innen	→ Einstellungserlass Nr. 28
Erster Schultag	Unterrichtsbeginn nach (vorläufigem) Stundenplan und Inkraftsetzen des (vorläufigen) Aufsichtsplans	→ Aufsichtspflicht
Zu Beginn des Schuljahres (in der Regel im September)	Meldung nicht angemeldeter, aber schulpflichtiger Schüler/innen an die Meldebehörde (BS/GS/HS)	→ Schulpflicht (Durchsetzung) II. 1
	Meldung des Dienstantritts (z.B. bei Einstellung / Versetzung) bzw. sonstiger Personalveränderungen (z.B. Deputatsumfang) an Schulaufsichtsbehörden	→ Dienstantrittsmeldung; wichtig wegen kontinuierlicher Gehaltszahlung
	Hinweis auf Unfallverhütungsvorschriften usw.	→ Arbeitsschutz (Aushangpflicht)
	Berufung des schulinternen Krisenteams und Alarmübung; Aktualisierung des Krisenplans	→ Gewaltvorfälle und Schadensereignisse
	Information der Eltern über die freiwillige Schüler-Zusatzversicherung	→ Schüler-Zusatzversicherung II.2
Standard-Themen der ersten Gesamtlehrerkonferenz im neuen Schuljahr	Geschäftsverteilung der Schule (Information über funktionsbezogene Deputatsanrechnungen, Ermäßigungen, Freistellungen und Arbeitsbefreiungen)	→ Schulgesetz § 41 i.V.m. → Arbeitszeit (Lehrkräfte)
	Beratung und Beschlussfassung über Grundsätze für außerunterrichtliche Veranstaltungen im Schuljahr (einschl. Verteilung der Reisekosten)	→ Konferenzordnung § 2 1.11 i.V.m. → Außerunterrichtliche Veranstaltungen II.1
	Beratung und Beschlussfassung über die Fortbildung der Lehrkräfte	→ Konferenzordnung § 2 1.2 → Fortbildung/Personalentwicklg.
	Wahl der Vertreter/innen des Lehrerkollegiums in der Schulkonferenz	→ Schulkonferenzordnung i.V.m. → KonferenzVO § 2 Abs. 1 Nr. 15
	Auswahl der Vergleichsarbeiten (Gymnasium)	→ Diagnose-/Vergleichsarbeiten
2 Wo. nach dem ersten Schultag	Abmeldung vom Religionsunterricht für das 1. Schulhalbjahr (Ausschlussfrist)	→ Religionsunterricht (Abmeldung) A 2.4
3 Wo. nach dem ersten Schultag	Wahl des Klassensprechers bzw. der Klassensprecherin und der Stellvertretung	→ Schülermitverantwortung § 3 Abs. 3
bis Ende September	Anträge und Änderungen für vermögenswirksame Leistungen ans Landesamt für Besoldung schicken	→ Vermögenswirksame Leistungen
4 Wo. nach dem ersten Schultag	Entscheidung über Erfolg einer Aufnahme auf Probe in die nächsthöhere Klasse	→ Versetzungsordnungen HS § 1 Abs. 9, RS / Gym § 1 Abs. 6
5 Wo. nach dem ersten Schultag	Konstituierung des Schülerrats (außer Grundschule)	→ Schülermitverantwortung § 3 Abs. 6
6 Wo. nach dem ersten Schultag	Wahl des Klassenelternvertreters bzw. der Klassenelternvertreterin	→ Elternbeiratsverordnung § 14 Abs. 1
7 Wo. nach dem ersten Schultag	Wahl des Schülersprechers bzw. der Schülersprecherin und der Stellvertretung (außer GS)	→ Schülermitverantwortung § 3 Abs. 6
9 Wo. nach dem ersten Schultag	Wahl des bzw. der Elternbeiratsvorsitzenden	→ Elternbeiratsverordnung § 26 Abs. 3
3 Mon. nach dem ersten Schultag	Inkasso und Beitragsüberweisung an die freiwillige Schüler-Zusatzversicherung	→ Schüler-Zusatzversicherung Ziff. II Abs. 2
im November bzw. rechtzeitig vor Stichtag	Beratung und ggf. Beschluss der GLK über schulbezogene Stellenausschreibung (Verfahren von Dez. bis Juli; vgl. www.lehrereinstellung-bw.de)	→ Einstellungserlass Nr. 26

Termin-Checkliste (bitte hierzu das Kalendarium unter dem Schlagwort „Ferien" beachten)

Termin	Was ist zu erledigen?	Einschlägige Vorschrift
31. Dezember	Ausschlusstermin für Beihilfe aus dem Vor-Vorjahr	→ BeihilfeVO § 17 Abs. 10
	Antragsschluss für Besoldungsansprüche aus dem laufenden Kalenderjahr (z.B. Mehrarbeitsvergütung)	→ Mehrarbeit; → Mehrarbeit (Vergütung)
1. Schultag im Januar	Schlusstermin für die Abgabe von stellenwirksamen Änderungsanträgen bei der Schulleitung	→ Stellenwirksame Änderungsanträge
bis 15. Januar	Antrag auf schulbezogene Stellenausschreibung (nach Information und ggf. Empfehlung der GLK)	→ Einstellungserlass Nr. 26
bis 31. Januar	Entscheidung über Zurückstellung vom Schulbesuch während des ersten Grundschuljahres	→ Schulgesetz § 74 Abs. 2
bis 31. Januar	Entscheidung über ausgesetzte Versetzung, freiwillige Wiederholung und Empfehlung für 10. Schulj.	→ Versetzungsordnungen der verschiedenen Schularten
	Entscheidung über Übergang in eine andere Schulart zum Schulhalbjahr	→ Versetzungsordnung (Multilaterale)
1. bis 10. Februar	Ausgabe der Halbjahresinformationen/Zeugnisse	→ NotenbildungsVO § 3 Abs. 4
bis 15. Februar	Abmeldung vom Religionsunterricht für das 2. Schulhalbjahr (Ausschlussfrist)	→ Religionsunterricht (Teilnahme) Buchst. A 2.4
1. März	Schlusstermin für Schüler/innen zur Anmeldung bei beruflichen Vollzeitschulen	→ Schulpflicht (Berufliche Schulen – Übergabe) II.1
Termin wird örtlich festgesetzt	Anmeldung der Schulanfänger; Entscheidung über vorzeitige Aufnahme bzw. Zurückstellung; nach Anmeldefrist Prüfung, ob alle angemeldet wurden	→ Schulgesetz §§ 73-74 → Schulpflicht (Durchsetzung)
bis Anfang Mai	Meldung der versetzungsgefährdeten Grundschüler/innen an die Schulleitung	→ Versetzungsordnung Grundschulen § 2
letzte 7 Schultage	Zeugnisausgabe	→ NotenbildungsVO § 3 Abs. 4
vor Beginn der Sommerferien	Übergabe der Schüler/innen an die beruflichen Schulen	→ Schulpflicht (Berufliche Schulen) – Übergabe I.2.1
vgl. Kalendarium	Letzter Schultag (Ende nach der 4. Stunde)	→ Ferienverordnung § 2 Abs. 5
Bis Schuljahresende (31. Juli); möglichst vor den Sommerferien	Entscheidung über freiwillige Wiederholung	→ Versetzungsordnungen
	Entscheidung über Verlängerung der Schulpflicht (Hauptschule) bzw. über Beendigung der Schulpflicht (Berufliche Schulen/Hauptschule)	→ Schulgesetz § 75 Abs. 2; → Schulgesetz §§ 75, 3 und 81 → Schulpflicht (Berufl. Schulen)
Vor Beginn des neuen Schuljahres (spätestens im Juli) (die nebenstehend aufgeführten Themen sind regelmäßig einmal im Schuljahr auf einer Gesamtlehrerkonferenz zu beraten)	Beratung und Beschlussfassung von GLK und Schulkonferenz über den Haushaltsplan der Schule für das nächste Schul- bzw. Kalenderjahr	→ Konferenzordnung § 2, 1 Ziff. 7 i.V.m. → Schulgesetz § 47 Abs. 3 Nr. 7
	Planung für das nächste Schuljahr (ggf. Beschluss der GLK über Empfehlungen für die Verteilung der Lehraufträge und sonstiger dienstlicher Aufgaben, Kooperationszeiten usw.); Information des Kollegiums über Deputatsanrechnungen	→ Schulgesetz § 41 Abs 1 → Konferenzordnung § 2, 1.9 → Arbeitszeit (Lehrkräfte) Teile C, D, E, F, I
	Beratung/Beschluss der Gesamtlehrerkonferenz über den Vorschlag an die Schulleitung zur Festlegung der beweglichen Ferientage sowie der „unterrichtsfreien" Tage (für das nächste Schuljahr)	→ Ferienverordnung § 3 i.V.m. → Konferenzordnung § 2, 1.16 → Arbeitszeit (Lehrkräfte) Teil H
Mindestens einmal im Schuljahr	Besprechung mit dem/der Sicherheitsbeauftragten (ggf. mit dem Personalrat) über Unfallverhütung und Arbeitsschutz; Unterrichtung der Schüler/innen und Lehrkräfte über getroffene Maßnahmen	→ Unfallverhütung → PersonalvertretungsG § 83 → Arbeitsschutzgesetz → Gewaltvorfälle
	Entscheidung über Beibehaltung einer Raucherzone (nur an Schulen, wo Raucherzonen zulässig sind, also an Beruflichen Schulen und Gymnasien)	→ Rauchen in der Schule
Alle zwei Jahre	Belehrung über das Infektionsschutzgesetz	→ Infektionsschutzgesetz § 35
	Zusammenstellung von Sponsoringmaßnahmen	→ Sponsoring Nr. 5

Trennungsgeldverordnung

Verordnung des Finanzministeriums über das Trennungsgeld bei Abordnungen und Versetzungen (Landestrennungsgeldverordnung – LTGVO) vom 12.12.1985 (KuU S. 21/1986); zuletzt geändert 27.10.2010 (GBl. S. 793/2010)

§ 1
Geltungsbereich

(1) Trennungsgeldberechtigt nach dieser Verordnung sind
1. Landesbeamte, Beamte der Gemeinden, der Landkreise und der sonstigen der Aufsicht des Landes unterstehenden Körperschaften, Anstalten und Stiftungen des öffentlichen Rechts und zu diesen Dienstherrn abgeordnete Beamte ... .

(2) Anspruch auf Trennungsgeld entsteht aus Anlass der
1. Versetzung aus dienstlichen Gründen,
2. Aufhebung einer Versetzung nach einem Umzug mit Zusage der Umzugskostenvergütung,
   → Umzugskostengesetz (LUKG)
3. Verlegung der Beschäftigungsbehörde,
4. nicht nur vorübergehenden Zuteilung aus dienstlichen Gründen zu einem anderen Teil der Beschäftigungsbehörde, ...
6. Abordnung, auch im Rahmen der Ausbildung,
7. Zuweisung nach § 20 des Beamtenstatusgesetzes,
8. vorübergehender Zuteilung aus dienstlichen Gründen zu einem anderen Teil der Beschäftigungsbehörde,
   → Organisationserlass 1.3; → Reisekosten (Auswärtiger Unterricht)
9. vorübergehende dienstliche Tätigkeit bei einer anderen Stelle als einer Dienststelle,
10. Aufhebung oder Beendigung einer Maßnahme nach den Nummern 6 bis 9 nach einem Umzug mit Zusage der Umzugskostenvergütung,
11. Einstellung mit Zusage der Umzugskostenvergütung,
12. Einstellung ohne Zusage der Umzugskostenvergütung bei vorübergehender Dauer des Dienstverhältnisses oder der vorübergehenden Verwendung am Einstellungsort, vorbehaltlich der Zustimmung der obersten Dienstbehörde oder der von ihr ermächtigten nachgeordneten Behörde,
13. Räumung einer Dienstwohnung auf dienstliche Weisung, solange der zur Führung eines Haushalts notwendige Teil der Wohnungseinrichtung untergestellt werden muss.

Der durch eine Maßnahme nach Satz 1 Nr. 1 bis 12 begründete neue Dienstort muss dabei ein anderer als der bisherige Dienst- oder Wohnort sein; die Wohnung darf nicht im Einzugsgebiet des neuen Dienstortes liegen (§ 3 Abs. 1 Nr. 1 Buchst. c LUKG). Liegt die Wohnung im Einzugsbereich des neuen Dienstortes, wird bei Maßnahmen nach Satz 1 Nr. 6 bis 9 Trennungsgeld längstens für drei Monate gewährt.

Hinweise der Redaktion:
1. Dieses Gesetz gilt auch für Arbeitnehmer/innen.
2. Im „Einzugsgebiet" gem. § 3 Abs. 1 Nr. 1 Buchst. c LUKG liegt die Wohnung, wenn sie auf einer üblicherweise befahrenen Strecke weniger als 30 Kilometer von der neuen Dienststätte entfernt ist.

§ 2
Trennungsgeld
nach Zusage der Umzugskostenvergütung

(1) Ist Umzugskostenvergütung zugesagt, steht Trennungsgeld zu,
1. wenn der Trennungsgeldberechtigte seit dem Tag des Wirksamwerdens der Zusage oder, falls für ihn günstiger, der Maßnahme nach § 1 Abs. 2 uneingeschränkt umzugswillig ist und
2. solange er wegen Wohnungsmangels am neuen Dienstort und in dessen Einzugsgebiet nicht umziehen kann.

Uneingeschränkt umzugswillig ist, wer sich unter Ausschöpfung aller Möglichkeiten nachweislich fortwährend um eine Wohnung bemüht und den Umzug nicht durch unangemessene Ansprüche an die Wohnung oder aus anderen nicht in Absatz 2 genannten Gründen verzögert. Unangemessen ist eine Wohnung, soweit die Zahl der Zimmer die Zahl der nach § 6 Abs. 3 LUKG berücksichtigungsfähigen Personen um mehr als zwei übersteigt. Bei unverheirateten Trennungsgeldberechtigten ohne Wohnung (§ 10 Abs. 4 LUKG) gilt als angemessene Wohnung auch ein möbliertes Zimmer oder eine bereitgestellte Gemeinschaftsunterkunft.

(2) Vom Vorliegen der Voraussetzungen des Absatzes 1 ist von dem Tag an abzusehen, an dem der Trennungsgeldberechtigte aus einem der folgenden Gründe vorübergehend an einem Umzug gehindert ist:
1. vorübergehende schwere Erkrankung des Trennungsgeldberechtigten oder einer zur häuslichen Gemeinschaft gehörenden Person (§ 6 Abs. 3 Satz 2 und 3 LUKG) bis zur Dauer von einem Jahr;
2. Beschäftigungsverbot nach den Vorschriften über den Mutterschutz für die Trennungsgeldberechtigte oder einer zur häuslichen Gemeinschaft gehörenden Person (§ 6 Abs. 3 Satz 2 und 3 LUKG);
3. Schul- oder Berufsausbildung eines Kindes (§ 6 Abs. 3 Satz 2 und 3 LUKG) bis zum Ende eines Schul- oder Ausbildungsjahres. Befindet sich das Kinder in der Jahrgangsstufe 12 einer Schule, so verlängert sich der Zeitraum bis zum Ende des folgenden Schuljahres; befindet sich das Kind im vorletzten Ausbildungsjahr eines Berufsausbildungsverhältnisses, so verlängert

sich der Zeitraum bis zum Ende des folgenden Ausbildungsjahres;
4. Schul- oder Berufsausbildung eines schwerbehinderten Kindes (§ 6 Abs. 3 Satz 2 und 3 LUKG) bis zur Beendigung der Ausbildung, solange diese am neuen Dienst- oder Wohnort oder in erreichbarer Entfernung davon wegen der Behinderung nicht fortgesetzt werden kann;
5. akute lebensbedrohende Erkrankung eines Elternteils des Trennungsgeldberechtigten oder seines Ehegatten, wenn dieser in hohem Maße Hilfe des Ehegatten oder einer zur häuslichen Gemeinschaft gehörenden Person (§ 6 Abs. 3 Satz 2 und 3 LUKG) erhält;
6. Schul- oder erste Berufsausbildung des Ehegatten in entsprechender Anwendung der Nummer 3.

Liegt bei Wegfall des Hinderungsgrundes ein neuer Hinderungsgrund im Sinne des Satzes 1 vor, ist vom Vorliegen der Voraussetzungen des Absatzes 1 längstens bis zu einem weiteren Jahr abzusehen. Wenn der neue Hinderungsgrund erst später eintritt, bleibt er unberücksichtigt.

(3) Ist Umzugskostenvergütung zugesagt, wird das Trennungsgeld nach einer Bezugzeit von sechs Monaten um 50 vom Hundert gekürzt und steht nach weiteren sechs Monaten nicht mehr zu. Die jeweilige Bezugzeit verlängert sich in den Fällen des Absatzes 2 um den Zeitraum, für den vom Vorliegen der Voraussetzungen des Absatzes 1 abgesehen wird. Die oberste Dienstbehörde kann auf Antrag, bei Landesbeamten mit Zustimmung des Finanzministeriums, in außergewöhnlichen Härtefällen von der Kürzung absehen und die Bezugszeit bis zu einem weiteren Jahr verlängern.

(4) Ist ein Umzug, für den Umzugskostenvergütung zugesagt ist, aus Anlass einer Maßnahme nach § 1 Abs. 2 vor deren Wirksamwerden durchgeführt, kann Trennungsgeld in sinngemäßer Anwendung dieser Verordnung bis zum Tag vor der Dienstantrittsreise, längstens für zwölf Monate gewährt werden.

(5) Wird die Zusage der Umzugskostenvergütung außerhalb des Rechtsbehelfsverfahrens aufgehoben, wird dadurch ein Trennungsgeldanspruch nicht begründet; ein erloschener Trennungsgeldanspruch lebt nicht wieder auf.

§ 3
Trennungsgeld beim auswärtigen Verbleiben

(1) Ein Trennungsgeldberechtigter, der nicht täglich zum Wohnort zurückkehrt und dem die tägliche Rückkehr nicht zuzumuten oder aus dienstlichen Gründen nicht gestattet ist, erhält für die ersten sieben Tage nach beendeter Dienstantrittsreise als Trennungsgeld die gleiche Vergütung wie bei Dienstreisen (Trennungsreisegeld); § 11 Abs. 2 LRKG gilt entsprechend. Die tägliche Rückkehr zum Wohnort ist in der Regel nicht zuzumuten, wenn beim Benutzen regelmäßig verkehrender Beförderungsmittel die Abwesenheit von der Wohnung mehr als zwölf Stunden oder die benötigte Zeit für das Zurücklegen der Strecke zwischen Wohnung und Dienststätte und zurück mehr als drei Stunden beträgt,

(2) Nach Ablauf dieser Frist wird als Trennungsgeld Trennungstagegeld wie folgt gewährt:
1. Der Trennungsgeldberechtigte, der
   a) mit seinem Ehegatten in häuslicher Gemeinschaft lebt oder
   b) mit einem Verwandten bis zum vierten Grad, einem Verschwägerten bis zum zweiten Grad, einem Pflegekind oder Pflegeeltern in häuslicher Gemeinschaft lebt und ihnen aus gesetzlicher oder sittlicher Verpflichtung nicht nur vorübergehend Unterkunft und Unterhalt ganz oder überwiegend gewährt oder
   c) mit einer Person in häuslicher Gemeinschaft lebt, deren Hilfe er aus beruflichen oder nach ärztlichem, im Zweifel nach amtsärztlichem Zeugnis aus gesundheitlichen Gründen nicht nur vorübergehend bedarf,

   die Wohnung (§ 10 Abs. 4 LUKG) beibehält und getrennten Haushalt führt, erhält   14,30 Euro

2. Der Trennungsgeldberechtigte, der seine Wohnung (§ 10 Abs. 4 LUKG) beibehält, aber die sonstigen Voraussetzungen nach Nummer 1 nicht erfüllt, erhält   9,70 Euro.

3. Der Trennungsgeldberechtigte, der eine Unterkunft beibehält und die Voraussetzungen nach Nummern 1 und 2 nicht erfüllt oder der bei einer Maßnahme nach § 1 Abs. 2 Nr. 13 das Umzugsgut unterstellen muss, erhält   6,70 Euro.

(3) Eine Wohnung im Sinne des Absatzes 2 Nr. 1 und 2 besteht aus einer geschlossenen Einheit von mehreren Räumen, in der ein Haushalt geführt werden kann, darunter stets eine Küche oder ein Raum mit Kochgelegenheit. Zu einer Wohnung gehören außerdem Wasserver- und -entsorgung sowie Toilette.

(4) § 12 LRKG gilt entsprechend.

➔ Reisekosten (Gesetz – LRKG)

§ 4
Sonderbestimmungen
beim auswärtigen Verbleiben

(1) Für jeden vollen Kalendertag eines Urlaubs, für jeden Sonn- und Feiertag und für jeden allgemein dienstfreien Werktag innerhalb eines Urlaubs erhält der Trennungsgeldberechtigte anstelle des Trennungsreisegeldes Ersatz der notwendigen Auslagen für die Unterkunft, anstelle des Trennungstagegeldes 35 vom Hundert des nach § 3 Abs. 2 zustehenden Trennungstagegeldes; bei unentgeltlicher Unterkunft des Amtes wegen erhält er kein Trennungsgeld. Das Gleiche gilt bei
1. Dienstbefreiung,
2. Aufenthalt in einem Krankenhaus,

3. Aufenthalt am Wohnort an Arbeitstagen,
4. Dienstreisen mit einer Abwesenheitsdauer von 24 Stunden am Kalendertag,
5. Abwesenheit vom Dienstort wegen Erkrankung und
6. jeder Heimfahrt, für die eine Reisebeihilfe nach § 5 gewährt wird, für einen Tag.

Satz 1 gilt entsprechend für die Dauer des Beschäftigungsverbots nach den mutterschutzrechtlichen Vorschriften und einer Erkrankung, bei der mit Aufnahme des Dienstes innerhalb von drei Monaten nicht zu rechnen ist, wenn die Unterkunft beibehalten werden muss. Die Frist nach § 3 Abs. 1 Satz 1 verlängert sich nicht.

(2) Wird der Dienstort in den Fällen des Absatzes 1 Satz 3 verlassen oder muss er sonst wegen Erkrankung verlassen werden, werden die Fahrauslagen bis zu den Kosten für die Fahrt zum Wohnort und zurück wie bei einer Dienstreise erstattet. Nach Rückkehr steht Trennungsreisegeld nicht zu, wenn die Unterkunft wieder in Anspruch genommen werden kann, für die das Trennungsgeld nach Absatz 1 bis zur Rückkehr gewährt wird.

(3) Ändert sich der Dienstort aufgrund einer Maßnahme nach § 1 Abs. 2 für einen Zeitraum bis zu drei Monaten, wird neben dem Trennungsgeld in Bezug auf den neuen Dienstort für die bisherige Unterkunft Trennungsgeld nach Absatz 1 gewährt. Bei tatsächlicher oder zumutbarer täglicher Rückkehr dorthin wird neben dem Trennungsgeld nach §§ 3 und 4 die Entschädigung nach § 6 Abs. 1, 3 und 4 gewährt. Nach Rückkehr an den bisherigen Dienstort steht Trennungsreisegeld nicht zu.

(4) Wird in den Fällen
1. einer neuen Maßnahme nach § 1 Abs. 2,
2. eines Umzuges mit Zusage der Umzugskostenvergütung,
3. des Verlassens des Dienstortes vor Ende des Dienstverhältnisses

kein Trennungsgeld für die bisherige Unterkunft mehr gewährt, werden notwendige Auslagen für diese Unterkunft längstens bis zu dem Zeitpunkt erstattet, zu dem das Mietverhältnis frühestens gelöst werden kann.

(5) Im Fall einer neuen Maßnahme nach § 1 Abs. 2 wird Trennungsgeld weitergewährt, wenn der Trennungsgeldberechtigte wegen Krankheit den Dienstort nicht verlassen kann.

(6) Trennungsgeldberechtigte, denen erfahrungsgemäß geringere Aufwendungen für Verpflegung oder Unterkunft als allgemein entstehen, können nach näherer Bestimmung der obersten Dienstbehörde oder der von ihr ermächtigten nachgeordneten Behörde ein entsprechend den notwendigen Mehrauslagen ermäßigtes Trennungsgeld erhalten. Das Finanzministerium kann die Höhe dieses Trennungsgeldes bestimmen oder Richtlinien für seine Gewährung erlassen, wenn dies im Interesse einer einheitlichen Abfindung liegt.

§ 5
Reisebeihilfe für Heimfahrten

(1) Ein Trennungsgeldberechtigter nach § 3 erhält eine Reisebeihilfe für jeden halben Monat, wenn er die Voraussetzungen des § 3 Abs. 2 Nr. 1 Buchst. a oder b erfüllt oder das 18. Lebensjahr noch nicht vollendet hat, im Übrigen für jeden Monat. Ändern sich diese Voraussetzungen, so beginnt der neue Anspruchszeitraum erst nach Ablauf des bisherigen, sofern dies für den Trennungsgeldberechtigten günstiger ist. Der Anspruchszeitraum wird aus Anlass einer neuen Maßnahme nach § 1 Abs. 2 durch Sonn- und Feiertage, allgemein dienstfreie Werktage und Tage der Dienstantrittsreise nicht unterbrochen. Eine Reisebeihilfe wird nur gewährt, wenn die Reise im maßgebenden Anspruchszeitraum beginnt.

(2) Die Reisebeihilfe wird auch für eine Reise des Ehegatten, eines Kindes oder einer Person nach § 3 Abs. 2 Nr. 1 Buchst. b gewährt, die anstelle der Reise des Trennungsgeldberechtigten ausgeführt wird.

(3) Als Reisebeihilfe werden die entstandenen notwendigen Fahrauslagen bis zur Höhe der Kosten der für den Trennungsgeldberechtigten billigsten Fahrkarte der allgemein niedrigsten Klasse eines regelmäßig verkehrenden Beförderungsmittels vom Dienstort zum bisherigen Wohnort oder, wenn dieser im Ausland liegt, bis zum inländischen Grenzort und zurück erstattet, bei Mitnahme in einem Kraftfahrzeug begrenzt auf die Sätze nach § 6 Abs. 4 LRKG. In besonderen Fällen können Flugkosten erstattet werden. ...

§ 6
Trennungsgeld bei täglicher Rückkehr zum Wohnort

(1) Ein Trennungsgeldberechtigter, der täglich an den Wohnort zurückkehrt oder dem die tägliche Rückkehr zuzumuten ist (§ 3 Abs. 2), erhält als Trennungsgeld Fahrkostenersatz bis zur Höhe der beim Benutzen regelmäßig verkehrender Beförderungsmittel entstehenden notwendigen Fahrkosten (§ 5 LRKG); benutzt er ein nicht regelmäßig verkehrendes Beförderungsmittel aus triftigem Grund, wird Wegstrecken- oder Mitnahmeentschädigung (§ 6 Abs. 1, 4 und 5 LRKG) oder Fahrkostenerstattung (§ 5 Abs. 5 LRKG) gewährt. Hierauf sind Fahrauslagen anzurechnen, die für das Zurücklegen der Strecke zwischen Wohnung und bisheriger Dienststätte entstanden wären, wenn die Entfernung mindestens 5 Kilometer beträgt. Dabei ist als Aufwand ein Betrag von 0,10 Euro je Entfernungskilometer und Arbeitstag zugrunde zulegen. Von der Anrechnung ist ganz oder teilweise abzusehen, wenn der Trennungsgeldberechtigte nachweist, dass er bei Fahrten zwischen Wohnung und bisheriger Dienststätte üblicherweise keinen entsprechenden Aufwand hätte.

(2) Zusätzlich wird ein Verpflegungszuschuss von 2,06 Euro je Arbeitstag gewährt, wenn die notwendige Abwesenheit von der Wohnung mehr als elf Stunden beträgt, es sei denn, dass Anspruch auf

Reisekostenvergütung für Verpflegungsmehraufwand besteht.
(3) Muss aus dienstlichen Gründen am Dienstort übernachtet werden, werden die dadurch entstandenen notwendigen Mehraufwendungen erstattet.
(4) Das Trennungsgeld nach den Absätzen 1 und 2 darf das in einem Kalendermonat zustehende Trennungsgeld nach den §§ 3 und 4 nicht übersteigen; § 3 Abs. 1 Satz 1 Halbsatz 2 ist nicht anzuwenden.

§ 7
Sonderfälle

(1) Anspruch auf Trennungsgeld besteht weiter, wenn sich aus Anlass einer neuen Maßnahme nach § 1 Abs. 2 der neue Dienstort nicht ändert.
(2) Nach einem Umzug, für den Umzugskostenvergütung nicht zugesagt ist, darf das Trennungsgeld nicht höher sein als das bisherige.
(3) Das Trennungsgeld kann ganz oder teilweise versagt werden, wenn die Führung der Dienstgeschäfte verboten ist oder infolge einer Maßnahme des Disziplinarrechts oder einer aufgrund eines Gesetzes angeordneten Freiheitsentziehung der Dienst nicht ausgeübt werden kann. Das gilt nicht, wenn der Trennungsgeldberechtigte aufgrund einer dienstlichen Weisung am Dienstort bleibt.
(4) Trennungsgeld steht nur zu, solange Besoldung gezahlt wird.

§ 8
Ende des Trennungsgeldanspruchs

(1) Das Trennungsgeld wird bis zum Wegfall der maßgebenden Voraussetzungen gewährt.
(2) Bei einem Umzug mit Zusage der Umzugskostenvergütung wird Trennungsgeld längstens gewährt bis vor dem Tag, für den der Trennungsgeldberechtigte für seine Person Reisekostenerstattung nach § 7 Abs. 1 LUKG erhält, im Übrigen bis einschließlich des Tages, an dem das Umzugsgut ausgeladen wird.
(3) In den Fällen des § 4 Abs. 4 Nr. 1 und 3 wird Trennungsgeld bis zu dem Tag gewährt, an dem der Dienstort verlassen wird, bei Gewährung von Reisekostenvergütung für diesen Tag bis zu dem vorausgehenden Tag.

§ 9
Verfahrensvorschriften

(1) Das Trennungsgeld ist innerhalb einer Ausschlussfrist von 6 Monaten schriftlich oder elektronisch zu beantragen. Die Frist beginnt jeweils mit Ablauf des Kalendermonats, für den das Trennungsgeld zusteht. Das Trennungsgeld wird monatlich nachträglich gezahlt. Die zuständigen Abrechnungsstellen können bis zum Ablauf von sechs Monaten nach Antragstellung die Vorlage der maßgeblichen Belege verlangen. Werden diese Belege auf Anforderung nicht innerhalb von einem Monat vorgelegt, kann der Erstattungsantrag insoweit abgelehnt werden. Der Trennungsgeldberechtigte ist verpflichtet, die Kostenbelege nach Erstattung des Trennungsgeldes bis zum Ablauf eines Jahres für Zwecke der Rechnungsprüfung aufzubewahren und auf Verlangen vorzulegen.

→ Formulare (Schulverwaltung und LBV) – am Ende des Adressenteils

(2) Der Trennungsgeldberechtigte hat nachzuweisen, dass die Voraussetzungen für die Trennungsgeldgewährung vorliegen, insbesondere hat er das fortwährende Bemühen um eine Wohnung (§ 2 Abs. 1) zu belegen. ...

→ Beamtengesetz §§ 24 und 25; → Organisationserlass 1.3; → Reisekosten (Gesetz – LRKG); → Reisekosten (Auswärtiger Unterricht); → Umzugskostengesetz § 15; → Versetzungen und Abordnungen

Umzugskostengesetz (LUKG)

Auszug aus dem Landesumzugskostengesetz (LUKG) vom 4. März 1975 in der Fassung des Änderungsgesetzes vom 12.2.1996 (GBl. S. 127/1996); zuletzt geändert 27.10.2010 (GBl. S. 793/2010)

§ 1
Anwendungsbereich

(1) Dieses Gesetz regelt Art und Umfang der Erstattung von Auslagen aus Anlass der in den §§ 3 und 4 bezeichneten Umzüge und der in § 12 genannten Maßnahmen. Berechtigte sind:
1. Landesbeamte und Beamte der Gemeinden, der Landkreise und der sonstigen der Aufsicht des Landes unterstehenden Körperschaften, Anstalten und Stiftungen des öffentlichen Rechts sowie zu diesen Dienstherren abgeordnete Beamte mit Ausnahme der Ehrenbeamten, ...

Hinweis der Redaktion: Das Gesetz gilt auch für Arbeitnehmer/innen.

3. Beamte und Richter (Nrn. 1 und 2) im Ruhestand,
4. frühere Beamte und Richter (Nummern 1 und 2), die wegen Dienstunfähigkeit oder Erreichens der Altersgrenze entlassen worden sind,
5. Hinterbliebene der in den Nummern 1 bis 4 bezeichneten Personen.

(2) Hinterbliebene sind der Ehegatte, Verwandte bis zum vierten Grade, Verschwägerte bis zum zweiten Grade, Pflegekinder und Pflegeeltern,

wenn diese Personen zur Zeit des Todes zur häuslichen Gemeinschaft des Verstorbenen gehört haben.

(3) Eine häusliche Gemeinschaft im Sinne dieses Gesetzes setzt ein Zusammenleben in gemeinsamer Wohnung oder in enger Betreuungsgemeinschaft in demselben Hause voraus.

§ 2
Anspruch auf Umzugskostenvergütung

(1) Voraussetzung für den Anspruch auf Umzugskostenvergütung ist die schriftliche Zusage. Sie soll gleichzeitig mit der den Umzug veranlassenden Maßnahme erteilt werden.

(2) Die Umzugskostenvergütung wird nach Beendigung des Umzuges gewährt. Sie ist innerhalb einer Ausschlussfrist von einem Jahr bei der Beschäftigungsbehörde, von den in § 1 Abs. 1 Satz 2 Nr. 3 und 4 bezeichneten Berechtigten bei der letzten Beschäftigungsbehörde und von den Hinterbliebenen (§ 1 Abs. 1 Satz 2 Nr. 5) bei der letzten Beschäftigungsbehörde des Verstorbenen schriftlich oder elektronisch zu beantragen. Die Frist beginnt mit dem Tag nach Beendigung des Umzuges, in den Fällen des § 11 Satz 1 mit dem Tag nach der Bekanntgabe des Widerrufs. Die zuständigen Abrechnungsstellen können bis zum Ablauf von sechs Monaten nach Antragstellung die Vorlage der maßgeblichen Kostenbelege verlangen. Werden diese Belege auf Anforderung nicht innerhalb von einem Monat vorgelegt,, kann der Erstattungsantrag insoweit abgelehnt werden. Der Berechtigte ist verpflichtet, die Kostenbelege nach Erstattung der Umzugskostenvergütung bis zum Ablauf eines Jahres für Zwecke der Rechnungsprüfung aufzubewahren und auf Verlangen vorzulegen.

→ Formulare (Schulverwaltung) – Ende des Adressenteils

(3) Umzugskostenvergütung wird nur gewährt, wenn der Umzug innerhalb von fünf Jahren nach Wirksamwerden der Zusage der Umzugskostenvergütung durchgeführt wird oder bis zu einem späteren Umzug ein durchgängiger Anspruch auf Trennungsgeld besteht.

§ 3
Zusage der Umzugskostenvergütung

(1) Die Umzugskostenvergütung ist zuzusagen für Umzüge aus Anlass
1. der Versetzung aus dienstlichen Gründen an einen anderen Ort als den bisherigen Dienstort, es sei denn, dass
   a) mit einer baldigen weiteren Versetzung an einen anderen Dienstort zu rechnen ist,
   b) der Umzug aus besonderen Gründen nicht durchgeführt werden soll oder
   c) die Wohnung im neuen Dienstort oder in dessen Einzugsgebiet liegt. Im Einzugsgebiet liegt die Wohnung, wenn sie auf einer üblicherweise befahrenen Strecke weniger als 30 Kilometer von der neuen Dienststätte entfernt ist,

2. der Anweisung des Dienstvorgesetzten, die Wohnung innerhalb bestimmter Entfernung von der Dienststelle zu nehmen,
3. der Aufhebung einer Versetzung nach einem Umzug mit Zusage der Umzugskostenvergütung.

Hinweis der Redaktion: Auch bei einer Versetzung aufgrund einer schulscharfen Stellenausschreibung von Nichtfunktionsträgern bzw. der Ausschreibung aufgabenbezogener Stellen) ist eine Umzugskostenvergütung nach § 3 Abs. 1 Nr. 1 LUKG zuzusagen, sofern die übrigen Voraussetzungen erfüllt sind. Bewerbungen aus anderen Ländern um eine ausgeschriebene Stelle sind zu behandeln wie eine Einstellung. Die Zusage einer Umzugskostenvergütung käme hier lediglich analog § 4 Abs. 1 Nr. 1 LUKG in Betracht, wenn ein besonderes dienstliches Interesse an der Einstellung besteht. Es muss an der Gewinnung des bestimmten Bewerbers ein besonderes Interesse gegeben sein, beispielsweise weil er ein Spezialist für ein bestimmtes Arbeitsgebiet ist.
(Quelle: KM, 18. September 2007; Az.:14-0372.1/9/5)

(2) Absatz 1 Nr. 1 gilt entsprechend für Umzüge aus Anlass
1. der Verlegung der Beschäftigungsbehörde,
2. der nicht nur vorübergehenden Zuteilung aus dienstlichen Gründen zu einem anderen Teil der Beschäftigungsbehörde, ...

§ 4
Zusage der Umzugskostenvergütung in besonderen Fällen

(1) Die Umzugskostenvergütung kann in entsprechender Anwendung des § 3 Abs. 1 Nr. 1 zugesagt werden für Umzüge aus Anlass
1. der Einstellung bei Vorliegen eines besonderen dienstlichen Interesses an der Einstellung,

Hinweis der Redaktion: Bei der Einstellung von Lehrkräften an beruflichen Schulen kann die obere Schulaufsichtsbehörde Umzugskostenvergütung zusagen. Dies gilt nicht für Technische Lehrkräfte. (Quelle: KM, 15.2.2002; 14-0372.1/6)

→ Einstellungserlass Nr. 12

2. der Abordnung, auch im Rahmen der Ausbildung,
3. der Zuweisung nach § 20 des Beamtenstatusgesetzes,
4. der vorübergehenden Zuteilung aus dienstlichen Gründen zu einem anderen Teil der Beschäftigungsbehörde,
5. der vorübergehenden dienstlichen Tätigkeit bei einer anderen Stelle als einer Dienststelle,
6. der Aufhebung oder Beendigung einer Maßnahme nach Nummer 2 bis 5 nach einem Umzug mit Zusage der Umzugskostenvergütung,
7. der Räumung einer im Eigentum oder im Besetzungsrecht eines öffentlich-rechtlichen Dienstherrn im Geltungsbereich des Landesbeamtengesetzes stehenden Mietwohnung, wenn sie auf dienstliche Veranlassung hin im dienstlichen Interesse geräumt werden soll.

→ Beamtenstatusgesetz

(2) Die Zusage der Umzugskostenvergütung kann in den Fällen des Absatzes 1 der Höhe nach oder auf einzelne Erstattungstatbestände (§ 5 Abs. 1) beschränkt werden.

§ 5
Arten der Umzugskostenvergütung

(1) Die Umzugskostenvergütung umfasst die Erstattung der
1. Beförderungsauslagen (§ 6),
2. Reisekosten (§ 7),
3. Mietentschädigung (§ 8),
4. Maklergebühren (§ 9),
5. Pauschvergütung für sonstige Umzugsauslagen (§ 10),
6. Auslagen für Umzugsvorbereitung (§ 11).

(2) Zuwendungen, die für denselben Umzug von einer anderen Dienst- und Beschäftigungsstelle gewährt werden, sind auf die Umzugskostenvergütung insoweit anzurechnen, als für denselben Zweck Umzugskostenvergütung nach diesem Gesetz gewährt wird.

(3) Die aufgrund einer Zusage nach § 4 Abs. 1 Nr. 1 gewährte Umzugskostenvergütung ist zurückzuzahlen, wenn der Berechtigte vor Ablauf von zwei Jahren nach Beendigung des Umzuges aus einem von ihm zu vertretenden Grunde aus dem Dienst seines bisherigen Dienstherrn ausscheidet. Die oberste Dienstbehörde kann hiervon Ausnahmen zulassen, wenn der Berechtigte unmittelbar in einem Dienst- und Beschäftigungsverhältnis zu einem anderen öffentlich-rechtlichen Dienstherrn in der Bundesrepublik Deutschland oder zu einer in § 40 Abs. 7 Satz 2 und 3 des Bundesbesoldungsgesetzes bezeichneten Einrichtung übertritt.

§ 6
Beförderungsauslagen

(1) Die notwendigen Auslagen für das Befördern des Umzugsgutes von der bisherigen zur neuen Wohnung werden erstattet. In den Fällen des § 3 Abs. 1 Nr. 3 und § 4 Abs. 1 Nr. 7 werden höchstens die Beförderungsauslagen erstattet, die bei einem Umzug für eine Entfernung von 30 Kilometer entstanden wären.

(2) Auslagen für das Befördern von Umzugsgut, das sich außerhalb der bisherigen Wohnung befindet, werden höchstens insoweit erstattet, als sie beim Befördern mit dem übrigen Umzugsgut erstattungsfähig wären.

(3) Umzugsgut sind die Wohnungseinrichtung und im angemessenem Umfang andere bewegliche Gegenstände und Haustiere, die sich am Tage vor dem Einladen des Umzugsgutes im Eigentum, Besitz oder Gebrauch des Berechtigten oder anderer Personen befinden, die mit ihm in häuslicher Gemeinschaft leben. Andere Personen im Sinne des Satzes 1 sind der Ehegatte sowie die ledigen Kinder, Stief- und Pflegekinder. Es gehören ferner dazu die nicht ledigen in Satz 2 genannten Kinder und Verwandte bis zum vierten Grade, Verschwägerte bis zum zweiten Grade und Pflegeeltern, wenn der Berechtigte diesen Personen aus gesetzlicher oder sittlicher Verpflichtung nicht nur vorübergehend Unterkunft und Unterhalt gewährt, sowie Hausangestellte und solche Personen, deren Hilfe der Umziehende aus beruflichen oder gesundheitlichen Gründen nicht nur vorübergehend bedarf.

§ 7
Reisekosten

(1) Die Auslagen für die Reise des Berechtigten und der zur häuslichen Gemeinschaft gehörenden Personen (§ 6 Abs. 3 Satz 2 und 3) von der bisherigen zur neuen Wohnung werden wie bei Dienstreisen des Berechtigten erstattet. Übernachtungsgeld wird für den Tag des Ausladens des Umzugsgutes nur gewährt, wenn eine Übernachtung außerhalb der neuen Wohnung notwendig gewesen ist.

(2) Absatz 1 Satz 1 gilt entsprechend für zwei Reisen einer Person oder eine Reise von zwei Personen zum Suchen oder Besichtigen einer Wohnung. Eine Erstattung wird je Reise für höchstens zwei Reise- und Aufenthaltstage gewährt.

(3) Für eine Reise des Berechtigten zur bisherigen Wohnung zur Vorbereitung und Durchführung des Umzuges werden Fahrauslagen wie bei einer Dienstreise erstattet. Die Fahrauslagen einer anderen Person für eine solche Reise werden im gleichen Umfang erstattet, wenn sich zur Zeit des Umzuges am bisherigen Wohnort weder der Berechtigte noch eine andere Person (§ 6 Abs. 3 Satz 2 und 3) befunden hat, der die Vorbereitung und Durchführung des Umzuges zuzumuten war. Wird der Umzug vor dem Wirksamwerden einer Maßnahme nach den §§ 3 und 4 Abs. 1 durchgeführt, so werden Fahrauslagen des Berechtigten für die Rückreise von der neuen Wohnung zur Dienst- oder Beschäftigungsstelle wie bei einer Dienstreise erstattet.

(4) § 6 Abs. 1 Satz 2 gilt entsprechend.

→ Formulare (Schulverwaltung und LBV) – am Ende des Adressenteils

§ 8
Mietentschädigung

(1) Miete für die bisherige Wohnung wird bis zu dem Zeitpunkt, zu dem das Mietverhältnis frühestens gelöst werden konnte, längstens jedoch für sechs Monate, erstattet, wenn für dieselbe Zeit Miete für die neue Wohnung gezahlt werden musste. Ferner werden die notwendigen Auslagen für das Weitervermieten der Wohnung innerhalb der Vertragsdauer bis zur Höhe der Miete für einen Monat erstattet. Die Sätze 1 und 2 gelten auch für die Miete einer Garage.

(2) Miete für die neue Wohnung, die nach Lage des Wohnungsmarktes für eine Zeit gezahlt werden musste, während der die Wohnung noch nicht benutzt werden konnte, wird längstens für drei Monate erstattet, wenn für dieselbe Zeit Miete für die bisherige Wohnung gezahlt werden musste. Entsprechendes gilt für die Miete einer Garage.

(3) Miete nach den Absätzen 1 und 2 wird nicht für eine Zeit erstattet, in der die Wohnung oder die Garage ganz oder teilweise anderweitig vermietet oder benutzt worden ist.

§ 9
Maklergebühren

Die notwendigen ortsüblichen Maklergebühren für die Vermittlung einer Mietwohnung und einer Garage oder die entsprechenden Auslagen bis zu dieser Höhe für eine eigene Wohnung werden erstattet.

§ 10
Pauschvergütung für sonstige Umzugsauslagen

(1) Berechtigte, die am Tage vor dem Einladen des Umzugsgutes eine Wohnung hatten und eine solche nach dem Umzug wieder eingerichtet haben, erhalten eine Pauschvergütung für sonstige Umzugsauslagen. Sie beträgt für verheiratete Angehörige der Besoldungsgruppen

A 5 bis A 8	20,2 vom Hundert,
A 9 bis A 12	21,4 vom Hundert,
A 13 bis A 16, B 1 und B 2, C 1 bis C 3, W1 und W2 ...,	24,1 vom Hundert
B 3 bis B 11, C 4, W3 ...	28,6 vom Hundert

des Endgrundgehaltes der Besoldungsgruppe A 13 nach Anlage VI des Landesbesoldungsgesetzes. Ledige erhalten 50 vom Hundert des Betrags nach Satz 2. Für die Zuteilung zu den Besoldungsgruppen ist maßgebend

1. bei Beamten auf Widerruf im Vorbereitungsdienst
   die Eingangsbesoldungsgruppe ihrer Laufbahn,
2. bei den übrigen Beamten und Richtern
   die Besoldungsgruppe, in der sie sich am Tage vor dem Einladen des Umzugsgutes befinden,
3. bei Beamten und Richtern im Ruhestand und früheren Beamten und Richtern
   die Besoldungsgruppe, der sie bei Beendigung des Dienstverhältnisses angehört haben, oder, wenn dies günstiger ist, die Besoldungsgruppe, nach der sich ihre Versorgungsbezüge bemessen,
4. bei Hinterbliebenen
   die Besoldungsgruppe, der der Verstorbene zuletzt angehört hat, oder, wenn dies günstiger ist, die Besoldungsgruppe, nach der sich ihre Versorgungsbezüge bemessen.

Die Rückwirkung der Einweisung in eine Planstelle bleibt unberücksichtigt.

(2) Die Beträge nach Absatz 1 Satz 2 und 3 erhöhen sich für jede in § 6 Abs. 3 Satz 2 und 3 bezeichnete Person mit Ausnahme des Ehegatten um 6,3 vom Hundert des Endgrundgehaltes der Besoldungsgruppe A 13 nach Anlage VI des Landesbesoldungsgesetzes Baden-Württemberg, wenn sie auch nach dem Umzug mit den Umziehenden in häuslicher Gemeinschaft lebt.

(3) Verheirateten stehen Verwitwete und Geschiedene sowie diejenigen gleich, deren Ehe aufgehoben oder für nichtig erklärt ist, ferner Ledige, die auch in der neuen Wohnung Verwandten bis zum vierten Grade, Verschwägerten bis zum zweiten Grade, Pflegekindern oder Pflegeeltern aus gesetzlicher oder sittlicher Verpflichtung nicht nur vorübergehend Unterkunft und Unterhalt gewährt, sowie Ledige, die auch in der neuen Wohnung eine andere Person aufgenommen haben, deren Hilfe sie aus beruflichen oder gesundheitlichen Gründen nicht nur vorübergehend bedürfen.

(4) Eine Wohnung im Sinne des Absatzes 1 besteht aus einer geschlossenen Einheit von mehreren Räumen, in der ein Haushalt geführt werden kann, darunter stets eine Küche oder ein Raum mit Kochgelegenheit. Zu einer Wohnung gehören außerdem Wasserver- und -entsorgung sowie Toilette.

(5) Sind die Voraussetzungen des Absatzes 1 Satz 1 nicht gegeben, so beträgt die Pauschvergütung bei Verheirateten 30 vom Hundert, bei Ledigen 20 vom Hundert des Betrages nach Absatz 1 Satz 2 oder 3. Die volle Pauschvergütung wird gewährt, wenn das Umzugsgut aus Anlass einer vorangegangenen Auslandsverwendung untergestellt war.

(6) Ist innerhalb von fünf Jahren ein Umzug mit Zusage der Umzugskostenvergütung nach §§ 3 und 4 Abs. 1 Nr. 2 bis 6 vorausgegangen, so wird ein Häufigkeitszuschlag in Höhe von 50 vom Hundert der Pauschvergütung nach Absatz 1 gewährt, wenn beim vorausgegangenen und beim abzurechnenden Umzug die Voraussetzungen des Absatzes 1 Satz 1 vorgelegen haben.

(7) Stehen für denselben Umzug mehrere Pauschvergütungen zu, wird nur eine davon gewährt; sind die Pauschvergütungen unterschiedlich hoch, so wird die höhere Pauschvergütung gewährt.

§ 11
Auslagen für Umzugsvorbereitungen

Wird die Zusage der Umzugskostenvergütung aus von dem Berechtigten nicht zu vertretenden Gründen widerrufen, so werden die durch die Vorbereitung des Umzuges entstandenen notwendigen Auslagen im Rahmen der §§ 6 bis 9 erstattet. Sonstige Umzugsauslagen sind bei Nachweis bis zur Höhe der Pauschvergütung nach § 10 erstattungsfähig. Muss in diesem Fall ein anderer Umzug durchgeführt werden, so wird dafür Umzugskostenvergütung gewährt; Satz 1 bleibt unberührt. Die Sätze 1 bis 3 gelten entsprechend, wenn die Zusage der Umzugskostenvergütung zurückgenommen oder anderweitig aufgehoben wird oder sich auf andere Weise erledigt.

§ 12
Trennungsgeld

(1) Ein Beamter oder Richter erhält

1. in den Fällen des § 3 Abs. 1 Nr. 1 und 4 sowie Abs. 2, ausgenommen bei Vorliegen der Voraussetzungen des § 3 Abs. 1 Nr. 1 Buchst. c,
2. in den Fällen des § 3 Abs. 1 Nr. 3 und,
3. in den Fällen des § 4 Abs. 1 Nr. 1 bis 6 bei Zusage der Umzugskostenvergütung,

für die ihm durch die getrennte Haushaltsführung, das Beibehalten der Wohnung oder der Unterkunft am bisherigen Wohnort oder das Unterstellen des zur Führung eines Haushalts notwendigen Teils der Wohnungseinrichtung entstandenen notwen-

digen Auslagen unter Berücksichtigung der häuslichen Ersparnis ein Trennungsgeld. ...
→ Trennungsgeld

(2) Beamten auf Widerruf im Vorbereitungsdienst steht bei Abordnungen im Rahmen der Ausbildung 50 vom Hundert der nach Absatz 1 zu gewährenden Entschädigung zu. Satz 1 gilt auch bei Abordnungen von Beamten im Rahmen des Ausbildungs- oder Einführungsdienstes, einer Ausbildungs- oder Einführungszeit, die zum Erwerb einer Laufbahnbefähigung führen, mit Ausnahme der Reisebeihilfe für Familienfahrten bei Verheirateten und diesen gleichgestellten Beamten.

(3) Ist dem Trennungsgeldberechtigten die Umzugskostenvergütung zugesagt worden, so darf Trennungsgeld nur gewährt werden, wenn er uneingeschränkt umzugswillig ist und nachweislich wegen Wohnungsmangels an neuen Dienstort einschließlich dessen Einzugsgebietes (§ 3 Abs. 1 Nr. 1 Buchst. c) nicht umziehen kann. Diese Voraussetzungen müssen seit dem Tage erfüllt sein, an dem die Umzugskostenvergütung zugesagt worden oder, falls für den Trennungsgeldberechtigten günstiger, die Maßnahme nach Absatz 1 wirksam geworden ist.

(4) Vom Vorliegen der Voraussetzungen des Absatzes 3 ist von dem Tag an abzusehen, an dem der Trennungsgeldberechtigte aus einem der folgenden Gründe vorübergehend an einem Umzug gehindert ist:

1. vorübergehende schwere Erkrankung des Trennungsgeldberechtigten oder einer zur häuslichen Gemeinschaft gehörenden Person (§ 6 Abs. 3 Satz 2 und 3) bis zur Dauer von einem Jahr;
2. Beschäftigungsverbot nach den Vorschriften über den Mutterschutz für die Trennungsgeldberechtigte oder für eine zur häuslichen Gemeinschaft gehörende Person (§ 6 Abs. 3 Satz 2 und 3);
3. Schul- oder Berufsausbildung eines Kindes (§ 6 Abs. 3 Satz 2 und 3) bis zum Ende des Schul- oder Ausbildungsjahres. Befindet sich das Kind in der Jahrgangsstufe 12 einer Schule, so verlängert sich der Zeitraum bis zum Ende des folgenden Schuljahres; befindet sich das Kind im vorletzten Ausbildungsjahr eines Berufsausbildungsverhältnisses, so verlängert sich der Zeitraum bis zum Ende des folgenden Ausbildungsjahres;
4. Schul- oder Berufsausbildung eines schwerbehinderten Kindes (§ 6 Abs. 3 Satz 2 und 3) bis zur Beendigung der Ausbildung, solange diese am neuen Dienst- oder Wohnort oder in erreichbarer Entfernung davon wegen der Behinderung nicht fortgesetzt werden;
5. akute lebensbedrohende Erkrankung eines Elternteils des Trennungsgeldberechtigten oder seines Ehegatten, wenn dieser in hohem Maße Hilfe des Ehegatte oder einer zur häuslichen Gemeinschaft gehörenden Person (§ 6 Abs. 3 Satz 2 und 3) erhält;
6. Schul- oder erste Berufsausbildung des Ehegatten in entsprechender Anwendung der Nummer 3.

Liegt bei Wegfall des Hinderungsgrundes ein neuer Hinderungsgrund im Sinne des Satzes 1 vor, ist vom Vorliegen der Voraussetzungen des Absatzes 3 längstens bis zu einem weiteren Jahr abzusehen. Wenn der Hinderungsgrund erst später eintritt, bleibt er unberücksichtigt.

§ 13 Auslandsumzüge
Für Auslandsumzüge gelten die Sondervorschriften des Bundes entsprechend.
Hinweis der Redaktion: Die Verwaltungsvorschriften zum LUKG sind im Amtsblatt KuU S. 7/1997 abgedruckt

→ Auslandsschuldienst; → Formulare (Schulverwaltung und LBV) – am Ende des Adressenteils; → Organisationserlass 1.3; → Reisekosten (Gesetz – LRKG); → Trennungsgeld

Unfälle (Arbeitsunfälle, Dienstunfälle und Privatunfälle)
Hinweise der Redaktion

1. Allgemeine Unfall-Meldepflicht

Bei Personenschäden, die in einem dienstlichen Zusammenhang entstanden sind, handelt es sich
- im **Beamten**bereich um einen „**Dienst**unfall"
  → Beamtenversorgung (Unfallfürsorge) § 45
- im **Tarif**bereich um einen „**Arbeits**unfall".

Beschäftige des öffentlichen Dienstes sind verpflichtet, ihrer personalverwaltenden Dienststelle
- **alle** Arbeits- und Dienstunfälle (Unfälle im Zusammenhang mit der dienstlichen Tätigkeit oder im Rahmen des versicherten Betriebssports bzw. von betrieblichen Gemeinschaftsveranstaltungen)
- **alle** Unfälle im privaten Bereich (Haushalt, Verkehr, Glatteis, Sport usw.)
- **alle** anderen schädigenden Ereignisse (z.B. ärztliche Fehlbehandlung, Körperverletzung bei einer tätlichen Auseinandersetzung)

unverzüglich zu melden und den Hergang zu schildern. Dies gilt unabhängig davon, ob der/die Beschäftige vom Arzt krankgeschrieben wird, und auch bei Unfällen im Urlaub oder in den Ferien.

„Personalverwaltende Dienststelle" ist im Schulbereich die obere Schulaufsichtsbehörde (RP). Die Meldepflicht von privaten Unfällen wird von Ar-

Unfälle (Arbeits- und Dienstunfälle)

beitnehmer/innen sowie von Beamt/innen durch die Erstattung der amtlichen Unfallanzeige (vgl. unten Nr. 4) auf dem Dienstweg erfüllt; Versorgungsempfänger/innen (Ruhestandsbeamte) müssen private Unfälle direkt dem Landesamt für Besoldung und Versorgung melden. Persönliche Ansprüche (z.B. Schmerzensgeld) gegenüber Schädigern sind hiervon nicht betroffen. Auch eine auf einen Unfall zurückgehende dauernde oder vorübergehende Dienstunfähigkeit und deren Grund sind dem RP zu melden.

→ Abwesenheit und Krankmeldung (Lehrkräfte)

Diese Meldepflicht besteht, weil für Gesundheitsschäden aufgrund von Arbeits- bzw. Dienstunfällen bei Arbeitnehmer/innen nicht die Krankenkasse aufkommt, sondern die Berufsgenossenschaft, und weil Beamt/innen bei Dienstunfällen keine Behilfe und keine Leistungen ihrer privaten Krankenversicherung erhalten, sondern Heilfürsorge.

→ Beamtenversorgung (Unfallfürsorge) § 33

Ferner dient die Meldung zur Durchsetzung von Schadenersatzansprüchen des Landes bzw. der Berufsgenossenschaft gegen eventuelle Schädiger (Unfallverursacher bzw. deren Versicherungen). Nach dem Entgeltfortzahlungsgesetz (§ 7) ist der Arbeitgeber berechtigt, die Fortzahlung des Arbeitsentgelts zu verweigern, solange der Arbeitnehmer die ärztliche Bescheinigung nicht vorlegt oder den Übergang eines Schadensersatzanspruchs gegen einen Dritten auf den Arbeitgeber verhindert.

2.
Arbeits- und Dienstunfälle

Für die Anerkennung als Arbeits- bzw. Dienstunfall müssen folgende Voraussetzungen vorliegen:
1. **Körperschaden** durch ein plötzliches, zeitlich bestimmbares, äußeres Ereignis und
2. **dienstliche bzw. betriebsbedingte Tätigkeit** (auch z.B. Weg zur Schule oder Hausbesuche).

Auch Sachschäden – z.B. die unfallbedingte Zerstörung einer Brille – können ersetzt werden. Vorher müssen eventuelle Ansprüche an den Schädiger bzw. an Versicherungen gestellt worden sein.

→ Sachschäden (dort auch Beamtengesetz § 80)

Krankheitsbedingte Beeinträchtigungen der Gesundheit gelten i.d.R. nicht als Dienst- oder Arbeitsunfälle (Ausnahme: Erkrankungen aufgrund gesundheitsschädigender Arbeitsbedingungen; führt jedoch z.B. ein Allergie-Anfall zu einem Sturz im Dienst und tritt dabei ein Körperschaden ein, so gilt dies als Folge der Erkrankung). Keine Leistungspflicht besteht bei vorsätzlich herbeigeführten Unfällen (z.B. bei Alkoholeinfluss, sofern der Alkoholgenuss ursächlich für den Unfall ist)!

Auch eine betriebsbezogene (schulisch relevante) Tätigkeit am häuslichen Arbeitsplatz kann in diesem Sinne ein Dienst- oder Arbeitsunfall sein. Beispiel: Verletzung bei der Vorbereitung von Unterrichtsmaterialien. Tätigkeiten von Lehrkräften, die nicht zu ihrem Aufgabenbereich gehören, fallen jedoch nicht unter den Dienstunfallschutz (beispielsweise die Abholung von Unterrichtsmaterialien beim Kreismedienzentrum oder die Entsorgung von Sondermüll aus dem Chemieunterricht, da es sich hierbei um Pflichtaufgaben des Schulträgers handelt).

→ Reisekosten (Schulträger)

Auch bei Personenschäden, die ohne länger dauernde Folgen zu sein scheinen, ist die – sofortige – Meldung als „Dienst-" bzw. „Arbeitsunfall" oder privater Unfall wichtig: Sogenannte „Spätschäden" können Folgen für die Altersversorgung haben!

3.
Verfahren bei Beamt/innen

Dienstunfälle sind dem Regierungspräsidium innerhalb von zwei Jahren auf dem Dienstweg zu melden (amtliche Formulare im Internet abrufbar; siehe Stichwort „Schulverwaltung" im Adressenteil). Bei Halswirbel-, Rücken-, Gelenk-, Bänder-, Sehnen und Muskelverletzungen ist eine fachärztliche Bescheinigung vorzulegen, aus der hervorgeht, ob der Unfall wesentlich ursächlich für den Körperschaden war und ob eine Veranlagung hierzu bzw. eine Vorschädigung besteht (Bescheinigung in verschlossenem Umschlag beifügen). Dem Personalrat ist eine Kopie zu übermitteln (§ 83 LPVG). Für den Sachschadenersatz beträgt die Meldefrist drei Monate, bei Pkw-Beschädigung nur einen Monat (Ausschlussfrist!).

→ Formulare (Schulverwaltung und LBV) – am Ende des Adressenteils; → Sachschäden

4.
Verfahren bei Arbeitnehmer/innen

Arbeitsunfälle, die zu einer Arbeitsunfähigkeit von mehr als drei Kalendertagen führen, sind der gesetzlichen Unfallversicherung (bei Beschäftigten des Landes: Unfallkasse Baden-Württemberg) innerhalb von drei Tagen anzuzeigen, nachdem die Schulleitung Kenntnis von dem Unfall erhalten hat; schwere Unfälle sind sofort zu melden. (Formular im Internet: www.uk-bw.de/index2.html). Der Personalrat erhält eine Kopie (§ 83 LPVG).

→ Unfallversicherung

Auch eine rückwirkende Meldung eines Arbeitsunfalles oder einer Berufskrankheit ist möglich; Entschädigungsleistungen werden rückwirkend jedoch nur gewährt, soweit noch keine Verjährung eingetreten ist (nach § 45 SGB I verjähren Ansprüche vier Jahre nach Ablauf des Kalenderjahres, in dem sie entstanden sind).

Beim Arztbesuch müssen Arbeitnehmer/innen unbedingt angeben, dass es sich um einen Unfall handelt; die behandelnden Ärzte bzw. Krankenhäuser rechnen dann die Behandlungskosten direkt mit der Berufsgenossenschaft ab.

→ Arbeits- und Gesundheitsschutz (Allgemeines); → Arbeitsschutzgesetz; → Beamtenversorgung (Unfallfürsorge) § 45; → Beihilfeverordnung; → Landesamt; → Reisekosten (Schulträger / Versicherungsschutz); → Sachschäden (dort auch LBG § 80); → Tarifvertrag (Länder)

Unfallversicherung/-verhütung

Gesetzliche Schülerunfallversicherung, Unfallverhütung und Gesundheitsschutz für Schülerinnen und Schüler in Schulen; Verwaltungsvorschrift des KM vom 13.10.1998 (KuU S. 308/1998); zuletzt geändert 12.6.2006 (KuU S. 246/2006)

I.
Gesetzliche Schülerunfallversicherung

1. Für Schülerinnen und Schüler besteht bei Schulunfällen gesetzlicher Unfallversicherungsschutz nach den Bestimmungen des Siebten Buches Sozialgesetzbuch Gesetzliche Unfallversicherung.

2. Ein Schulunfall liegt vor, wenn sich dieser
   - während des Schulbesuchs einschließlich der Pausen oder
   - bei schulischen Veranstaltungen, wie z.B. Ausflügen, Wanderungen, Schullandheimaufenthalten, Besichtigungen, oder
   - bei Veranstaltungen, die in den organisatorischen Verantwortungsbereich der Schule fallen (z.B. Betriebspraktika), oder
   - bei Betreuungsmaßnahmen, die im Zusammenwirken mit der Schule durchgeführt werden (z.B. Kernzeitenbetreuung), oder
   - auf dem Schulweg bzw. auf dem Weg zu oder von einer der o.g. Veranstaltungen

   ereignet hat.

3. Die Schulleitung hat Schulunfälle, bei denen ein Schüler ärztliche Behandlung in Anspruch nehmen musste oder getötet wurde, unter Benutzung der dafür vorgesehenen Vordrucke innerhalb von drei Tagen, nachdem sie davon erfahren hat, dem Unfallversicherungsträger anzuzeigen. Unfälle mit Todesfolge und Ereignisse, bei denen mehr als drei Personen gesundheitlich geschädigt wurden, sind dem Unfallversicherungsträger außerdem sofort fernmündlich oder über Telefax mitzuteilen.

   Daneben ist jede Erste-Hilfe-Leistung, die keine ärztliche Behandlung nach sich zieht, in dem dafür vorgesehenen Verbandbuch zu vermerken. → Erste Hilfe (dort auch Bezugsquelle)

   Die im Vordrucksatz über die Unfallanzeige vorgesehene Mehrfertigung ist der Schulaufsichtsbehörde vorzulegen.

   Hinweis der Redaktion: Bis auf weiteres wird auf die Vorlage sämtlicher Unfallanzeigen bei der Schulaufsichtsbehörde verzichtet. Es wird in das pflichtgemäße Ermessen des Schulleiters gestellt, wann eine Mehrfertigung an die Schulaufsichtsbehörde übersandt wird. Es ist selbstverständlich, dass dies dann erfolgen muss, wenn der Schulunfall möglicherweise auf eine Aufsichtspflichtverletzung zurückzuführen oder wenn mit Regressansprüchen zu rechnen ist. (Quelle: KM, 23.7.99 IV/1-6600.1/196; dies ist lt. KM vom 17.8.2009 weiterhin gültig)

   Die Entscheidung darüber, ob im Einzelfall ein Schulunfall vorliegt und welche Leistungen zu gewähren sind, trifft der Unfallversicherungsträger. Die Schule hat deshalb über jeden Unfall, der ein Schulunfall sein kann und bei dem Versicherungsleistungen in Frage kommen können, die Unfallanzeige zu erstatten.

4. Zuständiger Unfallversicherungsträger in Baden-Württemberg ist die Unfallkasse Baden-Württemberg.

   Für Schüler in den Regierungsbezirken Freiburg und Karlsruhe ist zuständig die Unfallkasse Baden-Württemberg, Waldhornplatz 1, 76131 Karlsruhe, Postanschrift: 76128 Karlsruhe, Telefon: (0721) 6098 -1 Fax: (07 21) 6098 - 5200, E-Mail: info@uk-bw.de

   Für Schüler in den Regierungsbezirken Stuttgart und Tübingen ist zuständig die Unfallkasse Baden-Württemberg, Augsburger Straße 700, 70329 Stuttgart, Postanschrift: 70324 Stuttgart, Telefon: (0711) 9321-0 Fax: (0711) 9321-500, E-Mail: info@uk-bw.de.

5. Der Unfallversicherungsträger gewährt nach einem Schulunfall die nach SGB VII vorgesehenen Leistungen wie Heilbehandlung, Berufshilfe (Schulhilfe, Rehabilitation) und Verletztenrente. Die Inanspruchnahme von ärztlichen oder zahnärztlichen Leistungen für Schulunfälle erfolgt formlos. Der behandelnde Arzt oder Zahnarzt ist jedoch darauf aufmerksam zu machen, dass es sich um einen Schulunfall handelt. Die ärztlichen oder zahnärztlichen Leistungen werden vom Arzt unmittelbar mit dem Unfallversicherungsträger abgerechnet.

II.
Unfallverhütung und Gesundheitsschutz in den Schulen

1. **Unfallversicherungsträger**

   Der Unfallversicherungsträger hat mit allen geeigneten Mitteln Arbeitsunfälle und Berufskrankheiten sowie arbeitsbedingte Gesundheitsgefahren zu verhüten. Ihm obliegt
   - der Erlass von Unfallverhütungsvorschriften und Regeln für Sicherheit und Gesundheitsschutz;
   - die Überwachung der Durchführung der Maßnahmen zur Verhütung von Arbeitsunfällen, Berufskrankheiten, arbeitsbedingten Gesundheitsgefahren und einer wirksamen ersten Hilfe durch ihre Aufsichtspersonen;
   - die Beratung und Aufklärung der Schulleitung, Lehrkräfte und Schüler über alle mit der Unfallverhütung zusammenhängenden Fragen;
   - die Fortbildung der mit dem Unfall- und Gesundheitsschutz beauftragten Personen in Abstimmung mit den Schulaufsichtsbehörden.

   Hierzu werden von dem Unfallversicherungsträger Schriften herausgegeben, die von diesem zu beziehen sind. → Erste Hilfe

2. Schulträger

Für die Sicherheit der Schulgebäude, Schulräume, Anlagen und Einrichtungen im Schulbereich sowie der für die Schule erforderlichen Gegenstände, Lehr- und Lernmittel ist der Schulträger (Sachkostenträger) verantwortlich.

3. Schule

3.1 Die Schule soll mit den ihr zur Verfügung stehenden pädagogischen Mitteln und Maßnahmen das Sicherheitsbewusstsein der Schüler auf allen Gebieten wecken und fördern.

Die in den Lehrplänen enthaltenen Unterrichtsziele zur Sicherheitserziehung, Unfallverhütung und dem Gesundheitsschutz sind umzusetzen.

3.2 Die Schulaufsicht hat in enger Zusammenarbeit mit dem Unfallversicherungsträger die Durchführung der Maßnahmen zur Verhütung von Schülerunfällen, des Gesundheitsschutzes sowie einer wirksamen ersten Hilfe zu veranlassen und zu überwachen. Bei allen Dienststellen der Schulaufsicht wird ein Ansprechpartner für den Bereich der Prävention bestimmt.

3.3 Die Durchführung der Unfallverhütung und des Gesundheitsschutzes im inneren Schulbetrieb wird auf den Schulleiter übertragen. Er gilt insoweit als Unternehmer. Seine Aufgaben sind insbesondere,

– dem Schulträger Mängel an der Schulanlage oder einer sonstigen Einrichtung, die die Sicherheit des Unterrichtsbetriebs oder die Gesundheit der Schüler gefährden können, unverzüglich anzuzeigen und auf deren Beseitigung hinzuwirken bzw. bei entsprechender Mittelbereitstellung durch den Sachkostenträger die Mängel zu beseitigen;

– Lehrkräfte und Schüler über die vom Unfallversicherungsträger allgemein oder für besondere Unterrichtsbereiche erlassenen Regelungen sowie über die Sicherheitsbestimmungen der Schulverwaltung zu unterrichten;

– die für einen sicherheitsgemäßen Ablauf des Schulbetriebs erforderlichen besonderen Anweisungen zu geben;

– die Einhaltung der Sicherheitsmaßnahmen zu überwachen;

– die Lehrkräfte in regelmäßigen Zeitabständen darauf hinzuweisen, die Erziehung der Schüler zu sicherheitsbewusstem Denken und Handeln in den Unterricht mit einzubeziehen;

– im Zusammenwirken mit dem Schulträger und der Schulaufsichtsbehörde eine wirksame erste Hilfe bei Unfällen sicherzustellen;

– Unfälle in Zusammenarbeit mit dem Sicherheitsbeauftragten zu untersuchen und daraufhin zu prüfen, ob diese Anlass zu Unfallverhütungsmaßnahmen geben.

3.4 An allen Schulen sind vom Schulleiter schrift-

Hätten Sie's gewusst?
Schüler-Zusatzversicherung dringend zu empfehlen

Die gesetzliche Unfallversicherung deckt nicht alle Schülerunfälle. Ihr Schutzbereich ist beschränkt auf den organisatorischen Verantwortungsbereich der Schule. Dieser wird verlassen, wenn eine Einwirkung durch schulische Aufsichtsmaßnahmen nicht mehr gewährleistet ist.

Kein gesetzlicher Unfallversicherungsschutz besteht beispielsweise bei allen *„eigenwirtschaftlichen Tätigkeiten"*, die für jeden Menschen ein Grundbedürfnis darstellen, hinter welches schulische Belange regelmäßig zurücktreten (z.B. das Essen in der Schulkantine, insbesondere die Nahrungsaufnahme selbst, oder Wege, die aus privaten Gründen zurückgelegt oder aus privaten Gründen mehr als zwei Stunden unterbrochen werden wie Gaststättenbesuche, Einkaufsbummel oder das Besorgen der Schülerfahrkarte).

Versichert sind zwar die unter schulischer Aufsicht durchgeführten Klassenfahrten, Schullandheimaufenthalte und sonstigen Schülveranstaltungen von der Ab- bis zur Rückfahrt, nicht aber jede Betätigung während der gesamten Dauer der Klassenfahrt. Maßgeblich ist, unter Beachtung der Besonderheiten für Klassenfahrten und Schullandheimaufenthalte, ob die Verrichtung zur Zeit des Unfalls im sachlichen Zusammenhang mit der grundsätzlich versicherten Tätigkeit als Schüler/in, der Unterrichtsteilnahme oder besonderen Gefahren steht, die sich aus der Schulveranstaltung oder der besuchten Einrichtung ergeben. Kein Versicherungsschutz besteht demnach, wenn sich Schüler/innen zur Unfallzeit rein persönlichen, von der versicherten Tätigkeit nicht mehr beeinflussten Bedürfnissen und Belangen widmen (z.B.: Essen, Trinken, Schlafen, Verrichten der Notdurft, Waschen, Beschaffung von persönlich benötigten Medikamenten, Rauchen, Disco-Besuch).

Deshalb ist den Schulen dringend zu empfehlen, für die Teilnahme <u>aller</u> Schüler/innen an der freiwilligen Schüler-Zusatzversicherung zu sorgen. Diese gewährt Unfallversicherungsschutz bei *„eigenwirtschaftlichen Tätigkeiten"*, die durch die gesetzliche Unfallversicherung nicht abgedeckt sind, sowie Haftpflichtschutz vor allem bei außerunterrichtlichen Veranstaltungen.

Es ist auch eine pauschalisierte Prämienzahlung möglich. → Schüler-Zusatzversicherung

Unfallversicherung/-verhütung

lich Sicherheitsbeauftragte für innere Schulangelegenheiten zu bestellen, und zwar an Schulen mit bis zu 1 000 Personen
  = 1 Sicherheitsbeauftragter und
mit mehr als 1 000 Personen
  = 2 Sicherheitsbeauftragte.

An kleineren Schulen mit bis zu 200 Schülern kann der Schulleiter die Aufgaben des Sicherheitsbeauftragten selbst wahrnehmen. Werden mehrere Sicherheitsbeauftragte bestellt, sollte mindestens einer von ihnen das Fach Sport unterrichten.

→ Arbeitsschutzgesetz § 10 Abs. 2 vorl. Satz und § 14 Abs. 2; → Personalvertretungsgesetz § 79 Abs. 3 Nr. 2; → Schulbau

3.4.1 Für die Bestellung kommen in erster Linie Lehrkräfte in Betracht, die über besondere Erfahrung auf dem Gebiet der Unfallverhütung verfügen und die die Tätigkeit des Sicherheitsbeauftragten voraussichtlich für längere Zeit an der Schule ausüben können.

3.4.2 Die Namen der bestellten Sicherheitsbeauftragten sind der Schulaufsichtsbehörde und auf Anfrage dem Unfallversicherungsträger mitzuteilen.

3.4.3 Der Sicherheitsbeauftragte soll den Schulleiter bei der Durchführung der Unfallverhütung, des Gesundheitsschutzes und der Sicherheitserziehung unterstützen; er soll sich fortlaufend von der Wirksamkeit der organisatorischen Schutzmaßnahmen, dem Vorhandensein und der ordnungsgemäßen Benutzung der vorgeschriebenen Schutzvorrichtungen sowie dem sicherheitsgerechten Verhalten der Schüler überzeugen. Der Sicherheitsbeauftragte trägt als solcher weder eine zivilrechtliche noch eine strafrechtliche Verantwortung in dem Sinne, dass er für einen durch Verstoß gegen die Sicherheitsbestimmungen eingetretenen Schaden verantwortlich gemacht werden könnte. Er hat weder Aufsichtsfunktion noch Weisungsbefugnisse.

3.4.4 Die Ausbildung der Sicherheitsbeauftragten obliegt dem Unfallversicherungsträger. ... Für die Ausbildungsveranstaltungen, zu denen der Unfallversicherungsträger über die Schulverwaltungen einlädt, wird Freistellung von der Unterrichtsverpflichtung gewährt. Die Reisekosten für die Sicherheitsbeauftragten trägt der Unfallversicherungsträger.

Hinweise der Redaktion zu dieser Vorschrift des KM

1. Auf Formblättern und in Begleitschreiben sollte auf Darstellungen des Unfallhergangs verzichtet werden, die einem Schuldanerkenntnis der Lehrkräfte gleichkommen oder aus denen eine Fahrlässigkeit bei der Aufsichtsführung abgeleitet werden kann.

2. Der gesetzliche Unfallversicherungsschutz für Schüler/innen erstreckt sich neben der Teilnahme am Unterricht und an Schulveranstaltungen auch auf die damit unmittelbar zusammenhängenden Wege. Sofern Schüler im Auftrag der Lehrkraft während oder außerhalb der Unterrichtszeit Unterrichtsmaterial besorgen, das für die weitere Fortführung des Unterrichts notwendig ist, besteht während der Besorgung des Unterrichtsmaterials und auf den

Checkliste für Unfälle

	Was ist zu tun?	Wer tut's?
1	Erste Hilfe leisten	Lehrkraft oder Ersthelfer/in
2	(Falls erforderlich) Notruf absetzen (112) bzw. Transport zum Arzt oder in die Klinik veranlassen	Lehrkraft oder Begleitperson (notfalls Schüler/in)
3	Unfallstelle sichern* (falls erforderlich) und Klassenaufsicht regeln	Lehrkraft oder Begleitperson
4	Schulleitung benachrichtigen	Lehrkraft oder Begleitperson (notfalls Schüler/in)
5	Eltern verständigen	Lehrkraft oder Schulleitung
6	Krisenteam/Schulaufsicht** und Sicherheitsbeauftragte benachrichtigen	Schulleitung
7	a) Unfallmeldung oder b) Verbandbucheintrag***	a) Schulleitung b) Lehrkraft

* Je nach Lage (z.B. Verkehrsunfall auf stark befahrener Straße) kann es erforderlich sein, vor allen anderen Maßnahmen die Unfallstelle zu sichern, um Folgeunfälle zu vermeiden.

** Bei größeren Unfällen, Gewalt- und Katastrophenfällen sind das schulinterne Krisenteam sowie die Schulaufsichtsbehörde unverzüglich zu benachrichtigen. Der/die Sicherheitsbeauftragte der Schule ist insbesondere dann zu informieren, wenn der Unfall mit äußeren Faktoren (z.B. bauliche Mängel am Schulgebäude oder am Schulinventar) zusammenhängt. In diesem Fall ist auch der Schulträger zu verständigen.

*** Unfälle, die eine ärztliche Behandlung erforderlich machen, sind der Unfallkasse innerhalb von drei Tagen zu melden (bei Todesfall sowie bei gesundheitlicher Schädigung von mehr als drei Personen unverzügliche Vorab-Meldung per Telefon/Fax; in diesen Fällen ist auch die Schulaufsicht sofort zu informieren). Erste-Hilfe-Leistungen ohne ärztliche Behandlung sind im Verbandbuch zu vermerken. → Unfallversicherung/-verhütung

Ist das Unfallopfer an der Schule beschäftigt (z.B. Lehrkraft), muss eine Kopie der Unfallmeldung dem zuständigen Personalrat übermittelt werden.

Diese von der Redaktion erstellte Checkliste sowie ein Merkblatt, das die Schulleitung jeder Lehrkraft vor einer außerunterrichtlichen Veranstaltung aushändigen sollte, gehören zum Lieferumfang der „Aushanggesetze". Einen Bestellschein finden Sie unter → Arbeits- und Gesundheitsschutz (Allgemeines).

notwendigen Wegen gesetzlicher Unfallversicherungsschutz.
3. Das Tragen von Schmuck im Sportunterricht (ist) zu verbieten.... . Das Tragen von Uhren und Schmuckstücken (einschließlich gepiercter Schmuckstücke) kann sowohl für die Schüler selbst, als auch für die Mitschüler eine Gefahr darstellen. Bei welcher sportlichen Betätigung eine Gefährdung im Einzelfall besteht, kann nur die Lehrkraft vor Ort entscheiden, sie hat dann entsprechende Anordnungen zu treffen. Um Unfälle zu vermeiden, müssen in Abhängigkeit der Stundeninhalte / Sportarten die Schmuckstücke und Uhren im Sportunterricht abgelegt werden. Kleinere Schmuckstücke (z.B. gepierzte Ohr- oder Nasenringe), die nicht abgelegt werden können, sind ggf. mit Heftpflaster o.ä. abzukleben, Eltern und Schüler/innen müssen darüber informiert werden, dass eine Missachtung des Schmuckverbotes im Einzelfall bis zum Ausschluss vom Sportunterricht und somit zu einer fehlenden Leistungsfeststellung führen kann.
(Quelle: Württembergischer Gemeindeunfallversicherungsverband, 13.10.1998)
4. Volljährige Schülerinnen und Schüler dürfen das Schulgelände während der Pausen oder in Hohlstunden verlassen. Gesetzlicher Versicherungsschutz besteht auch im „Nahbereich" der Schule. Entfernt sich ein Schüler vom Schulgelände oder vom „Nahbereich", so besteht nur dann Unfallversicherungsschutz, wenn er Nahrungsmittel zum sofortigen Verzehr einkauft, „da die Essenseinnahme der Erlangung oder Erhaltung der Schulfähigkeit" dient. Verlässt er diesen Bereich jedoch, um z.B. Süßigkeiten einzukaufen oder zu einem Stadtbummel oder Ähnlichem, so besteht auf diesen Wegen kein gesetzlicher Unfallversicherungsschutz.
(Quelle: Württ. Unfallkasse, 9.4.2002; AZ: 311.1421)
➜ Volljährigkeit
5. Mit der Beteiligung von Schulen oder Schulklassen an „Müllsammelaktionen" ist unter dem Gesichtspunkt der Unfallverhütung eine besondere Fürsorgepflicht sowie Organisationsverantwortung der Schulleitung verbunden. Ein direkter Kontakt der sammelnden Personen mit Abfällen muss sicher ausgeschlossen werden. Ferner sind mögliche Gefahren durch Fahrzeugverkehr zu beachten. Von Sammelaktionen an stark befahrenen Land- oder Bundesstraßen wird grundsätzlich abgeraten. Es ist unabdingbar, dass die Schüler/innen durch die verantwortlichen Lehrkräfte über mögliche Gefahren und über festgelegte Schutzmaßnahmen unterrichtet werden und während der Aktionen eine Beaufsichtigung erfolgt.
(Quelle: Infodienst Schulleitung Nr. 128 / Mai 2009)
6. Ein „Abi-Scherz" und ähnliche Veranstaltungen von Schüler/innen zum Schulabschluss fallen nicht unter den Schutz der gesetzlichen Schülerunfallversicherung.
(Quelle: Pluspunkt Nr. 3 / 2009)
7. Bei einem Schülerunfall werden von der Unfallkasse auch die Transportkosten zum Arzt/Krankenhaus erstattet. Hierfür soll die Schule ein auch unter wirtschaftlichen Gesichtspunkten sinnvolles und angemessenes Transportmittel auswählen. Im Falle von „Bagatellverletzungen" kann auch ein Taxitransport als Ersatz für einen Notarzt- beziehungsweise Krankenwagen ausreichend sein. Hierbei ist zu berücksichtigen, dass die Schule nur eine Erstversorgung leisten und die Schwere einer Erkrankung/Verletzung nicht immer erkennen kann. Wenn für die Schule Zweifel verbleiben, ob ein Notarzt- beziehungsweise Krankenwagen erforderlich oder ein Taxi-Transport angemessen ist, darf nicht der Spargedanke im Vordergrund stehen, sondern die Fürsorgepflicht für die Schüler/innen. Die Abrechnung erfolgt über einen „Taxifahrauftrag" der Unfallkasse (mit Erläuterungen für das Taxiunternehmen). Die Formulare werden bei Bedarf (Unfall) kopiert ausgefüllt und der Begleitperson des Verletzten mitgegeben, die sie dem Taxifahrer übergibt. Dieser rechnet die Fahrt direkt mit der Unfallkasse ab. Das Fahrauftrag-Formular ist abrufbar unter:

www.gew-bw.de/Binaries/Binary9373/Schulleitung_3-2007.pdf

➜ Arbeits- und Gesundheitsschutz (Allgemeines); ➜ Aufsichtspflicht; ➜ Aufsichtspflicht (Schwimmunterricht); ➜ Außerunterrichtliche Veranstaltungen; ➜ Erste Hilfe; ➜ Gewaltvorfälle und Schadensereignisse; ➜ Schüler-Zusatzversicherung; ➜ Schulbau; ➜ Unfallversicherung/-verhütung (Trampolin); ➜ Volljährigkeit

Unfallversicherung/-verhütung (Trampolin)

Hinweise zum Turnen am Kleinen und Großen Trampolin; Auszug aus der Bekanntmachung des Kultusministeriums vom 15. August 2007 (KuU S. 25/2008)

Turnen am Kleinen (Minitrampolin) und Großen Trampolin (Tischtrampolin) setzt in besonderem Maße spezifische Kompetenzen der Lehrkräfte voraus. In der Schule sollen daher nur Lehrkräfte mit besonderen Kenntnissen in Theorie und Praxis des Trampolinturnens diese Geräte einsetzen. Die verantwortlichen Lehrkräfte müssen den Unterricht mit diesen Sportgeräten unter fachdidaktisch-methodischen wie auch organisatorischen Gesichtspunkten so gestalten, dass vorausschauend mögliche Risiken durch Beachtung einer speziellen Methodik, sorgfältigen Organisation des Unterrichts und gewissenhafter Wahrnehmung der Aufsichtspflicht vermieden werden.

1. Allgemeine methodische Hinweise

Der Einsatz der Geräte in der Schule ist nur im Sportunterricht oder in einer mit Unterricht gleichzusetzenden Situation möglich. Eine Unterrichtsorganisation mit einem klar definierten Ordnungsrahmen, in den sich alle Teilnehmerinnen und Teilnehmer einordnen, stellt eine unabdingbare Voraussetzung dar. Die auf den Geräten turnenden Schülerinnen und Schüler müssen Aufgabenstellungen erhalten, deren Ausführungen von der Lehrkraft ständig beobachtet und bewertet werden muss.

2. Unterrichtsorganisation

- Trampolinturnen erfordert von den teilnehmenden Schülerinnen und Schülern funktionelle Kleidung und geeignetes Schuhwerk (z.B. Gymnastikschuhe). Die Frisur und die Kleidung müssen einen ständigen Blickkontakt zum Tuch zulassen. Körperschmuck und Uhren müssen abgelegt werden. Sofern Piercings nicht abzulegen sind, müssen gepiercte Körperstellen vollständig abgeklebt werden, sodass weder der Schüler bzw. die Schülerin selbst, noch andere gefährdet werden.
- Der Geräteaufbau und -abbau muss bestimmte Sicherheitsstandards erfüllen. Beim Großtrampolin gehören dazu unter anderem die Einhaltung ausreichender, hindernisfreier Sicherheitsabstände zu anderen Geräten, Bauteilen, Einrichtungen (insbesondere Deckeninstallationen) und den Hallenwänden sowie eine hinreichende Mattenabsicherung der Geräte an allen Seiten.
- Für das Springen am Minitrampolin müssen Niedersprungmatten oder gleichwertige Matten Verwendung finden.
- Insbesondere vor Beginn, aber auch während des Turnens muss die Lehrkraft die Funktionstüchtigkeit der Sprunggeräte und deren Absicherung überprüfen.

3. Inhalte

- Die Auswahl des Übungsgutes muss auf turnerische Übungen und geeignete Übungsformen beschränkt bleiben und dem motorischen Können der Schülerinnen und Schüler angepasst sein.
- Dunkingsprünge mit Unterstützung des Minitrampolins sind wegen des fehlenden Sicherheitsabstandes, der hohen koordinativen Anforderungen und der problematischen Situation bei der Landung verboten. Neben Verletzungen kommt es hier häufig zu Sachbeschädigungen (Basketballkorb und -brett). Herstellerhaftung und Zulassung schließen eine solche Nutzung aus.
- Am Großtrampolin sind Sprungtechniken auf die Fuß- und Sitzsprungvarianten zu beschränken. Übungen mit Drehungen um Körperachsen müssen sorgfältig vorbereitet werden und müssen Schülerinnen und Schüler mit entsprechender Sprungerfahrung und den notwendigen motorischen Voraussetzungen vorbehalten sein.
- In der Halle, in der an den Trampolinen geturnt wird, dürfen zeitgleich keine Ballspiele stattfinden. Bei teilbaren Hallen gilt dies sinngemäß für den entsprechenden Hallenteil.
- Es muss streng darauf geachtet werden, dass sich zu keiner Zeit Schülerinnen und Schüler unter dem Gerät befinden.

→ Unfallversicherung

Unterrichtsbesuche

Hinweise der Redaktion

1. Allgemeines

Unter „Unterrichtsbesuch" wird die Besichtigung von Unterrichtsveranstaltungen durch Vorgesetzte (Schulaufsicht, Schulleitung) verstanden. Das KM hat hierzu ausgeführt: *„Unterrichtsbesuche geben Aufschluss über den Unterricht des Lehrers im schulischen Alltag und über den Leistungsstand der Schüler. Sie dienen der Beratung, der Beurteilung sowie der Schulaufsicht insgesamt"* (VwV vom 23.4.1998; KuU S. 308/1998). Sie dienen auch der Fachaufsicht über die Schulen und Lehrkräfte (auch bei disziplinarrechtlichen Maßnahmen) sowie deren Beratung.

Bei jeder Beschwerde und jedem Verdacht der Vernachlässigung von Dienstpflichten kann der Kernbereich der Lehrerarbeit, insbesondere also die Unterrichtstätigkeit, überprüft werden. Betroffene müssen damit rechnen, dass die Schulaufsichtsbehörde bzw. (nach § 41 SchG) in deren Auftrag der/die Schulleiter/in Unterrichtsbesuche durchführt. Eine (benotete und damit zusätzlich disziplinierende) Anlassbeurteilung ist jedoch nicht zulässig (Verwaltungsgericht Karlsruhe, 5.12.2007; AZ: 7 K 2160/05).
→ Dienstliche Beurteilung (Lehrkräfte); → Disziplinargesetz (Allgemeines) Nr. 3; → Schulgesetz § 32 und § 41
Gegenseitige Hospitationen der Lehrkräfte oder Besuche von Eltern(vertreter/innen) in Schulklassen sind begrifflich keine „Unterrichtsbesuche".
→ Elternbeiratsverordnung (Hinweis bei § 3)

Der Schulleiter / die Schulleiterin ist verantwortlich für die Einhaltung der Bildungs- und Lehrpläne und der für die Notengebung allgemein geltenden Grundsätze sowie ermächtigt, Unterrichtsbesuche vorzunehmen und dienstliche Beurteilungen über die Lehrer der Schule für die Schulaufsichtsbehörde abzugeben (SchG § 41 Abs. 2 Diese

Aufgabe kann auch delegiert bzw. muss bei Vakanz der Schulleitung von anderen Personen wahrgenommen werden werden (z.b. stellvertretende Schulleiter/in, Abteilungsleiter/in).

→ Schulleitung (Aufgaben und Stellvertretung); → Schulleitung (Abteilungsleiter/in)

Es liegt im → Ermessen der Schulleiter/innen, wie und wann sie sich einen Eindruck von den unterrichtlichen Leistungen der Lehrkräfte verschaffen. Es muss deshalb zum Dienstbericht bzw. zur aktuellen Leistungsfeststellung nicht in jedem Fall ein Unterrichtsbesuch erfolgen (bei der Anlassbeurteilungen und der abschließenden Probezeitbeurteilung ist jedoch eine Beurteilung des Unterrichts vorgeschrieben).

→ Dienstliche Beurteilung (Lehrkräfte) Ziff. III.7.3

2. Ankündigung

Zur Ankündigung von Unterrichtsbesuchen durch die Schulaufsichtsbehörden hat das KM verfügt:

Unterrichtsbesuche werden angekündigt. Ausgenommen sind Unterrichtsbesuche, die der Feststellung der Bewährung in der Probezeit dienen, sowie Unterrichtsbesuche, die mit Maßnahmen der Schulaufsicht (z.B. in Beschwerdefällen) in Zusammenhang stehen.

Bei der Ankündigung von beratenden Besuchen ist ein Termin zu vereinbaren; im Übrigen ist ein Besuchszeitraum mitzuteilen, der drei Wochen nicht überschreiten darf.

Über jeden Unterrichtsbesuch ist ein Gespräch mit dem besuchten Lehrer zu führen.

Bei Schwerbehinderten und Schwerbehinderten Gleichgestellten soll der Besuchende rechtzeitig vor jedem Unterrichtsbesuch mit der Lehrkraft ein Gespräch über den Umfang der Behinderung und deren Auswirkungen auf die Arbeitsleistung führen. In dem Gespräch soll festgestellt werden, wie die Lehrkraft selbst die Auswirkung ihrer Behinderung auf die Arbeitsleistung und auf ihre Verwendungsfähigkeit einschätzt. Auf Wunsch der Lehrkraft ist die Schwerbehindertenvertretung an dem Gespräch zu beteiligen. Auf diese Möglichkeit ist die Lehrkraft bereits bei der Ankündigung hinzuweisen.

(Quelle: VwV des KM vom 23.4.1998; KuU S. 308/1998)

Diese Vorschrift wendet sich nur an die Schulaufsichtsbehörden. Schulleiter/innen sind in ihrem → Ermessen also frei; wir empfehlen, diese Besuche ebenfalls anzukündigen.

Bei Schwerbehinderten sind hingegen auch Schulleiter/innen zu einem Vorgespräch verpflichtet.

→ Schwerbehinderung Ziff. 6.3

→ Beamtengesetz §§ 83 ff.; → Dienstliche Beurteilung; → Dienstliche Beurteilung (Lehrkräfte); → Disziplinargesetz (Allgemeines); → Disziplinargesetz (Allgemeines) Nr. 3; → Ermessen; → Mutterschutz (Verordnung / AzUVO) ; → Probezeit; → Schulgesetz §§ 32 ff., 41; → Schwerbehinderung Ziff. 6.3; → Verwaltungsrecht

Urheberrecht (GEMA / Musik)

Hinweise der Redaktion auf die Rechtslage (abgestimmt mit der GEMA)

1. Rechtliche Grundlagen

Eine öffentliche Aufführung von Werken der Musik bedarf in der Regel der Einwilligung der Urheber bzw. Berechtigten und der Entrichtung einer angemessenen Vergütung.

Die Rechteinhaber der Musik werden in Deutschland von der GEMA (Gesellschaft für musikalische Aufführungs- und mechanische Vervielfältigungsrechte) als staatlich anerkannte Treuhänderin der Berechtigten vertreten. Dabei ist unerheblich, ob die Musik aus Deutschland oder einem anderen Land stammt, da die GEMA mit fast allen ausländischen Verwertungsgesellschaften Gegenseitigkeitsverträge geschlossen hat und dadurch das weltweite Repertoire in Deutschland durch die GEMA lizenziert werden kann.

Eine Ausnahme von der vorherigen Einwilligung des Urhebers gilt bei der öffentlichen Wiedergabe eines erschienenen Werkes,

- wenn die Wiedergabe keinem Erwerbszweck des Veranstalters (hier: der Schule) dient,
- die Teilnehmenden ohne Entgelt zugelassen werden und
- im Falle des Vortrags oder der Aufführung des Werks keiner der ausübenden Künstler eine besondere Vergütung erhält.

Einem „Erwerbszweck" dient eine Veranstaltung in der Regel schon dann, wenn sie nach wirtschaftlichen Gesichtspunkten geplant oder durchgeführt wird. „Entgelte" sind nicht nur Eintrittsgelder, sondern auch Spenden, Programmgebühren oder sonstige Unkostenbeiträge.

Für die öffentliche Wiedergabe ist grundsätzlich eine angemessene Vergütung zu zahlen. Die Vergütungspflicht entfällt u.a. für Schulveranstaltungen, sofern sie nach ihrer sozialen oder erzieherischen Zweckbestimmung nur einem „bestimmt abgegrenzten Kreis von Personen" zugänglich ist (§ 52 Abs.1 Satz 3 UrhG). Ein Beispiel ist das eintrittsfreie Vorspiel des Schulorchesters für die Schüler/innen und die Lehrkräfte in der Schulaula. Eine Disco der SMV oder ein Schulfest mit Tanzabend fallen nicht unter diese Ausnahmeregel, da hier in der Regel ein Eintrittsgeld erhoben wird und kein *„bestimmt abgegrenzter Kreis von Personen"* vorliegt.

2.
Vergütungen und Pauschalabkommen

Schulträger können für schulische Musikdarbietungen einem Pauschalabkommen mit der GEMA beitreten. Mit einer jährlichen Pauschalvergütung je Schüler / Teilzeitschüler werden dann die Ansprüche für die Wiedergabe und Vervielfältigung geschützter Musik aus dem Repertoire der GEMA bei nicht gemäß § 52 Abs. 1 Satz 3 UrhG privilegierten Schulveranstaltungen abgegolten, bei denen kein Eintrittsgeld oder sonstiger Unkostenbeitrag von mehr als 2,60 Euro erhoben wird. Dies gilt jedoch ausschließlich nur bei Veranstaltungen, die in der Schule, auf Plätzen und Straßen oder in Räumlichkeiten durchgeführt werden, die der Schule <u>kostenfrei</u> zur Verfügung gestellt werden, und bei denen lediglich Erlöse aus Eigenbewirtung erzielt werden.

Für Veranstaltungen, die weder unter den § 52 UrhG fallen noch durch den Pauschalvertrag abgegolten sind, stellt die GEMA nach <u>vorheriger Meldung</u> eine Rechnung nach bundesweit einheitlichen Vergütungssätzen. Bei zu späten oder falschen Meldungen ist die GEMA berechtigt, zusätzlich zu den Vergütungssätzen Schadenersatzansprüche geltend zu machen.

3.
Rechtzeitig bei der GEMA anfragen

Schulen sollten deshalb die Frage, ob eine Schulveranstaltung oder sonstige Musiknutzung im Rahmen der Schule (z.B. Pausenhallenbeschallung, Internet-Auftritt mit musikalischer Untermalung, Musik in der Telefonwarteschleife) kostenpflichtig ist, deshalb <u>immer im Voraus</u> bei der GEMA kostenfrei prüfen lassen. Zuständig sind:

GEMA Bezirksdirektion Stuttgart
FAX: (0711) 2252-800 – für die Region
- Stuttgart, FON: (0711) 2252-710
- Nordost-Württemberg, FON: (0711) 2252-720
- Nordbaden, FON: (0711) 2252-730

GEMA Bezirksdirektion Augsburg
FAX: (0821) 5030-888 – für die Region
- Süd-Württemberg, FON: (0821) 5030-892
- Süd-Baden, FON: (0821) 5030-893

→ Musisch-kulturelle Bildung; → Rundfunk- und Fernsehgebühren; → Urheberrecht (Kopien – Internet)

Urheberrecht (Kopien – Internet)

Hinweise der Redaktion

1.
Vorbemerkung der Redaktion

Rechtsgrundlage für die Verwendung von urheberrechtlich geschützten Werken oder Werkteilen für Unterrichtszwecke ist das Urheberrechtsgesetz (UrhG). Darin wird unterschieden zwischen

- „*Vervielfältigung*" (= analoge Kopien; UrhG § 53)
- und der „*öffentlichen Zugänglichmachung*" z.B. im Internet oder Intranet einer Schule (= elektronische Verbreitung; UrhG § 52a).

2.
Urheberrechtsgesetz

Auszug aus dem Urheberrechtsgesetz (UrhG) vom 26. Juli 2007 (BGBl. I S. 2513/2007); zuletzt geändert 7.12.2008 (BGBl. I S. 2586/2008

§ 46
Sammlungen
für Kirchen-, Schul- oder Unterrichtsgebrauch

(1) Nach der Veröffentlichung zulässig ist die Vervielfältigung, Verbreitung und öffentliche Zugänglichmachung von Teilen eines Werkes, von Sprachwerken oder von Werken der Musik von geringem Umfang, von einzelnen Werken der bildenden Künste oder einzelnen Lichtbildwerken als Element einer Sammlung, die Werke einer größeren Anzahl von Urhebern vereinigt und die nach ihrer Beschaffenheit nur für den Unterrichtsgebrauch in Schulen, in nichtgewerblichen Einrichtungen der Aus- und Weiterbildung oder in Einrichtungen der Berufsbildung oder für den Kirchengebrauch bestimmt ist. Die öffentliche Zugänglichmachung eines für den Unterrichtsgebrauch an Schulen bestimmten Werkes ist stets nur mit Einwilligung des Berechtigten zulässig. In den Vervielfältigungsstücken oder bei der öffentlichen Zugänglichmachung ist deutlich anzugeben, wozu die Sammlung bestimmt ist.

(2) Absatz 1 gilt für Werke der Musik nur, wenn diese Elemente einer Sammlung sind, die für den Gebrauch im Musikunterricht in Schulen mit Ausnahme der Musikschulen bestimmt ist.

(3) Mit der Vervielfältigung oder der öffentlichen Zugänglichmachung darf erst begonnen werden, wenn die Absicht, von der Berechtigten nach Absatz 1 Gebrauch zu machen, dem Urheber oder, wenn sein Wohnort oder Aufenthaltsort unbekannt ist, dem Inhaber des ausschließlichen Nutzungsrechts durch eingeschriebenen Brief mitgeteilt worden ist und seit Absendung des Briefes zwei Wochen verstrichen sind. Ist auch der Wohnort oder Aufenthaltsort des Inhabers des ausschließlichen Nutzungsrechts unbekannt, so kann die Mitteilung durch Veröffentlichung im Bundesanzeiger bewirkt werden.

(4) Für die nach den Absätzen 1 und 2 zulässige Verwertung ist dem Urheber eine angemessene Vergütung zu zahlen. ...

§ 52a
Öffentliche Zugänglichmachung für Unterricht und Forschung

(1) Zulässig ist,

1. veröffentlichte kleine Teile eines Werkes, Werke geringen Umfangs sowie einzelne Beiträge aus Zeitungen oder Zeitschriften zur Veranschaulichung im Unterricht an Schulen, Hochschulen, nichtgewerblichen Einrichtungen der Aus- und Weiterbildung sowie an Einrichtungen der Berufsbildung ausschließlich für den bestimmt abgegrenzten Kreis von Unterrichtsteilnehmern oder

2. veröffentlichte Teile eines Werkes, Werke geringen Umfangs sowie einzelne Beiträge aus Zeitungen oder Zeitschriften ausschließlich für einen bestimmt abgegrenzten Kreis von Personen für deren eigene wissenschaftliche Forschung

öffentlich zugänglich zu machen, soweit dies zu dem jeweiligen Zweck geboten und zur Verfolgung nichtkommerzieller Zwecke gerechtfertigt ist.

(2) Die öffentliche Zugänglichmachung eines für den Unterrichtsgebrauch an Schulen bestimmten Werkes ist stets nur mit Einwilligung des Berechtigten zulässig. Die öffentliche Zugänglichmachung eines Filmwerkes ist vor Ablauf von zwei Jahren nach Beginn der üblichen regulären Auswertung in Filmtheatern im Geltungsbereich dieses Gesetzes stets nur mit Einwilligung des Berechtigten zulässig.

(3) Zulässig sind in den Fällen des Absatzes 1 auch die zur öffentlichen Zugänglichmachung erforderlichen Vervielfältigungen.

(4) Für die öffentliche Zugänglichmachung nach Absatz 1 ist eine angemessene Vergütung zu zahlen. Der Anspruch kann nur durch eine Verwertungsgesellschaft geltend gemacht werden.

§ 53
Vervielfältigungen zum privaten und sonstigen eigenen Gebrauch

(1) Zulässig sind einzelne Vervielfältigungen eines Werkes durch eine natürliche Person zum privaten Gebrauch auf beliebigen Trägern, sofern sie weder unmittelbar noch mittelbar Erwerbszwecken dienen, soweit nicht zur Vervielfältigung eine offensichtlich rechtswidrig hergestellte oder öffentlich zugänglich gemachte Vorlage verwendet wird. Der zur Vervielfältigung Befugte darf die Vervielfältigungsstücke auch durch einen anderen herstellen lassen, sofern dies unentgeltlich geschieht oder es sich um Vervielfältigungen auf Papier oder einem ähnlichen Träger mittels beliebiger photomechanischer Verfahren oder anderer Verfahren mit ähnlicher Wirkung handelt.

(2) Zulässig ist, einzelne Vervielfältigungsstücke eines Werkes herzustellen oder herstellen zu lassen

1. zum eigenen wissenschaftlichen Gebrauch, wenn und soweit die Vervielfältigung zu diesem Zweck geboten ist und sie keinen gewerblichen Zwecken dient,

2. zur Aufnahme in ein eigenes Archiv, wenn und soweit die Vervielfältigung zu diesem Zweck geboten ist und als Vorlage für die Vervielfältigung ein eigenes Werkstück benutzt wird,

3. zur eigenen Unterrichtung über Tagesfragen, wenn es sich um ein durch Funk gesendetes Werk handelt,

4. zum sonstigen eigenen Gebrauch,
   a) wenn es sich um kleine Teile eines erschienenen Werkes oder um einzelne Beiträge handelt, die in Zeitungen oder Zeitschriften erschienen sind,
   b) wenn es sich um ein seit mindestens zwei Jahren vergriffenes Werk handelt.

Dies gilt im Fall des Satzes 1 Nr. 2 nur, wenn zusätzlich

1. die Vervielfältigung auf Papier oder einem ähnlichen Träger mittels beliebiger photomechanischer Verfahren oder anderer Verfahren mit ähnlicher Wirkung vorgenommen wird oder

2. eine ausschließlich analoge Nutzung stattfindet oder

3. das Archiv im öffentlichen Interesse tätig ist und keinen unmittelbar oder mittelbar wirtschaftlichen oder Erwerbszweck verfolgt.

Dies gilt in den Fällen des Satzes 1 Nr. 3 und 4 nur, wenn zusätzlich eine der Voraussetzungen des Satzes 2 Nr. 1 oder 2 vorliegt.

(3) Zulässig ist, Vervielfältigungsstücke von kleinen Teilen eines Werkes, von Werken von geringem Umfang oder von einzelnen Beiträgen, die in Zeitungen oder Zeitschriften erschienen oder öffentlich zugänglich gemacht worden sind, zum eigenen Gebrauch

1. zur Veranschaulichung des Unterrichts in Schulen, in nichtgewerblichen Einrichtungen der Aus- und Weiterbildung sowie in Einrichtungen der Berufsbildung in der für die Unterrichtsteilnehmer erforderlichen Anzahl oder

2. für staatliche Prüfungen und Prüfungen in Schulen, Hochschulen, in nichtgewerblichen Einrichtungen der Aus- und Weiterbildung sowie in der Berufsbildung in der erforderlichen Anzahl

herzustellen oder herstellen zu lassen, wenn und soweit die Vervielfältigung zu diesem Zweck geboten ist. Die Vervielfältigung eines Werkes, das für den Unterrichtsgebrauch an Schulen bestimmt ist, ist stets nur mit Einwilligung des Berechtigten zulässig.

(4) Die Vervielfältigung
a) graphischer Aufzeichnungen von Werken der Musik,
b) eines Buches oder einer Zeitschrift, wenn es sich um eine im wesentlichen vollständige Vervielfältigung handelt,

ist, soweit sie nicht durch Abschreiben vorgenommen wird, stets nur mit Einwilligung des Berechtigten zulässig oder unter den Voraussetzungen des Absatzes 2 Satz 1 Nr. 2 oder zum eigenen Gebrauch, wenn es sich um ein seit mindestens zwei Jahren vergriffenes Werk handelt.

5) Absatz 1, Absatz 2 Satz 1 Nr. 2 bis 4 sowie Absatz 3 Nr. 2 finden keine Anwendung auf Datenbankwerke, deren Elemente einzeln mithilfe elektronischer Mittel zugänglich sind. Absatz 2 Satz 1 Nr. 1 sowie Absatz 3 Nr. 1 finden auf solche Datenbankwerke mit der Maßgabe Anwendung, dass der wissenschaftliche Gebrauch sowie der Gebrauch im Unterricht nicht zu gewerblichen Zwecken erfolgen.

(6) Die Vervielfältigungsstücke dürfen weder verbreitet noch zu öffentlichen Wiedergaben benutzt werden. Zulässig ist jedoch, rechtmäßig hergestellte Vervielfältigungsstücke von Zeitungen und vergriffenen Werken sowie solche Werkstücke zu verleihen, bei denen kleine beschädigte oder abhanden gekommene Teile durch Vervielfältigungsstücke ersetzt worden sind.

(7) Die Aufnahme öffentlicher Vorträge, Aufführungen oder Vorführungen eines Werkes auf Bild- oder Tonträger, die Ausführung von Plänen und Entwürfen zu Werken der bildenden Künste und der Nachbau eines Werkes der Baukunst sind stets nur mit Einwilligung des Berechtigten zulässig. .

3. Erläuterungen der Redaktion zur Rechtslage und zu den Folgen für die Schulen

Vervielfältigung für Unterrichtszwecke

Für die kostenfreie Vervielfältigung durch Schulen hat das KM aufgrund eines 2008 abgeschlossenen „Gesamtvertrags" zu § 53 UrhG mit den Rechte-Inhabern folgende „Eckpunkte" genannt:

„*Kopiert werden dürfen:*
1. *Bis zu **12%** eines jeden urheberrechtlich geschützten Werkes, jedoch höchstens 20 Seiten. Dies gilt insbesondere auch für Schulbücher und Arbeitshefte.*
2. *Soweit es sich nicht um Schulbücher oder sonstige Unterrichtsmaterialien handelt, ausnahmsweise sogar ganze Werke, wenn diese nur von geringem Umfang sind, und zwar*
   - *Musikeditionen mit maximal 6 Seiten,*
   - *sonstige Druckwerke (außer Schulbüchern oder Unterrichtsmaterialien) mit maximal 25 Seiten sowie*
   - *Bilder, Fotos und sonstige Abbildungen.*

Aus einem z.B. 20-seitigen Arbeitsheft können damit knapp 2,5 Seiten (bis zu 12%; siehe oben Ziff. 1) vervielfältigt werden, da Arbeitshefte zu den Unterrichtsmaterialien zählen. Ein z.B. fünfseitiger Zeitschriftenartikel hingegen kann vollständig kopiert werden (siehe oben Ziff. 2).

*Aus jedem Werk darf **pro Schuljahr und Klasse nur einmal im vereinbarten Umfang kopiert werden**. Bei weitergehendem Fotokopierbedarf können sich die Schulen unmittelbar mit den betreffenden Verlagen in Verbindung setzen, um ergänzende Lizenzen einzuholen. – Eine digitale Speicherung der jeweiligen – durch den vorliegenden Vertrag abgedeckten – Vervielfältigung über den analogen Kopiervorgang hinaus sowie deren digitales Verteilen wird von dem Vertrag nicht erfasst."*

(Quelle: KM, 6.11.2008; Az.: 14-0521.31/116)

Es ist unerheblich, ob es sich um Kopien aus analogen Vorlagen (z.B. Schulbücher) oder aus digital gespeicherten Werken (z.B. als pdf-Datei aus dem Internet) handelt. Auf den Kopien muss stets die Quelle angegeben werden (Titel, Verlag, Autor).

Öffentliche Zugänglichmachung

Seit 2010 gilt laut „Gesamtvertrag" zu § 52 a UrhG für die kostenfreie *öffentliche Zugänglichmachung* durch Schulen in den „neuen Medien":

„*(1) Im Sinne des Vertrages gelten als*
a. *kleine Teile eines Werks maximal 12 Prozent eines Werks, bei Filmen jedoch nicht mehr als fünf Minuten Länge;*
b. *Teile eines Werks 25 Prozent eines Druckwerks, jedoch nicht mehr als 100 Seiten;*
c. *Werke geringen Umfangs:*
   - *ein Druckwerk mit maximal 25 Seiten, bei Musikeditionen maximal sechs Seiten*
   - *ein Film von maximal 5 Minuten Länge*
   - *maximal fünf Minuten eines Musikstücks, sowie*
   - *alle vollständigen Bilder, Fotos und sonstige Abbildungen.*

(2) Die öffentliche Zugänglichmachung darf stets nur für einen bestimmt abgegrenzten Kreis von Unterrichtsteilnehmern zur Veranschaulichung für Zwecke des Unterrichts erfolgen (s.o.).

(3) Eine öffentliche Zugänglichmachung gemäß § 52a UrhG muss stets zu dem Zweck des Absatzes 2 geboten sein (s.o.). Das ist nur der Fall, wenn das Werk nicht in zumutbarer Weise vom ausschließlichen Rechteinhaber in digitaler Form für die Nutzung im Netz der Schule angeboten wird."

„Raubkopien" vermeiden

Die Kopierlaubnis bzw. die Verbreitungserlaubnis für Schulzwecke umfasst zwar beispielsweise die Publikation im Intranet einer Schule, jedoch nicht die Veröffentlichung dieser Inhalte durch die Schule oder einzelne Lehrkräfte im Internet (z.B. auf der Homepage einer Schule). Die beiden „Gesamtverträge" (2008 und 2009) erstrecken sich auch nur auf die §§ 52a und 53, nicht jedoch auf den § 46 UrhG (dieser verbietet in Abs. 1 S. 2, *Schulbücher* und andere *für den Unterrichtsgebrauch an Schulen bestimmte Werke* ohne Zustimmung des Berechtigten in Sammlungen öffentlich zugänglich zu machen). Es ist also nicht zulässig, „*Reader*" mit Auszügen aus Schulbüchern zusammenzustellen.

Unerlaubtes Kopieren kann strafrechtliche Folgen und/oder hohe Kosten nach sich ziehen (Schadensersatz, Abmahn-, Anwaltskosten). Die Rechte-Inhaber (z.B. die Schulbuchverlage) überwachen die Einhaltung dieser Grenzen; den Schulen ist deshalb anzuraten, vor jeder hierüber hinausgehenden Nutzung deren Einverständnis einzuholen.

Bei fremden Internetangeboten ist immer davon auszugehen, dass diese Urheberrechtsschutz genießen. Bei der unautorisierten Aufnahme von fremden Materialien in eigene Web-Seiten können erhebliche Kosten entstehen; zudem sind Raubkopien und die Verletzung von Lizenzrechten strafbar. Bei der Klärung von Urheberrechten hilft die Clearingstelle für Multimedia für Verwertungsgesellschaften von Urheber- und Leistungsschutzrechten (http://www.vgwort.de/ksr_cmmv.php).

→ Internet und Schule

Unter www.schulbuchkopie.de ist eine Broschüre erhältlich, in der die häufigsten Fragen zum Urheberrecht an praktischen Beispielen beantwortet werden. Wir empfehlen, sie auszudrucken, an alle Lehrkräfte zu verteilen und an den Kopiergeräten der Schule auszuhängen oder auszulegen.

Rechte von Schüler/innen und Lehrkräften

Auch Texte, Bilder, Zeichnungen, Ausstellungsstücke, Unterrichtsmaterialien, Kopiervorlagen, Modelle, schriftliche Ausarbeitungen, literarische Eigentexte, selbst erstellte Software, Lehrproben usw., die von Lehrkräften, Referendar/innen oder Schüler/innen in der Schule, für den Schulgebrauch oder in der Lehreraus- und -fortbildung hergestellt werden, sind urheberrechtlich geschützte „Werke", sofern sie eine eigene persönliche geistige Schöpfung darstellen.

Die Urheberrechte (z.B. Recht auf Nennung des Urhebers) können nicht auf eine Institution (Schule, Seminar) übertragen werden. Wird das Werk urheberrechtlich relevant weiterverwertet (z.B. Vervielfältigung oder Online-Abrufbarkeit), sind beim Urheber die Nutzungsrechte einzuholen.

Bei minderjährigen Urheber/innen ist zu beachten:
– Kinder unter 7 Jahren sind geschäftsunfähig; nur die gesetzlichen Vertreter (in der Regel die Eltern) können in deren Vertretung eine Nutzungsrechtevereinbarung mit der Schule schließen.
– Minderjährige (7 bis 17 Jahre) sind beschränkt geschäftsfähig, Rechtsgeschäfte mit ihnen – also auch eine Nutzungsrechtevereinbarung – sind „schwebend unwirksam", wenn sie für den Minderjährigen einen rechtlichen Nachteil mit sich bringen. Das Zustandekommen des Rechtsgeschäftes hängt also davon ab, ob ihm die Erziehungsberechtigten zustimmen (im Vorfeld einwilligen oder nachträglich genehmigen).

Quelle: Dieser Text basiert auf den Ausführungen von http://www.lehrer-online.de/dyn/16.htm

→ Datenschutz (Dienstvereinbarung Lernplattformen); → Datenschutz (Schulen) Anlage 1; → Haushalt; → Internet und Schule; → Jugendschutzgesetz; → Lernmittelfreiheit; → Lernmittel (Zulassung); → Schulgesetz §§ 23, 90, 93, 94; → Urheberrecht (GEMA / Musik)

Urlaub (Allgemeines)

Hinweise der Redaktion

1. Rechtsgrundlagen

Rechtsgrundlagen für den Urlaub bzw. die Freistellung vom Dienst / Arbeitsbefreiung der Lehrkräfte und Funktionsstelleninhaber/innen an öffentlichen Schulen sind
– das Beamtenstatusgesetz und das Landesbeamtengesetz
  → Beamtengesetz § 71 ff. → Beamtenstatusgesetz § 44
– die Arbeitszeit- und Urlaubsverordnung,
  → Urlaub (Pflegezeit / AzUVO); → Urlaub (Verordnung / AzUVO)
– das Pflegezeitgesetz,
  → Urlaub (Pflegezeitgesetz); → Beamtengesetz § 74
– und der Tarifvertrag (Länder).
  → Tarifvertrag (Länder) § 26 ff. und § 44

Die Zuständigkeiten für die Genehmigung von Urlaub und Freistellungen im Schulbereich hat das Kultusministerium in einer Verwaltungsvorschrift festgelegt. Wir haben diese Zuständigkeiten unter
→ Beamtenrecht (Zuständigkeiten im Schulbereich) und
→ Tarifrecht (Zuständigkeiten im Schulbereich)
in einer tabellarischen Übersicht zusammengefasst und verzichten auf die Wiedergabe der Teile A und B dieser VwV. Teil C dieser sehr umfangreichen Sammelvorschrift ist unter → Abwesenheit und Krankmeldung (Lehrkräfte), Teil D ist unter → Teilzeit / Urlaub (Beamtenrecht – VwV) abgedruckt.

Dabei tritt das rechtliche Kuriosum auf, dass teilweise Bestimmungen des Tarifrechts auf Beamt/innen anzuwenden sind und umgekehrt einige beamtenrechtliche Regelungen auch für tarifbeschäftigte Lehrkräfte gelten. Durch die Vielzahl der Tatbestände und Regelungen sowie dadurch, dass das KM viele ganz unterschiedliche Sachverhalte und Zuständigkeiten in einer Sammelvorschrift zusammengefasst hat, wird die Materie sehr unübersichtlich. Wir versuchen im Folgenden, einen in der Praxis handhabbaren Überblick zu geben.

Im Unterschied zu den übrigen Beschäftigten des öffentlichen Dienstes ist bei Lehrkräften im Beamten- und im im Arbeitnehmerverhältnis der **Erholungsurlaub** durch die Schulferien abgegolten;

Urlaub (Allgemeines)

möglich ist die Unterrichtsverlegung; s.u. Nr. 4.
→ Tarifvertrag (Länder) § 44; → Urlaub (Verordnung / AzUVO) § 21

Im Folgenden geht es nur um die verschiedenen Arten von Urlaub (Freistellung / Arbeitsbefreiung) aus sonstigen Anlässen und für sonstige Zwecke.

2. Urlaub unter Belassung der Bezüge

a) Urlaub im dienstlichen Interesse

Dienstlich anerkannte Anlässe für die Freistellung mit Bezügen sind z.B.
- Teilnahme an Tagungen, Lehrgängen und sonstigen Veranstaltungen, Wehrübungen usw.
  → Fortbildung (Allgemeines)
- Dienstjubiläen,
  → Dienstjubiläen
- Familienheimfahrten,
  → Trennungsgeld § 5
- verschiedene Formen von Sonderurlaub.
  → Urlaub (Verordnung / AzUVO) §§ 27-31

Das Innenministerium hat zu § 112 des (am 31.12. 2010 außer Kraft getretenen) Landesbeamtengesetzes eine Liste von Fällen veröffentlicht, in denen Urlaub mit Bezügen *„soweit eine Ausübung der Tätigkeit außerhalb der Dienstzeit nicht möglich ist, ... bewilligt werden"* soll. Es ist zu erwarten, dass es auch nach der Dienstrechtsreform bei diesem Katalog bleiben wird. Die Schulleitungen sollten deshalb in diesen Fällen Sonderurlaub nach § 29 → Urlaub (Verordnung – AzUVO) genehmigen.

Dieser Katalog ist im Kasten auf der folgenden Seite abgedruckt.

Zur Freistellung im dienstlichen Interesse gehören ferner z.B. das „Lehrerprogramm" in der Weiterbildung oder die Beurlaubung an Privat- oder Auslandsschulen.
→ Einstellungserlass Nr. 16; → Auslandsschuldienst;
→ Urlaub (Weiterbildung / Lehrerprogramm)

Auch zur Ausübung eines Mandats in Kommunalparlamenten ist Beschäftigten der erforderliche Urlaub unter Belassung der Bezüge zu gewähren.
→ Tarifvertrag (L) § 28; → Urlaub (Mandatsträger/innen)

Außerdem wird Urlaub mit Bezügen zur Vorbereitung auf die zweite Staatsprüfung gewährt.
→ Urlaub (Prüfungen)

b) Urlaub aus persönlichen Gründen

Die Arbeitszeit- und Urlaubsverordnung erlaubt in § 29 Abs. 1 die Freistellung von Beamt/innen mit Bezügen *„aus wichtigem persönlichen Anlass"*.
→ Urlaub (Verordnung – AzUVO) § 29 Abs. 1 Nr. 1

Das Kultusministerium hat hierzu in seiner VwV über die Zuständigkeiten (Az. 14-0311.40/231) verfügt:

„Für die Beurlaubung von beamteten Lehrkräften und Schulleitern aus wichtigem persönlichem Grund nach § 29 Abs. 1 Nr. 1 AzUVO ist hinsichtlich der Anlässe sowie der Dauer der Beurlaubung nach § 29 TV-L zu verfahren".

→ Tarifvertrag (Länder) § 29

Der Tarifvertrag (Länder) nennt in § 29 *(Arbeitsbefreiung)* Abs. 1 als *„Anlässe, in denen Beschäftigte unter Fortzahlung des Entgelts in dem angegebenen Ausmaß von der Arbeit freigestellt werden:*

a) *Niederkunft der Ehefrau/der Lebenspartnerin im Sinne des Lebenspartnerschaftsgesetzes*   1 Arbeitstag

b) *Tod der Ehegattin/des Ehegatten, der Lebenspartnerin/des Lebenspartners im Sinne des Lebenspartnerschaftsgesetzes, eines Kindes oder Elternteils*   2 Arbeitstage

c) *Umzug aus dienstlichem oder betrieblichen Grund an einen anderen Ort*   1 Arbeitstag

d) *25- und 40-jähriges Arbeitsjubiläum*   1 Arbeitstag

e) *schwere Erkrankung*
  aa) *einer/eines Angehörigen, soweit sie/er in demselben Haushalt lebt,*
    1 Arbeitstag im Kalenderjahr;
  bb) *eines Kindes, das das 12. Lebensjahr noch nicht vollendet hat, wenn im laufenden Kalenderjahr kein Anspruch nach § 45 SGB V besteht oder bestanden hat,*
    bis zu 4 Arbeitstage im Kalenderjahr;
  cc) *einer Betreuungsperson, wenn Beschäftigte deshalb die Betreuung ihres Kindes, das das 8. Lebensjahr noch nicht vollendet hat oder wegen körperlicher, geistiger oder seelischer Behinderung dauernd pflegebedürftig ist, übernehmen müssen,*
    bis zu 4 Arbeitstage im Kalenderjahr.

Eine Freistellung nach Buchstabe e erfolgt nur, soweit eine andere Person zur Pflege oder Betreuung nicht sofort zur Verfügung steht und die Ärztin/der Arzt in den Fällen der Doppelbuchstaben aa und bb die Notwendigkeit der Anwesenheit der/des Beschäftigten zur vorläufigen Pflege bescheinigt. Die Freistellung darf insgesamt fünf Arbeitstage im Kalenderjahr nicht überschreiten.

f) *Ärztliche Behandlung von Beschäftigten, wenn diese während der Arbeitszeit erfolgen muss,*   *erforderliche nachgewiesene Abwesenheitszeit einschließlich erforderlicher Wegezeiten."*

Sonderfall: Betreuung von Kindern bis zu 12 Jahren

Unabhängig hiervon – also zusätzlich zu den oben genannten bis zu vier Arbeitstagen je Kind unter 12 Jahren nach § 29 Abs. 1 Buchst. e) bb) TV-L – bestimmt § 29 Abs. 2 der AzUVO: *„Zur Beaufsichtigung, Betreuung oder Pflege eines erkrankten Kindes, welches das 12. Lebensjahr noch nicht vollendet hat oder behindert und auf Hilfe angewiesen ist, ist für die notwendige Dauer der Abwesenheit Sonderurlaub unter Belassung der Bezüge zu bewilligen".*

Urlaub (Allgemeines)

Zu: „a) Urlaub im dienstlichen Interesse" (auf der vorhergehenden Seite)
Auszug aus den VwV des Innenministeriums zu § 112 LBG (alt)

8 Urlaub unter Belassung der Bezüge ... soll, soweit eine Ausübung der Tätigkeit außerhalb der Dienstzeit nicht möglich ist, aus folgenden Anlässen bewilligt werden:

8.1 im Falle des Einsatzes einer Organisation der zivilen Verteidigung im Rahmen der zivilen Verteidigung und bei Katastrophen, soweit nicht gesetzliche Regelungen vorgehen;

8.2 bei Heranziehung zum Wasserwehrdienst, zum Bergwachtdienst zwecks Rettung von Menschenleben und zum freiwilligen Sanitätsdienst bei Vorliegen eines dringenden öffentlichen Interesses, soweit nicht gesetzliche Regelungen vorgehen.

9 Urlaub unter Belassung der Bezüge ... kann, soweit eine Teilnahme außerhalb der Dienstzeit nicht möglich ist, aus folgenden Anlässen bewilligt werden:

9.1 Veranstaltungen der politischen Parteien, die im Bundestag oder im Landtag vertreten sind;

9.2 Tagungen und Lehrgänge, die Zwecken der Gewerkschaften oder der Berufsverbände dienen, auf deren Anforderung;

9.3 Tagungen der Kirchen und Religionsgesellschaften auf Anforderung der zuständigen Kirchenleitung oder der Leitung der Religionsgesellschaft; – Veranstaltungen des Deutschen Evangelischen Kirchentages und des Deutschen Katholikentages (bis zu drei Tagen im Urlaubsjahr);

9.4 Tagungen, Lehrgänge und Veranstaltungen zur staatspolitischen Bildung; hier ist unabhängig von der Anerkennung der Förderungswürdigkeit durch andere Institutionen entscheidend, dass die staatspolitische Zielsetzung im Mittelpunkt der Tagung, des Lehrgangs und der Veranstaltung steht; die Vermittlung nur allgemeiner Kenntnisse über die politischen und sozialen Gegebenheiten anderer Staaten erfüllt diese Voraussetzung nicht; bei Studienreisen ist insbesondere zu prüfen, inwieweit sie touristischen Charakter haben oder der Befriedigung eines allgemeinen Bildungsbedürfnisses dienen; je nach dem Zuschnitt der Tagung, des Lehrgangs und der Veranstaltung kann in Betracht kommen, eine Beurlaubung auf Teile der Tagung, des Lehrgangs und der Veranstaltung zu beschränken;

9.5 Arbeitstagungen der Organisationen der Vertriebenen und Flüchtlinge im Rahmen der §§ 95, 96 des Bundesvertriebenengesetzes und des Verbands der Heimkehrer auf deren Anforderung zur ehrenamtlichen Mitwirkung;

9.6 Arbeitstagungen der überörtlichen Selbsthilfeorganisationen zur Betreuung behinderter Personen, der Kriegsopferverbände und der überörtlichen Familien- und Frauenorganisationen auf deren Anforderung zur ehrenamtlichen Mitwirkung;

9.7 Übungsveranstaltungen von Versehrtensportgemeinschaften oder sonstigen geeigneten Sportgemeinschaften, in deren Rahmen Versehrtenleibesübungen im Sinne des Bundesversorgungsgesetzes durchgeführt werden, als
– Übungsleiter,
– Schwerbehinderter oder Gleichgestellter im Sinne des Neunten Buches Sozialgesetzbuch;

9.8 Tagungen, Lehrgänge und Veranstaltungen des Deutsch-Französischen Jugendwerks als Leiter derartiger Tagungen, Lehrgänge und Veranstaltungen oder zur Vorbereitung (Ausbildung) für die Leitung solcher Tagungen, Lehrgänge und Veranstaltungen;

9.9 Arbeitstagungen des Volksbunds Deutsche Kriegsgräberfürsorge e.V., Veranstaltungen dieser Organisation zur Pflege der Kriegsgräber;

9.10 Ausbildungsveranstaltungen von Organisationen der zivilen Verteidigung im Rahmen der zivilen Verteidigung, soweit nicht gesetzliche Regelungen vorgehen; auf die Bestimmungen über Freistellungen von der Dienstleistung nach dem Zivilschutzgesetz und nach dem Feuerwehrgesetz wird hingewiesen;

9.11 Lehrgänge des Deutschen Roten Kreuzes und ähnlicher Organisationen (z.B. Arbeiter-Samariter-Bund, Johanniter-Unfallhilfe, Malteser-Hilfsdienst, Wasserwehrdienst) und des Technischen Hilfswerks, soweit sie nicht unter Nummer 9.10 fallen;

9.12 Lehrgänge der Landesverkehrswacht;

9.13 Lehrgänge der Deutschen Lebens-Rettungs-Gesellschaft (DLRG);

9.14 dienstliche Veranstaltungen im Sinne von § 4 Abs. 4 des Wehrpflichtgesetzes;

9.15 Olympische Spiele, sportliche Welt- und Europameisterschaften, internationale sportliche Länderwettkämpfe und die jeweiligen dazugehörigen Vorbereitungskämpfe auf Bundesebene, Europapokal-Wettbewerbe, nationale sportliche Länderwettkämpfe, Endkämpfe um deutsche sportliche Meisterschaften, Endkämpfe um sportliche Meisterschaften auf Landesebene, Trainingslager zur Vorbereitung auf diese Wettkämpfe, wenn der Beamte von einem dem Deutschen Sportbund angeschlossenen Verband oder Verein als Teilnehmer benannt worden ist, Wettkämpfe beim Deutschen Turnfest und den Landesturnfesten,
es muss sich jeweils um eine aktive Teilnahme handeln; zu den aktiven Teilnehmern gehören auch die ehrenamtlich tätigen Personen, deren Teilnahme nach den jeweiligen Statuten des Fachverbandes unter Berücksichtigung der Sportart für den sportlichen Einsatz der Mannschaft oder der Wettkämpfer dringend erforderlich ist (z.B. Trainer, Masseur, Mannschaftsarzt, technische Hilfskräfte, Schieds- oder Kampfrichter); Entsprechendes gilt bei derartigen sportlichen Veranstaltungen für Behinderte;

9.16 Kongresse und Vorstandssitzungen internationaler Sportverbände, denen der Deutsche Sportbund oder ein ihm angeschlossener Sportverband angehört, Mitgliederversammlungen und Vorstandssitzungen des Nationalen Olympischen Komitees, des Deutschen Sportbundes und ihm angeschlossener Sportverbände auf Bundesebene sowie Vorstandssitzungen solcher Verbände auf Landesebene, wenn der Beamte dem Gremium ehrenamtlich angehört.

Urlaub (Allgemeines)

Dieser Anspruch besteht längstens für sieben Arbeitstage im Kalenderjahr für jedes Kind, jedoch für nicht mehr als 18 Tage. Für alleinerziehende Beamt/innen besteht er maximal für 14 Arbeitstage je Kind, jedoch insgesamt für nicht mehr als 36 Tage im Kalenderjahr. Die Beaufsichtigungs-, Betreuungs- oder Pflegebedürftigkeit des Kindes ist durch ein ärztliches Zeugnis nachzuweisen.

→ Urlaub (Verordnung) § 29 Abs. 2

Wenn die Notwendigkeit ärztlich bescheinigt wird, kann demnach eine alleinerziehende Lehrerin 14 bezahlte Freistellungstage aus § 29 Abs. 2 und vier weitere Tage aus § 29 Abs. 1 AzUVO, zusammen also 18 Tage im Kalenderjahr für ein erkranktes Kind unter 12 Jahren in Anspruch nehmen. Sind beide Erziehungsberechtigten als Beamt/innen im Landesdienst tätig und wechseln sie sich ab, sind es je Kind 7 + 7 + 4, also ebenfalls 18 Freistellungstage. Das Gleiche gilt beim zweiten Kind unter 12 Jahren. Bei einem dritten Kind greift die Obergrenze gemäß § 29 Abs. 2: Insgesamt dürfen es deshalb nicht mehr als 36 Tage aus § 29 Abs. 2 + 4 Tage aus § 29 Abs. 1 sein.

Bei Tarifbeschäftigten hat § 45 SGB Vorrang

Bei der Freistellung mit Bezügen wegen der Erkrankung von Kindern bis zur Vollendung des 12. Lebensjahres ist zwischen beamteten und tarifbeschäftigten Eltern zu unterscheiden.

- Zwar haben sowohl Eltern im Beamtenverhältnis und als auch Eltern im Arbeitnehmerverhältnis laut TV-L § 29 Abs. 1 Anspruch auf eine Freistellung je Kind bis zu 4 Arbeitstagen im Kalenderjahr (siehe oben Nr. 2).

- Eltern im Arbeitnehmerverhältnis haben darüber hinaus nach § 45 SGB V (siehe Kasten unten) Anspruch auf Freistellung bis zu 10 Tagen für jedes gesetzlich krankenversicherte Kind bis zur Vollendung des 12. Lebensjahres (Mutter und Vater je 10 Tage, Alleinerziehende 20 Tage). Ohne Rücksicht auf die Zahl der Kinder dürfen es zusammen nicht mehr als 25 Arbeitstage, für Alleinerziehende nicht mehr als 50 Arbeitstage je Kalenderjahr sein. Die Eltern werden in dieser Zeit so gestellt, als ob sie erkrankt wären, sie erhalten statt ihres Tarif-Entgelts also Krankengeld von der Krankenkasse. Die Einzelheiten stehen im Kasten unten.

- Eltern im Arbeitnehmerverhältnis müssen diesen Anspruch nach § 45 SGB vorrangig geltend machen. Den Anspruch auf eine Freistellung von bis zu 4 Arbeitstagen im Kalenderjahr je Kind können sie also nur geltend machen, wenn

§ 45 SGB V – Krankengeld bei Erkrankung des Kindes

(1) Versicherte haben Anspruch auf Krankengeld, wenn es nach ärztlichem Zeugnis erforderlich ist, dass sie zur Beaufsichtigung, Betreuung oder Pflege ihres erkrankten und versicherten Kindes der Arbeit fernbleiben, eine andere in ihrem Haushalt lebende Person das Kind nicht beaufsichtigen, betreuen oder pflegen kann und das Kind das zwölfte Lebensjahr noch nicht vollendet hat oder behindert und auf Hilfe angewiesen ist. § 10 Abs. 4 und § 44 Abs. 1 Satz 2 gelten.

Hinweise der Redaktion:

§ 45 SGB V gilt nur für Arbeitnehmer/innen. Ein Anspruch besteht nur, wenn die Kinder in der gesetzlichen Krankenversicherung (GKV) mitversichert sind.

Als „Kinder" gelten auch Stiefkinder und Enkel, die der/die Versicherte überwiegend unterhält, sowie Pflegekinder. Kinder, die mit dem Ziel der Annahme als Kind in die Obhut der Annehmenden aufgenommen sind und für die die zur Annahme erforderliche Einwilligung der Eltern erteilt ist, gelten als Kinder der Annehmenden und nicht mehr als Kinder der leiblichen Eltern. Stiefkinder im Sinne des Satzes 1 sind auch die Kinder des Lebenspartners.

(2) Anspruch auf Krankengeld nach Absatz 1 besteht in jedem Kalenderjahr für jedes Kind längstens für 10 Arbeitstage, für alleinerziehende Versicherte längstens für 20 Arbeitstage. Der Anspruch nach Satz 1 besteht für Versicherte für nicht mehr als 25 Arbeitstage, für alleinerziehende Versicherte für nicht mehr als 50 Arbeitstage je Kalenderjahr.

(3) Versicherte mit Anspruch auf Krankengeld nach Absatz 1 haben für die Dauer dieses Anspruchs gegen ihren Arbeitgeber Anspruch auf unbezahlte Freistellung von der Arbeitsleistung, soweit nicht aus dem gleichen Grund Anspruch auf bezahlte Freistellung besteht. Wird der Freistellungsanspruch nach Satz 1 geltend gemacht, bevor die Krankenkasse ihre Leistungsverpflichtung nach Absatz 1 anerkannt hat, und sind die Voraussetzungen dafür nicht erfüllt, ist der Arbeitgeber berechtigt, die gewährte Freistellung von der Arbeitsleistung auf einen späteren Freistellungsanspruch zur Beaufsichtigung, Betreuung oder Pflege eines erkrankten Kindes anzurechnen. Der Freistellungsanspruch nach Satz 1 kann nicht durch Vertrag ausgeschlossen oder beschränkt werden.

(4) Versicherte haben ferner Anspruch auf Krankengeld, wenn sie zur Beaufsichtigung, Betreuung oder Pflege ihres erkrankten und versicherten Kindes der Arbeit fernbleiben, sofern das Kind das zwölfte Lebensjahr noch nicht vollendet hat oder behindert und auf Hilfe angewiesen ist und nach ärztlichem Zeugnis an einer Erkrankung leidet,

a) die progredient verläuft und bereits ein weit fortgeschrittenes Stadium erreicht hat,
b) bei der eine Heilung ausgeschlossen und eine palliativ-medizinische Behandlung notwendig oder von einem Elternteil erwünscht ist und
c) die lediglich eine begrenzte Lebenserwartung von Wochen oder wenigen Monaten erwarten lässt.

Der Anspruch besteht nur für ein Elternteil. Absatz 1 Satz 2 und Absatz 3 gelten entsprechend.

(5) Anspruch auf unbezahlte Freistellung nach den Absätzen 3 und 4 haben auch Arbeitnehmer, die nicht Versicherte mit Anspruch auf Krankengeld nach Absatz 1 sind.

Urlaub (Allgemeines)

im laufenden Kalenderjahr kein Anspruch nach § 45 SGB V besteht oder bestanden hat, siehe
→ Tarifvertrag (Länder) § 29 Abs. 1 Buchst. e (bb)

Genehmigung und Ermessensspielraum
Die Genehmigung erteilt der/die Schulleiter/in (bei Schulleiter/innen die Schulaufsichtsbehörde).
→ Beamtenrecht (Zuständigkeiten im Schulbereich);
→ Tarifrecht (Zuständigkeiten im Schulbereich)
Diese Vorgesetzten müssen dabei jeweils den Wortlaut der Vorschrift beachten:
– In § 29 Abs. 1 TV-L werden jene *„Anlässe"* aufgezählt, *„in denen Beschäftigte unter Fortzahlung des Entgelts in dem angegebenen Ausmaß von der Arbeit freigestellt werden"*. In § 29 Abs. 2 AzUVO steht: *„... ist ... zu bewilligen"*. Diese Formulierungen (*„werden"*, nicht etwa: *„können"* bzw. *„ist zu bewilligen"*, nicht etwa: *„kann bewilligt werden"*) bedeuten, dass dem Antrag entsprochen werden muss, also beim Vorliegen des entsprechenden Tatbestands kein Ermessensspielraum besteht.
→ Ermessen
– Ebenso besteht kein Ermessensspielraum bei den in § 29 Abs. 2 aufgeführten Anlässen:
Bei Erfüllung allgemeiner staatsbürgerlicher Pflichten nach deutschem Recht besteht der Anspruch auf Fortzahlung des Entgelts, wenn die Arbeitsbefreiung gesetzlich vorgeschrieben ist und soweit die Pflichten nicht außerhalb der Arbeitszeit, gegebenenfalls nach ihrer Verlegung, wahrgenommen werden können; soweit die Beschäftigten Anspruch auf Ersatz des Entgelts geltend machen können, besteht kein Anspruch auf Entgeltfortzahlung. – Das fortgezahlte Entgelt gilt in Höhe des Ersatzanspruchs als Vorschuss auf die Leistungen der Kostenträger. Die Beschäftigten haben den Ersatzanspruch geltend zu machen und die erhaltenen Beträge an den Arbeitgeber abzuführen.

Diese Voraussetzung ist nur erfüllt, wenn die *allgemeinen staatsbürgerlichen Pflichten* gesetzlich normiert sind (z.B. die in Wahlgesetzen enthaltene Pflicht zur Beteiligung an Wahlausschüssen und zur Mitarbeit in Wahlvorständen). Für Schöffen oder ehrenamtliche Richter ergibt sich ein Freistellungsanspruch unmittelbar aus dem jeweiligen Gesetz.
(Quelle: KuU S. 73/1997)

– Hingegen bietet § 29 Abs. 3 des Tarifvertrags (Länder) den Vorgesetzten *„Ermessensraum für eine am Einzelfall orientierte Entscheidung"* (so kommentierte das Kultusministerium die wortgleiche Vorläuferbestimmung des BAT).
Quelle: KM, 21.11. 1996; AZ: I/5-0301.80/42).
§ 29 Absatz 3 des Tarifvertrags (Länder) lautet:
(3) Der Arbeitgeber kann in sonstigen dringenden Fällen Arbeitsbefreiung unter Fortzahlung des Entgelts bis zu drei Arbeitstagen gewähren. ..."
Die Schulleitungen bzw. die Schulaufsichtsbehörden können also über die in § 29 Abs. 1 und 2 aufgeführten Fälle hinaus Urlaub mit Bezügen gewähren. → Ermessen

c) Schwerbehinderung
Schwerbehinderte Beamtinnen und Beamte haben Anspruch auf einen jährlichen Zusatzurlaub (§ 125 SGB IX). Bei Lehrkräften ist dieser Anspruch durch die Ferien bzw. die Schwerbehindertenermäßigung abgegolten (vgl. → Arbeitszeit (Lehrkräfte) Teil D Nr. 2 und → Urlaub – Verordnung – § 21).

3. Urlaub ohne Bezüge

a) Freistellungen von längerer Dauer
Für den Urlaub ohne Dienstbezüge nach §§ 71 ff. LBG gilt eine besondere Vorschrift:
→ Teilzeit / Urlaub (Beamtenrecht – VwV)

b) Urlaub für Jugendleiter/innen
Auch ehrenamtliche Jugendleiter/innen haben Anspruch auf Urlaub ohne Bezüge. Siehe:
→ Urlaub (Jugendleiter/innen)

c) Freistellungen aufgrund des Pflegezeitgesetzes
Das Pflegezeitgesetz und das Landesbeamtengesetz erlauben eine kurzfristige Beurlaubung ohne Bezüge zur Betreuung von pflegebedürftigen nahen Angehörigen (→ Urlaub (Pflegezeitgesetz) § 7 Abs.3) in einer akut aufgetretenen Pflegesituation. Die Tabelle unten zeigt die sehr unterschiedlichen Pflegezeiten für Lehrkräfte im Beamten- und im Arbeitnehmerverhältnis.
→ Beamtengesetz § 74; → Urlaub (Pflegezeitgesetz)

Urlaub ohne Bezüge zur Pflege von Angehörigen (Beamt/innen und Arbeitnehmer/innen)				
Anlass	Dauer	Gehalt	Beihilfe (nur Beamte)	Rechtsgrundlage
Kurzzeitige Verhinderung	10 Tage (Arbeitnehmerinnen) 2 Wochen (Beamt/innen)	nein	ja[1]	→ Urlaub (Verordnung / AzUVO) § 31 Abs. 1 oder 3 i.V.m. → Urlaub (Pflegezeitgesetz) §§ 3,4 → Beamtengesetz § 74 Abs. 1
Pflegezeit	bis zu 6 Monaten	nein	ja	→ Urlaub (Verordnung / AzUVO) § 31 Abs. 1 i.V.m. → Urlaub (Pflegezeitgesetz) §§ 3 und 4 → Beamtengesetz § 74 Abs. 2

1 Während der Pflegezeit nach § 74 Abs. 2 LBG werden Leistungen (wie in der Elternzeit) entsprechend → Elternzeit-Verordnung (Beamt/innen) §§ 46 und 47 gewährt. Zur Krankenversicherung während eines Urlaubs ohne Dienstbezüge siehe: → Krankenversicherung.

4. Unterrichtsverlegung

Da ihr Erholungsurlaub durch die Ferien abgegolten ist, können Lehrkräfte außer in den unter Nr. 2b dargestellten Fällen in der Regel keinen Urlaub für sonstige persönliche Anlässe erhalten (z.B. Todesfälle, Familienfeiern). Stattdessen können sie auf Antrag ihren Unterricht „verlegen": Das Kultusministerium hat verfügt, dass eine „*Gewährung von Freizeit gegen Vorarbeiten bzw. Nachholen des Unterrichts und sonstiger Dienstpflichten*" zulässig ist.

In § 29 Abs. 3 des Tarifvertrags (Länder) ist hierzu ferner zwar auch bestimmt: *„In begründeten Fällen kann bei Verzicht auf das Entgelt kurzfristige Arbeitsbefreiung gewährt werden, wenn die dienstlichen oder betrieblichen Verhältnisse es gestatten."*

Insofern kann also auch ein Kurz-Urlaub ohne Bezüge genehmigt werden. Allerdings ist hiermit ein so erheblicher bürokratischer Aufwand verbunden (die Schulleitung muss dies gegenüber dem Landesamt für Besoldung dokumentieren, damit diese die entsprechenden Dienstbezüge einbehält), dass die „Unterrichtsverlegung" vorzuziehen ist.

Die Entscheidung steht im Ermessen der jeweils zuständigen Stelle. Zuständig ist bei einer Dauer von bis zu 3 Tagen bei Lehrkräften die Schulleitung, bei Schulleiter/innen bzw. bei einer Dauer von mehr als 3 Tagen die Schulaufsichtsbehörde.

→ Ermessen

Mit der Formulierung: „*Unterrichts/sonstiger Dienstpflichten*" lässt das Kultusministerium explizit auch die Verrechnung dieser „Freistellung" mit außerunterrichtlichen Tätigkeiten zu. Einige Beispiele):
- Eine Lehrkraft wirkt nachmittags an der Aufnahme der Schulneulinge mit;
- eine Lehrkraft bereitet in einer Arbeitsgruppe mit Eltern das jährliche Schulfest vor;
- eine Lehrkraft übernimmt die schulinterne Lehrerfortbildung (Pädagogischer Tag usw.);
- eine Lehrkraft vertritt die Schule bei einer Besprechung mit einer anderen Einrichtung;
- die Verbindungslehrerin wendet viel Zeit für die Schülermitverantwortung (SMV) auf, erhält aber keine Anrechnung aus dem „Stundenpool".

Wir raten grundsätzlich, Anträge auf Unterrichtsverlegung immer schriftlich vorzulegen, die Tatsache der Bewilligung schriftlich festzuhalten und auch aufzuschreiben, wann und in welcher Form das Vorarbeiten bzw. Nachholen stattgefunden hat.

→ Abwesenheit und Krankmeldung (Lehrkräfte); → Auslandsschuldienst; → Beamtengesetz § 75; → Beamtenstatusgesetz § 44; → Ermessen; → Einstellungserlass Nr. 16; → Teilzeit / Urlaub (Arbeitnehmer); → Teilzeit / Urlaub (Beamtenrecht); → Teilzeit / Urlaub (Sabbatjahr); → Teilzeit (Pflichten und Rechte); → Tarifvertrag (Länder) § 29; → Urlaub (Jugendleiter/innen); → Urlaub (Pflegezeitgesetz); → Urlaub (Prüfungen); → Urlaub (Verordnung / AzUVO)

Urlaub (Jugendleiter/innen)

Hinweise der Redaktion auf das Gesetz zur Stärkung des Ehrenamtes in der Jugendarbeit vom 20. November 2007 (KuU S. 32/2008)

In Organisationen der Jugendarbeit ehrenamtlich tätigen Personen, die in einem Dienst-, Arbeits-, Ausbildungsverhältnis oder arbeitnehmerähnlichen Verhältnis stehen und das 16. Lebensjahr vollendet haben, eine unbezahlte Freistellung für folgende Zwecke bis zu zehn Arbeitstage im Kalenderjahr zu gewähren (bei Personen, die sich in einer beruflichen Ausbildung oder in der Ausbildung für eine Beamtenlaufbahn befinden, bis zu fünf Kalendertage):

1. Tätigkeit in Zeltlagern, Jugendherbergen und Begegnungsstätten, in denen Jugendliche vorübergehend betreut werden, sowie bei sonstigen Veranstaltungen, bei denen Kinder und Jugendliche betreut werden,
2. Teilnahme an Aus- und Fortbildungslehrgängen, Tagungen und Schulungsveranstaltungen der öffentlichen und anerkannten freien Träger der Jugendhilfe; hierzu gehören auch Lehrgänge zum Erwerb der Jugendleiter-Card,

   Hinweis der Redaktion: Über die Bedeutung und die Möglichkeiten zum Erwerb der bundeseinheitlichen Jugendleiter-Card informiert eine Bekanntmachung des KM vom 13.9.1999 (KuU S. 218/1999), zuletzt geändert 8.11.2010 (KuU S. 205/2010).

3. Leitung von internationalen Jugendbegegnungen, die aus dem Kinder- und Jugendplan des Bundes oder dem Landesjugendplan gefördert werden,
4. Teilnahme an Aus- und Fortbildungslehrgängen für Übungsleiter und Trainer im Jugendbereich des Sports.

Anträge sind mindestens einen Monat vor Beginn der Freistellung von der jeweiligen Organisation zu stellen. Zuständig für die Bewilligung ist bei Lehrkräften die Schulleitung, bei Schulleiter/innen die Schulaufsichtsbehörde.

→ Beamtenrecht (Zuständigkeiten im Schulbereich); → Tarifrecht (Zuständigkeiten im Schulbereich); → Urlaub (Verordnung / AzUVO) § 29

Urlaub (Mandatsträger/innen) / Urlaub (Pflegezeit / AzUVO)

Urlaub (Mandatsträger/innen)

Hinweise der Redaktion auf die Rechtslage nach dem Dienstrechtsreformgesetz vom 27.10.2010 (GBl. S. 793/2010)

1. Grundsatz

Nach der Arbeitszeit- und Urlaubsverordnung (§ 29 Abs. 3) ist Beamt/innen der erforderliche Urlaub unter Belassung der Bezüge zu gewähren, wenn er zur Ausübung einer ehrenamtlichen Tätigkeit im Gemeinderat, im Kreistag oder im entsprechenden Vertretungsorgan einer sonstigen der Aufsicht des Landes unterstehenden Körperschaft, Anstalt oder Stiftung des öffentlichen Rechts, im Bezirksbeirat oder im Ortschaftsrat erforderlich ist. Dies gilt entsprechend auch für Tarifbeschäftigte.

→ Urlaub (Verordnung / AzUVO) § 29 Abs. 3;
→ Tarifvertrag (Länder) § 28

2. Hierzu hat das Kultusministerium ausgeführt:

(Quelle: KM; 26.7.2000, 14-0301.620/1160)

Die Frage der Erforderlichkeit richtet sich nach den konkreten Umständen des Einzelfalles. Die Erforderlichkeit ist z.b. stets zu bejahen bei Teilnahme an Sitzungen des Gemeinderats oder seiner Ausschüsse. Auch zu einer gewissen Repräsentation sind Mandatsträger z.B. Gemeinderäte verpflichtet. Beispiele sind: Richtfest eines wichtigen Gebäudes, Empfang einer Delegation einer ausländischen Partnergemeinde und ähnliches. In Einzelfällen muss Sonderbelastungen Rechnung getragen werden. So können sich z.B. für Fraktionssprecher u.U. weitere Verpflichtungen dieser Art ergeben als für die anderen Mitglieder des Gemeinderats. Auch ist davon auszugehen, dass in kleineren Gemeinden die Anwesenheit von Gemeinderäten bei repräsentativen Anlässen der Gemeinde in höherem Maße erwartet wird als in größeren Gemeinden, insbesondere in Großstädten.

Auch wenn ein Urlaubsanspruch ... nicht besteht, kann hilfsweise eine Urlaubsgewährung nach ... (jetzt:) → Urlaub (Verordnung / AzUVO) § 29 Abs. 3 in Betracht kommen. Insoweit handelt es sich aber um eine Ermessensentscheidung der für die Gewährung des Urlaubs zuständigen Stelle. Dies ist grundsätzlich der Schulleiter. Hierbei müssen die dienstlichen Erfordernisse des Dienstherrn mit den Erfordernissen der Wahrnehmung des Mandats abgewogen werden.

Da sich die Frage der Erforderlichkeit nach den konkreten Umständen des Einzelfalles richtet, ist weiter eine Pauschalierung des Urlaubs in Form einer Deputatsermäßigung grundsätzlich unzulässig. ... Es ist sachgerecht, wenn der betroffenen Lehrkraft für die Gemeinderatstätigkeit jeweils erforderliche Urlaub gewährt, gleichzeitig aber im Wege einer entsprechenden Stundenplangestaltung ein zeitliches Zusammentreffen von Dienstleistungspflicht und regelmäßiger Ratstätigkeit nach Möglichkeit vermieden wird. Auf diese Weise kann ausgeschlossen werden, dass regelmäßig wiederkehrende Gemeinderatstermine zu einem generellen Unterrichtsausfall führen bzw. eine Stundenverlegung erforderlich machen. Eine generelle Ermäßigung der Arbeitszeit bleibt dann nur noch in einem ganz eng begrenzten Ausnahmefall möglich, nämlich dann, wenn unter Berücksichtigung der zwangsläufigen und regelmäßig wiederkehrenden Sitzungstermine z.B. im Gemeinderat und seinen Ausschüssen die Pflichtstundenzahl nicht mehr in unterrichtsorganisatorisch vertretbarer Weise in den Stundenplänen untergebracht werden kann.

→ Urlaub (Verordnung / AzUVO) § 29 Abs. 3

Urlaub (Pflegezeit / AzUVO)

Auszug aus der VO der Landesregierung über die Arbeitszeit, den Urlaub, den Mutterschutz, die Erziehungszeit, ... (Arbeitszeit- und Urlaubsverordnung – AzUVO) vom 29.11.2005 (GBl. S. 716); zuletzt geändert 27.10.2010

§ 48
Fernbleiben vom Dienst und Urlaub bei Pflegefällen

(1) Die Voraussetzungen für das Fernbleiben vom Dienst nach § 74 Abs. 1 LBG sind auf Verlangen durch ein ärztliches Zeugnis über die Pflegebedürftigkeit oder die Erforderlichkeit der Maßnahmen nach § 74 Abs. 1 LBG nachzuweisen. Als pflegebedürftig im Sinne von § 74 Abs. 1 LBG gelten Personen, die die Voraussetzungen nach den §§ 14 und 15 des Elften Buches Sozialgesetzbuch erfüllen oder voraussichtlich erfüllen werden.

→ Beamtengesetz § 74

(2) Bei einer Beurlaubung oder Teilzeitbeschäftigung zur Inanspruchnahme von Pflegezeit nach

---

Beachten Sie zur Pflegezeit die tabellarische Übersichte unter → Urlaub (Allgemeines) Nr. 3.

| Urlaub (Pflegezeit / AzUVO) / Urlaub (Pflegezeitgesetz – Arbeitnehmer/innen) |

§ 74 Abs. 2 LBG haben Beamtinnen und Beamte die Pflegebedürftigkeit des nahen Angehörigen durch Vorlage einer Bescheinigung der Pflegekasse oder des Medizinischen Dienstes der Krankenversicherung nachzuweisen. Bei in der privaten Pflege-Pflichtversicherung versicherten Pflegebedürftigen ist ein entsprechender Nachweis zu erbringen. Als pflegebedürftig im Sinne von § 74 Abs. 2 LBG gelten Personen, die die Voraussetzungen nach den §§ 14 und 15 des Elften Buches Sozialgesetzbuch erfüllen.

(3) Die Beurlaubung nach § 74 Abs. 2 Satz 1 LBG oder die Verringerung der Arbeitszeit zur Aufnahme einer Teilzeitbeschäftigung nach § 74 Abs. 2 Satz 2 LBG sind spätestens zwei Wochen vor Beginn schriftlich zu beantragen. Dabei ist gleichzeitig zu erklären, für welchen Zeitraum und in welchem Umfang die Beurlaubung oder die Teilzeitbeschäftigung in Anspruch genommen werden sollen. Im Falle eines Antrags auf Teilzeitbeschäftigung ist auch die gewünschte Verteilung der Arbeitszeit anzugeben.

→ Beamtengesetz § 74; → Elternzeit (Verordnung / AzUVO) § 46-47

§ 48a Krankenfürsorge, Erstattung von Kranken- und Pflegeversicherungsbeiträgen

Während der Pflegezeit nach § 74 Abs. 2 LBG werden Leistungen entsprechend der §§ 46 und 47 gewährt. → Elternzeit (Verordnung / AzUVO) §§ 46-47

§ 48b Änderung der Beurlaubungsdauer zur Inanspruchnahme von Pflegezeit

Die Beurlaubung oder die Teilzeitbeschäftigung zur Inanspruchnahme von Pflegezeit kann bis längstens sechs Monate (Höchstdauer) für jeden pflegebedürftigen nahen Angehörigen verlängert werden. Auf die Verlängerung besteht ein Anspruch, wenn ein vorgesehener Wechsel in der Person der Pflegenden oder des Pflegenden aus einem wichtigen Grund nicht erfolgen kann. Ist die Pflegebedürftigkeit entfallen oder ist die häusliche Pflege unmöglich oder unzumutbar, endet die Beurlaubung oder die Teilzeitbeschäftigung nach § 74 Abs. 2 LBG vier Wochen nach Eintritt der veränderten Umstände. Der Dienstvorgesetzte ist über die veränderten Umstände unverzüglich zu unterrichten.

Urlaub (Pflegezeitgesetz – Arbeitnehmer/innen)

Auszug aus dem Pflegezeitgesetz (PflegeZG) vom 28. Mai 2008 (BGBl. I S. 874/2008)

§ 1
Ziel des Gesetzes

Ziel des Gesetzes ist, Beschäftigten die Möglichkeit zu eröffnen, pflegebedürftige nahe Angehörige in häuslicher Umgebung zu pflegen und damit die Vereinbarkeit von Beruf und familiärer Pflege zu verbessern.

Hinweise der Redaktion:
1. Das Gesetz bezieht sich nur auf eine – nicht erwerbsmäßige – Pflege naher Angehöriger im häuslichen Bereich.
2. Zwar wirkt sich eine Reihe von Verbesserungen im Gesundheitsbereich, die im Zusammenhang mit dem PflegeZG erlassen wurden, unmittelbar auch auf die Beamtinnen und Beamten aus (→ Beihilfeverordnung § 9 – Hinweise), die Freistellungsvorschriften hingegen gelten nur für Arbeitnehmer/innen. Zu den Regelungen für Beamt/innen siehe: → Beamtengesetz § 75
3. Daneben haben gesetzlich Krankenversicherte gem. § 45 SGB V Anspruch auf Krankengeld, wenn es nach ärztlichem Zeugnis erforderlich ist, dass sie zur Beaufsichtigung, Betreuung oder Pflege ihres erkrankten und versicherten Kindes der Arbeit fernbleiben. Einzelheiten unter: → Urlaub (Allgemeines) Kasten bei Teil 2

§ 2
Kurzzeitige Arbeitsverhinderung

(1) Beschäftigte haben das Recht, bis zu zehn Arbeitstage der Arbeit fernzubleiben, wenn dies erforderlich ist, um für einen pflegebedürftigen nahen Angehörigen in einer akut aufgetretenen Pflegesituation eine bedarfsgerechte Pflege zu organisieren oder eine pflegerische Versorgung in dieser Zeit sicherzustellen.

(2) Beschäftigte sind verpflichtet, dem Arbeitgeber ihre Verhinderung an der Arbeitsleistung und deren voraussichtliche Dauer unverzüglich mitzuteilen. Dem Arbeitgeber ist auf Verlangen eine ärztliche Bescheinigung über die Pflegebedürftigkeit des nahen Angehörigen und die Erforderlichkeit der in Absatz 1 genannten Maßnahmen vorzulegen.

(3) Der Arbeitgeber ist zur Fortzahlung der Vergütung nur verpflichtet, soweit sich eine solche Verpflichtung aus anderen gesetzlichen Vorschriften oder aufgrund einer Vereinbarung ergibt.

Hinweis der Redaktion: In dieser Zeit gilt das Arbeitsverhältnis als fortbestehend, in die Rentenversicherung werden keine Beiträge entrichtet aber während der 10 Tage entsteht keine Lücke in Rentenversicherung, weil der Beitragsmonat belegt ist. Pflichtmitglieder der gesetzlichen Krankenversicherung zahlen keine Beiträge, der Krankenversicherungsschutz bleibt bestehen.

§ 3 Pflegezeit

(1) Beschäftigte sind von der Arbeitsleistung vollständig oder teilweise freizustellen, wenn sie einen pflegebedürftigen nahen Angehörigen in häuslicher Umgebung pflegen (Pflegezeit). Der Anspruch nach Satz 1 besteht nicht gegenüber Arbeitgebern mit in der Regel 15 oder weniger Beschäftigten.

Hinweis der Redaktion: „Arbeitgeber" im Sinne dieses Gesetzes ist für Lehrkräfte an öffentlichen Schulen das Regierungspräsidium; demnach besteht ein Freistellungsanspruch.

(2) Die Beschäftigten haben die Pflegebedürftigkeit des nahen Angehörigen durch Vorlage einer Bescheinigung der Pflegekasse oder des Medizinischen Dienstes der Krankenversicherung nachzuweisen. Bei in der privaten Pflege-Pflichtversiche-

rung versicherten Pflegebedürftigen ist ein entsprechender Nachweis zu erbringen.

(3) Wer Pflegezeit beanspruchen will, muss dies dem Arbeitgeber spätestens zehn Arbeitstage vor Beginn schriftlich ankündigen und gleichzeitig erklären, für welchen Zeitraum und in welchem Umfang die Freistellung von der Arbeitsleistung in Anspruch genommen werden soll. Wenn nur teilweise Freistellung in Anspruch genommen wird, ist auch die gewünschte Verteilung der Arbeitszeit anzugeben.

(4) Wenn nur teilweise Freistellung in Anspruch genommen wird, haben Arbeitgeber und Beschäftigte über die Verringerung und die Verteilung der Arbeitszeit eine schriftliche Vereinbarung zu treffen. Hierbei hat der Arbeitgeber den Wünschen der Beschäftigten zu entsprechen, es sei denn, dass dringende betriebliche Gründe entgegenstehen.

Hinweis der Redaktion: In der Regel erfolgt die Beitragszahlung in die Rentenversicherung (RV) durch die Pflegeversicherung, die RV bleibt also meist bestehen und Entgeltpunkte werden gutgeschrieben. Der/die pflegende Angehörige ist über die Familienversicherung in der Krankenversicherung abgesichert. Wenn keine Familien-Mitversicherung möglich ist, muss man sich freiwillig in der GKV versichern. Der Versicherte entrichtet in der Regel den Mindestbeitrag. Beschäftigte, die nach § 3 PflegeZG von der Arbeitsleistung ganz freigestellt werden, können zur sozialen Absicherung auf Antrag einen Zuschuss zur Kranken- und Pflegeversicherung nach § 44a Abs. 1 SGB XI erhalten. Das gilt auch, wenn aufgrund der teilweisen Freistellung ein Arbeitsentgelt erzielt wird, das die Geringfügigkeitsgrenze von 400 Euro monatlich nicht übersteigt. Beschäftigte, die eine Pflegezeit gemäß §.3 PflegeZG in Anspruch nehmen sind in der Arbeitslosenversicherung versichert. Die Beiträge werden von der Pflegekasse der zu pflegenden Person übernommen; ist die zu pflegende Person privat versichert, trägt die Beiträge das private Versicherungsunternehmen.

§ 4
Dauer der Pflegezeit

(1) Die Pflegezeit nach § 3 beträgt für jeden pflegebedürftigen nahen Angehörigen längstens sechs Monate (Höchstdauer). Für einen kürzeren Zeitraum in Anspruch genommene Pflegezeit kann bis zur Höchstdauer verlängert werden, wenn der Arbeitgeber zustimmt. Eine Verlängerung bis zu Höchstdauer kann verlangt werden, wenn ein vorgesehener Wechsel in der Person des Pflegenden aus einem wichtigen Grund nicht erfolgen kann. Die Pflegezeit wird auf Berufsbildungszeiten nicht angerechnet.

(2) Ist der nahe Angehörige nicht mehr pflegebedürftig oder die häusliche Pflege des nahen Angehörigen unmöglich oder unzumutbar, endet die Pflegezeit vier Wochen nach Eintritt der veränderten Umstände. Der Arbeitgeber ist über die veränderten Umstände unverzüglich zu unterrichten. Im Übrigen kann die Pflegezeit nur vorzeitig beendet werden, wenn der Arbeitgeber zustimmt.

§ 7
Begriffsbestimmungen

(1) Beschäftigte im Sinne dieses Gesetzes sind
1. Arbeitnehmerinnen und Arbeitnehmer, ...
(3) Nahe Angehörige im Sinne dieses Gesetzes sind
1. Großeltern, Eltern, Schwiegereltern,
2. Ehegatten, Lebenspartner, Partner einer eheähnlichen Gemeinschaft, Geschwister,
3. Kinder, Adoptiv- oder Pflegekinder, die Kinder, Adoptiv- oder Pflegekinder des Ehegatten oder Lebenspartners, Schwiegerkinder und Enkelkinder. ...

→ Beamtengesetz § 74; → Teilzeit/Beurlaubung (Beamte); → Tarifvertrag (L) § 28

Urlaub (Privatschuldienst)

Hinweise der Redaktion

Lehrkräfte des Landes können bis zu 15 Jahre für den Dienst an Privatschulen (Ersatzschulen und Freie Waldorfschulen) in Baden-Württemberg (!) beurlaubt werden.
→ Privatschulgesetz § 11
Lehrkräfte, die noch nicht im Dienst des Landes stehen, können sich um eine Einstellung in den Landesdienst bei gleichzeitiger Beurlaubung in den Privatschuldienst bewerben, wenn
– sie einen unbefristeten Arbeitsvertrag mit einer in Baden-Württemberg gelegenen staatlich anerkannten Privatschule nachweisen
– entsprechende freie und besetzbare Stellen im Hauptverfahren zur Verfügung stehen
– sie im Listenauswahlverfahren die Leistungskriterien für die Einstellung in den öffentlichen Schuldienst erfüllen
– sie die sonstigen Voraussetzungen zur Übernahme in das Beamtenverhältnis erfüllen
→ Einstellungserlass Nr. 16

An Privatschulen beurlaubte Beamte können im Rahmen eines sogenannten Gewährleistungsbescheids von der Pflicht zur Zahlung von Rentenversicherungsbeiträgen befreit werden, wenn
1. das Land ihnen eine Anwartschaft auf lebenslängliche Versorgung und auf Hinterbliebenenversorgung im Sinne des § 5 Abs.1 Satz 1 Nr. 2 SGB VI in Verbindung mit § 5 Abs.1 Satz 2 SGB VI in dieser Beschäftigung gewährleistet **und**
2. der private Arbeitgeber zusichert, dass er im Falle einer späteren Nachversicherung in der gesetzlichen Rentenversicherung (z.B. im Falle einer Entlassung aus dem Beamtenverhältnis) dem Land die vollen Kosten erstattet.

Während der Beurlaubung an die Privatschule hat der/die Beamt/in gegen das Land keinen Anspruch auf Besoldung oder Beihilfe. Ansprechpartner für alle Fragen, die mit dem Beschäftigungsverhältnis zu tun haben, ist der private Arbeitgeber.
Endet das Vertragsverhältnis mit der Privatschule, so endet damit automatisch die Beurlaubung in

Urlaub (Privatschuldienst) / Urlaub (Prüfungen) / Urlaub (Verordnung / AzUVO)

den Privatschuldienst und das Land muss den/die betreffende/n Beamten mit sofortiger Wirkung wieder in den Landesdienst zurücknehmen. Endet die Beurlaubung für den Privatschuldienst, so ist damit nicht automatisch die Beendigung des Vertragsverhältnisses mit der Privatschule verbunden; sondern hierfür gelten die im Dienst- oder Arbeitsvertrag geregelten Kündigungsfristen.

Ruhegehaltfähigkeit von Zeiten einer Beurlaubung

Die Zeit, während der ein beurlaubter Lehrer an einer Ersatzschule im Lande tätig ist, ist bezüglich der Ruhegehaltfähigkeit einer Tätigkeit im Landesdienst gleichzuachten. Das Landesamt für Besoldung hat hierzu folgende Vorabentscheidung getroffen (9.2.2009 (AZ: 0331.1-30/0334.5):
Bei Beamtinnen, Beamten, Richterinnen und Richtern des Landes Baden-Württemberg sind Zeiten einer Beurlaubung ohne Dienstbezüge ...

5. zur Wahrnehmung einer Lehrtätigkeit bei einer als Ersatz für eine öffentliche Schule staatlich genehmigten Privatschule, ...

unter dem Vorbehalt ruhegehaltfähig, dass aus der während der Beurlaubung ausgeübten Tätigkeit keine Versorgung, Rente oder ähnliche Leistung gewährt wird. Dieser Vorbehalt entfällt, wenn während der Beurlaubung eine Versorgungsleistung erworben wird, die im Rahmen der §§ 54 bis 56 BeamtVG zu berücksichtigen ist, oder nicht höher ist als der Unterschied zwischen den beamtenrechtlichen Versorgungsbezügen und den entsprechenden Versorgungsbezügen eines Beamten mit ruhegehaltfähigen Dienstbezügen in Höhe der zuletzt während der Beurlaubung gezahlten Vergütung. – Bei Teilzeitbeschäftigung sind diese Zeiten nur zu dem Teil ruhegehaltfähig, der dem Verhältnis der ermäßigten zur regelmäßigen Arbeitszeit entspricht. Eine Teilzeitbeschäftigung mit weniger als der Hälfte der regelmäßigen Arbeitszeit ist jedoch nur dann ruhegehaltfähig, wenn sie auch nach dem Landesbeamtengesetz oder Landesrichtergesetz zulässig gewesen wäre.

Der/die Beurlaubte ist bei einer Teilzeitbeschäftigung verpflichtet, dem Landesamt für Besoldung und Versorgung Baden-Württemberg einen entsprechenden Nachweis vorzulegen, aus dem Art und Dauer der Teilzeitbeschäftigung und der Umfang der geleisteten sowie der regelmäßigen wöchentlichen Arbeitszeit ersichtlich sind.

Die Zeit eines evtl. Urlaubs ohne Arbeitsentgelt aus persönlichen Gründen während der Tätigkeit (z.B. Elternzeit oder Urlaub aus familiären Gründen) ist nicht ruhegehaltfähig.

Der/die Beurlaubte ist verpflichtet, dem Landesamt ... einen Nachweis über Art und Dauer des Urlaubs vorzulegen. ...

Hinweis der Redaktion: Beginnt die Lehrkraft ihren Dienst an der Privatschule und wird erst danach unter gleichzeitiger Beurlaubung für den Privatschuldienst verbeamtet, so ist die im Angestelltenverhältnis an der Privatschule verbrachte Zeit nur im Umfang von maximal 5 Jahren ruhegehaltfähig. Zeiten für die ein Anspruch in der Rentenversicherung besteht, sind nicht ruhegehaltfähig..

→ Einstellungserlass Nr. 16; → Privatschulgesetz § 11

Urlaub (Prüfungen)

Dienstbefreiung im Vorbereitungsdienst für die Zweite Staatsprüfung bzw. die Laufbahnprüfung; Verwaltungsvorschrift des KM vom 21.10.2002 (KuU S. 343/2002)

Studienreferendarinnen und Studienreferendare sowie Lehramtsanwärterinnen und Lehramtsanwärter sind an folgenden Tagen von ihren weiteren dienstlichen Verpflichtungen befreit:

→ Urlaub (Allgemeines)

1. am Tage einer Prüfung,
2. an insgesamt zwei weiteren Tagen nach ihrer Aufteilung.

Diese Tage müssen unmittelbar vor einem Prüfungstag liegen.

Urlaub (Verordnung / AzUVO)

Auszug aus der VO der Landesregierung über die Arbeitszeit, den Urlaub, den Mutterschutz, die Erziehungszeit, ... (Arbeitszeit- und Urlaubsverordnung – AzUVO) vom 29.11.2005 (GBl. S. 716); zuletzt geändert 27.10.2010

3. Abschnitt – Urlaub
1. Unterabschnitt – Erholungsurlaub

§ 21
Dauer des Jahresurlaubs
(Ziff. 1-3 nicht abgedruckt)

(4) Für beamtete Lehrkräfte und für Beamtinnen und Beamte in Ausbildung während eines Studiums wird der Erholungsurlaub durch die Ferien abgegolten. Bleibt infolge einer dienstlichen Inanspruchnahme während der Ferien die Zahl der verbleibenden dienstfreien Ferientage hinter der Zahl der Urlaubstage zurück, werden nur die dienstfreien Ferientage auf den Erholungsurlaub angerechnet.

Hinweis der Redaktion: Auch Lehrkräfte im Arbeitnehmerverhältnis müssen den Urlaub in den Schulferien nehmen.
→ Tarifvertrag (Länder) § 44

§ 21
Zusatzurlaub in sonstigen Fällen (nicht abgedruckt)

Hinweis der Redaktion: Schwerbehinderte haben nach Maßgabe des § 125 SGB IX Anspruch auf einen jährlichen Zusatzurlaub (ab GdB 30 von 3, ab GdB 50 von 5 Arbeitstagen). Bei Lehrkräften ist dieser Anspruch durch die Ferien bzw. die Schwerbehindertenermäßigung abgegolten.
→ Arbeitszeit (Lehrkräfte) Teil D Nr. 2; → Schwerbehinderung (Allgemeines) B.6

2. Unterabschnitt
Sonderurlaub

§ 27
Dienstjubiläen

Die Beamtin oder der Beamte erhält in dem Kalenderjahr seines 25-, 40-, und 50jährigen Dienstjubiläums jeweils einen Tag Sonderurlaub unter Belassung der Bezüge. § 3 Abs. 2 Satz 2 und § 4 der Jubiläumsgabenverordnung gelten entsprechend.
→ Abwesenheit und Krankmeldung (Lehrkräfte; → Beamtengesetz § 82; → Dienstjubiläen

§ 28
Familienheimfahrten

Für Familienheimfahrten im Sinne von § 5 Abs. 1 der Landestrennungsgeldverordnung kann bei Vorliegen besonderer Gründe im Kalenderjahr bis zu zwei Tage Sonderurlaub unter Belassung der Bezüge bewilligt werden.
→ Trennungsgeldverordnung; → Urlaub (Allgemeines)

§ 29
Sonderurlaub aus verschiedenen Anlässen

Hinweis der Redaktion: Zu den Einzelheiten (Anlässe und Verfahren) siehe → Urlaub (Allgemeines).

(1) Sofern dienstliche Gründe nicht entgegenstehen, kann der Beamtin oder dem Beamten für die notwendige Dauer der Abwesenheit Sonderurlaub unter Belassung der Bezüge bewilligt werden
1. aus wichtigem persönlichem Anlass,

   Hinweis der Redaktion: Das Kultusministerium hat bestimmt:

   „Für die Beurlaubung von beamteten Lehrkräften und Schulleitern aus wichtigem persönlichen Grund nach § 29 Abs. 1 Nr. 1 AzUVO ist hinsichtlich der Anlässe sowie der Dauer der Beurlaubung nach § 29 TV-L zu verfahren."
   → Tarifvertrag (L) § 29 ; → Urlaub (Allgemeines) Nr. 2
2. zur Ausübung ehrenamtlicher Tätigkeit im öffentlichen Leben,
3. zur Teilnahme an Tagungen, Lehrgängen und Veranstaltungen, soweit sie
   a) staatsbürgerlichen Zwecken dienen oder
   b) von Organisationen, deren Tätigkeit im öffentlichen Interesse liegt, durchgeführt werden und an den Tagungen, Lehrgängen und Veranstaltungen ein öffentliches Interesse besteht oder
   c) fachlichen Zwecken dienen und im dienstlichen Interesse liegen.

(2) Zur Beaufsichtigung, Betreuung oder Pflege eines erkrankten Kindes, welches das 12. Lebensjahr noch nicht vollendet hat oder behindert und auf Hilfe angewiesen ist, ist für die notwendige Dauer der Abwesenheit Sonderurlaub unter Belassung der Bezüge zu bewilligen. Der Anspruch besteht längstens für sieben Arbeitstage im Kalenderjahr für jedes Kind, jedoch für nicht mehr als 18 Arbeitstage im Kalenderjahr. Für alleinerziehende Beamtinnen und Beamte besteht der Anspruch längstens für 14 Arbeitstage im Kalenderjahr für jedes Kind, jedoch für nicht mehr als 36 Arbeitstage im Kalenderjahr. Die Beaufsichtigungs-, Betreuungs- oder Pflegebedürftigkeit des Kindes ist durch ein ärztliches Zeugnis nachzuweisen. Absatz 1 Nr. 1 bleibt unberührt.
→ Urlaub (Pflege)

(3) Abweichend von Absatz 1 Nr. 2 ist Sonderurlaub unter Belassung der Bezüge zu bewilligen, wenn er zur Ausübung einer ehrenamtlichen Tätigkeit
1. im Gemeinderat, im Kreistag oder im entsprechenden Vertretungsorgan einer sonstigen der Aufsicht des Landes unterstehenden Körperschaft, Anstalt oder Stiftung des öffentlichen Rechts, im Bezirksbeirat oder im Ortschaftsrat oder
2. als gerichtlich bestellter Betreuer

erforderlich ist.

(4) Der Sonderurlaub nach Absatz 1 Nr. 3 soll fünf Arbeitstage im Kalenderjahr nicht überschreiten; er darf höchstens zehn Arbeitstage betragen. Die oberste Dienstbehörde kann in besonders begründeten Fällen Ausnahmen von der Höchstdauer zulassen.
→ Urlaub (Mandatsträger/innen)

Hinweis der Redaktion: Das KM empfiehlt, Lehrer und Schüler für die Teilnahme am Deutschen Evangelischen Kirchentag und am Deutschen Katholikentag jeweils zu beurlauben, sofern keine dienstlichen bzw. pädagogischen Gründe entgegenstehen. (Bekanntmachung des KM vom 26.4.1985, KuU S. 299/1985); im Bekanntmachungsverzeichnis (→ Kultus und Unterricht) enthalten, also nach wie vor aktuell.

§ 30
Kuren

Sonderurlaub unter Belassung der Bezüge wird bewilligt, für
1. Kuren, die als beihilfefähig anerkannt sind oder für die beamtenrechtliche Heilfürsorge oder Unfallfürsorge genehmigt worden ist,
2. medizinische Vorsorge- oder Rehabilitationsmaßnahmen, die ein Träger der gesetzlichen Renten-, Kranken- oder Unfallversicherung, ein Versorgungs- oder sonstiger Sozialleistungsträger bewilligt hat und die in einer Einrichtung der medizinischen Vorsorge oder Rehabilitation durchgeführt werden.

→ Beihilfe (Kuren); → Beihilfeverordnung §§ 7 und 8

Bei der Festlegung des Beginns des Sonderurlaubs

Zur Anwendung der verschiedenen „Fälle" nach dieser Verordnung siehe → Urlaub (Allgemeines).

soll auf dienstliche Belange Rücksicht genommen werden. Die Beurlaubung erfolgt für die als beihilfefähig anerkannte oder vom Leistungsträger bewilligte Dauer; für Nachkuren oder Schonungszeiten wird kein Sonderurlaub bewilligt.

3. Unterabschnitt
Urlaub aus sonstigen Gründen

§ 31

(1) Urlaub aus sonstigen Gründen kann bis zu sechs Monaten bewilligt werden, wenn dienstliche Gründe nicht entgegenstehen. Die oberste Dienstbehörde kann in Ausnahmefällen die Bewilligung von Urlaub über sechs Monate hinaus zulassen; bei Beamtinnen und Beamten des Landes in der Regel nur, wenn besondere Landesinteressen dies rechtfertigen. ... Die Beurlaubung von Beamtinnen und Beamten des Landes zur Beschäftigung im Arbeitnehmerverhältnis beim Land gegen eine höhere Bezahlung ist nicht zulässig. Zum Zwecke der Aufnahme einer Tätigkeit bei einem anderen Dienstherrn ist eine Beurlaubung von Beamtinnen und Beamten des Landes nur ausnahmsweise im Rahmen besonderer haushaltsrechtlicher Ermächtigungen oder mit Zustimmung des Finanzministeriums zulässig.

➜ Privatschulgesetz § 11; ➜ Urlaub (Privatschuldienst)

(2) Abweichend von Absatz 1 kann Beamtinnen und Beamten zur Ausübung einer Tätigkeit bei einer privatrechtlich organisierten Einrichtung der öffentlichen Hand, die öffentliche Aufgaben wahrnimmt, oder einer öffentlich-rechtlich organisierten Einrichtung ohne Dienstherrneigenschaft langfristig Urlaub unter Wegfall der Bezüge bewilligt werden, wenn

1. die Beurlaubung dienstlichen Interessen dient,
2. eine Zuweisung nach den Vorschriften des § 20 des Beamtenstatusgesetzes (BeamtStG) ausscheidet oder für den Dienstherrn insgesamt mit höheren Kosten verbunden wäre und
3. der Beamtin oder dem Beamten die Entlassung aus dem Beamtenverhältnis nicht zumutbar ist.

Eine Rückkehr aus dem Urlaub kann zugelassen werden, wenn der Beamtin oder dem Beamten die Fortsetzung des Urlaubs nicht zugemutet werden kann und dienstliche Belange nicht entgegenstehen.

Hinweise der Redaktion:
1. Ein besonderes Landesinteresse kann in folgenden Fallgruppen angenommen werden: Auslandsschuldienst / Entwicklungshilfe / Sport-, Kultur- und Kunstförderung / Kirchen / Lehrstuhlvertretung an Hochschulen. Bei Beurlaubungen aus anderen Anlässen ist im Einzelfall zu prüfen, ob ein besonderes Landesinteresse vorliegt. Es fehlt insbesondere bei Beurlaubungen über sechs Monate zur beruflichen Umorientierung oder zur Begleitung des Ehepartners/des Ehepartners ins Ausland.
(Quelle: KM, 1.12.2000 u. 6.4.2001, 14-0311.42/62)
Die unter ➜ Urlaub (Privatschuldienst) dargestellte Ruhegehaltfähigkeit des Urlaubs gilt auch zur Wahrnehmung
- von Aufgaben der Entwicklungszusammenarbeit als Entwicklungshelfer oder als integrierte Fachkraft,
- einer Tätigkeit als Fachkraft für Aufgaben der Entwicklungszusammenarbeit bei der Deutschen Gesellschaft für Technische Zusammenarbeit (GTZ) GmbH oder entsprechenden Einrichtungen (entsandte Fachkraft),
- einer Lehrtätigkeit bei einer als Ersatz für eine öffentliche Schule staatlich genehmigten Privatschule,
- einer Lehrtätigkeit im Auslandsschuldienst einschließlich einer Tätigkeit als Fachberater beim Goethe-Institut,
- einer Tätigkeit als Ortslehrkraft an einer deutschen Auslandsschule,
- einer Professurvertretung an Hochschulen des Landes Baden-Württemberg.

2. In den Auslandsschuldienst können Lehrkräfte bis zur Dauer von sechs Jahren, in Ausnahmefällen bis zu acht Jahren beurlaubt werden. Gleiches gilt für die Beurlaubung zur Übernahme einer Tätigkeit als Ortslehrkraft. Die Höchstdauer von acht Jahren gilt insgesamt; eine Beurlaubung als Ortslehrkraft im Anschluss an die Zeit als Auslandslehrkraft ist nach Ausschöpfung der Höchstbeurlaubungsdauer von acht Jahren ausgeschlossen.
(Quelle: KM, 2. Juli 2008; AZ: 14-0301.82/25)
➜ Auslandsschuldienst

3. Teilweise wird Urlaub gem. § 31 auch ohne Anerkennung des „dienstlichen Interesses" genehmigt (z.B. für eine einjährige Tätigkeit an einer Schule im Ausland (außerhalb des Verfahrens zum ➜ Ländertausch). In diesem Fall ist die Zeit der Beurlaubung nicht ruhegehaltfähig (vgl. Abs. 3).

4. Eine Beurlaubung von Lehrkräften zu einer Ausbildung für ein weiteres Lehramt kommt nur auf der Grundlage von § 153 c LBG oder § 31 Abs. 1 ➜ Urlaub (Verordnung / AzUVO) in Betracht. Für eine Beurlaubung nach § 31 Abs. 1 UrlVO ist Voraussetzung, dass die mit der Ausbildung verbundene Zusatzqualifikation im besonderen Landesinteresse liegt. Dieses kann u.a. angenommen werden, wenn mit der Zusatzqualifikation Lehrerinnen und Lehrer in größerem Umfang einsetzbar sind. Dies ist im Einzelfall zu prüfen. (Quelle: KM, 24.1.2001; AZ: 14-0311.42/64)

➜ Beamtengesetz § 72; ➜ Lehrbefähigung;
➜ Urlaub (Weiterbildung / Lehrerprogramm)

(3) Urlaub, der lediglich persönlichen Belangen der Beamtin oder des Beamten dient, wird unter Wegfall der Bezüge bewilligt.

➜ Beihilfe (Allgemeines), 5; ➜ Urlaub (Allgemeines), 2

(4) Dient Urlaub nach Absatz 1 auch dienstlichen Interessen, können die Bezüge bis zur Dauer von sechs Monaten, für die sechs Wochen übersteigende Zeit jedoch nur in halber Höhe, belassen werden. Die oberste Dienstbehörde kann in Ausnahmefällen zulassen, dass die Bezüge in größerem Umfang belassen werden. Bei Beamtinnen und Beamten des Landes sind Ausnahmen nach Satz 2 nur zulässig

1. im Rahmen besonderer haushaltsrechtlicher Ermächtigungen oder
2. mit Zustimmung des Finanzministeriums in den Fällen ausländischer Lehr- und Forschungsaufenthalte von Hochschullehrern, des gegenseitigen Austauschs oder der Kostenerstattung durch Dritte.

➜ Auslandsschuldienst; ➜ Beamtengesetz § 72; ➜ Beihilfe (Kuren); ➜ Beihilfeverordnung § 8; ➜ Dienstjubiläen; ➜ Elternzeit-Verordnung (Beamt/innen); ➜ Lehrbefähigung; ➜ Tarifvertrag (Länder) § 44; ➜ Urlaub (Allgemeines) Nr. 2; ➜ Urlaub (Lehrkräfte und Krankmeldung); ➜ Urlaub (Mandatsträger/innen); ➜ Urlaub (Pflegezeitgesetz); ➜ Urlaub (Privatschuldienst); ➜ Urlaub (Prüfungen); ➜ Urlaub (Weiterbildung / Lehrerprogramm)

Zur Anwendung der verschiedenen „Fälle" nach dieser Verordnung siehe ➜ Urlaub (Allgemeines).

Urlaub (Weiterbildung / Lehrerprogramm)

Hinweis der Redaktion

Lehrkräfte aller Schularten des Landes (auch Teilzeitbeschäftigte) können für eine Tätigkeit im planerisch-organisatorischen Bereich an Weiterbildungseinrichtungen zugewiesen werden, die dem Gesetz zur Förderung der Weiterbildung und des Bibliothekswesens entsprechen und deren Träger im Landeskuratorium für Weiterbildung vertreten sind. Die Zuweisung erfolgt unter Fortzahlung der Bezüge, wobei die Weiterbildungseinrichtungen dem Land 50% der Personalkosten zu erstatten haben; das Beamtenverhältnis bleibt bestehen.

Voraussetzung ist in jedem Einzelfall das Einverständnis der Lehrerin/des Lehrers und des Trägers. Die Entscheidung über die Zuweisung liegt bei der Schulverwaltung; dabei werden schulische Belange entsprechend berücksichtigt. Die Zuweisung ist grundsätzlich befristet, in der Regel für bis zu sechs Jahre. Eine Verlängerung um zwei Jahre ist in begründeten Einzelfällen möglich.

Die Teilnahme ist in der Regel frühestens drei Jahre nach erfolgreicher Beendigung der Probezeit möglich; die Rückkehr in die Schule sollte spätestens mit dem 50. Lebensjahr erfolgen. Die Schulverwaltung ist gehalten, die in der „Weiterbildungszeit" erworbene Qualifikation bei der Bewerbung um Funktionsstellen zu berücksichtigen.

Auskünfte erteilen die Regierungspräsidien. Kontaktpersonen und -telefonnummern sind im Internet zu erfahren unter: http://www.kultusportal-bw.de/servlet/PB/show/1214783/Merkblatt%20LP_052007.pdf

→ Arbeitszeitverordnung; → Dienstliche Beurteilung (Lehrkräfte); → Urlaub (Allgemeines); → Urlaub (Verordnung / AzUVO) § 31

Verfassung

Auszug aus der Verfassung des Landes Baden-Württemberg vom 11.11.1953 (GBl. S. 173) i.d.F. vom 15.2.1995 (GBl. S. 269); zuletzt geändert 6. Mai .2008 (GBl. S. 19/2008)

Erster Hauptteil
Vom Menschen und seinen Ordnungen
I.
Mensch und Staat
Artikel 1

(1) Der Mensch ist berufen, in der ihn umgebenden Gemeinschaft seine Gaben in Freiheit und in der Erfüllung des christlichen Sittengesetzes zu seinem und der anderen Wohl zu entfalten.

(2) Der Staat hat die Aufgabe, den Menschen hierbei zu dienen. Er fasst die in seinem Gebiet lebenden Menschen zu einem geordneten Gemeinwesen zusammen, gewährt ihnen Schutz und Förderung und bewirkt durch Gesetz und Gebot einen Ausgleich der wechselseitigen Rechte und Pflichten.

Artikel 2

(1) Die im Grundgesetz für die Bundesrepublik Deutschland festgelegten Grundrechte und staatsbürgerlichen Rechte sind Bestandteil dieser Verfassung und unmittelbar geltendes Recht.

→ Grundgesetz

(2) Das Volk von Baden-Württemberg bekennt sich darüber hinaus zu dem unveräußerlichen Menschenrecht auf die Heimat.

Artikel 2a

Niemand darf wegen seiner Behinderung benachteiligt werden.

→ Behinderungen (Kinder und Jugendliche); → Behinderungen und Förderbedarf; → Gleichbehandlungsgesetz; → Schulgesetz § 15; → Schwerbehinderung (Allgemeines) / (Gesetz) / (Verwaltungsvorschrift)

Artikel 3

(1) Die Sonntage und die staatlich anerkannten Feiertage stehen als Tage der Arbeitsruhe und der Erhebung unter Rechtsschutz. Die staatlich anerkannten Feiertage werden durch Gesetz bestimmt. Hierbei ist die christliche Überlieferung zu wahren.

(2) Der 1. Mai ist gesetzlicher Feiertag. Er gilt dem Bekenntnis zu sozialer Gerechtigkeit, Frieden, Freiheit und Völkerverständigung.

→ Ferienverordnung (dort auch das Feiertagsgesetz)

II.
Religion und Religionsgemeinschaften
Artikel 4

(1) Die Kirchen und die anerkannten Religions- und Weltanschauungsgemeinschaften entfalten sich in der Erfüllung ihrer religiösen Aufgaben frei von staatlichen Eingriffen.

(2) Ihre Bedeutung für die Bewahrung und Festigung der religiösen und sittlichen Grundlagen des menschlichen Lebens wird anerkannt.

Artikel 5

Für das Verhältnis des Staates zu den Kirchen und den anerkannten Religions- und Weltanschauungsgemeinschaften gilt Artikel 140 des Grundgeset-

zes für die Bundesrepublik Deutschland. Er ist Bestandteil dieser Verfassung.
→ Grundgesetz Artikel 140

Artikel 8
Rechte und Pflichten, die sich aus Verträgen mit der evangelischen und katholischen Kirche ergeben, bleiben von dieser Verfassung unberührt.

III.
Erziehung und Unterricht

Artikel 11
(1) Jeder junge Mensch hat ohne Rücksicht auf Herkunft oder wirtschaftliche Lage das Recht auf eine seiner Begabung entsprechende Erziehung und Ausbildung.
(2) Das öffentliche Schulwesen ist nach diesem Grundsatz zu gestalten.
(3) Staat, Gemeinden und Gemeindeverbände haben die erforderlichen Mittel, insbesondere auch Erziehungsbeihilfen, bereitzustellen.
(4) Das Nähere regelt ein Gesetz.
→ Schulgesetz § 95

Artikel 12
(1) Die Jugend ist in Ehrfurcht vor Gott, im Geiste der christlichen Nächstenliebe, zur Brüderlichkeit aller Menschen und zur Friedensliebe, in der Liebe zu Volk und Heimat, zu sittlicher und politischer Verantwortlichkeit, zu beruflicher und sozialer Bewährung und zu freiheitlicher demokratischer Gesinnung zu erziehen.
(2) Verantwortliche Träger der Erziehung sind in ihren Bereichen die Eltern, der Staat, die Religionsgemeinschaften, die Gemeinden und die in ihren Bünden gegliederte Jugend.
→ Schulgesetz § 1; → Schul- und Schülergottesdienst

Artikel 13
Die Jugend ist gegen Ausbeutung und gegen sittliche, geistige und körperliche Gefährdung zu schützen. Staat und Gemeinden schaffen die erforderlichen Einrichtungen. Ihre Aufgaben können auch durch die freie Wohlfahrtspflege wahrgenommen werden. → Jugendschutzgesetz

Artikel 14
(1) Es besteht allgemeine Schulpflicht.
(2) Unterricht und Lernmittel an den öffentlichen Schulen sind unentgeltlich. Die Unentgeltlichkeit wird stufenweise verwirklicht. Auf gemeinnütziger Grundlage arbeitende private mittlere und höhere Schulen, die einem öffentlichen Bedürfnis entsprechen, als pädagogisch wertvoll anerkannt sind und eine gleichartige Befreiung gewähren, haben Anspruch auf Ausgleich der hierdurch entstehenden finanziellen Belastung. Den gleichen Anspruch haben auf gemeinnütziger Grundlage arbeitende private Volksschulen nach Artikel 15 Abs. 2. ...
(3) Das Land hat den Gemeinden und Gemeindeverbänden den durch die Schulgeld- und Lernmittelfreiheit entstehenden Ausfall und Mehraufwand zu ersetzen. Die Schulträger können an dem Ausfall und Mehraufwand beteiligt werden. ...
→ Haushalt (Komm. Finanzausgleich); → Lernmittelfreiheit; → LernmittelVO; → Schulgesetz §§ 72 ff., 93 und 94

Artikel 15
(1) Die öffentlichen Volksschulen (Grund- und Hauptschulen) haben die Schulform der christlichen Gemeinschaftsschule nach den Grundsätzen und Bestimmungen, die am 9. Dezember 1951 in Baden für die Simultanschule mit christlichem Charakter gegolten haben.
→ Religion und Schule Nr. 2
Hinweis der Redaktion: Dies gilt auch für Werkrealschulen.
(2) Öffentliche Volksschulen (Grund- und Hauptschulen)in Südwürttemberg-Hohenzollern, die am 31. März 1966 als Bekenntnisschulen eingerichtet waren, können auf Antrag der Erziehungsberechtigten in staatlich geförderte private Volksschulen desselben Bekenntnisses umgewandelt werden. ...
(3) Das natürliche Recht der Eltern, die Erziehung und Bildung ihrer Kinder mitzubestimmen, muss bei der Gestaltung des Erziehungs- und Schulwesens berücksichtigt werden.
→ Elternbeiratsverordnung; → Schulgesetz § 55 ff.

Artikel 16
(1) In christlichen Gemeinschaftsschulen werden die Kinder auf der Grundlage christlicher und abendländischer Bildungs- und Kulturwerte erzogen. Der Unterricht wird mit Ausnahme des Religionsunterrichts gemeinsam erteilt.
Hinweis der Redaktion: Art. 16 LV bezieht sich nur auf die Grund- und Hauptschulen einschließlich Werkrealschulen.
→ Religion und Schule Nr. 2; → Religionsunterricht (Teiln.)
(2) Bei der Bestellung der Lehrer an den Volksschulen ist auf das religiöse und weltanschauliche Bekenntnis der Schüler nach Möglichkeit Rücksicht zu nehmen. Bekenntnismäßig nicht gebundene Lehrer dürfen jedoch nicht benachteiligt werden.
(3) Ergeben sich bei der Auslegung des christlichen Charakters der Volksschule Zweifelsfragen, so sind sie in gemeinsamer Beratung zwischen dem Staat, den Religionsgemeinschaften, den Lehrern und den Eltern zu beheben.

Artikel 17
(1) In allen Schulen waltet der Geist der Duldsamkeit und der sozialen Ethik.
(2) Die Schulaufsicht wird durch fachmännisch vorgebildete, hauptamtlich tätige Beamte ausgeübt.
(3) Prüfungen, durch die eine öffentlich anerkannte Berechtigung erworben werden soll, müssen vor staatlichen oder staatlich ermächtigten Stellen abgelegt werden.
(4) Die Erziehungsberechtigten wirken durch gewählte Vertreter an der Gestaltung des Lebens und der Arbeit der Schule mit. Näheres regelt ein Gesetz.
→ Elternbeiratsverordnung; → Schulgesetz §§ 55-61

Artikel 18

Der Religionsunterricht ist an den öffentlichen Schulen ordentliches Lehrfach. Er wird nach den Grundsätzen der Religionsgemeinschaften und unbeschadet des allgemeinen Aufsichtsrechts des Staates von deren Beauftragten erteilt und beaufsichtigt. Die Teilnahme am Religionsunterricht und an religiösen Schulfeiern bleibt der Willenserklärung der Erziehungsberechtigten, die Erteilung des Religionsunterrichts der des Lehrers überlassen.

→ Ethik; → Grundgesetz Art. 140; → Religion und Schule; → Religionsunterricht (Teilnahme); → Religionsunterricht (Kirchliche Lehrkräfte); → Schulgesetz §§ 96-100

Artikel 19

(1) Die Ausbildung der Lehrer für die öffentlichen Grund- und Hauptschulen muss gewährleisten, dass die Lehrer zur Erziehung und zum Unterricht gemäß den in Artikel 15 genannten Grundsätzen befähigt sind. An staatlichen Einrichtungen erfolgt sie mit Ausnahme der in Absatz 2 genannten Fächer gemeinsam.

(2) Die Dozenten für Theologie und Religionspädagogik werden im Einvernehmen mit der zuständigen Kirchenleitung berufen.

Artikel 20

(1) Die Hochschule ist frei in Forschung und Lehre.

(2) Die Hochschule hat unbeschadet der staatlichen Aufsicht das Recht auf eine ihrem besonderen Charakter entsprechende Selbstverwaltung im Rahmen der Gesetze und ihrer staatlich anerkannten Satzungen.

(3) Bei der Ergänzung des Lehrkörpers wirkt sie durch Ausübung ihres Vorschlagsrechts mit.

→ Beamte (Allgemeines); → Beamtengesetz § 89; → Ethik; → Fachleute; → Grundgesetz Art. 7 und 140; → Lernmittelfreiheit; → Lernmittelverordnung/-verzeichnis; → Politische Bildung; → Religion und Schule; → Religionsunterricht (Kirchliche Lehrkräfte); → Religionsunterricht (Teilnahme); → Schülermitverantwortung; → Schulbesuchsverordnung (Hinweise); → Schulgesetz §§ 96-100

Artikel 21

(1) Die Jugend ist in den Schulen zu freien und verantwortungsfreudigen Bürgern zu erziehen und an der Gestaltung des Schullebens zu beteiligen.

(2) In allen Schulen ist Gemeinschaftskunde ordentliches Lehrfach.

→ Fachleute aus der Praxis; → Politische Bildung; → Schülermitverantwortung

Artikel 22

Die Erwachsenenbildung ist vom Staat, den Gemeinden und den Landkreisen zu fördern.

Zweiter Hauptteil
Vom Staat und seinen Ordnungen

Artikel 77

(1) Die Ausübung hoheitsrechtlicher Befugnisse ist als ständige Aufgabe in der Regel Angehörigen des öffentlichen Dienstes zu übertragen, die in einem öffentlich-rechtlichen Dienst- oder Treueverhältnis stehen.

(2) Alle Angehörigen des öffentlichen Dienstes sind Sachwalter und Diener des ganzen Volkes.

→ Beamtengesetz § 89; → Grundgesetz Art. 33 Abs. 4

Artikel 78

Jeder Beamte leistet folgenden Amtseid:

„Ich schwöre, dass ich mein Amt nach besten Wissen und Können führen, Verfassung und Recht achten und verteidigen und Gerechtigkeit gegen jedermann üben werde. So wahr mir Gott helfe."
Der Eid kann auch ohne religiöse Beteuerung geleistet werden.

Vergleichsarbeiten

Nr. I der Verwaltungsvorschrift des Kultusministeriums zu den Vergleichsarbeiten vom 17. Mai 2009 (KuU S. 85/2009)

In der Klasse 3 der Grundschule werden in den Fächern Deutsch und Mathematik zentrale schriftliche Arbeiten angefertigt, die nicht benotet werden. Die Grundschulen beteiligen sich damit an dem Projekt VERA (Vergleichsarbeiten in der Grundschule), an deren Aufgabenentwicklung alle Bundesländer beteiligt sind. Die Termine werden vom Kultusministerium bekanntgegeben.

→ Grundschule (Schulbericht) § 2 Abs. 2

In den Klassen 7 der Hauptschule, 7 und 9 der Realschule sowie in den Klassen 7, 9 und der ersten Jahrgangsstufe des Gymnasiums der Normalform sowie den entsprechenden Klassen und der 1. Jahrgangsstufe des Gymnasiums der Aufbauform mit Heim werden jeweils zu Beginn des Schuljahres schriftliche Arbeiten angefertigt, für welche die Termine vom Kultusministerium und die Aufgaben und die Wertungsmaßstäbe vom Landesinstitut für Schulentwicklung landeseinheitlich vorgegeben sind (Vergleichsarbeiten). Diese Arbeiten sind ein diagnostisches Instrument, das sich auf den Lernstand des jeweils vorangegangenen Schuljahres bezieht. Sie werden nicht benotet. Sie werden angefertigt

1. in den Klassen 7 der Hauptschulen, Realschulen und Gymnasien in den Fächern Deutsch und Mathematik,
2. in den Klassen 9 der Realschulen in den Fächern Deutsch, Mathematik und der Pflichtfremdsprache,
3. in den Klassen 9 der in den Fächern Deutsch, Mathematik sowie nach Entscheidung der Gesamtlehrerkonferenz in einer der Fremdsprachen Englisch, Französisch und Latein, sofern

diese spätestens in Klasse 6 des begonnen wurde; dabei wird die Entscheidung für die jeweilige Klasse getroffen.
4. in der 1. Jahrgangsstufe der Gymnasien in den Fächern Deutsch, Mathematik sowie nach Wahl der Schülerin oder des Schülers in einem der Fächer Biologie, Chemie und Physik, wobei das gewählte Fach zwei- oder vierstündig belegt sein muss.
→ Notenbildungsverordnung § 9 Abs. 5

Die Ergebnisse der Vergleichsarbeiten werden mit den Schülern, Eltern und in Lehrerkonferenzen besprochen. – Auf Wunsch werden die korrigierten Arbeiten den Schülern nach Hause mitgegeben.

→ Vergleichsarbeiten (Termine); → Notenbildungsverordnung; → Grundschule (Schulbericht); → Schulentwicklung

Vergleichsarbeiten / Diagnosearbeiten (Termine)

Terminübersicht im Schuljahr 2011/2012; Bekanntmachung des KM vom 7. April 2010 (KuU S. 151/2010) und vom 13.8.2010 (KuU S. 165/2010) sowie Bekanntmachung des KM vom 25.11.2009 (KuU S. 1/2010)

Schuljahr 2010/11
Diagnosearbeiten Grundschule Klasse 3 (VERA)
Dienstag, 10. Mai 2011   Mathematik
Donnerstag, 12. Mai 2011   Deutsch – Lesen
Mittwoch, 18. Mai 2011   Deutsch

Schuljahr 2011/2012
1.1
Grundschule (Klasse 3 - VERA)
Dienstag, 08. Mai 2012   Lesen
Donnerstag, 10. Mai 2012   Deutsch
Dienstag, 15. Mai 2012   Mathematik

1.2
Werkrealschule und Hauptschule (Klasse 7)
Dienstag, 27. September 2011   Deutsch
Mittwoch, 05. Oktober 2011   Mathematik

1.3
Realschule (Klasse 7)
Dienstag, 27. September 2011   Deutsch
Mittwoch, 05. Oktober 2011   Mathematik

Realschule (Klasse 9)
Dienstag, 27. September 2011   Deutsch
Donnerstag, 29. September 2011
                              Pflichtfremdsprache
Mittwoch, 05. Oktober 2011   Mathematik

1.4
Gymnasium (Klasse 7)
Dienstag, 27. September 2011   Deutsch
Mittwoch, 05. Oktober 2011   Mathematik

Gymnasium (Klasse 9)
Dienstag, 27. September 2011   Deutsch
Donnerstag, 29. September 2011   Fremdsprache
                    (Englisch/Französisch/Latein)
Mittwoch, 05. Oktober 2011   Mathematik

Gymnasium (Klasse 11)
Dienstag, 27. September 2011   Deutsch

Donnerstag, 29. September 2011   Naturwissenschaften (Biologie/Chemie/Physik)
Mittwoch, 05. Oktober 2011   Mathematik

Schuljahr 2012/2013
1.1
Grundschule (Klasse 3 - VERA)
Die Termine für die Diagnosearbeiten VERA im Schuljahr *2012/2013* müssen noch länderübergreifend abgestimmt werden. ...

1.2
Werkrealschule und Hauptschule (Klasse 7)
Dienstag, 25. September 2012   Deutsch
Dienstag, 02. Oktober 2012   Mathematik

1.3
Realschule (Klasse 7)
Dienstag, 25. September 2012   Deutsch
Dienstag, 02. Oktober 2012   Mathematik

Realschule (Klasse 9)
Dienstag, 25. September 2012   Deutsch
Donnerstag, 27. September 2012
                              Pflichtfremdsprache
Dienstag, 02. Oktober 2012   Mathematik

1.4
Gymnasium (Klasse 7)
Dienstag, 25. September 2012   Deutsch
Dienstag, 02. Oktober 2012   Mathematik

Gymnasium (Klasse 9)
Dienstag, 25. September 2012   Deutsch
Donnerstag, 27. September 2012   Fremdsprache
                    (Englisch/Französisch/Latein)
Dienstag, 02. Oktober 2012   Mathematik

Gymnasium (Klasse 11)
Dienstag, 25. September 2012   Deutsch
Donnerstag, 27. September 2012
                   Naturwissenschaften(Biologie/
                                  Chemie/Physik)
Dienstag, 02. Oktober 2012   Mathematik

→ Vergleichsarbeiten; → Notenbildungsverordnung § 9 Abs. 5

Verkehrserziehung (Beauftragte)

Beauftragte für Verkehrserziehung an Grund-, Haupt-, Real- und Sonderschulen sowie allgemeinbildenden Gymnasien; Auszug aus der VwV des KM v. 1.1.1996 (KuU S. 9); neu erlassen 5. August 2003 (KuU S. 258/2003)

... An jeder Grundschule, Hauptschule, Realschule Sonderschule, an jedem allgemeinbildenden Gymnasium und an jeder beruflichen Schule ist ein Lehrer als Beauftragter für Verkehrserziehung durch den Schulleiter zu benennen. Der Schulleiter kann, insbesondere an kleineren Schulen, die Aufgaben des Beauftragten für Verkehrserziehung auch selbst übernehmen. An allgemeinbildenden Gymnasien kommen hierfür in der Regel die Fachleiter in Betracht.

Beauftragte für Verkehrserziehung haben folgende Aufgaben:
- Unterstützung des Schulleiters bei der Koordinierung der Beiträge der einzelnen Fächer zur Verkehrserziehung, insbesondere in Fachkonferenzen und Klassenkonferenzen;
- Beratung der Lehrer in den didaktischen und methodischen Fragen der Verkehrserziehung sowie Weitergabe aktueller Informationen;
- Information über Medien zur Verkehrserziehung und Betreuung von in der Schule vorhandenen Medien zur Verkehrserziehung;
- Pflege und Vermittlung von Kontakten zu außerschulischen mit dem Verkehr befassten Institutionen und Verbänden;
- Zusammenarbeit mit den Elternvertretungen und Beratung einzelner Eltern in Fragen der Verkehrserziehung;
- Behandlung des Themas Schulwegsicherheit, insbesondere in Elternabenden, ggf. Erstellung eines Schulwegplanes (Klassen 1 und 5);
- Anregung und ggf. Durchführung von Sonderveranstaltungen zur Verkehrserziehung für Klassen oder Klassenstufen (z.B. praxisnahe Lernangebote, Unterrichtsprojekte, Aktionen, Podiumsveranstaltungen).

→ Fachberaterinnen und Fachberater

Verkehrserziehung (Radfahrausbildung)

Radfahrausbildung in der schulischen Verkehrserziehung; Gemeins. VwV des KM und des IM vom 10.9.2001 (KuU S. 2/2002); zuletzt geändert 16.8.2005 (GBl. S. 700)

1
Allgemeines

Die in Baden-Württemberg bestehenden stationären und mobilen Jugendverkehrsschulen dienen der Schulung von Verhaltensweisen, die für Kinder als Fußgänger und Radfahrer wichtig sind. Insbesondere eignen sich die Jugendverkehrsschulen zur Vorbereitung auf die fahrpraktische Lernzielkontrolle (»Radfahrprüfung«) entsprechend den Lehrplänen.

Im Rahmen der schulischen Verkehrserziehung in Grundschulen und Sonderschulen erfolgen Übungen und Lernzielkontrollen in den Jugendverkehrsschulen nach
- dem gemeinsamen Programm »Radfahren in der Schule« der Deutschen Verkehrswacht sowie
- den landeseigenen »Anregungen zur Verkehrserziehung für die Grundschule, Klasse 3/4«.

Sie sind verpflichtende schulische Veranstaltungen. Für die allgemeine Lernzielkontrolle kann der zum Programm »Radfahren in der Schule« entwickelte Fragebogen verwendet werden. Daneben steht ein landeseigener Fragebogen zur Verfügung.

2
Ziele

Die heutige Verkehrssituation erfordert vom jugendlichen Radfahrer mehr denn je, dass er sich im Straßenverkehr sicher bewegt und die vielfältig auftretenden, komplexen und teilweise gefährlichen Problem- und Konfliktsituationen bewältigt. Die Radfahrausbildung muss diesen Anforderungen Rechnung tragen. Vorrangiges Ziel muss es sein, den jungen Verkehrsteilnehmer in die Lage zu versetzen, die im Schonraum erlernten Kenntnisse und Fertigkeiten in der Verkehrsrealität sachgerecht umzusetzen.

3
Durchführung

3.1 Der Verkehrsunterricht in der Schule und die Übungen in der Jugendverkehrsschule sind aufeinander abzustimmen. Eine erfolgreiche Arbeit in den Jugendverkehrsschulen erfordert neben einer schulischen Vorbereitung in der Regel einen fünfmaligen Besuch der Jugendverkehrsschule von je zweistündiger Dauer. Eine Reduzierung der empfohlenen Besuchsanzahl darf nur bei entsprechender Ausdehnung der Besuchszeit erfolgen. Die Besuche sollten in einem überschaubaren zeitlichen Zusammenhang erfolgen. Die praktischen Übungen werden durch besonders geschulte Polizeibeamte in Anwesenheit und unter Mitwirkung der jeweiligen Lehrerinnen und Lehrer geleitet. Die aktive Beteiligung der Eltern ist wünschenswert. Der öffentliche Verkehrsraum ist in die praktischen Übungen unter Beachtung der Rahmenbedingungen (vgl. Ziff. 4) in der Regel einzubeziehen.

Bei den fahrpraktischen Übungen tragen alle radfahrenden Beteiligten einen Radfahrhelm.

3.2 Die Eltern bzw. Erziehungsberechtigten sind von der Polizei und der Schule in einem gemeinsamen Elternbrief mit Rückbestätigung (Anlage 1; hier nicht abgedruckt) über die Radfahrausbildung und insbesondere über die Übungen im öffentlichen Verkehrsraum in Kenntnis zu setzen sowie über den Versicherungsschutz zu informieren. Das Vorhaben soll außerdem im Rahmen der Klassenpflegschaft erläutert werden.

→ Schulgesetz § 56 Abs. 2 Nr. 6

Das Ergebnis der Radfahrausbildung ist den Eltern bzw. Erziehungsberechtigten schriftlich (Anlage 2; hier nicht abgedruckt) mitzuteilen.

3.3 Für jedes Schulhalbjahr sind durch die Beauftragten für Verkehrserziehung und den unteren Schulaufsichtsbehörden ... im Benehmen mit den zuständigen Polizeidienststellen Belegungspläne der Jugendverkehrsschulen aufzustellen, um die vorhandene Ausbildungskapazität in vollem Umfang auszunutzen.

4
Rahmenbedingungen für die Durchführung der Radfahrausbildung im öffentlichen Verkehrsraum

4.1 Die Radfahrausbildung im öffentlichen Verkehrsraum setzt das Einverständnis der Eltern voraus. Sie erfolgt innerorts und zweckmäßigerweise im Schul- bzw. Wohnumfeld der Schüler oder in einem übersichtlichen, verkehrsarmen Gebiet. Die Übungsstrecken sind von der Polizei unter dem Gesichtspunkt der Risikobegrenzung auszuwählen. Verkehrsräume mit hoher Verkehrsfrequenz eignen sich hierzu nicht. Diese Übungseinheiten sind sehr sorgfältig vorzubereiten.

4.2 Disziplin und Leistungsvermögen des Klassenverbandes müssen eine geordnete Schulung im öffentlichen Verkehrsraum nach der einvernehmlichen Entscheidung des Lehrers und der ausbildenden Polizeibeamten möglich erscheinen lassen. – Die Ausbildung im öffentlichen Verkehrsraum erfolgt frühestens ab dem dritten Übungsabschnitt. Die Schüler müssen das Fahrrad sicher beherrschen.

4.3 Es ist anzustreben, einen Klassenverband in mehrere Gruppen aufzugliedern.

Um sicherzustellen, dass sich die Kinder immer im Sicht- bzw. Einwirkungsbereich eines Erwachsenen befinden, sollte eine Gruppe höchstens 10 Kinder umfassen. Zur Betreuung einer Gruppe sind mindestens zwei Erwachsene, davon ein Lehrer oder ein Polizeibeamter, einzusetzen.

4.4 Pädagogisch wertvoll und organisatorisch unerlässlich ist die aktive Beteiligung der Eltern bzw. Erziehungsberechtigten bei den Übungen im öffentlichen Verkehrsraum. Es ist davon auszugehen, dass für eine geordnete Durchführung mindestens drei Elternteile/Erziehungsberechtigte erforderlich sind. Ihre Hauptaufgabe ist es, die Gruppe während der Übungsfahrt nach hinten abzusichern und die Aufmerksamkeit der Schüler auf die Ausbildungsperson zu lenken. Hierzu erfolgt eine besondere Einweisung durch die Polizei.

4.5 Die Fahrräder müssen den verkehrsrechtlichen Bestimmungen entsprechen. Die Verwendung von schülereigenen Fahrrädern sollte angestrebt werden.

5 Versicherungsschutz

5.1 Beteiligte Eltern und Erziehungsberechtigte genießen den Schutz der gesetzlichen Unfallversicherung. Für Lehrer und Polizeibeamte gelten die beamtenrechtlichen Unfallfürsorgevorschriften.

5.2 Eltern und Erziehungsberechtigte handeln als Hilfskräfte zur Durchführung der Radfahrausbildung hoheitlich. Für Schäden zum Nachteil Dritter haftet das Land wie bei Lehrern und Polizeibeamten nach den Grundsätzen des Amtshaftungsrechts. Bei der Haftung gegenüber dem Land sind Eltern und Erziehungsberechtigte den Lehrern und Polizeibeamten gleichgestellt.

5.3 Die am Radfahrunterricht teilnehmenden Schülerinnen und Schüler sind – unabhängig vom Ort der Ausbildung – kraft Gesetzes unfallversichert. Nicht abgedeckt sind die von Schülerinnen und Schülern vorsätzlich oder fahrlässig verursachten Schäden gegenüber Dritten. Hier haften Schülerinnen und Schüler, sofern sie bei der Begehung der schädigenden Handlung die zur Erkenntnis der Verantwortlichkeit erforderliche Einsicht haben. Das Risiko vorsätzloser Verursachung deckt z.B. die Haftpflichtversicherung der Eltern. Schülerinnen und Schüler *vor Vollendung des zehnten Lebensjahres* haften jedoch nicht für Schäden, die sie einem Dritten durch vorsätzlose Verursachung eines Unfalles mit einem Kraftfahrzeug, einer Schienen- oder Schwebebahn zufügen (...). Deshalb wird grundsätzlich die Überprüfung und ggf. Anpassung des privaten Haftpflichtversicherungsschutzes empfohlen. Ergänzend kann auch der Abschluss der ›Freiwilligen Schüler-Zusatzversicherung‹ erfolgen (→ Schüler-Zusatzversicherung). Diese Versicherung deckt auch bestimmte Sachschäden (z.B. Brille, Kleidung) der Schüler in begrenzter Höhe ab und bietet Haftpflichtversicherungsschutz *ohne Berufung auf eine Deliktsunfähigkeit* versicherter Kinder (a.a.O., Ziff. 6.3.2.4) entsprechend den zugrunde gelegten Allgemeinen und Besonderen Haftpflichtbedingungen, jedoch nur insoweit, als kein anderweitiger Haftpflichtversicherungsschutz gegeben ist.

→ Verkehrserziehung (Beauftragte); → Schüler-Zusatzversicherung; → Unfallversicherung

Verschwiegenheitspflicht

Hinweise der Redaktion

Die Beschäftigten des öffentlichen Dienstes sind zur Amtsverschwiegenheit verpflichtet.

- Allgemein gilt: Wer unbefugt ein zum persönlichen Lebensbereich eines anderen gehörendes Geheimnis offenbart, das ihm als Amtsträger anvertraut wurde, kann sich gemäß § 203 Abs. 2 Strafgesetzbuch strafbar machen (bei der Datenweitergabe innerhalb der Schule an andere, zuständige Lehrkräfte bzw. die Schulleitung handelt es sich nicht um eine solche Offenbarung; auch die Weitergabe an Dritte, z.B. Jugendamt oder Polizei, ist zulässig, wenn dies zur Erfüllung des gesetzlichen Erziehungs- bzw. Schutzauftrags der Schule erforderlich ist).
- Für Beamtinnen und Beamte gilt:

„Beamtinnen und Beamte haben über die ihnen bei oder bei Gelegenheit ihrer amtlichen Tätigkeit bekanntgewordenen dienstlichen Angelegenheiten Verschwiegenheit zu bewahren. Dies gilt auch über den Bereich eines Dienstherrn hinaus sowie nach Beendigung des Beamtenverhältnisses."

→ Beamtenstatusgesetz § 37 Abs. 1

- Für Tarifbeschäftigte ist vorgeschrieben:

„Die Beschäftigten haben über Angelegenheiten, deren Geheimhaltung durch gesetzliche Vorschriften vorgesehen oder vom Arbeitgeber angeordnet ist, Verschwiegenheit zu wahren; dies gilt auch über die Beendigung des Arbeitsverhältnisses hinaus."

→ Tarifvertrag (Länder) § 3 Abs. 2

Ferner ist das Datenschutzrecht zu beachten. Dieses verpflichtet die Behörden, also auch die öffentlichen Schulen, insbesondere zum Schutz von persönlichen Daten (informationelles Selbstbestimmungsrecht) der Beschäftigten und der „Klienten" (Schüler/innen, Eltern). In diesen Schutzbereich darf nur durch ein Gesetz oder aufgrund eines Gesetzes eingegriffen werden.

→ Datenschutz (Schule)

Volljährige Schüler/innen verfügen zwar über ihre persönlichen Daten selbst. Dennoch darf die Schule Informationen an ihre Eltern weitergeben: Gemäß § 55 Abs. 3 Schulgesetz kann die Schule den Eltern personenbezogene Auskünfte erteilen oder Mitteilungen machen, wenn kein gegenteiliger Wille der volljährigen Schüler erkennbar ist oder wenn eine Gefahr für wesentlich überwiegende Rechtsgüter wie Leben, Leib, Freiheit oder Eigentum zu befürchten ist und die Auskunft oder Mitteilung angemessen ist, die Gefahr abzuwenden oder zu verringern.

→ Schulgesetz § 55 Abs. 3; → Volljährigkeit

Die Verschwiegenheitspflicht ist grundsätzlich auch bei Angelegenheiten zu beachten, die von der Behörde als „vertraulich" eingestuft werden. So ist z.B. in der VwV → Dienstliche Beurteilung (Lehrkräfte) unter Nr. III.11 *(Geschäftsmäßige Behandlung der dienstlichen Beurteilung)* verfügt: *„Dienstliche Beurteilungen sind vertraulich zu behandeln."* Dies ist jedoch im Wesentlichen eine Vorschrift in Richtung auf jene, die mit der Beurteilung „geschäftsmäßig" umgehen (Schulleitung, Schulaufsichtsbehörde, Sekretariatsbeschäftigte ...), und kein Verbot, über die eigene dienstliche Beurteilung und ihren Inhalt mit Kolleginnen und Kollegen zu sprechen. Weil die Möglichkeit eines Vorwurfs besteht, dies sei eine *„Flucht an die Öffentlichkeit"* (siehe unten), empfiehlt es sich dennoch, auch hier ein Höchstmaß an Sachlichkeit und Zurückhaltung.

Zur Amtsverschwiegenheit bei Auseinandersetzungen mit Vorgesetzten und dem Dienstherrn bei Beschwerden und Remonstrationen sowie zur „Flucht an die Öffentlichkeit" bitte den Beitrag → Verwaltungsrecht beachten.

→ Disziplinargesetz (LDG); → Rechtsschutz

In bestimmten Gesetzen oder Vorschriften des Kultusministeriums wird die allgemeine Verschwiegenheitspflicht ausdrücklich betont und damit verstärkt. So unterliegen z.B. die Beratungen der Schulkonferenz der Vertraulichkeit.

→ Schulgesetz § 47 Abs. 11

Es gibt auch besondere Verschwiegenheitspflichten für bestimmte Personengruppen (z.B. Personalräte, Fachberater/innen oder die Mitarbeiter/innen in der Bildungsberatung). Ferner ist in den Prüfungsverordnungen des KM regelmäßig vorgeschrieben, dass die Mitglieder der Prüfungsausschüsse zur Amtsverschwiegenheit über alle Prüfungsangelegenheiten verpflichtet sind.

→ Personalvertretungsgesetz § 10, → Bildungsberatung Nr. IV.2; → Fachberater/innen Nr. II.1

Lehrkräfte sind andererseits als Beschäftigte des öffentlichen Dienstes zur Amtshilfe verpflichtet, müssen also ggf. ihre dienstlich erworbenen Kenntnisse an andere Berechtigte weitergeben (z.B. an das Jugendamt). Dies ist bei bestimmten Erziehungs- und Ordnungsmaßnahmen vorgeschrieben.

→ Amtshilfe; → Schulgesetz § 90 Abs. 8

Nicht zur Amtshilfe zählt eine außergerichtliche oder gerichtliche Aussage von Beamten über dienstliche Angelegenheiten. Hierzu ist die Genehmigung des Dienstvorgesetzten erforderlich.

→ Beamtenstatusgesetz § 37 Abs. 3-4

Auch zwischen dem Informationsanspruch der Öffentlichkeit (Presse) gegenüber den Behörden und der notwendigen Verschwiegenheit in dienstlichen Angelegenheiten kann eine Pflichtenkollision auftreten. Hier ist zu beachten, dass Auskünfte über die Behörde nur der Behördenvorstand (Schulleitung) erteilen darf. Hierzu bitte den Beitrag → Presserecht beachten.

Verschwiegenheitspflicht / Versetzungen und Abordnungen (Lehrkräfte)

Unsere Empfehlung: Pädagogische Diskretion

Bei Lehrkräften tritt zu der allgemeinen (gesetzlichen oder tariflichen) Amtsverschwiegenheit noch eine spezifische, pädagogisch begründete Pflicht zur Diskretion: Der Aufbau und der Erhalt eines Vertrauensverhältnisses zwischen Lehrkräften und Schülern bzw. zwischen Lehrkräften und Erziehungsberechtigten ist schlechterdings nicht möglich, ohne dass ein Mindestmaß an Vertraulichkeit herrscht und die Gewissheit besteht, dass diese Diskretion auch gewahrt wird. Insofern gehört die (pädagogische) Diskretion zu den Grund-Tugenden der Lehrerinnen und Lehrer. Im Rahmen ihrer Obhutspflicht für die ihnen anvertrauten Kinder und Jugendlichen müssen Lehrkräfte diese Diskretion im pädagogisch vertretbaren und notwendigen Umfang auch gegenüber der Polizei wahren und ggf. die Schüler/innen auch vor einer Einvernahme durch die Polzei schützen.

→ Polizei und Schule

Im Rahmen der Drogenprävention besitzen Lehrkräfte sogar ein Recht auf Vertrauensschutz für betroffene Schüler/innen. Es gibt aber kein gesetzliches Recht wie die ärztliche Schweigepflicht.

→ Suchtprävention Nr. IV.

Bei der Prüfung, ob ein Sachverhalt der Verschwiegenheitspflicht unterliegt, empfiehlt es sich stets, die Frage von den schutzwürdigen Interessen her zu beantworten: Wird durch die (öffentliche bzw. innerdienstliche) Wieder- oder Weitergabe einer Information ein höherrangiges, schutzwürdiges Interesse verletzt? Dies ist in der Regel dann der Fall, wenn es sich um Informationen über Einzelpersonen handelt (also z.B. die Leistungen oder das Verhalten von Schülerinnen und Schülern oder die persönlichen Angelegenheiten der Lehrkräfte, z.B. die dienstliche Beurteilung eines Kollegen, oder die persönlichen Verhältnisse von Eltern).

→ Amtshilfe; → Beamtenstatusgesetz § 37 Abs. 1; → Bildungsberatung Nr. IV.2; → Datenschutz (Schule); → Dienstliche Beurteilung (Lehrkräfte); → Disziplinargesetz (LDG); → Fachberaterinnen und Fachberater Nr. II.1; → Polizei und Schule; → Presserecht; → Rechtsschutz; → Suchtprävention Nr. IV.; → TV-L § 3 Abs. 2; → Verwaltungsrecht; → Volljährigkeit

Versetzungen und Abordnungen (Lehrkräfte)

Hinweise der Redaktion auf die Rechtslage

1. Begriffsbestimmungen und Formalitäten

Lehrkräfte an öffentlichen Schulen können
- aus **persönlichen Gründen** (eigener Antrag)
- aus **dienstlichen Gründen** (auf Veranlassung der zuständigen Behörde)

an eine andere Schule versetzt oder abgeordnet werden. Die begriffliche Definition dieser dienstrechtlichen Maßnahmen befindet sich für
- **Arbeitnehmer/innen** im Tarifvertrag (Länder),
  → Tarifvertrag (Länder) § 4
- **Beamt/innen** im Landesbeamtengesetz (LBG).
  → Beamtengesetz §§ 24 und 25; → Beamtenstatusgesetz § 15; → Ländertausch (Lehrkräfte)

Für Versetzungsanträge der Beschäftigten gibt es einen Ausschlusstermin, der jährlich vom Kultusministerium festgelegt wird; nach diesem Zeitpunkt müssen vertretbare Gründe für die verspätete Einreichung eines Antrags vorliegen (z.B. unvorhersehbare Änderung der persönlichen Verhältnisse). Der Dienstweg ist einzuhalten.

→ Dienstweg; → Stellenwirksame Änderungsanträge

Einer Versetzung steht gleich, wenn bereits im Dienst des Landes stehende Lehrkräfte (Arbeitnehmer oder Beamte) mit Erfolg um eine der Stellen bewerben, die im Rahmen der „schulbezogenen Stellenausschreibung" für Lehrkräfte an einer Schule ausgeschrieben worden sind.

→ Einstellungserlass Nr. 26 (Hinweise beachten!)

Für Anträge auf Versetzung gibt es Formblätter.

→ Schulverwaltung (im Adressenteil)

Die für die Versetzung bzw. Abordnung zuständige Behörde muss vor der Einleitung dieser Maßnahme die dienstlichen und die persönlichen Voraussetzungen der Betroffenen im Rahmen des pflichtgemäßen dienstlichen Ermessens abwägen.

→ Ermessen; → Organisationserlass Teil A.4

Vor jeder dienstlich notwendigen Versetzung oder Abordnung, wenn also die Initiative nicht von den Beschäftigten selbst ausgeht, ist der bzw. die Betroffene zu hören.

→ Verwaltungsrecht

Eine besondere Form ist hierfür nicht vorgeschrieben. Die Anhörung kann von der zuständigen Behörde (z.B. Schulamt) auch auf die Schulleitung delegiert werden.

Die Beschäftigten haben das Recht, hierzu eine (schriftliche) Stellungnahme abzugeben; sie wird in die Personalakten aufgenommen. Verfahrensrechtlich gelten Abordnungen und Versetzungen als Verwaltungsakte. Im Falle einer förmlichen Auseinandersetzung (Widerspruch bei der oberen Schulaufsichtsbehörde und ggf. Klage vor dem Verwaltungsgericht - beides ohne aufschiebende Wirkung, vgl. § 118 LBG!) empfehlen wir GEW-Mitgliedern, sich vorher durch den Rechtsschutz beraten zu lassen (Adressen am Anfang des Buches).

→ Rechtsschutz; → Verwaltungsrecht Nr. II und VIII

Bei Versetzungswünschen über das Land Baden-Württemberg hinaus sind die Vorschriften des Ländertauschverfahrens zu beachten; hierzu empfiehlt es sich, sich an den Hauptpersonalrat beim Kultusministerium zu wenden (Anschriften der Hauptpersonalräte am Anfang des Jahrbuchs). Für Versetzungen an Auslandsschulen gibt es ein Merkblatt.

→ Auslandsschuldienst; → Ländertausch

Bei dienstlich notwendigen Abordnungen oder Versetzungen kann ein Anspruch auf Umzugskosten bzw. auf Trennungsgeld entstehen. Hierbei ist zu beachten: Eine Umzugskostenvergütung darf nur gewährt werden, wenn die Umzugskostenzusage vor dem Umzug schriftlich gegeben wurde (§ 2 Abs. 1 Umzugskostengesetz).

→ Trennungsgeld; → Umzugskostengesetz

Bei sogenannten „Teil-Abordnungen" ergänzen sich der „normale" Reisekostenanspruch nach dem LRKG sowie der Anspruch nach der Trennungsgeldverordnung; die Folge ist, dass während der gesamten Dauer einer Teil-Abordnung Reisekosten gewährt werden. Einzelheiten im Beitrag → Reisekosten (Auswärtiger Unterricht).

Anders ist dies bei der vollständigen Abordnung an eine andere Schule: Liegt diese im Einzugsbereich der Stammschule, so entsteht nur für 3 Monate ein Reisekostenanspruch nach der Trennungsgeldverordnung; nach 3 Monaten gibt es gemäß § 1 letzter Satz der Trennungsgeldverordnung – auch bei längeren, dienstlich veranlassten Mehr-Fahrten – keinen Reisekostenersatz mehr!

→ Reisekosten (Auswärtiger Unterricht);
→ Trennungsgeld; → Umzugskostengesetz

Abordnungen sind in der Regel befristet. Grundsätzlich soll bei nicht nur vorübergehendem Bedarf keine Abordnung, sondern eine Versetzung erfolgen. Teilweise erfolgen jedoch auch Langfrist-Abordnungen, z.B. verbleiben Lehrkräfte, die aus Schulen an die Staatlichen Seminare für Didaktik und Lehrerbilung und an die Fachseminare abgeordnet werden, dort in der Regel acht Jahre (Verlängerung um vier Jahre ist möglich).

Nach Ablauf einer Abordnung befindet sich die Lehrkraft wieder an der „Stammschule"; es bedarf keiner „Rück-Versetzung". Soll die Lehrkraft – z.B. aus dienstlichen Gründen – nicht an die „Stammschule" zurückkehren oder will sie dies nicht, so bedarf es zum Ende der Abordnung eines neuen Personalvorgangs (Versetzung oder erneute Abordnung) einschließlich der notwendigen Formalien (Anhörung und ggf. Personalratsbeteiligung).

Der zeitliche Mehraufwand bei (Teil-)Abordnungen kann durch eine Anrechnung auf die Unterrichtsverpflichtung ausgeglichen werden.

→ Arbeitszeit (Lehrkräfte) E.2.7

2.
Sonderfälle

a) Bleibeverpflichtung

Die Schulverwaltung geht davon aus, dass Lehrkräfte in der Regel zumindest in der Probezeit am ersten Dienstort verbleiben. In dieser Zeit werden Versetzungsanträge – von triftig begründeten Ausnahmen abgesehen – abgelehnt. Nach der beamtenrechtlichen Probezeit hängen die Versetzungschancen vom Einzelfall ab. Anträgen wird grundsätzlich nur entsprochen, wenn durchgreifende Gründe genannt werden. (Quelle: KM; LT-Drucksache Nr. 12/983 vom 31.1.1997). Wegen der vermehrten schulbezogenen Ausschreibung von Stellen muss allen Versetzungswilligen dringend empfohlen werden sich parallel zum Versetzungsantrag auch auf ausgeschriebene Stellen zu bewerben (siehe www.lehrereinstellung-bw.de) .

→ Einstellungserlass Nr. 26

b)
Selbstständiger Unterricht
durch Lehramtsanwärter/innen

Das KM hat im Jahr 2007 seine frühere Position revidiert, dass bei Schulen, an denen ein Teil der Unterrichtsversorgung durch selbstständigen Unterricht von Lehramtsanwärter/innen abgedeckt wird, *„grundsätzlich auf eine Abordnung oder gar Versetzung verzichtet werden"* könne, wenn eine vergleichsweise *„Überversorgung"* der Schule aus der Berücksichtigung des selbstständigen Unterrichts von Lehramtsanwärtern resultiere. Der eigenverantwortliche Unterricht müsse ungeschmälert in die Unterrichtsversorgung eingerechnet werden. Abordnungen oder Versetzungen sollten nur noch *„möglichst vermieden"* werden.
(Quelle: KM, 20.2.2007; AZ: 22-6740.0/551)

Mit Schreiben vom 6. Juli 2007 (AZ: 21-6701.7/380) hat das KM hierzu ferner ausgeführt: *„Wenn es der Schulverwaltung trotz aller Umsicht nicht gelingen sollte, die Anwärter und Referendare so auf die Schulstandorte zu verteilen, dass Abordnungen oder Versetzungen vermieden werden können, werden ggf. notwendige Teilabordnungen jedoch nicht gegen den Willen der betroffenen Lehrkräfte ausgesprochen. Auf diese Weise werden Teilleihraufträge an verschiedenen Schulstandorten, die für betroffene Lehrkräfte erfahrungsgemäß belastend sind, vermieden."*

c)
Abordnungsketten

Zum Ausgleich der bestehenden Unterversorgung in bestimmten Schularten (z.B. bestimmte Sonderschultypen) werden anlässlich der jährlichen Neu-Einstellung *„Abordnungsketten"* gebildet: Es werden Lehrkräfte an eine relativ besser versorgten Schulart (z.B. Realschulen) an Hauptschulen und von diesen in entsprechendem Umfang wiederum Lehrkräfte an die unterversorgten Sonderschulen abgeordnet. Hierbei wird nach Möglichkeit das Prinzip der Freiwilligkeit gewahrt.

→ Einstellungserlass

3.
Beteiligung des Personalrats
und der Schwerbehindertenvertretung

a)
Personalrat

Bei Versetzungen und Abordnungen besitzt die Personalvertretung in bestimmtem Umfang Mitwirkungs- und Mitbestimmungsrechte.

| Versetzungen und Abordnungen |

→ Personalvertretungsgesetz §§ 69, 75 Abs. 1 Nr. 8-10, 79 Abs. 3 Nr. 17 f., 82 und 92, Schaubild nach § 77

Nach der Rechtsprechung sind nicht nur volle Abordnungen, sondern auch Teil-Abordnungen („*auswärtiger Unterricht*") beteiligungspflichtig, sofern ein Mitbestimmungstatbestand vorliegt. Hierzu gehören ggf. auch Krankheitsvertretungen.

→ Arbeitszeit (Lehrkräfte) Teil E Ziff. 2.7; → Reisekosten (Auswärtiger Unterricht)

Zu den Mitbestimmungsrechten der Personalvertretung bitte die grafische Übersicht im Personalvertretungsgesetz (bei § 75) beachten.

→ Personalvertretungsgesetz §§ 75, 76

In jedem Fall muss beachtet werden, dass die Mitbestimmungsrechte der Personalvertretung an den sogenannten „*Versagungskatalog*" des § 82 LPVG gebunden sind: Der Personalrat muss einen oder mehrere der dort definierten Gründe schriftlich vorbringen, damit eventuelle Einwendungen im Mitbestimmungsverfahren überhaupt berücksichtigungsfähig sind.

Hinzuweisen ist ferner auf die „*allgemeine Überwachungspflicht*" sowie auf das Informationsrecht der Personalvertretung und das Beschwerderecht von Beschäftigten beim Personalrat (§ 68 Abs. 2 LPVG).

Bei der Prüfung der Frage, ob ein Beteiligungstatbestand vorliegt, ist die vom Beamtengesetz und dem TV-L abweichende Nomenklatur des LPVG zu beachten: Während dienstrechtlich nur von „*Versetzungen*" und „*Abordnungen*" gesprochen wird, gibt es personalvertretungsrechtlich zusätzlich noch die „*Umsetzung*". Zur Begriffsklärung hilft das Schaubild bei → Personalvertretungsgesetz § 75.

Zusätzlich ist bei Versetzungen und Abordnungen, die mit einem Wechsel der Dienststelle verbunden sind („*Dienststelle*" ist für Grund-, Haupt-, Real- und Sonderschulen die untere Schulaufsichtsbehörde, im Bereich der sonstigen Schulen die Schule selbst) zu beachten, dass von Amts wegen, sofern ein Mitbestimmungstatbestand gegeben ist, jeweils nur der „aufnehmende" Personalrat beteiligt wird; wer will, dass auch der Personalrat des Bereiches, in dem man gegenwärtig tätig ist, die Versetzung oder Abordnung begleiten soll, muss dies förmlich bei der Dienststelle beantragen.

Es empfiehlt sich deshalb in jedem Fall, den hierzu gehörenden Schriftwechsel einschließlich der Gründe dem jeweils zuständigen (s.u.) Personalrat in Kopie zu übermitteln und diesen um Unterstützung zu bitten. Selbst wenn der Personalrat kein Mitbestimmungsrecht haben sollte, kann er sein Informationsrecht wahrnehmen und durch Verhandlungen zugunsten der Beschäftigten eintreten. Mit dem Personalrat kann auch im Vorfeld einer angestrebten oder vor der Formulierung der Stellungnahme zu einer drohenden Versetzung besprochen werden, welche Gründe zweckmäßigerweise geltend gemacht werden.

b)
Schwerbehindertenvertretung

Der Arbeitgeber hat die Schwerbehindertenvertretung in allen Angelegenheiten, die einen einzelnen .. schwerbehinderten Menschen ... berühren, unverzüglich und umfassend zu unterrichten und vor einer Entscheidung anzuhören.

→ Schwerbehinderung § 95

Dies gilt insbesondere auch im Fall von Versetzungen und Abordnungen.

4.
Zuständigkeiten

Welcher Personalrat jeweils zuständig ist, ergibt sich

– aus dem Ernennungsgesetz: Es wird jeweils der Personalrat bei der Behörde beteiligt, die für die Erledigung der Maßnahme zuständig ist (siehe Übersicht im Beitrag → Ernennungsgesetz).

– aus dem Personalvertretungsgesetz (§ 85 LPVG): Besteht eine Beteiligungspflicht auf der Ebene des Bezirkspersonalrats, so ist von diesem parallel der „örtliche" Personalrat in die Beteiligung einzubeziehen (bei Gymnasien und beruflichen Schulen der Personalrat an der Schule; bei Grund-, Haupt-, Real- und Sonderschulen der Personalrat für GHRS-Schulen bei der unteren Schulaufsichtsbehörde).

→ Auslandsschuldienst; → Beamtengesetz §§ 24 und 25; → Beamtenstatusgesetz § 15; → Dienstweg; → Einstellungserlass Ziff. 10; → Ernennungsgesetz; → Ländertausch (Lehrkräfte); → Organisationserlass 1.7.; → Personalvertretungsgesetz; → Reisekosten (Gesetz – LRKG); → Stellenwirksame Änderungsanträge; → Trennungsgeld; → Tarifvertrag (Länder) § 4; → Umzugskostengesetz; → Verwaltungsrecht

---

Hätten Sie's gewusst?
Ein „Hygieneplan" ist an jeder Schule Pflicht

Nach dem Infektionsschutzgesetz (§ 36) muss jede Schule in einem „Hygieneplan" innerbetriebliche Verfahrensweisen zur Infektionshygiene festlegen.

Die Schulen unterliegen der infektionshygienischen Überwachung durch das Gesundheitsamt. Das Landesgesundheitsamt Baden-Württemberg hat einen Musterhygieneplan für Schulen und ähnliche Gemeinschaftseinrichtungen erarbeitet. Er bietet Hilfe bei der Erstellung des individuellen Hygieneplans und enthält beispielhaft tabellarische Kurzhygienepläne.

Die aktuelle Auflage steht online unter www.gesundheitsamt-bw.de zur Verfügung (Suchwort „Hygieneplan" eingeben).
→ Infektionsschutzgesetz § 36

Verwaltungsrecht / Verwaltungsrecht

Verwaltungskräfte

Hinweise der Redaktion

Nach § 48 Abs. 3 des Schulgesetzes erlässt das Kultusministerium Richtlinien über die Ausstattung der Schule mit Verwaltungskräften.
→ Schulgesetz § 48 Abs. 3
Solche Richtlinien gibt es seit dem 1. Januar 1997 nicht mehr. Dadurch ist die Pflicht der Schulträger zur Ausstattung der Schulen mit Verwaltungskräften nicht geringer geworden; sie ergibt sich jedoch nicht (mehr) aus einer Vorschrift, sondern unmittelbar aus § 48 Schulgesetz. Daraus folgt nach wie vor, dass die Schulträger den Schulen zur Erledigung von Schreib-, Büro- und Verwaltungsarbeiten das erforderliche Personal zur Verfügung zu stellen oder in anderer Weise dafür zu sorgen haben, dass diese Arbeiten ohne Belastung pädagogischer Kräfte ordnungsgemäß erledigt werden.
In den Fällen, in denen einzelne Schulen ihre Ausstattung mit Verwaltungskräften für unzureichend halten, empfiehlt es sich, durch Einschaltung der Schulaufsichtsbehörde im Einzelfall ein befriedigendes Ergebnis anzustreben.
(Quelle: KM vom 2.7.1985 (AZ: I 4406-33.1/23)

→ Haushalt (Allgemeines – Budgetierung) / (Kommunaler Finanzausgleich); → Reisekosten (Schulträger); → Schulgesetz § 48 Abs. 2

Verwaltungsrecht

Hinweise der Redaktion

I.
Die Schule als Teil der öffentlichen Verwaltung

Alle öffentlichen Schulen sind „nicht rechtsfähige öffentliche Anstalten" (Behörden) und damit Teil der öffentlichen Verwaltung.
→ Schulgesetz § 23
Wie jede Behörde ist auch die Schule bei ihrer gesamten Tätigkeit an Recht und Gesetz gebunden. Maßgebend für das Verwaltungshandeln der Schule ist neben dem Schulgesetz das Landesverwaltungsverfahrensgesetz (LVwVfG). Werden dessen Maßgaben für die rechtmäßige Abwicklung schulischer Verwaltungsvorgänge nicht beachtet, so können diese rechtlich angefochten werden bzw. sind unwirksam (hierzu Nr. II). Im Falle eines Widerspruchs gegen schulische Verwaltungsakte ist die Verwaltungsgerichtordnung (VwGO) maßgebend.

Die folgenden Ausführungen beziehen sich auf
– das Verwaltungshandeln von öffentlichen Schulen gegenüber den von ihren Entscheidungen „Betroffenen" (Schüler/innen bzw. Erziehungsberechtigte) und
– die Beschäftigten im öffentlichen Dienst (z.B. verbeamtete Lehrkräfte) in ihrem Verhältnis zum Land als Dienstherr (für das Arbeitsverhältnis von Arbeitnehmer/innen ist ggf. das Tarif- und Arbeitsrecht maßgebend).

Grundsätzliche Ausführungen zum Schulrecht und zum Verhältnis zwischen dem staatlichen und dem elterlichen Erziehungsrecht finden sich im Beitrag
→ Eltern und Schule.

II.
Verwaltungsakt und Anhörung

Ein „Verwaltungsakt" ist *„jede Verfügung, Entscheidung oder andere hoheitliche Maßnahme, die eine Behörde zur Regelung eines Einzelfalls auf dem Gebiet des öffentlichen Rechts trifft und die auf unmittelbare Rechtswirkung nach außen gerichtet ist"* (LVwVfG § 35). Verwaltungsakte sind zu begründen (§ 39 LVwVfG).
Bei Lehrkräften sind dies z.B. dienstliche Beurteilungen oder Beihilfebescheide. Auch öffentliche Schulen können als „untere Sonderbehörden" in inneren Schulangelegenheiten Verwaltungsakte erlassen. Verwaltungsakte erlassen (bei Schüler/innen z.B. Erziehungs- und Ordnungsmaßnahmen, Versetzungsentscheidungen und die Grundschulempfehlung).
→ Schulgesetz § 23 Abs. 3
Vor dem Erlass von Verwaltungsakten sind die Beteiligten anzuhören (§ 28 LVwVfG). Die Beteiligten können sich vertreten lassen (§ 14 LVwVfG; siehe Kasten auf der nächsten Seite).

Die Anhörungspflicht dient der Vermeidung unnötiger Rechtsstreitigkeiten; das Ziel ist eine Einigung. Unterbleibt die Anhörung, kann sie bis zum Abschluss des Gerichtsverfahrens nachgeholt werden.
„Anhörung" bedeutet, dass den „Beteiligten" (also z.B. den Schüler/innen bzw. deren Erziehungsberechtigten) die beabsichtigte Maßnahme mitgeteilt und Gelegenheit gegeben wird, sich zu den für die Entscheidung erheblichen Tatsachen zu äußern.
Bei schulischen Versetzungs- und anderen Entscheidungen, die auf einer Leistungsbeurteilung beruhen, besteht gemäß § 2 Abs. 3 Nr. 2 LVwVfG zwar keine Pflicht, ein formelles Anhörungsverfahren durchzuführen, und auch keine formelle Begründungspflicht. Dennoch muss die Schule

aufgrund ihrer Verpflichtung, das elterliche Erziehungsrecht zu respektieren und mit den Erziehungsberechtigten zu kooperieren, die Erziehungsberechtigten über die drohende Nichtversetzung informieren. Dies hat den Zweck, die Eltern anzuhalten, das Ihre für die Versetzung ihres Kindes zu tun. Hierfür gibt es keine Formvorschriften (es muss also nicht der „blaue Brief" sein, sondern es kann z.B. in einer Elternsprechstunde geschehen).
➜ Klassenlehrerin (Nr. 2); ➜ Elternbeiratsverordnung § 3

III. Widerspruch gegen Verwaltungsakte

Gegen Verwaltungsakte können die Betroffenen Widerspruch einlegen. Behörden müssen Schreiben gegen Verwaltungsakte oder amtliche Bescheide ohne Rücksicht auf die Form als Widerspruch behandeln und entsprechend bescheiden; z.B. müssen Schule bzw. RP die formlose Beschwerde von Eltern gegen die Nichtversetzung ihres Kindes als Widerspruch betrachten.

Vor dem Gang zum Gericht ist ein Vorverfahren durchzuführen, das eine Überprüfung des angefochtenen Verwaltungsaktes ermöglichen soll. Es beginnt nach § 69 VwGO mit der Erhebung des Widerspruchs bei der Stelle, die den Bescheid erlassen hat (bei Bescheiden mit einer Rechtsmittelbelehrung innerhalb von vier Wochen; sollte die Rechtsmittelbelehrung ausnahmsweise fehlen, kann innerhalb eines Jahres Widerspruch eingelegt werden). Eine Rechtsmittelbelehrung hat etwa den folgenden Wortlaut: *„Gegen diesen Bescheid kann innerhalb eines Monats nach Bekanntgabe/Zustellung bei* (Behörde, die den Verwaltungsakt erlassen hat) *oder bei* (Behörde, die den Widerspruch zu bescheiden hat) *schriftlich oder zur Niederschrift Widerspruch eingelegt werden."* Die Frist beginnt mit der Zustellung des Bescheids. Die Einlegung des Widerspruchs bei der Dienststelle, die über den Widerspruch zu entscheiden hat, wahrt ebenfalls die festgesetzte Frist – nicht dagegen die Einlegung bei einer anderen Behörde.

Die Dienststelle, die den Verwaltungsakt erlassen hat, muss aufgrund des Widerspruchs ihren früheren Bescheid schnellstens nochmals überprüfen (zum konkreten Ablauf eines solchen verwaltungsinternen Kontrollverfahrens siehe Kapitel IV). Hält sie den Widerspruch für begründet, so hilft sie ihm ab. Erfolgt dies nicht, so hat die nächsthöhere Behörde – nach erneuter Prüfung der Sach- und Rechtslage – einen Widerspruchsbescheid zu erlassen. § 73 Abs. 3 VwGO schreibt zwingend vor, dass der Widerspruchsbescheid zu begründen und ebenfalls mit einer Rechtsmittelbelehrung zu versehen ist. Diese hat in etwa folgenden Wortlaut: *„Innerhalb eines Monats nach Zustellung dieses Widerspruchsbescheids kann bei dem Verwaltungsgericht XY schriftlich oder zur Niederschrift des Urkundsbeamten der Geschäftsstelle Klage erhoben werden."*

Wird also ein Widerspruchsbescheid erlassen, so beträgt die Frist für die Einlegung der Klage einen

---

Aus dem Landesverwaltungsverfahrensgesetz (LVwVfG)

§ 14 Bevollmächtigte und Beistände

(1) Ein Beteiligter kann sich durch einen Bevollmächtigten vertreten lassen. Die Vollmacht ermächtigt zu allen das Verwaltungsverfahren betreffenden Verfahrenshandlungen, sofern sich aus ihrem Inhalt nicht etwas anderes ergibt. Der Bevollmächtigte hat auf Verlangen seine Vollmacht schriftlich nachzuweisen. Ein Widerruf der Vollmacht wird der Behörde gegenüber erst wirksam, wenn er ihr zugeht.

(2) Die Vollmacht wird weder durch den Tod des Vollmachtgebers noch durch eine Veränderung in seiner Haftungsfähigkeit oder seiner gesetzlichen Vertretung aufgehoben; der Bevollmächtigte hat jedoch, wenn er für den Rechtsnachfolger im Verwaltungsverfahren auftritt, dessen Vollmacht auf Verlangen schriftlich beizubringen.

(3) Ist für das Verfahren ein Bevollmächtigter bestellt, so soll sich die Behörde an ihn wenden. Sie kann sich an den Beteiligten selbst wenden, soweit er zur Mitwirkung verpflichtet ist. Wendet sich die Behörde an den Beteiligten, so soll der Bevollmächtigte verständigt werden. Vorschriften über die Zustellung an Bevollmächtigte bleiben unberührt.

(4) Ein Beteiligter kann zu Verhandlungen und Besprechungen mit einem Beistand erscheinen. Das von dem Beistand Vorgetragene gilt als von dem Beteiligten vorgebracht, soweit dieser nicht unverzüglich widerspricht.

(5) Bevollmächtigte und Beistände sind zurückzuweisen, wenn sie entgegen § 3 des Rechtsdienstleistungsgesetzes ... Rechtsdienstleistungen erbringen.

(6) Bevollmächtigte und Beistände können vom Vortrag zurückgewiesen werden, wenn sie hierzu ungeeignet sind; vom mündlichen Vortrag können sie zurückgewiesen werden, wenn sie zum sachgemäßen Vortrag nicht fähig sind. Nicht zurückgewiesen werden können Personen, die nach § 67 Abs. 2 Satz 1 und 2 Nr. 3 bis 7 der Verwaltungsgerichtsordnung zur Vertretung in verwaltungsgerichtlichen Verfahren befugt sind.

Hinweis der Redaktion: Nicht zurückgewiesen werden können demnach z.B. Rechtsanwälte, Vertreter von Gewerkschaften und Mitglieder der Schwerbehindertenvertretung. Außer diesen Personen können auch Personalräte die Vertretung – im eng begrenzten Umfang der Aufgaben nach dem ➜ Landespersonalvertretungsgesetz – wahrnehmen.

(7) Die Zurückweisung nach den Absätzen 5 und 6 ist auch dem Beteiligten, dessen Bevollmächtigter oder Beistand zurückgewiesen wird, mitzuteilen. Verfahrenshandlungen des zurückgewiesenen Bevollmächtigten oder Beistandes, die dieser nach der Zurückweisung vornimmt, sind unwirksam.

Verwaltungsrecht (Beschwerde und Widerspruch)

Hinweise der Redaktion auf die Bestimmungen der Verwaltungsgerichtsordnung (VwGO)

Ein Schüler / eine Schülerin (bzw. deren Erziehungsberechtigte) sind mit einem Verwaltungsakt (z.B. Nichtversetzung oder Erziehungs- und Ordnungsmaßnahme – § 90 SchG) oder einer sonstigen Entscheidung der Schule (z.B. Einzelnote) nicht einverstanden. Am Anfang sollte immer ein Gespräch mit der Lehrkraft bzw. – danach! – mit der Schulleitung stehen. Bleiben diese Gespräche erfolglos, können die unten dargestellten Schritte unternommen werden. Wichtig: Ein Widerspruch gegen Erziehungs- und Ordnungsmaßnahmen (§ 90 SchG) besitzt keine aufschiebende Wirkung!

A. Verwaltungsakte
(z.B. Versetzung / Abschlussprüfung / Schulauschluss)
Hiergegen kann auf zwei Wegen vorgegangen werden:[1]

B. Sonstige Entscheidungen der Schule
(z.B. Einzelnote)

Weg 1: Der / die Schülerin (bzw. die Erziehungsberechtigten) wenden sich direkt ans Schulamt[2] oder Regierungspräsidium. Ohne Rücksicht auf die Form ist dies ein Widerspruch (§ 68 VwGO).

Weg 2: Der Schüler / die Schülerin (bzw. Erziehungsberechtigte) beantragen bei der Schule[2], die Entscheidung zu ändern. Ohne Rücksicht auf die Form ist dies ein Widerspruch (§ 68 VwGO[3]).

B: Gleiche Verfahrenswege wie beim Verwaltungsakt. Wenn die Schule keine Abhilfe schafft, ist jedoch danach kein formelles Rechtsmittelverfahren möglich.

Das Regierungspräsidium[2] legt die Beschwerde zunächst der Schule zur Prüfung vor, ob Abhilfe möglich ist.

Die Schule[2] prüft den Sachverhalt unter rechtlichen und tatsächlichen Aspekten und entscheidet, sofern sie sich mit den Beschwerdeführern nicht einigt, neu.

Die Schule schafft keine Abhilfe. Sie gibt den Widerspruch mit einer Stellungnahme an das Regierungspräsidium weiter (bzw. zurück).

Die Schule schafft Abhilfe.

Nach Prüfung der Sach- und Rechtslage bescheidet das RP den Widerspruch und vollzieht eine der folgenden Alternativen.

- Das Regierungspräsidium weist den Widerspruch zurück (§ 73 VwGO; gebührenpflichtig[4]).
- Das Regierungspräsidium hebt den Verwaltungsakt auf und trifft eine neue Entscheidung (gebührenfrei[4]).
- Das Regierungspräsidium weist die Schule an, ihre Entscheidung zu ändern (gebührenfrei[4]).
- Die Schule ändert ihre Entscheidung (Verwaltungsakt) oder hebt sie auf (gebührenfrei).

Nach der Abweisung des Widerspruchs ist innerhalb einer Frist von einem Monat eine Klage beim Verwaltungsgericht möglich (§§ 40, 42 VwGO).

---

[1] Bei bestimmten Entscheidungen – z.B. Versetzung, Abschlussprüfung, Schulausschluss – kann es zur raschen Klärung sinnvoll oder sogar geboten sein, neben dem Widerspruch ein Verfahren auf einstweiligen Rechtsschutz beim Verwaltungsgericht einzuleiten.
[2] Die Schule handelt als Untere Sonderbehörde (§ 23 SchG); Widerspruchsbehörde ist das Regierungspräsidium (RP) als obere Schulaufsichtsbehörde. Der Widerspruch kann aber auch bei der unteren Schulaufsichtsbehörde (Landratsamt / Schulamt) eingereicht werden; diese bemüht sich in der Regel, dem Widerspruch durch Beratung beider Seiten abzuhelfen. Bleibt dies erfolglos, bescheidet das RP den Widerspruch.
[3] Erging die Entscheidung mit Rechtsmittelbelehrung, so muss ein Widerspruch innerhalb eines Monats nach Zustellung erfolgen, sonst innerhalb eines Jahres.
[4] Eine Gebühr fällt in der Regel nur an, wenn der Widerspruch zumindest teilweise erfolglos bleibt.

→ Verwaltungsrecht Nr. II-IV

Monat nach Bekanntgabe des Bescheids. Dagegen ist eine Klage ohne Vorliegen eines Widerspruchsbescheids möglich, wenn über den Widerspruch ohne zureichenden Grund nicht in angemessener Frist sachlich entschieden worden ist. Im Regelfall ist für die Entscheidung eine Frist von 3 Monaten noch als angemessen anzusehen (§ 75 VwGO).

Nach der ständigen Rechtsprechung des Bundesverwaltungsgerichts sind dienstliche Beurteilungen der Lehrkräfte (ebenso wie die Bewertung von Schülerleistungen) vor den Verwaltungsgerichten nur beschränkt nachprüfbar. Ferner bewertet die Rechtsprechung dienstliche Beurteilungen in jedem Fall als durch Widerspruch angreifbare Bescheide. Hingegen ist ein Widerspruch gegen eine versagte Beförderung aufgrund einer als falsch angesehenen Beurteilung möglich. Es ist deshalb zunächst zu klären, ob Begehren auf Beseitigung, Änderung oder fehlerfreie Neubeurteilung unmittelbar durch Widerspruch oder zuerst durch einen (förmlichen) Antrag im Verwaltungsverfahren verfolgt werden müssen. GEW-Mitglieder sollten sich bei Auseinandersetzungen über dienstliche Beurteilungen stets an den GEW-Rechtsschutz wenden. Ein Widerspruch besitzt bei bestimmten Verwaltungsakten (z.B. bei Erziehungs- und Ordnungsmaßnahmen gem. § 90 SchG oder bei beamtenrechtlichen Versetzungen und Abordnungen) keine aufschiebende Wirkung; die Maßnahme wird also trotz Widerspruch unmittelbar vollzogen.

IV. Verwaltungsinternes Kontrollverfahren

Nicht zu unterschätzen ist beim Vorgehen gegen vermeintlich unzutreffende oder als ungerecht empfundene Leistungsbeurteilungen das verwaltungsinterne Kontrollverfahren, das die Rechtsprechung als Ausgleich für die beschränkte gerichtliche Überprüfbarkeit von Leistungsbeurteilungen verlangt: Eine Remonstration der Erziehungsberechtigten gegen eine Schulnote oder einer Lehrkraft gegen ihre dienstliche Beurteilung führt zunächst zur Überprüfung dieser Bewertung innerhalb der Verwaltung. Diese Überprüfung kann – muss aber nicht – durch die ursprünglichen Prüfer erfolgen (in Baden-Württemberg gibt es bei schulischen Leistungsbewertungen – anders als in anderen Bundesländern – keinen Anspruch auf Nachkorrektur durch unabhängige Gutachter. Dies ist ein heikler Punkt im Prüfungsrecht: Auf der einen Seite kennt nur die Lehrkraft den Leistungsstand der Klasse und der Schüler/innen. Auf der anderen Seite ist nicht zu erwarten, dass die Lehrkraft ihre ursprüngliche Bewertung abändert).

Allerdings haben die Gerichte das Recht der Schulleitung anerkannt, bei einem Verstoß gegen die für die Notengebung allgemein geltenden Grundsätze (§ 41 Abs. 2 Schulgesetz) ggf. im Wege des Selbsteintritts anstelle einer Lehrkraft entscheiden zu dürfen.

Für dieses verwaltungsinterne Kontrollverfahren im Fall von Prüfungs- und Versetzungsentscheidungen hat das Oberschulamt Stuttgart 1995 die folgenden Hinweise gegeben; sie sind auch auf die Behandlung von Widersprüchen gegen andere schulische Verwaltungsakte (z.B. Erziehungs- und Ordnungsmaßnahmen) anwendbar:

Hinweise der Schulaufsichtsbehörde

Zunächst hat das für die angefochtene Entscheidung zuständige Organ (bei Versetzungsentscheidungen die Klassenkonferenz, im Übrigen die Schulleitung) darüber zu entscheiden, ob dem Widerspruch abgeholfen werden kann, d.h. die angefochtene Entscheidung von dem zuständigen Organ selbst abgeändert wird. Zur Vorbereitung sind den Mitgliedern der Organe, deren Entscheidungen beanstandet werden, die konkreten Einwendungen des Widerspruchsführers zur Kenntnis zu geben und eine Stellungnahme von ihnen dazu einzuholen. Wird dem Widerspruch nicht abgeholfen, so ist der Widerspruch zusammen mit den erforderlichen Unterlagen unverzüglich über die untere Schulaufsichtsbehörde der oberen Schulaufsichtsbehörde vorzulegen.

Für die Entscheidung der oberen Schulaufsichtsbehörde sind insbesondere folgende Unterlagen erforderlich:

– Das Protokoll der Sitzung der Klassenkonferenz bzw. die Stellungnahme des Schulleiters, mit der über die Behandlung des Widerspruchs entschieden wurde.

– Die Klassenarbeiten einschließlich aller Korrekturunterlagen, gegen deren Bewertung der Widerspruchsführer Einwendungen vorgebracht hat.

– Bei Widersprüchen gegen Versetzungsentscheidungen, die Mitteilung sämtlicher Noten des Schülers einschließlich einer Darstellung, wie diese Noten zustandegekommen sind.

– Bei Widersprüchen gegen die Benotung einzelner Fächer ist eine Auflistung sämtlicher Einzelnoten der Klassenarbeiten, mündlichen Leistungen und sonstiger Leistungen vorzulegen einschließlich der Angabe, in welchem Verhältnis zueinander die einzelnen Leistungselemente gewichtet wurden und wann dies den Schülern bekanntgegeben wurde.

– Werden Einwendungen gegen das Nichtbestehen einer Aufnahmeprüfung in eine weiterführende Schule vorgebracht, so sind die gesamten schriftlichen Prüfungsunterlagen des Schülers und wenn sich die Einwendungen gegen eine mündliche Prüfung richten das Prüfungsprotokoll vorzulegen. Ferner ist eine Begründung der Bewertung durch die Mitglieder des Prüfungsausschusses vorzulegen.

– Bei Widersprüchen gegen Versetzungsentscheidungen ist das Protokoll der Schlusssitzung bzw. der Sitzung der Klassenkonferenz vorzulegen.

– Diese Unterlagen werden in den jeweiligen Fällen stets gebraucht. Im Einzelfall kann die Vorlage weiterer Unterlagen erforderlich sein:

– Wird vom Widerspruchsführer beanstandet, dass

zu Unrecht das Vorliegen eines wichtigen Grundes für die Nichtteilnahme an der Prüfung verneint oder eine Leistungsverweigerung wegen unentschuldigten Unterrichtsversäumnisses angenommen worden sei, sind alle diesbezüglichen Unterlagen (z.B. eingegangene Entschuldigungsschreiben, Vermerke über fernmündliche Entschuldigung usw.) ggfs. Stellungnahmen der damit befassten Personen (Klassenlehrer, Schulsekretärin usw.) vorzulegen.

– Im Falle eines wiederholten Nichtbestehens bzw. Nichtversetzungsentscheidung sind auch die entsprechenden Unterlagen über den ersten Prüfungsdurchgang vorzulegen.

V.
Gebühren

Bei einem Widerspruchsverfahren fallen Gebühren an; nur bei erfolgreichen Widersprüchen hat das Land den Aufwand zu tragen. Wird der Widerspruch jedoch zurückgewiesen oder ziehen die Beschwerdeführer einen bereits formell eingelegten Widerspruch im Laufe des Verfahrens zurück, so kann dies teuer werden: Nach § 1 der Gebührenverordnung des Kultusministeriums werden für den Geschäftsbereich des KM die gebührenpflichtigen Tatbestände und die Höhe der Gebühren für öffentliche Leistungen, die die staatlichen Behörden, ausgenommen die Landratsämter, erbringen, festgesetzt. Im Gebührenverzeichnis sind u.a. folgende Verfahrensgebühren vorgeschrieben:

4.1 Zurückweisung eines Rechtsbehelfs (insbesondere Widerspruch) 50 – 2500 Euro,

4.2 Zurücknahme eines Rechtsbehelfs, wenn mit der sachlichen Bearbeitung begonnen war 25–1250 Euro.

Die Gebühr wird in diesem Rahmen von der Schulaufsichtsbehörde festgesetzt. → Gebühren

VI.
(Dienstaufsichts-)Beschwerden von Dritten gegen Schulen bzw. Lehrkräfte

Neben (und zeitlich in der Regel vor) dem förmlichen Widerspruch gegen eine Entscheidung von Behörden bzw. deren Amtsträgern (z.B. der Lehrkräfte) steht das Recht zur Beschwerde. Es wird in der Praxis häufig mit einem Informationsanspruch gekoppelt (bevor man förmlich Widerspruch einlegt, sollte man sich über den strittigen Sachverhalt kundig machen und muss diesen, will man mit Beschwerde oder Widerspruch bei einer höheren Instanz erfolgreich sein, auch dokumentieren). Im allgemeinen Sprachgebrauch ist in diesem Zusammenhang häufig von *„Dienstaufsichtsbeschwerde"* die Rede. Eine (Dienstaufsichts-)Beschwerde ist die Anrufung der Behördenleitung oder einer übergeordneten Behörde durch Bürger/innen mit dem Ziel, dass diese ihre Dienst- oder Fachaufsicht über eine Amtsperson wahrnehmen; dies heißt, dass sie der Beanstandung nachgehen, den Sachverhalt aufklären und ggf. vorhandene Mängel abstellen. Sie richtet sich in der Regel gegen das Handeln einer Amts**person**, nicht jedoch gegen die Entscheidung einer **Behörde** (siehe Ziff. III.).

→ Amtshaftung; → Dienstweg

Eltern haben keinen „Dienstweg"; sie können sich direkt auf jeder Ebene der Verwaltung beschweren. Jedoch sind auch für sie folgende Grundsätze für die Behandlung von Beschwerden sinnvoll (und wegen der im Schulgesetz – § 55 Abs. 1 – konstituierten Pflicht von Schule und Elternhaus zur vertrauensvollen Zusammenarbeit auch geboten):

– Jede Beschwerde sollte zunächst unmittelbar bei jenem vorgebracht werden, über den man sich beklagt; z.B. sollten Eltern Beanstandungen über eine Lehrkraft bei dieser selbst vorbringen (sie müssen dies aber nicht tun).

– Wird die Beanstandung hingegen sofort (oder wenn ihr auf der unmittelbar zuständigen Ebene nicht abgeholfen wird, danach) als Beschwerde an eine „höhere" Instanz gerichtet, so sind
  – der Anspruch auf rechtliches Gehör und
  – die Zuständigkeits-Hierarchie zu beachten.

Wenden sich also z.B. Eltern direkt an das Kultusministerium, so darf dieses der Beschwerde nicht direkt „abhelfen", sondern es muss sie durch den unmittelbar Zuständigen bearbeiten lassen (z.B. Schulleitung oder Schulaufsichtsbehörde). Dieses Verbot des „Selbsteintritts" ist ein Grundprinzip des Verwaltungsverfahrensrechts im demokratischen Staat: Alle Zuständigkeitsregelungen wären sinnlos und es bestünde die Gefahr von Willkür, könnte eine „höhere" Behörde sich beliebig an die Stelle des jeweils „Zuständigen" setzen. Die Schulaufsichtsbehörde kann jedoch im Rahmen ihrer Fachaufsicht über die Schulen anordnen, dass z.B. eine Leistung neu bewertet und die beanstandete Note neu festgesetzt wird; dabei muss ggf. der Beurteilungsspielraum der Prüfer respektiert werden (wichtig bei mündlichen Prüfungen), ferner muss die Lehrkraft zum Sachverhalt gehört werden.

VII.
Beschwerden von Beschäftigten

Die Beschäftigten besitzen das Recht der Beschwerde bei Vorgesetzten; dabei ist der Dienstweg einzuhalten; bei Beschwerden über unmittelbare Vorgesetzte kann die Beschwerde jedoch bei dem/der nächsthöheren Vorgesetzten eingereicht werden.

→ Dienstweg; → Beamtengesetz § 49

Daneben besteht ein Recht aller Beschäftigten zur Beschwerde beim Personalrat. *„Falls sie berechtigt erscheinen"*, verhandelt der Personalrat hierüber mit dem Dienststellenleiter (Ziel: *„Erledigung"*).

→ Personalvertretungsgesetz § 68

Das Chancengleichheitsgesetz eröffnet Frauen (und in Arbeitszeitangelegenheiten – § 13 – auch Männern) einen zusätzlichen Beschwerdeweg bei der Frauenvertretung; Schwerbehinderte haben über die Schwerbehindertenvertretung weitere

Möglichkeiten. Frauen- und Schwerbehindertenvertretung können mit dem Personalrat kooperieren (z.B. Teilnahmerecht an Personalratssitzungen).
➔ Chancengleichheitsgesetz § 13; ➔ Personalvertretungsgesetz; ➔ Schwerbehinderung

In diesem Zusammenhang muss auch das Remonstrationsrecht nach (BeamtStG § 36) beachtet werden: Beamte haben die **Pflicht**, jede dienstliche Weisung auf ihre Rechtmäßigkeit zu überprüfen und bei vermuteter Rechtswidrigkeit Bedenken vorzubringen. Oft erledigt sich eine Beschwerde durch eine sachgerecht vorgebrachte Remonstration.
➔ Beamtenstatusgesetz § 36

Schließlich ist auf das Petitionsrecht hinzuweisen: Jedermann hat das Recht, sich einzeln oder in Gemeinschaft mit anderen schriftlich mit Bitten oder Beschwerden an die zuständigen Stellen und an die Volksvertretung zu wenden.
➔ Dienstweg; ➔ Grundgesetz Art. 17

Dies gilt uneingeschränkt auch für Beschäftigte des öffentlichen Dienstes. Petitionen von Landesbeschäftigten an den Landtag sind erst nach Abschluss des innerdienstlichen Beschwerdewegs und ggf. von gerichtlichen Verfahren sinnvoll.

GEW-Mitglieder sollten sich <u>vor</u> Beschwerden, Remonstrationen oder Petitionen in dienstlichen Fragen vom GEW-Rechtsschutz beraten lassen.

Es kann in Beschwerdefällen sinnvoll sein, die eigene Personalakte einzusehen bzw. hiermit eine bzw. Vertreter/in der GEW oder ein Personalratsmitglied zu beauftragen.
➔ Beamtengesetz §§ 83 ff.; ➔ Mobbing

VIII.
„Dienstgespräch" und Vertretung in Konfliktfällen

Bei Beschwerden (z.B. Elternbeschwerde über eine Lehrkraft) führen die Vorgesetzten (Schulleitung bzw. Schulaufsichtsbehörde) in der Regel zunächst ein *„Dienstgespräch"* mit der Lehrkraft. Diese muss hierzu nicht allein antreten: Sowohl bei disziplinarrechtlichen als auch im Rahmen verwaltungsinterner Ermittlungen können am *„Verwaltungsverfahren"* beteiligte Beschäftigte zu Verhandlungen und Besprechungen mit einem Beistand erscheinen (§ 14 Abs. 4 LVwVfG; vgl. Kasten bei Nr. II.).

Die Hinzuziehung des Beistandes erfolgt zur Unterstützung des „Beteiligten"; es ist den Beschäftigten bei Verwaltungsermittlungen freigestellt, wen sie als Beistand wählen. Dies kann ein GEW-Mitglied sein (Vertrauenslehrer/in, Kreisvorstand, Fachgruppenvorsitzende), auch die Unterstützung durch ein Personalratsmitglied ist möglich.

Im Disziplinarverfahren ist nach § 11 LDG dem Verteidiger die Anwesenheit zu gestatten.
➔ Disziplinargesetz (Allgemeines); ➔ Disziplinargesetz (LDG)

IX.
Verschwiegenheitspflicht und Flucht an die Öffentlichkeit

Die Beschäftigten des öffentlichen Dienstes sind zwar zur Amtsverschwiegenheit verpflichtet (hierzu den Beitrag ➔ Verschwiegenheitspflicht beachten). Ansonsten jedoch gilt: Über seine eigenen Angelegenheiten darf man in der Regel selbst verfügen. Dies gilt insbesondere (und im Prinzip uneingeschränkt) für den Verkehr mit
– der Gewerkschaft (insbesondere Rechtsschutz)
– der Personalvertretung (insbesondere bei der Inanspruchnahme des Beschwerderechts und der Personalakteneinsicht gem. § 68 LPVG).
➔ Personalvertretungsgesetz § 10 Abs. 2, und § 68
– Grundsätzlich gilt dies auch für die Besprechung eines Personalfalls auf einer Personalversammlung. *„Die Personalversammlung stellt als Organ der Personalvertretung keine ‚Öffentlichkeit' im Sinne dieses disziplinaren Vorwurfs dar. ... Es muss daher möglich sein, im Rahmen einer Diskussion über das Beurteilungswesen aus der eigenen dienstlichen Beurteilung ein Beispiel zu geben"*, so das Verwaltungsgericht Karlsruhe (24.1.1994; AZ: DK 16/92). Dabei finde die – grundsätzlich auch pflichtwidrige – Kritik des Beamten gegenüber Vorgesetzten ihre Grenze, wenn sie in unsachlicher oder beleidigender Form vorgetragen werde.
➔ Personalvertretungsgesetz § 10 Abs. 2

Das Beamtenrecht geht von der Fiktion aus, dass ein besonderes Vertrauensverhältnis zwischen Dienstherrn bzw. Vorgesetzten und den Beschäftigten bestehe. Streitigkeiten seien <u>innerhalb</u> dieses Vertrauensverhältnisses zu lösen; dabei sei zwar die Anrufung der Gerichte zulässig, nicht aber die Einbeziehung unbeteiligter Dritter (*„Flucht an die Öffentlichkeit"*). Wer öffentlich (auch ein Lehrerzimmer gilt als *„öffentlich"*) über seinen eigenen Disziplinarfall berichtet, setzt sich der Gefahr aus, dass ihm dies – zusätzlich zu dem ursprünglichen Vorwurf – als Dienstvergehen vorgehalten wird, was ebenfalls zu einer disziplinarischen Bestrafung führen kann.

Die Anrufung des GEW-Rechtsschutzes bzw. von Personal-, Frauen- oder Schwerbehindertenvertretung sind jedoch statthaft und nicht als *„Flucht an die Öffentlichkeit"* zu werten. Seit dem Inkrafttreten des ➔ Disziplinargesetzes ist zudem die Disziplinarverhandlung öffentlich wie jede andere Gerichtsverhandlung (ein Ausschluss der Öffentlichkeit muss vom Gericht jeweils im Einzelfall beschlossen werden). Die im öffentlichen Verfahren erörterten Sachverhalte unterliegen anschließend keiner Vertraulichkeit (mehr). Wir empfehlen dennoch dringend, vor jeder Äußerung im Zusammenhang mit einem Disziplinarverfahren und bei dienstrechtlichen Auseinandersetzungen den Rat der GEW-Rechtsschutzstelle einzuholen.

➔ Beamtengesetz §§ 83 ff.; ➔ Beamtenstatusgesetz § 38; ➔ Dienstliche Beurteilung; ➔ Dienstweg; ➔ Disziplinargesetz (Allgemeines); ➔ Disziplinargesetz (LDG); ➔ Ermessen; ➔ Juristische Terminologie; ➔ Personalakten; ➔ Personalvertretungsgesetz § 68 Abs. 1.3; ➔ Rechtsschutz; ➔ Schulgesetz § 32 ff.; ➔ Verschwiegenheitspflicht

Volljährigkeit / Vorbereitungsdienst (Sozialpunkte/Seminarzuweisung)

Volljährigkeit

Hinweise der Redaktion auf Basis der Bekanntmachung des KM vom 31.12. 1974.(K.u.U.S. 97/1975)

Der Eintritt der Volljährigkeit beeinträchtigt das Schulverhältnis grundsätzlich nicht: Die Schulpflicht wird nicht automatisch beendet, sondern besteht im Rahmen des Schulgesetzes fort. Volljährige Schüler/innen können die sich daraus ergebenden Rechte selbst ausüben und müssen alle Pflichten ausschließlich und im vollen Umfang selbst übernehmen (z.B. Anmeldung, Abmeldung von der Schule, Entschuldigung bei Fernbleiben). Die Anwesenheitspflicht gilt bei volljährigen Schüler/innen unverändert. Sie besitzen zwar ein Selbstentschuldigungsrecht, allerdings nur im Rahmen der auch sonst zulässigen Gründe. Die Zeugnisse müssen weder von den Eltern noch den volljährigen Schülern und Schülerinnen unterschrieben werden. Die z.B. bei Erziehungs- und Ordnungmaßnahmen vorgesehene Anhörung oder Mitwirkung der Erziehungsberechtigten entfällt. Das kollektive Mitwirkungsrecht der Eltern bleibt jedoch erhalten (SchG § 55 Abs. 3).
→ SchulbesuchsVO; → Schulgesetz § 55 und §§ 72-76
Bei Auskünften der Schule an die Eltern wird das Einverständnis der volljährigen Schüler/innen vorausgesetzt, wenn nicht eine ausdrückliche anderslautende Erklärung der Betroffenen vorliegt. Gem. § 55 Abs. 3 SchG kann die Schule den Eltern auch personenbezogene Auskünfte erteilen oder Mitteilungen machen, wenn kein gegenteiliger Wille der volljährigen Schüler erkennbar ist oder wenn eine Gefahr für wesentlich überwiegende Rechtsgüter wie Leben, Leib, Freiheit oder Eigentum zu befürchten ist und die Auskunft oder Mitteilung angemessen ist, die Gefahr abzuwenden oder zu verringern. Dies gilt auch, wenn ein Schulausschluss angedroht wird oder ein Schüler die Schule gegen seinen Willen verlassen muss. Volljährige Schüler/innen sind über die Möglichkeit personenbezogener Auskünfte und Mitteilungen an die Eltern allgemein oder im Einzelfall zu belehren.
Es besteht gegenüber volljährigen Schüler/innen keine Aufsichtspflicht derr Schule im üblichen Sinne, jedoch die allgemeine Verkehrssicherungspflicht und die sich aus dem Schulverhältnis ergebende Fürsorgepflicht der Schule.

→ Aufsichtspflicht; → Elternbeiratsverordnung § 1 Abs. 2; → Eltern und Schule; → Schulbesuchsverordnung § 4;
→ Schulgesetz § 55 Abs. 3, §§ 72-76; → Unfallversicherung (Hinweise); → Verschwiegenheitspflicht

Vorbereitungsdienst (Sozialpunkte/Seminarzuweisung)

Zulassung zu den Vorbereitungsdiensten für die Lehrämter; Vergabe von Sozialpunkten für die Ortszuweisung; Erlass des KM (AZ: 21-6712.7-4/24, Stand: Mai 2003)

Jedem Seminar können nur so viele Bewerberinnen und Bewerber zugewiesen werden, wie Ausbildungsplätze vorhanden sind. Übersteigt die Zahl der Bewerberinnen und Bewerber in einem Seminar die Zahl der dort verfügbaren Ausbildungsplätze, werden die Ortswünsche nach dem Sozialrang erfüllt. Für den Sozialrang sind bestimmend der Familienstand (verheiratet, Zahl der Kinder usw.) sowie besondere Umstände, die eine Zuweisung an ein bestimmtes Seminar dringlich erscheinen lassen. Es sind daher alle Umstände, die für den Sozialrang von Bedeutung sein können, bei Einreichung des Zulassungsantrags schriftlich geltend zu machen und nachzuweisen.
Ein Anspruch auf Zuweisung an ein bestimmtes Seminar oder eine bestimmte Schule besteht nicht. Nachträgliche Änderungen erfolgter Seminarzuweisungen sind in der Regel ausgeschlossen.
Bewerberinnen und Bewerber für die Vorbereitungsdienste erhalten Sozialpunkte für die Ortszuweisung nach Maßgabe des nachstehenden Kataloges, wenn besondere Bindungen an eine bestimmte Region mit Ablauf der Bewerbungsfrist beim Oberschulamt geltend gemacht und nachgewiesen sind. Fehlt die Schlüssigkeit im Bezug auf den an erster Präferenz genannten Ortswunsch, werden keine Sozialpunkte vergeben (Beispiel: Ein zusammen mit seiner Familie in Norddeutschland lebender Bewerber erhält keine Sozialpunkte).
Bei Bewerber/innen, die im Grenzbereich zweier Seminare wohnen, kann Schlüssigkeit für beide in Betracht kommenden Seminare angenommen werden. Die nachstehend genannten Punktzahlen dienen auch als Anhaltswerte für nicht genannte Fallgestaltungen, die jeweils individuell bewertet werden müssen. Kumulierungen (mehrere Gründe liegen vor) sind möglich.
In folgenden Fällen dürfen keine Sozialpunkte vergeben werden:
1. Es sind keine Nachweise vorgelegt.
2. Die vorgelegten Nachweise reichen nicht aus.
3. Die vorgetragenen und nachgewiesenen Gründe rechtfertigen die Vergabe von Sozialpunkten nicht (z.B. einfache Mitgliedschaft in einem Sportverein).

→ Beamtengesetz §§ 16 ff.; → Vorbereitungsdienst (Zulassung)

Vorbereitungsdienst (Seminarzuweisung) / Vorbereitungsdienst (Zulassung)

Lit.	Sozial-punkte	Fallgestaltung	Erläuterungen
a)	20	gesundheitliche Gründe binden zwingend an einen Ort	ärztliches Attest
b)	7	– Bewerber/in ist verheiratet* – Bewerber/in ist verpartnert* – Bewerber/in ist alleinerziehend**	* Urkunde des Standesamts ** Geburtsurkunde(n)
c)	5	Bewerber/in hat ein zu versorgendes Kind (für jedes weitere Kind werden 2 zusätzliche Punkte vergeben).	Geburtsurkunde(n)
d)	5	Bewerberin ist schwanger	ärztliches Attest
e)	5	Bewerber/in versorgt allein oder zumindest überwiegend alleine pflegebedürftige(n) nahe(n) Verwandte(n)	Nachweis der Pflegebedürftigkeit + Bescheinigung des Arztes, dass Bew. (überwiegend) alleine pflegt
f)	5	Bewerber/in sorgt für sonst unversorgte minderjährige Geschwister, mit denen er/sie in häuslicher Gemeinschaft lebt	Bescheinigung des Jugendamts oder des Vormundschafts- *(jetzt: Betreuungs-)* gerichts
g)	5	Bewerber/in ist vom Vormundschaftsgericht als ehrenamtliche(r) Betreuer/in gem. §§ 1896 ff BGB bestellt	Bescheinigung des Vormundschafts- *(jetzt: Betreuungs-)* gerichts
h)	2	für die Berücksichtigung des Ortswunsches besteht (zumindest auch) ein gewisses öffentliches Interesse. Beispiel: Trainerfunktion in einem Verein.	Bestätigung der Institution, bei der die Funktion ausgeübt wird; bei mehreren Funktionen darf –abweichend von der sonstigen Regel – nicht kumuliert werden

Vorbereitungsdienst (Zulassung / Numerus clausus)

Verordnung des Kultusministeriums über die Zulassung zu den Vorbereitungsdiensten für Lehrämter vom 25.10.1994 (GBl. S. 599/1994); zuletzt geändert am 28. Mai 1999 (GBl. S. 260/1999)

§ 1
Geltungsbereich

Diese Verordnung gilt für die Zulassung zu den Vorbereitungsdiensten für die Lehrämter an Gymnasien, beruflichen Schulen, Realschulen, Grund- und Hauptschulen und Sonderschulen, sofern die Zahl der höchstens aufzunehmenden Bewerber (Zulassungszahl) festgesetzt wird.

§ 2
Beschränkung der Zulassung,
Festsetzung von Quoten

Die Zulassungszahlen und die Quoten für die Vergabe der Ausbildungsplätze nach Eignung und Leistung, Wartezeit und Härte werden längstens für die im Zeitraum des folgenden Jahres bevorstehenden Zulassungstermine durch gesonderte Rechtsverordnung festgesetzt.

§ 3
Antragsfristen, Termine, Zulassungsantrag

(1) Der Antrag auf Zulassung zu den mit dem Schuljahr beginnenden Vorbereitungsdiensten ist bis zum 1. März des betreffenden Jahres zu stellen. Der Antrag auf Zulassung zu den mit dem Schulhalbjahr beginnenden Vorbereitungsdiensten ist bis zum 1. September des Vorjahres zu stellen.

(2) Der Zulassungsantrag ist unter Verwendung des amtlichen Vordrucks bei dem Oberschulamt einzureichen, in dessen Bezirk die in erster Linie gewünschte Stätte der theoretischen Ausbildung liegt. Dem Zulassungsantrag ist das Zeugnis über die für die Zulassung zum Vorbereitungsdienst geforderte Prüfung in amtlich beglaubigter Ablichtung beizufügen.

(3) Zulassungsanträge, die verspätet eingehen, die der Form des Absatzes 9 nicht entsprechen oder denen das Zeugnis nicht beiliegt, werden in das Auswahlverfahren nicht einbezogen. Form- und fristgerecht gestellte Zulassungsanträge von Bewerbern, die zu den in Absatz 1 genannten Terminen in Baden-Württemberg die Erste Staatsprüfung noch nicht abgeschlossen haben, werden noch in das Auswahlverfahren einbezogen, wenn die Prüfungsergebnisse dem Oberschulamt bis zum 15. Juni des betreffenden Jahres oder 15. November des Vorjahres vorliegen. Für den Bereich der be-

Vorbereitungsdienst (Zulassung)

ruflichen Schulen müssen dem Oberschulamt die Ergebnisse der Ersten Staatsprüfung, der Diplomhandelslehrerprüfung, der Diplomgewerbelehrerprüfung oder der Hochschulabschlussprüfung bis zum 30. Juni des betreffenden Jahres vorliegen.

(4) Dem Zulassungsantrag sind ferner beizufügen
1. von Bewerbern, die einen Härteantrag stellen, Nachweise über die Tatsachen, mit denen sie das Vorliegen eines besonderen persönlichen oder sozialen Härtefalls begründen,
2. von Bewerbern, die eine Dienstpflicht nach Artikel 12a Abs. 1 oder 2 des Grundgesetzes erfüllt oder
   eine mindestens zweijährige Tätigkeit als Entwicklungshelfer im Sinne des Entwicklungshelfergesetzes geleistet oder
   das freiwillige soziale Jahr im Sinne des Gesetzes zur Förderung eines freiwilligen sozialen Jahres oder
   das freiwillige ökologische Jahr im Sinne des Gesetzes zur Förderung eines freiwilligen ökologischen Jahres abgeleistet haben,
   entsprechende amtliche Nachweise
3. von Bewerberinnen, die für sich die Rechte aus § 125 b des Beamtenrechtsrahmengesetzes geltend machen, entsprechende amtliche Nachweise
4. von Bewerbern, die Tatsachen für eine besondere Dringlichkeit für die Zuweisung an einen bestimmten Ausbildungsort geltend machen, entsprechende Nachweise über diese Tatsachen.

Soweit die Nachweise nach Nummer 1 bis 4 bis zu den in Absatz 1 genannten Terminen nicht vorliegen, werden sie nicht berücksichtigt.

§ 4
Auswahlkriterien

(1) Für die Auswahl nach Eignung und Leistung gilt Folgendes:
1. Beim Vorbereitungsdienst für das Lehramt an Gymnasien ist die Durchschnittsnote maßgebend, die sich aus den Noten in den Fächern ergibt, in denen die Prüfung abgelegt werden muss, um in Baden-Württemberg zum Vorbereitungsdienst zugelassen zu werden. Bei Bewerbern mit aus schulischen Gründen erwünschten Fächerverbindungen aus drei Fächern ist die Durchschnittsnote aus diesen Fächern maßgebend. Besteht dabei die Fächerverbindung aus Hauptfächern und Beifächern, so zählen Hauptfachnoten doppelt und Beifachnoten einfach. Bei Bewerbern mit der Künstlerischen Prüfung für das Lehramt an Gymnasien zählt die Note für die praktische Prüfung doppelt, die Note für Kunstbetrachtung oder Musikgeschichte und die Note für das Wissenschaftliche Beifach einfach. Bewerber, die eine Erweiterungsprüfung in einem weiteren Unterrichtsfach mit Hauptfachanforderungen abgelegt haben, können bis zum Bewerbungsschluss die Fächerverbindung benennen, in der sie den Vorbereitungsdienst für das Lehramt an Gymnasien und die Zweite Staatsprüfung für das Lehramt an Gymnasien ablegen wollen.
2. Beim Vorbereitungsdienst für das Lehramt an beruflichen Schulen haben die Bewerber Vorrang die eine Lehramtsprüfung abgelegt haben oder nach Maßgabe der für sie geltenden Prüfungsordnung auch in Erziehungswissenschaft ausgebildet wurden.
   Im Übrigen ist maßgebend
   a) bei Bewerbern mit einer ersten Staatsprüfung die Durchschnittsnote, die sich aus den Noten in den Fächern ergibt, in denen der Bewerber die Prüfung abgelegt haben muss, wenn er in Baden-Württemberg zum Vorbereitungsdienst zugelassen werden will.
   b) bei Bewerbern mit der Diplomhandelslehrerprüfung oder der Diplomgewerbelehrerprüfung die Durchschnittsnote, die sich aus den Noten in den Fächern, in denen die Bewerber auszubilden sind, und aus der Note in Erziehungswissenschaft ergibt.
   c) bei Bewerbern mit einer Diplomprüfung die Gesamtnote.
3. Bei den Vorbereitungsdiensten für das Lehramt an Realschulen, an Grund- und Hauptschulen und an Sonderschulen ist die Gesamtnote der ersten Staatsprüfung maßgebend. Bei Bewerbern mit mehr als drei Unterrichtsfächern sind bei der Berechnung der Gesamtnote der Ersten Staatsprüfung die drei Unterrichtsfächer zu berücksichtigen, für die die Zulassung beantragt wird.

(2) Bei Auswahl nach Wartezeit wird die nach Abs. 1 maßgebende Note zugrunde gelegt, die für jede aus Mangel an Ausbildungsplätzen erfolglose Bewerbung um 0,25 verbessert wird.

(3) Vor der Durchführung des Losverfahrens nach § 93 Abs. 4 Satz 3 LBG werden die Bewerber ausgewählt, die bei gleichem oder unmittelbar nachstehendem Rang in ihrer Fächerkombination die wenigsten Fächer haben, bei denen die Bewerberzahl die Zahl der Ausbildungsplätze übersteigt.

§ 5
Nachrückverfahren

(1) Bei Nichtantreten des zugewiesenen Ausbildungsplatzes zu Beginn des Vorbereitungsdienstes wird die Zulassung unwirksam, sofern nicht auf Antrag von dem zuständigen Oberschulamt vor Beginn des Vorbereitungsdienstes gestattet wurde, zu einem späteren Zeitpunkt in den Vorbereitungsdienst einzutreten.

(2) Das Auswahlverfahren für die Besetzung frei gebliebener oder frei gewordener Ausbildungsplätze ist spätestens eine Woche nach Beginn des jeweiligen Vorbereitungsdienstes abzuschließen.

→ Beamtengesetz §§ 16 ff.→ Grundgesetz Art. 12; → Vorbereitungsdienst (Sozialpunkte)

Vorschriften

Hinweise der Redaktion zur Vorschriftensystematik

A. Einführung

Im Rechtssystem der Bundesrepublik bedarf jeder Eingriff des Staates in die Persönlichkeits- und Freiheitsrechte der Bürger/innen einer Ermächtigung durch die Volksvertretung (Gesetzesvorbehalt). Deshalb bedürfen alle Regelungen, die von den Schülerinnen und Schülern bzw. deren Erziehungsberechtigten ein Tun oder Unterlassen fordern, der Legitimation durch das Parlament, entweder direkt durch eine Verfassungs- bzw. Gesetzesbestimmung oder indirekt durch eine Rechtsverordnung einer Behörde, wobei der Gesetzgeber wiederum den Rahmen (Form, Zweck und Ausmaß) vorgegeben haben muss.

Diese Hierarchie der Normen sei am Beispiel der Schulpflicht dargestellt:

- Das **Grundgesetz**, also die Verfassung der Bundesrepublik, unterstellt das gesamte Schulwesen der Aufsicht des Staates. Das umfasst neben der Kontrolle auch die Gestaltung des Schulwesens.
  → Grundgesetz Art. 7
- Laut **Grundgesetz** entscheidet der Bund über die Berufsausbildung und mit dem Bundesberufsbildungsgesetz über die Pflicht zum Besuch der Berufsschule; dies geht dem Landesrecht vor.
  → Grundgesetz Art. 12
- In der **Verfassung** des Landes Baden-Württemberg ist die allgemeine Schulpflicht verfügt.
  → Verfassung Art. 14
- Im **Schulgesetz** wird dies für die einzelnen Schularten und Altersgruppen im Einzelnen definiert; das KM wird ermächtigt, Ausführungsvorschriften (Rechtsverordnungen) zu erlassen.
  → Schulgesetz §§ 72-87
- Dies geschieht z.b. durch die **Verordnung** über die Pflicht zur Teilnahme am Unterricht und an sonstigen Schulveranstaltungen.
  → Schulbesuchsverordnung
- Zur Regelung der Einzelheiten erlässt das KM **Verwaltungsvorschriften**, z.B. die VwV über die Pflicht zum Besuch der Sonderschule.
  → Behinderungen und Förderbedarf
- Über die genaue Dauer der Pflicht zum Besuch der Schule für Geistigbehinderte hat das Kultusministerium eine **Bekanntmachung** erlassen.
  → Sonderschulen G (Schulpflicht)

Diese Texte sind einander hierarchisch über- bzw. untergeordnet. Eine „untere" Stufe darf den „höherrangigen" Vorschriften nicht widersprechen; zwar geht die eine Spezialregelung der allgemeinen vor, aber sie muss immer auf ihre Vereinbarkeit mit höherrangigen Normen geprüft werden.

Bekanntmachungen und Verwaltungsvorschriften wirken grundsätzlich nicht nach außen, sondern binden nur die Verwaltung selbst. So richtet sich z.B. die Verwaltungsvorschrift über die Pflicht zum Besuch der Sonderschule nur an die Schule (sagt ihr also, was sie tun soll). Hingegen definiert die Schulbesuchsverordnung die Rechte und Pflichten der Schüler/innen, hat also Außenwirkung.

Bei bestimmten Vorschriften und Gesetzen (z.B. Arbeitsschutz- und Unfallverhütungsvorschriften) obliegt der Schulleitung eine Auslagepflicht.
→ Arbeits- und Gesundheitsschutz (Allgemeines);

B. Regelungsvorschrift der Landesregierung

Die Landesregierung hat am 27. Juli 2010 (GBl. S. 277/2010) eine Verwaltungsvorschrift für sich und die Ministerien zur Erarbeitung von Regelungen (VwV Regelungen) erlassen. Die nachstehend wiedergegebenen Regelungen dieser VwV für den Erlass von Gesetzen und Rechtsvorschriften sind gem. Nr. 6.1 auch beim Erlass von Verwaltungsvorschriften und innerdienstlichen Anordnungen sinngemäß anzuwenden. Wir empfehlen den Schulen, diese Richtlinien bei ihrem Schriftverkehr sowie bei ihren eigenen Veröffentlichungen (z.B. in den Amtsblättern der Gemeinden, bei Rundschreiben und Bekanntmachungen an Eltern und die Öffentlichkeit) beachten.

Geschlechtsneutrale Sprache

In den Regelungsrichtlinien (Anlage 1, Teil 1.6 – *Gesetzessprache, Klarheit des Inhalts, Verschiedenes –*) ist unter Ziff. 1.6.5 verfügt:

„Die Gleichberechtigung von Frauen und Männern soll auch in der Rechtssprache zum Ausdruck kommen. Dies soll vorrangig durch geschlechtsneutrale Formulierungen geschehen, etwa durch die Verwendung

- geschlechtsneutraler Substantive

  Beispiele: Person, Mitglied, Bildungen mit -kraft (zum Beispiel Lehrkraft), Ableitungen auf -ung (zum Beispiel Leitung, Vertretung) oder Zusammensetzungen auf -ling (zum Beispiel Prüfling, Flüchtling), sofern dadurch nicht der Sinn verändert wird

- eines Adjektivs oder Adverbs

  Beispiel: statt »Approbationsordnung für Ärzte« »ärztliche Approbationsordnung«

- von Substantivierungen im Plural

  Beispiele: die Erwerbslosen, Minderjährigen, Jugendlichen, Berufstätigen, Beschäftigten, Angehörigen, Teilnehmenden, Abgeordneten

- des Passivs

  Beispiel: statt »Bei der Zulassung zur Staatlichen Prüfung haben die Schülerin und der Schüler ... nachzuweisen« kann formuliert werden »Bei der Zulas-

sung zur Staatlichen Prüfung muss ... nachgewiesen werden« oder »ist ... nachzuweisen«
- des Fragepronomens »wer«
  Beispiel: statt »Der Kandidat, der die Prüfung nicht bestanden hat, kann sie einmal wiederholen« kann formuliert werden »Wer die Prüfung nicht bestanden hat, ...«

Sind geschlechterneutrale Bezeichnungen für Personen nicht möglich oder rechtlich unzulässig, sollten vor allem im Singular weibliche und männliche Personenbezeichnungen verwendet werden. Die Verwendung männlicher und weiblicher Personenbezeichnungen in ausgeschriebener Form kommt namentlich an Textstellen in Betracht, wo es um Funktionen, Rechte und Pflichten einzelner Personen geht.

Beispiele: »Die Präsidentin oder der Präsident«, »die Beamtin oder der Beamte«; aber auch: »die Präsidenten«, »die Beamten«

Bei Regelungen, die ausschließlich Frauen betreffen, sind Personenbezeichnungen in der weiblichen Form zu verwenden.

Männliche Personenbezeichnungen mit verallgemeinernder Bedeutung (sogenannte generische Maskulina) kommen nur in Fällen, in denen das Geschlecht nicht bekannt oder für den jeweiligen Zusammenhang unwichtig ist, in Betracht, wenn geschlechterneutrale Formulierungen nicht möglich sind und Klarheit, Bestimmtheit und notwendige Kürze einer Regelung bei durchgehender Verwendung von weiblichen und männlichen Personenbezeichnungen leiden würden. Generalklauseln, in denen ausgeführt wird, dass Frauen zwar mit gemeint sind, aus Gründen der Lesbarkeit eines Textes auf die weibliche Form jedoch verzichtet wird, sind nicht geschlechtergerecht.

Unberührt bleibt die grundsätzlich gebotene, erheblich weitergehende Verwendung männlicher und weiblicher Personenbezeichnungen in Vordrucken, Urkunden, amtlichen Mitteilungen und der sonstigen sich unmittelbar an die Betroffenen richtende Amtssprache."

Vorschriftenbereinigung: Verwaltungsvorschriften des Kultusministeriums sind ausgenommen

Nach der VwV Regelungen findet die grundsätzliche Verfallsautomatik von Verwaltungsvorschriften nach spätestens sieben Jahren (Nr. 4.4.3 der VwV) keine Anwendung bei Verwaltungsvorschriften, *„die in jedermann zugänglichen, ständig fortgeschriebenen Textausgaben amtlich herausgegeben werden"*. Dazu zählt auch die Loseblatt-Sammlung von KuU Ausgabe B („Gelbe Ordner") des Kultusministeriums. Deshalb sind alle Verwaltungsvorschriften des KM von der Verfallsautomatik ausgenommen. Sie gelten also so lange, bis sie förmlich aufgehoben werden. Spätestens nach sieben Jahren findet eine Überprüfung der Verwaltungsvorschriften im Kultusbereich auf ihre Notwendigkeit statt. Die Aufhebung wird jeweils im Amtsblatt KuU veröffentlicht.

Auch Gesetze und Verordnungen (zu letzteren zählt z.B. die → Konferenzordnung) fallen nicht unter die Verfallsautomatik.

C. Zur aktuellen Vorschriftenpraxis des Kultusministeriums

Verwaltungsvorschriften der Landesregierung und der Ministerien sind in dem jeweiligen Amtsblatt zu veröffentlichen. Im Kultusbereich ist dies das Amtsblatt Kultus und Unterricht (KuU).
→ Kultus und Unterricht

Im „amtlichen Teil" der **Ausgabe A** dieses Amtsblattes werden die vom Kultusministerium federführend bearbeiteten bzw. erlassenen
- Gesetze (z.B. Schulgesetz)
- Verordnungen (z.B. Konferenzordnung)
- Verwaltungsvorschriften und
- Bekanntmachungen

sowie sonstige für den Kultusbereich relevante Vorschriften abgedruckt. Im „nichtamtlichen Teil" veröffentlicht das KM weitere Informationen.

Ausgabe B dieses Amtsblatts ist eine Loseblattsammlung („gelbe Ordner"), in der alle geltenden und veröffentlichten Verwaltungsvorschriften des KM aufgeführt sind; dies ist zugleich das amtliche „Gültigkeitsverzeichnis" des KM.

Das Kultusministerium unterscheidet unterhalb der Gesetzes- bzw. Verordnungsebene hauptsächlich zwischen
- *„Verwaltungsvorschriften"* und
- *„Bekanntmachungen"*.

Das KM definiert diese Begriffe im Einleitungskapitel der Ausgabe B des Amtsblattes unter *„Hinweise für die Benutzer"* wie folgt:
- Verwaltungsvorschriften enthalten *„generell-abstrakte Weisungen mit verbindlicher Wirkung"*.
- Bekanntmachungen sind *„Informationen, Hinweise, Erläuterungen oder Empfehlungen des Ministeriums in pädagogischen oder administrativen Angelegenheiten, ohne dass dadurch eine verbindliche Regelung im Sinne einer Vorschrift getroffen wird."*

Für diese *Bekanntmachungen* hat das KM verfügt:

1. *„Bekanntmachungen ..., die auf Dauer angelegt sind, werden in ein laufend fortgeschriebenes Verzeichnis aufgenommen (Bekanntmachungsverzeichnis)".*
Das amtliche Vorschriftenverzeichnis des KM enthält deshalb auch einen Teil *„Bekanntmachungen ohne Vorschriftencharakter"*. Ein Beispiel hierfür ist der Beitrag → Grundschule (Schulbericht - Hinweise).

2. *„Bekanntmachungen ..., die vor dem Stichtag der neuesten Ergänzungslieferung veröffentlicht wurden und im Bekanntmachungsverzeichnis nicht enthalten sind, müssen nicht mehr berücksichtigt werden. Es steht den nachgeordneten Dienststellen aber frei, sich bei ihrer Entscheidungsfindung im Einzelfall die Inhalte solcher früherer Bekanntmachungen zu eigen*

zu machen; sie dürfen jedoch diese Bekanntmachungen nicht mehr zitieren."
Ein Beispiel für die unter Nr. 2 genannte Textsorte ist die Bekanntmachung → Hitzefrei. Bitte auch die dortige Erläuterung der Redaktion beachten.
Früher wurden behördliche Vorschriften und Bekanntmachungen häufig als *Erlasse* bezeichnet. Um die *„Erlassflut"* zu reduzieren, fasst das KM häufig mehrere Vorschriften zu einem *„Sammelerlass"* zusammen. Das verringert zwar formal die Zahl der „Erlasse", erschwert aber inhaltlich den Zugang. Ein Beispiel hierfür ist die → Notenbildungsverordnung; wo sich unter diesem Stichwort z.B. auch die Regelungen über Hausaufgaben verbergen.

→ „An die Benutzer/innen" (am Anfang des Buches); → Arbeits- und Gesundheitsschutz (Allgemeines); → Chancengleichheitsgesetz; → Ermessen; → Juristische Terminologie; → Verwaltungsrecht

Vorschüsse

Hinweise der Redaktion

Beamten und Arbeitnehmern mit Bezügen höchstens aus Besoldungsgruppe A10/Entgeltgruppe TV-L E 9 die durch besondere Umstände ungewöhnlicher Art zu unabwendbaren Ausgaben genötigt sind, die sie aus den laufenden Bezügen nicht bestreiten können, können auf Antrag unverzinsliche Gehaltsvorschüsse bis zu 2.600 Euro erhalten. Ein Rechtsanspruch hierauf besteht nicht. Die Einzelheiten sind in den Vorschussrichtlinien vom 28.1.2008 (GABl. S. 84/2008) geregelt.

Waffen in der Schule

Hinweise der Redaktion auf das Gesetz zur Neuregelung des Waffenrechts vom 11.10.2002 (BGBl.I S. 3970, 4592/2002 und 26.3.2008; BGBl. I S. 426/2008); zuletzt geändert 17.7.2009 (BGBl. I S. 12062/2009)

Das Mitführen von Waffen jeder Art in der Schule oder bei außerunterrichtlichen Veranstaltungen ist wegen der Gefährdung bzw. Beeinträchtigung des Erziehungsauftrags der Schule sowie der Gefährdung der Schüler/innen nicht hinnehmbar. Dies gilt auch für volljährige Schüler/innen.

Dieser Grundsatz gilt ohne dass es zusätzlicher schulischer Vorschriften bedarf, für alle Waffen, die unter die strafbewehrten Verbote des Waffenrechts fallen. Dazu gehören z.B. Schlagringe, Stahlruten, Totschläger, „Molotow-Cocktails", Schießkugelschreiber, Stockdegen, Gürtelschnallenmesser, Würgehölzer, Präzisionsschleudern, Fall-, Spring-, Faust- und „Butterfly"-Messer, Wurfsterne und Pump-Guns. Es kann auch bestraft werden, wer mit einer Schreckschuss-, Reizstoff- und Signalwaffe angetroffen wird und nicht im Besitz eines „kleinen Waffenscheins" ist. Der Erwerb und der Besitz einer solchen Waffe ist zwar ab 18 Jahren ohne ausdrückliche waffenrechtliche Erlaubnis frei. Verboten ist jedoch das Führen einer solchen Waffe ohne Besitz des „Kleinen Waffenscheins" außerhalb des „befriedeten Besitztums" (Wohnung bzw. Haus und Grundstück). Auch das Führen von „Anscheinswaffen" sowie von Einhandmessern (mit einhändig feststellbarer Klinge) sowie von feststehenden Messern mit einer Klingenlänge über 12 cm ist verboten.

Das Gesetz sanktioniert ferner den Besitz von nicht angemeldeter, verbotener Munition, wie z.B. Geschosse mit Betäubungsstoffen oder nicht zugelassenen Reizstoffen, Leuchtspur-, Brand- oder Hartkernmunition oder sogenannte „Patronen ohne Vergangenheit".

Ausnahmen gelten z.B. für Signalwaffen beim Bergsteigen (nicht beim Bergwandern!), für verantwortliche Führer eines Bootes/Wasserfahrzeugs auf dem Fahrzeug oder bei (regulären) Not- und Rettungsübungen, für Schreckschuss- oder Signalwaffen zur Abgabe von Start- oder Beendigungszeichen bei Sportveranstaltungen, wenn dabei optische oder akustische Signalgebung erforderlich ist. So sind z.B. Startpistolen waffenscheinfrei.

Es ist zweckmäßig, das Verbot des Mitbringens von gefährlichen Gegenständen, auch solcher, die nicht unter das Waffengesetz fallen (zum Beispiel Baseballschläger), in einer Schul- oder Hausordnung festzuhalten. So ist z.B. ein „Fahrtenmesser" mit einer Klingenlänge unter 12 cm keine „Waffe" im Sinne des Waffengesetzes, aber es ist ein gefährlicher Gegenstand. Auf Klassenfahrten in Ausland kann es zum Anlass für einen Gefängnisaufenthalt für einen Schüler werden. In Großbritannien z.B. ist der Besitz von Schreckschusswaffen und Munition, Reizstoffsprühgeräten, Schlagringen, Pistolenattrappen, aber auch Messern, die in Deutschland nicht unter das Waffenrecht fallen, verboten und wird rigoros geahndet. Entsprechende Regelungen gelten auch in anderen Staaten.

→ Konferenzordnung § 2 Abs. 1 Nr. 3

Auch eine ohne Schul- oder Hausordnung läuft das Mitführen von Waffen oder Munition (z.B. im Wald gefundene Patronen) durch Schüler/innen dem Zweck der Schule zuwider – sie muss deshalb von jeder Lehrkraft, die einen solchen Fall entdeckt, unterbunden werden. Die Gegenstände sind einzuziehen, die Schüler/innen sind zu belehren bzw. zu verwarnen; ggf. sind Erziehungs- und Ordnungsmaßnahmen (SchulG § 90) anzuwenden. Eingezogene Gegenstände sollten den Erziehungsberechtigten übergeben werden; volljährigen Schülern ist der Gegenstand unter Hinweis auf die schuldisziplinarischen Konsequenzen nach Unterrichtsende wieder auszuhändigen. Waffen sollten der Polizei übergeben werden, wo sie von den berechtigten Eigentümern abgeholt werden können.

Lehrkräfte dürfen Schüler/innen (des eigenen Geschlechts) durchsuchen, wenn der begründete Verdacht besteht, dass von ihnen eine akute Gefahr für andere Personen ausgeht (beispielsweise bei Verdacht, dass ein Schüler eine Waffe zum möglichen Gebrauch mit sich führt).

→ Außerunterrichtliche Veranstaltungen; → Gewaltvorfälle; → Polizei und Schule; → Schulgesetz § 90

Wahlkampf und Schule

Hinweise der Redaktion

Vorbemerkung der Redaktion

Das Kultusministerium weist die Schulen regelmäßig auf die Verpflichtung hin vor Landtags-, Bundestags- und Europawahlen eine achtwöchige Karenzzeit einzuhalten (zuletzt im Infodienst Schulleitung Nr. 164, September 2010, „Schule und Wahlkampf").

Text der ministeriellen Mitteilung

Die Schule ist zur parteipolitischen Neutralität verpflichtet, soll aber den lebendigen Kontakt zu der außerschulischen Wirklichkeit herstellen, wozu auch der Gedankenaustausch mit Abgeordneten gehört. Daneben unterliegt die Schule als Teil der Exekutive der demokratischen Kontrolle des Landtags; auch hieraus können sich Kontakte der Schule zu Abgeordneten ergeben.

Es hat sich daher im Verhältnis der Schule zu Abgeordneten eine Praxis herausgebildet, die teils auf rechtlichen Regelungen, teils auf Absprachen des Kultusministeriums mit dem Landtag beruht. Danach bittet Sie das Kultusministerium, auch vor der Landtagswahl am 27. März 2011, eine achtwöchige Karenzzeit einzuhalten, die am Sonntag, den 30. Januar 2011 beginnt.

Ganzjährig, das heißt auch während und außerhalb der Karenzzeit, zulässig sind:

– Pluralistisch besetzte Podiumsdiskussionen: Die Schülermitverantwortung (SMV) kann auch während der Karenzzeit öffentliche Diskussionsveranstaltungen mit Abgeordneten durchführen. Sie muss dann aber die Kandidaten von allen im Landtag vertretenen Parteien einladen. Die Einladung einzelner Abgeordneter zu Diskussionsveranstaltungen durch die SMV ist in dieser Zeit nicht zulässig.

– Weitergabe von Post: Die Schulleitung ist verpflichtet, verschlossene persönliche Briefe, die an Lehrkräfte, Eltern-Vertretungen, insbesondere Elternbeiratsvorsitzende oder die SMV gerichtet sind, weiterzuleiten. Dies gilt auch für Briefe von Abgeordneten. Die Pflicht zur Weiterleitung von Post gilt allerdings nicht für Postwurfsendungen, Drucksachen, Flugblätter und Ähnliches.

– Anfragen von Abgeordneten: Abgeordnete können direkt bei den Schulen Informationen einholen. Bei politisch bedeutsamen Vorgängen kann sich das Kultusministerium die Beantwortung vorbehalten. In diesen Fällen beantwortet die Schule die Fragen des Abgeordneten nicht und dessen Informationsrecht wird gewahrt, indem das Kultusministerium die erbetenen Informationen gibt. Die Schulen sind nicht verpflichtet, aufgrund von solchen Anfragen zusätzliche Statistiken zu erstellen.

– Überlassung von Schulräumen: Die Schulträger können den Parteien Schulräume für Veranstaltungen außerhalb der Unterrichtszeit überlassen.

Während der Karenzzeit gelten folgende Einschränkungen:

– Abgeordnete dürfen als Fachleute auch dann nicht in den Unterricht eingeladen werden, wenn es sich um eine Veranstaltung des kontinuierlichen Unterrichts handelt, für den die Lehrkräfte verantwortlich bleiben.
  → Fachleute

– Die Möglichkeit der Abgeordneten des Wahlkreises und Gremien des Landtags im Rahmen ihrer demokratischen Kontrollbefugnis Schulen zu besuchen, um sich vor Ort zu informieren, besteht während der Karenzzeit nicht. Sie können in dieser Zeit mit der Schulleitung, mit Lehrkräften und Eltern oder den Schülervertretern keine Gespräche und keine presseöffentlichen Veranstaltungen durchführen.

– Einladungen von Fraktionen des Landtags zu Fraktionsveranstaltungen dürfen während der Karenzzeit nicht an Schülerinnen und Schüler, Eltern oder Lehrerinnen und Lehrer an den Schulen verteilt werden.

Wahlwerbungsverbot mit Broschüren des Kultusministeriums

Das Ministerium für Kultus, Jugend und Sport Baden-Württemberg gibt im Rahmen seiner verfassungsmäßigen Verpflichtung zur Unterrichtung der Öffentlichkeit Informationsschriften heraus. Diese dürfen weder von Parteien noch von deren

Kandidatinnen, Kandidaten oder Helferinnen und Helfern während eines Wahlkampfes zum Zweck der Wahlwerbung verwendet werden.

Missbräuchlich ist insbesondere die Verteilung bei Wahl-Veranstaltungen, an Informationsständen der Parteien sowie das Einlegen, Aufdrucken oder Aufkleben parteipolitischer Informationen oder Werbemittel. Untersagt ist auch, die Broschüren an Dritte zur Verwendung bei der Wahlwerbung weiterzugeben. Auch ohne zeitlichen Bezug zu einer bevorstehenden Wahl dürfen Druckschriften nicht so verwendet werden, dass dies als Parteinahme des Herausgebers zugunsten einzelner politischer Gruppen verstanden werden könnte. Diese Beschränkungen gelten unabhängig davon, wann, auf welchem Weg und in welcher Anzahl diese Informationsschrift dem Empfänger zugegangen ist.

Hinweis der Redaktion: Zur Betätigung von Landesbediensteten im Wahlkampf siehe auch
→ Beamtenstatusgesetz § 33.

→ Beamtenstatusgesetz § 33; → Dienstordnungen Nr. 3.4.3; → Fachleute; → Schülermitverantwortung

Werbung, Wettbewerbe und Erhebungen

Werbung, Wettbewerbe und Erhebungen in Schulen; VwV des KM vom 21.9.2002 (KuU S. 309/2002); zuletzt geändert 28. Oktober 2005 (KuU S. 167/2005)

1.
Allgemeines

Die Schule ist verpflichtet, ihren Erziehungs- und Bildungsauftrag in vertrauensvoller Zusammenarbeit mit den Eltern zu verwirklichen. Die Eltern, die ihre Kinder in die Obhut der Schule geben, müssen darauf vertrauen können, dass der Rahmen des Erziehungs- und Bildungsauftrages der Schule eingehalten und alles von der Schule ferngehalten wird, was die Verwirklichung dieses Zieles beeinträchtigen könnte.

Der Erziehungs- und Bildungsauftrag der Schule verbietet demnach, dass in den Schulen Werbung für wirtschaftliche, politische, weltanschauliche oder sonstige Interessen betrieben, Waren vertrieben oder Sammlungen, Wettbewerbe und Erhebungen durchgeführt werden, soweit nachstehend nichts Abweichendes bestimmt ist. Für Einzelentscheidungen ist der Schulleiter zuständig, soweit keine anderweitige Regelung getroffen ist.

→ Wahlkampf und Schule; → Belohnungen

Hinweise der Redaktion:
1. Die Schule darf sich nicht zum Vermittler kommerzieller Angebote (z.B. Nachhilfekurse) machen.
   Das RP Stuttgart hat zuletzt am 9.9.2010 hierzu mitgeteilt, jeglicher Anschein einer Förderung kommerzieller Interessen durch die Schule sei zu vermeiden; es seien von dem Verbot deshalb auch kostenlose Sehtests umfasst, die von einer Krankenkasse in Kooperation mit einem Optiker an öffentlichen Schulen durchgeführt werden.
   Unzulässig ist auch die Entgegennahme von Provisionen durch Lehrkräfte (z.B. von Schulfotografen, für die Vermittlung von Zeitschriftenabonnements oder von Freiplätzen bei außerunterrichtlichen Veranstaltungen), es sei denn diese kommen ausschließlich den Schüler/innen zugute, z.B. als Einnahme für die Klassenkasse oder als Verbilligung der Fahrt-, Eintritts- oder Unterkunftskosten für die Schüler/innen).
2. Das Kultusministerium hat u.a. mitgeteilt, die Schulen könnten gewerblich tätigen Fotografen das Anfertigen von Klassenfotos und Fotos einzelner Schüler für Schülerausweise) im Schulbereich gestatten, soweit dieses pädagogisch wünschenswert sei. Lehrkräfte könnten in die Abwicklung des Bestellvorgangs einbezogen werden, dürften aber keine persönlichen Vorteile hieraus in Anspruch nehmen. Rabatte für Schulen oder einzelne Klassen dürften entgegengenommen werden, wenn dabei die Lehrkräfte keine persönlichen Vorteile in Anspruch nahmen. (Quelle: KM, AZ: IV/1-6499.10/313). Zum gleichen Sachverhalt hat das Kultusministerium im „Infodienst Schulleitung" Nr. 2/1999 ausgeführt: „Gewerbliche Fotounternehmen dürfen Schülerfotos nur mit Einwilligung der Schüler bzw. deren Eltern anfertigen. Von der Weitergabe personenbezogener Daten an gewerbliche Fotounternehmen ist abzusehen."
   → Datenschutz (Schulen) Nr. II.2; → Internet und Schule
3. Werbung in reinen Schulturnhallen ist nur im Rahmen dieser Verwaltungsvorschrift zulässig. In Turnhallen, die auch öffentlichen Zwecken dienen, ist Werbung nicht ausgeschlossen, Werbung für gesundheitsschädliche Produkte, die sich an Schüler als Adressaten richtet, ist aber auch hier unzulässig. (Quelle: Mitteilung der Landesregierung; Landtagsdrucksache Nr. 10/4397 vom 27.11.1990)

2.
Werbung und Bekanntmachungen

2.1 Auf Veranstaltungen, die geeignet sind, den Erziehungs- und Bildungsauftrag der Schule wesentlich zu fördern und nicht einseitigen Zielen dienen, kann durch Plakate oder sonstige Druckwerke hingewiesen werden. Die Entscheidung, ob und in welcher Form dies geschehen kann, trifft der Schulleiter.

2.2 Spenden können durch die Schulen entgegengenommen werden, wenn sie pädagogischen Zwecken dienen und demgegenüber eine etwaige Werbung deutlich zurücktritt und nur einen geringen Umfang hat.

Hinweise der Redaktion:
1. Beim Landesinstitut für Schulentwicklung können ein Förderalmanach und Spendenformulare abgerufen werden.
   → Schulfördervereine; → Sponsoring
2. Schulen müssen bei der Veranstaltung einer öffentlichen „Tombola" das Lotteriegesetz beachten. Eine schulische Tombola ist in der Regel „öffentlich", da die Schule über den engeren Kreis der Schüler und Eltern hinaus an Dritte herantritt (Verwandte und Freunde der Schüler/innen, örtliche Bevölkerung), um durch den Verkauf von Losen an diese einen höheren Erlös zu erzielen, als dies z.B. bei einem völlig schulinternen Elternabend möglich wäre. Im Zusammenhang mit der Ausspielung darf keine Wirtschaftswerbung betrieben werden, die über den Hinweis auf Sachgewinnen hinausgeht.
   Für „öffentliche" Schul-Tombolas gilt in der Regel die „allgemeine Erlaubnis" gem. § 8 Lotteriegesetz; in aller

Regel muss für sie keine Lotteriesteuer entrichtet werden, der Veranstalter muss jedoch jede Lotterie oder Ausspielung vor Beginn bei dem zentral zuständigen Finanzamt Karlsruhe, Prinzessinnenstr. 2, 76227 Karlsruhe, anmelden. Auf den amtlichen Vordrucken (erhältlich bei den Städten und Gemeinden) befinden sich Informationen zur „allgemeinen Erlaubnis" und zur Steuerbefreiung. Werden Lotterien oder Ausspielungen rechtzeitig angemeldet, kann das Finanzamt bereits im Vorfeld auf Fehler aufmerksam machen, die sonst zur Versagung der Steuerbefreiung führen könnten. Die Rennwett- und Lotteriesteuerstelle erteilt auch telefonische Auskünfte (FON: 0721/994-2160 oder –2161 oder –2162).

2.3 Berufskundliche Informationen, die sachgerecht informieren und pädagogisch wertvoll sind, können auch dann verteilt werden, wenn sie Werbung für Ausbildungsstellen enthalten.

2.4 Berufsverbände der Lehrer dürfen Mitteilungen an Lehrer verteilen oder an einem ihnen im Lehrerzimmer zur Verfügung gestellten Schwarzen Brett aushängen, wenn es sich um spezifisch koalitionsgemäße Informationen im Rahmen des Art. 9 Abs. 3 Grundgesetz handelt.
→ Beamtenstatusgesetz § 52; → Grundgesetz

2.5 Die Personalräte dürfen im Rahmen ihres Aufgabenbereichs und ihrer Zuständigkeit Mitteilungen an die Lehrer verteilen oder an einem ihnen im Lehrerzimmer zur Verfügung gestellten Schwarzen Brett aushängen.
→ Personalvertretungsgesetz § 67, 3

2.6 Schüler dürfen Abzeichen, Anstecknadeln, Aufkleber oder ähnliche Zeichen tragen, wenn dadurch nicht die Erfüllung des Erziehungs- oder Bildungsauftrages der Schule, der Schulfriede, der geordnete Schulbetrieb oder das Recht der persönlichen Ehre anderer gefährdet wird.

2.7 Werbende Anzeigen in Schülerzeitschriften sind gestattet, soweit der Erziehungsauftrag der Schule nicht beeinträchtigt wird.

3. Beteiligung der Schulen an Wettbewerben

3.1 Eine Beteiligung der Schulen liegt vor:

3.1.1 wenn Arbeiten im Rahmen der Schule angefertigt werden sollen,

3.1.2 wenn die Schulverwaltung oder die Schulen bei der Abwicklung in irgendeiner Form beteiligt sind (z.B. dadurch, dass sie auf den Wettbewerb hinweisen oder einen Hinweis in der Schule gestatten).

3.2 Eine Beteiligung der Schulen an Wettbewerben kann geeignet sein, den Erziehungs- und Bildungsauftrag der Schule zu fördern. Wettbewerbe, die einseitigen Zielen dienen oder ohne schulischen Bezug sind, sowie eine Häufung von Wettbewerben können den Erziehungs- und Bildungsauftrag der Schule beeinträchtigen. Die Beteiligung einer Schule an Wettbewerben und die Durchführung von Wettbewerben der Schule innerhalb der Schule oder mit anderen Schulen bedürfen der Genehmigung des Schulleiters.

Für die Genehmigung gilt Folgendes:

3.2.1 Eine Genehmigung ist zu versagen;

– wenn der Durchführung des Wettbewerbs schulische Belange entgegenstehen oder der Unterricht in nicht vertretbarer Weise beeinträchtigt wird,

– wenn der Wettbewerb in erster Linie kommerziellen Zwecken dient,

– wenn der Wettbewerb mit werbendem Charakter für politische Parteien oder Organisationen verbunden ist.

3.2.2 Bei sonstigen Wettbewerben mit werbendem Charakter ist zu prüfen, ob der Wettbewerb trotz des grundsätzlichen Werbeverbots in der Schule in Anbetracht der wesentlichen Förderung des Erziehungs- und Bildungsauftrages der Schule vertretbar ist.

3.2 Die Anfertigung von Wettbewerbsarbeiten im Unterricht ist nur zulässig, wenn sich diese im Rahmen der Ziele und Inhalte des Bildungsplans halten.

Hinweis der Redaktion: Bestimmte Werbeaktionen sind an Schulen unzulässig (Bundesgerichtshof, 12.7.2007, AZ: I ZR 82/05). Der Fall: Ein Lebensmittelkonzern hatte Sammeltaler angeboten, die man gegen Sportmaterialien für die Schule eintauschen konnte. Dadurch würde, so der BGH, eine Art Gruppenzwang ausgelöst; die Kinder würden dadurch gleichsam zum verlängerten Arm der werbenden Unternehmens gegenüber ihren Eltern, weil sie innerhalb der Klasse um gesammelte Punkte wetteiferten.

4. Erhebungen

4.1 Erhebungen, insbesondere Umfragen und wissenschaftliche Untersuchungen in Schulen durch Personen oder Institutionen außerhalb der Schulverwaltung bedürfen der Genehmigung. Die Genehmigung kann erteilt werden, wenn für die Erhebung ein erhebliches pädagogisch-wissenschaftliches Interesse anzuerkennen ist und sich die Belastung für Schule, Schüler und Lehrer in zumutbarem Rahmen hält. Sie ist mit den erforderlichen Auflagen zu verbinden, insbesondere hinsichtlich der Information, der Zustimmung und der Anonymität der zu Befragenden oder ihrer Eltern sowie des Datenschutzes. Personenbezogene Daten von Schülern dürfen nur mit Einwilligung der Eltern oder der volljährigen Schüler erhoben werden. Zuständig für die Erteilung der Genehmigung für eine beantragte Erhebung ist

– an einer einzelnen Schule der Schulleiter,

– bei mehreren Schulen der geschäftsführende Schulleiter im Benehmen mit den betroffenen Schulleitern, falls sich alle Schulen auf dem Gebiet eines Schulträgers befinden, ansonsten die obere Schulaufsichtsbehörde,

– bei Erhebungen, die über den Bereich einer oberen Schulaufsichtsbehörde hinaus stattfinden, das Kultusministerium.

→ Datenschutz (Schulen); → Notenbildungsverordnung § 9; → Wahlkampf und Schule

4.2 Dies gilt nicht für Erhebungen, die Schulträger im Rahmen ihrer Aufgaben durchführen. Die Verordnung des Kultusministeriums über statistische Erhebungen an Schulen ... in der jeweils geltenden Fassung bleibt unberührt.

5.
Warenvertrieb

5.1 Das Vertriebsverbot gilt nicht für Mensen und Cafeterias. Ferner kann der Vertrieb einfacher Speisen und Lebensmittel gestattet werden. Der Vertrieb alkoholischer Getränke ist nicht gestattet.

5.2 Sammelbestellungen von Lernmitteln, die von den Schülern bzw. ihren Erziehungsberechtigten zu bezahlen sind, sind zulässig, wenn dies von der Natur der Sache her notwendig ist.

5.3 Sammelbestellungen von Zeitschriften für Kinder und Jugendliche ist nur zulässig, wenn die Zeitschrift nach ihrer literarischen Qualität, ihrer graphischen Gestaltung und der Altersgemäßheit ihres Leseangebots pädagogisch besonders empfehlenswert ist und keine Werbung enthält.

5.4 5.4.1 Der Vertrieb der Schülerzeitschrift auf dem Schulgelände bedarf keiner Genehmigung der Schule. Die Schüler können nicht verpflichtet werden, die Schülerzeitschrift zu erwerben.

5.4.2 Soll die Schülerzeitschrift auf dem Schulgelände vertrieben werden, ist dem Schulleiter auf sein Verlangen jeweils ein Exemplar mindestens drei Tage vor der beabsichtigten Verteilung zugänglich zu machen. Er kann den Vertrieb der einzelnen Ausgabe der Schülerzeitschrift auf dem Schulgelände untersagen, soweit er der Auffassung ist, dass der Inhalt oder die Art des Vertriebs der Schülerzeitschrift

a) gegen ein Gesetz, insbesondere gegen Strafgesetze oder das Gesetz über die Verbreitung jugendgefährdender Schriften verstößt, ➜ Jugendschutzgesetz

b) oder eine schwere Beeinträchtigung der Aufgaben der Schule zu befürchten ist.

5.4.3 Vor der endgültigen Entscheidung des Schulleiters ist eine Beratung in der Schulkonferenz über die Untersagung des Vertriebs der Ausgabe der Schülerzeitschrift auf dem Schulgelände erforderlich. ➜ Schulgesetz § 47

5.4.4 Ist eine Beratung der Schulkonferenz vor dem für den Beginn des Vertriebs vorgesehenen Zeitpunkt nicht möglich, kann der Schulleiter den Vertrieb der Ausgabe der Schülerzeitschrift auf dem Schulgelände bis zur endgültigen Entscheidung untersagen. Er hat die endgültige Entscheidung so rasch wie möglich zu treffen und die dafür erforderliche Beratung in der Schulkonferenz unverzüglich zu veranlassen.

Hinweis der Redaktion: Für Schul- und Schülerzeitungen gilt das Landespressegesetz. ➜ Presserecht

6.
Sammlungen, Schulsparen

6.1 Die Sammlung des Jugendherbergsgroschens, Sammlungen des Elterbeirats sowie Sammlungen, die Schüler in eigener Verantwortung im Rahmen der Schülermitverantwortung durchführen, sind in der Schule zulässig.

6.2 Bei außerschulischen Sammlungen ist es Aufgabe der Organisationen und Verbände, Schüler als Sammler zu gewinnen. Die Schule darf sich dabei nicht als Mittler betätigen. Am Schwarzen Brett kann auf Sammlungen für gemeinnützige Zwecke hingewiesen werden.

6.3 Die Durchführung des Schulsparens kann gestattet werden; jedoch darf jeweils nur ein Geldinstitut an der Schule tätig werden.

Hinweis der Redaktion: § 8 Sammlungsgesetz B-W lautet:
(1) Kinder unter 14 Jahren dürfen zum Sammeln nicht herangezogen werden. Dies gilt auch für Haussammlungen.
(2) Jugendliche vom 14. bis zum 18. Lebensjahr dürfen nur bei Straßensammlungen und nur bis zum Eintritt der Dunkelheit eingesetzt werden.
(3) Die Erlaubnisbehörde kann im Einzelfall Ausnahmen zulassen, wenn eine Gefährdung der Kinder und Jugendlichen nicht zu befürchten ist.

➜ Beamtenstatusgesetz § 52; ➜ Datenschutz (LDSG); ➜ Fachleute aus der Praxis; ➜ Grundgesetz Art. 9; ➜ Jugendschutzgesetz; ➜ Personalvertretungsgesetz § 67,3; ➜ Schulfördervereine; ➜ Sponsoring; ➜ Wahlkampf und Schule

Werkrealschule (Ausbildung und Prüfung)

Verordnung des Kultusministeriums über die Ausbildung und Prüfung an Werkrealschulen (Werkrealschulverordnung – WRSVO) vom 11.11.2009 (KuU S. 205/2009)

Erster Teil – Ausbildung
Erster Abschnitt – Allgemeines
§ 1
Dauer der Ausbildung, Bezeichnungen

(1) Die Werkrealschule umfasst die Klassen 5 bis 10. Sie führt zur Mittleren Reife und bietet darüber hinaus die Möglichkeit, den Hauptschulabschluss nach Klasse 9 zu erwerben. Die Werkrealschule hat grundsätzlich mindestens zwei Züge. Sie ist nach der Maßgabe der §§ 25 Abs. 1, 76 Abs. 2 des Schulgesetzes ... eine Wahlschule.

➜ Schulgesetz § 6, §§ 25 Abs. 1, 76 Abs. 2

(2) In einem durchgängigen sechsjährigen Bildungsgang werden die Schüler individuell gefördert und in der Persönlichkeitsbildung unterstützt. Der Bildungsgang umfasst einen Pflichtbereich, einen Wahlpflichtbereich und ergänzende Angebote. Zum pädagogischen Profil gehört neben der kontinuierlichen Berufswegeplanung in allen Klassenstufen in der zehnten Klasse ein gemeinsames Bildungsangebot der allgemeinbildenden Schule und der zweijährigen zur Prüfung der Fachschulreife führenden Berufsfachschule (berufliche Schule), das eine erste berufliche Grundbildung ermöglicht. Die enge und systematische Kooperation zwischen den beiden Schularten erfordert eine der Situation angemessene enge und vertrauensvolle Zusammenarbeit und Abstimmung von Lehrkräften und Schulleitungen an beiden Lernorten.

(3) Einzügige Schulen führen grundsätzlich die Schulartbezeichnung Hauptschule. Sie umfassen in der Regel fünf Schuljahre und führen zum Hauptschulabschluss.

→ Berufsfachschule; → Werkreal-/Hauptschule (Informationsveranstaltung); → Werkrealschule (Stundentafel); → Werkrealschule (Schulbezirk)

(4) Diese Verordnung gilt nach Maßgabe der nachfolgenden Bestimmungen auch für den Unterricht, die Versetzung und die Abschlussprüfung an Hauptschulen im Sinne von § 6 Abs. 3 SchG.

(5) Soweit die Verordnung Personalbegriffe wie Schüler, Vorsitzender, Prüfer, Schulleiter, Leiter oder Bewerber enthält, sind dies funktionsbezogene Beschreibungen, die gleichermaßen auf Frauen und Männer zutreffen.

§ 2
Bildungs- und Lehrpläne, Stundentafel

Der Unterricht an der Werkrealschule und an der Hauptschule richtet sich nach vom Kultusministerium erlassenen Bildungs- und Lehrplänen und der als Anlage beigefügten Stundentafel. Bei Sonderschulen mit entsprechendem Bildungsgang gelten die für den jeweiligen Schultyp erlassenen Bildungs- und Lehrpläne und Stundentafelverordnungen.

→ Werkrealschule (Stundentafel)

Zweiter Abschnitt
Unterricht und Versetzung in den Klassen 5 bis 9

§ 3
Unterricht

(1) Maßgebende Fächer sind, sofern sie in der schuleigenen Stundentafel für die jeweilige Klasse ausgewiesen sind, Religionslehre, Ethik, Deutsch, Mathematik und Englisch sowie von den im Fächerverbund Musik-Sport-Gestalten zusammengefassten Fächern Sport, Musik und Bildende Kunst das Fach mit der besten Note sowie für Schüler der Klasse 8 das nach Absatz 5 gewählte Wahlpflichtfach; maßgebende Fächerverbünde sind Welt-Zeit-Gesellschaft, Materie-Natur-Technik, Wirtschaft-Arbeit-Gesundheit. Die Note im Fächerverbund Musik-Sport-Gestalten wird im Zeugnis ausgewiesen, ohne für die Versetzung maßgebend zu sein; der Schüler entscheidet, welches der Fächer Sport, Musik und Bildende Kunst im Zeugnis auszuweisen ist, wenn wegen einer Notengleichheit nach Satz 1 nicht feststeht, welches dieser Fächer maßgebend ist. Für Schüler, die während der Klasse 4 der Grundschule keinen Fremdsprachenunterricht in der in Klasse 5 fortgeführten Fremdsprache hatten, wird die Versetzungserheblichkeit dieses Faches in dieser Klassenstufe ausgesetzt, wenn andernfalls eine Versetzung nicht möglich wäre.

(2) Die Versetzung in Klasse 10 und der erfolgreiche Abschluss der Werkrealschule setzen im Fach Englisch Unterricht in den Klassen 5 bis 9 voraus. Zum Ende des ersten Halbjahres der Klasse 9 kann das Fach Englisch durch schriftliche Erklärung der Erziehungsberechtigten abgewählt werden.

(3) Zur gezielten Unterstützung der Berufsorientierung wird in Klasse 7 eine Kompetenzanalyse mit daran anschließender individueller Förderung durchgeführt. → Kompetenzanalyse

(4) In den Klassen 5 bis 9 finden schulisch begleitete Praktika statt, die entsprechend der örtlichen Situation organisiert und zeitlich strukturiert durchgeführt werden können.

→ Betriebs- und Sozialpraktika

(5) In den Klassen 8 und 9 nehmen die Schüler nach ihrer Wahl unter Berücksichtigung des schulischen Angebots an einem der im Wahlpflichtbereich der Stundentafel genannten Fächer teil. Bei der Beratung durch die Schule sollen die Hinweise der Kompetenzanalyse einbezogen werden. Ein Wechsel des Wahlpflichtfachs ist nur in begründeten Ausnahmefällen innerhalb von vier Wochen nach Unterrichtsbeginn auf Antrag mit Zustimmung des Schulleiters möglich. Mit der Wahl eines Wahlpflichtfachs sind die Schüler nicht auf eine bestimmte Berufsfachschulrichtung im zehnten Schuljahr festgelegt.

(6) In Klasse 9 wird ein Halbjahreszeugnis erteilt.
→ Zeugnisse (Allgemeinbildende Schulen)

§ 4
Versetzungsanforderungen

(1) Schüler der Klassen 5 bis 8 werden nur dann in die nächsthöhere Klasse versetzt, wenn sie aufgrund ihrer Leistungen in den für die Versetzung maßgebenden Fächern und Fächerverbünden den Anforderungen im laufenden Schuljahr im Ganzen entsprochen haben und deshalb erwarten lassen, dass sie den Anforderungen der nächsthöheren Klasse gewachsen sind. Schüler der Klasse 8 können gemäß den Regelungen des § 4 der Verordnung des Kultusministeriums über die Ausbildung und Prüfung in Kooperationsklassen Hauptschule – Berufliche Schule in eine Kooperationsklasse versetzt werden, wenn insbesondere aufgrund einer Zielvereinbarung erwartet werden kann, dass sie den Hauptschulabschluss in diesem Bildungsgang erreichen.

→ Kooperationsklassen HS / WRS - Berufliche Schule

(2) Die Voraussetzungen nach Absatz 1 Satz 1 liegen vor, wenn im Jahreszeugnis die Leistungen neben

1. der Note »ungenügend« in einem oder
2. der Note »mangelhaft« in zwei der für die Versetzung maßgebenden Fächern oder Fächerverbünden in keinen weiteren für die Versetzung maßgebenden Fächern oder Fächerverbünden geringer als mit der Note »ausreichend« bewertet sind oder für diese weiteren Fächer oder Fächerverbünde ein sinnvoller Ausgleich gegeben ist.

Ausgeglichen werden können:
1. die Note »ungenügend« durch die Note »sehr gut« in einem anderen maßgebenden Fach oder Fächerverbund oder durch die Note »gut« in zwei anderen maßgebenden Fächern oder Fächerverbünden,
2. die Note »mangelhaft« durch mindestens die Note »gut« in einem anderen maßgebenden Fach oder Fächerverbund.

(3) Ausnahmsweise kann die Klassenkonferenz einen Schüler, der nach Absatz 2 nicht zu versetzen wäre, mit Zweidrittelmehrheit versetzen, wenn sie zu der Auffassung gelangt, dass seine Leistungen nur vorübergehend nicht für die Versetzung ausreichen, und dass er nach einer Übergangszeit den Anforderungen der nächsthöheren Klasse voraussichtlich gewachsen sein wird. Diese Bestimmung darf nicht zwei Schuljahre hintereinander angewendet werden. Dies gilt auch für Schüler der Klasse 8 zur Aufnahme in eine Kooperationsklasse, wenn insbesondere aufgrund einer Zielvereinbarung erwartet werden kann, dass sie den Hauptschulabschluss in diesem Bildungsgang erreichen.

(4) Bei der Entscheidung über die Versetzung eines Schülers bleiben die Leistungen im Fach Englisch dann unberücksichtigt, wenn sie zu seiner Nichtversetzung führen würden.

(5) Die Versetzung oder Nichtversetzung eines Schülers ist im Zeugnis mit »versetzt« oder »nicht versetzt« zu vermerken. Bei einer Versetzung nach Absatz 3 ist folgender Vermerk anzubringen: »Versetzt nach § 4 Abs. 3 WRSVO«. Bei einer Versetzung nach Absatz 4 ist folgender Vermerk anzubringen: »Versetzt ohne Berücksichtigung der Leistungen im Fach Englisch«.

(6) Die Klassenkonferenz kann im Einvernehmen mit dem Schulleiter nicht versetzten Schülern für einen Zeitraum von etwa vier Wochen die Aufnahme auf Probe in die nächsthöhere Klasse gestatten, wenn sie zu der Auffassung gelangt, dass die Schüler die Mängel in den geringer als mit der Note »ausreichend« bewerteten Fächern oder Fächerverbünden in absehbarer Zeit beheben werden. Die Aufnahme setzt eine Zielvereinbarung voraus. Zum Ende der Probezeit werden die Schüler in den für die Versetzung maßgebenden Fächern oder Fächerverbünden, in denen die Leistungen im vorausgegangenen Schuljahr geringer als mit der Note »ausreichend« bewertet worden sind, jeweils von einem vom Schulleiter beauftragten Lehrer schriftlich und mündlich geprüft. Die Prüfung erstreckt sich auf Unterrichtsinhalte der Probezeit und des vorangegangenen Schuljahres. Das Ergebnis ersetzt in dem entsprechenden Fach die Note des vorangegangenen Jahreszeugnisses. Wenn dieses Zeugnis unter Berücksichtigung der neuen Noten den Anforderungen nach Absatz 2 entspricht, ist der Schüler versetzt und die am Ende des vorangegangenen Schuljahres ausgesprochene Nichtversetzung gilt rückwirkend als nicht getroffen.

§ 5
Aussetzung der Versetzungsentscheidung

In den Klassen 5 bis 8 kann die Klassenkonferenz die Versetzung längstens bis zum Ende des nächsten Schulhalbjahres aussetzen und von der Erteilung eines Zeugnisses absehen, wenn hinreichende Entscheidungsgrundlagen fehlen, weil die Leistungen des Schülers dadurch abgesunken sind, dass er im zweiten Schulhalbjahr
1. aus von ihm nicht zu vertretenden Umständen die Schule wechseln musste oder
2. wegen Krankheit länger als acht Wochen den Unterricht nicht besuchen konnte oder
3. durch sonstige besonders schwerwiegende, von ihm nicht zu vertretende Gründe in seinem Leistungsvermögen erheblich beeinträchtigt war.

Auf dem Zeugnisformular ist anstelle der Noten der Vermerk anzubringen: »Versetzung ausgesetzt nach § 5 WRSVO«. Bis zur endgültigen Entscheidung über die Versetzung nimmt der Schüler am Unterricht der nächsthöheren Klasse teil.

§ 6
Versetzungsentscheidung bei Schulwechsel

Verlässt ein Schüler innerhalb von acht Wochen vor Beginn der Sommerferien die Schule und geht er auf eine andere Werkrealschule oder Hauptschule über, sind der Versetzungsentscheidung die in der früher besuchten Schule erzielten Noten zugrunde zu legen.

§ 7
Überspringen einer Klasse

In Ausnahmefällen kann ein Schüler der Klassen 6 oder 7, dessen Gesamtleistungen so überdurchschnittlich sind, dass sein Verbleiben in der bisherigen Klasse pädagogisch nicht sinnvoll erscheint, auf Beschluss der Klassenkonferenz und mit Einverständnis der Erziehungsberechtigten zum Ende des ersten Schulhalbjahres in die nächsthöhere Klasse überwechseln oder zum Schuljahresende eine Klasse überspringen. An der Klassenkonferenz nehmen die Lehrer der Klasse, in die der Schüler übertreten soll, mit beratender Stimme teil.

§ 8
Freiwillige Wiederholung einer Klasse

(1) Ein Schüler kann während des Besuchs der Klassen 5 bis 8 insgesamt einmal eine Klasse freiwillig wiederholen.

(2) Die freiwillige Wiederholung einer Klasse ist grundsätzlich nur zu Beginn eines Schulhalbjahres möglich; über Ausnahmen entscheidet der Schulleiter. Die freiwillige Wiederholung gilt als Wiederholung wegen Nichtversetzung der Klasse, die bereits zuvor erfolgreich besucht worden war,

mit der Folge, dass die am Ende dieser Klasse ausgesprochene Versetzung rückwirkend als nicht getroffen gilt. Sie ist im Zeugnis mit »wiederholt freiwillig« zu vermerken.

Dritter Abschnitt
Unterricht, Versetzung und Erziehungs- und Ordnungsmaßnahmen in Klasse 10

§ 9
Versetzungsanforderungen

(1) In Klasse 10 werden nur Schüler versetzt, die am Ende der Klasse 9 erwarten lassen, dass sie den Anforderungen an die Werkrealschulabschlussprüfung gewachsen sind. Dies ist zu erwarten, wenn sie entweder eine Bildungsempfehlung nach Absatz 2 Nr.1 erhalten und die Voraussetzungen des Absatzes 2 Nr. 2 erfüllen oder nach Absolvieren der Hauptschulabschlussprüfung die in Absatz 4 geforderten Bedingungen erbringen. § 3 Abs. 2 Satz 1 gilt entsprechend.

(2) Die Voraussetzungen nach Absatz 1 Satz 1 liegen vor
1. wenn die Klassenkonferenz mit dem Halbjahreszeugnis der Klasse 9 eine Bildungsempfehlung zum Besuch der Klasse 10 ausspricht. Voraussetzung für eine Bildungsempfehlung ist, dass im Halbjahreszeugnis der Klasse 9 ein Durchschnitt von mindestens 3,0 aus den Noten der Fächer Deutsch, Mathematik, Englisch und dem in Klasse 9 besuchten Wahlpflichtfach sowie in diesen mindestens die Note »ausreichend« erreicht wird. Eine Bildungsempfehlung kann auch dann ausgesprochen werden, wenn die Notenvoraussetzungen nach Satz 2 nicht erreicht werden, die Klassenkonferenz jedoch nach einer pädagogischen Gesamtwürdigung mehrheitlich entscheidet, dass das Lern- und Arbeitsverhalten des Schülers sowie die Art und Ausprägung seiner Leistungen in den übrigen Fächern und Fächerverbünden erwarten lässt, dass er den Anforderungen der Klasse 10 entsprechen wird;
2. wenn des Weiteren im Jahreszeugnis der Klasse 9 die Leistungen den in § 4 Abs. 2 genannten Bedingungen entsprechen.

(3) Schüler, die eine Bildungsempfehlung nach Absatz 2 Nr.1 erhalten haben, nehmen nach Maßgabe von § 27 Abs. 2 bis 4 an den dort genannten Prüfungen teil.

(4) Wer die Voraussetzungen nach Absatz 2 Nr.1 nicht erfüllt, wird nach Bestehen der Hauptschulabschlussprüfung in Klasse 10 versetzt, wenn im Abschlusszeugnis die Notenvoraussetzungen nach Absatz 2 Nr.1 Satz 2 erreicht werden.

(5) Die Regelungen der Konferenzordnung gelten für die Klasse 10 mit der Maßgabe, dass die Halbjahres- und Zeugniskonferenzen an der Werkrealschule stattfinden, wobei die von der beruflichen Schule übermittelten Noten einbezogen werden. Die Lehrkräfte der beruflichen Schule können mit Stimmrecht an der Konferenz teilnehmen, soweit sie den jeweiligen Schüler unterrichten. Für die Beschlussfähigkeit der Konferenz gilt § 13 Abs. 2 Satz 2 der Konferenzordnung ... mit der Maßgabe, dass sich die erforderliche Anzahl der mindestens anwesenden Stimmberechtigten nach der Anzahl der in der Konferenz insgesamt stimmberechtigten Lehrkräfte der Werkrealschule bemisst.

→ Konferenzordnung § 13 Abs. 2 Satz 2

§ 10
Unterricht

(1) In Klasse 10 kooperieren die Werkrealschule und die berufliche Schule dergestalt, dass der Unterricht an drei Wochentagen an der Werkrealschule und an zwei Wochentagen an der beruflichen Schule stattfindet, wobei diese Wochentage landesweit grundsätzlich einheitlich liegen sollen. § 3 Abs. 4 gilt entsprechend.

Hinweis der Redaktion: Die Schüler der zehnten Klassenstufe besuchen landesweit montags, dienstags und freitags die Werkrealschule und werden mittwochs und donnerstags an der zweijährigen Berufsfachschule (2BFS) unterrichtet.

(2) In der Klasse 10 sind die in der Anlage zu dieser Verordnung im Pflichtbereich und im Wahlpflichtbereich ausgewiesenen Fächer und Fächerverbünde maßgebende Fächer. Von den im Fächerverbund Musik - Sport - Gestalten zusammengefassten Fächern Sport, Musik und Bildende Kunst ist das vom Schüler zu Beginn des Schuljahrs unter Berücksichtigung des schulischen Angebots gewählte und besuchte Schwerpunktfach maßgebendes Fach. Die Note im Fächerverbund Musik - Sport - Gestalten wird im Zeugnis ausgewiesen, ohne für das Bestehen der Abschlussprüfung maßgebend zu sein. Werden an der beruflichen Schule mehrere Fächer des Wahlpflichtbereichs besucht, die als maßgebende Fächer in Betracht kommen, gilt von diesen das mit der besten Jahresnote abgeschlossene Fach als maßgebendes Fach.

→ Werkrealschule (Stundentafel)

(3) An der beruflichen Schule findet der Unterricht im Rahmen des schulischen Angebots nach Wahl des Schülers im gewerblich technischen Bereich, im kaufmännischen Bereich oder im Bereich Ernährung und Gesundheit statt. Der Unterricht umfasst in allen Bereichen die Fächer Berufsfachliche Kompetenz, Berufspraktische Kompetenz, Naturwissenschaften sowie im Rahmen des Wahlpflichtangebots der jeweiligen Schule, außer im gewerblichen Bereich, weitere Naturwissenschaften und das berufliche Vertiefungsfach.

§ 11
Erziehungs- und Ordnungsmaßnahmen

Über verhängte Maßnahmen nach § 90 Abs. 3 Nr. 2 Buchst. a bis d SchG wird die kooperierende Schule informiert. Bei der Beratung über eine Erziehungs- und Ordnungsmaßnahme nach § 90 Abs. 3 Nr. 2 Buchst. e bis g SchG nimmt der Schulleiter der kooperierenden Schule oder eine von ihm beauftragte Lehrkraft mit Stimmrecht an der Klassenkonferenz der befassten Schule teil.

→ Schulgesetz § 90

ZWEITER TEIL – Schulische Prüfungen
Erster Abschnitt
Werkrealschulabschlussprüfung

§ 12 Zweck der Prüfung

In der Abschlussprüfung soll nachgewiesen werden, dass das Ziel der Klasse 10 der Werkrealschule (Mittlere Reife) erreicht ist.

§ 13
Teile der Prüfung

Die Abschlussprüfung besteht aus der schriftlichen Prüfung, der Sprachprüfung, der mündlich-praktischen Prüfung und gegebenenfalls der mündlichen Prüfung.

§ 14
Ort und Zeit der Prüfung

(1) Die Abschlussprüfung wird an den öffentlichen und an den staatlich anerkannten privaten Werkrealschulen sowie an öffentlichen und staatlich anerkannten privaten Sonderschulen mit Bildungsgang Werkrealschule abgehalten; hinsichtlich der an der beruflichen Schule unterrichteten Fächer wird die Abschlussprüfung an der beruflichen Schule abgehalten.

(2) Die Abschlussprüfung findet einmal jährlich statt.

(3) Die Termine der schriftlichen Prüfung und der Zeitraum der mündlichen Prüfung werden vom Kultusministerium, der Termin der Sprachprüfung wird von der Werkrealschule festgesetzt.

(4) Die mündliche Prüfung findet nach der schriftlichen Prüfung statt; die oberste Schulaufsichtsbehörde legt für die mündliche Prüfung einen Zeitraum fest.

§ 15
Teilnahme an der Prüfung

(1) An der Abschlussprüfung nehmen alle Schüler der Klasse 10 teil.

(2) Die Noten für die Jahresleistungen in den Fächern der schriftlichen Prüfung sind dem Schüler etwa eine Woche vor Beginn der mündlichen Prüfung mitzuteilen.

§ 16
Prüfungsausschuss, Fachausschüsse

(1) Für die Durchführung der Prüfung wird ein Prüfungsausschuss gebildet, der für die ordnungsgemäße Durchführung der Prüfung verantwortlich ist. Diesem gehören an:

1. als Vorsitzender der Schulleiter der Werkrealschule,
2. als stellvertretender Vorsitzender eine von den Leitern der beruflichen Schule zu bestimmende Lehrkraft,
3. die in den Prüfungsklassen unterrichtenden Lehrkräfte der Werkrealschule,
4. die in den Prüfungsklassen unterrichtenden Lehrkräfte der beruflichen Schule,
5. weitere vom Vorsitzenden des Prüfungsausschusses bestellte Lehrkräfte.

(2) Für die Sprachprüfung wird vom Schulleiter der Werkrealschule ein Fachausschuss gebildet, dem neben der Fachlehrkraft der Klasse eine weitere Lehrkraft der Werkrealschule angehört, die zugleich Protokollführer ist.

(3) Für die mündlichen Prüfungen in den einzelnen Fächern und die mündlich-praktische Prüfung bildet der Vorsitzende aus den Mitgliedern des Prüfungsausschusses Fachausschüsse. Jedem Fachausschuss gehören an:

1. der Vorsitzende oder ein von ihm bestelltes Mitglied des Prüfungsausschusses als Leiter; bei der mündlichen Prüfung in berufsfachlicher Kompetenz und bei der mündlich-praktischen Prüfung leitet eine vom Leiter der beruflichen Schule zu bestimmende Lehrkraft als Vorsitzender den Fachausschuss,
2. die Fachlehrkraft der Klasse als Prüfer,
3. ein weiteres Mitglied des Prüfungsausschusses zugleich als Protokollführer.

(4) Über die jeweilige Prüfung wird eine Niederschrift gefertigt, die von den Mitgliedern des Fachausschusses unterschrieben wird.

(5) Im Anschluss an die Prüfung setzt der Fachausschuss die Note fest und teilt sie dem Schüler auf Wunsch mit. Kann sich der Fachausschuss auf keine Note einigen, so wird die Note aus dem auf die erste Dezimale errechneten Durchschnitt der Bewertungen der Mitglieder gebildet.

(6) Die Absätze 1 bis 5 gelten entsprechend für Sonderschulen mit Bildungsgang Werkrealschule.

§ 17
Schriftliche Prüfung

(1) Die Leitung der schriftlichen Prüfung obliegt dem Schulleiter der Schule, an der die schriftliche Prüfung stattfindet.

(2) Die schriftliche Prüfung erstreckt sich auf die Fächer Deutsch, Mathematik, Englisch und Berufsfachliche Kompetenz.

(3) Die Prüfungsaufgaben werden hinsichtlich der an der Werkrealschule oder gegebenenfalls Sonderschule mit entsprechendem Bildungsgang geprüften Fächer überwiegend dem Stoffgebiet der Klasse 10 der Werkrealschule und hinsichtlich der an der beruflichen Schule geprüften Fächer dem Stoffgebiet des ersten Jahres der beruflichen Schule entnommen. Sie werden vom Kultusministerium landeseinheitlich gestellt.

(4) Als Prüfungsaufgaben sind eine oder mehrere Aufgaben aus verschiedenen Stoffgebieten zu fertigen. Die Bearbeitungszeit beträgt in Deutsch und Mathematik 240 Minuten und in Englisch und Berufsfachlicher Kompetenz 120 Minuten.

(5) Jede Prüfungsarbeit wird von der Fachlehrkraft der Klasse und einer vom Vorsitzenden des Prüfungsausschusses bestellten Fachlehrkraft beurteilt und bewertet. Weichen die Bewertungen bis zu zwei Noten voneinander ab, gilt der Durchschnitt. Weichen die Bewertungen um mehr als zwei Noten voneinander ab und können sich die Prüfer nicht einigen, wird die Note vom Prüfungsvorsit-

zenden im Rahmen der Bewertungen festgelegt.

(6) Über den Verlauf der schriftlichen Prüfung ist von der Aufsichtführenden Lehrkraft eine Niederschrift zu fertigen.

(7) Die Noten der schriftlichen Prüfung in den einzelnen Fächern werden den Schülern etwa eine Woche vor der mündlichen Prüfung bekanntgegeben. → Korrekturtag

§ 18
Sprachprüfung

Der Prüfungsteil »Hör-, Hör-/Sehverstehen, Sprechen und Sprachmittlung« im Fach Englisch findet vor der schriftlichen Prüfung an der Werkrealschule oder gegebenenfalls der Sonderschule mit entsprechendem Bildungsgang statt. Er besteht aus verschiedenen Aufgabenteilen, für die das Kultusministerium zentrale Prüfungsmaßstäbe vorgibt. § 16 Abs. 4 und 5 gilt entsprechend.

§ 19
Mündliche Prüfung, mündlich-praktische Prüfung

(1) Im Fach Berufspraktische Kompetenz findet eine mündlich-praktische Prüfung statt. Auf Antrag des Schülers findet in den Fächern der schriftlichen Prüfung eine mündliche Prüfung statt. Die Fächer der schriftlichen Prüfung, in denen der Schüler mündlich geprüft werden möchte, sind spätestens am zweiten Unterrichtstag nach der Bekanntgabe der Noten der schriftlichen Prüfung gegenüber dem Schulleiter zu benennen. Ob sich die Prüfung auf weitere Fächer erstreckt, die Gegenstand der schriftlichen Prüfung waren, entscheidet der Vorsitzende des Prüfungsausschusses im Benehmen mit seinem Stellvertreter. Diese Prüfungsfächer werden dem Schüler etwa eine Woche vor der mündlichen Prüfung bekanntgegeben.

(2) Die Aufgaben der mündlichen und der mündlich-praktischen Prüfung werden überwiegend dem Stoffgebiet der Klasse 10 der Werkrealschule und des ersten Jahres der beruflichen Schule entnommen. Sie werden von der Fachlehrkraft gestellt. Der Leiter des Fachausschusses kann die Aufgaben erweitern oder einschränken. Er bestimmt den Gang der Prüfung und kann selbst prüfen.

(3) Die mündliche Prüfung und die mündlich-praktische Prüfung werden in der Regel als Einzelprüfung durchgeführt. Wenn es aus organisatorischen oder thematischen Gründen der Durchführung der Prüfung förderlich ist, kann für die mündliche Prüfung der Vorsitzende des Prüfungsausschusses, für die mündlich-praktische Prüfung der stellvertretende Vorsitzende des Prüfungsausschusses, die Durchführung einer Gruppenprüfung zulassen. Bei Gruppenprüfungen können bis zu drei Schüler zusammen geprüft werden. Dem Schüler ist vor Beginn der Prüfung die Möglichkeit zu geben, ein Schwerpunktthema zu benennen, das in die mündliche Prüfung des jeweiligen Faches einbezogen wird. Jeder Schüler wird je Fach etwa zehn Minuten, im Fach Berufspraktische Kompetenz etwa 20 Minuten geprüft. § 16 Abs. 4 und 5 gilt entsprechend.

§ 20
Ermittlung des Prüfungsergebnisses, Zeugnis

(1) Bei der Bewertung der Jahresleistungen in den Prüfungsfächern Deutsch, Mathematik und Englisch, bei der Bewertung von schriftlichen und mündlichen Prüfungsleistungen in diesen Fächern sowie bei der Sprachprüfung werden Zehntelnoten, im Übrigen nur ganze Noten erteilt.

(2) Die Gesamtleistungen in den einzelnen Prüfungsfächern ermittelt der Vorsitzende des Prüfungsausschusses unter Einbeziehung der an der beruflichen Schule erbrachten Prüfungsergebnisse. Die Gesamtleistung errechnet sich jeweils aus dem Durchschnitt der Jahres- und der Prüfungsleistung, wobei die Leistungen der schriftlichen und der mündlichen Prüfung gleich zählen. Bei der Berechnung der Prüfungsleistung im Fach Englisch zählen die Noten des dezentralen Prüfungsteils »Hör-, Hör-/Sehverstehen, Sprechen und Sprachmittlung« und der schriftlichen Prüfung je zur Hälfte; wird zusätzlich eine mündliche Prüfung im Fach Englisch abgelegt, zählen bei der Berechnung der Prüfungsleistung schriftliche und mündliche Prüfung je ein Viertel, die Sprachprüfung zur Hälfte. Der Durchschnitt wird bis zu einem Zehntel berechnet, wobei in der üblichen Weise zu runden ist (Beispiel: 2,5 bis 3,4 ergibt die Note »befriedigend«). In den Fächern, in denen nicht geprüft wurde, gelten die Jahresleistungen als Gesamtleistungen.

(3) Der Vorsitzende des Prüfungsausschusses stellt fest, wer die Prüfung bestanden hat. Die Prüfung ist bestanden, wenn

1. der Durchschnitt aus den Noten der maßgebenden Fächer und Fächerverbünde 4,0 oder besser ist,
2. der Durchschnitt aus den Noten in den Fächern der schriftlichen Prüfung 4,0 oder besser ist,
3. die Gesamtleistungen in keinem der Fächer der schriftlichen Prüfung mit der Note »ungenügend« bewertet sind und
4. die Gesamtleistungen in nicht mehr als einem der maßgebenden Fächer und Fächerverbünde geringer als mit der Note »ausreichend« bewertet sind. Trifft dies in höchstens drei Fächern oder Fächerverbünden zu, so ist die Prüfung bestanden, wenn für jedes dieser drei mit schlechter als »ausreichend« bewerteten Fächer oder Fächerverbünde ein sinnvoller Ausgleich gegeben ist.

Ausgeglichen werden können:

a) die Note »ungenügend« in einem Fach oder Fächerverbund durch die Note »sehr gut« in einem anderen maßgebenden Fach oder Fächerverbund oder die Note »gut« in zwei anderen maßgebenden Fächern oder Fächerverbünden,
b) die Note »mangelhaft« in einem Fach der schriftlichen Prüfung durch mindestens die Note »gut« in einem anderen Fach der schriftlichen Prüfung,

c) die Note »mangelhaft« in einem anderen Fach oder Fächerverbund durch mindestens die Note »gut« in einem anderen maßgebenden Fach oder Fächerverbund oder die Note »befriedigend« in zwei anderen maßgebenden Fächern oder Fächerverbünden.

(4) Über die Feststellung der Ergebnisse der Prüfung ist vom Vorsitzenden des Prüfungsausschusses eine Niederschrift zu fertigen.

(5) Wer die Abschlussprüfung nach Klasse 10 bestanden hat, erhält ein Abschlusszeugnis mit den nach Absatz 1 und 2 ermittelten Endnoten. In Klasse 10 aufgenommene Schüler, die an der Abschlussprüfung nach Klasse 10 nicht oder nur teilweise teilgenommen oder diese nicht bestanden haben, erhalten ein Abschlusszeugnis mit den in Klasse 9 erzielten Jahresleistungen, mit dem bescheinigt wird, dass die Hauptschule nach Klasse 9 erfolgreich abgeschlossen und damit ein dem Hauptschulabschluss gleichwertiger Bildungsabschluss erreicht wurde. Auf Antrag stellt die Schule ein Abgangszeugnis aus Klasse 10 aus.

→ Zeugnisse (Allgemeinbildende Schulen)

§ 21
Wiederholung der Prüfung

Wird die Prüfung nicht bestanden, kann sie nach erneutem Besuch der Klasse 10 oder gegebenenfalls Abschlussklasse der öffentlichen und staatlich anerkannten privaten Sonderschulen mit Bildungsgang Werkrealschule einmal wiederholt werden.

§ 22
Nichtteilnahme, Rücktritt

Hinweis der Redaktion: Für die Hauptschulabschlussprüfung 2011 ist letztmalig die Hauptschul-Prüfungsverordnung maßgebend (im Jahrbuch 2010, S. 373 ff. abgedruckt). Dort heißt es in § 10 Abs. 1: „Wer ohne wichtigen Grund an der Prüfung nicht oder nur teilweise teilnimmt, hat die Abschlussprüfung nicht bestanden". Gem. § 10 Abs. 4 ist vor Beginn der Abschlussprüfung auf diese Bestimmung hinzuweisen.

(1) Die Teile der Prüfung, an denen der Schüler ohne wichtigen Grund nicht teilnimmt, werden jeweils mit »ungenügend« bewertet. Der wichtige Grund ist der Schule unverzüglich mitzuteilen. Über das Vorliegen eines wichtigen Grundes entscheidet der Prüfungsvorsitzende im Benehmen mit seinem Stellvertreter.

(2) Als wichtiger Grund gilt insbesondere Krankheit. Ist eine prüfungsrelevante gesundheitliche Beeinträchtigung nicht offenkundig, kann der Vorsitzende des Prüfungsausschusses die Vorlage eines ärztlichen Attestes verlangen, das eine konkrete Beschreibung dieser gesundheitlichen Beeinträchtigung beinhaltet. In besonders begründeten Ausnahmefällen kann auch die Vorlage eines entsprechenden amtsärztlichen Zeugnisses verlangt werden.

(3) Wer sich in Kenntnis einer gesundheitlichen Beeinträchtigung oder eines anderen wichtigen Grundes der Prüfung unterzogen hat, kann diese Gründe nachträglich nicht mehr geltend machen. Der Kenntnis steht die fahrlässige Unkenntnis gleich; fahrlässige Unkenntnis liegt insbesondere dann vor, wenn bei Vorliegen einer gesundheitlichen Beeinträchtigung nicht unverzüglich eine Klärung herbeigeführt wurde.

(4) Soweit ein wichtiger Grund vorliegt, gilt die Prüfung als nicht unternommen. Die nicht abgelegten Prüfungsteile können in einem Nachtermin nachgeholt werden. Kann an der Nachprüfung aus wichtigem Grund ganz oder teilweise nicht teilgenommen werden, gilt die Prüfung als nicht unternommen; Absatz 1 Satz 2 und 3 sowie Absatz 2 gelten entsprechend.

(5) Vor Beginn der Abschlussprüfung ist auf diese Bestimmungen hinzuweisen.

§ 23
Täuschungshandlungen, Ordnungsverstöße

(1) Wer es unternimmt, das Prüfungsergebnis durch Täuschung oder Benutzung nicht zugelassener Hilfsmittel zu beeinflussen, oder wer nicht zugelassene Hilfsmittel nach Bekanntgabe der Prüfungsaufgaben mit sich führt oder Beihilfe zu einer Täuschung oder einem Täuschungsversuch leistet, begeht eine Täuschungshandlung.

(2) Wird während der Prüfung festgestellt, dass eine Täuschungshandlung vorliegt, oder entsteht ein entsprechender Verdacht, ist der Sachverhalt von einer aufsichtführenden Lehrkraft festzustellen und zu protokollieren. Die Prüfung wird bis zur Entscheidung über die Täuschungshandlung vorläufig fortgesetzt.

(3) Wer eine Täuschungshandlung begeht, wird von der weiteren Teilnahme an der Prüfung ausgeschlossen; dies gilt als Nichtbestehen der Abschlussprüfung. In leichten Fällen kann stattdessen die Prüfungsleistung mit der Note »ungenügend« bewertet werden. Die Entscheidung trifft der Prüfungsvorsitzende im Benehmen mit seinem Stellvertreter.

(4) Stellt sich eine Täuschungshandlung erst nach Aushändigung des Zeugnisses heraus, kann die untere Schulaufsichtsbehörde das Zeugnis einziehen und entweder ein anderes Zeugnis erteilen oder die Prüfung für nicht bestanden erklären, sofern seit der Ausstellung des Zeugnisses nicht mehr als zwei Jahre vergangen sind.

(5) Wer durch sein Verhalten die Prüfung so schwer stört, dass es nicht möglich ist, die Prüfung ordnungsgemäß durchzuführen, wird von der Prüfung ausgeschlossen; dies gilt als Nichtbestehen der Abschlussprüfung. Absatz 3 Satz 3 gilt entsprechend.

(6) Vor Beginn der Abschlussprüfung ist auf diese Bestimmungen hinzuweisen.

→ Handy-Nutzung

Zweiter Abschnitt
Hauptschulabschlussprüfung

§ 24
Zweck der Prüfung

In der Abschlussprüfung soll nachgewiesen werden, dass das Ziel der Klasse 9 der Werkrealschule erreicht ist.

§ 25
Teile der Prüfung

Die Abschlussprüfung besteht aus der schriftlichen Prüfung, der Sprachprüfung, der themenorientierten Projektprüfung und der mündlichen Prüfung.

§ 26
Ort und Zeit der Prüfung

(1) Die Abschlussprüfung wird an den öffentlichen und an den staatlich anerkannten privaten Werkrealschulen und Hauptschulen sowie an öffentlichen und staatlich anerkannten privaten Sonderschulen mit entsprechendem Bildungsgang abgehalten.

(2) Die Abschlussprüfung findet einmal jährlich statt.

(3) Die Termine der schriftlichen Prüfung und der Zeitraum für die mündliche Prüfung werden vom Kultusministerium festgesetzt. Die Termine der Sprachprüfung und der themenorientierten Projektprüfung werden von der Schule festgesetzt.

§ 27
Teilnahme an der Prüfung, Hauptschulabschluss

(1) In Klasse 9 nehmen an der Hauptschulabschlussprüfung alle Schüler verpflichtend teil, die keine Bildungsempfehlung nach § 9 Abs. 2 Nr.1 erhalten haben.

(2) Die Sprachprüfung legen alle Schüler der Klasse 9 ab. Findet die Prüfung im zweiten Halbjahr der Klasse 9 statt, gilt dies nur für diejenigen Schüler, die nicht nach § 3 Abs. 2 Satz 2 im zweiten Halbjahr der Klasse 9 von der Teilnahme am Englischunterricht abgemeldet wurden. Die Teilnahme an der themenorientierten Projektprüfung ist für alle Schüler der Klasse 9 verbindlich.

(3) Bei denjenigen Schülern, die eine Bildungsempfehlung nach § 9 Abs. 2 Nr.1 erhalten haben, geht die nach § 30 durchgeführte Sprachprüfung mit der Wertigkeit von einem Viertel in die Zeugnisnote ein; die themenorientierte Projektprüfung wird nach § 31 durchgeführt und mit einer individuellen Note bewertet, die im Zeugnis ausgewiesen wird. Die Gesamtleistung für die themenorientierte Projektprüfung wird vom Fachausschuss ergänzend verbal beschrieben.

(4) An den schriftlichen Prüfungen in Deutsch und Mathematik nehmen Schüler, die eine Bildungsempfehlung nach § 9 Abs. 2 Nr.1 erhalten haben und die nicht freiwillig an der Hauptschulabschlussprüfung teilnehmen, mit der Maßgabe teil, dass die schriftlichen Arbeiten nur von der Fachlehrkraft oder einer vom Schulleiter beauftragten Lehrkraft beurteilt und bewertet werden und wie eine Klassenarbeit in die Jahresnote in Deutsch und Mathematik eingehen. Die hierfür erteilten Noten werden zum gleichen Zeitpunkt wie die Noten der schriftlichen Prüfung in den einzelnen Fächern nach § 29 Abs. 6 bekanntgegeben.

(5) Für ausländische und ausgesiedelte Schüler gelten die Sonderregelungen der Verwaltungsvorschrift ➔ Sprachförderung (Integration) ... .

§ 28
Prüfungsausschuss, Fachausschüsse

(1) Für die Durchführung der Sprachprüfung, der themenorientierten Projektprüfung und der mündlichen Prüfung wird ein Prüfungsausschuss gebildet, dem angehören:
1. als Vorsitzender der Leiter der Schule,
2. die Fachlehrkräfte der Prüfungsklassen,
3. weitere vom Vorsitzenden des Prüfungsausschusses bestellte Prüfer.

(2) Für die Sprachprüfung wird ein Fachausschuss gebildet, dem neben der Fachlehrkraft der Klasse eine weitere vom Vorsitzenden bestimmte Lehrkraft angehört.

(3) Für die mündlichen Prüfungen in den einzelnen Fächern bildet der Vorsitzende aus den Mitgliedern des Prüfungsausschusses Fachausschüsse. Jedem Fachausschuss gehören an
1. der Vorsitzende oder ein von ihm bestelltes Mitglied des Prüfungsausschusses, zugleich mit der Aufgabe, die Prüfung zu leiten und zu protokollieren,
2. die Fachlehrkraft der Klasse als Prüfer.

(4) Für die themenorientierte Projektprüfung wird ein Fachausschuss gebildet, dem die Lehrkraft, die das Projekt betreut, als Leiter und mindestens eine weitere vom Vorsitzenden bestimmte Lehrkraft, die den Prüfungsteil Präsentation nach § 31 Abs. 1 Satz 2 Nr. 3 protokolliert, angehören.

(5) Über die jeweilige Prüfung wird eine Niederschrift gefertigt, die von den Mitgliedern des Fachausschusses unterschrieben wird.

(6) Im Anschluss an die Prüfung setzt der Fachausschuss die Note fest und teilt sie dem Schüler auf Wunsch mit. Kann sich der Fachausschuss auf keine Note einigen, so wird die Note aus dem auf die erste Dezimale errechneten Durchschnitt der Bewertungen beider Mitglieder gebildet.

(7) Die §§ 22 und 23 gelten entsprechend mit der Maßgabe, dass in den Fällen von § 22 Abs. 1 Satz 3 und § 23 Abs. 3 Satz 3 der Prüfungsvorsitzende entscheidet.

§ 29
Schriftliche Prüfung

(1) Die Leitung der schriftlichen Prüfung obliegt dem Schulleiter.

(2) Die schriftliche Prüfung erstreckt sich auf die Fächer Deutsch, Mathematik und Englisch. Im Fach Englisch werden die Schüler geprüft, die im zweiten Schulhalbjahr der Klasse 9 der Werkrealschule, Hauptschule oder der Abschlussklasse der Sonderschule mit entsprechendem Bildungsgang am Unterricht teilnehmen.

(3) Die Prüfungsaufgaben in den Fächern Deutsch, Mathematik und Englisch werden überwiegend aus dem Stoffgebiet der Klassen 7 bis 9 der Werkrealschule entnommen und vom Kultusministerium landeseinheitlich gestellt. Als Prüfungsaufgaben sind eine oder mehrere Aufgaben aus verschiedenen Stoffgebieten zu fertigen. Die Bearbeitungs-

zeit beträgt in Deutsch und Mathematik jeweils 135 Minuten, im Fach Englisch 90 Minuten.

(4) Jede Prüfungsarbeit wird von der Fachlehrkraft der Klasse und einer vom Schulleiter bestellten Lehrkraft beurteilt und bewertet. Weichen die Bewertungen um bis zu zwei Noten voneinander ab, gilt der Durchschnitt. Weichen die Bewertungen um mehr als zwei Noten voneinander ab und können sich die Prüfer nicht einigen, wird die Note vom Vorsitzenden des Prüfungsausschusses im Rahmen der Bewertungen festgelegt.

(5) Über den Verlauf der schriftlichen Prüfung ist von der aufsichtführenden Lehrkraft eine Niederschrift zu fertigen.

(6) Die Noten der schriftlichen Prüfung in den einzelnen Fächern werden den Schülern etwa eine Woche vor der mündlichen Prüfung in diesem Fach bekanntgegeben.

§ 30
Sprachprüfung

Der Prüfungsteil »Sprechen und Sprachmittlung« im Fach Englisch findet vor der schriftlichen Prüfung statt. Er besteht aus verschiedenen Aufgabenteilen, für die das Kultusministerium zentrale Prüfungsmaßstäbe vorgibt. § 28 Abs. 5 und 6 gilt entsprechend.

§ 31
Themenorientierte Projektprüfung

(1) Die themenorientierte Projektprüfung besteht aus einem Projekt. Dieses umfasst

1. die Vorbereitung mit der Themenfindung, Gruppenbildung und Projektbeschreibung,
2. die Durchführung im Umfang von mindestens 16 Unterrichtsstunden,
3. die Präsentation; diese beinhaltet die Vorstellung des Projektergebnisses durch die Gruppe sowie ein daran anschließendes Prüfungsgespräch. Sie dauert etwa 30 bis 60 Minuten.

Die themenorientierte Projektprüfung kann schriftliche, mündliche und praktische Leistungen enthalten.

(2) Die Schüler schlagen das Thema der themenorientierten Projektprüfung vor, das der Schulleiter nach Vorlage der Projektbeschreibung im Benehmen mit den beteiligten Lehrkräften festlegt.

(3) Die themenorientierte Projektprüfung ist als Gruppenprüfung durchzuführen, wobei jeder Schüler eine individuelle Note erhält. § 28 Abs. 5 und 6 gilt entsprechend. Die Gesamtleistung für die themenorientierte Projektprüfung wird vom Fachausschuss ergänzend verbal beschrieben.

(4) In begründeten Ausnahmefällen kann mit Genehmigung des Schulleiters die themenorientierte Projektprüfung auch als Einzelprüfung abgenommen werden.

§ 32
Mündliche Prüfung

(1) Die mündliche Prüfung erstreckt sich auf Antrag des Schülers auf die Fächer der schriftlichen Prüfung. Die Fächer sind spätestens am zweiten Unterrichtstag nach der Bekanntgabe der Noten der schriftlichen Prüfung gegenüber dem Schulleiter zu benennen.

(2) Die Aufgaben der mündlichen Prüfung werden von der Fachlehrkraft gestellt und überwiegend dem Stoffgebiet der Klassen 7 bis 9 der Werkrealschule entnommen. Der Leiter des Fachausschusses kann die Aufgaben erweitern oder einschränken. Er bestimmt den Gang der Prüfung und kann selbst prüfen.

(3) Die mündliche Prüfung wird in der Regel als Einzelprüfung durchgeführt. Der Vorsitzende des Prüfungsausschusses kann hiervon abweichend die Durchführung einer Gruppenprüfung zulassen, wenn dies aus organisatorischen oder thematischen Gründen der Durchführung der mündlichen Prüfung förderlich ist. Bei Gruppenprüfungen können bis zu drei Schüler zusammen geprüft werden.

(4) Die Prüfung dauert je Schüler und Fach etwa 15 Minuten. § 28 Abs. 5 und 6 gilt entsprechend.

§ 33
Ermittlung des Prüfungsergebnisses, Zeugnis

(1) Bei der Bewertung der Jahresleistungen sowie der einzelnen Prüfungsleistungen und der Feststellung des Durchschnitts aus schriftlicher und mündlicher Prüfungsleistung in den Fächern Deutsch, Mathematik und Englisch werden Zehntelnoten, im Übrigen ganze Noten erteilt.

(2) Die Gesamtleistungen in den einzelnen Prüfungsfächern ermittelt der Vorsitzende des Prüfungsausschusses. Die Gesamtleistung errechnet sich jeweils aus dem Durchschnitt der Jahres- und der Prüfungsleistung, wobei die Leistungen der schriftlichen und der mündlichen Prüfung gleich zählen. Bei der Berechnung der Prüfungsleistung im Fach Englisch zählen die Noten des dezentralen Prüfungsteils »Sprechen und Sprachmittlung« und der schriftlichen Prüfung je zur Hälfte; wird zusätzlich eine mündliche Prüfung im Fach Englisch abgelegt, zählen bei der Berechnung der Prüfungsleistung schriftliche und mündliche Prüfung je ein Viertel, die Sprachprüfung zur Hälfte. Der Durchschnitt wird bis zu einem Zehntel berechnet, wobei in der üblichen Weise zu runden ist. In den Fächern und Fächerverbünden, in denen nicht geprüft wurde, gelten die Jahresleistungen als Gesamtleistungen. Die nach § 31 Abs. 3 ermittelte Note für die themenorientierte Projektprüfung geht als Prüfungsleistung in die Gesamtnote ein.

(3) Der Vorsitzende des Prüfungsausschusses stellt fest, wer die Prüfung bestanden hat. Die Prüfung ist bestanden wenn

1. der Durchschnitt der Gesamtleistungen der nach § 3 Abs. 1 maßgebenden Fächer und Fächerverbünde sowie der themenorientierten Projektprüfung besser als 4,5 ist und
2. die Gesamtleistungen in nicht mehr als einem der Prüfungsfächer und in der themenorientierten Projektprüfung geringer als mit der Note »ausreichend« bewertet sind. Sind die Gesamtleistungen in zwei Prüfungsfächern oder einem

Prüfungsfach und der themenorientierten Projektprüfung geringer als mit der Note »ausreichend« bewertet, so ist die Prüfung bestanden, wenn ein Ausgleich gegeben ist. Ausgeglichen werden können:
a) die Note »ungenügend« in einem Prüfungsfach oder der themenorientierten Projektprüfung durch die Note »sehr gut« in einem Prüfungsfach oder der themenorientierten Projektprüfung. Dies gilt auch für die Note »gut« in zwei Prüfungsfächern oder in einem Prüfungsfach und der themenorientierten Projektprüfung; und
b) die Note »mangelhaft« in einem Prüfungsfach oder der themenorientierten Projektprüfung durch die Note »gut« in einem Prüfungsfach oder der themenorientierten Projektprüfung. Dies gilt auch für die Note »befriedigend« in zwei Prüfungsfächern oder in einem Prüfungsfach und der themenorientierten Projektprüfung.

Ist das Bestehen der Prüfung aufgrund der Gesamtleistung im Fach Englisch nicht möglich, kann auf Wunsch der Hauptschulabschluss ohne Fremdsprache erteilt werden. In diesem Fall wird für das Fach Englisch im Abschlusszeugnis keine Note ausgebracht.

3. die Gesamtleistungen in
a) nicht mehr als drei der nach § 3 Abs. 1 maßgebenden Fächer und Fächerverbünde oder
b) nicht mehr als zwei der nach § 3 Abs. 1 maßgebenden Fächer und Fächerverbünde sowie der themenorientierten Projektprüfung geringer als mit der Note »ausreichend« bewertet sind, wobei ein »ungenügend« wie zwei »mangelhaft« gewertet wird.

(4) Auf Antrag der Erziehungsberechtigten wird bei bestandener Hauptschulabschlussprüfung die Note im Fach Englisch nicht im Zeugnis ausgewiesen und der Hauptschulabschluss ohne Fremdsprache erteilt. Wird durch die Note im Fach Englisch eine Minderleistung in einem anderen Fach ausgeglichen, ist sie stets im Zeugnis auszuweisen.

(5) Über die Feststellung der Ergebnisse ist von dem Vorsitzenden des Prüfungsausschusses eine Niederschrift zu fertigen.

(6) Wer die Abschlussprüfung bestanden hat, erhält ein Abschlusszeugnis mit den nach Absatz 1 und 2 ermittelten Endnoten.

(7) In das Abschlusszeugnis sind der Durchschnitt der Gesamtleistungen und die Gesamtnote aufzunehmen. Die Gesamtnote lautet
bei einem Durchschnitt bis 1,4   sehr gut
bei einem Durchschnitt von 1,5 bis 2,4   gut
bei einem Durchschnitt von 2,5 bis 3,4   befriedigend,
bei einem Durchschnitt von 3,5 bis 4,4   ausreichend.

§ 34
Wiederholung der Prüfung
Wird die Prüfung nicht bestanden, kann sie nach erneutem Besuch der Klasse 9 der Werkrealschule, Hauptschule oder gegebenenfalls der Abschlussklasse der Sonderschulen mit entsprechendem Bildungsgang einmal wiederholt werden.

DRITTER TEIL – Schulfremdenprüfungen
Erster Abschnitt – Werkrealschulabschlussprüfung für Schulfremde

§ 35
Zweck der Prüfung
Die Prüfung dient dem Erwerb des Abschlusszeugnisses der Werkrealschule für Bewerber, die weder eine öffentliche oder staatlich anerkannte Hauptschule, Werkrealschule oder Realschule, noch ein öffentliches oder staatlich anerkanntes Gymnasium, noch eine öffentliche oder staatlich anerkannte Sonderschule mit entsprechendem Bildungsgang besuchen (Schulfremde).

§ 36
Zeitpunkt der Prüfung
Die Abschlussprüfung für Schulfremde findet in der Regel einmal jährlich zusammen mit der ordentlichen Abschlussprüfung statt.

§ 37
Meldung zur Prüfung
(1) Die Meldung zur Abschlussprüfung ist bis zum 1. März jeden Jahres an die für den Wohnsitz des Bewerbers zuständige untere Schulaufsichtsbehörde zu richten.

(2) Zur Prüfung wird zugelassen, wer
1. die Abschlussprüfung nicht eher ablegt als es bei normalem Schulbesuch möglich wäre,
2. nicht bereits die ordentliche Abschlussprüfung der Werkrealschule oder die entsprechende Abschlussprüfung für Schulfremde mit Erfolg abgelegt hat,
3. nicht mehr als einmal erfolglos an der ordentlichen Abschlussprüfung der Werkrealschule oder der entsprechenden Abschlussprüfung für Schulfremde teilgenommen hat und
4. keine Hauptschule, Werkrealschule, Realschule, kein Gymnasium oder keine Sonderschule mit entsprechendem Bildungsgang besucht.

(3) Der Meldung sind beizufügen
1. ein Lebenslauf mit Angaben über den bisherigen Bildungsgang und gegebenenfalls über die ausgeübte Berufstätigkeit,
2. die Geburtsurkunde (beglaubigte Abschrift oder Ablichtung),
3. die Abgangs- oder Abschlusszeugnisse der besuchten Schulen (beglaubigte Abschriften oder Ablichtungen),
4. eine Erklärung darüber, ob und gegebenenfalls mit welchem Erfolg schon einmal an der Abschlussprüfung an Werkrealschulen teilgenommen wurde,

5. die Benennung der Fächer und gegebenenfalls des Fächerverbunds, in denen der Prüfling nach § 39 Abs. 2 mündlich geprüft werden will, sowie des Bereichs für die Prüfung im Fach Berufsfachliche Kompetenz,
6. Angaben über die Art der Vorbereitung auf die Prüfung.

§ 38
Zulassung zur Prüfung

(1) Die untere Schulaufsichtsbehörde entscheidet über die Zulassung zur Prüfung und unterrichtet den Bewerber über die getroffene Entscheidung. Die Versagung der Zulassung ist schriftlich zu begründen.

(2) Die zugelassenen Bewerber werden von der unteren Schulaufsichtsbehörde zur Ablegung der Prüfung einer öffentlichen Schule zugewiesen. Die obere Schulaufsichtsbehörde bestimmt nach erfolgter Abstimmung die berufliche Schule, die an der Abschlussprüfung nach §14 Abs. 1 Halbsatz 2 mitwirkt.

§ 39 *Prüfungsgegenstände*

(1) Die schriftliche und die mündliche Prüfung erstrecken sich auf die Fächer Deutsch, Mathematik, Englisch und Berufsfachliche Kompetenz.

(2) Die mündliche Prüfung findet in den Fächern Englisch und Berufsfachliche Kompetenz sowie nach Wahl des Bewerbers im Fach Deutsch oder im Fach Mathematik statt. Die mündliche Prüfung erstreckt sich weiter auf ein Fach aus den Naturwissenschaften sowie nach Wahl des Bewerbers auf den Fächerverbund Welt – Zeit – Gesellschaft oder auf das Fach Religion oder Ethik. Im Fach Berufspraktische Kompetenz findet eine mündlich-praktische Prüfung statt.

(3) Vor Beginn der mündlichen Prüfung wird den Bewerbern das Ergebnis der schriftlichen Prüfung mitgeteilt.

(4) Der Bewerber kann dem Prüfungsausschuss selbst angefertigte Arbeiten, insbesondere schriftliche Arbeiten, Zeichnungen, Modelle und Werkstücke vorlegen, deren Thema in die mündliche Prüfung des jeweiligen Faches oder Fächerverbundes einbezogen werden kann.

§ 40
Durchführung der Prüfung

(1) Für die Prüfung gelten die §§ 16, 17, 18, 19 Abs. 2 und 3 sowie die §§ 20 bis 23 entsprechend mit folgenden Maßgaben:
1. Fachlehrkraft im Sinne von § 17 Abs. 5 Satz 1 ist die vom Leiter der Werkrealschule oder der nach § 38 Abs. 2 Satz 2 mitwirkenden beruflichen Schule bestimmte Lehrkraft.
2. Bei der Festlegung des Prüfungsergebnisses zählen allein die Prüfungsleistungen.
3. Die Note in den Prüfungsfächern, in denen schriftlich und mündlich geprüft wurde, wird aus dem Durchschnitt der Noten für die schriftlichen und mündlichen Prüfungsleistungen gebildet.

4. Die Prüfung ist bestanden, wenn
a) der Durchschnitt der Gesamtleistungen der geprüften Fächer und Fächerverbünde 4,0 oder besser ist,
b) die Gesamtleistungen in keinem der Prüfungsfächer nach § 39 Abs. 1 und 2 mit der Note »ungenügend« bewertet sind und
c) die Gesamtleistungen in nicht mehr als einem der geprüften Fächer und Fächerverbünde geringer als mit der Note »ausreichend« bewertet sind. Trifft dies in höchstens drei Fächern oder Fächerverbünden zu, so ist die Prüfung bestanden, wenn für jedes dieser drei Fächer oder Fächerverbünde ein sinnvoller Ausgleich gegeben ist. Ausgeglichen werden kann die Note »mangelhaft« durch die Note »gut« in einem geprüften Fach oder Fächerverbund oder durch die Note »befriedigend« in zwei geprüften Fächern oder Fächerverbünden.

(2) Wer die Prüfung nicht bestanden hat, kann sie einmal, frühestens nach einem Jahr, wiederholen. § 37 Abs. 2 Nr. 3 bleibt unberührt.

Zweiter Abschnitt – Hauptschulabschlussprüfung für Schulfremde

§ 41
Zweck der Prüfung

(1) Die Prüfung dient dem Erwerb des Abschlusszeugnisses der Hauptschule für Bewerber, die keine öffentliche oder staatlich anerkannte Werkrealschule, Hauptschule oder Sonderschule mit entsprechendem Bildungsgang besuchen (Schulfremde).

(2) Wer den Hauptschulabschluss ohne Note in der Fremdsprache Englisch erworben hat, kann sich im Fach Englisch einer Prüfung unterziehen.

§ 42
Zeitpunkt der Prüfung

Die Abschlussprüfung für Schulfremde findet in der Regel einmal jährlich zusammen mit der ordentlichen Abschlussprüfung statt.

§ 43
Meldung zur Prüfung

(1) Die Meldung zur Abschlussprüfung ist bis zum 1. März jeden Jahres an die für den Wohnsitz des Bewerbers zuständige untere Schulaufsichtsbehörde zu richten.

(2) Zur Prüfung wird zugelassen, wer
1. die Abschlussprüfung nicht eher ablegt, als es bei normalem Schulbesuch möglich wäre,
2. nicht bereits die ordentliche Abschlussprüfung oder die Abschlussprüfung für Schulfremde nach dieser Prüfungsordnung mit Erfolg abgelegt hat,
3. nicht mehr als einmal erfolglos an der ordentlichen Abschlussprüfung oder der Abschlussprüfung für Schulfremde nach dieser Prüfungsordnung teilgenommen hat und

Werkrealschule (Ausbildung und Prüfung)

4. keine Hauptschule, Realschule, kein Gymnasium oder keine Sonderschule mit entsprechendem Bildungsgang besucht;
5. abweichend von Satz 1 Nr. 4 werden Schüler der Klasse 9 der Realschule oder des Gymnasiums zugelassen, wenn ihre Versetzung gefährdet ist und sie im Falle einer Nichtversetzung ihre bisherige Schule verlassen müssten.

(3) Der Meldung sind beizufügen
1. ein Lebenslauf mit Angaben über den bisherigen Bildungsgang und gegebenenfalls über die ausgeübte Berufstätigkeit,
2. die Geburtsurkunde (beglaubigte Abschrift oder Ablichtung),
3. die Abgangs- oder Abschlusszeugnisse der besuchten Schulen (beglaubigte Abschriften oder Ablichtungen),
4. eine Erklärung darüber, ob und gegebenenfalls mit welchem Erfolg schon einmal an der Abschlussprüfung an Hauptschulen teilgenommen wurde,
5. eine Erklärung darüber, ob die Teilnahme im Fach Englisch gewünscht wird,
6. die Benennung und Beschreibung des Themas der Präsentationsprüfung nach § 45 Abs. 3,
7. Angaben über die Art der Vorbereitung auf die Prüfung,
8. in Fällen des Absatzes 2 Satz 1 Nr. 5 die letzte Halbjahresinformation und eine Bescheinigung der Schulleitung über die Versetzungsgefährdung.

§ 44
Zulassung zur Prüfung

(1) Die untere Schulaufsichtsbehörde entscheidet über die Zulassung zur Prüfung und unterrichtet den Bewerber über die getroffene Entscheidung. Die Versagung der Zulassung ist schriftlich zu begründen.

(2) Die zugelassenen Bewerber werden von der unteren Schulaufsichtsbehörde zur Ablegung der Prüfung einer öffentlichen Schule zugewiesen.

§ 45
Prüfungsgegenstände

(1) Die schriftliche Prüfung erstreckt sich auf die Fächer Deutsch, Mathematik und Englisch, falls dieses nach § 43 Abs. 3 Nr. 5 gewählt wurde, sowie auf das Fachgebiet »Politische und wirtschaftliche Bildung«. In diesem bilden sich die Fächerverbünde Welt – Zeit – Gesellschaft und Wirtschaft – Arbeit – Gesundheit ab.

(2) Die mündliche Prüfung erstreckt sich auf die Fächer der schriftlichen Prüfung. Vor Beginn der mündlichen Prüfung wird dem Bewerber das Ergebnis der schriftlichen Prüfung mitgeteilt.

(3) Ein in Form einer Hausarbeit ausgearbeitetes Thema ist Gegenstand einer Präsentationsprüfung. Für diese bestellt der Schulleiter einen Fachausschuss bestehend aus einer Lehrkraft, welche das Projekt betreut, und einer weiteren Lehrkraft, die die Prüfung protokolliert. Der Bewerber reicht das Thema der Präsentationsprüfung mit Beschreibung zur Genehmigung durch den Schulleiter ein. Die Präsentation und das daran anschließende Prüfungsgespräch dauern etwa 30 Minuten. Im Anschluss wird das Ergebnis der Präsentationsprüfung vom Fachausschuss festgesetzt und geht in die Gesamtnote ein. Die Gesamtleistung für die Präsentationsprüfung wird vom Fachausschuss ergänzend verbal beschrieben.

(4) Schüler der Abschlussklassen der Förderschulen und der übrigen Sonderschulen mit entsprechendem Bildungsgang können ein Projekt aus den Fächerverbünden Welt – Zeit – Gesellschaft und Wirtschaft – Arbeit – Gesundheit einbringen, das die schriftliche und mündliche Prüfung im Fachgebiet »Politische und wirtschaftliche Bildung« nach Absatz 1 ersetzt. § 31 gilt entsprechend mit folgenden Maßgaben:

1. Die Projektprüfung aus den Fächerverbünden Welt – Zeit – Gesellschaft und Wirtschaft – Arbeit – Gesundheit wird an der Sonderschule durchgeführt.
2. Die Entscheidung über die Bestellung des Fachausschusses und über die Genehmigung nach § 31 Abs. 2 und 4 trifft der Schulleiter der Sonderschule.
3. Der Schulleiter der Hauptschule entsendet für die Präsentation nach § 31 Abs. 1 Satz 2 Nr. 3 und die Festsetzung der Note nach § 31 Abs. 3 eine Lehrkraft.

(5) Wer die Prüfung nur im Fach Englisch ablegt (§ 41 Abs. 2), wird in diesem Fach schriftlich und mündlich geprüft.

§ 46
Durchführung der Prüfung

(1) Für die Prüfung gelten im Übrigen § 28 Abs. 1, 3 bis 7, § 29 Abs. 1, 3 bis 6, § 31 Abs. 2 bis 4 und die §§ 33 und 34 entsprechend mit folgenden Maßgaben:

1. Bei Schülern der Sonderschule wird der Prüfungsausschuss für die Präsentationsprüfung und die mündlichen Prüfungen um eine von der Sonderschule zu benennende Lehrkraft erweitert.
2. Bei der Festlegung des Prüfungsergebnisses zählen allein die Prüfungsleistungen nach § 45.
3. Die Note in den Prüfungsfächern, in denen schriftlich und mündlich geprüft wurde, wird aus dem Durchschnitt der Noten für die schriftlichen und mündlichen Prüfungsleistungen gebildet.
4. Die Bearbeitungszeit in der schriftlichen Prüfung im Fachgebiet »Politische und wirtschaftliche Bildung« nach § 45 Abs. 1 beträgt 120 Minuten.
5. Die Prüfung ist bestanden, wenn
   a) der Durchschnitt der Gesamtleistungen der geprüften Fächer und des Fachgebiets nach § 45 Abs. 1, der Präsentationsprüfung sowie gegebenenfalls der Projektprüfung besser als 4,5 ist und

b) die Gesamtleistungen in keinem der geprüften Fächer und des Fachgebiets nach § 44 Abs. 1 oder der Präsentationsprüfung oder der Projektprüfung mit der Note »ungenügend« bewertet sind und
c) die Gesamtleistungen
   aa) in nicht mehr als drei der geprüften Fächer und des Fachgebiets nach § 45 Abs. 1 und
   bb) in nicht mehr als einem der Fächer Deutsch und Mathematik und
   cc) in den Fällen, in denen nach § 45 Abs. 4 geprüft wird, in nicht mehr als zwei geprüften Fächern und des Fachgebiets nach § 45 Abs. 1 oder in nicht mehr als einem geprüften Fach und Fachgebiet nach § 45 Abs. 1 und der Projektprüfung mit der Note »mangelhaft« bewertet sind.
6. Die Prüfung im Fach Englisch nach § 41 Abs. 2 ist bestanden, wenn aufgrund der schriftlichen und mündlichen Prüfung mindestens die Note »ausreichend« erreicht wurde.

(2) Wer die Prüfung nicht bestanden hat, kann sie einmal, frühestens nach einem Jahr, wiederholen. § 43 Abs. 2 Nr. 3 bleibt unberührt.

(3) Nehmen Schüler der Sonderschule an der Prüfung teil, hat der Prüfungsausschuss vor der Präsentationsprüfung und der mündlichen Prüfung sowie gegebenenfalls der Projektprüfung ein Informationsgespräch mit dem Klassenlehrer zu führen.

VIERTER TEIL
Übergangsvorschriften

§ 47
Übergangsvorschriften

Schüler, die im Schuljahr 2010/11 in Klasse 9 eintreten und am Ende dieses Schuljahres die Hauptschulabschlussprüfung nicht bestehen, können die Klasse 9 mit der Maßgabe wiederholen, dass die im Wahlpflichtfach erteilte Note nur auf ihren Antrag in die Ermittlung des Ergebnisses der Hauptschulabschlussprüfung einbezogen wird. § 9 Abs. 2 Nr.1 Satz 3 bleibt unberührt.

§ 48
Inkrafttreten, Außerkrafttreten

(1) Diese Verordnung tritt für die Klassenstufen 5 bis 8 am 1. August 2010 in Kraft. Gleichzeitig tritt für diese Klassenstufen die Verordnung des Kultusministeriums über die Versetzung an Hauptschulen ... außer Kraft. Für Schüler, die im Schuljahr 2010/11 in Klassenstufe 9 eintreten, gilt diese Verordnung bis zum 31. Juli 2011 weiter.

Hinweis der Redaktion: Die Bestimmungen über die Hauptschule (Abschlussprüfung, Versetzungsordnung...) sind im Jahrbuch 2010 abgedruckt.

(2) Die Verordnung des Kultusministeriums über die Stundentafel der Hauptschule ... und ... über die Abschlussprüfungen an Hauptschulen ... treten für Schüler, die zum 1. August 2010 in die Klassenstufen 5 bis 8 eintreten, zum 31. Juli 2010 außer Kraft. Für Schüler, die zum 1. August 2010 in die Klassenstufen 9 und 10 eintreten, treten diese Verordnungen zum 31. Juli 2012 außer Kraft.

→ Abschlüsse (Allgemeines); → Berufsfachschule; → Handy-Nutzung; → Hauptschule; → Kompetenzanalyse; → Korrekturtag; → Schulgesetz § 6, § 25 Abs. 1, § 30, § 76 Abs. 2; → Sprachförderung (Integration); → Werkreal-/Hauptschule (Informationsveranstaltung); → Werkrealschule (Stundentafel); → Werkrealschule (Schulbezirk); → Zeugnisse (Allgemeinbildende Schulen)

Werkreal-/Hauptschule (Abschlussprüfung – Termine 2011)

Auszug aus der Bekanntmachung des KM vom 3. Mai 2009 (KuU S. 73/2009), Nr. 3, ber. S. 144/2010

3 Hauptschule (Klasse 9)

3.1 Ordentliche Abschlussprüfung und Prüfungstermine für Schulfremde

3.1.1 *Schriftliche Prüfung*

Haupttermin
Deutsch: Dienstag, 17. Mai 2011
Mathematik: Dienstag, 24. Mai 2011
Englisch: Dienstag, 31. Mai 2011
Politische und wirtschaftliche Bildung
für Schulfremde: Donnerstag, 26. Mai 2011

Sonderfremdsprache/Herkunftssprache:
                        Dienstag, 7. Juni 2011

Nachtermin
Deutsch: Dienstag, 28. Juni 2011
Mathematik: Mittwoch, 29. Juni 2011
Englisch: Donnerstag, 30. Juni 2011
Politische und wirtschaftliche Bildung
für Schulfremde: Freitag, 1. Juli 2011
Sonderfremdsprache/
Herkunftssprache: Dienstag, 5. Juli 2011

3.1.2 Themenorientierte Projektprüfung und dezentraler Prüfungsteil „Sprechen und Sprachmittlung" in der Fremdsprache

Die Termine der themenorientierten Projektprüfung und des dezentralen Prüfungsteils „Sprechen und Sprachmittlung" in der Fremdsprache werden von der Schule festgesetzt.

3.1.3 Mündliche Prüfung

Der Prüfungszeitraum für die mündliche Prüfung soll am Dienstag, 28. Juni 2011 beginnen und am Donnerstag, 14. Juli 2011 beendet sein.

3.2 Unterrichtsfreistellung und Entlassung der Schülerinnen und Schüler

3.2.1 Nach Abschluss der individuellen Prüfung kann die Schülerin oder der Schüler vom Unterricht freigestellt werden.

3.2.2 Die Schülerinnen und Schüler der Klasse 9 werden in der Regel am Freitag, 22. Juli 2011, entlassen.

4
Hauptschule (Klasse 10)

4.1. Prüfungstermine

4.1.1 Schriftliche Prüfung

Haupttermin

Deutsch:	Mittwoch, 18. Mai 2011
Mathematik:	Mittwoch, 25. Mai 2011
Englisch:	Freitag, 27. Mai 2011
Sonderfremdsprache:	Donnerstag, 12. Mai 2011

Nachtermin

Deutsch:	Dienstag, 28. Juni 2011
Mathematik:	Mittwoch, 29. Juni 2011
Englisch:	Donnerstag, 30. Juni 2011
Sonderfremdsprache:	Donnerstag, 26. Mai 2011

4.1.2 Fachlich orientierte Projektprüfung und dezentraler Prüfungsteil „Hör-, Hör-/Sehverstehen, Sprechen und Sprachmittlung" in der Fremdsprache

Die Termine der fachlich orientierten Projektprüfung und des dezentralen Prüfungsteils „Hör-, Hör-/Sehverstehen, Sprechen und Sprachmittlung" in der Fremdsprache werden von der Schule festgesetzt.

4.1.3 Mündliche Prüfung

Der Prüfungszeitraum für die mündliche Prüfung soll am Dienstag, 28. Juni 2011, beginnen und spätestens am Donnerstag, 14. Juli 2011, beendet sein.

4.2 Unterrichtsfreistellung und Entlassung der Schülerinnen und Schüler

4.2.1 Im Anschluss an die Information der Schülerinnen und Schüler über die Noten der schriftlichen Prüfung wird den Schülerinnen und Schülern der Klasse 10 die Teilnahme am Unterricht etwa eine Unterrichtswoche vor Beginn der mündlichen Prüfung freigestellt, jedoch muss ein auf alle Prüfungsfächer ausgerichtetes Unterrichtsangebot gewährleistet bleiben.

Mit Beginn der mündlichen Prüfung endet für alle Schülerinnen und Schüler der Klasse 10 der planmäßige Unterricht.

4.2.2 Die Schülerinnen und Schüler der Klasse 10 werden in der Regel am Freitag, 22. Juli 2011, entlassen.

→ Werkrealschule (Ausbildung und Prüfung)

Werkreal-/Hauptschule (Abschlussprüfung – Termine 2012)

Terminübersicht im Schuljahr 2011/2012; Bekanntmachung des KM vom 7. April 2010 (KuU S. 151/2010)

3.
Werkrealschule und Hauptschule (Klasse 9)

*3.1
Ordentliche Hauptschulabschlussprüfung und Hauptschulabschlussprüfung für Schulfremde nach Werkrealschulverordnung (WRSVO)*

3.1.1 Schriftliche Prüfung

Haupttermin

Deutsch:	Mittwoch, 09. Mai 2012
Mathematik:	Dienstag, 15. Mai 2012
Englisch:	Dienstag, 22. Mai 2012
Politisch und wirtschaftliche Bildung für Schulfremde:	Donnerstag, 14. Juni 2012
Sonderfremdsprache/Herkunftssprache:	Dienstag, 12. Juni 2012

Nachtermin

Deutsch:	Montag, 18. Juni 2012
Mathematik:	Dienstag, 19. Juni 2012
Englisch:	Mittwoch, 20. Juni 2012
Politische und wirtschaftliche Bildung für Schulfremde:	Donnerstag, 21. Juni 2012
Sonderfremdsprache/Herkunftssprache:	Montag, 25. Juni 2012

3.1.2 Themenorientierte Projektprüfung und dezentraler Prüfungsteil „Sprechen und Sprachmittlung" in der Fremdsprache

Die Termine der themenorientierten Projektprüfung und des dezentralen Prüfungsteils „Sprechen und Sprachmittlung" in der Fremdsprache werden von der Schule festgesetzt.

3.1.3 Mündliche Prüfung
Der Prüfungszeitraum für die mündliche Prüfung soll am Montag, 25. Juni 2012, beginnen und am Mittwoch, 11. Juli 2012, beendet sein.

*3.2
Unterrichtsfreistellung und Entlassung der Schülerinnen und Schüler*

3.2.1 Nach Abschluss der individuellen Prüfung kann die Schülerin oder der Schüler vom Unterricht freigestellt werden.

3.2.2 Die Schülerinnen und Schüler der Klasse 9 werden in der Regel am Freitag, 20. Juli 2012, entlassen.

4. Werkrealschule (Klasse 10)

*4.1.
Abschlussprüfung nach Klasse 10 nach seitheriger Hauptschlabschlussprüfungsordnung (HSAPrO)*

4.1.1 Schriftliche Prüfung

Haupttermin

Deutsch:	Dienstag, 08. Mai 2012
Mathematik:	Freitag, 11. Mai 2012
Englisch:	Mittwoch, 23. Mai 2012
Sonderfremdsprache:	Freitag, 04. Mai 2012

Nachtermin

Deutsch:	Montag, 18. Juni 2012
Mathematik:	Dienstag, 19. Juni 2012
Englisch:	Mittwoch, 20. Juni 2012
Sonderfremdsprache:	Donnerstag, 24. Mai 2012

4.1.2 Fachlich orientierte Projektprüfung und dezentraler Prüfungsteil „Hör-, Hör-/Sehverstehen, Sprechen und Sprachmittlung" in der Fremdsprache

Die Termine der fachlich orientierten Projektprüfung und der dezentralen Prüfungsteils „Hör-, Hör/Sehverstehen, Sprechen und Sprachmittlung" in der Fremdsprache werden von der Schule festgesetzt.

4.1.3 Mündliche Prüfung
Der Prüfungszeitraum für die mündliche Prüfung soll am Dienstag, 26. Juni 2012, beginnen und spätestens am Donnerstag, 12. Juli 2012, beendet sein.

4.2 Unterrichtsfreistellung und Entlassung der Schülerinnen und Schüler

4.2.1 Im Anschluss an die Information der Schülerinnen und Schüler über die Noten der schriftlichen Prüfung wird den Schülerinnen und Schülern der Klasse 10 die Teilnahme am Unterricht etwa eine Unterrichtswoche vor Beginn der mündlichen Prüfung freigestellt, jedoch muss ein auf alle Prüfungsfächer ausgerichtetes Unterrichtsangebot *ge*währleistet bleiben.
Mit Beginn der mündlichen Prüfung endet für alle Schülerinnen und Schüler der Klasse 10 der planmäßige Unterricht.

4.2.2 Die Schülerinnen und Schüler der Klasse 10 werden in der Regel am Freitag, 20. Juli 2012, entlassen.

➜ Werkrealschule (Ausbildung und Prüfung)

Werkreal-/Hauptschule (Informationsveranstaltungen)

Werkrealschule/Hauptschule (Informationsveranstaltungen); Bekanntmachung des KM vom 24.2.2010 (KuU S. 144/2010)

Für Schülerinnen und Schüler der Klasse 7 der Werkrealschule und Hauptschule und deren Eltern finden Informationsveranstaltungen über die weiteren Bildungswege statt. Diese Informationsveranstaltungen werden unter der Leitung der jeweiligen Werkrealschule/Hauptschule in Kooperation mit der Beruflichen Schule durchgeführt. Folgende Struktur ist vorgegeben:

Inhalte der Info-Veranstaltung	Leitung	Referenten	Teilnehmer
Bildungswege der Werkrealschule/Hauptschule Bildungswege der Beruflichen Schulen Regionale Angebote der beruflichen Schulen Ausbildung im dualen System	Schulleiterin/Schulleiter der Werkrealschule/Hauptschulen	Schulleiterin/Schulleiter der Werkrealschule/Hauptschule und Schulleiterin/Schulleiter einer Beruflichen Schule der je ein/e Vertreter/in und ggf. auf Schulamtseben benannte Ansprechpartner aus dem allgemeinbildenden und beruflichen Schulbereich	Schülerinnen und Schüler Klasse 7 Eltern der Schülerinnen und Schüler Klasse 7 Beauftragte für Berufsorientierung Lehrkräfte der Wahlpflichtfächer ab Kl. 8 Klassenlehrkräfte Berufsberatung

Zeitpunkt und Ziel der Durchführung

Die Informationsveranstaltungen werden im Rahmen der Berufsorientierung durchgeführt. Während der Zeit einer intensivierten Berufswegeplanung setzen sich Eltern und Schüler direkt mit Fragen weiterer schulischer bzw. beruflicher Bildungswege auseinander. Eine zeitliche Nähe zur Kompetenzanalyse in Klasse 7 ist zu empfehlen.

Werkreal-/Hauptschule (Informationsveranstaltungen) / (Schulbezirk)

Folgende Themenbereiche sind in der Veranstaltung anzusprechen:
- Bildungsgang Werkrealschule mit dem Ziel der Mittleren Reife.
- Bedeutung der Wahlpflichtfächer in den Klassen 8 und 9; Erkenntnisse der Kompetenzanalyse aus Klasse 7 für die Entscheidung.
- Erste berufliche Grundbildung durch die enge Kooperation zwischen Werkrealschule und Berufsfachschule in Klasse 10 (Wahlmöglichkeit eines beruflichen Bereichs an der Berufsfachschule).
- Information über alternative Bildungsangebote (z.B. Kooperationsklasse Werkrealschule/Hauptschule-Berufliche Schule, Berufsvorbereitende Bildungsgänge der beruflichen Schulen).
- Information über die Anschlussmöglichkeiten nach Klasse 9 mit Hauptschulabschluss oder nach Abschluss der WRS mit mittlerer Reife (duale Ausbildung, Bildungsgänge der beruflichen Schulen).

Die Informationsveranstaltungen in Klasse 7 dienen – unter besonderer Berücksichtigung regionaler Angebote – der allgemeinen Information über die weiterführenden Bildungswege, die in der Werkrealschule/Hauptschule eingebettet ist. Zu den Informationen der Werkrealschule/Hauptschule und der Beruflichen Schule bekommt der Einbezug der Berufsberatung in diese Informationsveranstaltung vor allem im Hinblick auf den Ausbildungsstellenmarkt eine besondere Bedeutung.

Vorbereitung und Durchführung der Informationsveranstaltungen

Die inhaltliche und organisatorische Vorbereitung erfolgt in Absprache zwischen den Schulleitungen der Werkrealschule/Hauptschule und der Beruflichen Schule oder deren Vertreter. Die auf Schulamtsebene benannten Ansprechpartner aus dem beruflichen Schulbereich sind hierbei einzubeziehen, sie koordinieren die Teilnahme der Vertreter der beruflichen Schulen an den Informationsveranstaltungen und nehmen ggf. auch selbst daran teil. Sie stellen den Vertretern aus den beruflichen Schulen aktuelle Materialien zur Vorstellung des beruflichen Schulbereichs zur Verfügung. Diese werden den Ansprechpartnern der beruflichen Schulen in der Einführungsphase der WRS zentral zur Verfügung gestellt. Für die Einladung der Teilnehmer und die Durchführung ist die Werkrealschule/Hauptschule verantwortlich. Die Veranstaltung kann auch an einer beruflichen Schule stattfinden.

→ Abschlüsse (Allgemeines); → Abschlüsse (Berufsausbildung); → Abschlüsse (HS/WRS – Mittlere Reife); → Kompetenzanalyse; → Kooperationsklasse Werkrealschule/Hauptschule; → Werkrealschule (Ausbildung und Prüfung)

Werkrealschule (Schulbezirk)

Hinweis der Redaktion

Bis zum Schuljahr 2009/10 hatte jede Hauptschule einen Schulbezirk; d.h. die Schüler/innen waren zum Besuch jener Hauptschule verpflichtet, in deren Bezirk sie wohnten.
→ Schulgesetz §§ 25 und 76 Abs. 2 (alt)

Die seit 1.8.2010 an die Stelle der Hauptschule getretenen Werkrealschulen sind hingegen „Wahlschulen": Die Erziehungsberechtigten bestimmen, an welcher Schule sie ihr Kind nach der 4. Grundschulklasse oder einem sonstigen Schulwechsel (z.B. Umzug) anmelden. Übergangsweise können die Schulträger jedoch für die Werkrealschulen einen Schulbezirk festlegen. Dies bedeutet:
- Wenn der Träger keinen Schulbezirk festlegt, haben die Erziehungsberechtigten volle Wahlfreiheit, an welcher Schule sie ihr Kind anmelden.
- Wenn der Schulträger hingegen einen Schulbezirk festlegt hat, sind die Schüler/innen, die darin ihren Wohnsitz oder gewöhnlichen Aufenthalt haben, grundsätzlich zum Besuch dieser Werkrealschule verpflichtet. Statt einer einzügigen Werkrealschule mit den Klassen 5 bis 9 („*Hauptschule*"), darf jedoch auch eine zweizügige Werkrealschule oder eine einzügige „*Hauptschule*" mit 10. Klasse gewählt werden.
→ Schulgesetz § 6 Abs. 3 i.V.m. § 76 Abs. 2

Diese Übergangsregelung ist längstens bis zum Ende des Schuljahres 2015/16 möglich. Zum Schuljahr 2010/11 haben 225 Schulträgergemeinden für insgesamt 94 Hauptschulen und 212 Werkrealschulen einen Schulbezirk festgelegt. Für die anderen rund 850 Haupt- und Werkrealschulen im Land besteht kein Schulbezirk mehr.
(Quelle: KM, LT-Drucksache 14/6905).

Keine automatische Überweisung mehr

Damit endet die vielfach geübte Praxis, dass nur jene Erziehungsberechtigten, die ihr Kind nach der Grundschule auf eine Realschule oder ein Gymnasium schicken wollten, dieses dort förmlich anmelden mussten, während die übrigen Schülerinnen und Schüler automatisch an die „zuständige" Hauptschule überwiesen wurden und man dort auf eine förmliche Anmeldung verzichtete.

Es ist zweckmäßig, dass die Grundschulen die Erziehungsberechtigten hierüber informieren.

→ Aufnahmeverfahren (Orientierungsstufe); → Aufnahmeverordnung; → Schulgesetz §§ 6 Abs. 3 Satz 1, 25 und 76 Abs. 2; → Werkrealschule (Ausbildung und Prüfung)

Werkrealschule (Stundentafel)

Kontingentstundentafel für die Werkrealschule; Anlage zu § 2 der Werkrealschulverordnung

I. Pflichtbereich	Klasse 5 bis 9	Klasse 10
Religionslehre / Ethik[1]	9	2
Deutsch	23	5
Mathematik	21	5
Förderung Basiskompetenzen Deutsch, Mathematik[2]	3	
Englisch	18	5
Welt – Zeit – Gesellschaft (Geschichte, Gemeinschaftskunde, Politik, Erdkunde, Wirtschaftslehre)[3]	17	2
Materie – Natur – Technik (Biologie, Chemie, Physik, Technik, Hauswirtschaft / Textiles Werken (HTW))[3]	17	
Wirtschaft – Arbeit – Gesundheit (Wirtschaftslehre, Biologie, Hauswirtschaft/Textiles Werken, Technik)[3]	15	
Musik – Sport – Gestalten (Musik (mit Tanz), Sport einschließlich Neigungssport, Bildende Kunst, Biologie, Technik, Textiles Werken)[3]	27	2
Anwendungsbereich informationstechnische Grundbildung[4]		
Themenorientierte Projekte[4]		
Kompetenzanalyse mit individueller Förderung[5]	1	
Individuelle Förderung[6]	10	
Berufsfachliche Kompetenz		4 - 7[7]
Berufspraktische Kompetenz		2 - 9[7]
Naturwissenschaften (Biologie, Chemie, Physik)		2[7]
II. Wahlpflichtbereich		
Natur und Technik[8]		4
Wirtschaft und Informationstechnik[8]		4
Gesundheit und Soziales[8]		4
Berufliches Vertiefungsfach[9]		2 - 4[7]
Naturwissenschaften (Biologie, Chemie, Physik)[9]		2 - 4[7]
III. Ergänzende Angebote		6

→ Werkrealschule (Ausbildung und Prüfung) § 2

1 Die Wochenstunden im Fach Religionslehre werden im Einvernehmen mit den obersten Kirchenbehörden unbeschadet der Rechtslage erteilt. Die Wochenstundenzahl im Fach Religionslehre wird unter Beteiligung der zuständigen kirchlichen Beauftragten festgelegt. Für Schüler der Klassenstufen 8 und 9, die nicht am Religionsunterricht teilnehmen, sind drei Wochenstunden Ethik vorgesehen.

2 Zur Stärkung der Basiskompetenzen wird in den Klassen 5 und 6 zusätzlicher Unterricht von zusammen drei Wochenstunden erteilt. Davon wird in Klasse 5 je eine Wochenstunde in den Fächern Deutsch und Mathematik, in Klasse 6 eine weitere Wochenstunde in Deutsch oder Mathematik erteilt.

3 Die Unterstreichung weist den Schwerpunkt des Faches dem jeweiligen Fächerverbund zu.

4 Integrativ innerhalb der Fächer oder Fächerverbünde.

5 Die Kompetenzanalyse wird nach § 3 Abs. 3 in Klasse 7 durchgeführt. Die individuelle Förderung schließt sich unmittelbar an. Hierfür kann eine weitere Stunde aus den Fächern und Fächerverbünden verwendet werden.

6 Für Maßnahmen der Binnendifferenzierung und zur individuellen Förderung erhält die Schule einen Pool von insgesamt 10 Wochenstunden pro Zug.

7 Je nach Bereich entsprechend der Stundentafel für die zweijährige zur Fachschulreife führenden Berufsfachschule; der Unterricht umfasst in jedem Profil insgesamt 15 Stunden.

8 Der Schüler wählt zu Beginn der Klasse 8 sein Wahlpflichtfach. Dieses wird in den Klassen 8 und 9 entsprechend dem schulischen Angebot im Umfang von je zwei Wochenstunden erteilt.

9 Nicht im gewerblichen Bereich. Es kann nur eine Naturwissenschaft gewählt werden, die nicht bereits als Fach des Pflichtbereichs besucht wird.

10 Zuweisung durch die untere Schulaufsichtsbehörde im Rahmen der insgesamt zur Verfügung stehenden Ressourcen. Für Werkreal- und Hauptschulen in Grenznähe zu Frankreich ist Zusatzunterricht in Französisch an genehmigten Standortschulen ab der Klassenstufe 5 vorzusehen.

Wilhelma

Unentgeltlicher Besuch der „Wilhelma" ... für Lehrer; Hinweis des KM (KuU S. N 1745/1982); aktualisiert 18.3.2008

Auf Veranlassung des Direktors der staatlichen Anlagen und Gärten in Stuttgart-Bad Cannstatt haben Lehrer die Möglichkeit, unentgeltlich den Zoologisch-botanischen Garten „Wilhelma" in Stuttgart-Bad Cannstatt ... zur Vorbereitung von Lerngängen und Klassenausflügen zu besuchen.

Die Schulleiter werden gebeten, den Lehrern auf Wunsch eine Bescheinigung nach nachstehendem Muster auszustellen. Diese gilt nur in Verbindung mit dem Personalausweis und darf nur in der angegebenen Form ausgestellt werden. Andere Bescheinigungen können nicht anerkannt werden.

Bei Fragen zur Durchführung eines Unterrichtsbesuchs können sich die Lehrer an die Wilhelmaschule wenden (FON: 0711/5402-115).

Hinweise der Redaktion:
1. Abgelaufene Bescheinigungen werden nicht anerkannt. Bitte rechtzeitig verlängern lassen.
2. Die Bescheinigung darf nicht für andere Personen der Schulverwaltung ausgestellt werden, wie z.b. Schulsekretär/innen, Betreuer/innen, Zivildienstleistende, Erzieher/innen, Heil- und Theaterpädagogen/innen, Elternvertreter/innen, Praktikanten/innen, Gastlehrer/innen, etc.
3. Lehreranwärter/innen und Referendar/innen erhalten gegen Vorlage ihres gültigen Anwärter- bzw. Referendarausweises (vom Seminar ausgestellt) freien Eintritt in die Wilhelma und benötigen keine Bescheinigung.
4. Es ist begrifflich zu unterscheiden:
   Die Bescheinigung gewährt Lehrkräften freien Eintritt in die Wilhelma nur zur Vorbereitung des Besuchs (also zu einem Besuch ohne Klasse). Am Besuchstag mit der Klasse berechtigt diese Bescheinigung nicht zum freien Eintritt.
   Trotzdem müssen die begleitenden Lehrkräfte am Besuchstag mit der Klasse in der Regel keine Eintrittsgebühr entrichten, da sie an diesem Tag im Rahmen der zulässigen Begleitpersonen pro Klasse freien Eintritt erhalten.
5. Bei Lehrkräften im Arbeitnehmerverhältnis ist die Dienstbezeichnung „Lehrer" einzutragen.

→ Außerunterrichtliche Veranstaltungen

Musterformular zum Wilhelma-Besuch

(Schule)

Bescheinigung zum unentgeltlichen Besuch der „Wilhelma"

(Die Bescheinigung gilt nur in Verbindung mit dem Personalausweis)

Herr/Frau _____

Name, Dienstbezeichnung

geb.: _____ 19____

ist berechtigt, zur Vorbereitung von Lerngängen und Klassenausflügen den Zoologisch-botanischen Garten „Wilhelma" in Stuttgart-Bad Cannstatt unentgeltlich zu besuchen.
Diese Bescheinigung wird 2 Jahre nach Ausstellungsdatum ungültig.

Ort _____ den _____

Dienststempel   Unterschrift/Dienstbezeichnung

Zeugnisse (Allgemeinbildende Schulen)

Zeugnisse, Halbjahresinformation und Schulbericht; Auszug aus der VwV des KM vom 3.1.2002 (KuU S. 73/2002); zuletzt geändert 4. März 2010 (KuU S. 142/2010)

Hinweis der Redaktion: Diese Verwaltungsvorschrift gilt für Grund-, Haupt-, Werkreal- und Realschulen, die Gymnasien der Normalform und Gymnasien in Aufbauform mit Heim, Kollegs sowie für allgemeinbildende Sonderschulen.

2.
Jahreszeugnisse, Halbjahreszeugnisse, Halbjahresinformation, Schulbericht

... Im Jahreszeugnis, im Abschlusszeugnis und in der Halbjahresinformation für die Klassen 3 und 4 der Grundschule ist im Anschluss an die dort aufgeführten ‚Leistungen in den einzelnen Fächern:' eine Rubrik für ‚Schrift und Gestaltung:' auszubringen.

Bei Sonderschulen, mit Ausnahme der Förderschule und der Schulen für Geistigbehinderte, ist unter dem Schultyp der Bildungsgang auszubringen, den der Schüler besucht (Bildungsgang: ...). In begründeten Einzelfällen kann die Note durch eine Beschreibung der Leistungen ergänzt werden.

In den Klassenstufen der Grundschulen, Hauptschulen, Werkrealschulen und Realschulen, in denen Kontingentstundentafeln gelten (...), heißt es jeweils statt „Leistungen in den einzelnen Fächern" „Leistungen in den einzelnen Fächern und Fächerverbünden".

4.
Zeugnis der Schule für Geistigbehinderte

Die Schüler erhalten für jedes Schuljahr ein Zeugnis in Form einer Beschreibung und Bewertung ihrer Bemühungen, ihrer Fortschritte und ihrer erreichten Leistungen unter Berücksichtigung ihrer persönlichen Fähigkeiten. ... Für den Bildungsgang Schule für Geistigbehinderte an anderen Sonderschultypen gilt dies entsprechend.

5.
Abschlusszeugnisse

5.1 Grundschule

Schüler, die das Ziel der Grundschule erreicht haben, erhalten ein Zeugnis nach Anlage 6. Schüler, die das Ziel der Grundschule nach dem Besuch der Klasse 4 nicht erreicht haben, erhalten ein Jahreszeugnis.

5.2 Werkrealschule und Hauptschule

5.2.1 Schüler, die die Hauptschulabschlussprüfung bestanden oder den Hauptschulabschluss nach § 19 Abs. 5 S. 2 WRSVO erhalten haben, erhalten ein Zeugnis nach Anlage 7 und 7a.

5.2.2 Bewerber, die die Prüfung zum Erwerb des Hauptschulabschlusses für Schulfremde bestanden haben, erhalten ein Zeugnis nach Anlage 8.

5.2.3 Schüler, die die Abschlussprüfung der Werkrealschule bestanden haben, erhalten ein Zeugnis nach Anlage 9.

5.2.4 Bewerber, die die Prüfung zum Erwerb des Werkrealschulabschlusses für Schulfremde bestanden haben, erhalten ein Zeugnis nach Anlage 9a.

5.3 Realschule

5.3.1 Schüler, die die Abschlussprüfung bestanden haben, erhalten ein Zeugnis nach Anlage 10.

5.3.2 Bewerber, die die Prüfung zum Erwerb des Realschulabschlusses für Schulfremde bestanden haben, erhalten ein Zeugnis nach Anlage 11.

5.3.3 Schüler, die die Abschlussprüfung der Abendrealschule bestanden haben, erhalten ein Zeugnis nach Anlage 12.

5.3.4 Schüler, die die Realschulabschlussprüfung an Freien Waldorfschulen bestanden haben, erhalten ein Zeugnis nach Anlage 13.

5.4 Gymnasium

5.4.1 Nach erfolgreichem Abschluss eines bilingualen Zuges der Klasse 10 des Gymnasiums erhalten Schülerinnen und Schüler, die während der Sekundarstufe I am bilingualen Sachfachunterricht teilgenommen haben, auf Wunsch ein Zertifikat nach Anlage 13a.

5.4.2 Schülerinnen und Schüler, die in der gesamten gymnasialen Oberstufe in einem bilingualen Zug am bilingualen Sachfachunterricht teilgenommen und das Abitur bestanden haben, erhalten auf Wunsch ein Zertifikat nach Anlage 13b.

5.4.3 Schüler, die die Abiturprüfung bestanden haben, erhalten ein Zeugnis nach Anlage 14.

5.4.4 Bewerber, die die Abiturprüfung für Schulfremde bestanden haben, erhalten ein Zeugnis nach Anlage 15.

5.5 Abendgymnasium, Kolleg

Schüler, die die Abiturprüfung am Abendgymnasium bzw. am Kolleg bestanden haben, erhalten ein Zeugnis nach Anlage 16 bzw. 17.

5.6 Sonderschule

5.6.1 Schüler, die das Ziel der Förderschule erreicht haben, erhalten ein Zeugnis nach Anlage 18. Falls ein Schüler an einem anderen Sonderschultyp den Bildungsgang Förderschule besuchte, ist anstelle von „Abschlusszeugnis der Förderschule" auf dem Zeugnisformular auszubringen: Abschlusszeugnis der Schule für .... (Schultyp) Bildungsgang Förderschule

5.6.2 Schüler der Schule für Geistigbehinderte, die nach Erfüllung der Schulpflicht aus der Schule entlassen werden, erhalten ein Zeugnis nach Anlage 19. Falls ein Schüler an einem anderen Sonderschultyp den Bildungsgang Schule für Geistigbehinderte besuchte, ist im einleitenden Satz anstelle von „aus der Schule" auf dem Zeugnisformular „aus dem Bildungsgang Schule für Geistigbehinderte" auszubringen.

5.6.3 Schüler der Sonderschule, die das Ziel des Bildungsgangs der Grundschule, Hauptschule, Werkrealschule oder der Realschule erreicht haben, erhalten das entsprechende Abschlusszeugnis, wobei anstelle der entsprechenden Schulart auf dem Zeugnisformular auszubringen ist:
Abschlusszeugnis der Schule für
.... (Schultyp)Bildungsgang:
.... (Schulart)

5.6.4 Für den Bildungsgang Gymnasien gilt Ziffer 5.4.1 entsprechend.

6. Abgangszeugnis

6.1 Schüler, die die Hauptschulabschlussprüfung, die Abschlussprüfung der Werkrealschule oder die Abschlussprüfung der Realschule nicht bestanden haben sowie auf Antrag sonstige Schüler, die nach Erfüllung der Pflicht zum Besuch einer auf der Grundschule aufbauenden Schule oder einer entsprechenden Sonderschule aus der Schule entlassen werden, ohne das Ziel des Bildungsgangs erreicht zu haben, erhalten ein Abgangszeugnis nach Anlage 20.

Bei Schülern der Sonderschule, mit Ausnahme der Förderschule, ist unter dem Schultyp der Bildungsgang auszubringen, den der Schüler besuchte (Bildungsgang: ...).

Bei Schülern der Schule für Geistigbehinderte entfällt das Abgangszeugnis.

6.2 Als Noten sind in das Abgangszeugnis einzutragen:

a) Bei Schülern, die die Abschlussprüfung der Hauptschule, die Abschlussprüfung der Hauptschule mit Werkrealschule oder die Abschlussprüfung der Realschule nicht bestanden haben, die Endergebnisse der Prüfung,

b) bei weniger als acht Unterrichtswochen seit Schuljahresbeginn die im zuletzt erteilten Jahreszeugnis enthaltenen Noten,

c) im Übrigen die bis zum Zeitpunkt des Austritts erzielten Noten.

6.3 Ein Vermerk über eine Versetzung oder eine Nichtversetzung ist nicht aufzunehmen.

6.4 Das Zeugnis erhält das Datum des letzten Schultages.

7. Fächer und Fächerverbünde

Soweit in den Formularen nicht bereits enthalten, sind unter „Leistungen in den einzelnen Fächern und Fächerverbünden" die Fächer und Fächerverbünde der Stundentafel bzw. der Verordnung über die Abschlussprüfung der jeweiligen Schulart bzw. des jeweiligen Schultyps auszubringen. Haben Sonderschulen keine eigene Stundentafel, sind die Fächer und Fächerverbünde der Stundentafel des Bildungsgangs auszubringen, den der Schüler besucht.

Unter der Bezeichnung „Religionslehre" ist eine mit einer Klammer versehene gestrichelte Leerzeile auszubringen, in der zu vermerken ist, in welcher Religionslehre der Schüler unterrichtet wurde; dies gilt nicht für Abschluss- und Abgangszeugnisse. Werden die Fächer Evangelische und Katholische Religionslehre konfessionell-kooperativ gemäß Nr. 1.2.5 der Verwaltungsvorschrift ➔ Religionsunterricht (Teilnahme und Abmeldung) erteilt, richtet sich dieser Vermerk nach der Konfessionszugehörigkeit des Lehrers. In der gestrichelten Leerzeile ist „ev" oder „rk" zu vermerken und der Zusatz anzubringen „konfessionell-kooperativ erteilt". Unterrichten während des Schuljahres Lehrer unterschiedlicher Konfession, einigen sie sich über die gemeinsam zu bildende Zeugnisnote im Jahreszeugnis; dort ist zu vermerken: „erstes Halbjahr: ev, zweites Halbjahr: rk" oder „erstes Halbjahr: rk, zweites Halbjahr: ev" und der Zusatz anzubringen: „konfessionell-kooperativ erteilt".

Hinweis der Redaktion: Der jüdische Religionsunterricht wird wie die übrigen Fächer benotet. Die von der Religionslehrkraft erteilte Note ist in das Zeugnis bzw. die Halbjahresinformation unter dem Fach Religionslehre mit der Konfessionsangabe „jüdisch" auszubringen. Die Note ist nach Maßgabe der jeweiligen Versetzungs- oder Prüfungsordnung versetzungserheblich. (Quelle: Erlass des KM vom 1.8.2005; KuU S. 107/2005)

8.
Arbeitsgemeinschaften, Erweitertes Bildungsangebot, Projekt Wirtschaften, Verwalten und Recht, bilingualer Unterricht

8.1 In den Zeugnissen sind die Arbeitsgemeinschaften einzutragen, die im Beurteilungszeitraum regelmäßig besucht wurden.

8.2 In den Zeugnissen der der Werkrealschule und der Hauptschule sind die Veranstaltungen in den Ergänzenden Angeboten, die im Beurteilungszeitraum regelmäßig besucht wurden, einzutragen. In den Abschluss- und Abgangszeugnissen der der Werkrealschule und der Hauptschule sind ferner unter Angabe des Schuljahres alle Erweiterten Bildungsangebote einzutragen, die der Schüler regelmäßig in den jeweiligen Schuljahren besucht hat.

8.3 Bei der Werkrealschule und der Hauptschule sind für die Ergänzenden Angebote keine Noten einzutragen. Bei der Realschule sind Noten nur für die Arbeitsgemeinschaft in Textverarbeitung und Tastaturschulung und auf Wunsch des Schülers für die Arbeitsgemeinschaft in einer Fremdsprache einzutragen. Beim Gymnasium sind für Arbeitsgemeinschaften dann Noten einzutragen, wenn die Arbeitsgemeinschaft nach ihrem Inhalt einem in der Stundentafel ausgewiesenen Unterrichtsfach entspricht (z.B. Fremdsprache).

8.4 Bei der Förderschule sind für Arbeitsgemeinschaften keine Noten einzutragen. Im Übrigen gelten für die Sonderschulen die Regelungen der Schulart, deren Bildungsgang der Schüler besucht.

8.5 In der Realschule werden die Leistungen der Schülerin oder des Schülers in dem themenorientierten Projekt Wirtschaften, Verwalten und Recht verbal beschrieben und mit einer eigenen Gesamtnote bewertet. Hierfür kann auch ein Beiblatt zum Zeugnis verwendet werden.

8.6 In der Realschule wird die Teilnahme am bilingualen Unterricht im Zeugnis vermerkt. Schülerinnen und Schüler, die am bilingualen Unterricht teilgenommen oder eine bilinguale mündliche Abschlussprüfung bestanden haben, erhalten auf Wunsch hierfür ein Beiblatt zum Zeugnis.

9.
Bemerkungen

Unter Bemerkungen sind einzutragen:

a) Berichtigungen mit Unterschrift und Dienstsiegel,

b) Befreiung vom Unterricht in einzelnen Fächern,

c) Erteilung der Bildungsempfehlung zum Besuch der Klasse 10 der Werkrealschule,

d) auf Wunsch des Schülers die
- Wahrnehmung von Aufgaben in der schulischen Gemeinschaft wie z.B. die Tätigkeit in der SMV (vgl. § 1 Abs. 6 Satz 2 SMV-Verordnung),
- Teilnahme an den Veranstaltungen Jugend trainiert für Olympia, Jugend forscht, an den Bundesjugendspielen oder an sonstigen Wettbewerben, die von der Schule veranstaltet oder mitveranstaltet werden,
- Teilnahme am Schüleraustausch,

e) Vermerke bzw. ergänzende Aussagen entsprechend der Verordnung über die Notenbildung, den Versetzungsordnungen oder sonstigen Rechts- und Verwaltungsvorschriften.
➔ Elternbeiratsverordnung § 3; ➔ Notenverordnung; ➔ Volljährigkeit

10.
Ausstellung der Zeugnisse, des Schulberichts und der Halbjahresinformation

10.1 In den Abgangs-, Abschluss- und Prüfungszeugnissen dürfen für die Noten nur die wörtlichen Bezeichnungen ungekürzt eingetragen werden. Im Übrigen können die auf den Formularen angegebenen Abkürzungen verwendet werden; bei der Halbjahresinformation sind auch Ziffern zulässig.

10.2 Die Zeugnisse, der Schulbericht und die Halbjahresinformation sind eigenhändig zu unterschreiben. Der Schulleiter kann bei größeren Schulen einen Teil seiner Unterschriftsleistungen auf den Stellvertretenden Schulleiter delegieren.

10.3 Abschluss- und Prüfungszeugnisse von Schülern staatlich anerkannter Ersatzschulen sind durch die für die Schule zuständige Schulaufsichtsbehörde zu siegeln.

10.4 Den Abschluss- und Abgangszeugnissen der Sonderschulen kann auf Antrag der Erziehungsberechtigten eine Beschreibung von Fähigkeiten und Fertigkeiten, die im beruflichen Bereich von Bedeutung sind, beigefügt werden.

Zeugnisse (Allgemeinbildende Schulen) / Zeugnisse (Ersatzzeugnisse)

10.5 In den Abgangs- und Abschlusszeugnissen der Klasse 9 der Werkrealschulen und Hauptschulen werden die Leistungen in der themenorientierten Projektprüfung verbal beschrieben und mit einer Gesamtnote bewertet. Hierfür kann ein Beiblatt gemäß Anlage 7a zum Zeugnis verwendet werden.

11.
Zeugnisblätter, Zeugnismappe

11.4 Auf Wunsch des Schülers werden Bescheinigungen über seine ehrenamtlichen Tätigkeiten, die von den betreffenden Vereinen und Gruppen der Sport-, Musik- und Laienmusikverbände, anerkannten Trägern der freien Jugendarbeit sowie sozialen Diensten ausgestellt wurden, in die Zeugnismappen eingeheftet.

Hinweise der Redaktion:
1. Das Landesbüro Ehrenamt im KM stellt ein „Beiblatt zum Zeugnis" zur Verfügung. Damit soll – auf deren Wunsch – ehrenamtliches Engagement von Schüler/innen außerhalb der Schule dokumentiert und gewürdigt werden. Das Beiblatt kann auf dem Kultusportal Baden-Württemberg (http://www.kultusportal-bw.de) als PDF-Datei aus dem Internet unter Startseite > Service > Formulare / Merkblätter > für Lehrkräfte und Schulleitungen > Beiblatt zum Zeugnis heruntergeladen oder direkt beim Landesbüro Ehrenamt im KM bestellt werden.
2. Zum Qualipass-Zertifikat für die SMV siehe → Schülermitverantwortung (nach § 7).
3. Die Anlagen (Zeugnisformulare) sind hier nicht abgedruckt (Siehe Loseblattsammlung KuU, Stichwort Zeugnisse).
4. Zur Siegelführung siehe → Beglaubigungen.

12.
Verbleib der Zeugnisse

12.1 Bei minderjährigen Schülern bestätigt ein Erziehungsberechtigter auf dem Zeugnis, dem Schulbericht oder der Halbjahresinformation, dass er Kenntnis genommen hat; dies gilt nicht für Abgangs- und Abschlusszeugnisse außer dem Abschlusszeugnis der Grundschule. Die Halbjahres- und Jahreszeugnisse sowie der Schulbericht werden nach angemessener Frist vom Klassenlehrer wieder eingezogen.

12.2 Wechselt ein Schüler auf eine andere Schule, sind die Schulberichte und Zeugnisse der aufnehmenden Schule zu übersenden. Dies gilt nicht beim Übergang von der Grundschule auf eine auf der Grundschule aufbauende Schule und beim Übergang auf eine berufliche Schule. In diesen Fällen und beim Austritt aus der Schule sind sie dem Schüler auszuhändigen.

→ Abschlüsse (Allgemeines); → Archivierung/Aufbewahrungsfristen; → Beglaubigungen; → Gebühren; → Grundschule (Schulbericht); → Gymnasium (Abitur); → Notenbildungsverordnung; → Notenbildungsverordnung (Allgemeine Beurteilung); → Realschule (Abschlussprüfung); → Werkrealschule (Ausbildung und Prüfung); → Zeugnisse (Ersatzzeugnisse)

Zeugnisse (Ersatzzeugnisse)

Ausstellung von Ersatzzeugnissen; Schreiben des Kultusministeriums vom 10.10.1995 Nr. II/1-6631.1/68

Ausstellung eines Ersatzzeugnisses für ein verloren gegangenes Zeugnis

Auf der Neuausfertigung ist zu vermerken: „Neuausstellung". Alle Eintragungen auf dieser Neuausfertigung sind entsprechend dem Original vorzunehmen. An der Stelle der Originalunterschriften auf der Erstausfertigung sind die jeweiligen Namen mit „gezeichnet" einzutragen. An Stelle des Original-Siegels ist das Wort „Dienstsiegel" einzutragen. Darunter ist diese Neuausfertigung mit dem Datum der Ausstellung des Ersatzzeugnisses zu versehen und von dem Ausfertigenden (Schulleiter) zu unterschreiben sowie mit dem Dienstsiegel der ausfertigenden Stelle (Schule) zu versehen.

Ausstellung eines Ersatzzeugnisses wegen Namensänderung

Bei Namensänderungen wegen Eheschließung werden keine Ersatzzeugnisse ausgestellt.

Bei Namensänderungen wegen Adoption oder Geschlechtsumwandlung ist eine Neuausstellung auf den neuen Namen vorzunehmen. Das Originalzeugnis ist einzuziehen; auf ihm ist der Grund für die Ausstellung des Ersatzzeugnisses zu vermerken.

Hinweise der Redaktion:
1. Der Antrag auf Ausstellung eines Ersatzzeugnisses muss der Schulaufsichtsbehörde nur dann vorgelegt werden, wenn bei der betreffenden Prüfung ein anderer als der Schulleiter bzw. ein von diesem beauftragter Lehrer der jeweiligen Schule den Prüfungsvorsitz hatte. Ersatzzeugnisse für die Abschlusszeugnisse der Hauptschule, der Sonderschule und der Berufsschule stellen die Schulen selbst aus. Die Oberschulämter haben den Regelgebührensatz für die Ausstellung von Ersatzzeugnissen für in Verlust geratene Originalzeugnisse bzw. wegen einer Namensänderung einheitlich auf 50 Euro festgesetzt. Für die von den Schulen selbst ausgestellten Ersatzzeugnisse wird diese Gebühr nicht erhoben; es kann jedoch der Schulträger eine Gebühr hierfür erheben.
2. Ein Ersatzzeugnis ist auch dann auszustellen, wenn eine Verwaltungsbehörde den Familiennamen ändert, weil ein wichtiger Grund die Änderung rechtfertigt. Tragender Gedanke dieser Regelung ist, dass ein Ersatzzeugnis dann ausgestellt wird, wenn der alte Name für die betroffenen Bürger diskriminierend wirken kann.
(Quelle: OSA Stuttgart, 4.1.2002; Nr. 6631.1/11-4)

→ Beglaubigungen; → Gebühren; → Zeugnisse (Allgemeinbildende Schulen); → Zeugnisse (Berufliche Schulen)

Alphabetisches Schlagwortverzeichnis

Das Jahrbuch ist alphabetisch aufgebaut. Der Zugriff erfolgt über die **fett gedruckten** Schlagwörter. Darunter stehen Beiträge des Jahrbuchs, in denen Sie zu diesem Schlagwort Informationen finden können. Beispiel: Informationen zum Thema **Akten** finden Sie in den Beiträgen mit den Überschriften → Archivierung/Aufbewahrungsfristen und → Datenschutz (Schulen) II.6 im alphabetischen Teil sowie unter dem Schlagwort **Personalakten**.

Da das Jahrbuch nicht alle Vorschriften enthalten kann, haben wir in dieses Schlagwortverzeichnis auch einige Hinweise auf Fundstellen im Amtsblatt KuU in oder anderen Quellen aufgenommen. Diese Hinweise sind in *kursiver Schrift* gedruckt und enthalten jeweils den Hinweis *„Fundstelle"*.

A

Abendgymnasium
Fundstelle: VO über die Abendgymnasien, Loseblattsammlung KuU Nr. 6461-24, und VO über allgemeinbildende Abendgymnasien, Loseblattsammlung KuU Nr. 6615-25

Abendrealschule
Fundstelle: VO über die Abendrealschulen, Loseblattsammlung KuU Nr. 6461-23, und VO über die Abschlussprüfung an Abendrealschulen, Loseblattsammlung KuU Nr. 6461-24

Abendsonne („Aktion –")
→ Beförderung (Allgemeines) Nr. 4

Abfindung (Beamt/innen)
Fundstelle: § 88 Beamtenversorgungsgesetz

Abgangszeugnisse
→ Notenbildungsverordnung
→ Zeugnisse (Allgemeinbildende Schulen) Nr. 6

Abgeordnete
→ Fachleute aus der Praxis
→ Landtagsbesuche
→ Wahlkampf und Schule
→ Werbung

Abitur
→ Abschlüsse
→ Berufliches Gymnasium
→ Gymnasium (Abitur)
→ Gymnasium (Abitur – Termine)
→ Gymnasium (Aufbaugymnasium)
→ Hochschulreife (Ergänzungsprüfung)
→ Hochschulreife (Zuerkennung)
→ Korrekturtage

Abkürzungen
siehe Seite 2

Abmahnung
→ Mobbing
→ Personalvertretungsgesetz § 80 Abs. 1 Nr. 8c
→ Sucht (Dienstvereinbarung)

→ Tarifverträge (Länder) § 3 (Durchführungsginweis)

Abmeldung (Religion)
→ Ethik
→ Grundgesetz Art. 140
→ Religion und Schule Nr. 3
→ Religionsunterricht (Teilnahme)
→ Schulgesetz § 100
→ Verfassung Art. 18

Abordnung
→ Arbeitszeit (Lehrkräfte) E.2.7
→ Arbeitszeit (Mischdeputat)
→ Beamtengesetz § 25
→ Einstellungserlass Nr. 10
→ Ernennungsgesetz
→ Personalvertretungsgesetz § 75, § 80, § 92
→ Reisekosten (Auswärtiger Unterricht)
→ Trennungsgeldverordnung
→ Tarifvertrag (Länder) § 4
→ Versetzungen und Abordnungen

Abordnungsketten
→ Einstellungserlass Nr. 10
→ Versetzungen und Abordnungen

Abschläge (Beamtenversorgung)
→ Beamtenversorgung (Allgemeines)
→ Beamtenversorgung (Abschläge)
→ Ruhestand (Übergangsregelungen)

Abschlagszahlungen (Beihilfe)
→ Beihilfeverordnung § 17 Abs. 7

Abschlüsse/Prüfungen
siehe bei den einzelnen Schularten
→ Abschlüsse (Allgemeines)
→ Abschlüsse (Hauptschule / Mittlere Reife)
→ Abschlüsse (Berufsausbildung)
→ Fachhochschulreife
→ HS Informationsveranstaltungen
→ Hochschulreife (Ergänzungsprüfung)
→ Hochschulreife (Zuerkennung)
→ Korrekturtag
→ Prüfungsakten (Einsichtnahme)
→ Werkrealschule (Ausbildung und Prüfung)

Abschlussklassen
→ Notenbildungsverordnung § 3

Absinken der Schülerzahl
→ Besoldung (Gesetz) § 92

Abstimmung (Konferenzen)
→ Konferenzordnung § 13

Abteilungkonferenzen
→ Konferenzordnung § 6

Abwesenheit (Lehrkräfte)
siehe auch Schlagwort **Urlaub**
→ Abwesenheit und Krankmeldung (Lehrkräfte)
→ Beamtengesetz § 68
→ Beihilfeverordnung
→ Infektionsschutzgesetz
→ Tarifvertrag (Länder) § 26 ff.

Abwesenheit (Schüler/innen)
→ Schulbesuchsverordnung

Adressen (GEW usw.)
→ am Anfang des Jahrbuches

AGG
→ Gleichbehandlungsgesetz

AIDS (HIV)
→ Fachleute aus der Praxis
→ Geschlechtserziehung (Hinweis)
→ Infektionsschutzgesetz (Hinweis)

Akten
siehe auch Schlagwort **Personalakten**

Aktenvermerk/Aktennotiz
→ IAktenvermerk
→ Archivierung/Aufbewahrungsfristen
→ Datenschutz (Schulen) II.6

„Aktion Abendsonne"
→ Beförderung (Allgemeines) Nr. 4

Aktion Jugendschutz
→ Jugendschutz (Aktion Jugendschutz – ajs)

Alarmeinrichtungen
→ Gewaltvorfälle und Schadensereignisse

Alkoholgenuss
→ Jugendschutzgesetz
→ Sucht (Dienstvereinbarung)
→ Suchtprävention Vorbemerkung
→ Unfälle (Arbeits-/Dienstunfälle)

Alphabetisches Schlagwortverzeichnis

Allgemeine Beurteilung
- → Notenverordnung (Allgemeine Beurteilung)

Allgemeines Entlastungskontingent
- → Arbeitszeit (Lehrkräfte) Teil E 1

Allgemeines Gleichbehandlungsgesetz
- → Gleichbehandlungsgesetz

Altersermäßigung
- → Arbeitszeit (Lehrkräfte) D Ziff. 1
- → Teilzeit / Urlaub (Beamtenrecht – VwV / Hinweise)

Altersgrenze (Einstellung)
- → Beamtengesetz § 15
- → Beamtenstatusgesetz § 7
- → Einstellung (Altersgrenze)

Altersgrenze (Hinausschiebung)
- → Beamtengesetz § 39

Altersgrenze (Hinausschiebung / Zuschlag)
- → Besoldung (Gesetz) § 69

Altersgrenze (Ruhestand)
- → Beamtengesetz § 36 ff.

Altersgrenzen (Übergangsvorschriften)
- → Ruhestand (Übergangsregelung)

Altersteilzeit (Beamte)
- → Beamtengesetz § 70
- → Beamtenstatusgesetz § 43
- → Ruhestand (Allgemeines) A.4
- → Teilzeit / Urlaub (Beamtenrecht – VwV) Nr. V

Altersurlaub
- → Beamtengesetz § 72 Abs. 2 Nr. 2
- → Teilzeit / Urlaub (Arbeitnehmer) Teil C

Altersversorgung
siehe Schlagwort Ruhegehalt

Altersversorgung (Betriebliche)
- → Tarifvertrag (Länder) § 25

Ambulante Heilkur
- → Beihilfeverordnung § 8 Abs. 1 Nr. 3

Amtsärztliche Untersuchung
- → Amtsärztliche Untersuchung
- → Beamtengesetz § 53
- → Betriebspraktika Ziff. 6
- → Infektionsschutzgesetz
- → Ruhestand (Allgemeines)
- → Schulärztliche Untersuchung
- → Tarifvertrag (Länder) § 3 Abs. 5

Amtsbezeichnung
- → Beamtengesetz § 56

Amtsblatt K.u.U.
- → Kultus und Unterricht
- → Vorschriften

Amtshaftung
- → Haftung und Versicherung
- → Grundgesetz Art. 34
- → Tarifvertrag (Länder) § 3 Abs. 7

Amtshilfe
- → Amtshilfe
- → Polizei und Schule
- → Suchtprävention

Amtsverschwiegenheit
- → Beamtengesetz § 57
- → Beamtenstatusgesetz § 37
- → Bildungsberatung
- → Disziplinargesetz (Allgemeines)
- → Disziplinargesetz (LDG)
- → Funktionsstellen (Besetzung)
- → Konferenzordnung § 14
- → Personalvertretungsgesetz § 10
- → Presserecht
- → Tarifvertrag (Länder) § 3 Abs. 2
- → Verschwiegenheitspflicht
- → Verwaltungsrecht

Amtszulagen
- → Besoldung (Gesetz) § 43

Änderung (Schulart/ -form/ -typ)
- → Schulgesetz § 30 (Hinweis)

Andere Bewerber
- → Beamtengesetz § 16 Abs. 3

Angestellte
siehe Schlagwort Arbeitnehmer
- → TVL § 1 Abs. 4 (Hinweis)

Anhörung
- → Beamtengesetz § 87
- → Disziplinargesetz (Allgemeines)
- → Disziplinargesetz (LDG)
- → Sucht (Dienstvereinbarung)
- → Versetzung und Abordnung
- → Verwaltungsrecht Nr. II und VIII

Anhörung (Beistand)
- → Verwaltungsrecht Nr. VIII

Anhörung (Personalaktendaten)
- → Beamtengesetz § 87

Ankündigung (Unterrichtsbesuche)
- → Unterrichtsbesuche

Anlassbeurteilung
- → Dienstl. Beurteilung (Lehrkräfte)
- → Disziplinargesetz (Allgemeines)
- → Funktionsstellen (Besetzung)
- → Unterrichtsbesuche

Anmeldezeugnis
- → Aufnahmeverordnung § 4

Anpassung der Besoldung
- → Besoldung (Gesetz) §16

Anrechnungen (Regelstundenmaß)
- → Arbeitszeit (Lehrkräfte) Teil E
- → Arbeitszeit (PC-Betreuung und Multimedia-Beratung)

Anschriften (GEW usw.)
- → am Anfang des Jahrbuches

Ansprechpartnerinnen
- → Chancengleichheitsgesetz § 16 f.

Anstaltsunterbringung
- → Beihilfeverordnung § 9

Ansteckende Krankheiten
- → Beihilfeverordnung § 10
- → Infektionsschutzgesetz

Anstellung (Beamtenrecht)
Hinweis der Redaktion: Die Anstellung entfällt ab 1.1.2011.

Antragsaltersgrenze
- → Beamtengesetz § 40
- → Beamtenstatusgesetz § 26
- → Renten

- → Beamtenversorgung (Allgemeines)
- → Beamtenversorgung (Hinterbliebene)
- → Beamtenversorgung (Höchstgrenzen)
- → Ruhestand (Allgemeines)
- → Schwerbehinderung
- → Tarifvertrag (Länder) § 34

Anwärter/innen
- → Arbeitszeit (Lehramtsanwärter- und Referendar/innen)
- → Ausbildungspersonalrat
- → Beamtengesetz §§ 16-18, 21
- → Besoldung (Anwärterbezüge)
- → Besoldung (Anwärter-Unterrichtsvergütung)
- → Personalvertretungsgesetz § 11 Abs. 3
- → Prüfungsakten (Einsichtnahme)
- → Urlaub (Prüfungen)
- → Vorbereitungsdienst (Sozialpunkte)
- → Vorbereitungsdienst (Zulassung)

Anwärter (Anrechnung anderer Einkünfte)
- → Besoldung (Gesetz) §83

Anwärtersonderzuschläge
- → Besoldung (Gesetz) § 81

Anwärter (Unterrichtsvergütung)
- → Besoldung (Anwärter-Unterrichtsvergütung)
- → Besoldung (Gesetz) § 62

Anwartschaft (Gewährleistungsbescheid zu Versorgung)
- → Einstellungserlass Nr. 15.4

Arbeitgeberdarlehen
- → Vorschussrichtlinien

Arbeit-Wirtschaft-Technik
- → Betriebspraktika

Arbeitnehmer (früher: Angestellte)
- → Tarifvertrag (Entgelttabellen)
- → Lehrbeauftragte
- → Nebenamtlicher/nebenberuflicher Unterricht
- → Personalvertretungsgesetz § 7
- → Probezeit (Arbeitnehmer)
- → Renten
- → Teilzeit / Urlaub (Arbeitnehmer)
- → Tarifvertrag (Länder) § 1 (Hinweis zu § 4)

Arbeitsbefreiung
- → Arbeitszeit (Lehrkräfte) Teil E
- → Fortbildung (Allgemeines)
- → Korrekturtag
- → Urlaub (Lehrkräfte) und Krankmeldung Teil B
- → Urlaub (Prüfungen)
- → Urlaub (Lehrkräfte / Allgemeines) Nr. 2
- → Urlaub (Verordnung / AzUVO)
- → Tarifvertrag (Länder) § 29

Arbeitsbescheinigungen
- → Tarifvertrag (Länder) § 35

Alphabetisches Schlagwortverzeichnis

Arbeitserziehung
Fundstelle: Arbeitserziehungs- und Heilerziehungshilfeschulverordnung vom 30. März 2004 (GBl. S. 178)

Arbeitsgemeinschaften
→ Konferenzordnung § 2
→ Lehrbeauftragte
→ Stundentafeln (bei den einzelnen Schularten)

Arbeitshefte/Arbeitsmittel
→ Lernmittelfreiheit
→ Lernmittelverordnung § 1 Abs. 2

Arbeitsjubiläum
→ Dienst- und Arbeitsjubiläen
→ Tarifvertrag (Länder) § 23 Abs. 2 und § 29

Arbeitskampf
→ Grundgesetz Artikel 9

Arbeitskreise (Eltern)
→ Elternbeiratsverordnung § 33
→ Schulgesetz § 58

Arbeitskreise (Schüler/innen)
→ Schülermitverantwortung § 18
→ Schulgesetz § 69

Arbeitslosenversicherung
→ Sozialversicherungsbeiträge

Arbeitsplatzerkundungen
→ Betriebspraktika

Arbeitsschutz/Arbeitsunfall
→ Arbeits- und Gesundheitsschutz (Allgemeines)
→ Arbeitsschutz (Betriebsärztliche Beratung für Lehrkräfte)
→ Arbeitsschutzgesetz
→ Bildschirmarbeitsverordnung
→ Erste Hilfe
→ Jugendarbeitsschutz (Kinderarbeit)
→ Personalvertretungsgesetz §§ 79 und 83
→ Unfälle (Arbeits- und Dienstunfälle)

Arbeitsschutzausschüsse
→ Arbeitsschutzgesetz § 14

Arbeitsschutzvorschriften (Aushang)
→ Arbeits- und Gesundheitsschutz (Allgemeines) Nr. 5

Arbeitsunfähigkeit
→ Abwesenheit und Krankmeldung (Lehrkräfte)
→ Beamtengesetz § 68
→ Tarifvertrag (Länder) § 22

Arbeitsunfall
→ Unfälle (Arbeits-/Dienstunfälle)

Arbeitsstellen Kooperation
→ Behinderungen und Förderbedarf
→ Behinderungen (Inklusion)

Arbeitsversuch
→ Arbeitszeit (Rekonvaleszenz)

Arbeitsvertrag
→ Tarifvertrag (Länder)

Arbeitszeit
→ Arbeitszeit (Allgemeines)
→ Arbeitszeit- und Urlaubsverordnung
→ Arbeitszeit (Arbeitszeitverordnung)
→ Arbeitszeit (Lehramtsanwärter- und Referendar/innen)
→ Arbeitszeit (Fachlehrer/innen und Technische Lehrkräfte)
→ Arbeitszeit (Gesamtschulen/ Ganztagsschulen)
→ Arbeitszeit (Lehrkräfte)
→ Arbeitszeit (Mischdeputat)
→ Arbeitszeit (Rekonvaleszenz)
→ Arbeitszeit (Schwerbehinderung)
→ Arbeitszeit (Vorgriffsstunde)
→ Beamtengesetz §§ 67, 72 ff.
→ Mehrarbeit
→ Schulleiter/innen (Aufgaben und Arbeitszeit)
→ Schwerbehinderung
→ Teilzeit / Urlaub (Arbeitnehmer)
→ Teilzeit / Urlaub (Beamte)
→ Tarifvertrag (Länder) § 6 (Sonderregelung für Lehrkräfte)

Arbeitszeit (Schwerbehinderte)
→ Arbeitszeit (Lehrkräfte) Teil D 2
→ Arbeitszeit (Rekonvaleszenz)
→ Arbeitszeit (Schwerbehinderung)
→ Schwerbehinderung

Arbeitszeit (Seminare)
Fundstelle: Arbeitszeit für das Leitungs- und Lehrpersonal an den Staatl. Seminaren für Didaktik und Lehrerbildung; Loseblattsammlung KuU Nr. 0301-52
→ Seminare

Arbeitszeit- und Urlaubsverordnung
Hinweis: Die einzelnen Abschnitte der Verordnung über die Arbeitszeit, den Urlaub, den Mutterschutz sowie die Elternzeit (Arbeitszeit- und Urlaubsverordnung) sind dem jeweilig alphabetischen Sach-Schlagwort zugeordnet.
→ Arbeitszeit (Arbeitszeitverordnung)
→ Elternzeit (Verordnung/AzUVO)
→ Mutterschutz (Verordnung / AzUVO)
→ Urlaub (Pflegezeit / AzUVO)
→ Urlaub (Verordnung / AzUVO)

Arbeitszeitkonten
→ Arbeitszeit (Allgemeines) Nr. 1
→ Arbeitszeit (Lehrkräfte) Teil H (Hinweis Nr. 2) und Teil I (Kasten)
→ Arbeitszeit (Lehrkräfte) Teil I (Erläuterungen des KM)

Arbeitszeugnis
→ Arbeitszeugnis / Dienstzeugnis

Archivierung
→ Archivierung/Aufbewahrungsfristen Nr. 3
Fundstelle: VwV „Verwaltung des Schriftguts ..." Loseblattsammlung KuU Nr. 0211-52

Arztbesuch (Urlaub)
→ Tarifvertrag (Länder) § 29
→ Urlaub (Allgemeines); Anlage 2

Ärzte an Sonderschulen
Fundstelle: Mitarbeit von Ärzten an Schulen und Schulkindergärten für Körperbehinderte; Loseblattsammlung KuU Nr. 6411.56

Ärztliche Untersuchung
→ Amtsärztliche Untersuchung
→ Beamtengesetz §§ 53, 68
→ Betriebspraktika
→ Infektionsschutzgesetz
→ Schulärztliche Untersuchung
→ Tarifvertrag (Länder) § 3 Abs. 5

Assistentenaustausch
→ Auslandsschuldienst

Asylbewerber
→ Schulpflicht (Ausländische Jugendliche)
→ Sprachförderung (Integration)

Audiovisuelle Medien
→ Rundfunk- und Fernsehgebühren

Aufbaugymnasium
→ Gymnasium (Aufbaugymnasium)
Fundstelle: Gebührenverordnung des KM für die staatlichen Aufbaugymnasien mit Heim; Loseblattsammlung KuU Nr. 0541-21

Aufbewahrungs-fristen
→ Archivierung/Aufbewahrungsfristen
→ Bildungsberatung Ziff. IV.3
→ Datenschutz (Schulen)

Aufführungen in Schulen
→ Musisch-kulturelle Bildung
→ Urheberrecht (GEMA / Musik)

Aufenthalt in Gaststätten
→ Jugendschutzgesetz

Auflösungsvertrag
→ Renten
→ Tarifvertrag (Länder) § 34

Aufnahme in die Schule
→ Abschlüsse (Allgemeines)
→ Aufnahmeverfahren
→ Aufnahmeverordnung (Termine)
→ Aufnahmeverordnung
→ Behinderungen / Förderbedarf
→ Datenschutz (Schulen)
→ Einschulung
→ Schulärztliche Untersuchung
→ Schulgesetz § 41 Abs. 1, § 47 Abs. 3 Nr. 1, §§ 72 ff., § 85
→ Schulpflicht (Ausländer/innen)
→ Schulpflicht (Berufliche Schulen)
→ Schulpflicht (Durchsetzung)
→ Schulpflicht (Meldeverordnung – Datenschutz)

Aufnahmeprüfung
→ Abschlüsse (Allgemeines)
→ Aufnahmeverfahren (Orientierungsstufe)
→ Aufnahmeverordnung (Termine)
→ Aufnahmeverordnung
→ Notenbildungsverordnung

Alphabetisches Schlagwortverzeichnis

Aufsicht
- → Aufsichtspflicht
- → Aufsicht (Schwimmunterricht)
- → Betriebspraktika
- → Konferenzordnung § 2
- → Mehrarbeit
- → Schulgesetz § 99
- → Unfallversicherung

Aufsicht über Schulträger
- → Schulgesetz § 36

Aufstieg (Arbeitnehmer)
- → Tarifvertrag (Länder) § 12 ff.

Aufstieg (Laufbahnen)
- → Aufstieg (Laufbahnen)
- → Beamtengesetz § 22

Auftrag der Schule
- → Schulgesetz § 1
- → Verfassung Art. 12, 17, 21

Aufwandsentschädigung
- → Reisekosten (Gesetz) § 17

Ausbildungslehrer/innen
- → Besoldung (Zulagen)
- → Schulgesetz § 111

Ausbildungspersonalräte
- → Ausbildungspersonalräte
- → Personalvertretungsgesetz §§ 11 und 56

Ausbildungsreisen
- → Reisekosten (Gesetz – LRKG; zu § 23)
- → Reisekosten (Ausbildung)

Ausbildungsschulen/-klassen
- → Besoldung (Zulagen)
- → Schulgesetz § 111

Auschwitz
- → Außerschulische Jugendbildung (Landesjugendplan)
- → Gedenktag (NS-Zeit)

Ausfall des Unterrichts
- → Arbeitszeit (Lehrkräfte) Teil H
- → Betriebsausflüge
- → Fortbildung und Personalentwicklung Nr. II
- → Hitzefrei
- → Mehrarbeit
- → Personalversammlungen
- → Schulbesuchsverordnung
- → Urlaub

Ausflüge
- → Außerunterr. Veranstaltungen

Aushänge
- → Werbung

Aushanggesetze/-pflicht
- → Arbeits- und Gesundheitsschutz (Allgemeines) Nr. 5
- → Arbeitsschutzgesetz
- → Werbung

Aushilfslehrkräfte
- → Lehrbeauftragte
- → Mehrarbeit
- → Nebenamtlicher/nebenberuflicher Unterricht
- → Organisationserlass Teil A
- → Tarifvertrag (Länder)

Auskünfte an die Presse
- → Presserecht
- → Schulgesetz § 41

Auskunftsrecht
- → Datenschutz (Schulen)

Ausländer/innen
- → Organisationserlass
- → Schulpflicht (Ausl. Jugendliche)
- → Schulpflicht (Durchsetzung)
- → Sprachförderung (Integration)

Auslandsaufenthalt
- → Außerunterr. Veranstaltungen
- → Beihilfeverordnung (Urlaub)
- → Schulpartnerschaften

Auslandsschuldienst
- → Auslandsschuldienst

Auslese (Beamt/innen)
- → Beamtenstatusgesetz § 9
- → Chancengleichheitsgesetz
- → Funktionsstellen (Besetzung)
- → Grundgesetz Art. 33

Aussagegenehmigung
- → Beamtengesetz § 57
- → Beamtenstatusgesetz § 37

Ausscheiden aus dem (Schul-)Dienst
- → Beamtengesetz § 30 a ff.
- → Beamtenstatusgesetz § 22

Ausschluss aus der Schule
- → Schulgesetz § 47, § 90

Ausschlussfrist (
- → Tarifvertrag (Länder) § 37

Ausschreibung (Planstellen)
- → Beamtengesetz § 11
- → Beamtenstatusgesetz § 9
- → Beförderung (Allgemeines)
- → Beförderung (Oberstudienrat/ -rätin) Nr. 8
- → Einstellungserlass Nr. 26

Außenklassen/Außenstellen
- → Behinderungen und Förderbedarf
- → Organisationserlass
- → Schulgesetz § 15 Abs. 6

Außerunterrichtliche Veranstaltungen
- → Außerunterr. Veranstaltungen
- → Außerunterrichtliche Veranstaltungen (Reisekosten)
- → Außerunterrichtliche Veranstaltungen (Hinweise)
- → Außerschulische Jugendbildung
- → Gedenktag (NS-Zeit)
- → Landtagsbesuche
- → Musisch-kulturelle Bildung
- → Wilhelma

Aussiedler
- → Sprachförderung (Integration)

Ausstattung (Diensträume)
- *Fundstelle:* KuU S. 75/1994

Ausstattung von Schulen
- → KonferenzVO § 2 Abs. 1 Ziff. 8a
- → Schulbau
- → Schulgesetz § 30 (Hinweis)

Austausch (Lehrkräfte)
- → Auslandsschuldienst
- → Ländertausch (Lehrkräfte)

Austausch (Schüler/innen)
- → Schulpartnerschaften

Auswärtiger Unterricht
- → Arbeitszeit (Lehrkräfte) E.2.7
- → Organisationserlass 1.3
- → Reisekosten (Auswärtiger Unterricht)
- → Reisekosten (Nebenlehrer/innen)

Auswahl (Einstellung)
- → Beamtenstatusgesetz § 9

B

Bagatellgrenze (Mehrarbeit)
- → Beamtengesetz § 67 Abs. 3
- → Mehrarbeit Nr. III

BahnCard
- → Reisekosten (Gesetz-LRKG) § 5

Bandbreitenregelung (Arbeitszeit)
- → Arbeitszeit (Lehrkräfte) Teil I

BAT (Bundesangestelltentarifvertrag)
Hinweis: Der BAT wurde durch den → Tarifvertrag – Länder (TV-L) abgelöst.

Bau/Ausstattung von Schulen
- → Konferenzordnung § 2 Abs. 1 Ziff. 8a
- → Schulbau
- → Schulgesetz § 30 (Hinweis)

Beamtengesetz
- → Beamtengesetz
- → Beamtenstatusgesetz

Beamtenpflichten
- → Beamtenstatusgesetz § 33-36
- → Teilzeit (Pflichten)

Beamtenrecht (Zuständigkeit / Vorgesetzte)
- → Beamtengesetz § 3
- → Beamtenrecht (Zuständigkeiten im Schulbereich)

Beamtenverhältnis
- → Beamtengesetz § 6 ff.
- → Beamtenstatusgesetz §§ 3 ff.
- → Grundgesetz Art. 33

Beamtenversorgung
- → Beamtenversorgung (Allgemeines)
- → Beamtenversorgung (Abschläge)
- → Beamtenversorgung (Berechnung)
- → Beamtenversorgung (Hinterbliebene)
- → Beamtenversorgung (Höchstgrenzen)
- → Renten und Beamtenversorgung
- → Renten (Private Zusatzversicherungen)
- → Ruhestand (Übergangsregelungen)

Alphabetisches Schlagwortverzeichnis

Beamtenversorgungsgesetz
→ Beamtenversorgung (Unfallfürsorge)

Beanstandungsrecht
→ Beamtenstatusgesetz § 36
→ Chancengleichheitsgesetz § 16

Beauftragte für Chancengleichheit
→ Beauftragte für Chancengleichheit (im Adressenteil am Anfang des Buches)
→ Beauftragte für Chancengleichheit (GWHRS-Bereich)
→ Chancengleichheitsgesetz

Befähigung
→ Beamtenstatusgesetz § ✳
→ Dienstliche Beurteilung
→ Funktionsstellen (Besetzung)

Befangenheit
→ Beamtengesetz §§ 52, 62 Abs. 1 Nr. 2
→ Befangenheit
→ Personalvertretungsgesetz § 36,2

Beflaggung
→ Beflaggung

Beförderung (Beamte)
→ Aufstieg (Laufbahnen)
→ Beamtengesetz §§ 8, 20
→ Beamtenstatusgesetz § 22 Abs. 5
→ Beförderung (Allgemeines)
→ Beförderung (Hauptschullehrkräfte)
→ Beförderung (Oberstudienrat/-rätin)
→ Beförderung (Stellen- und Beförderungssperre)
→ Besoldung (Gesetz)
→ Ernennungsgesetz
→ Chancengleichheitsgesetz
→ Funktionsstellen (Besetzung)
→ Personalvertretungsgesetz § 75 i.V.m. § 82

Beförderung (Schüler/innen)
→ Schülerbeförderung

Befreiung vom Unterricht (Schüler/innen)
→ Feiertage
→ Schulbesuchsverordnung

Befreiung von Amtshandlungen
→ Beamtengesetz § 52

Befristete Arbeitsverträge
→ Tarifvertrag (Länder) § 30

Begabtenprüfung
→ Begabten-Eignungsprüfung (Hochschulzugang)

Begabung
→ Hochbegabung
→ Verfassung Art. 11

Beglaubigungen
→ Beglaubigungen
→ Gebühren
→ Zeugnisse (Ersatzzeugnisse)

Begleitpersonen
→ Außerunterr. Veranstaltungen

Begrenzte Dienstfähigkeit
→ Beamtengesetz § 43 Abs. 3
→ Beamtenstatusgesetz § 27
→ Besoldung (Gesetz) §§ 9, 72
→ Ruhestand (Allgemeines)

Behinderungen
siehe auch Schlagwort Schwerbehinderung
→ Behinderungen (Kinder und Jugendliche)
→ Behinderungen und Förderbedarf
→ Behinderungen (Inklusion)
→ Schulgesetz § 15
→ Schulkindergärten
→ Sonderschule (Förderschule)
→ Sonderschule (Krankenhausschule)
→ Sonderschule (Schule für Geistigbehinderte)

Behindertengleichstellungsgesetz
→ Schwerbehinderung (Allgemeines)

Behörde (Schule als Behörde)
→ Schulgesetz § 23, 3

Behördenselbstschutz
→ Gewaltvorfälle und Schadensereignisse

Behördlicher Datenschutzbeauftragter
→ Datenschutz (Schulen) I.12

Beihilfe
→ Beamtengesetz § 78
→ Beihilfe
→ Beihilfe (Arbeitnehmer)
→ Beihilfeverordnung
→ Beihilfe (Kuren)
→ Beihilfe (Urlaub ohne Bezüge)
→ Krankenversicherung

Beihilfe (Wahlleistungen)
→ Beihilfeverordnung § 6a Abs. 2

Beihilfefähige Aufwendungen
→ Beihilfeverordnung § 3 ff.

Beistand (Anhörung / Dienstgespräch)
→ Disziplinargesetz (Allgemeines)
→ Disziplinargesetz (LDG) § 11
→ Rechtsschutz
→ Sucht (Dienstvereinbarung)
→ Versetzungen und Abordnungen
→ Verwaltungsrecht Nr. VIII.

Beitragssätze
→ Sozialversicherung

Beitragszuschuss
→ Krankenversicherung

Bekanntmachungen/Verzeichnis
→ Kultus und Unterricht
→ Vorschriften Teil B

Bekleidungsvorschriften
→ Religion und Schule
→ SchulbesuchsVO (Hinweise)

Belästigung (Sexuelle)
→ Diskriminierung (Sexuelle)
→ Gleichbehandlungsgesetz
→ Mobbing

Bekleidung (Kopftuch)
→ SchulbesuchsVO (Hinweise)

Belohnungen / Geschenke
→ Beamtenstatusgesetz § 42
→ Belohnungen und Geschenke
→ Tarifvertrag (Länder) § 3 Abs. 3

Bemerkungen (Zeugnisse)
→ Zeugnisse Nr. 9

Bemessungsgrundlage (Entgeltfortzahlung)
→ Tarifvertrag (Länder) § 21

Bemessungssatz
→ Beihilfeverordnung § 14

Benachteiligung
→ Chancengleichheitsgesetz
→ Diskriminierung (Unterricht)
→ Diskriminierung (Sexuelle Orientierung)
→ Gleichbehandlungsgesetz
→ Grundgesetz Art. 3
→ Mobbing
→ Verfassung Art. 2a

Benachteiligungsverbot (Genetische Eigensdchaften)
→ Beamtengesetz § 75

Benachteiligungsverbot (Teilzeit)
→ Beamtengesetz § 75

Beratende Unterrichtsbesuche
→ Schulleitung (Abteilungsleiter/innen)
→ Schulgesetz § 32
→ Unterrichtsbesuche

Berater (Pädagogische)
→ Fachberater/innen

Beratung
→ Abschlüsse (Allgemeines)
→ Aufnahmeverfahren (Orientierungsstufe)
→ Aufnahmeverordnung
→ Bildungsberatung
→ Datenschutz (Schulen)
→ Dienstliche Beurteilung (Lehrkräfte)
→ Fachberaterinnen und Fachberater
→ Schulleitung (Abteilungsleiter/innen)
→ Schulgesetz § 32 Abs. 1, letzter Satz
→ Schulpsychologische Beratungsstellen

Beratungslehrer/innen
→ Arbeitszeit (Lehrkräfte) Teil E Nr. 2.4
→ Aufnahmeverordnung
→ Bildungsberatung, III, 2

Beratungsstellen (Rentenversicherung)
→ Renten

Bereinigung (Vorschriften)
→ Vorschriften Teil B

Berlinfahrten
→ Außerunterr. Veranstaltungen

Berücksichtigungsfähige Zeiten
→ Besoldung (Gesetz) § 32

Alphabetisches Schlagwortverzeichnis

Berufliche Schulen
- → Schulgesetz §§ 10 ff.

Berufliches Gymnasium
- → Berufliches Gymnasium
- → Fachhochschulreife
- → Gymnasium (Schultypen)
- → Schulgesetz § 8

Berufsaufbauschule
- → Berufsoberschule und Berufsaufbauschule
- → Schulgesetz § 13

Berufsberatung
- → HS Informationsveranstaltungen

Berufseinstiegsjahr
- → Berufseinstiegsjahr

Berufsfachschule
- → Berufsfachschule

Berufsgrundbildungsjahr
- → Berufsschule
- → Schulgesetz § 10 Abs. 2

Berufshaftpflicht
- → Haftung und Versicherung

Berufskolleg
- → Berufskolleg
- → Schulgesetz § 12

Berufsoberschule
- → Berufsoberschule und Berufsaufbauschule
- → Schulgesetz § 13

Berufsschule
- → Berufsschule
- → Kooperationsklassen HS/BS
- → Schulgesetz § 10

Berufsrechtsschutz
- → Rechtsschutz

Berufsschulpflicht
- → Schulbesuchsverordnung
- → Schulgesetz § 77 ff.
- → Schulpflicht (Ausl. Jugendliche)
- → Schulpflicht (Berufliche Schulen)
- → Schulpflicht (Durchsetzung)

Berufsunfähigkeit
- → Rente (Allgemeines)
- → Renten / Beamtenversorgung (Zusatzversicherungen)

Berufsverbände
- → Beamtengesetz § 89
- → Beamtenstatusgesetz § 53
- → Grundgesetz Art. 9
- → Personalvertretungsgesetz
- → Werbung

Berufsvorbereitungsjahr (BVJ)
- → Berufsvorbereitungsjahr (BVJ)
- → Kooperationsklassen HS/BS
- → Organisationserlass Teil 6
- → Schulgesetz § 10 Abs. 5, § 78a
- → Schulpflicht (Berufliche Schulen)

Berufswahlunterricht
- → Betriebspraktika

Beschäftigtenschutzgesetz
- → Gleichbehandlungsgesetz

Beschwerden
- → Beamtengesetz § 49

- → Beamtenstatusgesetz §§ 36, 54
- → Elternbeiratsverordnung § 1
- → Ermessen
- → Personalvertretungsgesetz § 68
- → Tarifvertrag (Länder) § 3 Abs. 6
- → Unterrichtsbesuche
- → Verwaltungsrecht

Besoldung
- → Besoldung (Anwärterbezüge)
- → Besoldung (Gehälter)
- → Besoldung (Gesetz)
- → Besoldung (Lehrkräfte – Eingruppierung)
- → Besoldung (Zulagen)
- → Elterngeld/Elternzeit
- → Kindergeld

Besoldung (Leistungsprämien / Leistungsstufen)
- → Besoldung (Gesetz) § 31
- → Besoldung (Leistungsprämien / Leistungsstufen)

Besoldung (Zuschlag bei begrenzter Dienstfähigkeit)
- → Besoldung (Gesetz) §§ 9, 72

Besoldungsdienstalter
- → Besoldung (Gesetz) § 99

Besondere Eingangsbesoldung
- → Besoldung (Gesetz) §23

Besondere Lernleistungen / „Seminarkurs"
- → Gymnasium (Abitur) § 2 Abs. 7

Besondere Schulaufsichtsbeamte
- → Bildungsberatung Teil III
- → Schulgesetz § 32 Abs. 1, letzter Satz und § 37

Bestechung
- → Beamtenstatusgesetz § 42
- → Belohnungen und Geschenke
- → Tarifvertrag (Länder) § 3

Bestenauslese
- → Beamtenstatusgesetz § 9
- → Einstellungserlass

Betäubungsmittelgesetz
- → Suchtprävention

Beteiligung (Spitzenverbände)
- → Beamtengesetz § 89
- → Beamtenstatusgesetz § 53
- → Personalvertretungsgesetz § 84

Betriebliche Altersversorgung
- → Tarifvertrag (Länder) § 25

Betriebliches Eingliederungsmanagement
- → Abwesenheit und Krankmeldung (Lehrkräfte)
- → Schwerbehinderung Teil A § 84 und Teil D

Betriebsärzte
- → Arbeits- und Gesundheitsschutz (Allgemeines)
- → Arbeitsschutz (Betriebsärztliche Beratung für Lehrkräfte)

Betriebsausflüge
- → Betriebsausflüge

Betriebserkundungen
- → Außerunterr. Veranstaltungen

- → Betriebspraktika
- → Schüler-Zusatzversicherung
- → Unfallversicherung

Betriebspraktika
- → Betriebspraktika
- → Schüler-Zusatzversicherung
- → Unfallverhütung/-versicherung

Beurlaubung (Lehrkräfte)
siehe Schlagwort Urlaub

Beurlaubung (Schüler/innen)
- → Feiertage
- → Schulbesuchsverordnung
- → Schulgesetz §§ 72-85

Beurteilung (Lehrkräfte)
siehe Schlagwort Dienstliche Beurteilung

Beurteilung (Schüler/innen)
- → Behinderungen und Förderbedarf
- → Notenbildungsverordnung § 7
- → Notenbildungsverordnung (Allgemeine Beurteilung)
- → Grundschule (Schulbericht)
- → Sprachförderung (Integration) Nr. 3
- → Zeugnisse

Bewährung
- → Aufstieg (Laufbahnen)
- → Beamtengesetz §§ 8, 19
- → Beamtenstatusgesetz §§ 10, 22 Abs. 5 und 34a
- → Probezeit

Bewegliche Ferientage
- → Arbeitszeit (Lehrkräfte) Teil H
- → Ferienverordnung § 3

Bewerberakten
- → Personalakten

Bewerberliste (Allgemeine)
- → Einstellungserlass Ziff. 23

Bildschirmarbeitsverordnung
- → Bildschirmarbeitsverordnung

Bildstellen/Bildstellenleiter
Fundstelle: Gesetz über die Medienzentren (Medienzentrengesetz) vom 6.2.2001 (GBl. S. 117/2001), geändert am 1.7.2004 (GBl. S. 469/2004)

Bildungsangebot (Erweitertes)
- → Werkrealschule (Stundentafel)

Bildungsauftrag der Schule
- → Schulgesetz § 1
- → Verfassung Art. 11, 12, 17, 21

Bildungsberatung
- → Abschlüsse (Allgemeines)
- → Bildungsberatung
- → Fachberaterinnen und Fachberater
- → Schulleitung (Abteilungsleiter/innen)
- → Schulgesetz § 19 und § 32 Abs. 1, letzter Satz
- → Schulpsychologische Beratungsstellen

Alphabetisches Schlagwortverzeichnis

Bildungsempfehlung
- → Aufnahmeverfahren (Orientierungsstufe)
- → Aufnahmeverordnung

Bildungsfördernde Veranstaltungen
- → Außerunterrichtliche Veranstaltungen
- → Musisch-kulturelle Bildung

Bildungswegekonferenzen
- → Behinderungen (Inklusion)

Bildungsnachweise (Abschlüsse)
- → Abschlüsse (Allgemeines)

Bildungspläne/Lehrpläne
- → Bildungspläne und Bildungsstandards
- → Kultus und Unterricht Nr. 1
- → Schulgesetz §§ 35, 38, 41 Abs. 2, 60

Bildungsregionen
- → Bildungsregionen

Bildungsvoraussetzungen (Laufbahn)
- → Beamtengesetz § 15

Bildungsweg
- → Abschlüsse (Allgemeines)
- → Abschlüsse (Berufsausbildung)
- → Hochschulreife (Zuerkennung)
- → Schulgesetz § 88

Bildungsweg (Zweiter)
- → Begabten-Eignungsprüfung

Bildungszentrum
- → Konferenzordnung § 8
- → Schulgesetz § 17

Bindungswirkung (Konferenzen)
- → Konferenzordnung §§ 44,3 und 47,7

Blauer Brief
- → Notenbildungsverordnung § 4 (Hinweis)
- → Verwaltungsrecht Nr. II
- → Zeugnisse

Blockunterricht
- → Berufsschule

Boedecker-Kreis
- → Musisch-kulturelle Bildung (Anhang)

Bonus (Einstellung)
- → Einstellungserlass Ziff. 1.5

Bonussystem
- → Lernmittelfreiheit

BORS
- → Betriebspraktika Nr. 1.3

Brandverhütung
- → Gewaltvorfälle und Schadensereignisse

Budget (Stundenbudget)
- → Organisationserlass Nr. 1

Budgetierung
- → Haushalt
- → Schulgesetz § 48 Abs. 2, letzter Satz

Bugwelle (Arbeitszeit)
- → Mehrarbeit Teil IV.

Bundesangestelltentarifvertrag
- → (jetzt:) Tarifvertrag (Länder)

Bundesbesoldungsgesetz/-ordnung
- → Besoldung (Gesetz)

Bundeselterngeld- und Elternzeitgesetz
- → Elterngeld
- → Elternzeit (Gesetz / Arbeitnehmer/innen)

Bundesseuchengesetz
- → Amtsärztliche Untersuchung
- → Betriebspraktika
- → Infektionsschutzgesetz
- → Schulärztliche Untersuchung

Bundeswehr
- → Einstellungserlass Ziff. 5
- → Fachleute

Buß- und Bettag (Urlaub)
- → Ferienverordnung (Anlage; Lehrkräfte)
- → Schul- und Schülergottesdienst

Bußgeld
- → Schulgesetz § 92
- → Schulpflicht (Durchsetzung)

BVJ
siehe Schlagwort Berufsvorbereitungsjahr (BVJ)

C/D

Chancengleichheit
- → Beauftragte für Chancengleichheit (im Adressenteil)
- → Chancengleichheitsplan
- → Chancengleichheitsgesetz
- → Funktionsstellen (Besetzung)
- → Grundgesetz Art. 3
- → Personalvertretungsgesetz § 68 Abs. 2
- → Schulverwaltung (bei Adressen)
- → Teilzeit / Urlaub (Beamtenrecht)
- → Teilzeit (Pflichten und Rechte)
- → Verfassung § 11
- → Vorschriften Teil B

Chancengleichheitsbeauftragte
- → Beauftragte für Chancengleichheit (GWHRS-Bereich)
- → Chancengleichheitsgesetz § 16 ff.
- → Personalvertretungsgesetz § 79 Abs. 3 Nr. 17

Chancengleichheitsgesetz
- → Chancengleichheitsgesetz

Chancengleichheitsplan
- → Chancengleichheitsplan

Chor
- → Musisch-kulturelle Bildung
- → Urheberrecht (GEMA / Musik)

Checkliste
- → Termin-Checkliste

Chefarztbehandlung (Beihilfe)
- → Beihilfe Nr. 1
- → Beihilfeverordnung § 6a Abs. 2

Christliche Gemeinschaftsschule
- → Religion und Schule Nr. 2

Religionsunterricht (Teilnahme)
- → SchulbesuchsVO (Hinweise)
- → Schul- und Schülergottesdienst
- → Verfassung Artikel 15 und 16

Computer
- → Arbeitszeit (PC-Betreuung und Multimedia-Beratung)
- → Bildschirmarbeitsverordnung
- → Datenschutz (Schulen)

Dankurkunde
- → Dienstjubiläen

Datenschutz
- → Amtshilfe
- → Amtsärztliche Untersuchung 5
- → Archivierung/Aufbewahrungsfristen
- → Beamtengesetz §§ 83 ff.
- → Beihilfeverordnung § 18
- → Bildungsberatung IV.
- → Datenschutz (Dienstvereinbarung Lernplattformen)
- → Datenschutz (Dienstvereinbarung Personaldaten)
- → Datenschutz (LDSG)
- → Datenschutz (Schulen)
- → Internet und Schule
- → Personalvertretungsgesetz § 65, § 79 Abs. 3 Nr. 12 und Nr. 14
- → Werbung (Ziff. 4)

Datenschutz (Internet)
- → Internet und Schule
- → Mobbing
- → Urheberrecht

Datenschutzbeauftragter
- → Datenschutz (Schulen) I.12

Demonstrationsrecht
- → Grundgesetz Artikel 8

Deputat
siehe Schlagwort Arbeitszeit

Deputatsausgleich
- → Arbeitszeit (Lehrkräfte) Teil A IV.

Diagnosearbeiten
- → Notenbildungsverordnung § 9
- → Grundschule (Schulbericht) § 2
- → Vergleichsarbeiten
- → Vergleichsarbeiten (Termine)

Dienstalter
- → Besoldung (Gesetz) § 99

Dienstalter (Dienstälteste Lehrkraft)
- → Schulgesetz § 42 (Anm.d.Red.)

Dienstantritt
- → Dienstantrittsmeldung

Dienstanweisungen
- → Bildungsberatung
- → Konferenzen (Allgemeines)
- → Fachberaterinnen und Fachberater
- → Schulleitung (Abteilungsleiter/innen)
- → Schulgesetz §§ 41, 42

Dienstaufsicht
- → Schulgesetz § 32 ff.

Dienstaufsichtsbeschwerde
- → Verwaltungsrecht

Alphabetisches Schlagwortverzeichnis

Dienst-/Arbeitsbefreiung
- → Beamtengesetz § 68
- → Fortbildung (Allgemeines)
- → Korrekturtag
- → Tarifvertrag (Länder) § 29
- → Urlaub (Jugendleiter/innen)
- → Urlaub (Allgemeines)
- → Urlaub (Lehrkräfte und Krankmeldung)
- → Urlaub (Mandatsträger)
- → Urlaub (Prüfungen)
- → Urlaub (Verordnung / AzUVO)

Dienstbericht
- → Dienstliche Beurteilung
- → Dienstl. Beurteilung (Lehrkräfte)

Dienstbesprechung
- → Konferenzen (Allgemeines)
- → Konferenzordnung § 1, 3

Dienstbezeichnung
- → Beamtengesetz § 56

Dienstbezüge
- siehe Schlagwort Besoldung

Diensteid
- → Beamtengesetz § 47
- → Beamtenstatusgesetz § 38

Dienstfähigkeit (Begrenzte –)
- siehe Stichwort Begrenzte Dienstfähigkeit

Dienstfähigkeit (Wiederherstellung)
- → Beamtenstatusgesetz § 29

Dienstgeschäfte (Führung der / Verbot)
- → Beamtenstatusgesetz § 39

Dienstgespräch
- → Disziplinargesetz (Allgemeines)
- → Sucht (Dienstvereinbarung)
- → Verwaltungsrecht Nr. VIII.

Dienstherr
- → Beamtengesetz § 2
- → Besoldung (Gesetz) § 33

Dienst-/Arbeitsjubiläen
- → Beamtengesetz § 82
- → Dienstjubiläen
- → Tarifvertrag (Länder) § 23 Abs. 2
- → Urlaub (Allgemeines)
- → Urlaub (Verordnung / AzUVO) § 27

Dienstliche Beurteilung
- → Arbeitszeugnis / Dienstzeugnis
- → Beamtengesetz § 51
- → Beförderung (Allgemeines)
- → Beförderung (Oberstudienrat/-rätin)
- → Dienstliche Beurteilung (Beamtenrecht)
- → Dienstl. Beurteilung (Lehrkräfte)
- → Dienstl. Beurteilung (Religion)
- → Ermessen
- → Funktionsstellen (Besetzung)
- → Schulgesetz § 41
- → Schwerbehinderung
- → Unterrichtsbesuche
- → Verwaltungsrecht

Dienstordnung
- → Dienstordnungen
- → Schulgesetz §§ 41-42
- → Schulleitung (Aufgaben)

Dienstort
- → Beamtengesetz § 54
- → Reisekostengesetz (LRKG) § 2

Dienstpflichten
- → Beamtenstatusgesetz §§ 35-36
- → Disziplinargesetz (Allgemeines)
- → Disziplinargesetz (LDG)
- → Chancengleichheitsplan
- → Teilzeit (Pflichten und Rechte)

Diensträume
- Fundstelle: KuU S. 27/1980

Dienstreisen/Dienstgänge
- siehe Schlagwort Reisekosten

Dienstsiegel
- → Beglaubigungen (dort auch Fundstelle)
- → Zeugnisse

Dienststellen
- → Personalvertretungsgesetz §§ 9 und 75 (Schaubild)
- → Versetzungen und Abordnung

Dienst-/Arbeitsunfähigkeit
- → Abwesenheit und Krankmeldung (Lehrkräfte)
- → Beamtengesetz §§ 40, 68
- → Beamtenstatusgesetz § 26
- → Besoldung (Gesetz) § 70
- → Ruhestand (Allgemeines)
- → Renten / Beamtenversorgung (Zusatzversicherungen)
- → Schwerbehinderung
- → Tarifvertrag (Länder) § 22

Dienstunfähigkeit (Verfahren)
- → Beamtengesetz § 44

Dienstunfall
- siehe Schlagwort Unfälle
- → Beamtenversorgung (Unfallfürsorge) § 45

Dienstvereinbarung
- → Arbeits- und Gesundheitsschutz (Allgemeines)
- → Arbeitsschutzgesetz
- → Datenschutz (Schulen)
- → Datenschutz (Dienstvereinbarung Lernplattformen)
- → Datenschutz (Dienstvereinbarung Personaldaten)
- → Personalvertretungsgesetz § 73
- → Sucht (Dienstvereinbarung)

Dienstvergehen
- → Beamtenstatusgesetz § 47
- → Disziplinargesetz (Allgemeines)
- → Disziplinargesetz (LDG)

Dienstvorgesetzte
- → Beamtengesetz § 3

Dienstweg
- → Beamtengesetz § 49
- → Beamtenstatusgesetz § 54
- → Dienstweg
- → Verwaltungsrecht

Dienstzeit
- → Beamtenversorgung (Allgemeines)
- → Besoldung (Gesetz) § 34

Dienstzeugnis
- → Arbeitszeugnis / Dienstzeugnis
- → Beamtengesetz § 51
- → Dienstliche Beurteilung
- → Funktionsstellen (Besetzung)
- → Tarifvertrag (Länder) § 35

Direkteinsteiger (Berufliche Schulen)
- → Einstellungserlass Nr. 12 (Hinweis)
- → Probezeit (Arbeitnehmer/innenverhältnis)

Diskretion
- → Verschwiegenheitspflicht

Diskriminierung
- → Chancengleichheitsgesetz
- → Diskriminierung (Unterricht)
- → Diskriminierung (Sexuelle Orientierung)
- → Gleichbehandlungsgesetz
- → Mobbing

Disziplinarrecht
- → Beamtenstatusgesetz § 47
- → Disziplinargesetz (Allgemeines)
- → Disziplinargesetz (LDG)
- → Personalvertretungsgesetz § 80 Abs. 1 Nr. 5 und Nr. 8c
- → Sucht (Dienstvereinbarung)

Doppelbeamtenverhältnis
- → Beamtengesetz § 20

Drogen
- → Rauchen in der Schule
- → Suchtprävention

E

E-Learning
- → Datenschutz (Dienstvereinbarung – Lernplattform)

EDV
- → Arbeitszeit (PC-Betreuung und Multimedia-Beratung)
- → Bildschirmarbeitsverordnung
- → Datenschutz (Schulen)
- → Internet und Schule

EDV-Ausstattung (Empfehlungen)
- Fundstelle: KuU S. 43/1991; eine aktualisierte Fassung ist beim Landesinstitut für Schulentwicklung erhältlich

Ehegattenbestandteil
- → Besoldung (Gehälter)

Eigenständigkeit der Schulen
- → Organisationserlass

Eignung
- → Beamtenstatusgesetz § 9
- → Ernennungsgesetz
- → Funktionsstellen (Besetzung)

Eignungsprüfung
- → Begabten-Eignungsprüfung (Hochschulzugang)

Alphabetisches Schlagwortverzeichnis

Ein-Euro-Jobs
- → Ein-Euro-Jobs
- → Sozialversicherungsbeiträge

Eingangsbesoldung (Besondere)
- → Besoldung (Gesetz) §23

Eingliederung Behinderter
- → Schwerbehinderung

Eingliederungsmanagement (Betriebliches)
- → Abwesenheit und Krankmeldung (Lehrkräfte)
- → Schwerbehinderung Teil A § 84 und Teil D

Eingliederungshilfe
- → Behinderungen (Kinder und Jugendliche)

Eingruppierung (Arbeitnehmer)
- → Tarifvertrag (Entgelttabellen)
- → Tarifvertrag (Eingruppierung)
- → Tarifvertrag (Länder) §§ 12 ff.

Eingruppierung (Beamte)
- → Besoldung (Lehrkräfte – Eingruppierung)

Einheit und Gliederung des Schulwesens
- → Schulgesetz § 3

Einrichtung von Schulen
- → Schulgesetz § 30 (Hinweis)

Einschulung
- → Einschulung

Einsicht in das Amtsblatt
- → Kultus und Unterricht

Einsicht (Personalakten)
- → Beamtengesetz § 87
- → Personalakten
- → Schwerbehinderung

Einsicht (Prüfungsakten)
- → Datenschutz (Schulen) Nr. II.6
- → Einsicht in Prüfungsakten (Lehrkräfte)

Einstellung / Einstellungserlass
- → Amtsärztliche Untersuchung
- → Beamtengesetz § 18
- → Beamtenstatusgesetz § 9
- → Einstellung (Altersgrenze)
- → Ein-Euro-Jobs
- → Einstellungserlass
- → Chancengleichheitsgesetz
- → Haushalt (Personalausgabenbudgetierung)
- → Personalvertretungsgesetz § 75, § 92
- → Schwerbehinderung

Einstellungsgespräch
- → Einstellungserlass Ziff. 2.4
- → Schwerbehinderung

Eintrag (Klassenbuch)
- → Klassentagebücher
- → Schulgesetz § 90 (Hinweise)

Einzugsgebiet (Reisekosten)
- → Reisekosten (Ausw. Unterricht)
- → Trennungsgeldverordnung § 1
- → Umzugskostengesetz § 3 Abs. Nr. 1 Buchst. b

Eltern
- → Eltern und Schule

Elternabend
- → Elternabend (Klassenpflegschaft)
- → Elternbeiratsverordnung

Elternbeirat
- → ElternbeiratsVO §§ 21-26
- → Konferenzen (Allgemeines)
- → Schulgesetz §§ 55 u. 57

Elterndaten
- → Datenschutz (Schulen)

Elterngeld
- → Elterngeld

Elterngespräch (statt Schulbericht)
- → Grundschule (Schulbericht) § 1, Absatz 4

Elterngruppe in Konferenzen
- → Eltern und Schule
- → Elternbeiratsverordnung § 8 Abs. 5 (auch Hinweis beachten)
- → Konferenzordnung § 11 Abs. 3 und 4
- → Schulgesetz § 47 Abs. 12 und § 56 Abs. 6

Elternrechte/-vertretung
- → Eltern und Schule
- → Elternabend (Klassenpflegschaft)
- → Elternbeiratsverordnung § 2
- → Grundgesetz Art. 9
- → Konferenzen (Allgemeines) / (Übersicht)
- → Schulgesetz § 55
- → Verfassung Art. 12 und 17
- → Volljährigkeit

Elternzeit/Erziehungsurlaub
- → Arbeitszeit- und Urlaubsverordnung
- → Elternzeit (Gesetz / Arbeitnehmer/innen)
- → Elternzeit (Verordnung / AzUVO)

Engpassfächer
- → Einstellungserlass Ziff. 3
- → Organisationserlass

Entgelt
- → Außerunterrichtliche Veranstaltungen (Hinweise) Nr. 6
- → Tarifvertrag Entgeltumwandlung
- → Tarifvertrag (Entgelttabellen)
- → Tarifvertrag (Länder) § 15

Entgeltfortzahlung
- → Tarifvertrag (Länder) §§ 21 ff.

Entgeltumwandlung
- → Tarifvertrag Entgeltumwandlung

Entlassung (Lehrkräfte)
- → Amtsärztliche Untersuchung
- → Beamtengesetz §§ 31 ff.
- → Beamtenstatusgesetz §§ 22-23
- → Disziplinargesetz (Allgemeines)
- → Personalvertretungsgesetz § 77
- → Probezeit
- → Schwerbehinderung
- → Tarifvertrag (Länder) § 34

Entlassung (Schüler/innen)
- → Gymnasium (Abitur) § 31

- → Gymnasium (Abitur) (Termine)
- → Notenbildungsverordnung § 3
- → Realschule (Abschlussprüfung – Termine)
- → Werkrealschule (Abschlussprüfung – Termine)

Entlastungskontingent (Allg.)
- → Arbeitszeit (Lehrkräfte) Teil E 2
- → Arbeitszeit (PC-Betreuung und Multimedia-Beratung)

Entschuldigungspflicht (Schüler/innen)
- → Schulbesuchsverordnung § 2
- → Volljährigkeit

Erfahrungszeiten
- → Besoldung (Gesetz) § 31
- → Besoldung (Leistungsprämien / Leistungsstufen)

Erfüller
- → Beförderung (Allgemeines) Nr. 2

Ergänzungsbereich
- → Organisationserlass Nr. I..1.1

Ergänzungsprüfung (Hochschulreife)
- → Hochschulreife (Ergänzungsprüfung)

Erhebung (Personalaktendaten)
- → Beamtengesetz § 83

Erhebungen
- → Datenschutz (Schulen)
- → Werbung Nr. 4

Erholungsurlaub
- → Beamtenstatusgesetz § 44
- → Tarifvertrag (Länder) § 26
- → Urlaub (Verordnung / AzUVO)

Erlasse
- → Vorschriften

Ermäßigungen (Arbeitszeit)
siehe Schlagwort Arbeitszeit

Ermessen (Dienstliches Ermessen)
- → Ermessen

Ernennung
- → Amtsärztliche Untersuchung
- → Beamtengesetz § 9 ff.
- → Beamtenstatusgesetz § 8
- → Ernennungsgesetz

Errichtung und Unterhaltung von Schulen
- → Schulgesetz § 27 ff.

Ersatz von Sachschäden
- → Beamtengesetz § 80
- → Sachschäden
- → Beamtenversorgung (Unfallfürsorge)

Ersatzzeugnisse
- → Beglaubigungen
- → Zeugnisse (Ersatzzeugnisse)

Erstattung (Renten)
- → Renten

Erste Hilfe
- → Arbeits- und Gesundheitsschutz (Allgemeines)
- → Arbeitsschutzgesetz § 10

Alphabetisches Schlagwortverzeichnis

→ Erste Hilfe
→ Gewaltvorfälle und Schadensereignisse
→ Unfallversicherung
Ersthelfer/innen
→ Erste Hilfe
Erweitertes Bildungsangebot (Erweiterungsbereiche)
→ Werkrealschule (Stundentafel)
Erweiterung (Schule)
→ Schulgesetz § 30 (Hinweis)
Erwerbsfähigkeit
→ Schwerbehinderung
Erziehender Unterricht
Fundstelle: KuU Heft 6/89
Erzieher/innen
siehe auch Schlagwort Fachlehrer/innen
Erziehungsauftrag
→ Menschenrechte
→ Schulgesetz § 1
→ Verfassung Art. 12, 17, 21
Erziehungsbeihilfen
→ Schulgesetz § 95
→ Verfassung Art. 11
Erziehungsberechtigte
→ Eltern und Schule
→ Elternbeiratsverordnung § 1
→ Verfassung Art. 17.4
→ Volljährigkeit
Erziehungsgeld
→ Beamtenstatusgesetz § 46
→ Elterngeld
→ Kindergeld
Erziehungshilfe
→ Jugendhilfe (Bundesrecht)
→ Jugendhilfe (Landesrecht)
Erziehungshilfe (Schule für E.)
Fundstelle: Stundentafel der Schule für Erziehungshilfe; Loseblattsammlung KuU Nr. 6511.31
→ Schulgesetz § 15
→ Sonderschulen (Schulpflicht)
Erziehungs-/Ordnungsmaßnahmen
→ Ermessen
→ Konferenzordnung § 2
→ Schulgesetz § 47, § 89, § 90
→ Verwaltungsrecht
Erziehungsurlaub
→ Elternzeit (Gesetz / Arbeitnehmer)
→ Elternzeit (Verordnung / AzUVO)
Ethikunterricht
→ Ethik
→ Religionsunterricht (Teilnahme und Abmeldung) Ziff. A.3
→ Schulgesetz § 100 a
EU-EWR-Lehrerverordnung
Fundstelle: Loseblattsammlung KuU Nr. 0123-21
EuroKom-Prüfung
→ Realschule (Abschlussprüfung)

Evaluation
→ Datenschutz (Schulen) Teil IV.
→ Evaluation
→ Fortbildung und Personalentwicklung
→ Schulentwicklung
→ Schulgesetz § 114
Extremistenbeschluss
→ Beamtenstatusgesetz § 7

F

Fachberater/innen
→ Arbeitszeit (Lehrkräfte) E.2.3
→ Besoldung (Zulagen)
→ Fachberaterinnen und Fachberater
→ Schulleitung (Abteilungsleiter/innen)
→ Schulgesetz § 37
→ Schulpsychologische Beratungsstellen
Fachfremder Unterricht
→ Lehrbefähigung und fachfremder Unterricht
Fachhochschulreife
→ Fachhochschulreife
→ Hochschulreife (Zuerkennung)
Fachkonferenzen
→ Konferenzordnung § 5
Fachkräfte (Sucht)
→ Sucht (Dienstvereinbarung)
Fachlehrer/innen
→ Arbeitszeit (Lehrkräfte)
→ Arbeitszeit (Fachlehrer/innen)
→ Beförderung (Allgemeines)
Fachleiter/innen
→ Schulleitung (Abteilungsleiter/innen)
→ Schulgesetz § 37
Fachleute
→ Fachleute aus der Praxis
Fachschule
→ Fachschule
→ Schulgesetz § 14
Fachschulreife
→ Abschlüsse (Allgemeines)
→ Abschlüsse (Hauptschule / Mittlere Reife)
Fachseminar/Fachinstitut
Fundstelle: Teil II der Verwaltungsvorschrift des KM „Organisationsstatute im Bereich der Kultusverwaltung" Loseblattsammlung KuU Nr. 6762-51
Fahrkosten (Reisekosten)
siehe Schlagwort Reisekosten
→ Außerunterr. Veranstaltungen
→ Außerunterrichtliche Veranstaltungen (Reisekosten)
Fahrrad (Reisekosten)
→ Reisekosten (LRKG) § 6
Familienfreundliche Einstellung
→ Einstellungserlass Nr. 17

Familienfreundlicher Stundenplan
→ Chancengleichheitsgesetz § 13
→ Teilzeit (Pflichten und Rechte)
Familienheimfahrten
→ Trennungsgeld
→ Urlaub (Verordnung / AzUVO)
Familienzuschlag
→ Besoldung (Gesetz)
→ Besoldung (Gehälter)
Fehlzeiten (Lehrkräfte)
→ Abwesenheit und Krankmeldung (Lehrkräfte)
Fehlzeiten (Schüler/innen)
→ Notenbildungsverordnung § 6 Abs. 4
→ Schulbesuchsverordnung
Feiertage
→ Feiertage
→ Ferienverordnung (Anlage)
→ SchulbesuchsVO (Anlage)
Ferien
→ Arbeitszeit (Lehrkräfte) Teil H
→ Ferien (Ferienverordnung)
→ Ferien (Schuljahreskalender)
→ Konferenzordnung § 2 Abs. 1 Nr. 16
Fernbleiben (Schüler/innen)
→ Schulbesuchsverordnung
Fernbleiben vom Dienst
→ Beamtengesetz § 68
→ Besoldung (Gesetz) § 11
→ Fortbildung (Allgemeines)
→ Tarifvertrag (Länder) § 22
→ Urlaub (Lehrkräfte / Allgemeines) Nr. 2
→ Urlaub (Verordnung / AzUVO)
Feststellung (Schülerleistungen)
→ Notenbildungsverordnung § 7
→ NotenVO (Allg. Beurteilung)
→ Grundschule (Schulbericht)
Feuermelder
→ Gewaltvorfälle und Schadensereignisse
Filmveranstaltungen
→ Außerunterr. Veranstaltungen
→ Jugendschutzgesetz
→ Urheberrecht (GEMA / Musik)
Finanzausgleich (Kommunaler)
→ Haushalt (Kommunaler Finanzausgleich)
Firmung (Urlaub)
→ SchulbesuchsVO (Anlage) Nr. 1
Flexibilisierung des Unterrichts
→ Stundentafel-ÖffnungsVO
Flexibles Arbeitszeitmodell
→ Arbeitszeit (Lehrkräfte) Teil I
Flexibles Deputat
→ Arbeitszeit (Lehrkräfte) Teil I.
Flucht an die Öffentlichkeit
→ Disziplinargesetz (Allgemeines)
→ Disziplinargesetz (LDG)
→ Verwaltungsrecht
Fluchtwege
→ Gewaltvorfälle und Schadensereignisse

Alphabetisches Schlagwortverzeichnis

Förderbedarf (Besonderer F.)
- → Behinderungen und Förderbedarf
- → Schulgesetz § 15

Förderklassen/Förderkurse
- → Behinderungen und Förderbedarf
- → Sprachförderung (Integration)

Förderschule
- → Behinderungen und Förderbedarf
- → Schulgesetz § 15
- → Sonderschule (Förderschule)
- → Sonderschule (Förderschule – Stundentafel)
- → Sonderschule (Förderschule – Versetzungsordnung)

Förderung (Auftrag der Schule)
- → Behinderungen und Förderbedarf
- → Behinderungen (Inklusion)
- → Schulgesetz § 15

Förderverein
- → Schulfördervereine
- → Sponsoring

Formulare
- → Schulverwaltung (im Adressenteil am Anfang des Buches)

Fortbildung
- → Beamtengesetz § 50
- → Fortbildung (Allgemeines)
- → Fortbildung (Meldeverfahren)
- → Fortbildung und Personalentwicklung
- → Konferenzordnung § 2,1 Ziff. 2
- → Reisekosten (Gesetz – LRKG; Erläuterung zu § 23)
- → Reisekosten (Aus- und Fortbildung)
- → Schulentwicklung
- → Schulpsychologische Beratungsstellen

Fortbildungsplan / -portfolio
- → Fortbildung und Personalentwicklung

Fotos/Schulfotograf
- → Datenschutz (Schulen) Nr. II.2
- → Internet und Schule
- → Werbung (Hinweis bei Nr. 1)

Fotokopien
- → Urheberrecht (Kopien – Internet)

Frauenförderung/-vertretung
- siehe Schlagwort Chancengleichheit

Freie Trägerschaft
- → Schulgesetz § 103
- → Privatschulgesetz

Freiheit (Pädagogische)
- → NotenVO (Vorbemerkung)
- → Schulgesetz § 38

Freistellung (Lehrkräfte)
- → Arbeitszeit (Lehrkräfte) Teil D
- → Beamtengesetz § 69 ff.
- → Beamtenstatusgesetz § ✓✓
- → Fortbildung (Allgemeines)
- → Teilzeit / Urlaub
- → Tarifvertrag (Länder) § 29
- → Urlaub (Lehrkräfte / Allgemeines)
- → Urlaub (Jugendleiter/innen)
- → Urlaub (Allgemeines)
- → Urlaub (Pflegezeitgesetz)
- → Urlaub (Verordnung / AzUVO)

Freistellung (Personalräte)
- → Arbeitszeit (Lehrkräfte) Teil F

Freistellung (Schüler/innen)
- → Schulbesuchsverordnung

Freistellung (Schwerbehindertenvertretung)
- → Arbeitszeit (Lehrkräfte) Teil G

Freistellung (Sportunterricht)
- → Schulbesuchsverordnung nach § 3 und (Hinweise)

Freistellungsjahr (Sabbatjahr)
- → Beamtengesetz § 69 Abs. 5
- → Teilzeit/Urlaub (Beamtenrecht – VwV) Nr. III
- → Teilzeit/Urlaub (Freistellungsjahr)

Freizeitausgleich
- → Beamtengesetz § 67
- → Mehrarbeit

Fremdevaluation
- → Evaluation
- → Schulgesetz § 114

Fremdsprache
- → Grundschule (Fremdsprachen)
- → Sprachförderung (Integration)

Fremdsprache (Sprache des Herkunftslandes)
- → Sprachförderung (Integration)

Fristverträge
- → Nebenamtlicher/nebenberuflicher Unterricht
- → Probezeit (Arbeitnehmer/innenverhältnis)
- → Tarifvertrag (Länder) § 30

Früherkennung (Krankheiten)
- → Beihilfeverordnung § 10

Frühförderung
- → Behinderungen und Förderbedarf
- → Kooperation Kindertageseinrichtungen-Grundschule
- → Schulkindergärten
- → Sonderschulen (Sprachheilkurse)

Führung der Dienstgeschäfte (Verbot)
- → Beamtenstatusgesetz § 39

Führungsfunktionen auf Probe
- → Beamtengesetz § 8
- → Tarifvertrag (Länder) § 31

Fundraising
- → Sponsoring

Fundsachen
- → Fundsachen

Fürsorge und Schutz
- → Beamtenstatusgesetz § 45
- → Schwerbehinderung

Funktionsstellen
- → Beamtengesetz § 8
- → Beamtenstatusgesetz § 22 Abs. 5
- → Besoldung (Lehrkräfte – Eingruppierung)
- → Chancengleichheitsgesetz
- → Funktionsstellen (Besetzung)
- → Funktionsstellen (Merkblatt)
- → Teilzeit / Urlaub (Beamtenrecht)

G

Ganztagsschulen
- → Arbeitszeit (Ganztagsschulen)
- → Arbeitszeit (Gesamtschulen)
- → Ganztagsschulen
- → Jugendbegleiter/innen
- → Organisationserlass
- → Sonderschule (Medikamentenausgabe)

Gastschüler/innen
- → Schulgesetz § 72 ff.
- → Schulpflicht (Ausl. Jugendliche)

Gaststätten
- → Jugendschutzgesetz

GdB
- → Schwerbehinderung

Gebühren
- → Beglaubigungen
- → Gebühren
- → Haushalt (Gebühreneinzug)
- → Haushalt (Kassenführung)
- → Verwaltungsrecht

Fundstelle: GebührenVO für die staatl. Aufbaugymnasien mit Heim; Loseblattsammlung KuU Nr. 0541-21

Fundstelle: GebührenVO für die staatl.Heimsonderschulen; Loseblattsammlung KuU 0541-25

Geburten
- → Beihilfeverordnung § 11

Gedenkstätten/-tage
- → Außerschulische Jugendbildung (Landesjugendplan)
- → Gedenktag (NS-Zeit)

Gedenktage (Religiöse)
- → Schulbesuchsverordnung § 4 Abs. 2

Gefährdungsbeurteilung (Arbeitsschutz)
- → Arbeits- und Gesundheitsschutz (Rahmenkonzept) Nr. 3.3
- → Arbeitsschutzgesetz § 5 ff.

Gefahrstoffverordnung
Fundstelle: Gefahrstoffverordnung (23.12. 2004; BGBl. I S. 3758, 3759; zuletzt geändert 12.10. 2007 (GBl. I S. 2382/2007)

Gehälter
- → Besoldung (Anwärterbezüge)
- → Besoldung (Anwärter-Unterrichtsvergütung)
- → Besoldung (Gesetz)

Alphabetisches Schlagwortverzeichnis

- Besoldung (Gehälter)
- Besoldung (Lehrkräfte – Eingruppierung)
- Besoldung (Zulagen)
- Elterngeld/Elternzeit
- Tarifvertrag (Entgelttabellen)
- Kindergeld
- Landesamt
- Tarifvertrag (Eingruppierung)

Gehaltsvorschüsse
- Vorschussrichtlinien

Gehobener Dienst
- Aufstieg (Laufbahnen)
- Beamtengesetz § 14 ff.

Geistigbehinderte
- Behinderungen und Förderbedarf
- Schulgesetz § 15
- Sonderschule (Schule für Geistigbehinderte)
- Sonderschule (Schule für G – Schulpflicht)

Geldbuße
- Disziplinargesetz (Allgemeines)
- Disziplinargesetz (LDG)
- Schulgesetz § 89

Gelöbnis (Verpflichtungsgesetz)
- Tarifvertrag (Länder) § 3 Abs. 1 (Hinweis)

GEMA
- Urheberrecht (GEMA / Musik)

Gemeindekassenverordnung
- Haushalt (Kassenführung) Nr. 2

Gemeindeunfallversicherung
- Schüler-Zusatzversicherung
- Unfallverhütung/-versicherung

Gemeinderat
- Urlaub (Mandatsträger/innen)

Gemeinsame Bildungsempfehlung
- Aufnahmeverfahren
- Aufnahmeverordnung

Gemeinschaftskunde
- Fachleute aus der Praxis
- Menschenrechte
- Politische Bildung
- Verfassung Art. 21

Gemeinschaftsschulen
- Religion und Schule Nr. 2
- Verfassung Art. 15 und 16

Gender Mainstreaming
- Lernmittel (Zulassung) § 5

Genehmigungspflicht (Nebentätigkeiten)
- Beamtengesetz § 62

Genesungs-Ermäßigung
- Arbeitszeit (Rekonvaleszenz)

Genetische Untersuchungen und Analysen
- Beamtengesetz § 53

Geringfügigkeitsgrenze (Lernmittel)
- Lernmittelfreiheit
- Lernmittelverordnung

Gesamtelternbeirat
- ElternbeiratsVO §§ 27-32
- Schulgesetz § 58

Gesamtkonferenz
- Konferenzordnung § 8

Gesamtlehrerkonferenz
- Konferenzordnung § 2

Gesamtschulen
Fundstelle: Rahmenvereinbarung der KMK; KuU S. 12/1983 und S. 200/1988
- Arbeitszeit (Gesamtschulen)
- Gesamtschulen
- Personalvertretungsgesetz § 93
- Personalvertretung (Sonderfälle)
- Schulgesetz § 107

Gesamtschulen (Besoldung Schulleiter/innen)
- Besoldung (Gesetz) § 92

Geschäftsführende Schulleiter/innen
- Arbeitszeit (Lehrkräfte) E Ziff. 2.1
- Besoldung (Gesetz) § 48
- Schulgesetz § 43
- Schulleitung (Geschäftsführende Schulleiter)

Geschäftsordnungen
- Elternbeiratsverordnung §§ 9/28/35/40
- Konferenzordnung § 2 Abs. 1 Nr. 14 und § 12 Abs 3
- Personalvertretungsgesetz § 14
- Schülermitverantwortung §§ 13, 17 und 25
- Schulgesetz § 47 Abs. 13, § 57 Abs. 4, § 60, § 71
- Schulkonferenzordnung §§ 4, 9
Fundstelle: Geschäftsordnung für die Staatlichen Schulämter; KuU S. 80/2009

Geschäftsstellen der GEW
- Adressen (am Anfang des Buches)

Geschäftsverteilungsplan
- Arbeitszeit (Lehrkräfte) C 1
- Dienstordnungen
- Schulleitung (Abteilungsleiter/innen)
- Schulleitung (Aufgaben und Stellvertretung)

Geschenkannahme
- Beamtenstatusgesetz § 42
- Belohnungen und Geschenke
- Tarifvertrag (Länder) § 3

Geschichtsunterricht
- Außerschulische Jugendbildung
- Gedenktag (NS-Zeit)

Geschlechtserziehung
- Geschlechtserziehung
- Schulgesetz § 100 b

Geschlechtsneutrale Sprache
- Vorschriften Teil B

Gesundheitsschutz
- Arbeits- und Gesundheitsschutz (Allgemeines)

- Arbeits- und Gesundheitsschutz (Rahmenkonzept)
- Arbeitsschutzgesetz
- Infektionsschutzgesetz § 36
- Personalvertretungsgesetz § 79 Abs. 1 Nr. 8 und § 83
- Unfallversicherung

GEW
- Anschriften (Anfang des Buches)
- Haftung und Versicherung
- Rechtsschutz
- Mitgliedsantrag (nach diesem Register)

Gewährleistungsbescheid
- Einstellungserlass Nr. 15.4

Gewalt
- Gewaltvorfälle und Schadensereignisse
- Polizei und Schule
- Schulgesetz § 90 Abs. 3 (Hinweis)
- Schulpsychol. Beratungsstellen
- Waffen in der Schule

Gewerkschaften
Hinweis: Die GEW-Adressen stehen am Anfang des Buches
- Beamtengesetz § 89
- Beamtenstatusgesetz §§ 52-53
- Grundgesetz Art. 9
- Personalvertretungsgesetz § 67 Abs. 2
- Rechtsschutz
- Werbung

Gleichbehandlungsgesetz
- Gleichbehandlungsgesetz

Gleichheitsgrundsatz
- Gleichbehandlungsgesetz
- Grundgesetz Art. 3 und 33
- Personalvertretungsgesetz § 82

Gleichstellung/Gleichberechtigung
- Chancengleichheitsgesetz
- Gleichbehandlungsgesetz
- Grundgesetz Art. 3 und 33
- Personalvertretungsgesetz § 52 und § 68 Abs. 1 Nr. 10

Gleichstellung (Schwerbehinderte)
- Arbeitzeit (Lehrkräfte) Teil D 2.
- Schwerbehinderung II.1.1.2

Gleichwertigkeit
- Abschlüsse (Allgemeines)

Gliederung des Schulwesens
- Schulgesetz § 3

Gottesdienste
- Schul- und Schülergottesdienste

Grad der Behinderung (GdB)
- Arbeitszeit (Lehrkräfte) Teil D 2
- Schwerbehinderung

Gremien
- Konferenzen (Allgemeines)

Grundgehaltssätze
- Besoldung (Gesetz)
- Besoldung (Gehälter)

Grundgesetz
- Grundgesetz

Alphabetisches Schlagwortverzeichnis

Grundpflichten (Beamtenverhältnis)
→ Beamtenstatusgesetz § 33

Grundkurse
→ Gymnasium (Abitur) § 12

Grundrechte (Einschränkung)
→ Grundgesetz
→ Schulgesetz § 117

Grundschule
→ Einschulung
→ Grundschule (Fremdsprachen)
→ Grundschule (Schulbericht)
→ Grundschule (Schulbericht – Hinweise)
→ Grundschule (Stundentafel)
→ Grundschule (Verlässliche)
→ Grundschule (VersetzungsVO)
→ Kooperation Kindergärten – Grundschulen
→ Organisationserlass
→ Schulgesetz § 5

Grundschule („Verlässliche")
→ Grundschule (Verlässliche)
Fundstelle: Förderrichtlinien des KM über die Gewährung von Zuwendungen an die Träger ...; Loseblattsammlung KuU Nr. 6662-51

Grundschulempfehlung
→ Aufnahmeverfahren (Orientierungsstufe)
→ Aufnahmeverordnung

Grundschulförderklasse
→ Grundschule (Verlässliche)
→ Grundschulförderklasse
→ Schulgesetz § 5 a
→ Schulkindergärten

Grundzuweisungen
→ Organisationserlass

Gültigkeitsverzeichnis
→ Vorschriften

Gymnasium
siehe auch Schlagwort **Berufliches Gymnasium**
→ Abschlüsse (Allgemeines)
→ Aufnahmeverordnung
→ Aufstieg (Laufbahnen)
→ Beförderung (Oberstudienrat/-rätin)
→ Fachhochschulreife
→ Gymnasium (Abitur)
→ Gymnasium (Aufbaugymnasium)
→ Gymnasium (Neuerungen 2011)
→ Gymnasium (Schultypen)
→ Gymnasium (Stundentafel)
→ Gymnasium (Versetzungsordnung)
→ Hochschulreife (Ergänzungsprüfung)
→ Hochschulreife (Zuerkennung)
→ Mulitlaterale Versetzungsordnung
→ Organisationserlass
→ Schulgesetz § 8
→ Schulleitung (Abteilungsleiter)

H

Härtefalleinstellung
→ Einstellungserlass Ziff. 4

Haftpflicht/-versicherung
→ Aufsichtspflicht
→ Aufsicht (Schwimmunterricht)
→ Außerunterr. Veranstaltungen
→ Beamtengesetz § 80
→ Beamtenstatusgesetz § 48
→ Haftung und Versicherung
→ Sachschäden
→ Schüler-Zusatzversicherung

Haftung
→ Haftung und Versicherung
→ Grundgesetz Art. 34
→ Tarifvertrag (Länder) § 3 Abs. 7

Halbjahresinformation
→ Notenbildungsverordnung § 4
→ Zeugnisse (Allgemeinbildende Schulen)

Hamburger Abkommen
Fundstelle: Loseblattsammlung KuU Nr. 6400.2

Handy-Benutzung (Prüfungen)
→ Handy-Nutzung in der Schule

Hauptpersonalakten
→ Beamtengesetz § 83 ff.
→ Personalakten

Hauptschule
Hinweis: Die Bestimmungen für die Hauptschule sind jetzt unter dem Stichwort „Werkrealschule" zu finden; dort (§ 47 f.) auch die Übergangsbestimmungen für die – im Jahrbuch 2010 abgedruckten – früher für die HS geltenden Verordnungen.
→ Abschlüsse (Allgemeines)
→ Abschlüsse (Berufsausbildung)
→ Abschlüsse (HS / Mittlere Reife)
→ Beförderung (Hauptschullehrkräfte)
→ Betriebspraktika
→ Kooperationsklassen Hauptschule – Berufliche Schule
→ Mulitlaterale Versetzungsordnung
→ Organisationserlass
→ Schulgesetz § 6
→ Werkrealschule (Ausbildung und Prüfung)
→ Werkrealschule (Informationsveranstaltungen)
→ Werkrealschule (Stundentafel)
→ Werkrealschule (Schulbezirk)
Fundstelle: Zuwendungen an die Träger von Vorbereitungskursen zum Erwerb des Hauptschulabschlusses (Schulfremdenprüfung); Loseblattsammlung KuU Nr. 6462.57

Hausaufgaben
→ Arbeitszeit (Lehrkräfte) Teil E 2 Nr. 2.8
→ Hausaufgaben-, Sprach- und Lernhilfe
→ Notenbildungsverordnung § 10
→ Schulgesetz § 47 Abs. 5 Nr. 2
→ Sprachförderung (Integration)

Hausbesuche
→ Hausbesuche

Haushalt der Schule
→ Gebühren
→ Haushalt (Allgemeines – Budgetierung)
→ Haushalt (Gebühreneinzug)
→ Haushalt (Kassenführung)
→ Haushalt (Kommunaler Finanzausgleich)
→ Haushalt (Personalausgabenbudgetierung)
→ Haushalt (Sachkostenbeiträge)
→ Konferenzordnung § 2 Ziff. 8b
→ Schulgesetz §§ 41, 48, 93, 94
→ Sponsoring
→ Schulfördervereine
→ Urheberrecht (Kopien – Internet)

Hausmeister
→ Schulgesetz § 41, Abs. 3

Hausordnung
→ Konferenzordnung § 2
→ Schulgesetz § 47
→ Waffen in der Schule

Hausrecht
→ Hausrecht
→ Schulgesetz § 41Abs. 1

Hausunterricht
→ Hausunterricht
→ Schulgesetz § 21

Heilerziehungshilfe
Fundstelle: Arbeitserziehungs- und Heilerziehungshilfeschulverordnung vom 30. März 2004 (GBl. S. 178/2004)

Heilkuren
→ Beihilfeverordnung § 8 Abs. 1,3
→ Beihilfeverordnung (Kuren)

Heimordnung
→ Schulgesetz § 89

Heimsonderschule
→ Arbeitszeit (Erzieher/Heimleiter)
→ Schulgesetz § 101
Fundstelle: Gebührenverordnung des KM für die staatlichen Heimsonderschulen; Loseblattsammlung KuU Nr. 0541-25

Heimunterbringung
→ Schulgesetz § 102

Helferkreise (Sucht)
→ Sucht (Dienstvereinbarung)

Hemmung (Besoldung)
→ Besoldung (Gesetz) § 31

Hepatitis
→ Beihilfeverordnung § 10
→ Infektionsschutzgesetz

Herkunftsland (Sprache)
→ Sprachförderung (Integration)

Hilfe (Erste)
→ Erste Hilfe

Alphabetisches Schlagwortverzeichnis

- → Gewaltvorfälle und Schadensereignisse
- → Unfallversicherung

Hilfsakten
- → Abwesenheit und Krankmeldung (Lehrkräfte)
- → Beamtengesetz §§ 83 ff.
- → Personalakten

Hilfskräfte für die Verwaltung
- → Schulgesetz § 41 Abs. 3
- → Verwaltungskräfte

Hilfsmittel
- → Beihilfeverordnung § 5 / Anlage

Hinausschiebung der Altersgrenze (Zuschlag)
- → Besoldung (Gesetz) § 69

Hinterbliebene (Versorgung)
- → Beamtenversorgung (Hinterbliebene)

Hinterbliebenengeld
- → Beamtenversorgung (Altersgeld)

Hitzefrei
- → Hitzefrei

HIV (AIDS)
- → Fachleute aus der Praxis
- → Geschlechtserziehung (Hinweis)
- → Infektionsschutzgesetz (Hinweis)

Hochbegabung
- → Hochbegabung

Hochschulreife/-zugang
- → Abschlüsse
- → Begabten-Eignungsprüfung (Hochschulzugang)
- → Berufliches Gymnasium (Abitur)
- → Berufsaufbau- und Berufsoberschule
- → Gymnasium (Abitur)
- → Fachhochschulreife
- → Hochschulreife (Ergänzungsprüfung)
- → Hochschulreife (Zuerkennung)

Höchstdauer von Teilzeit / Urlaub
- → Beamtengesetz § 73

Höchstalter (Beamt/innen)
- → Einstellung (Altersgrenze)

Höchstgrenzen (Ruhegehalt)
- → Beamtenversorgung (Berechnung)

Höchstschülerzahlen
- → Organisationserlass

Höherer Dienst
- → Aufstieg (Laufbahnen)
- → Beamtengesetz § 14 ff.

Honorarlehrkräfte
- → Nebenamtlicher/nebenberuflicher Unterricht
- → Sozialversicherungsbeiträge

Hort
- → Hort an der Schule
- → Grundschule (Verlässliche)

Hospitation
- → Aufnahmeverfahren 7.3
- → Auslandsschuldienst
- → Dienstliche Beurteilung (Lehrkräfte) Teil I

- → Elternbeiratsverordnung (zu § 3)
- → Ländertausch (Lehrkräfte)

Hygieneplan
- → Infektionsschutzgesetz § 36

I / J

Impfungen
- → Beihilfeverordnung § 10

Infektionsschutzgesetz
- → Infektionsschutzgesetz

Informationspflichten der Schulleitung
- → Konferenzen (Allgemeines) 2
- → Schulgesetz § 57 Abs. 2

Informationsveranstaltungen (GS/HS)
- → Aufnahmeverfahren
- → Aufnahmeverordnung
- → Werkreal-/Hauptschule (Informationsveranstaltungen)

Inklusion
- → Behinderungen (Inklusion)

Integration
- → Behinderungen und Förderbedarf
- → Gesamtschulen
- → Schulgesetz § 107
- → Sprachförderung (Integration)

Intelligenztests
- → Bildungsberatung
- → Datenschutz (Schulen)

Inklusion
- → Behinderungen (Inklusion)
- → Konferenzordnung § 2 Abs. 1 Nr. 8b
- → Schulgesetz §§ 22 und 47 Abs. 4 Nr. 2

Interkulturelle Erziehung
Fundstelle: Die Empfehlung „Interkulturelle Bildung und Erziehung in der Schule" (Beschluss der Kultusministerkonferenz vom 25.10. 1996) wurde vom KM am 23.4.1997 (AZ: IV/1-SchA) bekanntgegeben. Der Wortlaut ist in den Jahrbüchern bis 2007 abgedruckt.

Internationaler Schüleraustausch
- → Außerunterr. Veranstaltungen
- → Schulpartnerschaften

Internat
- → Gymnasium (Aufbaugymnasium)

Internet (Datenschutz)
- → Internet und Schule
- → Urheberrecht Nr. 3

Islam
- → Feiertage (moslemische)
- → Religion und Schule
- → Religionsunterricht und kirchliche Lehrkräfte

Jahresausflüge
- → Außerunterr. Veranstaltungen

Jahressonderzahlung
- → Tarifvertrag (Entgelttabellen)
- → Tarifvertrag (Länder) § 20

Jahrgangsausgleich
- → Einstellungserlass Ziff. 2.2 / 23.2

Jahrgangsstufenkonferenzen
- → Konferenzordnung § 4

Jahrgangsstufenpflegschaft
- → Elternbeiratsverordnung § 10a

Jahrgangsübergreifender Unterricht
- → Organisationserlass
- → Stundentafel-ÖffnungsVO

Job-Sharing
- → Teilzeit / Urlaub (Beamtenrecht), Nr. II.3

Jubiläumsgaben/-zuwendung
- → Beamtengesetz § 82
- → Dienst- und Arbeitsjubiläen
- → Tarifvertrag (Länder) § 29 und § 23
- → Urlaub (Verordnung / AzUVO) § 10

Juden
- → Außerschulische Jugendbildung (Landesjugendplan)
- → Feiertage (jüdische)

Jüdischer Religionsunterricht
- → Religionsunterricht (Teilnahme und Abmeldung)D

Jugendamt
- → Jugendhilfe (Landesrecht)
- → Schulgesetz § 90

Jugendarbeit
- → Jugendarbeit und Schule

Jugendarbeitsschutzgesetz
- → Arbeits- und Gesundheitsschutz (Allgemeines) Nr. 5
- → Jugendarbeitsschutz (Kinderarbeit)

Jugendbegleiter/innen
- → Ganztagsschulen
- → Jugendbegleiter/innen

Jugendbildung
- → Außerschulische Jugendbildung (Landesjugendplan)

Jugendgefährdende Schriften
- → Jugendschutzgesetz

Jugendhilfe/Jugendschutz
- → Jugendarbeitsschutz (Kinderarbeit)
- → Jugendhilfe (Bundesrecht)
- → Jugendhilfe (Landesrecht)
- → Jugendschutz (Aktion Jugendschutz)
- → Jugendschutzgesetz
- → Rauchen in der Schule
- → Suchtprävention

Jugendleiter/innen
- → Urlaub (Jugendleiter/innen)
Fundstelle: Card für Jugendleiter/innen; nähere Informationen unter www.juleica.de

Jugendsozialarbeit
- → Jugendhilfe (LKJHG) §§ 14-15

Alphabetisches Schlagwortverzeichnis

Jugendverkehrsschulen
→ Verkehrserziehung

Jugendzahnpflege
→ Jugendzahnpflege

Juristische Fachsprache
→ Ermessen
→ Juristische Terminologie
→ Vorschriften

K

Kassenführung
→ Haushalt (Kassenführung)
→ Schulgesetz § 48,2
→ SMV-Verordnung
→ Sponsoring

Katastrophen
→ Gewaltvorfälle und Schadensereignisse

Kernzeiten (Grundschulen)
→ Grundschule (Verlässliche)
→ Hort

Kilometergeld
→ Reisekosten (Gesetz–LRKG) § 6

Kinderarbeit
→ Jugendarbeitsschutz (Kinderarbeit)
→ Jugendschutzgesetz (LKHG)
→ Lehrmittel und Schuleinrichtung

Kindererziehungszeit/-zuschlag
→ Beamtenversorgung (Allgemeines)

Kindergärten
→ Grundschulförderklassen
→ Hort
→ Kooperation Kindertageseinrichtungen – Grundschulen
→ Schulkindergärten

Kindergeld
→ Beihilfeverordnung § 3
→ Elterngeld/Elternzeit
→ Kindergeld

Kinderschutz
siehe Schlagwort **Jugendhilfe/Jugendschutz**

Kirchen
→ Religion und Schule

Kirchentage (Beurlaubung)
→ Schulbesuchsverordnung § 4
→ Urlaub (Allgemeines), Anl. 1 Nr. 9c
→ Urlaub (Verordnung / AzUVO) § 29 (Hinweis)

Kirchliche Lehrkräfte
→ Religionsunterricht (Kirchliche Lehrkräfte)

Klassenarbeiten
→ Archivierung/Aufbewahrungsfristen
→ Vergleichsarbeiten
→ Gymnasium (Abitur) § 6
→ Notenbildungsverordnung §§ 8-9
→ Grundschule (Schulbericht) § 2

→ Schulgesetz § 47 Abs. 5 Nr. 2
→ Zeugnisse

Klassenarbeiten (Zentrale)
→ Vergleichsarbeiten
→ Notenbildungsverordnung § 9 Abs. 5

Klassenbildung
→ Organisationserlass
→ Sprachförderung (Integration)

Klassenbücher
→ Archivierung/Aufbewahrungsfristen
→ Datenschutz (Schulen)
→ Klassentagebücher

Klassenelternvertreter
→ Eltern und Schule
→ Elternabend (Elternpflegschaft)
→ ElternbeiratsVO §§ 12-20
→ Schulgesetz § 56

Klassenfahrten
→ Außerunterr. Veranstaltungen
→ Außerunterrichtliche Veranstaltungen (Hinweise)
→ Außerunterrichtliche Veranstaltungen (Reisekosten)

Klassenkonferenzen
→ Aufnahmeverfahren Ziff. III 6
→ Konferenzordnung § 4

Klassenlehrer/innen
→ Klassenlehrer/in
→ Konferenzordnung § 12,2
→ Schülermitverantwortung § 8
→ Schulgesetz §§ 56,4 und 90

Klassenpflegschaft
→ Elternabend (Klassenpflegschaft)
→ Elternbeiratsverordnung §§ 5-9
→ Schulgesetz § 56

Klassenschülerversammlung
→ Schülermitverantwortung § 8
→ Schulgesetz § 63 und § 64

Klassensprecher
→ Elternbeiratsverordnung § 8
→ Schülermitverantwortung § 8
→ Schulgesetz § 65

Klassentagebücher
→ Archivierung/Aufbewahrungsfristen
→ Datenschutz (Schulen)
→ Klassenbücher

Kleidervorschriften
→ Religion und Schule

Koalitionsfreiheit
→ Beamte (Allgemeines)
→ Beamtenstatusgesetz § 52
→ Grundgesetz Art. 9
→ PersonalvertretungsG § 67,3
→ Werbung

Kollegiumsausflug
→ Betriebsausflüge

Kolleg
→ Schulgesetz § 9
Fundstelle: VO über den Bildungsgang und die Abiturprüfung an den Kollegs; Loseblattsammlung KuU Nr. 6616-21

Kollektivstrafen
→ Schulgesetz § 90 Abs. 2 Satz 2

Kompetenzanalyse
→ Kompetenzanalyse

Kommunale Mandate
→ Urlaub (Mandatsträger/innen)

Kommunion (Urlaub)
→ Schulbesuchsverordnung (Anlage) Nr. 1

Konferenzbeschlüsse (Sammlung)
→ Konferenzordnung § 15 Abs. 7

Konferenzbeschlüsse (Verbindlichkeit)
→ Schulgesetz § 44 (3) und 47 (7)

Konferenzen
→ Konferenzen (Allgemeines)
→ Konferenzordnung
→ Schulgesetz § 44 ff.
→ Schulkonferenzordnung
→ Schulkonferenz (Zuständigkeiten)

Konferenzen (Seminare)
→ Seminare

Konfession
→ Religion und Schule

Konfirmandenunterricht
→ Schulbesuchsverordnung § 1 Abs. 4

Konfirmation (Urlaub)
→ Schulbesuchsverordnung (Anlage) Nr. 1

Konrektor
→ Besoldung (Lehrkräfte – Eingruppierung)
→ Schulgesetz § 42
→ Schulleitung (Aufgaben)

Kontingentstundentafel
→ Grundschule (Stundentafel)
→ Gymnasium (Stundentafel)
→ Realschule (Stundentafel)
→ Werkrealschule (Stundentafel)

Kontoführung
→ Haushalt (Kassenführung)
→ Sponsoring
→ Schulfördervereine

Konzentrationslager
→ Außerschulische Jugendbildung
→ Gedenktag (NS-Zeit)

Kooperation
→ Behinderungen und Förderbedarf
→ Jugendarbeit und Schule
→ Kooperation HS/WRS – Realschule
→ Kooperation Kindertageseinrichtungen – Grundschulen
→ Kooperation (Schule – Verein)
→ Kooperationsklassen HS / WRS – Berufliche Schulen

Kooperationszeit
→ Arbeitszeit (Lehrkräfte) Teil I

Kooperationsstellen
→ Behinderungen und Förderbedarf Nr. 7

Alphabetisches Schlagwortverzeichnis

Kopfnoten (Noten für Verhalten und Mitarbeit; Allgemeine Beurteilung)
→ Notenbildungsverordnung §§ 3+6

Kopftuch (Moslems)
→ Religion und Schule

Kopien
→ Urheberrecht (Kopien – Internet)

Kopiergeld
→ Lernmittelfreiheit

Körperbehinderte (Schulen)
→ Schulgesetz § 15
Fundstelle: Mitarbeit von Ärzten an Schulen und Schulkindergärten für Körperbehinderte; Loseblattsammlung KuU Nr. 6411.56

Körperliche Züchtigung
→ Schulgesetz § 90,3

Korrekturtage
→ Korrekturtage

Korruption
Fundstelle: VwV „Korruptionsverhütung und -bekämpfung" vom 19. 12. 2005 (GABl. S. 125/2006)
→ Beamtenstatusgesetz § 42
→ Belohnungen und Geschenke
→ Tarifvertrag (Länder) § 3 Abs. 3

Kostendämpfungspauschale
→ Beihilfeverordnung § 15,1

Kostenvoranschlag (Beihilfe)
→ Beihilfeverordnung (Hinweise)

Kraftfahrzeuge
→ Reisekosten (Gesetz – LRKG)
→ Sachschäden

Krankenbezüge/-geld
→ Tarifvertrag (Länder) §§ 20 ff.
→ Urlaub (Allgemeines) Teil 5

Krankenhausschule
→ Schulgesetz § 15
→ Sonderschule (Krankenhausschule)

Krankenkassenbeitrag
→ Sozialversicherungsbeiträge

Krankenversicherung/-spflicht
→ Beihilfe Nr. 1
→ Beihilfe (Urlaub ohne Bezüge)
→ Beihilfeverordnung § 6a Abs. 2
→ Krankenversicherung

Krankheit (Ansteckende)
→ Beihilfeverordnung § 10 (Impfung)
→ Geschlechtserziehung (Hinweise)
→ Infektionsschutzgesetz
→ SchulbesuchsVO § 2 Abs. 4

Krankheit (Kinder)
→ Tarifvertrag (Länder) § 29
→ Urlaub (Allgemeines)

Krankheit (Lehrkräfte)
→ Abwesenheit und Krankmeldung (Lehrkräfte)
→ Beamtengesetz § 68
→ Beihilfe
→ Beihilfeverordnung
→ Infektionsschutzgesetz

→ Krankenversicherung
→ Schwerbehinderung
→ Tarifvertrag (Länder) § 22
→ Urlaub (Allgemeines)

Krankheit (Schüler/innen)
→ Hausunterricht
→ Infektionsschutzgesetz
→ Schulbesuchsverordnung § 2

Krankheitsvertretung
→ Einstellungserlass Nr. 15
→ Organisationserlass 1.3
→ Reisekosten (Ausw. Unterricht)

Krankmeldung
→ Abwesenheit und Krankmeldung (Lehrkräfte)
→ Beamtengesetz § 68

Kranzspenden
→ Kranzspenden und Nachrufe

Kreisvorsitzende (GEW)
→ Anschriften (Anfang des Buches)

Kreuze (Religiöse Symbole)
→ Religion und Schule

Krisenplan/-team
→ Gewaltvorfälle und Schadensereignisse

Kündigung
→ Mutterschutz (Verordnung / AzUVO) § 37
→ Personalvertretungsgesetz § 77
→ Schwerbehinderung
→ Tarifvertrag (Länder) § 34

Kultus und Unterricht
→ Kultus und Unterricht
→ Vorschriften

Kumulierung (Sabbatjahr)
→ Teilzeit/Urlaub (Freistellungsjahr)

Künstler und Schule
→ Musisch-kulturelle Bildung

Kuren
→ Beihilfeverordnung § 8
→ Beihilfe (Kuren)
→ Urlaub (Allgemeines)

Kurspflegschaft
→ Elternbeiratsverordnung § 10 b

L

Ländertausch (Lehrkräfte)
→ Einstellungserlass
→ Ländertausch (Lehrkräfte)
→ Versetzungen

Landesakademie für Fortbildung und Personalentwicklung
→ Fortbildung und Personalentwicklung

Landesamt für Besoldung und Versorgung
→ Landesamt

Landesarchivgesetz
→ Archivierung/Aufbewahrungsfristen Nr. 3

Landesbeamtengesetz
→ Beamte (Allgemeines)
→ Beamtengesetz
→ Beamtenstatusgesetz

Landes-Behindertengleichstellungsgesetz
→ Schwerbehinderung Teil F

Landesbesoldungsgesetz/-ordnung
→ Besoldung (Gesetz)

Landesbildungsserver
→ Schulentwicklung

Landesdatenschutzbeauftragter
→ Datenschutz (LDSG) § 25

Landesdatenschutzgesetz
→ Datenschutz (LDSG)

Landeselternbeirat
→ ElternbeiratsVO §§ 33-42
→ Schulgesetz § 60
→ Verfassung Art. 12 und 17

Landeserziehungsgeld
→ Elterngeld

Landesgebührengesetz
→ Beglaubigungen
→ Haushalt (Gebühreneinzug)
→ Verwaltungsrecht

Landesgleichberechtigungsgesetz
→ Chancengleichheitsgesetz

Landesinstitut für Schulentwicklung (LS; früher: „LEU")
→ Schulentwicklung

Landesinstitut für Schulsport
→ Fortbildung (Allgemeines)

Landesjugendplan
→ Außerschulische Jugendbildung (Landesjugendplan)
→ Außerunterr. Veranstaltungen
→ Gedenktag (NS-Zeit)

Landeslaufbahnverordnung
→ jetzt: Beamtengesetz § 14 ff.

Landespersonalausschuss
Hinweis der Redaktion: Der LPA wurde zum 1.1.2011 abgeschafft.

Landespersonalvertretungsgesetz
→ Personalvertretungsgesetz

Landesreisekostengesetz
→ Reisekosten (Gesetz – LRKG)

Landesschulbeirat
→ Schulgesetz § 71
Fundstelle Landesschulbeiratsverordnung: KuU Loseblattsammlung Nr. 6404-21

Landesschülerbeirat
→ Schülermitverantwortung § 21 f.
→ Schulgesetz § 69

Landesumzugskostengesetz
→ Umzugskostengesetz

Landesverfassung
→ Verfassung

Landesverwaltungsverfahrensgesetz
→ Verwaltungsrecht

Landesvorstand (GEW)
→ Anschriften (Anfang des Buches)

Alphabetisches Schlagwortverzeichnis

Landeszentrale für politische Bildung
- → Politische Bildung

Landtag
- → Fachleute aus der Praxis
- → Wahlkampf und Schule

Landtagsbesuche
- → Außerunterr. Veranstaltungen
- → Landtagsbesuche

Lastenhandhabungsverordnung
Fundstelle: Lastenhandhabungsverordnung vom 4.12.1996 (BGBl. I S. 1842), zuletzt geändert 31.10.2006 (BGBl. I S. 2407)

Laufbahnvorschriften
- → Aufstieg (Laufbahnen)
- → Beamtengesetz § 14 ff.
- → Beförderung (Allgemeines)
- → Beförderung (Oberstudienrat/-rätin)

Läuse (Schulbesuchsverbot)
- → Infektionsschutzgesetz § 34 Abs. 1

Lebenspartner
- → Gleichbehandlungsgesetz
- → Elternrecht und Erziehungsberechtigung
- → Elternzeit (Verordnung/AzUVO)
- → Elternzeit (Gesetz / Arbeitnehmer)

Lebenszeit (Beamt/innen)
- → Beamtengesetz § 8
- → Beamtenstatusgesetz § 4

Legasthenie
- → Beihilfeverordnung § 6,3
- → Behinderungen und Förderbedarf 2.3.2
- → Organisationserlass

Lehramtsanwärter/innen
siehe Schlagwort Anwärter/innen
- → Besoldung (Anwärterbezüge)

Lehramtsanwärter (Unterrichtsvergütung)
- → Besoldung (Gesetz) § 62

Lehraufträge
- → KonferenzVO § 2 Abs. 1 Nr.. 9
- → Schulgesetz § 41

Lehrbeauftragte
- → Einstellungserlass Ziff. 27
- → Lehrbeauftragte

Lehrbefähigung
- → Lehrbefähigung und fachfremder Unterricht

Lehrbefugnis (kirchliche)
- → Religionsunterricht (Kirchliche Lehrkräfte)

Lehrerausflug
- → Betriebsausflüge

Lehreraustausch
- → Auslandsschuldienst
- → Ländertausch (Lehrkräfte)

Lehrereinsatz
- → Organisationserlass

Lehrerfortbildung
siehe Schlagwort Fortbildung

Lehrerkonferenzen
- → Konferenzen (Allgemeines)
- → Konferenzordnung
- → Schulgesetz § 44 ff.
- → Schulkonferenzordnung

Lehrermangel
- → Mehrarbeit
- → Organisationserlass

Lehrerprogramm
- → Urlaub (Weiterbildung / Lehrerprogramm)

Lehrerreserve
- → Grundschule (Verlässliche)
- → Mehrarbeit
- → Organisationserlass Nr. 1.3
- → Reisekosten (Ausw. Unterricht)

Lehrerversorgung
- → Organisationserlass

Lehrerwohnungen
- → Schulgesetz § 52

Lehrerzuweisung
- → Mehrarbeit
- → Organisationserlass

Lehrfahrten
- → Außerunterr. Veranstaltungen

Lehrkräfte
- → Arbeitszeit (Lehrkräfte)
- → Klassenlehrer/innen
- → Schulgesetz § 38

Lehrkräftezulagenverordnung
- → Besoldung (Zulagen) Nr. 2

Lehrmittel
- → Lehrmittel und Schuleinrichtung
siehe auch **Lernmittel**

Lehrpläne/Bildungspläne
- → Kultus und Unterricht Nr. 1
- → Schulgesetz § 35, § 38, § 41,2

Leistung (Fachliche Leistung)
- → Beamtenstatusgesetz § 9
- → Funktionsstellen (Besetzung)
- → Grundgesetz Art. 33

Leistungsbeurteilung (Lehrkräfte)
- → Beamtengesetz § 51
- → Dienstliche Beurteilung
- → Dienstl. Beurteilung (Lehrkräfte)

Leistungsbeurteilung (Schüler/innen)
- → Ethik
- → Behinderungen und Förderbedarf 2.3.2
- → Notenbildungsverordnung § 7
- → Schulpflicht (Ausländer/innen)
- → Sprachförderung (Integration) Nr. 3
- → Verwaltungsrecht
- → Zeugnisse

Leistungsentgelt
- → Tarifvertrag (Entgelttabellen)
- → Tarifvertrag (Länder) § 18

Leistungskurse
- → Gymnasium (Abitur) § 11

Leistungsprämien / Leistungsstufen)
- → Besoldung (Gesetz) § 31
- → Besoldung (Leistungsprämien / Leistungsstufen)
- → Besoldung (Lehrkräfte – Eingruppierung)

Leistungszahl/-ziffer
- → Einstellungserlass Ziff. 1.2

Leitungszeit
- → Arbeitszeit (Lehrkräfte) B und C

Lernbegleiter
- → Lernbegleiter

Lernbehinderung
- → Behinderungen und Förderbedarf
- → Grundschulförderklasse
- → Schulgesetz § 15
- → Schulpflicht (Behinderung)
- → Sonderschule (Förderschule – Stundentafel)

Lerngänge
- → Außerunterr. Veranstaltungen

Lernleistungen (Besondere) / „Seminarkurs"
- → Gymnasium (Abitur – NGVO) § 2 Abs. 7

Lernmittel
- → Haushalt (Allgemeines – Budgetierung)
- → Haushalt (Kommunaler Finanzausgleich)
- → Lehrmittel und Schuleinrichtung
- → Lernmittelfreiheit
- → Lernmittel (Zulassung)
- → Lernmittelverordnung / Lernmittelverzeichnis
- → Schulgesetz § 94
- → Verfassung Art. 14

Lernmittel (Sammelbestellung)
- → Werbung Ziff. 5.2

Lernmittel (Sozialhilfe)
- → Lernmittelfreiheit

Lernort
- → Behinderungen (Inklusion)

Lernplattformen
- → Datenschutz (Dienstvereinbarung Lernplattformen)

Lesbische Lehrerinnen
- → Gleichbehandlungsgesetz

Lese-Rechtschreibschwäche
- → Beihilfeverordnung § 6,3
- → Behinderungen und Förderbedarf 2.3.2

LGlG
- → Chancengleichheitsgesetz

Lohnsteuerkarte
- → Landesamt für Besoldung

Löschung (Personalaktendaten)
- → Beamtengesetz § 86

Alphabetisches Schlagwortverzeichnis

M

Mäßigungspflicht (Beamte)
→ Beamtenstatusgesetz § 33 Abs. 2

Malus (Einstellung)
→ Einstellungserlass Ziff. 1.5

Mandatsträger/innen
→ Urlaub (Mandatsträger/innen)

Mathematik-/Rechenschwäche
→ Behinderungen und Förderbedarf 2.2

Medienzentren
Fundstelle: Gesetz über die Medienzentren (Medienzentrengesetz) vom 6.2.2001 (GBl. S. 117/2001), geändert am 1.7.2004 (GBl. S. 469/2004)

Medikamentenausgabe
→ Sonderschule (Medikamentenausgabe)

Mehrarbeit / MAU-Vergütung
→ Beamtengesetz § 67
→ Besoldung (Anwärter-Unterrichtsvergütung)
→ Besoldung (Gesetz) § 65
→ Chancengleichheitsplan
→ Mehrarbeit
→ Mehrarbeit (Vergütung)
→ Mutterschutz (Verordnung / AzUVO) § 35
→ Nebenamtlicher/nebenberuflicher Unterricht
→ Organisationserlass
→ Reisekosten (Nebenamtlicher/ nebenberuflicher Unterricht
→ Schwerbehinderung
→ Teilzeit (Pflichten und Rechte)

Meldepflicht
→ Behinderungen (Kinder und Jugendliche) § 60
→ Schulpflicht (Meldeverordnung)

Menschenrechte
→ Menschenrechte

Mentor/innen
→ Arbeitszeit (Lehrkräfte) Teil E.2
→ Arbeitszeit (Fachlehrer/innen / Techn. Lehrkräfte)

Minderung (Erwerbsfähigkeit)
→ Arbeitszeit (Lehrkräfte) Teil D 2
→ Schwerbehinderung

Minijobs
→ Sozialversicherungsbeiträge

Ministerium für Kultus, Jugend und Sport (KM)
→ Schulverwaltung (bei Adressen am Anfang des Buches)
→ Schulgesetz § 35

Mischdeputat
→ Arbeitszeit (Mischdeputat)

Missbilligung
→ Disziplinargesetz § 27
→ Personalvertretungsgesetz § 80 Abs. 1 Nr. 5
→ Sucht (Dienstvereinbarung)

Missio canonica
→ Religionsunterricht (Kirchliche Lehrkräfte)

MiStra
→ Disziplinargesetz (Allgemeines)

Mitarbeit
→ Notenbildungsverordnung § 6

Mitarbeit von Ärzten
Fundstelle: Mitarbeit von Ärzten an Schulen und Schulkindergärten für Körperbehinderte; Loseblattsammlung KuU Nr. 6411.56

Mitarbeitergespräch
→ Dienstl. Beurteilung (Lehrkräfte) Ziff. II und Hinweis bei Ziff. 10
→ Konferenzen (Allgemeines)

Mitbestimmung (Personalvertretung)
→ Datenschutz (Dienstvereinbarungen / Mitbestimmung)
→ Personalvertretungsgesetz § 69 ff.

Mitgliedschaft in Gewerkschaften
→ Beamtenstatusgesetz § 52

Mitteilung in Strafsachen
→ Beamtenstatusgesetz § 49
→ Disziplinargesetz (Allgemeines)

Mittel- und Osteuropa (Gedenkstätten/Schülerbegegnungen)
→ Außerschulische Jugendbildung

Mittlere Reife
→ Abschlüsse (Allgemeines)
→ Abschlüsse (Hauptschule / Mittlere Reife)
→ Abschlüsse (Berufsausbildung)
→ Berufsfachschule
→ Realschule (Abschlussprüfung)
→ Schulgesetz § 7
→ Werkrealschule (Ausbildung und Prüfung)

Mitwirkung (Schulleitungsstellen)
→ Funktionsstellen (Besetzung)
→ Schulgesetz §§ 40, 47

Mitwirkung (Personalrat)
→ Funktionsstellen (Besetzung)
→ Personalvertretungsgesetz §§ 72, 80

Mobbing
→ Gleichbehandlungsgesetz
→ Mobbing
→ Personalvertretungsgesetz §§ 67-68
→ Schulpsychol. Beratungsstellen

Mobiliar
→ Schulbau

Moodle
→ Datenschutz (Dienstvereinbarung Lernplattformen)

Moslems (Kopftuch)
→ Religion und Schule

Mündliche Leistungen
→ Notenbildungsverordnung § 7

Multilaterale Versetzungsordnung
→ Abschlüsse (Allgemeines)
→ Multilaterale VersetzungsVO

Multimedia-Beratung
→ Arbeitszeit (PC-Betreuung und Multimedia-Beratung)

Multiplikatorinnen (Frauen)
→ Chancengleichheitsgesetz § 16 f. Abs. 3 (Hinweis Nr. 1)

Museum
→ Außerunterr. Veranstaltungen
→ Musisch-kulturelle Bildung

Musikalische Darbietungen
→ Außerunterr. Veranstaltungen
→ Musisch-kulturelle Bildung
→ Urheberrecht (GEMA / Musik)

Mutterschaftsgeld
→ Elterngeld/Elternzeit

Mutterschutz
→ Arbeits- und Gesundheitsschutz (Allgemeines) 5
→ Arbeitszeit- und Urlaubsverordnung
→ Beamtenstatusgesetz § 46
→ Elterngeld/Elternzeit
→ Elternzeit (Verordnung / AzUVO)
→ Mutterschutz (Stillzeiten)
→ Mutterschutz (Verordnung / AzUVO)

Muttersprachlicher Zusatzunterricht
→ Sprachförderung (Integration)

N

Nachmittagsunterricht
→ Stundenpläne und Unterrichtsbeginn
→ Unterrichtsfreier Samstag

Nachrückverfahren
→ Einstellungserlass Ziff. 6

Nachrufe
→ Kranzspenden und Nachrufe

Nachteilsausgleich
→ Behinderungen und Förderbedarf Nr. 2.3
→ Notenbildungsverordnung § 7
→ Schwerbehinderung

Nachversicherung
→ Renten

Name der Schule
→ Konferenzordnung § 2 Abs. 2
→ Schulgesetz § 24 und § 47 Abs. 3 Nr. 4a

Nationalsozialismus
→ Außerschulische Jugendbildung
→ Gedenktag (NS-Zeit)

Nebenakten
→ Beamtengesetz §§ 83 ff.
→ Personalakten

Nebenamtlicher/nebenberuflicher Unterricht
→ Einstellungserlass Ziff. 15
→ Mehrarbeit
→ Mehrarbeit (Vergütung)
→ Nebenamtlicher/nebenberuflicher Unterricht

→ Reisekosten (Nebenamtlicher/ nebenberuflicher Unterricht)
Nebentätigkeit
→ Beamtengesetz §§ 61-64
→ Beamtenstatusgesetz § 40
→ Nebentätigkeiten
→ Sozialversicherungsbeiträge
→ Tarifvertrag (Länder) § 3 Abs. 4
„9+3-Abschluss"
→ Abschlüsse (Berufsausbildung)
Nichterfüllung von Pflichten
→ Beamtengesetz § 58
→ Beamtenstatusgesetz § 47
Nichtigkeit (Ernennung)
→ Beamtenstatusgesetz § 11
Niederschriften
→ Konferenzordnung § 15
→ Personalvertretungsgesetz § 42
→ Schulkonferenzordnung § 8
Noten / Notenbildungsverordnung
→ Vergleichsarbeiten
→ Ermessen
→ Notenbildungsverordnung
→ Grundschule (Schulbericht)
→ Verwaltungsrecht
Notenstufen
→ Gymnasium (Abitur) §§ 5, 15, 26
→ Notenbildungsverordnung § 5-6
Notfallseelsorge
→ Gewaltvorfälle und Schadensereignisse
NS-Zeit
→ Außerschulische Jugendbildung (Landesjugendplan)
→ Gedenken (NS-Zeit)

O

Oberschulämter (jetzt: „Obere Schulaufsichtsbehörden")
→ Schulverwaltung (bei Adressen)
→ Schulgesetz § 34
Oberstudienräte
→ Beförderung (Allgemeines)
→ Beförderung (Oberstudienrat/-rätin)
Öffentliche Schulen
→ Schulgesetz § 2
Öffentlichkeit (Flucht an die –)
→ Disziplinargesetz (Allgemeines)
→ Verwaltungsrecht
Öffentlichkeitsarbeit
→ Presserecht
→ Schulgesetz § 41
Ökumenischer Religionsunterricht
→ Religionsunterricht (Teilnahme und Abmeldung) Teil C
Örtliche Schulverwaltung
→ Schulgesetz §§ 48-54
Orchestertage
→ Außerunterr. Veranstaltungen
→ Musisch-kulturelle Bildung
→ Urheberrecht (GEMA / Musik)

Ordnungsmaßnahmen
→ Schulgesetz § 47, § 89, § 90
Ordnungswidrigkeiten
→ Schulgesetz § 92
→ Schulpflicht (Durchsetzung)
Organisationserlass
→ Organisationserlass
Orientierung in Berufsfeldern
→ Betriebspraktika
→ Schüler-Zusatzversicherung
Orientierungsarbeiten
→ Vergleichsarbeiten
Orientierungsstufe
→ Aufnahmeverfahren
→ Personalvertretung (Sonderfälle)
→ Schulgesetz § 4
Orthografie
→ Rechtschreibung
Osteuropa (Schüleraustausch)
→ Außerschulische Jugendbildung
→ Außerunterr. Veranstaltungen
Ozon
→ Ozon (Sportliche Aktivitäten)

P/Q

Pädagogische Berater/innen
→ Fachberater/innen
Pädagogische Freiheit
→ NotenVO (Vorbemerkung)
→ Schulgesetz § 38
Päd. Zentralbibliothek
→ Schulentwicklung
Pädagogischer Tag
→ Konferenzordnung § 2 Abs. 1 Ziff. 2
→ Fortbildung und Personalentwicklung Nr. II Abs. 5
Parlament
→ Fachleute aus der Praxis
→ Landtagsbesuche
→ Wahlkampf und Schule
Parteien
→ Fachleute aus der Praxis
→ Wahlkampf und Schule
→ Werbung
Pausenaufsicht
s. Schlagwort Aufsichtspflicht
Pausenordnung
→ KonferenzVO § 2 Abs. 1 Nr. 3
Pension
siehe Schlagworte Beamtenversorgung und Ruhestand
Personalakten(-daten)
→ Abwesenheit und Krankmeldung (Lehrkräfte)
→ Beamtengesetz §§ 83 ff.
→ Beamtenstatusgesetz § 50
→ Beihilfeverordnung § 18
→ Chancengleichheitsgesetz § 10 Abs. 4
→ Datenschutz (Schulen)
→ Disziplinargesetz (LDG) § 19
→ Personalakten

→ Personalvertretungsgesetz § 68
→ Schwerbehinderung
→ Tarifvertrag (Länder) § 3 Abs. 6
Personalausgabenbudgetierung
→ Haushalt (Personalausgabenbudgetierung)
Personalcomputer
→ Arbeitszeit (PC-Betreuung)
→ Bildschirmarbeitsverordnung
→ Datenschutz (Schulen)
Personaldaten
→ Datenschutz (Dienstvereinbarung Lernplattformen)
→ Datenschutz (Dienstvereinbarung Personaldaten)
→ Datenschutz (Schulen) Teil IV.
→ Personalakten
Personalentwicklung
→ Evaluation
→ Fortbildung und Personalentwicklung
→ Schulentwicklung
Personal(-führungs)gespräch
→ Dienstliche Beurteilung (Lehrkräfte); Hinweis bei Nr. 10
Personalnummer
→ Landesamt
Personalräte (GEW)
→ Adressen am Anfang des Buches
Personalversammlungen
→ Personalversammlungen
→ Personalvertretungsgesetz § 49
Personalvertretung
→ Ausbildungspersonalräte
→ Beamtenstatusgesetz § 51
→ Datenschutz (Dienstvereinbarung Personaldaten)
→ Funktionsstellen (Besetzung)
→ Personalversammlungen
→ Personalvertretung (Sonderfälle)
→ Personalvertretungsgesetz
→ Reisekosten (Personal- und Schwerbehindertenvertretung)
→ Werbung
Persönliche Wartezeit
→ Beförderung (Stellen- und Beförderungssperre)
Persönlichkeitstests
→ Bildungsberatung
Petitionsrecht
→ Grundgesetz Art. 17
→ Verwaltungsrecht
Pflegeversicherung
→ Pflegeversicherung
→ Sozialversicherungsbeiträge
Pflegezeiten
→ Beamtengesetz § 74
→ Urlaub (Allgemeines) Nr. 3
→ Urlaub (Pflegezeit / AzUVO)
→ Urlaub (Pflegezeitgesetz – Arbeitnehmer/innen)
Pflegschaften
→ Elternabend (Klassenpflegschaft)
→ ElternbeiratsVO §§ 10, 11

Alphabetisches Schlagwortverzeichnis

Pflichten (Eltern)
- → Elternabend (Allgemeines)
- → Schulgesetz § 85

Pflichten (Lehrkräfte)
- → Beamtenstatusgesetz §§ 33 ff.
- → Mehrarbeit
- → Schulgesetz § 38
- → Teilzeit (Pflichten und Rechte)
- → Tarifvertrag (Länder) § 3

Pflichten (Nichterfüllung)
- → Beamtenstatusgesetz § 47

Pflichten (Schüler/innen)
- → Schulbesuchsverordnung
- → Schulgesetz § 72 ff.
- → Schulpflicht

Piercing (Sportunterricht)
- → Unfallversicherung (Hinweise)
- → Unfallversicherung/-verhütung (Trampolin)

Plaketten
- → Wahlkampf und Schule
- → Werbung

Planung (Unterricht)
- → Schulgesetz § 38 Abs. 6 (Hinweise)
- → Sucht (Dienstvereinbarung) § 4 Abs. 4 (Hinweis Nr. 4)

Politische Betätigung
- → Beamtenstatusgesetz § 33

Politische Bildung
- → Außerunterr. Veranstaltungen
- → Fachleute aus der Praxis
- → Außerschulische Jugendbildung
- → Gedenktag (NS-Zeit)
- → Menschenrechte
- → Politische Bildung
- → Verfassung Art. 21

Polizei und Schule
- → Polizei und Schule
- → Suchtprävention

Post/Postgeheimnis
- → Wahlkampf und Schule

Prämien (Besoldungsrecht)
- → Besoldung (Gesetz)

Präsenzpflicht
- → Arbeitszeit (Allgemeines)

Praxissemester
Fundstelle: Schulpraxissemester für Studierende des Lehramts an Gymnasien sowie der Studiengänge zum höheren Lehramt an beruflichen Schulen; VwV des KM vom 18.7.2001; Loseblattsammlung KuU Nr. 6722-53

Praxissemester (Arbeitszeit/Anrechnung)
- → Arbeitszeit (Lehrkräfte) E 1.2

Presserecht
- → Presserecht
- → Schulgesetz § 41

Private Zusatzversicherung
- → Renten / Beamtenversorgung (Zusatzversicherungen)
- → Tarifvertrag Entgeltumwandlung

Privatschulen
- → Grundgesetz Art. 7
- → Privatschulgesetz
- → Schulgesetz § 101 ff.
- → Urlaub (Privatschuldienst)

Probearbeitsverhältnis
- → Probezeit (Arbeitnehmer/innenverhältnis)

Probebeamtenverhältnis (Funktionsstellen)
- → Beamtengesetz § 8
- → Beamtenstatusgesetz § 22 Abs. 5

Probezeit (Beamt/innen)
- → Beamtengesetz § 19
- → Beamtenstatusgesetz § 22 Abs. 5
- → Einstellungserlass Nr. 12
- → Personalvertretungsgesetz § 80 Abs. 1 Nr. 3
- → Probezeit (Beamtenrecht)
- → Tarifvertrag (Länder) § 2

Probezeit (Versetzung von Schüler/innen auf Probe)
- → siehe Versetzungsordnungen der verschiedenen Schularten)

Projektprüfung
- → Werkrealschule (Ausbildung und Prüfung) § 30

Projekttage
- → Außerunterr. Veranstaltungen

Protokollführung
- → Konferenzordnung § 15
- → Personalvertretungsgesetz § 42
- → Schulkonferenzordnung § 8

Prozessbegleitung
- → Fachberater/innen

Prozessbegleiter für Evaluationsberatung
- → Fortbildung und Personalentwicklung

Prüfungen (Schüler/innen)
siehe Prüfungsvorschriften bei den einzelnen Schularten
- → Abschlüsse (Allgemeines)
- → Aufnahmeverfahren
- → Datenschutz (Schulen)
- → Fachhochschulreife
- → Gymnasium (Abitur)
- → Realschule (Abschlussprüfung)
- → Schulgesetz § 89
- → Werkrealschule (Ausbildung und Püfung)

Prüfungen (Lehrkräfte)
- → Einsicht in Prüfungsakten
- → Korrekturtag
- → Schwerbehinderung
- → Urlaub (Prüfungen)

Prüfungstätigkeit (Vergütung)
Fundstelle: Loseblattsammlung K.uU. Nr. 0376-54

Prüfungstermine
siehe bei den Schularten
- → Aufnahmeverordnung (Termine)
- → Notenbildungsverordnung (§ 9)

Prügelstrafe
- → Schulgesetz § 90,3

Psychologische Beratungsstellen
- → Bildungsberatung Teil III
- → Schulpsychologische Beratungsstellen

Psychologische Untersuchungen
- → Bildungsberatung
- → Schulgesetz § 74

Punktsystem (Notengebung)
- → Berufliches Gymnasium (Abitur)
- → Gymnasium (Abitur) (nach § 41)

Qualifikation
siehe Schlagwort Eignung
- → Einstellungserlass
- → Tarifvertrag (Länder) § 4

Qualipass-Zertifikat für die Schülermitverantwortung (SMV)
- → Schülermitverantwortung (nach § 7)

R

Radfahrprüfung
- → Verkehrserziehung (Radfahrausbildung)

Radikalenerlass
- → Beamtenstatusgesetz § 7

Ranzen
- → Schulbau Nr. 5

Rauchen / Raucherecke
- → Jugendschutzgesetz § 10
- → Rauchen in der Schule
- → Suchtprävention Teil III

Rauschmittelmissbrauch
- → Rauchen in der Schule
- → Suchtprävention

Realschule
- → Abschlüsse (Allgemeines)
- → Abschlüsse (Berufsausbildung)
- → Abschlüsse (Hauptschule / Mittlere Reife)
- → Aufnahmeverordnung
- → Werkrealschule (Ausbildung und Prüfung)
- → Multilaterale VersetzungsVO
- → Organisationserlass
- → Schulgesetz § 7
- → Realschule (Abschlussprüfung)
- → Realschule (Stundentafel)
- → Realschule (Versetzungsordnung)

Rechenschwäche
- → Behinderungen und Förderbedarf 2.2

Rechtmäßigkeit (Amtshandlungen)
- → Aufsicht (Schwimmunterricht; Hinweis am Ende)
- → Beamtenstatusgesetz § 36

Rechtschreibung (Neue)
- → Rechtschreibung (Einführung)

Rechtsschutz
- → Rechtsschutz

Alphabetisches Schlagwortverzeichnis

Rechtsschutz für Landesbedienstete
→ Rechtsschutz

Rechtsstellung der Schule
→ Schulgesetz § 23

Rechtsweg
→ Beamtenstatusgesetz § 54
→ Verwaltungsrecht

Reduzierungsmodell
→ Arbeitszeit (Lehrkräfte) Teil D 1-2
→ Teilzeit / Urlaub (Beamtenrecht/ VwV) – Hinweis zu Nr. II.

Referendar/innen
→ Arbeitszeit (Lehramtsanwärter- und Referendar/innen)
→ Ausbildungspersonalrat
→ Beamtengesetz §§ 16 ff.
→ Besoldung (Anwärterbezüge)
→ Personalvertretungsgesetz § 11 Abs. 3
→ Prüfungsakten (Einsichtnahme)
→ Urlaub (Prüfungen)
→ Vorbereitungsdienst (Sozialpunkte)
→ Vorbereitungsdienst (Zulassung)

Regelbeurteilung
→ Beamtengesetz § 51
→ Dienstliche Beurteilung (Lehrkräfte)

Regelstundenmaß
siehe Schlagwort Arbeitszeit

Regelstundenmaßausgleich
→ Arbeitszeit (Lehrkräfte) Teil A.IV

Regierungspräsidium
→ Schulverwaltung (siehe Adressenteil am Anfang des Buches)
→ Schulgesetz § 34

Regionaler Verbund
→ Schulgesetz § 18

Regress
→ Beamtenstatusgesetz §
→ Haftung
→ Beamtenstatusgesetz §
→ Grundgesetz Art. 34

Rehabilitation (Kur)
→ Beihilfeverordnung § 8

Reisekosten (Außerunterrichtliche Veranstaltungen)
→ Außerunterr. Veranstaltungen
→ Außerunterrichtliche Veranstaltungen (Hinweise)

Reisekosten
→ Außerunterr. Veranstaltungen
→ Außerunterrichtliche Veranstaltungen (Reisekosten)
→ BeihilfeVO § 10a
→ Betriebsausflüge
→ Landtagsbesuche
→ Fortbildung (Meldeverfahren Akademien)
→ Reisekosten (Aus-/Fortbildung)
→ Reisekosten (Außerunterrichtliche Veranstaltungen)
→ Reisekosten (Ausw. Unterricht)
→ Reisekosten (Genehmigung)
→ Reisekosten (Gesetz – LRKG)

→ Reisekosten (Nebenamtlicher/ nebenberuflicher Unterricht)
→ Reisekosten (Schulträger)
→ Reisekosten (Personal- und Schwerbehindertenvertretung)
→ Tarifvertrag (Länder) § 23

Rekonvaleszenz
→ Arbeitszeit (Rekonvaleszenz)

Rektor
→ Besoldung (Lehrkräfte – Eingruppierung)
→ Schulgesetz § 41
→ Schulleitung (Aufgaben)

Religionslehrer/innen
→ Dienstl. Beurteilung (Lehrkräfte) Nr. 7.6
→ Dienstl. Beurteilung (Religion)
→ Einstellungserlass Nr. 13
→ Religion und Schule
→ Religionsunterricht (Kirchliche Lehrkräfte)

Religionsmündigkeit
→ Religionsunterricht (Teilnahme) Nr. 1.3
→ Schulgesetz § 100 Abs. 1 (Hinweis)

Religionsunterricht
→ Ethik
→ Grundgesetz Art. 7 und 140
→ Religion und Schule
→ Religionsunterricht (Kirchliche Lehrkräfte)
→ Religionsunterricht (Teilnahme)
→ Schulgesetz § 96 ff.
→ Schul- und Schülergottesdienst
→ Verfassung Art. 18

Religiöse Symbole
→ Religion und Schule

Remonstration
→ Aufsicht (Schwimmunterricht) – Hinweise
→ Beamtenstatusgesetz § 36
→ Verwaltungsrecht

Renten
→ Tarifvertrag Entgeltumwandlung
→ Renten
→ Renten und Beamtenversorgung
→ Sozialversicherungsbeiträge

Residenzpflicht
→ Beamtengesetz § 54 (Hinweis)

Rettungseinrichtungen
→ Gewaltvorfälle und Schadensereignisse

Richtlinien (Vergütung)
→ Tarifvertrag (Entgelttabellen)
→ Tarifvertrag (Länder)

Riester-Rente
→ Renten / Beamtenversorgung (Zusatzversicherungen)

Röntgenuntersuchungen
→ Infektionsschutzgesetz

Rückabwicklung)
→ Arbeitszeit (Vorgriffsstunde) Nr. 9
→ Teilzeit/Urlaub (Freistellungsjahr)

Rückforderung (Leistungen)
→ Besoldung (Gesetz) § 15
→ Tarifvertrag (Länder) § 37

Rücknahme der Ernennung
→ Beamtengesetz § 12

Rückprojektion
→ Einstellungserlass Ziff. 5

Ruhegehalt/Ruhestand
siehe Schlagworte Beamtenversorgung und Ruhestand

Ruhestand
→ Beamtengesetz § 36 ff.
→ Beamtenstatusgesetz § 25
→ Ruhestand (Allgemeines)
→ Ruhestand (Übergangsregelungen)
→ Schwerbehinderung
→ Teilzeit / Urlaub (Beamtenrecht)
→ Unfallfürsorge

Rundfunkgebührenpflicht
→ Rundfunk- und Fernsehgebühren

S

Sabbatjahr (Freistellungsjahr)
→ Beamtengesetz § 69 Abs. 5
→ Teilzeit/Urlaub (Beamtenrecht – VwV) Nr. III.
→ Teilzeit/Urlaub (Freistellungsjahr)

Sachakten
→ Beamtengesetz §§ 83 ff.
→ Personalakten

Sachbezugswerte (Reisekosten)
→ Reisekosten (Gesetz) § 12

Sachkosten
→ Haushalt (Allgemeines – Budgetierung)
→ Haushalt (Kommunaler Finanzausgleich)
→ Haushalt (Sachkostenbeiträge)
→ Schulgesetz § 48

Sachschäden
→ Beamtengesetz § 80
→ Beamtenstatusgesetz § 48
→ Sachschäden
→ Sachschadenersatz an Kfz
→ Beamtenversorgung (Unfallfürsorge)

Sammelbestellung (Lernmittel)
→ Lernmittelfreiheit
→ Werbung Ziff. 5.2

Sammlungen
→ Arbeitszeit (Lehrkräfte) E
→ Werbung

Samstage
→ Ferien und unterrichtsfreie Samstage

Sanatoriumsaufenthalt
→ Beihilfeverordnung § 8
→ Beihilfeverordnung (Kuren)

Schadensereignisse
→ Gewaltvorfälle und Schadensereignisse

Alphabetisches Schlagwortverzeichnis

Schadensersatz
→ Beamtenstatusgesetz § 48
Schadenersatzanspruch (Übergang)
→ Beamtengesetz § 81
Schadenshaftung
→ Grundgesetz Art. 34
→ Haftung und Versicherung
→ Tarifvertrag (Länder) § 3 Abs. 7
SCHILF (Schulinterne Fortbildung)
→ Fortbildung und Personalentwicklung
Schlüsselrisiko/-verlust
→ Haftung und Versicherung
Schneesportunterricht
Fundstelle: Richtlinien für den Erwerb eines Berechtigungsscheines zur Durchführung von Schneesportunterricht ...; Loseblattsammlung KuU Nr. 6750.7
Schrift
Fundstelle: Die Gesamtlehrerkonferenz entscheidet, ob die Lateinische Ausgangsschrift oder die Vereinfachte Ausgangsschrift zugrunde gelegt wird. Für das einzelne Kind darf die Ausgangsschrift während der Grundschulzeit nicht gewechselt werden (Quelle: Bildungsplan 2004 – Grundschulen, S. 45)
→ Rechtschreibung
→ Grundschule (Schulbericht) § 3
Schriftgut
→ Archivierung
Schriftliche Arbeiten
→ Notenbildungsverordnung §§ 8-9
→ Grundschule (Schulbericht) § 2
Schulamt
→ Schulgesetz § 32 ff.
→ Schulverwaltung (bei Adressen)
Fundstelle: Geschäftsordnung für die Staatlichen Schulämter; KuU S. 80/2009
Schularten/Schultypen
→ Abschlüsse (Allgemeines)
→ Gymnasium (Schultypen)
→ Schulgesetz § 4 ff.
Schularzt
→ Schulärztliche Untersuchung
→ Unfälle
Schulaufgaben
→ Notenbildungsverordnung § 10
Schulaufsicht
→ An die Benutzerinnen und Benutzer (am Anfang des Buches)
→ Dienstliche Beurteilung
→ Fachberater/innen
→ Grundgesetz Art. 7
→ Schulgesetz § 32 ff.
→ Schulverwaltung (Struktur) – bei Adressen
→ Verfassung Art. 17

Fundstelle: Schulaufsichts-Zuständigkeitsverordnung, Loseblattsammlung KuU Nr. 6400-24
Schulaufsichtsbeamte (Besondere)
→ Fachberater/innen
→ Schulgesetz § 37
Schulaufsichtsbehörde (Besondere)
→ Schulgesetz § 110
Schulausflüge
→ Außerunterr. Veranstaltungen
Schulausschluss
→ Schulgesetz § 47, § 90
Schulbau
Fundstellen
– Schulbaurichtlinien: Loseblattsammlung KuU Nr. 6440-51;
– Sportstättenbauförderungsrichtlinien: Loseblattsammlung KuU Nr. 6851-51
→ Konferenzordnung § 2 Abs. 1 Ziff. 8a
→ Schulbau
Schulbeirat
→ Schulgesetz § 49 ff. und § 71 (Landesschulbeirat)
Schulbeiratsverordnung
Fundstelle: KuU Loseblattsammlung Nr. 113-25
Schulberater/innen
→ Fachberaterinnen und Fachberater
→ Schulleitung (Abteilungsleiter/innen)
Schulbericht
→ Grundschule (Schulbericht)
→ Grundschule (Schulbericht – Hinweise)
Schulbesuch (Schüler/innen)
→ Schulbesuchsverordnung
→ Schulgesetz §§ 72 ff. und 85
→ Schulpflicht
Schulbesuche (Lehrkräfte)
→ Schulgesetz § 41
→ Schulleitung (Abteilungsleiter/innen)
→ Unterrichtsbesuche
Schulbezirk
→ Werkrealschule (Schulbezirk)
→ Schulgesetz § 25, § 76
Schulbücher
→ Lernmittelfreiheit
→ Lernmittel (Zulassung)
→ Lernmittelverordnung / Lernmittelverzeichnis
Schule (Status)
→ Grundgesetz Art. 7
→ Schulgesetz § 23
→ Verfassung §§ 11 ff.
Schule – Verein
→ Kooperation Schule – Verein
Schule für Geistigbehinderte
→ Sonderschule (Schule für Geistigbehinderte)
→ Sonderschule (Schule G – Schulpflicht)

Schulen besonderer Art
siehe Schlagwort Gesamtschulen
Schulentwicklung
→ Datenschutz (Schulen) Teil IV.
→ Evaluation
→ Fortbildung und Personalentwicklung
→ Schulentwicklung
Schüleraustausch
→ Außerunterr. Veranstaltungen
→ Schüler-Zusatzversicherung
→ Schulpartnerschaften
→ Gymnasien (Versetzungsordnung) § 3, 3
Schülerausweise
→ Ausweise (Schüler/innen)
→ Beglaubigungen
Schülerbeförderung
→ Schülerbeförderung
Schülerbeförderungskosten
→ Haushalt (Kommunaler Finanzausgleich) § 18
→ Schülerbeförderung (Kosten)
Schülerbeurteilung
→ Notenbildungsverordnung
→ Grundschule (Schulbericht)
→ Grundschule (Schulbericht) (Hinweise)
Schülerdaten
→ Datenschutz (Schulen)
→ Schulgesetz § 115
→ Statistik
Schülerfotos/Schulfotograf
→ Datenschutz (Schulen) Nr. II.2
→ Internet und Schule
→ Werbung (Hinweis bei Nr. 1)
Schülergottesdienste
→ Schul- und Schülergottesdienst
Schülergruppe
→ Schulgesetz § 47
Schülerleistungen
→ Notenbildungsverordnung § 7
→ Grundschule (Schulbericht)
→ Zeugnisse
Schülermitverantwortung
→ Schülermitverantwortung
→ Schulgesetz §§ 62-70
→ Verfassung Art. 21
Schülermitverantwortung (Qualipass)
→ Schülermitverantwortung (nach § 7)
Schülerrat
→ Schülermitverantwortung
→ Schulgesetz § 66
Schülersprecher
→ Schülermitverantwortung
→ Schulgesetz § 67
Schülertransport
→ Außerunterrichtliche Veranstaltungen (Hinweise)
→ Erste Hilfe
→ Schülerbeförderung
Schülerveranstaltungen
→ Schülermitverantwortung § 14

Alphabetisches Schlagwortverzeichnis

Schülerversicherung
→ Schüler-Zusatzversicherung
→ Unfallversicherung

Schülervertreter/innen
→ Schülermitverantwortung
→ Schulgesetz § 63

Schülerzahl
→ Statistik

Schülerzahl (Besoldung / Absinken)
→ Besoldung (Gesetz) § 92

Schülerzeitschriften
→ Presserecht
→ Werbung, Wettbewerbe Nr. 5.4

Schulferien
→ Arbeitszeit (Lehrkräfte) Teil H
→ Ferienverordnung
→ Ferien und unterrichtsfreie Samstage

Schulförderverein
→ Sponsoring
→ Schulfördervereine

Schulfotograf
→ Datenschutz (Schulen) Nr. II.2
→ Internet und Schule
→ Werbung (Hinweis bei Nr. 1)

Schulfremdenprüfung
→ Gymnasium (Abitur) § 32 ff.
→ Realschule (Abschlussprüfung)
→ Werkrealschule (Ausbildung und Prüfung)

Schulfunk
Fundstelle: „Nachnutzung von Rundfunksendungen (Hörfunk und Fernsehen) in den Schulen"; Bekanntmachung des KM vom 21.11.1986 (KuU S. 53/1987); diese Bekanntmachung ist zwar noch im Bekanntmachungsverzeichnis (→ Kultus und Unterricht) enthalten, aber durch die inzwischen erfolgten Änderungen des Urheberrechts völlig überholt.
→ Urheberrecht

Schulgeld
→ Lehrmittel und Schuleinrichtung
→ Lernmittelfreiheit
→ Schulgesetz §§ 48 und 93
→ Urheberrecht (Kopien – Internet)
→ Verfassung Art. 14

Schulgesetz
→ Schulgesetz

Schulgesundheitspflege
→ Jugendzahnpflege
→ Schulärztliche Untersuchung
→ Schulgesetz § 91

Schulgottesdienste
→ Schul- und Schülergottesdienst

Schulhausbau
→ Konferenzordnung § 2 Abs. 1 Ziff. 8a
→ Schulbau

Schulhefte
→ Lernmittelfreiheit

Schulinterne Fortbildung (SCHILF)
→ Fortbildung und Personalentwicklung

Schuljahr/Schulhalbjahre
→ Notenbildungsverordnung § 3
→ Schulgesetz § 26

Schuljugendberater
→ Bildungsberatung

Schulkindergarten
→ Grundschulförderklasse
→ Schulgesetz §§ 5a, 20
→ Schulkindergärten

Schulkonferenz
→ Konferenzen (Allgemeines) / (Übersicht)
→ Schulgesetz § 47
→ Schulkonferenzordnung
→ Schulkonferenz (Zuständigkeiten)

Schulkonto
→ Haushalt (Kassenführung)
→ Schulfördervereine
→ Sponsoring

Schullandheimaufenthalte
→ Außerunterr. Veranstaltungen
→ Außerunterrichtliche Veranstaltungen (Reisekosten)

Schullastenausgleich
→ Haushalt (Kommunaler Finanzausgleich)
→ Haushalt (Sachkostenbeiträge)

Schulaufbahn
→ Aufnahmeverfahren (Orientierungsstufe)
→ Aufnahmeverordnung
→ Bildungsberatung
→ Schulgesetz § 88

Schulleistungstests
→ Bildungsberatung
→ Schulgesetz § 74
→ Werbung

Schulleiter/innen
→ Beamtengesetz § 8
→ Beamtenstatusgesetz § 22 Abs. 5
→ Besoldung (Lehrkräfte – Eingruppierung)
→ Besoldung (Zulagen)
→ Dienstliche Beurteilung
→ Chancengleichheitsgesetz
→ Funktionsstellen (Besetzung)
→ Funktionsstellen (Merkblatt)
→ Schulgesetz § 23, §§ 39-43, § 53
→ Schulleitung (Abteilungsleiter/innen)
→ Schulleitung (Aufgaben)
→ Schulleitung (Geschäftsführende Schulleiter)
→ Teilzeit / Urlaub (Beamtenrecht)

Schulmöbel
→ Schulbau

Schulordnung (Hausordnung)
→ Konferenzordnung § 2
→ Schulgesetz § 89

→ Waffen in der Schule

Schulordnungen
s. entsprechendes Sachstichwort

Schulpartnerschaften
→ Konferenzordnung § 2
→ Schulpartnerschaften

Schulpflicht
→ Behinderungen und Förderbedarf
→ Grundgesetz Art. 3
→ Schulbesuchsverordnung
→ Schulgesetz § 72 ff.
→ Schulpflicht (Ausl. Jugendliche)
→ Schulpflicht (Berufliche Schulen)
→ Schulpflicht (Berufliche Schulen – Befreiung vom BVJ)
→ Schulpflicht (Berufliche Schulen – Übergabe)
→ Schulpflicht (Durchsetzung)
→ Schulpflicht (Meldeverordnung – Datenschutz)
→ Sonderschule G (Schulpflicht)
→ Sprachförderung (Integration)
→ Verfassung Art. 14

Schulpraktische Ausbildung
→ Seminare (Organisationsstatut)

Schulpsychologische Beratungsstellen
→ Bildungsberatung Teil III
→ Fachberater/innen
→ Hochbegabung
→ Schulpsychologische Beratungsstellen
→ Schulgesetz § 32 Abs. 1, letzter Satz

Schulranzen/-taschen
→ Schulbau Nr. 5

Schulräume (Benützung)
→ Schulgesetz § 51

Schulreifetests
→ Bildungsberatung
→ Datenschutz (Schulen)
→ Einschulung
→ Schulgesetz § 74

Schulschlüssel (Verlust)
→ Haftung und Versicherung

Schulschwänzen
→ Schulpflicht (Durchsetzung)

Schulschwierigkeiten
→ Bildungsberatung

Schulsekretärinnen
→ Verwaltungskräfte

Schulseuchenerlass
→ Infektionsschutzgesetz

Schulsozialarbeit
→ Jugendhilfe (Landesrecht) §§ 14-15

Schulsparen
→ Werbung Ziff. 6.3

Schulstrafen
→ Schulgesetz § 47, § 90

Schulstufen
→ Schulgesetz § 4 ff.

Schulträger
→ Schulgesetz §§ 28 ff. und 53

Alphabetisches Schlagwortverzeichnis

Schultypen
- → Gymnasium (Schultypen)
- → Schulgesetz § 4

Schulverband
- → Schulgesetz § 31

Schulverbund
- → Personalvertretung (Sonderfälle)
- → Schulgesetz §§ 16-18

Schulverein
- → Schulfördervereine
- → Sponsoring

Schulversäumnisse
- → Hausunterricht
- → Schulbesuchsverordnung
- → Schulgesetz § 85
- → Schulpflicht

Schulversuche
- → Ganztagsschulen
- → Konferenzordnung § 2
- → Schulgesetz § 22
- → Schulgesetz § 30 (Hinweis)

Schulverwaltung
- → Schulgesetz § 32 ff.
- → Schulverwaltung (Struktur) – bei Adressen

Schulwegpläne
Fundstelle: KuU S. 1011/75

Schulzwang
- → Schulgesetz § 86

Schutz und Fürsorge
- → Beamtenstatusgesetz § 45

Schutzimpfungen
- → Beihilfeverordnung § 10
- → Infektionsschutzgesetz

Schwangerschaft
- → Amtsärztliche Untersuchung
- → Mehrarbeit
- → Mutterschutz (VO / AzUVO)
- → Probezeit

Schwänzen
- → Schulpflicht (Durchsetzung)

Schwarzes Brett
- → Schülermitverantwortung § 15
- → Werbung 2.4

Schweigepflicht
- → Beamtengesetz § 57
- → Beamtenstatusgesetz § 37
- → Bildungsberatung
- → Disziplinargesetz (Allgemeines)
- → Disziplinargesetz (LDG)
- → Funktionsstellen (Besetzung)
- → Konferenzordnung § 14
- → Personalvertretungsgesetz §10
- → Presserecht
- → Tarifvertrag (Länder) § 3
- → Verschwiegenheitspflicht
- → Verwaltungsrecht

Schwerbehinderung
- → Arbeitszeit (Lehrkräfte) D.2 und G
- → Arbeitszeit (Rekonvaleszenz)
- → Arbeitszeit (Schwerbehinderung)
- → Beamtengesetz § 40

- → Beamtenstatusgesetz § 26
- → Behinderungen (Kinder und Jugendliche)
- → Einstellungserlass Ziff. 7
- → Reisekosten (Personal- und Schwerbehindertenvertretung)
- → Schwerbehinderung (Allgemeines)
- → Schwerbehinderung (Gesetz – SGB IX)
- → Schwerbehinderung (Verwaltungsvorschrift)
- → Schwerbehinderten-Vertrauensleute (am Anfang des Buches)

Fundstelle: Gesetz zur Gleichstellung von Menschen mit Behinderungen (GBl. S. 327/2005)

Schwimmunterricht
- → Aufsicht (Schwimmunterricht)
- → Schulbesuchsverordnung (Hinweise)

Screening
- → Einschulung

Sekretärin
- → Verwaltungskräfte

Selbstbehalt (Beihilfe)
- → Beihilfeverordnung § 15,1

Selbsteintritt
- → Verwaltungsrecht
- → Ermessen

Selbstevaluation
- → Evaluation
- → Schulentwicklung
- → Schulgesetz § 114

Seminarausgleich (Einstellung)
- → Einstellungserlass Ziff. 2.2 und 23.2

Seminare (Lehrerausbildung)
- → Seminare (Organisation)
- → Vorbereitungsdienst (Sozialpunkte/Seminarzuweisung)
- → Vorbereitungsdienst (Zulassung)

Fundstelle: Arbeitszeit für das Leitungs- und Lehrpersonal an den Staatlichen Seminaren für Didaktik und Lehrerbildung; Loseblattsammlung KuU Nr. 0301-52

Seminare (Personal- und Haushaltsangelegenheiten)
Fundstelle: Personal- und Haushaltsangelegenheiten im Bereich der Lehrerbildungseinrichtungen (Staatliche Seminare); Loseblattsammlung KuU Nr. 6760-51

Seminarkurs
- → Gymnasium (Abitur – NGVO) § 2 Abs. 7

Seuchen
- → Infektionsschutzgesetz

Sexualerziehung
- → Geschlechtserziehung

Sexuelle Belästigung/ Diskriminierung
- → Diskriminierung (Sexuelle Orientierung)

- → Gleichbehandlungsgesetz
- → Mobbing

Sicherheit (Schulgebäude)
siehe Schlagworte Erste Hilfe, Schulbau, Unfallversicherung

Sicherheitsbeauftragte
- → Arbeitsschutzgesetz
- → Gewaltvorfälle und Schadensereignisse
- → Unfallversicherung Ziff. 3.4

Siegelführung
- → Beglaubigungen

Ski-Tage usw.
- → Erste Hilfe

Ski-Unterricht (Berechtigung)
Fundstelle: Loseblattsammlung KuU.; AZ: 6752-52

SMV
- → Schülermitverantwortung
- → Schulgesetz §§ 62-70
- → Verfassung Art. 21

Sonderpädagogischen Bildungs- und Beratungszentren
- → Behinderungen (Inklusion)

Sonderregelung (Lehrkräfte)
- → Tarifvertrag (Länder) § 44

Sonderregelung (Hochschulbeschäftigte)
- → Tarifvertrag (Länder) § 40

Sonderschulen
- → Behinderungen und Förderbedarf
- → Behinderungen (Inklusion)
- → Fachberater/innen
- → Grundgesetz Art. 3
- → Organisationserlass
- → Grundschule (Schulbericht)
- → Schulgesetz § 15, § 82
- → Sonderschule (Förderschule)
- → Sonderschule (Förderschule – Stundentafel)
- → Sonderschule (Förderschule – Versetzungsordnung)
- → Sonderschule (Krankenhausschule)
- → Sonderschule (Medikamentenausgabe)
- → Sonderschule (Schule für Geistigbehinderte)
- → Sonderschule (Schule für G – Schulpflicht)

Fundstellen der Stundentafeln der Sonderschulen in der Loseblattsammlung KuU:
Schule für Blinde: Nr. 6511.24
Schule für Erziehungshilfe: Nr. 6511.31
Schule für Gehörlose: Nr. 6511.25
Schule für Schwerhörige: Nr. 6511.27
Schule für Sehbehinderte: Nr. 6511.28
Schule für Sprachbehinderte: Nr. 6511.29

Alphabetisches Schlagwortverzeichnis

Sonderschulkindergarten
→ Behinderungen und Förderbedarf
→ Schulgesetz § 20
→ Schulkindergärten

Sonderurlaub
→ Tarifvertrag (Länder) § 28
→ Urlaub (Allgemeines)
→ Urlaub (Pflegezeitgesetz)
→ Urlaub (Verordnung / AzUVO) § 29

Sonderzahlung
→ Tarifvertrag (Länder) § 20

Sonn- und Feiertage (Gesetz)
→ Ferienverordnung (Anlage)

Sozialarbeit
→ Jugendhilfe (Landesrecht) § 14f.

„Soziale Strafen"
→ Schulgesetz § 90 Abs. 3 (Hinweis Nr. 3)

Sozialfälle
→ Einstellungserlass Ziff. 4

Sozialgesetzbuch VIII
→ Jugendhilfe (Bundesrecht)

Sozialgesetzbuch IX
→ Schwerbehinderung

Sozialgesetzbuch XI
→ Pflegeversicherung

Sozialhilfe (Sozialgesetzbuch II)
→ Außerunterrichtliche Veranstaltungen (Hinweise)
→ Lernmittelfreiheit

Sozialpraktika
→ Betriebspraktika

Sozialversicherung
→ Renten
→ Sozialversicherungsbeiträge
→ Teilzeitbeschäftigung (Arbeitnehmer/innen)

Spätaussiedler
→ Organisationserlass
→ Sprachförderung (Integration)

Sparen
→ Werbung Ziff. 6.3

Speicherung (Personalaktendaten)
→ Beamtengesetz § 84

Spitzenorganisationen (Beteiligung)
→ Beamtenstatusgesetz § 53

Sponsoring
→ Sponsoring
→ Schulfördervereine
→ Werbung

Sport
→ Aufsicht (Schwimmunterricht)
→ Kooperation Schule-Verein
→ Organisationserlass
→ Schulbau
→ Unfallversicherung/-verhütung (Trampolin)
Fundstelle: Berechtigungsschein zur Durchführung von Schneesportunterricht ...; VwV vom 8.8. 2002; Loseblattsammlung KuU Nr. 6750.7
Fundstelle: Richtlinien des KM für die Förderung des Sports ...; VwV vom 9.11.2004; Loseblattsammlung KuU Nr. 6811

Sport (Freistellung)
→ Außerunterrichtliche Veranstaltungen Nr. I.2 (Sporttage)
→ Schulbesuchsverordnung § 3 und Hinweise am Ende

Sport (Landesinstitut für Schulsport)
→ Fortbildung (Allgemeines)

Sportstätten (Bau)
Fundstelle: Sportstättenbauförderungsrichtlinien; Loseblattsammlung KuU Nr. 6851-51

Sprache des Herkunftslandes
→ Sprachförderung (Integration)

Sprache (Vorschriften)
→ Vorschriften B

Sprachförderung/Sprachförderklassen
→ Lernbegleiter
→ Organisationserlass
→ Schulpflicht (Ausl. Jugendliche)
→ Sprachförderung (Integration)

Sprachheilkurse
→ Organisationserlass
→ Sprachheilkurse

Sprachstandserhebung
→ Sprachförderung (Integration)

Sprechstunden
→ Elternbeiratsverordnung § 3

Staatliche Schulämter
→ Schulgesetz § 32 ff.
→ Schulverwaltung (Struktur) – bei Adressen
Fundstelle: Geschäftsordnung für die Staatlichen Schulämter; KuU S. 80/2009

Statistik
→ Datenschutz (Schulen)
→ Schulgesetz § 115
→ Statistik
Fundstelle: Loseblattsammlung KuU Nr. 9530

Stellenausschreibungen
→ Beamtengesetz § 11
→ Einstellungserlass Nr. 26

Stellensperre/Stellenhebungen
→ Beförderung (Stellensperre)

Stellenwirksame Anträge
→ Stellenwirksame Änderungsanträge
→ Versetzungen

Stellenzulagen
→ Besoldung (Gesetz) § 47
→ Besoldung (Zulagen)

Stellv. Schulleiter/innen
→ Funktionsstellen (Besetzung)
→ Schulgesetz § 42
→ Schulleiter/innen (Aufgaben)

Sterbegeld
→ Beamtenversorgung (Hinterbliebene)
→ Tarifvertrag (Länder) § 23 Abs. 3

Steuer (Werbungskosten)
→ Außerunterrichtliche Veranstaltungen (Hinweise)

Stillzeit
→ Mutterschutz (Verordnung / AzUVO) § 36
→ Mutterschutz (Stillzeiten)

Störfälle (Freistellungsjahr)
→ Teilzeit/Urlaub (Freistellungsjahr)

Störfälle (Vorgriffsstunde)
→ Arbeitszeit (Vorgriffsstunde) Nr. 9

Stoffverteilungspläne
→ Schulgesetz § 38 Abs. 6 (Hinweis)
→ Sucht (Dienstvereinbarung) § 4 Abs. 4 (Hinweis Nr. 4)

Strafen (Schulstrafen)
→ Schulgesetz § 47, § 90

Strafen (Erziehungs- und Ordnungsmaßnahmen)
→ Schulgesetz § 90

Strafen („Soziale Strafen")
→ Schulgesetz § 90 Abs. 3 (Hinweis Nr. 3)

Strafsachen (Mitteilung – Mistra)
→ Beamtenstatusgesetz § 49
→ Disziplinargesetz (Allgemeines)
→ Disziplinargesetz (LDG)

Straftaten
→ Jugendarbeitsschutz (Kinderarbeit)
→ Jugendschutzgesetz
→ Polizei und Schule
→ Rauchen in der Schule
→ Suchtprävention
→ Waffen in der Schule

Streikrecht
→ Beamte (Allgemeines)
→ Grundgesetz Artikel 9

Strukturzulage
→ Besoldung (Gesetz) § 26

Studienberechtigungen
→ Hochschulreife (Ergänzungsprüfung)
→ Hochschulreife (Zuerkennung)

Studiendirektoren
→ Schulleitung (Abteilungsleiter/innen)

Studienfahrten
→ Außerunterr. Veranstaltungen
→ Außerunterrichtliche Veranstaltungen (Reisekosten)

Studienräte
→ Beförderung (Allgemeines)
→ Beförderung (Oberstudienrat/-rätin)

Stufenaufstieg
→ Besoldung (Gesetz) § 31

Stundenkonto
→ Arbeitszeit (Allgemeines) Nr. 1
→ Arbeitszeit (Lehrkräfte) Teil H (Hinweis Nr. 2) und Teil I (Kasten)

Alphabetisches Schlagwortverzeichnis

Stundenpläne
- → Chancengleichheitsgesetz § 13
- → Grundschule (Verlässliche)
- → KonferenzVO § 2 Abs. 1, 9
- → Schulgesetz § 41
- → Stundenpläne und Unterrichtsbeginn
- → Teilzeit (Pflichten und Rechte)

Stundenpool
- → Arbeitszeit (Lehrkräfte) Teil E
- → Arbeitszeit (PC-Betreuung und Multimedia-Beratung)
- → Organisationserlass

Stundentafeln
siehe bei den einzelnen Schularten

Suchtprävention/-prophylaxe
- → Rauchen in der Schule
- → Sucht (Dienstvereinbarung)
- → Suchtprävention

Supervision
- → Fortbildung (Allgemeines)

Symbole (Religiöse)
- → Religion und Schule

T

Tabellenentgelt
- → Tarifvertrag (Entgelttabellen)
- → Tarifvertrag (Eingruppierung)
- → Tarifvertrag (Länder) § 15

Tabakgenuss
- → Jugendschutzgesetz
- → Rauchen in der Schule
- → Suchtprävention Teil III

Tagebücher
- → Archivierung/Aufbewahrungsfristen
- → Datenschutz (Schulen)
- → Klassenbücher

Tagegeld
- → Außerunterrichtliche Veranstaltungen (Reisekosten)
- → Reisekosten (Gesetz – LRKG) § 9 und Hinweise am Ende
- → Trennungsgeld

Tanzveranstaltungen
- → Jugendschutzgesetz
- → Urheberrecht (GEMA / Musik)

Tarifbeschäftigte
- → Tarifvertrag (Länder) § 1 (Hinweis zu § 4)

Tarifrecht (Zuständigkeit)
- → Tarifrecht (Zuständigkeiten im Schulbereich)

Tarifvertrag / Tarifvertrag (Länder)
- → Tarifvertrag Entgeltumwandlung
- → Tarifvertrag (Eingruppierung)
- → Tarifvertrag (Länder)

Tarifvertrag – Lehrkräfte
siehe Tarifvertrag (Länder)

Taschenrechner
- → Lernmittelfreiheit
- → Lernmittelverordnung § 2 Abs. 3

Taufe
- → Religion und Schule

Täuschungshandlungen
siehe Abschlussprüfungen der einzelnen Schularten
- → Gymnasium (Abitur) § 28
- → Handy-Nutzung
- → HS Abschlussprüfung § 11
- → RS Abschlussprüfung § 9

Tauschverfahren (Lehrkräfte)
- → Einstellungserlass Ziff. 24
- → Ländertausch (Lehrkräfte)

Taxi-Fahrauftrag (Unfall)
- → Unfallversicherung (Hinweis)

Teach First
- → Pädagogische Assistent/innen Teil A (Hinweis)

Technische Lehrkräfte
- → Arbeitszeit (Fachlehrer/innen und Technische Lehrkräfte)
- → Arbeitszeit (Lehrkräfte)
- → Beförderung (Allgemeines)

Technische Oberschule
- → Berufsaufbau- und Berufsoberschule

Teilabordnung
- → Reisekosten (Auswärtiger Unterricht)
- → Versetzung und Abordnung

Teildienstfähigkeit
siehe Stichwort Begrenzte Dienstfähigkeit

Teilkonferenzen
- → Konferenzordnung § 3-9

Teilnahmepflicht (Konferenz)
- → Konferenzordnung § 10

Teilnahmepflicht (Religion)
- → Ethik
- → Grundgesetz Art. 140
- → Religionsunterricht (Teilnahme)
- → Schulgesetz § 100

Teilnahmepflicht (Unterricht)
- → Schulgesetz §§ 72 ff und 85
- → Schulbesuchsverordnung

Teilung (Schulen)
- → Schulgesetz § 30 (Hinweis)

Teilzeitbeschäftigung
- → Außerunterrichtliche Veranstaltungen (Hinweise) Nr. 6
- → Beamtengesetz §§ 69 ff.
- → Beamtenstatusgesetz § 43
- → Besoldung (Gesetz) § 8
- → Chancengleichheitsplan
- → Chancengleichheitsgesetz §§ 13,14
- → Reisekosten (Aus- und Fortbildungsreisen) Nr. 3
- → Beamtenversorgung (Berechnung)
- → Teilzeit / Urlaub (Arbeitnehmer)
- → Teilzeit / Urlaub (Beamtenrecht)
- → Teilzeit (Pflichten und Rechte)
- → Tarifvertrag (Länder) § 11

Teilzeitbeschäftigung (Unterhälftig)
- → Beamtengesetz § 69 Abs. 3

Termine
Hinweis: Zu den Terminen der Abschlussprüfungen im allgemeinbildenden Schulwesen siehe bei den Schularten.
- → Aufnahmeverfahren (Terminplan)
- → Termin-Checkliste

Tests
- → Bildungsberatung
- → Datenschutz (Schulen)
- → Vergleichsarbeiten
- → Notenbildungsverordnung

Theater
- → Außerunterr. Veranstaltungen
- → Musisch-kulturelle Bildung
- → Urheberrecht (GEMA / Musik)

Tilgung (Disziplinarstrafen)
- → Beamtengesetz § 86
- → Disziplinargesetz (LDG) § 42

Todesfälle
- → Beihilfeverordnung § 12
- → Kranzspenden und Nachrufe
- → Tarifvertrag (Länder) § 29
- → Urlaub (Allgemeines)

Trampolin
- → Unfallversicherung/-verhütung (Trampolin)

Transparenzerlass
- → Notenbildungsverordnung § 7

Transport (Schüler/innen)
- → Außerunterrichtliche Veranstaltungen (Hinweise)
- → Erste Hilfe
- → Schülerbeförderung

Trennungsentschädigung
- → Reisekosten (Gesetz) § 22
- → Trennungsgeldverordnung
- → Tarifvertrag (Länder) § 23
- → Umzugskostengesetz § 15

Triftige Gründe (Reisekosten)
- → Reisekosten (Gesetz) § 6

TV-L (Tarifvertrag – Länder)
- → Tarifvertrag (Länder)

Typen (Schultypen)
- → Gymnasium (Schultypen)
- → Schulgesetz § 4

U

Übergangsvorschriften (Altersgrenzen)
- → Ruhestand (Übergangsregelung)

Überbetriebliche Ausbildung
Fundstelle: Loseblattsammlung KuU Nr. 6503-51

Übergabe von Schüler/innen
- → Aufnahmeverfahren (Orientierungsstufe) Nr. II.5
- → Schulpflicht (Berufliche Schulen)

Übergänge
- → Abschlüsse (Allgemeines)
- → Aufnahmeverfahren
- → Aufnahmeverordnung
- → Multilaterale VersetzungsVO

Alphabetisches Schlagwortverzeichnis

Übergangsregelung (Ruhestand)
- → Ruhestand (Übergangsregelungen)

Übermittlungen bei Strafverfahren (MiStra)
- → Beamtenstatusgesetz § 49

Übermittlung (Personalaktendaten)
- → Beamtengesetz § 85

Übernachtungsgeld
- → Reisekosten (Gesetz – LRKG) § 10

Überprüfungsverfahren (Funktionsstellen)
- → Funktionsstellen (Besetzung)
- → Funktionsstellen (Merkblatt)

Überprüfungsverfahren (Sonderschule)
- → Arbeitszeit (Lehrkräfte) Teil E Ziff. 2.6
- → Behinderungen und Förderbedarf
- → Sprachförderung (Integration) Nr. 3.2.4

Überspringen (Klassen)
siehe Versetzungsordnungen der verschiedenen Schularten

Überstunden
siehe Schlagwort Mehrarbeit

Übertragbare Krankheiten
- → Beihilfeverordnung § 10
- → Infektionsschutzgesetz

Überweisung (Berufsschule)
- → Schulpflicht (Berufliche Schulen)

Überweisung (Sonderschule)
- → Behinderungen und Förderbedarf
- → Schulgesetz § 15
- → Sonderschulen (Schulpflicht)

Übungsleiterpauschale
- → Grundschule (Verlässliche) Nr. 3.7
- → Lehrbeauftrage Nr. 5

Umsetzung
- → Personalvertretungsgesetz §§ 75, 92
- → Versetzung und Abordnung

Umzugskosten
- → Trennungsgeld
- → Tarifvertrag (Länder) § 23
- → Umzugskostengesetz

Unentgeltlichkeit (Schulbesuch)
- → Lehrmittel und Schuleinrichtung
- → Schulgesetz §§ 48 und 93
siehe auch Schlagwort **Lernmittel**

Unfälle
- → Abwesenheit und Krankmeldung (Lehrkräfte)
- → Arbeits- und Gesundheitsschutz (Allgemeines)
- → Arbeitsschutzgesetz
- → Beamtengesetz § 80
- → Beamtenversorgung (Unfallfürsorge) § 45
- → Erste Hilfe
- → Unfälle (Arbeits- und Dienstunfälle)
- → Unfallversicherung

Unfallfürsorge
- → Beamtenversorgung (Unfallfürsorge)

Unfallkassen
- → Arbeits- und Gesundheitsschutz (Allgemeines)
- → Unfallversicherung

Unfallschutz (Zusage)
- → Fortbildung (Freistellung)
- → Lehrbeauftrage (Hinweis)
- → Reisekosten (Aus- und Fortbildungsreisen)
- → Reisekosten (Schulträger)

Unfallverhütung / Unfallversicherung
- → Arbeits- und Gesundheitsschutz (Allgemeines)
- → Arbeits- und Gesundheitsschutz (Rahmenkonzept)
- → Arbeitsschutzgesetz
- → Betriebspraktika
- → Gewaltvorfälle und Schadensereignisse
- → Erste Hilfe
- → Schüler-Zusatzversicherung
- → Unfallversicherung

Unparteilichkeit (Beamte)
- → Beamtenstatusgesetz § 33

Unterhältige Teilzeitarbeit
- → Beamtengesetz § 69 Abs. 2 und 3
- → Teilzeit/Urlaub (Beamtenrecht) Nr. VII. (Hinweis Nr. 2)

Unterhaltung von Schulen
- → Schulgesetz § 27 ff.

Unterricht (Fachfremder)
- → Lehrbefähigung und fachfremder Unterricht

Unterrichtsausfall
- → Mehrarbeit

Unterrichtsbefreiung
- → Schulbesuchsverordnung

Unterrichtsbeginn/-ende
- → Ferienverordnung § 2 Abs. 5
- → Schulgesetz § 47 Abs. 3 Abs. 2
- → Stundenpläne und Unterrichtsbeginn

Unterrichtsbesuche
- → Unterrichtsbesuche

Unterrichtsfreie Samstage
- → Ferien und nterrichtsfreie Samstage
- → Schulgesetz § 47 Abs. 3 Abs. 2

Unterrichtsfreie Tage
- → Arbeitszeit (Lehrkräfte) Teil H

Unterrichtsorganisation
- → Mehrarbeit
- → Organisationserlass

Unterrichtsplanung
- → Schulgesetz § 38 Abs. 6 (Hinweis)
- → Sucht (Dienstvereinbarung) § 4 Abs. 4 (Hinweis Nr. 4)

Unterrichtsstunden
- → Arbeitszeit (Arbeitnehmer/Beamte)
- → Arbeitszeit (Lehrkräfte) Teil A III.
- → Arbeitszeit (Mischdeputat)
- → Grundschule (Verlässliche)
- → Organisationserlass
- → Stundenplan und Unterrichtsbeginn
- → Stundentafel-ÖffnungsVO

Unterrichtsverlegung
- → Urlaub (Allgemeines) Ziff. I.1.3
- → Urlaub (Allgemeines) Nr. 4

Unterrichtsverpflichtung
siehe Schlagwort **Arbeitszeit**

Unterrichtsversorgung
- → Organisationserlass
- → Mehrarbeit

Untersuchung (ärztliche)
- → Amtsärztliche Untersuchung
- → Beamtengesetz § 53
- → Infektionsschutzgesetz
- → Schulärztliche Untersuchung
- → Tarifvertrag (Länder) § 3 Abs. 5

Urheberrecht
- → Datenschutz (Schulen) Anlage 1
- → Internet und Schule
- → Rundfunk- und Fernsehgebühren
- → Urheberrecht (GEMA / Musik)
- → Urheberrecht (Kopien – Internet)

Urlaub (Lehrkräfte)
- → Arbeitszeit- und Urlaubsverordnung
- → Auslandsschuldienst
- → Beamtengesetz §§ 75 ff.
- → Beamtenversorgung (Berechnung)
- → Beihilfe (Urlaub ohne Bezüge)
- → Einstellungserlass Nr. 16
- → Elterngeld/Elternzeit
- → Fortbildung (Allgemeines)
- → Krankenversicherung
- → Privatschulgesetz § 11
- → Reisekosten (Aus- und Fortbildungsreisen) Nr. 3
- → Teilzeit / Urlaub (Arbeitnehmer)
- → Teilzeit / Urlaub (Beamtenrecht)
- → Tarifvertrag (Länder) § 26 ff.
- → Urlaub (Lehrkräfte / Allgemeines)
- → Urlaub (Jugendleiter/innen)
- → Urlaub (Allgemeines)
- → Urlaub (Weiterbildung / Lehrerprogramm)
- → Urlaub (Mandatsträger/innen)
- → Urlaub (Pflegezeit / AzUVO)
- → Urlaub (Pflegezeitgesetz – Arbeitnehmer/innen)
- → Urlaub (Privatschuldienst)
- → Urlaub (Prüfungen)
- → Urlaub (Verordnung / AzUVO)

Urlaub (Schüler/innen)
- → Feiertage
- → Schulbesuchsverordnung
- → Stundenpläne (Hinweis)

Alphabetisches Schlagwortverzeichnis

V

Variables Deputat
- → Arbeitszeit (Lehrkräfte) Teil A IV

VBL
- → Renten

Veranstaltungen
- → Außerunterrichtliche Veranstaltungen
- → Außerunterrichtliche Veranstaltungen (Reisekosten)
- → Musisch-kulturelle Bildung
- → Schulfördervereine
- → Sponsoring
- → Urheberrecht (GEMA / Musik)
- → Wahlkampf und Schule
- → Werbung

Verantwortlichkeit (Schul- und Teilnahmepflicht)
- → Schulgesetz § 85

Verantwortung für die Rechtmäßigkeit (Amtshandlungen)
- → Beamtenstatusgesetz § 35

Verbesserungsvorschläge
Fundstelle: Gemeinsame VwV Vorschlagswesen (KuU S. 324/2006)

Verbindlichkeit (Konferenzbeschlüsse)
- → Schulgesetz § 44,3 und § 47,7

Verbindungslehrer/innen
- → Arbeitszeit (Lehrkräfte) Teil E 1 (Hinweis nach Nr. 1.4)
- → Schulgesetz § 68
- → SMV-Verordnung § 16

Verbund von Schularten
- → Schulgesetz § 16

Vereine
- → Kooperation Schule – Verein
- → Schulfördervereine

Vereinigungsfreiheit
- → Beamte (Allgemeines)
- → Beamtenstatusgesetz § 52
- → Grundgesetz Art. 9
- → Personalvertretungsgesetz § 67 Abs. 3
- → Werbung

Verfahren
- → Verwaltungsrecht

Verfassung
- → Grundgesetz
- → Politische Bildung
- → Verfassung

Verfassungstreue
- → Beamtenstatusgesetz § 33
- → Lernmittel (Zulassung)
- → Tarifvertrag (Länder) § 3 Abs. 1

Verfügungsstunde
- → Schülermitverantwortung § 8 Abs. 3

Vergleichsarbeiten
- → Grundschule (Schulbericht) § 2
- → Notenbildungsverordnung § 9
- → Vergleichsarbeiten
- → Vergleichsarbeiten (Termine)

Vergleichsmitteilung
- → Beihilfeverordnung (zu § 14)

Vergütung (Arbeitnehmer)
siehe Schlagwort **Entgelt**

Vergütung (Überstunden)
- → Besoldung (Anwärter-Unterrichtsvergütung)
- → Mehrarbeit (Vergütung)

Verhalten (Schüler/innen)
- → Notenbildungsverordnung § 6

Verhalten (Beamtenverhältnis)
- → Beamtenstatusgesetz § 34

Verjährung von Ansprüchen
- → Besoldung (Gesetz) § 6

Verkehrserziehung
- → Verkehrserziehung (Beauftragte)
- → Verkehrserziehung (Radfahrausbildung)

Verlässliche Grundschule
- → Grundschule (Verlässliche)

Verlegung (Unterricht)
- → Urlaub (Lehrkräfte / Allgemeines) Nr. 4

Verlust der Beamtenrechte
- → Beamtengesetz § 33
- → Beamtenstatusgesetz § 24

Verlust der Besoldung (schuldhaftes Fernbleiben vom Dienst)
- → Besoldung (Gesetz) § 11

Vermögenswirksame Leistungen
- → Besoldung (Gesetz) §§ 85 ff.
- → Tarifvertrag (Länder) § 23 Abs. 1

Vernehmung (Schüler/innen)
- → Polizei und Schule

Veröffentlichungen
- → Kultus und Unterricht
- → Presserecht
- → Schulgesetz § 41
- → Werbung

Verpflichtungsgesetz
- → Tarifvertrag (Länder) § 3 Abs. 1 (Hinweis)

Versammlungsfreiheit
- → Grundgesetz Artikel 8

Verschwiegenheitspflicht
- → Beamtenstatusgesetz § 37
- → Bildungsberatung
- → Dienstliche Beurteilung (Lehrkräfte) § 11
- → Disziplinargesetz (Allgemeines)
- → Disziplinargesetz (LDG)
- → Funktionsstellen (Besetzung)
- → Konferenzordnung § 14
- → Personalvertretungsgesetz § 10
- → Presserecht
- → Tarifvertrag (Länder) § 3 Abs. 2
- → Verschwiegenheitspflicht
- → Verwaltungsrecht

Versetzung (Lehrkräfte)
- → Beamtengesetz § 24
- → Beamtenstatusgesetz § 15
- → Ernennungsgesetz
- → Einstellungserlass Nr. 10

- → Ländertausch (Lehrkräfte)
- → Personalvertretungsgesetz §§ 75, 92
- → Schwerbehinderung
- → Trennungsgeldverordnung
- → Tarifvertrag (Länder) § 4
- → Umzugskostengesetz
- → Versetzung und Abordnung

Versetzung (Ruhestand)
siehe Schlagwort **Ruhegehalt**

Versetzungsordnungen
siehe bei den einzelnen Schularten
- → Abschlüsse (Allgemeines)
- → Multilaterale Versetzungsordnung

Versetzungsordnung (Werkrealschule)
- → Werkrealschule (Ausbildung und Prüfung)

Versicherungsschutz
- → Außerunterrichtliche Veranstaltungen
- → Betriebspraktika
- → Haftung und Versicherung
- → Rechtsschutz
- → Renten / Beamtenversorgung (Zusatzversicherungen)
- → Schüler-Zusatzversicherung
- → Unfallversicherung/-verhütung

Versorgung
siehe Schlagworte **Beamtenversorgung** und **Ruhestand**

Versorgungsabschlag
- → Beamtenversorgung (Abschläge)
- → Ruhestand (Übergangsregelungen)

Versorgungsämter (Schwerbehinderung)
- → Schwerbehinderung

Versorgungsanstalt (VBL)
- → Renten

Versorgungsanwartschaft
- → Beamtenversorgung (Berechnung)

Versorgungshöchstgrenzen
- → Ruhestand (Allgemeines) Nr. A 7
- → Beamtenversorgung (Höchstgrenzen)

Versorgungsrücklage
- → Besoldung (Gesetz) § 17

Verteidiger
- → Disziplinargesetz (Allgemeines)
- → Disziplinargesetz (Gesetz) § 11

Vertraulichkeit
siehe Schlagwort **Verschwiegenheitspflicht**

Vertretung (Unterricht)
- → Einstellungserlass Nr. 15
- → Mehrarbeit
- → Organisationserlass 1.3
- → Reisekosten (Ausw. Unterricht)

Vervielfältigungen
- → Gebühren
- → Lernmittelfreiheit
- → Urheberrecht (Kopien – Internet)

Alphabetisches Schlagwortverzeichnis

Verwaltungsakt
- → Ermessen
- → Verwaltungsrecht Nr. II und III

Verwaltungsgerichtsordnung
- → Verwaltungsrecht

Verwaltungskräfte
- → Verwaltungskräfte

Verwaltungsrechtsweg
- → Beamtenstatusgesetz § 54

Verwaltungsvorschriften
- → An die Benutzer/innen (am Anfang des Buches)
- → Kultus und Unterricht
- → Vorschriften

Verwaltungsverfahrensgesetz
- → Verwaltungsrecht

Verweis
- → Disziplinargesetz (Allgemeines)

Verweis (Schulstrafe)
- → Schulgesetz § 47, § 90

Video
- → Jugendschutzgesetz
- → Urheberrecht (GEMA / Musik)

Vierteljahresgespräch
- → Personalvertretungsgesetz § 66,1

Vocatio
- → Religionsunterricht (Kirchliche Lehrkräfte)

Volkshochschulen
- → Urlaub (Weiterbildung / Lehrerprogramm)

Volksschulen
- → Verfassung Art. 15, 16

Volljährige Schüler/innen
- → Elternbeiratsverordnung § 1, 2
- → Schulgesetz § 55 Abs. 3
- → Volljährigkeit

Vorbereitung (Unterricht)
- → Schulgesetz § 38 Abs. 6 (Hinweis)
- → Sucht (Dienstvereinbarung) § 4 Abs. 4 (Hinweis Nr. 4)

Vorbereitungsdienst
- → Beamtengesetz §§ 16-18, 21
- → Besoldung (Anwärterbezüge)
- → Seminare (Organisation)
- → Urlaub (Prüfungen)
- → Vorbereitungsdienst (Seminarzuweisung)
- → Vorbereitungsdienst (Zulassung / Numerus clausus)

Vorbereitungsklassen/-kurse
- → Organisationserlass
- → Schulpflicht (Ausl. Jugendliche)
- → Sprachförderung (Integration)

Vorgesetzte
- → Beamtengesetz § 3
- → Beamtengesetz § 3 (Kasten)
- → Schulgesetz § 41
- → Verwaltungsrecht

Vorgriffsstunde
- → Arbeitszeit (Lehrkräfte) A Nr. V
- → Arbeitszeit (Vorgriffsstunde)

Vormerkliste (jetzt: „Allgemeine Bewerberliste")
- → Einstellungserlass Ziff. 23

Vorruhestand
- → Ruhestand (Allgemeines)
- → Teilzeit / Urlaub (Arbeitnehmer)

Vorschlagswesen
Fundstelle: KuU S. 324/2006

Vorschriften
- → Vorschriften

Vorschriftenverzeichnis
- → Kultus und Unterricht
- → Vorschriften

Vorschüsse
- → Beihilfeverordnung § 17 Abs. 7
- → Vorschussrichtlinien

Vorstand (GEW)
- → Anschriften (Anfang des Buches)

Vorstellungsgespräche
- → Einstellungserlass
- → Funktionsstellen (Besetzung)

Vorstellungsreisen
- → Reisekosten (Gesetz – LRKG) Abschnitt I

Vorteilsannahme
- → Beamtenstatusgesetz § 42

Vorverfahren
- → Verwaltungsrecht Nr. IV

Vorzeitige Aufnahme
- → Bildungsberatung
- → Einschulung
- → Schulgesetz § 74

W

Waffengesetz
- → Waffen in der Schule

Wahlkampf
- → Fachleute aus der Praxis
- → Wahlkampf und Schule
- → Werbung

Wahlleistungen (Beihilfe)
- → Beihilfe Nr. 1
- → Beihilfeverordnung § 6a Abs. 2

Wahlordnungen
- → Elternbeiratsverordnung § 15 ff.
- → Chancengleichheitsgesetz § 16 f.
- → Personalvertretungsgesetz § 107
- → Schülermitverantwortung § 3 ff.
- → Schulgesetz § 60

Wandertag
- → Außerunterr. Veranstaltungen

Warenvertrieb
- → Werbung

Warteliste
- → Einstellungserlass Ziff. 22

Wartezeit (Persönliche)
- → Beförderung (Stellen-sperre)

Wegstreckenentschädigung
- → Reisekosten (Aus-/Fortbildung)
- → Reisekosten (Gesetz–LRKG) § 6

Wehrdienst
- → Einstellungserlass Ziff. 5s
- → Probezeit

Weihnachtsgeld
- → Tarifvertrag (Entgelttabellen)
- → Tarifvertrag (Länder) § 20
Hinweis der Redaktion: Die Sonderzahlungen für Beamt/innen (früher: „Weihnachtsgeld") sind seit 2008 ins Grundgehalt integriert.

Weisungsgebundenheit (Beamtenverhältnis)
- → Beamtenstatusgesetz § 35

Weiterbeschäftigung über den Ruhestand hinaus
- → Ruhestand (Allgemeines) A 7

Weiterbildung
siehe Schlagwort Fortbildung

Weiterbildung (Urlaub)
- → Urlaub (Weiterbildung)

Weiterführende Schulen
- → Aufnahmeverordnung
- → Schulgesetz § 6 ff.

Werbung
- → Schulfördervereine
- → Sponsoring
- → Wahlkampf und Schule
- → Werbung

Werkrealschule
- → Schulgesetz § 6
- → Werkrealschule (Ausbildung und Prüfung)
- → Werkrealschule (Stundentafel)
- → Werkrealschule (Schulbezirk)

Wesentlichkeitsprinzip
- → Eltern und Schule

Wettbewerbe
- → Werbung

Widerspruch (Verwaltungsakt)
- → Verwaltungsrecht Nr. III-IV

Wiederberufung (Beamtenverhältnis)
- → Beamtengesetz § 43

Wiedereingliederung (Betriebliches Wiedereingliederungsmanagement)
- → Abwesenheit und Krankmeldung (Lehrkräfte)
- → Schwerbehinderung Teil D
- → Schwerbehinderung (SGB IX) §§ 83 und 84

Wiedereingliederung (nach Teilzeit und Beurlaubung)
- → Reisekosten (Aus- und Fortbildungsreisen) Nr. 3

Wiedereinstellungszusage
- → Einstellungserlass
Wiederherstellung der Dienstfähigkeit
- → Beamtenstatusgesetz § 29

Wiederholungsarbeiten
- → Notenbildungsverordnung §§ 8-9
- → Grundschule (Schulbericht)

Wiederholungsuntersuchungen
- → Infektionsschutzgesetz

Alphabetisches Schlagwortverzeichnis

Wilhelma
→ Wilhelma
Wirtschaft/Verwalten/Recht
→ Realschule (Stundentafel) § 3
Wirtschaftsoberschule
→ Berufsaufbau- und Berufsoberschule
Wissenschaftliche Erhebungen
→ Datenschutz (Schulen)
→ Werbung Nr. 4
Witwen/Witwer
→ Renten
→ Beamtenversorgung (Hinterbliebene)
→ Beamtenversorgung (Höchstgrenzen)
→ Ruhestand (Allgemeines)
Wohnsitz (Beamt/innen)
→ Beamtengesetz § 54
Wunschkurse (Fortbildung)
→ Fortbildung (Allgemeines)
WVR (Wirtschaft/Verwalten/Recht)
→ Realschule (Stundentafel) § 3

X/Y/Z

Zahl der Klassenarbeiten
→ Notenbildungsverordnung §§ 8-9
→ Grundschule (Schulbericht)
Zahnärztliche Sonderleistungen
→ Beihilfeverordnung § 6
Zahnpflege
→ Jugendzahnpflege
Zeitangestellte
→ Probezeit (Arbeitnehmer/innenverhältnis)
→ Tarifvertrag (Länder) § 30
Zeitdauer der Unterrichtsstunden
→ Arbeitszeit (Lehrkräfte) Teil A III
Zeitverträge
→ Probezeit (Arbeitnehmer/innenverhältnis)
→ Tarifvertrag (Länder) § 30 ff.
Zentrale Klassenarbeiten
→ Vergleichsarbeiten

→ Notenbildungsverordnung § 9 Abs. 5
Zeugnisse (Beschäftigte)
→ Arbeitszeugnis / Dienstzeugnis
Zeugnisse (Schüler/innen)
→ Befangenheit
→ Beglaubigungen
→ Gymnasium (Abitur) § 7
→ Behinderungen und Förderbedarf 2.3.2
→ Notenbildungsverordnung § 3 f.
→ Grundschule (Schulbericht)
→ Schulpflicht (Ausl. Jugendliche)
→ Sprachförderung (Integration)
→ Zeugnisse (Allgemeinbildende Schulen)
→ Zeugnisse (Ersatzzeugnisse)
Zeugnisse (Anerkennung)
→ Abschlüsse (Allgemeines)
Zieldifferenter Unterricht
→ Behinderungen (Inklusion)
Zielvereinbarung
→ Dienstliche Beurteilung (Lehrkräfte) Nr. II
→ Evaluation § 14
Zinsabschlag
→ Haushalt (Kontenführung)
Zivildienst
→ Einstellungserlass Ziff. 5
→ Probezeit
Züchtigung
→ Schulgesetz § 90,3
Zulagen
→ Besoldung (Gesetz) §§ 43 ff.
→ Besoldung (Zulagen)
→ Tarifvertrag (Entgelttabellen)
→ Schulleitung (Geschäftsführende Schulleiter/innen)
Zulassung (Dienstreiseverkehr)
→ Reisekosten (Gesetz–LRKG) § 6
Zulassung (Schulbücher)
→ Lernmittel (Schulbuch-Zulassung)
Zulassung zum Vorbereitungsdienst
→ Beamtengesetz § 17
Zurückstellung (Schulbesuch)
→ Bildungsberatung

→ Einschulung
→ Schulgesetz § 74
siehe auch Schlagwort Aufnahme in die Schule
Zurruhesetzung
siehe auch Schlagworte Beamtenversorgung und Ruhestand
→ Beamtengesetz §§ 36 ff.
→ Beamtenstatusgesetz §§ 25 ff.
→ Renten
→ Ruhestand (Allgemeines)
→ Tarifvertrag (Länder) § 33
Zusammenarbeit Eltern-Schule
→ Schulgesetz § 55
Zusammenarbeit (Schulen)
→ Aufnahmeverfahren (Orientierungsstufe)
→ Kooperation Grundschule – Kindergarten
→ Kooperation Schule – Verein
→ Schulgesetz § 16 ff.
Zusammenlegung (Schulen)
→ Schulgesetz § 30 (Hinweis)
Zusatzversicherung/-versorgung
→ Renten
→ Renten / Beamtenversorgung (Zusatzversicherungen)
→ Tarifvertrag Entgeltumwandlung
→ Teilzeit / Urlaub (Arbeitnehmer/innen)
Zuschlag (Altersteilzeit)
→ Besoldung (Gesetz) § 69
Zuschlag (begrenzte Dienstfähigkeit)
→ Besoldung (Gesetz) §§ 9, 72
Zuständigkeit (Schulverwaltung)
→ Schulgesetz § 30 Abs. 4, § 35
Zuständigkeit (Vorgesetzte)
→ Beamtengesetz § 3
→ Beamtenrecht (Zuständigkeiten im Schulbereich)
→ Tarifrecht (Zuständigkeiten im Schulbereich)
Zweibettzimmer
→ Beihilfe Nr. 1
→ Beihilfeverordnung § 6a Abs. 2

Hätten Sie's gewusst?
„Auslagepflicht" für Unfallverhütungsvorschriften

Das Kultusministerium hat auf die Aushang- und Auslagevorschriften der Schulleitungen aufmerksam gemacht (KuU S. 18/2007) und auf die Bußgeldvorschriften hingewiesen.

Die für den „Unternehmer" geltenden Unfallverhütungsvorschriften sind an geeigneter Stelle für die Versicherten zugänglich zu machen. Außerdem ist der Arbeitgeber (d.h. die Schulleitung) gesetzlich verpflichtet, zahlreiche Arbeitsschutzvorschriften im Betrieb Schule zur Einsichtnahme auszulegen oder auszuhängen.

Die GEW bietet die aushangpflichtigen Gesetze als Broschüre bzw. Download für den Schulbereich an; die Bereitstellung der Download-Version im Intranet der Schule bzw. auf auf einem allen Lehrkräften zugänglichen Schulcomputer ersetzt die Auslage der Vorschriften. Einen Bestellschein finden Sie am Ende des Beitrags → Arbeits- und Gesundheitsschutz (Allgemeines). Machen Sie Ihre Schulleitung darauf aufmerksam: Versäumnisse können als Ordnungswidrigkeit geahndet werden!

Anzeige

Auf ein Wort,

liebe Kollegin, lieber Kollege!

Natürlich ist die GEW keine Service-Einrichtung für Lehrerinnen und Lehrer, sondern eine Gewerkschaft, deren Hauptaufgabe die Vertretung der Interessen ihrer Mitglieder ist – gegenüber der Landesregierung als unserem Arbeitgeber, dem Landtag von Baden-Württemberg und der Öffentlichkeit.

Gerade in diesem Jahr ist für alle Beschäftigten des öffentlichen Dienstes – Angestellte und Beamte – offensichtlich, wie notwendig starke Gewerkschaften sind. In der Tarifrunde der Bundesländer geht es natürlich zunächst um die materiellen Arbeitsbedingungen der Angestellten. Klar ist aber auch, dass für die Beamtinnen und Beamten nur das erreicht werden kann, was vorher im Tarifvertrag zwischen Arbeitgeber und Gewerkschaften durchgesetzt worden ist. Deshalb ist es gut, wenn die GEW in den Tarifverhandlungen inzwischen ein gewichtiges Wort mitzureden hat. Über 47.000 Kolleginnen und Kollegen sind Mitglied der GEW Baden-Württemberg – so viele wie nie zuvor.

Aber natürlich wissen auch wir, dass unsere Mitglieder von uns auch guten Service erwarten. Einige Beispiele sollen hier genannt sein:

➢ Das GEW-Jahrbuch ist mittlerweile schon seit 30 Jahren das Standardwerk in Baden-Württemberg.

➢ An über 2 000 Schulen werden die Zeugnisprogramme 1plus/5plus erfolgreich eingesetzt.

➢ Seit einigen Jahren gibt es jedes Jahr den Schuljahresplaner – für viele Kolleginnen und Kollegen inzwischen ein unentbehrliches Arbeitsmittel.

➢ Informationsbroschüren wie 55+, AUV oder zu Themen wie Teilzeit und Beurlaubung, Sabbatjahr oder heißen Eisen in der Bildungspolitik helfen Ihnen bei der täglichen Arbeit.

➢ Die GEW-Rechtsschutzstellen und unsere Personalrätinnen und Personalräte beraten, wenn es um schwierige Rechtsfragen geht oder wenn Sie Unterstützung bei der Vertretung Ihrer individuellen Interessen brauchen.

➢ Auch die Berufshaftpflichtversicherung ist ein Service, auf den man nicht verzichten kann.

Dass GEW-Mitglieder im Vorteil sind, liegt also auf der Hand.

In diesem Sinne: Bleiben Sie uns treu bzw. werden Sie bei uns Mitglied.

        Süddeutscher   Gewerkschaft Erziehung
Pädagogischer Verlag   und Wissenschaft

Anzeige

Gewerkschaft Erziehung und Wissenschaft

Antrag auf Mitgliedschaft
Bitte in Druckschrift ausfüllen

Persönliches

Frau / Herr / (Titel) Nachname

Vorname

Straße, Nr.

Land (D für BRD), Postleitzahl, Ort

Geburtsdatum — Nationalität

gewünschtes Eintrittsdatum — Telefon priv.

bisher gewerkschaftlich organisiert bei — von bis (Monat / Jahr)

Name / Ort der Bank

Kontonummer — Bankleitzahl

eMail-Adresse (priv. u/o dienstlich, besonders deutlich schreiben)

eMail-Adresse, Fortsetzung

Jedes Mitglied der GEW ist verpflichtet, den satzungsgemäßen Beitrag zu entrichten und seine Zahlungen daraufhin regelmäßig zu überprüfen. Änderungen des Beschäftigungsverhältnisses mit Auswirkungen auf die Beitragshöhe sind umgehend der Landesgeschäftsstelle mitzuteilen. Überbezahlte Beiträge werden nur für das laufende und das diesem vorausgehende Quartal auf Antrag verrechnet. Die Mitgliedschaft beginnt zum nächstmöglichen Termin. Der Austritt ist mit einer Frist von drei Monaten schriftlich dem Landesverband zu erklären und nur zum Ende eines Kalendervierteljahres möglich.

Bitte senden Sie den ausgefüllten Antrag an den für Sie zuständigen Landesverband der GEW bzw. an den Hauptvorstand.
Die Anschriften finden Sie auf der Rückseite.

Vielen Dank!
Ihre GEW

Berufliches

Berufsbezeichnung, für Studierende: Studienfächer — Status

Diensteintritt / Berufsanfang GEW-Fachgruppe (vgl. Rückseite)

Tarif- / Besoldungsgruppe oder Bruttoeinkommen EUR monatl.

Betrieb / Dienststelle bei Hochschule auch Fak. / Institut — Tel.

Straße, Nr. des Betriebs / der Dienststelle

Postleitzahl, Ort des Betriebs / der Dienststelle

Träger des Betriebs / der Dienststelle

Beschäftigungs-
verhältnis
- ☐ öffentlicher Dienst
- ☐ privat
- ☐ kirchlich

☐ im Studium   ☐ befristet bis _____
☐ angestellt   ☐ teilzeitbesch. mit ____ Std. / Woche
☐ beamtet   ☐ Teilzeitdeputat (zB 16/24) ___/___
☐ in Rente   ☐ Erziehungsurlaub
☐ pensioniert   ☐ Vorbereitungsdienst / Referendariat
☐ arbeitslos   ☐ wiss. Hilfskraft / TutorIn
☐ beurlaubt   ☐ stud. Hilfskraft / TutorIn / PraktikantIn
☐ Honorarkraft ____ ☐ Monatseinkommen, netto _____
☐ Sonstiges _____

Mit meiner Unterschrift auf diesem Antrag ermächtige ich die GEW zugleich widerruflich, den von mir zu leistenden Mitgliedsbeitrag vierteljährlich von meinem Konto abzubuchen. Die Zustimmung zum Lastschrifteinzug ist Voraussetzung für die Mitgliedschaft. Wenn mein Konto die erforderliche Deckung nicht aufweist, besteht seitens des kontoführenden Geldinstitutes keine Verpflichtung zu Einlösung.

Ort, Datum

Unterschrift

Die uns angegebenen personenbezogenen Daten sind nur zur Erfüllung unserer satzungsgemäßen Aufgaben auf Datenträgern gespeichert und entsprechend den Bestimmungen des Bundesdatenschutzgesetzes geschützt.

Geworben von:
Mitglieds-Nr., Vorname, Name, Straße, Plz, Ort

wird von der GEW ausgefüllt:

GEW-KV / -OV — Dienststelle — Fachgruppe — Kassiererstelle

Tarifbereich — Beschäftigungsverhältnis — Mitgliedsbeitrag — Startmonat

1Plus und 5Plus
Maßgeschneiderte Berichts- und Zeugnisprogramme mit integrierter Notenberechnung

Bereits an über 2 000 Schulen in Baden-Württemberg werden die Berichts- und Zeugnisprogramme 1Plus und 5Plus erfolgreich eingesetzt.

Die Vorteile auf einen Blick:
- ✔ Einfache Bedienung
- ✔ 1Plus und 5Plus werden ständig aktualisiert und entsprechen deshalb immer den neuesten Vorschriften
- ✔ 1Plus für die Grundschule hat alle Funktionen, die für die Erstellung von Schulberichten, Halbjahres- und Jahreszeugnissen notwendig sind
- ✔ 5Plus erleichtert die Erstellung von allgemeinen Beurteilungen, Halbjahresinformationen und Zeugnissen
- ✔ HS- und RS-Abschlussprüfung sind in das Programm integriert
- ✔ Kompetente Hotline

Liefer- und Rechnungsanschrift:

_____

_____

Ich bestelle zum Nichtmitgliederpreis (Lieferung gegen Rechnung):
- ❏ Einzellizenz 1Plus bzw. 5Plus   155,00 Euro
- ❏ Schullizenz 1Plus bzw. 5Plus   210,00 Euro
- ❏ Paketpreis Schullizenz 1Plus und 5Plus   310,00 Euro
- ❏ Zusatzlizenz HS- und RS-Prüfung   120,00 Euro

Ich bin GEW-Mitglied und bestelle zum Mitgliederpreis:
- ❏ Einzellizenz 1Plus bzw. 5Plus   125,00 Euro

Mitgliedsnummer _____ (Diese befindet sich auf dem Adressaufkleber von b&w)

Die Lizenzpreise verstehen sich als Downloadpreise.

Süddeutscher Pädagogischer Verlag, Silcherstraße 7a, 70176 Stuttgart
Tel. (0711) 2103070 Fax: (0711) 21030799
Bestellung übers Internet: www.spv-s.de

Bleiben Sie up to date
Die unentbehrlichen Hilfen für den Alltag

55plus – Ruhestand und Vorsorge
erscheint im Februar 2011 in einer völlig neubearbeiteten und aktualisierten Auflage. Der Ratgeber enthält auf über 200 Seiten alle Informationen, die beim Übergang in den Ruhestand und darüber hinaus wichtig sind.
Mitgliederpreis 8,00 Euro   Buchhandelspreis 16,00 Euro

Außerunterrichtliche Veranstaltungen (AUV)
Die 112seitige Broschüre enthält alle Informationen zur Vorbereitung, Durchführung und Abrechnung von Jahresausflügen, Schullandheimaufenthalten und Studienfahrten sowie zahlreiche Checklisten und Formulare. Neubearbeitung 2007
Mitgliederpreis 6,00 Euro   Buchhandelspreis 9,50 Euro

Liefer- und Rechnungsanschrift:

_____

_____

Ich bestelle zum Buchhandelspreis (Lieferung gegen Rechnung):
❏ 55plus - Ruhestand und Vorsorge
❏ AUV - Außerunterrichtliche Veranstaltungen

Ich bin GEW-Mitglied und bestelle zum Mitgliederpreis:
❏ 55plus - Ruhestand und Vorsorge
❏ AUV - Außerunterrichtliche Veranstaltungen

Mitgliedsnummer _____
(Diese befindet sich auf dem Adressaufkleber von b&w)

Bei allen Bestellungen berechnen wir eine Versandkostenpauschale von 2 Euro.

Süddeutscher Pädagogischer Verlag, Silcherstraße 7a, 70176 Stuttgart
Tel. (0711) 2103070 Fax: (0711) 21030799
Bestellung übers Internet: www.spv-s.de

Schuljahresplaner 2011/2012

Der neue Schuljahresplaner der GEW enthält Klassen- und Notenlisten, Stoffverteilung und wichtige Termine und Infos zum Schulalltag, so dass Sie für Ihren Schuldienst bestens gerüstet sind und professionell arbeiten können.

Verkaufspreis:
9,50 Euro für GEW-Mitglieder
15,50 Euro für Nichtmitglieder
zzgl. 2 Euro Versandkostenpauschale

Bestellungen:
E-Mail: bestellservice@spv-s.de
Online shop: www.spv-s.de

Auslieferung ab März 2011

Liefer- und Rechnungsanschrift:
_____
_____

❏ Ich bin Mitglied der GEW
Mitgliedsnummer _____
(Diese befindet sich auf dem Adressaufkleber von b&w)

❏ Ich bestelle zum Nichtmitgliederpreis (Lieferung gegen Rechnung).

Datum _____ Unterschrift _____

Süddeutscher Pädagogischer Verlag, Silcherstraße 7a, 70176 Stuttgart
Tel. (0711) 2103070 Fax: (0711) 21030799
Bestellung übers Internet: www.spv-s.de

Anzeige / Beleg für das Finanzamt

Hier könnte das Bild Ihrer Schule sein!
Hausaufgabenheft 2011/12

Das neue Hausaufgabenheft des Süddeutschen Pädagogischen Verlags enthält alles, was Schülerinnen und Schüler brauchen:
- ✔ Persönliches
- ✔ Ausführliches Kalendarium
- ✔ Platz für Adressen und Notizen

Vor allem aber hat Ihre Schule die Möglichkeit, den Umschlag und bis zu 16 Seiten selbst zu gestalten.
Der Preis hängt von derAuflage, dem Umfang und der Ausstattung ab.

Haben Sie Interesse? – Dann rufen Sie uns an!
Kontakt: Süddeutscher Pädagogischer Verlag
Rainer Dahlem
Tel. 0711 21030771   rainer.dahlem@spv-s.de

Beleg für das Finanzamt

Wer das Jahrbuch durch Sammelbestellung über die GEW-Vertrauensleute bezieht, erhält wegen des kostengünstigen Abbuchungsverfahrens keinen Einzelbeleg vom Verlag.

Bei der Abgabe der Lohnsteuer- bzw. Einkommenssteuererklärung kann der unten abgedruckte Beleg des GEW-Vertrauensmanns / der Vertrauensfrau eingereicht werden.

Bescheinigung zur Vorlage beim Finanzamt

Herr/Frau _____

hat das GEW-Jahrbuch 2011 als beruflich notwendiges Arbeitsmittel auf dem Wege einer kostengünstigen Sammelbestellung über mich bezogen. Ich habe im Auftrag des Süddeutschen Pädagogischen Verlags, Silcherstr. 7a, 70176 Stuttgart, hierfür den angekreuzten Betrag von

O 10,00 Euro   O 16,00 Euro   ggf. zuzüglich _____ Euro Portoanteil

eingezogen und an den Verlag abgeführt.

Datum: _____   Unterschrift: _____
                                            Vertrauensmann/Vertrauensfrau der GEW

an der (Schule/Einrichtung): _____